THE GOLF DIGEST ALMANAC 1984

THE FIRST ANNUAL SOURCEBOOK FROM GOLF'S LEADING PUBLICATION

Copyright © 1984 by Golf Digest/Tennis, Inc.
All rights reserved including the right of
reproduction in whole or in part in any
form.

Published by Golf Digest/Tennis, Inc.,
a New York Times Company, 495 Westport
Avenue, P.O. Box 5350, Norwalk,
Connecticut 06856

Trade book distribution by Simon and
Schuster, A Division of Gulf +
Western Industries, Inc.
New York 10020

John P. May, Editor.
Michael Brent, Graphics Director.
Frank Harris III, Associate Editor.
Mary Garrity, Graphics Assistant.
Golf Digest/Tennis Inc.

ISBN: 0-914178-66-0

ISSN: 0742-4485

TABLE OF CONTENTS

1. MEN PROFESSIONALS
1983 PGA Tour Leaders, Results, Statistics
1983 Tournament Player Series
Past Major, PGA Tour Tournament Winners
Past PGA Tour Statistics
1983 PGA Pro-Am Team Winners

2. SENIOR PROFESSIONALS
1983 Senior PGA Tour Leaders, Results, Statistics
Past Senior PGA Tour Tournament Winners
Past Senior PGA Tour Statistics

3. WOMEN PROFESSIONALS
1983 LPGA Tour Leaders, Results, Statistics
Past Major, LPGA Tour Winners
Past LPGA Tour Statistics
1983 LPGA Pro-Am Team Winners

4. GOLF ODDITIES OVER THE YEARS
A compendium of unusual events

5. MEN AMATEURS
1983 U.S. Amateur Championship
Past Tournament Results, Records
Rankings

6. WOMEN AMATEURS
1983 U.S. Women's Amateur Championship
Past Tournament Results, Records
Rankings

7. SENIOR AMATEURS
Past Tournament Results, Records
Rankings
1983 Age-Shooters

8. JUNIOR AMATEURS
Past Tournament Results, Records
Rankings

9. INTERNATIONAL
Tournament Results
All-Time Scoring Records

10. CANADIAN
Tournament Results
1983 Canadian National Province Champions

11. BIOGRAPHIES OF TODAY'S LEADING PROFESSIONALS
Men Professionals
Women Professionals
Senior Professionals

12. ALL-TIME RECORDS
Scoring, marathon, speed, holes-in-one, double eagles, you name it

13. 1983 CHAMPIONS
State, Club, College, Miscellaneous

14. 1983 MOST IMPROVED PLAYERS
Men, Women, Juniors, at Over 1,500 Clubs

15. 1983 DOUBLE EAGLES
A listing of golfers who made 2s on par 5s and aces on par 4s

16. 1983 HOLES-IN-ONE
A listing of golfers who aced par 3s during the year

17. 1984 TOURNAMENT SCHEDULE
Professionals and Amateurs; Men and Women; Juniors

18. EQUIPMENT
1984 Golf Club Buying Guide

19. COURSES OPEN TO THE PUBLIC
United States, Canada, Foreign

20. ASSOCIATIONS/TOURNAMENTS
Addresses

21. RULES OF GOLF
1984 United States Golf Association Edition

CHAPTER 1

MEN PROFESSIONALS

MEN PROFESSIONALS
1983 PGA TOUR LEADERS

Player	Tour Events	Money for 1983	Money Per Tour Event	Career Earnings	1983 Finishes 1st	2nd	3rd	Scoring Average	Perf. Average[1]
1. Hal Sutton (11)	30	$426,668	$14,222	$664,102	2	1	1	70.94	.364
2. Fuzzy Zoeller (28)	28	417,597	14,914	1,233,510	2	2	0	70.89	.349
3. Lanny Wadkins (7)	25	319,271	12,770	1,678,444	2	2	1	70.88	.378
4. Calvin Peete (4)	24	313,845	13,076	1,017,705	2	2	0	70.62	.383
5. Gil Morgan (26)	25	306,133	12,245	1,370,330	2	2	1	71.04	.399
6. Rex Caldwell (68)	32	284,434	8,888	654,178	1	4	0	71.34	.237
7. Ben Crenshaw (83)	21	275,474	13,117	1,651,919	1	2	2	70.92	.390
8. Mark McCumber (119)	29	268,294	9,251	445,160	2	2	0	71.15	.242
9. Tom Kite (3)	25	257,066	10,282	1,917,894	1	2	0	71.04	.363
10. Jack Nicklaus (12)	15	256,158	17,077	4,248,229	0	3	1	70.88	.440
11. David Graham (35)	23	244,924	10,648	1,377,421	1	1	1	71.28	.381
12. Tom Watson (5)	17	237,519	13,971	3,103,903	0	2	0	70.89	.481
13. Hale Irwin (19)	20	232,567	11,628	2,372,659	1	0	0	70.82	.442
14. Johnny Miller (20)	19	230,186	12,115	1,930,306	1	2	1	70.96	.368
15. Jim Colbert (50)	29	223,810	7,717	1,230,587	2	1	0	71.43	.228
16. John Cook (77)	28	216,868	7,745	445,275	1	0	2	71.14	.297
17. Craig Stadler (1)	27	214,496	7,944	1,268,608	0	2	0	71.39	.290
18. Seve Ballesteros	8	210,933	26,366	491,528	2	0	0	71.40	.525
19. Fred Couples (53)	30	209,733	6,991	366,278	1	0	1	71.40	.296
20. Ray Floyd (2)	22	208,353	9,470	2,387,149	0	1	0	70.61	.458
21. Curtis Strange (10)	28	200,116	7,147	1,132,754	1	1	0	71.54	.323
22. Wayne Levi (8)	22	193,252	8,784	831,042	1	0	1	70.98	.334
23. Jay Haas (13)	28	191,735	6,847	929,494	0	2	1	71.15	.333
24. Andy Bean (15)	27	181,246	6,712	1,378,228	0	1	1	71.44	.314
25. Payne Stewart (38)	32	178,809	5,587	290,896	1	0	1	71.43	.242
26. Ed Fiori (45)	29	175,619	6,055	536,490	0	1	1	71.30	.243
27. Gary Koch (98)	29	168,330	5,804	465,651	1	0	0	71.41	.283
28. Mark Lye (61)	31	164,506	5,306	504,331	1	1	1	71.38	.193
29. Peter Jacobsen (25)	26	158,765	6,106	625,017	0	0	1	71.41	.312
30. Bob Eastwood (44)	33	157,640	4,776	495,927	0	1	1	71.87	.166
31. Keith Fergus (30)	25	155,922	6,236	730,970	1	0	0	71.70	.314
32. Bruce Lietzke (14)	20	153,255	7,662	1,492,542	0	0	2	71.30	.333
33. Chip Beck (76)	32	149,909	4,684	258,826	0	2	0	71.56	.259
34. Isao Aoki (122)	15	146,467	9,764	223,879	1	1	0	71.16	.253
35. Larry Mize (124)	35	146,325	4,180	175,112	1	0	1	71.81	.157
36. Don Pooley (48)	29	145,979	5,033	533,167	0	1	0	70.80	.285
37. Scott Hoch (16)	25	144,605	5,784	433,673	0	0	1	71.21	.286
38. Scott Simpson (24)	25	144,172	5,766	594,276	0	1	0	71.47	.318
39. Bob Gilder (6)	28	139,125	4,968	1,021,080	1	0	0	72.34	.241
40. Larry Nelson (21)	23	138,368	6,016	1,249,351	1	0	0	72.05	.204
41. Jack Renner (41)	26	133,290	5,126	789,313	0	2	0	71.28	.265
42. Bill Rogers (27)	21	130,103	6,195	1,209,095	1	0	1	72.28	.191
43. Mike Nicolette (106)	27	127,868	4,735	60,932	1	0	1	72.57	.172
44. John Mahaffey (56)	28	126,915	4,532	1,244,940	0	1	1	71.65	.203
45. Gary Hallberg (111)	29	120,170	4,143	266,398	1	0	0	72.35	.173
46. Jim Thorpe (63)	30	118,197	3,939	312,244	0	2	0	71.97	.191
47. Lon Hinkle (81)	27	116,822	4,326	929,080	0	1	1	71.13	.245
48. David Edwards (91)	25	114,037	4,561	312,411	0	1	0	71.53	.242
49. Doug Tewell (52)	26	112,367	4,321	534,104	0	0	0	71.45	.227
50. Jim Nelford (94)	31	111,932	3,610	284,196	0	1	0	71.94	.218
51. J. C. Snead (40)	30	111,895	3,729	1,429,534	0	0	0	71.65	.243
52. Lee Trevino (113)	16	111,100	6,943	2,754,185	0	2	0	71.32	.275
53. John Fought (125)	30	105,809	3,526	325,916	0	0	0	71.88	.182
54. Danny Edwards (29)	23	104,942	4,562	595,275	1	0	0	71.35	.266
55. Tom Purtzer (36)	27	103,261	3,824	724,376	0	0	0	71.60	.254
56. Morris Hatalsky (65)	26	102,567	3,944	396,734	1	1	0	72.09	.095
57. Pat McGowan (75)	32	100,508	3,140	287,632	0	0	0	71.74	.193
58. Mike Reid (51)	24	99,135	4,130	606,215	0	0	0	71.79	.257
59. Tim Simpson (72)	32	96,419	3,013	96,419	0	0	0	71.72	.192
60. Mike Sullivan (108)	28	93,437	3,337	464,948	0	0	1	71.54	.222
61. Brad Bryant (37)	30	93,021	3,100	368,146	0	1	0	71.80	.192
62. Dan Pohl (39)	27	89,830	3,327	425,793	0	0	0	71.67	.232
63. Ron Black (191)	24	87,524	3,646	93,853	1	0	0	71.29	.162
64. Bobby Clampett (17)	26	86,575	3,329	466,075	0	0	0	72.33	.163
65. Vance Heafner (33)	33	86,210	2,612	284,568	0	1	0	72.19	.138
66. Mark Pfeil (71)	28	85,477	3,052	273,033	0	1	0	71.79	.160
67. Pat Lindsey (96)	31	83,405	2,690	159,918	1	0	0	72.28	.088
68. Tze-Chung Chen (27)	79,030	2,927	79,030	0	1	0	72.05	.184
69. Leonard Thompson (73)	27	76,326	2,826	944,589	0	0	0	72.41	.209
70. Roger Maltbie (55)	30	75,751	2,525	539,188	0	0	0	71.81	.199
71. Sammy Rachels (249)	15	75,238	5,015	154,203	0	2	0	71.00	.112
72. Lee Elder (115)	26	72,718	2,796	982,626	0	1	0	71.75	.168
73. Mike Donald (101)	34	72,343	2,127	175,340	0	0	1	71.93	.162

MEN PROFESSIONALS

74.	Greg Norman	9	71,411	7,934	94,082	0	1	0	72.56	.328
75.	Frank Conner (58)	33	71,320	2,161	351,833	0	0	0	72.40	.144
76.	Mark O'Meara (118)	32	69,354	2,167	177,127	0	1	0	72.11	.117
77.	Ron Streck (60)	26	68,950	2,651	399,967	0	0	0	71.76	.173
78.	Peter Oosterhuis (42)	27	68,893	2,551	604,714	0	0	0	71.96	.220
79.	Nick Faldo (79)	13	67,851	5,219	147,838	0	1	0	71.70	.236
80.	Barry Jaeckel (70)	27	64,473	2,387	425,082	0	1	0	72.55	.139
81.	Mark Hayes (95)	28	63,431	2,265	910,998	0	0	0	72.17	.193
82.	Bob Murphy (121)	27	63,403	2,348	1,237,828	0	0	0	72.00	.197
83.	George Burns (18)	29	62,371	2,150	936,645	0	0	1	72.24	.139
84.	D. A. Weibring (31)	23	61,631	2,679	464,624	0	0	1	71.61	.173
85.	George Archer (47)	28	61,066	2,180	1,311,031	0	0	0	72.18	.182
86.	Joe Inman (88)	27	59,913	2,219	572,933	0	0	0	71.77	.178
87.	John Adams (85)	35	59,287	1,693	154,903	0	0	1	72.50	.112
88.	Denis Watson (74)	19	59,284	3,120	167,528	0	1	0	72.29	.144
89.	Jim Simons (32)	27	57,667	2,135	764,628	0	0	0	71.68	.151
90.	Gibby Gilbert (103)	17	57,117	3,359	899,028	0	1	0	71.55	.278
91.	Buddy Gardner (192)	30	56,529	1,884	185,390	0	0	0	72.02	.150
92.	Bobby Wadkins (59)	33	56,363	1,707	500,343	0	0	0	72.38	.155
93.	Phil Hancock (112)	27	55,788	2,066	345,183	0	0	0	72.20	.169
94.	Gary McCord (130)	28	55,756	1,991	317,967	0	0	0	72.24	.145
95.	Tim Norris (66)	18	53,811	2,989	151,878	0	1	0	73.25	.110
96.	Dave Barr (166)	26	52,800	2,030	151,071	0	0	0	71.81	.148
97.	Tom Jenkins (67)	31	52,564	1,695	394,122	0	0	0	71.89	.156
98.	Andy North (49)	23	52,416	2,278	862,380	0	0	0	72.25	.256
99.	George Cadle (127)	18	51,458	2,858	332,010	0	1	0	71.67	.111
100.	Victor Regalado (86)	33	50,395	1,527	550,614	0	0	0	71.98	.143
101.	Mac O'Grady	24	50,379	2,099	50,379	0	0	1	72.42	.115
102.	Bruce Fleisher (110)	28	50,285	1,795	280,965	0	0	0	72.20	.192
103.	Nick Price	21	49,435	2,354	49,435	0	0	0	72.43	.152
104.	Tony Sills	27	47,488	1,758	47,488	0	0	1	72.60	.092
105.	Tom Weiskopf (22)	17	47,436	2,790	2,206,068	0	0	0	73.03	.215
106.	Ralph Landrum	13	46,808	3,600	46,808	0	0	0	71.96	.129
107.	Tsuneyuki Nakajima	7	46,351	6,621	46,351	0	0	0	72.19	.381
108.	Allen Miller (93)	30	45,658	1,521	352,634	0	0	0	72.33	.129
109.	Clarence Rose (100)	35	45,271	1,293	87,312	0	0	0	72.50	.123
110.	Lennie Clements (97)	29	44,455	1,532	97,017	0	0	1	72.78	.098
111.	Dave Eichelberger (80)	33	43,093	1,305	764,846	0	0	0	72.50	.110
112.	Donnie Hammond	29	41,336	1,425	41,336	0	0	0	72.17	.172
113.	Jim Dent (82)	31	40,423	1,303	402,263	0	0	0	72.40	.100
114.	Ken Green (167)	33	40,263	1,220	52,162	0	0	0	72.72	.103
115.	Mark McNulty (90)	22	40,062	1,821	90,384	0	0	0	72.82	.132
116.	Mike McCullough (99)	29	38,660	1,333	399,195	0	0	0	72.63	.121
117.	Richard Zokol (156)	30	38,107	1,270	53,217	0	0	0	72.62	.076
118.	Dan Forsman	30	37,859	1,261	37,859	0	0	0	72.63	.091
119.	Ed Sneed (23)	25	36,993	1,479	836,540	0	0	0	73.10	.102
120.	Wally Armstrong (142)	27	36,226	1,341	392,006	0	0	1	72.83	.067
121.	David Ogrin	29	36,003	1,241	36,003	0	0	0	72.06	.118
122.	Bob Boyd	34	35,511	1,044	35,511	0	0	0	72.95	.067
123.	Thomas Gray (87)	35	35,410	1,011	109,592	0	0	0	72.76	.073
124.	Bob Shearer (34)	20	35,074	1,753	341,896	0	0	0	72.93	.163
125.	Jim Boros (89)	31	34,980	1,128	118,080	0	0	0	72.80	.087
126.	Lou Graham (109)	30	34,723	1,157	1,314,612	0	0	0	72.36	.136
127.	Terry Diehl (107)	32	33,914	1,059	403,097	0	0	0	73.82	.058
128.	Larry Rinker (132)	29	31,394	1,082	60,666	0	0	0	72.64	.113
129.	Joe Rassett	33	30,797	933	30,797	0	0	0	72.39	.104
130.	Curt Byrum	32	30,772	961	30,772	0	0	0	72.57	.056
131.	Lyn Lott (146)	29	30,244	1,042	323,580	0	0	0	73.41	.062
132.	Mick Soli (157)	29	29,804	1,027	82,181	0	0	0	72.69	.103
133.	Greg Powers (102)	32	29,803	931	224,279	0	0	0	73.09	.067
134.	Steve Melnyk (46)	30	29,208	973	475,622	0	0	0	72.38	.104
135.	Hubert Green (54)	27	29,171	1,080	1,626,272	0	0	0	72.77	.122
136.	Jerry Pate (9)	17	28,890	1,699	1,433,845	0	0	0	72.15	.128
137.	David Peoples	32	28,446	888	28,446	0	0	0	72.93	.065
138.	Mike Gove (226)	23	26,555	1,154	53,089	0	0	0	72.75	.077
139.	Jon Chaffee	22	25,810	1,173	45,357	0	0	0	72.32	.061
140.	Lindy Miller (144)	28	25,399	907	146,110	0	0	0	72.30	.111
141.	Masahiro Kuramoto	7	24,607	3,515	24,607	0	0	0	72.19	.264
142.	Forrest Fezler (105)	30	24,452	815	500,640	0	0	0	72.82	.092
143.	Rod Nuckolls (176)	30	22,839	761	42,383	0	0	0	72.85	.091
144.	Jodie Mudd (114)	33	21,515	651	55,732	0	0	0	72.53	.087
145.	Dan Haldorson (43)	25	21,458	858	342,701	0	0	0	72.44	.085
146.	Gary Player (145)	11	20,567	1,869	1,691,703	0	0	0	73.58	.155
147.	Bill Britton (57)	32	20,492	640	144,200	0	0	0	73.64	.072
148.	Bill Calfee (143)	15	20,442	1,362	154,909	0	0	0	71.78	.092
149.	Howard Twitty (78)	34	20,000	588	690,649	0	0	0	72.89	.057
150.	Miller Barber (173)	13	19,608	1,023	1,596,827	0	0	0	73.00	.090
151.	Lance Ten Broeck (135)	19	19,450	1,023	59,192	0	0	0	72.04	.065
152.	Steve Hart (222)	30	19,314	643	22,076	0	0	0	73.00	.053

9

MEN PROFESSIONALS

153.	Charles Coody (69)	25	19,056	762	1,146,961	0	0	0	72.65	.097
154.	John McComish	27	18,963	702	18,963	0	0	0	73.01	.084
155.	*Skeeter Heath	6	18,443	3,073	18,443	0	0	0	72.45	.108
156.	Woody Blackburn (84)	31	18,105	584	122,223	0	0	0	73.99	.065
157.	Jeff Sanders (153)	24	17,959	748	40,244	0	0	0	72.68	.036
158.	Arnold Palmer (198)	11	16,904	1,536	1,885,241	0	0	0	73.84	.160
159.	Brad Faxon	8	16,525	2,065	16,526	0	0	0	71.08	.150
160.	Mark Calcavecchia (134)	20	16,313	815	41,781	0	0	0	72.98	.132

*Non-PGA Tour member.

Event winners: Morgan (Tucson, Los Angeles), Fergus (Hope), Gilder (Phoenix), Kite (Crosby), Aoki (Hawaiian), Hallberg (San Diego), Koch (Doral), J. Miller (Inverrary), Nicolette (Bay Hill), Rogers (USF&G), Sutton (TPC, PGA), L. Wadkins (Greensboro, T of C), Ballesteros (Masters, Westchester), Zoeller (Heritage, Las Vegas), Crenshaw (Byron Nelson), D. Graham (Houston), Colbert (Colonial, Texas), Peete (Atlanta, Anheuser-Busch), Irwin (Memorial), Couples (Kemper), Nelson (U.S. Open), Mize (Memphis), McCumber (Western, Pensacola), Hatalsky (Milwaukee), Danny Edwards (Quad Cities), Cook (Canadian), Levi (Buick), Strange (Hartford), Price (World Series), Lindsey (B.C.), Lye (Boston), Caldwell (LaJet), R. Black (Southern), P. Stewart (Walt Disney).

[1] Performance Average is an exclusive, computerized Golf Digest method of measuring performance relative to the performance of other players in official tour events. Each player earns points on the basis of his or her finish, 70 points for first, 69 for second and so on down to one point for 70th place. These points are multiplied by a participation-strength factor for each tournament. This point total, divided by 70 (the most points that can be won per event) multiplied by the number of tournaments a player has entered for the year, is the Performance Average.

Note: Figures in parentheses after players' names indicate 1982 money-winning rank.

HIGHLIGHTS OF THE 1983 PGA TOUR

Lowest scores
9 holes: 28 (7 under par), Jeff Sluman, Quad Cities; 28 (6 under par), Mark O'Meara, B.C.; 29 (7 under par), Hubert Green, Bob Hope; Craig Stadler, Buick; 29 (6 under par), Jon Chaffee, Rick Pearson, Quad Cities; Gibby Gilbert, PGA; Lanny Wadkins, Anheuser-Busch; George Cadle, Jim Colbert, Texas; Gary Hallberg, Pensacola.

18 holes: 61 (10 under par), George Archer, Los Angeles; 62 (10 under par), John Fought, Bob Hope; Tom Kite, Bing Crosby; 62 (9 under par), Andy Bean, Canadian; Curtis Strange, Hartford; 62 (8 under par), Jon Chaffee, Quad Cities; Craig Stadler, Jim Colbert, Texas.

36 holes: 126 (14 under par), Mark Pfeil, Texas (middle 2 rounds); 128 (12 under par), Jim Colbert, Texas (first 2 rounds); 129 (15 under par), Craig Stadler, Bob Hope (first 2 rounds); 129 (13 under par), Pat Lindsey, B.C.

54 holes: 194 (16 under par), Jim Colbert, Texas; 198 (15 under par), Jack Renner, Hartford; 199 (17 under par), Craig Stadler, Bob Hope (all first 3 rounds).

72 holes: 261 (19 under par), Jim Colbert, Texas; Payne Stewart, Disney; 266 (18 under par), Mark McCumber, Pensacola; 267 (20 under par), Fuzzy Zoeller, Las Vegas; 268 (20 under par), Isao Aoki, Hawaii.

Largest winning margin
5 strokes, Gary Koch, Doral; Lanny Wadkins, Greensboro; David Graham, Houston; Jim Colbert, Texas.

Largest 36-hole lead
6 strokes, Hal Sutton, Anheuser-Busch.

Largest 54-hole lead
6 strokes, Mike Nicolette, Bay Hill; Hal Sutton, Anheuser-Busch.

Lowest start by winner
63 (9 under par), Fuzzy Zoeller, Las Vegas.

Highest start by winner
75 (4 over par), Larry Nelson, U.S. Open.

Lowest finish by winner
63 (9 under par), Calvin Peete, Atlanta.

Highest finish by winner
77 (5 over par), Fred Couples, Kemper.

Best come-from-behind
Mark Lye was 8 strokes back after 54 holes when he won in the Bank of Boston.

Holes-in-one
21 were made, by Lee Elder, Gil Morgan, Los Angeles; Dan Pohl, Hawaii; Eric Batten, Forrest Fezler, Gary Koch, Doral-Eastern; Hale Irwin, Bay Hill; Jay Haas, Houston; George Burns, Kemper; Gibby Gilbert, Westchester; Scott Simpson, U.S. Open; Pat Lindsey, Western; Bobby Nichols, PGA; David Ogrin, Western; Ivan Smith, Bank of Boston; Ray Floyd, Larry Rinker, Las Vegas; Frank Conner, LaJet, Pensacola; Lennie Clements, Texas; Lyn Lott, Disney. In 1982, 25 were made; 1981, 17; 1980, 20; 1979, 25; 1978, 30; 1977, 16; 1976, 16; 1975, 17; 1974, 17; 1973, 26; 1972, 24; 1971, 8; 1970, 16; 1969, 20; 1968, 20; 1967, 15; 1966, 18; 1965, 7; 1964, 19; 1963, 10; 1962, 19; 1961, 14; 1960, 17; 1959, 30.

Two eagles in one round
Rod Funseth, George Archer, Los Angeles; Keith Fergus, Bob Hope; Andy Bean, Phoenix; Isao Aoki, Hawaii; Bill Calfee, San Diego; Jack Renner, Scott Hoch, Masters; Wayne Levi, Buick; Brad Bryant, Hartford; Darrell Kestner, Texas (back-to-back par 4s); Jim Nelford, Joey Rassett, Disney; Frank Conner, Gavin Levenson, Pensacola.

Best birdie streak
6, by Bill Kratzert, Los Angeles; Mike Sullivan, David Graham, Buick.

Best eagle-birdie streak
2 birdies, 1 eagle, 3 birdies, by Craig Stadler, Buick.

Most consecutive rounds par or less
22, by Dan Pooley.

Best consecutive rounds
63-63—126 (14 under par), Mark Pfeil, Texas; 63-66—129 (15 under par), Craig Stadler, Bob Hope.

Most events without missing cut
26, by Hale Irwin.

MEN PROFESSIONALS

1983 PRO AND OPEN CHAMPIONS

AL GUISTI MEMORIAL: Pat Fitzsimons.
BLUEBERRY OPEN: Don Sargent.
CAROLINAS OPEN: Bill Poteat (am.).
CASCO BAY CL.: Mark Plummer (am.).
DATSUN OPEN: Mike Higuera.
DODGE OPEN: Jim Albus.
FRONTIER AIRLINES INV.: Dale Douglass.
JERRY FORD INV.: Don Pooley and Gil Morgan (tie).
LONG ISLAND OPEN: Don Reese.
MAKAHA OPEN: Richard Martinez.
METROPOLITAN (N.Y.) OPEN: Darrell Kestner.
MIDDLE ATLANTIC OPEN: Rick Hartman.
NAT'L CAR OPEN: Mike Morley.
NAT'L PGA CLUB PRO CH.: Larry Webb.
NAT'L PGA/FOOT-JOY ASS'T: Victor Tortorici.
NEW ENGLAND OPEN: Dana Quigley.
NORTHWEST OPEN: Randy Jensen.
PGA MATCH PLAY CH.: Dana Quigley.
PGA QUARTER CENTURY: Hampton Auld and Jim Riggins (tie).
PGA SENIORS: (50-54) Joe Moresco, (55-59) Bob Crowley and Al Fuchs (tie), (60-64) Billy Capps, (65-69) Hans Merrell, (70-74) Ted Lockie, (75-79) Tod Menefee, (80-84) Jules Blanton, (90-94) George Lumsden.
PGA SENIOR-JUNIOR: Joe Jimenez and John Gentile.
PGA STROKE PLAY CH.: Jim Albus.
QUEEN MARY OPEN: Jeff Thomsen.
SIERRA NEVADA OPEN: Lennie Clements.
SOUTHERN CALIF. OPEN: Jeremiah Bruner.
TREASURE VALLEY OPEN: Bob Betley.
WESTCHESTER OPEN: Bobby Heins.

1983 PGA SECTION CHAMPIONS

Aloha: John Kalinka, Kaneohe, Hawaii
Carolinas: Tim Collins, Advance, N.C.
Central New York: Hank Furgol Jr., Utica, N.Y.
Colorado: Dale Douglass, Colorado Springs, Colo.
Connecticut: Dennis Coscina, Simsbury, Conn.
Dixie: Barry Holt, Huntsville, Ala.
Gateway: Al Chandler, Columbia, Mo.
Georgia: Dick Crawford, Columbus, Ga.
Gulf States: Ed Selser, LaPlace, La.
Illinois: Gary Groh, Highland Park, Ill.
Indiana: Bill Mattingly III, Indianapolis, Ind.
Iowa: Richie Karl, Bettendorf, Iowa
Kentucky: Jeff McGill, Madisonville, Ky.
Metropolitan: Ed Sabo, Fairfield, Conn.
Michigan: Buddy Whitten, Belmont, Mich.
Middle Atlantic: Wheeler Stewart, Silver Spring, Md.
Midwest: Randy Tower, Overland Park, Kan.
Minnesota: Bill Brask Jr., Eden Prairie, Minn.
Nebraska: Jim White, Council Bluffs, Iowa
New England: Bruce Dobie, Worcester, Mass.
New Jersey: Ed Whitman, Oradell, N.J.
Northeastern New York: Jack Polanski, Saratoga Springs, N.Y.
Northern California: Bob Wynn, Diablo, Calif.
Northern Ohio: Bryan Abbott, Poland, Ohio
Northern Texas: Mike Zinni, Wichita Falls, Tex.
North Florida: Gordon Jones, Windemere, Fla.
Pacific Northwest: Pat Fitzsimons, Brush Prairie, Wash.
Philadelphia: Dick Smith, Cherry Hill, N.J.
Rocky Mountain: Bruce Summerhays, Midway, Utah
South Central: Art Proctor, Edmond, Okla.
Southern California: Paul Wise, Los Angeles, Calif.
Southern Ohio: Jim Gerring, Dublin, Ohio
Southern Texas: Babe Hiskey, Galena Park, Tex.
South Florida: John Elliott, Boca Raton, Fla.
Southwest: Bob Betley, Henderson, Nev.
Sun County: Gene Torres, Las Vegas, N.M.
Tennessee: Gary Robinson, Chattanooga, Tenn.
Tri-State: Mike Evans, Verona, Pa.
Western New York: John Calabria, Rochester, N.Y.
Wisconsin: Steve Howe, Neenah, Wis.

MAJOR-CHAMPIONSHIP LEADERS

	U.S. Open	British Open	PGA	Masters	U.S. Amateur	British Amateur	Total Titles
Jack Nicklaus	4	3	5	5	2	0	19
Bobby Jones	4	3	0	0	5	1	13
Walter Hagen	2	4	5	0	0	0	11
John Ball	0	1	0	0	0	8	9
Ben Hogan	4	1	2	2	0	0	9
Gary Player	1	3	2	3	0	0	9
Arnold Palmer	1	2	0	4	1	0	8
Tom Watson	1	5	0	2	0	0	8
Harold Hilton	0	2	0	0	1	4	7
Gene Sarazen	2	1	3	1	0	0	7
Sam Snead	0	1	3	3	0	0	7
Harry Vardon	1	6	0	0	0	0	7

MEN PROFESSIONALS
1983 PGA TOUR RESULTS

JOE GARAGIOLA-TUCSON OPEN ($300,000),
Randolph Park North Cse. (70-6,830),
Tucson, Ariz., Jan. 6-9.

*Gil Morgan	65-71-68-67—271	$54,000
Lanny Wadkins	68-67-68-68—271	26,400
Curtis Strange	72-67-67-65—271	26,400
Fuzzy Zoeller	71-65-68-68—272	11,812
Calvin Peete	68-67-66-71—272	11,812
Andy Bean	69-69-68-66—272	11,812
Fred Couples	66-73-67-66—272	11,812
Scott Hoch	67-63-72-71—273	9,300
Payne Stewart	69-68-69-68—274	8,100
Johnny Miller	66-69-67-72—274	8,100
Keith Fergus	68-67-70-69—274	8,100
Andy North	68-70-71-66—275	5,200
Scott Simpson	66-68-72-69—275	5,200
Bill Kratzert	70-72-67-66—275	5,200
Chip Beck	72-70-67-66—275	5,200
Bobby Cole	70-72-68-65—275	5,200
Frank Conner	70-69-68-68—275	5,200
Charles Coody	70-68-67-70—275	5,200
Jay Haas	66-69-69-71—275	5,200
David Graham	66-74-70-65—275	5,200
Mick Soli	70-69-69-68—276	3,120
Rod Nuckolls	71-69-70-66—276	3,120
Lindy Miller	68-69-68-71—276	3,120
Jack Renner	72-67-69-68—276	3,120
George Burns	72-69-67-68—276	3,120
Bobby Wadkins	72-66-71-68—277	2,041
Richard Zokol	69-73-66-69—277	2,041
Hale Irwin	68-69-71-69—277	2,041
Homero Blancas	72-69-64-72—277	2,041
Jim Colbert	69-68-70-70—277	2,041
Buddy Gardner	70-68-68-71—277	2,041
Mike Sullivan	73-68-67-69—277	2,041
John McComish	69-73-66-69—277	2,041
Bob Gilder	70-70-70-67—277	2,041
Don January	67-72-70-69—278	1,324
Tim Simpson	70-72-67-69—278	1,324
Mark Lye	70-72-68-68—278	1,324
Joey Rassett	67-64-72-75—278	1,324
Clarence Rose	66-71-69-72—278	1,324
Hubert Green	68-71-71-68—278	1,324
Brad Bryant	70-70-67-71—278	1,324
David Edwards	72-69-68-69—278	1,324
Forrest Fezler	69-69-69-71—278	1,324
Mark Hayes	66-70-70-72—278	1,324
Hal Sutton	70-70-68-71—279	858
Jodie Mudd	71-70-69-69—279	858
Howard Twitty	68-71-73-67—279	858
Dave Barr	69-71-70-69—279	858
Lon Hinkle	70-68-71-70—279	858
Lou Graham	67-71-73-68—279	858
Mike Reid	69-68-73-70—280	710
Dan Pohl	69-69-69-73—280	710
Peter Oosterhuis	69-68-72-71—280	710
Mike Donald	73-68-66-73—280	710
Danny Edwards	71-66-74-69—280	710
Larry Mize	71-71-70-69—281	678
Phil Hancock	68-73-70-70—281	678
Peter Jacobsen	67-70-74-70—281	678
Don Pooley	71-70-72-69—282	654
Jim Nelford	69-69-70-74—282	654
John Mahaffey	71-71-69-71—282	654
Larry Rinker	73-66-72-71—282	654
Jim Simons	71-68-70-73—282	654
Mike Nicolette	70-72-70-71—283	624
Michael Brannan	71-70-72-70—283	624
John Cook	73-68-73-69—283	624
Pat Lindsey	72-70-68-73—283	624
Al Geiberger	69-72-75-67—283	624
J. C. Snead	71-70-75-68—284	606
Curt Byrum	72-70-74-69—285	597
Dave Eichelberger	68-71-73-73—285	597
Pat McGowan	72-69-72-73—286	579
Victor Regalado	69-71-71-75—286	579
Leonard Thompson	73-69-71-73—286	579
Woody Blackburn	70-68-74-74—286	579
Mark Pfeil	69-73-67-78—287	555
Ken Green	70-70-70-77—287	555
Jeff Kern	72-70-73-72—287	555
Ed Fiori	72-69-71-75—287	555
Bob Byman	69-73-71-81—294	540

*Won playoff

GLEN CAMPBELL-LOS ANGELES OPEN ($300,000),
Rancho Park G.C. (71-6,655),
Los Angeles, Calif., Jan. 13-16.

Gil Morgan	71-68-63-68—270	$54,000
Lanny Wadkins	68-67-67-70—272	22,400
Mark McCumber	69-68-65-70—272	22,400
Gibby Gilbert	65-66-72-69—272	22,400
George Archer	72-70-61-70—273	12,000
Tom Watson	67-68-69-70—274	9,712
Fuzzy Zoeller	64-70-69-71—274	9,712
Andy North	70-67-68-69—274	9,712
Joe Inman	71-69-67-67—274	9,712
J. C. Snead	68-71-66-70—275	7,800
Arnold Palmer	66-69-68-72—275	7,800
Gene Littler	67-69-66-74—276	5,700
Curtis Strange	68-72-69-67—276	5,700
Lee Trevino	67-75-67-67—276	5,700
Gay Brewer	68-71-69-68—276	5,700
Keith Fergus	69-67-69-71—276	5,700
Ray Floyd	70-70-70-66—276	5,700
Don Pooley	69-70-68-70—277	3,780
Jodie Mudd	71-69-71-66—277	3,780
Hal Sutton	68-72-68-69—277	3,780
Chip Beck	72-67-72-66—277	3,780
Bill Britton	71-70-69-67—277	3,780
Rex Caldwell	68-67-71-70—277	3,780
Jim Nelford	69-66-72-71—278	2,430
Lon Hinkle	70-70-65-73—278	2,430
Craig Stadler	73-69-69-67—278	2,430
Bobby Cole	68-70-69-71—278	2,430
Bob Eastwood	72-70-65-71—278	2,430
Rod Funseth	72-68-66-72—278	2,430
Tony Sills	68-68-73-70—279	1,743
Bill Kratzert	70-71-72-66—279	1,743
Clarence Rose	69-69-70-71—279	1,743
Scott Simpson	71-71-68-69—279	1,743
Gary Koch	67-72-70-70—279	1,743

MEN PROFESSIONALS

Player	Scores	Total	Player	Scores	Total
Danny Edwards	69-71-69-70—279	1,743	Ray Floyd	68-67-67-68-73—343	11,687
Bruce Fleisher	70-69-67-73—279	1,743	Bob Gilder	74-67-65-68-69—343	11,687
Donnie Hammond	71-69-69-70—279	1,743	Mark Lye	67-69-72-68-68—344	9,750
Calvin Peete	73-66-68-73—280	1,320	Hal Sutton	66-69-69-71-69—344	9,750
Orville Moody	69-70-69-72—280	1,320	Mark Pfeil	72-66-69-69-69—345	8,625
Tom Purtzer	69-73-71-67—280	1,320	Payne Stewart	66-70-71-70-69—346	7,250
Ed Fiori	68-70-69-73—280	1,320	Mike Sullivan	66-70-72-69-69—346	7,250
Victor Regalado	70-71-70-70—281	991	Hubert Green	73-73-66-64-70—346	7,250
Payne Stewart	66-69-73-73—281	991	Curtis Strange	70-70-70-68-69—347	6,000
Jay Haas	73-68-72-68—281	991	Don Pooley	68-70-72-66-71—347	6,000
Don January	73-68-70-70—281	991	Miller Barber	68-73-71-67-68—347	6,000
Hubert Green	70-66-71-74—281	991	Mark Hayes	70-69-67-70-72—348	4,387
Bobby Clampett	71-71-68-71—281	991	David Edwards	72-70-66-73-67—348	4,387
Phil Hancock	70-72-71-68—281	991	Dave Eichelberger	68-70-69-68-73—348	4,387
Mike McCullough	69-71-70-72—282	726	Ed Fiori	69-69-69-71-70—348	4,387
Dan Pohl	72-70-72-68—282	726	Tom Kite	71-71-68-69-69—348	4,387
Frank Conner	69-70-70-73—282	726	Bruce Fleisher	69-69-70-70-70—348	4,387
Lee Elder	69-69-72-72—282	726	Orville Moody	72-68-67-70-72—349	2,862
Morris Hatalsky	72-69-68-73—282	726	Jim Nelford	72-69-68-68-72—349	2,862
Forrest Fezler	71-69-69-73—282	726	Jack Nicklaus	72-68-69-69-71—349	2,862
Peter Jacobsen	71-71-69-71—282	726	John Cook	69-67-69-70-74—349	2,862
Bruce Lietzke	69-73-71-70—283	672	Gary Koch	68-71-68-71-71—349	2,862
John McComish	68-71-73-71—283	672	Hale Irwin	73-67-71-69-69—349	2,862
Tommy Valentine	69-73-69-72—283	672	Howard Twitty	71-71-69-69-70—350	2,081
Tze-Chung Chen	68-71-72-72—283	672	Jim Simons	72-72-69-70-67—350	2,081
Gary Hallberg	66-72-71-74—283	672	Larry Nelson	74-73-65-69-69—350	2,081
Peter Oosterhuis	72-68-74-70—284	636	Calvin Peete	68-73-73-67-69—350	2,081
Bobby Wadkins	70-70-71-73—284	636	Tom Purtzer	66-72-70-72-70—350	2,081
Bob Shearer	65-72-71-76—284	636	Peter Jacobsen	68-70-74-68-70—350	2,081
Charles Sifford	70-72-70-72—284	636	Scott Hoch	73-71-68-67-71—350	2,081
Eric Batten	71-71-69-73—284	636	David Graham	72-67-70-70-71—350	2,081
Jim Booroz	70-72-70-72—284	636	Dan Pohl	68-68-70-71-74—351	1,462
John Fought	72-67-73-72—284	636	Bob Murphy	68-67-72-74-70—351	1,462
Dave Stockton	73-68-72-72—285	600	Peter Oosterhuis	70-71-70-69-71—351	1,462
Mac O'Grady	67-70-72-76—285	600	John Mahaffey	67-71-69-70-74—351	1,462
Isao Aoki	69-71-69-76—285	600	Brad Bryant	71-69-66-69-76—351	1,462
Ron Commans	70-71-71-73—285	600	Ben Crenshaw	74-68-69-69-71—351	1,462
Arne Dokka	72-69-74-70—285	600	Mike Holland	70-76-68-69-68—351	1,462
Thomas Gray	70-71-75-70—286	576	John Adams	71-69-73-69-70—352	1,063
Ken Green	69-73-71-73—286	576	Fred Couples	72-70-67-73-70—353	1,063
John Cook	69-72-75-70—286	576	Bruce Lietzke	74-70-70-67-71—352	1,063
Larry Mize	70-71-73-73—287	555	Joe Inman	68-69-69-70-76—352	1,063
Jim Thorpe	69-73-71-74—287	555	Scott Simpson	73-67-71-68-74—353	913
Mike Sullivan	73-69-70-75—287	555	Bob Shearer	76-66-71-70-70—353	913
Dave Barr	69-71-76-71—287	555	Pat Lindsey	72-70-72-69-70—353	913
Howard Twitty	70-69-72-77—288	540	Lee Elder	71-69-73-70-70—353	913
Roger Maltbie	70-70-73-76—289	534	Jack Renner	70-73-73-66-72—354	847
Buddy Gardner	72-70-78-74—294	528	Tim Simpson	71-70-70-71-72—354	847
			Johnny Miller	72-65-76-69-72—354	847

BOB HOPE DESERT CLASSIC ($375,000),
La Quinta (host club) (72-6,911),
Bermuda Dunes (72-6,837), Indian Wells (72-6,455),
Tamarisk (72-6,818), Palm Springs, Calif.
area, Jan. 19-23.

Player	Scores	Total
Mike Donald	72-68-67-71-76—354	847
Gil Morgan	71-65-71-74-73—354	847
Vance Heafner	73-70-70-70-71—354	847
Larry Mize	73-69-69-71-72—354	847
Victor Regalado	68-71-71-71-74—355	802
Ed Sneed	68-73-75-66-73—355	802

Player	Scores	Total
*Keith Fergus	71-69-65-65-65—335	**$67,500**
Rex Caldwell	67-69-69-65-65—335	40,500
Craig Stadler	63-66-72-69-69—339	25,500
Chip Beck	70-66-67-69-68—340	16,500
John Fought	69-68-62-70-71—340	16,500
Doug Tewell	68-71-69-66-68—342	13,500
Tze-Chung Chen	70-69-69-71-64—343	11,687
Antonio Cerda	72-71-67-70-75—355	802
Pat McGowan	72-65-74-68-76—355	802
Thomas Gray	70-72-67-71-75—355	802
Mike Reid	72-69-67-74-74—356	768
Jim Dent	73-73-67-68-75—356	768
Donnie Hammond	68-71-70-73-74—356	768
Gibby Gilbert	72-68-73-69-74—356	768

13

MEN PROFESSIONALS

Isao Aoki	69-71-73-70-74—357	742
Tom Jenkins	71-71-68-73-74—357	742
Mac O'Grady	72-73-71-67-74—357	742
*Won playoff.		

PHOENIX OPEN ($350,000),
Phoenix C.C. (71-6,726),
Phoenix, Ariz., Jan. 27-30.

*Bob Gilder	68-68-66-69—271	$63,000
Johnny Miller	67-65-71-68—271	26,133
Mark O'Meara	71-66-68-66—271	26,133
Rex Caldwell	69-65-67-70—271	26,133
Ed Sneed	65-71-70-66—272	11,865
Calvin Peete	67-69-69-67—272	11,865
Tim Simpson	68-66-71-67—272	11,865
Scott Hoch	67-70-67-68—272	11,865
Hal Sutton	65-68-72-67—272	11,865
Jack Renner	65-66-74-68—273	8,400
Fuzzy Zoeller	71-69-69-64—273	8,400
Lanny Wadkins	68-68-67-70—273	8,400
Dan Pohl	68-67-72-66—273	8,400
Leonard Thompson	65-72-69-68—274	5,950
Mike Reid	70-69-64-71—274	5,950
Ben Crenshaw	73-66-67-68—274	5,950
Danny Edwards	70-64-71-69—274	5,950
Ed Fiori	68-67-71-68—274	5,950
Gary McCord	68-67-71-69—275	4,550
Steve Melnyk	68-68-72-67—275	4,550
Andy Bean	69-68-70-68—275	4,550
Lee Elder	66-69-71-70—276	3,780
Ray Floyd	69-68-71-68—276	3,780
Scott Simpson	70-68-68-71—277	2,708
Larry Nelson	69-71-72-65—277	2,708
Jay Haas	68-69-73-67—277	2,708
Tze-Chung Chen	72-65-70-70—277	2,708
Mike Sullivan	70-66-72-69—277	2,708
J. C. Snead	67-71-72-67—277	2,708
Dan Halldorson	68-69-72-68—277	2,708
Joe Inman	70-71-69-67—277	2,708
John Mahaffey	69-71-70-68—278	2,025
Bob Shearer	71-69-73-65—278	2,025
Roger Maltbie	71-66-70-71—278	2,025
Lee Trevino	71-70-71-66—278	2,025
Tom Jenkins	70-66-72-71—279	1,684
Don Pooley	70-68-70-71—279	1,684
John Cook	71-68-70-70—279	1,684
Mike Donald	69-70-70-70—279	1,684
Andy North	68-72-73-67—280	1,365
Larry Mize	73-67-73-67—280	1,365
Woody Blackburn	68-69-72-71—280	1,365
Fred Couples	70-69-73-68—280	1,365
Keith Fergus	73-68-72-67—280	1,365
Jerry Pate	69-69-70-73—281	963
Mike McCullough	72-68-70-71—281	963
Hale Irwin	71-68-72-70—281	963
Curtis Strange	70-70-76-65—281	963
Mark Pfeil	71-68-71-71—281	963
Brad Bryant	71-66-71-73—281	963
Jim Colbert	68-68-75-70—281	963
David Edwards	71-69-71-70—281	963
Gary Koch	70-69-71-72—282	795
George Burns	69-70-72-71—282	795
John Fought	73-67-71-71—282	795
David Graham	69-70-67-76—282	795
Mark Lye	70-69-71-72—282	795
D. A. Weibring	69-68-78-67—282	795
Dave Stockton	69-69-75-69—282	795
Donnie Hammond	74-67-72-69—282	795
Bill Kratzert	71-69-73-70—283	759
Bruce Fleisher	71-68-74-70—283	759
Bobby Clampett	71-70-75-68—284	749
Mike Peck	70-70-73-72—285	724
George Archer	70-69-74-72—285	724
Chip Beck	71-68-75-71—285	724
Ken Green	70-71-75-69—285	724
Jim Booros	71-70-74-70—285	724
Hubert Green	70-71-72-72—285	724
Tom Purtzer	69-71-74-72—286	686
Michael Brannan	72-69-75-70—286	686
Antonio Cerda	68-70-73-75—286	686
Frank Conner	73-67-74-72—286	686
Gibby Gilbert	68-72-74-71—286	686
Mike Morley	70-71-74-72—287	661
Don Bies	73-68-76-70—287	661
Jim Nelford	71-70-75-72—288	644
John Adams	69-70-78-71—288	644
Mark Hayes	68-73-73-74—288	644
Howard Twitty	70-69-74-76—289	630
Morris Hatalsky	71-70-77-76—294	623
*Won playoff.		

BING CROSBY NATIONAL PRO-AM ($325,000),
Pebble Beach G.L. (72-6,799), Cypress Point G.C. (72-6,506), Spyglass Hill G.C. (72-6,810),
Pebble Beach, Calif., Feb. 3-6.

Tom Kite	**69-72-62-73—276**	**$58,500**
Calvin Peete	68-70-70-70—278	28,600
Rex Caldwell	69-70-66-73—278	28,600
Bob Gilder	72-69-66-72—279	14,300
Danny Edwards	70-69-69-71—279	14,300
Jack Nicklaus	71-71-66-72—280	11,700
Tom Watson	67-73-72-69—281	10,487
Ken Green	66-68-71-76—281	10,487
Mike McCullough	69-72-70-71—282	8,450
David Graham	72-70-70-70—282	8,450
Gil Morgan	67-73-71-71—282	8,450
Ben Crenshaw	70-72-68-72—282	8,450
Brad Bryant	69-70-72-72—283	6,825
Payne Stewart	72-68-72-72—284	5,379
Lanny Wadkins	76-66-70-72—284	5,379
Bruce Lietzke	68-72-72-72—284	5,379
Tze-Chung Chen	70-70-69-75—284	5,379
Jim Nelford	71-67-71-75—284	5,379
Donnie Hammond	68-70-67-79—284	5,379
Gary McCord	69-68-70-78—285	4,225
Lon Hinkle	70-69-74-73—286	3,053
Mike Peck	71-75-70-70—286	3,053
Roger Maltbie	74-65-72-75—286	3,053
Rod Nuckolls	71-71-74-70—286	3,053
Johnny Miller	73-71-69-73—286	3,053
Mark Hayes	74-66-73-73—286	3,053
Fred Couples	66-74-73-73—286	3,053

MEN PROFESSIONALS

John Fought	68-73-75-70—286	3,053
Pat McGowan	70-70-72-75—287	2,150
George Burns	72-70-71-74—287	2,150
Bobby Clampett	69-73-72-73—287	2,150
Gibby Gilbert	72-73-70-72—287	2,150
Mike Reid	71-75-70-72—288	1,672
Dan Pohl	76-70-68-74—288	1,672
Clarence Rose	69-70-75-74—288	1,672
George Archer	69-69-75-75—288	1,672
John Cook	69-74-72-73—288	1,672
Victor Regalado	73-70-73-72—288	1,672
Greg Powers	69-72-75-72—288	1,672
Hal Sutton	69-73-72-75—289	1,297
Leonard Thompson	70-70-74-75—289	1,297
Jimmy Roy	71-72-72-74—289	1,297
Bruce Fleisher	76-68-67-78—289	1,297
Jim Thorpe	70-67-77-76—290	958
Bob Murphy	75-71-66-78—290	958
Bill Rogers	73-67-75-75—290	958
David Ogrin	74-74-68-74—290	958
Lindy Miller	68-73-73-76—290	958
Craig Stadler	71-67-76-76—290	958
Mark Pfeil	69-73-73-75—290	958
Jerry Pate	69-72-73-77—291	802
Steve Melnyk	68-71-77-76—292	770
Dennis Trixler	70-74-70-78—292	770
Keith Fergus	68-72-75-77—292	770
Joe Inman	65-75-75-78—293	740
Tommy Valentine	72-73-69-79—293	740
Vance Heafner	73-71-71-78—293	740
Mark O'Meara	69-74-73-78—294	722
Lou Graham	71-71-74-78—294	722
Bobby Nichols	69-74-73-82—298	712
Mick Soli	75-70-71-86—302	705
Jim Simons	71-73-73—217	659
Jeff Sanders	72-70-75—217	659
Doug Sanders	74-71-72—217	659
Doug Tewell	70-77-70—217	659
John McComish	69-74-74—217	659
Tom Jenkins	70-73-74—217	659
Woody Blackburn	74-72-71—217	659
Gay Brewer	71-74-72—217	659
Jodie Mudd	73-75-69—217	659
Mac O'Grady	77-71-69—217	659
Frank Conner	72-74-71—217	659
Jay Haas	71-73-73—217	659
Peter Jacobsen	70-76-71—217	659
Bob Eastwood	72-71-74—217	659

HAWAIIAN OPEN ($325,000),
Waialae C.C. (72-6,881),
Honolulu, Hawaii, Feb. 10-13.

Isao Aoki	**66-70-65-67—268**	**$58,500**
Jack Renner	69-68-66-66—269	35,100
Ben Crenshaw	68-68-69-66—271	22,100
Peter Jacobsen	69-66-67-70—272	12,800
Hale Irwin	73-67-67-65—272	12,800
Andy Bean	70-64-71-67—272	12,800
Ed Fiori	68-67-66-71—272	12,800
Don Pooley	72-68-65-68—273	9,750

Dave Eichelberger	69-69-69-66—273	9,750
J. C. Snead	74-67-68-65—274	8,125
Leonard Thompson	67-68-70-69—274	8,125
Dan Pohl	66-70-69-69—274	8,125
Tim Simpson	69-69-65-73—276	6,118
Vance Heafner	66-65-70-75—276	6,118
Lon Hinkle	70-70-67-69—276	6,118
Thomas Gray	68-71-69-68—276	6,118
Lindy Miller	68-70-71-68—277	4,875
Wayne Levi	67-72-67-71—277	4,875
John Cook	70-65-75-67—277	4,875
Teruo Sugihara	69-68-71-70—278	3,786
Mark Lye	68-70-71-69—278	3,786
Ron Streck	71-67-69-71—278	3,786
David Ishii	67-68-73-70—278	3,786
Payne Stewart	71-71-68-69—279	2,702
Larry Rinker	69-65-72-73—279	2,702
Mick Soli	70-71-69-69—279	2,702
Mike Donald	68-70-70-71—279	2,702
Lee Elder	70-68-70-71—279	2,702
Masahiro Kuramoto	68-74-70-68—280	2,100
Victor Regalado	72-69-69-70—280	2,100
Scott Simpson	68-70-72-70—280	2,100
Donnie Hammond	71-71-69-69—280	2,100
Lou Graham	72-66-74-68—280	2,100
Joey Rassett	70-72-68-71—281	1,705
Roger Maltbie	70-71-71-69—281	1,705
Rod Nuckolls	68-70-70-73—281	1,705
Lennie Clements	69-73-69-70—281	1,705
Rick Pearson	70-71-75-66—282	1,265
Rafael Alarcon	68-70-73-71—282	1,265
Gary Hallberg	68-70-70-74—282	1,265
Mark Calcavecchia	73-68-72-69—282	1,265
Russ Cochran	70-69-72-71—282	1,265
Bruce Lietzke	70-72-72-68—282	1,265
Andy North	72-69-66-75—282	1,265
Dan Forsman	73-69-70-70—282	1,265
Hubert Green	69-72-73-68—282	1,265
Ed Sneed	69-70-74-70—283	826
Mike Nicolette	69-72-75-67—283	826
Mac O'Grady	69-70-68-76—283	826
Bobby Wadkins	71-67-73-72—283	826
Don Bies	72-68-70-73—283	826
Jon Chaffee	70-66-73-74—283	826
Dan Halldorson	72-69-71-71—283	826
Mike Holland	71-69-72-71—283	826
David Ogrin	70-68-71-75—284	733
Jim Nelford	71-69-71-73—284	733
George Cadle	71-69-72-72—284	733
Gene Littler	69-70-73-72—284	733
Steve Hart	71-71-69-73—284	733
Gil Morgan	73-69-71-72—285	701
Larry Mize	70-72-72-71—285	701
Darrell Kestner	70-68-71-76—285	701
Nick Faldo	69-70-72-74—285	701
Charles Coody	71-71-72-72—286	686
Pat Lindsey	67-72-72-76—287	680
Buddy Gardner	68-72-77-72—289	674
Bill Kratzert	69-70-77-74—290	662
Rick Dalpos	70-70-74-76—290	662
Bob Eastwood	72-68-78-72—290	662
Bill Murchison	72-70-77-80—299	650

MEN PROFESSIONALS

ISUZU-ANDY WILLIAMS SAN DIEGO OPEN ($300,000),
  Torrey Pines G.C. North (72-6,667),
  South (72-7,002),
  La Jolla, Calif., Feb 17-20.

Gary Hallberg	69-67-69-66—271	$54,000
Tom Kite	68-65-68-71—272	32,400
John Cook	71-65-71-67—274	17,400
Ben Crenshaw	66-70-70-68—274	17,400
Tom Watson	72-66-69-68—275	11,400
Ray Floyd	71-70-70-64—275	11,400
Scott Simpson	66-73-70-67—276	10,050
Ron Streck	70-68-73-66—277	9,000
Jim Booros	71-67-70-69—277	9,000
Barry Jaeckel	67-71-72-68—278	6,650
Mark Lye	71-70-67-70—278	6,650
Craig Stadler	70-71-70-67—278	6,650
Gil Morgan	71-66-68-73—278	6,650
Don Pooley	72-65-70-71—278	6,650
Lon Hinkle	68-69-69-72—278	6,650
Larry Rinker	69-73-66-71—279	4,500
Tom Purtzer	74-70-66-69—279	4,500
Bill Calfee	68-72-69-70—279	4,500
Fred Couples	71-70-70-68—279	4,500
Dave Eichelberger	72-65-69-73—279	4,500
Johnny Miller	71-68-71-70—280	3,000
Mike Peck	73-69-68-70—280	3,000
Mark Pfeil	72-71-68-69—280	3,000
Mark Wiebe	71-69-73-67—280	3,000
Victor Regalado	69-70-72-69—280	3,000
Tom Jenkins	66-73-71-70—280	3,000
Mark O'Meara	73-68-74-66—281	2,130
Wayne Levi	74-70-71-66—281	2,130
Bruce Lietzke	69-70-70-72—281	2,130
Russ Cochran	73-69-70-69—281	2,130
Bruce Fleisher	66-73-71-71—281	2,130
Arnold Palmer	73-70-69-70—282	1,624
Blaine McCallister	71-71-71-69—282	1,624
Bob Gilder	67-72-73-70—282	1,624
Mike Gove	68-69-75-70—282	1,624
D. A. Weibring	68-71-73-70—282	1,624
Al Geiberger	71-70-70-71—282	1,624
Phil Hancock	72-70-71-69—282	1,624
Peter Oosterhuis	71-73-69-70—283	1,110
Mick Soli	68-73-72-70—283	1,110
Jim Simons	70-72-73-68—283	1,110
Ronnie Black	72-69-71-71—283	1,110
Gene Littler	70-70-71-72—283	1,110
Tze-Chung Chen	75-66-70-72—283	1,110
Rick Dalpos	71-71-74-67—283	1,110
Ed Dougherty	72-70-68-73—283	1,110
Dale Douglass	70-72-74-67—283	1,110
J. C. Snead	73-69-71-71—284	754
Larry Mize	71-71-72-70—284	754
David Ogrin	72-72-68-72—284	754
George Cadle	72-71-72-69—284	754
Gary McCord	67-73-72-72—284	754
Bob Eastwood	71-71-66-76—284	754
Jim Thorpe	70-72-69-74—285	684
Clarence Rose	71-72-70-72—285	684
Dave Barr	75-68-72-70—285	684
Pat McGowan	69-73-73-70—285	684
David Edwards	75-65-71-74—285	684
Jet Ozaki	75-68-70-73—286	663
Ed Fiori	68-74-71-73—286	663
Dave Stockton	73-71-72-71—287	642
Chi Chi Rodriguez	70-69-75-73—287	642
Antonio Cerda	72-70-73-72—287	642
John McComish	70-72-73-72—287	642
Jodie Mudd	75-67-74-71—287	642
Richard Zokol	71-71-73-73—288	621
Lance Ten Broeck	72-67-76-73—288	621
Ed Sneed	71-71-74-73—289	609
Jon Chaffee	65-76-75-73—289	609
Bill Murchison	70-71-73-76—290	600
Ray Stewart	73-71-76-73—293	594
Jeff Sluman	73-70-71-80—294	585
Steve Hart	74-70-74-76—294	585
Curtis Sifford	75-69-77-77—298	576

DORAL-EASTERN OPEN ($300,000),
  Doral C.C. (72-7,065),
  Miami, Fla., Feb. 24-27.

Gary Koch	69-67-65-70—271	$54,000
Ed Fiori	65-73-67-71—276	32,400
George Burns	69-67-70-71—277	20,400
Tom Kite	68-68-72-70—278	13,200
Ray Floyd	71-68-69-70—278	13,200
Tom Purtzer	69-68-70-72—279	10,425
Masahiro Kuramoto	71-68-72-68—279	10,425
Tom Weiskopf	71-67-70-72—280	9,000
Jack Nicklaus	70-70-69-71—280	9,000
Ed Sneed	70-68-72-71—281	8,100
Mike Sullivan	72-68-70-72—282	6,600
Calvin Peete	70-68-70-74—282	6,600
Andy Bean	69-71-72-70—282	6,600
Fred Couples	73-70-67-72—282	6,600
Clarence Rose	70-67-71-75—283	4,650
Peter Oosterhuis	68-72-70-73—283	4,650
Allen Miller	70-65-73-75—283	4,650
Leonard Thompson	70-73-71-69—283	4,650
Bob Boyd	71-69-69-74—283	4,650
Mike Gove	65-71-73-74—283	4,650
Curtis Strange	71-71-69-73—284	3,240
Wayne Levi	73-70-69-72—284	3,240
Dave Barr	72-69-72-71—284	3,240
Ken Green	67-72-72-73—284	3,240
Bill Rogers	70-70-73-72—285	2,193
Pat Lindsey	72-71-71-71—285	2,193
Jack Seltzer	71-71-71-72—285	2,193
Lanny Wadkins	66-71-70-78—285	2,193
Andy North	74-70-71—285	2,193
George Cadle	71-68-72-74—285	2,193
Bruce Fleisher	71-68-75-71—285	2,193
Gibby Gilbert	69-71-73-72—285	2,193
Mac O'Grady	71-70-70-75—286	1,695
Ronnie Black	73-68-72-73—286	1,695
Lee Elder	73-71-69-73—286	1,695
David Ogrin	71-73-70-73—287	1,382
Lyn Lott	70-73-70-74—287	1,382
Denis Watson	71-73-73-73—287	1,382
Tze-Chung Chen	69-73-74-71—287	1,382
Forrest Fezler	70-72-74-71—287	1,382

MEN PROFESSIONALS

Scott Hoch	71-67-72-77—287	1,382
Bobby Wadkins	69-75-72-72—288	1,050
Doug Tewell	69-74-69-76—288	1,050
Rod Nuckolls	71-72-72-73—288	1,050
Jim Dent	69-71-73-75—288	1,050
Nick Faldo	70-70-73-75—288	1,050
Chip Beck	72-70-68-79—289	824
Jim Booros	68-73-70-78—289	824
Mike Donald	73-70-72-74—289	824
Lars Meyerson	72-71-72-75—290	730
Tom Jenkins	71-72-72-75—290	730
John McComish	69-69-72-80—290	730
Mark Calcavecchia	70-74-73-73—290	730
Jeff Mitchell	71-73-75-72—291	693
Nick Price	71-70-74-76—291	693
Jack Renner	72-69-77-74—292	681
Eric Batten	73-70-72-77—292	681
Jimmy Roy	69-75-76-73—293	666
Larry Ziegler	74-70-75-74—293	666
Phil Hancock	75-69-74-75—293	666
Mark Pfeil	69-71-75-79—294	636
Lee Trevino	69-75-72-78—294	636
J. C. Snead	71-73-72-78—294	636
Bill Britton	70-72-77-75—294	636
Bill Buttner	69-74-76-75—294	636
Curt Byrum	69-71-76-78—294	636
Blaine McCallister	69-75-73-77—294	636
Wally Armstrong	72-67-76-80—295	609
Terry Diehl	69-75-74-77—295	609
Chi Chi Rodriguez	72-71-75-79—297	600
Gavin Levenson	71-70-79-79—299	594

HONDA INVERRARY CLASSIC ($400,000).
Inverrary G. & C.C. (72-7,129),
Lauderhill, Fla., March 3-6.

Johnny Miller	**68-73-68-69—278**	**$72,000**
Jack Nicklaus	72-72-70-66—280	43,200
Mike Sullivan	68-72-71-70—281	20,800
Fred Couples	70-70-70-71—281	20,800
Mike Donald	70-68-72-71—281	20,800
Hal Sutton	72-71-69-70—282	12,950
Tom Kite	71-73-69-69—282	12,950
Wayne Levi	71-67-70-74—282	12,950
Ray Floyd	67-67-78-70—282	12,950
Mike McCullough	69-70-74-70—283	8,044
Payne Stewart	65-72-73-73—283	8,044
Jay Haas	69-71-73-70—283	8,044
Dan Forsman	69-71-69-74—283	8,044
Allen Miller	69-73-74-67—283	8,044
Gary Koch	68-71-68-76—283	8,044
John Adams	72-71-73-67—283	8,044
David Edwards	69-69-72-73—283	8,044
Mark Hayes	69-70-73-71—283	8,044
Tom Purtzer	72-70-71-71—284	4,848
Mike Reid	66-73-74-71—284	4,848
Leonard Thompson	70-68-75-71—284	4,848
Brad Bryant	69-72-73-70—284	4,848
Hubert Green	73-65-74-72—284	4,848
Fuzzy Zoeller	71-73-69-72—285	3,165
Andy Bean	69-71-73-72—285	3,165
Woody Blackburn	72-69-73-71—285	3,165
Mark McCumber	71-71-71-72—285	3,165
Mark Pfeil	71-70-74-70—285	3,165
Seve Ballesteros	70-73-71-71—285	3,165
Vance Heafner	72-71-69-73—285	3,165
Steve Melnyk	68-72-75-71—286	2,425
Jim Simons	69-74-73-70—286	2,425
Antonio Cerda	74-71-69-72—286	2,425
Jim Colbert	69-74-69-74—286	2,425
Bob Murphy	71-74-69-73—287	1,847
Peter Oosterhuis	70-72-71-74—287	1,847
Jim Nelford	72-66-74-75—287	1,847
Scott Simpson	71-71-72-73—287	1,847
Mark Lye	70-71-76-70—287	1,847
Tze-Chung Chen	70-71-76-70—287	1,847
Jim Dent	70-72-72-73—287	1,847
Tom Jenkins	70-72-73-72—287	1,847
Joey Rassett	70-75-70-73—288	1,168
Mac O'Grady	70-72-74-72—288	1,168
Larry Mize	70-75-70-73—288	1,168
Jim Thorpe	75-68-71-74—288	1,168
Dave Barr	72-72-70-74—288	1,168
Bill Kratzert	71-72-73-72—288	1,168
Masahiro Kuramoto	71-74-71-72—288	1,168
Dave Eichelberger	70-73-72-73—288	1,168
Gibby Gilbert	69-73-73-73—288	1,168
Ken Green	72-70-71-75—288	1,168
Ron Streck	69-76-69-75—289	917
Pat Lindsey	74-71-71-73—289	917
Denis Watson	73-72-73-71—289	917
Danny Edwards	70-73-72-74—289	917
Ed Fiori	71-72-70-76—289	917
Lyn Lott	69-76-72-72—289	917
Lindy Miller	71-70-74-75—290	864
Jeff Mitchell	71-74-72-73—290	864
Mike Peck	73-71-71-75—290	864
Howard Twitty	69-73-76-72—290	864
Isao Aoki	71-73-72-74—290	864
Hale Irwin	73-70-72-75—290	864
Bill Britton	71-69-74-76—290	864
Bobby Wadkins	69-73-74-75—291	816
George Archer	75-68-75-73—291	816
Pat McGowan	72-73-76-70—291	816
Lon Hinkle	68-73-75-75—291	816
John McComish	73-72-75-71—291	816
Bill Rogers	70-73-75-74—292	788
Peter Jacobsen	67-74-75-76—292	788
D. A. Weibring	71-73-73-76—293	776
Andy North	72-70-76-76—294	768
Larry Ziegler	74-69-77-75—295	752
George Burns	68-72-78-77—295	752
John Fought	73-70-79-73—295	752
Rex Caldwell	73-72-76-75—296	736
Tom Weiskopf	69-71-77-80—297	724
Mark McNulty	72-72-73-80—297	724

BAY HILL CLASSIC ($350,000).
Bay Hill Club (71-7,089),
Orlando, Fla., March 10-13.

*Mike Nicolette	66-72-71-74—283	$63,000
Greg Norman	72-71-72-68—283	37,800
Bill Rogers	71-74-72-69—286	20,300

17

MEN PROFESSIONALS

D. A. Weibring	71-75-70-70—286	20,300
Seve Ballesteros	70-74-71-72—287	12,293
Gil Morgan	72-74-72-69—287	12,293
Jack Nicklaus	72-72-73-70—287	12,293
Hale Irwin	76-73-70-68—287	12,293
Tom Watson	73-71-74-70—288	9,800
Fuzzy Zoeller	72-74-74-68—288	9,800
Larry Nelson	72-71-74-72—289	8,050
Mike McCullough	74-73-74-68—289	8,050
Bruce Lietzke	74-77-71-67—289	8,050
Gary McCord	72-75-77-66—290	6,475
Ray Floyd	71-74-74-71—290	6,475
Jim Thorpe	73-73-72-73—291	5,250
Tom Purtzer	78-71-75-67—291	5,250
Gibby Gilbert	75-75-69-72—291	5,250
David Graham	77-71-70-73—291	5,250
Tom Jenkins	73-74-71-73—291	5,250
Jim Dent	74-74-70-74—292	4,060
Joe Inman	68-76-77-71—292	4,060
Woody Blackburn	70-78-75-70—293	3,360
Jim Colbert	71-75-80-67—293	3,360
Bob Gilder	70-71-77-75—293	3,360
Leonard Thompson	75-74-75-70—294	2,382
Curtis Strange	81-69-72-72—294	2,382
J. C. Snead	71-80-73-70—294	2,382
Andy Bean	75-71-75-73—294	2,382
Mac O'Grady	71-74-76-73—294	2,382
Hal Sutton	75-76-72-71—294	2,382
Brad Bryant	74-77-75-68—294	2,382
Lou Graham	73-75-71-75—294	2,382
Gary Hallberg	70-75-75-74—294	2,382
Dan Pohl	75-71-80-69—295	1,763
Andy North	74-73-73-75—295	1,763
Ben Crenshaw	76-76-70-73—295	1,763
Gary Koch	76-71-76-72—295	1,763
Mark McCumber	69-75-78-74—296	1,575
Tze-Chung Chen	75-74-74-74—297	1,330
John Cook	75-74-76-72—297	1,330
Roger Maltbie	74-77-72-74—297	1,330
Jay Haas	75-76-75-71—297	1,330
Donnie Hammond	69-73-75-80—297	1,330
Barry Jaeckel	76-73-71-77—297	1,330
Isao Aoki	71-75-75-77—298	936
Jim Nelford	76-76-76-70—298	936
Don Pooley	77-74-68-79—298	936
Greg Powers	75-76-70-77—298	936
Ed Sneed	76-76-73-73—298	936
Mike Donald	70-81-74-73—298	936
Morris Hatalsky	72-77-79-70—298	*936
Bob Boyd	74-72-77-76—299	810
Tommy Valentine	72-75-77-75—299	810
Pat McGowan	69-81-72-77—299	810
Masahiro Kuramoto	79-73-77-70—299	810
Bobby Wadkins	77-73-74-76—300	773
Payne Stewart	70-80-77-73—300	773
Larry Rinker	74-74-78-74—300	773
Bill Britton	73-74-75-78—300	773
Mark O'Meara	75-74-78-73—300	773
Phil Hancock	73-76-78-73—300	773
Bruce Fleisher	73-78-76-74—301	749
Scott Simpson	74-74-77-77—302	738
Frank Conner	74-76-80-72—302	738
Antonio Cerda	76-73-76-78—303	721
Ken Green	73-77-79-74—303	721
Jodie Mudd	76-76-79-72—303	721
Bob Eastwood	77-74-76-77—304	703
Dan Forsman	76-76-79-73—304	703
Clarence Rose	74-74-80-79—307	689
Yataka Hagawa	74-75-78-80—307	689
Jeff Mitchell	79-72-88-69—308	679
David Edwards	73-79-83-80—315	672

*Won playoff.

USF&G CLASSIC ($400,000),
Lakewood C.C. (72-7,080),
New Orleans, La., March 17-20.

Bill Rogers	**69-67-69-69—274**	**$72,000**
David Edwards	71-67-69-70—277	29,866
Jay Haas	68-70-71-68—277	29,866
Vance Heafner	71-70-67-69—277	29,866
Greg Norman	73-67-68-70—278	16,000
Doug Tewell	69-70-68-72—279	13,900
Jim Simons	69-72-68-70—279	13,900
Lon Hinkle	72-69-68-71—280	12,000
John Cook	70-70-70-70—280	12,000
Bob Shearer	70-71-71-69—281	9,600
Pat McGowan	70-70-71-70—281	9,600
Curtis Strange	71-69-72-69—281	9,600
Jim Colbert	71-72-68-70—281	9,600
Mike Reid	70-69-71-72—282	6,600
Ron Streck	74-68-71-69—282	6,600
Bob Boyd	71-70-71-70—282	6,600
Tze-Chung Chen	69-68-74-71—282	6,600
Ben Crenshaw	71-70-71-70—282	6,600
Bruce Fleisher	74-68-72-68—282	6,600
Don Pooley	71-68-71-73—283	5,000
Chip Beck	71-71-68-73—283	5,000
Gil Morgan	73-70-69-72—284	3,340
Mark McNulty	69-74-70-71—284	3,340
Tim Simpson	72-70-70-72—284	3,340
Bob Murphy	69-74-71-70—284	3,340
Mark Pfeil	74-69-68-73—284	3,340
John McComish	74-69-71-70—284	3,340
Victor Regalado	72-70-71-71—284	3,340
Isao Aoki	71-71-69-73—284	3,340
Nick Faldo	72-70-74-68—284	3,340
Ray Floyd	73-71-70-70—284	3,340
Calvin Peete	71-72-70-72—285	2,213
Phil Hancock	70-70-74-71—285	2,213
Larry Rinker	72-72-69-72—285	2,213
Hal Sutton	72-70-71-72—285	2,213
Gary Koch	73-70-70-72—285	2,213
Lou Graham	74-70-72-69—285	2,213
Tom Watson	70-69-71-76—286	1,560
Johnny Miller	71-72-71-72—286	1,560
Roger Maltbie	72-66-76-72—286	1,560
Mike Peck	72-69-73-72—286	1,560
Larry Nelson	71-73-72-70—286	1,560
Peter Jacobsen	70-71-71-74—286	1,560
Curt Byrum	68-70-73-75—286	1,560
Bob Eastwood	70-72-71-73—286	1,560
Donnie Hammond	73-67-70-75—286	1,560
Lindy Miller	71-71-73-72—287	1,041

MEN PROFESSIONALS

Mark Hayes	68-68-75-76—287	1,041
Wally Armstrong	70-71-72-74—287	1,041
Scott Hoch	75-67-70-75—287	1,041
Lyn Lott	71-71-75-70—287	1,041
Wayne Levi	72-68-69-78—287	1,041
D. A. Weibring	74-70-71-73—288	921
Rod Nuckolls	72-70-73-73—288	921
Ivan Smith	71-68-73-76—288	921
Woody Blackburn	72-70-73-73—288	921
Frank Conner	75-68-73-72—288	921
Bruce Lietzke	74-70-72-73—289	888
Antonio Cerda	74-70-72-73—289	888
Jim Dent	71-72-74-72—289	888
Bobby Cole	71-70-74-75—290	872
†Tommy Moore	71-71-70-78—290	
Nick Price	71-71-74-75—291	856
David Peoples	72-71-75-73—291	856
Darrell Kestner	75-68-71-77—291	856
Jodie Mudd	74-70-74-74—292	832
Jimmy Roy	73-71-72-76—292	832
Dale Douglass	70-72-75-75—292	832
Bobby Wadkins	70-74-73-77—294	812
Mike Nicolette	71-71-75-77—294	812
Jim Nelford	74-70-75-76—295	796
Dave Barr	73-71-73-78—295	796
Greg Powers	69-75-78-74—296	784
Teddy Sliman	70-73-76-79—298	776
†Amateur.		

TOURNAMENT PLAYERS CHAMPIONSHIP ($700,000),
Tournament Players C. (72-6,857), Ponte Vedra Beach, Fla. March 25-28.

Hal Sutton	**73-71-70-69—283**	**$126,000**
Bob Eastwood	69-75-71-69—284	75,600
Bruce Lietzke	68-75-71-71—285	36,400
John Mahaffey	72-74-72-67—285	36,400
John Cook	69-70-71-75—285	36,400
Doug Tewell	72-74-70-70—286	24,325
Vance Heafner	72-71-69-74—286	24,325
Curtis Strange	72-75-70-70—287	21,000
Ed Fiori	72-73-71-71—287	21,000
Don Pooley	71-70-72-75—288	17,500
Bobby Clampett	69-72-70-77—288	17,500
Ben Crenshaw	70-74-69-75—288	17,500
Larry Mize	72-76-72-69—289	13,533
Wayne Levi	72-74-71-72—289	13,533
Keith Fergus	74-71-71-73—289	13,533
Johnny Miller	73-73-73-71—290	11,200
Tommy Nakajima	71-72-73-74—290	11,200
Peter Jacobsen	73-68-72-77—290	11,200
Tom Purtzer	71-73-76-71—291	8,785
Tom Watson	75-74-70-72—291	8,785
Jack Nicklaus	73-76-68-74—291	8,785
Lennie Clements	73-70-74-74—291	8,785
Gil Morgan	74-72-70-76—292	6,440
Barry Jaeckel	73-71-74-74—292	6,440
Terry Diehl	73-71-75-73—292	6,440
Ray Floyd	70-76-72-74—292	6,440
Mike McCullough	74-74-73-72—293	4,970
Tom Kite	72-75-73-73—293	4,970
Leonard Thompson	69-76-74-74—293	4,970
Danny Edwards	70-77-73-73—293	4,970
Bruce Fleisher	73-75-75-70—293	4,970
Bob Murphy	72-70-77-75—294	4,142
J. C. Snead	71-70-75-78—294	4,142
Joe Inman	72-72-74-76—294	4,142
Calvin Peete	73-73-77-72—295	3,304
John Adams	74-74-76-71—295	3,304
David Edwards	72-75-73-75—295	3,304
Nick Faldo	74-74-72-75—295	3,304
David Graham	73-72-74-76—295	3,304
Seve Ballesteros	72-75-70-78—295	3,304
Bob Gilder	72-73-74-76—295	3,304
Allen Miller	75-74-72-75—296	2,730
Tim Norris	74-74-76-73—297	2,244
Gary Koch	77-71-79-70—297	2,244
Isao Aoki	75-74-75-73—297	2,244
Frank Conner	73-75-75-74—297	2,244
Peter Oosterhuis	70-78-73-76—297	2,244
Dave Eichelberger	76-73-73-75—297	2,244
Bobby Wadkins	72-75-74-77—298	1,727
Mark O'Meara	69-77-74-76—298	1,727
Mark McCumber	69-77-75-77—298	1,727
Charles Coody	76-72-79-71—298	1,727
Hale Irwin	75-72-72-79—298	1,727
Jim Thorpe	73-75-77-74—299	1,617
Arnold Palmer	77-72-76-74—299	1,617
Ron Streck	71-77-76-76—300	1,568
Tom Weiskopf	70-77-81-72—300	1,568
Lon Hinkle	74-73-73-80—300	1,568
Al Geiberger	72-74-74-80—300	1,568
Gibby Gilbert	72-74-75-79—300	1,568
Scott Simpson	75-74-76-76—301	1,519
Jim Nelford	72-77-72-80—301	1,519
Craig Stadler	74-74-70-84—302	1,498
Greg Norman	71-77-76-78—302	1,498
Mark Pfeil	71-75-81-77—304	1,470
Jim Colbert	72-77-83-73—305	1,456
Mike Nicolette	73-71-79-WD	1,442

GREATER GREENSBORO OPEN ($400,000),
Forest Oaks C.C. (72-6,984), Greensboro, N.C., March 31-April 3.

Lanny Wadkins	**72-69-67-67—275**	**$72,000**
Craig Stadler	71-70-67-72—280	35,200
Denis Watson	69-72-67-72—280	35,200
Tommy Nakajima	74-70-66-71—281	19,200
Bobby Clampett	72-69-69-72—282	16,000
Nick Faldo	71-71-71-70—283	14,400
Peter Oosterhuis	73-73-66-72—284	12,466
Phil Hancock	73-68-70-73—284	12,466
Bob Eastwood	70-69-73-72—284	12,466
Ron Streck	72-69-70-74—285	10,400
Miller Barber	73-69-74-69—285	10,400
Mark Pfeil	74-70-71-71—286	8,800
Mike Reid	74-72-70-70—286	8,800
Scott Simpson	73-73-70-71—287	7,200
J. C. Snead	74-71-70-72—287	7,200
Jay Haas	72-72-72-71—287	7,200
Jack Renner	73-73-72-70—288	6,200
Tom Purtzer	75-69-71-73—288	6,200
Rex Caldwell	72-72-71-74—289	4,208

19

MEN PROFESSIONALS

Bobby Wadkins	75-72-70-72—289	4,208
Lee Elder	74-68-75-72—289	4,208
Corey Pavin	73-72-73-71—289	4,208
Joey Rassett	72-71-72-74—289	4,208
Buddy Gardner	73-67-75-74—289	4,208
Roger Maltbie	70-74-71-74—289	4,208
Jim Nelford	70-71-76-72—289	4,208
Chip Beck	71-74-74-70—289	4,208
John Cook	73-71-72-74—290	2,602
Mike Donald	72-75-69-74—290	2,602
Andy North	73-72-70-75—290	2,602
Mark Lye	69-70-76-75—290	2,602
Mark McCumber	73-71-73-73—290	2,602
Charles Coody	74-70-72-74—290	2,602
Wayne Levi	72-76-72-70—290	2,602
George Archer	74-73-69-75—291	2,060
Bob Gilder	74-72-73-72—291	2,060
Gary Hallberg	75-71-74-71—291	2,060
Fred Couples	76-71-69-76—292	1,680
Clarence Rose	76-70-75-71—292	1,680
Danny Edwards	72-74-69-77—292	1,680
Bill Kratzert	77-71-72-72—292	1,680
Mark McNulty	77-69-77-69—292	1,680
Nick Price	71-77-70-74—292	1,680
Mick Soli	74-74-74-71—293	1,209
Larry Mize	73-74-73-73—293	1,209
Jim Dent	73-75-72-73—293	1,209
Larry Rinker	72-75-71-75—293	1,209
Ben Crenshaw	78-70-71-74—293	1,209
Tom Lehman	74-70-73-76—293	1,209
Loren Roberts	75-73-75-71—294	974
Gary Player	72-75-73-74—294	974
Vance Heafner	72-75-74-73—294	974
Pat McGowan	72-74-73-75—294	974
Woody Blackburn	72-76-73-74—295	920
Curtis Strange	72-72-74-77—295	920
Lou Graham	72-74-75-74—295	920
Leonard Thompson	77-69-74-76—296	892
Mac O'Grady	72-70-75-79—296	892
Donnie Hammond	76-69-76-75—296	892
John McComish	76-72-72-76—296	892
Dave Eichelberger	71-73-74-79—297	860
Doug Tewell	78-70-74-75—297	860
Lennie Clements	77-71-70-79—297	860
Forrest Fezler	74-71-72-80—297	860
Ronnie Black	75-73-72-78—298	824
John Fought	77-71-74-76—298	824
Dan Halldorson	73-73-74-78—298	824
Tom Jenkins	74-74-75-75—298	824
Allen Miller	73-75-75-75—298	824
Jim Thorpe	73-75-77-76—301	792
Thomas Gray	71-76-73-81—301	792
Tim Simpson	75-73-78-75—301	792
John Adams	75-73-80-74—302	776
Gavin Levenson	75-71-79-81—306	768

THE MASTERS TOURNAMENT ($500,000),
Augusta (Ga.) National G.C. (72-6,905),
April 7-10.

Seve Ballesteros	**68-70-73-69—280**	**$90,000**
Ben Crenshaw	76-70-70-68—284	44,000
Tom Kite	70-72-73-69—284	44,000
Tom Watson	70-71-71-73—285	22,000
Ray Floyd	67-72-71-75—285	22,000
Craig Stadler	69-72-69-76—286	17,400
Hale Irwin	72-73-72-69—286	17,400
Lanny Wadkins	73-70-73-71—287	14,500
Dan Pohl	74-72-70-71—287	14,500
Gil Morgan	67-70-76-74—287	14,500
Scott Simpson	70-73-72-73—288	12,500
J. C. Snead	68-74-74-73—289	10,125
George Archer	71-73-71-74—289	10,125
Wayne Levi	72-70-74-73—289	10,125
Johnny Miller	72-72-71-74—289	10,125
Keith Fergus	70-69-74-77—290	8,000
Jack Renner	67-75-78-70—290	8,000
Tommy Nakajima	72-70-72-76—290	8,000
Isao Aoki	70-76-74-71—291	7,000
Lee Trevino	71-72-72-77—292	5,214
Tom Weiskopf	75-72-71-74—292	5,214
Fuzzy Zoeller	70-74-76-72—292	5,214
Nick Faldo	70-70-76-76—292	5,214
Peter Oosterhuis	73-69-78-72—292	5,214
Mark Hayes	71-73-76-72—292	5,214
Peter Jacobsen	73-71-76-72—292	5,214
Hal Sutton	73-73-70-77—293	3,667
Jay Haas	73-69-73-78—293	3,667
Scott Hoch	74-69-74-76—293	3,667
Greg Norman	71-74-70-79—294	3,350
Andy North	72-75-72-75—294	3,350
Chip Beck	71-76-76-72—295	2,900
Payne Stewart	70-76-78-71—295	2,900
Fred Couples	73-68-81-73—295	2,900
Gary Hallberg	71-71-75-78—295	2,900
Charles Coody	68-75-79-74—296	2,450
Danny Edwards	70-76-79-71—296	2,450
Yataka Hagawa	72-75-75-74—296	2,450
Arnold Palmer	68-74-76-78—296	2,450
John Mahaffey	72-75-74-76—297	2,200
†James Hallet	68-73-78-78—297	
Bruce Lietzke	69-75-82-72—298	2,050
Jodie Mudd	72-68-72-86—298	2,050
Bob Gilder	72-74-76-77—299	1,970
Mike Nicolette	73-74-78-74—299	1,970
David Graham	71-74-80-75—300	1,940
Gay Brewer	72-73-80-76—301	1,920
Bob Shearer	70-77-82-76—305	1,900
Calvin Peete	70-72-87-80—309	1,880

†Amateur.

SEA PINES HERITAGE CLASSIC ($350,000),
Harbour Town G.L. (71-6,804),
Hilton Head Island, S.C., April 14-18.

Fuzzy Zoeller	**67-72-65-71—275**	**$63,000**
Jim Nelford	68-68-70-71—277	37,800
Mac O'Grady	68-65-73-73—279	20,300
Bob Eastwood	67-67-71-74—279	20,300
Hale Irwin	70-66-71-73—280	11,462
Mark McCumber	70-69-68-73—280	11,462
Craig Stadler	70-71-67-72—280	11,462
Tom Kite	75-68-67-70—280	11,462
Calvin Peete	72-68-70-70—280	11,462

MEN PROFESSIONALS

David Graham	70-69-69-72—280	11,462
Lee Trevino	66-72-72-71—281	7,700
Andy Bean	69-71-72-69—281	7,700
Fred Couples	73-66-69-73—281	7,700
Ben Crenshaw	68-74-69-70—281	7,700
Mark McNulty	66-69-72-75—282	5,775
Lanny Wadkins	70-74-69-69—282	5,775
Woody Blackburn	69-70-70-73—282	5,775
Lou Graham	72-68-75-67—282	5,775
Leonard Thompson	71-70-73-69—283	4,725
Jim Thorpe	70-71-70-72—283	4,725
Peter Jacobsen	71-67-71-75—284	4,060
Joey Rassett	73-71-68-72—284	4,060
Larry Mize	67-71-76-71—285	3,360
Doug Tewell	69-71-74-71—285	3,360
Donnie Hammond	67-72-72-74—285	3,360
Gary Koch	69-71-71-75—286	2,432
Barry Jaeckel	70-71-72-73—286	2,432
Bob Shearer	70-75-70-71—286	2,432
Nick Price	70-70-73-73—286	2,432
Scott Simpson	68-67-78-73—286	2,432
Chip Beck	71-71-69-75—286	2,432
Scott Hoch	72-72-72-70—286	2,432
John Cook	71-70-70-75—286	2,432
J. C. Snead	71-74-73-69—287	1,806
Allen Miller	71-68-76-72—287	1,806
Isao Aoki	71-74-70-72—287	1,806
Joe Inman	72-71-71-73—287	1,806
Lee Elder	70-71-74-72—287	1,806
Denis Watson	69-71-71-77—288	1,435
Don Pooley	71-74-76-67—288	1,435
Bob Murphy	73-68-74-73—288	1,435
Jay Haas	72-71-71-74—288	1,435
Forrest Fezler	73-70-73-72—288	1,435
Steve Hart	68-76-74-71—289	1,087
Rex Caldwell	71-72-72-74—289	1,087
Vance Heafner	70-74-69-76—289	1,087
Phil Hancock	70-74-72-73—289	1,087
Tom Jenkins	71-72-71-75—289	1,087
George Archer	70-71-73-77—291	855
Jim Colbert	72-73-74-72—291	855
Pat McGowan	73-72-74-72—291	855
Jim Dent	69-75-73-74—291	855
George Burns	71-68-74-78—291	855
Thomas Gray	70-73-79-69—291	855
David Peoples	71-70-74-77—292	780
Wally Armstrong	74-69-74-75—292	780
Pat Lindsey	72-69-78-73—292	780
Terry Diehl	75-70-70-77—292	780
Dave Eichelberger	77-68-70-77—292	780
Al Geiberger	72-73-70-77—292	780
Morris Hatalsky	68-77-75-72—292	780
Ken Green	75-67-73-77—292	780
Victor Regalado	72-72-76-73—293	745
John Fought	70-75-74-74—293	745
Tom Weiskopf	72-71-75-76—294	728
Brad Bryant	74-69-77-74—294	728
Lennie Clements	70-74-77-73—294	728
Gary Player	72-71-74-78—295	710
John Mahaffey	72-73-75-75—295	710
Clarence Rose	75-69-81-72—297	696
Buddy Gardner	71-74-73-79—297	696
Chi Chi Rodriguez	74-70-78-77—299	686
Miller Barber	76-69-77-78—300	675
Bruce Fleisher	70-75-73-82—300	675

MONY TOURNAMENT OF CHAMPIONS ($400,000),
La Costa C.C. (72-6,911),
Carlsbad, Calif., April 21-24

Lanny Wadkins	**67-70-71-72—280**	**$72,000**
Ray Floyd	68-72-72-69—281	48,000
Jay Haas	70-70-69-73—282	32,000
Hal Sutton	67-70-72-74—283	24,000
Isao Aoki	73-69-72-70—284	18,333
Bobby Clampett	72-71-70-71—284	18,333
Fuzzy Zoeller	74-72-68-70—284	18,333
Wayne Levi	72-69-74-70—285	15,000
Craig Stadler	69-73-73-71—286	14,000
Calvin Peete	71-71-74-71—287	12,500
Jack Nicklaus	65-72-77-73—287	12,500
Gary Hallberg	72-70-68-78—288	10,000
Gary Koch	67-76-69-76—288	10,000
Tom Kite	69-75-72-72—288	10,000
Gil Morgan	71-71-78-69—289	8,500
Tom Watson	76-72-71-72—291	8,000
Bruce Lietzke	75-74-71-72—292	7,500
Ed Sneed	75-76-70-73—294	6,750
Keith Fergus	70-71-78-75—294	6,750
Johnny Miller	69-75-79-72—295	6,200
Bob Gilder	75-75-75-72—297	5,750
Scott Hoch	76-71-76-74—297	5,750
Bob Shearer	77-77-71-74—299	5,075
Bill Rogers	78-76-72-73—299	5,075
Tim Norris	73-76-75-75—299	5,075
Tom Weiskopf	77-78-71-73—299	5,075
Mike Nicolette	74-70-75-81—300	4,800
Payne Stewart	75-79-74-74—302	4,700

BYRON NELSON GOLF CLASSIC ($400,000),
Las Colinas Sports C. (71-6,982),
Irving, Tex., April 28-May 1.

Ben Crenshaw	**71-69-67-66—273**	**$72,000**
Hal Sutton	72-66-67-69—274	35,200
Brad Bryant	69-68-69-68—274	35,200
Tom Watson	75-67-69-66—277	13,971
Gary McCord	71-68-70-68—277	13,971
Bruce Lietzke	72-67-69-69—277	13,971
Mark Hayes	70-67-71-69—277	13,971
Tom Purtzer	71-64-70-72—277	13,971
Mike Donald	71-64-72-70—277	13,971
Lanny Wadkins	67-69-68-73—277	13,971
Dave Barr	68-72-70-68—278	8,480
Dan Forsman	76-74-70-68—278	8,480
John Fought	70-68-71-69—278	8,480
David Edwards	70-68-74-66—278	8,480
Ed Fiori	70-66-71-71—278	8,480
Lon Hinkle	71-70-70-68—279	6,800
Dan Pohl	72-70-66-72—280	5,800
Peter Oosterhuis	71-68-71-70—280	5,800
Rex Caldwell	69-71-70-70—280	5,800
Ray Floyd	73-65-70-72—280	5,800
Joey Rassett	70-69-75-67—281	4,640

MEN PROFESSIONALS

Name	Scores	Prize
Nick Faldo	71-69-72-69—281	4,640
Jim Nelford	71-67-74-70—282	3,840
Jack Nicklaus	69-74-70-69—282	3,840
George Archer	72-69-72-69—282	3,840
Mark Lye	69-71-73-70—283	3,140
Jim Colbert	71-70-70-72—283	3,140
Doug Tewell	69-71-73-71—284	2,660
Dave Stockton	72-72-70-70—284	2,660
Pat McGowan	72-67-75-70—284	2,660
Buddy Gardner	73-69-71-71—284	2,660
Bill Calfee	81-64-69-70—284	2,660
Bob Eastwood	74-65-72-73—284	2,660
John Cook	73-70-72-70—285	2,160
Bruce Devlin	72-70-71-72—285	2,160
Dave Eichelberger	71-70-72-72—285	2,160
Donnie Hammond	71-67-73-74—286	1,960
Tom Weiskopf	70-73-72-72—287	1,560
Lindy Miller	73-66-73-75—287	1,560
Victor Regalado	71-67-75-74—287	1,560
Steve Melnyk	72-70-72-73—287	1,560
Andy Bean	73-68-74-72—287	1,560
George Cadle	71-68-75-73—287	1,560
Lennie Clements	73-71-72-71—287	1,560
Thomas Gray	70-73-72-72—287	1,560
Keith Fergus	72-72-70-73—287	1,560
Roger Maltbie	71-72-74-71—288	1,076
Rod Nuckolls	76-69-72-71—288	1,076
Ken Green	72-72-72-72—288	1,076
Phil Hancock	75-68-71-74—288	1,076
Howard Twitty	74-70-71-74—289	972
Bobby Wadkins	71-71-73-74—289	972
Pat Lindsey	69-73-74-74—290	936
Ronnie Black	75-69-73-73—290	936
Mick Soli	69-69-78-75—291	896
Larry Mize	73-72-72-74—291	896
Curtis Strange	71-69-74-77—291	896
Lonnie Nielsen	74-71-73-73—291	896
Tom Jenkins	76-69-73-73—291	896
Bob Gilder	74-68-77-72—291	896
Bruce Fleisher	75-70-73-73—291	896
Clarence Rose	76-68-73-75—292	848
Bill Murchison	71-73-76-72—292	848
Bill Kratzert	71-72-76-73—292	848
David Graham	74-70-74-74—292	848
Hubert Green	74-71-74-73—292	848
Mark McCumber	74-69-74-76—293	816
Jeff Mitchell	74-71-76-72—293	816
Tom Lehman	71-73-75-74—293	816
Lance Ten Broeck	75-69-73-72—294	800
Mark Calcavecchia	71-71-76-77—295	792
Larry Rinker	76-67-79-77—299	780
Doug Brown	74-71-76-78—299	780
Rick Pearson	74-69-74-84—301	768

HOUSTON COCA-COLA OPEN ($400,000),
Woodlands, (Tex.) C.C. (71-7,031),
May 5-8.

David Graham	**66-72-73-64—275**	**$72,000**
Lee Trevino	68-68-71-73—280	29,866
Lee Elder	69-73-69-69—280	29,866
Jim Thorpe	71-68-71-70—280	29,866
David Edwards	72-71-69-69—281	16,000
Tom Purtzer	73-73-70-66—282	11,685
Jim Nelford	66-72-71-73—282	11,685
Ed Fiori	71-70-71-70—282	11,685
Larry Mize	71-71-74-76—282	11,685
Bob Boyd	68-73-71-70—282	11,685
John Cook	67-73-68-74—282	11,685
Fred Couples	71-67-72-72—282	11,685
George Burns	70-74-67-72—283	7,733
Doug Tewell	69-72-65-77—283	7,733
John Mahaffey	72-69-70-72—283	7,733
Hal Sutton	71-73-71-69—284	5,611
Bill Rogers	71-72-70-71—284	5,611
Gary Koch	69-69-72-74—284	5,611
George Archer	73-73-69-69—284	5,611
Jay Haas	72-73-71-68—284	5,611
Bob Eastwood	73-70-68-73—284	5,611
Mike Reid	71-72-71-70—284	5,611
Hale Irwin	75-71-68-71—285	3,371
Allen Miller	71-71-71-72—285	3,371
Bruce Lietzke	73-68-72-72—285	3,371
Rex Caldwell	70-73-71-71—285	3,371
Phil Hancock	73-71-71-70—285	3,371
Lou Graham	71-69-72-73—285	3,371
Bobby Wadkins	69-77-68-71—285	3,371
Tom Jenkins	70-75-71-70—286	2,430
Ed Sneed	71-72-72-71—286	2,430
Don Pooley	70-75-67-74—286	2,430
Larry Rinker	73-72-69-72—286	2,430
Thomas Gray	68-77-69-72—286	2,430
Mark Hayes	72-73-70-71—286	2,430
Mark McNulty	72-74-70-71—287	1,641
Joey Rassett	72-74-70-71—287	1,641
Victor Regalado	69-72-72-74—287	1,641
David Ogrin	70-70-76-71—287	1,641
Peter Oosterhuis	73-73-72-69—287	1,641
Mike Sullivan	69-74-70-74—287	1,641
Mike Nicolette	69-74-74-70—287	1,641
Clarence Rose	71-71-70-75—287	1,641
Michael Brannan	75-71-70-71—287	1,641
Denis Watson	73-73-69-72—287	1,641
Gil Morgan	70-74-72-71—287	1,641
Larry Ziegler	69-74-71-74—288	1,027
Lindy Miller	67-75-73-73—288	1,027
Chip Beck	71-73-68-76—288	1,027
Hubert Green	77-69-72-70—288	1,027
Mike Donald	70-74-69-75—288	1,027
John Fought	70-74-71-73—288	1,027
Roger Maltbie	72-70-74-72—288	1,027
Jimmy Roy	74-72-70-73—289	908
Antonio Cerda	75-70-74-70—289	908
Barry Jaeckel	75-69-74-71—289	908
Jim Dent	71-72-72-74—289	908
Danny Edwards	72-74-73-70—289	908
Keith Fergus	72-73-73-71—289	908
Steve Melnyk	71-74-73-72—290	868
Mike McCullough	69-76-71-74—290	868
Loren Roberts	70-74-72-74—290	868
Bill Calfee	72-74-71-73—290	868
Fuzzy Zoeller	71-72-70-78—291	836
Dave Barr	71-71-73-76—291	836
Curt Byrum	67-76-74-74—291	836

MEN PROFESSIONALS

Buddy Gardner	72-73-72-74—291	836
Leonard Thompson	70-75-75-72—292	808
Jeff Sanders	72-74-71-75—292	808
Bruce Fleisher	71-74-74-73—292	808
Howard Twitty	76-70-75-72—293	788
Bob Murphy	71-69-78-75—293	788
Miller Barber	71-74-71-78—294	772
Bob Charles	73-72-72-77—294	772
Lennie Clements	71-71-74-80—296	760
Frank Conner	76-69-84-76—305	752

COLONIAL NATIONAL INVITATION ($400,000),
Colonial C.C. (70-7,116),
Fort Worth, Tex., May 12-15.

Jim Colbert	**69-67-79-72—278**	**$72,000**
Fuzzy Zoeller	68-70-68-72—278	43,200
Bruce Lietzke	69-67-72-71—279	23,200
Lon Hinkle	70-72-67-70—279	23,200
Bob Murphy	70-66-75-69—280	12,657
Gary Koch	69-69-72-70—280	12,657
Mark McNulty	70-67-72-71—280	12,657
Bobby Wadkins	68-64-74-74—280	12,657
Mike Reid	67-69-70-74—280	12,657
Gary Hallberg	66-67-75-72—280	12,657
Peter Jacobsen	70-69-67-74—280	12,657
Bobby Clampett	72-73-65-71—281	7,600
Bob Eastwood	69-68-74-70—281	7,600
Thomas Gray	70-67-71-73—281	7,600
John Mahaffey	71-68-69-73—281	7,600
Tom Kite	68-73-70-70—281	7,600
Hale Irwin	67-72-71-71—281	7,600
Jim Nelford	68-67-75-72—282	4,700
Mike Sullivan	68-70-72-72—282	4,700
Chip Beck	72-72-70-68—282	4,700
Frank Conner	70-69-71-72—282	4,700
Bruce Devlin	73-69-70-70—282	4,700
Keith Fergus	69-70-72-71—282	4,700
Joe Inman	66-72-69-75—282	4,700
Gil Morgan	68-69-74-71—282	4,700
Rex Caldwell	67-68-75-73—283	3,140
Ed Fiori	69-66-75-73—283	3,140
Howard Twitty	69-74-68-73—284	2,720
George Archer	69-73-72-70—284	2,720
Jack Nicklaus	66-75-74-69—284	2,720
Fred Couples	73-68-75-68—284	2,720
Al Geiberger	71-70-69-74—284	2,720
Brad Bryant	70-74-70-71—285	2,260
Danny Edwards	71-71-69-74—285	2,260
Andy North	69-72-68-76—285	2,260
David Edwards	70-68-71-77—286	2,010
Mike McCullough	67-72-73-74—286	2,010
Ed Sneed	70-70-72-75—287	1,760
Miller Barber	73-69-72-73—287	1,760
Peter Oosterhuis	70-72-73-72—287	1,760
Donnie Hammond	72-71-74-70—287	1,760
Bill Rogers	72-73-69-74—288	1,322
John Cook	70-68-74-76—288	1,322
Mike Donald	71-73-72-72—288	1,322
Dan Pohl	68-73-71-76—288	1,322
Mike Nicolette	68-74-72-74—288	1,322
Andy Bean	70-74-71-73—288	1,322
Larry Mize	72-70-72-74—288	1,322
†Brandel Chamblee	75-70-70-73—288	
Woody Blackburn	73-71-72-73—289	987
Bruce Fleisher	73-69-75-72—289	987
David Graham	75-69-72-73—289	987
Jay Haas	72-73-73-71—289	987
Mark McCumber	67-72-75-75—289	987
Charles Coody	74-70-71-75—290	920
Mark Lye	72-70-73-75—290	920
Barry Jaeckel	76-68-73-73—290	920
Pat McGowan	72-70-74-75—291	884
Ben Crenshaw	69-69-80-73—291	884
Leonard Thompson	75-70-71-75—291	884
Mark Pfeil	71-73-71-76—291	884
John Fought	70-71-74-76—291	884
Denis Watson	72-71-72-76—291	884
Victor Regalado	71-72-75-74—292	856
Dave Stockton	73-70-73-77—293	840
Dan Halldorson	72-70-72-79—293	840
Mark Hayes	73-72-75-73—293	840
Larry Rinker	77-68-74-75—294	820
Jerry Heard	71-71-72-80—294	820
Tom Weiskopf	73-66-75-81—295	800
Bob Gilder	71-73-73-78—295	800
Jim Thorpe	69-75-75-76—295	800
Doug Tewell	71-73-71-81—296	784
*Won playoff.		
†Amateur.		

GEORGIA-PACIFIC ATLANTA CLASSIC ($400,000),
Atlanta C.C. (72-7,007),
Marietta, Ga., May 19-22.

Calvin Peete	**68-75-63—206**	**$72,000**
Don Pooley	70-66-72—208	29,866
Chip Beck	65-73-70—208	29,866
Jim Colbert	69-67-72—208	29,866
Greg Powers	69-71-69—209	16,000
Larry Nelson	71-70-69—210	14,400
Scott Simpson	71-69-71—211	12,050
Gary Koch	70-72-69—211	12,050
Mike Sullivan	71-69-71—211	12,050
David Edwards	72-68-71—211	12,050
Peter Jacobsen	69-73-70—212	8,480
Tim Simpson	73-64-75—212	8,480
Lanny Wadkins	68-72-71—212	8,480
Dave Barr	69-74-69—212	8,480
Keith Fergus	71-70-71—212	8,480
Richard Zokol	71-73-69—213	6,000
Mick Soli	71-68-74—213	6,000
Nick Price	74-67-72—213	6,000
Tom Watson	70-71-72—213	6,000
Gibby Gilbert	70-73-70—213	6,000
George Cadle	72-69-73—214	4,800
J. C. Snead	70-71-74—215	3,840
Bill Murchison	72-71-72—215	3,840
Jim Nelford	70-74-71—215	3,840
Lon Hinkle	72-72-71—215	3,840
Ronnie Black	73-72-70—215	3,840
Ralph Landrum	73-69-74—216	2,720
Joe Inman	69-72-75—216	2,720
Clarence Rose	72-74-70—216	2,720

MEN PROFESSIONALS

Bob Eastwood	69-69-78—216	2,720
Forrest Fezler	70-73-73—216	2,720
Bruce Fleisher	74-72-70—216	2,720
Ray Floyd	70-74-72—216	2,720
Tim Norris	76-69-72—217	2,064
Mark Lye	71-72-74—217	2,064
Allen Miller	73-72-72—217	2,064
Jim Dent	72-72-73—217	2,064
Vance Heafner	69-73-75—217	2,064
Bobby Wadkins	72-74-72—218	1,640
Pat Lindsey	74-68-76—218	1,640
Wayne Levi	74-70-74—218	1,640
Bobby Cole	74-72-72—218	1,640
Buddy Gardner	75-71-72—218	1,640
Mark Pfeil	75-71-73—219	1,209
Rafael Alarcon	73-69-77—219	1,209
Roger Maltbie	73-72-74—219	1,209
Bobby Nichols	74-68-77—219	1,209
Steve Hart	71-72-76—219	1,209
Rex Caldwell	75-69-75—219	1,209
Tom Shaw	72-71-77—220	957
Tom Jenkins	72-74-74—220	957
Bob Tway	73-72-75—220	957
Victor Regalado	70-76-74—220	957
Bill Bergin	74-72-74—220	957
Ken Green	74-72-74—220	957
Steve Melnyk	72-74-75—221	896
David Peoples	73-72-76—221	896
Beau Baugh	74-72-75—221	896
Frank Conner	70-74-77—221	896
Ed Dougherty	73-72-76—221	896
Mark McNulty	76-70-76—222	868
Gary Player	72-74-76—222	868
Lance Ten Broeck	73-73-77—223	848
Sammy Rachels	69-76-78—223	848
Jeff Sluman	72-74-77—223	848
Gary McCord	75-71-78—224	820
Thomas Gray	75-71-78—224	820
Hubert Green	72-74-78—224	820
Eddie Jackson	72-70-82—224	820

MEMORIAL TOURNAMENT ($430,000),
Muirfield Village G.L. (72-7,116),
Dublin, Ohio, May 26-29.

Hale Irwin	71-71-70-69—281	$72,000
Ben Crenshaw	67-71-73-71—282	35,200
David Graham	72-67-69-74—282	35,200
Jim Thorpe	74-69-70-70—283	19,200
Andy Bean	69-67-74-74—284	15,200
Scott Hoch	72-68-70-74—284	15,200
Calvin Peete	72-71-69-73—285	12,900
Jay Haas	72-68-73-72—285	12,900
Lanny Wadkins	67-72-75-72—286	10,000
Jim Nelford	69-72-73-72—286	10,000
Jack Renner	73-68-71-74—286	10,000
Bill Rogers	74-71-69-72—286	10,000
Bob Murphy	78-71-69-68—286	10,000
Hal Sutton	72-73-71-71—287	7,200
Payne Stewart	70-74-71-72—287	7,200
Frank Conner	73-69-73-72—287	7,200
Tom Weiskopf	70-79-74-65—288	5,060
Mike Sullivan	72-72-72-72—288	5,060
Fuzzy Zoeller	72-73-70-73—288	5,060
Tom Watson	73-67-72-75—288	5,060
Curtis Strange	75-69-69-75—288	5,060
Bobby Wadkins	74-73-70-71—288	5,060
Gary Hallberg	70-71-77-70—288	5,060
Peter Jacobsen	70-69-72-77—288	5,060
Doug Tewell	76-71-70-72—289	3,540
John Fought	70-72-70-77—289	3,540
Mike Nicolette	72-75-69-73—289	3,540
Don Pooley	75-72-72-71—290	2,992
Rex Caldwell	72-76-70-72—290	2,992
Ray Floyd	72-69-76-73—290	2,992
Tim Norris	74-69-70-77—290	2,992
Tom Kite	74-71-72-73—290	2,992
Tommy Nakajima	74-71-70-76—291	2,610
Lon Hinkle	76-71-75-69—291	2,610
Jack Nicklaus	76-72-70-73—291	2,610
Barry Jaeckel	74-72-71-74—291	2,610
Denis Watson	79-68-71-74—292	2,370
Keith Fergus	76-69-70-77—292	2,370
Dan Halldorson	72-72-76-72—292	2,370
Masahiro Kuramoto	74-71-69-78—292	2,370
Ron Streck	73-76-72-72—293	2,108
Steve Melnyk	71-72-72-78—293	2,108
Andy North	75-74-71-73—293	2,108
Bobby Clampett	71-73-74-75—293	2,108
Johnny Miller	71-73-76-73—293	2,108
Gary Koch	69-79-74-71—293	2,108
Mike Donald	71-69-77-77—294	1,940
Mark Hayes	73-74-75-72—294	1,940
Nick Price	75-72-74-73—294	1,940
Dan Pohl	75-75-74-71—295	1,880
Vance Heafner	70-79-74-72—295	1,880
Lee Trevino	75-73-75-73—296	1,800
Scott Simpson	71-77-73-75—296	1,800
J. C. Snead	73-76-73-74—296	1,800
David Edwards	76-71-76-73—296	1,800
Ed Fiori	74-75-73-74—296	1,800
Roger Maltbie	74-74-74-74—296	1,800
John Cook	75-72-74-76—297	1,707
Donnie Hammond	74-73-68-82—297	1,707
Gil Morgan	72-75-75-75—297	1,707
Mark Lye	77-72-76-72—297	1,707
George Archer	71-76-74-77—298	1,675
Tom Purtzer	75-71-77-75—298	1,675
Hubert Green	79-71-75-74—299	1,660
Chip Beck	71-76-73-80—300	1,640
Al Geiberger	76-74-72-78—300	1,640
Bob Gilder	77-72-79-72—300	1,640
Brad Bryant	77-72-77-75—301	1,620
Dave Stockton	72-76-76-79—303	1,605
Gary Player	75-75-76-77—303	1,605

KEMPER OPEN ($400,000),
Congressional C.C. (72-7,173),
Bethesda, Md., June 2-5.

*Fred Couples	71-71-68-77—287	$72,000
Gil Morgan	75-70-72-70—287	26,400
Barry Jaeckel	71-75-71-70—287	26,400
Scott Simpson	68-68-74-77—287	26,400

MEN PROFESSIONALS

Name	Scores	Money	Name	Scores	Money
Tze-Chung Chen	69-73-69-76—287	26,400	Bill Murchison	75-70-74-79—298	836
Hal Sutton	73-77-68-70—288	13,400	Pat McGowan	73-76-73-77—299	804
Roger Maltbie	73-72-72-71—288	13,400	Wally Armstrong	77-71-75-76—299	804
Andy Bean	69-75-72-72—288	13,400	Steve Hart	77-73-75-74—299	804
Tom Kite	68-70-76-75—289	10,400	Bruce Fleisher	74-73-75-77—299	804
Nick Price	76-70-70-73—289	10,400	Lonnie Nielsen	76-74-78-72—300	772
Chip Beck	74-73-70-72—289	10,400	Allen Miller	76-73-77-74—300	772
Buddy Gardner	71-72-76-70—289	10,400	Bob Shearer	79-70-77-74—300	772
Frank Conner	74-72-72-72—290	7,733	Jim Colbert	73-76-72-79—300	772
Masahiro Kuramoto	71-76-72-71—290	7,733	Larry Nelson	76-73-75-77—301	744
George Burns	64-77-75-74—290	7,733	Joey Rassett	77-73-75-76—301	744
Bobby Wadkins	72-72-74-73—291	6,000	Tom Lehman	77-73-74-77—301	744
Jerry Pate	71-76-71-73—291	6,000	Jon Chaffee	75-75-76-76—302	728
Lon Hinkle	74-74-71-72—291	6,000	Curt Byrum	74-73-78-80—305	720
Craig Stadler	72-75-69-75—291	6,000	Bruce Devlin	77-73-78-78—306	712
Gary Hallberg	73-72-74-72—291	6,000			
John Mahaffey	71-73-72-76—292	3,868	**MANUFACTURERS HANOVER**		
Peter Jacobsen	72-76-72-72—292	3,868	**WESTCHESTER CLASSIC ($450,000),**		
Greg Powers	75-71-71-75—292	3,868	Westchester C.C. (70-6,329),		
Tom Purtzer	74-71-77-70—292	3,868	Harrison, N.Y., June 9-12.		
Bill Sander	75-73-71-73—292	3,868			
John Cook	74-76-72-70—292	3,868	**Seve Ballesteros**	**69-67-70-70—276**	**$81,000**
John Fought	73-72-73-74—292	3,868	Craig Stadler	71-66-73-68—278	39,600
Tony Sills	72-74-74-73—293	2,660	Andy Bean	73-68-70-67—278	39,600
Joe Inman	74-69-76-74—293	2,660	Fuzzy Zoeller	68-68-71-72—279	18,600
Mike Nicolette	74-72-74-73—293	2,660	Mark McCumber	71-69-71-68—279	18,600
David Graham	72-77-73-71—293	2,660	Mike Reid	71-71-67-70—279	18,600
Donnie Hammond	75-72-71-75—293	2,660	Roger Maltbie	72-66-70-72—280	15,075
Bobby Clampett	73-72-73-75—293	2,660	Jerry Pate	73-69-70-70—282	13,500
Steve Melnyk	71-75-75-73—294	2,020	Fred Couples	71-69-71-71—282	13,500
Mark Lye	74-76-75-69—294	2,020	Ron Streck	73-72-72-66—283	9,975
Peter Oosterhuis	74-71-76-73—294	2,020	Dan Halldorson	72-72-68-71—283	9,975
Fuzzy Zoeller	72-73-76-73—294	2,020	Wayne Levi	72-75-71-65—283	9,975
Ronnie Black	71-78-71-74—294	2,020	Tom Kite	72-71-73-67—283	9,975
Dave Eichelberger	72-75-73-74—294	2,020	Gary Koch	75-69-70-69—283	9,975
Victor Regalado	74-73-74-74—295	1,440	Lee Elder	74-69-65-75—283	9,975
Jack Renner	71-71-76-77—295	1,440	Hale Irwin	75-71-65-73—284	6,750
Jim Thorpe	76-72-74-73—295	1,440	Peter Jacobsen	72-70-71-71—284	6,750
Michael Brannan	74-74-71-76—295	1,440	Pat McGowan	72-66-75-71—284	6,750
Bob Gilder	74-74-69-78—295	1,440	Jim Booros	73-69-71-71—284	6,750
Russ Cochran	73-73-74-75—295	1,440	Ray Floyd	73-69-75-67—284	6,750
Mike Holland	72-78-74-71—295	1,440	Curtis Strange	72-69-70-74—285	4,860
Skeeter Heath	76-70-74-75—295	1,440	John Adams	74-71-69-71—285	4,860
Ray Stewart	71-78-72-75—296	985	Thomas Gray	71-69-73-72—285	4,860
Curtis Strange	74-74-75-73—296	985	Bruce Fleisher	70-68-76-71—285	4,860
David Ogrin	71-75-71-79—296	985	D. A. Weibring	74-71-69-72—286	3,435
George Archer	72-75-73-76—296	985	John Mahaffey	73-70-75-68—286	3,435
Antonio Cerda	75-73-73-75—296	985	Jeff Sluman	72-72-71-71—286	3,435
Scott Hoch	74-76-72-74—296	985	Jack Renner	70-72-76-68—286	3,435
Tom Jenkins	70-74-75-77—296	985	Jay Haas	70-69-73-74—286	3,435
Ed Fiori	74-74-71-77—296	985	Danny Edwards	74-68-70-74—286	3,435
Payne Stewart	72-72-73-80—297	884	Gil Morgan	71-76-68-72—287	2,610
Mac O'Grady	76-72-73-76—297	884	Lon Hinkle	72-69-72-74—287	2,610
Jodie Mudd	72-77-78-70—297	884	Andy North	74-67-73-73—287	2,610
Mark McNulty	75-75-74-73—297	884	Bob Gilder	69-74-72-72—287	2,610
John Adams	72-75-75-75—297	884	Chip Beck	68-72-71-76—287	2,610
Dave Barr	75-73-77-72—297	884	Rod Curl	75-66-75-71—287	2,610
Phil Hancock	75-74-75-73—297	884	Peter Oosterhuis	73-72-72-71—288	2,070
Darrell Kestner	74-75-75-73—297	884	Lanny Wadkins	72-71-71-74—288	2,070
Jimmy Roy	72-74-74-78—298	836	Phil Hancock	73-72-76-67—288	2,070
Bob Tway	71-74-75-78—298	836	Buddy Gardner	74-72-70-72—288	2,070
Jim Nelford	71-75-76-76—298	836	Jim Thorpe	73-73-70-73—289	1,492

MEN PROFESSIONALS

Mike Peck	73-69-71-76—289	1,492		Pat McGowan	75-71-75-72—293	6,993
Mark McNulty	72-75-73-69—289	1,492		Ray Floyd	72-70-72-79—293	6,993
Dan Pohl	73-74-71-71—289	1,492		D. A. Weibring	71-74-80-69—294	5,554
George Archer	78-69-72-70—289	1,492		Griff Moody	76-72-73-73—294	5,554
Michael Brannan	74-68-72-75—289	1,492		Tom Kite	75-76-70-73—294	5,554
George Burns	72-75-70-72—289	1,492		Gary Player	73-74-76-71—294	5,554
Gary Hallberg	67-74-76-72—289	1,492		Tom Weiskopf	75-73-74-73—295	5,017
Gibby Gilbert	70-73-76-70—289	1,492		Gary Koch	78-71-72-74—295	5,017
David Peoples	68-76-70-76—290	1,077		Joe Rassett	72-69-78-77—296	4,464
J. C. Snead	72-73-77-68—290	1,077		Curtis Strange	74-72-78-72—296	4,464
Victor Regalado	74-67-69-80—290	1,077		Tommy Nakajima	75-74-74-73—296	4,464
Dave Eichelberger	74-72-73-71—290	1,077		Bob Ford	76-73-75-72—296	4,464
Keith Fergus	70-73-77-70—290	1,077		Mark Hayes	75-72-74-75—296	4,464
Ed Fiori	72-69-74-75—290	1,077		Ken Green	77-73-71-75—296	4,464
Lindy Miller	74-70-73-74—291	990		Tim Simpson	76-74-73-74—297	4,013
Tim Simpson	73-73-75-70—291	990		Roger Maltbie	76-72-69-80—297	4,013
Loren Roberts	73-74-71-73—291	990		John Mahaffey	69-72-79-78—298	3,686
Bob Shearer	73-72-76-70—291	990		Ron Terry	75-75-75-73—298	3,686
Leonard Thompson	75-70-73-73—291	990		Mike Sullivan	74-76-74-74—298	3,686
Payne Stewart	71-74-73-73—291	990		Peter Jacobsen	75-75-77-71—298	3,686
Scott Simpson	74-73-71-73—291	990		Andy Bean	76-75-73-74—298	3,686
Mark Hayes	72-72-68-79—291	990		Keith Fergus	76-72-79-72—299	3,267
Donnie Hammond	71-76-73-71—291	990		Skeeter Heath	73-76-74-76—299	3,267
Vance Heafner	72-75-70-75—292	936		Bob Gilder	75-74-75-75—299	3,267
Brad Bryant	73-72-73-74—292	936		Hale Irwin	72-76-75-76—299	3,267
Lou Graham	74-71-74-73—292	936		Mike Reid	75-75-78-72—300	2,847
Jim Nelford	71-72-73-77—293	895		J. C. Snead	76-73-76-75—300	2,847
Mark Pfeil	71-74-74-74—293	895		Wayne Levi	74-76-74-76—300	2,847
Larry Rinker	74-71-74-74—293	895		Jack Nicklaus	73-74-77-76—300	2,847
Jim Albus	72-75-73-73—293	895		Jay Haas	74-74-74-78—300	2,847
Bob Boyd	72-68-75-78—293	895		Nick Price	72-77-72-80—301	2,520
Mike Donald	71-73-74-75—293	895		Scott Hoch	74-77-74-76—301	2,520
John Cook	74-73-76-71—294	859		Mark McNulty	75-76-75-76—302	2,104
Jim Dent	72-71-73-78—294	859		Bob Murphy	69-81-74-78—302	2,104
Mac O'Grady	74-73-76-72—295	837		Bob Shearer	76-74-75-77—302	2,104
Mike McCullough	70-74-78-73—295	837		Peter Oosterhuis	75-76-77-74—302	2,104
Joey Rassett	73-73-74-75—295	837		Greg Norman	74-75-81-72—302	2,104
Lennie Clements	71-73-78-74—296	819		Frank Conner	72-74-81-75—302	2,104
David Ogrin	73-74-76-74—297	810		Forrest Fezler	75-76-74-77—302	2,104
Mike Sullivan	73-72-75-78—298	801		Lou Graham	71-77-78-76—302	2,104
				Bob Boyd	76-75-74-77—302	2,104

UNITED STATES OPEN ($500,000),
  Oakmont (Pa.) C.C. (71-6,972),
  June 16-19.

†Brad Faxon	77-74-75-76—302	-0-
Arnold Palmer	74-75-78-76—303	1,907
Donnie Hammond	74-73-81-75—303	1,907
Hubert Green	74-74-76-79—303	1,907
†John Sherman	80-71-79-74—304	-0-

Larry Nelson	**75-73-65-67—280**	**$72,000**
Tom Watson	72-70-70-69—281	44,000
Gil Morgan	73-72-70-68—283	29,000
Calvin Peete	75-68-70-73—286	17,968
Seve Ballesteros	69-74-69-74—286	17,968
Hal Sutton	73-70-73-71—287	13,254
Lanny Wadkins	72-73-74-69—288	12,088
Ralph Landrum	75-73-69-74—291	10,711
David Graham	74-75-73-69—291	10,711
Chip Beck	73-74-74-71—292	8,976
Andy North	73-71-72-76—292	8,976
Craig Stadler	76-74-73-69—292	8,976
Scott Simpson	73-71-73-76—293	6,993
David Ogrin	75-69-75-74—293	6,993
Lennie Clements	74-71-75-73—293	6,993
Jim Thorpe	75-70-75-73—293	6,993
Mike Nicolette	76-69-73-75—293	6,993

Bob Eastwood	75-76-80-74—305	1,898
Bobby Wadkins	71-77-81-77—306	1,898
Bruce Devlin	70-79-77-80—306	1,898
Jim Nelford	72-79-79-77—307	1,898
Rocky Thompson	76-75-79-80—310	1,898
Jim Booros	72-79-82-77—310	1,898
Hsu Sheng-San	74-77-80-81—312	1,898

†Amateur.

DANNY THOMAS-MEMPHIS CLASSIC ($400,000),
  Colonial C.C. (72-7,249),
  Cordova, Tenn., June 23-26.

Larry Mize	**70-65-69-70—274**	**$72,000**
Fuzzy Zoeller	68-68-67-72—275	29,866
Sammy Rachels	69-69-69-68—275	29,866

26

MEN PROFESSIONALS

Chip Beck	65-68-71-71—275	29,866		Mike Holland	70-73-73-76—292	836
Mark O'Meara	71-66-71-69—277	14,600		Dave Eichelberger	71-72-73-76—292	836
John Mahaffey	71-67-70-69—277	14,600		Lindy Miller	74-70-73-76—293	812
John Fought	68-68-70-71—277	14,600		Dan Halldorson	74-69-77-73—293	812
Tim Simpson	70-69-68-71—278	11,600		Mike Peck	71-72-72-80—295	800
Mike Sullivan	70-68-67-73—278	11,600		Mark Calcavecchia	71-73-76-76—296	792
Mark McCumber	68-71-71-68—278	11,600				
Jim Simons	68-69-72-70—279	9,200		**WESTERN OPEN** ($400,000),		
Fred Couples	67-70-71-71—279	9,200		Butler National G.C. (72-7,097),		
Jim Dent	68-69-72-70—279	9,200		Oak Brook, Ill., June 30-July 3.		
Doug Tewell	69-71-70-70—280	7,400				
Tom Purtzer	67-70-68-75—280	7,400		**Mark McCumber**	**74-71-68-71—284**	**$72,000**
Larry Nelson	66-71-72-72—281	6,400		Tom Watson	67-71-75-72—285	43,200
David Edwards	72-70-69-70—281	6,400		Mike Nicolette	71-73-73-71—288	20,800
Ed Fiori	68-73-70-70—281	6,400		Mark Lye	71-74-71-72—288	20,800
Scott Hoch	71-68-73-70—282	4,848		Curtis Strange	75-70-70-73—288	20,800
Wayne Levi	71-72-71-68—282	4,848		Clarence Rose	72-73-73-71—289	13,900
Jeff Sanders	68-71-72-71—282	4,848		Payne Stewart	73-70-72-74—289	13,900
Barry Jaeckel	69-71-68-74—282	4,848		Pat Lindsey	74-71-74-71—290	10,800
Don Pooley	71-69-69-73—282	4,848		Phil Hancock	74-70-73-73—290	10,800
Jim Thorpe	70-71-73-69—283	3,026		David Edwards	70-72-73-75—290	10,800
Bruce Lietzke	69-69-73-72—283	3,026		Bob Gilder	75-72-72-71—290	10,800
J. C. Snead	70-68-68-77—283	3,026		Mike Gove	74-70-73-73—290	10,800
Pat McGowan	70-70-73-70—283	3,026		Hale Irwin	74-72-70-75—291	7,500
Ron Streck	69-70-70-74—283	3,026		Rod Nuckolls	76-70-71-74—291	7,500
Gibby Gilbert	71-73-67-72—283	3,026		Larry Nelson	75-72-72-72—291	7,500
Lee Trevino	74-67-72-70—283	3,026		Buddy Gardner	68-76-74-73—291	7,500
Jack Renner	72-71-66-74—283	3,026		David Ogrin	73-70-76-73—292	6,000
Buddy Gardner	69-74-70-70—283	3,026		Andy Bean	71-71-74-76—292	6,000
Tom Lehman	73-70-69-72—284	2,160		Bruce Fleisher	69-74-76-73—292	6,000
Jerry Pate	73-65-73-73—284	2,160		Jack Renner	72-72-74-75—293	4,333
Jeff Sluman	68-69-76-71—284	2,160		Lennie Clements	72-72-73-76—293	4,333
Gary McCord	70-73-69-72—284	2,160		Mike Reid	74-73-74-72—293	4,333
Mike Donald	69-70-71-74—284	2,160		Greg Norman	69-74-75-75—293	4,333
Hal Sutton	70-73-70-72—285	1,680		Andy North	71-74-71-77—293	4,333
Vance Heafner	71-71-69-74—285	1,680		Don Pooley	75-71-74-73—293	4,333
David Peoples	74-70-67-74—285	1,680		Jim Thorpe	70-74-73-77—294	3,020
Lon Hinkle	72-71-72-70—285	1,680		Bob Shearer	74-74-74-72—294	3,020
Greg Norman	70-70-73-72—285	1,680		Bobby Wadkins	74-73-72-75—294	3,020
Ray Floyd	68-71-74-72—285	1,680		Lou Graham	73-75-72-74—294	3,020
Orville Moody	71-72-69-74—286	1,280		Hal Sutton	72-73-74-76—295	2,275
Bill Murchison	67-71-75-73—286	1,280		Bruce Lietzke	74-73-75-73—295	2,275
Wally Armstrong	70-71-73-72—286	1,280		Larry Rinker	76-71-73-75—295	2,275
Russ Cochran	71-71-74-70—286	1,280		Lance Ten Broeck	70-73-73-79—295	2,275
Gary Koch	71-69-72-75—287	1,032		John Fought	71-71-74-79—295	2,275
Allen Miller	75-68-73-71—287	1,032		Tim Norris	76-73-71-75—295	2,275
Tom Jenkins	71-73-71-72—287	1,032		Peter Jacobsen	72-75-71-77—295	2,275
Victor Regalado	70-71-72-74—287	1,032		Jim Colbert	73-72-73-77—295	2,275
Mark Pfeil	72-70-75-71—288	944		Rick Dalpos	75-74-74-72—295	2,275
Lonnie Nielsen	69-72-74-73—288	944		Larry Mize	71-74-75-76—296	1,640
Jay Cudd	69-70-75-74—288	944		Dan Pohl	73-72-75-76—296	1,640
Jeff Kern	70-73-69-77—289	908		John Adams	68-80-75-72—296	1,640
George Archer	70-74-72-73—289	908		Steve Benson	72-76-75-73—296	1,640
Phil Hancock	70-70-74-75—289	908		Al Geiberger	75-74-71-76—296	1,640
Al Geiberger	71-71-74-73—289	908		Antonio Cerda	71-75-79-72—297	1,360
Mark Coward	72-71-73-74—290	888		Brad Faxon	79-68-71-79—297	1,360
Gavin Levenson	72-72-71-76—291	868		†Willard Wood	71-72-75-79—297	-0-
Tony Sills	74-70-74-73—291	868		Lonnie Nielsen	73-74-76-75—298	1,165
Thomas Gray	74-70-72-75—291	868		George Archer	73-73-80-72—298	1,165
Dan Forsman	71-73-69-78—291	868		Forrest Fezler	76-72-72-78—298	1,165
Jon Chaffee	69-73-73-77—292	836		Tom Purtzer	74-75-74-76—299	998
Bruce Devlin	71-72-71-78—292	836		Gary McCord	73-74-72-80—299	998

27

MEN PROFESSIONALS

Lyn Lott	71-75-78-75—299	998
Brad Bryant	73-76-72-78—299	998
Thomas Lehman	74-73-74-79—300	936
Curt Byrum	75-72-76-77—300	936
Dave Stockton	72-73-74-82—301	908
Scott Simpson	71-76-79-75—301	908
Bob Murphy	73-73-77-78—301	908
Bill Britton	74-75-74-78—301	908
Mark Hayes	72-76-81-73—302	884
Jim Booros	73-74-72-83—302	884
Mark O'Meara	74-74-78-78—304	872
Jim Roy	70-77-84-74—305	864
Wally Armstrong	73-76-76-81—306	856
†Richard Fehr	75-74-80-77—306	-0-
Mark Coward	72-76-84-76—308	848
George Burns	74-74 WD—148	840
Mickey Yokoi	76-74—150	800
Morris Hatalsky	75-75—150	800
David Peoples	75-75—150	800
Nick Price	72-78—150	800
Peter Oosterhuis	75-75—150	800
Jerry Pate	77-73—150	800
Bob Boyd	79-71—150	800
Tze-Chung chen	75-75—150	800
Chi Chi Rodriguez	72-78—150	800

†Amateur.

GREATER MILWAUKEE OPEN ($250,000).
Tuckaway C.C. (72-7,010).
Franklin, Wis., July 7-10.

*Morris Hatalsky	70-68-71-66—275	$45,000
George Cadle	71-70-70-64—275	27,000
Skeeter Heath	74-67-69-66—276	13,000
Larry Mize	72-70-66-68—276	13,000
Payne Stewart	70-69-70-67—276	13,000
Richard Zokol	70-72-66-69—277	8,375
Dan Pohl	70-70-67-70—277	8,375
Mark Calcavecchia	69-72-66-70—277	8,375
D. A. Weibring	72-70-71-65—278	6,250
Don Pooley	69-68-68-73—278	6,250
Jay Haas	72-70-69-67—278	6,250
Tze-Chung chen	73-68-68-69—278	6,250
Jim Colbert	69-71-71-67—278	6,250
Bob Tway	73-70-68-68—279	4,375
Mark Lye	72-69-70-68—279	4,375
Ronnie Black	70-70-67-72—279	4,375
Ken Green	68-75-69-67—279	4,375
Calvin Peete	69-73-73-65—280	3,150
Mike Morley	70-70-72-68—280	3,150
Howard Twitty	70-73-70-67—280	3,150
George Archer	70-73-68-69—280	3,150
Wally Armstrong	66-72-68-74—280	3,150
Buddy Gardner	67-71-73-69—280	3,150
Mark O'Meara	65-72-75-69—281	1,978
Mick Soli	68-72-68-73—281	1,978
Bill Kratzert	74-70-69-68—281	1,978
Bill Murchison	70-70-68-73—281	1,978
Brad Bryant	70-72-68-71—281	1,978
Lennie Clements	73-67-70-71—281	1,978
Jim Dent	70-72-71-68—281	1,978
Roger Maltbie	69-69-71-73—282	1,387
Clarence Rose	69-69-74-70—282	1,387
Greg Powers	73-71-67-71—282	1,387
Bob Boyd	74-70-70-68—282	1,387
Bill Calfee	72-69-70-71—282	1,387
Jon Chaffee	73-73-70-66—282	1,387
Charles Coody	71-74-69-68—282	1,387
Bruce Fleisher	71-72-68-71—282	1,387
Gary McCord	72-70-72-69—283	1,050
Lonnie Nielsen	74-67-67-75—283	1,050
Pat McGowan	71-71-73-68—283	1,050
Kermit Zarley	73-73-66-71—283	1,050
Steve Melnyk	72-69-70-73—284	850
Jodie Mudd	72-73-72-67—284	850
Lindy Miller	72-72-67-73—284	850
Lon Hinkle	65-78-67-74—284	850
Bill Sander	70-72-71-72—285	650
John Adams	75-68-71-71—285	650
David Peoples	73-72-71-69—285	650
Larry Rinker	73-73-70-69—285	650
Jim Booros	72-71-68-74—285	650
Curt Byrum	75-71-72-67—285	650
Victor Regalado	73-70-70-73—286	576
Mark Pfeil	75-66-75-70—286	576
Tim Norris	74-72-66-74—286	576
Ray Stewart	72-74-67-73—286	576
Gavin Levenson	71-71-72-72—286	576
Dennis Tiziani	68-71-74-74—287	547
Andy North	76-69-74-68—287	547
Lance Ten Broeck	77-68-70-72—287	547
Gary Groh	75-69-69-74—287	547
Phil Hancock	72-74-70-71—287	547
Rod Curl	71-73-71-72—287	547
Leonard Thompson	70-73-72-73—288	527
Thomas Lehman	75-71-71-71—288	527
Sammy Rachels	73-72-68-76—289	512
Dave Stockton	73-72-73-71—289	512
Tony Sills	74-72-74-69—289	512
Pat Lindsey	72-71-73-73—289	512
Mickey Yokoi	72-71-73-74—290	495
Bill Britton	72-71-75-72—290	495
Dale Douglass	68-77-73-72—290	495
Beau Baugh	73-72-75-71—291	482
Darrell Kestner	75-71-72-73—291	482
Chi Chi Rodriguez	69-75-77-72—293	472
David Orgin	73-73-70-77—293	472
Orville Moody	73-72-78-73—296	465

*Won playoff.

BRITISH OPEN ($600,000).
Royal Birkdale G.C. (71-6,968).
Southport, England, July 14-17.

Tom Watson	67-68-70-70—275	$60,000
Hale Irwin	69-68-72-67—276	34,500
Andy Bean	70-69-70-67—276	34,500
Graham Marsh	69-70-74-64—277	22,500
Lee Trevino	69-66-73-70—278	20,400
Seve Ballesteros	71-71-69-68—279	18,375
Harold Henning	71-69-70-69—279	18,375
Denis Durnian	73-66-74-67—280	14,437
Christy O'Connor Jr.	72-69-71-68—280	14,437
Bill Rogers	67-71-73-69—280	14,437

28

MEN PROFESSIONALS

Nick Faldo	68-68-71-73—280	14,437		Lennie Clements	67-68-65-67—267	11,600
Peter Jacobsen	72-69-70-70—281	10,875		David Peoples	69-65-67-67—268	7,600
Craig Stadler	64-70-72-75—281	10,875		D. A. Weibring	65-66-69-68—268	7,600
Mike Sullivan	72-68-74-68—282	7,560		Payne Stewart	65-68-66-70—269	6,450
Gary Koch	75-71-66-70—282	7,560		Ron Streck	66-68-67-68—269	6,450
Fuzzy Zoeller	71-71-67-73—282	7,560		Lon Hinkle	69-66-66-69—270	5,800
Raymond Floyd	72-66-69-75—282	7,560		Sammy Rachels	67-64-69-71—271	5,200
David Graham	71-69-67-75—282	7,560		Jim Dent	69-69-67-66—271	5,200
Tienie Britz	71-74-69-69—283	4,436		Ralph Landrum	69-65-72-66—272	3,685
Greg Norman	75-71-70-67—283	4,436		Bob Charles	70-68-68-66—272	3,685
Hubert Green	69-74-72-68—283	4,436		Thomas Gray	68-68-67-69—272	3,685
Brian Waites	70-70-73-70—283	4,436		Lance Ten Broeck	68-63-72-69—272	3,685
Bernard Gallacher	72-71-70-70—283	4,436		Mike Morley	70-65-67-70—272	3,685
Simon Hobday	70-73-70-70—283	4,436		Pat Lindsey	65-66-69-72—272	3,685
Jay Haas	73-72-68-70—283	4,436		Ken Green	71-68-67-66—272	3,685
Eamonn Darcy	69-72-74-69—284	3,225		Gary McCord	67-66-74-66—273	2,424
Howard Clark	71-72-69-72—284	3,225		Curt Byrum	63-67-74-69—273	2,424
Rodger Davis	70-71-70-73—284	3,225		Jon Chaffee	68-62-71-72—273	2,424
Lu Chien-soon	71-72-74-68—285	2,137		Dan Forsman	68-65-65-75—273	2,424
Lanny Wadkins	72-73-72-68—285	2,137		Denny Hepler	65-73-71-64—273	2,424
Jack Nicklaus	71-72-72-70—285	2,137		Jim Thorpe	69-69-71-65—274	1,705
Tom Kite	71-72-72-70—285	2,137		Tom Lehman	67-67-71-69—274	1,705
Mike McCullough	74-69-72-70—285	2,137		Buddy Gardner	71-66-65-72—274	1,705
Hal Sutton	68-71-75-71—285	2,137		Steve Hart	69-65-71-69—274	1,705
Mark James	70-70-74-71—285	2,137		David Ogrin	67-70-69-69—275	1,273
Tohru Nakamura	73-69-72-71—285	2,137		Jeff Mitchell	67-71-70-67—275	1,273
Curtis Strange	74-68-70-73—285	2,137		Dewitt Weaver	67-64-71-73—275	1,273
Terry Gale	72-66-72-75—285	2,137		Dave Barr	69-65-73-68—275	1,273
Tony Jacklin	71-75-71-69—286	1,450		Russ Cochran	66-68-74-67—275	1,273
Kikuo Arai	74-67-75-70—286	1,450		Bob Eastwood	66-69-70-70—275	1,273
Bob Gilder	70-76-70-70—286	1,450		Dave Eichelberger	68-68-66-73—275	1,273
Vicente Fernandez	70-72-72-72—286	1,450		Brad Faxon	68-66-70-71—275	1,273
Chip Moody	74-69-70-73—286	1,450		Jeff Sanders	69-67-69-71—276	983
Ian Collins	70-75-68-73—286	1,450		Ed Dougherty	69-69-72-66—276	983
Clive Tucker	73-71-73-70—287	1,186		Gavin Levenson	70-69-68-69—276	983
Masahiro Kuramoto	70-74-73-70—287	1,186		Jodie Mudd	67-71-68-71—277	686
Manuel Pinero	74-72-71-70—287	1,186		Lonnie Nielsen	71-67-66-73—277	686
Graham Burroughs	71-74-71-71—287	1,186		Ivan Smith	69-67-70-71—277	686
Tom Weiskopf	73-73-69-72—287	1,186		Jack Renner	67-71-71-68—277	686
Vaughan Somers	68-75-71-73—287	1,186		Loren Roberts	69-69-70-69—277	686
Tim Simpson	73-69-72-73—287	1,186		Mick Soli	74-65-71-67—277	686
Mark McNulty	72-69-68-78—287	1,186		Bill Sander	68-67-71-71—277	686
Bobby Clampett	74-72-71-71—288	1,087		John Adams	67-73-69-68—277	686
Larry Nelson	70-73-73-72—288	1,087		Eric Batten	70-70-66-71—277	686
Sam Torrance	68-73-74-73—288	1,087		George Cadle	66-70-71-70—277	686
Bernhard Langer	67-72-76-74—289	1,087		Antonio Cerda	71-65-72-69—277	686
Arnold Palmer	72-74-68-75—289	1,087		Mike Donald	68-69-71-69—277	686
Mark Johnson	70-72-71-76—289	1,087		Jeff Sluman	69-71-73-65—278	465
Manuel Calero	70-75-69-76—290	1,087		Larry Mize	69-66-71-72—278	465
John O'Leary	74-68-69-79—290	1,087		Victor Regalado	71-66-71-70—278	465
Ronan Rafferty	75-67-73-76—291	637		Bob Tway	70-69-69-70—278	465
Mike Ingham	71-73-70-78—292	637		Mark O'Meara	69-69-70-70—278	465
Hsieh Yu-shu	71-72-74-78—295	637		Ronnie Black	70-67-73-68—278	465
				Bob Boyd	66-70-70-72—278	465
				Mike Gove	67-68-72-71—278	465
MILLER HIGH LIFE QCO ($200,000).				Rick Pearson	71-63-70-75—279	432
Oakwood C.C. (70-6,514)				Dave Stockton	70-70-69-70—279	432
Coal Valley, Ill., July 14-17.				Howard Twitty	68-67-71-73—279	432
				Allen Miller	65-70-74-70—279	432
*Danny Edwards	66-64-69-67—266	$36,000		Michael Brannan	69-70-69-71—279	432
Morris Hatalsky	68-64-67-67—266	21,600		Mark Calcavecchia	69-71-73-66—279	432
Scott Hoch	69-65-67-66—267	11,600		Jay Cudd	67-68-70-74—279	432

29

MEN PROFESSIONALS

Beau Baugh	68-70-70-72—280	414
Grier Jones	70-68-71-71—280	414
Rod Curl	72-68-71-70—281	408
Joey Rassett	69-68-74-71—282	402
Doug Black	70-69-70-73—282	402
Bill Calfee	68-65-76-74—283	394
Dan Halldorson	70-68-74-71—283	394
Babe Hiskey	68-71-69-76—284	384
Mike Hill	70-70-71-73—284	384
Pat McGowan	68-71-71-74—284	384
Mark Coward	70-70-74-71—285	376
Woody Blackburn	69-70-74-74—287	372
Rex Caldwell	71-69-77-71—288	368

*Won playoff.

ANHEUSER-BUSCH GOLF CLASSIC ($350,000),
Kingsmill G.C. (71-6,746),
Williamsburg, Va., July 21-24.

Calvin Peete	**66-75-66-69—276**	**$63,000**
Tim Norris	67-74-68-68—277	37,800
Hal Sutton	67-65-69-77—278	20,300
Lanny Wadkins	71-76-63-68—278	20,300
Scott Simpson	64-74-70-71—279	13,300
Ralph Landrum	72-70-70-67—279	13,300
Bruce Lietzke	68-72-70-70—280	11,725
Tom Weiskopf	66-73-75-67—281	8,443
Leonard Thompson	69-72-68-72—281	8,443
Curtis Strange	72-69-71-69—281	8,443
Jon Chaffee	71-70-70-70—281	8,443
Morris Hatalsky	69-72-71-69—281	8,443
Bob Eastwood	69-74-70-68—281	8,443
Ray Floyd	68-71-72-70—281	8,443
John Fought	72-71-69-69—281	8,443
David Ogrin	69-72-72-70—283	5,075
Pat McGowan	67-72-74-70—283	5,075
Barry Jaeckel	69-73-70-71—283	5,075
Payne Stewart	71-70-66-76—283	5,075
Ronnie Black	72-72-72-67—283	5,075
Phil Hancock	69-71-68-75—283	5,075
Andy North	69-71-71-73—284	3,360
John Mahaffey	72-73-73-66—284	3,360
Mike Donald	71-72-68-73—284	3,360
Danny Edwards	71-70-72-71—284	3,360
Hubert Green	69-73-72-70—284	3,360
Peter Oosterhuis	68-73-74-70—285	2,280
Don Pooley	72-69-73-71—285	2,280
Larry Mize	70-74-71-70—285	2,280
D. A. Weibring	71-69-70-75—285	2,280
Jodie Mudd	71-67-74-73—285	2,280
Chip Beck	67-75-73-70—285	2,280
Thomas Gray	68-74-71-72—285	2,280
Gary Hallberg	70-74-71-70—285	2,280
Gary McCord	68-72-76-69—285	2,280
Bob Murphy	76-71-71-68—286	1,577
Wayne Levi	71-73-72-70—286	1,577
Pat Lindsey	73-73-67-73—286	1,577
Mark Lye	72-73-70-71—286	1,577
Rex Caldwell	73-72-71-70—286	1,577
Jay Haas	70-72-74-70—286	1,577
Roger Maltbie	74-73-67-72—286	1,577
Mark O'Meara	69-69-74-75—287	1,155
Tommy Valentine	71-73-68-75—287	1,155
Larry Ziegler	71-73-68-75—287	1,155
Jim Dent	74-73-71-69—287	1,155
Tom Kite	71-73-72-71—287	1,155
Mark McCumber	73-72-71-72—288	959
Lyn Lott	72-72-73-72—289	873
Mike Holland	71-73-70-75—289	873
Terry Diehl	66-79-73-71—289	873
Ed Dougherty	67-76-72-74—289	873
Tony Sills	72-75-69-74—290	791
Lonnie Nielsen	68-77-73-72—290	791
Bobby Wadkins	72-75-66-77—290	791
Larry Rinker	69-77-70-74—290	791
Jim Colbert	72-72-77-69—290	791
Scott Hoch	71-74-75-70—290	791
Lou Graham	72-72-75-71—290	791
Bill Murchison	75-69-75-71—290	791
Allen Miller	73-71-74-72—290	791
Joe Inman	70-75-73-73—291	756
Bill Sander	67-76-76-73—292	749
Blaine McCallister	70-76-75-72—293	735
Skeeter Heath	70-75-74-74—293	735
Buddy Gardner	72-72-72-77—293	735
Rod Nuckolls	75-72-76-71—294	717
Dan Forsman	72-72-73-77—294	717
Bill Kratzert	75-72-69-79—295	703
Lee Elder	72-74-78-71—295	703
Ray Stewart	72-74-80-73—299	693
Ed Sneed	74-73-77-76—300	686
Mark Coward	74-72-79-78—303	679

THE CANADIAN OPEN ($425,000),
Glen Abbey G.C. (71-7,055),
Oakville, Ontario, Canada, July 28-31.

***John Cook**	**68-71-70-68—277**	**$63,000**
Johnny Miller	75-68-67-67—277	37,800
Jack Nicklaus	73-68-70-67—278	23,800
Ralph Landrum	65-75-67-72—279	14,466
David Graham	68-71-71-69—279	14,466
Andy Bean	70-70-77-62—279	14,466
Peter Oosterhuis	70-69-74-68—281	11,287
Bruce Lietzke	72-67-70-72—28	11,287
Tony Sills	72-73-66-71—282	9,100
Mark Pfeil	69-71-73-69—282	9,100
Tom Purtzer	72-66-70-74—282	9,100
Frank Conner	72-71-67-72—282	9,100
Fuzzy Zoeller	70-66-74-73—283	7,000
Chip Beck	70-71-70-72—283	7,000
Scott Hoch	70-71-74-69—284	5,775
Lance Ten Broeck	75-69-68-72—284	5,775
Ronnie Black	72-70-71-71—284	5,775
John Fought	72-71-68-73—284	5,775
Bob Murphy	68-71-73-73—285	4,242
Barry Jaeckel	66-74-72-73—285	4,242
Tim Simpson	70-71-72-72—285	4,242
Jim Colbert	72-70-72-71—285	4,242
Steve Hart	71-70-73-71—285	4,242
Clarence Rose	71-76-67-72—286	2,770
J. C. Snead	70-74-72-70—286	2,770
Richard Zokol	74-70-70-72—286	2,770
Greg Norman	67-73-70-76—286	2,770

MEN PROFESSIONALS

Vance Heafner	65-76-73-72—286	2,770		Peter Jacobsen	73-70-68-65—276	40,000
Mike Donald	78-69-67-72—286	2,770		Pat McGowan	68-67-73-69—277	30,000
Lon Hinkle	72-70-73-71—286	2,770		John Fought	67-69-71-71—278	25,000
Gary Player	74-72-71-70—287	2,075		Bruce Lietzke	67-71-70-71—279	19,000
Jim Simons	74-72-71-70—287	2,075		Fuzzy Zoeller	72-71-67-69—279	19,000
Craig Stadler	75-66-73-73—287	2,075		Dan Pohl	72-70-69-69—280	16,000
Mike Holland	67-75-76-69—287	2,075		Mike Reid	69-71-72-70—282	10,880
Mike Gove	73-73-68-73—287	2,075		Doug Tewell	74-72-69-67—282	10,880
Mark McCumber	72-75-69-72—288	1,471		Scott Simpson	66-73-70-73—282	10,880
Allen Miller	73-73-69-73—288	1,471		Ben Crenshaw	68-66-71-77—282	10,880
Pat McGowan	71-71-74-72—288	1,471		Jay Haas	68-72-69-73—282	10,880
Jim Nelford	75-71-71-71—288	1,471		Hale Irwin	72-70-73-68—283	6,750
Tommy Valentine	70-75-69-74—288	1,471		Lee Trevino	70-68-74-71—283	6,750
Steve Melnyk	71-72-70-75—288	1,471		Roger Maltbie	71-71-71-70—283	6,750
George Archer	69-76-71-72—288	1,471		Jim Thorpe	68-72-74-69—283	6,750
Phil Hancock	71-71-76-70—288	1,471		Keith Fergus	68-70-72-73—283	6,750
Jon Chaffee	69-72-71-76—288	1,471		David Graham	70-69-74-70—283	6,750
Tom Jenkins	72-75-72-69—288	1,471		John Cook	74-71-68-71—284	4,750
David Ogrin	68-71-74-76—289	922		Danny Edwards	67-76-71-70—284	4,750
Mike Reid	72-72-71-74—289	922		Ray Floyd	69-75-71-69—284	4,750
Dan Pohl	73-70-76-70—289	922		Don Pooley	72-68-74-71—285	3,912
Mick Soli	73-72-71-73—289	922		Jerry Pate	69-72-70-74—285	3,912
John Adams	74-71-69-75—289	922		Chip Beck	72-71-70-72—285	3,912
Charles Coody	74-73-73-69—289	922		Fred Couples	71-70-73-71—285	3,912
Ed Dougherty	75-72-66-76—289	922		Buddy Whitten	66-70-73-77—286	3,200
Ken Green	73-71-75-70—289	922		Bobby Wadkins	73-72-74-67—286	3,200
Tom Weiskopf	71-74-74-71—290	805		Seve Ballesteros	71-76-72-67—286	3,200
Bill Sander	74-73-71-72—290	805		Tom Weiskopf	76-70-69-72—287	2,650
Mark Calcavecchia	73-71-73-73—290	805		Johnny Miller	72-75-73-67—287	2,650
Dave Stockton	73-74-71-73—291	784		Jim Simons	69-75-72-71—287	2,650
Tim Norris	72-74-69-76—291	784		Mark Pfeil	73-71-70-73—287	2,650
Bob Boyd	75-70-73-73—291	784		Andy Bean	71-73-71-72—287	2,650
Lee Trevino	71-73-71-77—292	759		Bob Boyd	70-77-72-68—287	2,650
Mike Nicolette	71-73-71-77—292	759		Bob Shearer	73-67-76-72—288	2,087
Dewitt Weaver	75-70-72-75—292	759		Tim Simpson	76-70-70-72—288	2,087
Mark Hayes	75-72-69-76—292	759		Calvin Peete	69-71-76-72—288	2,087
Bob Shearer	70-71-75-77—293	728		Bobby Nichols	75-69-74-70—288	2,087
Kermit Zarley	70-77-71-75—293	728		Larry Nelson	72-68-68-80—288	2,087
Larry Ziegler	71-76-74-72—293	728		Jim Colbert	73-66-76-73—288	2,087
Ed Sneed	73-69-74-77—293	728		Greg Norman	72-72-70-75—289	1,875
Beau Baugh	74-70-76-73—293	728		Gary Player	74-68-73-74—289	1,875
Blaine McCallister	72-73-76-73—294	700		Gary Hallberg	71-75-71-72—289	1,875
Lou Graham	73-71-72-78—294	700		Barry Jaeckel	73-74-67-75—289	1,875
Mark McNulty	73-74-72-75—294	700		Lou Graham	73-74-70-72—289	1,875
Rod Nuckolls	71-76-75-74—296	679		Peter Oosterhuis	75-71-71-73—290	1,730
Mike McCullough	70-71-77-78—296	679		Larry Mize	70-75-75-70—290	1,730
Jay Cudd	73-73-76-74—296	679		Tom Watson	75-67-78-70—290	1,730
†Doug Roxburgh	74-73-75-75—297	-0-		Mike Nicolette	72-71-73-74—290	1,730
Larry Rinker	73-74-78-73—298	665		Vance Heafner	73-74-72-71—290	1,730
Jimmy Roy	73-73-76-77—299	658		Morris Hatalsky	69-75-73-73—290	1,730
Joey Rassett	75-71-80-74—300	647		Lon Hinkle	70-75-74-71—290	1,730
Gary Hallberg	73-72-73-82—300	647		Gibby Gilbert	70-66-80-74—290	1,730
Wally Armstrong	70-74-80-77—301	637		Gil Morgan	72-73-74-72—291	1,610
*Won playoff.				Jack Renner	74-71-73-73—291	1,610
†Amateur.				John Adams	75-71-72-73—291	1,610
				George Burns	78-68-72-73—291	1,610
PGA CHAMPIONSHIP ($600,000):				Charles Coody	73-72-70-76—291	1,610
Riviera C.C. (71-6,946),				Ed Fiori	75-69-73-74—291	1,610
Pacific Palisades, Calif., Aug. 4-7.				Jim Nelford	72-76-76-72—292	1,565
				Scott Hoch	73-72-74-73—292	1,565
Hal Sutton	65-66-72-71—274	$100,000		Craig Stadler	72-73-76-72—293	1,535
Jack Nicklaus	73-65-71-66—275	60,000		Bruce Fleisher	74-73-74-72—293	1,535

31

MEN PROFESSIONALS

Mark Lye	75-67-75-76—293	1,535
Bob Gilder	71-69-76-77—293	1,535
Arnold Palmer	74-73-74-73—294	1,505
Nick Price	72-74-74-74—294	1,505
George Archer	70-77-74-73—294	1,505
Mike Donald	71-71-76-76—294	1,505
Tom Kite	72-75-73-74—294	1,505
Tze-Chung chen	72-75-79-69—295	1,500
Larry Gilbert	71-74-76-75—296	1,500
Pat Lindsey	74-72-80-71—297	1,500
Rex Caldwell	74-73-75-75—297	1,500
Ron Streck	72-73-77-76—298	1,500
Jim Logue	73-74-77-76—300	1,500
Bill Britton	74-73-77-76—300	1,500
Bobby Heins	73-74-75-78—300	1,500
Ed Sneed	74-73-75-79—301	1,500
Lee Elder	76-71-77-77—301	1,500
Allen Miller	69-78-77-78—302	1,500
Bob Eastwood	76-70-77-79—302	1,500
Leonard Thompson	73-74-75-81—303	1,500
Robert Hoyt	71-72-80-80—303	1,500
Curtis Strange	71-74-85-74—304	1,500
Jim King	73-73-78-84—308	1,500

BUICK OPEN ($350,000),
Warwick Hills C.C. (72-7,037),
Grand Blanc, Mich., Aug. 11-14.

Wayne Levi	**72-64-71-65—272**	**$63,000**
Calvin Peete	66-70-70-67—273	30,800
Isao Aoki	68-66-70-69—273	30,800
John Cook	67-69-70-68—274	16,800
Lanny Wadkins	70-67-68-70—275	13,300
Frank Conner	73-67-65-70—275	13,300
Peter Jacobsen	70-68-67-71—276	9,829
Brad Faxon	69-71-67-69—276	9,829
David Graham	70-67-69-70—276	9,829
Forrest Fezler	72-67-67-70—276	9,829
Craig Stadler	70-68-71-67—276	9,829
Fred Couples	67-71-70-68—276	9,829
Steve Melnyk	71-69-68-69—277	7,350
Tom Purtzer	72-65-71-70—278	6,650
Tom Jenkins	72-70-69-68—279	5,775
Tom Kite	68-68-73-70—279	5,775
Dave Barr	71-66-71-71—279	5,775
Ed Fiori	71-70-70-68—279	5,775
D. A. Weibring	66-70-72-72—280	4,550
Don Pooley	68-70-70-72—280	4,550
Buddy Gardner	69-71-69-71—280	4,550
Chi Chi Rodriguez	67-72-70-72—281	3,500
Mark McCumber	70-73-68-70—281	3,500
Larry Rinker	72-69-72-68—281	3,500
George Burns	71-71-67-72—281	3,500
Larry Ziegler	72-71-70-69—282	2,537
Mark Lye	72-72-72-66—282	2,537
Jim Simons	68-74-68-72—282	2,537
Mark McNulty	70-70-74-68—282	2,537
Joe Inman	70-74-67-71—282	2,537
Ronnie Black	69-71-72-70—282	2,537
Payne Stewart	72-71-65-75—283	1,778
David Peoples	70-70-69-74—283	1,778
John Mahaffey	75-66-71-71—283	1,778
Roger Maltbie	70-72-70-71—283	1,778
Jack Renner	67-69-69-78—283	1,778
Gary McCord	71-69-70-73—283	1,778
George Cadle	70-72-73-68—283	1,778
Rex Caldwell	69-72-71-71—283	1,778
Antonio Cerda	69-70-70-74—283	1,778
Bruce Fleisher	69-71-72-71—283	1,778
Mark Pfeil	71-71-69-73—284	1,330
Curt Byrum	73-69-70-72—284	1,330
Larry Mize	71-72-69-73—285	1,120
Beau Baugh	74-70-73-68—285	1,120
Lennie Clements	74-69-71-71—285	1,120
Lou Graham	68-74-74-69—285	1,120
Jeff Mitchell	71-72-70-73—286	879
Tony Sills	71-70-76-69—286	879
Allen Miller	71-69-73-73—286	879
Bill Britton	69-72-69-76—286	879
Lon Hinkle	69-69-74-74—286	879
Keith Fergus	71-69-72-74—286	879
Jeff Sluman	68-72-75-72—287	808
Mark O'Meara	69-75-74-69—287	808
Tom Weiskopf	69-71-71-77—288	791
Jodie Mudd	71-71-74-72—288	791
Mark Coward	77-67-73-71—288	791
Jimmy Roy	71-72-76-70—289	763
Lindy Miller	70-71-74-74—289	763
Michael Brannan	69-72-74-74—289	763
Dave Eichelberger	73-71-72-73—289	763
John Fought	72-71-70-76—289	763
Dave Hill	73-71-71-75—290	738
Bill Calfee	72-70-71-77—290	738
Howard Twitty	73-71-77-70—291	721
John Mazza	74-69-72-76—291	721
Mark Calcavecchia	70-70-77-74—291	721
Rik Massengale	72-72-73-75—292	703
John Adams	75-69-72-76—292	703
Steven Liebler	75-68-73-78—294	693
Lonnie Nielsen	72-70-75-78—295	686
Mike Gove	72-70-79-76—297	679

SAMMY DAVIS JR.-GREATER HARTFORD OPEN
($300,000),
Wethersfield C.C. (71-6,588),
Wethersfield, Conn., Aug. 18–21.

Curtis Strange	**69-62-69-68—268**	**$54,000**
Jack Renner	66-68-64-71—269	26,400
Jay Haas	69-66-69-65—269	26,400
Don Pooley	70-67-64-69—270	14,400
Tom Jenkins	67-71-67-66—271	10,950
Hale Irwin	65-68-68-70—271	10,950
John Adams	72-66-65-68—271	10,950
Isao Aoki	66-67-71-68—272	9,300
Bob Murphy	67-68-64-74—273	7,800
Rex Caldwell	66-68-70-69—273	7,800
Terry Diehl	69-69-70-65—273	7,800
Danny Edwards	68-70-68-67—273	7,800
Jim Simons	68-66-70-70—274	5,625
Tom Kite	66-66-72-70—274	5,625
Wayne Levi	69-70-68-67—274	5,625
Dave Barr	70-69-68-67—274	5,625
Mark McNulty	69-66-72-68—275	4,060

MEN PROFESSIONALS

Ray Stewart	69-67-69-70—275	4,060		Hale Irwin	68-70-67-71—276	19,125
Gavin Levenson	70-66-70-69—275	4,060		Mark McCumber	71-68-68-69—276	19,125
Hal Sutton	70-69-68-68—275	4,060		Tom Watson	70-70-71-65—276	19,125
Mike Gove	71-67-74-63—275	4,060		Isao Aoki	76-64-67-70—277	12,000
Brad Bryant	65-70-72-68—275	4,060		Hal Sutton	70-71-70-67—278	11,000
John Fought	68-71-69-68—276	2,528		David Graham	70-69-71-69—279	10,000
Mike McCullough	69-69-69-69—276	2,528		Wayne Levi	71-70-71-68—280	9,250
Steve Melnyk	65-68-70-73—276	2,528		Gil Morgan	71-71-70-68—280	9,250
Mark Hayes	68-70-67-71—276	2,528		Curtis Strange	74-66-71-70—281	8,125
Lennie Clements	66-69-70-71—276	2,528		Fuzzy Zoeller	75-65-69-72—281	8,125
Ray Floyd	68-71-68-69—276	2,528		Graham Marsh	74-64-71-72—281	8,125
Donnie Hammond	68-68-73-67—276	2,528		Tsuneyuki Nakajima	68-72-70-71—281	8,125
Victor Regalado	64-74-67-72—277	1,706		Danny Edwards	70-73-71-68—282	7,500
Bill Murchison	67-67-71-72—277	1,706		Larry Mize	69-77-67-69—282	7,500
Lonnie Nielsen	71-65-72-69—277	1,706		Bobby Clampett	67-72-70-74—283	7,000
Fuzzy Zoeller	67-66-69-75—277	1,706		Morris Hatalsky	71-71-70-71—283	7,000
Curt Byrum	67-67-72-71—277	1,706		Craig Stadler	71-71-72-69—283	7,000
Fred Couples	64-72-70-71—277	1,706		Fred Couples	68-71-70-75—284	6,300
Mac O'Grady	66-68-72-71—277	1,706		Ben Crenshaw	76-70-69-69—284	6,300
George Archer	65-71-73-68—277	1,706		Calvin Peete	70-72-75-67—284	6,300
Frank Conner	69-69-67-72—277	1,706		Lanny Wadkins	72-71-71-70—284	6,300
Jim Thorpe	71-68-68-71—278	1,260		Mike Nicolette	68-71-75-71—285	5,800
Roger Maltbie	72-67-69-70—278	1,260		Jay Haas	72-73-72-69—286	5,550
John Mahaffey	66-69-72-71—278	1,260		Gary Koch	72-71-72-71—286	5,550
Lou Graham	71-67-67-73—278	1,260		Gibby Gilbert	72-76-69-69—286	5,550
D. A. Weibring	70-67-70-72—279	876		Larry Nelson	77-69-69-72—287	5,250
J. C. Snead	68-68-72-71—279	876		Tom Kite	70-75-72-71—288	5,100
Ron Streck	72-64-70-73—279	876		John Cook	76-75-68-70—289	4,950
Payne Stewart	64-69-74-72—279	876		David Frost	79-67-72-71—289	4,950
Tsuneyuki Nakajima	69-67-73-70—279	876		Bob Gilder	69-74-74-73—290	4,800
Jimmy Roy	66-70-74-69—279	876		Jim Colbert	73-73-70-75—291	4,700
Hubert Green	67-69-73-70—279	876		Kikuo Arai	77-70-73-72—292	4,550
Chip Beck	69-70-70-70—279	876		Bob Shearer	75-72-69-76—292	4,550
Morris Hatalsky	65-74-70-70—279	876		Yu-Shu Hsieh	77-72-71-73—293	4,400
Dale Douglass	69-68-71-71—279	876		†Philip Parkin	74-74-76-72—296	-0-
Tommy Valentine	67-68-71-74—280	698		Keith Fergus	77-74-71-76—298	4,300
Denis Watson	71-66-74-69—280	698		Gary Hallberg	73-76-75-75—299	4,200
George Cadle	71-68-71-70—280	698		Bill Rogers	70-79-WD	
David Ogrin	69-70-72-70—281	678		†Amateur.		
Clarence Rose	70-68-72-71—281	678				
Bob Eastwood	68-67-76-70—281	678		**B.C. Open** ($300,000),		
Jeff Sluman	70-67-75-70—282	660		En-Joie G.C. (71-6, 966),		
Joe Inman	66-70-72-74—282	660		Endicott, N.Y., Sept. 1–4.		
Forrest Fezler	69-69-74-70—282	660				
Bob Boyd	70-69-71-74—284	648		**Pat Lindsey**	**71-64-65-68—268**	**$54,000**
Dewitt Weaver	64-71-74-76—285	633		Gil Morgan	70-67-68-67—272	32,400
Ken Green	70-69-72-74—285	633		Wayne Levi	69-70-70-64—273	17,400
Antonio Cerda	69-68-76-72—285	633		John Adams	68-67-70-68—273	17,400
Jay Cuco	70-69-74-72—285	633		Don Pooley	67-66-72-69—274	11,400
Buddy Gardner	69-68-76-73—286	618		Mike Reid	71-67-67-69—274	11,400
Mike Peck	70-68-74-76—288	609		Pat McGowan	73-70-65-67—275	10,050
Lindy Miller	65-73-75-75—288	609		Steven Liebler	70-69-68-69—276	8,400
Steven Liebler	70-68-76-76—290	600		Craig Stadler	72-68-71-65—276	8,400
				Sammy Rachels	69-72-67-68—276	8,400
WORLD SERIES OF GOLF ($500,000),				Victor Regalado	67-68-69-72—276	8,400
Firestone C.C. South Course (70-7, 173),				Mark Brooks	70-68-71-68—277	6,300
Akron, Ohio, Aug. 25–28.				Bobby Clampett	67-71-70-69—277	6,300
				Fred Couples	68-72-68-69—277	6,300
Nick Price	**66-68-69-67—270**	**$100,000**		Clarence Rose	70-68-72-68—278	4,950
Jack Nicklaus	67-73-69-65—274	60,000		Allen Miller	71-71-65-71—278	4,950
Johnny Miller	71-69-68-67—275	40,000		Bob Tway	70-72-69-67—278	4,950
Ray Floyd	69-68-70-69—276	19,125				

MEN PROFESSIONALS

Mark O'Meara	63-71-73-71—278	4,950
Bobby Wadkins	69-72-69-69—279	3,385
Vance Heafner	72-70-65-72—279	3,385
Bill Britton	71-72-70-66—279	3,385
Tim Simpson	68-72-72-67—279	3,385
Mark Lye	67-71-70-71—279	3,385
Dewitt Weaver	70-70-69-70—279	3,385
Buddy Gardner	70-68-70-71—279	3,385
Jim Simons	70-72-69-69—280	2,130
Mike Morley	73-70-68-69—280	2,130
Mike Sullivan	71-71-68-70—280	2,130
Joey Rassett	69-71-68-72—280	2,130
Tom Jenkins	69-74-68-69—280	2,130
Ronnie Black	66-71-75-68—280	2,130
Dan Halldorson	70-69-70-71—280	2,130
Nick Price	72-67-71-71—281	1,657
Joey Sindelar	67-71-70-73—281	1,657
Grier Jones	72-68-67-74—281	1,657
Jay Haas	70-72-69-70—281	1,657
Kermit Zarley	73-68-70-71—282	1,410
Bob E. Smith	69-71-73-69—282	1,410
Mike Gove	69-74-69-70—282	1,410
Tommy Valentine	69-71-72-71—283	1,024
Tom Purtzer	71-71-73-68—283	1,024
Greg Powers	71-71-71-70—283	1,024
Jeff Sluman	69-71-73-70—283	1,024
Ron Streck	69-70-71-73—283	1,024
Richard Zokol	71-71-72-69—283	1,024
Wally Armstrong	70-72-72-69—283	1,024
Mike Donald	70-69-68-76—283	1,024
Dave Eichelberger	73-70-68-72—283	1,024
Brad Faxon	66-73-76-68—283	1,024
Rick Pearson	72-71-71-70—284	756
Jeff Mitchell	71-69-71-74—285	722
John Fazza	74-66-74-71—285	722
Terry Diehl	70-71-68-76—285	722
Bill Muchison	70-71-75-70—286	678
Rafael Alarcon	71-68-76-71—286	678
Mark Hayes	70-69-75-72—286	678
Bruce Douglass	74-69-72-71—286	678
Dan Forsman	75-67-72-72—286	678
Ken Green	70-73-71-72—286	678
Gary Hallberg	67-69-72-78—286	678
Lee Trevino	71-71-70-75—287	642
David Ogrin	68-74-47-71—287	642
Eric Batten	66-70-78-73—287	642
Rex Caldwell	71-70-71-75—287	642
Gary Koch	69-74-73-71—287	642
Jim Nelford	68-70-74-76—288	615
Thomas Lehman	72-71-71-74—288	615
Jim Booros	71-70-76-71—288	615
Bobby Cole	68-74-70-76—288	615
David Peoples	71-70-75-73—289	600
Denis Watson	69-74-73-74—290	588
Tony Sills	70-72-72-76—290	588
Bob Gilder	71-71-72-76—290	588
Gavin Levenson	74-68-76-73—291	570
Bruce Fleisher	68-74-72-77—291	570
Ralph Landrum	72-70-74-75—291	570
Thomas Gray	72-71-74-75—292	558
Curt Byrum	74-69-74-76—293	549
Bob Eastwood	71-70-79-73—293	549

BANK OF BOSTON CLASSIC ($350,000),
Pleasant Valley C.C. (71-7, 119),
Sutton, Mass., Sept. 8–11.

Mark Lye	**69-69-71-64—273**	**$63,000**
John Mahaffey	65-69-67-73—274	26,133
Sammy Rachels	68-68-69-69—274	26,133
Jim Thorpe	72-67-67-68—274	26,133
Fuzzy Zoeller	67-68-69-71—275	14,000
Leonard Thompson	70-65-72-69—276	12,162
Ivan Smith	70-69-69-68—276	12,162
Joe Inman	69-69-66-73—277	9,800
Wayne Levi	66-70-70-71—277	9,800
George Burns	72-69-67-69—277	9,800
Dale Douglass	70-69-69-69—277	9,800
David Peoples	70-71-68-69—278	7,700
Nick Price	70-68-72-68—278	7,700
Doug Tewell	71-72-69-67—279	6,650
Ron Streck	69-71-70-70—280	5,425
Mark McCumber	69-68-70-73—280	5,425
Tim Simpson	68-72-71-69—280	5,425
J. C. Snead	65-73-71-71—280	5,425
Dana Quigley	70-70-71-69—280	5,425
Bill Calfee	72-71-69-68—280	5,425
Joey Sindelar	68-73-70-70—281	3,038
Gil Morgan	71-68-69-73—281	3,038
Ronnie Black	70-71-66-74—281	3,038
Ed Dougherty	70-70-72-69—281	3,038
Brad Faxon	73-68-70-70—281	3,038
Dan Forsman	73-67-70-71—281	3,038
Lou Graham	71-70-69-71—281	3,038
Jack Renner	70-74-69-68—281	3,038
Allen Miller	69-69-72-71—281	3,038
D. A. Weibring	69-70-73-69—281	3,038
George Archer	68-71-71-71—281	3,038
Denis Watson	73-71-69-69—282	1,178
Howard Twitty	71-70-68-73—282	1,178
Don Pooley	70-72-73-67—282	1,178
Mac O'Grady	70-69-73-70—282	1,178
Jim Booros	76-67-68-71—282	1,178
Bill Britton	71-70-70-71—282	1,178
Curt Byrum	69-71-74-68—282	1,178
Peter Jacobsen	72-72-68-70—282	1,178
Donnie Hammond	73-69-72-68—282	1,178
Lee Elder	73-71-68-70—282	1,178
Joey Rassett	72-70-70-71—283	1,126
Victor Regalado	68-73-70-72—283	1,126
Phil Hancock	73-71-68-71—283	1,126
Steve Hart	74-69-70-70—283	1,126
Jodie Mudd	69-71-73-70—283	1,126
Steve Melnyk	71-72-68-72—283	1,126
Lonnie Nielsen	72-72-70-69—283	1,126
Lance Ten Broeck	69-70-72-72—283	1,126
Steven Liebler	71-71-71-71—284	844
Ralph Landrum	68-75-71-70—284	844
John McComish	66-71-70-77—284	844
Blaine McCallister	72-69-73-70—284	844
Rod Curl	71-70-73-70—284	844
Kermit Zarley	68-74-73-70—285	791
Thomas Gray	72-72-68-73—285	791
John Cook	72-69-72-72—285	791
Buddy Gardner	69-72-73-71—285	791

34

MEN PROFESSIONALS

Mike Gove	73-71-70-71—285	791		Danny Edwards	69-72-70-70-70—351	6,207
Rick Pearson	70-73-73-70—286	742		D. A. Weibring	68-70-70-77-67—352	3,628
Mike Reid	74-70-71-71—286	742		Mark Wiebe	64-74-71-67-76—352	3,628
Loren Roberts	71-73-70-72—286	742		John Adams	76-65-68-71-72—352	3,628
Tony Sills	71-68-71-76—286	742		John Cook	70-73-69-71-69—352	3,628
Jeff Sluman	71-70-71-74—286	742		Ken Green	71-72-73-68-68—352	3,628
Barry Jaeckel	71-71-72-72—286	742		Brad Bryant	69-67-70-75-71—352	3,628
Antonio Cerda	72-72-71-71—286	742		Tze-Chung Chen	72-66-70-71-73—352	3,628
Donald Levin	69-73-71-73—286	742		Bobby Cole	68-71-71-73-69—352	3,628
Terry Diehl	73-68-74-71—286	742		Payne Stewart	70-72-69-67-75—353	2,700
Rickard Zokol	70-74-70-73—287	700		Don Pooley	68-69-73-70-73—353	2,700
Tom Jenkins	72-71-72-72—287	700		Larry Rinker	74-71-68-67-73—353	2,700
Thomas Lehman	71-70-72-74—287	700		Johnny Miller	70-74-73-65-71—353	2,700
Alan Pate	71-72-72-73—288	679		Curtis Strange	69-72-72-70-71—354	2,185
Hal Sutton	68-73-66-81—288	679		Mike Sullivan	69-71-69-72-73—354	2,185
Ken Green	74-70-70-74—288	679		Jim Nelford	75-66-70-70-73—354	2,185
Chi Chi Rodriguez	70-71-78-70—289	654		Tom Purtzer	70-69-75-71-70—355	1,791
Tommy Valentine	72-68-77-72—289	654		Mike Reid	69-71-71-71-73—355	1,791
Joe Carr	74-70-71-74—289	654		Leonard Thompson	69-72-70-71-73—355	1,791
Gavin Levenson	70-74-68-77—289	654		Wayne Levi	67-66-74-73-75—355	1,791
Tony Deluca	69-71-77-73—290	637		Buddy Gardner	69-65-73-75-73—355	1,791
Rex Caldwell	74-70-69-78—291	626		Tom Jenkins	71-69-72-69-74—355	1,791
Pat Lindsey	72-70-77-72—291	626		Mike Holland	72-67-66-73-77—355	1,791
Dewitt Weaver	71-72-73-76—292	616		David Ogrin	69-68-69-71-78—355	1,791
				Bob Eastwood	70-71-73-70-71—355	1,791

LAS VEGAS PRO-CELEBRITY CLASSIC ($1,000,000),
Las Vegas C.C. (71-7, 077); Desert Inn C.C. (72-7, 018); Dunes C.C. (72-7, 240); Showboat C.C. (72-7,045), Las Vegas, Nev., Sept. 14–18.

				Mark Pfeil	73-68-68-73-74—356	1,650
				Bob Gilder	66-67-78-73-72—356	1,650
				John Mahaffey	72-69-70-72-73—356	1,650
				Dave Eichelberger	71-69-73-72-71—356	1,650
				Bruce Devlin	70-71-71-70-74—356	1,650
Fuzzy Zoeller	63-70-70-64-73—340	$135,000		Mark McNulty	72-72-66-75-72—357	1,597
Rex Caldwell	71-66-66-70-71—344	81,000		Ray Floyd	71-76-70-68-72—357	1,597
Ed Fiori	67-67-72-69-70—345	51,000		Howard Twitty	71-70-72-72-73—358	1,537
J. C. Snead	67-67-69-72-72—347	33,000		Mike Nicolette	70-70-73-70-75—358	1,537
Scott Hoch	69-71-69-68-70—347	33,000		Lindy Miller	66-71-73-73-75—358	1,537
Tim Simpson	69-67-69-72-71—348	22,687		Dave Hill	72-68-69-75-74—358	1,537
Tom Watson	72-71-68-70-67—348	22,687		Larry Nelson	69-68-73-74-74—358	1,537
Gil Morgan	69-66-70-73-70—348	22,687		Fred Couples	71-68-69-72-78—358	1,537
David Graham	66-72-68-68-74—348	22,687		Vance Heafner	70-68-73-71-77—359	1,470
Hale Irwin	66-72-69-66-75—348	22,687		Lon Hinkle	71-68-69-74-77—359	1,470
Peter Jacobsen	69-72-69-68-70—348	22,687		Bob Boyd	74-68-71-71-75—359	1,470
Mac O'Grady	69-68-67-71-74—349	15,187		Mark O'Meara	72-73-64-75-76—360	1,440
Scott Simpson	69-73-70-68-69—349	15,187		Dave Stockton	73-72-69-71-76—361	1,425
Richard Zokol	68-68-73-68-72—349	15,187		Bob Shearer	71-70-73-71-77—362	1,410
Terry Diehl	67-71-69-68-74—349	15,187				
Nick Price	71-70-68-74-67—350	11,250		**LAJET COORS CLASSIC** ($350,000),		
Jack Renner	71-65-72-69-73—350	11,250		Fairway Oaks G. & Racquet C. (72-7,166),		
Victor Regalado	73-70-67-68-72—350	11,250		Abilene, Tex., Sept. 22–25.		
Gary McCord	68-71-68-69-74—350	11,250				
Jim Colbert	71-73-66-69-71—350	11,250		**Rex Caldwell**	**68-72-76-66—282**	**$63,000**
Tommy Valentine	70-69-68-72-72—351	6,207		Lee Trevino	70-72-68-73—283	37,800
Donnie Hammond	70-68-76-69-68—351	6,207		Andy Bean	67-74-71-73—285	20,300
Ronnie Black	72-67-70-70-72—351	6,207		David Graham	75-73-67-70—285	20,300
Gary Player	70-73-69-67-72—351	6,207		Lyn Lott	74-65-77-70—286	14,000
Tony Sills	70-71-71-71-69—351	6,207		Hal Sutton	73-73-73-68—287	11,725
Peter Oosterhuis	67-72-72-74-66—351	6,207		John Cook	71-70-75-71—287	11,725
Gibby Gilbert	71-68-75-67-70—351	6,207		Ben Crenshaw	74-69-70-74—287	11,725
John McComish	73-68-68-73-69—351	6,207		Hale Irwin	74-68-75-71—288	10,150
Jay Haas	72-70-70-71-68—351	6,207		Willard Wood	72-74-70-73—289	8,400
Phil Hancock	69-66-71-73-72—351	6,207		J. C. Snead	72-70-73-74—289	8,400
Dan Forsman	68-72-66-72-73—351	6,207		Frank Conner	78-70-70-71—289	8,400
Mark McCumber	67-70-73-72-69—351	6,207		Keith Fergus	70-73-74-72—289	8,400

MEN PROFESSIONALS

Name	Scores	Money
Dan Pohl	76-69-72-73—290	6,125
Pat McGowan	70-75-73-72—290	6,125
Bill Rogers	71-71-71-77—290	6,125
Brad Bryant	73-70-73-74—290	6,125
Victor Regalado	78-71-66-76—291	5,075
Mick Soli	70-75-76-70—291	5,075
Curtis Strange	76-73-71-72—292	3,791
Lindy Miller	71-71-74-74—292	3,791
Wally Armstrong	70-70-78-74—292	3,791
Steve Hart	74-72-75-71—292	3,791
Jay Haas	78-64-73-77—292	3,791
Mike Donald	70-72-79-71—292	3,791
Ron Streck	77-69-71-76—293	2,432
Tim Simpson	75-74-73-71—293	2,432
Jack Renner	74-72-71-76—293	2,432
Gavin Levenson	75-67-76-75—293	2,432
Tony Sills	75-74-74-70—293	2,432
Greg Powers	76-69-73-75—293	2,432
Bruce Fleisher	73-75-71-74—293	2,432
Buddy Gardner	75-72-72-74—293	2,432
Gary Koch	72-73-77-72—294	1,767
Bob Murphy	73-70-76-75—294	1,767
David Peoples	73-74-71-76—294	1,767
Bobby Cole	73-72-75-74—294	1,767
Fred Couples	71-70-79-74—294	1,767
Hubert Green	74-70-76-74—294	1,767
Sammy Rachels	74-74-72-75—295	1,365
Gil Morgan	76-70-74-75—295	1,365
Mark O'Meara	75-71-75-74—295	1,365
Bill Britton	80-66-74-75—295	1,365
Ed Fiori	74-74-76-71—295	1,365
Tom Purtzer	71-74-79-72—296	1,001
Jeff Sanders	75-74-77-70—296	1,001
Jim Simons	75-73-74-74—296	1,001
Chip Beck	74-72-74-76—296	1,001
Phil Hancock	79-70-71-76—296	1,001
Dave Eichelberger	76-73-74-73—296	1,001
Rod Nuckolls	75-72-75-75—297	834
John McComish	77-72-72-76—297	834
Chi Chi Rodriguez	71-74-75-77—297	834
George Archer	73-74-75-75—297	834
Loren Roberts	73-72-74-79—298	791
Craig Stadler	72-74-76-76—298	791
Bobby Wadkins	74-70-77-77—298	791
Lonnie Nielsen	70-75-78-75—298	791
Curt Byrum	73-72-75-78—298	791
Jim Thorpe	75-72-74-78—299	759
Vance Heafner	80-69-77-73—299	759
Jon Chaffee	74-72-78-75—299	759
Terry Diehl	74-73-78-74—299	759
Mark Pfeil	74-73-79-74—300	735
Mark Hayes	76-72-77-75—300	735
Tze-Chung Chen	74-75-76-75—300	735
George Cadle	75-73-75-78—301	717
Darrell Kestner	73-75-78-75—301	717
John Slaughter	74-73-79-75—301	717
Fuzzy Zoeller	73-73-81-75—302	696
Gary Player	76-72-74-80—302	696
Rives McBee	77-71-77-77—302	696
Gary McCord	75-73-76-78—302	696
Blaine McCallister	73-76-78-76—303	679
Ray Stewart	78-70-78-79—305	668
Dan Forsman	78-71-78-78—305	668
Tommy Valentine	74-73-76-83—306	658
Ron Commans	74-75-76-82—307	651

TEXAS OPEN ($300,000),
Oak Hills C.C. (70-6,525),
San Antonio, Tex., Sept. 29–Oct. 2.

Name	Scores	Money
Jim Colbert	**66-62-66-67—261**	**$54,000**
Mark Pfeil	70-63-63-70—266	32,400
Tony Sills	67-64-69-67—267	20,400
Curt Byrum	71-66-65-66—268	14,400
Jay Haas	69-64-67-70—270	10,537
Gary Koch	68-68-67-67—270	10,537
Brad Bryant	70-66-67-67—270	10,537
George Cadle	66-64-70-70—270	10,537
Lee Trevino	69-68-66-68—271	7,800
Jeff Sanders	67-70-66-68—271	7,800
Fred Couples	64-70-70-67—271	7,800
Lee Elder	67-65-72-67—271	7,800
Tom Kite	66-73-67-66—272	5,800
Scott Simpson	69-68-66-69—272	5,800
Mark O'Meara	69-69-66-68—272	5,800
Doug Tewell	70-65-65-73—273	4,350
Bill Rogers	66-69-68-70—273	4,350
Roger Maltbie	66-69-68-70—273	4,350
Ben Crenshaw	68-67-67-71—273	4,350
Bob Eastwood	68-67-71-67—273	4,350
David Edwards	68-68-64-73—273	4,350
Steve Hart	66-66-74-68—274	3,120
Jim Booros	68-68-67-71—274	3,120
Bruce Douglass	70-68-69-67—274	3,120
Bob Murphy	68-66-69-72—275	2,340
Jeff Sluman	70-66-68-71—275	2,340
Wally Armstrong	66-63-74-72—275	2,340
Bill Britton	71-66-69-69—275	2,340
Dale Douglass	66-68-69-72—275	2,340
Gavin Levenson	69-66-70-71—276	1,863
Lance Ten Broeck	64-71-69-72—276	1,863
Jodie Mudd	71-67-69-69—276	1,863
Rex Caldwell	66-71-72-67—276	1,863
Dan Forsman	74-65-69-68—276	1,863
Lindy Miller	72-66-70-69—277	1,511
Gary McCord	67-64-71-75—277	1,511
Jack Renner	68-65-70-74—277	1,511
Keith Fergus	67-68-63-74—277	1,511
Ron Streck	65-71-72-70—278	1,140
Payne Stewart	69-66-71-72—278	1,140
Craig Stadler	62-75-70-71—278	1,140
Allen Miller	66-73-69-70—278	1,140
Fuzzy Zoeller	66-71-71-70—278	1,140
Tom Jenkins	66-71-71-70—278	1,140
Grier Jones	70-69-69-70—278	1,140
Michael Brannan	66-69-68-75—278	1,140
David Ogrin	69-68-72-70—279	793
Ivan Smith	67-68-72-72—279	793
Forrest Fezler	70-69-70-70—279	793
Jon Chaffee	68-70-71-70—279	793
Mike Donald	73-66-69-71—279	793
Larry Mize	65-71-73-71—280	714
Bobby Clampett	68-68-72-72—280	714
Steve Melnyk	67-70-71-73—281	684
Lyn Lott	69-68-75-69—281	684

MEN PROFESSIONALS

Bobby Wadkins	68-70-71-72—281	684
Dave Barr	71-68-68-74—281	684
Lennie Clements	69-69-73-70—281	684
Rod Nuckolls	68-68-73-73—282	666
Lars Meyerson	69-69-71-74—283	654
Dan Pohl	68-71-73-71—283	654
Vance Heafner	70-69-71-73—283	654
Bill Murchison	66-71-72-75—284	639
Howard Twitty	68-71-71-74—284	639
Mike Sullivan	72-67-71-75—285	624
Mark Brooks	68-71-72-74—285	624
Brent Buckman	65-73-73-74—285	624
John Mahaffey	69-70-72-75—286	609
Greg Powers	69-68-79-70—286	609
Stanton Altgelt	68-70-76-73—287	597
Darrell Kestner	69-67-81-70—287	597
Tommy Valentine	69-70-74-75—288	585
Al Geiberger	71-68-77-72—288	585

SOUTHERN OPEN ($250,000),
Green Island C.C. (70-6,791),
Columbus, Ga., Oct. 6–9.

*Ronnie Black	68-69-65-69—271	$45,000
Sam Torrance	66-67-66-72—271	27,000
Wally Armstrong	68-68-70-68—274	17,000
Payne Stewart	65-78-68-70—275	11,000
Joe Inman	70-65-73-67—275	11,000
Scott Hoch	70-66-73-67—276	8,687
Mark Lye	71-70-70-65—276	8,687
Mike Nicolette	69-70-70-68—277	7,000
Dave Eichelberger	68-71-67-71—277	7,000
John Mahaffey	71-66-72-68—277	7,000
Rod Curl	71-67-68-71—277	7,000
Bill Calfee	71-68-69-70—278	4,468
Mike Donald	70-70-67-71—278	4,468
Mike Sullivan	68-70-72-68—278	4,468
Gary Hallberg	66-72-70-70—278	4,468
John Fought	68-73-70-67—278	4,468
Bobby Clampett	68-71-70-69—278	4,468
Mark McCumber	72-69-64-73—278	4,468
Larry Mize	70-71-66-71—278	4,468
Jim Colbert	70-72-70-67—279	2,708
Jim Simons	69-72-67-71—279	2,708
David Ogrin	72-70-68-69—279	2,708
Johnny Miller	70-69-73-67—279	2,708
Steven Liebler	70-69-70-70—279	2,708
George Archer	69-68-71-71—279	2,708
Loren Roberts	70-72-72-66—280	1,925
Dan Forsman	73-70-69-68—280	1,925
Bob Murphy	68-70-71-71—280	1,925
Ken Kelley	70-69-70-72—281	1,589
Denis Watson	69-71-72-69—281	1,589
Jim Nelford	70-71-69-71—281	1,589
Mark Pfeil	70-69-71-71—281	1,589
George Burns	75-55-70-71—281	1,589
Gavin Levenson	71-72-68-70—281	1,589
Jodie Mudd	71-71-73-67—282	1,232
Griff Moody	69-70-72-71—282	1,232
Vance Heafner	68-70-74-70—282	1,232
Brad Bryant	69-73-74-66—282	1,232
Gary Koch	67-69-72-74—282	1,232
Lee Elder	69-71-74-69—283	975
Charles Coody	71-67-71-74—283	975
Bill Britton	70-73-72-68—283	975
Ed Fiori	71-70-74-68—283	975
Dewitt Weaver	69-70-69-75—283	975
Chip Beck	71-71-70-72—284	752
Jerry Pate	71-71-72-70—284	752
Dave Barr	69-70-76-69—284	752
Doug Tewell	70-73-70-71—284	752
Lou Graham	69-73-74-69—285	623
Bill Sander	70-70-72-73—285	623
J. C. Snead	69-69-75-72—285	623
Ed Dougherty	72-70-70-73—285	623
Bill Murchison	74-69-77-66—286	578
Jeff Sanders	73-70-71-72—286	578
Dan Halldorson	71-72-75-68—286	578
Russ Cochran	69-71-77-69—286	578
Tony Sills	72-69-78-68—287	562
Pat Lindsey	70-72-74-71—287	562
Mike Morley	71-67-76-74—288	540
Curt Byrum	68-71-81-68—288	540
Forrest Fezler	69-71-75-73—288	540
Jim Booros	73-70-73-72—288	540
Beau Baugh	72-70-73-73—288	540
Burt Seagraves	71-72-70-75—288	540
Rod Nuckolls	69-74-75-70—288	540
Darrell Kestner	72-67-79-74—292	520
Michael Brannan	69-73-76-76—294	515
Ralph Landrum	69-73-74-79—295	510
†Jeff Daprah	71-72-73-81—296	-0-

†Amateur.
*Won playoff.

WALT DISNEY WORLD GOLF CLASSIC ($400,000),
Magnolia Cse. (72-7,170); Palm Cse. (72-6,856);
Lake Buena Vista Cse. (72-6,642);
Lake Buena Vista, Fla., Oct. 20–23.

Payne Stewart	69-64-69-67—269	$72,000
Mark McCumber	64-69-71-67—271	35,200
Nick Faldo	72-65-68-66—271	35,200
Scott Hoch	68-68-66-70—272	19,200
Morris Hatalsky	66-70-68-69—273	14,050
Larry Nelson	67-67-71-68—273	14,050
Craig Stadler	68-69-69-67—273	14,050
Gary Koch	69-68-69-67—273	14,050
Denis Watson	67-71-71-65—274	10,800
Leonard Thompson	69-67-70-68—274	10,800
Dave Barr	66-70-68-70—274	10,800
Curtis Strange	67-68-70-70—275	8,800
Andy Bean	71-71-65-68—275	8,800
Jim Nelford	66-71-71-68—276	7,000
Jim Booros	70-71-66-69—276	7,000
Tze-Chung Chen	69-69-66-72—276	7,000
Jim Dent	69-70-70-67—276	7,000
Mick Soli	69-67-69-72—277	5,400
Tim Simpson	70-71-68-68—277	5,400
Brad Bryant	67-69-69-72—277	5,400
Jim Colbert	71-65-72-69—277	5,400
Pat McGowan	68-65-73-72—278	3,713
Doug Tewell	66-68-70-74—278	3,713
Tom Jenkins	69-70-67-72—278	3,713

37

MEN PROFESSIONALS

Name	Scores	Prize	Name	Scores	Prize
Lanny Wadkins	66-70-71-71—278	3,713	Mark Lye	63-70-72-65—270	22,000
Tom Kite	71-69-67-71—278	3,713	Lon Hinkle	67-68-67-68—270	22,000
Lee Elder	73-66-69-70—278	3,713	Calvin Peete	68-68-68-67—271	12,000
Bob Murphy	74-71-64-70—279	2,720	Lyn Lott	70-65-65-72—272	9,500
Larry Mize	71-67-70-71—279	2,720	Mark Hayes	70-66-67-69—272	9,500
Chip Beck	73-66-70-70—279	2,720	Dan Pohl	66-71-66-70—273	7,531
Rex Caldwell	67-70-72-70—279	2,720	Gary Hallberg	70-70-70-63—273	7,531
Bob Eastwood	71-70-70-68—279	2,720	Jim Simons	70-69-66-68—273	7,531
Clarence Rose	69-71-70-70—280	2,260	Jon Chaffee	70-66-66-71—273	7,531
Jodie Mudd	71-67-69-73—280	2,260	Doug Tewell	70-66-65-73—274	6,250
David Peoples	74-66-70-70—280	2,260	Allen Miller	72-68-65-70—275	5,250
J. C. Snead	71-69-71-70—281	1,925	Roger Maltbie	71-72-68-64—275	5,250
Larry Rinker	72-65-70-74—281	1,925	Andy Bean	66-76-68-65—275	5,250
Peter Jacobsen	69-72-69-71—281	1,925	Pat McGowan	73-70-67-66—276	4,250
David Edwards	73-66-72-70—281	1,925	Frank Conner	75-68-68-65—276	4,250
Bill Sander	70-71-70-71—282	1,520	John Cook	71-70-70-65—276	4,250
Mark O'Meara	74-75-65-68—282	1,520	Mike Sullivan	71-66-69-71—277	3,625
Hal Sutton	67-75-70-70—282	1,520	Jim Colbert	72-68-69-68—277	3,625
John Adams	69-74-71-68—282	1,520	Scott Hoch	69-71-69-69—278	2,912
Ronnie Black	69-72-70-71—282	1,520	Sammy Rachels	70-71-67-70—278	2,912
Mike Donald	69-70-71-72—282	1,520	Mark O'Meara	73-69-68-68—278	2,912
Greg Powers	71-67-73-72—283	1,088	Wally Armstrong	71-72-68-67—278	2,912
Lindy Miller	71-67-71-74—283	1,088	Mark Calcavecchia	71-69-75-64—279	2,400
Joey Rassett	66-71-74-72—283	1,088	Larry Rinker	68-69-73-70—280	1,908
Lon Hinkle	71-73-67-72—283	1,088	Dave Barr	68-72-71-69—280	1,908
Buddy Gardner	69-66-76-72—283	1,088	Fuzzy Zoeller	68-71-70-71—280	1,908
Gibby Gilbert	71-68-70-74—283	1,088	Donnie Hammond	68-70-71-71—280	1,908
Scott Simpson	74-69-71-70—284	910	Ron Streck	72-71-68-69—280	1,908
Howard Twitty	71-71-72-70—284	910	Lance Ten Broeck	72-69-69-70—280	1,908
Mike Sullivan	67-69-73-75—284	910	Richard Zokol	70-73-68-70—281	1,387
Allen Miller	68-72-68-76—284	910	Bob Murphy	70-70-71-70—281	1,387
John Cook	72-68-71-73—284	910	David Ogrin	68-74-67-72—281	1,387
Pat Lindsey	71-69-71-73—284	910	Tom Jenkins	72-70-69-70—281	1,387
Steve Hart	71-72-67-74—284	910	Grier Jones	69-70-70-72—281	1,387
Forrest Fezler	74-70-70-70—284	910	Tim Simpson	73-70-69-69—281	1,387
Lou Graham	70-74-70-70—284	910	Gibby Gilbert	75-66-68-72—281	1,387
Ken Green	71-70-73-70—284	910	Al Geiberger	68-72-71-70—281	1,387
Peter Oosterhuis	71-69-73-72—285	848	Clarence Rose	74-68-71-69—282	975
Don Pooley	68-75-70-72—285	848	Payne Stewart	73-70-72-67—282	975
Joe Inman	68-71-74-72—285	848	Rod Nuckolls	70-71-71-70—282	975
Lyn Lott	73-71-70-71—285	848	Ronnie Black	66-75-71-70—282	975
John Fought	72-72-69-72—285	848	Ed Dougherty	71-70-71-70—282	975
Ron Streck	68-73-71-74—286	812	David Edwards	71-72-65-74—282	975
Bill Britton	75-68-71-72—286	812	Dan Forsman	71-72-70-69—282	975
Gary McCord	67-72-73-74—286	812	Steven Liebler	75-68-69-71—283	708
Thomas Gray	72-71-70-73—286	812	Chip Beck	72-71-72-68—283	708
John McComish	73-73-68-73—287	788	Antonio Cerda	70-72-69-72—283	708
Ed Fiori	73-69-71-74—287	788	Bob Eastwood	73-70-72-68—283	708
Tommy Valentine	76-65-73-74—288	772	Gavin Levenson	72-68-73-71—284	608
Curt Byrum	73-70-69-76—288	772	Mike Nicolette	68-71-70-75—284	608
Jeff Sanders	72-71-71-75—289	748	Joey Rassett	69-69-74-72—284	608
Loren Roberts	69-73-71-76—289	748	Larry Mize	71-69-69-75—284	608
John Mahaffey	75-72-66-76—289	748	Jeff Sluman	67-75-74-69—285	575
Phil Hancock	71-71-71-76—289	748	Charles Coody	71-66-77-71—285	575
Dan Pohl	68-76-69-77—290	728	Lee Elder	71-71-70-73—285	575
Mac O'Grady	73-72-69-77—291	720	Wren Lum	74-69-72-71—286	560
			Jim Booros	70-70-72-74—286	560
			Bob Boyd	72-70-75-69—286	560
PENSACOLA OPEN ($250,000),			Pat Lindsey	69-73-73-72—287	545
Perdido Bay C.C. (71-7,093),			Curt Byrum	73-69-70-75—287	545
Pensacola, Fla., Oct. 27–30.			Ed Fiori	69-71-71-75—287	545
			Jeff Sanders	73-68-71-76—288	532
Mark McCumber	**68-68-65-65—266**	**$45,000**	Mike McCullough	72-71-71-74—288	532

38

MEN PROFESSIONALS

Tom Jones	73-70-70-76—289	522
Vance Heafner	73-69-73-74—289	522
Bill Sander	70-71-70-79—290	512
Brad Bryant	72-71-74-73—290	512
Bob Tway	70-72-78-73—293	505
Hubert Green	71-71-72-80—294	500
John McComish	73-70-76-80—299	495

1983 PGA TOUR STATISTICS

AVERAGE DRIVING DISTANCE

	Name	Rds.	Yards
1	**John McComish**	81	**277.4**
2	Curt Byrum	99	276.0
3	Tom Weiskopf	61	274.3
4	Tom Purtzer	96	272.8
5	Mark Calcavecchia	57	272.5
6	Dan Pohl	96	271.2
7	Ronnie Black	82	271.0
8	Fred Couples	108	270.8
9	Jodie Mudd	99	270.7
10	Lon Hinkle	100	270.6
11	Buddy Gardner	105	270.2
12	Gavin Levenson	64	269.7
13	Andy Bean	93	269.2
14	Tom Watson	66	269.0
15	David Graham	88	268.9
16	Fuzzy Zoeller	106	268.8
17	Bill Sander	73	268.2
18	Mark McCumber	99	268.0
19	Mark O'Meara	100	267.7
	Payne Stewart	111	267.7
21	Nick Price	68	267.5
22	George Cadle	54	267.3
	Gary Hallberg	99	267.3
24	Jack Nicklaus	58	266.1
25	Dan Forsman	93	266.0
26	Scott Hoch	92	265.9
27	Mark Hayes	98	265.6
28	Denis Watson	63	265.5
29	Chip Beck	117	265.1
30	Joey Rassett	102	265.0
31	Blaine McCallister	63	264.7
32	Ivan Smith	58	264.6
33	Victor Regalado	111	264.5
34	Dave Barr	88	264.1
	Steve Melnyk	92	264.1
36	John Adams	103	264.0
37	Dave Eichelberger	104	263.8
38	Howard Twitty	100	263.5
39	Jim Dent	95	263.4
40	Gil Morgan	98	263.2
41	Mac O'Grady	76	263.1
	Tommy Valentine	95	263.1
43	J.C. Snead	108	263.0
44	Hal Sutton	113	262.8
	Bruce Lietzke	77	262.8
46	Clarence Rose	109	262.7
47	Jim Booros	95	262.4
48	Jim Thorpe	106	262.2
49	Jim Nelford	115	262.0
	Roger Maltbie	106	262.0
51	Ed Dougherty	51	261.8
52	Greg Powers	85	261.6
53	John Fought	102	261.3
54	Keith Fergus	92	261.2
55	Craig Stadler	97	261.1
	Bob Shearer	72	261.1
	Mike Holland	72	261.1
	Jon Chaffee	66	261.1
	Charles Coody	77	261.1
	Dan Halldorson	72	261.1
61	Mike Sullivan	95	261.0
62	Jeff Mitchell	73	260.9
63	Peter Jacobsen	96	260.8
64	Ray Floyd	89	260.7
65	George Burns	83	260.6
	Pat Lindsey	99	260.6
67	Larry Nelson	73	260.5
	Donnie Hammond	96	260.5
69	Wally Armstrong	84	260.4
70	Brad Bryant	102	260.3
71	Vance Heafner	107	260.1
	Lonnie Nielsen	66	260.1
73	Bob Gilder	101	259.9
74	Thomas Lehman	65	259.8
	Bob Boyd	102	259.8
76	Woody Blackburn	84	259.7
	Jerry Pate	53	259.7
78	David Peoples	91	259.6
	Johnny Miller	71	259.6
	Barry Jaeckel	83	259.6
81	Bobby Wadkins	112	259.4
	Rod Nuckolls	88	259.4
83	John Cook	112	259.3
	Gary McCord	92	259.3
85	Larry Rinker	94	259.1
86	Leonard Thompson	93	259.0
87	Mark Lye	104	258.8
	Mike Peck	84	258.8
89	Rex Caldwell	108	258.6
90	Larry Ziegler	57	258.4
	Jimmy Roy	75	258.4
92	Lance Ten Broeck	57	258.3
93	Ben Crenshaw	79	258.0
94	Mick Soli	83	257.6
	Bobby Clampett	80	257.6
96	Jim Colbert	104	257.5
97	Tze-Chung Chen	86	257.3
	Don Pooley	107	257.3
99	Mark Pfeil	102	257.2
100	Doug Tewell	87	257.1
	Andy North	77	257.1
102	Larry Mize	124	257.0
103	John Mahaffey	99	256.8
104	Forrest Fezler	89	256.6
	Ken Green	103	256.6
106	Jeff Sanders	68	256.3
	Mike Donald	118	256.3
108	Mike Nicolette	94	256.2
109	Wayne Levi	84	256.0
110	David Ogrin	97	255.9

MEN PROFESSIONALS

#	Name	Rds	Avg
111	Bobby Cole	60	255.8
112	Lindy Miller	89	255.6
	Bill Murchison	81	255.6
114	Ed Sneed	77	255.2
	Peter Oosterhuis	97	255.2
	Phil Hancock	97	255.2
117	Tim Simpson	99	255.0
	Danny Edwards	81	255.0
119	Lennie Clements	92	254.9
120	Jeff Sluman	59	254.8
	Gary Koch	107	254.8
	Bruce Fleisher	103	254.8
123	Ed Fiori	105	254.7
124	Lanny Wadkins	86	254.6
	George Archer	104	254.6
126	Lee Trevino	60	254.5
127	Pat McGowan	115	254.0
128	Bob Eastwood	109	253.5
	Jay Haas	106	253.5
130	Bob Murphy	94	253.3
131	Tom Kite	93	253.2
	Gibby Gilbert	65	253.2
133	Mark McNulty	72	252.8
134	D. A. Weibring	77	252.6
	Richard Zokol	82	252.6
136	Loren Roberts	66	252.3
137	Frank Conner	103	252.0
138	Ron Streck	91	251.9
	Morris Hatalsky	78	251.9
140	Jack Renner	94	251.8
	David Edwards	88	251.8
142	Curtis Strange	101	251.6
143	Mike Reid	84	251.5
144	Steve Hart	84	251.1
	Al Geiberger	67	251.1
146	Tom Jenkins	108	251.0
147	Hubert Green	87	250.7
148	Bill Britton	97	250.4
149	Bill Kratzert	64	250.3
150	Isao Aoki	57	250.0
	Bob Byman	51	250.0
	Antonio Cerda	90	250.0
153	Lyn Lott	79	249.9
154	Scott Simpson	98	249.4
155	Orville Moody	52	249.2
156	Hale Irwin	82	249.1
157	Darrell Kestner	70	249.0
158	Allen Miller	101	248.6
159	Terry Diehl	85	248.3
160	Bill Rogers	68	247.7
161	Joe Inman	88	247.6
162	Lee Elder	87	247.5
163	Mike Gove	69	247.2
	Lou Graham	101	247.2
	Thomas Gray	105	247.2
166	Dave Stockton	58	247.1
167	Mike McCullough	86	246.8
168	Chi Chi Rodriguez	57	246.5
	Jim Simons	87	246.5
170	Calvin Peete	87	246.1
171	Tim Norris	51	245.7
172	Tony Sills	85	245.1
173	Michael Brannan	74	241.1

DRIVING ACCURACY

#	Name	Rds.	Percentage
1	Calvin Peete	87	.846
2	Jack Renner	94	.755
3	Isao Aoki	57	.736
4	Tim Norris	51	.726
	Lee Trevino	60	.726
	David Edwards	88	.726
7	Curtis Strange	101	.724
8	Allen Miller	101	.716
	Lanny Wadkins	86	.716
10	Doug Tewell	87	.715
	Bruce Lietzke	77	.715
12	Tom Kite	93	.713
13	Larry Nelson	73	.712
14	Lee Elder	87	.710
15	Peter Jacobsen	96	.709
	Danny Edwards	81	.709
17	Wayne Levi	84	.708
18	Mike Reid	84	.706
19	Hale Irwin	82	.703
20	Hal Sutton	113	.702
21	John Cook	112	.700
22	Bill Rogers	68	.699
	Ray Floyd	89	.699
24	Larry Mize	124	.698
	Scott Simpson	98	.698
26	Bob Murphy	94	.697
27	Mark Pfeil	102	.696
28	Thomas Gray	105	.695
29	Mike Sullivan	95	.694
30	Tony Sills	85	.693
	Joe Inman	88	.693
32	Jim Simons	87	.690
33	D. A. Weibring	77	.688
34	Michael Brannan	74	.687
35	Richard Zokol	82	.684
	John Mahaffey	99	.684
37	Tom Jenkins	108	.682
	Jay Haas	106	.682
39	Jack Nicklaus	58	.679
	Mark McCumber	99	.679
41	Antonio Cerda	90	.677
	Johnny Miller	71	.677
43	Hubert Green	87	.675
44	Steve Hart	84	.674
45	Gary Koch	107	.673
46	Bob Boyd	102	.672
47	Tim Simpson	99	.671
48	Mike Holland	72	.669
49	Don Pooley	107	.668
50	Chip Beck	117	.666
	Phil Hancock	97	.666
52	Mike McCullough	86	.663
53	Donnie Hammond	96	.662
54	Darrell Kestner	70	.660
	Keith Fergus	92	.660
56	Tze-Chung Chen	86	.658
57	Fuzzy Zoeller	106	.657
58	Chi Chi Rodriguez	57	.656
59	Craig Stadler	97	.655
60	Bob Shearer	72	.654

MEN PROFESSIONALS

61	Vance Heafner	107	.653	124	John Adams	103	.600
62	Forrest Fezler	89	.652		Roger Maltbie	106	.600
63	Al Geiberger	67	.651		Pat McGowan	115	.600
64	Bobby Wadkins	112	.647		Nick Price	68	.600
	Gil Morgan	98	.647	128	Mike Peck	84	.599
	Mike Gove	69	.647	129	Jeff Sanders	68	.598
67	Bobby Clampett	80	.646	130	Jim Nelford	115	.596
	Gavin Levenson	64	.646		Lon Hinkle	100	.596
69	Lonnie Nielsen	66	.644	132	Jimmy Roy	75	.595
	Lou Graham	101	.644		Andy North	77	.595
71	Denis Watson	63	.641	134	Tom Weiskopf	61	.594
	Brad Bryant	102	.641		Lance Ten Broeck	57	.594
73	Mike Nicolette	94	.640	136	Curt Byrum	99	.593
	David Graham	88	.640		Tom Purtzer	96	.593
75	Larry Rinker	94	.639	138	Jeff Sluman	59	.592
76	Jim Colbert	104	.638	139	Mark O'Meara	100	.591
77	David Ogrin	97	.636	140	Dan Pohl	96	.590
78	Joey Rassett	102	.635	141	Ken Green	103	.588
	Pat Lindsey	99	.635	142	George Burns	83	.587
	John Fought	102	.635	143	Mark Lye	104	.585
81	Bruce Fleisher	103	.634	144	George Archer	104	.584
82	Bobby Cole	60	.633		Gary Hallberg	99	.584
83	Rex Caldwell	108	.632	146	Dave Eichelberger	104	.583
84	Mark McNulty	72	.630	147	Mick Soli	83	.582
	Scott Hoch	92	.630		Jim Dent	95	.582
86	Howard Twitty	100	.629	149	Bill Murchison	81	.581
	Mike Donald	118	.629	150	Jim Booros	95	.577
	Lyn Lott	79	.629	151	Thomas Lehman	65	.576
89	Andy Bean	93	.627	152	Blaine McCallister	63	.574
90	Mark Hayes	98	.625	153	Greg Powers	85	.571
91	Bob Eastwood	109	.623		Jodie Mudd	99	.571
	Mac O'Grady	76	.623	155	Dave Barr	88	.570
93	Orville Moody	52	.622		Dan Forsman	93	.570
	Charles Coody	77	.622	157	Tommy Valentine	95	.564
95	Ron Streck	91	.621		Dave Stockton	58	.564
	Morris Hatalsky	78	.621	159	Buddy Gardner	105	.562
	Lennie Clements	92	.621	160	John McComish	81	.558
98	Leonard Thompson	93	.620		Terry Diehl	85	.558
	Frank Conner	103	.620	162	Barry Jaeckel	83	.554
	Ed Fiori	105	.620	163	Mark Calcavecchia	57	.550
101	J.C. Snead	108	.619	164	Woody Blackburn	84	.549
	Bob Gilder	101	.619	165	Victor Regalado	111	.547
103	Payne Stewart	111	.617	166	Larry Ziegler	57	.546
	Ronnie Black	82	.617	167	Ivan Smith	58	.537
	George Cadle	54	.617	168	Bob Byman	51	.531
	Jerry Pate	53	.617	169	Steve Melnyk	92	.526
107	Lindy Miller	89	.615	170	Bill Britton	97	.523
108	Clarence Rose	109	.614	171	Bill Sander	73	.514
109	Jon Chaffee	66	.610	172	Jeff Mitchell	73	.491
110	Wally Armstrong	84	.609	173	Bill Kratzert	64	.450
	Peter Oosterhuis	97	.609				
112	Loren Roberts	66	.608				
	Gibby Gilbert	65	.608				
114	Rod Nuckolls	88	.607				
	Ed Dougherty	51	.607				
116	Jim Thorpe	106	.606				
117	Ed Sneed	77	.605				
	Fred Couples	108	.605				
119	Tom Watson	66	.604				
120	Gary McCord	92	.603				
121	Dan Halldorson	72	.602				
122	David Peoples	91	.601				
	Ben Crenshaw	79	.601				

GREENS HIT IN REGULATION

	Name	Rds.	Percentage
1	Calvin Peete	**87**	**.714**
2	Johnny Miller	71	.707
3	Wayne Levi	84	.697
4	Larry Nelson	73	.695
5	Jack Nicklaus	58	.692
	Peter Jacobsen	96	.692
7	Hal Sutton	113	.690
8	John Mahaffey	99	.686

41

MEN PROFESSIONALS

#	Name				#	Name		
9	George Cadle	54	.683			David Ogrin	97	.645
10	Doug Tewell	87	.682		73	Phil Hancock	97	.644
	Tim Simpson	99	.682			Ed Dougherty	51	.644
	Danny Edwards	81	.682			Mac O'Grady	76	.644
13	Don Pooley	107	.679		76	Bobby Cole	60	.643
14	Jim Simons	87	.678			John McComish	81	.643
15	Bruce Lietzke	77	.677		78	Curtis Strange	101	.642
	Jay Haas	106	.677			Gary McCord	92	.642
17	Mike Reid	84	.675			Bobby Clampett	80	.642
	Dan Pohl	96	.675			Ed Fiori	105	.642
19	Tom Purtzer	96	.674			Dan Halldorson	72	.642
20	Fuzzy Zoeller	106	.672		83	Tony Sills	85	.641
21	Andy Bean	93	.671			John Adams	103	.641
22	Lindy Miller	89	.670			Allen Miller	101	.641
	Dave Barr	88	.670		86	Craig Stadler	97	.640
	Ronnie Black	82	.670			Rex Caldwell	108	.640
	Tom Kite	93	.670		88	Gary Koch	107	.639
26	Mark Pfeil	102	.669			Isao Aoki	57	.639
27	Richard Zokol	82	.667			Fred Couples	108	.639
	Scott Hoch	92	.667		91	Larry Mize	124	.638
29	Jack Renner	94	.666			Mark Hayes	98	.638
	Victor Regalado	111	.666		93	Tom Jenkins	108	.637
	Roger Maltbie	106	.666			Jim Colbert	104	.637
	John Fought	102	.666			Forrest Fezler	89	.637
33	Brad Bryant	102	.665			Mike Nicolette	94	.637
	Hale Irwin	82	.665		97	Clarence Rose	109	.636
35	Mike Sullivan	95	.664			Mick Soli	83	.636
36	Lon Hinkle	100	.663		99	Ron Streck	91	.635
37	Joey Rassett	102	.662			Lonnie Nielsen	66	.635
	Mark McCumber	99	.662		101	Wally Armstrong	84	.634
	Ray Floyd	89	.662			Joe Inman	88	.634
40	Donnie Hammond	96	.661			Charles Coody	77	.634
41	Curt Byrum	99	.660			Rod Nuckolls	88	.634
	Gil Morgan	98	.660		105	Jim Booros	95	.633
43	D. A. Weibring	77	.659			Mark O'Meara	100	.633
	John Cook	112	.659			Bob Gilder	101	.633
45	J.C. Snead	108	.658		108	Jerry Pate	53	.632
	Lee Trevino	60	.658			Bob Boyd	102	.632
	Buddy Gardner	105	.658			Jodie Mudd	99	.632
48	Mark Lye	104	.657			Lee Elder	87	.632
49	Payne Stewart	111	.656		112	Mike Donald	118	.631
	Lanny Wadkins	86	.656			Lou Graham	101	.631
51	Tom Watson	66	.655		114	Lance Ten Broeck	57	.629
52	Ben Crenshaw	79	.654		115	Steve Hart	84	.628
	David Graham	88	.654			Thomas Gray	105	.628
54	Vance Heafner	107	.652		117	Thomas Lehman	65	.627
	Gibby Gilbert	65	.652			Mike Gove	69	.627
56	Pat McGowan	115	.651		119	Tom Weiskopf	61	.626
57	Tze-Chung Chen	86	.650			David Peoples	91	.626
	Dave Eichelberger	104	.650		121	Andy North	77	.625
	Keith Fergus	92	.650		122	Al Geiberger	67	.624
60	Mike Holland	72	.648		123	George Archer	104	.623
	Bob Murphy	94	.648			Lennie Clements	92	.623
	Jim Nelford	115	.648		125	David Edwards	88	.622
63	Jeff Sluman	59	.647		126	Leonard Thompson	93	.621
	Peter Oosterhuis	97	.647			Mike McCullough	86	.621
65	Jim Thorpe	106	.646			Gary Hallberg	99	.621
	Jim Dent	95	.646		129	Pat Lindsey	99	.620
	Gavin Levenson	64	.646			Hubert Green	87	.620
68	Bill Rogers	68	.645		131	Steve Melnyk	92	.619
	Bobby Wadkins	112	.645		132	Mark Calcavecchia	57	.615
	Scott Simpson	98	.645		133	Nick Price	68	.614
	Chip Beck	117	.645		134	Bob Shearer	72	.613

MEN PROFESSIONALS

	Name	Rds	Pct		Name	Rds	Pct
	Ed Sneed	77	.613		Greg Powers	85	.541
136	Bob Eastwood	109	.612	22	Tom Purtzer	96	.538
	Dan Forsman	93	.612		John Cook	112	.538
138	George Burns	83	.611		Gary McCord	92	.538
	Dave Stockton	58	.611	25	Bob Murphy	94	.534
	Lyn Lott	79	.611	26	Bobby Wadkins	112	.533
141	Larry Ziegler	57	.610		Jim Simons	87	.533
142	Denis Watson	63	.608	28	Rex Caldwell	108	.532
	Bill Kratzert	64	.608	29	David Graham	88	.531
	Antonio Cerda	90	.608	30	Don Pooley	107	.526
	Jon Chaffee	66	.608		Jerry Pate	53	.526
	Bill Sander	73	.608		Brad Bryant	102	.526
	Bruce Fleisher	103	.608	33	Hal Sutton	113	.525
	Bill Murchison	81	.608	34	Mike Nicolette	94	.524
149	Orville Moody	52	.606	35	Mark McNulty	72	.523
150	Michael Brannan	74	.605	36	Craig Stadler	97	.518
151	Howard Twitty	100	.602	37	Gary Koch	107	.517
	Tommy Valentine	95	.602		Jim Dent	95	.517
	Larry Rinker	94	.602	39	Scott Simpson	98	.516
	Terry Diehl	85	.602		Orville Moody	52	.516
155	Barry Jaeckel	83	.600	41	D.A. Weibring	77	.515
156	Jeff Sanders	68	.598		Chi Chi Rodriguez	57	.515
157	Blaine McCallister	63	.594		Buddy Gardner	105	.515
	Frank Conner	103	.594	44	Lanny Wadkins	86	.514
159	Jeff Mitchell	73	.588	45	Calvin Peete	87	.513
160	Loren Roberts	66	.587		Mike Donald	118	.513
161	Bill Britton	97	.583	47	Peter Oosterhuis	97	.509
162	Mike Peck	84	.582		Bob Gilder	101	.509
163	Greg Powers	85	.581	49	Steve Melnyk	92	.508
	Mark McNulty	72	.581	50	Tze-Chung Chen	86	.507
165	Ken Green	103	.580		Ray Floyd	89	.507
166	Jimmy Roy	75	.579	52	J.C. Snead	108	.506
167	Tim Norris	51	.578		Jay Haas	106	.506
	Ivan Smith	58	.578	54	Chip Beck	117	.505
169	Chi Chi Rodriguez	57	.570		Lou Graham	101	.505
170	Woody Blackburn	84	.561	56	Mark McCumber	99	.503
171	Morris Hatalsky	78	.559		Bruce Fleisher	103	.503
172	Darrell Kestner	70	.555	58	Ivan Smith	58	.500
173	Bob Byman	51	.532		Ed Sneed	77	.500
					Victor Regalado	111	.500

SAND TRAP SAVES

	Name	Rds	Percentage		Name	Rds	Pct
					Charles Coody	77	.500
					Johnny Miller	71	.500
					Lee Elder	87	.500
1	Isao Aoki	57	.623	64	Larry Rinker	94	.497
2	Hale Irwin	82	.598	65	Dave Stockton	58	.495
3	Morris Hatalsky	78	.595		Mac O'Grady	76	.495
4	Bob Eastwood	109	.576	67	Bill Sander	73	.493
5	Joe Inman	88	.575		Bob Shearer	72	.493
6	Ben Crenshaw	79	.569	69	Doug Tewell	87	.492
7	Peter Jacobsen	96	.561		Frank Conner	103	.492
8	Tom Kite	93	.560	71	Larry Ziegler	57	.489
9	Lee Trevino	60	.558		Mark Lye	104	.489
10	Barry Jaeckel	83	.557	73	Woody Blackburn	84	.488
11	Mark O'Meara	100	.556		Bill Britton	97	.488
	Andy North	77	.556		Mike McCullough	86	.488
	Ed Fiori	105	.556		Bill Murchison	81	.488
14	Allen Miller	101	.551	77	Bob Byman	51	.487
15	Larry Mize	124	.550	78	Jim Thorpe	106	.486
16	David Edwards	88	.549		David Ogrin	97	.486
17	Mike Sullivan	95	.547	80	Richard Zokol	82	.485
	Gibby Gilbert	65	.547		Antonio Cerda	90	.485
19	George Archer	104	.544		Ken Green	103	.485
20	Jack Renner	94	.541	83	Fuzzy Zoeller	106	.484

MEN PROFESSIONALS

	Name	Rds	Pct
	Tom Weiskopf	61	.484
85	Jon Chaffee	66	.483
	Lennie Clements	92	.483
	Hubert Green	87	.483
88	Ronnie Black	82	.482
89	Bill Rogers	68	.478
	Curtis Strange	101	.478
	Bobby Cole	60	.478
92	Mark Pfeil	102	.476
	Tim Norris	51	.476
	Scott Hoch	92	.476
95	Jim Nelford	115	.474
96	Howard Twitty	100	.473
97	Vance Heafner	107	.472
98	Tom Watson	66	.471
99	Mike Holland	72	.470
100	John Fought	102	.469
101	Bill Kratzert	64	.468
	Dave Barr	88	.468
103	Fred Couples	108	.467
	Lindy Miller	89	.467
	Dan Halldorson	72	.467
106	Payne Stewart	111	.465
107	Lon Hinkle	100	.464
108	Donnie Hammond	96	.463
109	Tim Simpson	99	.461
	Mark Hayes	98	.461
	Darrell Kestner	70	.461
112	Wayne Levi	84	.457
113	Mike Reid	84	.456
114	Ron Streck	91	.455
	Michael Brannan	74	.455
116	Lyn Lott	79	.453
117	John Mahaffey	99	.452
118	John Adams	103	.451
	Tom Jenkins	108	.451
120	Dan Pohl	96	.450
121	Wally Armstrong	84	.449
122	Thomas Gray	105	.448
123	Bobby Clampett	80	.447
124	Steve Hart	84	.446
125	George Burns	83	.445
126	Leonard Thompson	93	.444
	Roger Maltbie	106	.444
128	Danny Edwards	81	.443
129	Phil Hancock	97	.442
	Clarence Rose	109	.442
	Gary Hallberg	99	.442
132	Mark Calcavecchia	57	.440
	Jeff Sluman	59	.440
134	Lance Ten Broeck	57	.439
	Pat McGowan	115	.439
136	John McComish	81	.436
137	Mick Soli	83	.435
	Jack Nicklaus	58	.435
139	Tony Sills	85	.430
	Jodie Mudd	99	.430
141	Joey Rassett	102	.429
	Terry Diehl	85	.429
143	Blaine McCallister	63	.421
144	Ed Dougherty	51	.419
145	Rod Nuckolls	88	.418
146	Mike Peck	84	.417
	Keith Fergus	92	.417
148	Loren Roberts	66	.416
149	Dave Eichelberger	104	.415
150	Larry Nelson	73	.414
	Forrest Fezler	89	.414
152	Jim Colbert	104	.413
	Jimmy Roy	75	.413
154	Gil Morgan	98	.411
155	David Peoples	91	.404
156	Tommy Valentine	95	.402
157	Jeff Mitchell	73	.401
158	Nick Price	68	.400
159	Pat Lindsey	99	.394
160	Jim Booros	95	.391
	Bob Boyd	102	.391
	Dan Forsman	93	.391
	Mike Gove	69	.391
164	Andy Bean	93	.390
165	Al Geiberger	67	.389
166	Curt Byrum	99	.385
167	Gavin Levenson	64	.384
168	Jeff Sanders	68	.383
169	Thomas Lehman	65	.372
	Bruce Lietzke	77	.372
171	Lonnie Nielsen	66	.371
172	Denis Watson	63	.352
173	George Cadle	54	.295

BIRDIE LEADERS

	Name	Rds.	Total
1	**Hal Sutton**	**113**	**399**
2	Chip Beck	117	394
3	Payne Stewart	111	382
4	Fred Couples	108	381
5	Fuzzy Zoeller	106	376
6	John Cook	112	372
7	Rex Caldwell	108	370
8	Don Pooley	107	369
9	Larry Mize	124	360
10	Jim Nelford	115	354
11	Mike Donald	118	346
12	Pat McGowan	115	344
13	Lon Hinkle	100	339
14	Mark Lye	104	338
15	Gil Morgan	98	336
16	Jim Colbert	104	335
17	Jay Haas	106	332
18	Victor Regalado	111	331
19	Craig Stadler	97	330
20	Roger Maltbie	106	329
21	Buddy Gardner	105	327
22	Bruce Fleisher	103	325
23	Curtis Strange	101	324
	Mark McCumber	99	324
25	Clarence Rose	109	322
26	Jim Thorpe	106	321
	Ed Fiori	105	321
28	Tom Kite	93	320
	Gary Hallberg	99	320
30	Gary Koch	107	319
31	J.C. Snead	108	318
32	Vance Heafner	107	315

MEN PROFESSIONALS

#	Name				#	Name		
33	Bob Eastwood	109	314			Lee Elder	87	256
34	John Adams	103	312		97	Danny Edwards	81	253
35	Andy Bean	93	311		98	Tommy Valentine	95	250
36	Tom Purtzer	96	310			Bruce Lietzke	77	250
	Ray Floyd	89	310		100	Lennie Clements	92	245
38	Mark Pfeil	102	308		101	Tom Watson	66	242
	Dave Eichelberger	104	308			Mick Soli	83	242
	Bob Gilder	101	308		103	Rod Nuckolls	88	241
41	Frank Conner	103	307			David Peoples	91	241
42	Tim Simpson	99	306		105	Greg Powers	85	240
	Tom Jenkins	108	306		106	Mike Reid	84	238
	Scott Hoch	92	306		107	Lindy Miller	89	237
45	John Fought	102	303		108	John McComish	81	236
46	Scott Simpson	98	302		109	Mike McCullough	86	233
47	Bobby Wadkins	112	301			Forrest Fezler	89	233
	Peter Jacobsen	96	301		111	Larry Nelson	73	232
49	John Mahaffey	99	300			Wally Armstrong	84	232
	Dan Pohl	96	300		113	Johnny Miller	71	229
	Lanny Wadkins	86	300			Antonio Cerda	90	229
52	Peter Oosterhuis	97	296			Bobby Clampett	80	229
53	Mark O'Meara	100	295		116	Barry Jaeckel	83	226
54	Calvin Peete	87	293		117	Hubert Green	87	225
	Ben Crenshaw	79	293		118	Bill Britton	97	222
56	Ron Streck	91	291		119	Mike Peck	84	221
	Brad Bryant	102	291		120	Tony Sills	85	220
	Mark Hayes	98	291			D. A. Weibring	77	220
59	Jack Renner	94	290		122	Steve Hart	84	219
60	Mike Sullivan	95	289		123	Morris Hatalsky	78	218
	David Graham	88	289		124	Richard Zokol	82	216
62	Joey Rassett	102	288		125	Mac O'Grady	76	214
	Curt Byrum	99	288		126	Andy North	77	212
64	Dan Forsman	93	284		127	Terry Diehl	85	211
65	David Ogrin	97	282		128	Bob Shearer	72	210
	Jim Booros	95	282		129	Bill Rogers	68	209
	Hale Irwin	82	282		130	Bill Murchison	81	208
	Donnie Hammond	96	282			Gibby Gilbert	65	208
69	George Archer	104	281		132	Jack Nicklaus	58	207
70	Pat Lindsey	99	280		133	Mark McNulty	72	206
	Jodie Mudd	99	280		134	Lyn Lott	79	205
	Lou Graham	101	280		135	Nick Price	68	204
	Ken Green	103	280		136	Bill Sander	73	202
74	Leonard Thompson	93	279		137	Denis Watson	63	201
	Thomas Gray	105	279		138	Isao Aoki	57	200
76	Bob Boyd	102	278		139	Tom Weiskopf	61	199
77	Steve Melnyk	92	277		140	Charles Coody	77	198
78	Jim Dent	95	276		141	Jeff Sanders	68	196
	Keith Fergus	92	276		142	Ed Sneed	77	195
80	Allen Miller	101	272		143	Jeff Mitchell	73	193
81	Gary McCord	92	271		144	Mike Gove	69	190
	Wayne Levi	84	271		145	Dan Halldorson	72	189
83	Jim Simons	87	270		146	Woody Blackburn	84	188
84	Phil Hancock	97	269		147	Jimmy Roy	75	187
85	Bob Murphy	94	267		148	Lee Trevino	60	184
86	Larry Rinker	94	266		149	George Cadle	54	183
	Dave Barr	88	266		150	Michael Brannan	74	182
88	Doug Tewell	87	265		151	Jeff Sluman	59	177
89	David Edwards	88	262			Jon Chaffee	66	177
90	George Burns	83	261		153	Gavin Levenson	64	176
91	Joe Inman	88	260		154	Bill Kratzert	64	175
92	Ronnie Black	82	259			Lonnie Nielsen	66	175
93	Howard Twitty	100	256		156	Thomas Lehman	65	172
	Mike Nicolette	94	256		157	Mike Holland	72	171
	Tze-Chung Chen	86	256		158	Jerry Pate	53	170

45

MEN PROFESSIONALS

	Name	Rds	Total
	Al Geiberger	67	170
160	Loren Roberts	66	164
161	Mark Calcavecchia	57	161
162	Lance Ten Broeck	57	159
	Bobby Cole	60	159
164	Dave Stockton	58	158
165	Blaine McCallister	63	154
166	Nick Faldo	43	153
167	Chi Chi Rodriguez	57	151
168	Darrell Kestner	70	148
169	Russ Cochran	48	144
170	Bill Calfee	46	143
171	Ivan Smith	58	140
172	Ed Dougherty	51	139
173	Sammy Rachels	43	138
174	Larry Ziegler	57	135
175	Ray Stewart	50	132
	Orville Moody	52	132
177	Tim Norris	51	124
	Ralph Landrum	45	124
179	Rafael Alarcon	44	116
180	Mark Coward	46	115
181	Dale Douglass	44	112
182	Greg Norman	36	111
183	Rick Pearson	48	110
184	Steven Liebler	38	108
185	Arnold Palmer	38	104
	Gary Player	40	104
187	Dewitt Weaver	38	103
188	Bob Byman	51	102
189	Eric Batten	40	101
	Bruce Devlin	43	101
191	Rick Dalpos	46	100
192	Rod Curl	34	96
193	Seve Ballesteros	30	95
	Miller Barber	38	95
195	Masahiro Kuramoto	26	91
196	Gene Littler	29	89
197	Ken Kelley	42	88
198	Mike Morley	24	84
199	Beau Baugh	35	79
	Tsuneyuki Nakajima	30	79
201	Tom Jones	39	76
202	Doug Black	30	66
	Bobby Nichols	26	66
	Jay Cudd	29	66
205	Grier Jones	21	65
206	Gay Brewer	19	56
207	Lars Meyerson	30	51
208	Tommy Aaron	18	45
209	Kermit Zarley	16	44
210	Bruce Douglass	16	41
211	Don January	14	40
212	Tom Shaw	18	36
213	Homero Blancas	14	35
214	Dave Hill	12	34
215	Doug Sanders	15	32
216	Don Bies	10	29
	Bob Charles	14	29
218	Mike Hill	12	24
219	Gary Groh	6	21
220	Jerry McGee	7	20
	Jerry Heard	11	20
222	Rod Funseth	9	19
223	Butch Baird	8	18
224	Jim Jamieson	8	15
225	Rik Massengale	6	14
	Richie Karl	4	14
227	Billy Casper	6	13
228	Jerry Barber	10	12
229	Bob Rosburg	4	11
	Pete Brown	6	11
	Babe Hiskey	6	11
232	Tom Nieporte	4	9
233	Bobby Mitchell	6	8
234	Phil Rodgers	2	7
	Al Besselink	4	7
	Cesar Sanudo	4	7
	Dave Ragan	4	7
	Don Massengale	3	7
	Bob Lunn	3	7
	Jack Fleck	3	7
241	R.H. Sikes	4	6
242	Bert Yancey	3	5
	Bob Wynn	3	5
	Charles Sifford	4	5
245	George Bayer	3	4
	Ken Venturi	2	4
	Charles Courtney	2	4
	Bill Johnston	2	4
	Ken Still	4	4
250	Richard Hart	2	3
	Mason Rudolph	2	3
	Art Wall	4	3
253	Larry Hinson	2	2
	John Schroeder	2	2
	Jim Ferrier	2	2
	Dow Finsterwald	2	2
	Doug Ford	1	2
	Ed Furgol	4	2
	Bob Goalby	2	2
	Sam Snead	2	2
261	Don Iverson	2	1
	Bill Garrett	2	1

EAGLE LEADERS

	Name	Rds.	Total
1	Chip Beck	117	15
2	Mark O'Meara	100	14
3	Hal Sutton	113	13
4	Brad Bryant	102	12
5	Ray Floyd	89	11
6	Mike Sullivan	95	10
	Tommy Valentine	95	10
	Fred Couples	108	10
	Lon Hinkle	100	10
10	Johnny Miller	71	9
	Tom Watson	66	9
	Ronnie Black	82	9
13	Roger Maltbie	106	8
	Payne Stewart	111	8
	Tom Weiskopf	61	8
	Jim Booros	95	8
	Rex Caldwell	108	8

MEN PROFESSIONALS

	Name	Score	Pts		Name	Score	Pts
	Keith Fergus	92	8		Dan Pohl	96	5
	Mark Hayes	98	8		Larry Nelson	73	5
20	Tom Purtzer	96	7		Greg Powers	85	5
	Sammy Rachels	43	7	84	Dewitt Weaver	38	4
	Ron Streck	91	7		Richard Zokol	82	4
	Jim Thorpe	106	7		Seve Ballesteros	30	4
	Joey Rassett	102	7		Eric Batten	40	4
	Lanny Wadkins	86	7		Ben Crenshaw	79	4
	Denis Watson	63	7		Jim Dent	95	4
	Tim Simpson	99	7		Victor Regalado	111	4
	Mike Peck	84	7		Danny Edwards	81	4
	Dave Barr	88	7		Jack Renner	94	4
	Andy Bean	93	7		Larry Rinker	94	4
	Lennie Clements	92	7		David Edwards	88	4
	Mark Lye	104	7		Peter Oosterhuis	97	4
	Gibby Gilbert	65	7		Jimmy Roy	75	4
	David Graham	88	7		Bill Sander	73	4
	Scott Hoch	92	7		Bruce Fleisher	103	4
	Peter Jacobsen	96	7		Jeff Sanders	68	4
37	Mick Soli	83	6		Arnold Palmer	38	4
	Craig Stadler	97	6		Bob Gilder	101	4
	Howard Twitty	100	6		Mark McCumber	99	4
	Mac O'Grady	76	6		Ken Green	103	4
	Bobby Wadkins	112	6		Scott Simpson	98	4
	D.A. Weibring	77	6		Donnie Hammond	96	4
	Fuzzy Zoeller	106	6		Nick Price	68	4
	John Adams	103	6		Ivan Smith	58	4
	George Archer	104	6	108	Rafael Alarcon	44	3
	Curt Byrum	99	6		Isao Aoki	57	3
	Mark Calcavecchia	57	6		Wally Armstrong	84	3
	Tze-Chung Chen	86	6		Gary Koch	107	3
	John McComish	81	6		Mike Nicolette	94	3
	Frank Conner	103	6		Bob Boyd	102	3
	Mike Donald	118	6		George Burns	83	3
	Dan Forsman	93	6		Allen Miller	101	3
	Buddy Gardner	105	6		Lyn Lott	79	3
	Steve Hart	84	6		Bill Calfee	46	3
	Jodie Mudd	99	6		Lance Ten Broeck	57	3
	Wayne Levi	84	6		Greg Norman	36	3
	Bob Murphy	94	6		Leonard Thompson	93	3
	Darrell Kestner	70	6		Russ Cochran	48	3
	Jim Nelford	115	6		Lee Trevino	60	3
60	Doug Tewell	87	5		Rod Nuckolls	88	3
	Bob Shearer	72	5		David Ogrin	97	3
	Blaine McCallister	63	5		Clarence Rose	109	3
	Bruce Lietzke	77	5		Lee Elder	87	3
	Jack Nicklaus	58	5		Nick Faldo	43	3
	Pat Lindsey	99	5		Gary McCord	92	3
	Jon Chaffee	66	5		Doug Sanders	15	3
	Jim Colbert	104	5		John Fought	102	3
	Larry Mize	124	5		Rod Funseth	9	3
	John Cook	112	5		Lou Graham	101	3
	Gavin Levenson	64	5		Jerry Pate	53	3
	Bob Eastwood	109	5		Gary Hallberg	99	3
	Ed Fiori	105	5		Jeff Sluman	59	3
	Gil Morgan	98	5		Don Pooley	107	3
	Hubert Green	87	5		J.C. Snead	108	3
	Jay Haas	106	5		Tom Kite	93	3
	Vance Heafner	107	5	139	Andy North	77	2
	Pat McGowan	115	5		Bobby Cole	60	2
	Tom Jenkins	108	5		Charles Coody	77	2
	David Peoples	91	5		Mark Coward	46	2
	Mark Pfeil	102	5		Jay Cudd	29	2

47

MEN PROFESSIONALS

Name	Rds.	
Rick Dalpos	46	2
Mike Reid	84	2
Terry Diehl	85	2
Orville Moody	52	2
Dave Eichelberger	104	2
Forrest Fezler	89	2
Kermit Zarley	16	2
Mike McCullough	86	2
Mike Gove	69	2
Jim Simons	87	2
Thomas Gray	105	2
Dan Halldorson	72	2
Phil Hancock	97	2
Bill Murchison	81	2
Morris Hatalsky	78	2
Dave Hill	12	2
Tsuneyuki Nakajima	30	2
Joe Inman	88	2
Hale Irwin	82	2
Calvin Peete	87	2
Ken Kelley	42	2
Ed Sneed	77	2
Steve Melnyk	92	2
Bobby Nichols	26	2
Ray Stewart	50	2
Lonnie Nielsen	66	2
Gay Brewer	19	2
Bill Britton	97	2
Masahiro Kuramoto	26	2
Bob Byman	51	2
Lindy Miller	89	2
Jeff Mitchell	73	2
176 Mark McNulty	72	1
Miller Barber	38	1
Beau Baugh	35	1
Don Bies	10	1
Woody Blackburn	84	1
Curtis Strange	101	1
Pete Brown	6	1
George Cadle	54	1
Billy Casper	6	1
Antonio Cerda	90	1
Bob Charles	14	1
Rod Curl	34	1
Bruce Devlin	43	1
Ed Dougherty	51	1
Loren Roberts	66	1
John Schroeder	2	1
Ralph Landrum	45	1
Mike Morley	24	1
Al Geiberger	67	1
Charles Sifford	4	1
Bob Goalby	2	1
Rick Pearson	48	1
John Mahaffey	99	1
Jerry Heard	11	1
Jerry McGee	7	1
Mike Holland	72	1
Don January	14	1
Tom Jones	39	1

PAR BREAKERS

	Name	Rds.	Percentage
1	Tom Watson	66	.211
2	Ben Crenshaw	79	.209
3	Hal Sutton	113	.203
	Jack Nicklaus	58	.203
5	Fred Couples	108	.201
6	Fuzzy Zoeller	106	.200
	Ray Floyd	89	.200
8	Lanny Wadkins	86	.198
	Isao Aoki	57	.198
10	Payne Stewart	111	.195
11	Lon Hinkle	100	.194
	Chip Beck	117	.194
	Rex Caldwell	108	.194
14	Don Pooley	107	.193
	Gil Morgan	98	.193
	Tom Kite	93	.193
17	Craig Stadler	97	.192
	Hale Irwin	82	.192
19	Andy Bean	93	.190
20	Tom Weiskopf	61	.189
	George Cadle	54	.189
	Scott Hoch	92	.189
23	Calvin Peete	87	.188
24	John Cook	112	.187
	David Graham	88	.187
26	Johnny Miller	71	.186
27	Mark McCumber	99	.184
	Mark Lye	104	.184
	Gibby Gilbert	65	.184
	Bruce Lietzke	77	.184
31	Denis Watson	63	.183
	Tom Purtzer	96	.183
	Wayne Levi	84	.183
34	Ron Streck	91	.182
	Ronnie Black	82	.182
	Jim Colbert	104	.182
37	Jerry Pate	53	.181
	Gary Hallberg	99	.181
39	Larry Nelson	73	.180
40	Curtis Strange	101	.179
41	Peter Jacobsen	96	.178
42	Dan Pohl	96	.177
	George Burns	83	.177
	Bruce Fleisher	103	.177
	Roger Maltbie	106	.177
	Jay Haas	106	.177
47	Tim Simpson	99	.176
	Danny Edwards	81	.176
	Buddy Gardner	105	.176
50	Mike Sullivan	95	.175
51	Jim Simons	87	.174
	Jack Renner	94	.174
	Jim Nelford	115	.174
54	Scott Simpson	98	.173
	Lee Trevino	60	.173
	Dan Forsman	93	.173
57	Doug Tewell	87	.172
	Peter Oosterhuis	97	.172
	Mark O'Meara	100	.172
	Jim Thorpe	106	.172

MEN PROFESSIONALS

	Name					Name		
	John Adams	103	.172		124	George Archer	104	.153
	Dave Barr	88	.172			Bob Boyd	102	.153
	Ed Fiori	105	.172			Jon Chaffee	66	.153
	Bob Gilder	101	.172			Ed Dougherty	51	.153
65	Bill Rogers	68	.171			Mike Nicolette	94	.153
	Keith Fergus	92	.171			Ken Green	103	.153
67	Mark Pfeil	102	.170		130	Tommy Valentine	95	.152
	Nick Price	68	.170			Bobby Wadkins	112	.152
	Jim Booros	95	.170			Mike McCullough	86	.152
	Mark Hayes	98	.170			Lennie Clements	92	.152
71	Jeff Sluman	59	.169			Bill Kratzert	64	.152
	Pat McGowan	115	.169		135	Barry Jaeckel	83	.151
	Tze-Chung Chen	86	.169			Allen Miller	101	.151
	Frank Conner	103	.169			Dave Stockton	58	.151
	John Mahaffey	99	.169			Mike Peck	84	.151
76	Victor Regalado	111	.168		139	David Peoples	91	.150
	Leonard Thompson	93	.168		140	Richard Zokol	82	.149
	Steve Melnyk	92	.168			Steve Hart	84	.149
	David Edwards	88	.168			Bobby Cole	60	.149
80	Gary Koch	107	.167			Lonnie Nielsen	66	.149
	John Fought	102	.167			Lindy Miller	89	.149
82	Bob Shearer	72	.166			Thomas Gray	105	.149
	Mick Soli	83	.166		146	Jeff Mitchell	73	.148
	Clarence Rose	109	.166		147	Thomas Lehman	65	.147
	Vance Heafner	107	.166			Chi Chi Rodriguez	57	.147
	Mike Donald	118	.166			Forrest Fezler	89	.147
	Dave Eichelberger	104	.166			Hubert Green	87	.147
	John McComish	81	.166			Dan Halldorson	72	.147
	Donnie Hammond	96	.166		152	Lyn Lott	79	.146
90	J.C. Snead	108	.165			Howard Twitty	100	.146
	Joe Inman	88	.165		154	Bill Murchison	81	.144
	Gary McCord	92	.165			Charles Coody	77	.144
	Brad Bryant	102	.165			Tony Sills	85	.144
	Curt Byrum	99	.165		157	Orville Moody	52	.143
	Lee Elder	87	.165		158	Antonio Cerda	90	.142
96	Jim Dent	95	.164			Ed Sneed	77	.142
	Larry Mize	124	.164			Al Geiberger	67	.142
98	D. A. Weibring	77	.163		161	Jimmy Roy	75	.141
	Jeff Sanders	68	.163		162	Blaine McCallister	63	.140
	David Ogrin	97	.163		163	Loren Roberts	66	.139
	Mark Calcavecchia	57	.163			Terry Diehl	85	.139
	Bob Eastwood	109	.163		165	Ivan Smith	58	.138
103	Joey Rassett	102	.161		166	Michael Brannan	74	.137
	Mac O'Grady	76	.161		167	Tim Norris	51	.135
	Bob Murphy	94	.161		168	Mike Holland	72	.133
106	Tom Jenkins	108	.160		169	Larry Ziegler	57	.132
	Pat Lindsey	99	.160		170	Bill Britton	97	.128
	Jodie Mudd	99	.160		171	Woody Blackburn	84	.125
	Mark McNulty	72	.160		172	Darrell Kestner	70	.122
	Greg Powers	85	.160		173	Bob Byman	51	.113
	Larry Rinker	94	.160					
112	Bobby Clampett	80	.159					
	Mike Reid	84	.159					
114	Lance Ten Broeck	57	.158					
115	Bill Sander	73	.157					
	Morris Hatalsky	78	.157					
	Gavin Levenson	64	.157					
118	Lou Graham	101	.156					
119	Wally Armstrong	84	.155					
	Phil Hancock	97	.155					
	Mike Gove	69	.155					
122	Andy North	77	.154					
	Rod Nuckolls	88	.154					

PUTTING LEADERS

	Name	Rds.	Avg.
1	Morris Hatalsky	78	27.96
2	Isao Aoki	57	28.39
3	Tom Watson	66	28.77
4	Ben Crenshaw	79	28.80
5	Denis Watson	63	28.81
	Ray Floyd	89	28.81
7	David Edwards	88	28.83
	Bruce Fleisher	103	28.83
9	Lanny Wadkins	86	28.92

MEN PROFESSIONALS

	Name					Name			
	Frank Conner	103	28.92		Mark McCumber	99	29.64
11	George Burns	83	28.98	74	Ronnie Black	82	29.65
12	Barry Jaeckel	83	29.01	75	Andy North	77	29.66
13	Gary Koch	107	29.02		Pat McGowan	115	29.66
	Ken Green	103	29.02		Hubert Green	87	29.66
15	Mark McNulty	72	29.04	78	Allen Miller	101	29.67
16	Greg Powers	85	29.05		Bill Murchison	81	29.67
	Hale Irwin	82	29.05	80	Tze-Chung Chen	86	29.70
	Gibby Gilbert	65	29.05		Jay Haas	106	29.70
19	Fred Couples	108	29.07	82	Bill Rogers	68	29.71
20	Bob Eastwood	109	29.09	83	Leonard Thompson	93	29.72
21	Rex Caldwell	108	29.10		Bill Kratzert	64	29.72
22	Scott Simpson	98	29.11	85	Hal Sutton	113	29.73
23	Ed Fiori	105	29.12		Antonio Cerda	90	29.73
24	Tom Kite	93	29.15		Wayne Levi	84	29.73
25	Craig Stadler	97	29.16		Pat Lindsey	99	29.73
26	Curtis Strange	101	29.17	89	Bob Murphy	94	29.74
27	Lee Trevino	60	29.20		Mac O'Grady	76	29.74
	John Cook	112	29.20	91	Bob Shearer	72	29.75
29	Lee Elder	87	29.21		Mike Sullivan	95	29.75
30	Jim Colbert	104	29.25		Keith Fergus	92	29.75
31	Ron Streck	91	29.26	94	Andy Bean	93	29.76
32	Don Pooley	107	29.27	95	Jim Simons	87	29.77
33	Fuzzy Zoeller	106	29.29		Phil Hancock	97	29.77
	Mike Donald	118	29.29	97	Tom Weiskopf	61	29.80
	Gary McCord	92	29.29	98	Ivan Smith	58	29.81
36	Larry Rinker	94	29.30		Michael Brannan	74	29.81
37	Gil Morgan	98	29.33	100	Bob Byman	51	29.82
38	Jeff Sanders	68	29.35	101	Lou Graham	101	29.83
39	Jerry Pate	53	29.36		Clarence Rose	109	29.83
40	Nick Price	68	29.40		Thomas Gray	105	29.83
41	Scott Hoch	92	29.41	104	Mark Hayes	98	29.84
42	D. A. Weibring	77	29.42	105	Howard Twitty	100	29.85
	Chip Beck	117	29.42		Mike Peck	84	29.85
44	Gary Hallberg	99	29.43		Bob Gilder	101	29.85
45	Lance Ten Broeck	57	29.44		Jimmy Roy	75	29.85
	Loren Roberts	66	29.44	109	Ed Sneed	77	29.87
47	Tim Norris	51	29.45	110	Roger Maltbie	106	29.88
48	Mark Lye	104	29.46		Mark Calcavecchia	57	29.88
49	Mark O'Meara	100	29.48	112	Mark Pfeil	102	29.89
	Joe Inman	88	29.48	113	Larry Ziegler	57	29.91
	Jon Chaffee	66	29.48		Tim Simpson	99	29.91
52	Payne Stewart	111	29.49		Mike Gove	69	29.91
	Lon Hinkle	100	29.49	116	Jack Nicklaus	58	29.95
54	Jack Renner	94	29.51	117	Brad Bryant	102	29.97
	George Archer	104	29.51	118	Doug Tewell	87	29.98
	Woody Blackburn	84	29.51		Lennie Clements	92	29.98
57	Jim Thorpe	106	29.52	120	Vance Heafner	107	29.99
58	Dave Stockton	58	29.53		David Ogrin	97	29.99
	Tom Jenkins	108	29.53	122	Tony Sills	85	30.01
	Jeff Mitchell	73	29.53		Lyn Lott	79	30.01
61	Steve Melnyk	92	29.55	124	Tommy Valentine	95	30.02
62	Calvin Peete	87	29.56		Mick Soli	83	30.02
63	Peter Oosterhuis	97	29.57		Jim Booros	95	30.02
64	Chi Chi Rodriguez	57	29.58		Tom Purtzer	96	30.02
	Mike McCullough	86	29.58	128	Bobby Wadkins	112	30.04
	Dan Forsman	93	29.58		Peter Jacobsen	96	30.04
67	David Graham	88	29.59		Bobby Clampett	80	30.04
68	Jim Nelford	115	29.60		John Fought	102	30.04
69	Darrell Kestner	70	29.61		Bill Sander	73	30.04
70	Bill Britton	97	29.62	133	Mike Reid	84	30.05
71	J.C. Snead	108	29.64	134	John Adams	103	30.06
	Larry Mize	124	29.64	135	Johnny Miller	71	30.07

MEN PROFESSIONALS

	Name					Name		
	Terry Diehl	85	30.07		David Graham	88	71.28
137	Jeff Sluman	59	30.08	23	Ronnie Black	82	71.29
	Buddy Gardner	105	30.08	24	Bruce Lietzke	77	71.30
139	Wally Armstrong	84	30.10		Ed Fiori	105	71.30
	Bruce Lietzke	77	30.10	26	Lee Trevino	60	71.32
	Ed Dougherty	51	30.10	27	Rex Caldwell	108	71.34
	Victor Regalado	111	30.10	28	Danny Edwards	81	71.35
143	Jim Dent	95	30.11	29	Mark Lye	104	71.38
144	Mike Nicolette	94	30.12	30	Craig Stadler	97	71.39
145	Jodie Mudd	99	30.13	31	Fred Couples	108	71.40
146	Dan Pohl	96	30.14	32	Peter Jacobsen	96	71.41
	Danny Edwards	81	30.14		Gary Koch	107	71.41
	Donnie Hammond	96	30.14	34	Payne Stewart	111	71.43
149	Dave Barr	88	30.18		Jim Colbert	104	71.43
	Bobby Cole	60	30.18	36	Andy Bean	93	71.44
151	Charles Coody	77	30.19	37	Doug Tewell	87	71.45
152	David Peoples	91	30.20	38	Scott Simpson	98	71.47
153	Steve Hart	84	30.21	39	David Edwards	88	71.53
	Orville Moody	52	30.21	40	Curtis Strange	101	71.54
155	Rod Nuckolls	88	30.26		Mike Sullivan	95	71.54
	Dan Halldorson	72	30.26	42	Gibby Gilbert	65	71.55
157	Dave Eichelberger	104	30.27	43	Chip Beck	117	71.56
	John Mahaffey	99	30.27	44	Tom Purtzer	96	71.60
159	Thomas Lehman	65	30.31	45	D.A. Weibring	77	71.61
160	Lonnie Nielsen	66	30.33	46	J.C. Snead	108	71.65
	Al Geiberger	67	30.33		John Mahaffey	99	71.65
162	Forrest Fezler	89	30.34	48	Dan Pohl	96	71.67
163	Bob Boyd	102	30.35		George Cadle	54	71.67
164	Lindy Miller	89	30.37	50	Jim Simons	87	71.68
165	Gavin Levenson	64	30.39	51	Keith Fergus	92	71.70
	George Cadle	54	30.39	52	Tim Simpson	99	71.72
167	Joey Rassett	102	30.45	53	Pat McGowan	115	71.74
168	John McComish	81	30.52	54	Lee Elder	87	71.75
169	Curt Byrum	99	30.61	55	Ron Streck	91	71.76
170	Richard Zokol	82	30.72	56	Joe Inman	88	71.77
171	Larry Nelson	73	30.85	57	Mark Pfeil	102	71.79
172	Mike Holland	72	30.93		Mike Reid	84	71.79
173	Blaine McCallister	63	30.97	59	Brad Bryant	102	71.80
				60	Dave Barr	88	71.81

SCORING LEADERS

	Name	Rds.	Avg.				
					Larry Mize	124	71.81
					Roger Maltbie	106	71.81
1	**Ray Floyd**	**89**	**70.61**	63	Bob Eastwood	109	71.87
2	Calvin Peete	87	70.62	64	John Fought	102	71.88
3	Don Pooley	107	70.80	65	Tom Jenkins	108	71.89
4	Hale Irwin	82	70.82	66	Mike Donald	118	71.93
5	Lanny Wadkins	86	70.88	67	Jim Nelford	115	71.94
	Jack Nicklaus	58	70.88	68	Peter Oosterhuis	97	71.96
7	Tom Watson	66	70.89	69	Jim Thorpe	106	71.97
	Fuzzy Zoeller	106	70.89	70	Victor Regalado	111	71.98
9	Ben Crenshaw	79	70.92	71	Bob Murphy	94	72.00
10	Hal Sutton	113	70.94	72	Buddy Gardner	105	72.02
11	Johnny Miller	71	70.96	73	Lance Ten Broeck	57	72.04
12	Wayne Levi	84	70.98	74	Tze-Chung Chen	86	72.05
13	Gil Morgan	98	71.04		Larry Nelson	73	72.05
	Tom Kite	93	71.04	76	David Ogrin	97	72.06
15	Lon Hinkle	100	71.13	77	Morris Hatalsky	78	72.09
16	John Cook	112	71.14	78	Mark O'Meara	100	72.11
17	Mark McCumber	99	71.15	79	Jerry Pate	53	72.15
	Jay Haas	106	71.15	80	Mark Hayes	98	72.17
19	Isao Aoki	57	71.16		Donnie Hammond	96	72.17
20	Scott Hoch	92	71.21	82	George Archer	104	72.18
21	Jack Renner	94	71.28	83	Vance Heafner	107	72.19
				84	Bruce Fleisher	103	72.20

51

MEN PROFESSIONALS

	Name	Rds.	Avg.
	Phil Hancock	97	72.20
86	George Burns	83	72.24
	Gary McCord	92	72.24
88	Andy North	77	72.25
89	Bill Rogers	68	72.28
	Pat Lindsey	99	72.28
91	Denis Watson	63	72.29
92	Lindy Miller	89	72.30
93	Jon Chaffee	66	72.32
94	Allen Miller	101	72.33
	Bobby Clampett	80	72.33
96	Jeff Sluman	59	72.34
	Bob Gilder	101	72.34
98	Gary Hallberg	99	72.35
99	Lou Graham	101	72.36
100	Bobby Wadkins	112	72.38
	Steve Melnyk	92	72.38
102	Joey Rassett	102	72.39
103	Frank Conner	103	72.40
	Jim Dent	95	72.40
105	Leonard Thompson	93	72.41
106	Mac O'Grady	76	72.42
107	Nick Price	68	72.43
108	Dan Halldorson	72	72.44
109	Ed Dougherty	51	72.45
110	John Adams	103	72.50
	Clarence Rose	109	72.50
	Dave Eichelberger	104	72.50
113	Jodie Mudd	99	72.53
114	Barry Jaeckel	83	72.55
115	Curt Byrum	99	72.57
	Mike Nicolette	94	72.57
117	Tony Sills	85	72.60
118	Richard Zokol	82	72.62
119	Mike McCullough	86	72.63
	Dan Forsman	93	72.63
121	Larry Rinker	94	72.64
122	Charles Coody	77	72.65
123	Jeff Sanders	68	72.68
124	Mick Soli	83	72.69
125	Ken Green	103	72.72
126	Antonio Cerda	90	72.74
	Lonnie Nielsen	66	72.74
128	Mike Gove	69	72.75
129	Thomas Gray	105	72.76
	Dave Stockton	58	72.76
131	Hubert Green	87	72.77
132	Gavin Levenson	64	72.78
	Lennie Clements	92	72.78
134	Jim Booros	95	72.80
135	Mark McNulty	72	72.82
	Forrest Fezler	89	72.82
137	Wally Armstrong	84	72.83
138	Rod Nuckolls	88	72.85
139	Howard Twitty	100	72.89
140	Bob Shearer	72	72.93
	David Peoples	91	72.93
142	Bob Boyd	102	72.95
143	Michael Brannan	74	72.97
144	Mark Calcavecchia	57	72.98
145	Steve Hart	84	73.00
146	John McComish	81	73.01
147	Bobby Cole	60	73.02
148	Tom Weiskopf	61	73.03
149	Al Geiberger	67	73.04
150	Greg Powers	85	73.09
151	Ed Sneed	77	73.10
152	Bill Sander	73	73.12
153	Bill Murchison	81	73.19
154	Thomas Lehman	65	73.22
155	Tim Norris	51	73.25
156	Larry Ziegler	57	73.26
157	Loren Roberts	66	73.27
158	Bill Kratzert	64	73.28
159	Jeff Mitchell	73	73.32
160	Lyn Lott	79	73.41
161	Ivan Smith	58	73.48
162	Mike Holland	72	73.51
163	Orville Moody	52	73.56
164	Tommy Valentine	95	73.58
165	Chi Chi Rodriguez	57	73.60
166	Bill Britton	97	73.64
167	Mike Peck	84	73.65
168	Jimmy Roy	75	73.75
169	Terry Diehl	85	73.82
170	Woody Blackburn	84	73.99
171	Blaine McCallister	63	74.25
172	Darrell Kestner	70	74.29
173	Bob Byman	51	75.53

SCORING AVERAGE BEFORE CUT

	Name	Rds.	Avg.
1	Ray Floyd	89	70.20
2	Calvin Peete	87	70.43
3	Don Pooley	107	70.80
4	Tom Watson	66	70.86
	Hal Irwin	82	70.86
6	Gil Morgan	98	70.90
	John Cook	112	70.90
8	Fuzzy Zoeller	106	70.91
9	Hal Sutton	113	70.98
10	Scott Simpson	98	71.02
	Jay Haas	106	71.02
12	Ed Fiori	105	71.03
13	Jack Renner	94	71.06
	Lee Trevino	60	71.06
	Isao Aoki	57	71.06
16	Lon Hinkle	100	71.07
17	Scott Hoch	92	71.08
18	Keith Fergus	92	71.10
19	Jim Nelford	115	71.11
20	Gary Koch	107	71.15
21	Jim Colbert	104	71.19
22	Jack Nicklaus	58	71.20
	Wayne Levi	84	71.20
24	David Edwards	88	71.22
	Gibby Gilbert	65	71.22
26	Bruce Lietzke	77	71.27
27	Lanny Wadkins	86	71.29
28	Rex Caldwell	108	71.30
29	Mark McCumber	99	71.33
	Ben Crenshaw	79	71.33
	Johnny Miller	71	71.33
	David Graham	88	71.33
	Tom Kite	93	71.33

MEN PROFESSIONALS

34	Fred Couples	108	71.42	97	Jeff Sluman	59	72.39
35	Mark Pfeil	102	71.43	98	Jim Simons	87	72.42
	Peter Jacobsen	96	71.43		Morris Hatalsky	78	72.42
37	J.C. Snead	108	71.46		Andy North	77	72.42
38	Payne Stewart	111	71.48	101	Nick Price	68	72.44
	Pat McGowan	115	71.48	102	Wally Armstrong	84	72.46
	Danny Edwards	81	71.48	103	Leonard Thompson	93	72.47
41	Craig Stadler	97	71.51		Clarence Rose	109	72.47
	Ronnie Black	82	71.51		Larry Nelson	73	72.47
43	John Mahaffey	99	71.52	106	Frank Conner	103	72.50
44	Mike Sullivan	95	71.53	107	Dan Halldorson	72	72.51
45	Tom Purtzer	96	71.56	108	George Burns	83	72.56
	Joe Inman	88	71.56	109	Dave Stockton	58	72.59
47	Buddy Gardner	105	71.59		Antonio Cerda	90	72.59
48	Curtis Strange	101	71.60	111	Bill Rogers	68	72.60
	Bob Eastwood	109	71.60		Jim Dent	95	72.60
50	Chip Beck	117	71.63	113	Lonnie Nielsen	66	72.62
51	Jim Thorpe	106	71.64	114	Gavin Levenson	64	72.63
52	Mark Lye	104	71.66	115	Charles Coody	77	72.66
53	D. A. Weibring	77	71.70	116	Bobby Clampett	80	72.67
	Mark Hayes	98	71.70	117	Denis Watson	63	72.68
55	George Cadle	54	71.75		Bob Shearer	72	72.68
	John Fought	102	71.75	119	Lennie Clements	92	72.72
57	Bruce Fleisher	103	71.79	120	Dave Eichelberger	104	72.73
58	Bob Murphy	94	71.80	121	Tom Weiskopf	61	72.76
59	Andy Bean	93	71.81	122	Mike McCullough	86	72.77
60	Mike Donald	118	71.83	123	Jodie Mudd	99	72.78
61	Brad Bryant	102	71.85	124	Larry Rinker	94	72.79
62	Lance Ten Broeck	57	71.87	125	Hubert Green	87	72.81
63	Bob Gilder	101	71.88	126	Barry Jaeckel	83	72.83
64	Ron Streck	91	71.90	127	Mick Soli	83	72.84
65	Donnie Hammond	96	71.91	128	Dan Forsman	93	72.85
66	Doug Tewell	87	71.92	129	Bill Murchison	81	72.87
	David Ogrin	97	71.92		Jeff Sanders	68	72.87
68	Lee Elder	87	71.94	131	Mark McNulty	72	72.89
69	Bobby Wadkins	112	71.95	132	Forrest Fezler	89	72.90
70	Dan Pohl	96	71.96	133	Tony Sills	85	72.91
71	Larry Mize	124	71.99	134	John Adams	103	72.93
72	Victor Regalado	111	72.00		Thomas Gray	105	72.93
	Peter Oosterhuis	97	72.00	136	Al Geiberger	67	72.95
	Lindy Miller	89	72.00	137	Ed Dougherty	51	72.97
75	Dave Barr	88	72.02	138	Rod Nuckolls	88	73.00
	Roger Maltbie	106	72.02	139	Jim Booros	95	73.03
77	Jerry Pate	53	72.03	140	Michael Brannan	74	73.06
78	Mac O'Grady	76	72.09	141	Mike Gove	69	73.10
79	Gary McCord	92	72.10	142	John McComish	81	73.15
80	George Archer	104	72.11	143	Thomas Lehman	65	73.17
81	Tim Simpson	99	72.14		Ken Green	103	73.17
	Mike Reid	84	72.14	145	Steve Hart	84	73.18
	Tom Jenkins	108	72.14		Greg Powers	85	73.18
84	Vance Heafner	107	72.16	147	Bob Boyd	102	73.22
85	Phil Hancock	97	72.20	148	Larry Ziegler	57	73.24
	Lou Graham	101	72.20	149	Mark Calcavecchia	57	73.26
87	Tze-Chung Chen	86	72.21		Jeff Mitchell	73	73.26
	Gary Hallberg	99	72.21	151	Ed Sneed	77	73.28
89	Mark O'Meara	100	72.22		Howard Twitty	100	73.28
90	Curt Byrum	99	72.23	153	Bill Sander	73	73.31
91	Mike Nicolette	94	72.24	154	David Peoples	91	73.35
92	Jon Chaffee	66	72.25		Chi Chi Rodriguez	57	73.35
93	Pat Lindsey	99	72.27	156	Bobby Cole	60	73.37
94	Joey Rassett	102	72.28	157	Richard Zokol	82	73.38
	Allen Miller	101	72.28	158	Ivan Smith	58	73.59
96	Steve Melnyk	92	72.32		Jimmy Roy	75	73.59

53

MEN PROFESSIONALS

160 Tim Norris	51	73.64
161 Loren Roberts	66	73.66
162 Tommy Valentine	95	73.67
163 Orville Moody	52	73.70
164 Lyn Lott	79	73.72
165 Mike Holland	72	73.81
166 Bill Kratzert	64	73.86
167 Mike Peck	84	74.06
Bill Britton	97	74.06
169 Darrell Kestner	70	74.10
Terry Diehl	85	74.10
171 Blaine McCallister	63	74.33
172 Woody Blackburn	84	74.36
173 Bob Byman	51	75.55

SCORING AVERAGE — THIRD ROUND

	Name	Rds.	Avg.
1	**Richard Zokol**	**82**	**69.11**
2	Doug Tewell	87	69.29
3	Lanny Wadkins	86	69.83
4	Ben Crenshaw	79	70.00
5	Jim Simons	87	70.07
6	Ed Dougherty	51	70.14
7	Don Pooley	107	70.17
	Fuzzy Zoeller	106	70.17
9	Hale Irwin	82	70.20
10	Mark McCumber	99	70.35
11	Hal Sutton	113	70.46
12	Lon Hinkle	100	70.50
13	Tom Kite	93	70.57
14	Peter Jacobsen	96	70.65
15	Isao Aoki	57	70.69
	Ronnie Black	82	70.69
	Johnny Miller	71	70.69
18	Tim Norris	51	70.71
19	David Peoples	91	70.77
20	Mike Sullivan	95	70.78
21	Lee Trevino	60	70.86
22	Tim Simpson	99	70.88
23	Payne Stewart	111	70.91
24	Jack Nicklaus	58	70.93
	George Burns	83	70.93
26	Vance Heafner	107	70.95
	Wayne Levi	84	70.95
28	Victor Regalado	111	71.00
	Mike Donald	118	71.00
	Dave Eichelberger	104	71.00
31	Chip Beck	117	71.04
32	Jack Benner	94	71.05
	Tom Jenkins	108	71.05
34	Mike Reid	84	71.06
35	Larry Nelson	73	71.08
36	Danny Edwards	81	71.12
37	Craig Stadler	97	71.14
	Roger Maltbie	106	71.14
	Barry Jaeckel	83	71.14
40	Andy North	77	71.19
41	David Graham	88	71.20
42	Ed Fiori	105	71.22
43	Dan Pohl	96	71.24
44	Scott Hoch	92	71.25
45	Gil Morgan	98	71.26

46 Rex Caldwell	108	71.27
47 Bobby Clampett	80	71.29
48 Bill Rogers	68	71.31
49 Ron Streck	91	71.32
50 Fred Couples	108	71.35
Lee Elder	87	71.35
52 Larry Mize	124	71.38
53 Bobby Cole	60	71.43
54 Jerry Pate	53	71.44
David Edwards	88	71.44
56 Calvin Peete	87	71.45
57 Jay Haas	106	71.46
58 Tom Watson	66	71.47
59 Ray Floyd	89	71.48
60 John Mahaffey	99	71.50
61 Ken Green	103	71.53
62 Joe Inman	88	71.56
63 Mike Peck	84	71.60
Michael Brannan	74	71.60
65 Andy Bean	93	71.63
66 Gibby Gilbert	65	71.64
67 Bruce Lietzke	77	71.67
Bob Byman	51	71.67
Dan Forsman	93	71.67
John Fought	102	71.67
71 Denis Watson	63	71.69
Thomas Gray	105	71.69
73 Jeff Sanders	68	71.70
John Cook	112	71.70
Gary Koch	107	71.70
76 Scott Simpson	98	71.73
77 David Ogrin	97	71.74
78 Jim Booros	95	71.75
Mark Lye	104	71.75
80 John McComish	81	71.77
81 Loren Roberts	66	71.78
Lance Ten Broeck	57	71.78
83 Forrest Fezler	89	71.79
84 Jim Dent	95	71.80
85 Curtis Strange	101	71.82
86 Brad Bryant	102	71.85
87 Tze-Chung Chen	86	71.87
88 Mark Pfeil	102	71.90
89 Tommy Valentine	95	71.92
Mick Soli	83	71.92
91 Howard Twitty	100	71.93
92 Dave Barr	88	71.94
93 George Archer	104	71.96
94 Gary Hallberg	99	72.00
Donnie Hammond	96	72.00
Morris Hatalsky	78	72.00
97 Bob Murphy	94	72.05
98 John Adams	103	72.06
Larry Rinker	94	72.06
100 Mac O'Grady	76	72.07
101 Jim Colbert	104	72.09
102 George Cadle	54	72.10
103 Frank Conner	103	72.11
104 J.C. Snead	108	72.13
Steve Melnyk	92	72.13
106 Bob Boyd	102	72.15
107 Pat Lindsey	99	72.17
108 Jon Chaffee	66	72.18

MEN PROFESSIONALS

109 Ivan Smith	58	72.20
Mike Gove	69	72.20
Bill Sander	73	72.20
Orville Moody	52	72.20
113 Jim Thorpe	106	72.22
114 Phil Hancock	97	72.24
115 Gary McCord	92	72.25
Nick Price	68	72.25
117 Thomas Lehman	65	72.30
Tom Purtzer	96	72.30
119 Lindy Miller	89	72.31
Lennie Clements	92	72.31
121 Al Geiberger	67	72.33
Dan Halldorson	72	72.33
123 Bob Eastwood	109	72.38
124 Mark O'Meara	100	72.39
125 Bill Kratzert	64	72.40
Keith Fergus	92	74.40
Leonard Thompson	93	72.40
128 Dave Stockton	58	72.42
Clarence Rose	109	72.42
130 Tony Sills	85	72.43
Mike Holland	72	72.43
Bobby Wadkins	112	72.43
133 Bill Britton	97	72.44
134 Peter Oosterhuis	97	72.45
135 Ed Sneed	77	72.46
136 D. A. Weibring	77	72.47
137 Gavin Levenson	64	72.50
138 Pat McGowan	115	72.52
139 Jodie Mudd	99	72.53
140 Allen Miller	101	72.55
141 Mike McCullough	86	72.57
142 Bruce Fleisher	103	72.59
143 Buddy Gardner	105	72.62
144 Steve Hart	84	72.64
145 Hubert Green	87	72.67
146 Mike Nicolette	94	72.68
147 Jeff Sluman	59	72.70
Terry Diehl	85	72.70
Mark Hayes	98	72.70
150 Rod Nuckolls	88	72.71
151 Joey Rassett	102	72.72
152 Lonnie Nielsen	66	72.75
153 Lyn Lott	79	72.80
Antonio Cerda	90	72.80
155 Bob Gilder	101	72.86
156 Jim Nelford	115	72.88
157 Woody Blackburn	84	72.91
158 Lou Graham	101	72.95
159 Mark McNulty	72	73.00
160 Larry Ziegler	57	73.14
161 Charles Coody	77	73.15
162 Bob Shearer	72	73.40
163 Mark Calcavecchia	57	73.44
164 Wally Armstrong	84	73.50
Tom Weiskopf	61	73.50
Curt Byrum	99	73.50
167 Greg Powers	85	73.82
168 Blaine McCallister	63	73.86
169 Bill Murchison	81	74.08
170 Chi Chi Rodriguez	57	74.75
171 Jimmy Roy	75	75.00
172 Jeff Mitchell	73	75.11
173 Darrell Kestner	70	75.13

SCORING AVERAGE — FINAL ROUND

	Name	Rds.	Avg.
1	Jack Nicklaus	58	70.14
2	Mark Lye	104	70.23
3	Calvin Peete	87	70.24
4	Andy Bean	93	70.25
5	Johnny Miller	71	70.31
6	Tom Watson	66	70.44
7	D. A. Weibring	77	70.47
8	Wayne Levi	84	70.52
9	Ray Floyd	89	70.64
10	Jim Simons	87	70.71
11	Tom Kite	93	70.81
12	Lanny Wadkins	86	70.84
13	Morris Hatalsky	78	70.85
14	Ben Crenshaw	79	70.89
15	Bruce Lietzke	77	71.00
16	Tim Simpson	99	71.05
	Tom Purtzer	96	71.05
18	George Cadle	54	71.08
19	Dave Barr	88	71.11
	John Cook	112	71.11
21	Gil Morgan	98	71.13
22	Curtis Strange	101	71.14
23	Jay Haas	106	71.15
24	Danny Edwards	81	71.22
25	Ronnie Black	82	71.24
26	David Graham	88	71.25
27	Hal Sutton	113	71.31
28	Craig Stadler	97	71.33
	Dan Pohl	96	71.33
	John Adams	103	71.33
	Mark Calcavecchia	57	71.33
32	Hale Irwin	82	71.35
33	Peter Oosterhuis	97	71.38
34	Fred Couples	108	71.39
35	Richard Zokol	82	71.42
	Don Pooley	107	71.42
37	Mark McCumber	99	71.43
	Jim Colbert	104	71.43
39	Mark O'Meara	100	71.44
40	Mike Reid	84	71.47
41	Larry Nelson	73	71.50
	Scott Hoch	92	71.50
43	Fuzzy Zoeller	106	71.52
	Rex Caldwell	108	71.52
45	Lee Elder	87	71.56
46	Brad Bryant	102	71.60
	Tze-Chung Chen	86	71.60
48	Jodie Mudd	99	71.61
49	Pat McGowan	115	71.64
50	J.C. Snead	108	71.67
51	Tony Sills	85	71.69
52	Mike Gove	69	71.73
53	Larry Mize	124	71.74
54	Gary Koch	107	71.76
55	Denis Watson	63	71.77
56	Ron Streck	91	71.80
57	Jeff Sluman	59	71.82

55

MEN PROFESSIONALS

	Name	Rds	Avg
	Bill Kratzert	64	71.82
59	Payne Stewart	111	71.83
60	Isao Aoki	57	71.85
	Chip Beck	117	71.85
62	Lon Hinkle	100	71.87
63	Roger Maltbie	106	71.92
64	Tom Jenkins	108	71.96
65	Greg Powers	85	72.00
	Jeff Mitchell	73	72.00
67	Jack Renner	94	72.05
	Peter Jacobsen	96	72.05
69	Bobby Clampett	80	72.07
70	Ed Fiori	105	72.09
71	Doug Tewell	87	72.11
72	Howard Twitty	100	72.13
	Ed Dougherty	51	72.13
	Mike McCullough	86	72.13
75	Charles Coody	77	72.14
	Phil Hancock	97	72.14
	John Mahaffey	99	72.14
78	Bob Eastwood	109	72.17
79	Jim Dent	95	72.18
80	Lou Graham	101	72.19
81	Bill Rogers	68	72.23
82	Allen Miller	101	72.24
83	Mike Sullivan	95	72.25
	Leonard Thompson	93	72.25
85	Scott Simpson	98	72.26
86	Gibby Gilbert	65	72.27
	Lyn Lott	79	72.27
88	Dan Halldorson	72	72.31
89	George Burns	83	72.33
	Frank Conner	103	72.33
91	Lee Trevino	60	72.36
92	Mike Holland	72	72.38
93	David Edwards	88	72.40
	Rod Nuckolls	88	72.40
	Ken Green	103	72.40
96	Pat Lindsey	99	72.42
97	Mark McNulty	72	72.43
98	Bob Boyd	102	72.44
99	Steve Hart	84	72.46
100	Joey Rassett	102	72.47
101	Keith Fergus	92	72.48
	John Fought	102	72.48
103	Bob Murphy	94	72.50
104	Jim Thorpe	106	72.54
	Nick Price	68	72.54
106	George Archer	104	72.58
107	Bobby Cole	60	72.60
108	Mark Pfeil	102	72.61
	Buddy Gardner	105	72.61
110	Joe Inman	88	72.65
111	Mick Soli	83	72.69
112	Clarence Rose	109	72.70
113	Dan Forsman	93	72.71
	Gary McCord	92	72.71
115	Hubert Green	87	72.72
116	Jeff Sanders	68	72.73
	Jon Chaffee	66	72.73
118	Larry Rinker	94	72.74
119	Steve Melnyk	92	72.78
120	Curt Byrum	99	72.79
121	Loren Roberts	66	72.80
122	Andy North	77	72.81
123	Victor Regalado	111	72.83
	Bruce Fleisher	103	72.83
125	David Ogrin	97	72.84
126	Barry Jaeckel	83	72.88
127	Lance Ten Broeck	57	72.90
128	Jim Booros	95	72.94
129	Mark Hayes	98	72.95
130	Bob Gilder	101	73.05
	Donnie Hammond	96	73.05
132	Thomas Gray	105	73.06
133	David Peoples	91	73.07
	Ed Sneed	77	73.07
135	Woody Blackburn	84	73.08
	Jim Nelford	115	73.08
137	Bill Sander	73	73.09
138	Dave Eichelberger	104	73.10
	Gary Hallberg	99	73.10
140	Mike Donald	118	73.12
141	Bob Shearer	72	73.13
142	Lonnie Nielsen	66	73.17
143	Bill Britton	97	73.18
	Mike Peck	84	73.18
145	Jerry Pate	53	73.20
146	Tom Weiskopf	61	73.21
147	Antonio Cerda	90	73.25
148	Mike Nicolette	94	73.33
	Terry Diehl	85	73.33
150	Jimmy Roy	75	73.36
151	Bobby Wadkins	112	73.38
	Lindy Miller	89	73.38
	Vance Heafner	107	73.38
154	Lennie Clements	92	73.39
155	Forrest Fezler	89	73.44
156	Wally Armstrong	84	73.50
	Larry Ziegler	57	73.50
158	Gavin Levenson	64	73.58
	Dave Stockton	58	73.58
160	Bill Murchison	81	73.60
161	John McComish	81	73.64
162	Chi Chi Rodriguez	57	73.67
163	Ivan Smith	58	73.71
	Orville Moody	52	73.71
165	Michael Brannan	74	73.75
	Tim Norris	51	73.75
167	Mac O'Grady	76	73.80
168	Thomas Lehman	65	74.00
	Al Geiberger	67	74.00
170	Blaine McCallister	63	74.13
171	Darrell Kestner	70	74.60
172	Tommy Valentine	95	74.77
173	Bob Byman	51	78.25

BIRDIE CONVERSION PERCENTAGE

	Name	Rds.	Percentage
1	**Ben Crenshaw**	**79**	**.315**
2	Tom Watson	66	.311
3	Fred Couples	108	.307
4	Isao Aoki	57	.305
5	Rex Caldwell	108	.297
6	Lanny Wadkins	86	.296

MEN PROFESSIONALS

7	Craig Stadler	97	.295	70	Clarence Rose	109	.258
8	Fuzzy Zoeller	106	.293		Chi Chi Rodriguez	57	.258
9	Denis Watson	63	.292		Jeff Sluman	59	.258
	Ray Floyd	89	.292		Mark Hayes	98	.258
11	Payne Stewart	111	.291		Mike Donald	118	.258
12	Tom Weiskopf	61	.290	75	Jack Renner	94	.257
	Chip Beck	117	.290		Wayne Levi	84	.257
14	Gil Morgan	98	.289		Keith Fergus	92	.257
	Gary Hallberg	99	.289		Jay Haas	106	.257
16	Bruce Fleisher	103	.288		Dan Pohl	96	.257
17	Jack Nicklaus	58	.287	80	Mick Soli	83	.255
	Hale Irwin	82	.287		Gary McCord	92	.255
19	George Burns	83	.286		Mark Calcavecchia	57	.255
20	Tom Kite	93	.285		Pat McGowan	115	.255
21	Hal Sutton	113	.284	84	Jim Simons	87	.254
	Lon Hinkle	100	.284		Mike Sullivan	95	.254
23	Jerry Pate	53	.282		Tze-Chung Chen	86	.254
	Don Pooley	107	.282		Danny Edwards	81	.254
25	Jim Colbert	104	.281		Pat Lindsey	99	.254
26	Ron Streck	91	.280		Larry Nelson	73	.254
	John Cook	112	.280	90	Bill Sander	73	.253
28	Frank Conner	103	.279		Johnny Miller	71	.253
	David Graham	88	.279		Dave Eichelberger	104	.253
30	Morris Hatalsky	78	.278		Larry Mize	124	.253
31	Curtis Strange	101	.277	94	Tim Simpson	99	.252
	Scott Hoch	92	.277		Peter Jacobsen	96	.252
	Andy Bean	93	.277		Barry Jaeckel	83	.252
	Dan Forsman	93	.277		John McComish	81	.252
35	George Cadle	54	.276	98	Dave Barr	88	.251
36	Mark McCumber	99	.275		Mark Pfeil	102	.251
	Mark Lye	104	.275		Vance Heafner	107	.251
38	Mark McNulty	72	.274		Mike Peck	84	.251
39	Gibby Gilbert	65	.273	102	Jeff Mitchell	73	.250
40	Nick Price	68	.271		Bill Kratzert	64	.250
41	Greg Powers	85	.270		Jim Dent	95	.250
	Steve Melnyk	92	.270		David Ogrin	97	.250
43	Leonard Thompson	93	.269	106	J.C. Snead	108	.249
44	Jeff Sanders	68	.268		Jodie Mudd	99	.249
	Bob Gilder	101	.268		Victor Regalado	111	.249
46	Scott Simpson	98	.266	109	Doug Tewell	87	.248
	Tom Purtzer	96	.266		Dave Stockton	58	.248
	Bruce Lietzke	77	.266		Bobby Clampett	80	.248
	David Edwards	88	.266		John Fought	102	.248
50	Bill Rogers	68	.265	113	Lance Ten Broeck	57	.247
51	Bob Shearer	72	.264		Tom Jenkins	108	.247
	Ed Fiori	105	.264		Donnie Hammond	96	.247
	Jim Nelford	115	.264	116	Curt Byrum	99	.245
54	John Adams	103	.263		Jon Chaffee	66	.245
	Buddy Gardner	105	.263		John Mahaffey	99	.245
56	Calvin Peete	87	.262		Andy North	77	.245
	Peter Oosterhuis	97	.262	120	Mike Gove	69	.244
	Ronnie Black	82	.262		Lou Graham	101	.244
	Bob Eastwood	109	.262	122	Tommy Valentine	95	.243
60	Larry Rinker	94	.261		Mac O'Grady	76	.243
	Jim Booros	95	.261		Bob Murphy	94	.243
62	Jim Thorpe	106	.260	125	Wally Armstrong	84	.242
	Ken Green	103	.260		Mike McCullough	86	.242
64	Lee Trevino	60	.259	127	D. A. Weibring	77	.241
	Gary Koch	107	.259		George Archer	104	.241
	Joe Inman	88	.259	129	Rod Nuckolls	88	.240
	Mark O'Meara	100	.259	130	Bob Boyd	102	.239
	Lee Elder	87	.259		Phil Hancock	97	.239
	Roger Maltbie	106	.259		Jimmy Roy	75	.239

57

MEN PROFESSIONALS

133	Brad Bryant	102	.238		Gary Koch	107	.144
	Mike Nicolette	94	.238	20	Dan Pohl	96	.143
	Lennie Clements	92	.238	21	Jack Renner	94	.142
136	Gavin Levenson	64	.237		Bob Gilder	101	.142
	Joey Rassett	102	.237	23	Gil Morgan	98	.141
138	Howard Twitty	100	.236		Payne Stewart	111	.141
	Lyn Lott	79	.236		Mike Nicolette	94	.141
140	Loren Roberts	66	.235		Keith Fergus	92	.141
	Bill Murchison	81	.235	27	Lanny Wadkins	86	.140
	David Peoples	91	.235		Jim Thorpe	106	.140
	Ed Dougherty	51	.235		Scott Simpson	98	.140
	Thomas Gray	105	.235		Jim Simons	87	.140
145	Tim Norris	51	.234		Wally Armstrong	84	.140
	Thomas Lehman	65	.234		Chip Beck	117	.140
147	Mike Reid	84	.233		Michael Brannan	74	.140
	Allen Miller	101	.233	34	Denis Watson	63	.138
	Orville Moody	52	.233		Calvin Peete	87	.138
150	Antonio Cerda	90	.232		Tim Simpson	99	.138
	Lonnie Nielsen	66	.232		Ed Fiori	105	.138
	Bobby Wadkins	112	.232	38	Peter Jacobsen	96	.137
	Ivan Smith	58	.232		Bob Eastwood	109	.137
	Hubert Green	87	.232	40	Ray Floyd	89	.136
155	Steve Hart	84	.231	41	Victor Regalado	111	.135
156	Ed Sneed	77	.230		Pat McGowan	115	.135
157	Bobby Cole	60	.229		Lon Hinkle	100	.135
	Terry Diehl	85	.229		Gary McCord	92	.135
159	Blaine McCallister	63	.228	45	Mark McNulty	72	.134
	Forrest Fezler	89	.228	46	Clarence Rose	109	.133
161	Dan Halldorson	72	.227		Tom Kite	93	.133
162	Michael Brannan	74	.226		Lindy Miller	89	.133
	Al Geiberger	67	.226	49	Curtis Strange	101	.132
164	Charles Coody	77	.225		Mike Reid	84	.132
165	Tony Sills	85	.224		Leonard Thompson	93	.132
166	Woody Blackburn	84	.222		Andy Bean	93	.132
167	Lindy Miller	89	.221	53	Jeff Sluman	59	.131
168	Richard Zokol	82	.220		Tom Purtzer	96	.131
169	Bill Britton	97	.218		Joe Inman	88	.131
170	Larry Ziegler	57	.216		Mark Lye	104	.131
171	Darrell Kestner	70	.212		John Fought	102	.131
172	Bob Byman	51	.209		Mark McCumber	99	.131
173	Mike Holland	72	.204	59	Chi Chi Rodriguez	57	.130
					Mike Donald	118	.130

BIRDIES ON PAR 3s

					Dave Eichelberger	104	.130
					Dan Forsman	93	.130
	Name	Rds.	Percentage		Jay Haas	106	.130
1	**Jack Nicklaus**	**58**	**.177**	64	Fuzzy Zoeller	106	.129
	Ben Crenshaw	**79**	**.177**		Rod Nuckolls	88	.129
3	Bruce Fleisher	103	.163	66	Mike Sullivan	95	.128
4	Bill Rogers	68	.162		David Graham	88	.128
5	Larry Nelson	73	.161	68	Johnny Miller	71	.127
6	Hal Sutton	113	.160		Larry Mize	124	.127
	John Mahaffey	99	.160	70	Ronnie Black	82	.126
8	George Cadle	54	.159		Donnie Hammond	96	.126
9	Craig Stadler	97	.158		David Ogrin	97	.126
	Don Pooley	107	.158	73	Bob Shearer	72	.125
11	Wayne Levi	84	.157		Allen Miller	101	.125
	Hale Irwin	82	.157	75	D. A. Weibring	77	.124
13	Danny Edwards	81	.152		Scott Hoch	92	.124
14	Mike Gove	69	.151	77	Doug Tewell	87	.123
15	Mark Calcavecchia	57	.147		Tom Weiskopf	61	.123
16	Ron Streck	91	.145		Jim Colbert	104	.123
	Tom Jenkins	108	.145		John Cook	112	.123
18	Tom Watson	66	.144		Barry Jaeckel	83	.123

	Peter Oosterhuis	97	.123
83	Jim Booros	95	.122
84	Lance Ten Broeck	57	.121
	David Edwards	88	.121
86	Bruce Lietzke	77	.120
	Fred Couples	108	.120
	Ed Dougherty	51	.120
89	Mick Soli	83	.119
	Lee Trevino	60	.119
	Al Geiberger	67	.119
	Morris Hatalsky	78	.119
93	Tony Sills	85	.118
	Jimmy Roy	75	.118
	Bill Sander	73	.118
96	Bobby Wadkins	112	.117
	Mark Pfeil	102	.117
	Gary Hallberg	99	.117
99	Jim Nelford	115	.116
100	Dave Barr	88	.115
	Mark Hayes	98	.115
	Gibby Gilbert	65	.115
	Thomas Gray	105	.115
104	Joey Rassett	102	.114
	George Burns	83	.114
	Bobby Clampett	80	.114
107	Pat Lindsey	99	.113
	Dan Halldorson	72	.113
109	Terry Diehl	85	.112
	Buddy Gardner	105	.112
	Nick Price	68	.112
	Tim Norris	51	.112
113	Bob Boyd	102	.111
	Rex Caldwell	108	.111
	Bill Murchison	81	.111
116	Lennie Clements	92	.110
	Jim Dent	95	.110
118	Loren Roberts	66	.109
	Blaine McCallister	63	.109
	Antonio Cerda	90	.109
	Lee Elder	87	.109
122	Phil Hancock	97	.108
123	Lyn Lott	79	.107
	Jerry Pate	53	.107
125	Gavin Levenson	64	.106
	Orville Moody	52	.106
127	Roger Maltbie	106	.105
128	Larry Ziegler	57	.104
	Bill Kratzert	64	.104
	Charles Coody	77	.104
131	Dave Stockton	58	.103
	Frank Conner	103	.103
133	Bill Britton	97	.102
	Thomas Lehman	65	.102
135	J.C. Snead	108	.101
	Mike McCullough	86	.101
137	John Adams	103	.100
	George Archer	104	.100
	Mike Holland	72	.100
	Steve Hart	84	.100
	David Peoples	91	.100
142	Vance Heafner	107	.099
	Isao Aoki	57	.099
144	Greg Powers	85	.098
	Jodie Mudd	99	.098
	Lou Graham	101	.098
	Ken Green	103	.098
148	Bob Murphy	94	.097
149	Brad Bryant	102	.095
	Jeff Sanders	68	.095
151	Mark O'Meara	100	.094
	Steve Melnyk	92	.094
153	Tze-Chung Chen	86	.093
	Lonnie Nielsen	66	.093
	Larry Rinker	94	.093
156	Jeff Mitchell	73	.091
	Bob Byman	51	.091
	Forrest Fezler	89	.091
159	Richard Zokol	82	.090
	Mac O'Grady	76	.090
161	Bobby Cole	60	.089
162	Howard Twitty	100	.087
163	Tommy Valentine	95	.085
	Darrell Kestner	70	.085
	Mike Peck	84	.085
166	Ed Sneed	77	.084
167	John McComish	81	.083
168	Curt Byrum	99	.082
169	Andy North	77	.078
	Jon Chaffee	66	.078
171	Hubert Green	87	.077
172	Ivan Smith	58	.076
173	Woody Blackburn	84	.065

BIRDIES ON PAR 4s

	Name	Rds.	Percentage
1	**Isao Aoki**	**57**	**.185**
2	Jerry Pate	53	.181
3	Tom Watson	66	.173
4	Fuzzy Zoeller	106	.171
5	Tom Kite	93	.170
6	Fred Couples	108	.168
7	Calvin Peete	87	.164
8	Lanny Wadkins	86	.162
	Payne Stewart	111	.162
10	Hale Irwin	82	.160
11	Lee Trevino	60	.158
	Rex Caldwell	108	.158
13	Ray Floyd	89	.157
14	Scott Hoch	92	.156
15	Tom Weiskopf	61	.154
	Gary Hallberg	99	.154
17	Wayne Levi	84	.153
18	David Graham	88	.152
19	Ronnie Black	82	.151
	Danny Edwards	81	.151
21	Andy Bean	93	.150
	Johnny Miller	71	.150
	Roger Maltbie	106	.150
24	Curtis Strange	101	.149
	Gary Koch	107	.149
26	Dan Pooley	107	.148
	Mark Lye	104	.148
28	Dave Barr	88	.147
	Gil Morgan	98	.147

MEN PROFESSIONALS

	Lon Hinkle	100	.147		Tom Purtzer	96	.129
31	George Burns	83	.146		Pat Lindsey	99	.129
	Mark McCumber	99	.146		Jim Dent	95	.129
	Ben Crenshaw	79	.146	96	Bob Boyd	102	.128
34	Hall Sutton	113	.145		George Cadle	54	.128
	Bruce Lietzke	77	.145		Mike McCullough	86	.128
36	Craig Stadler	97	.144		Ed Fiori	105	.128
	Mark O'Meara	100	.144	100	Ron Streck	91	.127
	John Mahaffey	99	.144	101	Brad Bryant	102	.126
	Jim Nelford	115	.144		Pat McGowan	115	.126
	Mark McNulty	72	.144		Frank Conner	103	.126
41	Jay Haas	106	.143	104	Mick Soli	83	.125
42	Jeff Sanders	68	.142		John Adams	103	.125
	Peter Oosterhuis	97	.142		Mark Calcavecchia	57	.125
	John Cook	112	.142		Mike Reid	84	.125
45	Nick Price	68	.141		John Fought	102	.125
	Jim Simons	87	.141		Bob Gilder	101	.125
	Chip Beck	117	.141	110	Larry Rinker	94	.124
	Keith Fergus	92	.141		John McComish	81	.124
49	Larry Nelson	73	.140		Mark Pfeil	102	.124
50	Denis Watson	63	.139		Thomas Gray	105	.124
	Lee Elder	87	.139		Ken Green	103	.124
52	Leonard Thompson	93	.138	115	Thomas Lehman	65	.123
	Vance Heafner	107	.138		Mac O'Grady	76	.123
	Mike Donald	118	.138		Tim Norris	51	.123
	Gavin Levenson	64	.138		David Ogrin	97	.123
	Jack Nicklaus	58	.138	119	George Archer	104	.122
57	J.C. Snead	108	.137		Wally Armstrong	84	.122
	Joe Inman	88	.137		David Peoples	91	.122
	David Edwards	88	.137		Lennie Clements	92	.122
60	Bill Rogers	68	.136		Bruce Fleisher	103	.122
	D. A. Weibring	77	.136		Steve Melnyk	92	.122
	Scott Simpson	98	.136		Bob Shearer	72	.122
	Curt Byrum	99	.136		Mike Gove	69	.122
	Jon Chaffee	66	.136	127	Rod Nuckolls	88	.121
	Jim Colbert	104	.136		Bill Kratzert	64	.121
	Gibby Gilbert	65	.136		Donnie Hammond	96	.121
67	Jim Thorpe	106	.135	130	Richard Zokol	82	.120
	Mike Sullivan	95	.135		Gary McCord	92	.120
	Bobby Clampett	80	.135	132	Jodie Mudd	99	.119
70	Jack Renner	94	.134		Chi Chi Rodriquez	57	.119
	Lance Ten Broeck	57	.134		Victor Regalado	111	.119
	Jeff Sluman	59	.134	135	Tom Jenkins	108	.118
	Jim Booros	95	.134		Bill Murchison	81	.118
	Bob Murphy	94	.134		Mark Hayes	98	.118
75	Tim Simpson	99	.133	138	Ed Sneed	77	.117
	Clarence Rose	109	.133		Jeff Mitchell	73	.117
	Dave Stockton	58	.133		Hubert Green	87	.117
	Tze-Chung Chen	86	.133	141	Lyn Lott	79	.116
	Buddy Gardner	105	.133		Lou Graham	101	.116
80	Joey Rassett	102	.132	143	Lindy Miller	89	.115
	Peter Jacobsen	96	.132		Phil Hancock	97	.115
	Dan Pohl	96	.132		Mike Peck	84	.115
	Bobby Cole	60	.132		Bobby Wadkins	112	.115
84	Tommy Valentine	95	.131	147	Steve Hart	84	.114
	Larry Mize	124	.131		Terry Diehl	85	.114
	Morris Hatalsky	78	.131		Forrest Fezler	89	.114
	Bob Eastwood	109	.131		Dan Halldorson	72	.114
88	Doug Tewell	87	.130	151	Lonnie Nielsen	66	.113
	Andy North	77	.130		Ed Dougherty	51	.113
	Dan Forsman	93	.130		Dave Eichelberger	104	.113
91	Greg Powers	85	.129		Al Geiberger	67	.113
	Allen Miller	101	.129	155	Howard Twitty	100	.111

60

MEN PROFESSIONALS

	Name	Rds	Pct		Name	Rds	Pct
	Mike Nicolette	94	.111	42	Denis Watson	63	.341
157	Tony Sills	85	.109		Bill Sander	73	.341
158	Loren Roberts	66	.107		Mark Lye	104	.341
	Ivan Smith	58	.107		George Burns	83	.341
	Bill Sander	73	.107	46	Dan Pohl	96	.340
161	Charles Coody	77	.105	47	Payne Stewart	111	.339
162	Barry Jaeckel	83	.104	48	Larry Rinker	94	.338
	Woody Blackburn	84	.104		Brad Bryant	102	.338
	Mike Holland	72	.104		Ed Fiori	105	.338
165	Larry Ziegler	57	.101	51	Curt Byrum	99	.336
166	Bill Britton	97	.099		Lou Graham	101	.336
	Antonio Cerda	90	.099	53	Gary Hallberg	99	.335
168	Jimmy Roy	75	.098	54	Donnie Hammond	96	.334
169	Orville Moody	52	.097	55	Bob Shearer	72	.333
170	Blaine McCallister	63	.094		Isao Aoki	57	.333
171	Michael Brannan	74	.091	57	Johnny Miller	71	.332
172	Darrell Kestner	70	.085		Hale Irwin	82	.332
173	Bob Byman	51	.083	59	Barry Jaeckel	83	.331
				60	Tim Simpson	99	.330

BIRDIES ON PAR 5s

	Name	Rds.	Percentage		Name	Rds	Pct
					Tom Weiskopf	61	.330
					John Fought	102	.330
1	**Ben Crenshaw**	79	**.429**	63	Pat McGowan	115	.329
2	Jack Nicklaus	58	.413	64	Mike Sullivan	95	.328
3	George Cadle	54	.400		Gary McCord	92	.328
4	Hal Sutton	113	.394		Jay Haas	106	.328
	John Cook	112	.394	67	Mac O'Grady	76	.325
6	Jim Colbert	104	.392		Phil Hancock	97	.325
7	Chip Beck	117	.388	69	Curtis Strange	101	.324
8	Steve Melnyk	92	.387		David Ogrin	97	.324
9	Rex Caldwell	108	.383	71	Tom Kite	93	.323
10	Gil Morgan	98	.381	72	Mick Soli	83	.322
11	Tom Purtzer	96	.379	73	Jim Nelford	115	.321
12	John Adams	103	.376	74	Jim Dent	95	.319
	Lon Hinkle	100	.376		Roger Maltbie	106	.319
	Gibby Gilbert	65	.376	76	Jack Renner	94	.318
15	Mark Hayes	98	.370	77	J.C. Snead	108	.317
	Fred Couples	108	.370	78	Vance Heafner	107	.315
17	John McComish	81	.369		Orville Moody	52	.315
18	Ray Floyd	89	.366		Ed Dougherty	51	.315
19	Fuzzy Zoeller	106	.365		Andy North	77	.315
20	Ron Streck	91	.364	82	Calvin Peete	87	.314
	Dave Eichelberger	104	.364	83	Scott Simpson	98	.313
22	Andy Bean	93	.363		Howard Twitty	100	.313
	Buddy Gardner	105	.363	85	Jim Booros	95	.311
24	Tom Watson	66	.362		Lonnie Nielsen	66	.311
25	Mark Pfeil	102	.361		Charles Coody	77	.311
	Frank Conner	103	.361	88	Jeff Sluman	59	.310
27	Don Pooley	107	.360	89	Peter Oosterhuis	97	.309
	Craig Stadler	97	.360	90	Nick Price	68	.308
29	Mark McCumber	99	.359		Ronnie Black	82	.308
30	Bruce Lietzke	77	.357		Mike Peck	84	.308
31	Lanny Wadkins	86	.356	93	Greg Powers	85	.307
32	Doug Tewell	87	.352	94	David Edwards	88	.306
33	Jodie Mudd	99	.349	95	Mark O'Meara	100	.305
34	Bruce Fleisher	103	.347		Antonio Cerda	90	.305
35	Scott Hoch	92	.346		Lee Elder	87	.305
	David Graham	88	.346		Forrest Fezler	89	.305
37	Dan Forsman	93	.345	99	Jeff Mitchell	73	.304
38	Victor Regalado	111	.343	100	Bob Murphy	94	.302
39	Peter Jacobsen	96	.342	101	Jim Thorpe	106	.301
	Tze-Chung Chen	86	.342		Jim Simons	87	.301
	Bob Gilder	101	.342	103	Dave Barr	88	.300
					Larry Nelson	73	.300

61

MEN PROFESSIONALS

	Name	Rds	Avg
	Bill Kratzert	64	.300
	Larry Mize	124	.300
	Hubert Green	87	.300
108	Ken Green	103	.299
109	Leonard Thompson	93	.298
	Pat Lindsey	99	.298
111	Mike Nicolette	94	.295
	Bobby Clampett	80	.295
113	George Archer	104	.294
	Jeff Sanders	68	.294
115	Clarence Rose	109	.293
116	Richard Zokol	82	.292
117	Steve Hart	84	.291
118	Bobby Wadkins	112	.290
	Blaine McCallister	63	.290
	Dan Halldorson	72	.290
121	Joe Inman	88	.288
	Tom Jenkins	108	.288
	Bill Rogers	68	.288
124	Mike Reid	84	.287
125	Ivan Smith	58	.286
126	Joey Rassett	102	.285
127	Mike Donald	118	.281
128	Michael Brannan	74	.280
	Bob Eastwood	109	.280
	Ed Sneed	77	.280
131	Keith Fergus	92	.279
132	David Peoples	91	.278
	Morris Hatalsky	78	.278
134	Wayne Levi	84	.277
	Jimmy Roy	75	.277
	Rod Nuckolls	88	.277
137	Mike McCullough	86	.276
138	Danny Edwards	81	.275
	Tony Sills	85	.275
140	Dave Stockton	58	.273
	Lyn Lott	79	.273
	Bob Boyd	102	.273
	Lennie Clements	92	.273
144	Jon Chaffee	66	.272
145	Lee Trevino	60	.271
146	Loren Roberts	66	.269
	D. A. Weibring	77	.269
148	Thomas Lehman	65	.268
149	Tommy Valentine	95	.266
	Lance Ten Broeck	57	.266
151	Mark Calcavecchia	57	.265
152	Lindy Miller	89	.263
153	Woody Blackburn	84	.262
154	Wally Armstrong	84	.261
155	Bobby Cole	60	.259
	Thomas Gray	105	.259
157	Larry Ziegler	57	.256
158	John Mahaffey	99	.255
	Gavin Levenson	64	.255
160	Mike Holland	72	.253
	Bill Murchison	81	.253
	Al Geiberger	67	.253
163	Jerry Pate	53	.251
164	Darrell Kestner	70	.249
165	Chi Chi Rodriguez	57	.246
166	Bill Britton	97	.245
	Gary Koch	107	.245
	Mike Gove	69	.245
169	Allen Miller	101	.243
170	Terry Diehl	85	.237
171	Mark McNulty	72	.236
172	Bob Byman	51	.219
173	Tim Norris	51	.198

SEIKO GRAND PRIX POINTS

	Name	Rds.	Points
1	**Fuzzy Zoeller**	**106**	**583.190**
2	Hal Sutton	113	572.000
3	Lanny Wadkins	86	540.583
4	Calvin Peete	87	528.000
5	Gil Morgan	98	492.727
6	Tom Kite	93	466.333
7	Ben Crenshaw	79	460.000
8	Tom Watson	66	459.000
9	David Graham	88	452.000
10	Hale Irwin	82	449.047
11	Craig Stadler	97	441.000
12	Ray Floyd	89	438.714
13	Andy Bean	93	430.857
14	Fred Couples	108	413.750
15	Mark McCumber	99	413.164
16	Wayne Levi	84	372.000
17	Curtis Strange	101	367.000
18	Jay Haas	106	365.390
19	Payne Stewart	111	360.200
20	John Cook	112	350.618
21	Jack Nicklaus	58	350.333
22	Scott Hoch	92	333.000
23	Scott Simpson	98	330.750
24	Don Pooley	107	325.000
25	Rex Caldwell	108	313.936
26	Bruce Lietzke	77	308.380
27	Gary Koch	107	303.333
28	Johnny Miller	71	302.750
29	Ed Fiori	105	296.000
30	Jim Colbert	104	290.000
31	Mark Lye	104	286.000
32	Peter Jacobsen	96	281.285
33	Chip Beck	117	281.222
34	Doug Tewell	87	271.999
35	Tom Purtzer	96	263.285
36	Lon Hinkle	100	256.607
37	Keith Fergus	92	255.000
38	David Edwards	88	247.000
39	Mike Reid	84	246.000
40	Dan Pohl	96	238.000
41	Isao Aoki	57	235.000
42	John Fought	102	230.415
43	Jack Renner	94	221.726
44	Mike Sullivan	95	220.750
45	John Mahaffey	99	218.618
46	Bob Eastwood	109	211.000
47	Larry Nelson	73	208.750
48	Pat McGowan	115	206.999
49	Jim Thorpe	106	206.166
50	Tim Simpson	99	206.000
51	Gary Hallberg	99	205.000
52	Larry Mize	124	204.000
53	J.C. Snead	108	203.273

MEN PROFESSIONALS

54	Seve Ballesteros	30	202.857	117	Victor Regalado	111	71.000
55	Lee Trevino	60	200.666	118	Bob Boyd	102	70.000
56	Frank Conner	103	196.000		Mac O'Grady	76	70.000
57	Bobby Clampett	80	194.000		Mark McNulty	72	70.000
58	Leonard Thompson	93	190.000	121	David Peoples	91	68.000
59	Bill Rogers	68	188.250	122	Dan Forsman	93	65.034
60	Morris Hatalsky	78	188.000	123	Masahiro Kuramoto	26	63.000
61	Danny Edwards	81	187.640	124	Mike Gove	69	62.000
62	Bob Gilder	101	184.000	125	Terry Diehl	85	59.000
63	Jim Nelford	115	176.555	126	David Ogrin	97	58.000
64	Ron Streck	91	175.999	127	Curt Byrum	99	54.000
65	Tze-Chung Chen	86	170.750		Bill Calfee	46	54.000
66	Brad Bryant	102	169.857		Jerry Pate	53	54.000
67	Sammy Rachels	43	165.000	130	Mick Soli	83	52.057
68	Mike Nicolette	94	157.666	131	Bruce Fleisher	103	51.250
69	Nick Price	68	150.000	132	Tim Norris	51	51.000
70	Roger Maltbie	106	145.972	133	Miller Barber	38	49.000
71	Mark Pfeil	102	141.857	134	Greg Powers	85	46.285
72	D. A. Weibring	77	140.060	135	Mark Calcavecchia	57	42.000
73	Ralph Landrum	45	140.000	136	Lance Ten Broeck	57	41.333
74	Mark O'Meara	100	138.857	137	Jeff Sanders	68	41.000
75	George Burns	83	138.000		Tsuneyuki Nakajima	30	41.000
76	Dave Barr	88	133.333	139	Steven Liebler	38	40.000
77	Jim Simons	87	132.000	140	Steve Melnyk	92	39.714
78	Joe Inman	88	131.750	141	Ivan Smith	58	39.000
79	Ronnie Black	82	124.034	142	Hubert Green	87	38.000
80	Mark Hayes	98	123.464	143	Dale Douglass	44	33.400
81	Lee Elder	87	121.755	144	Mike Morley	24	33.000
82	Vance Heafner	107	117.714		Rod Curl	34	33.000
83	Mike Donald	118	116.057		Forrest Fezler	89	33.000
84	John Adams	103	116.000	147	Rod Nuckolls	88	32.750
85	Pat Lindsey	99	114.250	148	Bob Shearer	72	32.000
86	Peter Oosterhuis	97	113.307	149	Arnold Palmer	38	31.000
87	Gary McCord	92	111.000	150	Lindy Miller	89	29.000
88	Barry Jaeckel	83	110.000	151	Dan Halldorson	72	27.750
89	Bob Murphy	94	109.400	152	Donnie Hammond	96	27.354
90	George Archer	104	105.727	153	Steve Hart	84	24.500
91	Nick Faldo	43	104.000	154	Joey Rassett	102	24.222
92	Andy North	77	98.250	155	Woody Blackburn	84	23.857
93	Greg Norman	36	97.857	156	Lou Graham	101	23.441
94	George Cadle	54	97.250	157	Gay Brewer	19	23.000
95	Buddy Gardner	105	93.388		Gene Littler	29	23.000
96	Dave Eichelberger	104	93.000	159	Larry Rinker	94	22.533
97	Allen Miller	101	90.441	160	Bob Charles	14	22.000
98	Jim Dent	95	89.857	161	Bobby Cole	60	21.000
99	Phil Hancock	97	87.021	162	Bill Kratzert	64	20.857
100	Tom Weiskopf	61	87.000	163	Charles Coody	77	20.000
101	Ken Green	103	87.000	164	Bill Britton	97	19.400
102	Lennie Clements	92	85.571	165	Ray Stewart	50	13.000
103	Ed Sneed	77	85.000		Gavin Levenson	64	13.000
104	Mike McCullough	86	84.714	167	Gary Player	40	11.307
105	Tom Jenkins	108	83.333	168	Howard Twitty	100	11.000
106	Lyn Lott	79	83.000		Jodie Mudd	99	11.000
107	Gibby Gilbert	65	81.223	170	Bruce Devlin	43	9.000
108	Richard Zokol	82	79.857	171	Mike Peck	84	8.750
109	Tony Sills	85	79.307	172	Dewitt Weaver	38	8.000
110	Denis Watson	63	79.000	173	Bruce Douglass	16	6.000
111	Bobby Wadkins	112	78.936	174	Chi Chi Rodriguez	57	5.000
112	Jim Booros	95	78.000	175	Bill Murchison	81	4.857
113	Clarence Rose	109	75.857	176	John McComish	81	4.307
114	Thomas Gray	105	75.000	177	Bill Sander	73	4.285
115	Jon Chaffee	66	74.000	178	Ed Dougherty	51	2.727
116	Wally Armstrong	84	73.400	179	Tommy Valentine	95	2.307

MEN PROFESSIONALS

180 Rod Funseth		9	1.000
181 Jeff Sluman		59	.733
182 Orville Moody		52	.333

1983 TOURNAMENT PLAYERS SERIES

MAGNOLIA CLASSIC ($150,000),

Hattiesburg (Miss.) C.C. (70-6,280),
April 9-11.

Russ Cochran	**70-70-63—203**	**$27,000**
Sammy Rachels	66-69-70—205	15,600
Buddy Gardner	72-69-66—207	7,250
Clyde Rego	72-67-68—207	7,250
Frank Conner	68-69-70—207	7,250
Jim Dent	64-69-74—207	7,250
Jim Thorpe	66-70-72—208	5,225
Rick Pearson	71-71-67—209	4,366
Dana Quigley	69-72-68—209	4,366
Bill Calfee	70-69-70—209	4,366
Mike Smith	69-71-70—210	3,473
Eric Batten	68-71-71—210	3,473
Tom Costello	71-67-72—210	3,473
Curt Byrum	73-72-66—211	2,364
Bob Boyd	70-73-68—211	2,364
Bill Buttner	71-71-69—211	2,364
David Sann	71-71-69—211	2,364
Robert Betley	70-70-71—211	2,364
Darrell Kestner	69-70-72—211	2,364
John Godwin	72-67-72—211	2,364
Ed Selser	70-73-69—212	1,550
Orville Moody	70-72-70—212	1,550
Charlie Krenkel	74-68-70—212	1,550
Charlie Bolling	73-67-72—212	1,550
Mitch Adcock	71-68-73—212	1,550

TALLAHASSEE OPEN ($200,000),

Killearn G. & C.C. (72-7,124),
Tallahassee, Fla., April 21-24.

Bob Charles	**74-68-67-73—282**	**$36,000**
Greg Powers	70-70-70-72—282	20,500
Mark Lye	69-75-71-68—283	11,100
Kenny Knox	70-71-71-71—283	11,100
Hubert Green	70-73-71-70—284	7,525
Allen Miller	68-74-70-72—284	7,525
Mike Morley	72-68-70-74—284	7,525
Terry Snodgrass	69-70-71-74—284	7,525
Beau Baugh	73-70-68-74—285	5,500
Buddy Gardner	71-72-69-73—285	5,500
Vic Tortorici	68-70-70-77—285	5,500
Lee Elder	72-71-73-70—286	3,970
Bill Kratzert	69-77-69-71—286	3,970
Gary Pinns	71-71-71-73—286	3,970
Rex Caldwell	69-69-73-75—286	3,970
Jeff Mitchell	68-69-71-78—286	3,970
Bob Betley	72-74-70-71—287	3,050
Skip Holton	70-69-73-75—287	3,050
John Salamone	73-70-74-71—288	2,550
Larry Rinker	70-68-77-73—288	2,550
Charlie Bolling	71-73-70-74—288	2,550

Bob Boyd	73-71-74-71—289	2,058
Jimmy Paschal	75-68-73-73—289	2,058
B. J. Curry	69-68-75-77—289	2,058

CHATTANOOGA GOLD CUP CLASSIC ($150,000),

Valleybrook G. & C.C. (71-6,516),
Chattanooga, Tenn., May 12-15.

Jim Dent	**67-69-70-66—272**	**$27,000**
Lance Ten Broeck	70-68-67-68—273	15,600
Tommy Aaron	68-73-63-70—274	9,800
Nick Price	69-66-72-68—275	6,106
Dick Mast	70-65-71-69—275	6,106
Jay Cudd	68-69-69-69—275	6,106
Gavin Levenson	67-69-67-72—275	6,106
Bob Boyd	68-69-71-68—276	4,212
Gary McCord	69-67-70-70—276	4,212
Bill Calfee	65-74-67-70—276	4,212
Charlie Bolling	66-67-68-75—276	4,212
Steve Liebler	68-72-69-68—277	2,857
Tommy Armour	70-68-70-69—277	2,857
Lee Elder	64-69-72-72—277	2,857
Eric Batten	68-67-70-72—277	2,857
Jeff Mitchell	69-68-67-73—277	2,857
Skeeter Heath	67-68-69-73—277	2,857
Russ Cochran	70-66-74-68—278	1,837
J. C. Snead	70-71-69-68—278	1,837
Clarence Rose	70-69-70-69—278	1,837
Mike Smith	71-69-69-69—278	1,837
Calvin Peete	66-68-74-70—278	1,837
Kenny Knox	68-67-72-71—278	1,837

CHARLEY PRIDE GOLF FIESTA ($200,000),

Univ. of New Mexico G. & C.C. (72-7,253),
Albuquerque, N.M., June 3-5.

Jay Cudd	**69-66-64—199**	**$36,000**
Mike Morley	70-73-65—208	14,233
Doug Brown	69-67-72—208	14,233
Terry Snodgrass	70-68-70—208	14,233
Ron Stelten	70-68-71—209	8,150
Kenny Knox	72-68-69—209	8,150
Corey Pavin	70-73-67—210	6,900
Mike Smith	71-70-69—210	6,900
John Salamone	73-68-70—211	5,750
Bob Betley	70-70-71—211	5,750
Rick Cramer	72-72-68—212	4,290
Karl Narro	71-72-69—212	4,290
Rod Curl	68-72-72—212	4,290
Jimmy Paschal	70-71-71—212	4,290
Ernesto Ascosta	69-70-73—212	4,290
Kirk Hanefeld	74-71-68—213	2,960
Beau Baugh	71-74-68—213	2,960
B. J. Curry	75-69-69—213	2,960
Vic Wilk	73-68-72—213	2,960
Kermit Zarley	70-71-72—213	2,960
Vic Tortorici	70-75-69—214	2,065
Mark Wiebe	71-72-71—214	2,065
Gary Player	70-71-73—214	2,065
Jeremiah Bruner	66-75-73—214	2,065
Lance Ten Broeck	69-72-73—214	2,065

MEN PROFESSIONALS

NEW HAMPSHIRE CLASSIC ($175,000),
Concord (N.H.) C.C. (70-6,477),
June 17-19.

Mike Gove	67-68-69—204	$31,500
Brett Upper	70-67-69—206	18,000
Kenny Knox	69-69-69—207	11,400
Dick Zokol	67-72-69—208	7,850
Eric Batten	71-66-71—208	7,850
Mike Morley	67-72-70—209	5,975
Mitch Adcock	72-67-70—209	5,975
Bob Charles	69-69-71—209	5,975
Dana Quigley	67-69-73—209	5,975
Andy Blossom	75-66-69—210	4,366
Terry Snodgrass	71-69-70—210	4,366
David Lane	68-68-74—210	4,366
Jack Kiefer	71-71-69—211	3,466
Orville Moody	69-72-70—211	3,466
Vic Wilk	71-69-71—211	3,466
Mike Donald	71-72-69—212	2,462
John Mazza	69-72-71—212	2,462
DeWitt Weaver	69-72-71—212	2,462
Larry Rentz	71-70-71—212	2,462
Greg Farrow	69-70-73—212	2,462
Mark Wiebe	72-68-72—212	2,462
John Salamone	73-70-70—213	1,607
Dave Lee	72-71-70—213	1,607
Mark Balen	71-71-71—213	1,607
Dan Halldorson	72-69-72—213	1,607
Grier Jones	71-70-72—213	1,607
Rick Cramer	68-71-74—213	1,607
Dave Stockton	73-65-75—213	1,607

ESSEX INTERNATIONAL GOLF CLASSIC ($200,000),
Essex G. & C.C. (70-6,686),
Windsor, Ontario, Canada, June 30-July 3.

Jim Nelford	70-65-69-69—273	$36,000
Jeff Thomsen	70-68-69-67—274	20,500
Mark Balen	72-65-69-70—276	13,000
Bobby Pancratz	73-65-71-68—277	9,200
Bob Betley	70-73-69-66—278	7,833
Dave Davis	71-68-69-70—278	7,833
John Poole	73-68-67-70—278	7,833
Bob Mack	73-66-71-69—279	6,300
Don Levin	70-71-68-70—279	6,300
Beau Baugh	70-72-70-68—280	4,837
George Cadle	70-70-71-69—280	4,837
John Hamarik	70-71-67-72—280	4,837
Grier Jones	67-69-69-75—280	4,837
Terry Snodgrass	70-73-71-67—281	3,200
Mike Smith	65-75-71-70—281	3,200
Dale Douglass	69-73-69-70—281	3,200
Ken Fulton	68-70-70-73—281	3,200
Orville Moody	70-68-70-73—281	3,200
Mike Hill	70-70-68-73—281	3,200
Rick Cramer	69-69-70-73—281	3,200
Tom Nosewicz	70-74-70-68—282	2,275
Bill Buttner	70-69-72-71—282	2,275
Cesar Sanudo	72-67-73-71—283	1,815
Bill Bergin	69-71-71-72—283	1,815
Dana Quigley	68-72-71-72—283	1,815
Wayne Player	69-75-67-72—283	1,815
Kirk Hanefeld	73-66-71-73—283	1,815

GREATER BALTIMORE OPEN ($200,000),
Hillendale C.C. (70-6,641),
Baltimore, Md., July 21-24.

Russ Cochran	71-70-66-67—274	$36,000
Terry Snodgrass	70-69-70-66—275	20,500
Frank Conner	67-71-69-69—276	13,000
Jeff Thomsen	70-70-66-73—279	8,850
George Archer	71-72-65-71—279	8,850
Bob Tway	69-70-70-71—280	7,200
Mark Wiebe	75-72-63-70—280	7,200
Joey Sindelar	72-69-68-71—280	7,200
Kermit Zarley	71-77-65-68—281	6,000
Jimmy Paschal	75-72-65-70—282	5,033
Kenny Knox	67-75-69-71—282	5,033
Griff Moody	70-72-69-71—282	5,033
Brad Faxon	73-72-71-67—283	3,950
Mike Smith	70-70-71-72—283	3,950
Paul Oglesby	66-73-71-73—283	3,950
Bill Buttner	74-71-70-69—284	3,166
Mike Morley	73-69-72-70—284	3,166
Mike Bright	71-72-69-72—284	3,166
Billy Basslor	75-68-72-70—285	2,304
Mike Colandro	71-74-70-70—285	2,304
Dale Douglass	71-72-70-72—285	2,304
Dana Quigley	71-71-71-72—285	2,304
Jim King	75-69-68-73—285	2,304
David Canipe	69-71-71-74—285	2,304

SANDPIPER-SANTA BARBARA OPEN ($200,000),
Sandpiper G.C. (72,7,066),
Santa Barbara, Calif., Aug. 12-14.

Bob Tway	72-72-65—209	$36,000
Peter Oosterhuis	67-71-73—211	20,500
Russ Cochran	74-71-69—214	13,000
Jim King	73-69-73—215	9,200
Jay Cudd	74-70-72—216	8,150
Jack Kiefer	72-72-72—216	8,150
Rick Cramer	71-72-74—217	7,200
John McComish	74-74-70—218	6,033
Al Geiberger	73-73-72—218	6,033
George Archer	72-69-77—218	6,033
Grier Jones	74-76-69—219	4,616
Griff Moody	75-71-73—219	4,616
Frank Beard	76-72-71—219	4,616
Bill Garrett	71-76-73—220	3,666
Eric Batten	74-72-74—220	3,666
Ronald Stelten	77-68-75—220	3,666
Benny Passons	75-73-73—221	2,750
Jean-Louis LaMarre	73-75-73—221	2,750
Mark Wiebe	74-73-74—221	2,750
Gary Pinns	77-71-74—221	2,750
Ron Commans	73-71-77—221	2,750

ANDERSON-PACIFIC GOLF CLASSIC ($200,000),
Rancho Murieta C.C. (72-6,997),
Sacramento, Calif., Aug. 25-28.

Mark Pfeil	72-72-66-69—279	$36,000
Russ Cochran	74-70-68-68—280	20,500
Chi Chi Rodriguez	73-67-66-75—281	13,000
Griff Moody	73-70-71-69—283	9,200
Mike Smith	71-72-69-72—284	8,500

MEN PROFESSIONALS

Mike Morley	66-71-73-75—285	7,800
Mark Lye	77-67-69-73—286	6,900
Mike Brannan	73-69-71-73—286	6,900
John Hamarik	72-72-70-73—287	6,000
Terry Snodgrass	72-71-70-75—288	5,250
Pat McGowan	74-70-72-72—288	5,250
Roger Maltbie	73-73-70-73—289	4,425
Charles Krenkel	75-73-71-70—289	4,425
Graham Cowan	73-74-69-74—290	3,800
Kermit Zarley	72-72-72-74—290	3,800
Joey Rassett	72-71-77-71—291	3,166
Loren Roberts	73-72-77-69—291	3,166
Lance Ten Broeck	72-73-71-75—291	3,166
Ed Fiori	71-73-75-73—292	2,550
Bob Eastwood	72-74-74-72—292	2,550
Orville Moody	70-72-74-76—292	2,550
George Archer	77-71-73-72—293	1,825
Bob Tway	73-75-73-72—293	1,825
Brad Fabel	81-65-72-75—293	1,825
Bob Pancratz	74-72-68-79—293	1,825

MONEY LEADERS

Player	Money
1. Russ Cockran	$100,863
2. Terry Snodgrass	56,703
3. Jay Cudd	52,380
4. Bob Tway	45,025
5. Bob Charles	44,665
6. Mike Morley	38,700
7. Kenny Knox	38,053
8. Mark Pfeil	36,000
Jim Nelford	36,000
10. Jim Dent	35,871
11. Mike Gove	32,400
12. Jeff Thomsen	29,892
13. Mike Smith	27,861
14. Griff Moody	23,980
15. Lance Ten Broeck	23,199
16. Brett Upper	22,883
17. Greg Powers	21,035
18. Eric Batten	20,981
19. Peter Oosterhuis	20,500
20. Bob Betley	20,298
21. Frank Conner	20,250
22. Mark Balen	19,709
23. Rick Cramer	19,602
24. Mark Lye	18,000
25. Mark Wiebe	16,816
26. George Archer	16,708
27. Jimmy Paschal	16,323
28. Beau Baugh	16,033
29. Dana Quigley	16,004
30. Kermit Zarley	15,903
31. Doug Brown	15,615
32. Sammy Rachels	15,600
33. John Hamarik	14,901
34. Jack Kiefer	13,968
35. Orville Moody	13,777
36. Buddy Gardner	13,465
37. Jim King	13,236
38. Chi Chi Rodriguez	13,000
39. Grier Jones	12,886
40. Ronald Stelten	12,487

41. John Salamone	12,155
42. Bobby Pancratz	11,855
43. Joey Sindelar	11,003
44. Tommy Aaron	10,875
45. Dave Davis	10,836
46. Bill Calfee	10,282
47. Richard Mast	10,080
48. Clyde Rego	9,400
49. Richard Zokol	9,250
50. Gary Pinns	9,018

SCORING LEADERS

Player	Rounds	Avg.
1. Jim Nelford	4	68.25
2. Nick Price	4	68.75
3. Frank Conner	7	69.00
4. Skeeter Heath	4	69.25
5. Jim Thorpe	3	69.33
6. Calvin Peete	4	69.50
J.C. Snead	4	69.50
Clarence Rose	4	69.50
9. Mark Pfeil	4	69.75
10. Gavin Levenson	7	69.86
11. Corey Pavin	3	70.00
Harry Taylor	4	70.00
13. Russ Cochran	27	70.19
14. Ken Fulton	4	70.25
15. Buddy Gardner	11	70.27
16. Peter Oosterhuis	3	70.33
Curt Byrum	3	70.33
18. Lee Elder	8	70.38
Jeff Mitchell	8	70.38
20. Jim Dent	14	70.43
21. Frank Fuhrer	4	70.50
22. Bob Boyd	11	70.55
23. Mike Gove	7	70.57
24. Gary McCord	5	70.60
Sammy Rachels	5	70.60
26. Greg Powers	8	70.63
Michael Brannan	8	70.63
28. Mike Donald	3	70.67
29. Paul Oglesby	4	70.75
Brad Faxon	4	70.75
31. Rick Pearson	5	70.80
Bill Calfee	15	70.80
33. Mike Morley	22	70.82
34. George Cadle	15	70.87
35. Terry Snodgrass	31	70.97
36. Barry Redmond	4	71.00
Dan Halldorson	3	71.00
Jack Slocum	3	71.00
Phil Blackmar	3	71.00
Hubert Green	4	71.00
Bob Byman	4	71.00
Tony Deluca	4	71.00
43. Bob Betley	20	71.05
44. Bob Tway	11	71.09
45. Mark Lye	8	71.13
46. Ray Stewart	7	71.14
47. Mick Soli	6	71.17
48. Bob Charles	21	71.19
49. David Lane	5	71.20
Robert Mack	10	71.20

MEN PROFESSIONALS

FACTS AND FIGURES

Low 9: 29 (6-under), Babe Hiskey, Chattanooga.
Low 18: 63 (8 under), Tommy Aaron, Chattanooga.
Low 36: 131 (11 under), George Cadle, Chattanooga.
Low 54: 199 (17 under), Jay Cudd, Albuquerque.
Low 72: 276 (12 under), Jim Dent, Chattanooga.
Biggest Win Margin: 9 strokes, Jay Cudd, Albuquerque.
Highest Winning Score: 282 (6 under), Bob Charles, Tallahassee; 204 (6 under), Mike Gove, New Hampshire.
Largest 36-Hole Lead: 3 strokes, Peter Oosterhuis, Santa Barbara.
Low Start By A Winner: 67 (3 under), Jim Dent, Chattanooga, Mike Gove, New Hampshire.
High Start By A Winner: 74 (2 over), Bob Charles, Tallahassee.
Low Finish By A Winner: 64 (8 under), Jay Cudd, Albuquerque.
High Finish By A Winner: 73 (1 over), Bob Charles, Tallahassee.
Best Come-From-Behind: 7 strokes, Russ Cochran, Magnolia.
Low 36-Hole Cut: 141 (1 under), Chattanooga.
High 36-Hole Cut: 148 (8 over), Baltimore; 149 (5 over), Sacramento.
Fewest To Make Cut: 61, Sacramento.
Most To Make Cut: 73, Chattanooga.
Best Birdie Streak: 5 by George Cadle, Chattanooga.
Most Consecutive Rounds Par Or Less: 8, Jay Cudd.
Best Back-To-Back Rounds: 66-64—130 (14 under), Jay Cudd, Albuquerque.
Holes-In-One: Joey Sindelar, Chattanooga; Ed Dougherty, Jim Dent, New Hampshire; Chi Chi Rodriguez, Sacramento.
Multiple Winner: Russ Cochran, Magnolia, Baltimore.

PAST WINNERS OF MAJOR EVENTS

U.S. OPEN

Year	Winner, runner-up, site	Score
1895	Horace Rawlins	173
	Willie Dunn	175
	Newport G.C., Newport, R.I.	
1896	James Foulis	152
	Horace Rawlins	155
	Shinnecock Hills, G.C., Southampton, N.Y.	
1897	Joe Lloyd	162
	Willie Anderson	163
	Chicago G.C., Wheaton, Ill.	
1898	Fred Herd	328
	Alex Smith	335
	Myopia Hunt Club, S. Hamilton, Mass	
1899	Willie Smith	315
	George Low	326
	Val Fitzjohn	326
	W. H. Way	326
	Baltimore C.C., Baltimore, Md.	
1900	Harry Vardon	313
	J. H. Taylor	315
	Chicago G.C., Wheaton, Ill.	
1901	Willie Anderson	331-85
	Alex Smith	331-86
	Myopia Hunt Club, S. Hamilton, Mass.	
1902	Lawrence Auchterlonie	307
	Stewart Gardner	313
	†W. J. Travis	313
	Garden City G.C., Garden City, N.Y.	
1903	Willie Anderson	307-82
	David Brown	307-84
	Baltusrol G.C., Springfield, N.J.	
1904	Willie Anderson	303
	Gilbert Nicholls	308
	Glen View Club, Golf, Ill.	
1905	Willie Anderson	314
	Alex Smith	316
	Myopia Hunt Club, S. Hamilton, Mass.	
1906	Alex Smith	295
	William Smith	302
	Onwentsia Club, Lake Forest, Ill.	
1907	Alex Ross	302
	Gilbert Nicholls	305
	Philadelphia Cricket Club, Philadelphia, Pa.	
1908	Fred McLeod	322-77
	Willie Smith	322-83
	Myopia Hunt Club, S. Hamilton, Mass.	
1909	George Sargent	290
	Tom McNamara	294
	Englewood G.C., Englewood, N.J.	
1910	Alex Smith	298-71
	John J. McDermott	298-75
	Macdonald Smith	298-77
	Philadelphia Cricket Club, St. Martins, Pa.	
1911	John J. McDermott	307-80
	Michael J. Brady	307-82
	George O. Simpson	307-85
	Chicago G.C., Wheaton, Ill.	
1912	John J. McDermott	294
	Tom McNamara	296
	C.C. of Buffalo, Buffalo, N.Y.	
1913	†Francis Ouimet	304-72
	Harry Vardon	304-77
	Edward Ray	304-78
	The Country Club, Brookline, Mass.	

67

MEN PROFESSIONALS

Year	Player	Score
1914	Walter Hagen	290
	†Charles Evans Jr.	291
	Midlothian C.C., Blue Island, Ill.	
1915	†Jerome D. Travers	297
	Tom McNamara	298
	Baltusrol G.C., Springfield, N.J.	
1916	†Charles Evans Jr.	286
	Jock Hutchison	288
	Minikahda Club, Minneapolis, Minn.	
	1917-18 No championships	
1919	Walter Hagen	301-77
	Michael J. Brady	301-78
	Brae Burn C.C., West Newton, Mass.	
1920	Edward Ray	295
	Harry Vardon	296
	Jack Burke	296
	Leo Diegel	296
	Jock Hutchison	296
	Inverness Club, Toledo, Ohio	
1921	James M. Barnes	289
	Walter Hagen	298
	Fred McLeod	298
	Columbia C.C., Chevy Chase, Md.	
1922	Gene Sarazen	288
	†Robert T. Jones Jr.	289
	John L. Black	289
	Skokie C.C., Glencoe, Ill.	
1923	†Robert T. Jones Jr.	296-76
	R.A. Cruickshank	296-78
	Inwood C.C., Inwood, N.Y.	
1924	Cyril Walker	297
	†Robert T. Jones Jr.	300
	Oakland Hills C.C., Birmingham, Mich.	
1925	William Macfarlane	291-75-72
	†Robert T. Jones Jr.	291-75-73
	Worcester C.C., Worcester, Mass.	
1926	†Robert T. Jones Jr.	293
	Joe Turnesa	294
	Scioto C.C., Columbus, Ohio	
1927	Tommy Armour	301-76
	Harry Cooper	301-79
	Oakmont C.C., Oakmont, Pa.	
1928	Johnny Farrell	294-143
	†Robert T. Jones Jr.	294-144
	Olympia Fields C.C., Mateson, Ill.	
1929	†Robert T. Jones Jr.	294-141
	Al Espinosa	294-164
	Winged Foot G.C., Mamaroneck, N.Y.	
1930	†Robert T. Jones Jr.	287
	Macdonald Smith	289
	Interlachen C.C., Minneapolis, Minn.	
1931	Billy Burke	292-149-148
	George Von Elm	292-149-149
	Inverness Club, Toledo, Ohio	
1932	Gene Sarazen	286
	R.A. Cruickshank	289
	T. Philip Perkins	289
	Fresh Meadow C.C., Flushing, N.Y.	
1933	†John G. Goodman	287
	Ralph Guldahl	288
	North Shore G.C., Glen View, Ill.	
1934	Olin Dutra	293
	Gene Sarazen	294
	Merion Cricket C., Ardmore, Pa.	
1935	Sam Parks Jr.	299
	Jimmy Thomson	301
	Oakmont C.C., Oakmont, Pa.	
1936	Tony Manero	282
	Harry E. Cooper	284
	Baltusrol G.C., (Upper Course), Springfield, N.J.	
1937	Ralph Guldahl	281
	Sam Snead	283
	Oakland Hills C.C., Birmingham, Mich.	
1938	Ralph Guldahl	284
	Dick Metz	290
	Cherry Hills C.C., Denver, Colo.	
1939	Byron Nelson	284-68-70
	Craig Wood	284-68-73
	Denny Shute	284-76
	Philadelphia C.C., West Conshohocken, Pa.	
1940	Lawson Little	287-70
	Gene Sarazen	287-73
	Canterbury G.C., Cleveland, Ohio	
1941	Craig Wood	284
	Denny Shute	287
	Colonial C.C., Fort Worth, Tex.	
	1942-45 No championships	
1946	Lloyd Mangrum	284-72-72
	Byron Nelson	284-72-73

MEN PROFESSIONALS

	Victor Ghezzi	284-72-73
	Canterbury G.C., Cleveland, Ohio	
1947	Lew Worsham	282-69
	Sam Snead	282-70
	St. Louis C.C., Clayton, Mo.	
1948	Ben Hogan	276
	Jimmy Demaret	278
	Riviera C.C., Los Angeles, Calif.	
1949	Cary Middlecoff	286
	Sam Snead	287
	Clayton Heafner	287
	Medinah C.C., Medinah, Ill.	
1950	Ben Hogan	287-69
	Lloyd Mangrum	287-73
	George Fazio	287-75
	Merion G.C., Ardmore, Pa.	
1951	Ben Hogan	287
	Clayton Heafner	289
	Oakland Hills C.C., Birmingham, Mich.	
1952	Julius Boros	281
	Edward S. Oliver Jr.	285
	Northwood Club, Dallas, Tex.	
1953	Ben Hogan	283
	Sam Snead	289
	Oakmont C.C., Oakmont, Pa.	
1954	Ed Furgol	284
	Gene Littler	285
	Baltusrol G.C., (Lower Course), Springfield, N.J.	
1955	Jack Fleck	287-69
	Ben Hogan	287-72
	Olympic Club, (Lake Course), San Francisco, Calif.	
1956	Cary Middlecoff	281
	Julius Boros	282
	Ben Hogan	282
	Oak Hill C.C., Rochester, N.Y.	
1957	Dick Mayer	282-72
	Cary Middlecoff	282-79
	Inverness Club, Toledo, Ohio	
1958	Tommy Bolt	283
	Gary Player	287
	Southern Hills C.C., Tulsa, Okla.	
1959	Bill Casper Jr.	282
	Robert R. Rosburg	283
	Winged Foot G.C., Mamaroneck, N.Y.	
1960	Arnold Palmer	280
	†Jack Nicklaus	282
	Cherry Hills C.C., Englewood, Colo.	
1961	Gene A. Littler	281
	Doug Sanders	282
	Bob Goalby	282
	Oakland Hills C.C., Birmingham, Mich.	
1962	Jack Nicklaus	283-71
	Arnold Palmer	283-74
	Oakmont C.C., Oakmont, Pa.	
1963	Julius Boros	293-70
	Jacky Cupit	293-73
	Arnold Palmer	293-76
	The Country Club, Brookline, Mass.	
1964	Ken Venturi	278
	Tommy Jacobs	282
	Congressional C.C., Washington, D.C.	
1965	Gary Player	282-71
	Kel Nagle	282-74
	Bellerive C.C., St. Louis, Mo.	
1966	Bill Casper Jr.	278-69
	Arnold Palmer	278-73
	Olympic Club, (Lake Course), San Francisco, Calif.	
1967	Jack Nicklaus	275
	Arnold Palmer	279
	Springfield, Baltusrol G.C., (Lower Course), Springfield, N.J.	
1968	Lee Trevino	275
	Jack Nicklaus	279
	Rochester, Oak Hill C.C., (East Course), Oak Hill C.C.	
1969	Orville Moody	281
	Deane Beman	282
	Al Geiberger	282
	Robert R. Rosburg	282
	Champions G.C., (Cypress Creek Course), Houston, Tex.	
1970	Tony Jacklin	281
	Dave Hill	288
	Hazeltine Ntl. G.C., Chaska, Minn.	
1971	Lee Trevino	280-68
	Jack Nicklaus	280-71
	Merion G.C., (East Course), Ardmore, Pa.	
1972	Jack Nicklaus	290
	Bruce Crampton	293
	Pebble Beach G.L., Pebble Beach, Calif.	
1973	John Miller	279
	John Schlee	280

69

MEN PROFESSIONALS

	Oakmont C.C.,	
	Oakmont, Pa.	
1974	Hale Irwin	287
	Forrest Fezler	289
	Winged Foot G.C.,	
	(West Course),	
	Mamaroneck, N.Y.	
1975	Lou Graham	287-71
	John Mahaffey	287-73
	Medinah C.C.,	
	(No. 3 Course),	
	Medinah, Ill.	
1976	Jerry Pate	277
	Tom Weiskopf	279
	Al Geiberger	279
	Atlanta Athletic Club,	
	(Highlands Course),	
	Duluth, Ga.	
1977	Hubert Green	278
	Lou Graham	279
	Southern Hills C.C.,	
	Tulsa, Okla.	
1978	Andy North	285
	J. C. Snead	286
	Dave Stockton	286
	Cherry Hills C.C.,	
	Englewood, Colo.	
1979	Hale Irwin	284
	Gary Player	286
	Jerry Pate	286
	Inverness Club,	
	Toledo, Ohio	
1980	Jack Nicklaus	272
	Isao Aoki	274
	Baltusrol G.C.,	
	(Lower Course),	
	Springfield, N.J.	
1981	David Graham	273
	Bill Rogers	276
	George Burns	276
	Merion G.C.,	
	(East Course),	
	Ardmore, Pa.	
1982	Tom Watson	282
	Jack Nicklaus	284
	Pebble Beach G.L.,	
	Pebble Beach, Calif.	
1983	Larry Nelson	280
	Tom Watson	281
	Oakmont C.C.	
	Oakmont, Pa.	

†Amateur

U.S. OPEN SCORING RECORDS

Lowest 9-hole score
30, James B. McHale Jr. (amateur), first nine, third round, 1947; Arnold Palmer, first nine, final round, 1960; Steve Spray, second nine, third round, 1964; Ken Venturi, first nine, third round, 1964; Tom Shaw, first nine, first round, 1971; Bob Charles, first nine, last round, 1971; Raymond Floyd, first nine, first round, 1980; George Burns, first nine, second round, 1982.

Lowest 18-hole score
63, Johnny Miller, fourth round, Oakmont (Pa.) C.C., 1973; Jack Nicklaus and Tom Weiskopf, first round, lower; Course of Baltusrol G.C., Springfield, N.J., 1980.

Lowest first 36 holes
134, Jack Nicklaus, 1980.

Lowest first 54 holes
203, George Burns, 1981.

Lowest 72-hole score
272, Jack Nicklaus, 1980.

Lowest last 36 holes
132, Larry Nelson, 1983

Lowest 18-hole score (amateurs)
65, James B. McHale, third round, 1947; James Simons, third round, 1971.

Lowest 72-hole score (amateur)
282, Jack Nicklaus, 1960.

Highest 18-hole lead score
89, Willie Dunn, James Foulis, Willie Campbell, 1895.

Highest 36-hole lead score
173, Horace Rawlins, 1895.

Highest 54-hole lead score
249, Stewart Gardner, 1901.

Highest 72-hole score to lead field
331, Willie Anderson and Alex Smith, 1901 (Anderson won playoff).

Highest 72-hole score
393, John Harrison, 1900.

Foreign player's best 72-hole score
273, David Graham, 1981.

Best start by champion
63, Jack Nicklaus, 1980.

Best finish by champion
63, Johnny Miller, 1973.

Poorest start by champion
91, Horace Rawlins, 1895.

Poorest finish by champion
84, Fred Herd, 1898.

Largest winning margin
11 strokes, Willie Smith, 1899.

Most sub-par rounds by player in Open
4, Lee Trevino, 1968; Billy Casper, 1966.

Most sub-par 72-hole total in single Open
9, Canterbury G.C., Cleveland, Ohio, 1946; Oakmont (Pa.) C.C., 1973; Pebble Beach (Calif.) G.L., 1982.

Under-70 finishes by champions
Gene Sarazen, 68, 1922; and 66, 1932; Tony Manero, 67, 1936; Ralph Guldahl, 69, 1937-38; Byron Nelson, 68, 1939; Ben Hogan, 69, 1948; 67, 1951; Jack Fleck, 67, 1955; Arnold Palmer, 65, 1960; Gene Littler, 68, 1961; Jack Nicklaus, 69, 1962; 65, 1967; 68, 1980; Billy Casper, 68, 1966; Lee Trevino, 69, 1968 and 1971; Johnny Miller, 63, 1973; Jerry Pate, 68, 1976; David Graham, 67, 1981.

MEN PROFESSIONALS

U.S. OPEN NOTES OF INTEREST

Most victories
4, Willie Anderson, 1901-03-04-05; Robert T. Jones Jr., 1923-26-29-30; Ben Hogan, 1948-50-51-53; Jack Nicklaus, 1962-67-72-80.

Champions who led all the way
Walter Hagen, 1914; Jim Barnes, 1921; Ben Hogan, 1953; Tony Jacklin, 1970.

Consecutive winners
Willie Anderson, 1904-05; John J. McDermott, 1911-12; Robert T. Jones, Jr., 1929-30; Ralph Guldahl, 1937-38; Ben Hogan, 1950-51.

Finishes in first ten
Jack Nicklaus, 17; Walter Hagen, 16; Ben Hogan, 15; Arnold Palmer, 13; Sam Snead, 12; Julius Boros, 11; Gary Player, 9.

Foreign winners
Harry Vardon, England, 1900; Ted Ray, England, 1920; Gary Player, South Africa, 1965; Tony Jacklin, England, 1970; David Graham, Australia, 1981.

Holes-in-one
Zell Eaton, Upper Course, Baltusrol G.C., Springfield, N.J., 1936; Dick Chapman and Johnny Weitzel, Lower Course at Baltusrol, 1954; Billy Kuntz, Oak Hill C.C., Rochester, N.Y., 1956; Jerry McGee and Bobby Mitchell, Pebble Beach (Calif.) G.L., 1972; Pat Fitzsimons, Medinah (Ill.) C.C., 1975; Bobby Wadkins and Tom Weiskopf, Cherry Hills C.C., Englewood, Colo, 1978; Gary Player, Inverness C., Toledo, Ohio, 1979; Tom Watson, Baltusrol G.C., Springfield, N.J., 1980; Johnny Miller, Bill Brodell, and Tom Weiskopf, Pebble Beach (Calif.) G.L., 1982.

Most consecutive birdies
6, George Burns, second through seventh holes, second round, Pebble Beach (Calif.) G.L., 1982.

Most consecutive Opens
31, Gene Sarazen, 1920-54 (no championships 1942-45).

Most consecutive Opens completed
22, Walter Hagen, 1913-36 (no championships 1917-18).

Most Opens completed
27, Sam Snead, between 1937-73.

Most times runner-up
4, Sam Snead, Robert T. Jones Jr., Arnold Palmer, Jack Nicklaus.

Most sub-par rounds in career
27, Jack Nicklaus.

Most rounds under 70 in career
22, Jack Nicklaus.

Most strokes on one hole
19, Ray Ainsley on par-4 16th, second round, Cherry Hills C.C., Englewood, Colo., 1938.

Youngest champion
John J. McDermott, 19 years, 10 months, 14 days in 1911 (first U.S.-born Open champion).

Oldest champion
Ted Ray, 43 years, 4 months, 16 days in 1920.

Amateur champions
Francis Ouimet, 1913; Jerome D. Travers, 1915; Charles Evans Jr., 1916; Robert T. Jones Jr., 1923-26-29-30; John Goodman, 1933.

Club most often host
Baltusrol G.C., Springfield, N.J., six times, 1903-15-36-54-67-80; Oakmont (Pa,) C.C., six times, 1927-35-53-62-73-83.

Shortest Open course
Shinnecock Hills G.C., Southampton, N.Y., 4,423 yards, 1896.

Longest Open course
Bellerive C.C., St. Louis, Mo., 7,191 yards, 1965.

Course with highest score
Myopia Hunt C., South Hamilton, Mass., yielded no 72-hole score under 314 in four Opens.

Highest attendance
113,084 for four days at Atlanta A.C., Duluth, Ga., 1976.

BRITISH OPEN

Year	Winner, runner-up, site	Score
1860	Willie Park	174
	Tom Morris	176
	Prestwick G.C.,	
	Ayrshire, Scotland	
1861	Tom Morris	163
	Willie Park	167
	Prestwick G.C.,	
	Ayrshire, Scotland	
1862	Tom Morris	163
	Willie Park	176
	Prestwick G.C ,	
	Ayrshire, Scotland	
1863	Willie Park	168
	Tom Morris	170
	Prestwick G.C.,	
	Ayrshire, Scotland	
1864	Tom Morris	167
	Andrew Strath	169
	Prestwick, G.C.	
	Ayrshire, Scotland	
1865	Andrew Strath	162
	Willie Park	164
	Prestwick G.C.,	
	Ayrshire, Scotland	
1866	Willie Park	169
	David Park	171
	Prestwick G.C.,	
	Ayrshire, Scotland	
1867	Tom Morris	170
	Willie Park	172
	Prestwick G.C.,	
	Ayrshire, Scotland	
1868	Tom Morris Jr.	157
	Tom Morris Sr.	158
	Prestwick G.C.	
	Ayrshire, Scotland ·	
1869	Tom Morris Jr.	154
	Tom Morris Sr.	157
	Prestwick G.C.	
	Ayrshire, Scotland	

71

MEN PROFESSIONALS

Year	Player	Score
1870	Tom Morris Jr.	149
	Prestwick G.C.,	
	Ayrshire, Scotland	
	David Strath	161
	Bob Kirk	161
1871	No championship	
1872	Tom Morris Jr.	166
	David Strath	169
	Prestwick, G.C.,	
	Aryshire, Scotland	
1873	Tom Kidd	179
	Jamie Anderson	#
	Royal & Ancient G.C.,	
	St. Andrews, Scotland	
1874	Mungo Park	159
	Tom Morris Jr.	161
	Musselburgh, Scotland	
	Musselburgh, Scotland	
1875	Willie Park	166
	Robert Martin	168
	Prestwick G.C.,	
	Aryshire, Scotland	
1876	*Robert Martin	176
	David Strath	176
	(refused playoff)	
	Royal & Ancient G.C.,	
	St. Andrews, Scotland	
1877	Jamie Anderson	160
	Bob Pringle	163
	Musselburgh G.C.,	
	Musselburgh, Scotland	
1878	Jamie Anderson	157
	Robert Kirk	158
	Prestwick G.C.,	
	Ayrshire, Scotland	
1879	Jamie Anderson	170
	Andrew Kirkaldy	172
	James Allen	172
	Royal & Ancient G.C.,	
	St. Andrews, Scotland	
1880	Robert Ferguson	162
	P. Paxton	167
	Musselburgh G.C.,	
	Musselburgh, Scotland	
1881	Robert Ferguson	170
	Jamie Anderson	173
	Prestwick G.C.,	
	Ayrshire, Scotland	
1882	Robert Ferguson	171
	Willie Fernie	174
	Royal & Ancient G.C.,	
	St. Andrews, Scotland	
1883	Willie Fernie	159
	Robert Ferguson	159
	Musselburgh G.C.,	
	Musselburgh, Scotland	
1884	Jack Simpson	160
	D. Rolland	164
	Willie Fernie	164
	Prestwick G.C.,	
	Ayrshire, Scotland	
1885	Bob Martin	171
	Archie Simpson	173
	Royal & Ancient G.C.,	
	St. Andrews, Scotland	
1886	David Brown	157
	Willie Campbell	159
	Musselburgh G.C.,	
	Musselburgh, Scotland	
1887	Willie Park Jr.	161
	Bob Martin	162
	Prestwick G.C.,	
	Ayrshire, Scotland	
1888	Jack Burns	171
	B. Sayers	172
	D. Anderson	172
	Royal & Ancient G.C.,	
	St. Andrews, Scotland	
1889	*Willie Park Jr.	155
	Andrew Kirkaldy	155
	Musselburgh G.C.,	
	Musselburgh, Scotland	
1890	John Ball	164
	Willie Fernie	167
	Andrew Simpson	167
	Prestwick G.C.,	
	Ayrshire, Scotland	
1891	Hugh Kirkaldy	166
	Andrew Kirkaldy	168
	Willie Fernie	168
	Royal & Ancient G.C.	
	St. Andrews, Scotland	
1892	Harold H. Hilton	305
	John Ball	308
	Hugh Kirkaldy	308
	Alexander Herd	308
	Muirfield G.C.,	
	Gullane, Scotland	
1893	William Auchterlonie	322
	John E. Laidlay	324
	Prestwick, G.C.	
	Ayrshire, Scotland	
1894	John H. Taylor	326
	Douglas Rolland	331
	Royal St. George's G.C.,	
	Sandwich, England	
1895	John H. Taylor	322
	Alexander Herd	326
	Royal & Ancient G.C.,	
	St. Andrews, Scotland	
1896	*Harry Vardon	316
	John H. Taylor	316
	Muirfield G.C.,	
	Gullane, Scotland	
1897	Harold H. Hilton	314
	James Braid	315
	Royal Liverpool G.C.,	
	Hoylake, England	
1898	Harry Vardon	307
	Willie Park Jr.	308
	Prestwick G.C.,	
	Ayrshire, Scotland	
1899	Harry Vardon	310
	Jack White	315

MEN PROFESSIONALS

	Royal St. George's G.C., Sandwich, England	
1900	John H. Taylor	309
	Harry Vardon	317
	St. Andrews G.C., St. Andrews, Scotland	
1901	James Braid	309
	Harry Vardon	312
	Murifield G.C., Gullane, Scotland	
1902	Alexander Herd	307
	Harry Vardon	308
	Royal Liverpool G.C., Hoylake, England	
1903	Harry Vardon	300
	Tom Vardon	306
	Prestwick G.C., Ayrshire, Scotland	
1904	Jack White	296
	John H. Taylor	297
	James Braid	297
	Royal St. George's G.C., Sandwich, England	
1905	James Braid	318
	John H. Taylor	323
	Rolland Jones	323
	St. Andrews G.C., St. Andrews, Scotland	
1906	James Braid	300
	John H. Taylor	304
	Muirfield G.C., Gullane, Scotland	
1907	Arnaud Massy	312
	John H. Taylor	314
	Royal Liverpool G.C., Hoylake, England	
1908	James Braid	291
	Tom Ball	295
	Prestwick G.C., Ayrshire, Scotland	
1909	John H. Taylor	295
	James Braid	301
	Tom Ball	301
	Royal Cinque Ports G.C., Deal, England	
1910	James Braid	299
	Alexander Herd	303
	St. Andrews G.C. St. Andrews, Scotland	
1911	Harry Vardon	303
	Arnaud Massy	303
	Royal St. George's G.C., Sandwich, England	
1912	Edward (Ied) Ray	295
	Harry Vardon	299
	Muirfield G.C., Gullane, Scotland	
1913	John H. Taylor	304
	Edward Ray	312
	Royal Liverpool G.C., Hoylake, England	
1914	Harry Vardon	306
	John H. Taylor	309

	Prestwick G.C., Ayrshire, Scotland	
	1915-19—No championships	
1920	George Duncan	303
	Alexander Herd	305
	Royal Cinque Ports G.C., Deal, England	
1921	*Jock Hutchison	296
	Roger Wethered	296
	St. Andrews G.C., St. Andrews, Scotland	
1922	Walter Hagen	300
	George Duncan	301
	James M. Barnes	301
	Royal St. George's G.C., Sandwich, England	
1923	Arthur G. Havers	295
	Walter Hagen	296
	Troon G.C., Ayrshire, Scotland	
1924	Walter Hagen	301
	Ernest Whitcombe	302
	Royal Liverpool G.C., Hoylake, England	
1925	James M. Barnes	300
	Archie Compston	301
	Ted Ray	301
	Prestwick G.C., Ayrshire, Scotland	*
1926	Robert T. Jones Jr.	291
	Al Watrous	291
	Royal Lytham & St. Anne's G.C., St. Anne's, England	
1927	Robert T. Jones Jr.	285
	Aubrey Boomer	291
	St. Andrews G.C., St. Andrews, Scotland	
1928	Walter Hagen	292
	Gene Sarazen	294
	Royal St. George's G.C., Sandwich, England	
1929	Walter Hagen	292
	Johnny Farrell	298
	Muirfield G.C., Gullane, Scotland	
1930	Robert T. Jones Jr.	291
	Macdonald Smith	293
	Leo Diegel	293
	Royal Liverpool G.C., Hoylake, England	
1931	Tommy D. Armour	296
	J. Jurado	297
	Carnoustie G.C., Carnoustie, Scotland	
1932	Gene Sarazen	283
	Macdonald Smith	288
	Princes G.C., Princes, England	
1933	*Denny Shute	292
	Craig Wood	292
	St. Andrews G.C., St. Andrews, Scotland	

73

MEN PROFESSIONALS

1934	Henry Cotton	283
	S. F. Brews	288
	Royal St. George's G.C.,	
	Sandwich, England	
1935	Alf Perry	283
	Alfred Padgham	287
	Muirfield G.C.,	
	Gullane, Scotland	
1936	Alfred Padgham	287
	J. Adams	288
	Royal Liverpool G.C.,	
	Hoylake, England	
1937	T. Henry Cotton	290
	R. A. Whitcombe	292
	Carnoustie G.C.,	
	Carnoustie, Scotland	
1938	R. A. Whitcombe	295
	James Adams	297
	Royal St. George's G.C.,	
	Sandwich, England	
1939	Richard Burton	290
	Johnny Bulla	292
	St. Andrews G.C.,	
	St. Andrews, Scotland	
	1940-45—No championships	
1946	Sam Snead	290
	Bobby Locke	294
	Johnny Bulla	294
	St. Andrews G.C.,	
	St. Andrews, Scotland	
1947	Fred Daly	293
	R. W. Horne	294
	Frank Stranahan	294
	Royal Liverpool G.C.,	
	Hoylake, England	
1948	T. Henry Cotton	284
	Fred Daly	289
	Muirfield G.C.,	
	Gullane, Scotland	
1949	*Bobby Locke	283
	Harry Bradshaw	283
	Royal St. George's G.C.,	
	Sandwich, England	
1950	Bobby Locke	279
	R. De Vicenzo	281
	Troon G.C.,	
	Ayrshire, Scotland	
1951	Max Faulkner	285
	A. Cerda	287
	Royal Portrush G.C.,	
	Portrush, Ireland	
1952	Bobby Locke	287
	Peter W. Thomson	288
	Royal Lytham & St. Anne's G.C.,	
	St. Anne's, England	
1953	Ben Hogan	282
	Frank Stranahan	289
	D.J. Rees	289
	Peter Thomson	289
	A. Cerda	289
	Carnoustie G.C.,	
	Carnoustie, Scotland	
1954	Peter W. Thomson	283
	S. S. Scott	284
	D. J. Rees	284
	Bobby Locke	284
	Royal Birkdale G.C.,	
	Southport, England	
1955	Peter W. Thomson	281
	John Fallon	283
	St. Andrews G.C.,	
	St. Andrews, Scotland	
1956	Peter W. Thomson	286
	Flory Van Donck	289
	Royal Liverpool G.C.,	
	Hoylake, England	
1957	Bobby Locke	279
	Peter Thomson	282
	St. Andrews G.C.,	
	St. Andrews, Scotland	
1958	*Peter Thomson	278
	Dave Thomas	278
1959	Gary Player	284
	Fred Bullock	286
	Flory Van Donck	286
	Muirfield G.C.,	
	Gullane, Scotland	
1960	Kel Nagle	278
	Arnold Palmer	279
	St. Andrews G.C.,	
	St. Andrews, Scotland	
1961	Arnold Palmer	284
	Dai Rees	285
	Royal Birkdale G.C.,	
	Southport, England	
1962	Arnold Palmer	276
	Kel Nagle	282
	Troon G.C.,	
	Ayrshire, Scotland	
1963	*Bob Charles	277
	Phil Rodgers	277
	Royal Lytham & St. Anne's G.C.,	
	St. Anne's, England	
1964	Tony Lema	279
	Jack Nicklaus	284
	St. Andrews G.C.,	
	St. Andrews, Scotland	
1965	Peter Thomson	285
	Brian Huggett	287
	Christy O'Connor	287
	Royal Birkdale G.C.,	
	Southport, England	
1966	Jack Nicklaus	282
	Doug Sanders	283
	Dave Thomas	283
	Muirfield G.C.,	
	Gullane, Scotland	
1967	Roberto De Vicenzo	278
	Jack Nicklaus	280
	Royal Liverpool G.C.,	
	Hoyloke, England	
1968	Gary Player	289
	Jack Nicklaus	291
	Bob Charles	291

MEN PROFESSIONALS

Carnoustie G.C., Carnoustie, Scotland	
1969 Tony Jacklin	280
Bob Charles	282
Royal Lytham & St. Anne's G.C., St. Anne's, England	
1970 *Jack Nicklaus	283
Doug Sanders	283
St. Andrews G.C., St. Andrews, Scotland	
1971 Lee Trevino	278
Lu Liang Huan	279
Royal Birkdale G.C., Southport, England	
1972 Lee Trevino	278
Jack Nicklaus	279
Muirfield G.C., Gullane, Scotland	
1973 Tom Weiskopf	276
Johnny Miller	279
N. C. Coles	279
Troon G.C., Ayrshire, Scotland	
1974 Gary Player	282
Peter Oosterhuis	286
Royal Lytham & St. Anne's G.C., St. Anne's, England	
1975 *Tom Watson	279
Jack Newton	279
Carnoustie G.C., Carnoustie, Scotland	
1976 Johnny Miller	279
Jack Nicklaus	285
S. Ballesteros	285
Royal Birkdale G.C., Southport, England	
1977 Tom Watson	268
Jack Nicklaus	269
Turnberry G.C., Turnberry, Scotland	
1978 Jack Nicklaus	281
Ben Crenshaw	283
Tom Kite	283
Ray Floyd	283
St. Andrews G.C., St. Andrews, Scotland	
Simon Owen	283
1979 Seve Ballesteros	283
Ben Crenshaw	286
Jack Nicklaus	286
Royal Lytham & St. Anne's G.C., St. Anne's, England	
1980 Tom Watson	271
Lee Trevino	275
Muirfield G.C., Gullane, Scotland	
1981 Bill Rogers	276
Bernhard Langer	280
Royal St. George's G.C., Sandwich, England	
1982 Tom Watson	284
Nick Price	285
Peter Oosterhuis	285
Troon G.C., Ayrshire, Scotland	
1983 Tom Watson	275
Hale Irwin	276
Andy Bean	276
Royal Birkdale G.C., Southport, England	

*Won playoff.
*Not recorded.

BRITISH OPEN SCORING RECORDS

Lowest 9-hole score
28 (16 under par), Denis Duynian, 1983; 29 (7 under par), Tony Jacklin, 1970.

Lowest 18-hole score
63, Mark Hayes, Turnberry, 1977; Isao Aoki, Muirfield, 1980.

Lowest 18 holes at Birkdale
64, Craig Stadler, Graham Marsh, 1983.

Lowest 18 holes at Carnoustie
65, Jack Newton, 1975.

Lowest 18 holes at Hoylake
67, Roberto De Vicenzo and Gary Player, 1967.

Lowest 18 holes at Lytham
65, Eric Brown and Leopoldo Ruiz, 1958; Christy O'Connor, 1969; Bill Longmuir and Severiano Ballesteros, 1979.

Lowest 18 holes at Muirfield
63, Isao Aoki, 1980.

Lowest 18 holes at Prince's
68, Arthur Havers, 1932.

Lowest 18 holes at St. Andrew's
65, Neil Coles, 1970.

Lowest 18 holes at St. George's
65, Henry Cotton, 1934; Gordon Brand, 1981.

Lowest 18 holes at Troon
65, Jack Nicklaus, 1973.

Lowest 18 holes at Turnberry
63, Mark Hayes, 1977.

Lowest first 36 holes
132, Henry Cotton, St. George's, 1934.

Lowest 72 holes overall
268, Tom Watson, Turnberry, 1977.

Lowest 72 holes at Birkdale
275, Tom Watson, 1983.

Lowest 72 holes at Carnoustie
279, Tom Watson and Jack Newton, 1975.

Lowest 72 holes at Hoylake
278, Roberto De Vicenzo, 1967.

Lowest 72 holes at Lytham
277, Bob Charles and Phil Rodgers, 1963.

Lowest 72 holes at Muirfield
271, Tom Watson, 1980.

Lowest 72 holes at Prince's
283, Gene Sarazen, 1932.

Lowest 72 holes at St. Andrews
278, Kel Nagle, 1960.

MEN PROFESSIONALS

Lowest 72 holes at St. George's
276, Bill Rogers, 1981.

Lowest 72 holes at Troon
276, Arnold Palmer, 1962; Tom Weiskopf, 1973.

Lowest 72 holes at Turnberry
268, Tom Watson, 1977.

Lowest score in qualifying round
63, Frank Jowle, St. Andrews, 1955; Peter Thomson, Lytham, 1958; Maurice Bembridge, Delamere Forest, 1967; Malcolm Gunn, Gullane No. 2, 1972.

Lowest qualifying round by an amateur
65, Ronnie Shade, St. Andrews, 1964.

Lowest 18-hole score by an amateur
66, Frank Stranahan, Troon, 1950.

BRITISH OPEN NOTES OF INTEREST

Most victories
6, Harry Vardon, 1896-98-99-1903-11-14.

Most times runner-up
7, Jack Nicklaus, 1964-67-68-72-76-77-79.

Largest margin of victory
13 strokes, Old Tom Morris, 1862.

Consecutive winners
4: Young Tom Morris, 1868-72 (no championship 1871).
3: Jamie Anderson, 1877-79; Bob Ferguson, 1880-82; Peter Thomson, 1954-56.
2: Old Tom Morris, 1861-62; J. H. Taylor, 1894-95; Harry Vardon, 1898-99; James Braid, 1905-06; Bobby Jones, 1926-27; Walter Hagen, 1928-29; Bobby Locke, 1949-50; Arnold Palmer, 1961-62; Lee Trevino, 1971-72; Tom Watson, 1982-83.

Most victories by amateur
3, Bobby Jones, 1926-27-30.

Highest under-70 rounds
27, Jack Nicklaus.

Most holes-in-ones
2, Charles H. Ward, 8th hole, St. Andrews, 1946; and 13th hole, Muirfield, 1948.

First American winner
Jock Hutchison, 1921.

Best start by champion
66, Peter Thomson, Royal Lytham, 1958.

Best finish by champion
65, Tom Watson, Turnberry, 1977.

Oldest champion
Old Tom Morris, 46 years, 99 days in 1867.

Youngest champion
Young Tom Morris, 17 years, 5 months, 8 days in 1868.

Longest course
Carnoustie, 7,257 yards, 1968.

MASTERS

Site: Augusta National G.C., Augusta, Ga.

Year	Winner, runner-up	Score
1934	Horton Smith	284
	Craig Wood	285
1935	*Gene Sarazen (144)	282
	Craig Wood (149)	282
1936	Horton Smith	285
	Harry Cooper	286
1937	Byron Nelson	283
	Ralph Guldahl	285
1938	Henry Picard	285
	Ralph Guldahl, Harry Cooper	287
1939	Ralph Guldahl	279
	Sam Snead	280
1940	Jimmy Demaret	280
	Lloyd Mangrum	284
1941	Craig Wood	280
	Byron Nelson	283
1942	*Byron Nelson (69)	280
	Ben Hogan (70)	280
1943-45	No tournaments	
1946	Herman Keiser	282
	Ben Hogan	283
1947	Jimmy Demaret	281
	Byron Nelson, Frank Stranahan	283
1948	Claude Harmon	279
	Cary Middlecoff	284
1949	Sam Snead	282
	Johnny Bulla, Lloyd Mangrum	285
1950	Jimmy Demaret	283
	Jim Ferrier	285
1951	Ben Hogan	280
	Skee Riegel	282
1952	Sam Snead	286
	Jack Burke Jr.	290
1953	Ben Hogan	274
	Ed Oliver Jr.	279
1954	*Sam Snead (70)	289
	Ben Hogan (71)	289
1955	Cary Middlecoff	279
	Ben Hogan	286
1956	Jack Burke Jr.	289
	Ken Venturi	290
1957	Doug Ford	282
	Sam Snead	286
1958	Arnold Palmer	284
	Doug Ford, Fred Hawkins	285
1959	Art Wall Jr.	284
	Cary Middlecoff	285
1960	Arnold Palmer	282
	Ken Venturi	283
1961	Gary Player	280
	Charles R. Coe, Arnold Palmer	281
1962	*Arnold Palmer (68)	280
	Gary Player (71)	280
	Dow Finsterwald (77)	280
1963	Jack Nicklaus	286
	Tony Lema	287
1964	Arnold Palmer	276
	Dave Marr, Jack Nicklaus	282
1965	Jack Nicklaus	271
	Arnold Palmer, Gary Player	280
1966	*Jack Nicklaus (70)	288
	Tommy Jacobs (72)	288
	Gay Brewer Jr. (78)	288
1967	Gay Brewer Jr.	280

MEN PROFESSIONALS

	Bobby Nichols	281
1968	Bob Goalby	277
	Roberto De Vicenzo	278
1969	George Archer	281
	Billy Casper	282
	George Knudson, Tom Weiskopf	282
1970	*Billy Casper (69)	279
	Gene Littler (74)	279
1971	Charles Coody	279
	Johnny Miller, Jack Nicklaus	281
1972	Jack Nicklaus	286
	Bruce Crampton, Bobby Mitchell,	289
	Tom Weiskopf	289
1973	Tommy Aaron	283
	J. C. Snead	284
1974	Gary Player	278
	Tom Weiskopf, Dave Stockton	280
1975	Jack Nicklaus	276
	Johnny Miller, Tom Weiskopf	277
1976	Ray Floyd	271
	Ben Crenshaw	279
1977	Tom Watson	276
	Jack Nicklaus	278
1978	Gary Player	277
	Hubert Green, Rod Funseth,	278
	Tom Watson	278
1979	*Fuzzy Zoeller (70)	280
	Ed Sneed (76), Tom Watson (71)	280
1980	Seve Ballesteros	275
	Gibby Gilbert, Jack Newton	279
1981	Tom Watson	280
	Johnny Miller, Jack Nicklaus	282
1982	*Craig Stadler	284
	Dan Pohl	284
1983	Seve Ballesteros	280
	Ben Crenshaw, Tom Kite	284

*Winner in playoff; figures in parentheses indicate playoff scores.

MASTERS TOURNAMENT SCORING RECORDS

Lowest 9-hole score
30, Jimmy Demaret, second nine, first round, 1940; Gene Littler, second nine, third round, 1966; Ben Hogan, second nine, third round, 1967; Miller Barber, second nine, fourth round, 1970; Maurice Bembridge, second nine, fourth round, 1974; Gary Player, second nine, fourth round, 1978; Johnny Miller, first nine, third round, 1975.

Lowest 18-hole score
64, Lloyd Mangrum, first round, 1940; Jack Nicklaus, third round, 1965; Maurice Bembridge, fourth round, 1974; Hale Irwin, fourth round, 1975; Gary Player, fourth round, 1978; Miller Barber, second round, 1979.

Lowest first 36 holes
131, Ray Floyd, 1976.

Lowest first 54 holes
201, Ray Floyd, 1976.

Lowest 72-hole score
271, Jack Nicklaus, 1965; Ray Floyd, 1976.

Lowest 18-hole score (amateur)
66, Ken Venturi, 1956.

Lowest 72-hole score (amateur)
281, Charles R. Coe, 1961.

Highest 18-hole lead
71, Jack Burke Jr., 1957.

Highest 36-hole lead
144, Billy Joe Patton, 1954; Craig Stadler and Curtis Strange, 1982.

Highest 54-hole lead
216, Jack Nicklaus and Tommy Jacobs, 1966.

Highest 72-hole winning score
289, Sam Snead, 1954; Jack Burke, 1956.

Foreign player's best 72-hole score
275, Severiano Ballesteros, 1980.

Best start by champion
65, Ray Floyd, 1976.

Best finish by champion
66, Doug Ford, 1957; Art Wall Jr., 1959; Bob Goalby, 1968.

Poorest start by champion
75, Craig Stadler, 1982; .

Poorest finish by champion
75, Arnold Palmer, 1962.

Largest winning margin
9 strokes, Jack Nicklaus, 1965.

Most sub-par rounds by individual
4, Jimmy Demaret, 1947; Claude Harmon, 1948; Ben Hogan, 1953; Gary Player, 1962-74-80; Arnold Palmer, 1964; Jack Nicklaus, 1965; Bob Goalby, 1968; Ray Floyd, 1968-76; Tom Weiskopf, 1969-74; Gene Littler, 1970; Fuzzy Zoeller, 1979.

Most sub-par 72-hole total
16, Jack Nicklaus (10 in a row).

Most sub-par-or-better 72-hole total
17, Jack Nicklaus.

Highest 72-hole sub-par total for entire field in one tournament
25, 1974.

Lowest 72-hole sub-par total for entire field in one tournament
0, 1954-56-66.

Highest 72-hole par-or-better total for entire field in one tournament
28, 1974.

Lowest 72-hole par-or-better total for entire field in one tournament
0, 1954 and 1956.

Most 72-hole totals under 300
29, Sam Snead.

Most 72-hole totals under 290
17, Jack Nicklaus.

Most 72-hole totals under 280
3, Jack Nicklaus.

Most par-or-better 18-hole rounds
64, Sam Snead.

77

MEN PROFESSIONALS

Most 18-hole rounds under 70
29, Jack Nicklaus.

Most eagles, one event
12, Jack Nicklaus.

Highest 36-hole cut score
154, 1982.

Lowest 36-hole cut score
145, 1979.

MASTERS TOURNAMENT NOTES OF INTEREST

Most victories
5, Jack Nicklaus, 1963-65-66-72-75.

Champions who lead all the way
Craig Wood, 1941; Arnold Palmer, 1960; Jack Nicklaus, 1972; Ray Floyd, 1976.

Consecutive winner
Jack Nicklaus, 1965-66.

Foreign winners
Gary Player, 1961; Severiano Ballesteros, 1983.

Most Masters played
44, Sam Snead, 1937-83.

Most Masters completed in succession
24, Sam Snead, 1937-60.

Youngest champion
Severiano Ballesteros, 23 years, 4 days in 1980.

Oldest champion
Gary Player, 42 in 1978 (when he won for third time).

Oldest first-time champion
Craig Wood, 39 years, 4 months, 18 days in 1941.

Amateur champions
No amateur has ever won.

Amateurs who went on to become champions
Tommy Aaron, Charles Coody, Cary Middlecoff, Jack Nicklaus, Craig Stadler, Tom Watson.

Playoff frequency
One every 5.8 years.

Playoff winners
Gene Sarazen, 1935; Byron Nelson, 1942; Sam Snead, 1954; Arnold Palmer, 1962; Jack Nicklaus, 1966; Billy Casper, 1970; Fuzzy Zoeller, 1979; Craig Stadler, 1982.

PGA CHAMPIONSHIP

Year	Winner, runner-up, site	Score
1916	James M. Barnes	
	d. Jock Hutchison	1 up
	Siwanoy C.C.,	
	Bronxville, N.Y.	
1917-1918	No tournaments	
1919	James M. Barnes	
	d. Fred McLeod	6 & 5
	Engineers C.C.,	
	Roslyn, L.I., N.Y.	
1920	Jock Hutchison	
	d. J. Douglas Edgar	1 up
	Flossmoor C.C., Flossmoor, Ill.	
1921	Walter Hagen	
	d. James M. Barnes	3 & 2
	Inwood C.C.,	
	Far Rockaway, N.Y.	
1922	Gene Sarazen	
	d. Emmet French	4 & 3
	Oakmont C.C., Oakmont, Pa.	
1923	Gene Sarazen	
	d. Walter Hagen	1 up (38)
	Pelham C.C., Pelham, N.Y.	
1924	Walter Hagen	
	d. James M. Barnes	2 up
	French Lick C.C.,	
	French Lick, Ind.	
1925	Walter Hagen	
	d. William Mehlhorn	6 & 5
	Olympia Fields C.C.,	
	Olympia Fields, Ill.	
1926	Walter Hagen	
	d. Leo Diegel	5 & 3
	Salisbury G.C.,	
	Westbury, L.I., N.Y.	
1927	Walter Hagen	
	d. Joe Turnesa	1 up
	Cedar Crest C.C., Dallas, Tex.	
1928	Leo Diegel	
	d. Al Espinosa	6 & 5
	Five Farms C.C., Baltimore, Md.	
1929	Leo Diegel	
	d. Johnny Farrell	6 & 4
	Hillcrest C.C., Los Angeles, Calif.	
1930	Tommy Armour	
	d. Gene Sarazen	1 up
	Fresh Meadow C.C.,	
	Flushing, N.Y.	
1931	Tom Creavy	
	d. Denny Shute	2 & 1
	Wannamoisett C.C.,	
	Rumford, R.I.	
1932	Olin Dutra	
	d. Frank Walsh	4 & 3
	Keller G.C., St. Paul, Minn.	
1933	Gene Sarazen	
	d. Willie Goggin	5 & 4
	Blue Mound C.C.,	
	Milwaukee, Wis.	
1934	Paul Runyan	
	d. Craig Wood	1 up (38)
	Park C.C.,	
	Williamsville, N.Y.	
1935	Johnny Revolta	
	d. Tommy Armour	5 & 4
	Twin Hills C.C.,	
	Oklahoma City, Okla.	
1936	Denny Shute	
	d. Jimmy Thomson	3 & 2
	Pinehurst C.C., Pinehurst, N.C.	
1937	Denny Shute	
	d. Harold McSpaden	1 up (37)
	Pittsburgh F.C.	
	Aspinwall, Pa.	
1938	Paul Runyan	
	d. Sam Snead	8 & 7
	Shawnee C.C.,	
	Shawnee-on-Delaware, Pa.	

MEN PROFESSIONALS

1939 Henry Picard
    d. Byron Nelson   1 up (37)
    Pomonok C.C.,
    Flushing, L.I., N.Y.
1940 Byron Nelson
    d. Sam Snead   1 up
    Hershey C.C., Hershey, Pa.
1941 Vic Ghezzi
    d. Byron Nelson   1 up (38)
    Cherry Hills C.C., Denver, Colo.
1942 Sam Snead
    d. Jim Turnesa   2 & 1
    Seaview C.C., Atlantic City, N.J.
1943—No tournament
1944 Bob Hamilton
    d. Byron Nelson   1 up
    Manito G. & C.C.,
    Spokane, Wash.
1945 Byron Nelson
    d. Sam Byrd   4 & 3
    Morraine C.C., Dayton, Ohio
1946 Ben Hogan
    d. Ed Oliver   6 & 4
    Portland G.C., Portland, Ore.
1947 Jim Ferrier
    d. Chick Harbert   2 & 1
    Plum Hollow C.C.,
    Detroit, Mich.
1948 Ben Hogan
    d. Mike Turnesa   7 & 6
    Norwood Hills C.C.,
    St. Louis, Mo
1949 Sam Snead
    d. Johnny Palmer   3 & 2
    Hermitage C.C.,
    Richmond, Va.
1950 Chandler Harper
    d. Henry Williams Jr.   4 & 3
    Scioto C.C., Columbus, Ohio
1951 Sam Snead
    d. Walter Burkemo   7 & 6
    Oakmont C.C., Oakmont, Pa.
1952 Jim Turnesa
    d. Chick Harbert   1 up
    Big Spring C.C.,
    Louisville, Ky.
1953 Walter Burkemo
    d. Felice Torza   2 & 1
    Birmingham C.C.,
    Birmingham, Mich.
1954 Chick Harbert
    d. Walter Burkemo   4 & 3
    Keller G.C., St. Paul., Minn.
1955 Doug Ford
    d. Cary Middlecoff   4 & 3
    Meadowbrook C.C.,
    Detroit, Mich.
1956 Jack Burke
    d. Ted Kroll   3 & 2
    Blue Hill C.C., Boston, Mass.
1957 Lionel Hebert
    d. Dow Finsterwald   2 & 1
    Miami Valley C.C.,
    Dayton, Ohio
1958 Dow Finsterwald   276
    Bill Casper   277
    Llanerch C.C., Havertown, Pa.
1959 Bob Rosburg   277
    Jerry Barber   278
    Doug Sanders   278
    Minneapolis G.C.,
    St. Louis Park, Minn.
1960 Jay Hebert   281
    Jim Ferrier   282
    Firestone C.C., Akron, Ohio
1961 *Jerry Barber (67)   277
    Don January (68)   277
    Olympia Fields C.C.,
    Olympia Fields, Ill.
1962 Gary Player   278
    Bob Goalby   279
    Aronimink G.C.,
    Newtown Square, Pa.
1963 Jack Nicklaus   279
    Dave Ragan Jr.   281
    Dallas Athletic Club,
    Dallas. Tex.
1964 Bobby Nichols   271
    Jack Nicklaus   274
    Arnold Palmer   274
    Columbus C.C., Columbus, Ohio
1965 Dave Marr   280
    Billy Casper   282
    Jack Nicklaus   282
    Laurel Valley C.C., Ligonier, Pa.
1966 Al Geiberger   280
    Dudley Wysong   284
    Firestone C.C., Akron, Ohio
1967 *Don January (69)   281
    Don Massengale (71)   281
    Columbine C.C., Littleton, Ohio
1968 Julius Boros   281
    Bob Charles   282
    Arnold Palmer   282
    Pecan Valley C.C.,
    San Antonio, Tex.
1969 Ray Floyd   276
    Gary Player   277
    NCR C.C., Dayton, Ohio
1970 Dave Stockton   279
    Arnold Palmer   281
    Bob Murphy   281
    Southern Hills C.C.,
    Tulsa, Okla.
1971 Jack Nicklaus   281
    Billy Casper   283
    PGA National G.C.,
    Palm Beach Gardens, Fla.
1972 Gary Player   281
    Tommy Aaron   283
    Jim Jamieson   283
    Oakland Hills C.C.,
    Birmingham, Mich.

MEN PROFESSIONALS

Year	Player	Score
1973	Jack Nicklaus	277
	Bruce Crampton	281
	Canterbury G.C., Cleveland, Ohio	
1974	Lee Trevino	276
	Jack Nicklaus	271
	Tanglewood G.C., Winston-Salem, N.C.	
1975	Jack Nicklaus	276
	Bruce Crampton	278
	Firestone C.C., Akron, Ohio	
1976	Dave Stockton	281
	Ray Floyd	282
	Don January	282
	Congressional C.C., Bethesda, Md.	
1977	*Lanny Wadkins	282
	Gene Littler	282
	Pebble Beach G.L., Pebble Beach, Calif.	
1978	*John Mahaffey	276
	Jerry Pate	276
	Tom Watson	276
	Oakmont C.C., Oakmont, Pa.	
1979	*David Graham	272
	Ben Crenshaw	272
	Oakland Hills C.C., Birmingham, Mich.	
1980	Jack Nicklaus	274
	Andy Bean	281
	Oak Hill C.C., Rochester, N.Y.	
1981	Larry Nelson	273
	Fuzzy Zoeller	277
	Atlanta Athletic Club, Duluth, Ga.	
1982	Raymond Floyd	272
	Lanny Wadkins	275
	Southern Hills C.C., Tulsa, Okla.	
1983	Hal Sutton	274
	Jack Nicklaus	275
	Riviera C.C., Pacific Palisades, Calif.	

*Winner in playoff. Figures in parentheses indicate scores.

PGA CHAMPIONSHIP SCORING RECORDS

Lowest 9-hole score
29, Fred Couples, back nine, first round, 1982.

Lowest 18-hole score
63, Bruce Crampton, second round, 1975; Ray Floyd, first round, 1982.

Lowest first 36 holes
131, Hal Sutton, 1983.

Lowest first 54 holes
200, Ray Floyd, 1982.

Lowest 72-hole score
271, Bobby Nichols, 1964.

Best start by champion
64, Bobby Nichols, 1964.

Poorest start by champion
75, John Mahaffey, 1978.

Largest winning margin
7 strokes, Jack Nicklaus, 1980.

Largest 18-hole lead
3 strokes, Bobby Nichols, 1964; Ray Floyd, 1982.

Largest 36-hole lead
4 strokes, Tommy Aaron, 1967; Gil Morgan, 1976; Tom Watson, 1978.

Largest 54-hole lead
5 strokes, Ray Floyd, 1969; Tom Watson, 1978; Ray Floyd, 1982.

PGA CHAMPIONSHIP NOTES OF INTEREST

Most victories
5, Walter Hagen, 1921-24-25-26-27; Jack Nicklaus, 1963-71-73-75-80.

Youngest champion
Gene Sarazen, 20 years old in 1922; Tom Creavy, 20 years old in 1931.

Oldest champion
Julius Boros, 48 years old in 1968.

Most times in final (match play 1916-57)
6, Walter Hagen, 1921-24-25-26-27 (winner); 1923 (runner-up).

Most consecutive times in finals (match play 1916-57)
5, Walter Hagen, 1923-24-25-26-27.

Most matches won (match play 1916-57)
51, Gene Sarazen.

Most consecutive matches won (match play 1916-57)
22, Walter Hagen, 1924-28.

Largest winning margin in finals (match play 1916-57)
8 and 7, Paul Runyan over Sam Snead, 1938.

Holes-in-one
Harry McCarthy, 4th hole, second round, Llanerch C.C., Havertown, Pa., 1958; Dick Hart, 16th hole, first round, DAC C.C., Dallas, Tex., 1963; George Knudson, 8th hole, second round, Laurel Valley G.C., Ligonier, Pa., 1965; Jim Turnesa, 8th hole, fourth round, NCR C.C., Dayton, Ohio, 1969; Hale Irwin, 12th hole, second round, Firestone C.C., Akron, Ohio, 1975; Peter Oosterhuis, 16th hole, fourth round, Congressional C.C., Bethesda, Md., 1976; Bob Zender, 12th hole, second round, Pebble Beach (Calif.) G.L., 1977; Tom Nieporte, 5th hole, second round, Pebble Beach (Calif.) G.L., 1977; Gil Morgan, 8th hole, fourth round, Oakmont (Pa.) C.C., 1978; Frank Conner, 9th hole, first round, Oakland Hills C.C., Birmingham, Mich., 1978; Ron Streck, 17th hole, second round, Oakland Hills C.C., Birmingham, Mich., 1978; Bob Eastwood, 4th hole, third round, Atlanta (Ga.) A.C., 1981; Woody Blackburn, 11th hole, second round, Southern Hills C.C., Tulsa, Okla., 1982; Peter Oosterhuis, 8th hole, fourth round, Southern Hills C.C., Tulsa, Okla., 1982.

MEN PROFESSIONALS

PAST WINNERS OF PGA TOUR EVENTS

TUCSON OPEN
Site: Tucson, Ariz.

Year	Winner	Score
1945	Ray Mangrum	268
1946	Jimmy Demaret	268
1947	Jimmy Demaret	264
1948	Skip Alexander	264
1949	Lloyd Mangrum	263
1950	Chandler Harper	267
1951	Lloyd Mangrum	269
1952	Henry Williams	274
1953	Tommy Bolt	265
1954	No tournament	
1955	Tommy Bolt	265
1956	Ted Kroll	264
1957	Dow Finsterwald	269
1958	Lionel Hebert	265
1959	Gene Littler	266
1960	Don January	271
1961	*Dave Hill	269
1962	Phil Rodgers	263
1963	Don January	266
1964	Jack Cupit	274
1965	Bob Charles	271
1966	*Joe Campbell	278
1967	Arnold Palmer	273
1968	George Knudson	273
1969	Lee Trevino	271
1970	*Lee Trevino	275
1971	J. C. Snead	273
1972	Miller Barber	273
1973	Bruce Crampton	277
1974	Johnny Miller	272
1975	Johnny Miller	263
1976	Johnny Miller	274
1977	*Bruce Lietzke	275
1978	Tom Watson	276
1979	Bruce Lietzke	265
1980	Jim Colbert	270
1981	Johnny Miller	265
1982	Craig Stadler	266
1983	Gil Morgan	271

LOS ANGELES OPEN
Site: Los Angeles, Calif.

Year	Winner	Score
1926	Harry Cooper	279
1927	Bobby Cruickshank	282
1928	Mac Smith	284
1929	Mac Smith	285
1930	Densmore Shute	296
1931	Ed Dudley	285
1932	Mac Smith	281
1933	Craig Wood	281
1934	Mac Smith	280
1935	*Vic Ghezzi	285
1936	Jimmy Hines	280
1937	Harry Cooper	274
1938	Jimmy Thomson	273
1939	Jimmy Demaret	274
1940	Lawson Little	282
1941	Johnny Bulla	281
1942	*Ben Hogan	282
1943	No tournament	
1944	Harold McSpaden	278
1945	Sam Snead	283
1946	Byron Nelson	284
1947	Ben Hogan	280
1948	Ben Hogan	275
1949	Lloyd Mangrum	284
1950	*Sam Snead	280
1951	Lloyd Mangrum	280
1952	Tommy Bolt	289
1953	Lloyd Mangrum	280
1954	Fred Wampler	281
1955	Gene Littler	276
1956	Lloyd Mangrum	272
1957	Doug Ford	280
1958	Frank Stranahan	275
1959	Ken Venturi	278
1960	Dow Finsterwald	280
1961	Bob Goalby	275
1962	Phil Rodgers	268
1963	Arnold Palmer	274
1964	Paul Harney	280
1965	Paul Harney	276
1966	Arnold Palmer	273
1967	Arnold Palmer	269
1968	Billy Casper	274
1969	*Charles Sifford	276
1970	*Billy Casper	276
1971	*Bob Lunn	274
1972	*George Archer	270
1973	Rod Funseth	276
1974	Dave Stockton	276
1975	Pat Fitzsimons	275
1976	Hale Irwin	272
1977	Tom Purtzer	273
1978	Gil Morgan	278
1979	Lanny Wadkins	276
1980	Tom Watson	276
1981	Johnny Miller	270
1982	*Tom Watson	271
1983	Gil Morgan	270

BOB HOPE DESERT CLASSIC
Site: Palm Springs, Calif.

Year	Winner	Score
1960	Arnold Palmer	338
1961	Billy Maxwell	345
1962	Arnold Palmer	342
1963	*Jack Nicklaus	345
1964	*Tommy Jacobs	348
1965	Billy Casper	348
1966	*Doug Sanders	349
1967	Tom Nieporte	349
1968	*Arnold Palmer	348
1969	Billy Casper	345

MEN PROFESSIONALS

Year	Winner	Score
1970	Bruce Devlin	339
1971	*Arnold Palmer	342
1972	Bob Rosburg	344
1973	Arnold Palmer	343
1974	Hubert Green	341
1975	Johnny Miller	339
1976	Johnny Miller	344
1977	Rik Massengale	337
1978	Bill Rogers	339
1979	John Mahaffey	343
1980	Craig Stadler	343
1981	Bruce Lietzke	335
1982	*Ed Fiori	335
1983	Keith Fergus	335

PHOENIX OPEN

Site: Phoenix, Ariz.

Year	Winner	Score
1935	Ky Laffoon	281
1936-38	No tournaments	
1939	Byron Nelson	198
1940	Ed Oliver	205
1941-43	No tournaments	
1944	*Harold McSpaden	273
1945	Byron Nelson	274
1946	*Ben Hogan	273
1947	Ben Hogan	270
1948	Bobby Locke	268
1949	*Jimmy Demaret	278
1950	Jimmy Demaret	269
1951	Lew Worsham	272
1952	Lloyd Mangrum	274
1953	Lloyd Mangrum	272
1954	*Ed Furgol	272
1955	Gene Littler	275
1956	Cary Middlecoff	276
1957	Billy Casper	271
1958	Ken Venturi	274
1959	Gene Littler	268
1960	*Jack Fleck	273
1961	*Arnold Palmer	270
1962	Arnold Palmer	269
1963	Arnold Palmer	273
1964	Jack Nicklaus	271
1965	Rod Funseth	274
1966	Dudley Wysong	278
1967	Julius Boros	272
1968	George Knudson	272
1969	Gene Littler	263
1970	Dale Douglass	271
1971	Miller Barber	261
1972	Homero Blancas	273
1973	Bruce Crampton	268
1974	Johnny Miller	271
1975	Johnny Miller	260
1976	Bob Gilder	268
1977	*Jerry Pate	277
1978	Miller Barber	272
1979	‡Ben Crenshaw	199
1980	Jeff Mitchell	272
1981	David Graham	268
1982	Lanny Wadkins	263
1983	Bob Gilder	271

BING CROSBY NTL. PRO-AM

Site: Pebble Beach, Calif.

Year	Winner	Score
1937	Sam Snead	68
1938	Sam Snead	139
1939	Dutch Harrison	138
1940	Ed Oliver	135
1941	Sam Snead	136
1942	Tie-Lloyd Mangrum	133
	Leland Gibson	133
1943-46	No tournaments	
1947	Tie-Ed Furgol	213
	George Fazio	213
1948	Lloyd Mangrum	205
1949	Ben Hogan	208
1950	Tie-Sam Snead	214
	Jack Burke Jr.	214
	Smiley Quick	214
	Dave Douglas	214
1951	Byron Nelson	209
1952	Jimmy Demaret	145
1953	Lloyd Mangrum	204
1954	Dutch Harrison	210
1955	Cary Middlecoff	209
1956	Cary Middlecoff	202
1957	Jay Hebert	213
1958	Billy Casper	277
1959	Art Wall	279
1960	Ken Venturi	286
1961	Bob Rosburg	282
1962	*Doug Ford	286
1963	Billy Casper	285
1964	Tony Lema	284
1965	Bruce Crampton	284
1966	Don Massengale	283
1967	Jack Nicklaus	284
1968	*Johnny Pott	285
1969	George Archer	283
1970	Bert Yancey	278
1971	Tom Shaw	278
1972	*Jack Nicklaus	284
1973	*Jack Nicklaus	282
1974	Johnny Miller	208
1975	Gene Littler	280
1976	Ben Crenshaw	281
1977	Tom Watson	273
1978	*Tom Watson	280
1979	Lon Hinkle	284
1980	George Burns	280
1981	*John Cook	209
1982	Jim Simons	274
1983	Tom Kite	276

HAWAIIAN OPEN

Site: Honolulu, Hawaii

Year	Winner	Score
1965	Gay Brewer	281

MEN PROFESSIONALS

Year	Winner	Score
1966	Ted Makalena	271
1967	*Dudley Wysong	284
1968	Lee Trevino	272
1969	Bruce Crampton	274
1970	No tournament	
1971	Tom Shaw	273
1972	*Grier Jones	274
1973	John Schlee	273
1974	Jack Nicklaus	271
1975	Gary Groh	274
1976	Ben Crenshaw	270
1977	Bruce Lietzke	273
1978	*Hubert Green	274
1979	Hubert Green	267
1980	Andy Bean	266
1981	Hale Irwin	265
1982	Wayne Levi	277
1983	Isao Aoki	268

ISUZU ANDY WILLIAMS SAN DIEGO

Site: San Diego, Calif.

Year	Winner	Score
1952	Ted Kroll	276
1953	Tommy Bolt	274
1954	†Gene Littler	274
1955	Tommy Bolt	274
1956	Bob Rosburg	270
1957	Arnold Palmer	271
1958	No tournament	
1959	Marty Furgol	274
1960	Mike Souchak	269
1961	*Arnold Palmer	271
1962	*Tommy Jacobs	277
1963	Gary Player	270
1964	Art Wall	274
1965	*Wes Ellis	267
1966	Billy Casper	268
1967	Bob Goalby	269
1968	Tom Weiskopf	273
1969	Jack Nicklaus	284
1970	Pete Brown	275
1971	George Archer	272
1972	Paul Harney	275
1973	Bob Dickson	278
1974	Bobby Nichols	275
1975	*J. C. Snead	279
1976	J. C. Snead	272
1977	Tom Watson	269
1978	Jay Haas	278
1979	Fuzzy Zoeller	282
1980	*Tom Watson	275
1981	*Bruce Lietzke	278
1982	Johnny Miller	270
1983	Gary Hallberg	271

DORAL-EASTERN OPEN

Site: Miami, Fla.

Year	Winner	Score
1962	Billy Casper	283
1963	Dan Sikes	283
1964	Billy Casper	277
1965	Doug Sanders	274
1966	Phil Rodgers	278
1967	Doug Sanders	275
1968	Gardner Dickinson	275
1969	Tom Shaw	276
1970	Mike Hill	279
1971	J. C. Snead	275
1972	Jack Nicklaus	276
1973	Lee Trevino	276
1974	Brian Allin	272
1975	Jack Nicklaus	276
1976	Hubert Green	270
1977	Andy Bean	277
1978	Tom Weiskopf	272
1979	Mark McCumber	279
1980	*Ray Floyd	279
1981	Ray Floyd	273
1982	Andy Bean	278
1983	Gary Koch	271

HONDA INVERRARY CLASSIC

Site: Fort Lauderdale, Fla.

Year	Winner	Score
1972	Tom Weiskopf	278
1973	Lee Trevino	279
1974	Leonard Thompson	278
1975	Bob Murphy	273
1976	Hosted TPC	
1977	Jack Nicklaus	275
1978	Jack Nicklaus	276
1979	Larry Nelson	274
1980	Johnny Miller	274
1981	Tom Kite	274
1982	Hale Irwin	269
1983	Johnny Miller	278

BAY HILL CLASSIC

Site: Orlando, Fla.

Year	Winner	Score
1966	Lionel Hebert	279
1967	Julius Boros	274
1968	Dan Sikes	274
1969	Ken Still	278
1970	Bob Lunn	271
1971	Arnold Palmer	270
1972	Jerry Heard	276
1973	Brian Allin	265
1974	Jerry Heard	273
1975	Lee Trevino	276
1976	*Hale Irwin	270
1977	Gary Koch	274
1978	Mac McLendon	271
1979	*Bob Byman	278
1980	Dave Eichelberger	279
1981	Andy Bean	266
1982	*Tom Kite	278
1983	Mike Nicolette	283

MEN PROFESSIONALS

USF&G CLASSIC

Site: New Orleans, La.

Year	Winner	Score
1938	Harry Cooper	285
1939	Henry Picard	284
1940	Jimmy Demaret	286
1941	Henry Picard	276
1942	Lloyd Mangrum	281
1943	No tournament	
1944	Sam Byrd	285
1945	*Byron Nelson	284
1946	Byron Nelson	277
1947	No tournament	
1948	Bob Hamilton	280
1949-57	No tournaments	
1958	*Billy Casper	278
1959	Bill Collins	280
1960	Dow Finsterwald	270
1961	Doug Sanders	272
1962	Bo Wininger	281
1963	Bo Wininger	279
1964	Mason Rudolph	283
1965	Dick Mayer	273
1966	Frank Beard	276
1967	George Knudson	277
1968	George Archer	271
1969	*Larry Hinson	275
1970	*Miller Barber	278
1971	Frank Beard	276
1972	Gary Player	279
1973	*Jack Nicklaus	280
1974	Lee Trevino	267
1975	Billy Casper	271
1976	Larry Ziegler	274
1977	Jim Simons	273
1978	Lon Hinkle	271
1979	Hubert Green	273
1980	Tom Watson	273
1981	Tom Watson	270
1982	‡Scott Hoch	206
1983	Bill Rogers	274

TOURNAMENT PLAYERS CHAMPIONSHIP

Year	Winner, site	Score
1974	Jack Nicklaus Atlanta C.C.	272
1975	Al Geiberger Colonial C.C., Fort Worth, Tex.	270
1976	Jack Nicklaus Inverrary G.&C.C., Lauderhill, Fla.	269
1977	Mark Hayes Sawgrass, Ponte Vedra, Fla.	289
1978	Jack Nicklaus Sawgrass, Ponte Vedra, Fla.	289
1979	Lanny Wadkins Sawgrass, Ponte Vedra, Fla.	283
1980	Lee Trevino Sawgrass, Ponte Vedra, Fla.	278
1981	*Ray Floyd Sawgrass, Ponte Vedra, Fla.	285
1982	Jerry Pate	276
	Tournament Players Club, Ponte Vedra, Fla.	
1983	Hal Sutton	283
	Tournament Players Club, Ponte Vedra Beach, Fla.	

*(Won playoff with par on 1st extra hole.)

GR. GREENSBORO OPEN

Site: Greensboro, N.C.

Year	Winner	Score
1938	Sam Snead	272
1939	Ralph Guldahl	280
1940	Ben Hogan	270
1941	Byron Nelson	276
1942	Sam Byrd	279
1942-44	No tournaments	
1945	Byron Nelson	271
1946	Sam Snead	270
1947	Vic Ghezzi	286
1948	Lloyd Mangrum	278
1949	*Sam Snead	276
1950	Sam Snead	269
1951	Art Doering	279
1952	Dave Douglas	277
1953	*Earl Stewart	275
1954	*Doug Ford	283
1955	Sam Snead	273
1956	*Sam Snead	279
1957	Stan Leonard	276
1958	Bob Goalby	275
1959	Dow Finsterwald	278
1960	Sam Snead	270
1961	Mike Souchak	276
1962	Billy Casper	275
1963	Doug Sanders	270
1964	*Julius Boros	277
1965	Sam Snead	273
1966	*Doug Sanders	276
1967	George Archer	267
1968	Billy Casper	267
1969	*Gene Littler	274
1970	Gary Player	271
1971	*Bud Allin	275
1972	*George Archer	272
1973	Chi Chi Rodriguez	267
1974	Bob Charles	270
1975	Tom Weiskopf	275
1976	Al Geiberger	268
1977	Danny Edwards	276
1978	Seve Ballesteros	282
1979	Ray Floyd	282
1980	Craig Stadler	275
1981	*Larry Nelson	281
1982	Danny Edwards	285
1983	Lanny Wadkins	275

SEA PINES HERITAGE CLASSIC

Site: Hilton Head Island, S.C.

Year	Winner	Score
1969	Arnold Palmer	283

84

MEN PROFESSIONALS

Year	Winner	Score
1970	Bob Goalby	280
1971	Hale Irwin	279
1972	Johnny Miller	281
1973	Hale Irwin	272
1974	Johnny Miller	276
1975	Jack Nicklaus	271
1976	Hubert Green	274
1977	Graham Marsh	273
1978	Hubert Green	277
1979	Tom Watson	270
1980	*Doug Tewell	280
1981	Bill Rogers	278
1982	*Tom Watson	280
1983	Fuzzy Zoeller	275

MONY-TOURNAMENT OF CHAMPIONS

Site: Carlsbad, Calif.

Year	Winner	Score
1953	Al Besselink	280
1954	Art Wall	278
1955	Gene Littler	280
1956	Gene Littler	281
1957	Gene Littler	285
1958	Stan Leonard	275
1959	Mike Souchak	281
1960	Jerry Barber	268
1961	Sam Snead	273
1962	Arnold Palmer	276
1963	Jack Nicklaus	273
1964	Jack Nicklaus	279
1965	Arnold Palmer	277
1966	*Arnold Palmer	283
1967	Frank Beard	278
1968	Don January	276
1969	Gary Player	284
1970	Frank Beard	273
1971	Jack Nicklaus	279
1972	*Bobby Mitchell	280
1973	Jack Nicklaus	276
1974	Johnny Miller	280
1975	*Al Geiberger	277
1976	Don January	277
1977	*Jack Nicklaus	281
1978	Gary Player	281
1979	Tom Watson	275
1980	Tom Watson	276
1981	Lee Trevino	273
1982	Lanny Wadkins	280
1983	Lanny Wadkins	280

BYRON NELSON CLASSIC

Site: Dallas, Tex.

Year	Winner	Score
1944	Byron Nelson	276
1945	Sam Snead	276
1946	Ben Hogan	284
1947-55	No tournaments	
1956	Don January (1st tournament)	268
1956	*Peter Thomson (2nd tournament)	267

Year	Winner	Score
1957	Sam Snead	264
1958	*Sam Snead	272
1959	Julius Boros	274
1960	*Johnny Pott	275
1961	Earl Stewart Jr.	278
1962	Billy Maxwell	277
1963	No tournament	
1964	Charles Coody	271
1965	No tournament	
1966	Roberto De Vicenzo	276
1967	Bert Yancey	274
1968	Miller Barber	270
1969	Bruce Devlin	277
1970	*Jack Nicklaus	274
1971	Jack Nicklaus	274
1972	Chi Chi Rodriguez	273
1973	*Lanny Wadkins	277
1974	Brian Allin	269
1975	Tom Watson	269
1976	Mark Hayes	273
1977	Ray Floyd	276
1978	Tom Watson	272
1979	Tom Watson	275
1980	Tom Watson	274
1981	*Bruce Lietzke	281
1982	Bob Gilder	266
1983	Ben Crenshaw	273

HOUSTON COCA-COLA OPEN

Site: Houston, Tex.

Year	Winner	Score
1946	Byron Nelson	274
1947	Bobby Locke	277
1948	No tournament	
1949	John Palmer	272
1950	Cary Middlecoff	277
1951	Marty Furgol	277
1952	Jack Burke Jr.	277
1953	*Cary Middlecoff	283
1954	Dave Douglas	277
1955	Mike Souchak	273
1956	Ted Kroll	277
1957	Arnold Palmer	279
1958	Ed Oliver	281
1959	*Jack Burke Jr.	277
1960	*Bill Collins	280
1961	*Jay Hebert	276
1962	*Bobby Nichols	278
1963	Bob Charles	268
1964	Mike Souchak	278
1965	Bobby Nichols	273
1966	Arnold Palmer	275
1967	Frank Beard	274
1968	Roberto De Vicenzo	274
1969	No tournament	
1970	*Gibby Gilbert	282
1971	*Hubert Green	280
1972	Bruce Devlin	278
1973	Bruce Crampton	277
1974	Dave Hill	276
1975	Bruce Crampton	273

85

MEN PROFESSIONALS

Year	Winner	Score
1976	Lee Elder	278
1977	Gene Littler	276
1978	Gary Player	270
1979	Wayne Levi	268
1980	*Curtis Strange	266
1981	‡Ron Streck	198
1982	*Ed Sneed	275
1983	David Graham	275

COLONIAL NTL. INVITATION
Site: Fort Worth, Tex.

Year	Winner	Score
1946	Ben Hogan	279
1947	Ben Hogan	279
1948	Clayton Heafner	272
1949	No tournament	
1950	Sam Snead	277
1951	Cary Middlecoff	282
1952	Ben Hogan	279
1953	Ben Hogan	282
1954	Johnny Palmer	280
1955	Chandler Harper	276
1956	Mike Souchak	280
1957	Roberto De Vicenzo	284
1958	Tommy Bolt	282
1959	*Ben Hogan	285
1960	Julius Boros	280
1961	Doug Sanders	281
1962	*Arnold Palmer	281
1963	Julius Boros	279
1964	Billy Casper	279
1965	Bruce Crampton	276
1966	Bruce Devlin	280
1967	Dave Stockton	278
1968	Billy Casper	275
1969	Gardner Dickinson	278
1970	Homero Blancas	273
1971	Gene Littler	283
1972	Jerry Heard	275
1973	Tom Weiskopf	276
1974	Rod Curl	276
1975	Hosted TPC	
1976	Lee Trevino	273
1977	Ben Crenshaw	272
1978	Lee Trevino	268
1979	Al Geiberger	274
1980	Bruce Lietzke	271
1981	Fuzzy Zoeller	274
1982	Jack Nicklaus	273
1983	Jim Colbert	278

GEORGIA-PACIFIC ATLANTA CLASSIC
Site: Atlanta, Ga.

Year	Winner	Score
1967	Bob Charles	284
1968	Bob Lunn	280
1969	*Bert Yancey	277
1970	Tommy Aaron	275
1971	*Gardner Dickinson	275
1972	Bob Lunn	275
1973	Jack Nicklaus	272
1974	Hosted TPC	
1975	Hale Irwin	271
1976	Hosted U.S. Open	
1977	Hale Irwin	273
1978	Jerry Heard	269
1979	Andy Bean	265
1980	Larry Nelson	270
1981	*Tom Watson	277
1982	*Keith Fergus	273
1983	‡Calvin Peete	206

MEMORIAL TOURNAMENT
Site: Dublin, Ohio

Year	Winner	Score
1976	*Roger Maltbie	288
1977	Jack Nicklaus	281
1978	Jim Simons	284
1979	Tom Watson	285
1980	David Graham	280
1981	Keith Fergus	284
1982	Ray Floyd	281
1983	Hale Irwin	281

KEMPER OPEN
Site: Washington, D.C. (1983)

Year	Winner	Score
1968	Arnold Palmer	276
1969	Dale Douglass	274
1970	Dick Lotz	278
1971	*Tom Weiskopf	277
1972	Doug Sanders	275
1973	Tom Weiskopf	271
1974	*Bob Menne	270
1975	Ray Floyd	278
1976	Joe Inman	277
1977	Tom Weiskopf	277
1978	Andy Bean	273
1979	Jerry McGee	272
1980	John Mahaffey	275
1981	Craig Stadler	270
1982	Craig Stadler	275
1983	Fred Couples	287

DANNY THOMAS MEMPHIS CLASSIC
Site: Memphis, Tenn.

Year	Winner	Score
1958	Billy Maxwell	267
1959	*Don Whitt	272
1960	*Tommy Bolt	273
1961	Cary Middlecoff	266
1962	*Lionel Hebert	267
1963	*Tony Lema	270
1964	Mike Souchak	270
1965	*Jack Nicklaus	271
1966	Bert Yancey	265

MEN PROFESSIONALS

Year	Winner	Score
1967	Dave Hill	272
1968	Bob Lunn	268
1969	Dave Hill	265
1970	Dave Hill	267
1971	Lee Trevino	268
1972	Lee Trevino	281
1973	Dave Hill	283
1974	Gary Player	273
1975	Gene Littler	270
1976	Gibby Gilbert	273
1977	Al Geiberger	273
1978	*Andy Bean	277
1979	*Gil Morgan	278
1980	Lee Trevino	272
1981	Jerry Pate	274
1982	Raymond Floyd	271
1983	Larry Mize	274

WESTERN OPEN

Site: Benton Harbor, Mich.

Year	Winner	Score
1899	*Willie Smith	156
1900	No tournament	
1901	Laurie Auchterlonie	160
1902	Willie Anderson	299
1903	Alex Smith	318
1904	Willie Anderson	304
1905	Arthur Smith	278
1906	Alex Smith	306
1907	Robert Simpson	307
1908	Willie Anderson	299
1909	Willie Anderson	288
1910	†Charles Evans Jr.	6 & 5
1911	Robert Simpson	2 & 1
1912	Mac Smith	299
1913	John McDermott	295
1914	Jim Barnes	293
1915	Tom McNamara	304
1916	Walter Hagen	286
1917	Jim Barnes	283
1918	No tournament	
1919	Jim Barnes	283
1920	Jock Hutchison	296
1921	Walter Hagen	287
1922	Mike Brady	291
1923	Jock Hutchison	281
1924	Bill Mehlhorn	293
1925	Mac Smith	281
1926	Walter Hagen	279
1927	Walter Hagen	281
1928	Abe Espinosa	291
1929	Tommy Armour	273
1930	Gene Sarazen	278
1931	Ed Dudley	280
1932	Walter Hagen	287
1933	Mac Smith	282
1934	*Harry Cooper	274
1935	John Revolta	290
1936	Ralph Guldahl	274
1937	*Ralph Guldahl	288
1938	Ralph Guldahl	279
1939	Byron Nelson	281
1940	*Jimmy Demaret	293
1941	Ed Oliver	275
1942	Herman Barron	276
1943-45	No tournaments	
1946	Ben Hogan	271
1947	Johnny Palmer	270
1948	*Ben Hogan	281
1949	Sam Snead	268
1950	Sam Snead	282
1951	Marty Furgol	270
1952	Lloyd Mangrum	274
1953	Dutch Harrison	278
1954	*Lloyd Mangrum	277
1955	Cary Middlecoff	272
1956	*Mike Fetchick	284
1957	*Doug Ford	279
1958	Doug Sanders	275
1959	Mike Souchak	272
1960	*Stan Leonard	278
1961	Arnold Palmer	271
1962	Jacky Cupit	281
1963	*Arnold Palmer	280
1964	Chi Chi Rodriguez	268
1965	Billy Casper	270
1966	Billy Casper	283
1967	Jack Nicklaus	274
1968	Jack Nicklaus	273
1969	Billy Casper	276
1970	Hugh Royer	273
1971	Bruce Crampton	279
1972	Jim Jamieson	271
1973	Billy Casper	272
1974	Tom Watson	287
1975	Hale Irwin	283
1976	Al Geiberger	288
1977	Tom Watson	283
1978	*Andy Bean	282
1979	*Larry Nelson	286
1980	Scott Simpson	281
1981	Ed Fiori	277
1982	Tom Weiskopf	276
1983	Mark McCumber	284

GR. MILWAUKEE OPEN

Site: Milwaukee, Wis.

Year	Winner	Score
1968	Dave Stockton	275
1969	Ken Still	277
1970	Deane Beman	276
1971	Dave Eichelberger	270
1972	Jim Colbert	271
1973	Dave Stockton	276
1974	Ed Sneed	276
1975	Art Wall	271
1976	Dave Hill	270
1977	Dave Eichelberger	278
1978	*Lee Elder	275
1979	Calvin Peete	269
1980	Bill Kratzert	266

MEN PROFESSIONALS

1981	Jay Haas	274
1982	Calvin Peete	274
1983	Morris Hatalsky	275

MILLER HIGH-LIFE QUAD CITIES

Site: Coal Valley, Ill.

Year	Winner	Score
1972	Deane Beman	279
1973	Sam Adams	268
1974	Dave Stockton	271
1975	Roger Maltbie	275
1976	John Lister	268
1977	Mike Morley	267
1978	Vic Regalado	269
1979	D.A. Weibring	266
1980	Scott Hoch	266
1981	*Dave Barr	270
1982	Payne Stewart	268
1983	Danny Edwards	266

ANHEUSER-BUSCH CLASSIC

Site: Williamsburg, Va.

Year	Winner	Score
1968	Kermit Zarley	273
1969	Miller Barber (1st tournament)	135
1969	*Jack Nicklaus (2nd tournament)	273
1970	*Ken Still	278
1971	Billy Casper	269
1972	George Knudson	271
1973	*Ed Sneed	275
1974	Johnny Miller	271
1975	Johnny Miller	272
1976	J. C. Snead	274
1977	Miller Barber	272
1978	Tom Watson	270
1979	John Fought	277
1980	Ben Crenshaw	272
1981	John Mahaffey	276
	(Moved from Napa, Calif. to Williamsburg, Va., in 1981)	
1982	‡Calvin Peete	203
1983	Calvin Peete	276

‡Rain-shortened

WESTCHESTER CLASSIC

Site: Harrison, N.Y.

Year	Winner	Score
1967	Jack Nicklaus	272
1968	Julius Boros	272
1969	Frank Beard	275
1970	Bruce Crampton	273
1971	Arnold Palmer	270
1972	Jack Nicklaus	270
1973	*Bobby Nichols	272
1974	Johnny Miller	269
1975	*Gene Littler	271
1976	David Graham	272
1977	Andy North	272
1978	Lee Elder	274
1979	Jack Renner	277
1980	Curtis Strange	273
1981	Ray Floyd	275
1982	Bob Gilder	261
1983	Seve Ballesteros	276

TALLAHASSEE OPEN

Site: Tallahassee, Fla.

Year	Winner	Score
1969	Chuck Courtney	282
1970	Harold Henning	277
1971	Lee Trevino	273
1972	Bob Shaw	273
1973	Hubert Green	277
1974	Allen Miller	274
1975	Rik Massengale	274
1976	Gary Koch	277
1977	*Ed Sneed	276
1978	*Barry Jaeckel	273
1979	Chi Chi Rodriguez	269
1980	Mark Pfeil	277
1981	*Dave Eichelberger	271
1982	Bob Shearer	272
1983	*Bob Charles	282

BUICK OPEN

Site: Grand Blanc, Mich.

Year	Winner	Score
1958	Billy Casper	285
1959	Art Wall	282
1960	Mike Souchak	282
1961	Jack Burke Jr.	284
1962	Bill Collins	284
1963	Julius Boros	274
1964	Tony Lema	277
1965	Tony Lema	280
1966	Phil Rodgers	284
1967	Julius Boros	283
1968	Tom Weiskopf	280
1969	Dave Hill	277
1970-74	No tournaments	
1975	Spike Kelley	208
1976	Ed Sabo	279
1977	Bobby Cole	271

MEN PROFESSIONALS

Year	Winner	Score
1978	*Jack Newton	280
1979	*John Fought	280
1980	Peter Jacobsen	276
1981	*Hale Irwin	277
1982	Lanny Wadkins	273
1983	Wayne Levi	272

SAMMY DAVIS JR. — GR. HARTFORD
Site: Hartford, Conn.

Year	Winner	Score
1952	Ted Kroll	273
1953	Bob Toski	269
1954	*Tommy Bolt	271
1955	Sam Snead	269
1956	*Arnold Palmer	274
1957	Gardner Dickinson	272
1958	Jack Burke	268
1959	Gene Littler	272
1960	Arnold Palmer	270
1961	*Billy Maxwell	271
1962	Bob Goalby	271
1963	Billy Casper	271
1964	Ken Venturi	273
1965	*Billy Casper	274
1966	Art Wall	266
1967	Charles Sifford	272
1968	Billy Casper	266
1969	*Bob Lunn	268
1970	Bob Murphy	267
1971	*George Archer	266
1972	*Lee Trevino	269
1973	Billy Casper	264
1974	Dave Stockton	268
1975	*Don Bies	267
1976	Rik Massengale	266
1977	Bill Kratzert	265
1978	Rod Funseth	264
1979	Jerry McGee	267
1980	*Howard Twitty	266
1981	Hubert Green	264
1982	Tim Norris	259
1983	Curtis Strange	268

WORLD SERIES OF GOLF
Site: Firestone C.C., Akron, Ohio

Year	Winner	Score
1962	Jack Nicklaus	135
1963	Jack Nicklaus	140
1964	Tony Lema	138
1965	Gary Player	139
1966	Gene Littler	143
1967	Jack Nicklaus	144
1968	Gary Player	143
1969	Orville Moody	141
1970	Jack Nicklaus	136
1971	Charles Coody	141
1972	Gary Player	142
1973	Tom Weiskopf	137
1974	Lee Trevino	139
1975	Tom Watson	140
1976	Jack Nicklaus	275
1977	Lanny Wadkins	267
1978	*Gil Morgan	278
1979	Lon Hinkle	272
1980	Tom Watson	270
1981	Bill Rogers	275
1982	*Craig Stadler	278
1983	Nick Price	270

From 1962 through 1975, the World Series was played as a four-man, 36-hole exhibition. All monies won in the tournament were unofficial.

B.C. OPEN
Site: Endicott, N.Y.

Year	Winner	Score
1973	Hubert Green	266
1974	*Richie Karl	273
1975	Don Iverson	274
1976	Bob Wynn	271
1977	Gil Morgan	270
1978	Tom Kite	267
1979	Howard Twitty	270
1980	Don Pooley	271
1981	Jay Haas	270
1982	Calvin Peete	265
1983	*Pat Lindsey	268

BANK OF BOSTON CLASSIC
Site: Boston, Mass.

Year	Winner	Score
1965	Tony Lema	279
1966-67	No tournaments	
1968	Arnold Palmer	276
1969	Tom Shaw	280
1970	Billy Casper	277
1971	Dave Stockton	275
1972	Bruce Devlin	275
1973	Lanny Wadkins	279
1974	Vic Regalado	278
1975	Roger Maltbie	276
1976	Bud Allin	277
1977	Ray Floyd	271
1978	John Mahaffey	270
1979	Lou Graham	275
1980	Wayne Levi	273
1981	Jack Renner	273
1982	Bob Gilder	271
1983	*Mark Lye	273

MEN PROFESSIONALS

LaJET CLASSIC

Site: Abilene, Tex.

Year	Winner	Score
1981	Tom Weiskopf	278
1982	Wayne Levi	271
1983	*Rex Caldwell	282

TEXAS OPEN

Site: San Antonio, Tex.

Year	Winner	Score
1922	Bob MacDonald	281
1923	Walter Hagen	279
1924	Joe Kirkwood	279
1925	Joe Turnesa	284
1926	Mac Smith	288
1927	Bobby Cruickshank	272
1928	Bill Mehlhora	297
1929	Bill Mehlhorn	277
1930	Denny Shute	277
1931	Abe Espinosa	281
1932	Clarence Clark	287
1933	No tournament	
1934	Wiffy Cox	283
1935-38	No tournaments	
1939	Dutch Harrison	271
1940	Byron Nelson	271
1941	Lawson Little	273
1942	*Chick Harbert	272
1943	No tournament	
1944	Johnny Revolta	273
1945	Sam Byrd	268
1946	Ben Hogan	264
1947	Porky Oliver	265
1948	Sam Snead	264
1949	Dave Douglas	268
1950	Sam Snead	265
1951	*Dutch Harrison	265
1952	Jack Burke	260
1953	Tony Holguin	264
1954	Chandler Harper	259
1955	Mike Souchak	257
1956	Gene Littler	276
1957	Jay Hebert	271
1958	Bill Johnston	274
1959	Wes Ellis	276
1960	Arnold Palmer	276
1961	Arnold Palmer	270
1962	Arnold Palmer	273
1963	Phil Rodgers	268
1964	Bruce Crampton	273
1965	Frank Beard	270
1966	Harold Henning	272
1967	Chi Chi Rodriguez	277
1968	No tournament	
1969	*Deane Beman	274
1970	Ron Cerrudo	273
1971	No tournament	
1972	Mike Hill	273
1973	Ben Crenshaw	270
1974	Terry Diehl	269
1975	*Don January	275
1976	*Butch Baird	273
1977	Hale Irwin	266
1978	Ron Streck	265
1979	Lou Graham	268
1980	Lee Trevino	265
1981	*Bill Rogers	266
1982	Jay Haas	262
1983	Jim Colbert	261

WALT DISNEY WORLD CLASSIC
(Individual Play)

Site: Lake Buena Vista, Fla.

Year	Winner	Score
1971	Jack Nicklaus	273
1972	Jack Nicklaus	267
1973	Jack Nicklaus	275
1974-81	No tournaments	
1982	*Hal Sutton	269
1983	Payne Stewart	269

WALT DISNEY TEAM

Year	Winners, site	Score
1965	Gay Brewer Butch Baird Palm Beach Gardens, Fla.	259
1966	Arnold Palmer Jack Nicklaus Palm Beach Gardens, Fla.	256
1967	No tournament	
1968	Bobby Nichols George Archer Oklahoma City, Okla.	265
1969	No tournament	
1970	Arnold Palmer Jack Nicklaus Ligonier, Pa.	259
1971	Arnold Palmer Jack Nicklaus Ligonier, Pa.	257
1972	Babe Hiskey Kermit Zarley Ligonier, Pa.	262
1973	No tournament	
1974	Hubert Green Mac McLendon Lake Buena Vista, Fla.	255
1975	Jim Colbert Dean Refram Lake Buena Vista, Fla.	252
1976	*Woody Blackburn Bill Kratzert Lake Buena Vista, Fla.	260
1977	Grier Jones Gibby Gilbert Lake Buena Vista, Fla.	253
1978	Wayne Levi Bob Mann Lake Buena Vista, Fla.	254

MEN PROFESSIONALS

1979	George Burns	
	Ben Crenshaw	255
	Lake Buena Vista, Fla.	
1980	Danny Edwards	
	David Edwards	253
	Lake Buena Vista, Fla.	
1981	Vance Heafner	
	Mike Holland	246
	Lake Buena Vista, Fla.	

PENSACOLA OPEN

Site: Pensacola, Fla.

Year	Winner	Score
1929	Horton Smith	274
1930	John Farrell	287
1931	John Farrell	286
1932-44	No tournaments	
1945	Sam Snead	267
1946	*Ray Mangrum	277
1947-55	No tournaments	
1956	Don Fairfield	275
1957	Art Wall	273
1958	Doug Ford	278
1959	Paul Harney	269
1960	Arnold Palmer	273
1961	Tommy Bolt	275
1962	Doug Sanders	270
1963	Arnold Palmer	273
1964	*Gary Player	274
1965	*Doug Sanders	277
1966	Gay Brewer	272
1967	Gay Brewer	262
1968	George Archer	268
1969	Jim Colbert	267
1970	Dick Lotz	275
1971	Gene Littler	276
1972	Dave Hill	271
1973	Homero Blancas	277
1974	*Lee Elder	274
1975	Jerry McGee	274
1976	Mark Hayes	275
1977	Leonard Thompson	268
1978	*Mac McLendon	272
1979	Curtis Strange	271
1980	Dan Halldorson	265
1981	Jerry Pate	271
1982	Calvin Peete	268
1983	Mark McCumber	266

KEY * = Won playoff. † = Amateur. ‡ = Rain-curtailed.

PAST PGA TOUR STATISTICS

PAST LEADING MONEY WINNERS

1934

Player	Money
1. Paul Runyan	$6,767
2. Ky Laffoon	6,419
3. Horton Smith	5,794
4. Denny Shute	5,032
5. Harry Cooper	4,733
6. Craig Wood	4,333
7. Wiffy Cox	3,990
8. Johnny Revolta	3,709
9. Willie MacFarlane	3,292
10. Olin Dutra	3,252

1935

Player	Money
1. Johnny Revolta	$9,543
2. Henry Picard	8,417
3. Horton Smith	7,790
4. Harry Cooper	7,132
5. Ky Laffoon	6,185
6. Paul Runyan	5,498
7. Vic Ghezzi	5,496
8. Ray Mangrum	4,405
9. Denny Shute	3,916
10. Harold McSpaden	3,380

1936

Player	Money
1. Horton Smith	$7,682

(Other leaders not available.)

1937

Player	Money
1. Harry Cooper	$14,138
2. Henry Picard	10,866
3. Sam Snead	10,243
4. Ralph Guldahl	8,671
5. Horton Smith	8,648
6. Johnny Revolta	8,270
7. Byron Nelson	6,734
8. Jimmy Hines	5,990
9. Gene Sarazen	5,508
10. Jimmy Thomson	5,243

1938

Player	Money
1. Sam Snead	$19,534
2. Johnny Revolta	9,553
3. Henry Picard	8,050
4. Harry Cooper	7,840
5. Paul Runyan	7,550
6. Ky Laffoon	6,265
7. Ralph Guldahl	5,967
8. Jimmy Hines	5,680
9. Harold McSpaden	5,590
10. Byron Nelson	5,455

1939

Player	Money
1. Henry Picard	$10,303
2. Sam Snead	9,712
3. Ralph Guldahl	9,477
4. Byron Nelson	9,444
5. Dick Metz	8,675
6. Harold McSpaden	6,804

MEN PROFESSIONALS

7. Ben Hogan	5,600
8. Dutch Harrison	5,750
9. Denny Shute	5,325
10. Horton Smith	5,099

1940

Player	Money
1. Ben Hogan	$10,655
2. Byron Nelson	9,653
3. Sam Snead	9,206
4. Jimmy Demaret	8,652
5. Lawson Little	5,717
6. Ralph Guldahl	5,715
7. Clayton Heafner	5,500
8. Craig Wood	5,408
9. Dick Metz	5,187
10. Horton Smith	5,121

1941

Player	Money
1. Ben Hogan	$18,358
2. Sam Snead	12,848
3. Byron Nelson	12,025
4. Craig Wood	9,364
5. Johnny Bulla	8,309
6. Clayton Heafner	6,943
7. Lloyd Mangrum	6,825
8. Horton Smith	4,430
9. Jimmy Demaret	5,018
10. Lawson Little	4,981

1942

Player	Money
1. Ben Hogan	$13,143
2. Byron Nelson	9,601
3. Sam Snead	8,078
4. Lloyd Mangrum	6,689
5. Lawson Little	6,647
6. Chick Harbert	4,829
7. E. J. Harrison	4,408
8. Sam Byrd	3,905
9. Chandler Harper	3,732
10. Jimmy Thompson	3,410

1943
(Records not compiled—World War II)

1944

Player	War Bonds
1. Byron Nelson	$37,967
2. Harold McSpaden	23,855
3. Sam Byrd	14,595
4. E. J. Harrison	10,077
5. Craig Wood	9,596
6. Bob Hamilton	6,211
7. Sam Snead	5,755
8. Ed Dudley	5,670
9. Johnny Revolta	5,163
10. Johnny Bulla	3,975

1945

Player	War Bonds
1. Byron Nelson	$63,335
2. Harold McSpaden	36,299
3. Ben Hogan	26,902
4. Sam Snead	24,436
5. Sam Byrd	17,553
6. Jimmy Hines	15,939
7. Ky Laffoon	11,645
8. Vic Ghezzi	10,734
9. Denny Shute	10,729
10. E. J. Harrison	8,730

1946

Player	Money
1. Ben Hogan	$42,556
2. Herman Barron	23,003
3. Byron Nelson	22,270
4. Jimmy Demaret	19,406
5. Herman Keiser	18,934
6. Sam Snead	18,341
7. Lloyd Mangrum	14,622
8. Dick Metz	13,498
9. Jim Ferrier	13,311
10. E. J. Harrison	12,420

1947

Player	Money
1. Jimmy Demaret	$27,936
2. Bobby Locke	24,327
3. Ben Hogan	23,310
4. Ed Oliver	17,941
5. Jim Ferrier	16,973
6. Johnny Palmer	16,704
7. Lloyd Mangrum	15,924
8. Ed Furgol	14,168
9. Lew Worsham	13,743
10. Herman Keiser	12,703

1948

Player	Money
1. Ben Hogan	$32,112
2. Lloyd Mangrum	31,289
3. Jimmy Demaret	23,699
4. Bobby Locke	20,010
5. Skip Alexander	18,173
6. Johnny Palmer	14,865
7. Cary Middlecoff	14,621
8. E. J. Harrison	14,312
9. Clayton Heafner	12,652
10. Vic Ghezzi	11,432

1949

Player	Money
1. Sam Snead	$31,593
2. Cary Middlecoff	24,604
3. Johnny Palmer	24,512
4. Lloyd Mangrum	22,248
5. Jimmy Demaret	17,367
6. E. J. Harrison	11,725
7. Jim Ferrier	11,660
8. Bob Hamilton	9,819
9. Fred Haas Jr.	9,817
10. Jim Turnesa	8,181

1950

Player	Money
1. Sam Snead	$35,758
2. Jim Ferrier	27,156

MEN PROFESSIONALS

3. Lloyd Mangrum	22,467
4. Henry Ransom	18,885
5. Jack Burke Jr.	18,291
6. Cary Middlecoff	18,205
7. Jimmy Demaret	16,268
8. Skip Alexander	14,505
9. E. J. Harrison	11,556
10. Johnny Palmer	11,267

1951

Player	Money
1. Lloyd Mangrum	$26,088
2. Cary Middlecoff	24,075
3. Jim Ferrier	22,890
4. Ben Hogan	20,400
5. Jack Burke Jr.	18,033
6. Sam Snead	15,072
7. Doug Ford	11,005
8. Skee Riegel	10,882
9. Clayton Heafner	10,340
10. Ed Oliver	9,959

1952

Player	Money
1. Julius Boros	$37,032
2. Cary Middlecoff	30,884
3. Jack Burke Jr.	21,003
4. Sam Snead	19,908
5. Ted Kroll	17,500
6. Jim Ferrier	15,811
7. Dave Douglas	15,173
8. Doug Ford	14,566
9. Lloyd Mangrum	13,422
10. Ed Oliver	13,359

1953

Player	Money
1. Lew Worsham	$34,002
2. Doug Ford	26,815
3. Lloyd Mangrum	20,636
4. Chandler Harper	19,938
5. Cary Middlecoff	19,446
6. E. J. Harrison	19,298
7. Ed Oliver	18,125
8. Ted Kroll	18,057
9. Ben Hogan	16,604
10. Tommy Bolt	16,030

1954

Player	Money
1. Bob Toski	$65,819
2. Jack Burke Jr.	20,213
3. Marty Furgol	19,837
4. Jerry Barber	18,885
5. Cary Middlecoff	17,593
6. Lloyd Mangrum	17,272
7. Julius Boros	16,987
8. Doug Ford	16,415
9. Tommy Bolt	16,407
10. Earl Stewart Jr.	16,341

1955

Player	Money
1. Julius Boros	$63,121
2. Cary Middlecoff	39,567
3. Doug Ford	33,503
4. Mike Souchak	29,462
5. Gene Littler	28,974
6. Ted Kroll	25,117
7. Sam Snead	23,464
8. Tommy Bolt	22,585
9. Fred Haas	22,372
10. Jerry Barber	18,865

1956

Player	Money
1. Ted Kroll	$72,835
2. Dow Finsterwald	29,513
3. Cary Middlecoff	27,352
4. Fred Hawkins	24,805
5. Jack Burke	24,085
6. Gene Littler	23,833
7. Ed Furgol	23,125
8. Mike Souchak	21,486
9. Peter Thomson	20,413
10. Doug Ford	19,389

1957

Player	Money
1. Dick Mayer	$65,835
2. Doug Ford	45,378
3. Dow Finsterwald	32,872
4. Sam Snead	28,260
5. Arnold Palmer	27,802
6. Paul Harney	21,735
7. Art Wall	20,831
8. Al Balding	20,824
9. Bill Casper	20,807
10. Ken Venturi	18,761

1958

Player	Money
1. Arnold Palmer	$42,607
2. Bill Casper	41,323
3. Ken Venturi	36,267
4. Dow Finsterwald	35,393
5. Art Wall	29,841
6. Julius Boros	29,817
7. Tommy Bolt	26,940
8. Jay Hebert	26,834
9. Bob Rosburg	25,170
10. Doug Ford	21,874

1959

Player	Money
1. Art Wall	$53,167
2. Gene Littler	38,296
3. Dow Finsterwald	33,906
4. Bill Casper	33,899
5. Arnold Palmer	32,461
6. Mike Souchak	31,807
7. Bob Rosburg	31,676
8. Doug Ford	31,009
9. Jay Hebert	26,034
10. Ken Venturi	25,886

1960

Player	Money
1. Arnold Palmer	$75,262
2. Ken Venturi	41,230
3. Dow Finsterwald	38,541

93

MEN PROFESSIONALS

4. Bill Casper	31,060
5. Jay Hebert	29,748
6. Mike Souchak	28,903
7. Doug Ford	28,411
8. Gene Littler	26,837
9. Bill Collins	26,496
10. Doug Sanders	26,470

1961

Player	Money
1. Gary Player	$64,450
2. Arnold Palmer	61,191
3. Doug Sanders	57,428
4. Bill Casper	37,776
5. Jay Hebert	35,583
6. Johnny Pott	32,267
7. Gay Brewer	31,149
8. Bob Goalby	30,918
9. Gene Littler	29,245
10. Billy Maxwell	28,335

1962

Player	Money
1. Arnold Palmer	$81,448
2. Gene Littler	66,200
3. Jack Nicklaus	61,868
4. Bill Casper	61,842
5. Bob Goalby	46,240
6. Gary Player	45,838
7. Doug Sanders	43,385
8. Dave Ragan	37,327
9. Bobby Nichols	34,311
10. Dow Finsterwald	33,619

1963

Player	Money
1. Arnold Palmer	$128,230
2. Jack Nicklaus	100,040
3. Julius Boros	77,356
4. Tony Lema	67,112
5. Gary Player	55,455
6. Dow Finsterwald	49,862
7. Mason Rudolph	39,120
8. Al Geiberger	34,126
9. Don January	33,754
10. Bobby Nichols	33,604

1964

Player	Money
1. Jack Nicklaus	$113,284
2. Arnold Palmer	113,203
3. Bill Casper	90,653
4. Tony Lema	74,130
5. Bobby Nichols	74,012
6. Ken Venturi	62,465
7. Gary Player	61,449
8. Mason Rudolph	52,568
9. Chi Chi Rodriguez	48,338
10. Mike Souchak	39,559

1965

Player	Money
1. Jack Nicklaus	$140,752
2. Tony Lema	101,816
3. Bill Casper	99,931

4. Doug Sanders	72,182
5. Gary Player	69,964
6. Bruce Devlin	67,657
7. Dave Marr	63,375
8. Al Geiberger	59,699
9. Gene Littler	58,898
10. Arnold Palmer	57,770

1966

Player	Money
1. Bill Casper	$121,944
2. Jack Nicklaus	111,419
3. Arnold Palmer	110,467
4. Doug Sanders	80,096
5. Gay Brewer	75,687
6. Phil Rodgers	68,360
7. Gene Littler	68,345
8. R. H. Sikes	67,348
9. Frank Beard	66,041
10. Al Geiberger	63,220

1967

Player	Money
1. Jack Nicklaus	$188,988
2. Arnold Palmer	184,065
3. Bill Casper	129,423
4. Julius Boros	126,785
5. Dan Sikes	111,508
6. Doug Sanders	109,455
7. Frank Beard	105,778
8. George Archer	84,344
9. Gay Brewer	78,548
10. Bob Goalby	77,106

1968

Player	Money
1. Bill Casper	$205,168
2. Jack Nicklaus	155,285
3. Tom Weiskopf	152,946
4. George Archer	150,972
5. Julius Boros	148,310
6. Lee Trevino	132,127
7. Arnold Palmer	114,602
8. Dan Sikes	108,330
9. Miller Barber	105,845
10. Bob Murphy	105,595

1969

Player	Money
1. Frank Beard	$175,223
2. Dave Hill	156,423
3. Jack Nicklaus	140,167
4. Gary Player	123,897
5. Bruce Crampton	118,955
6. Gene Littler	112,737
7. Lee Trevino	112,417
8. Ray Floyd	109,956
9. Arnold Palmer	105,128
10. Bill Casper	104,689

1970

Player	Money
1. Lee Trevino	$157,037
2. Bill Casper	147,372
3. Bruce Crampton	142,609
4. Jack Nicklaus	142,148

94

MEN PROFESSIONALS

5. Arnold Palmer	128,853
6. Frank Beard	124,690
7. Dick Lotz	124,539
8. Larry Hinson	120,897
9. Bob Murphy	120,639
10. Dave Hill	118,415

1971

Player	Money
1. Jack Nicklaus	$244,490
2. Lee Trevino	231,202
3. Arnold Palmer	209,603
4. George Archer	147,769
5. Gary Player	120,916
6. Miller Barber	117,359
7. Jerry Heard	112,389
8. Frank Beard	112,337
9. Dave Eichelberger	108,312
10. Bill Casper	107,276

1972

Player	Money
1. Jack Nicklaus	$320,542
2. Lee Trevino	214,805
3. George Archer	145,027
4. Grier Jones	140,177
5. Jerry Heard	137,198
6. Tom Weiskopf	129,422
7. Gary Player	120,719
8. Bruce Devlin	119,768
9. Tommy Aaron	118,924
10. Lanny Wadkins	116,616

1973

Player	Money
1. Jack Nicklaus	$308,362
2. Bruce Crampton	274,266
3. Tom Weiskopf	245,463
4. Lee Trevino	210,017
5. Lanny Wadkins	200,455
6. Miller Barber	184,014
7. Hale Irwin	130,388
8. Bill Casper	129,474
9. Johnny Miller	127,833
10. John Schlee	118,017

1974

Player	Money
1. Johnny Miller	$353,021
2. Jack Nicklaus	238,178
3. Hubert Green	211,709
4. Lee Trevino	203,422
5. J. C. Snead	164,486
6. Dave Stockton	155,105
7. Hale Irwin	152,520
8. Jerry Heard	145,788
9. Brian Allin	137,950
10. Tom Watson	135,474

1975

Player	Money
1. Jack Nicklaus	$298,149
2. Johnny Miller	226,118
3. Tom Weiskopf	219,140
4. Hale Irwin	205,380
5. Gene Littler	182,883
6. Al Geiberger	175,693
7. Tom Watson	153,795
8. John Mahaffey	141,475
9. Lee Trevino	134,206
10. Bruce Crampton	132,532

1976

Player	Money
1. Jack Nicklaus	$266,438
2. Ben Crenshaw	257,759
3. Hale Irwin	252,718
4. Hubert Green	228,031
5. Al Geiberger	194,821
6. J. C. Snead	192,645
7. Ray Floyd	178,318
8. David Graham	176,174
9. Don January	163,622
10. Jerry Pate	153,102

1977

Player	Money
1. Tom Watson	$310,653
2. Jack Nicklaus	284,509
3. Lanny Wadkins	244,882
4. Hale Irwin	221,456
5. Bruce Lietzke	202,156
6. Tom Weiskopf	197,639
7. Ray Floyd	163,261
8. Miller Barber	148,320
9. Hubert Green	140,255
10. Bill Kratzert	134,758

1978

Player	Money
1. Tom Watson	$362,429
2. Gil Morgan	267,459
3. Andy Bean	267,241
4. Jack Nicklaus	256,672
5. Hubert Green	247,406
6. Lee Trevino	228,723
7. Hale Irwin	191,666
8. Bill Kratzert	183,683
9. Gary Player	177,336
10. Jerry Pate	172,999

1979

Player	Money
1. Tom Watson	$462,636
2. Larry Nelson	281,022
3. Lon Hinkle	247,693
4. Lee Trevino	238,732
5. Ben Crenshaw	236,770
6. Bill Rogers	230,500
7. Andy Bean	208,253
8. Bruce Lietzke	198,439
9. Fuzzy Zoeller	196,951
10. Lanny Wadkins	195,710

1980

Player	Money
1. Tom Watson	$530,808
2. Lee Trevino	385,814
3. Curtis Strange	271,888
4. Andy Bean	269,033
5. Ben Crenshaw	237,727
6. Jerry Pate	222,976

MEN PROFESSIONALS

7. George Burns	219,928
8. Craig Stadler	206,291
9. Mike Reid	206,097
10. Ray Floyd	192,993

1981

Player	Money
1. Tom Kite	$375,699
2. Ray Floyd	359,360
3. Tom Watson	347,660
4. Bruce Lietzke	343,446
5. Bill Rogers	315,411
6. Jerry Pate	280,627
7. Hale Irwin	276,499
8. Craig Stadler	218,829
9. Curtis Strange	201,513
10. Larry Nelson	193,342

1982

Player	Money
1. Craig Stadler	$446,462
2. Ray Floyd	386,809
3. Tom Kite	341,081
4. Calvin Peete	318,470
5. Tom Watson	316,483
6. Bob Gilder	308,648
7. Lanny Wadkins	306,827
8. Wayne Levi	280,681
9. Jerry Pate	280,141
10. Curtis Strange	263,378

1983

Player	Money
1. Hal Sutton	$426,668
2. Fuzzy Zoeller	417,597
3. Lanny Wadkins	319,271
4. Calvin Peete	313,845
5. Gil Morgan	306,133
6. Rex Caldwell	284,434
7. Ben Crenshaw	275,474
8. Mark McCumber	268,294
9. Tom Kite	257,066
10. Jack Nicklaus	256,158

PAST VARDON TROPHY LEADERS

Year	Winner	Score
1937	Harry Cooper	500
1938	Sam Snead	520
1939	Byron Nelson	473
1940	Ben Hogan	423
1941	Ben Hogan	494

1942-46 No award—World War II

(Note: The above based on points. The following, 1947 to 1983, includes the top five players for each year who have played a minimum of 80 rounds).

1947

Player	Average
1. Jimmy Demaret	69.80
2. Ben Hogan	69.84
3. Ed Oliver	70.34
4. John Palmer	70.48
5. Ed Furgol	70.67

1948

1. Ben Hogan	69.30
2. Clayton Heafner	70.43
3. Johnny Palmer	70.54
4. Skip Alexander	70.65
*Bobby Locke	69.83

*Ineligible, not a member of the PGA of America.

1949

1. Sam Snead	69.37
2. Johnny Palmer	69.73
3. Lloyd Mangrum	69.80
4. Jimmy Demaret	70.18
5. Henry Ransom	70.58

1950

1. Sam Snead	69.23
2. Jim Ferrier	70.27
3. Jack Burke Jr.	70.46
4. Lloyd Mangrum	70.53
5. Henry Ransom	71.01

1951

1. Lloyd Mangrum	70.05
2. Jim Ferrier	70.29
3. E. J. Harrison	70.88
4. Lew Worsham	71.10
5. Jimmy Demaret	71.11

1952

1. Jack Burke Jr.	70.54
2. Ted Kroll	70.74
3. Sam Snead	69.93
4. Roberto De Vicenzo	70.52
5. Cary Middlecoff	70.72

Snead, DeVicenzo, Middlecoff not eligible.

1953

1. Lloyd Mangrum	70.22
2. E. J. Harrison	70.42
3. Ted Kroll	70.64
4. Fred Haas	70.92
5. Marty Furgol	71.94

1954

1. E. J. Harrison	70.41
2. Jack Burke Jr.	70.75
3. Marty Furgol	70.77
4. Fred Haas Jr.	70.79
5. Lloyd Mangrum	70.80

1955

1. Sam Snead	69.86
2. Doug Ford	70.12
3. Cary Middlecoff	70.16
4. Jay Hebert	70.33
5. Ted Kroll	70.36

MEN PROFESSIONALS

1956
1. Cary Middlecoff   70.35
2. Ed Furgol   70.43
3. Ted Kroll   70.59
4. Doug Ford   70.82
5. Jack Burke Jr.   70.86

1957
1. Dow Finsterwald   70.30
2. Doug Ford   70.45
3. Art Wall Jr.   70.93
4. Mike Souchak   71.03
5. Jay Hebert   71.05

1958
1. Bob Rosburg   70.11
2. Dow Finsterwald   70.18
3. Art Wall Jr.   70.50
4. Jack Burke Jr.   70.85
5. Julius Boros   70.96

1959
1. Art Wall Jr.   70.35
2. Mike Souchak   70.64
3. Jay Hebert   70.65
4. Doug Ford   70.74
5. Bob Rosburg   70.81

1960
1. Billy Casper   69.95
2. Dow Finsterwald   70.322
3. Art Wall Jr.   70.329
4. Gene Littler   70.90
5. Ted Kroll   71.03

1961
1. Arnold Palmer   69.85
2. Billy Casper   70.02
3. Art Wall Jr.   70.69
4. Jay Hebert   70.74
5. Ted Kroll   70.83

1962
1. Arnold Palmer   70.27
2. Billy Casper   70.70
3. Gene Littler   70.88
4. Dave Ragan Jr.   71.054
5. Tony Lema   71.058

1963
1. Billy Casper   70.58
2. Julius Boros   70.73
3. Tony Lema   70.89
4. Dow Finsterwald   71.24
5. Don January   71.34

1964
1. Arnold Palmer   70.01
2. Billy Casper   70.35
3. Ken Venturi   70.94
4. Chi Chi Rodriguez   71.07
5. Gene Littler   71.15

1965
1. Billy Casper   70.58
2. Tony Lema   70.92
3. Al Geiberger   70.96
4. Dave Marr   70.99
5. Gene Littler   71.10

1966
1. Billy Casper   70.27
2. Gay Brewer   71.11
3. Gene Littler   71.19
   Johnny Pott   71.19
5. Julius Boros   71.20

1967
1. Arnold Palmer   70.18
2. Julius Boros   70.78
3. Dan Sikes   70.88
4. Gay Brewer   70.89
5. Billy Casper   70.93

1968
1. Billy Casper   69.82
2. Frank Beard   70.66
3. Al Geiberger   70.70
4. Dan Sikes   70.73
5. Miller Barber   70.76

1969
1. Dave Hill   70.34
2. Frank Beard   70.52
3. Tommy Aaron   70.72
4. Don January   70.88
5. Dan Sikes   70.92

1970
1. Lee Trevino   70.64
2. Dave Hill   70.81
3. Frank Beard   70.94
4. Bruce Crampton   70.95
5. Homero Blancas   71.00

1971
1. Lee Trevino   70.27
2. Arnold Palmer   70.71
3. Frank Beard   70.853
4. Bobby Nichols   70.855
5. Lou Graham   71.12

1972
1. Lee Trevino   70.89
2. Bruce Crampton   71.03
3. Doug Sanders   71.28
4. Chi Chi Rodriguez   71.31
5. Lou Graham   71.46

1973
1. Bruce Crampton   70.57
2. Lee Trevino   70.74
3. Dan Sikes Jr.   70.96
4. Gay Brewer   71.28
5. Arnold Palmer   71.32

MEN PROFESSIONALS

1974
1. Lee Trevino 70.53
2. J. C. Snead 70.88
3. Ray Floyd 70.90
4. Bruce Crampton 71.00
5. Gene Littler 71.11

1975
1. Bruce Crampton 70.60
2. Tom Watson 70.88
3. Hale Irwin 70.90
4. Gene Littler 70.93
5. John Mahaffey 71.00

1976
1. Don January 70.56
2. Hale Irwin 70.65
3. Lee Trevino 70.67
4. Hubert Green 70.76
5. Ray Floyd 70.87

1977
1. Tom Watson 70.32
2. Hale Irwin 71.04
3. Tom Weiskopf 71.07
4. Tom Kite 71.08
5. Miller Barber 71.22

1978
1. Tom Watson 70.16
2. Lee Trevino 70.32
3. Hale Irwin 70.65
4. Hubert Green 70.80
5. Grier Jones 70.83

1979
1. Tom Watson 70.27
2. Bill Rogers 70.76
3. Lee Trevino 70.93
4. Ben Crenshaw 71.22
5. Keith Fergus 71.25

1980
1. Lee Trevino 69.73
2. Tom Watson 69.95
3. Jerry Pate 70.72
4. Andy Bean 70.73
5. Ben Crenshaw 70.93

1981
1. Tom Kite 69.80
2. Bruce Lietzke 70.01
3. Ray Floyd 70.20
4. Jerry Pate 70.47
5. Curtis Strange 70.60

1982
1. Tom Kite 70.21
2. Calvin Peete 70.33
3. Curtis Strange 70.39
4. Tom Watson 70.45
5. Wayne Levi 70.64

1983
1. Ray Floyd 70.61
2. Calvin Peete 70.62
3. Don Pooley 70.80
4. Hale Irwin 70.82
5. Lanny Wadkins 70.88

MEN'S PAST PERFORMANCE AVERAGE LEADERS

1954
Player	Perf. Avg.
1. Gene Littler (16)	.696
2. Cary Middlecoff (19)	.632
3. Lloyd Mangrum (17)	.572
4. Dutch Harrison (18)	.542
5. Jack Burke (22)	.493

1955
1. Cary Middlecoff (20) .659
2. Gene Littler (26) .564
3. Mike Souchak (29) .542
4. Ted Kroll (27) .537
5. Bob Rosburg (26) .497

1956
1. Ed Furgol (22) .550
2. Ted Kroll (21) .530
3. Dow Finsterwald (33) .516
4. Gene Littler (22) .478
5. Jack Burke (19) .449

1957
1. Dow Finsterwald (27) .643
2. Doug Ford (31) .631
3. Billy Casper (29) .434
4. Arnold Palmer (30) .431
5. Art Wall (33) .407

1958
1. Billy Casper (26) .611
2. Ken Venturi (26) .598
3. Dow Finsterwald (33) .574
4. Arnold Palmer (31) .499
5. Art Wall (34) .462

1959
1. Gene Littler (29) .603
2. Arnold Palmer (29) .570
3. Art Wall (31) .548
4. Mike Souchak (25) .536
5. Billy Casper (26) .522

1960
1. Arnold Palmer (26) .706
2. Ken Venturi (25) .618
3. Dow Finsterwald (23) .575
4. Billy Casper (24) .558
5. Don January (23) .542

1961
1. Arnold Palmer (25) .725
2. Gary Player (28) .645
3. Billy Casper (25) .628
4. John Pott (34) .472
5. Doug Sanders (36) .443

MEN PROFESSIONALS

1962
1. Jack Nicklaus (26) .601
2. Billy Casper (25) .595
3. Gene Littler (27) .527
4. Doug Sanders (33) .514
5. Bob Goalby (34) .439

1963
1. Gary Player (22) .864
2. Jack Nicklaus (25) .732
3. Tony Lema (26) .715
4. Julius Boros (26) .693
5. Mason Rudolph (32) .673

1964
1. Jack Nicklaus (24) .875
2. Arnold Palmer (24) .857
3. Billy Casper (31) .743
4. Mason Rudolph (26) .735
5. Tony Lema (26) .631

1965
1. Jack Nicklaus (20) .828
2. Bruce Devlin (23) .680
3. Billy Casper (28) .619
4. Tony Lema (22) .615
5. Doug Sanders (27) .603

1966
1. Billy Casper (22) .791
2. Arnold Palmer (19) .725
3. Gene Littler (24) .623
4. Julius Boros (21) .619
5. Frank Beard (29) .610

1967
1. Arnold Palmer (23) .739
2. Jack Nicklaus (20) .712
3. Julius Boros (25) .663
4. Billy Casper (23) .624
5. Al Geiberger (24) .613

1968
1. Billy Casper (23) .803
2. Jack Nicklaus (21) .770
3. George Archer (29) .651
4. Julius Boros (22) .641
5. Miller Barber (31) .629

1969
1. Dave Hill (25) .643
2. Jack Nicklaus (23) .633
3. Bob Charles (23) .595
4. Frank Beard (23) .590
5. Dan Sikes (27) .579

1970
1. Dave Hill (25) .673
2. Arnold Palmer (21) .663
3. Tom Weiskopf (23) .628
4. Lee Trevino (30) .600
5. Bruce Crampton (29) .564

1971
1. Arnold Palmer (22) .737
2. Lee Trevino (29) .641
3. Frank Beard (29) .594
4. Bobby Nichols (23) .551
5. Billy Casper (20) .529

1972
1. Jack Nicklaus (18) .801
2. Gary Player (14) .704
3. Bruce Crampton (27) .611
4. Lee Trevino (29) .589
5. Arnold Palmer (20) .574

1973
1. Jack Nicklaus (17) .894
2. Tom Weiskopf (20) .683
3. Bruce Crampton (28) .631
4. Lanny Wadkins (25) .620
5. Johnny Miller (24) .595

1974
1. Jack Nicklaus (17) .841
2. Johnny Miller (21) .697
3. Lee Trevino (25) .655
4. Hale Irwin (22) .620
5. Tom Watson (29) .578

1975
1. Jack Nicklaus (16) .909
2. Hale Irwin (22) .678
3. Tom Watson (25) .672
4. Johnny Miller (21) .663
5. Gene Littler (22) .611

1976
1. Jack Nicklaus (16) .795
2. Hale Irwin (21) .733
3. Don January (24) .662
4. Hubert Green (26) .646
5. Ben Crenshaw (28) .604

1977
1. Jack Nicklaus (18) .800
2. Tom Watson (23) .789
3. Tom Weiskopf (22) .634
4. Gary Player (18) .621
5. Hubert Green (23) .562

1978
1. Tom Watson (24) .758
2. Jack Nicklaus (15) .736
3. Hale Irwin (22) .735
4. Lee Trevino (25) .677
5. Hubert Green (22) .586

1979
1. Tom Watson (21) .799
2. Hubert Green (23) .567
3. Lee Trevino (24) .566
4. Bill Rogers (28) .565
5. Ben Crenshaw (26) .538

1980
1. Tom Watson (22) .868
2. Lee Trevino (21) .730
3. Jerry Pate (26) .624
4. Andy Bean (27) .611
5. Johnny Miller (16) .558

1981
1. Tom Kite (26) .815
2. Jerry Pate (24) .727

MEN PROFESSIONALS

3. Ray Floyd (23) .724
4. Jack Nicklaus (16) .713
5. Bruce Lietzke (24) .708

1982
1. Tom Kite (25) .514
2. Tom Watson (20) .499
3. Jack Nicklaus (15) .468
4. Craig Stadler (25) .442
5. Jerry Pate (22) .426

1983
1. Tom Watson (17) .481
2. Ray Floyd (22) .458
3. Hale Irwin (20) .442
4. Jack Nicklaus (15) .440
5. Gil Morgan (25) .399

(Figures in parentheses indicate number of events played.)

ALL-TIME TOURNAMENT WINNERS

(In tour events, 1930-83)

Year		Since	Total
1.	Sam Snead*	1937	84
2.	Jack Nicklaus	1962	69
3.	Ben Hogan*	1938	62
4.	Arnold Palmer	1955	61
5.	Byron Nelson*	1935	54
6.	Billy Casper*	1955	51
7.	Lloyd Mangrum**	1939	34
8.	Cary Middlecoff*	1947	33
9.	Jimmy Demaret**	1935	31
10.	Gene Littler	1954	29
11.	Tom Watson	1971	28
12.	Lee Trevino	1966	26
13.	Johnny Miller	1969	22
14.	Jim Ferrier*	1944	21
	Gary Player	1957	21
16.	Doug Sanders*	1957	20
17.	Doug Ford*	1950	19
18.	Julius Boros*	1950	18
	Ray Floyd	1963	18
20.	Harold McSpaden	1932	17
	Hubert Green	1970	17
22.	Mike Souchak*	1953	16
23.	Dutch Harrison**	1930	15
	Paul Runyan*	1929	15
	Tommy Bolt*	1946	15
	Jack Burke Jr.*	1947	15
	Bruce Crampton*	1957	15
	Tom Weiskopf	1964	15
	Hale Irwin	1968	15

*Not active on tour
**Deceased

TOURNAMENT PRIZE MONEY

(Not pro-am, team event money)

Year	Events	Total Purses	Average Purse
1945	36	$435,380	$12,094
1946	37	411,533	11,123
1947	31	352,500	11,371
1948	34	427,000	12,559
1949	25	338,200	13,528
1950	33	459,950	13,938
1951	30	460,200	15,340
1952	32	498,016	15,563
1953	32	562,704	17,585
1954	26	600,819	23,108
1955	36	782,010	21,723
1956	36	847,070	23,530
1957	32	820,360	25,636
1958	39	1,005,800	25,789
1959	43	1,102,474	25,639
1960	41	1,187,340	28,959
1961	45	1,461,830	32,485
1962	49	1,790,320	36,537
1963	43	2,044,900	47,497
1964	41	2,301,863	56,123
1965	36	2,848,515	79,403
1966	36	3,074,445	85,401
1967	37	3,979,162	108,356
1968	45	5,077,600	112,835
1969	47	5,465,875	116,295
1970	47	6,259,501	133,181
1971	52	6,587,976	126,689
1972	47	6,954,649	151,188
1973	47	8,657,225	184,196
1974	43	7,764,449	180,568
1975	41	7402,750	180,555
1976	44	8,648,852	196,564
1977	44	9,015,000	204,886
1978	44	9,216,832	219,448
1979	42	11,679,802	278,090
1980	42	12,279,349	292,365
1981	43	13,429,867	312,322
1982	44	14,078,597	319,968
1983	42	16,086,714	383,017

1983 PGA TOUR PRO-AM TEAM WINNERS

1983 PGA TOUR PRO-AM WINNERS, SCORES

JOE GARAGIOLA-TUCSON OPEN
Team: William Walker, Robert Pennington, John Boemer, Bill Crawford (pro, Jay Haas), 53.
1983 cost: $1,250.
For information write: Tucson Conquistadores, Inc., 10 North Norton Avenue, Tucson, Ariz. 85719.

GLEN CAMPBELL-LOS ANGELES OPEN
Team: John Harlan, James Filipiak, Roy Brenneman, H.M. (Woody) Tarpley (pro, Calvin Peete), 51.
1983 cost: $1,400.
For information write: Los Angeles Open, Los Angeles Jr. Chamber of Commerce, 404 South Bixel Street, Los Angeles, Calif. 90051.

MEN PROFESSIONALS

BOB HOPE DESERT CLASSIC
Team: Jim Saul, Tom Marques, Lou Souza (pros on different days: Johnny Miller, Jim Nelford, Chip Beck, John McComish), 297.
1983 cost: $1,500 (club members); $3,600 (invited guests).
For information write: Bob Hope Desert Classic, Box 865, Rancho Mirage, Calif. 92770.

PHOENIX OPEN
Team: Bob Hummel, Kemp Biddulph, Phil Isbell, Bill Wilemon (pro, Dave Stockton), 52.
1983 cost: $1,500.
For information write: Phoenix Thunderbirds, 100 West Clarendon, 19th Floor, Phoenix, Ariz. 85013.

BING CROSBY NATIONAL PRO-AM
Team: Howard Clarke (pro, Bob Gilder), 258.
1983 cost: $750 (private invitation only).
For information write: Bing Crosby National Pro-Am, 479 Pacific Street, Monterey, Calif. 93940.

HAWAIIAN OPEN
Team: Phillip Ching, Jim Conway, Kirkland Whittle, Bert Zeldin (pro, Roger Maltbie), 52.
1983 cost: $1,100.
For information write: Chester Kahapea, Tournament Manager, Hawaiian Open, Pacific Tower, Bishop Square, 1001 Bishop Street, Honolulu, Hawaii 96813.

ISUZU-ANDY WILLIAMS SAN DIEGO OPEN
Team: (North Course) Robert Day, Hank Bauer, Truman Smith, James Smith (pro, Victor Regalado), 54.
(South Course—three teams tied) Don Orlein, Dean Watson, Steve Garvey, Oscar Drucker (pro, Lon Hinkle), 55.
William Osterholm, Ray Watt, Fred DeCordova, Robert Forrest (pro, Peter Oosterhuis), 55.
Charles O'Reilly, Al Banks, Walt Batog, Steve Dunn (pro, Donnie Hammond), 55.
1983 cost: $1,500.
For information write: Isuzu-Andy Williams San Diego Open, 4455 Morena Boulevard, Suite 106, San Diego, Calif. 92117.

DORAL EASTERN OPEN
Team: John Alexander, Vincente Rodriguez, Alfonso Valbuena, Pedro Garcia (pro, Tim Simpson), 55.
1983 cost: $2,000.
For information write: Doral Eastern Open, Box 522927, Miami, Fla. 33152.

HONDA INVERRARY CLASSIC
Team: Ballard Cassady, Dwayne Rogers, Floyd Cox Jr., Jim McGhee (Tuesday pro, Roger Kennedy; Wednesday pro, Bob Murphy), 51 and 55 respectively.
1983 cost: $1,800.
For information write: Inverrary Classic Foundation, 2601 East Oakland Park Boulevard, Suite 305, Fort Lauderdale, Fla. 33306.

BAY HILL CLASSIC
Team: Mandel DeWindt, Robert Houghtlin, Ed Moriarty, Sonny Graham (pro, D.A. Weibring), 56.
1983 cost: $1,800.
For information write: Bay Hill Classic, 9000 Bay Hill Boulevard, Orlando, Fla. 32811.

USF & G CLASSIC
Team: Jack Weiss III, Edward Lobman, Jerry Carney, Randolph Brunson (pro, Chi Chi Rodriguez), 54.
1983 cost: $800 (Silver); $1,600 (Golden Circle).
For information write: Shirley Daniels, Tournament Coordinator, 925 Common Street Building, Suite 875, New Orleans, La. 70112.

TOURNAMENT PLAYERS CHAMPIONSHIP
Team: (TPC) Gil Whitaker, Ray Knowles, Don Hickey, Larry Whittle (pro, Johnny Miller), 66.
(Sawgrass) Bob Gardner, Jack Matthews, Wade Barnes, Tom Trant (pro, Rex Caldwell), 68.
1983 cost: $1,800 (1984 sold out).
For information write: TPC Headquarters, P.O. Box 829, Ponte Vedra Beach, Fla. 32082-0829.

GREATER GREENSBORO OPEN
Team: Alex White, M. W. Peebles, Larry Holiday, A. M. Fields (pro, Frank Conner), 59.
1983 cost: $1,250.
For information write: Greensboro Jaycees, Box 900, 332 S. Greene Street, Greensboro, N.C. 27402.

SEA PINES HERITAGE GOLF CLASSIC
Team: Jack Platt, Harvey Strother, Bill Stilwell, Simon Fraser (pro. Calvin Peete), 54.
1983 cost: $1,250.
For information write: Sea Pines Heritage Golf Classic, 11 Lighthouse Lane, Hilton Head Island, S.C. 29928.

MONY TOURNAMENT OF CHAMPIONS
Team: Henry Bartelstein, Howard Abraham, Harold Pruner, Ray Twigg (pro, Ray Floyd), 56.
1983 cost: $2,000.
For information write: Tournament of Champions, La Costa Country Club, Costa del Mar Road, Carlsbad, Calif. 92008.

BYRON NELSON GOLF CLASSIC
Team: (Gold) T. R. Quinlan, Carl Francis, Marion Walker, Tom Medart (pro, Keith Fergus), 55.
(Silver) Bobby McMillan, Steve Hanna, Robert Womble, J. Livingston Cosberg (pro, Wally Armstrong), 51.
1983 cost: $3,000 (Gold); $1,500 (Silver).
For information write: Byron Nelson Golf Classic, C.O. Salesmanship Club of Dallas, Union Station, Suite 350, 400 South Houston Street, Dallas, Tex. 75202.

HOUSTON COCA-COLA OPEN
Team: (West Course) Alan Shepard, Bob Allen, Eddie Angelo, Bill McDaniels (pro, Dan Halldorson), 52.
(East Course) James Smith, Sam Savage, Wayne Harrison (pro, Tim Simpson), 53.
1983 cost: $2,000 (West Course); $1,200 (East Course).
For information write: Houston Golf Association,

MEN PROFESSIONALS

710 North Post Oak Road, Suite 210, Houston, Tex. 77024.

COLONIAL NATIONAL INVITATION
Team: Fred Akers, Don Lovelady, David Malone, Ralph Senter (pro, Bruce Lietzke), 52.
1983 cost: $3,500.
For information write: Colonial Country Club, 3735 Country Club Circle, Fort Worth, Tex. 76109.

GEORGIA-PACIFIC ATLANTA GOLF CLASSIC
Team: Ben Moon, Jim Howard, Mike Powell, Jack Turoff (pro, Jim Dent), 54.
1983 cost: $1,800.
For information write: Judy Wheeler, Tournament Secretary, Georgia-Pacific Atlanta Golf Classic, Northside Towers Building, Suite 214, 6065 Roswell Road Northeast, Atlanta, Ga. 30328.

MEMORIAL TOURNAMENT
Team: John Greer, Daryl Elser, Brad Ray, Don Troendly (pro, Andy Bean), 52.
1983 cost: $2,000.
For information write: Memorial Tournament, Inc., Box 396, Dublin, Ohio 43017.

KEMPER OPEN
Team: Andy Kramer, Nicholas Alberti, Bob Newhouse, Michael Miller (pro, Bob Wadkins), 56.
1983 cost: $1,800.
For information write: Kemper Open, 6400 Goldsboro Road, Suite 214, Bethesda, Md. 20817.

MANUFACTURERS HANOVER WESTCHESTER CLASSIC
Team: Q. M. Gornto Jr., Ray Konopka, John Vanneck, William Vanneck (pro, Ed Sneed), 54.
1983 cost: $1,950 (West Course); $1,400 (South Course).
For information write: Mrs. Noel Griffin, Tournament Coordinator, Manufacturers Hanover Westchester Classic, Box 200, Rye, N.Y. 10580.

DANNY THOMAS MEMPHIS CLASSIC
Team: Jack Wallace, Finis Eubanks, Marion Waddell, Fred Carter (pro, Al Geiberger), 52.
1983 cost: $1,500.
For information write: Tracy Waller, Danny Thomas Memphis Classic, 2736 Countrywood Parkway, Cordova, Tenn. 38018.

WESTERN OPEN
Team: Tom Olcese, Lou Westol, Jerry Bear, Pete Tsolinas (pro, Ed Doherty), 55.
1983 cost: $900.
For information write: Chick Evans Memorial Pro-Am, Western Golf Association, One Briar Road, Golf, Ill. 60029.

GREATER MILWAUKEE OPEN
Team: Gary Grunau, John Palmer, Dennis Finnigan, Gary Zimmerman (pro, Steve Melnyk), 51.
1983 cost: $1,200.
For information write: Greater Milwaukee Open, Inc., 756 North Milwaukee Street, Milwaukee, Wis. 53202.

QUAD CITIES OPEN
Team: Don Fisher, Vern Campbell, Dwight Dietrich, Dan Palmer (pro, Brad Bryant), 50.
1983 cost: Unavailable.
For information write: Quad Cities Open, P.O. Box 387, Moline, Ill. 61265.

ANHEUSER-BUSCH GOLF CLASSIC
Team: Chuck Darr, Dan French, Tom Taylor, Jim Whitworth (pro, Morris Hatalsky), 51.
1983 cost: $1,200.
For information write: Anheuser-Busch Golf Classic, 204 Packets Court, Williamsburg, Va. 23185.

BUICK OPEN
Team: Ed Dubaj, Joe Morris, Don Eberhardt, Dave Struck (pro, David Graham), 53.
1983 cost: Unavailable.
For information write: Buick Open, Buick Motor Division, 902 E. Hamilton Avenue, Flint, Mich. 48550.

SAMMY DAVIS JR.-GREATER HARTFORD OPEN
Team: (Past Champions) Charles Eschman, Donald Brown, William Harrison (pro, George Archer), 56.
(Celebrity Pro-Am) Howard Winterson, Mike Lipton, Robert Webb, Brian McNamara (pro, Peter Oosterhuis), 53.
1983 cost: $1,250.
For information write: Pro-Am Chairman, Sammy Davis Jr.-Greater Hartford Open, 11 Asylum Street, Hartford, Conn. 06103.

WORLD SERIES OF GOLF
Team: G. Sheridan, J. Usner, H. Zaruba, B. Kirchner (pro, Bryan Abbott), 53.
1983 cost: $1,650.
For information write: World Series of Golf, 411 Wolf Ledges Parkway, Suite 204, Akron, Ohio 44311.

B.C. OPEN
Team: Gary Kipper, Charley Li, Matthew Botnick, Leo Housewright (pro, Larry Ziegler), 54.
1983 cost: $1,400.
For information write: Tournament Director, B.C. Open, En-Joie Golf Club, 722 West Main Street, Endicott, N.Y. 13760.

THE BANK OF BOSTON CLASSIC
Team: Brendon Healey, Ted Dimauro, Peter Manus, Bill Mark (pro, Steve Melnyk), 52.
1983 cost: $1,250.
For information write: Tournament Director, The Bank of Boston Classic, P.O. Box 286, Milbury, Mass. 01527.

LAS VEGAS PRO-CELEBRITY CLASSIC
Day #1
Team: (Showboat) Earl Anthony, Robert Hill, Gary Marshall, Winston Mays (pro, David Graham), 54.
(Desert Inn) D. L. Black, Florentino Fuentes, Robert Maxey, B. M. (Mack) Rankin (pro, Homero Blancas), 56.
(Dunes) John Britton, Ben Muck, Bob Metten, Chuck Walters (pro, James Reid), 52.

MEN PROFESSIONALS

(Las Vegas C.C.) Sam Azzarelli, Paul Roach, Ken Jensen, Jim Rowe (pro, Tommy Valentine), 52.
Day #2
(Showboat) John Castrogiovanni, Dave Kenny, Joe Houston, Jerry Vernon (pro, Ken Green), 52.
(Desert Inn) Phil Ariew, John Clifton, Bob Kostelecky, Harry Ross (pro, Gary McCord), 55.
(Dunes) Gary Martin, Carl Miller, Milt Moody (pro, Gibby Gilbert), 53.
(Las Vegas C.C.) Bob Barrett, James Bauer, Art Beckmann, Roy Rhodes (pro, Jim Melford), 50.
Day #3
(Showboat) Bob Christopher, James English, Bob Reed, Benjamin Schulman (pro, DeWitt Weaver), 52.
(Desert Inn) Bernie Butler, Gordon Fox, Tony Geisbauer, Paul Simmons (pro, Lou Graham), 55.
(Dunes) A. J. Cole, Anthoney Falzone, Harry Ross, Anthony Tartaglia (pro, Leonard Thompson), 52.
(Las Vegas C.C.) Edward Dubaj, Ralph Loje, Thomas Morrison (pro, Mark McNulty), 54.
Day #4
(Showboat) Bruce Becker, George Grimm, John Newman, Thomas Osbern (pro, John Adams), 53.
(Desert Inn) Hal Higgs, Grady Stowe, Truman Touchstone, Myron Winkler (pro, Mike Gove), 52.
(Dunes) Setsuo Ito, Vic Batross, Cloyce Talbott, Walter Wright (pro, Gary Koch), 52.
(Las Vegas C.C.) William Allen, Bill Bentley, Michael Corrigan, Johnny Yune (pro, Johnny Miller), 52.
1983 cost: $2,500.
For information write: Las Vegas Celebrity Pro-Am, 801 South Rancho Drive, Suite C-1, Las Vegas, Nev. 89106.

LAJET CLASSIC
Team: Rankin Schurman, Randolph Pace, Joe Foster, Joe Ferguson (pro, Tom Kite), 53.
1983 cost: $3,750.
For information write: Steve Threlkeld, Tournament Director, P.O. Box 5198, Abilene, Tex. 79608.

TEXAS OPEN
Team: Glenn Hoffman, Dick Lane, Jim Patot, Pat Gardner (pro, Dan Halldorson), 53.
Wynn Miller, Paul Autry, Rreeves Smith, Rick Cavender (pro, Tommy Valentine), 53.
1983 cost: $1,500.
For information write: San Antonio Golf Association, P.O. Box 6884, San Antonio, Tex. 78209.

SOUTHERN OPEN
Team: Raymond Miller, Paul Shea, Charles Early, Robert Smith (pro, Jerry Pate), 52.
1983 cost: $1,250.
For information write: Southern Open, Inc., P.O. Box 2056, Columbus, Ga. 31902.

WALT DISNEY WORLD GOLF CLASSIC
Team: Mickey Clark, Gerard Fisher, Richard Lee (pros on different days: Leonard Thompson, Morris Hatalsky, Wally Armstrong), 167.
1983 cost: $2,450.
For information write: Walt Disney World Golf Resort, P.O. Box 40, Lake Buena Vista, Fla. 32830.

PENSACOLA OPEN
Team: Jim Hart, Gumby Jordan, Mayer Mitchell, Floyd Cramer (pro, Calvin Peete), 57.
1983 cost: $1,300.
For information write: Pensacola Sports Association, P.O. Box 4337, Pensacola, Fla. 32507.

CHAPTER 2

SENIOR PROFESSIONALS

SENIOR PROFESSIONALS
1983 SENIOR PGA TOUR LEADERS

Player	Tour Events	Money for 1983	Money Per Tour Event	Senior Career Earnings	1983 Finishes 1st	2nd	3rd	Scoring Average	Perf. Average
1. Don January (2)	13	$237,571	$18,275	$463,393	6	2	2	69.46	.485
2. Miller Barber (1)	16	231,008	14,438	421,034	4	3	1	70.15	.463
3. Billy Casper (5)	13	136,749	10,519	224,589	1	3	0	70.75	.446
4. Gene Littler (7)	13	130,002	10,000	227,649	2	2	0	70.81	.447
5. Rod Funseth	14	120,367	8,598	120,367	1	2	1	71.15	.454
6. Arnold Palmer (4)	12	106,590	8,883	258,392	1	1	1	70.93	.444
7. Gay Brewer (10)	13	93,636	7,203	132,814	0	3	1	70.88	.433
8. Guy Wolstenholme (19)	15	72,757	4,850	97,217	0	1	0	71.71	.408
9. Paul Harney (16)	14	70,661	5,047	122,834	0	0	3	71.82	.381
10. Dan Sikes (6)	14	69,582	4,970	152,426	0	0	1	71.86	.417
11. Jim Ferree (30)	11	69,547	6,322	102,696	0	1	1	71.28	.408
12. Charles Sifford (18)	15	68,738	4,583	141,357	0	1	0	71.78	.410
13. Doug Sanders	7	68,121	9,732	68,121	1	1	0	70.44	.419
14. Peter Thomson (13)	12	59,758	4,980	91,149	0	0	1	71.27	.409
15. Gardner Dickinson (21)	11	54,973	4,998	99,200	0	0	2	72.24	.388
16. Mike Fetchick (20)	16	39,869	2,492	91,778	0	0	0	73.14	.346
17. Roberto De Vicenzo (63)	6	39,487	6,581	63,487	0	1	0	72.00	.461
18. Fred Hawkins (26)	16	35,837	2,240	72,811	0	0	1	73.73	.309
19. Bill Johnston (22)	15	35,577	2,372	81,627	0	0	0	73.64	.315
20. Jack Fleck (27)	15	35,085	2,339	68,525	0	0	0	72.80	.352
21. Jerry Barber (24)	16	32,941	2,059	80,232	0	0	0	73.37	.328
22. Bob Erickson (23)	16	32,172	2,011	70,995	0	0	0	73.25	.335
23. Bob Stone (44)	7	31,404	4,486	63,278	0	1	0	72.26	.365
24. Howie Johnson (11)	16	31,154	1,947	89,629	0	0	0	73.10	.335
25. Bill Collins (8)	14	30,649	2,189	94,323	0	0	0	72.88	.333

(These statistics do not include the following tournaments: The Vintage Invitational, The Legends of Golf, Doug Sanders Celebrity Classic and Shootout at Jeremy Ranch Seniors.)

HIGHLIGHTS OF THE 1983 SENIOR PGA TOUR

Lowest scores
9 holes: 28 (8 under par), Gene Littler, Suntree.
18 holes: 63 (9 under par), Gene Littler, Suntree.
36 holes: 131 (13 under par), Miller Barber, Merrill Lynch/Golf Digest.
54 holes: 198 (18 under par), Rod Funseth, Hall of Fame.
72 holes: 269 (19 under par), Don January, Citizens Union.

Largest winning margin
9 strokes, Rod Funseth, Hall of Fame.

Largest 36-hole lead
6 strokes, Rod Funseth, Hall of Fame.

Largest 54-hole lead
5 strokes, Don January, Citizens Union.

Lowest start by winner
65 (7 under par), Gene Littler, Daytona Beach; Miller Barber, Merrill Lynch/Golf Digest; Arnold Palmer, Boca Grove.

Lowest finish by winner
64 (7 under par), Don January, Marlboro.

Lowest back-to-back rounds
65-66—131 (13 under par), Miller Barber, Merrill Lynch/Golf Digest.

Highest winning scores
54 holes: 208 (8 under par), Don January, Gatlin Bros; 72 holes: 288 (even par), Bill Casper, U.S. Senior Open.

Lowest winning scores
54 holes: 198 (18 under par), Rod Funseth, Hall of Fame; 72 holes: 269 (19 under par), Don January, Citizens Union.

Most consecutive birdies
7, Gene Littler, Suntree.

Consecutive birdie, eagle
Miller Barber, Merrill Lynch/ Golf Digest; Gay Brewer, Citizens Union.

Two eagles one round
Consecutive, Bert Weaver and Jim Ferree, Merrill Lynch/Golf Digest; separate, Miller Barber, Suntree.

Best comeback to win
Doug Sanders came from five strokes back going into the last round to win the World Invitational.

Most tournament victories
6, Don January

1983 SENIOR PGA TOUR RESULTS

THE VINTAGE INVITATIONAL ($226,000).
The Vintage Club (76-6,432),
Indian Wells, Calif., Feb. 24-27.

Gene Littler	71-73-70-66—280	$35,000
Paul Harney	70-68-74-71—283	25,000
Gay Brewer	68-73-68-75—284	20,000
Miller Barber	70-74-67-74—285	15,000
Gardner Dickinson	69-73-71-74—287	11,000
George Bayer	71-70-70-76—287	11,000

SENIOR PROFESSIONALS

Guy Wolstenholme	76-70-71-71—288	8,000
Julius Boros	71-71-74-73—289	7,000
Sam Snead	73-74-71-72—290	5,500
Dick Mayer	74-73-71-72—290	5,500
Billy Casper	72-72-72-75—291	4,500
Bill Collins	70-75-74-73—292	4,000
Roberto De Vicenzo	73-74-72-73—292	4,000
Peter Thomson	75-69-74-74—292	4,000
Bob Goalby	73-74-69-76—292	4,000
Christy O'Connor	72-72-72-77—293	3,000
Dow Finsterwald	71-75-70-78—294	3,000
Art Wall	76-74-72-73—295	3,000
Mike Souchak	72-74-71-78—295	3,000
Bob Toski	77-73-75-72—297	3,000
Tom Nieporte	75-75-73-74—297 *	3,000
Dan Sikes	77-70-73-77—297	3,000
Bill Johnston	77-71-75-75—298	3,000
Lionel Hebert	71-78-77-73—299	3,000

GR. DAYTONA SENIOR CLASSIC ($150,000),
Pelican Bay G. & C.C. (72-6,993),
Daytona Beach, Fla., March 17-20.

Gene Littler	65-70-68—203	$25,000
Guy Wolstenholme	72-69-68—209	15,000
Paul Harney	72-66-72—210	12,000
Miller Barber	77-70-64—211	10,000
Don January	71-68-73—212	8,000
Freddie Haas	70-72-72—214	6,000
Jim Ferree	72-72-72—216	5,075
Billy Casper	74-71-71—216	5,075
Dan Sikes	73-75-69—217	4,200
Art Wall	72-68-77—217	4,200
Ken Mast	72-73-73—218	3,550
Arnold Palmer	75-70-73—218	3,550
Bob Goalby	76-70-73—219	2,900
Tom Nieporte	74-71-74—219	2,900
Bert Weaver	73-74-72—219	2,900
Bob Erickson	75-74-71—220	2,475
Lionel Hebert	76-71-73—220	2,475
Sam Snead	75-74-72—221	2,025
Moe Norman	76-72-73—221	2,025
Dow Finsterwald	71-76-74—221	2,025
Gay Brewer	74-73-74—221	2,025
Mike Souchak	71-76-75—222	1,700
Mike Fetchick	75-75-73—223	1,450
Bill Johnston	79-72-72—223	1,450
Charles Sifford	72-77-74—223	1,450
Jerry Barber	75-74-74—223	1,450

DOUG SANDERS CELEBRITY CLASSIC ($140,000),
Memorial Park G.C. (72-6,490),
Houston, Tex., April 22-24
(unofficial event).‡

*Roberto De Vicenzo	70-70—140	$25,000
Miller Barber	70-70—140	15,500
Pete Hessemer	68-72—140	15,500
Gene Littler	74-67—141	10,000
Doug Ford	72-69—141	10,000
Art Wall	71-71—142	7,500
Rod Funseth	71-71—142	7,500

Billy Casper	73-70—143	5,500
Dan Sikes	72-71—143	5,500
Arnold Palmer	72-72—144	3,250
Bob Toski	75-69—144	3,250
Dick Mayer	71-73—144	3,250
Charles Sifford	73-71—144	3,250
Bob Hamilton	76-69—145	1,567
Kel Nagle	73-72—145	1,567
Peter Thomson	74-71—145	1,567
Jim Ferree	71-74—145	1,567
Sam Snead	71-74—145	1,567
Dow Finsterwald	75-70—145	1,567
Palmer Lawrence	73-73—146	1,200
Al Besselink	74-73—147	1,200
Al Mengert	75-72—147	1,200
Billy Maxwell	72-75—147	1,200
Bob Rosburg	72-75—147	1,200

‡Rain curtailed.
* Won playoff.

LIBERTY MUTUAL LEGENDS OF GOLF ($485,000),
Onion Creek C.C. (70-6,584),
Austin, Tex., April 28-May 1
(unofficial event).

Roberto De Vicenzo/ Rod Funseth	63-67-67-61—258	$50,000
Jack Burke/ Paul Harney	67-66-64-63—260	27,500
Julius Boros/ Miller Barber	65-66-65-65—261	16,000
Dan Sikes/ Gardner Dickinson	68-64-65-65—262	14,000
Gay Brewer/ Billy Casper	66-64-67-66—263	11,500
Charles Sifford/ Bill Collins	67-66-64-66—263	11,500
Sam Snead/ Don January	66-65-68-66—265	10,000
Peter Thomson/ Kel Nagle	67-63-66-70—266	7,666
Jack Fleck/ Fred Hawkins	62-68-69-67—266	7,666
Tommy Bolt/ Art Wall	65-68-66-67—266	7,666
Lionel Hebert/ Jay Hebert	68-65-66-68—267	6,000
Gene Littler/ Bob Rosburg	64-70-67-68—269	5,500
Bob Toski/ Chin Sei-ha	65-69-67-68—269	5,500
Mike Souchak/ Ken Venturi	67-69-66-68—270	5,500
Doug Ford/ Jerry Barber	66-70-69-65—270	5,500
Freddie Haas/ Dick Mayer	69-66-68-69—272	5,250
George Bayer/ Tom Nieporte	68-66-70-68—272	5,250
Arnold Palmer/ Dow Finsterwald	68-69-67-68—272	5,250
Chick Harbert/ Bob Hamilton	69-68-69-66—272	5,250

SENIOR PROFESSIONALS

Ted Kroll/ Billy Maxwell	65-71-70-68—274		5,000
Harvie Ward/ Al Balding	68-71-68-68—275		5,000
†Alton Duhon/ †Keith Barton	72-70-70-66—278		-0-
Walter Burkemo/ George Fazio	71-72-73-72—288		5,000
Ralph Guldahl/ Henry Ransom	71-74-76-73—294		5,000
Paul Runyan/ Stan Leonard	76-72-78-75—301		5,000

(Note: each player receives prize indicated.)
†Amateur.

HALL OF FAME TOURNAMENT ($150,000),
Pinehurst (N.C.) C.C. (72-6,606),
May 20-22.

Rod Funseth	**66-67-65—198**	**$25,000**
Charles Sifford	72-66-69—207	15,000
Don January	72-68-69—209	12,000
Miller Barber	72-69-69—210	9,000
Billy Casper	70-69-71—210	9,000
Dan Sikes	73-65-73—211	6,000
Gene Littler	71-73-68—212	4,850
Fred Hawkins	73-68-71—212	4,850
Mike Fetchick	70-70-72—212	4,850
Gay Brewer	76-68-69—213	3,850
Bob Erickson	71-70-72—213	3,850
Art Silvestrone	73-71-70—214	2,930
Peter Thomson	73-71-70—214	2,930
Kel Nagle	68-73-73—214	2,930
Guy Wolstenholme	72-70-72—214	2,930
Art Wall	68-72-74—214	2,930
Bill Collins	72-71-72—215	2,400
Ken Mast	75-71-70—216	2,175
Jim Ferree	73-72-71—216	2,175
Mac Main	72-75-70—217	1,816
Gordon Jones	73-71-73—217	1,816
Howie Johnson	70-73-74—217	1,816
Buck Adams	73-73-73—219	1,600
Jerry Barber	73-77-70—220	1,350
Roland Stafford	74-76-70—220	1,350
Sam Snead	73-75-72—220	1,350
Jack Fleck	72-72-76—220	1,350

GATLIN BROTHERS SENIOR GOLF CLASSIC ($200,000),
Wildcreek C.C. (72-6,794),
Sparks, Nev., June 3-5.

Don January	**71-67-70—208**	**$33,900**
Billy Casper	69-69-70—208	20,000
Gardner Dickinson	70-72-70—212	16,250
Dan Sikes	73-72-68—213	13,250
Rod Funseth	71-71-72—214	9,350
Arnold Palmer	70-73-71—214	9,350
Miller Barber	72-70-73—215	5,950
Doug Ford	72-76-67—215	5,950
Bill Johnston	71-76-68—215	5,950
Kel Nagle	73-70-72—215	5,950
Peter Thomson	74-70-71—215	5,950

Paul Harney	70-75-71—216	4,183
Jerry Barber	73-74-69—216	4,183
Lionel Hebert	72-69-75—216	4,183
Mike Fetchick	68-75-74—217	3,500
Gene Littler	74-72-71—217	3,500
Jack Fleck	75-74-69—218	3,000
Charles Sifford	71-74-73—218	3,000
Mike Souchak	72-73-73—218	3,000
Ted Dorius	75-69-76—220	2,300
Bill Eggers	74-72-74—220	2,300
Bob Erickson	76-74-70—220	2,300
Guy Wolstenholme	76-72-72—220	2,300
Julius Boros	74-74-73—221	1,850
Ken Towns	76-72-73—221	1,850

SENIOR TOURNAMENT PLAYERS CHAMPIONSHIP ($250,000),
Canterbury G.C. (72-6,615),
Cleveland, Ohio, June 9-12.

Miller Barber	**71-69-70-68—278**	**$40,000**
Gene Littler	70-70-71-68—279	24,000
Paul Harney	72-74-71-67—284	17,500
Don January	74-70-68-72—284	17,500
Arnold Palmer	74-72-69-70—285	11,500
Jim Ferree	74-71-67-73—285	11,500
Gay Brewer	69-74-72-71—286	8,000
Peter Thomson	71-72-73-70—286	8,000
Billy Casper	75-69-73-70—287	7,000
Guy Wolstenholme	74-73-70-71—288	6,500
Bob Rosburg	70-74-74-73—291	5,750
Dan Sikes	74-73-70-74—291	5,750
Rod Funseth	69-74-74-75—292	5,000
Art Silvestrone	72-73-72-76—293	4,600
Gardner Dickinson	75-78-71-70—294	4,150
Jerry Barber	70-72-78-74—294	4,150
Billy Maxwell	73-75-74-73—295	3,700
Roberto De Vicenzo	76-75-71-73—295	3,700
Mike Souchak	75-78-75-68—296	3,100
Dick Mayer	74-78-71-73—296	3,100
Bob Erickson	72-74-74-76—296	3,100
Jack Fleck	74-72-74-76—296	3,100
Bert Weaver	81-74-70-72—297	2,600
Julius Boros	77-70-78-73—298	2,300
Fred Hawkins	71-78-73-76—298	2,300

PETER JACKSON CHAMPIONS ($200,000),
Earl Grey C.C. (71-6,549),
Calgary, Alberta, Canada, June 23-26.

Don January	**68-67-71-68—274**	**$33,250**
Miller Barber	74-70-64-68—276	19,850
Rod Funseth	66-69-71-74—280	16,150
Billy Casper	71-71-70-70—282	10,575
Roberto De Vicenzo	67-70-73-72—282	10,575
Bill Johnston	67-69-70-76—282	10,575
Gene Littler	72-68-72-71—283	6,750
Bill Collins	70-70-70-73—283	6,750
Peter Thomson	69-72-72-71—284	5,600
Jack Fleck	65-73-73-73—284	5,600
Fred Hawkins	70-71-77-67—285	4,925
Guy Wolstenholme	71-72-74-69—286	4,158

SENIOR PROFESSIONALS

Arnold Palmer	70-71-75-70—286	4,158
Charles Sifford	67-72-73-74—286	4,158
Moe Norman	73-73-72-69—287	3,375
Bob Goalby	67-71-78-71—287	3,375
Bob Erickson	74-69-72-72—287	3,375
Howie Johnson	73-74-74-68—289	2,476
Billy Maxwell	69-72-79-69—289	2,476
Julius Boros	75-73-73-68—289	2,476
Doug Ford	73-71-76-69—289	2,476
Bert Weaver	70-70-79-70—289	2,476
Mike Fetchick	76-68-74-71—289	2,476
George Bayer	72-72-77-69—290	1,835
Jerry Barber	72-66-78-74—290	1,835

MARLBORO CLASSIC ($150,000),
Marlboro C.C. (71-6,174),
Marlborough, Mass., June 30-July 3.

Don January	**69-72-68-64—273**	**$25,000**
Gay Brewer	69-70-69-68—276	13,500
Miller Barber	70-67-71-68—276	13,500
Billy Casper	73-70-71-67—281	10,000
Guy Wolstenholme	74-72-67-70—283	8,000
Bert Weaver	74-73-69-68—284	5,675
Charlie Sifford	73-72-69-70—284	5,675
Bill Johnston	73-71-72-69—285	4,600
Paul Harney	71-72-72-70—285	4,600
Bill Collins	71-70-72-73—286	3,700
Peter Thomson	69-71-73-73—286	3,700
Bob Rosburg	74-70-69-73—286	3,700
Jack Fleck	72-72-74-69—287	3,000
Arnold Palmer	71-73-69-74—287	3,000
Dan Sikes	73-70-73-72—288	2,625
Kel Nagle	68-73-73-74—288	2,625
Roland Stafford	69-76-71-73—289	2,325
Henry Trepsas	74-73-67-75—289	2,325
Gardner Dickinson	78-71-70-71—290	1,950
Billy Maxwell	75-75-68-72—290	1,950
Bob Erickson	74-76-68-72—290	1,950
Howie Johnson	71-75-75-70—291	1,550
Freddie Haas	76-74-71-70—291	1,550
Bob Goalby	72-75-72-72—291	1,550
Doug Ford	71-76-73-71—291	1,550

SYRACUSE SENIORS ($150,000),
Bellevue C.C. (71-6,604),
Syracuse, N.Y., July 7-10.

Gene Littler	**69-69-70-67—275**	**$25,000**
Don January	65-75-65-72—277	15,000
Jim Ferree	68-66-73-73—280	12,000
Rod Funseth	70-68-72-71—281	9,000
Billy Casper	71-66-71-73—281	9,000
Paul Harney	72-68-70-72—282	6,000
Peter Thomson	69-73-69-72—283	5,075
Gay Brewer	70-69-73-71—283	5,075
Bob Erickson	73-73-72-71—289	3,730
Bob Goalby	76-67-78-68—289	3,730
Kel Nagle	71-74-75-69—289	3,730
Howie Johnson	74-69-76-70—289	3,730
Buck Adams	72-74-73-70—289	3,730
Miller Barber	73-71-70-76—290	2,800

Guy Wolstenholme	72-71-75-72—290	2,800
Mike Fetchick	75-71-74-71—291	2,475
Jerry Barber	71-75-73-72—291	2,475
Edward Rubis	73-70-73-76—292	2,250
Doug Ford	71-72-73-77—293	2,100
Bert Weaver	77-74-73-70—294	1,710
Al Balding	75-70-77-72—294	1,710
Jack Fleck	77-75-70-72—294	1,710
Art Silvestrone	72-75-74-73—294	1,710
Bill Collins	74-72-73-75—294	1,710

**MERRILL LYNCH-GOLF DIGEST
COMMEMORATIVE PRO-AM** ($150,000),
Newport (R.I.) C.C. (72-6,566),
July 15-17.

Miller Barber	**65-66-69—200**	**$25,000**
Gay Brewer	70-68-67—205	15,000
Peter Thomson	68-73-65—206	9,250
Fred Hawkins	68-69-69—206	9,250
Mike Fetchick	66-72-68—206	9,250
Dan Sikes	69-68-69—206	9,250
Doug Ford	67-71-69—207	5,500
Gene Littler	69-65-73—207	5,500
Guy Wolstenholme	69-68-70—207	5,500
Roberto De Vicenzo	65-70-73—208	3,950
Billy Maxwell	69-71-68—208	3,950
Jim Ferree	65-72-72—209	3,400
Rod Funseth	67-70-72—209	3,400
Bert Weaver	67-70-72—209	3,400
Paul Harney	69-72-69—210	2,500
Charles Sifford	68-73-69—210	2,500
Art Silvestrone	68-71-71—210	2,500
Jerry Barber	71-68-71—210	2,500
Gardner Dickinson	69-70-71—210	2,500
Mike Souchak	66-69-75—210	2,500
Bob Goalby	71-70-70—211	1,800
Billy Casper	72-66-73—211	1,800
Tom Nieporte	70-69-72—211	1,800
Kel Nagle	73-72-67—212	1,450
Howie Johnson	73-71-68—212	1,450
Al Balding	71-70-71—212	1,450
Bill Collins	70-70-72—212	1,450

USGA SENIOR OPEN ($175,000),
Hazeltine National G.C. (71-6,625), Chaska, Minn.,
July 21-25.

*Billy Casper	73-69-73-73	288	$28,000
Rod Funseth	73-71-74-70	288	16,000
Miller Barber	72-70-78-70	290	10,525
Guy Wolstenholme	71-78-71-71	291	7,642
Peter Thomson	71-75-75-71	292	6,033
Roberto De Vicenzo	71-70-77-75	293	5,229
Jerry Barber	71-74-73-76	294	4,612
Gay Brewer	76-71-74-74	295	4,178
Charles Sifford	73-72-74-77	296	3,840
Art Silvestrone	75-75-75-72	297	3,518
Gardner Dickinson	72-76-77-73	298	3,148
Arnold Palmer	73-79-75-71	298	3,148
Howard Johnson	78-76-74-71	299	2,818
Charles Green	75-77-77-70	299	2,818

109

SENIOR PROFESSIONALS

Player	Scores	Total	Money
Denis Hutchinson	74-78-73-75	300	2,224
†Bob Rawlins	71-76-76-77	300	
Gene Littler	75-78-73-74	300	2,224
Dan Sikes	72-70-78-80	300	2,224
Paul Thomas	75-78-71-76	300	2,224
Robert Stone	71-72-72-79	300	2,224
Fred Hawkins	76-77-78-70	301	1,946
Freddie Haas	74-73-76-78	301	1,946
John Cook	70-74-78-80	302	1,812
George Thomas	79-76-74-73	302	1,812
Doug Ford	76-77-74-76	303	1,661
Joe Jimenez	74-78-78-73	303	1,661
Billy Maxwell	78-72-79-74	303	1,661
Ed Causey	74-78-76-76	304	1,486
James Shaw	74-79-78-73	304	1,486
Lionel Hebert	71-74-83-76	304	1,486
†Allan Sussel	77-76-76-75	304	
Robert Crowley	76-72-79-77	304	1,486
Ken Towns	77-72-80-76	305	1,342
†Richard Evans	71-77-81-76	305	
Michael Fetchick	80-73-77-75	305	1,342
†Ed Updegraff	81-70-76-78	305	
Bob Goetz	78-75-76-77	306	1,247
Robert Erickson	75-78-81-72	306	1,247
Roger Floyd	82-73-77-75	307	1,049
Stan Thirsk	73-79-82-73	307	1,049
Dean Lind	74-77-84-73	308	1,047
Jim Cochran	75-77-84-73	309	1,041
David Cupit	73-79-80-78	310	976
Frank Freer	73-80-77-80	310	976
James Hatfield	76-76-80-78	310	976
†John Owens	76-79-79-77	311	
Bob Gajda	76-78-75-83	312	896
Don Bergman	80-75-77-80	312	896
Dayton Olson	79-76-83-75	313	848
Jack Harden	70-80-87-77	314	779
Milon Marusic	76-76-86-76	314	779
Roland Stafford	79-75-79-81	314	779
John Kalinka	74-81-83-78	316	663
John Langford	79-75-86-76	316	663
Peter Hessemer	78-76-83-79	316	663
†John Harbottle	81-74-79-82	316	
†Richard Stearns	79-73-82-82	316	
†Loyal Chapman	74-79-81-85	319	
†Louis Raganella	77-78-80-84	319	
Ralph Bond	79-76-86-79	320	595
Dick King	70-80-83-103	336	558
Doug Higgins	75-77-81-WD		

*Won playoff.

DENVER POST CHAMPIONS OF GOLF ($150,000)

Green Gables C.C. (71-6,627), Denver, Colo., Aug. 18–21.

Player	Scores	Total	Money
Don January	**70-65-67-69**	**271**	**$25,000**
Billy Casper	66-69-69-71	275	13,500
Doug Sanders	69-69-67-70	275	13,500
Arnold Palmer	68-69-72-68	277	10,000
Rod Funseth	72-69-70-68	279	7,000
Jim Ferree	73-68-68-70	279	7,000
Gardner Dickinson	69-74-68-69	280	5,075
Gene Littler	70-69-68-73	280	5,075
Miller Barber	69-71-71-70	281	4,200
Jack Fleck	68-72-69-72	281	4,200
Charlie Sifford	70-70-73-69	282	3,700
†Larry Eaton	68-74-72-68	282	
Gay Brewer	69-72-72-70	283	3,250
Dean Lind	71-69-70-73	283	3,250
Bert Weaver	73-73-72-67	285	2,900
Bill Bisdorf	71-72-73-70	286	2,700
Howie Johnson	75-72-68-72	287	2,475
Pat Rea	69-75-69-74	287	2,475
Peter Thomson	75-71-71-71	288	2,250
Fred Haas	76-72-69-72	289	1,950
Al Balding	76-70-71-72	289	1,950
Tommy Williams	74-72-70-73	289	1,950
Bob Erickson	72-78-71-69	290	1,500
Dan Sikes	76-74-67-73	290	1,500
Kel Nagle	70-73-74-73	290	1,500

†Amateur.

1983 SENIOR PGA TOUR STATISTICS

OFFICIAL MONEY LEADERS

Player	Money
1. **Don January**	**$237,571**
2. Miller Barber	231,008
3. Billy Casper	136,749
4. Gene Littler	130,002
5. Rod Funseth	120,367
6. Arnold Palmer	106,590
7. Gay Brewer	93,636
8. Guy Wolstenholme	72,757
9. Paul Harney	70,661
10. Dan Sikes	69,582
11. Jim Ferree	69,547
12. Charles Sifford	68,738
13. Doug Sanders	68,121
14. Peter Thomson	59,758
15. Gardner Dickinson	54,973
16. Mike Fetchick	39,869
17. Roberto De Vicenzo	39,487
18. Fred Hawkins	35,847
19. Bill Johnston	35,577
20. Jack Fleck	35,085
21. Jerry Barber	32,941
22. Bob Erickson	32,172
23. Bob Stone	31,404
24. Howie Johnson	31,154
25. Bill Collins	30,649
26. Bert Weaver	29,407
27. Doug Ford	27,901
28. Bob Goalby	27,575
29. Kel Nagle	26,738
30. Fred Haas	24,659
31. Art Silvestrone	22,279
32. George Bayer	21,552
33. Julius Boros	20,709
34. Al Balding	20,413
35. Lionel Hebert	19,878
36. Billy Maxwell	17,834
37. Gordon Jones	15,348
38. Sam Snead	14,526
39. Mike Souchak	14,077

SENIOR PROFESSIONALS

40. Dean Lind		13,277
41. Buck Adams		12,808
42. Bob Rosburg		12,578
43. Dow Finsterwald		11,985
44. Denis Hutchinson		11,909
45. Jim Cochran		11,093
46. Ted Kroll		11,025
47. Tom Nieporte		9,238
48. Bob Toski		8,943
49. Al Besselink		8,273
50. Christy O'Connor		8,000

48. Ted Kroll		17,475
49. Dean Lind		13,277
50. Denis Hutchinson		12,940

TOTAL MONEY LEADERS
(Includes money won in unofficial events)

Player	Money
1. **Miller Barber**	**$283,545**
2. Don January	253,608
3. Rod Funseth	182,067
4. Gene Littler	181,215
5. Billy Casper	172,749
6. Paul Harney	125,148
7. Gay Brewer	125,136
8. Roberto De Vicenzo	118,487
9. Arnold Palmer	117,650
10. Dan Sikes	92,082
11. Guy Wolstenholme	91,757
12. Charles Sifford	84,519
13. Gardner Dickinson	81,004
14. Peter Thomson	79,029
15. Jim Ferree	71,114
16. Doug Sanders	68,121
17. Bob Goalby	56,575
18. Doug Ford	48,351
19. Bill Collins	48,286
20. Julius Boros	47,469
21. Fred Hawkins	44,253
22. Jerry Barber	44,001
23. Bill Johnston	42,777
24. Jack Fleck	42,751
25. Mike Fetchick	40,744
26. George Bayer	40,452
27. Kel Nagle	40,003
28. Bob Erickson	38,209
29. Fred Haas	33,309
30. Howie Johnson	33,104
31. Sam Snead	32,530
32. Lionel Hebert	32,028
33. Bob Stone	31,404
34. Jack Burke Jr.	30,500
35. Bert Weaver	30,194
36. Al Balding	29,863
37. Tom Nieporte	28,488
38. Art Wall	25,297
39. Billy Maxwell	24,859
40. Bob Rosburg	22,953
41. Art Silvestrone	22,917
42. Mike Souchak	22,577
43. Dow Finsterwald	21,801
44. Pete Hessemer	21,613
45. Dick Mayer	20,945
46. Bob Toski	20,693
47. Gordon Jones	17,908

CAREER MONEY LEADERS
(Includes money won in all official senior events)

Player	Money
1. **Don January**	**$463,393**
2. Miller Barber	421,034
3. Arnold Palmer	258,392
4. Gene Littler	227,649
5. Billy Casper	224,589
6. Bob Goalby	203,438
7. Dan Sikes	152,426
8. Charles Sifford	141,357
9. Gay Brewer	132,814
10. Paul Harney	122,834
11. Rod Funseth	120,367
12. Jim Ferree	102,696
13. Art Wall	100,473
14. Gardner Dickinson	99,200
15. Guy Wolstenholme	97,217
16. Julius Boros	95,855
17. Bill Collins	94,323
18. Mike Fetchick	91,778
19. Peter Thomson	91,149
20. Howie Johnson	89,629
21. Bill Johnston	81,627
22. Jerry Barber	80,232
23. Doug Ford	73,960
24. Fred Hawkins	72,811
25. Bob Erickson	70,995
26. Jack Fleck	68,525
27. Doug Sanders	68,121
28. Roberto De Vicenzo	63,487
29. Bob Stone	63,278
30. Sam Snead	61,698
31. Fred Haas	60,400
32. Dow Finsterwald	57,975
33. George Bayer	56,967
34. Billy Maxwell	52,678
35. Mike Souchak	49,213
36. Lionel Hebert	49,206
37. Bob Rosburg	48,978
38. Kel Nagle	46,253
39. Ted Kroll	44,645
40. Al Balding	43,098
41. Tom Nieporte	33,146
42. Bert Weaver	31,993
43. Al Besselink	31,448
44. Art Silvestrone	30,262
45. Marty Furgol	27,788
46. Pete Cooper	26,625
47. Bob Toski	25,893
48. Denis Hutchinson	25,766
49. Ed Furgol	25,765
50. Gordon Jones	22,458

SCORING AVERAGES

Player	Rnds.	Avg.
1. **Don January**	48	69.46

SENIOR PROFESSIONALS

2.	Miller Barber	59	70.15
3.	Doug Sanders	27	70.44
4.	Billy Casper	48	70.75
5.	Gene Littler	47	70.81
6.	Gay Brewer	48	70.88
7.	Arnold Palmer	45	70.93
8.	Rod Funseth	52	71.15
9.	Peter Thomson	44	71.27
10.	Jim Ferree	40	71.28
11.	Guy Wolstenholme	55	71.71
12.	Charles Sifford	55	71.78
13.	Paul Harney	51	71.82
14.	Dan Sikes	51	71.86
15.	Roberto De Vicenzo	22	72.00
16.	Gardner Dickinson	41	72.24
17.	Bob Stone	27	72.26
18.	Jack Fleck	55	72.80
19.	Bill Collins	52	72.88
20.	Bob Goalby	48	72.94
21.	Bert Weaver	52	73.02
22.	Howie Johnson	59	73.10
23.	Mike Fetchick	59	73.14
24.	Bob Erickson	59	73.25
25.	Buck Adams	22	73.27
26.	Julius Boros	43	73.28
27.	Kel Nagle	48	73.29
28.	Billy Maxwell	33	73.36
29.	Jerry Barber	59	73.37
30.	Jim Cochran	23	73.39
31.	Gordon Jones	31	73.58
32.	Ed Rubis	23	73.61
33.	Bill Johnston	55	73.64
34.	Fred Hawkins	59	73.73
35.T	George Bayer	52	73.79
35.T	Mike Souchak	28	73.79
37.	Tom Nieporte	30	73.83
38.T	Art Silvestrone	47	73.91
38.T	Sam Snead	35	73.91
40.	Fred Haas	56	74.05
41.	Al Balding	55	74.07
42.	Doug Ford	55	74.22
43.	Lionel Hebert	51	74.37
44.	Denis Hutchinson	38	74.66
45.	Dow Finsterwald	38	74.87
46.	Ted Kroll	48	75.08
47.	Pete Hessemer	26	76.46
48.	Al Besselink	41	76.90
49.	Pete Cooper	26	77.08
50.	Ed Furgol	43	77.23

SEIKO GRAND PRIX POINTS

Player	Points
1. **Miller Barber**	**733.000**
2. Don January	653.000
3. Gene Littler	505.000
4. Billy Casper	498.000
5. Arnold Palmer	468.000
6. Gay Brewer	464.000
7. Rod Funseth	463.000
8. Charles Sifford	401.000
9. Guy Wolstenholme	395.000
10. Dan Sikes	392.400
11. Peter Thomson	385.000
12. Jim Ferree	356.000
13. Paul Harney	326.000
14. Doug Sanders	289.000
15. Gardner Dickinson	271.000
16. Roberto De Vicenzo	206.000
17. Mike Fetchick	196.000
18. Jack Fleck	192.500
19. Jerry Barber	167.900
20. Bob Goalby	165.000
21. Bill Collins	164.500
22. Howie Johnson	159.500
23. Bob Erickson	158.400
24. Bob Stone	156.000
25. Fred Hawkins	148.000

PAST WINNERS OF SENIOR PGA TOUR EVENTS

U.S. SENIOR OPEN

Year	Winner, runner-up	Site	Score
1980	Robert De Vicenzo	Winged Foot G.C.	285
	Bill Campbell	Mamaroneck, N.Y.	289
1981	*Arnold Palmer	Oakland Hills C.C.	289
	Bill Casper	Birmingham, Mich.	289
	Bob Stone		289
1982	Miller Barber	Portland C.C.	282
	Gene Littler	Portland, Ore.	286
	Dan Sikes		286
1983	*Bill Casper	Hazeltine Ntl. G.C.	288
	Rod Funseth	Chaska, Minn.	288

*Won playoff.

U.S. SENIOR OPEN CHAMPIONSHIP SCORING RECORDS

Lowest 18-hole score
65, Miller Barber, 1982.
Lowest first 36 holes
141, Roberto De Vicenzo, 1983.
Lowest first 54 holes
215, Roberto De Vicenzo, 1980; Billy Casper, 1983.
Lowest 72-hole score
282, Miller Barber, 1982.
Amateur's best finish
289, William C. Campbell, second in inaugural Open, 1980.
Highest 18-hole lead score
72, Mike Fetchick, Ted Kroll, Charles Sifford and Bill Trombley (amateur), 1980.
Highest 36-hole lead score
144, William C. Campbell, 1980.
Highest 54-hole lead score
216, Arnold Palmer, Billy Casper and Art Wall, 1981; Dan Sikes Jr., 1982.
Highest 72-hole winning score
289, Arnold Palmer, Billy Casper and Bob Stone, 1981.
Largest winning margin
4 strokes, Roberto De Vicenzo, 1980; Miller Barber, 1982; Arnold Palmer (in playoff), 1981.
Best start by champion
72, Arnold Palmer, 1981; Miller Barber, 1982.

SENIOR PROFESSIONALS

Best finish by champion
65, Miller Barber, 1982.
First score in 60s
68, William C. Campbell, 1980.
Most sub-par rounds, single open
12, 1983.
Fewest sub-par rounds, single open
2, 1981.
Most sub-par rounds by player in single open
2, Roberto De Vicenzo and William C. Campbell, 1980; Gene Littler and Dan Sikes Jr., 1982; Miller Barber, 1983.

U.S. SENIOR OPEN NOTES OF INTEREST

Youngest champion
Miller Barber, 51 years, 3 months and 11 days in 1982.
Oldest champion
Roberto De Vicenzo, 57 years, 2 months and 15 days in 1980.
Foreign champions
Roberto De Vicenzo, 1980.

U.S. NATIONAL SENIOR OPEN G.A. CH.

Year	Winner
1957	*Fred Wood
1958	Willie Goggin
1959	*Willie Goggin
1960	Chas. Congdon
1961	Dutch Harrison
1962	Dutch Harrison
1963	Dutch Harrison
1964	Dutch Harrison
1965	Chandler Harper
1966	Dutch Harrison
1967	Pete Fleming
1968	Tommy Bolt
1969	Tommy Bolt
1970	Tommy Bolt
1971	Tommy Bolt
1972	Tommy Bolt
1973	Manuel de la Torre
1974	Willie Barber
1975	Willie Barber
1976	Willie Barber
1977	John Kalinka
1978	Art Wall Jr.
1979	Bill Johnston
1980	Harvie Ward
1981	Bill Casper
1982	Bob Erickson
1983	Dean Lind

*Won playoff.

PGA SENIORS' CHAMPIONSHIP

Year	Winner
1937	Jock Hutchison
1938	Fred McLeod
1939	Not held
1940	Otto Hackbarth
1941	Jack Burke
1942	Eddie Williams
1943	Not held
1944	Not held
1945	Eddie Williams
1946	Eddie Williams
1947	Jock Hutchison
1948	Charles McKenna
1949	Marshall Crichton
1950	Al Watrous
1951	*Al Watrous
1952	Ernest Newnham
1953	Harry Schwab
1954	Gene Sarazen
1955	Mortie Dutra
1956	Pete Burke
1957	Al Watrous
1958	Gene Sarazen
1959	Willie Goggin
1960	Dick Metz
1961	Paul Runyan
1962	Paul Runyan
1963	Herman Barron
1964	Sam Snead
1965	Sam Snead
1966	Fred Haas
1967	Sam Snead
1968	Chandler Harper
1969	Tommy Bolt
1970	Sam Snead
1971	Julius Boros
1972	Sam Snead
1973	Sam Snead
1974	Robert De Vicenzo
1975	*Charlie Sifford
1976	Pete Cooper
1977	Julius Boros
1978	*Joe Jimenez
1979	*Jack Fleck
	Don January
1980	*Arnold Palmer
1981	Miller Barber
1982	Don January
1983	Not held.

*Won playoff.
Two championships held in 1979.

LEGENDS OF GOLF

Site: Onion Creek C.C., Austin, Tex.

Year	Winners	Score
1978	Sam Snead-Gardner Dickinson	193
1979	Roberto De Vicenzo-Julius Boros	195
1980	Tommy Bolt-Art Wall	187
1981	Gene Littler-Bob Rosburg	257
1982	Sam Snead-Don January	183
1983	Roberto De Vicenzo-Rod Funseth	258

MERRILL LYNCH-GOLF DIGEST COMMEMORATIVE PRO-AM

Site: Newport (R.I.) C.C.

Year	Winner, runner-up	Site	Score
1980	Sam Snead	Hot Springs, Va.	136
	Bob Goalby	Belleville, Ill.	137

113

SENIOR PROFESSIONALS

1981	*Doug Ford	Longwood, Fla.	208	
	Sam Snead	Hot Springs, Va.	208	
1982	*Billy Casper	Mapleton, Utah	206	
	Bob Toski	Boca Raton, Fla.	206	
1983	Miller Barber	Sherman, Tex.	200	
	Gay Brewer	Palm Springs, Calif.	205	

*Won playoff.

PAST SENIOR PGA TOUR STATISTICS

PAST SENIOR LEADING MONEY WINNERS

1981

Player	Money
1. Gene Littler	$137,427
2. Bob Goalby	110,677
3. Miller Barber	97,386
4. Don January	95,600
5. Arnold Palmer	72,100
6. Doug Ford	70,444
7. Art Wall	54,406
8. Sam Snead	53,133
9. Bob Rosburg	50,180
10. Kel Nagle	49,168

1982

Player	Money
1. Miller Barber	$172,590
2. Don January	158,508
3. Bob Goalby	137,473
4. Arnold Palmer	108,347
5. Gene Littler	100,370
6. Billy Casper	94,473
7. Dan Sikes	90,944
8. Art Wall	86,024
9. Sam Snead	80,956
10. Gay Brewer	61,511

1983

Player	Money
1. Miller Barber	$283,545
2. Don January	253,608
3. Rod Funseth	182,067
4. Gene Littler	181,215
5. Bill Casper	172,749
6. Paul Harney	125,148
7. Gay Brewer	125,136
8. Roberto De Vicenzo	118,487
9. Arnold Palmer	117,650
10. Dan Sikes	92,082

PAST SENIOR SCORING LEADERS

1982

Player	Rds.	Avg.
1. Don January	30	70.03
2. Miller Barber	38	70.68
3. Bob Goalby	37	70.95
4. Gene Littler	27	71.00
5. Dan Sikes	37	71.41
6. Arnold Palmer	28	71.61
7. Billy Casper	29	71.69
8. Art Wall	28	71.86
9. Peter Thomson	27	71.93
10. Gay Brewer	26	72.00

1983

Player	Rds.	Avg.
1. Don January	52	69.46
2. Miller Barber	59	70.15
3. Doug Sanders	27	70.44
4. Billy Casper	48	70.75
5. Gene Littler	51	70.81
6. Gay Brewer	48	70.88
7. Arnold Palmer	45	70.93
8. Rod Funseth	48	71.15
9. Peter Thomson	44	71.27
10. Jim Ferree	40	71.28

CHAPTER 3

WOMEN PROFESSIONALS

WOMEN PROFESSIONALS

1983 LPGA TOUR LEADERS

	Player	Tour Events	Money for 1983	Money Per Tour Event	Career Earnings	1983 Finishes 1st	2nd	3rd	Scoring Average	Perf. Average[1]
1.	JoAnne Carner (1)	22	$291,404	$13,245	$1,644,347	2	7	0	71.41	.667
2.	Patty Sheehan (4)	26	250,399	9,630	611,023	4	2	4	71.72	.626
3.	Pat Bradley (11)	28	240,208	8,578	1,186,341	4	2	2	72.06	.578
4.	Jan Stephenson (10)	28	193,365	6,905	850,960	3	0	2	72.22	.599
5.	Kathy Whitworth (9)	26	191,492	7,365	1,369,981	1	3	1	72.33	.545
6.	Beth Daniel (5)	24	167,404	6,975	926,043	1	4	0	72.40	.478
7.	Alice Miller (41)	29	157,321	5,424	262,204	1	3	3	72.69	.550
8.	Amy Alcott (6)	25	153,721	6,148	1,058,713	1	1	2	73.05	.492
9.	Hollis Stacy (8)	26	149,036	5,732	859,781	3	0	1	73.00	.535
10.	Ayako Okamoto (14)	24	131,215	5,467	230,629	1	1	2	73.01	.450
11.	Donna White (17)	20	124,500	6,225	379,119	1	1	0	72.51	.544
12.	Janet Coles (21)	28	110,911	3,961	360,496	1	0	0	73.11	.483
13.	Sandra Haynie (2)	23	108,136	4,701	955,792	0	1	1	72.82	.552
14.	Betsy King (28)	28	94,767	3,384	326,840	0	1	0	72.88	.515
15.	Nancy Lopez (7)	12	91,477	7,623	1,043,148	2	1	0	72.59	.538
16.	Donna Caponi (16)	26	85,408	3,284	1,184,564	0	1	1	73.33	.412
17.	Stephanie Farwig (89)	28	80,627	2,879	92,428	0	3	1	73.55	.393
18.	Patti Rizzo (31)	26	78,731	3,028	125,172	1	0	0	73.67	.393
19.	Lauren Howe	25	75,015	3,000	76,980	1	0	0	73.63	.346
20.	Kathy Postlewait (15)	28	74,812	2,671	345,966	1	0	0	73.65	.395
21.	Jo Ann Washam (25)	27	71,284	2,640	485,879	0	1	0	73.41	.407
22.	Lynn Adams (22)	30	69,937	2,331	194,633	1	1	0	74.10	.290
23.	Judy Clark (29)	27	69,092	2,558	221,627	0	0	0	73.50	.439
24.	Vicki Fergon (62)	26	68,956	2,652	229,842	0	0	2	73.78	.375
25.	Debbie Massey (81)	23	67,920	2,953	372,200	0	2	1	73.69	.364
26.	Vicki Tabor (27)	30	67,322	2,244	174,230	0	0	1	73.53	.397
27.	Rose Jones (127)	27	64,595	2,392	67,464	0	0	0	73.57	.350
28.	Anne-Marie Palli	25	56,336	2,253	67,714	1	0	0	74.09	.310
29.	Dale Eggeling (26)	28	52,968	1,891	243,903	0	1	0	74.02	.311
30.	Juli Inkster	8	52,220	6,527	52,220	1	1	0	72.92	.424
31.	Lauri Peterson	27	51,931	1,923	51,931	1	0	1	73.98	.292
32.	Jane Lock (103)	21	49,273	2,346	58,234	0	1	0	73.45	.403
33.	Dot Germain (32)	22	48,328	2,196	325,405	0	0	1	73.67	.392
34.	Myra Van Hoose (33)	30	46,634	1,554	181,091	0	0	1	74.11	.292
35.	Char. Montgomery (139)	24	45,040	1,876	46,174	0	2	0	74.78	.184
36.	Carole Charbonnier (38)	28	42,793	1,528	87,781	0	0	0	74.54	.265
37.	Martha Nause (57)	29	41,760	1,440	90,029	0	0	0	74.13	.348
38.	Lori Garbacz (55)	22	40,552	1,931	186,401	0	1	1	74.10	.297
39.	Janet Anderson (13)	23	40,535	1,762	311,037	0	1	0	73.96	.336
40.	Jane Blalock (35)	20	40,145	2,007	1,016,212	0	0	0	73.75	.370
41.	Alice Ritzman (49)	26	39,285	1,510	180,531	0	0	1	74.26	.233
42.	Chris Johnson (24)	27	37,968	1,406	126,426	0	0	0	74.13	.327
43.	Jane Crafter (108)	26	37,433	1,439	46,521	0	0	0	73.67	.349
44.	Sue Ertl (66)	27	36,451	1,350	56,223	0	0	0	73.98	.294
45.	Kathy Martin (73)	22	36,405	1,654	206,740	0	0	1	74.15	.274
46.	Lenore Muraoka (95)	27	35,558	1,316	51,995	1	0	0	75.32	.172
47.	Laurie Rinker (141)	25	35,310	1,412	35,310	0	1	0	75.06	.173
48.	Judy Ellis (131)	26	34,885	1,341	37,533	0	1	0	74.44	.266
49.	Laura Cole	13	34,029	2,617	302,695	0	1	0	74.21	.305
50.	Silvia Bertolaccini (34)	27	33,931	1,256	370,465	0	0	0	74.27	.250

Other money winners

51.	Sandra Palmer	33,523	68.	Debbie Austin	26,685	85.	Susie McAllister	16,327
52.	Pat Meyers	33,485	69.	Mindy Moore	24,840	86.	Bonnie Lauer	16,033
53.	Sandra Spuzich	33,272	70.	Sandra Post	24,726	87.	Alison Sheard	15,448
54.	Barbara Moxness	33,112	71.	Beth Solomon	23,980	88.	Lori Huxhold	15,107
55.	M. J. Smith	32,476	72.	Debbie Meisterlin	23,116	89.	Alexandra Reinhardt	15,075
56.	Cathy Morse	30,760	73.	Beverley Davis	22,648	90.	Sarah LeVeque	14,940
57.	Valerie Skinner	29,485	74.	Katherine Hite	20,919	91.	Catherine Duggan	14,667
58.	Sharon Barrett	29,209	75.	Becky Pearson	20,677	92.	Robin Walton	14,507
59.	Tatsuko Ohsako	29,177	76.	Cynthia Lincoln	20,450	93.	Connie Chillemi	13,874
60.	Barb Bunkowsky	28,747	77.	Shelley Hamlin	19,486	94.	Jane Geddes	13,755
61.	Cindy Hill	28,667	78.	Mary Dwyer	19,083	95.	Amy Benz	13,143
62.	Kathy Young	28,229	79.	Gail Hirata	18,515	96.	Barbra Mizrahie	12,494
63.	M. Spencer-Devlin	27,686	80.	Cathy Mant	18,442	97.	Yuko Moriguchi	12,061
64.	LeAnn Cassaday	27,200	81.	Nancy Rubin	18,295	98.	M. Floyd-DeArman	11,910
65.	Deedee Lasker	26,972	82.	Pam Gietzen	17,553	99.	Jerilyn Britz	11,815
66.	Dianne Dailey	26,850	83.	Penny Pulz	17,321	100.	Pia Nilsson	11,273
67.	Karen Permezel	26,844	84.	Martha Dickerson	16,862			

Event Winners: Bradley (Mazda Classic, Chrysler Plymouth, Columbia, Mazda Japan), Lopez (Arden, J&B), White (Sarasota), Stephenson (Tucson, Lady Keystone, U.S. Women's Open), Palli (Samaritan), Whitworth (Kemper), Alcott (Dinah Shore), Adams (Orlando), Stacy (S&H, CPC, Peter Jackson), Coles (Lady Michelob),

WOMEN PROFESSIONALS

Muraoka (United Virginia Bank), Sheehan (Corning, LPGA Championship, Henredon, Inamori), Miller (West Virginia), Okamoto (Rochester), Daniel (McDonald's), Howe (Mayflower), Rizzo (Boston), Carner (World Championship, Portland Ping), Peterson (Rail), Inkster (Safeco), Postlewait (San Jose).

[1] Performance Average is an exclusive, computerized Golf Digest method of measuring performance relative to the performance of other players in official tour events. Each player earns points on the basis of his or her finish, 70 points for first, 69 for second and so on down to one point for 70th place. These points are multiplied by a participation-strength factor for each tournament. This point total, divided by 70 (the most points that can be won per event) multiplied by the number of tournaments a player has entered for the year, is the Performance Average.

Note: Figures in parentheses after players' names indicate 1982 money-winning rank.

HIGHLIGHTS OF THE 1983 LPGA TOUR

Lowest scores
9 holes: 30 (6 under par), Lori Garbacz, J&B; Sandra Palmer, S&H; Janet Coles, Mayflower.
18 holes: 63 (9 under par), Patty Sheehan, Corning.
36 holes: 136 (10 under par), Lauren Howe, Lady Keystone and Mayflower.
54 holes: 205 (14 under par), Anne-Marie Palli, Samaritan.
72 holes: 272 (16 under par), Pat Bradley, Mazda; Patty Sheehan, Corning and Henredon.

Best start by winner
65 (7 under par), Patty Sheehan, Henredon.

Worst start by winner
73 (1 over par), Pat Bradley, Chrysler-Plymouth; 72 (1 over par), Jan Stephenson, U.S. Open.

Best finish by winner
63 (9 under par), Patty Sheehan, Corning.

Worst finish by winner
76 (4 over par), Ayako Okamoto, Rochester.

Oldest winner
JoAnne Carner, 44, World Championship, Portland Ping.

Youngest winners
Patti Rizzo, 23, Boston Five; Juli Inkster, 23, Safeco; Lauri Peterson, 23, Rail.

Consecutive victories
Two, Hollis Stacy, S&H; CPC Int'l.

First-time winners
Nine—Anne-Marie Palli, Samaritan; Lynn Adams, ComBanks Orlando; Lenore Muraoka, United Virginia Bank; Lauren Howe, Mayflower; Patti Rizzo, Boston Five; Lauri Peterson, Rail; Juli Inkster, Safeco; Alice Miller, West Virginia; Kathy Postlewait, San Jose.

Best comeback to win
Patty Sheehan came from seven shots behind after 54 holes to win the LPGA Championship.

Highest winning score
72 holes: 290 (6 over par), Jan Stephenson, U.S. Open; 54 holes, 216 (even par), Alice Miller, West Virginia.

Consecutive in-the-money finishes
219, by Jan Stephenson (record is 299, by Jane Blalock).

Most rounds in 60s
19, Pat Bradley.

Most top-10 finishes
19, JoAnne Carner.

Largest winning margin
72 holes: 8 strokes, by Patty Sheehan, Corning; 54 holes: 7 strokes, Anne-Marie Palli, Samaritan.

Most wins
4, by Pat Bradley and Patty Sheehan.

Fewest putts, one round
21, by Susan Stanley, Elizabeth Arden.

Most birdies in one round
10, by Lori Garbacz, J&B (ties LPGA record).

Most consecutive birdies
5, by Sharon Barrett, San Jose; Patty Sheehan and Kathy Young, LPGA Championship; Dianne Dailey, and Lori Garbacz, J&B.

Holes-in-one
17, by Barbara Moxness and Alison Sheard, Mazda (Deer Creek); Julie Pyne, Elizabeth Arden; Barbara Barrow, Samaritan; Mary Mills, Nabisco-Shore; Jo Ann Washam, LPGA Championship; Cathy Morse, Rochester; Marty Dickerson and Vicki Tabor, McDonald's; Lauren Howe, Mayflower; Jane Lock and Pat Bradley, U.S. Women's Open; Kathy Whitworth, Henredon; Ayako Okamoto, World Championship; Dale Eggeling and Amy Alcott, Inamori; Lori Huxhold, San Jose.

High, low 36-hole cuts
72 holes: 146, S&H, and 156, U.S. Open; 54 holes: 148, Rail, and 156, West Virginia.

1983 LPGA TOUR RESULTS

MAZDA CLASSIC OF DEER CREEK ($150,000).
Deer Creek G. & C.C. (72-6,079), Deerfield Beach, Fla., Jan. 27-30.

Pat Bradley	68-69-69-66—272	$22,500
Beth Daniel	75-69-64-71—279	14,700
Vicki Fergon	72-65-73-70—280	10,500
Kathy Whitworth	75-70-69-70—284	5,887
Amy Alcott	78-67-70-69—284	5,887
Dianne Dailey	72-73-68-71—284	5,887
Jo Ann Washam	66-74-70-74—284	5,887
Barbara Moxness	72-71-72-70—285	4,350

WOMEN PROFESSIONALS

JoAnne Carner	71-72-75-68—286	3,750
Ayako Okamoto	72-70-75-69—286	3,750
Hollis Stacy	75-71-71-69—286	3,750
Martha Nause	70-73-72-72—287	3,150
Betsy King	73-74-71-70—288	2,487
Robin Walton	75-74-69-70—288	2,487
Nancy Lopez	74-70-73-71—288	2,487
Silvia Bertolaccini	71-73-72-72—288	2,487
Patty Sheehan	71-74-67-76—288	2,487
Beth Solomon	69-75-75-70—289	1,818
Cindy Lincoln	71-72-75-71—289	1,818
Judy Rankin	72-71-74-72—289	1,818
Vivian Brownlee	70-73-74-72—289	1,818
Jan Stephenson	73-70-75-72—290	1,500
Alice Miller	72-74-72-72—290	1,500
Judy Ellis	74-75-68-73—290	1,500
Alice Ritzman	74-72-71-73—290	1,500
Chris Johnson	73-74-74-70—291	1,172
Sandra Spuzich	76-74-72-69—291	1,172
Jerilyn Britz	74-74-75-68—291	1,172
Connie Chillemi	72-75-73-71—291	1,172
Vicki Tabor	74-76-69-72—291	1,172
Alison Sheard	73-72-74-72—291	1,172
Stephanie Farwig	71-69-76-75—291	1,172
Kathy Martin	73-75-71-73—292	937
Sue Ertl	77-71-71-73—292	937
Atsuko Hikage	73-77-71-72—293	806
Susie McAllister	75-71-78-69—293	806
Dale Eggeling	75-73-73-72—293	806
Jane Lock	74-76-69-74—293	806
Debbie Massey	76-72-73-73—294	660
Pia Nilsson	74-76-72-72—294	660
Lauri Peterson	70-76-76-72—294	660
Judy Clark	76-74-73-71—294	660
Cathy Morse	73-74-71-76—294	660
Janet Anderson	77-72-73-73—295	519
Lori Garbacz	73-73-76-73—295	519
Carolyn Hill	73-76-74-72—295	519
Pat Meyers	71-76-76-72—295	519
Bonnie Bryant	75-72-70-78—295	519
Janet Coles	73-75-73-75—296	435
Gail Hirata	72-75-74-75—296	435
Yuko Moriguchi	74-76-72-74—295	435
Laura Hurlbut	72-77-74-73—296	435
Muffin Spencer-Devlin	71-78-74-73—296	435
Therese Hession	76-73-69-79—297	390
Holly Hartley	72-75-75-76—298	360
Donna White	73-77-73-75—298	360
Nancy Rubin	75-75-75-73—298	360
Marianne Huning	74-75-77-73—299	330
Cathy Mant	74-72-76-78—300	307
Barbara Riedl	72-74-80-74—300	307
Catherine Duggan	75-71-76-79—301	
Val Skinner	73-76-75-77—301	
Lynn Connelly	75-75-74-77—301	
Cindy Hill	75-74-79-73—301	
Brenda Goldsmith	75-75-74-77—301	
Anne-Marie Palli	72-78-80-71—301	
Barbara Barrow	73-76-75-78—302	
Mary Hafeman	75-75-74-78—302	
Leslie Holbert	73-76-80-75—304	
Karen Permezel	77-72-76-81—306	
Shelley Hamlin	73-76-77-80—306	
Debbie Hall	75-75-74-DQ	
Jane Blalock	WD	

ELIZABETH ARDEN CLASSIC ($150,000),
Turnberry Isle C.C (72-6,177), Miami, Fla., Jan. 31-Feb. 6.

Nancy Lopez	71-71-70-73—285	$22,500
JoAnne Carner	72-70-73-71—286	9,675
Betsy King	75-72-68-71—286	9,675
Pat Bradley	72-74-69-71—286	9,675
Stephanie Farwig	74-73-66-73—286	9,675
Kathy Whitworth	77-69-70-71—287	5,025
Janet Coles	70-68-73-76—287	5,025
Donna Caponi	73-70-74-71—288	4,050
Jan Stephenson	75-72-69-72—288	4,050
Sandra Spuzich	73-70-71-74—288	4,050
Kathy McMullen	76-69-73-71—289	2,913
Pat Meyers	74-72-72-71—289	2,913
M. J. Smith	73-70-73-73—289	2,913
Alice Ritzman	71-69-75-74—289	2,913
Vicki Fergon	71-77-68-73—289	2,913
Patti Rizzo	76-73-71-70—290	2,016
Sandra Palmer	74-73-73-70—290	2,016
Cathy Morse	74-74-71-71—290	2,016
Beth Daniel	73-70-73-74—290	2,016
Anne-Marie Palli	70-72-73-75—290	2,016
Lori Huxhold	75-75-71-70—291	1,627
Sandra Post	74-70-71-76—291	1,627
Becky Pearson	74-71-73-74—292	1,440
Janet Anderson	78-69-69-76—292	1,440
Catherine Duggan	76-70-70-76—292	1,440
Lauri Peterson	69-71-75-77—292	1,440
Jo Ann Washam	71-75-76-71—293	1,142
Robin Walton	74-75-73-71—293	1,142
Joyce Kazmierski	75-70-75-73—293	1,142
Lauren Howe	71-75-74-73—293	1,142
Dot Germain	77-71-72-73—293	1,142
Chris Johnson	72-72-73-76—293	1,142
Alice Miller	73-75-74-72—294	892
Tatsuko Ohsako	74-74-73-73—294	892
Hollis Stacy	73-74-73-74—294	892
Yuko Moriguchi	75-72-73-74—294	892
Judy Ellis	78-72-73-72—295	735
Atsuko Hikage	72-74-74-75—295	735
Patty Sheehan	75-72-72-76—295	735
Myra Van Hoose	75-70-73-77—295	735
Mary Hafeman	75-75-74-72—296	550
Connie Chillemi	78-70-76-72—296	550
Julie Pyne	80-70-73-73—296	550
Mary Dwyer	72-75-75-74—296	550
Dale Eggeling	73-73-76-74—296	550
Brenda Goldsmith	75-74-73-74—296	550
Beverley Davis-Cooper	78-70-73-75—296	550
Dianne Dailey	74-73-73-76—296	550
Sandra Haynie	77-73-69-77—296	550
Silvia Bertolaccini	73-77-74-73—297	412
Kathy Martin	77-72-74-74—297	412
Judy Clark	74-72-75-76—297	412
Martha Nause	75-74-72-76—297	412
Laura Hurlbut	71-76-72-78—297	412

WOMEN PROFESSIONALS

Marty Dickerson	71-73-74-79—297	412
Patty Hayes	75-74-74-75—298	345
Muffin Spencer-Devlin	80-70-74-74—298	345
Therese Hession	73-75-74-76—298	345
Carolyn Hill	77-71-74-77—299	307
Barbara Barrow	74-72-74-79—299	307
Mari McDougall	73-76-78-73—300	
Susan Stanley	78-72-75-75—300	
Debbie Massey	70-79-77-74—300	
Judy Rankin	75-73-74-78—300	
Jeannette Kerr	71-77-76-77—301	
Val Skinner	73-76-70-82—301	
Bonnie Bryant	76-71-82-73—302	
Joan Joyce	73-77-75-77—302	
Rica Comstock	74-74-80-77—305	
Barbara Riedl	75-74-81-78—308	

SARASOTA CLASSIC ($175,000),
Bent Tree G. & R.C. (72-6,128), Sarasota, Fla., Feb. 9-14.

Donna H. White	**71-69-76-68—284**	**$26,250**
Nancy Lopez	72-71-74-68—285	12,716
JoAnne Carner	70-70-72-73—285	12,716
Alice Miller	70-73-72-70—285	12,716
Kathy Postlewait	73-67-75-71—286	7,000
Vicki Tabor	74-70-74-70—288	5,600
Sandra Haynie	74-71-73-70—288	5,600
Patti Rizzo	75-70-73-70—288	5,600
Lynn Adams	72-72-73-72—289	4,550
Alice Ritzman	71-72-72-72—289	4,550
Ayako Okamoto	73-73-73-71—290	3,850
Valerie Skinner	74-70-73-73—290	3,850
Sue Ertl	72-73-73-73—291	3,202
Beth Daniel	70-68-73-80—291	3,202
Patty Sheehan	74-72-75-71—292	2,701
Jo Ann Washam	67-75-75-75—292	2,701
Hollis Stacy	72-74-72-74—292	2,701
Janet Coles	74-71-72-76—293	2,257
Kathy Whitworth	73-70-73-77—293	2,257
Barbara Moxness	74-74-76-70—294	1,942
Pat Bradley	73-70-78-73—294	1,942
Shelley Hamlin	75-70-75-74—294	1,942
Tatsuko Ohsako	74-75-73-73—295	1,785
Vicki Fergon	79-68-74-75—296	1,680
Judy Rankin	73-73-75-75—296	1,680
Myra Van Hoose	80-69-75-73—297	1,400
Martha Nause	74-72-76-75—297	1,400
Robin Walton	75-73-72-77—297	1,400
Muffin Spencer-Devlin	75-72-73-77—297	1,400
Cathy Sherk	72-68-79-78—297	1,400
Sarah LeVeque	72-72-73-80—297	1,400
Judy Clark	77-72-76-73—298	995
Amy Alcott	76-73-75-74—298	995
Yuko Moriguchi	72-75-76-75—298	995
Cathy Mant	74-75-74-75—298	995
Lauri Peterson	74-75-73-76—298	995
Kelly Fuiks	76-72-73-77—298	995
Sharon Barrett	72-73-74-79—298	995
Atsuko Hikage	74-72-73-79—298	995
Jerilyn Britz	75-74-80-70—299	700
Barbara Barrow	74-74-80-71—299	700
Deedee Lasker	74-74-79-72—299	700
Patty Hayes	75-75-75-74—299	700
Becky Pearson	72-74-76-77—299	700
M. J. Smith	73-73-76-77—299	700
Barb Bunkowsky	72-77-72-78—299	700
Gail Hirata	72-78-76-74—300	560
Susie McAllister	76-74-76-74—300	560
Jane Crafter	75-74-72-79—300	560
Lauren Howe	74-71-72-84—301	525
Donna Caponi	77-73-77-75—302	472
Sandra Spuzich	74-74-78-76—302	472
Kathy McMullen	74-75-76-77—302	472
Marty Dickerson	75-71-77-79—302	472
Therese Hession	73-76-74-79—302	472
Pat Meyers	76-74-77-76—303	393
Laura Hurlbut	73-76-78-76—303	393
Chris Johnson	71-75-79-78—303	393
Susan Stanley	73-73-77-80—303	393
Mary Dwyer	78-72-76-79—305	116
Carolyn Hill	75-73-78-79—305	116
Joyce Kazmierski	76-71-74-84—305	116
Linda Hunt	72-76-80-78—306	
LeAnn Cassaday	77-73-80-77—307	
Judy Ellis	76-71-79-82—308	
Kathy Martin	73-76-80-80—309	
Sandra Post	75-72-80-WD	
Terri Luckhurst	79-71-WD	
Marlene Hagge	76-73-80-WD	
Sydney Cunningham	75-75-WD	

TUCSON CONQUISTADORES LPGA OPEN ($150,000),
Randolph Park North Cse. (72-6,248), Tucson, Ariz., Feb. 24-27.

Jan Stephenson	**72-68-67—207**	**$22,500**
Amy Alcott	71-72-69—212	14,700
Patty Sheehan	71-69-73—213	10,500
Pat Meyers	72-72-70—214	6,750
Sandra Haynie	70-73-71—214	6,750
Tatsuko Ohsako	71-75-69—215	4,800
Sandra Spuzich	75-70-70—215	4,800
Anne-Marie Palli	70-73-72—215	4,800
Pat Bradley	75-72-69—216	3,750
Kathy Whitworth	74-72-70—216	3,750
Barbara Moxness	75-68-73—216	3,750
Alice Miller	74-74-69—217	2,513
Stephanie Farwig	77-70-70—217	2,513
Janet Coles	76-70-71—217	2,513
M. J. Smith	75-71-71—217	2,513
Jane Crafter	73-72-72—217	2,513
Judy Ellis	72-72-73—217	2,513
Debbie Massey	74-69-74—217	2,513
Pia Nilsson	76-73-69—218	1,677
Patty Hayes	70-77-71—218	1,677
Laurie Rinker	73-74-71—218	1,677
Hollis Stacy	72-73-73—218	1,677
Patti Rizzo	74-80-72—218	1,677
Marty Dickerson	75-74-70—219	1,231
Janet Anderson	77-71-71—219	1,231
Terri Luckhurst	75-73-71—219	1,231
Mary Dwyer	79-68-72—219	1,231
Judy Clark	74-72-73—219	1,231

121

WOMEN PROFESSIONALS

Name	Scores	Money	Name	Scores	Money
Dianne Dailey	74-72-73—219	1,231	Betsy King	75-72-70—217	2,812
Beth Daniel	68-77-74—219	1,231	Shelley Hamlin	76-70-71—217	2,812
Charlotte Montgomery	76-69-74—219	1,231	Alice Miller	73-71-73—217	2,812
Donna White	74-70-75—219	1,231	Sandra Palmer	73-70-74—217	2,812
Mari McDougall	74-75-71—220	892	Vicki Fergon	70-72-75—217	2,812
Kathy Martin	73-75-72—220	892	Judy Ellis	75-72-71—218	1,942
Jan Ferraris	73-75-72—220	892	Lauri Peterson	73-73-72—218	1,942
Marga Stubblefield	74-74-72—220	892	Kathy Postlewait	71-75-72—218	1,942
Catherine Panton	72-78-71—221	690	Lori Garbacz	71-75-72—218	1,942
Barbra Mizrahie	75-74-72—221	690	Janet Coles	75-73-71—219	1,533
Shelley Hamlin	76-73-72—221	690	Cathy Mant	73-75-71—219	1,533
Becky Pearson	78-70-73—221	690	Vicki Tabor	74-73-72—219	1,533
Susie McAllister	74-73-74—221	690	Jerilyn Britz	75-71-73—219	1,533
Laura Cole	76-71-74—221	690	Valerie Skinner	73-73-73—219	1,533
Lori Garbacz	72-72-77—221	690	Beverly Klass	79-71-70—220	1,200
Chris Johnson	74-76-72—222	501	Myra Van Hoose	78-72-70—220	1,200
Joyce Kazmierski	76-73-73—222	501	Cathy Morse	75-75-70—220	1,200
Deedee Lasker	74-74-74—222	501	Jane Lock	75-74-71—220	1,200
Beverley Davis-Cooper	75-73-74—222	501	Connie Chillemi	73-75-72—220	1,200
Lauri Peterson	73-74-75—222	501	Donna Caponi	73-73-74—220	1,200
Jeannette Kerr	73-74-75—222	501	Barbra Mizrahie	74-75-72—221	872
Cathy Mant	75-70-77—222	501	Jane Crafter	77-71-73—221	872
Debbie Meisterlin	74-76-73—223	367	Rose Jones	77-71-73—221	872
Donna Caponi	72-77-74—223	367	Sandra Spuzich	74-73-74—221	872
Atsuko Hikage	72-77-74—223	367	Julie Pyne	73-74-74—221	872
Laura Hurlbut	73-76-74—223	367	Cindy Lincoln	70-77-74—221	872
Debbie Hall	74-75-74—223	367	Dianne Dailey	69-75-77—221	872
Barb Bunkowsky	77-72-74—223	367	Pia Nilsson	73-77-72—222	645
Gail Hirata	77-72-74—223	367	Laurie Rinker	73-77-72—222	645
Muffin Spencer-Devlin	73-75-75—223	367	Atsuko Hikage	76-73-73—222	645
Lynn Adams	73-74-76—223	367	Colleen Walker	76-72-74—222	645
Lenore Muraoka	76-71-76—223	367	Mina Rodriguez	72-74-76—222	645
Betsy Barrett	73-75-76—224		Sharon Barrett	73-73-76—222	645
Jane Lock	74-73-77—224		Martha Nause	79-72-72—223	506
Sharon Barrett	77-73-75—225		Jo Ann Washam	77-73-73—223	506
Marianne Huning	79-71-75—225		Barbara Barrow	78-71-74—223	506
Silvia Bertolaccini	73-76-76—225		Judy Rankin	75-72-76—223	506
Yuko Moriguchi	71-77-77—225		Marjorie Jones	80-70-74—224	442
Vicki Fergon	75-73-77—225		Catherine Panton	77-73-74—224	442
Sue Fogelman	75-71-79—225		Mary Dwyer	73-77-74—224	442
Kelly Fuiks	74-74-78—226		Mindy Moore	75-73-76—224	442
Mary Hafeman	73-77-77—227		Lori Huxhold	78-72-75—225	382
Cathy Sherk	73-76-78—227		Sandra Post	77-72-76—225	382
Rica Comstock	76-73-79—228		Debbie Hall	77-71-77—225	382
Marjorie Jones	73-75-80—228		Jan Farraris	73-73-79—225	382
Kathryn Young	76-70-82—228		Kathy Whitworth	77-73-76—226	215
Catherine Duggan	77-73-79—229		Gail Toushin	76-73-77—226	215
			Penny Pulz	75-74-77—226	215
			Karen Permezel	73-76-77—226	215
			Jeannette Kerr	74-74-78—226	215
			Betsy Barrett	74-70-82—226	215
			Barbara Riedl	74-76-77—227	
			Tatsuko Ohsako	75-74-78—227	
			Robin Walton	72-74-81—227	
			Debbie Meisterlin	78-71-79—228	
			Becky Pearson	74-74-80—228	
			Deedee Lasker	72-75-81—228	
			Marga Stubblefield	76-74-79—229	
			Carolyn Hill	76-74-81—231	

SAMARITAN TURQUOISE CLASSIC ($150,000),
Arizona Biltmore C.C. (73-6,380), Phoenix, Ariz., March 1-6.

Name	Scores	Money
Anne-Marie Palli	68-69-68—205	$22,500
Lynn Adams	70-71-71—212	14,700
Ayako Okamoto	72-73-69—214	10,500
Pat Bradley	73-73-69—215	6,750
Janet Anderson	73-71-71—215	6,750
Patty Sheehan	74-71-71—216	4,440
Hollis Stacy	74-71-71—216	4,440
Jan Stephenson	72-73-71—216	4,440
Sandra Haynie	71-74-71—216	4,440
Chris Johnson	73-69-74—216	4,440
Judy Clark	76-74-67—217	2,812

WOMEN'S KEMPER OPEN ($200,000),
Royal Kaanapali G.C. (73-6,182), Maui, Hawaii, March 17-20.

WOMEN PROFESSIONALS

NABISCO DINAH SHORE INVITATIONAL ($400,000),
Mission Hills C.C. (72-6,265), Rancho Mirage, Calif.,
March 31-April 3.

Kathy Whitworth	72-77-70-69—288	$30,000
Dale Eggeling	73-72-75-69—289	19,600
Stephanie Farwig	74-72-74-71—291	12,000
Donna Caponi	76-73-70-72—291	12,000
Jan Stephenson	74-74-75-69—292	7,133
JoAnne Carner	73-76-72-71—292	7,133
Yuko Moriguchi	70-76-71-75—292	7,133
Lauren Howe	73-72-76-72—293	5,400
Cathy Morse	71-74-75-73—293	5,400
Lynn Adams	70-74-72-77—293	5,400
Tatsuko Ohsako	75-78-69-72—294	4,200
Pat Bradley	74-72-74-74—294	4,200
Kathy Postlewait	74-73-72-75—294	4,200
Janet Coles	73-78-72-72—295	3,195
Jeannette Kerr	74-75-74-72—295	3,195
Susie McAllister	74-72-77-72—295	3,195
Sandra Haynie	75-73-72-75—295	3,195
Beth Solomon	77-75-76-68—296	2,493
Betsy King	75-76-72-73—296	2,493
Jane Lock	69-78-74-75—296	2,493
Muffin Spencer-Devlin	72-79-77-69—297	1,962
Sue Ertl	74-77-75-71—297	1,962
Hollis Stacy	75-71-80-71—297	1,962
Jo Ann Washam	77-74-73-73—297	1,962
Kathy Martin	73-77-74-73—297	1,962
Patty Sheehan	76-72-75-74—297	1,962
Atsuko Hikage	74-71-77-75—297	1,962
Rica Comstock	74-76-73-75—298	1,640
Alice Ritzman	77-75-78-69—299	1,348
Barbara Moxness	73-79-78-69—299	1,348
Barb Bunkowsky	73-77-78-71—299	1,348
Alice Miller	73-78-76-72—299	1,348
Robin Walton	71-74-82-72—299	1,348
Gail Hirata	72-76-78-73—299	1,348
Marga Stubblefield	76-74-74-75—299	1,348
Bonnie Bryant	77-74-79-70—300	1,070
Judy Clark	75-70-76-79—300	1,070
†Kathy Baker	77-76-77-71—301	
Amy Alcott	79-74-76-72—301	940
Cathy Mant	74-77-77-73—301	940
Silvia Bertolaccini	77-73-76-75—301	940
Catherine Duggan	73-75-74-79—301	940
Ayako Okamoto	76-76-79-71—302	800
Chris Johnson	75-78-75-74—302	800
Susie Berning	74-77-77-74—302	800
Anne-Marie Palli	75-77-78-73—303	686
Debbie Meisterlin	75-78-75-75—303	686
Carolyn Hill	77-76-74-76—303	686
Martha Nause	73-79-80-72—304	610
Becky Pearson	76-76-76-76—304	610
Kathryn Young	76-76-75-77—304	610
Carole Charbonnier	76-76-74-78—304	610
Jan Ferraris	72-80-77-76—305	550
Myra Van Hoose	76-74-79-76—305	550
Mindy Moore	74-78-81-73—306	480
Alison Sheard	76-77-77-76—306	480
Sharon Barrett	79-73-78-76—306	480
Patti Rizzo	78-75-76-77—306	480
Barbara Barrow	73-77-77-79—306	480
Shelley Hamlin	77-76-79-75—307	410
H. B. Duntz	71-79-82-75—307	410
†Amateur.		

Amy Alcott	70-70-70-72—282	$55,000
Kathy Whitworth	73-70-69-72—284	30,845
Beth Daniel	69-69-70-76—284	30,845
JoAnne Carner	73-72-77-69—291	16,515
Janet Coles	73-70-72-76—291	16,515
Judy Clark	73-75-69-75—292	12,294
Nancy Lopez	74-71-71-76—292	12,294
Vicki Fergon	73-75-70-75—293	10,643
Alice Ritzman	73-76-75-70—294	8,808
Carole Charbonnier	77-70-75-72—294	8,808
Barbara Moxness	73-68-78-75—294	8,808
Jo Ann Washam	72-73-73-76—294	8,808
Silvia Bertolaccini	75-73-77-70—295	6,716
Alice Miller	72-75-70-78—295	6,716
Dot Germain	75-75-75-71—296	5,292
Sandra Haynie	78-75-70-73—296	5,292
Shelley Hamlin	78-70-75-73—296	5,292
Donna Caponi	71-74-73-78—296	5,292
Pat Bradley	72-71-74-79—296	5,292
Kathy Postlewait	76-73-73-75—297	4,073
Jan Stephenson	71-73-76-77—297	4,073
Susie McAllister	70-72-74-81—297	4,073
Donna White	77-75-74-72—298	3,302
Cindy Hill	74-76-73-75—298	3,302
Terri Luckhurst	72-75-76-75—298	3,302
Muffin Spencer-Devlin	74-76-72-76—298	3,302
Dianne Dailey	74-76-70-78—298	3,302
Vicki Tabor	76-71-72-79—298	3,302
Sandra Spuzich	69-76-74-79—298	3,302
Lori Garbacz	76-79-73-71—299	2,466
Anne-Marie Palli	74-77-74-74—299	2,466
Patty Sheehan	77-74-73-75—299	2,466
Sandra Palmer	78-70-76-75—299	2,466
Beth Solomon	73-75-74-77—299	2,466
Dale Eggeling	75-76-74-75—300	1,930
Cathy Morse	75-72-77-76—300	1,930
Janet Anderson	76-75-72-77—300	1,930
Lynn Adams	73-75-73-79—300	1,930
Hollis Stacy	73-71-77-79—300	1,930
Myra Van Hoose	75-75-77-75—302	1,615
Ayako Okamoto	79-76-71-76—302	1,615
Vicki Singleton	75-75-72-80—302	1,615
†Kathy Baker	73-74-74-81—302	
Sally Little	80-75-73-75—303	1,358
Judy Rankin	74-74-79-76—303	1,358
Chris Johnson	74-80-71-78—303	1,358
Beverly Klass	79-71-71-82—303	1,358
Jane Blalock	75-80-73-78—306	1,155
M. J. Smith	77-74-76-79—306	1,155
Cathy Sherk	78-76-72-80—306	1,155
Penny Pulz	74-79-73-80—306	1,155
Martha Nause	77-77-77-76—307	935
Laura Cole	75-75-79-78—307	935
Stephanie Farwig	81-74-73-79—307	935
Betsy King	78-76-74-79—307	935
Pam Gietzen	77-77-74-79—307	935
Kathy Hite	74-79-75-79—307	935
Bonnie Bryant	75-73-79-80—307	935
Pat Meyers	80-72-73-82—307	935

123

WOMEN PROFESSIONALS

Patti Rizzo	78-76-75-79—308	752		M. J. Smith	73-74-76-73—296	733
Susie Berning	74-74-73-87—308	752		Bonnie Bryant	72-74-77-73—296	733
Kathy Cornelius	80-75-77-77—309			Debbie Massey	76-74-72-74—296	733
Sue Roberts	75-77-77-80—309			Vicki Singleton	75-73-74-74—296	733
Marta F. Dotti	75-78-75-81—309			Silvia Bertolaccini	74-71-75-76—296	733
Marlene Floyd-DeArman	72-79-75-83—309			Jane Blalock	72-71-76-77—296	733
Sandra Post	77-70-77-85—309			Dianne Dailey	73-67-79-77—296	733
Marlene Hagge	79-75-76-81—311			Janet Coles	72-74-72-78—296	733
Sharon Barrett	74-77-78-82—311			Myra Van Hoose	72-73-78-74—297	600
Gail Toushin	77-76-74-85—312			Chris Johnson	79-70-74-75—298	550
Debbie Weldon	79-73-77-84—313			Anne-Marie Palli	69-78-75-76—298	550
Jo Ann Prentice	74-78-77-85—314			Connie Chillemi	76-71-73-78—298	550
Muriel Thomson	72-82-78-84—316			Gail Hirata	73-68-78-79—298	550
Vivian Brownlee	79-74-81-83—317			Marlene Floyd-DeArman	78-73-76-72—299	385
Barbara Barrow	73-75-77-WD			Kelly Fuiks	80-71-75-73—299	385
†Amateur.				Penny Pulz	78-73-75-73—299	385
				Dot Germain	75-72-78-74—299	385

J&B SCOTCH PRO-AM ($200,000),
Desert Inn & C.C. (72-6,237),
Las Vegas C.C. (73-6,087),
Las Vegas, Nev., April 7-10.

				Alice Ritzman	77-73-74-75—299	385
				Cathy Morse	77-73-73-76—299	385
				Barbra Mizrahie	73-72-77-77—299	385
				Sandra Palmer	74-75-78-73—300	
				Jeannette Kerr	73-78-71-78—300	
Nancy Lopez	**71-69-69-74—283**	**$30,000**		Beverly Klass	76-75-78-72—301	
Laura Cole	71-70-70-73—284	19,600		Cathy Mant	76-72-76-78—302	
Jan Stephenson	71-71-74-70—286	9,750		Sally Little	74-75-74-79—302	
Patty Sheehan	72-70-73-71—286	9,750		Muffin Spencer-Devlin	75-76-78-74—303	
Alice Miller	72-68-75-71—286	9,750		Shelley Hamlin	70-77-80-76—303	
Vicki Fergon	69-70-76-71—286	9,750		Alison Sheard	69-76-79-80—304	
Amy Alcott	72-68-75-72—287	6,400		Vivian Brownlee	72-71-80-83—306	
Beth Solomon	73-76-69-70—288	5,400		Kathy McMullen	72-79-77-79—307	
Beverley Davis-Cooper	73-74-69-72—288	5,400		Carolyn Hill	76-74-82-82—314	
Donna White	70-72-73-73—288	5,400		Judy Clark	75-73-76-WD	
Ayako Okamoto	73-75-71-70—289	4,200				
Barbara Moxness	73-71-74-71—289	4,200		**COMBANKS ORLANDO CLASSIC** ($150,000),		
Stephanie Farwig	69-70-76-74—289	4,200		Cypress Creek C.C. (72-6,274), Orlando, Fla.,		
Betsy King	72-73-76-69—290	3,300		April 15-17.		
Dale Eggeling	75-73-70-72—290	3,300				
Pat Meyers	73-70-70-77—290	3,300				
Janet Anderson	73-71-76-71—291	2,516		**Lynn Adams**	**71-66-71—208**	**$22,500**
Sandra Haynie	73-72-74-72—291	2,516		Janet Anderson	69-73-68—210	12,600
Kathy Whitworth	72-72-75-72—291	2,516		JoAnne Carner	70-68-72—210	12,600
Lori Garbacz	76-65-75-75—291	2,516		Debbie Massey	69-72-70—211	7,500
Beth Daniel	67-74-73-77—291	2,516		Alice Miller	70-74-68—212	5,350
Carole Charbonnier	74-75-73-70—292	1,960		Patti Rizzo	71-69-72—212	5,350
Alexandra Reinhardt	74-71-77-70—292	1,960		Donna White	70-70-72—212	5,350
Martha Nause	72-77-71-72—292	1,960		Patty Sheehan	72-71-70—213	4,050
Kathy Postlewait	67-74-78-73—292	1,960		Lori Garbacz	71-71-71—213	4,050
Jane Lock	70-69-78-75—292	1,960		Jane Blalock	70-70-73—213	4,050
Mindy Moore	76-74-72-71—293	1,640		Sue Ertl	73-72-69—214	3,300
Jan Ferraris	73-69-79-72—293	1,640		Marty Dickerson	72-69-73—214	3,300
Joan Joyce	74-69-75-75—293	1,640		Jan Stephenson	72-72-71—215	2,850
Pam Gietzen	75-73-74-72—294	1,313		Myra Van Hoose	69-76-71—216	2,640
Jo Ann Washam	76-71-74-73—294	1,313		Peggy Conley	73-73-71—217	2,315
Judy Rankin	70-73-77-74—294	1,313		Sally Little	72-73-72—217	2,315
Pat Bradley	75-71-73-75—294	1,313		Betsy King	70-73-74—217	2,315
Sharon Barrett	68-74-77-75—294	1,313		Vicki Tabor	72-76-71—219	1,732
Hollis Stacy	72-68-77-77—294	1,313		Sandra Palmer	75-71-73—219	1,732
Sandra Post	79-71-72-73—295	1,004		Lenore Muraoka	74-72-73—219	1,732
Patti Rizzo	79-70-73-73—295	1,004		Barbra Mizrahie	73-73-73—219	1,732
Mary Dwyer	73-75-74-73—295	1,004		Beth Daniel	72-74-73—219	1,732
JoAnne Carner	72-75-72-76—295	1,004		Sandra Post	72-73-74—219	1,732
Sue Ertl	75-71-71-78—295	1,004		Pat Bradley	74-74-72—220	1,320
Vicki Tabor	74-73-76-73—296	733		Martha Nause	76-71-73—220	1,320

WOMEN PROFESSIONALS

Beverley Davis-Cooper	75-72-73—220	1,320		Shelley Hamlin	70-68-77-73—288	3,195
Sandra Haynie	73-71-76—220	1,320		Rose Jones	71-71-76-70—288	3,195
Jane Crafter	70-74-76—220	1,320		Alice Miller	71-67-74-75—288	3,195
Ayako Okamoto	67-76-77—220	1,320		Sandra Palmer	67-75-74-72—288	3,195
Joyce Kazmierski	73-76-72—221	985		Jan Stephenson	69-73-76-70—288	3,195
Connie Chillemi	75-72-74—221	985		Jane Lock	70-74-74-71—289	2,235
Carolyn Hill	73-74-74—221	985		Pat Meyers	69-72-75-73—289	2,235
Chris Johnson	72-75-74—221	985		Beth Daniel	66-72-81-71—290	1,695
Mindy Moore	72-74-75—221	985		Mary Dwyer	70-71-76-73—290	1,695
Laurie Rinker	71-74-76—221	985		Chris Johnson	70-72-73-75—290	1,695
Cindy Hill	77-71-74—222	737		Debbie Meisterlin	71-68-74-77—290	1,695
Jane Lock	76-72-74—222	737		Becky Pearson	72-69-76-73—290	1,695
Jerilyn Britz	73-75-74—222	737		Muffin Spencer-Devlin	71-70-75-74—290	1,695
Mary Dwyer	71-77-74—222	737		Kathy Whitworth	72-69-73-76—290	1,695
Amy Alcott	73-74-75—222	737		Bonnie Bryant	74-69-72-76—291	1,320
Deedee Lasker	72-74-76—222	737		Marty Dickerson	68-72-73-78—291	1,320
Bonnie Bryant	74-77-72—223	546		Terri Luckhurst	73-71-75-72—291	1,320
Lauren Howe	72-79-72—223	546		Laurie Rinker	69-71-76-75—291	1,320
Dale Eggeling	75-74-74—223	546		Janet Anderson	70-69-80-73—292	1,011
Lori Huxhold	74-74-75—223	546		Jane Blalock	74-69-75-74—292	1,011
Lauri Peterson	73-75-75—223	546		Brenda Goldsmith	71-74-72-75—292	1,011
Mary Hafeman	72-74-77—223	546		Kathy Postlewait	69-73-76-74—292	1,011
Marga Stubblefield	71-74-78—223	546		Patti Rizzo	69-68-81-74—292	1,011
Cathy Morse	75-76-73—224	420		Alison Sheard	71-70-76-75—292	1,011
Linda Hunt	77-72-75—224	420		Myra Van Hoose	71-72-73-76—292	1,011
Dianne Dailey	74-75-75—224	420		Laura Cole	66-75-77-75—293	802
Catherine Panton	72-77-75—224	420		Dianne Dailey	72-70-77-74—293	802
Pat Meyers	72-77-75—224	420		Lynn Adams	73-73-74-74—294	690
Brenda Goldsmith	71-78-75—224	420		Vicki Fergon	73-70-78-73—294	690
Judy Ellis	73-75-76—224	420		Carolyn Hill	74-72-76-72—294	690
Debbie Austin	78-73-74—225	206		Betsy King	70-74-76-74—294	690
Alice Ritzman	78-73-74—225	206		Dale Eggeling	68-73-76-77—294	690
Barb Bunkowsky	77-74-74—225	206		Debbie Austin	70-70-84-71—295	555
Susie McAllister	76-75-74—225	206		Rica Comstock	72-71-75-77—295	555
Colleen Walker	75-72-78—225	206		Barbra Mizrahie	73-68-78-76—295	555
Kathy Postlewait	69-78-78—225	206		Sandra Post	71-72-78-74—295	555
Murle Breer	74-72-79—225	206		Rosey Bartlett	71-74-80-71—296	442
Valerie Skinner	71-75-79—225	206		Stephanie Farwig	71-71-80-74—296	442
Deborah Petrizzi	78-73-75—226			Cindy Lincoln	73-72-76-75—296	442
Karen Permezel	71-77-78—226			Cathy Morse	70-71-79-76—296	442
Debbie Meisterlin	74-73-79—226			Mindy Moore	69-75-80-72—296	442
Cathy Mant	73-74-79—226			Lauri Peterson	75-68-81-72—296	442
Beverly Klass	76-75-76—227			M. J. Smith	72-74-77-73—296	442
Pam Gietzen	77-73-77—227			Cathy Reynolds	72-69-73-82—296	442
Marlene Hagge	74-72-81—227			Gerda Boykin	73-72-78-74—297	352
Mari McDougall	78-73-78—229			Joyce Kazmierski	70-76-73-78—297	352
Joan Joyce	72-77-80—229			Sue Roberts	72-71-78-76—297	352
Alison Sheard	74-77-80—231			Sandra Spuzich	73-72-76-76—297	352
				Barb Bunkowsky	71-72-79-76—298	87

S&H GOLF CLASSIC ($150,000),
Pasadena Golf & Yacht C. (72-6,023), St. Petersburg, Fla., April 21-24.

				Debbie Hall	68-77-78-75—298	87
				Jeanette Kerr	72-70-76-80—298	87
				Susan Grams	71-70-79-78—298	87
				Kathy Martin	72-71-76-79—298	87
Hollis Stacy	**70-66-69-72—277**	**$22,500**		Ayako Okamoto	71-69-76-82—298	87
Deedee Lasker	68-72-73-70—283	12,600		Robin Walton	74-72-76-76—298	87
Patty Sheehan	72-68-74-69—283	12,600		Jerilyn Britz	72-72-76-79—299	
Janet Coles	67-68-73-76—284	6,750		Gail Hirata	74-71-79-75—299	
Jo Ann Washam	69-68-74-73—284	6,750		Anne-Marie Palli	70-72-83-75—300	
Lori Huxhold	72-68-72-73—285	5,250		Kellii Rinker	74-69-79-78—300	
JoAnne Carner	69-66-75-76—286	4,575		Cathy Sherk	69-77-79-75—300	
Alexandra Reinhardt	76-70-68-72—286	4,575		Martha Nause	74-70-83-74—301	
Pat Bradley	69-73-73-73—288	3,195		Karen Permezel	74-72-78-77—301	
Catherine Duggan	72-69-74-73—288	3,195		Lauren Howe	71-75-80-79—305	

WOMEN PROFESSIONALS

Nancy Rubin	74-71-83-77—305	
Mari McDougall	70-72-79-WD	
Lori Garbacz	69-75-80-WD	
Therese Hession	73-70-WD	

CPC INTERNATIONAL ($175,000),
Moss Creek Plantation (72-6,100), Hilton Head Island, S.C., April 29-May 1.

Hollis Stacy	67-71-74-73—285	$26,250
Beth Daniel	73-69-75-69—286	17,150
Patty Sheehan	73-71-72-71—287	10,500
Jan Stephenson	73-71-70-73—287	10,500
Kathy Whitworth	69-70-75-76—290	7,000
Lori Garbacz	73-71-75-72—291	5,862
Amy Alcott	72-71-73-75—291	5,862
†Marci Bozarth	77-74-72-69—292	
Sandra Spuzich	75-69-76-72—292	4,725
Sandra Post	74-74-72-72—292	4,725
Kathy Hite	71-73-74-74—292	4,725
Lynn Adams	73-73-72-73—293	3,675
Ayako Okamoto	73-73-73-74—293	3,675
Janet Coles	71-72-75-75—293	3,675
Chris Johnson	76-74-72-73—295	2,887
Alice Ritzman	75-73-74-73—295	2,887
Alice Miller	74-74-74-73—295	2,887
Myra Van Hoose	77-77-69-73—296	2,226
Sandra Haynie	75-74-70-77—296	2,266
Donna White	74-68-77-77—296	2,266
Betsy King	73-75-77-71—296	2,266
Vicki Tabor	78-74-72-73—297	1,824
Shelley Hamlin	77-72-75-73—297	1,824
Jerilyn Britz	74-73-72-78—297	1,824
Patti Rizzo	75-71-73-78—297	1,824
Kathy Postlewait	76-75-75-72—298	1,505
Gail Hirata	73-73-78-74—298	1,505
Muffin Spencer-Devlin	73-72-76-77—298	1,505
Jane Blalock	76-73-72-77—298	1,505
Vicki Singleton	74-70-76-78—298	1,505
Beverley Davis	77-73-77-72—299	1,230
Stephanie Farwig	78-73-73-75—299	1,230
Debbie Austin	77-75-72-75—299	1,230
Nancy Lopez	73-75-73-79—300	1,067
Debbie Massey	77-73-75-75—300	1,067
Carole Charbonnier	74-73-76-77—300	1,067
Kathy McMullen	74-78-77-72—301	915
†Anne Sander	75-74-77-75—301	
Laura Cole	75-76-75-75—301	915
Donna Caponi	77-70-78-76—301	915
Marlene Floyd-DeArman	78-74-79-71—302	770
Martha Nause	74-80-76-72—302	770
Judy Clark	78-75-74-75—302	770
Penny Pulz	79-74-74-75—302	770
Dianne Dailey	75-79-73-75—302	770
Dot Germain	75-80-74-74—303	617
Cathy Morse	75-77-76-75—303	617
Cindy Hill	75-75-77-76—303	617
Dale Eggeling	73-79-74-77—303	617
Beth Solomon	75-74-79-76—304	533
Silvia Bertolaccini	76-74-78-76—304	533
Anne-Marie Palli	76-78-74-76—304	533
Beverly Klass	75-72-76-81—304	533
Jeannette Kerr	78-78-76-73—305	472
Sharon Barrett	74-79-77-75—305	472
M. J. Smith	75-77-76-77—305	472
Marlene Hagge	78-79-75-74—306	429
Pam Gietzen	77-73-77-79—306	429
Judy Rankin	79-77-76-75—307	385
Alexandra Reinhardt	73-79-79-76—307	385
Barbara Barrow	77-76-77-77—307	385
Susie McAllister	76-78-79-75—308	350
†Marlene Streit	76-79-72-81—308	
Vicki Fergon	84-78-73-74—309	
†Ceil Maclaurin	80-82-72-78—312	
Carole Jo Callison	74-82-80-76—312	
Sandra Palmer	80-76-77-79—312	
Joyce Kazmierski	78-73-85-78—314	
Marilynn Smith	76-80-79-79—314	
Terri Luckhurst	77-79-79-84—319	
Julie Pyne	80-80-80-80—320	
†Toni Wiesner	77-85-82-79—323	
Karen Shapiro	82-81-76-87—326	
†Edean Ihlanfeldt	85-85-83-85—338	
Judy Oliver	89-89-81-83—342	
Sally Little	74-77-86-WD	
†Amateur.		

LADY MICHELOB ($150,000),
Brookfield West G. & C.C. (72-6,123), Roswell, Ga., May 5-8.

Janet Coles	67-70-69—206	$22,500
Sandra Post	71-69-72—212	14,700
Lauri Peterson	77-68-70—215	8,000
Kathy Martin	72-72-71—215	8,000
Alice Miller	68-73-74—215	8,000
Kathy Whitworth	75-71-70—216	4,440
Lori Garbacz	71-74-71—216	4,440
Deedee Lasker	74-70-72—216	4,440
M. J. Smith	72-72-73—216	4,440
Marty Dickerson	71-72-73—216	4,440
Debbie Meisterlin	73-73-71—217	3,300
Jan Stephenson	72-74-71—217	3,300
Judy Clark	74-73-71—218	2,487
Silvia Bertolaccini	76-70-72—218	2,487
Lori Huxhold	70-75-73—218	2,487
Donna Caponi	74-70-74—218	2,487
Jane Lock	67-75-76—218	2,487
Myra Van Hoose	76-73-70—219	1,870
Dot Germain	71-76-72—219	1,870
Mindy Moore	75-70-74—219	1,870
Kathy Hite	76-70-74—220	1,595
Vicki Tabor	74-70-76—220	1,595
Mary Dwyer	70-73-77—220	1,595
Pia Nilsson	76-74-71—221	1,350
Brenda Goldsmith	71-79-71—221	1,350
Barbara Barrow	70-79-72—221	1,350
Gail Hirata	73-75-73—221	1,350
Catherine Duggan	73-73-75—221	1,350
Karen Permezel	70-82-70—222	1,059
Robin Walton	74-77-71—222	1,059
Dale Eggling	72-75-75—222	1,059
Hollis Stacy	72-73-77—222	1,059
Debbie Austin	72-70-80—222	1,059
Beverley Davis	76-74-73—223	870

WOMEN PROFESSIONALS

Sarah LeVeque	77-72-74—223	870	Vicki Tabor	78-69-71—218	2,640
Amy Alcott	69-78-76—223	870	Myra Van Hoose	74-69-76—219	2,475
Rosey Bartlett	79-74-71—224	720	Chris Johnson	77-73-70—220	1,858
Lauren Howe	72-81-71—224	720	Martha Nause	76-74-70—220	1,858
Marianne Huning	75-77-72—224	720	Donna White	76-73-71—220	1,858
Jeannette Kerr	73-77-74—224	720	Deborah Petrizzi	74-75-71—220	1,858
Jane Crafter	76-72-76—224	720	Rose Jones	74-74-72—220	1,858
†Cindy Pleger	80-72-73—225		M. J. Smith	76-70-74—220	1,858
Susan Grams	78-74-73—225	546	Kathy Postlewait	75-69-76—220	1,858
Marlene Hagge	75-76-74—225	546	Beth Daniel	72-72-76—220	1,858
Mary Hafeman	75-76-74—225	546	Sue Ertl	74-72-75—221	1,470
Kathryn Young	72-78-75—225	546	Jan Stephenson	75-77-70—222	1,290
Cindy Hill	76-73-76—225	546	Jo Ann Washam	74-75-73—222	1,290
Sydney Cunningham	73-75-77—225	546	Pat Bradley	77-71-74—222	1,290
Barbra Mizrahie	72-76-77—225	546	Gail Hirata	78-69-75—222	1,290
Mina Rodriguez	71-79-76—226	457	Lauri Peterson	77-70-75—222	1,290
Rose Jones	78-74-74—226	457	Barb Bunkowsky	76-77-70—223	918
Carolyn Hill	79-76-72—227	382	Mindy Moore	77-74-72—223	918
Marga Stubblefield	82-72-73—227	382	Jane Crafter	78-72-73—223	918
Debbie Hall	75-79-73—227	382	Debbie Meisterlin	75-74-74—223	918
Stephanie Farwig	79-73-75—227	382	Laurie Rinker	76-72-75—223	918
Lenore Muraoka	78-74-75—227	382	Beth Solomon	75-73-75—223	918
†Caroline Gowan	71-81-75—227		Lauren Howe	73-75-75—223	918
Sue Ertl	78-73-76—227	382	Jane Lock	74-73-76—223	918
Nancy Lopez	72-78-77—227	382	Vicki Singleton	72-75-76—223	918
Pat Meyers	74-74-79—227	382	Mary Hafeman	78-73-73—224	660
Cindy Lincoln	74-81-73—228	153	Kelly Fuiks	74-77-73—224	660
Charlotte Montgomery	76-79-73—228	153	Brenda Goldsmith	75-75-74—224	660
Betsy Barrett	81-73-74—228	153	Pat Meyers	76-71-77—224	660
Colleen Walker	77-76-75—228	153	Alexandra Reinhardt	75-71-78—224	660
Marilynn Smith	78-76-75—229		Kathryn Young	74-77-74—225	540
Deborah Petrizzi	76-74-79—229		Marty Dickerson	73-78-74—225	540
Carole Jo Callison	76-75-78—229		Debbie Austin	74-76-75—225	540
Kelly Fuiks	78-77-74—229		Connie Chillemi	80-72-74—226	435
Clifford Ann Creed	80-75-74—229		Kathy Hite	73-78-75—226	435
Sharon Barrett	75-78-76—229		Deedee Lasker	76-73-77—226	435
Terri Luckhurst	75-74-82—231		Penny Pulz	75-74-77—226	435
Barbara Riedl	78-73-80—231		Mari McDougall	76-72-78—226	435
Alexandra Reinhardt	73-78-80—231		Shelley Hamlin	76-72-78—226	435
Lynn Adams	73-75-84—232		Lori Huxhold	73-75-78—226	435
Joan Joyce	74-81-78—233		Karen Permezel	72-76-78—226	435
Kellii Rinker	76-77-80—233		Joan Joyce	75-72-79—226	435
Becky Pearson	80-74-80—234		Julie Pyne	78-75-74—227	235
†Amateur.			Carolyn Hill	78-74-75—227	235
			Marlene Hagge	78-74-75—227	235
			Pam Gietzen	75-77-75—227	235

UNITED VIRGINIA BANK CLASSIC ($150,000),
Portsmouth (Va.) Sleepy hole G.C. (72-6,196),
May 13-15.

Colleen Walker	74-78-75—227	235
Jerilyn Britz	74-77-76—227	235
Sharon Barrett	72-76-79—227	235
Charlotte Montgomery	76-74-78—228	
Sandra Post	78-71-79—228	
Becky Pearson	74-75-79—228	
Dianne Dailey	75-73-80—228	
Kathy McMullen	71-76-81—228	
Rosey Bartlett	79-73-77—229	
Cathy Mant	77-74-78—229	
Robin Walton	78-73-79—230	
Julie Waldo	78-75-74—232	

Lenore Muraoka	70-73-69—212	$22,500
Debbie Massey	73-69-73—215	10,900
Alice Miller	68-74-73—215	10,900
Stephanie Farwig	73-68-74—215	10,900
Sarah LeVeque	74-74-68—216	4,700
Janet Coles	70-76-70—216	4,700
Catherine Duggan	73-72-71—216	4,700
Silvia Bertolaccini	71-73-72—216	4,700
Betsy King	70-73-73—216	4,700
Dot Germain	73-64-79—216	4,700
Lynn Adams	72-75-71—217	3,150
Mary Dwyer	71-72-74—217	3,150
LeAnn Cassaday	72-69-76—217	3,150

CHRYSLER-PLYMOUTH CHARITY CLASSIC ($125,000),
Upper Montclair C.C. (73-6,389), Clifton, N.J.,
May 20-22.

WOMEN PROFESSIONALS

Pat Bradley	73-73-66—212	$18,750
Stephanie Farwig	72-69-72—213	12,250
Amy Alcott	70-71-73—214	8,750
Donna White	68-73-74—215	6,250
Nancy Lopez	74-73-69—216	5,000
Martha Nause	75-74-69—218	4,375
Sarah LeVeque	75-76-72—219	4,000
Susie McAllister	75-72-69—220	3,500
Barbara Moxness	72-73-75—220	3,500
Kathryn Young	74-76-71—221	2,455
Jo Ann Washam	75-74-72—221	2,455
Patti Rizzo	76-72-73—221	2,455
LeAnn Cassaday	74-74-73—221	2,455
Alice Miller	73-73-75—221	2,455
Janet Anderson	72-74-75—221	2,455
Debbie Austin	78-67-76—221	2,455
Kelly Fuiks	78-73-71—222	1,572
Kathy Postlewait	76-72-74—222	1,572
Brenda Goldsmith	76-72-74—222	1,572
Judy Clark	73-73-75—222	1,572
Becky Pearson	74-71-77—222	1,572
Deedee Lasker	74-79-70—223	1,200
Sue Fogleman	77-73-73—223	1,200
Valerie Skinner	75-75-73—223	1,200
Connie Chillemi	75-74-74—223	1,200
Jane Blalock	76-71-76—223	1,200
Lynn Adams	72-73-78—223	1,200
Donna Caponi	74-78-71—224	808
Debbie Massey	74-78-72—224	808
Dianne Dailey	77-74-73—224	808
Jerilyn Britz	77-74-73—224	808
Vivian Brownlee	76-75-73—224	808
Dot Germain	75-74-75—224	808
Karen Permezel	75-74-75—224	808
Betsy King	74-73-77—224	808
Debbie Hall	72-75-77—224	808
Shelley Hamlin	75-71-78—224	808
Hollis Stacy	73-73-78—224	808
Vicki Tabor	79-73-73—225	472
Marlene Floyd-DeArman	78-74-73—225	472
Barb Bunkowsky	75-77-73—225	472
Beverly Klass	79-72-74—225	472
Lenore Muraoka	74-77-74—225	472
Lauri Peterson	73-78-74—225	472
Jan Stephenson	76-74-75—225	472
Marga Stubblefield	75-74-76—225	472
Kathy McMullen	75-72-78—225	472
Debbie Meisterlin	73-74-78—225	472
Kathy Hite	71-75-79—225	472
Lori Huxhold	70-74-81—225	472
Marlene Hagge	78-74-74—226	350
Colleen Walker	78-74-74—226	350
Kathy Martin	76-76-74—226	350
Catherine Duggan	78-75-74—227	293
Susan Grams	78-74-75—227	293
Alison Sheard	72-77-78—227	293
Chris Johnson	68-81-78—227	293
Judy Ellis	73-75-79—227	293
Jane Crafter	72-76-79—227	293
Alexandra Reinhardt	79-74-75—228	50
Cathy Morse	74-78-76—228	50
Janet Coles	80-71-77—228	50
Nancy Rubin	75-76-77—228	50
Mindy Moore	79-71-78—228	50
Murle Breer	78-70-81—229	
Jeannette Kerr	79-74-77—230	
Rose Jones	76-75-79—230	
Kellii Rinker	78-75-78—231	
Julie Pyne	75-77-79—231	
Mary Dwyer	77-72-82—231	
Rosey Bartlett	78-75-82—235	
Carolyn Hill	74-78-83—235	
Beth Daniel	82-71-WD	

LPGA CORNING CLASSIC ($150,000),
Corning (N.Y.) C.C. (72-6,023), May 23-29,

Patty Sheehan	70-70-69-63—272	$22,500
Cindy Hill	70-71-71-68—280	14,700
Sandra Haynie	77-68-68-68—281	10,500
Kathryn Young	71-68-72-71—282	6,750
Kathy Hite	68-76-66-72—282	6,750
Jane Lock	73-72-67-72—284	5,250
JoAnne Carner	71-72-72-71—286	4,575
Valerie Skinner	73-68-74-71—286	4,575
Jane Crafter	72-75-72-68—287	3,900
Lauren Howe	70-72-71-74—287	3,900
Pat Bradley	73-76-68-71—288	3,300
Rose Jones	72-73-71-72—288	3,300
Kathy Martin	76-71-73-69—289	2,407
Penny Pulz	73-75-71-70—289	2,407
Amy Alcott	73-75-68-73—289	2,407
Carole Charbonnier	72-73-71-73—289	2,407
Sarah LeVeque	71-73-71-74—289	2,407
Cathy Mant	71-72-72-74—289	2,407
Sue Ertl	71-72-72-75—290	1,860
Colleen Walker	72-74-72-73—291	1,702
Beth Daniel	74-74-69-74—291	1,702
Karen Permezel	76-74-71-71—292	1,500
Silvia Bertolaccini	75-76-69-72—292	1,500
Susan Grams	74-73-73-72—292	1,500
Jerilyn Britz	70-75-74-73—292	1,500
Judy Rankin	72-77-73-71—293	1,200
Sharon Barrett	75-74-71-73—293	1,200
Marga Stubblefield	73-76-71-73—293	1,200
M. J. Smith	73-74-71-75—293	1,200
Sandra Spuzich	71-75-72-75—293	1,200
Joyce Kazmierski	71-75-72-75—293	1,200
Martha Nause	72-80-71-71—294	872
Lynn Adams	76-75-72-71—294	872
Dale Eggeling	76-75-72-71—294	872
Debbie Massey	76-70-74-74—294	872
Ayako Okamoto	74-73-72-75—294	872
Lenore Muraoka	72-73-74-75—294	872
Marlene Hagge	75-73-70-76—294	872
Donna Caponi	75-77-71-72—295	675
Debbie Hall	78-71-72-74—295	675
Dianne Dailey	76-75-69-75—295	675
Vicki Fergon	71-73-73-78—295	675
Vicki Singleton	73-78-73-72—296	522
Lynn Stroney	74-76-74-72—296	522
Mindy Moore	77-72-74-73—296	522
Beth Solomon	73-76-74-73—296	522
Muffin Spencer-Devlin	73-73-76-74—296	522
Jeannette Kerr	77-71-73-75—296	522
Robin Walton	73-75-72-76—296	522

128

WOMEN PROFESSIONALS

Shelley Hamlin	81-71-73-72—297	412	
Betsy King	76-75-73-73—297	412	
Pat Meyers	73-75-76-73—297	412	
Beverley Davis	71-79-73-74—297	412	
Marty Dickerson	77-71-75-74—297	412	
Deedee Lasker	75-73-73-76—297	412	
LeAnn Cassaday	72-79-74-73—298	337	
Alison Sheard	76-73-74-75—298	337	
Nancy Rubin	76-72-74-76—298	337	
Kathy Postlewait	76-76-69-77—298	337	
Anne-Marie Palli	74-78-74-73—299	75	
Lori Garbacz	74-78-74-73—299	75	
Barbara Moxness	74-75-75-75—299	75	
Terri Luckhurst	75-71-76-77—299	75	
Judy Clark	77-74-76-73—300		
Laurie Rinker	72-78-77-73—300		
Barbra Mizrahie	74-78-74-74—300		
Myra Van Hoose	75-76-74-75—300		
Linda Hunt	75-75-75-75—300		
Kathy Whitworth	73-77-75-75—300		
Jane Blalock	77-75-72-76—300		
Mary Dwyer	74-74-79-74—301		
Alexandra Reinhardt	74-77-75-75—301		
Alice Ritzman	77-71-78-75—301		
Jo Ann Washam	76-73-80-73—302		
Kathy McMullen	78-74-71-79—302		
Pia Nilsson	73-72-78-79—302		
Lauri Peterson	73-78-78-74—303		
Mari McDougall	79-73-77-75—304		
Mary Hafeman	78-74-78-77—307		

WEST VIRGINIA LPGA CLASSIC ($150,000),
Speidel G.C. (72-6,150), Wheeling, W. Va., June 3-5.

*Alice Miller	70-73-73—216	$22,500
Debbie Massey	70-74-72—216	12,600
Lori Garbacz	74-73-69—216	12,600
Hollis Stacy	71-76-70—217	7,500
Anne-Marie Palli	74-74-70—218	5,625
LeAnn Cassaday	69-76-73—218	5,625
Ayako Okamoto	76-74-69—219	4,400
Patty Sheehan	74-75-70—219	4,400
Alison Sheard	74-73-72—219	4,400
Lauren Howe	71-78-71—220	3,600
Silvia Bertolaccini	73-72-75—220	3,600
Lynn Stroney	75-72-74—221	3,150
Bonnie Lauer	76-73-73—222	2,487
Betsy King	70-79-73—222	2,487
Sandra Palmer	71-77-74—222	2,487
Beth Solomon	74-73-75—222	2,487
Susie McAllister	71-74-77—222	2,487
Dale Eggeling	76-76-71—223	1,773
Beverly Klass	78-73-72—223	1,773
Patti Rizzo	78-72-73—223	1,773
Barbra Mizrahie	76-74-73—223	1,773
Brenda Goldsmith	75-75-73—223	1,773
Shelley Hamlin	73-80-71—224	1,350
Dianne Dailey	73-78-73—224	1,350
Lenore Muraoka	77-73-74—224	1,350
Gail Hirata	76-74-74—224	1,350
Kathryn Young	74-75-75—224	1,350
Catherine Duggan	74-75-75—224	1,350

Vicki Tabor	74-73-77—224	1,350
Susan Grams	75-78-72—225	962
Mary Dwyer	72-81-72—225	962
M. J. Smith	81-71-73—225	962
Sharon Barrett	74-78-73—225	962
Jane Blalock	74-76-75—225	962
Judy Clark	76-72-77—225	962
Alexandra Reinhardt	71-74-80—225	962
Vicki Singleton	77-78-71—226	660
Deedee Lasker	78-74-74—226	660
Debbie Hall	78-74-74—226	660
†Michele Berteotti	74-78-74—226	
Sydney Cunningham	76-75-75—226	660
Marianne Huning	78-72-76—226	660
Debbie Meisterlin	77-73-76—226	660
Barbara Moxness	74-76-76—226	660
Joyce Kazmiersky	74-75-77—226	660
Kathy Postlewait	73-75-78—226	660
Becky Pearson	77-78-72—227	487
Colleen Walker	76-78-73—227	487
Peggy Conley	76-78-73—227	487
Debbie Austin	76-77-74—227	487
Joan Joyce	82-72-74—228	442
Sarah LeVeque	78-74-76—228	442
Cindy Lincoln	78-77-74—229	382
Connie Chillemi	78-76-75—229	382
Laurie Rinker	83-70-76—229	382
Julie Pyne	79-74-76—229	382
Carole Charbonnier	76-76-77—229	382
†Carol Thompson	74-78-77—229	
Cathy Morse	76-75-78—229	382
Sue Fogleman	80-76-74—230	189
Kathy Martin	77-79-74—230	189
Marjorie Jones	79-76-75—230	189
Linda Hunt	75-79-76—230	189
Mindy Moore	75-78-77—230	189
Rica Comstock	74-79-78—231	
Janet Anderson	77-78-77—232	
Rosey Bartlett	78-77-78—233	
Deborah Petrizzi	82-72-79—233	
Beverley Davis	77-76-80—233	
Jane Lock	75-81-78—234	
Mari McDougall	73-80-81—234	
Amelia Rorer	75-77-82—234	
Kellii Rinker	78-75-84—237	

*Won playoff.
†Amateur.

LPGA CHAMPIONSHIP ($200,000),
Jack Nicklaus Sports Center, Grizzly Cse. (72-6,277), Kings Island, Ohio, June 9-12.

Patty Sheehan	68-71-74-66—279	$30,000
Sandra Haynie	70-69-67-75—281	19,600
Debbie Massey	68-74-71-70—283	14,000
Chris Johnson	70-70-75-69—284	9,000
JoAnne Carner	68-74-70-72—284	9,000
Pat Bradley	73-71-71-70—285	6,700
Vicki Tabor	71-70-71-73—285	6,700
Dale Eggeling	73-71-73-69—286	5,400
Alice Miller	70-72-73-71—286	5,400
Alexandra Reinhardt	66-68-75-76—286	5,400

129

WOMEN PROFESSIONALS

Betsy King	74-70-73-70—287	3,884
Janet Coles	72-72-73-70—287	3,884
Dot Germain	73-66-77-71—287	3,884
Jan Stephenson	74-67-74-72—287	3,884
Hollis Stacy	71-68-73-75—287	3,884
Sandra Palmer	72-77-70-69—288	2,688
Judy Clark	74-73-70-71—288	2,688
Beth Daniel	73-73-70-72—288	2,688
Jane Blalock	69-75-71-73—288	2,688
Lauren Howe	69-70-74-75—288	2,688
Kathy Postlewait	74-71-75-69—289	2,044
Dianne Dailey	72-72-75-70—289	2,044
Nancy Lopez	72-75-69-73—289	2,044
Donna White	71-75-70-73—289	2,044
Sue Fogleman	71-72-73-73—289	2,044
Jane Crafter	76-74-73-67—290	1,600
Stephanie Farwig	72-73-75-70—290	1,600
Muffin Spencer-Devlin	75-70-74-71—290	1,600
Amy Alcott	74-71-73-72—290	1,600
Penny Pulz	71-73-73-73—290	1,600
Mary Dwyer	73-72-71-74—290	1,600
Cathy Reynolds	76-74-72-69—291	1,162
Debbie Austin	73-71-75-72—291	1,162
Carole Charbonnier	71-72-74-74—291	1,162
Beverly Klass	75-73-68-75—291	1,162
Gail Hirata	73-69-74-75—291	1,162
LeAnn Cassaday	69-71-76-75—291	1,162
Kathryn Young	73-73-68-77—291	1,162
Vivian Brownlee	72-74-76-70—292	880
Cindy Hill	70-73-76-73—292	880
Pat Meyers	74-73-71-74—292	880
Alison Sheard	73-73-70-76—292	880
Judy Ellis	74-71-71-76—292	880
Ayako Okamoto	79-71-74-69—293	406
Lauri Peterson	75-75-72-71—293	406
Barbara Moxness	72-74-75-72—293	406
Debbie Hall	76-71-73-73—293	406
Jeannette Kerr	75-72-73-73—293	406
Catherine Duggan	72-75-73-73—293	406
Rose Jones	71-74-75-73—293	406
Pia Nilsson	72-73-74-74—293	406
Anne-Marie Palli	70-75-73-75—293	406
Kathy Hite	72-75-70-76—293	406
Debbie Meisterlin	70-74-73-76—293	406
Mina Rodriguez	76-79-71-77—293	406
Vicki Fergon	75-69-70-79—293	406
Lori Garbacz	75-74-73-72—294	344
Martha Nause	77-70-74-73—294	344
Donna Caponi	70-76-75-73—294	344
Cathy Mant	76-70-73-75—294	344
Pam Gietzen	75-70-73-76—294	344
Cindy Lincoln	74-76-73-72—295	
Alice Ritzman	68-77-78-72—295	
Cathy Morse	75-74-73-73—295	
Jo Ann Washam	71-76-75-73—295	
Valerie Skinner	77-73-71-74—295	
Lori Huxhold	73-77-72-74—296	
Myra Van Hoose	74-74-74-74—296	
Sharon Barrett	72-77-74-74—297	
Barb Bunkowsky	74-72-80-72—298	
Patty Hayes	73-75-76-74—298	
Deedee Lasker	73-72-77-76—298	
Kelly Fuiks	74-76-74-75—299	

Jane Lock	76-73-75-76—300	
Marty Dickerson	75-71-79-76—301	
Sarah LeVeque	72-78-75-79—304	
Bonnie Lauer	78-72-73-81—304	
Kathy McMullen	74-76-77-79—306	
Marlene Floyd-DeArman	76-74-77-80—307	
Beth Solomon	73-77-76-DQ	
Barbra Mizrahie	73-77-WD	

LADY KEYSTONE OPEN ($200,000),

Hershey (Pa.) C.C. (72-6,388), June 17-19.

Jan Stephenson	69-67-69—205	$30,000
Pat Bradley	68-69-69—206	19,600
Amy Alcott	69-71-67—207	14,000
Donna White	67-71-70—208	9,000
JoAnne Carner	69-68-71—208	9,000
Lauren Howe	66-68-75—209	7,000
Kathy Whitworth	72-68-71—211	6,400
Judy Ellis	73-71-69—213	4,452
Betsy King	72-71-70—213	4,452
Pat Meyers	70-72-71—213	4,452
Carole Charbonnier	70-71-72—213	4,452
Martha Nause	71-69-73—213	4,452
Dot Germain	70-70-73—213	4,452
Debbie Massey	73-66-74—213	4,452
Rose Jones	69-68-76—213	4,452
Stephanie Farwig	72-70-72—214	3,080
Myra Van Hoose	73-72-70—215	2,590
Vicki Tabor	71-74-70—215	2,590
Janet Coles	73-69-73—215	2,590
Judy Clark	67-75-73—215	2,590
Gail Hirata	74-71-71—216	2,044
Sue Ertl	71-74-71—216	2,044
Patty Sheehan	74-70-72—216	2,044
Sandra Palmer	73-71-72—216	2,044
Barbara Riedl	68-72-76—216	2,044
Alice Miller	75-73-69—217	1,720
Muffin Spencer-Devlin	71-74-72—217	1,720
Vicki Fergon	72-71-74—217	1,720
Peggy Conley	74-74-70—218	1,380
Cindy Lincoln	73-74-71—218	1,380
Nancy Rubin	72-75-71—218	1,380
Sandra Haynie	76-69-73—218	1,380
Debbie Austin	72-73-73—218	1,380
Lynn Adams	70-75-73—218	1,380
Deborah Petrizzi	74-74-71—219	966
Robin Walton	75-71-73—219	966
Connie Chillemi	74-72-73—219	966
Pam Gietzen	72-74-73—219	966
Lori Huxhold	73-72-74—219	966
Mindy Moore	72-73-74—219	966
Kathy Martin	72-73-74—219	966
Jane Crafter	72-72-75—219	966
Alexandra Reinhardt	71-73-75—219	966
Val Skinner	79-70-71—220	615
Barbara Moxness	74-75-71—220	615
Jo Ann Washam	76-72-72—220	615
Cathy Mant	71-77-72—220	615
Silvia Bertolaccini	76-71-73—220	615
Lauri Peterson	74-73-73—220	615
Becky Pearson	72-74-74—220	615
Cathy Reynolds	71-75-74—220	615

WOMEN PROFESSIONALS

Penny Pulz	74-71-75—220	615
Beth Daniel	73-72-75—220	615
Kathy McMullen	71-74-75—220	615
Jane Lock	70-74-76—220	615
Kathryn Young	78-71-72—221	314
Bonnie Lauer	75-73-73—221	314
Charlotte Montgomery	76-71-74—221	314
Catherine Duggan	75-72-74—221	314
Pia Nilsson	72-75-74—221	314
Alison Sheard	75-71-75—221	314
Dianne Dailey	74-72-75—221	314
LeAnn Cassaday	75-74-73—222	
Barbra Mizrahie	74-75-73—222	
Susie McAllister	75-72-75—222	
Lenore Muraoka	73-74-75—222	
Dale Eggeling	77-72-74—223	
M.J. Smith	73-75-75—223	
Mary Dwyer	73-74-76—223	
Holly Hartley	73-73-77—223	
Linda Hunt	73-76-75—224	
Marianne Huning	75-72-77—224	
Anne-Marie Palli	75-74-78—227	
Karen Permezel	71-77-79—227	
Lori Garbacz	74-74-DQ	

ROCHESTER INTERNATIONAL ($200,000),
Locust Hill C.C. (72-6,162), Pittsford, N.Y., June 23-26.

*Ayako Okamoto	68-71-67-76	282	$30,000
Donna White	71-71-66-74	282	16,800
Kathy Whitworth	71-70-72-69	282	16,800
Vicki Fergon	73-70-71-69	283	10,000
JoAnne Carner	72-70-73-69	284	7,500
Jane Blalock	70-72-70-72	284	7,500
Betsy King	75-70-71-69	285	6,400
Sandra Haynie	70-73-75-68	286	4,800
Lynn Adams	68-76-72-70	286	4,800
Cathy Morse	69-72-75-70	286	4,800
Beth Daniel	72-71-71-72	286	4,800
Janet Anderson	74-71-67-74	286	4,800
Laura Cole	71-71-70-74	286	4,800
Penny Pulz	73-67-77-70	287	3,520
Mindy Moore	77-73-68-70	288	2,985
Nancy Lopez	72-75-70-71	288	2,985
Kathryn Young	71-74-71-72	288	2,985
Lauri Peterson	72-71-68-77	288	2,985
Peggy Conley	75-72-72-70	289	2,190
Alice Miller	69-75-75-70	289	2,190
Debbie Austin	71-71-76-71	289	2,190
Sharon Barrett	76-71-70-72	289	2,190
Hollis Stacy	71-73-73-72	289	2,190
Kathy Martin	70-72-73-74	289	2,190
Pam Gietzen	76-72-70-72	290	1,760
Sandra Spuzich	75-73-69-73	290	1,760
Judy Ellis	71-72-74-73	290	1,760
Vicki Tabor	72-73-70-75	290	1,760
Donna Caponi	75-74-71-71	291	1,480
Myra Van Hoose	72-74-71-74	291	1,480
Rose Jones	69-74-74-74	291	1,480
Kathy Postlewait	76-68-77-71	292	1,113
Cathy Sherk	71-72-78-71	292	1,113
Dale Eggeling	73-77-70-72	292	1,113
Pat Bradley	74-72-74-72	292	1,113
Debbie Massey	75-73-71-73	292	1,113
Muffin Spencer-Devlin	77-70-72-73	292	1,113
Charlotte Montgomery	73-72-74-73	292	1,113
Judy Clark	72-72-74-74	292	1,113
Dot Germain	73-70-72-77	292	1,113
Jane Crafter	74-76-71-72	293	860
Becky Pearson	70-72-70-81	293	860
Stephanie Farwig	75-73-74-72	294	760
Jo Ann Washam	76-70-74-74	294	760
Sandra Palmer	71-74-74-75	294	760
M. J. Smith	77-72-75-72	296	610
Vicki Singleton	74-72-77-73	296	610
Sue Ertl	74-75-73-74	296	610
Beth Solomon	76-72-74-74	296	610
Carole Charbonnier	74-73-75-74	296	610
Cathy Reynolds	74-72-75-75	296	610
Amy Alcott	75-73-71-77	296	610
Marianne Huning	73-72-73-78	296	610
Chris Johnson	75-74-77-71	297	500
Debbie Meisterlin	75-75-71-76	297	500
Beverley Davis	73-73-75-76	297	500
Betsy Barrett	75-72-76-75	298	450
Patti Rizzo	75-72-75-76	298	450
Connie Chillemi	75-74-76-74	299	205
Pat Meyers	74-72-77-76	299	205
Beverly Klass	76-72-74-77	299	205
Alice Ritzman	75-69-76-79	299	205
Cathy Mant	72-73-81-74	300	
Barbara Riedl	78-71-74-77	300	
Brenda Goldsmith	72-73-81-75	301	
Bonnie Lauer	74-76-74-77	301	
Murle Breer	73-74-76-78	301	
Marga Stubblefield	76-73-74-79	302	
Karen Permezel	73-75-77-78	303	
Vivian Brownlee	73-74-78-78	303	
Kathy Hite	73-77-81-74	305	
Lenore Muraoka	76-74-73-82	305	
Jamie DeWeese	76-74-81-75	306	
Kelly Fuiks	74-74-80-80	308	
Holly Hartley	76-74-76-84	310	
Cindy Hill	73-77-76-WD		
LeAnn Cassaday	77-73-78-WD		

*Won playoff.

PETER JACKSON CLASSIC ($200,000),
Beaconsfield G.C. (72-6,033), Montreal, Quebec, Canada, June 30-July 3.

Hollis Stacy	68-68-73-68	277	$37,500
Alice Miller	71-75-67-66	279	21,000
JoAnne Carner	71-69-73-66	279	21,000
Rose Jones	69-71-71-70	281	12,500
Sandra Haynie	71-73-69-69	282	8,500
Pat Bradley	67-74-70-71	282	8,500
Patty Sheehan	69-70-72-71	282	8,500
Jan Stephenson	68-71-70-73	282	8,500
Donna White	68-68-73-74	283	6,750
Ayako Okamoto	69-78-66-71	284	5,750
Vicki Tabor	69-72-71-72	284	5,750
Sandra Spuzich	70-66-73-75	284	5,750
Martha Nause	73-75-68-69	285	4,145

WOMEN PROFESSIONALS

Chris Johnson	72-74-69-70	285	4,145
Amy Alcott	71-74-71-69	285	4,145
Debbie Meisterlin	71-71-72-71	285	4,145
M. J. Smith	65-71-72-77	285	4,145
Jane Blalock	72-72-72-70	286	3,116
Jo Ann Washam	68-70-76-72	286	3,116
Sharon Barrett	67-76-70-73	286	3,116
Pat Meyers	74-69-74-70	287	2,606
Catherine Panton	71-75-70-71	287	2,606
Kathy Whitworth	70-76-70-71	287	2,606
Cindy Hill	71-72-73-71	287	2,606
Janet Anderson	70-78-72-68	288	2,150
Barb Bunkowsky	74-71-70-73	288	2,150
Betsy King	70-73-72-73	288	2,150
Cathy Sherk	71-71-73-73	288	2,150
Marlene Floyd-DeArman	67-76-71-74	288	2,150
Sue Ertl	67-75-75-72	289	1,758
Debbie Massey	69-74-73-73	289	1,758
Donna Caponi	67-75-72-75	289	1,758
Deedee Lasker	72-75-73-70	290	1,416
Penny Pulz	74-69-75-72	290	1,416
Anne-Marie Palli	73-72-72-73	290	1,416
Mindy Moore	69-78-69-74	290	1,416
Alison Sheard	71-71-74-74	290	1,416
Pam Gietzen	71-71-73-75	290	1,416
Charlotte Montgomery	71-74-75-71	291	1,075
Jane Crafter	76-71-72-72	291	1,075
Joyce Kazmierski	71-74-74-72	291	1,075
Vivian Brownlee	73-75-70-73	291	1,075
Jerilyn Britz	72-71-75-73	291	1,075
Stephanie Farwig	71-75-71-74	291	1,075
Karen Permezel	75-74-75-72	292	816
Kathryn Young	72-73-75-72	292	816
Janet Coles	68-80-70-74	292	816
Pia Nilsson	76-69-73-74	292	816
Barbara Moxness	74-73-70-75	292	816
Lynn Stroney	73-71-73-75	292	816
Nancy Rubin	73-70-76-74	293	662
Barbara Riedl	75-72-71-75	293	662
Beverly Klass	70-74-74-75	293	662
Becky Pearson	75-71-71-76	293	662
Therese Hession	73-75-68-77	293	662
Kathy Postlewait	75-72-69-77	293	662
Dot Germain	72-76-72-74	294	562
Patty Hayes	71-77-70-76	294	562
Deborah Petrizzi	79-69-75-72	295	256
Laura Cole	76-72-73-74	295	256
Brenda Goldsmith	76-72-73-74	295	256
Susan Grams	74-72-74-75	295	256
Beth Daniel	71-77-75-73	296	
Cathy Reynolds	71-78-70-77	296	
Marlene Hagge	74-73-72-77	296	
Robin Walton	72-73-76-76	297	
Laura Hurlburt	77-68-74-78	297	
Jeannette Kerr	72-77-75-74	298	
Murle Breer	71-74-79-74	298	
Lori Huxhold	75-74-74-75	298	
Alexandra Reinhardt	76-73-77-75	301	
Terri Luckhurst	69-74-78-80	301	
Linda Hunt	77-72-79-79	307	
Lauren Howe	69-77-WD		

MCDONALD'S KIDS CLASSIC ($350,000),
White Manor C.C. (72-6,238), Malvern, Pa., July 14–17.

*Beth Daniel	67-71-73-75	286	$52,500
JoAnne Carner	72-69-72-73	286	34,300
Kathy Whitworth	72-70-73-72	287	24,500
Sandra Haynie	71-70-74-73	288	15,750
Patty Sheehan	74-72-68-74	288	15,750
Kathy Martin	70-75-73-72	290	12,250
Janet Coles	76-73-71-71	291	9,887
Jo Ann Washam	72-73-75-71	291	9,887
Judy Clark	73-73-71-74	291	9,887
Anne-Marie Palli	69-75-72-75	291	9,887
Debbie Meisterlin	71-73-74-74	292	7,700
Hollis Stacy	73-73-71-75	292	7,700
Myra Van Hoose	79-72-70-72	293	6,405
Pat Bradley	74-73-73-73	293	6,405
Beth Solomon	73-75-75-71	294	5,224
Donna Caponi	72-76-73-73	294	5,224
Betsy King	73-72-76-73	294	5,224
Laura Cole	72-71-73-78	294	5,224
Donna White	72-74-75-74	295	4,094
Cathy Morse	70-73-78-74	295	4,094
Jan Stephenson	76-71-72-76	295	4,094
Kathy Postlewait	77-75-73-71	296	3,570
Lenore Muraoka	73-73-76-74	296	3,570
Jane Lock	73-73-76-74	296	3,570
Jane Blalock	76-73-72-76	297	3,220
Vicki Tabor	77-72-71-77	297	3,220
Kathy McMullen	75-74-74-75	298	2,665
Amy Alcott	75-74-74-75	298	2,665
Pat Meyers	73-76-74-75	298	2,665
Marlene Floyd-DeArman	75-71-76-76	298	2,665
Sandra Spuzich	75-71-76-76	298	2,665
LeAnn Cassaday	70-73-77-78	298	2,665
Jane Crafter	77-73-76-73	299	1,983
Debbie Massey	71-75-80-73	299	1,983
Marga Stubblefield	77-75-72-75	299	1,983
Marlene Hagge	74-74-76-75	299	1,983
Cathy Mant	76-71-77-75	299	1,983
Martha Nause	77-74-72-76	299	1,983
Colleen Walker	75-77-76-72	300	1,505
Carole Jo Callison	75-73-79-73	300	1,505
Jeannette Kerr	75-76-75-74	300	1,505
Marty Dickerson	78-74-72-76	300	1,505
Carole Charbonnier	74-76-73-77	300	1,505
Catherine Panton	74-74-72-80	300	1,505
Stephanie Farwig	77-75-75-74	301	1,162
Connie Chillemi	76-74-74-77	301	1,162
Mindy Moore	73-77-74-77	301	1,162
Beverley Davis	79-72-72-78	301	1,162
Sandra Palmer	76-75-77-74	302	980
Dot Germain	76-75-77-74	302	980
Rose Jones	73-77-77-75	302	980
Lauren Howe	72-78-77-75	302	980
Pia Nilsson	74-74-79-75	302	980
Sue Ertl	79-69-78-76	302	980
Becky Pearson	77-75-76-75	303	840
Cindy Lincoln	77-73-77-76	303	840
Lynn Stroney	77-72-72-82	303	840
Pam Gietzen	78-71-80-76	305	735
Linda Hunt	77-75-75-78	305	735

WOMEN PROFESSIONALS

Penny Pulz	74-74-76-81	305	735
Barbra Mizrahie	77-75-78-76	306	
Murle Breer	77-75-77-77	306	
Janet Anderson	74-70-79-83	306	
Lynn Adams	76-76-80-75	307	
Sarah LeVeque	75-76-79-77	307	
Rosey Bartlett	76-75-77-79	307	
Lori Huxhold	73-77-79-79	308	
Muffin Spencer-Devlin	71-78-79-80	308	
Charlotte Montgomery	76-76-81-77	310	
Patti Rizzo	77-75-80-78	310	
Susan Grams	78-74-79-79	310	
Debbie Austin	74-76-76-84	310	
Gail Hirata	82-70-75-85	312	
Betsy Barrett	75-77-77-84	313	
Barbara Barrow	77-75-81-84	317	
Beverly Klass	75-77-79-WD		

*Won playoff.

MAYFLOWER CLASSIC ($200,000),
C.C. of Indianapolis (72-6,101), Indianapolis, Ind., July 21–24.

Lauren Howe	**67-67-76-70**	**280**	**$30,000**
Donna Caponi	69-67-74-71	281	19,600
Karen Permezel	70-70-67-77	284	14,000
Betsy King	71-71-75-78	285	9,000
Barb Bunkowsky	74-73-69-69	285	9,000
Donna White	72-70-75-69	286	6,400
Alice Miller	74-71-71-70	286	6,400
Vicki Tabor	68-75-72-71	286	6,400
Patti Rizzo	72-70-75-70	287	5,400
Jan Stephenson	72-73-73-70	288	4,800
Kathy Whitworth	73-71-74-70	288	4,800
Hollis Stacy	75-70-73-71	289	3,840
Martha Nause	73-71-71-74	289	3,840
Judy Clark	72-69-74-74	289	3,840
Debbie Austin	74-73-74-69	290	3,086
Jane Blalock	71-73-75-71	290	3,086
Kathy Martin	71-70-77-72	290	3,086
Dot Germain	74-71-71-75	291	2,680
Ayako Okamoto	72-71-77-72	292	2,236
Chris Johnson	72-70-78-72	292	2,236
Janet Coles	71-69-79-73	292	2,236
Dale Eggeling	70-75-72-75	292	2,236
Jo Ann Washam	67-73-71-81	292	2,236
Dianne Dailey	78-74-72-69	293	1,720
Rose Jones	75-70-79-69	293	1,720
Stephanie Farwig	77-73-72-71	293	1,720
Kathy Postlewait	76-76-69-72	293	1,720
Sandra Haynie	69-76-75-73	293	1,720
Jane Lock	71-77-70-75	293	1,720
Cindy Hill	72-73-73-75	293	1,720
Muffin Spencer-Devlin	72-78-77-67	294	1,250
Marty Dickerson	77-71-76-70	294	1,250
Jeannette Kerr	74-73-76-71	294	1,250
Pat Meyers	76-76-70-72	294	1,250
Silvia Bertolaccini	76-76-70-72	294	1,250
Therese Hession	74-74-72-74	294	1,250
Marlene Hagge	75-77-75-68	295	960
Laura Hurlbut	68-79-76-72	295	960
Lori Garbacz	74-74-74-73	295	960
Jane Crafter	75-72-72-76	295	960
Janet Anderson	74-72-70-79	295	960
Judy Ellis	75-75-75-71	296	780
Lori Huxhold	76-72-76-72	296	780
LeAnn Cassaday	75-72-77-72	296	780
Connie Chillemi	71-77-72-76	296	780
Kathy Hite	75-72-74-76	297	680
Vicki Fergon	77-74-73-74	298	650
Lauri Peterson	74-75-68-81	298	650
Laurie Rinker	76-73-79-71	299	590
Sue Ertl	73-75-78-73	299	590
Kathryn Young	77-74-74-74	299	590
Mari McDougall	74-75-75-75	299	590
Carole Jo Callison	71-80-78-71	300	520
Bonnie Lauer	71-80-75-74	300	520
Vicki Singleton	70-75-76-79	300	520
Vivian Brownlee	74-77-77-73	301	440
Barbra Mizrahie	76-75-76-74	301	440
Sue Fogleman	74-77-75-75	301	440
Penny Pulz	73-72-80-76	301	440
Catherine Panton	75-77-70-79	301	440
Lynn Stroney	75-75-75-77	302	
Sandra Spuzich	76-75-77-75	303	
Marga Stubblefield	75-75-78-75	303	
Lynn Adams	74-76-78-75	303	
Pam Gietzen	76-75-76-76	303	
Cindy Lincoln	73-74-80-76	303	
Linda Hunt	79-73-76-76	304	
Shelley Hamlin	75-74-79-76	304	
Rosey Bartlett	75-77-78-75	305	
Colleen Walker	75-76-79-75	305	
Beth Solomon	76-76-77-76	305	
Charlotte Montgomery	74-76-81-75	306	
Anne-Marie Palli	76-72-79-79	306	
Jenny Lee Smith	72-77-79-79	307	
Holly Hartley	77-75-75-80	307	
Becky Pearson	73-78-80-77	308	
Carole Charbonnier	75-77-80-80	312	
Beth Daniel	72-71-75-WD		
Brenda Goldsmith	78-74-76-DQ		

U.S. WOMEN'S OPEN ($200,000),
Cedar Ridge C.C. (71-6,298), Tulsa, Okla., July 28–31.

Jan Stephenson	**72-73-71-74**	**290**	**$32,780**
JoAnne Carner	81-70-72-68	291	15,400
Patty Sheehan	71-71-76-73	291	15,400
Patti Rizzo	75-74-73-70	292	9,659
Cathy Morse	76-71-77-69	293	7,708
Dot Germain	73-72-76-73	294	5,998
Myra Van Hoose	77-72-72-73	294	5,998
Ayako Okamoto	77-73-75-70	295	4,714
Jane Lock	75-73-72-75	295	4,714
Pat Bradley	72-76-71-76	295	4,714
Judy Clark	79-76-70-71	296	3,895
Rose Jones	76-74-73-73	296	3,895
†Heather Farr	78-69-73-76	296	
Amy Alcott	75-74-71-76	296	3,895
Muffin Spencer-Devlin	78-76-70-73	297	3,312
Janet Coles	72-75-75-75	297	3,312
Jane Blalock	77-75-70-75	297	3,312

133

WOMEN PROFESSIONALS

Lauren Howe	72-73-74-78	297	3,312
Val Skinner	79-71-75-73	298	2,950
Sherrin Galbraith	75-75-73-75	298	2,950
Dale Eggeling	79-73-74-73	299	2,542
Juli Inkster	72-79-74-74	299	2,542
Lori Garbacz	73-79-73-74	299	2,542
Donna White	77-74-73-75	299	2,542
Cindy Hill	79-71-73-76	299	2,542
Becky Pearson	72-75-75-77	299	2,542
Sandra Haynie	74-74-74-77	299	2,542
Stephanie Farwig	73-75-75-77	300	2,220
Barbra Mizrahie	79-74-73-75	301	2,066
Martha Nause	79-71-74-77	301	2,066
Debbie Mesiterlin	72-73-73-83	301	2,066
Betsy King	71-78-78-75	302	1,880
Yuko Moriguchi	76-77-73-76	302	1,880
Hollis Stacy	78-74-72-78	302	1,880
Mindy Moore	79-74-79-71	303	1,640
Beth Boozer	78-75-77-73	303	1,640
Vicki Fergon	75-76-78-74	303	1,640
Alice Miller	79-75-74-75	303	1,640
Kathy Baker	74-76-75-78	303	1,640
Jane Crafter	75-76-73-80	304	1,340
Judy Ellis	80-75-77-72	304	1,340
†Sherri Steinhauer	76-77-76-75	304	
Peggy Conley	73-81-74-76	304	1,340
†Kathleen McCarthy	74-74-79-77	304	
†Cindy Davis	79-72-76-77	304	
Therese Hession	77-77-73-77	304	1,340
Beverley Davis	76-77-73-78	304	1,340
†Lancy Smith	78-78-71-78	305	
†Mary Anne Widman	73-73-79-80	305	
†Jody Rosenthal	78-76-76-77	307	
Debbie Hall	76-79-75-77	307	1,084
Marta Dotti	78-75-76-78	307	1,084
Carole Charbonnier	74-78-76-79	307	1,084
Lenore Muraoka	73-79-75-80	307	1,084
Julie Pyne	82-74-70-81	307	1,084
Vicki Tabor	78-78-76-76	308	990
Beverly Klass	77-78-76-77	308	990
Sandra Palmer	77-77-81-74	309	950
Gerda Boykin	81-73-79-76	309	950
Brenda Goldsmith	80-76-75-80	311	910
Sue Ertl	75-78-75-83	311	910
Pia Nilsson	78-78-78-79	313	880
Barb Thomas	75-81-80-78	314	840
Dianne Dailey	81-75-78-80	314	840
Kim Eaton	77-79-77-81	314	840
Mina Rodriguez	74-78-83-81	316	800
†Amateur.			

BOSTON FIVE CLASSIC ($175,000),
Radisson Ferncroft Hotel & C.C. (72-6,008), Danvers, Mass., Aug. 4–7.

Patti Rizzo	**66-70-73-68**	**277**	**$26,250**
Jane Lock	71-67-68-73	279	17,150
Pat Bradley	71-72-70-69	282	10,500
Vicki Tabor	70-69-70-73	282	10,500
Pam Gietzen	69-70-72-72	283	6,562
Sue Ertl	71-66-73-73	283	6,562
Stephanie Farwig	72-73-70-71	286	5,133
Sandra Palmer	74-71-69-72	286	5,133
Donna Caponi	71-70-71-74	286	5,133
Patty Sheehan	72-71-73-71	287	4,025
Jan Stephenson	75-68-70-74	287	4,025
Becky Pearson	74-66-73-74	287	4,025
Carole Charbonnier	72-76-69-71	288	3,325
Charlotte Montgomery	69-73-76-71	289	2,887
Alice Miller	74-73-70-72	289	2,887
Mindy Moore	73-73-71-72	289	2,887
Lauren Howe	74-76-70-70	290	2,143
Nancy Rubin	70-74-75-71	290	2,143
Holly Hartley	72-69-78-71	290	2,143
Susan Grams	77-70-71-72	290	2,143
Karen Permezel	75-71-72-72	290	2,143
Betsy King	75-70-70-75	290	2,143
Dale Eggeling	81-69-72-69	291	1,645
Jane Crafter	71-77-72-71	291	1,645
Brenda Goldsmith	71-77-71-72	291	1,645
Debbie Austin	71-77-71-72	291	1,645
Marlene Floyd-DeArman	72-72-75-72	291	1,645
Sue Fogleman	73-76-73-70	292	1,298
Pia Nilsson	75-72-74-71	292	1,298
Rose Jones	74-75-70-73	292	1,298
Sydney Cunningham	74-72-72-74	292	1,298
Gail Hirata	71-71-76-74	292	1,298
Cathy Sherk	76-73-71-73	293	1,015
Joan Joyce	72-71-76-74	293	1,015
Mary Dwyer	73-76-69-75	293	1,015
Cindy Hill	77-69-72-75	293	1,015
†Sally Quinlan	72-74-72-75	293	
Linda Hunt	69-74-75-75	293	1,015
Julie Pyne	75-76-70-73	294	804
Lauri Peterson	78-70-73-73	294	804
Mari McDougall	75-73-73-73	294	804
Deedee Lasker	78-73-73-71	295	717
Lori Huxhold	77-73-73-72	295	717
Judy Clark	77-72-74-72	295	717
Muffin Spencer-Devlin	77-71-70-77	295	717
Marlene Hagge	73-71-82-70	296	590
Judy Ellis	74-75-75-72	296	590
Terri Luckhurst	71-74-76-75	296	590
Beverley Davis	72-74-74-76	296	590
Bonnie Lauer	72-76-76-73	297	507
Lynn Adams	74-77-71-75	297	507
M. J. Smith	72-71-78-76	297	507
Kathy Hite	72-77-71-71	297	507
Penny Pulz	69-75-74-79	297	507
Catherine Panton	77-73-75-73	298	437
Laura Hurlbut	71-76-73-78	298	437
Marty Dickerson	75-71-73-79	298	437
Lori Garbacz	73-73-77-76	299	393
Colleen Walker	70-76-75-78	299	393
Joyce Kazmierski	77-71-75-77	300	367
Lynn Stroney	77-73-78-73	301	116
Alexandra Reinhardt	75-74-76-76	301	116
Carolyn Hill	72-76-75-78	301	116
Susie McAllister	73-77-75-77	302	
Janet Coles	71-74-78-79	302	
H. B. Duntz	74-75-77-78	304	
†Mary Gale	70-76-75-84	305	
Chris Johnson	74-76-75-81	306	
Sarah LeVeque	78-69-83-78	308	
Pat Meyers	74-76-83-76	309	
Silvia Bertolaccini	72-74-74-DQ		

134

WOMEN PROFESSIONALS

Barb Bunkowsky	74-72-76-WD		
†Amateur.			

HENREDON CLASSIC ($180,000),
Willow Creek G.C. (72-6,191), High Point, N.C., Aug. 11–14.

Patty Sheehan	65-70-71-66	272	$27,000
JoAnne Carner	69-71-66-70	276	17,640
Kathy Whitworth	70-67-71-73	281	12,600
Judy Clark	68-74-72-70	284	8,100
Donna White	71-68-72-73	284	8,100
Vicki Fergon	75-71-71-69	286	5,760
Ayako Okamoto	70-72-75-69	286	5,760
Charlotte Montgomery	68-72-75-71	286	5,760
Lauren Howe	73-68-73-73	287	4,860
Pat Bradley	71-74-69-74	288	4,140
Kathy Postlewait	72-69-73-74	288	4,140
Janet Coles	69-72-71-76	288	4,140
Juli Inkster	75-72-76-66	289	2,984
Patti Rizzo	72-69-78-70	289	2,984
Cathy Hanlon	73-68-76-72	289	2,984
Donna Caponi	75-70-71-73	289	2,984
Amy Benz	70-68-75-76	289	2,984
Debbie Massey	73-71-75-71	290	2,244
Catherine Panton	73-70-71-76	290	2,244
Valerie Skinner	71-71-72-76	290	2,244
Sue Ertl	73-72-72-74	291	1,953
Gail Hirata	70-73-74-74	291	1,953
Lynn Adams	74-75-74-69	292	1,728
Myra Van Hoose	74-72-74-72	292	1,728
Barb Bunkowsky	72-74-74-72	292	1,728
Beverley Davis	73-69-76-74	292	1,728
Martha Nause	74-72-75-72	293	1,476
Jane Lock	70-73-76-74	293	1,476
Julie Pyne	72-72-74-76	294	1,182
Jane Crafter	75-72-76-71	294	1,182
Joan Joyce	73-73-75-73	294	1,182
Silvia Bertolaccini	71-74-76-73	294	1,182
Marlene Floyd-DeArman	75-70-74-75	294	1,182
Vicki Tabor	74-71-74-75	294	1,182
Laura Hurlbut	73-71-75-75	294	1,182
Cathy Sherk	74-74-75-72	295	903
Mary Dwyer	74-72-77-72	295	903
Vicki Singleton	71-77-74-73	295	903
Hollis Stacy	70-71-78-76	295	903
LeAnn Cassaday	74-73-72-76	295	903
Barbra Mizrahie	78-70-73-75	296	702
Amy Alcott	78-71-71-76	296	702
Dot Germain	73-74-73-76	296	702
Judy Ellis	74-71-75-76	296	702
Chris Johnson	75-72-72-77	296	702
M. J. Smith	74-73-71-78	296	702
Sandra Palmer	73-70-81-73	297	549
Terri Luckhurst	74-73-76-74	297	549
Colleen Walker	75-73-74-75	297	549
Sue Fogleman	73-74-74-76	297	549
Marlene Hagge	72-73-75-77	297	549
Anne-Marie Palli	70-74-75-78	297	549
Mari McDougall	71-76-77-74	298	459
Penny Pulz	73-73-78-74	298	459
Kathy Martin	76-73-74-75	298	459
Susie McAllister	79-69-75-75	298	459
Lenore Muraoka	69-76-78-76	299	414
Marty Dickerson	75-71-78-76	300	396
Sydney Cunningham	75-73-78-75	301	246
Alice Ritzman	70-73-81-77	301	246
Beth Solomon	76-73-74-78	301	246
Mindy Moore	73-75-79-75	302	
Cindy Lincoln	77-72-73-80	302	
Karen Permezel	73-74-77-79	303	
Marga Stubblefield	74-74-80-76	304	
Jane Geddes	73-74-79-78	304	
Jerilyn Britz	75-71-79-80	305	
Vivian Brownlee	70-77-76-82	305	
Deedee Lasker	73-76-78-WD		
Dale Eggeling	71-77-79-WD		
Cindy Hill	75-74-WD		

CHEVROLET WORLD CHAMPIONSHIP OF WOMEN'S GOLF ($200,000),
Shaker Heights C.C. (72-6,225), Shaker Heights, Ohio, Aug. 18–21.

JoAnne Carner	73-73-67-69	282	$65,000
Ayako Okamoto	71-68-75-70	284	35,000
Pat Bradley	72-73-70-73	288	23,000
Donna White	70-75-73-71	289	16,500
Patty Sheehan	75-74-69-72	290	12,000
Jan Stephenson	71-72-75-76	294	8,000
Alice Miller	73-71-77-78	299	5,750
Sandra Haynie	70-75-75-79	299	5,750
Janet Coles	76-72-76-76	300	4,250
Hollis Stacy	79-72-75-74	300	4,250
Amy Alcott	76-76-74-79	305	3,500
Beverly Huke	74-75-78-79	306	3,000

COLUMBIA SAVINGS CLASSIC ($200,000),
Columbine C.C. (72-6,500) Denver, Colo. Aug. 25–28

*Pat Bradley	71-69-70-67	277	$30,000
Beth Daniel	69-70-71-67	277	19,600
Alice Ritzman	68-68-74-71	281	14,000
Kathy Whitworth	71-68-72-72	283	10,000
Betsy King	71-74-71-68	284	8,000
Jane Geddes	72-72-71-70	285	7,000
Karen Permezel	73-72-71-70	286	5,866
Rosie Jones	74-70-70-72	286	5,866
Jane Blalock	71-71-69-75	286	5,866
Dale Eggeling	79-69-72-67	287	4,800
Jan Stephenson	73-67-77-70	287	4,800
Denise Strebig	75-71-70-72	288	4,000
Lauri Peterson	72-72-72-72	288	4,000
Jo Ann Washam	78-72-71-68	289	3,410
Joan Joyce	71-70-75-73	289	3,410
Debbie Austin	74-74-71-71	290	2,980
Bonnie Lauer	69-73-73-75	290	2,980
Vicki Fergon	74-71-78-68	291	2,212
Amy Benz	73-75-74-69	291	2,212
Juli Inkster	77-71-73-70	291	2,212
Patty Sheehan	74-72-73-72	291	2,212
Judy Clark	74-72-72-73	291	2,212
Val Skinner	71-71-76-73	291	2,212
Gail Hirata	73-74-70-74	291	2,212

WOMEN PROFESSIONALS

Name	Scores	Total	Money		Name	Scores	Total	Money
Kathy Martin	71-72-73-75	291	2,212		Kathryn Young	70-69-74	213	4,800
Barbra Mizrahie	71-75-71-75	292	1,720		Rose Jones	70-75-69	214	3,600
Barbara Moxness	71-76-72-73	292	1,720		Bonnie Lauer	71-73-70	214	3,600
Becky Pearson	76-68-75-73	292	1,720		Jackie Bertsch	70-70-74	214	3,600
LeAnn Cassaday	73-74-76-70	293	1,412		Kathy Postlewait	70-69-75	214	3,600
Sandra Spuzich	72-74-76-71	293	1,412		Vicki Tabor	73-74-68	215	2,255
Anne-Marie Palli	74-72-74-73	293	1,412		Kathy Hite	71-73-71	215	2,255
M. J. Smith	73-73-74-73	293	1,412		Mindy Moore	75-68-72	215	2,255
Stephanie Farwig	74-75-69-75	293	1,412		Jan Stephenson	72-70-73	215	2,255
Sharon Miller	72-77-76-69	294	1,080		Laurie Rinker	72-70-73	215	2,255
Jackie Bertsch	72-77-74-71	294	1,080		Betsy King	72-69-74	215	2,255
Heather Drew	78-72-71-73	294	1,080		Jo Ann Washam	69-72-74	215	2,255
Sandra Palmer	74-70-76-74	294	1,080		Joyce Kazmierski	70-69-76	215	2,255
Kathy Baker	71-72-77-74	294	1,080		Patty Hayes	78-69-69	216	1,441
Kathy Hite	75-71-73-75	294	1,080		Barbara Bunkowsky	74-72-70	216	1,441
Susan Grams	77-73-75-70	295	880		Denise Strebig	74-71-71	216	1,441
Lauren Howe	77-73-72-73	295	880		Lori Huxhold	71-72-73	216	1,441
Linda Hunt	71-76-75-73	295	880		Sandra Palmer	71-70-75	216	1,441
Laura Hurlbut	73-77-74-72	296	724		Carolyn Hill	71-70-75	216	1,441
Cathy Hanlon	76-73-74-73	296	724		Silvia Bertolaccini	70-71-75	216	1,441
Sue Fogleman	75-74-74-73	296	724		Alice Miller	68-71-77	216	1,441
Lynn Stroney	73-73-75-75	296	724		Dale Eggeling	76-72-69	217	1,011
Beth Solomon	74-73-72-77	296	724		Therese Hession	74-74-69	217	1,011
Cathy Mant	77-73-74-73	297	640		Marlene Hagge	73-70-74	217	1,011
†Dana Howe	75-75-73-74	297			Barbra Mizrahie	73-70-74	217	1,011
Nancy Rubin	75-76-76-71	298	560		Jane Lock	72-71-74	217	1,011
Kathryn Young	77-74-74-73	298	560		Alison Sheard	72-71-74	217	1,011
Silvia Bertolaccini	76-75-74-73	298	560		Janet Anderson	67-74-76	217	1,011
Judy Ellis	75-73-76-74	298	560		H. B. Duntz	73-73-72	218	737
Vicki Singleton	72-74-77-75	298	560		Jane Blalock	71-73-74	218	737
Jane Crafter	78-73-71-76	298	560		Sandra Spuzich	70-74-74	218	737
Cathy Reynolds	70-77-72-79	298	560		Kellii Rinker	72-71-75	218	737
Mary Beth Zimmerman	75-74-77-73	299	314		Pam Gietzen	71-72-75	218	737
Lynn Adams	76-74-75-74	299	314		Patti Rizzo	70-71-77	218	737
Beverly Klass	76-74-74-75	299	314		Amy Benz	77-70-72	219	536
Mari McDougall	80-69-75-75	299	314		Vicki Fergon	74-72-73	219	536
Jeannette Kerr	72-79-72-76	299	314		Holly Hartley	73-73-73	219	536
Shelley Hamlin	74-73-76-76	299	314		Betsy Barrett	72-74-73	219	536
Deedee Lasker	77-72-72-78	299	314		Chris Johnson	73-72-74	219	536
Chris Johnson	75-76-76-73	300			Sue Ertl	72-72-75	219	536
Marianne Huning	76-74-75-75	300			Anne-Marie Palli	72-71-76	219	536
Carolyn Hill	73-73-78-76	300			Beth Solomon	71-72-76	219	536
H. B. Duntz	77-74-76-74	301			Stephanie Farwig	73-74-73	220	405
Allison Finney	75-73-79-75	302			Pat Meyers	72-75-73	220	405
Mindy Moore	77-74-80-72	303			Missie McGeorge	74-72-74	220	405
Ruth Jessen	76-72-78-77	303			Alice Ritzman	73-73-74	220	405
Donna Caponi	75-76-78-76	305			Cindy Pleger	72-74-74	220	405
Mary Dwyer	77-73-82-76	308			Catherine Panton	71-74-75	220	405
Jane Lock	WD				†Caroline Gowan	69-75-76	220	
Beverley Davis	WD				Cathy Hanlon	71-71-78	220	405
Lori Garbacz	WD				Brenda Goldsmith	77-70-74	221	161
					Vivian Brownlee	70-77-74	221	161
					Julie Pyne	70-77-74	221	161
					Deedee Lasker	73-73-75	221	161
					Mary Beth Zimmerman	72-74-75	221	161
					Allison Finney	76-69-76	221	161
					Gail Hirata	68-77-76	221	161
					Becky Pearson	73-71-77	221	161
					Jane Crafter	75-73-74	222	
					Connie Chillemi	73-73-76	222	
					Kelly Fuiks	72-69-81	222	
					M.J. Smith	74-74-75	223	
					Nancy Rubin	73-75-75	223	

*Won playoff. †Amateur.

RAIL CHARITY CLASSIC ($150,000)

Rail G.C. (72-6,253), Springfield, Ill., Sept. 3–5.

*Lauri Peterson	**68-70-72**	**210**	**$22,500**	
Judy Ellis	70-70-70	210	14,700	
Cathy Mant	72-69-71	212	8,000	
Ayako Okamoto	71-69-72	212	8,000	
Val Skinner	68-71-73	212	8,000	
JoAnne Carner	74-70-69	213	4,800	
Carole Charbonnier	70-72-71	213	4,800	

WOMEN PROFESSIONALS

Shelley Hamlin	69-79-75	223	
Lynn Adams	71-75-77	223	
Jane Geddes	75-73-76	224	
Myra Van Hoose	73-72-79	224	
Susie McAllister	76-72-77	225	
Marga Stubblefield	73-74-78	225	
Cindy Lincoln	75-73-78	226	
Jeannette Kerr	74-74-78	226	
Linda Hunt	71-77-DQ		

*Won playoff. †Amateur.

PORTLAND PING CHAMPIONSHIP ($150,000),
Columbia-Edgewater G.C. (72-6,233), Portland, Ore., Sept. 8–11.

JoAnne Carner	72-70-70	212	$22,500
Charlotte Montgomery	70-68-74	212	14,700
Alice Miller	73-72-69	214	9,000
Sharon Barrett	74-69-71	214	9,000
Amy Benz	72-73-70	215	5,625
Bonnie Lauer	72-73-70	215	5,625
Ayako Okamoto	74-70-72	216	4,080
Donna Caponi	73-70-73	216	4,080
Patti Rizzo	72-71-73	216	4,080
Mary Dwyer	70-72-74	216	4,080
LeAnn Cassaday	69-70-77	216	4,080
Juli Inkster	75-73-69	217	2,778
Kathy Whitworth	74-74-69	217	2,778
Dianne Dailey	72-71-74	217	2,778
Sandra Haynie	74-68-75	217	2,778
Joyce Kazmierski	74-73-71	218	2,085
Muffin Spencer-Devlin	75-71-72	218	2,085
Connie Chillemi	71-75-72	218	2,085
Jan Stephenson	68-75-75	218	2,085
Hollis Stacy	73-77-69	219	1,505
Beth Daniel	75-73-71	219	1,505
Vicki Tabor	75-72-72	219	1,505
Sandra Palmer	74-73-72	219	1,505
Dot Germain	73-73-73	219	1,505
Linda Hunt	71-75-73	219	1,505
Alice Ritzman	71-74-74	219	1,505
Judy Clark	71-70-78	219	1,505
Kathy Postlewait	74-76-70	220	1,038
Laurie Rinker	75-74-71	220	1,038
Janet Coles	74-75-71	220	1,038
Jane Crafter	74-73-73	220	1,038
Alison Sheard	73-74-73	220	1,038
Cindy Lincoln	73-74-73	220	1,038
Cathy Hanlon	76-70-74	220	1,038
Lynn Stroney	74-72-74	220	1,038
M. J. Smith	74-75-72	221	722
Robin Walton	74-74-73	221	722
Barbara Moxness	72-74-75	221	722
Anne-Marie Palli	72-74-75	221	722
Gail Hirata	73-72-76	221	722
Sue Fogleman	73-71-77	221	722
Janet Anderson	71-72-78	221	722
Carole Charbonnier	79-72-71	222	480
Mary Beth Zimmerman	76-75-71	222	480
Barb Bunkowsky	78-72-72	222	480
Colleen Walker	75-75-72	222	480
JoAnn Washam	74-76-72	222	480
Debbie Austin	75-74-73	222	480
Jerilyn Britz	73-76-73	222	480
Carolyn Hill	72-77-73	222	480
Catherine Duggan	69-80-73	222	480
Jeannette Kerr	72-74-76	222	480
Rosie Jones	73-72-77	222	480
Marty Dickerson	72-72-78	222	480
Penny Pulz	78-68-77	223	375
Brenda Goldsmith	78-73-73	224	330
Pat Bradley	76-71-77	224	330
Mari McDougall	74-73-77	224	330
Kathryn Young	76-70-78	224	330
Betsy Barrett	71-74-79	224	330
Pia Nilsson	73-78-74	225	
Deedee Lasker	75-74-76	225	
Kathy Baker	80-71-75	226	
Lauri Peterson	79-72-75	226	
Marianne Huning	76-74-76	226	
Lenore Muraoka	74-71-81	226	
Judy Ellis	77-74-76	227	
Kelly Fuiks	77-74-76	227	
Ruth Jessen	76-73-78	227	
Jane Geddes	73-78-77	228	
Missie McGeorge	75-75-78	228	
Heather Drew	76-75-78	229	
Julie Waldo	74-74-81	229	
Allison Finney	71-79-82	232	

SAFECO CLASSIC ($175,000),
Meridian Valley C.C. (72-6,114), Kent, Wash., Sept. 15–18.

Juli Inkster	69-71-72-71	283	$26,250
Jo Ann Washam	71-74-69-70	284	12,716
Cindy Lincoln	72-71-71-70	284	12,716
Kathy Whitworth	65-70-72-77	284	12,716
Debbie Austin	70-73-71-71	285	6,562
Patty Sheehan	68-71-72-74	285	6,562
Judy Clark	71-72-70-73	286	5,600
Jane Crafter	70-67-79-71	287	4,725
Jan Stephenson	72-69-72-74	287	4,725
Lauren Howe	73-69-68-77	287	4,725
LeAnn Cassaday	75-70-72-71	288	3,675
Robin Walton	70-76-70-72	288	3,675
Rosie Jones	73-71-70-74	288	3,675
Carole Charbonnier	72-71-73-73	289	2,887
Sue Ertl	70-76-66-77	289	2,887
Therese Hession	72-69-70-78	289	2,887
Pat Bradley	70-74-73-73	290	2,143
Vicki Fergon	68-73-76-73	290	2,143
Alison Sheard	73-74-69-74	290	2,143
Beverley Davis	71-75-70-74	290	2,143
Betsy King	78-67-69-76	290	2,143
JoAnne Carner	73-70-70-77	290	2,143
Martha Nause	70-78-72-71	291	1,715
Judy Ellis	73-74-72-72	291	1,715
Amy Benz	70-75-71-75	291	1,715
Sandra Haynie	72-75-72-73	292	1,505
Linda Hunt	74-73-71-74	292	1,505
Missie McGeorge	70-75-70-77	292	1,505
Lauri Peterson	74-70-74-75	293	1,330
Dot Germain	74-71-70-78	293	1,330
Cathy Hanlon	75-71-74-74	294	1,120
Sarah LeVeque	74-71-75-74	294	1,120

WOMEN PROFESSIONALS

Vicki Tabor	70-73-74-77	294	1,120
Donna Caponi	69-74-74-77	294	1,120
Becky Pearson	72-71-73-78	294	1,120
Cathy Reynolds	73-74-75-73	295	878
Kathy Postlewait	68-77-75-75	295	878
Kathy Hite	76-73-70-76	295	878
Laurie Rinker	72-75-72-76	295	878
Jeannette Kerr	73-74-71-77	295	878
Kathryn Young	70-76-76-74	296	735
Vivian Brownlee	72-71-77-76	296	735
Muffin Spencer-Devlin	73-69-77-77	296	735
Patti Rizzo	70-76-76-75	297	595
Marty Dickerson	74-74-73-76	297	595
Lenore Muraoka	76-72-72-77	297	595
Denise Strebig	72-77-70-78	297	595
Ruth Jessen	76-70-73-78	297	595
Marga Stubblefield	70-73-73-81	297	595
Amy Alcott	76-72-76-74	298	507
Brenda Goldsmith	74-75-74-75	298	507
Deborah Petrizzi	76-72-72-78	298	507
Janet Anderson	72-77-74-76	299	437
Debbie Hall	71-76-76-76	299	437
Pia Nilsson	76-73-73-77	299	437
Cindy Pleger	75-72-74-78	299	437
Pam Gietzen	72-73-72-82	299	437
Kathy Baker	75-73-78-74	300	376
Judy Rankin	74-73-74-79	300	376
Cathy Mant	69-77-75-80	301	175
Mindy Moore	72-75-72-82	301	175
Joyce Kazmierski	74-75-77-76	302	
Myra Van Hoose	75-72-74-81	302	
Julie Pyne	71-75-80-77	303	
Mary Dwyer	75-73-77-78	303	
Ayako Okamoto	71-76-77-79	303	
Betsy Barrett	73-76-79-76	304	
Kellii Rinker	75-73-76-80	304	
Laura Hurlbut	75-73-76-81	305	
Marlene Hagge	73-76-74-82	305	
Jerilyn Britz	74-75-78-82	309	
Anne-Marie Palli	73-73-72-WD		

INAMORI CLASSIC ($175,000),
Torrey Pines C.C. (73-6,290), La Jolla, Calif., Sept. 23–26.

Patty Sheehan	**68-70-71**	**209**	**$26,250**
Juli Inkster	69-69-73	211	17,150
Nancy Rubin	69-74-69	212	12,250
Barb Bunkowsky	73-67-73	213	8,750
Beth Daniel	75-70-69	214	5,950
Amy Alcott	72-70-72	214	5,950
Jane Geddes	72-70-72	214	5,950
Betsy King	71-70-73	214	5,950
Rose Jones	72-72-71	215	4,375
Denise Strebig	71-72-72	215	4,375
Jane Crafter	68-75-72	215	4,375
Patti Rizzo	73-75-68	216	3,132
Jan Stephenson	73-71-72	216	3,132
Donna Caponi	73-70-73	216	3,132
Myra Van Hoose	70-73-73	216	3,132
Kathryn Young	70-71-75	216	3,132
Martha Nause	74-73-70	217	2,201
JoAnne Carner	72-75-70	217	2,201
Marlene Floyd-DeArman	73-73-71	217	2,201
Mindy Moore	72-72-73	217	2,201
Connie Chillemi	68-75-74	217	2,201
Jerilyn Britz	75-73-70	218	1,750
Dale Eggeling	76-70-72	218	1,750
Dianne Dailey	73-71-74	218	1,750
Betsy Barrett	71-73-74	218	1,750
Lynn Adams	73-76-70	219	1,367
Kelly Fuiks	75-72-72	219	1,367
Anne-Marie Palli	74-73-72	219	1,367
Kathy Postlewait	74-71-74	219	1,367
Janet Coles	73-72-74	219	1,367
Dot Germain	69-76-74	219	1,367
M. J. Smith	73-71-75	219	1,367
Kathy Whitworth	74-75-71	220	949
Alison Sheard	70-78-72	220	949
Cathy Hanlon	75-72-73	220	949
Sandra Palmer	74-73-73	220	949
Alice Miller	74-72-74	220	949
Lauren Howe	70-76-74	220	949
Judy Clark	74-71-75	220	949
Louise Parks	72-73-75	220	949
Cathy Morse	78-71-72	221	654
Sharon Barrett	77-72-72	221	654
Hollis Stacy	75-74-72	221	654
Charlotte Montgomery	76-72-73	221	654
Vivian Brownlee	75-73-73	221	654
Stephanie Farwig	75-73-73	221	654
Sue Fogleman	72-74-75	221	654
Carole Charbonnier	74-70-77	221	654
Becky Pearson	71-78-73	222	498
Deborah Petrizzi	78-70-74	222	498
Linda Hunt	72-76-74	222	498
Kellii Rinker	70-77-75	222	498
Joan Joyce	71-75-76	222	498
Barbara Barrow	72-73-77	222	498
Sue Ertl	78-71-74	223	402
Therese Hession	76-72-75	223	402
Missie McGeorge	72-75-76	223	402
LeAnn Cassaday	71-76-76	223	402
Lenore Muraoka	72-71-80	223	402
Marty Dickerson	74-75-75	224	70
Amy Benz	76-72-76	224	70
Deedee Lasker	74-74-76	224	70
Lauri Peterson	72-75-77	224	70
Pam Gietzen	73-70-81	224	70
Marlene Hagge	76-73-76	225	
Silvia Bertolaccini	75-74-76	225	
Debbie Hall	75-74-76	225	
Vicki Singleton	72-77-76	225	
Valerie Skinner	76-72-77	225	
Vicki Fergon	75-72-78	225	
Pat Bradley	74-73-78	225	
Mary Dwyer	73-74-78	225	
Cindy Pleger	74-72-79	225	
Marianne Huning	76-72-78	226	

SAN JOSE CLASSIC ($175,000),
Almaden G & C.C. (73-6,290), San Jose, Calif., Sept. 29–Oct. 2.

Kathy Postlewait	**73-72-68**	**213**	**$26,250**
Charlotte Montgomery	72-73-69	214	17,150

WOMEN PROFESSIONALS

Hollis Stacy	73-71-71	215	7,945		Jeannette Kerr	77-76-75	228	
Myra Van Hoose	74-69-72	215	7,945		Dianne Dailey	76-76-76	228	
Patty Sheehan	71-72-72	215	7,945		Barbara Barrow	81-72-76	229	
Dot Germain	75-67-73	215	7,945		Ruth Jessen	79-74-76	229	
Sharon Barrett	74-68-73	215	7,945		Cathy Mant	79-73-78	230	
Janet Coles	73-73-70	216	4,900		Shelley Hamlin	78-73-80	231	
Beverley Davis	74-71-71	216	4,900		Dale Eggeling	78-75-79	232	
Vicki Fergon	76-71-71	218	4,025		Marianne Huning	73-79-81	233	
Alice Miller	74-70-74	218	4,025		Julie Waldo	75-77-82	234	
Jane Crafter	70-72-76	218	4,025					
Silvia Bertolaccini	73-76-70	219	3,097		**MAZDA JAPAN CLASSIC** ($300,000),			
Stephanie Farwig	72-74-73	219	3,097		Musashigaoka G. Cse. (72-6,408), Tokyo, Japan,			
Sue Ertl	71-73-75	219	3,097		Nov. 11–13.			
Betsy King	76-74-70	220	2,283					
Penny Pulz	74-76-70	220	2,283		**Pat Bradley**	**72-70-64**	**206**	**$37,500**
Mary Beth Zimmerman	75-74-71	220	2,283		Laurie Rinker	69-70-74	213	24,500
Donna Caponi	75-74-71	220	2,283		Tatsuko Ohsako	72-71-71	214	17,500
Missie McGeorge	75-73-72	220	2,283		Amy Alcott	71-74-70	215	12,500
Pat Bradley	72-74-74	220	2,283		Donna Caponi	73-70-73	216	10,000
Mindy Moore	76-75-70	221	1,610		Rose Jones	74-71-72	217	8,375
Rose Jones	77-73-71	221	1,610		JoAnne Carner	71-74-72	217	8,375
Jo Ann Washam	75-75-71	221	1,610		Sutako Masuda	74-70-74	218	7,000
Jan Stephenson	77-71-73	221	1,610		Chako Higuchi	75-68-75	218	7,000
Lenore Muraoka	75-72-74	221	1,610		M. J. Smith	72-75-72	219	5,500
Pam Gietzen	73-74-74	221	1,610		Carole Charbonnier	73-72-74	219	5,500
Pia Nilsson	75-71-75	221	1,610		Atsuko Hikage	72-73-74	219	5,500
Kathy Whitworth	74-71-76	221	1,610		Nayako Yoshikawa	71-72-76	219	5,500
Debbie Massey	78-74-70	222	1,095		Mishiko Yokoyama	77-72-71	220	3,617
Barb Bunkowsky	75-76-71	222	1,095		Betsy King	75-74-71	220	3,617
Beth Daniel	75-76-71	222	1,095		Sacaiko Takahashi	73-74-73	220	3,617
Amy Alcott	74-76-72	222	1,095		Patty Sheehan	73-74-73	220	3,617
Carole Charbonnier	73-76-73	222	1,095		Muffin Spencer-Devlin	69-77-74	220	3,617
Chris Johnson	72-77-73	222	1,095		Jan Stephenson	72-73-75	220	3,617
Robin Walton	73-73-76	222	1,095		Debbie Massey	71-74-75	220	3,617
Betsy Barrett	72-72-78	222	1,095		Deedee Lasker	76-71-74	221	2,606
Vicki Tabor	79-74-70	223	805		Stephanie Farwig	74-72-75	221	2,606
Cindy Lincoln	75-76-72	223	805		Janet Coles	71-75-75	221	2,606
Jane Geddes	74-76-73	223	805		Tomiko Ikebuchi	70-74-77	221	2,606
Lynn Adams	77-72-74	223	805		Kathy Postlewait	75-74-73	222	2,100
Laura Cole	74-75-74	223	805		Patti Rizzo	77-70-75	222	2,100
Julie Pyne	75-78-71	224	665		Pat Meyers	75-72-75	222	2,100
Debbie Austin	74-78-72	224	665		Kathy Whitworth	75-71-76	222	2,100
Lauri Peterson	74-76-74	224	665		Valerie Skinner	73-73-76	222	2,100
LeAnn Cassaday	75-75-75	225	551		Masayo Fujimura	72-74-76	222	2,100
Debbie Hall	75-74-76	225	551		Silvia Bertolaccini	74-77-72	223	1,675
Nancy Rubin	74-75-76	225	551		Chris Johnson	74-76-73	223	1,675
Sandra Palmer	75-73-77	225	551		Mieko Suzuki	70-75-78	223	1,675
Kathryn Young	74-72-79	225	551		Alice Miller	81-70-73	224	1,380
Sue Fogleman	70-75-80	225	551		Sandra Haynie	74-76-74	224	1,380
Vivian Brownlee	77-76-73	226	437		Lauri Peterson	72-77-75	224	1,380
Linda Hunt	77-75-74	226	437		Jo Ann Washam	73-75-76	224	1,380
Martha Nause	78-73-75	226	437		Rietsu Imahori	73-73-78	224	1,380
Becky Pearson	75-76-75	226	437		Tamie Matsuzaki	76-76-73	225	1,150
Marlene Floyd-DeArman	73-78-75	226	437		Lori Garbacz	75-76-74	225	1,150
Joan Joyce	74-75-77	226	437		Michi Oda	72-75-78	225	1,150
Therese Hession	73-76-77	226	437		Hiromi Takamura	79-76-71	226	929
Laurie Rinker	78-75-74	227	119		Kayoko Ikoma	75-76-75	226	929
Vicki Singleton	77-75-75	227	119		Michiko Okada	74-77-75	226	929
Juli Inkster	77-73-77	227	119		Fusako Nagata	74-75-77	226	929
M. J. Smith	75-75-77	227	119		Martha Nause	74-75-77	226	929
Sally Little	74-74-79	227	119		Jane Lock	71-78-77	226	929
Alice Ritzman	75-72-80	227	119		Shinako Yoshimochi	76-76-75	227	725
Catherine Duggan	77-76-75	228						

WOMEN PROFESSIONALS

Lauren Howe	74-77-76	227	725
Ai-Yu Tu	76-74-77	227	725
Yuko Moriguchi	76-74-77	227	725
Dale Eggeling	75-75-77	227	725
Juli Inkster	74-76-77	227	725
Judy Clark	73-77-77	227	725
Angie Tsai	75-79-74	228	587
Anne-Marie Palli	80-73-75	228	587
Vicki Tabor	75-78-75	228	587
Reiko Itoh	75-74-79	228	587
Shihomi Suzuki	74-79-76	229	205
Lenore Muraoka	77-74-78	229	205
Alice Ritzman	76-73-80	229	205
Rieko Kashiwado	74-75-80	229	205
Gail Hirata	74-75-80	229	205
Judy Ellis	75-79-76	230	
Yoko Kobayazhi	74-76-80	230	
Myra Van Hoose	75-80-76	231	
Hina Iwata	77-75-79	231	
Keiko Matsudo	77-74-80	231	
Sayako Yamasaki	75-75-82	232	
Kathy Baker	78-77-78	233	
Kathryn Young	75-78-87	240	

JC PENNEY MIXED TEAM CLASSIC ($550,000).

Bardmoor C.C. (72-7,015), Largo, Fla., Dec. 8-11.

Fred Couples	**66-67-62-69**	**264**	**$50,000**
Jan Stephenson			
Lon Hinkle	68-65-69-67	269	31,000
Jane Geddes			
Gary Koch	66-71-67-63	271	20,000
Judy Clark			
Pat McGowan	68-64-72-68	272	15,000
Jane Crafter			
Jim Simons	70-68-68-67	273	10,666
Dot Germain			
Tom Kite	72-68-66-67	273	10,666
Beth Daniel			
Jay Haas	69-66-66-72	273	10,666
Hollis Stacy			
Peter Oosterhuis	69-67-70-68	274	8,000
Lauren Howe			
Andy Bean	70-70-68-68	274	8,000
Ayako Okamoto			
Tim Simpson	69-68-65-72	274	8,000
Jerilyn Britz			
Larry Mize	65-70-69-71	275	6,750
Martha Nause			
Mark McCumber	67-69-78-71	275	6,750
Alice Ritzman			
Gary Hallberg	72-65-69-70	276	6,000
Lori Garbacz			
John Mahaffey	72-67-68-70	277	5,000
JoAnne Carner			
Scott Hoch	69-67-69-72	277	5,000
Jane Blalock			
Curtis Strange	69-70-64-74	277	5,000
Patti Rizzo			
Dan Pohl	70-71-67-70	278	4,000
Myra Van Hoose			
Jim Nelford	69-69-69-71	278	4,000
Jane Lock			
Lee Trevino	69-69-67-73	278	4,000
Amy Benz			
Leonard Thompson	72-69-69-69	279	3,250
Carole Charbonnier			
Brad Bryant	73-70-66-70	279	3,250
Mindy Moore			
J.C. Snead	69-74-69-67	279	3,250
Muffin Spencer-Devlin			
Bobby Cole	72-70-69-69	280	2,625
Laura Baugh-Cole			
Wayne Levi	73-70-68-69	280	2,625
Dale Eggeling			
Tom Purtzer	70-69-70-72	281	2,283
Juli Inkster			
Jim Thorpe	72-68-71-70	281	2,283
Mary Dwyer			
Al Geiberger	70-71-66-74	281	2,283
Patty Sheehan			
Keith Fergus	71-72-67-72	282	2,075
Vicki Tabor			
Ed Fiori	68-68-73-73	282	2,075
Betsy King			
Jerry Pate	74-71-66-71	282	2,075
JoAnne Washam			
Andy North	73-74-67-68	282	2,075
Alexandra Reinhardt			
Payne Stewart	74-69-67-73	283	1,925
Cathy Reynolds			
John Adams	75-67-71-70	283	1,925
Lauri Peterson			
Sammy Rachels	72-71-69-72	284	1,850
Kathy Postlewait			
Dave Eichelberger	66-70-74-75	285	1,800
Rose Jones			
Doug Tewell	73-73-70-70	286	1,750
Barbara Moxness			
Jim Colbert	72-70-71-74	287	1,675
Silvia Bertolaccini			
Bob Eastwood	74-72-68-73	287	1,675
Vicki Fergon			
Mike Sullivan	73-73-69-73	288	1,525
Lynn Adams			
Pat Lindsey	75-69-72-72	288	1,525
Barb Bunkowsky			
Charles Coody	72-74-70-72	288	1,525
Sandra Haynie			
Dave Stockton	75-71-71-71	288	1,525
Donna Caponi			
Frank Conner	75-70-71-74	290	1,350
Janet Anderson			
Chi Chi Rodriguez	72-74-71-73	290	1,350
Val Skinner			
Lou Graham	76-76-68-70	290	1,350
Sally Little	76-76-68-70	290	1,350
Morris Hatalsky	75-66-73-77	291	1,225
Anne-Marie Palli			
Don Pooley	75-69-71-76	291	1,225
Chris Johnson			
Vance Heafner	74-72-72-76	294	1,150
Cathy Morse			

(Each player wins listed money)

WOMEN PROFESSIONALS

1983 LPGA TOUR STATISTICS

1983 MONEY LEADERS

#	Name	Money
1	**JoAnne Carner**	**$291,404**
2	Patty Sheehan	250,399
3	Pat Bradley	240,207
4	Jan Stephenson	193,364
5	Kathy Whitworth	191,492
6	Beth Daniel	167,403
7	Alice Miller	157,321
8	Amy Alcott	153,721
9	Hollis Stacy	149,036
10	*Ayako Okamoto	131,214
11	Donna White	124,500
12	Janet Coles	110,911
13	Sandra Haynie	108,136
14	Betsy King	94,767
15	Nancy Lopez	91,477
16	Donna Caponi	85,408
17	Stephanie Farwig	80,627
18	Patti Rizzo	78,731
19	Lauren Howe	75,015
20	Kathy Postlewait	74,811
21	Jo Ann Washam	71,284
22	Lynn Adams	69,937
23	Judy Clark	69,091
24	Vicki Fergon	68,955
25	Debbie Massey	67,920
26	Vicki Tabor	67,321
27	Rose Jones	64,595
28	Anne-Marie Palli	56,335
29	Dale Eggeling	52,967
30	Juli Inkster	52,220
31	Lauri Peterson	51,930
32	Jane Lock	49,273
33	Dorothy Germain	48,328
34	Myra Van Hoose	46,633
35	Charlotte Montgomery	45,039
36	Carole Charbonnier	42,792
37	Martha Nause	41,760
38	Lori Garbacz	40,552
39	Janet Anderson	40,534
40	Jane Blalock	40,145
41	Alice Ritzman	39,285
42	Chris Johnson	37,967
43	Jane Crafter	37,433
44	Sue Ertl	36,450
45	Kathy Martin	36,404
46	Lenore Muraoka	35,558
47	Laurie Rinker	35,310
48	Judy Ellis	34,884
49	Laura Cole	34,029
50	Silvia Bertolaccini	33,930
51	Sandra Palmer	33,523
52	Pat Meyers	33,485
53	Sandra Spuzich	33,272
54	Barbara Moxness	33,112
55	M.J. Smith	32,476
56	Cathy Morse	30,760
57	Valerie Skinner	29,485
58	Sharon Barrett	29,209
59	*Tatsuko Ohsako	29,177
60	Barb Bunkowsky	28,747
61	Cindy Hill	28,667
62	Kathryn Young	28,229
63	Muffin Spencer-Devlin	27,686
64	LeAnn Cassaday	27,200
65	Deedee Lasker	26,972
66	Dianne Dailey	26,850
67	Karen Permezel	26,844
68	Debbie Austin	26,685
69	Mindy Moore	24,840
70	Sandra Post	24,726
71	Beth Solomon	23,980
72	Debbie Meisterlin	23,116
73	Beverley Davis	22,648
74	Kathy Hite	20,919
75	Becky Pearson	20,677
76	Cindy Lincoln	20,450
77	Shelley Hamlin	19,486
78	Mary Dwyer	19,083
79	Gail Hirata	18,515
80	Cathy Mant	18,442
81	Nancy Rubin	18,295
82	Pam Gietzen	17,553
83	Penny Pulz	17,321
84	Marty Dickerson	16,862
85	Susie McAllister	16,327
86	Bonnie Lauer	16,033
87	Alison Sheard	15,448
88	Lori Huxhold	15,107
89	Alexandra Reinhardt	15,075
90	Sarah LeVeque	14,940
91	Catherine Duggan	14,667
92	Robin Walton	14,507
93	Connie Chillemi	13,874
94	Jane Geddes	13,755
95	Amy Benz	13,143
96	Barbra Mizrahie	12,494
97	*Yuko Moriguchi	12,061
98	Marlene Floyd-DeArman	11,910
99	Jerilyn Britz	11,815
100	Pia Nilsson	11,273
101	Brenda Goldsmith	11,147
102	*Atsuko Hikage	11,011
103	Jeannette Kerr	10,746
104	Joyce Kazmierski	10,741
105	Denise Strebig	10,411
106	Therese Hession	9,199
107	*Catherine Panton	9,190
108	Joan Joyce	9,060
109	Beverly Klass	8,672
110	Vicki Singleton	8,668
111	Judy Rankin	8,637
112	Sue Fogleman	8,371
113	Kathy McMullen	8,054
114	Cathy Sherk	7,737
115	Marlene Hagge	7,527
116	Marga Stubblefield	7,421
117	Cathy Hanlon	7,221
118	Lynn Stroney	7,208
119	Linda Hunt	7,186
120	Terri Luckhurst	7,069

WOMEN PROFESSIONALS

121 Vivian Brownlee	7,009
122 Colleen Walker	6,708
123 Susan Grams	6,670
124 Julie Pyne	6,266
125 Debbie Hall	6,040
126 Carolyn Hill	5,961
127 Peggy Conley	5,397
128 Bonnie Bryant	5,124
129 Kelly Fuiks	4,981
130 Laura Hurlbut	4,912
131 Patty Hayes	4,726
132 Jackie Bertsch	4,680
133 Missie McGeorge	4,596
134 Betsy Barrett	4,530
135 Cathy Reynolds	4,268
136 Barbara Barrow	4,227
137 Deborah Petrizzi	4,087
138 Mari McDougall	3,860
139 Sally Little	3,792
140 Jan Ferraris	3,465
141 Mary Beth Zimmerman	3,239
142 Holly Hartley	3,040
143 Barbara Riedl	3,014
144 *Beverly Huke	3,000
145 Sydney Cunningham	2,750
146 *Chako Higuchi	2,606
147 Mina Rodriguez	2,507
148 Marianne Huning	2,320
149 Mary Hafeman	2,302
150 Rica Comstock	2,195

*International member

SCORING AVERAGE LEADERS

	Name	Rnds.	Avg.
1	**JoAnne Carner**	**82**	**71.41**
2	Patty Sheehan	96	71.72
3	Pat Bradley	102	72.06
4	Jan Stephenson	100	72.22
5	Kathy Whitworth	91	72.33
6	Beth Daniel	79	72.40
7	Donna H. White	71	72.51
8	Nancy Lopez	41	72.59
9	Alice Miller	101	72.69
10	Amy Benz	21	72.81
11	Sandra Haynie	82	72.82
12	Betsy King	100	72.88
13	Juli Inkster	26	72.92
14	Hollis Stacy	93	73.00
15	Ayako Okamoto	85	73.01
16	Amy Alcott	88	73.05
17	Janet Coles	98	73.11
18	Cathy Hanlon	21	73.29
19	Tatsuko Ohsako	21	73.29
20	Louise Parks	3	73.33
21	Donna Caponi	88	73.33
22	Jo Ann Washam	92	73.41
23	Jane Lock	73	73.45
24	Judy Clark	96	73.50
25	Sharon Miller	4	73.50
26	Vicki Tabor	99	73.53
27	Stephanie Farwig	95	73.55
28	Rose Jones	86	73.57
29	Lauren Howe	83	73.63
30	Kathy Postlewait	94	73.65
31	Jane Crafter	87	73.67
32	Dorothy Germain	75	73.67
33	Chako Higuchi	3	73.67
34	Patti Rizzo	88	73.67
35	Debbie Massey	74	73.69
36	Barbara A. Moxness	58	73.74
37	Jane Blalock	67	73.75
38	Vicki Fergon	88	73.78
39	Atsuko Hikage	25	73.88
40	Jane Geddes	20	73.90
41	Janet Anderson	72	73.96
42	Sue Ertl	87	73.98
43	Sandra Palmer	80	73.98
44	Lauri Peterson	88	73.98
45	Dale Eggeling	93	74.02
46	Sandra Spuzich	67	74.03
47	Muffin Spencer-Devlin	78	74.03
48	Denise Strebig	20	74.05
49	Anne-Marie Palli	87	74.09
50	Lynn Adams	93	74.10
51	Lori Garbacz	67	74.10
52	Myra Van Hoose	95	74.11
53	Debbie Austin	68	74.13
54	Jackie Bertsch	15	74.13
55	Chris Johnson	92	74.13
56	Martha Nause	98	74.13
57	Kathy Martin	71	74.15
58	Laura Baugh Cole	42	74.21
59	Alice Ritzman	81	74.26
60	Valerie Skinner	66	74.26
61	Silvia Bertolaccini	84	74.27
62	Peggy Conley	16	74.31
63	M. J. Smith	92	74.32
64	Kathy Young	73	74.33
65	Dianne Dailey	80	74.38
66	Pat Meyers	89	74.39
67	Mindy Moore	87	74.39
68	Missie McGeorge	20	74.40
69	Beth Solomon	66	74.41
70	Mary Beth Zimmerman	17	74.41
71	Debbie Meisterlin	62	74.42
72	Judy Ellis	82	74.44
73	Barb Bunkowsky	71	74.45
74	Yuko Moriguchi	28	74.46
75	Penny Pulz	69	74.48
76	Carole Charbonnier	87	74.54
77	Sandra Post	42	74.55
78	LeAnn Cassaday	72	74.57
79	Katherine Hite	64	74.59
80	Cindy Hill	61	74.59
81	Gail Hirata	81	74.60
82	Pam Gietzen	70	74.66
83	Deedee Lasker	80	74.68
84	Alison Sheard	69	74.68
85	Cathy Sherk	35	74.69
86	Robin Walton	66	74.70
87	Mary Dwyer	84	74.71
88	Becky Pearson	88	74.74
89	Cathy Morse	77	74.78
90	Charlotte Montgomery	67	74.78
91	Beverley Davis	71	74.79
92	Catherine Duggan	60	74.80

WOMEN PROFESSIONALS

93	Martha Dickerson	72	74.81	2	Patty Sheehan (26)		.626
94	Pia Nilsson	70	74.81	3	Jan Stephenson (28)		.599
95	Connie Chillemi	72	74.85	4	Pat Bradley (28)		.578
96	Lori Huxhold	71	74.86	5	Sandra Haynie (23)		.552
97	Bonnie Lauer	48	74.88	6	Alice Miller (29)		.550
98	Marlene Floyd-DeArman	48	74.92	7	Kathy Whitworth (26)		.545
99	Catherine Panton	44	74.95	8	Donna White (20)		.544
100	Bonnie Bryant	31	74.97	9	Hollis Stacy (26)		.535
101	Jeannette Kerr	85	74.99	10	Donna King (28)		.515
102	Cathy Mant	79	75.03	11	Amy Alcott (25)		.492
103	Jan Ferraris	16	75.06	12	Janet Coles (28)		.483
104	Laurie Rinker	67	75.06	13	Beth Daniel (24)		.478
105	Sharon Barrett	80	75.08	14	Ayako Okamoto (24)		.450
106	Brenda Goldsmith	74	75.08	15	Judy Clark (27)		.439
107	Karen Permezel	76	75.09	16	Donna Caponi (26)		.412
108	Cynthia Lincoln	75	75.13	17	Jo Ann Washam (27)		.407
109	Cindy Pleger	16	75.13	18	Jane Lock (21)		.403
110	Judy Rankin	47	75.13	19	Vicki Tabor (30)		.397
111	Shelley Hamlin	78	75.17	20	Kathy Postlewait (28)		.395
112	Jerilyn Britz	76	75.22	21	Stephanie Farwig (28)		.393
113	Therese Hession	63	75.25		Patti Rizzo (26)		.393
114	Alexandra Reinhardt	65	75.28	23	Barbara Moxness (17)		.392
115	Sarah Le Veque	62	75.31	24	Dot Germain (22)		.391
116	Barbra Mizrahie	77	75.31	25	Vicki Fergon (26)		.375
117	Lenore Muraoka	77	75.32				
118	Joyce Kazmierski	69	75.38	Figures in parentheses indicate number of tournaments entered.			
119	Vicki Singleton	72	75.47				
120	Sally Little	25	75.48				
121	Kathy McMullen	53	75.49	**1983 MAZDA SERIES LEADERS**			

122	Kathy Baker	18	75.50	Name	Points	Money
123	Ruth Jessen	16	75.50	**1 Pat Bradley**	**1475.2**	**$125,000**
124	Laura Hurlbut	65	75.58	2 Patty Sheehan	1338.7	60,000
125	Beverly Klass	68	75.62	3 JoAnne Carner	1191.7	40,000
126	Ai-Yu Tu	3	75.67	4 Jan Stephenson	1012.3	25,000
127	Joan Joyce	72	75.68	5 Kathy Whitworth	911.6	20,000
128	Susan Fogleman	68	75.69	6 Alice Miller	865.8	10,000
129	Colleen Walker	67	75.69	7 Amy Alcott	783.2	8,000
130	Debbie Hall	72	75.71	8 Hollis Stacy	764.8	5,000
131	Nancy Rubin	65	75.71	9 Beth Daniel	717.9	4,000
132	Cathy Reynolds	54	75.72	10 Janet Coles	573.9	3,000
133	Marlene Hagge	81	75.74	11 Donna White	572.8	
134	Mari McDougall	58	75.74	12 Betsy King	542.7	
135	Vivian Brownlee	72	75.76	13 Ayako Okamoto	536.4	
136	H.B. Duntz	17	75.76	14 Sandra Haynie	515.8	
137	Marga Stubblefield	72	75.76	15 Donna Caponi	506.7	
138	Patty Hayes	51	75.78	16 Stephanie Farwig	498.6	
139	Gerda Boykin	10	75.80	17 Nancy Lopez	496.1	
140	Susie McAllister	74	75.82	18 Patti Rizzo	473.5	
141	Linda Hunt	74	75.85	19 Lynn Adams	426.7	
142	Carolyn Hill	73	75.88	20 Debbie Massey	425.2	
143	Holly Hartley	46	75.93	21 Kathy Postlewait	422.3	
144	Susan Grams	59	75.93	22 Lauren Howe	404.0	
145	Barbara Riedl	43	75.93	23 Rose Jones	399.2	
146	Lynn Stroney	56	75.93	24 Jo Ann Washam	372.2	
147	Terri Luckhurst	50	76.08	25 Laurie Rinker	364.0	
148	Kelly Fuiks	65	76.09	26 Vicki Tabor	357.3	
149	Lesley Holbert	8	76.13	27 Vicki Fergon	357.0	
150	Barbara Barrow	57	76.16	28 Lauri Peterson	335.8	
				29 Judy Clark	335.7	

PERFORMANCE AVERAGE LEADERS

			Perf.
	Name		Avg.
1	**JoAnne Carner (22)**		**.667**

30	Anne-Marie Palli	319.8
31	Juli Inkster	304.5
32	Jane Lock	287.6
33	Dale Eggeling	279.4

143

WOMEN PROFESSIONALS

34	Tatsuko Ohsako	279.2
35	Charlotte Montgomery	267.9
36	Dot Germain	251.4
37	Carole Charbonnier	249.2
38	Lori Garbacz	249.1
39	Janet Anderson	245.6
40	Myra Van Hoose	241.6
41	Martha Nause	235.2
42	M.J. Smith	224.4
43	Lenore Muraoka	221.8
44	Chris Johnson	218.3
45	Judy Ellis	211.7
46	Jane Crafter	211.2
47	Sue Ertl	202.5
48	Jane Blalock	201.6
49	Silvia Bertolaccini	197.5
50	Alice Ritzman	197.0

PAST WINNERS OF MAJOR EVENTS

USGA WOMEN'S OPEN

Year	Winner, runner-up, site	Score
1946	Patty Berg	
	d. Betty Jameson	5 and 4
	Spokane C.C.,	
	Spokane, Wash.	
1947	Betty Jameson	295
	†Sally Sessions	301-4
	†Polly Riley	301-5
	Starmount Forest C.C.,	
	Greensboro, N.C.	
1948	Babe Zaharias	300
	Betty Hicks	308
	Atlantic City C.C.,	
	Northfield, N.J.	

Conducted by Ladies Professional Golf Association 1949-52.

1949	Louise Suggs	291
	Babe Zaharias	305
	Prince Georges G. & C.C.,	
	Landover, Md.	
1950	Babe Zaharias	291
	†Betsy Rawls	300
	Rolling Hills C.C.,	
	Wichita, Kan.	
1951	Betsy Rawls	293
	Louise Suggs	298
	Druid Hills G.C.,	
	Atlanta, Ga.	
1952	Louise Suggs	284
	Marlene Bauer	291
	Betty Jameson	291
	Bala G.C.,	
	Philadelphia, Pa.	

Conducted by United States Golf Association as of 1953.

1953	Betsy Rawls	302-71
	Jacqueline Pung	302-77
	C.C. of Rochester,	
	Rochester, N.Y.	
1954	Babe Zaharias	291
	Betty Hicks	303
	Salem C.C.,	
	Peabody, Mass.	
1955	Fay Crocker	299
	Louise Suggs	303
	Mary Lena Faulk	303
	Wichita C.C.,	
	Wichita, Kan.	
1956	Kathy Cornelius	302-75
	†Barbara McIntire	302-82
	Northland C.C.,	
	Duluth, Minn.	
1957	Betsy Rawls	299
	Patty Berg	305
	Winged Foot C.C.,	
	(East Course)	
	Mamaroneck, N.Y.	
1958	Mickey Wright	290
	Louise Suggs	295
	Forest Lake C.C.,	
	Bloomfield Hills, Mich.	
1959	Mickey Wright	287
	Louise Suggs	289
	Churchill Valley C.C.,	
	Pittsburgh, Pa.	
1960	Betsy Rawls	292
	Joyce Ziske	293
	Worcester C.C.,	
	Worcester, Mass.	
1961	Mickey Wright	293
	Betsy Rawls	299
	Baltusrol G.C.,	
	(Lower Course)	
	Springfield, N.J.	
1962	Murle Lindstrom	301
	Ruth Jessen	303
	Jo Ann Prentice	303
	Dunes G. & Beach Club,	
	Myrtle Beach, S.C.	
1963	Mary Mills	289
	Sandra Haynie	292
	Louise Suggs	292
	Kenwood C.C.,	
	Cincinnati, Ohio	
1964	Mickey Wright	290-70
	Ruth Jessen	290-72
	San Diego C.C.,	
	Chula Vista, Calif.	
1965	Carol Mann	290
	Kathy Cornelius	292
	Atlantic City C.C.,	
	Northfield, N.J.	
1966	Sandra Spuzich	297
	Carol Mann	298
	Hazeltine National G.C.,	
	Chaska, Minn.	
1967	†Catherine Lacoste	294
	Susie Maxwell	296
	Beth Stone	296
	Virginia Hot Springs G. & T.C.,	
	(Cascades Course)	

WOMEN PROFESSIONALS

1968	Susie Maxwell Berning	289		1981	Pat Bradley	279
	Mickey Wright	292			Beth Daniel	280
	Moselem Springs G.C.,				La Grange C.C.,	
	Fleetwood, Pa.				La Grange, Ill.	
1969	Donna Caponi	294		1982	Janet Alex	283
	Peggy Wilson	295			Sandra Haynie	289
	Scenic Hills C.C.,				Donna H. White	289
	Pensacola, Fla.				JoAnne Carner	289
1970	Donna Caponi	287			Beth Daniel	289
	Sandra Haynie	288			Del Paso C.C.,	
	Sandra Spuzich	288			Sacramento, Calif.	
	Muskogee C.C.,			1983	Jan Stephenson	290
	Muskogee, Okla.				JoAnne Carner	291
1971	JoAnne Carner	288			Patty Sheehan	291
	Kathy Whitworth	295			Cedar Ridge C.C.,	
	Kahkwa Club,				Broken Arrow, Okla.	
	Erie, Pa.			†Amateur.		
1972	Susie Maxwell Berning	299				
	Kathy Ahern	300				
	Pam Barnett	300				
	Judy Rankin	300				
	Winged Foot G.C.,					
	(East Course)					
	Mamaroneck, N.Y.					
1973	Susie Maxwell Berning	290				
	Shelley Hamlin	295				
	Gloria Ehret	295				
	C.C. of Rochester,					
	Rochester, N.Y.					
1974	Sandra Haynie	295				
	Beth Stone	296				
	Carol Mann	296				
	La Grange C.C.,					
	La Grange, Ill.					
1975	Sandra Palmer	295				
	†Nancy Lopez	299				
	JoAnne Carner	299				
	Sandra Post	299				
	Atlantic City C.C.,					
	Northfield, N.J.					
1976	JoAnne Carner	292-76				
	Sandra Palmer	292-78				
	Rolling Green G.C.,					
	Springfield,					
	Delaware Co., Pa.					
1977	Hollis Stacy	292				
	Nancy Lopez	294				
	Hazeltine National G.C.,					
	Chaska, Minn.					
1978	Hollis Stacy	289				
	JoAnne Carner	290				
	Sally Little	290				
	C.C. of Indianapolis,					
	Indianapolis, Ind.					
1979	Jerilyn Britz	284				
	Debbie Massey	286				
	Sandra Palmer	286				
	Brooklawn C.C.,					
	Fairfield, Conn.					
1980	Amy Alcott	280				
	Hollis Stacy	289				
	Richland C.C.,					
	Nashville, Tenn.					

U.S. WOMEN'S OPEN CHAMPIONSHIP SCORING RECORDS

Lowest 18-hole score
65, Sally Little, fourth round, 1978.
Lowest first 36 holes
139, Donna Caponi, 1970; Carol Mann, 1970; Kathy Whitworth, 1981; Bonnie Lauer, 1981; JoAnne Gunderson Carner, 1982.
Lowest first 54 holes
208, Amy Alcott, 1980.
Lowest 72-hole score
279, Pat Bradley, 1981.
Amateur's lowest score
294, Catherine Lacoste (winner), 1967; Cynthia Hill, 1970.
Highest 18-hole lead score
74, Fay Crocker, 1955; Mickey Wright, 1958.
Highest 36-hole lead score
149, Sandra Spuzich, 1966; Mickey Wright, 1966.
Highest 54-hole lead score
225, Fay Crocker, 1955; Sandra Spuzich, 1966.
Highest 72-hole winning score
302, Besty Rawls, 1953; Jacqueline Pung, 1953; Kathy Cornelius, 1956; Barbara McIntire, 1956.
Best start by champion
69, Susie Maxwell Berning, 1968; Donna Caponi, 1970.
Best finish by champion
66, Pat Bradley, 1981.
Poorest start by champion
79, Susie Maxwell Berning, 1972.
Poorest finish by champion
79, Kathy Cornelius, 1956; Catherine Lacoste, 1967.
Largest winning margin
12 strokes, Mildred (Babe) Didrikson Zaharias, 19.
Most sub-par 72-hole total by player in single Open
9 under, Pat Bradley, 1981.
Most sub-par rounds in single Open
33, La Grange (Ill.) C.C., 1981.

U.S. WOMEN'S OPEN CHAMPIONSHIP NOTES OF INTEREST

Most victories
4, Mickey Wright, 1958-59-61-64.

WOMEN PROFESSIONALS

Champions who led all the way
Mildred Zaharias, 1954; Fay Crocker, 1955; Betsy Rawls, 1957; Mickey Wright, 1958 and 1964; Mary Mills, 1963; Susie Maxwell Berning, 1968; Donna Caponi, 1970; JoAnne Gunderson Carner, 1971; Hollis Stacy, 1977; Amy Alcott, 1980.

Finishes in first ten
14, Louise Suggs (11 straight times); 13, Mickey Wright; 13, Kathy Whitworth; 11, JoAnne Gunderson Carner; 9, Donna Caponi; 9, Sandra Haynie.

Consecutive winners
Mickey Wright, 1958-59; Donna Caponi, 1969-70; Susie Maxwell Berning, 1972-73; Hollis Stacy, 1977-78.

Foreign champions
Fay Crocker, Uruguay, 1955; Catherine Lacoste, France, 1967; Jan Stephenson, Australia, 1983.

Holes-in-one
Nancy Porter (amateur), 6th hole, East Course, Winged Foot G.C., Mamaroneck, N.Y., 1972; and 16th hole, Rolling Green G.C., Springfield, Delaware County, Pa., 1976; Patty Berg, 7th hole, Churchill Valley C.C., Pittsburgh, Pa., 1959; Gerda Whalen, 7th hole, Scenic Hills C.C., Pensacola, Fla., 1969; Amy Geithner, 14th hole, first round, La Grange (Ill.) C.C., 1981; Julie Stanger, 17th hole, fourth round, La Grange (Ill.) C.C., 1981.

Most consecutive Opens completed
21, Marilynn Smith, 1953-74.

Most championships participated
28, Marlene Bauer Hagge.

Most times runner-up
4, Louise Suggs, 1955-58-59-63.

Youngest champion
Catherine Lacoste, 22 years, 5 days in 1967.

Oldest champion
Fay Crocker, 40 years, 11 months in 1955.

Amateur champion
Catherine Lacoste, 1967.

Shortest course
Brooklawn C.C., Fairfield, Conn., 6,010 yards, 1979.

Longest course
San Diego C.C., Chula Vista, Calif., 6,470 yards, 1964.

LPGA CHAMPIONSHIP

Year	Winner, runner-up, Site	Score
1955	Beverly Hanson	220
	Louise Suggs	223
	Orchard Ridge C.C.,	
	Fort Wayne, Ind.	
1956	*Marlene Hagge	291
	Patty Berg	291
	Forest Lake C.C.,	
	Detroit, Mich	
1957	Louise Suggs	285
	Wiffi Smith	288
	Churchill Valley C.C.,	
	Pittsburgh, Pa.	
1958	Mickey Wright	288
	Fay Crocker	294
	Churchill Valley C.C.,	
	Pittsburgh, Pa.	
1959	Betsy Rawls	288
	Patty Berg	289
	Sheraton Hotel C.C.,	
	French Lick, Ind.	
1960	Mickey Wright	292
	Louise Suggs	295
	Sheraton Hotel C.C.,	
	French Lick, Ind.	
1961	Mickey Wright	287
	Louise Suggs	296
	Stardust C.C.,	
	Las Vegas, Nev.	
1962	Judy Kimball	282
	Shirley Spork	286
	Stardust C.C.,	
	Las Vegas, Nev.	
1963	Mickey Wright	294
	Mary Lena Faulk	296
	Mary Mills	296
	Louise Suggs	296
	Stardust C.C.,	
	Las Vegas, Nev.	
1964	Mary Mills	278
	Mickey Wright	280
	Stardust C.C.,	
	Las Vegas, Nev.	
1965	Sandra Haynie	279
	Clifford Ann Creed	280
	Stardust C.C.,	
	Las Vegas, Nev.	
1966	Gloria Ehret	282
	Mickey Wright	285
	Stardust C.C.,	
	Las Vegas, Nev.	
1967	Kathy Whitworth	284
	Shirley Englehorn	285
	Pleasant Valley C.C.,	
	Sutton, Mass.	
1968	*Sandra Post	294
	Kathy Whitworth	294
	Pleasant Valley C.C.,	
	Sutton, Mass.	
1969	Betsy Rawls	293
	Susie Berning	295
	Carol Mann	295
	Concord G.C.,	
	Kiamesha Lake, N.Y.	
1970	*Shirley Englehorn	285
	Kathy Whitworth	285
	Pleasant Valley C.C.,	
	Sutton, Mass.	
1971	Kathy Whitworth	288
	Kathy Ahern	292
	Pleasant Valley C.C.,	
	Sutton, Mass.	
1972	Kathy Ahern	293
	Jane Blalock	299
	Pleasant Valley C.C.,	
	Sutton, Mass.	
1973	Mary Mills	288
	Betty Burfeindt	289
	Pleasant Valley C.C.,	
	Sutton, Mass.	
1974	Sandra Haynie	288
	JoAnne Carner	290

WOMEN PROFESSIONALS

	Pleasant Valley C.C., Sutton, Mass.				Carol Mann	216
					Judy Rankin	216
1975	Kathy Whitworth	288		1973	Mickey Wright	284
	Sandra Haynie	289			Joyce Kazmierski	286
	Pine Ridge C.C., Baltimore, Md.			1974	*Jo Ann Prentice	289
					Jane Blalock	289
1976	Betty Burfeindt	287			Sandra Haynie	289
	Judy Rankin	288		1975	Sandra Palmer	283
	Pine Ridge C.C., Baltimore, Md.				Kathy McMullen	284
				1976	Judy Rankin	285
1977	Chako Higuchi	279			Betty Burfeindt	288
	Pat Bradley	282		1977	Kathy Whitworth	289
	Sandra Post	282			JoAnne Carner	290
	Judy Rankin	282			Sally Little	290
	Bay Tree Plantation, N. Myrtle Beach, S.C.			1978	*Sandra Post	283
					Penny Pulz	283
1978	Nancy Lopez	275		1979	Sandra Post	276
	Amy Alcott	281			Nancy Lopez	277
	Jack Nicklaus G.C., King's Island, Ohio			1980	Donna Caponi	275
					Amy Alcott	277
1979	Donna Caponi	279		1981	Nancy Lopez	277
	Jerilyn Britz	282			Carolyn Hill	279
	Jack Nicklaus G.C., King's Island, Ohio			1982	Sally Little	278
					Hollis Stacy	281
1980	Sally Little	285			Sandra Haynie	281
	Jane Blalock	288		1983	Amy Alcott	282
	Jack Nicklaus G.C., King's Island, Ohio				Beth Daniel	284
					Kathy Whitworth	284
1981	Donna Caponi	280			*Won playoff.	
	Jerilyn Britz	281				

1981 Donna Caponi 280
      Jerilyn Britz 281
      Jack Nicklaus G.C.,
      King's Island, Ohio
1982 Jan Stephenson 279
      JoAnne Carner 281
      Jack Nicklaus G.C.,
      King's Island, Ohio
1983 Patty Sheehan 279
      Sandra Haynie 281
      Jack Nicklaus G.C.,
      King's Island, Ohio
*Won playoff.

LPGA CHAMPIONSHIP SCORING RECORDS

Lowest 9-hole score
32, Alexandra Reinhardt, 1983; Nancy Lopez, 1980.
Lowest 18-hole score
64, Jerilyn Britz, 1979.
Lowest 36-hole score
135, Alexandra Reinhardt, 1983.
Lowest 54-hole score
205, Nancy Lopez, 1978.
Lowest 72-hole score
275, Nancy Lopez, 1978.

NABISCO DINAH SHORE INVITATIONAL

Site: Mission Hills C.C., Rancho Mirage, Calif.

Year	Runner-up	Score
1972	Jane Blalock	213

NABISCO DINAH SHORE INVITATIONAL SCORING RECORDS

Lowest 9-hole score
31, JoAnne Carner, 1978; Sandra Post, 1978.
Lowest 18-hole score
65, Sandra Post, 1978.
Lowest 36-hole score
138, Beth Daniel, 1983; Hollis Stacy, 1982; Amy Alcott, 1980; Sandra Post, 1979; Chako Higuchi, 1979; Nancy Lopez, 1979.
Lowest 54-hole score
204, Donna Caponi, 1980.
Lowest 72-hole score
275, Donna Caponi, 1980.
(Note: Designated as major championship commencing 1983.)

DU MAURIER CLASSIC

Year	Winner, runner-up, site	Score
1973	*Jocelyne Bourassa	214
	Sandra Haynie	214
	Judy Rankin	214
	Montreal G.C., Montreal, Que.	
1974	Carole Jo Skala	208
	JoAnne Carner	211
	Candiac G.C., Montreal, Que.	
1975	*JoAnne Carner	214
	Carol Mann	214
	St. George's C.C., Toronto, Ont.	

WOMEN PROFESSIONALS

Year	Winner	Score
1976	*Donna Caponi	212
	Judy Rankin	212
	Cedar Brae C.C., Toronto, Ont.	
1977	Judy Rankin	214
	Pat Meyers	215
	Sandra Palmer	215
	Lachute G. & C.C., Montreal, Que.	
1978	JoAnne Carner	278
	Hollis Stacy	286
	St. George's C.C., Toronto, Ont.	
1979	Amy Alcott	285
	Nancy Lopez	288
	Richelieu Valley G.C., Montreal, Que.	
1980	Pat Bradley	277
	JoAnne Carner	278
	St. George's C.C., Toronto, Ont.	
1981	Jan Stephenson	278
	Nancy Lopez	279
	Pat Bradley	279
	Summerlea C.C., Dorion, Que.	
1982	Sandra Haynie	280
	Beth Daniel	281
	St. George's G.C., Toronto, Ont.	
1983	Hollis Stacy	277
	Alice Miller	279
	JoAnne Carner	279
	Beaconsfield G.C., Montreal, Que.	

*Won playoff.

(Note: Formerly La Canadienne, 1973; Peter Jackson, 1974-1983.)

DU MAURIER CLASSIC SCORING RECORDS

Lowest 9-hole score
31, JoAnne Carner, 1978.
Lowest 18-hole score
64, JoAnne Carner, 1978.
Lowest 36-hole score
135, JoAnne Carner, 1978.
Lowest 54-hole score
205, JoAnne Carner, 1978.
Lowest 72-hole score
277, Hollis Stacy, 1983; Pat Bradley, 1980.
(Note: Designated as major championship commencing 1979.)

PAST WINNERS OF LPGA TOUR EVENTS

BOSTON FIVE CLASSIC

Site: Danvers, Mass.

Year	Winner	Score
1980	Dale Lundquist	276

Year	Winner	Score
1981	Donna Caponi	276
1982	Sandra Palmer	281
1983	Patti Rizzo	277

CHEVROLET WORLD CHAMPIONSHIP OF WOMEN'S GOLF

Site: Shaker Heights, Ohio

Year	Winner	Score
1980	Beth Daniel	282
1981	Beth Daniel	284
1982	JoAnne Carner	284
1983	JoAnne Carner	282

CHRYSLER-PLYMOUTH CLASSIC

Site: Clifton, N.J. (1983)

Year	Winner	Score
1976	Amy Alcott	209
1977	Kathy Whitworth	202
1978	*Nancy Lopez	210
1979	*Nancy Lopez	216
1980	*Donna H. White	217
1981	*Kathy Whitworth	211
1982	Cathy Morse	216
1983	Pat Bradley	212

Formerly Coca-Cola Classic 1976-1981.

COLUMBIA SAVINGS LPGA CLASSIC

Site: Denver, Colo.

Year	Winner	Score
1972	Sandra Haynie	207
1973	Sandra Palmer	210
1974	Sandra Haynie	213
1975	Judy Rankin	207
1976	Sandra Palmer	206
1977	JoAnne Carner	210
1978	Kathy Whitworth	211
1979	Sally Little	209
1980	Beth Daniel	276
1981	JoAnne Carner	278
1982	Beth Daniel	276
1983	*Pat Bradley	277

Formerly National Jewish Hospital Open 1972-1978.

COMBANKS ORLANDO CLASSIC

Site: Orlando, Fla.

Year	Winner	Score
1979	Jane Blalock	286
1980	Donna H. White	283
1981	*Beth Daniel	281
1982	*Patty Sheehan	209
1983	Lynn Adams	208

Formerly Florida Lady Citrus 1979-1981.
Formerly Orlando Lady Classic, 1982.

CORNING CLASSIC

Site: Corning, N.Y.

Year	Winner	Score
1979	Penny Pulz	284
1980	Donna Caponi	281
1981	Kathy Hite	282

WOMEN PROFESSIONALS

1982 Sandra Spuzich 280
1983 Patty Sheehan 272

CPC WOMEN'S INTERNATIONAL

Site: Hilton Head Island, S.C.
Year	Winner	Score
1976	Sally Little	281
1977	Sandra Palmer	281
1978	Jan Stephenson	283
1979	Nancy Lopez	282
1980	*Hollis Stacy	279
1981	*Sally Little	287
1982	Kathy Whitworth	281
1983	Hollis Stacy	285

ELIZABETH ARDEN CLASSIC

Site: Miami, Fla.
Year	Winner	Score
1969	†JoAnne Carner	216
1970	*Carol Mann	216
1971	Sandra Haynie	219
1972	Marlene Hagge	211
1973	Jo Ann Prentice	212
1974	Sandra Palmer	215
1975	Donna Caponi	208
1976	Judy Rankin	213
1977	*Pam Higgins	212
1978	Debbie Austin	212
1979	Amy Alcott	285
1980	Jane Blalock	283
1981	*Sally Little	283
1982	JoAnne Carner	283
1983	Nancy Lopez	285

Formerly Burdines Invitational 1969-76.
American Cancer Society Classic 1977-78.

HENREDON CLASSIC

Site: High Point, N.C.
Year	Winner	Score
1981	Sandra Haynie	281
1982	*JoAnne Carner	282
1983	Patty Sheehan	272

INAMORI GOLF CLASSIC

Site: San Diego, Calif.
Year	Winner	Score
1980	Amy Alcott	280
1981	*Hollis Stacy	286
1982	Patty Sheehan	277
1983	Patty Sheehan	209

J&B SCOTCH PRO-AM

Site: Las Vegas, Nev.
Year	Winner	Score
1979	Nancy Lopez	274
1980	Donna Caponi	286
1981	Donna Caponi	286
1982	Nancy Lopez	279
1983	Nancy Lopez	283

Formerly Sahara National Pro-Am 1979.
Formerly LPGA Desert Inn Pro-Am 1980-1981.

JC PENNEY CLASSIC

Site: Largo, Fla.
Year	Winner	Score
1976	Jo Ann Washam/Chi Chi Rodriguez	275
1977	Hollis Stacy/Jerry Pate	270
1978	Pat Bradley/Lon Hinkle	267
1979	Murle Breer/Dave Eichelberger	268
1980	Nancy Lopez/Curtis Strange	268
1981	Beth Daniel/Tom Kite	270
1982	JoAnne Carner/John Mahaffey	268
1983	Jan Stephenson/Fred Couples	264

Formerly Pepsi-Cola Mixed Team Championship 1976-77.

LADY KEYSTONE OPEN

Site: Hershey, Pa.
Year	Winner	Score
□1975	Susie Berning	142
1976	Susie Berning	215
1977	Sandra Spuzich	201
1978	Pat Bradley	206
1979	Nancy Lopez	212
1980	JoAnne Carner	207
1981	JoAnne Carner	203
1982	Jan Stephenson	211
1983	Jan Stephenson	205

LADY MICHELOB

Site: Atlanta, Ga.
Year	Winner	Score
1968	Carol Mann	200
1969	Kathy Whitworth	212
1970	Jane Blalock	221
1971	Jane Blalock	214
1972	Jan Ferraris	221
1973	Mary Mills	217
1974	*Sandra Spuzich	219
1975	Donna Caponi	214
1976	JoAnne Carner	209
1977	Hollis Stacy	209
1978	*Janet Coles	211
1979	Sandra Post	210
1980	Pam Higgins	208
1981	Amy Alcott	209
1982	Kathy Whitworth	207
1983	Janet Coles	206

Formerly Lady Carling (1968-1969).
Formerly Lady Pepsi (1970-1972).
Formerly Lady Tara (1973-1979).

149

WOMEN PROFESSIONALS

McDONALD'S KIDS CLASSIC

Site: Malvern, Pa.
Year	Winner	Score
1981	Sandra Post	282
1982	JoAnne Carner	276
1983	*Beth Daniel	286

MAYFLOWER CLASSIC

Site: Indianapolis, Ind.
Year	Winner	Score
1976	Sandra Palmer	209
1977	Judy Rankin	212
1978	Jane Blalock	209
1979	Hollis Stacy	213
1980	Amy Alcott	275
1981	Debbie Austin	279
1982	Sally Little	275
1983	Lauren Howe	280

Formerly Bloomington Classic 1976.

MAZDA CLASSIC OF DEER CREEK

Site: Deerfield Beach, Fla.
Year	Winner	Score
1980	JoAnne Carner	282
1981	Sandra Palmer	284
1982	*Hollis Stacy	282
1983	Pat Bradley	272

Formerly Whirlpool Championship of Deer Creek 1980-1982.

MAZDA JAPAN CLASSIC

Site: Kyoto, Japan (1983)
Year	Winner	Score
☐1973	*Jan Ferraris	216
☐1974	*Chako Higuchi	218
☐1975	Shelley Hamlin	218
1976	Donna Caponi	217
1977	Debbie Massey	220
1978	*Michiko Okada	216
1979	Amy Alcott	211
1980	Tatsuko Ohsako	213
1981	Patty Sheehan	213
1982	Nancy Lopez	207
1983	Pat Bradley	206

SPORTS NIPPON TEAM MATCH

Site: Ichihara City, Japan
Year	Winner	Score
1979	Yuko Moriguchi	137
1980	Amy Alcott	224
‡1981	*Chako Higuchi	180
1982	Nayako Yoshikawa	141
1983	Chako Higuchi	142

Formerly Pioneer Cup, 1979-82.

PORTLAND PING CH.

Site: Portland, Ore.
Year	Winner	Score
1972	Kathy Whitworth	212
‡1973	Kathy Whitworth	144
1974	JoAnne Carner	211
1975	Jo Ann Washam	215
1976	*Donna Caponi	217
1977	*JoAnne Carner/ Judy Rankin	202
1978	*Donna Caponi/ Kathy Whitworth	203
1979	Nancy Lopez/ Jo Ann Washam	198
1980	Donna Caponi/ Kathy Whitworth	195
1981	*Donna Caponi/ Kathy Whitworth	203
1982	Sandra Haynie/ Kathy McMullen	196
1983	*JoAnne Carner	212

Formerly Portland Classic 1972-76.
Formerly Portland Ping Team Ch. 1977-82.

RAIL CHARITY CLASSIC

Site: Springfield, Ill.
Year	Winner	Score
1976	*Sandra Palmer	213
1977	Hollis Stacy	271
1978	Pat Bradley	276
1979	Jo Ann Washam	275
1980	Nancy Lopez	275
1981	JoAnne Carner	205
1982	JoAnne Carner	202

Formerly Jerry Lewis Muscular Dystrophy Classic 1976.

ROCHESTER INTERNATIONAL

Site: Rochester, N.Y.
Year	Winner	Score
1973	Kathy Whitworth	219
1974	Carol Mann	209
1975	Sandra Haynie	211
1976	Jan Stephenson	218
1977	Jane Blalock	282
1978	Donna Caponi	282
1979	Jane Blalock	280
1980	Nancy Lopez	283
1981	Nancy Lopez	285
1982	Sandra Haynie	276
1983	Ayako Okamoto	282

Formerly Lely Classic 1973-1975.
Formerly Sarah Coventry 1976-1981.

S&H GOLF CLASSIC

Site: St. Petersburg, Fla.
Year	Winner	Score
1954	*Beverly Hanson	217
1955	Patty Berg	286
1956	Kathy Cornelius	287
1957	Mary Lena Faulk	279
1958	Betsy Rawls	291
1959	Louise Suggs	282
1960	Beverly Hanson	287
1961	Mickey Wright	279

WOMEN PROFESSIONALS

1962	Louise Suggs	280
1963	Mickey Wright	288
1964	Mary Lena Faulk	289
1965	Kathy Whitworth	281
1966	Marilynn Smith	285
1967	Marilynn Smith	283
1968	Kathy Whitworth	213
1969	Kathy Whitworth	216
1970	Kathy Whitworth	216
1971	Jan Ferraris	218
1972	Carol Mann	213
1973	Sandra Haynie	216
1974	Kathy Whitworth	216
1975	Amy Alcott	207
1976	*JoAnne Carner	209
1977	Judy Rankin	208
1978	Jane Blalock	212
1979	Jane Blalock	205
1980	Dot Germain	209
1981	*JoAnne Carner	215
1982	*Hollis Stacy	204
1983	Hollis Stacy	277

Formerly St. Petersburg Classic (1954-1966).
Formerly Orange Blossom Classic (1967-1979).

SAFECO CLASSIC

Site: Seattle, Wash. (1983)
Year	Winner	Score
1982	Patty Sheehan	276
1983	Juli Inkster	283

SAMARITAN TURQUOISE CLASSIC

Site: Phoenix, Ariz.
Year	Winner	Score
1980	Jan Stephenson	275
1981	Patty Hayes	277
1982	*Beth Daniel	278
1983	Anne-Marie Palli	205

Formerly Sun City Classic (1980-1982).

SARASOTA CLASSIC

Site: Sarasota, Fla.
Year	Winner	Score
1976	Kathy Whitworth	209
1977	Judy Rankin	209
1978	Nancy Lopez	289
1979	Sally Little	278
1980	JoAnne Carner	280
1981	Amy Alcott	276
1982	Beth Daniel	276
1983	Donna White	284

Formerly Bent Tree Ladies Classic (1976-1982).

TUCSON CONQUISTADORES OPEN

Site: Tucson, Ariz.
Year	Winner	Score
1981	Nancy Lopez	278
1982	*Ayako Okamoto	281
1983	Jan Stephenson	207

Formerly Arizona Copper Classic (1981-1982).

UNITED VIRGINIA BANK CLASSIC

Site: Portsmouth, Va.
Year	Winner	Score
1979	Amy Alcott	286
1980	Donna Caponi	277
1981	Jan Stephenson	205
1982	*Sally Little	208
1983	Lenore Muraoka	212

WEST VIRGINIA LPGA CLASSIC

Site: Wheeling, W. Va.
Year	Winner	Score
1974	Carole Jo Skala	212
1975	Susie McAllister	212
1976	*Jane Blalock	217
1977	Debbie Austin	209
1978	Jane Blalock	207
1979	*Debbie Massey	219
1980	*Sandra Post	211
1981	*Hollis Stacy	212
1982	*Hollis Stacy	209
1983	*Alice Miller	216

Formerly Wheeling Classic (1974-1979).

WOMEN'S KEMPER OPEN

Site: Maui, Hawaii
Year	Winner	Score
1979	JoAnne Carner	286
1980	Nancy Lopez	284
1981	Pat Bradley	284
1982	Amy Alcott	286
1983	Kathy Whitworth	288

KEY †=Amateur. ‡=Rain-curtailed. □=Unofficial event. *=Won sudden-death playoff.

PAST LPGA TOUR STATISTICS

PAST LPGA LEADING MONEY WINNERS

1950

Player	Money
1. Babe Zaharias	$14,800
2. Patty Berg	5,442
3. Louise Suggs	5,181
4. Betty Jameson	3,512
5. Marilynn Smith	1,269
6. Marlene Bauer	1,170
7. Helen Dettweiler	1,070
8. Alice Bauer	1,008
9. Betty Mims Danoff	937
10. Shirley Spork	620

1951

Player	Money
1. Babe Zaharias	$15,087
2. Patty Berg	13,237

151

WOMEN PROFESSIONALS

3. Louise Suggs — 6,237
4. Betsy Rawls — 4,545
5. Marlene Bauer — 4,079
6. Betty Jameson — 2,925
7. Alice Bauer — 2,833
8. Beverly Hanson — 2,462
9. Peggy Kirk — 2,185
10. Betty Bush — 2,110

1952
Player	Money
1. Betsy Rawls	$14,505
2. Betty Jameson	12,660
3. Louise Suggs	10,083
4. Patty Berg	7,588
5. Babe Zaharias	7,503
6. Marlene Bauer	5,823
7. Marilynn Smith	4,736
8. Peggy Kirk	3,147
9. Alice Bauer	2,910
10. Betty Bush	2,870

1953
Player	Money
1. Louise Suggs	$19,816
2. Patty Berg	18,623
3. Betsy Rawls	12,435
4. Jackie Pung	7,837
5. Betty Jameson	7,255
6. Babe Zaharias	6,345
7. Beverly Hanson	4,704
8. Marilynn Smith	4,226
9. Betty Hicks	3,762
10. Betty MacKinnon	3,492

1954
Player	Money
1. Patty Berg	$16,011
2. Babe Zaharias	14,452
3. Louise Suggs	12,736
4. Betsy Rawls	8,852
5. Betty Jameson	8,749
6. Betty Hicks	7,054
7. Beverly Hanson	6,415
8. Jackie Pung	6,291
9. Betty Dodd	6,277
10. Fay Crocker	5,270

1955
Player	Money
1. Patty Berg	$16,497
2. Louise Suggs	13,729
3. Fay Crocker	12,679
4. Betty Jameson	10,699
5. Mary Lena Faulk	10,390
6. Beverly Hanson	10,338
7. Jackie Pung	9,259
8. Betty Hicks	8,334
9. Marlene Bauer	7,051
10. Betsy Rawls	6,967

1956
Player	Money
1. Marlene Hagge	$20,235
2. Patty Berg	12,560
3. Louise Suggs	12,434
4. Fay Crocker	10,107
5. Joyce Ziske	9,733
6. Betty Jameson	9,056
7. Mickey Wright	8,253
8. Kathy Cornelius	7,336
9. Mary Lena Faulk	7,077
10. Beverly Hanson	7,032

1957
Player	Money
1. Patty Berg	$16,272
2. Fay Crocker	12,019
3. Mickey Wright	11,131
4. Marlene Hagge	10,260
5. Wiffi Smith	10,251
6. Betsy Rawls	9,812
7. Louise Suggs	9,207
8. Betty Dodd	8,570
9. Beverly Hanson	7,073
10. Betty Jameson	7,017

1958
Player	Money
1. Beverly Hanson	$12,639
2. Marlene Hagge	11,890
3. Louise Suggs	11,862
4. Mickey Wright	11,775
5. Fay Crocker	11,570
6. Jackie Pung	8,493
7. Patty Berg	8,014
8. Wiffi Smith	7,870
9. Betsy Rawls	7,600
10. Mary Lena Faulk	7,290

1959
Player	Money
1. Betsy Rawls	$26,774
2. Mickey Wright	18,182
3. Louise Suggs	16,936
4. Bev Hanson	14,018
5. Marlene Hagge	12,056
6. Patty Berg	11,495
7. Joyce Ziske	11,452
8. Fay Crocker	9,667
9. Mary Lena Faulk	9,150
10. Bonnie Randolph	8,578

1960
Player	Money
1. Louise Suggs	$16,892
2. Mickey Wright	16,380
3. Betsy Rawls	14,928
4. Joyce Ziske	12,886
5. Fay Crocker	12,128
6. Mary Lena Faulk	9,629
7. Wiffi Smith	9,265
8. Patty Berg	9,019
9. Kathy Cornelius	8,886
10. Marlene Hagge	7,212

1961
Player	Money
1. Mickey Wright	$22,236
2. Betsy Rawls	15,672
3. Louise Suggs	15,339

WOMEN PROFESSIONALS

4. Mary Lena Faulk		12,968
5. Marilynn Smith		10,687
6. Ruth Jessen		9,886
7. Barbara Romack		8,895
8. Marlene Hagge		8,245
9. Jo Ann Prentice		8,162
10. Kathy Cornelius		7,915

1962

Player	Money
1. Mickey Wright	$21,641
2. Kathy Whitworth	17,044
3. Mary Lena Faulk	14,949
4. Ruth Jessen	14,937
5. Marilynn Smith	12,075
6. Shirley Englehorn	11,719
7. Patty Berg	10,682
8. Betsy Rawls	10,428
9. Jo Ann Prentice	9,184
10. Barbara Romack	8,639

1963

Player	Money
1. Mickey Wright	$31,269
2. Kathy Whitworth	26,858
3. Marilynn Smith	21,691
4. Betsy Rawls	17,864
5. Clifford Ann Creed	13,843
6. Sandra Haynie	13,683
7. Marlene Hagge	13,570
8. Shirley Englehorn	13,082
9. Ruth Jessen	10,777
10. Jo Ann Prentice	9,401

1964

Player	Money
1. Mickey Wright	$29,800
2. Ruth Jessen	23,431
3. Kathy Whitworth	20,434
4. Betsy Rawls	19,350
5. Marlene Hagge	18,843
6. Shirley Englehorn	18,582
7. Sandra Haynie	17,061
8. Clifford Ann Creed	15,443
9. Mary Mills	13,963
10. Marilynn Smith	12,738

1965

Player	Money
1. Kathy Whitworth	$28,658
2. Marlene Hagge	21,532
3. Carol Mann	20,875
4. Clifford Ann Creed	20,795
5. Sandra Haynie	17,722
6. Marilynn Smith	16,692
7. Mary Mills	13,007
8. Susie Maxwell	12,982
9. Judy Torluemke	12,237
10. Betsy Rawls	10,898

1966

Player	Money
1. Kathy Whitworth	$33,517
2. Sandra Haynie	30,157
3. Mickey Wright	26,672
4. Carol Mann	23,246
5. Clifford Ann Creed	21,089
6. Marilynn Smith	16,412
7. Judy Torluemke	15,180
8. Judy Kimball	13,571
9. Shirley Englehorn	13,405
10. Mary Mills	12,823

1967

Player	Money
1. Kathy Whitworth	$32,937
2. Sandra Haynie	26,543
3. Carol Mann	24,666
4. Mickey Wright	20,613
5. Susie Maxwell	19,537
6. Clifford Ann Creed	17,940
7. Judy Kimball	14,722
8. Marilynn Smith	13,045
9. Shirley Englehorn	11,786
10. Margie Masters	11,725

1968

Player	Money
1. Kathy Whitworth	$48,379
2. Carol Mann	45,921
3. Sandra Haynie	25,992
4. Marilynn Smith	20,945
5. Sandra Spuzich	19,325
6. Clifford Ann Gordon	17,619
7. Mickey Wright	17,147
8. Sandra Palmer	16,906
9. Shirley Englehorn	15,579
10. Donna Caponi	14,563

1969

Player	Money
1. Carol Mann	$49,152
2. Kathy Whitworth	48,171
3. Donna Caponi	30,067
4. Shirley Englehorn	24,486
5. Sandra Haynie	24,276
6. Sandra Spuzich	20,339
7. Susie Berning	19,966
8. Murle Lindstrom	19,630
9. Sandra Palmer	18,319
10. Mickey Wright	17,851

1970

Player	Money
1. Kathy Whitworth	$30,235
2. Sandra Haynie	26,626
3. Shirley Englehorn	22,727
4. Marilynn Smith	22,391
5. Judy Rankin	22,195
6. Carol Mann	20,907
7. Donna Caponi	19,369
8. Sandra Palmer	18,424
9. Betsy Rawls	17,897
10. Mary Mills	15,055

1971

Player	Money
1. Kathy Whitworth	$41,181
2. Sandra Haynie	36,219
3. Jane Blalock	34,492
4. Sandra Palmer	34,035
5. Donna Caponi	23,069

WOMEN PROFESSIONALS

6. JoAnne Carner	21,604
7. Jo Ann Prentice	20,138
8. Pam Barnett	18,801
9. Judy Rankin	17,294
10. Marlene Hagge	16,514

1972
Player	Money
1. Kathy Whitworth	$65,063
2. Jane Blalock	57,323
3. Judy Rankin	49,183
4. Betty Burfeindt	47,548
5. Sandra Haynie	39,701
6. Kathy Ahern	38,072
7. Sandra Palmer	36,715
8. Carol Mann	36,452
9. Marilynn Smith	29,910
10. Jo Ann Prentice	27,583

1973
Player	Money
1. Kathy Whitworth	$82,864
2. Judy Rankin	72,989
3. Sandra Palmer	55,439
4. Betty Burfeindt	51,030
5. Carol Mann	47,734
6. Mary Mills	47,638
7. Sandra Haynie	47,353
8. Kathy Cornelius	44,246
9. Jane Blalock	40,710
10. Joyce Kazmierski	38,973

1974
Player	Money
1. JoAnne Carner	$87,094
2. Jane Blalock	86,422
3. Sandra Haynie	74,560
4. Jo Ann Prentice	67,227
5. Sandra Palmer	54,873
6. Kathy Whitworth	52,024
7. Carol Mann	47,721
8. Carole Jo Skala	47,691
9. Judy Rankin	45,882
10. Donna Young	38,075

1975
Player	Money
1. Sandra Palmer	$76,374
2. JoAnne Carner	64,842
3. Carol Mann	64,727
4. Sandra Haynie	61,614
5. Judy Rankin	50,174
6. Jane Blalock	45,478
7. Donna Young	43,291
8. Kathy McMullen	39,555
9. Kathy Whitworth	36,422
10. Sandra Post	34,853

1976
Player	Money
1. Judy Rankin	$150,734
2. Donna Young	106,553
3. JoAnne Carner	103,275
4. Jane Blalock	93,616
5. Sandra Palmer	88,417
6. Pat Bradley	84,288

7. Amy Alcott	71,122
8. Jan Stephenson	64,827
9. Kathy Whitworth	62,013
10. Chako Higuchi	57,389

1977
Player	Money
1. Judy Rankin	$122,890
2. JoAnne Carner	113,712
3. Kathy Whitworth	108,541
4. Jane Blalock	102,013
5. Hollis Stacy	89,155
6. Debbie Austin	86,393
7. Sandra Palmer	82,920
8. Pat Bradley	78,710
9. Sandra Post	77,728
10. Sally Little	67,433

1978
Player	Money
1. Nancy Lopez	$189,814
2. Pat Bradley	118,057
3. Jane Blalock	117,768
4. JoAnne Carner	108,093
5. Donna Young	95,993
6. Hollis Stacy	95,800
7. Sandra Post	92,118
8. Sally Little	84,896
9. Amy Alcott	75,516
10. Penny Pulz	71,011

1979
Player	Money
1. Nancy Lopez	$197,489
2. Sandra Post	178,751
3. Amy Alcott	144,839
4. Pat Bradley	132,429
5. Donna Young	125,494
6. Sally Little	119,501
7. Jane Blalock	115,227
8. Judy Rankin	108,512
9. JoAnne Carner	98,219
10. Beth Daniel	97,027

1980
Player	Money
1. Beth Daniel	$231,000
2. Donna Young	220,620
3. Amy Alcott	219,887
4. Nancy Lopez	209,078
5. JoAnne Carner	185,916
6. Pat Bradley	183,377
7. Sally Little	139,128
8. Jane Blalock	127,874
9. Jo Ann Washam	107,063
10. Sandra Post	102,823

1981
Player	Money
1. Beth Daniel	$206,978
2. JoAnne Carner	206,649
3. Pat Bradley	197,050
4. Donna Caponi	193,917
5. Jan Stephenson	180,529
6. Nancy Lopez	165,680

WOMEN PROFESSIONALS

7. Amy Alcott	149,090
8. Sally Little	142,251
9. Hollis Stacy	138,909
10. Kathy Whitworth	134,938

1982

Player	Money
1. JoAnne Carner	$310,399
2. Sandra Haynie	245,432
3. Sally Little	228,941
4. Patty Sheehan	225,032
5. Beth Daniel	223,635
6. Amy Alcott	169,581
7. Nancy Lopez	166,474
8. Hollis Stacy	161,379
9. Kathy Whitworth	136,698
10. Jan Stephenson	133,212

1983

Player	Money
1. JoAnne Carner	$291,404
2. Patty Sheehan	250,399
3. Pat Bradley	240,208
4. Jan Stephenson	193,365
5. Kathy Whitworth	191,492
6. Beth Daniel	167,404
7. Alice Miller	157,321
8. Amy Alcott	153,721
9. Hollis Stacy	149,036
10. Ayako Okamoto	131,215

PAST VARE TROPHY LEADERS

1953

Player	Average
1. Patty Berg	75.00

(Note: Additional four leaders for this year unavailable. Since 1973, the top five players with a minimum of 70 rounds are eligible.)

1954

1. Babe Zaharias	75.48
2. Louise Suggs	75.57
3. Patty Berg	76.19
4. Betsy Rawls	76.73
5. Beverly Hanson	77.05

1955

1. Patty Berg	74.47
2. Louise Suggs	74.79
3. Marlene Bauer	75.71
4. Fay Crocker	75.76
5. Jackie Pung	75.87

1956

1. Patty Berg	74.57
2. Marlene Hagge	74.74
3. Louise Suggs	74.91
4. Fay Crocker	75.44
5. Betty Jameson	75.65

1957

1. Louise Suggs	74.64
2. Patty Berg	74.82
3. Wiffi Smith	75.17
4. Fay Crocker	75.24
5. Betsy Rawls	75.36

1958

1. Beverly Hanson	74.92
2. Marlene Hagge	75.01
3. Mickey Wright	75.03
4. Louise Suggs	75.10
5. Patty Berg	75.15

1959

*Louise Suggs	73.58
1. Betsy Rawls	74.03
2. Mickey Wright	74.51
3. Patty Berg	74.95
4. Beverly Hanson	74.99

1960

1. Mickey Wright	73.25
2. Louise Suggs	73.69
3. Betsy Rawls	74.24
4. Joyce Ziske	74.58
*Wiffi Smith	74.89

1961

1. Mickey Wright	73.55
*Louise Suggs	73.87
2. Betsy Rawls	74.38
3. Mary Lena Faulk	75.03
4. Marilynn Smith	75.20

1962

1. Mickey Wright	73.67
2. Kathy Whitworth	74.32
3. Ruth Jessen	74.47
4. Mary Lena Faulk	74.74
5. Marilynn Smith	75.09

1963

1. Mickey Wright	72.81
2. Kathy Whitworth	73.90
3. Marilynn Smith	74.14
4. Betsy Rawls	74.83
5. Shirley Englehorn	75.08

1964

1. Mickey Wright	72.46
2. Shirley Englehorn	73.25
3. Ruth Jessen	73.43
4. Kathy Whitworth	73.60
5. Marlene Hagge	73.78

1965

1. Kathy Whitworth	72.61
*Mickey Wright	73.10
2. Clifford Ann Creed	73.38
3. Marlene Hagge	73.39
4. Marilynn Smith	73.69
5. Sandra Haynie	73.94

WOMEN PROFESSIONALS

1966
*Mickey Wright	72.40
1. Kathy Whitworth	72.60
2. Sandra Haynie	73.09
3. Carol Mann	73.81
4. Clifford Ann Creed	73.82
5. Marilynn Smith	74.38

1967
*Mickey Wright	72.65
1. Kathy Whitworth	72.74
2. Sandra Haynie	72.81
3. Carol Mann	73.12
4. Clifford Ann Creed	73.47
*Shirley Englehorn	73.56
5. Susie Maxwell	73.84

1968
1. Carol Mann	72.04
2. Kathy Whitworth	72.16
*Mickey Wright	72.31
*Ann Casey Johnstone	72.33
*Judy Rankin	72.75
3. Sandra Haynie	73.36
*Shirley Englehorn	73.46
4. Marilynn Smith	73.89
5. Sandra Spuzich	74.11

1969
1. Kathy Whitworth	72.38
2. Carol Mann	72.88
*Sandra Haynie	73.15
*Shirley Englehorn	73.19
*Judy Rankin	73.79
*Mickey Wright	73.92
3. Murle Lindstrom	73.93
4. Donna Caponi	73.98
*Sue Berning	74.29
5. Sandra Spuzich	74.31

1970
1. Kathy Whitworth	72.26
2. Shirley Englehorn	72.90
3. Sandra Haynie	72.95
4. Judy Rankin	73.33
5. Sandra Palmer	73.53

1971
1. Kathy Whitworth	72.88
2. Sandra Haynie	73.03
3. Jane Blalock	73.22
*Mickey Wright	73.35
4. Donna Caponi	73.90
5. Sandra Palmer	73.92

1972
1. Kathy Whitworth	72.38
2. Sandra Haynie	72.93
3. Betty Burfeindt	72.99
4. Judy Rankin	73.08
5. Sandra Palmer	73.32

1973
1. Judy Rankin	73.08
2. Kathy Whitworth	73.12
3. Sandra Palmer	73.24
*Sandra Haynie	73.43
*Sue Berning	73.55
4. Jane Blalock	73.59
5. Mary Mills	73.63

1974
*Sandra Haynie	72.75
1. JoAnne Carner	72.87
2. Jane Blalock	73.11
3. Kathy Whitworth	73.50
*Carole Jo Skala	73.64
4. Donna Caponi Young	73.65
5. Judy Rankin	73.68

1975
*Sandra Haynie	72.00
*Judy Rankin	72.32
1. JoAnne Carner	72.40
*Carol Mann	72.48
2. Sandra Palmer	72.72
*Donna Caponi Young	72.87
*Kathy Whitworth	72.97
*Sandra Post	72.99
*Jane Blalock	73.00
*Chako Higuchi	73.13
*Shirley Englehorn	73.14
*Jo Ann Washam	73.33
*Bonnie Bryant	73.37
3. Pat Bradley	73.40
*Amy Alcott	73.52
*Murle Breer	73.79
*Carole Jo Skala	73.85
4. Kathy McMullen	73.92
*Gail Dennenberg	73.93
5. Susie McAllister	73.98

1976
1. Judy Rankin	72.25
2. JoAnne Carner	72.38
3. Jane Blalock	72.52
4. Sandra Palmer	72.81
*Sandra Haynie	72.82
5. Pat Bradley	73.28

1977
1. Judy Rankin	72.16
2. Jane Blalock	72.48
3. JoAnne Carner	72.51
4. Jan Stephenson	72.52
5. Sandra Post	72.55

1978
1. Nancy Lopez	71.76
2. Jane Blalock	71.98
3. JoAnne Carner	72.01
*Julie Stanger	72.25
4. Pat Bradley	72.31
5. Hollis Stacy	72.53

156

WOMEN PROFESSIONALS

1979
1. Nancy Lopez	71.20
2. Jane Blalock	72.15
*Chako Higuchi	72.17
3. Sandra Post	72.30
4. Pat Bradley	72.31
*JoAnne Carner	72.40
5. Amy Alcott	72.43

1980
1. Amy Alcott	71.51
2. Beth Daniel	71.59
3. Donna C. Young	71.80
4. Nancy Lopez-Melton	71.81
5. JoAnne Carner	71.89

1981
1. JoAnne Carner	71.75
2. Beth Daniel	71.87
3. Nancy Lopez-Melton	72.10
4. Pat Bradley	72.16
5. Donna Caponi	72.21

1982
1. JoAnne Carner	71.49
2. Beth Daniel	71.66
3. Patty Sheehan	71.72
4. Sandra Haynie	71.86
5. Sally Little	72.06

1983
1. JoAnne Carner	71.41
2. Patty Sheehan	71.72
3. Pat Bradley	72.06
4. Jan Stephenson	72.22
5. Beth Daniel	72.29

*Ineligible. Did not compete in required number of rounds or was "picked up" before a round was completed.

WOMEN'S PAST PERFORMANCE AVERAGE LEADERS

1955
Player	Perf. Avg.
1. Patty Berg (20)	.894
2. Louise Suggs (20)	.883
3. Jackie Pung (19)	.817
4. Marlene Bauer (17)	.775
5. Mary Lena Faulk (27)	.766

1956
1. Patty Berg (22)	.882
2. Marlene Hagge (26)	.854
3. Louise Suggs (25)	.840
4. Fay Crocker (25)	.793
5. Betty Jameson (24)	.733

1957
1. Patty Berg (20)	.830
2. Louise Suggs (18)	.790
3. Betty Dodd (22)	.748
4. Wiffi Smith (24)	.747
5. Fay Crocker (26)	.745

1958
1. Mickey Wright (17)	.819
2. Louise Suggs (20)	.809
3. Marlene Hagge (24)	.805
4. Beverly Hanson (25)	.800
5. Patty Berg (16)	.799

1959
1. Louise Suggs (21)	.905
2. Betsy Rawls (27)	.815
3. Patty Berg (23)	.789
4. Mickey Wright (27)	.768
5. Beverly Hanson (27)	.738

1960
1. Mickey Wright (21)	.883
2. Louise Suggs (21)	.859
3. Betsy Rawls (23)	.777
4. Joyce Ziske (22)	.756
5. Mary Lena Faulk (23)	.732

1961
1. Mickey Wright (24)	.891
2. Louise Suggs (17)	.872
3. Betsy Rawls (24)	.819
4. Mary Lena Faulk (24)	.743
5. Marilynn Smith (23)	.730

1962
1. Ruth Jessen (24)	.798
2. Mickey Wright (29)	.792
3. Mary Lena Faulk (26)	.786
4. Kathy Whitworth (28)	.785
5. Shirley Englehorn (25)	.694

1963
1. Mickey Wright (28)	.907
2. Kathy Whitworth (32)	.850
3. Marilynn Smith (32)	.771
4. Betsy Rawls (32)	.746
5. Shirley Englehorn (25)	.682

1964
1. Mickey Wright (27)	.838
2. Shirley Englehorn (28)	.781
3. Ruth Jessen (32)	.772
4. Kathy Whitworth (31)	.770
5. Betsy Rawls (32)	.759

1965
1. Kathy Whitworth (30)	.862
2. Marlene Hagge (30)	.792
3. Clifford Ann Creed (29)	.752
4. Marilynn Smith (28)	.721
5. Carol Mann (30)	.704

1966
1. Mickey Wright (22)	.900
2. Kathy Whitworth (31)	.861
3. Sandra Haynie (30)	.843
4. Clifford Ann Creed (28)	.751
5. Carol Mann (30)	.707

1967
1. Sandra Haynie (27)	.826

WOMEN PROFESSIONALS

2. Kathy Whitworth (28) .801
3. Mickey Wright (21) .788
4. Carol Mann (25) .762
5. Clifford Ann Creed (25) .700

1968
1. Kathy Whitworth (30) .883
2. Carol Mann (31) .860
3. Sandra Haynie (26) .734
4. Marilynn Smith (30) .732
5. Clifford Ann Creed (26) .620

1969
1. Kathy Whitworth (28) .855
2. Carol Mann (29) .807
3. Sandra Haynie (20) .694
4. Shirley Englehorn (21) .663
5. Mickey Wright (21) .589

1970
1. Kathy Whitworth (21) .831
2. Shirley Englehorn (16) .728
3. Sandra Haynie (19) .717
4. Judy Rankin (19) .616
5. Sandra Palmer (20) .594

1971
1. Kathy Whitworth (20) .740
2. Sandra Haynie (19) .708
   Jane Blalock (19) .708
4. Donna Caponi (19) .586
5. Sandra Palmer (20) .583

1972
1. Kathy Whitworth (27) .782
2. Betty Burfeindt (26) .710
3. Judy Rankin (27) .671
4. Sandra Haynie (23) .640
5. Sandra Palmer (27) .591

1973
1. Judy Rankin (33) .668
2. Kathy Whitworth (31) .651
3. Sandra Palmer (33) .627
4. Sandra Haynie (25) .598
5. Sue Berning (19) .564

1974
1. Jane Blalock (29) .707
2. Sandra Haynie (23) .673
3. JoAnne Carner (28) .660
4. Kathy Whitworth (24) .582
5. Sandra Palmer (29) .562

1975
1. Sandra Haynie (19) .751
2. Judy Rankin (22) .655
3. JoAnne Carner (23) .650
4. Carol Mann (21) .635
5. Sandra Palmer (25) .599

1976
1. JoAnne Carner (27) .763
2. Judy Rankin (26) .693
3. Sandra Palmer (26) .639
4. Jane Blalock (24) .601
5. Sandra Haynie (18) .577

1977
1. Judy Rankin (27) .668
2. Jane Blalock (27) .638
3. JoAnne Carner (25) .620
   Jan Stephenson (26) .620
5. Sandra Post (26) .595

1978
1. Nancy Lopez (25) .748
2. Jane Blalock (26) .698
3. Pat Bradley (29) .646
4. JoAnne Carner (23) .632
5. Sally Little (24) .548

1979
1. Nancy Lopez (19) .816
2. Amy Alcott (26) .648
3. Sandra Post (27) .624
4. Jane Blalock (25) .619
5. Pat Bradley (28) .613

1980
1. Beth Daniel (27) .736
2. Nancy Lopez (24) .700
3. Amy Alcott (28) .693
4. Pat Bradley (31) .688
5. Donna Young (30) .648

1981
1. Beth Daniel (27) .681
2. JoAnne Carner (28) .679
3. Nancy Lopez (24) .628
4. Pat Bradley (31) .585
5. Amy Alcott (26) .571

1982
1. JoAnne Carner (26) .602
2. Patty Sheehan (25) .589
3. Nancy Lopez (22) .568
4. Kathy Whitworth (25) .563
5. Sally Little (27) .554

1983
1. JoAnne Carner (22) .667
2. Patty Sheehan (26) .626
3. Jan Stephenson (28) .599
4. Pat Bradley (28) .578
5. Sandra Haynie (23) .552

(Figures in parentheses indicate number of events played.)

ALL-TIME TOURNAMENT WINNERS

Player	Since	Total
1. Kathy Whitworth (1)	1959	84
2. Mickey Wright* (2)	1956	82
3. Betsy Rawls* (3)	1951	55
4. Louise Suggs* (4)	1949	50
5. Sandra Haynie (5)	1961	42
6. Patty Berg* (6)	1948	41
7. JoAnne Carner (8)	1970	39
8. Carol Mann* (7)	1961	38
9. Babe Zaharias** (9)	1948	31
10. Jane Blalock (10)	1969	27
Nancy Lopez (13)	1977	27
12. Judy Rankin (11)	1962	26
13. Marlene Hagge (12)	1950	25
14. Donna Caponi (13)	1965	24

WOMEN PROFESSIONALS

15. Marilynn Smith* (14)   1950   22
16. Sandra Palmer (15)   1964   20
17. Amy Alcott (17)   1975   17
18. Sally Little (18)   1971   14
    Hollis Stacy (21)   1974   14
20. Pat Bradley (21)   1974   13
    Beth Daniel (20)   1979   13

Figures in parentheses indicate 1982 ranking.
*Not active on tour.
**Deceased.

1983 LPGA PRO-AM TEAM WINNERS

MAZDA CLASSIC OF DEER CREEK
Team: Lionel Pelletier, Aleene Schreiber, Robert Schreiber (pro, Patty Sheehan), 56.
For information write: Mazda Classic of Deer Creek, Deer Creek Country Club, 2801 Country Club Blvd., Deerfield Beach, Fla. 33441.

ELIZABETH ARDEN CLASSIC
South Course
Team: (18-hole a.m.) Alberto Vilar, Carlos Bolivar, Ed Allen, Joe Selma (pro, Vivian Brownlee), 52.
  (front 9 p.m.—three teams tied) Joe Laurite, Bob Horvath, Silvia Wechsler, Phyllis Needleman (pro, Cathy Morse), 32.
   Norman Brooks, Evette Guss, Katie Fine, W. J. Meyers (pro, Pam Gietzen), 32.
   Bill Goldworn, M. Lazarus, Audrey Seidel, Rick Weaver (pro, Betsy King), 32.
  (back 9 p.m.—three teams tied) M. Oster, Mimi Lerner, Lenny Lampert, Jean Simon (pro, Judy Clark), 31.
   R. Churgin, P. Susserman, Chuck Nottingham, Earl Coppersmith (pro, Sandra Haynie), 31.
   R. Churgin, P. Susserman, Chuck Nottingham, Earl Coppersmith (pro, Jan Stephenson), 31.
North Course
(18 hole a.m.—two teams tied) Everett Colby, Ed Abramson, Tim Cohen, Ron Chase (pro, Janet Coles), 52.
   Jo Anne Yawn, Rolland Johannsen, David R. Wind, A. C. Mangum (pro, Sandra Spuzich), 52.
  (front 9 p.m.—three teams tied) George Barkett, Arnold Kerner, Elaine Gannes, Billie McClurg (pro, Cindy Lincoln), 30.
   Silvia Kalin, Penny Warner, Eve Seiff, Ann Meltzer (pro, Kathy McMullen), 30.
   Tom Wakefield, Jack Connell, Fritz Alders, Alan Fogg (pro, Marianne Huning), 30.
  (back 9 p.m.) Arthur Schwartz, Morie Tannenbaum, Ceil Moskowitz, Seymour Shaps (pro, Martha Nause), 30.
For information write: Elizabeth Arden Classic, Turnberry Isle/C.C. Aventura, 1999 West Country Club Dr., Miami, Fla. 33180.

SARASOTA CLASSIC
Team: Charlie Walker, Don Chew, Dick Brady, Jim Glasser (pro, Sandra Haynie), 57.

For information write: Sarasota Classic, P.O. Box 2199, Sarasota, Fla. 33578.

TUCSON CONQUISTADORES LPGA OPEN
Team: (two teams tied) Richard Hickey, John Jaretto, Dennis Shew, Gary Triano (pro, Kathy Hite), 44.
Paul Bond, Al Chicago, Tom Morgan, Hal Shively (pro, Yuko Moriguchi), 44.
For information write: Tucson Conquistadores, Inc., 10 North Norton Avenue, Tucson, Ariz. 85719.

SAMARITAN TURQUOISE CLASSIC
Team: Bob Aylsworth, Don Clawsen, Randy Long, Warren Mulcahy (pro, Chris Johnson), 58.
For information write: Samaritan Turquoise Classic, 5500 North 24th St., Phoenix, Ariz. 85016.

WOMEN'S KEMPER OPEN—HELENE CURTIS PRO-AM
Team: Gerry Binder, Francis Wong, George Sano, Alan Simpson (pro, Jan Stephenson), 55.
For information write: LPGA, 1250 Shoreline Drive, Suite 200, Sugar Land, Tex. 77478.

NABISCO DINAH SHORE INVITATIONAL
Team: Chuck Infusino, Rod Gilbert, Phil Gutermuth (pro, Cathy Reynolds), 56.75.
Robert Longacre, Michael DeFabis, Hal Linden (pro, M. J. Smith), 57.45.
William Ford, Ken Hunt, John Albert (pro, Ayako Okamoto), 54.
Thomas Overton, Mike Eruzione, Alice Emmett (pro, Cathy Sherk), 56.
For information write: Nabisco Dinah Shore Invitational, 1 Racquet Club Drive, Rancho Mirage, Calif. 92270.

COMBANKS ORLANDO CLASSIC
Team: Fred Lorenzen, Vic Harrison, Sandy Lederman, Bud Randall (pro, Myra Van Hoose), 57.
Hal Arost, Bill Hilger, Pete Carpenter, Midge O'Hara (pro, Cathy Mant), 57.
For information write: LPGA, 1250 Shoreline Drive, Suite 200, Sugar Land, Tex. 77478.

S&H GOLF CLASSIC
Team: Tom Tomlinson, Keenan Knopke, Brian Hawke, Steve Hawke (pro. M. J. Smith), 56.
For information write: LPGA, 1250 Shoreline Drive, Suite 200, Sugar Land, Tex. 77478.

LADY MICHELOB
Team: David Edwards, Thomas G. Cannon, William L. Cook, David J. Larson (pro, Jane Lock), 56.
For information write: Bob Busse, Lady Tara, 100 Willow Run, Roswell, Ga. 30075.

UNITED VIRGINIA BANK CLASSIC
Team: Art Casey, Jeff Keyes, Jack Welsby, Larry Sutton (pro, Laurie Rinker), 58.
For information write: LPGA, 1250 Shoreline Drive, Suite 200, Sugar Land, Tex. 77478.

CHRYSLER PLYMOUTH CHARITY CLASSIC
Team: John Meikle, Graene Lindsay, Gerard Gilligan, Martin Manion (pro, Rose Jones), 58.

WOMEN PROFESSIONALS

For information write: LPGA, 1250 Shoreline Drive, Suite 200, Sugar Land, Tex. 77478.

LPGA CORNING CLASSIC
Team: Peter Lowman, Carl Horten, Kenneth Bateman, Edward Visichi (pro, Kathy Postlewait), 57.
For information write: LPGA, 1250 Shoreline Drive, Suite 200, Sugar Land, Tex. 77478.

WEST VIRGINIA CLASSIC
Team: Paul James Jr., Fred Gardini, Jack Stephenson, Neal Fry (pro, Barbara Moxness), 57.
For information write: LPGA, 1250 Shoreline Drive; Suite 200, Sugar Land, Tex. 77478.

LPGA CHAMPIONSHIP
Team: Jerry Thomas, John Cates, Ben Yamaguchi, Bob Raven (pro, Stephanie Farwig), 52.
For information write: LPGA, 1250 Shoreline Drive, Suite 200, Sugar Land, Tex. 77478.

LADY KEYSTONE—JOHN N. HALL PRO-AM
Team: Bill Greenlee, Henry Hager, Bev McEnteer, Michael Fisher (pro, Susie McAllister), 57.
For information write: LPGA, 1250 Shoreline Drive, Suite 200, Sugar Land, Tex. 77478.

PETER JACKSON CLASSIC
Team: Jos Berlingerie, Tony KiNinni, Licien Fiocco (pro, Sarah Leveque), 54.
For information write: LPGA, 1250 Shoreline Drive, Suite 200, Sugar Land, Tex. 77478.

McDONALD'S KIDS CLASSIC
Team: Charles Muller, Jody Haithcock, Tony Feliciani, Rudy Lee (pro, Jan Stephenson), 58.
For information write: LPGA, 1250 Shoreline Drive, Suite 200, Sugar Land, Tex. 77478.

MAYFLOWER CLASSIC
Team: Rick Russel, David Guerrant, Sharon Donovan, Drew Wemhoff (pro, Janet Anderson), 57.
For information write: Mayflower Classic, P.O. Box 2206, Indianapolis, Ind. 46206.

BOSTON FIVE CLASSIC
Team: Alan Kaminsky, Harry Waisele, David Shaw, Larry Banassi (pro, Debbie Austin), 55.
For information write: LPGA, 1250 Shoreline Drive, Suite 200, Sugar Land, Tex. 77478.

HENREDON CLASSIC
Team: Richard Strickland, Steve Anderson, Joe Cox, Tommy Cummings (pro, Patty Sheehan), 57.
For information write: Attn: Chris Wynne, Henredon Classic, P.O. Box 1190, High Point, N.C. 27261.

CHEVROLET WORLD CHAMPIONSHIP OF WOMEN'S GOLF
Team: Ed Pusciuk, John Hicks, Ray Sweaney, Jerry Markovic (pro, Ayako Okamoto), 54.
For information write: International Management Group, One Erieview Plaza, Suite 1300, Cleveland, Ohio 44114.

RAIL CHARITY GOLF CLASSIC
Team: Bob Whitler, Jack Sankey, John Blythe, Joel Sandor (pro, Sandra Palmer), 58.
For information write: LPGA, 1250 Shoreline Drive, Suite 200, Sugar Land, Tex. 77478.

PORTLAND PING CHAMPIONSHIP
Team: Bill More, Dick Collins, Bill Hawkins, Rosemary Nichols (pro, Pat Meyers), 56.
For information write: LPGA, 1250 Shoreline Drive, Suite 200, Sugar Land, Tex. 77478.

INAMORI CLASSIC
Team: Mark Neel, Tom Creamer, George Fenderson, Howell Lindon (pro, Kathy Whitworth).
For information write: LPGA, 1250 Shoreline Drive, Suite 200, Sugar Land, Tex. 77478.

SAN JOSE CLASSIC
Team: Richard Arbuckle, Tony Azzarello, Ron Piziali, Dave Manning (pro, Shelley Hamlin), 57.
For information write: LPGA, 1250 Shoreline Drive, Suite 200, Sugar Land, Tex. 77478.

Unavailable: J&B Scotch Pro-Am, CPC International, Rochester International, Columbia Savings Classic, Safeco Classic.

CHAPTER 4

GOLF ODDITIES OVER THE YEARS

GOLF ODDITIES OVER THE YEARS

54 YEARS AT PAR OR BETTER
Bob Booth, 65, has played golf at the Harlan (Iowa) Golf and Country Club for 55 years and has shot at least one round of par or better there for the past 54 years—every year since he was 12.

A LONG JOURNEY
Don Van Eizenga, playing at the Myrtle Beach (S.C.) Air Force Base course, found a golf ball labeled Link, Inc., with the name "Tom." Eizenga formerly lived in Grand Rapids, Mich., and knew that this company was located there. He sent the ball to Link and received a reply from a company officer, Tom Mitchell. Mitchell said the ball was his, all right, but that he'd never been to Myrtle Beach.

RANK HAS ITS PRIVILEGE
The 14th hole at the Old Course at St. Andrews is bounded on the right by a stone wall. A hole on the adjacent Eden Course runs in the opposite direction, and a bad slice on either hole will send the ball over the fence and out-of-bounds. Midway in the wall there is a gap marked by pillars on either side. One day, Lt. Gen. Bob Bazley of the U.S. Air Force faded his drive on the Eden hole; the ball hit one of those pillars and bounced back into play. The next day on the Old Course he sliced on the 14th; the ball hit the other pillar and rebounded into play. His playing companions promptly named the gap the "Flag Officer's Gate."

PERFECT TIMING
After a round at the Brown Acres Golf Course in Chattanooga, Tenn., Roy Turner discovered that a watch he'd placed in his golf bag was missing. Turner, from Ooltewah, Tenn., figured the timepiece was gone forever when no one turned it in over the next two days. On the third day, Turner played another round at Brown Acres and on 18 hooked a shot into the rough. Not only did he find his golf ball but there, too, was his watch, undamaged, barely a foot away from the ball.

"AFTER ME, THE DELUGE"
Carroll Graham was delighted when he sank an approach shot on the fifth hole at the Selmer (Tenn.) Golf and Country Club for an eagle, but disappointed when a heavy rain at that point washed out his round. An hour later the rain let up and Graham made up another match, which he began with another eagle, this one on the first hole. But after five holes the rains came again and once more stopped play. Frustrated by having two eagles canceled by rain, Graham hung up his spikes and went fishing for two weeks.

CAR AHOY!
Virgil Maringer parked his golf car near the eighth green at the Lakes West Golf Course in Sun City, Ariz., and went to help a playing partner look for a ball in the rough. When the foursome had subsequently putted out, no golf car was to be found. Finally, someone spotted the car, its top about a foot underwater, in a nearby lake. A strong wind was blamed for blowing the car into the water. In any event, it took a scuba diver, a chain and a groundskeeper's truck to pull the car onto dry land.

QUICK HANDS
Bob Gillmore's tee shot on the first hole at the Terry Hills Country Club in Batavia, N.Y., was a low screecher that hit a women's tee marker just ahead. The ball flew back toward Gillmore, who showed fast reaction by reaching out and catching it on the fly.

HARDHEAD
Betty Morris topped her shot across a lake on the ninth hole at the Jacaranda West Country Club in Venice, Fla., but was saved by a tough bird, a great white egret. Her ball glanced off the head of the bird, which was fishing in shallow water, and flew into the fairway. No apparent harm came to the bird, which merely bobbed its head when the ball hit it and continued fishing.

EAGLES BACK TO BACK
Recently two golfers scored eagles on successive holes. Both pairs were made on the fourth and fifth holes at their respective courses, and in each case the first was a par

GOLF ODDITIES OVER THE YEARS

4, the second a par 5. The golfers were Joe Grant, on 409-yard and 480-yard holes at the Riviera Country Club in Coral Gables, Fla., and Harold Clark, on 373-yard and 504-yard holes at the Imperial Golf Course in Brea, Calif.

FIVE UNDER IN TWO HOLES
Bubba Major scored a double-eagle 2 and a hole-in-one in succession at the Country Club of Birmingham to go five under par in only two holes. Major, a reinstated amateur, hit a 7-iron from 190 yards out on the 525-yard 10th and watched as the ball hit a tree over-hanging the green and bounced into the hole. On the 140-yard 11th, Major's 9-iron shot landed six feet behind the flagstick and spun back into the hole.

A "THREE-PUTT" BIRDIE
Disenchanted with his driver, Dan Malkoff used his putter off the tee on a par-4, 401-yard hole at the Squaw Creek Country Club, Youngstown, Ohio. He hit a pretty good shot, so he used the putter for his second and put the ball on the back fringe of the green. So—what else?—he putted again and made a birdie.

MAN IN A HURRY
Paul T. Armstrong of Oak Park, Ill., recently played two 18-hole rounds in one day in locations 5,199 miles apart. Armstrong, 66, played at the Hodogaya Country Club in Tokyo, then flew to San Francisco in time to play at the Half Moon Bay (Calif.) Golf Links before dark settled in.

A ONE-TWO PUNCH
John Gerwig of East Brunswick, N.J., played the first round in the 36-hole stroke championship at the Forsgate Country Club in Jamesburg, N.J., then hurried to the Rutgers University course in Piscataway, N.J., where he won the final of the match-play club championship. The next day he returned to Forsgate and won the championship there. Two titles in two days!

35 UNDER PAR FOR 36 HOLES
Marty Pak, 34-handicap, and her guest, Julie Basso, 30-handicap, scored a net best-ball 58-51—109 for 36 holes in a tournament at the Braemar Country Club in Rochester, N.Y., believed to be a women's record for this format. The pair was 35 under par on the par-72, 5,436-yard course.

WHERE WERE THE LOAVES?
A heavy rain caused Felix Dask of Harvey, Ill., and his group to stop play after 13 holes at the Old Oak Country Club at Orland Park, Ill. When it stopped, they began play on the par-3 14th. Dask rolled a 12-foot putt into the rain-filled cup, reached in to retrieve his ball and came up with an added feature—a three-inch bluegill.

SPANNING THE PAR 3s
Two golfers recently scored 1-2-3-4, in that order, on the four par-3 holes of their courses. They were Dick Edwards at the Meadowlake Golf Club in Keithville, La., and Nolan Twibell at the Lakewood (Colo.) Country Club. Elsewhere, two foursomes turned in 1-2-3-4 cards on one par 3, the fourth hole at the Heidelberg Golf Club in Germany. They were Bob Wilputz (1), Larry King (2), Ralph Udick (3) and Bill Arthur (4), and Marion Weiner (1), Everette Dix (2), Irmgard Bade (3) and Laci Legenstein (4).

TOUCHING OCCASION
Cort Cheney was playing two balls in a practice round at the Trace Creek Country Club in Benton, Ark. On the eighth he hit two boomers into the fairway, and when he found the balls discovered they were touching.

TWO "MIRACLES"
Marilyn Jones of Sharonville, Ohio, was short off the tee on the par-3 seventh hole at the Grove Park Inn course in Asheville, N.C. Her ball barely cleared a creek and became embedded in a muddy embankment. Determined to play the difficult shot, Jones put one foot in the water and swung away. Unfortunately, she whiffed but the clubhead dug into the mud—and unearthed an orange ball, which reached the green. Her own ball, which was white, remained in place. "You not only walked on water, Marilyn," said

165

GOLF ODDITIES OVER THE YEARS

playing companion Jinny Rewick, "but you also changed the color of your ball."

GETTING DOWN IN ONE
Before he suffered a stroke in 1977 that has since prevented him from playing, J. Carl Plumlee of Little Rock, Ark., was a demon chipper. Plumlee kept records of his chipins, and from 1959 through June 26, 1977, turned in 417. His best year was 1970, when he sank 64 shots from off the green, the most for a single year ever reported to **Golf Digest**.

BOOMERANG
Lee Baron had an uphill second shot on the 13th hole at the Rainbow Canyon Resort course in Temecula, Calif., and was determined to give the ball a long ride. Baron took a big swing and hit behind the ball, which hopped about 10 feet into the air, came down and struck him on the back. Needless to say his playing companions—Art Peterson, Vern Schilawske and Jim Shelton—howled with laughter.

ONE THEY'D LIKE TO FORGET
A foursome competing in a company tournament at the Selman Park Golf Course in Monroe, La., turned in a team total of 681 strokes. Mike McCasland was the star with 130, Mark Henderson had 145, Bill Sierichs 202 and Rich Plotkin 204. It took the group almost eight hours to play. They lost count of the number of foursomes that played through. Incidentally, they all had played golf—or at least some form of it—before.

EVER TOGETHER
G. L. Hamilton, playing the sixth hole at the Live Oak Course of the Lakeway Inn and Golf Club at Austin, Tex., hit his second shot into a tree near the green. The ball didn't fall. Four weeks later Hamilton's wife hit a shot into the same tree. Hers fell, along with her husband's ball.

CIRCUS ACTS
Andy Lavine had about given up finding a ball he'd hit into the rough on the 10th hole at the Indian Spring Country Club in Silver Spring, Md., when playing partner Andy Stone located it balanced atop a previously lost ball. The next time the two golfers played this hole, Lavine's drive wound up perched on the branch of a small evergreen. Stone found this one, too.

TWO FOR ONE
Many golfers hit shots that strike birds in the air, but not many can match Tom DeFulvio's "double" at the Avalon (N.J.) Golf Course. As DeFulvio hit his second shot on the par-5 fourth hole, two blackbirds took flight from this fairway in front of him, and the ball struck both.

GOLF'S AN INTIMATE GAME
Elvin K. Wilson had a tough shot. Playing from a lie atop lava rocks off the third hole at the Makena Golf Course, Maui, Hawaii, Wilson took a swing restricted by a nearby tree—and the ball seemed to disappear. "I asked my partners where it went," relates the sly Wilson, and when they admitted ignorance he reached with his left hand under his right armpit, where the ball had lodged, and showed it to his surprised companions.

Strange, but get this. Jerry Navy of Neenah, Wis., hit a shot from the rough that flew up softly (thank goodness) and lodged under her chin. "It didn't hurt," says Navy, who from now on will probably be called "The Chin."

BILLIARD EXPERT
Byron Elmendorf was on the 13th green at the Lake Padden Golf Course at Bellingham, Wash., when Gordon Bennett hit his approach. Bennett's ball landed on the green and rolled into Elmendorf's ball. Not unusual, but the two also pulled the same trick on the next two holes.

18 4s
George Sullivan, a professional from Oakhurst, N.J., and L.N. (Leck) Counce, Corinth, Miss., have scored 18 consecutive 4s in a single round, the only known instances of this feat.

CHAPTER 5

MEN AMATEURS

MEN AMATEURS

UNITED STATES GOLF ASSOCIATION
MEN'S AMATEUR CHAMPIONSHIP
North Shore Country Club, Glenview, Ill., Aug. 30-Sept. 4, 1983

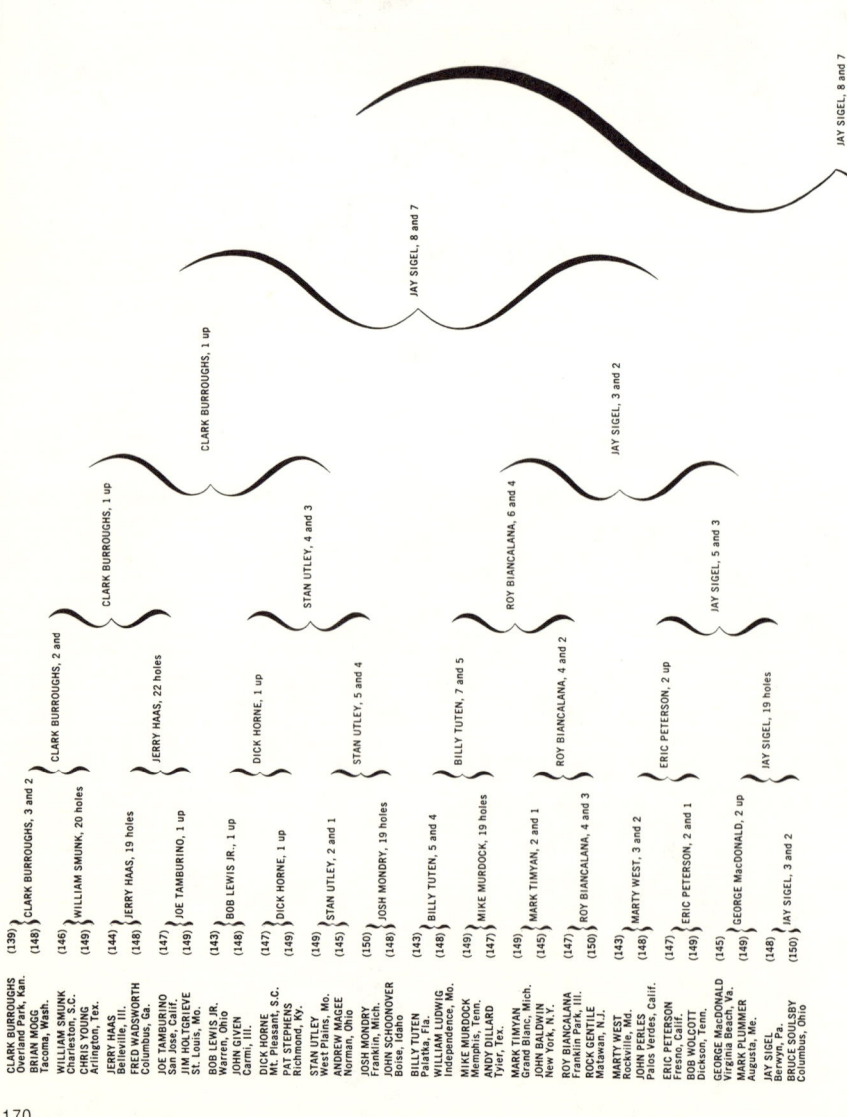

Champion: JAY SIGEL, 8 and 7

Semifinals
- CLARK BURROUGHS, 1 up
- JAY SIGEL, 8 and 7

Quarterfinals
- CLARK BURROUGHS, 1 up
- STAN UTLEY, 4 and 3
- ROY BIANCALANA, 6 and 4
- JAY SIGEL, 3 and 2

Third Round
- CLARK BURROUGHS, 2 and 1
- JERRY HAAS, 22 holes
- DICK HORNE, 1 up
- STAN UTLEY, 5 and 4
- BILLY TUTEN, 7 and 5
- ROY BIANCALANA, 4 and 2
- ERIC PETERSON, 2 up
- JAY SIGEL, 19 holes

Second Round
- CLARK BURROUGHS, 3 and 2
- WILLIAM SMUNK, 20 holes
- JERRY HAAS, 19 holes
- JOE TAMBURINO, 1 up
- BOB LEWIS JR., 1 up
- DICK HORNE, 1 up
- STAN UTLEY, 2 and 1
- JOSH MONDRY, 19 holes
- BILLY TUTEN, 5 and 4
- MIKE MURDOCK, 19 holes
- MARK TIMYAN, 2 and 1
- ROY BIANCALANA, 4 and 3
- MARTY WEST, 3 and 2
- ERIC PETERSON, 2 and 1
- GEORGE MacDONALD, 2 up
- JAY SIGEL, 3 and 2

Qualifiers (36-hole scores)
- CLARK BURROUGHS, Overland Park, Kan. (139)
- BRIAN MOGG, Tacoma, Wash. (148)
- WILLIAM SMUNK, Charleston, S.C. (146)
- CHRIS YOUNG, Arlington, Tex. (149)
- JERRY HAAS, Belleville, Ill. (144)
- FRED WADSWORTH, Columbus, Ga. (148)
- JOE TAMBURINO, San Jose, Calif. (147)
- JIM HOLTGRIEVE, St. Louis, Mo. (149)
- BOB LEWIS JR., Warren, Ohio (143)
- JOHN GIVEN, Cairo, Ill. (148)
- DICK HORNE, Mt. Pleasant, S.C. (147)
- PAT STEPHENS, Richmond, Ky. (149)
- STAN UTLEY, West Plains, Mo. (149)
- ANDREW MAGEE, Norman, Ohio (145)
- JOSH MONDRY, Franklin, Mich. (150)
- JOHN SCHOONOVER, Boise, Idaho (148)
- BILLY TUTEN, Palatka, Fla. (143)
- WILLIAM LUDWIG, Independence, Mo. (148)
- MIKE MURDOCK, Memphis, Tenn. (149)
- ANDY DILLARD, Tyler, Tex. (147)
- MARK TIMYAN, Grand Blanc, Mich. (149)
- JOHN BALDWIN, New York, N.Y. (145)
- ROY BIANCALANA, Franklin Park, Ill. (147)
- ROCK GENTILE, Matawan, N.J. (150)
- MARTY WEST, Rockville, Md. (143)
- JOHN PERLES, Palos Verdes, Calif. (148)
- ERIC PETERSON, Fresno, Calif. (147)
- BOB WOLCOTT, Dickson, Tenn. (149)
- GEORGE MacDONALD, Virginia Beach, Va. (145)
- MARK PLUMMER, Augusta, Me. (149)
- JAY SIGEL, Berwyn, Pa. (148)
- BRUCE SOULSBY, Columbus, Ohio (150)

170

MEN AMATEURS

FRED DUPRE, Natchez, Miss. (142)
DAN YBEMA, Comstock Park, Mich. (148) } FRED DUPRE, 4 and 3
ROBERT MOYERS, New Market, Va. (149)
BRIAN TENNYSON, Evansville, Ind. (146) } ROBERT MOYERS, 5 and 4 } FRED DUPRE, 20 holes
CLIFTON PIERCE, Lawton, Okla. (144)
STEVE RUSSELL, Amarillo, Tex. (148) } CLIFTON PIERCE, 4 and 3
RICHARD PARKER, Lebanon, N.H. (147)
GREGG VON THADEN, Menlo Park, Calif. (149) } RICHARD PARKER, 4 and 3 } CLIFTON PIERCE, 6 and 5 } CLIFTON PIERCE, 1 up
JIM HALLET, So. Yarmouth, Mass. (143)
JEFF MAGGERT, Woodlands, Tex. (148) } JIM HALLET, 3 and 2
RANDY SONNIER, Woodlands, Tex. (147)
ROBERT FRIEND, Pittsburgh, Pa. (149) } RANDY SONNIER, 3 and 2 } JIM HALLET, 3 and 2 } CLIFTON PIERCE, 4 and 3
JOHN INMAN, Greensboro, N.C. (145)
DANNY YATES, Atlanta, Ga. (149) } JOHN INMAN, 6 and 4
CHARLES RAULERSON, Jacksonville, Fla. (148)
RANDY NICHOLS, Connersville, Ind. (150) } CHARLES RAULERSON, 2 and 1 } JOHN INMAN, 6 and 5 } JOHN INMAN, 4 and 3
JOHN SLAUGHTER, Abilene, Tex. (148)
WAYNE CASE, Thousand Oaks, Calif. (143) } JOHN SLAUGHTER, 2 and 1
MARK FULLER, Yukon, Okla. (147)
CHRIS ANDERSON, Wilmington, Del. (149) } MARK FULLER, 4 and 3 } JOHN SLAUGHTER, 3 and 1
TIM STRAUB, Orchard Park, N.Y. (149)
ERIC JOHNSON, Eugene, Ore. (145) } TIM STRAUB, 1 up } CHRIS PERRY, 3 and 1
CHRIS PERRY, Edina, Minn. (150)
TED SCHULZ, Louisville, Ky. (148) } CHRIS PERRY, 2 up } CHRIS PERRY, 19 holes } CHRIS PERRY, 19 holes
JOHN ERICKSON, Palos Verdes Est., Calif. (148)
DOUG DOXSIE, Seattle, Wash. (144) } JOHN ERICKSON, 5 and 4
NATHANIEL CROSBY, Miami, Fla. (149)
STACY RICHBURG, Starkville, Miss. (147) } NATHANIEL CROSBY, 2 and 1 } JOHN ERICKSON, 2 and 1 } CHRIS PERRY, 3 and 2
BILLY ANDRADE, Bristol, R.I. (145)
ROGER THORN, Wenatchee, Wash. (149) } BILLY ANDRADE, 3 and 1
GEORGE WELCH, Kilgore, Tex. (150)
ROBERT ANDERSON, Downey, Calif. (148) } GEORGE WELCH, 19 holes } BILLY ANDRADE, 5 and 3 } JOHN ERICKSON, 3 and 2

Qualifying scores (36 holes) in parentheses.

North Shore Country Club, Glenview, Ill., Aug. 30-Sept. 4, 1983

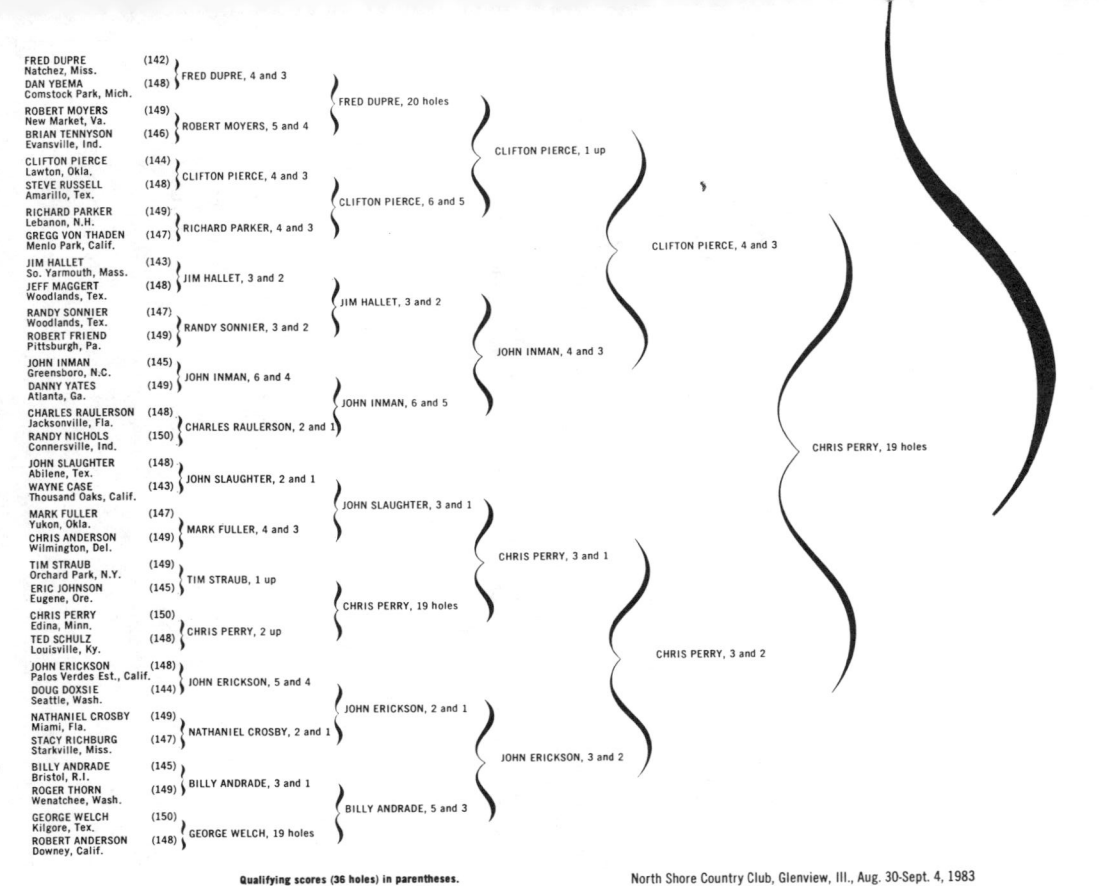

MEN AMATEURS
TOURNAMENT RESULTS

USGA MEN'S AMATEUR

Year	Winner	Site
1895	Charles B. Macdonald	Newport G.C.
1896	H.J. Whigham	Shinnecock G.C.
1897	H.J. Whigham	Chicago G.C.
1898	Findlay S. Douglas	Morris Co. G.C.
1899	H.M. Harriman	Onwentsia Club
1900	Walter J. Travis	Garden City G.C.
1901	Walter J. Travis	C.C. of Atlantic City
1902	Louis N. James	Glen View Club
1903	Walter J. Travis	Nassau C.C.
1904	H. Chandler Egan	Baltusrol G.C.
1905	H. Chandler Egan	Chicago G.C.
1906	Eben M. Byers	Englewood
1907	Jerome D. Travers	Garden City G.C.
1908	Jerome D. Travers	Garden City G.C.
1909	Robert A. Gardner	Chicago G.C.
1910	William C. Fownes, Jr.	The Country Club
1911	Harold H. Hilton	Apawamis C.
1912	Jerome D. Travers	Chicago G.C.
1913	Jerome D. Travers	Garden City G.C.
1914	Francis Ouimet	Ekwanok C.C.
1915	Robert A. Gardner	C.C. of Detroit
1916	Chick Evans	Merion Cricket C.
1917-1918	No championships	
1919	Davidson Herron	Oakmont C.C.
1920	Chick Evans	Engineers C.C.
1921	Jesse P. Guilford	St. Louis C.C.
1922	Jess W. Sweetser	The Country Club
1923	Max R. Marston	Flossmoor C.C.
1924	Robert T. Jones, Jr.	Merion Cricket C.
1925	Robert T. Jones, Jr.	Oakmont C.C.
1926	George Von Elm	Baltusrol G.C.
1927	Robert T. Jones, Jr.	Minikahda C.C.
1928	Robert T. Jones, Jr.	Brae Burn C.C.
1929	Harrison R. Johnston	Del Monte G. & C.C.
1930	Robert T. Jones, Jr.	Merion Cricket C.
1931	Francis Ouimet	Beverly C.C.
1932	C. Ross Somerville	Baltimore C.C.
1933	George T. Dunlap, Jr.	Kenwood C.C.
1934	W. Lawson Little, Jr.	The Country Club
1935	W. Lawson Little, Jr.	The Country Club
1936	John W. Fischer	Garden City, G.C.
1937	John G. Goodman	Alderwood C.C.
1938	William P. Turnesa	Oakmont C.C.
1939	Marvin H. Ward	North Shore C.C.
1940	Richard D. Chapman	Winged Foot G.C.
1941	Marvin H. Ward	Omaha Field C.
1942	No championship	
1946	Stanley E. Bishop	Baltusrol G.C.
1947	Robert H. Riegel	Del Monte G. & C.C.
1948	William P. Turnesa	Memphis C.C.
1949	Charles R. Coe	Oak Hill C.C.
1950	Sam Urzetta	Minneapolis G.C.
1951	Billy Maxwell	Saucon Valley C.C.
1952	Jack Westland	Seattle G.C.
1953	Gene A. Littler	Oklahoma City G. & C.C.
1954	Arnold D. Palmer	C.C. of Detroit
1955	E. Harvie Ward	C.C. of Virginia
1956	E. Harvie Ward	Knollwood C.C.
1957	Hillman Robbins	The Country Club
1958	Charles Coe	Olympic C.
1959	Jack Nicklaus	Broadmoor G.C.
1960	Deane Beman	St. Louis C.C.
1961	Jack Nicklaus	Pebble Beach G.C.
1962	Labron Harris, Jr.	Pinehurst C.C.
1963	Deane Beman	Wakonda C.C.
1964	Bill Campbell	Canterbury G.C.
1965	Bob Murphy	Southern Hills C.C.
1966	Gary Cowan	Merion G.C.
1967	Bob Dickson	Broadmoor C.C.
1968	Bruce Fleisher	Scioto C.C.
1969	Steve Melnyk	Oakmont C.C.
1970	Lanny Wadkins	Waverley C.C.
1971	Gary Cowan	Wilmington C.C.
1972	Vinny Giles	Charlotte C.C.
1973	Craig Stadler	Inverness C.
1974	Jerry Pate	Ridgewood C.C.
1975	Fred Ridley	C.C. of Virginia
1976	Bill Sander	Bel Air C.C.
1977	John Fought	Aronimink G.C.
1978	John Cook	Plainfield C.C.
1979	Mark O'Meara	Canterbury G.C.
1980	Hal Sutton	C.C. of N.C.
1981	Nathaniel Crosby	Olympic Club
1982	Jay Sigel	The Country Club
1983	Jay Sigel	North Shore C.C.

U.S. AMATEUR CHAMPIONSHIP SCORING RECORDS

Highest percentage of match-play wins
84.3, Robert T. Jones Jr., 43 wins-8 losses.
Largest winning margin, final match
12 and 11, Charles B. MacDonald over Charles E. Sands, 1895.
Largest winning margin, 18-hole matches
9 and 8, Harry Todd over Matthew Zadalis, 1941; Gerald Kesselring over Russell Brothers, 1950; Don Keith over Thomas W. Beck, 1958; Bill Rogers over Rick Cain, 1973.
Largest winning margin, 36-hole matches
14 and 13, Robert T. Jones Jr. over John B. Beck, 1928; Jerome D. Travers over George A. Crump, 1915.
Largest total winning margin, last three rounds of match play
37 holes for last three rounds, Robert T. Jones Jr., 1928.
Lowest qualifying total, 36-hole match play
134, Bob Clampett, 1979.
Lowest cutoff score, 36-hole match play
146, 1979.
Lowest 18 holes, stroke play (1965-72)
65, Marvin Giles III, 1968, Kurt Cox, 1970.
Lowest first 36 holes, stroke play (1965-72)
136, Tom Kite Jr., 1970.
Lowest 36-hole cut, stroke play (1965-72)
148, Waverley C.C., Portland, Ore., 1970.
Lowest first 54 holes, stroke play (1965-72)
207, Tom Kite Jr., 1970.
Lowest 72-hole score, stroke play (1965-72)
279, Lanny Wadkins, 1970.

MEN AMATEURS

U.S. AMATEUR CHAMPIONSHIP
NOTES OF INTEREST

Most victories
5, Robert T. Jones Jr., 1924-25-27-28-30.
Consecutive winners
Walter J. Travis, 1900-01; H. Chandler Egan, 1904-05; Jerome D. Travers, 1907-08 and 1912-13; Robert T. Jones Jr., 1924-25 and 1927-28; W. Lawson Little Jr., 1934-35; E. Harvie Ward Jr., 1955-56; Jay Sigel, 1982-83.
Champions who led all the way, stroke play (1965-72)
Robert B. Dickson, 1967; Steven N. Melnyk, 1969.
Champions who won twice on same course
Robert T. Jones Jr., Merion G.C., Ardmore, Pa., 1924 and 1930; Jerome D. Travers, Garden City (N.Y.) G.C., 1908 and 1913.
Foreign-born champions
H. G. Whigham, Tarbolton, Scotland, 1896-97; Findlay S. Douglas, St. Andrews, Scotland, 1898; Walter J. Travis, Malden, Victoria, Australia, 1900-01-03; Harold H. Hilton, Liverpool, England, 1911; C. Ross (Sandy) Somerville, London, Ontario, Canada, 1932; Gary Cowan, Kitchener, Ontario, Canada, 1966 and 1971.
Most appearances in championship
50, Charles Evans Jr., 1962.
Most times runner-up
3, Charles Evans Jr., 1912-22-27; Raymond E. Billows, 1937-39-48; Marvin Giles III, 1967-68-69.
Most matches won
57, Charles Evans Jr.
Most extra-hole matches by player in one championship
5, Reynolds Smith, 1934.
Most times in final match
7, Robert T. Jones Jr., 1919-24-25-26-27-28-30.
Most times in semifinals match
10, Charles Evans Jr.
Most years between playing in finals, match play (1965-72)
21 years, Jack Westland.
Most appearances, stroke play (1965-72)
William C. Campbell, played in every stroke play, 1965-72.
Most times made 36-hole cut
8, William C. Campbell.
Most sub-par rounds in single championship
29, Wilmington (Del.) C.C., 1971.
Youngest champion
Robert A. Gardner, 19 years, 5 months in 1909.
Youngest player to qualify
Robert T. Jones Jr., 14 years, 5½ months in 1916.
Oldest champion
Jack Westland, 47 years, 8 months, 9 days in 1952.
Club most often host
The Country Club, Brookline, Mass., five times, 1910-22-34-57-82.
Shortest course
Shinnecock Hills G.C., Southampton, N.Y., 4,423 yards, 1896.
Longest course
The Country Club of North Carolina, Pinehurst, N.C., 7,161 yards, 1980.

USGA AMATEUR PUBLIC LINKS

Year	Winner	Site
1922	Edmund R. Held	Ottawa Park
1923	Richard J. Walsh	E. Potomac Park
1924	Joseph Coble	Community C.C.
1925	Raymond J. McAuliffe	Salisbury C.C.
1926	Lester Bolstad	Grover Cleveland Park
1927	Carl F. Kauffmann	Ridgewood G.L.
1928	Carl F. Kauffmann	Cobb's Creek
1929	Carl F. Kauffmann	Forest Park
1930	Robert E. Wingate	Jacksonville Mun.
1931	Charles Ferrera	Keller G.C.
1932	R.L. Miller	Shawnee G.C.
1933	Charles Ferrera	Eastmoreland G.C.
1934	David A. Mitchell	S. Park Allegheny C.L.
1935	Frank Strafaci	Collin Mun. G.C.
1936	B. Patrick Abbott	Bethpage State Park
1937	Bruce N. McCormick	Harding Park
1938	Al Leach	Highland Park G.C.
1939	Andrew Szwedko	Mt. Pleasant Park G.C.
1940	Robert C. Clark	Rackham G.C.
1941	William M. Welch, Jr.	Indian Canyon G.C.
1942-45	No tournaments	
1946	Smiley L. Quick	Wellshire G.C.
1947	Wilfred Crossley	Meadowbrook G.C.
1948	Michael R. Ferentz	North Fulton Park G.C.
1949	Kenneth J. Towns	Rancho G.C.
1950	Stanley Bielat	Seneca G.C.
1951	Dave Stanley	Brown Deer Park G.C.
1952	Omer L. Bogan	Miami C.C.
1953	Ted Richards, Jr.	West Seattle G.C.
1954	Gene Andrews	Cedar Crest G.C.
1955	Sam D. Kocsis	Coffin Mun. G.C.
1956	James H. Buxbaum	Hardin Park G.C.
1957	Don Essig, III	Hershey Park G.C.
1958	Daniel D. Sikes, Jr.	Silver Lake G.C.
1959	William A. Wright	Wellshire G.C.
1960	Verne Callison	Ala Wai G.C.
1961	Richard H. Sikes	Rackham G.C.
1962	Richard H. Sikes	Sheridan Park G.C.
1963	Robert Lunn	Haggin Oaks Mcpl. G.C.
1964	William McDonald	Francis A. Gross G.C.
1965	Arne Dokka	North Park G.C.
1966	Lamon Kaser	Brown Deer Park G.C.
1967	Verne Callison	Jefferson Park G.C.
1968	Gene Towry	Tenison Mem. Mun. G.C.
1969	John M. Jackson, Jr.	Downing G. Cse.
1970	Robert Risch	Cog Hill G.C.
1971	Fred Haney	Papago G.C.
1972	Bob Allard	Coffin Mun. G.C.
1973	Stan Stopa	Flanders G.C.
1974	Charles Barenaba, Jr.	Brookside G.C.
1975	Randyn Barenaba	Wailua G.C.
1976	Eddie Mudd	Bunker Hills G.C.
1977	Jerry Vidovic	Brown Deer Park G.C.
1978	Dean Prince	Bangor Mun. G.C.
1979	Dennis Walsh	West Delta G.C.
1980	Jodie Mudd	Edgewood Tahoe G.C.
1981	Jodie Mudd	Bear Creek Golf World
1982	Billy Tuten	Eagle Creek G.C.

MEN AMATEURS

1983 Billy Tuten — Hominy Hill G.C.
All held at match play except 1967-1974, stroke play.

U.S. AMATEUR PUBLIC LINKS CHAMPIONSHIP SCORING RECORDS

Largest winning margin, final match
10 and 9, Arne Dokka over Leo Zampedro, 1965.
Largest margin, semifinal match
12 and 11, Irving B. Cooper over Edward J. Hart, 1953.
Lowest 9-hole score
30, Claude B. Rippy, 1936.
Lowest 18-holes, stroke play (1967-74)
66, Richard Ehrmanntraut, 1972.
Lowest first 36 holes, stroke play (1967-74)
138, Mike Zimmerman, 1967; Dan Elliot, 1972.
Lowest first 54 holes, stroke play (1967-74)
212, Mike Zimmerman, 1967.
Lowest 72-hole score, stroke play (1967-74)
285, Bob Allard and Rick Schultz, 1972 (Allard won playoff, 71-74).

U.S. AMATEUR PUBLIC LINKS CHAMPIONSHIP NOTES OF INTEREST

Most victories
3, Carl F. Kauffmann, 1927-28-29.
Most times runner-up
2, William F. Serrick, 1925 and 1927.
Most extra-hole matches by player in one championship
4, Stanley Bielat, 1950.
Double eagles
James Sosinski, double eagle 2, 538-yard, par-5 14th hole, Eagle Creek G.C., Indianapolis, Ind., 1982.
Holes-in-one
Galen Cole, 204-yard, par-3, 4th hole, Eagle Creek G.C., Indianapolis, Ind., 1982.
Most champions from one state
18, California.
Youngest champion
Les Bolstad, 16 years, 3 months, in 1926.
Oldest champion
Verne Callison, 48 years old in 1967.
Shortest course
Hershey Park G.C., Hershey, Pa., 6,055 yards, 1957.
Longest course
Edgewood Tahoe G.C., Stateline, Nev., 7,127 yards, 1980.

AMATEUR PUBLIC LINKS TEAM

Year	Winner	Site
1923	Chicago	E. Potomac Park
1924	Washington, D.C.	Community C.C.
1925	New York	Salisbury C.C.
1926	Chicago	Grover Cleveland Park
1927	Pittsburgh	Ridgewood G.L.
1928	Pittsburgh	Cobb's Creek
1929	New York	Forest Park
1930	Brooklyn, N.Y.	Jacksonville Mun.
1931	San Francisco	Keller G.C.
1932	Louisville, Ky.	Shawnee G.C.
1933	Los Angeles	Eastmoreland G.C.
1934	Los Angeles	S. Park Allegheny C.L.
1935	San Antonio, Tex.	Coffin Mun. G.C.
1936	Seattle	Bethpage State Park
1937	Sacramento, Calif.	Harding Park G.C.
1938	Los Angeles	Highland Park G.C.
1939	Los Angeles	Mt. Pleasant Park G.C.
1940	San Francisco	Rackham G.C.
1941	Detroit	Indian Canyon G.C.
1942-45	No tournaments	
1946	Long Beach, Calif.	Wellshire G.C.
1947	Atlanta	Meadowbrook G.C.
1948	Raleigh, N.C.	N. Fulton Park G.C.
1949	San Francisco	Rancho G.C.
1950	Los Angeles	Seneca G.C.
1951	Dayton, Ohio	Brown Deer G.C.
1952	Chicago	Miami C.C.
1953	Jacksonville, Fla.	West Seattle G.C.
1954	Dallas	Cedar Crest G.C.
1955	Miami	Coffin Mun G.C.
1956	Memphis, Tenn.	Harding Park G.C.
1957	Honolulu	Hershey Park G.C.
1958	St. Paul	Silver Lake G.C.
1959	Dallas	Wellshire G.C.
1960	Pasadena, Calif.	Al Wai G.C.
1961	Honolulu	Rackham G.C.
1962	Seattle	Sheridan Park G.C.
1963	Toledo, Ohio	Haggin Oaks Mun. G.C.
1964	Los Angeles	Francis A. Gross G.C.
1965	Phoenix	North Park G.C.
1966	Pittsburgh	Brown Deer Park G.C.
1967	Dayton, Ohio	Jefferson Park G.C.
1968	Dallas	Tenison Mem. Mun. G.C.
1969	Pasadena, Calif.	Downing G.Cse.
1970	Chicago	Gog Hill G.C.
1971	Portland, Ore.	Papago G.C.
1972	Portland, Ore.	Coffin Mun. G.C.
1973	Seattle	Flanders Valley G.C.
1974	San Francisco	Brookside G.C.
1975	Honolulu	Wailua G.C.
1976	Detroit	Bunker Hills G.C.
1977	Tacoma, Wash.	Brown Deer Park G.C.
1978	Louisville, Ky.	Bangor Municipal G.C.
1979	Phoenix	West Delta G.C.
1980	Los Angeles	Edgewood Tahoe G.C.
1981	Chicago	Bear Creek Golf World
1982	Phoenix	Eagle Creek G.C.
1983	Los Angeles	Hominy Hill G.C.

U.S. AMATEUR PUBLIC LINKS TEAM CHAMPIONSHIP SCORING RECORDS

Lowest team score, three men, 36 holes
425, Dallas team (Hal McComas, C. Patak, and Gene Towry), 1959.
Most team victories, one city
9, Los Angeles, 1933-34-38-39-46-50-60-64-80.
Most team victories, one state
14, California, 1931-33-34-37-38-39-40-46-50-60-64-69-74-80.

USGA MID-AMATEUR

Date	Winner, site
1981	Jim Holtgrieve
	Bellerive C.C.,

MEN AMATEURS

1982	William Hoffer	
	Knollwood Club	
1983	Jay Sigel	
	Cherry Hills C.C.	

BROADMOOR INVITATIONAL

Site: Broadmoor G.C., Colorado Springs, Colo.

Year	Winner	Home
1921	J.H. Potter	Colorado Springs, Colo.
1922	Allen West	St. Louis, Mo.
1923	Don Anderson	St. Louis, Mo.
1924	Harold Ingersoll	Colorado Springs, Colo.
1925	Harold Ingersoll	Colorado Springs, Colo.
1926	Howard Creel	Pueblo, Colo.
1927	Harry Strasburger	Coffeyville, Kan.
1928	N.C. Morris	Denver, Colo.
1929	George Cornes	Hollywood, Calif.
1930	Neil White	Topeka, Kan.
1931	L.B. Maytag	Newton, Iowa
1932	W. Lawson Little, Jr.	San Francisco, Calif.
1933	Harry Strasburger	Coffeyville, Kan.
1934	L.B. Maytag	Newton, Iowa
1935	E.J. Rogers	Oklahoma City, Okla.
1936	E.J. Rogers	Oklahoma City, Okla.
1937	Jack Malloy	Tulsa, Okla.
1938	Howard Creel	Pueblo, Colo.
1939	Eddie Stokes	Denver, Colo.
1940	Harry Todd	Dallas, Tex.
1941	John Kraft	Denver, Colo.
1942	John Kraft	Denver, Colo.
1943	Lt. Matt Palacio	San Francisco, Calif.
1944	O.H. Hofmeister	St. Louis, Mo.
1945	Capt. Matt Palacio	San Francisco, Calif.
1946	Fred Newton	Denver, Colo.
1947	Charles Coe	Ardmore, Okla.
1948	Charles Coe	Ardmore, Okla.
1949	Claude Wright	Denver, Colo.
1950	Gene Zuspann	Goodland, Kans.
1951	Bob Goldwater	Phoenix, Ariz.
1952	John Dawson	Palm Springs, Calif.
1953	E.J. Rogers, Jr.	Oklahoma City, Okla.
1954	No tournament	
1955	James English	Topeka, Kans.
1956	Fred Brown	Los Angeles, Calif.
1957	Howard Creel	Colorado Springs, Colo.
1958	Gene Elstun	Kansas City, Kans.
1959	Fred Brown	Los Angeles, Calif.
1960	Fred Brown	Los Angeles, Calif.
1961	Claude Wright	Denver, Colo.
1962	Fred Brown	Arcadia, Calif.
1963	John Liechty	Marshalltown, Iowa
1964	James English	Denver, Colo.
1965	Gary Wright	Denver, Colo.
1966	Robert Dickson	McAlester, Okla.
1967	Hale Irwin	Boulder, Colo.
1968	Grier Jones	Wichita, Kans.
1969	Warren Simmons	Colorado Springs, Colo.
1970	Ronald Moore	Denver, Colo.
1971	Paul Purtzer	Phoenix, Ariz.
1972	Jack Sommers	Grand Junction, Colo.
1973	Tom Purtzer	Phoenix, Ariz.
1974	Warren Simmons	Colorado Springs, Colo.
1975	John Paul Cain	Houston, Texas
1976	Bill Loeffler	Denver, Colo.
1977	John Fought	Portland, Ore.
1978	Bill Loeffler	Denver, Colo.
1979	Jim Kane	Sam Mateo, Calif.
1980	Rod Nuckolls	Wichita, Kans.
1981	Jim Kane	San Mateo, Calif.
1982	John Slaughter	Abilene, Tex.
1983	Willie Wood	Stillwater, Okla.

DIXIE AMATEUR

Year	Winner	Site
1924	Capt. H.C.C. Tippett	Miami C.C.
1925	Fred Knight	Miami C.C.
1926	Lee Chase, Sr.	Miami C.C.
1927	Lee Chase, Sr.	Miami C.C.
1928	Ben Stevenson	Miami C.C.
1929	James W. West	Miami C.C.
1930	Harcourt Brice	Miami C.C.
1931	T. Phillip Perkins	Miami C.C.
1932	Tommy Goodwin	Miami C.C.
1933	Tommy Goodwin	Miami C.C.
1934	Curtis Bryan	Miami C.C.
1935	Charles Whitehead	Miami C.C.
1936	Arthur Lynch	Miami C.C.
1937	Frank Allen	Miami C.C.
1938	Earl Christianson	Miami C.C.
1939	Bill Holt	Miami C.C.
1940	Frank Strafaci	Miami C.C.
1941	Frank Strafaci	Miami C.C.
1942	Earl Christianson	Miami C.C.
1943	Earl Christianson	Miami C.C.
1944	Arnold Minckley	Miami C.C.
1945	B.B. Lotspeich	Miami C.C.
1946	Doug Ford	Miami C.C.
1947	Bob Servis	Miami C.C.
1948	Frank Perpich	Miami C.C.
1949	Al Besselink	Miami C.C.
1950	Frank Stanahan	Miami C.C.
1951	Bill Stembler	Miami C.C.
1952	Dub Pagan	Miami C.C.
1953	George Victor	Miami C.C.
1954-1961	—Not held	
1962	Paul DesJardins	Palmetto C.C.
1963	Harvey Breaux	Palmetto C.C.
1964	Dave Smith	Palmetto C.C.
1965	Bill Hyndman, III	C.C. of Miami
1966	Bill Harvey	C.C. of Miami
1967	Wes Smith Jr.	C.C. of Miami
1968	Bill Hyndman III	C.C. of Miami
1969	Bruce Fleisher	C.C. of Miami
1970	John Birmingham	C.C. of Miami
1971	Lanny Wadkins	C.C. of Miami
1972	Charles Krenkel	C.C. of Miami
1973	Bill Hyndman III	C.C. of Miami
1974	Denny Sullivan	C.C. of Miami
1975	Andy Bean	C.C. of Miami
1976	Buddy Gardner	C.C. of Miami
1977	Joe Walter	C.C. of Miami
1978	Hal Sutton	C.C. of Miami
1979	Hal Sutton	C.C. of Miami

MEN AMATEURS

1980	Tim Norris	C.C. of Miami
1981	Bill Tuten	C.C. of Miami
1982	Bill Wrobbel	Key Biscayne G.Cse.
1983	Steve Greek	Key Biscayne G.Cse.

EASTERN AMATEUR

Site: Elizabeth Manor G. & C.C., Portsmouth, Va.

Year	Winner	Hometown
1957	Tom Strange	Virginia Beach, Va.
1958	Ward Wettlaufer	Buffalo, N.Y.
1959	Ward Wettlaufer	Buffalo, N.Y.
1960	Deane Beman	Bethesda, Md.
1961	Deane Beman	Bethesda, Md.
1962	Charles Smith	Gastonia, N.C.
1963	Deane Beman	Bethesda, Md.
1964	Deane Beman	Bethesda, Md.
1965	George Boutell	Phoenix, Ariz.
1966	Marty Fleckman	Port Arthur, Tex.
1967	Hal Underwood	Del Rio, Tex.
1968	Bob Barbarrosa	Osseo, Minn.
1969	Lanny Wadkins	Richmond, Va.
1970	Steve Melnyk	Jacksonville, Fla.
1971	Ben Crenshaw	Austin, Tex.
1972	Ben Crenshaw	Austin, Tex.
1973	Vinny Giles	Richmond, Va.
1974	Andy Bean	Lakeland, Fla.
1975	Curtis Strange	Virginia Beach, Va.
1976	Vance Heafner	Cary, N.C.
1977	Buddy Alexander	St. Petersburg, Fla.
1978	Vance Heafner	Cary, N.C.
1979	Greg Chapman	Springfield, Va.
1980	Mike West	Burlington, N.C.
1981	Steve Liebler	Portsmouth, Va.
1982	John Inman	Greensboro, N.C.
1983	J. P. Leigh III	Virginia Beach, Va.

LEFT-HANDED AMATEUR CHAMPIONSHIP

Year	Winner, home
1934	Ben Richter St. Louis, Mo.
1935	Ben Richter St. Louis, Mo.
1936	Howard Creel Colorado Springs, Colo.
1937	Arthur Thoerner Philadelphia, Pa.
1938	Alex Antonio Linden, N.J.
1939	Alvin Everett Rome, Ga.
1940	Alvin Everett Rome, Ga.
1941	Alex Antonio Linden, N.J.
1942-1945	—No tournaments
1946	Alex Antonio Linden, N.J.
1947	Bob Buchanan Indianapolis, Ind.
1948	Loddie Kempa Okmulgee, Okla.
1949	Alvin Everett Rome, Ga.
1950	Bob Buchanan Indianapolis, Ind.
1951	Ross Collins Dallas, Tex.
1952	Ross Collins Dallas, Tex.
1953	Jack Walters Tacoma, Wash.
1954	Don Wearley Toledo, Ohio
1955	Jim Metrovich Reno, Nev.
1956	Harry Shoemaker Signal Mtn., Tenn.
1957	Harry Shoemaker Signal Mtn., Tenn.
1958	Harry Shoemaker Signal Mtn., Tenn.
1959	Ed Sweetman Greensboro, N.C.
1960	Jack Walters Tacoma, Wash.
1961	Ed Sweetman Greensboro, N.C.
1962	Alvin Odom Beaumont, Tex.
1963	Bob Wilson Lyle, Wash.
1964	Stuart Chancellor Midland, Tex.
1965	Fred Blackman Imperial Beach, Calif.
1966	Tim Reisert Las Vegas, Nev.
1967	Dr. G.N. Noss Paducah, Ky.
1968	Bill Whitaker Bangor, Maine
1969	Gary Terry Shawnee, Okla.
1970	Richard Tinsley Myrtle Beach, S.C.
1971	Bob Dargen Camden, S.C.
1972	Richard Tinsley Myrtle Beach, S.C.
1973	Jack Ruhs Bellport, N.Y.
1974	Bob Michael Sarasota, Fla.
1975	Bobby Malone Fort Worth, Tex.
1976	Ray Cragan Albuquerque, N.M.
1977	Bob Michael Sarasota, Fla.
1978	Bob Michael Sarasota, Fla.
1979	Bob Michael Sarasota, Fla.

MEN AMATEURS

Year	Winner	Home
1980	Bob Cooper	Monroe, La.
1981	Bob Cooper	Monroe, La.
1982	Hall Fowler	Woodstock, Ga.
1983	Chuck Davis	Honolulu, Hawaii

NATIONAL AMPUTEE GOLF ASS'N

Year	Winner	Home
1949	John Cipriani	Buffalo, N.Y.
1950	George Campbell Jr.	Marshfield, Mass.
1951	George Campbell Jr.	Marshfield, Mass.
1952	John Cipriani	Buffalo, N.Y.
1953	Jack Harrison	Grand Rapids, Mich.
1954	Jack Harrison	Grand Rapids, Mich.
1955	Jack Harrison	Grand Rapids, Mich.
1956	Robert Sandler	Des Moines, Iowa
1957	Randol Womack	Clovis, N.M.
1958	George Campbell Jr.	Marshfield, Mass.
1959	Thomas Hunt	Ambler, Pa.
1960	Randol Womack	Clovis, N.M.
1961	Louis Monge	Silver City, N.M.
1962	Thomas Cremer	Phoenix
1963	Wally Baskovich	Clearwater, Fla.
1964	Richard O'Neal	Newark, N.J.
1965	Stanley Zakas	Cleveland
1966	Wally Baskovich	Clearwater, Fla.
1967	Louis Monge	Silver City, N.M.
1968	Bert Shepard	Van Nuys, Calif.
1969	Mondo Lombardi	Columbus, Ohio
1970	Frank Cothran	Selma, Ala.
1971	Bert Shepard	Westminster, Calif.
1972	Richard Ferdinand	Las Vegas, Nev.
1973	Bick Long	Stoneville, N.C.
1974	Dave DeHebreard	Indianapolis
1975	Bick Long	Stoneville, N.C.
1976	Frank Cothran	Selma, Ala.
1977	Frank Cothran	Selma, Ala.
1978	Bill Harding	Union City, Mich.
1979	Bill Harding	Union City, Mich.
1980	Corbin Cherry	Washington, D.C.
1981	Bick Long	Stoneville, N.C.
1982	Bick Long	Stoneville, N.C.
1983	Bick Long	Stoneville, N.C.

NCAA DIVISION I
INDIVIDUAL CHAMPIONS

Year	Winner	School
1897	Louis Bayard Jr.	Princeton
1898	John Reid Jr.	Yale
1898	James Curtis	Harvard
1899	Percy Pyne	Princeton
1901	H. Lindsley	Harvard
1902	Charles Hitchcock Jr.	Yale
1902	Chandler Egan	Harvard
1903	F.O. Reinhart	Princeton
1904	A.L. White	Harvard
1905	Robert Abbott	Yale
1906	W.E. Clow Jr.	Yale
1907	Ellis Knowles	Yale
1908	H.H. Wilder	Harvard
1909	Albert Seckel	Princeton
1910	Robert Hunter	Yale
1911	George Stanley	Yale
1912	F.C. Davison	Harvard
1913	Nathaniel Wheeler	Yale
1914	Edward Allis	Harvard
1915	Francis Blossom	Yale
1916	J.W. Hubbell	Harvard
1919	A.L. Walker, Jr.	Columbia
1920	Jess Sweetster	Yale
1921	Simpson Dean	Princeton
1922	Pollack Boyd	Dartmouth
1923	Dexter Cummings	Yale
1924	Dexter Cummings	Yale
1925	Fred Lamprecht	Yale
1926	Fred Lamprecht	Yale
1927	Watts Gunn	Georgia Tech
1928	Maurice McCarthy	Georgetown
1929	Tom Aycock	Yale
1930	G.T. Dunlap Jr.	Princeton
1931	G.T. Dunlap Jr.	Princeton
1932	J.W. Fischer	Michigan
1933	Walter Emery	Oklahoma
1934	Charles Yates	Georgia Tech
1935	Ed White	Texas
1936	Charles Kocsis	Michigan
1937	Fred Haas Jr.	Louisiana State
1938	John Burke	Georgetown
1939	Vincent D'Antoni	Tulane
1940	Dixon Brooke	Virginia
1941	Earl Stewart	Louisiana State
1942	Frank Tatum Jr.	Stanford
1943	Wallace Ulrich	Carleton
1944	Louis Lick	Minnesota
1945	John Lorms	Ohio State
1946	George Hamer	George
1947	Dave Barclay	Michigan
1948	Bob Harris	San Jose State
1949	Harvie Ward	North Carolina
1950	Fred Wampler	Purdue
1951	Tom Nieporte	Ohio State
1952	Jim Vickers	Oklahoma
1953	Earl Moeller	Oklahoma State
1954	Hillman Robbins	Memphis State
1955	Joe Campbell	Purdue
1956	Rick Jones	Ohio State
1957	Rex Baxter Jr.	Houston
1958	Phil Rodgers	Houston
1959	Dick Crawford	Houston
1960	Dick Crawford	Houston
1961	Jack Nicklaus	Ohio State
1962	Kermit Zarley	Houston
1963	R.H. Sikes	Arkansas
1964	Terry Small	San Jose State
1965	Marty Fleckman	Houston
1966	Bob Murphy	Florida
1967	Hale Irwin	Colorado
1968	Grier Jones	Oklahoma State
1969	Bob Clark	Los Angeles State
1970	John Mahaffey	Houston
1971	Ben Crenshaw	Texas

177

MEN AMATEURS

Year	Winner	
1972	Ben Crenshaw	Texas
	Tom Kite	Texas
1973	Ben Crenshaw	Texas
1974	Curtis Strange	Wake Forest
1975	Jay Haas	Wake Forest
1976	Scott Simpson	Southern California
1977	Scott Simpson	Southern California
1978	David Edwards	Oklahoma State
1979	Gary Hallberg	Wake Forest
1980	Jay Don Blake	Utah State
1981	Ron Comman	Southern California
1982	Billy Ray Brown	Houston
1983	Jim Carter	Arizona State

Note: 1898, 1902 had spring and fall championships.

TEAM CHAMPIONS (DIV. I)

Year	Winner
1897	Yale University
1898	Harvard University
	Yale University
1899	Harvard University
1900	No meet
1901	Harvard University
1902	Yale University
	Harvard University
1903	Harvard University
1904	Harvard University
1905	Yale University
1906	Yale University
1907	Yale University
1908	Yale University
1909	Yale University
1910	Yale University
1911	Yale University
1912	Yale University
1913	Yale University
1914	Princeton University
1915	Yale University
1917-18	—No meet
1919	Princeton University
1920	Princeton University
1921	Dartmouth University
1922	Princeton University
1923	Princeton University
1924	Yale University
1925	Yale University
1926	Yale University
1927	Princeton University
1928	Princeton University
1929	Princeton University
1930	Princeton University
1931	Yale University
1932	Yale University
1933	Yale University
1934	Michigan University
1935	Michigan University
1936	Yale University
1937	Princeton University
1938	Stanford University
1939	Stanford University
1940	Princeton, Louisiana State
1941	Stanford University
1942	Stanford, Louisiana State
1943	Yale University
1944	Notre Dame University
1945	Ohio State University
1946	Stanford University
1947	Louisiana State University
1948	San Jose State University
1949	North Texas State University
1950	North Texas State University
1951	North Texas State University
1952	North Texas State University
1953	Stanford University
1954	Southern Methodist University
1955	Louisiana State University
1956	University of Houston
1957	University of Houston
1958	University of Houston
1959	University of Houston
1960	University of Houston
1961	Purdue University
1962	University of Houston
1963	Oklahoma State University
1964	University of Houston
1965	University of Houston
1966	University of Houston
1967	University of Houston
1968	Florida University
1969	University of Houston
1970	University of Houston
1971	Texas University
1972	Texas University
1973	Florida University
1974	Wake Forest University
1975	Wake Forest University
1976	Oklahoma State University
1977	University of Houston
1978	Oklahoma State University
1979	Ohio State University
1980	Oklahoma State University
1981	Brigham Young University
1982	University of Houston
1983	Oklahoma State University

NCAA COLLEGE DIVISION II
INDIVIDUAL CHAMPIONS

Year	Winner	School
1963	Gary Head	Middle Tenn. St.
1964	John Kurzynowski	Aquinas
1965	Larry Gilbert	Middle Tenn. St.
1966	Bob Smith	Sacramento State
1967	Larry Hinson	East Tenn. St.
1968	Mike Nugent	Lamar
1969	Mike Spang	Portland State
	Corky Bassler	Northridge State
1970	Gary McCord	Cal Riverside
1971	Stan Stopa	New Orleans
1972	Jim Hilderbrand	Ashland
1973	Paul Wise	Fullerton State
1974	Matt Bloom	Cal-Riverside
1975	Jerry Wisz	California-Irvine
1976	Mike Nicollette	Rollins
1977	David Thornally	Ark.-Little Rock

MEN AMATEURS

1978	Thomas Brannen	Columbus
1979	Tom Gleeton	Florida Southern
1980	Paul Perini	Troy State
1981	Tom Patri	Florida Southern
1982	Vic Wilk	Northridge State
1983	Greg Chapman	Stephen F. Austin

TEAM CHAMPIONS (DIV. II)

Year	Winner
1963	Southwest Missouri State
1964	Southern Illinois
1965	Middle Tennessee State
1966	Chico State
1967	Lamar
1968	Lamar
1969	Northridge State
1970	Rollins
1971	New Orleans
1972	New Orleans
1973	Northridge State
1974	Northridge State
1975	California (Irvine)
1976	Troy State
1977	Troy State
1978	Columbus
1979	California (Davis)
1980	Columbus
1981	Florida Southern
1982	Florida Southern
1983	Southwest Texas State

NCAA COLLEGE DIVISION III
INDIVIDUAL CHAMPIONS

Year	Winner	School
1975	Charles Baskervill	Hampden-Sydney
1976	Dan Lisle	Stanislaus State
1977	David Downing	Southeast Massachusetts
1978	Jim Quinn	Oswego State
1979	Mike Bender	Stanislaus State
1980	Mike Bender	Stanislaus State
1981	Ryan Fox	North Carolina (Greensboro)
1982	Cliff Smith	Stanislaus State
1983	Matt Clarke	Allegheny State

TEAM CHAMPIONS (DIV. III)

Year	Winner
1975	Wooster College
1976	Stanislaus State
1977	Stanislaus State
1978	Stanislaus State
1979	Stanislaus State
1980	Stanislaus State
1981	Stanislaus State
1982	Ramapo College
1983	Allegheny College

SOUTHERN AMATEUR

Year	Winner	Site
1902	A.F. Schwartz	Nashville, Tenn.
1903	A.W. Gaines	Asheville, N.C.
1904	Andrew Manson	Louisville, Ky.
1905	A.H. Manson	Savannah, Ga.
1906	Leigh Carroll	New Orleans, La.
1907	Nelson Whitney	Atlanta, Ga.
1908	Nelson Whitney	Memphis, Tenn.
1909	J.P. Edrington	Memphis, Tenn.
1910	F.G. Byrd	Atlanta, Ga.
1911	W.P. Stewart	Nashville, Tenn.
1912	W.P. Stewart	Chattanooga, Tenn.
1913	Nelson Whitney	Montgomery, Ala.
1914	Nelson Whitney	Memphis, Tenn.
1915	C.L. Dexter	Atlanta, Ga.
1916	R.G. Bush	Dallas, Texas
1917	R.T. Jones, Jr.	Birmingham, Ala.
1918	No tournament	
1919	Nelson Whitney	New Orleans, La.
1920	R.T. Jones, Jr.	Chattanooga, Tenn.
1921	Perry Adair	Nashville, Tenn.
1922	R.T. Jones	Atlanta, Ga.
1923	Perry Adair	Birmingham, Ala.
1924	Jack Wenzler	Louisville, Ky.
1925	Glenn Crisman	Biltmore, N.C.
1926	R.E. Spicer, Jr.	Memphis, Tenn.
1927	Harry Ehle	Charlotte, N.C.
1928	Watts Gunn	Dallas, Texas
1929	Sam Perry	Belle Mead C.C.
1930	R.E. Spicer, Jr.	Sedgefield C.C.
1931	Chasteen Harris	Chattanooga G.&C.C.
1932	Sam Perry	C.C. of Birmingham
1933	Ralph Redmond	East Lake C.C.
1934	Fred Haas, Jr.	New Orleans C.C.
1935	Bobby Rigel	C.C. of Virginia
1936	Jack Munger	Memphis C.C.
1937	Fred Haas, Jr.	Charlotte C.C.
1938	Carl Dann, Jr.	Ponte Vedra C.C.
1939	Bobby Dunkelberger	Belle Meade C.C.
1940	Neil White	Chattanooga G.&C.C.
1941	Sam Perry	C.C. of Birmingham
1942-1945—No tournaments		
1946	George Hamer	C.C. of Birmingham
1947	Tommy Barnes	Audubon C.C.
1948	Gene Dahlbender	Capital City C.
1949	Tommy Barnes	Biltmore Forest C.C.
1950	Dale Morey	New Orleans C.C.
1951	Arnold Blum	C.C. of Columbus
1952	Gay Brewer	Holston Hills C.C.
1953	Joe Conrad	Lakewood C.C.
1954	Joe Conrad	Memphis C.C.
1955	Charles Harrison	Linville G.C.
1956	Arnold Blum	Druid Hills G.C.
1957	Ed Brantley	La Gorce C.C.
1958	Hugh Royer, Jr.	C.C. of Birmingham
1959	Richard Crawford	Jackson C.C.
1960	Charles B. Smith	Dunes G.&B.C.
1961	Billy Joe Patton	Holston Hills C.C.
1962	Bunky Henry	Ellinor Village C.C.
1963	Mike Malarkey	Coosa C.C.
1964	Dale Morey	Shreveport C.C.
1965	Billy Joe Patton	Pinehurst C.C.
1966	Hubert Green	C.C. of Birmingham
1967	Vinnie Giles	James River C.
1968	Lanny Watkins	Lost Tree C.
1969	Hubert Green	Bill Meade C.C.

MEN AMATEURS

1970	Lanny Wadkins	Lakewood C.C.
1971	Ben Crenshaw	C.C. of North Carolina
1972	Bill Rogers	Green Island C.C.
1973	Ben Crenshaw	Champions G.C.
1974	Danny Yates	Bay Hill C.
1975	Vinnie Giles	Pinehurst C.C.
1976	Tim Simpson	Colonial C.C.
1977	Lindy Miller	Snee Farm C.C.
1978	Jim Woodward	Innisbrook Resort
1979	Rafael Alarcon	C.C. of North Carolina
1980	Bob Tway	Champions G.C.
1981	Mark Brooks	Innisbrook Resort
1982	Steve Lowery	Moss Creek Plantation
1983	Pat Stephens	Holston Hills C.C.

SOUTHEASTERN AMATEUR

Site: C.C. of Columbus (Ga.)

Year	Winner	Home
1946	Tommy Barnes	Atlanta, Ga.
1947	Arnold Blum	Macon, Ga.
1948	Press Thronton	Dothan, Ala.
1949	Jack Key, Jr.	Columbus, Ga.
1950	Gilbert Wesley	Greenville, Ala.
1951	George Hamer	Columbus, Ga.
1952	George Hamer	Columbus, Ga.
1953	Doug Sanders	Cedartown, Ga.
1954	Doug Sanders	Cedartown, Ga.
1955	Cecil Calhoun	Columbus, Ga.
1956	Sonny Swift	Columbus, Ga.
1957	Sonny Swift	Columbus, Ga.
1958	Tommy Aaron	Gainesville, Ga.
1959	Frank Eldridge	Valdosta, Ga.
1960	Tommy Aaron	Gainesville, Ga.
1961	Howell Fraser	Panama City, Fla.
1962	Billy Key	Columbus, Ga.
1963	Sonny Swift	Columbus, Ga.
1964	Gene Dahlbender	Atlanta, Ga.
1965	Gene Dahlbender	Atlanta, Ga.
1966	Earl Bowden, Jr.	Macon, Ga.
1967	Steve Eichstaedt	Miami Lakes, Fla.
1968	Jack Key, Jr.	Columbus, Ga.
1969	Bob Barbarrosa	Houston, Tex.
1970	Allen Miller	Pensacola, Fla.
1971	Allen Miller	Pensacola, Fla.
1972	Danny Edwards	Edmond, Okla.
1973	Curtis Strange	Virginia Beach, Va.
1974	Bo Trotter	Columbus, Ga.
1975	Ed Davis	Lanett, Ala.
1976	Terry Anton	Ft. Benning, Ga.
1977	Kenny Knox	Tallahassee, Fla.
1978	Terry Anton	Atlanta, Ga.
1979	Rafael Alacorn	Guadalajara, Mex.
1980	John Spelman	Hilton Head, S.C.
1981	Elliott Kirven	Columbus, Ga.
1982	John Spelman	Hilton Head Island, S.C.
1983	Allen Doyle	LaGrange, Ga.

SOUTHWESTERN AMATEUR

Year	Winner	Home
1915	E.C. Robinson	Chandler, Ariz.
1916	James Vance	El Paso, Tex.
1917	James Vance	El Paso, Tex.
1918	Kim Bannister, Sr.	Phoenix, Ariz.
1919	Kim Bannister, Sr.	Phoenix, Ariz.
1920	H.S. Corbett	Tucson, Ariz.
1921	James Vance	El Paso, Tex.
1922	James Vance	El Paso, Tex.
1923	James Vance	El Paso, Tex.
1924	Charles McArthur	Phoenix, Ariz.
1925	F.C. Jordan	
1926	B.J. Ryerson	
1927	Bob Goldwater	Phoenix, Ariz.
1928	Kim Bannister, Sr.	Phoenix, Ariz.
1929	James Vance	El Paso, Tex.
1930	K.D. Harrison	
1931	Vern Stewart	Albuquerque, N.M.
1932	Vern Stewart	Albuquerque, N.M.
1933	Vern Stewart	Albuquerque, N.M.
1934	Vern Stewart	Albuquerque, N.M.
1935	Jack Harden	El Paso, Tex.
1936	Kim Bannister, Jr.	Phoenix, Ariz.
1937	Kim Bannister, Jr.	Phoenix, Ariz.
1938	Ralph Petty	Albuquerque, N.M.
1939	Kim Bannister, Jr.	Phoenix, Ariz.
1940	Vern Stewart	Albuquerque, N.M.
1941	Blaine McNutt	El Paso, Tex
1942	Bob Goldwater	Phoenix, Ariz.
1943-1945—No tournament.		
1946	Vic Blalack, Sr.	Yuma, Ariz.
1947	Vern Stewart	Albuquerque, N.M.
1948	Richard Taylor	Phoenix, Ariz.
1949	Richard Taylor	Phoenix, Ariz.
1950	Fred Chavez	Albuquerque, N.M.
1951	Bob Goldwater	Phoenix, Ariz.
1952	Pat Rea	Albuquerque, N.M.
1953	Bill Knick	Phoenix, Ariz.
1954	Ed Updegraff	Tucson, Ariz.
1955	Ed Updegraff	Tucson, Ariz.
1956	Johnny Dawson	Palm Springs, Calif.
1957	Frank Redman	El Paso, Tex.
1958	Billy Moya	Albuquerque, N.M.
1959	Jim Bernard	Tempe, Ariz.
1960	Ralph Quiroz	Mexicali, Mexico
1961	Ed Updegraff	Tucson, Ariz.
1962	George Boutell	Phoenix, Ariz.
1963	Wayne Breck	Tempe, Ariz.
1964	Terry Dear	Albuquerque, N.M.
1965	Dan Sommers	Grand Junction, Colo.
1966	Bill McCormick	Los Angeles, Calif.
1967	Wayne Vollmer	Vancouver, B.C.
1968	Allen Miller	Pensacola, Fla.
1969	Dr. Ed Updegraff	Tucson, Ariz.
1970	Bruce Ashworth	Las Vegas, Nev.
1971	Gary Sanders	Fullerton, Calif.
1972	Guy Cullins	Denton, Tex.
1973	Dub Huckabee	Monahans, Tex.
1974	Stan Lee	Heberville, Ark.
1975	Craig Stadler	La Jolla, Calif.
1976	Jay Haas	Belleville, Ill.
1977	Jeff Kern	Tucson, Ariz.
1978	Mitch Mooney	Albuquerque, N.M.
1979	Lennie Clements	Poway, Calif.
1980	Mark O'Meara	El Niguel, Calif.
1981	Cory Pavin	Oxnard, Calif.

MEN AMATEURS

1982 Tom Pernice, Jr.   Kansas City, Mo.
1983 Jim Carter   Mesa, Ariz.
Note: Match play 1915-1965, stroke play thereafter.

NORTH AND SOUTH CHAMPIONSHIP

Site: Pinehurst (N.C.) C.C.
Year	Winner
1901	G. C. Dutton
1902	Charles B. Corey
1903	T. S. Beckwith
1904	Walter J. Travis
1905	Dr. L. Lee Harban
1906	Warren K. Wood
1907	Allan Lard
1908	Allan Lard
1909	James D. Standish Jr.
1910	Walter J. Travis
1911	Charles Evans Jr.
1912	Walter J. Travis
1913	Henry J. Topping
1914	R. S. Worthington
1915	Filmore K. Robeson
1916	Phillip V. G. Carter
1917	Norman H. Maxwell
1918	Irving S. Robeson
1919	Edward Beall
1920	Francis Ouimet
1921	B. P. Merriman
1922	Henry J. Topping
1923	Frank C. Newton
1924	Frank W. Knight
1925	Arthur Yates
1926	Page Hufty
1927	George Voight
1928	George Voight
1929	George Voight
1930	Eugene Homans
1931	George T. Dunlap
1932	M. P. Warner
1933	George T. Dunlap Jr.
1934	George T. Dunlap Jr.
1935	George T. Dunlap Jr.
1936	George T. Dunlap Jr.
1937	Bobby Dunkelberger
1938	Frank Strafaci
1939	Frank Strafaci
1940	George T. Dunlap
1941	Skip Alexander
1942	George T. Dunlap Jr.
1943	H. Offut
1944	Mal Galletta
1945	Ed Furgol
1946	Frank Stranahan
1947	Charles B. Dudley
1948	Harvie Ward
1949	Frank Stranahan
1950	William C. Campbell
1951	Hobart Manley
1952	Frank Stranahan
1953	William C. Campbell
1954	Billy Joe Patton
1955	Don Bisplinghoff
1956	Hillman Robbins Jr.
1957	William C. Campbell
1958	Dick Chapman
1959	Jack Nicklaus
1960	Charlie Smith
1961	Bill Hyndman
1962	Billy Joe Patton
1963	Billy Joe Patton
1964	Dale Morey
1965	Tom Draper
1966	Ward Wettlaufer
1967	Bill Campbell
1968	Jack Lewis
1969	Joe Inman Jr.
1970	Gary Cowan
1971	Eddie Pearce
1972	Danny Edwards
1973	Mike Ford
1974	George Burns III
1975	Curtis Strange
1976	Curtis Strange
1977	Gary Hallberg
1978	Gary Hallberg
1979	John McGough
1980	Hal Sutton
1981	Corey Pavin
1982	Keith Clearwater
1983	Bryan Sullivan

NORTHEAST AMATEUR

Site: Wannamoisett, C.C., Rumford, R.I.
Year	Winner	Home
1962	Dick Siderowf	Westport, Conn.
1963	Gene Francis	Wheatley Hills, N.Y.
1964	Ronnie Quinn	West Warwick, R.I.
1965	Ronnie Quinn	West Warwick, R.I.
1966	Dick Siderowf	Westport, Conn.
1967	Marty Fleckman	Port Arthur, Tex.
1968	Pete Bostwick Jr.	Jericho, N.Y.
1969	Jerry Courville	Norwalk, Conn.
1970	Allen Miller	Pensacola, Fla.
1971	Vinnie Giles	Richmond, Va.
1972	Wally Kuchar	Edgewater, Pa.
1973	Ben Crenshaw	Austin, Tex
1974	Bill Hyndman	Huntingdon Valley, Pa.
1975	Rocky Waitt	Wichita, Kan.
1976	Bob Byman	Boulder, Colo.
1977	Scott Hoch	Raleigh, N.C.
1978	John Cook	Rolling Hills, Calif.
1979	John Cook	Rolling Hills, Calif.
1980	Hal Sutton	Shreveport, La.
1981	Dick Von Tacky	Titusville, Pa.
1982	Chris Perry	Edina, Minn.
1983	Bill Hadden	Hamden, Conn.

PACIFIC NORTHWEST MEN'S AMATEUR

Year	Winner	Hometown
1899	Charles H. Malcott	Tacoma, Wash.
1900	P. B. Gifford	Portland, Ore.
1901	A. H. Goldfinch	Victoria, B.C., Canada
1902	F. C. Newton	Seattle, Wash.
1903	R. L. Macleay	Portland, Ore.
1904	R. L. Macleay	Portland, Ore.

MEN AMATEURS

Year	Winner	Home
1905	R. L. Macleay	Portland, Ore.
1906	C. K. Magill	Victoria, B.C., Canada
1907	T. S. Lippy	Seattle, Wash.
1908	George Ladd Munn	Seattle, Wash.
1909	Douglas Grant	San Francisco, Calif.
1910	R. L. Macleay	Portland, Ore.
1911	W. B. Mixter	Portland, Ore.
1912	R. N. Kincks	Victoria, B.C., Canada
1913	A. V. Macan	Victoria, B.C., Canada
1914	Jack Neville	San Francisco, Calif.
1915	H. C. Egan	Portland, Ore.
1916	S. R. Smith	Portland, Ore.
1917	Rudolph Wilheim	Portland, Ore.
1918	H. A. Fleager	Seattle, Wash.
1919	Clare Griswold	Seattle, Wash.
1920	H. C. Egan	Portland, Ore.
1921	George Von Elm	Salt Lake City, Utah
1922	George Von Elm	Salt Lake City, Utah
1923	H. C. Egan	Portland, Ore.
1924	Dr. O. F. Willing	Portland, Ore.
1925	H. C. Egan	Portland, Ore.
1926	Forest Watson	Spokane, Wash.
1927	Rudolph Wilheim	Portland, Ore.
1928	Dr. O. F. Willing	Portland, Ore.
1929	Frank Dolp	Portland, Ore.
1930	Eddie Hogan	Portland, Ore.
1931	Frank Dolp	Portland, Ore.
1932	H. C. Egan	Portland, Ore.
1933	Albert Campbell	Seattle, Wash.
1934	Kenneth Storey	Spokane, Wash.
1935	Albert Campbell	Seattle, Wash.
1936	Harry Givan	Seattle, Wash.
1937	Harry Givan	Seattle, Wash.
1938	Jack Westland	Everett, Wash.
1939	Jack Westland	Seattle, Wash.
1940	Jack Westland	Seattle, Wash.
1941	Bud Ward	Spokane, Wash.
1942-44	No Tournament	
1945	Harry Givan	Seattle, Wash.
1946	Harry Givan	Seattle, Wash.
1947	Ray Weston	Portland, Ore.
1948	Glen Sherriff	Seattle, Wash.
1949	Bruce McCormick	Los Angeles, Calif.
1950	Al Mengert	Spokane, Wash.
1951	Jack Westland	Everett, Wash.
1952	Bill Mawhinney	Vancouver, B.C., Canada
1953	Dick Yost	Portland, Ore.
1954	Bob Fleming	Victoria, B.C., Canada
1955	Dick Yost	Portland, Ore.
1956	Bob Kidd	Vancouver, Wash.
1957	Bill Warner	Spokane, Wash.
1958	George Holland	Seattle, Wash.
1959	Ron Willey	Vancouver, B.C., Canada
1960	Ron Willey	Vancouver, B.C., Canada
1961	Harry Givan	Seattle, Wash.
1962	Kermit Zarley Jr.	Yakima, Wash.
1963	Ken Storey	Seattle, Wash.
1964	Mickey Shaw	Milwaukie, Ore.
1965	George Holland	Bellevue, Wash.
1966	Elwin Fanning	Seattle, Wash.
1967	Donny Power	Litchfield Park, Ark.
1968	Allen Brooks	Eugene, Ore.
1969	Jim McLean	Seattle, Wash.
1970	Pat Welch	Spokane, Wash.
1971	Jim McLean	Seattle, Wash.
1972	Jim McLean	Seattle, Wash.
1973	Dave Mick	Victoria, B.C., Canada
1974	Ed Jonson	Bellevue, Wash.
1975	Bob Mitchell	Vancouver, B.C., Canada
1976	Bill Snader	Seattle, Wash.
1977	Jeff Coston	Seattle, Wash.
1978	Scott Tuttle	Eugene, Ore.
1979	Mark Weibe	Escondido, Calif.
1980	Brian Haugen	Tacoma, Wash.
1981	Rick Fehr	Seattle, Wash.
1982	Eric Johnson	Eugene, Ore.
1983	Dave DeLong	Portland, Ore.

PORTER CUP

Site: Niagara Falls C.C., Lewiston, N.Y.

Year	Winner	Home
1959	John Konsek	Clarence, N.Y.
1960	Ward Wettlaufer	Buffalo, N.Y.
1961	John Konsek	Clarence, N.Y.
1962	Ed Tutwiler	Indianapolis
1963	Bill Harvey	Greensboro, N.C.
1964	Deane Beman	Bethesda, Md.
1965	Ward Wettlaufer	Atlanta
1966	Bob Smith	Sacramento, Calif.
1967	Bob Smith	Sacramento, Calif.
1968	Randy Wolff	Beaumont, Tex.
1969	Gary Cowan	Kitchener, Ontario
1970	Howard Twitty	Phoenix
1971	Cameron Quinn	Providence, R.I.
1972	Ben Crenshaw	Austin, Tex.
1973	Vinnie Giles	Richmond, Va.
1974	George Burns	East Williston, N.Y.
1975	Jay Sigel	Berwyn, Pa.
1976	Scott Simpson	San Diego, Calif.
1977	Vance Heafner	Gary, N.C.
1978	Bobby Clampett	Carmel, Calif.
1979	John Cook	Rolling Hills, Calif.
1980	Tony DeLuca	Vienna, Va.
1981	Jay Sigel	Bewyn, Pa.
1982	Nathaniel Crosby	Hillsborough, Calif.
1983	Scott Verplank	Dallas

RICE PLANTERS AMATEUR CHAMPIONSHIP

Site: Snee Farm C.C., Mount Pleasant, S.C.

Year	Winner	Home
1973	Dave Canipe	Fayetteville, N.C.
1974	Bill Harvey	Jamestown, N.C.
1975	Andy Bean	Grenelefe, Fla.
1976	Bob Byman	Raleigh, N.C.
1977	Bill Harvey	Jamestown, N.C.
1978	Scott Hoch	Orlando, Fla.
1979	Hal Sutton	Shreveport, La.
1980	Rick Pearson	Bradenton, Fla.
1981	Don Burwell	Miami Lakes, Fla.
1982	Tom Lehman	Alexandria, Minn.
1983	Brandel Chamblee	Irving, Tex.

MEN AMATEURS

SUNNEHANNA AMATEUR

Site: Sunnehanna C.C., Johnstown, Pa.

Year	Winner	Site
1954	Don Cherry	New York
1955	Hillman Robbins Jr.	Memphis
1956	Gene Dahlbender	Atlanta
1957	Joe Campbell	Anderson, Ind.
1958	Bill Hyndmann III	Huntingdon Valley, Pa.
1959	Tommy Aaron	Gainesville, Ga.
1960	Gene Dahlbender	Atlanta
1961	Dick Siderowf	Westport, Conn.
1962	Dr. Ed Updegraff	Tucson
1963	Roger McManus	Hartville, Ohio
1964	Gary Cowan	Kitchener, Ont., Canada
1965	Bobby Greenwood	Cookeville, Tenn.
1966	Jack Lewis Jr.	Florence, S.C.
1967	Bill Hyndman III	Huntingdon Valley, Pa.
1968	Bobby Greenwood	Cookeville, Tenn.
1969	Len Thompson	Laurinburg, N.C.
1970	Howard Twitty	Phoenix
1971	Bob Zender	Chicago
1972	Mark Hayes	Stillwater, Okla.
1973	Ben Crenshaw	Austin, Tex.
1974	David Strawn	Charlotte, N.C.
1975	Jaime Gonzalez	Rio de Janerio, Brazil
1976	Jay Sigel	Berwyn, Pa.
1977	John Cook	Rolling Hills, Calif.
1978	Jay Sigel	Berwyn, Pa.
1979	John Cook	Rolling Hills, Calif.
1980	Bobby Clampett	Monterey, Calif.
1981	Jodie Mudd	Louisville, Ky.
1982	Brad Faxon	Somerset, Mass.
1983	Dillard Pruitt	Greenville, S.C.

TRANS-MISSISSIPPI G.A.

Year	Winner	Site
1901	John Stuart	Kansas City C.C.
1902	R.R. Kimball	Omaha C.C.
1903	John R. Maxwell	Waveland Park G.C.
1904	H.P. Bend	Minikahda Club
1905	Warren Dickinson	Gen Echo C.C.
1906	C.T. Jaffrey	Omaha Field Club
1907	Sprague Abbot	Rock Island Arsenal G.C.
1908	E.H. Seaver	Evanston G.C.
1909	H.G. Legg	Kansas City C.C.
1910	H.G. Legg	Denver C.C.
1911	H.G. Legg	Omaha C.C.
1912	H.G. Legg	Minikahda Club
1913	Stuart Stickney	Glen Echo C.C.
1914	J.D. Cady	Evanston G.C.
1915	Alden B. Swift	Memphis C.C.
1916	H.G. Legg	Interlachen C.C.
1917	Sam W. Reynolds	St. Joseph C.C.
1918	G.L. Conley	Hillcrest C.C.
1919	Nelson Whitney	St. Louis C.C.
1920	Robert McKee	Rock Island Arsenal G.C.
1921	George Von Elm	Denver C.C.
1922	R. Knepper	Omaha C.C.
1923	Eddie Held	Minikahda Club
1924	James Manion	St. Joseph C.C.
1925	Clarence Wolff	Omaha Field Club
1926	Eddie Held	Algonquin G.C.
1927	John Goodman	Broadmoor G.C.
1928	Arthur Bartlett	Wakonda C.C.
1929	Robert McCrary	Omaha Field Club
1930	Robert McCrary	Broadmoor G.C.
1931	John Goodman	Golden Valley G.C.
1932	Gus Moreland	Oklahoma City G.&C.
1933	Gus Moreland	Broadmoor G.C.
1934	Leland Hamman	Brook Hollow G.C.
1935	John Goodman	Wakonda C.C.
1936	John Dawson	Wichita C.C.
1937	Don Schmacher	Cherry Hills C.C.
1938	Vene Savage	Country Club of Lincoln
1939	Chick Harbert	Broadmoor G.C.
1940	Arthur Doering	Southern Hills C.C.
1941	Frank R. Stranahan	Sunset G.C.
1942	John Kraft	Blue Hills C.C.
1943-1945	—No tournament	
1946	Skee Reigel	Denver C.C.
1947	Charles Coe	Wichita C.C.
1948	Skee Reigel	Mission Hills C.C.
1949	Charles Coe	Broadmoor G.C.
1950	James English	Happy Hollow G.C.
1951	L.M. Crannel, Jr.	Brook Hollow G.C.
1952	Charles Coe	Lakewood C.C.
1953	Joe Conrad	Kansas City C.C.
1954	James Jackson	Cherry Hills C.C.
1955	James Jackson	Wakonda C.C.
1956	Charles Coe	Oklahoma City G.&C.
1957	Rex Baxter, Jr.	Brook Hollow G.C.
1958	Jack Nicklaus	Prairie Dunes C.C.
1959	Jack Nicklaus	Woodhill C.C.
1960	Deane Beman	Wichita C.C.
1961	Herb Durham	Twin Hills G.&C.
1962	Bob Ryan	Old Warson C.C.
1963	George Archer	Phoenix C.C.
1964	Wright Garrett	Broadmoor G.C.
1965	George Boutell	Kansas City C.C.
1966	Jim Weichers	Edina C.C.
1967	Hal Greenwood	San Antonio C.C.
1968	Wm. Hyndman III	Southern Hills C.C.
1969	Allen Miller	Cherry Hills C.C.
1970	Allen Miller	Oklahoma City C.C.
1971	Allen Miller	Spyglass Hill G.C.
1972	Ben Crenshaw	Brook Hollow C.C.
1973	Gary Koch	Prairie Dunes C.C.
1974	Tom Jones	Cedar Ridge C.C.
1975	Tim Wilson	Kansas City C.C.
1976	Doug Clarke	Spyglass Hill G.C.
1977	John Fought	Midland C.C.
1978	Bob Tway	Brook Hollow C.C.
1979	Mark Brooks	Hardscrabble C.C.
1980	Raymond Barr	Denver C.C.
1981	Robert Wrenn	Minikahda C.C.
1982	John Sherman	Oklahoma City C.C.
1983	Greg Chapman	Kansas City C.C.

WESTERN AMATEUR

Year	Winner	Site
1899	David Forgan	Glen View Club
1900	William Waller	Onwentsia Club

MEN AMATEURS

Year	Name	Club
1901	Phelps Hoyt	Midlothian C.C.
1902	H.C. Egan	Chicago G.C.
1903	Walter Egan	Euclid Club
1904	H.C. Egan	Exmoor C.C.
1905	H.C. Egan	Glen View Club
1906	D.E. Sawyer	Glen Echo C.C.
1907	H.C. Egan	Chicago G.C.
1908	Mason Phelps	Arsenal G.C.
1909	Chick Evans	Homewood C.C.
1910	Mason Phelps	Minikahda Club
1911	Albert Seckel	Detroit G.C.
1912	Chick Evans	Denver C.C.
1913	Warren Wood	Homewood C.C.
1914	Chick Evans	Kent C.C.
1915	Chick Evans	Mayfield C.C.
1916	Heinrich Schmidt	Del Monte G & C.C.
1917	Francis Ouimet	Midlothian C.C.
1918	No championship	
1919	Harry Legg	Sunset Hill C.C.
1920	Chick Evans	Memphis C.C.
1921	Chick Evans	Westmoreland C.C.
1922	Chick Evans	Hillcrest C.C.
1923	Chick Evans	Mayfield C.C.
1924	H.R. Johnston	Hinsdale C.C.
1925	Keefe Carter	Lochmoor Club
1926	Frank Dolp	White Bear Yacht C.
1927	Bon Stein	Seattle G.C.
1928	Frank Dolp	Bob O'Link G.C.
1929	Don Moe	Mission Hills C.C.
1930	John Lehman	Beverly C.C.
1931	Don Moe	Portland G.C.
1932	Gus Moreland	Rockford C.C.
1933	Jack Westland	Memphis C.C.
1934	Zell Eaton	Twin Hills G.C.
1935	Charles Yates	Broadmoor G.C.
1936	Paul Leslie	Happy Hollow Club
1937	Wilford Wehrle	Los Angeles CC.C
1938	Bob Babbish	South Bend C.C.
1939	Harry Todd	Oklahoma City G.C.
1940	Marvin Ward	Minneapolis G.C.
1941	Marvin Ward	Broadmoor G.C.
1942	Pvt. Pat Abbott	Manito G. & C.C.
1943-44-45	No championships	
1946	Frank Stranahan	Northland C.C.
1947	Marvin Ward	Wakonda C.C.
1948	Skee Reigel	Wichita C.C.
1949	Frank Stranahan	Bellerive C.C.
1950	Charles Coe	Dallas C.C.
1951	Frank Stranahan	South Bend C.C.
1952	Frank Stranahan	Exmoor C.C.
1953	Dale Morey	Blythefield C.C.
1954	Bruce Cudd	Broadmoor G.C.
1955	Eddie Merrins	Rockford C.C.
1956	Mason Rudolph	Belle Meade C.C.
1957	Dr. Ed Updegraff	Old Warson C.C.
1958	James (Billy) Key	C.C. of Florida
1959	Dr. Ed Updegraff	Waverley C.C.
1960	Tommy Aaron	Northland C.C.
1961	Jack Nicklaus	New Orleans C.C.
1962	Art Hudnutt	Orchard Lake C.C.
1963	Tom Weiskopf	Point O'Woods C.C.
1964	Steve Oppermann	Tucson, C.C.
1965	Bob Smith	Point O'Woods C.C.
1966	Jim Wiechers	Pinehurst C.C.
1967	Bob Smith	Milburn G. & C.C.
1968	Rik Massengale	Grosse Ile G. & C.C.
1969	Steve Melnyk	Rockford C.C.
1970	Lanny Wadkins	Wichita C.C.
1971	Andy North	Point O'Woods G. & C.C.
1972	Gary Sanders	Point O'Woods G. & C.C.
1973	Ben Crenshaw	Point O'Woods G. & C.C.
1974	Curtis Strange	Point O'Woods G. & C.C.
1975	Andy Bean	Point O'Woods G. & C.C.
1976	John Stark	Point O'Woods G. & C.C.
1977	Jim Nelford	Point O'Woods G. & C.C.
1978	Bob Clampett	Point O'Woods G. & C.C.
1979	Hal Sutton	Point O'Woods G. & C.C.
1980	Hal Sutton	Point O'Woods G. & C.C.
1981	Frank Fuhrer	Point O'Woods G. & C.C.
1982	Rick Fehr	Point O'Woods G. & C.C.
1983	Billy Tuten	Point O'Woods G. & C.C.

PAST MEN'S AMATEUR RANKINGS

1955
1. Harvie Ward
2. Joe Conrad
3. Doug Sanders
4. Hillman Robbins
5. Eddie Merrins
6. Don Cherry
7. Don Bisplinghoff
8. Jimmy Jackson
9. Joe Campbell
10. Bill Hyndman

1956
1. Harvie Ward
2. Ken Venturi
3. Arnold Blum
4. Doug Sanders
5. Billy Joe Patton
6. Joe Campbell
7. Jerry Magee
8. Moe Norman
9. Bill Campbell
10. Chuck Kocsis

1957
1. Hillman Robbins
2. Dr. F. Taylor
3. Rex Baxter
4. Billy Joe Patton
5. Bill Campbell
6. Dr. Ed Updegraff
7. Bill Hyndman
8. Joe Campbell
9. Phil Rodgers
10. Mason Rudolph

1958
1. Charles Coe
2. Bill Hyndman
3. Dick Chapman
4. Billy Joe Patton
5. Phil Rodgers
6. Jack Nicklaus
7. Harvie Ward
8. James Key
9. Tommy Aaron
10. Hugh Royer

1959
1. Jack Nicklaus
2. Charles Coe
3. Deane Beman
4. Bill Hyndman
5. Dick Crawford
6. Wart Wettlaufer
7. Dr. Ed Updegraff
8. Tommy Aaron
9. Gene Andrews
10. Billy Joe Patton

1960
1. Jack Nicklaus
2. Deane Beman
3. Charlie Smith
4. Bob Cochran
5. Tommy Aaron
6. Bill Hyndman
7. Bob Gardner
8. Gene Dahibender
9. Billy Joe Patton
10. Dick Crawford

1961
1. Jack Nicklaus
2. Bill Hyndman
3. Charles Coe
4. Deane Beman
5. Bob Gardner
6. Dudley Wysong
7. Richard Chapman
8. Billy Joe Patton
9. R. H. Sikes
10. Dick Siderowf

MEN AMATEURS

1962
1. Labron Harris
2. Billy Joe Patton
3. R. H. Sikes
4. Deane Beman
5. Dr. Ed Updegraff
6. Charlie Smith
7. Kermit Zarley
8. Homero Blancas
9. Downing Gray
10. Art Hudnutt

1963
1. Deane Beman
2. R. H. Sikes
3. George Archer
4. Charles Coe
5. Billy Joe Patton
6. Labron Harris Jr.
7. Dr. Ed Updegraff
8. Johnny Lotz
9. Dick Lotz
10. Tom Weiskopf

1964
1. Bill Campbell
2. Deane Beman
3. Dale Morey
4. Ed Tutwiler
5. Steve Oppermann
6. Jim Grant
7. Gary Cowan
8. Wright Garrett
9. Dave Eichelberger
10. Dr. Ed Updegraff

1965
1. George Boutell
2. Bob Murphy
3. Don Allen
4. Jim Wiechers
5. Deane Beman
6. Downing Gray
7. Bob Dickson
8. Bob Smith
9. Jim Grant
10. Bob Greenwood

1966
1. Gary Cowan
2. Jim Wiechers
3. Marty Fleckman
4. Ron Cerrudo
5. Deane Beman
6. Jack Lewis
7. Bob Smith
8. Downing Gray
9. Ward Wettlauer
10. Bob Murphy

1967
1. Bob Dickson
2. Bob Smith
3. Hal Underwood
4. Marty Fleckman
5. Bill Campbell
6. Vinny Giles
7. Ron Cerrudo
8. Bill Hyndman
9. Hale Irwin
10. Verne Callison

1968
1. Vinny Giles
2. Jack Lewis
3. Bruce Fleisher
4. Bill Hyndman
5. Bill Barbarossa
6. Rik Massengale
7. Dick Siderowf
8. Bob Greenwood
9. Lanny Wadkins
10. Gene Towry

1969
1. Steve Melnyk
2. Allen Miller
3. Vinny Giles
4. Joe Inman
5. Lanny Wadkins
6. Leonard Thompson
7. Hubert Green
8. Gary Cowan
9. Wayne MacDonald
10. Michael Bonallack

1970
1. Lanny Wadkins
2. Allen Miller
3. Howard Twitty
4. Gary Cowan
5. Tom Kite
6. Steve Melnyk
7. John Mahaffey
8. John Birmingham
9. Jim Simons
10. Bob Risch

1971
1. Gary Cowan
2. Eddie Pearce
3. Ben Crenshaw
4. Vinny Giles
5. Allen Miller
6. Bob Zender
7. Steve Melnyk
8. Andy North
9. Jim Simons
10. Ronnie Quinn

1972
1. Ben Crenshaw
2. Vinny Giles
3. Mark Hayes
4. Danny Edwards
5. Gary Sanders
6. Bill Rogers
7. Marty West
8. Guy Cullins
9. Wally Kuchar
10. Dale Morey

1973
1. Ben Crenshaw
2. Vinny Giles
3. Craig Stadler
4. Gary Koch
5. Dick Siderowf
6. Danny Edwards
7. David Strawn
8. George Burns
9. Mike Ford
10. Bill Rogers

1974
1. Jerry Pate
2. Curtis Strange
3. George Burns
4. Bill Hyndman
5. Gary Koch
6. David Strawn
7. Andy Bean
8. Danny Yates
9. Tom Jones
10. John Grace

1975
1. Andy Bean
2. Fred Ridley
3. Curtis Strange
4. Vinny Giles
5. Phil Hancock
6. Jay Haas
7. Keith Fergus
8. Jay Sigel
9. Rocky Waitt
10. Jaime Gonzalez

1976
1. Scott Simpson
2. Bob Byman
3. Bill Sander
4. Jay Sigel
5. Dick Siderowf
6. John Fought
7. Mike Reid
8. John Stark
9. Curtis Strange
10. Fred Ridley

1977
1. John Fought
2. Gary Hallberg
3. Jim Nelford
4. Scott Simpson
5. John Cook
6. Vance Heafner
7. Scott Hoch
8. Lindy Miller
9. Jay Sigel
10. Mike Brannan

1978
1. Bobby Clampett
2. John Cook
3. Vance Heafner
4. Scott Hoch
5. Jay Sigel
6. Gary Hallberg
7. Hal Sutton
8. Bob Tway
9. Jim Woodward
10. David Edwards

1979
1. John Cook
2. Mark O'Meara
3. Hal Sutton
4. Rafael Alarcon
5. Jay Sigel
6. Gary Hallberg
7. John McGough
8. Lennie Clements
9. Bobby Clampett
10. Scott Hoch

1980
1. Hal Sutton
2. Jay Sigel
3. Fred Couples
4. Jay Don Blake
5. Bobby Clampett
6. Jodie Mudd
7. Dave Ogrin
8. Bob Tway
9. Gary Hallberg
10. Bob Lewis

1981
1. Jodie Mudd
2. Frank Fuhrer
3. Nathaniel Crosby
4. Corey Pavin
5. Jay Sigel
6. Ron Commans
7. Joe Rassett
8. Jim Holtgrieve
9. Bob Lewis
10. Willie Wood

1982
1. Jay Sigel
2. Rick Fehr
3. Nathaniel Crosby
4. Brad Faxon
5. John Slaughter
6. Willie Wood
7. Chris Perry
8. John Spelman
9. Tom Lehman
10. Steve Lowery

1983
1. Jay Sigel
2. Billy Tuten
3. Scott Verplank
4. Brandel Chamblee
5. Dillard Pruit
6. Jim Carter
7. John Inman
8. Willie Wood
9. Bill Hadden
10. Chris Perry

185

CHAPTER 6

WOMEN AMATEURS

WOMEN AMATEURS
UNITED STATES GOLF ASSOCIATION
WOMEN'S AMATEUR CHAMPIONSHIP
Canoe Brook Country Club (North Course), Summit, N.J., Aug. 15-20, 1983

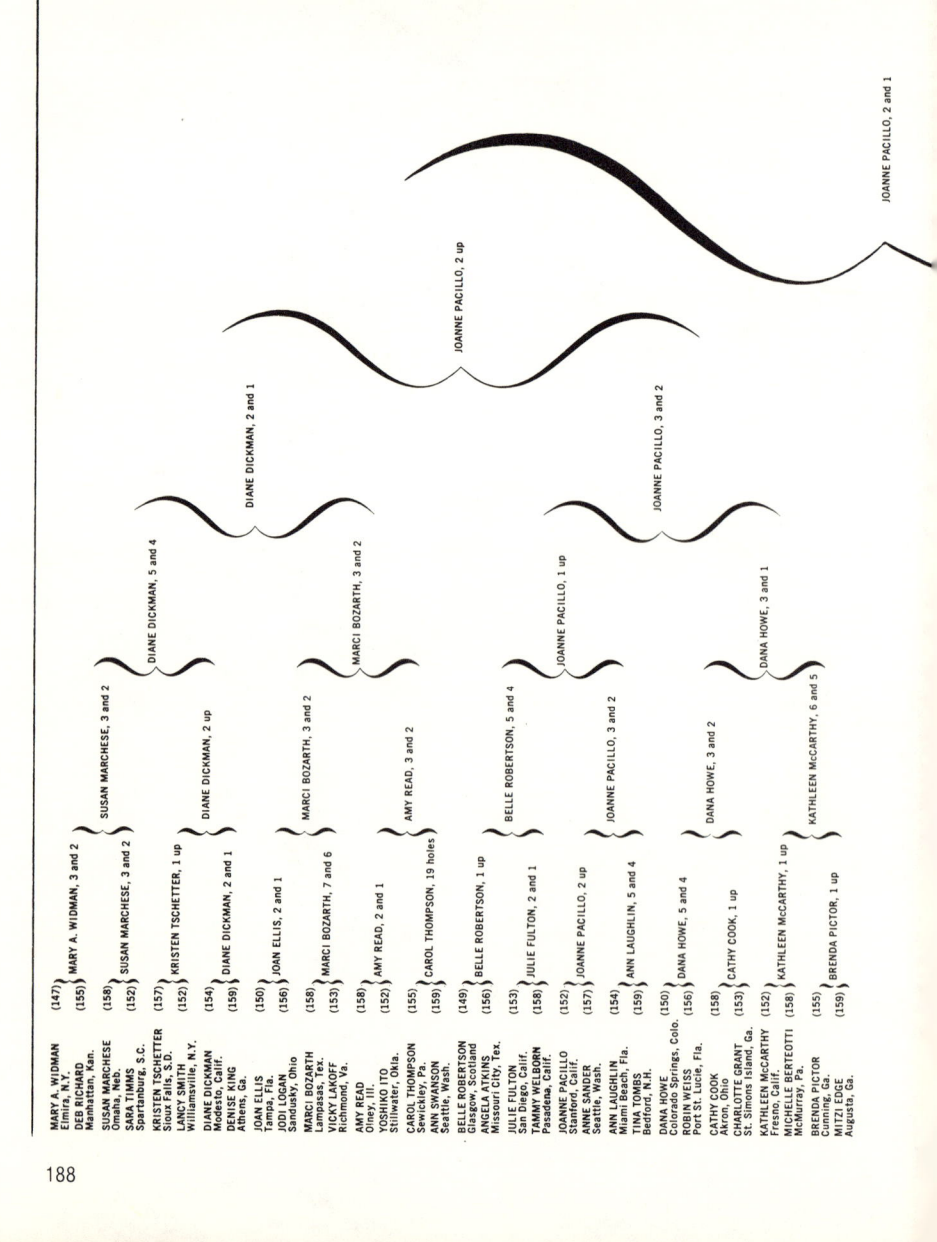

Champion: JOANNE PACILLO, 2 and 1

First Round
- MARY A. WIDMAN, Elmira, N.Y. (147) def. DEB RICHARD, Manhattan, Kan. (155) — MARY A. WIDMAN, 3 and 2
- SUSAN MARCHESE, Omaha, Neb. (158) def. SARA TIMMS, Spartanburg, S.C. (152) — SUSAN MARCHESE, 3 and 2
- KRISTEN TSCHETTER, Sioux Falls, S.D. (157) def. LANCY SMITH, Williamsville, N.Y. (152) — KRISTEN TSCHETTER, 1 up
- DIANE DICKMAN, Modesto, Calif. (154) def. DENISE KING, Athens, Ga. (159) — DIANE DICKMAN, 2 and 1
- JOAN ELLIS, Tampa, Fla. (150) def. JODI LOGAN, Sandusky, Ohio (156) — JOAN ELLIS, 2 and 1
- MARCI BOZARTH, Lampasas, Tex. (158) def. VICKY LAKOFF, Richmond, Va. (153) — MARCI BOZARTH, 7 and 6
- AMY READ, Olney, Ill. (158) def. YOSHIKO ITO, Stillwater, Okla. (152) — AMY READ, 2 and 1
- CAROL THOMPSON, Sewickley, Pa. (155) def. ANN SWANSON, Seattle, Wash. (159) — CAROL THOMPSON, 19 holes
- BELLE ROBERTSON, Glasgow, Scotland (149) def. ANGELA ATKINS, Missouri City, Tex. (156) — BELLE ROBERTSON, 1 up
- JULIE FULTON, San Diego, Calif. (153) def. TAMMY WELBORN, Pasadena, Calif. (158) — JULIE FULTON, 2 and 1
- JOANNE PACILLO, Stanford, Calif. (152) def. ANNE SANDER, Seattle, Wash. (157) — JOANNE PACILLO, 2 up
- ANN LAUGHLIN, Miami Beach, Fla. (154) def. TINA TOMBS, Bedford, N.H. (159) — ANN LAUGHLIN, 5 and 4
- DANA HOWE, Colorado Springs, Colo. (150) def. ROBIN WEISS, Port St. Lucie, Fla. (156) — DANA HOWE, 5 and 4
- CATHY COOK, Akron, Ohio (158) def. CHARLOTTE GRANT, St. Simons Island, Ga. (153) — CATHY COOK, 1 up
- KATHLEEN McCARTHY, Fresno, Calif. (152) def. MICHELLE BERTEOTTI, McMurray, Pa. (158) — KATHLEEN McCARTHY, 1 up
- BRENDA PICTOR, Cumming, Ga. (155) def. MITZI EDGE, Augusta, Ga. (159) — BRENDA PICTOR, 1 up

Second Round
- SUSAN MARCHESE, 3 and 2
- DIANE DICKMAN, 2 up
- MARCI BOZARTH, 3 and 2
- AMY READ, 3 and 2
- BELLE ROBERTSON, 5 and 4
- JOANNE PACILLO, 3 and 2
- DANA HOWE, 3 and 2
- KATHLEEN McCARTHY, 6 and 5

Quarterfinals
- DIANE DICKMAN, 5 and 4
- MARCI BOZARTH, 3 and 2
- JOANNE PACILLO, 1 up
- DANA HOWE, 3 and 1

Semifinals
- DIANE DICKMAN, 2 and 1
- JOANNE PACILLO, 3 and 2

Final
- JOANNE PACILLO, 2 up

Champion
JOANNE PACILLO, 2 and 1

WOMEN AMATEURS

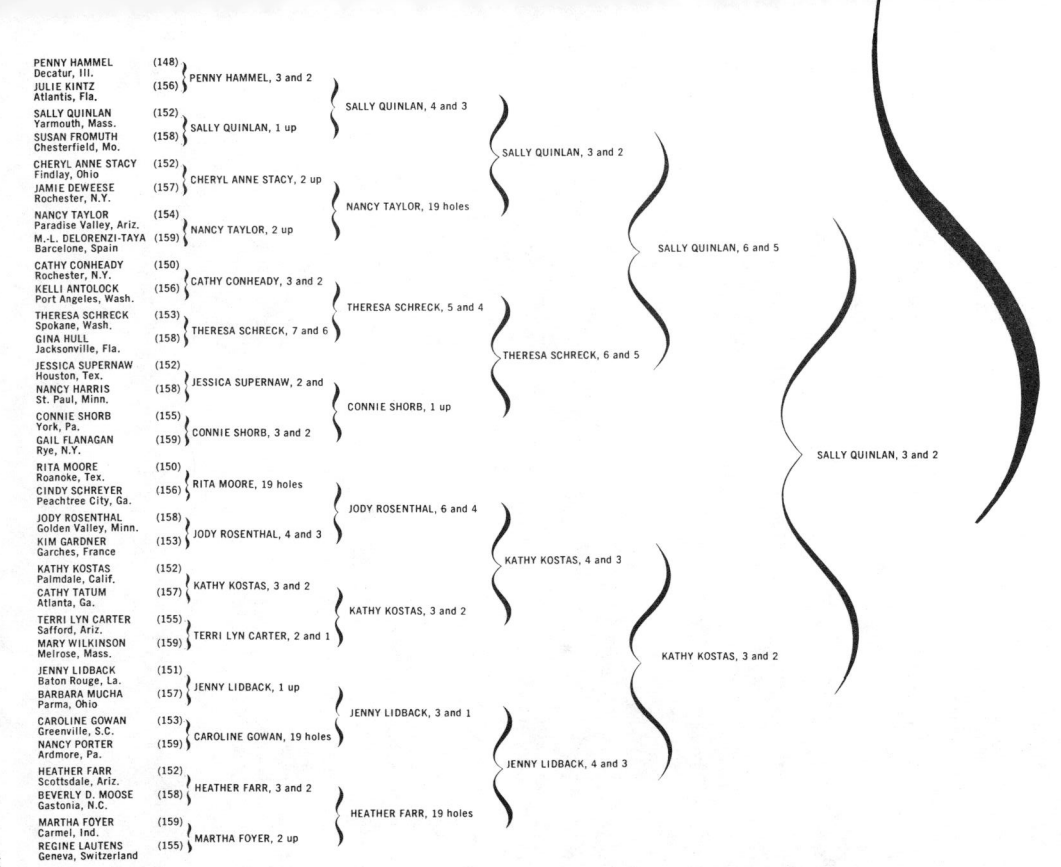

Bracket (first round pairings with qualifying scores in parentheses, followed by match results):

- PENNY HAMMEL, Decatur, Ill. (148)
- JULIE KINTZ, Atlanta, Fla. (156)
  — PENNY HAMMEL, 3 and 2
- SALLY QUINLAN, Yarmouth, Mass. (152)
- SUSAN FROMUTH, Chesterfield, Mo. (158)
  — SALLY QUINLAN, 1 up
    — SALLY QUINLAN, 4 and 3
- CHERYL ANNE STACY, Findlay, Ohio (152)
- JAMIE DEWEESE, Rochester, N.Y. (157)
  — CHERYL ANNE STACY, 2 up
- NANCY TAYLOR, Paradise Valley, Ariz. (154)
- M.-J. DELORENZI-TAYA, Barcelone, Spain (159)
  — NANCY TAYLOR, 2 up
    — NANCY TAYLOR, 19 holes
      — SALLY QUINLAN, 3 and 2
- CATHY CONHEADY, Rochester, N.Y. (150)
- KELLI ANTOLOCK, Port Angeles, Wash. (156)
  — CATHY CONHEADY, 3 and 2
- THERESA SCHRECK, Spokane, Wash. (153)
- GINA HULL, Jacksonville, Fla. (158)
  — THERESA SCHRECK, 7 and 6
    — THERESA SCHRECK, 5 and 4
- JESSICA SUPERNAW, Houston, Tex. (152)
- NANCY HARRIS, St. Paul, Minn. (158)
  — JESSICA SUPERNAW, 2 and 1
- CONNIE SHORB, York, Pa. (155)
- GAIL FLANAGAN, Rye, N.Y. (159)
  — CONNIE SHORB, 3 and 2
    — CONNIE SHORB, 1 up
      — THERESA SCHRECK, 6 and 5
        — SALLY QUINLAN, 6 and 5
- RITA MOORE, Roanoke, Tex. (150)
- CINDY SCHREYER, Peachtree City, Ga. (156)
  — RITA MOORE, 19 holes
- JODY ROSENTHAL, Golden Valley, Minn. (158)
- KIM GARDNER, Garches, France (153)
  — JODY ROSENTHAL, 4 and 3
    — JODY ROSENTHAL, 6 and 4
- KATHY KOSTAS, Palmdale, Calif. (152)
- CATHY TATUM, Atlanta, Ga. (157)
  — KATHY KOSTAS, 3 and 2
- TERRI LYN CARTER, Safford, Ariz. (155)
- MARY WILKINSON, Melrose, Mass. (159)
  — TERRI LYN CARTER, 2 and 1
    — KATHY KOSTAS, 3 and 2
      — KATHY KOSTAS, 4 and 3
        — SALLY QUINLAN, 3 and 2
- JENNY LIDBACK, Baton Rouge, La. (151)
- BARBARA MUCHA, Parma, Ohio (157)
  — JENNY LIDBACK, 1 up
- CAROLINE GOWAN, Greenville, S.C. (153)
- NANCY PORTER, Ardmore, Pa. (159)
  — CAROLINE GOWAN, 19 holes
    — JENNY LIDBACK, 3 and 1
- HEATHER FARR, Scottsdale, Ariz. (152)
- BEVERLY D. MOOSE, Gastonia, N.C. (158)
  — HEATHER FARR, 3 and 2
- MARTHA FOYER, Carmel, Ind. (159)
- REGINE LAUTENS, Geneva, Switzerland (155)
  — MARTHA FOYER, 2 up
    — HEATHER FARR, 19 holes
      — JENNY LIDBACK, 4 and 3
        — KATHY KOSTAS, 3 and 2

Qualifying scores (36 holes) in parentheses.

WOMEN AMATEURS
TOURNAMENT RESULTS
USGA WOMEN'S AMATEUR

Year	Winner, site
1895	Mrs. C.S. Brown Meadow Brook C.
1896	Beatrix Hoyt Morris County G.C.
1897	Beatrix Hoyt Essex County C.
1898	Beatrix Hoyt Ardsley C.
1899	Ruth Underhill Philadelphia C.C.
1900	Frances C. Griscom Shinnecock Hills G.C.
1901	Genevieve Hecker Baltusrol G.C.
1902	Genevieve Hecker The Country C.
1903	Bessie Anthony Chicago G.C.
1904	Georgianna M. Bishop Merion Cricket C.
1905	Pauline Mackay Morris County G.C.
1906	Harriot S. Curtis Brae Burn C.C.
1907	Margaret Curtis Midlothian C.C.
1908	Katherine C. Harley Chevy Chase C.
1909	Dorothy I. Campbell Merion Cricket C.
1910	Dorothy I. Campbell Homewood C.C.
1911	Margaret Curtis Baltusrol G.C.
1912	Margaret Curtis Essex County C.
1913	Gladys Ravenscroft Wilmington C.C.
1914	Katherine Jackson Nassau C.C.
1915	Florence Vanderbeck Onwentsia C.
1916	Alexa Stirling Belmont Springs C.C.
1917-18	No championships
1919	Alexa Stirling Shawnee C.C.
1920	Alexa Stirling Mayfield C.C.
1921	Marion Hollins Hollywood G.C.
1922	Glenna Collett Greenbrier G.C.
1923	Edith Cummings Westchester-Biltmore C.C.
1924	Dorothy Campbell/Hurd Rhode Island C.C.
1925	Glenna Collett St. Louis C.C.
1926	Helen Stetson Merion Cricket Club
1927	Miriam Burns Horn Cherry Valley C.
1928	Glenna Collett Va. Hot Springs G. & T.C.
1929	Glenna Collett Oakland Hills C.C.
1930	Glenna Collett Los Angeles C.C.
1931	Helen Hicks C.C. of Buffalo
1932	Virginia Van Wie Salem C.C.
1933	Virginia Van Wie Exmoor C.C.
1934	Virginia Van Wie Whitemarsh Valley C.C.
1935	Glenna Collett/Vare Interlachen C.C.
1936	Pamela Barton Canoe Brook C.C.
1937	Estelle Lawson Page Memphis C.C.
1938	Patty Berg Westmoreland C.C.
1939	Betty Jameson Wee Burn C.
1940	Betty Jameson Del Monte G. & C.C.
1941	Elizabeth Hicks Newell The Country Club
1942-45	No championships
1946	Babe Zaharias Southern Hills C.C.
1947	Louise Suggs Franklin Hills C.C.
1948	Grace S. Lenczyk Del Monte G. & C.C.
1949	Dorothy Porter Merion G.C.
1950	Beverly Hanson Atlanta A.C. (East Lake)
1951	Dorothy Kirby Town & C.C.
1952	Jacqueline Pung Waverly C.C.
1953	Mary Lena Faulk Rhode Island C.C.
1954	Barbara Romack Allegheny C.C.
1955	Patricia A. Lesser Myers Park C.C.
1956	Marlene Stewart Meridian Hills C.C.
1957	JoAnne Gunderson Del Paso C.C.
1958	Anne Quast Wee Burn C.C.

WOMEN AMATEURS

Year	Winner, site
1959	Barbara McIntire, Congressional C.C.
1960	JoAnne Gunderson, Tulsa C.C.
1961	Anne Quast Decker, Tacoma C. & G.C.
1962	JoAnne Gunderson, C.C. of Rochester
1963	Anne Quast Welts, Taconic G.C.
1964	Barbara McIntire, Prairie Dunes C.C.
1965	Jean Ashley, Lakewood C.C.
1966	JoAnne Carner, Sewickley Heights G.C.
1967	Mary Lou Dill, Annandale G.C.
1968	JoAnne Carner, Birmingham C.C.
1969	Catherine Lacoste, Las Colinas C.C.
1970	Martha Wilkinson, Wee Burn C.C.
1971	Laura Baugh, Atlanta C.C.
1972	Mary Budke, St. Louis C.C.
1973	Carol Semple, Montclair G.C.
1974	Cynthia Hill, Broadmoor G.C.
1975	Beth Daniel, Brae Burn C.C.
1976	Donna Horton, Del Paso C.C.
1977	Beth Daniel, Cincinnati C.C.
1978	Cathy Sherk, Sunnybrook G.C.
1979	Carolyn Hill, Memphis C.C.
1980	Juli Inkster, Prairie Dunes C.C.
1981	Juli Inkster, Waverley C.C.
1982	Juli Inkster, Broadmoor G.C.
1983	Joanne Pacillo, Canoe Brook C.C.

U.S. WOMEN'S AMATEUR SCORING RECORDS

Largest winning margin, final match
14 and 13, Anne Quast Decker over Phyllis Preuss, 1961 (all-time USGA record for winning margin in a final match).

Lowest 18-hole qualifying score (any play)
69, Barbara White Boddie, first round, 1969; Amy Benz, second round, 1982.

Lowest 36-hole qualifying score
143, Shelley Hamlin, 1966; Catherine Lacoste, 1968; Penny Hammell, 1982.

U.S. WOMEN'S AMATEUR NOTES OF INTEREST

Most victories
6, Glenna Collett Vare, 1922-25-28-29-30-35.

Consecutive winners
Beatrix Hoyt, 1896-97-98; Genevieve Hecker, 1901-02; Dorothy I. Campbell, 1909-10; Margaret Curtis, 1911-12; Alexa Stirling, 1916-19-20 (no championships held 1917-18); Glenna Collett Vare, 1928-29-30; Virginia Van Wie, 1932-33-34; Betty Jameson, 1939-40; Juli Simpson Inkster, 1980-81-82.

Foreign winners
Dorothy Campbell Hurd, North Berwick, Scotland, 1909-10-24; Gladys Ravenscroft, Cheshire, England, 1913; Pamela Barton, London, England, 1936; Marlene Stewart, Fonthill, Ontario, Canada, 1956; Catherine Lacoste, Chantaco, France, 1969; Cathy Sherk, Colborne, Ontario, Canada, 1978.

Most times runner-up
3, Mrs. W. A. Gavin, 1915-19-22; Alexa Stirling Fraser, 1921-23-25; Anne Quast Sander, 1965-68-73.

Most extra holes in single match
9, Mae Murray over Fay Crocker, 27th hole, fourth round, 1950; Denise Hermida over Carole Caldwell, 27th hole, first round, 1978.

Most times in final
8, Glenna Collett Vare, 1922-25-28-29-30-31-32-35.

Youngest champion
Laura Baugh, 16 years, 2 months, 21 days in 1971.

Oldest champion
Dorothy Campbell Hurd, 41 years, four months in 1924.

USGA WOMEN'S AMATEUR PUBLIC LINKS

INDIVIDUAL

Year	Winner, site
1977	Kelly Fuiks, Yahahara Hills G.C.
1976	Kelly Fuiks, Myrtlewood G.C.
1979	Lori Castillo, Braemar G.C.
1980	Lori Castillo, Center Sqaure G.C.
1981	Mary Enright, Emerald Valley G.C.
1982	Nancy Taylor, Alvamar G.C.
1983	Kelli Antolock, Ala Wai G.C.

TEAM

Year	Winner, site
1977	Phoenix, Ariz., Yahara Hills G.C.
1978	Miami, Fla., Myrtlewood G.C.
1979	Chicago, Ill., Braemar G.C.
1980	Chicago, Ill., Center Square G.C.
1981	Phoenix, Ariz., Emerald Valley G.C.
1982	Portland, Ore., Alvamar G.C.

WOMEN AMATEURS

1983   Chicago, Ill.
           Ala Wai G.C.

U.S. WOMEN'S AMATEUR PUBLIC LINKS CHAMPIONSHIP SCORING RECORDS

Largest winning margin
9 and 7, Lori Castillo over Ginger Fulton, 1980.
Lowest 18-hole qualifying score
70, Marci Bozarth, 1983
Lowest qualifying score at site
143, Penny Hammel, 1983
Lowest team score (three women, 36 holes)
459, Miami, Fla., 1978; Chicago, Ill., 1980.

U.S. WOMEN'S AMATEUR PUBLIC LINKS CHAMPIONSHIP NOTES OF INTEREST

Most victories
2, Kelly Fuiks, 1977-78; Lori Castillo, 1979-80.
Consecutive winners
Kelly Fuiks, 1977-78; Lori Castillo, 1979-80.
Youngest champion
Lori Castillo, 18 years old in 1979.
Longest course
Myrtlewood G.C. (Palmetto Course), Myrtle Beach, S.C., 6,211 yards, 1978.

BROADMOOR LADIES INVITATION

Site: Broadmoor G. Cse., Colorado Springs, Colo.

Year	Winner, home
1942	Mrs. Murray Gose, Colorado Springs, Colo.
1943	Mrs. Murray Gose, Colorado Springs, Colo.
1944	Betty Jean Rucker, Spokane, Wash.
1945	Babe Zaharias, Denver, Colo.
1946	Babe Zaharias, Denver, Colo.
1947	Babe Zaharias, Denver, Colo.
1948	Mary Sargent, Carmel, Calif.
1949	Patty Blanton, Enid, Okla.
1950	Betsy Rawls, Austin, Tex.
1951	Mrs. Russell Mann, Omaha, Neb.
1952	Bee McWane, Birmingham, Ala.
1953	Lesbia Lobo, San Antonio, Tex.
1954	—No Tournament
1955	Jean Ashley, Chanute, Kan.
1956	Patty Blanton, Enid, Okla.
1957	Judy Bell, Wichita, Kan.
1958	Judy Bell, Wichita, Kan.
1959	Natasha Matson, Wichita, Kan.
1960	Judy Bell, Wichita, Kan.
1961	Natasha Matson Fife, Wichita, Kan.
1962	Barbara McIntire, Colorado Springs, Colo.
1963	Natasha Matson Fife, Wichita, Kan.
1964	Barbara Fay White, Shreveport, La.
1965	Barbara McIntire, Colorado Springs, Colo.
1966	Dorothy Germain, Blytheville, Ark.
1967	Carmen Piasecki, South Bend, Ind.
1968	Jane Bastanchury, Whittier, Calif.
1969	Jane Bastanchury, Whittier, Calif.
1970	Jane Bastanchury, Whittier, Calif.
1971	Phyllis Preuss, Pompano Beach, Fla.
1972	Nancy Roth Syms, Colorado Springs, Colo.
1973	Cynthia Hill, Colorado Springs, Colo.
1974	Judith Oliver, Pittsburgh, Penn.
1975	Nancy Roth Syms, Colorado Springs, Colo.
1976	Debbie Massey, Bethlehem, Penn.
1977	Cynthia Hill, Colorado Springs, Colo.
1978	Phyllis Preuss, Colorado Springs, Colo.
1979	Mari McDougall, Midlothian, Illinois
1980	M.B. Zimmerman, Hillboro, Illinois
1981	Chris Monaghan, Albuquerque, N.M.
1982	Dana Howe, Colorado Springs, Colo.
1983	Jody Rosenthal, Edina, Minn.

DOHERTY CHALLENGE CUP CHAMPIONS

Year	Winner, home
1933	Opal S. Hill, Kansas City, Mo.
1934	Maureen Orcutt, Englewood, N.J.
1935	Jean Bauer, Metacomet, R.I.
1936	Patty Berg, Minneapolis, Minn.

WOMEN AMATEURS

Year	Winner, site
1937	Patty Berg Minneapolis, Minn.
1938	Patty Berg Minneapolis, Minn.
1939	Patty Berg Minneapolis, Minn.
1940	Patty Berg Minneapolis, Minn.
1941	Elizabeth Hicks Virginia, Cal.
1942	Georgia Tainter Fargo, N.D.
1943	Billie Harting Miami, Fla.
1944	Marjorie Row Windsor, Ont., Can.
1945	Louise Suggs Carrollton, Ga.
1946	Louise Suggs Carrollton, Ga.
1947	Mildred (Babe) Zaharias Dallas, Tex.
1948	Louise Suggs Carrollton, Ga.
1949	Dorothy Kirby Capital City, Ga.
1950	Polly Riley River Crest, Tex.
1951	Claire Doran Westwood, Ohio
1952	Mary Lena Falk Glen Arven, Ga.
1953	Mary Lena Falk Glen Arven, Ga.
1954	Grace DeMoss Smith Corvallis, Ore.
1955	Patricia Ann Lesser Seattle, Wash.
1956	Joanne Goodwin Haverhill, Mass.
1957	Anne Quast Maryville, Wash.
1958	Mary Ann Downey Baltimore, Md.
1959	Marlene Stewart Streit Canada
1960	Marlene Stewart Streit Canada
1961	Marlene Stewart Streit Canada
1962	Phyllis Preuss Pompano Beach, Fla.
1963	Nancy Roth Elkhart, Ind.
1964	Nancy Roth Elkhart, Ind.
1965	Marlene Stewart Streit Canada
1966	Nancy Roth Syms Hollywood, Fla.
1967	Alice Dye Indianapolis, Ind.
1968	JoAnne Gunderson Carner Palm Beach Gardens, Fla.
1969	Barbara McIntire Colorado Springs, Col.
1970	Martha Wilkinson Anaheim, Calif.
1971	Phyllis Preuss Pompano Beach, Fla.
1972	Joan Bastanchury Booth Palm Beach Gardens, Fla.
1973	Joan Bastanchury Booth Palm Beach Gardens, Fla.
1974	Debbie Massey Bethlehem, Pa.
1975	Cynthia Hill Colorado Springs, Colo.
1976	Phyllis Preuss Colorado Springs, Colo.
1977	Lancy Smith Williamsville, N.Y.
1978	Carolyn Hill Placentia, Calif.
1979	Lancy Smith Snyder, N.Y.
1980	Nancy Rubin New Kensington, Pa.
1981	Leslie Shannon Hialeah, Fla.
1982	Laurie Rinker Stuart, Fla.
1983	Gina Hull Jacksonville, Fla.

EASTERN AMATEUR

Year	Winner, site
1906	Fanny Osgood Nassau C.C.
1907	M.B. Adams Atlantic City C.C.
1908	Fanny Osgood Oakley C.C.
1909	M.B. Adams Baltusrol G.C.
1910	# Huntingdon Valley
1911	Mrs. R.H. Barlow Brae Burn C.C.
1912	Mrs. R.H. Barlow Philadelphia Cricket C.
1913	Mrs. R.H. Barlow Brae Burn C.C.
1914	Mrs. H.A. Jackson Greenwich C.C.
1915	Mrs. Vanderbeck Merion Cricket C.C.
1916	Mrs. Gavin Essex C.C.
1917-18	—No tournament
1919	Mrs. R.H. Barlow Apawamis C.C.
1920	Mrs. R.H. Barlow Philadelphia Cricket C.C.

193

WOMEN AMATEURS

Year	Winner / Club
1921	Mrs. R.H. Barlow — The Country Club
1922	Glenna Collett — West. Biltmore C.
1923	Glenna Collett — Whitemarsh C.C.
1924	Glenna Collett — Brae Burn C.C.
1925	Maureen Orcutt — Greenwich C.C.
1926	Mrs. G. Henry Stetson — Philmont C.C.
1927	Glenna Collett — Belmont Springs
1928	Maureen Orcutt — Montclair G.C.
1929	Maureen Orcutt — Aronimink C.C.
1930	Frances Williams — The Country Club
1931	Helen Hicks — Engineers C.
1932	Glenna C. Vare, Jr. — Merion Cricket C.
1933	Charlotte Glutting — Brae Burn C.C.
1934	Maureen Orcutt — Wee Burn C.C.
1935	Glenna C. Vare, Jr. — Huntingdon Valley
1936	Edith Quier — Winchester C.C.
1937	Charlotte Glutting — Plainfield C.C.
1938	Maureen Orcutt — Philadelphia C.C.
1939	Mrs. Warren Beard — Charles River C.C.
1940	Grace Amory — Baltimore C.C.
1941	Marion McNaughton — Westchester C.C.
1942-45	No tournament
1946	Laddy Irwin — Aronimink C.C.
1947	Maureen Orcutt — Brae Burn C.C.
1948	Pat O'Sullivan — Montclair G.C.
1949	Maureen Orcutt — Philmont C.C.
1950	Peggy Kirk — Belmont C.C.
1951	Pat O'Sullivan — Montclair G.C.
1952	Helen Siegel — Philadelphia C.C.
1953	Mary Ann Downey — Congressional C.C.
1954	Mae Murray Jones — Wethersfield C.C.
1955	Mary Ann Downey — Farmington C.C.
1956	Mrs. Norman Woolworth — Nassau C.C.
1957	Joanne Goodwin — Agawam Hunt C.
1958	Mary P. Janssen — Allegheny C.C.
1959	Mrs. Edward McAuliffe — Baltimore C.C.
1960	Carolyn Cudone — Tedesco C.C.
1961	Marjorie Burns — Century C.C.
1962	Mrs. Charles Wilson — Merion G.C.
1963	Phyllis Preuss — Pleasant Valley C.C.
1964	Nancy Roth — Wee Burn C.C.
1965	Nancy Roth — Hollywood C.C.
1966	Nancy Roth Syms — Philmont C.C.
1967	Phyllis Preuss — Allegheny C.C.
1968	JoAnne Carner — Rhode Island C.C.
1969	Dorothy Porter — Gulph Mills C.C.
1970	Delancy Smith — Round Hill C.C.
1971	Delancy Smith — Wellesley C.C.
1972	Alice Dye — C.C. of North Carolina
1973	Delancy Smith — Fox Chapel G.C.
1974	Delancy Smith — C.C. of South Carolina
1975	Debbie Massey — Atlantic City C.C.
1976	Judy Oliver — Monroe G.C.
1977	Noreen Uihlein — Mid Pines C.
1978	Julie Greene — Hill & Dale C.C.
1979	Kathy Baker — Ridgewood C.C.
1980	Patti Rizzo — Savannah G.C.
1981	Mary Hafeman — Mid Pines C.C.
1982	Kathy Baker — Sewickley G.C.
1983	Mary Ann Widman — Seabrook Island C.

#Not recorded.

HARDER HALL CHAMPIONSHIP

Site: Harder Hall Golf Resort, Sebring, Fla.

Year	Winner	Home
1956	Evelyn Glick	#

WOMEN AMATEURS

Year	Winner	Home
1957	Evelyn Glick	#
1958	Marge Burns	Greensboro, S.C.
1959	#	#
1960	Marge Burns	Greensboro, S.C.
1961	Marge Burns	Greensboro, S.C.
1962	Ellen Gery	#
1963	Tish Preuss	Pompano Beach, Fla.
1964	Barbara White	Shreveport, La.
1965	Marge Burns	Greensboro, S.C.
1966	Tish Preuss	Pompano Beach, Fla.
1967	Tish Preuss	Pompano Beach, Fla.
1968	JoAnne Carner	Seekonk, Mass.
1969	Tish Preuss	Pompano Beach, Fla.
1970	Martha Wilkinson	Anaheim, Calif.
1971	Tish Preuss	Pompano Beach, Fla.
1972	Jane Booth	Palm Beach Gardens, Fla.
1973	Jane Booth	Palm Beach Gardens, Fla.
1974	Debbie Massey	Bethlehem, Pa.
1975	Nancy Hager	Dallas, Tex.
1976	Judith Oliver	Pittsburgh, Pa.
1977	Debbie Raso	Cape Coral, Fla.
1978	Mary Murphy	Naples, Fla.
1979	Debbie Raso	Tampa, Fla.
1980	Lancy Smith	Snyder, N.Y.
1981	Patti Rizzo	Hialeah, Fla.
1982	Lancy Smith	Snyder, N.Y.
1983	Lancy Smith	Snyder, N.Y.

#Not recorded.

PACIFIC NORTHWEST LADIES' AMATEUR

Year	Winner	Home
1899	Mrs. Melbourne Bailey	Tacoma, Wash.
1900	Mrs. W. B. Ayer	Portland, Ore.
1901	#Miss Drake	Victoria, B.C., Canada
1902	Anna Griggs	Tacoma, Wash.
1903	F. D. Warner	Portland, Ore.
1904	#Mrs. Burton	Victoria, B.C., Canada
1905	V. Pooley	Victoria, B.C., Canada
1906	#Miss Garret	Seattle, Wash.
1907	#Mrs. Anderson	Spokane, Wash.
1908	Mrs. Walter Langley	Victoria, B.C., Canada
1909	V. Pooley	Victoria, B.C., Canada
1910	N. Combe	Victoria, B.C., Canada
1911	N. Combe	Victoria, B.C., Canada
1912	Mrs. W. H. Ricardo	Victoria, B.C., Canada
1913	Mrs. E. A. Earle	Butte, Mont.
1914	V. Pooley	Victoria, B.C., Canada
1915	Mrs. T. B. Curran	Tacoma, Wash.
1916	Agnes Ford	Seattle, Wash.
1917	Agnes Ford	Seattle, Wash.
1918	Mrs. Robert Gelletly	Vancouver, B.C., Canada
1919	Mrs. E. Curran	Tacoma, Wash.
1920	Mrs. S. C. Sweeny	Vancouver, B.C., Canada
1921	P. N. Titmarsh	Seattle, Wash.
1922	Mrs. V. S. Hutchings	Winnipeg, Mntb., Canada
1923	Mrs. S. C. Sweeny	Vancouver, B.C., Canada
1924	Mrs. H. O. Young	Seattle, Wash.
1925	Mrs. V. S. Hutchings	Winnipeg, Mntb., Canada
1926	Mrs. Guy Riegel	Spokane, Wash.
1927	Mrs. S. C. Sweeny	Vancouver, Wash.
1928	Mrs. S. C. Sweeny	Vancouver, Wash.
1929	Mrs. V. S. Hutchings	Vancouver, B.C., Canada
1930	Mrs. V. S. Hutchings	Vancouver, B.C., Canada
1931	Mrs. Brent Potter	San Jose, Calif.
1932	Mrs. V. S. Hutchings	Vancouver, B.C., Canada
1933	Mrs. V. S. Hutchings	Vancouver, B.C., Canada
1934	M. McDougall	Portland, Ore.
1935	B. B. Thompson	San Mateo, Calif.
1936	M. McDougall	Portland, Ore.
1937	M. McDougall	Portland, Ore.
1938	M. McDougall	Portland, Ore.
1939	M. McDougall	Portland, Ore.
1940	M. M. Wagner	Portland, Ore.
1941	B. Jameson	San Antonio, Tex.
1942-44	No Tournament	
1945	B. J. Rucker	Spokane, Wash.
1946	B. J. Rucker	Spokane, Wash.
1947	Mrs. B. F. Bowman	Seattle, Wash.
1948	Mrs. M. Herron	Portland, Ore.
1949	Edean Anderson	Helena, Mont.
1950	Drace DeMoss	Corvallis, Ore.
1951	Edean Anderson	Helena, Mont.
1952	Pat Lesser	Seattle, Wash.
1953	Pat Lesser	Seattle, Wash.
1954	Ruth Jessen	Seattle, Wash.
1955	Ruth Jessen	Seattle, Wash.
1956	JoAnne Gunderson	Seattle, Wash.
1957	Carole-Jo Kabler	Sutherlin, Ore.
1958	JoAnne Gunderson	Seattle, Wash.
1959	Shirley Englehorn	Caldwell, Idaho
1960	Judy Hoetmer	Seattle, Wash.
1961	Marianne Gable	Arcadia, Calif.
1962	Edean Ihlanfeldt	Seattle, Wash.
1963	Edean Ihlanfeldt	Seattle, Wash.
1964	Edean Ihlanfeldt	Seattle, Wash.
1965	Pat Harbottle	Tacoma, Wash.
1966	Judy Hoetmer	Seattle, Wash.
1967	Sue Jennett	Renton, Wash.
1968	Cathy Gaughan	Eugene, Ore.
1969	Shelley Hamlin	Fresno, Calif.
1970	Jo Ann Washam	Auburn, Wash.
1971	Jo Ann Washam	Auburn, Wash.
1972	Peggy Conley	Spokane, Wash.
1973	Marilyn Palmer	Vancouver, B.C., Canada
1974	Terri Thoreson	Snoqualmie, Wash.
1975	Flo McFall	Vancouver, B.C., Canada
1976	Mary Budke	McMinnville, Ore.
1977	Robin Walton	Lewiston, Idaho
1978	Liz Culver	Seattle, Wash.
1979	Nancy Peck	Eugene, Ore.
1980	Lynn Cooke	Vancouver, B.C., Canada
1981	Kelli Antolock	Port Angeles, Wash.
1982	Mary DeLong	Hayden Lake, Idaho
1983	Mimi Racicot	Bellevue, Wash.

First names not recorded.

TRANS-NATIONAL AMATEUR

Year	Winner, site
1927	Mrs. M. Burns Horn
	Blue Hills C.C.
1928	Opal Hill
	Minikahda C.C.
1929	Opal Hill
	Denver C.C.
1930	Mrs. Hulbert Clarke
	Tulsa C.C.

WOMEN AMATEURS

Year	Winner, home
1931	Opal Hill, St. Louis C.C.
1932	Mrs. J.W. Beyer, Hot Springs C.C.
1933	Phyllis Buchanan, Denver, Colo.
1934	Opal Hill, Blue Hills C.C.
1935	Marion Miley, Omaha Field Club
1936	Marion Miley, Denver C.C.
1937	Betty Jameson, San Antonio C.C.
1938	Patty Berg, Oakhurst C.C.
1939	Patty Berg, The Country Club
1940	Betty Jameson, Glen Echo C.C.
1941	Mrs. R.C. Mann, River Oaks C.C.
1942-45	No Tournaments
1946	Babe Zaharias, Denver C.C.
1947	Polly Riley, Metairie C.C.
1948	Polly Riley, Peninsula G. & C.C.
1949	Betsy Rawls, C.C. of Lincoln
1950	Marjorie Lindsay, Lakewood C.C.
1951	Mary A. Downey, Quincy C.C.
1952	Carol Bowman, Arizona C.C.
1953	Edean Anderson, Arizona C.C.
1954	Vonnie Colby, Glen Arven C.C.
1955	Polly Riley, Twin Hills C.C.
1956	Wiffi Smith, Monterey Peninsula C.C.
1957	Mrs. James Ferrie, Desert Inn C.C.
1958	Marjorie Lindsay, Hickory Hills C.C.
1959	Ann C. Johnstone, C.C. of Hot Springs
1960	Sandra Haynie, Kenwood C.C.
1961	JoAnne Gunderson, Eugene C.C.
1962	Jeannie Thompson, Wichita G.C.
1963	Judy Bell, Pinehurst C.C.
1964	Carol Sorenson, Arizona C.C.
1965	Sharon Miller, Dubuque G. & C.C.
1966	Roberta Albers, Hardscrabble C.C.
1967	Jane Bastanchury, Rochester G. & C.C.
1968	Carol Jo Skala, Battle Creek C.C.
1969	Jane Bastanchury, Midland C.C.
1970	Martha Wilkinson, Manor C.C.
1971	Jane Bastanchury, San Diego C.C.
1972	Michelle Walker, Omaha C.C.
1973	Liana Zambresky, Mt. Snow C.C.
1974	Barbara Barrow, Eugene C.C.
1975	Beverley Davis, Oaks C.C.
1976	Nancy Lopez, Mission Viejo C.C.
1977	Catherine Reynolds, Mid Pines Club
1978	Nancy Roth Syms, Wolferts Roose C.C.
1979	Brenda Goldsmith, Diamond Head Yacht & C.C.
1980	Patti Rizzo, C.C. of Lincoln
1981	Amy Benz, The Ranch C.C.
1982	Cindy Figg, Fairway Oaks G. & Racquet C.
1983	Sherri Steinhauer, Mid Pines C.

WOMEN'S SOUTHERN

Year	Winner, home
1911	Mrs. Roger Smith, Nashville, Tenn.
1912	Mrs. Frank G. Jones, Memphis, Tenn.
1913	Mrs. E.W. Daley, Nashville, Tenn.
1914	Mrs. Frank Jones, Memphis, Tenn.
1915	Alexa Stirling, Atlanta, Ga.
1916	Alexa Stirling, Atlanta, Ga.
1917	Mrs. K.G. Duffield, Memphis, Ga.
1918	No tournament
1919	Alexa Stirling, Atlanta, Ga.
1920	Mrs. Dave Gaut, Memphis, Tenn.
1921	Mrs. Dave Gaut, Memphis, Tenn.
1922	Helen D. Lowndes, Atlanta, Ga.

WOMEN AMATEURS

Year	Winner, site
1923	Mrs. Dave Gaut Memphis, Tenn.
1924	Helen D. Lowndes Atlanta, Ga.
1925	Mrs. John Armstrong Jackson, Miss.
1926	Marion Turpie New Orleans, La.
1927	Ruth Reymond Baton Rouge, La.
1928	Marion Turpie New Orleans, La.
1929	Margaret Maddux Atlanta, Ga.
1930	Mrs. Dave Gaut Memphis, Tenn.
1931	Marion Turpie Lake New Orleans, La.
1932	Mrs. Ben FitzHugh Vicksburg, Miss.
1933	Aniela Gorczyca Forth Worth, Tex.
1934	Betty Jameson San Antonio, Tex.
1935	Mary Rogers Jacksonville, Fla.
1936	Mrs. Mark McGarry St. Petersburg, Fla.
1937	Dorothy Kirby Atlanta, Ga.
1938	Marion Miley Lexington, Ky.
1939	Marion Miley Lexington, Ky.
1940	Mrs. Frank Goldthwaite Forth Worth, Tex.
1941	Louise Suggs Atlanta, Ga.
1942-45	No tournament
1946	Estelle L. Page Chapel Hill, N.C.
1947	Louise Suggs Atlanta, Ga.
1948	Polly Riley Fort Worth, Tex.
1949	Margaret Gunther Memphis, Tenn.
1950	Polly Riley Fort Worth, Tex.
1951	Polly Riley Fort Worth, Tex.
1952	Katherine McKinnon Lake Worth, Fla.
1953	Polly Riley Fort Worth, Tex.
1954	Polly Riley Fort Worth, Tex.
1955	Betty Probasco Lookout Mountain, Tenn.
1956	Mary Ann Downey Baltimore, Md.
1957	Clifford Ann Creed Opelousas, La.
1958	Mary Anny Reynolds Albany, Ga.
1959	Judy Eller Old Hickory, Tenn.
1960	Judy Eller Old Hickory, Tenn.
1961	Polly Riley Fort Worth, Tex.
1962	Clifford Ann Creed Alexandria, La.
1963	Mrs. Paul Hendrix Shreveport, La.
1964	Nancy Roth Hollywood, Fla.
1965	Tish Preuss Pompano Beach, Fla.
1966	Nancy Roth Syms Hollywood, Fla.
1967	Mrs. Teddie Boddie Shreveport, La.
1968	Phyllis Preuss Pompano Beach, Fla.
1969	Mrs. John Rathmell Houston, Tex.
1970	Kathy Hite Florence, S.C.
1971	Beth Barry Mobile, Ala.
1972	Beth Barry Mobile, Ala.
1973	Beth Barry Mobile, Ala.
1974	Martha Jones Decatur, Ala.
1975	Beth Barry Mobile, Ala.
1976	Brenda Goldsmith San Antonio, Texas
1977	Ceil Maclaurin Savannah, Ga.
1978	Mrs. Sam Furrow Knoxville, Tenn.
1979	Brenda Goldsmith San Antonio, Texas
1980	Martha Jones Houston, Texas
1981	Toni Weisner Fort Worth, Texas
1982	Beth Barry Mobile, Ala.
1983	Lynda Brown N. Fort Myers, Fla.

WOMEN'S WESTERN AMATEUR

Year	Winner, site
1901	Bessie Anthony Onwentsia C.
1902	Bessie Anthony Onwentsia C.
1903	Bessie Anthony Exmoor C.C.

WOMEN AMATEURS

Year	Winner / Club	Year	Winner / Club
1904	Frances Everett, Glen View C.	1935	Marion Miley, Westwood C.C.
*1905	Mrs. C.L. Dering, Homewood C.C.	1936	Dorothy Traung, South Bend C.C.
1906	Mrs. C.L. Dering, Exmoor C.C.	1937	Marion Miley, Town & Country C.
1907	Lillian French, Midlothian C.C.	1938	Patty Berg, Olympia Fields C.C.
1908	Mrs. W.F. Anderson, St. Louis C.C.	1939	Edith Estabrooks, Oaklind Hills C.C.
*1909	Vida Llewellyn, Homewood C.C.	1940	Betty Jameson, Seattle G.C.
1910	Mrs. Thurston Harris, Skokie C.C.	1941	Mrs. Russell Mann, Exmoor C.C.
1911	Caroline Painter, Midlothian C.C.	1942	Betty Jameson, Sunset Ridge C.C.
1912	Caroline Painter, Hinsdale G.C.	1943	Dorothy Germain, Evanston G.C.
1913	Myra B. Helmer, Memphis C.C.	1944	Dorothy Germain, Onwentsia Club
1914	Mrs. H.D. Hammond, Hinsdale C.C.*	1945	Phyllis Otto, Knollwood C.
1915	Elaine V. Rosenthal, Midlothian C.C.	1946	Louise Suggs, The Country Club
1916	Mrs. F.C. Letts, Jr., Kent C.C.	1947	Louise Suggs, Evanston G.C.
1917	Mrs. F.C. Letts, Jr., Flossmoor C.C.	1948	Dot Kielty, Olympic Club
1918	Elaine V. Rosenthal, Indian Hill C.	1949	Helen Sigel, Westmoreland C.C.
1919	Mrs. Perry W. Fiske, Detroit G.C.	1950	Polly Riley, Exmoor C.C.
1920	Mrs. F.C. Letts, Jr., Oak Park C.C.	1951	Marjorie Lindsay, Plum Hollow G.C.
1921	Mrs. Melvin Jones, Westmoreland C.C.	1952	Polly Riley, Los Angeles C.C.
1922	Mrs. David Gaut, Glen Echo C.C.	1953	Claire Doran, The Camargo Club
1923	Miriam Burns, Exmoor C.C.	1954	Claire Doran, Broadmoor C.C.
1924	Edith Cummings, Onwentsia C.	1955	Pat Lesser, Olympia Fields C.C.
1925	Mrs. S.L. Reinhardt, White Bear Y.C.	1956	Anne Quast, Guyan G. & C.C.
1926	Dorothy Page, Olympia Fields C.C.	1957	Meriam Bailey, Omaha C.C.
1927	Mrs. Harry Pressler, Lake Geneva C.C.	1958	Barbara McIntire, Oak Park C.C.
1928	Mrs. Harry Pressler, Indian Hill C.	1959	JoAnne Gunderson, Exmoor C.C.
1929	Opal Hill, Mayfield C.C.	1960	Ann Casey Johnstone, Mission Hills C.C.
1930	Mrs. G.W. Tyson, Hillcrest C.C.	1961	Anne Quast Decker, Annandale G.C.
1931	Opal Hill, Exmoor C.C.	1962	Carol Sorenson, South Bend C.C.
1932	Opal Hill, C.C. of Peoria	1963	Barbara McIntire, Broadmoor C.C.
1933	Lucille Robinson, Oak Park C.C.	1964	Barbara Fay White, Oak Park C.C.
1934	Mrs. L.D. Cheney, Los Angeles C.C.	1965	Barbara Fay White, Wayzata C.C.
		1966	Peggy Conley

WOMEN AMATEURS

Year	Winner	Club
		Barrington Hills C.C.
1967	Dorothy Porter	
		Bellefonte C.C.
1968	Catherine Lacoste	
		Broadmoor G.C.
1969	Jane Bastanchury	
		Oak Park C.C.
1970	Jane Bastanchury	
		Rockford C.C.
1971	Beth Barry	
		Flossmoor C.C.
1972	Debbie Massey	
		Blue Hills C.C.
1973	Mrs. Gordon Falk	
		Maple Bluff C.C.
1974	Lancy Smith	
		C.C. of Indianapolis
1975	Debbie Massey	
		Tanglewood G.C.
1976	Nancy Lopez	
		C.C. of Colorado
1977	Lauren Howe	
		Flossmoor C.C.
1978	Beth Daniel	
		Fox Chapel G.C.
1979	Mary Hafeman	
		Maple Bluff C.C.
1980	Kathy Baker	
		Shaker Heights C.C.
1981	Any Benz	
		Moss Creek-Devils Elbow S.
1982	Lisa Stanley	
		Waterwood Ntl. G.C.
1983	Tammy Welborn	
		Industry Hills G.C.

*Club named changed to Flossmoor C.C. in 1914.

WOMEN'S NORTH AND SOUTH

Site: Pinehurst (N.C.) C.C.

Year	Winner
1950	Pat O'Sullivan
1951	Pat O'Sullivan
1952	Barbara Romack
1953	Pat O'Sullivan
1954	Joyce Ziske
1955	Wiffi Smith
1956	Marlene Stewart
1957	Barbara McIntire
1958	Carolyn Cudone
1959	Ann Casey Johnstone
1960	Barbara McIntire
1961	Barbara McIntire
1962	Clifford Ann Creed
1963	Nancy Roth
1964	Phyllis Preuss
1965	Barbara McIntire
1966	Nancy Roth Syms
1967	Phyllis Preuss
1968	Alice Dye
1969	Barbara McIntire
1970	Hollis Stacy
1971	Barbara McIntire
1972	Jane Booth
1973	Beth Barry
1974	Marlene Streit
1975	Cynthia Hill
1976	Carol Semple
1977	Marcia Dolan
1978	Cathy Sherk
1979	Julie Gumlia
1980	Charlotte Montgomery
1981	Patti Rizzo
1982	Anne Sander
1983	Anne Sander

WOMEN'S SOUTH ATLANTIC

Site: Oceanside C.C., Ormond Beach, Fla.

Year	Winner
1926	Dot Klotz
1927	Mrs. Austin Pardue
1928	Virginia Van Wie
1929	Virginia Van Wie
1930	Virginia Van Wie
1931	Martha Parker
1932	Frances Williams
1933	Frances Williams
1934	Virginia Van Wie
1935	Marion Miley
1936	Lucille Robinson
1937	Katherine Hemphill
1938	Patty Berg
1939	Patty Berg
1940	Betty Hicks
1941	Jane Cothram
1942	Geogia Tainter
1943-1946	No tournaments
1947	Babe Zaharias
1948	Carol Diringer
1949	Marjorie Lindsay
1950	Mary Agnes Wall
1951	Polly Riley
1952	Barbara Romack
1953	Barbara Romack
1954	Pat Lesser
1955	Pat Lesser
1956	Ann Quast
1957	Barbara Romack
1958	Judy Bell
1959	Mrs. Maurice Glick
1960	Barbara McIntire
1961	Doris Phillips
1962	Clifford Ann Creed
1963	Tish Preuss
1964	Barbara Fay White
1965	Tish Preuss
1966	Tish Preuss
1967	Tish Preuss
1968	Sandra Post
1969	Tish Preuss
1970	Lancy Smith
1971	Lancy Smith
1972	Nancy Hager
1973	Lancy Smith

WOMEN AMATEURS

1974	Debbie Massey
1975	Cynthia Hill
1976	Pat Myers
1977	Cynthia Hill
1978	Debbie Raso
1979	Lancy Smith
1980	Sherrie Ann Keblish
1981	Patti Rizzo
1982	Lisa Stanley
1983	Claire Hourihane
1984	Claire Waite

PAST WOMEN'S AMATEUR RANKINGS

1955
1. Pat Lesser
2. Wiffi Smith
3. Jackie Yates
4. Polly Riley
5. Barbara Romack
6. Betty Probasco
7. Jane Nelson
8. Marlene Stewart
9. Mary Ann Downey
10. Anne Quast

1956
1. Marlene Stewart
2. JoAnne Gunderson
3. Wiffi Smith
4. Anne Quast
5. Wanda Sanches
6. Barbara McIntire
7. Pat Lesser
8. Clifford Ann Creed
9. Ann C. Johnstone
10. Mary J. Janssen

1957
1. JoAnne Gunderson
2. Ann C. Johnstone
3. Barbara McIntire
4. Anne Richardson
5. Mary Ann Downey
6. Clifford Ann Creed
7. Anne Quast
8. Meriam Bailey
9. Marge Ferrie
10. Carole Jo Kabler

1958
1. Anne Quast
2. Barbara McIntire
3. Barbara Romack
4. JoAnne Gunderson
5. Carolyn Cudone
6. Meriam Bailey
7. Mary Ann Downey
8. Mary A. Reynolds
9. Polly Riley
10. Marge Lindsay

1959
1. Barbara McIntire
2. Ann C. Johnstone
3. Joanne Goodwin
4. JoAnne Gunderson
5. Anne Quast
6. Marlene Streit
7. Judy Eller
8. Marge Burns
9. Sherry Wheeler
10. Judy Bell

1960
1. JoAnne Gunderson
2. Barbara McIntire
3. Ann C. Johnstone
4. Judy Eller
5. Anne Quast
6. Marlene Streit
7. Sandra Haynie
8. Jean Ashley
9. Barbara Fitton
10. Judy Bell

1961
1. Anne Quast Decker
2. Barbara McIntire
3. Phyllis Preuss
4. Judy Bell
5. Barbara Williams
6. JoAnne Gunderson
7. Judy Eller
8. Ruth Miller
9. Polly Riley
10. Marlene Streit

1962
1. JoAnne Gunderson
2. Clifford Ann Creed
3. Phyllis Preuss
4. Ann C. Johnstone
5. Carol Sorenson
6. Sandra Spuzich
7. Marge Burns
8. Maureen Crum
9. Jeannie Thompson
10. Ann Baker

1963
1. Anne Quast Welts
2. Nancy Roth
3. JoAnne Gunderson
4. Peggy Conley
5. Janis Ferraris
6. Carol Sorenson
7. Phyllis Preuss
8. Judy Bell
9. Barbara McIntire
10. Natasha Fife

1964
1. Barbara McIntire
2. Carol Sorenson
3. Barbara Boddie
4. Nancy Roth
5. Phyllis Preuss
6. JoAnne Gunderson
7. Patti Shook
8. Peggy Conley
9. Judy Bell
10. Alice Dye

1965
1. Nancy Roth Syms
2. Marlene Streit
3. Jean Ashley
4. Phyllis Preuss
5. Barbara McIntire
6. Barbara Fay White
7. Anne Quast Welts
8. Doris Phillips
9. Roberta Albers
10. Carolyn Cudone

1966
1. JoAnne Carner
2. Nancy Roth
3. Shelley Hamlin
4. Roberta Albers
5. Peggy Conley
6. Marlene Streit
7. Barbara Boddie
8. Phyllis Preuss
9. Joyce Kazmierski
10. Dorothy Germain

1967
1. Mary Lou Dill
2. Phyllis Preuss
3. Jane Bastanchury
4. Martha Wilkinson
5. Dorothy Porter
6. Jean Ashley
7. Alice Dye
8. Maureen Crum
9. Roberta Albers
10. Barbara Boddie

1968
1. JoAnne Carner
2. Catherine LaCoste
3. Alice Dye
4. Jane Bastanchury
5. Phyllis Preuss
6. Martha Wilkinson
7. Anne Quast Welts
8. Carole Jo Skala
9. Gail Sykes
10. Connie Day

1969
1. Catherine LaCoste
2. Jane Bastanchury
3. JoAnne Carner
4. Barbara McIntire
5. Phyllis Preuss
6. Shelly Hamlin
7. Martha Wilkinson
8. Mrs. John Rathmell
9. Dorothy Porter
10. Carole Jo Skala

1970
1. Martha Wilkinson
2. Jane Bastanchury
3. Cynthia Hill
4. Lancy Smith
5. Hollis Stacy
6. Kathy Gaughan
7. Kathy Hite
8. Shelley Hamlin
9. Alice Dye
10. Nancy Hager

1971
1. Laura Baugh
2. Beth Barry
3. Phyllis Preuss
4. Lancy Smith
5. Barbara McIntire
6. Jane Booth
7. Martha Wilkinson
8. Hollis Stacy
9. Nancy Roth Syms
10. Shelley Hamlin

1972
1. Jane Booth
2. Mary Budke
3. Mickey Walker
4. Debbie Massey
5. Beth Barry
6. Nancy Hager
7. Alice Dye
8. Nancy Roth Syms
9. Cynthia Hill
10. Lancy Smith

WOMEN AMATEURS

1973
1. Carol Semple
2. Jane Booth
3. Beth Barry
4. Liana Zambresky
5. Anne Sander
6. Cynthia Hill
7. Lancy Smith
8. Bonnie Lauer
9. Debbie Massey
10. Kathy Falk

1974
1. Debbie Massey
2. Cynthia Hill
3. Lancy Smith
4. Carol Semple
5. Marlene Streit
6. Barbara Barrow
7. Mary Budke
8. Martha Jones
9. Jane Booth
10. Beth Barry

1979
1. Carolyn Hill
2. Lancy Smith
3. Brenda Goldsmith
4. Mary Hafeman
5. Julie Gumlia
6. Patty Sheehan
7. Mari McDougall
8. Lori Castillo
9. Debbie Raso
10. Kathy Baker

1980
1. Patti Rizzo
2. Juli Inkster
3. Carol Semple
4. Lori Castillo
5. Kathy Baker
6. Lancy Smith
7. Pam Miller
8. Mari McDougall
9. Patty Sheehan
10. Mary B. Zimmerman

1975
1. Debbie Massey
2. Beth Daniel
3. Cynthia Hill
4. Nancy Lopez
5. Nancy Roth Syms
6. Beverley Davis
7. Lancy Smith
8. Nancy Hager
9. Donna Horton
10. Judith Oliver

1976
1. Nancy Lopez
2. Donna Horton
3. Debbie Massey
4. Carol Semple
5. Marianne Bretton
6. Barbara Barrow
7. Judith Oliver
8. Phyllis Preuss
9. Cynthia Hill
10. Betsy King

1981
1. Juli Inkster
2. Patti Rizzo
3. Any Benz
4. Leslie Shannon
5. Mary Hafeman
6. Rose Jones
7. Mari McDougall
8. Lancy Smith
9. Kris Monaghan
10. Penny Hammel

1982
1. Juli Knkster
2. Kathy Baker
3. Amy Benz
4. Cathy Hanlon
5. Anne Sander
6. Lisa Stanley
7. Lancy Smith
8. Carol Semple
9. Cindy Figg
10. Leslie Shannon

1977
1. Beth Daniel
2. Cathy Reynolds
3. Cynthia Hill
4. Marcia Dolan
5. Lancy Smith
6. Debbie Raso
7. Cathy Sherk
8. Lauren Howe
9. Cathy Morse
10. Nancy Hammer

1978
1. Cathy Sherk
2. Beth Daniel
3. Nancy Syms
4. Judith Oliver
5. Carolyn Hill
6. Mary B. Murphy
7. Cynthia Hill
8. Julie Green
9. Debbie Raso
10. Kelly Fuiks

1983
1. Penny Hammel
2. Jody Rosenthal
3. Joanne Pacillo
4. Anne Sander
5. Tammy Welborn
6. Lancy Smith
7. Sherri Steinhauer
8. Mary Anne Widman
9. Kelli Antolock
10. Lynda Brown

CHAPTER 7

SENIOR AMATEURS

SENIOR AMATEURS

MEN
U.S. SENIOR AMATEUR

Year	Winner	Site
1955	J. Wood Platt	Belle Meade C.C.
1956	Frederick J. Wright	Somerset C.C.
1957	J. Clark Espie	Ridgewood C.C.
1958	Thomas C. Robbins	Monterey Peninsula C.C.
1959	J. Clark Espie	Memphis C.C.
1960	Michael Cestone	Oyster Harbors C.
1961	Dexter H. Daniels	Southern Hills C.C.
1962	Merrill L. Carlsmith	Evanston G.C.
1963	Merrill L. Carlsmith	Sea Island G.C.
1964	William D. Higgins	Waverley C.C.
1965	Robert B. Kiersky	Fox Chapel G.C.
1966	Dexter H. Daniels	Tucson National G.C.
1967	Ray Palmer	Shinnecock Hills G.C.
1968	Curtis Person Sr.	Atlanta C.C.
1969	Curtis Person Sr.	Wichita C.C.
1970	Gene Andrews	California G.C.
1971	Tom Draper	Sunnybrook G.C.
1972	Lewis W. Oehmig	Sharon G.C.
1973	Bill Hyndman	Onwentsia C.
1974	Dale Morey	Harbour Town G.L.
1975	William F. Colm	Carmel Valley G. & C.C.
1976	Lewis W. Oehmig	Cherry Hills C.C.
1977	Dale Morey	Salem C.C.
1978	K. K. Compton	Pine Tree G.C.
1979	William C. Campbell	Chicago G.C.
1980	William C. Campbell	Virginia Hot Springs G. & T.C.
1981	Ed Updegraff	Seattle G.C.
1982	Alton Duhon	Tucson C.C.
1983	Bill Hyndman	Crooked Stick G.C.

U.S. SENIOR AMATEUR CHAMPIONSHIP SCORING RECORDS

Largest winning margin, final match
5 and 4, J. Wood Platt over George Studinger, 1955.
Largest winning margin, any match
8 and 7, Christopher A. Carr over J. Wood Platt, 1957; George Dawson over Dewey P. Bowen, 1959.
Lowest 18-hole score in qualifying round
70, Roger McManus, second round, 1982.
Lowest 36-hole qualifying score
142, Roger McManus, 1982.

U.S. SENIOR AMATEUR CHAMPIONSHIP NOTES OF INTEREST

Most victories
2, J. Clark Espie, 1957 and 1959; Merrill L. Carlsmith, 1962 and 1963; Dexter H. Daniels, 1961 and 1966; Curtis Person Sr., 1968 and 1969; Lewis W. Oehmig, 1972 and 1976; Dale Morey, 1974 and 1977; William C. Campbell, 1979 and 1980; William Hyndman III, Huntingdon Valley, Pa., 1973 and 1983.
Closest final matches
1-up, Michael Cestone over David E. Rose, 20th hole, 1960; Lewis W. Oehmig over Ernest Pieper Jr., 20th hole, 1972.

Most times in finals
5, Lewis W. Oehmig, 1972-74-76-77-79.
Holes-in-one
Eugene Brown, 6th hole, Waverley C.C., Portland, Ore., 1964; George Trainor, 16th hole, California G.C. of San Francisco, 1970; Robert S. Johnson, 7th hole, Harbour Town G.L., Hilton Head Island, S.C., 1974.
Youngest champion
Ray Palmer, 55 years, 8 months in 1967.
Oldest champion
William Hyndman III, 67, in 1983.
Shortest course
Monterey Peninsula C.C., Pebble Beach, Calif., 6,236 yards, 1958.
Longest course
Sharon G.C., Sharon Center, Ohio, 6,750 yards, 1972.

U.S. SENIOR G.A.

Site: Apawamis C., Rye, N.Y.

Year	Winner	Hometown
1905	James D. Foot	Rye, N.Y.
1906	James D. Foot	Rye, N.Y.
1907	Dr. Carl E. Martin	Fairfield, Conn.
1908	James D. Foot	Rye, N.Y.
1909	James D. Foot	Rye, N.Y.
1910	Frank A. Wright	Springfield, N.J.
1911	James D. Foot	Rye, N.Y.
1912	James A. Tyng	Springfield, N.J.
1913	Walter Fairbanks	Denver, Colo.
1914	Frank A. Wright	Springfield, N.J.
1915	James A. Tyng	Springfield, N.J.
1916	C. W. Waldo	Fairfield, Conn.
1917	W. E. Truesdale	Garden City, N.Y.
1918	W. E. Truesdale	Garden City, N.Y.
1919	William Clark	Watch Hill, R.I.
1920	Hugh Halsell	Dallas, Tex.
1921	Martin J. Condon	Memphis, Tenn.
1922	Frederick Snare	Garden City, N.Y.
1923	Hugh Halsell	Dallas, Tex.
1924	Claude M. Hart	Purchase, N.Y.
1925	Frederick Snare	Garden City, N.Y.
1926	Frank H. Hoyt	Roslyn Harbor, N.Y.
1927	Hugh Halsell	Dallas, Tex.
1928	Dr. Charles H. Walter	Oakland, Calif.
1929	Dr. George T. Gregg	Oakmont, Pa.
1930	Dr. George T. Gregg	Oakmont, Pa.
1931	John D. Chapman	Greenwich, Conn.
1932	Findlay S. Douglas	Rye, N.Y.
1933	Raleigh W. Lee	Columbus, Ohio
1934	Charles H. Jennings	Roaring Gap, N.C.
1935	Christopher W. Deibel	Youngstown, Ohio
1936	Richard H. Doughty	Detroit, Mich.
1937	Raleigh W. Lee	Columbus, Ohio
1938	Raleigh W. Lee	Columbus, Ohio
1939	Charles H. Jennings	Roaring Gap, N.C.
1940	Charles H. Jennings	Roaring Gap, N.C.
1941	Alvah H. Pierce	Purchase, N.Y.
1942	John Ellis Knowles	Rye, N.Y.
1943	John Ellis Knowles	Rye, N.Y.
1944	John Ellis Knowles	Rye, N.Y.
1945	John Ellis Knowles	Rye, N.Y.
1946	John Ellis Knowles	Rye, N.Y.

SENIOR AMATEURS

Year	Winner	Hometown
1947	Col. M.S. Lindgrove	Springfield, N.J.
1948	John R. Riddell	Garden City, N.Y.
1949	Joseph M. Wells	East Liverpool, Ohio
1950	Alfred C. Ulmer	Jacksonville, Fla.
1951	Thomas C. Robbins	Mamaroneck, N.Y.
1952	Thomas C. Robbins	Mamaroneck, N.Y.
1953	Frank D. Ross	West Hartford, Conn.
1954	John Ellis Knowles	Rye, N.Y.
1955	John W. Roberts	Columbus, Ohio
1956	Frank G. Clement	Rye, N.Y.
1957	Frank G. Clement	Rye, N.Y.
1958	John W. Dawson	Palm Springs, Calif.
1959	John W. Dawson	Palm Springs, Calif.
1960	John W. Dawson	Palm Springs, Calif.
1961	John Merrill Jr.	Gr. Barrington, Mass.
1962	George Dawson	Glen Ellyn, Ill.
1963	Jack Westland	Seattle, Wash.
1964	J. Wolcott Brown	Sea Girt, N.J.
1965	Fred Brand	Pittsburgh, Pa.
1966	George Haggarty	Detroit, Mich.
1967	Robert Kiersky	Winnetka, Ill.
1968	Curtis Person	Memphis, Tenn.
1969	William Scott	San Francisco, Calif.
1970	David Goldman	Dallas, Tex.
1971	Jim Knowles	Greenwich, Conn.
1972	David Goldman	Dallas, Tex.
1973	Robert Kiersky	Delray Beach, Fla.
1974	James Knowles	So. Londonderry, Vt.
1975	Dale Morey	High Point, N.C.
1976	Dale Morey	High Point, N.C.
1977	Dale Morey	High Point, N.C.
1978	Ed Tutwiler	Indianapolis, Ind.
1979	Ed Updegraff	Tucson, Ariz.
1980	Bill Zimmerman	Columbus, Ga.
1981	Bill Hyndman	Huntingdon Valley, Pa.
1982	Lew Oehmig	Lookout Mountain, Tenn.
1983	John Kline	Houston, Tex.

Year	Winner	Hometown
1956	Judd L. Brumley	Greeneville, Tenn.
1957	Leon R. Sikes Sr.	West Palm Beach, Fla.
1958	Edward H. Randall	Rochester, N.Y.
1959	Leon R. Sikes Sr.	Palm Beach, Fla.
1960	Egon F. Quittner	Rydal, Pa.
1961	Jack Russell	Clearwater, Fla.
1962	John W. Roberts	Chicago, Ill.
1963	Bruce A. Coffin	Marblehead, Mass.
1964	Robert B. Kiersky	Boynton Beach, Fla.
1965	Dr. John C. Mercer	Sarasota, Fla.
1966	Walter A. Dowell	Walnut Ridge, Ark.
1967	Joel M. Shepherd	Kalamazoo, Mich.
1968	Walter A. Dowell	Walnut Ridge, Ark.
1969	Curtis Person Sr.	Memphis, Tenn.
1970	J. Wolcott Brown	Sea Girt, N.J.
1971	Truman Connell	Boynton Beach, Fla.
1972	Howard Everitt	Tequesta, Fla.
1973	William Hyndman III	Huntingdon Valley, Pa.
1974	Raymond E. Palmer	Clearwater, Fla.
1975	Edward W. Ervasti	London, Ontario, Canada
1976	Neil Croonquist	Edina, Minn.
1977	William Hyndman III	Huntingdon Valley, Pa.
1978	Dale Morey	High Point, N.C.
1979	C. C. Hightower	Duluth, Ga.
1980	Edward W. Ervasti	London, Ontario, Canada
1981	Neil Croonquist	Edina, Minn.
1982	Orvis Milner	Knoxville, Tenn.
1983	Ed Ervasti	London, Ontario, Canada

AMERICAN SENIORS G.A.
Match Play Championship

Year	Winner	Hometown
1935	Raleigh W. Lee	Columbus, Ohio
1936	Charles H. Jennings	Miami Beach, Fla.
1937	Charles H. Jennings	Miami Beach, Fla.
1938	Charles H. Jennings	Miami Beach, Fla.
1939	Charles H. Jennings	Miami Beach, Fla.
1940	Raleigh W. Lee	Columbus, Ohio
1941	Raymond L. Williams	Miami Beach, Fla.
1942	Raleigh W. Lee	Columbus, Ohio
1943	J. W. Dodge	Syosset, N.Y.
1944	Peter W. Herkner	Cleveland, Ohio
1945	William A. Ryan	Detroit, Mich.
1946	J. W. Dodge	Syosset, N.Y.
1947	Peter W. Herkner	Cleveland, Ohio
1948	Allen R. Rankin	Columbus, Ohio
1949	George E. Edmondson	Tampa, Fla.
1950	Allen R. Rankin	Columbus, Ohio
1951	M. E. Stephens Jr.	Sebring, Fla.
1952	Allen R. Rankin	Columbus, Ohio
1953	Thomas C. Robbins	Mamaroneck, N.Y.
1954	Judd L. Brumley	Greeneville, Tenn.
1955	Edward R. Randall	Rochester, N.Y.

AMERICAN SENIORS G.A.
Stroke-play Championship

Year	Winner	Hometown
1965	J. Wolcott Brown	Sea Girt, N.J.
1966	J. Wolcott Brown	Sea Girt, N.J.
1967	Alan S. Howard	Davenport, Iowa
1968	Walter A. Dowell	Walnut Ridge, Ark.
1969	Curtis Person Sr.	Memphis, Tenn.
1970	Walter D. Bronson	Oak Brook, Ill.
1971	William Hyndman III	Huntingdon Valley, Pa.
1972	William Hyndman III	Huntingdon Valley, Pa.
1973	Walter D. Bronson	Oak Brook, Ill.
1974	William Hyndman III	Huntingdon Valley, Pa.
1975	Dale Morey	High Point, N.C.
1976	Edgar M. Tutwiler	Indianapolis, Ind.
1977	Dale Morey	High Point, N.C.
1978	William Hyndman III	Huntingdon Valley, Pa.
1979	Dale Morey	High Point, N.C.
1980	William Hyndman III	Huntingdon Valley, Pa.
1981	Dale Morey	High Point, N.C.
1982	Dale Morey	High Point, N.C.
1983	Dale Morey	High Point, N.C.

NORTH AND SOUTH SENIORS

Site: Pinehurst (N.C.) C.C.

Year	Winner	Hometown
1952	Judd Brumley	Greeneville, Tenn.
1953	O.V. Russell	Pinehurst, N.C.
1954	Spencer S. Overton	Baltimore, Md.
1955	Benjamin K. Kraffert	Titusville, Pa.
1956	Thomas C. Robbins	Mamaroneck, N.Y.

SENIOR AMATEURS

Year	Winner	Hometown
1957	J. Wood Platt	Philadelphia, Pa.
1958	J. Wolcott Brown	Sea Girt, N.J.
1959	Walter Pease	Plainfield, N.J.
1960	Thomas C. Robbins	Mamaroneck, N.Y.
1961	Robert Bell	Worthington, Ohio
1962	William K. Lanman	Glenview, Ill.
1963	James McAlvin	Lake Forest, Ill.
1964	James McAlvin	Lake Forest, Ill.
1965	David Goldman	Dallas, Tex.
1966	Curtis Person	Memphis, Tenn.
1967	Bob Cochran	St. Louis, Mo.
1968	Curtis Person	Memphis, Tenn.
1969	Curtis Person	Memphis, Tenn.
1970	Bob Cochran	St. Louis, Mo.
1971	David Goldman	Dallas, Tex.
1972	Bill Hyndman	Huntington Valley, Pa.
1973	Ray Palmer	Grosse Ile, Mich.
1974	David Goldman	Dallas, Tex.
1975	Harry Welch	Salisbury, N.C.
1976	Paul Severin	Richmond, Va.
1977	George Pottle	Southern Pines, N.C.
1978	Ed Ervasti	London, Ontario, Canada
1979	Dale Morey	High Point, N.C.
1980	Dale Morey	High Point, N.C.
1981	Dick Remsen	Locust Valley, N.Y.
1982	Brown McDonald	Warner Robins, Ga.
1983	Ed Ervasti	London, Ontario, Canada

Year	Winner	Hometown
1967	Curtis Person	Memphis, Tenn.
1968	Curtis Person	Memphis, Tenn.
1969	Norton Harris	Key West, Fla.
1970	Elliott B. Smith	Greeneville, Tenn.
1971	Norton Harris	Key West, Fla.
1972	Norton Harris	Key West, Fla.
1973	B. C. McCall	Chattanooga, Tenn.
1974	George W. Pottle	Southern Pines, N.C.
1975	Neil Croonquist	Edina, Minn.
1976	Dale Morey	High Point, N.C.
1977	John P. Morrell	Charlotte, N.C.
1978	Harry Lee Welch	Salisbury, N.C.
1979	W. Brown McDonald	Warner Robins, Ga.
1980	Dale Morey	High Point, N.C.
1981	W. Brown McDonald	Warner Robins, Ga.
1982	John P. Morrell	Clover, S.C.
1983	John P. Morrell	Clover, S.C.

WORLD SENIOR

Site: Broadmoor G.C., Colorado Springs, Colo.

Year	Winner	Hometown
1960	Harry Stransburger	Coffeyville, Kan.
1961	Howard Creel	Colorado Springs, Colo.
1962	Howard Creel	Colorado Springs, Colo.
1963	George Haggarty	Grosse Pointe, Mich.
1964	Dorsey Nevergall	Pompano Beach, Fla.
1965	Jack Barkel	Sydney, Australia
1966	Cecil Dees	Glendale, Calif.
1967	Cecil Dees	Glendale, Calif.
1968	David Goldman	Dallas, Tex.
1969	David Goldman	Dallas, Tex.
1970	Merrill Carlsmith	Hilo, Hawaii
1971	Jude Poynter	Beverly Hills, Calif.
1972	Howard Everitt	Tequesta, Fla.
1973	Bill Colm	Bakersfield, Calif.
1974	Larry Pendleton	Glendale, Calif.
1975	Truman Connell	Pompano Beach, Fla.
1976	Robert Willits	Kansas City, Mo.
1977	Earl Burt	Paradise Valley, Ariz.
1978	Earl Burt	Paradise Valley, Ariz.
1979	Earl Burt	Paradise Valley, Ariz.
1980	Richard Jennings	Lubbock, Tex.
1981	Young Chang Kim	Seoul, Korea
1982	Robert Baker	Fort Collins, Colo.
1983	William Trombley	Dallas, Tex.

SOUTHERN SENIORS G.A.

Year	Winner	Hometown
1930	A. Paul Bagby	Williamsburg, Ky.
1931	Howard G. Phillips	Pinehurst, N.C.
1932	Charles H. Jennings	Miami Beach, Fla.
1933	Charles H. Jennings	Miami Beach, Fla.
1934	Francis C. Robertson	Pinehurst, N.C.
1935	Francis C. Robertson	Pinehurst, N.C.
1936	Bryson W. Biggs	Raleigh, N.C.
1937	Bryson W. Biggs	Raleigh, N.C.
1938	Robert Lowry	Shamokin, Pa.
1939	James T. Kilpatrick	Greensboro, N.C.
1940	No tournament	
1941	Bryson W. Biggs	Raleigh, N.C.
1942-46	—No tournaments	
1947	W. Latimer Brown	Charlotte, N.C.
1948	Richard S. Tufts	Pinehurst, N.C.
1949	Arthur F. Lynch	Scarsdale, N.Y.
1950	Ben F. Krafft Jr.	Titusville, Pa.
1951	Ben F. Krafft Jr.	Titusville, Pa.
1952	Ben F. Krafft Jr.	Titusville, Pa.
1953	Frank B. Edwards	Spartanburg, S.C.
1954	John W. Roberts	Columbus, Ohio
1955	J. Wolcott Brown	N. Palm Beach, Fla.
1956	John W. Roberts	Columbus, Ohio
1957	J. Wolcott Brown	N. Palm Beach, Fla.
1958	J. Wolcott Brown	N. Palm Beach, Fla.
1959	Quentin G. McCombs	Burlington, N.C.
1960	William S. Terrell	Charlotte, N.C.
1961	Dorsey Nevergall	Pompano Beach, Fla.
1962	Dorsey Nevergall	Pompano Beach, Fla.
1963	James Edwards	Kingsport, Tenn.
1964	John S. Connolly	Arlington, Va.
1965	Nolan S. Hatcher	Florence, Ala.
1966	Nolan S. Hatcher	Florence, Ala.

INTERNATIONAL TEAM MATCHES

Site: Broadmoor G.C., Colorado Springs, Colo.

Year	Winner (team members)
1964	United States (Howard Creel, Adrian French, Adrian McManus, George Haggarty).
1965	United States (Dorsey Nevergall, Merrill Carlsmith, Walter Bolton, Joe Dyer).
1966	United States (Ben Cowdery, Adrian French, Merrill Carlsmith, Bill Higgins, David Goldman).
1967	United States (Merrill Carlsmith, Egon Quittner, Cecil Dees, Walter Dowell).
1968	United States (Charles Selby, Egon Quittner, Walter Dowell, Len Scannell, James Quinn).
1969	United States (Len Scannell, Walter Bronson, Walter Dowell, David Goldman).

SENIOR AMATEURS

1970 United States (Walter Dowell, Curtis Person, David Goldman); Venezuela (Louis Murray, O.H. Snyder, John Bogart, L.W. Raichle, William Waldrip); tie.
1971 United States (Merrill Carlsmith, Howard Creel, Walter Dowell, Curtis Person).
1972 Philippines (Roberto Laperal, Ramon Escano, Albert Margolles, Francisco Manalac).
1973 United States (Wally Sezna, David Goldman, Tom Draper, Curtis Person).
1974 Australia (W. R. Edgar, James Grant, H. Clare Higson, Jack McCarthy, F. W. Gluth).
1975 Australia (Kevin Allen, Ken King, Lloyd Prest, Thomas Roberts).
1976 Chile (Joaquine Harnecker, Armando Chellew, Rudolfo Bullrich, Francis Reutter).
1977 Philippines (Lorenzo Guarin, Jaime Roxas, Conrado Lacson, Lauro Pacis).
1978 United States (Robert Willits, Truman Connell, Frank Hardison, Earl Burt).
1979 Panama (Roy Glickenhaus, Mel Brown, Anibal Galindo, Manuel Arias).
1980 Panama (Manuel Arias, William De La Mater, Roy Glickenhaus, Bolivar Vallarino).
1981 United States (Red Hogan, Ed Hopkins, Jim Wilson, Earl Burt).
1982 Australia (O. T. Sidwell, Max Dale, Philip Kennedy, Ernest Sheahan).
1983 Canada (Gordon Verley, Bob Dunbar, Robert Leaper, Jake Peters).

PAST SENIOR AMATEUR RANKINGS

1963
1. Merrill Carlsmith
2. George Haggarty
3. James McAlvin
4. Bruce Coffin
5. Bill Higgins
6. Dexter Daniels
7. Jack Westland
8. Jack Russell
9. Adrian French
10. Fred Siegel

1964
1. Bill Higgins
2. J. Wolcott Brown
3. James McAlvin
4. Dorsey Nevergall
5. Dexter Daniels
6. John Mercer
7. Ed Murphy
8. Bob Kiersky
9. Ben Merwin
10. Bud McKinney

1965
1. Bob Kiersky
2. David Goldman
3. Curtis Person
4. John Mercer
5. Bill Terrell
6. George Beechler
7. J. Wolcott Brown
8. Bill Higgins
9. George Haggarty
10. Fred Brand Jr.

1966
1. Curtis Person
2. Dexter Daniels
3. David Goldman
4. Cecil Dees
5. Walter Dowell
6. George Haggarty
7. George Beechler
8. Merrill Carlsmith
9. J. Wolcott Brown
10. Adrian McManus

1967
1. Curtis Person
2. Raymond Palmer
3. Bob Kiersky
4. Richard Chapman
5. Joel Shepherd
6. Cecil Dees
7. Robert Cochran
8. Harold March
9. David Goldman
10. J. Wolcott Brown

1968
1. Curtis Person
2. Walter Dowell
3. David Goldman
4. Alan Howard
5. Mickey Bellande
6. J. Wolcott Brown
7. Mack Brothers
8. Bob Kiersky
9. Robert Loufek
10. Ben Goodes

1969
1. Curtis Person
2. David Goldman
3. Robert Loufek
4. Walter Dowell
5. Joel Shepherd
6. Merrill Carlsmith
7. William Scott Jr.
8. Mack Brothers
9. Raymond Palmer
10. J. Wolcott Brown

1970
1. Curtis Person
2. Gene Andrews
3. Bob Cochran
4. David Goldman
5. Tom Draper
6. Merrill Carlsmith
7. Norton Harris
8. J. Wolcott Brown
9. Walter Dowell
10. Jim Ferrie

1971
1. Tom Draper
2. Truman Connell
3. Curtis Person
4. David Goldman
5. Norton Harris
6. Walter Bronson
7. J. Bishop Davis
8. Ernie Pieper
9. Jim Knowles
10. Raymond Palmer

1972
1. Lew Oehmig
2. Bill Hyndman III
3. Howard Everitt
4. David Goldman
5. Walter Sezna
6. Truman Connell
7. Curtis Person
8. James Quinn
9. Ernest Pieper
10. Tom Draper

1973
1. Bill Hyndman III
2. Ray Palmer
3. David Goldman
4. Harry Welch
5. Tom Draper
6. Norton Harris
7. Walter Bronson
8. Byron Jilek
9. W. F. Colm
10. Bob Kiersky

1974
1. Dale Morey
2. Ray Palmer
3. Harry Welch
4. David Goldman
5. Tom Forkner
6. Tom Draper
7. George Pottle
8. John Pottle
9. Norton Harris
10. Bill Hyndman III

1975
1. William Colm
2. Harry Welch
3. Dale Morey
4. Ray Palmer
5. Neil Croonquist
6. Truman Connell
7. Ed Ervasti
8. Charles Hightower
9. Karl Schmidt
10. Herb Jackish

1976
1. Lew Oehmig
2. Karl Schmidt
3. Dale Morey
4. Charles Hightower
5. Neil Croonquist
6. Paul Severin
7. Ed Tutwiler
8. Ed Ervasti
9. Robert Willits
10. John Richardson

1977
1. Dale Morey
2. Bill Hyndman III
3. Lew Oehmig
4. George Pottle
5. Neil Croonquist
6. Harry Welch
7. John Morell
8. Ed Ervasti
9. Richard Remsen
10. Earl Burt

1978
1. Dale Morey
2. Keith Compton
3. Ed Ervasti
4. Ed Tutwiler
5. Bill Hyndman III
6. George Pottle
7. Earl Burt
8. Glenn Johnson
9. Harry Welch
10. Tom Forkner

SENIOR AMATEURS

1979
1. Dale Morey
2. Bill Campbell
3. Lew Oehmig
4. Ed Ervasti
5. Buck Hightower
6. W. B. McDonald
7. Wally Sezna
8. Ed Updegraff
9. Ed Tutwiler
10. Jack Purdum

1980
1. Bill Campbell
2. Dale Morey
3. Bill Hyndman III
4. Ed Hopkins
5. Tom Forkner
6. Ed Ervasti
7. Bill Trombley
8. Ed Tutwiler
9. Earl Burt
10. Brown McDonald

1981
1. Ed Hopkins
2. Daley Morey
3. Neil Croonquist
4. Dick Remsen
5. Ed Updegraff
6. Roger McManus
7. Bill Hyndman III
8. Brown McDonald
9. James Wilson
10. Ed Tutwiler

1982
1. Dale Morey
2. Alton Duhon
3. Brown McDonald
4. Ed Ervasti
5. Orvis Milner
6. Lew Oehmig
7. Ed Hopkins
8. Charles Morgan
9. Ed Updegraff
10. Bill Hyndman III

1983
1. Dale Morey
2. Bill Hyndman III
3. Ed Ervasti
4. Ed Hopkins
5. Bill Trombley
6. Allan Sussel
7. Jack Van Ess
8. John Kline
9. John Owens
10. Jim Brennan

NEW AGE SHOOTERS OF 1983

Includes those who scored their age or less on courses of at least 6,000 yards.

Name, home	Age	Score
Charlie Abbott, Lynn Haven, Fla.	72	72
George Abbott, Alamogordo, N.M.	75	75
Carl Alee, Lincoln, Ill.	77	75
N. D. Andrews, Conroe, Tex.	76	74
Doug Armstrong, San Clemente, Calif.	81	81
Norm Arquette, Minnetonka, Minn.	79	78
Frank Arterburn, Humble, Tex.	69	68
Bill Artman, Plymouth, Mich.	76	76
Ken Asher, Rolla, Mo.	70	70
Melvin Aspray, Spokane, Wash.	74	74
Homer Bachand, Leeds, Mass.	80	80
Tom Bacon, Lincoln, Ill.	82	82
John E. Baldwin, Louisville, Ky.	79	78
William P. Barbour, Cleveland, Ohio	75	74
Ken Beardsley, Muskegon Heights, Mich.	78	78
Gabriel (Blue) Beatrice, Wakefield, R.I.	71	71
Les Beaven, Saskatoon, Sask.	71	67
John Belcastro, Hawthorne, N.J.	72	68
Robert J. Bemis, Santa Barbara, Calif.	74	74
Herman I. Berg, Fort Worth, Tex.	78	76
L. L. Bone Sr., Biloxi, Miss.	73	72
Armand Bontempi, Leeds, Mass.	76	76
Turk Bowman, Ames, Iowa	73	72
John Boyd, Wayne, N.J.	78	77
Joseph J. Boylan, Seekonk, Mass.	75	75
Larry L. Brennan, Ft. Myers, Fla.	76	76
Boyd E. Britton, Auburn, Wash.	72	72
J. M. Broom, Decatur, Ga.	75	75
Solon Burgess, Wichita, Kan.	74	73
Fred G. Burley, Pismo Beach, Calif.	79	77
Dick Burnside, Burlingame, Calif.	78	78
Robert N. Call, Circleville, Ohio	78	76
Bill Calwell, Bonner Springs, Kan.	74	71
Roy H. Campbell Sr., Granite Quarry, N.C.	71	71
E. L. Carson, Lightstreet, Pa.	78	78
E. G. Carter, Brookhaven, Miss.	78	78
**Cecil Chandler, Decatur, Ala.	65	65
Bill Clark, Margate, Fla.	84	83
Cecil Clark, Cashiers, N.C.	73	73
John H. (Rusty) Coles, Sarasota, Fla.	78	78
Frank Colletta, N. Providence, R.I.	71	71
Lamond Cooper, Ojai, Calif.	69	67
Ronald K. Cornwell, Washington Court House, Ohio	71	71
Richard H. Creeger, Luverne, Minn.	71	71
Wilbur F. Crummer, Mount Prospect, Ill.	79	79
Jack Curtis, Petoskey, Mich.	86	86
George L. Daniel, Bayonet Point, Fla.	73	73
J. E. Davis, Amarillo, Tex.	80	80
Gerald L. Dennis, Sun City, Ariz.	75	73
Floyd Denson, Corvallis, Ore.	80	80
Don Des Combes, Broomfield, Colo.	81	80
Russ Dickerson, Englewood, Fla.	72	72
Charles V. Donovan, Medford, Mass.	78	78
Ray Dorsa, Stockton, Calif.	82	80
Jesse W. Drew, Virginia Beach, Va.	77	71
Frank Drozdik, Antigo, Wis.	77	77
Jim Duncan, Oshkosh, Wis.	77	77
Ted E. Dunning, Mesa, Ariz.	81	79
J. C. Early, Whispering Pines, N.C.	80	80
Ben L. Edwards, Hollister, Mo.	73	73
James H. Engh, Lake Placid, Fla.	73	73
Eric H. Ericson, Shawnee, Kan.	70	68
John M. Evans, Myrtle Beach, S.C.	68	68
Robert Fitz, Waynesboro, Pa.	84	84
Ken Fladager, W. St. Paul, Minn.	72	72
Mike Flournoy, Flagstaff, Ariz.	81	81
M. L. Flynt, Meridian, Miss.	71	71
James T. Foster, San Clemente, Calif.	79	79
Harley H. Fryer, Harlingen, Tex.	78	78
Carl Fulton, Vista, Calif.	74	71
Frank Garcia, Litchfield Park, Ariz.	69	69
Dan Garfield, Troy, Ohio	72	72
Ben F. Garner, Jamestown, N.C.	72	71
F. A. (Red) Garrity, Boca Raton, Fla.	77	77
Marvin L. Gassman, Dallas, Tex.	74	74
Robert M. George, Oakland, Calif.	67	66
W. C. Goins, Houston, Tex.	69	69
Emanuel Goldberg, Tucson, Ariz.	76	76
Glenn E. Goodwin, Temecula, Calif.	74	74
L. C. Gordon, Ardmore, Okla.	73	73
Richard G. Graham, Walnut Creek, Calif.	69	69
Robin Greiner, Fresno, Calif.	72	72
H. H. Griggs, Bellingham, Wash.	74	74
George (Gus) Gustafson, Tucson, Ariz.	69	69
John F. Hale, Sun City, Ariz.	75	71
Dale E. Hamilton, Edmond, Okla.	74	73
Glen A. (Babe) Hanan, Denison, Tex.	72	72
Dick Hanten, Sun City, Ariz.	70	69
Carl Hardner, Erie, Pa.	75	73
H. A. Haren, Phillips, Tex.	71	71
Milton E. Harrington, Durham, N.C.	74	74
Richard W. Harten, Sun City, Ariz.	69	69
Graham Hedden, Waterford, Conn.	73	72
Jim Heller, Centre Hall, Pa.	75	75
Fred Helmus, Sarasota, Fla.	79	79
Robert A. Henderson, Phoenix, Ariz.	72	70
Warren E. Hensel, Cincinnati, Ohio	68	67
George F. Heyer, Fort Lauderdale, Fla.	75	75
Swink Hicks, Natchez, Miss.	73	73
Horace P. Hill, Arlington, Mass.	81	79
Quentin J. Hill, Des Moines, Iowa	68	68
Burk Hilliard, Santa Barbara, Calif.	73	70
George A. Hine, Santa Monica, Calif.	70	70
Edwin P. Hobbs, Biloxi, Miss.	74	75
**Jimmy Holmes, New York, N.Y.	65	65
John Hoover, Evansville, Ind.	70	67
O. C. Hopkins, Sun City, Ariz.	82	82
Jack Hovermale, Richland, Wash.	74	74
Hamilton Howze, Gunnison, Colo.	74	74
Don Humes, Marion, Ind.	71	70
George Hurst, San Juan Capistrano, Calif.	82	81
William N. Inman, Cuyahoga Falls, Ohio	76	76
Andrew E. Ivaldi, Hayward, Calif.	74	73

SENIOR AMATEURS

Name		
Frank Johnson, Tryon, N.C.	73	72
Troy Johnson, Greensboro, N.C.	80	68
James W. Jordan, N. Wales, Pa.	71	70
Lowell Jordan, Liberty, Mo.	74	74
Charles Jun, Bullard, Tex.	77	77
Jack A. Jyleen, Incline Village, Nev.	70	67
Bill Kane, San Ramon, Calif.	67	66
Rodney Karlson, Fort Pierce, Fla.	73	72
Harry J. Katzeff, Worcester, Mass.	76	76
Raymond Kaysen, Philadelphia, Pa.	73	73
James C. Kerr, Geary, Okla.	84	82
R. N. Kindwall, Santa Cruz, Calif.	73	73
Gerald Kramer, Dunedin, Fla.	77	77
Charles E. Kuhn, Tacoma, Wash.	77	77
Vernon Kyle, Atlanta, Ga.	71	71
Herbert V. Lancaster, Louisville, Ky.	85	85
Gilbert Lawless, Fort Worth, Tex.	74	74
Col. O. B. Lawrence, Lawton, Okla.	72	72
Joe Lenorak, San Jose, Calif.	71	71
Nick Lentine, Terra Bella, Calif.	75	74
Victor Lewis, Moncton, N.B.	74	72
Elmer Linville, Rushville, Ind.	72	72
Walter E. Lockyer, Hesperia, Calif.	70	69
Bernie Lorenz, St. Joseph, Mo.	82	78
Leonard Lowry, Muscle Shoals, Ala.	77	77
Hal C. Lutz, McAllen, Tex.	77	77
Dwight Lynch, Dunwoody, Ga.	73	73
Craig Mackerras, Camarillo, Calif.	73	71
Alvin Martin, St. Jo, Tex.	72	72
S. W. Marton, Porterville, Calif.	77	77
Will G. Mason, San Francisco, Calif.	73	73
W. Dale McBride, Seminole, Fla.	71	71
Jerry McCaslin, Ocean Springs, Miss.	72	72
Earl McIlwain, Abilene, Kan.	74	73
John F. McGuirk, Oceanside, Calif.	74	74
Delmo McMurry, Clinton, Md.	75	73
Max F. Mikusinski, Chester Springs, Pa.	88	84
Harry Miller, Lincoln, Ill.	77	77
R. T. Moffat, Homestead, Pa.	71	71
Lyle W. Moore, Spokane, Wash.	79	78
Thomas Moriarity, Marinette, Wis.	77	77
T. R. Morrison, Pickens, S.C.	82	82
Richard Mothershead, Ocala, Fla.	79	79
C. A. (Buck) Mounteer, Midvale, Utah	76	76
Claude Mouton, Lafayette, La.	72	72
Siegfried D. Mullen, Dayton, Ohio	80	78
†Milton (Pat) Munson, Monroe, Mich.	75	65
Bob Murray, Greensboro, N.C.	72	70
Felbert Myers, Scottsville, Ky.	69	68
Vern Nelson, Williamsburg, Mich.	77	75
Merle N. Noyes, Port Colborne, Ont.	69	68
Agon Occhialini, San Antonio, Tex.	66	65
Marvin Owen, Cut Bank, Mont.	73	72
Joseph A. Pardi, Ft. Lauderdale, Fla.	73	73
John Parish, Sun City, Ariz.	78	78
W. L. (Bill) Parsons, Abilene, Tex.	71	70
Jerry Patterson, Portland, Ore.	74	73
Raymond T. Perring, Bloomfield Hills, Mich.	78	78
Edward F. Perry, DeBarry, Fla.	69	68
Earl H. Peterson, Washington, Pa.	81	81
L. F. (Bud) Pfeiffer, Hartland, Wis.	68	68
C. R. Phillips, Ashland, Ohio	79	79
V. Phillips, Sun City, Ariz.	75	75
B. A. Pierson, Lott, Tex.	75	75
Bud Plemmons, Liberty, S.C.	69	68
J. B. Posey, Ardmore, Okla.	69	67
Sam Potter, Boone, N.C.	74	74
Ed Preisler, Cleveland, Ohio	71	71
John C. Prest, N. Olmsted, Ohio	71	71
Lester F. Reich, Largo, Fla.	78	77
Vince Rettino, Red Bank, N.J.	66	66
H. C. Rivers, Cyril, Okla.	81	81
Richard Robertson, Clarkston, Mich.	67	66
Harry B. Robeson, Galena, Kan.	70	70
Nate Roffman, Exeter, N.H.	81	81
Conrad E. Roth, Spokane, Wash.	83	81
Joe S. Rung, Parma, Ohio	69	69
Frank Russell, Thornhill, Ont.	75	75
M. J. Sakellaris, Boone, Iowa	80	79
Edward A. Scarnecchia, Niles, Ohio	71	70
Arthur Schneider, Oak Bluffs, Mass.	79	75
Paul Schock, Shell Beach, Calif.	73	73
Noble H. Schuble, Kansas City, Mo.	70	70
Leo Scott, West Memphis, Ark.	79	79
Sam Sell, Edina, Minn.	72	71
Alvin L. Sebbert, Spirit Lake, Iowa	75	75
Jim Segraves, Gaithersburg, Md.	80	79
Henry Severson, Hopkins, Minn.	80	80
George S. Shoemaker, Hollywood, Fla.	67	67
W. B. Shutt, Raleigh, N.C.	79	78
Seth J. Smith, Newport, Ore.	70	70
Stan Smith, Orchard Park, N.Y.	77	77
William H. Smith, Harlingen, Tex.	76	76
Howard A. Spring, Lima, Ohio	72	72
Mert Standeven, Philadelphia, Pa.	76	76
Lew Staples, Martinsburg, W.Va.	68	68
Anthony Stevens, Homer, N.Y.	75	73
Robert Stewart, Torrance, Calif.	71	71
Pat Stimming, Camarillo, Calif.	70	69
Harold E. Stover, Sun City, Ariz.	78	78
Russ Strouse, Ft. Wayne, Ind.	71	71
Frank E. Sutton, El Paso, Tex.	71	71
Charles H. Swift, Universal City, Tex.	74	72
Sam Thierman, Santa Barbara, Calif.	77	76
John E. Tobin, Madison, Wis.	75	73
Wilbur N. Torpey, Douglaston, N.Y.	74	73
John Turbish, San Antonio, Tex.	68	67
A. (Zit) Turiano, New Rochelle, N.Y.	75	75
E. W. Turvey, Edmonton, Alta.	74	74
Joe Urso, Hamilton, Ohio	67	67
Allan Van Nostrand, Port St. Lucie, Fla.	77	75
Don Veller, Tallahassee, Fla.	71	71
Joe Villa, Eggertsville, N.Y.	83	82
George Vyverberg, Indianapolis, Ind.	75	75
L. C. Wagner, Alliance, Ohio	76	75
*Frank Walters, Waterloo, Iowa	92	86
Pat Waters, Kansas City, Mo.	74	72
Russ Wasmann, Groveland, Calif.	67	67
Robert S. West, Durham, N.C.	72	71
John L. Westmoreland, Atlanta, Ga.	83	81
Eli Penn Wheat Jr., Sun City, Ariz.	78	75
Frank Wiggins, Louisville, Ky.	72	72
Web Wilder, San Antonio, Tex.	72	72
E. L. Williams, McAlester, Okla.	71	69
Harry J. Williams, Pittsburgh, Pa.	77	75
Jeff Wilson, Hot Springs, Ark.	70	69
Thomas M. Y. Wilson, Ft. Myers, Fla.	79	77
Norman Wilkinson, Vancouver, B.C.	77	75
A. B. Woodward, Fayetteville, N.C.	69	69
Jacob Worster, Waycross, Ga.	74	73
Herman D. Yoder, Ludington, Mich.	76	76
C. B. Zeitler, Vero Beach, Fla.	78	78
Joseph Zobal, Boca Raton, Fla.	78	78

*Oldest.
**Youngest.
†Most under age.

1983 AGE SHOOTERS WHO RECEIVED A DOZEN GOLF BALLS
(Ten or more rounds reported.)

Carl Allee, Lincoln, Ill.
William F. Beldon, Mobile, Ala.
O. W. Cain, St. Matthews, S.C.
John D. Cantoni, San Jose, Calif.
Fred G. Chappell, Greenville, N.C.
Jim Coppock, Knoxville, Tenn.
Edwin Coshow, Metairie, La.
A. J. Doyal, Vidor, Tex.
William Garber, Lakeside, Calif.
Irvin Hemmle, Fort Worth, Tex.
John Jacob, Lake Lure, N.C.
E. William Johnson, Seattle, Wash.
Paul Jones Jr., Alliance, Neb.
Floyd King, Denison, Tex.
Robert L. Klingaman, York, Pa.
Alfred Pete LaCroix, Maitland, Fla.
John T. Lester Jr., South Boston, Va.
Jack A. Marshall, Belleville, Ont.
W. Paul McCurdy, Auburn, Wash.
Earl Morris, Enid, Okla.
Harry Nakamura, WaikaPu, Maui, Hawaii
William M. Parrish Sr., Marlin, Tex.
Arch Peale, Richland, Wash.
Albert G. Pirkle, Atlanta, Ga.

SENIOR AMATEURS

Lloyd Prime, Akron, Mich.
Bill N. Robins, Delray Beach, Fla.
Frank S. Roddie, Hemet, Calif.
Bill Ross, Boone, Iowa
Lee Sparks, Joplin, Mo.
D. T. Starks, Buffalo, Ky.
Joseph Stiglbauer, San Juan Capistrano, Calif.
Sam Thierman, Santa Barbara, Calif.
Dyke Thirsk, Wichita, Kan.
Ralph Whitfield, Durham, N.C.
Paul Aaron Williams, Moline, Ill.
R. O. Williams, Mt. Wolf, Pa.
Tom Wilson, Rosseau, Ont.

WOMEN
USGA SENIOR WOMEN'S AMATEUR

Year	Winner	Site
1962	Maureen Orcutt	Manufacturers' G. & C.C.
1963	Sis Choate	C.C. of Florida
1964	Loma Smith	Del Paso C.C.
1965	Loma Smith	Exmoor C.C.
1966	Maureen Orcutt	Lakewood C.C.
1967	Marge Mason	Atlantic City C.C.
1968	Carolyn Cudone	Monterey Peninsula C.C.
1969	Carolyn Cudone	Ridglea C.C.
1970	Carolyn Cudone	Coral Ridge C.C.
1971	Carolyn Cudone	Sea Island G.C.
1972	Carolyn Cudone	Manufacturers' G. & C.C.
1973	Gwen Hibbs	San Marcos C.C.
1974	Justine Cushing	Lakewood G.C.
1975	Alberta Bower	Rhode Island C.C.
1976	Cecile H. Maclaurin	Monterey Peninsula C.C.
1977	Dorothy Porter	Dunes G. & Beach Club
1978	Alice Dye	Rancho Bernardo G.C.
1979	Alice Dye	Hardscrabble C.C.
1980	Dorothy Porter	Sea Island G.C.
1981	Dorothy Porter	Spring Lake G.C.
1982	Edean Ihlanfeldt	Kissing Camels G.C.
1983	Dorothy Porter	Gulph Mills G.C.

U.S. SENIOR WOMEN'S AMATEUR CHAMPIONSHIP SCORING RECORDS

Lowest single-round score
70, Alice Dye, 1979.
Lowest Score
223, Alice Dye, 1979.
Largest margin of victory
10 strokes, Carolyn Cudone, 1968.

U.S. SENIOR WOMEN'S AMATEUR CHAMPIONSHIP NOTES OF INTEREST

Most victories
5, Carolyn Cudone, 1968-69-70-71-72.
Consecutive winners
Loma Smith, 1964-65; Carolyn Cudone, 1968-69-70-71-72; Alice Dye, 1978-79; Dorothy Porter, 1980-81.
Shortest course
Ridglea C.C., Fort Worth, Tex., 5,650 yards, 1969.
Longest course
The Country Club of Florida, Delray Beach, Fla., 6,225 yards, 1963.

U.S. SENIOR WOMEN'S G.A.

Year	Winner	Site
1924	Mrs. G.W. Roope	Westchester C.C.
1925	Georgianna Bishop	Westchester C.C.
1926	Georgianna Bishop	Westchester C.C.
1927	Leila DuBois	Westchester C.C.
1928	Georgianna Bishop	Westchester C.C.
1929	Mrs. G. W. Roope	Westchester C.C.
1930	Mrs. S. S. Laird Jr.	Westchester C.C.
1931	Leila DuBois	Westchester C.C.
1932	Leila DuBois	Westchester C.C.
1933	Mrs. Clarence Vanderbeck	Westchester C.C.
1934	Mrs. Clarence Vanderbeck	Westchester C.C.
1935	Leila DuBois	Westchester C.C.
1936	Mrs. Edward Stevens	Westchester C.C.
1937	Mrs. J. H. Lapham	Westchester C.C.
1938	Mrs. E. L. Howe	Westchester C.C.
1939	Mrs. E. L. Howe	Westchester C.C.
1940	Mrs. Edward Stevens	Westchester C.C.
1941	Mrs. Edward Stevens	Westchester C.C.
1942-43	—No Tournament	
1944	Mrs. Edward Stevens	Westchester C.C.
1945	Mrs. S. Hinman Bird	Westchester C.C.
1946	Mrs. Edward Stevens	Westchester C.C.
1947	Katherine Foster	Westchester C.C.
1948	Mrs. Robert B. Meckley	Westchester C.C.
1949	Mrs. Robert F. Beard	Westchester C.C.
1950	Mrs. Robert B. Meckley	Westchester C.C.
1951	Mrs. Walter A. Reynolds	Westchester C.C.
1952	Mrs. Richard Hellman	Westchester C.C.
1953	Mrs. Henri Prunaret	Westchester C.C.
1954	Mrs. J. Walker Hoopes	Westchester C.C.
1955	Mrs. Harrison F. Flippin	Westchester C.C.
1956	Mrs. Harrison F. Flippin	Westchester C.C.
1957	Mrs. Harrison F. Flippin	Westchester C.C.
1958	Mrs. Harrison F. Flippin	Westchester C.C.
1959	Mrs. Harrison F. Flippin	Westchester C.C.
1960	Mrs. Edwin H. Vare Jr.	Westchester C.C.
1961	Mrs. Theodore W. Hawes	Westchester C.C.
1962	Mrs. Harrison F. Flippin	Westchester C.C.
1963	Mrs. Charles F. Bartholomew	Westchester C.C.
1964	Mrs. Allison Choate	Westchester C.C.
1965	Mrs. Allison Choate	Westchester C.C.
1966	Mrs. Allison Choate	Westchester C.C.
1967	Mrs. William K. Stripling Jr.	Westchester C.C.
1968	Mrs. Allison Choate	Westchester C.C.
1969	Mrs. Allison Choate	Westchester C.C.
1970	Mrs. E. C. Kip Finch	Westchester C.C.
1971	Mrs. Donald O'Brien	Buck Hill G.C.
1972	Mrs. John Haskell	Buck Hill G.C.
1973	Mrs. Robert Lyle	Buck Hill G.C.
1974	Mrs. Mark A. Porter	Buck Hill G.C.
1975	Mrs. Harton S. Semple	Mid Pines Resort
1976	Mrs. Mark A. Porter	Mid Pines Resort
1977	Mrs. William E. Gilmore	Mid Pines Resort
1978	Mrs. William E. Gilmore	Mid Pines Resort
1979	Mrs. Mark A. Porter	Mid Pines Resort
1980	Mrs. William E. Gilmore	Mid Pines Resort
1981	Mrs. Mark A. Porter	Mid Pines Resort
1982	Mrs. John B. Eshelman	Mid Pines Resort
1983	Mrs. Mark A. Porter	Mid Pines Resort

SENIOR AMATEURS

SOUTHERN SENIORS G.A. WOMEN

Year	Winner	Hometown
1972	Bunny MacAlpine	Summit, N.J.
1973	Bunny MacAlpine	Summit, N.J.
1974	Betty Brady	Hilton Head Island, S.C.
1975	Virginia LaCour	Daytona Beach, Fla.
1976	Shirley Selman	Whispering Pines, N.C.
1977	Louise Hightower	Duluth, Ga.
1978	Louise Hightower	Duluth, Ga.
1979	Goody Manzone	Ocala, Fla.
1980	Anne Coupe	Rochester, N.Y.
1981	Harriet Null	Corpus Christi, Tex.
1982	Marjorie Keenoy	Fort Myers, Fla.
1983	Blossom McBride	Sea Island, Ga.

WOMEN'S WESTERN SENIOR

Year	Winner	Site
1979	Alice Dye	Arizona Biltmore C.C.
1980	Alice Dye	Barrington Hills C.C.
1981	Alice Dye	Breakers Hotel C.C.
1982	Alice Dye	La Quinta Hotel G.C.
1983	Alice Dye	La Quinta Hotel G.C.

WOMEN'S NORTH AND SOUTH SENIOR

Site: Pinehurst (N.C.) C.C.

Year	Winner	Hometown
1958	Mrs. Harrison Flippin	Merion, Pa.
1959	Mrs. Charles Bartholomew	Dedham, Mass.
1960	Maureen Orcutt	White Beeches, N.J.
1961	Maureen Orcutt	White Beeches, N.J.
1962	Maureen Orcutt	White Beeches, N.J.
1963	—No tournament	
1964	Mrs. John Haskell	Wanango, Pa.
1965	Mrs. Reinert Torgerson	Cherry Valley, N.Y.
1966	Mrs. John Pennington	Buffalo, N.Y.
1967	Mrs. Frederic Paffard Jr.	Allegheny, Pa.
1968	Mrs. Douglass Couple	Schuyler Meadows, N.Y.
1969	Carolyn Cudone	Myrtle Beach, S.C.
1970	Carolyn Cudone	Myrtle Beach, S.C.
1971	Mrs. Harton Semple	Sewickley, Pa.
1972	Carolyn Cudone	Myrtle Beach, S.C.
1973	Carolyn Cudone	Myrtle Beach, S.C.
1974	Carolyn Cudone	Myrtle Beach, S.C.
1975	Carolyn Cudone	Myrtle Beach, S.C.
1976	Ceil Maclaurin	Savannah, Ga.
1977	Ceil Maclaurin	Savannah, Ga.
1978	Mrs. I. Wayne Rutter	Williamsville, N.Y.
1979	Ceil Maclaurin	Savannah, Ga.
1980	Ceil Maclaurin	Savannah, Ga.
1981	Betty Probasco	Lookout Mtn., Tenn.
1982	Jan Calin	Edina, Minn.
1983	Barbara Young	Westport, Conn.

CHAPTER 8

JUNIOR AMATEURS

JUNIOR AMATEURS
TOURNAMENT RESULTS
USGA JUNIOR BOYS

Year	Winner	Site
1948	Dean Lind	Univ. of Mich. G.C.
1949	Gay Brewer	Congressional C.C.
1950	Mason Rudolph	Denver C.C.
1951	Tommy Jacobs	Univ. of Illinois G.C.
1952	Don Bisplinghoff	Yale G.C.
1953	Rex Baxter	Southern Hills C.C.
1954	Foster Bradley	Los Angeles C.C.
1955	William Dunn	Purdue G.C.
1956	Harlan Stevenson	Taconic C.C.
1957	Larry Beck	Manor C.C.
1958	Buddy Baker	Univ. of Minn. G.C.
1959	Larry Lee	Stanford Univ.
1960	Bill Tindall	Milburn G. & C.C.
1961	Charles McDowell	Cornell Univ.
1962	Jim Weichers	Lochmoor C.
1963	Gregg McHatton	Florence C.C.
1964	John Miller	Eugene C.C.
1965	James Masserio	Wilmington C.C.
1966	Gary Sanders	California C.C.
1967	John Crooks	Twin Hills G. & C.C.
1968	Eddie Pearce	The Country Club
1969	Aly Trompas	Spokane C.C.
1970	Gary Koch	Athens C.C.
1971	Mike Brannan	Manor C.C.
1972	Bob Byman	Brookhaven C.C.
1973	Jack Renner	Singing Hills C.C.
1974	David Nevatt	Brooklawn C.C.
1975	Brett Mullin	Richland C.C.
1976	Madden Hatcher III	Hiwan G.C.
1977	Willie Wood Jr.	Ohio State Univ. G.C.
1978	Don Hurter	Wilmington C.C.
1979	Jack Larkin	Moss Creek G.C.
1980	Eric Johnson	Pine Lake C.C.
1981	Scott Erickson	Sunnyside C.C.
1982	Rich Marik	Crooked Stick G.C.
1983	Tim Straub	Saucon Valley C.C.

U.S. JUNIOR AMATEUR CHAMPIONSHIP SCORING RECORDS

Largest winning margin, final match
8 and 6, Gary Koch over Mike Nelms, 1970.
Largest winning margin, any match
9 and 8, Donald M. Bisplinghoff over Eric Jones, 1952; Ronald L. Wright over Gary E. Allen, 1959; Richard Meissner over John Diesing Jr., 1962; West Gilliland over Brian E. Butler, 1968; Jack Renner over Jim Russell, 1972; Mitch Allenspatch over Michael Frey, 1977.
Lowest 18-hole score in a qualifying round
66, Kurt Beck, 1980.
Lowest 36-hole qualifying score
139, Johnny Miller, 1964; Robert Donald, 1973; Ralden Chang, 1980.

U.S. JUNIOR AMATEUR CHAMPIONSHIP NOTES OF INTEREST

Consecutive champions from same club
Scott Erickson (1981) and Rich Marik (1982), Yorba Linda (Calif.) C.C.
Holes-in-one
Terry Thomas, 14th hole, Southern Hills C.C., Tulsa, Okla., 1953; Lloyd S. Monroe, 5th hole, Taconic G.C., Williamstown, Mass., 1956; Terry Hurst, 4th hole, Lochmoor C., Grosse Pointe, Mich., 1962.
Youngest champion
Mike Brannan, 15 years, 8 months in 1971.
Shortest course
South Course, Purdue University G.C., Lafayette, Ind., 6,337 yards, 1955.
Longest course
Crooked Stick G.C., Carmel, Ind., 6,955 yards, 1982.

AMERICAN JUNIOR CLASSIC

Site: Innisbrook Resort, Tarpon Springs, Fla.
Year   Winners
1978 Boys: Tracy Phillips, Tulsa, Okla.
       Girls: Jenny Lidback, Baton Rouge, La.
1979 Boys: Tracy Phillips, Tulsa, Okla.
       Girls: Heather Farr, Phoenix, Ariz.
1980 Boys: Adam Armagost, N. Palm Beach, Fla.
       Girls: Amy Benz, Clearwater, Fla.
1981 Boys: Sam Randolph, Santa Barbara, Calif.
       Girls: Jenny Lidback, Baton Rouge, La.
1982 Boys: Peter Jordan, Wood Dale, Ill.
       Girls: Tracy Kerdyk, Coral Gables, Fla.
1983 Boys: Michael Bradley, Sanibel, Fla.
       Girls: Page Dunlap, Sarasota, Fla.

AMERICAN JUNIOR G.A. TOURNAMENT OF CHAMPIONS

Site: Horse Shoe Bend C.C., Roswell, Ga.
Year   Winners
1978 Boys: Willie Wood, Tucson, Ariz.
       Girls: Denise Hermida, Brandon, Fla.
1979 Boys: Andy Dillard, Tyler, Tex.
       Girls: Amy Benz, Clearwater, Fla.
1980 Boys: Tommy Moore, New Orleans, La.
       Girls: Jody Rosenthal, Edina, Minn.
1981 Boys: Tommy Moore, New Orleans, La.
       Girls: Jenny Lidback, Baton Rouge, La.
1982 Boys: Louis Brown, Newman, Ga.
       Girls: Heather Farr, Phoenix, Ariz.
1983 Boys: Brian Nelson, Tyler, Tex.
       Girls: Chris Tschetter, Sioux Falls, S.D.

ALL-AMERICAN PREP CHAMPIONSHIP

Year	Winner	Site
1977	Thad Daber	Kingsmill G.C.
1978	Todd McGrew	LaFortune Park G.C.
1979	Tim Krapfel	Walt Disney World
1980	Mike Schuchart Kelli Antolock	Fircrest G. & C.C.
1981	Todd Smith Kelly Skalicky	Diamondhead Yacht & C.C.
1982	Jett Rich Heather Farr	Old Oakland G. & C.C.

JUNIOR AMATEURS

1983 Kyle Coody   Univ. of New Mexico
      Danielle Ammaccapone
(Note: No girls champion 1977-1979.)

BIG "I" INSURANCE YOUTH CLASSIC

Year	Winner	Site
1969	Eddie Pearce	Otter Creek C.C.
1970	Steve Scrafford	Twin Hills C.C.
1971	Bob Burton	Craig Hills C.C.
1972	John Elam	Crestwood C.C.
1973	Curt McMaster	Westfield C.C.
1974	Rod Nuckolls	Alpine C.C.
1975	Bobby Clampett	Eisenhower C.C.
1976	Robert Tway	Reston C.C.
1977	Mark Taylor	Silverado C.C.
1978	Larry Gosewehr	Silver Lake C.C.
1979	Tracy Phillips	Radrick Farms G.C.
1980	Bill Andrade	Yale Univ. G.C.
1981	Bill Andrade	Forest Hills G.C. & Augusta C.C.
1982	Stuart Hendley	Bear Creek G. World
1983	Blair Manasse	Vista Valley C.C.

JUNIOR WORLD CUP

Year	Winner	Site
1981	United States	Portmarnock G.C.
	Team: Sam Randolph, Bill Andrade.	
1982	Spain	Atlanta A.C.
	Team: Jose-Maria Olazabal, Jose-Ignacio Gervas.	
1983	Not played.	

FUTURE LEGENDS

Site: Onion Creek C., Austin, Tex.
Year Winners
1979 Boys: Willie Wood, Tucson, Ariz.; Talbert Griffin III, Montgomery, Ala.
      Girls: Jackie Bertram, Austin, Tex.; Marcie Bozarth, Lampasas, Tex.
1980 Boys: Peter Persons, Macon, Ga.; Jack Larkin, Atlanta, Ga.
      Girls: Viveca Vandergriff, Arlington, Tex.; Kim Shipman, Dallas, Tex.
1981 Boys: Tommy Moore, New Orleans, La.; Tracy Phillips, Tulsa, Okla.
      Girls: Heather Farr, Phoenix, Ariz.; Jenny Lidback, Baton Rouge, La.
1982 Boys: Mark Howell, New Orleans, La.; Scott Verplank, Dallas, Tex.
      Girls: Heather Farr, Phoenix, Ariz.; Cathy Johnston, Enfield, N.C.
1983 Boys: Robert Huxtable, Cathedral City, Calif.; Kevin Leach, Rolling Hills Estate, Calif.
      Girls: Heather Farr, Phoenix, Ariz.; Missy Farr, Phoenix, Ariz.

OPTIMIST JUNIOR WORLD

Site: Torrey Pine G.C., San Diego, Calif.
Year Winners
1968 Boys: Bob Martin, La Jolla, Calif.
      Girls: Susan Rapp, San Diego, Calif.
1969 Boys: Dale Hayes, South Africa
      Girls: Jane Renner, San Diego, Calif.
1970 Boys: Craig Stadler, La Jolla, Calif.
      Girls: Louise Bruce, La Mesa, Calif.
1971 Boys: Charles Barenaba Jr., Honolulu
      Girls: Denis Beberness, Santa Barbara, Calif.
1972 Boys: Jack Renner, San Diego, Calif.
      Girls: Anne-Marie Palli, France
1973 Boys: Randy Barenaba, Honolulu
      Girls: Suzanne Cadden, Scotland
1974 Boys: Nicky Price, Rhodesia
      Girls: Lori Nelson, West Chester, Pa.
1975 Boys: John Cook, Rolling Hills, Calif.
      Girls: Debrah Spencer, Honolulu
1976 Boys: Chip Larson, Scottsdale, Ariz.
      Girls: Carolyn Hill, Placentia, Calif.
1977 Boys: Corey Pavin, Oxnard, Calif.
      Girls: LuLong Hartley, Oceanside, Calif.
1978 Boys: Monty Leong, San Diego, Calif.
      Girls: Sharon Barrett, Spring Valley, Calif.
1979 Boys: Tim Robinson, Coronado, Calif.
      Girls: Sharon Barrett, Spring Valley, Calif.
1980 Boys: Taijiro Tanaka, Japan
      Girls: Kim Shipman, Dallas, Tex.
1981 Boys: Sam Randolph, Santa Barbara, Calif.
      Girls: Flori Prono, Northridge, Calif.
1982 Boys: Stuart Hendley, Dallas, Tex.
      Girls: Kristal Parker, Cable, Ohio
1983 Boys: Desmond Terblanche, South Africa
      Girls: Kim Saiki, Westminster, Calif.

PGA NATIONAL JUNIOR CHAMPIONSHIPS

Site: PGA Ntl. G.C., Palm Beach Gardens, Fla.
Year Winners
1976 Boys: Lawrence Field, Oklahoma City, Okla.
      Girls: Nancy Rubin, New Kensington, Pa.
1977 Boys: 15-17, Randy Watkins, Jackson, Miss.
      Boys: 12-14, John Inman, Greensboro, N.C.
      Girls: 15-17, Debbie Hall, Corpus Christi, Tex.
      Girls: 12-14, Lise Anne Russell, New City, N.Y.
1978 Boys: Willie Wood, Tucson, Ariz.
      Girls: Kathy Baker, Clover, S.C.
1979 Boys: Rick Fehr, Seattle, Wash.
      Girls: Penny Hammel, Decatur, Ill.
1980 Boys: Tracy Phillips, Tulsa, Okla.
      Girls: Heather Farr, Phoenix, Ariz.
1981 Boys: Bill Andrade, Bristol, R.I.
      Girls: Cathy Johnston, Enfield, N.C.
1982 Boys: Bill Mayfair, Phoenix, Ariz.
      Girls: Heather Farr, Phoenix, Ariz.
1983 Boys: Michael Bradley, Sanibel, Fla.
      Girls: Tracy Kerdyk, Coral Gables, Fla.

SOUTHERN G.A. JUNIOR

Year	Winner	Site
1973	Buddy Rountree	Deerwood C.
	Team: Florida	
1974	Chris Witcher	Montgomery C.C.
	Team: Georgia	

JUNIOR AMATEURS

Year	Winner	Site
1975	Allen Ritchie Team: Alabama	Duke Univ. G.C.
1976	Peter Winkler Team: Georgia	Olympia Spa G. & C.C.
1977	Paul Ogelsby Team: Tennessee	Hidden Hills C.C.
1978	Talbert Griffin Team: Mississippi	Horseshoe Bend G.C.
1979	Jack Larkin Team: Georgia	Pinehurst C.C.
1980	Tommy Moore Team: Louisiana	C.C. of Birmingham
1981	Stuart Hendley Team: Texas	North River Yacht C.
1982	Doug McLeod Team: Texas	C.C. of Jackson
1983	Doug McLeod Team: Florida	John's Island C.

WESTERN JUNIOR

Year	Winner	Site
1914	Charles Grimes	Chicago G.C.
1915	DeWitt Balch	Midlothian C.C.
1916	John Simpson	Hinsdale G.C.
1917	Frederick Wright	Exmoor C.C.
1918	No championship	
1919	Howard Sassman	Flossmoor C.C.
1920	Harold Martin	Bob O'Link G.C.
1921	Burton Mudge Jr.	Belle Meade C.C.
1922	Kenneth Hisert	Olympia Fields C.C.
1923	Ira Couch	Westmoreland C.C.
1924	Eldridge Robinson	Briargate G.C.
1925	Emerson Carey Jr.	Big Oaks G.C.
1926	Sam Alpert	Edgewater G.C.
1927	Albert Hakes	Indian Hill C.
1928	Dick Mullin	Glen View C.
1929	Fred Lyon	LaGrange C.C.
1930	C. K. Collins	Flossmoor C.C.
1931	Robert Cochran	Midlothian C.C.
1932	John Banks	Medinah C.C.
1933	Frank Bredall	Normandie G.C.
1934	Fred Haas Jr.	Hinsdale G.C.
1935	Fred Haas Jr.	Oakland Hills C.C.
1936	Sid Richardson	Sunset Ridge C.C.
1937	John Holmstrom	Cherry Hills G.C.
1938	Charles Betcher	Univ. of Minnesota
1939	Sam Kocsis	Univ. of Michigan
1940	Ben Downing	Mill Road Farm G.C.
1941	Ben Downing	Iowa State College
1942	William Witzleb	Elmhurst C.C. & Ridgemoor C.C.
1943-1945—No championships.		
1946	Mac Hunter	Iowa State College
1947	Tom Veech	Northwestern Univ.
1948	Gene Coulter	Purdue Univ.
1949	Dean Lind	Univ. of Michigan
1950	Dean Lind	Univ. of Notre Dame
1951	Hillman Robbins Jr.	Univ. of Iowa
1952	Don Nichols	Univ. of Minnesota
1953	Henry Loeb	Stanford Univ.
1954	Herbert Klontz	Univ. of Illinois
1955	Gerald McFerren	Manor C.C.
1956	Dick Foote	Univ. of Michigan
1957	Don Essig III	Purdue Univ.
1958	Jack Rule	Univ. of Iowa
1959	Steve Spray	Univ. of Illinois
1960	Labron Harris Jr.	Univ. of New Mexico
1961	Phil Marston	Mich. State Univ.
1962	George Shortridge	Univ. of Minnesota
1963	George Boutell	Ohio State Univ.
1964	Jim Wiechers	Air Force Academy
1965	John Richart	Univ. of Iowa
1966	Ross Elder	Indiana Univ.
1967	Mike Goodart	Purdue Univ.
1968	Don Hawken	Stanford Univ.
1969	Jim Simons	Univ. of Illinois
1970	Jeff Reaume	Univ. of Michigan
1971	Richard Brooke	Univ. of Iowa
1972	Dennis Sullivan	Ohio State Univ.
1973	Tommy Jones	Duke Univ.
1974	Edwin Fisher Jr.	Univ. of Minnesota
1975	Britt Harrison	Oklahoma State Univ.
1976	Gary Hallberg	Eugene C.C.
1977	Gary Wilks	Purdue Univ.
1978	Bobby Clampett	Univ. of New Mexico
1979	Willie Wood	Univ. of Alabama
1980	Eugene Elliott	Purdue Univ.
1981	Gregg Von Thaden	Ohio State Univ.
1982	Jim Benepe	Travis Point C.C.
1983	Brad Meek	Lincolnshire Fields C.C.

USGA JUNIOR GIRLS

Year	Winner	Site
1949	Marlene Bauer	Philadelphia C.C.
1950	Patricia Lesser	Wanakah C.C.
1951	Arlene Brooks	Onwentsia C.
1952	Mickey Wright	Monterey Peninsula C.C.
1953	Millie Meyerson	The Country Club
1954	Margaret Smith	Gulph Mills C.C.
1955	Carole Jo Kabler	Florence C.C.
1956	JoAnne Gunderson	Heather Downs C.C.
1957	Judy Eller	Lakewood C.C.
1958	Judy Eller	Greenwich, C.C.
1959	Judy Rand	Manor C.C.
1960	Carol Sorenson	Oaks C.C.
1961	Mary Lowell	Broadmoor G.C.
1962	Mary Lou Daniel	C.C. of Buffalo
1963	Janis Ferraris	Woolfert's Roost C.C.
1964	Peggy Conley	Leavenworth C.C.
1965	Gail Sykes	Hiwan G.C.
1966	Claudia Mayhew	Longue Vue C.
1967	Elizabeth Story	Hacienda G.C.
1968	Peggy Harmon	Flint G.C.
1969	Hollis Stacy	Brookhaven C.C.
1970	Hollis Stacy	Apawamis C.
1971	Hollis Stacy	Augusta C.C.
1972	Nancy Lopez	Jefferson City C.C.
1973	Amy Alcott	Somerset Hills C.C.
1974	Nancy Lopez	Columbia Edgewater C.C.
1975	Dayna Benson	Dedham C.
1976	Pilar Dorado	Del Rio G. & C.C.

JUNIOR AMATEURS

1977	Althea Tome	Guyan G. & C.C.	
1978	Lori Castillo	Wilmington C.C.	
1979	Penny Hammel	Little Rock C.C.	
1980	Laurie Rinker	Crestview C.C.	
1981	Kay Cornelius	Illahe C.C.	
1982	Heather Farr	Greeley C.C.	
1983	Kim Saiki	Somerset Hills C.C.	

U.S. GIRLS' JUNIOR CHAMPIONSHIP SCORING RECORDS

Largest winning margin, final match
7 and 5, Nancy Lopez over Lauren Howe 1974.
Lowest 18-hole score in qualifying round
69, Kathy McCarthy, first round, 1982; Melissa McNamara, second round, 1982.
Lowest 36-hole qualifying score
141, Melissa McNamara, 1982.
Lowest 36-hole total to qualify for match play
158, 1977.

U.S. GIRLS' JUNIOR CHAMPIONSHIP NOTES OF INTEREST

Most victories
3, Hollis Stacy, 1969-70-71.
Consecutive winners
Judy Eller, 1957-58; Hollis Stacy, 1969-70-71.
Most championships participated
7, Margot Morton, 1954-60
Consecutive eagles
Kathy McCarthy, par-5 4th hole, and par-4 5th hole, first round qualifying match, Greeley (Colo.) C.C., 1982.
Holes-in-one
Debra Miller, 6th hole, Augusta (Ga.) C.C., 1971; Cathy Mockett, 13th hole, Illahe Hills (Ore.) C.C., 1981; Colleen Draeger, 5th hole, Illahe Hills (Ore.) C.C., 1981.
Youngest champion
Kay Cornelius, 14 years, 7 months, 10 days in 1981.
Shortest course
Leavenworth (Kans.) C.C., 5,801 yards, 1964.
Longest course
Heather Downs C.C., Toledo, Ohio, 6,348 yards, 1956.

WOMEN'S WESTERN JUNIOR

Year	Winner	Site
1920	Mercedes Bush	Skokie C.C.
1921	Katherine Bryant	Skokie C.C.
1922	Mercedes Bush	Westmoreland C.C.
1923	Josephine Morse	Indian Hill C.C.
1924	Dorothy Page	South Shore C.C.
1925	Virginia Van Wie	Beverly C.C.
1926	Mildred Hackl	Westmoreland C.C.
1927	Jean Armstrong	South Shore C.C.
1928	Rena Nelson	South Shore C.C.
1929	Ariel Vilas	Evanston G.C.
1930	Priscilla Carver III	Evanston G.C.
1931	Dorothy Foster	LaGrange C.C.
1932	Janey Humphreys	Flossmoor C.C.
1933	Alice Ann Anderson	Evanston G.C.
1934	Shirley Johnson	Park Ridge C.C.
1935	Eleanor Dudley	Westmoreland C.C.

1936	Edith Estabrooks	Oakland Hills C.C.
1937	Muriel Veatch	Hinsdale G.C.
1938	Jane Goodsill	Midlothian C.C.
1939	Mary Wilder	Exmoor C.C.
1940	Georgia Tainter	South Bend C.C.
1941	Jeanne Cline	St. Charles C.C.
1942-1948—No championships		
1949	Marlene Bauer	Onwentsia C.C.
1950	Patricia Lesser	Indian Hill C.C.
1951	Virginia Dennehy	St. Charles C.C.
1952	Barbara McIntire	Lake Shore C.C.
1953	Anne Richardson	Sunset Ridge C.C.
1954	Anne Quast	LaGrange C.C.
1955	JoAnne Gunderson	Lake Geneva C.C.
1956	Clifford Ann Creed	Chicago G.C.
1957	Sherry Wheeler	Barrington Hills C.C.
1958	Carol Ann Mann	Inverness G.C.
1959	Carol Sorenson	Lake Geneva C.C.
1960	Sharon Fladdos	Glen Flora C.C.
1961	Ann Baker	Sunset Ridge C.C.
1962	Mary Lou Daniel	Lake Geneva C.C.
1963	Janis Ferraris	Rockford C.C.
1964	Janis Ferraris	Glen Flora C.C.
1965	Jane Bastanchury	Onwentsia C.C.
1966	Kathy Ahern	Evanston G.C.
1967	Candace Michaeloff	Knollwood C.C.
1968	Jane Fassinger	Lake Geneva C.C.
1969	Jane Fassinger	Woodland C.C.
1970	Mary Budke	Cincinnati C.C.
1971	Mary Budke	Pinehurst C.C.
1972	Nancy Lopez	Prestwick C.C.
1973	Nancy Lopez	Lake Geneva C.C.
1974	Nancy Lopez	Sands Point G.C.
1975	Connie Chillemi	Cincinnati C.C.
1976	Lauren Howe	River Plantation G. & C.C.
1977	Mari McDougall	Lake Geneva C.C.
1978	Cathy Hanlon	Diamondhead Yacht & C.C.
1979	Sharon Barrett	Rockford C.C.
1980	Joanne Pacillo	Sunnyside C.C.
1981	Kathy Kostas	Champaign C.C.
1982	Carey Ruffer	Scenic Hills C.C.
1983	Caroline Keggi	Janesville C.C.

PAST JUNIOR AMATEUR RANKINGS

BOYS

1978
1. Willie Wood
2. Don Hurter
3. Larry Gosewehr
4. Monty Leong
5. Tracy Phillips
6. Talbert Griffin
7. Mark Calcavecchia
8. Mark Brooks
9. Mark Esler
10. John Pallot

1979
1. Tracy Phillips
2. Jack Larkin
3. Rick Fehr
4. Andy Dillard
5. Willie Wood
6. Tim Robinson
7. Tommy Moore
8. Billy Tuten
9. John Ryan
10. Mark Brooks

1980
1. Tommy Moore
2. Tracy Phillips
3. Eric Johnson
4. Adam Armagost
5. Bill Andrade
6. Taijiro Tanaka
7. Bruce Soulsby
8. Eugene Elliott
9. Fred Wadsworth
10. Peter Persons

JUNIOR AMATEURS

1981
1. Sam Randolph
2. Bill Andrade
3. Tommy Moore
4. Scott Erickson
5. Jerry Haas
6. Stuart Hendley
7. Todd Smith
8. Scott Verplank
9. Adam Armagost
10. Tracy Phillips

1982
1. Stuart Hendley
2. Scott Verplank
3. Rich Marik
4. Bill Mayfair
5. Peter Jordan
6. Louis Brown
7. Doug McLeod
8. Jim Benepe
9. Arnold Cutrell
10. Vance Veazy

1983
1. Michael Bradley
2. Brian Nelson
3. Tim Straub
4. E. J. Pfister
5. Bill McDonald
6. Blair Manesse
7. Mark Turlington
8. Kevin Whipple
9. Kevin Leach
10. Bill Mayfair

GIRLS

1979
1. Penny Hammel
2. Sharon Barrett
3. Amy Benz
4. Heather Farr
5. Viveca Vandergriff
6. Jenny Lidback
7. Laurie Burns
8. Rae Rothfelder
9. Joanne Pacillo
10. Susie Ashdown

1980
1. Laurie Rinker
2. Heather Farr
3. Kim Shipman
4. Jody Rosenthal
5. Joanne Pacillo
6. Amy Benz
7. Jenny Lidback
8. Viveca Vandergriff
9. Kandi Kessler
10. Libby Akers

1981
1. Jenny Lidback
2. Cathy Johnston
3. Kay Cornelius
4. Flori Prono
5. Kathy Kostas
6. Heather Farr
7. Martha Foyer
8. Jamie DeWeese
9. Libby Akers
10. Cheryl Stacy

1982
1. Heather Farr
2. Tracy Kerdyk
3. Carey Ruffer
4. Robin Gamester
5. Kristal Parker
6. Tammy Towles
7. Michele A. Michanowicz
8. Martha Foyer
9. Rita Moore
10. Melissa McNamara

1983
1. Kim Saiki
2. Page Dunlap
3. Melissa McNamara
4. Kris Tschetter
5. Tracy Kerdyk
6. Carey Ruffer
7. Pearl Sin
8. Caroline Keggi
9. Danielle Ammaccapane
10. Kathy McCarthy

CHAPTER 9

INTERNATIONAL RESULTS

INTERNATIONAL RESULTS

WALKER CUP MATCH

Year	Winner, scores, site
1922	United States, 8 Great Britain, 4 Ntl. Golf Links, Southampton, N.Y.
1923	United States, 6 Great Britain, 5 one match halved St. Andrews, Scotland
1924	United States, 9 Great Britain, 3 Garden City G.C., Garden City, N.Y.
1926	United States, 6 Great Britain, 5 one match halved St. Andrews, Scotland
1928	United States, 11 Great Britain, 1 Chicago G.C., Wheaton, Ill.
1930	United States, 10 Great Britain, 2 Royal St. George's G.C., Sandwich, England
1932	United States, 8 Great Britain, 1 three matches halved The Country Club, Brookline, Mass.
1934	United States, 9 Great Britain, 2 one match halved St. Andrews, Scotland
1936	United States, 9 Great Britain, three matches halved Pine Valley G.C., Clementon, N.J.
1938	Great Britain, 7 United States, 4 one match halved St. Andrews, Scotland
1940-42-44-46	No tournaments
1947	United States, 8 Great Britain, 4 St. Andrews, Scotland
1949	United States, 10 Great Britain, 2 Winged Foot G.C., Mamaroneck, N.Y.
1951	United States, 6 Great Britain, 3 three matches halved Birkdale G.C., Southport, England
1953	United States, 9 Great Britain, 3 The Kittansett Club, Marion, Mass.
1955	United States, 10 Great Britain, 2 St. Andrews, Scotland
1957	United States, 8 Great Britain, 3 one match halved Minikahda Club, Minneapolis, Minn.
1959	United States, 9 Great Britain, 3 Hon. Company of Edinburgh Golfers, Muirfield, Scotland
1961	United States, 11 Great Britain, 1 Seattle G.C., Seattle, Wash.
1963	United States, 12 Great Britain, 8 four matches halved Ailsa Course, Turnberry, Scotland
1965	Great Britain, 11 United States, 11 two matches halved Baltimore C.C., Baltimore, Md.
1967	United States, 13 Great Britain, 7 four matches halved Royal St. George's G.C., Sandwich, England
1969	United States, 10 Great Britain, 8 six matches halved Milwaukee C.C., Milwaukee, Wis.
1971	Great Britain, 13 United States, 11 St. Andrews, Scotland
1973	United States, 14 Great Britain, 10 The Country Club, Brookline, Mass.
1975	United States, 15½ Great Britain, 8½ St. Andrews, Scotland
1977	United States, 16 Great Britain, 8 Shinnecock Hills G.C., Southampton, N.Y.
1979	United States, 15½ Great Britain, 8½ Hon. Company of Edinburgh Golfers, Muirfield, Scotland
1981	United States, 15 Great Britain, 9 Cypress Point Club, Pebble Beach, Calif.
1983	United States, 13½ Great Britain, 10½ Royal Liverpool G.C., Merseyside, England

INTERNATIONAL RESULTS

WALKER CUP MATCH SCORING RECORDS

Largest winning team margin
11-1, United States, 1928 and 1961.
Largest winning margin in singles
9 and 7, Scott Hoch, United States over James Buckley, 1979.

WALKER CUP MATCH NOTES OF INTEREST

Team victories
26, United States; 3, Great Britain-Ireland.
Most consecutive team victories
9, United States, 1922-36 and 1947-63.
Best individual record
William C. Campbell, U.S., seven singles matches won, one halved and none lost.

WORLD CUP

Year	Winner, runner-up	Score	Site
1953	Argentina	287	Beaconsfield G.C.,
	Canada	297	Montreal

Winning team: Tony Cerda, Roberto De Vicenzo
Individual: Tony Cerda, 140

1954 Australia 556 Laval-sur-le-Lac Club,
 Argentina 560 Montreal, Que.
Winning team: Peter Thomson, Kel Nagle
Individual: Stan Leonard, Canada, 275

1955 United States 560 Columbia, C.C.
 Australia 569 Washington, D.C.
Winning team: Ed Furgol, Chick Harbert
Individual: Furgol, 279

1956 United States 567 Wentworth C.,
 South Africa 581 England
Winning team: Ben Hogan, Sam Snead
Individual: Hogan, 277

1957 Japan 557 Kasumigaseki C.C.
 United States 566 Tokyo, Japan
Winning team: Torakichi Nakamura, Koichi Ono
Individual: Nakamura, 274

1958 Ireland 579 Club de Golf
 Spain 582 Mexico City, Mexico
Winning team: Harry Bradshaw, Christy O'Connor Individual: Angel Miguel, Spain, 286

1959 Australia 563 Royal Melbourne C.,
 United States 573 Melbourne, Australia
Winning team: Kel Nagle, Peter Thomson
Individual: Stan Leonard, Canada, 275

1960 United States 565 Portmarnock G.C.
 England 573 Ireland
Winning team: Arnold Palmer, Sam Snead
Individual: Flory Van Donck, Belgium, 279

1961 United States 560 Dorado Beach G.C.,
 Australia 572 Dorado, Puerto Rico
Winning team: Sam Snead, Jimmy Demaret
Individual: Snead, 272

1962 United States 557 Jockey C., Buenos
 Argentina 559 Aires, Argentina
Winning team: Arnold Palmer, Sam Snead
Individual: Roberto De Vicenzo, Argentina, 276

1963 United States 482 Saint Nom La Breteche
 Spain 485 C., Versailles, France
Winning team: Jack Nicklaus, Arnold Palmer
Individual: Nicklaus, 237 (63 holes)

1964 United States 554 Royal Kaanapali G.
 Argentina 564 Cse., Maui, Hawaii
Winning team: Jack Nicklaus, Arnold Palmer
Individual: Nicklaus, 276

1965 South Africa 571 C. de Campo
 Spain 579 Madrid, Spain
Winning tream: Gary Player, Harold Henning
Individual: Player, 281

1966 United States 548 Yomiuri C.C.,
 South Africa 553 Tokyo, Japan
Winning team: Arnold Palmer, Jack Nicklaus
Individual: George Knudson, Canada, 272 (won playoff from Hideyo Sugimoto, Japan)

1967 United States 557 C. de Golf Mexico
 New Zealand 570 Mexico City, Mex.
Winning team: Arnold Palmer, Jack Nicklaus
Individual: Palmer, 276

1968 Canada 569 Olgiata G.C.
 United States 571 Rome, Italy
Winning team: George Knudson, Al Balding
Individual: Balding, 274

1969 United States 552 Singapore Island C.C.,
 Japan 560 Singapore
Winning team: Lee Trevino, Orville Moody
Individual: Trevino, 275

1970 Australia 545 Jockey Club,
 Argentina 555 Buenos Aires, Argentina
Winning team: David Graham, Bruce Devlin
Individual: Roberto De Vicenzo, Argentina, 269.

1971 United States 555 PGA Ntl. G.C.
 South Africa 567 Palm Beach Gardens, Fla.
Winning team: Jack Nicklaus, Lee Trevino
Individual: Nicklaus, 271

1972 Taiwan 438 Royal Melbourne C.C.,
 Japan 440 Melbourne, Australia
Winning team: Hsie Min-Nan, Lu Liang-Huan.
Individual: Hsie Min-Nan, 217

1973 United States 558 Nueva Andalucia Cse.,
 South Africa 564 Marbella, Spain
Winning team: Johnny Miller, Jack Nicklaus
Individual: Miller, 277

1974 South Africa 554 Lagunita C.C.
 Japan 559 Caracas, Venezuela
Winning team: Bobby Cole, Dale Hayes
Individual: Cole, 271

1975 United States 554 Navatanee G.Cse.,
 Taiwan 564 Bangkok, Thailand
Winning team: Johnny Miller, Lou Graham
Individual: Miller, 275

1976 Spain 574 Mission Hills C.C.
 United States 576 Palm Springs, Calif.
Winning team: S. Ballesteros, Manuel Pinero
Individual: E. Acosta, Mexico, 282

1977 Spain 591 Wack Wack G.C.,
 Philippines 594 Manila, Philippines
Winning team: S. Ballesteros, Tony Garrido
Individual: Gary Player, South Africa, 289

1978 United States 564 Princeville G. Cse.,
 Australia 574 Kauai, Hawaii

INTERNATIONAL RESULTS

Winning team: Andy North, John Mahaffey
Individual: Mahaffey, 281
1979 United States 575 Glyfada G.C.,
    Scotland 580 Athens, Greece
Winning team: John Mahaffey, Hale Irwin.
Individual: Irwin, 285
1980 Canada 572 El Rincon C.,
    Scotland 575 Bogota, Columbia
Winning team: Dan Halldorson, Jim Nelford
Individual: Sandy Lyle, Scotland, 282
1981 Not held
1982 Spain 563 Pierre Marques Cse.,
    United States 566 Acapulco, Mexico
Winning team: Manuel Pinero, Jose Canizares
Individual: Pinero, 281

CURTIS CUP MATCHES

Year	Winner, site, points
1932	United States, 5½
	Great Britain, 3½
	Wentworth G.C.,
	Wentworth, England
1934	United States, 6½
	British Isles, 2½
	Chevy Chase C.,
	Chevy Chase, Md.
1936	United States, 4½
	British Isles, 4½
	King's Course,
	Gleneagles, Scotland
1938	United States, 5½
	British Isles, 3½
	Essex C.C.,
	Manchester, Mass.
1940-42-44-46	No tournaments
1948	United States, 6½
	British Isles, 2½
	Birkdale G.C.,
	Southport, England
1950	United States, 7½
	British Isles, 1½
	C.C. of Buffalo,
	Williamsville, N.Y.
1952	British Isles, 5
	United States, 4
	Hon. Company of Edinburgh Golfers,
	Muirfield, Scotland
1954	United States, 6
	British Isles, 3
	Merion G.C.,
	Ardmore, Pa.
1956	British Isles, 5
	United States, 4
	Prince's G.C.,
	Sandwich Bay, England
1958	British Isles, 4½
	United States, 4½
	Brae Burn C.C.,
	West Newton, Mass.
1960	United States, 6½
	British Isles, 2½
	Lindrick G.C.,
	Worksop, England
1962	United States, 8
	British Isles, 1
	Broadmoor G.C.,
	Colorado Springs, Colo.
1964	United States, 10½
	British Isles, 7½
	Royal Porthcawl G.C.,
	Portcawl, South Wales
1966	United States, 13
	British Isles, 5
	Virginia Hot Springs G. & T.C.,
	Hot Springs, Va.
1968	United States, 10½
	British Isles, 7½
	Royal County Down G.C.,
	Newcastle, No. Ireland
1970	United States, 11½
	British Isles, 6½
	Brae Burn C.C.,
	West Newton, Mass.
1972	United States, 10
	British Isles, 8
	Western Gailes,
	Ayrshire, Scotland
1974	United States, 13
	British Isles, 5
	San Francisco G.C.,
	San Francisco, Calif.
1976	United States, 11½
	British Isles, 6½
	Royal Lytham & St. Anne's G.C.,
	Lancashire, England
1978	United States, 12
	British Isles, 6
	Apawamis Club,
	Rye, N.Y.
1980	United States, 13
	British Isles, 5
	St. Pierre G. & C.C.,
	Chepstow, Wales
1982	United States, 14½
	British Isles, 3½
	Denver C.C.,
	Denver, Colo.

CURTIS CUP MATCH SCORING RECORDS

Largest winning team margin
14½-3½, United States over Great Britain and Ireland, 1982.

Largest winning margin, foursomes
8 and 7, Jean Ashley and Mrs. Les Johnstone, United States, over Mrs. Alistair Frearson and Ruth Porter, 1962.

Largest winning margin, singles
9 and 8, Margaret (Wiffi) Smith, United States, over Philomena Garvey, 1956; also Polly Riley, United States, over Elizabeth Price, 1954.

CURTIS CUP MATCH NOTES OF INTEREST

Team victories
18, United States; 2, British Isles; 2, Ties.

INTERNATIONAL RESULTS

Team winning all foursomes
United States, 1932-54-62.
Most 18-hole foursome matches halved, one event
2, 1980.
Most 18-hole singles matches halved, one event
4, 1968.
Most 36-hole foursome matches halved, one event
1, 1934-36-38.
Most 36-hole singles matches halved, one event
1, 1932-48-50-58-60.
Most times competed, British Isles
7, Mrs. George (Jessie Anderson) Valentine; Mary McKenna.
Most times competed, United States
6, Polly Riley; Barbara McIntire; Anne Quast Sander.

MEN'S WORLD AMATEUR TEAM CHAMPIONSHIP

Year	Winner, runner-up	Score	Site
1958	*Australia	918	St. Andrews G.C.,
	United States	918	Scotland

*Won playoff, 222-224.
Winning team: Doug Bachli, Bruce Devlin, Bob Stevens, Peter Toogood.

1960	United States	834	Merion G.C.,
	Australia	876	Ardmore, Pa.

Winning team: Jack Nicklaus, Deane Beman, Billy Hyndman, Bob Gardner.

1962	United States	854	Kawana Fuji G. Cse.,
	Canada	862	Ito, Japan

Winning team: Deane Beman, Labron Harris, Dick Sikes, Billy Joe Patton.

1964	Great Britain	895	Olgiata C.C.,
	Canada	899	Rome, Italy

Winning team: Ronnie Shade, Rodney Foster, Michael Bonallack, Michael Lunt.

1966	Australia	877	C. de Golf Mexico,
	United States	879	Mexico City, Mex.

Winning team: Kevin Donahue, Kevin Hartley, Harry Berwick Phil Billings

1968	United States	868	Royal Melbourne
	Great Britain	869	G.C., Australia

Winning team: Bruck Fleisher, Jack Lewis Jr., Marvin Giles III, Dick Siderowf.

1970	United States	857	Real C.,
	New Zealand	869	Madrid, Spain

Winning team: Lanny Wadkins, Vinny Giles, Allen Miller, Tom Kite.

1972	United States	865	Olivos C.,
	Australia	870	Buenos Aires, Argentina

Winning team: Ben Crenshaw, Vinny Giles, Mark Hayes, Marty West.

1974	United States	888	Cajuiles Cse., La Romana,
	Japan	898	Dominican Republic

Winning team: Jerry Pate, Cary Koch, George Burns, Curtis Strange.

1976	Gr. Britain & Ireland	892	Penina G.C.,
	Japan	894	Portimao, Portugal

Winning team: Ian Hutcheon, Michael Kelly, John Davies, Steve Martin.

1978	United States	873	Pacific Harbour G. Cse.,
	Canada	886	Fiji

Winning team: Bob Clampett, John Cook, Scott Hoch, Jay Sigel.

1980	United States	848	Pinehurst C.C.,
	South Africa	875	Pinehurst, N.C.

Winning team: Hal Sutton, Jim Holtgrieve, Bob Tway, Jay Sigel.

1982	United States	859	Lausanne G.C.,
	Japan	866	Switzerland

Winning team: Jay Sigel, Jim Holtgrieve, Nathaniel Crosby, Bob Lewis.

MEN'S WORLD AMATEUR TEAM SCORING RECORDS

Lowest 9-hole score
31, William Hyndman III, United States, 1960.
Lowest 18-hole individual score
66, Jack Nicklaus, United States, 1960.
Lowest 36-hole individual score
66, Ronald D. B. M. Shade, Great Britain and Ireland, 1962.
Lowest 54-hole individual score
66, Michael F. Bonallack, Great Britain and Ireland, 1968.
Lowest 72-hole individual score
269, Jack Nicklaus, United States, 1960.
Lowest score not counted for team
69, Deane Beman, United States, third round, 1960.
Lowest team total
834, United States, 1960.
Smallest 18-hole lead
219, Great Britain, Ireland, and South Africa (all tied), 1976.
Smallest 36-hole lead
443, Great Britain, Ireland, and South Africa (all tied), 1976.
Smallest 54-hole lead
1 stroke, South Africa, 1966.
Smallest 72 hole lead
Tie (918), Australia and United States, 1958.
Largest 18-hole lead
9 strokes, United States, 1960.
Largest 36-hole lead
20 strokes, United States, 1960.
Largest 54-hole lead
38 strokes, United States, 1960.
Largest 72-hole lead
42 strokes, United States, 1960.
Most sub-par rounds in first round
8, 1968.
Most sub-par rounds in second round
14, 1968.
Most sub-par rounds in third round
14, 1968.
Most sub-par rounds in fourth round
9, 1970.
Most sub-par rounds in one championship
41, 1970.

INTERNATIONAL RESULTS

WORLD AMATEUR TEAM NOTES OF INTEREST
Oldest player
W. J. Gibb, Malaya, 58 years old in 1958.
Playoffs
Australia over United States (222-224), 1958.

WOMEN'S WORLD AMATEUR CHAMPIONSHIP SCORING RECORDS
Lowest 18-hole individual score
68, Jane Bastanchury Booth, United States, 1972; Marlene Stewart Streit, Canada, 1972.
Lowest 36-hole individual score
70, Patti Rizzo, United States, 1980; Marta Figueras-Dotti, Spain, 1980.
Lowest 54-hole individual score
68, Claudine Cros Rubin, France, 1972.
Lowest 72-hole individual score
289, Marlene Stewart Streit, Canada, 1966.
Lowest team total
579, United States, 1982.
Smallest 18-hole lead
1 stroke, France, 1964; United States, 1966; Italy, 1974; Great Britain and Ireland, 1978; Australia, 1980.
Smallest 36-hole lead
United States and Australia, tied, 1980.
Smallest 54-hole lead
United States and Australia, tied, 1968.
Smallest 72-hole lead
1 stroke, France, 1964; United States, 1970; Australia, 1978.
Largest 18-hole lead
5 strokes, United States, 1972 and 1982.
Largest 36-hole lead
13 strokes, United States, 1972.
Largest 54-hole lead
10 strokes, United States, 1974.
Largest 72-hole lead
17 strokes, United States, 1976 and 1982.
Most sub-par rounds in first round
3, 1970 and 1972.
Most sub-par rounds in second round
6, 1980.
Most sub-par rounds in third round
3, 1966 and 1972.
Most sub-par rounds in fourth round
4, 1980.
Most sub-par rounds in one championship
14, 1980.

WOMEN'S WORLD AMATEUR TEAM CHAMPIONSHIP

Year	Winner, runner-up	Score	Site
1964	France	588	St. Germain G.C.,
	United States	589	Paris, France

Winning team: Claudine Cros, Catherine Lacoste, Brigitte Varangot.

| 1966 | United States | 580 | Mexico City C.C., |
| | Canada | 589 | Mexico City, Mex. |

Winning team: Mrs. Teddy Boddie, Shelley Hamlin, Mrs. David Welts.

| 1968 | United States | 616 | Royal Melbourne |
| | Australia | 621 | G.C., Australia |

Winning team: Jane Bastanchury, Shelley Hamlin, Mrs. David Welts.

| 1970 | United States | 598 | C. de Campo, |
| | France | 599 | Madrid, Spain |

Winning team: Martha Wilkinson, Jane Bastanchury, Cynthia Hill.

| 1972 | United States | 583 | Hindu Club, |
| | France | 587 | Buenos Aires, Argentina |

Winning team: Laura Baugh, Jane Booth, Mary Budke.

| 1974 | United States | 620 | Cajuiles Cse., La Romana, |
| | Gr. Britain-Ireland | 636 | Dominican Republic |

Winning team: Cynthia Hill, Debbie Massey, Carol Semple.

| 1976 | United States | 605 | Vilamoura G.C., |
| | France | 622 | Vilamoura, Portugal |

Winning team: Nancy Lopez, Debbie Massey, Donna Horton.

| 1978 | Australia | 596 | Pacific Harbour G. Cse., |
| | Canada | 597 | Fiji |

Winning team: Edwina Kennedy, Lindy Goggin, Jane Lock.

| 1980 | United States | 588 | Pinehurst C.C., |
| | Australia | 595 | Pinehurst, N.C. |

Winning team: Patti Rizzo, Juli Simpson Inkster, Carol Semple.

| 1982 | United States | 579 | Geneva G.C., |
| | New Zealand | 596 | Switzerland |

Winning team: Juli Inkster, Kathy Baker, Amy Benz.

WOMEN'S WORLD AMATEUR CHAMPIONSHIP NOTES OF INTEREST
Most teams to compete
28, 1980.
Playoffs
None have taken place.
Youngest players
Maria de la Guardia and Silvia Corrie, Dominican Republic, 14 years old in 1974.

CHAPTER 10

CANADIAN RECORDS

CANADIAN RECORDS
MAJOR CANADIAN TOURNAMENT
CANADIAN OPEN

Year	Winner, runner-up, Site	Score
1904	J.H. Oke	156
	P.F. Barrett	158
	Royal Montreal G.C., Montreal, Que.	
1905	George Cumming	148
	P.F. Barrett	#
	Toronto G.C., Toronto, Ont.	
1906	Charles Murray	170
	George Cumming	171
	George Cumming	171
	T.B. Reith	171
	Alex Robertson	171
	Royal Ottawa G.C., Ottawa, Ont.	
1907	Percy Barrett	306
	George Cumming	#
	Lambton G.C., Toronto, Ont.	
1908	Albert Murray	300
	George Sargent	#
	Royal Montreal G.C., Montreal, Que.	
1909	Karl Keffer	309
	George Cumming	#
	Toronto G.C., Toronto, Ont.	
1910	Daniel Kenny	303
	†George S. Lyon	#
	Lambton G.C., Toronto, Ont.	
1911	Charles Murray	314
	D.L. Black	316
	Royal Ottawa G.C., ottawa, Ont.	
1912	George Sargent	299
	J.M. Barnes	302
	Rosedale G.C., Toronto, Ont.	
1913	Albert Murray	295
	Nicol Thompson	301
	J. Burk	301
	Royal Montreal G.C., Montreal, Que.	
1914	Karl Keffer	300
	George Cumming	301
	Toronto G.C., Toronto, Ont.	
1915-18	No tournaments	
1919	J. Douglas Edgar	278
	†R.T. Jones	294
	Karl Keffer	294
	J.M. Barnes	294
	Hamilton G.C., Hamilton, Ont.	
1920	J. Douglas Edgar	298
	Charles Murray	#
	†Tommy Armour	#
	Rivermead G.C., Ottawa, Ont.	
1921	W.H. Trovinger	293
	Mike Brady	296
	Bob Macdonald	296
	Toronto, G.C., Toronto, Ont.	
1922	Al Watrous	303
	Tom Kerrigan	#
	Mount Bruno G.C., Montreal, Que.	
1923	C.W. Hackney	295
	Tom Kerrigan	#
	Lakeview G.C., Toronto, Ont.	
1924	Leo Diegel	285
	Gene Sarazen	287
	Mount Bruno G.C., Montreal, Que.	
1925	Leo Diegel	295
	Mike Brady	297
	Lambton G.C., Toronto, Ont.	
1926	Macdonald Smith	283
	Gene Sarazen	286
	Royal Montreal G.C., Montreal, Que.	
1927	Tommy Armour	288
	Macdonald Smith	#
	Toronto G.C., Toronto, Ont.	
1928	Leo Diegel	282
	Archie Compston	284
	Walter Hagen	284
	Macdonald Smith	284
	Rosedale G.C., Toronto, Ont.	
1929	Leo Diegel	274
	Tommy Armour	277
	Kanawaki G.C., Montreal, Que.	
1930	*Tommy Armour	277
	Leo Diegel	277
	Hamilton G.C., Hamilton, Ont.	
1931	*Walter Hagen	292
	Percy Allis	292
	Mississaugua G.C., Toronto, Ont.	
1932	Harry Cooper	290
	Al Watrous	#
	Ottawa Hunt Club, Ottawa, Ont.	
1933	Joe Kirkwood	
	Harry Cooper	290
	Lex Robson	290
	Royal York G.C., Toronto, Ont.	
1934	Tommy Armour	287
	Ky Laffoon	289
	Lakeview G.C., Toronto, Ont.	
1935	Gene Kunes	280

CANADIAN RECORDS

	Victor Ghezzi	282
	Summerlea G.C., Montreal, Que.	
1936	Lawson Little	271
	Jimmy Thomson	279
	St. Andrews G.C., Toronto, Ont.	
1937	Harry Cooper	285
	Ralph Guldahl	287
	St. Andrews G.C., Toronto, Ont.	
1938	*Sam Snead	277
	Harry Cooper	277
	Mississaugua G. & C.C., Toronto, Ont.	
1939	Harold McSpaden	282
	Ralph Guldahl	287
	Riverside G. & C.C., Saint John, N.B.	
1940	*Sam Snead	281
	Harold McSpaden	281
	Scarboro G. & C.C., Toronto, Ont.	
1941	Sam Snead	274
	R.T. Gray Jr.	276
	Lambton G. & C.C., Toronto, Ont.	
1942	Craig Wood	275
	Mike Turnesa	279
	Mississaugua G. & C.C., Toronto, Ont.	
1943-44	No tournaments	
1945	Byron Nelson	280
	Herman Barron	284
	Thornhill G.C., Toronto, Ont.	
1946	*George Fazio	278
	Dick Metz	278
	Beaconsfield G. & C.C., Montreal, Que.	
1947	Robert Locke	268
	Ed Oliver	270
	Scarboro G. & C.C., Toronto, Ont.	
1948	C.W. Congdon	280
	Dick Metz	283
	Vic Ghezzi	283
	Ky Laffoon	283
	Shaugnessy Heights G.C., Vancouver, B.C.	
1949	E.J. (Dutch) Harrison	271
	Jim Ferrier	275
	St. George's G. & C.C., Toronto, Ont.	
1950	Jim Ferrier	271
	Ted Kroll	274
	Royal Montreal G.C., Montreal, Que.	
1951	Jim Ferrier	273
	Fred Hawkins	275
	Ed Oliver	275
	Mississaugua G. & C.C., Toronto, Ont.	
1952	John Palmer	263
	Dick Mayer	274
	Fred Haas Jr.	274
	St. Charles C.C., Winnipeg, Man.	
1953	Dave Douglas	273
	Wally Ulrich	274
	Scarboro G. & C.C., Toronto, Ont.	
1954	Pat Fletcher	280
	Gordon Brydson	284
	Bill Welch	284
	Point Grey G. & C.C., Vancouver, B.C.	
1955	Arnold Palmer	265
	Jack Burke Jr.	269
	Weston G. & C.C., Toronto, Ont.	
1956	*Doug Sanders	273
	Dow Finsterwald	273
	Beaconsfield G.C., Montreal, Que.	
1957	George Bayer	271
	Bo Wininger	273
	Westmount G. & C.C., Kitchener, Ont.	
1958	Wesley Ellis Jr.	267
	Jay Hebert	268
	Mayfair G. & C.C., Edmonton, Alta.	
1959	Doug Ford	276
	Bo Wininger	278
	Dow Finsterwald	278
	Art Wall Jr.	278
	Islesmere G. & C.C., Montreal, Que.	
1960	Art Wall Jr.	269
	Jay Hebert	275
	Bob Goalby	275
	St. George's G. & C.C., Toronto, Ont.	
1961	Jacky Cupit	270
	Dow Finsterwald	275
	Buster Cupit	275
	Bobby Nichols	275
	Niakwa C.C., Winnipeg, Man.	
1962	Ted Kroll	278
	Charles Sifford	280
	Laval-sur-le-Lac Club, Montreal, Que.	
1963	Doug Ford	280
	Al Geiberger	281
	Scarboro G. & C.C., Scarboro G. & C.C.	
1964	Kel Nagle	277
	Arnold Palmer	279
	Pinegrove C.C., St. Luc, Que.	
1965	Gene Littler	273
	Jack Nicklaus	274
	Mississaugua G. & C.C., Port Credit, Ont.	

231

CANADIAN RECORDS

Year	Winner	Score
1966	Don Massengale	280
	Chi Chi Rodriguez	283
	Shaugnessy G. & C.C.	
	Vancouver, B.C.	
1967	*Billy Casper	279
	Art Wall Jr.	279
	Montreal Municipal G.C.,	
	Montreal, Que.	
1968	Bob Charles	274
	Jack Nicklaus	276
	St. George's G. & C.C.,	
	Toronto, Ont.	
1969	*Tommy Aaron	275
	Sam Snead	275
	Pinegrove C.C.,	
	St. Luc, Que.	
1970	Kermit Zarley	279
	Gibby Gilbert	282
	London Hunt & C.C.,	
	London, Ont.	
1971	*Lee Trevino	275
	Art Wall Jr.	275
	Richelieu Valley G.C.,	
	Ste.-Julie de Vercheres, Que.	
1972	Gay Brewer Jr.	275
	Sam Adams	276
	Dave Hill	276
	Cherry Hill Club	
	Ridgeway, Ont.	
1973	Tom Weiskopf	278
	Forrest Fezler	280
	Richelieu Valley G.C.,	
	Ste.-Julie de Vercheres, Que.	
1974	Bobby Nichols	270
	Larry Ziegler	274
	John Schlee	274
	Mississauga G. & C.C.	
	Mississauga, Ont.	
1975	*Tom Weiskopf	274
	Jack Nicklaus	274
	Royal Montreal G.C.,	
	Ile Bizard, Que.	
1976	Jerry Pate	267
	Jack Nicklaus	271
	Essex G. & C.C.	
	Windsor, Ont.	
1977	Lee Trevino	280
	Peter Oosterhuis	284
	Glen Abbey G.C.,	
	Oakville, Ont.	
1978	Bruce Lietzke	283
	Pat McGowan	284
	Glen Abbey G.C.,	
	Oakville, Ont.	
1979	Lee Trevino	281
	Ben Crenshaw	284
	Glen Abbey G.C.,	
	Oakville, Ont.	
1980	Bob Gilder	274
	Leonard Thompson	276
	Jerry Pate	276
	Royal Montreal G.C.,	
	Ile Bizard, Que.	
1981	Peter Oosterhuis	280
	Bruce Lietzke	281
	Andy North	281
	Jack Nicklaus	281
	Glen Abbey G.C.,	
	Oakville, Ont.	
1982	Bruce Lietzke	277
	Hal Sutton	279
	Glen Abbey G.C.,	
	Oakville, Ont.	
1983	*John Cook	277
	Johnny Miller	277
	Glen Abbey G.C.	
	Oakville, Ont.	

#Not recorded. †Denotes amateur.
*Won playoff.

CANADIAN AMATEUR

Year	Winner, runner-up, site	Score
1895	*T.H. Harley	#
	d. A. Simpson	#
	Royal Ottawa C.C.,	
	Ottawa, Ont.	
1896	Stewart Gillespie	
	d. W.A. Griffith	4 and 3
	Quebec G.C.,	
	Quebec, Que.	
1897	W.A.H. Kerr	
	d. R.T. Henderson	5 and 4
	Royal Montreal G.C.,	
	Montreal, Que.	
1898	George S. Lyon	
	d. G.H.F. Pattison	12 and 11
	Toronto G.C.,	
	Toronto, Ont.	
1899	Vere C. Brown	
	d. Stewart Gillespie	5 and 3
	Royal Ottawa G.C.,	
	Ottawa, Ont.	
1900	George S. Lyon	
	d. G.W. McDougall	38 holes
	Royal Montreal G.C.,	
	Montreal, Que.	
1901	W.A.H. Kerr	
	d. Percy Taylor	38 holes
	Toronto G.C.,	
	Toronto, Ont.	
1902	F.R. Martin	
	d. R.C.H. Cassels	36 holes
	Royal Montreal G.C.,	
	Montreal, Que.	
1903	George S. Lyon	
	d. M.C. Cameron	10 and 8
	Toronto G.C.,	
	Toronto, Ont.	
1904	Percy Taylor	
	d. George S. Lyon	3 and 1
	Royal Montreal G.C.,	
	Montreal, Que.	
1905	George S. Lyon	
	d. R.S. Strath	12 and 11
	Toronto G.C.,	
	Toronto, Ont.	

CANADIAN RECORDS

1906	George S. Lyon d. Douglas Laird Royal Ottawa G.C., Ottawa, Ont.	5 and 4	
1907	George S. Lyon d. Fritz Martin Lambton G.C., Toronto, Ont.	3 and 2	
1908	A. Wilson Jr. d. Fritz Martin Royal Montreal G.C., Montreal, Que.	1 up	
1909	E. Legge d. G.F. Moss Toronto G.C., Toronto, Ont.	1 up	
1910	Fritz Martin d. George S. Lyon Lambton G.C., Toronto, Ont.	37 holes	
1911	G.H. Hutton d. A.E. Austin Royal Ottawa G.C., Ottawa, Ont.	39 holes	
1912	George S. Lyon d. A. Hutcheson Royal Montreal G.C., Montreal, Que.	6 and 5	
1913	G.H. Turpin d. Gerald Lees Toronto G.C., Toronto, Ont.	1 up	
1914	George S. Lyon d. Brice Evans Royal Ottawa G.C., Ottawa, Ont.	8 and 7	
1915-18—No championships			
1919	W. McLuckie d. G.H. Turpin Lambton G.C., Toronto, Ont.	6 and 4	
1920	C.B. Grier d. T. Gillespie Beaconsfield G.C., Montreal, Que.	5 and 4	
1921	Frank Thompson d. C.W. Hague Winnipeg G.C., Winnipeg, Man.	38 holes	
1922	C.C. Fraser d. Norman Scott Hamilton G.C., Hamilton, Ont.	37 holes	
1923	W.J. Thompson d. Redvers Mackenzie Kanawaki G.C., Montreal, Que.	3 and 2	
1924	Frank Thompson d. C. Ross Somerville Rosedale G.C., Toronto, Ont.	3 and 1	
1925	Donald D. Carrick d. C. Ross Somerville	5 and 4	
1926	C. Ross Somerville d. C.C. Fraser Toronto G.C., Toronto, Ont.	4 and 3	
1927	Donald D. Carrick d. Frank Thompson Hamilton G.C., Hamilton, Ont.	9 and 8	
1928	C. Ross Somerville d. W.K. Lanman Summerlea G.C., Montreal, Que.	3 and 2	
1929	Eddie Held d. Gardiner White Jasper Park G.C., Jasper, Alta.	3 and 2	
1930	C. Ross Somerville d. J.W. Platt London Hunt Club, London, Ont.	11 and 10	
1931	C. Ross Somerville d. Arthur Yates Royal Montreal G.C., Montreal, Que.	3 and 2	
1932	Gordon B. Taylor d. J.A. Cameron Lambton G.C., Toronto, Ont.	5 and 3	
1933	Albert Campbell d. Kenneth Black Shaughnessy Heights G.C., Vancouver, B.C.	3 and 2	
1934	Albert Campbell d. C. Ross Somerville Laval sur-le-Lac Club, Montreal, Que.	1 up	
1935	C. Ross Somerville d. Gordon Taylor Jr. Hamilton G. & C.C., Hamilton, Ont.	7 and 6	
1936	Fred Haas Jr. d. Bobby Reith St. Charles C.C., Winnipeg, Man.	8 and 7	
1937	C. Ross Somerville d. Phil Farley Ottawa Hunt Club, Ottawa, Ont.	2 and 1	
1938	Ted Adams d. C. Ross Somerville London Hunt & C.C., London, Ont.	1 up on 39t	
1939	Ken Black d. Henry Martell Mount Bruno C.C., Montreal, Que.	8 and 6	
1940-45—No championships			
1946	Henry Martell d. Ken Black Mayfair G. & C.C., Edmonton, Alta.	6 and 5	

CANADIAN RECORDS

Year	Winner / Runner-up / Club	Score
1947	Frank Stranahan	
	d. Bill Ezinicki	6 and 5
	Royal Quebec G.C., Quebec, Que.	
1948	Frank Stranahan	
	d. C.J. Stoddard	9 and 7
	Hamilton G. & C.C., Hamilton, Ont.	
1949	R. D. Chapman	
	d. Phil Farley	38 holes
	Riverside G. & C.C., Saint John, N.B.	
1950	Bill Mawhinney	
	d. Nick K. Weslock	6 and 4
	Saskatoon G. & C.C., Saskatoon, Sask.	
1951	Walter McElroy	
	d. Phil Farley	2 and 1
	Royal Ottawa G.C., Hull, Que.	
1952	Larry Bouchey	
	d. Wm. C. Campbell	37 holes
	Capilano G. & C.C., Vancouver, B.C.	
1953	Don Cherry	
	d. Don Doe	1 up
	Kanawaki G.C., Montreal, Que.	
1954	Harvie Ward Jr.	
	d. Bill Campbell	5 and 4
	London Hunt & C.C., London, Ont.	
1955	Moe Norman	
	d. Lyle Crawford	39 holes
	Calgary G. & C.C., Calgary, Alta.	
1956	Moe Norman	
	d. Jerry Magee	5 and 4
	Edmundston G.C., Edmundston, N.B.	
1957	Nick Weslock	
	d. Ted Homenuik	9 and 8
	St. Charles C.C., Winnipeg, Man.	
1958	Bruce Castator	
	d. Eric Hanson	1 up
	Scarboro G. & C.C., Toronto, Ont.	
1959	John Johnston	
	d. Gary Cowan	1 up
	Marine Drive G.C., Vancouver, B.C.	
1960	R. Keith Alexander	
	d. Gary Cowan	4 and 3
	Ottawa Hunt & C.C., Ottawa, Ont.	
1961	Gary Cowan	
	d. Ted Homenuik	1 up
	Edmonton G.C., Edmonton, Alta.	
1962	Reg Taylor	
	d. Tom Draper	4 and 2
	Sunningdale C.C., London, Ont.	
1963	Nick Weslock	
	d. Bert Ticehurst	7 and 6
	Riverside G. & C.C., Saint John, N.B.	
1964	Nick Weslock	
	d. Gary Cowan	1 up
	Riverside C.C., Saskatoon, Sask.	
1965	George Henry	
	d. Bill Campbell	1 up
	Pine Ridge G.C., Winnipeg, Man.	
1966	Nick Weslock	
	d. William Brew	1 up
	Summerlea G. & C.C., Dorion, Que.	
1967	Stuart G. Jones	
	Ross Murray	3 and 2
	Royal Colwood G. & C.C., Victoria, B.C.	
1968	Jim Doyle	
	Gary Cowan	4 and 3
	Mayfair G. & C.C., Edmonton, Alta.	
1969	Wayne McDonald	284
	Richard Siderowf	285
	Leonard Thompson	285
	Westmount G. & C.C., Kitchener, Ont.	
1970	Allen Miller	274
	Stu Hamilton	284
	Bill Kratzert	284
	Richard Siderowf	284
	James Simons	284
	Ottawa Hunt & C.C., Ottawa, Ont.	
1971	*Richard Siderowf	293
	Doug Roxburgh	293
	Oakfield G.C., Grand Lake, N.S.	
1972	Doug Roxburgh	276
	Dave Barr	280
	Earl Grey G.C., Calgary, Alta.	
1973	George Burns III	284
	Daniel O'Neill	285
	Richard Ehrmanntrant	285
	Summit G. & C.C., Oak Ridge, Ont.	
1974	Doug Roxburgh	280
	Gary Cowan	284
	Niakwa C.C., Winnipeg, Man.	
1975	Jim Nelford	280
	Doug Roxburgh	284
	Riverside C.C., Saint John, N.B.	
1976	*Jim Nelford	287
	Rafael Alarcon	287
	Royal Colwood G. & C.C., Victoria, B.C.,	

CANADIAN RECORDS

1977	Rod Spittle	279
	Jim Nelford	281
	Hamilton G. & C.C.,	
	Ancaster, Ont.	
1978	Rod Spittle	276
	Bob Mase	286
	Gary Cowan	286
	Le Club Laval sur-le-Lac,	
	Laval, Que.	
1979	Rafael Alarcon	282
	Graham Cooke	286
	Brantford G. & C.C.,	
	Brantford, Ont.	
1980	Greg Olson	290
	Steve Hayles	293
	Stu Hamilton	293
	Ashburn G.C. (New Course),	
	Halifax, N.S.	
1981	*Richard Zokol	271
	Blaine McCallister	271
	Calgary G. & C.C.,	
	Calgary, Alta.	
1982	*Doug Roxburgh	287
	Stu Hamilton	287
	Brian Christie Jr.	287
	Kanawaki G.C.,	
	Caughnawaga, Que.	
1983	Danny Mijovic	277
	Jay Sigel	284
	Capilano G. & C.C.,	
	West Vancouver, B.C.	

*Won playoff. # Not recorded.

CANADIAN SENIOR

Year	Winner, site
1962	George C. Hevenor Sr.
	St. Charles C.C.
1963	Wm. W. Martin
	Royal Quebec G.C.
1964	Geo. C. Hevenor Sr.
	Summerlea G. & C.C.
1965	Geo. C. Hevenor Sr.
	Capilano G. & C.C.
1966	Jack Littler
	Brantford G. & C.C.
1967	Dr. George B. Bigelow
	Ashburn G.C.
1968	Phil Farley
	Riverside C.C.
1969	Phil Farley
	Scarboro G. & C.C.
1970	Jack Nash
	St. Charles C.C.
1971	Henry Mitchell
	Kanawaki G.C.
1972	*Merle N. Noyes
	Uplands G.C.
1973	Nick Weslock
	Donalda Club
1974	Nick Weslock
	Moncton G. & C.C.
1975	John S. Poyen
	Calgary G. & C.C.
1976	Edward Ervasti
	Islesmere G.C. Inc.
1977	Herb Carnegie
	Glendale G. & C.C.
1978	Herb Carnegie
	Point Grey G. & C.C.
	Marine Drive G.C.
1979	Nick Weslock
	The Algonquin Hotel G.C.
1980	Nick Weslock
	Riverside C.C. & Saskatoon G. & C.C.
1981	Nick Weslock
	Elm Ridge C.C. &
	Royal Montreal G.C.
1982	Arnold Baker
	Mayfair G. & C.C. &
	Highlands G.C.
1983	Nick Weslock
	Bally Haly G. & C.C.

CANADIAN JUNIOR

Year	Winner, site
1938	James Hogan
	London Hunt & C.C.
1939	Howard Bennett
	Mount Bruno G.C.
1940-45	No championships
1946	Gerry Kesselring
	Mayfair G. & C.C.
1947	Gerry Kesselring
	Royal Quebec G.C.
1948	Bill Mawhinney
	Hamilton G. & C.C.
1949	Bob Hall
	Riverside G. & C.C.
1950	*Doug Silverberg
	Saskatoon G. & C.C.
1951	*Laurie Roland
	Royal Ottawa G.C.
1952	Lea Windsor
	Capilano G. & C.C.
1953	Gordon MacKenzie
	Kanawaki G.C.
1954	Grant Dearnaley
	London Hunt & C.C.
1955	Geo. Knudson
	Calgary G. & C.C.
1956	Gary Cowan
	Edmundston G.C.
1957	Bill Wakeham
	St. Charles C.C.
1958	Bobby Panasiuk
	Scarboro G. & C.C.
1959	Alan Kennedy
	Kanawaki G.C.
1960	Brian Wilcox
	Thornhill G.C.
1961	Terry Campbell
	Saskatoon G. & C.C.
1962	Norman Mogil
	Moncton G. & C.C.

CANADIAN RECORDS

Year	Winner, site
1963	Wayne Vollmer, Royal Colwood G.C.
1964	Jim Sced, Belvedere G. & Winter C.
1965	Ian Thomas, Brantford G. & C.C.
1966	Wayne McDonald, Brandon G. & C.C.
1967	Jay Paukkunen, Toronto G.C.
1968	Doug Stewart, Ki-8-Eb C.C.
1969	Dale Tallon, Kelowna G. & C.C.
1970	Doug Roxburgh, Brightwood G. & C.C.
1971	*Kelly Roberts, Windermere G. & C.C.
1972	Robbie Jackson, Le Club Laval sur-le-Lac
1973	Robbie Jackson, Fredericton G.C.
1974	Jim Harrison, Sunningdale C.C.
1975	Jim Goddard, Gorge Vale G.C.
1976	Andre Nols, Rideau View G. & C.C.
1977	Jim Rutledge, Cooke Municipal G.C.
1978	Danny Maue, Lingan C.C.
1979	Rick Sepp, Breezy Bend C.C.
1980	Keith Westover, Red Deer G. & C.C.
1981	Kevin Dugas, St. George's G. & C.C.
1982	Jack Kay, C. de G. Beauce
1983	Brent Franklin, Vancouver G.C.

*Won playoff.

CANADIAN WOMEN'S AMATEUR

Year	Winner, site
1901	L. Young, Royal Montreal G.C.
1902	M. Thompson, Toronto G.C.
1903	F. Harvey, Royal Montreal G.C.
1904	F. Harvey, Toronto G.C.
1905	M. Thompson, Royal Montreal G.C.
1906	M. Thompson, Toronto G.C.
1907	M. Thompson, Royal Ottawa G.C.
1908	M. Thompson, Lambton G.C.
1909	V. H. Anderson, Royal Montreal G.C.
1910	Dorothy Campbell, Toronto G.C.
1911	Dorothy Campbell, Royal Ottawa G.C.
1912	Dorothy Campbell, Rosedale G.C.
1913	M. Dodd, Royal Montreal G.C.
1914-18	No championships
1919	Ada Mackenzie, Beaconsfield G.C.
1920	Alexa Stirling, Hamilton G.C.
1921	Cecil Leitch, Rivermead G.C.
1922	Mrs. W. A. Gavin, Toronto G.C.
1923	Glenna Collett, Mt. Bruno C.C.
1924	Glenna Collett, Hamilton G.C.
1925	Ada Mackenzie, Royal Ottawa G.C.
1926	Ada Mackenzie, Elmhurst G.C.
1927	Helen Payson, Lambton G.C.
1928	Virginia Wilson, Beaconsfield G.C.
1929	Helen Hicks, Hamilton G.C.
1930	Maureen Orcutt, Laval-sur-le-Lac Club
1931	Maureen Orcutt, Rosedale G.C.
1932	Margery Kirkham, Kanawaki G.C.
1933	Ada Mackenzie, Pine Ridge G.C.
1934	Mrs. W. G. Fraser, Toronto G.C.
1935	Ada Mackenzie, Jericho C.C.
1936	Mrs. A. B. Darling, Royal Montreal G.C.
1937	Mrs. John Rogers, St. Charles C.C.
1938	Mrs. F. J. Mulqueen, Royal Ottawa G.C.
1939-46	No championships
1947	Grace Lenczyk, Toronto G.C.
1948	Grace Lenczyk, Riverside G. & C.C.
1949	Grace DeMoss, Capilano G. & C.C.
1950	Dorothy Kielty, St. Charles C.C.
1951	Marlene Stewart, Le Club Laval-sur-le-Lac
1952	Edean Anderson

CANADIAN RECORDS

		Mayfair G. & C.C.
1953	Barbara Romack	
		London Hunt & C.C.
1954	Marlene Stewart	
		Brightwood G. & C.C.
1955	Marlene Stewart	
		Royal Colwood G.C.
1956	Marlene Stewart	
		Niakwa C.C.
1957	Betty Stanhope	
		The Royal Montreal G.C.
1958	Marlene Streit	
		The Saskatoon G. & C.C.
1959	Marlene Streit	
		St. George's G. & C.C.
1960	Judy Darling	
		Riverside G. & C.C.
1961	Judy Darling	
		Point Grey G. & C.C.
1962	Gayle Hitchens	
		Glendale G. & C.C.
1963	Marlene Streit	
		Royal Ottawa G.C.
1964	Margaret Masters	
		Calgary G. & C.C.
1965	Jocelyn Bourassa	
		Westmount G. & C.C.
1966	Helene Gagnon	
		Ashburn G.C.
1967	B. Jackson	
		Saskatoon C.C.
1968	Marlene Streit	
		Kanawaki C.C.
1969	Marlene Streit	
		New Brunswick C.C.
1970	Mrs. G. Harvey Moore	
		Downsview C.C.
1971	Jocelyn Bourassa	
		Capilano C.C.
1972	Marlene Streit	
		Niakwa C.C.
1973	Marlene Streit	
		Belvedere C.C.
1974	Debbie Massey	
		Edmonton C.C.
1975	Debbie Massey	
		Oakfield C.C.
1976	Debbie Massey	
		Cooke Municipal G.C.
1977	Cathy Sherk	
		Hillsdale C.C.
1978	Cathy Sherk	
		Mactaquac Provincial Park G.C.
1979	Stacey West	
		Bally Haly C.C.
1980	Edwina Kennedy (Aust.)	
		London Hunt C.C.
1981	Jane Lock	
		Winnipeg C.C.
1982	Cindy Pleger	
		Brudenell G.C.
1983	Dawn Coe	
		Victoria G.C.

1983 CHAMPIONS

NATIONAL
Open—John Cook (pro).
Men's Amateur—Danny Mijovic.
Women's Amateur—Dawn Coe.
Senior Men—Nick Weslock.
Senior Ladies—Alice Dye.
Junior Boys—Brent Franklin.
Junior Girls—Heather Kuzmich.
Juvenile—Drew Hartt.

ALBERTA
Open—Norman Grey (am.).
Amateur—Mike Hogan; Marilyn O'Connor.
Left-handers—Ray Tull.
Senior—Dunc. Stockwell; Shirley Bacon.
Junior—Drew Hartt; Shannon Harvey.

BRITISH COLUMBIA
Amateur—Doug Roxburgh; Dawn Coe.
Senior—Bill McGhee; Joyce O'Connor.
Junior—Brent Franklin; Nancy Callan.

MANITOBA
Open—Dan Halldorson (pro).
Amateur—Pat Doyle; Gail Anderson.
Public Links: Grant Foster.
Senior—Nick Mickoski; Marlene Netterfield.
Junior—David White; Janet Cochrane.

NEW BRUNSWICK
Amateur—Andrew (Andy) Dickison; Mary Ellen Driscoll.
Senior—Lewis Beatty; Grace Donald.
Junior—Michael Graham; Patricia Saunders.

NEWFOUNDLAND/LABRADOR
Amateur—Bill Hryniw; Rebecca Stark.
Senior—Les Skanes; Edith Dean.
Junior—Brien Dunville; Jill Winsor.

NOVA SCOTIA
Amateur—Gerry MacMillan; Kathy Powers.
Senior—Donald O'Hearn; Marg Bishop.
Junior—Dale Calaghan; Kim Logue.

ONTARIO
Amateur—Len Foran; Mary Ann Hayward.
Public Links—Frank Pinder.
Senior—Bob Harvey; Edie Creed.
Junior—Charles Crawford; Heather Kuzmich.
Juvenile—Mike Hutcheon.
Bantam—Brennan Little.

PRINCE EDWARD ISLAND
Open—Tom Irwin (pro).
Amateur—David Bowlan; Laura Kane.

CANADIAN RECORDS

Senior—Joe Perron; Joyce Beer.
Junior—John Schurman; Laura Kane.

QUEBEC

Open—Open; Gerry Anderson (pro).
Amateur—Jacques Godin; Jocelyn Smith.
Senior—Bert Cotterell; Vera Charlebois.

Junior—Louis Larue (stroke); Peter Weltman (match); Eve-Lyne Biron.

SASKATCHEWAN

Amateur—Darren Veitch; Barbara Danaher.
Senior—Wally Sawchuk; Pat Lawson
Junior—Mike Vinnik; Karen Proud.

CHAPTER 11

BIOGRAPHIES OF TODAY'S LEADING PROFESSIONALS

BIOGRAPHIES OF TODAY'S LEADING PROFESSIONALS

MEN PROFESSIONALS

George Archer
Height: 6' 5''.
Weight: 200.
Birth: Oct. 1, 1939, San Francisco, Calif.
Residence: Gilroy, Calif.
Family: Wife, Donna Garmen; Elizabeth (10/15/63), Marilyn (12/30/65).
Turned professional: 1964.
Career earnings: $1,311,031.
Tour victories: (total 12): 1965, Lucky International; 1967, Greensboro; 1968, Pensacola, New Orleans, National Team (with Bobby Nichols); 1969, Masters, Bing Crosby National; 1971, Williams-San Diego, Hartford; 1972, Campbell-Los Angeles, Greensboro; 1976, Del Webb Sahara Invitational.
Money (rank): 1964, $14,867 (51); 1965, $29,197 (31); 1966, $44,572 (19); 1967, $84,344 (8); 1968, $150,972 (4); 1969, $102,707 (11); 1970, $63,607 (28); 1971, $147,769 (4); 1972, $145,027 (3); 1973, $58,841 (50); 1974, $18,794 (111); 1975, $9,777 (127); 1976, $43,484 (63); 1977, $113,944 (20); 1978, $6,617 (163); 1979, $9,524 (156); 1980, $67,164 (60); 1981, $111,093 (31); 1982, $88,118 (47); 1983, $61,066 (85).
Best 1983 finishes: 5, Los Angeles; T12, Masters.
Other achievements: Winner, 1963 Trans-Mississippi Amateur, Northern California Open. All-time Tour record, fewest putts one tournament, 94, 1980 Hertitage Classic.

Seve Ballesteros
Height: 6'.
Weight: 175.
Birth: April 9, 1957, Santander, Spain.
Family: Single.
Turned professional: 1974.
Tour victories: 1978, Greensboro; 1979, British Open, 1980, Masters; 1983 Masters, Westchester.
Money (rank): Not a member of PGA Tour prior to 1984; 1983, $210,933 (18).
Other achievements: Winner of 1976, Dutch Open, Lancome Trophy; 1977, French Open, Uniroyal International, Swiss Open, Japanese Open, Dunlop Phoenix (Japan), Otago Classic (New Zealand); 1978, Kenya Open, Martini International, German Open, Scandinavian Enterprise Open, Swiss Open, Japanese Open; 1979, English Golf Classic, 1980, Madrid Open, Martini International, Dutch Open; 1981, Scandinavian Enterprise Open, Benson & Hedges Spanish Open, Suntory World Match-Play Championship, Australian PGA Championship, Dunlop Phoenix (Japan); 1982, Cepsa Madrid Open, Paco Rabanne French Open, Suntory World Match-Play Championship; 1983, Lancome Trophy, Irish Open, British PGA Ch.

Dave Barr
Height: 6' 1''.
Weight: 180.
Birth: March 1, 1952, Kelowna, British Columbia.
Residence: Richmond, B.C.
Family: Wife, Lu Ann; Brent Jason (10/11/80).

College: Oral Roberts Univ.
Turned professional: 1974.
Career earnings: $152,071.
Tour victories (total 1): 1981, Quad Cities Open.
Money (rank): 1978, $11,897 (133); 1979, $13,022, (142); 1980, $14,664 (141); 1981, $46,214 (90); 1982, $12,474 (166); 1983, $52,800 (96).
Best 1983 finishes: T9, Disney; T11, Nelson, Atlanta.
Other achievements: Winner of five events on Canadian Tour. Winner 1977 Canadian Order of Merit. Member 1977, 1978 Canadian World Cup teams. Winner 1977 Washington State Open.

Andy Bean
Height: 6' 4''.
Weight: 210.
Birth: March 13, 1953, Lafayette, Ga.
Residence: Grenelefe G. & Tennis Resort, Grenelefe, Fla.
Family: Wife, Debbie; Lauren Ashley (4/17/82).
College: Univ. of Florida.
Turned professional: 1975.
Career earnings: $1,378,228.
Tour victories: (total 8): 1977, Doral-Eastern; 1978, Kemper, Memphis, Western; 1979, Atlanta; 1980, Hawaiian; 1981, Bay Hill; 1982, Doral-Eastern.
Money (rank): 1976, $10,761 (139); 1977, $127,312 (12); 1978, $268,241 (3); 1979, $208,253 (7); 1980, $269,033 (4); 1981, $105,755 (35); 1982, $208,627 (15); 1983, $181,246 (24).
Best 1983 finishes: T2, Westchester; T3, LaJet; T4, Hawaii, Tucson, Canadian.
Other achievements: 1974 Eastern Amateur and Falstaff Amateur champion, 1975 Dixie Amateur and Western Amateur champion, semifinalist U.S. Amateur, All-American selection and captain of University of Florida golf team. Winner, 1978 Dunlop Phoenix, Japan.

Chip Beck
Height: 5' 10''.
Weight: 170.
Birth: Sept. 12, 1956, Fayetteville, N.C.
Residence: Fayetteville, N.C.
Family: Wife, Terri.
College: Univ. of Georgia.
Turned professional: 1978.
Career earnings: $258,826.
Money (rank): 1979, $4,166 (194); 1980, $17,109 (131); 1981, $30,034 (110); 1982, $57,608 (76); 1983, $149,909 (33).
Best 1983 finishes: T2, Atlanta, Memphis.
Other achievements: Named Senior Athlete of Year at University of Georgia, 1978. Winner of six college tournaments, including Southern Intercollegiate three years and 1976 All-America Tournament. Three-time All-America. Twice winner Carolinas Junior title and Carolinas Amateur championship.

Jim Booros
Height: 6' ½''.
Weight: 200.
Birth: April 22, 1951, Reading, Pa.
Residence: Allentown, Pa.
Family: Wife, Deborah.

BIOGRAPHIES OF TODAY'S LEADING PROFESSIONALS

College: Edinboro (Pa.) State College.
Turned professional: 1973.
Career earnings: $118,080.
Money (rank): 1977, $2,459 (197); 1981, $28,708 (113); 1982, $51,933 (89); 1983, $34,980 (125).
Best 1983 finishes: T8, San Diego; T14, Disney.
Other achievements: Winner 1973 Pennsylvania Public Links.

Brad Bryant
Height: 5' 10''.
Weight: 165.
Birth: Dec. 11, 1954, Amarillo, Tex.
Residence: Orlando, Fla.
Family: Wife, Sue.
College: Univ. of New Mexico.
Turned professional: 1976.
Career earnings: $368,146.
Money (rank): 1978, $4,350 (173); 1979, $63,013 (67); 1980, $56,115 (68); 1981, $52,070 (80); 1982, $99,576 (37); 1983, $93,021 (61).
Best 1983 finishes: T2, Nelson; T5, Texas.
Other achievements: Winner 1971, 1973 New Mexico Scholastic championships. Winner 1973 Harvey Penick Invitational. Named All-Western Athletic Conference.

George Burns III
Height: 6' 2''.
Weight: 195.
Birth: July 29, 1949, Brooklyn, N.Y.
Residence: Quail Ridge G.C., Boynton Beach, Fla. (plays out of Grossinger Hotel and C.C., Grossinger, N.Y.)
Family: Wife, Irene; Kelly Ann (4/2/76); Eileen (8/25/80).
College: Univ. of Maryland (1972, Phys. Ed & Recreation).
Turned professional: 1975.
Career earnings: $936,645.
Tour victories (total 2): 1979, Walt Disney World Team Championship (with Ben Crenshaw); 1980, Bing Crosby National Pro-Am.
Money (rank): 1976, $85,732 (30); 1977, $102,026 (25); 1978, $71,498 (38); 1979, $107,830 (33); 1980, $219,928 (7); 1981, $105,395 (37); 1982, $181,864 (18); 1983 $62,371 (83).
Best 1983 finishes: 3, Doral; T8, Boston.
Other achievements: Winner 1973 Canadian Amateur and 1974 Porter Cup, North-South Amateur, and New York State Amateur. As professional, won 1975 Scandinavian Open and 1975 Kerrygold (Ireland). 1975 Walker Cup team and 1975 World Amateur Cup team.

Rex Caldwell
Height: 6' 2''.
Weight: 177.
Birth: May 5, 1950, Everett, Wash.
Residence: Tallahassee, Fla.
Family: Wife, Marjorie; Michael (1/9/77); Shannon (4/1/79).
College: San Fernando Valley State.
Turned professional: 1972.
Career earnings: $654,178.
Tour victory (total 1): 1983, LaJet.
Money (rank): 1975, $3,094 (178); 1976, $24,912 (87); 1977, $11,693 (137); 1978, $68,451 (42); 1979, $96,088 (36); 1980, $64,859 (62); 1981, $33,945 (102); 1982, $64,622 (68); 1983, $284,434 (6).
Best 1983 finishes: 1, LaJet; 2, Bob Hope, Las Vegas; T2, Phoenix, Crosby.
Other achievements: College Division All-American, 1971 and 1972. Winner 1978 California State Open.

Billy Casper
Height: 5' 11''.
Weight: 200.
Birth: June 24, 1931, San Diego, Calif.
Residence: Mapleton, Utah.
Family: Wife, Shirley Franklin; Linda (8/11/57); William (11/2/58); Robert (7/14/60); Byron (2/24/68); Jennifer (4/31/68); Judith (4/31/68); Charles (3/3/70); David (4/29/73); Julia (6/1/74); Sarah (5/3/75); Tommy (12/25/76).
Turned professional: 1954. (**Joined Tour:** 1955).
Career earnings: $1,684,728.
Tour victories (total, 51): 1956, Labatt; 1957, Phoenix, Kentucky Derby; 1958, Bing Crosby, New Orleans, Buick, Havana; 1959, U.S. Open, Portland, Lafayette, Mobile; 1960, Portland, Hesperia, Orange County, Bakersfield; 1961, Portland, Doral, ''500'' Festival; 1963, Bing Crosby, Insurance City; 1964, Doral, Colonial, Seattle, Almaden; 1965, Bob Hope, Insurance City, Western, Sahara; 1966, U.S. Open, San Diego, ''500'' Festival, Western; 1967, Canadian, Carling; 1968, Los Angeles, Greensboro, Colonial, ''500'' Festival, Hartford, Lucky; 1969, Bob Hope, Western, Alcan; 1970, Los Angeles Masters, IVB-Philadelphia, Avco; 1971, Kaiser; 1973, Western, Hartford; 1975, New Orleans.
Money (rank): 1955, $3,253 (58); 1956, $18,733 (12); 1957, $20,807 (9); 1958, $41,232 (2); 1959, $33,899 (4); 1960, $31,060 (4); 1961, $37,766 (4); 1962, $61,842 (4); 1963, $32,726 (11); 1964, $90,653 (3); 1965, $99,931 (3); 1966, $121,944 (1); 1967, $129,423 (3); 1968, $205,168 (1); 1969, $104,689 (10); 1970, $147,372 (2); 1971, $107,276 (10); 1972, $55,455 (41); 1973, $129,474 (8); 1974, $66,175 (35); 1975, $102,275 (14); 1976, $47,931 (59); 1977, $28,929 (85); 1978, $13,310 (128); 1979, $11,840 (146); 1980, DNP; 1981, DNP; 1982, $1,110 (242); 1983, DNP.
Other achievements: 1966 and 1970 PGA Player of the Year. Winner 1960, 1963, 1965, 1966, and 1968 Vardon Trophy. Winner 1974 Lancome (France) and 1975 Italian Open. 1961 through 1975 Ryder Cup team; 1977 Mexican Open. Captain, 1979 Ryder Cup team. Winner of two 1982 PGA Tour Seniors' events, Jeremy Ranch and Merrill Lynch-Golf Digest Commemorative Pro-Am (back-to-back). Member PGA Hall of Fame and World Golf Hall of Fame.

Antonio Cerda
Height: 5' 8''.
Weight: 170.
Birth: April 24, 1948, Buenos Aires, Argentina.
Residence: Mexico City, Mexico.
Family: Wife, Maru.

243

BIOGRAPHIES OF TODAY'S LEADING PROFESSIONALS

College: La Salle Univ., Mexico City.
Turned professional: 1971.
Career earnings: $116,442.
Money (rank): 1975, $7,594 (142); 1976, $8,879 (148); 1977, $11,213 (140); 1978, $5,776 (169); 1979, $9,471, (158); 1980, $11,213 (140); 1981, $15,018 (150); 1982, $31,980 (117); 1983, $13,965.
Best 1983 finish: T32, Buick.
Other achievements: Over 30 amateur victories, 1967 Costa Rica Amateur Champion, 1967 Mexican Amateur Champion; Winner—1972 Moncton Open, 1972 Prince Edward Open, 1977 Ontario Open (Canada); Winner, 1973 Gomez Palacidi Open, 1974 Mexican Tournament of Champions, 1981 Mazatlan Open (Mexico); Member 1982 Mexican World Cup team.

Bobby Clampett
Height: 5' 10''.
Weight: 142.
Birth: April 22, 1960, Monterey, Calif.
Residence: Tournament Players Club, Ponte Vedra Beach, Fla.
College: Brigham Young Univ. (Associates in French, 1980).
Turned professional: 1980. (**Joined Tour:** August, 1980).
Career earnings: $466,075.
Tour victories (total 1): 1982, Southern.
Money (rank): 1980, $10,190 (163); 1981, $184,710 (14); 1982, $184,600 (17); 1983, $86,575 (64).
Other achievements: Winner, 1978 California State Amateur; Low amateur, 1978 U.S. Open. Winner, 1978 World Amateur medal. Three-time All-American, 1978 through 1980. Two-time winner Fred Haskins Award, presented to top collegiate player. Winner, 1978 Western Amateur and 1980 Sunnehanna Amateur. Winner, 1979 and 1980 Pacific Coast collegiates. Medalist, 1981 U.S. vs. Japan Team Matches.

Lennie Clements
Height: 5' 8''.
Weight: 160.
Birth: Jan. 20, 1957, Cherry Point, N.C.
Residence: San Diego, Calif.
Family: Wife, Jan.
College: San Diego State.
Turned professional: 1980. (**Joined Tour:** April, 1981).
Career earnings: $97,017.
Money (rank): 1981, $7,766 (178); 1982, $44,796 (97); 1983, $44,455 (110).
Best 1983 finishes: T3, Quad Cities; T15, U.S. Open.
Other achievements: Winner 1975 California State High School championship; medalist 1979 California State Amateur; winner 1979 Southwestern Amateur. Winner of five collegiate events. Two-time All-American choice.

Jim Colbert
Height: 5' 9''.
Weight: 165.
Birth: March 9, 1941, Elizabeth, N.J.
Residence: Las Vegas, Nev.
Family: Wife, Marcia; Debbie (9/25/59); Christy (11/24/61); Kelly (7/19/65).

College: Kansas State Univ. (1964, Political Science).
Turned professional: 1965.
Career earnings: $1,230,587.
Tour victories (total 6): 1969, Monsanto; 1972, Milwaukee; 1973, Jacksonville; 1974, American Golf Classic; 1975, Walt Disney World Team Championship (with Dean Refram); 1980, Tucson; 1983, Colonial National.
Money (rank): 1966, $1,897 (139); 1967, $25,425 (46); 1968, $12,171 (104); 1969, $43,693 (41); 1970, $49,212 (45); 1971, $42,743 (59); 1972, $85,302 (23); 1973, $68,891 (38); 1974, $96,734 (21); 1975, $50,111 (45); 1976, $52,722 (55); 1977, $20,102 (106); 1978, $46,260 (70); 1979, $91,139 (40); 1980, $150,411 (21); 1981, $100,847 (38); 1982, $80,804 (50); 1983, $223,810 (15).
Best 1983 finish: 17 Colonial, Texas.
Other achievements: 1974-76, member, PGA Tour Tournament Policy Board, Re-elected to Policy Board, Fall of 1981.

Bobby Cole
Height: 5' 10''.
Weight: 150.
Birth: May 11, 1948, Springs, South Africa.
Residence: Clearwater, Fla.
Family: Wife, Laura; Chelsea (7/18/82).
Turned professional: 1967.
Career earnings: $387,426.
Tour victories (total 1): 1977, Buick.
Money (rank): 1968, $13,383 (90); 1969, $17,898 (92); 1970, $8,379 (140); 1971, $10.585 (122); 1972, $19,016 (102); 1973, $28,875 (89); 1974, $59,617 (43); 1975, $42,441 (61); 1976, $18,902 (107); 1977, $41,301 (68); 1978, $32,541 (83); 1979, $6,525 (175); 1980 $22,202 (119); 1981, $13,559 (156); 1982, $39,060 (104); 1983, $16,153 (162).
Best 1983 finish: T12, Tucson.
Other achievements: Winner 1966 British Amateur. Member South African World Cup Team in 1970, 1974 and 1976. Teamed with Dale Hayes in 1974 to win World Cup, winning individual title that year. Winner 1975, 1981 South Africa Open, two of 12 professional victories in South Africa.

Frank Conner
Height: 5' 9''.
Weight: 180.
Birth: Jan. 11, 1946, Vienna, Austria.
Residence: San Antonio, Tex. (plays out of Canyon Creek C.C.)
Family: Wife, Joy; Michelle (5/9/73); Nicole (1/28/75).
College: Trinity Univ.
Turned professional: 1971.
Career earnings: $351,833.
Money (rank): 1975, $4,418 (165); 1976, $9,273 (147); 1977, $15,138 (122); 1978, $11,325 (136); 1979, $46,020 (87); 1980, $37,149 (87); 1981, $85,009 (51); 1982, $72,181 (58); 1983, $71,320 (75).
Best 1983 finishes: T5, Buick; T9, Canadian.

244

BIOGRAPHIES OF TODAY'S LEADING PROFESSIONALS

Charles Coody
Height: 6' 2''.
Weight: 185.
Birth: July 13, 1937, Stamford, Tex.
Residence: Abilene, Tex. (plays out of Fairway Oaks G.C.).
Family: Wife, Lynnette; Caryn (9/7/62); Kyle (8/21/64); Kristyn (5/4/70).
College: Texas Christian.
Turned professional: 1963. **(Joined Tour:** 1963).
Career earnings: $1,146,961.
Tour victories (total 3): 1964, Dallas; 1969, Cleveland; 1971, Masters.
Money (rank): 1963, $1,216 (139); 1964, $10,058 (69); 1965, $18,608 (47); 1966, $26,143 (33); 1967, $60,787 (16); 1968, $54,601 (32); 1969, $79,996 (19); 1970, $60,236 (29); 1971, $94,947 (16); 1972, $62,505 (37); 1973, $68,102 (39); 1974, $61,464 (42); 1975, $86,812 (19); 1976, $85,587 (31); 1977, $74,037 (42); 1978, $50,906 (64); 1979, $59,453 (70); 1980, $73,918 (56); 1981, $32,628 (105); 1982, $63,895 (69); 1983, $19,056 (154).
Best 1983 finish: T12, Tucson.
Other achievements: Winner 1971 World Series of Golf; 1973 John Player Classic (England). Member 1971 Ryder Cup team. Former Player Director on PGA Tour Tournament Policy Board. Member Texas Golf Hall of Fame, TCU Sports Hall of Fame.

John Cook
Height: 6'.
Weight: 160.
Birth: Oct. 2, 1957, Toledo, Ohio.
Residence: Dublin, Ohio; (plays out of Missions Hills C. C., Rancho Mirage, Calif).
Family: Wife, Jan; Kristin (7/20/81).
College: Ohio State Univ.
Turned professional: 1979.
Career earnings: $445,275.
Tour victories (total 2): 1981, Bing Crosby National Pro-Am; 1983, Canadian.
Money (rank): 1980, $43,316 (78); 1981, $127,608 (25); 1982, $57,483 (77); 1983, $216,868 (16).
Best 1983 finishes: 1, Canadian; T3, San Diego, TPC.
Other achievements: Winner, 1974 World Juniors; 1978 U.S. Amateur; 1977 and 1979 Sunnehanna; 1978 and 1979 Northeast Amateur. Member 1979 World Amateur Cup team. All-American 1977, 1978, 1979. Member 1979 Ohio State NCAA Championship team.

Fred Couples
Height: 5' 11''.
Weight: 185.
Birth: Oct. 3, 1959, Seattle, Wash.
Residence: La Quinta Hotel & C.C., La Quinta, Calif.
Family: Wife, Deborah Morgan.
College: Univ. of Houston.
Turned professional: 1980.
Career earnings: $366,278.
Tour victories (total 1): 1983, Kemper.
Money (rank): 1981, $78,939 (53); 1982, $77,606 (53); 1983, $209,733 (19).

Best 1983 finishes: 1, Kemper; T3, Inverrary.
Other achievements: Led 1981 rookies in earnings ($78,939). Was All-American at Houston in 1978 and 1979. Won 1978 Washington State Open and Washington State Amateur. Was low amateur in 1978 U.S. Open.

Ben Crenshaw
Height: 5' 9''.
Weight: 170.
Birth: Jan. 11, 1952, Austin, Tex.
Residence: Austin, Tex.
Family: Wife, Polly.
College: Univ. of Texas.
Turned professional: 1973.
Career earnings: $1,651,919.
Tour victories (total 9): 1973, San Antonio-Texas Open; 1976, Bing Crosby National Pro-Am, Hawaiian, Ohio Kings Island; 1977, Colonial Invitational; 1979, Phoenix, Walt Disney World Team Championship (with George Burns); 1980, Anheuser-Busch; 1983, Byron Nelson.
Money (rank): 1973, $76,749 (34); 1974, $71,065 (31); 1975, $63,528 (32); 1976, $257,759 (2); 1977, $123,841 (16); 1978, $108,305 (21); 1979, $236,769 (5); 1980, $237,727 (5); 1981, $151,038 (20); 1982, $54,277 (83); 1983, $275,474 (7).
Best 1983 finishes: 1, Nelson; T2, Masters Memorial.
Other achievements: 1971, 1972 and 1973 NCAA champion (was co-champion with Tom Kite in 1972). 1972 World Cup team. 1973 Western Amateur match and medal play champion. Winner 1976 Irish Open. Winner, 1980 Texas State Open. 1981 Ryder Cup team.

Jim Dent
Height: 6' 3''.
Weight: 224.
Birth: May 11, 1939, Augusta, Ga.
Residence: St. Petersburg, Fla.
Family: Wife, Brenda; Radiah Laceyette (4/1/73), James Antonio (6/2/76).
College: Payne College.
Turned professional: 1966.
Career earnings: $402,263.
Money (rank): 1971, $7,101 (150); 1972, $24,285 (93); 1973, $26,393 (97); 1974, $48,486 (59); 1975, $33,649 (69); 1976, $20,102 (104); 1977, $46,411 (64); 1978, $30,063 (86); 1979, $30,709 (109); 1980, $16,223 (136); 1981, $26,523 (116); 1982, $55,095 (82); 1983, $40,423 (113).
Best 1983 finishes: T10, Quad Cities; T11, Memphis.
Other achievements: Winner Florida PGA in 1976, 1977 and 1978.

Bruce Devlin
Height: 6' 1''.
Weight: 158.
Birth: Oct. 10, 1937, Armidale, Australia.
Residence: Spring, Tex.
Family: Wife, Gloria Gale; Kelvin (12/25/59); Kerrie (5/22/62); Kurt (7/23/67).
College: St. Patrick's College (Australia).
Turned professional: 1961. **(Joined tour:** 1962).
Career earnings: $906,145.

BIOGRAPHIES OF TODAY'S LEADING PROFESSIONALS

Tour victories: (total 8): 1964, St. Petersburg; 1966, Colonial National, Carling; 1969, Byron Nelson; 1970, Bob Hope, Cleveland; 1972, Houston, U.S. I Classic.
Money (rank): 1962, $3,121 (96); 1963, $5,337 (92); 1964, $32,630 (16); 1965, $67,657 (6); 1966, $49,145 (16); 1967, $11,732 (86); 1968, $39,719 (42); 1969, $77,963 (22); 1970, $112,738 (11); 1971, $51,175 (48); 1972, $119,768 (8); 1973, $57,192 (51); 1974 $37,636 (70); 1975, $26,627 (80); 1976, $18,188 (109); 1977, $40,601 (69); 1978, $9,173 (147); 1979, $50,997 (76); 1980, $34,818 (96); 1981, $46,420 (89); 1982, $33,537 (116); 1983, $11,956 (175).
Best 1983 finish: T18, Colonial.
Other achievements: Winner 1959 Australian Amateur, 1963 Australian Open, 1963 French Open, 1963 New Zealand Open, 1969 and 1970 Australian PGA, 1970 Alcan and 1970 World Cup Team Championship (with David Graham) for Australia.

Terry Diehl
Height: 6'.
Weight: 195.
Birth: Nov. 9, 1949, Rochester, N.Y.
Residence: Rochester, N.Y.
Family: Wife, Marci; Matthew (5/4/70); John (8/20/73); Graham (5/13/77); Colin (10/5/78).
College: Univ. of Georgia.
Turned professional: 1972.
Career earnings: $403,097.
Tour victories (total 1): 1974, San Antonio Open.
Money (rank): 1974, $32,805 (80); 1975, $30,691 (75); 1976, $55,553 (50); 1977, $32,194 (78); 1978, $24,670 (101); 1979, $40,771 (94); 1980, $67,636 (59); 1981, $52,972 (78); 1982, $38,037 (107); 1983, $33,914 (127).
Best 1983 finishes: T9, Hartford; T12, Las Vegas.
Other achievements: Winner, 1969 New York State Amateur.

Mike Donald
Height: 5'10''.
Weight: 170.
Birth: July 11, 1955, Grand Rapids, Mich.
Residence: Hollywood, Fla.
College: Georgia Southern Univ.
Turned professional: 1978 (Joined tour: 1979).
Career earnings: $175,340.
Money (rank): 1980, $12,365 (151); 1981, $50,665 (83); 1982, $39,967 (101); 1983, $72,343 (73).
Other achievements: 1974 National Junior College Champion.

Bob Eastwood
Height: 5' 10''.
Weight: 175.
Birth: Feb. 9, 1946, Providence, R.I.
Residence: Stockton, Calif. (plays out of Dry Creek Ranch G.C.).
Family: Wife, Connie; Scott (8/19/71); Steven (12/29/73).
College: San Jose State Univ.
Turned professional: 1969.
Career earnings: $495,927.
Money (rank): 1972, $9,528; 1973 $14,918; 1974, $18,535 (114); 1975 $16,812 (110); 1976, $14,539 (123); 1977, $19,706 (107); 1978, $24,681 (100); 1979, $29,630 (110); 1980, $36,751 (90); 1981, $66,017 (67); 1982, $91,633 (44); 1983, $157,640 (30).
Best 1983 finishes: 2, Tourn. Players Ch.; T3, Heritage; T7, Greensboro.
Other achievements: Winner 1973 mini-Kemper Open, 1976 Little Bing Crosby (both second Tour); 1965 Sacramento City Amateur, 1966 California State Amateur, 1968 West Coast Athletic Conference, 1981 Morocco Grand Prix. Medalist, Spring 1969 Qualifying School.

Danny Edwards
Height: 5' 11''.
Weight: 155.
Birth: June 14, 1951, Ketchcan, Alaska.
Residence: Edmond, Okla. (plays out of Oak Tree G.C.).
College: Oklahoma State Univ.
Turned professional: 1973.
Career earnings: $595,275.
Tour victories (total 4): 1977, Greensboro; 1980, Walt Disney World National Team Play (with David Edwards), 1982, Greensboro; 1983, Quad Cities.
Money (rank): 1975, $27,301 (80); 1976, $25,859 (85); 1977, $96,811 (28); 1978, $55,343 (60); 1979, $21,238 (120); 1980, $73,196 (57); 1981, $66,567 (66); 1982, $124,018 (29); 1983, $104,942 (54).
Best 1983 finishes: 1, Quad Cities; T4, Crosby.
Other achievements: Collegiate All-American, 1972 and 1973. Winner 1972 North and South Amateur; member 1973 Walker Cup team. Low amateur 1973 British Open. Winner 1972 and 1973 Big Eight Conference; 1972 Southeastern Amateur; 1981 Toshiba Taiheiyo Masters.

David Edwards
Height: 5' 8''.
Weight: 155.
Birth: April 18, 1956, Neosha, Mo.
Residence: Edmond, Okla. (plays out of Oak Tree C.C.).
Family: Wife, Jonnie.
College: Oklahoma State Univ.
Turned professional: 1978.
Career earnings: $312,411.
Tour victories (total 1): 1980, Walt Disney World National Team Championship (with Danny Edwards).
Money (rank): 1979, $44,456 (88); 1980, $35,810 (93); 1981, $68,211 (65); 1982, $49,896 (91); 1983, $114,037 (48).
Best 1983 finishes: T2, New Orleans; 5, Houston.
Other achievements: 1978 NCAA champion. Collegiate All-America, 1977, 1978. Winner, 1973 Oklahoma State Junior.

Dave Eichelberger
Height: 6' 1''.
Weight: 180.
Birth: Sept. 3, 1943, Waco, Tex.
Residence: Forth Worth, Tex.
Family: Wife, Linda; Laura (5/6/68); Martin (9/28/69); Clinton (3/14/73).
College: Oklahoma State Univ. (1965, Business Ad-

BIOGRAPHIES OF TODAY'S LEADING PROFESSIONALS

ministration).
Turned professional: 1966.
Career earnings: $764,846.
Tour victories (total 4): 1971, Milwaukee; 1977, Milwaukee; 1980, Bay Hill; 1981, Tallahassee.
Money (rank): 1967, $3,076 (143); 1968, $15,473 (95); 1969, $9,423 (132); 1970, $23,455 (88); 1971, $108,312 (9); 1972, $37,543 (67); 1973, $60,515 (49); 1974, $33,640 (79); 1975, $12,780 (117); 1976, $25,780 (86); 1977, $59,702 (51); 1978, $63,405 (49); 1979, $43,187 (90); 1980, $122,352 (31); 1981, $59,927 (71); 1982, $55,634 (80); 1983, $43,093 (111).
Best 1983 finish: T8, Southern, Hawaiian.
Other achievements: 1965 Walker Cup and Americas Cup teams. Winner, 1979 JC Penney Mixed Team (with Murle Breer).

Lee Elder
Height: 5' 8''.
Weight: 180.
Birth: July 14, 1934, Dallas, Tex.
Residence: Washington, D.C.
Family: Wife, Rose.
Turned professional: 1959.
Career earnings: $982,626.
Tour victories (total: 4): 1974, Monsanto: 1976, Houston; 1978, Milwaukee, Westchester.
Money (rank): 1968, $31,691 (54); 1969, $53,679 (38); 1970, $20,734 (93); 1971, $49,933 (49); 1972, $70,401 (32); 1973, $84,730 (30); 1974, $71,986 (30); 1975, $26,809 (81); 1976, $113,263 (21); 1977, $75,945 (41); 1978, $152,198 (13); 1979, $65,246 (64); 1980, $17,693 (129); 1981, $59,829 (72); 1982, $33,602 (115); 1983, $72,718 (72).
Best 1983 finishes: T9, Texas; T10, Westchester.
Other achievements: Winner 1971 Nigerian Open; 1979 Ryder Cup.

Nick Faldo
Height: 6' 3''.
Weight: 192.
Birth: July 18, 1957, Hartfordshire, England.
Residence: Hartfordshire, England.
Family: Wife, Melanie.
Turned professional: 1976. (**Joined tour:** March, 1981).
Career earnings: $147,838.
Money (rank): 1981, $23,320 (119); 1982, $56,667 (79); 1983, $67,851 (79).
Best 1983 finish: 6, Greensboro.
Other achievements: Member British-European-Ireland Ryder Cup team three times, 1977, 1979, 1981. Rookie of Year on European Tour, 1977. Winner British PGA Championship 1978, 1980, 1981; four events on 1983 European tour.

Keith Fergus
Height: 6' 1''.
Weight: 185.
Birth: March 3, 1954, Temple, Tex.
Residence: Sugar Land, Tex.
Family: Wife, Cyndy; Steven (9/4/79).
College: Univ. of Houston (1976, Business).
Turned professional: 1976.
Career earnings: $730,970.
Tour victories (total 3): 1981, Memorial; 1982, Atlanta; 1983, Bob Hope.
Money (rank): 1977, $29,558 (84); 1978, $55,773 (58); 1979, $97,045 (37); 1980, $119,614 (33); 1981, $150,792 (21); 1982, $122,265 (30); 1983, $155,922 (31).
Best 1983 finishes: 1, Bob Hope; T9, Tucson.
Other achievements: Runner-up 1975 U.S. Amateur. Winner 1976 Texas State Open. All-American 1974, 1975, 1976. Winner 1971 Texas State Junior.

Forrest Fezler
Height: 5' 9''.
Weight: 165.
Birth: Sept. 23, 1949, Hayward, Calif.
Residence: Tallahassee, Fla. (plays out of Killearn C.C.).
Family: Wife, Lynne; Jennifer, Brooks and Jordan.
College: San Jose City College.
Turned professional: 1969.
Career earnings: $500,640.
Tour victories (total 1): 1974, Southern Open.
Money (rank): 1972, $26,542 (88); 1973, $106,390 (12); 1974, $90,066 (24); 1975, $52,157 (43); 1976, $59,793 (44); 1977, $30,029 (82); 1978, $30,812 (85); 1979, $11,427 (148); 1980, $19,269 (127); 1981, $13,064 (158); 1982, $38,983 (105); 1983, $24,152 (43).
Best 1983 finish: T7, Buick.
Other achievements: Winner 1969 California State Amateur. Runner-up 1974 U.S. Open. Winner 1969 California Junior College championship. Named 1969 Junior College Golfer-of-the-Year.

Ed Fiori
Height: 5' 7''.
Weight: 180.
Birth: April 21, 1953, Lynwood, Calif.
Residence: Stafford, Tex.
Family: Wife, Debbie; Kelly Ann (1/29/82).
College: Univ. of Houston.
Turned professional: 1977.
Career earnings: $536,490.
Tour victories (total 3): 1979, Southern; 1981, Western; 1982, Bob Hope.
Money (rank): 1978, $19,846 (109); 1979, $64,428 (65); 1980, $79,488 (52); 1981, $105,510 (36); 1982, $91,599 (45); 1983, $175,619 (26).
Best 1983 finishes: 2, Doral; 3, Las Vegas.
Other achievements: Medalist 1977 Fall Qualifying School. Member of Houston's NCAA championship team in 1977. All-American, 1977. Winner 1981 Southern California Open.

Bruce Fleisher
Height: 6' 3''.
Weight: 198.
Birth: Oct. 16, 1948, Union City, Tenn.
Residence: Miami, Fla.
Family: Wife, Wendy; Jessica Lauren (3/23/80).
College: Furman, Miami-Dade.

BIOGRAPHIES OF TODAY'S LEADING PROFESSIONALS

Turned professional: 1969.
Career earnings: $280,965.
Money (rank): 1972, $9,019; 1973, $14,610; 1974, $33,975 (77); 1975, $7,773 (141); 1976, $11,295 (137); 1977, $9,101 (155); 1978, $8,347 (154); 1979 $11,420 (149); 1980, $13,649 (143); 1981, $69,221 (64); 1982, $36,658 (110); 1983, $50,285 (102).
Best 1983 finish: T14, New Orleans.
Other achievements: 1968 U.S. Amateur Champion and NCAA Junior College champion. Member 1969 Walker Cup Team and World Amateur Team.

Ray Floyd
Height: 6' 1''.
Weight: 200.
Birth: Sept. 4, 1942, Fort Bragg, N.C.
Residence: Miami, Fla. (plays out of Monte Carlo C.C., Ft. Pierce, Fla.).
Family: Wife, Maria; Raymond Jr. (9/20/74); Robert Loran (1/23/76); Christina Loran (8/29/79).
College: Univ. of North Carolina.
Turned professional: 1961. (Joined tour: 1963).
Career earnings: $2,387,149.
Tour victories (total 18): 1963, St. Petersburg; 1965, St. Paul; 1969, Jacksonville, American Golf Classic, PGA Championship; 1975, Kemper; 1976, Masters, World Open; 1977, Byron Nelson, Pleasant Valley; 1979, Greensboro; 1980, Doral-Eastern; 1981, Doral-Eastern Tournaments Players Championship, Westchester; 1982, Memorial Tournament, Memphis, PGA Championship.
Money (rank): 1963, $10,529 (58); 1964, $21,407 (30); 1965, $36,692 (25); 1966, $29,712 (32); 1967, $25,254 (47); 1968, $63,002 (24); 1969, $109,957 (8); 1970, $47,632 (24); 1971, $70,607 (32); 1972, $35,624 (70); 1973, $39,646 (77); 1974, $119,385 (18); 1975, $103,627 (13); 1976, $178,318 (7); 1977, $163,261 (7); 1978, $77,595 (30); 1979, $122,872 (30); 1980, $192,993 (10); 1981, $359,360 (2); 1982, $386,809 (2); 1983, $208,353 (20).
Best 1983 finishes: 2, Tourn. of Champions; T4, Doral, Masters, World Series.
Other achievements: 1960 National Jaycees champion; 1969, 1975, 1977 and 1981 Ryder Cup team. Player Director on Tournament Policy Board 1976-77. 1978 Brazilian Open. 1979 Costa Rica Cup. 1981 Canada PGA. Member 1982 PGA Tour vs. Japan Goldwin Cup team.

John Fought
Height: 6'.
Weight: 190.
Birth: Jan. 28, 1954, Portland, Ore.
Residence: Portland, Ore.
Family: Wife, Mary.
College: Brigham Young Univ.
Turned professional: 1977.
Career earnings: $325,916.
Tour victories (total 2): 1979, Buick, Anheuser-Busch.
Money (rank): 1979, $108,427 (32); 1980, $61,222 (65); 1981, $21,861 (124); 1982, $28,596 (125); 1983, $105,803 (53).
Best 1983 finishes: 5, PGA; T8 Anheuser-Busch.
Other achievements: Winner 1977 U.S. Amateur. Member, 1977 U.S. Walker Cup team, 1976 U.S.
Amateur Cup team. Co-medalist 1978 Fall Qualifying School. 1979 Rookie of the Year.

Al Geiberger
Height: 6' 2''.
Weight: 175.
Birth: Sept. 1, 1937, Red Bluff, Calif.
Residence: Santa Barbara, Calif. (plays out of Beaver Creek Resort, Vail, Colo.).
Family: Wife, Lynn Butler; Lee Ann (9/14/63); John (5/20/68); Brent (5/22/68); Robby (10/11/73); Bryan (9/28/76).
College: Univ. of Southern California.
Turned professional: 1959. (Joined tour: 1960).
Career earnings: $1,227,528.
Tour victories (total 11): 1962, Ontario; 1963, Almaden; 1965, American Golf Classic; 1966, PGA Championship; 1974, Sahara; 1975, Tournament of Champions, Tournament Players Championship; 1976, Greensboro, Western; 1977, Memphis; 1979, Colonial National.
Money (rank): 1960, $10,511 (37); 1961, $18,656 (30); 1962, $26,045 (20); 1963, $34,126 (8); 1964, $36,323 (13); 1965, $59,699 (8); 1966, $63,220 (10); 1967, $63,315 (14); 1968, $64,931 (22); 1969, $26,868 (65); 1970, $21,233 (91); 1971, $20,848 (99); 1972, $29,710 (80); 1973, $63,467 (45); 1974, $91,628 (23); 1975, $175,693 (6); 1976, $194,821 (5); 1977, $88,645 (30); 1978, $20,477 (107); 1979, $70,625 (58); 1980, $15,379 (139); 1981, $8,508 (176); 1981, $21,089 (148); 1983, $13,477 (172).
Best 1983 finish: T28, Colonial.
Other achievements: 1954 National Jaycee champion. 1967 and 1975 Ryder Cup team. 1962 Caracas Open. 1982 Frontier Open winner.

Gibby Gilbert
Height: 5' 9''.
Weight: 185.
Birth: Jan. 14, 1941, Chattanooga, Tenn.
Residence: Chattanooga, Tenn.
Family: Wife, Judy; Jeff (11/14/63); Gibby (10/21/66); Mark (5/31/70).
Turned professional: 1964.
Career earnings: $899,028.
Tour victories (total 3): 1970, Houston; 1976, Memphis Classic; 1977, Walt Disney World National Team Championship (with Grier Jones).
Money (rank): 1968, $1,751 (203); 1969, $2,814 (197); 1970, $66,618 (27); 1971, $62,501 (35); 1972, $34,144 (73); 1973, $60,636 (48); 1974, $69,992 (33); 1975, $56,279 (38); 1976, $97,476 (25); 1977, $27,892 (88); 1978, $72,758 (35); 1979, $76,807 (49); 1980, $108,603 (40); 1981 $73,088 (61); 1982, $39,639 (103); 1983, $57,117 (90).
Best 1983 finishes: T2, Los Angeles.

Bob Gilder
Height: 5' 9½''.
Weight: 165.
Birth: Dec. 31, 1950, Corvallis, Ore.
Residence: Corvallis, Ore. (plays out of Carmel Valley Ranch, Calif.).

BIOGRAPHIES OF TODAY'S LEADING PROFESSIONALS

Family: Wife Peggy; Bryan (3/24/75); Cammy Lynn (6/10/77); Brent (3/31/81).
College: Arizona State.
Turned professional: 1973.
Career earnings: $1,021,080.
Tour victories (total 6): 1976, Phoenix; 1980, Canadian; 1982, Byron Nelson, Westchester, Bank of Boston; 1983, Phoenix.
Money (rank): 1976, $101,262 (24); 1977, $36,844 (72); 1978, $72,515 (36); 1979, $134,428 (22); 1980, $152,597 (19); 1981, $74,756 (59); 1982, $308,648 (6); 1983, $139,125 (39).
Best 1983 finishes: 1, Phoenix; T4, Crosby, T7, Bob Hope; T8, Western.
Other achievements: Winner 1974 New Zealand Open. Winner 1973 Western Athletic Conference title. Member 1982 PGA Tour vs. Japan Goldwin Cup team and U.S. World Cup team.

David Graham
Height: 5' 10''.
Weight: 162.
Birth: May 23, 1946, Windsor, Australia.
Residence: Dallas, Tex. (plays out of Preston Trail G.C.).
Family: Wife, Maureen Burdett; Andrew (11/8/74); Michael (10/8/77).
Turned professional: 1962.
Career earnings: $1,377,421.
Tour victories (total 8): 1972, Clebeland; 1976, Westchester, American Golf Classic; 1979, PGA Championship; 1980, Memorial; 1981, Phoenix, U.S. Open; 1983, Houston.
Money (rank): 1971, $10,062 (135); 1972, $57,827 (38); 1973, $43,062 (71); 1974, $61,625 (41); 1975, $51,642 (44); 1976, $176,174 (8); 1977, $72,086 (44); 1978, $66,909 (43); 1979, $177,683 (16); 1980, $137,819 (27); 1981, $188,286 (13); 1982, $103,616 (35); 1983, $244,924 (10).
Best 1983 finishes: 1, Houston; T2, Memorial; T3 LaJet; T4, Canadian; T6, Las Vegas; T5 Heritage.
Other achievements: Winner 1970 World Cup team championship (with Bruce Devlin) for Australia. Foreign victories include 1970 French Open, Thailand Open; 1971 Caracas Open, 1971 Japan Open. 1975 Wills Masters, 1976 Chunichi Crowns Invitational (Japan), Picadilly World Match Play; 1977 Australian Open South African PGA, 1978 Mexico Cup; 1979 West Lakes Classic (Australia), New Zealand Open; 1980 Mexican Open, Rolex Japan, Brazilian Classic. 1981-1982 Lancome (France).

Lou Graham
Height: 6'.
Weight: 175.
Birth: Jan. 7, 1938, Nashville, Tenn.
Residence: Nashville, Tenn.
Family: Wife, Patsy; Louann (4/1/61); Phyllis (10/4/62).
College: Memphis State Univ.
Turned professional: 1962. **(Joined tour:** 1964).
Career earnings: $1,314,612.
Tour victories (total 6): 1967, Minnesota; 1972, Liggett & Myers; 1975, U.S. Open; 1979, IVB-Philadelphia, American Optical, San Antonio-Texas Open.
Money (rank): 1964, $2,322 (130); 1965, $11,093 (73); 1966, $11,312 (79); 1967, $42,556 (27); 1968, $36,108 (47); 1969, $27,208 (68); 1970, $53,665 (37); 1971, $82,575 (23); 1972, $96,077 (19); 1973, $94,854 (19); 1974, $74,898 (29); 1975, $96,425 (15); 1976, $107,008 (22); 1977, $128,676 (11); 1978, $105,617 (23); 1979, $190,827 (12); 1980, $58,095 (66); 1981, $33,958 (101); 1982, $37,864 (109); 1983, $34,723 (126).
Best 1983 finish: T15, Heritage.
Other achievements: 1973, 1975, and 1977 Ryder Cup team. 1975 World Cup team.

Thomas Gray
Height: 5' 10''.
Weight: 165.
Birth: May 7, 1957, Weimer, Tex.
Residence: Prescott, Ariz.
Family: Wife, Erin.
College: Arizona State.
Turned professional: 1979.
Career earnings: $109,592.
Money (rank): 1981, $21,608 (126); 1982, $52,574 (87); 1983, $35,410 (123).
Best 1983 finish: T12, Colonial, Quad Cities.
Other achievements: 1977 Arizona State Amateur champion, 1978 Western Athletic Conference champion, 1978 All-American.

Hubert Green
Height: 6' 1''.
Weight: 180.
Birth: Dec. 18, 1946, Birmingham, Ala.
Residence: Bay Point, Fla.
Family: Wife, Karen; Hubert Myatt, Jr. (8/18/75); Patrick (10/17/78).
College: Florida State Univ.
Turned professional: 1970.
Career earnings: $1,626,272.
Tour victories (total 17): 1971, Houston; 1973, Tallahassee, B.C.; 1974, Bob Hope, Jacksonville, Philadelphia, Disney; 1975, Southern; 1976, Doral-Eastern, Jacksonville, Sea Pines Heritage; 1977, U.S. Open; 1978, Hawaiian Sea Pines Heritage; 1979, Hawaiian, New Orleans; 1981, Hartford.
Money (rank): 1970, $1,690 (218); 1971, $73,439 (29); 1972, $44,113 (58); 1973, $114,397 (11); 1974, $211,709 (3); 1975, $113,569 (12); 1976, $228,031 (4); 1977, $140,255 (9); 1978, $247,406 (5); 1979, $183,111 (13); 1980, $83,307 (50); 1981, $110,133 (32); 1982, $77,448 (54); 1983, $29,171 (135).
Best 1983 finish: T13, Bob Hope.
Other achievements: 1971 Rookie of the Year. Winner 1975 Dunlop Phoenix (Japan). 1977 and 1979 Ryder Cup team. Winner 1977 Irish Open. Winner of two Southern Amateurs. Player Director on PGA Tour Policy Board.

Jay Haas
Height: 5' 10½''.
Weight: 170.
Birth: Dec. 2, 1953, St. Louis, Mo.

249

BIOGRAPHIES OF TODAY'S LEADING PROFESSIONALS

Residence: Charlotte, N.C.
Family: Wife, Janice; Jay Jr. (3/8/81); William Harlan (5/24/82).
College: Wake Forest Univ.
Turned professional: 1976.
Career earnings: $929,494.
Tour victories (total 5): 1978, San Diego; 1981, Milwaukee, B.C.; 1982, Hall of Fame Classic, Texas.
Money (rank): 1977, $32,326 (77); 1978, $77,176 (31); 1979, $102,515 (34); 1980, $114,102 (35); 1981, $181,894 (15); 1982, $229,746 (13); 1983, $191,735 (23).
Best 1983 finishes: T2, Hartford, Tourn Players Ch.; 3, Tourn. of Champions, T5, Texas.
Other achievements: Winner, 1975 NCAA, 1976 Southwestern Amateur and Missouri Open. Member 1975 Walker Cup team. 1975 and 1976 collegiate All-American.

Gary Hallberg
Height: 5' 10''.
Weight: 155.
Birth: May 31, 1958, Berwyn, Ill.
Residence: Barrington, Ill.
College: Wake Forest Univ.
Turned professional: July 2, 1980. **Joined tour:** July, 1980.
Career earnings: $266,398.
Tour victories (total 1): 1983, San Diego.
Money (rank): 1980, $64,244 (63); 1981, $45,793 (91); 1982, $36,192 (111); 1983, $120,170 (45).
Best 1983 finishes: 1, San Diego; T5, Colonial.
Other achievements: Only four-time first-team All-America choice in history. Winner 1979 NCAA Championship; 1978, 1979 North-and-South Open; 1977 Illinois Open; 1978, 1979 Illinois Amateur; 1981 Lillie Open (France); 1982 Chunichi Crowns Invitational (Japan).

Dan Halldorson
Height: 5' 10''.
Weight: 180.
Birth: April 2, 1952, Winnipeg, Manitoba, Canada.
Residence: Brandon, Manitoba, Canada.
Turned professional: 1971.
Career earnings: $342,701
Tour victories (total 1): 1980 Pensacola.
Money (rank): 1975, $619 (243); 1979, $24,559 (116); 1980, $111,553 (36); 1981, $90,064 (47); 1982, $93,705 (43); 1983, $21,458 (146).
Best 1983 finish: T10, Westchester.
Other achievements: Member Canada World Cup Team, 1978, 1979, 1980. Winner 1980 World Cup Team title with Jim Nelford. Winner, 1969 Manitoba Junior; 1971 Manitoba PGA; 1977, 1978 Manitoba Open; 1977 Saskatchewan Open; 1980 Quebec Open. 1981 Canadian Playing Professional of year. 1982 Colorado Open.

Phil Hancock
Height: 5' 10''.
Weight: 160.
Birth: Oct. 30, 1953, Greenville, Ala.

Residence: Pensacola, Fla.
Family: Wife, Kitty; Anne (8/22/79).
College: Univ. of Florida.
Turned professional: 1976.
Career earnings: $345,183.
Tour victories (total 1): 1980 Hall of Fame.
Money (rank): 1977, $24,450 (95); 1978, $66,460 (44); 1979, $38,215 (101); 1980 $105,489 (43); 1981, $18,779 (136); 1982, $35,386 (112); 1983, $55,788 (93).
Best 1983 finishes: T7, Greensboro; T8, Western.
Other achievements: Winner, 1969 Alabama State Junior; 1982 Alabama State Amateur; 1975 and 1976 Southeastern Conference; 1975 and 1976 American Amateur Classic, 1977 Columbian Open (South America). Named All-America 1975 and 1976.

Morris Hatalsky
Height: 6'.
Weight: 165.
Birth: Nov. 10, 1951, San Diego, Calif.
Residence: Daytona Beach, Fla.
Family: Wife, Tracy; Daniel Kenneth (12/11/80).
College: United States International Univ.
Turned professional: 1973.
Career earnings: $396,734.
Tour victories (total 2): 1981 Hall of Fame; 1983, Milwaukee.
Money (rank): 1976, $249 (288); 1977, $32,193 (79); 1978, $16,340 (114); 1979, $61,962 (69); 1980, $47,107 (74); 1981, $70,186 (63); 1982, $66,128 (65); 1983, $102,567 (56).
Best 1983 finishes: 1, Milwaukee; 2, Quad Cities.
Other achievements: 1972 NAIA All-American. Captained 1972 U.S. International University team that won NAIA championship. Winner, 1968 Mexico National Junior championship.

Mark Hayes
Height: 5' 11''.
Weight: 160.
Birth: July 12, 1949, Stillwater, Okla.
Residence: Edmond, Okla.
Family: Wife, Jana; Kelly (9/6/79).
College: Oklahoma State Univ.
Turned professional: 1973.
Career earnings: $910,998.
Tour victories (total 3): 1976, Byron Nelson, Pensacola; 1977, Tournament Players Championship.
Money (rank): 1973, $8,637 (160); 1974, $40,620 (68); 1975, $49,297 (47); 1976, $151,699 (11); 1977, $115,749 (19); 1978, $146,456 (15); 1979, $130,878 (23); 1980, $66,535 (61); 1981, $91,624 (46); 1982, $47,777 (95); 1983, $63,431 (81).
Best 1983 finishes: T4, Nelson; T10, Inverrary.
Other achievements: 1967 and 1971 Oklahoma State Amateur champion. 1970 and 1971 collegiate All-American. 1972 Sunnehanna Amateur champion. 1972 World Amateur Cup team. 1979 Ryder Cup team.

Vance Heafner
Height: 6'.

BIOGRAPHIES OF TODAY'S LEADING PROFESSIONALS

Weight: 170.
Birth: Aug. 11, 1954, Charlotte, N.C.
Residence: Raleigh, N.C.
Family: Wife, Paige.
College: North Carolina State.
Turned professional: 1978.
Career earnings: $284,568.
Tour victories (total 1): 1981, Walt Disney World National Team Championship (with Mike Holland).
Money (rank): 1980, $11,398 (156); 1981, $73,244 (60); 1982, $113,717 (33); 1983, $86,210 (65).
Best 1983 finishes: T2, New Orleans; T6, Tourn. Players Ch.
Other achievements: All-American at North Carolina State, 1974, 1975, 1976. Winner 1976 and 1978 Eastern Amateur titles; 1977 Porter Cup.

Lon Hinkle
Height: 6' 2".
Weight: 220.
Birth: July 17, 1949, Flint, Mich.
Residence: Dallas Tex.
Family: Wife, Edith; Monique (8/10/78); Danielle (3/20/82).
College: San Diego State.
Turned professional: 1972.
Career earnings: $929,080.
Tour victories (total 3): 1978, New Orleans; 1979, Bing Crosby National Pro-Am, World Series of Golf.
Money (rank): 1972, $7,350 (145); 1973, $7,539 (164); 1974, $6,509 (162); 1975, $8,420 (136); 1976, $11,058 (138); 1977, $51,494 (60); 1978, $138,388 (16); 1979 $247,693 (3); 1980, $134,913 (29); 1981, $144,307 (22); 1982, $55,406 (81); 1983, $116,822 (47).
Best 1983 finishes: T2, Pensacola; T3, Colonial; 9, Quad Cities.
Other achievements: Co-champion 1972, Pacific Coast Athletic Conference. Runner-up 1975 German Open and Sanpo Classic in Japan. Winner, 1978 JC Penney Classic, with Pat Bradley. Runner-up 1980 European Open. 1981 National Long Drive Champion, 338 yds., 6 in.

Scott Hoch
Height: 5' 11".
Weight: 165.
Birth: Nov. 24, 1955, Raleigh, N.C.
Residence: Orlando, Fla.
Family: Wife, Sally.
College: Wake Forest Univ.
Turned professional: September, 1979.
Career earnings: $433,673.
Tour victories (total 2): 1980, Quad Cities; 1982, USF&G.
Money (rank): 1980, $45,600 (75); 1981, $49,606 (85); 1982, $193,862 (16); 1983, $144,605 (37).
Best 1983 finishes: T4, Las Vegas; T5, Memorial; T6, Southern.
Other achievements: 1977 and 1978 ACC champion; runner-up 1978 U.S. Amateur and 1979 British Amateur; 1977 Northeast Amateur champion; member 1978 World Amateur Cup team and 1979 Walker Cup team; 1976 and 1979 North Carolina Amateur champion; All-America, 1977 and 1978; member of Wake Forest's 1975 NCAA championship team. Winner, 1982 Pacific Masters (Japan).

Joe Inman
Height: 5' 11".
Weight: 155.
Birth: Nov. 29, 1947, Indianapolis, Ind.
Residence: Clover, S.C.
Family: Wife, Nancy; Craig (4/13/77).
College: Wake Forest Univ.
Turned professional: 1972.
Career earnings: $572,933.
Tour victories (total 1): 1976, Kemper.
Money (rank): 1973, $1,331 (277); 1974, $46,645 (61); 1975, $53,225 (41); 1976, $69,892 (39); 1977, $67,064 (47); 1978, $62,034 (51); 1979, $75,035 (52); 1980, $35,014 (95); 1981, $51,068 (82); 1982, $52,091 (88); 1983, $59,913 (86).
Best 1983 finishes: T4, Southern; T6, Los Angeles.
Other achievements: Winner, 1969 North and South Amateur. Member 1969 Walker Cup team.

Hale Irwin
Height: 6'.
Weight: 170.
Birth: June 3, 1945, Joplin, Mo.
Residence: Frontenac, Mo.
Family: Wife, Sally Stahlhuth; Becky (12/15/71); Steven Hale (8/6/74).
College: Univ. of Colorado.
Turned professional: 1968.
Career earnings: $2,372,659.
Tour victories (total 15): 1971, Heritage; 1973, Heritage; 1974, U.S. Open; 1975, Western, Atlanta; 1976, Los Angeles, Florida Citrus; 1977, Atlanta, Hall of Fame, San Antonio-Texas; 1979, U.S. Open; 1981, Hawaiian, Buick; 1982, Honda-Inverrary; 1983, Memorial.
Money (rank): 1968, $9,093 (117); 1969, $18,571 (88); 1970, $46,870 (49); 1971, $99,473 (13); 1972, $111,539 (13); 1973, $130,388 (7); 1974, $152,529 (7); 1975, $205,380 (4); 1976, $252,718 (3); 1977, $221,456 (4); 1978, $191,666 (7); 1979, $154,168 (19); 1980, $109,810 (38); 1981, $276,499 (7); 1982, $173,719 (19); 1983, $232,567 (13).
Best 1983 finishes: 1, Memorial; T4, World Series; T4, Hawaiian.
Other achievements: 1967 NCAA Champion. 1974 and 1975 World Picadilly Match Play Champion. 1974 World Cup team. 1975, 1977, 1979 and 1981 Ryder Cup team. Winner, 1978 Australian PGA, 1979 South African PGA. Winner, 1979 World Cup Individual and Team. Winner, 1981 Bridgestone Classic (Japan).

Peter Jacobsen
Height: 6' 3".
Weight: 190.
Birth: March 4, 1954, Portland, Ore.
Residence: Portland, Ore.
Family: Wife, Jan; Amy (7/19/80); Kristen (2/23/82).
College: Univ. of Oregon.
Turned professional: 1976.
Career earnings: $625,017.

BIOGRAPHIES OF TODAY'S LEADING PROFESSIONALS

Tour victories (total 1): 1980, Buick.
Money (rank): 1977, $12,608 (129); 1978, $34,188 (82); 1979, $49,439 (78); 1980, $138,562 (26); 1981, $85,624 (50); 1982, $145,832 (25); 1983, $158,765 (29).
Best 1983 finishes: 3, PGA Ch.; T4, Hawaiian.
Other achievements: Winner, 1974 PAC-Eight Conference; 1976 Oregon Open and Northern California Open; 1979 Western Australia Open, Collegiate All-America 1974, 1975, 1976. Winner, 1981 Johnny Walker Cup (Madrid, Spain).

Barry Jaeckel
Height: 5' 10½".
Weight: 160.
Birth: Feb. 14, 1949, Los Angeles, Calif.
Residence: Los Angeles, Calif.
Family: Wife, Evelyn.
College: Santa Monica College.
Turned professional: 1971.
Career earnings: $425,082.
Tour victories (total 1): 1978, Tallahassee.
Money (rank): 1975, $8,883 (133); 1976, $36,888 (70); 1977, $19,504 (108); 1978, $72,421 (37); 1979, $46,541 (86); 1980, $25,501 (116); 1981, $87,931 (48); 1982, $62,940 (70); 1983, $64,473 (80).
Best 1983 finish: T2, Kemper.
Other achievements: Winner 1968 Southern California Amateur; 1972 French Open.

Don January
Height: 6'.
Weight: 165.
Birth: Nov. 20, 1929, Plainview, Tex.
Residence: Dallas, Tex.
Family: Wife, Patricia; Timothy (11/15/54); Cherie Lynn (7/8/58); Richard (9/25/61).
College: North Texas State Univ.
Turned professional: 1955. (Joined tour): 1956).
Career earnings: $1,140,926.
Tour victories (total 11): 1956, Dallas, Apple Valley Clambake; 1960, Tucson; 1961, St. Paul; 1963, Tucson; 1966, Philadelphia; 1967, PGA Championship; 1968, Tournament of Champions; 1970, Jacksonville; 1975, Texas Open; 1976, MONY Tournament of Champions.
Money (rank): 1956, $17,731 (16); 1957, $4,540 (47); 1958, $13,337 (25); 1959, $12,956 (29); 1960, $23,319 (16); 1961, $24,108 (16); 1962, $21,384 (28); 1963, $33,754 (9); 1964, $22,339 (27); 1965, $28,540 (33); 1966, $55,280 (11); 1967, $61,103 (15); 1968, $61,732 (25); 1969, $65,631 (27); 1970, $49,116 (46); 1971, $66,388 (33); 1972, $25,833 (89); 1973, $3,971 (200); 1974, —; 1975, $69,034 (30); 1976, $163,622 (9); 1977, $73,715 (43); 1978, $52,703 (62); 1979, $79,720 (46); 1980, $41,070 (80); 1981, $53,747 (76); 1982, $18,841 (152); 1983, $2,316 (225).
Other achievements: 1965 and 1977 Ryder Cup team. 1970, Player Director, PGA Tournament Policy Board. 1971, Secretary, Tournament Policy Board. Winner, 1976 Vardon Trophy. Winner, 1959 Valencia Open. Winner of following Seniors' events: 1979 PGA Seniors; 1980 Atlantic City and Australian; 1981 Michelob-Egypt Temple Classic and Eureka Federal Savings Classic; 1982 Michelob Seniors Classic; 1983 (all Senior), 1, Peter Jackson, Gatlin Bros., Marlboro, Denver, Citizens Union, Suntree (13 Senior wins).

Tom Jenkins
Height: 5' 11".
Weight: 165.
Birth: Dec. 14, 1947, Houston, Tex.
Residence: Alachua, Fla.
Family: Wife, Lynn; Melani (9/13/79).
College: Univ. of Houston
Turned professional: 1971.
Career earnings: $394,122.
Tour victories (total 1): 1975, IVB-Philadelphia.
Money (rank): 1972, $1,317 (270); 1973, $38,241 (80); 1974, $30,826 (86); 1975, $45,267 (52); 1976, $42,740 (65); 1977, $15,780 (120); 1978, $2,902 (186); 1979, $6,689 (171); 1980, $16,178 (137); 1981, $78,127 (54); 1982, $64,753 (67); 1983, $52,564 (97).
Best 1983 finish: T5, Hartford.
Other achievements: All-American 1970, 1971. Member of Houston team that won 1970 NCAA championship.

Tom Kite
Height: 5' 8½".
Weight: 155.
Birth: Dec. 9, 1949, Austin, Tex.
Residence: Austin, Tex.
Family: Wife, Christy; Stephanie Lee (10/7/81).
College: Univ. of Texas.
Turned professional: 1972.
Career earnings: $1,917,894.
Tour victories (total 5): 1976, IVB-Bicentennial; 1978, B.C. Open; 1981, Inverrary Classic; 1982, Bay Hill; 1983, Bing Crosby.
Money (rank): 1972, $2,582 (233); 1973, $54,270 (56); 1974, $82,055 (26); 1975, $87,045 (18); 1976, $116,180 (21); 1977, $125,204 (14); 1978, $161,370 (11); 1979, $166,878 (17); 1980, $152,490 (20); 1981, $375,699 (1); 1982, $341,081 (3); 1983, $257,066 (9).
Best 1983 finishes: 1, Crosby; 2, San Diego; T2, Masters.
Other achievements: Winner 1981 PGA TOUR Arnold Palmer Award as leading money winner; 1981 GWAA Player of the Year Award; 1979 Bob Jones Award; 1973 Rookie of the Year Award. Member, 1980 World Amateur Cup team; 1971 Walker Cup team; 1979, '81, '83 Ryder Cup teams. 1972 NCAA co-champion with Ben Crenshaw. Player Director on Tour's Policy Board, 1980-1981. Winner 1981 Vardon Trophy, 1980 European Open. Member 1982 PGA TOUR vs. Japan Goldwin Cup team.

Gary Koch
Height: 5' 11".
Weight: 165.
Birth: Nov. 21, 1952, Baton Rouge, La.
Residence: Tampa, Fla.
Family: Wife, Donna; Patricia (4/1/81).
College: Univ. of Florida.
Turned professional: 1975.
Career earnings: $465,651.

BIOGRAPHIES OF TODAY'S LEADING PROFESSIONALS

Tour victories (total 3): 1976, Tallahassee; 1978, Florida Citrus; 1983, Doral-Eastern.
Money (rank): 1976, $38,195 (69); 1977, $58,383 (52); 1978, $58,660 (54); 1979, $46,809 (84); 1980, $39,827 (82); 1981, $11,999 (162); 1982, $43,449 (98); 1983, $168,330 (27).
Best 1983 finishes: 1, Doral-Eastern; T5, Colonial.
Other achievements: Winner, 1968, 1969, 1970 Florida State Junior; 1970 U.S. Junior; 1969 Orange Bowl Junior; 1969 Florida State Open; 1973 Trans-Mississippi Amateur; 1973, 1974 Southeastern Conference. First-team All-American, 1972, 1973, 1974. Member 1973 NCAA Championship team at Florida. Winner of 10 collegiate events. Member 1973 and 1975 Walker Cup team, 1974 U.S. World Amateur Cup team.

Bill Kratzert
Height: 6'.
Weight: 190.
Birth: June 29, 1952, Quantico, Va.
Residence: Fort Wayne, Ind.
Family: Wife, Cheryl Ann; Rebecca Brea (9/6/78).
College: Univ. of Georgia.
Turned professional: 1974.
Career earnings: $710,130.
Tour victories (total 3): 1976, Walt Disney World National Team Play (with Woody Blackburn); 1977, Hartford; 1980, Milwaukee.
Money (rank): 1976, $21,253 (102); 1977, $134,758 (10); 1978, $183,683 (8); 1979, $101,628 (35); 1980, $175,771 (12); 1981, $55,513 (75); 1982, $22,779 (139); 1983, $14,744 (166).
Best 1983 finish: T12, Tucson.
Other achievements: Winner 1968 Indiana Amateur and 1969 Indiana Open. 1973 and 1974 All-American.

Wayne Levi
Height: 5' 9''.
Weight: 165.
Birth: Feb. 22, 1953, Little Falls, N.Y.
Residence: Whitesboro, N.Y.
Family: Wife, Judy; Michelle (7/29/79).
College: Oswego State (N.Y.).
Turned professional: 1973.
Career earnings: $831,042.
Tour victories (total 6): 1978, Walt Disney World National Team Play (with Bob Mann); 1979, Houston; 1980, Pleasant Valley; 1982, Hawaiian; Lajet; 1983, Buick.
Money (rank): 1977, $8,136 (159); 1978, $25,039 (99); 1979, $141,612 (20); 1980, $120,145 (32); 1981, $62,177 (69); 1982, $280,681 (8); 1983, $193,252 (22).
Best 1983 finishes: 1, Buick; T3, B.C.
Other achievements: Winner, 1970 New York State scholastic title; 1973 New Hampshire Open; Small College All-American, 1971 and 1972.

Bruce Lietzke
Height: 6' 2''.
Weight: 185.
Birth: July 18, 1951, Kansas City, Kan.
Residence: Jay, Okla.
Family: Wife, Rosemarie.
College: Univ. of Houston.
Turned professional: 1974.
Career earnings: $1,492,542.
Tour victories (total 9): 1977, Tucson, Hawaiian; 1978, Canadian Open; 1979, Tucson; 1980, Colonial National; 1981, Bob Hope, San Diego Open, Byron Nelson; 1982, Canadian Open.
Money (rank): 1975, $30,780 (74); 1976, $69,229 (39); 1977, $202,156 (5); 1978, $113,905 (18); 1979, 198,439 (8); 1980, $163,884 (16); 1981, $343,446 (4); 1982, $217,447 (14); 1983, $153,255 (32).
Best 1983 finishes: T3, Tourn. Players Ch.; T6, PGA Ch.
Other achievements: 1971 Texas Amateur champion, 1981 Ryder Cup team.

Pat Lindsey
Height: 6' 3½''.
Weight: 195.
Birth: May 17, 1952, Toledo, Ohio.
Residence: Palm Harbor, Fla.
Family: Wife, Julia.
College: Univ. of South Florida.
Turned professional: 1975.
Career earnings: $159,918.
Tour victory (total 1): 1983, B.C.
Money (rank): 1979, $2,497 (210); 1980, $10,604 (161); 1981, $17,433 (140); 1982, $45,979 (96); 1983, $83,405 (67).
Best 1983 finishes: 1, B.C.; T8, Western.
Other achievements: College Division All-American, 1973, 1974. Winner 1975 Miami Tournament of Champions. Named University of South Florida Athlete of Year, 1974.

Gene Littler
Height: 5' 9½''.
Weight: 160.
Birth: July 21, 1930, San Diego, Calif.
Residence: Rancho Sante Fe, Calif.
Family: Wife, Shirley Warren; Curt (3/11/54); Suzanne (10/16/57).
College: San Diego State College.
Turned professional: 1954. **(Joined tour:** 1954).
Career earnings: $1,576,863.
Tour victories (total 29): 1945, San Diego (as an amateur); 1955, Los Angeles, Phoenix, Tournament of Champions, Labatt; 1956, Tournament of Champions, Texas, Palm Beach Round Robin; 1957, Tournament of Champions; 1959, Phoenix, Tucson, Arlington Hotel, Insurance City, Miller Open; 1960, Oklahoma City, Eastern; 1961, U.S. Open; 1962, Lucky International, Thunderbird; 1965, Canadian Open; 1969, Phoenix, Greensboro; 1971, Monsanto, Colonial; 1973, St. Louis, 1975, Bing Crosby Pro-Am, Memphis, Westchester; 1977, Houston.
Money (rank): 1954, $8,327 (28); 1955, $28,974 (5); 1956, $23,833 (6); 1957, $13,427 (18); 1958, $12,897 (27); 1959, $38,296 (2); 1960, $26,837 (8); 1961, $29,245 (9); 1962, $66,200 (2); 1963, $32,556 (12); 1964, $33,173 (15); 1965, $58,898 (9); 1966, $68,345 (7); 1967, $38,086 (32); 1968, $61,631 (26); 1969, $112,737 (6); 1970, $79,001 (22); 1971, $98,687 (14); 1972, $11,119 (135); 1973, $95,308 (18); 1974 $102,822 (20); 1975, $182,883 (5); 1976, $60,471

BIOGRAPHIES OF TODAY'S LEADING PROFESSIONALS

(43); 1977, $119,759 (17); 1978, $55,576 (59); 1979, $70,521 (58); 1980, $27,331 (111); 1981, $8,881 (174); 1982, $23,237 (138); 1983, DNP.
Other achievements: 1953 Amateur champion. 1961 through 1971 and 1975 Ryder Cup teams. Winner 1974 and 1975 Taiheiyo Masters (Japan). Winner Bob Jones and Ben Hogan awards in 1973. Winner 1980 World Senior Invitational. Winner 1981 Legends of Golf with Bob Rosburg and Vintage Seniors Classic; 1983, Vintage Senior, Syracuse Senior, Daytona Beach Senior, Seniors Hall of Fame (unofficial). Member PGA Hall of Fame.

Mark Lye
Height: 6' 2''.
Weight: 175.
Birth: Nov. 13, 1952, Vallejo, Calif.
Residence: Tallahassee, Fla. (Plays out of Silverado C.C., Napa, Calif.)
College: San Jose State.
Turned professional: 1975.
Career earnings: $504,331.
Money (rank): 1977, $22,034 (100); 1978, $13,648 (125); 1979, $51,184 (75); 1980, $109,454 (39); 1981, $76,044 (56); 1982, $67,460 (61); 1983, $164,506 (28).
Best 1983 finishes: 1, Bank of Boston; T3, Western.
Other achievements: Winner 1976 Champion of Champions tournament in Australia. Winner 1977 Australian Order of Merit. Winner 1976 Rolex Trophy tournament in Switzerland. Collegiate All-America 1975.

Dave Marr
Height: 5' 9''.
Weight: 155.
Birth: 12/27/33, Houston, Tex.
Residence: Houston, Tex. Plays out of Princeville at Hanelei, Hawaii.
Height: 5-9.
Weight: 155.
Family: Wife, Caroline; three children.
College: Rice and Univ. of Houston.
Career earnings: $366,751.
Turned professional: 1953. **Joined tour:** 1960.
Other achievements: Member 1965 Ryder Cup team. Captain, 1981 Ryder Cup team.
Tour victories: 1960, Sam Snead Festival; 1961, Seattle; 1962, Azalea; 1965, PGA Championship.
Money (rank): 1960, $12,006 (32); 1961, $15,570 (35); 1962, $16,790 (37); 1963, $18,017 (45); 1964, $37,142 (11); 1965, $63,375 (7); 1966, $32,959 (30); 1967, $23,301 (52); 1968, $63,070 (23); 1969, $18,144 (91); 1970, $19,523 (98); 1971, $14,736 (114); 1972, $13,219 (127); 1973, $13,219 (135); 1974, $1,945 (218); 1975, $627 (242); 1976, $196 (298); 1977, $760 (247); No money won on tour since 1977.

John Mahaffey
Height: 5' 9''.
Weight: 160.
Birth: May 9, 1948, Kerrville, Tex.
Residence: Houston, Tex.

Family: Wife, Susie.
College: Univ. of Houston.
Turned professional: 1971.
Career earnings: $1,244,940.
Tour victories (total 6): 1973, Sahara; 1978, PGA Championship, American Optical; 1979, Bob Hope; 1980, Kemper; 1981, Anheuser-Busch.
Money (rank): 1971, $2,010 (230); 1972, $57,779 (39); 1973, $112,536 (12); 1974, $122,189 (16); 1975, $141,471 (8); 1976, $77,843 (33); 1977, $9,847 (150); 1978, $153,520 (12); 1979, $81,993 (45); 1980, $165,827 (15); 1981, $128,795 (24); 1982, $77,047 (56); 1983, $126,915 (44).
Best 1983 finishes: T2, Bank of Boston, T3, Tourn. Players Ch.
Other achievements: 1970 NCAA champion. 1978, 1979 World Cup teams, medalist in 1978. Member 1979 Ryder Cup team.

Roger Maltbie
Height: 5' 10''.
Weight: 175.
Birth: June 30, 1951, Modesto, Calif.
Residence: Los Gatos, Calif.
Family: Wife, Donna.
College: San Jose State.
Turned professional: 1973.
Career earnings: $539,188.
Tour victories (total 3): 1975, Quad Cities, Pleasant Valley; 1976, Memorial.
Money (rank): 1975, $81,035 (23); 1976, $117,736 (18); 1977, $51,727 (59); 1978, $12,440 (129); 1979, $9,796 (155); 1980, $38,626 (84); 1981, $75,009 (58); 1982, $77,067 (55); 1983, $75,751 (70).
Best 1983 finishes: T6, Kemper; 7, Westchester.
Other achievements: Winner 1972 and 1973 Northern California Amateur, 1974 California State Open, 1980 Magnolia Classic.

Gary McCord
Height: 6' 2''.
Weight: 178.
Birth: 5/23/48, San Gabriel, Calif.
Residence: Escondido, Calif.
Family: Wife, Kathee; one child.
College: Univ. Calif.-Riverside.
Career earnings: $317,967.
Turned professional: 1971. **Joined tour:** 1973.
Other achievements: All-American 1969-70. 1970 NCAA College Division champion. Credited with presenting idea that became All-Exempt Tour.
Money (rank): 1973, $499 (423); 1974, $33,640 (78); 1975, $43,028 (59); 1976, $26,479 (84); 1977, $46,318 (65); 1978, $15,280 (117); 1979, $36,843 (105); 1980, $13,521 (146); 1981, $20,722 (130); 1982, $27,380 (130); 1983, $55,756 (94).
1983 Best finish: T16, Las Vegas.

Mike McCullough
Height: 5' 9''.
Weight: 170.
Birth: March 21, 1945, Coshocton, Ohio.

BIOGRAPHIES OF TODAY'S LEADING PROFESSIONALS

Residence: Scottsdale, Ariz.
Family: Wife, Marilyn; Jason (4/24/75).
College: Bowling Green Univ.
Turned professional: 1970.
Career earnings: $399,196.
Money (rank): 1972, $227 (437); 1973, $17,076 (114); 1974, $31,961 (83); 1975, $17,706 (109); 1976, $29,491 (76); 1977, $79,413 (36); 1978, $56,066 (57); 1979, $43,664 (89); 1980, $19,588 (125); 1981, $27,212 (115); 1982, $43,207 (99); 1983, $38,660 (116).
Best 1983 finish: T9, Crosby.
Other achievements: 1970 Ohio State Amateur champion; 1974, Mini-Kemper and 1977 Magnolia Classic, both Second Tour events.

Mark McCumber
Height: 5' 8''.
Weight: 170.
Birth: Sept. 7, 1951, Jacksonville, Fla.
Residence: Middleburg, Fla.
Family: Wife, Paddy; Addison (1/28/76); Megan (6/14/80).
Turned professional: 1974.
Tour victories (total 3): 1979, Doral-Eastern; 1983, Western, Pensacola.
Money (rank): 1978, $6,948 (160); 1979, $67,886 (60); 1980, $36,985 (88); 1981, $33,363 (103); 1982, $31,684 (119); 1983, $268,294 (8).
Best 1983 finishes: 1, Western, Pensacola; T4, Westchester.
Other achievements: Winner, 1967 National Pee Wee.

Pat McGowan
Height: 5' 11''.
Weight: 170.
Birth: Nov. 27, 1954, Grand Forks, N.D.
Residence: Colusa, Calif.
Family: Wife, Bonnie.
College: Brigham Young Univ.
Turned professional: 1977.
Career earnings: $287,632.
Money (rank): 1978, $47,091 (67); 1979, $37,018 (104); 1980, $28,955 (109); 1981, $15,387 (147); 1982, $58,673 (75); 1983, $100,508 (57).
Best 1983 finishes: 4, PGA Ch.; 7, B.C.
Other achievements: Winner 1971 Mexican International Junior, 1976 Air Force Academy Invitational, 1977 Pacific Coast Intercollegiate, plus other.

Mark McNulty
Height: 5' 9½''.
Weight: 165.
Birth: Oct. 25, 1952, Bindura, Zimbabwe.
Residence: Johannesburg, South Africa.
Family: Wife, Sue.
Turned professional: October, 1977. (**Joined tour:** June, 1982.)
Career earnings: $90,384.
Money (rank): 1982, $50,322 (270); 1983, $40,062 (115).
Best 1983 finish: T5, Colonial.

Other achievements: Won 1974 Rhodesian Amateur, 1977 South Africa Stroke Play, member World Amateur Team Championship; led South African Order of Merit two consecutive years ('80, '81), won 1980 German Open, 1980 Malaysian Open, 1979 Greater Manchester Open; winner of four South African tournaments in 1982, including three consecutively.

Allen Miller
Height: 5' 10''.
Weight: 160.
Birth: Aug. 10, 1948, San Diego, Calif.
Residence: Pensacola, Fla.
Family: Wife, Cindy; daughter, Kelly Kristin.
College: Univ. of Georgia.
Turned professional: 1971.
Career earnings: $352,634.
Tour victories (total 1): 1974, Tallahassee.
Money (rank): 1971, $94 (470); 1972, $20,602 (101); 1973, $48,972 (62); 1974, $35,220 (75); 1975, $31,640 (71); 1976, $21,567 (99); 1977, $16,804 (117); 1978, $24,220 (104); 1979, $22,889 (118); 1980, $28,213 (109); 1981, $11,210 (164); 1982, $48,301 (93); 1983, $45,658 (108).
Best 1983 finishes: T10, Honda; T12, Pensacola.
Other achievements: Winner 1965 Florida High School Championship; 1970 Canadian Amateur, Three-time winner of Trans-Mississippi Amateur. Member 1969 and 1971 Walker Cup team; 1970 Eisenhower Cup team.

Johnny Miller
Height: 6' 2''.
Weight: 185.
Birth: April 29, 1947, San Francisco, Calif.
Residence: Mapleton, Utah.
Family: Wife, Linda Strouse; John S. (6/2/70); Kelly (12/26/72); Casi (7/30/74); Scott (5/12/76); Brent (2/3/78); Todd (1/22/80).
College: Brigham Young Univ.
Turned professional: 1969.
Career earnings: $1,930,306.
Tour victories (total 22): 1971, Southern; 1972, Heritage; 1973, U.S. Open; 1974, Bing Crosby Pro-Am, Phoenix, Tucson, Heritage, Tournament of Champions, Westchester, World Open and Kaiser International; 1975, Phoenix, Tucson, Bob Hope, Kaiser; 1976, Tucson, Bob Hope; 1980, Inverrary Classic; 1981, Tucson, Los Angeles; 1982, San Diego; 1983, Honda Inverrary.
Money (rank): 1969, $8,364 (135); 1970, $52,391 (40); 1971, $91,081 (18); 1972, $99,348 (17); 1973, $127,833 (9); 1974, $353,021 (1); 1975, $226,118 (2); 1976, $135,887 (14); 1977, $61,025 (48); 1978, $17,440 (111); 1979, $49,265 (76); 1980, $127,117 (30); 1981, $193,167 (12); 1982, $169,065 (20); 1983, $230,186 (14).
Best 1983 finishes: 1, Honda; 2, Canadian; T2, Phoenix; 3, World Series.
Other achievements: Winner, 1965 U.S. Junior, 1974 PGA Player of the Year. 1973 individual and team (with Jack Nicklaus) World Cup champion. Winner 1974 Dunlop Phoenix Open (Japan). 1975, World Cup team. 1975 and 1981 Ryder Cup teams. 1976 British Open champion. 1979 Lancome Trophy winner. Member, 1980

BIOGRAPHIES OF TODAY'S LEADING PROFESSIONALS

U.S. World Cup Team. Winner 1981 Sun City Million-Dollar Challenge (South Africa).

Jeff Mitchell
Height: 6' 2''.
Weight: 190.
Birth: Aug. 9, 1954, Rockford, Ill.
Residence: Lubbock, Tex.
Family: Wife, Chris; Jeffrey McDonald (4/23/80).
College: Texas Tech.
Turned professional: 1976.
Career earnings: $300,324
Tour victories (total 1): 1980, Phoenix.
Money (rank): 1977, $31,029 (80); 1978, $12,184 (130); 1979, $38,032 (103); 1980, $111,217 (37); 1981, $70,344 (70); 1982, $31,591 (120); 1983, $85,927 (199).
Best 1983 finish: T3, Bay Hill.
Other achievements: Winner, 1975, 1976 West Texas Amateurs; 1978 Texas State Open.

Larry Mize
Height: 6'.
Weight: 150.
Birth: Sept. 23, 1958, Augusta, Ga.
Residence: Columbus, Ga.
Family: Wife, Bonnie.
College: Georgie Tech.
Turned professional: 1980.
Career earnings: $175,112.
Tour victories (total 1): 1983, Memphis.
Money (rank): 1982, $28,787 (124); 1983, $146,325 (35).
Best 1983 finishes: 1, Memphis; T3, Milwaukee; T6, Houston.

Orville Moody
Height: 5' 10''.
Weight: 190.
Birth: Dec. 9, 1933, Chicasha, Okla.
Residence: Piano, Tex.
Family: Wife, Beverly Meyers; Michelle (11/24/69); Sabreena (2/17/70); Kelley Rhea (9/14/73); Jason (4/16/75).
College: Univ. of Oklahoma.
Turned professional: 1967.
Career earnings: $383,008.
Tour victories (total 1); 1969, U.S. Open.
Money (rank): 1968, $12,950 (103); 1969, $79,176 (21); 1980, $50,086 (44); 1971, $25,256 (83); 1972, $13,672 (126); 1973, $74,286 (36); 1974, $13,283 (130); 1975, $2,813 (185); 1976, $2,866 (195); 1977, $15,521 (121); 1978, $44,204 (73); 1979, $48,483 (81); 1980, $13,619 (145); 1981, $1,534 (218); 1982, 1983: No money won on tour.
Other achievements: Winner 1958 All-Army championship; 1962 All-Service championship; 1969 World Cup Team title (with Lee Trevino); 1969 World Series of Golf; 1971 Hong Kong Open; 1971 Morocco Grand Prix; and 1977 International Caribbean Open.

Gil Morgan
Height: 5' 9''.
Weight: 160.
Birth: Sept. 25, 1946, Wewoka, Okla.
Residence: Oak Tree G.C., Edmond, Okla.
Family: Wife, Jeanine; Molly (5/18/81); Maggie (8/10/82).
College: East Central State College. Southern College of Optometry.
Turned professional: 1972.
Career earnings: $1,370,330.
Tour victories (total 6): 1977, B.C.; 1978, Los Angeles, World Series of Golf; 1979, Memphis; 1983, Tucson, Los Angeles.
Money (rank): 1973, $3,800 (204); 1974, $23,880 (94); 1975, $42,772 (60); 1976, $61,372 (42); 1977, $104,817 (24); 1978, $267,459 (2); 1979, $115,857 (29); 1980, $135,308 (28); 1981, $171,184 (18); 1982, $139,652 (26); 1983, $306,133 (5).
Best 1983 finishes: 1, Tucson, Los Angeles; 2, B.C.; T2, Kemper; 3, U.S. Open; T5, Bay Hill.
Other achievements: 1967 Oklahoma collegiate champion. 1968 collegiate All-American. Winner 1978 Pacific Masters. 1979, 1983 Ryder Cup team. Named to NAIA Hall of Fame, 1982.

Bob Murphy
Height: 5' 10''.
Weight: 210.
Birth: Feb. 14, 1943, Brooklyn, N.Y.
Residence: Delray Beach C.C., Delray Beach, Fla.
Family: Wife, Gail; Kimberly (1/11/69).
College: Univ. of Florida.
Turned professional: 1967.
Career earnings: $1,237,828.
Tour victories (total 4); 1968, Philadelphia, Thunderbird; 1970, Hartford; 1975, Inverrary Classic.
Money (rank): 1968, $105,595 (10); 1969, $56,526 (32); 1970, $120,639 (9); 1971, $75,301 (27); 1972, $83,259 (26); 1973, $93,442 (22); 1974, $59,048 (44); 1975, $127,471 (11); 1976, $47,627 (60); 1977, $52,874 (58); 1978, $73,598 (34); 1979, $66,916 (62); 1980, $106,874 (41); 1981, $87,192 (49); 1982, $30,952 (121); $63,403 (82).
Best 1983 finishes: T5, Colonial; T9, Memorial, Hartford.
Other achievements: 1965 U.S. Amateur champion, 1966 NCAA champion. 1975 Ryder Cup team. Player Director on PGA Tour Policy Board, 1979-1980. Member 1966 World Amateur Cup team. 1967 Walker Cup team. Winner, 1967 Florida Open. 1968 Rookie of the Year.

Jim Nelford
Height: 5' 10''.
Weight: 155.
Birth: June 28, 1955, Vancouver, B.C., Canada.
Residence: Pleasant Grove, Utah.
Family: Wife, Margie; Nicole (7/5/79); Beau (3/17/82).
College: Brigham Young Univ.
Turned professional: 1977.
Career earnings: $284,196.
Money (rank): 1978, $29,959 (87); 1979, $40,174 (95); 1980, $33,769 (98); 1981, $20,275 (132); 1982,

BIOGRAPHIES OF TODAY'S LEADING PROFESSIONALS

$48,088 (94); 1983, $111,932 (50).
Best 1983 finishes: 2, Heritage; T9, Memorial.
Other achievements: Winner, 1975 and 1976 Canadian Amateur; 1977 Western Amateur; 1977 French Nation's Cup; 1978 Cacherel Under 25. Member 1979, 1980 Canada World Cup team. Winner of 1980 World Cup Team championship with Dan Halldorson.

Larry Nelson
Height: 5' 9''.
Weight: 155.
Birth: Sept. 10, 1947, Ft. Payne, Ala.
Residence: Marietta, Ga. (Plays out of La Quinta Hotel and G.C., La Quinta, Calif.)
Family: Wife, Gayle; Drew (10/7/76); Josh (9/28/78).
College: Kennesaw Junior College.
Turned professional: 1971.
Career earnings: $1,249,351
Tour victories (total 6): 1979, Inverrary, Western; 1980, Atlanta; 1981, Greensboro, PGA Championship; 1983, U.S. Open.
Money (rank): 1974, $24,022 (93); 1975, $39,810 (66); 1976, $66,482 (41); 1977, $99,876 (26); 1978, $65,686 (45); 1979, $281,022 (2); 1980, $182,715 (11); 1981, $193,342 (10); 1982, $159,134 (21); 1983, $138,368 (40).
Best 1983 finishes: 1, U.S. Open; 6, Atlanta.
Other achievements: 1979, 1981 Ryder Cup team, Player Director on PGA Tour Policy Board, 1979-1980.

Bobby Nichols
Height: 6' 2''.
Weight: 195.
Birth: April 14, 1936, Louisville, Ky.
Residence: Naples, Fla.
Family: Wife, Nancy Marrillia; Graig (10/12/62); Ricky (10/27/64), Leslie (10/25/65).
College: Texas A&M.
Turned professional: 1959. **(Joined tour:** 1960.)
Career earnings: $982,506.
Tour victories (total 12): 1962, St. Petersburg, Houston; 1963, Seattle; 1964 PGA Championship, Carling World; 1965, Houston; 1966, Minnesota; 1968, PGA Team (with George Archer); 1970, Dow Jones; 1973, Westchester; 1974, San Diego, Canadian.
Money (rank): 1960, $5,701 (60); 1961, $15,516 (36); 1962, $34,312 (9); 1963, $33,605 (10); 1964, $74,012 (5); 1965, $54,237 (12); 1966, $53,475 (13); 1967, $51,557 (22); 1968, $69,046 (19); 1969, $36,793 (51); 1970, $103,429 (13); 1971, $74,205 (28); 1972, $78,847 (28); 1973, $91,145 (26); 1974, $124,747 (14); 1975, $49,835 (46); 1976, $9,820 (143); 1977, $9,255 (153); 1978, $8,281 (156); 1979, $11,017 (150); 1980, $20,513 (121); 1981, $6,299 (188); 1982, $7,035 (184); 1983, $4,009 (210).
Other achievements: 1962 Ben Hogan Award. 1967 Ryder Cup team.

Jack Nicklaus
Height: 5' 11''.
Weight: 180.
Birth: Jan. 21, 1940, Columbus, Ohio.
Residence: North Palm Beach, Fla. and Muirfield Village, Ohio.
Family: Wife, Barbara Bash; Jack II (9/23/61); Steven (4/11/63); Nancy Jean (5/5/65); Gary (1/15/69); Michael (7/24/73).
College: Ohio State Univ.
Turned professional: 1961. **(Joined tour:** 1962.)
Career earnings: $4,248,229.
Tour victories (total 69): 1962, U.S. Open, Seattle World's Fair, Portland; 1963, Palm Springs, Masters, Tournament of Champions, PGA Championship, Sahara; 1964, Portland, Tournament of Champions, Phoenix, Whitemarsh; 1965, Portland, Masters, Memphis, Thunderbird Classic, Philadelphia; 1966, Masters, Sahara, National Team (with Arnold Palmer); 1967, U.S. Open, Sahara, Bing Crosby, Western, Westchester; 1968, Western, American Golf Classic; 1969, Sahara, Kaiser, San Diego; 1970, Byron Nelson, Four-Ball (with Arnold Palmer); 1971, PGA Championship, Tournament of Champions, Byron Nelson, National Team (with Arnold Palmer), Disney World; 1972, Bing Crosby, Doral-Eastern, Masters, U.S. Open, Westchester, Match Play, Disney; 1973, Bing Crosby, New Orleans, Tournament of Champions, Atlanta, PGA Championship, Ohio Kings Island, Walt Disney; 1974, Hawaii, Tournament Players Championship; 1975, Doral-Eastern, Heritage, Masters, PGA Championship, World; 1976, Tournament Players Championship, World Series of Golf; 1977, Inverrary, Tournament of Champions, Memorial; 1978, Inverrary, Tournament Players Championship, IVB-Philadelphia; 1980, U.S. Open, PGA Championship; 1982, Colonial National.
Money (rank): 1962, $61,869 (3); 1963, $100,040 (2); 1964, $113,285 (1); 1965, $140,752 (1); 1966, $111,419 (2); 1967, $188,998 (1); 1968, $155,286 (2); 1969, $140,167 (3); 1970, $142,149 (4); 1971, $244,490 (1); 1972, $320,542 (1); 1973, $308,362 (1); 1974, $238,178 (2); 1975, $298,149 (1); 1976, $266,438 (1); 1977, $284,509 (2); 1978, $256,672 (4); 1979, $59,434 (71); 1980, $172,386 (13); 1981, $178,213 (16); 1982, $232,645 (12); 1983 $256,158 (10).
Best 1983 finishes: 2, Honda, PGA Ch., World Series; 3, Canadian.
Other achievements: PGA Player of the Year five times (1967, 1972, 1973, 1975 and 1976); U.S. Amateur champion in 1959 and 1961. NCAA champion in 1961. Winner of British Open in 1966, 1970 and 1978. Six-time winner Australian Open (1964, 1968, 1971, 1975, 1976 and 1978). Member of six winning World Cup teams (1963, 1964, 1966, 1967, 1971 and 1973). Winner of World Series of Golf (old format) four times (1962, 1963, 1967 and 1970). Member of six Ryder Cup teams (1969 through 1977, plus 1981). Ryder Cup team captain 1983. Has total of 18 international titles. Member World Golf Hall of Fame.

Mike Nicolette
Height: 5' 9''.
Weight: 155.
Birth: Dec. 7, 1956, Pittsburgh, Pa.
Residence: Mt. Pleasant, Pa.
College: Rollins College.

BIOGRAPHIES OF TODAY'S LEADING PROFESSIONALS

Turned professional: 1978.
Career earnings: $188,260.
Tour victories (total 1): 1983, Bay Hill.
Money (rank): 1979, $9,140 (161); 1980, $13,196 (147); 1981, $512 (248); 1982, $38,084 (106); 1983, $127,868 (43).
Best 1983 finishes: 1, Bay Hill; T3, Western.
Other achievements: NCAA Division II, All-American—3 years.

Greg Norman
Height: 6'1''.
Birth: Feb. 10, 1955, Mt. Isa, Australia.
Residence: Bay Hill, Fla.
Family: Wife, Laura; daughter, Morgan Leigh.
Turned professional: 1976.
Career earnings: 1983, $71,411 (74).
Money (rank): Not a member of PGA tour prior to 1984; 1983, $71,411 (74).
Other achievements: Winner of 1976, West Lakes Classic (Australia); 1977, Kusaha Invitational (Japan), Martini International; 1978, South Seas Classic (Fiji), New South Wales Open (Australia); 1979, Martini International, Hong Kong Open; 1980, French Open, Scandinavian Enterprise Open, Suntory World Match-Play, Australian Open; 1981, Australian Masters, Martini International, Dunlop Masters; 1982, Dunlop Masters, State Express Classic, Benson & Hedges International; 1983, Australian Masters, Hong Kong Open, Suntory World-Play Championship.

Tim Norris
Height: 5' 10''.
Weight: 210.
Birth: Oct. 20, 1957, Fresno, Calif.
Residence: El Paso, Tex.
Family: Wife, Shelley.
College: Fresno State.
Turned professional: 1980.
Career earnings: $151,878.
Tour victories (total 1): 1982, Hartford.
Money (rank): 1981, $32,424 (106); 1982, $65,643 (66); 1983, $53,811 (95).
Best 1983 finish: 2, Anheuser-Busch.
Other achievements: Winner 1979 Sun Bowl College All-Star tournament. 1980 Dixie Amateur. 1980 California State Open (first start as professional). Named Fresno State Athlete of Year in 1980. All-America choice, 1979, 1980.

Andy North
Height: 6' 4''.
Weight: 190.
Birth: March 9, 1950, Thorp, Wis.
Residence: Madison, Wis.
Family: Wife, Susan; Nichole (11/30/74); Andrea (8/22/78).
College: Univ. of Florida.
Turned professional: 1972.
Career earnings: $862,380.
Tour victories (total 2): 1977, Westchester; 1978, U.S. Open.
Money (rank): 1973, $48,672 (64); 1974, $58,409 (46); 1975, $44,729 (53); 1976, $71,267 (37); 1977, $116,794 (18); 1978, $150,398 (14); 1979, $73,873 (54); 1980, $55,212 (69); 1981, $111,401 (30); 1982, $82,698 (49); 1983, $52,416 (98).
Best 1983 finishes: T4, Honda; T6, Los Angeles.
Other achievements: Winner 1969 Wisconsin State Amateur and 1971 Western Amateur. 1970, 1971 and 1972 collegiate All-American. 1978 World Cup team.

Mac O'Grady
Height: 6'
Weight: 170.
Birth: 4/6/51, Minneapolis, Minn.
Residence: Palm Springs, Calif.
Family: Wife, Fumiko Aoyagi.
College: Santa Monica College.
Turned professional: 1972. Joined tour: 1983.
Career earnings: $50,379.
Money (rank): 1983, $50,379 (101).
1983 Best Finishes: T3, Heritage; T12, Las Vegas.
Other achievements: Previously an exempt player on the European Tour.

David Ogrin
Height: 6'
Weight: 215.
Birth: 12/31/57, Waukegan, Ill.
Residence: College Station, Tex.
Family: Single.
College: Texas A&M.
Turned professional: 1980. Joined Tour: 1983.
Career earnings: $36,003.
Money (rank): 1983, 136,003 (121).
1983 best finishers: T13, U.S. Open; T16, Anheuser-Busch.
Other achievements: Ranked No. 7 as an amateur in 1980 by Golf Digest.

Mark O'Meara
Height: 6'.
Weight: 175.
Birth: Jan. 13, 1957, Goldsboro, N.C.
Residence: Irving, Tex.
Family: Wife, Alicia.
College: Long Beach State.
Turned professional: 1980.
Career earnings: $177,127.
Money (rank): 1981, $76,063 (55); 1982, $31,711 (118); 1983, $69,354 (76)..
Best 1983 finishes: T2, Phoenix.
Other achievements: Winner 1979 United States Amateur, California State Amateur, Mexican Amateur. All-American at Long Beach State. 1981 Rookie of the Year.

Peter Oosterhuis
Height: 6' 5''.
Weight: 210.
Birth: May 3, 1948, London, England.
Residence: Mission Hills C.C., Rancho Mirage, Calif., and Santa Barbara, Calif.
Family: Wife, Anne; Robert (9/24/73); Richard

BIOGRAPHIES OF TODAY'S LEADING PROFESSIONALS

(10/14/77).
Turned professional: 1968.
Tour victories (total 1): 1981, Canadian.
Career earnings: $604,714
Money (rank): 1974, $21,913 (101); 1975, $59,935 (34); 1976, $41,322 (66); 1977, $60,083 (50); 1978, $50,480 (65); 1979, $41,104 (93); 1980, $30,662 (105); 1981, $115,862 (28); 1982, $95,038 (42); 1983, $68,893 (78).
Best 1983 finishes: T7, Greensboro.
Other achievements: Member 1967 British Walker Cup team; and 1971, 1973, 1975, 1977, 1979, 1981 Ryder Cup teams. Winner: 1973 and 1974 French Opens, 1974 Italian Open. Leader British Order of Merit, 1971, 1972, 1973, 1974. Winner of total of 19 international tournaments. Runner-up 1974 and 1982 British Opens.

Arnold Palmer
Height: 5' 10½''.
Weight: 178.
Birth: Sept. 10, 1929, Latrobe, Pa.
Residence: Latrobe, Pa.
Family: Wife, Winifred Walzer; Margaret (2/26/56); Amy 8/4/58).
College: Wake Forest Univ.
Turned professional: 1954, **(Joined tour):** 1955).
Career earnings: $1,885,241.
Tour Victories (total 61): 1955, Canadian; 1956, Insurance City, Eastern; 1957, Houston, Azalea, Rubber City, San Diego; 1958, St. Petersburg, Masters, Pepsi Golf; 1959, Thunderbird (Calif.), Oklahoma City, West Palm Beach; 1960, Insurance City, Masters, Palm Springs Classic, Baton Rouge, Pensacola, U.S. Open, Mobile Sertoma, Texas; 1961, San Diego, Texas, Baton Rouge, Phoenix, Western; 1962, Masters, Palm Springs Classic, Texas, Phoenix, Tournament of Champions, Colonial National, American Golf Classic; 1963, Thunderbird, Pensacola, Phoenix, Western, Los Angeles, Cleveland, Philadelphia; 1964, Oklahoma City, Masters; 1965, Tournament of Champions; 1966, Los Angeles, Tournament of Champions, Houston Champions International, PGA Team (with Jack Nicklaus); 1967, Los Angeles, Tucson, American Golf Classic, Thunderbird; 1968, Hope Desert Classic, Kemper; 1969, Heritage, Danny Thomas-Diplomat; 1970, Four-Fall (with Jack Nicklaus); 1971, Bob Hope; Citrus, Westchester, National Team (with Jack Nicklaus); 1973, Bob Hope.
Money (rank): 1955, $7,958 (32); 1956, $16,145 (19); 1957, $27,803 (5); 1958, $42,608 (1); 1959, $32,462 (5); 1960, $75,263 (1); 1961, $61,091 (2); 1962, $81,448 (1); 1963, $128,230 (1); 1964, $113,203 (2); 1965, $57,770 (10); 1966, $110,467 (3); 1967, $184,065 (2); 1968, $114,602 (7); 1969, $105,128 (9); 1970, $128,853 (5); 1971, $209,603 (3); 1972, $84,181 (25); 1973, $89,457 (27); 1974, $36,293 (72); 1975, $59,017 (36); 1976 $17,017 (115); 1977, $21,950 (101); 1978, $27,073 (94); 1979, $9,276 (159); 1980, $16,589 (133); 1981, $4,164 (197); 1982, $6,621 (198); 1983, $16,940 (159).
Other achievements: 1954 U.S. Amateur champion. Winner of 19 foreign titles, including 1961 and 1962 British Open, 1966 Australia Open, 1975 Spanish Open, and 1975 British PGA. 1961, 1965, 1967, 1971 and 1973 Ryder Cup team. 1960, 1962, 1963, 1964, 1965, 1966 and 1967 World Cup team. Winner 1980 PGA Seniors, 1981 USGA Seniors Open. Winner of three 1982 PGA Tour Seniors' events, Marlboro Classic, Denver Post Champions of Golf and Boca Grove Classic.

Jerry Pate
Height: 6'.
Weight: 165.
Birth: Sept. 16, 1953, Macon, Ga.
Residence: Pensacola, Fla. (Plays out of Shoal Creek, Ala.)
Family: Wife, Soozi; Jennifer (10/5/78); Wesley Nelson (9/5/80).
College: Univ. of Alabama.
Turned professional: 1975.
Career earnings: $1,433,845.
Tour victories (total 8): 1976, U.S. Open, Canadian; 1977, Phoenix, Southern; 1978, Southern; 1981, Memphis, Pensacola; 1982, Tournament Players Championship.
Money (rank): 1976, $153,102 (10); 1977, $98,152 (27); 1978, $172,999 (10); 1979, $193,707 (11); 1980, $222,976 (6); 1981, $280,627 (6); 1982, $280,141 (9); 1983, $28,890 (136).
Best 1983 finish: T8, Westchester.
Other achievements: 1974 U.S. Amateur champion. Winner 1974 Florida Amateur. 1974 World Amateur Cup team, 1975 Walker Cup team, and 1981 Ryder Cup team. Winner 1976 Pacific Masters. 1977 Mixed Team Championship, with Hollis Stacy. 1980 Medalist, U.S.-Japan Team Matches. Member 1982 PGA Tour vs. Japan Goldwin Cup team.

Calvin Peete
Height: 5' 10''.
Weight: 165.
Birth: July 18, 1943, Detroit, Mich.
Residence: Fort Myers, Fla.
Family: Wife, Christine; Calvin (8/9/68); Dennis (12/4/69); Rickie (12/13/69); Kalvanetta Kristina (5/3/75).
Turned professional: 1971.
Career earnings: $1,017,705.
Tour victories (total 7): 1979, Milwaukee; 1982, Milwaukee, Anheuser-Busch, B.C., Pensacola; 1983, Anheuser-Busch, Atlanta.
Money (rank): 1976, $22,966 (94); 1977, $20,525 (105); 1978, $20,459 (108); 1979, $122,481 (27); 1980, $105,716 (42); 1981, $93,243 (43); 1982, $318,470 (4); 1983, $313,845 (4).
Best 1983 finishes: 1, Atlanta, Anheuser-Busch; T2, Crosby, Buick; T4, Tucson; 4, Pensacola.
Other achievements: 1983 Ryder Cup team.

Mark Pfeil
Height: 5' 11''.
Weight: 175.
Birth: July 18, 1951, Chicago Heights, Ill.
Residence: La Quinta Hotel C.C., La Quinta, Calif.
Family: Wife, Diana; Kimberly Ann (9/19/80).
College: Univ. of Southern California.
Turned professional: 1974.

BIOGRAPHIES OF TODAY'S LEADING PROFESSIONALS

Career earnings: $273,403.
Tour victories (total 1): 1980, Tallahassee.
Money (rank): 1976, $439 (271); 1977, $9,924 (149); 1978, $13,943 (123); 1979, $18,963 (125); 1980, $52,704 (72); 1981, $28,951 (112); 1982, $62,633 (71); 1983, $85,847 (66).
Best 1983 finishes: 2, Texas; T9, Canadian.
Other achievements: Won California Interscholastic Federation; 1973 Walker Cup team; All-American 1973, 1974. Winner Pacific Coast Amateur, 1972, 1974; Southern California Amateur, 1973; PAC-8, 1974.

Gary Player
Height: 5' 7''.
Weight: 150.
Birth: Nov. 1, 1935, Johannesburg, South Africa.
Residence: Johannesburg, South Africa.
Family: Wife, Vivienne Verwey; Jennifer ('59); Mark (3/61); Wayne (4/62); Michelle (12/63); Theresa ('65); Amanda ('73).
Turned professional: 1953. (Joined tour: 1957.)
Career earnings: $1,691,704.
Tour victories (total 21): 1958, Kentucky Derby; 1961, Lucky International, Sunshine, Masters; 1962, PGA Championship; 1963, San Diego; 1964, 500 Festival, Pensacola; 1965, U.S. Open; 1969, Tournament of Champions; 1970, Greensboro; 1971, Jacksonville, National Airlines; 1972, New Orleans, PGA Championship; 1973, Southern; 1974, Masters, Memphis; 1978, Masters, Tournament of Champions, Houston.
Money (rank): 1957, $3,286; 1958, $18,591; 1959, 5,694 (58); 1960, $13,879 (28); 1961, $64,540 (1); 1962, $45,838 (6); 1963, $55,455 (5); 1964, $61,449 (7); 1965, $69,964 (5); 1966, $26,391 (38); 1967, $55,820 (18); 1968, $51,950 (33); 1969, $123,897 (5); 1970, $101,212 (15); 1971, $120,916 (5); 1972, $120,719 (7); 1973, $48,878 (63); 1974, $108,372 (19); 1975, $73,943 (27); 1976, $53,668 (53); 1977, $112,485 (21); 1978, $177,336 (9); 1979, $74,482 (53); 1980, $45,471 (76); 1981, $22,483 (122); 1982, $22,059 (145); 1983, $20,567 (147).
Other achievements: Winner of 120 tournaments around the world, including the 1959, 1968 and 1974 British Opens. Winner of South African Open 12 times since 1956. Seven-time winner Australian Open and five-time winner Suntory World Match Play. Individual titleist in 1965 and 1977 World Cup. Winner of World Series of Golf (old format) in 1965, 1968 and 1972. Other victories include: 1957 Australian PGA, 1972 and 1974 Brazilian Open, and 1976 South African Dunlop Masters. Member World Golf Hall of Fame. 1980 Chile Open.

Dan Pohl
Height: 5' 11''.
Weight: 175.
Birth: April 1, 1955, Mt. Pleasant, Mich.
Residence: Mt. Pleasant, Mich. (Plays out of Canadian Lakes C.C., Mecosta, Mich.)
Family: Wife, Mitzi; daughter, Michelle.
College: Univ. of Arizona.
Turned professional: 1977.
Career earnings: $425,793.
Money (rank): 1978, $1,047 (224); 1979, $38,393 (100); 1980, $105,008 (44); 1981, $94,303 (42); 1982, $97,213 (39); 1983, $89,830 (62).
Best 1983 finishes: 8, PGA Ch.; T6, Milwaukee.
Other achievements: Michigan State Amateur champion, 1975, 1977.

Don Pooley
Height: 6' 2''.
Weight: 185.
Birth: Aug. 27, 1951, Phoenix, Ariz.
Residence: Tucson, Ariz.
Family: Wife, Margaret; Lynn (1/19/80); Kerri (5/19/82)
College: Univ. of Arizona.
Turned professional: 1973.
Career earnings: $533,168.
Tour victories (total 1): 1980, B.C.
Money (rank): 1976, $2,139 (208); 1977, $24,507 (94); 1978, $31,945 (84); 1979, $6,932 (170); 1980, $157,973 (18); 1981, $75,730 (57); 1982, $87,962 (48); 1983, $145,979 (36).
Best 1983 finishes: T2, Atlanta; 4, Hartford; T5, B.C.

Nick Price
Height: 6' 0''.
Weight: 185.
Birth: 1/28/57, Durban, South Africa.
Residence: Randburg, S.A.
Family: Single.
Turned professional: 1977. Joined tour: 1983.
Career earnings: $49,435.
Money (rank): 1983, $49,435 (103).
1983 best finishes: 1, World Series; T9, Kemper.
Tour victories: 1983 World Series of Golf.
Other achievements: 1980 Swiss Open winner. 1981 South African Masters winner. Runner-up to Tom Watson in 1982 British Open at Troon.

Tom Purtzer
Height: 6'.
Weight: 170.
Birth: Dec. 5, 1951, Des Moines, Iowa.
Residence: Phoenix, Ariz. (Plays out of Mission Hills, C.C., Rancho Mirage, Calif.)
Family: Wife, Jacqueline; Laura (7/3/80).
College: Arizona State Univ.
Turned professional: 1973.
Career earnings: $724,376.
Tour Victories (total 1): 1977, Los Angeles.
Money (rank): 1975, $2,093 (194); 1976, $26,682 (82); 1977, $79,337 (37); 1978, $58,618 (55); 1979, $113,270 (30); 1980, $118,185 (34); 1981, $122,812 (27); 1982, $100,118 (36); 1983, $103,261 (55).
Best 1983 finish: T6, Doral, Houston.
Other achievements: Arizona State Amateur and Southwest Open champions, both 1972. Medalist, 1979 U.S.-Japan Team Matches. Winner, 1981 Jerry Ford Invitational.

Sammy Rachels
Height: 5' 11''.
Weight: 160.

BIOGRAPHIES OF TODAY'S LEADING PROFESSIONALS

Birth: 9/23/50, DeFuniak Springs, Fla.
Residence: DeFuniak Springs, Fla.
Family: Wife, Pia; two children.
College: Chipola JC and Columbus College.
Turned professional: 1972. **Joined tour:** 1975.
Career earnings: $154,203.
Other achievements: Two-time Junior Chllege All-American and two-time NAIA All-American. NAIA National medalist in 1972.
Money (rank): 1975, $8,534 (135); 1976, $5,464 (168); 1977, $6,395 (168); 1978, $5,865 (168); 1979, $17,305 (129); 1980 $13,149 (148); 1981, $21,630 (125); 1982, $621 (249); 1983, $75,238 (71).
1983 Best finishes: T2, Memphis, Boston.

Joe Rassett
Height: 6'
Weight: 170.
Birth: 7/5/58, Turlock, Calif.
Residence: Tulsa, Okal.
College: Oral Roberts Univ.
Turned professional: 1981 **Joined tour:** 1983.
Money (rank): 1983, $30,797 (129).
1983 best finish: T19, Greensboro.

Victor Regalado
Height: 5' 10''.
Weight: 185.
Birth: April 15, 1948, Tijuana, Mexico.
Residence: San Diego, Calif.
Family: Wife, Carol.
Turned professional: 1971.
Career earnings: $550,614.
Tour victories (total 2): 1974, Pleasant Valley; 1978, Quad Cities.
Money (rank): 1973, $9,512 (154); 1974, $61,848 (39); 1975, $25,833 (85); 1976, $53,686 (52); 1977, $78,791 (38); 1978, $62,621 (50); 1979, $82,964 (44); 1980, $44,457 (77); 1981, $29,211 (111); 1982, $53,172 (86); 1983, $50,395 (100).
Best 1983 finish: T8, B.C.
Other achievements: Winner, 1970 Mexican Amateur, 1972 and 1978 Mexican PGA, 1973 Mexican Masters. Member 1968 and 1970 Mexican World Amateur Cup team, 1973 and 1979 Mexico World Cup team.

Mike Reid
Height: 6'.
Weight: 150.
Birth: July 1, 1954, Bainbridge, Md.
Residence: Provo, Utah.
Family: Wife, Randolyn; Brendalyn (2/3/81).
College: Brigham Young Univ.
Turned professional: 1976.
Career earnings: $606,215.
Money (rank): 1977, $26,314 (90); 1978, $37,420 (79); 1979, $64,046 (66); 1980, $206,097 (9); 1981, $93,037 (44); 1982, $80,167 (51); 1983, $99,135 (58).
Best 1983 finishes: T5, Colonial, B.C.; T9, PGA Ch.
Other achievements: 1976 Western Athletic Conference champion. Winner, 1976 Pacific Coast Amateur. Collegiate All-America 1974, 1975. Low Amateur, 1976 U.S. Open. 1980 Member, U.S. World Cup team.

Jack Renner
Height: 6'.
Weight: 160.
Birth: July 6, 1956, Palm Springs, Calif.
Residence: San Diego, Calif.
College: College of the Desert.
Turned professional: 1976.
Career earnings: $789,313.
Tour victories (total 2): 1979, Westchester; 1981, Pleasant Valley.
Money (rank): 1977, $12,837 (128); 1978, $73,996 (33); 1979, $182,808 (14); 1980, $97,501 (45); 1981, $193,292 (11); 1982, $95,589 (41); 1983, $133,290 (41).
Best 1983 finishes: 2, Hawaiian; T9, Memorial.
Other achievements: Winner, 1972 World Junior. Winner, 1973 U.S. Junior.

Larry Rinker
Height: 5' 9''.
Weight: 145.
Birth: 7/20/57, Stuart, Fla.
Residence: Orlando, Fla.
Family: Single.
College: Univ. of Florida.
Turned professional: 1979. **Joined tour:** Spring 1981.
Career earnings: $60,666.
Other achievements: 1978 Southeastern Conference champion. Winner of six mini-tour events. Led Space Coast mini-tour in earnings in 1980.
Money (rank): 1981, $2,729 (211); 1982, $26,993 (132); 1983, $31,394 (128).
1983 Best finish: T22, Buick.

Juan (Chi Chi) Rodriguez
Height: 5' 7½''.
Weight: 132.
Birth: Oct. 23, 1935, Puerto Rico.
Residence: Dorado Beach, Puerto Rico.
Family: Wife, Iwalani; Donnette (4/6/62).
Turned professional: 1960. (**Joined tour:** 1960).
Career earnings: $951,015.
Tour victories (total 8): 1963, Denver Open; 1964, Lucky International Open, Western Open; 1967, Texas Open; 1968, Sahara Invitational; 1972, Byron Nelson Classic; 1973, Greensboro Open; 1979, Tallahassee Open.
Money (rank): 1960, $2,137 (94); 1961, $2,269 (99); 1962, $6,389 (68); 1963, $17,674 (48); 1964, $48,339 (9); 1965, $26,568 (37); 1966, $35,616 (28); 1967, $48,608 (24); 1968, $58,323 (30); 1969, $56,312 (33); 1970, $53,102 (38); 1971, $30,390 (74); 1972, $113,503 (12); 1973, $91,307 (23); 1974, $58,940 (44); 1975, $13,955 (115); 1976, $29,870 (75); 1977, $56,018 (55); 1978, $39,565 (77); 1979, $58,225 (72); 1980, $35,906 (92); 1981, $65,152 (68); 1982, $7,119 (182); 1983, $8,190 (187).
Other achievements: Member 1973 Ryder Cup team. Represented Puerto Rico on 12 World Cup teams. Winner, 1976 Pepsi Mixed Team Championship (with Jo Ann Washam). Winner of Ambassador of Golf Award, 1981.

Bill Rogers
Height: 6'.

261

BIOGRAPHIES OF TODAY'S LEADING PROFESSIONALS

Weight: 148.
Birth: Sept. 10, 1952, Waco, Tex.
Residence: Texarkana, Tex. (Plays out of Northridge C.C.)
Family: Wife, Beth.
College: Univ. of Houston.
Turned professional: 1974.
Career earnings: $1,209,095.
Tour victories (total 5): 1978, Bob Hope; 1981, Heritage, World Series of Golf, Texas; 1983, New Orleans.
Money (rank): 1975, $29,302 (78); 1976, $24,376 (88); 1977, $88,707 (29); 1978, $114,206 (17); 1979, $230,500 (6); 1980, $146,883 (23); 1981, $315,411 (5); 1982, $128,682 (27); 1983, $130,103 (42).
Best 1983 finishes: 1, New Orleans; T3, Bay Hill.
Other achievements: 1972 Southern Amateur winner. Member 1973 Walker Cup team. All-American in 1973. 1973 All-American Collegiate Tournament Winner. Won 1977 Pacific Masters. Won 1979 World Match Play Championship. Won 1980 and 1981 Suntory Open in Japan. Won 1981 British Open. 1981 Ryder Cup team. 1981 Player of Year. Named to University of Houston Hall of Honor, 1981. Winner 1981 New South Wales Open, Australia, and 1981 Australian Open.

Clarence Rose
Height: 5' 8".
Weight: 165.
Birth: Dec. 8, 1957, Goldsboro, N.C.
Residence: Goldsboro, N.C.
Family: Wife, Jan.
College: Clemson Univ.
Turned professional: 1981.
Career earnings: $87,312.
Money (rank): 1981, $965 (233); 1982, $41,075 (100); 1983, $45,271 (109).
1983 Best finish: T6, Western.
Other achievements: Winner 1979 North Carolina Amateur, was quarter-finalist in U.S. Amateur in 1980. All-American in 1980.

Bob Shearer
Height: 6'.
Weight: 185.
Birth: May 28, 1948, Melbourne, Australia.
Residence: Melbourne, Australia.
Family: Wife, Kathy; Bobby (7/10/77); Brett (2/16/82).
Turned professional: 1970.
Career earnings: $341,896.
Tour victories (total: 1): 1982, Tallahassee.
Money (rank): 1976, $4,129 (181); 1977, $53,448 (57); 1978, $61,878 (52); 1979, $16,517 (133); 1980, $25,907 (115); 1981, $32,336 (107); 1982, $112,606 (34); 1983, $35,074 (124).
1983 Best finish: T10, New Orleans.
Other achievements: Winner of numerous events around the world, among them: 1969 Australian Amateur; 1974 Tasmanian Open; 1974 and 1975 Chrysler Classic; 1975 Madrid Open; 1975 Picadilly Medal; 1976 and 1981 Air New Zealand Open; 1975 and 1977 West Lake Classic; 1974, 1977 and 1981 Australian Order of Merit; 1978 and 1981 New Zealand Open; 1980 Gold Coast Classic; 1977 Champions of Champions; Co-medalist in Spring, 1976 Qualifying School. Australian World Cup team, 1975, 1976. Winner 1982 New South Wales Open (Australia).

Tony Sills
Height: 5'10".
Weight: 160.
Birth: 12/5/55, Los Angeles, Cailf.
Residence: Los Angeles, Cailf.
Family: Single.
College: Southern Cal.
Turned professional: 1980. **Joined tour:** 1983.
Career earnings: $47,488.
Money (rank): 1983, $47,488 (104).
1983 best finishes: 3, Texas; T9, Canadian.
Other achievements: 1976 Southern California Amateur winner. 1981 Queen Mary Open winner. 1982 Coors Open winner.

Jim Simons
Height: 5' 10½".
Weight: 170.
Birth: May 15, 1950, Pittsburgh, Pa.
Residence: Tequesta, Fla.
Family: Wife, Sherry; Bradley (1/15/77); Sean (10/14/80).
College: Wake Forest Univ.
Turned professional: 1972.
Career earnings: $764,628.
Tour victories (total: 3): 1977, New Orleans; 1978, Memorial; 1982, Bing Crosby National Pro-Am.
Money (rank): 1972, $2,030 (248); 1973, $26,483 (93); 1974, $30,710 (87); 1975, $47,724 (50); 1976, $44,727 (62); 1977, $81,397 (34); 1978, $90,218 (26); 1979, $76,350 (50); 1980, $85,527 (48); 1981, $109,210 (33); 1982, $116,767 (32); 1983, $56,667 (89).
1983 Best finishes: T6, T.P. Ch.; T7, Pensacola.
Other achievements: 1971 Walker Cup team. 1971, 1972 Collegiate All-American. 1971, 1972, low amateur, U.S. Open. Player Director on PGA Tour Policy Board, 1981-1983.

Scott Simpson
Height: 6' 2".
Weight: 180.
Birth: Sept. 17, 1955, San Diego, Calif.
Residence: San Diego, Cailf. (plays out of Stardust C.C. San Diego, Calif.)
Family: Wife, Cheryl; Brea Yoshiko (10/10/82).
College: Univ. of Southern California.
Turned professional: 1977.
Career earnings: $594,276.
Tour victories (total: 1); 1980, Western.
Money (rank): 1979, $53,084 (74); 1980, $141,323 (24); 1981, $108,793 (34); 1982, $146,903 (24); 1980, 141,323 (24); 1983, $144,172 (38).
1983 Best finishes: T5, Anheuser-Busch; T2, Kemper.
Other achievements: Winner 1976 and 1977 NCAA championships. Winner, 1976 Porter Cup. Winner 1975 and 1977 PAC-8 Championships. Member, 1977 Walker Cup Team. Collegiate All-American 1976 and 1977. Winner of California and San Diego junior titles.

BIOGRAPHIES OF TODAY'S LEADING PROFESSIONALS

Tim Simpson
Height: 5' 10½''.
Weight: 175.
Birth: May 6, 1956, Atlanta, Ga.
Residence: Atlanta, Ga.
Family: Wife, Kathy.
College: Univ. of Georgia.
Turned professional: 1977.
Career earnings: $325,522.
Money (rank): 1977, $2,778 (193); 1978, $38,714 (78); 1979, $36,223 (106); 1980, $27,172 (112); 1981, $63,063 (70); 1982, $62,153 (72); 1983, $96,419 (59).
1983 Best finishes: T5, Phoenix; T8, Memphis. T6, Las Vegas.
Other achievements: 1976 Southern Amateur champion; All-Southeastern Conference and All-American at Georgia. Winner of Georgia and Atlanta junior titles; 1981 World Under-25 Championship (France).

J. C. Snead
Height: 6' 2''.
Weight: 200.
Birth: Oct. 14, 1941, Hot Springs, Va.
Residence: Hot Springs,Va. and Ponte Vedra Beach, Fla.
Family: Wife, Sue Bryant; Jason (10/10/78).
College: East Tennessee State Univ.
Turned professional: 1964. (**Joined tour:** 1968).
Career earnings: $1,429,534.
Tour victories (total: 7): 1971, Tucson, Doral-Eastern; 1972, Philadelphia; 1975, San Diego; 1976, San Diego, Kaiser; 1981, Southern.
Money (rank): 1968, $690 (280); 1969, $10,640 (121); 1970, $11,547 (122); 1971, $92,929 (17); 1972, $87,435 (22); 1973, $103,601 (14); 1974, $164,486 (6); 1975, $91,822 (17); 1976, $192,645 (6); 1977, $68,975 (46); 1978, $63,561 (47); 1979, $129,585 (24); 1980, $76,791 (54); 1981, $126,175 (26); 1982, $96,756 (40); 1983, $111,895 (51).
1983 Best finishes: T4, Las Vegas; T10, Los Angeles, Hawaii, LaJet.
Other achievements: 1971, 1973 and 1975 Ryder Cup team. 1973 Australian Open champion.

Ed Sneed
Height: 6' 2''.
Weight: 185.
Birth: Aug. 6, 1944, Roanoke, Va.
Residence: Columbus, Ohio.
Family: Wife, Nancy Kay; Mary Elisa (8/16/74); Erica Kathryn (4/21/77).
College: Ohio State Univ.
Turned professional: 1967.
Career earnings: $836,540.
Tour victories (total: 4): 1973, Kaiser; 1974, Milwaukee; 1977, Tallahassee; 1982, Houston.
Money (rank): 1969, $4,254 (170); 1970, $3,186 (189); 1971, $10,716 (133); 1972, $16,945 (118); 1973, $67,990 (40); 1974, $66,376 (34); 1975, $46,634 (51); 1976, $71,675 (36); 1977, $50,638 (61); 1978, $86,510 (27); 1979, $123,606 (25); 1980, $83,573 (49); 1981, $44,258 (92); 1982, $148,170 (23); 1983, $36,993 (119).
1983 Best finishes: T5, Phoenix; 10 Doral.
Other achievements: Winner, 1973 New South Wales Open in Australia; member 1977 Ryder Cup team; Player Director on Tournament Policy Board, 1977-78 and 1981-82. Winner, 1980 Morocco Grand Prix. 1965 Ohio Intercollegiate.

Craig Stadler
Height: 5' 10''.
Weight: 200.
Birth: June 2, 1953, San Diego, Calif.
Residence: Lake Tahoe, Nev.
Family: Wife, Sue; Kevin (2/5/80).
College: Univ. of Southern Calif.
Turned professional: 1975.
Career earnings: $1,268,608.
Tour victories (total: 7): 1980, Bob Hope, Greensboro; **1981**, Kemper; **1982**, Tucson, Masters, Kemper, World Series of Golf.
Money (rank): 1976, $2,702 (196); 1977, $42,949 (66); 1978, $63,486 (48); 1979, $73,392 (55); 1980, $206,291 (8); 1981, $218,829 (8); 1982, $446,462 (1); 1983, $214,496 (17).
1983 Best finishes: T2, Greensboro, Westchester; 3, Bob Hope.
Other achievements: Winner, 1971 World Junior. Winner, 1973 U.S. Amateur. Member, 1975 Walker Cup team; 1983 Ryder Cup team. All-American 1974 and 1975. Winner, 1978 Magnolia Classic. Member 1982 PGA Tour vs. Japan Goldwin Cup team. Winner, 1982 PGA Tour Arnold Palmer Award as leading money winner.

Payne Stewart
Height: 6' 1''.
Weight: 185.
Birth: Jan. 30, 1957; Springfield, Mo.
Residence: Springfield, Mo.
Family: Wife, Tracey Ferguson.
College: Southern Methodist Univ.
Turned professional: 1979.
Career earnings: $290,896.
Tour victories (total: 1): 1982, Quad Cities; 1983, Disney.
Money (rank): 1981, $13,400 (157); 1982, $98,686 (38); 1983, $178,809 (25).
1983 Best finishes: 1, Disney; T3, Miwaukee.
Other achievements: Winner, 1982 Magnolia Classic. Co-champion, 1979 Southwest Conference; 1979 All-America. 1979 Missouri Amateur champion; 1981 Indian and Indonesian Open winner on Asian tour; third in Asian Order of Merit, 1981.

Dave Stockton
Height: 5' 11½''.
Weight: 175.
Birth: Nov. 2, 1941, San Bernardino, Calif.
Residence: Keystone Ranch, Keystone, Colo., and Westlake Village, Calif.
Family: Wife, Catherine Fay; David Bradley (7/31/68); Ronald Edwin (9/16/70).
College: Univ. of Southern California.
Turned professional: 1964. (**Joined tour:** 1964).
Career earnings: $1,149,681.

BIOGRAPHIES OF TODAY'S LEADING PROFESSIONALS

Tour victories (total: 11): 1967, Colonial, Haig Scotch Foursome (with Laurie Hammer); 1968, Cleveland, Milwaukee; 1970, PGA Championship; 1971, Massachusetts; 1973, Milwaukee; 1974, Los Angeles, Quad Cities, Hartford; 1976, PGA Championship.
Money (rank): 1964, $1,203 (167); 1965, $5,410 (99); 1966, $10,115 (82); 1967, $54,333 (19); 1968, $100,402 (14); 1969, $70,707 (26); 1970, $108,564 (12); 1971, $85,738 (19); 1972, $66,342 (34); 1973, $96,207 (16); 1974, $155,105 (6); 1975, $72,885 (28); 1976, $94,973 (27); 1977, $58,328 (53); 1978, $65,016 (46); 1979, $35,601 (107); 1980, $23,652 (118); 1981, $25,747 (117); 1982, $20,676 (149); 1983, $11,204 (177).
Other achievements: 1970 and 1976 World Cup team. 1971 and 1977 Ryder Cup team. 1975 and 1976, Player Director, Tournament Policy Board.

Curtis Strange
Height: 5' 11''.
Weight: 170.
Birth: Jan. 30, 1955, Norfolk, Va.
Residence: Kingsmill, Va.
Family: Wife, Sarah; Thomas Wright III (8/25/82).
College: Wake Forest Univ.
Turned professional: 1976.
Career earnings: $1,132,754.
Tour victories (total: 4): 1979, Pensacola; 1980, Houston, Westchester; 1983, Hartford.
Money (rank): 1977, $28,144 (87); 1978, $29,346 (88); 1979, $138,368 (21); 1980, $271,888 (3); 1981, $201,513 (9); 1982, $263,378 (10); 1983, $200,116 (21).
1983 Best finishes: 1, Hartford; T2, Tucson; T3, Western.
Other achievements: Winner of 1973 Southeastern Amateur, 1974 NCAA, 1974 Western Amateur, 1975 Eastern Amateur, 1975 and 1976 North and South Amateur. 1975 and 1976 Virginia State Amateur. Member 1974 World Amateur Cup team, 1975 Walker Cup team. 1974 College Player of Year.

Ron Streck
Height: 6'.
Weight: 165.
Birth: July 17, 1954, Tulsa, Okla.
Residence: Tulsa, Okla.
College: Tulsa Univ.
Turned professional: 1976.
Career earnings: $399,967.
Tour victories (total: 2): 1978, Texas; 1981, Houston.
Money (rank): 1977, $11,014 (143); 1978, $46,933 (68); 1979, $38,484 (99); 1980, $51,728 (73); 1981, $114,895 (29); 1982, $67,962 (60); 1983, $68,950 (77).
1983 Best finishes: T7, Quad Cities; T8, San Diego.
Other achievements: Two-time winner Missouri Valley Conference title. Two-time collegiate All-American.

Mike Sullivan
Height: 6' 2''.
Weight: 210.
Birth: Jan. 1, 1955, Gary, Ind.
Residence: Ocala, Fla.
Family: Wife, Sandy.
College: Univ. of Florida.
Turned professional: 1975.
Career earnings: $464,948.
Tour victories (total: 1): 1980, Southern.
Money (rank): 1977, $11,170 (142); 1978, $41,184 (74); 1979, $38,596 (97); 1980, $147,759 (22); 1981, $94,844 (41); 1982, $37,957 (108); 1983, $93,437 (60).
1983 Best finishes: T3, Inverrary; T7, Atlanta.

Hal Sutton
Height: 6' 1''.
Weight: 175.
Birth: April 28, 1958, Shreveport, La.
Residence: Shreveport, La.
College: Centenary College.
Turned professional: 1981.
Career earnings: $644,102.
Tour victories (total: 3): 1982, Walt Disney World Golf Classic; 1983, Tournament Players Championship; PGA Championship.
Money (rank): 1982, $237,434 (11); 1983, $426,668 (1).
1983 Best finishes: 1, T.P. Ch., PGA; T2, Nelson; T3, Anheuser-Busch; 4, Tourn. of Chs.
Other achievements: Winner, 1980 U.S. Amateur championship. 1980 Golf Magazine College Player of the Year. Collegiate All-American. Runner-up 1981 NCAA Champion. Winner 1974 Louisiana State Juniors.

Doug Tewell
Height: 5' 10''.
Weight: 175.
Birth: Aug. 27, 1949, Baton Rouge, La.
Residence: Edmond, Okla.
Family: Wife, Pam. Kristie (9/24/69); Jay (3/31/75).
College: Oklahoma State Univ.
Turned professional: 1971. (Joined tour): 1975).
Career earnings: $534,104.
Tour victories (total: 2): 1980, Heritage, IVB-Philadelphia.
Money (rank): 1975, $1,812 (201); 1976, $3,640 (185); 1977, $33,162 (76); 1978, $16,629 (113); 1979, $84,500 (43); 1980, $161,684 (17); 1981, $41,540 (94); 1982, $78,770 (52); 1983, $112,367 (49).
1983 Best finishes: 6, Bob Hope; T6, New Orleans, Tourn. Ph. Ch.
Other achievements: Winner, Oklahoma State Junior and Scholastic titles, 1966. Winner 1978 South Central PGA, 1971 Tulsa Intercollegiate.

Leonard Thompson
Height: 6' 2''.
Weight: 200.
Birth: Jan. 1, 1947, Laurinburg, N.C.
Residence: Lumberton, N.C. (Plays out of Bay Hill, Fla.).
Family: Wife, Lesley; Martha Lea (6/7/67); Stephen (4/16/74).
College: Wake Forest Univ.
Turned professional: 1970.

264

BIOGRAPHIES OF TODAY'S LEADING PROFESSIONALS

Career earnings: $944,589.
Tour victories (total: 2): 1974, Inverrary; 1977, Pensacola.
Money (rank): 1971, $6,556 (153); 1972, $39,882 (63); 1973, $91,158 (15); 1974, $122,349 (15); 1975, $48,748 (48); 1976, $26,566 (83); 1977, $107,293 (23); 1978, $52,231 (63); 1979, $90,465 (41); 1980, $138,826 (25); $1981, $95,517 (40); 1982, $60,998 (73); 1983, $76,326 (69).
1983 Best finishes: T6, Boston; T8, Anheuser-Busch.
Other achievements: Winner 1975 Carolinas Open. Winner 1970 American Amateur Classic.

Jim Thorpe
Height: 6'.
Weight: 190.
Birth: Feb., 1, 1949, Roxboro, N.C.
Residence: Buffalo, N.Y.
Family: Wife, Carol; Sheronne (3/6/77).
College: Morgan State Univ.
Turned professional: 1972.
Career earnings: $312,244.
Money (rank): 1976, $2,000; 1979, $48,987 (80); 1980, $33,671 (99); 1981, $43,011 (93); 1982, $66,379 (63); 1983, $118,197 (46).
1983 Best finishes: T2, Houston, Boston.
Other achievements: Winner 1982 Canadian PGA. Comedalist in 1978 Tour Qualifying School.

Lee Trevino
Height: 5' 7''.
Weight: 180.
Birth: Dec. 1, 1939, Dallas, Tex.
Residence: Dallas, Tex.
Family: Wife, Claudia Fenley; Richard (11/21/62); Lesley Ann (6/30/65); Tony Lee (4/13/69); Troy (9/10/73).
Turned professional: 1960. (Joined tour: 1967).
Career earnings: $2,754,185.
Tour victories (total: 26): 1968, U.S. Open, Hawaiian; 1969, Tucson; 1970, Tucson, National Airlines; 1971 Tallahassee, Memphis, U.S. Open, Canadian, Sahara; 1972, Memphis, Hartford, St. Louis; 1973, Inverrary, Doral-Eastern; 1974, New Orleans, PGA Championship; 1975, Florida Citrus; 1976, Colonial National, 1977, Canadian; 1978, Colonial National; 1979, Canadian; 1980, Tournament Players Championship, Memphis Classic, Texas; 1981, MONY Tournament of Champions.
Money (rank): 1966, $600; 1967, $26,472 (45); 1968, , $132,127 (6); 1969, $112,418 (7); 1970, $157,037 (1); 1971, $231,202 (2); 1972, $214,805 (2); 1973, $210,017 (4); 1974, $203,422 (4); 1975, $134,206 (9); 1976, $136,963 (13); 1977, $85,108 (33); 1978, $228,723 (6); 1979, $238,732 (4); 1980, $385,814 (2); 1981, $134,801 (23); 1982, $34,293 (113); 1983, $111,100 (52).
1983 Best finishes: 2, LaJet; T2, Houston.
Other achievements: 1971 PGA Player of the Year. 1971 and 1972 British Open champion. Winner 1974 World Series of Golf and 1975 Mexican Open. 1968, 1969, 1970, 1971, and 1974 World Cup team. 1969, 1971, 1973, 1975, 1979 and 1981 Ryder Cup teams. Winner 1977 Morocco Grand Prix, 1978 Benson & Hedges and 1978 Lancome Trophy. 1979 Canadian PGA. 1970, 1971, 1972, 1974, 1980 Vardon Trophy winner. Member World Golf Hall of Fame.

Howard Twitty
Height: 6' 5''.
Weight: 200.
Birth: Jan. 15, 1949, Phoenix, Ariz.
Residence: Paradise Valley, Ariz.
Family: Wife, Linda; Kevin Scott (10/2/76); Jocelyn Noel (11/20/80).
College: Arizona State Univ.
Turned professional: 1974.
Career earnings: $690,649.
Tour victories (total: 2): 1979, B.C.; 1980, Hartford.
Money (rank): 1975, $8,211 (139); 1976, $54,268 (51); 1977, $60,091 (49); 1978, $92,409 (25); 1979, $179,619 (15); 1980, $166,190 (14); 1981, $52,183 (79); 1982, $57,355 (78); 1983, $20,000 (150).
1983 Best finish: T18, Milwaukee.
Other achievements: Winner 1970 Sunnehanna and 1970 Porter Cup. 1970 and 1972 collegiate All-American. Winner 1975 Thailand Open. Player Director on Tour Policy board, 1981-1982.

Tommy Valentine
Height: 5' 11''.
Weight: 175.
Birth: Oct. 21, 1949, Atlanta, Ga.
Residence: Atlanta, Ga.
College: Univ. of Georgia.
Turned professional: 1974.
Career earnings: $240,491.
Money (rank): 1977, $4,249 (184); 1978, $4,180 (174); 1979, $16,215 (134); 1980, $36,331 (91); 1981, $97,323 (39); 1982, $66,745 (62); 1983, $15,448 (165).
1983 Best finish: T21, Las Vegas.
Other achievements: Winner 1970 Southeast Conference. Member 1970, 1971 All-America Team. Twice winner on Canadian tour. Winner 1980 Johnny Miller Invitational.

Ken Venturi
Height: 6'
Weight: 175.
Birth: 6/15/31, San Francisco, Calif.
Residence: Palm Springs, Cailf.
Family: Wife, Beau; two children.
College: San Jose State.
Turned professional: 1956. Joined tour: 1957.
Career earnings: $268,293.
Other Achievements: 1964 PGA Player of the Year. 1965 Rf der Cup team member. Color commentator for CBS golf telecasts.
Tour victories: (total 14): 1957, St. Paul, Miller; 1958, Thunderbird, Phoenix, Baton Rouge, Gleneagles-Chicago; 1959, Gleneagles-Chicago; Los Angeles; 1960, Bing Crosby Pro-Am, Milwaukee; 1964, U.S. Open, Insurance City, American Golf Classic; 1966, Lucky International.
Money (rank): 1957, $18,761 (10); 1958, $36,267 (3);

BIOGRAPHIES OF TODAY'S LEADING PROFESSIONALS

1959, $25,886 (10); 1960, $41,230 (2); 1961, $25,572 (14); 1962, $6,951 (66); 1963, $3,848 (94); 1964, $62,465 (6); 1965, $295 (226); 1966, $21,226 (48); 1967, $16,765 (67); 1968, $4,822 (149); 1969 (226) $4,626 (163); 1970, $976 (259); 1971, —; 1972, $568 (337); 1973, $1,534 (267); 1974, $2,140 (213); 1975, $406 (263); No. money won on tour since 1975. Has not played Senior tour.

Bobby Wadkins
Height: 6' 1''.
Weight: 190.
Birth: July 26, 1951, Richmond, Va.
Residence: Midlothian, Va.
Family: Wife, Linda.
College: East Tennessee State.
Turned professional: 1973.
Career earnings: $500,343.
Money (rank): 1975, $23,330 (90); 1976, $23,510 (93); 1977, $20,867 (103); 1978, $70,426 (41); 1979, $121,373 (28); 1980, $56,728 (67); 1981, $58,346 (73); 1982, $69,400 (59); 1983, $56,363 (92).
1983 Best finishes: T5, Colonial; T16, Kemper.
Other achievements: Winner 1971 Virginia State Amateur, 1978 European Open. NCAA All-American, 1972, 1973. 1979 Dunlop Phoenix (Japan); 1981, 1982 Virginia State Open.

Lanny Wadkins
Height: 5' 9''.
Weight: 160.
Birth: Dec. 5, 1949, Richmond, Va.
Residence: Dallas, Tex.
Family: Wife, Penelope; Dawn (10/14/73).
College: Wake Forest Univ.
Turned professional: 1971.
Career earnings: $1,678,444.
Tour victories (total: 11): 1972, Sahara; 1973, Byron Nelson, USI Classic; 1977, PGA Championship, World Series of Golf; 1979, Los Angeles, Tournament Players Championship. 1982, Phoenix, MONY Tournament of Champions, Buick, 1983, Greensboro, MONY Tournament of Champions.
Money (rank): 1971, $15,291 (111); 1972, $116,616 (10); 1973, $200,455 (5); 1974, $51,124 (54); 1975, $23,582 (88); 1976, $42,849 (64); 1977, $244,882 (3); 1978, $53,811 (61); 1979, $195,710 (10); 1980, $67,778 (58); 1981, $51,704 (81); 1982, $306,827 (7); 1983, $319,271 (3).
1983 Best finishes: 1, Greensboro, Tourn. of Chs.; T2, Tucson, Los Angeles; T3, Anheuser-Busch; T4, Nelson.
Other achievements: Winner, 1963 and 1964 National Pee Wee; 1970 U.S. Amateur; 1970 Western Amateur; 1968 and 1970 Southern Amateur; 1969 Eastern Amateur. Member of 1970 World Amateur Cup team, 1969 and 1971 Walker Cup team, 1977, '79 and '83 Ryder Cup team, 1977 World Cup team. 1970 and 1971 Collegiate All-American. Winner 1978 Canadian PGA and 1978 Garden State PGA (Australia). Winner 1979 Bridgestone Open. Member 1982 PGA Tour vs. Japan Goldwin Cup team.

Denis Watson
Height: 6'.
Weight: 185.
Birth: Oct. 18, 1955, Salisbury, Zimbabwe.
Residence: Venice, Fla.
Family: Wife, Belinda Jane.
College: Rhodesia.
Turned professional: 1976.
Career earnings: $167,528.
Money (rank): 1981, $49,153 (87); 1982, $69,090 (74); 1983, $59,284 (88).
1983 Best finishes: T2, Greensboro; T9, Disney.
Other achievements: Runner-up 1980 and 1981 South African PGA Order of Merit. Named 1975 Rhodesian Sportsman of Year. Winner 1975 World Amateur Team title with George Harvey. Twice represented South Africa in World Series of Golf, 1980, 1982.

Tom Watson
Height: 5' 9''.
Weight: 160.
Birth: Sept. 4, 1949, Kansas City, Mo.
Residence: Mission Hills, Kan.
Family: Wife, Linda; Meg (9/13/79).
College: Stanford Univ.
Turned professional: 1971.
Career earnings: $3,103,903.
Tour victories (total: 28): 1974, Western; 1975, Byron Nelson; 1977, Bing Crosby, San Diego, Masters, Western; 1978, Tucson, Bing Crosby National Pro-Am, Byron Nelson, Colgate Hall of Fame Classic, Anheuser-Busch; 1979, Heritage, Tournament of Champions, Byron Nelson, Memorial, Colgate Hall of Fame Classic; 1980, San Diego, Los Angeles, MONY-Tournament of Champions, New Orleans Open, Byron Nelson, World Series of Golf; 1981, Masters, New Orleans, Atlanta, 1982, Los Angeles, Heritage, U.S. Open, 1983, British Open.
Money (rank): 1971, $2,185 (224); 1972, $31,081 (79); 1973, $74,973 (35); 1974, $135,474 (10); 1975, $153,795 (7); 1976, $138,202 (12); 1977, $310,653 (1); 1978, $362,429 (1); 1979, $462,636 (1); 1980, $530,808 (1); 1981, $347,660 (3); 1982, $316,483 (5); 1983, $237,519 (12).
1983 Best finishes: 2, U.S. Open, Western; T4, World Series, Masters.
Other achievements: 1975, 1977, 1980, 1982, 1983 British Open champion. Winner, 1975 World Series of Golf. Member, 1977 and 1981, 1983 Ryder Cup team. 1977, 1978, 1979, 1980, 1982 PGA Player of Year. 1977, 1978, 1979 Vardon Trophy Winner. Winner 1980 Dunlop Phoenix (Japan), Member 1982 PGA Tour vs. Japan Goldwin Cup team.

D. A. Weibring
Height: 6' 1''.
Weight: 180.
Birth: May 25, 1953, Quincy, Ill.
Residence: Plano, Tex.
Family: Wife, Kristy; Matt (12/4/79).
College: Illinois State.
Turned professional: 1975.
Career earnings: $464,624. **Tour victories** (total: 1):

266

BIOGRAPHIES OF TODAY'S LEADING PROFESSIONALS

1979, Quad Cities.
Money (rank): 1977, $1,681 (215); 1978, $41,052 (75); 1979, $71,343 (57); 1980, $78,611 (53); 1981, $92,365 (45); 1982, $117,941 (31); 1983, $61,631 (84).
1983 Best finishes: T3, Bay Hill; T5, Quad Cities.

Larry Ziegler
Height: 6'.
Weight: 185.
Birth: Aug. 12, 1939, St. Louis, Mo.
Residence: Hollywood, Fla.
Family: Wife, Joanna; Susan (11/1/69); Tony (1/24/71).
Turned professional: 1959.
Career earnings: $654,080.
Tour victories (total: 3): 1969, Michigan; 1975, Jacksonville; 1976, New Orleans.
Money (rank): 1966, $1,559 (148); 1967, $3,461 (137); 1968, $3,090 (169); 1969; $59,804 (29); 1970, $52,727 (39); 1971, $36,751 (69); 1972, $36,864 (68); 1973, $54,701 (54); 1974, $79,699 (27); 1975, $54,265 (40); 1976, $84,165 (32); 1977, $28,723 (86); 1978, $9,250 (146); 1979, $38,546 (98); 1980, $19,271 (126); 1981, $38,043 (98); 1982, $49,419 (92); 1983, $6,866 (195).
1983 Best finish: T26, Buick.
Other achievements: Winner, 1974 Morocco International Grand Prix; 1978 South and Central American Open (Costa Rica).

Tom Weiskopf
Height: 6' 3''.
Weight: 185.
Birth: Nov. 9, 1942, Massillon, Ohio.
Residence: Paradise Valley, Ariz.
Family: Wife, Jeanne Ruth; Heidi (3/20/71); Eric (1/10/73).
College: Ohio State Univ.
Turned professional: 1964.
Career earnings: $2,206,068.
Tour victories (total: 15): 1968, San Diego, Buick; 1971, Kemper, IVB-Philadelphia; 1972, Inverrary; 1973, Colonial, Kemper, IVB-Philadelphia, Canadian; 1975, Greensboro, Canadian; 1977, Kemper; 1978, Doral-Eastern; 1981, LaJet; 1982, Western.
Money (rank): 1964, $1,008 (165); 1965, $11,264 (72); 1966, $37,166 (27); 1967, $40,069 (30); 1968, $152,946 (3); 1969, $81,594 (18); 1970, $95,287 (19); 1971, $106,538 (12); 1971, $129,422 (6); 1973, $245,463 (3); 1974, $127,529 (13); 1975, $219,140 (3); 1976, $131,331 (15); 1977, $197,639 (6); 1978, $110,331 (19); 1979, $76,999 (48); 1980, $88,260 (47); 1981, $177,396 (17); 1982, $151,821 (22); 1983, $47,436 (105).
1983 Best finishes: T8, Doral, Anheuser-Busch.
Other achievements: 1963 Western Amateur; 1972 World Picadilly Match Play; 1973 British Open, World Series of Golf and South African PGA; 1973 and 1975 Ryder Cup team; 1972 World Cup team; 1979 Argentine Open; 1981 Benson & Hedges; 1982, Jerry Ford Inv.

Fuzzy Zoeller
Height: 5' 10''.
Weight: 190.
Birth: Nov. 11, 1951, New Albany, Ind.
Residence: New Albany, Ind.
Family: Wife, Dianne; Sunnye Noel (5/5/79); Heidi Leigh (8/23/81).
College: Edison Junior College in Ft. Myers, Fla. and Univ. of Houston.
Turned professional: 1973.
Career earnings: $1,283,510.
Tour victories (total: 5): 1979, San Diego Open, Masters; 1981 Colonial NIT; 1983, Heritage, Las Vegas.
Money (rank): 1975, $7,318 (146); 1976, $52,557 (56); 1977, $76,417 (40); 1978, $109,055 (20); 1979, $196,951 (9); 1980, $95,531 (46); 1981, $151,571 (19); 1982, $126,512 (28); 1983, $417,597 (2).
1983 Best finishes: 1, Heritage, Las Vegas; 2, Colonial; T2, Memphis; T4, Tucson, Westchester.
Other achievements: Winner, 1973 Indiana State Amateur; 1972 Florida State Junior College, 1983 Member of Ryder Cup Team.

Richard Zokol
Height: 5'9''.
Weight: 155.
Birth: 8/21/58, Kitimat, BC, Canada.
Residence: Vancouver, Canada.
Family: Single.
College: Brigham Young Univ.
Turned professional: 1981. **Joined tour:** 1981.
Career Earnings: $53,217.
Other achievements: Member of 1981 BYU NCAA Championship team. 1980 International Champion of Morocco. Member, Canadian World Cup team.
Money (rank): 1982, $15,110 (156); 1983, $38,107 (117).
1983 best finishes: T6, Milwaukee; T12, Las Vegas.

WOMEN PROFESSIONALS

Lynn Adams
Height: 5'9''
Weight: 150
Birth: Aug. 18, 1950, Kingsville, Tex.
Residence: Kingsville, Tex.
College: Texas A&I Univ.
Turned professional: 1978
Career earnings: $194,633.
Tour victories: 1983, Orlando CL.
Best 1983 finishes: 1, Orlando; 2, Phoenix.
Money (rank): 1978, $2,078 (106); 1979, $24,987 (46); 1980, $13,196 (72); 1981, $19,154 (63); 1982, $65,283 (22); 1983, $69,937 (22).

Amy Alcott
Birth: Feb. 22, 1956, Kansas City, Mo.
Residence: Santa Monica, Calif.
Turned professional: 1975.
Career earnings: $1,058,713
Tour victories: 1975, Orange Blossom Classic; 1976, LPGA Classic, Colgate Far East Open; 1977, Houston Exchange Club Classic; 1978, American Defender

BIOGRAPHIES OF TODAY'S LEADING PROFESSIONALS

Classic; 1979, Elizabeth Arden Classic, Peter Jackson Classic, United Virginia Bank Classic, Mizuno Japan Classic; 1980, American Defender/WRAL Classic, Mayflower Classic, U.S. Open, Inamori Classic; 1981, Bent Tree Ladies Classic, Lady Michelob; 1982, Women's Kemper Open; 1983, Nabisco-Shore
Best 1983 finishes: 1, Dinah Shore; 2, Tucson; 3, Chrysler, Keystone; T4, Deer Creek; 4, Mazda (Japan).
Money (rank): 1975, $26,798 (15); 1976, $71,122 (7); 1977, $47,637 (14); 1978, $75,516 (9); 1979, $144,838 (3); 1980, $219,887 (3); 1981, $149,089 (7); 1982, $169,581 (6); 1983, $153,721 (8).
Other achievements: 1973 USGA Junior.

Janet Anderson
Height: 5'6½''
Weight: 130
Birth: March 10, 1956, West Sunbury, Pa.
Residence: West Sunbury, Pa.
College: Slippery Rock Teacher's College
Turned professional: 1978
Career earnings: $311,037.
Tour victories: 1982 U.S. Open
Best 1983 finishes: T2, Orlando; T4, Phoenix.
Money (rank): 1978, $11,959 (61); 1979, $10,048 (76); 1980, $47,613 (25); 1981, $66,662 (16); 1982, $86,607 (13); 1983, $40,534 (39).

Debbie Austin
Height: 5'4''.
Birth: Feb. 1, 1948, Oneida, N.Y.
Residence: Grenelefe, Fla.
College: Rollins College.
Turned professional: 1968.
Career earnings: $493,435.
Tour victories: 1977, Birmingham Classic; Hoosier Classic, Pocono Classic, Long Island Charity Classic, Wheeling Classic; 1978, American Cancer Society Classic; 1981, Mayflower Classic.
Best 1983 finish: T5, Safeco
Money (rank): 1968, $2,854 (39); 1969, $6,719 (29); 1970, $3,996 (35); 1971, $8,466 (23); 1972, $12,502 (25); 1973, $30,903 (13); 1974, $24,439 (20); 1975, $20,559 (19); 1976, $31,999 (17); 1977, $86,392 (6); 1978, $44,768 (18); 1979, $33,597 (33); 1980, $41,302 (35); 1981, $72,881 (14); 1982, $33,105 (46); 1983, $26,685 (68).

Sharon Barrett
Height: 5'8''
Weight: 130
Birth: Sept. 18, 1961, San Diego, Calif.
Residence: Spring Valley, Calif.
College: Tulsa Univ.
Turned professional: 1980.
Career earnings: $70,795.
Tour victories: None
Best 1983 finishes: T3, Ping, San Jose.
Money (rank): 1980, $2,693 (125); 1981, $7,776 (106); 1982, $31,117 (50); 1983, $29,209 (58).
Other achievements: 1977-79 California High School, 1978-79 California Junior, 1978-79 Junior World.

Barbara Barrow
Height: 5'11''.
Birth: April 14, 1955, Chula Vista, Calif.
Residence: Chula Vista, Calif.
College: San Diego State
Turned professional: 1977.
Career earnings: $155,192.
Tour victories: 1980, Birmingham Classic.
Best 1983 finish: T24, Lady Michelob.
Money (rank): 1977, $6,317 (68); 1978, $21,438 (40); 1979, $23,833 (49); 1980, $46,633 (26); 1981, $17,827 (68); 1982, $34,915 (43); 1983, $4,227 (136).
Other achievements: 1975 National Collegiate.

Silvia Bertolaccini
Height: 5'8''
Weight: 126
Birth: Jan. 30, 1950, Rafaela, Argentina.
Residence: Pompano Beach, Fla.
College: National College of Argentina
Turned professional: 1975.
Career earnings: $370,465.
Tour victories: 1977, Colgate Far East Open; 1978, Civitan Open; 1979, Colgate Far East Open.
Best 1983 finishes: T5, United Virginia; T10, West Virginia.
Money (rank): 1975, $8,408 (45); 1976, $31,344 (18); 1977, $56,520 (12); 1978, $53,935 (14); 1979, $76,244 (13); 1980, $37,674 (39); 1981, $30,181 (50); 1982, $42,628 (34); 1983, $33,930 (50).
Other achievements: 1972 Argentinian Amateur, 1974 Colombian Amateur.

Jane Blalock
Height: 5'6'' **Weight:** 120.
Birth: Sept. 19, 1945, Portsmouth, N.H.
Residence: Highland Beach, Fla.
College: Rollins College
Turned professional: 1969.
Career earnings: $1,016,212.
Tour victories: 1970, Lady Carling; 1971, George Washington Classic,, Lady Pepsi; 1972, Colgate-Dinah Shore Winners Circle, Suzuki International, Angelo's 4-Ball Championship, Dallas Civitan Open, Lady Errol Classic; 1973, Angelo's 4-Ball; 1974, Bing Crosby International, Birmingham Classic, Southgate Classic, Lady Errol Classic; 1975, Karsten-Ping Open; 1976, Wheeling Classic, Dallas Civitan Open; 1977, Greater Baltimore Classic, The Sarah Coventry; 1978, Orange Blossom Classic, Mayflower Classic, Wheeling Classic, Golden Lights Championship; 1979, Orange Blossom Classic, Florida Lady Citrus, Otey Crisman Classic, The Sarah Coventry; 1980, Elizabeth Arden Classic.
Best 1983 finishes: T5, Rochester; T7, Columbia.
Money (rank): 1969, $3,825 (37); 1970, $12,060 (13); 1971, $34,492 (3); 1972, $57,323 (2); 1973, $40,710 (9); 1974, $86,422 (2); 1975, $45,478 (6); 1976, $93,616 (4); 1977, $102,012 (4); 1978, $117,768 (3); 1979, $115,226 (7); 1980, $127,873 (8); 1981, $96,962 (12); 1982, $45,295 (35); 1983, $40,145 (40).
Other achievements: 1968 New England Amateur.

BIOGRAPHIES OF TODAY'S LEADING PROFESSIONALS

Pat Bradley
Birth: March 24, 1951, Westford, Mass.
Residence: Marco Island, Fla.
College: Florida International Univ.
Turned professional: 1974.
Career earnings: $1,186,341.
Tour victories: 1976, Girl Talk Classic; 1977, Bankers Trust Classic; 1978, Lady Keystone, Hoosier Classic, Rail Charity Classic; 1980; Greater Baltimore Classic, Peter Jackson Classic; 1981, Women's Kemper Open, U.S. Open; 1983, Mazda (Deer Creek), Chrysler-Plymouth, Columbia, Mazda (Japan).
Best 1983 finishes: 1, Mazda (Deer Creek), Mazda (Japan), Chrysler-Plymouth, Columbia; 2, Keystone; T2, Elizabeth Arden; 3, World Ch.; T3, Boston
Money (rank): 1974, $10,839 (39); 1975, $28,293 (14); 1976, $84,288 (6); 1977, $78,709 (8); 1978, $118,057 (2); 1979, $132,428 (4); 1980, $183,377 (6); 1981, $197,050 (3); 1982, $113,089 (11); 1983, $240,207 (3).
Other achievements: 1972-73 New England Woman's Amateur.

Jerilyn Britz
Birth: Jan. 1, 1943, Minneapolis, Minn.
Residence: Luverne, Minn.
College: Mankato State College
Turned professional: 1973.
Career earnings: $368,661.
Tour victories: 1979, U.S. Women's Open; 1980, Mary Kay Classic.
Best 1983 finish: T21, Phoenix.
Money (rank): 1974, $5,757 (58); 1975, $6,322 (57); 1976, $12,837 (50); 1977, $18,382 (40); 1978, $39,397 (23); 1979, $68,131 (16); 1980, $68,069 (14); 1981, $41,869 (37); 1982, $24,010 (56); 1983, $11,815 (99).

Vivian Brownlee
Birth: Jan. 24, 1947, Atlantic City, N.J.
Residence: Clearwater, Fla.
College: Penn State Univ.
Turned professional: 1972.
Career earnings: $139,494.
Tour victories: 1977, Dallas Civitan.
Best 1983 finish: T18, Mazda (Deer Creek).
Money (rank): 1975, $2,155 (70); 1976, $10,378 (55); 1977, $23,945 (29); 1978, $20,804 (42); 1979, $22,488 (51); 1980, $30,245 (47); 1981, $10,685 (87); 1982, $11,681 (10); 1983, $7,009 (121).

Barb Bunkowsky
Birth: Oct. 13, 1958, Toronto, Ontario, Canada.
Residence: Burlington, Ontario, Canada.
College: Florida State Univ.
Turned professional: 1983.
Career earnings: $28,747.
1983 Best finishes: 4, Inamori; T4, Mayflower.
Money (rank): 1983, $28,747 (60).
Other achievements: Winner of 1981 Ontario Amateur and 1982 AIAW National.

Carole Jo Callison
Height: 5'4''
Weight: 125
Birth: June 13, 1938, Eugene, Ore.
Residence: Fair Oaks, Calif.
College: Portland State College
Turned professional: 1970.
Career earnings: $204,672.
Tour victories: 1973, George Washington Classic; 1974, Peter Jackson Classic, Wheeling Classic, Sacramento Union Classic.
Best 1983 finish: T39, McDonalds.
Money (rank): 1970, $4,365 (32); 1971, $3,280 (43); 1972, $3,792 (50); 1973, $20,597 (22); 1974, $47,691 (8); 1975, $29,943 (13); 1976, $14,008 (46); 1977, $15,508 (48); 1978, $4,821 (87); 1979, $6,508 (90); 1980, $996 (138); 1982, $9,603 (92); 1982, $41,980 (36); 1983, $2,025 (131).
Other achievements: 1955-61 Oregon Women's Amateur, 1966 Indiana Amateur, 1955 USGA Junior Girls, 1968 Trans-Miss Amateur.

Donna Caponi
Height: 5'5''.
Birth: Jan. 29, 1945, Detroit, Mich.
Residence: Los Angeles, Calif.
Turned professional: 1965.
Career earnings: $1,184,564.
Tour victories: 1969, U.S. Open, Lincoln-Mercury Open; 1970, Bluegrass Invitational, U.S. Open; 1973, Bluegrass Invitational; 1975, Burdine's Invitational, Lady Tara Classic; 1976, Peter Jackson Classic, Portland Classic, The Carlton, Mizuno Japan Classic; 1978, The Sarah Coventry, Houston Classic; 1979, LPGA Championship; 1980, LPGA National Pro-Am, Colgate Dinah Shore Corning Classic, United Virginia Bank Classic, ERA Real Estate Classic; 1981, LPGA Desert Inn Pro-Am, American Defender/WRAL Classic, LPGA Championship, WUI Classic, Boston Five Classic.
Best 1983 finishes: 2, Mayflower; T3, Kemper.
Money (rank): 1965, $6,556 (20); 1966, $9,130 (17); 1967, $7,188 (24); 1968, $14,563 (10); 1969, $30,067 (3); 1970, $19,369 (7); 1971, $23,069 (5); 1972, $10,077 (31); 1973, $26,241 (15); 1974, $38,075 (10); 1975, $43,291 (7); 1976, $106,553 (2); 1977, $48,804 (13); 1978, $95,993 (5); 1979, $125,493 (5); 1980, $220,619 (2); 1981, $193,916 (4); 1982, $81,811 (16); 1983, $85,408 (16).

JoAnne Carner
Height: 5'7''.
Birth: April 4, 1939, Kirkland, Wash.
Residence: Palm Beach, Fla.
College: Arizona State Univ.
Turned professional: 1970.
Career earnings: $1,644,347.
Tour victories: 1970, Wendell West Open; 1971, U.S. Open, Bluegrass Invitational; 1974, Bluegrass Invitational, Hoosier Classic, Desert Inn Classic, St. Paul Open, Dallas Civitan, Portland Classic; 1975, American Defender Classic, All-American Sports Classic, Peter Jackson Classic; 1976, Orange Blossom Classic, Lady

BIOGRAPHIES OF TODAY'S LEADING PROFESSIONALS

Tara Classic, Hoosier Classic, U.S. Open; 1977, Talk Tournament, Borden Classic, National Jewish Hospital Open, LPGA Team Championship (with Judy Rankin); 1978, Colgate Triple Crown, Peter Jackson Classic, Borden Classic; 1979, Honda Civic Classic, Women's Kemper Open, Colgate Triple Crown; 1980, Whirlpool Championship of Deer Creek Park, Bent Tree Ladies Classic, Sunstar '80, Honda Civic Classic, Lady Keystone Open; 1981, S&H Golf Classic, Lady Keystone Open, Columbia Savings LPGA Classic, Rail Charity Golf Classic; 1982, Elizabeth Arden Classic, McDonald's Classic, Chevrolet World Championship of Women's Golf, Henredon Classic, Rail Charity Golf Classic; 1983, Chevrolet World Championship of Women's Golf, Portland Ping
Best 1983 finishes: 1, World Ch., Portland; 2, McDonalds, Henredon; T2, Elizabeth Arden, Sarasota Orlando, Peter Jackson, U.S. Open.
Money (rank): 1970, $14,551 (11); 1971, $21,604 (6); 1972, $18,902 (15); 1973, $19,688 (25); 1974, $87,094 (1); 1975, $64,843 (2); 1976, $103,275 (3); 1977, $113,712 (2); 1978, $108,093 (4); 1979, $98,219 (9); 1980, $185,916 (5); 1981, $206,648 (2); 1982, $310,399 (1); 1983, $291,404 (1).
Other achievements: 1957-60-62-66-68 U.S. Amateur, 1969 LPGA Burdine's Invitational as an amateur.

Leann Cassaday
Birth: June 22, 1955, Long Beach, Calif.
Residence: Long Beach, Calif.
College: Southern Methodist Univ.
Turned professional: 1979.
Career earnings: $32,033.
Best 1983 finishes: T7, Ping; T10, Chrysler-Plymouth.
Money (rank): 1981, $874 (141); 1982, $3,958 (121); 1983, $27,200 (64).

Carole Charbonnier
Height: 5'7''
Weight: 120
Birth: Aug. 21, 1956, Jadonville, Congo
Residence: Delray Beach, Fla.
Turned professional: 1980
Career earnings: $87,781.
Tour victories: None.
Best 1983 finishes: T6, Rail; T8, Keystone.
Money (rank): 1980, $2,071 (130); 1981, $2,802 (125); 1982, $40,115 (38); 1983, $42,792 (36).
Other achievements: 1972-73 Zambian Amateur, 1975 Swiss, French and Spanish Junior.

Connie Chillemi
Birth: Dec. 27, 1957, Elgin AFB, Fla.
Residence: Silver Springs, Fla.
College: Univ. of Miami.
Turned professional: 1976.
Career earnings: $69,963.
Best 1983 finish: T16, Ping.
Money (rank): 1977, $3,666 (85); 1978, $5,714 (77); 1979, $9,850 (77); 1980, $11,617 (77); 1981, $14,631 (74); 1982, $10,610 (96); 1983, $13,874 (93).

Other achievements: 1967, '69, '71, '73 Ntl. Pee Wee, 1975 Western Jr., three-time winner Florida Jr., Florida High School.

Judy Clark
Birth: Mar. 4, 1950, Akron, Ohio
Residence: Jupiter, Fla.
College: Glassboro State College.
Turned professional: 1977.
Career earnings: $271,627.
Tour victories: None.
Best 1983 finishes: T6, Shore; T4, Henredon.
Money (rank): 1978, $5,330 (83); 1979, $24,561 (83); 1980, $30,648 (46); 1981, $42,570 (36); 1982, $47,187 (29); 1983, $69,091 (23).

Laura Baugh Cole
Birth: May 31, 1955, Gainesville, Fla.
Residence: Dallas, Tex.
College: California State.
Turned professional: 1973.
Career earnings: $302,695.
Best 1983 finishes: 2, J & B; T8, Rochester.
Money (rank): 1973, $14,657 (35); 1974, $35,563 (12); 1975, $16,902 (25); 1976, $26,654 (19); 1977, $46,373 (16); 1978, $37,469 (25); 1979, $44,361 (23); 1980, $21,379 (59); 1981, $21,304 (62); 1982, DNP; 1983, $34,029 (49).
Other achievements: 1971 U.S. Women's Amateur, 1970, '71 Southern Amateur, two-time winner California Junior, five-time winner Ntl. Pee Wee.

Janet Coles
Height: 5'6½'' **Weight:** 120
Birth: Aug. 4, 1954, Carmel, Calif.
Residence: Carmel, Calif.
College: Univ. of California, Los Angeles.
Turned professional: 1977.
Career earnings: $360,496.
Tour victories: 1978, Lady Tara; 1983, Lady Michelob.
Best 1983 finishes: 1, Lady Michelob; T5, United Virginia.
Money (rank): 1977, $10,322 (59); 1978, $30,750 (35); 1979, $31,218 (35); 1980, $58,377 (17); 1981, $47,539 (29); 1982, $71,379 (21); 1983, $110,911 (12).

Jane Crafter
Birth: Dec. 14, 1955, Perth, Australia.
Residence: Pinehurst, N.C.
College: South Australian Institute of Technology.
Turned professional: 1981.
Career earnings: $46,521.
Best 1983 finishes: T8, Safeco; T9, Inamori; T10, San Jose.
Money (rank): 1981, $1,617 (135); 1982, $7,472 (108); 1983, $37,433 (43).
Other achievements: 1977 Australian Amateur, 1978 New Zealand Amateur, 1980 Belgian Amateur.

BIOGRAPHIES OF TODAY'S LEADING PROFESSIONALS

Dianne Dailey
Height: 5'10" Weight: 125
Birth: July 22, 1949, Frankfort, Ky.
Residence: Greensboro, N.C.
College: Salem College.
Turned professional: 1979.
Career earnings: $93,567.
Tour victories: None.
Best 1983 finish: T4, Deer Creek.
Money (rank): 1979, $1,456 (118); 1980, $6,956 (98); 1981, $11,732 (84); 1982, $46,573 (30); 1983, $26,850 (66).
Other achievements: 1977 and '78 North Carolina Amateur, 1978 Carolinas Amateur.

Beth Daniel
Height: 5'10" Weight: 130
Birth: Oct. 14, 1956, Charleston, S.C.
Residence: Seabrook Island, S.C.
College: Furman Univ.
Turned professional: 1979.
Career earnings: $926,043.
Best 1983 finishes: 1, McDonalds; 2, Deer Creek, Columbia, CPC; T2, Shore.
Tour victories: 1979, Patty Berg Classic; 1980, Golden Lights Championship, Patty Berg Classic, Columbia Savings Classic, World Championship of Women's Golf; 1981, Florida Lady Citrus, World Championship of Women's Golf; 1982, Bent Tree Ladies Classic, American Express Sun City Classic, Birmingham Classic, Columbia LPGA Classic, WUI Classic; 1983, McDonalds.
Money (rank): 1979, $97,027 (10); 1980, $231,000 (1); 1981, $206,977 (1); 1982, $223,634 (5); 1983, $167,403 (6).
Other achievements: 1975 and '77 U.S. Amateur.

Beverley Davis
Height: 5'8" Weight: 135
Birth: Oct. 7,1957, Jacksonville, Fla.
Residence: Apopka, Fla.
College: Univ. of Florida.
Turned professional: 1980.
Career earnings: $64,028.
Tour victories: None.
Best 1983 finishes: T8, J & B, San Jose.
Money (rank): 1980, $4,374 (109); 1981, $7,401 (107); 1982, $29,604 (52); 1983, $22,648 (73).
Other achievements: 1974 and '75 Florida PGA Junior, 1975 Trans-National, 1980 Carolinas Amateur.

Marty Dickerson
Birth: April 16, 1956, Middletown, Ohio.
Residence: Middletown, Ohio.
Turned professional: 1980.
Career earnings: $45,126.
Best 1983 finish: T6, Michelob.
Money (rank): 1980, $8,287 (90); 1981, $10,031 (91); 1982, $9,945 (98); 1983, $16,862 (64).

Mary Dwyer
Height: 5'5" Weight: 125
Birth: July 20, 1948, San Francisco, Calif.
Residence: Geneva, N.Y.
College: Univ. of Miami.
Turned professional: 1971.
Career earnings: $197,734.
Tour victories: None.
Best 1983 finish: T7, Ping.
Money (rank): 1971, $635 (61); 1972, $1,682 (61); 1973, $5,528 (54); 1974, $3,137 (68); 1975, $3,587 (63); 1976, $7,298 (62); 1977, $11,985 (56); 1978, $32,488 (32); 1979, $36,679 (28); 1980, $28,516 (49); 1981, $27,800 (53); 1982, $19,313 (68); 1983, $19,083 (78).
Other achievements: 1968 and '69 New York State Amateur.

Dale Eggeling
Height: 5'5" Weight: 125
Birth: Apr. 21, 1954, Statesboro, Ga.
Residence: Crystal River, Fla.
College: Univ. of South Florida.
Turned professional: 1976.
Career earnings: $243,903.
Tour victories: 1980 Boston Five Classic
Best 1983 finishes: 2, Kemper; T8, LPGA.
Money (rank): 1976, $321 (113); 1977, $5,859 (70); 1978, $9,690 (68); 1979, $21,333 (55); 1980, $45,335 (27); 1981, $50,594 (23); 1982, $57,691 (26); 1983, $52,967 (29).
Other achievements: 1974 National Junior College.

Judy Ellis
Birth: Oct. 7, 1956, Toronto, Ontario, Canda.
Residence: Waterloo, Ontario, Canada.
College: Ohio State.
Turned professional: 1981.
Career earnings: $37,533.
Best 1983 finishes: 2, Rail; T8, Keystone.
Money (rank): 1982, $2,648 (131); 1983, $34,884 (48).
Other achievements: 1979 Midwest Region, 1980 Ontario Amateur and Match Play.

Sue Ertl
Height: 5'4"
Birth: Oct. 23, 1957, Milwaukee, Wis.
Residence: Sarasota, Fla.
College: Michigan State.
Turned professional: 1982.
Career earnings: $56,223.
Tour victories: None.
Best 1983 finish: T5, Boston.
Money (rank): 1982, $19,772 (66); 1983, $36,450 (44).

Stephanie Farwig
Birth: June 30, 1959, Milwaukee, Wis.
Residence: Mequon, Wis.
College: Houston Baptist University.
Turned professional: 1981.

BIOGRAPHIES OF TODAY'S LEADING PROFESSIONALS

Cindy Hill
Birth: Feb. 12, 1948, South Haven, Mich.
Residence: Miami, Fla.
College: Univ. of Miami.
Turned professional: 1979.
Career earnings: $137,881.
Tour victories: None.
Best 1983 finish: 2, Corning.
Money (rank): 1979, $6,739 (88); 1980, $24,037 (54); 1981, $45,377 (34); 1982, $34,799 (44); 1983, $28,667 (61).
Other achievements: 1974 U.S. Amateur.

Gail Hirata
Birth: April 7, 1956, Los Angeles, Calif.
Residence: Montebello, Calif.
College: Whittier College.
Turned professional: 1979.
Career earnings: $81,391.
Tour victories: None
Best 1983 finish: T18, Columbia.
Money (rank): 1979, $1,760 (115); 1980, $13,976 (71); 1981, $18,221 (67); 1982, $28,919 (53); 1983, $18,515 (79).

Kathy Hite
Height: 5'6''
Birth: Sept 8, 1948, Florence, S.C.
Residence: Palm Desert, Calif.
College: Winthrop College.
Turned professional: 1974.
Career earnings: $130,919.
Tour victories: 1981, Corning Classic.
Best 1983 finishes: T4, Corning; T8, TPC.
Money (rank): 1974, $365 (103); 1975, $3,502 (64); 1976, $7,902 (60); 1978, $12,572 (60); 1979, $7,244 (86); 1980, $14,092 (70); 1981, $29,745 (51); 1982, $28,570 (54); 1983, $20,919 (74).
Other achievements: 1965 and '66 Southern Junior, 1966 and '69 South Carolina Amateur, 1970 Southern Amateur.

Lauren Howe
Height: 5'6''. **Weight:** 125.
Birth: April 30, 1959, Provo, Utah.
Residence: San Jose, Calif.
College: Tulsa Univ.
Turned professional: 1978.
Career Earnings: $76,980.
Tour victories: 1983, Mayflower Cl.
1983 Best finishes: 1, Mayflower; 6, Keystone; T8, Safeco.
Money (rank): 1978, $1,965 (108); did not play, 1979-1982; 1983, $75,015 (19).
Other achievements: Winner of 1975 Colorado Junior Girls, 1976 Western Junior, 1976 Mexican Amateur, 1976 Arizona Silver Belle, and 1977 Western Amateur.

Linda Hunt
Birth: Dec. 5, 1956, Houston, Tex.
Residence: Olney, Tex.
College: Texas Tech Univ.
Turned professional: 1981.
Career earnings: $10,788.
Best 1983 finish: T20, Ping.
Money (rank): 1982, $3,602 (124); 1983, $7,186 (119).
Other achievements: 1980 Texas State Amateur, 1980, '81 Women's West Texas Amateur.

Lori Huxhold
Birth: Dec. 14, 1957, Madison, Wis.
Residence: Fond du Lac, Wis.
College: Univ. of Texas.
Turned professional: 1981.
Career earnings: $32,024.
Best 1983 finishes: 6, S & H; T13, Michelob.
Money (rank): 1982, $16,917 (77); 1983, $15,107 (88).
Other achievements: 1977 and '80 Texas State Intercollegiate, 1979 Susie Berning All-College; 1979 Wisconsin Amateur.

Juli Inkster
Birth: June 24, 1960, Santa Cruz, Calif.
Residence: Los Altos, Calif.
College: San Jose State Univ.
Turned professional: 1983.
Career earnings: $52,220.
Tour victories: 1983, Safeco Classic.
1983 Best finishes: 1, Safeco; 2, Inamori.
Money (rank): 1983, $52,220 (30).
Other achievements: 1980, 1981 and 1982 U.S. Amateur Champion. 1982 Curtis Cup team member. 1982 Women's World Amateur team. Two-time collegiate All-America at San Jose State. Named 1983 Rookie of Year by Golf Digest.

Chris Johnson
Height: 5'10''. **Weight:** 130
Birth: April 25, 1958, Arcata, Calif.
Residence: Tucson, Ariz.
College: Univ. of Arizona.
Turned professional: 1980.
Career earnings: $126,426.
Tour victories: None.
Best 1983 finish: T4, LPGA.
Money (rank): 1980, $2,827 (123); 1981, $25,182 (55); 1982, $60,449 (24); 1983, $37,967 (42).
Other achievements: 1975 Northern California Junior Girls, 1977 and '78 University of Arizona Invitational, 1978 and '79 Stanford Invitational, 1980 Western Collegiate Athletic Association.

Joan Joyce
Height: 5'10''. **Weight:** 150
Birth: Aug. 1, 1940, Waterbury, Conn.
Residence: Stratford, Conn.
College: Chapman College.
Turned professional: 1977.
Career earnings: $48,830.
Tour victories: None.

BIOGRAPHIES OF TODAY'S LEADING PROFESSIONALS

Best 1983 finish: T14, Columbia.
Money (rank): 1978, $3,148 (95); 1979, $1,703 (116); 1980, $3,029 (118); 1981, $14,146 (77); 1982, $17,743 (74); 1983, $9,060 (108).

Rose Jones
Birth: Nov. 13, 1959, Santa Ana, Calif.
Residence: Albuquerque, N.M.
College: Ohio State Univ.
Turned professional: 1981.
Career earnings: 67,464.
Best 1983 finishes: 4, Peter Jackson; T7, Columbia; T8, Keystone; T9, Inamori, Rail, S & H.
Money (rank): 1982, $2,869 (127); 1983, $64,595 (27).
Other achievements: 1974-'76 New Mexico Junior, 1979 New Mexico State Amateur.

Joyce Kazmierski
Height: 5'5" Weight: 135
Birth: Aug. 14, 1945, Pontiac, Mich.
Residence: Williston, Fla.
College: Michigan State Univ.
Turned professional: 1968.
Career earnings: $313,419.
Tour victories: None.
Best 1983 finish: T13, Rail.
Money (rank): 1968, $377 (53); 1969, $2,895 (41); 1970, $1,245 (49); 1971, $2,548 (44); 1972, $6,727 (38); 1973, $38,973 (10); 1974, $19,634 (23); 1975, $20,098 (20); 1976, $26,417 (22); 1977, $29,180 (22); 1978, $37,323 (26); 1979, $47,395 (22); 1980, $24,489 (52); 1981, $18,924 (65); 1982, $25,450 (58); 1983, $10,741 (104).
Other achievements: 1965-67 Midwest College.

Jeannette Kerr
Height: 5'7" Weight: 130
Birth: May 10, 1958, San Jose, Calif.
Residence: Honolulu, Hawaii.
College: Arizona State Univ.
Turned professional: 1980.
Career earnings: $66,251.
Tour victories: None.
Best 1983 finish: T14, Kemper
Money (rank): 1980, $3,888 (133); 1981, $18,961 (64); 1982, $32,655 (48); 1983, $10,746 (103).
Other achievements: 1977 Hawaii State Amateur, 1979 Mexican Amateur, 1980 Arizona Silver Belle, 1980 Betsy Rawls Invitational.

Betsy King
Height: 5'6"
Weight: 120
Birth: Aug. 13, 1955
Birthplace: Reading, Pa.
Residence: Limekiln, Pa.
College: Furman Univ.
Turned professional: 1977
Career earnings: $326,840.
Best 1983 finish: T2, Elizabeth Arden.
Money (rank): 1977, $4,008 (83); 1978, $44,092 (20); 1979, $53,900 (19); 1980, $28,480 (50); 1981, $51,029 (22); 1982, $50,563 (28); 1983, $94,767 (14).
Other achievements: 1981 Genjiyama Charity Classic in Japan.

Beverly Klass
Height: 5'6"
Birth: Nov. 8, 1956
Birthplace: Tarzana, Calif.
Residence: Boca Raton, Fla.
College: Pierce College
Turned professional: 1965
Career earnings: $114,025.
Best 1983 finish: T18, West Virginia.
Money (rank): 1976, $3,436 (79); 1977, $11,805 (52); 1978, $5,817 (75); 1979, $21,544 (54); 1980, $44,307 (28); 1981, $23,560 (59); 1982, $37,396 (40); 1983, $8,673 (109).
Other achievements: 1974 National Pee Wee Championship.

Bonnie Lauer
Birth: Feb. 20, 1951
Birthplace: Detroit, Mich.
Residence: Palm Desert, Calif.
College: Michigan State
Turned professional: 1975
Career earnings: $208,541.
Tour victories: 1977 Patty Berg Classic
Best 1983 finish: T5, Ping.
Money (rank): 1975, $4,641 (61); 1976, $17,365 (33); 1977, $28,548 (23); 1978, $14,612 (52); 1979, $22,075 (52); 1980, $44,307 (28); 1981, $23,560 (59); 1982, $37,396 (40); 1983, $16,034 (86).
Other achievements: 1973 National Collegiate Championship; 1974 Curtis Cup Team.

Cindy Lincoln
Birth: Jan. 27, 1956, Boston, Mass.
Residence: Austin, Tex.
College: Univ. of Texas.
Turned professional: 1980.
Career earnings: $28,123.
Best 1983 finish: T2, Safeco.
Money (rank): 1982, $7,673 (107); 1983, $20,450 (76).

Sally Little
Height: 5'8"
Birth: Oct. 21, 1951
Birthplace: Cape Town, South Africa
Residence: Lakeland, Fla.
Turned professional: 1971
Career earnings: $870,433.
Tour victories: 1976, Women's International; 1978, Honda Civic Classic; 1979, Bent Tree Ladies Classic; Barth Classic, Columbia Savings Classic; 1980, LPGA Championship, WUI Classic; 1981, Elizabeth Arden Classic, Olympia Gold Classic, CPC Women's International; 1982, Olympia Gold Classic, Nabisco-Dinah Shore Invitational, United Virginia Bank Classic,

BIOGRAPHIES OF TODAY'S LEADING PROFESSIONALS

Career earnings: $92,428.
Best 1983 finishes: 2, Chrysler-Plymouth; T2, United Virginia, Elizabeth Arden.
Money (rank): 1982, $11,801 (89); 1983, $80,627 (17).
Other achievements: 1977, '79 and '80 Wisconsin Public Links, 1980 Wisconsin State Amateur.

Vicki Fergon
Height: 5'8"
Birth: Sept. 29, 1955, Palo Alto, Calif.
Residence: Boca Raton, Fla.
Turned professional: 1977.
Career earnings: $229,842.
Tour victories: 1979, Lady Stroh's.
Money (rank): 1977, $4,113 (81); 1978, $11,794 (62); 1979, $57,205 (18); 1980, $34,541 (42); 1981, $30,817 (48); 1982, $22,415 (62); 1983, $68,955 (24).

Marlene Floyd-DeArman
Height: 5'3" Weight: 115
Birth: Apr. 3, 1948, Fayetteville, N.C.
Residence: Edmond, Okla.
College: Fayetteville Junior College.
Turned professional: 1976.
Career earnings: $197,663.
Tour victories: None.
Best 1983 finish: T17, Inamori.
Money (rank): 1976, $6,130 (66); 1977, $19,414 (37); 1978, $16,825 (46); 1979, $43,976 (24); 1980, $30,858 (45); 1981, $50,190 (24); 1982, $18,358 (70); 1983, $11,910 (98).
Other achievements: 1974 and '75 Hawaiian Women's Amateur.

Sue Fogleman
Birth: March 29, 1956, West Palm Beach, Fla.
Residence: Palm Beach, Fla.
College: University of Florida.
Turned professional: 1979.
Career earnings: $28,470.
Best 1983 finish: T21, LPGA.
Money (rank): 1980, $4,428 (108); 1981, $8,855 (98); 1982, $6,816 (110); 1983, $8,371 (112).

Lori Garbacz
Height: 5'7"
Birth: Aug. 11, 1958, South Bend, Ind.
Residence: Boca Raton, Fla.
College: Univ. of Florida.
Turned professional: 1979.
Career earnings: $186,401.
Tour victories: None.
Best 1983 finishes: T2, West Virginia; T6, CPC, Lady Michelob.
Money (rank): 1979, $32,457 (34); 1980, $61,120 (16); 1981, $24,016 (58); 1982, $28,255 (55); 1983, $40,552 (38).
Other achievements: 1972 and '74 Indiana Junior, 1976 Indiana Amateur.

Dot Germain
Height: 5'10" Weight: 135
Birth: May 21, 1947, Atlantic, Iowa
Residence: Greensboro, N.C.
College: Southern Illinois Univ.
Turned professional: 1974.
Career earnings: $432,705.
Tour victories: 1980, S&H Golf Classic.
Best 1983 finishes: T3, San Jose; T6, U.S. Open; T5, United Virginia
Money (rank): 1974, $588 (97); 1975, $1,465 (81); 1976, $11,844 (53); 1977, $17,962 (41); 1978, $33,590 (30); 1979, $43,847 (25); 1980, $56,823 (19); 1981, $62,981 (18); 1982, $45,977 (32); 1983, $48,328 (33).
Other achievements: 1967 Broadmoor Invitational, 1968, '71 and '72 Arkansas State Amateur.

Pat Gietzen
Height: 5'7" Weight: 120
Birth: Oct. 24, 1958, Libertyville, Ill.
Residence: Houston, Tex.
College: Brigham Young Univ.
Turned professional: 1981.
Career earnings: $54,098.
Tour victories: None.
Best 1983 finish: T5, Boston
Money (rank): 1981, $457 (145); 1982, $36,087 (41); 1983, $17,553 (82).
Other achievements: 1978 and '79 Illinois State Amateur.

Brenda Goldsmith
Birth: July 29, 1955, San Antonio, Tex.
Residence: San Antonio, Tex.
College: Texas A&M.
Turned professional: 1980.
Career earnings: $18,034.
Best 1983 finish: T17, Chrysler-Plymouth.
Money (rank): 1981, $331 (149); 1982, $6,566 (111); 1983, $11,147 (101).

Marlene Hagge
Height: 5'2"
Birth: Feb. 16, 1934, Eureka, S.D.
Residence: Palm Springs, Calif.
Turned professional: 1950.
Career earnings: $430,528.
Tour victories: 1952, Sarasota Open; 1954, New Orleans Open; 1955, Sea Island Open; Clock Open, Babe Zaharias Open, Denver Open, Pittsburgh Open, LPGA Championship Open, Lawton Open; 1958, Lake Worth Open, Land of Sky Open; 1959, Mayfair Open, Hoosier Open; 1963, Sight Open; 1964, Mickey Wright Invitational; 1965, Babe Zaharias Open, Milwaukee Open, Phoenix Thunderbirds Open, Tall City Open, Alamo Open; 1969, Strohs-WBLY Open; 1972, Burdine's Invitational
Best 1983 finish: T29, Rail.
Money (rank): 1950-55, statistics unavailable; 1956, $20,235 (1); 1957, $10,260 (6); 1958, $11,890 (6); 1959, $12,056 (4); 1960, $7,208 (16); 1961, $8,245

274

BIOGRAPHIES OF TODAY'S LEADING PROFESSIONALS

(13); 1962, $6,777 (17); 1963, $13,570 (8); 1964, $18,843 (5); 1965, $21,532 (2); 1966, $10,117 (15); 1967, $6,189 (22); 1968, $9,449 (22); 1969, $15,469 (15); 1970, $7,474 (24); 1971, $16,514 (10); 1972, $26,318 (11); 1973, $24,777 (16); 1974, $16,053 (29); 1975, $11,020 (40); 1976, $24,154 (24); 1977, $4,831 (76); 1978, $15,837 (48); 1979, $26,812 (40); 1980, $15,151 (66); 1981, $24,770 (56); 1982, $10,826 (93); 1983, $7,527 (115).

Shelley Hamlin
Height: 5'5" **Weight:** 120
Birth: May 28, 1949, San Mateo, Calif.
Residence: Phoenix, Ariz.
College: Stanford Univ.
Turned professional: 1972.
Career earnings: $319,203.
Tour victories: 1978, Patty Berg Classic.
Best 1983 finishes: T9, S & H; T11, Phoenix.
Money (rank): 1972, $12,845 (24); 1973, $22,831 (19); 1974, $28,276 (18); 1975, $15,980 (27); 1976, $14,960 (43); 1977, $12,069 (55); 1978, $34,494 (29); 1979, $41,739 (26); 1980, $50,843 (23); 1981, $32,798 (46); 1982, $32,878 (47); 1983, $19,486 (77).
Other achievements: 1971 National Collegiate.

Patty Hayes
Height: 5'6" **Weight:** 115
Birth: Jan. 22, 1955, Hoboken, N.J.
Residence: Rockledge, Fla.
Turned professional: 1974.
Career earnings: $242,506.
Tour victories: 1981, Sun City Classic.
Best 1983 finish: T19, Tucson.
Money (rank): 1974, $474 (99); 1975, $1,017 (91); 1976, $3,422 (80); 1977, $16,432 (47); 1978, $15,711 (49); 1979, $10,896 (71); 1980, $58,145 (18); 1981, $59,932 (19); 1982, $13,602 (84); 1983, $4,726 (131).
Other achievements: 1972 Florida State Jaycees Junior, 1972 Florida Junior PGA.

Sandra Haynie
Birth: June 4, 1943
Birthplace: Fort Worth, Tex.
Residence: Dallas, Tex.
Turned professional: 1961
Career earnings: $955,792.
Tour victories: 1962, Austin Civitan Open, Cosmopolitan Open; 1963, Phoenix Thunderbird Open; 1964, Baton Rouge Open, Las Cruces Open; 1965, Cosmopolitan Open, LPGA Championship; 1966, Buckeye Savings Invitational, Glass City Classic, Alamo Open, Pensacola Invitational; 1967, Amarillo Open, Mickey Wright Invitational; 1968, Pacific Classic; 1969, St. Louis Invitational, Supertest Open, Shreveport Kiwanis Invitational; 1970, Raleigh Invitational, Shreveport Kiwanis Invitational; 1971, Burdine's Invitational, Dallas Civitan Open, San Antonio Alamo Open, Len Immke Buick Open; 1972, National Jewish Hospital Open, Quality First Classic, Lincoln-Mercury Open; 1973, Orange Blossom Classic, Lincoln-Mercury Open, Charity Golf Classic; 1974, Lawson's Open, LPGA Championship, U.S. Open, George Washington Classic, National Jewish Hospital Open, Charity Golf Classic; 1975, Naples-Lely Classic, Charity Golf Classic, Jacksonville Classic, Fort Meyers Classic; 1981, Henredon Classic; 1982, Rochester International, Peter Jackson Classic.
Best 1983 finishes: 2, LPGA; 3, Corning.
Money (rank): 1961, $3,709 (21); 1962, $6,608 (16); 1963, $13,683 (9); 1964, $17,061 (7); 1965, $17,722 (5); 1966, $30,157 (2); 1967, $26,543 (2); 1968, $25,992 (3); 1969, $24,276 (5); 1970, $26,626 (2); 1971, $36,219 (2); 1972, $39,701 (5); 1973, $47,353 (7); 1974, $74,559 (3); 1975, $61,614 (4); 1976, $38,510 (14); 1978, $2,221 (104); 1979, $5,829 (93); 1980, $9,712 (84); 1981, $94,124 (13); 1982, $245,432 (2); 1983, $108,136 (13). (1977, DNP).

Therese Hession
Birth: Aug. 29, 1957, Indianapolis, Ind.
Residence: Dallas, Tex.
College: Southern Methodist Univ.
Turned professional: 1979.
Career earnings: $42,118.
Best 1983 finish: T14, Safeco.
Money (rank): 1980, $6,709 (99); 1981, $11,024 (85); 1982, $15,186 (82); 1983, $9,199 (106).
Other achievements: 1973 Indiana State Junior, 1974 Indiana State High School, 1977 Indiana State Amateur.

Chako Higuchi
Birth: Oct. 13, 1945, Tokyo, Japan.
Residence: Tokyo, Japan.
Turned professional: 1965.
Career earnings: $211,706.
Tour victories: 1976, Colgate European Open; 1977, LPGA Championship.
Money (rank): 1970, $2,810 (41); 1971, $9,714 (19); 1972, $1,202 (73); 1973, $10,180 (41); 1974, $9,602 (44); 1975, $15,678 (28); 1976, $57,389 (10); 1977, $39,897 (18); 1978, $19,320 (49); 1979, $25,675 (30); 1980, $12,250 (81); 1981, $2,590 (127); 1982, $2,790 (129); 1983, DNP; 1983, $2,606 (146).
(as international LPGA member 1978-1980, Higuchi is not ranked in official money.)
Other achievements: 1968-'74 Japanese LPGA, 1970-'74 Japan Women's Open.

Carolyn Hill
Birth: Feb. 1, 1959, Santa Monica, Calif.
Residence: Placentia, Calif.
College: Tulsa Univ.
Turned professional: 1979.
Career earnings: $107,491.
Best 1983 finish: T21, Rail.
Money (rank): 1980, $35,908 (41); 1981, $51,607 (21); 1982, $12,304 (86); 1983, $5,961 (126).
Other achievements: 1979 U.S. Amateur.

BIOGRAPHIES OF TODAY'S LEADING PROFESSIONALS

Mayflower Classic.
Best 1983 finish: T15, Orlando.
Money (rank): 1971, $1,670 (51); 1972, $8,260 (33); 1973, $9,335 (45); 1974, $13,353 (35); 1975, $7,107 (50); 1976, $44,764 (13); 1977, $67,433 (10); 1978, $84,895 (8); 1979, $119,501 (6); 1980, $139,127 (7); 1981, $142,251 (8); 1982, $228,941 (3); 1983, $3,793 (139).
Other achievements: Low amateur 1971 World Amateur Team Champion; Winner, 1971 South African Amateur (match and stroke).

Jane Lock
Birth: Oct. 19, 1954, Sydney, Australia.
Residence: Melbourne, Australia.
College: Phillips Institute.
Turned professional: 1981.
Career earnings: $58,234.
Best 1983 finishes: 2, Boston; 6, Corning.
Money (rank): 1982, $8,961 (103); 1983, $49,273 (32).
Other achievements: 1975, '76, '79 Australian Amateur, 1979 British Stroke Play, 1982 Canadian Amateur.

Nancy Lopez
Height: 5'7"
Birth: Jan. 6, 1957
Birthplace: Torrance, Calif.
Residence: Palm Coast, Fla.
College: Tulsa Univ.
Turned professional: 1977
Career earnings: $1,043,148.
Tour victories: 1978, Bent Tree Ladies Classic, Sunstar Classic, Greater Baltimore Classic, Coca-Cola Classic, Golden Lights Championship, LPGA Championship, Bankers Trust Classic, Colgate European Open, Colgate Far East Open; 1979, Sunstar Classic, Sahara National Pro-Am, Women's International, Coca-Cola Classic, Golden Lights Championship, Lady Keystone Open, Colgate European Open, Mary Kay Classic, 1980, Women's Kemper Open, Sarah Coventry, Rail Charity Classic; 1981, Arizona Copper Classic, Colgate-Dinah Shore, Sarah Coventry; 1982, J&B Scotch Pro-Am, Mazda Japan Classic.
Best 1983 finishes: 1, Elizabeth Arden, J&B.
Money (rank): 1977, $23,138 (31); 1978, $189,813 (1); 1979, $197,488 (1); 1980, $209,078 (4); 1981, $165,679 (6); 1982, $166,474 (7); 1983, $91,477 (15).

Terri Luckhurst
Height: 5'3"
Weight: 105
Birth: April 23, 1959
Birthplace: Athens, Ga.
Residence: Athens, Ga.
College: Univ. of Georgia
Turned professional: 1981
Career earnings: $37,272.
Money (rank): 1982, $30,203 (51); 1983, $7,069 (120).
Other achievements: 1981 AIAW National.

Cathy Mant
Birth: Feb. 24, 1950, Seattle, Wash.
Residence: Portland, Ore.
College: Arizona State Univ.
Turned professional: 1973.
Career earnings: $84,496.
Best 1983 finish: T3, Rail.
Money (rank): 1976, $459; 1977, $8,866 (61); 1978, $8,271 (72); 1979, $5,168 (96); 1980, $11,312 (81); 1981, $22,511; 1982, $9,647 (100); 1983, $18,442 (80).

Kathy Martin
Height: 5'4"
Weight: 135
Birth: Feb. 9, 1945
Birthplace: Berwyn, Ill.
Residence: Thousand Oaks, Calif.
College: Glendale College
Turned professional: 1972
Career earnings: $206,740.
Best 1983 finishes: T3, Michelob; 6, McDonalds.
Money (rank): 1972, $660 (92); 1973, $4,137 (59); 1974, $6,552 (51); 1975, $4,138 (62); 1976, $26,766 (20); 1977, $21,521 (34); 1978, $23,004 (39); 1979, $15,054 (64); 1980, $22,624 (55); 1981, $28,085 (52); 1982, $17,791 (73); 1983, $36,405 (45).

Debbie Massey
Height: 5'8"
Weight: 135
Birth: Nov. 5, 1950
Birthplace: Grosse Pointe, Mich.
Residence: Hilton Head, S.C.
College: Univ. of Denver
Turned professional: 1977
Career earnings: $372,200.
Tour victories: 1977, Mizuno Japan Classic; 1979 Wheeling Classic.
Best 1983 finish: T2, United Virginia, West Virginia.
Money (rank): 1977, $46,962 (15); 1978, $70,211 (11); 1979, $57,778 (17); 1980, $65,239 (15); 1981, $48,777 (25); 1982, $15,310 (81); 1983, $67,920 (25).
Other achievements: 1972 and '75 Western Amateur 1975 Eastern Amateur, 1974-76 Canadian Amateur.

Susie McAllister
Height: 5'8"
Birth: Aug. 27, 1947
Brithplace: New Orleans, La.
Residence: Beaumont, Tex.
College: Lamar State Univ.
Turned professional: 1971
Career earnings: $261,276.
Tour victories: 1975 Wheeling Classic
Best 1983 finish: T8, Chrysler-Plymouth.
Money (rank): 1971, $868 (55); 1972, $7,314 (35); 1973, $12,707 (36); 1974, $6,000 (55); 1975, $31,437 (11); 1976, $37,920 (15); 1977, $22,071 (33); 1978, $4,498 (88); 1979, $26,400 (42); 1980,

BIOGRAPHIES OF TODAY'S LEADING PROFESSIONALS

$17,653 (62); 1981, $37,907 (43); 1982, $40,172 (37); 1983, $16,327 (85).

Kathy McMullen
Birth: Nov. 4, 1949, Brandenton, Fla.
Residence: Emmaus, Pa.
College: Edison Junior College.
Turned professional: 1970.
Career earnings: $294,167.
Best 1983 finish: T11, Elizabeth Arden.
Money (rank): 1972, $1,358 (69); 1973, $3,983 (60); 1974, $19,177 (24); 1975, $39,555 (8); 1976, $18,679 (31); 1977, $37,338 (18); 1978, $23,223 (38); 1979, $33,757 (32); 1980, $36,112 (40); 1981, $24,723 (57); 1982, $11,031 (92); 1983, $8,054 (113).

Debbie Meisterlin
Birth: Jan. 28, 1953, Long Beach, Calif.
Residence: Del Mar, Calif.
College: Univ. of California, Fullerton.
Turned professional: 1975.
Career earnings: $71,324.
Best 1983 finishes: T11, McDonalds; T13, Peter Jackson.
Money (rank): 1975, $447 (107); 1976, $2,644 (84); 1977, $7,090 (65); 1978, $13,030 (56); 1979, $11,732 (70); 1980, $5,913 (105); 1981, $7,350 (108); 1982, $915 (144); 1983, $23,116 (72).

Pat Meyers
Height: 5'4"
Birth: May 8, 1954
Birthplace: Beverly, Mass.
Residence: Ormond Beach, Fla.
College: Daytona Beach Community College
Turned professional: 1976
Career earnings: $263,967.
Tour victories: 1979 Greater Baltimore Open
Best 1983 finish: T4, Tucson.
Money (rank): 1976, $754 (104); 1977, $32,818 (20); 1978, $43,639 (21); 1979, $38,234 (27); 1980, $55,625 (20); 1981, $41,291 (38); 1982, $18,117 (72); 1983, $33,486 (52).
Other achievements: 1975 Central Florida Amateur, 1976 South Atlantic, 1976 Florida State Women's Amateur.

Alice Miller
Height: 5'11"
Weight: 130
Birth: May 15, 1956
Birthplace: Marysville, Calif.
Residence: Marysville, Calif.
College: Arizona State Univ.
Turned professional: 1978
Career earnings: $262,204.
Tour victories: 1983 West Virginia.
Best 1983 finishes: 1, West Virginia; T2, Sarasota, United Virginia, Peter Jackson.
Money (rank): 1978, $135 (122); 1979, $8,832 (81); 1980, $11,984 (76); 1981, $46,779 (31); 1982, $37,243 (41); 1983, $157,321 (7).

Barbra Mizrahie
Birth: Aug. 23, 1951, Surabaya, Indonesia.
Residence: Los Angeles, Calif.
Turned professional: 1978.
Career earnings: $82,117.
Best 1983 finishes: T18, Orlando, West Virginia.
Money (rank): 1978, $2,296 (103); 1979, $6,727 (89); 1980, $24,134 (53); 1981, $27,057 (54); 1982, $9,410 (102); 1983, $12,494 (96).
Other achievements: 1969-'72 (4) Indonesian Women's Amateur.

Charlotte Montgomery
Birth: Aug. 24, 1958, Stockholm, Sweden.
Residence: Scottsdale, Ariz.
College: Arizona State Univ.
Turned professional: 1980.
Career earnings: $46,174.
Best 1983 finishes: 2, Ping, San Jose; T6, Henredon.
Money (rank): 1982, $1,134 (141); 1983 $45,039 (35).
Other achievements: 1977 French Junior, 1979 European Junior, 1979 European, 1979 North and South, 1981 World Cup (Indiv.), 1981 European.

Mindy Moore
Birth: May 1, 1953, West Palm Beach, Fla.
Residence: Boca Raton, Fla.
College: Univ. of North Carolina.
Turned professional: 1980.
Career earnings: $44,297.
Best 1983 finishes: T13, Rail; T14, Boston.
Money (rank): 1981, $8,814 (99); 1982, $10,642 (94); 1983, $24,840 (69).
Other achievements: 1978, '79 Florida Four-Ball.

Yuko Moriguchi
Birth: April 13, 1955, Toyama, Japan.
Residence: Gifu, Japan.
Turned professional: 1975.
Career earnings: 38,685.
Best 1983 finish: T5, Kemper.
Money (rank): 1981, $9,298 (93); 1982, $17,326 (76); 1983, $12,061 (97).

Cathy Morse
Height: 5'8"
Weight: 150
Birth: June 15, 1956
Birthplace: Rochester, N.Y.
Residence: Albany, N.Y.
College: Univ. of Miami
Turned professional: 1977
Career earnings: $195,961.
Tour victories: 1982, Chrysler-Plymouth Charity Classic.
Best 1983 finish: 5, U.S. Open.
Money (rank): 1978, $10,157 (67); 1979, $21,274 (56); 1980, $31,662 (44); 1981, $30,587 (49); 1982, $71,519 (20); 1983, $30,761 (56).

BIOGRAPHIES OF TODAY'S LEADING PROFESSIONALS

Barbara Moxness
Height: 5'6"
Weight: 130
Birth: May 10, 1953
Birthplace: Montevideo, Minn.
Residence: San Diego, Calif.
College: San Diego State
Turned professional: 1978
Career earnings: $281,383.
Best 1983 finishes: 8, Mazda (Fla.); T8, Chrysler-Plymouth.
Money (rank): 1978, $12,802 (57); 1979, $27,273 (38); 1980, $43,287 (30); 1981, $46,253 (32); 1982, $75,368 (18); 1983, $33,112 (54).
Other achievements: 1970 Minnesota State Junior.

Lenore Muraoka
Birth: Dec. 12, 1955, Honolulu, Hawaii.
Residence: Honolulu, Hawaii.
College: Univ. of Hawaii.
Turned professional: 1980.
Career earnings: $51,995.
Best 1983 finishes: 1, United Virginia; T18, Orlando.
Tour victories: 1983, United Virginia Bank.
Money (rank): 1980, $352 (152); 1981, $5,445 (113); 1982, $10,629 (95); 1983, $35,558 (46).
(as international LPGA member, Ohsako is not ranked in official money.)

Martha Nause
Height: 5'5"
Weight: 125
Birth: Sept. 10, 1954
Birthplace: Sheboygan, Wis.
Residence: St. Paul, Minn.
College: St. Olaf College
Turned professional: 1978
Career earnings: $90,029.
Best 1983 finish: 6, Chrysler-Plymouth.
Money (rank): 1978, $2,646 (99); 1979, $5,151 (97); 1980, $10,019 (82); 1981, $30,866 (47); 1982, $27,206 (57); 1983, $41,760 (37).
Other achievements: 1972 Wisconsin State Junior.

Kyle O'Brien
Height: 5'7"
Weight: 120
Birth Date: April 21, 1958
Birthplace: Indianapolis, Ind.
Residence: Indianapolis, Ind.
College: Southern Methodist Univ.
Turned professional: 1980
Career earnings: $59,734.
Money (rank): 1981, $48,083 (28); 1982, $11,651 (91); 1983, Did not play.
Other achievements: 1979 AIAW National Collegiate.

Tatsuko Ohsako
Birth: Jan. 8, 1952, Miyazeki, Japan.
Residence: Hyogoken, Japan.
Turned professional: 1972.
Career earnings: $91,117.
Best 1983 finishes: 3, Mazda (Japan); T6, Tucson.
Tour victories: 1980, Mazda Japan Classic.
Money (rank): 1978, $3,796; 1979, $4,171; 1980, $35,325; 1981, $5,402; 1982, $13,245; 1983, $29,177 (59).
(as international LPGA member, Ohsako is not ranked in official money.)
Other achievements: 1980 Japan LPGA.

Ayako Okamoto
Height: 5'6"
Weight: 125
Birth Date: April 2, 1951
Birthplace: Hiroshima, Japan
Residence: Tokyo, Japan
Turned professional: 1975
Career earnings: $91,117.
Tour victories: 1982, Arizona Copper Classic.
Best 1983 finish: 3, Mazda (Japan).
Money (rank): 1981, $14,147 (76); 1982, $85,267 (14); 1983, $29,178 (59).
Other achievements: 1979 Japan LPGA.

Sandra Palmer
Height: 5'1½" Weight: 117
Birth: March 10, 1941
Birthplace: Fort Worth, Tex.
Residence: Boca Raton, Fla.
College: North Texas State
Turned professional: 1964
Career earnings: $840,733.
Tour victories: 1971, Sealy Classic, Heritage Open; 1972, Titleholders Championship, Angelo's Four-Ball; 1973, Pompano Beach Classic, St. Paul Open, National Jewish Hospital Open, Cameron Park Open, Angelo's Four-Ball; 1974, Burdine's Invitational, Cubic Corporation Classic; 1975, U.S. Open, Colgate-Dinah Shore Winner's Circle; 1976, Bloomington Classic, National Jewish Hospital Open, Jerry Lewis Muscular Dystrophy Classic; 1977, Kathryn Crosby-Honda Classic, Women's International; 1981, Whirlpool Championship of Deer Creek; 1982, Boston Five Classic.
Best 1983 finishes: T9, S&H; T7, Boston.
Money (rank): 1964, $1,580 (31); 1965, $4,384 (25); 1966, $4,976 (24); 1967, $7,265 (18); 1968, $16,906 (8); 1969, $18,319 (9); 1970, $18,424 (8); 1971, $34,035 (4); 1972, $36,715 (7); 1973, $55,439 (3); 1974, $54,873 (5); 1975, $76,374 (1); 1976, $88,417 (5); 1977, $82,919 (7); 1978, $44,498 (19); 1979, $50,892 (21); 1980, $73,598 (12); 1981, $63,596 (17); 1982, $73,993 (19); 1983, $33,523 (51).
Other achievements: 1963 Texas State Amateur.

Anne-Marie Palli
Birth: April 18, 1955, Ciboure, France.
Residence: Delray Beach, Fla.
Turned professional: 1979.
Career earnings: $67,714.
Tour victories: 1983, Samaritan Turquoise Classic.
1983 Best finishes: 1, Samaritan; T6, Tucson.
Money (rank): 1979, $596 (128); 1980, $7,855 (93); did not play, 1981, 1982; 1983, $52,968 (28).
Other achievements: Won 26 various tournaments in Europe as an amateur.

BIOGRAPHIES OF TODAY'S LEADING PROFESSIONALS

Becky Pearson
Birth: Jan. 22, 1956, North Branch, Minn.
Residence: Delray Beach, Fla.
College: Florida International Univ.
Turned professional: 1980.
Career earnings: $54,162.
Best 1983 finish: T17, Chrysler-Plymouth.
Money (rank): 1980, $9,907 (87); 1981, $8,517 (102); 1982, $15,870 (78); 1983, $20,677 (75).
Other achievements: 1972, '73 Minnesota State Junior.

Karen Permezel
Birth: Oct. 14, 1957, Hamilton, Victoria, Australia.
Residence: Yackandandah, Australia.
Turned professional: 1980.
Career earnings: $31,117.
Best 1983 finish: 3, Mayflower.
Money (rank): 1982, $4,333 (119); 1983, $26,844 (67).
Other achievements: 1978 Australian Amateur.

Lauri Peterson
Birth: July 6, 1960, Waukesha, Wis.
Residence: Phoenix, Ariz.
College: Arizona State Univ.
Turned professional: 1983.
Career earnings: $51,931.
Tour victories: (1), 1983, Rail.
1983 Best finishes: 1, Rail; T3, Michelob.
Money (rank): 1983, $51,931 (31).
Other achievements: Winner of 1978 Arizona Junior Match Play, 1980 Arizona Women's Match Play. AIAW All-America.

Sandra Post
Height: 5'4"
Weight: 120
Birth: June 4, 1948
Birthplace: Oakville, Ontario, Canada
Residence: Boynton Beach, Fla.
Turned professional: 1968
Career earnings: $746,714.
Tour victories: 1968 LPGA Championship; 1978 Colgate-Dinah Shore Winner's Circle, Lady Stroh's Open; 1979 Colgate-Dinah Shore Winner's Circle, Lady Michelob, ERA Real Estate Classic; 1980 West Virginia Classic; 1981 McDonald's Kids Classic
Best 1983 finish: 2, Michelob.
Money rank: 1968, $13,509 (13); 1969, $11,269 (20); 1970, $1,765 (44); 1971, $6,954 (30); 1972, $3,875 (49); 1973, $20,409 (23); 1974, $32,149 (15); 1975, $34,852 (10); 1976, $51,747 (12); 1977, $77,727 (9); 1978, $92,118 (7); 1979, $178,750 (2); 1980, $102,822 (10); 1981, $71,191 (15); 1982, $22,383 (63); 1983, $24,727 (70).

Kathy Postlewait
Height: 5'8"
Weight: 135
Birth: Nov. 11, 1949
Birthplace: Norfolk, Va.
Residence: Casselberry, Fla.

College: East Carolina Univ.
Turned professional: 1972
Career earnings: $345,966.
Tour victories: 1983 San Jose.
Best 1983 finishes: 1, San Jose; 5, Sarasota.
Money (rank): 1974, $3,420 (66); 1975, $12,468 (35); 1976, $12,508 (52); 1977, $26,761 (25); 1978, $45,066 (17); 1979, $29,004 (36); 1980, $41,251 (36); 1981, $47,507 (30); 1982, $82,173 (15); 1983, $74,812 (20).

Penny Pulz
Height: 5'3"
Weight: 125
Birth: Feb. 2, 1953
Birthplace: Melbourne, Australia
Residence: Palm Springs, Calif.
Turned professional: 1973
Career earnings: $344,724.
Tour victories: 1979 Corning Classic
Best 1983 finish: T13, Corning.
Money (rank): 1974, $1,673 (80); 1975, $6,951 (52); 1976, $13,213 (49); 1977, $23,095 (32); 1978, $71,011 (10); 1979, $51,142 (20); 1980, $42,061 (32); 1981, $42,857 (35); 1982, $33,338 (45); 1983, $17,321 (83).

Julie Pyne
Height: 5'5"
Weight: 125
Birth: Nov. 14, 1956
Birthplace: Escondido, Calif.
Residence: Dallas, Tex.
College: Arizona State Univ.
Turned professional: 1978
Career earnings: $124,885.
Best 1983 finish: T27, Henredon.
Money (rank): 1978, $952 (113); 1979, $12,213 (67); 1980, $42,706 (31); 1981, $41,049 (39); 1982, $21,697 (64); 1983, $6,267 (124).
Other achievements: 1976-78 Arizona State Amateur.

Judy Rankin
Height: 5'3"   Weight: 110
Birth: Feb. 18, 1945
Birthplace: St. Louis, Mo.
Residence: Midland, Tex.
Turned professional: 1962
Career earnings: $887,600.
Tour victories: 1968, Corpus Christi Open; 1970, George Washington Classic, Springfield Jaycee Open, Lincoln-Mercury Open; 1971, Quality First Classic; 1972, Lady Eve Open, Heritage Village Open; 1973, American Defender, Lady Carling Open, Pabst Classic, GAC Classic; 1974, Baltimore Classic; 1975, National Jewish Hospital Open; 1976, Burdine's Invitational, Borden Classic, Colgate Hong Kong Open; 1977, Orange Blossom Classic, Bent Tree Classic, Mayflower Classic, Peter Jackson Classic, Colgate European Open; 1978, WUI Classic; 1979, WUI Classic.
Best 1983 finish: T18, Mazda (Fla.).
Money (rank): 1962, $701 (41); 1963, $2,539 (33); 1964,

BIOGRAPHIES OF TODAY'S LEADING PROFESSIONALS

$8,630 (13);1965, $12,237 (9);1966, $15,180 (7);1967, $4,600 (29); 1968, $8,617 (23); 1969, $16,310 (14); 1970, $22,194 (5); 1971, $17,924 (9); 1972, $49,183 (4); 1973, $72,989 (2); 1974, $45,882 (9); 1975, $50,174 (5); 1976, $150,734 (1); 1977, $122,890 (1); 1978, $51,306 (15);1979, $108,511 (8);1980, $54,182 (21); 1981, $48,198 (27); 1982, $15,452 (80); 1983, $8,637 (111).
Other achievements: 1959 and '61 Missouri Amateur.

Alexandra Reinhardt
Height: 5'8" **Weight:** 140
Birth: May 9, 1953
Birthplace: Albuquerque, N.M.
Residence: Albuquerque, N.M.
College: University of New Mexico
Turned professional: 1974
Career earnings: $166,578.
Best 1983 finishes: T7, S&H, T8, LPGA.
Money (rank): 1974,$613 (96); 1975, $1,018 (90); 1977, $11,853 (57); 1978, $37,831 (24); 1979, $17,428 (61); 1980, $8,050 (91); 1981, $12,382 (82); 1982, $62,326 (23); 1983, $15,075 (89).
Other achievements: 1973 New Mexico State Women's Amateur.

Cathy Reynolds
Height: 5'7"
Birth: April 19, 1957
Birthplace: Kansas City, Mo.
Residence: Springfield, Mo.
College: Tulsa Univ.
Turned professional: 1978
Career earnings: $114,923.
Tour victories: 1981 Golden Lights Championship.
Best 1983 finish: T32, LPGA.
Money (rank): 1978, $3,762 (92); 1979, $22,011 (53); 1980, $9,440 (86); 1981, $56,971 (20); 1982, $17,448 (75); 1983, $4,268 (135).
Other achievements: 1976 Missouri Amateur, 1977 Mexican Amateur, 1977 Trans-National.

Laurie Rinker
Birth: Sept. 28, 1962, Stuart, Fla.
Residence: Stuart, Fla.
College: Univ. of Florida.
Turned professional: 1982.
Career earnings: $36,345.
Best 1983 finishes: 2, Mazda (Japan); T13, Rail.
Money (rank): 1982, $1,035 (141); 1983, $35, 310 (47).
Other achievements: 1980 USGA Junior, 1982 Doherty Challenge Cup.

Alice Ritzman
Height: 5'5" **Weight:** 115
Birth: March 1, 1952
Birthplace: Kalispell, Mont.
Residence: Phoenix, Ariz.
College: Eastern Montana Univ.
Turned professional: 1978
Career earnings: $180,531.
Best 1983 finish: 3, Columbia.

Money (rank): 1978, $2,504 (00); 1979, $24,647 (47); 1980, $38,024 (38); 1981, $44,664 (33); 1982, $31,406 (49); 1983, $39,285 (41).

Patti Rizzo
Height: 5'6" **Weight:** 115
Birth: June 19, 1960
Birthplace: Hollywood, Fla.
Residence: Fort Pierce, Fla.
College: University of Miami
Turned professional: 1981
Career earnings: $125,172.
Tour victories: 1983 Boston Five.
Best 1983 finishes: 1, Boston; 4, U. S. Open.
Money (rank): 1982, $46,441 (31); 1983, $78,731 (18).
Other achievements: 1980 Trans-National, World Amateur, Eastern Amateur and Mexican Amateur; 1981 North-South, South Atlantic and Harder Hall.

Nancy Rubin
Height: 5'7" **Weight:** 000
Birth: Jan. 6, 1959
Birthplace: New Kensington, Pa.
Residence: New Kensington, Pa.
College: Florida International Univ.
Turned professional: 1980
Career earnings: $55,462.
Money (rank): 1980, $3,162 (115); 1981, $15,249 (73); 1982, $18,756 (69); 1983, $18,295 (81).
Best 1983 finish: 3, Inamori.
Other achievements: 1976 Pennsylvania State Junior, 1976 PGA National Junior, 1980 Doherty.

Alison Sheard
Birth: Sept. 21, 1951, Durban, South Africa.
Residence: Dallas, Tex.
Turned professional: 1979.
Career earnings: $42,577.
Best 1983 finish: T7, West Virginia.
Money (rank): 1980, $8,279 (91); 1981, $9,092 (96); 1982, $9,757 (99); 1983, $15,448 (87).
Other achievements: 1975 British Amateur, 1974-'79(5) South Africa Stroke Play, 1975-'78(4) South African Match Play, 1979 British Women's Open.

Patty Sheehan
Height: 5'4" **Weight:** 125
Birth: Oct. 27, 1956
Birthplace: Middlebury, Vt.
Residence: San Jose, Calif.
College: San Jose State
Turned professional: 1980
Career earnings: $611,023.
Tour victories: 1981, Mazda Japan Classic; 1982, Orlando Lady Classic, Safeco Classic, Inamori Classic; 1983, Corning, LPGA, Henredon, Inamori.
Money (rank): 1980, $17,139 (63); 1981, $118,463 (11); 1982, $225,022 (4); 1983, $250,399 (2).
Other achievements: 1975-78 Nevada State Amateur, 1978-79 California State, 1980 AIAW National.

Cathy Sherk
Height: 5'8" **Weight:** 155

BIOGRAPHIES OF TODAY'S LEADING PROFESSIONALS

Birth: June 17, 1950
Birhtplace: Bancroft, Ontario, Canada
Residence: Port Colborne, Ontario, Canada
Turned professional: 1979
Career earnings: $110,587.
Best 1983 finish: T26, Sarasota.
Money (rank): 1979, $26,924 (39); 1980, $19,406 (60); 1981, $38,177 (42); 1982, $18,342 (71); 1983, $7,737 (114).
Other achievements: 1977-78 Canadian Amateur, 1978 U.S. Amateur, North-South and Ontario Amateur.

Vicki Singleton
Height: 5'10" **Weight:** 135
Birth: June 27, 1957
Birthplace: Oberlin, Ohio
Residence: Oberlin, Ohio
College: Arizona State Univ.
Turned professional: 1979
Career earnings: $45,155.
Best 1983 finish: T26, CPC.
Money (rank): 1980, $6,041 (104); 1981, $10,560 (89); 1982, $19,886 (65); 1983, $8,668 (110).

M. J. Smith
Height: 5'4"
Birth: May 14, 1952
Birthplace: Lower Hutt, New Zealand
Residence: Petone, New Zealand
Turned professional: 1973
Career earnings: $171,319.
Best 1983 finish: T6, Michelob.
Money (rank): 1974,$1,707 (79); 1975, $3,261 (66); 1976, $11,776 (54); 1977, $17,182 (42); 1978, $16,233 (47); 1979, $12,023 (69); 1980, $33,720 (43); 1981, $18,570 (66); 1982, $24,190 (61); 1983, $32,476 (55).
Other achievements: 1968, '70 and '72 New Zealand Junior.

Valerie Skinner
Height: 5'6''
Birth: Oct. 16, 1960, Hamilton, Mont.
Residence: North Platte, Neb.
College: Oklahoma State Univ.
Turned professional: 1983.
Career earnings: $29,486.
1983 best finishes: T3, Rail; T11, Sarasota.
Money (rank): 1983, $29,486 (57).
Other achievements: Winner of 1974 and 1978 Nebraska State Junior, 1980 Nebraska State Match Play. Member of 1981 and 1982 AIAW All Regional Team. 1982 NCAA All-American. 1980 and 1982 Big Eight Champion.

Beth Solomon
Height: 5'5"
Birth: Oct. 29, 1952
Birthplace: Middletown, Ind.
Residence: Middletown, Ind.
College: Furman Univ.
Turned professional: 1975
Career earnings: $200,791.

Tour victories: 1981, Birmingham Classic
Best 1983 finish: T8, J&B.
Money (rank): 1975, $1,914 (76); 1976, $6,952 (65); 1977, $20,239 (35); 1978, $18,024 (44); 1979, $18,267 (58); 1980, $51,352 (22); 1981, $34,449 (44); 1982, $25,610 (60); 1983, $23,980 (71).
Other achievements: 1970 Indiana State Amateur.

Muffin Spencer-Devlin
Height: 5'10" **Weight:** 135
Birth: Oct. 25, 1953
Birhplace: Piqua, Ohio
Residence: Boynton Beach, Fla.
College: Rollins College
Turned professional: 1977
Career earnings: $75,805.
Best 1983 finish: T15, U.S. Open.
Money (rank): 1979, $2,527 (112); 1980, $7,904 (92); 1981, $13,501 (79); 1982, $26,066 (59); 1983, $27,686 (63).

Sandra Spuzich
Height: 5'6"
Birth: April 3, 1937
Birthplace: Indianapolis, Ind.
Residence: Boynton Beach, Fla.
College: Indiana Univ.
Turned professional: 1962
Career earnings: $512,824.
Tour victories: 1966, U.S. Women's Open; 1969, Buckeye Savings Classic; 1974, Lady Tara Classic; 1977, Lady Keystone Open; 1980, Barth Classic; 1982, Corning Classic, Mary Kay Classic.
Best 1983 finish: T8, Arden, CPC.
Money (rank): 1962, $160; 1963, $5,493; 1964, $3,790 (20); 1965, $8,928 (12); 1966, $12,515 (11); 1967, $7,624 (16); 1968, $19,325 (5); 1969, $10,339 (6); 1970, $9,218 (18); 1971, $8,202 (24); 1972, $4,275 (48); 1973, $20,227 (24); 1974, $33,645 (14); 1975, $18,372 (23); 1976, $15,322 (40); 1977, $24,955 (28); 1978, $24,305 (36); 1979, $36,633 (29); 1980, $43,295 (29); 1981, $39,805 (40); 1982, $89,822 (12); 1983, $33,272 (53).

Hollis Stacy
Height: 5'5"
Birth: March 16, 1954
Birthplace: Savannah, Ga.
Residence: Hilton Head, S.C.
College: Rollins College
Turned professional: 1974
Career earnings: $859,781.
Tour victories: 1977, Rail Charity, Lady Tara Classic, U.S. Women's Open; 1978, U.S. Women's Open, Birmingham Classic; 1979, Mayflower Classic; 1980, CPC International; 1981, West Virginia LPGA Classic, Inamori Classic; 1982, Whirlpool Championship of Deer Creek, S&H Golf Classic, West Virginia LPGA Classic; 1983, S&H, CPC, Peter Jackson.
Best 1983 finishes: 1, S&H, CPC, Peter Jackson.
Money (rank): 1974, $5,071 (60); 1975, $14,409 (33); 1976, $34,842 (16); 1977, $89,155 (5); 1978, $95,800 (6); 1979, $81,265 (11); 1980, $89,913 (11); 1981,

BIOGRAPHIES OF TODAY'S LEADING PROFESSIONALS

$138,908 (9); 1982, $161,379 (8); 1983, $149,036 (9).
Other achievements: 1969-71 USGA Junior Girls, 1970 North-South Amateur.

Jan Stephenson
Height: 5'5" **Weight:** 115
Birth: Dec. 22, 1951
Birthplace: Sydney, Australia
Residence: Fort Worth, Tex.
College: Hales Secretarial School
Turned professional: 1973
Career earnings: $850,960.
Tour victories: 1976, Sarah Coventry-Naples Classic, Birmingham Classic; 1978, Women's International; 1980, Sun City Classic; 1981, Peter Jackson Classic, Mary Kay Classic, United Virginia Bank Classic; 1982, LPGA Championship, Lady Keystone; 1983, Tucson, Keystone, U.S. Open.
Best 1983 finishes: 1, Tucson, Keystone, U.S. Open.
Money (rank): 1974, $16,270 (28); 1975, $20,066 (21); 1976, $64,827 (8); 1977, $65,820 (11); 1978, $66,033 (13); 1979, $69,519 (15); 1980, $41,318 (34); 1981, $180,528 (5); 1982, $133,212 (10); 1983, $193,364 (4).
Other achievements: 1969-72 NSW Junior.

Lynn Stroney
Birth: Aug. 20, 1959, Youngstown, Ohio.
Residence: Girard, Ohio.
Turned professional: 1980.
Career earnings: $25,990.
Best 1983 finish: 12, West Virginia.
Money (rank): 1980, $554 (145); 1981, $8,105 (105); 1982, $10,121 (97); 1983, $7,208 (118).

Marga Stubblefield
Birth: Nov. 18, 1951, Kailua, Hawaii.
Residence: Kailua, Hawaii.
College: Univ. of Hawaii.
Turned professional: 1976.
Career earnings: $48,354.
Best 1983 finish: T26, Corning.
Money (rank): 1976, $1,564 (94); 1979, $4,295 (103); 1980, $11,593 (79); 1981, $17,329 (70); 1982, $7,715 (106); 1983, $7,421 (116).

Vicki Tabor
Height: 5'1"
Birth: Sept. 16, 1955
Birthplace: Oakland, Calif.
Residence: Austin, Tex.
College: Waco Community College
Turned professional: 1978
Career earnings: $174,230.
Best 1983 finishes: T3, Boston; T6, Sarasota, LPGA.
Money (rank): 1979, $2,449 (113); 1980, $12,003 (75); 1981, $38,308 (41); 1982, $54,148 (27); 1983, $67,321 (26).

Myra Van Hoose
Height: '4" **Weight:** 135
Birth: May 9, 1955
Birthplace: Fort Walton, Fla.
Residence: Indian Rocks, Fla.

College: University of Kentucky
Turned professional: 1978
Career earnings: $181,090.
Best 1983 finishes: T3, San Jose; T6, U.S. Open.
Money (rank): 1980, $41,396 (33); 1981, $48,314 (26); 1982, $44,474 (33); 1983, $46,633 (34).
Other achievements: 1969-71 Kentucky PGA Junior, 1975-76 Kentucky Women's Amateur.

Colleen Walker
Birth: Aug. 16, 1956, Jacksonville, Fla.
Residence: Bradenton, Fla.
College: Florida State Univ.
Turned professional: 1981.
Career earnings: $12,101.
Best 1983 finish: T20, Corning.
Money (rank): 1982, $5,393 (115); 1983, $6,708 (122).

Robin Walton
Birth: Jan. 7, 1956, Boise, Idaho.
Residence: Clarkson, Wash.
College: Univ. of Washington.
Turned professional: 1978.
Career earnings: $41,868.
Best 1983 finish: T11, Safeco.
Money (rank): 1979, $402 (129); 1980, $6,281 (102); 1981, $8,447 (104); 1982, $12,230 (87); 1983, $14,507 (92).
Other achievements: 1973 Oregon Junior, 1977 Pacific Northwest Amateur.

Jo Ann Washam
Height: 5'3" **Weight:** 120
Birth: May 24, 1950
Birthplace: Auburn, Wash.
Residence: Deerfield Beach, Fla.
College: Washington State Univ.
Turned professional: 1973
Career earnings: $485,879.
Tour victories: 1975, Patty Berg Classic; 1979, Rail Charity Classic.
Best 1983 finishes: T2, Safeco; T4, Mazda (Fla.).
Money (rank): 1973, $5,579 (53); 1974, $14,191 (32); 1975, $30,950 (12); 1976, $15,648 (36); 1977, $26,082 (27); 1978, $45,407 (16); 1979, $77,303 (12); 1980, $107,063 (9); 1981, $33,900 (45); 1982, $58,460 (25); 1983, $71,284, (21).

Donna White
Height: 5'2"
Birth: April 7, 1954
Birthplace: Kinston, N.C.
Residence: Wellington, Fla.
College: University of Florida
Turned professional: 1977
Career earnings: $379,119.
Tour victories: 1980, Florida Lady Citrus, Coca-Cola Classic; 1983, Sarasota.
Best 1983 finishes: 1, Sarasota; T2, Rochester.
Money (rank): 1977, $5,844 (71); 1978, $32,214 (33); 1979, $70,796 (14); 1980, $70,017 (13); 1982, $75,746 (17); 1983, $124,500 (11).
Other achievements: 1976 U.S. Amateur.

BIOGRAPHIES OF TODAY'S LEADING PROFESSIONALS

Kathy Whitworth
Height: 5'9" **Weight:** 140
Birth: Sept. 27, 1939
Birthplace: Monahans, Tex.
Residence: Dallas, Tex.
Turned professional: 1959
Career earnings: $1,369,981.
Tour victories: 1962, Phoenix Thunderbird Open, Kelly Girl Open, 1963, Carvel Open, Wolverine Open, Milwaukee JayCee Open, Ogden Open, Spokane Open, Hillside Open, San Antonio Civitan Open, Gulf Coast Invitational, 1964, San Antonio Civitan Open; 1965, St. Petersburg Invitational, Shreveport Kiwanis Club Invitational, Bluegrass Invitational, Midwest Open, Yankee Open, Buckeye Savings Invitational, Mickey Wright Invitational, Titleholders Championship; 1966, Tall City Open, Clayton Federal Invitational, Milwaukee Open, Supertest Invitational, Lady Carling (Sutton), Lady Carling (Baltimore), Las Cruces Open, Amarillo Open, Titleholders Championship; 1967, Venice Open, Raleigh Invitational, St. Louis Invitational, LPGA Championship, Lady Carling (Columbus), Western Open, Los Angeles Open, Alamo Open; 1968, Orange Blossom Classic, Dallas Civitan, Baltimore Lady Carling, Gino Paoli Open, Holiday Inn Classic, Kings River Classic, River Plantation Classic, Canyon Classic, Pensacola Invitational, Louise Suggs Invitational; 1969, Orange Blossom Classic, Port Charlotte Invitational, Port Malabar Invitational, Lady Carling (Atlanta), Patty Berg Classic, Wendell West Open, River Plantation Open; 1970, Orange Blossom Classic, Quality Chek'd Classic; 1971, Raleigh Classic, Suzuki Internationale, Lady Carling, Eve-LPGA Championship, LPGA Four-Ball Championship; 1972, Alamo Open, Raleigh Classic, Knoxville Open, Southgate Open, Portland Open; 1973, Naples-Lely Classic, S&H Green Stamp Classic, Dallas Civitan, Southgate Open, Portland Open, Waco Tribune Herald Classic, Lady Errol Classic; 1974, Orange Blossom Classic; 1975, Colgate Triple Crown, Baltimore Championship, Southgate Open; 1976, Bent Tree Classic, Patty Berg Classic; 1977, Colgate-Dinah Shore Winners Circle, American Defender Classic, Coca-Cola Classic; 1978, National Jewish Hospital Open, Ping Classic; 1980, Portland Ping Team Championship; 1981, Coca-Cola Classic, Portland Ping Team Championship; 1982, CPC International, Lady Michelob; 1983, Kemper.
Best 1983 finishes: 1, Kemper; T2, Safeco, Rochester, Dinah Shore.
Money (rank): 1959, $1,217; 1960, $4,901; 1961, $6,853; 1962, $17,044; 1963, $26,858 (2); 1964, $20,434 (3); 1965, $28,658 (1); 1966, $33,517 (1); 1967, $32,937 (1); 1968, $48,379 (1); 1969, $48,171 (2); 1970, $30,235 (1); 1971, $41,181 (1); 1972, $65,063 (1); 1973, $82,864 (1); 1974, $52,064 (6); 1975, $34,422 (9); 1976, $62,013 (9); 1977, $108,540 (3); 1978, $67,855 (12); 1979, $36,246 (30); 1980, $48,392 (24); 1981, $134,937 (10); 1982, $136,698 (9); 1983, $191,492 (5).

Kathryn Young
Height: 5'10" **Weight:** 135
Birth: Dec. 5, 1954
Birthplace: Portland, Ore.
Residence: Portland, Ore.
College: University of Oregon
Turned professional: 1978
Career earnings: $86,975.
Best 1983 finish: T4, Corning.
Money (rank): 1979, $10,675 (74); 1980, $11,388 (80); 1981, $17,205 (71); 1982, $19,478 (67); 1983, $28,229 (62).
Other achievements: 1972 Oregon Junior, 1977 Pacific Northwest Amateur.

SENIOR PROFESSIONALS

Jerry Barber
Height: 5'5".
Weight: 142.
Birth: April 25, 1916, Woodson, Ill.
Residence: LaCanada, Calif.
Family.: Widowed; Tom (11-6-42), Nancy (11-7-45), twins Sally and Sandra (4-25-52), Roger (8-25-58); eight grandchildren.
Turned professional: 1942. (**Joined tour:** 1948. **Joined senior tour:** 1980.)
1983 Senior earnings: $32,941.
Career PGA tour earnings: $177,848.
PGA tour victories (total 8): 1952, Southern California Open; 1953, Azalea Open; 1954, All-American Open, 1960, Yorba Linda Open, Tournament of Champions; 1961, Azalea Invitational, PGA Championship; 1963, Azalea Open.
Official senior career earnings: $80,323.
Senior victories: None.
Best 1983 finishes: 7, U.S. Senior Open; 17, Hilton Head Int'l.
Other achievements: Member of Ryder Cup team in 1955 and 1961, also serving as captain in '61. PGA Player of the Year in 1961. Among top 60 money winners eight times. Won 17 state and regional titles, most of them in California.

Miller Barber
Height: 5'11".
Weight: 210.
Birth: Mar. 31, 1931, Shreveport, La.
Residence: Sherman, Tex.
Family: Wife Karen; Casey (8-24-62), Douglas (8-17-64), Brad (12-16-65), Larry 910-28-71), Richard (5-13-74).
College: Univ. of Arkansas.
Turned professional: 1959. (**Joined tour:** 1959. **Joined Senior tour:** 1981.)
Career PGA tour earnings: $1,596,827.
PGA tour victories (total 11): 1964, Cajun Classic; 1967, Oklahoma City Open; 1968, Byron Nelson Classic; 1969, Kaiser International; 1970, New Orleans Open; 1971, Phoenix Open; 1972, Tucson Open; 1973, World Open; 1974, Ohio Kings Island; 1977, Anheuser-Busch Classic; 1978, Phoenix Open.
1983 Senior earnings: $231,008.
Official senior career earnings: $421,034.
Senior victories (total 10): 1981, Peter Jackson Champions, Suntree Seniors Classic, PGA Seniors: 1982,

BIOGRAPHIES OF TODAY'S LEADING PROFESSIONALS

USGA Senior Open, Suntree Seniors Classic, and T1 Hilton Head Seniors International (last two rounds rained out); plus unofficial 1981 World Seniors Invitational and 1982 Vintage Classic; 1983, Senior Tourn. Players Ch., Merrill Lynch/Golf Digest, United Virginia Bank, Hilton Head Int'l.
Best 1983 finishes: See 1983 above.
Other achievements: member of Ryder Cup team in 1969 and 1971. Inducted into Arkansas Hall of Fame in 1977.

George Bayer
Height: 6' 5".
Weight: 250.
Birth: September 17, 1925, Bremerton, Wash.
Residence: Detroit, Mich.
Family: Wife Mary; Michael (1-30-49), twins Cathy and Cindy (11-8-52), Sherrie (10-10-54), Greg (9-15-60); one grandchild.
College: Univ. of Washington.
Turned professional: 1954. (**Joined tour:** 1955. **Joined senior tour:** 1980.)
Career PGA tour earnings: $188,868.
PGA tour victories (total 4): 1957, Candian Open; 1958, Havana Invitational, Mayfair Inn Open; 1960, St. Petersburg Open.
1983 Senior earnings: $21,552.
Official senior career earnings: $56,967.
Senior victories: None.
Best 1983 finish: T7, World Senior Inv.
Other achievements: Played tackle and end for four years at Univ. of Washington; chosen third-team All-America and for East-West Shrine game end of same senior season. Among Tour's top 60 money winners, 1955-64. Best year 1962, $30,521 for 14th place.

Julius Boros
Height: 6'.
Weight: 200.
Birth: March 3, 1920, Fairfield, Conn.
Residence: Fort Lauderdale, Fla.
Family: Wife Armen; Jay (9-7-51), Joy (3-3-56), Julius Jr. (5-25-57), Gary (5-1-60), Gay (2-6-62), Guy (9-4-64), Jody (8-15-66); two grandchildren.
College: Bridgeport Junior College.
Turned professional: 1950. (**Joined tour:** 1950. **Joined senior tour:** 1980.)
1983 Senior earnings: $20,709.
Career PGA tour earnings: $1,004,861.
PGA tour victories (total 18): U.S. Open, World Championships; 1954, Ardmore, Carling; 1955, World Championship; 1958, Carling, Arlington; 1959, Dallas; 1960, Colonial; 1963, U.S. Open, Colonial, Buick; 1964, Greensboro; 1967, Phoenix, Florida Citrus, Buick; 1968, PGA Championship, Westchester.
Official senior career earnings: $95,855.
Senior victories: 1971 and 1977 PGA Seniors; 1979 Legends (with Roberto DeVicenzo).
Best 1983 finishes: 9, Boca Grove; T14, Jeremy Ranch; 15, United Virginia Bank.
Other achievements: Chosen PGA Player of the Year in 1952 and 1963. Member of Ryder Cup team in 1959, 1963, 1965 and 1967. Among top 60 money winners 1951-69 and 1971, leading in 1962 and 1955. Member of PGA Tournament Committee 1958-60. Won Canada Cup 1952 (with Jim Turnesa) and World cup 1968 (with Lee Trevino). Inducted in PGA Hall of Fame 1974 and World Golf Hall of Fame 1982.

Gay Brewer
Height: 6'.
Weight: 185.
Birth: March 19, 1932, Middletown, Ohio.
Residence: Palm Springs, Calif.
Family: Wife Carole Lee; Erin (7-15-60), Kelly (9-14-64).
College: Univ. of Kentucky.
Turned professional: 1956. (**Joined tour:** 1956. **Joined senior tour:** 1982.)
Career PGA tour earnings: $791,670.
PGA tour victories (total 11): 1961, Carling, Mobile, West Palm Beach; 1963, Waco Turner; 1965, Seattle, Hawaii, National Team; 1966, Pensacola; 1967, Pensacola, Masters; 1972, Canadian.
1983 Senior earnings: $93,636.
Official senior career earnings: $132,814.
Senior victories: None.
Best 1983 finishes: 2, M. Lynch-Golf Digest; T2, Hilton Head; 3, Citizens Union.
Other achievements: Won 1949 U.S. Junior championship. Won 1967 and 1968 Alcan in Great Britain, and 1972 Taiheiyo in Japan. Member of Ryder Cup team in 1967 and 1971.

Billy Casper
Height: 5' 11"
Weight: 215.
Birth: June 24, 1931, San Diego, Calif.
Residence: Springville, Utah.
Family: Wife Shirley Franklin; Linda (8-11-54), Billy (11-2-56), Robert (7-14-60), Byron (2-24-68), twins Judi and Jeni (4-30-68), Charles (3-3-70), David (4-28-73), Julia (6-1-74), Sarah (5-3-75), Tommy (12-25-76); five grandchildren.
College: University of Notre Dame (one semester, 1950).
Turned professional: 1954. (**Joined tour:** 1955. **Joined senior tour:** 1981.)
Career PGA tour earnings: $1,684,728.
PGA tour victories (total 51): 1956, Labatt; 1957, Phoenix, Kentucky Derby; 1958, Bing Crosby, New Orleans, Buick, Havana; 1959, U.S. Open, Portland, Lafayette, Mobile; 1960, Portland, Hesperia, Orange County, Bakersfield; 1961, Portland; 1962, Doral, "500" Festival; 1963, Bing Crosby, Insurance City; 1964, Doral, Colonial, Seattle, Almaden; 1965, Bob Hope, Insurance City, Western, Sahara; 1966, U.S. Open, San Diego, "500" Festival, Western; 1967, Canadian, Carling; 1968, Los Angeles, Greensboro, Colonial, "500" Festival, Hartford, Lucky; 1969, Bob Hope, Western, Alcan; 1970, Los Angeles, Masters, IVB-Philadelphia, Avco; 1971, Kaiser; 1973, Western Open, Sammy Davis, Jr.-Greater Hartford Open; 1975, New Orleans Open.
1983 Senior earnings: $136,749.
Official senior career earnings: $224,589.
Senior victories: 1981, U.S. National Seniors (unofficial); 1982, Shootout at Jeremy Ranch, Merrill Lynch/

BIOGRAPHIES OF TODAY'S LEADING PROFESSIONALS

GolfDigest Commemorative Pro-Am; 1983, U.S. Senior Open.
Best 1983 finishes: 1,U.S. Senior Open; 2, Gatlin Bros., Jeremy Ranch; T2, Denver Post.
Other achievements: Chosen PGA Player of the Year in 1966 and 1970. Member of Ryder cup team in 1961, 1963, 1965, 1967, 1969, 1971, 1973, 1975, and non-playing captain in 1979. Won Vardon Trophy in 1960, 1963, 1965, 1966, 1968. Won 1974 Lancome Trophy, 1975 Italian Open, 1977 Mexican Open. Inducted in World Golf Hall of Fame in 1978 and PGA Hall of Fame in 1982.

Bill Collins
Height: 6' 3½".
Weight: 220.
Birth: September 23, 1928, Meyersdale, Pa.
Residence: Palm Beach Gardens, Fla.
Family: Wife Virginia; Patricia (7-2-54), Sandra (3-29-57); one grandchild.
Turned professional: 1951. (**Joined tour:** 1958. **Joined senior tour:** 1980.)
Career PGA tour earnings: $189,331.
PGA tour victories (total 4): 1959, New Orleans Open; 1960, Hot Springs Open, Houston Open: 1962, Buick Open.
1983 Senior earnings: $31,154.
Official senior career earnings: $94,323.
Senior victories: 1982, Greater Syracuse Classic.
Best 1983 finishes: T7, Peter Jackson; T12, Citizens Union, Boca Grove.
Other achievements: Won 1959 Barranquilla Open; member 1961 Ryder Cup team; won 1971 New York State PGA; won 1973 PGA Match Play Championship.

Roberto DeVicenzo
Height: 6' 1".
Weight: 205.
Birth: April 14, 1923, Buenos Aires, Argentina.
Residence: Buenos Aires, Argentina.
Family: Wife Delia; Roberto Ricardo (2-5-47), Eduardo (1-6-49); two grandchildren.
Turned professional: 1938. (**Joined tour:** 1947. **Joined senior tour:** 1980.)
Career PGA tour earnings: $188,292.
PGA tour victories (total 9): 1951, Palm Beach Round Robin, Inverness Four-Ball; 1953, Mexico City Open; 1957, Colonial National Invitational, All-American; 1965, Los Lagartos; 1;966, Los Lagartos, Dallas Open; 1968, Houston Champions.
1983 Senior earnings: $39,847.
Official senior career earnings: $63,487.
Senior victories: 1974, PGA Seniors; 1980, USGA Senior Open; 1983, Doug Sanders Cl. (unofficial).
Best 1983 finishes: 1, Doug Sanders; 6, U.S. Senior Open.
Other achievements: Won 1967 British Open and more than 100 other international titles, among more than 230 total career victories. Represented Argentina in World Cup 17 times, winning team title in 1953 with Anatonio Cerda and individual title 1969 and 1972. Inducted in PGA Hall of Fame in 1979.

Gardner Dickinson
Height: 5' 10¾".
Weight: 154.
Birth: September 14;, 1927, Dothan, Ala.
Residence: North Palm Beach, Fla.
Family: Wife Della; Gardner IV (8-14-56), Randall (3-31-58), Sherry (10-9-60).
College: Louisiana State.
Turned professional: 1952. (**Joined tour:** 1953. **Joined senior tour:** 1980.)
Career PGA tour earnings: $534,348.
PGA tour victories (total 7): 1956, Miami Beach Open; 1957, Insurance City Open; 1962, Haig Mixed Foursome; 1967, Cleveland Open, Doral Open; 1969, Colonial Invitation; 1971, Atlanta Classic.
1983 Senior earnings: $54,973.
Official senior career earnings: $99,200.
Senior victories: None.
Best 1983 finishes: 3, Gatlin Bros., Boca Grove; 7, Suntree.
Other achievements: Among top 60 money winners 1953-59, 1961-69 1971. Best year, $73,354 for 16th place. Member Ryder Cup teams1967 and 1971. Player Director of Tournament Policy Board in 1969. With Sam Snead as partner, won CBS Classic and Legends once each.

Bob Erickson
Height: 6' 1½".
Weight: 195.
Birth: January 23, 1926, Norway, Mich.
Residence: Altamonte Springs, Fla.
Family: Wife Mona; Dean (9-9-52).
Turned professional: 1956. (**Joined tour:** 1968. **Joined senior tour:** 1980.)
Career PGA tour earnings: $43,374.
PGA tour victories: None.
1983 Senior earnings: $32,172.
Official senior career earnings: $70,995.
Senior victories: 1982, U.S. National Senior GA (unofficial).
Best 1983 finishes: 4, U.S. Ntl. Sr. Open; T5, Jeremy Ranch; T9, Syracuse.
Other achievements: T2 in 1979 PGA Seniors (January edition that year).

Jim Ferree
Height: 5' 9".
Weight: 165.
Birth: June 10, 1931, Pine Bluff, N.C.
Residence: Export, Pa., and Hilton Head Island, S.C.
Family: Wife Lucy.
College: Univ. of North Carolina.
Turned professional: 1956. (**Joined tour:** 1956. **Joined senior tour:** 1981.)
Career PGA tour earnings: $107,719.
PGA tour victories (total 1): 1958, Vancouver Centennial.
1983 Senior earnings: $69,547.
Official senior career earnings: $102,697.
Senior victories: 1981 and 1982 Tri-State Senior PGA (unofficial).
Best 1983 finishes: T2, Hilton Head; 3, Syracuse.

BIOGRAPHIES OF TODAY'S LEADING PROFESSIONALS

Other achievements: Won 1961 Jamaica Open, 1962 Panama Open, 1963 Maracaibo Open.

Michael Fetchick
Height: 6'.
Weight: 200.
Birth: October 13, 1922, Yonkers, N.Y.
Residence: Dix Hills, N.Y.
Family: Wife Marie.
Turned professional: 1950. (**Joined tour:** 1952. **Joined senior tour:** 1980.)
Career PGA tour earnings: $44,648.
PGA tour victories (total 3): 1955, Imperial Valley Open; 1956, St. Petersburg Open, Western Open.
1983 Senior earnings: $39,869.
Official senior career earnings: $91,778.
Senior victories: 1977, New York State Seniors; 1982, Jupiter Hills Senior Pro-Am (two-day) (unofficial).
Best 1983 finishes: T3, M. Lynch/Golf Digest; T7, Hall of Fame.
Other achievements: Won 1956 Mayfair Open in Sanford, Fla. Won Long Island PGA titles in 1963, 1964 and 1982.

Dow Finsterwald
Height: 5' 11".
Weight: 160.
Birth: Sept. 6, 1929, Athens, Ohio.
Residence: Colorado Springs, Colo.
Family: Wife Linda; John (5-16-57), Dow (1-21-59), Russell (7-11-60).
College: Ohio Univ.
Turned professional: 1951. (**Joined tour:** 1952. **Joined senior tour:** 1980.)
Career PGA tour earnings: $402,101.
PGA tour victories (total 12): 1955, Fort Wayne Open, British Columbia Open; 1956, Carling Open; 1;957, Tucson Open; 1958, PGA Championship, Utah Open; 1959, Greater Greensboro Open, Carling Open, Kansas City Open; 1960, Los Angeles Open, Greater New Orleans Open; 1963, "500" Festival Open.
1983 Senior earnings: $11,985.
Official senior career earnings: $57,975.
Senior victories: None.
Best 1983 finishes: T18, Daytona; 19, World Senior Inv.
Other achievements: Won Vardon Trophy in 1957 and chosen Player of the Year in 1958. Member of Ryder Cup teams in 1957, 1959, 1961, 1963. Member of Tournament Committee 1957-59. PGA Vice President 1976-78. Non-playing Ryder Cup captain in 1977. Served on USGA Rules of Golf Committee 1979-81.

Jack Fleck
Height: 6' 1".
Weight: 160.
Birth: November 8, 1921, Bettendorf, Iowa
Residence: Magazine, Ark.
Family: Wife Mariann; Craig, Gary, Eugene; four grandchildren.
Turned professional: 1939. (**Joined tour:** 1954. **Joined senior tour:** 1980.)
Career PGA tour earnings: $129,898.
PGA tour victories (total 3): U.S. Open; 1960, Phoenix Open; 1961, Bakersfield Open.
1983 Senior earnings: $35,085.
Official senior career earnings: $68,525.
Senior victories: 1977, Southern California PGA Seniors; 1979, PGA Seniors (January event); 1979, World Seniors championship.
Best 1983 finishes: T9, Peter Jackson, Denver.
Other achievements: Chosen Los Angeles Times Golf Professional of the Year in 1955. Member of the Iowa Sports Hall of Fame. Served as co-chairman of PGA Tournament Committee for two years in late 1950s. Won 1965 Illinois Open and PGA championships.

Doug Ford
Height: 5' 11".
Weight: 180.
Birth: August 6, 1922, West Haven, Conn.
Residence: Winter Park, Fla.
Family: Wife Marilyn; Doug Jr. (3-21-45), Mike (2-156-51), Pam (2-21-55); two grandchildren.
Turned professional: 1949. (**Joined tour:** 1950. **Joined senior tour:** 1980.)
Career tour earnings: $414,662.
PGA tour victories (total 19): 1952, Jacksonville Open; 1953, Virginia Beach Open, Labatt Open, Miami Open; 1954, Greensboro Open, Fort Wayne Open; 1955, All-American Championship, PGA Championship, Carling Open; 1957, Los Angeles Open, Masters, Western Open; 1958, Pensacola Open; 1959, Canadian Open; 1960, "500" Festival; 1961, "500" Festival; 1962, Bing Crosby Pro-Am, Eastern Open; 1963, Canadian Open.
1983 Senior earnings: $27,901.
Official senior career earnings: $73,960.
Senior victories: 1981, Golf Digest Commemorative Pro-Am (unofficial that year).
Best 1983 finishes: T7, Gatlin Bros., M. Lynch/Golf Digest.
Other achievements: Chosen PGA Player of the Year in 1955. Member of Ryder Cup team of 1955, 1957, 1959, 1961. Member of Tournament Committee, 1953-56, 1966-68.

Rod Funseth
Height: 5' 10½".
Weight: 175.
Birth: April 3, 1933, Spokane, Wash.
Residence: Napa, Calif.
Family: Wife Sandi; Lisa (11-16-66), Mark (11-11-67).
College: Univ. of Idaho (one year).
Turned professional: 1956. (**Joined tour:** 1962. **Joined senior tour:** 1983.)
Career PGA tour earnings: $644,381.
PGA tour victories (total 3): 1965, Phoenix Open; 1973, Glen Campbell Los Angeles Open; 1978, SDJ-Greater Hartford Open.
1983 Senior earnings: $120,367.
Official senior career earnings: $120,367.
Senior victories: 1983, Hall of Fame, Legends of Golf (with DeVicenzo).
Best 1983 finishes: 1, Hall of Fame, Legends (with DeVicenzo); 2, U.S. Senior Open; T2, United Virginia Bank.
Other achievements: Still holds competitive course

BIOGRAPHIES OF TODAY'S LEADING PROFESSIONALS

record at Pebble Beach Golf Links, 8-under 64 set in 1972 Crosby. Also tied existing course record 65 at Riviera C.C., Los Angeles, and set record 67 at Muirfield Village G.C., Dublin, Ohio (both since bettered).

Bob Goalby
Height: 6'.
Weight: 195.
Birth: March 14, 1929, Belleville, Ill.
Residence: Belleville, Ill.
Family: Wife Sarah; Kye (2-24-64), Kel (5-1-67), Kevin (1-8-70).
College: Univ. of Illinois, Southern Illinois.
Turned professional: 1952. **(Joined tour:** 1957. **Joined senior tour:** 1980.)
Career PGA tour earnings: $645,013.
PGA tour victories (total 11): 1958, Greensboro; 1960, Coral Gables; 1961, Los Angeles, St. Petersburg; 1962, Insurance City, Denver; 1967, San Diego; 1968, Masters; 1969, Robinson; 1970, Heritage; 1971, Bahamas.
1983 Senior earnings: $27,575.
Official senior career earnings: $203,438.
Senior victories: 1981, Marlboro Classic; 1982, Peter Jackson Champions; 1983, Shootout at Jeremy Ranch (with Mike Reid).
Best 1983 finishes: , Shootout at Jeremy Ranch (with Mike Reid); T9, Syracuse.
Other achievements: Earned 11 high school letters and football scholarships to U. of Illinois, and received professional baseball offers. Eight birdies in row in 1961 St. Petersburg Open still a Tour record (tied by Fuzzy Zoeller). Member of 1963 Ryder Cup team. Among top 60 money winners 1958-63 and 1965-73.

Paul Harney
Height: 5' 11".
Weight: 165.
Birth: June 11, 1929, Worcester, Mass.
Residence: Falmouth, Mass.
Family: Wife Patti; Christopher (9-3-58), Erin (4-15-60), Anne Marie (9-5-61), Timothy (2-22-63), Helen (7-11-66), Michael (9-5-67).
College: Holy Cross.
Turned professional: 1954. **(Joined tour:** 1954. **Joined senior tour:** 1981.)
Career PGA tour earnings: $361,884.
PGA tour victories (total 7): 1957, Carling Open, Labatt Open; 1958, Dorado Open; 1959, Pensacola Open; 1946, Los Angeles Open; 1965, Los Angeles Open; 1972, San Diego Open.
1983 Senior earnings: $70,661.
Official senior career earnings: $122,834.
Senior victories: None.
Best 1983 finishes: 3, Daytona; 6, Syracuse.
Other achievements: Names Tour's Most Improved Player by Golf Digest in 1957. Named 1974 PGA (club) Professional of the Year. Among top 60 money winners 1956-65, 1970 and 1972. Best year 1972, $51,507 for 48th.

Fred Hawkins
Height: 6' 1½".
Weight: 180.
Birth: September 3, 1923, Antioch, Ill.
Residence: Sebring, Fla.
Family: Wife Nancy; Joe (5-18-51), Tom (2-2-54).
College: Univ. of Illinois and Texas Western.
Turned professional: 1947. **(Joined tour:** 1947. **Joined senior tour:** 1980.)
Career PGA tour earnings: $196,371.
PGA tour victories (total 2): 1956, Oklahoma City Open; 1958, Jackson Open.
1983 Senior earnings: $35,837.
Official senior career earnings: $72,811.
Senior victories: None.
Best 1983 finishes: T3, M. Lynch/Golf Digest; T7, Hall of Fame.
Other achievements: Won unofficial Cavalier Open in 1950. Placed second 27 times on Tour. Member 1957 Ryder Cup team. Chairman of Tournament Committee in 1956-57.

Lionel Hebert
Height: 5' 8½".
Weight: 188.
Birth: January 20, 1928, Lafayette, La.
Residence: Lafayette, La.
Family: Wife Clara Belle; Glen (11-20-49), Jacqueline (9-25-51), Mitzi (3-21-61); six grandchildren.
College: Southwestern Louisiana and Louisiana State.
Turned professional: 1950. **(Joined tour:** 1957. **Joined senior tour:** 1980.)
Career PGA tour earnings: $408,456.
PGA tour victories (total 5): 1957, PGA Championship; 1958, Tucson Open; 1960, Cajun Classic; 1962, Memphis Classic; 1966, Florida Citrus Open.
1983 Senior earnings: $19,878.
Official senior career earnings: $43,206.
Senior victories: None.
Best 1983 finishes: T12, Sr. T.P.C.; Citizens Union.
Other achievements: Member of Ryder Cup team in 1957. Among top 60 money winners 1957-66. Player Director on Tournament Policy Board 1972-74.

Don January
Height: 6'.
Weight: 165.
Birth: November 20, 1929, Plainview, Tex.
Residence: Dallas, Tex.
Family: Wife Patricia; Timothy (11-15-54), Cherie Lynn (7-8-58), Richard (9-25-61).
College attended: North Texas State U.
Turned professional: 1955. **(Joined tour:** 1956. **Joined senior tour:** 1980.)
Career PGA tour earnings: $1,138,610.
PGA tour victories (total 12): 1956, Dallas Open, Apple Valley Clambake; 1959, Valencia Open; 1960, Tucson Open; 1961, St. Paul Open; 1963, Tucson Open; 1966, Philadelphia Classic; 1967, PGA Championship; 1968, Tournament of Champions; 1970, Jacksonville Open; 1975, San Antonio-Texas Open; 1976, MONY-Tournament of Champions.
1983 Senior earnings: $237,571.
Official senior career earnings: $463,393.
Senior victories (total 13): 1979, PGA Seniors; 1980,

BIOGRAPHIES OF TODAY'S LEADING PROFESSIONALS

Atlantic City Senior International; 1981, Michelob-Egypt Temple, Eureka Federal Savings; 1982, Michelob Classic, PGA Seniors, Legends (with Sam Snead, then unofficial event); 1983, Gatlin Bros., Peter Jackson, Marlboro, Denver Post, Citizens Union, Suntree.
Best 1983 finishes: See 1983 above; also T2, United Virginia Bank; 2; Syracuse; 3, Hall of Fame; T3, Senior T.C.P.
Other achievements: Won Vardon Trophy in 1976. Member of Ryder Cup team in 1965 and 1977. Served as Player Director on Tournament Policy Board in 1970-71. Won 1980 Australian Seniors. Among top 60 money winners 20 times in 1956-79.

Howie Johnson
Height: 6' 2½".
Weight: 215.
Birth: September 8, 1925, St. Paul, Minn.
Residence: Rancho Mirage, Calif.
Family: Wife Connie; Bruce (10-31-55), George (4-15-60), Howie (10-18-62), John (10-4-68).
College: Univ. of Minnesota.
Turned professional: 1956. (**Joined tour:** 1956. **Joined senior tour:** 1980.)
Career PGA tour earnings: $280,897.
PGA tour victories (total 2): 1958, Azalea Open; 1959, Baton Rouge Open.
1983 Senior earnings: $31,154.
Official senior career earnings: $89,629.
Senior victories: 1980, Southern California Seniors, 1981 and 1982 U.S. National Seniors Spring Championship (all unofficial).
Best 1983 finishes: T9, Syracuse; T10, Citizens Union.
Other achievements: Won 1960 Mexico Open. Lost playoff in 1982 North Dakota Open at Fargo, to Jim Ahern.

Bill Johnston
Height: 5' 10".
Weight: 160.
Birth: January 2, 1925, Donora, Pa.
Residence: Scottsdale, Ariz.
Family: Wife JoAnne; Blake (9-25-60), Brice (2-22-63), Burke (7-7-65); one grandchild.
College: Univ. of Utah.
Turned professional: 1950. (**Joined tour:** 1951. **Joined senior tour:** 1980.)
Career PGA tour earnings: $49,843.
PGA tour victories (total 2): 1958, Texas Open; 1960, Utah Open.
1983 Senior earnings: $35,577.
Official senior career earnings: $81,627.
Senior victories: 1979, U.S. Senior GA Open; 1980, U.S. Senior GA Open (both unofficial).
Best 1983 finishes: T4, Peter Jackson; T8, Marlboro.
Other achievements: Won Monsanto Open 1956 and 960, Arizona Open 1961, 1967 and 1972; Colorado Open 1973; Nevada Open 1; 954, 1955, 1958 and 1960; Utah Open 1954. Runnerup in 1960 French Open. Lost playoff to Jack Fleck in 1979 PGA Seniors (January that year).

Ted Kroll
Height: 5' 8½".
Weight: 175.
Birth: August 4, 1919, New Hartford, N.Y.
Residence: Boca Raton, Fla.
Family: Wife Jane; Debbie (11-5-52), Donna (4-25-54), Darlene (10-22-57), Danita (11-27-58); one grandchild.
Turned professional: 1939. (**Joined tour:** 1948. **Joined senior tour:** 1980.)
Career PGA tour earnings: $261,339.
PGA tour victories (total 9): 1952, San Diego Open, Insurance City Open, Miami Four-Ball; 1953, National Celebrities; 1955, Philadelphia Daily News Open; 1956, Tucson Open, Houston Open, World Championship; 1962, Canadian Open.
1983 Senior earnings: $11,025.
Official senior career earnings: $44,645.
Senior victories: None.
Best 1983 finishes: T22, Jeremy Ranch; T27, Syracuse.
Other achievements: Member of Ryder Cup team in 1953, 1955, 1957. Leading money winner in 1956 with $72,836.

Gene Littler
Height: 5' 9½".
Weight: 160.
Birth: July 21, 1930, San Diego, Calif.
Residence: Rancho Santa Fe, Calif.
Family: Wife Shirley Warren; Curt (3-11-54), Suzanne (10-16-57).
College: San Diego State.
Turned professional: 1954. (**Joined tour:** 1954. **Joined senior tour:** 1981.)
Career PGA tour earnings: $1,576,863.
PGA tour victories (total 29): 1954, San Diego (as amateur); 1955, Los Angeles, Phoenix, Tournament of Champions, Labatt; 1956, Tournament of Champions, Texas, Palm Beach Round Robin; 1957, Tournament of Champions; 1959, Phoenix, Tucson, Arlington Hotel Open, Insurance City, Miller Open; 1960, Oklahoma City, Eastern; 1961, U.S. Open; 1962, Lucky International, Thunderbird; 1965, Canadian Open; 1969, Phoenix, Greensboro; 1971, Monsanto, Colonial; 1973, St. Louis; 1975, Bing Crosby Pro-Am, Danny Thomas Memphis, Westchester; 1977, Houston.
1983 Senior earnings: $130,002.
Official senior career earnings: $227,649.
Senior victories: 1980 and 1982, World Seniors Invitational; 1981, Vintage, Legends (latter with Bob Rosburg (all unofficial); 1983, Daytona Senior, Syracuse, Grand Slam (Japan, unofficial).
Best 1983 finishes: 1, Daytona, Syracuse, Grand Slam (Japan).
Other achievements: Among top 60 money winners 25 times in 26 years, through 1979. Member of Ryder Cup team in 1961, 1963, 1965, 1967, 1969, 1971, 1975. Won 1953 U.S. Amateur, one Australian Masters and 1974 and 1975 Taiheiyo (Japan) Masters. Selected for Bob Jones (USGA) and Ben Hogan (GWAA) awards in 1973. Inducted in PGA Hall of Fame 1982.

Billy Maxwell
Height: 5' 7½".
Weight: 175.
Birth: July 23, 1929, Abilene, Tex.

BIOGRAPHIES OF TODAY'S LEADING PROFESSIONALS

Residence: Jacksonville, Fla.
Family: Wife Mary Katherine; Melanie (11-12-57).
College: North Texas State.
Turned professional: 1954. (**Joined tour:** 1954. **Joined senior tour:** 1980.)
Career PGA tour earnings: $375,598.
PGA tour victories (total 8): 1955, Azalea Open; 1956, Arlington Hotel Open; 1957, Hisperia Open; 1958, Memphis Open; 1961, Palm Springs Classic, Puerto Rico Open, Insurance City Open; 1962, Dallas Open.
1983 Senior earnings: $17,834.
Official senior career earnings: $52,678.
Senior victories: None.
Best 1983 finishes: T10, M. Lynch/Golf Digest; T17, Senior T.C.P.
Other achievements: 1951 U.S. Amatueur champion. Member 1963 Ryder Cup team. Among top 60 money winners 19a55-67. Best year 1962, $31,834 for 12th place.

Kel Nagle
Height: 5' 10½".
Weight: 185.
Birth: December 21, 1920, Sydney, Australia.
Residence: Sydney, Australia.
Family: Widowed; four children (all in late 30s); six grandchildren.
Turned professional: 1946. (**Joined tour:** 19??. **Joined senior tour:** 1982.)
Career PGA tour earnings: $114,105.
PGA tour victories: 1964, Canadian Open.
1983 Senior earnings: $26,738.
Official senior career earnings: $46,253.
Senior victories: None.
Best 1983 finishes: T9, Syracuse; T7, Gatlin Bros.
Other achievements: Won 1960 British Open at St. Andrews. Also won New Zealand Open seven times, Australian PGA six times and Austrian, Swiss and French Opens once each, plus tournaments in Ireland, Sweden and Hong Kong. Lost playoff to Gary Player in 1965 U.S. Open at Bellerive, near St. Louis.

Arnold Palmer
Height: 5' 10½".
Weight: 178.
Birth: September 10, 1929, Latrobe, Pa.
Residence: Latrobe, Pa.
Family: Wife Winifred Walzer; Margaret (2-26-56), Amy (8-4-58); two grandchildren.
College: Wake Forest.
Turned professional: 1954. (**Joined tour:** 1955. **Joined senior tour:** 1980.)
Career PGA tour earnings: $1,885,241.
PGA tour victories (total 61): 1955, Canadian; 1956, Insurance City, Eastern; 1957, Houston, Azalea, Rubber City, San Diego; 1958, St. Petersburg, Masters, Pepsi Golf; 1959, Thunderbird (Calif.) Invitation, Oklahoma City, West Palm Beach; 1960, Insurance City, Masters, Palm Springs Classic, Baton Rouge, Pensacola, U.S. Open, Mobile Sertoma, Texas Open; 1961, San Diego, Texas, Baton Rouge, Phoenix, Western; 1962, Masters, Palm Springs Classic; 1963, Thunderbird, Pensacola, Phoenix, Western, Los Angeles, Cleveland, Philadelphia; 1964, Oklahoma City, Masters; 1965, Tournament of Champions; 1966, Los Angeles, Tournament of Champions, Houston Champions International, PGA Team (with Jack Nicklaus); 1967, Los Angeles, Tucson, American Golf Classic, Thunderbird Classic; 1968, Hope Desert Classic, Kemper; 1969, Heritage, Danny Thomas—Diplomat; 1970, Four-Ball (with Jack Nicklaus); 1971, Hope Desert Classic, Citrus, Westchester, National Team (with Jack Nicklaus); 1973, Bob Hope Desert Classic.
1983 Senior earnings: $106,590.
Official senior career earnings: $258,392.
Senior victories (total 5): 1980, PGA Seniors; 1981, USGA Senior Open; 1982, Marlboro Classic, Denver Post Champions of Golf; 1983, Boca Grove Cl.
Best 1983 finishes: 1, Boca Grove Cl.; 2, Suntree; T3, World Senior Inv.; 4, Denver.
Other achievements: 1954 U.S. Amateur champion. Member of Ryder Cup team in 1961, 1963, 1965, 1967, 1971, 1973, and non-playing captain 1975. Member of World Cup team in 1960, 1962-67. Won British Open in 1961, plus 17 other foreign titles through 1980 Canadian PGA.

Bob Rosburg
Height: 5' 11".
Weight: 180.
Birth: October 21, 1926, San Francisco, Calif.
Residence: Rancho Mirage, Calif.
Family: Wife Eleanor; Robert (8-14-50), Deborah (8-7-51), Bruce (1-31-53); six grandchildren.
College: Stanford Univ.
Turned professional: 1953. (**Joined tour:** 1954. **Joined senior tour:** 1980.)
Career PGA tour earnings: $436,446.
PGA tour victories (total 7): 1954, Brawley Open, Miami Open; 1956, Motor City Open, San Diego Open; 1959, PGA Championship; 1961, Bing Crosby National Pro-Am; 1972, Bob Hope Desert Classic.
Official senior career earnings: $48,978.
Senior victories: 1981 Legends (with Gene Littler), then unofficial.
1983 Senior earnings: $12,578.
Best 1983 finishes: T10, Marlboro; T11, Senior T.P.C.
Other achievements: Won 1958 Vardon Trophy. Member of 1959 Ryder Cup team. Chairman of Players Committee 1959-60. Won 1969 PGA Club Pro championship. Among top 60 money winners 1954-63, 1971-72.

Doug Sanders
Height: 5' 11".
Weight: 160.
Birth: July 24, 1933, Cedartown, Ga.
Residence: Houston, Tex.
Family: Wife Scotty; Brad (12-7-57).
College: Univ. of Florida.
Turned professional: 1956. (**Joined tour:** 1957. **Joined senior tour:** 1983.)
Career PGA tour earnings: $772,334.
PGA tour victories (total 20): 1956, Canadian (as amateur); 1958, Western; 1959, Coral Gables; 1961, New Orleans, Colonial, Hot Springs, Eastern, Cajun Classic; 1962, Pensacola, St. Paul, Oklahoma City; 1963,

BIOGRAPHIES OF TODAY'S LEADING PROFESSIONALS

Greensboro; 1965, Pensacola, Doral; 1966, Bob Hope, Greensboro, Jacksonville; 1967, Doral; 1970, Bahama Islands; 1972, Kemper.
1983 Senior earnings: $68,121.
Official senior career earnings: $68,121.
Senior victories: 1983 World Senior Inv.
Best 1983 finishes: 1, World Senior; T2, Denver; T5, United Virginia Bank.
Other achievements: Member of Ryder Cup team in 1967. Inducted in Georgia and Florida Hall of Fame in early 1970s. Among Tour's top 60 money winners 13 times in 1958-72.

Charles Sifford
Height: 5' 8".
Weight: 185.
Birth: June 3, 1923, Charlotte, N.C.
Residence: Brecksville, Ohio.
Family: Wife Rose; Charles (12-7-460, Craig (8-28-66); one grandchild.
Turned professional: 1948. (**Joined tour:** 1960. **Joined senior tour:** 1980.)
Career PGA tour earnings: $340,596.
PGA tour victories (total 2): 1967, Greater Hartford Open; 1969, Los Angeles Open.
1983 Senior earnings: $68,738.
Official senior career earnings: $141,357.
Best 1983 finishes: 2, Hall of Fame; T6, Marlboro.
Other achievements: among top 60 money winners 1960-69. Won Negro National Open six times, plus 1957 Long Beach Open, 1971 Sea Pines (Second Tour).

Dan Sikes
Height: 6'
Weight: 200.
Birth: December 7, 1929, Jacksonville, Fla.
Residence: Jacksonville, Fla.
Family: Wife Maraie; Karen Ann (11-4-61).
College: Univ. of Florida.
Turned professional: 1960. (**Joined tour:** 1961. **Joined senior tour:** 1980.)
Career PGA tour earnings: $819,600.
PGA tour victories (total 6): 1963, Doral Open; 1965, Cleveland Open; 1967, Jacksonville Open, Philadelphia Classic; 1968, Florida Citrus, Minnesota Open.
1983 Senior earnings: $69,582.
Official senior career earnings: $152,426.
Senior victories: 1982, Hilton Head Seniors International (tied with Miller Barber after two rounds: rest rained out).
Best 1983 finishes: 4, Gatlin Bros.; T4, Suntree; 6, Hall of Fame; T6, World Senior Inv.
Other achievements: Won 1957 U.S. Public Links championship. Among to 60 Tour money winners 1962-71 and 1973. Member of Ryder Cup team in 1969. Former member of Tournament Policy Board. Has served as chairman of Senior Advisory Council since 1980.

Sam Snead
Height: 5' 11".
Weight: 190.
Birth: May 27, 1912, Hot Springs, Va.
Residence: Hot Springs, Va.
Family: Wife Audrey; Sam Jr. (6-30-44), Terrence (5-27-52); two grandchildren.
Turned professional: 1934. (**Joined tour:** 1937. **Joined senior tour:** 1980.)
Career PGA tour earnings: $620,126.
PGA tour victories (total 84): 1936, Virginia Closed Professional; 1937, St. Paul Open, Miami Open, Oakland Open; 1938, Greensboro Open, Inverness Four-Ball, Goodall Round Robin, Chicago Open, Canadian Open, Westchester 108 Hole Open, White Sulphur Springs Open; 1939, Miami Open, St. Petersburg Open, Miami-Biltmore Four-Ball, Ontario Open; 1940, Inverness Four-Ball, Canadian Open, Anthracite Open; 1941, Canadian Open, St. Petersburg Open, North and South Open, Rochester Times Union Open, Henry Hurst Inv.; 1942, St.Petersburg Open, PGA Championship, Cordoba Open; 1944, Richmond Open, Portland Open; 1945, Los Angeles Open, Gulfport Open, Pensacola Open, Jacksonville Open, Dallas Open, Tulsa Open; 1946, Miami Open, Greensboro Open, Jacksonville Open, Virginia Open, World Championship; 1948, Texas Open; 1949, Greensboro Open, PGA Cahmpionship, Masters, Washington Star Open, Dapper Dan Open, Western Open; 1950, Texas Open, Miami Open, Greensboro Open, Inverness Four—Ball, North and South Open, Los Angeles Open, Western Open, Miami Beach Open, Colonial National Inv., Reading Open; 1951, Miami Open, PGA Championship; 1952, Inverness Four-Ball, Masters, Greenbrier Inv., All American, Eastern Open, Julius Boros Open; 1953, Texas Open, Greenbrier Inv., Baton Rouge Open; 1954, Masters, Palm Beach Round Robin; 1955, Miami Open, Greensboro Open, Palm Beach Round Robin, Insurance City Open; 1956, Greensboro Open; 1957, Dallas Open; 1958, Greenbrier Inv.; 1959, San Snead Festival; 1960, Greensboro Open, De Sotc Open; 1961, Sam Snead Festival, Tournament of Champions; 1964, Haig and Haig Scotch Mixed Foursome Inv.; 1965, Greensboro Open.
Official senior career earnings: $61,698.
Senior victories: 1964, 1965, 1967, 1970, 1972, 1973 PGA Seniors; 1964, 1965, 1970, 1972, 1973 World Seniors (two-man playoff); 1980 Golf Digest Commemorative Pro-Am (then unofficial); 1982 Legends (unofficial with Don January).
1983 Senior earnings: $14,526.
Best 1983 finishes: 9, Citizens Union; T18, Daytona.
Other achievemens: Member of Ryder Cup team eight times, plus nonplaying captain in 1969. Chosen PGA Player of the Year in 1949. Won Vardon Trophy in 1938, 1949, 1950, 1955. Won World Cup individual title in 1961. Member of PGA and World Golf Halls of Fame. Tour's leading money winner in 1938, 1949, 1950.

Mike Souchak
Height: 5' 11".
Weight: 205.
Birth: May 10, 1927, Berwick, Pa.
Residence: Largo, Fla.
Family: Wife Nancy; Michael J. (6-2-54), Patricia (3-15-57), Frank (12-23-59), Christopher (3-5-61).
College: Duke Univ.
Turned professional: 1952. (**Joined tour:** 1952. **Joined**

BIOGRAPHIES OF TODAY'S LEADING PROFESSIONALS

senior tour: 1980.)
Career PGA tour earnings: $286,876.
PGA tour victories (total 16): 1955, Texas Open, Houston Open, Havana Invitational; 1956, Caliente Open, Azalea Open, Colonial NIT, St. Paul Open; 1958, St. Paul Open; 1959, Tournament of Champions, Western Open, Motor City Open; 1960, San Diego Open, Buick Open; 1961, Greensboro Open; 1964, Houston Open, Memphis Open.
1983 Senior earnings: $14,077.
Official senior career earnings: $49,213.
Senior victories: None.
Best 1983 finishes: 10, Senior Open; T12, Hall of Fame.
Other achievements: Member of Ryder Cup team in 1959 and 1961. Still holds Tour 72-hole record of 257, 27 under par at Brackenridge Park G.C., San Antonio, in 1955 Texas Open. Also set nine-hole Tour record of 27 (8 under) on back side of opening round in same tournament (record since tied) and tied existing Tour record of 60 for 18 holes in same round (record since broken).

Peter Thomson
Height: 5' 9½".
Weight: 170.
Birth: August 23, 1929, Melbourne, Australia.
Residence: Melbourne, Australia.
Turned professional: 1950. (**Joined tour:** 1950. **Joined senior tour:** 1982.)
PGA tour victories: 1956, Dallas Centennial.
1983 Senior earnings: $59,758.
Official senior career earnings: $91,149.
Senior victories: None.
Best 1983 finishes: T3, M. Lynch/Golf Digest; 5, U.S. Senior Open; T5, Jeremy Ranch.
Other achievements: Won British Open five times in 12-year span, 1954-65 (tied for second behind Harry Vardon's six titles), and was runner-up in 1952, 1953 and 1957. Also won three Australian Opens, nine New Zealand Opens and championships of Germany, Netherlands, Spain, Italy, India, Hong Kong and Philippines. With Kel Nagle as partner, won World Cup in 1954 and 1959.

Art Wall
Height: 6'.
Weight: 165.
Birth: November 25, 1923, Honesdale, Pa.
Residence: Sonoita, Ariz.
Family: Wife Jean; Gregory (6-10-51), Carolyn (7-2-54), Laurie (8-2-56), Valerie (10-3-58), Douglas (2-6-65); three grandchildren
College: Duke Univ.
Turned professional: 1949. (**Joined tour:** 1949. **Joined senior tour:** 1980.)
Career PGA tour earnings: $638,816.
PGA tour victories (total 14): 1953, Fort Wayne Open; 1954, Tournament of Champions; 1956, Fort Wayne Open; 1957, Pensacola Open; 1958, Rubber City Open, Eastern Open; 1959, Masters, Bing Crosby, Azalea Open, Buick Open; 1960, Canadian Open; 1964, San Diego Open; 1966, Insurance City Open; 1975, Milwaukee Open.
1983 Senior earnings: $7,130.
Official senior career earnings: $100,473.
Senior victories: 1978, U.S. National Senior Open; 1980, Legends of Golf (with Tommy Bolt; event then unofficial); 1982, Energy Capital Classic (all unofficial).
Best 1983 finishes: T9, Daytona; T12, Hall of Fame.

Bert Weaver
Height: 6'.
Weight: 180.
Birth: January 13, 1932, Beaumont, Tex.
Residence: Cordova, Tex.
Turned professional: 1956. (**Joined tour:** 1957. **Joined senior tour:** 1982.)
Career PGA tour earnings: $161,854.
PGA tour victories: 1965, Jacksonville Open.
1983 Senior earnings: $29,407.
Official senior career earnings: $31,933.
Best 1983 finishes: T6, Marlboro; T12, M. Lynch/Golf Digest.

Guy Wolstenholme
Height: 6' 4".
Weight: 190.
Birth: March 8, 1931, Leicester, England.
Residence: Melbourne, Australia.
Family: Wife Robin; three sons, ages 6, 4 and 3.
Turned professional: 1960. (**Joined tour:** 19??. **Joined senior tour:** 1982.)
PGA tour victories: None.
1983 Senior earnings: $72,757.
Official senior career earnings: $97,217.
Senior victories: 1982, Australian PGA Senior (unofficial).
Best 1983 finishes: 2, Daytona; T3, Jeremy Ranch; 4, U.S. Senior Open.

AWARDS

PGA PLAYER OF THE YEAR

1948 Ben Hogan	1966 Billy Casper
1949 Sam Snead	1967 Jack Nicklaus
1950 Ben Hogan	1968 No award
1951 Ben Hogan	1969 Orville Moody
1952 Julius Boros	1970 Billy Casper
1953 Ben Hogan	1971 Lee Trevino
1954 Ed Furgol	1972 Jack Nicklaus
1955 Doug Ford	1973 Jack Nicklaus
1956 Jack Burke	1974 Johnny Miller
1957 Dick Mayer	1975 Jack Nicklaus
1958 Dow Finsterwald	1976 Jack Nicklaus
1959 Art Wall	1977 Tom Watson
1960 Arnold Palmer	1978 Tom Watson
1961 Jerry Barber	1979 Tom Watson
1962 Arnold Palmer	1980 Tom Watson
1963 Julius Boros	1981 Bill Rogers
1964 Ken Venturi	1982 Tom Watson
1965 Dave Marr	1983 Hal Sutton

LPGA PLAYER OF THE YEAR

1966 Kathy Whitworth	1975 Sandra Palmer
1967 Kathy Whitworth	1976 Judy Rankin
1968 Kathy Whitworth	1977 Judy Rankin
1969 Kathy Whitworth	1978 Nancy Lopez
1970 Sandra Haynie	1979 Nancy Lopez
1971 Kathy Whitworth	1980 Beth Daniel

BIOGRAPHIES OF TODAY'S LEADING PROFESSIONALS

1972 Kathy Whitworth
1973 Kathy Whitworth
1974 JoAnne Carner
1981 JoAnne Carner
1982 JoAnne Carner
1983 Patty Sheehan

GWAA PLAYERS OF THE YEAR

(Awarded by Golf Writers Association of America.)

1968 Billy Casper
1969 Orville Moody
1970 Billy Casper
1971 Lee Trevino
1972 Jack Nicklaus
     Kathy Whitworth
1973 Tom Weiskopf
     Kathy Whitworth
1974 Johnny Miller
     JoAnne Carner
1975 Jack Nicklaus
     Sandra Palmer
1976 Jack Nicklaus &
     Jerry Pate
     Judy Rankin
1977 Tom Watson
     Judy Rankin
1978 Tom Watson
     Nancy Lopez
1979 Tom Watson
     Nancy Lopez
1980 Tom Watson
     Beth Daniel
1981 Tom Kite
     Donna Caponi
1982 Tom Watson
     JoAnne Carner
1983 Hal Sutton
     JoAnne Carner

RICHARDSON AWARD

(Given annually by Golf Writers Association of America to individual who has made consistently outstanding contributions to golf.)

1948 Robert A. Hudson
1949 Scotty Fessenden
1950 Bing Crosby
1951 Richard Tufts
1952 Chick Evans
1953 Bob Hope
1954 Babe Zaharias
1955 Dwight Eisenhower
1956 George S. May
1957 Francis Ouimet
1958 Bob Jones
1959 Patty Berg
1960 Fred Corcoran
1961 Joseph C. Dey
1962 Walter Hagen
1963 Joe & Herb Graffis
1964 Cliff Roberts
1965 Gene Sarazen
1966 Robert E. Harlow
1967 Max Elbin
1968 Charles Bartlett
1969 Arnold Palmer
1970 Roberto de Vicenzo
1971 Lincoln Werden
1972 Leo Fraser
1973 Ben Hogan
1974 Byron Nelson
1975 Gary Player
1976 Herbert W. Wind
1977 Mark Cox
1978 Jack Nicklaus
1979 Jim Gaquin
1980 Jack Tuthill
1981 Robert Trent Jones
1982 Chi Chi Rodriguez
1983 William C. Campbell

BEN HOGAN AWARD

(Given annually by Golf Writers Association of America to individual who has continued to be active in golf despite a physical handicap.)

1954 Babe Zaharias
1955 Ed Furgol
1956 Dwight Eisenhower
1957 Clint Russell
1958 Dale Bourisseau
1959 Charlie Boswell
1960 Skip Alexander
1961 Horton Smith
1962 Jimmy Nichols
1963 Bobby Nichols
1964 Bob Morgan
1965 Ernest Jones
1966 Ken Venturi
1967 Warren Pease
1968 Shirley Englehorn
1969 Curtis Person
1970 Joe Lazaro
1971 Larry Hinson
1972 Ruth Jessen
1973 Gene Littler
1974 Gay Brewer
1975 Patty Berg
1976 Paul Hahn
1977 Des Sullivan
1978 Dennis Walters
1979 John Mahaffey
1980 Lee Trevino
1981 Kathy Linney
1982 Al Geiberger
1983 Calvin Peete
1984 Jay Sigel

CHARLIE BARTLETT AWARD

(Given annually by Golf Writers Association of America to a playing professional for unselfish contributions to the betterment of society.)

1971 Billy Casper
1972 Lee Trevino
1973 Gary Player
1974 Chi Chi Rodriguez
1975 Gene Littler
1976 Arnold Palmer
1977 Lee Elder
1978 Bert Yancey
1979 No award
1980 No award
1981 No award
1982 Patty Berg
1983 Gene Sarazen

JOE GRAFFIS AWARD

(Given by National Golf Foundation for contributions to golf education, with emphasis on juniors.)

1970 Ellen Griffin
1971 Barbara Rotvig
1972 Les Bolstad
1973 No award
1974 Opal Hill
1975 Patty Berg
1976 Shirley Spork
1977 Bill Strausbaugh
1978 Gary Wiren
1979 Conrad Rehling
1980 Bob Toski
1981 Peggy Kirk Bell
1982 Jim Flick
1983 Carol Johnson

HERB GRAFFIS AWARD

(Given by National Golf Foundation for contributions to golf as a recreation, good fellowship and as a happy pastime.)

1977 Joe Jemsek
1978 Arnold Palmer
1979 Carol McCue
1980 Bob Hope
1981 Patty Berg
1982 Jack Nicklaus
1983 Herb Graffis

PGA CLUB PROFESSIONALS OF THE YEAR

1955 Bill Gordon
1956 Harry Shephard
1957 Dugan Aycock
1958 Harry Pezzullo
1959 Eddie Duino
1960 Warren Orlick
1961 Don Padgett
1962 Tom LoPresti
1963 Bruce Herd
1964 Lyle Wehrman
1965 Hubby Habjan
1966 Bill Strausbaugh Jr.
1967 Ernie Vossler
1968 Hardy Loudermilk
1969 Wally Mund &
     A. Hubert Smith
1970 Grady Shumate
1971 Ross T. Collins
1972 Howard Morrette
1973 Warren Smith
1974 Paul Harney
1975 Walker Inman
1976 Ron Letellier
1977 Don Soper
1978 Walter Lowell
1979 Gary Ellis
1980 Stan Thirsk
1981 John Gerring
1982 Bob Popp
1983 Ken Lindsay

HORTON SMITH TROPHY WINNERS

(Awarded by PGA to golf professionals who have made outstanding contributions to golf professional education.)

1965 Emil Beck
1966 Gene C. Mason
1967 Donald E. Fischesser
1968 R. William Clarke
1969 Paul Hahn
1970 Joe Walser
1971 Irv Schloss
1972 John Budd
1973 George Aulbach
1974 Bill Hardy
1975 John Henrich
1976 Jim Bailey
1977 Paul Runyan
1978 Andy Nusbaum
1979 Howard Smith
1980 Dale Mead
1981 Tom Addis III
1982 Kent Cayce
1983 Bill Strausbaugh

WALTER HAGEN AWARD

(Chosen annually by a worldwide panel of golf experts for contributions to international golf.)

1966 Bob Jones
1967 Francis Ouimet
1968 Lord Barbizon
1969 Robert F. Hudson
1976 Henry Longhurst
1977 Jimmy Demaret
1978 David Foster
1979 Roberto de Vicenzo

BIOGRAPHIES OF TODAY'S LEADING PROFESSIONALS

1970 Fred Corcoran	Henry Cotton
1971 Cliff Roberts	1980 Jack Nicklaus
1972 Gene Sarazen	1981 Arnold Palmer
1973 Joe Carr	1982 None
1974 Leonard Simpson	1983 Joseph C. Dey
1975 Gerald Micklem	

LPGA TEACHERS OF THE YEAR

1958 Helen Dettweiler	1971 Jeanette Rector
1959 Shirley Spork	1972 Lee Spencer
1960 Barbara Rotvig	1973 Penny Zavichas
1961 Peggy Kirk Bell	1974 Mary Dagraedt
1962 Ellen Griffin	1975 Carol Johnson
1963 Vonnie Colby	1976 Marge Burns
1964 Sally Doyle	1977 DeDe Owens
1965 Goldie Bateson	1978 Shirley Englehorn
1966 Ann C. Johnstone	1979 Bobbie Ripley
1967 Jackie Pung	1980 Betty Dodd
1968 Gloria Fecht	1981 Jane Read
1969 Joanne Winter	1982 Barbara Romack
1970 Gloria Armstrong	1983 Rina Ritson

LPGA GOLF PRO OF THE YEAR

1980 Nancy Gammon	1982 Nel Frewin
1981 Peggy K. Bell	1983 Lorraine Kippel

DONALD ROSS AWARD

(Given annually by the American Society of Golf Course Architects for achievements in architecture.)

1976 Robert T. Jones	1980 Gerald Micklem
1977 Herbert W. Wind	1981 James Rhodes
1978 Herb/Joe Graffis	1982 Geoffrey Cornish
1979 Joseph C. Dey	1983 Alexander M. Radko

BOB JONES AWARD

(Given annually by United States Golf Association for distinguished sportsmanship in golf.)

1955 Francis D. Ouimet	1970 Roberto de Vicenzo
1956 Bill Campbell	1971 Arnold Palmer
1957 Babe Zaharias	1972 Michael Bonallack
1958 Margaret Curtis	1973 Gene Littler
1959 Findlay S. Douglas	1974 Byron Nelson
1960 Charles Evans Jr.	1975 Jack Nicklaus
1961 Joe Carr	1976 Ben Hogan
1962 Horton Smith	1977 Joseph C. Dey
1963 Patty Berg	1978 Bob Hope & Bing Crosby
1964 Charles Coe	
1965 Mrs. Edwin Vare Jr.	1979 Tom Kite
1966 Gary Player	1980 Charles R. Yates
1967 Richard S. Tufts	1981 JoAnne Carner
1968 Robert Dickson	1982 Billy Joe Patton
1969 Gerald Micklem	1983 Maureen Garrett

Golf Digest Awards

MOST IMPROVED GOLFERS—MEN PROS

1953 Doug Ford	1969 Dave Hill
1954 Bob Toski	1970 Dick Lotz
1955 Mike Souchak	1971 Jerry Heard
1956 Dow Finsterwald	1972 Jim Jamieson
1957 Paul Harney	1973 Tom Weiskopf
1958 Ernie Vossler	1974 Tom Watson
1959 Don Whitt	1975 Pat Fitzsimons
1960 Don January	1976 Ben Crenshaw
1961 Gary Player	1977 Bruce Lietzke
1962 Bobby Nichols	1978 Gil Morgan
1963 Tony Lema	1979 Larry Nelson
1964 Ken Venturi	1980 Curtis Strange
1965 Randy Glover	1981 Tom Kite
1966 Gay Brewer	1982 Calvin Peete
1967 Dave Stockton	1983 Hal Sutton
1968 Bob Lunn	

MOST IMPROVED GOLFERS—WOMEN PROS

1954 Beverly Hanson	1969 Donna Caponi
1955 Fay Crocker	1970 Jane Blalock
1956 Marlene Hagge	1971 Jane Blalock
1957 Mickey Wright	1972 Betty Burfeindt
1958 Bonnie Randolph	1973 Mary Mills
1959 Murle MacKenzie	1974 JoAnne Carner
1960 Kathy Whitworth	1975 Jo Ann Washam
1961 Mary Lena Faulk	1976 Pat Bradley
1962 Kathy Whitworth	1977 Debbie Austin
1963 Marilynn Smith	1978 Nancy Lopez
1964 Judy Torluemke	1979 Jerilyn Britz
1965 Carol Mann	1980 Beth Daniel
1966 Gloria Ehret	1981 Jan Stephenson
1967 Susie Maxwell	1982 Patty Sheehan
1968 Gerda Whalen	1983 Alice Miller

ROOKIES OF THE YEAR—MEN PROS

1957 Ken Venturi	1971 Hubert Green
1958 Bob Goalby	1972 Lanny Wadkins
1959 Joe Campbell	1973 Tom Kite
1960 Mason Rudolph	1974 Ben Crenshaw
1961 Jackie Cupit	1975 Roger Maltbie
1962 Jack Nicklaus	1976 Jerry Pate
1963 Raymond Floyd	1977 Graham Marsh
1964 R. H. Sikes	1978 Pat McGowan
1965 Homero Blancas	1979 John Fought
1966 John Schlee	1980 Gary Hallberg
1967 Lee Trevino	1981 Mark O'Meara
1968 Bob Murphy	1982 Hal Sutton
1969 Grier Jones	1983 Nick Price
1970 Ted Hayes Jr.	

ROOKIES OF THE YEAR—WOMEN PROS

1952 Mary Mills	1973 Laura Baugh
1963 Clifford Ann Creed	1974 Jan Stephenson
1964 Susie Maxwell	1975 Amy Alcott
1965 Margie Masters	1976 Ai-Yu Tu
1966 Jan Ferraris	1977 Nancy Lopez
1967 Sharron Moran	1978 Janet Anderson
1968 Sandra Post	1979 Beth Daniel
1969 Jane Blalock	1980 Myra Van Hoose
1970 JoAnne Carner	1981 Kyle O'Brien
1971 Sally Little	1982 Patti Rizzo
1972 Jocelyne Bourassa	1983 Juli Inkster

CHAPTER 12

ALL-TIME RECORDS

ALL-TIME RECORDS

For the 34-plus years of its publication, Golf Digest has kept meticulous account of golf's records. While only a few would dare to think of challenging certain all-time marks such as Jack Nicklaus' 19 major championships, there are many ways even the most ordinary amateur could take a place in the record book alongside the Golden Bear.

The purpose of this section is not only to define golf's records but provide inspiration to those who might aspire to become part of the game's lore. Some of the marks would require a great deal of skill to surpass, but there are also quite a few that could be broken with a little bit of luck and still others where physical conditioning and perseverance would be major ingredients.

There are a few guidelines. There must be verification in the form of witnesses. The Rules of Golf must be followed, an umbrella for a wide variety of "don'ts" such as "don't hit a moving ball." Do it yourself, as you would in a regular round; that is, tee up the ball and retrieve it from the cup yourself. In some instances, there are special rules, all appropriately listed.

So enough of this palaver. Let's get at it. And if you see something you'd like to challenge, let us know—and good luck.

SCORING RECORDS (GROSS)

These are golf's glamour records, actual scores recorded over a regular round and the most difficult to challenge. To qualify, these records must be played on courses of at least 6,000 yards for men, 5,250 for women.

Low 18-hole score—men

57 (14 under par), by Bill Burke at the Normandie Golf Club (6,389 yards, par 71), St. Louis, in 1970.

57 (13 under par,) by professional Tom Ward at the Searcy (Ark.) Country Club (6,098 yards, par 70), in 1981.

57 (13 under par), by professional Auggie Navarro at the Sim Park Golf Course (6,055 yards, par 70), Wichita, Kan., in 1982.

58 (14 under par), by Monte C. Money at the Las Vegas (Nev.) Municipal Golf Course (6,607 yards, par 72), in 1981.

58 (13 under par), by Douglas Beecher, 13, at the Pitman (N.J.) Country Club (6,180 yards, par 71), in 1976. Beecher is the youngest ever to have scored as low on a regulation course.

Low 9-hole score—men

25 (11 under par), by Bill Burke on the second nine at the Normandie Golf Club (3,175 yards, par 36), St. Louis, in 1970.

25 (10 under par), by Douglas Beecher on the second nine at the Pitman (N.J.) Country Club (3,150 yards, par 35), in 1976 (low nine for teenager).

Low 18-hole score—women

62 (9 under par), by professional Mickey Wright at the Hogan Park Golf Club (6,282 yards, par 71), Midland, Tex., in 1964.

Low 9-hole score—women

29 (6/7 under par), by four women professionals: Marlene Hagge, Carol Mann, Pat Bradley (twice), Silvia Bertolaccini.

Team scoring records (net)

Because there is a wide variety of competitive formats involving twosomes and foursomes (not many threesomes), there are any number of ways to post remarkable scores. Some that have been reported:

Best ball (men's foursome): 46 (26 under par), by John Christensen, Ron Nolte, Don Power and Charles Rawlins at the Lake Marion Golf Course (6,304 yards, par 72), Santee, S.C., in 1979.

Best ball (mixed foursome): 46 (26 under par), by Cathy Robinson, Nancy Ryan, Dave Semo and Bud DiMaggio at the Teugega Country Club (par 72), Rome, N.Y., in 1979. Men played course at 6,192 yards, women at 5,528.

Best ball (women's foursome): 47 (25 under par), by Pat Kerins, Roseanne Pellatt, Mary Ann McDonnell and Ruth Curran at the Madison (Conn.) Country Club (5,325 yards, par 72), in 1979.

Two-man scramble: 55 (16 under par), by Randy Sparks and Jimmy Patterson at the

ALL-TIME RECORDS

Hillandale Country Club (6,570 yards, par 71), Corinth, Miss., in 1980.

Best two of four balls (women's foursome): 112 (32 under par), by Jeanette Brearton, Lynn Blake, Mary Linvolle and Breta Male at the Edison Club (5,660 yards, par 72), Rexford, N.Y., in 1982. Note: A women's foursome at Federal Way, Wash., reported a 42 under par under this format in 1982, but the course was under the allowable minimum of 5,250 yards.

Also: No best two-of-four-balls (men) or four-man and four-woman scramble has been submitted; we'll accept verified entries starting at 25 under par.

BIRDIES

Most consecutive
9, by Jerry Hardy, Headland, Ala., in 1982; Jimmy Smith, Nashville, Tenn., in 1969; Tracy Sergeant, Richmond, Calif., in 1978; Eddie Burke Jr., Humble, Tex., in 1978; Rick Sigda, Greenfield, Mass., in 1979; also, Jim DeForest, Bismarck, N.D., in 1974, on sand greens.

Most in 18 holes
Man: 14, by Jim Clouette at the Longhills Golf Course, Benton, Ark., in 1973.
Woman: 10, by professionals Nancy Lopez, in 1979, and Lori Garbacz, in 1983.

EAGLES

Most 2s on par 5s in one round
4, by Ken Harrington at the Silver Lake Country Club, Cuyahoga Falls, Ohio, in 1981.

Most consecutive
3, by six golfers on different par combinations of holes.

DOUBLE EAGLES

Only 2s on par 5s (not holes-in-one on par 4s).

Longest by man
647 yards, by Chief Petty Officer Kevin W. Murray on the second hole at the Guam Navy Golf Club in 1982. (This could be termed a triple eagle since USGA yardage guidelines designate holes of over 575 yards as par 6s.)

Longest by woman
474 yards, by Mickie Hespe at the 10th hole of the Norfolk (Neb.) Country Club in 1981.

Most in career
10, by Mancil Davis, professional at The Woodlands C.C. in suburban Houston.

Oldest
Luke Sewell, 74, Akron, Ohio, in 1975.

Youngest
All 13: Tommy Moore, Hagerstown, Md., in 1975; Robert Preston, Houston, in 1974; Kelly French, Timberville, Va., in 1978.

By playing partners on same hole
The only reported instance of golfers in the same group scoring double eagles on the same par-5 hole came in 1982, when Louis Smith and Manuel Land scored 2s on the 483-yard fifth hole at the Pecan Valley Golf Club, San Antonio, Tex.

PUTTING

Fewest, 18 holes (man)
15, by Richard Stanwood, Caldwell, Idaho, at the Riverside Golf Club, Pocatello, Idaho, in 1976.

Fewest, 18 holes (woman)
17, by professional Joan Joyce, Stratford, Conn., at the Brookfield West Golf and Country Club, Roswell, Ga., in 1982.

Fewest, 9 holes (man)
5, by Ron Stutesman at the Orchard Hills Golf and Country Club, Washougal, Wash., in 1977; Phil Davidson at the Oaks Country Club, Tulsa, Okla., in 1972.

Fewest, 9 holes (woman)
7, by Mrs. Dwight Huggins, Newton, Iowa, in 1971, and Mrs. Ina Caldwell, San Antonio, Tex., in 1973.

ALL-TIME RECORDS

Fewest by foursome, 18 holes
109, by Henry Rochefort (26 putts), Louis Lepore (26), Charles O. Lewis (27) and Ott Warns (30) at the Singing Hills Golf and Country Club (Oak Glen course), El Cajon, Calif., in 1976.

Most consecutive one-putt greens
18, by Rick Coverdale, Baltimore, Md., in 1958, and Johnny Pallot, Coral Gables, Fla., in 1981.

Longest
127 feet, by Floyd Slasor, on the 10th green at the Moon Valley Country Club, Phoenix, in 1971. (Putts on double greens or shots made with the putter from off the green not accepted.)

FOUR-BALL SCORES ON ONE HOLE
Low total on par 5
12 (8 under par), by three different groups, two with a double eagle, two eagles and a birdie, the third with four eagles.

Low total on par 4
9 (7 under par), by two different groups, one with a hole-in-one, an eagle and two birdies; the second with three eagles and a birdie.

Low total on par 3
7 (5 under par) by Don Cooper (hole-in-one), and Luther Duncan, Bob Counts and Frank Talbert, all birdies, on the 145-yard 16th hole at the Henderson (Ky.) Country Club in 1983.

CHIP-INS
Most consecutive (men)
5, by Ron Stutesman, on holes 4 through 7 at the Orchard Hills Golf and Country Club, Washougal, Wash., in 1977. Five chip-ins are also the most ever made in one round; others who have done this are Richard Stanwood, Caldwell, Idaho, in 1976; Bob Rogers, Moorestown, N.J., in 1973, and Jerry McCutcheon, Roscommon, Mich., in 1981.

Most consecutive (women)
4, by Lucille Caldwell at the Vista Hills Country Club, El Paso, Tex., in 1976. Caldwell also chipped in on 13 for the record total of five in a round. Peg Polony, Mission, Kan., in 1976, and Ella Smith, Alliance, Neb., in 1976 also holed out five chips in one round.

PLAYOFFS
Longest 4-ball playoff, sudden death
20 holes; Dr. Bob Watson and Dr. John Dixon defeated Roger Little and Clay Felts on the 38th hole (18 at match, then 20 more), in a club event at the Carmel Country Club, Charlotte, N.C., in 1970.

Longest singles playoff, sudden death
13 holes; Al Leakey defeated Nile Holley on the 49th hole (36 at match, then 13 more), for the club championship of the Elks Country Club, Fort Wayne, Ind., in 1962.

FASTEST 18-HOLE ROUNDS
Men (afoot)
28 minutes, 9 seconds, by Gary Wright at the 6,039-yard Tewantin-Noosa Golf Club, Queensland, Australia, in 1980.

Women (afoot)
55 minutes, 54 seconds, by Dianne Taylor, at the 5,692-yard University Country Club, Jacksonville, Fla., in 1980.

Man (afoot, hit moving ball)
26 minutes, 21 seconds, by Rick Baker at the 6,142-yard Metropolitan Golf Course, Melbourne, Australia, in 1981.

Man (automated, hit moving ball)
25 minutes, 16 seconds, by David Alexander, Tasmania, Australia, in 1972. (Alexander rode in an automobile between shots.)

Teams
There are two kinds of team speed records, in which a group of golfers (no limit on the number) "play" 18 holes; one in which one ball is played and the Rules of Golf are followed, the other in which a new ball is used

ALL-TIME RECORDS

on each tee and the ball may be "hockey-pucked" on the green.

One ball: 12 minutes, 14.5 seconds, by 83 golfers at the 6,421-yard Prince George Golf and Country Club, Prince George, British Columbia, in 1973.

Multiple balls: 8 minutes, 53.8 seconds, by 42 golfers at the 6,161-yard Ridgemont Golf Club, Rochester, N.Y., in 1979.

Twosome (afoot): 52 minutes, by William Dixon and Harrison Clement on the 6,304-yard Gulph Mills Golf Club, King of Prussia, Pa., in 1974.

MARATHON
(holes played in 24 hour period)
Most holes played afoot
Man: 364, by Dick Kimbrough at the 6,068-yard North Platte (Neb.) Country Club in 1972. James J. Johnston Jr., Fort Worth, played 363 holes in 1958.

Woman: 156, by Katherine Murphy at the San Luis Rey Resort, Bonsall, Calif., in 1967.

Most holes by a foursome (automated)
306, by Mark Krause, Jeff Corcoran, Skip Schneble and Earl Peters at the 6,015-yard, par-71 Muskego Lakes Country Club, Hales Corner, Wis., in 1983. The golfers rode in golf cars.

Most holes by single (automated)
653, by Clark Lincoln at the nine-hole, 3,120-yard Country Creek Golf Course, Elwell, Mich., in 1974. Lincoln rode in a golf car.

Most holes by two men (automated)
250, by Vince Scarpetta and Marinao Zazzera, Carbondale, Pa., in 1972.

Most holes by two men afoot
182, by Steve Krause and Dean Hall at the 6,015-yard, par-71 Muskego Lakes Country Club, Hales Corner, Wis., in 1983.

Most holes by man/woman afoot
180, by Sue Riley and L.M. Pieffer, Akron, Ohio, in 1938.

Most holes by two women afoot
100, by Eloyce Landon and Virginia Bushnell, Tillamook, Ore., in 1981.

Most holes by two women (automated)
180, by Diane Kusch and Beth Selmo at the 6,015-yard, par-71 Muskego Lakes Country Club, Hales Corner, Wis., in 1983.

Most consecutive holes
Single: 1,530 holes, by Raymond Lasater, in 62 hours, 20 minutes at the 6,155-yard Hunter's Point Golf Course, Lebanon, Tenn., in 1973. Lasater rode in a golf car.

Twosome: 1,062 holes, by John Seligman and Gary Kaplan in 70 hours at the 6,300-yard Hollywood Lakes Country Club, Hollywood, Fla., in 1972. This pair rode in golf cars.

AGE-SHOOTING
The feat of matching or beating one's age on the golf course (minimum 6,000 yards for men, 5,250 for women).

Oldest man
Arthur Thompson, Victoria, British Columbia, Canada, was 100 when he shot 97 at the 6,215-yard Uplands Golf Club, Victoria, in 1959.

Youngest man
Bob Hamilton, professional, 59 when he scored 59 at the 6,223-yard Blue course at Hamilton's Golf Club, Evansville, Ind., in 1975; Malcolm Miller, 59, Shawnee Mission, Kan., scored 59 at the 6,118-yard Minocqua (Wis.) Country Club in 1977, the youngest amateur age-shooter.

Most strokes under age
13, by Ed Kratzenstein, Brady, Neb., 83 when he scored 70 at the 6,028-yard Gothenburg (Neb.) Municipal Golf Course in 1977; also John H. Cherry, Bay City, Tex., 83 when he scored 70 at the 6,010-yard Bay City Country Club in 1974.

Longest course for age round
Professional Ben Hogan scored his age of 64 in 1977 on the 6,975-yard Shady Oaks Country Club, Fort Worth, Tex.

ALL-TIME RECORDS

Age round, women
Joan Harrison, Clearwater, Fla., was 72 when she scored 72 at the 5,388-yard Hound Ears Lodge and Club, Blowing Rock, N.C., in 1972. Harrison is the only woman to have submitted a properly verified age round on a course of at least 5,250 yards.

MISCELLANEOUS

Most courses played in lifetime
3,625, by Ralph Kennedy, New York City, the most by anyone who kept specific records. Joe Kirkwood, the Australian professional, is said to have played "over" 5,000 courses but he kept no particular records.

Ringer
A total of the lowest score made on each hole of one course during a golfer's career; also known as an eclectic score.
　　Professional record: 39 under par, by Jock McKinnon at the Capilano Golf and Country Club, Vancouver, B.C., a 33 on the par-72 course; also, by Fred Baker at the Maplewood (N.J.) Country Club, a 32 on the par-71 course.
　　Amateur record: 38 under par, by Mike Klack, at the Mimosa Ridge Country Club, Hope Mills, N.C., a 33 on the par-71 course.

Swing
The difference between the scores on two nines for a player whose total is under 100.
　　27, by Lawrence G. Knowles, with a 63-36—99 at the Agawam Hunt Country Club, East Providence, R.I., in 1935.

Most holes played, one year
9,757 by Ollie Bowers, Gaffney, S.C., in 1969; Gaffney played 318 more holes on par-3 courses.

Longest drives
In major competition: 430 yards, by Craig Wood on the fifth hole at Scotland's St. Andrews in the 1933 British Open.
　　In other competition: 515 yards, by Mike Austin during the 1974 National Seniors Open in Las Vegas, Nev.

　　In National Long Driving Championships: 353 yards, 23 inches, by Evan Williams, 1977.

Most consecutive 4s
18, by George Sullivan, Oakhurst, N.J., and L.N. (Leck) Counce, Corinth, Miss.

Most consecutive 3s
7, by James Giandurco, Harrison, N.Y.

Most consecutive under-par holes
10, by professional Roberto De Vicenzo, with six birdies, an eagle, then three birdies, on holes one through 10 at the Cordoba Golf Club, Villa Allende, Argentina, in 1974.

Most strokes under-par in four holes
10, by professional Tom Doty with a double eagle, two holes-in-one and an eagle on holes four through seven at the Brookwood Country Club, Wood Dale, Ill., in 1972.

HOLES-IN-ONE

Most in career
Amateur: 53, by Norman Manley, Long Beach, Calif.
　　Professional: 43, by Mancil Davis, The Woodlands Inn and Country Club, Woodlands, Tex.

Longest on straightaway hole
Man: 447 yards, by Robert Mitera, Omaha, on the 10th hole at the Miracle Hills Golf Club, Omaha, Neb. in 1965.
　　Woman: 393 yards, by Marie Robie, Wollaston, Mass., on the first hole at the Furnace Brook Golf Club, Wollaston, in 1949.

Longest on dogleg
480 yards, by Larry Bruce, Hope, Ark., on the fifth hole at the Hope Country Club in 1962.

Oldest
Man: George Anctil, 94, Duluth, Minn. on the 143-yard, par-3rd hole at the Enger Park Golf Course, Duluth, on June 1, 1983.
　　Woman: Maude Hutton, 86, Sun City

ALL-TIME RECORDS

Center, Fla., on the 102-yard, par-3 14th hole at the Kings Inn Golf and Country Club, Sun City Center, on Aug. 7, 1978.

Youngest
Boy: Tommy Moore, 6 (plus 1 month and 1 week), Hagerstown, Md., on the 145-yard, par-3 fourth hole at the Woodbrier Golf Course, Martinsville, W. Va., on March 8, 1969.
Girl: Lynna Rader, 7, Chuckey, Tenn., on the 135-yard, par-3 second hole at the Twin Creeks Golf Course, Chuckey, on June 18, 1968.

Most on one hole (career)
12, by Joe Lucius, Tiffin, Ohio, on the 142-yard 15th hole at the Mohawk Golf Club, Tiffin, the most recent in 1983.

Most on one hole, one year
Dan Wise, Anaheim, Calif., four on 197-yard 13th hole at the Anaheim Hills Country Club (actually in 35 days, each with a 5-wood), in 1980.

Loren E. Terry, aced the 90-yard sixth hole at the Oakdale (Calif.) Golf and Country Club four times in 12 months and two days in 1970, 1971.

Most in one year
11, by Dr. Joseph O. Boydstone, Bakersfield, Calif., in 1962.

Most in one round
3, by Dr. Joseph Boydstone, Bakersfield, Calif., on the third, fourth and ninth holes at the Bakersfield Country Club on Oct. 10, 1962 (all par 3s).

Successive holes-in-one
19 golfers have scored aces on consecutive holes on a regulation course. Of these, only Norman Manley, Long Beach, Calif., aced consecutive par 4s, in 1964; and Sue Prell, Sydney, Australia, is the only woman, in 1977.

CHAPTER 13

1983 CHAMPIONS

1983 CHAMPIONS
STATE CHAMPIONS

ALABAMA

Open—Steve Lowery (pro).
Men's Amateur—Sam Farlow.
Women's Amateur—Mrs. Lester Isbell.
Left-handers—Johnny Coker.
Senior—Howard Derrick; Ruth Garrison.
Junior—Chris Gustin; Nikki Payne.

ALASKA

Open—Jack Spradlin (pro).
Men's Amateur—Joe Strain.
Women's Amateur—Ginger Ahern
Senior—Jim Curley; Marge Joyner.
Junior: Lindsey Taft; Colleen Gransbury.

ARIZONA

Open—Mike Morley (pro).
Men's Amateur—Lou Beebe (match), Bill Myers (stroke).
Women's Amateur—Heather Farr (match and stroke).
Public Links—Mike Swartz; Nancy Taylor.
Left-handers—Rudy Berumen.
Senior—Dick Riley; Mac Guernsey ('82).
Junior—Billy Mayfair; Danielle Ammaccapane.

ARKANSAS

Open—John Stark (pro).
Men's Amateur—Wyn Norwood (match), Roland Richard (stroke).
Women's Amateur—Judy Besancon (match), Martha McAlister (stroke).
Senior—Les Abernathy (match), William Swederskas (stroke); Alice Fryer.
Junior—Scott Stanley (match), Warren Overton (stroke); Diana Flores.

CALIFORNIA

Open—Brent Upper (pro).
Men's Amateur—Kris Moe.
Women's Amateur—Patricia Cornett.
Senior—Jack Barteau; Ann Schroeder.
Junior—Bobby Larson; Joan Pitock.

COLORADO

Open—Jim Blair (pro).
Men's Amateur—Tim Smith (match), Mark Armistead (stroke).
Women's Amateur—Gailyn Addis (match), Dana Howe (stroke).
Public Links—Terry Byrnes; Kristi Kolacny.
Senior—Larry Eaton (match), Les Fowler (stroke); Marilyn Wolfe.
Junior—Ron Speaker (match), Brandt Jobe (stroke); Gailyn Addis (match), Melanie Warmath (stroke).

CONNECTICUT

Open—Ed Sabo (pro).
Men's Amateur—Jonas Saxton.
Women's Amateur—Cara Andreoli (CWGA), Lida Kinnicutt (CSWAC).
Public Links—Joseph Serino; Lorraine Paquette.
Senior—Robert Zink; Barbara Young.
Junior—Kevin Gai; Susan Dutilly.

DELAWARE

Open—Chris Anderson (am.).
Men's Amateur—John Corzilius.
Women's Amateur—Charlotte Balick.
Senior—Elwood Statler; Doris Smith.
Junior—David Smith; Karen Jefferson.

DISTRICT OF COLUMBIA

Men's Amateur—Frank Abbott.
Women's Amateur—Cindy Davis.
Senior—Emil Kontak; Evelyn Maksim.
Junior—Jeff Shumate; Clare Dolan.

FLORIDA

Open—Larry Mowry (pro).
Men's Amateur—Tom Knapp.
Women's Amateur—Leslie Shannon.
Senior—Pursie Pipes; Babs Thompson.
Junior—Fred Benton; Phyllis Conroy.

GEORGIA

Open—Gene Sauers (am.).
Men's Amateur—Bob Windom.
Women's Amateur—Janet Olp.
Senior—A.J. (Duck) Swann; Dot Dickey; Madge Zorn, (GSGA).
Junior—Bill McDonald; Nanci Bowen.

HAWAII

Open—Wendell Tom (am.) ('82).
Men's Amateur—Brandan Kop (match), Chris Santangelo (stroke).
Women's Amateur—Sherrie Sue.
Public Links—Charles Park.
Left-handers—Chuck Davis.
Senior—James Masuyama.
Junior—Beau Yokomoto; Kristll Caldeira.

IDAHO

Open—Jim Blair (pro).
Men's Amateur—Scott Masingill.
Women's Amateur—Karen Brown.
Senior—Dean Oliver; Marilyn Saxvik.
Junior—Rob Huff; Lori Lyke.

1983 CHAMPIONS

ILLINOIS
Open—Bill Hoffer (am.).
Men's Amateur—Roy Biancalana.
Women's Amateur—Nancy Scranton.
Senior—Miro Vidovic (CDGA); Shirley Dommers.
Junior—Tim Holl; Gary March (PGA); Cindy Mueller; Patty Ehrhart (PGA).

INDIANA
Open—Jim Gallagher Jr. (am.).
Men's Amateur—Jim Gallagher Jr.
Women's Amateur—Robin Hood.
Senior—Hank Ehlebracht; JoAnn Price.
Junior—Jeff Jennings; Jackie Gallagher.

IOWA
Open—J. D. Turner (pro).
Men's Amateur—Max Simpson.
Women's Amateur—Betsy Bro.
Public Links—Mike McCoy.
Senior—Edd Bowers; Corky Nydle.
Junior—Mike Thomas; Tera Fleischman.

KANSAS
Open—Mike Klein (pro).
Men's Amateur—John Sherman.
Women's Amateur—Debbie Richard.
Senior—William (Red) Hogan; Nancy Boozer.
Junior—John Ogden; Donna Lowen.

KENTUCKY
Open—Dave Peege (am.).
Men's Amateur—Ted Schulz.
Women's Amateur—Anne Combs.
Senior—John Owens; Kitty Conklin.
Junior—Jim Vernon; Emily Dorning.

LOUISIANA
Open—Tim Graham (pro).
Men's Amateur—Chris Webb.
Women's Amateur—Jane Rosen.
Senior—Gene Frase.
Junior—David Toms; Cheryl Reagle.

MAINE
Open—David O'Kelly (pro).
Men's Amateur—Mark Plummer.
Women's Amateur—Mary Quellette.
Left-handers—David Thompson.
Senior—Dr. Alfred Tobey; Audrey Gunn.
Junior—Douglass Clapp; Kelly Tallman.

MARYLAND
Open—Fred Funk (pro).
Men's Amateur—Martin West.
Women's Amateur—Cindy Davis.
Senior—Dawson Stump; Martha King.
Junior—Arnie Calvert; Sarah LeBrun.

MASSACHUSETTS
Open—Dana Quigley (pro).
Men's Amateur—James Hallet.
Women's Amateur—Muffy Marlio.
Public Links—Andrew Morse.
Senior—Tony Ciociolo; Nancy Black.
Junior—Artie Wilson; Loren Milhench.

MICHIGAN
Open—Buddy Whitten (pro).
Men's Amateur—John R. Johnson.
Women's Amateur—Meg Mallon.
Public Links—Mike Kerr.
Senior—Glenn Johnson; Carol Dixon.
Junior—Bruce Glasco; Tina Becker.

MINNESOTA
Open—Mike Morley (pro).
Men's Amateur—Jim Kidd (match), Chris Perry (stroke).
Women's Amateur—Jody Rosenthal (match), Nancy Harris (stroke).
Public Links—Jeff Teal; Dawn Ginnaty.
Senior—Jack Becker; Bev Vanstrum.
Junior—Tom Nyberg; Dee Forsberg.

MISSISSIPPI
Open—Joe Iupe (am.).
Men's Amateur—Gary Martin.
Women's Amateur—Karla Pierce.
Senior—Jim Sanders, Roy L. Peden (MSGA).
Junior—Lan Gooch.

MISSOURI
Open—Phil Blackmar (pro).
Men's Amateur—Don Bliss.
Women's Amateur—Anne Cain.
Senior—Charles Morgan; Dorothy Linsin.
Junior—Keith Gocal; Barbara Blanchar.

MONTANA
Men's Amateur—Mike Grob.
Women's Amateur—Sally Sisk.
Senior—Kevin Blevins; Doreen Ehlert.
Junior—Gary Ulias; Chris Newton.

NEBRASKA
Open—Bob Eaks (pro).
Men's Amateur—Rennie Sasse (match), Bill Henderson

1983 CHAMPIONS

Jr. (stroke).
Women's Amateur—Susan Marchese (match and stroke).
Public Links—Paul Halpine; Kari Mangan.
Senior—Dick Dykes; Alice Torpin.
Junior—Mike Peterson (class A), Dave Johnson (class B); Lisa Papes.

NEVADA

Open—Terry Small (pro).
Men's Amateur—Tony Brennan (match), Mike Allen (stroke).
Women's Amateur—Debbie McHaffie.
Senior—Dick Butcher.
Junior—Dale Akridge; Kelly Whalen.

NEW HAMPSHIRE

Open—Frank Fuhrer III (pro).
Men's Amateur—Dan Wilkins.
Women's Amateur—Susan Johnson.
Senior—Frank DeNauw Sr.; Jean Lyons.
Junior—Eric Lastowka; Tammy McAllister.

NEW JERSEY

Open—Jack Kiefer (pro).
Men's Amateur—Jeffrey Thomas.
Women's Amateur—Colleen Benkiewicz.
Senior—Charles Liljestrand; Marion Wilson
Junior—Tim Cone, David Woliner (boys); Laura Anne D. Allisandro.

NEW MEXICO

Open—Mark Pelletier (pro).
Men's Amateur—Tony Hidalgo.
Women's Amateur—Sue Sanders.
Senior—Ernie Fresquez; Pat Zick.
Junior—Scott Forster; Missie Blackwelder.

NEW YORK

Open—Joe Sindelar (pro).
Men's Amateur—William Boland.
Women's Amateur—Mary Ann Widman.
Senior—William Bogle; Jean Trainor.
Junior—Leonard Lasinsky Jr.; Dottie Pepper.

NORTH CAROLINA

Open—Waddy Stokes (pro).
Men's Amateur—Nolan Mills.
Women's Amateur—Page Marsh.
Senior—(None)
Junior—Greg Parker.

NORTH DAKOTA

Open—Barney Thompson (pro).
Men's Amateur—Jeff Skinner (match), Al Thompson Jr. (stroke).
Women's Amateur—Lisa Weismantel.
Senior—Jim Leigh.
Junior—Jim Mikkelson.

OHIO

Open—Gene Boni (pro).
Men's Amateur—Brian Mogg.
Women's Amateur—Cheryl Stacy.
Public Links—Bob Vogley.
Senior—John Baglier; Pauline Whitacre.
Junior—Tad Rhyan; Michele Redman.

OKLAHOMA

Open—Tom Jones (pro).
Men's Amateur—Jim Kelson (match), Joey Bills (stroke).
Women's Amateur—Melissa McNamara.
Senior—Jack Shelton; Mary Lou Scharf.
Junior—Jeff Oakes; Julie Reiger.

OREGON

Open—Scott Taylor (am.).
Men's Amateur—Kent Myers (match), John DeLong (stroke).
Women's Amateur—Julie Cross.
Senior—Bob Enloe.
Junior—Scott Shilling; Nancy Kessler.

PENNSYLVANIA

Open—Jay Sigel (am.).
Men's Amateur—George E. Marucci.
Women's Amateur—Nancy Porter Engman.
Public Links—Jerry Frey.
Senior—William Weik; Helen Keithline.
Junior—Patrick Hynes; Kate Rogerson.

RHODE ISLAND

Open—Brian Claar (pro).
Men's Amateur—Billy Andrade.
Women's Amateur—Janice Golden.
Senior—John Oliver; Pat Dooley.
Junior—Scott Borden; Gretchen Groves.

SOUTH CAROLINA

Open—Mike Bright (pro).
Men's Amateur—Jimmy Hawkins (stroke), Ken Wiland (match).
Women's Amateur—Caroline Gowan.
Left-handers—Stan Sill.
Senior—Harry Lambert.
Junior—Charles Rymer (SCGA and CGA-SC).

SOUTH DAKOTA

Men's Amateur—Mike Tschetter (match), Paul Rooney (stroke).

1983 CHAMPIONS

Women's Amateur—Kris Tschetter.
Public Links—Jay Thorseth.
Senior—Marv Wideness; Ila Michael.
Junior—Kyle Robar; Amy Butzer.

TENNESSEE

Open—Bob Wolcott Jr. (am.).
Men's Amateur—Bob Wolcott Jr.
Women's Amateur—Lissa Bradford.
Senior—Lew Oehmig.
Junior—Carl Talbot; Christi Parkes.

TEXAS

Open—Frank Conner (pro).
Men's Amateur—John Slaughter.
Women's Amateur—Rita Albertson.
Public Links—Dede Hoffman.
Senior—William J. Trombley; Bev Baetge.
Junior—Clark Dennis; Buffy Klein.

UTAH

Open—Mike Reid (pro).
Men's Amateur—Glen Spencer.
Women's Amateur—Terry Norman.
Public Links—Kurt Bosen; Vi Hepp.
Senior—Keith Barton.
Junior—Ryan Rhees; Lachell Simmons.

VERMONT

Open—Gary Pinns (pro).
Men's Amateur—Shawn Baker.
Women's Amateur—Mary McNeil.
Senior—Hank Leland; Mickie LaCroix.
Junior—Brian Cooledge.

VIRGINIA

Open—Robert Wrenn (pro).
Men's Amateur—David Tolley.
Women's Amateur—Anne Patrick.
Senior—Bill Robertson; Lu Penner.
Junior—Mike Wing; Donna Andrews.

WASHINGTON

Open—Mike Davis (pro).
Men's Amateur—Jim Empey.
Women's Amateur—Lisa Smith.
Public Links—Leanne Hine.
Senior—Keith Welts; Anita Cocklin.
Junior—Croy Cochran; Trish McGonigle.

WEST VIRGINIA

Open—Jim Fankhauser (am.).
Men's Amateur—Danny Warren.
Women's Amateur—Vickie Moran.

Senior—Lloyd Kenney; Marie Hall.

WISCONSIN

Open—Mike Muranyi (pro).
Men's Amateur—Alex Antonio (match), Jeff Bisbee (stroke).
Women's Amateur—Ann Pangman.
Public Links—Gregg Clatworthy, Bruce Hansen (72-hole); Lisa Kartheiser
Left-handers—Dave Wernicke.
Senior—Harry Simonson (match), Frank Tenfel (stroke).
Junior—Jeff Bisbee; Sue Ginter.

WYOMING

Open—Jimmy Blair (pro).
Men's Amateur—David Carollo.
Women's Amateur—Kandy Hartman.
Senior—Dr. William Wilson.
Junior—Jack Saunders; Beth Nolan.

CLUB CHAMPIONS

ALABAMA

Andalusia C.C.: Alice Mills.
Andalusa C.C.: Ralph Mathews.
Anniston C.C.: Chris Banister; Elizabeth Tyler.
Arrowhead: Cam Hardigree.
C.C. of Tuscaloosa: Tavett P. Mill; Betty Buck.
Cahawba Falls C.C.: Scott Davenport.
Eufaula C.C.: Hugh Sparks III; Wanda Bradley.
Florence G. & C.C.: Scott Stephens; Jackie Hyde.
Ft. Rucker G. Cse.: Pat Kelly; Barb Jones.
Gulf Pines G.C.: Tony Shaddix; Ginny Sutton.
Gulf Shores G.C.: John Wright; Helen Sharpe.
Inverness: Ed Brown; Rachael Walton.
Montgomery C.C.: Conwell Hooper; Nell Stuart.
North River Y.C.: Tom Watts; Wanda Pitts.
Saugahatchee C.C.: Kirk Walden; Winnie Boyd.
Still Waters: Lee Franklin; Lillian T. Howard.
Terri Pines C.C.: Tommy Allbright; Janice Gambrill.
Turtle Point Y. & C.C.: Jim Rice; Cathy Cox.
Vestavia C.C.: Frank Vines; Lila McDaniels.
Woodward C.C.: John Plan; Evelyn Coston.

ALASKA

Fox C.C.: Earl Weaver; Alfhild M. Raaum.

ARIZONA

Ahwatukee C.C.: Dave Nelson; Claudia Thompson.
Antelope Hills: Billie Welch.
Arizona Biltmore C.C.: Doug Anderson; Mary Lou Hapner.
Arizona C.C.: Robert Powers; Jean Cook.
Beaver Creek C.C.: Stanley "Red" Beckstead; Debra Henry.
C.C. of Green Valley: Tom Smith; Jane Baker.
Casa Grande Municipal: Mike Beers.

1983 CHAMPIONS

Gold Canyon Ranch: Tom Hovanesek; Elaine Bergan.
Grand Prairie C.C.: Mike Clyburn; Phyllis Amaden.
Greenlee C.C.: Jim Armarust; Ida Mae Smith.
Kingman G. Cse.: Carroll Brown, Jim Shaw; Betty Hallum.
London Bridge G.C.: Bobby Baker; Betty Anderson.
Los Caballeros G.C.: Alex Boyd; Edie Hayman.
Mesa C.C.: Wayne Manning; Leiha Turner.
Mesa Del Sol G.C.: Bill Bort; Dee Coffelt.
Moon Valley C.C.: Dan Roark; Donna Cunning.
Oakcreek C.C.: Albert Cann; Mary Holm.
Oro Valley C.C.: Stuart Chancellor; Pat Berg.
Palmbrook C.C.: Vince MacVittie; Geneva Funk.
Papago: Mark Haar; Vi "Lucky" Slack.
Payson G.C.: Wyle Greer; Marge Landra.
Pima C.C.: Bob Mackin; Betty Gantz.
Pinnacle Peak C.C.: Curtis Maynard; Vicki Kelley.
Prescott C.C.: John Sanders; June Waters.
Rio Rico C.C.: Nieves Avila; Judy Verbosky.
Rio Verde C.C.: Eugene Roepke; Margaret Redhead.
Scottsdale C.C.: Paul Playton; Margie Markham.
Sierra Estrella: Danny Garcia.
Sun City C.C.: Walt Schogoleff; Pat Clark.
Tucson C.C.: Dale Faulkner; Ann Parker.
Wickenburg C.C.: Bob Friece; Lisa Mansur.
Wigwam C.C.: Chester Hillhouse; Helen Mosher.

ARKANSAS

Bella Vista C.C.: Tom Louks; Bonnie Streck.
Blytheville C.C.: John Rose; Pat Sellers.
Diamond Hills G. & C.C.: Dick Eby; Mari Lewis.
Fayetteville C.C.: Thomas McNair; Lucy McNair.
Hope C.C.: Mitchell LaGrone; Janice Lockett.
Hot Springs C.C.: Gary Gibbs; Sissy Antonio.
Longhills G. Cse.: Casey Rankin; Anita Bounds.
Millwood C.C.: Howard Stinnett; Myra Gillean.
Pleasant Valley C.C.: Jim Clouette; Mijie Abercrombie.
Searcy G.C.: John Talkington.
South Haven G.C.: Tommy Neal.
Twin Lakes: Harold Tucker; Brenda Nelson.

CALIFORNIA

Hansen Dam Men's G.C.: Richard Dolan.
Almaden: Richard Lepke; Helen Bandon.
Alta Sierra C.C.: Ted Ebbage Jr.; Laverne Venus.
Anaheim Hills: Larry Schneider.
Anderson-Tucker Oaks: Chuck Sherman; Virginia Elliott.
Beau Pre: Ted Mattila; Donna Stephens.
Bel-Air C.C.: Chris Carlson; Pat MacCallum.
Bennett Valley: John Jaramillo; Mildred Shekell.
Big Canyon C.C.: Daniel F. Bibb; Marie Gray.
Blackberry Farm G.C.: Bev Larson.
Blythe Municipal: John Safar; Eileen Wise.
Brae Mar C.C.: Gerry Munroe; Fran McNamara.
California C.C.: Dave Penso; Ruth Miller.
Cameron Park C.C.: Tom McCready; Jan La Vergne.
Canyon Crest: John Masi; Beverly Dolven.
Canyon Lake C.C.: Bert Nafzinger.
Carlton Oaks: Tom McBroom; LaVone Blahut.
Cherry Hills G.C., Inc.: Wayne Elliott; Mae Cathcart.
Cold Springs G. & C.C.: James Bailey; Noreene Plett.
De Anza C.C.: Tom Loss; Laura Morse.

Del Rio C.C.: Hoxsie Smith Jr.; Jeanne Orff.
Del Rio: Phil Mastagni; Sharon Buzzini.
Del Safari: Pete Collins; Marie Gimelli.
Diablo Hills G.C.: Hardev Singh.
Dry Creek G.C.: John Murphy; Brooke Vandenburg.
El Caballero C.C.: Richard Greenwood; Helen Knight.
El Camino C.C.: Bob Astleford; Mary Coffmna.
Elkhorn C.C.: Mike Rocha; Betty Curnow.
Emerson Lake: Tom Swickard; Barbara Theiler.
Fig Garden G.C.: Randy Norvelle; Ellen Dillon.
Fore Bay G.C.: Stan Haines.
Forest Meadows G.C.: Karl Jensen; Lottie Nelson.
Franklin Canyon G.C.: Bill Brown.
Ft. Ord: Jim Benning; Brenda Pfabe.
Gold Hills C.C.: Tim Boehme; Jenny Purdom Link.
Green River G.C.: J.D. Callies; Elaine Redlin.
Hacienda G.C.: Kirk Lyford; Marge Georgenson.
Hesperia C.C.: Walt Lockyer; Dolores Carper.
Hill Country C.C.: Edward R. Lick.
Huntington Seacliff C.C.: Michael E. Wilson; Sue Van Valin.
Imperial G.C.: Brent Spangenberg; Flo Broyhill.
John E. Clark: Modesto Ortiz.
La Canada C.C.: Lee Arnold; Phyllis Benchman.
La Cumbre G. & C.C.: Jon Frye; Janet Partie.
La Mirada G. Cse.: Jim Pierce.
Lake Arrowhead C.C.: Barbara Stephan.
Lake Arrowhead: Ted Boecker; Barb Stephan.
Lake of The Pines C.C.: Bill Stevens; Judy Spears.
Lake Redding C.C.: Jack Savaard.
Lake Shastina Golf Resort: Pete Baumann; Shirley Pillon.
Las Positas: Arnold Christians; Mary Hanson.
Lawrence Links G.C.: Reginald Murry; Edith Popp.
Leisure World: Eli Lorins.
Los Verdes: Lloyd Petty; Karen Masli.
March AFB: John Larose; Janet Neighborg.
Mare Island G.C.: James Driskell; Leni King.
Mather AFB: Mike Moriarity; Kelly Crawford.
Meadowmont G. & C.C.: Norval Dowling; Jan Yarnell.
Mesa Verde C.C.: Mark Wankier; Shirley Kinder.
Mile Square (Swingers Ladies) G. Cse.: Cecilia Paik.
Mile Square G.C.: Gary Dixon; Bobbie Webb.
Mile Square Women's G.C.: Bobbie Webb.
Mission Bay G.C.: Fran Aldredge.
Mission Hills C.C.: Bob Warburton; Margo Baxley.
Mission Lakes C.C.: Phyllis Fox.
Mission Viejo C.C.: Steve Wagner; Jean Vincenzi.
Monterey C.C.: Chuck Potter; Joyce Eberhardt.
Mountain View C.C.: George Belcher.
North Kern G. Cse.: Larry Cook; Dot Klinger.
Oak Tree C.C.: Bobby Darnell; Sarah Floyd.
Old Ranch C.C.: Mike Blum; Norma Deeble.
Orinda C.C.: John Bottomley; Nora Jensen.
Palm Meadows G.C.: Brian Abbott; Sue Hanki.
Palo Alto G. Cse.: Bill Hardin; Taysa Traff.
Palo Alto Hills C.C.: Doug Potter; Marilou Rowe.
Parkway: Stan Kirchem; Anne Coon.
Pasatiempo G.C.: Guy Gordon; Connie Sullivan.
Phoenix Lake G.C.: Craig Anderson; Pamela Fehr.
Porter Valley C.C.: Mike Dunkel; Jeanne Diehl.
Rancho Bernardo Inn: Brian Mahon; Gloria Morrison.
Rancho Las Palmas C.C.: Tim Goodwin; Betty Witalis.

1983 CHAMPIONS

Rancho Murieta C.C.: Don Rollofson; Becky Huggins.
Red Hill C.C.: Jack Valasek; Emily Borba.
Redwood Empire G. & C.C.: Ray Hastings; Doris Nolan.
Riviera C.C.: Bill Zimmer; Isabel DiLaura.
Rolling Hills C.C.: Fritz Probst; Pat Felgar.
San Diego C.C.: Steve Johnson; Debbie Baronofsky.
San Gabriel C.C.: Glenn Johnson; Margaret Groves.
San Jose C.C.: Jack Bariteau; Barbara Van Deweghe.
Santa Rosa C.C.: John Wood.
Saratoga C.C.: Don Nash; Lois Webb.
Sequoia Woods C.C.: Leo Futch; LaVaughn Brooks.
Sequoyah C.C.: Ed DeAvila; Mary Schmitz.
Shadow Mountain G.C.: John Kenkel; Jean Damerel.
Shadowridge C.C.: Rich Logan; Betty Pyott.
Sierra Pines G.C.: Richard Tramontin; Ardis McGovney.
Sierra Sky Ranch G. Cse.: Joe Brickner; Diane Stavrum.
Sierra View G.C.: John Shirley.
Singing Hills C.C.: Steve Earle; Dorcas Peters.
Skylinks G.C.: Chris Rieboldt; Harriet Glanville.
Sonoma National G.C.: Don Tarvid; Rose Stone.
Spring Valley Lake C.C.: Don Severance; Alyce English.
Stockdale C.C.: Larry Carr; Donna Erickson.
Stone Ridge C.C.: Tony Earle; Annie Greaves.
Sunnyside C.C.: Bruce Sanders; Betty Watson.
Sunol Valley G.C.: Geno Ivaldi; Jo Graziani.
The Los Angeles C.C.: Lee Davis; Mrs. John Callaghan.
The Valley Club of Montecito: Charles W. Fairbanks; Joy W. Frank.
The Villages: Bob Seawell; Kathy Otremba.
The Wilshire C.C.: Scott M. Stahr; Donna Travis.
Tularcitos G. & C.C.: Edward Lick; Dorothy Brown.
U.S. Navy G.C.: Paul D. Belt; Janice Wermuth.
Valley Hi C.C.: Mike Gums; Kathy Haflich.
Victorville Municipal G.C.: Virgil Ditmar; Pearl Zanetti.
Wawona Hotel G.C.: Tom Allcock; Jean DeLoria.
Wet Winds: Ronald L. Durdines; Esther McCreary.
Whispering Palms C.C.: Byron M. Taylor II; Dorothy Nolan.
Wikiup: Joe Sullivan; Virginia Bode.
Yolo Flier C.C.: Tom Scarlett; June Yeager.
Yorba Linda C.C.: John McGlower; Leigh Israel.

COLORADO

Applewood G.C.: Jack Manzi; Carolyn A. Mullins.
Aspen G. Cse.: Phil Byrne; Paula Lane.
Beaver Creek G.C.: Todd Standbrook.
Boulder C.C.: John Hamer; Susie Noel.
Castle Pines G.C.: Charles Coe.
Cherry Hills C.C.: Ron Moore; Shelly Rule.
Colorado City C.C.: Dale Fall; Peggy Craver.
Colorado Springs C.C.: Andy McGuire; Nadine Quigley.
Columbine C.C.: William Holder; Nancy Harmon.
Fitzsimons G.C.: Jeff Manley; Millie Cowan.
Fox Hill C.C.: Frank Angstead; Gerry Stone.
Ft. Collins C.C.: Paul Shaner; Mary Alice Troxell.
Ft. Morgan C.C.: Mark Achziger; Nikki Gilstrap.
Greeley C.C.: John Fielder; Gay Wall.
Heather Ridge: John Ramer; Lynn Larson.
Indian Tree G.C.: Rick DeWitt; Pat Johnson.
Inverness G.C.: Roger Little; Ann Gookin.
Lakewood C.C.: Gary Longfellow; Barb Eder.
Los Verdes: Dan Hogan; Virginia Wells.
Loveland G. Cse.: Tom Gillette; Marge Gregg.

Mechaneer G.C.: Bill Oliver; Shoko Heuvel.
Overland Park: Joseph D. Pinson.
Pagosa Pines G.C.: Milton Lewis; Bonnie Hoover.
Park Hill G.C.: Dean Weber; Bitzie Brooks.
Perry Park C.C.: Mike Knight; Mavis Lovell.
Peterson G. Cse.: Steve Redlin; Barbara Marsh.
Pueblo C.C.: Bruce Rice; Faith Dix.
Rolling Hills C.C.: Scott Radcliffe; Laurie Riddle.
Shadow Hills C.C.: Joe Berta Jr.; Jo Johnson.
Sheraton At Steamboat: Dave Usilton; Harriet McDonald.
Singletree G.C.: Penti Tofferi; Barbara Hayes.
Steamboat Springs: Joe Brozovich; Cathy DeJourno.
The Pinery C.C.: Chuck Gamble; Eleanore Pellegrini.
Valley Hi G.C.: John J. Talley; Diana Borega.
Walsenburg G.C.: Jim West.
Willow Springs C.C.: Jerry Cleaton; Judy Trujillo.
Woodmoor C.C.: Rich Desmarteau; Jean Sundstrom.

CONNECTICUT

Aspetuck Valley: George Ackerman; Misty Burke.
Black Hall Club: Bill Hermanson; Jean Marriott.
Brooklawn C.C.: John Lewis Jr.; Ann Henderson.
Brownson C.C.: Don Benedict; Lexann Manger.
Bruce G. Cse.: Dave MacDonald; Helen Crompton.
Burning Tree C.C.: Mark Beckwith; Shirley Budden.
C.C. of Darien: Richard Ettinger; Vel Brindley.
C.C. of Waterbury: Jim Flannary; Caroline Keggi.
Candlewood Lake Club: Joe Whalen; Mrs. Veral Smith.
Canton Public G. Cse., Inc.: Paul Demonstranti Jr.; Joan Kidd.
Chanticlair G. Cse.: Erwin E. Bates; Barbara Bourbeau.
Chippanee G.C.: Rick Odell; Stella Petroski.
Cliffside C.C.: Stan Goodman; Sheila Stein.
Crestbrook Park: Joe Dennis; Lise Wivestad.
E. Gaynor Brennan: Rich Terico; Kathy Lederer.
East Hartford G.C.: Dave Johnson; Agnes Romayko.
Edgewood G.C.: Jim Pinto.
Ellington Ridge C.C.: Joe Byrka; Wendy Ehrlich.
Fairview C.C.: Ed Pavelle; Linda Austrian.
Farms C.C.: Cliff White; Fran Moore.
G.C. of Avon: Keith Nachilly; Sue Ruffini, Barbara Quigley.
Glastonbury Hills C.C.: Joe Galko; Mary Beisel.
Green Woods C.C.: Jin Staszowski; Mary Ellen Vaccari.
Greenwich C.C.: Tom Hamilton; Betty Loweth.
Guilford C.C.: Sal Bonanno; Nan DeFelippo.
Hartford G.C.: Charles P. Kohn; Lida M. Kinnicutt.
Hop Meadows C.C.: Kevin Foster; Hope Kelley.
Litchfield C.C.: Geoff Smith; Cathy McLean.
Longshore C.C.: Charles Clark.
Lyman Meadow: Doug Linder; Joyce Wilcox.
Milbrook Club: Bruce Bryant; Jean Cunningham.
Mill Brook G.C.: Dick Arnold; Bert Smith.
Mountain Shadows Men's G.C.: Bob Schoenherr.
Naugatuck C.C.: Tom Ambrose; Helen Detullio.
Neipsic: Dennis Sullivan; Lorraine Cummings.
New Haven C.C.: David Doyle; Ann Keefe.
New London C.C.: Jeff Hedden; Dale Salimeno.
Newtown C.C.: Kip Bowers.
Norfolk C.C.: Larry Hannafin; Dorothy Clark.
Norwich G. Cse.: Jim Carpenter; Stacy Carpenter.

309

1983 CHAMPIONS

Oak Hills G.C.: Jack Curran; Marie Marino.
Oak Lane C.C.: Frank Feroleto; Judy Prescott.
Oronoque Village C.C.: Bob A. Lacobelle; Joan Flasko.
Pattonbrook C.C.: Paul Johnson; Dot Reid.
Pautipaug C.C.: Vesa Rataniemi; Patti Vandervelde.
Pequot C.C.: Vic Walter; Josie Abbott.
Pine Orchard Y. & C.C.: Frederick Reimert; Barbra Reimert.
Pinecrest on Lotela: Jeff Parks; Virginia Swively Bader.
Race Brook C.C.: George Wilson, Jr.; Pat Lucey.
Redding C.C.: James Westfall; Marilyn Hague.
Ridgefield G.C.: Ben Graves; Barbara Tuzes.
Ridgewood C.C.: Edward Feeney; Marcia Dolan.
Rockrimmon C.C.: Ken Spiegel; Susan B. Wise.
Rolling Hills C.C.: John Merchant; Dorothy Brazen.
Round Hill Club: John Knox; Lyn Cook.
Sharon C.C.: Frank Noyes; Petie Robinson.
Shorehaven G.C.: Jerry Courville, Sr.; Cyndy Dohm.
Shuttle Meadow C.C.: Robert W. Johnson; Prudence Smart.
Silver Spring C.C.: Willis Mills; Patsy Hart.
Smith Richardson: Ben LaVigne; Dot Cleary.
Sterling Farms G.C.: Gerald Powers; Diane Mori.
Stonybrook G. Cse.: William R. Burke; Susan Bredice.
Suffield C.C.: Lou Provost; Jackie Critton.
Tallwood: Mike Davis; Kathy Dimlow.
Tamarack C.C.: Daniel Bianca; Kathy Murphy.
Tashua Knolls: Joe Moyer; Donna Cubelli.
The C.C. of Fairfield: Fred Yarrington; Bonnie Yarrington.
The C.C. of Farmington: Shaun Wheatley; Leslie Leganza.
The Patterson Club: William J. Bonney Jr.; Betsy Perrott.
Timberlin G.C.: Jon Ahlquist; Cindy Facey.
Timberlin Men's G.C., Inc.: Jon Ahlquist; Cindy Facey.
Tumble Brook C.C.: Steve Liebman; Lynda Weintraub.
Tunxis Plantation C.C.: Joseph Koniushesky; Ann Bridgman.
Wampnoag C.C.: J. Robert Gengras; Sally Brady.
Washington G.C.: Dewitt Miles III; Lynette Cornell.
Wee Burn C.C.: John D. Karcher II; Elinor Miller.
Western Hills: Rich Fazio; Sue DeSantis.
Wethersfield C.C.: Allen Breed; Carolyn Creed.
Whitney Farms: Bill Rizzo; Lorraine O'Neil.
Woodbridge C.C.: Bob Rosenthal; Marlene Scholsohn.
Woodhaven C.C.: Richard Lynch; Diane DeWitt.
Woodway C.C.: John Madigan III; Mrs. J.W. Madigan Jr.

DELAWARE

Garrisons Lake G.C.: Mike Hall; Janet Murphy.
Maple Dale C.C.: Bill Denbrock; Judy Bennett.
Newark C.C.: J. Elwood Statler; Joanne Sydnor.
Rehoboth Beach C.C.: Ralph Bogart; Sally Ratcliffe.
Shawnee C.C.: Bob Noch; Carole Ann Medd.
Sussex C.C.: Ed Basara; Hazel Pusey.
Wilmington: Randy Mitchell; Doris Smith.

FLORIDA

Amelia Island: Robert Tompkins; Shirley Shave.
Bay Hill Club: Peter Williams; Kathleen Graham.
Belleview-Biltmore C.C.: Frank Souchak; Anne Balderson.
Bent Pine G.C.: Brad Young; Laverta Cassady.
Bent Tree G. & Racquet Club: Steve Cary; Stacey Loring.
Big Cypress G.C.: David C. Boesel; Cheryl Morley.
Biltmore Women's Golf Association: Evelyn Field, Carol Gable.
Biltmore: Casto Gayarre; Evelyn Field.
Boca Del Mar C.C.: Paul Corkins; Ann McDonough.
Boca Woods C.C.: Bob Fryer; Katie De Wolfe.
Bonaventure C.C.: Henry Poulin; Marcia Heller.
Buenaventura Lakes C.C.: Steve Dunham.
California C.C.: Herb Goldman; Marilyn Less.
Clearwater C.C.: Stan Kabot; Marcine Betsch.
Continental C.C.: Teddy Phillips; Helen Fultz.
Cypress Creek C.C.: Al Howell Sr.; Faye Ankney.
Cypresswood G. & C.C.: Tony Norka; Georgina Wells.
Deer Run C.C.: Kurt Meier; Sally Thayer.
Delray Dunes: Robert Reilly; Elaine Forgie.
Dunedin C.C.: Dick Mercer; Marcel Binning.
Eagle Creek G. & Tennis Club: Sam Borr.
Eglin G.C.: Rusty Napier; Dottie Holman.
Feather Sound C.C.: Jack Veghte; Donna Neas.
Fountains C.C.: Sy Harris; Lynne Kelter.
Hidden Hills C.C.: Bryan Edwards; Deane Poole.
High Ridge C.C.: Ken Springer; Paula Granoff.
Inverness G & C.C.: Lane Cobb; Bert Crouch.
Inverrary C.C.: Dave Hendershaw; Debbie Crean.
Jacaranda: David Gresty; Lynne Margulies.
Johns Island Club: Brad Young; Laverta Cassady.
Jonathan's Landing: Phil Beck; Ruth Pifer.
Killearn C.C. & Inn: Dave Tedrick.
Kings Point Executive: Bob Henry; Harriet Serger.
Lake Wales C.C.: Charles Polk; Betty Brown.
Lakewood C.C.: Terry Crick; Frieda Smith.
Lehigh C.C.: Bill Hoffer; Aura Bart.
Mayacoo Lakes C.C.: Kevin Butler.
Mission Inn Resort: John Graham; Celia Ingraham.
Oak Bridge G.C.: Bobby Tomlinson; Lucy Deckman.
Oceanside C.C.: Julian Lopez Jr.; Sally Kulzer.
Orange Tree C.C.: Bill Gorman Jr.; Fara Casey.
Palm Beach & C.C.: Jack D. Lubotta; Gwen Fisher.
Palm River C.C.: Phil Vooz; Jo Gerl.
Palma Ceia G. & C.C.: Fred Ridley; Oraleze Rendleman.
Pasadena Y. & C.C.: Jay Snyder; Shirley Wetherby.
Patrick AFB G. Cse.: Donna Modrak.
Pebble Creek C.C.: Jaime Rose; Love Marshall.
Pelican C.C.: Fred L. Botts; Beverly Bell.
Port Charlotte C.C.: Nicola Porzio; Fran Slater.
Port Malabar C.C.: Billy Brownrigg; Dot Whittemore.
Quail Creek C.C.: Mike Yahl; Ev Bardon.
Rio Pinas C.C.: Bob Hicks; Marty Stanyard.
Riomar: Ted Gordon; Carole Lowell.
Rocky Bayou C.C.: Bill Brown; Beverly Mickael.
Royal Oak C.C.: Don McKeever; Kelly Badger.
Royal Palm Yacht & C.C.: Ed Grace; Nancy Raymond.
San Carlos C.C.: Tom Martinovich; Eleanor Heckendorf.
Sane Bay C.C.: Carter Parry Jr.; Kitty Lee Mann.
Seven Springs C.C.: Bert Crockford; Jacky Malanga.
Silver Springs Shores: Barbara Weissman.
Spessand Holland G.C.: John Bonnenburger.
Spruce Creek Golf: John Kurach; Elsie Acuff.

1983 CHAMPIONS

St. Augustine Shores: Bob Fleetwood Sr.
St. Regis G.C.: Wayne Perry.
Sugar Mill C.C.: James R. Flores; Katharine Trask.
Sunnybreeze Palms G.C.: Mike Onuscho; Dorothy Van Valkenburg.
Tarpon Lake Village: Dave Taylor; Janette Barry.
Tarpon Woods G. & C.C. Mike Muskovac; Jean Kelchner.
The Evergeen Club: William Wiseley; Etta Destefano.
The Forest C.C.: Joe Vergara; Lorie Baillie.
The Meadows C.C.: Bob Babbish; Helen Goldick.
Tiger Point: Bill Carnes; Patricia E. Kelly.
Tom C.C.: Clyde Gibson; Aline Cassady.
Turkey Creek G.C.: Bill Gaston; Laurie Sheppard.
Tuscawilla C.C.: Alan Mays; Susan Parris.
Whispering Oaks: Jim Vickery; Annette Birch.
Winter Pines C.C.: John T. Reeves; Pat Spivey.
Wyndemere C.C.: Frank Grimes; Ev Bordon.
Zellwood Station G. & C.C.: Frederick McCulley; Maxine Hickman.

GEORGIA

Athens C.C.: Steve Pleger; Maxine Schmidt.
Bent Tree: Mack Stancil; Carol Preisinger.
Brookfield West: Joey Madden; Sharon Schnakenberg.
Brunswick C.C.: Mark Allen; Mary Mecnyk.
C.C. of Columbus: Elliott Kirven; Loulie Molloy Fisher.
Canton G.C.: Bobby Newman; Lu Barrett.
Capital City Club: A. Syd Williams; Joanne LeCraw.
Cherokee C.C.: Jack Larkin; Helen Dahm.
Coosa C.C.: Joe Holbrook; Mary Czentnar.
Cross Creek: Gordon Pfeiffer; Harriet Bethea.
Dawson C.C.: Charles Ray Sheffield Jr.
Fairfield C.C.: Jett Rich; Betty Rich.
Fairington G. & T.C.: Greg Straka; Karen Gigowski.
Goshen Plantation: John Loschiavo; Sandra Moody.
Green Island C.C.: Jeff Darrah; Loulie Fisher.
Highland C.C.: Allen Doyle; Mary Skummer.
Idle Hour C.C.: Arnold Blum; Alice Jackson.
Lakeview C.C.: David Wall.
Marietta C.C.: Dan Wicker; Phyllis Scallion.
Marshwood at the Landings: Steve Weeks; Virginia Herd.
Mystery Valley G.C.: John Bodin; Cass Williams.
Nob North G.C.: Donny Phillips.
Northwood C.C.: John Taylor; Mrs. Johnnie Thompson.
Oak Haven G. & C.C.: J.C. Tripp; Jane Schumacher.
Peachtree G.C.: Jimmy Cleveland.
Pebblebrook G.C.: Ricky Wadsworth; Jackie Cole.
Pine Needles C.C.: David Thomson.
Pinetree C.C.: Barry Harwell; Vickie MacKay.
Quitman C.C.: Frank M. Gay Jr.
Riverside C. & C.C.: Tommy Reid; Jean Willard.
Rivermont G. & C.C.: Jerry Norene; Helen Guice.
Sea Island G.C.: Jimmy George; Dotty Castle.
Sea Palms: Wallace Harrell; Kappy Haisten.
Similk G.C.: Gary Erlandson; Loraine Parent.
Springbrook C.C.: Mike Myers; Pat Mathews.
Standard Club: Greg Greenbaum; Rita Edlin.
Vidalia C.C.: Drew Pittman; Edna Fountain.
Waynesboro C.C.: Phil McCormick; Pat May.
West Lake C.C.: Danny Williams; Nell Patterson.

Willow Lake C.C.: Mike Whelchel; Faye Cardell.
Willow Springs C.C.: Tom White; Beverly Bellino.
F Mohr G.C.: Gordon Knikead; Linda Watson.

HAWAII

Honolulu International C.C.: Greg Gomes.
Lisasch Golf Association: Michaele Paulsen; Judy Kamisugi.
Navy-Marine: Bill Kelsey; Nellie Wood.

IDAHO

American Falls G.C.: Gary Lounsbury; Sandra Barnard.
Avondale G. & Tennis Club: Bob Christensen; Karen McLandress.
Bryden Canyon: Steve Scully; Pat Foster.
Burley G. Cse.: Mike Ceriello; Terrie Simpson.
Canyon Springs: Terry Fox; Kathy Hanchett.
Crane Creek C.C.: Jim Chrisman; Marilyn Edwards
Eagle Hills G.C.: John Everett; Wanda Randall.
Hillcrest C.C.: Steve Norquist; Ester Pogue.
Idaho Falls C.C.: Oran Rooks; Ginny Rasmussen.
Indian Lake: Paul Huskey; Wilma Thode.
Kellogg C.C.: Jeff Nickelby; Arlene Sorenson.
Lewiston G. & C.C.: Vic Thomas; Kate Cannon.
Pinecrest G.C.: John A. Lewis; Rose Dobson.
Plantation G.C.: Conrad Stephens; Ruby Stone.
Preston G. & C.C.: Verlan Gunnell; Joan Johnson.
Rexburg G.C.: Kent Vernon; Mona Hipkins.
Riverside G.C.: Kenton Smith; Blanche Raidy.
Rolling Hills: Joe Malay; Bobbi Rollins.
Shamanah G.C.: Larry Jackson; Bev Mullins.
Silver Sage G.C.: John Everett; Ellen Connors.
Soda Spring G. Cse.: Richard Winterbottom; Patti Freeman.
Twin Falls Municipal: Doyle Dugger; Karen Brown.

ILLINOIS

American Legion, Edwardsville: John Hunt.
Aurora C.C.: Noel Davis; Shirley Arenot.
Barrington Hills C.C.: Jim Wagner; Jean Stahr.
Belk Memorial Park: John H. Hunt.
Biltmore C.C.: Jerry Maatman Jr.; Dottie Giesler.
Bob O'Link: Davis Driver.
Brookwood: Michael Magnafichi; Barbara Geis.
Bryn Mawr C.C.: Phillip Rosenberg; Lois Good.
Buffalo Grove G.C.: John Eiler; Raili Salmi.
Butler National: Tom Austin.
Calumet C.C.: Gary Martin; Juliann Gnidish.
Cary C.C.: Larry Grelle; Mickey Stinson.
Chicago Golf: Jack Kuhlman.
Cog Hill C.C.: Van Salmans.
Crab Orchard G.C.: Leroy Newton; Judy MacDonald.
Cress Creek: Don Rich; Dell Hull.
Crestwicke C.C.: John Sheehan; Nina McMeekan.
Crystal Woods G.C.: Scott Marks; Barb Potter.
Danville C.C.: W. James Gieseke; Judy Miller.
Danville Elks C.C.: Terry Kegley; Phyllis Voss.
Deerpath G.C.: John Capozzi; Sue Johnson.
Dixon C.C.: Marty Hill; Terry Dunphy.
Edgewood Valley C.C.: Gerald Warner; Mona Cornelison.

311

1983 CHAMPIONS

Effingham C.C.: Mike Etter; Barb Siepker.
Elgin: Ted Boyer; Pauline Haas.
Elmhurst C.C.: Bob Silvestri; Ruth Femali.
Evanston G.C.: Tim Collins; Joyce Kurkowski.
Exmoor C.C.: Larry Kossack; Dikky Greenbury.
Faries Park G.C.: Dick Barnett; Patsy Thornton.
Flossmoor C.C.: Augie Rump; Judy Bardis.
Forest Hills C.C.: Dennis Lello; Tracey Hedberg.
Fox Bend G.C.: Don Michael; Mary Skow.
Fresh Meadow G. & C.C.: Clif Plas; Sue Bilenko.
Ft. Sheridan G. Cse.: Larry Johnson; Mona Hartman.
Glen View Club: John Stevens; Caroline Repenning.
Glencoe G.C.: George Cordial.
Green Hills C.C.: Bob Tierney; Julia Morrison.
Highland Park C.C.: Don Lipman; Jean Baltimore.
Highland Park G.C.: Mark Weaver.
Hillcrest C.C.: David Dorfman; Barbara Walner.
Hilldale C.C.: Stan DeVoss; Cyndi DeVoss.
Hinsdale C.C.: C.H. "Chip" Travis; May Haarlow.
Idlewild C.C.: Bad Gillman; Pat Hamar.
Illini C.C.: Bill Marriott; Rosemary Leistner.
Indian Creek C.C.: Scott Rolf; Jan Stephens.
Indian Hill Club: Lanning MacFarland III; Skipper Moore.
Indian Springs: Brian Dameron; Nancy Roth.
Itasca C.C.: John S. Joholm; Sharon Tonti.
Jackson C.C.: Terry Rohlfing; Signe Solverson.
Jacksonville C.C.: Tom Gee; Sally Moss.
Joliet C.C.: Tom Studer; Maureen Fitzgerald.
Kankakee C.C.: F. Thomas Zwetschke; Eleanor Wertz.
Kankokee Elks C.C.: Mike Adame; Diane Hanson.
Kemper Lakes: Dave Esler.
Kishwaukee C.C.: Charlie Sloan; Ruth Heal.
Knollwood: Tom Ward; Marcia Heckler.
La Grange C.C.: Steve Sauerberg; Jill Christiansen.
Lake Barrington Shores: Bob Frainey; Judith Johnston.
Lake Bluff C.C.: Vince Militanto; Mary Jane Pope.
Lake Bracken C.C.: Jeff Brock; Kim Kessler.
Lake Erie C.C.: Wally Mettler, Dino Adamson; Marcia Smith.
Lake Shore C.C.: Burton Kaplan; Mim Wien.
Lawrence County: Greg Dycus; Tris Scott.
Leroy C.C.: Robert Spratt; Pat Wood.
Liek Creek/Parkview G.C.: Chris Fort; Rebecca Costolo.
Lincolnshire Fields C.C.: Sandy McAndrew; Karol Anne Kahrs.
Longwood C.C.: Frank Scardine; Dot Winkler.
Macomb C.C.: John Owens; Rita Bryan.
Marengo Ridge C.C.: Jay Berman; Clara Hellpman.
Mattoon G. & C.C.: Brad Miller; Lil Carlyle.
Mauh-Nah-Tee-See C.C.: Gary Wright; Kay Rossmiller.
McHenry C.C.: Art Jackson; Carol Cooney.
Medinah C.C.: Bill Becker; Linda Gwillim.
Midland Hills G.C.: Jay Batson; Dana Graham.
Midlothian C.C.: Ken Larney Jr.; Elsie Ganzer.
Mt. Prospect G.C.: Brian Gerber; Sue Artempko.
Naperville C.C.: Randy Mohler; Nancy Reid.
Nas Glenview: Jim Saich; Sandra Fullmer.
Northmoor C.C.: David Marx Jr.; Ann Fink.
NTC Great Lakes G.C.: Dale Christensen.
Oak Brook G.C.: Jay Eihausen.
Oak Leaf C.C.: Kent Gregory.
Oak Park: Tom Trankin; Pat Goodwillie.

Oakwood C.C.: Harry Haedt; Joyce Aller.
Old Elm: Daniel C. Searle.
Olympia Fields C.C.: Ron Gelatka; Eleanor Wertz.
Onwentsia Club: Bruce MacFarlane; Susan Boyden.
Oregon G.C.: Robert I. Johnson; Elinor E. Patrick.
Pana C.C.: Walter Downs; Joann Metzger.
Park Hills G.Cse.: Jeff Hartman.
Park Ridge C.C.: Paul Lovell; Gretchen Tone.
Pekin C.C.: John Conaghan; Norma Saurs.
Perry County C.C.: Dave Sims; Virginia Beggs.
Pinecrest G.C.: Gary Keesling; Jo Kidwell.
Pontiac Elks C.C.: Bob Rosenbaum; Carol Trainor.
Quail Creek: Tim Rich; Betty Cunningham.
Ravisloe C.C.: Jim Joseph; Eileen Miller.
Ridge C.C.: Don Wildner; Tess Smith.
Ridgemoor C.C.: William Randall; Carol O'Brien.
Riverside G.C.: Don McLauchlan Sr.; Barbara Kubik.
Rob Roy G.C.: Ken Dvorak.
Rock Island Arsenal G.C.: Joe Hanson III; Sue Boeye.
Rock River C.C.: Jim Swanson; Marian Dennis.
Rockford C.C.: Dave Beto; Nancy Switzer.
Ruth Lake C.C.: Ed Westerdahl Jr.; Jackie Jones.
Sandy Hollow: Carol Loucks.
Shady Lawn G.C.: Raymond La Porte; Lorraine Malone.
Shambolee G.C.: Stu Johnstone; Dorothy Helm.
Shawnee Hills C.C.: Bobby Pavelonis; Lynda Maynard.
Shewami C.C.: Dan Cross; Judy Fox.
Shoreacres: Web Browning Jr.; Nancy Cottrell.
Short Hills C.C.: Pete Sergeant; Mary Baecke.
Skokie C.C.: Ray Zanarini; Jane Chandler.
South Shore G.C.: Randy Crews; Arlene Janota.
Sportsman's C.C.: Opie Munro.
Spring Creek G. Cse.: Steve Riva; Theresa Blanco.
Spring Lake C.C.: John Ernst; Karen Kiefer.
Springbrook G.C.: Peter Clarke; Phyllis O'Donnell.
St. Andrews C.C.: Bob Heindel; Rose Ann Judson.
St. Charles C.C.: Ben Waldie; Bernadene Daly.
Sunset Hills C.C.: Bob Biarkis; Barb Anderson.
Sunset Ridge C.C.: Robert G. Walker Jr.; Marge Gage.
Sunset Valley G.C.: Bill Ratliff; Pat Schotarus.
Taylorville C.C.: Tim Fleming; June Cheney.
The Beverly C.C.: Rick Ten Broeck; Jean DeVries.
The Rail G.C., Inc.: Terry Tisdale; Nadeen Weatherford.
The Village Links of Glen Ellyn: Dave Glod; Mook Sorensen.
Thorngate: Louis Maiorano Jr.; Jackie Cullman.
Tuckaway G.C.: Ken Walsh.
Turnberry C.C.: Douglas Willard; Sue McDonald.
Twin Orchard C.C.: Judd Malkin; Coots Siegel.
Urbana G. & C.C.: Andy R. Facer; Betsy Kimpel.
Valley-Lo C.C.: L. Walter; Judith Lynch.
Vermilion Hills C.C.: Phil Adams; Betty Pintar.
Village Greens of Woodridge: Jim Nelson; Betty Oldenburg.
Westlake C.C.: Greg Church; Jane Charow.
Westmoreland: Jim Nutt; Mary Kozitka.
Westview G.C.: Dave Pfiffer; Hilda Browner.
Wolf Creek G.C.: Gerry Couch; Marlene Beller.
Yorktown: Lee Devine; Mary Belton.

INDIANA

American Legion, New Castle: Gene Martin; Jane Roberts.

1983 CHAMPIONS

Arlington Prk G.C.: Gary Sykes; Judi Stinson.
Augusta Hills G.C.: Dennis Waldron; Deanne Magnuson.
Bass Lake C.C.: Fred Bauer; Sylvia Welkie.
Bicknell C.C.: Gary Byrer; Kerry Currier.
Broadmoor C.C.: Mark Winski; Arlene Grande.
Brook Hill G.C.: Wendell Foster; Mari Klenke.
Brown County C.C.: Jim "Spike" Hammond; Jo Quigley.
C.C. of Indianapolis: Mike Bell; Mary Susott.
Carl E. Smock: Ware Ster; Mille Spalding.
Cedar Lake Men's Club: John Mullen; Judy DeHaven.
Cherry Hill Club: Tim Hume; Claire Moescher.
Christiana Creek C.C.: Roy Bergman; Betty Thomas.
Colonial Oaks G.C.: Dwight Johnson; Julie Burns.
Connersville C.C.: Randy Nichols; Shirley Reihman.
Crestview G. Cse.: Gary Cravens; Gus Love.
Crooked Stick G.C.: Kent Frandsen; Bobbie Hawks.
Dearborn C.C.: Bill Fisher; Martha Peirce.
Edgewood C.C.: Tony Smith; Amy Dye.
Elbel Park G.C.: David Spaulding; Gail Kroll.
Elcona C.C.: Steve Brown; Peg Young.
Elks Blue River C.C.: Roy Davids; Kathy Schapiro.
Elks C.C., Richmond: Chad Chapling; June Caughlin.
Elks C.C.: Andy Applewhite; Faye Tidd.
Elwood C.C.: Ed Alley; Caroline Drake.
Erskine Park: Gene Norris; Barb Henry.
Etna Acres: Jeff Bosler; Jeannie Kaufman.
Evansville C.C.: Steve Cox; Doris Susan Ingle.
Forest Hills C.C.: Skip Runnels; Vicky Lakoff.
Forest Park G.C.: Robert J. Treash; Maxine Smock.
Forest Park G. Cse.: Charles Craycraft; Sarabel Nowlin.
Frankfort C.C.: Jim Ostler; Evelyn Davis.
Garrett C.C.: Ron Buss; Phil Kinder.
Gary C.C.: Scott Vidimos; Linda Magnetti.
Greenhurst C.C.: George Armstrong Jr.; Janet Beaty.
Grissom G. Cse.: Bill Maggard; Marge Horal.
Hamilton G. Cse.: Jerry Boyd; Joanne Hufnagel.
Harrison Hills C.C.: Tim Slauter; Rosie Evans.
Hart G.C.: Robert Etherton; Tara Carmichael.
Hartley Hills C.C.: Dick Tinkle; Priscilla Sherry.
Hazelden C.C.: Don Pauley; Martha Danruther.
Hickory Hills G.C.: Bill Cordle; Becky Cox.
Hickory Hills G.C.: Bob Klueh; Ruth O'Hara.
Highland G. & C.C.: Dick Ramsay; Wilma Yakey.
Hillcrest C.C.: Roger Schutt; Meg Williams.
Hillcrest G. & C.C.: Armando Jaojoco; Rita Zimmerman.
Indian Hills G.C.: Vaughn Rader; Betty Gotchall.
Jasper Municipal G. Cse.: Tim Bell.
Kendallville Elks Club: Gabby Davis; Shirley Fraze.
Killbuck G.C.: Paul Moody; Rita Cridge.
Knollwood C.C.: Jon Thompson; Linda Ely.
Kokomo C.C.: Tim Miller; Hilly Baldridge.
Lafayette Elks C.C.: Doug Anthrop; Nancy Nargi.
Lagrange C.C.: Jim Rheinheimer; Julia Troyer.
Lake James C.C.: Tom Wenzel; Pat Ingledue.
Lakes of the Four Seasons: Bob Iorio; Pam Yandell.
Lakeside C.C.: Alvin "Speed" Laudick; Jana Kohlmeier.
Lakeside G.C.: Mike Redmon.
Lakeview: Herb Mohler.
Lakewood C.C.: Howard Cavins; Marlene Day.
Limberlost C.C.: Gabby Davis; Eby Webb.
Martinsville C.C.: Ron Carmichael.
Millview C.C.: Chuck Wenning; Ann Gordon.
Mohawk Hills C.C.: Annette Mayhew.
Mohawk Hills G.C.: Mike Whitten; Marge Johnson.
Morris Park C.C.: Ken Wilkinson Jr.; Glenda Krizman.
Muscatatuck C.C.: John "Spider" Miller; Francis Ertel.
New Albany C.C.: Bob Kelso; Pat St. Jean.
Orchard Ridge: Ken Rodewald, Gus Franklin; Shirley Westlake.
Otter Creek G.C.: John Miller; Carol Young.
Parke Co. Golf: Dave McCampbell; Rosalie Lee.
Peru Municipal G.C.: Mike Tschiniak; Mary Ash.
Phil Harris G.C.: Mark Pirtle; Rosie Griffith.
Pine Valley C.C.: Jerry Heinz; Bobbie Campbell.
Plainfield Elks: Dan Thurston; Linda Jenable.
Plymouth C.C.: Doug Badell; Jan Starr.
Pond-A-River G.C.: Mike Fitzsimmons; Vi Yoder.
Prestwick: Dale Spiess; Pat Varner.
Rea Park: Jon Holloway.
Rochester Municipal G.C.: Todd Smith.
Sand Creek Club: Jim King: Alfretta Colosino.
Sandy Pines: Mike Henning; Naua Jo Sizemore.
Scherwood: Jerry Mussatt; Liz Beckham.
Seymour C.C.: John Moore; Patty Elmore.
Sprig-O-Mint G.C.: Marsha Price.
Sullivan Elks #911 C.C.: David Andre'; Patsy Wells.
Tippecanoe Lake C.C.: Jerry Nelson; Lisa Mitchell.
Tippecanoe: Gary Dedaker; Elnora McDonald.
Tomahawk Hills G.C.: Greg Hole; Phyllis Barker.
Ulen C.C.: Jack McCutchan; Barb Osborne.
Valley View G.C.: Bob Crum; Julia Sinkhorn.
Walnut Grove G.C.: Gordon Rees; Irma Arens.
Washington C.C.: John Dayton; Barbara Neff.
Wawasee G. & C.C.: Neil B. Graves; Virginia Wagner.
Westwood C.C.: Bob White Jr.; Ann McGlothlin.
Wooded View G.C.: Bill Dooley.
Woodland C.C.: Tom Metzgar; Annette Mayhew.
Woodstock Club: Tom Nicholls; Patty Wyckoff.
Youche C.C.: Jerry Trump; Nora Koedyker.

IOWA

Algona C.C.: Bruce Gervais; Dee Erickson.
Backbone Golf: Dan Gallagher; Jeane Cannon.
Burlington G.C.: Rick Skerik; Dena Bennett.
C.C. of Grinnell: Howard Battey; Therese Johnson.
Canyon Creek: Thomas R. Tegeler; Evie Mahmens.
Cedar Rapids C.C.: John Parks; Rene Pfiffner.
Charles City C.C.: Jeff Sissons; Bev Sissons.
Clarmond C.C.: Roger Anderson; Emma Nelson.
Clinton C.C.: Robert Cassidy; Marce Iversen.
Crow Valley C.C.: Tom Swanwick; Wendy Tebbutt, Nancy Deutsch.
Davenport C.C.: Jeff Parker; Lynn Brooke.
Dubuque G. & C.C.: Frank Grofe'; Joan Giese.
Dyersville C.C.: Don Ament; Lynn Tauke.
Elmwood C.C.: Rick Deines; Jean Bernnecke.
Emerald Hills G.C.: Mark Farmer; Gale Vandersloot.
Fort Madison C.C.: Anne Sheaffer.
Hawarden C.C.: William Salker; Debra Van Wyhe.
Hickory Grove C.C.: Mike Darland.
Highland Country: Herm Ahlberg; Ann Salmen.
Highland Park: Jim Cannella; Janece Miller.
Homewood G. Cse.: Jim Kirwan Jr.

1983 CHAMPIONS

Humboldt C.C.: Jerry Howard; Gleni Howard.
Hyperion Field Club: Jim Mitchell; Carol Erickson.
Indian Hills C.C.: Trent Dossett; Jo Hutchcroft.
Iowa City Elks C.C.: Ned Giles; Bea Peterson.
Keokuk C.C.: Dick Casady; Barb Poe.
Lake Mac Bride: Don Greenwood.
Lakeshore C.C.: Kim McKeown; Kay Offerdahl.
Little Sioux G. & C.C.: Herbert Koch; Alice Edwardson.
Logan-Mo. Valley C.C.: Jeff Lytten; Cherie Eckhoff.
Mason City C.C.: Jim Sieleman; Chris Torgerson.
Muscatine Municipal G.C.: John Peters; Judy A. Johnson.
New Hampton G. & C.C.: Dan Klenske; Karen Andeson.
Newell G.C.: Merle Boerner; Jeannet Galbraith.
Ottumwa Municipal: Max Simpson; Charlotte Allen.
Rice Lake C.C.: Robert Helgeson; Beth Rasmussen.
Rockford C.C.: Brian Smith; Edna Ginther.
Silvercrest: Fred Brown; Elaine Gipp.
Sioux City Boat Club: Joe Ward; Carol Casper.
Sioux City C.C.: Todd Sapp; Jacque Carney.
Sioux G. & C.C.: Daryl Beltman; Judy E. Cambier.
Spencer G. & C.C.: Dick Vetter; Lura Mae Johnson.
Sport Hill C.C.: Jim Coulter; Karol Holden.
Sunnyside C.C.: Bruce Westemeier; Patti Sulentie.
Thunder Hills C.C.: Mike Felderman; Shawn Weber.
Wakonda Club: Tim DeLong; Betsy Bru.
Wellman G.C.: Jim Dawson; Iva Redlinger.
Willow Creek G. Cse.: Terry Clegg; Kathy Hillman, Eleanor Lundberg.
Woodlyn Hills G.C.: Steve Schnell.

KANSAS

Abilene C.C.: Ray Wyatt; Jill Royer.
Anthony G.C.: Dub Shurley; Marcy Meador.
Cedar Crest C.C.: Tim Crouch; Sandy Shofner.
Chanute C.C.: Kent Notestine; Marge Allen.
Colby C.C.: Wayne Luidahl; Rita White.
Crestwood C.C.: Peter N. Reyburn; Corolyn Didier.
Emporia C.C.: William Martin; Rose Marie Bennett.
Forbes G. Cse.: Craig Martin; Cori Lingren.
Grove Park G.C., Inc.: Gary Schartz; Rita Law.
Hiawatha C.C.: Randy Thorsen; Ortha Schroth.
Indian Hills C.C.: Hal Bump; Susie Ringer.
Lake Quivira: Dan Mullen; Carol Borberg.
MacDonald G.C.: Frank Tiger; Maggie Jones.
Manhattan C.C.: John Hensley; Mickey Murray.
Marian Hills G. Cse.: Mitch Hoffman.
Milburn C.C.: John Bowser; Barbara Morgan.
Ottawa C.C.: Bob Soph; Liz Moherman.
Overland Park G.C.: Bob Bezell; Pat Logan.
Parsons C.C./Pro*Line Golf Co.: James E. Scaletty; Martha Feess.
Pawnee Prairie: Russ Wade; Vi Dessenberger.
Prairie Dunes C.C.: Butch Lebien; Gladys Snowbarger.
Rabbit Creek: Jerry Miller; Carmen Lewis.
Rolling Hills C.C.: Don Parker; Marilyn Linn.
Shawnee C.C.: Greg Kopf; Dee Berry.
Tomahawk Hills: Larry Seymour; Chris Henry.
Topeka C.C.: Bill Mosimann; Mark Pusateri; Cynthia McKinney; Michelle Boley.
Wichita C.C.: Nick Onofrio; Margaret Crowe.
Wolf Creek G.C.: Norman Capps.

KENTUCKY

Bellefonte C.C.: Jay Stever; Mrs. Greg Collins.
Berea C.C.: Roland Wierwille; Maureen Hymer.
Big Elm C.C.: William Marshall Jr.; Marlene Nace.
Bob-O-Link: Steve Halvachs; Joy Mountjoy.
Boone County: Robert White.
Cedar Knoll G.C.: Charles Hinchman; Samantha Hinchman.
Cherokee G.C.: Ron Acree; Lois McGrath.
Devou Fields C.C.: Art Greene; Dixie McClure.
Eagle Creek C.C.: Douglas Lawrence; Ernestine Miller.
Glenwood Hall C.C.: Ron Davis; Dawn Schuler.
Greenbriar Golf & C.C.: Peter Freeman; Dori Eastwood.
Hopkinsville G. & C.C.: V. G. Pelham; Ann Young.
Hunting Creek C.C.: Joe Pavoni; Betsy Hawkins.
Hurstbourne C.C.: Tommy Settle; Mrs. H. Baker.
Indian Hills C.C.: Greg Gary; Lisa R. Summers.
Kenton County G.C.: Phil Hamm.
Kenton Station Golf: Ron Henson; Peggy Heflin.
Lakeside: David Bair; Marie Burk.
Lexington C.C.: Danny Miller; Nancy Prunty.
Midland Trail G.C.: Bob Faller.
Murray C.C.: Mike Hocton; Mary Bogard.
Owensboro C.C.: Bobby Wilson; Rachael Sandidge.
Owl Creek C.C.: Rob Boden; Lavinia Zimmermann.
Pennyrile G.C.: Wendel Harryman.
Pine Valley G.C.: Arnold Roberts; Tommy Carson.
Seneca G.C.: Vaughn Jones; Kitty Conklin.
Somerset C.C.: Hunter Denney; Winnie Ikerd.
South Park C.C.: Bud Fife; Alice Schaffner.
Summit Hills C.C.: Don J. Niehaus; Emily Dorning.
Tates Creek G.C.: Bob McDowell; Marie Burk.
Winchester C.C.: Jerry Thornberry; Carolyn McNabb.

LOUISIANA

Acadian Hills C.C.: Dalton Boutin; Caren Atkins.
Advance C.C.: Mark Powell.
Alexandria G & C.C.: Ruth Galloway.
Baton Rouge C.C.: Dr. Charlie Kennon; Ann Feiber.
Bayou De Siard C.C.: Doug Farr; Debbie Rivers.
Beau Chene G. & Racquet Club: Fred Hoffman, Al Zahn.
Briarwood C.C.: Paul Castro.
Chateau G & C.C.: Charles Lee; Ann Georgelis.
City Park G. Cse.: Dalton Boutin.
Eastwood Fairways: Brad Colwell; Bonnie Tynes.
Ellendale C.C.: Stan Green; Carlene Ledet.
England AFB: Dave Butler.
Fairwood C.C.: William Patty; Sharon Clark.
Huntington Park: Joey Haws.
Lake Charles C.C.: James Marshall; Ann Warshow.
Lakeside Park: Jerry T. Brooks.
Lakewood C.C.: Todd Lusk; Judy Freeman.
Oakbourne C.C.: Jack Lawrence; Leora Lacy.
Pinewood C.C.: Corker Deloach; Kathy Daspit.
Plantation G. Cse.: Mike Moore; Becky Mitchell.
Royal G.C.: Stan Hultz.
Ruston C.C.: Len Doughty; Idalia Gallo.
Sugarland C.C.: Don Werner; Barbara McArthur.
Tri-Parish G.C.: Brian Saunier; Dana Lea Romero.
Twin Oaks C.C.: Jim H. Shell; Kay Renner.
Inverness G.C.: John Seehausett; Chris Jacob.
Oak Park C.C.: Tom Trankina; Pat Goodwillie.

1983 CHAMPIONS

MAINE

Apple Valle G. Cse.: William E. Welch; Yvette Dostie.
Bangor Municipal G. Cse.: Jamie Place; Ann Lang.
Breton Bay G.C.: John Newcomb; Linda Sturch.
Brunswick G.C.: Tom Winston; Harriet York.
Bucksport G.C.: Gene Bowden; Barbara Wentworth.
Causeway Club: Weldon "Bunny" Leonard.
Chantilly Manor C.C.: Davis Sezna; Pat Kilby.
Goose River G.C.: Harold Crockett.
Grandview C.C.: Frank Randall.
Inland Winds G.C.: Mike O'Dea; Jennifer Fox.
Lake Kezar C.C.: Phil Harmon; Juanita Lusky.
Lake View G.C.: Phyllis Bradeen.
Meadowhill G.C.: Harland Stanley Jr.; Beverly Davis.
Northport G.C.: Richard Shaw.
Oakdale C.C.: Bruce Kirn; Mary Anne Todd.
Old Orchard Beach C.C.: Romeo Laberge.
Paris Hill C.C.: Bert Griffeth; Pat Soule.
Piscataquisce: Randy Ellis; Gwen Cartwright.
Presque Isle C.C.: Barry Madore; Alexis Madore.
Purpoodock: Steve Roberts; Shirley Higby.
Samoset G.C.: Robert Lacasse.
Springbrook: Ray Convery; Sandra Hamel.
Summit G. Cse.: Cyrus Leach.
Western View G.C.: Ralph Adito; Anna Stanley.
Willowdale: Eric L. Hayward; Mary E. Hunter.

MARYLAND

Bay Hills G.C.: Greg Picard; Sandi Terrill.
Brantwood: Tommy Lyon.
Cambridge C.C.: Ken Edgar; Sara Stack.
Caroline C.C.: Charles Parsons; Daisy Haglund.
Chartwell G & C.C. Paul Quinn; Sonja MacLean.
Chesapeake C.C.: John Broach; Cindy Torpey.
Chester River: Floyd Parks; Mary Ellen Thompson.
Chestnut Ridge: Adam Hardie; Terry Abrams.
Clifton Park: Marty Novak; Marie Karl.
Columbia C.C.: Marty West III; Beth Carpenter.
Congressional C.C.: Ben Brundred III; Arlene English.
Cumberland C.C.: John Lyon; Paula Brown.
Eaglehead C.C.: Andy Morton; Carol Sweeney.
Elks G.C.: Cecil Bundick; Pat Bolte.
Enterrise G.C.: Ray Butler.
Falls Road G.C.: Dave Kimelblatt; Wilma Kennedy.
Font Hill C.C.: Tom Weatherall, Bill Cage; Edith Diaz, Bertie Roth.
Fountain Head C.C.: Rick Hamilton; Elaine Morris.
Green Hill Y. & C.C.: Butch Waller; Conner Hillman.
Gunpowder G.C.: Zeke Rhyne.
Heritage Harbour: Sam Elliott; Helen Hovey.
Hillendale C.C.: Rick Franco; Anne Engle.
Hobbit's Glen G.C.: Frank Reese; Jo Anne Arneson.
Holly Hills C.C.: Jim Gantz; Lenora Demchak.
Hunt Valley: Robert Morrison; Bobbie Marden.
Kenwood G & C.C.: Ron Rhodes; Carole Harris.
Lakewood C.C.: Bruce Slattery; Lois Ledbetter.
Laurel Pines C.C.: George Feaser; Bonnie Benedict.
Laytonsville G.C.: Tom Splaink.
Manor C.C.: Mike Ball; Katheryn Williams.
Mark Twain C.C.: Don Williams.
Mt. Pleasant G.C.: Robert A. Snyder Jr.; Betty M. Considine.
Norbeck C.C.: Mike Bausch; Lois Brodsky.
Ocean City G. & Y. C.: Dan Parker; Jane Emich.
Piney Branch G.C.: Marvin Merkle; Sis Hanna.
Prince Georges C.C.: John Ninnemonn; Irene Simpkins.
Rock Creek G.C.: Jack Jenkins; Polly Soper.
Rolling Road G.C.: Monty Page; Joan Winchester.
Sligo Creek G. Cse.: Thomas McAuliffe; Ida Mae Walker.
Suburban Club: Scott Pugatch; Joanne Smith.
Tantallon C.C.: Steve Thomas; Vivian Lynn.
Wakefield Valley G.C.: Bob Watson.
Winter Quarters: Mark Harrison; Liz Hornsby.
Woodmont C.C.: Harry Leavy; Judy Gilman.

MASSACHUSETTS

Acoaxet Club: Ed Schene; Durinda Chace.
Amesbury G. & C.C.: Greg Venable.
Amherst G.C.: Al Sorenson; Paula Allan.
Bass Rocks G.C.: Jeffrey Davis.
Bear Hill G.C.: Tom Smith; Lois Stone.
Belmont C.C.: Robert Weiner; Alberta Endlar.
Brae Burn C.C.: Bruce Chalis; Laura Morse.
Braintree Municipal G. Cse.: Wayde Anders; Pamela Meany.
Brookmeadow G.C.: Joe Stangle.
C.C. of Greenfield: Fred Bitters; Gale Ducharme.
C.C. of Pittsfield: Bob Schwartz; Rene Swirsky.
Charles River C.C.: Edward (Skip) Barry Jr.; Paula Ainsworth.
Cherry Hill G. Cse.: Roger Freeman.
Cohasset G.C.: Ken Corcoran Jr.; Nancy Black.
Concord C.C.: John Tew Jr.; Sally Fish.
Cranwell: Carl Moffatt; Nancy Barrett.
Crestview C.C.: Ira Kowarsky; Ellen Shapiro.
Crumpin-Fox: Barry Simpter; Geri Jarvis.
Deham C. & Polo: Colby Carpenter; Muriel Deacon.
Dennis Pines: Keith Lewis; Sue Hall.
Edgartown G.C.: Jack Mettler; Peggy Clark.
Elmcrest C.C.: Bob Mucha Jr.; Pamela Grazio.
Garoner Municipal G.C.: Paul LaPalme; Pat Owen.
George Wright G.C.: Larry Kelley.
Hampden C.C.: Robert Grassetti Jr.; Martha Cain.
Hatherly C.C.: Gerry Chisholm; Carroll Swan.
Hickory Ridge C.C.: Ron La Verdiere; Kate Mehr.
Highview C.C.: Izrael Yodlin; Joyce Bornstein.
Hyannisport Club: Mike Berube; Marilyn Gilbert.
Kernwood C.C.: Stuart Robbin; Ruth Pearly.
Ledgemont C.C.: Robert Read; Mrs. Leonard Granoff.
Lexington G.C.: Charles E. Connolly Jr.; Donna Brown.
Marlborough C.C.: Brad Fillmore; Fay DeRuvo.
Middleton G. Cse.: Charlie Johnson; Gloria M. Bedard.
Mill Valley C.C.: Mark Kesser; Katherine Carrier.
Monoonock C.C.: Chuck Breau Jr.; Joyce Beaulac.
Mt. Pleasant C.C.: Larry Samuels; Fran Rubin.
Myopia Hunt Club: Ephron Catlin III; Ingrid Wagner.
Nashawtuc C.C.: Peter Mele; Bobbie Hedlund.
New Seabury: Richard Cunha; Marion Maney.
Nichols College G.C.: Don Eklund.
Northampton C.C.: Art Rolland; Sue McClellan.
Northern Hills G.C.: George Snyder; Jane Riechers.
Northfield G.C.: John Callahan.
Oak Ridge G.C.: Larry Kish; Sandy Swan.
Ould Newbury G.C.: Briggs Clark; Roberta Trussell.

1983 CHAMPIONS

Pine Brook C.C.: Mel Weinberger; Helen Starr.
Pleasant Valley C.C.: James Cataldo; Audrey Hall.
Plymouth C.C.: Gary Coughlin.
Pocasset G.C.: Pete Stephen; Jo Perry.
Presidents G. Cse.: Ted Wheeler; Rachael Hallgarth.
Radisson Ferncroft: Charles Tryder; Kathy Rourke.
Rockport G.C.: Peter Bruni.
Salem C.C.: Michael Dilisio; Patricia Hidden.
Sankaty Head G.C.: Jacques Wullschleger; Stella McClintock.
Scituate C.C.: Fordie Pitts Jr.
Sharon C.C.: Louis Baga.
Springfield C.C.: Larry O'Toole Jr.; Colleen Dalton.
Strawberry Valley: Louie Leombruno; Chloe Singarella.
Taconic G.C.: Kim Chapman; Peggy Daniels.
The Country Club: R.D. Haskell Jr.; Connie Evans.
The Kittansett Club: Ken Kotowki; Heike Milhench.
The Woods Hole G.C.: Joseph M. Henley; Virginia "Ginny" Estes.
Thomson C.C.: Thomas McDonald; Mary Locke.
Thorny Lea G.C.: John Van Wart; Beverly Wind.
Trull Brook C.C.: John Walsh Jr.
Twin Hills C.C.: Stuart Meyers; Beverly Orenstein.
Veterans: Art Auger; Wanda Lawor.
Wampatuck C.C.: Steve Drysdale; Tere Dockray.
Wanconatt: Tim Taylor; Ellie Carver.
Wellesley C.C.: Jeffrey Page; Mrs. David Parker.
Westover G.C.: Jeff Whitehead.
Whirlaway Golf: Peter Lucier; Jean Bonis.
Winchester C.C.: Joseph W. Monahan III; Jane Welch.
Wollaston G.C.: Peter McTomney; Nancy Manley.
Woodland G.C.: Paul Kelly; Janet McHugh.
Worcester C.C.: Tony Ciociolo; Florence McClusky.
Worthington G.C.: Steven Magargal; Nancy Baldwin.
Wyantenuck: Andrew Congdon; Louise "Petie" Robinson.

MICHIGAN

Alpena C.C.: Bill Peterson; Millie Maillatt.
Alpena G.C.: Bill Peterson; Helen Knight.
Alpine: Marv Thome; Mary McCarthy.
Ann Arbor G. & Outing: Sam Estep; Edith LeBrasse.
Barton Hills C.C.: Willard Richart; Virginia Vass.
Battle Creek: Gary Norman; Donna Fox.
Bay City C.C.: Roy Schultheiss; Jan Lesperance.
Bay Pointe G.C.: Phil Skover.
Bear Lake G.C.: Ted Werle; Betsy Bielski.
Berrien Hills C.C.: Sandy Alexander; Gail Faneuf.
Big Spruce G.C.: Scott Johnson; Sandy Maki.
Binder Park G.C.: Virgil Arche; Sue Dinkins.
Birmingham C.C.: Len Trotta Jr.; Pat Kuhn.
Bloomfield Hills C.C.: John French; Susan Cooper.
Blythefield C.C.: Ken Miller; Ena Harvey.
Branson Bay G.C.: Mark Fiasky; Vera Campeau.
Bridgeport C.C.: Michael Lentner; Marge Wiltse.
Burning Tree: Curt Mumaw; Jackie Large.
C.C. of Detroit: Bruce Birgbauer; Sue Sprague.
C.C. of Lansing: Frank Johnson; Irene Kievat.
C.C. of Reese.: Rick Rummel.
Cadillac C.C.: Jan Blick; Betsy Clark.
Calumet G.C.: Allan Beck; Marlene J. Johnson.
Caro G.C.: Scott Wendling; Doris Moore.

Cascade Hills C.C.: Russ Brown; Meg Malaney.
Century Oaks G.C.: Barney Tamblyn; Eileen McGee, Wilma Hay.
Chardell G.C.: Jim Snell; Miles Herrguth.
Clearbrook C.C.: Jeff Nyland; Joyce Fineout.
Clio C.C.: Russ Decker; Geri Bell.
Crystal Lake G.C.: Joe LaMont; Edie Miller.
Detroit G.C.: Dennis McCosky; Karen Smith.
Edgewood C.C.: David Van Loozen; Jane Bergman.
Elks C.C.: Ed Kuziel; Mel Kullgren.
Faulkwood G. Cse.: Harry Wetzel; Gail Winn.
Fern Hill C.C.: Merlin Smith; Pam Trudel.
Flint Elks C.C.: Richard Tessner; Judy Clegg.
Flint G.C.: Mark Christenson; Arlene Hagan.
Flushing Valley C.C.: Rick Siwek; Dee Wilson.
Forest Hills C.C.: Randy Kresnak; Gert Douglass.
Four Lakes C.C.: Fred Blatz; Betty Danowski.
Frankfort G.C.: Glynn Butler.
Franklin Hills C.C.: Stig Aronsson; Julie Korotkin.
Genesee Hills G.C.: Elmo F. Burgess; Joyce Fultz.
Gladstone G.C.: Jack Smith; Sandra Butler.
Gogebic C.C.: George Boline; Pam Melchior.
Golf & Country Club: Mike Bishop; Nancy Brown.
Gowanie G.C.: Tom Clegg; Audrey Ramge.
Grand Haven G.C.: Steve Eckert; Marcie Van Donkelaar.
Great Oaks C.C.: Jack Fowler; Madeline Thomas.
Green Ridge C.C.: Fred Cahall; Maureen O'Donovan.
Greenville C.C.: Kevin O'Brien; Gerri Gowans.
Groon Meadows G.C.: Gary Zarond; Diane Gebard.
Grosse Ile G. & C.C.: Tom Fairgrieve; Barb Mans.
Gull Lake C.C.: Frank Field; Carol Harding.
Hampshire C.C.: John Loupee; Joan Gatchell.
Hidden Valley Club: Mark Stevens; Dottie Keller.
Hillcrest C.C.: Gary Hartigan; Flo Bell.
Inverness C.C.: Art Clemes; Yolaine Carignan.
Kalamazoo C.C.: Bert Cooper; Pat McNally.
Kent C.C.: F. Raymer Lovell; Dorie Scripsema.
Knollwood C.C.: Josh Mondry; Mindi Fynke.
Lake in the Woods: Dan Rudy; Linda Lhost-Catal.
Lakeview Hills C.C.: Dennis Fabbri; Shirley Hunt.
Lakewood Shores G. & C.C.: Dick Stevens; Margaret Bell.
Lincoln Hills G.C.: Dan Motyka; Carole Schierholt.
Lost Lake Woods Club: Tom Risk; Rita Trefzer.
Meceola C.C.: Robert Carter; Faye Palmer.
Michaywe' Hills G.C.: Jim Sparling; Vicki Conroy.
Milham Park G.C.: Brad Virkus; Daisy Brown.
Moors G.C.: Fred Root; Jan Herder.
Morrison Lake C.C., Inc.: Donald Garlock; Laurie B. Sible.
Mullenhurst G.C.: Kent Enyart; Brenda Conine.
Muskegon C.C.: Robert McNiff Jr.; Sally Jones.
Muskegon Elks: Jim Bronsema; Laurie Rederstorf.
Newberry G.C.: Gary Moulton; Nancy Kipline.
North Star Golf: Dick Andrews; Lois Poff.
Oceana C.C.: Tom Kirk; Jan McIntosh.
Orchard Hills C.C.: Geoff Lyon; Sharon Flanagan.
Orchard Lake C.C.: Partrick Chisholm; Helen Mosher.
Petoskey-Bayview C.C.: Fred Zinn; Ruth Barnes.
Pine Grove C.C.: Scott Anair; Susie Fox.
Pine Lake C.C.: Brad Hinkson; Lindy Kosak.
Pine River C.C.: Dick Dilsworth; Joanne Facaros.
Plum Hollow G.C.: Don Stevens; Jan Gripentrog.

1983 CHAMPIONS

Point O' Woods C.C.: Larry Merritt; Ann Laing Gottlieb.
Port Huron G.C.: Joe Mericka; Barbara Moore.
Portage Lake G.C.: Dennis Hanks; Andrea Hauge.
Radnick Farms C.C.: Bob Armstrong; Carol Dixon.
Ramshorn C.C.: Ray LaRue; Ruth Beebe.
Rea Run G.C.: Agim Bardha; Penny Fuller.
Ridgeview G.C.: Vic Callahan; Sue Wilcox.
River Bend Golf: Tom Leslie.
Riverside C.C.: Barry Berquist; Katie Jones.
Riverwood G.C.: Orville Claybaugh; Judy Graves.
Rolling Hills G.C.: Tom Reed.
Salt River: William Delange.
Sandy Ridge: Doug Anderson; Gennie Million.
Sauganash C.C.: Bruce Hoffmaster; Dorothy Cordola.
Signal Point Club: Digger Phelps; Esther Wade.
Spring Meadows C.C.: Greg Reynolds; Debby Rosely.
St. Clair G.C.: Scott Gneiser; Carol Gneiser.
St. Joe Valley G.C.: Michael Wells; Lynn Brunner.
Sugar Springs C.C.: Lynn Woodruff; Flo Hughes.
Tacumseh C.C.: Jim Newell; Maurine Hannibal.
Thornapple Creek G.C.: James Holmes; Robin Chase.
Traverse City G. & C.C.: Dick von Reichbauer; Eleanor Paulos.
Twin Brooks G.C.: Paul Martin; Bernice Vogelaar.
Tyrone Hills G.C.: Bill Cowan; Julie Liscomb.
Verona Hills G.C.: Eric Sump; Vi Hilla.
Walnut Hills C.C.: Dick Duffy; Diane Bernick.
Walnut Woods G.C.: Tom Hajec; Sis Filip.
Warwick Hills G. & C.C.: Al Hobson; Eileen Brenner.
Washtenaw C.C.: Danny Roberts; Elaine Quirk.
West Shore G. & C.C.: Ed Shurly; Lise Mahanti.
White Lake G.C.: Andy Anderson; Mary Ann Bard.
Whiteford Valley G.C.: Mike Kennedy.
Winding Creek: David Wiersema; Teresa Gadbois.
Woodlawn G.C.: Keith Richardson; Bonnie Hampton.
Ye Olde C.C.: Mike Glover.

MINNESOTA

Albany G.C.: David Blenker; Ann Wellenstein.
Alexandrik G.C.: Dave Harris; Arlene Johnson.
Behidji Town & C.C.: Bruce Simenson; Joycelyn Grovum.
Braemar: Jim Hiniker; Mary Dietrich.
Breezy Point: Carl Martin.
Brooktree Municipal: Tom Zieman; Kay Leonard.
Brookview G.C.: Dave Myers; Betty Hammes.
Burl G.C.: Doug Cressy; Robin Benson.
Castle Highlands: Brad Castle; Mille Simenson.
Cimarron Golf: Rick Dehn; Lynette Van Alstine.
Coon Rapids-Bunker Hills G.Cse.: Al Hauppi; Nicky Reuterfeldt.
Dahlgreen G.C.: John Rosseth; Marilyn Rekow.
Dellwood Hills G.C.: Ed Compton; Mary Stratford.
Dwan G.C.: John Heuckendorf.
Eastwood: Herb Howe: Gladys Larsen.
Elk River C.C.: Steve Johnson; Sue Hagen.
Forest Hills G.C.: Dave Conley; Pat Guenther.
Fosston G.C.: Chris Daniels; Helen Mae Frethem.
Goodrich G.C.: Bob Casura; Pam Fitch.
Hawley G. & C.C.: Curt Tollefson; Mildred Cameron.
Hazeltine National G.C.: Jim Lockman; Jan Mahoney.
Hillcrest C.C.: Bruce Glassman; Pat Divine.
Indian Hills: Tom Lonetti; Ruth Clausen; Gerry Mechelke.
Interlachen: John Reichert; Mrs. Arvid Johnsen.
Interlaken: Bob Manske; Anne Colgan.
Jackson G.C.: Tim Gibbons; Linda Handevidt.
Keller G.Cse.: Rod Magnuson; Nancy Hultgren.
Kimball G.C.: Dave Greve; Marcella Mackereth.
Lafayette: Bill Taffe; Bea Altmeyer.
Lester Park G.C.: Tom Nelson; Violet Smith.
Loon Lake G.Cse.: John Sheedy; Ida Burmeister.
Lost Spur G.C.: Dean Verdogs; Marge Byrd.
Luverne C.C.: Bob Jarchow; Chris Haycraft.
Ma Cal Grove C.C.: Ken Vanden Boom; Sandra Vinson.
Manitou Ridge: Raymond Appel.
Maple Hills G.C.: Paul Hendrickson.
Maple Valley G. & C.C.: Richard Koehler; Lynda Peterson.
Meadowbrook: Ray Pontinen; Kate Bass.
Mendakota C.C.: Dan Staples; Devra Westover.
Mesaba C.C.: Mint Harris; Carol Cornell.
Midland Hills C.C.: Tom Dunwell; Sue Pepin.
Minneapolis G.C.: Jon Lundgren; Nancy Harris.
Minneopa G.C.: Mary Hagebak; Chris Anderson.
Minnesota Valley Club: Chris Knauff; Nancy Honebrink.
Minnetonka C.C.: Roger Fischbach; Mary Quinn.
Minniowa G.C.: George W. Brooks; Jo Oswald.
Montevideo C.C.: Paul Lundgren; Bette Lundgren.
Moose Lake G.C.: Skip Hanson; June Hambly.
Mora C.C.: Jerry Nordenstrom; Sharon Holmstrom.
Mt. Lake: Dan Steinle; Lori Grosklags.
New Prague C.C.: Milt Swanson; Judy Skjei.
New Ulm C.C.: Lowell Liedman; Elaine Paa.
Northland C.C.: Leo Spooner; Marilyn Magie.
North Oaks G.C.: Charlie Risdall; Nancy Hay.
Oak Ridge C.C.: Bob Wernick; Vi Werner.
Oakdale C.C.: Jeff Olson; Barb Loftness.
Olivia Golf: Larry R. Vogt; Vi Johnston.
Ortonville Municipal: Bill Hasslen; Genevieve Simonitch.
Osakis C.C.: Mark Hagen; Margaret Liesberger.
Owatonna C.C.: Mark Rodde; Jamie Meilahn.
Phalen Park G.Cse.: Art Doherty; Nadine Richards.
Pipestone C.C.: Vance Klingman; Ihla Donaldson.
Pokegama C.C.: Dick Carlson; Jean Hall.
Rich Acres: Dave Nordeen.
Ridgeview C.C.: Reed Kolquist; Paula Vallie.
Rochester G. & C.C.: Bill Reichart; Kathy Collins, Mary Jones.
Rolling Green; Jeff Hanson; Lois Lurie.
Rose Lake G.C.: Mike Ellingson; Lou Mahlman.
Sauk Centre C.C.: Mike Polipnick; Crystal Sieben.
Savanna: Gordy LaBelle; Barbara Fetzek.
Somerset C.C.: Steve Erickson; Babbie Pierson.
Southview C.C.: Dave Haslerud; Jean Arth.
Stillwater C.C.: Tim Siebler; Pat Siebler.
Terrace G.C.: Glen R. Hasselberg; Becky Hasselberg.
Golden Valley C.C.: Jay Swanson; Doreen Rosenthal.
Terrace View G.C.: Bill Milow.
Thief River C.C.: Jay Moum; Deb Jacobson.
Tianna C.C.: Larry Aitken; Margaret Monahan.
Valleywood G.C.: John Anderson; Sandy Arthur.
Wadena C.C.: Terry Olafson; Carol Macklanburg.
Watona G.Cse.: Ryan Grev; Dorie Cummins.
Wayzata C.C.: Robert Hildebrandt; Jeanne Glenn.
Westfield G.C.: Art Speltz; Barbara Hultgren.

1983 CHAMPIONS

White Bear Yacht Club: Terry Quinn; Dort Sanborn.
Windom C.C.: Dave Exberg; Nancy Michalski.
Worthington C.C.: Leon Schimbeno; Jean Kellen.

MISSISSIPPI

Back Acres C.C.: Doug Beavers; Ellen Boyd.
C.C. of Jackson: David Allen; Nell Bradford.
Canton C.C.: Sam Williford; Cynthia Profilet.
Clarksdale C.C.: Bobby Schmitz; Millie Keith.
Cleveland C.C.: Jimmy Childees.
Colonial C.C.: Bobby Ward; Christi Sanders.
Deerfield C.C.: Leigh Brannan; Mira Horne.
Fernwood C.C.: Darrell Easley; Ann Gartman.
Forest C.C.: Bobby Espey; Jeri Marler.
Green Hills C.C.: Doug Hyatt; Muriel Brown.
Millbrook G. & C.C.: Mike Robichaux; Johnnie Lou Harberson.
Mosswood C.C.: James L. McCormick, Jr.
Norrwood C.C.: Ben McLeod; Margaret Carver.
Olive Branch Ladies Golf Association: Angela Pique.
Pass Christian Isles: Ron Lutze; Janice Preble.
Pine Island G.C.: Hugh Pepper; Jane Reeves.
Royal Golf Hills Resort & C.C.: A. T. Pattison; Mary Price.
University G.C.: Grady Harlan.
University of Southern Mississippi: Jerry Russell; Jean Murphy.
Vicksburg C.C.: Charles H. Harris; Mary Winkley.

MISSOURI

A. L. Gustin Junior G.C.: Steven L. Stockham.
Bellerive C.C.: Robert Mason; Audrey Fowle.
Blue Hills C.C.: Tim Hawley; Patty Coe.
Bogey Hills C.C.: Rich Leonard; Marge Story.
C.C. of Missouri: Jim Rollins; Diane Daugherty.
Carrollton C.C.: Fred Sillin.
Cedar Creek G.C.: Leon Tow.
Cherry Hills C.C.: Sam Loethen; Audrey Hatlan.
Chillicothe C.C.: Mike Turner; Lisa Walters.
Crescent C.C.: Lanier Browning; Dot Zeitinger.
Dogwood Hills G.C.: John Kuntz; Nancy Goldstein.
Forest Hills C.C.: George Koehler; Gloria Zoroya.
Four Seasons C.C.: Dennis Moore; Dee Hight.
Fremont Hills C.C.: Mel Dixson; Bonnie Crain.
Hickory Hills C.C.: Bruce Hollowell; Stephany Jackson.
Hidden Valley G.C.: Gene Sengl; Skip Pohlman.
Indian Foothills: Chuck Scudder; Olive Malter.
Jefferson City C.C.: Ron Boyce; Lou Moreau.
Kimberland C.C.: Earl Wilt; Jean Bagwell.
L. A. Nickell G.C.: Ben Wilson.
La Plata G.C.: Kyle Crawford.
Lake of the Woods G.C.: Tim Landolt.
Liberty Hills C.C.: James Forrest; Bunnie Ruge.
Marriott Tan-Tar-A G.C.: Walt Thomas; Barbara Bauer.
Meadow Lake Acres C.C.: Darrell Boyce; Delores Hempe.
Meadowbrook C.C.: Bill Bender; Mrs. Paul Fudemberg.
Normandie G.C.: Bret Burroughs; Jeanne Lewis.
Norwood Hills C.C.: Jim Ruck; Barbara Beuckman.
Paddock C.C.: Robert Teittler; Sue Fallert.
Rocky Point G. Cse.: Richard Murphy.
Sedalia C.C.: Bill Woolery; Mrs. Bill Brown.

St. Andrews G.C.: Chuck Hull; Judy Tickles.
St. Joseph C.C.: Kyle Enright; Lois Lucas.
St. Louis C.C.: William Simpson Jr.; Mrs. Robert McK. Jones.
Stayton Meadows: Jim Halley.
Twin Hills G. & C.C.: Ben Southwick; Joan Thomas.
Unionville C.C.: Greg Stuckey; Bonnie Davis.
Warrensburg: Steve Highlander; Mildred Barnes.
Westborough C.C.: Mick Wellington; Virginia Parshall.

MONTANA

Bill Roberts G.C.: Dan Sidor; Jewell Lee.
Black Butte G.C.: Dan Brown; Carol Bymaster.
Butte C.C.: Ed Zemljak; Shirley Shea.
Glacier View: Bill Lundgren; Dorothy Proseus.
Green Meadow C.C.: Kirk Johnson; Nancy Robinson.
Hilands G.C.: George Schuyler; Laurel Prill.
Lake Hills G.C.: Jim Salazar; Linda Wright.
Larchmont G. Cse.: David Johnson; Judy Hugelen.
Laurel G.C.: Ken Harrsch; Helen Ryan.
Livingston C.C.: Dan Little; Mickey Shorthill.
Meadow Lark C.C.: Jeff Yates; Susan C. Knight.
Missoula C.C.: Mark Nedrud; Betty Andrews.
R. O. Speck G.C.: Brett Bennyhoff; Shirley Toy.
Sidney C.C.: Randy Johnson; Bev Stip.
Sunnyside: Dale Squires; Lois M. Tressler.
Thompson Falls: Cal Troutman; Grace Ann Knight.
Valley View G.C.: Doug Lanphear; Elaine Jensen.
B. L. England Recreation Center: Maury Ward; Patricia A. Meyer.

NEBRASKA

Ashland C.C.: Robert Best; Ruth Butler.
Beatrice C.C.: Doug Kennedy; Laurie Glass.
Buffalo Ridge G. Cse.: Tom Farber; Kathy Carpenter.
C.C. of Lincoln: R. B. Lau; Bev Ward.
Elks C.C.: Gary Walters; Jackie Medlar.
Fremont G.C.: John Haney; Cheri Cruthoff.
Grand Island Municipal: Ken Hiatt; Jo Ann Hiatt.
Happy Hollow Club: Dennis Houlihan; Debbie Marchese.
Highland Country: David Walker; Lynne Merwald.
Hillcrest C.C.: Dennis Batliner; Kerre Dubinsky.
Kearney C.C.: Dan Bahensky; Jan Hoffman.
Kimball C.C.: James Spargo; Bernita Brown.
Lochland C.C.: Steve Bruening; Marge Smith.
Norfolk C.C.: Fred Marconnit; Deb Benish.
North Platte C.C.: Don Shiffermiller; Marge Buchfink.
Ogallala C.C.: Ted Kastler; Dena Acker.
Omaha C.C.: John Ziegenbein; Fran Root.
Platteview G.C.: Dave Pfaltzgraff; Linda Light.
Riverside G.C.: Craig Moyer; Barb Huston.
Scotts Bluff C.C.: Craig Madson; Bev Mohr.
St. Paul C.C.: William Stott; Annette Ogard.
Wayne C.C.: Bill Ericksen; Char Bohlin.
York C.C.: Roger Uecker; Barb Robson.

NEVADA

Boulder City C.C.: Kevin Shambarger; Kitty Hillstrom.
Edgewood Tahoe: J. Scott Rea; Jo Anne Mormondo.
Hidden Valley C.C.: Garrett Scott; Diane Mooney.
Incline Village: Bill Schafer; Peggy Crayton.

1983 CHAMPIONS

Jackpot G.C.: Tom Miller; Edie Whitney.
Las Vegas C.C.: Ray Beallo; Deborah McHaffie.
Ruby View G.C.: Bert Elliott; Irene Howell.
Spring Creek G.C.: Dave Collins; Hazel Madden.
White Pine G. Cse.: Paul Johnson; Mary Woods.
Winnemucca Municipal G. Cse.: Mike Scott; Grace Duvivier.

NEW HAMPSHIRE

Beaver Meadow G.C.: Glen Shattuck; Elaine Crapo.
Burkmeadow G.C.: Mike Richardson, Don Light; Allie Bartlett.
Charmingfare Links: Dennis Heymans; Lynne Heymans.
Den Brae G. Cse.: Al Ring; Jean L. Craig.
Dublin Lake Club: Edmond Kelly; Jean Prince.
Farmington C.C.: Gary Whitehouse; Leslie Brock.
Goffstown C.C.: Jeff Benson; Sally Morrissey.
Hanover C.C.: Gordon Cook; Sue Johnson.
Hoodkroft C.C.: Bill Killeen; Claire Hoover.
Hooper G.C.: John H. Hollar Jr.; Anita Chickering.
Keene C.C.: William Maloney; Diane Colford.
Kingswood: William Antonucci, Dick Sanborn; Jamie Pitkin.
Lake Sunapee C.C.: Bill Randle; Pat Kelsey.
Manchester: Phil Pleat; Louise Billy.
Maplewood C.C.: Ross Forbes.
Mountain View G.C.: Bob Bergin; Betty Anne Sunderman.
Nashua C.C.: Val Poulin; Barbara Dion.
Nippo Lake G.C.: Steve Rowell; Frances Weeks.
North Conway C.C.: Bobby McGraw; Judy Fallen.
Oak Hill G.C.: Leo Lachance Sr.; Shirley Pyatt.
Pease G. Cse.: Dan Buckson; Marlene Jones.
Rochester C.C.: Don Daggett; Louise Frechette.
Rockingham C.C.: Bruce Dockham.
Waukewan G.C.: Chip Moody; Luanne Kennedy.
Waumbek G.C.: Shawn Hicks; Ruzena Staab.
Wentworth By Sea: Richard Bianco; Mrlene Jones.
Wentworth Resort G.C.: John Rivers; Julie Rivers.
Whip-Poor-Will G.C.: Bruce A. Morrison; Karen Owens.

NEW JERSEY

Alpine C.C.: Neal Schuman; Adele Russo.
Apple Ridge C.C.: Glen Lapkin; Rona Skaller.
Arcola C.C.: James D. Patton; Mary V. Gallagher.
Ash Brook G.C: Jeff Tatum; Nancy Bowers.
Atlantic City C.C.: Terry Sawyer; Mrs. V. Cummins.
Beacon Hill C.C.: Mark Ullmann; Coleen Luker.
Beaver Brook C.C.: Juan Costain; Linda Castner.
Bey Lea Municipal: Mark Walker.
Cedar Hill C.C.: Robert Adler; Sandy Abramson.
Copper Hill C.C.: Ken Hardwick; Gwenyth Flinn.
Crestmont C.C.: Ivan Samuels; Honey Miller.
Deal G.C.: Dick Davis; Mary Corwin.
Edgewood C.C.: Bob Rachesky; Nancy Trestman.
Essex County C.C.: Arthur Melillo; Mary Holle.
Essex Fells C.C.: Adrian Foley III; Ann Beard.
Forsgate C.C.: Ed Chester.
Galloping Hill: John Doskoczynski; Kathleen Bittel.
Glenwood C.C.: John Barone.
Greate Bay C.C.: Jim Kania; Winnie Leute.
Greenacres C.C.: Phil Levy; Muriel Zeltmacher.

Hackensack C.C.: R. H. Allen; Helen Neumunz.
Harkers Hollow: Gordie Bennett; Eve Schaare.
Hillsborough C.C.: Milford McDaniel; Chris Anderson.
Holly Hills G.C.: LeRoy Warriner; Mary A. Williams.
Hollywood G.C.: Bill Roberts; Rainee Weinstein.
Hopewell Valley G.C.: Hal Dugenske; Sarah Honeycutt.
Jumping Brook C.C.: Larry Chidnese; Barbara Friend.
Knickerbocker C.C.: Robert A. Riseley; Isa Von Hessert.
Laurel Oak G.C.: Tom Wood.
Linwood C.C.: Larry Silk; Lois Gottlieb.
Madison G.C.: John Moser; Ruth Steidle.
Mays Landing C.C.: Mike Goff; Lorraine Fensty.
Medford Lakes: Gary Okulanis; Jo Ann Slayton.
Mendham G.C.: Scott Collins; Manie Ferguson.
Merchantville C.C.: Betty Shuster.
Montclair G.C.: James Guerra; Heleen Aitken.
Moorestown Field Club: Dennis McGugan; Mary Anne Porter.
Mountain Ridge C.C.: Jay Blumenfeld; Sybil Whitman.
Mt. Tabor C.C.: Dick Albert; Virginia Mercer.
NAEC Lakehurst: Bob Peterson, Paul Dowd; Bridget Weisl.
Navesink C.C.: Eugene Bonstein; Amy Lane.
New Paltz Golf: Russell Mackey; Jackie Hart.
North Jersey C.C.: Ed Weber; Nathalie Scarpa.
Oak Hill G.C.: Doug Maczko; Marie Johnson.
Oak Ridge: Robert Vislocky; Jessie P. Innocenti.
Old Orchard: Joe Fragale; Helen Meyer.
Old Tappan: Jon Finger; Maria Ciaravino.
Panther Valley G. & C.C.: Raymond Ash; Jeanne Mersch.
Picatinny: Mike Franek; Jane McCarthy.
Pike Brook C.C.: George F. Pearson; Lori Walter.
Pitman G.C.: Scott Schumacher; Peggy Bonner.
Plainfield C.C.: Bill Sage Jr.; Mary Ring.
Preakness Hills C.C.: Evan R. Wuhl; Ellen Goldman.
Ramsey G. & C.C.: Tim Driscoll; Bernice Reid.
Raritan Valley C.C.: Bob Hunt Jr.; Lynn Russell.
Ridgewood C.C.: Sue Lansdell.
Rock Spring Club: James C. Kilduff; Marge Rognlie.
Roxiticus G.C.: Paul Christensen; Sue Hanna.
Rumson C.C.: Frank McGuire; Suzanne E. Wichmann.
Shackamaxon G. & C.C.: Eugene Villone; Linda Schnoll.
Short Hills Municipal: Richard Pieper; W. Garrigan.
South Run: Gary Kephart; Mary Gross
Spring Brook C.C.: Frank Lynch; Robin Curtis.
Spring Lake: Chris Lukas; Mary Rodgers.
Stone Harbor G.C.: Harry Betz; Sally Melini.
Summit Municipal: Edward Trengrove; Gertrude McTernan.
Tamarack G.C.: Archie Darroch; Verla Rice.
Tamcrest C.C.: Joey Morano; Jane Gans.
Trenton C.C.: Frank Corrado; Nancy Franko.
Twin Brooks: Gary Friend; Toby Prince.
Upper Montclair C.C.: Dave Sanok; Marilyn Nyman.
Windwood G. & C.C.: Terry Smick; Kay Wade.
Woodlake C.C.: Vic Gerard; Carole Besman.

NEW MEXICO

Albuquerque C.C.: Pete Hidalgo; Joan Greiner.
Alto Lakes G. & C.C.: Joyce McBride.

319

1983 CHAMPIONS

Arroyo Del Also: Ross Nettles; Nita Halasz.
Cahoon Park G. Cse.: Ron Smith; Marion Senteno.
Cannon AFB: Jim Phillips.
Clovis Municipal G. Cse.: Larry Chapman.
Cree Meadows C.C.: Ted Martinez.
Gallup Municipal: Eric Baca; Barbara Wolf.
Los Altos Women's Golf Association: Arlene Smith.
New Mexico Tech G.C.: Adam Kase; Georgia Seery.
Mountain View: Bill Davis.
New Mexico Military Inst. G.C.: Bill Wyles; Joyce McBride.
San Juan C.C.: Chuck Badsgard; Barbra Staley.
Tanoan C.C.: David Klein; Gwen Murchison.
University of New Mexico South G. Cse.: Dal Daily; Ree Gerchow.

NEW YORK

Afton Golf: David Springsteen; Cynthia Ceplo.
Albany C.C.: Marvin Gertzberg; Rosemary Van Gaasbeek.
Alden C.C.: Thomas F. Wescott; Beverly Woltz.
Arrowhead G.C.: John Murray; Carole Swanson.
Attica G.C.: Peter Van Valkenburg; Debbie Szemplenski.
Auburn C.C.: Mike McKeon; Jeri Impaglia.
Bartlett C.C.: John Forrest; Patty Sweet.
Batavia C.C.: Jerry Hulburt; Pat Rice.
Bath C.C.: Ken Walters; Eve Dildine.
Battenkill C.C.: Edward Donnelly; Barbara Donnelly.
Bay Meadows G.C.: Steven Sundberg.
Beaver Meadow: John Migdal; Sandra Doris.
Beekman C.C.: Mike Chianelli.
Bellport: Tony Orsino; Roberta Bauer.
Bethlehem Management Club: Michael Dillon; Donna Warczak.
Binghamton C.C.: Joe Loposky; Mary Lou Wright.
Bonavista: Carl Wambold; Kay Arcangeli.
Bonnie Briar C.C.: George Imburgia; Laura Imburgia.
Brae Burn C.C.: Jon Dopput; Mary Ann Springer.
Bristol Harbour: Jack Wheeler; Valerie Parlave.
Brook-Lea C.C.: Bob King; Kay Conheady.
Brookville C.C.: Ed Robinson; Helen Weber.
C.C. of Ithaca: Ed Mazza; Beverly Wyatt.
C.C. of Troy: John Deitz; Denise Farnam.
Canandaigua C.C.: John Johnson; Mary Munger.
Canasawacta C.C.: Dave Branham; Joan Pormck.
Cavalry Club: Steve McGinnis; Karen MacDougal.
Cedar View G.C.: Kenneth Duncan; Lori Roundpoint.
Central Valley G.C.: Frank O'Conner; Wendy Lewis.
Chautauqua G.C.: Tom Johnson; Jane Newton.
Cherry Valley Club: Bill Garuey; Pat Papp.
Cold Spring C.C.: Jack Hyman; Marge Goldbaum.
College G. Cse.: David C. Anderson Jr.; Linda Clark.
Columbia G. & C.C.: Ed Schopp; Georgette MacLean.
Cordial Greens C.C.: Tom Amello; Melinda Govern.
Corning C.C.: Thomas Stone; Susan Bair.
Cortland C.C.: Ric Manning; Carlene Wilcox.
Crag Burn Club: Steve Riessen; Ann Cohn.
Deerfield C.C.: Jim Dill; Mary Panarites.
Dinsmore G.C.: Jim Mahan; R. Davis.
Drumlins: Mark Karpinski; Cecily Havens.
Dunwoodie C.C.: Ed Swetz; Ines Gaito.
Dutch Hollow C.C.: Bob Fuller; Jane Porten.

Dutchess G. & C.C.: Charles Butts Jr.; Francis Stearns.
Dyker Beach: Pat Norris; Josephine San Filippo.
East Aurora: Roger Payne; Mrs. Ed Kaczor.
Elma Meadows: Al Stypa; Kathy Williams.
Elmira: J. Graham Gray Jr.; Donna Jo Major.
Endwell Greens C.C.: Fred Sarnecky Jr.; Betty Bills.
G.C. of Newport: Bill Klimacek; Marylyn Hensel.
Garden City C.C.: Robert Murphy; Donna Dodegge.
Gardiners Bay C.C.: Clarkson Hine; Pat Conway.
Garrison G.C.: Joe Raitano Jr.; Jane Schadt.
Geneva C.C.: Tom Hannacker; Shelley Downing.
Glen Cove: Glenn Isaacson; May O'Brien.
Glen Head C.C.: Alan Finkelstein; DeDee Lovell.
Glen Oaks Club: Richard Spring; Shari Klein.
Glens Falls C.C.: Robert Folley; Jan Zecchini.
Green Hills: Robert Attardo; Mary Ortelee.
Grossinger's C.C.: Carl Bresky.
Hampton Hills G. & C.C.: Richard Clark.
Harlem Valley G.C.: George Calabro; Ann Folchetti.
Hauppauge C.C.: Steve Sloane; Fred Heyman.
Heatherwood: Tom Kantorcik.
Hemptstead: Curt Thatcher; Mary Cacciatore.
Heritage Hills: Vic Turchick; Willie Norlin.
Holland Hills C.C.: Edward Ode; Gail Lewis.
Hornell C.C.: Vincent Smith; Dean Blades.
Hudson Hills: G. Rosmarin; Alda Cornell.
Huntington Crescent Club: Paul Wallice; Jean Cornacchia.
IBM C.C.: James Rogers; Alverta Novak.
Indian Hills C.C.: Len Bailine; Ellen Feldman.
Irondequoit C.C.: John August; Lee Buchman.
Island Hills G.C.: Richard Stanley; Beverley Gottlieb.
Ives Hill C.C.: Dave Bajjaly; Rosalie Harris.
Knollwood C.C.: Ken Lebow; Mrs. Al Oliver.
Lafayette C.C.: Stephen Engel; Roberta Rudolph.
Lake Shore G.C.: Dan Warren; Sharon Antonacci.
Lake Shore Y. & C.C.: Mike Colagiovanni; Lorraine Barzee.
Lake Success G.C.: Gerald Garber; Shirley Kaplan.
Lakeside C.C.: Scott Gray; Debra Manahan.
Lakeview G.C.: Kurt Wilmot.
Lancaster C.C.: Norm Kaz; Carolyn DeLacy.
Lawrence G.C.: Michael Yohai; Diana Chanes.
Le Roy C.C.: Joe Macaluso; Linda Harrison.
Leewood G.C.: Greg Rohlf; Lee Davidson.
Livingston C.C.: Martin Kentner; Jeneane Adams.
Lockport Town & C.C.: Ron Emery; Linda Judge.
Mahopac G.C.: Stan Kobie; Sally Nichol.
Malone G.C.: Frank Purdy; Lucie LaPlante.
Maple Hill G.C.: Jeffrey M. Hill.
McGregor Links C.C.: Bob Scambati; Lois Dastalto.
Mechanicville G.C.: Peter Russom.
Middle Bay C.C.: Alan Feldman; Natalie Newman.
Mohawk Valley C.C.: Bob Basloe; Jeanne Castle.
Mohonk Mountain House: Brian Golden; Heidi Jewett.
Monroe G.C.: Dana Consler; Patsy Kavanagh.
Mt. Kisco C.C.: Dennis Ward; Lynn Bower.
National Golf Links of America: Roy Parker III.
Newark C.C.: David DePauw; Mary Beth Bradley.
Nissequogue G.C.: Tim Prusmack; Debbie Valick.
Normanside C.C.: Earl Winchester III; Mabel Farrow.
North Hempstead C.C.: T. M. McQuilling; Mary Pepitone.

320

# 1983 CHAMPIONS

North Shore C.C.: Russel Stern; Judith Cooperstein.
North Shore G.C.: Ed Tyler; Rita Lord.
Northern Pines: Otis Robbins; Mary Beth Hapanowicz.
Noyac G. & C.C.: Donald Clause Jr.; Chieko Morell.
Oak Hill C.C.: "Chip" Lillich; Kitty Colliflower.
Old Westbury G. & C.C.: Jerry Rubin; Betty Franklin.
Onteora Club: John G. Davis; Mary Struthers.
Orchard Park C.C.: John Koelmel; April Moran.
Oriskany Hills: Peter Briend; Karen Mathis.
Osiris C.C.: Hal Blake; Sue Nicol.
Owasco C.C.: Fred Middleton; Lilian Ellis.
Pine Brook G.C.: Al Zambella; Molly Ramsey.
Pine Hills C.C.: Bob Soldoh; Lee Hunter.
Pinehaven C.C.: Bob Royak; Mary DiDonna.
Pleasant: Carter Miller; Ellen Miller.
Quaker Ridge G.C.: Dan Schatz; Gloria Zimmerman.
Salem G.C.: Sandy Elliot; Carol Stroble.
Salmon Creek C.C.: Steve Kenyon; Joan Muszak.
Sands Point G.C.: Jack Nick Jr.; Jane Stein.
Saratoga G. & Polo C.: D. Alan "Zeke" Collins; Beulah "Boo" Armstrong.
Scarsdale: Dave Toole; Johanna Smithers.
Schuyler-Meadows Club: Harry Wood; Mrs. Eli Reynolds.
Seawane Club: Ed Nusblatt; Eleanor Lerner.
Seven Oaks G.C.: Mark DeMellier; Jane Eaton.
Shaker Ridge: Mike Mina; Linda Smythe.
Shepard Hills: Guy Gleockner; Sharon Volante.
Shinnecock Hills G.C.: Robert L. Hoffmann; Ann Enstine.
Shorewood C.C.: Ronald Rys; Colleen Shubert.
Siwanoy C.C.: Greg Zorila; Paula Hannaway.
Six-S C.C.: Kirk Marshall; Sylvia D'Ariano.
Skaneateles C.C.: Don Lemp; Sue Sims.
Smithtown Landing: Russ Liss; Betty Lamattina.
Soaring Eagles G.C.: Ray Hoobler; Sharon Nunis.
Southampton G.C.: Ron McFarland; Linda Brennan.
Split Rock G.C.: Tony Housky.
Spring Lake G.C.: William Parks.
St. George's: Chris Vantuyl; Rose Schreiber.
Sunningdale: John Spitolney; Joan Easton.
Sycamore: Kevin Mahon; Barbara Categna.
Tam O'Shanter: Dan Jaffe: Joan Jampolis.
Tanner Valley: Glen M Schmidt; Tesh Guenthner.
Tan Tara C.C.: John Carlo, Jr.
Tarry Brae G.C.: Jack Jordan; Letty Steingart.
Tellgega C.C.: Tim Rees; Sue Sauer.
The C.C. of Rochester: Don Allen; Jane Bush.
The Creek: Stuart Titus; Susan Connors
The Elms G.C.: Paul Wilson; Jan LaBouef.
The Mill River Club: Richard Kniffen; Nikki Boverman.
The Park C.C.: Leon Smith; Nancy Rutter.
The Pomley Club: John Passonno; Wendy Burton.
The Rockaway Hunting Club: Fred Heath; Eva Byrnes.
The Tuxedo Club: Dave McGregor; Sara Abplanalp.
Towers C.C.: Howard Sarath; Dorothy Bass.
Transit Valley C.C.: Bradley Chase; Carolyn Mackett.
Twin Hickory G.C. Inc.: Bill Perkins; Teddy Ormsby.
Van Schaick Island C.C.: Ron Bissell; Jeannine Dufort.
Vassar G. Cse.: Lamar Smith.
Waccabuc C.C.: W. Whitfield Wells; Lynn G. Brockelman.

West Point G.C.: Neil Tosolini; Millie Ball.
West Sayville: George Nicholson; Lorraine McDowall.
Westchester C.C.: Donald Edwards; Maeve Cunningham.
Westchester Hills G.C.: Lou Spizzirro; Maria Ciaravino.
Wheatley Hills G.C.: Bob Navesky; Nora Dowdell.
Willows C.C.: Bob DeLuca; Alice Baker.
Wiltwyck G.C.: David Blakely; Shorty Chase.
Winding Brook C.C.: Scott Wood; Helen Golden.
Wolferts Roost C.C.: Charles F. Murphy Jr.; Mary Jo Kelly.
Wykagyl C.C.: Marty Connelly; Sue Witters.
Yahnundasis G.C.: Lance Winicki; Mimi Brown.

NORTH CAROLINA

Alamance C.C.: A. J. Ellington; Joyce Harkey.
Beechwood C.C.: Cleve Chappell; Rhonda Morris.
Bentwinds G. & C.C.: Dick Barham; Jenny McDaniel.
Biltmore Forest C.C.: Marshall Fall; Joan Clarke.
Boone G.C.: Guy Flynt; Margaret McNeil.
Brookwood: Phil Nickell; Bonnie Towe.
C.C. of Asheville: Jim Dawtin; Ann Brandis.
C.C. of Salisbury: John Henderlite; Jayne Hubbard.
C.C. of Sapphire Valley: Bob Albertson; Mary Woodward.
Cabarrus C.C.: Slate Tuttle; Betty Graham.
Cape Fear C.C.: Bob Cherry; Darlene Merritt.
Carmel C.C.: Walt Summerville; Byrd LeGrone.
Cedarwood C.C.: Alan Greene; Sharon Hinkle.
Charlotte: Arnold Edwards; Katy Shoemaker.
Cleghorn C.C.: Bob Jones.
Colonial C.C.: Larry Craven; Linda Marsh.
Connestee Falls C.C.: Hi Snowden; Virginia LaCour.
Cowans Ford C.C.: J.W. Rogers; Emily Erskine.
Deep Springs C.C.: Hugh Gill; Eloise Martin.
Duck Woods: Bob Sullivan; Miriam Becker.
Duke University G.Cse.: John Sale; Jane M. Lloyd.
Emerywood C.C.: Truman Kiger; Gay Tester.
Etowah Valley G.C.: Bill Lohr; Marie Allison.
Gates Four G. & C.C.: Greg Mayhew; Lenore Watts.
Glen Cannon C.C.: Jim Barnes; Gladys Tietgen.
Grandfather G. & C.C.: David Bailey; Patsy Rendleman.
Green Hill C.C.: Billy Griffin.
Highlands C.C.: Joe Rood; Pat Cabler.
Highlands C.C.: John Marbut; Anne Johnston.
Jamestown Park G.Cse.: Jerry Southern; Shirley McKarem.
Lakewood C.C.: Jim Freeman; Matilda West.
Mimosa Hills C.C.: Brian Burgess; Barbara Felker.
Monroe C.C.: Bill Holloway; Pat Tyson.
Morehead Cioty C.C.: Lee Duncan; Patty Johnson.
Mt. Aire G.C.: Ed Sexton; Jan Gambill.
Mountain View G.Cse.: David Setser.
Myrick Hills C.C.: Bobby Holt; Nona Boehl.
Oak Grove G.C.: Robert K. Veeder; Pamela D. Taylor.
Old Fort: Glenn Schronce.
Penn Rose Park C.C.: Mike Goodes; Sue McMichael.
Pine Island C.C.: Larry Yount Jr.; Marge McGee.
Red Fox: Ray Rankin; Vivian Wright.
Richmond Pines C.C.: Jim Rachels; Susan Clark.
River Bend G.C.: Frank Helton Jr.
Rutherfordton G.C.: Bill Blair.

321

1983 CHAMPIONS

Seven Lakes C.C.: Archie Simmons; Vi Schlup.
Shamrock G.C.: Mike Roshelli; Nelle Neal.
Springdale C.C.: J.P. Clark; Kit Savana.
Stanly County C.C.: Chris Estridge.
Statesville C.C.: Hank Walters; Billie Laminack.
The Cardinal G.C.: Bobby Craven; Linda Whicker.
Tri-County G.C.: Jeff Marshall.
Tryon C.C.: Fred Edwards Sr.; Inky Cloud.
Whiteville C.C.: Ernest Cain; Margaret T. Will.
Wildcat Cliffs C.C.: Joe W. Rood; Pat Cabler.
Wildwood C.C.: Dan Ragan; Kathy Burke.
Wilson C.C.: Julian Dempsey; Rita Spencer.
Wolf Creek G.C.: Daniel Thore.
Zebulon C.C.: Dale Beck; Barbara Collie.

NORTH DAKOTA

Apple Creek C.C.: Tim Haas; Sandy Eggebraten.
Edgeley C.C.: Andrew S. Persson; Mary Ann Anderson.
Fair Oaks G.C.: Wade Herbel; Sharon Martens.
Fargo C.C.: Joe Mayer; Linda Moses.
Grand Forks C.C.: Brud Herberger; Maxine Schneider.
Harvey G.C.: Ron Torkelson; Annette Kost.
Hettinger C.C.: Tom Poswilko; Marian Wagendorf.
Kenmore C.C.: Gary Hager; Margret Zimmer.
Langdon C.C.: Kent Ferguson; Kathy Snortland.
Leonard G.C.: Kim Richards.
Lincoln Park: Ron Wilkening; Cathy Cook.
Maddock G. & C.C.: Brad Arne.
Mayville G.C.: Terry Tabor; Vickie Arneson.
Memorial Park C.C.: Gerald Gordon.
Minot AFB: Alan Chapman; Trudy Carlton.
Oxbow C.C.: Ric McClellan; Terry Hanson.
Valley City Town & C.C.: John Summers; Sharon Ford.
Watford City G.C.: Scott Swenson; Merle Daley.

OHIO

Alliance C.C.: Michael Siefke; Norma Teeple.
Athens C.C.: Ray Finnearty; Nancy Rue.
Aurora C.C.: Jack Gardina; Lois Eichenberg.
Avon Oaks C.C.: James A. Grace; Sallie Miller.
Beckett Ridge C.C.: Brad Franks; Inez Richley.
Bellefontaine C.C.: Jeff Yoder; Edith Herres.
Belmont C.C.: Bruce Kampfer; Sue Cavalear.
Blackhawk G.C.: Steve Rieker.
Blue Ash G.C.: Tom Reinhold.
Bluffton: Dan Arnett; Florence Weber.
Broadview G.C.: Charlotte Key.
Brookside C.C.: Dan Belden Jr.; Dori Reiter.
Brookside G. & C.C.: David Leggett; Lee Ann Igoe.
Brown's Run C.C.: John Kramer; Mary Herrmann.
C.C. of Ashland: Tom Castor; Jane Rhoads.
Canterbury G.C.: Bob Fairchild; Gail Lipski.
Chagrin Valley C.C.: Ray Skidmore; Sue Spino.
Chillicothe C.C.: Dave Bunstine; Jane Climer.
Cincinnati C.C.: Carl Tuke; Louise Kepley.
Clearview: Ralph Petros Jr.; Marcella Powell.
Coldstream C.C.: Carl F. Tuke Jr.; Bernice Gallagher.
Columbus C.C.: Robert K. Peterson; Becky Uritus.
Community C.C.: Carl Bidwell; Darlene Cloud.
Congress Lake Club: John Maconachy; Ruth Aucott.
Crest Hills C.C.: Stuart Silverman; Marlyn Elkus.
Dayton C.C.: James C (Skip) Snow; Winnie Wheeler;
Suzanne Finke.
Erie Shores G.C.: Daniel E. Duff; Gail R. Albertsen.
Fairlawn C.C.: John McGohan; Lois Kannen.
Findlay C.C.: Jim Herrin Jr.; Lil White.
Flying "B" G.C.: Mark Barrett; Holly Ritchie.
Forrest Creason G.C.: Don Steinker; Shelby Appelbaum.
Fox Den Fairways, Inc.: Larry Brinkley; Opal Haury.
Fremont C.C.: Rob Hall; Laura Beck.
Glengarry C.C.: Judd Silverman; Shirley Levine.
Green Hills G.C.: Randy Keegan; Marg Effinger.
Greene C.C.: Joe Reichley; Diana Schwab.
Greenville C.C.: Joan Albright.
Hawthorne Valley C.C.: Gary Krupkin; Carol Frischman.
Hickory Hills G.C.: Rick Harvey; Vivian Vanos.
Hidden Valley G.C.: Walt Guider; Cozette Harger.
Highlander: George Hinton; Cindy Misheff.
Highlands G.C.: Tim Murray; Martha Abbott.
Hillsboro Elks: Greg Waggoner; Linda Duckwall.
Hocking Hills C.C.: Gene Charney; Georgann Engle.
Ironton C.C.: Doug Ison; Shanna Collins.
Ironwood G.C.: David Plassman; Wanda Knox.
Jack Nicklaus Sports Center: P.J. Marzluff; Pat Kisro.
Kent State University: Steve Sandomierski; Clara Goss.
Kenwood C.C.: Jack Kraemer; Gerri Stoffregen.
Kettenring C.C.: Hall DeMent; Phyl Mendenhall.
Kountry Klub: Charles Weber; Tee Teaford.
Lakeland G.C.: John Addington.
Lancaster C.C.: Allan Vlerebome; Virginia Pickering.
Legend Lake G.C.: John Tullio; Frema Rauh.
London C.C.: Ron Sebastian; Rheba Smith.
London Meadows G.C.: Dave Conrad; Dorothy Kirian.
Losantiville C.C.: John Olman; Judy Solomon.
Madison C.C.: Tom Richards; Judy Dunning.
Marion C.C.: David Wigton; Marlene Sellers.
Mayfield C.C.: Billy Bierman; Jeanne Farner.
Meadowbrook G.C.: Steve Wagenfeld; Marilyn Smith.
Meadowood C.C.: Robert M. Furber; Janice Wells.
Medina C.C.: Bobby Bates; Jean Pritchard.
Memorial Park G.C.: Ron Morrison; Edith Bell.
Miami Valley G.C.: Gene Monnette; Floris Fortune.
Miami View C.C.: Tim Mittlehauser; Jane DeGroff.
Mohican Hills G.C.: Kelly Case; Vera Zuercher.
Moraine C.C.: John Sherman; Alice Eshelman.
Moundsbuilders C.C.: Bill Fetter; Susan Litwiller.
Mt. Vernon C.C.: Barry Thomson; Barbara Barry.
Muirfield: Tom Kelley.
NCR C.C.: Dave Novotny; Jamie Wise.
Norwalk Elks C.C.: Merv Thomas Jr.; Betty McCarty.
Oak Harbor Club: Mark Ihoe.
Oakhurst: Jeff LeMaster; Peggy Frazier.
Oakwood Club: Stuart Neye; Doris Weil.
Oberlin Golf: Jim Cowan; Mary Ann Landgraf.
Ohio State University: Phil Gaible; Dorothy Lane.
Orchard Hills C.C.: Brad Stoller; Grace Sancholtz.
Paradise Lake C.C.: Bert Cruz; Emily Hicks.
Pine Hill G.Cse.: Bill Stebelton; Ruth Meadows.
Pine Hills G.C., Inc.: Ralph Wearsch; Darlynn Reeve.
Pine Ridge C.C.: Jeff Denslow; Patricia L. Perme.
Pine Valley G.C.: Carl McGrath; Betty Kleiza.
Piqua C.C.: Gene Bayman; Mrs. Frank Dearmond.
Pleasant Hill: Ed Steiber.
Pleasant Run G.C.: Scott Hahn; Jan Blum.
Pleasant Valley G.Cse.: Mike Brady.

1983 CHAMPIONS

Pleasant View G.C.: Andy Chlebeck Sr.; Bobbi Davis.
Plum Brook C.C.: Pat Collins; Jodie Logan.
Quail Hollow Inn: Gary Rusnak.
Riverview C.C.: Tom Ballinger; Gail Murney.
Riviera C.C.: Mike Wileman; Sue Blackburn.
Rosemont C.C.: Jerry Sude; Jan Ostrov.
Running Fox G.C.: Rick Spires; Mary Lou Rawlins.
Salem G.C.: Jeremy Rousseau; Florence John.
Scioto C.C.: Jack Heslev; Lou Petropoules.
Sebring C.C.: Brent Tice; Kathy Poulakos.
Seneca G.Cse.: George Hudak.
Seneca Hills: Jerry Kuhn.
Shady Hollow G.C.: Raya Bush; Lucy Runion.
Shaker Heights C.C.: John Koch Jr.; Mary Rydzel.
Shaker Run G.C.: Karl Heffner; Marcia Wolfe.
Sharon G.C.: Pete Bilinovich.
Shawnee C.C.: Bruce Burden; Phyllis Hill.
Shawnee Lookout: Bill Blevins.
Shelby C.C.: Jeff Mawhorr; Jean Kempf.
Sleepy Hollow C.C.: Craig Clarke; Marge Stroup.
Sleepy Hollow G.C.: Bill Houle; Janet Scagnetti.
Springdale C.C.: Bob Jonap; Mary Beth Schneidler.
Springfield C.C.: Jack Sayers; Peggy Black.
Squaw Creek C.C.: Eddie Kline; Ethel Wagman.
Steubenville C.C.: Howard Peterson; Julie Criss.
Sugar Creek G.C.: M. Shaw; T. Shaw.
Sycamore Creek C.C.: Terry Pryor; Ann Gregory.
Sycamore Hills G.C.: John Faist; Terri Gruner.
Table Rock G.C.: Steve Hammer; Judy Whited.
Tanglewood C.C.: Wayne Burge; Kathy Hays.
Terrace Park C.C.: Bill Marquardt; Marianne Shinn.
The Camargo Club: R.F. Gerwin; Mrs. M.F. Lillard.
The Country Club: Michael Gleason; Jean Conrad.
Thornwood: Bill Kennedy; Brenda Birch.
Tippecanoe C.C.: Ken George Jr.; Lynn Myers.
Toledo C.C.: Tom VanDeusen; Josie Freeman.
Troy C.C.: John Carmichael; Jane Adkins.
Trumbull C.C.: Bob Lewis Jr.; Sherry Kline.
Turkeyfoot Lake Golf Links Inc.: Tom Stack; Judy Giovainni.
Twin Springs: Homer Sturgeon.
Valley G.C.: Roger Crowell; Ethel Donchess.
Valley View G.C.: David Virden.
Walden G. & T.C.: Ray Lesoganich; Pauline Perry.
Walnut Grove C.C.: Fred Jefferson; Cathy Jefferson.
Weatherwax G.C.: Ben Morrison; Marianne Morris.
Westbrook C.C.: Al Hager; Belinda Marsh.
Western Hills C.C.: Don Hunscle; Mary Lou Gray.
WGC G.Cse.: Rich Taylor; Dorothy Montgomery.
Wildwood C.C.: Jim Skotnicki; Jill Philley.
Winding Hollow C.C.: Alan Wasserstrom; Betty Schiff.
Woody Ridge G.C.: Al Shuty; Ellen Lawrence.
Wooster C.C.: Steve Landers; Cindy Mathis.
Wyoming G.C.: Bob Stewart; Robin Stewart.
York Temple C.C.: Chuck Smith; Elaine Greenhalge.

OKLAHOMA

Boiling Springs G.C.: Dale Oldham; Jan Stipp.
Cedar Ridge C.C.: Steve Nelson; Carma Grigsby.
Cedar Valley: Wencel Cotter; Irene Harzman.
Cherokee Grove G.C.: John Bizik; Barbara Smith.
Cordell G. & C.C.: Jerry Burrows.
El Reno G. & C.C.: Steve Felton; Bille Kay Fogg.
Ft. Sill G.C.: Preston Edmondson; Dory Beltson.
Golden Green G.C.: Sam Hendrix.
Indian Springs C.C.: Terry Collier.
Kicking Bird: Terry Evans; Kim Brecht.
Lake Hefner: Terry Otoole; Louise Holmes.
Lew Wentz Public: Jimmy Begwin; Lucy Souligny.
Lindsay Municipal G.C.: Don Sinclair.
Oak Tree G.C.: Quinton Gray.
Ponca City C.C.: J.B. Haon; Gene Morse.
Shawnee C.C.: Charles Hill.
Southern Hills C.C.: Joey Dills; Mary Lou Scharf.
Tulsa C.C.: Eric Mueller; Betty Bonsper.

OREGON

Agate Beach G.C.: Chuck Hiber; Pearl Burntrager.
Alderbrook G.C.: Jeff Neal.
Astoria G. & C.C.: Jeff Leinassar; Jeannie Vasey.
Bear Creek: Jim Vitale; Marilyn Fernandes.
Bermuda Hills G.C.: Gary Davis.
Cedar Links G.C.: James Clayton; Debby Endicott.
Columbia Edgewater C.C.: Bill Morrison; Molly Cronin.
Coquille Valley Elks G.C.: John Novak; Jean Powers.
Corvallis C.C.: Forest Evashevski; Barbara Cameron.
Crooked River: Doug Hixson; Pat Standley.
Echo Hills G.C.: Dick Sedgwick; Dixie Ross.
Elkhorn Valley: Jeff O'Neil; Maxine Hartman.
Emerald Valley: Ron Skayhan; Dorris Larkin.
Forest Hills C.C.: Keith Tymchuk; Carmen Akins.
Forest Hills G.C.: Ray Carder; Betty Weber.
G.C. of Oregon: Joe Myers, Don Cowgill; Helen Griensewic.
Marysville G.C.: Joe Donahue; Charlotte Ortman.
Mountain View G.C.: Dave Coffin; Kathie Morris.
Mt. Hood G.C.: Bill Parker; Ruby Langlois.
Oak Knoll G.C.: Lee Hoffman; Liz Chaffin.
Oregon City Golf: Don Osborne.
Oswego Lake C.C.: Howard Slocum; Patty Bethune.
Pendleton C.C.: Doug Nelson; Barbara Nelson.
Reames G. & C.C.: Greg Beosterhous; Barbara Thomas.
Rogue Valley C.C.: George Daves; Bunny Casey.
Santian C.C.: Randy Wolf; Marie Galloway, Judy Humphrey.
Senior Estates: Warren Havery; Fern Lewis.
Shadow Butte G.C.: Ron Rettig; Sharon Wapa.
Springfield C.C.: Scott Shilling; Barbara Konstan.
Sutherlin Knolls G.C.: Bob Lamborn; Lou Walker.
The Dalles C.C.: Allen Phillips; Darlene Barber.
Tokatee G.C.: Bob Brown.
Wilson's Willow Run G.C.: Dennis Gronquist; Sally Green, Emma Docken.

PENNSYLVANIA

Indian Valley C.C.: Kelly Gutshall; Sue Byerly.
Alcoma G.C.: Dave Borkovich; Ida Jean Geary.
Allegheny C.C.: Chuck Hansen; Phylis Semple.
Ashbourne: Brian Rothaus; Laura Berkowitz.
Atlantic City: Terry Sawyer.
Bala: Harry Shultz; Myra Schecter.
Beaver Lakes C.C.: Tom Phillips; Jodi Figley.

1983 CHAMPIONS

Bedford Elks C.C.: Mike Arnold; Betsy Walton.
Berkleigh C.C.: Adam Leifer; Nancy Stone.
Berkshire C.C.: Scott Gerhart; Mary Ellen Hafer.
Berwick G.C.: Jack Masich; Delores Kapsak.
Bethlehem Municipal C.C.: Miguel Biamon; Dawn Wentz.
Blue Mountain C.C.: Gene Paioletti.
Blue Ridge C.C.: Warren Gittlen; Linda Rubin.
Brackenridge Heights C.C.: Gary Weleski; Mary DiGirolamo.
Brookside/Allentown: Andrew J. Hydorn; Marie Bond.
Butlers G.C.: Rick Davis.
C.C. of Harrisburg: John Wolfinger; Janet Caldwell.
C.C. of Northampton County: Tom Hughes; Anne LaBarr.
C.C. of Scranton: Tim Burns; Peggie O'Connor.
Carlisle Barracks G.C.: Paul Kirkegaard.
Cedarbrook C.C.: Robert Cummings; Jo Greco.
Chartiers C.C.: Steve Brewton; Fran Bruni.
Chester Valley G.C.: Chris Terebesi; Irene Albano.
Chestnut Ridge C.C.: Rick Markulin; June Morrow.
Cliff Park: Dianna Bartley, Carol Haas.
Clinton C.C.: Rick Everett; Mary Lou Brandt.
Coatesville C.C.: Sam Forese; Erma Keyes.
Colonial C.C.: Ed Davies; Beth Ward.
Concord C.C.: Brad Waller; Sue Trombley.
Conestoga C.C.: Andy Olcott; Collette Meyer.
Conewango Valley: Joe Gerstel; Barb Swanson.
Del-Mar G.C.: Robert Buzarn; Pam Taylor.
Eagle Lodge C.C.: Tom Conboy; Chris Pyffer.
Eagles Mere C.C.: Bob Rider; Nona Baker.
Edgewood C.C.: Les Neilly; Barbara Russell.
Edgmont: Bill March.
Elkview C.C.: Vince Scarpetta Jr.; Key Derichie.
Flourtown: Bob Pflaumer.
Frosty Valley C.C.: Jack Foust; Sandra Christian.
Glen Oak C.C.: Edward Gregorczyk; Lynn Pearl.
C.C. of York: John Flinchbaugh; Connie Shorb.
Green Valley C.C.: Bill Harmelin; Jan Albert.
Greenburg C.C.: Tom Smith; Jill Moore.
Greenville C.C.: James Hodge; Ann Price.
Hannastown G.C.: Larry Smith.
Hanover C.C.: Jim Rhoades; Sue Sullivan.
Hawk Valley G.C.: Ted Ansel; Denise Zimmerman Collins.
Heidelberg C.C.: John Guenther; Arlene Bausher.
Hershey Pocono Resort: Chris Mondero.
Hershey's Mill G.C.: J. Thomas Macon; Margaret E. (Peg) Rogers.
Hi-Point: Keith Wilson.
Holly Hills C.C.: Richard O'Coners; Barbara Taylor.
Honey Run G. & C.C.: Scott Knouse; Angie Bensel.
Immergrun G.C.: Fred Rupert.
Indian Mountain G.Cse.: John W. Stemler.
Indian Springs: Kelly Gutshall.
Iron Masters C.C.: Garth Honsaker; Patti Dodson.
Jackson Valley C.C.: Greg Bender; Nancy Hillard.
Jeffersonville G.C.: Joseph Galie.
Johnstown Elks C.C.: Terry Kosanovich; Sharon Delic.
Kahkwa: Dave Ciacchini; Mary Anne Fessler.
Kimberton G.C.: James Kelly; Edith Hays.
Lake Shore C.C.: Dick Ambrose; Kay Mehalko.
Lancaster C.C.: Ron Reese; Rosa Eshelman.

Lawrence Park G.C.: Tony Pepicello Jr.; Evelyn Smith.
Lebanon C.C.: Pete Gebhard; Janet Schulte.
Lehigh C.C.: Andy Kistler; Nancy Haldeman.
Lehman G.C.: Jack Zarno; Betsy Blackman.
Lewistown C.C.: Larry Hutchinson; Dottie Zeiders.
Llanerch C.C.: Jimmy Robertson.
Ligonier C.C.: Dave Carrera; Faye Sossong.
Little Creek G.C.: Casey Leese.
Llanerch C.C.: James Robertson; Patricia Comly.
Longue Vue Club: George Benson; Sallie Royston.
Lords Valley C.C.: Ron Bloom; Dolores King.
Lost Creek: Pete Kohan; Ardith Veisley.
Lulu C.C.: Steve Daley; Ilene Seiver.
Manada G.C.: Michael Kanoff Jr.
Manufacturers G. & C.C.: Greg Hardin; Ann Dooling.
Mays Landing: Mike Goff.
Meadia Heights G.C.: Ken Phillips; Erni Montgomery.
Meadowink: Ted Kuharski; Susan Tanto.
Melrose: Billy Neusidl.
Merion G.C.: Carl Everett; Carol Cook.
Middlecreek G.C.: Roger Young; LaVerne Pritts.
Mon Valley C.C.: John Pollock; Ginny Jones.
Moselem Springs G.C.: Jeb Whitman; Nancy Codi.
Mt. Odin Park G.C.: Dave DeNezza; Mariann DeNezza.
Neshaminy Valley G.C.: David Ketchen.
Nittany C.C.: Don Deitrich; Donna Litke.
North Hills: Robert Lazar.
Oak Tree C.C.: Sam Santis; Nancy Denucci.
Oakland Beach G.Cse.: Charles D. Wishart; Barbra Young.
Oakmont C.C.: Charles Wagner; Michelle Michanowicz.
Old York Road C.C.: Nevin Sutcliffe Jr.; Mrs. D. Rolfe.
Overbrook: Jim Kania.
Outdoor C.C.: Dennis Lankford; Mary Lou Wonderly.
Park Hills C.C.: Merrill Hoover; Jackie Delgrusso.
Penn National G.Cse.: Norm Shaw.
Penn Oaks C.C.: Bill Casto; Gail Brown.
Pennhills Club: Fred Smith; Justine Frey.
Philadelphia C.C.: Dick Smith; Donna Heckscher.
Phoenixville C.C.: Michael Domenick; Barbara Tillman.
Pine Acres C.C.: Kirk Stauffer; Mary Piganelli.
Pitman: Scott Schumacher.
Pittsburgh Field Club: J. Mark Veenis; Linda Clark.
Pleasant Valley: John Smithson; Rose Strehko.
Plymouth C.C.: Brett Deemer; Patty Sayre.
Radley Run C.C.: Hal Zuber; Barbara Regester.
Range End C.C.: Bob Stark; Marian Fausnacht.
Reading C.C.: Fred Tyler; Joann Heller.
Red Lion C.C.: Jeff Poet; Nancy Blake.
River Forest C.C.: Douglas Atwater.
Riverton: Tom Morgan.
Rolling Acres: Charles Herman.
Rolling Green G.C.: Peter Allen; Nancy Hayden.
Rolling Hills C.C.: Bob Philips; Doris Long.
Rolling Rock Club: William J. Hoffman; Janet Baton.
Rydal C.C.: Wayne Spielman; Rosalie Goldstein.
Sandy Run: Tom Conboy.
Schuylkill C.C.: Bill Jones III; Jane Saricks.
Scotch Valley C.C.: Mark Treese.
Scotch Valley C.C.: Mark Treese; Marge Hommer.
Seven Oaks C.C.: Denny Steranchak; Phyllis Francis.
Seven Springs Resort: Tim Hoza; Tammy Wilders.
Sewickley Heights G.C.: Casey Courneen; Lisa Scally.

1983 CHAMPIONS

Sinking Valley C.C.: Patsy Del Baggio; Pey Nearhoof.
South Hills C.C.: Roger Entress; Peggy Entress.
South Park G.C.: Steve Misgalla; Terry Ciolli.
Spring-Ford C.C.: Mont Nettles; Mrs. Walter Elliott.
St. Clair C.C.: Jim Guernsey; Suzy Broadhurst.
St. Davids G.C.: Stuart Burns; Mrs. T. David Shihadeh.
Sugarloaf G.C.: Steve Sannie; Cathy Gugdish.
Sunnehanna C.C.: Dave Yerger; Ericha Benshoff.
Sunnybrook: R. Cheston; Mrs. M. Barlow.
Susquehanna Valley C.C.: Jeff Miller; Barbara Pagana.
Tamimont Resort: Lazlo Szedely; Sylvia Gerard.
Tanglewood G.C.: William Schuman; Peg Schuman.
Tanglewood Manor: Greg Rohrer; Linda Strickler.
The Country Club: James Heald; Shirley Gehrt.
The Montrose Club: Rober (Dobber) Millard; Lois Reimel.
The Pinecrest C.C.: Lanny Fields; Bonnie Hawk.
Towanda C.C.: Del Stamer; Winnie Kerrick.
Tower Vue C.C.: James Cipriani; Betty Hood.
Town Woods Golf: John Snyder; Sandra Dresher.
Valley Brook C.C.: Joe Deering; Cheryl Darden.
Warango C.C.: John Bracken.
Washington C.C.: Mark Giaquinto; Marian Pirih.
Water Gap C.C.: John Vecchio; Jane Dashine.
Waynesboro G.Cse.: Faron J. Stoops.
West Shore C.C.: Hank Johnson; Sally Hopkins.
Westmoreland: Arnold Horelick; Myrna Kline.
Westover: Doug Surine.
White Deer G. Cse.: Rick Rodgers; Yvonne Spencer.
White Manor C.C.: Don Donatoni; Angela Shanaughy.
Whitford C.C.: Norma Jean Kratz.
Wildwood G.C.: William Lupone Jr.; Ruth Schultz.
Williamsport C.C.: W. J. Choate; Valerie J. Krick.
Willow Brook G.C.: Joe Gerny.
Willowbrook C.C.: Joel Brayton; Ann Donaldson.
Woodcrest: Lee Tobin.
Yardley C.C.: Russ Oakes; Barbara Nini.
Yorktowne G.C., Inc.: Tim Trone.

RHODE ISLAND

Country View G.C.: Steve Gurka.
Coventry Pines G.C.: Greg Gammell; Estelle French.
Foster C.C.: Steve Kettle; Edna Robinson.
Green Valley C.C.: William Johnson; Linda Hill.
Kirkbrae C.C.: Ed Kirby; Mary Lou Ketchum.
Laurel Lane G.Cse.: Gary Drake; Holly Pond.
Montaup C. C.: Joe Alves; Donna Jasinski.
Pawtucket C.C.: Peter Troy; Barbara Marceau.
Pt. Judith C.C.: Frederick Wilson; Mildren Knight.
Rhode Island C.C.: Steve Prout; Betty Goggin.
Seaview C.C.: Gary Carlson; Ellie DeAngelis.
Wanumetomomy: Junie Ferro; Janice Golden.

SOUTH CAROLINA

C.C. of Lexington: Randy Amick; Jan Lowman.
C.C. of Spartanburg: Mack Pettit; Putsy Wardlaw.
Calhoun C.C.: Jack Flintom; Betty Prickett.
Carolina Shores: Bill Haupt; Helen Morrison.
Carolina Springs G. & C.C.: William Chamblee Jr.; Connie Petersen.
Clio C.C.: Beau Hubbard; Vickie Heher.

Dunes G. & Beach Club: Glenn Mosack; Clara Jane Pou.
Fairfield C.C.: Chip Sims; Grace Frazier.
Fairfield Ocean Ridge: Ames Wells; Amy Connor.
Forest Lake Club: Frank Turner; Katherine Salley.
High Meadows C.C.: Casey Smith; Jenny Rosenberg.
Litchfield C.C.: Mike Andrews; Adele Hewitt.
Long Cove Club: Vance Fulkerson.
Parris Island G.C.: Terry Rust.
Persimmon Hill: Chris Keeler; Ivy Jones.
Pocalla Springs C.C.: Jimmy Griffin; Bunny McKenzie.
Ponderosa C.C.: Bucky Grice.
River Hills C.C.: Jay Hopkins; Sheila Hopkins.
Seabrook G.C.: Ollie Kelly; Sarah Rhodes.
Shadowmoss C.C.: Keith Murphy; Joan Lowery.
Shipyard G.C.: Jeff Osler.
Spring Valley: Chris McKay; Nita Brunson.
Star Fort National: Chris Barnes; Angie Coursey.
Wild Dunes: Dick Horne; Shirley Beckman.

SOUTH DAKOTA

Arrowhead C.C.: Mike Brummer; Lisa Masters.
Britton C.C.: Al Sime; Dorelle Dugdale.
Dell Rapids G.Cse.: Max Merry; Mary Berge.
Madison G. & C.C.: Dick Fawbush; Karen Schultz.
Milbank C.C.: Todd Dravland; Ruth Christopherson.
Minnehaha C.C.: Paul Rooney; Kris Tschetter, Phyllis McQuillen.
Parkston C.C.: Claude Miller; Lois Weidenbach.
Watertown C.C.: Mike Drake; Joyce Unger.
Westward Ho C.C.: Mark Amundson; Karen Krsnak.

TENNESSEE

Carnton C.C.: Charles Gore; Sharon Gore.
C.C. of Bristol: Joe Butt, Pat Wampler.
Cedar Hills C.C.: Jim Hellard; Reba Richmond.
Chattanooga C.C.: Jeff Sherrill; Doris Lail.
Cherokee C.C.: James F. Goodson; Joan Wallace.
Cleveland C.C.: Tim Scott; Maggie Scott.
Davy Crockett G.C.: J. B. Hatfield.
Farmington C.C.: William F. Dugan; Maureen Gray.
Gatlinburg: Joe Barnes; Judy Catlett.
Hillwood C.C.: Bob Francis; Betty Chapman.
Hohenwald Golf & Rec. Club: Arelus Dye.
Houston Levee G.C.: Danny Millsaps; Sally Wagner.
Hunters Point G.Cse.: Mark Nicholson; Mary McIntoch.
Johnson City C.C.: Sammy Grogg Jr.; Letha Grogg.
Lebanon G. & C.C.: Morris Ferguson; Linda McDearman.
Link Hills C.C.: Walter Chapman Jr.; Karen Socha.
Memphis C.C.: Roy Moore; Beth Walthal.
Morristown G. & C.C.: Jack Miller.
Pinecrest C.C.: Tim Jackson; Martha Nicholson.
Ravenwood G.C.: Bun Gibson; Ann Miller.
Richland C.C.: Joe Bostick; Margaret Whitley.
Riverview G.Cse.: Buck Kirkland.
Signal Mountain G. & C.C.: Ed Brantley; Jean St. Charles.
Skyview C.C.: Buzz Maddox
Springfield C.C.: Steve Head; Angie Jones.
Stonebridge C.C.: Will Sowles; Sandy Hartley.
Stones River C.C.: Tom Provow; Karin Rader.
Temple Hills C.C.: Brad Hoot; Kelly Brannon.

1983 CHAMPIONS

Whitehaven C.C.: Ken Garland; Sally Andrews.
Woodmont C.C.: Seth Eskind.

TEXAS

Amarillo C.C.: Tom Doughtie; Juanita Jones.
Andrews C.C.: George Averyt; Lanell Guelker.
Austin C.C.: Roane Puett; Pat Gainer.
Bear Creek Golf World: Phil Bernet; Sally Widacki.
Borger C.C.: Jody Richardson; Mary Kay Garrett.
Canyon C.C.: Brian Bim; Marge Morgan.
Chambers County: W. C. Brown; Vivian Durham.
Cherokee C.C.: J. O. Crosby; June Crosby.
Coronado C.C.: Bruce Duncan; Mary Hoover.
Corpus Christi C.C.: Ben Wallace; Harriet Null.
Corsicana: Don Marett; Patty Bizzell.
Dallas Athletic Club: Tom Turrentine; Pam Behrens.
Dallas C.C.: Charles Adams; Helen Blair.
Diamond Oaks C.C.: Arnold Salinas; Debbie Galchutt.
Eldorado: James Yeager; Joanne Cotten.
Freestone C.C.: George Vincent Jr.
Friendswood C.C.: Gary Sellers; Gayle Conner.
Friona C.C.: Scot Straw; Jackie Wells.
Ft. Bliss Golf Association: Ernie Collins; Charline Jacoby.
Harlingen C.C.: Gary Wilson; Helen Volckmann.
Hearthstone: Don Davis; Lee Barnhart.
Holly Lake G.C.: Steve Niles; Janet Pickens.
Horizon Resort & C.C.: Will Bonneau; Jean Sellman.
Houston C.C.: Bonham Magness; Preston Crow.
Hurricane Creek C.C.: Mel Shaffer; Penny Trosper.
Keeton Park G.Cse.: Forrest Fryar.
Kelly AFB: Rick Sargent; Lupe Proctor.
Kingwood C.C.: Curtis Wolfe; Junko Elliot.
L. B. Houston G.C.: Bob Frady.
Lake Kiowa C.C.: Gary Atterbury; Betty Stephens.
Like Oak C.C.: Fred Winstead; Mary Andres.
Longview C.C.: James Gillentine; Debbie Cupit Plaxco.
Lubbock C.C.: R. A. Jennings; Lane Foster.
Magnolia Ridge C.C.: Billy Cain; Debbie Haynie.
Marlin C.C.: Steve Minor; Ann C. Price.
McAllen C.C.: Rhett Morrow; Sarah Thomas.
Mill Creek G. & C.C.: Dennis Hobbs; Laverne Winters.
Newport C.C.: Mike Muckleroy; Barbara Imboden.
North Plains C.C.: Gene Sherman; Margaret Whitehead.
Northridge C.C., Inc.: David Curtis; Kay Adair.
Oak Grove C.C.: Bobby Lankford; Alice Tankersley.
Oakridge C.C.: Jim Ross; Aline Ozanne.
Oakridge Park G.C.: Kevin O'Brien; Jean Ray.
P.A.R.C.C.: Johnny Newhouse; Syble Spies.
Panorama C.C.: Lou Chenault; Mosie Myers.
Pecan Grove Plantation; Terry Archer; Fran Gregor.
Pecan Plantation; Bill Boysen; Alma Gutweiler.
Pharaohs C.C.: Jim Grigsby; Arnette Clark.
Pine Forest C.C.: Fred Kyselka; Linda McReynolds.
Ranchland Hills C.C.: Ron Hicks; Sandy Wilkerson.
Raveneaux: Viviano Villarreal.
Ridgewood C.C.: Lewis McCall; Mrs. David Wheelis.
River Hills C.C.: Bronson Certain; Ann Neese.
Riverview C.C.: George Marshal; Mildred Sockwell.
Rolling Hills C.C.: Phil Lumsden; Mary Ann Walker.
Sherrill Park: Greg Morrison; Mary Lou Jordan.
Sleepy Hollow G. & C.C.: Joe Driver; JoAnne Burleson.

Starcke Park G.C.: Tom Ryan.
Stephen F. Austin C.C.: Warren Kovar; Ethel Donnelly.
Stevens Park: Ray Hanks; Denise Dion.
Stratford C.C.: Gary Lundberg; Sharon Harrington.
Sugar Creek C.C.: W. Dalton Tomlin.
Sunset C.C.: Audie Bates; Billie Uzzell.
Tapatio Springs C.C.: Jim McAleer.
Tascosa C.C.: Jerry Boeka; Ruby Holmes.
Tenison Park: Mark Steiner; Margie Zuber.
The Shores C.C.: Ken Smith; Tommie Brian.
Walden on Lake Conroe: Walt Lamb; Helen Bradley.
Waterwood National C.C.: Jerry Chain; Flo Bloukas.
Wood Crest C.C.: Chuck Steeno.
Woodhaven C.C.: Ken Sykes; Toni Wiesner.

UTAH

Ben Lomond G.C.: Danny Brown; Kathy MacDonald, Mary Johnson.
Bountiful City G.C.: Steve Poulson; Kim Burnett.
Brigham City: Doug Jensen; Alma Bryant.
Canyon Hills Park: Ted Sperry; Debbie Sanders.
Dinaland G.C.: Craig Hart; Gerrie Buckalew.
Forest Dale G.C.: Carolyn Eklund.
Glendale G.C.: Ben Noda; Melva Brown.
Golf City: Tammy Weese.
Hill AFB: Paul Christiansen; Sharyn Shinney.
Hobble Creek G.C.: Craig Norman; Jan Hitchcock.
Logan G. & C.C.: Allen Lewis; Norma Facer.
Mountain View: Greg Gust; Gwen Adams.
Ogden G. & C.C.: Kenneth C. Andrews; Veda Ferguson.
Riverside C.C.: John Taylor; Linda Leftwich.
Schneiters Riverside: Brett Schneiter; Cindy Robinett.
Spanish Oaks G.Cse.: John Bingham; Vivian I. Gardner.
Timpanogas: Garth Ford; Mary Norman.
Valley View G.C.: John Harris; Marta Aardema.

VERMONT

Basin Harbor Club: Fran Larkin; Tede Mink.
Bomoseen G.C.: Jack Wasik; Janet Greiner.
Bradford G.C.: Mike Maxwell.
Burlington C.C.: Scott Delaire; Marcy Fagan.
Equinox Links Club: Bill West; Lucia Duddy.
Kwiniaska G.C.: Tom Havers; Barbara Munnett.
Lake Morey C.C.: Lee War; Gay Gahagan.
Manchester C.C.: Stuart Ledbetter; Ann Waters.
Montague G.C.: David Barnard; Alma Griffin.
Montpelier C.C.: Joe Salerno; Rosemary Trombley.
Mt. Snow C.C.: Bob Storey; Sheila Kaufman.
Newport C.C.: Gary Girard; Dale Girard.
Quechee Lakes: Donald Brief; Nancy Guerin.
Rocky Ridge C.C.: Bob Maritano; Ethelyn Bartlett.
Williston: Jay Corbett; Mickie Lacroix.
Woodstock C.C.: Phil Gramling; Marjorie Kurash.

VIRGINIA

Augusta C.C.: Mark Reed; Nancy Sechrist.
Bermuda G.C.: Wilma Perry.
Blacksburg C.C.: Chuck Walters; Juanita Petrone.
Boonsboro C.C.: David Graham; Jessica Flippin.
C.C. of Culpeper: Bill Kite; Mrs. B. Graham.
Carper's Valley G.C.: Bryant Nickerson; Brenda Loar.

1983 CHAMPIONS

Caverns C.C.: John Huddleston; Cookie Pittman.
Cedar Point Club: Ken Moran; Mary Taylor.
Chantilly National G. & C.C.: Ray Anderson; Gerry Stanley.
Colonial Hills G.C.: Art Costan; Marie Winks.
Falling River: Doug Marshall; Peggy Guill.
Farmington C.C.: Larry Hund; Loulie Fisher.
Gloucester C.C.: Woodrow Wilson.
Golden Horseshoe: Phil Travis; Ellen Lorensen.
Greendale G.Cse.: Don Zahn; Mary L. Dodd.
Gypsy Hill G.Cse.: Columbus Hagy.
Herndon G.Cse.: Ray Williams; Deko Weir.
Hidden Valley C.C.: Mike Gardner; Dot Bolling.
Hunting Hills C.C.: Jerry Dowdle; Nancy Hancock.
Indian Creek: Cres Saunders; Anne Rhodes.
International C.C.: Rick Holland; Teddi Kurcaba.
Ivy Hill G.C.: Red Wilson; Marie Winks.
James River C.C.: Bob Lanier; Mary Jane King.
Jefferson Lakeside: Tony Aguiar.
Kempsville Meadows G. & C.C.: Terry Kelly III; Dottie Sain.
Lake of the Woods: Sonny Weedon; Ann Snyder.
Loudoun G. & C.C.: Jimmy O'Meara; Janet Broy.
Montclair C.C.: John Browning; Sandra Maloney.
Northampton C.C.: Floyd U. Robbins.
Oakwood C.C.: Ricky Darden; Joan Jaeger.
Poplar Forest G.C.: Mike Duncan.
Princess Anne C.C.: Richard Tucker; Peggy Woodard.
Prince William: Dale Bryant; Sherry Bowman.
Red Wing Lake G.C.: Ed Taylor; Sandy Bland.
Richwood: Clyde Webb.
River Bend G. & C.C.: John Miller; Judith Tapsell.
Roanoke C.C.: C.D. (Dan) Keffer; Roma Stuerak.
Salisbury C.C.: Tom Hackett; Linda Caudel, Mary Roland.
Shannon Green: Dan Goodroe.
Shenandoah Valley G.Cse.: Mike Williams; Connie Baker.
Spotswood C.C.: Matt Moyers; Bette Hughes.
Springfield G. & C.C.: Chris Schmitz; Ellen McGowan.
Suffolk G.Cse.: Bobby Bleiler; Mary Helen Rawls.
Tazewell County C.C.: Joe McCall; Peggy Ratliff.
Tuscarora: D. Randolph Davis; Jane F. Jones.
Washington G. & C.C.: Dick Thomas; Joan Coffman.
Wedgewood C.C.: Bill Wood; Elizabeth Hagt.
West Point C.C.: Joe Gedro; Cecilia Zingelmann.
Willowbrook C.C., Inc.: Clint Ratliff; Judy Honaker.

WASHINGTON

Auburn G.Cse.: Bob Gibbon; Jodie Knapp.
Bellingham G. & C.C.: Jim McBeath; Pat O'Brien.
Brookdale G.Cse.: Chuck Curtis; Rene Liffick.
Clover Valley C.C.: Richard G. Boswell; Ginny J. Ramsdell.
Desert Aire: Russell Brixley; Evelyn Newman.
Fairwood G. & C.C.: Mark Empins; Norma Niemic.
Fircrest G.C.: Clint Names; Helen Johnson.
Ft. Lewis: Ray Cragun; Alean Cunningham.
Ft. Steilacoom G.C.: Steve Leonard; Ruth Ward.
Glen Acres C.C.: Doug Doxsie; Glee Draper.
Goldendale C.C.: Dan Morrison; Sherrye Morrison.
Grandview G.C.: Ken Creel; Louise Mitchell.
Grays Harbor C.C.: Don Scott; Electra Koeniger.
Lake Padden G.C.: Jim McBeath; Beth Anderson.
Lake Spanaway G.C.: Rich Hagen; Pauline Welker.
Lake Woods G.Cse.: David James; Meredith Spencer.
Lakeland Village G. & C.C.: Randy Fossum; Patty Schillinger.
Legion Memorial: Tom Gorney; Rita Wiklund.
Liberty Lake: Karl Ota; Diana Newberry.
Lower Valley G.C.: Chris Leman; Pat Smith.
Manito G. & C.C.: Gary Floan; Diana Newberry.
Meadow Springs C.C.: Dick Cartmell; Verna Davin.
Mill Creek C.C.: Fred Poole; Wannie Chung.
Mint Val: Jay Gurrad.
Monroe G.Cse.: Dale Church; Sandra Mannick.
Moses Lake G. & C.C.: Mark Higgs; Frankie Stephens.
Newaukum Valley: G.C.: Eric Pries; June Deskins.
Nile G. & C.C.: Tom Tindall; Mary Allison.
Oakbrook G. & C.C.: Frank Keenan; Aline Sizer.
Oaksridge G.C.: Steve Poch; Sheri Claywell.
Ocean Shore Municipal G.Cse.: Roy Cottam; Marge Boettcher.
Olympic View G.C.: Scott Baker; Shirley McLean.
Overlake G. & C.C.: Doug Ward; Beth Campbell.
Rainier G. & C.C.: Dale Benett; Cindy Webber.
Royal Oaks C.C.: Dean White; Grace Walker.
San Juan G. & C.C.: Burrell Osburn; Marieta Collart.
Skagit G. & C.C.: Tom Perry; Janet Tripp.
Snoqualmie Falls: Steve Anderson; Nancy Storaasli.
Spokane C.C.: Jim Schoesler; Olivia Andrew.
Sudden Valley G. & C.C.: Terry Lewis; Electra Koeniger.
Sun Country Golf Resort: Bob Wilson; Ella Riach.
Sun Dance: Jim Petragallo; Harriet Mackey.
Tacoma C. & G.: John Harbottle; Lisa Smith.
Tam O'Shanter G. & C.C.: Rich Vanasek; Gerrie Noh.
Three Rivers G.C.: Bruce Langill; Nita Dikson.
University G.Cse.: Larry Wilson; Elvina Brokaw.
Useless Bay G. & C.C.: Doug Gustafson; Anita Cocklin.
Village Greens G.C.: John Montgomery; Jan Lathum.
Wandermere: Jerry Hendren; Dolores Ward.
Wenatchee C.C.: Scott McDougall; Jan Swindell.
Whidbey G. & C.C.: Jeff Ellis; Wanda Lange.
Wing Point G. & C.C.: Dick Baldwin; Jean Leimback.

WEST VIRGINIA

Buckhannon C.C.: Brad Westfall; Jean Harris.
Edgewood G.C.: Tom Molloncop; Ann Bird.
Green Hill C.C.: Ron Millione; Sharon Millione.
Greenbriar Valley C.C.: Terry Koon; Terrie Schaffer.
Greenhills C.C.: S.L. Miller Jr.; Gloria Wilson.
Lakeview Resort: Ken Juskowich; Connie Costianes.
Opequon G.C.: Bill Light; Micki Mason.
Pleasant Valley C.C.: Steve Spensky; Ann Clayton.
Pocahontas C.C.: Layton Beverage; Joann Eddy.
Riverside G.C.: Ty Roush; Mary Roush.
Riverview C.C.: Brian L. Meade.
Scarlett Oaks C.C.: Dave Ferrell; Sue Duff.
Sistersville C.C.: Kenny Karl; Cinda Davis.
The Pines C.C.: Jack Forbes; Lil Massinople.
Twin Falls State Park: Kenny Purdue; Gladys Woods.
Valleyview: Harold Fitzwater; Johanna Kreyenbuhl.
Wheeling C.C.: G.D. Herndon; Mrs. A.W. Riley.
White Oak C.C.: Tom Broyles; Mary Lou Frazier.

1983 CHAMPIONS

WISCONSIN

Abbey Springs G.C.: Robert Lawler.
American Legion: Dick Schauer; Gloria Brauer.
Antigo Bass Lake C.C.: Dave Kjome; Katie Rebholz.
Baraboo C.C.: Roy Beach; Diane Lewison.
Black Hawk C.C.: Gregg Ponath; Tina Peterson.
Blazer's Pine Acres: Tom Van Hulle; Mary Reim.
Blue Mound: Mike Herzog; Sharon Zellmer.
Branch River C.C.: Gordy Weber; Debbie McCracken.
Bridgewood G.C.: Todd Jugo.
Bristol Oaks C.C.: Allen Christ; Julia Finch.
Brynwood C.C.: Terry Grossman; Rita Lewenauer.
Butte Des Morts G.C.: Pat Malloy; Betts Winsor.
C.C. of Beloit: Bill Z. Bell; Kay Nightingale.
Chenequa C.C.: Todd Morris; Maxine Scott.
Cherokee C.C.: Barry Noll; Diane Lindstrom.
Delbrook G.C.: Bill Pierson; Lavina Pierson.
Dell View C.C.: Bob Blegen; Eleanor Olson.
Eagle River G.C.: Gary Goska; Judy Lage.
Edelweiss Chalet C.C.: Steve Wild; Delma Phillipson.
Elks Club, Chippawa Falls: Dean Babbitt; Linda Howe.
Evansville G.C.: Dennis Reese; Jeanette Schunk.
Fox Lake G.C.: John Anema; Carole Busse.
Frederic C.C.: Jeff Johnson; Maryanne Johnson.
Golf Course: Robert James Van Effen; Kitty Vanden Avond.
Hartford C.C.: Jocko Rueth; Delores Szczupakiewicz.
Hayward G. & Tennis Club: Dick McKichan; Sue Toftness.
Hillcrest G. & C.C.: Larry O'Neil; Gail Skamfer.
Hudson C.C.: Jeff York; Kathy Grothaus.
Janesville C.C.: James E. Brennan; Barb Figi.
Kenosha C.C.: Gary Lehmann; Sherry Pirk.
Lac La Belle G.C.: Herb Huwatcheck; Mame Redman.
Lacrosse C.C.: Mike Kearns; Pauline Connell.
Maple Bluff C.C.: Craig Brischke; Linda Stack.
Marshfield C.C.: Walter Noll; Anna Acker.
Meadow Links G.C.: James Clay; Jan Sepnafski.
Mellen G.Cse.: Jerry Justice; Joyce Pound.
Merrill Hills C.C.: Harry Johnson; Betty Strowe.
Milwaukee C.C.: Rick Quinlevan III; Lainie Marshall.
Monroe C.C.: Pete Mueller; Jane O'Neill.
Muskego Lakes C.C.: Jeff Corcoran; Nancy Wanic.
Mystery Hills: Jim O'Keefe; Avie Van Oss.
Naga-Waukee G.C.: Darryl Kaufmann; Vera Hendricks.
Nakoma G.C.: Dave Grams; Nat Mintz.
Nemadji G.C.: Herb Bergson; Ann Dodge.
New Berlin Hills: Phil Toussaint; Ruth Jacob.
Nippersink G.C.: Gary Kaufman; Janet Kaufman.
Norsk Golf Bowl: Mark Tvedt; Joyce Moreland.
North Shore C.C.: Mike Stolz; Betsy Ouitt.
North Shore G.C.: John Haynes; Ginny Miller.
Old Hickory G.C.: Steve Kaiser; Mary Kant.
Oneida G. & C.C.: Tom Floberg; Fran Babbitt.
Oshkosh C.C.: John Schiessl; Lori Zimmerman.
Ozaukee C.C.: Steve Johnson; Marty Lindsay.
Paganica Golf: Buck Harris; Bev Senn.
Pine Crest Golf: Don Rappel; Judy Graf.
Portage C.C.: Kurt Rebholz; Judy Rainer.
Quit-Quit-Oe G.C.: Jim Frusher; Ellen Maxon.
Reedsburg C.C.: Mark Volk; Jan Nicolaisen.
Rhinelander C.C.: Bob Fritz; Jackie Shihadeh.
Ridgeway C.C.: David Parker Jr.; Sandra A. Buser.
Riverview C.C.: Bruce Goldsworthy; Sandy Waltzer.
Royal Scot C.C.: Ed Teresa.
Sand Point C.C.: Joe Runte; Jean Kretter.
Sandalwood C.C.: John F. Rutter.
Slocum G.C.: Greg Giovannetti; Ruth Roozen.
The Squires C.C.: Al Urness; Sally Krier.
Tripoli C.C.: Tom Lynch; Donna Moebius.
Turtleback: Karl Smith; Marla Koob.
Voyager Village C.C.: Brad Hustad; Sandi Culver.
Wanaki: Jim Nevermann; Susan Bennett.
Watertown C.C.: Ron Vaught; Jeanne Hackbarth.
Waupaca C.C.: Bob Martin Jr.; Ginny Simpson.
Wausau C.C.: Rob Peters; Pat Fox.
West Bend: Randy Warobick; Susan Stehling.
Westmoor C.C.: Eddie Dzirbik Jr.; Mary Ann Reinders.
Whitewater C.C.: Jay Uglow; Dottie Koenitzer.
Whitnall: Mike Taylor; Helen Ferderbar.

WYOMING

Cheyenne C.C.: Jeff Hanson; Sandy Ross.
Douglas C.C.: Jeff George; Fran Thompson.
Goshen County C.C.: Jim Miller; Helen Fitch.
Jackson Hole: John Bancroft; Anne Carr.
Legion T. & C.C.: Tom Sullivan; Rose Ryan.
Olive Glenn C.C.: Dave Balling, Ted Knapp; Joyce Jackson, Tracy Sporer.
Purple Sage G.C.: Jerry Parker; Coleen Thorup.
Rolling Green C.C.: Olof Amneteg; Jean Montgomery.
Sheridan C.C.: William Ebzery; Mary Amundson.
Valli VV G.C.: Alan McJunkin; Pat Aullman.

CANADA

Alcona: Chris A. Alexander; Ruby Head.
Algonquin G.C.: Erik W. Graham; Bari Smith.
Avon Valley G. & C.C.: Dean Woodman; Susan Kinsman.
Bayview C.C.: Mike Mealia; Stacey Mahoney.
Bearspaw Ridge G. & C.C.: Gary Tronnes; A. J. Pearson.
Board of Trade C.C.: Bruce Berdock; Estelle Grosberg.
Brantford G. & C.C.: Rick Sovereign; Nancy Burk.
Burlington G. & C.C.: Alistair Orr; Jackie Rosart.
Camrose G.C.: Frank Vandornick; Cheryl Vandernick.
Capilano G. & C.C.: Mark Spooner; Susan Hildreth.
Carleton G.C.: Keith Zavitski; Linda Stephenson.
Catarqui C.C.: Mike Amson; Cathy Bacon.
Credit Valley G.C.: Tim Clelland; Liz Ferrier.
Deer Park G.C.: Ivan Richards; Sylvia Gay.
Doon Valley: Rick Lamourea; Andrea Clemens.
Fernie G. & C.C.: Phil Walshe; Linda Brussee.
Glendale G. & C.C. (Alberta): David Wolch; Janie Shnier.
Glendale G. & C.C. (Ontario): Wayne Abbott; Cathy Abel.
Henderson Lake G.C.: Norm Lepard; Nancy Hunter.
Herring Cove: Robert Malloch; Lesley Savage.
Highlands G.C.: Ken Tamke; Betty Cole.
Huntington G.C.: Byron Brown Jr.; Jean Foster.
Indian Creek G. & C.C.: Todd Lansens; Jill Slaughter.
Islington G.C.: Cal George; Penny Ferguson.

1983 CHAMPIONS

Ki-8-Eb C.C.: Stéphane Pellerin; Sylvie Bazin.
Kingsville Golf: Jim Kerr; Mary Lou Henderson.
Lethbridge C.C.: Barry Kimery; Irene Karia.
Lookout Point C.C.: Sandy Billyard; Shirley Romanow.
Lorraine G.C.: André Dutnisac; Nancy Mayo.
Lynn Meadows: Guy Thompson; Heather Couse.
Maple City: Clark Richardson; Karen Myers.
Melfort G. & C.C.: Rod Bulmer; Marion Miller.
Mill River G.C.: Randy Bernard; Jean Sullivan.
Mississaugua: Mike Fuller; Christine Lucas.
Nanaimo G.C.: Ian Harper; Lynne Akert.
Nanticoke G. & C.C.: Carmen Thomas Jr.; Brenda Anderson.
North-Ridge: Rich Neziol; Lisa Donald.
Old Lennoxville: Cliff Goodwin; Victoria Smith.
Peace Portal G.C.: Denis Davis; Doreen Riley.
Pembroke G.C.: Roy Hubert; Shirley Pilson.
Port Colborne C.C.: Jay Kulak; Robin Reid.
Province of British Columbia: Doug Roxburgh; Bill McGhee.
Richelieu Valley; Andre DuPont; Terrie Brecher.
Rosemere G.C.: Andre Lachance; Diane Laverdure.
Sarnia G. & Curling: Gerard McAnulty; Kay diProfio.
Seaforth G. & C.C.: Ian M. Doig.
St. Catharines G. & C.C.: Les Westlake; Hillary Mandian.
St. Georges BCE: Yvon Morin; Veilleux France.
Stark's G.Cse.: Gord Smith; Juliet Vanleuvenhage.
The Riverside C.C.: Doug Sanders; Mary Ellen Driscoll.
The Royal Montreal G.C.: Bob Dubeau, Bruce Robertson; Diane Drury, Jelena Duncan.
The Vernon G.C.: Wayne Upper; Karen Hassard.
Tyandaga Municipal: Ron Butcher; Kathy Mitchell.
Woodland's G. & C.C.: Doug Gray; Jeanne Manners.

BERMUDA

Ocean View G.C.: David Purcell; Brenda Parfitt.

VIRGIN ISLANDS

Fountain Valley G.C.: Robert Carpenter; Joan Beckett.

PUERTO RICO

Berwind C.C.: Cuco Ramos; Julie Abolila.
Dorado Beach Hotel & G.C.: Welby Van Horn; Mary Zimmerman.

COLLEGE CHAMPIONS

MEN

Alarcon Inv.: Oklahoma State; Brandel Chamblee, Texas.
All-America Intercoll.: Oklahoma State; Mark Brooks, Texas.
Atlantic Coast: North Carolina; Nolan Mills, North Carolina State.
Augusta-Forest Hills Inv.: North Carolina; John Inman, North Carolina.
Big 8: Oklahoma State; Andrew Magee, Oklahoma.
Big 10: Ohio State; Chris Perry, Ohio State.
Bob Toski: Central Connecticut; Jim Guerra.
Border Olympics: Texas; Gary Krueger, Texas A&M.
Chris Schenkel: Oklahoma State; Tommy Moore, Oklahoma State.
Coca-Cola/C.C. of Jackson Intercoll.: Georgia; Ken Mattiace, South Florida.
Cougar Cl.: Brigham Young; Stan Utley, Missouri.
Dixie Intercoll.: Columbus College; Johnny Hammond, Columbus College.
ECAC Conf.: Indiana (Pa.); Jim Bombard, Worcester State.
Furman Intercoll.: Clemson; Brad Faxon, Furman.
Friendship Tourn.: UCLA; Masasi Shamoi, Nihon Univ.
Gary Sanders Mem.: UCLA; Steve Pate, UCLA.
Hall of Fame: Rollins; Mark Diamond, Rollins.
Henry Homberg Intercoll.: Texas; Mark Brooks, Texas.
Iron Duke Cl.: Clemson; Jim MacFie, Clemson.
Ivy League: Dartmouth; Mark Trauner, Dartmouth.
James Madison Inv.: (Spring) Penn State; Bruce Blythe, Washington & Lee.
Kepler Inv.: Ohio State; Chris Perry, Ohio State.
Matador: UCLA; Steve Pate, UCLA.
Metro (N.Y.): Ramapo; Bill Knight, Montclair State.
Mid-American: Bowling Green; Kirk Schooley, Ball State.
Mid-American/Falcon Inv.: Bowling Green; Kirk Schooley, Ball State.
Midwestern City: Oral Roberts; Ashley Rocstaff, Oral Roberts.
Missouri Valley: New Mexico State; Kurt Olson, New Mexico State.
Morris Williams: Texas; Greg Turner, Oklahoma.
NAIA: Cameron Coll.; Danny Mijovic, Texas Wesleyan; Dow Brian, Texas Wesleyan; Bill Brooks, Guilford (tie).
Nat'l Jr. College AA: Scottsdale Comm. College; Mike Swartz, Scottsdale Comm. College.
NCAA Ch. Div. I: Oklahoma State; Jim Carter, Arizona State.
NCAA Ch. Div. II: Southwest Texas State; Greg Chapman, Stephen F. Austin.
NCAA Ch. Div. III: Allegheny College; Matt Clarke, Allegheny.
New England Intercoll.: Central Connecticut State; Jim Hallet, Bryant.
New Jersey College Conf.: Ramapo; Charles Colwell, Montclair State.
Northern Intercoll.: Ohio State; Chris Perry, Ohio State.
Pac 10: UCLA; Steve Pate, UCLA.
Pacific Coast: Fresno State; Bob Summers, California State-Long Beach.
Pan-American: Texas; Brandel Chamblee, Texas.
Purdue Inv.: Purdue; Dennis Dolci, Louisville.
Salem State Inv.: Central Connecticut State; Shawn Baker, Central Connecticut State.
Seminole Inv.: Florida; Jim Schuman, Florida.
Shocker Cl.: Cameron; Fred Wisdom, Cameron.
Southeastern: Georgia; Dave Peege, Mississippi.
Southeastern Intercoll.: Ohio State; Steve Lowery, Alabama.
Southern Conf.: East Tennessee State; Brad Faxon, Furman.
Southern Intercoll.: Texas A&M; Jim Wilson, Oral Roberts.
Southern Jr.-Sr.: Florida State; Greg Fleischer, Florida State.
Southwest Conf.: Texas; Brandel Chamblee, Texas.
Southwestern Ath.: Mississippi Valley State.
Southwestern Intercoll.: Arizona State; Ken Earle, Univ. of Pacific.

1983 CHAMPIONS

Spartan Inv.: Ohio State; Dan Roberts, Michigan.
Sun Bowl: John Slaughter, Houston (no team).
Sun Devil-Phoenix Thunderbirds: Oklahoma State; Willie Wood, Oklahoma State.
Tar Heel-Michelob Inv.: North Carolina; Bill Brooks, Guilford.
Ute Inv.: Brigham Young; Keith Goyan, Brigham Young.
Virginia Intercoll: Virginia; Joe Daley, Old Dominion (Univ. Div.); Radford; Charlie Pinkard, Randolph-Macon (Coll. Div.).
Walter T. McLaughlin: St. Johns; Scott Gerhart, Penn State.
West Coast Ath. Conf.: San Francisco; George Price, San Francisco.
Western Ath. Conf.: Brigham Young; Robert Meyer, Brigham Young.
Wolverine Inv.: Ball State; Jeff Tallman, Ball State.
Yale Fall Intercoll.: Louisiana State; Fred Dupre, Louisiana State.

WOMEN

Betsy Rawls Inv.: Tulsa; Rae Rothfelder, Texas.
Big 8: Nebraska; Janice Burba, Oklahoma State.
Big 10: Ohio State; Cathy Kratzert, Ohio State.
Brigham Young Inv.: UCLA; Danielle Ammaccapane, Arizona State.
ECAC: Dartmouth; Sue Johnson, Dartmouth.
Florida State Intercoll.: Florida; Mary Beth Zimmerman, Florida Int'l.
Florida State Tourn.: Miami; Deb Richard, Florida, and Penny Hammel, Miami (tie).
Friendship Tourn.: San Jose State; Ann Walsh, San Jose State.
Lady Aztec: Arizona; Kay Cockerill, UCLA.
Lady Gator: Florida; Sherri Steinhauer, Texas.
Lady Seminole Inv.: Georgia; Cindy Schreyer, Georgia.
Lamar Ladies: Texas Christian; Barbara Thomas, Tulsa.
NCAA Women's Ch.: Texas Christian; Penny Hammel, Miami.
Nat'l Jr. College Ch.: Palm Beach; Sue Smith, Broward.
Pat Bradley Intercoll.: Miami; Penny Hammel, Miami.
Southeastern Conf.: Georgia; Deb Richard, Florida.
Southern Intercoll.: Tulsa; Jody Rosenthal, Tulsa.
Stanford Inv.: Tulsa; Kathy McCarthy, Stanford.
Suncoast Inv.: Tulsa; Robin Hood, Oklahoma State.
Susie Maxwell Berning Cl.: Texas; Rae Rothfelder, Texas Christian.
Western Ath. Conf.: UCLA; Joanne Pacillo, Stanford.
Western Intercoll.: Tulsa; Kim Gardner, Tulsa.

MISCELLANEOUS CHAMPIONS

MEN

National
AMERICAN AMATEUR: Joel Hirsch.
ELKS NAT'L INV.: Larry Dempsey.
GOLF ARCHITECTS: Pete Dye.
GOLF SUPERINTENDENTS: Roger Null.
GOLF WRITERS CH.: Ralph Maltby, Golf Magazine.
LEGENDARY AMATEUR: Don Adderton.
NAT'L AMPUTEE: Bick Long.
NAT'L FATHER-SON: Ralph and Bruce Bogart.
NAT'L LEFT-HANDERS: Chuck Davis.

TOURN. OF AMERICAS: United States; Scott Dunlap.
U.S. BLIND: Pat W. Browne, Jr.

East
BRITISH VICTORY BETTER-BALL: Jon Saxton and William Shea.
DELMARVA PENINSULA G.A.: Mike Hall.
FRED McLEOD EASTERN 4-BALL: Bucky Erhardt and Blaise Giroso.
HAVEMEYER INV.: Jonny Doppelt.
HOCHESTER MEMORIAL: Chuck Fatum.
HUGH WILSON INV.: Jay Sigel and John Trickett.
IKE TOURN.: Jon Saxton.
LONG ISLAND AM.: Tom McQuilling.
MASSACHUSETTS 4-BALL: James Hallet and Rick Edwards.
METROPOLITAN (N.Y.) G.A.: Mark Diamond.
NEW ENGLAND AM.: Billy Andrade.
NORTH SHORE AM.: Mike O'Keefe.
OUIMET MEMORIAL: Jon Fasick.
PHILADELPHIA CADDIE CH.: Mickey Sokalski.
RHODE ISLAND 4-BALL: Bill Andrade and Charlie Hayes.
RICHARDSON MEMORIAL: Brian Brown.
SOUTH JERSEY AM.: Leo Glutting.
WALTER J. TRAVIS INV.: George Zahringer.
WESTCHESTER AM.: Jon Saxton.
WILSON CUP: Tom Hamilton and Jon Saxton.

South
ALABAMA G.A. 4-BALL: Joe Frank Terrell and Ben Dowdey.
AZALEA INV.: John Finnin.
CAPITAL CITY G.A.: Stuart Smith.
CAROLINAS AM.: Michael Carlisle.
CHAMPIONS CUP: Richard Ellis and Charles Links.
COTTON STATES INV.: David Allen.
DANIEL BOONE INV.: Doug Logan.
FLORIDA MID-AM.: Bob Kouwe.
FLORIDA INT'L 4-BALL: Chip Hall and Jay Townsend.
GASPARILLA INV.: Bob Kouwe.
GEORGIA MID-AM.: Danny Yates.
MID-SOUTH AM.: Bill Hadden.
NASHVILLE MUNI: Charles Brooks.
NORTHERN VIRGINIA AM.: Neff McClary.
PALM BEACH COUNTY AM.: Adam Armagost.
SOUTH CAROLINA NAT'L INV.: Greg Sweatt.
TRANS-MISSISSIPPI 4-BALL: John Pigg and Eddie Lyons.
WASHINGTON (D.C.) AREA AM.: Barry McCarty.

Midwest
BOBBY JONES OPEN: Robert K. (Tyree) Jones.
CHICAGO AM.: Barry Conser.
CHICAGO DIST.: Brett Lucas.
INDIANA G.A. MID-AMATEUR: Kent Frandsen.
INDIANAPOLIS DIST.: John Michael.
MICHIGAN MEDAL PLAY CH.: Pete Green.
NORTHERN AM.: Brett Lucas.
NORTH DAKOTA MASTERS: Dave Kuschel.
NORTH DAKOTA 2-MAN BEST-BALL: Todd Schaefer and Jeff Skinner.
NORTHEAST OHIO AM.: Bob Fairchild.
NORTHERN OHIO G.A.: Jim Couch (match).

1983 CHAMPIONS

NORTHWEST AM.: Jim Hamilton.
PAINTED WOODS BEST-BALL: Dave Kuschel and John MacMaster.
RESORTERS TOURN.: Jerry Rose.
THE GOLFER OPEN: Marty Desmarais.
TOURN. OF CHAMPIONS: Mike McCoy.

West
AMERICAN AIRLINES CL.: Joe DiMaggio, Otto Graham, Tony Chillemi and George Kraal.
HALE IRWIN AM.: Darrell Knight.
HAWAII CHINESE TOURN.: Wendell Kop.
HICKAM AFB INV.: Larry Stubblefield.
LOS ANGELES CITY: Duffy Waldorf.
MONTANA BEST-BALL: Steve Williamson and Dale Westermark.
NORTHERN CALIF. AM.: Michael Allen.
NORTHERN CALIF. PUB. LINKS: Casey Boyns.
ORGEON COAST: Mike Stoll.
PACIFIC NORTHWEST G.A.: Dave DeLong.
PORTLAND CITY: Dick Iverson.
SHADOW HILLS TOURN.: Doug Hixson.
SOUTHERN CALIF. AM.: Dave Hobby.
WINTERWOOD INV.: Scott Sutton.

WOMEN

National
NAT'L LADIES CLUB CH.: Leslie Shannon.
PALM BEACH POLO 4-BALL: Leslie Shannon and Marcia Dolan.
U.S. ARMY WOMEN'S INV.: Sherrie Sue.

East
GARDEN STATE G.A. STROKE: Colleen Binkiewicz.
LONG ISLAND G.A.: Judy Cooperstein.
METROPOLITAN (N.Y.) G.A.: Colleen Binkiewicz (match and stroke).
NEW JERSEY W.G.A.: Linda Kastner and Liz Wood.
NORTH SHORE AM.: Anne Marie Robin.
SOUTHERN NEW ENGLAND AM.: Diane Mori.
TRI COUNTRY G.A.: Kimberly Gardner.

South
CAROLINAS G.A.: Page Marsh.
KNOXVILLE-AREA G.A.: Susan Dore.
LOUISVILLE (KY.) DIST. G.A.: Louise Wilson.
MIDDLE ATLANTIC AM.: Cindy Davis.

Midwest
ANN ARBOR CITY: Beth Magee.
CHICAGO DIST. G.A.: Ruth Heal.
CINCINNATI MET.: Marianne Shinn.
CLEVELAND WOMEN'S G.A.: Anne Bierman.
FOREVER 39: Joan Hutchcroft.
INDIANAPOLIS WOMEN'S: Julie Carmichael.
MILWAUKEE CO. PUBLIC LINKS: Lucie Will.
NEBRASKA (WAGA) BEST-BALL: Bobbie Hoop and Kay Brown.
RESORTERS TOURN.: Kris Hanson.

West
ARIZONA SILVER BELLE: (20-24) Juli Ordonez,
(18-19) Kathy McCarthy, (16-17) Danielle Ammaccapane, (14-15) Cathy Mockett.
LOS ANGELES CITY: Cindy Scholefield.
OREGON COAST: Joan Berkis.
PACIFIC NORTHWEST G.A.: Mimi Racicot.
SOUTHERN CALIF. AM.: Marianne Toversey.

JUNIORS

Boys
ALL-HAWAII JR.: (15-17) Beau Yokomoto, (13-14) Damien Jamila.
ATLANTIC INT'L: (18-20) Anthony Mocklow, (15-17) Kenny LeSeur, (13-14) Chris Marshall, (11-12) Bryan Adams, (10-under) Mark Booth.
BOBBY BOWERS: Doug Trenor.
BOBBY GORIN: Todd Donlick.
BUBBY WORSHAM: Barry Pilson.
CAROLINAS G.A.: Mike Thigpen.
CINCINNATI MET.: Dave Mosley.
DENVER JR.: John Schabacker.
DONALD ROSS: Danny Hockaday.
FRENCH LICK: John Andrews.
HOUSTON G.A. JR.: Parker Binion.
LITTLE PEOPLES: (14-15) Brad Benbrook, (12-13) Bill Heim, (10-11) Jeffrey Wolfe, (8-9) Shane O'Brien, (6-7) Matt Lewis, (3-5) Mike Suhre.
LOS ANGELES CITY: Tom Stankowski.
METROPOLITAN (N.Y.) BOYS: Jeff Putman.
MIDWESTERN JR.: (15-18) Bill Carey, (11-14) Paul Jenkins.
NATIONAL JR. INV.: Patrick Hynes.
NEW JERSEY PUB.: (Jr.) Michael Kavka, (Boys) Dave Woliner.
NORTH AND SOUTH: (16-17) Greg Parker, (14-15) Todd Gleaton, (12-13) Nicky Goetze, (10-11) Lloyd Milks, (9-under) Brian Brown.
NORTHEAST JR. CL.: (17-21) Brad Parsons, (15-16) Erik Nelson, (13-14) Jim Campbell, (12-under) Michael Flynn and Brad Adamonis (tie).
NORTHERN CALIF.: Mike Fabian (NCGA).
OPTIMIST JR. WORLD: (15-17) Desmond Terblanche, (13-14) Carito Villaroman, (11-12) Ramon Brobio, (10-under) Tim Hart.
OVERLAND PARK JR.: Clayton Devers.
PACIFIC NORTHWEST: Gregg Patterson.
RUTGERS JR. OPEN: Tim Gaffney, (Boys) Bill Jeremiah.
SALISBURY INV.: (16-17) Preshant Adi, (14-15) Holt Ward, (12-13) Jeff Greenberg.
SOUTH ATLANTIC: (16-17) John Mackey, (14-15) Dan Hoffman.
S. CENTRAL PGA TOURN. OF CHAMPIONS: Paul Luce.
SOUTHERN JR.: (19-20) Joe Durant, (17-18) Clark Dennis (overall winner); (15-16) Todd Spenla, (14-under) Dudley Hart.
WESTCHESTER JR.: Jerry Springer, (Boys) Frank Bensel.
WISCONSIN JR. INV.: Phil Plautz Jr.
WISCONSIN JR. MASTERS: (16-17) Jeff Bisbee, (15-under) Steve Stricker.

Girls
ALL-HAWAII JR.: Debbie Fernandez.
ATLANTIC INT'L JR.: (18-20) Michelle Bell,

1983 CHAMPIONS

(15-17) Juliana Horseman.
BOBBY BOWERS: Clare Dolan.
CAROLINAS G.A.: Elizabeth Macfie.
CINCINNATI JR.: Janie Dumler.
HOUSTON G.A. JR.: Paige Phillips.
JUDY SHOCK MEM.: Rebecca Costello.
JR. AMERICA'S CUP: NO. CALIF.: Joan Pitcock, Fresno (medalist).
LITTLE PEOPLES: (14-15) Anne Cain, (12-13) Kelly Robbins, (10-11) Vicki Goetze, (8-9) Heather Hoffman, (6-7) Jessica Sichi.
LOS ANGELES CITY: Kim Saiki.
METROPOLITAN (N.Y.) G.A.: Adrienne Gilmartin.
METROPOLITAN (N.Y.) PGA: Adrienne Gilmartin.
MIDWESTERN JR. CH.: Gaylynn Pohlman.
NATIONAL JR. INV.: Jennifer Reego.
NORTH AND SOUTH: (16-17) Vanessa Castellucci, (14-15) Anne Cain, (12-13) La Ree Sugg, (11-under) Vickie Goetze.
NORTHERN CALIF.: Kim Cathrien (NCGA).
OHIO GIRLS INV.: Becky Costolo.
OKLAHOMA JR. CL.: Sarah Peters.
OPTIMIST JR. WORLD: (15-17) Kim Saiki, (13-14) Michele Lyford, (11-12) Tina Trimble, (10-under) Patricia Sin..
RUTGERS GIRLS: Laura D'Alessandro.
SALISBURY INV.: (16-17) Jennifer Love, (12-15) Joal Rieder.
S. CENTRAL PGA TOURN. OF CHAMPIONS: Lisa Barrett.
SOUTHERN JR.: (19-20) Michelle Drinkard, (17-18) Kristin Lofye, (15-16) Katie Peterson (overall winner).
TWIN STATE JR.: Elizabeth Macfie.

SENIORS

Men

BREAKERS SRS.: Emil Janowski.
CAMPEONATE SR.: Alton Duhon.
CAROLINAS G.A.: John Morrell.
GREAT LAKES SRS.: Fred Zinn.
INT'L SR. AMPUTEE: Lou Monge.
LOS ANGELES CITY: Joe Margucci.
MILWAUKEE CO. PUBLIC LINKS: Dick Steffan.
NORTHERN CALIF. SR.: Jack Bariteau.
OREGON COAST: Ed Palmrose (Sr.), Ralph Dichter (Jr.-Sr.).
PACIFIC NORTHWEST: Dale Bennett.
SOUTHERN CALIF. SR.: Alton Duhon.
SOUTHERN ILL. G.A.: Pursie Pipes.
SOUTHERN SRS. G.A. TEAM: John Ellis and William Weik.
WESTERN SR. G.A.: Tom Forkner.
WESTERN SR. AM. ASS'N: Caspar H. Brown Jr.

Women

LOS ANGELES CITY: Millie Stanley.
NORTH AND SOUTH: Barbara Young.
PALMETTO DUNES: Ceil Maclaurin.
SOUTHERN CALIF. AM.: Ruth Miller.
USGA SR.: Dorothy Porter.
WESTERN: Alice Dye.
WESTERN SR. AM. ASS'N: Shirley McClure.

PRO AND OPEN EVENTS

AL GUISTI MEMORIAL: Pat Fitzsimons.
BLUEBERRY OPEN: Don Sargent.
CAROLINAS OPEN: Bill Poteat (am.).
CASCO BAY CL.: Mark Plummer (am.).
DATSUN OPEN: Mike Higuera.
DODGE OPEN: Jim Albus.
FRONTIER AIRLINES INV.: Dale Douglass.
JERRY FORD INV.: Don Pooley and Gil Morgan (tie).
LONG ISLAND OPEN: Don Reese.
MAKAHA OPEN: Richard Martinez.
METROPOLITAN (N.Y.) OPEN: Darrell Kestner.
MIDDLE ATLANTIC OPEN: Rick Hartman.
NAT'L CAR OPEN: Mike Morley.
NAT'L PGA CLUB PRO CH.: Larry Webb.
NAT'L PGA/FOOT-JOY ASS'T: Victor Tortorici.
NEW ENGLAND OPEN: Dana Quigley.
NORTHWEST OPEN: Randy Jensen.
PGA MATCH PLAY CH.: Dana Quigley.
PGA QUARTER CENTURY: Hampton Auld and Jim Riggins (tie).
PGA SENIORS: (50-54) Joe Moresco, (55-59) Bob Crowley and Al Fuchs (tie), (60-64) Billy Capps, (65-69) Hans Merrell, (70-74) Ted Lockie, (75-79) Tod Manefee, (80-84) Jules Blanton, (90-94) George Lumsden.
PGA SENIOR-JUNIOR: Joe Jimenez and John Gentile.
PGA STROKE PLAY CH.: Jim Albus.
QUEEN MARY OPEN: Jeff Thomsen.
SIERRA NEVADA OPEN: Lennie Clements.
SOUTHERN CALIF. OPEN: Jeremiah Bruner.
TREASURE VALLEY OPEN: Bob Betley.
WESTCHESTER OPEN: Bobby Heins.

PGA CLUB PROFESSIONAL CHAMPIONSHIP

Year	Winner	Site
1968	Howell Frazer	Century & Roadrunner C.Cs.
1969	Bob Rosburg	Roadrunner & San Marcos C.Cs.
1970	Rex Baxter, Jr.	Sunol Valley C.C.
1971	Sam Snead	Pinehurst C.C.
1972	Don Massengale	Pinehurst C.C.
1973	Rives McBee	Pinehurst C.C.
1974	*Roger Watson	Pinehurst C.C.
1975	*Roger Watson	Callaway Gardens
1976	Bob Galloway	Callaway Gardens
1977	Laurie Hammer	Callaway Gardens
1978	*John Gentile	Callaway Gardens
1979	*Buddy Whitten	Callaway Gardens
1980	John Traub	PGA National G.C.
1981	*Larry Gilbert	PGA National G.C.
1982	Larry Gilbert	PGA National G.C.
1983	Larry Webb	Palm Springs

*Won playoff.

CHAPTER 14

1983 MOST IMPROVED CLUB PLAYERS

1983 MOST IMPROVED CLUB PLAYERS

ALABAMA

Anniston C.C.: Bob Kennamer, Sam Canup.
Arrowhead G. & C.C.: Vince Bowlin.
C.C. of Tuscaloosa: Ralph Kelley; Martha Hays.
Florence G. & C.C.: Ken Holcombe; Linda Krout.
Gulf Pines G.C.: Pat McKeown; Jenny Campbell.
Gulf Shores G.C.: Mike Sims; Mary Jane Abercrombie.
Inverness C.C.: John Carney.
Montgomery C.C.: Jerry Wills; Lyn Glynn.
North River Y. C.: Jim Kisgen; Wanda Pitts.
Saugahatchee C.C.: Larry Blakeney; Betty Brown.
Shoal Creek G.C.: Frank Burge; Timmie Hess.
Still Waters Resort: Jesse Brown; Robbie Black.
Terry Pines C.C.: Clark Branch; Peggy Branch.
Turtle Point Y. & C.C.: Doug Treadwell IV; Betty Browder.
Woodward C.C.: Don McDonald; Shay Lutley.

ARIZONA

Antelope Hills: Lynn Rehm; Luanne Lea.
Arizona C.C.: Eldon Reed; Maxine Finch.
Beaver Creek C.C.: Red Beckstead; Phyllis Kioney.
C.C. of Green Valley: Tom Smith; Marilyn Denny.
Casa Grande Municipal G. Cse.: Roger Cook; Mary Forester.
Gold Canyon Ranch: Chris Howard; Jean Deurloo.
Greenlee C.C.: Joe Rietz; Margie Lock.
Kingman Municipal G. Cse.: Carl Jatho; Debbie L. Stewart.
Los Caballeros G.C.: Harold E. Bischoff; Ann Mallinding.
Mesa C.C.: Sid Dowling; Ethel Peters.
Mesa Del Sol G.C.: Joe Ray; Bea Ray.
Oakcreek C.C.: Harold Cooper; Mikki Crandall.
Palmbrook C.C.: James Newsome; Beverly Keith.
Papago G.C.: Lucie Protz.
Payson G. Cse.: Pat King; Helen Mileham.
Pima C.C.: Wayne Sigmen; Maggie Jones.
Pinnacle Peak C.C.: Forrest Tuttle.
Prescott C.C.: Buddy Hale.
Rio Rico C.C.: Ron Reis; Judy Verbosky.
Rio Verde C.C.: Clarence Cadieux; Dolly Hayes.
Scottsdale C.C.: Leighton Webber; Margie Markham.
Sierra Estrella: Jim McCoy.
Sun City C.C.: Walt Schogoleff; Helen McCombs.
Tucson C.C.: Robert Nabours; Peggy Romano.
Wickenburg C.C.: Bob Friece; Beth Martin.
Wickenburg C.C.: Leonard Hershkowitz, Bob Friece; Beth Martin.

ARKANSAS

Bella Vista C.C.: Ginge Burk.
Diamond Hills G. & C.C.: Bill Cooprider; Candy Martin.
Fayetteville C.C.: Jed Shreve; Pat Cooper.
Hot Springs C.C.: Lawrence Henderson; Marilyn Jones.
Millwood C.C.: Roland Naquin; Inga Wray.
Pleasant Valley C.C.: Jack W. Thomas; Alice Rozzell.

Twin Lakes G.C.: Charles W. Sugg.

CALIFORNIA

Aliso Creek G. Cse.: Lola Steenson.
Alma G. Cse.: Florence May.
Alta Sierra C.C.: Pat Radabaugh.
Anaheim Hills: Larry Schneider.
Anderson Tucker Oaks G.C.: Jeff Clare; Clarice Westlake.
Bel Air C.C.: Bill Nadean, Malcolm Lynch.
Big Canyon C.C.: Bill Baker; Marietta Coleman.
Blackberry Farm G.C.: Lee Valdez; Pat Pedley.
Blythe Municipal: Randy Peterson; Joy Wuertz.
Boulder Creek Women's G.C.: Edith Haslam, Evelyn Stanley.
Braemar C.C.: George Memsie; Fran McNamara.
California C.C.: Dave Penso; Candy Meyers.
Cameron Park C.C.: Warren Johnson; Shelley Reader.
Canyon Crest C.C.: Bill Bohacek; Candy Mash.
Canyon Lake C.C.: Bert Klaes; Sondra Fuller.
Carlton Oaks: Robert T. Conway Jr.; Nancy Hinkle.
Center City G. Cse.: Phil MacHamer; Pat Siemer.
Cherry Hills G.C., Inc.: Vern Plaza; Mae Cathcart.
Churn Creek G. Cse.: Denver Pearson.
Cold Springs G. & C.C.: Joe Alvey; Dorothy Younger.
Deep Cliff Women's G.C.: Audrey Hardy.
Del Rio C.C., Brawley: Phil Gargiulo; Jeanne Orff.
Del Rio C.C., Modesto: Hugh Keasling.
Diablo Hills G. Cse.: Bill Lester; Katherine Dukacz.
Dry Creek Ranch G.C.: David Kuest; Brooke Vandenburg.
El Caballero C.C.: Morris Taback; Jean Gershunoff.
Elkhorn C.C.: Jeff Martinsen; Pat Paule.
Fig Garden G.C.: Nick Ceppaglia; Joyce Walker.
Fore Bay G.C.: Doug Mageras; Gina McQuivey.
Forest Meadows G.C.: Karl Jensen, Lois Eales.
Fort Ord G.C.: Joaquin Gonzales; Mae Young.
Franklin Canyon G. Cse.: John Loizeaux.
Gavilan G. Cse: Ted Hernandez; Theresa DeLorenzo.
Gold Hills C.C.: Bill Kushman; Judy Johnson.
Graeagle Meadows G.C.: Walter Beall, Thomas Slavik; Norma Jean Carr.
Haciend G.C.: C. J. Mills; Darlene Mondon.
Hansen Dam Men's G.C.: Wayne Allard.
Hesperia C.C.: Ken Williams; Dolores Carper.
Hill Country Ladies' C.C.: Irene Spears.
Hill Country: Howard Johnson.
Imperial G.C.: Tony Huver.
John E. Clark: Buryl Cox; Jo Bishop.
Lake Arrowhead C.C.: Ted Roy; Shirley Smith.
Lake of The Pines C.C.: John Novak.
Lake Redding G.C.: Bill Graves; Jo Ann Johnson.
Lake San Marcos C.C.: Rose Mary Brown.
Lake Shastina G. Resort: Pete Baumann; Betty Study.
Las Positas G.C.: Frank Elam.
Lawrence Links G.C.: Carl Tomard; Chris Spring.
Leisure World: Thelma Harris.
Mare Island G.C.: Patrick Finfrock; Marie Gudgel.
Mather AFB: Milt Amundson; Elinor Eklund.
Meadowmont G. & C.C.: Jack Coakley; Jan Yarnell.
Mile Square G.C.: Phyliss Hollis.
Mile Square G. Cse.: CeCilia Paik.

1983 MOST IMPROVED CLUB PLAYERS

Mile Square Women's G.C.: Mickey Clifton, Bobbie Webb.
Mission Bay G.C.: Erv Marlatt.
Mission Hills C.C.: Marvin Morrison; Del Golden.
Mission Lake: Henriette Archer.
Monterey C.C.: Dave Ederer; Jean Dion.
Mountain Shadows Men's Club: John Hamann.
Navy G. Cses.: Bob P. Wilson.
Old Ranch C.C.: Ralph Hadsell; Kathleen Allen.
Palm Desert C.C.: Evelyn Nelk.
Palm Meadows G. Cse.: Candace Mash.
Palo Alto G.C.: Gerald W. Stratford; Karen Hudon.
Phoenix Lake G.C.: Willard Herrick; DeAun Britt.
Pleasant Hills Women's G.C.: Kay Rudge.
Pruneridge G. Cse.: Enid Ching.
Rancho Las Palmas C.C.: Geoffrey Dean; Carol Clark.
Rancho Murieta C.C.: John Pehrson; Becky Huggins.
Riviera C.C.: John Delaney.
Rolling Hills C.C.: Marc Frederic; Verbena Anderson.
San Diego C.C.: Pat Reiley, Em Robedee.
San Gabriel C.C.: Bob Gross.
San Jose C.C.: Mike Blagh; Barbara Vandeweghe, Terry Turco.
Santa Rosa C.C.: Bill Zenowski; Joyce Holm.
Saratoga C.C.: Frank Martin; Patti Wright.
Sequoia Woods C.C.: Jim Geyton; Cathy Thomas.
Sierra Pines G.C.: Veryl Jones; Emily Pland.
Sierra Sky Ranch G. Cse.: Jim Rodrigruz; Diane Starum.
Sierra View G. Cse.: Rick A. West; Viola German.
Skylinks G. Cse.: Steve Turley; Luan Tinoco.
Stoneridge C.C.: Honk McKinney; Stephnie Duncan.
Sunnyside C.C.: Brad Kious; Samantha Thompson.
Sunnyvale Women's G.C.: Audrey Hardy.
Sunol Valley G. Cse.: Bob Baker; Sally Thornton.
The Wilshire C.C.: Edward D. Putnam; Marcia McClain.
U.S. NAVY G.C.: Rufus W. Marshall; Hildegard Rowan.
Valley Hi C.C.: Don Truhett; Jan Thomas.
Victorville Municipal: Grady L. Beardsley; Ann Brown.
Wanwona Hotel G.C.: Herb Morrelli; Diane Staurum.
West Winds G.C.: Leon Summerlin, Mike Remmington.
Wikiup: Wayne Heitz; Kay Ling.
Yolo Fliers C.C.: Ray Kotyluk.
Yorba Linda C.C.: Tim Snitro, Nina Anagnostou.

COLORADO

Aspen G. Cse.: Scooter LaCouter; Anne Murchison.
Beaver Creek G.C.: Charlie Maas.
Boulder C.C.: Mike Sayre; Maggie Langhart.
Cherry Hills C.C.: Robert Decker; Jane Brown.
Colorado City G.C.: Matthew Cron, Anajean Lancaster.
Colorado Springs C.C.: Lee Morris; Lynn Brosseau.
Columbine C.C.: Brian Hansen; Gene Hayes.
Fitzsimons G.C.: Ed Darden; Adrienne Morris.
Fort Carson Mechaneer G.C.: Martin Stefanski; Judy Van Kirk.
Fort Morgan G.C.: Sam Uhrick; Nikki Gilstrap.
Heather Ridge C.C.: Judie Meeks.
Indian Tree G.C.: Daniel Marcantonio; Pat Johnson.
Inverness G.C.: Tom Christianson; Joyce Ann Burgett.
Lakewood C.C.: Fred Kauffman; Janet Ruma.
Los Verdes G.C.: Bob Sorensen.
Loveland Municipal G. Cse.: Clare White; Roberta Price.
Overland Park: Ed Ott.
Pagosa Pines G. Cse.: Peter C. Jones; Karen Griff.
Park Hill G.C.: "Rex" Payne.
Perry Park C.C.: Forrest Monroe; Diane Stanbro.
Pueblo C.C.: Sam Dazzio, Yvonne Smith.
Rolling Hills C.C.: Ted Lindhorn; Helen Hauptman.
Shadow Hills G.C.: Dick Murray; Jo Johnson.
Sheraton at Steamboat Resort: Tex McGill; Joan Settle.
Singletree G.C.: Don Welch; Barbara Cascaddan.
South Suburban G. Cse.: Helen Elkington.
Steamboat Springs: Bob Golub; Cathy DeJourno.
Valley Hi G.C.: Joel Jantzen.
Willow Springs C.C.: Gene Morley; Judy Trujillo.
Woodmoor C.C.: Joe Herrin.

CONNECTICUT

Aspetuck Valley C.C.: Andy Winton, Addie Davey.
Black Hall Club: Paul Amata, Tom Hubbard; Helen Winter.
Brooklawn C.C.: John Lewis Jr., Ralph LaStocco; Ann Henderson.
Brownson C.C.: Jack Reh; Bev Gleby.
Bruce G. Cse.: Lawrence Christiano; Judy Hegarty.
Burning Tree C.C.: Mike Ewing; Shirley Budden.
C.C. of Darien: Peter Passaro; Phebe Everson.
C.C. of Waterbury: Edward Behan; D. S. Tuttle.
Candlewood Lake Club: Christopher Loomis Brown; Lynne Kean.
Canton Public G. Cse., Inc.: Paul Demonstranti Jr.
Chippanee G.C.: Rick Odell; Geri Petruzella.
Cliffside C.C.: Stan Goodman; Lucy Spakowski.
Clinton C.C.: Dot Hall.
Crestbrook Park: Ron Stepanek; Louise Bennett.
East Hartford G.C.: Dave Johnson; Carole Buffington.
Edgewood C.C.: George Bugal; Dottie Boccallio.
Ellington Ridge C.C.: Tom Schiller; Alison Salad.
Fairview C.C.: Peter Kessler; Margo Absher.
Farms C.C.: Steve Littman; Fran Moore.
Glastonbury Hills C.C.: Mark Zimmermann.
Golf Club of Avon: Barbara Drew, Anita Makar.
Green Woods C.C.: John Russo; Myrna Fredericks.
Greenwich C.C.: Peter McGowan; Astrid Heidenreich.
H. Smith Richardson G.C.: Paul Donovan; Ronnie Hutton.
Hartford G.C.: Charles P. Kohn; Donna Batch, Pat Creed.
Hopbrook G.C.: Joe Heston; Elsie Wood.
Keney Park G.C.: Billie Duvall.
Litchfield C.C.: Kris Anderson; Jean Murphy, Jenny Round.
Longshore Club: Bart Synder; Billie Orr.
Lyman Meadow: Masaharu Osada.
Milbrook Club: Peter Arturi; Athenia Schinto.
Mill Brook G.C.: Gary Dunleavy; Bert Smith.
Neipsic: Lorraine Cummings.
New Haven C.C.: S. Bruce Stegmaier; Helen Mertens.

1983 MOST IMPROVED CLUB PLAYERS

New London C.C.: James Donatello; Marie Smith.
Norfolk C.C.: E. T. Bradley; Jeanne Hatch.
Norwich G.C.: Jim Carpenter; Stacy Carpenter.
Oak Hills G.C.: Mike DePietro; Sandra Esposito.
Oak Lane C.C.: Harold Hauben; Betty Larucia.
Pattonbrook C.C.: John Balboa Vaillancourt.
Pautipaug C.C.: Doug Chichester Jr., Patty Vandervelde.
Pine Orchard Y. & C.C.: Peter Lupoli; Dorothy Dendas.
Race Brook C.C.: Jim Sal Damarco; Suzzane Johnson.
Ridgefield G.C.: Jim Kunz.
Rockrimmon C.C.: James Silberman; Paula Lennard.
Rolling Hills C.C.: John Merchant; Joyce Ingham.
Round Hill Club: Alec Dawson; Mary Hodgman.
Sharon C.C.: Dormer Cannon; Muriel Young.
Shorehaven G.C.: David Romeo, Kevin Gardella.
Shuttle Meadow C.C.: John Fagan; Pam Hill, Jane Sweeney.
Sterling Farms G.C.: Gerald Powers.
Stonybrook G. Cse.: Bill Burke.
Tall Wood C.C.: Gino Calderone; Florence Ramsey.
Tamarack C.C.: John Payne; Kathy Murphy.
Tashun Knolls G.C.: Cary Sciorra; Nina Emden.
The Patterson Club: Jim Janson, David Croke; Tommie Ross, Colleen Keegan.
The C.C. of Farmington: Richard Borawski; Dorothy Hart.
Tony's Plantation: Chuck Pickens.
Tumble Brook C.C.: Ken Patron.
Twin Hills C.C.: John C. Reynolds; Lee Kerr.
Wampanoag C.C.: Tim Sullivan; Terry Thomson.
Washington C.C.: Ted Fowler; Bobbie Smith.
Wee Burn C.C.: Ed Pollock; Suzie Cheswick.
Western Hills G. Cse.: Joe Cutrali; Mary Ann Kulhavik.
Wethersfield C.C.: Dan Palermino; Ann Drayton.
Whitney Farms: Joe Kapp; Carol Hazzard.
Woodbridge C.C.: Stu Brenner; Sandra Sterling, Sylvia Medalie.
Woodhaven C.C.: Wally Ward; Anne Smith.
Woodway C.C.: Rick Smith Jr.; Jane Lynn.

DELAWARE

Garrisons Lake G.C.: Jim Marshall, Ruth Wicks.
Mapledale C.C.: John Kitchen; Judy Reed.
Newark C.C.: J. Elwood Statler; Lillian Forster.
Rehoboth Beach C.C.: Doug Thornley; Sally B. Ratcliffe.
Wilmington C.C.: Don Ciecewich; Patty Marshall.

FLORIDA

Amelia Island Plantation: Wilson Tennille; Evelyn Culpepper.
Bay Hill Club: Ron Stucki; Kathleen Graham.
Bellview Biltmore C.C.: John Stripp; Marion Weise.
Bent Tree G. & R.C.: Carl Marinelli; Betty McCauliff.
Biltmore Women's G. Association: Sara West.
Biltmore: Jim Dresnik.
Boca Woods C.C.: Paul Simon; Judy Simon.

Bonaventure C.C.: Gerry Legault; Loretta Tempchin.
Buenaventure Lakes C.C.: Steve Dunham, Wally Petersen; Karen Klickovitch.
Carriage Hills G.C.: Jim Bowles; Carol Hannah.
Continental C.C.: James Boston.
Cypresswood G & C.C.: Tom Davy; Betsy Downey.
Delray Dunes G & C.C.: John Justen; Elsie Lombi.
Eagle Creek G. & T.C.: Ralph Maritato.
Eglin G.C.: Carl Shepardson; Joy Weymouth.
Feather's Sound C.C.: Charles Senger; Nancy Edwards.
Hampden C.C.: Terry Hesser; Anne Boucher.
Hidden Hills C.C.: John Goode; Nancy Brewer.
High Ridge C.C.: Henri Wechsler; Ruth Pearl.
Johns Island Club: Rex Brophy; Jane Hayes.
Jonathan's Landing G.C.: J. Bard McLean; Georgia Teich.
Kendale Lakes C.C.: Menzo Sullivan; Cheri Abbott, Ida Desch.
Kings Point Executive: Kathryn L. Biggs.
Lehigh C.C.: Jules Heretick; Nita Stalcup.
Mayacoo Lakes C.C.: Emil Stavriotis; Sabina Cowie.
Mission Inn Resort: Jim Young; Amy Sullivan.
Myakka Pines C.C.: Al Waldheim, Ralph Smith; Florence Moses.
Oak Bridge G.C.: Lynn Heffner.
Palma Ceia G. & C.C.: Joe Harlow; Carol Faliero.
Pasadena Y. & C.C.: John Wynnick.
Pebble Creek C.C.: Dale Dorsey; Helen Kelly.
Pelican C.C.: Gary S. Bufington; Mary Clinton.
Pinecrest on Lotela: Carl Utz; Lee Doke.
Port Charlotte C.C.: Harold Kindel; Juanita Gibbs.
Quail Creek C.C.: Mike Yahz, Karen De Jager.
Rocky Bayou C.C.: Bob McElroy; Beverly Mickagl.
Sandpiper Bay Resort: Mary Pfeiffer.
Sara Bay C.C.: Harry Buttoif; Mariam Moes.
Scenic G. & C.C.: Alvin Abbott, Robert Anderson; Betty Shetler, Caroline Gai.
Seven Springs C.C.: Terry Freemon; Sherre Pietsch.
Sharpes Exec. G. Cse. Inc.: Lumos Miller Jr., John VanHove.
Silver Springs Shores G. & C.C.: Linda Winrow.
Spruce Creek G. & R.C.: Eddie Vaugh; Vera Rahrig.
St. Regis G.C.: David Schaller.
Sugar Mill C.C.: Roy W. Malone; Anne Robertson.
Tacaranda C.C.: Raymond Windsor.
The C.C. at Tarpon Lake Village: Al Steffien; Mary Cox.
The Forest C.C.: Byron Shard; Sheila Snell.
The Meadows C.C.: Elwell P. Blanchard; Mary Helen Fylstra.
Tiger Point: James Neal; Linda Blass.
Tuscawill C.C.: Mary Kirsch.
Winter Pines C.C.: Bob Case; Dot Wallace.
Zellwood Station G. & C.C.: Jerry Saude, Erma Mlekush.

GEORGIA

Athens C.C.: Nelson Cox; Brenda Klein.
Bent Tree: Taylor Turner; Marilyn Kraul.
Brookfield West C.C.: Brett Blevins; Dell Carey.
Brunswick C.C.: Russ Holland; Sandra Langford.
C.C. of Columbus: Ernie Tate; Martha Tate.
Canton G.C.: Dean Callahan.

1983 MOST IMPROVED CLUB PLAYERS

Cherokee Town & C.C.: Preston Samford; Eva Holladay.
Coosa C.C.: Charles Hack, Bettie Shadday.
Dalton G. & C.C.: Carolyn Ovrett.
Fairfield Plantation C.C.: Ralph Skinner; Ann Sanders.
Goodyear G.C.: Paul Baker.
Green Island C.C.: Arthur Edge; Jetta Wilt.
Highland C.C.: Ron Light Sr.; Ginger McConnell.
Idle Hour Club: Buster Slocumb; Gerry Ogburn.
Lakeview C.C.: Charles McClellan.
Marietta C.C.: Bettie Hudson.
Marshwood at the Landings: Kevin Bryant; Patty Carver.
Mystery Valley G. Cse.: Sammy Wade, Richard Gillespie.
Northwood C.C.: Joe Brakevill; Sally Gillespie.
Oak Haven G. & C.C.: Tom Dent; Gail Hankins.
Peachtree G.C.: Charles T. Nunnally.
Pebblebrook G.C.: John Davis; Mary Jane Dunlap.
Pine Needles C.C.: Pete Leach; Quieda Luckie.
Pinetree C.C.: James Wolff; Lee Hawkes.
Riverside G. & C.C.: Ben Prickett; Scottie Futch.
Sea Island G.C.: Mark Love; Reid Freeman.
Sea Palms G & T.C.: Walt Seaman; Carole Burns.
Springbrook C.C.: Joe Slater; Vicki Masters.
Standard C.: C. Rosenberg, Audrey Landy.
Stone Mountain Park G. Cse.: Linda Hoover.
Vidalia C.C.: Emory Davis; Pat Phillips.
Waynesboro C.C.: Isaac Beard; Pat May.
West Lake C.C.: Haskell Toporek; Jonnie Goodson.
Willow Lake C.C.: Ricky Conner; Sondra Sparks.

IDAHO

American Falls G. Cse.: Gary Waite; Sandra Barnard.
Avondale G. & T.C.: Bob Christensen, Gary Roadhouse; Karen McLandress.
Bryden Canyon: John Smathers; Betty Huntley.
Burley G. Cse.: Shane Wall; Jana McGill.
Canyon Springs: Dave Montgomery; Sally Bloxham.
Crane Creek C.C.: Mike O'Brien; Dee Hinger, Nancy Elliot.
Eagle Hills G. Cse.: Tom Gillespie; Karen Towne.
Idaho Falls C.C.: Chuck Bateman; Marlys Knoff.
Indian Lake: Bob Meyer; Marilyn Lindsay.
Kellogg C.C.: Ilene Johnston.
Lewiston G. & C.C.: Allan Shrader, Kate Cannon.
Pinecrest G.C.: Al Arpin; Na Vae Mooney, Karen Williams.
Plantation G.C.: Bill Kitchens; Nancy O'Connor, Norma Doty.
Riverside G.C.: Pat Armstrong; Corey Lagos.
Rolling Hills: Dick Aldrich; Ruby Kyrk.
Shamanah G.C.: Larry Jackson; Nancy Olsen.
Silver Sage G.C.: Jay Jacques; Debbie Meredith.
Soda Spring G. Cse.: Ken Seelos, Tim Johnson; Pam Toomer.
Twin Falls Municipal G. Cse.: Robert Eisen; Gloria Lee.

ILLINOIS

American Legion G. Cse.: Brent D. Wohlford, Dennis Erlich.
Aurora C.C.: Bill Lenz; Squig Atols.
Barrington Hills C.C.: Tom Weber, Sandy Berris.
Beverly C.C.: Rick Ten Broeck; Mary Payne.
Biltmore C.C.: Jack Rackow; Deb Heiden.
Bob O'Link: Bill Forney.
Brookwood C.C.: Ed Lockyer; Barbara Geis.
Bryn Mawr: Michael Blechman; Joan Chapman.
Butler National: Angelo Egizio.
Calumet C.C.: Gary Martin; Sallie Blecharczyk.
Cary C.C.: Maurice (Bing) Benson; Carol Groves.
Chicago G.C.: John A. Kuhlman; Mary Garvin.
Cog Hill G. & C.C.: Jim Lostumo.
Countryside G.C.: Dale Pero; Doris Alberda.
Crab Orchard: Randy Fozzard; Judy McDonald.
Cress Creek C.C.: Owen Burger, Al Moreau; Sharree Wondrasek.
Crestwicke C.C.: Jim Long; Nina McMeekan.
Danville C.C.: Sunail Alnaqib; Mary Pipes.
Deerpath G.C.: Solly Demarie; Doris Alberda.
Dixon C.C.: Fred Scharer; Darlene Hansen.
Edgewood Valley C.C.: K. P. Schuster; JoAnne Murphy.
Effingham C.C.: John Bushue; Honor Ferretti.
Elgin C.C.: Jeff Stran; Sandy Reagan.
Elmhurst C.C.: Lynn Babcock.
Evanston G.C.: Bill Wadden; Jennifer Morrow.
Exmoor C.C.: Robert M. Alsteen; Bev Laurell.
Faries Park G. Cse.: Mike Banning; Linda Koger.
Flossmoor C.C.: Bob McCall; Maria Pasquinelli.
Fresh Meadow G & C.C.: Bill Walsh, Ms. Keiko.
Forest Hills C.C.: Jack Swanson; Norma Linderoth.
Fort Sheridan G. Cse.: Chris Chesney; Evie Gustafson.
Fox Bend G. Cse.: Don Michael; Diane Conti, Pat Schmidt, Gladys Willcutt.
Glencoe G.C.: Marvin Berz; Ann Jaeger.
Glenwoodie C.C.: Michael J. Brink; Brenda Willett.
Green Hills C.C.: David Conner; Lee Williamson.
Highland Park C.C.: Ed Freundlich; Lynn Polen.
Highland Park G. Cse.: Mike McHerley.
Highland Woods G.C.: Chuck Dee.
Hilldale C.C.: John Brewer; Wanda Miller.
Idlewild C.C.: Harold Korshak; Gene Marco.
Illiwi C.C.: Bob Whitler; Judy Ross.
Indian Creek C.C.: Gene Vaughan, Sonja Scott.
Indian Hill Club: Rowan Carroll; Diana Gentles.
Indian Springs C.C.: Gene Hanover, Gerry Riecks.
Inverness G.C.: Ken Hammond; Chris Jacob.
Jackson C.C.: David Neslar; Inez Horsley.
Jacksonville C.C.: Tal Henry; Karen Benton.
Joliet C.C.: Owen McCarthy; Barb Studer.
Kankakee C.C.: Ronald Moline; Barbara Edwards.
Kankakee Elks C.C.: Duane Tatro; Diane Gordon.
Kemper Lakes G.C.: F. Tabachka.
Kishwaukee C.C.: Bob Klatt; Bobbie Cesarek.
Knollwood Club: Dave Long; Pam Olson.
La Grange C.C.: Gil Stenholm; Molly Horstman.
Lake Barrington Shores G.C.: Cliff Theriault; Audrey Weiland.
Lake Bracken G.C.: Jeff Brock, Linda Maurizi.
Lake Bluff G.C.: Nello Campagni; Linda Collins.
Lake Erie C.C.: Paul Tyler; Dollie Tyler.
Lake Shore C.C.: Peter Straus; Alison Salzman.
Lawrence County C.C.: Brad Rock; Janet Benson.
Leroy C.C.: Tom Kehoe; Sue Collier.
Lincolnshire Fields C.C.: Doug Arends, Jo Ann Shapland.

1983 MOST IMPROVED CLUB PLAYERS

Longwood C.C.: Earl Greer.
Macomb C.C.: William Crain; Pat Fluegel.
Marengo Ridge C.C.: Harry Foster, Chuck Ackman; Barb Kraemer.
Mattoon G. & C.C.: Tom Sawyer; Gail Behm.
Mauh-Nah-Tee-See C.C.: Randy Reese; Sue Groves.
McHenry C.C.: Paul Overton; Joan Buss.
Meadow Woods C.C.: Kathy Saul, Loretta Pick.
Medinah C.C.: Donald C. Larson; Sylvia Carlson.
Midland Hills G.C.: Bill Boyer; Pat Duty.
Midlothian C.C.: Charles Wright; Dorothy Paluch.
Mt. Prospect G.C.: Kevin Nicholl; Darlene Calas.
NAS Glenview: Harriet Papp.
Northmoor C.C.: Jim Bronner; Jane Jellinek.
NTC Great Lakes G.C.: Dale Christensen; Sanora Spencer.
Oak Park C.C.: J. Alan Wheatland; Bonnie Farnsworth.
Oakwood C.C.: Lonnie Legner; Paula Aller.
Old Elm C.: Richard Morrow.
Olympia Fields C.C.: John O'Neill; Alice Berg.
Onwentsia Club: Glen E. Jackson; Susan Lamberson.
Oregon G.C.: Peter Tsidles; Penny Leisson.
Otasca G.C.: Joe Conley; Linda Jagiello.
Park Hills G. Cse.: Cal Staver; Betty Dollarhide.
Park Ridge C.C.: Duffy Moran; Gerry Krumwiede.
Pekin C.C.: Richard Craig; Norma Saurs.
Pinecrest G. & C.C.: Jeff Ferguson; Linda Koerber.
Pontiac Elks C.C.: Greg Wohlford; Carol Trainor.
Prestwick C.C.: Vince Toepper; Diane Japp.
Quail Creek C.C.: Mike Parker; Carol Rich.
Ravisloe C.C.: Dave Matasar; Laurie Matasar.
Ridge C.C.: Edward Raven; Sue Huff.
Ridgemour C.C.: Louis Meyer; Barbara Poindexter, Veronica Shedd.
Riverside G.C.: William Abraham; Eileen Vanselow.
Rob Roy G.C.: Bud Garms.
Rock Island Arsenal G.C.: Dick Hillebrand; Janet Schwarz.
Rock River C.C.: Rick Conneely; June McCloud.
Rockford C.C.: John Brearly.
Ruth Lake C.C.: Gerhard Sterling; Shirley Robertson.
Sandy Hollow: Janet Thompson.
Shady Lawn G.C.: Jory Genovese; Ada Seggerman.
Shambolee G.C.: Dave Allen; Judy Doggett.
Shawnee Hills C.C.: Bob Absher; Kathy Morris.
Shoreacres: Sam Skinner; Sheila Berner.
Short Hills C.C.: Dan Palmer; Marge Ossian.
Skokie C.C.: John Marsh; Isabel Pollen.
South Shore G.C.: Dick Dionne, Gert Moody.
Sportsman's C.C.: Opie Munro.
Spring Lake C.C.: Jim Mentesti, Dan Ernst; Paula Tushaus, Ann Bergman.
Spring Creek G. Cse.: Brad Harrison; Catherine Sale.
Springbrook G.C.: Brad Krey; Nippy Mohl.
St. Andrews C.C.: Mike Pope; Rose Ann Judson.
St. Charles C.C.: Craig Morgan; Darlene Morgan.
Sunset Hills C.C.: Steve Colletti; Candy Wentz.
Sunset Ridge C.C.: Russ Shaw; Sharon Sheridan.
Sunset Valley G.C.: Bill Ratliff.
Tangleville C.C.: Tim Fleming; Mary K. Ellis.
The Rail G.C., Inc.: Bill Gall; Barbara Sumner.
Thorngate G.C.: Bruce Peterson; Janet Wilson.
Turnberry C.C.: John Anderson, Jackie Flynn.

Twin Orchard C.C.: Allen Gerrard; Coots Siegel.
Urbana G. & C.C.: Larry Merrick; Judith Riggs.
Valley-Lo C.C.: Bill Strauss; Bebe Sutton.
Vermilion Hills C.C.: Frank K. Childress; Debbie Hutson.
Village Links C.C.: Pete Sweders; Donna Ellis.
Westmoreland: Tim Murray.
Westview G.C.: Jim Thornton; Vera Schreiter.
Wolf Creek G. Cse.: Dan Arnold; Carla Chandler.

INDIANA

Arlington Park G.C.: Steve Griebel; Diane Hogan.
Bass Lake C.C.: Art Garbison; Alice Bauer.
Bicknell C.C.: Joe Singleton; Midge Gosciriak.
Broadmoor C.C.: David Wiener; Arlene Grande.
C.C. of Indianapolis: Harley Hassell; Mary Susott.
Cedar Lake G. Cse.: Ron Clarren; Judy DeHaven.
Christiana Creek C.C.: Bob Whipple; Terry Samuels.
Colonial Oaks C.C.: Rick Sherman; Paula McAbee.
Connersville C.C.: Joe Todd; Sandi Jeffries.
Crestview G. Cse.: Mike Perkins; Kathy Belcher.
Crooked Stick G.C.: Alice Houde.
Dearborn C.C.: Dave Vastine; Nancy Barrott.
Edgewood C.C.: Tom Forrest; Jill Martin.
Elks Blue River C.C.: Robert Bennett; Linda Adkins.
Elks C.C., Richmond: Al Arford, Jeannie Luther.
Elks C.C., Seymour: Carrol Pearson; Bert Ruble.
Elona C.C.: Louis Sfreddo; Barbara Schricker.
Elwood C.C.: Jerry Bourff.
Erskine Park: Bob Miller; Carol DeBuysser.
Etna Acres G.C.: Jim Grimes; Ann Crawford, Faye George, Cyndi Grimes.
Forest Hills C.C.: Jerry Bell; Mary Keifer.
Forest Park G. Cse.: John Arden; Sarabel Nowlin, Vernita Hall.
Forest Park G. Cse.: Mitch Lancaster; Barbara Ringo.
Frankfort C.C.: Jim Good; Nancy Levenburg.
Gary C.C.: Pete Grubnich; Eleanore Santos.
Greenhurst C.C.: Brad Thomas; Mabel Dunn.
Grissom G.Cse: Ken Jefferson; Bev Farrington.
Hamilton G. Cse.: Charles Braun Sr.; Artith Schile.
Hart G.C.: Emil Hirzel; Pat Moore.
Hartley Hills C.C.: Chuck McCracken; Mary Worl.
Hazelden C.C.: Jack Rush; Dianne Hendryx.
Hickory Hills G.C.: Karen Bogue.
Highland G. & C.C.: Jack Spohn; Nancy Summerlin.
Hillcrest C.C.: Joe Kostoff; Barbara Gates.
Hillcrest G. & C.C.: Bufhard Broughton; Susie Kirschner.
Hillview C.C.: Rush Friddle, Bob Foist; Ann Gordon, Bonnie Landrigan.
Jasper Municipal G. Cse.: Dave Vogler.
Killbuck G.C.: Gene Weed; Jan Miller.
Kokomo C.C.: Wes Peik; Helen Shriver.
Lakes of the Four Seasons: Scott Hindman; Barb Mika.
Lakewood C.C.: Joe W. King; Betty Scales.
Limberlost C.C.: Greg Emerick; Fran Nash.
Mohawk Hills G.C.: Dave Piening; Diane Rubino, Kit O'Leary, Gaida Thomas.
Morris Ark C.C.: Jon Phillips; Sue Hornbeck.
Muscatatuck C.C.: Don Lucas; Dell Kopitzke.
Orchard Ridge C.C.: Gus Franklin; Elizabeth A. Murphy.
Otter Creek G.C.: Dave Shaff; Susan St. John.

1983 MOST IMPROVED CLUB PLAYERS

Peru Municipal G.C.: Bob Carson; Doris Myers.
Pine Valley C.C.: Jan Stevens.
Plymouth C.C.: Leonard Ishan; Dee Wyatt.
Rea Park G. Cse.: Tom Wilks; Emily Gilbert.
Rochester Municipal G. Cse.: Jim Mooney; Katie Flynn.
Sand Creek Club: Randy Tavernier; Bea Keohane.
Seymour C.C.: Andy Houston, Nancy Wiethoff.
Smock G. Cse.: Jerry Damrell; Suzy Malicote.
Sprig-O-Mint: Charley Allen; Rose Mary Duncan.
Sullivan Elks Club #911: Lee Townsend; Carol Whitman.
Tippecanoe C.C.: Terry Smith.
Tippecanoe Lake C.C.: Bob Steele; June Hughes.
Valley View G.C.: Bob Bell; Ruth Waters.
Wawasee G. & C.C.: Neil Graves; Margaret L. Troyer.
Westwood C.C.: Rick Hoover; Anne McGlothlin.
Wooded View G.C.: Charlie Dailey.
Woodmar C.C.: Dan Banas; Mary Schumm.
Youche C.C.: Gerry Melle; Carol Urich.

IOWA

Algona C.C.: Steve Richards; Shirley Scholer.
Backbone G. & C.C.: Dave McGrane; Emogene Debes.
Burlington G.C.: Randy Winegard; Barb Doebele, Ester Witte.
C.C. Grinnell: Paul Wolken; Ruth Evans, Kitty Toney.
Canyon Creek G.C.: Dan Bender; Evie Mahmens.
Cedar Rapids C.C.: James Hall; Alberta Geiger.
Charles City C.C.: Ron Noah; Shirley Bruns.
Clarmond C.C.: Lyle McConaughy; Carolyn Bowman.
Clinton C.C.: Bill Iverson; Vicki Humphrey.
Crow Valley C.C.: Al Asplund; Jane Nicholson.
Dubuque G. & C.C.: John Patrick; Carol Voelker.
Dyersville G. & C.C.: LeRoy Ott, Ted Reicher, Andy Traeger; Lynn Tauke.
Elks C.C.: Dan Gregg; Donna Boyle.
Elmwood C.C.: Terry Kluck, Carroll McInroy.
Highland Park G.C.: Joe Hutchison; Mary Ellen Snell.
Humboldt C.C.: Dave Knudsen; Mary Mattoon.
Hyperion Field Club: Larry Larson; Caroline Meyer.
Kendallville Elk C.C.: Todd Parker.
Keokuk C.C.: Craig Lamporte; Kris Bakrow.
Lakeshore C.C.: Steve Nelson; Marianne Davis.
Mason City C.C.: Matt Anderson; Chris Torgerson.
Muscatine Municipal G.C.: Jim Craig II; Cathy Huff.
Newell G.C.: Marsha Mernin.
Silvercrest G. & C.C.: Steve Bergan.
Sioux City Boat Club: Larry Roach; Linda Lemons.
Sioux City C.C.: Greg Thousand; Muriel Galinsky.
Sioux G. & C.C.: Roger Cambier; Phyl Henrich, Phyl Rensink.
Spencer G. & C.C.: Terry Jesperson; Jackie Hart.
Sunnyside C.C.: Jim Fox; Patti Sulentic.
Thunder Hills C.C.: Paul Lane; Rita Schnee.
Wakada Club: Paul Becker; Louise Worth.
Wellman G.C.: Dwight Duwa; Virginia Jacob.
Willow Creek: Phyllis De Carlo, Kay Kover, Jean Martin, Judy Wright.

KANSAS

Anthony G. Cse.: Harold Adkisson; Gloria Blagg.
Cedar Crest C.C.: Gerald Schmidt; Sandy Shofner.
Chanute C.C.: Dean Brock; Nancy Castellucci.
Crestwood C.C.: Matt Lowe; Virginia Laswell.
Emporia C.C.: R. L. Bennett; Karen Johnson.
Forbes G. Cse.: Dan Dyer.
Grove Park G.C., Inc.: Pete Fiest; Paula Hamm.
Indian Hills C.C.: Robert O'Byrne; Margaret Stoll
Lake Quivira C.C.: Gerry Wood; Marcia Schmidt.
MacDonald Park G.C.: John Aubert; Lela Miller.
Mariah Hills G. Cse.: Scott Seatvet, Terry Laudick.
Milburn C.C.: Jim Davidson; Shirley Swedlund.
Ottawa C.C.: Dale Dieterich Jr.; Mary Ann Moherman.
Overland Park G.C.: Jack Ballew; Susan Tinker.
Rolling Hills C.C.: Les Quillen; Natajha Fife.
Tomahawk Hills: Danny Adams; Debbie Adams.
Wichita C.C.: Ray Dondhinger; Anne Nelson.
Wolf Creek G.C.: Gary Jones.

KENTUCKY

Barren River Lake State Resort Park: Cliff Wilkerson.
Big Elm C.C.: Jerry Rezek; Susie Lindon.
Bob-O-Link G. Cse.: G. B. Hawkins; Dorothy Beckett.
Cherokee C.C.: Eric Reed; Sue Epperson.
Devou Fields G.C.: Ray Bosse; Nancy Bowman.
Hopkinsville G. & C.C.: Jim Rozelle; Donna Campbell.
Hurstbourne C.C.: Don Rigazio; Mrs. Bob Shaw.
Indian Hills C.C.: Tom Ackerman; Carol Shell.
Kentucky Dam Village State Resort Park: Gaylon Crisp; Margareitta Vaughn.
Lakeside: Pat Cox.
Lexington C.C.: Jack Palmore, Jack Jones; Dodgie Polites.
Owensboro C.C.: Daniel M. Burlew III; Shirley Hamer.
Owl Creek C.C.: Eric Ison; Martha Douglas.
Pennyrile G.C.: Kendall Lanham.
Seneca G.C.: Thomas Morrison; Marge Farrand.
Somerset C.C.: Charles Ritter.
Summit Hills C.C.: George Meyeratken; Thelma Finley.
Tates Creek G.C.: Kay Michaux.
Winchester C.C.: Clyde Kohl; Betty Snowden, Becky Webb, Mary Poole.

LOUISIANA

Acadian Hills C.C.: Curley Picard; Gail Bruno.
Advance C.C.: Jim Lewis.
Audubon G.C.: G. B. (Jack) Jurgens; Anita Crozat.
Bayou De Siard C.C.: Dave Waller; Kit Kelley.
Beau Chene G. & R.C.: Paul Braun; Anne Viault.
Briarwood C.C.: Brad Elling; Chris Fry.
Chateau G. & C.C.: Ed Legnon; Sue Scully.
City Park G. Cse.: Pat Breaux.
Eastwood Fairways: Mike Thomas.
Ellendale C.C.: Tony Bergeron; Gail Boudreaux.
Huntington Park G. Cse.: Shell Stephenson; Sherri Hanson.
Lake Charles C.C.: John Melton; Betty Dunlop.
Lakeside Park G. Cse.: Michael Shannon; Paula Thomas.
Lakewood C.C.: Jack Goodman; Karen Achord.
Muny G.C.: Harvey Smith; Alice Hance.
Oakbourne C.C.: Allen Breaux; Cindy Kirlin.

1983 MOST IMPROVED CLUB PLAYERS

Pinewood C.C.: Webb Hart; Phyllis Lilley.
Plantation G. Cse.: Jim Epperson; Becky Mitchell.
Royal G.C.: Stan Hultz; Ernestine Gaines.
Ruston C.C.: Bill Penny; Julia Andrulot.
St. John G.C.: Ricky Diamond.
Tri-Parish G.C.: Herb Guillory; Deborah Bosworth.
Twin Oaks C.C., Inc.: Harry Gilbert; Joy Lee.

MAINE

Apple Valley G. Cse.: Barry Chapman, Blaine Davis; Phyllis R. Greim.
Bangor Municipal G. Cse.: Jim Barr; Tina Colburn.
Brunswick G.C.: Mark Stupinski; Stephanie Schmitt.
Buckport G.C.: David Olmstead; Mary W. Bigl.
Goose River G. Cse.: Bowen F. Marshall; Judith A. Whitney.
Inland Winds C.C.: Rich Alford.
Lakeview G.C.: Muriel Estes, Phyllis I. Fortin.
Meadowhill G.C.: Norman Trussell; Glenda Nisbet.
Northport G.C.: Robert Hill.
Old Orchard Beach C.C.: Ralph Lessard.
Paris Hill C.C.: Pat Quin; Cathy McDonald.
Paul J. Dailey: Robert Anthoine; Gertrude Prescott.
Presque Isle C.C.: Rick Collins; Alexis Madore.
Purpoodock Club: John Hayes; Irene McComb.
Samoset G.C.: Paul Rackliff; Diane McKearney.
Webhannet G.C.: Mal Frost; Barbara Russell.
Western View G.C., Inc: Ronald Corbin; Sue Dow.

MARYLAND

Bay Hills G.C.: Joe Boulay; Wendy Jones.
Brantwood G. Cse.: Sean Christopher Daly.
Cambridge C.C.: Jim Harper; Sara Stack, Debbie Messick.
Caroline C.C.: J. D. Neal; Daisy Haglund.
Chester River: Mike Otwell; Mary Ellen Thompson.
Chestnut Ridge C.C.: Stephen Pollock; Frances Friedman.
Clifton Park G. Cse.: Harry Goodheart.
Falls Road G. Cse.: Kevin Brown; Joan Wilbur.
Font Hill C.C.: Bill Wall; Donna Harrison.
Green Hill Y. & C.C.: Chuck Almond.
Hobbit's Glen G.C.: Eric Bohn; Colleen Hayes.
Holly Hills C.C.: Jim Mumaw; Lenola Demchak.
Hunt Valley: Frank Young; Mikie Flanigan, Mary Thompson.
Kenwood G. & C.C.: Nick Carosi; Carol Harris.
Lakewood C.C.: Frank Abbott; Lois Ledbetter.
Laurel Pines C.C.: Bob Haverty; Pam Unger.
Laytonsville G.C.: Pat McGinley; Shirley Burnside.
Mount Pleasant G.C., Inc.: James C. Shipley Jr.
Ocean City G. & Y.C.: Marty Ries; Penny Olinger.
Pine Ridge G. Association: Rose O'Doherty.
Prince Georges C.C.: John Vitielliss; Cindy Davis.
Rock Creek G.C.: Jim Joseph; Polly Soper.
Rolling Road G.C.: Bob Slaght; Joan Winchester.
Sligo Creek G. Cse.: Thomas McAuliffe; Joan O'Brien.
Tantallon G. & C.C.: Jane Shipman.
The Suburban Club: Alan Rosoff; Rose Ann Morgan.
Wakefield Valley G.C.: Edgar Rase; Virginia Reese.
Winter Quarters: Jeff Trader; Barbra Wright.

Woodmont C.C.: Ward Snyder; Judy Wortman.

MASSACHUSETTS

Amesbury G. & C.C.: Jim Lisauskas.
Amherst G.C.: Glenn S. Allan; Marie Appleby.
Bear Hill G.C.: Bob D'Agostino; Pat Faino.
Belmont C.C.: Alan Robbins; Betty Starr.
Brae Burn C.C.: Peter Johnson; Judy Quinn.
Braintree Municipal G. Cse.: Rick Rollins; Pat Olson.
C.C. of Greenfield: Joseph Constance; Patricia Johnson.
C.C. of Pittsfield: Granville Pruyne, Jeff Ross, Rick Koscher.
Cohasset G.C.: Rick Towle; Wendy McLaughlin.
Concord C.C.: Dave Trask; Jean Trask.
Cranwell G. Cse.: Dusty Bergh; Stella Perrone.
Crestview C.C.: Robert Shapiro; Jerry Freedman, Beverly Lussier.
Crumpin-Fox Club: Edmund Galante; Merrilyn Streeter.
Dedham C. & Polo Club: C. A. Foehl IV; Mrs. Chester English.
Elmcrest C.C.: Jim Oski; Tina Mucha.
Garonir G. Cse.: Marc Grendroff; Kathy Morris, Pat Owen, Jackie White.
George Wright G. Cse.: Conrad Jameson; Maria Bonzagnia.
Hatherly C.C.: Don Beale; Margie White.
Hickory Ridge C.C.: Mark Parody; Marg Seften.
Hillview C.C.: Ed Cohen; Evelyn Cusato.
Hyannisport Club: Lou Rossignol; Marilyn Chase.
Kernwood C.C.: Ray Ross; Cynthia Fisher.
Ledgemont C.C.: Merrill Leviss; Shirley Fanger.
Marlborough C.C.: Peter Delaney; June Seavey.
Middleton G. Cse.: Tony Salimeno; Gloria M. Bedard.
Mill Valley C.C.: Robert Koesnter; Sali Okulski.
Monoosnock C.C.: Mike Culley; Mel Leger.
Mount Pleasant C.C.: Steve Forman; Lois Lackman.
Myopia Hunt Club: Benjamin H. Moore; Ingrid Swanson.
Nashawtuc C.C.: Pat Vglietta; Joan Olim.
New Seabury: Peter Asare; Marion Maney.
Northampton C.C.: Dave Dec, Bill Boyle; Ann Twohig.
Northfield G.C.: Howard Boucher, Alfred Young.
Ould Newbury G.C.: Jay Trussell; Joanne Wildes.
Pleasant Valley C.C.: George Lamothe; Helen Nartowt.
Plymouth C.C.: Don Harvey; Barbara Zani.
Pocasset G.C.: Steve Molis; Gloria Johnson.
Radisson Ferncroft C.C.: Bob Griffin, Dorothy Shaw.
Rockport G.C.: Erik Nelson; Karen Goodwin.
Salem C.C.: Ron Mini; Jane Smith.
Sankaty Head G.C.: Don Allen Jr.; Jackie Slade.
Scituate C.C.: Christopher McCann.
Springfield C.C.: Ralph Viviano; Louise Marcotte, Bev Parent, Fran Townsend.
Strawberry Valley: David Lane; Ann Resendes.
The Country Club: Alexander Ellis; Dianne Russell.
The Kittansett Club: C. H. B. Davison.
Thomson C.C.: Herb Rosenthal; Helen Stickney, Blanche Crabb.
Thorny Lea G.C.: Tom Ellis.
Trull Brook G. Cse.: Joe Murphy, Ginny Cruisius.
Twin Hills C.C.: Leonard Judelson; Dorothy Fleischner.
Veteran's G. Cse.: Richard (Ace) Bailey; Barbara

1983 MOST IMPROVED CLUB PLAYERS

Jacque.
Wahconah C.C.: Skip Galdner; Lee Daly.
Wampanoag G.C.: Pete Russo.
Wampatuck C.C.: John B. Galvin; Susan Barrie.
Wellesley C.C.: John Frey; Laureen Sexery.
Woodland G.C.: Bob Rossi; Janet McHugh.
Woods Hole G.C.: James B. Cassidy; Virginia (Ginny) Estes.
Worcester C.C.: George Kelly; Jean O'Connor.
Worthington G.C.: Darryl Fisk; Nancy Baldwin.
Wyantenuck C.C.: Lawrence Premerlani; Caroline Hechenbleikner.

MICHIGAN

Alpena C.C.: Paul Stolt; Gladys Mitchell, Vickie Lindsay.
Alpena G.C.: Ralph Lamp; Sharon Lancaster.
Ann Arbor Golf & Outing: Omer Bellfi; Joyce Wilson.
Barton Hills C.C.: Pete Rosewig, Kay Hughes.
Battle Creek C.C.: Tom Kolassa; Shirley Townsend.
Bay City C.C.: Mike Beaudoin; Sylvia Lee.
Bear Lake G.C.: Dave Maki; Kay Custer.
Berrien Hills C.C.: Mike Johnson; Gail Faneuf.
Big Spruce G.C.: Robert Hemming; Sue Heidemann.
Birmingham C.C.: Bill Whitman; Helga Ernst.
Bloomfield Hills C.C.: Ben Fauber; Darleen Fauber.
Blythefield C.C.: Gene Walls; Nancy Browne.
Bridgeport C.C.: Victor Leichner; Mary Slater.
C.C. of Detroit: Robb Baubie; Krys Rollins.
C.C. of Lansing: Frank Johnson; Gail Powers.
Cadillac C.C.: John Blankenship; Sharon McKeown.
Caro G.C.: Ron Fields; Lucy White.
Cascade Hills C.C.: Michael J. Stowe; Gayle Vander Meer, Donna Van Harmelen.
Cedar Creek G.C.: Ursheh Boyd; Phyl Zbiciak.
Clearbrook C.C.: Kevin Drooger, Andy Marsh; Sandy Young.
Clio C.C.: Duane Fuller; Mary Ann Muntin.
Crystal G. Cse.: Al Barrett; Betty Klock.
Edgewood C.C.: Jim Bishop.
Farmington Hills C.C.: Mike Jordan; Nancy Post.
Fern Hill C.C.: Al Perkowski; Deborah Scoza.
Flint G.C.: Glenn Rudd; Helen Robison.
Flushing Valley: Dave Prochazka; Barb Baney.
Forest Hills G.C.: Steve Carey; Jane Boland.
Frankfort G.C.: Don L. Mills; Pat Salagovich.
Franklin Hills C.C.: Morris Brown; Phyllis Welling.
Gogebic C.C.: Elmer Newman; Julie DeRosie.
Golf & Country Club: Mike Mortensen; Clara McKennon.
Gowanie G.C.: Jack Howard; Mary Biermann.
Grand Haven G.C.: Terry McCracken; Rhea Ruiter.
Great Oaks C.C.: Nickolas Booras; Arleen Redmond.
Green Meadows G.C.: Dalton Kohler; Diane Gebard.
Green Ridge C.C.: Bob Glover; Debi Young.
Greenville C.C.: Brian Rogers; Cathy O'Brien.
Grosse Ile G. & C.C.: Rick Nykiel; Lil Walker.
Gull Lake C.C.: Bill Rohm; Mrs. Tim Peters.
Hampshire C.C.: Bob Jones. Doris Demlow.
Hidden Valley Club: David Aikens; Fern Lund.
Hillcrest C.C.: Doug Griffith; Pam Trudel.
Inverness C.C.: Roger Davis; Nancy Brown.
Kalamazoo C.C.: Dan Luebke; Darlene Fall.

Kent C.C.: Bud Baxter; Sue Thom.
Lake in the Woods: Gary Strickland; Mary Reynolds.
Lakeview Hills: Dennis Fabri.
Lakewood Shores G. & C.C.: Mark Kilmer; Joyce Reinhard.
Lincoln Hills G.C.: Jerry Kolaski; Martha McKay.
Lost Lake Woods Club: Bill Pyshnik; Mabelle Smart, Sue Harris.
Milham Park G.C.: Joe Gay; Cheryl Miller.
Muskegon Elks: Jim Baker; Pat Smith.
Newberry C.C.: Ray Knauf; Katie Clark.
Oceana C.C.: Roger Christmay; Ann Cheever.
Orchard Hills C.C.: Rudy Engberg; Candy Smith.
Pine Grove C.C.: Don Flaminio; Riva Cowell.
Pine Lake C.C.: George Vitta; Lindy Kosak.
Pine River C.C.: Dennis Howe; Marcha Lippert.
Plum Hollow G.C.: Dwight Harding; Chris Yarabek.
Point O' Woods C.C.: Drew Seaman; Joyce Gunts.
Port Huron G.C.: Douglas Povenz; Susan Wine.
Ramshorn C.C.: John Payne; Cindy Mooney.
Red Run G.C.: Karl Diehl; Barb Knapp.
Riverside C.C.: Glen Johnson; Jan Maguire.
Rolling Hills G.C.: Paul Simpson; Tippie Simpson.
Sauganash C.C.: Lee Kamp; Trudy Wright.
Signal Point Club: Roger Valdiserri; Stephany Dunfee.
Spinning Wheels Golf Federation: Tom Arnold.
Spring Meadows C.C.: Mike Tabor, Mary Lou Ackerman.
St. Clair G.C.: Bill Todd; Leslie Flemming.
Sugar Springs C.C.: Ron Chatterton; Marion Capell.
Thompson Falls G.C.: Doug Johnson; Jean Jackson.
Thornapple Creek G.C.: Rick Cramer.
Traverse City G. & C.C.: Wayne Lobdell; Alice Dumbrille.
Twin Brooks G.C.: Pat O'Hare; Jane Selleck.
Tyrone Hills C.C.: Gus White; Denise Hutchins.
Walnut Hills C.C.: Nate Phelps; Janet Murray.
Warwick Hills G. & C.C.: Chuck Phyle; Gwen Treston.
West Shore G. & C.C.: Joe Valade; Josie Jacobson.
White Lake G.C.: Fred Loy; Paula O'Connell.
Whiteford Valley G. Cse.: Bruce Temple; Martha Knowlton.
Winding Creek G.C.: Bruce Meyer; Mary Ann Hook.
Woodlawn G.C.: Whitney Hames Jr.; Sue Camron.

MINNESOTA

Bemidji Town & C.C.: Jeff Nelson, Larry Perkins; Donna Harmon.
Braemar: John E. Gage; Marcy Nolte.
Breezy Point Resort: Tom Wurr; Patricia Brennan.
Brookview G. Cse.: Vince Kennedy.
Burl G.C.: Rick Dunbar; Sue Rettinger.
Cimarron Golf: Vern Erickson; Marilyn Styve.
Coon Rapids-Bunker Hills G.CSE: Gordy Gargano; Sandy Becker.
Dahlgreen G.C.: Joe Walker.
Dellwood Hills G.C.: Tom Robb; Sharon Hangii.
Dwan G.C.: James Sorenson.
Eastwood Men's Club, Eastwood G. Cse.: Dick Gronvold.
Elk River C.C.: Dan Ellefson; Jan Duitsman.
Forest Hills G. Cse.: Maury Gort; Sharon Werth.

343

1983 MOST IMPROVED CLUB PLAYERS

Goodrich G.C.: Steve Dippel; June Yarusso.
Hawley G. & C.C.: Curt Tollefson.
Hazeltine National G.C.: Reed MacKenzie; Deaun Van Liere.
Hillcrest C.C.: Bruce Glassman; Shelley Peilen.
Indian Hills G.C.: Ken Boyum; Brenda Piccione, Linda DePew.
Interlachen: Harvey Hansen; Mrs. A. Johnsen, Mrs. Peter Passalt.
Interlaken G.C.: Sandy Dittbenner; Lynn Manske.
Keller G.C.: Lee Shortridge; Janice Mortensen.
Kimball G.C.: Jerry Lamb; Barb Liedman.
Lester Park G. Cse.: Wally Rosand; Kay Jobin.
Loon Lake G. Cse.: Jim Reich; Deanna Graf.
Lost Spur G.C.: Bruce Hoff.
Luverne C.C.: Tom Serie; Chris Haycroft.
Maple Valle G. & C.C.: Jim Anderson; Linda Carlson.
Meadowbrook G.C.: Barbara Feiler.
Mesaba C.C.: Merton Hirt; Sharon Archambeau.
Midland Hills C.C.: Richard O'Brien; Bonnie Comer.
Minneapolis G.C.: Jim Broms; Athene Santrizos.
Minnetonka C.C.: Bill Auger; Darlene Dahlquist.
Montevideo C.C.: Mark Rongstad; Sandy Anderson.
Mora C.C.: Clifford Hanson.
New Ulm C.C.: Steve Farasyn; Sharon Wirebaugh.
Northern Hills G.C.: Rob Danner, Rosemary Buske.
Northland C.C.: John Yount; Pat Kolquist.
Oak Ridge C.C.: Paul Wernick; Vi Werner.
Phalen Park G. Cse.: Jack Saiko; Martha Talmage.
Pipestone C.C.: Paul Donaldsen; Laura Frey, Kim Grell.
Pokegama C.C.: Larry Roy; Linda Friberg.
Ridgeview C.C.: Kermit Knetsch; Mary Everett.
Rochester G. & C.C.: Randy Reynolds; Millie Kaplan, Mary Ellen Conzemius.
Rolling Green C.C.: Joe Newman; Barb Bachman.
Savanna Golf: Charles Boyd; Virginia Liebig.
Stillwater C.C.: Mark Clemenson; Pat Giebler, Ruby Kaske.
Terrace G.C.: George Warn; Shirley Essy.
Terrace View G.C.: Dennis Sullivan.
Thief River C.C.: Bob Ekeren; Karla Staveness.
Valleywood G. Cse.: Michael Johnson; Sandy Arthur.
Wadena C.C.: Cara Anderson.
Westfield G.C.: LeRoy Anderson.
White Bear Yacht C.: Terry Quinn; Mary Ann Ober.
Worthington C.C.: Larry Ailts; Ardell Bassett.

MISSISSIPPI

Back Acres C.C.: Bob Holcombe; Anita Wilborn.
Canton C.C.: Bill Purvis; Betty Ellis.
Clarksdale C.C.: Alan Smith; Jean Rosatti.
Cleveland C.C.: Gary Clark; Brenda Brannon.
Colonial C.C.: Randy Tucker; Pauline Richetti.
Deerfield C.C.: Pete Lagrone; Cindy Hicks.
Fernwood C.C.: (Slammin') Sammy DeCoux.
Forest C.C.: Kenny Neal; Anne Johnson.
Green Hills C.C.: Doug Hyatt; Helen Moore.
Hattiesburg C.C.: Jim McCool Jr.; Janet Hatcher.
Indianola C.C.: Davis Whatley; Carolyn Heflain.
Millbrook G. & C.C.: Robin Spiers; Johnnie Loo Harberson.
Northwood C.C.: Burwick Foret; Bethey Foret.

Pass Christian Isles: Elmer Scott; Joan Anderson.
Pine Island G.C.: Joe Coppola; Louise Harris.
Royal Gulf Hills Resort & C.C.: Virgil Lyles; Shug Campbell.
University of Southern Mississippi G.C.: Karl Mann; Alice Kean.
Vicksburg C.C.: Lena Stoliby.

MISSOURI

A. L. Gustin Junior G.C.: Bret Wilson.
Bogey Hills C.C.: Jim Sawyer; Phyl Minnery.
C.C. of Missouri: Russ Boudria; Joan Downes.
Carrollton C.C.: Roger Davis; Sherry Kiser.
Cedar Creek G. Cse.: Jerry Lamb; Sharon Emert.
Cherry Hills C.C.: Mike Honer; Kathy Benigno.
Chillicothe C.C.: Leonard Kiple; Vick Lockridge.
Clinton C.C.: Dean Howery; Lois Hodges.
Columbia C.C.: Russ DeBerry; Bonnie DeBerry.
Crescent C.C.: Art Gann; Carol Bledsoe.
Dogwood Hills G.C.: Mike Johnson; Beth Smith.
Forest Hills G. & C.C.: Mary Ann Tremeyir, Judy Mee.
Four Seasons C.C.: Doyle Hinkle; Kay O'Hara.
Greencastle C.C.: Paul Magalian, Doris Richard.
Hidden Valley G.C.: Lane Palmer; Jane Huckelbury.
Indian Foothills: Harold Thompson; Susie Griffith.
Jefferson City C.C.: Bill Reichard; Cathy Carter.
Liberty Hills C.C.: Rex Harbison.
Marriott Tan-Tar-A G.C.: Maxie Holmes; Sherry Robinette.
Meadow Lake Acres C.C.: John Poff; Marilyn Baumhoer.
Meadowbrook C.C.: Stanley M. Stone; Rose Siegel.
Normandie G.C.: Henry Schwartz; Doris Troscak.
Norwood Hills C.C.: Ted Cooper; Leah Tomsky.
Paddock C.C.: Paul Bray; Sherry Mayhood, Cathy Graham.
Sedalia C.C.: Paul Beykirch; Mrs. Vern Bingaman.
St. Joseph C.C.: Tom Mooberry, Marc McClure; June Mason, Madeleine Sanders.
St. Andrews G.C.: Les Brucker; Dale Raming.
St. Louis C.C.: Ken Bitting III; Catherine Baur.
Stayton Meadows: Jim Cariddi.
Westborough C.C.: James Newell; Mary Kuenneke.

MONTANA

Bill Roberts G. Cse.: Chet Bozdog.
Black Butte G.C.: Jon Monteaux; Robin Young.
Glacier View G.C.: Dick Vorce.
Green Meadow C.C.: Eric Schindler; Donna McGrath.
Hilands G.C.: Dan Johnson; Karen LaSeur.
Lake Hills G.C.: Shawn Taft; Linda Wright.
Larchmont G. Cse.: Cass Chinske; Bonnie Clixby.
Laurel G.C.: Mike Woods; Norma Peers.
Livingston C.C.: John Long; Kim Bakkum.
Meadow Lark C.C.: Mike Foley; Gail Schafer.
Missoula C.C.: John Barnett; Totsye Madsen.
Sidney C.C.: Cardwell Berg; Carla Berg.
Sunnyside G. & C.C.: James Stewart, Joe Svien, John Swanson; Gail Langen.
Valley View G.C.: Doug Lanphear; Elaine Jensen.

1983 MOST IMPROVED CLUB PLAYERS

NEBRASKA

Ashland C.C.: Bill Berge; Barb Kelley.
Beatrice C.C.: Dennis Parrott; Jan Kraviec.
Buffalo Ridge G. Cse.: Dan Babl; Carol (Doll) Poulson.
C.C. of Lincoln: Dale Jensen; Betty Whitcomb.
Elks C.C.: Wayne Gracwek; Sandy Riley.
Fremont G.C.: Ken Vampola; Lou Feuerstein.
Grand Island Municipal: Charles Olson; Jo Ann Hiatt.
Highland C.C.: Bill Person; Joan Martig.
Hillcrest C.C.: Bryan Hughett; Liz Murray.
Kimball C.C. (Four Winds G. Cse.): Chuck Benstead; Mary James.
Lakewood C.C.: Henry Faircloth; Edna Matthews.
Lochland C.C.: Jim Smith; Jo Ann Cook.
Norfolk C.C.: Craig Kinsella; Linda Ekiss
Omaha G.C.: Burt Moor; Janie Clinton.
Pennrose Park C.C.: Mike Goodes; Sue McMichael.
Scotts Bluff C.C.: Loren Faaborg; LaMona Olsen.
St. Paul C.C.: Fred Becker; Connie Gleason.
Sunset Valley C.C.: Pat Gunderson.
York C.C.: Jim Ermer; Connie Grosse.

NEVADA

Boulder City G.C.: Floyd Tice; Donna Schultz.
Edgewood Tahoe: Dom Miner; Barbara Vincent.
Hidden Valley C.C.: George Lysak.
Incline Village G.C.: Mike Santoro; Barbara Werbke.
Las Vegas C.C.: John Moran Jr.; Francine Smith.
Ruby View G.C.: Larry Bianchini; Judy DeFevre.
Spring Creek G. Cse.: Norm Culley; Peg Bergman.
Winnemucca Municipal G. Cse.: Betty Cannon.

NEW HAMPSHIRE

Beaver Meadow G.C.: Glen Shattuck; Lena Kiley.
Charmingfare Links: Dave Colman, Bill Wilson; Jan Bourniual.
Dublin Lake Club: Clint Yeomans.
Framington C.C.: Al Lavallee; Gally Andrew.
Goffstown C.C.: James Lamy; Ann Broderick, Sally Morrissey.
Hoodkroft C.C.: Jim Greeley, Catherine J. Spellissey.
Hooper G.C.: Leon Churchill; Emily Lucy.
Keene C.C.: Barry Pearson; Kristine Kamal.
Kingswood G.C.: Joshua Lovering; Alice Rose.
Lake Sunapee C.C.: Paul Gallup; Ann Cole.
Manchester C.C.: Stan Sandler; Claire Makris.
Maplewood C.C.: Rob King, Everett Kennedy.
Mountain View C.C.: Jay Hartnett; Gladys Camann.
Nashua C.C.: Scott Davis; Linda Woolnough.
Nippo Lake G.C.: John Boudreau; Alicia MacVane.
North Conway C.C.: William Frasier; Norma Haynes.
Oak Hill G. Cse.: Harold Harkins; Shirley Pyatt.
Pease G. Cse.: Scott Stearns; Shirley Gahm, Diane Satchell.
Rochester C.C.: Hank Belisle; Linda Miller.
Rockingham C.C.: Daniel Wilson.
Waukewan G.C.: John Griffin; Luanne Kennedy.
Waumbec G.C.: Ned Garcia; Nancy Perreault.
Wentworth by the Sea: Greg Foust; Patty Wilder.
Wentworth Resort G.C.: John Rivers; Mary Murphy.

NEW JERSEY

Alpine C.C.: Bart Goldberg, Richard Roth, Mark Sherry; Rita Goldberg.
Apple Ridge C.C.: Bob Maas; Sharon Castrillon.
Ashbrook G.C.: Wilford Prutzman; Maggie Swift.
Beacon Hill C.C.: Tom O'Connor; Coleen Luker.
Beaver Brook C.C.: Al Coles; Nancy Lewis.
Copper Hill C.C.: Frank Hover; Jo Anne Rovee.
Deal G.C.: Jim Shitlock; Jean Baldino.
Essex County C.C.: Tom McDermott; Doris Campbell.
Forsgate C.C.: John Burke Jr.; Wendy Fingerhut.
Galloping Hill G.C.: Richard Thomaier; Eileen Reidy.
Greate Bay C.C.: Pete MacEwan; Joy Davis.
Hackensack G.C.: Robert Inglima; Joan McKeracher.
Linwood C.C.: Larry Silk; Lois Gottlieb.
Madison G.C.: John Moser; Ann Snyder.
Mays Landing C.C.: Dave O'Keefe, Robert Puhalski; Ginny Hirschman.
Meadows Two C.C.: Carmen Latrecchia; Dana Koszeshy.
Medford Village C.C.: Donald Cook; Hilda Baer.
Mendham G. & T.: Don Evans.
Merchantville C.C.: Bob Lindsay Jr.; Betty Shuster.
Moorestown Field C.: Ed McGugan, Ann Nutter.
Mt. Tabor C.C.: Jim Vanderhoff; Virginia Mercer.
NAEC Lakehurst G. Cse.: Frank McMullen; Bridget Welsh.
Navesink C.C.: William Bruckmann; Mary Louis Montanari.
North Jersey C.C.: Ed Weber; Joanne Oltremare.
Oak Ridge G. Cse.: Vincent J. Scauzzo; Joanne Cuccard.
Old Tappan G.C.: Linda Peters.
Panther Valley G. & C.C.: Frank DeWork, Shirley Lents.
Pike Brook C.C.: George F. Pearson; Lori Walter.
Pitman G.C.: Bill Smith; Peggy Evans.
Plainfield C.C.: Karl Duerr; Mary Ring.
Preakness Hills C.C.: Edgar Handman; Mary Abramson.
Raritan Valley C.C.: Ben Stevenson; Lynn Russell.
Rock Spring Club: Charles Dolce; Mary Williams.
Short Hills Municipal: Tom Short; Mary Short.
Stone Harbor G. Cse.: James Webb; Sally Melini.
Summit Municipal: Dick Casper; Betty Beck.
Tamarack G. Cse.: James Jablonski; Elaine Farino.
Tamarest C.C.: Harry Goldfier; Mary Deer.
Trenton C.C.: Frank Cunnane; Jamie Tome.
Twin Brooks C.C.: Mitch Goldberg; Sandy Gotlieb.
Upper Montclair C.C.: Ted Potter; Pat Shinners.
Wildwood G. & C.C.: Glenn Miller; Vickie Shaughnessy.
Woodlake C.C.: Larry Urik; Ellie Siebert.

NEW MEXICO

Albuquerque C.C.: Wayne Lovelady; Frances Morrow.
Alto Lakes G. & C.C.: Jack Jordan; Nancy Soule.
Arroyo Del Olso: Robert S. Scott; Nita Halasz.
Cannon AFB N.M.: Bob Denney; Callie Hub.
Clovis Municipal G. Cse.: Bill Stewart; Sandy Townsend.
Gallup Municipal G. Cse.: Lee Melchert; Kathe Foutz.
Los Altos Women's Golf Association: Javine Cocke.
Mountain View C.C.: Walter (Rummy) Hamilton;

1983 MOST IMPROVED CLUB PLAYERS

Dorothy Spears.
New Mexico Military Institute G. Cse.: Steve Mills; Becky Robertson.
San Juan C.C.: Jere Hill; Donna Salmon.
Tanoan C.C.: Gary Burkholder.
Tijeras Arroyo: Michael Gray; Nikki Knickerbocker.

NEW YORK

Albany C.C.: Lou Gagliard, David Kozlowski; Ann Vince.
Arrowhead G. Cse.: John Fry; Gina Perry.
Attica G.C.: Peter Van Valkenburg, Lester Glor; Mimi Santa Maria.
Auburn G. & C.C.: Mike DiMatteo; Jean Rindge.
Bartlett C.C.: Dom DiFillipo, Curt Richard; Carolyn Hannon.
Battenkill C.C.: Richard Crosier; Nancy Demick.
Beaver Meadows G.C.: George Blair; Joan Buesing.
Bellport C.C.: Ray Celli; Diane T. Bushfield.
Bethlehem Management Club: Bill Pellegrino; Judy David.
Binghamton C.C.: Tom Wilber; Dorothy Feduke.
Bonavista G.C.: Raymond Woodington.
Bonnie Briar C.C.: Mickey Miller; Svanhild Dolin.
Bristol Harbour G.C.: William Kenyon; Valerie Parlave.
Brookville C.C.: Gerald E. Cremins; Helen Weber.
C.C. of Ithaca: Bud Addis; Karen Hartman.
C.C. of Troy: Scott Lambert; Alisa Henderson.
Canandaigua C.C.: Charles Dillon; Ginny Averny.
Canasawacta C.C.: Gary Thorne; Kathi Wagner.
Central Valley G.C.: Gorden Redner; Marge Crawford.
Chautauqua G.C.: Sally Moore.
Cicero G.C.: Chuck Pike; Pam Andrade.
Cold Spring C.C.: Jim Weiss; Susan Davis.
College G. Cse.: Richard Layton; Sandra Finch, Linda Clark.
Colonie C.C.: Sidney Tate; Shirley Cohen.
Columbia G. & C.C.: Myron Cohen; Barbara Rose.
Cordial Greens C.C.: Donald Neal; Melinda Govern.
Corning C.C.: Clark Crawford; Tina Radding.
Deerfield C.C.: Vince Bonacci, Tyler Eicaas; Mary Ann Hauck, Michelle Hulber
Drumlins G.C.: Dick Paparo; Gwen Wilbourn.
Dunwoodie C.C.: Robert Bochnak; Margaret (Maggie) Hrivnak.
Dutch Hollow C.C.: Tony Biata; Diane O'Hora.
Dyker Beach G.C.: Jerry Galdi; Marie Aloisi.
East Aurora C.C.: Bob Hilburger; Mrs. Wes Behringer.
Elma Meadows G.C.: Jean Rainbow, Joan Bartkowiak.
Elmira C.C.: Jim Rogers; Gina Lupica.
Garden City C.C.: James Sweeney; Nina Schmidt.
Gardiners Bay C.C.: Kenneth Ivers; Sue Cantley.
Garrison G.C.: Joe LaRusso; Carol Lee.
Glen Cove G.C.: Forest Hamlin, Carol Saracini.
Glen Head G.C.: Elliot Slavis; Roberta Kaufman.
Green Hills G.C.: Paul Costantini; Beth Chiacchierini.
Grossinger's Hotel & C.C.: Sid Klein.
Hampton Hills G. & C.C.: Riaz Gilani; Janet Tribble.
Harlem Valley G.C.: Edward Palmer.
Heatherwood G.C.: Hank Sanders.
Heritage Hills C.C.: Harold Gram, Howard Marks; Marilyn Cleanthes.
Holiday G.C.: Claude Faville; Joan Frasier.

Holland Hills C.C.: Carl Gee; Ruth Wohlhueter.
Hornell C.C.: Mark Whitman; Francis Grillo.
Hudson Hills G.C.: Arthur Ricenthal; Odile Passin.
Huntington Crescent Club: Lorne Henning; Marie Yanosik.
IBM C.C.: Dick Page; Irene Kraly.
Indian Hills C.C.: Len Bailine.
Irondequoit C.C.: John August; Joan After.
Island Hills G.C.: Gary Goldstein; Sheila Goldberg.
Ives Hill C.C.: Tom Bak; Peg Brady.
Knollwood C.C.: Dennis Minogue; Sheila Whitney.
Lafayette C.C.: Marc Adler; Marilyn Kamp.
Lake Shore G.C.: Bill Oldfield; Candy Gulick.
Lake Shore Yacht & C.C.: Pete Kearney, Yolanda Tooley.
Lake Success G.C.: Robert Feinerman; Lee Seaman.
Lakeside C.C.: Timothy F. Yetter; Nancy Zimar.
Lancaster C.C.: Jerome Hatduk; Carol Fandl.
Le Roy C.C.: Jim Baleno; Donna Ianello.
Leewood G.C.: Greg Tortora, John P. Gilchrist, Dave Stack.
Lockport Town & C.C.: Ray Brooks; Sally Tierney.
Malone G.C.: Marc Camens; Lucie LaPlante.
McGregor Links C.C.: Tinker Cherry; Sis Conley.
Middle Bay C.C.: Steve Poster; Vicki Schindler.
Mohawk Valley C.C.: Herb Viel; Sheila Aiello.
Mohonk Mt. House: Lee Blake: Jan Body.
Monroe G.C.: Rod Smith Jr.; Julie Odenbach.
Mt. Kisco C.C.: John Tolomer; Nancy Pasquale.
Nevele C.C.: Jeffrey Anson.
Newark C.C.: Karl Chandler; Shirley Blandino.
Nissequoque C.C.: Dave Devoe; Ann Marshall.
Normanside C.C.: Ray Gale; Cissy Stasiuk.
North Hempstead C.C.: Joe Rizzo; Mary Pepitone.
Onteora Club: Tony Milbank; Mary Struthers.
Orchard Park C.C.: John Koelmel.
Oriskany Hills: Jeff Copperwheat, Frank Gibbs; Dorothy Burlingame.
Owasco C.C.: Bill Clark; Tina Marshall.
Pine Brook G.C.: Robert Weiss.
Pine Hills C.C.: Bill Feinberg; Sharon Martin.
Pinehaven C.C.: Leo Dott; Mary Bryson.
Pleasant View G.C.: Chuck Lane; Virginia Houghtaling.
Pomley Club: Warren Andrews; Sharon Vizgaitis.
Quaker Ridge G.C.: Richard Menin.
Rainbow C.C.: Andy Gazzale; Rita McAneny.
Salmon Creek C.C.: Stan Robards; Mary Risewick.
Sands Point G.C.: Robert Ryam; Pat Nicholson.
Saratoga G. & Polo Club: Robert Gullie; Mary Dewey.
Schuyler-Meadows Club: Michael C. Nahl; Mrs. Eli Reynolds.
Seawane Club: Stuart A. Benson; Jane Graff.
Shaker Ridge C.C.: Mel Wilcove; Gerri Weiner.
Shepard Hills C.C.: Arthur Dunfee, Jeff Haggerty, Cliff Ulrick; Eva Hutchins
Siwanoy C.C.: Steve Parker; Monica Soldaini.
Six-S C.C.: "Skip" Benjamin; Carolyn Day.
Soaring Eagles G.C.: Dan Stansfield; Chris Ruhair.
Southampton G.C.: Gus Karzenski, Linda Brennan.
St. George's G. & C.C.: Jim Brewi; Mary Lolis.
Sunningdale: Gabriel Perle; Eileen Hesse, Ann Wimpftheimer.
Sycamore C.C.: Ronald Priester; Marge Dalton.
Tam O'Shanter Club: Jerry Newman; Judy Brodlieb.

1983 MOST IMPROVED CLUB PLAYERS

Tarry Brae G. Cse.: Carl Bresky; Vera Berson.
The C.C. of Rochester: J. Peter Bush Jr.; Jane Bush.
The Creek: Earl Ellis; Jane Keresey.
The Mill River Club: Horst Saalbach; Jean Puleio.
Towers C.C.: Alfred Suffin; Vivian Spielberger, Roberta Suffin.
Twin Hickory G.C., Inc.: Tom Matacale; Kate Crow.
Van Schaick Island C.C.: Larry Roche; Chris Mullen.
Waccabuc C.C.: Rick Barnett; Julie Larsen.
Wanakah C.C.: Joseph Shaw Jr.; Janet Mead.
West Point G. Cse.: Chuck Swannack; Jean Rogers.
Westchester C.C.: Peter McKernan; Sally Casey.
Westchester Hills C.C.: Edgar Treacy; June Ohm.
Willows C.C.: Dennis Burns; Ann Hartranft.
Winding Brook C.C.: Amy Miller.
Wolferts Roost C.C.: Ron Primavera; Josephine Long, Amelia Rea.
Wykagyl C.C.: John Kulacz.
Yahnundasis G.C.: John Boyle, Gloria Tizzland.

NORTH CAROLINA

Alamance C.C.: Jerry Chappell; Lou Geiger.
Bentwinds G. & C.C.: Donna Bryant.
Benvenue C.C.: Bill Todd; Barbara Smathers.
Biltmore Forest C.C.: Charles Owen Jr.; Frances Belcher.
C.C. of Asheville: Jim Dowtin; Lisa Brandis.
Cape Farm: John Lampley.
Carmel C.C.: Bill Maker; Byrd LeGrone.
Charlotte C.C.: George McElveen; Linda Johnson.
Cleghorn C.C.: Maynard Chesney.
Colonial C.C.: Steve Bryant; Linda Young.
Connestee Falls C.C.: Hi Snowden; Ann Chapman.
Cowans Ford C.C.: J. E. Fitzgerald; Sarah Reece.
Cypress Lakes G. Cse.: Keith Lewis; Linda Kohler.
Deep Springs C.C.: Jim Wilkes; Pat Vaughn.
Glen Cannon C.C.: Edward Gordon; Elanor Bryan.
Grandfather G. & C.C.: David Bissette, Dee Merser/Jane Fry.
Mimosa Hills G.C.: Wayne Hamby; Judy Austin.
Monroe C.C.: Curlee Hilton; Pat Tyson.
Morehead City C.C.: Jim Faulkner; Patty Johnson.
Mountain View G. Cse.: Bob Shuler.
Myrick Hills C.C.: William (Root) Freeman; Virginia Lee Johnston.
Oak Grove G.C.: Oliver Gause; Cathy Evers.
Pine Island C.C.: Bobby Lawing; Marge McGee.
Red Fox C.C.: Ray Rankin; Connie Hull.
Richmond Pines C.C.: Mac Adams; Kim Phillips.
Rutherfordton G.C.: John McCraw.
Shamrock G.C.: Grady Blalock; Darla Bray.
Southern Pines C.C.: Bonnie Quesenberry; Louise Piestrak.
Springdale C.C.: Shane Thompson; Kit Savana.
Stanly County C.C.: Wayne B. Helbery; Clara G. Almond.
Tri County G. Cse.: John Young; Muriel Kennedy.
Tryon C.C.: Jane Snowden.
Wildcat Cliffs C.C.: Helen Griffith, Eunice Stribling.
Wildcat Cliffs C.C.: William J. Willkomm.
Wildwood C.C.: Joe Gorlesky; Audrey Barnett.
Wilson C.C.: A. C. Hilburn; Hilda Tiffany.

Wolf Creek G.C.: Marc (Pogo) Maus; Gail Roao.

NORTH DAKOTA

Apple Creek C.C.: Bill Brunsoman; Shirley Fox.
Fair Oaks G.C.: Mike Schrum; Joy Herbel.
Fargo C.C.: Dan Zinda; Mara Lee Mayer.
Hettinger C.C.: Ray Mayer; Clara Renner.
Jamestown C.C.: Steve Aldinger.
Kenmare C.C.: Paul Carlson.
Langdon C.C.: Ron Barta; Geralyn Mikkelsen.
Lincoln Park: Don Schroeder; Cathy Cook.
Memorial Park C.C.: Richard Anderson.
Underwood C.C.: Charles Nitschke.

OHIO

Avon Oaks C.C.: William McCrone; Patti Fifner.
Belmont Country: Dan Sugaski; Jane Brownson.
Blackhawk C.C.: Tim Collins.
Bluffton G.C.: Keith Weber; Flo Weber.
Broadview G. Cse.: Guy Wollam; Charlotte Key.
Brookside C.C.: Dan Belden Jr.; Betty Peppard.
Brookside G. & C.C.: Raya Jacobs; Marjorie Lauer.
Chagrin Valley C.C.: Ted Panhuis; Sharon Chapman.
Chillicothe C.C.: Ron Uecker; Peg Haller.
Cincinnati C.C.: Hal Kotte; Lennie Fischer, Louise Kepley.
Clearview: Ralph Petros Jr.; Jean Leavell.
Canterbury G.C.: Dan Pensiero; Renee Kopittke.
Coldsteam C.C.: Lynn Moore; Bernice Gallagher.
Columbus C.C.: Jim Thorson; Libby Herbst.
Community C.C.: Woodie Preston; Cindy Burton.
Congress Lake Club: Jack Ivan; Marty Bourn.
Dayton C.C.: Robert L. Miller; Winnie Wheeler, Suzanne Finke.
Estate Club Inc.: Elanor M. Young.
Fairlawn C.C.: Dick Buchholzer; Jennie Hayes.
Findlay C.C.: Tom Mount; Jo Blanton.
Fremont C.C.: Gary Meade; Bett Browne.
Glengarry C.C.: Jeff Levy; Nora Romanoff.
Green Hills G. Cse. & Inn: Delbert Little; Phyllis Raines.
Greene: Ken Bailey; Hester Phillips.
Greenville C.C.: Mike Rickert; Helen Myers.
Hawthorne Valley C.C.: Joel Wolfe; Barbara Lebit.
Henry Stambaugh: George Goodwin.
Hickory Hills G.C.: John Anderson; Lois Copley.
Hidden Valley G.C.: Jerry Corrett; Polly Kaple.
Highland Park: William Carrico.
Highlander: Roy Weekly; Karen Weekly.
Highlands G.C.: Mario Aluise; Patti Woellent.
Hillsboro Elks: Dick Groves; Mary Wilkin.
Hocking Hills C.C.: Mark Huffman; Linda Jordan.
Hueston Woods G.C.: Bill Huber; Judy Lacey.
Ironton C.C.: Doug Ison Jr.; Janet Brown.
Ironwood G.C.: Mike Clark; Melinda Robinson.
Jack Nicklaus Sports Center: Mickey Holtzleiter; Pauline Reynolds.
Kent State University G. Cse.: Robert Beal; Virginia L. Eustice.
Kenwood C.C.: George Miltenberger; Edith Worthington.
Kettenring C.C.: Don Essman; Viv Haely.

347

1983 MOST IMPROVED CLUB PLAYERS

Legend Lake G.C.: Paul Blake; Sandy Sonnie.
Liberal Golf: Tom Hammond; Cindy Farr.
London Meadows G.C.: Paul Moore; Nancy Herge.
Losantiville C.C.: David Cohen; Sara Marver.
Madison C.C.: Tom Richards; Katie Whitmire.
Marion C.C.: B.J. Granger; Kay Wearn.
Mayfield C.C.: Billy Bierman; Susan Lennon.
Meadowbrook C.C.: David Janovici; Sara Stayman.
Miami Valley G.C.: Mark Wabler; Gail Spicer, Marjorie Frost.
Miami View G.C.: Tim Mittlehauser; Elaine Cardullias.
Moraine C.C.: Hugh Wall III; Sally Hawthorne.
Moundbuilders C.C.: Frank Roberts; Rosemary Weiss.
Mount Vernon C.C.: Dudley Crippen; Barbara Barry.
Muirfield Village G.C.: Ivor Young.
Norwalk Elks: Bill Meagrow; Nancy Dilger.
Oak Harbor G.C.: Richard Bassett.
Oakhurst C.C.: Mike Shankle; Donna Blackburn.
Oakwood C.: Larry Altschul; Joan Wolf.
Oberlin G.C.: Theresa Gebhardt.
Ohio State University G. Cse.: Doug Martin; Sandy Winningham.
Orchard Hills C.C.: Maku Nafziger.
Paradise Lake C.C.: Melinda Rainieri.
Pine Hill G.C.: Edward Gornall.
Pine Hills G.C. Inc.: Timothy Hoover; Fran Diehl.
Pine Ridge C.C.: Gerald K. Zinni; Debra McClave.
Pine Valley G.C.: Vincent J. Didato; Joan Fox.
Piqua C.C.: Bill Jaqua; Trudy Dearmond.
Pleasant Hill G.C.: Douglas Smith.
Pleasant Run G.C.: Jim Kinder.
Pleasant View G.C.: Dick Sumsen; Toy Spaeth.
Plum Brook C.C.: Paul Vasques; Doris McGookey.
Quail Hollow Inn: Jim Aschbacher; Laurel Kean.
Riverview C.C.: Tom Hucle; Hazel Burt.
Riviera C.C.: Tom Gilman; Nancy Morretti.
Rosemont C.C.: Lee Framer; Lee Bond.
Running Fox G. Cse.: Mike McMahon; Ruth Ann Pinkerton.
Salem G.C.: Jim Lenwald; Joetta Tonti.
Scioto C.C.: Ron McHam.
Seneca G. Cse.: John Kincade.
Shady Hollow C.C.: Dave Earle; Tillie Shorie.
Shaker Heights C.C.: Dave Aggers; Connie Blum.
Shawnee C.C.: Billie Link.
Sleepy Hollow C.C.: John Rasile; Mae Williams.
Sleepy Hollow G.C.: Dave Worster; Sue Wilder.
Springvale C.C.: Bill Rea; Margie Petryk.
Steubenville C.C.: Bruce Haislip; Jeannette (Nep) Rowland.
Sugar Creek G. Cse.: M. Turco; S. Hoffman.
Table Rock G.C.: George Ragan.
Terrace Park C.C.: Steve Spreen; Rebecca Stegall.
The Camargo Club: R.F. Gerwin; Mrs. A.R. Burnam III.
The Kountry Klub: Gary Drenner; Peggy Moore.
Thornwood G. Cse.: Michael Jay; Phyllis Bennison.
Tippicanoe C.C.: George Bellino; Lynn Myers.
Toledo C.C.: Chris Marlowe; Judy Kuebbeler, Lu Lovell.
Troy C.C.: Tom Cairns; Gareth Johnston.
Trumbull C.C.: Ted Opalka; Sherry Kline.
Walden G. & T.C.: Edward Breznyak; Pauline Perry.
Walnut Grove C.C.: Fred Jefferson; Patty Thomas.
Weatherwax G. Cse.: Fred Otten; Brenda Klaiber.

Western Hills C.C.: Herb Huesman; Donna Diers.
WGC G.C.: John Bloom; Winnie Martin, Minnie Delaney.
Wildwood C.C.: Mike Murphy; Bobbie Fost.
Winding Hollow C.C.: Doug Simson; Elaine Shayne.
Wyoming G.C.: Butch Ecker; Jane Moore.
York Temple C.C.: Bill Alves.

OKLAHOMA

Bermuda Hills G. Cse.: Courtney Cox; Mary Porter.
Boiling Springs G.C.: Terry Scoville, Mary Ellen Scoville.
Cedar Ridge C.C.: Bill Glenn; Dana Graham.
Cedar Valley G.C.: Don Taylor; Claudia Flesner.
El Reno G. & C.C.: Joe M. Rector IV; Bunnie Mienders.
Golden Green G.C.: Pete Middleton; J.R. Mayberry.
Lake Hefner G. Cse.: Bob Johnson; Opal Baumeister.
Lew Wentz Public: Mike Lessert; Lucy Souligney.
Lindsay Municipal G. Cse.: Rick McClure.
Oak Tree: Jack Shelton.
Shawnee C.C.: Gene Wallace; Vera Mae Parsons.
Tulsa C.C.: Rick Garren; J'Ann Cass.

OREGON

Agate Beach G. Cse.: Chuck Hiber; Pearl Burntrager.
Astoria G. & C.C.: Don Cox; Barbara Canessa.
Bear Creek G.C.: Wilsie Pruitt; Vicki Bruton.
Black Butte G. Cse.: Don Lindsay; Marta Luton.
Columbia Edgewater C.C.: Tom Maletis; June Bolli.
Coquille Valley Elks: Mark Bendele; Nona Thrift.
Corvallis G.C.: Warren Sisson; Jessie Cooper.
Crooked River: Curt Allen; Phyliss Walkley.
Echo Hills G.C.: Jim Newland; Dixie Ross.
Elkhorn Valley: John Wills; Berna Howry.
Emerald Valley G. Cse.: C.B. Dick; Dorris Larkin; Mary Lou Kalen.
Forest Hills C.C.: Rex Cornelius; Ann Applegarth.
Forest Hills G.C.: Don Konecky; Lynda Hart.
Fountain Valley G.C.: Michael Maneilly; Dottie Alligood.
Golf Club of Oregon: Dick Bason; Debbie Durden.
Marysville G.C.: Richard Woodside; Carolyn Bakondi.
Mountain View G.C.: Dave Coffin; Gary Britton; Tana Sanchez.
Oak Knoll: Mike Frykberg; Rebecca Caudillo.
Oregon City Golf: Jerry Wallace.
Pendelton C.C.: Irene Pedro.
Ponca City C.C.: Paul Spangler; Norma Welborn.
Reames G. & C.C.: Tom Whittemore.
Riverside G. & C.C.: Joan Turner.
Rogue Valley C.C.: Mike Snyder.
Roseburg C.C.: Chris Garrison; Lila McMullen, Olene Herriott.
Salem G.C.: Jaye Swift.
Santiam G.C.: Mike Stephenson; Nell Campbell, Donna Brusven.
Senior Estates C.C.: Harold Tinker; Fern Lewis.
Springfield C.C.: Frank Henderson.
The Dalles C.C.: Bill Maske.
Tokatee G.C.: Don Johnson.
Wilson's Willow Run G.C.: Dennis Gronquist; Phoebe Hayes.

1983 MOST IMPROVED CLUB PLAYERS

PENNSYLVANIA

Allegheny C.C.: Dan Kirst; Ann Rodhouse.
Ashbourne C.C.: Milton Bodganoff; Fannie Milgram.
Berkleigh C.C.: Howard Epstein; Iris Klein.
Berwick G.C.: Joe Rishkofski; Iva Conner.
Brackenridge Heights C.C.: William Ruffner; Gerry Clark.
Butlers G.C.: Al Kovacie; Virginia Hughes.
C.C. of Harrisburg: Dick Bennett; Judy Albright.
C.C. of Northampton County: Tom Jankowski; Anne LaBarr.
C.C. of Scranton: Fred Tuckerman; Dottie Allen.
Carlisle Barracks G.C.: Phil Saulnier; Vicki Martin.
Chestnut Ridge G.C.: Earl Cunningham; Mary Belle Smith.
Clinton C.C.: Rick Everett; Emma Rupert.
Coatesville C.C.: Phil Richie; Mrs. McMahon.
Colonial C.C.: Robert Gothier; Nora Beyers.
Concord C.C.: Marica Weller.
Conewengo Valley C.C.: Tom Hall; Barb Evan.
Del Mar G.C.: Brad Linville; Carol Adams.
Eagles Mere C.C.: Ken Lee, Shirley Irwin.
Eagle Lodge C.C.: Don Smiley; Edna Wurst.
Edgewood C.C.: Les Neilly; Linda L. Martin.
Elkview C.C.: Greg Morano; Kay Derichie.
Fernwood Resort: Dick Martin; L.L. Huxhold.
Frosty Valley C.C.: Edward Coleman; Dolores Moss.
Glen Oak C.C.: Michael Stanco; Marian Demko.
Glenhardie C.C.: Tony DeCampli; Kris Armstrong.
Green Valley C.C.: Pincus Sall; Bev Dubin.
Greensburg C.C.: Richard M. Cipullo; Doris J. Marsh.
Greenville C.C.: Robert Noble; Joanne Boykan.
Hanover C.C.: Gary Townsend; Joyce Sipe.
Heidelberg C.C.: Bill Fidler; Sue Ahner.
Hershey's Mill G.C.: Craig Tosh; Judy Neyerlin.
Immergrun G.C.: Richard Kizak.
Indian Valley C.C.: Kelly Gutshall; Doris Palardy.
Iron Masters C.C.: Reid Ritchey; Julia Gerhart, Marie Lingenfelter.
Jackson Valley C.C.: Ralph Spicer; Maggie Hedman.
Johnstown Elks C.C.: Rich Horvath; Sharon Delic.
Kimberton G.C.: Jerry Walsh; Lillian Ferris.
Lake Shore C.C.: Carl Hardner; Ruth Mann.
Lancaster C.C.: Thad Eshelman; Sheila Hartman.
Lawrence Park C.C.: Tony Pepicello Jr.; Carol Shade.
Lebanon C.C.: Steve Schulte; Janet Schulte.
Lehigh C.C.: Carl Greener Jr.; Nancy Haldeman.
Lehman C.C.: William H. Baker Jr.; Frances A. Minichello.
Lewistown C.C.: Lance Ufema; Jennifer Ufema.
Little Creek G.C.: Daniel M. Wells; Nancy Brant.
Longue Vue Club: Marty Crimmons; Cathy Peters.
Lords Valley C.C.: Harry Livermore; Alice Cangelosi.
Lost Creek: Ken Reichenbach; Ardith Veisler.
Manufacturers' G. & C.C.: Bob Campbell, Dave Hambly; Lisa Dooling.
Meadia Heights G.C.: Carroll Dyer; Marty Bortzfield.
Middlecreek G.C.: Richard Colliver; Ellen Belisle.
Moselem Springs G.C.: Joseph Scornavacchi Jr.; Mary Jane Wolfe.
Nesijaminy Valley G.C.: Joe Cranney; Nancy P. Schneider.
Nittany C.C.: Greg Spangler; Jean Taylor.
Oak Tree C.C.: Joseph Giordano; Margaret Pennell.
Oakland Beach G. Cse.: Anthony Fallara; Sally Leberman.
Oakmont C.C.: James Murphy Sr.; Mary Waite.
Out Door C.C.: Wayne Spriggs; Meejeom Green.
Park Hills C.C.: Phill Trimarco Sr.; Olga Romerowicz.
Penn National G. Cse.: Ida Tomilson, Jerry Verdier.
Penn Oaks C.C.: Bill Casto, Stan Zabytko; Connie Seigel.
Pennhills Club: Noel Antinore; Ann Markowitz.
Philadelphia C.C.: Edmond J. Walters; Sally Fenlin.
Pine Acres C.C.: Bim Colligan; Cindy Calcagno.
Pleasant Valley: Joseph Magistro; Ruth Forish.
Reading C.C.: Steve Mittl; Peg Levengood.
Riverforest C.C.: Dan McCauley; Elizabeth Hubble.
Rolling Acres: Jim Gray; Valerie McCombs.
Rolling Green G.C.: Michael McClatchy; Carol Fager.
Rolling Rock Club: Seward Prosser Mellon; Sandy Mellon.
Rollings Hills C.C.: Frank Carrier; Sandy Fulton.
Rydal C.C.: Ted Grossman; Joan Undheim.
Scotch Valley C.C.: Denny Degol.
Seven Oaks C.C.: John Hanna, Frank Harbist Sr.; Evalyn Zayac.
Seven Springs Resort: Rege Kobert; Tina Porterfield.
Sewickley Heights G.C.: J.C. White; Barbara Kiefer.
South Hills C.C.: Lloyd Morton; Peggy Entress.
Spring Ford C.C.: Alex J. Bilinski.
St. Clair C.C.: Richard T. Walker; Judy Stephenson.
Sunnehanna C.C.: David Rogerson; Janet Duncan.
Sunnybrook G.C.: E.J. Lavino; M. Barlow.
Susquehanna Valley G.C.: Charles Groce; Gloria Faylor.
Tamiment Resort & C.C.: Dick Horowitz; Clara Furmna.
Tanglewood Manor G.C.: Rick Jackson; Shirley Rodabush.
The Montrose Club: Robert A. Bartron; Lillian Ainey.
The Pinecrest C.C.: Sonny Hawk; Floss Shone.
Towanda C.C.: Michael E. Davis; Winnie Kerrick.
Tower Vue C.C.: James Cipriani; Betty Hood.
Twin Woods: Sean Finnegan.
Twining Valley G.C.: Richard A. Blagrave.
Valley Brook C.C.: Kurt Eklan; Joan Kelley.
Wanango C.C.: Michael O'Polka; Joyce Stanley.
Washington C.C.: Henry Tomsie; Marian Pirih.
Water Gap C.C.: Chuck Luchesi; Elinor Larkin.
Waynesboro G. Cse.: Scott Lourdon.
West Shore C.C.: Lee Turner; Jean Hoffman, Marilyn Gephart.
Westmoreland C.C.: Jeff Mindlin; Aleen Redlich.
White Manor C.C.: Michael Fireman; Pat Duckett.
Whitford C.C.: Connie Norwood.
Wildwood G.C.: J.R. Kadyk; Betty Greene.
Williamsport C.C.: Henry Parsons; Nancy Sargent.
Willow Brook G.C.: Gerald Deily.
Willowbrook C.C.: Joe Tamburro; Cis Stanovich.
Yardley C.C.: Russ Oakes; Helen Dillon.
Yorktowne G. Cse.: Gary Housman.
Youghigheny C.C.: Deborah L. Pepe.

RHODE ISLAND

Foster C.C.: Charles Corson; Christine Gerardi.

349

1983 MOST IMPROVED CLUB PLAYERS

Green Valley C.C.: Henry Nace; Helen Correia.
Kirkbrae C.C.: Paul Begin, Len Irving, Paul Cesaro; Molly Trahan.
Laurel Lane G. Cse. Inc: Mike Franco; Holly Pond.
Pawtucket C.C.: Ray Gorman; Pamela Cardono.
Pt. Judith C.C.: Mike Rotelli; Mildred Knight.
Rhode Island C.C.: Don Angell; Betty W. Goffin.
Seaview C.C.: Bill D'Angelos Sr.; Judi Phillips.
Wanumftonomy G.C.: Junie Ferro; Janice Golden.

SOUTH CAROLINA

C.C. of Lexington: Steve Sease; Linda Bennett.
C.C. of Spartanburg: Rick Mitchell; Mary Cummings.
Carolina Shores G. & C.C.: Jim Duneham; Fran Torgersen.
Carolina Springs G. & C.C.: Ron Kennedy; Joellen Porter.
Clio C.C.: Austin McCaskill; Winnie Rogers.
Darlington C.C.: Frankling L. Stewart; Josie Allen.
High Meadows C.C.: Herby Rosenberg, Ronnie Cowan; Jenny Rosenberg.
Persimmon Hill G. Cse.: Ronnie Younee; Beth Miller.
Pocalla Spring C.C.: Robbie Hodge, Nancy Griffin.
Seabrook G.C./Ocean Winds & Crooked Oaks: Earl French; Patricia Pagola.
Shadowmoss C.C.: Bud Deaton; Sandy Lowry.
Spring Valley C.C.: Jim Reinhardt; Phyllis Vannort.
Wild Dunes: Wallace Street; Jane Bennett.

SOUTH DAKOTA

Dell Rapids G. Cse.: Terry Majeres; Jean Berge.
Parkston C.C.: Roland Kopel; Judy Vanden Berge.
Madison G. & C.C.: Don Grayson; Mary Donohue.
Minnehaha C.C.: Pam Taylor.
Westward Ho C.C.: Bill Meyer; Katie Rongitsch.

TENNESSEE

C.C. of Bristol: Al Morris; Kelly Keefe.
Carnton C.C.: Andy Clarkson; Diane Spaeth.
Cedar Hills C.C.: Greg Hellard; Iva Sue Lawhon.
Chattanooga G. & C.C.: John Hoodenpagle; Nancy Dobbs.
Cherokee C.C.: John Fiser Jr.; Betty Cayron.
Cleveland C.C.: Mike Stadfeld; Nancy Lonas.
Davy Crockett G.CSE.: Mike Dulin.
Gatlinburg C.C.: Tom Ayers; Joyce Mack.
Holly Hills C.C.: Rentroo Rex; Linda Looman.
Hunters Point G. Cse.: Bobby Goodwin.
Johnson City C.C.: Walter Price; Dottie Gibson.
Morristown G. & C.C.: Bimbo Croley.
Pinecrest C.C.: Dennis Whitney; Jackie Stover.
Richland C.C.: Hal Andrew; Reca Williams.
Signal Mountain G. & C.C.: Harry Story; Jackie Cofer.
Skyview C.C.: Earl Tice; Faye Coble.
Springfield C.C.: Dale Hamilton; Angie Jones.
Stones River C.C.: Sam Suppa; Marjorie Crosslin.
Woodmont C.C.: Sherron Weinberger; Sis Cohn.

TEXAS

Amarillo C.C.: Virgil Pate; Dorothy Cazzell.
Andrews C.C.: R. L. (Bob) Hyden; Janie Barker.
Bear Ceek Golf World: Andrea Murray.
Borger C.C.: David Hough; Mary Kay Garrett.
Chambers County: Mike Harris.
Clear Lake G.C.: Chuck Berry; Betty J. Martin.
Corpus Christi C.C.: J. J. Johnson; Linda Harrison.
Corsi Cana C.C.: John Smith; Phyllis Parks.
Dallas Athletic Club: Mike Lewis; Bootsie Robson.
Dallas C.C.: W. D. (Bill) White; Sara Ferguson.
Diamond Oaks C.C.: Bob Hamm; Polly Flood.
Freestone C.C.: Hubie Fryer; Carmen San Miguel.
Friendswood C.C.: L. E. Bradbury; Gayle Conner.
Harlingen C.C.: Jack Ward; Betty Klasing.
Hearthstone C.C.: Butch Cheairs; Peggy Sann.
Holly Lake G.C.: Bill Tenison; Dee Smith.
Houston C.C.: Marshall Pengra; Muffie Bridge.
Keeton Park G.CSE.: Johnny Juarez; Patsy Pendleton.
L. B. Houston G.CSE.: George Patrack.
Lago Vista Women's Golf Association: Gussie McBride.
Lake Kiowa C.C.: Jack L. Simmons; Joy Die.
Live Oak C.C.: Les Littlejohn.
Lubbock C.C.: Michael J. Levenson; Marci Butler.
Magnolia Ridge C.C.: Peanut Krenek; Janice Odell.
Marlin C.C.: Steve Holland, Barbara Richardson.
North Plains C.C.: George Tidmore; Charlotte Stringer.
Northridge C.C.: Jim Ratcliff; Celia Hancock.
P.A.R. C.C.: Odie Dollins; Jean Perkins.
Pampa C.C.: Gerald Rasco; Joyce Rasco.
Pecan Grove Plantation C.C.: Mike Hanna; Vikki Collins.
Pine Forest C.C.: Jill Gibson.
Raveneaux: Don Halberdier; Luci Htain.
Sherrill Park G. Cse.: David Bonnett.
Sleepy Hollow G. & C.C.: Billy Joe Horton; Malone Johnston.
Stevens Park G.C.: Carlos Estrada.
Stratford C.C.: Gayland Vandiver; Charlene Dyess.
Sugar Creek C.C.: Michael K. Mielenz; Kay Slack.
Tascosa C.C.: Don Marrs; Anita Butcher.
The Shores C.C.: Joe Holt; Sandee Coates.
Walden on Lake Conroe: Al Dannatt; Jackie Lakey.
Waterwood National C.C.: Raj Paul; Dianne Guillory.
Waxahachie C.C.—Linda O'Daniel.
Wood Crest C.C.: Buck Smith; Judi Swafford.
Woodhaven C.C.: Scott Sargent, Penny Longpre.

UTAH

Ben Lomond G.C.: Paul Rose; Debbie Hansen, Marydell McFarland.
Cedar Ridge: Phil Mackert; Rose Mortenson.
Dinaland G.C.: Merlin Richens; Myrna Cobbs.
Forest Dale G. Cse.: Frank Huff; Gwen Leitch.
Glendale G.C.: Jimmy Brown; LaDonna Reynolds.
Riverside C.C.: Bill Aaron; Linda Leftwich.
Spanish Oaks G. Cse.: Sam Bingham, Mary Lou Lockwood.
Temporogos G. Cse.: Charlie Christensen; Mary Norman.
Valley View G.C.: David Day; Kim Carlos.

VERMONT

1983 MOST IMPROVED CLUB PLAYERS

Bomoseen G.C.: Don Eckley; Becky Edlund.
Burlington C.C.: Robert Guiduli.
Equinox Links Club; Gene Hoyt; Rosie Cummings.
Kwiniaska G.C.: J. C. Cook; Annette St. Onge.
Lake Morey C.C.: Douglas O'Donnell; Marj Goodhue.
Manchester C.C.: Brendon Davis; Ruthmary Buzzell.
Montpelier C.C.: Almo Cecchini; Marilla Thomas.
Mount Snow C.C.: Mike Villars; Ida Wynne.
Newport C.C.: Robert Rivard; Debbie Paulin.
Quechee Lakes: Douglas Mauch; Donna Beebe.
Rocky Ridge G.C., Inc: Greg Shover; Ethelyn Bartlett.
Williston C.C.: Greg Clairmont; Kathy Mee.
Woodstock C.C.: Phil Gramling; Jackie Morgan.

VIRGINIA

Augusta C.C. "Ingleside": Ronald Moyer II; Jill Webb.
Blacksburg C.C.: Dick Gregory; Teresa Humphreyville.
Boonsboro C.C.: Kirk Elliott; Donna Andrews.
Carper's Valley G.C.: Billy Battaile; Sue Carpenter.
Cedar Point Club: Charles Horton; Grace Heidt.
Chantilly C.C.: Nancy Keller.
Colonial Hills G.C.: Mike Grant; Chris Brooks.
Crysy Hill G. Cse.: Columbus Hagy.
Devil's Knob G. Cse.: Lee Schiter; Betty Boyd.
Gloucester C.C.: Ronnie Oliver.
Greendale G. Cse.: James F. Wild; Mary Dodd.
Herndon Centennial Municipal G.CSE.: Rob Perini; Debbie Dunn.
Hidden Valley C.C.: Chip Hitt; Ethel Waldron.
Hunting Hills C.C.: Mike Jirka; Bonnie Hippensteel.
Indian Creek Y. & C.C.: Bob Braun; Eloise Adams.
International Town & C.C.: John Condon; Sandy Davis, Anne Neville.
James River C.C.: Moss Beecroft; Erah Kliewer.
Jefferson Lakeside: Tony Aguiar; Nellie Brown.
Lake of the Woods: Jim Odom; Eileen Blain.
Poplar Forest G.C.: Thelma Paxton.
Redwing Lake G.C.: Billy Vasile, Evelyn Thomas.
Richwood: Tom Bird.
Salisbury C.C.: Jim Fitspatrick; Diane Carleton, Maggie Sandberg, Maggie Hayn
Shannon Green: Mel Meadows; Esther Moeller.
Shenandoah Valley G. Cse.: Steve Papp; Hazel Carder.
Sotswood C.C.: Tommy Meech; Margaret Bowman.
Springfield G. & C.C.: Tony Caggiano, Juarine Mosler.
Stumpy Lake Women's Golf Association: Evelyn Thomas.
Suffolk G. Cse.: Wayne Robertson; Mary Helen Rawls.
Tazewell County C.C.: John Mundy Sr.; Linda Matnev.
Washington G. & C.C.: Merle Veren, Tom Moon.
West Point C.C.: Garland E. Jenkins; Cecilia Zingelman.
White Oak C.C.: Gene Cox; Irene Brown.
Willowbrook C.C., Inc.: Chic Grundman.

WASHINGTON

Auburn G. Cse.: Larry J. Redele.
Bellingham G. & C.C.: Brad Hultman; Marlene Nielsen.
Blue Mound C.C.: Mike Herzog, Therra Tribett.
Brookdale G. Cse.: Martin Kist; Renee Liffick.
Fort Lewis G. Cse.: Mark Gardiner; Yukiko Endo.
Ft. Steilacoom G.C.: Rex Johnson; Anne Hagopian.

Grandview G.C.: Sandy Freeland (Alex); Charlotte Haworth.
Grays Harbor C.C.: Dan Schroeder; Electra Koeniger.
Lake Padden G.C.: Kurt Indall, Dave Miltenberger; Barbara Heggem.
Lake Spanaway: Renee Liffick.
Lake Woods G. Cse.: Mack Pomeroy; Meredith Spencer.
Legion Memorial: Betty Huber.
Liberty Lake: Louise Newtson.
Manito G. & C.C.: L. Schrock; D. Damon; Sandy McLaughlin.
Meadow Springs C.C.: Jim Lloyd; Loree Hayes.
Meadowpark G. Cse: George Fox.
Mint Valley G. Cse.: Don Sparks; Nancy Kimber.
Monroe G. Cse.: Guy Smith; Jackie Dickey.
Moses Lake G. & C.C.: Kerry Garbe; Kathy Forsberg.
Newaukum Valley G. Cse.: Eric Pries; Annita Cate.
Oakbrook G. & C.C.: Don Philpott; Carroll Benton.
Oaksridge G. Cse.: Luke Haikkila; Liz Brown.
Ocean Shores G. Cse.: Terry Roberts.
Olympic View G.C.: Mike Seek; Gini Hasenoehrl.
Overlake G. & C.C.: Duke Moscrip; Ann Snow, Mary O'Donnell.
San Juan G. & C.C.: Chuck Anderson; Lea Anderson.
Schneiters Riverside: John Lonewowlf; Betty Schwartz.
Skagit G. & C.C.: John Follman; Janet Tripp.
Spokane C.C.: Glen Greyerbiehl; Connie Guthrie.
Sudden Valley G. & C.C.: Jim Panagos, Terry Lewis; Dorothy McCuish, Lillian White.
Sun Dance G.C.: Dale Rogers; Nancy Donelson.
Tam O'Shanter G. & C.C.: Marty Johnson, Lynda Olerud.
Three River G.C.: Steve Richards; Norma Vandenberg.
Twin Lakes G. & C.C.: Donna Zak.
University G. Cse.: Al Creco; Gladys Strand.
Useless Bay G. & C.C.: Curt James; Dena Blain.
Village Greens G. Cse.: Judi Johnson.
Wandermere G.C.: Dan Porter; Peggy Swift.
Wenatchee C.C.: John Wilmoth; Judy Vail.
Whidby G. & C.C.: Marv Seelye; Rose Marie Barker.
Wing Point G. & C.C.: Jon Austin; Jackie Morse.

WEST VIRGINIA

Buckhannon C.C.: Bud Mick; Ace Knox.
Green Hills C.C.: Leroy Eaton; Betty Elliott.
Greenhills C.C.: Grant Donohew; Chris Stone.
Lakeview Resort: James McCartney; Gladys Dinsmore.
Opequon C.C.: Greg Weaver; Micki Mason.
Pleasant Valley C.C.: George Mascio; Kay Mortimer.
Pocahontas C.C.: Bill Gay; Beryl Elliott.
Riverside Golf Club: Robert L. Greene; Diana Bodkin.
Riverview C.C.: Robert S. Holbrook; Ethel Carson.
The Pines C.C.: Inc.: Al Jasper; Jami Dulaney.
Twin Falls State Park: Sam Muscari Jr.; Joyce Bowling.
Valley View G. Cse.: Tom Porter; Nancy A. Lang.
Wheeling C.C.: Sam Stavich; Jean Kaiser.

WISCONSIN

Abbey Springs G. Cse.: Jeffrey Holmes.
Baraboo C.C.: Roy Beach; Diane Lewison.
Black Hawk C.C.: Gary Voss; Mary Voss.

1983 MOST IMPROVED CLUB PLAYERS

Branch River C.C.: Gordy Weber; Glory Debahista.
Bridgewood G.CSE.: Robert Hellman; Carol Rasmussen.
Bristol Oaks C.C.: Robert Piff, Dawn Smick.
Brynwood C.C.: Steve Weiss; Jane Shlimouitz.
Butte Des Morts G.C.: Bruce Campanik; Myrna Main.
C.C. of Beloit: Paul Jenkins; Kay Nightingale.
Chenegun C.C.: Gary Zimmerman; Sally Eichstedt.
Cherokee G & T.C.: Gary Prisbe; Char Schachte.
Dell View C.C.: Bob Blegen; Wilma Kelly.
Eagle River G.C.: Stu Fondrie; Judy Lage.
Edelweiss Chalet C.C.: Dave Gant; Fola Thucker.
Elks Club: Tom Sazama; Cleaice Cinquagrana.
Frederic C.C.: Bart Barr; Karen Dolen.
Hayward G. & T.C.: Randy Anzalone; Sue Toftness.
Hudson C.C.: Jim M. Lepley; Janet Johnston.
Janesville C.C.: Tom Buros; Barb Figi.
Kenosha C.C.: John Maurer; Sherry Pirk.
Lac La Belle G.C.: Tom Klusken; Audrey Eiken.
Lake Park G.C. : Robert Otto.
Lost Creek G. Cse.: Robert Grondin; Marianne Picard.
Maple Bluff G.C.: Fred Gage Sr.
Marshfield C.C.: Tim Wilke; Lucille Wilsmann.
Mellen G. Cse.: Peg Shanks.
Merrill Hills C.C.: Jeff Ausen; Judy Genrich.
Milwaukee C.C.: Eric Jordahl; Mrs. William Blake.
Monroe C.C.: Gary Kappe; Jane O'Neill.
Muskego Lakes C.C.: Mike Verburgy; Sharon Nelson.
Mystery Hills G.C.: Jim O'Keefe; Avie Van Oss.
Nakoma G.C.: Bob Royko; Jean Ann Ragsdale, Sherri Mauerman.
Nemadji G. Cse.: Jim Beattie; Pat Hansen.
New Berlin Hills G. Cse.: Vesta Vertcnik; Louis Campagna.
Nippersink Manor G.C.: Steve Zeinfeld; Eunice Berman.

North Shore C.C.: Don Miller; Sheila J. O'Connor.
North Shore G.C.: Dan Johnson, Chris Mosher.
Oshkosh C.C.: Tom Rohner; Lori Zimmerman.
Ozaukee C.C.: Alex Antonio; Joy O'Malley.
Paganica G.C.: Fred Smith Sr.; Geri Schuster.
Portage C.C.: Felix Matarrese; Bev Hebl.
Quit-Qui-Oc G.C.: Bob Hanson; Pat Sweeny.
Reedsburg C.C.: Tim Marklein; Vanessa Voltz.
Rhinelander C.C.: George Hurley, Barb Musson.
Ridgeway C.C.: Lloyd Hanneman; Liza Thiel.
Royal Scot C.C.: Jack Eck; Carole Luecke.
Slocum G.C.: Mark Fleck; Carol Gomolla.
The Squires C.C.: Dick DeMario; Julie Lukitsch.
Tripoli C.C.: Steve Malisow; Jan McCauley.
Village Greens G. Cse.: Ralph Junker; Irma Schoene.
Voyager Village C.C.: Wayne Klee; Ornetta Olsen.
Wanaki G. Cse.: Bob Miklautsch; Joanie Jorgensen.
Watertown C.C.: Tim Rupprecht; Dorothy Kuester.
Waupaca C.C.: Barry Tomaras; Bonnie Bollnbacher.
Wausau C.C.: Gary Kordus; Elaine Pekar.
West Bend C.C.: Randyd Warobick, Marge Welky.
Westmoor C.C.: Tom Stonhamer; Judy Boldt.
Whithall G.C.: Sheila King.
Whitewater C.C.: Jay Uglow; Ann Rupnow.
Wilson Park Senior Golfers: Henry Galaska; Eileen Ariesan.

WYOMING

Cheyenne C.C.: Jack Milton; Barbara Butler.
Goshen County C.C.: Cliff Wood; Barb Steenburg.
Jackson Hole G. & Tennis: Tim Smith; Bonnie Gross.
Olive Glenn C.C.: Doug Weedin; Debbie Miles.
Rolling Green C.C.: Ron Frame; Kathy Hembree.
Sheridan C.C.: Knute Landreth; Correne Hesley.

CHAPTER 15

1983 DOUBLE EAGLES

1983 DOUBLE EAGLES (Including holes-in-one on par 4 holes)

DOUBLE EAGLES

Twos on par-5 holes (471 yards or more), made in 1983 before Nov. 1, listed alphabetically.

Doug Aaron, Somerset, Ky., 495-yd. 4th, Lake Wood C.C., Russell Springs, Ky.
Bert Abernathy, Granite Quarry, N.C., 476-yd. 16th, McCanless G.C., Salisbury, N.C.
Bob Abney, Memphis, Tenn., 506-yd. 1st, Windyke C.C. (West Course), Germantown, Tenn.
Ron Aller, Findlay, Ohio, 486-yd. 13th, Bluffton G.Cse., Bluffton, Ohio.
Stan Anderson, Mechanicsburg, Pa., 510-yd. 12th, Valley Green G.C., Etters, Pa.
Michael Appello, Roselle Park, N.J., 475-yd. 2nd, Oak Ridge G.C., Clark, N.J.
Jim Ashby, Augusta, Ga., 520-yd. 18th, West Lake C.C., Augusta, Ga.
Butch Baier, China Springs, Tex., 490-yd. 10th, James Connally G.Cse., Waco, Tex.
Gary Barbesin, Windsor, Ont., Canada, 482-yd. 2nd, Roseland G. & C.C., Windsor, Ont., Canada.
Mark Baxter, Riverdale, Ga., 480-yd. 2nd, Dogwood C.C., Austell, Ga.
David W. Beard, Apex, N.C., 474-yd. 4th, Highland C.C., Fayetteville, N.C.
David W. Beard, Apex, N.C., 474-yd. 4th, Highland C.C., Fayetteville, N.C. (second Double Eagle)
Moss Beecroft, Newport News, Va., 505-yd. 8th, Sawgrass G.C., Ponte Vedra Beach, Fla.
Paul Bell, Morehead City, N.C., 482-yd. 18th, Morehead City C.C., Morehead City, N.C.
Alvin E. Betzel Jr., Arlington, Tex., 546-yd. 12th, Shady Valley G.C. Inc., Arlington, Tex.
Richard E. Bird, Portage, Mich., 485-yd. 9th, Oakland Hills G.C., Portage, Mich.
Mark R. Bitner, Layton, Utah, 495-yd. 9th, Valley View G.C., Layton, Utah.
Mark Blanc, Louisville, Ohio, 537-yd. 13th, Paradise Lake C.C., Mogadore, Ohio.
William H. Boardman, Kingston, N.H., 485-yd. 8th, Wentworth C.C., Portsmouth, N.H.
James G. Boosalis, New Brighton, Minn., 530-yd. 14th, Coon Rapids Bunker Hills, Coon Rapids, Minn.
Bill Borchers, Sunbury, Ohio, 514-yd. 7th, Blackhawk G.C., Galena, Ohio.
Dave Borkovich, Pittsburgh, Pa., 489-yd. 7th, Alcoma G.C., Pittsburgh, Pa.
Joseph B. Bowers, Appleton, Wis., 486-yd. 9th, Northbrook G.Cse., Luxemberg, Wis.
Ray Bradley, Tulsa, Okla., 472-yd. 3rd, Oaks C.C., Tulsa, Okla.
Jerry Breaux, Eagle, Idaho, 530-yd. 4th, Blue Lakes C.C., Twin Falls, Idaho.
Wayne Brewer, Hohenwald, Tenn., 485-yd. 7th, Hohenwald G.C., Hohenwald, Tenn.
Russell W. Britton, Middletown, Ohio, 470-yd. 18th, Pleasant Hill G.C., Middletown, Ohio.
Byron Brown Sr., Scarboro, Ont., Canada, 471-yd. 18th, Carrying Place C.C., Kettleby, Ont., Canada.
D.A.P. Brown, Harare, Zimbabwe, 475-yd. 3rd, Royal Salisbury, Zimbabwe.
Jeff Brown, Houston, Tex., 510-yd. 12th, (Slick Rock) Horseshoe Bay C.C., Horseshoe Bay, Tex.
Thomas A. Brozovich, Milan, Ill., 520-yd. 15th, Highland Springs G.Cse., Rock Island, Ill.
Duane Brundage, Carmel, Ind., 501-yd. 1st, Mohawk Hills G.C., Carmel, Ind.
Bill Brunner, Baltimore, Md., 532-yd. 5th, Rocky Point G.C., Essex, Md.
Jack Bueche, Shingle Springs, Calif., 483-yd. 18th, Cameron Park C.C., Shingle Springs, Calif.
Wayne Burge, Chagrin Falls, Ohio, 490-yd. 13th, Tanglewood C.C., Chagrin Falls, Ohio.
Gary L. Butler, West Beno, Wis., 471-yd. 1st, Yakima C.C., Yakima, Wash.
Tom Capps, Longview, Tex., 515-yd. 12th, Longview C.C., Longview, Tex.
Jack Carrington Jr., Mt. Sterling, Ky., 510-yd. 3rd, Mt. Sterling G. & C.C., Sterling, Ky.
John Carroll, Nashville, Ga., 483-yd. 3rd, Circlestone C.C., Adel, Ga.
Dan Carson, Minerva, Ohio, 475-yd. 15th, Edgewater G. Cse., Minerva, Ohio.
William F. Casey Jr., Waterbury, Conn., 478-yd. 1st, Watertown G.C., Watertown, Conn.
James Robert Caspio III, Fountain Valley, Calif., 490-yd. 6th, Briarwood G.C., Broadview Heights, Ohio.
Tony Catanese, Watertown, Conn., 478-yd. 1st, Watertown G.C., Watertown, Conn.
Alistair J.A. Catto, South Hadley, Mass., 479-yd. 9th, The Orchards, South Hadley, Mass.
Greg Chappell, Salem, S.C., 475-yd. 14th, Keowee Key C.C., Salem, S.C.
William J. Chittum, Jackson, Mich., 515-yd. 6th, Cascades G.Cse., Jackson, Mich.
Torck Christensen, San Francisco, Calif., 535-yd. 6th, Nimetits G.Cse., Barrigada, Guam.
Bob Church, Penn Yan, N.Y., 510-yd. 6th, Lakeside C.C., Penn Yan, N.Y.
Clarence Clark, Poughkeepsie, N.Y., 548-yd. 14th, McCann Memorial G.C., Poughkeepsie, N.Y.
George W. Clark, Church Hill, Tenn., 471-yd. 6th, Warriors Path State Park, Kingsport, Tenn.
Mark Clemenson, Stillwater, Minn., 493-yd. 11th, Stillwater C.C., Stillwater, Minn.
Bill G. Colvin, Marble Falls, Tex., 510-yd. 12th, Horseshoe Bay C.C., Marble Falls, Tex.
Traye Cooke, Hampstead, N.C., 470-yd. 4th, Belvedere Plantation, Hampstead, N.C.
Robert T. Corry, Omaha, Neb., 471-yd. 5th, Dodge Park Municipal G.Cse., Council Bluffs, Iowa.
Joseph C. Costa, Grimes, Iowa, 530-yd. 17th, Woodside G.Cse., Des Moines, Iowa.
William E. Coward, Valdosta, Ga., 520-yd. 14th, Moody AFB G.Cse., Valdosta, Ga.
James Paul Coyle, Las Vegas, Nev., 484-yd. 13th, Las Vegas G.C., Las Vegas, Nev.
Jim Craig II, Muscatine, Iowa, 466-yd. 9th, Muscatine Municipal G.C., Muscatine, Iowa.
Mark Crawford, Aiken, S.C., 517-yd. 16th, Midland Valley G.Cse., Aiken, S.C.
Harold Critcher, Boulder City, Nev., 534-yd. 10th, Boulder City Municipal, Boulder City, Nev.

1983 DOUBLE EAGLES

Dave Cunningham, Michigan City, Ind., 505-yd. 6th, Sprig-O-Mint G.C., Bremen, Ind.
Erick Dahlberg, Beloit, Wis., 480-yd. 12th, C.C. of Beloit, Beloit, Wis.
Jim Darum, Sedona, Ariz., 490-yd. 15th, Oakcreek C.C., Sedona, Ariz.
Donald L. Decker, Bahama, N.C., 471-yd. 18th, Occoneechee, Hillsborough, N.C.
Mort DeGraff, Southern Pines, N.C., 470-yd. 7th, Hyland Hills Golf Resort, Southern Pines, N.C.
Bud Denman, Smithville, Tenn., 470-yd. 6th, Smithville G.C., Smithville, Tenn.
Terry Dennis, Marion, Ohio, 540-yd. 9th, Mar-O-Del G.C., Marion, Ohio.
James DePiro, Cedar Grove, N.J., 469-yd. 3rd, Forest Hill Field Club, Bloomfield, N.J.
Jim DePiro, Cedar Grove, N.J., 488-yd. 3rd, Forest Hill Field Club, Bloomfield, N.J.
Davis W. DeRosa, Sparta, N.J., 500-yd. 7th, Lake Mohawk G.C., Sparta, N.J.
Dave Devenport, Ketchum, Idaho, 493-yd. 18th, Burley Municipal, Burley, Idaho.
Bob Diana, Snellville, Ga., 500-yd. 18th, Stone Mountain Park G.C., Stone Mountain, Ga.
George Digh, Charlotte, N.C., 486-yd. 10th, Pine Lake C.C., Charlotte, N.C.
Craig Dixon, Godfrey, Ill., 477-yd. 2nd, Rolling Hills G.C., Godfrey, Ill.
Gene Dixon, Murfreesboro, Tenn., 515-yd. 8th, Stones River C.C., Murfreesboro, Tenn.
Tom Dougherty, Chester, Va., 480-yd. 15th, Bermuda G.C., Chester, Va.
Mark Drengler, West Springfield, Mass., 467-yd. 7th, Crestview C.C., Agawam, Mass.
Brent DuBeau, Elmhurst, Ill., 450-yd. 17th, Glendale C.C., Bloomingdale, Ill.
Steve P. Dudoich, Albuquerque, N.M., 520-yd. 16th, Los Altos, Albuquerque, N.M.
Richard Durnbeck, Windsor, Ont., Canada, 445-yd. 5th, Roseland G. & C.C., Windsor, Ont., Canada.
Fred Ebertino, Waterloo, Iowa, 511-yd. 6th, Sunnyside C.C., Waterloo, Iowa.
Walter Edgerton, Elmira Heights, N.Y., 495-yd. 15th, Geneva C.C., Geneva, N.Y.
Ralph Egli, Salt Lake City, Utah, 473-yd. 13th, Bountiful City Municipal G.C., Bountiful, Utah.
Rod Ellison, Jacksonville, Fla., 471-yd. 2nd, University C.C., Jacksonville, Fla.
Thomas E. Ely, Port St. Joe, Fla., 471-yd. 9th, Panama C.C., Lynn Haven, Fla.
Dick Falk, Aspers, Pa., 520-yd. 2nd, Lebanon C.C., Lebanon, Pa.
Anthony Farone, Gansevoort, N.Y., 471-yd. 12th, McGregor Links C.C., Saratoga Springs, N.Y.
Gene Ferrell, Bryan, Ohio, 533-yd. 18th, Gulf Shores G.C., Gulf Shores, Ala.
Bubba Field, Baton Rouge, La., 513-yd. 18th, Dead Horse Lake G.C., Knoxville, Tenn.
David Flewelling, Hudson, N.H., 495-yd. 5th, Whip-Poor-Will C.C., Hudson, N.H.
Dan Foster, Riverside, Calif., 475-yd. 13th, Canyon Crest C.C., Riverside, Calif.
Bruce Frazier, Conroe, Tex., 503-yd. Augusta #6, River Plantation C.C., Conroe, Tex.
Pat Francoeur, Hobbs, N.M., 516-yd. 6th, Hobbs C.C., Hobbs, N.M.
Robbie Gale, Clinton, Utah, 510-yd. 2nd, Valley View G.Cse., Layton, Utah.
Tony Gambardella, Surfside Beach, S.C., 455-yd. 13th, Raccoon Run G.C., Myrtle Beach, S.C.
James P. Gansner, St. Louis, Mo., 479-yd. 1st, Triple Lakes G.Cse., Millstadt, Ill.
Ben F. Garner, Jamestown, N.C., 485-yd. 2nd, Jamestown Park, Jamestown, N.C.
George T. Garvie, Humboldt, Kan., 500-yd. 10th, Safari Public G.Cse., Chanute, Kan.
Robert T. Gardner II, Beckley, W. Va., 459-yd. 12th, Glade Springs C. & Resort, Daniels, W. Va.
Sid Garrett, Centre, Ala., 475-yd. 14th, Cherokee C.C., Centre, Ala.
Leon R. Gettis, Roswell, Ga., 525-yd. 18th, Willow Springs C.C., Roswell, Ga.
John Gilliland, Waco, Tex., 501-yd. 1st, James Connally G.C., Waco, Tex.
David R. Gordon, Valley Center, Kan., 501-yd. 5th, Rolling Hills C.C., Wichita, Kan.
Donald L. Greenlee, West Des Moines, Iowa, 498-yd. 11th, Hyperion Field C., Grimes, Iowa.
Jim Gregory, Bartlett, Tenn., 506-yd. 1st, Windyke C.C., Germantown, Tenn.
Greg H. Gust, West Jordan, Utah, 520-yd. 13th, Mountain View G.Cse., West Jordan, Utah.
Tom Gwizdalski, East Aurora, N.Y., 484-yd. 5th, Elma Meadows G.C., Elma, N.Y.
Robert Hagan, Twinsburg, Ohio, 490-yd. 17th, Sugar Bush, Garrettsville, Ohio.
Steven R. Hanich, Olathe, Kan., 505-yd. 1st, Overland Park G.Cse., Overland Park, Kan.
Gary Hartman, Toledo, Ohio, 525-yd. 3rd, Whiteford Valley G.Cse., Ottawa Lake, Mich.
Robert M. Hippenseel Sr., Harrisburg, Pa., 500-yd. 4th, Valley Green G.C., Etters, Pa.
Harry Hobson, Santa Barbara, Calif., 481-yd. 6th, Retired Police Administration, Santa Barbara, Calif.
Mike Holmes, West Des Moines, Iowa, 475-yd. 17th, Willow Creek G.C., Des Moines, Iowa.
Millard Hollifield, Marion, N.C., 555-yd. 10th, Marion Lake C., Marion, N.C.
William M. Hopkins, Martinsburg, W. Va., 480-yd. 6th, Opequon G.C., Martinsburg, W. Va.
Remy Houde, Arvida, Que., Canada, 497-yd. 13th, Saguenay C.C., Arvida, Que., Canada.
Ken Huizinga, Heyburn, Idaho, 540-yd. 18th, Burley Municipal G.Cse., Burley, Idaho.
Cliff Hultgren, St. Paul, Minn., 479-yd. 15th, The Dunedin C.C., Dunedin, Fla.
Rett Hummel, Reno, Nev., 575-yd. 14th, Hidden Valley C.C., Reno, Nev.
Jimmy Hunt, Bristol, Tenn., 480-yd. 5th, C.C. of Bristol, Bristol, Tenn.
O. N. Hunter, Salt Lake City, Utah., 515-yd. 18th, Glenmoor, S. Jordan, Utah.
Don Isaacson, Sioux Falls, S. D., 506-yd. 15th, Watertown C.C., Watertown, S. D.

1983 DOUBLE EAGLES

A. J. James, LaPlace, La., 483 yd. 7th, Belle Terre C.C., LaPlace, La.
Jeffrey M. Jenkins, Barberton, Ohio, 520-yd. 8th, Barberton, Brookside; Norton, Ohio.
Ken Jennings, Norman, Okla., 485-yd. 1st, Westwood G.Cse., Norman, Okla.
Ted L. Jones, Clemmons, N.C., 510-yd. 7th, Tanglewood G.C., Clemmons, N.C.
Jim Jurski, Toledo, Ohio, 475-yd. 15th, Tamaron C.C., Toledo, Ohio.
Norris B. Kaufman, Buffalo, N.Y., 478-yd. 17th, Byrncliff G.C., Varysburg, N.Y.
Don R. Keener, Solon, Ohio, 471-yd. 7th, Grantwood Recreation Park, Solon, Ohio.
Kirt Keeshan, Bettendorf, Iowa, 482-yd. 4th, Muscatine Municipal G.C., Muscatine, Iowa.
Mike Keller, Wichita, Kan., 500-yd. 17th, L.W. Clapp G.Cse., Wichita, Kan.
Timothy A. Kelly, Westchester, Ohio, 480-yd. 14th, Beckett Ridge C.C., Westchester, Ohio.
Jack Kesling, Lansing, Mich., 480-yd. 9th, Chardell, Bath, Mich.
Fred Kite, Walton, N.Y., 500-yd. 9th, Afton G.C., Afton, N.Y.
Arthur Kniebler, Lake Forest, Ill., 480-yd. 10th, Old Elm C., Fort Sheridan, Ill.
Fred Koester, Blythe, Calif., 475-yd. 1st, Blythe Municipal, Blythe, Calif.
John Kosko, Salem, Va., 484-yd. 18th, Ole Monterey G.C., Roanoke, Va.
Eugene Kozicki, Redmond, Wash., 486-yd. 4th, Tacoma C. & G.C., Tacoma, Wash.
Daniel Kraich, Prosperity, Pa., 505-yd. 15th, Rohanna's G.Cse., Waynesburg, Pa.
Richard W. Krapfel, Lisle, Ill., 490-yd. 5th, Fox Bend G.C., Oswego, Ill.
Ross LaBarbera, Marinette, Wis., 525-yd. 2nd, Little River C.C., Marinette, Wis.
Jim Ladik, Kalamazoo, Mich., 530-yd. 12th, Cedar Creek G.C., Battle Creek, Mich.
Gary Lakeman, East Millinocket, Me., 470-yd. 15th, Bangor Municipal, Bangor, Me.
Jim Larson, Fargo, N. D., 480-yd. 13th, Balmoral G.C., Battle Lake, Minn.
Joseph R. Levesque, Orange Park, Fla., 480-yd. 18th, Reynolds G.C., Green Cove Springs, Fla.
Mike Lever, West Jordan, Utah, 480-yd. 9th, Mountain View G.Cse., West Jordan, Utah.
Brad Lewis, Ponca City, Okla., 503-yd. 12th, Ponca City C.C., Ponca City, Okla.
Tom Liddell, Franklin, Tenn., 534-yd. 11th, Temple Hills G. & C.C., Nashville, Tenn.
Buck Linch, Graham, N.C., 482-yd. 17th, Hyland Hills G.C., Southern Pines, N.C.
Richard List, La Porte, Ind., 476-yd. 8th, Broadwater Beach Sea Course, Biloxi, Miss.
David Little, Rutherford, N.J., 486-yd. 14th, Crestmont C.C., West Orange, N.J.
Pete Longo, Fairview Park, Ohio, 460-yd. 6th, Briarwood C.C., Fairview Park, Ohio.
Ed Lowry, Jr., Louisville, Ky., 514-yd. 1st, Big Spring C.C., Louisville, Ky.

Edward W. Majchrycz, Seven Hills, Ohio, 475-yd. 10th, Sleepy Hollow C.C., Brecksville, Ohio.
Jeff Marshall, Greenville, Mich., 478-yd. 9th, Greenville C.C., Greenville, Mich.
Walter S. Marshall, West Point, Va., 481-yd. 1st, West Point C.C., West Point, Va.
Michael Allan Masegian, Reno, Nev., 490-yd. 13th, Pasatiempo G.Cse., Santa Cruz, Calif.
Ernie Mayer, San Angelo, Tex., 498-yd. 11th, San Angelo C.C., San Angelo, Tex.
Fred McBride, Savannah, Ga., 453-yd. 3rd, Mary Calder G.C., Savannah, Ga.
Jim McCoy, APO San Francisco, Calif., 480-yd. 10th, Eighth U.S. G.C., Seoul, Korea.
Bob McKinnon, Monroeville, Ind., 450-yd. 4th, Pleasant Valley G.Cse., Payne, Ohio.
Dan McKean, Shohola, Pa., 512-yd. 4th, Grossinger's C.C., Grossinger, N.Y.
Dan McLean, Greeneville, Tenn., 475-yd. 9th, Link Hills C.C., Greeneville, Tenn.
Wayne McLaughlin, Lodi, Calif., 483-yd. 7th, La Contenta G.C., Valley Springs, Calif.
Mike Meade, Dello, Idaho, 493-yd. 18th, Burley G.Cse., Burley, Idaho.
Bob Meiering, Albuquerque, N. M., 510-yd. 1st, Arroyo Del Oso, Albuquerque, N. M.
George Mendoza, Eagle Butte, S. D., 471-yd. 11th, Hillsview G.Cse., Pierre, S. D.
Rick Michael, Silver Spring, Md., 480-yd. 18th, Univ. of Maryland G.Cse., College Park, Md.
David J. Middleton, Tallahassee, Fla, 465-yd. 9th, Capital City, C.C., Tallahassee, Fla.
Mike Mieszala, Libertyville, Ill., 475-yd. 14th, Countryside G.C., Mundelein, Ill.
Randall J. Millard, Cape Coral, Fla., 506-yd. 6th, Turnberry Isle C.C., Miami, Fla.
Barry Mills, Narragansett, R.I., 486-yd. 2nd, Laurel Lane G.Cse., Inc., West Kingston, R.I.
Kenneth R. Miller, Niles, Ohio, 475-yd. 2nd, Clovercrest, Warren, Ohio.
Lee Miller, Amory, Miss., 485-yd. 7th, West Point C.C., West Point, Miss.
Tom Miller, Wichita Falls, Tex., 582-yd. 4th, Wichita Falls C.C., Wichita Falls, Tex.
Pete Mills Jr., Millen, Ga., 486-yd. 14th, Magnolia C.C., Millen, Ga.
Monte Mitchell, Wichita, Kan., 471-yd. 18th, Wichita State University G.Cse. Wichita, Kan.
Mike Mohar, Virginia, Minn., 494-yd. 1st, Virginia G.Cse., Virginia, Minn.
Ron Moinette, Beaverton, Ore., 471-yd. 1st, Columbia Edgewater C.C., Portland, Ore.
Max J. Montegut III, Houston, Tex., 495-yd. 8th, Bayou G.C., Texas City, Tex.
Edward L. Moore, Cincinnati, Ohio, 471-yd. 1st, Clovernook C.C., Cincinnati, Ohio.
Wendell E. Morgan Jr., Albuquerque, N.M., 495-yd. 1st, Arroyo Del Oso G.C., Albuquerque, N.M.
Gary R. Mueller, Staples, Minn., 471-yd. 4th, Terrace G.Cse., Staples, Minn.
Preston Neff, Waltham, Mass., 495-yd. 18th, Stone Mountain Park G.C., Stone Mountain, Ga.

1983 DOUBLE EAGLES

Gregory J. Nelson, Colorado Springs, Colo., 495-yd. 1st, Patty Jewett G.C., Colorado Springs, Colo.

Nathan G. Nelson, Edina, Minn., 490-yd. 14th, Del Safari C.C., Palm Desert, Calif.

Kenneth J. New, Guntersville, Ala., 497-yd. 8th, Albertville C.C., Albertville, Ala.

Ivan Nicholson, Savannah, Mo., 475-yd. 16th, Moila C.C., St. Joseph, Mo.

Kenneth E. Nickels, Iowa City, Iowa, 465-yd. 15th, Finkbine G.Cse., Iowa City, Iowa.

Leonard W. Oorbeek, Hollywood, Fla., 494-yd. 1st, Orange Brook G.C., Hollywood, Fla.

Wendell Osborn, Longview, Wash., 510-yd. 2nd, Mint Valley G.C., Longview, Wash.

Mark Palajsa, Pittsburgh, Pa., 525-yd. 1st, Pittsburgh North G.C., Gibsonia, Pa.

James R. Parish, Ft. Benning, Ga., 486-yd. 12th, Follow Me C.C.–Lakeside, Ft. Benning, Ga.

Al Pastorino, Santa Cruz, Calif., 470-yd. 12th, Aptos Seascape, Aptos, Calif.

Steve Patterson, Chariton, Iowa, 482-yd. 1st, Lakeview G. & C.C., Chariton, Iowa.

Paul Pennington, Benton, Ark., 480-yd. 3rd, Longhills G.C., Benton, Ark.

Greg Pizzo, Westbrook, Me., 488-yd. 9th, Gorham C.C., Gorham, Me.

Jim D. Pollard, Oklahoma City, Okla., 483-yd. 6th, Earlywine G.C., Oklahoma City, Okla.

Glen Porter, Loveland, Colo., 531-yd. 17th, Pala Mesa, Fall Brook, Calif.

Tom Predhomme, Southfield, Mich., 471-yd. 8th, Kingsville G.C., Kingsville, Ont., Canada.

Jerry Prior, Moore, Okla., 533-yd. 13th, Earlywine G.C. Oklahoma City, Okla.

Vincent P. Prosnik, Pickerington, Ohio, 471-yd. 8th, Little Turtle C.C., Westerville, Ohio.

Tom Pruitt, Hendersonville, N.C., 475-yd. #2 (gold), Bay Tree G. Plantation, N. Myrtle Beach, S.C.

Glen Quick, Windsor, Ont., Canada, 479-yd. 12th, Roseland G. & C.C., Windsor, Ont., Canada.

Mark Quinn, Mt. Holly, N.J., 471-yd. 9th, Golden Pheasant G.Cse., Medford, N.J.

Michael A. Raines, Warner Robins, Ga., 477-yd. 3rd, Pine Oaks, Robins AFB, Ga.

John Scott Ramsey, Moses Lake, Wash., 536-yd. 18th, Moses Lake G. & C.C., Moses Lake, Wash.

Britt Tuttle, Mayodan, N.C., 508-yd. 16th, Cedar Rock C.C., Lenoir, N.C.

Robert A. Rasley, North Liberty, Iowa, 471-yd. 15th, Finkbine G.C., Iowa City, Iowa.

Joe Records, Timonium, Md., 478-yd. 2nd (White), Hunt Valley G.C., Hunt Valley, Md.

John Restino, Cullman, Ala., 518-yd. 18th, Terri Pines C.C., Cullman, Ala.

Edward X. Revere, Palm Harbor, Fla., 490-yd. 16th, Tarpon Springs G.C., Tarpon Springs, Fla.

Chris Reynolds, Memphis, Tenn., 500-yd. 1st, Windyke C.C., Germantown, Tenn.

Phil Richardson, Monroe, Ga., 512-yd. 13th, Monroe G. & C.C., Monroe, Ga.

Peter Riedesel, Norridge, Ill., 520-yd. 5th, Coghill Course #4, Lemont, Ill.

Max Rose, Ogden, Utah, 480-yd. 4th, Ben Lomond G.C., Ogden, Utah.

Tom Samuelson, Omaha, Neb., 534-yd. 2nd, Sunset Valley C.C., Omaha, Neb.

David A. Saraceno, Spokane, Wash., 508-yd. 7th, Downriver G.C., Spokane, Wash.

Normand P. Savaria, Greer, S.C., 492-yd. 18th, Carolina Spring G.C., Fountain Inn, S.C.

Jerry Schott, Cincinnati, Ohio, 296-yd. 14th, California G.Cse., Cincinnati, Ohio.

Robert B. Seberg, Lake City, Minn., 483-yd. 5th, Lake City C.C., Lake City, Minn.

Richard B. Secrest, Dadeville, Ala., 475-yd. 4th, Still Waters G.C., Dadeville, Ala.

Michael Selby, Mesa, Ariz., 505-yd. 5th, Dobson Ranch G.Cse., Mesa, Ariz.

D. R. Senseman Jr., Wichita, Kan., 552-yd. 6th, L.W. Clapp G.Cse., Wichita, Kan.

Gale Shed, Waco, Tex., 501-yd. 1st, James Connally G.C., Waco, Tex.

Ronald O. Shipp, Thayer, Mo., 483-yd. 3rd, Thayer C.C., Thayer, Mo.

Tony Simpson, Tallahassee, Fla., 490-yd. 5th, Killearn G.C., Tallahassee, Fla.

Ted Skelley, Las Vegas, Nev., 493-yd. 1st, Las Vegas C.C., Las Vegas, Nev.

Rollie Smeltzer, Devils Lake, N.D., 479-yd. 6th, Town & C.C., Devils Lake, N.D.

David Smith, Syracuse, N.Y., 475-yd. 14th, Highland Park G.C., Auburn, N.Y.

Frank Smigowski, Satellite Beach, Fla., 471-yd. 17th, Harbour City Municipal, Melbourne, Fla.

Scott Smith, Basking Ridge, N.J., 482-yd. 18th, Green Knoll G.C., Bridgewater, N.J.

Jeff Snyder, Cedar Falls, Iowa, 500-yd. 8th, Pheasant Ridge G.Cse. Cedar Falls, Iowa.

Jeff Sommer, Idaho Falls, Idaho, 476-yd. 3rd, Pinecrest G.C., Idaho Falls, Idaho.

James L. Spencer, Belleair, Fla., 471-yd. 9th (West), Belleview Biltmore C.C., Belleair, Fla.

Kurt Spjute, Murray, Utah, 485-yd. 18th, Hobble Creek G.Cse., Springville, Utah.

Everett Stapp, Chariton, Iowa, 482-yd. 1st, Lakeview G. & C.C., Chariton, Iowa.

James R. Stewart, Cicero, Ind., 485-yd. 17th, Harbour Trees G.C., Noblesville, Ind.

John H. Stilwell, Doniphan, Mo., 515-yd. 6th, Current River C.C., Doniphan, Mo.

Norm Strange, Harrisonburg, Va., 476-yd. 5th, Lakeview G.Cse., Harrisonburg, Va.

Quin Sullivan, Fairfax, Va., 506-yd. 2nd, Springfield G. & C.C., Springfield, Va.

Rodney W. Summerford, Mobile, Ala., 471-yd. 15th, Skyline C.C., Mobile, Ala.

Charles A. Tambouris, Derry, N.H., 485-yd. 9th, Hoodkroft C.C., Derry, N.H.

Walter Tashnick, Santa Cruz, Calif., 471-yd. 1st, Pasatiempo G.Cse., Santa Cruz, Calif.

Chuck Taylor, Sherman, Tex., 490-yd. 5th, Slick Rock Cse., Horseshoe Bay C.C., Horseshoe Bay, Tex.

George E. Taylor, Hermosa Beach, Calif., 490-yd. 16th, Los Verdes G.Cse., Rancho Palos Verdes, Calif.

1983 DOUBLE EAGLES

Jim Taylor, Mundelein, Ill., 476-yd. 1st, Countryside G.C., Mundelein, Ill.
Edward Thomas, Hyde Park, Mass., 527-yd. 8th, Marlboro C.C., Marlboro, Mass.
Jim Thomas, West Memphis, Ark., 542-yd. 4th, Meadowbrook C.C., West Memphis, Ark.
Tom Tierney Jr., Staten Island, N.Y., 483-yd. 4th, Rutgers University G.C., Piscataway, N.J.
William J. Timmons, Marion, Ind., 517-yd. 11th, Honeywell G. Cse., Wabash, Ind.
William C. Tobias, Columbus Junction, Iowa, 471-yd. 4th, Cedarcrest C.C., Columbus Junction, Iowa.
Wendell Tong, Berkeley, Calif., 499-yd. 7th, Mira Vista G & C.C., El Cerrito, Calif.
Bill Treash, Terre Haute, Ind., 471-yd. 9th, The Pointe C.C., Bloomington, Ind.
Britt Turner IV, Tuscaloosa, Ala., 485-yd. 10th, C.C. of Tuscaloosa, Ala.
D. R. (Robby) Turner Jr., Bastrop, Tex., 557-yd. 16th, Lost Pines G.C., Bastrop, Tex.
Thomas E. Tush, Pittsburgh, Pa., 485-yd. 10th, Butlers G.C., Elizabeth Township, Pa.
Charles Jeffrey Uram, Williams AFB, Ariz., 484-yd. 3rd, Williams AFB G.C., Williams AFB, Ariz.
Ramon Uranga, Somerton, Ariz., 490-yd. 14th, Yuma G. & C.C., Yuma, Ariz.
Manny Valenzuela, Oklahoma City, Okla., 471-yd. 16th, The Greens G.C., Oklahoma City, Okla.
Thomas A. Valacak, Midlothian, Ill., 540-yd. 7th, Oak Hills C.C., Palos Heights, Ill.
Jimmy Walker, Norcross, Ga., 475-yd. 14th, Stone Mountain Park G.C., Stone Mountain, Ga.
Marlin B. Waldorff, Chattanooga, Tenn., 471-yd. 4th, Plantation Inn & C.C., Crystal, Fla.
Michael Walsh, Calgary, Alta., Canada, 507-yd. 16th, Canyon Meadows, Calgary, Alta, Canada.
Bill Weeks, Tulsa, Okla., 516-yd. 4th, Tulsa C.C., Tulsa, Okla.
Dan Wells, Cairo, Ga., 521-yd. 7th, Cairo C.C., Cairo, Ga.
E. J. White, Jonesborough, Tenn., 510-yd. 7th, La Contenta G.C., Valley Springs, Calif.
Angelo Williams Jr., Chickasha, Okla., 483-yd. 6th, Earlywine G.C., Oklahoma City, Okla.
Danny Williams Jr., Mendham, N.J., 488-yd. 1st, Mendham G. & Tennis C., Mendham, N.J.
Jeff Wilson, Kokomo, Ind., 480-yd. 11th, Kokomo C.C., Kokomo, Ind.
Orvin R. Wills, Memphis, Tenn., 488-yd. 11th, McKeller G.Cse., Memphis, Tenn.
Richard Wolf, Farmington, Minn., 507-yd. 6th, Fountain Valley G.C., Farmington, Minn.
Steve Wolf, Lodi, Calif., 492-yd. 9th, Woodbridge C.C., Woodbridge, Calif.
Doyle Wooten, Nocona, Tex., 500-yd. 4th, River Creek G.Cse., Burkburnett, Tex.
Bill E. Workman, Augusta Ga., 489-yd. 11th, Goshen Plantation C.C., Augusta, Ga.
Andy Wyszomirski, Mahwah, N.J., 486-yd. 14th, Darlington C.C., Mahwah, N.J.
Ed Yatsco, Youngstown, Ohio, 530-yd. 8th, Mahoning C.C., Girard, Ohio.

Pete Young, Saginaw, Tex., 510-yd. 1st, Lake Country G. & C.C., Ft. Worth, Tex.
Pete Young, Saginaw, Tex., 490-yd. 8th, Lake Country G. & C.C., Ft. Worth, Tex. (second Double Eagle)
Fuzzy Yusko, Greensburg, Pa., 495-yd. 2nd, Norvelt G.C., Mt. Pleasant, Pa.

WOMEN

Twos on par-5 holes, 401 yards or more.

Jane Elizabeth Dumler, Cincinnati, Ohio, 471-yd. 11th, Cincinnati (Ohio) C.C.
Lynn Freshour, Salem, Ore., 468-yd. 2nd, Bayour G.C., McMinnville, Ore.
Michele Ann Michanowicz, Pittsburgh, Pa., 509-yd. 12th, Oakmont (Pa.) C.C.
Rita Phillips, Weedsport, N.Y., 438-yd. 9th, Camillus (N.Y.) C.C.
Robyn Roberson, Austell, Ga., 415-yd. 2nd, Dogwood G. & C.C., Austell, Ga.
Julie L. Sprau, Wayzata, Minn., 408-yd. 1st, Olympic Hills G.C., Eden Prairie, Minn.
Barbara Thomas, Klamath Falls, Ore., 401-yd. 8th, Reames G. & C.C., Klamath Falls, Ore.

ACES ON PAR-4 HOLES (251 yards or more)

Dewey Adams, Kansas City, Mo., 258-yd. 6th, Blue River G.Cse., Kansas City, Mo.
Jay Anderson, Wayne, Okla., 330-yd. 4th, Walnut Grove G.C., Albany, Ind.
John Anderson, Eagan, Minn., 305-yd. 5th, Valleywood G.C., Apple Valley, Minn.
Harold Arman, La Canada, Calif., 153-yd. 12th, Rainbow Canyon G. Resort, Temecula, Calif.
Michael L. Atkins, Mt. Vernon, Wash., 280-yd. 9th, Gateway G.Cse., Sedro Woolley, Wash.
Bill Bakken, Brooklyn Center, Minn., 281-yd. 9th, Sundance G.C., Osseo, Minn.
David Baldwin, Mondovi, Wis., 296-yd. 5th, Valley G.Cse., Mondovi, Wis.
George A. Banks, Wilkes-Barre, Pa., 275-yd. 7th, Hollenback C.C., Wilkes-Barre, Pa.
Jody Baugh, Carthage, Mo., 330-yd. 9th, Carthage Municipal G.Cse., Carthage, Mo.
Howard Bell, Anaheim, Calif., 310-yd. 8th, Pomona National-South, Walnut, Calif.
Bob Bender, Evansville, Ind., 292-yd. 4th, Helfrich G.Cse., Evansville, Ind.
Dale Benfield, Newland, N.C., 335-yd. 16th, Mountain Glen G.C., Newland, N.C.
Paul Bessler, Owensboro, Ky., 308-yd. 9th, Ohio County C.C., Hartford, Ky.
Albert O. Bihary, Portage, Pa., 305-yd. 5th, Maplecrest, Portage, Pa.
Thomas J. Blanch, Hudson, Ohio, 295-yd. 6th, Boston Hills C.C., Hudson, Ohio.
James Bolin, Unionville, Ont., 330-yd. 13th, Doral C.C. (Red Cse.), Miami, Fla.
Jim Bowman Jr., Jamestown, N.Y., 285-yd. 2nd, South Hills C.C., Jamestown, N.Y.

1983 DOUBLE EAGLES

Robert James Brevig, Blaine, Minn., 325-yd. 6th, Coon Rapids-Bunker Hills, Coon Rapids, Minn.
Mat Brundage, Crystal, Mich., 251-yd. 2nd, Crystal G.Cse., Crystal, Mich.
Mark Burchett, Dalton, Ga., 345-yd. 5th, Dalton G. & C.C., Dalton, Ga.
Jack Burns, Signal Mountain, Tenn., 260-yd. 11th, Signal Mountain G. & C.C., Signal Mountain, Tenn.
Glenn Cardell, Metter, Ga., 310-yd. 7th, Magnolia Springs C.C., Millen, Ga.
Tom Cataldo, Dearborn, Mich, 260-yd. 5th, Burrough Farms, G.C., Brighton, Mich.
Don W. Caudill, Morehead, Ky., 260-yd. 14th, Maysville C.C., Maysville, Ky.
Jody Chance, Olney, Ky., 318-yd. 5th, The Lodge G.Cse., Cloudcroft, N.M.
Ted Christy, Moscow, Pa., 330-yd. 8th, Scranton Municipal G.Cse., Lake Ariel, Pa.
John Cinguina Jr., Eastchester, N.Y., 290-yd. 1st, Lake Isle C.C., Eastchester, N.Y.
Gary Conrad, Fort Worth, Tex., 360-yd. 17th, James Connally G.Cse., Waco, Tex.
Buddy R. Cook, Lawndale, N.C., 262-yd. 8th, Pine Mountain Resort, Morganton, N.C.
Craig Crotty, Mundelein, Ill., 312-yd. 18th, Four Winds G.Cse., Mundelein, Ill.
Brad Davis, Stockton, Calif., 271-yd. 5th, Elkhorn C.C., Stockton, Calif.
Bob Dee, Sparks, Nev., 310-yd. 15th, Wildcreek G.Cse., Sparks, Nev.
Bruce Devney, Parma, Ohio, 290-yd. 5th, Ridgewood G.C., Parma, Ohio.
Patrick J. Doyle, Wyncote, Pa., 285-yd. 9th, Twining Valley G.C., Dresher, Pa.
Charles W. Elser Jr., Auburn, N.Y., 295-yd. 4th, Highland Park, G.C. Auburn, N.Y.
Eric E. Erickson, Battle Creek, Mich., 315-yd. 5th, Kaneohe Klipper G.Cse., Kaneohe Bay, Hawaii.
Chet Ettinger, Albuquerque, N.M., 275-yd. 10th, Show Low G.C., Show Low, Ariz.
Bill Farrell, Greenleaf, Wis., 256-yd. 9th, Hilly Haven, DePere, Wis.
Chuck Fedell, Pittsburgh, Pa., 300-yd. 5th, Pittsburgh North G.C., Gibsonia, Pa.
Ral Ferri, Norwalk, Conn., 340-yd. 16th, Wildcreek G.Cse., Sparks, Nev.
Richard Foreman, Newaygo, Mich., 290-yd. 3rd, West 9, Byron Hills G.C., Byron Center, Mich.
Michael C. Gavin, Onalaska, Wis., 283-yd. 4th, Coulee Golf Bowl, Onalaska, Wis.
Joe Giampino, Western Springs, Ill., 307-yd. 13th, Lost Nation G.C., Dixon, Ill.
Joseph W. Gibley, West Chester, Pa., 268-yd. 4th, Olde Masters G.C., Newtown Square, Pa.
Ronald J. Girard, Boca Raton, Fla., 325-yd. 6th, Indian Spring, Fla. C.C., Boynton Beach, Fla.
Gary R. Givens, Lakeland Fla., 275-yd. 12th, Skyview G. & C.C., Lakeland, Fla.
Dan Gourley Jr., Akron, Ohio, 260-yd. 15th, Turkeyfoot G.C., Akron, Ohio.
John H. Gray, Syracuse, Ind., 240-yd. 8th, South Shore G.C., Syracuse, Ind.

Jack Gumbert, Ft. Wayne, Ind., 288-yd. 14th, Pine Valley C.C., Ft. Wayne, Ind.
Darrel W. Hahn, Mililani, Hawaii, 290-yd. 8th, Leilehua G.C., Schofield Barracks, Hawaii.
Peter Haley, Allenstown, N.H., 300-yd. 13th, Wareham G.Cse., Onset, Mass.
Andrew Hammond, Ukiah, Calif., 329-yd. 5th, Los Altos G. & C.C., Los Altos, Calif.
Pete Harris, Reidsville, N.C., 315-yd. 13th, Dawn Acres, Stokesdale, N.C.
Gary Hartman, Toledo, Ohio, 265-yd. 7th, Collins G.C., Toledo, Ohio.
Ivan Helmerick, Indianapolis, Ind., 270-yd. 1st, A.J. Thatcher G.C., Indianapolis, Ind.
W. C. Henry, Riverdale, Ga., 318-yd. 4th, Browns Mill, Atlanta, Ga.
Brice Hill, Lathrup Village, Mich., 295-yd. 3rd, Glen Oaks G.Cse., Farmington Hills, Mich.
John R. Hillman, Wixom, Mich., 315-yd. 15th, Dun Rovin G.Cse., Plymouth, Mich.
David Horton, Rogersville, Tenn., 325-yd. 3rd, McDonald G.C., Rogersville, Tenn.
Robert Huhta, Livonia, Mich., 305-yd. 8th, Crystal G.C., Crystal, Mich.
Bob Hyde, Southampton, Mass., 265-yd. 1st, Southampton C.C., Southampton, Mass.
Robert J. Inglis, Saginaw, Mich., 320-yd. 4th, Twin Oaks G.C., Freeland, Mich.
Jake Jackson, Ada, Okla., 315-yd. 4th, Lakewood G.Cse., Ada, Okla.
Joey Jerger, Mansfield, Ohio, 295-yd. 7th, Coolridge G.C., Mansfield, Ohio.
Jim Kearns, Concord Twp., Ohio, 276-yd. 9th (Red Course), Fairway Estates G.C., Hudsonville, Mich.
John Kelly, Ardmore, Okla., 300-yd. 6th, Lake Murray G.Cse., Ardmore, Okla..
Randy King, Waynesboro, Pa., 251-yd. 5th, Waynesboro G.Cse., Waynesboro, Pa.
Keith E. Koepke Sr., Green Bay, Wis., 256-yd. 9th, Hilly Haven Ski & G., DePere, Wis.
Edward J. Kolatis, Throop, Pa., 300-yd. 8th, Scranton Municipal G.C., Mount Cobb, Pa.
Steve Krolikowski, Meadville, Pa., 320-yd. 9th, Whispering Pines G.C., Meadville, Pa.
Darryll Krumrey, Marion, Ill., 290-yd. 2nd, Fairway G.C., Marion, Ill.
Bill LaGrant, Lee, Mass., 300-yd. 4th, Greenock C.C., Lee, Mass.
Michael W. Leduc, Palmer, Mass., 320-yd. 5th, Mill Valley C.C., Belchertown, Mass.
Steve Loszewski, Kansas City, Mo., 269-yd. 5th, Tomahawk Hills C.C., Shawnee, Kan.
Gary A. Madia Jr., Utica, N.Y., 258-yd. 6th, Pine Hills G.Cse., Frankfort, N.Y.
Rick Malone, Franklinville, N.J., 280-yd. 5th, Pitman G.C., Pitman, N.J.
Nick E. Mauney, Fair Oaks, Calif., 255-yd. 4th, Haggin Oaks-South, Sacramento, Calif.
Barry S. McCarthy, Winter Park, Fla., 260-yd. 9th, Winter Park C.C., Winter Park, Fla.
Rob McCorkle, Richland Center, Wis., 274-yd. 18th, Richland C.C., Richland Center, Wis.

1983 DOUBLE EAGLES

Chip McManus, Beaumont, Tex., 325-yd. 4th, Henery Homberd C.C., Beaumont, Tex.
Joe McMonagle, Pittsburgh, Pa., 275-yd. 13th, Double Dam G.C. Claysville, Pa.
Glenn Meadows, Everett, Wash. 270-yd. 7th, Monroe G.Cse., Monroe, Wash.
Henry C. Miranda, San Antonio, Tex., 284-yd. 4th, Quail Creek C.C., San Marcos, Tex.
John V. Mozza, Des Moines, Iowa, 315-yd. 10th, Grandview G.C., Des Moines, Iowa.
Megu Nakamoto, Aiea, Hawaii, 270-yd. 9th, Hawaii C.C., Wahiawa, Hawaii.
Jerry Nehrenz, Seville, Ohio, 250-yd. 9th, Pine Valley G.C., Wadsworth, Ohio.
Ted V. Norkus, Santa Cruz, Calif., 280-yd. 18th, Spring Hills G.Cse., Watsonville, Calif.
Harry Nowobilski, New Britain, Conn., 301-yd. 2nd, Tallwood C.C., Hebron, Conn.
Mark Orlowski, Chandler, Ariz., 340-yd. 6th, Thunderbird C.C., Phoenix, Ariz.
Fred Pfeifer, Homestead, Fla., 365-yd. 12th, Homestead AFB, Homestead, Fla.
Clarence R. Philpot, Crystal Lake, Ill., 251-yd. 4th, Lake Lawn Lodge, Delavan, Wis.
James M. Pippin, Portland, Ore., 273-yd. 15th, Astoria G. & C.C., Astoria, Ore.
Mark Polson, Maryland Heights, Mo., 277-yd. 1st, Creve Coeur G.C., Creve Coeur, Mo.
Mack Pomeroy, Bridgeport, Wash., 270-yd. 6th, Lakewood's G.C., Bridgeport, Wash.
Robert Kirk Provart, Pinckneyville, Ill., 252-yd. 6th, Broadwater Beach Sea Course, Biloxi, Miss.
Jim Purtell, Albany, N.Y., 288-yd. 2nd, Albany Municipal, Albany, N.Y.
Joe A. Rickard, Cleveland, Tenn., 320-yd. 14th, Waterville Park G.C., Cleveland, Tenn.
Geoff Robinson, Salt Lake City, Utah, 298-yd. 9th, Dixie Red Hills G.C., St. George, Utah.
Kirk B. Rocker, Millen, Ga., 310-yd. 16th, Magnolia C.C., Millen, Ga.
J. E. Sanders, Akron, Ohio, 255-yd. 24th, Turkeyfoot Lake G. Links, Akron, Ohio.
O. John Schmidt, Kansas City, Mo., 270-yd. 5th, Minor Park, Kansas City, Mo.
Jerry Schott, Cincinnati, Ohio, 296-yd. 14th, California G.C., Cincinnati, Ohio.
Gary W. Scott, Henderson, Ky., 254-yd. 8th, Henderson Municipal G.Cse., Henderson, Ky.
Vernon Scott, Florence, Ky., 279-yd. 1st (red), Kenton County G.Cse., Independence, Ky.
Rick Shilling, Orrville, Ohio, 287-yd. 5th, Ridgetop G.Cse., Medina, Ohio.
Jerry Shockley, Galax, Va., 285-yd. 17th, Galax C.C., Galax, Va.
Larry J. Shoemaker, New Castle, Ind., 258-yd. 16th, American Legion G.Cse., New Castle, Ind.
Mike Sinay, Massillon, Ohio, 274-yd. 21st, Elms C.C., Massillon, Ohio.
Gerry D. Skinner, Columbus AFB, Miss., 280-yd. 13th, Columbus AFB G.Cse., Columbus, Miss.
Tom Sowecke, Sandusky, Ohio, 278-yd. 5th, Thunderbird Hills, Huron, Ohio.
Bob Stevens, Knoxville, Tenn., 301-yd. 13th, Dead Horse Lake G.C., Knoxville, Tenn.
Curt Strasheim, Granite Falls, Minn., 290-yd. 6th, Granite Falls C.C., Granite Falls, Minn.
Howard G. Stultz, Roanoke, Va., 272-yd. 9th, Blue Hills G.Corp., Roanoke, Va.
Rendall C. Symonds, Palatka, Fla., 290-yd. 13th, Palatka Municipal G.Cse., Palatka, Fla.
Jon Talotta, Pittsburgh, Pa., 265-yd. 6th, Schenley Park G.C., Pittsburgh, Pa.
Mike Tennant, Moundsville, W.Va., 280-yd. 7th, Double Dam G.C., Claysville, Pa.
Mark T. Thompson, Westminster, Colo., 300-yd. 11th, Willis Case G.Cse., Denver, Colo.
Len Travagline Jr., Newtown, Pa., 260-yd. 6th, Yardley G.C., Yardley, Pa.
Edward D. Truhan, Flint, Mich., 298-yd. 12th, Torrey Pines C.C., Fenton, Mich.
Jack Turner, Jonesboro, Ind., 350-yd. 16th, Walnut Creek G.Cse., Upland, Ind.
Douglas Vogelson, Charles City, Iowa, 251-yd. 4th, Towne C.C., Edgerton, Wis.
W. E. (Bill) Wallace, Carlsbad, N.M., 267-yd. 15th, Lake Carlsbad G.C., Carlsbad, N.M.
Clint Wallman, Pullman, Wash., 316-yd. 8th, WSU G.Cse., College Station, Wash.
Raymond L. Walters, Toledo, Ohio, 320-yd. 2nd, Kauai Surf G.Cse., Lihue, Hawaii.
Brian Ward, Adrian, Mich., 269-yd. 4th, Woodlawn G.C., Adrian, Mich.
Jim Wilcox, Kansas City, Mo., 300-yd. 12th, Liberty Hill C.C., Liberty, Mo.
Oscar Wilkie, Grove, Okla., 295-yd. 3rd, Cedar Valley G.C., Guthrie, Okla.
Paul Williams, Grants Pass, Ore., 266-yd. 12th, Grants Pass G.C., Grants Pass, Ore.
James Michael Willis, Zion, Ill., 275-yd. 5th, VAMC North Chicago, North Chicago, Ill.
Ron Willmowitz, Davenport, Iowa, 308-yd. 4th, Emis G.C., Davenport, Iowa.
Thomas Wright, New Paltz, N.Y., 318-yd. 6th, Mohonk G.Cse., New Paltz, N.Y.
Dan Yelkin, Britton, S.D., 275-yd. 4th, Britton C.C., Britton, S.D.
Frank Young, St. Charles, Mo., 250-yd. 14th, St. Andrews G.C., St. Charles, Mo.

WOMEN

Aces on par-4 holes (211 yards or more)

Cathy Everett, Williamston, N.C., 245-yd. 16th, Roanoke C.C., Williamston, N.C.
Joan Gray, Syracuse, Ind., 240-yd. 8th, South Shore G.C., Syracuse, Ind.
Mary Previte, Melrose, Mass., 282-yd. 11th, Mt. Hood Municipal G.C., Melrose, Mass.
Diane Prunty, Olathe, Kan., 236-yd. 2nd, Lakeside Hills G.C., Olathe, Kan.

CHAPTER 16

1983 HOLES-IN-ONE

Includes holes-in-one made in 1983 before Oct. 1; listed alphabetically within states; those with more than one hole-in-one listed only once.

1983 HOLES-IN-ONE

ALABAMA

Nellie Aldridge, Florence G.&C.C., Florence
Willis B. Anderson, Ft. Rucker G.C., Daleville
Joe Arrington, Franklin Canyon G.C., Rodeo
J. C. Ashbee, St. Andrews, Mobile
William T. Ashley, The Montgomery C.C., Montgomery
Sue Askin, Glades C.C., Naples
Jesse Autery, Prattville C.C., Prattville
Steve Autrey, Lagoon Park G.C., Montgomery
Ralph Averitt, Gulf Pines, Mobile
Todd Bailey, Tuscaloosa C.C., Tuscaloosa
Ray Barley, Point Mallard, Decatur
Marty Barnes, McFarland Park G.C., Florence
Benny Barnett, Perdido Bay Inn & Resort, Pensacola
Claude Barnett, Isle Dauphin C.C., Dauphine Island
A. B. Bartoli, Isle Dauphin C.C., Dauphine Island
Coker Barton, Sr., Vestavia C.C., Birmingham
Gerald D. Barton, Lake Forst C.C., Daphne
John Beasley, Coosa Pines C.C., Childersburg
Glenn L. Bass, Redstone Arsenal G.C., Huntsville
Casper Bell, Stoneybrook, Jacksonville
Richard D. Bergeron, Bonnie Crest C.C., Montgomery
Leroy G. Beyer, Redstone Arsenal G.C., Huntsville
C. L. "Pete" Birdsong, Birmingham C.C. East, Birmingham
Marion Bishop, Bonnie Crest C.C., Montgomery
Bill Blenkinsopp, Muscle Shoals Heritage Golf, Muscle Shoals
Robert Block Vestavia C.C., Birmingham
Paul D. Boostrom, Chace Lake C.C., Birmingham
Ray Boothe, Indian Bayou G.&C.C., Destin
George Bottoms, Indian Pines, Auburn
Thomas M. Boulware III, Sea Island G.C., St. Simons Island
Charles E. Bounds, Gulf Pines, Mobile
Ed Boyer, Indian Pines, Auburn
Flip Bradley, Trojan Oaks G.C., Troy
Jim Branche, Shoal Creek, Birmingham
K. Michael Brandon, Indian Pines, Auburn
William E. Brasseale, Ft. McClellan G.C., Ft. McClellan
Bert Brown, Redstone Arsenal G.C., Huntsville
Sandra Brown, Ft. McDlellan G.C., Ft. McClellan
Curtis Brummitt, Florence G.&C.C., Florence
Dale Burgess, Walden Lake, Plant City
Carol Burgett, Zamora G.C., Birmingham
Cecil Butler, Joe Wheeler State park, Rogersville
William E. Byrd, Willow Point C.C., Alexander City
Charles A. Cantrell, Mountain View Gallaway Gardens, Pine Mountain
Kenneth A. Carr, Cullman G.C., Hanceville
Wallace R. Carr, Azalea City G.C., Mobile
W. O'Neil Carr, Greenville C.C., Greenville
Del Carter, Gulf Shores G.C., Gulf Shores
Jim Carter, Skyline C.C., Mobile
J. Wayne Champion, Carriage Hills G.C., Pensacola
Cecil Chandler, Decatur C.C., Decatur
Norfleete L. Chenoweth, The C.C. of Birmingham, Birmingham
Charles H. Clark, Redstone Arsenal G.C., Huntsville
Shirley Clark, Ft. McClellan G.C., Ft. McClellan
George Clay, Lakewood G.C., Point Clear
Lorene Crutchfield, Enterprise C.C., Enterprise
James L. Cunningham, Jetport G.C., Huntsville

Jim Davidson, Woodward C.C., Bessemer
Alexander E. Curry, Ft. Rucker, Ft. Rucker
Jack Davis, Gulf Pines, Mobile
Robert Davis, St. Andrews C.C., Mobile
Steve Davis, Calloway Gardens, Pine Mountain
Jason DeBerry, Inverness C.C., Birmingham
Irene Dees, Lake Forst Y.&C.C., Daphne
Ed Derrick, Huntsville C.C., Huntsville
Alan Dorn, Saugahatchee, Opelika
Emanuel Dotch, Azalea City G.C., Mobile
Bob Dothard, Stillwaters Resort, Dadeville
Joseph R. Dothard, Still Waters Resort, Dadeville
Gus T. Dove, Gulf Pines G.C., Mobile
Aubrey S. Drummond, Huntsville C.C., Huntsville
Lane C. Dugger, Indian Pines G.C., Auburn
Charles Dunlap, Point Mallard, Decatur
Martha B. Edmiston, Ft. McClellan G.C., Ft. McClellan
Leslie Edwards, Anniston C.C., Anniston
Larin A. Elledge, Jetport G.C., Huntsville
Lucille Ellis, Anniston C.C., Anniston
Stan Emanuel, Prichard Municipal G.C., Prichard
Earl F. Evans, Muscle shoals Meritage G.C., Muscle Shoals
Willard Evans, Eufaula C.C., Eufaula
Jim Farrell, Indian Oaks C.C., Anniston
Raymond Feltman, Point Mallard G.C., Decatur
Jim Findlater, Lakewood G.C., Phoenix City
Brian Firpo, Decatur C.C., Decatur
Charlie Florence, Point Mallard G.C., Decatur
Joseph E. Flynt, Redstone Arsenal G.C., Huntsville
Ben Franklin, Bonnie Crest C.C., Montgomery
Gary Freeman, Jr., Gadsden C.C., Gadsden
Reed Friar, Florence G.&C.C., Florence
Kyle Gantt, Pin Oaks G.C., Auburn
Rob Garner, Bonnie Crest C.C., Montgomery
Roy F. "Bud" Gaskin, Lakepoint Resort G.C., Eufaula
Jerry R. George, Gulf Pines G.C., Mobile
Joe Gill, Azalea City G.C., Mobile
Jerry D. Gipson, Point Mallard G.C., Decatur
Walter Goldade, Elmendorf G.C., Elmendorf A.F.B.
Eddie Goodwin, Lake Guntersville State Park, Guntersville
Pope Gordon, Cypresstree G.C., Montgomery
Harry H. Gorman, Huntsville C.C., Huntsville
Randy Gothart, Sawgrass, Ponte Vedra Beach
Gene Green, Stoney Brook G.C., Jacksonville
Dick Griffin, Harry Pritchett G.C., Tuscaloosa
Hiram Griffin, Bonnie Crest C.C., Montgomery
Walter Griffin, Gadsen C.C., Gadsen
Mike Grimmer, Ozark C.C., Ozark
William J. Grove, Jr., Cypress Tree G.C., Maxwell A.F.B.
William Leo Guthrie, Lakeside, Oakman
Raymond O. Guy, Jr., Coosa Pines C.C., Childersburg
Joseph T. Haklar, Monrovia G.C., Huntsville
Clyde B. Hale, Huntsville C.C., Huntsville
Howie Hall, McFarland Park G.C., Florence
Wilson Harrell, Enterprise C.C., Enterprise
Mark Hartzog, Signal Hill G.C., Panama City
J. C. Haynes, McFarland Park G.C., Florence
H. Don Hays, Tuscaloosa C.C., Tuscaloosa
Cooper Hazelrig, Shoal Creek, Shoal
Holman Head, Montgomery C.C., Montgomery
Ted Hellums, Woodland Forest C.C., Tuscaloosa
Tommy Hill, Azalea City G.C., Mobile

1983 HOLES-IN-ONE

Willie Hill, Gulf Pines G.C., Mobile
J. Frank Hixon, Lagoon Park, Montgomery
C. H. House, Birmingham C.C., Birmingham
Charlie Howard, Green Valley C.C., Birmingham
John Howell, Shoal Creek G.C., Shoal Creek
Benny Humphryes, Woodward C.C., Bessemer
Harry G. Hurd, Monrovia G.C., Huntsville
Billy L. Hydrick, Bonnie Crest C.C., Montgomery
Dick Imms, Riverchase C.C., Birmingham
Tommy Israel, Haleyville C.C., Haleyville
John Jinks, Pin Oaks G.C., Auburn
H. L. Johnson, Green Isle C.C., Bessemer
Hubert Johnson, Gulf Pines G.C., Mobile
J. Wallace Johnson, Green Valley Golf & Rec. Center, Jakin
Thad Johnson, Still Waters Resort, Dadeville
Harold E. Jones, Harry Pritchett G.C., Tuscaloosa
Johnny L. Jones, Lagoon Park, Montgomery
Ken W. Jones, Valley Hill C.C., Huntsville
Robert A. Jones, Redstone Arsenal G.C., Huntsville
Becky Jones, Woodward C.C., Bessemer
Lowell Jordan, Anniston Municipal, Anniston
John A. Kent, Boxahatchee C.C., Caiera
George E. Kinball, Woodland Forest C.C., Tuscaloosa
Jack E. King, Anniston C.C., Anniston
Pete Kirkland, Point Mallard G.C., Decatur
Katie Knepp, North River Y.C., Tuscaloosa
Carl Knight, Deer Run, Moulton
Tommy Knight, Stoneybrook G.C., Jacksonville
Owen A. Koch, Ft. Rucker G.C., Ft. Rucker
Andrew J. Kosan, Dothan C.C., Dothan
Nathan Kraselsky, Dothan C.C., Dothan
Jeff Kurkjian, Harry Pritchett G.C., Tuscaloosa
Jim Lacey, Grayson Valley C.C., Birmingham
Jim Lacey, Grayson Valley C.C., Birmingham
Woody Lamar, Montgomery C.C., Montgomery
Darrel V. Lambert, Saugahatchee C.C., Opelika
Ken Langston, Haleyville C.C., Haleyville
Jimmy Lanza, Lake Guntersville State Park, Guntersville
Ralph R. Lawrence, Greenville C.C., Greenville
William Lee IV, Deer Run, Moulton
James T. Lindsey, Florence C.C., Florence
Todd Lindsey, Cullman G.C., Cullman
Gary L. Lisle, Pineside G.C., Ft. Benning
Randy Loftin, Redstone Arsenal G.C., Huntsville
Tim Loggins, Opp C.C., Opp
Sandra Long, Albertville G.&C.C., Albertville
Fernando Lopez, Olympia Spa & C.C., Dothan
William S. Love, Deer Run, Moulton
James N. Lunsford, Jr., Enterprise C.C., Enterprise
Amos L. Malone, McFarland Park G.C., Florence
Larry L. Malone, Driftwood G.&C.C., Bayou La Batre
Howard Manning, Cypress Tree G.C., Maxwell A.F.B.
John P. Marshall, Jackson County G.C., Hurley
Max E. Massengill, Huntsville Municipal, Huntsville
H. Danny McCarthy, Lake Forest, Daphne
James E. McClary, Jr., Athens C.C., Athens
Woodrow J. McDonald, Lake Forest, Daphne
Frances McElveen, Terri Pines C.C., Cullman
Stephen McGhee, Pin Oaks G.C., Auburn
Johnnie McGuire, Coosa Pines C.C., Childersburg
Tim Meadows, Lagoon Park, Montgomery
Mary Nell Miller, Stillwaters Resort, Dadeville

A. E. Mills, Lakepoint Resort G.C., Eufaula
Martin Mills, Grayson Valley C.C., Birmingham
H. Donald Mims, Jr., Green Valley C.C., Birmingham
James O'neal Mitchell, Point Mallard G.C., Decatur
Matt Mitchell, Eufaula C.C., Eufaula
Maxwell Moody Jr., Wintergreen G.C., Wintergreen
Jerry Wayne Moore, Attalla C.C., Attalla
Robert W. Moore, Twin Lakes G.C., Arab
Theo Moreland, Meritage, Muscle Shoals
Jackie Morgan, Indian Oaks C.C., Anniston
Cecelia A. Moskal, Arrowhead C.C., Montgomery
Robert L. Nabors, Huntsville Municipal, Huntsville
Martin Navor Jr., Redstone Arsenal G.C., Huntsville
H. E. Neal III, Meritage G.C., Muscle Shoals
Richard H. Nelson, Skyline C.C., Mobile
W. P. Bo Nelson, Don A. Hawkins, Birmingham
Francis Earl Newbill, Prichard Municipal G.C., Prichard
Vann Newman, Albertville G.&C.C., Albertville
Kerry R. Nivens, Buxahatchee C.C., Calera
Al Noel, McFarland Park G.C., Florence
John P. O'Connor, Bonnie Crest C.C., Montgomery
Edward R. Pascoe, C.C. of Birmingham, Birmingham
J. W. Patterson. C.C. of Tuscaloosa, Tuscaloosa
Sam Patton, Opp Alabama G.C., Opp
Keith Peavy, Vanity Fair Golf & Tennis Club, Monroeville
Ronald Pennington, Maxwell A.F.B., Montgomery
Jack Phelps, Valley Hill C.C., Huntsville
Brian Phillips, Attalla C.C., Attalla
Robert W. Phillips, Valley Hill C.C., Huntsville
Bob Pickett, Woodward C.C., Bessemer
Bill Pintar, Chace Lake C.C., Birmingham
James T.Pons, Eglin A.F.B., Niceville
Jim Pope, North River Yacht Club, Tuscaloosa
Dottie Preuss, Lakewood G.C., Point Clear
William A. Priest, Westavia C.C., Birmingham
J. E. Raines, Evergreen G.C., Evergreen
Cindy Ray, Cherokee C.C., Centre
Dennis A. Reaves, Anniston Municipal, Anniston
Mrs. Josiah F. Reed, Jr., Montgomery C.C., Montgomery
F. Baker Riddle, Selma C.C., Selma
Smokey Rigdon, Bonnie Crest C.C., Montgomery
Ray Rikard, Florence G.&C.C., Florence
Ernie Ritchie, Azalea City G.C., Mobile
John D. Rives, Birmingham C.C., Birmingham
Joseph W. Robichaud, Burningtree C.C., Decatur
Mike Rochester, Grayson Valley C.C., Birmingham
John Routledge, Riverchase C.C., Birmingham
Harold S. Royster, Sr., Bonnie Crest C.C., Montgomery
Andrew V. Santangini, Maxwell A.F.B., Montgomery
Ted Sartin, Shoal Creek, Shoal Creek
T. R. Saunders, Sr., Cypress Tree G.C., Maxwell A.F.B.
Kirk W. Scarcliff, Gulf Pines G.C., Mobile
Charles R. Schaeffer, Lakepoint Resort State Park, Eufaula
Bob Schoenmeyer, Burning Tree C.C., Decatur
Michael J. Scott, Skyline C.C., Mobile
Derrell Sctoggins, Turtle Point, Killen
Jim H. Seay. Montgomery C.C., Montgomery
David M. Self, Stoney Brook G.C., Jacksonville
Billy J. Sherrill, Redstone Arsenal G.C., Huntsville
Ed Shetter, Indian Oaks C.C., Anniston
Don Shirey, Sr., Desota C.C., Ft. Payne
Walt Simons, North River Yacht Club, Tuscaloosa

1983 HOLES-IN-ONE

Danny Singleton, Cherokee C.C., Centre
Ed Smith, Redstone Arsenal G.C., Huntsville
Myles K. Smith, Quail Walk C.C., Wetumpka
Rushton Smith, Isle Dauphine C.C., Dauphin Island
Robert N. Smoot, Riverside C.C., Lanett
Douglas R. Spann, Enterprise C.C., Enterprise
Paul Alan Spann, Acadian Hills C.C., Lafayette
Mark B. Stein, Prattville C.C., Prattville
Donald H. Stephenson, Muscle Shoals Meritage G.C., Muscle Shoals
Ernest T. Stevens, Lake Buena Vista, Lake Buena Vista
Keith Stimpson, Indian Pines C.C., Auburn
Riley Stokes, Enterprise C.C., Enterprise
Mike Straughn, St. Andrews C.C., Mobile
James P. Streetman, Grayson Valley C.C., Birmingham
William A. Sullivan, Olympia Spa, Dothan
S. J. Summers, Gulf State Park, Gulf Shores
Bradford Sutton, Green Valley C.C., Birmingham
Larry Sylvester, Anniston C.C., Anniston
Jim Tanner, Highlands C.C., Highlands
C. D. Tatum, North River Yacht Club, Tuscaloosa
Gordon Taylor, Willow Point G.&C.C., Alexander City
Herb Taylor, Gulf Shores G.C., Gulf Shores
R. L. Taylor, Eufaula C.C., Eufaula
George W. Thompson, Jr., Montgomery C.C., Montgomery
Hugh Thompson, Willow Point G.&C.C., Alexander City
George G. Tillery, Ft. Rucker G.C., Ft. Rucker
Harry T. Toulmin, Lake Forest Y.&C.C., Daphne
L. E. Townsend, Pikeville C.C., Guin
Clayton Travis, McFarland Park G.C., Florence
David A. Trevino, Redstone Arsenal G.C., Huntsville
J. Ed Turbeville, Gulf Shores G.C., Gulf Shores
Kay Turner, Diamondhead Circle C.C., Bay St. Louis
John R. Uhrin, Oak Mountain State Park G.C., Pelham
Robert S. Vance, Magnolia, Lake Buena Vista
Mike Virzino, C.C. of Tuscaloosa, Tuscaloosa
Alan Walker, McFarland Park G.C., Florence
Richard S. Walker, Cypress Tree, Montgomery
Paul I. Wallace, Elba C.C., Elba
Louis Watson, Gulf Pines G.C., Mobile
Tom Weaver, Montgomery C.C., Montgomery
Billy Wells, Swlma C.C., Selma
Terry Wheat, Seascape, Destin
Porter White, C.C. of Tuscaloosa, Tuscaloosa
Lloyd A. Wilbanks, Holiday G.C., Panama City Beach
John Wilks III, Decatur C.C., Decatur
Charles Williamson, Willow Point G.&C.C., Alexander City
Chris Williamson, Harry Pritchet G.C., Tuscaloosa
Henry Williford, Saugahatchee C.C., Opelika
Frank B. Wilson, Huntsville C.C., Huntsville
John C. Wilson, Gulf Pines G.C., Mobile
Merrel E. Wilson, Rolling Hills C.C., Montgomery
Kevin M. Winkelman, Huntsville Municipal G.C., Huntsville
Marian S. Wismer, Ft. McClellan G.C., Ft. McClellan
Irrie Wordlaw, Cypress Tree G.C., Montgomery
Dolph Worthy, Club Yamasi, Tallassee
Fred F. Wright, Jr., Coosa Pines C.C., Childersburg
Herschel Wright, McFarland Park G.C., Florence
Eric S. Yance, Lake Forest G.&Y.C., Daphne
Mike Zinn, Anniston Municipal G.C., Anniston

ALASKA

William J. Benton, Moose Run G.C., Anchorage
Bill Besser, Moose Run G.C., Anchorage
Glen S. Campbell, Rolling Hills, Bremerton
Pat Davis, Keauhou-Kona G.C., Kailua-Kona
Al Fry, Pine Lakes International C.C., Mrytle Beach
Christopher A. Goff, Elmendorf A.F.B., Anchorage
Duane H. Henson, Royal Kaanapali G.C., Lahaina
Walter Ney Jacobi, Jr., Indian Palms C.C., Indio
Millie Larson, Waikoloa Vallage G.C., Wailoloa
Chuck Ward, Crooked Stick G.C., Carmel

ARIZONA

Larry Abeyta, Randolph South, Tucson
Roma Acton, Continental G.C., Scottsdale
Helen L. Adams, Phoenician G.C., Phoenix
Tom Adelson, Pinnacle Peak C.C., Scottsdale
Dr. John Aiello, Arizona C.C., Phoenix
John Aiells, Arizona C.C., Phoenix
Libby Akers, Camelback G.C., Scottsdale
Mary Albert, Quail Run G.C., Sun City
Herbert L. Albro, Sun City's South G.C, Sun City
D.W. Aldridge, Fountain of the Sun, Mesa
Helen Alexander, Pebble Brook G.C., Sun City West
John Allen, Jr., Riverview, Sun City
G.M. Alston, Lakes West, Sun City
Tom Amacher, Tempe Municipal G.C., Tempe
Joseph R. Andrews, 49ers C.C., Tucson
Roger Andrews, Camelback G.C., Scottsdale
Bonnie Andrews, 49ers C.C., Tucson
Jesus Arias, Casa Grande Municipal G.C., Casa Grande
Julius Arnold, Desert Hills G.C., Green Valley
Rick Bacon, Encanto Park G.C., Phoenix
Charles F. Bagdonas, Desert Hills G.C., Green Valley
Chuck Bailey, Phoenician G.C., Phoenix
Joseph G. Baillet, Sun City North G.C., Sun City
John Bain, Casa Grande Municipal G.C., Casa Grande
Don F. Baker, Mission Lakes C.C., Desert Hot Springs
Gary L. Baker, Bellair C.C., Glendale
George R. Baker, Antelope Hills G.C., Prescott
George F. Bammert, Williams A.F.B. G.C., Williams A.F.B.
Milton Barker, Antelope Hills, Prescott
Philip H. Barmore, Sun City's North Course, Sun City
James E. Barrington, Dobson Ranch G.C., Mesa
Ray Bartlett, Pebblebrook G.C., Sun City West
Michael Bate, Ahwatukee Lakes C.C., Phoenix
Joe Beavers, Phoenician G. & Racquet C., Phoenix
Moe Becker, Hillcrest G.C., Sun City West
Jack Becklean, Riverview, Sun City
Carl A. Beers, Moon Valley C.C., Phoenix
John J. Baunoch, Glen Lakes Municipal G.C., Glendale
Edaline Bauserman, Lakes East G.C., Sun City
Pat Bayly, Pinetop Lakes C.C., Pinetop
Clarence H. Behn, Phoenix C.C., Phoenix
William R. Benge, Encanto Park, Phoenix
William Bennett, Wigwam C.C., Litchfield Park
Irving Bergeson, Willow Creek G.C., Sun City
Lloyd Bergman, Tucson National G.C. & Estates, Tucson
Ellen Besse, Camelback G.C., Scottsdale
Thomas A. Bishop, Continental G.C., Scottsdale
Paul V.Blair, Haven G.C., Green Valley

1983 HOLES-IN-ONE

Don Blanford, Mt. View G.C., Mesa
Frederick W. Bloomfield, Leisure World C.C., Mesa
Mary E. Blue, Casa Grande Municipal G.C., Casa Grande
Catherine Boettcher, Leisure World, Mesa
William E. Bogan, Nemadji G.C., Superior
George Bognar, Royal Palms G.C., Mesa
John E. Bold, The C.C. of Green Valley, Green Valley
Richard Bollinger, Beaver Creek G.&C.C., Lake Montezuma
Ester M. Borgal, Quail Run G.C., Sun City
Wyatt Botkin, Randolph Park, Tucson
Faith Boulware, Willowcreek G.C., Sun City
Lew Bove, Continental G.C., Scottsdale
John C. "Jack" Bowie, Quail Run G.C., Sun City
Jerry Bradshaw, Fordyce C.C., Fordyce
Merle P. Braley, Lakes East G.C., Sun City
Hubert Brand, General William Blanchard G.C., Tucson
Alice Breck, Tucson C.C., Tucson
Harry Breckenridge, Camelot G.C., Mesa
Harold Brimmer, Royal Palms G.C., Mesa
Russell C. Brinker, Lakes East, Sun City
Rod Britain, Gold Canyon Ranch C.C., Apache Junction
Bill Brock, Union Hills C.C., Sun City
Ben Brooks, Arizona C.C., Phoenix
Fred Brower, Royal Palms G.C., Mesa
Rick Brown, McCormick Ranch, Scottsdale
Bud Browne, Desert Sands G.C., Mesa
Gib Bruns, Ahwatukee C.C., Phoenix
F.H. Buckmaster, Golden Hills, Mesa
Henry L. Bumgardner, Willowbrook Executive G.C., Sun City
Robert R. Burkhalter, Desert Forest G.C., Carefree
Bob Burns, 49'er C.C., Tucson
M. Lois H. Burrell, Gen. William Blanchard G.C., Tucson
Hale C. Burrus, Dorado C.C., Tucson
Vern Bybee, Wigwam C.C., Litchfield Park
William Caan, Papago Park G.C., Phoenix
Craig W. Camb, Apache Wells C.C., Mesa
Lee Campagne, Ft. Lewis G.C., Ft. Lewis
Wm. "Rusty" Campbell, Cottonwood C.C., Sun Lakes
Paul E. Cannon, Villa Depaz, Phoenix
Carlo A. Cardella, Dreamland Villa, Mesa
Keith T. Carlton, Arizona City G.C., Arizona City
John C. Carmody, Royal Palms G.C., Mesa
Kenneth F. Carpenter, Teugega C.C., Rome
Betty L. Carter, Sun City Lakes West, Sun City
Jim Carter, The Los Angeles C.C., Mesa
Leslie C. Caston, Pinewood C.C., Munds Park
Pete Chase, Evergreen G.C., Scottsdale
Lawrence Chavez, Payson G.C., Payson
Al Childress, Arizona Biltmore C.C., Phoenix
Alphus R. Christensen, Randolph South G.C., Tucson
Madalyn M. Christian, The C.C. of Green Valley, Green Valley
George O. Christie, Camelot C.C., Mesa
Howard Cisne, Apache Wells, Mesa
Joe Cistaro, Stone Bridge G.C., Lake Havasu City
Shirley Clark, Phoenician G. & Racquet C., Scottsdale
Ben Clayton, Goodyear G.&C.C., Litchfield Park
Sonny Clifton, Makaha Resort, Makaha
William Coffel, Dobson Ranch, Mesa
Lee Cohn, Las Vegas C.C., Las Vegas
Joan Colgan, Antelope Hills G.C., Prescott

Dick Collins, Papago Municipal G.C., Phoenix
F.W. Collins, Desert Sands G.&C.C., Mesa
H. Mable Collins, Union Hills C.C., Sun City
R.P. Collins, Gen. William Blanchard G.C., Tucson
Virginia Collins, Fairfield Continental C.C., Flagstaff
Darla Cook, Continental G.C., Scottsdale
Harley E. Cook, Ahwatukee Lakes, Phoenix
John H. Cook, Lakes West G.C., Sun City
John H. Cook, Willowbrook G.C., Sun City
William J. Cook, Leisure World C.C., Mesa
Steven A. Cool, Dobson Ranch, Mesa
Phyllis K. Coombs, Oak Creek C.C., Sedona
T. J. Cooney, Lakes East G.C., Sun City
Russell Cole, Oro Valley C.C., Tucson
Bill Cooper, Williams A.F.B. G.C., Williams A.F.B.
Harold Cooper, Village of Oak Creek, Sedona
Al Corral, Jr., Camelback G.C., Scottsdale
Mark Corrie, Cottonwood G.C., Sun Lakes
Grace Corroll, Leisure World C.C., Mesa
Ron Cosner, Maryvale G.C., Phoenix
Jane Crabb, The Boulders, Carefree
Mikki Crandall, Oakcreek C.C., Sedona
David E. Crawford, Jr., Evergreen G.C., Scottsdale
Loren R. Croft, Dave White G.C., Casa Grande
Bob Cronan, 49'er C.C., Tucson
Peter Crosby, Randolph Municipal G.C., Tucson
Austin Croushorn, Antelope Hills, Prescott
Phil Croyle, Thunderbird C.C., Phoenix
John P. Cull, Douglas G.C., Douglas
Kenneth Curry, Mesa C.C., Mesa
Nathan H. Cutler, Haven G.C., Green Valley
Leonard R. Cuttler, Pima C.C., Scottsdale
George D. Dalhover, Continental G.C., Scottsdale
Don Dallas, Pima C.C., Scottsdale
Betty Dannenfelser, Paradise Valley Park G.C., Phoenix
Gregory D. D'Antonio, Skyline C.C., Tucson
Jean Darby, Goodyear G.&C.C., Litchfield Park
Boyd Dass, Encanto G.C., Phoenix
Jane Davidson, Ahwatukee C.C., Phoenix
Reuben Davidson, Encanto Park G.C., Phoenix
Roy Dauble, Sun City's Willow Creek, Sun City
Roger Davis, Mesa C.C., Mesa
Scott Davis, Fairfield Continental C.C., Flagstaff
Allan R. Debolt, Orange Tree G.C., Scottsdale
Robert J. Deepy, White Mountain C.C., Pinetop
Robert L. Dempenolf, Glen Canyon G.&C.C., Page
Paul A. Denham, Douglas C.C., Douglas
Jack Dentinger, Cottonwood C.C., Sun Lakes
William B. Derrick, Willowbrook Executive G.C., Sun City
Bob Dews, Oakcreek C.C., Sedona
Robert C. Dews, Oakcreek C.C., Sedona
Doug Deye, San Morcos G.C., Chandler
Barney Dezak, Willowbrook Executive G.C., Sun City
E. D. Dickles, Sun City Lakes West, Sun City
Pat Dobrinski, Arizona Biltmore C.C., Phoenix
Jack Dodson, Rio Rico C.C., Nogales
Ed Dolovy, Maryvale G.C., Phoenix
Joseph Domitrovits, Arizona Biltmore C.C., Phoenix
Albe Doolan, El Conquistador G.C., Tucson
William E. Dosch, Lakes East G.C., Sun City
Ed Dougherty, Encanto Park G.C., Phoenix
Gene Downing, Quail Run, Sun City
John J. Drago, Sun City, Sun City

369

1983 HOLES-IN-ONE

Ed Duckwall, Casa Grande Municipal, Casa Grande
Ernest Duckworth, Sun City's Willowbrook G.C., Sun City
J. E. Dudding, Pine Wood, Munds Park
Bob Duncan, Sierra Estrella G.C., Goodyear
Dick Dunlap, Showboat C.C., Las Vegas
John F. Dunn, Sun City C.C., Sun City
Hal H. Dunning, Davis Monthan A.F.B. G.C., Tucson
Charles I. Dunscombe, Encanto Park G.C., Phoenix
Shirley M. Durben, Rolling Hills G.C., Tempe
Irene Dwyer, Golden Hills C.C., Mesa
Virgil E. Eisenmann, Desert Hills, Yuma
Wade H. Eldridge, Willowcreek G.C., Sun City
Louis F. Elias, Lakes East Executive G.C., Sun City
Richard Ellison, McCormick Ranch, Scottsdale
Joseph English, Papago G.C., Phoenix
Fred Enriquez, Silverbell G.C., Tucson
Joseph A. Escarcega, Pueblo del Sol, Sierra Vista
Bill Evans, Tomahawk Hills G.C., Jamestown
Donald E. Eveland, Dobson Ranch, Mesa
Ruth Faircloth, Hillcrest G.C., Sun City West
Maurice Farrar, Goodyear G.&C.C., Litchfield Park
George Fehrenkamp, Oro Valley C.C., Tucson
Earl Field, Union Hills C.C., Sun City
Clarence "Red" Finch, Beaver Creek G.&C.C., Lake Montezuma
J. F. "Jack" Fisher, Gen. William Blanchard G.C., Tucson
Erling J. Fjetland, Dobson Ranch G.C., Mesa
Mike Flournoy, Fairfield Continental C.C., Flagstaff
George W. Formo, San Manuel G.C., San Manuel
O. K. Fossum, Sierra Estrella G.C., Goodyear
Doris Foster, Randolph South Municipal G.C., Tucson
Bill Fox, Skyline C.C., Tucson
E. Pete Francesconi, C.C. of Green Valley, Green Valley
Joe Frank, Lakes East G.C., Sun City
Dan C. Frank, 49'er C.C., Tucson
Helen C. Frederick, Pinewood C.C., Munds Park
Roger Fredrich, Maryvale G.C., Phoenix
Glenn Free, Ahwatukee Lakes C.C., Phoenix
Warren French, Quail Run G.C., Sun City
A. G. Fruedenburg, Village of Oakcreek Assoc., Sedona
Vicky L. Frew, Leisure World C.C., Mesa
Casey Fritschi, Willowcreek C.C., Sun City
Walter J. Frost, Leisure World C.C., Mesa
John A. Frye, Sun City C.C., Sun City
Charlene A. Gadomski, Phoenician G.C., Phoenix
Alice M. Gagnon, Tempe G.C., Tempe
Gene Gallardo, Thunderbird C.C., Phoenix
Gilbert Gallegos, Payson C.C., Payson
Robert H. Galloy, Sun City's North Course, Sun City
Grover Galvin, The Boulders G.C., Carefree
Ted Garing, Pebblebrook G.C., Sun City West
Joe Geis, San Marcos C.C., Chandler
Arthur L. George, Gen. William Blanchard G.C., Davis-Monthan A.F.B.
Hoot Gibson, Arizona Biltmore, Phoenix
Lloyd J. Graham, Stardust Executive G.C., Sun City West
Margaret G. Granado, Randolph Municipal G.C., Tucson
Dorothy Grathwohl, Desert Sands, Mesa
Frank S. Gray, Lakes West G.C., Sun City
Jane Gray, Sun City Riverview G.C., Sun City
Jeffrey Gray, Ahwatukee Lakes, Phoenix
Jesse F. Gray, Encanto, Phoenix
Ruby Green, Francisco Grande Resort, Casa Grande
Dorothy J. Greenlee, Sun City C.C., Sun City

Edward Grenard, Oakcreek C.C., Sedona
Lt. Dennis J. Grimes, Williams A.F.B. G.C. Chandler
Paul Guerin, Jr., Continental G.C., Scottsdale
Lee Gruhlke, Kingman Municipal G.C., Kingman
James Guaclides, Camelback G.C., Scottsdale
Ted A. Guire, Rio Verde C.C., Rio Verde
Meryle D. Hall, Ahwatukee Lakes C.C., Phoenix
Tom Halter, Arizona C.C., Phoenix
Paul Halves, Port Ludlow G.C., Port Ludlow
Larry Hammond, Arthur Pack Desert G.C., Tucson
Vincent C. Hammar, Antelope Hills C.C., Prescott
Larry Rammond, Pinetop Lakes C.C., Pinetop
Skip Hancock, Arizona C.C., Phoenix
Ronald Hanson, Antelope Hills G.C., Prescott
Tim Harden, Encanto Park G.C., Phoenix
Elaine Hardin, Arthur Pack Desert G.C., Tucson
Jack Harenberg, Sun City C.C., Sun City
Bill Hargis, Riverview G.C., Sun City
Mickey Harr, Tempe Municipal G.C., Tempe
William F. Harrell, Kino Springs C.C., Nogales
Melvin G. Harris, Camelot G.C., Mesa
Amanda Harrison, Forrest City C.C., Forrest City
Linn B. Hart, London Bridge G.C., Lake Havasu
Erna Hartig, Ahwathkee Lakes C.C., Phoenix
Bobbie Hartson, White Mountain C.C., Pinetop
Robert A. Haskell, Prescott C.C., Prescott
John H. Haugh, Pebble Beach C.C., Pebble Beach
Nancy R. Hawkins, Tubac Valley C.C., Tubac
William J. Hayes, Kingman G.C., Kingman
Doris E. Haynes. Palmbrook C.C., Sun City
Terry Haynes, Mesa C.C., Mesa
Jean Hejna, Pinewood C.C., Pinewood
Dan Henderson, Encanto Park G.C., Phoenix
Rick Heppler, Desert Forest G.C., Carefree
Art Hernandez, El Rio G.C., Tucson
Cecil Hernandez, Orange Tree G.C., Scottsdale
Ed Heuring, Williams A.F.B. G.C., Williams A.F.B.
Robert R. Hicks, Union Hills C.C., Sun City
William Hill, Moon Valley C.C., Phoenix
Al Hjortaas, Boulders G.C., Carefree
Jerry Hoastman, Arthur Pack G.C., Tucson
Paul Hoel, Sun City's North Course, Sun City
June Hoffman, Sun City's Willow Creek, Sun City
Alton J. Hofstad, Lakes East, Sun City
John J. Holahan, Desert Hills, Green Valley
Jim Hornbake, Arizona C.C., Phoenix
Earl House, Union Hills C.C., Sun City
Jerry Hoyt, Goodyear G.&C.C., Litchfield Park
Alex Hubbard, Pima C.C., Scottsdale
Paul Hubbard, Village of Oakcreek, Sedona
Jim Hudson, Cottonwood C.C., Sun Lakes
Lyle R. Huffman, Wigwam C.C., Litchfield Park
L. M. Hughes, Sunland Village, Mesa
Robert Humboldt, Union Hills C.C., Sun City
Al Hummel, Lakes East G.C., Sun City
Ruth Ihde, Palmbrook C.C., Sun City
Georg L. Jackson, Mesa C.C., Mesa
Chris K. Jaco, Williams A.F.B., G.C., Williams A.F.B.
Albert Jacobberger, Lakes East G.C., Sun City
David Edward Jacome, Randolph South, Tucson
Dennis C. Jans, Sun City Lakes G.C., Sun City
Derk Janssen, Santa Barbara Community, Santa Barbara
Joseph B. Jarvis, Antelope Hills, Prescott
Rich Jeremiah, Rolling Hills G.C., Tempe

1983 HOLES-IN-ONE

Bernard W. Jewell, Pinetop C.C., Pinetop
Douglas E. Johnson, El Rio Municipal G.C., Tucson
Edward H. Johnson, Arizona C.C., Phoenix
Harold B. Johnson, Sun City's Lakes East G.C., Sun City
John A. Johnson, Ahwatukee Lakes, Phoenix
Scott Johnson, Royal Palms, Mesa
R. Wesley Johnson, Lakes East G.C., Sun City
Carl Johnston, Shalimar G.C., Tempe
Darrick Michael Jones, Continental G.C., Scottsdale
Fred H. Jones, Lakes East G.C., Sun City
Robert Berian Jones, Phoenician G.C., Scottsdale
Bob Jorquer, Arizona C.C., Phoenix
Lynne M. Jose, Santa Rita C.C., Tucson
Bob Jungels, Fountain of The Sun, Mesa
William J. Kane, Randolph G.C., Tucson
Orrin H. Kastning, Lakes West G.C., Sun City
Kay Kaul, Lakes West, Sun City
Frank T. Keating, Riverview G.C., Sun City
Maurice G. Keefe, Continental G.C., Scottsdale
Alva Keesal, Pinetop C.C.C, Pinetop
Betty Mae Keildsen, Oakcreek C.C., Sedona
Elizabeth Kelleher, Haven G.C., Green Valley
Merl F. Kemp, Encanto G.C., Phoenix
Jack W. Kendall, Lakes East G.C., Sun City
Sherrod H. Kendall, Fountain of the Sun, Mesa
Beverly Kennedy, Pinetop Lakes C.C., Pinetop
Tom Kennedy, Williams A.F.B., Williams A.F.B.
William M. Keresey, Riverview G.C., Sun City
Pauline Kerley, Arizona Biltmore C.C., Phoenix
T. F. "Tom" Kernan, Antelope Hills G.C., Prescott
George Kershaw, Sun City's Willowbrook G.C., Sun City
John Kimmey, El Rio C.C., Tucson
Jean Kindred, Lakes West G.C., Sun City
George Y. King, Lakes East G.C., Sun City
Larry King, Blythe Municipal G.C., Blythe
C. B. Klene, Papago Municipal G.C., Phoenix
Lewis Kliefoth, Willowbrook G.C., Sun City
George G. Knepple, Leisure World G.C., Mesa
John Knight, Mt. Graham G.C., Safford
Nick Kokinis, Lakes East G.C., Sun City
Steve P. Kosnik, Gen. William Blanchard G.C., Tucson
Richard A. Kovach, Moon Valley C.C., Phoenix
Fritz Kraemer, Fountain of the Sun, Mesa
Harold E. Kriekard, Sun City C.C., Sun City
Gil M. Krislock, Royal Palms G.C., Mesa
John H. Kruger, Fountain of the Sun G.C., Mesa
Bill Kulesh, Goodyear G.&C.C., Litchfield Park
Joseph W. Lacotta, Ft. Huachuca G.C., Ft. Huachuca
Robert Landa, Ahwatukee C.C., Phoenix
George W. Lang, Dos Lagos G.C., Anthony
George H. Larue, Oakcreek C.C., Sedona
Elnora Lary, Waikoloa Village, Kamuela
Richard Lasher, Orange Tree G.C., Scottsdale
Milton C. Laturno, Sun City North, Sun City
K. C. "Tony" Layman, Willowbrook Executive G.C., Sun City
Maurice Lazarus, Orange Tree G.C., Scottsdale
Bob Leff, Skyline C.C., Tucson
Don M. Legate, Beaver Creek C.C., Lake Montezuma
Jim Leinenkugel, Arizona Biltmore G.C., Phoenix
Maxine Letts, Willowbrook C.C., Sun City
Jack E. Lindell, Oak Creek C.C., Sedona
Joe R. Lindley, Tempe G.C., Tempe
Samuel Lindsey, Fountain Hills G.C., Fountain Hills
George C. Link, Sun City Lakes West, Sun City
Juanita A. Lipton, El Caro, Phoenix
Ray Lizarraga, El Rio G.C., Tucson
Teddy Lloyd, Desert Hills Municipal G.C., Yuma
H. Wayne Lockard, Royal Palms G.C., Mesa
William R. "Bill" Loffer, Sun City's North Course, Sun City
John B. Long, Arizona C.C., Phoenix
Mickey Long, Ahwatukee C.C., Phoenix
Wallace H. Long, El Rio Municipal G.C., Tucson
Robert Loos, Arizona C.C., Phoenix
Frank R. Lopez, Gen. William Blanchard G.C., Tucson
Lester Lorvig, Encanto Park G.C., Phoenix
Peter L. Lostocco, Sun City North Course, Sun City
William M. Lowden, Caspel G.C., Caspel
Mariryl D. Lucey, Oro Valley C.C., Tucson
Ben Ludwig, Randolph Municipal North, Tucson
David G. Lujan, Ft. Huachuca G.C., Ft. Huachuca
Al Lundy, Willowbrook Executive G.C., Sun City
Henry W. Luhr, Sun City's Lakes East G.C., Sun City
Jim Lynch, Hendricks County, Danville
Linda Machmer, Arizona C.C., Phoenix
Charles E. Maclane, Lakes West G.C., Sun City
Jack MacLaren, Williams A.F.B., Williams A.F.B.
Mary C. Macris, Riverview G.C., Sun City
Scott Macvicar, Payson G.C., Payson
Vincent J. Macvittie, Palmbrook C.C., Sun City
Joseph F. Mahala, Sun City North, Sun City
A. E. Mahannah, Oakcreek C.C., Sedona
Alex Mair, Golden Hills Golf Resort, Mesa
Lee Malmberg, Phoenician G.C., Scottsdale
Don Manning, Sun City South G.C., Sun City
Paul W. Martich, Riverview G.C., Sun City
Norman P. Martin, El Rio Municipal G.C., Tucson
Shirley L. Martin, Phoenix C.C., Phoenix
Clement Martone, Sun City's North Course, Sun City
Lorraine Master, Mesa C.C., Mesa
J. W. Matone, Sun City's North Course, Sun City
Dr. Harry P. Maxwell, Union Hills C.C., Sun City
Robert A. Mazzotti, Sr., El Conquistador C.C., Tucson
Dr. T. E. McCall, Arizona C.C., Phoenix
Dan McCarthy, Camelback C.C., Scottsdale
Ernest H. McCaughan, Union Hills G.C., Sun City
Bob L. McClara, Hanover C.C., Hanover
Shirley McClure, Moon Valley C.C., Phoenix
Dick McConnell, 49ers C.C., Tucson
Bill McGlone, Sun City Lakes East, Sun City
Kenneth McGovern, Showboat C.C., Henderson
Glenn McKechnie, Arizona City G.C., Arizona City
Katie McKenna, Willowcreek C.C., Sun City
Glenn E. McKenzie, Sierra Estrella G.C., Goodyear
J. R. McLaughlin, Pinnacle Peak C.C., Scottsdale
Pat McLaughlin, Tucson National G.C., Tucson
George McLoud, Maryvale G.C., Phoenix
Jack McMillan, Dos Rios G.&C.C., Gunnison
Richard S. McNeill, Pebblebrook G.C., Sun City West
John McNamara, London Bridge G.C., Lake Havasu City
Michael J. McWilliams, Desert Forest G.C., Carefree
Gabe Medress, Lakes East G.C., Sun City
Ed Mello, London Brodge G.C., Lake Havasu City
N. F. Speed Meyer, Mt. Graham G.C., Safford
Mike Michael, Quail Run, Sun City
Gert Miczek, Leisure World G.C., Mesa
Craig N. Miles, El Rio Municipal G.C., Tucson

371

1983 HOLES-IN-ONE

Charles T. Miller, Oro Valley C.C., Oro Valley
Mary Miller, Palmbrook C.C., Sun City
M. L. Miller, Tucson National G.C., Tucson
Leo J. Miller, Oakcreek C.C., Sedona
Charles N. Minshall, Sun City C.C., Sun City
Camille Mitchell, Phoenician G.C., Phoenix
Jon Mitchell, Randolph G.C., Tucson
Joyce Mitchell, Dixie Red Hills G.C., St. George
Mrs. Joseph A. Moller, Birnam Wood G.C., Santa Barbara
Addie Mollison, Haven G.C., Green Valley
David D. Mollison, Haven G.C., Green Valley
Ralph T. Monaco, Arizona Biltmore C.C., Phoenix
Cyril P. Monk, Sun City's North Course, Sun City
Chuck Monroe, Evergreen G.C., Scottsdale
Ruben G. Montalbo, Tempe Municipal, Tempe
Fred C. Mooney, Kingman Municipal G.C., Kingman
Floyd D. Moore, El Conquistador Resort, Tucson
Keith W. Moore, Fountain of the Sun, Mesa
Dr. Robert A. Moore, Leisure World G.C., Mesa
Clark Moots, Dobson Ranch, Mesa
John E. Mora, Whispering Palms, Rancho Santa Fe
Noah Moran, La Junta Municipal G.C., La Junta
Jim Moreno, Rio Roco G.&C.C., Rio Rico
James T. Morgan, Royal Palms G.C., Mesa
Lowell Morris, Pepperwood G.C., Tempe
Ted Mosier, Royal Palms G.C., Mesa
Fritz P. Mueller, Apache Wells C.C., Mesa
Pat Mullin, McCormick Ranch G.C., Scottsdale
W. E. Murray, Palmbrook C.C., Sun City
John Musta, Encanto G.C., Phoenix
Merlin D. Myer, Lakes East Executive G.C., Sun City
Robert C. Myers, Ft. Huachuca G.C., Sierra Vista
Greg Neely, Villa De Paz G.C., Phoenix
Cecil M. Nelson, Haven G.C., Green Valley
Howard L. Nelson, Randolph South Municipal G.C., Tucson
Roy P. Nelson, Sun City's North Course, Sun City
Vernon Nelson, Arizona Biltmore C.C., Phoenix
Guil Nergard, Encanto Park G.C., Phoenix
David S. Neroda, Sierra Estrella G.C., Goodyear
Michael W. Newton, Phoenix C.C., Phoenix
Gert Niczek, Leisure World G.C., Mesa
Steve Nile, Desert Forest G.C., Carefree
C. J. "Bud" Nisely, Apache Wells C.C., Mesa
Bob Noble, Ahwatukee C.C., Phoenix
Gerry North, Pinewood C.C., Munds Park
Bob Norton, Desert Hills G.C., Yuma
Bernard M. "Bud" O'Connor, Willowbrook C.C., Sun City
Mike O'Donnell, Phoenix C.C., Phoenix
Kurt Ohlrich, Randolph Municipal G.C., Tucson
Leon Okun, Sun City's Willowcreek G.C., Sun City
Albert G. Olsen, Fountain of the Sun, Mesa
Bob Olson, Arizona Biltmore C.C., Phoenix
Earl W. Olson, Lakes West, Sun City
E. W. Olson, Lakes East G.C., Sun City
Cak O'Neil, 49ers C.C., Tucson
Marc Orlowski, Thunderbird C.C., Phoenix
Harold W. Orndoff, Pinetop Lakes C.C., Pinetop
Donna Oswalt, Rolling Hills G.C., Tempe
W. Harold Otten, Sun City C.C., Sun City
Doris Otter, Leisure World C.C., Mesa
Robert Owen, Lakes East, Sun City
Marvin R. Paffenroth, Randolph South Municipal G.C., Tucson

Howard E. Page, Dobson Ranch G.C., Mesa
Jim Paglianti, Gen. William Blanchard G.C., Tucson
Arthur H. Pantle, Lakes East G.C., Sun City
Frank S. Parise, Jr., Arizona C.C., Phoenix
R. C. Parker, Ahwatukee C.C., Phoenix
Billy Parks, Maryvale Municipal G.C., Phoenix
Jay C. Parr, Pueblo Del Sol G.C., Sierra Vista
Donald P. Paquetts, Ahwatukee Lakes C.C., Phoenix
Frank Patterson, Goodyear G.&C.C., Litchfield Park
Jack Paul, Tempe Municipal, Tempe
Fred O. Paulsell, McCormick Ranch G.C., Scottsdale
Ed Pease, Lakes East, Sun City
Dale Perkins, Sierra Estrella G.C., Goodyear
Louanna Perry, Lakes East, Sun City
Becky Permutt, Sun City's Lakes East, Sun City
Wayne E. Peterson, Phoenician G.C., Phoenix
Glenn O. Peterson, Sun City's Lakes East, Sun City
Eugene D. Petheram, Quail Run Sun City, Sun City
Walter A. Petrowski, El Rio Municipal G.C., Tucson
James R. Phillip, Lakes West G.C., Sun City
Cora Phillips, Dobson Ranch G.C., Mesa
Will Pike, Maryvale G.C., Phoenix
George A. Pires, London Bridge G.C., Lake Havasu City
Gustave E. Pletz, Riverview G.C., Sun City
John R. Ploitan, McCormick's Ranch, Scottsdale
John Paul Poloni, Tempe Municipal G.C., Tempe
Cecil Pomeroy, White Mountain C.C., Pinetop
Frank Pond, Palmbrook C.C., Sun City
Peter Pope, Skyline C.C., Tucson
Ken Pottorff, Cottonwood, Sun Lakes
Gus Poulos, Maryvale G.C., Phoenix
Barry J. Poupore, Malone G.&C.C., Malone
Ty Powell, Antelope Hills C.C., Prescott
Ken Pribil, Phoenix C.C., Phoenix
John L. Pryde, Willowbrook Executive G.C., Sun City
Ernest C. Purcelli, Pinnacle Peak C.C., Scottsdale
Charles M. Pyfer, Union Hills C.C., Sun City
Helen L. Queisser, Phoenician G.C., Phoenix
Jeanette Queen, Maryvale G.C., Phoenix
Irene L. Quill, Sun City's Willowbrook Executive G.C., Sun City
Betty S. Rains, Gen. William Blanchard G.C., Tucson
Joe J. Rak, Tempe Municipal G.C., Tempe
Bob Ramming, Maryvale G.C., Phoenix
James N. Ratliff, Royal Palms G.C., Mesa
James W. Rawson, Riverview G.C., Sun City
Hadley Ray, Moon Valley C.C., Phoenix
Lorrie Recht, Briarwood C.C., Sun City West
Harry W. Redding, Union Hills C.C., Sun City
Rich Redel, Pueblo Del Sol G.C., Sierra Vista
Harry R. Reeder, Sun City's South Course, Sun City
Ruth Reeder, Quail Run G.C., Sun City
Pat Rehse, El Caro C.C., Phoenix
Jerry Regan, Continental G.C., Scottsdale
Charles Reichow, Sun City's South Course, Sun City
Gary R. Reid, Gen. William Blanchard G.C., Tucson
Lawrence N. Reilly, Rolling Hills C.C., Tempe
Wayne Reinhard, Arizona Biltmore G.C., Phoenix
John J. Reinhardt, Riverview G.C., Sun City
C. A. Reinker, Green Valley C.C., Green Valley
Robert G. Renfro, Tucson C.C., Tucson
Ken Reynolds, El Conquistador C.C., Tucson
Florence Ripe, Sun City C.C., Sun City
Clinton E. Ring, Oro Valley C.C., Tucson

1983 HOLES-IN-ONE

J. W Ritson, Randolph Valley G.C., Tucson
Herbert Rittgers, Lakes East G.C., Sun City
Donna Roberts, National Par 3, Lake Havasua City
Raynor E. Robertson, Gen. William Blanchard G.C., Tucson
William W. "Bill" Rodgers, Lakes East, Sun City
Carl W. Rollins, Sierra Estrella G.C., Goodyear
Vernon J. Rood, Davis-Monthan A.F.B. G.C., Tucson
Joseph W. Rose, Birnam Wood G.C., Santa Barbara
Kenn Rosek, Hillcrest G.C., Sun City
Gladys Rostenthal, Fountain of the Sun, Mesa
Frederick "Fred" Ross, Sun City's North Course, Sun City
Robert Ross, Willow Creek C.C., Sun City
Dwight Rowland, Union Hills C.C., Sun City
Ben Rubin, Moon Valley C.C., Phoenix
W. S. Rudel, Lakes East G.C., Sun City
Bob Rummage, Mesa C.C., Mesa
Patrick Ruppel, Pepperwood, Tempe
Andrew S. Rusevlyan, Sun City's Willowbrook G.C., Sun City
Robert V. Russell, Tempe Rolling Hills C.C., Tempe
Charles N. Russo, Hillcrest G.C., Sun City
Glenn L. Ruth, White Mountain C.C., Pinetop
Don Ryan, Moon Valley C.C., Phoenix
Dotha R. Ryan, Pinewood C.C., Munds Park
Eugene Ryan, Sun City's North Course, Sun City
Paul A. Rydin, Paradise Valley Park G.C., Phoenix

Brian Sandler, Mesa C.C., Mesa
Michael J. Saracco, Randolph North, Tucson
George Sandy, Haven G.C., Green Valley
Mark Savery, Papago G.C., Phoenix
Fred Savey, Lakes West, Sun City
Italo A. Scarpelli, Broadwater G.C., Biloxi
Fred Schaible, Woodridge G.C., Woodridge
Morton H. Scheier, Willowbrook C.C., Sun City
Norma Jeanne Schrader, Big Sky Montana G.C., Big Sky
George R. Schuett, Sun City Lakes West G.C., Sun City
William Schumm, 49er C.C., Tucson
Lawrence A. Schwartz, Papago Municipal G.C., Phoenix
Michael P. Scialo, Dobson Ranch G.C., Mesa
James Spare, Hame C.C., Green Valley
Lawrence C. Seavey, Willowbrook Executive G.C., Sun City
Joe Sellers, Antelope Hills G.C., Prescott
Adam C. Sellman, Willowcreek G.C., Sun City
Charles Serventi, Tucson National G.C., Tucson
David M. Shankland, Stardust G.C., Sun City West
Harold K. Sharp, Leisure World C.C., Mesa
Jewel Sharp, Leisure World C.C., Mesa
Douglas H. Sherer, Paradise Valley C.C., Paradise Valley
Earl E. Shew, Goodyear G.&C.C., Litchfield Park
Carl R. Shields, Gen. William Blanchard G.C., Tucson
Dale R. Shockley, Lakes East G.C., Sun City
Val D. Sidey, Sun Land Village G.C., Mesa
Ray Siegel, 49ers G.C., Tucson
Robert W. Sillery, Sun City's Willowcreek G.C., Sun City
Erwin Simon, Pebble Brook G.C., Sun City West
Roy Simpson, Moon Valley C.C., Phoenix
Ed Sims, Camelback G.C., Scottsdale
William L. Sirks, Dobson Ranch G.C., Mesa
Terry Skaggs, Continental G.C., Scottsdale
Bill Smith, Williams A.F.B. G.C., Williams A.F.B.
Cherokee Smith, Park City G.C., Park City
Clayton Smith, Camelback G.C., Scottsdale
Frank S. Smith, Oakcreek C.C., Sedona
Robert N. Smith, Goodyear G.&C.C., Litchfield
William P. Smith, Williams A.F.B. G.C., Chandler
Woody Smith, Skyline C.C., Tucson
Art Solheim, Arroyo Dunes Golf, Inc., Yuma
Isabel Soper, Lakes East, Sun City
Phil Soto, Silver Bell C.C., Tucson
Andrew J. Spano, Los Caballeros G.C., Wickenburg
Ed Speier, Lakes East Executive G.C., Sun City
James C. Sprague, Tubac Valley C.C., Tubac
Dominic Stabile, Dobson Ranch G.C., Mesa
Mary B. Stauffer, Lakes East G.C., Sun City
John J. Steed, Jr., Fountain Hills G.C., Fountain Hills
Gaines Steele, Pima C.C., Scottsdale
Gary Steele, Saddlebrook, Wesley Chapel
Harvey S. Steele, Desert Hills G.C., Green Valley
William Steele, Randolph South G.C., Tucson

Gordon Stevens, Gen. William Blanchard G.C., Tucson
Ralph B. Stevens, Riverview G.C., Sun City
Ruth B. Stevens, Sun City Lakes East, Sun City
Ernie J. Stewart, Sierra Estrella G.C., Goodyear
L. T. Story, Ahwatukee C.C., Phoenix
Roger G. Strand, Phoenix C.C., Phoenix
Paul E. Stuart, Sun City's North Course, Sun City
Lance Studer, Kino Springs C.C., Nogales
Alvin I. Sutton, Show Low C.C., Show Low
Robert C. Swaney, Lakes East G.C., Sun City
James C. Sweeney, Ahwatukee Lakes C.C., Phoenix
Ann Tabach, McCormick Ranch G.C., Scottsdale
Leo Tardiff, Pepperwood G.C., Tempe
Jean Taylor, Villa De Paz G.C., Phoenix
Nick Taylor, Payson G.C., Payson
Rose Taylor, Stardust G.C., Sun City West
Tobias Tekulue, Maryvale G.C., Phoenix
James C. Teter, Continental G.C., Scottsdale
Mel Thistle, Fountain of the Sun, Mesa
Gigi Thomas, Needles Municipal G.C., Needles
John A. Thomas, Riverview G.C., Sun City
Harry J. Thompson, Desert Hills G.C., Green Valley
J. D. Thompson, McCormick Ranch G.C., Scottsdale
Michael R. Thompson, Williams A.F.B. G.C., Williams A.F.B.
Roy H. Thompson, Kapalua Village, Kapalua
Sallie L. Thompson, Randolph South, Tucson
Harold E. Thumma, Phoenix C.C., Phoenix
Pat Tice, Arizona C.C., Phoenix
Peggy Tinkler, Golden Hills C.C., Mesa
Gary Torhjelm, Arizona Biltmore C.C., Phoenix
Robert F. Torson, Lakes East Executive G.C., Sun City
Philip D. Trevarrow, Fountain Hills G.C., Fountain Hills
Norm Understiller, Dobson Ranch G.C., Mesa
Richard G. Ungar, Phoenician G.C., Scottsdale
Noble L. Urdahl, Pepperwood G.C., Tempe
Warren Van Waning, Gen. William Blanchard G.C., Tucson
Ray Vento, Quail Run G.C., Sun City
John Ventittelli, Villa de Paz G.C., Phoenix
Peggy Jo Vines, Hillcrest G.C., Sun City West
Jack E. Wagner, Ahwatukee C.C., Tempe
Kurt E. Wagner, Stardust G.C., Sun City West
Stuart M. Wagner, Ft. Huachuca G.C., Ft. Huachuca
Sam Waldrip, Oakcreek C.C., Sedona

1983 HOLES-IN-ONE

John F. Walsh, Randolph Municipal South G.C., Tucson
Charles Geo. Walters, Rio Rico G.&C.C., Nogales
Grant S. Waltke, Randolph Park G.C., Tucson
Thomas R. Ward, Apache Wells C.C., Mesa
Harold L. Warner, Riverview G.C., Sun City
Joe Warner, Silverbell G.C., Tucson
Lois Warner, Loma Santa Fe, Salona Beach
Wanda Washington, Wigwam Gold, Litchfield Park
E. Lloyd Way, Golden Hills Golf Resort, Mesa
Ruth Weaver, Ojai Valley Inn and C.C., Ojai
Hank Weinberg, Ft. Huachuca G.C., Ft. Huachuca
Gloria Weisman, El Caro C.C., Phoenix
Denny Weiss, Sierra Estrella G.C., Goodyear
Rebecca Welker, Scottsdale C.C., Scottsdale
Robert "Bert" Wells, Stardust G.C., Sun City West
Maurice Wells, Riverview G.C., Sun City
Jeanne Wendt, Fountain of the Sun, Mesa
John L. Wescott, Pinetop Lakes G.&C.C., Pinetop
Jim Whalen, Village of Oak Creek, Sedona
Willard J. Whicker, Silverbell G.C., Tucson
David White, Camelback G.C., Scottsdale
Maynard W. Whitelaw, Leisure World G.C., Mesa
Whitey Whitelock, Oakcreek C.C., Sedona
Harry L. Whitmer, Show Low C.C., Show Low
Dorothy L. Wild, Riverview G.C., Sun City
Terry Wilde, Maryvale G.C., Phoenix
Harold B. Wilkinson, Sun City's North Course, Sun City
Bryon Williams, Silverbell Municipal G.C., Tucson
Jean S. Wilks, Diamondhead G.C., Hot Springs
Annette H. Wilson, Willowbrook G.C., Sun City
Homer Wilson, Royal Palms G.C., Mesa
O. K. Wilson, Union Hills C.C., Sun City
Raymond G. Wilson, Green Valley C.C., Green Valley
Dr. Tom Wilson, Pinnacle Peak C.C., Scottsdale
Lawrence H. Wineman, Riverview G.C., Sun City
John T. "Bud" Wingert, Villa de Paz G.C., Phoenix
Dr. Wayne F. Winn, Pebble Beach G.C., Pebble Beach
Carl O. Winters, Snow Flake Municipal G.C., Snowflake
Frank J. Wisler, Willow Creek G.C., Sun City
Bernie Wistrand, Willow Creek, Sun City
Bob Wittrock, Payson G.C., Payson
Herman Wolf, Desert Forest G.C., Carefree
Frank Wolford, Palmbrook C.C., Sun City
Robert E. "Bob" Wolin, Tucson C.C., Tucson
Dee V. Wresche, Maryvale G.C., Phoenix
Mrs. H. P. (Mary) Young, Palmbrook C.C., Sun City
Michael Zachar, Riverview G.C., Sun City
Pat Zangrilli, Haven G.C., Green Valley
William G. Zaruba, Moon Valley C.C., Phoenix
Mike Zuevella, Ahwatukee C.C., Phoenix

ARKANSAS

Larry Albritton, Hot Springs C.C., Hot Springs
Jerry Alexander, Hope C.C., Hope
Gerry Allday, Western Hills C.C., Little Rock
Joe Asta, Twin Lakes G.C., Mountain Home
Gerald Austin, Russellville C.C., Russellville
Elmer J. Berry, Longhills G.C., Benton
Robert Donald Bailey, Longhills G.C., Benton
Joe Berry, Ft. Smith C.C., Ft. Smith
Sarah Boone, Crowley Ridge C.C., Wynne
Jim Bounds, Camp Robinson Duffers Club, Little Rock
Sidney Bowman, Razorback Park G.C., Fayetteville

William L. Boyer, Williams A.F.B. G.C., Williams A.F.B.
Chip Brannan, Fayetteville C.C., Fayetteville
Mildred Brazeel, Warren C.C., Warren
Don Brown, Clarksville C.C., Clarksville
W. D. Brown, Pleasant Valley C.C., Little Rock
Victor Bulloch, Longhills G.C., Benton
Clyde Bunten, Berksdale Course, Bella Vista
Thomas R. Burnell, Little Rock A.F.B. G.C., Jacksonville
Don Burnett, Crowley Ridge C.C., Wynne
J. H. Burnside, Longhills G.C., Benton
Sherlyn Cale, Fayetteville C.C., Fayetteville
Sid Calloway, Jaycee Memorial G.C., Pinebluff
Martin W. Carr, Blytheville C.C., Blytheville
Jean Casey, Pleasant Valley C.C., Little Rock
W. C. Clark, Trumann C.C., Trumann
Jerry Clements, Sr., Meadowbrook C.C., West Memphis
Jerry Clements, Jr., Meadowbrook C.C., West Memphis
Ron Coble, Ft. Chaffee G.C., Barling
Kevin Cody, Longhills G.C., Benton
John Cole, Foxwood C.C., Jacksonville
Wanda Collis, Kingswood Course, Bella Vista
Frances Combrink, Kingswood Course, Bella Vista
Arthur Corley, Pleasant Valley C.C., Little Rock
Maxine Crane, Bella Vista C.C., Bella Vista
Robert J. Dacus, Searcy C.C., Searcy
Jerry Dane, El Prado, Chino
Wiley Dibble, Bella Vista C.C., Bella Vista
Darold Dimmel, Kingswood C.C., Bella Vista
John Dixon, Kingswood C.C., Bella Vista
Margie Dowe, Harrison C.C., Harrison
Jane Dudley, Blytheville C.C., Blytheville
Mark Duke, Longhills G.C., Benton
Bill Dunaway, Sr., Conway C.C., Conway
Paul Edward Dunn, Siloam Springs C.C., Siloam Springs
Edward F. Ebbert, Coronado, Hot Springs Village
Steve McElhanon, North Hills C.C., Sherwood
Jim Elliott, Searcy C.C., Searcy
Max English, Diamondhead C.C., Hot Springs
Clark Erickson, Kingswood C.C., Bella Vista
Mark Estes, Holiday Island C.C., Holiday Island
Dave Foster, Cherokee Village G.C., Cherokee Village
Emery Francis, Rosswood C.C., Pine Bluff
F. J. Frasor, Hot Springs C.C., Arlington Course, Hot Springs
Arnold Fredricksen, Cherokee Village C.C., Cherokee Village
Bart Freeman, Foxwood C.C., Jacksonville
Jack T. Fryer, Pleasant Valley C.C., Little Rock
P. "Marjorie" Gibbons, Cherokee Village North, Cherokee Village
Larry Giles, Hindman G.C., Little Rock
Harold Glover, Longhills G.C., Benton
Dorothy Goodman, Goodyear G.&C.C., Litchfield Park
C. L. Cordy, Rosswood C.C., Pine Bluff
Charles Gray, C.C. of Little Rock, Little Rock
Jack Gray, Kingswood C.C., Bella Vista
Paul E. Green, Bella Vista C.C., Bella Vista
B. Morgan Griffith, Paradise Valley G.C., Fayetteville
Edward E. Gross, Twin Lakes G.C., Mt. Home
James C. Guard, Blytheville C.C., Blytheville
Overton R. Harris, Siloam Springs C.C., Siloam Springs
Gene Hayes, Rolling Hills, C.C., Pocahontas
Nancy Hill, Pine Bluff C.C., Pine Bluff

1983 HOLES-IN-ONE

Bill Hinesly, Twin Lakes G.C., Mountain Home
Ed Hiserodt, Maumelle C.C., Maumelle
John Hogard, Meadowbrook C.C., West Memphis
Sidney W. Hollis, Hope C.C., Hope
Oscar K. Holman, Desoto G.C., Hot Springs Village
Danny Honey, Maumelle C.C., Little Rock
Randy Horton, Longhills G.C., Benton
Hilda Hudlin, Western Hills C.C., Little Rock
Alvin Huffman, Jr., Blytheville C.C., Blytheville
James W. Hunt, Palmetto Pines, Parrish
L. Morton Hutto, Little Rock A.F.B. G.C., Jacksonville
Bob Jackson, Meadowbrook C.C., West Memphis
Carter Jeffery, Jr., Batesville C.C., Batesville
William H. Jett, Maumelle C.C., Maumelle
Mike Johnson, River Heights G.C., DeKalb
Phillip Jones, Longhills G.C., Benton
Al Kappler, Bella Vista C.C., Bella Vista
J. R. Kelley, J. C. Municipal G.C., Pine Bluff
Gerald F. Knapp, Cherokee Village G.C., Cherokee Village
Gene Kroening, Berksdale Course, Bella Vista
Mitchell Lagrone, Prescott C.C., Prescott
Clayton Lamey, Conway C.C., Conway
Fred Laney, Razorback Park G.C., Fayetteville
Harry Lang, Belvedere C.C., Hot Springs
Nell D. Lanier, Forrest City C.C., Forrest City
DeForest M. Larson, Twin Lakes G.C., Mountain Home
Jack V. Leach, North Hills C.C., Sherwood
Dick Lee, Kingswood C.C., Bella Vista
Lonny Legrand, Ft. Smith C.C., Ft. Smith
Bob Littrell, Blytheville C.C., Blytheville
Jim Lorenz, Western Hills C.C., Little Rock
Robert Luber, Measowbrook C.C., West Memphis
John Maciaszek, Twin Lakes G.C., Mountain Home
Herb Mantooth, Western Hills C.C., Little Rock
Jim Massey, Searcy C.C., Searcy
Bob Matthews, Rosswood C.C., Pine Bluff
David McCauley, Belvedere C.C., Hot Springs
Betty McClain, Bella Vista C.C., Bella Vista
L. B. "Mac" McCullough, The Cortez Course, Hot Springs Village
Billy McKinney, Belvedere C.C., Hot Springs
Garland Melton, Fayetteville C.C., Fayetteville
Rusty Mendenall, South Haven C.C., Texarkana
Kenneth Miller, Ft. Smith C.C., Ft. Smith
J. W. Mockabee, Desoto C.C., Hot Springs Village
Erv Monnington, Berksdale Course, Bella Vista
Clifford Moore, Ft. Smith C.C., Ft. Smith
Bob Morris, Magnolia C.C., Magnolia
Howard Morris, Twin Lake G.C., Mountain Home
James L. Mullens, Jr., Thunderbird C.C., Heber Springs
Ruby A. Murphy, Fianna Hills C.C., Ft. Smith
Jim Murry, Forrest City C.C., Forrest City
Bill Newport, Siloam Springs C.C., Siloam Springs
James W. Newton, Hot Springs C.C., Hot Springs
James E. Nichols, Galloway G.C., Memphis
Peter Noto, Fair Park G.C., Little Rock
Charles E. O'Steen, Hope C.C., Hope
Charles L. Owen, Rebsamen Park G.C., Little Rock
Roland Parcel, Bella Vista C.C., Bella Vista
Dan Patterson, Bella Vista C.C., Bella Vista
David D. Patton, Red Apple Inn & C.C., Heber Springs
James A. Payne, Jr., Mountain Ranch G.C., Fairfield Bay
Tony Pelton, Longhills G.C., Benton

Bill Phillips, Village Creek G.C., Newport
L. B. Pixley, Western Hills C.C., Little Rock
Jim Poteet, North Hills C.C., Sherwood
Raymond T. Pryor, Belvedere C.C., Hot Springs
Tony Rinaudo, Magnolia C.C., Magnolia
Bob Radford, River Lawn C.C., Osceola
J. A. Rees, Rosswood C.C., Pine Bluff
Leslie L. Reid, Cedar River Club, Indian Lake
Norma H. Roberts, Tournament Player's Club, Ponte Vedra
Lusk Robinson, Razorback Park G.C., Fayetteville
Carroll Romine, Cherokee Village, Cherokee Village
Jack R. Rose, Quachita C.C., Mena
John Rose, Blytheville C.C., Blytheville
Ronnie Ruff, Diamond Hills C.C., Diamond City
George Rupprecht, Twin Lakes C.C., Mountain Home
George B. Ryland, Pine Bluff C.C., Pine Bluff
Vic Saig, Meadowbrook C.C., West Memphis
Maurice Sanders, Blytheville C.C., Blytheville
Ben Schlegel, Fayetteville C.C., Fayetteville
Eddie Scoggins, Meadowbrook C.C., West Memphis
James C. Scott, Desoto G.C., Hot Springs Village
Jess Setzler, Hindman G.C., Little Rock
Robert Shepard, Kingswood Course, Bella Vista
Hal Simon, Jaycee Memorial G.C., Pine Bluff
Roy H. Sims, Western Hills C.C., Little Rock
James M. Smith, Red Apple Inn C.C., Hober Springs
Ronald R. Smith, Holiday Island C.C., Holiday Island
Terry Smith, Rosswood C.C., Pine Bluff
Willard Smith, Little Rock A.F.B. G.C., Jacksonville
Clyde Spann, Longhills G.C., Benton
L. L. Stanton, Fayetteville C.C., Fayetteville
Oscar M. Stehlick, Carrol County C.C., Berryville
John Sugg, Fayetteville C.C., Fayetteville
C. S. Tai, Jaycee G.C., Pine Bluff
Clifton Tankersley, Ft. Chaffee G.C., Barling
Mike Tate, The Cortez Course, Hot Springs National Park
Bill Terwilliger, Meadowbrook C.C., West Memphis
Cecilia M. Thomey, Morrilton C.C., Morrilton
Barbara Toll, Bella Vists C.C., Bella Vista
Dick Torrence, Kingswood G.C., Bella Vista
Lonnie Tull. Longhills G.C., Benton
Ken Turner, Rosswood C.C., Pine Bluff
Roy C. Turner III, Maumelle C.C., Maumelle
Dean D. Urquhart, Dawn Hill G.&R.C., Siloam Springs
Jean Ussery, Pine Bluff C.C., Pine Bluff
Al Wagner, Diamond Hill G.&C.C., Diamond City
Cullus Z. Walker, Newport C.C., Newport
Ed Warner, Paradise Valley A.C., Fayetteville
Jeanne M. Warren, Pine Hills C.C., Smackover
Johnnie K. Wells, Searcy G.C., Searcy
Marvin Westfall, Kingswood Course, Bella Vista
Howard J. Wiechern, Jr., Pine Bluff C.C., Pine Bluff
R. L. Wilder, Longhills G.C., Benton
Larry J. Williams, Jaycee Memorial G.C., Pine Bluff
James H. Willis, Russellville C.C., Russellville
Tom Williams, North Hills C.C., Sherwood
Earl F. Wilson, Little Rock A.F.B., Jacksonville
Sissy Wolf, The Coronado Course, Hot Springs Village
Robert Womack, Fayetteville C.C., Fayetteville
Julian E. Woods, Rebsamen Park G.C., Little Rock
Bob Young, Maumelle C.C., Maumelle
Mark Young, North Hills C.C., Sherwood

1983 HOLES-IN-ONE

John W. Youngblood, Maumelle C.C., Maumelle

CALIFORNIA

Elinor Aaronson, Hillcrest C.C., Los Angeles
Luis Abad, Parkway G.C., Fremont
Frank Ablett, Corral De Tierra C.C., Salinas
John Acton, Glendora C.C., Glendora
Ed Adams, Lake Padden G.C., Bellingham
Jean M. Adams, Stanford University, Stanford
Jim Adams, Alta Vista C.C., Placentia
O. M. Adams, San Luis Rey Downs, Bonsall
Rayetta Adams, Forest Meadows G.C., Murphys
Dale Adamson, Sunnyvale Municipal, Sunnyvale
Ben Addiego, Mira Vista C.C., El Cerrito
Nancy Adel, Palm Desert Resort, Palm Desert
Lowell Adelson, Lake Merced G.&C.C., Daly City
Henry Adler, Napa Valley C.C., Napa
Herbert C. Aebersold, Angus Hills G.C., Auburn
Maurice Affleck, Lake Chabot G.C., Oakland
Lorne T. Aikens, Cathedral Canyon C.C., Palm Springs
Dick Albers, Bidwill Park G.C., Chico
Fred L. Albright, Sierra Sky Ranch, Oakhurst
Richard Alcartado, Bing Maloney, Sacramento
Ray Alcinic, Gilroy G.&C.C., Gilroy
Patricia L. Alden. Los Verdes G.C., Rancho Palos Verdes
William G. Aldrich, Villages G.&C.C., San Jose
Steve Aldridge, Stardust C.C., San Diego
Clem Alexander, Hacienda G.C., La Hadra
Hattie J. Allen, Seven Hills G.C., Hemet
Jackie Allen, Alameda G.C., Alameda
Jim Allen, Alma G.C., San Jose
Glenn R. Allison, Shadowridge C.C., Vista
Mrs. James Allroggen, Belmont C.C., Fresno
John A. Alonzo, Saugahatchee C.C., Opelika
Betty T. Alsberg, Sunset Hills G.C., Thousand Oaks
Clinton Alsop, Santa Teresa G.C., San Jose
Russell Alston, South Hills C.C., West Covina
Albert Alvarez, Montebello C.C., Montebello
Vincent Alvarez, Riverview G.C., Santa Ana
Junichi Amano, Half Moon Bay Golf Links, Half Moon Bay
Con Amar, Sun River G.C., Sun River
Jeff Amerson, Jackson Lake G.C., Lemoore
Brook Amman, Birch Hills G.C., Brea
Emmanuel M. Amores, Sharp Park G.C., Pacifica
Milton L. Amundson, Ft. Ord "Bayonet", Ft. Ord
Paul M. Angeich, Rolling Hills C.C., Rolling Hills Estates
Arthur J. Anderson, Alondra Park County G.C., Lawndale
Avis Anderson, Sun Valley G.C., La Mesa
Doug Anderson, Diablo Hills G.C., Walnut Creek
Gary Anderson, Skylinks G.C., Long Beach
Gene E. Anderson, Candlewood C.C., Whittier
Gerald S. Anderson, Tulare G.C., Tulare
Harold P. Anderson, Balckberry Farm G.C., Cupertinom
Jerry Andrews, Lomas Santa Fe C.C., Solana Beach
Joe Anderson, Jr., Sunset Whitney C.C., Rocklin
John M. Anderson, Rancho Del Ray, Atwater
Melvin A. Anderson, Kern Valley G.C., Kernville
Robert J. Andersons, Mt. St. Helena G.C., Calistoga
Scott G. Anderson, Oakmont C.C., Glendale
Hiroski Ando, Pleasant Hill G.&C.C., San Jose
Tommi Andre, El Camino C.C., Oceanside
Lucille Andreasen, Sun & Sky C.C., Barstow
Duard W. Andrews, Miramar Memorial G.C., Miramar

George R. Angell, San Diego C.C., Chula Vista
James H. Angell, Victoria C.C., Riverside
Bill Annand, Elkhorn C.C., Stockton
Anton J. Anthony, Los Coyotes C.C., Buena Park
Joyce Anthony, Los Coyotes C.C., Buena Park
Richard W. Anthony, Lomas Santa Fe C.C., Solana Beach
Robert Anuba, Ted Makalena G.C., Waipahu
George Aoki, Princeville Makai G.C., Hanalei
Craig Apatov, Knollwood G.C., Granada Hills
Pete Appel, Recreation Park G.C., Long Beach
Quin Apregan, San Joaquin C.C., Fresno
Jesse Arballo, Washington G.C., Los Angeles
James Arcuri, Los Alamitos C.C., Los Alamitos
Tony Arcure, Dryden Park G.C., Modesto
Koichiro Arita, Franklin Canyon G.C., Rodeo
Sally Aries, Stoneridge C.C., Poway
Carl R. Armstrong, Soule Park G.C., Ojai
Clair Armstrong, Meadow Lake C.C., Escondido
P. Howard Armstrong, Cherry Hills G.C., Sun City
David Arnold, Griffith Park G.C., Los Angeles
Keri Arnold, Oakdale C.C., Oakdale
Jack Arringdale, Victorville Municipal G.C., Victorville
Roy MacArthur, Willowick G.C., Santa Ana
Samuel Arvizu, Jr., Green Hills G.C., Millbrae
Julianne C. Ashmead, Rancho Bernardo Inn, San Diego
George S. Atanous, Los Verdes G.C., Rancho Palos Verdes
Andrew Atkinson, Rancho Verde G.C., Yuba City

William Atkinson, Alondra Park G.C., Lawndale
James R. Atwell, Crystal Springs G.C., Burlingame
Ed Atwood, Diablo Creek G.C., Concord
Dorothy Auger, Desert Island C.C., Rancho Mirage
Luke Augustson, Tulare G.C., Tulare
Ed Auls, La Mirada G.C., La Mirada
E. Laura Austin, Laguna Hills G.C., Laguna Hills
Bette Austreng, Desert Island C.C., Rancho Mirage
Joe Axton, Long Beach Navy Destroyer G.C., Cypress
Arthur H. Babin, Carmel Valley C.C., Carmel
Albert Backlund, Eureka Municipal G.C., Eureka
Henry N. Bacon, Boundry Oak G.C., Walnut Creek
Clarence E. Badgett, Ft. McPherson G.C., Ft. McPherson
Madge I. Badhatt, Old Ranch C.C., Seal Beach
Daniel Badovinac, Braemar C.C., Tarzana
Fred Baer, Churn Creek G.C., Redding
John G. Bagley, Blue Skies C.C., Yucca Valley
Kathy Bagley, Pasitempo G.C., Santa Cruz
H. L. "Roy" Bahruth, Shadow Ridge C.C., Vista
J. Blair Bailey, Singing Hills—Oak Glen G.C., El Cajon
James O. Bailey, Tahoe Paradise G.C., Tahoe Paradise
Kay Bailey, Diablo Hills C.C., Walnut Creek
Richard R. Bailey, Cresta Verda C.C., Corona
Roger Bailey, Atascadero Chalk Mt., Atascadero
Sue Bain, Santa Rosa C.C., Palm Desert
Robert W. Baird, San Juan Hills C.C., San Juan Capistrano
Francis S. Bajorin, Mather A.F.B. G.C., Sacramento
Bill Baker, Navy G.C., San Diego
Donald Baker, El Dorado G.C., Long Beach
Herbert C. Baker, Buenaventura G.C., Ventura
Robert Baker, Wilshire C.C., Los Angeles
Peter Balchinas, Sonoma National G.C., Boyes Hot Springs
Art Balcom, Fullerton G.C., Fullerton

376

1983 HOLES-IN-ONE

Michael J. Baldwin, Hobergs Forrest Lake G.C., Cobb
Art Ballantine, Desert Hills G.C., Yuma
Pat Balliet, Newport Beach G.C., Newport
Calvin D. Banks, Elkins Ranch G.C., Fillmore
Charles S. Banks, Green River G.C., Dorona
Nadine Barbera, Boulder Creek G.&C.C., Boulder Creek
Steven P. Barker, Birch Hill G.C., Brea
W. D. Barker, Muni G.C., Porterville
Bud Barlow, Huntington Sea Cliff C.C., Huntington Beach
Elmer S. Barna, Vista Valencia G.C., Valencia
Frank L. Barnes, Morro Bay G.C., Morro Bay
Neil Barnes, Cameron Park C.C., Cameron Park
Ray H. Barnes, Jr., Carmel Valley G.&C.C., Carmel
Sidney J. Barnett, Knollwood G.C., Granada Hills
Bob Barney, Willowbrook C.C., Lakeside
Randy Baron, Soule Park G.C., Ojai
Jack Barrett, Willowwick G.C., Santa Ana
Stephen P. Barrett, Palm Desert C.C., Palm Desert
Willard G. Barrett, Ontario National G.C., Ontario
Thomas M. Barrick, Santa Teresa G.C., San Jose
Donald S. Barrie, Diablo C.C., Diablo
Anise Bartell, Jack Clark Alameda Municipal G.C., Alameda
Herman Barthule, Almaden G.&C.C., San Jose
Alton W. Bartlett, H. G. Dad Miller G.C., Anaheim
Charles R. Bartley, Spy Glass H. G.C., Pebble Beach
Bill Baron, Aptos G.C., Aptos
Ethel Barr, El Caballero C.C., Tarzana
Stirling W. Bass, Jr., Miramar Memorial G.C., Miramar
Daniel J. Bassett, Sea-N-Air, Coronado
Fred Bates, Mililani G.C., Mililani
Sal Batres, Sr., Vanbuskirk Park G.C., Stockton
Ben Battaglia, Hill Country G.C., Morgan Hill
Frank H. Batten, Jr., Cypress Lakes G.C., Travis A.F.B.
Stephen Battleson, Pajaro Valley G.C., Watsonville
Al Bauer, Mesa Verde C.C., Costa Mesa
H. W. Bauer, Ojai Valley Inn & C.C., Ojai
Paul Bauer, Los Coyotes C.C., Buena Park
Pete Bauman, Lake Shastina Golf Resort, Lake Shastina
Billy F. Baumann, Elkins Ranch, Fillmore
Mary Baumann, Birch Hills G.C., Brea
James H. Baumgartner, Rancho San Joaquin G.C., Irvine
Maxine Baumstark, Torrey Pines, La Jolla
Paul C. Beal, Jr., Navy G.C., Cypress
J. William Beard, Miramar Memorial, San Diego
Virginia Beardsley, Victorville G.C., Victorville
Michael Beath, Mile Square G.C., Fountain Valley
Pat Beauchamp, Via Verde C.C., San Dimas
Edgar M. Beck, Escondido C.C., Escondido
Don Becker, Los Angeles C.C., Los Angeles
Stan Becker, Escondido C.C., Escondido
Louis J. Becking, Brookside #2 Course, Pasadena
David Bedford, Forest Lake G.C., Acampo
Gary Bee, Birch Hills G.C., Brea
James M. Beebout, Mather G.C., Sacramento
John Begines, Silver Lake C.C., Helendale
Nilene A. Belcher, Santa Maria C.C., Santa Maria
Bruce William Bell, Del Paso C.C., Sacramento
Howard Bell, Eisenhower G.C., Industry City
Ike Bell, Jr., Bina Maloney G.C., Sacramento
James Bell, Fresno Airways, Fresno
Jim Bell, Davis Municipal C.C., Davis
Lee R. Bell, Birch Hills G.C., Brea

Rocco Bellantoni, Valencia G.C., Valencia
Richard H. Bellin, Dryden Park, Modesto
J. S. Belond, Palm Desert C.C., Palm Desert
Mary H. Belser, Corral De Tierra C.C., Salinas
Douglas W. Belsheim, Sunset Hills C.C., Thousand Oaks
Betty Belsher, Apple Valley C.C., Apple Valley
Lee J. Beltrami, Bennett Valley G.C., Santa Rosa
Mike Benak, Kern City G.C., Bakersfield
Chester R. Bender, Vandenbarg A.F.B. G.C., Vandenberg A.F.B.
Henry Benedetti, Lake Chabot, Oakland
Joe Benegar, Sherwood Forest G.C., Sanger
George Bengston, La Contenta Lakes & C.C., Valley Springs
Ed Bennett, Sunnyvale Municipal, Sunnyvale
Francis J. Bennett, Montecito C.C., Santa Barbara
Thomas Bennett, San Dimas, San Dimas
Dean Bennetzen, Canyon Lake C.C., Canyon Lake
Todd Benson, Eureka Municipal G.C., Eureka
Jeanne Benton, Santa Barbara Community G.C., Santa Barbara
Elmer Bera, Dry Creek G.C., Galt
Ernest Bercut, Bennett Valley G.C., Santa Rosa
Charles Bargamo, Woodland Hills C.C., Woodland Hills
Chummy Berger, Palm Desert Greens C.C., Palm Desert
Jack Berger, Brookside G.C., Pasadena

Maryanne Bergstrom, Woodbridge G.&C.C., Woodbridge
Ralph Berke, Irvine Coast C.C., Newport Beach
Charles Bernard, Airways G.C., Fresno
Robert Berning, Jr., Simi Hills G.C., Simi
Carl Frederic Bernthal, Lake Shastina, Weed
Jim Berriatua, California G.C., S. San Francisco
David Berteaux, King City G.C., King City
Audrey Bess, Monterey C.C., Palm Desert
Bob Bessell, Los Amigos C.C., Downey
William Bevarez, San Bernardino G.C., San Bernardino
Al Beyer, Palo Alto Hills G.&C.C., Palo Alto
Bob Beyries, Sebastopol G.C., Sebastopol
Paul M. Bezanson, Fairchilds Bel Air Greens, Palm Springs
Frank Bianchi, Oakdale C.C., Oakdale
Emory Bianxhini, Woodbridge C.C., Woodbridge
Ellis F. Bignell, Silver Lakes C.C., Helendale
Milton Bilger, Fallbrook C.C., Fallbrook
Norman R. Bills, Santa Rosa G.&C.C., Santa Rosa
Ruby J. Bills, Riverside G.C., Fresno
Faye Bindrup. Nevada County G.C., Grass Valley
Herbert A. Binier, Braemar C.C., Tarzana
Agnes Bishop, Calabasas Park G.C., Calabasas
Betty A. Bisnette, Alta Vista G.C., Placentia
Kenneth Bisordi, Sierra Pines G.C., Twain Harte
Steve Bissett, Stanford G.C., Palo Alto
Bill Bizzell, Shadow Mt. G.C., Palm Desert
Jerry Bjork, Rainbow Canyon G.C., Temecula
Floyd H. Bjorklund, Kern City G.C., Bakersfield
Peter Bjursten, Peacock Gap, San Rafael
John Blackburn, Chalk Mt. G.C., Atascadero
Harold F. Blaine, Glendora C.C., Glendora
David C. Blake, Kaanapali G.C., Kaanapali Beach
Curt Blanchard, Hobergs Forest Lake G.C., Cobb
Tony Blas, Lake of the Pines C.C., Auburn
Al Blasi, Harding Park G.C., San Francisco
Kay Blaufuss, Silverado C.C., Napa

377

1983 HOLES-IN-ONE

Irene Bledsoe, El Camino C.C., Oceanside
Alvin D. Bleiberg, Whispering Palms C.C., Rancho Santa Fe
Clarence F. Block, El Cariso G.C., Slymar
Ted Blofsky, Jr., Pebble Beach G.C., Pebble Beach
Bruce Bloom, Makaha C.C., Waianae
Nate Blumenfeld, Marin C.C., Novato
Ted Blumenfeld, Brentwood C.C., Los Angeles
Harold S. Boardman, The Sea Bee G.C. of Port Hueneme, Port Hueneme
James Boates, Peacock Gap G.C., San Rafael
Bill Boatman, Los Robles G.C., Thousand Oaks
Jay Bobo, Riverside G.C., Fresno
Jay Bobo, Fresno West G.&C.C., Kerman
Mark A. Bodine, Santa Barbara Community G.C., Santa Barbara
B. Cedric Boeseke. S. B. Community G.C., Santa Barbara
Bill Bohland, Visalia C.C., Visalia
Dale Bohls, Newport Beach G.C., Newport Beach
Pat Bolter, San Juan Hills G.C., San Juan Capistrano
Elio Bonuccelli, Green Hills C.C., Millbrae
Joseph M. Boomer, Mira Vista C.C., El Cerrito
Robert L. Booz, Huntington Sea Cliff C.C., Huntington Beach
Bill Bopp, Palo Alto Municipal G.C., Palo Alto
Pinkie Borchart, Soule park G.C., Ojai
Albert Borchert, Bennett Valley G.C., Santa Rosa
Dr. Ross Borden, La Cumbre C.C., Santa Barbara
Robert S. Bordin, Lincoln Park G.C., San Francisco
John Borella, Bidwell Park G.C., Chico
Bill Borellis, Los Robles Greens G.C., Thousand Oaks
Manuel Borrayo, Community G.C., Santa Barbara
Dorine Bortmas, Dominguez G.C., Carson
Larry Bortolazzo, Montecito C.C., Santa Barbara
Byron Borton, Chaparral C.C., Palm Desert
Leone Borton, Chaparral C.C., Palm Desert
Mary Lou Bosley, Sea Pines G.C., Los Osos
Emmett Bossing, Birch Hills G.C., Brea
Kenneth Boulter, Sun City Center G.&C.C., Sun City Center
John J. Bourget, Rancho Park, Los Angeles
Randy Bowe, Green Valley C.C., Suisun
Robert K. Bowen, Boulder Creek G.&C.C., Boulder Creek
Andy Bower, Duke G.C., Durham
Lillian E. Bowers, Allen's G.C., Redding
Tracy R. Bowles, Rancho Maria G.C., Snata Maria
William L. Bowles, Los Alamitos, Los Alamitos
Roy Bowman, Boulder Creek G.&C.C., Boulder Creek
Jerry Boxberger, Los Posas C.C., Camarillo
Myrtle M. Boxter, Redwood Empire G.&C.C., Fortuna
Morris Boychuk, Cameron Park C.C., Cameron Park
Anson C. Boyd III, Del Paso C.C., Sacramento
Dona L. Boyd, Sequoia Woods G.&C.C., Arnold
John A. Boyden, Chester Washington, Los Angeles
Beverly Boyehuk, Cameron Park C.C., Cameron Park
Lauris Boyer, Soboba Springs C.C., San Jacinto
Ninah Boyer, Big Canyon G.C., Newport Beach
Russell H. Bradshaw, Weed G.C., Weed
Lloyd Braghetta, Van Buskirk Park G.C., Stockton
Anthony Brandon, Salinas G.&C.C., Salinas
Jerry Brandt, Brentwood C.C., Los Angeles
Jack Bransford, Bermuda Dunes C.C., Bermuda Dunes
Michael Brashear, Ancil Hoffman G.C., Carmichael
Travis Brasher, Industry Hills, City of Industry

Julio C. Brassesco, Cypress Hills G.C., Colnia
Betty Bratton, Spring Hills G.C., Watsonville
James Bray, Birch Hills, Brea
Margaret Bray, Peacock Gap G.&C.C., San Rafael
Brad Brazell, Cypress Lakes G.C., Travis A.F.B.
James C. Brechtbill, Seven Hills G.C., Hemet
Jerry Breeden, Plumas Pines G.C., Blairsden
Anne H. Brent, Torrey Pines-North, La Jolla
Michael A. Brick, Green River G.C., Corona
Vivian Bridge, Balboa Park G.C., San Diego
Gary R. Bright, Northstar G.C., Truckee
Leo J. Brislin, Palo Alto Municipal G.C., Palo Alto
Ian W. Brock, Rancho Maria G.C., Santa Maria
Charles V. Brockett, Calabasas Park C.C. Calabasas Park
George A. Brook, Palo Alto G.C., Palo Alto
Royal G. Brooke, Santa Rose G.&C.C., Santa Rosa
Susan Brooks, Gavilan G.C., Gilroy
Hank Brossier, Peacock Gap G.C., San Rafael
Ronald E. Brothers, Palos Verdes G.&.C.C., Palos Verdes Estates
Mayo Broussard, Los Robles Greens, Thousand Oaks
A. Jennings Brown, Coronado G.C., Coronado
Ben Brown, Singing Hills G.C., El Cajon
Bob Brown, North Kern G.C., Oildale
Clifford Brown, Canyon C.C., Palm Springs
Dorothy N. Brown, Carlton Oaks G.C., Santee
Eliot Brown, Harding G.C., Los Angeles
Eula Mae Brown, Victoria Club, Riverside
Gerald E. Brown, Sequoia Woods C.C., Arnold
John W. Brown, Jr., Navy G.C., San Diego
Joyce Brown, Silverado C.C., Napa
Keith L. Brown, Valencia G.C., Valencia
Millie Brown, Kings C.C., Hanford
Ralph D. Brown, La Jolla C.C., La Jolla
Robert M. Brown, Fairway Glen G.C., Santa Clara
Sue Brown, Oakmont C.C., Glendale
W. F. Brown, Costa Mesa Public G.C., Costa Mesa
Wayne Brown, El Rivino C.C., Riverside
Dick Browning, Montery Mobile C.C., Palm Desert
Les Browning, Imperial G.C., Brea
Beth Bruce, Lake Chabot G.C., Oakland
William T. Bruce, Village C.C., Lompoc
Sybil Bruland, Mission Hills C.C., Rancho Mirage
Donald C. Brummitt, Cottonwood at Rancho San Diego, El Cajon
Dick Brundin, Imperial G.C., Brea
Albino S. Bruno, Laguna Seca G.C., Monterey
Chuck Bruno, Whittier Narrows G.C., South San Gabriel
O. Vincent Bruno, San Jose C.C., San Jose
Christopher J. Bruns, Vandenberg A.F.B. G.C., Vandenberg A.F.B.
Charles Brunton, Pacific Grove Municipal, Pacific Grove
William M. Bryant, La Guna Seca, Monterey
Edward Bubar, Porter Valley C.C., Northridge
Richard M. Bucheister, Alta Vista G.C., Placentia
H. Buckles, Naval Postgraduate School G.C., Monterey
Pam Buckley, Los Altos G.&C.C., Los Altos
Eric Buckneberg, Canyon Crest C.C., Riverside
Randy Budihas, Huntington Seacliff C.C., Huntington Beach
Lou Buecher, Silverado C.C., Napa
Mark Buell, Peacock Gap, San Rafael
Vernon Buelteman. Vista Valley C.C., Vista
Jesse R. Bueno, The Los Angeles C.C., Los Angeles

378

1983 HOLES-IN-ONE

George T. Buljan, Ironwood C.C., Palm Desert
Danny Bull, Alameda, Jack Clark Course, Alameda
Walt B. Bumpass, Mountain View C.C., Corona
John G. Burroughs, The Villages G.&C.C., San Jose
Gary Burcell, Sebastopol G.C., Sebastopol
Harry J. Burcell, Sebastopol G.C., Sebastopol
Bobby Burdick, Little River Inn G.C., Little River
Gene Burdick, Sunol Valley, Sunol
Steve Burge, Downey Rio Hondo C.C., Downey
John Burich, Navajo Canyon G.C., San Diego
Alfio S. Burin, H. G. "Dad" Miller G.C., Anaheim
W. H. Burk, Santa Barbara Community, Santa Barbara
Donna Burke, Diamond Bar, Diamond Bar
Gary L. Burke, China Lake G.C., China Lake
Harold D. Burke, Keauhou-Kona, Kailua-Kona
Robert R. Burke, Alameda Municipal G.C., Alameda
F. E. "Buck" Burkett, Sunol Palm, Sunol
Calvin Burkhart, Sunol Valley G.C., Sunol
B. H. "Brick" Burks, Tularcitos G.&C.C., Milpitas
Kenard S. Burleson, Imperial G.C., Brea
Laurence Burnley, Glenbrook G.C., Glenbrook
Marjorie J. Burnett, Incline Village, Incline Village
Neal Burnett, Sunset Hills G.C., Thousand Oaks
Dan Burns, Santa Maria C.C., Santa Maria
Jim Burns, Davis G.C., Davis
Marvin Burns, La Cumbre G.&C.C., Santa Barbara
Orval Burns, Black Lake G.C., Nipomo
William J. Burns, Spytowntown G.C., Livermore
John J. Burri, Sierra La Verne, La Verne
John G. Burrill, Los Amigos C.C., Downey
Neil Burrous, Sierra G.C., Placerville
Bill Burtt, Haggin Oaks G.C., Sacramento
Donald K. Burzynski, El Prado G.C., Chino
Pauline F. Busch, Valley Club, Montecito
Jerry Buschini, California G.C., So. San Francisco
Irvin Busenitz, Vista Valencia, Valencia
Alfred K. Bush, Kaneohe Klipper Club, Kaneohe
Sid Busloff, La Costa C.C., Carlsbad
John R. Bussert, Ft. Ord G.C., Ft. Ord
David Bustos, Pebble Beach, Pebble Beach
Howard Buswell, Mountain Shadows No., Ropnert Park
J. W. Butler, Oak Tree C.C., Tehachapi
Jack Burt, Skywest G.C., Hayward
Jerry Butts, Riviera C.C., Pacific Palisades
F. A. Byrd, Royal Oaks C.C., Vancouver
Jack Byrd, Sierra G.C., Placerville
Robert E. Byrd, Torrey Pines G.C., La Jolla
Robert Byrne, Stoneridge C.C., Poway
Glenn Cadman, Van Buskirk Park G.C., Stockton
William N. Cagno, Sharp Park, Pacifica
Klement H. Cain, Pacific Grove G.C., Pacific Grove
John J. Calderon, Ojai Valley Inn, Ojai
Victor Calderon, Miramar Memorial G.C., San Diego
Robert J Caldwell, Needle Municipal G.C., Needle
James C. Callas, Rio Hondo C.C., Downey
Lowell Callaway, Dry Creek G.C., Galt
Hugh Calloway, Costa Mesa C.C., Costa Mesa
Frank Cali, Santa Teresa G.C., San Jose
Carrell Calliham, Willowick Municipal G.C., Santa Ana
Joretta Calvert, Blue Skies C.C., Yucca
Pilar E. Calzada, Dwight D. Eisenhower G.C.,
    City of Industry
Joseph Luis Camacho III, Cottonwood G.C., El Cajon
Pat Cameron, Coronado Municipal G.C., Coronado

Bill Campbell, Glendora C.C., Glendora
Donald N. Campbell, Rainbow Canyon G.R., Temecula
Esther E. Campbell, Azusa Greens G.C., Azusa
Wayne H. Campbell, El Plaza G.C., Visalia
William E. Campbell, Balboa Park Municipal G.C.,
    San Diego
Enrico J. Canepa, Mira Vista G.C., El Cerrito
Jim Cannon, Del Rio C.C., Brawley
Vern Cannon, Long Beach G.C., Cypress
Art Cano, Brookside #2, Pasadena
Edward L. Cartamout, Ponderosa G.C., Truckee
Lee Canterbury, Del Paso C.C., Sacramento
Milt Cantor, Mission Hills C.C., Rancho Mirage
Lazaro Cardenas, Plaza G.C., Visalia
Clarence Carder, Montebello C.C., Montebello
John Carhart, Walnut Creek G.C., Walnut Creek
Elsie Carli, California G.C., So. San Francisco
Jacquelyn Carlos, Wilshire C.C., Los Angeles
Carl Carlson, Harding Park-Fleming, San Francisco
Marvin Carlson, Incline Village-Tahow, Incline Village
Norman D. Carlson, Birch Hills G.C., Brea
Ed Carlton, Paradise Knolls, Riverside
Jim Carpenter, Plaza G.C., Visalia
Robert Caron, Diablo G.C., Concord
Alfred J. Carr, Chevy Chase C.C., Glendale
Ralph B. Carranza, Dry Creek G.C., Galt
Louis Carrasco, Santiago G.C., Orange
Joyce Carrier, Tucker Oaks G.C., Anderson
Pat Carriker, Canyon Lake C.C., Canyon Lake
Joe Carrion, Los Amigos G.C., Downey
Leslie H. Carroll. Bing Maloney G.C., Sacramento
Tom Carroll, Seboba Springs C.C., San Jacinto
Ray Carry, Paradise Knolls, Riverside
Betty Carter, Chula Vista Municipal G.C., Chula Vista
Bob Carter, Salinas G.&C.C., Salinas
Don Carter, Birch Hills G.C., Brea
Bruno Cartolina, Diamond Bar G.C., Diamond Bar
J. L. Carton, Diablo Hills G.C., Walnut Creek
John Cartoscelli, Plumas Lake G.&C.C., Marysville
Stuart Case, Hacienda G.C., La Haera
Clinton Cash, San Mateo G.C., San Mateo
Gil Casper, Canyon Hotel South, Palm Springs
Albert Cass, Costa Mesa G.C., Costa Mesa
Jim Cassingham, Lake Tahoe C.C., South Lake Tahoe
E. J. "Mike" Castaneda, Birch Hill G.C., Brea
Herman R. Castanon, Fallbrook C.C., Fallbrook
Octavio Castillo, Los Alamitos C.C., Los Alamitos
Bob Castle, Horse Thief C.C., Tehachapi
Richard F. Castling, DeAnza Palm Springs C.C.,
    Cathedral City
Heriberto Castro Jr., Camp Pendleton G.C., Oceanside
Ramon Castro, Paso Robles C.C., Paso Robles
Jacob J. Catchings, Tierra Del Sol, California City
Danilo E. Catindig, Whittier Narrows G.C., Rose Mead
John P. Cavaliaro, La Mirada G.C., La Mirada
Dean T. Cavanaugh, La Rinconada C.C., Los Gatos
Stephen E. Cavanaugh, Miramar Naval Air Station G.C.,
    San Diego
Chris Cavener, Miramar Memorial G.C., San Diego
Butch Cebula, Pamona National G.C., Walnut
James Cecka, Corral De Tierra C.C., Salinas
Edward M. Celaya, Sheppard A.F.B. G.C., Wichita Falls
Raffael J. Celestre, Makena G.C., Kihei Maui
Robert W. Celli, Lindale G.C., Sacramento

379

1983 HOLES-IN-ONE

Antonio Cerdejas, Sherwood Forest, Sanger
Roy J. Cerrito. La Rinconada C.C., Los Gatos
John J. Chaffin, Green River G.C., Corona
Arnold C. Chamberlin, Kern River C.C., Bakersfield
Chuck Chamberlain, Jurupa Hills G.C., Riverside
Dick Chamberlin, Sunnyvale Municipal G.C., Sunnyvale
Bob Chambers, San Bernardino G.C., San Bernardino
John Chambers, El Camino C.C., Oceanside
Joseph W. Chambers, Rancho Park G.C., Los Angeles
Linda Chambers, Kern River C.C., Bakersfield
Robert L. Champlin, La Mirada G.C., La Mirada
Ronald Chan, Cottonwood G.C., El Cajon
Sherman Chan, Blackberry Farm, Monte Vista
Len H. Chandler, Franklin D. Roosevelt G.C., Los Angeles
John W. Chang, Visalia C.C., Visalia
William M. Chapin, Glendora C.C., Glendora
Donald J. Chapman, Meadow Club, Fair Fax
Carman J. Chapman, Los Amigos G.C., Downey
Larry Chappell, Los Verdes G.C., Rancho Palos Verdes
Jesus Q. Charfauros, Navy G.C., San Diego
John H. Chaudoin, El Rancho Verde C.C., Rialto
Jerry Chealander, Merced G.&C.C., Merced
John C. Cheatham, Santa Barbara Community G.C., Santa Barbara
Earl Cheeseman, Rancho Del Ray G.C., Alwater
David Michan Cheren, Coronada G.C., Coronado
Keith A. Cheney, Sea 'N Air, San Diego
Frank L. Cherms, Sonoma Natural G.C., Sonoma
Harry A. Cherroff, Montebello C.C., Montebello
William L. D. Chetney, Red Hill C.C., Rancho Cucamonga
Fred Chew, Hayward Golf, Hayward
Frederick A. Chew III, Boulder Creek G.C., Boulder Creek
Ling Chew, Bing Maloney G.C., Sacramento
Richard Chiamparino, Kennedy Park Municipal G.C., Napa
Seiki Chiba, Mountain View C.C., Corona
James A. Childers, Sherwood Forest G.C., Sanger
Daeje Chin, Palo Alto Municipal G.C., Palo Alto
George T. M. Ching, Montebello C.C., Montebello
Don T. Chinn, Bayonet G.C., Ft. Ord
Bill Chisholm, Desert Horizons, Indian Wells
Amnuay Chitaphan, Santa Anita G.C., Arcadia
Woon-Hae Cho, Lowry G.C., Lowry A.F.B.
Young S. Choe, Wilson G.C., Los Angeles
Chun Deug Choo, Azusa Greens C.C., Azusa
Ernest Choukalos, Kern City G.C., Bakersfield
Donna Christ, Redwood Empire G.&C.C., Fortuna
George Christ, Redwood Empire G.&C.C., Fortuna
Russ Christian, Contra Costa C.C., Pleasant Hill
Fred Christensen, Babe Zaharias G.C., City of Industry
Chris Christenson, R.O. Speck Municipal G.C., Great Falls
Vivian W. Chrusty, Waikoloa Village Assoc., Waikoloa Village Sta.
Max Chudler, La Mirada G.C., La Mirada
Gerald Churto, Bennett Valley G.C., Santa Rosa
Randy Ciampi, Diablo Creek G.C., Concord
Ed. Ciechoski, Almansor G.C., Alhambra
Frank Claman, Elkhorn C.C., Stockton
Jack Clancy, North Ridge C.C., Fair Oaks
Albert Clark, Santa Barbara Community G.C., Santa Barbara
Barbara L. Clark, Chalk Mountain G.C., Atascadero

Bud V. Clark, Porterville Municipal G.C., Porterville
Christopher Clark, Ft. Ord Black Horse G.C., Ft. Ord
Chuck Clark, Pomona National G.C., Walnut
Frank Clark, Sea Pines G.C., Los Osos
James Clark, Chula Vista Municipal G.C., Chula Vista
Melvin D. Clark, Mt. St. Helena G.C., Calistoga
Mark Clarke, Willowick C.C., Santa Ana
Maury Clarkson, Buenaventura G.C., Ventura
Tom A. Clarkson, Imperial G.C., Brea
Cliff Clauss, San Clemente Municipal G.C., San Clemente
Wallis Clearman, Candlewood C.C., Whittier
Gertie Cleary, Whispering Palms C.C., Rancho Santa Fe
Donald R. Clem, El Miguel C.C., Laguna Miguel
Glen Clement, Desert Aire G.C., Palmdale
Ken Clifford, Boundry Oaks, Walnut Creek
Carlee Clifton, Vista Valley C.C., Vista
Dan Clinkenbeard, Boundry Oaks G.C., Walnut Creek
Abie Claneros, El Cariso G.C., Sly Mar
Jake Coakley, Forest Meadows G.C., Murphys
John Coburn, Arcadial G.C., Arcadia
Charles W. Cochran, El Niguel C.C., Laguna Niguel
Larry A. Cochran, Singing Hills C.C., El Cajon
Bill Cochrane, Rancho San Joaquin, Irvine
Elizabeth Cody, Braemar C.C., Tarzana
Noel R. Cody, Ojai Valley Inn & C.C., Ojai
Scott Cody, Mill Valley Municipal G.C., Mill Valley
Betty Coe, El Camino C.C., Oceanside
Todd K. Coe, Prune Ridge G.C., Santa Clara
W. T. Coffelt, Kern River G.C., Bakersfield
William Cohen, Laguna Hills G.C., Laguna Hills
Marie D. Coker, Griffith Park G.C., Los Angeles
James Colbert, Blue Rock Springs, Vallejo
Joy Allyn Colborn, La Quinta C.C., La Quinta
Owen H. Colby, Royal Palms G.C., Mesa
Ray F. Cole, Seascape G.C., Aptos
Jim Colello, Diablo Creek G.C., Concord
Miles Coleman, Santa Anita G.C., Arcadia
Tito Del Colletti, Woodbridge G.&C.C., Woodbridge
Kitty Collins, Sierra View C.C., Roseville
Levi Colins, Lake Chabot G.C., Oakland
Murl K. Collins, El Rivino C.C., Riverside
John Collister, San Marcos G.C., Lake San Marcos
Jesse L. Colman, Sandpiper G.C., Goleta
Cheryl Colstadt, Mile Square G.C. Fountain Valley
Mickey Colston, Bennett Valley G.C., Santa Rosa
Ann Combs, San Jose C.C., San Jose
Elmer R. Combs, Mile Square G.C., Fountain Valley
Sharon Compartore, Hidden Valley Lake G.C., Middletown
Ronnie Compolonga, Imperial G.C., Brea
Mildred Comstock, Stockdale C.C., Bakersfield
Charles R. Condon, Los Verdes C.C., Rancho Palos Verdes
Janet L. Conlan, Burlingame C.C., Hillsborough
Vincent R. Conlee, Eureka Municipal G.C., Eureka
Jerry F. Conley, Hill C.C., Morgan Hill
Walt Conley, Chevy Chase C.C., Glendale
Bob Conlon, Chalk Mountain, Atascadero
David A. Conner, Soboba Springs G.C., San Jacinto
Rick Connor, Anaheim Hills G.C., Anaheim Hills
Edward J. Connoy, El Segundo G.C., El Segundo
Gary M. Conover, Springhills G.C., Watsonville
Wiley V. Conover, Rancho San Joaquin, Irvine

1983 HOLES-IN-ONE

Joe Convey, Camarillo Springs G.C., Camarillo
Betty M. Conway, Lomas Santa Fe C.C., Solana Beach
David L. Cook, Harbor Park Municipal G.C., Wilmington
Eamon C. Cooke, Mill Valley Municipal G.C., Mill Valley
Priscilla S. Cooke, Horse Thief C.C., Tehachapi
Gerald Ray Cooper, Jr., Los Alamitos C.C., Los Alamitos
Michael Cooper, Debell Municipal G.C., Burbank
Sam Cooper, Prunridge C.C., Santa Clara
Joseph D. Coppock, Pine Glen G.C., El Cajon
Robert M. Cordell, Los Coyotes C.C., Buena Park
John A. Cordes, Sr., Cresta Verde Inc., Corona
James "Randy" Cordray, Vista Valencia, Valencia
J. E. Corette, Desert Island Club, Rancho Mirage
J. Ray Corliss, O'Donnell G.C., Palm Springs
Jim McCormick, Eaton Canyon, Pasadena
Howard Cornelius, Aloudra Park G.&C.C., Lawndale
Ella Mae Cornell, Apple Valley C.C., Apple Valley
Max G. Corning, Eureka Municipal G.C., Eureka
Susan L. Cornwell, Vista Valencia G.C., Valencia
Danny Corral, Irvine Coast C.C., Newport Beach
Mel Corria, Valencia G.C., Valencia
Kenneth A. Corsello, Fairway Glen G.C., Santa Clara
Robert C. Corteway, Wilshire C.C., Los Angeles
Anthony F. Cosentino, Ironwood C.C. North, Palm Desert
Ann Costa, Tracy G.&C.C., Tracy
David R. Costales, Fresno West, Kerman
Louis Costea, Imperial G.C., Brea
Edward Costello, Buenaventura G.C., Ventura
William Costello, Jr., Glendora C.C., Glendora
Ben Cota, Swenson Park G.C., Stockton
Russ Cotner, Redlands C.C., Redlands
Joe M. Coto, Cottonwood C.C., El Cajon
Julius Cotten, Los Amigos County Course, Downey
Bob Cottington, Anaheim Municipal G.C., Anaheim
Charles Cotton, Los Alamitos C.C., Los Alamitos
Ed Couch, Elkhorn C.C., Stockton
Ben Courtright, Twain Harte G.C., Twain Harte
Rick Cousler, Mather A.F.B., Rancho Cordova
Ginger Carol Covert, Sebastopol G.C., Sebastopol
Gladys Covington, Red Hill C.C., Rancho Cucamonga
Buzz Cowdery, Marshall Canyon G.C., La Verne
Cecil Tex Cowling, Cresta Verde G.C., Corona
Bob Cox, Lake Don Pedro G.C., Lagrange
David Cox, Diablo C.C., Diablo
Dick Cox, Cameron Park C.C., Cameron Park
Stan Cox, Salinas Fairways, Salinas
John Coyne, Woodley G.C., Van Nuys
Russell L. Coziar, Saticoy C.C., Somis
Dave Crabtree, Buena Vista G.C., Taft
Glenn A. Cramer, Spyglass Hill G.C., Pebble Beach
Stanley Crandon, Irvine Coast C.C., Newport
Helen E. Crane, West Almanor C.C., Lake Almanor West
Guy Cranmer, Buenavista, Taft
Joan Crawford, El Niguel C.C., Laguna Niguel
John Crawford, Skywest G.C., Hayward
Raymond Creal, C. Washington G.C., Los Angeles
Dean Cresap, Forest Meadows G.C., Murphys
Kay C. Crill, Los Verdes G.C., Rancho Palos Verdes
Nick Croce, South Hills C.C., W. Covina
Donald Crocker, Meadow Lake C.C., Escondido
Richard Cron, London Bridge G.C., Lake Havasu City
Donald J. Crouch, Sr., Sun Valley Fairways, La Mesa
Michael K. Crowell, Ontario National G.C., Ontario

Henry C. Crozier, Irvine Coast C.C., Newport Beach
Marlene H. Crozier, Stockdale C.C., Bakersfield
Howard Crudup, Laguna Seca G.C., Monterey
Robert Cruz, Tahoe Paradise, South Lake Tahoe
Albert A. Cruzat, Snoqualmie Falls G.C., Fall City
Elaine J. Cullen, Lomas Santa Fe C.C., Solana Beach
David W. Culton, Olivas Park G.C., Ventura
Tom B. Cummings, Irvine Coast C.C., Newport Beach
William C. Cunningham, Hill C.C., Morgan Hill
William L. Cunningham, Lawrence Links, Sacto
Jim Cureton, Santa Barbara Municipal G.C., Santa Barbara
George B. Curry, Saticoy C.C., Camarillo
Sid Curry, Silverado C.C., Napa
Mark O. Curtis, Franklin Canyon G.C., Rodeo
Robert J. Cusack, Antelope Valley C.C., Palmdale
Leonard T. Cutler, Sierra G.C., Placerville Dr.
Gary Daehn, Rancho Park G.C., Los Angeles
Arnie Daglia, Napa Valley C.C., Napa
Robert C. Dahl, Cameron Park C.C., Cameron Park
Eleanor M. Dahlin, Ridgemark G.&C.C., Hollister
Tom Dahlstrom, San Juan Hills, San Juan Capostrano
Alex Dahmer, Monte Vista G.C., El Cajon
Richard G. Dale, Sunset Hills C.C., Thousand Oaks
Vernon S. Dahl, Lake of the Pines, Auburn
John J. Daley, Alameda South, Alameda
James Dallas, Los Coyotes C.C., Buena Park
Susan Dalsey, Alta Vista C.C., Placentia
Ben Damele, Crow Canyon C.C., San Ramon
Dennis Damiano, Woodland Hills C.C., Woodland Hills
Thomas E. Dance, Cypress Lakes, Fairfield
Shawn W. Danels, Mission Lakes C.C., Desert Hot Springs
Jim Daniell, San Gabriel C.C., San Gabriel
Lester Daniels, Sea 'N Air, Coronado
V. E. Danielson, Costa Mesa Public G.&C.C., Costa Mesa
Edgar L. Danner, Montecito C.C., Santa Barbara
Mark W. Darby, Pajaro Valley G.C., Watsonville
Leslie Darbyshire, Pasatiempo, Santa Cruz
Fred H. Dargie, Mountain Shadows, Rohnert Park
Bert Darling, Rancho Canada West, Carmel
John J. Darmody, Palm Meadows G.C., San Bernardino
Marikay Darnell, Lomas Santa Fe C.C., Solana Beach
Marvin Dauer, Club de Golf, Ixtapa Zihvatenejo
Darrell Dausey, El Prado G.C., Chino
Richard T. Davalos, Birch Hills, Brea
A. L. Davenport, Jr., Woodland Hills C.C., Woodland Hills
Jack Davenport, North Golf Course Inc., Sun City
Dan Davidson, Gold Hills C.C., Redding
H. H. Davidson, Meadow Club, Fairfax
Jim Davidson, Old Del Monte, Monterey
Robert Davidson, Torrey Pines, South La Jolla
Arthur E. Davis, Via Verde C.C., San Dimas
Bob Davis, Palo Alto Municipal C.C., Palo Alto
Chuck Davis, Indian Creek G.C., Loomis
Donald M. Davis, Belmont C.C., Fresno
Ed Davis, Vista Valencia G.C., Valencia
Eddie J. Davis, Los Alamitos G.C., Los Alamitos
Homer L. Davis, Admiral Baker Navy G.C., San Diego
Howard C. Davis, Bing Maloney G.C., Sacramento
Jack Davis, Alta Vista C.C., Placentia
Lee Davis, The Los Angeles C.C., Los Angeles
Robert Davis, Roosevelt G.C., Los Angeles

1983 HOLES-IN-ONE

Tom Davis, Escondido C.C., Escondido
Lorraine Davisson, Almaden C.C., San Jose
Gloria Dawson, California G.C., S. San Francisco
Bruce F. Day, Bajamar C.C., San Diego
Ralph W. Day, Los Alamitos C.C., Los Alamitos
Tony Dazzo, Haggin Oaks South Course, Sacramento
Richard Dorucs, Lake Chabot, Oakland
Donna Dean, Harbor Park Municipal G.C., Wilmington
Virginia Dean, Indian Palms C.C., Indio
John Deardorff, Lake San Marcos C.C., Lake San Marcos
Mark S. Dearing, Balboa G.C., Encino
Barnery Deasy, Stanford University G.C., Stanford
E. J. Debardas, North Ranch C.C., Westlake Village
Maxine C. Debloois, Sunset Hills C.C., Thousand Oaks
Jack G. Deboer, Moffett Field G.C., Moffett Field
Ernie Decelles, Las Positas, Livermore
Paul Decker, Hansen Dam G.C., Pacoima
James S. Dee, Oakmont G.C., Santa Rosa
Bill Deering, Los Alamitos C.C., Los Alamitos
Juanita J. Deffenbaugh, Los Alamitos C.C., Los Alamitos
N. B. Dehls, Hesperia C.C., Hesperia
Nicholas Dejura, La Mirada G.C., La Mirada
John L. De La Rosby, Cypress Lakes, Travis A.F.B.
Richard Delfs, Castlewood, C.C., Pleasanton
Judy DeLong, Cresta Verde, Corona
Robert A. DeLorenzo, Ft. Ord, Ft. Ord
Marsh DeLuna, Sand Piper, Santa Barbara
W. H. "Willie" Demarest, River View G.C., Santa Ana
Spencer DeMille, Rossmoor G.C., Walnut Creek
Ferne DeMoss, Monterey C.C., Palm Desert
Matt Deragisch, Bing Maloney G.C., Sacramento
Norma D'Ercole, Peninsula Golf & C.C., San Mateo
Kenneth T. Derr, Orinda C.C., Orinda
Robert E. Derr, Mile Square G.C., Fountain Valley
John DeSantis, Pasatiempo C.C., Santa Cruz
Earl P. Detrick, North Ranch C.C., Westlake Village
Aubrey Devine, Ammandale G.C., Pasadena
Jim DeVine, Aptos Seascape G.C., Aptos
Robert C. DeVinny, Mountain Shadows, Rohnert Park
Dick DeWitt, Victoria Club, Riverside
Albert H. DeYoung, San Juan Hills C.C., San Juan Capistrano
Ron Diamond, Green River Riverside Course, Corona
Don Dickinson, La Mirada C.C., La Mirada
Gary M. Dickson, Santa Teresa, San Jose
John L. Dillard, Oak Ridge, San Jose
Linda Dillon, Lawrence Links, No. Highlands
Bruce Dingman, Glenbrook G.C., Glenbrook
Pete Dionne, Almaden G. & C.C., San Jose
George DiRienzo, Butte Creek C.C., Chico
Jack G. Dirstine, Riverside, Coyote
Florence Ditonto, Calimesa C.C., Calimesa
Rick Dizinno, La Cumbre G.&C.C., Santa Barbara
Robert Dodds, Apple Valley C.C., Apple Valley
Cyril Doman, El Cariso, Sylmar
Jay P. Dombrowski, Birch Hills G.C., Brea
Mike Domingos, Corral de Tierra C.C., Salinas
Harris Donaldson, Menlo C.C., Redwood City
Jack Doolittle, Del Monte G.C., Crescent City
D. Hayes Dornan, Aptos-Seascape, Aptos
Herb Dorner, Forest Meadows G.C., Murphys
Russell Dorsett, Buena Vista G.C., Taft
Bupinder S. Dosawjh, River Oaks G.C., Hughson
Kay Dote, Chester Washington G.C., Los Angeles

Duane Dougherty, Napa Valley C.C., Napa
Jack A. Dougherty, San Dimas, San Dimas
Ralph E. Doughton, Wilshire C.C., Los Angeles
Francis Douglas, Big Foot G.C., Willowcreek
George F. Douglas, Village C.C., Lompoc
John Douglass, Vandenberg A.F.B. G.C., Lompoc
A. R. Del Boulanger, La Mirada G.C., La Mirada
James Dowd, Dryden Park G.C., Modesto
Carl Dowdy, Dryden Park G.C., Modesto
Edward A. Dowis, Industry Hills, City of Industry
Louis N. Drager, Black Lake G.C., Nipomo
Frank M. Drake, Diamond Bar G.C., Diamond Bar
Herb Drake, Jurupa Hills C.C., Riverside
Phil Drake, Mile Square G.C., Fountain Valley
Dail D. Draper, Vanbuskirk Park G.C., Stockton
Fred Drena, Laguna Seca G.C., Monterey
Thomas Drotleff, Diablo C.C., Diablo
Dick Duaine, Pacific Grove G.C., Pacific Grove
Mauice Dubin, Braemar C.C., Tarzana
Dale L. DuBois, La Mirada G.C., La Mirada
James R. Dubose, Rancho Del Ray, Atwater
Robert Ducoty, Delaneaga G.C., Santa Cruz
Carolyn J. Dudley, Lindale Golf Center, Sacramento
Richard R. Dudley, Cypress Hills Colma
Callan B. Duffy, Skywest G.C., Hayward
Dr. William Dugdale, Del Paso C.C., Sacramento
Jack Dumas, Spyglass Hill G.C., Pebble Beach
Raymond C. Dumser, Industry Hills G.C., City of Industry
Michael P. Dunbar, Mile Square G.C., Fountain Valley
James W. Dunham, Navy Cruiser G.C., Cypress
Ralph Dunham, California C.C., Industry
Don Dunigan, La Mirada G.C., La Mirada
James B. Dunigan, Hayward G.C., Hayward
Dr. R. T. Dunkin, San Jose C.C., San Jose
Ken Dunks, De Laveaga G.C., Santa Cruz
Richard Dunnigan, Del Paso C.C., Sacramento
Audrey Dunning, Lake of the Pines C.C., Auburn
Lewis J. Dunning, Los Amigos C.C., Downey
Jim Dunsmore, Blue Skies C.C., Yucca Valley
Joe Durand, Forest Lake G.C., Acampo
Wilbur DuVall, Spring Valley Lake C.C., Victorville
John T. Dvorak, Oceanside, Oceanside
James E. Dworek, Shingle Lakes, Beale A.F.B.
Jim Dyer, Ojai Valley Inn & C.C., Ojai
Hugo H. Dypuik, Cottonwood G.C., El Cajon

James E. Eagan, Sunnyvale Municipal G.C., Sunnyvale
Arlien Early, Valley Bardens, Scotts Valley
D. G. Easley, Pruneridge G.C., Santa Clara
Lois East, Seven Hills G.C., Hemet
Pamela R. Eaton, Huntington Seacliff, Huntington Beach
Jack Ebeling, Escondido C.C., Escondido
Graydon M. Eckard, Firestone C.C., Akron
George Economou, Riverview G. & C.C., Redding
Ray Edman, Lomas Santa Fe C.C., Solana Beach
W. Doyle Edson, Skylinks G.C., Long Beach
Dennis L. Edwards, Diablo Hills G.C., Walnut Creek
Dick Edwards, San Clemente Municipal, San Clemente
Helen I. Edwards, Spring Creek C.C., Ripen
Margaret Edwards, Navajo Canyon G.C., San Diego
Ronald Edwards, Riverside G.C., Fresno
Terry Edwards, Mather A.F.B. Course, Rancho Cordova
Daniel E. Egan, Bel-Air C.C., Los Angeles
Willeam T. Egan, Lomas Santa Fe C.C., Solana Beach

1983 HOLES-IN-ONE

Woodrow W. Egerer, Sandpiper G.C., Santa Barbara
Joseph H. Egy, Brookside G.C., Pasadena
Kevin M. Ehrhart, The Los Angeles C.C., Los Angeles
Ruth Eib, Like Arrowhead C.C., Lake Arrowhead
Don Eickman, Redlands C.C., Redlands
Jeanne Eils, Indian Hills C.C., Riverside
George Eipley, Saboba Springs C.C., San Jacinto
Jack Elder, Municipal G.C., Santa Barbara
Don Elkins, Boulder Creek G. & C.C., Boulder Creek
W. C. Eller, Alondra Park, Lawndale
Wayne Elliott, Del Safari C.C., Palm Springs
Gladys Ellis, Lakewood C.C., Long Beach
Paul Ellis, Rancho Las Palmas, C.C., Rancho Mirage
Roger Ellis, Shasta Valley G. & C.C., Montagur
Erwin Ellison, Indian Hills C.C., Riverside
Mary Ann Ellison, Irvine Coast C.C., Newport Beach
Arlo B. Elsen, Tall Pines, Paradise
Jim Elsom, Nevada Co. C.C., Grass Valley
Bill McElwain, Old Ranch C.C., Seal Beach
Marilyn Emery, San Diego C.C., Chula Vista
Jerry W. Emmons, Eureka Muni, Eureka
Richard L. Engen, Ridgemark, Hollister
Neil England, Pajaro Valley G.C., Watsonville
Jim Engler, Rancho Maria, Santa Maria
William B. Engright, De Anza C.C., Borrego Springs
Daniel A. Epper, Vista Valencia, Valencia
Aaron L. Epstein, Sunnyvale Municipal G.C., Sunnyvale
Jerry Ennenga, Indian Creek C.C., Loomis
Pete Eres, Valley Hi C.C., Sacramento
David J. Erickson, Lake Chabot, Oakland
Ken Erickson, Palos Verdes G.C., Palos Verdes Est.
Wally Erikson, Sleepy Hollow G.C., Brecksville
Bob Eriksen, Pleasant Hill C.C., Pleasant Hill
Carl Erway, North Ridge C.C., Fair Oaks
Ted C. Escola, Rancho Del Rey G.C., Atwater
Dudley R. Eskew, Azusa Greens C.C., Azusa
Richard S. Esposito, Stoneridge C.C., Poway
Alex Etheridge, Gehall Canyon, Glendale
Frank Etheridge, Laguna Hills G.C., Laguna Hills
Fred Euring, Montecito C.C., Santa Barbara
Daniel Evans, DeAnza C.C., Borrego Springs
Elferd Evans, Oakdale C.C., Oakdale
Jim Evans, Kern City G.C., Bakersfield
Guy Ewen, Santa Barbara Municipal, Santa Barbara
Susan E. Ewers, Rancho San Joaquin, Irvine
Jewel W. Ewing, Diablo Creek, Concord
Tim Ewing, Old Ranch C.C., Seal Beach
Fred Ex, Porter Valley C.C., Northridge
S. Salem Fabe, D.D.S, Brentwood C.C., Los Angeles
Jim Fagan, Half Moon Bay Golf Links, Half Moon Bay
Frank Falatko, Rancho Maria, Orcott
Eugene C. Falls, Dryden Park Municipal, Modesto
Gerry Falor, Big Foot G.C., Willow Creek
Greg Fallas, Center City G.C., Oceanside
Tim Falvey, Mill Valley Municipal G.C., Mill Valley
Paul R. Falzone, Davis Municipal G.C., Davis
Victor L. Fann, Jr., Yolo Fliers C.C., Woodland
Milton R. Farley, Forest Lake G.C., Acampo
Scott Farlow, Birch Hills, Brea
Louise Farr, Pruneridge, San Jose
Vivian Farrell, Diablo C.C., Diablo
Colonel Jim Farren, Broadmore G.C., Colorado Springs
Mary Louise Farthing, Sea Pines G.C., Las Osos

Edward Fatzer, Spring Creed G. & C.C., Ripon
Bruno Favero, Antioch Municipal G.C., Antioch
Michael E. Favro, Lincoln Park G.C., San Francisco
Fred Featherstone, Fallbrook C.C., Fallbrook
Joan Fee, Alta Vista C.C., Placentia
Mrs. Grace W. Feiler, Lake Wildwood G.&C.C., Penn Valley
Adrienne Feiman, Canyon C.C., Palm Springs
Jack Feineman, Laguna Seca G.C., Monterey
Joyce Feinstein, El Caballero C.C., Tarzana
Sol Feinstein, Mission Hills C.C., Rancho Mirage
David Feivelson, Jurupa Hills, Riverside
Edward H. Feldman, Brentwood C.C., Los Angeles
Sam Feldmar, La Costa C.C., Carlsbad
Robert W. Fenger, Moffett Field, Moffett Field
Harry D. Fenn, Sea Pines G.C., Los Osos
Ron Fenton, Rossmoor G.C., Walnut Creek
Terry Fenton, San Jose Municipal, San Jose
Gordon L. Fergot, Miramar G.C., Miramar
Rose Fergus, Mile Square, Fountain Valley
A. Barlow Ferguson, Maxwelton Braes, Baileys Harbor
Floyd F. Ferguson, Cresta Verde G.C., Corona
William G. Ferguson, China Lake G.C., China Lake
Lou Ferraro, Swenson Park G.C., Stockton
Jim Ferrie, Fallbrook G. & C.C., Fallbrook
Harold R. Feuerhelm, O'Donnell, Palm Springs
Matt Fiamingo, El Camino C.C., Oceanside
James R. Fields, Needles Municipal G.C., Needles
Roy Fields, Coronado G.C., Coronado
Ted E. Fike, Arrowhead C.C., San Bernardino
Joe Fimbres, Rio Hondo G.C., Downey
Carol Findlay, Brookside G.C., Pasadena
George Fink, Cherry Hills G.C., Sun City
Steve Fink, El Caballero C.C., Tarzana
James E. Finkel III, Spyglass Hill G.C., Pebble Beach
John Finnegan, Tahoe City G.C., Carnelian Bay
Harold Finney, Big Foot G.C., Willow Creek
Milton H. Firestone, Leisure World C.C., Laguna Hills
Jim Firmin, Escondido C.C., Escondido
Raymond Firth, Lasuna Seca G.C., Monterey
Robert Fisch, Carlton Oaks, Santee
Charles J. Fischer, Harbor G.C., Wilmington
Max H. Fischer, Monterey Peninsula C.C., Pebble Beach
Ann F. Fisher, Hidden Valley G.C., Gaylord
Barbara Fisher, Birch Hills G.C., Brea
Brent Alan Fisher, Naval Post Graduate G.C., Monterey
Michael L. Fisher, Meadowlark G.C., Huntington Beach
Willie F. Fisher, Mather G.C., Mather A.F.B.
Jerry Fitch, Via Verde C.C., San Dimas
Ruth R. Fitting, Peacock Gap C.C., San Rafael
Michael Fitzpatrick, Kern City G.C., Bakersfield
Bill Fixsen, Apple Valley C.C., Apple Valley
Eric C. Fleckstein, Chester Washington, Los Angeles
Eugene M. Fleming, De Laveaga G.C., Santa Cruz
Garth D. Fletcher, Sea Pines G.C., Los Osos
Hanford E. Fletcher, Marine Corps Air Ground C.C., 29 Palms
Walter M. Florie, Jr., Big Canyon C.C., Newport Beach
Sarah F. Floyd, Singing Hills, El Cajon
Ralph A. Foatezzo, Los Coyotes C.C., Buena Park
Bill Foletta, King City C.C., King City
John K. Foley, Whispering Palms, Rancho Santa Fe

383

1983 HOLES-IN-ONE

Hub Foote, Cottonwood Ivanhoe, El Cajon
Ann Ford, Costa Mesa C.C., Costa Mesa
E. A. Forde, Aetna Springs G.C., Pope Valley
Rodney Forrest, Wilson (Griffith Park), Los Angeles
Al Forrester, Riviera C.C., Pacific Palisades
James Forrey, Sharow Heights G. & C.C., Menlo Park
Dale E. Fort, Castlewood C.C., Pleasanton
Alice E. Fortier, Imperial, Brea
Ron Fortin, F. E. Warren A.F.B., Cheyenne
Alfredo Fortis, Alma G.C., San Jose
Philip T. Foss, Rancho Canada, Carmel
Chuck Foster, Mas Miramar Memorial, San Diego
Jim Foster, Kern City G.C., Kern City
A. R. Fotheringham, Knollwood G.C., Los Angeles
Jim Foucault, Ukiah G.C., Ukiah
Al Fox, Stone Ridge C.C., Poway
Anne Fox, Sharon Heights G. & C.C., Menlo Park
Jay B. Fox, Green Valley C.C., Green Valley
Leo I. Frank, Round Hill C.C., Alamo
Norman Frank, Braemar C.C., Tarzana
Richard Frankenstein, La Mirada G.C., La Mirada
Cotton Franklin, Cottonwood C.C., El Cajon
Ted Franklin, Stardust C.C., San Diego
Don Fransen, Woodland Hills C.C., Woodland Hills
Andy Franzoia, Davis G.C., Davis
Betty G. Fraser, North Kern G.C., Oildale
Al Frazer, Riverside G.C., Riverside
Ray Frazer, Sunnyside C.C., Fresno
Greg Frederick, Huntington Seacliff C.C., Huntington Beach
Jack F. Fredericke, Soboba Springs C.C., San Jacinto
Angie Fredericks, Mountain Shadows G.C., Rohnert Park
Sam Freed, El Miguel C.C., Laguna Niguel
William T. Freeman Jr., Navy G.C., San Diego
Tanya Freedman, Stockdale C.C., Bakersfield
Dick Freeman, River Island C.C., Porterville
Brian Freer, Haggin Oaks G.C., Sacramento
Lois E. Freese, Shawnee C.C., Shawnee on Delaware
Vernon M. Fregia, Marine Memorial G.C., Camp Pendleton
Alexander Freire, Crystal Springs, Burlingame
Dorothea Frelleson, Rossmoor G.C., Walnut Creek
Anne E. French, Palm Desert C.C., Palm Desert
William A. French, Springtown G.C., Livermore
Lud Frentrup, Meadow Club, Fairfax
Mel Frerichs, Lahuna Seca G.C., Monterey
Gordon F. Friday, Yolo Fliers C.C., Woodland
William R. Friedman, Los Verdes G.C., Rancho Palos Verdes
Joyce Frienman, Lake Mercad G. & C.C., Daly City
Dave L. Frisch, Paradise Knolls G.C., Riverside
Edwin Froelich, La Cumbre G. & C.C., Santa Barbara
Gary Frohlich, Tularcitos G. & C.C., Milpitas
Herv J. Frost, Palo Alto Municipal, Palo Alto
Jack L. Fruin, Singing Hill C.C., El Cajon
Gordon Fry, San Dimas G.C., San Dimas
Lloyd T. Fuehlke, Corral de Tierra C.C., Salinas
Toshiaki Fujii, Los Coyotes C.C., Buena Park
Toshi Fujikawa, Mountain View C.C., Corona
William Fujimori, Azusa Greens C.C., Azusa
Mark Fujioka, Costa Mesa C.C., Costa Mesa
Tom N. Fujicka, Alondra Park, Lawndale
Earl G. Fukumoto, Green Rivers G.C., Corona

Katsuyuki Fukuyama, Riviera #16, Pacific Palisades
Elwin C. Fuller, Vista Valley C.C., Vista
Nancy Fuller, Los Coyotes C.C., Buena Park
Jerry B. Furrey, Annandale G.C., Pasadena
Charles Futterman, Brentwood C.C., Los Angeles
Jerry Fyffe, Cottonwood, El Cajon
Katherine L. "Kitty" Gabbert, Royal Palms G.C., Mesa
Jack Gable, Kern River G.C., Bakersfield
Dominic Gaeta, Harding Griffith Park, Los Angeles
Joseph A. Gaggero, Jr., Torrey Pines, San Diego
Earlene Gagliano, California C.C., Whittier
Larry Galanta, Los Robies, Thousand Oaks
Willard Galbraith, Plumas Lake G. & C.C., Marysville
Lee Gale, Shadow Mountain G.C., Palm Desert
Bernard Gallagher, Santa Barbara Community, Santa Barbara
Connie Gallagher, Birch Hills G.C., Brea
Marjorie Gallagher, Birch Hills G.C., Brea
Pat Gallagher, Lake Arrowhead C.C., Lake Arrowhead
Ken Gallatin, San Dimas G.C., San Dimas
Dorothy Gallo, Spring Creek, Ripon
Lou Gambello, Pasatiempo G.C., Santa Cruz
Gerald Ganz, Fallbrook C.C., Fall Brook
James Ganzer, Riviera C.C., Pacific Palisades
Jay Garacochea, Soboba Springs, San Jacinto
Fred Garban, San Mateo Municipal, San Mateo
Al Garcia, Meadow Club, Fairfax
Frank Garcia, Carizo, Sylmar
Marilee Garcia, Shadowridge C.C., Vista
Mark Garcia, Santa Teresa, San Jose
Miguel Garcia, Balboa Municipal, San Diego
Bernie Gardner, Rainbow Canyon, Temecula
Dean S. Gardner, Lake San Marcos G.C., Lake San Marcos
Lou Garino, Santa Barbara Commiunity G.C., Santa Barbara
Basil Garrett, Round Hill C.C., Alamo
Charles E. Garrett, Lake Chabot G.C., Oakland
Grant Carrido, Blue Rock Springs, Vallejo
William Garvey, Monterey Peninsula C.C., Pebble Beach
Walt Garza, Sunnyvale Municipal Course, Sunnyvale
Roland Gasparri, Sr., Weed G.C., Weed
David Gassaway, Elkhorn C.C., Stockton
Bob Gates, Cottonwood Monte Vista Course, El Cajon
Mary L. Gattas, Red Hill C.C., Rancho Cucamonga
Ben Gatz, The Springs Club, Rancho Mirage
Hubert H. Gay, Cottonwood G.C., El Cajon
Andrew Gaydash, Virginia C.C., Long Beach
Pat Gedestad, Valley Hi C.C., Sacramento
John Geiberger, La Cumbre C.C., Santa Barbara
Fred Geiger, Mountain Meadows, Pomona
James R. Geiger, Riverbend G. & C.C., Broderick
Al Geiszler, Roundhill G. & C.C., Alamo
Sachilco Genger, Sequogah C.C., Oakland
Edward Genshock, Cresta Verde G.C., Corona
Claire George, Woodbridge G. & C.C., Woodbridge
Joseph A. George, Sierra View C.C., Roseville
R. F. George, Los Angeles C.C., Los Angeles
Victor A. Gerano, Riverside, Coyote
Frank Geremia, Northridge C.C., Fair Oak
A. J. Germanetti, Kern River G.C., Bakersfield
John J. Gesek, Foot Hill G.C., Sacramento
Dr. Irvin Gettleman, Rancho Las Palmas C.C.,

384

1983 HOLES-IN-ONE

Trudy Gherra, Diablo Hills G.C., Walnut Creek — Rancho Mirage
Ken Giadden, Kern River G.C., Bakersfield
Frank J. Giannini, Fleming G.C., San Francisco
Joe Giardina, Riverside G.C., Fresno
Charles F. Gibson, Brookside G.C., Pasadena
Mary Lou Gibboney, Los Alamitos C.C., Los Alamitos
Warren W. Gibbons, Rancho Bernardo G.C., San Diego
Robert C. Gibson, Lake Arrowhead C.C., Lake Arrowhead
James B. Gibbs, Vandenberg A.F.B., Lompoc
Philip W. Gibson, Mather G.C., Mather A.F.B.
Jon Gilbert, Chapparral C.C., Palm Desert
Kenneth Giles, Miramar Memorial G.C., Miramar
Marshall Gill, Oakmont Executive Course, Santa Rosa
Walter Gilliam, Green Hills C.C., Milbrae
Bob Gillette, Whispering Palms C.C., Rancho Santa Fe
Helen Gilman, Singing Hills C.C., El Cajon
Art Gilmore, Vista Valencia G.C., Valencia
Dorothy Gilbert, Cherry Hills G.C., Sun City
John W. "Jack" Gilpin, Burlingame C.C., Hillsborough
Richard S. Gilpin, Kelly Ridge Golf Links, Oroville
Tony Gimenez, Fall River Valley G. & C.C., Fall River Mills
Jack Gingrich, Americana Canyon C.C., Palm Springs
Fred Girard, North Ridge C.C., Carmichael
Marion Giraudo, Riverside, San Jose
Marrs Gist, Visalia Plaza G.C., Visalia
John Giza, Haggerty North Kern G.C., Oildale
Bill Glang, Stanford, Stanford
Robert L. Glore, Montecito C.C., Santa Barbara
Russell T. Glover, Cherry Hills G.C., Sun City
Dave Glowacki, Pleasant Hills, San Jose
Dianne J. Goddard, Arrowhead C.C., San Bernardino
Howard Godwin, Willowick Municipal G.C., Santa Ana
Leon S. Goettinger, Seven Hills C.C., Hemet
Joe Goff, Ahwatukee Lakes C.C., Phoenix
Selig Goldberg, Bermuda Dunes, Bermuda Dunes
Michael D. Golden, Santa Teresa, San Jose
Ted Golder, Bonita G.C., Bonita
Walter R. Goll, Lemoore Municipal G.C., Lemoore
Ben Gomez, Blythe Municipal G.C., Blythe
Joseph Gomez, Haggin Oaks G.C., Sacto
George W. Gondira, Cherry Hills G.C., Sun City
Larry Gonsalves, Chimney Rock G.C., Napa
Ruben R. Gonzalez, Pasatiempo G.C., Santa Cruz
Anthony Good, Elkins Ranch G.C., Fillmore
Steven C. Good, Brentwood C.C., W. Los Angeles
Jerry Goode, Admiral Nimitz G.C., San Francisco
Frank R. Goodean, Costa Mesa C.C., Costa Mesa
Tim Goodell, Hoffman Park G.C., Carmichael
Rose Goodin, Oaks North G.C., San Diego
Elaine Goodyear, Braemar C.C., Tarzana
Harry Goorabian, Belmont C.C., Fresno
Donna Goossens, Wailea G.C., Wailea, Maui
Baylor Gordon, Table Mountain G.C., Oroville
Dean Gordon, Costa Mesa C.C., Costa Mesa
James W. Gordon, Rossmoor G.C., Walnut Creek
Bill Goree, Huntington Seacliff C.C., Huntington Beach
Ed Gormley, Crow Canyon C.C., San Ramon
Patrick Gormley, Del Paso C.C., Sacramento
Phillip E. Gormley, H. G. "Dad" Miller G.C., Anaheim
Frank Gorzi, Singing Hills C.C., El Cajon
Clifford L. Goss, Salinas Fairways G.C., Salinas
Dr. George Gossett, Laguna Hills G.C., Laguna Hills

Dave Gotelli, Napa Valley C.C., Napa
Roland Gotti, Lake Merced G. & C.C., Daly City
Carole Gould, Aliso Creek G.C., S. Laguna
Declan Gowans, Druden G.C., Modesto
Jack T. Gower, Alisal G.C., Solvang
Kenny Gradney, Rancho Park, Los Angeles
Donald H. Graham, Los Amigos G.C., Downey
Ralph W. Graham, La Quinta C.C., La Quinta
Copeland Grainger, Alta Vista C.C., Placentia
Michael E. Grant, San Gabriel C.C., San Gabriel
Jim Grassmueck, Santa Rosa G.C., Palm Desert
John Graubner, Goodyear G. & C.C., Litchfield Park
Robert J. Graves, Estes Park G. & C.C., Estes Park
Ben Gray, Fishers Island G.C., Fishers Island
C. T. Gray, Olympic Club-Lake Course, San Francisco
John Gray, Santa Barbara Community, Santa Barbara
Mark Gray, Eagle Valley G.C., Carson City
Philip S. Gray, Whittier Narrows, So. San Gabriel
Philip S. Gray, Rancho Canada, Carmel
Randy M. Gray, Pomona National G.C., Walnut
W. E. Gray, Canyon Lake G.C., Canyon Lake
Vicki Grayson, Vista Valencia G.C., Valencia
Harry D. Green, Plumas Lake G. & C.C., Marysville
Helen Green, Green Valley C.C., Suisun
Jerome L. Green, Cypress Hills G.C., Colma
John L. Green, Black Lake G.C., Nipomo
Lester Green, Oceanside Municipal, Oceanside
O. K. Green, Seven Hills G.C., Hemet
Paul Green, Marshall Canyon C.C. Inc., Laverne
Ronald Green, Mountain Gate C.C., Los Angeles
Danny Greenberg, Wilshire C.C., Los Angeles
Bill Greene, Lake Tahoe C.C., S. Lake Tahoe
Paul J. Greenwell, Pine Valley G.C., Elizabethtown
J. F. Greenwood, Rancho Bernardo G.C., San Diego
O. K. Greex, Seven Hills C.C., Hemet
Robert C. Gregg, Laguna Hills G.C., Laguna Hills
Robert L. Gregorek, Candlewood C.C., Whittier
Virginia Gregory, Whispering Palms G.C., Rancho Santa Fe
Mary T. Grenier, Moffett Field G.C., Sunnyvale
Irvin Grenz, Big Goot G.C., Willow Creek
Joseph A. Gridley, Jurupa Hills C.C., Riverside
Frank Griego, Montebello C.C., Montebello
Bunty Griffin, Thunderbird C.C., Rancho Mirage
Greg Ford Griffin, Half Moon Bay Golf Links, Half Moon Bay
John L. Griffin, Carmel Valley Ranch, Carmel
Mrs. Miles Griffin, Thunderbird C.C., Rancho Mirage
Olivette M. Griffin, Whispering Palms C.C., Rancho Santa Fe
Stan Griggs, Sherwood Forrest G.C., Sanger
Elten L. Grimes, Kern River G.C., Bakersfield
James W. Grimes, Green River G.C., Corona
Ruth Grindell, Mile Square G.C., Fountain Valley
R. L. Groberg, Sun River Resort, Sun River
Leo Groh, Seven Hills G.C., Hemet
Roy Grosbong, San Diego C.C., Chula Vista
Barney Gross, El Caballero C.C., Tarzana
Eddie Gruell, Lake Shastina G.C., Weed
Gerald Gruwell, Tularcitos G.&C.C., Milpitas
Alex Guanclone, San Jose C.C., San Jose
Ken Guardado, Harbor Park G.C., Wilmington
Will Guay, Van Bushkirk G.C., Stockton

1983 HOLES-IN-ONE

William H. Guerin, Green River G.C., Corona
Joe Guernsey, Sherwood Forest G.C., Sanger
Henry Guillen, Ontario National G.C., Ontario
Donald F. Gulledge, Riverview G.C., Santa Ana
Chris Gullick, Los Positas G.C., Livermore
Paul Gundelfinger, Stockton G.&C.C., Stockton
Jerry Gundert, Palo Alto Municipal G.C., Palo Alto
Charles W. Gunter, Shadow Mt. G.C., Palm Desert
Brian K. Gurley, Wollowick G.C., Santa Ana
Barbara Gurr, Red Hill C.C., Rancho Cucamonga
Joe Gurr, Fairway Glenn, Santa Clara
Rod Gustafson, Birch Hills, Brea
Bobbie G. Guthrie, March A.F.B. G.C., March A.F.B.
Arthur U. Gutierrez, Canyon Lake C.C., Canyon Lake
Jim Guthrie, Victoria C.C., Riverside
Ronald D. Guziak, Spyglass Hill, Pebble Beach
John Gill, III, Green River G.C., Corona
Albert Habicht, El Toro G.C., El Toro
Harry Hack, Stardust C.C., San Diego
William B. Hackett, Lake Chabot G.C., Oakland
Dr. R. W. Hackley, Sunrise C.C., Rancho Mirage
Jack Hadley, Woodley G.C., Van Nuys
Millie Hadley, Chaparral C.C., Palm Desert
Robert L. Hagenbach, Rancho Las Palmas C.C., Rancho Mirage
William C. Hagerman, Olivaspark G.C., Ventura
Dale D. Hahn, North Ranch C.C., Westlake Village
L. L. Haines, Sandpiper G.C., Santa Barbara
Patricia A. Hainline, Rippling River Resort, Welches
Clyde Haines, Bing Maloney G.C., Sacramento
Betsy C. Haist, Elkins Ranch, Fillmore
Mike Hajjar, Rio Hondo C.C., Downey
Gordon C. Hakeman, Candlewood C.C., Whittier
Stan Hakmiller, Castlewood C.C., Pleasanton
Edward Halen, Elkhorn C.C., Stockton
Floyd Hall, North Kern G.C., Oildale
James H. Hall, Singing Hills C.C., El Cajon
Joe Hall, Jr., The Alisal, Solvang
Michael A. Hall, Navajo Canyon G.C., San Diego
Ed Hallberg, Rossmoor G.C., Walnut Creek
George E. Halstad, Ukiah G.C., Ukiah
Bud Halterman, San Bernardino G.C., San Bernardino
Joel Haluerson, Bodega Harbour G.C., Bodega Bay
Dennis Haluza, Gilroy G.&C.C., Gilroy
David Halverson, Birch Hills G.C., Brea
Wallace Hamada, Harding Park G.C., San Francisco
Koichi Hamamura, Industry Hills G.C., Industry
Del Hambre, Mesa Verde C.C., Costa Mesa
Dorothea Hamill, Pasatiempo G.C., Santa Cruz
John A. Hamilton, Birch Hills G.C., Brea
Joe K. Hammer, Davis G.C., Davis
John P. Hammill, Banff Springs G.C., Banff
Frances Hamilton, Red Hill C.C., Rancho Cucamonga
Charles W. Hamon, Rancho Canada East, Carmel
John B. Hamor, Willowick G.C., Santa Ana
Fred Hampel, Haggin Oaks G.C., Sacramento
Maurice Hampson, Lake Chabot G.C., Oakland
Del Hamre, Mesa Verde C.C., Costa Mesa
John Hanley, Green River G.C., Corona
N. L. Hanley, Sun Valley G.C., Sun Valley
William C. Hannemann, Stanford Univ. G.C., Stanford
Howard G. Hansbrow, Marin C.C., Novato
Don Hansen, Del Paso C.C., Sacramento

Leonard O. Hansen, Willow Park G.C., Castro Valley
Nancy L. Hansen, Pine Glen G.C., El Cajon
Robert Hansen, Los Serranos G.C., Chino
Roy Hansen, Elkins Ranch, Bardsdale
Russ Hansen, San Mateo G.C., San Mateo
Wallace B. Hansen, Jurupa Hills G.C., Riverside
Darrell E. Hanson, Industry Hills, City of Industry
Earl Pl Hanson, Rancho Bernardo G.C., San Diego
Fred P. Hanson, Redwood Empire G.&C.C., Fortuna
Walter Happel, San Bernardino G.C., San Bernardino
Leslie E. Haralson, Nakoma G.C., Madison
Vic Harbaugh, Laguna Hills G.C., Laguna Hills
Jack Harding, Kern River G.C., Bakersfield
Robert J. Hargis, Riverside G.C., Fresno
W. Barry Harkins, Pala Mesa Resort, Fallbrook
Tony Harnack, Birch Hills G.C., Brea
Lyn Harnden, Cresta Verde G.C., Corona
Mark Harnish, Leguna Seca G.C., Monterey
Herbie Harper, Porter Valley C.C., Northridge
Jennie Harrer, Mare Island G.C., Mare Island
Ruth Harris, Birch Hills G.C., Brea
Sam P. Harris, Palo Alto Municipal G.C., Palo Alto
Buzz Harrison, Santa Ana C.C., Santa Ana
Claude Harrison, Skylinks, Long Beach
L. N. Harrison, Santa Ana C.C., Santa Ana
Maxine M. Harrison, Eureka Municipal G.C., Eureka
Steven Harrison, Ancil Hoffman Park G.C., Carmichael
Thomas J. Harrison, South Hills C.C., West Covina
William Harrison, Desert Inn C.C., Las Vegas
Hap Hartford, Rolling Hills C.C., Rolling Hills Estates
Michael Hartman, Candlewood C.C., Whittier
D. Edward Harting, La Cumbre G.&C.C., Santa Barbara
Roland F. Hartley, Haggin Park G.C., Sacramento
Margo Hartley-Leonard, Wilson Municipal G.C., Los Angeles
Mike Hartman, Candlewood G.C., Whittier
Donald Hartsock, Mount St. Helena G.C., Calistoga
Dennis Harvey, Kapaua Village G.C., Kapalua
Joseph E. Harvey, Vista Valley C.C., Vista
Peg Harvey, Birch Hills G.C., Brea
C. J. Hank Hash, Bakersfield C.C., Bakersfield
Charles M. Hasley, Long Beach Navy, Cypress
David Hasselman, El Dorado G.C., Long Beach
Richard Hatch, Tama Hills G.C., APO San Francisco
Owen Hatcher, Pajaro Valley G.C., Watsonville
Ruben Hatskin, Cathedral Canyon C.C., Palm Springs
Peter J. Haugen, Rancho Las Palmas C.C., Rancho Mirage
John Hauer, Willowick G.C., Santa Ana
Fred Z. Havens, Jr., Victoria Club, Riverside
James J. Hawkins, Santa Rosa C.C., Palm Desert
Norman L. Hawkins, Jr., Contra Costa C.C., Pleasant Hill
Harry D. Hawley, Cottonwood Monte Vista G.C., El Cajon
J. E. Hawthorne, Chaparral C.C., Palm Desert
Bill Haycock, Ukiah G.C., Ukiah
Marge Hayes, Boundary Oaks, Walnut Creek
Philip Hayes, Vista Valencia G.C., Valencia
William D. Hayes, Mountain Meadows, Pomona
Jim Haynes, Cottonwood C.C., El Cajon
James W. Hazelwood, Jr., Kadena Air Base, APO San Francisco
Clyde Headley, Pacific Grove G.C., Pacific Grove
David Hearns, Hacienda G.C., La Hadra

386

1983 HOLES-IN-ONE

Clyde Heaton, Davis Municipal G.C., Davis
E. C. "Manny" Heaton, Valencia G.C., Valencia
Herb Heaton, Tall Pines G.C., Paradise
Nick Heesy, Rancho Las Palmas C.C., Rancho Mirage
Eugene H. Hefley, Kingsmill G.C., Williamsburg
Henry Heidorn, Jr., Paradise Knolls G.C., Riverside
Harold Heimstra, Recreation Park-South Course, Long Beach
Bill Hein, La Cumbre C.C., Santa Barbara
Ken Heinz, Green Valley C.C., Suisun City
George C. Heisen, Laguna Hills G.C., Laguna Hills
Wayne Helmers, City of Lemoore, Lemoore
Tucker Helmes, Stanford G.C., Palo Alto
Sarah F. Helms, Contra Costa C.C., Pleasant Hill
Fred Hemborg, Canyon Crest C.C., Riverside
George Hemphill, Los Angeles G.C., Venice
Marvina Jean Hemstalk, Twain Harte G.C., Twain Harte
Frances Henbarger, Silver Lakes C.C., Helendale
Gary R. Hender, Richmond C.C., Richmond
Andrew M. Henderson, III, Laguna Seca G.C., Monterey
Harry E. Henderson, Escondido C.C., Escondido
O. B. Henderson, Rossmoor G.C., Walnut Creek
Frank E. Henigman, Sunset Hills C.C., Thousand Oaks
Patrick Henneberry, Eagle Valley C.C., Carson City
Betty P. Henry, Jurupa Hills G.C., Riverside
Sid Henrichsen, Royal Kaanapali G.C., Lahana
Darryl M. Henry, Los Serranos, Chino
Keith Herbert, Lakewood G.C., Lakewood
Tommy Hernandez, Jr., Carlton Oaks G.C., Santee
Doug Herndon, Green River G.C., Corona
Tony Herrera, Industry Hills "Ike" G.C., Industry
Walter Herrera, Parkway G.C., Fremont
Brian Herring, Santiago G.C., Orange
Gina Herrman, Blue Rock Springs, Vallejo
Richard Herzog, Fig Garden G.C., Fresno
Hal Herzon, Westlake Village G.C., Westlake Village
Gary Heskje, Banff Spring, Banff
Judy Ann Hewson, Bermuda Dunes C.C., Bermuda Dunes
Leo Heydorff, Oakmont C.C., Glendale
Marianne Heydorff, Oakmont C.C., Glendale
James T. Higgins, Rainbow Canyon G.R., Temecula
Randall T. Higgins, Dry Creek G.C., Galt
Terry N. Higgins, Vandenberg G.C., Lompoc
Steven E. Higginson, Vista Valencia G.C., Valencia
Harvey D. Higley, Rancho Canada East, Carmel
James L. Hill. Birch Hills G.C., Brea
Jon Hill, Lake St. Catherine C.C., Poultney
Martin Hill, Vista Valencia G.C., Valencia
Maureen P. Hill. Spyglass Hill, Pebble Beach
Robert E. Hill, Oakridge G.C., San Jose
Tom Hill, Visalia C.C., Visalia
Toby T. Hiller, Elkins Ranch G.C., Filmore
Norma B. Hillhouse, Lakewood G.C., Lakewood
Robert E. Hillman, Claremont C.C., Oakland
Mike Hinchcliff, Antioch Municipal G.C., Antioch
Marc Hinchman, Twain Harte G.C., Twain Harte
Bob Hinkel, Porter Valley C.C., Northridge
Larry Q. Hinkle, Oakmont G.C., Santa Rosa
Bill Hirschmiller, San Jose Municipal G.C., San Jose
Vic Hirstio, Adams Springs G.C., Loch Lomond
Louis Hirt, The Lodge, Cloudcroft
Hugh G. Hitch, Sebastopol G.C., Sebastopol
Harry E. Hjorth, Laguna Hills G.C., Laguna Hills
Johnston L. Hoag, San Geronimo Valley G.C., San Geronimo
Lee Hoagland, Silverado G.&C.C., Napa
Billy J. Hodge, Kern River G.C., Bakersfield
Frank T. Hodge, Morro Bay G.C., Morro Bay
Edwin R. Hodges, Los Altos G.&C.C., Los Altos
Frank Hodges, Rancho Sierra, Lancaster
William H. Hodson, Yolo Fliers C.C., Woodland
Richard F. Hoedt, Olympic Club Lake G.C., San Francisco
Laree Hoffman, Lake Woldwood, Penn Valley
Paul L. Hoffman, Rancho Canada G.C., Carmel
W. W. Hofmann, Stanford G.C., Stanford
Judith Ann Hofmayer, Admiral Baker, San Diego
James E. Hogan, El Cariso, Sylmar
Ed Holden, Hacienda G.C., La Habra
Wayne C. Holle, Annandale G.C., Pasadena
Rex Hollis, Figarden G.C., Fresno
Lee Holloway, Oakdale C.C., Oakdale
Doug Holm, Santa Rosa C.C., Palm Desert
Mrs. Mildred Holm, Singing Hills G.C., El Cajon
Lee Holman, Hobergs-Forest Lake C.C., Cobb
Vic Holmberg, El Camino C.C., Oceanside
Jess Holmes, Santa Barbara Community G.C., Santa Barbara
Nes Holob, Black Lake G.C., Nipomo
William M. Holsberry, Round Hill C.C., Alamo
William Holt, Saticoy C.C., Camarillo
Robert Holte, Sierra La Verne, La Verne
Patricia Honrath, Buenaventura G.C., Ventura
Garry R. Hook, Los Alamitos C.C., Los Alamitos
Charles Hooker, Davis G.C., Davis
Ron Hooven, Pasatiempo G.C., Santa Cruz
Ben Hope, Las Vegas G.C., Las Vegas
Marguerite Hordness, Moffett Field G.C., NAS, Moffett Field
J. Don Horn, Kapalua, Kapalua
Kenneth E. Horn, Riviera C.C., Pacific Palisades
R. J. Hotaling, Brookside G.C., Pasadena
Shell S. Hotzapple, Vandenberg G.C., Vandenberg A.F.B.
Judy Houlihan, Kern River G.C., Bakersfield
Jim House, Del Rio C.C., Brawley
Bob Howard, Compton C.C., Compton
Lulu Howard, Crystalaire C.C., Llano
John A. Howard, Riverside G.&C.C, Coyok
Owen J. Howard, Knollwood G.C., Granada Hills
Sam Howard, San Juan Hills C.C., San Juan Capistrano
Tom Howell, Stardust C.C., San Diego
L. B. Howerton, La Jolla C.C., La Jolla
George J. Hoxsle, Palm Lakes G.C., Fresno
Harriete B. Hoxsie, Riverside Municipal G.C., Fresno
Helen A. Hoyenga, Sunset Whitney C.C., Rocklin
Paul I. Hoyenga, Sunset Whitney C.C., Rocklin
Robert I. Hoyt, La Cumbre G.&C.C., Santa Barbara
Louis Hren, Oceanside G.C., Oceanside
T. C. Hubble, Santa Maria C.C., Santa Maria
Kleo Hubel, Balboa Park Municipal, San Diego
Donna S. Huckins, Peacock Gap G.&C.C., San Rafael
Orville W. Hudson, Fallbrook G.&C.C., Fallbrook
Richard R. Hueston, Shoreline G.C., Mountain View
Mitchell A. Huffman, Encino G.C., Encino
Sylvia A. Huffman, Sierra View C.C., Roseville
Anthony L. Hughes, Jurupa Hills C.C., Riverside
Antoinette Hudhes, Canyon C.C., Palm Springs
Warren Hughes, Dry Creek C.C., Galt

1983 HOLES-IN-ONE

Sanford J. Hull, Glenbrook G.C., Glenbrook
Wynona Humpert, Leisure World C.C., Mesa
Connie Hungett, Pajaro Valley G.C., Watsonville
Jason R. Hunsinger, Parkway G.C., Fremont
Bill Hunt, Swenson Park G.C., Stockton
Gerrald A. Hunt, Dryden Municipal, Modesto
Joe Hunt, Harding Park G.C., San Francisco
Louis B. Hunt, Birch Hills, Brea
Richard A. Hurlburt, Friendly Hills C.C., Whittier
Dennis John Hurley, Palm Desert Resort & C.C., Palm Desert
Norman Hurrell, Fallbrook C.C., Fallbrook
Leon Hurwitz, Leisure World G.C., Laguna Hills
Bob Hurzeler, Pomona National G.C., Walnut
Del Hutchison, Fresno West G.&C.C., Kerman
Don M. Hutchinson, Glendora C.C., Glendora
Les Hyams, Alondra C.C., Lawndale
Roy T. Hyatt, Anaheim Hills G.C., Anaheim
George W. Hyde, Azuza Greens C.C., Azuza
Rene L. Iaccopucci, William Land Park Municipal G.C., Sacramento
Ken Iaons, Twain Harte G.C., Twain Harte
George Ichikawa, Diablo Creek G.C., Concord
Yoshiharu Iba, Wilson Municipal G.C., Los Angeles
Virginia L. Imbler, Lake Shastina G.&C.C., Lake Shastina
Tim Imrie, Bennett Valley G.C., Santa Rosa
Tokuo T. Ingue, Spyglass Hill G.C., Pebble Beach
Charles T. Ind, Riverside G.C., Coyote
Jay Ingall, Costa Mesa Public G.C., Costa Mesa
Howard C. Inman, Rossmoor G.C., Walnut Creek
Earl G. McIntosh, Almaden G.&C.C., San Jose
Wayne C. Irwin, King City G.C., King City
Judy Isaac, Marin C.C., Novato
Frank Isola, Alma G.C., San Jose
Hiroko Ito, Riviera C.C., Pacific Palisades
Roy Ittersum, Friendly Hills C.C., Whittier
John W. Ivanusich, Haggin Oaks G.C., Sacramento
Manny Izen, El Caballero C.C., Tarzana
Tamio Izumi, Wilson G.C., Los Angeles
C. William Jackson, Woodland Hills C.C., Woodland Hills
Charlie E. Jackson, Riverside G.C., Fresno
Chris Jackson, Friendly Hills C.C., Whittier
George N. Jackson, Kern City G.C., Bakersfield
Jesse J. Jackson, Alondra Park G.C., Lawndale
K. Hawley Jackson, Virginia C.C., Long Beach
Leroy T. Jackson, Spyglass Hill, Pebble Beach
Robert Jacobs, Riviera C.C., Pacific Palisades
Vincent Jacobs, Swenson Park G.C., Stockton
Ward Jacobson, Yorba Linda C.C., Yorba Linda
Fred K. Jager, Jr., Hill C.C., Morgan Hill
Paul Jakobsen, Bennett Valley G.C., Santa Rosa
Novel B. James, Mesa Verde C.C., Costa Mesa
Richard James, Los Robles G.C., Thousand Oaks
Todd James, Hacienda G.C., La Habra
Martin B. Janich, San Jose C.C., San Jose
Bernard G. Janisch, Kelly Ridge Golf Links, Oroville
Harold L. Janney, Graeagle Meadow G.C., Graeagle
Robert W. Jansen, Chino Creek Course, Chino
Willard Janzen, Airways G.C., Fresno
Andy Jaramillo, Oakridge G.C., San Jose
Arnie Jardine, Forest Meadows G.C., Murphys
Art Jauregui, Palm Lakes G.C., Fresno
Ryan Austin Jay, Paso Robles G.&C.C., Paso Robles

Robert E. Jenkeski, Torrey Pines G.C., La Jolla
Bill Jenkins, Antelope Valley C.C., Palmdale
Everett B. Jenkins, Palm Meadows G.C., San Bernardino
W. C. Jennings, Hayward G.C., Hayward
Herbert Jensen, Jr., Del Paso C.C., Sacramento
John H. Jensen, Cypress Point Club, Pebble Beach
Mary P. Jensen, Palo Alto Municipal G.C., Palo Alto
Robert Jensen Jr., Glenbrook G.C., Glenbrook
Lloyd A. Jentoft, Woodbridge G.&C.C., Woodbridge
Ron Jersey, Napa Valley C.C., Napa
Foster H. Jessup, Naval Post Graduate School G.C., Monterey
Fred Jillson, San Vicente C.C., Romona
Larry L. Jimenez, Haggin Oaks G.C., Sacramento
Roberto Jimenez, Rancho Park G.C., Los Angeles
Boyd John, Galbraith G.C., Oakland
Charles G. Johns, Escondido C.C., Escondido
Clayton L. Johnson, Parkway G.C., Fremont
Cliff Johnson, Kern River C.C., Bakersfield
Connie Johnson, La Quinta Hotel G.C., La Quinta
Ed Johnson, Davis G.C., Davis
Edith C. Johnson, Belmont C.C., Fresno
Fred Johnson, Kern River G.C., Bakersfield
Harvey G. Johnson, Chevy Chase C.C., Glendale
Jim Johnson, El Macero C.C., El Macero
Louis K. Johnson, Harbor Park Municipal G.C., Wilmington
Paul N. Johnson, Chester Washington G.C., Los Angeles
Robert R. Johnson, El Macero C.C., El Macero
Vernice C. Johnson, Adm. Baker Recreation Center, San Diego
William L. Johnson, Franklin Canyon G.C., Rodeo
John Johnston, Crystal Springs G.C., Burlingame
Walt Johnston, Riviera C.C., Pacific Palisades
Kevin E. Johnstone, Hacienda G.C., La Habra
Vernon L. Joiner, Willowick G.C., Santa Ana
Jonathan, Parkway G.C., Fremont
Donald G. Jones, Sunol Valley G.C., Sunol
Edith R. Jones, Los Altos G.&C.C., Los Altos
Frances Jones, Cherry Hills G.C., Sun City
James M. Jones, Chester Washington G.C., Los Angeles
John H. Jones, Torrey Pines Municipal G.C., La Jolla
Marvin D. Jones, Hesperia C.C., Hesperia
Mike Jones, Aptos Seascape, Aptos
Nita M. Jones, El Niguel G.C., Laguna Niguel
Paul C. Jones, Whittier Narrows, San Gabriel
Steven W. Jones, Kern City G.C., Kern City
Will Jones, West Winds G.C., Kunsan
Keith Lesslie Jordan, Riverbend G.&C.C., Broderick
John Jordan, Ontario National G.C., Ontario
Terry Jordan, Peninsula G.&C.C., San Mateo
Marjorie Joy, San Joaquin C.C., Fresno
Walter M. Joyce, Los Altos C.C., Los Altos
Nick S. Juan, Harding Park Municipal G.C., San Francisco
Arthur E. Judson, Rancho Maria G.C., Santa Maria
Mike Juney, Glenn G.&C.C., Willows
Joseph Jurgers, Whittier Narrows, S. San Garbiel
Louis H. Kaboos, Crow Canyon C.C., San Ramon
Rudy Kalan, Costa Mesa, Costa Mesa
Irving L. Kalsman, Brentwood C.C., Los Angeles
Caroline Kalvin, Alondra Park, Lawndale
Augustus Kamburis, Pasatiempo G.C., Santa Cruz
Ken Kaminsky, Friendly Hills C.C., Whittier
Michael E. Kampen, Sandpiper, Goleta

1983 HOLES-IN-ONE

Thomas J. Kane, Vista Valancia G.C., Valencia
K.F. Kapov, Singing Hills G.C., El Cajon
Fred Karch, Shadow Mountain G.C., Palm Desert
J.R. "Jack" Karr, Orinda C.C., Orinda
Ernie Katsuyama, Desert Inn C.C., Las Vegas
Morris J. Katz, Richmond C.C., Richmond
Dan Kaupla, Cresta Verde G.C., Corona
Rich Kawahata, Sunset-Whitney C.C., Rocklin
Walt Kaweski, Sierra G.C., Placerville
Mas Kayamoto, La Mirada, La Mirada
John Keating, Pruneridge G.C., Santa Clara
Louis B. Keefer, Presidio G.C., San Francisco
Charles Keel, Paradise Knolls, Riverside
Kevin R. Keene, San Juan Hills C.C., San Juan Capistrano
Leonard O. Keene, Fore Bay G.C., Santa Nella
Roger Kees, William Land Park, Sacramento
Thomas B. Kegley, North Ranch C.C., Westlake Village
Phyllis Keilholtz, Bing Maloney G.C., Sacramento
Don Kellam, Friendly Hills C.C., Whittier
Kenneth N. Keller, Fairway Glen G.C., Santa Clara
Mark Keller, Meadowlark, Huntington Beach
Richard Keller, Santa Teresa G.C., San Jose
Bill Kelley, Saticoy C.C., Camarillo
Frederick G. Kelley, Seabee G.C., Port Hueneme
James A. Kelley, Coronad Municipal G.C., Coronado
James H. Kelley, Lacumbre G.&C.C., Santa Barbara
John D. Kelley, Chula Vista G.C., Chula Vista
Donald Kelliher, Santa Barbara Community G.C., Santa Barbara
Herbert S. Kelley, Whispering Palms C.C., Rancho Santa Fe
Herbert S. Kelley, Whispering Palms C.C., Rancho Santa Fe
Vincent Kelly, Alamede G.C., Alameda
Marcella C. Kelter, Irvine Coast C.C., Newport Beach
Gina C. Ken, Skylinks, Long Beach
Patrick J. Kendall, Chevy Chase C.C., Glendale
Irwin Kennedy, Stockdale C.C., Bakersfield
Maury Kennedy, Woodbridge C.C., Woodbridge
J.L. Kent, Birch Hills G.C., Brea
Eunice Kermin, El Caballero C.C., Tarzana
John W. Kerr, Las Pasas C.C., Camarillo
Ken Kert, Green Hills C.C., Millbrae
Harry J. Kerwin, El Cariso C.C., Sklmar
Ken Kesterson, Shingle Lake, Beale AFB
Jackie Key, Wesern Hills G.&C.C., Chino
Peter N. Keyes, Rancho Penasquitos G.C., San Diego
Martin E. Kilgore, Buchanan Fields G.C., Concord
Charles W. Killen, Jr., Vista Valencia G.C., Valencia
Stephen D. Killian, Lake Almanor C.C., Lake Almanor
Richard Wayne Killion, Torrey Pines G.C., La Jolla
Allen Kim, Los Angeles C.C., Downey
Heedong Kim, Wilson G.C., Los Angeles
Kwang I. Kim, Fairway Glen G.C., Santa Clara
Nak Joon Kim, Azusa Greens C.C., Azusa
Syung Tae Kim, Braemar C.C., Tarzana
Young Moon Kim, Alondra Park C.C., Lawndale
Edward Kimm, Round Hill C.C., Alamo
Clarence Kimura, Yolo Fliers C.C., Woodland
Oran A. Kincaid, Jurupa Hills C.C., Riverside
James Kincheloe, China Lake G.C., China Lake
David Kindelt, Yolo Fliers C.C., Woodland
Lois Kinder, Bidwell Park, Chico

Bill King, Whispering Palms, Rancho Santa Fe
Cliff King, Victorville Municipal, Victorville
Edward King, Brentwood C.C., Los Angeles
Willard King, Red Hill C.C., Rancho Cucamonga
William A. King, Chula Vista Municipal G.C., Chula Vista
Ralph D. Kingsley, Cameron Park C.C., Cameron Park
William A. Kinney, Lake Tahoe C.C., Lake Tahoe
Dennis Kinser, Redwood Empire G.&C.C., Fortuna
Dawn Kirklen, Cathedral Canyon C.C., Cathedral City
Walter J. Kirksey, Van Buskirk G.C., Stockton
Tom Kiss, Jr., Whittier Narrows G.C., South San Gabriel
Nancy L. Kissenberth, Mile Square G.C., Fountain Valley
Eleanor Kitto, The Vintage Club, Indian Wells
Avery L. Kizer, Van Buskirk Municipal, Stockton
Warren Klauer, Los Coyotes C.C., Buena Park
Walter J. Klee, Escondido C.C., Escondido
Bo Youn Klim, Wilson Municipal G.C., Los Angeles
Jim Kline, Wansa's Torrey Pines G.C., La Jolla
James E.. Klinkner, Alameda Municipal Course, Alameda
Louis Klionsky, Wilson Municipal G.C., Los Angeles
Bill Kluck, Benbow Valley Resort, Garberville
Goldie Kluka, Rio Hondo G.C., Downey
A. C. Knapp, Maura Kea Beach Hotel G.C., Kamuela
Rex D. Knight, Antelope Valley C.C., Palmdale
Lester J. Knott, Springtown G.C., Livermore
Ruth M, Knott, Westlake Village G.C., Westlake Village
L. F. Knowles, Jr., Silverado C.C. & Resort, Napa
Larry L, Knowles, Whispering Palms G.C., Rancho Santa Fe
Steven L Knox, San Luis Rey Downs, Bonsall
Theresa Knudsen, Elkhorn C.C., Stockton
Sam Kobrinsky, Marshall Canyon G.C., La Verne
Robert L. Koch, Azuza Greens C.C., Azuza
William Koch, Kelly Ridge, Oroville
Joseph C. Kodaj, Santa Rosa C.C., Palm Desert
Gary Wm. Koehler, Wikiup G.C., Santa Rosa
Gilbert Koeh, Yolo Fliers C.C., Woodland
John Kohnke, Indian Valley G.C., Novato
Makoto Koike, Industry Hills G.C., City of Industry
John Kooyman, Woodbridge C.C., Woodbridge
Leonard E. Kopp, Sierra G.C., Placerville
Daniel R. Koppit, Peninsula G.&C.C., San Mateo
Wally Kosinski, Torrey Pines North G.C., La Jolla
Val Kosorek, Ft. Ord, Ft. Ord
Art Kostux, Elkins Ranch G.C., Fillmore
Jim Knuthson, Buckingham C.C., Kelseyville
Rick Kopper, Rancho Park G.C., Los Angeles
Erwin Kramer, Los Coyotes C.C., Buena Park
Walter J. Kramer, Kern River G.C., Bakersfield
John P. Krasnick, Antelope Valley C.C., Palmdale
G. W. "Pete" Kreamer, Moffett Field G.C., Mountain View
Al Kreger, Lake Arrowhead C.C., Lake Arrowhead
Beldon Kriger, Sandpiper G.C., Santa Barbara
Sam Kriska, Sierra La Verne G.C., La Verne
Bill Krisman, Santa Ana C.C., Santa Ana
Robert Krohn, Hacienda G.C., La Habra
Larry Kroll, El Camino C.C., Oceanside
Mitch Kronowit, Mission Viejo␣C.C., Mission Viejo
Donald Krueger, Dorado Beach G.C., Dorado
Jim Kruse, Alameda Municipal G.C., Alameda
David Kudd, Green River G.C., Corona
Kenny Kuehl, Anderson Tucker Oaks Public G.C., Anderson

1983 HOLES-IN-ONE

Ronald Kuhl, Deanza Mobile C.C., Cathedral City
Theodore Kuhn, Palm Lakes C.C., Fresno
Walt Kuida, Los Vedes G.C., Rancho Palos Verdes
Maynard Kully, Dea Anza Palm Spring C.C., Cathedral City
Tak Kunistlige, Fig Garden G.C., Fresno
Joseph Kutansky, Los Robles G.C., Thousand Oaks
Thomas W. Kutzera, Jurupa Hills C.C., Riverside
Lester Kyle, Eureka Municipal G.C., Eureka
Ron La Charite, Alta Vista C.C., Placenta
Frank G. Lachnitt, Chalk Mountain G.C., Atascadero
Oscar Laddaga, Ontario National G.C., Ontario
Jean Laforce, Sonoma National G.C., Sonoma
Richard Henry La Fountaine, Valencia Vista G.C., Valencia
Dave Lagrone, Cameron Park C.C., Cameron Park
Robert S. Laird, Soboba Springs C.C., San Jacinto
Don La Mar, Bermuda Dunes C.C., Bermuda Dunes
Stephanie Lamar, Swallow's Nest, Sacramento
John Lamb, Pajaro Valley G.C., Watsonville
Ray Lambert, Palo Alto, Palo Alto
William H. Lamm, Bethel Island, Bethel Island
Thomas M. Lampe, Tulare G.C., Tulare
Jack A. Landale, Jr., San Diego C.C., Chula Vista
Ron Lane, San Gabriel C.C., San Gabriel
Vincent Lane, Dryden G.C., Modesto
Hope A. Laney, South Hills C.C., West Covina
Leo R. Langdon, North Kern River G.C., Bakersfield
James E. Langford, China Lake G.C., China Lake
Alfred F. Langlois, Bidwell Municipal G.C., Chico
David Langlois, Woodley Municipal G.C., Van Nuys
Edward A. Langlois, San Clemente Municipal G.C., San Clemente
Larry Langlois, Ancil Hoffman G.C., Carmichael
Anthony Lardieri, Sr., El Rancho Verde G.C., Rialto
William J. Larkin, Oakmont West, Santa Rosa
Bob Larrabee, Desert Island C.C., Rancho Mirage
Don Larson, Candlewood C.C., Whittier
Marv Larson, Vista Valencia G.C., Valencia
Paul A. Larson, Morro Bay G.C., Morro Bay
Tom Larson, San Jose Municipal G.C., San Jose
Tom K. Larson, Jr., North Ranch C.C., Westlake Village
Harry Lathrop. Mechaneer G.C., Colorado Springs
Grace Latimer, Deep Cliff G.C., Cupertino
Ed Laubengayer, Santa Barbara Comm. G.C., Santa Barbara
Thomas S. Laurie, Cottonwood C.C., El Cajon
Detty Lautze, Forest Meadows G.C., Murphys
Rupert Lawing, Butte Creek C.C., Chico
Joyce Lawler, Sierra View C.C., Roseville
F. E. Lawless, San Gabriel C.C., San Gabriel
Fergus Lawless, San Mateo Municipal G.C., San Mateo
Deborah Lawrence, Pala Mesa Resort, Fallbrook
H. David Lawrence, Canyon Crest C.C., Riverside
Fleeta Lawrence, Kern City G.C., Bakersfield
Roy Lawrence, Landa Park G.C., New Braunfels
Robert W. Laws, Mira Vista G.&C.C., El Cerrito
C. E. Lawson, El Segundo G.C., El Segundo
Lane S. Lawson, Pajaro Valley G.C., Watsonville
A. F. Lawton, Bing Maloney, Sacramento
Ralph A. Leach, Blue Rock Springs, Vallejo
Alfred S. Leandro, Pacific Grove Municipal G.C., Pacific Grove
John Leardi, Braemar C.C., Tarzana
Gloria Leary, Riviera C.C., Pacific Palisades

Larry Leblanc, Laquinta C.C., Laquinta
Nancy Leborgne, Montecito C.C., Santa Barbara
Louis Lechich, Swenson G.C., Stockton
Walter Leclerc, Palo Alto Hills G.&C.C., Palo Alto
Chec L'Ecluse, Hacienda C.C., La Habra
Allan E. Ledebur, Willowick, Santa Ana
Hal Leduc, Alta Vista, Placentia
Bong Soo Lee, Chester Washington G.C., Los Angeles
Brian H. Lee, Eisenhower, Industry
Carroll M. Lee, Echo Hills G.C., Hemet
David O.K. Lee, Victoria G.C., Carson
Stephen Lee, Sandpiper G.C., Goleta
Stephen D. Lee, La Cumbae G.&C.C., Santa Barbara
Sung Soo Lee, Brae Mar C.C., Tarzana
Susan Woo Lee, Rancho Duarte, Duarte
Bernie Lefer, Oswego Lake C.C., Lake Oswego
Tony Lehman, Birnam Wood G.C., Santa Barbara
George Lehmer, Indian Hills C.C., Riverside
William Leidel, Crystal Springs G.C., Burlinggame
Bob Leisten, Kern River G.C., Bakersfield
Ron Leitz, Sunnyvale Municipal G.C., Sunnyvale
Richard J. Lembi, San Mateo Municipal G.C., San Mateo
Bud Lemke, Blue Rock Springs, Vallejo
Richard B. Leng, The Riviera C.C., Pacific Palisades
Brian J. Lenig, Shoreline, Mountain View
E. A. Lenz, Willowbrook C.C., Lakeside
F. Leon, Stoneridge C.C., Poway
Clay Leonard, Delaveaga C.C., Santa Cruz
Eloise M. Le Sage, Mile Square G.C., Fountain Valley
Garry R. Lester, Hawaii Kai G.C., Honolulu
Phil Lester, Diablo C.C., Diablo
Ken Lazarus, Sunnyside C.C., Fresno
John J. Lazlo Jr., Round Hill G. & C.C., Alano
Kevin Leach, Palos Verdes G.C., Palos Verdes Estates
Ted Leth, Spyglass Hill G.C., Pebble Beach
Marie E. Leufgen, Fairway Glen G.C., Santa Barbara
Curt L. Levengood, Santa Barbara Municipal, Santa Barbara
Phil Levine, El Caballero C.C., Tarzana
Ben Lewis, Chaparral C.C., Palm Desert
Elmer Lewis, Los Amigos G.C., Dowhey
Henry "Buddy" Lewis, Alameda Municipal G.C., Alameda
Janet Lewis, Chaparral C.C., Palm Desert
Muriel J. Lewis, Torrey Pines Municipal G.C., La Jolla
N. Richard Lewis, Mountain Gate C.C., Los Angeles
Frank Leyba, San Geronimo, San Geronimo
Eugene Leydecker, Rancho Sierra G.C., Lancaster
Sally A. Liden, Birch Hills G.C., Brea
Robert R. Liefveld, Indian Hills C.C., Riverside
Charles Lilienthal, University of So. Florida, Tampa
Larry L. Lilze, Eureka Municipal, Eureka
Byeong K. Lim, La Mirada G.C., La Mirada
Warren Lincoln, Soule Park G.C., Ojai
Jack O. Lind, Santa Maria C.C., Santa Maria
Tanya Lind, River Island C.C., Porterville
Jerry Lindbald, Shadowridge C.C., Vista
Esther Lindberg, Pebble Beach G.C., Pebble Beach
Roger Lindeman, Harbor Park G.C., Wilmington
Syd Linden, Brentwood C.C., Brentwood
Mike Lindheim, Mira Vista G. & C.C., El Cerrito
Arthur S. Lindholm, El Rancho Verde C.C., Rialto
Dan Lindley, Harbor Park G.C., Wilmington
William Lindquist, Palm Desert Resort C.C., Palm Desert

1983 HOLES-IN-ONE

Fred E. Lindsey, Sunol Valley G.C., Sunol
Sue Lindsey, Alta Vista C.C., Placentia
Beryle E. Linenbach, Belmont G. & C.C., Fresno
Jerry J. Linfor, Cameron Park C.C., Cameron Park
Bill Linn Jr., Woodland Hills C.C., Woodland Hills
Gerry Linneweh, Vista Valencia G.C., Valencia
Kay Linquist, Oakridge G.C., San Jose
Mario Linthout, Pruneridge G.C., Santa Clara
Dan Linton, Navy G.C., Cypress
G. John Lipani, Brookside G.C., Pasadena
Peter Lipinsky, Los Amigos C.C., Downey
Robert G. Lippens, Center City G.C., Oceanside
Craig J. Lister, Ft. Ord G.C., Ft. Ord
Jim Lister, Osbrink G.C., Escondido
Paul A. Litjen, Vista Valencia, Valencia
Harry J. Littel, Rancho Bernardo Inn, San Diego
Jerry Littlejohn, Airways G.C., Fresno
Hugh W. Litwiler, Bonita G.C., Bonita
Peter J. Liuzza, Lincoln Park G.C., San Francisco
Jack W. Livermore, Spring Hills Golf, Watsonville
John A. Llewelyn, Glendora C.C., Glendora
June Lobdell, Lake San Marcos, Lake San Marcos
Louis M. Loeb, Almaden G. & C.C., San Jose
Harry Lohmuller, Candlewood C.C., Whittier
Sam Loiacono, Cherry Hills G.C., Sun City
Val Lojko, El Camino C.C., Oceanside
L. L. Lollis, Diablo Creek G.C., Concord
Glenn Loman, Chalk Mountain G.C., Atascadero
Allen Lombardi, Half Moon Bay Golf Links, Half Moon Bay
George Lombino, Friendly Hills C.C., Whittier
Dave Lompa, Pasatiempo G.C., Santa Cruz
Joe Londres, Los Amigos C.C., Downey
Paul Loozen, Chula Vista Municipal G.C., Chula Vista
Angel Lopez, Downey Rio Hondo C.C., Downey
Bill Lopez, Gavilan G.C., Gilroy
Joe Lopez, Mountain View G.C., Corona
Ramy Lopez, Crystal Springs G.C., Burlingame
Richard A. Lopez, Birch Hills G.C., Brea
Rick Lopez, Kern River G.C., Bakersfield
Frank C. Lord, San Clemente Municipal G.C., San Clemente
Missy Lorea, Oakdale C.C., Oakdale
Bill Lothrop, Cameron Park C.C., Cameron Park
Larry C. Lott, Sierra G.C., Placerville
Donald R. Loudenback Sr., Boulder Creek G. & C.C., Boulder Creek
Gladys Louie, Bing Maloney, Sacramento
Catherine Love, Cottonwood C.C., El Cajon
Fred Lovegren, Laguna Seca, Monterey
Marint E. Lovrin, Cypress G.C., Colma
William J. Lowgren, Santa Barbara Community G.C., Santa Barbara
Paticia Y. Lowrey, Silverbill Municipal G.C., Tucson
Deborah Lowry, Kapalua G.C., Kapalua
Monroe Loy, Redlands C.C., Redlands
Jim Loya, Palm Desert Resort & C.C., Palm Desert
B. Lucado, Azusa Greens C.C., Azusa
D. L. Lucas, Pine Mountain Lake C.C., Groveland
Art Lucero, Swenson Park G.C., Stockton
Joseph A. Lucero, Laguna Seca Golf Ranch, Monterey
Peter P. Lucia, Jr., Griffith Park Harding Course, Los Angeles
Rick Luebke, Indian Valley G.C., Novato

J. Lujan, Sea 'N' Air, San Diego
Matt Lumia, Richmond G. & C.C., Richmond
Matt Lumia, Richmond G. & C.C., Richmond
Dominic Lupo, Boundary Oak G.C., Walnut Creek
Leo Lusk, Buena Vista G.C., Taft
Gary Lynn, Seven Hills G.C., Hemet
Alvina Lyons, Mira Vista C.C., El Cerrito
James K. Lytle, Diablo Hills G.C., Walnut Creek
MayHaag, Oakdale C.C., Oakdale
Scott Macaulay, Pastatiempo G.C., Santa Cruz
Al Mac Bean, Oak Ridge G.C., San Jose
Dawson S. MacDonald, Spring Hills G.C., Watsonville
Robert MacDonald, Friendly Hills C.C., Whittier
Ernest George Mackey, Santa Barbara Municipal G.C., Santa Barbara
Tony A. Machado, Tulare G.C., Tulare
Michael Machette, Claremont C.C., Oakland
Jon E. Mack, Sierra Laverne G.C., Laverne
Waldo W. Mackenzie, The Lake of the Pines C.C., Auburn
Rod MacLeod, Bonita G.C., Bonita
M. R. Macklin, Braemar C.C., Tarzana
Dushon Madar, Blackhawk C.C., Danville
Ted Maggi, San Jose Municipal, San Jose
Dan C. Maginnes, Pala Mesa Resort, Fallbrook
Bruce Magner, Rolling Hills C.C., Rolling Hills Est.
Sarah Magnus, Meadow Lake C.C., Escondido
Barbara Magruda, Santa Barbara Comm.,
Rick Maguire, Olympic Club, San Francisco
Kennith C. Maher, Blue Rock Springs, Vallejo
Henrietta Mahnke, Ocean side G.C., Oceanside
Jim Mair, Willowick G.C., Santa Ana
Walter H. Maki, Rancho Canada, Carmel
Gloria Malinao, Scholl Canyon Golf & Tennis, Glendale
Jim Malloch, Crystal Springs, Burlingame
Richard P. Malmgren, Hayward G.C., Hayward
Mary H. Mandekic, Chevy Chase C.C., Glendale
Brendan Mangan, Alameda, Alameda
Victor Manges, Knollwood C.C., Granada Hills
Robert C. Mangold, Costa Mesa G. & C.C., Costa Mesa
Lawrence H. Manheimer, Braemar C.C. West, Tarzana
Richard D. Manion, Haggin Oaks G.C., Sacramento
Steve Maniscalco, Sunnyvale Municipal G.C., Sunnyvale
Norman L. Manley, Mountain View C.C., Corona
Gordon Mamer, Del Rio C.C., Brawley
Robin Mann, Los Angeles Municipal G.C., Los Angeles
Trev A. Mann, Hoffman Park G.C., Carmichael
Earl J. Manning, Rancho Penasquitos C.C., San Diego
Stan Manning, Sim Hills G.C., Sim Valley
Fred Mansfield, Sea 'N' Air G.C., San Diego
Jeff Manson, El Dorado G.C., Long Beach
Darwin E. Manuel, Imperial G.C., Brea
Wesley C. Mapes, Vista Valchcia, Valchcia
Frank Marcell, Miramar G.C., San Diego
Hugh G. Marchant, Meadow Club, Fairfax
Anne Marchi, Palo Alto Municipal, Palo Alto
Peter Marcoux, Naval Postgraduate School G.C., Monterey
Adolph Marcus, Los Robles G.C., Thousand Oaks
Feedy Mares, Birch Hills G.C., Brea
Bernice Marignan, Alta Vista C.C., Placentia
Gil Marino, Boulder Creek G. & C.C., Boulder Creek
William Marlow, Big Foot G.C., Willow Creek
Albin Marn, Gallery G.C., Whidbey Island

1983 HOLES-IN-ONE

Dee Marsh, El Niguel C.C., Laguna Niguel
Edward C. Marsh, Laguna Hills-Leisure World, Laguna Hills
Gary E. Nash, Industry Hills, City of Industry
Mrs. Edwina Marshall, Pajaro Valley, Watsonville
Frank Marshall, Valencia G.C., Valencia
Carle Martin, San Vicente C.C., Ramona
Ed Martin, Scottsdale C.C., Scottsdale
Hutton G. Martin, South Hills C.C., W. Covina
Jack W. Martin, Palm Lakes, Fresno
Linda E. Martin, Hansen Dam, Pacoima
Louis E. Martin, Diablo Hills G.C., Walnut Creek
Michael Martin, Sherwood Forest G.C., Sanger
Norman J. Martin, Riverside G.C., Coyote
Philip G. Martin, Swallows Nest G.C., Sacramento
Randall R. Martin, Los Verdes G.C., Rancho Palos Verdes
Robert K. Martindale, De Laveaga G.C., Santa Cruz
Ann Martinelli, Bear Valley Springs Oak Tree C.C., Tehachap
David Martinez, Meadowbrook C.C., Hamden
Henry Martinez, Chula Vista G.C., Chula Vista
Jerry Martinez, San Jose Municipal G.C., San Jose
John "Marty" Martinez, Los Amigos C.C., Downey
Rudy Martinez, Salinas G. & C.C., Salinas
David Martino, Eureka Municipal G.C., Eureka
David J. Martino, Palo Alto Municipal G.C., Palo Alto
Thomas Martz, Claremont C.C., Oakland
Shigeru Masada, Los Alamito C.C., Los Alamitos
Carl Mason, Delaveaga G.C., Santa Cruz
Susan Mason, Green Tree G.C., Vacaville
Curt Massey, Eldorado C.C., Indian Wells
Joe Massey, Mountainview G.C., Corona
Edward Mastropoalo, Spyglass Hill G.C., Pebble Beach
Leonard S. Mather, Mountain Meadows G.C., Pomona
Kate Matheson, La Mirada G.C., La Mirada
Betty Mathews, Ft. Ord G.C., Ft. Ord
Johnny Mathis, Seaview G.C., Absecon
Mark Matlack, Arroy Seco G.C., S. Pasadena
Peter F. Matranga, Boulder Creek G.&C.C. Boulder Creek
Fukuto Matsuda, Azusa Greens C.C., Azusa
George Matsumoto, Costa Mesa G.C., Costa Mesa
Grant Matthews, Chula Vista Municipal G.C., Bonita
Joyce Matthews, Apple Valley C.C., Apple Valley
Patrick S. Mattingly, Muroc Lake G.C., Edwards A.F.B.
Sam Matranga, Haggin Oaks Municipal G.C., Sacramento
Ed Mattos, Richmond C.C., Richmond
Norman Maudsley, Candlewood C.C., Whittier
Nick E. Mauney, Haggin Oaks-South G.C., Sacramento
Donald L. Maurer, Bennett Valley G.C., Santa Rosa
P. K. Maxey, Pajaro Valley G.C., Watsonville
James L. Maxwell, Woodbridge G.&C.C. Woodbridge
Mickey Maxwell, Indian Valley G.C., Novato
Claire B. May, Cottonwood G.C., El Cajon
Wally May, Santa Barbara Community G.C., Santa Barbara
G. W. Mayborn, El Cariso G.C., Sylmar
Matt Maye, San Mateo Municipal G.C., San Mateo
Harold Maynard, Chaparral C.C., Palm Desert
Daniel I. Mayne, Jr., Marin C.C., Novato
Wayne Mayo, Glenn G.&C.C., Willows
Alan Craig Mazzola, Cresta Verde G.C., Corona
Ron McAdon, Robergs Forest Lake G.C., Cobb
Tom McBeath, Round Hill G.&C.C., Alamo

Clint McBroome, Palm Meadows G.C., San Bernardino
Jack L. McCabe, Fig Garden G.C., Fresno
Daniel J. McCaffery, Lake Chabot G.C., Oakland
Jennifer McCall, Golf Hammock C.C., Sebring
"Mac" McCallister, Needles Municipal G.C., Needles
Dwight McCallum, Navy Cruiser G.C., Los Alimitos
Jim McCann, El Rivino C.C., Riverside
Margaret McCarson, North Kern G.C., Oildale
Gary McCarthy, San Dimas G.C., San Dimas
Melvin L, McCarty, Longview C.C., Longview
William E. McClendon, Meadowlark G.C., Huntington Beach
Richard McClure, Phoenix Lake G.C., Sonora
Jim McClusky, Sherwood Forest G.C., Sanger
Terry C. McCool, Rancho Maria G.C., Santa Maria
Ernest McCormick, Salinas G.&C.C., Salinas
Jim McCoy, Eighth U.S. Army G.C., APO, San Francisco
Rita McCoy, Woodland Hills C.C., Woodland Hills
Matt McCready, Pasatiempo G.C., Santa Cruz
Robert F. McCullah, Red Hill C.C., Cucamonga
Charles S. McCune, Camarillo Springs G.C., Camarillo Springs
John McCurdy, Wilshire C.C., Los Angeles
Brian McCutchan, Imperial G.C., Brea
Forrest McDanel, Industry Hills G.C., City of Industry
Bill McDaniel, Spring Creek C.C., Ripon
Harvey W. McDaniel, Lawrence Links G.C., Sacramento
Hubert I. McDaniel, Los Altos G.&C.C., Los Altos
John K. McDaniel II, Huntington Seacliff C.C., Huntington Beach
Dorothy McDermott, Sunnyside C.C., Fresno
Jack McDermott, Dryden Park Municipal G.C., Modesto
Don McDevitt, Diablo Hills G.C., Walnut Creek
Jim McDonald, Plaza G.C., Visalia
William F. McDonald, 7 Hills G.C., Hemet
Joseph L. McElwee, South Hill C.C., West Covina
Shawn McEnteg, Ft. Ord G.C., Ft. Ord
Edwin W. McEvoy, San Diego C.C., Chula Vista
Beverly McFadden, Parkway G.C., Fremont
Danny McGowan, Navajo Canyon G.C., San Diego
Nancy McGrain, Eaton Canyon G.C., Pasadena
Bill McGuinness, Tularcitos G.&C.C., Milpitas
Violet C. McKay, Parkway G.C., Fremont
James P. McKee, Teton Lakes G.C., Rexburg
F. C. McKenna, Navajo Canyon G.C., San Diego
Frank J. McKenna, H. G. "Dad" Miller G.C., Anaheim
Barbara L. McKenzie, Vista Valencia G.C., Valencia
Gordon J. McKeon, The Lakes C.C., Palm Desert
Mrs. Mary C. McKesson, Sonoma National G.C., Sonoma
John F. McKinnell, Birch Hills G.C., Brea
Melvin, B. McKinney, Stoneridge C.C., Poway
Robert L. McKinnon, The Wilshire C.C., Los Angeles
Edward C. McLaughlin, Pleasant Hills G.C., San Jose
Opal McLellan, Costa Mesa G.&C.C., Costa Mesa
Dwight C. McLin, Via Verde C.C., Sandimas
Rick McMackin, Hansen Dam G.C., Los Angeles
Ken McMillan, Industry Hills G.C., City of Industry Hills
Marvin G. McNair, Olivas Park G.C., Ventura
A. T. McNamara, Escondido C.C., Escondido
Leo McNamara, Braemar C.C., Tarzana
Pat McNamee, Rancho San Joaquin, Irvine
Louis D. Mederos, Tulare G.C., Tulare
John S. Medvin, Navy-Marine G.C., Pearl Harbor

1983 HOLES-IN-ONE

John B. Meeks, Paso Robles C.C., Paso Robles
Earl Meggelin, Chula Vista Municipal G.C., Chula Vista
Donald L. Meginness, San Mateo G.C., San Mateo
Betsy Mehan, Forest Meadows C.C., Murphys
Burce A. Meinberger, Harry Pritchett G.C., Tuscaloosa
Diane Morgan Meisenheimer, Hilldale C.C.,
   Hoffman Estates
Michael Meissner, Prune Ridge G.C., Santa Clara
Celeste Meister, Birch Hills G.C., Brea
George Mekitarian, Sherwood Greens G.C., Salinas
Carol Melamed, Hillcrest C.C., Los Angeles
John B. Melka, Pomona National G.C., Walnut
Kenneth Melkonian, Belmont C.C., Fresno
Doris A. Mello, Morro Bay G.C., Morro Bay
Patricia A. Melton, March A.F.B. G.C., Riverside
Joseph J. Menard, Kelly Ridge G.C., Oroville
Sara Menard, Santiago G.C., Orange
Carl Mendes, Plaza Park G.C., Visalia
Arthur Mendez, Blue Skys C.C., Yucca Valley
Victory F. Mendoza, Cottonwood G.C., El Cajon
Joe Meng, Parkway G.C., Fremont
Larry R. Mercado, Bolado Park G.C., Tres Pinos
Manny Mercado, Yuma G.&C.C., Yuma
James A. Mercer, Braemar C.C., Tarzana
Gil Mercier, Porter Valley C.C., Northridge
Jack Meredith, Kern River G.C., Bakersfield

Roy E. Merrick, Hansen Dam G.C., Pacoima
Edward J. Merriman, Cameron Park C.C.,
   Shingle Springs
Otto Mesa, Haggin Oaks G.C., Sacramento
Rudolf Meschkat, Inverness C.C., Gregory
Paul Meshekow, El Caballero C.C., Tarzana
John D. Messer, Diamond Oaks G.C., Roseville
Robert Metcalf, Sunrise C.C., Rancho Mirage
Martin Metkovich, Meadowlark G.C., Huntington Beach
Marilyn Mewborne, Antelope Valley C.C., Palmdale
Ada Meyer, Cresta Verde G.C., Corona
Stan Meyer, Ontario National G.C., Ontario
Wallace W. Meyers, March A.F.B. G.C., Riverside
Saul V. Miano, Rancho Canada-East G.C., Carmel
Fay M. Miescke, Mesa Verde C.C., Costa Mesa
Althea F. Miessler, Sierra Pines G.C., Twain Harte
R. Arthur Mijarez, North Kern G.C., Oildale
Al Mikles, Valley Hi C.C., Sacto
Jerry Milano, Vandenberg A.F.B. G.C.,
   Vandenberg A.F.B.
Mike Milazzo, Carlton Oaks G.C., Santee
Charles K. Miles, Braemar C.C., Tarzana
Dick Milkovich, Blythe Municipal G.C., Blythe
Sue Millard, Kern River G.C., Bakersfield
Albert A. Miller, Franklin Canyon G.C., Rodeo
Brown L. Miller, Monterey Peninsula C.C., Pebble Beach
Carl Miller, Buena Vista C.C., Taft
Haydon Miller, Diablo Hills C.C., Walnut Creek
Jackie A. Miller, Western Hills C.C., Chino
Kay Miller, Calabasas C.C., Calabasas Park
Marvin Miller, Monterey Peninsula C.C., Pebble Beach
Robert L. Miller, Fairway Glen G.C., Santa Clara
Ryan Brooks Miller, San Jose Minicipal, San Jose
Vernice Miller, Napa Valley C.C., Napa
Donald F. Milligan, Coronado Municipal G.C., Coronado
Ginger Milligan, Shingle Lake G.C., Beale A.F.B.
Ted Mills, Santa Barbara Community G.C., Santa Barbara

Tony Mills, Buena Vista G.C., Taft
Jack D. Milstead, Woodland Hills C.C., Woodland Hills
Yasaji Minami, Riverside G.C., Coyote
Bob Mineo, Canyon Crest C.C., Riverside
Rocky Minicaiellu, Rancho Las Palmas C.C.,
   Rancho Mirage
Wilson K. Minor, Tokotee G.C., Blue River
Bill Misener, Los Alamitos C.C., Los Alamitos
Brian T. Miskell, Arrowhead C.C., San Bernardino
Arthur J. Misner, California C.C., Whittier
Angelo S. Mitchell, Elkhorn C.C., Stockton
Audrey Mitchell, Whispering Palms G.C.,
   Rancho Santa Fe
O. H. Mitchell, Lakewood G.C., Ada
Robert B. Mitchell, Spyglass Hill G.C., Pebble Beach
Wayne E. Mitsch, Laguna Hills G.C., Laguna Hills
Alex J. Mock, Porterville Municipal G.C., Porterville
Wendy J. Modic, Sea 'N Air G.C., San Diego
Oscar Moeller, California C.C., City of Industry
Robert Moffatt, Naval Post Graduate G.C., Monterey
Bill Mohr, Green River G.C., Corona
Robert I. Moir, Jr., Elkins Ranch G.C., Fillmore
Felix Molina, Jr., Palm Springs World of Golf,
   Palm Springs

Vincent Mollica, Rancho Maria G.C., Santa Maria
Pat Mongoven, Shadowridge C.C., Vista
John Monise, Simi Hills G.C., Simi Valley
Nick Montesano, The Villages C.C., San Jose
Ed Montgomery, Santa Rosa C.C., Palm Desert
Marge Montoya, Navy G.C., Cypress
Ted Monzingo, Escondido C.C., Escondido
Alvin R. Moody, Chester Washington G.C., Los Angeles
Clyde E. Mooney, Eureka G.C., Eureka
Jesse Money, Del Rio C.C., Modesto
Joe Mooney, Imperial G.C., Brea
Frank Moore, Pajaro Valley G.C., Watsonville
Grace Moore, Elkhorn C.C., Stockton
Jim Moore, Chaparral C.C., Bullhead City
L. M. Moore, Table Mountain G.C., Oroville
Neil Moore, Lake of the Pines G.C., Auburn
Noel C. "Tom" Moore, Harbor Park Municipal G.C.,
   Wilmington
Patricia Moore, Bermuda Dunes C.C., Bermuda Dunes
Paul Moore, Pebble Beach G.C., Pebble Beach
Rev. Roger Moore, Pasatiempo G.C., Santa Cruz
W. C. Moore, Antioch G.C., Antioch
Horacio Morales, Mexicali C.C., Calexico
Hank Moran, Richmond C.C., Richmond
Tom Moran, Valley Hi C.C., Elk Grove
Edward E. Morassini, Ojai Valley Inn & C.C., Ojai
Virginia "Ginger" More, Pasatiempo G.C., Santa Cruz
Al Moreno, Sherwood Forest G.C., Sanger
Irwin Moreskini, Sun River Resort, Sun River
Fred Morgan, Braemar C.C., Tarzana
Kim Morgan, Diablo Hills G.C., Walnut Creek
Mark W. Morgan, San Dimas G.C., San Dimas
Stephen P. Morgan, Marshall Canyon G.C., La Verne
Thurman Morgan, Balboa Municipal G.C., San Diego
Vada M. Morgan, Green Valley C.C., Suisun City
Michael Morgenlaender, Mill Valley Municipal G.C.,
   Mill Valley
Lincoln Morikone, Showboat C.C., Henderson
Marjory Morin, Riviera C.C., Pacific Palisades

1983 HOLES-IN-ONE

Cora Morris, Lake of the Pines C.C., Auburn
Dave Morris, Riverbend G.&C.C., Broderick
Jean B. Morris, Imperial G.C., Brea
Chase Morrison, Singing Hills C.C., El Cajon
Clifford A. Morrison, Mesa Linda G.C., Costa Mesa
Jamie Morrison, Mountain Meadows G.C., Pomona
Betty Morrow, Stoneridge C.C., Poway
Donald G. Morse, North Ridge C.C., Fair Oaks
Laura Morse, De Anza Desert C.C., Borrego Springs
Gil Mose, Calabasas Park C.C., Calabasas Park
Robert E. Moses, Jr., Redwood Empire G.&C.C., Fortuna
Ralph B. Moss, Diamond Bar G.C., Diamond Bar
Roy E. Motter, Del Rio C.C., Brawley
Vincent P. Motto, Birch Hills G.C., Brea
Dorothy M. Mounts, Mt. Shadows South G.C., Rohnert Park
Susan Mowatt, Santa Barbara Community G.C., Santa Barbara
Mrs. Mary J. Mucciaccio, El Toro Marine Memorial G.C., Santa Ana
Robert Mueller, Eldorado C.C., Indian Wells
Marjorie Muhonen, Balboa Park G.C., San Diego
Henry H. Muir, Imperial G.C., Brea
Jean Mulholland, Oakridge G.C., San Jose
Harold D. Muller, Mira Vista C.C., Eloerrito
James Muller, Ft. Ord G.C., Ft. Ord
Maurice D. Muller, Birch Hills G.C., Brea
John L. Mullin, Cobb Meadows G.C., Cobb
Charles P. Munday, Lyons Club G.C., Stockton
Paul S. Muniain, City of Modesto G.C., Modesto
Glen L. Munn, Los Serranos G.C., Chino
James R. Munns, Sea Cliff G.C., Huntington Beach
A. J. Munoz, Antelope Valley C.C., Palmdale
George S. Munoz, Santa Maria C.C., Santa Maria
Mildred Munoz, Village C.C., Lompoc
Robert E. "Bob" Munsey, Mountain View G.C., Santa Paula
Robert T. Muraoka, Riverside G.C., Coyote
Russell F. Murico, Oceanside G.C., Oceanside
Lou Murillo, Davis G.C., Davis
Emmett W. Murray, Rolling Hills C.C., Rolling Hills Estates
John Murphy, Valley Hi C.C., Sacramento
Evelyn Murray, Riviera C.C., Pacific Palisades
Scott Mutz, Green River G.C., Corona
Willard G. Myers, Santa Teresa C.C., San Jose
William H. Myers, Princeville-Kauai G.C., Hanalei
Stan Myers, Paradise Knolls, Riverside
Ray Naguiat, H. G. "Dad" Miller Public G.C., Anaheim
Mike Nail, The Olympic Club, Daly City
Samuel Naimark, Whittier Narrows G.C., Rosemeade
Yoshio Nakaji, Montecito G.C., Santa Barbara
George O. Nakamura, Whittier Narrows G.C., S. San Gabriel
Mark Nakamura, Table Mountain G.C., Oroville
Tom Nakamura, Harding Municipal G.C., Los Angeles
Tracy Nakamura, Balboa Park Municipal G.C., San Diego
Anne Nakano, Green River G.C., Corona
Takako Nakano, Industry Hills Eisenhower G.C., City of Industry
R. P. Malmgren, Hayward Municipal G.C., Hayward
Jack Narz, The Riviera C.C., Pacific Palisades
Albert E. Nash, Mountain Meadows G.C., Pomona
Fred Nassif, Apple Valley C.C., Apple Valley

Gus D. Navarrete, Pomona National G.C., Pomona
Harold Nawrocki, Del Paso C.C., Sacramento
Bob Naylor, Via Verde C.C., San Dimas
Peter W. Neal, Forest Lake G.C., Acampo
Robert L. Nedd, Pebble Beach G.C., Pebble Beach
Jerry Medearis, Alta Vista C.C., P;acentia
Fidel T. Negrete, Chester Washington C.C., Los Angeles
Curtis Allyn Nehring, Braemar C.C., Tarzana
Michael R. Neill, Monterey Peninsula C.C., Pebble Beach
Allen L. Nelson, Huntington Seacliff C.C., Huntington Beach
David William Nelson, Saratoga C.C., Saratoga
Edgar H. "Ed" Nelson, Lake Wildwood C.C., Penn Valley
Gary R. Nelson, San Diego C.C., Chula Vista
Gertrude Nelson, Rossmoor G.C., Walnut Creek
Jimmy W. Nelson, Laguna Seca G.C., Monterey
Maxine Nelson, Rams Hill G.C., Borrego Springs
Merv Nelson, Yolo Fliers C.C., Woodland
Nez Neubert, Rancho Canada East, Carmel
Oscar S. Neumann, Laguna Hills G.C., Laguna Hills
Dion Neutra, St. Andrews Links, Scotland
Gerard Neville, Ojai Valley Inn & C.C., Ojai
Darrell A. Newell, Eureka Municipal G.C., Eureka
Jill R. Newgren, Carmel Valley G.&C.C., Carmel
Roger Newton, Table Mountain G.C., Oroville
James M. Neyenesch, Carlton Oaks C.C., Santee
Glen L. Nichols, Los Alamitos C.C., Los Alamitos
Robert O. Nichols, Mountain Gate C.C., Los Angeles
Howard J. Nicholson, San Luis Bay C.C., Avila Beach
Sandy Nickerson, Santa Ana C.C., Santa Ana
Nick Nicotera, Tahoe Paradise G.C., Tahoe Paradise
Dorothy Niederdeppe, Chevy Chase C.C., Glendale
Ero Niemi, Cottonwood Ivanhoe G.C., El Cajon
Sam Nigro, El Camino C.C., Oceanside
Bill Miller, Wawona Hotel G.C., Wawona
Harold E. Noble, Santiago G.C., Orange
Charles Henry Noble, Meadow Club, Fairfax
Mike Nolan, Soboba Springs G.C., San Jacinto
Tim Nolan, Wildcreek G.C., Sparks
Sandra Nole. Cameron Park C.C., Shingle Springs
Philip Nollman, Laguna Hills Leisure World, Laguna Hills
Roy Nordyke, Soboba Springs C.C., San Jacinto
L. Roy Nordyke, Soboba Springs C.C., San Jacinto
Aubrey Norgan, Richmond C.C., Richmond
Ted V. Norkus, Jr., Spring Hills G.C., Watsonville
Grover "Jess" Norman, Lake San Marcos G.C., Lake San Marcos
Joan Norman, Santa Barbara Comm. G.C., Santa Barbara
M. Norman, Aptos Seascape, Aptos
Less Norrow, Fullerton, Fullerton
Dennis Norton, Cold Springs C.C., Placerville
Lewis D. Norviel, Glendora C.C., Glendors
C. Nosco, Los Amigos G.C., Downey
Donald R. Noseworthy, Los Robles Greens, Thousand Oaks
Earl Noxon, Franklin Canyon, Rodeo
Michael J. Nugent, Hidden Valley Lake G.C., Middletown
Ken Oberg, Los Robles G.C., Thousand Oaks
William Obermiller, Mathers A.F.B. G.C., Mathers A.F.B.
Rey Obligacion, Haggin Oaks G.C., Sacramento
Shelley O'Brien, Kern City G.C., Bakersfield
Tom O'Brien, Fort Washington G.&C.C., Fresno
Bill Ochinero, Sunnyside C.C., Fresno
A.J. Ochoa, Santa Anita G.C., Arcadia

1983 HOLES-IN-ONE

Bill O'Connor, Mission Viejo C.C., Mission Viejo
Pat Odel, Glendora C.C., Glendora
Edmond J. O'Flaherty, Lake Chabot G.C., Oakland
Barney O'Hara, Rossmoor G.C., Walnut Creek
John K. Okabayashi, Meadowlark G.C., Huntington Beach
Mike Olcese, Ancil Hoffman County Park G.C., Carmichael
Doris Olden, El Caballero C.C., Tarzana
Jerry Oldenkamp, Montecito C.C., Montecito
Marvin J. Olerich, Carroll Municipal, Carroll
Bob Oliver, Tulare G.C., Tulare
Guerin Olivola, Pacific Grove Golf Links, Pacific Grove
Lynda Ollerton, Coronado Municipal G.C., Coronado
Gary L. Olmstead, Soule Park G.C., Ojai
Brian C. O'Loughlin, Camarillo Spring, Camarillo Springs
Otto Olsen, Encino, Encino
Morlin K. Olson, Green River G.C., Corona
Dave Olthoff, Dialbo Hills, Walnut Creek
Wallace J. O'Melia, Alta Vista C.C., Placentia
Joseph Onder, Admiral-Nimitz G.C., Barrigada
Dennis O'Neil, El Cariso G.C., Sylmar
Tom O'Neil III, Del Paso C.C., Sacramento
Reta Oneto, Elkhorn C.C., Stockton
Vincent A. Orbisn, Miramar Memorial G.C., San Diego
Henry L. O'Rear, Spyglass Hill, Pebble Beach
John O'Rourke, Buena Ventura, Ventura
Ray Orr, Ironwood C.C., Palm Desert
Robert "Bob" Ortega, Catalina Island G.C., Avalon
Daniel Q. Ortiz, Valencia G.C., Valencia
Dennis Osborn, Costa Mesa Public G.C., Costa Mesa
Elaine R. Osep, Rancho G.C., Los Angeles
John Oshima, Lake Merced G.&C.C., Daly City
B.C. Oslin, Pacific Grove, Pacific Grove
James E. Oslund, Victorville Municipal G.C., Victorville
Bert Osterberg, Skylinks G.C., Long Beach
Nick J. Ostreyko, Los Amigos G.C., Downey
Patrick I. Ott, Indsutry Hills-Eisenhower Course, City of Industry
Fernne G. Oulie, Circle R. Ranch C.C., Escondido
Reese Overacker, Woodland Hills C.C., Woodland Hills
John Overall, Oakmont C.C., Glendale
Eugene R. Overton, Oakridge C.C., San Jose
Beth Ownes, Monterey C.C., Palm Desert
Larry Owles, Industry Hills G.C., City of Industry
Bud Oxford, Birnam Wood G.C., Santa Barbara
David S. Pabers, Meadowlark G.&C.C., Arnold
Al Pacciorini, Sierra Pines G.C., Twain Harte
Charles "Chuck" Pace, Griffith Park G.C., Los Angeles
Charles R. Packard, Alhambra G.C., Alhambra
Pathricia M. Packard, San Vincente, Ramona
David I. Packman, Braeman G.C., Tarzana
Edmond J. Packowski, Sunset Whitney C.C., Rocklin
Gilbert Padazian, Olympic C.C., Daly City
Eddie Padilla, Bolado Park, Tres Pinos
Robert Padilla, Skylinks G.C., Long Beach
Richard Pagenkopp, Candlewood C.C., Whittier
Mike Painter, Visalia G.C., Visalia
Lilu W. Pair, Rolling Hill C.C., Rolling Hills Estates
Pat Paisley, Bidwell Park G.C., Cico
J. W. Paldi, Airways G.C., Fresno
Richard R. Palkovic, Costa Mesa Public G.C., Costa Mesa
Tena Pandell, Aptos Seascape, Aptos
Olga Panko, Santa Teresa G.C., San Jose

Nick Pappas, Sunol Valley, Sunol
M.C. Pardini, Desert Horizons C.C., Indian Wells
John Parduhn, Rancho Las Palmas C.C., Rancho Mirage
Dwight Parham, Sierra G.C., Placerville
Jeffrey Allen Parisian, Fallbrook C.C., Fallbrook
Beth Park, Valley Hi C.C., Sacramento
Brian Moon Park, Rancho San Joaquin, Irvine
Kook Hong Park, Santa Anita, Arcadia
Lawrence Park, Ojai C.C., Ojai
Thomas Park, El Prado-Chino Creek, Chino
Yong H. Park, Alta Vista C.C., Placentia
Carter E. Parker, Hayward G.C., Hayward
Lee W. Parker, Lawrence Links G.C., North Highlands
Ralph N. Parker, Simi Hills, Simi Valley
Randall L. Parkyn, Green River, Corona
Leon Parma, Beaver Creek G.C., Vail
Martin Tracy Parrott, Park City, Park City
Donn Parsch, Bermuda Dunes C.C., Bermuda Dunes
Keith A. Partlon, Marine Memorial G.C., Camp Pendelton
Roland Partridge, Rancho San Joaquin G.C., Irvine
Edgar S. Pasimio, Coronado Municipal, Coronado
Barbara Patchen, Swenson Park G.C., Stockton
John Pate, La Cumbre, Santa Barbara
Betty J. Patterson, Newport Beach G.C., Newport Beach
Claire F. Patteson, Eagle Valley G.C., Carson City
Merrillee Pattison, La Contenta G.&C.C., Valley Springs
Don Patton, San Jose Municipal, San Jose
John E. Pauer, Salinas Fairways G.C., Salinas
Eleanor B. Paul, Lake Arrowhead C.C., Lake Arrowhead
Gary Pausch, Canyon Lake C.C., Canyon Lake
Ben Pavone, Mira Vista C.C., El Cerrito
Robert J. Payton, Westlake C.C., Westlake Village
James N. Peal, Jr., Birch Hills G.C., La Habra
Jerry Peale, Black Lake G.C., Nipomo
Lurline A. Pearl, Riviera C.C., Pacific Palisades
Robert Pearson, Spirng Valley Lake C.C., Victorville
Harlan E. Pebley, San Clemente Municipal G.C., San Clemente
Paul R. Pedersen, Pleasant Hills G.&C.C., San Jose
Richard Peffley, Los Coyotes C.C., Buena Park
Dave Pell, Camarillo Springs G.C., Camarillo
Arthur E. Pellinen, Haggin Oaks G.C., Sacramento
Victor a. Pellitier, Whispering Palms C.C., Rancho Sante Fe
Jim Pengilly, Sunol Valley G.C., Sunol Valley
Steward Penman, Laguna Hills G.C., Laguna Hills
Caroline Penn, Bing Maloney G.C., Sacramento
Herman Penner, Pasatiempo, Santa Cruz
Sidney Penner, Deanza C.C., Cathedral City
David F. Perazzo, Sunnyvale Municipal, Sunnyvale
William H. Perdue, III, Admiral-Nimitz G.C., Guam
A. Pereira, Fort Washington C.C., Pinedale
Vieta Perkins, Dunes G.C., Las Vegas
Darin Permkan, Fig Carion, Fresno
Mike Perpich, Florence C.C., Florence
Phillip P. Perrelli, Orinda C.C., Orinda
Lloyd Ferrey, Lomas Santa Fe C.C., Solana Beach
Tom Perrins, Rossmoor G.C., Walnut Creek
Henry G. Perry, Bolado Park G.C., Tres Pinos
Robert Perry, Sr., Santa Barbara Community G.C., Santa Barbara
Roy A. Perry, Griffith Park C.C., Los Angeles
P.H. Person, Fallbrook C.C., Fallbrook

1983 HOLES-IN-ONE

Duane Peters, Lomas Santa Fe C.C., Solana Beach
Keith Peters, Fresno West G.&C.C., Kerman
Alex Peterson, Shoreline G.C., Mountain View
Clyde Peterson, Camarillo Spring G.C., Camarillo Springs
Donald G. Peterson, Red Hill C.C., Rancho Cucamonga
Don R. Peterson, Palm Springs Municipal G.C., Palm Springs,
Ernest Peterson, Circle R Ranch C.C., Esconidido
Harold L. Peterson, Belmont C.C., Fresno
David R. Petit, Saticoy C.C., Somis
Harold W. Petree, Mather A.F.B G.C., Sacramento
Stephen F. Petri, Twain Harte G.C., Twain Harte
Frank Petrotta, Morro Bay G.C., Morro Bay
Elmo Petterle, Peacock G.&C.C., San Rafael
Fred Pettitt, Lake Shastina, Weed
Jean I. Petzold, Mile Square, Fountain Valley
James F. Phelan, Jr., Kapalua Bay Course, Kapalua
John M. Phelps, Indian Hills C.C., Riverside
Frank L. Phillips, Barbers Point C.C., Barbers Point
Mark Phillips, Oakdale C.C., Oakdale
Michael G. Phillips, Knollwood G.C., Granada Hills
Nancy Phillips, Forest Meadow G.C., Murphys
Robert Phillips, Pacific Grove G.C., Pacific Grove
Mary V. Phinney, Alondra Park, Lawndale
Carol Phipps, Oakdale C.C., Oakdale
John Phreaner, Santa Barbara Community G.C., Santa Barbara
Jim Piccolo, La Mirada G.C., La Mirada
Harry Pickard, Los Serranos C.C., Chino
Lillian A. Pickering, Sherwood Forest, Sanger
Frank A. Pickett, H.G. "Dad" Miller G.C., Anaheim
Nadine Pierandozzi, Candlewood, Whittier
Kay Pierce, Recreation Park, Long Beach
C.N. Pierozzi, Navy G.C., San Diego
David St. Pierre, Franklin Canyon G.C., Rodeo
Al Pierson, Marina G.C., San Leandro
Harold Pilkinton, El Cariso G.C., Sylmar
Don Pine, Blue Rock Springs, Valle Jo
Everett L. Pinion, Palm Meadows G.C., San Bernardino
George Pinizzotto, Los Anigos, Downey
Donald R. Pinney, Kelley Ridge, Oroville
James H. Pino, El Prado G.C., Chino
Mike Pitts, Recreation Park G.C., Long Beach
Bruce H. Planck, San Clemente Municipal G.C., San Clemente
Graeme D. Plant, Silverado C.C., Napa
Alfred Pleger, Singing Hills C.C., El Cajon
Art Plenert, Candlewood C.C., Whittier
Robert Poage, Del Paso C.C., Sacramento
Diane Pocsik, El Segundo G.C., El Segundo
Ralph J. Poenner, Black Lake G.C., Nipomo
Jerome Pokrzywinski, El Prado, Chino
Bernard Poliskey, Seven Hills G.C., Hemet
S. Robert Polito, Desert Horizon's C.C., Indian Wells
Tim Polizzi, Spyglass Hill G.C., Pebble Beach
Len Pollak, Coronado G.C., Coronado
Gordon Pollick, San Jose Municipal, San Jose
Mel Polzin, Apple Valley C.C., Apple Valley
Ernest A. Ponce, Arrowhead C.C., San Bernardino
Robert J. Ponshock, El Prado G.C., Chino
J. Paul Popovic, Harding Park, San Francisco
John Frank Porrello, Huntington Seacliff G.C., Huntington Beach

Randy Port, El Caballero C.C., Tarzana
Eugene Porter, Rancho Las Palmas C.C., Rancho Mirage
Ken Potalivo, Alta Vista C.C., Placentia
Albert M. Potter, Laguna Hills G.C., Laguna Hills
Constance D. Pottrell, Royal Kaanapali G.C., Lahanna Maui
Gene Potts, Chevy Chase C.C., Glendale
Clarence A. Poulsen, Diablo Creek C.C., Concord
Dave Powell, Victorville Municipal, Victorville
Gordon Powell, George Mifflin G.C., Taft
Francis Powers, Thunderbird, San Jose
Marv Poyser, Birch Hills G.C., Brea
Charlie C. Pratt, Jr., Sierra G.C., Placerville
John Pratt, Wilson Lake C.C., Wilton
Brierley Preston, The Seabee G.C., Port Hueneme
Irvin Preston, Brookside C.C., Pasadena
Jack Preston, Rainbow Canyon Golf Resort, Temecula
Robert Preston, North Ranch C.C., Westlake Village
Ted Preston, Kern River, Bakersfield
Charles B. Prewitt, Black Lake G.C., Hipomo
Margaret P. Price, Rancho Maria G.C., Santa Maria
Paul H. Price, Green Tree G.C., Vacaville
Bonnie L. Priddy, Round Hill C.C., Alamo
Charles R. Priddy, Jr., Vista Valley C.C., Vista
Jack Privett, Wilshire C.C., Los Angeles
Boyd Prizes, Vista Valencia G.C., Valencia
Art Prochnow, Riverview C.C., Redding
Pete Provost, Seaside G.C., Seaside
Jim Pselos, Oceanside G.C., Oceanside
Clarine Pugh, El Camino C.C., Oceanside
Henry M. Puliz, Ancil Hoffman Park, Carmichael
John S. Pulley, West Winds C.C., Victorville
William Pultz, Torrey Pines, La Jolla
Frank Pumilia, Crow Canyon C.C., San Ramon
Donna Purcell, Crystalaire C.C., Llano
Arnold A. Purola, Ontario National G.C., Ontario
Kenneth D. Purvis, Birch Hills, Brea
Kay Pye, Forest Meadows G.C., Murphys
Belle Quinn, Spring Creek, Ripon
Manuel Quiszada, San Jose C.C., San Jose
Bill Raaka, Silverado, Napa
Orville Raborn, Palm Meadows G.C., San Bernardino
Richard Rabun, Sierra G.C., Placerville
Bill Rack, Elkhorn C.C., Stockton
Tom Raczkowski, Muroc Lake G.C., Edwards A.F.B.
Merle Radeke, Leisure World G.C., Laguna Hills
Robert Radford, Santa Teresa, San Jose
W. E. Radtke, Lake Shastina, Weed
Florence D. Rae, Skylinks, Long Beach
Carol Rafferty, El Niguel C.C., Laguna Niguel
Vivien Ragan, Diablo Hills G.C., Walnut Creek
Don Rakier, Sunset Hills C.C., Thousand Oaks
Art Ramey, Chester Washington G.C., Los Angeles
Jack Ramirez, Peach Tree G.&C.C., Linda
Benny Ramos, Salinas Fairways G.C., Salinas
Geoffrey K. Ramussen, Combat Center G.C., 29 Palms
Donald J. Randell. El Rancho Verde C.C., Rialto
Louis J. Randall, Willock G.C., Santa Ana
Stuart Randall, Victorville Municipal G.C., Victorville
Norbert M. Rander, Haggin Oaks, Sacramento
H. Dale Raridon, De Bell, Burbank
Ray Ramby, Bing Maloney, Sacramento
William T. Rassieur, Rancho Santa Fe G.C.,

1983 HOLES-IN-ONE

Rancho Santa Fe
L. M. Rasmussen, Oakmont G.C., Santa Rosa
Richard B. Rasmussen, Kalua Koi G.C., Maunaloa-Molokai
Joan Rathborne, Burlingame C.C., Hillsborough
Rosemary Rausser, Peach Tree G.&C.C., Marysville
Brenda L. Rawers, Rancho Murieta C.C., Rancho Murieta
Gary Rawlings, Davis G.C., Davis
Jim Ray, Glendora C.C., Glendora
Mary Ella Ray, Green Valley C.C., Suisun
Elmore Rayman, Friendly Hills C.C., Whittier
Gregory F. Raymond, Sheraton at Steamboat, Steamboat Springs
Sheldon P. Raynes, Nevada C.C., Grass Valley
Bob Reams, Napa Valley C.C., Napa
John A. Rechlin, Long Beach Recreation Park, Long Beach
James Reddoch, Rancho San Joaquin, Irvine
Herman H. Reece, Santa Rose, Palm Desert
Marvin L. Reed, Carlton Oaks C.C., Santee
Wallace K. Reed, Navajo Canyon, San Diego
Van Lear L. Reeder, San Diego C.C., Chula Vista
Charles L. Reeves, Mile Square G.C., Fountain Valley
A. A. Reicher, Chester Washington G.C., Los Angeles
Brad Reiches, Lake Chabot Municipal G.C., Oakland
Ray Reilly, Elkhorn C.C., Stockton
Robert D. Reineccius, Parkway, Fremont
James M. Reininghaus, Rossmoor G.C., Walnut Creek
David E. Reinoehl, Delaveaga G.C., Santa Cruz
Judith Halgren Reising, Hilltop Lakes Resort City, Hilltop Lakes
John Reiss, Rainbow Canyon G.C., Temecula
Leanora Reiswig, Woodbridge C.C., Woodbridge
Matt Reitz, Indian Hills G.C., Riverside
Earl Remick, Chaparral C.C., Palm Desert
Lilyan Remick, Chaparral C.C., Palm Desert
John Renati, Sunnyvale Municipal, Sunnyvale
Rex N. Rennick, Laguna Hills G.C., Laguna Hills
R. G. Replogle, Laguna Hills G.C., Laguna Hills
Michael C. Retzlaff, Haggin Oaks Municipal G.C., Sacramento
Robert Revels, San Clemente Municipal G.C., San Clemente
Marjorie Reyburn, Belmont C.C., Fresno
Verne Reyes, Las Vegas G.C., Las Vegas
Sharon K. Reyno, El Niguel C.C., Laguna Niguel
Annette Reynolds, Peach Tree G.C., Marysville
Ben E. Reynolds, Escondido C.C., Escondido
Cece Reynolds, Birch Hills, Brea
G. B. "Mike" Reynolds, Laguna Hills G.C., Laguna Hills
Mike Rhea, Singing Hills C.C., El Cajon
Albert P. Ribisi, San Jose C.C., San Jose
Harold Rice, Pacific Grove G.C., Pacific Grove
Lillian Rice, Big Tee Golf Center, Buena Park
David Rich, Alta Vista C.C., Placentia
Madge Rich, Indio Municipal G.C., Indio
Buster Richards, Palm Desert C.C., Palm Desert
Charles R. Richardson, Rossmoor South Course, Walnut Creek
Charles W. Richion, Los Altos G.&C.C., Los Altos
Ruth Rickles, Brentwood C.C., Brentwood
Albert C. Ricksecker, Rancho Cordova, Sacto
Albert C. Ricksecker, Cordova G.C., Rancho Cordova

Bette A. Ridenour, Big Canyon C.C., Newport Beach
Bette Ridenour, Alta Vista C.C., Placentia
Bill Rieken, Mare Island G.C., Vallejo
Deborah M. Ries, Palmtree G.C., APO San Francisco
Tommy Riggs, Corral de Tierra C.C., Salina
George Riley, River Island G.C., Porterville
Jim Riley, Wawona Hotel G.C., Wawona
Doris J. Ring, Singing Hills, El Cajon
Stan Ring, Vista Valencia, Valencia
Paul W. Ringelstein, Diable Creek G.C., Concord
Peter J. Ringleman, Eureka Municipal, Eureka
Wayne H. Ripley, Long Beach Navy, Cypress
Bob Ritchey, Kern City G.C., Bakersfield
Jo Riter, Valley Hi C.C., Sacramento
Bill Ritter, Wilcox Oaks G.C., Red Bluff
Bill Ritzinger, Porter Valley C.C., Northridge
Joe Rizzo, Bonita G.C., Bonita
Don Roach, Birch Hills, Brea
Mollie S. Robbins, Diable Creek G.C., Concord
Robert A. Robbins, Showboat C.C., Las Vegas
Russell G. Robbins, Valley Gardens, Scotts Valley
Donald L. Roberts, Rancho Las Palmas C.C., Rancho Mirage
Jim Roberts, Lake San Marcos C.C., Lake San Marcos
J. Y. Roberts, Swenson Park G.C., Stockton
Steven Robin, Riviera C.C., Pacific Palisades
Dick Robinson, Buena Vista G.C., Taft
Don Robinson, Wawona Hotel G.C., Wawona
Glenn L. Robinson, Palos Verdes C.C., Palos Verdes Estates
John Robinson, Goodyear G.&C.C., Litchfield Park
Dolly Robson, Hesperia G.C., Hesperia
Frank Roddie, Seven Hills G.C., Hemet
Hal Rodgers, Diablo Hills G.C., Walnut Creek
Rowena Rodin, El Caballero C.C., Tarzana
Jim Rodine, Plumas Lake C.C., Marysville
William Rodrick, Contra Costa C.C., Pleasant Hill
George B. Roe, Old Del Montz G.C., Monterey
Monte Roecker, Jr., Monterey Peninsula C.C., Pebble Beach
Warren Roettinger Jr., Knollwood G.C., Granada Hills
James B. Rogon, Sunol Valley G.C., Sunol
Clement Rogers, Mace Meadow G.&C.C., Pioneer
Fred Rogers, Mountain View C.C., Corona
M. C. "Babe" Rogers, Saboba Springs, San Jacinto
Michael C. Rogers, Riverside G.C., Fresno
W. Haley Rogers, Admiral Baker G.C., San Diego
W. Bruce Rollins, El Cariso, Sylmar
Ronald M. Roncone, Ironwood C.C., Palm Desert
Lore Rooke, San Clemente G.C., San Clemente
Robert A. Roos, Jr., La Quinta Hotel Resort, La Quinta
Dot Ropes, River Island C.C., Porterville
Ellis W. Rose, Jr., Yolo Fliers C.C., Woodland
Ken Rose, Castlewood C.C., Pleasanton
Marjorie Rose, Belmont C.C., Fresno
Tom Rose, Tall Pines G.C., Paradise
Rolland R. Roseberry, Torrey Pines Municipal, South Course, San Diego
John Roselli, Jr., Ironwood G.C., Palm Desert
Alan Rosen, Breamar C.C., Tarzana
Joe Rosenberg, Riviera C.C., Pacific Palisades
Howard Rosenblum, Round Hill C.C., Alamo
Thomas A. Rosenquist, Tama Hills G.C.,

1983 HOLES-IN-ONE

APO, S.F. 96328 Japan
Jack Rosenthal, Chaparral C.C., Palm Desert
Betsy Ross, Knollwood G.C., Granada Hills
James Ross, Antioch G.C., Antioch
James H. Ross, Morro Bay G.C., Morro Bay
John W. Ross, Rancho Penasquitos G.C., San Diego
Max C. Ross, Red Hill C.C., Cucamonga
Lou Rossi, Delaveaga C.C., Santa Cruz
Rick Rossman, Los Coyotes C.C., Buena Park
George Rossman, Jr., Pajaro Valley G.C., Watsonville
I. Robert Roth, Brentwood C.C., Los Angeles
Robert Rotstan, Irvin Coast C.C., Newport Beach
Rick Rounds, Green River G.C., Corona
Hersch Rourk, Cypress Hills G.C., Colma
Vincent J. Rovetti, Olympic G.C., San Francisco
N. Kerry Rowan, Davis G.C., Davis
Harold Rowe, Sierra G.C., Placerville
William Rowe, Lemoor Municipal, Lemoore
Jack W. Rowland, Del Rio C.C., Modesto
James Rowles, Antelope Valley C.C., Palmdale
Warren L. Rowlinson, San Jose Municipal G.C., San Jose
Dan Roy, Phoenix Lake C.C., Sonora
John R. Royal, Fresno West G.C., Kerman
Harriet Rubens, Cherry Hills G.C., Sun City
Sid Rubin, Mission Hills C.C., Rancho Mirage
Gary Ruby, Seven Hills, Hemet
Raymond Rudkin, Dry Creek Ranch, Galt
Raymond Rudkin, Dry Creek Ranch, Galt
Woody Ruikka, Huntington Seacliff, Huntington Beach
Bruce C. Runquist, Victoria, Carson
J. E. Rupp, Coronado G.C., Coronado
Dante Ruscitti, Canyon Lake C.C., Canyon Lake
Jerry D. Ruse, Sandpiper G.C., Santa Barbara
Vonnie Ruse, Sandpiper G.C., Santa Barbara
W. E. Rushworth, Hawaii C.C., Wahiawa
Burnell Russell, Butte Creek C.C., Chico
Earle Russill, San Jose C.C., San Jose
Greta E. Russell, Santa Barbara Community G.C., Santa Barbara
Merle Russell, Rancho Verde G.C., Yuba City
Sy Russell, Aptos Seascope G.C., Aptos
Bob Rutherard, Riverside G.C., Fresno
Larry Rutherford, Ft. Ord C.C., Ft. Ord
Tom Ryan, Vandenberg A.F.B., Lompoc
Frederick F. Rychel, Willow Brook C.C., Lakeside
Al Saba, Bakersfield C.C., Bakersfield
Albert E. Sabol, San Bernardino G.C., San Bernardino
Roland E. Sabourin, Mather A.F.B. G.C., Sacramento
Gerald Sabroe, Belmont C.C., Fresno
Charles Sachaklian, Los Verdes G.C., Rancho Palos Verdes
Walter Sadell, San Clemente Municipal G.C., San Clemente
Stanley Sagara, Skywest G.C., Hayward
Al Saragun, Santa Anita G.C., Arcadia
Marge St. Onge, El Camino C.C., Oceanside
Sadamu Sakai, California C.C., Whittier
Frank Salamid, Jr., Sequoyah C.C., Oakland
Ray Salvoni, Peacock Gap C.C., San Rafael
Catharine S. Sammons, The Alisal G.C., Solvang
Ernerst B. Sampson, Los Posas C.C., Camarillo
Tom Sams, Oakdale C.C., Oakdale
George Sanborn, Oakmont G.C., Santa Rosa
Rudy Sanchez, San Mateo Municipal G.C., San Mateo
Tom Sanchez, Hawaii Kai Executive G.C., Honolulu
Oscar A. Sandberg, Buena Vista G.C., Taft
David Sanders, Spring Valley Lake C.C., Victorville
Ramy Sandoval, Montebello C.C., Montebello
June Sands, Alma G.C., San Jose
Garth Sangster, San Juan Hills G.C., San Juan Capistrano
George M. San Pedro, Harding Park G.C., San Francisco
Patrick J. Santora, Riverbend G.C., Braderick
Raymond Santos, Birch Hills G.C., Brea
Kyle B. Sather, Desert Inn & C.C., Las Vegas
Jules Satmary, Boca Raton Hotel & Club, Boca Raton
Jenny Saul, Hesperia C.C., Hesperia
Don Saunders, Santa Teresa G.C., San Jose
Thomas M. Sawyers, Red Hill C.C., Rancho Cucamonga
Tom Saxe, Willowick G.C., Santa Ana
Sam Saxton, Green River G.C., Corona
Kenneth R. Saylor, Industry Hill—Eisenhower G.C., City of Industry
Gregory J. Scalise, Lake Chabot G.C., Oakland
Richard Scammon, Corral De Tierra C.C., Salinas
Tom J. Scandalito, Pacific Grove G.C., Pacific Grove
Stephen R. Scanlan, Seapines G.C., Los Osos
Harvey Scettrini, Gavilan G.C., Gilroy
Bernardo Schaar, Cottonwood C.C., El Cajon
Robert L. Schade, Imperial G.C., Brea
Fred E. Schaefer, Cottonwood C.C., El Cajon
Jane Schaefer, Irvine Coast C.C., Newport Beach
Marlowe Schaffner, Seven Hills G.C., Hemet
Bill Schauppner, Irvine Coast C.C., Newport Beach
Wally Schedler, Alta Vista C.C., Placentia
Bruce Scheer, De Laveaga G.C., Santa Cruz
Larry Scheinbaum, Brentwood C.C., Los Angeles
Jon Schleicher, Sierra G.C., Placerville
James J. Schlife, Victoria C.C., Riverside
Elaine M. Schlosser, Red Hill C.C., Rancho Cucamonga
Joseph R. Schlegel, Camarillo Springs G.C., Camarillo
Royce Schmalz, Americana Canyon Hotel G.C., Palm Springs
Paul R. Schmeling, Cherry Hills G.C., Sun City
Brad Schmidt, Rancho Sierra G.C., Lancaster
D. C. Schmidt, Morro Bay G.C., Mono Bay
Irma Marie Schmidt, Incline Village G.C., Incline Village
Jack Schmidt, San Juan Hills G.C., San Juan Capistrano
Peter Schmidt, Diablo Hills G.C., Walnut Creek
Gary Schmitman, Bramar C.C., Tarzana
Al Schmitz, Quail Lake G.C., Moreno
Eugene Schmitz, Forest Lake G.C., Acompo
Mrs. Gray Schneberg, Woodland Hills C.C., Woodland Hills
Jim Schneider, Bennet Valley C.C., Santa Rosa
Gwen K. Schoenfeld, Coronado G.C., Coronado
Maurice Schoenholz, El Caballero C.C., Tarzana
Walter L. Scholey, Olympic Club, Daly City
Betty Schorlig, Baywood G.&C.C., Arcata
Raleigh W. Schreck, Victoria Club, Riverside
Charles E. Schreffler, Village C.C., Lompoc
Gordon V. Scrimger, Sunnyvale Municipal G.C., Sunnyvale
Elmer G. Schroeder, Sierra G.C., Placerville
Gerald L. Schroeder, Los Angeles C.C., Los Angeles
Marie Irene Schuldt, Santa Barbara Community G.C., Santa Barbara

1983 HOLES-IN-ONE

Daniel L. Schulist, Braemar C.C., Tarzana
Alex J. Schultz, Valencia C.C., Valencia
Harold Schultz, Pauma Valley C.C., Pauma Valley
Wm. Schultz, Desert Inn C.C., Las Vegas
Steve Schumacher, Anaheim Hills, Anaheim
William Schuyler, Village C.C., Lompoc
Nathan Schwarts, Brentwood C.C., Los Angeles
Robert S. Schwartz, Rancho Bernardo G.C., San Diego
Dennis Schwarz, Airways G.C., Fresno
H. "Irish" Schwarzenbach, Kings C.C., Hanford
Earl Scott, Seven Hills G.C., Hemet
Farris B. Scott, Oahu C.C., Honolulu
John Clark Scott, Arroyo Seco G.C., South Pasadena
Forrest E. Scrape, Fallbrook G.&C.C., Fallbrook
Steve Scruta, Torrey Pines, La Jolla
Noel W. Seaman, E. Niguel C.C., Laguna Niguel
Glen Sears, Penmar Muni G.C., Venice
Melvin L. Sears, Rossmoor G.C., Walnut Creek
Nino Sebastianelli, H.G. Dad Miller, Anaheim
Gerry Seck, Rancho Las Palmas C.C., Rancho Mirage
Paul Segal, Knollwood, Granada Hills
Hazel Seippel, Santa Barbara Community, Santa Barbara
J.W. (Kay) Seitz, Auburn Valley G.&C.C., Auburn
Les Selan, Mira Vista C.C., Elcerrito
Edward H. Sellmer, Laguna Hills G.C., Laguna Hills
Altus B. Selph, Kelly Ridge Golf Links, Oroville
George Sepeda, Riverview G.C., Santa Ana
Jon Serna, Anderson Tucker Oaks, Anderson
Tony Separovich, Bidwell Park G.C., Chico
Connie Serbak, Miles Square G.C., Fountain Valley
Bruce J. Settle, Camarillo Springs G.C., Camarillo
Dan Shanahan, Sr., Haggin Oaks, Sacramento
Fred Shanklin, Pacific Grove Golf Links, Pacific Grove
Lynn Shannon, Escondido C.C., Escondido
Melvin E. Sharpe, Tall Pines, Paradise
Gerald J. Shaughnessy, Bennett Valley G.C., Santa Rosa
Richard S. Shaw, Sr., Graegle Meadows, Graeagle
Wm. D. Shaw, Deanza Desert C.C., Borrego Springs
Virginia P. Shaw, Rancho Santa Fe G.C., Rancho Santa Fe
George Shawver, Indian Valley G.C., Novato
Jim Sheehan, Vista Valencia G.C., Valencia
Robert O. Sheffield, O'Donnell G.C., Palm Springs
Thorwald A. Sheild, Pala Mesa Resort, Fallbrook
Gale Shekell, Mt. Shadows-North G.C., Rohnert Park
Edwin A. Shelby, Palm Desert C.C., Palm Desert
D.B. Shelton, Navy G.C., San Diego
Maynard W. Shepard, Palm Lakes G.C., Fresno
Tim Shepard, Los Serance C.C., Chino
Tony Shepard, Gold Hills C.C., Redding
Robert W. Shepner, Corral De Tierra C.C., Salinas
R.A. Sherer, San Diego C.C., Chula Vista
William M. Sherrad, Graeagle Meadows, Graeagle
Bob Sherrett, Monterey C.C., Palm Desert
Robert W. Sherwood, Los Caballeros G.C., Wickenburg
Tim Smestek, Diamond Bar G.C., Diamond Bar
Kaine Y. Shew, Torrey Pines, La Jolla
Larry Shewfelt, Wilshire C.C., Los Angeles
John Shioya, Rancho Canada, Carmel
Yvonne Shipley, Santa Theresa, San Jose
Melvin L. Shivers, Lake Ridge G.C., Reno
Alfred Shively, Green Valley C.C., Suisun City
Don H. Sholes, San Bernardino G.C., San Bernardino
Leonard G. Shonka, Chevy Chase C.C., Glendale

Jack Shurtleft, Wailea, Maui
Richard Shuirman, El Prado G.C., Chino
Dale E. Shull, Jr., Long Beach Navy Destroyer G.C., Garden Grove
Sherild Shute, Mill Valley G.C., Mill Valley
Elise Shwachman, South Hills, West Covina
Ray K. Shackleford, Sr., Los Amigos G.C., Downey
Henry Shamlin, Airways Public G.C., Fresno
Scott Sickich, Whispering Palms C.C., Rancho Santa Fe
Lamar Sidgner, Swenson Park G.C., Stockton
Ben Siebenthal, Del Paso, Sacramento
Cheryl Clark Sieradzki, Bermuda Dunes C.C., Bermuda Dunes
Al Sietsema, Sierra Pines G.C., Twain Harte
Bernard M. Silbert, Hillcrest C.C., Los Angeles
Norm Silva, Santa Teresa G.C., San Jose
Barbara H. Simmons, Diablo C.C., Diablo
Dave Simmons, Cordova G.C., Rancho Cordova
Janet Simmons, Birch Hills G.C., Brea
Perry Simmons, Monterey Pennsula C.C., Pebble Beach
Elizabeth Simon, The Vintage Club, Indian Wells
Frank Simon, Harbor Park G.C., Willmington
Dave Simpson, Imperial G.C., Brea
Jay M. Simpson, Los Serranos C.C., Chino
Norma Sing, Santa Rosa, Palm Desert
Darren Singer, Kauai Surf G.C., Lihue
Bob Siravo, Mather A.F.B G.C., Mather A.F.B.
Jack Sirkin, Los Coyotes C.C., Buena Park
Patricia J. Siska, El Cariso, Sylmar
Mel Skelley, Sing Hills, El Cajon
Curt Skinner, Paradise Knolls, Riverside
Dade V. Skinner, Fort Ord Bayonet G.C., Fort Ord
Irene E. Skinner, Chula Vista Municipal, Bonita
Jerry Sklar, Cathedral Canyon C.C., Palm Springs
Molly Skoll, Balboa Park, San Diego
Tony Skraba, Riverview C.C., Santa Ana
Steve Skubiak, Navy-Marine G.C., Pearl Harbor
James A. Slagel, Cerritos G.C., Cerritos
Jerry Slatkin, Mountain Gate C.C., Los Angeles
Troy Slaten, Wikiub G.C., Santa Rosa
Nora Lee Slaton, Rancho Canada West, Carmel
John Robert Slatton, Harding Municipal G.C., Los Angeles
Bernie Slot, Rancho Maria, Santa Maria
Harold A. Smead, Fort Ord G.C., Fort Ord
Evelyn M. Smiley, Whispering Palms C.C., Rancho Sante Fe
A.H. (Jake) Smith, Chaparral C.C., Palm Desert
Arnold F. Smith, Bennett Valley G.C., Santa Rosa
Bert Smith, Contra Costa C.C., Pleasant Hill
Bill Smith, Willow Wick G.C., Santa Ana
Clara J. Smith, River Side G.&C.C., Coyote
Clarence O. Smith, Santa Barbara Municipal, Santa Barbara
Connie L. Smith, Ojai Valley Inn & C.C., Ojai
Daniel J. Smith, Seaber G.C., Port Hveneme
David Smith, Del Paso C.C., Sacramento
David D. Smith, Ancil Hoffman Park C.C., Carmichael
David D. Smith, Jr., Sunnyvale Municipal G.C., Sunnyvale
Dorothy Smith, Big Foot C.C., Willow Creek
Franklin E. Smith, Soboba Springs C.C., San Vacinto
Jack Smith, Seven Hills, Hemet

1983 HOLES-IN-ONE

John P. Smith, Torrey Pines South, San Diego
J. Richard Smith, Birch Hills G.C., Brea
Kenneth C. Smith, Naval Postgrad School G.C., Monterey
Lloyd M. Smith, El Segundo, El Segundo
Lorraine Smith, Palm Desert Greens G.C., Palm Desert
Marlin B. Smith, Green Valley C.C., Portsmouth
Morgan F. Smith, Mountain Gate C.C., Los Angeles
Paul E. Smith, Miles Square, Fountain Valley
Paul Lynge Smith, The Wilshire C.C., Los Angeles
Richard S. Smith, Huntington Seacliff G.C., Huntington Beach
Robert E. Smith, Lawrence Links G.C., No. Highlands
Rollin R. Smith, Rolling Hills C.C., Rolling Hills Estates
Sally Smith, Spring Valley Lake C.C., Victorville
Vivian Smith, Skywest G.C., Hayward
W.J. Smith, Sierra View C.C., Roseville
Wilburn A. Smith, Marine Memorial G.C., Oceanside
Wilder A. Smith, Palm Meadows G.C., San Bernardino
Consolacion Blas Snipes, Vandenberg A.F.B. G.C., Vandenberg A.F.B
Calbert Snoddy, Napa Valley C.C., Napa
Ted Snook, S.B. Community G.C., Santa Barbara
Everett L. Snow, Lawndale G.C., Lawndale
Barry Snyder, La Cumbre C.C., Santa Barbara
David C. Snyder, San Juan Hills C.C., San Juan Capistrano
Duke Snyder, Simi Hills G.C., Simi
Gil Snyder, Ukiah G.C., Ukiah
Harlan E. Snyder, Seven Hills, Hemet
James W. Snyder, Shadow Ridge C.C., Vista
Ray Snyder, Bel-Air C.C., Bel-Air
Richard V. Snyder, Braemar C.C., Tarzana
Frederick A. Socco, Chester L. Washington, El Segundo
Katie Soden, Buena Vista C.C., Taft
J. Soderer, Los Robles Greens, Thousand Oaks
Len Soderquist, Sr., Mt. Shadwos, Rohnert Park
Harry W. Soderstrom, Stanford University G.C., Palo Alto
Al Sola, Forest Meadows G.C., Murphys
Samuel I. Solano, Blackberry Farm, Monta Vista
Craig Solenberger, Pacific Grove G.C., Pacific Grove
Harry Solomon, Deanza C.C., Cathedral City
Julius Solomon, Los Robles, Thousands Oaks
Pete Solomon, Rancho Maria, Santa Maria
Richard J. Sommerdyke, Graeagle Meadows, Graeagle
Mikel Sooter, Blackberry Farms, Monta Vista
Albert Sorensen, El Camino C.C., Oceanside
Robert Sorenson, Santa Ana C.C., Santa Ana
Charles W. Sorrels III, Delavega G.C., Santa Cruz
Lew Southern, Palo Alto Hills G.&C.C., Palo Alto
Adolph Souza, Sunol-Valley, Sunol
Thomas D. Sowder, Alta Vista C.C., Placenta
Oliver H. Sowers, Jr., Cotton Wood C.C., El Cajon
Marion R. Spadoni, San Mateo Municipal G.C., San Mateo
Fran Spaith, Ancil Hoffman, Carmichael
Wil M. Spaite, Airways G.C., Fresno
Mitch Spake, Vista Valencia G.C., Valencia
Coralie Sparkes, Sea Pines G.C., Los Osos
Robert J. Sparks, Carmel Valley G.&C.C., Carmel
Anne Sparkling, Lake Arrowhead G.C., Lake Arrowhead
Marvin C. Spear, North Kern, Oildale
Raymond B. Speare, Brentwood C.C., Los Angeles
Garland J. Spears, Lake of the Pines C.C., Auburn

Connie Speck, Chaparral C.C., Palm Desert
James Speckens, Mesa Verde C.C., Costa Mesa
Richard Spediacci, Mountain Shadows, Rohnert Park
Dave Spellman, Haggin Oaks, North Course, Sacramento
Glenda Apence, Canyon Crest C.C., Riverside
Robert W. Sperry, Industry Hills-Eisenhower, City of Industry
Jack D. Spiegelman, Santa Sose G.&C.C., Santa Rose
Ollie Spires, Antelope Valley C.C., Palmdale
Bettkye Spohn, Seven Hills G.C., Hemet
Steve Spon, Cresta Verde, Corona
Richard B. Springer, Woodland Hills C.C., Woodland Hills
Wayne Sproles, Pebble Beach G.C., Pebble Beach
Calvin D. Sprowls, Valencia G.C., Valencia
Euell Lynel Spruiell, Imperial G.C., Brea
Bob Spung, Santa Teresa, San Jose
Roy E. Squires, Cameron Park C.C., Cameron Park
David Staberow, Sierra Pines G.C., Twain Hart
Bill Stadelman, Sierraview G.C., Roseville
Robert Staff, Stardust C.C., San Diego
Jay D., Stafford, Laguna Hills (Leisure World) G.C., Laguna Hills
Rhea L. Stafford, Santa Maria C.C., Santa Maria
Dorothy Stamps, Red Hill C.C., Rancho Cucamonga
Paul Stancik, Rancho Bernardo Inn & C.C., San Diego
Ray Standley, March Air Force G.C., Riverside
Henry M. Stanley, Boulder Creek Golf & C.C., Boulder Creek
Ted Starnes, Butte Creek C.C., Chico
Dave Stathem, North Ridge C.C., Fair Oaks
Max Stearns, Las Posas C.C., Camarillo
J. Doyle Steed, Tall Pines G.C., Paradise
Dan Stegall, Vista Valencia, Canyon Country
Philip Stehle, March Air Force Base G.C., Riverside
William Steinken, Huntington Seacliff, Huntington Beach
Robert Stelzer, Palo Alto Municipal G.C., Palo Alto
Tony Stemkoski, Visalia C.C., Visalia
Dick Stensby, Glendora C.C., Glendora
Ron Stenson, Los Robles Greens, Thousand Oaks
Donna Stephens, Beau Pre, McKinleyville
Betty B. Sterling, Silver Lakes C.C., Helendale
Louis A. Stern, Jr., Brentwood C.C., Los Angeles
Wanda Steury, Santa Maria C.C., Santa Maria
Early Steven, Lake San Marcos C.C., Lake San Marcos
Harry L. Stevens, Jr., California C.C., Whittier
Wendell W. Stevens, Laguna Hills G.&C.C., Laguna Hills
William F. Stevens, Penmar Municipal G.C., Venice
Paul Eve Stevenson, Jr., Plaza G.C., Visalia
Dale Stewart, Hacienda G.C., La Habra
Donald D. Stewart, Stardust C.C., San Diego
Ernie Stewart, Oakmont C.C., Glendale
Maria Stewart, Rancho Del Rey G.C., Atwater
Marlar E. Stewart, Village C.C., Lompoc
Roger Stewart, Los Serrands, Chino
Gil Stiles, Spy Glass Hill, Pebble Beach
Charles E. Stilgenbauer, Costa Mesa Public G.&C.C., Costa Mesa
Bruce E. Stimson, Olympic Ocean Club, San Francisco
L. L. Stith, Green Valley C.C., Suisun
Howard Stitt, Saticoy C.C., Camarillo
Arthur Stobbe, Visalia C.C., Visalia
Jim Stock, Rancho Las Palmas C.C., Rancho Mirage
Donald Stocking, Rancho Maria G.C., Santa Maria

1983 HOLES-IN-ONE

Joseph W. Stok, Navy Beach Destroyer G.C., Cypress
Robert W. Stombaugh, Irvine Coast C.C., Newport Beach
Loren F. Stone, Los Serranos C.C., Chino
William Stone, Santa Teresa G.C., San Jose
Ed Stoner, Los Amigos G.C., Downey
Carol B. Stoney, Casta del Sol, Mission Viejo
Loren Stover, Rancho Maria, Santa Maria
Jim Strakes, Fig Garden G.C., Fresno
Donald L. Straley, Los Amigos Country G.C., Downey
Don Strapp, Woodbridge C.C., Galt
David C. Stratton, San Luis G.&C.C., San Luis
John R. Stratton, La Mirada G.C., La Mirada
Jeannette Streeter, Lake San Marcos C.C., Lake San Marcos
Bob Stricklin, Fresno West G.&C.C., Kerman
Sam L. Stringfield, Riverside, Herndon
Chris Strohm, Tahoe Paradise, Tahoe Paradise
George Stuart, Los Verdes G.C., Rancho Palos Verdes
Graham Stubberfield, Morro Bay G.C., San Luis Obispo
Cooper B. Stubbs, Desert Island C.C., Rancho Mirage
Jerome Stuhlbarg, Palos Verdes G.C., Palos Verdes Estates
Mary Stultz, Woodland Hills C.C., Woodland Hills
Fred Sturm, Stanford G.C., Stanford
Ake Sugita, Mountain View, Corona
John W. Suitor, Los Serranos, Chino
Lloyd L. Sukut, Palm Desert Resort C.C., Palm Desert
Cam Sullivan, Rancho Canada G.C., Carmel
Shaun J. Sullivan, Pittsburg G.&C.C., Pittsburg
Harry H. Sumida, Rancho Canada, Carmel
James D. Summers, Jr., Vista Valencia, Valencia
Dennis Sumwalt, Willow Glen-Singing Hills, El Cajon
Poong Hoon Sun, Mile Square, Fountain Valley
John J. Sunseri, Vanbuskirk G.C., Stockton
Anthony D. Sureau, La Costa C.C., Carlsbad
Robert Suter, Mather A.F.B. G.C., Rancho Cordova
R. Bruce Sutherland, Porter Valley C.C., Northridge
Carl Sutton, Seascape, Aptos
Jack Swanson, Porter Valley C.C., Northridge
Buzz Swarts, San Clemente Municipal G.C., San Clemente
Jeff Sweeney, Plaza G.C., Visalia
Walt Sweeney, Visalia C.C., Visalia
Darryl Sweetland, Diablo Hills G.C., Walnut Creek
Richard M. Sweinhart, Meadowlark C.C., Huntington Beach
James A. Swick, Vista Valencia G.C., Valencia
Martha Switzer, Chaparral C.C., Palm Desert
Bob Sylvia, Long Beach Navy G.C., Cypress
Josephine Syson, Circle "R" Ranch, Escondido
Ted Szal, Crystal Springs G.C., Burlingame
Alex T. Szostek, Meadow Lake G.C., Escondido
Perry Taft, Elkhorn C.C., Stockton
Tokuo Tahama, Kadena G.C., Okinawa
Gary Taira, Mountain View C.C., Corona
Ted Takasumi, Camp Zama G.C., San Francisco
Hal C. Takier, Newport Beach G.C., Newport Beach
Jeffery Taku, San Jose Municipal, San Jose
Robert J. Talbert, Rancho Penasquitos C.C., San Diego
Ted Tamai, Bing Maloney G.C., Sacramento
Richard Tammone, Los Amigos, Downey
Gary T. Tanaka, Sunol Valley G.C., Sunol
Russell Tanaka, Ancil Hoffman County Park, Carmichael

Richard Tang, Chevy Chase C.C., Glendale
John A. Tanovich, Cameron Park C.C., Cameron Park
Glenn Tarbox, Rancho Maria, Santa Maria
William B. Tarr, West Linda, Costa Mesa
Richard Taylor, Singing Hills C.C., El Cajon
Russell C. Taylor, Irvine Coast C.C., Newport Beach
Steve W. Taylor, Dryden G.C., Modesto
Maxine Tedesco, Soboba Springs C.C., San Jacinto
Fred C. Tellenbach, Whittier Narrows G.C., So. San Gabriel
Richard D. Ten Eyck, Eaton Canyon, Pasadena
Alice Terrill, Rolling Hills C.C., Rolling Hills Estates
David C. Terry, Sunol Valley G.C., Sunol
Bill Thayer, Stanford G.C., Palo Alto
Bob Thayer, Whispering Palms G.C., Rancho Santa Fe
Sam Thierman, Santa Barbara Community G.C., Santa Barbara
S. E. Thoits, Ancil Hoffman G.C., Carmichael
Fred Thomas, San Mateo Municipal G.C., San Mateo
Lavarn Thomas, Birch Hills G.C., Brea
Robert Thomas, Braemar C.C., Tarzana
Robert E. Thomas, Palm Desert C.C., Palm Desert
O. G. (Tommy) Thomason, La Mirada C.C., La Mirada
Percy S. Thompsett, Jr., North Kern G.C., Bakersfield
Dave R. Thompson, Riverview C.C., Santa Ana
Guy L. Thompson, Miramar Memorial G.C., San Diego
James R. Thompson, Rancho Bernardo Inn, Rancho Bernardo
Joe Thompson, Western Hills C.C., Chino
Mary E. Thompson, Oakmont, Santa Rosa
Norma E. Thompson, Red Hill C.C., Rancho Cucamonga
Sharon L. Thompson, Palm Springs Municipal C.C., Palm Springs
Wesley Thompson, Cresta Verde G.C., Corona
W. A. "Sandy" Thompspon, San Gabriel C.C., San Gabriel
William A. Thompson, Monterey Peninsula C.C., Pebble Beach
Margaret Thomsen, Wilcox Oaks G.C., Red Bluff
Warren Thoreson, Monterey C.C., Palm Desert
Maurice Thornhill, La Contenta G.&C.C., Valley Springs
Bud Thrift, Boulder Creek C.C., Boulder Creek
Bert Tickes, San Jose Municipal, San Jose
Eleanor H. Tieburg, Wm. Land Park, Sacramento
Kim B. Tierney, Del Paso C.C., Sacramento
Don Tighe, Blackhawk C.C., Danville
Dick Tilton, Laguna Hills C.C., Laguna Hills
Thomas A. Tingley, Spring Lake G.C., Middle Island
Eileen F. Timpe, Carmel Valley G.&C.C., Carmel
Edward R. Tipper, Tilden Park G.C., Berkeley
Albert Tirce, Whittier Narrows G.C., South San Gabriel
Phyllis Toal, San Clemente Municipal G.C., San Clemente
J. E. Tobin, O'Donnell G.C., Palm Springs
Walter W. Todd, Los Robles G.C., Thousand Oaks
Wilson Todd, San Jose Municipal G.C., San Jose
DeLoy Tolman, El Dorado Park G.C., Long Beach
Chester P. Tomei, Osbrink G.C., Escondido
Douglas S. Tomison, Manteca Park G.C., Manteca
Joe Tomooka, Rancho Maria, Orcutt
Christopher A. Toms, Wailea G.C., Kihei
Harry M. Tonkin, Canyon C.C., Palm Springs
David W. Tope, Morro Bay G.C., Morro Bay
Peter Tornquist, S. B. Community G.C., Santa Barbara

1983 HOLES-IN-ONE

Larry A. Toscano, Olympic Club, Daly City
Rolland S. Tougas, Sunnyvale Municipal G.C., Sunnyvale
Brian Towerey, Desert Inn & C.C., Las Vegas
Benjamin Townsend, Mountain Shadows, Rohnert Park
Nancy J. Townsend, Costa Mesa G.&C.C., Costa Mesa
Ron Trammell, Laguna Seca G.C., Monterey
Cary Tozer, Silverado C.C., Napa
Randy Trantham, Birch Hills G.C., Brea
Tony Traviglia, Mile Square, Fountain Valley
George P. Tribble, Tracy G.&C.C., Tracy
Robert F. Tripodi, Morro Bay G.C., Morro Bay
Dan Trott, Costa Mesa C.C., Costa Mesa
Dan M. Trott, Costa Mesa G.&C.C., Costa Mesa
Robert A. Trujillo, Graeagle Meadows G.C., Graeagle
Thomas Trulls, San Juan Hills C.C., San Juan Capistrano
Frank Trull, Village C.C., Lompoc
Floyd E. Trussel, Indian Creek C.C., Loomis
Acton Lo Tucker, Santa Teresa G.C., San Jose
Kittipan Tumwattana, Azusa Green C.C., Azusa
James Turner, Green Hills C.C., Millbrae
James Thomas Turner, Los Robles, Thousand Oaks
Ruth L. Turner, Boulder Creek G.&C.C., Boulder Creek
Wayne Turner, Kings C.C., Hanford
John Twine, Chester Washington G.C., Los Angeles
Tad Twombly, Azusa Greens C.C., Azusa
Ben Ubaldi, Stockton G.&C.C., Stockton
Barney Uchida, Washington G.C., Los Angeles
Hashi Uchikado, Riverside G.C., Coyote G.C., Coyote
Frank Ulf, San Gabriel C.C., San Gabriel
Burwell L. Ullrey, San Jose C.C., San Jose
Gregg Underdown, Belmont C.C., Fresno
Bob Unthank, Apple Valley C.C., Apple Valley
Coleman Upton, Fresno West G.&C.C., Mendota
Tom Uram, Yolo Fliers C.C., Woodland
Leonard Urbaniak, Marine Memorial G.C., Santa Ana
Ray Urushima, Belmont C.C., Fresno
Tom Utman, Mesa Verde C.C., Costa Mesa
Jimmie N. Uyeda, Vista Valencia G.C., Valencia
Frank Uyemura, Blythe Municipal G.C., Blythe
Carl Vaccariello, DeBelle Municipal G.C., Burbank
Tim Vahey, Ontario National G.C., Ontario
Walter Valen, San Jose Municipal, San Jose
Carlos Vallin, De Bell G.C., Burbank
Melvin F. Van Auken, Riverview G.C., Santa Ana
Harry Van Beenen, Cedar Links, Medford
C. R. Vance, Eaton Canyon, Pasadena
Tom Van Deusen, San Bernardino, G.C., San Bernardino
Harold B. Van Dyken, Miramar Memorial G.C., San Diego
John A. Van Every, Buena Ventura, Ventua
Chester F. Van Horn, Plumas Pines G.C., Blaisden
Russ Vaniman, San Dimas G.C., San Dimas
Anton Van Son, Peacock Gap C.C., San Rafael
David J. Vargas, Parkway G.C., Fremont
William A. Vash, Los Amigos C.C., Downey
Ernest G. Vasina, Olivas Park G.C., Ventura
Henry Vasquez, Pruneridge G.C., Santa Clara
Santy Vasquez, Moffett Field G.C., Moffett Field
J. R. Vaughan, Wilshire C.C., Los Angeles
Pete Vaughn, Encino G.C., Sepulveda
William J. Veigele, Community G.C., Santa Barbara
Festus Venarde, Lake Wildwood C.C., Penn Valley
A. M. Ventura, Teldin Park G.C., Berkeley
Martin Verdegaal, Jackson Lakes, Lemoore

Fran Veris, Rancho Las Palmas C.C., Rancho Mirage
Walt Viar, Santa Maria C.C., Santa Maria
Astrid M. Vick, Birch Hills G.C., Brea
William Vick, Indian Hills, Riverside
Bill Viele, Cypress Point C.C., Pebble Beach
Nick Vigilante, Laguna Seca, Monterey
Maurice K. Villines, Lemoore Municipal G.C., Lemoore
Bill Vinagre, Auburn Valley G.C., Auburn
Steven Vincent, Tulare G.C., Tulare
Jim Voelkl, Santa Ana C.C., Santa Ana
Fred H. Vogler, Fullerton G.C., fullerton
Ted E. Voigt, Sebastopol G.C., Sebastapol
Henry Volle, The Villages, San Jose
Don Volosing, Sharp Park, Pacifica
Charles K. Von Der Ahe, Lakeside G.C. of Hollywood, Burbank
Arnold Von Stetjna, Tularcitos G.&C.C., Milpitas
Ted Vournas, San Gabriel C.C., San Gabriel
Valley J. Voyles, Laguna Hills G.C., Laguna Hills
Carlyle W. Wacker, El Camino C.C., Oceanside
Mrs. Ellen Waer, Candlewood C.C., Whittier,
Dick Wagner, Neveda County C.C., Grass Valley
Howard Wagner, Hacienda G.C., La Habra
A. G. Wahle, Oak Ridge G.C., San Jose
Bob Wahler, Willowick G.C., Santa Ana
Stanley B. Waid, Navy G.C., San Diego
Colin T. Waiman, Peacock Gap G.&C.C., San Rafael
Marjo Wakeman, Sunrise C.C., Rancho Mirage
Jack Walchli, Palos Verdes G.C., Palos Verdes Estates
Marge Walden, Oakdale C.C., Oak Dale
Herm Waldman, Chaparral C.C., Palm Desert
Hal Waldum, Redlands C.C., Redlands
G. L. Walker, Vandenberg Air Force Base G.C., Vandenberg
Harry Walker, Jr., L.A.C.C., Los Angeles
Mike Walker, Gilroy G.&C.C., Gilroy
Carl E. Wallace, Napa Municipal G.C., Napa
Cuppy Wallace, Santa Barbara Community G.C., Santa Barbara
Rose Ann Wallace, Los Altos G.C., Los Altos
Barry J. Waller, La Mirada G.C., La Mirada
Dottie Walter, San Clemente G.C., San Clemente
Robert Walters, Heartwell G.P., Long Beach
Robert Wasters, Black Lake G.C., Nipomo
William H. Waltjen, Rancho Del Rey, Atwater
Josephine E. Walton, Parkway G.C., Fremont
Roger L. Wander, Willowick G.C., Santa Ana
Pete Wansa, Cottonwood G.C., El Cajon
Ellsworth J. Ward, Victoria G.C., Carson
Jane Ward, Boulder Creek G.&C.C., Boulder Creek
Jay Dee Ward, Muroc Lake G.C. (Edwards A.F.B.), Edwards
Bob Ware, Marin C.C., Novato
David C. Ware, San Juan Hills, San Juan Capistrano
Peter F. Warmenhoven, Santa Maria C.C., Santa Maria
Bill Warner, Blackhawk C.C., Danville
Earl T. Warren, Willow Glen, El Cajon
Leona Warren, Sierra G.C., Placerville
Mrs. Sarah Warsen, Keauhou Kona G.C., Kailua Kona
Michail J. Wasco, Soboba Springs C.C., San Jacinto
Byron D. Washburn, Peach Tree G.&C.C., Marysville
Eiichi Watanabe, Tournament Player's Club, Ponte Vedra

402

1983 HOLES-IN-ONE

Howard T. Watanabe, Pleasant Hills G.&C.C., San Jose
Ch;arles R. Waterman, Cyress Lakes G.C., Finley
Francis Watkins, Sunol Valley (Palm Course), Sunol
Robert C. Watkins, Sierra View C.C., Roveville
H;arvey B. Watson, Diamond Bar G.C., Diamond Bar
Jack Watson, Wilcox Oaks G.C., Red Bluff
Jim Watson, Candlewood C.C., Whittier
Roger Watson, Santa Barbara Municipal, Santa Barbara
Robert Way, Rossmoor G.C., Walnut Creek
Steve Wayrynen, Pleasant Hills, San Jose
Aron Weaver, Mountain Meadows, Pomona
James Paul Weaver, Broodside G.&C.C., Worthington
William R. Weaver, Kelly Ridge Golf Links, Oroville
Lois Webb, Oak Tree C.C., Tehachapi
Phil Webb, Oak Tree C.C., Tehachapi
Ray Webb, Santa Maria C.C., Santa Maria
Lester Webber, Lawrence Links, Sacramento
James L. Webster, Los Alamitos C.C., Los Alamitos
Robert N. Weed, Irvine Coast C.C., Newport Beach
Richard Weeks, Bob Johns, Anaheim
E. J. Weidner, Sea Pines, Los Osos
Linda Weil, Calabasas Park C.C., Calabasas
Ken Weimer, Oakdale C.C., Oakdale
Milton Weintraub, Montecito C.C., Santa Barbara
Wilmer Weintz, River Bend G.&C.C., Broderick
Arnold H. Weis, Aptos Seascape G.C., Aptos
Raymond H. Weisskopf, Moffett Field G.C., Moffett Field
Barbara Welborn, Annandale G.C., Pasadena
Larry Welborn, Rainbow Canyon, Temecula
Fran Welch, Hansen Dam G.C., Pacoima
William O. Welch, Haggin Oaks, Sacramento
Bob G. Wells, Olivas Park G.C., Ventura
Frank E. Wells, Vista Valencia G.C., Valencia
Jeanne Wells, San Diego C.C., Chula Vista
William H. Wells, Parkway G.C., Fremont
Bill Welsh, Northstar at Tahoe, Truckee
Joseph E. Wemheuer, El Prado G.C., Chino
Darwin Wendland, La Mirada G.C., La Mirada
Earl H. Wendte, Santa Barbara Community G.C., Santa Barbara
Dolores Wengert, Scholl Canyon, Glendale
Del Wermuth, Salinas G.&C.C., Salinas
Don Wesley, Hayward G.C., Hayward
Art Weston, Rancho Murieta So., Rancho Murieta
Chan Whaley, Richmond C.C., Richmond
Sung B. Whang, Industry Hills Babe Zaharias, City of Industry
Doug Wheeler, Escondido C.C., Escondido
Dick Wheelock, Tropicana C.C., Las Vegas
Keith E. Whipple, Table Mountain G.C., Oroville
Chris Whitaker, La Mirada G.C., La Mirada
David White, Black Horse G.C., Ft. Ord
Helyn White, Alondra Park, Lawndale
Jim White, Bay Meadows G.C., San Mateo
Julian M. White, Shastina G.&C.C., Weed
Robert W. White, Griffith Park G.C., Los Angeles
Trina G. White, Palm Meadows G.C., San Bernardino
William Whiteford, Cottonwood at Rancho San Diego, El Cajon
Philip E. Whiting, Braemar C.C., Tarzana
Bill Whitlock, Hobergs Forest Lake, Cobb
Charles Whitmore, Village C.C., Lompoc
B. B. Whitney, Oakmont G.C., Santa Rosa

James H. Whitson, Imperial G.C., Brea
Bill Whitworth, San Clemente G.C., San Clemente
Alton Wickman, Cottonwood Monte Vista Course, El Cajon
B. J. Wiederrich, Woodbridge G.&C.C., Woodbridge
Stephen J. Wiencek, El Prado G.C., Chino
Earl J. Wiesen, Diamond Bar G.&C.C., Diamond Bar
Del Wiggins, Sea Pines G.C., Los Osos
Sam Wight, Little River Inn G.C., Little River
Lila Wilbarger, The Alisal, Solvang
Dennie Wilbour, Vista Valencia G.C., Valencia
Scheible, Wilbur R., U.S. Naval Air Station, Mountain View
Lee R. Wilburn, Jr., Green River G.C., Corona
John W. Wilcox, El Rivino C.C., Riverside
Bernard H. Wilkens, Adm. Baker So., San Diego
Edward F. Will, Birch Hills G.C., Brea
John W. Willard, Willowick, Santa Ana
Marge Willey, Del Paso C.C., Sacramento
Alton J. Williams, Mira Mar Memorial, San Diego
Bo Williams, Indian Wells C.C., Indian Wells
Bob Williams, Green Valley C.C., Suisun City
Charlie Williams, Fort Ord G.C., Fort Ord
Curt Williams, San Bernardino G.C., San Bernardino
Dave Williams, Dryden Park Municipal G.C., Modesto
David Williams, Fig Garden G.C., Fresno
Don H. Williams, Del Rio C.C., Modesto
Donald W. Williams, Black Lake G.C., Nipomo
Ellis J. Williams, Irvine Coast C.C., Newport Beach
Glen Williams, North Ridge C.C., Fair Oaks
Jack Williams, Alondra, Lawndale
James R. Williams, Pebble Beach G.L., Pebble Beach
Janie Williams, Azusa Greens C.C., Azusa
June Williams, Contra Costa C.C., Pleasant Hill
Kenny Williams, Sierra G.C., Placerville
Marvin Williams, Visalia C.C., Visalia
Phillip D. Williams, San Dimas G.C., San Dimas
Polly Williams, Juruph Hills, Riverside
Richard M. Williams, Rossmoor South G.C., Walnut Creek
Roger W. Williams, Spring Hills G.C., Watsonville
Stanley Williams, Big Foot, Willow Creek
Thomas T. Williams, Naval Station, Coronado
Wm. W. Williams, Riverside, Coyote
Robert Williamson, The Springs Club, Rancho Mirage
Robert M. Williamson, Villages G.&C.C., San Jose
Walter Wilms, Rossmoor G.C., Laguna Hills
Bob Wilson, Napa Valley C.C., Napa Valley
Herb Wilson, Irvine Coast C.C., Newport Beach
Fran Wilson, Los Coyotes, Buena Park
Herb Wilson, Irvine Coast C.C., Newport Beach
Hugh Wilson, Azusa Greens C.C., Azusa
James H. Wilson, Green Hills C.C., Millbrae
Jim Wilson, Haggin Oaks, Sacramento
Parker Wilson, Jr., Ocean Meadows C.C., Goleta
Pete Wilson, Mesa Verde C.C., Costa Mesa
Richard A. Wilson, Kauae Surf G.C., Lihue
Robert L. Wilson, Leisure World G.C., Laguna Hills
Steve Wilson, San Luis Rey Downs, Bonsall
Wanoa Wilson, Friendly Hills C.C., Whittier
Wayne P. Wilt, Agate Beach G.C., Newport
Richard D. Wineland, DeBell G.C., Burbank
Eldon D. Winger, Seven Hills, Hemet

1983 HOLES-IN-ONE

Marilyn Winn, River Island C.C., Porterville
Harold H. Winneke, Marine Memorial El Toro, El Toro
Clarence M. Winslow, California C.C., Whittier
Frank Wingston, Green River G.C., Corona
Bill Winter, Stockdale C.C., Bakersfield
G. J. Winter, Cottonwoods G.C., El Cajon
Wayne Winter, Kern River G.C., Bakersfield
David Winters, Tucker Oaks, Anderson
Ed Winthers, Silverado, Napa
Jack Wise, Sun Valley Fairways, La Mesa
Fred Witt, Wigwam C.C., Litchfield Park
Kenny Witt, Birch Hills, Brea
Fred A. Witt, Wigwam West G.C., Litchfield Park
Jeanne B. Witter, Birch Hills, Brea
P. J. Wolf, Rancho Del Rey, Atwater
Bud Wolf, Peninsula G.&C.C., San Mateo
Lynn Wolfe, Scholl Canyon G.C., Glendale
Larry Wondero, Wilshire C.C., Los Angeles
Bubby Wong, Paso Robles, Paso Robles
Kai Wong, H. G. "Dad" Millers G.C., Anaheim
Lee Woo Chang, Diablo Creek G.C., Concord
Floyd Wood, Nevadad C.C., Grass Valley
Harold B. Wood, Indian Creek C.C., Loomis
Ruth Wood, Sunset Dunes, Colton
Robert A. Woods, El Prado, Chino
C. M. Word, S. B. Community G.C., Santa Barbara
Jack Worden, Saratoga C.C., Saratoga
Quinton D. Worthams, Chester Washington G.C., Los Angeles
Elbert Wright, Sierra La Verne G.C., La Verne
Elwin L. Wright, Skylinks G.C., Long Beach
Fred Wright, Parkway, Fremont
Geoffrey T. Wright, Soule Park, Ojai
Marshall "Midge" Wright, Twain Harte G.C., Twain Harte
Richard E. Wright, Loveland Municipal G.C., Loveland
Vern Wright, Elkins Ranch, Fillmore
Francee Yaeger, Victoria Club, Riverside
Dick Yahnke, Stockdale C.C., Bakersfield
Fred Yaley, San Mateo Municipal, San Mateo
Mamo Yamagishi, Pomona National, Walnut
Mrs. Kyoko Yamane, Los Coyotes C.C., Buena Park
Harry Yanke, Breamer C.C., Tarzana
Clarence N. Yaroslaski, Muroc Lake G.C., Edwards A.F.B.
Ed Yearing, Monterey Peninsula G.&C.C., Pebble Beach
William S. Yee, Alta Sierra C.C., Grass Valley
Al Yensan, Rancho Canada West, Carmel
Kunio Yoda, Victoria G.C., Carson
Rick Yoder, Franklin Canyon G.C., Rodeo
Hogan Yoon, Los Verdes G.C., Rancho Palos Verdes
Masahiro Yoshii, San Dimas G.C., San Dimas
Franklin Y. Yoshikane, Mesa Verde C.C., Costa Mesa
Ann N. Yost, El Carigo, Sylmar
Bill Young, Pasatiempo, Santa Cruz
Eva J. Young, Harding G.C., San Francisco
Fred Young, Whispering Palms C.C., Rancho Santa Fe
Gary Young, The Olympic Club, Daly City
George E. Young, Rancho Maria, Santa Maria
H. C. Hal Young, Horse Thief C.C., Tehachapi
Leonard Alvin Young, Los Alamitos C.C., Los Alamitos
Mae M. Young, Black Horse, Ft. Ord
Marcella Young, Kern River G.C., Bakersfield
Jan Youngdahl, California Golf Club, So. San Francisco

Bob Youngmark, Yolo Fliers C.C., Woodland
Jimmie G. Youree, H. G. "Dad" Miller G.C., Anaheim
Eileen Yraceburn, Rancho San Joaquin G.C., Irvine
Todd Doosop Yun, Sunnyvale Municipal G.C., Sunnyvale
Frank Yurgisch, Rossmoor G.C., Walnut Creek
Joseph Zablocki, Olympic Club-Lake, San Francisco
John A. Zafferano, Crow Canyon C.C., San Ramon
Elfred C. Zapf, Lake Elizabeth G.C., Palmdale
Morton Zebrack, Braemar C.C., Tarzana
Ken Zelden, Monterey C.C., Palm Desert
Margery Zellerbach, Peninsula G.&C.C., San Mateo
Peter Zelles, Bermuda Dunes C.C., Bermuda Dunes
Harry Zenner, Delaueaga G.C., Santa Cruz
Scott Zepfler, San Clemente Municipal G.C., San Clemente
Dennis C. Zeuner, Los Angeles C.C., Los Angeles
Jim Ziegler, Gold Hills C.C., Redding
Ruth Ziegler, Brentwood C.C., Los Angeles
Dennis Zimmermann, Lomas Santa Fe C.C., Solana Beach
Barry Zimmerman, Cottonwood G.C., El Cajon
R. J. Zimmerman, Hacienda G.C., La Habra
Helen Zinck, Creata Verde G.C., Corona
Mike Zitkovich, Mountain Shadows G.C., Rohnert Park
John M. Zuber, Corral de Tierra C.C., Salinas
Don Zumbro, Buena Vista G.C., Taft
Neil Zweemer, Skylinks G.C., Long Beach
Harry C. Zweifel, Azusa Greens C.C., Azusa
Gordon A. Zwissler, Red Hill C.C., Cucamonga

COLORADO

Larry L. Adams, Collindale G.C., Ft. Colins
Robert L. Adleman, Collandale G.C., Ft. Collins
Ron Akerlow, Greeley C.C., Greeley
H. V. Allacher, Englewood Municipal G.C., Englewood
Cy Allen, Jr., Denver C.C., Denver
Donald Allen, Applewood G.C., Golden
Joe Allen, Sunset G.C., Longmont
William H. Allen, Eisenhower G.C., Colorado Springs
Rick Altman, Green Gables C.C., Denver
Gary P. Amelon, Perry Park C.C., Larkspur
James R. Amidon, Collindale G.C., Ft. Collins
Jim Anderson, Peterson G.C., Peterson A.F.B.
Joy Anderson, Columbine C.C., Littleton
Joseph L. Apodaca, Trinidad Municipal G.C., Trinidad
Jeff S. Arbogast, Colonial G.&C.C., Metairie
Claude E. Archie, Lake Arbor G.C., Arvada
Patricia Armstrong, Peterson G.C., Colorado Springs
Michael L. Arrington, Applewood G.C., Golden
Kent Asbury, Vail G.C., Vail
Ray Bacon, Los Verdes G.C., Denver
Dorothy M. Baker, Heather Ridge C.C., Aurora
W. Lee Baker, Bookcliff C.C., Grand Junction
Mark Baldassar, Lake Arbor G.C., Arvada
Eileen Banks, Collindale G.C., Ft. Collins
Geneva Barr, Loveland Municipal G.C., Loveland
Ralph Bartsch, Lakewood C.C., Lakewood
James Battaglia, Columbine C.C., Littleton
Susan Lynn Bellendir, Ft. Morgan Municipal G.C., Ft. Morgan
Eric Benefiel, Foothills G.C., Denver
John R. Bennett, Eisenhower (Silver), Colorado Springs

1983 HOLES-IN-ONE

Lou Ann Bensinger, Flatirons C.C., Boulder
Bill Benson, South Suburban G.C., Littleton
Jim Berend, Fitzsimmons Army Med. Center, Aurora
Jerome F. Besser, Singletree G.C., Edwards
Gary W. Biesemeier, Orange Tree G.C., Scottsdale
Brian A. Binn, Eisenhower G.C., Colorado Springs
Dick Blake, Greeley C.C., Greeley
Bob Blaser, Hyland Hills G.C., Westminster
Gene Blue, Eisenhower G.C., Colorado Springs
Gary Boden, Twin Peaks G.C., Longmont
Burce P. Bonar, The Ranch, Denver
Jerry Boortz, Eagle Vail G.C., Vail
George Bosser, Hyland Hills G.C., Westminster
Jim Bradfield, Hiwan G.C., Evergreen
William W. Brinker, Hyland Hills C.C., Westminster
Phil Broncucia, Lakewood C.C., Lakewood
Ernest J. Brothers, City Park G.C., Pueblo
Bruce G. Brown, Wellshire G.C., Denver
Robert Browning, Willis Case G.C., Denver
Suzanne Bryson, Columbine C.C., Littletown
Casey Bullock, Applewood G.C., Golden
Donald E. Burton, Snow Mass G.C., Snowmass
Steve Buzzard, Steamboat Springs G.C., Steamboat Springs
Kenneth E. Byrd, Pine Knoll Shores G.C., Atlantic Beach
Edward L. Calnen, Foothills G.C., Lakewood
Kimberly Canatsey, Hillcrest G.C., Durango
Joe Cantalamessa, Eagle Vail G.C., Avon
Fred Carpenter, Landa Park G.C., New Braunfels
M. C. Chenburg, Broadmoor G.C., Colorado Springs
Coburn F. Christensen, Cherry Hills G.C., Englewood
Betty Clark, Vail G.C., Vail
Kent Clark, Hiwan G.C., Evergreen
Warren N. Clark, Los Verdes C.C., Denver
Gerald C. Clear, Foothills G.C., Lakewood
Jack Colvin, Lincoln Park G.C., Grand Junction
Kenneth H. Colvin, Tiara Rado, Grand Junction
Robert E. Confer, Boulder C.C., Boulder
William Conn, Lakewood C.C., Lakewood
John W. Cook, Columbine C.C., Littletown
Harvey E. Cooper, Overland G.C., Denver
Mark D. Coppolella, City Park G.C., Pueblo
Bonnie A. Corl, Eagle C.C., Broomfield
Robert O. Coulthard, Lowry A.F.B., Denver
Sam Cox, Eisenhower G.C., Colorado Springs
Neal Craft, Patty Jewett G.C., Colorado Springs
Catherine D. Craig, Indian Tree G.C., Arvada
David A. Cramer, Ft. Collins C.C., Ft. Collins
Bill Cremeans, Peterson A.F.B. G.C., Colorado Springs
Drew Cronk, Desert Inn & C.C., Las Vegas
Richard Croome, Applewood G.C., Golden
Jack Crowley, Highland Hills C.C., Greeley
Thomas T. Crumpacker, Roaring Fork Ranch, Carbondale
Van A. Cummings, Pinehurst C.C., Denver
Jerry C. Cunico, Pueblo Municipal G.C., Pueblo
Wayne F. Cunningham, Pueblo City Park, Pueblo
Guy Curtright, Rolling Hills C.C., Golden
Matt Cyphers, Lincoln Park G.C., Grand Junction
Carol Sue Dace, Patty Jewett Municipal G.C., Colorado Springs
Rhote Daniels, Las Vegas G.C., Las Vegas
Marvin Davis, Hillcrest C.C., Los Angeles
Ross Davis, Jr., Vail G.C., Vail

Dick Dearing, Applewood G.C., Golden
T. G. Deleuw, Mechaneer West G.C., Ft. Carson
Mary Ellen Dell, Perry Park C.C., Larkspur
Robert Dell, Berksdale G.C., Bella Vista
John Danardo, Pueblo City Municipal G.C., Pueblo
Dan Denike, Singing Hills-Oak Glen, El Cajon
Mark S. Despres, Applewood G.C., Golden
Thomas B. Dillingham, Pueblo City Park G.C., Pueblo
Mike Dipaola, Trinidad Municipal G.C., Trinidad
Betty Diuelbiss, Colorado City G.C., Colorado City
Steve Dixon, Lake Valley G.C., Boulder
Robert G. Dodge, Boulder C.C., Boulder
Richard Dorman, Boulder C.C., Boulder
Ethel Dorn, Lake Arbor G.C., Arvada
J. Tom Dougherty, South Suburban G.C., Littletown
James K. Downs, Lake Valley G.C., Boulder
Earl A. Dumass, Eisenhower G.C., Colorado Springs
Jim Dunlap, Foothills G.C., Denver
Bob Elliott, Sheraton at Steamboat, Steamboat Springs
Ted E. Dunning, Sunny Acres G.C., Mesa
Alfred S. Dzielak, Pagosa Pines G.C., pagosa Springs
Nate Eells, Pinehurst C.C., Denver
William R. Ellis, Marshwood C.C., Savannah
James M. English, Broadmoor G.C., Colorado Springs
Emil L. Enstrom, Bookcliff C.C., Grand Junction
Janette B. Erickson, South Suburban G.C., Littleton
Joe Ertle, Lake Arbor G.C., Arvada
Dave Fanning, Ranch C.C., Denver
Bob Fender, Thunderbird C.C., Phoenix
Don Fenn, Bookcliff C.C., Grand Junction
Charles R. Fenton, Hyland Hills G.C., Westminster
Tony Festi, Raton C.C., Raton
John M. Field, Eisenhower G.C., USAFA
J. Michael Finegan, Park Hill G.C., Denver
Cathy Fisher, Columbine C.C., Littleton
Robert L. Foltz, The Ranch C.C., Westminster
Ralph A. Forsythe, Overland Park G.C., Denver
Warren Foster, Camelot G.C., Mesa
Santo M. Foti, Aurora Hilla G.C., Aurora
Richard W. Fouss, Peterson A.F.B. G.C., Peterson A.F.B.
Nick Fox, Eisenhower G.C., Colorado Springs
Paul Freeman, Dos Rios C.C., Gunnison
Harry Frost, Loveland G.C., Loveland
Steve Fry, Steamboat G.C., Steamboat Springs
David B. Gagnon, Peterson A.F.B. G.C., Peterson A.F.B.
Gus A. Garam, Applewood, Golden
Manny Garin, Twin Peaks G.C., Longmont
Wilma Gavit, Flatirons C.C., Boulder
John Gilbert, Steamboat Springs G.C., Steamboat Springs
Paul F. Gilbert, City Park Nine, Fort Vollins
Charles D. Gill, Greeley C.C., Greeley
Linda Gilles, Fort Morgan Municipal G.C., Fort Morgan
Talbot D. Gittins, Lakewood C.C., Lakewood
Peter M. Golden, The Ranch C.C., Denver
Ike J. Gonzalez, Trinidad G.C., Trinidad
John B. Gospill, Patty Jewett G.C., Colorado Springs
Larry R. Grace, Medinah C.C., Medinah
Phillip M. Graves, Highland Hills G.C., Greeley
Andy Griego, Trinidad Municipal G.C., Trinidad
Tom Gulsvig, Patty Jewett Municipal, Colorado Springs
Sharon A. Gunderson, Heather Ridge C.C., Aurora
Janet Hagen, Copper Mountain G.C., Copper Mountain

405

1983 HOLES-IN-ONE

Marland Paul Haines, Twin Peakes, Longmont
Troy Lee Hale, Indian Tree, Arvada
Richard Hamblin, Los Verdes G.C., Denver
Katherine J. Hamlin, Spring Creek G.&C.C., Ripon
Jack G. Hansen, Municipal G.C., Grand Junction
William A. Harrison, Pinehurst C.C., Denver
Albert Harvey, Peterson A.F.B. G.C., Peterson
Richard E. Hawkins, Heather Gardens, Aurora
Tom Haynie, Fort Collins C.C., Fort Collins
Forrest Heathcott, Keystone Ranch, Keystone
Robert Heel, Valley Hi, Colorado Springs
Mike Heidrick, Cochiti Lake G.C., Cochiti Lake
Michael Henry, Sun Set, Longmont
Carl Heppenstall, Columbine C.C., Littleton
Vernon J. Higgins, Englewood G.C., Englewood
Charles Hitchcock, Dos Rios G.C., Gunnison
Leo A. Hoegh, Poco Diablo Resort, Sedona
Fritz F. Hoerdemann, Pinehurst C.C., Denver
Lou Hoggatt, Snowmass Club, Snowmass
Clem H. Hohcamp, Englewood Municipal, Englewood
Rick Holford, Yampa Valley G.C., Craig
W. L. (Bill) Hollander, Estes Park C.C., Estes Park
Paul Holloway, Fort Morgan Municipal, Fort Morgan
Richard E. Holman, Denver C.C., Denver
Randy Holman, Spreading Antlers G.C., Lamar
Clem Holtcamp, Englewood Municipal G.C., Englewood
Michael D. Hughes, Sunset Municipal, Longmont
Douglas D. Hunt, LoveLand Municipal G.C., Love Land
Jeffrey B. Hurdelbrink, Hyland Hills G.C., Westminster
Cynthia Icabone, City Park G.C., Pueblo
Eugene H. Ideker, The Ranch, Denver
Elaine Imel, Eagle C.C., Broomfield
William L. Ingram, Arrowhead G.C., Littleton
Bobby Jackson, Ranch C.C., Denver
James P. Jerrryes, Lincoln Park G.C., Grand Junction
Dail Jennings, Havard, Denver
Norman W. Jensen, Foothills G.C., Lakewood
Robert E. Johnson, Lakewood C.C., Lakewood
Bruce L. Jones, Applewood Golf, Golden
Don D. Jones, Overland Park G.C., Denver
Ray Joyce, Boulder C.C., Boulder
Coy Justus, Lincoln Park G.C., Grand Junction
Kevin B. Karan, Indian Tree G.C., Aruada
Clayton C. Kaufman, South Suburban, Littleton
Jeff Kaup, Arrowhead C.C., Littleton
Gary E. Kidd, Vail G.C., Vail
Mike King, Hiwan C.C., Evergreen
Tom Landauer, Vail G.C., Vail
Larry Knudsen, Grand Lake C.C., Grand Lake
James V. Kohnert, The Phoenician, Phoenix
Sam Kumagai, Inverness G.C., Englewood
Paula Lane, Bookcliff C.C., Grand Junction
Susan Laws, Columbine C.C., Littleton
Roy Lawson, Pinehurst C.C., Denver
Don Leitner, Foothills G.C., Denver
Doug Leonvice, The Ranch C.C., Denver
Letey, Bookcliff C.C., Grand Junction
John Leveillec, Overland Municipal G.C., Denver
James D. Lichty, Estes Park G.&C.C., Estes Park
Henry Lile, City Park Municipal G.C., Pueblo
Mike Link, Foothills G.C., Denver
Richard Link, Beaver Creek G.C., Avon
Harry Litten, Aurora Hills, Aurora

Ginny Long, Broadmoor West, Colorado Springs
Jeff Lott, Rolling Hills G.C., Golden
Sean Lynch, Hiwan C.C., Evergreen
Jim Mahannah, Brookcliff C.C., Grand Junction
Ray Malloy, Heatheridge C.C., Aurora
Victor L. Marafine, Eisenhower G.C., U.S.A.F.A.
John Marhofer, Fort Carson G.C., Fort Carson
Don Marine, Lowry G.C., Lowry A.F.B.
Larry Markillie, Pagosa Pines G.C., Pagosa
Scott J. Marshall, Eisenhower G.C., A.F.A.
Bill Martin, Jr., Arrowhead G.C., Littleton
Dan Martin, Columbine C.C., Littleton
Samuel V. Martinez, Foothills G.C., Denver
Tom Martinez, The Ranch G.C., Denver
Jessie H. Martz, Woodmoor C.C., Monument
John Masten, Cherry Hills C.C., Englewood
James C. Mattern, Rolling Hills C.C., Golden
Jonathan McCarthy, Steamboat Springs G.C., Steamboat Springs
William K. McFarland, Arrowhead G.C., Littleton
Leo McGrath, Lakewood C.C., Lakewood
Dan McKelvey, Wellshire Municipal G.C., Denver
Leslie O. McMillin, Paradise Valley Park G.C., Phoenix
Sam B. McNatt, Pagosa Pines G.C., Pagosa
Mitch Medina, Trinidad Municipal, Trinidad
Denis Meier, Ranch C.C., Denver
Vera Maria F. Meier, Showboat C.C., Las Vegas
Jere Mete, Monte Vista C.C., Monte Vista
Chuck Meyer, South Suburban, Littleton
Donald R. Miller, Collindale, Fort Collins
Randall Miller, Englewood Municipal, Englewood
Billie B. Moen, Lake Arbor, Arvada
Susan Moore, The Pinery C.C., Parker
Betty Morairty, Ranch C.C., Denver
Lilah Moreland, Fox HIll C.C., Longmont
Shig Morishige, Aurora Hills, Aurora
Ronald Morris, Lake Arbor, Arvada
Mike Moseley, Bonneville, Salt Lake City
Ray Mullane, Fitzsimons G.C., Aurora
Nibby Musso, Trinidad G.C., Trinidad
Rae Needham, Wellshire G.C., Denver
Ovida Neil Woodmoor C.C., Monument
Katheriane J. Neilson Hyland Hills G.C., Westminster
Marilou Newell, Pinery C.C., Parker
Robert B. Niles, Inverness G.C., Englewood
Jerry Nudd, The Pinery C.C., Parker
Bernard F. O'Brien, Jr., The Pinery C.C., Parker
Dale Oliver, Purple Sage G.C., Caldwell
David V. Opland, Salida G.C., Salida
Tony Pace, Peterson G.C., Peterson A.F.B.
Guido M. Pachelli, Trinidad Municipal G.C., Trinidad
Alvin E. Padalecki, Arrowhead G.C., Littleton
Bud Palmer, Eagle Vail, Avon
Bill Parchen, Pinehurst C.C., Denver
Tom Pawlowski, Eisenhower G.C., U.S. Air Force Academy
Roger Payne, Highland Hills Municipal G.C., Greeley
Evelyn Pearson, McCall G.C., McCall
Owen H. Pederson, Valley Hi G.C., Colorado Springs
Carol Jean Pedigo, Vail G.C., Vail
Carl Pennington, Applewood G.C., Golden
Robert W. Peterman, Lake Arbor G.C., Arvada
John N. Petrock, Foothills G.C., Denver

1983 HOLES-IN-ONE

Gladys Pettit, Rolling Hills C.C., Golden
Harold P. (Hal) Pfeifer, The Ranch C.C., Denver
O. S. Philpott, Jr., Cherry Hills C.C., Englewood
Catherine L. Phipps, Heather Gardens, Aurora
John Perry Pickard, Foothills G.C., Denver
Beth Pierce, Loveland Municipal G.C., Loveland
Terry G. Pixley, Patty Jewett G.C., Colorado Springs
W. A. Plunkett, Heather Gardens, Aurora
Michael Pomfret, Sunset G.C., Longmont
Edith Porter, City Park G.C., Pueblo
Richard Porter, Singletree G.C., Edwards
Mark B. Potter, Park Hill, Denver
Pete Powel, Singletree G.C., Edwards
Pierre G. (Pete) Powel, Jr., Singletree G.C., Golden
Joe Prinzi, Applewood G.C., Golden
Bob Raburn, Hyland Hills, Westminster
Carey Ragland, Indian Tree G.C., Arvada
Tony L. Raitz, Showboat C.C., Las Vegas
C. S. "Bud" Ray, South Suburban G.C., Littleton
Mick Reed, Julesburg G.C., Julesburg
Ron Reed, Lincoln Park G.C., Grand Junction
Terry Reed, Kennedy G.C., Denver
Ben Reiff, Sheraton at Steamboat, Steamboat Springs
Claudia Reynourd, Applewood G.C., Golden
E. Eugene Rice, Foothills G.C., Denver
Scottie Richardson, Casper C.C., Casper
Joel Rifkin, Aurora Hills G.C., Aurora
Louis Rivera, Mechaneer G.C., Fort Carson
Kevin Roach, Vail G.C., Vail
Lloyd Robertson, Cottonwood G.C., Delta
Max E. Robertson, Mill Valley Municipal, Mill Valley
Dick Robinson, Green Gables C.C., Lakewood
Don Robinson, Welshire G.C., Denver
Harold I. Robinson, Loveland G.C., Loveland
Donna M. Rogers, Boulder C.C., Boulder
Paul A. Romane, Overland Park, Denver
Jerry Rose, Lincoln Park G.C., Grand Junction
Tim Rubbert, Welshire, Denver
Betty C. Rudolph, Cherry Hills C.C., Englewood
Duane Ruegge, Aurora Hills G.C., Aurora
Jack Ruhs, Wildcreek G.C., Sparks
Fred Sabell, Overland Park, Denver
H. F. St. John, Grand Lake G.C., Grand Lake
Basil P. Sakas, Fort Collins C.C., Fort Collins
George Salankey, Applewood G.C., Golden
Roy Salem, Eisenhower, U.S.A.F.A.
Steve Saunders, Applewood G.C., Golden
George M. Scheider, Inverness G.C., Englewood
Charles A. Schell, Foothills G.C., Denver
Vince Schmitz, Ironwood G.C., Palm Springs
Vardene Schumm, Hyland Hills G.C., Westminster
Helen M. Schuster, Colorado Springs C.C., Colorado Springs
Judy Schwabach, Aspen G.C., Aspen
Hank Schwartz, Valley Hi, Colorado Springs
Johnm William Schwartz, Singletree C.C., Edwards
Bill Scott, Gleneagle C.C., Colorado Springs
Jo Scott, Fort Morgan C.C., Fort Morgan
Fran Scripture, Showboat G.C., Henderson
Fred B. Settle, Jr., Lakewood C.C., Lakewood
Jim Shafer, Lowry A.F.B., Denver
William C. Shanks, Valley Hi G.C., Colorado Springs
Louise R. Sheppard, Greeley G.C., Greeley

Robert A. Sherwood, Aspen G.C., Aspen
Michael V. Shoop, Boca Raton Hotel & Club, Boca Raton
Jack W. Shumaker, Highland Hills G.C., Greeley
Leonard Silverberg, Green Gables C.C., Denver
Mitchell M. Simmons, The Ranch C.C., Denver
Ruth Sittler, Alameda Municipal G.C., Alameda
S. Park Smalley, Sheraton at Steamboat, Steamboat Springs
Dale D. Smith, Los Verdes G.C., Denver
G. Rex Smith, Fort Collins C.C., Fort Collins
Yvonne Smith, Woodmoore C.C., Monument
Mal Snyder, Aurora Hills, Aurora
H. F. Soerensen, Inverness G.C., Englewood
Vickie Sommers, Tiara Rado, Grand Junction
Eddie Spenner, Sunset Municipal G.C., Longmont
Don J. Spickerman, Overland Park, Denver
John C. Stachowski, Overland Park, Denver
Marlorie Stewart, Fort Collins C.C., Fort Collins
Jack E. Stillabower, Riverdale, Brighton
Shane R. Stites, Chappell G.C., Chappell
Bill Stout, The Ranch C.C., Denver
Clarence "Clancy" Stout, Holyoke Municipal G.C., Holyoke
Jean Stout, Loveland Municipal G.C., Loveland
Betty Struck, Applewood G.C., Golden
Copie Summerson, Greeley C.C., Greeley
James H. Taliaferro, La Junta Municipal G.C., La Junta
Dan Tarkoff, Parkhill G.C., Denver
Don Taylor, Dos Rios C.C., Gunnison
Emmett Taylor, La Quinta Golf & Tennis Resort, La Quinta
Roland Taylor, Fort Carson Mechaneer G.C., Fort Carson
Carl Tesitor, Lake Valley, Boulder
Roger W. Thompson, Perry Park C.C., Larkspur
Forrest L. Thorpe III, Highland Hills, Greeley
Joan Tipton, Flatirons C.C., Boulder
Tom Todd, La Junta Municipal G.C., La Junta
James V. Topliff, Pinery C.C., Parker
Barbara Trinen, Wellshire, Denver
Phyllis Trouth, Steamboat Springs, Steamboat Springs
Hank Trujillo, Jewett, Colorado Springs
Penny Tschudy, Hyland Hills G.C., Westminster
Jim Turner, Pinery C.C., Parker
Jack E. Van Bibber, Monte Vista C.C., Monte Vista
John D. Vandenhoof, Bookcliff C.C., Grand Junction
Arthur A. Vanderveen, Boulder C.C., Boulder
Cliff Vannest, Fort Morgan G.C., Fort Morgan
George J. Verville, Park Hill G.C., Denver
Robert E. Vigil, Mechaneer Fort Carson, Colorado Springs
John Vollmar, Colorado Springs C.C., Colorado Springs
Carl H. Wade, South Suburban, Littleton
Elly Walker, Heather Ridge C.C., Aurora
Gary Walton, Gleneagle C.C., Colorado Springs
Robert R. Ward, Showboat C.C., Las Vegas
Brent Warkentine, Broadmoor, Colorado Springs
Charlene Watkins, Greeley C.C., Greeley
David H. Watkins, Loveland Municipal, Loveland
Steven J. Wegner, Foothills G.C., Denver
Bull Werley, Pinehurst C.C., Denver
Craig Wecoatt, Indian Tree G.C., Arvada
Griffin Wetzstein, Hyland Hills, Westminster
L. R. White, Eaton C.C., Eaton
Harry Whitworth, Colorado Springs C.C., Colorado Springs

1983 HOLES-IN-ONE

Wayne Widynowski, Perry Park C.C., Larkspur
J. Morey Wilbur, Los Verdes C.C., Denver
George D. Wilcox, Denver C.C., Denver
Roberta Wilcox, Eagle C.C., Broomfield
Dwight T. Wilkens, Eisenhower G.C., Colorado Springs
F. D. Wilkins, Vail Municipal G.C., Vail
Harry E. Williams, Brookcliff C.C., Grand Junction
James R. Williams, Foothills G.C., Denver
Mark Stephen Williams, Indian Tree G.C., Arvada
Wayne A. Williams, Lake Arbor, Arvada
Jaqueline A. Wilson, Yampa Valley G.C., Craig
Jim Wilson, Lincoln Park G.C., Grand Junction
Ken Wilson, Foothills G.C., Denver
Malcolm E. Wilson, Pueblo C.C., Pueblo
Lyle L. Wiltse, Lincoln Park G.C., Grand Junction
Leonard E. Wine, Lowry A.F.B., Denver
Jacqueline Winn, Angel Fire C.C., Angel Fire
Maurice Wisler, Spreading Antlers G.C., Lamar
Mitchell Wolnowitz, Aspen G.C., Aspen
Donald S. Yamakishi, Lake Valley G.C., Boulder
Joe Yaron, Pueblo West C.C., Pueblo West
Rod Yeager, USAFA Eisenhower Blue, Colorado Springs
Cynthia Yergler, The Pinery C.C., Parker
Irene Young, Heather Ridge C.C., Aurora
Tony Zeman, Lakewood C.C., Lakewood
W. M. Zener, Copper Mountain G.C., Copper Mountain

CONNECTICUT

Joseph Acampora, Meadowbrook C.C., Hamden
Peter Adams, Ridgefield G.C., Ridgefield
Tut Abisheff, Banksville G.C., Banksville
David A. Albanesi, Wampanoag C.C., W. Hartford
Thad Alexander, Green Woods C.C., Winsted
David Aliski, Hop Meadow C.C., Simsbury
William F. Allen, Harbour Town G.C., Hilton Head Island
Anthony "Red" Altomaro, R. Gaynor Brennan G.C., Stamford
Tony Amaral, Woodbridge C.C., Woodbridge
Michael Amore, Farms C.C., Wallingford
Dwight Annesley, Silvermine G.C., Norwalk
Richard J. Apell, Madison C.C., Madison
Raymond Archacki, Stanley G.C., New Britain
Ralph R. Arganese, Patterson Club, Fairfield
Thomas Baghey, Farmingbury Hills C.C., Wolcott
Ray Baldwin, Jr., Woodstock C.C., Woodstock
Ralph Barbieri, Sterling Farms G.C., Stamford
Thomas Bartlett, Tallwood C.C., Hebron
Mary Bascetta, Green Woods C.C., Winsted
David A. Basher, Colonia C.C., Colonia
Peter J. Bastianello, Jr., Country Club of Torrington, E. Gosren
Dudley Bell, Old Lyme C.C., Old Lyme
Peter W. Benner, Knickerbocker C.C., Tenefly
Fred C. Bennetto, Jr., Dunfry's Hyannis C.C., Hyannis
Robert Berman, Shennecosset G.C., Groton
Michael Bernardo, E. Gaynor Brennan G.C., Stamford
Walter Biercevicz, Tashua Knolls, Trumbull
Perry Bill, Laurel Lane G.C., W. Kingston
Raymond F. Bilodeau, Simsbury Farms, Simsbury
Elaine M. Blacker, Watertown G.C., Watertown
Glenn R. Block, Chippanee G.C., Bristol
R.D. Bodington, Frenchmans Creek G.C., Lake Park
Peter Bogdan, Milbrook Club, Greenwich

Frnak J. Bonacci, Richter Park, Danbury
Darlene F. Bomary, Longshore G.C., Westport
Charles Boos, C.C. of Farmington, Farmington
Richard Bosco, Western Hills G.C., Waterbury
William G. Boucher, Blackhall G.C., Old Lyme
Paul Souffard, Longshore C.C., Westport
Joan Boylan, Lake Morey C.C., Fairlee
Bill Brackett, Oak Ridge G.C., Feeding Hills
Joseph J. Braun, Farmington Woods C.C., Avon
Susan Breig, Lyman Meadow G.C., Middlefield
Sue Brew, Bay Tree Golf Plantation, N. Myrtle Beach
Donald t. Brierley, Bel Compo G.C., Avon
W. Briggs, Glastonbury Hills C.C., So. Glastonbury
Jack Broadbridge, Ridgewood C.C., Danbury
Neil Brooks, Ellington Ridge C.C., Ellington
William T. Brooks, East Hartford G.C., E. Hartford
Edward Brown, Aspetuck Valley C.C., Weston
Wayne P. Buckmiller, C.C. of Torrington, Torrington
Francis Bugbee, Glastonbury Hills C.C., So. Glastonbury
Lawson B. Burke, C.C. of Farmington, Farmington
Richard W. Bush, Brooklawn C.C., Farifield
Stuart Bush, Oaklane C.C., Orange
Charles Canevari, Tashua Knolls, Trumbull
Robert Canley, Glastonbury Hills C.C., So. Glastonbury
Mark Cantor, H. Smith Richardson C.C., Fairfield
Mollie Capozzi, Mill River C.C., Stratford
Frank S. Carey, Bear's Paw C.C., Naples
Jack Carlson, Richter Park, Danbury
Anne-Louise Carroll, The Apawanis Club, Rye
Michael J. Casey, Canton Public G.C., Canton
Jackie Caulfield, Indian Hill C.C., Newington
James B. Caulfield, Race Brook C.C., Orange
Mark Cerulli, Oak Hills G.C., Norwalk
Marjorie Chadsey, Scarsdale G.C., Hartsdale
I. Cholnoky, Round Hill Club, Greenwich
Charles Christoff, Watertown C.C., Watertown
Frank Ciancio, Candlewood Valley C.C., New Milford
Edward J. Cichon, Sr., Willimantic C.C., Willimantic
Joseph J. Cichon, Willimantic C.C., Willimantic
Jaime Clintron, Mill Brook C.C., Windsor
Daniel Ciriello, Seven Springs Championship Course, Seven Springs
Joseph E. Clancy, Brooklawn C.C., Fairfield
David D. Clark, G.C. of Avon, Avon
Leroy Clark, Richter Park, Danbury
Raymond Clay, Elmcrest C.C., E. Longmeadow
John R. Coakley, Webeannet, Kennebunk Beach
Jack Cohen, Oak Lane C.C., Woodbridge
Maryanne Coleman, Stanwich C., Greenwich
Leslie H. Coley, Timbirlin, Kensington
Clifford Commeau, Sr., East Hartford G.C., E. Hartford
Ursula Compton, Richter Park, Danbury
Jean Comstock, Scottsdale C.C., Scottsdale
William F. Connelly, Jr., Brooklawn C.C., Fairfield
Jeffrey W. Cook, The Woodway C.C., Darien
Timothy J. Cooney, East Hartford G.C., East Hartford
William Gene Costello, Pequot G.C., Stonington
Maurice W. Cote, Western Hills, Waterbury
Dave Cotter, Century Hills G.C., Rocky Hill
Ronald F. Courville, Farmington C.C., Farmington
Kristine Couture, Southwick C.C., Southwick
Clifford L. Coy, Errol Estate G.C., Apopka
Mike Crabtree, Bruce Memorial G.C., Greenwich

1983 HOLES-IN-ONE

Dorothy Crampton, Portland G.C., Portland
Carol L. Crane, Fairfiew C.C., Greenwich
David Crane, Fairview C.C., Greenwich
Jay Crowley, Winged Foot G.C., Mamaroneck
Joseph P. Cummings, Canoe Brook C.C., Summit
Reg Curtis, Manchester C.C., Manchester
Agnes M. Dallman, Sub Base G.C., Groton
Ken Davies, Bel Compo, Avon
Gary Deep, Lake Morey C.C., Fairlee
Dave Deker, Ellington Ridge C.C., Ellington
Joseph A. Delmonte, Chanticlair G.C., Colchester
Paul Demonstranti, Canton Public G.C., Canton
Dean DeMoulpicd, Portland G.C., Portland
Nick Delrosso, Bel Compo G.C., Avon
Paul DePecol, Pine Valley G.C., Southington
Diane Deroack, Roc C.C., Brooklyn
Rick Descoteaux, Timberlin G.C., Kensington
Jim Dillon, Ellington Ridge C.C., Ellington
Michael Dolen, Ridgefield G.C., Ridgefield
H. R. Donaldson, C.C. of Torrington, Goshen
Jeffrey Donis, Fenway G.C., Scarsdale
Diane Donovan, Chippanee C.C., Bristol
Frank Doyle, Norwich G.C., Norwich
William Dubicki, Pine Valley G.C., Southington
Kaye Doyle, Bruce G.C., Greenwich
Leona B. Drapeau, Westwoods G.C., Farmington
Keith Dubauskas, Western Hills G.C., Waterbury
Gary R. DuBois, Cedar Knob, Somers
Paul Dubois, Pine Lakes C.C., Pine Lakes
Richard F. Dunlap, Copper Hill C.C., East Granby
Jim Earp, Vail's Grove G.C., Brewster
Thomas Edge, Bass River G.C., Cape Cod
Wade Eisnor, Oak Ridge, Fedding Hills
Martin Elgurise, East Hartford G.C., East Hartford
R.E. Elm, Spessard Holland G.C., Melbourne Beach
Martin Emmett, Winged Foot G.C., New York
Edwin Emmons, Canaan C.C., Canaan
Carl I. Engberg, Manchester C.C., Manchester
Ray Erne, Spring Meadow G.C., Farmingdale
Peter Esan, Copper Hill C.C., E. Granby
Felix G. Evangelist, Bruce G.C., Greenwich
Anita Falkman, Redding C.C., W. Redding
Walter H. Farley, Dorado Beach Hotel G.C., Dorado
John E. Fay, Wampanoag C.C., West Hartford
Alex G. Fedoroff, Cohasset G.C., Cohasset
George J. Feroleto, Mill River C.C., Stratford
John T. Ferraris, E. Gaynor Brennan, Stamford
Robert C. Ferris, Roxiticus C.C., Mendham
Matthew J. Fiorito, Saratoga Spa G.C., Saratoga Springs
James E. Fitzgerald, G.C. of Avon, Avon
Steve Fitzgerald, Western Hills, Waterbury
John J. Fitzpatrick, Shennecossett G.C., Groton
George A. Florentine, Pine Orchard Yacht & C.C., Branford
Clayton Folsom, Chanticlair G.C., Colchester
Ronald H. Ford, Shorehaven G.C., East Norwalk
Mark Foss, Waumbek, Jefferson
Carl Foster, Century Hills C.C., Rocky Hill
Mary N. Frascatore, Mill River C.C., Stratford
Walter Friedlarnder, Carolina Shores G.&C.C., Calabash
Joel Friedman, Rolling Hills, Wilton
Marjorie Funk, Taconic G.C., Williamstown
Bernard Gable, Fairchild Wheeler Park, Bridgeport

Jim Galluzzo, Mill River C.C., Stratford
Sal Garofalo, Quail Ridge C.C., Boynton Beach
Jo Rene Garrison, Canton Public G.C., Canton
Anthony Gerace, Wallingford C.C., Wallingford
Barbara Di Giacomo, Pequabuck G.C., Pequabuck
Joan Gianalis, Rockledge C.C., W. Hartford
Wilfred Giguere, Manchester C.C., Manchester
Dennis F. Gionet, Bronson C.C., Huntington
Steven Girden, Rockrimmon C.C., Stamford
Jim Gladstone, Hopmeadow C.C., Simsbury
Robert W. Gleason, Jr., Bel Compo G.C., Avon
John J. Glowacki, Goodwin G.C., Hartford
Steve Godiksen, Bel Compo G.C., Avon
Joseph Golia, Indian Creek G.C., Jupiter
Stanley Goryle, Western Hill G.C., Waterbury
Stanley J. Gorzelany, Highland G.C., Shelton
Bob Gosart, Aspetuck Valley C.C., Weston
William M. Goss, Jr., Highfield Club, Middlebury
Bob Graf, Shorehaven G.C., Norwalk
Ben Graves, Ridgefield G.C., Ridgefield
Robert D. Gray, Fishers Island C.C., Fishers Island
Vincent G. Greenan, Elmcrest C.C., East Long Meadow
Norman Greenfield, Ridgeway C.C., White Plains
Vincent Grillo, Oak Hills G.C., Norwalk
Kenneth L. Grimm, Timberlin G.C., Kensington
Steve Grob, Cedar Knob C.C., Somers
Robert A. Hall, Hunter Memorial, Meriden
Brad L. Hancock, Farmingbury Hills, Wolcott
Gordon W. Harris, Wethersfield C.C., Wethersfield
Roderick R. Harris, Mohawk C.C., Niskayuna
David F. Hart, Wee Burn C.C., Darien
Douglas Hart, C.C. of Farmington, Farmington
C. Keith Hartley, Southern Pines C.C., Southern Pine
J.A. Hause, Minnechaug, Glastonbury
William P. Hawksworth, Wethersfield C.C., Wethersfield
Richard W. Hawley, Mill River C.C., Stratford
Maxine J. Hayes, Elmridge C.C., Pawcatuck
Brian Healy, E. Gaynor Brennan, Stamford
David Hecht, Colony West C.C., Tamarac
Jeffrey R. Hedden, C.C. of North Carolina
Marnie Hegniger, Foster C.C., Foster
David Mark Henderson, C.C. of Farmington, Farmington
Jack Henehan, Ellington C.C., Ellington
Leo Hengstler, Valis Grove, Brewster
Thomas J. Hess, Sr. Elmridge G.C., Pawcatuck
Monroe Himelstein, Tumble Brook C.C., Bloomfield
Edward Hlasyseyn, East Hartford G.C., East Hartford
J. Brooks Hoffman, Round Hill Club, Greenwich
John J. Holland, C.C. of Darien, Darien
Thomas L. Holton, Big Sand Lake Club, Phelps
Albert J. Homon, Jr., Patton Brook C.C., Southington
Al Hopper, Tallwood C.C., Hebron
Earl Hotchkiss, Southington C.C., Southington
John H. Houck, The Country Club, Farmington
John T. Howell, Otis G.C., Otis A.N.G. Base
Howard L. Hudimatch, Southington C.C. Southington
Alfred M. Hudson, Oak Ridge C.C. Feeding Hills
Al Iannicelli, Watertown C.C., Watertown
Norton Ingrahan, Airways G.C., Suffield
Inge Isler, Bruce G.C., Greenwich
Rex Islieb, Farmington Woods C.C., Avon
Nell Ivanauskas, Bruce G.C., Greenwich
Paul Jaber, Ridgewood C.C., Danbury

409

1983 HOLES-IN-ONE

Pete Jaccarino, Bethpage State Park, Farmington
Lloyd R. Jacobs, Orange Hills C.C., Orange
Guy M. Jairoano, Cedar Ridge G.C., East Lyme
James P. Jakubek, Mill River C.C., Stratford
Peter Jelacic, Mill River C.C., Stratford
Wallace W. Johndrow, Twin Hills, Coventry
Ralph R. Johnson, Silvermine G.C., Norwalk
William Johnson, C.C. of Fairfield, Fairfield
James W. Jolly, Brooklawn C.C., Fairfield
Peter T. Jordano, Torrington C.C., Goshen
Dolores Joyce, Westwoods G.C., Farmington
Francis T. Joyce, Elmridge G.C., Pawcatuck
Emil J. Judge, The Patterson Club, Fairfield
Herb Kaesmann, Fairchild Wheeler G.C., Bridgeport
Calvin L. Kaiser, The Country Club, Farmington
Donald R. Kampman, Shawnee Inn & C.C., Shawnee-on-Delaware
Gene Kapusta, Oak Hills, Norwalk
Ben Karpman, Mainlands G.C., Tamarac Lakes
Walter S. Kawecki, Chippanee G.C., Bristol
Elizabeth M. Kelley, Suffield C.C., Enfield
Thomas P. Kenyon, Mid Pines Resort, Southern Pines
William Kes, The Country Club, Farmington
Reginald Ketchen, Laurel Lane G.C., West Kingston
Richard H. Kiehn, Bruce Memorial C.C., Greenwich
James H. Killington, Baltusrol G.C., Springfield
Chris King, Wethersfield C.C., Wethersfield
Richard H. King, Crumpin Fox Club, Berhardston
Walter C. Kingsbury, Grassy Hill C.C., Orange
Ken Knoernschild, Tashua Knolls G.C., Trumbull
Richard Kramer, Oak Lane C.C., Woodbridge
Bernard Krayeski, Tamarache C.C., Greenwich
Agnes Krulicki, Chippanee G.C., Bristol
Eleanor Kubeck, Wallingford C.C., Wallingford
Kazumy Kuboyama, Bruce G.C., Greenwich
Caesar Lamonaca, Audubon G.C., New Orleans
James J. Lannon, Hop Brook G.C., Naugatuck
Ruth E. Lannon, Suffield C.C., Suffield
Barbara La Reau, Candlewood Valley C.C., New Milford
Mark Larobina, Woodway C.C., Darien
Joseph LaSalata, Western Hills G.C., Waterbury
Shaun Lavin, Whitney Farms Club, Monroe
Elphege J. Lebrun, Tunxis Plantation, Farmington
Edward F. Legault, C.C. of Greenfield, Greenfield
Ronald A. Legere, Lyman Meadow G.C., Middlefield
Dottie Lesko, Westchester C.C., Rye
Philip Levesque, East Hartford G.C., East Hartford
Israel Levine, Mill Brook G.C., Windsor
Jean C. Lewis, Moss Creek Plantation, Hilton Head Island
Charles Gus Liapes, Meadowbrook G.C., Hamden
George S. Lindaros, Edgewood C.C., Cromwell
Oscar F. Lindquist, Copper Hill C.C., East Granby
Gregg Lombardi, Richter Park G.C., Danbury
Ralph J. Lostocco, Brooklawn C.C., Fairfield
Jack Lougee, Boothbay Region C.C., Boothbay
Jerry H. Loyd, C.C. of Darien, Darien
Anthony J. Lubrano, E. Gaynor Brennan Municipal G.C., Stamford
Polly H. Lunan, Highfield Club, Middlebury
C. Wayne Lundberg, Shennecossett Municipal G.C., Groton
Eric Lundberg, C.C. of Darien, Darien
Margaret Lundberg, Hertiage Village C.C., Southbury

Tom Lupinacci, Rolling Hills C.C., Wilton
Stan Lura, Rolling Hills C.C., Wilton
Arthur Lutz, Sterling Farms G.C., Stamford
Vinny Luzietti, Brownson C.C., Huntington
Roger Lynch, Bookledge C.C., W. Hartford
J.C. Macksey, Candlewood Lake Club, Brookfield
Fred Main, Brownson C.C., Huntington
James E. Malloy, Clinton C.C., Clinton
James Manforte, Vails Grove G.C., Brewster
George Mangiapani, Milbrook, Greenwich
Paul M. Mangle, New Haven C.C., Hamden
Larry R. Manzini, Airways, Suffield
David Margolin, Century Hills C.C., Rocky Hill
John L. Marion, Leewood G.C., Eastchester
George I. Martin, Manchester C.C., Manchester
James H. Martin, Churchill Valley C.C., Pittsburgh
Stanley Martinez, C.C. of Rochester, Rochester
Anthony Martone, Yale G.C., New Haven
Marci Masley, Ellington Ridge C.C., Ellington
Dom Massi, Bruce G.C., Greenwich
Joseph Masso, Sr., C.C. of Darien, Darien
Joseph F. Masso, Sr., Tashua Knolls, Trumbull
Nick Mastroni, Jr., D. Fairchild Wheeler G.C., Bridgeport
John Matusm, Bruce G.C., Greenwich
Matthew Matzkin, Pine Valley G.C., Southington
Ned Maxwell, Fountain Valley G.C., Frederiksted
Richard H. Mayo, Harrisville Golf, Woodstock
Charles A. Mazzella, Keney G. Links, Hartford
Gene McCracken, Oronoque G.C., Stratford
James McDonnell, Agawam C.C., Feeding Hills
John McEntegart, Whitney Farms Club, Monroe
Joseph R. McGinnis, Minnechaug G.C., Glastonbury
Edward McGrath, Glastonbury Hills C.C., S. Glastonbury
Ted McGrath, Century Hills G.C., Rocky Hill
John P. McKnight, Dinsmore G.C., Staatsburg
Nansha McLaughlin, South Pine Creek G.C., Fairfield
Keith McNamara, Glastonbury Hills C.C., S. Glastonbury
Ralph G. Nappi, Indian Hill C.C., Newington
G.J. McVay, New Haven C.C., Hamden
Jeffrey Meehan, Pine Valley, Southington
Manny Menendez, Bruce G.C., Greenwich
Ruth B. Merkin, Rockrimmon C.C., Stamford
Robert Messier, Chippanee G.C., Bristol
Robert G. Michaud, Chippanee G.C., Bristol
Gary Milgram, Pine Orchard Y.&C.C., 2 Club Parkway
Gail L. Miller, C.C. of Fairfield, Southport
Kathleen Miller, Canaan C.C., Canaan
Milton C. Miller, Rockrimmon C.C., Stamford
Sherry Minor, Longshore G.C, Westport
Pat Mirto, Western Hills G.C., Waterbury
Herbert C. Mischke, Westwoods C.C., Farmington
Julie Misiti, Bruce G.C., Greenwich
Tim Moher, Del Safari C.C., Palm Desert
James P. Montanaro, Sr., Silvermine G.C., Norwalk
Paul Moreno, Western Hills G.C., Waterbury
Peter Morgero, Tashua Knolls, Trumbull
Francis Moriarty, Oak Hills, Norwalk
Robert Mortenson, Bruce C.C., Greenwich
Matt Mullin, Chippanee G.C., Bristol
Tom Murphy, Oyster Reef G.C., Hilton Head
William T. Murphy, The Tuxedo Club, Tuxedo Park
Mary Musca, Bruce G.C., Greenwich
Arthur E. Muth, Wee Burn C.C., Darien

1983 HOLES-IN-ONE

Gary Myers, Brooklawn C.C., Fairfield
Gorton W. Myers, Canton Public G.C., Canton
Leonard Napoli, Jr., Whitney Farms, Monroe
Sigmund f. Neumann, Chippanee G.C., Bristol
Carl W. Nichols, Bent Pine G.C., Vero Beach
Lloyd Niscox, Norwich G.C., Norwich
Joseph Novalk, Manchester C.C., Manchester
Harry Nowobilski, Tallwood C.C., Hebron
John D. Olson, Wallingford C.C., Wallingford
Andy (Oz) Osiecki, Great Hill C.C., Seymour
Carol Ostermeier, Sunset Hill, Brookfield Center
John F. Otto, Jupiter Hills C.C., Jupiter Hills
Vince Paccadolmi, Waccabuc C.C., Wallabuc
Joseph Pace, E. Gaynor Brennan, Stamford
Robert Palmer, Westwoods G.C., Farmington
Thomas J. Palmieri, Doral C.C., Miami
Vincent Pandolfi, Wethersfield C.C., Wethersfield
Michael Pantano, Mill River C.C., Stratford
Dorothy A. Parker, East Lawn C.C., Torrington
Robert W. Parson, World Houston G.C., Houston
Lois Patnod, Madison C.C., Madison
Archie G. Pat Patterson, Minnechaug G.C., Glastonbury
Don Patterson, Western Hills, Waterbury
Kevin R. Pearce, Tashua Knolls G.C., Trumbull
Thomas M. Peevler, Orange Hills C.C., Orange
Charles Pepper, E. Gaynor Brennan G.C., Stamford
Levette C. Perkins, Hartford G.C., West Hartford
Nunzio Perugini, Lyman Meadows, Middlefield
Stelle Petroski, Hop Meadow C.C., Simsbury
Patrick Petrucelli, Fairchild Wheeler, Fairfield
William J. Phelan, Mt. Snow C.C., West Dover
William J. Philbin, Minnachaug C.C., Manchester
F. John Pichard, Brooklawn C.C., Fairfield
Steve Piechota, Pequabuck G.C., Pequabuck
Robert W. Pierce, Black Hall Club, Old Lyme
Sam A. Piscatella, Shennecossett Municipal G.C., Groton
Frank J. Piscitelli, Sterling Farms G.C., Stamford
Joel Platt, Cliffside C.C., Simsbury
William Plotkin, Meadow Brook Club, Jericho
Leonard Plude, Newtown C.C., Newtown
Donald O. Poehnert, Skungamaug River G.C., Coventry
Dominicic Possidento, E.G. Breehan G.C., Stamford
James Pratt, Pautipaug C.C., Baltic
Robert A. Pronovost, Farmingbury G.C., Wolcott
Terry L. Puffer, E. Gaynor Brennan, Stamford
Matthew Todd Quinn, Niepsic G.C., Glastonbury
Tom Rafferty, Mill River C.C., Stratford
Robert Rainey, Brownson C.C., Shelton
Peter Reifsnyder, Royal Kaanapali G.C., Lahaina
Philip Restuccia, Oak Hills G.C., Norwalk
Anthony Ricchezza, East Mountain G.C., Waterbury
Steve Riley, Longshore G.C., Westport
Bill Rizzo, Whitney Farms Club, Monroe
Larry Rizzo, Tubrott G.C., Milton
George Roach, Canton G.C., Canton
Walter J. Robak, Ridgefield G.C., Ridgefield
Herm Robbins, Pilgrims Harbor C.C., Wallingford
Dan Robertson, Rolling Hills C.C., Wilton
George Rockwell, Dorado Beach G.C., Dorado
Julie Roginka, Stanley G.C., New Britain
Edward L. Romano, Tashua Knolls G.C., Trumbull
Louis E. Ronna, Portland G.C., Portland
Martin W. Rosenbaum, Rolling Hills C.C., Wilton

Nathan W. Rosenthal, Westwoods G.C., Farmington
Janice Ross, Bruce Memorial G.C., Greenwich
Charles Rossetti, Oak Hills G.C., Norwalk
Andy Rost, Highfield, Middlebury
Frederick G. Roy, Bronson C.C., Huntington
Bruce Royce, Norwich G.C., Norwich
Kenneth W. Rudd, Pilgrims Harbor C.C., Wallingford
Dominic Ruffino, Portland G.C., Portland
Steve Rumrill, Simsbury Farms G.C., Simsbury
Catherine Russell, Stanwich G.C., Greenwich
John Russell, Sunset G.C., Hollywood
Joseph Russo, Green Woods C.C., Winsted
Ronald Russo, E. Gaynor Brennan G.C., Stamford
William E. Sacchi, East Hartford G.C., East Hartford
Burt M. St. Clair, Lyman Meadow G.C., Middlefield
Anthony Salvatore, Brennan G.C., Stamford
Joseph Samoska, Watertown G.C., Watertown
Robert A. Sandner, Longshore G.C., Westport
Tom Savickas, Rockledge C.C., W. Hartford
James Sawyer, Manchester C.C., Manchester
Anthony K. Scaramuzza, East Lawn C.C., Torrington
Rocco Scavone, Sagamore Hampton G.C., North Hampton
Bob Schmiedt, Ridgefield G.C., Ridgefield
Charles W. Schuberth, Neispic G.C., Glastonbury
Cal Schuetz, Stanley Municipal G.C., New Britain
Bernard F. Schwarm, Melbourne Municipal G.C., Melbourne
Leo DiScipio, Blackledge C.C., Hebron
Raymond C. Scussel, Wethersfield C.C., Wethersfield
William Seaman, Hartford G.C., West Hartford
Domenic Secando, Timberlin, Kensington
Ernest W. Segerberg, Twin Hills Coventry
Andrew Sepso, Grassy Hill C.C., Orange
David V. Serbun, Strickland's Wiscasset G.C., Mt. Pocono
Reno Severini, Oak Hills Club, Norwalk
D. Clint Seward, Sunset Hill, Brookfield Center
Kevin Sherry, Yale G.C., New Haven
Frank Showah, Brownson C.C., Huntington
David Sidella, Western Hills, Waterbury
Barry R. Sirhpson, Ridgefield G.C., Ridgefield
Craig Singewald, Vails Grove G.C., Brewster
Robert Sinkodich, Orange Hills C.C., Orange
Mark J. Sklay, Grassy Hill & C.C., Orange
Leo Sklarz, Wallingford C.C., Wallingford
Andy Slaughter, Keney Golf Links, Hartford
Carl L. Smith, Pequot G.C., Stonington
Gilbert E. Smith, Heritage Village C.C., Southbury
Stephn M. Smith, Neispic G.C., Glastonbury
Thomas H. Smith, E. Gaynor Brunner Municipal, Stamford
Wardley B. Smith, Heritage Village C.C., Southbury
Pete Smyth, Shennecossett, Groton
Judith M. Snyder, Fox Run, Ludlow
Joe Starzec, Oronoque Village, Stratford
Daryl Sobczak, Timberlin G.C., Kensington
Arthur Sokofski, Race Brook C.C., Orange
Peter Solarz, Shennscossett, Groton
Richard Sosnovy, Sterling Farms G.C., Stamford
Noyes R. Spelman, C.C. of Fairfield
Carne Stasolla, Smith Richardson, Fairfield
Jeffrey Stearns, Tunxis Plantation, Farmington

1983 HOLES-IN-ONE

Thomas Stella, Jr., Vails Grove G.C., Brewster
Joseph (Ollie) Steponavic, East Mountain G.C., Waterbury
David Stewart, Madison C.C., Madison
P. Michael Stimson, U.S. Naval Academy G.C., Annapolis
Herman F. Stoecker, Canaan C.C., Canaan
Michael Stolfi, Jr., East Mountain, Waterbury
Ray Stoll, Suffield C.C., Suffield
Fran Stupakevich, Wallingford C.C., Wallingford
Herald E. Suboter, Agawam C.C., Feeding Hills
Jim Sullivan, Suffield C.C., Suffield
John J. Sullivan, Burning Tree C.C., Greenwich
Sam Supersano, Fairchild Wheeler G.C., Bridgeport
Gregg M. Swartz, Litchfield C.C., Litchfield
Zoltan Szeifert, Pine Orchard Yacht & C.C., Branford
Robert F. Szwed, Island Green, Myrtle Beach
Maurice L. Taillon, Pequabuck, Bristol
Hugh Tansey, East Hartford G.C., East Hartford
Ed Tarasek, Ellington Ridge C.C., Ellington
David W. Taylor, Wallingford C.C., Wallingford
Louis O. Thibrault, Chippanee G.C., Bristol
Paul Thomas, Brownson C.C., Huntington
Warren Thrall, Continental G.C., Scottsdale
William R. Tierney III, H. Smith Richardson G.C., Fairfield
John Tinchak, Jr., D.F. Wheeler, Fairfield
Gabriel Torchio, Stanley G.C., New Britain
Saundo Tremonte, Oak Hills, Norwalk
Anthony Trocchi, Simsbury Farms, Simsbury
Norm Tulin, Cliffside C.C., Simsbury
Michael G. Ulasky, Bruce Memorial G.C., Greenwich
Walter A. Upton, Elmridge, Pawcatuck
Stephen J. Vandergraat, Seabrook Island Club, John's Island
Stanley Van Deusen, Oak Hills, Norwalk
Greg Venturi, Southington C.C., Southington
Louis Viglione, Fairchild Wheeler, Fairfield
Pieter C. Vink, Blind Brook Club, Purchase
Francis D. Virtuoso, Silver Spring C.C., Ridgefield
Michael A. Vitti, Sr., The Knolis, Parsippany
Ronald Voloshin, Woodbridge C.C., Woodbridge
Steven H. Wagner, The Stanwich Club, Greenwich
Joel Wald, Rockrimmon C.C., Stamford
John L. Walker, Black Hall Club, Old Lyme
William Ward, Ringswood C.C., Danbury
Don Warner, Pilgrims Harbor C.C., Wallingford
Barbara J. Watkins, Oak Ridge G.C., Feeding Hills
Richard M. Wayne, Timberlin G.C., Kensington
John J. Wegener, Bruce G.C., Greenwich
Reah Weinstein, Woodbridge C.C., Woodbridge
Linda Weintraub, The Old White Course, White Sulphur
Bruce W. Wernert, Westchester C.C., Rye
George K. Weston, Pine Valley C.C., Southington
Roger F. Whalen, Wallingford C.C., Wallingford
Henry W. Whitaker, Laurel View, Hamden
Bob Whitmore, Lyman Meadow G.C., Middlefield
Robert A. Wildermuth, Pilgrims Harbor C.C., Wallingford
Harold C. Wilson, George Hunter II Memorial G.C., Meriden
Carl J. Winstead, Greenwoods C.C., Winsted
Susan Wise, Rockrimmon C.C., Stamford
W.E. Wise, Northdale G.C., Tampa
Jim Wolf, Raisin River C.C., Monroe

Pete Wolf, Wallingford C.C., Wallingford
Kevin M. Woods, Madison C.C., Madison
David Workman, Rockrimmon C.C., Stamford
Metro Yacamych, Pequabuck G.C., Pequabuck
Raymond Yachtis, Pine Valley C.C., Southington

DELAWARE

John W. Arnts, Three Little Bakers C.C., Wilmington
Frank E. Baldwin, Dupont C.C./Nemours Course, Wilmington
Harry Barlow, Rock Manor G.C., Wilmington
Ivan F. Barker, Hogs Neck, Easton
Alan Billingsley, Greenhill G.C., Wilmington
Arnold (Arnie) Bjanes, Three Little Bakers C.C., Wilmington
M. L. Bradford, Maple Dale C.C., Dover
Jack Butler, Maple Dale C.C., Dover
William J. Campbell, Wilmington C.C., Greenville
J. T. Chandler III, Wilmington C.C., Montchanin
Glenn R. Coleman, Dupont C.C., Wilmington
Harry Cooke, Garrisons Lake G.C., Smyrna
Gail Davis, Wilminton C.C., Greenville
C. E. Day, The Dupont C.C., Wilmington
Mary Dunleavy, Dupont C.C./Montchanin Course, Rockland
Corrine Finnegan, Maple Dale C.C., Dover
Jim Ford, Maple Dale C.C., Dover
Joe Galgano, Maple Dale C.C., Dover
Howdy Giles, Merion, Ardmore
Lou Giusto, Maple Dale C.C., Dover
Dick Glidden, Maple Dale C.C., Dover
Elaine Glisson, Dupont C.C., Rockland
Edward E. Gray, The Dupont C.C., Rockland
Bruce Lee Hammond, Hercules C.C., Wilmington
Stephen G. Harkins, Greenhill G.C., Wilmington
Tom Hartzell, Sussex Pines C.C., Georgetown
Scott Henderson, Garrisons Lake G.C., Smyrna
James C. Hewes, Three Little Bakers C.C., Wilmington
Robert V. Hogan, Ed Oliver G.C., Wilmington
David W. Holmes, Wilmington C.C., Greenville
Chas E. "Pete" Hughes, Cypress Creek C.C., Boynton Beach
Gary Jordan, DuPont C.C., Wilmington
Irving R. King, Dupont C.C., Wilmington
John M. Latimer, Dupont C.C., Wilmington
Steve Lord, Maple Dale C.C., Dover
James F. Lynch, Montchanin, Wilmington
Mrs. John F. MacGuigan, Vicmead Hunt Club/ Bidermann G.C., Greenville
Ken MacKay, Hogs Neck, Easton
Mary Marinelli, Hercules C.C., North Course, Wilmington
David F. Meyer, Seaford G.&C.C., Seaford
Frederick J. McMinds, Brantwood G.C., Elkton
Harry H. McGarity, Penn Oaks C.C., West Chester
Don McVaugh, Wilmington C.C., Wilmington
Harold Meade, Three Little Bakers C.C., Wilmington
Patricia B. Meserve, Uicmead Hunt Club, Wilmington
Raymond Metzker, Brandywine C.C., Wilmington
Fred Michael, Three Little Bakers C.C., Wilmington
Ralph N. Miller, Dupont C.C., Newark
William F. Moore, Shawnee C.C., Milford
Samuel A. Neal, Willowbrook G.C., Dover
Marie T. Nolte, Garrisons Lake G.C., Smyrna

1983 HOLES-IN-ONE

June Philipbar, Mapledale C.C., Dover
Anthony Piretti, Dupont C.C., Wilmington
Richard A. Plumsky, Rock Manor G.C., Wilmington
Ralph Poucher, Montchanin, Rockland
Brendan Quigley, The Dupont C.C., Wilmington
Donald Ramer, Randolph North, Tucson
Enoch S. Richards, Cavaliers C.C., Newark
Joseph Roberts, Hercules C.C., Wilmington
Stan Rosen, Brandywine C.C., Wilmington
Robert J. Ryan, Cavaliers C.C., Newark
Fred C. Sears, John's Island-North, Vero Beach
Frank J. Serio, Sr., Porky Oliver G.C., Wilmington
Ray E. Sharps, Three Little Bakers C.C., Wilmington
Louis Shivone, DuPont C.C., Wilmington
Kitty Smith, Palm River C.C., Naples
Roy Smith, Dupont C.C., Wilmington
Jon Stanley, Jr., Seaford C.C., Seaford
Kenneth E. Steller, Hercules C.C., Wilmington
Fred Stevenson, Dupont C.C., Rockland
James R. Stritzinger, Jr., Brantwood C.C., Elkton
John S. Stritzinger, Newark C.C., Newark
T. B. Sullivan, Delcastle C.C., Wilmington
Paul Svindland, Dupont C.C., Wilmington
Loues Travalini, Rock Manor G.C., Wilmington
Cha;rles Utley, Wilmington C.C., Wilmington
William Vandegrift, Jr., Rock Manor, Wilmington
Barbara J. Wannberg, DuPont C.C., Wilmington
Charles Weed, Three Little Bakers C.C., Wilmington
L. William Wheatley, Seaford G.&C.C., Seaford
Roger Wilke, Wilmington C.C., Wilmington
Samuel J. Wise, Hercules, Wilmington
Jim Wyres, Newark C.C., Newark

DISTRICT OF COLUMBIA

Bert Abramson, Woodmont C.C., Rockville
Thomas J. Burke, Rock Creek Park G.C., Washington, D.C.
Paul Burman, Woodmont C.C., Rockville
Peter Connolly, Yale University G.C., New Haven
John R. Deane, Jr., Seabrook Island Club, Charleston
Lavern J. Duffy, Jesup G.C., Jesup
Melvyn Friedman, Woodmont C.C., Rockville
David M. Gilson, Bethesda C.C., Bethesda
Thomas H. Goss, Bogue Banks C.C., Pine Knoll Shores
Les Holt, Rock Creek, Washington, D.C.
Charles W. Hutton, Burning Tree Club, Bethesda
Alonzo Jackson, Enterprise G.C., Mitchellville
Leslie E. Johnson, Sr., Andrews A.F.B. (West Course), Camp Springs
Thomas L. Lalley, Bryce Resort, Basye
Steven F. Latour, Army/Navy C.C., Arlington
John P. McCarthy, Andrews A.F.B. G.C., Washington, D.C.
James N. Merriwether, Eisenhower G.C., Crownsville
Bernie Miller, Prince Georges C.C., Mitchville
David C. Pearson, Redgate Municipal G.C., Rockville
Carl "Dutch" Roth, Glen Dale, Glen Dale
Ben Rubin, Monterey C.C., Palm Desert
Marty Russo, Army-Navy C.C., Arlington
Ray Sparks, Fort Belvoir North Course, Fort Belvoir
M. Janie Threadgill, Delhi G.C. Ltd., New Delhi
Stephen A. Trimble, The Greenbrier, White Sulphur Springs, West Virginia
Donald C. Walters, Newbridge C.C., Mitchellville

FLORIDA

Joe Aamorski, Jr., Marion Institute G.C., Marion
Charles S. Aaronson, On Top of the World G.C., Clearwater
Frances E. Aberth, Wyndemere C.C., Naples
Maury Abramson, Woodlands C.C., Tamarac
Peter Acitelli, Wyndemere C.C., Naples
Jo Ackerman, Glades C.C., Naples
Al Adams, Suwannee River Valley C.C., Jasper
Jack Adams, Spanish Wells C.C., Bonita
Jean Adams, A. C. Read G.C., Pensacola
Paul L. Adams, Casselberry G.C., Casselberry
Herman S. Adelson, Kings Point G.C., Delray Beach
W. E. Adamson, Camelback G.C., Scottsdale
Enid D. Adicks, Harbor City Melbourne G.C., Melbourne
Alfred Adler, Pine Lakes C.C., Naples
Jan Ador, Casselberry G.C., Casselberry
Rudy Aittama, Connell Lake G.&C.C., Inverness
Seymour Albaum, Hotel Pines G.C., South Fallsburg
Donny Albert, Sweetwater C.C., Apopka
John W. Alden, Wilmington G.C., Wilmington
Harold Aldrich, Port La Belle Inn & C.C., La Belle
Alfred C. Alexander, Sunnybreeze Palms C.C., Arcadia
Beverly J. Allan, Bartow G.C., Bartow
Leo Allen, Mayacoo Lakes C.C., W. Palm Beach
Bob Allen, Lakewood C.C., St. Petersburg
Leah Allendorf, The Bay Hill Club, Orlando
Jack Allgood, Timuquana C.C., Jacksonville
Dwight L. Allison, Jr., Quail Ridge, Boynton Beach
Anthony Alonzi, Rolling Hills, Ft. Lauderdale
Samuel Alpert, Colony West, Tamarac
Marge Alsip, Oakland Hills C.C., West Rotonda
Kevin Altenhof, Port Malaber C.C., Palm Bay
Sally Altier, The Club at Pelican Bay, Naples
Syd Altman, Broken Sound G.C., Boca Raton
Thomas O. Ambrose, Bobby Jones, Sarasota
Richard M. Ames, Jacksonville Beach G.C., Jacksonville Beach
Frank W. Amon, West End G.C., Gainesville
Albert Anderson, Hollywood Lakes G.C., Pembroke Pines
George Anderson, River Greens, Avon Park
Jerry Anderson, Panama C.C., Lynn Haven
M. H. Anderson, Avila, Tampa
Joe Andrako, Whispering Oaks C.C., Ridge Manor
Fred Andress, Southern Manor C.C., Boca Raton
I. G. Andrews, Land Harbor C.C., Linville
Jack E. Andrews, Tam O'Shanter G.C., Pompano Beach
Frank J. Angelillo, Chatuge Shores, Hayesville
J. R. Anglea, Lake Lorraine G.C., Shalimar
L. D. Anthony, Jr., Mayacoo Lakes C.C., W. Palm Beach
Walter C. Aque, Indian Pines G.C., Ft. Pierce
E. D. "Don" Armour, Wyndemere Way, Naples
John P. Armstrong, Leilehua G.C., Schofield Barracks
Ron Arnette, Ocean Palm G.C., Flagler Beach
Doug Arnold, The Dunes G.C., Jacksonville
David Arthurs, Belvedere G.C., W. Palm Beach
Carl Michael Ashby, Tiger Point-Santa Rosa Shores C.C., Gulf Breeze
Jerry Aszmen, Buckhorn Springs G.&C.C., Brandon

413

1983 HOLES-IN-ONE

James V. Atria, Lago Mar C.C., Plantation
Doug Atwood, Mangrove Bay G.C., St. Petersburg
E. J. Averman, Jr., Sugar Mill Woods G.&C.C., Homosassa
Leon A. Axelrod, Hollybrook Golf & Tennis Club, Pembroke Pines
S. H. Axelrod, Kingsway C.C., Ft. Charlotte
Charles Axline, Sunnyhill, Kent
Robert C. Ayers, John's Island Club, Vero Beach
Brian Aylesworth, Homestead A.F.B. G.C., Homestead
George Aylwin, Fairgreen G.C., New Smyrna
Gilbert Babcock, Lakeland Sky View G.&C.C., Lakeland
B. Pat Babirz, Bonaventura C.C., Ft. Lauderdale
Katherine E. Babry, Forest Lakes, Sarasota
Linton Bagley, Royal Poinciana G.C., Naples
Anthony Baiamonte, Sabal Palm, Ft. Lauderdale
Alice Bailey, Tarpon Woods G.&C.C., Palm Harbor
J. David Bailey, Perdido Bay Inn & Resort, Pensacola
James M. Bailey, Riverbend C.C., Tequesta
Paul Bailey, Cape Coral C.C., Cape Coral
Fred Baird, Deltona G.C., Deltona
George M. Baker, Hyde Park G.C., Jacksonville
Phil Baker, Barefoot Bay G.&C.C., Barefoot Bay
Robert F. Baker, Jacaranda C.C., Plantation
Stanley Baker, Jr., Woodstock C.C., Woodstock
Glenn Bakken, Piper's Landing C.C., Stuart
Janett Bakos, Montgomery C.C., Montgomery
Robert E. Balbach, Naval Air Station G.C., Jacksonville
Alan Balfour, Univ. of South Florida
Barney Ball, Oxbow G.C., La Bell
George Ball, Willon Lakes C.C., Jacksonville
William E. Ball, Foxfire G.C., Sarasota
William H. Ball, Royal Oak C.C., Titusville
Howard Balme, Bent Tree Golf & Racquet Club, Sarasota
Bernadine Baniakas, Pensacola C.C., Pensacola
June Bang, Rice Lakes C.C., Lake Wills
John A. Baran, Sandpiper Bay-Saints Course, Port St. Lucie
Doris B. Barber, Buenaventura Lakes C.C., Kissimmee
Al Barden, Hamlet C.C., Delray Beach
Art Barker, Feather Sound, Clearwater
George E. Barnard, Barefoot Bay G.&C.C., Barefoot
Ida Barndollar, Sunrise C.C., Sarasota
Jerry B. Barnes, Mission Inn Golf Resort, Howey In The Hills
Robert M. Barnes, Jr., Ravines, Middleburg
Gilbert L. Barr, Perry G.&C.C., Perry
Hugh H. Barr, Wellington G.C., West Palm Beach
Arline E. Barrett, Caloosa G.C., Sun City Center
Charles Barrett, Temple Terrace G.&C.C., Temple Terrace
Max B. Barrick, Vista Royale G.C., Vero Beach
Gerald Barry, Dubsdread C.C., Orlando
Frank W. Bartley, Pompano Beach G.C., Pompano Beach
Marion C. Bartoletti, Myakka Pines G.C., Englewood
Macy "Mimi" Baruch, John's Island G.C., Vero Beach
Oscar Baruchin, Holiday Springs G.C., Margate
Loretta Barva, Sabal Palm C.C., Ft. Lauderdale
Lee Barwick, Pensacola C.C., Pensacola
Greg Bass, Imperial Lakes, Lakeland
Alexander R. Bassett, Suntree C.C., Melbourne
George Batchelor, C.C. of Little Rock, Little Rock
Donald J. Bates, Pelican C.C., Belleair
Edward T. Bates, Plantation G.C., Plantation

Mildred Bateman, Summer Tree C.C., New Port Richey
William C. Bates, South Course Sun City Center, Sun City Center
Alfred G. Bauer, Sugar Mill C.C., New Smyrna Beach
Sally Baughman, Cove Cay C.C., Clearwater
Sol Bauman, Indian Spring, Boynton Beach
Albert E. Baumler, Martin County G.&C.C., Stuart
A. C. Baur, Imperial C.C., Naples
Harry Bauroth, JDM C.C., Palm Beach Gardens
Esther M. Baxter, Tides G.&C.C., Seminole
Alvin Bayer III, Amelia Golf Links, Fernandina Beach
Marian Baylis, Sara Bay C.C., Sarasota
Jay Bays, Cape Orlando G.&C.C., Orlando
Howard P. Beach, Wekiva G.C., Longwood
Kenneth L. Beach, Imperial Lakes C.C., Lakeland
Orabelle Beach, Bartow G.C., Bartow
Ann Beamer, Kingsway C.C., Lake Suzy
Earl L. Beard, Sandlefoot Cove C.C., Boca Raton
Robert Beard, Mangrove Bay G.C., St. Petersburg
Wm. A. Bearden, Ft. Myers C.C., Ft. Myers
Tom Beattie, Cypress Pines C.C., Lehigh Acres
Clifford Beatty, Clewiston G.C., Clewiston
Ron Beaudry, Quail Creek C.C., Naples
John W. Beaver, Ventura C.C., Orlando
D. A. Beazley, Lakewood C.C., St. Petersburg
Harold E. Becker, Inverrary C.C., Lauderhill
Harry Becker, Palm Beach C.C., Palm Beach
Peggy Becker, Fernandina Beach G.C., Fernandina Beach
Rexene Becker, Palm-Aire C.C., Pompano Beach
Robert M. Beckley, Dubsdread Golf Facility, Orlando
Wm. Beckman, Mission Inn Resort, Howey In The Hills
William Beckman, Lagorce C.C., Miami Beach
John Becraft, Lely Hibiscus G.C., Naples
Paul A. Behr, Orange Tree C.C., Orlando
Allen J. Beil, Babe Zaharias G.C., Tampa
Dorothy Beilly, The C.C. of Florida, Village of Golf
Konnie Bein, Sunrise C.C., Sarasota
Glen W. Beitelshees, Miramar C.C., Miramar
Audrey L. Belanger, Ft. Walton Beach G.C., Ft. Walton Beach
Tony Belden, Rolling Greens Club, Ocala
Bea Bell, Landings G.C., Fort Myers
Cameron H. Bell, Indian Hills C.C., Ft. Pierce
Nina S. Bell, C.C. of Miami, Hialeah
Anthony Bellantoni, Turnberry Isle C.C., No. Miami
W. C. Belling, Forest Lakes Club, Sarasota
Frank M. Benesh, Ocala Municipal G.C., Ocala
Millie Benesh, OcalaMunicipal G.C., Ocala
Ivy Benigno, Fountains C.C., Lake Worth
Oscar P. Benjamin, Tanglewood G.C., Greentown
Bennie Bennett, Sherwood G.&C.C., Titusville
David S. Bennett, The C.C. of Naples, Naples
Richard V. Bennett, North Conway C.C., North Conway
Bruno Benoglio, Cypress Pines C.C., Lehigh Acres
James C. Benson, Bear's Paw C.C., Naples
Mrs. Cookie Berger, Emerald Hills C.C., Hollywood
Stephen Berlin, Quail Creek C.C., Naples
Louis F. Bermheim, Ocean Village, Ft. Pierce
Moe Bernbach, Inverrary Executive G.C., Lauderhill
Bartley Berry, Ekvank C.C., Manchester
Walt Besso, Barefoot Bay C.C., Barefoot Bay
Henry J. Beuth, Daytona Beach C.C., Daytona Beach
Lillian M. Beverly, Crane Creek G.C., Palm City

414

1983 HOLES-IN-ONE

Mario Bianco, Deer Creek C.C., Deerfield Beach
Roy M. Bier, Challenger C.C., Lakeworth
Kathy Bierworth, AIRCO, St. Petersburg
Kathryn Biggs, Cypress Greens G.C., Sun City Center
Andy Bilbo, Ft. Walton Beach G.C., Ft. Walton Beach
Milton Bingaman, Forest Hills G.&C.C., Holiday
Ed Binkley, White Lake Oaks, Pontiac
Beulah Bishop, Colony West Executive G.C., Tamarac
Pauline Bishop, The Landings G.C., Ft. Myers
Ron Bishop, Saddlebrook Golf & Tennis Resort, Wesley Chapel
Robert J. Bissell, Orlando Naval Training Center G.C., Orlando
Mark C. Blackburn, Magnolia, Lake Buena Vista
Vivian L. Blackman, De Funiak C.C., De Funiak Springs
Eileen Blackstad, Indian Pines, Rockledge
Tom Blake, Melbourne Municipal, Melbourne
Pete Blanco, Babe Zaharias, Tampa
Bud Blank, Redland G.&C.C., Homestead
Frank Blasko, Cypress Lake C.C., Ft. Myers
Thomas J. Blasi, Naples Beach Club, Naples
John S. Bleakly, Cypress Lake C.C., Ft. Myers
Robert M. Blome, Boca Del Mar C.C., Boca Raton
Jeff Blomeley, Killearn C.C. & Inn, Tallahassee
Sam Blondy, Wynmoor G.C., Coconut Creek
Mary Ann Bloor, Cypress Greens G.C., Sun City Center
Irving Blumenthal, Woodlands C.C., Tamarac
Bryce Blynn, Jr., Bald Peak Colony Club, Melvin Village
Harry Bodne, Daytona Beach G.&C.C., Daytona Beach
Bruce J. Boerner, A. C. Read G.C., Pensacola
LaRayne Boes, Fairway C.C., Orlando
Ralph M. Bogart, Quail Ridge C.C., Boynton Beach
Wentworth "Bo" Bogrette, Palm River C.C., Naples
Charles E. Bohannon, Sherwood G.&C.C., Titusville
Michelle Boire, Costa Del Sol, Miami
Edward Bologna, C.C. of Coral Springs, Coral Springs
Ruth T. Bolten, Lago Mar C.C., Ft. Lauderdale
Lola Bonar, Barefoot Bay G.&C.C., Barefoot Bay
Lester Bornadel, Heritage Ridge G.C., Hobe Sound
George W. Bondra, Fairways C.C., Orlando
Ralph E. Bonin, Spessard Holland, Melbourne
Loren H. Bonnett, Vero Beach C.C., Vero Beach
Allan Boone, Hall of Fame Inn, Tampa
Gus Borowicz, The Hamptons, Boca Raton
Dorothea A. Borror, Pompano Beach C.C., Pompano Beach
Briget Boshell, Chiefland G.&C.C., Chiefland
Briget Boshell, Lake City C.C., Lake City
Mike Boss, Riviera C.C., Ormond Beach
Bill Bosso, Jr., PGA National G.C., Palm Beach Gardens
Margaret Botts, Mayfair C.C., Lake Mary
Aubrey J. Bouck, Dunedin C.C., Dunedin
Hohn G. Bouker, C.C. of Naples, Naples
William M. Boward, Sr., Sugar Mill G.C., New Smyrna Beach
William W. Bowdren, Jr., Colony West II C.C., Tamarac
Buford Bowen, Timuquana C.C., Jacksonville
Hazel Bowen, New Smyrna Beach G.&C.C., New Smyrna Beach
Earl L. Bower, Countryside C.C., Clearwater
Greg Bowman, Wekiva G.C., Longwood
David A. Boyce, Dunes G.C., Las Vegas
Chas. E. Boyer, Sunrise C.C., Sarasota

William Boyle, Sunset C.C., St. Petersburg
Ray J. Boynton, Hidden Hills C.C., Jacksonville
Sylvia Brace, Crestview C.C., Crestview
Robert A. Bradle, Seven Springs C.C., New Port Richey
Robert E. Bradshaw, Cypress Greens G.C., Sun City Center
William Ha. Brady, Jr., Sombrero C.C., Marathon
Thomas C. Brand, Wilderness C.C., Naples
John Brantley, Clewiston G.C., Clewiston
Ralph Bratse, Bay Point G.C., Panama City Beach
John Braun, Jacksonville Beach G.C., Jacksonville Beach
William T. Braun, Daytona Beach C.C., Daytona Beach
Syd W. Brawer, Pines at Woolmont G.C., Tamarac
Emmett Brennan, Bent Tree G.&R.C., Sarasota
Michael Brennan, Hyde Park G.C., Jacksonville
Ray Brenner, Singletree G.C., Edwards
James S. Brescia, Deer Creek C.C., Deerfield Beach
Carol A. Breslawski, Bonaventure West, Ft. Lauderdale
Carol Breslawski, Hollywood Lakes West Course, Hollywood
A. Arthur Bressman, Turnberry Isle C.C., N. Miami
Mary Loe Briefer, Inverrary C.C., Lauderhill
Clifton Brogham, Royal Poinciana G.C., Naples
Nick Brinzea, Sun City Center South Course, Sun City Center
Harry Y. Britton III, Saddlebrook G.C., Wesley Chapel
Frederick W. Brixner, Manatee County G.C., Bradenton
Warren D. Brockman, Indian Bayou G.&C.C., Destin
Andrew Brod, Southern Manor C.C., Boca Raton
Gladys Brodsky, Hunters Run G.C., Boynton Beach
Joeline Brogan, Deer Run C.C., Casselberry
Bill Brooks, Bent Tree G.&R.C., Sarasota
Bill Brooks, Pasadena Yacht & C.C., St. Petersburg
Frieda Brooks, Oriole G. & Tennis Club, Margate
John Brooks, Rosement G.&C.C., Orlando
Raphael Brooks, Oriole G.&T.C., Margate
Jack Brossart, Quail Creek G.C., Naples
Blanche M. Brown, Patrick A.F.B. G.C., Patrick A.F.B.
Carl Brown, Pat Schwab's Pine Lakes G.C., Jacksonville
Charles E. Brown, Indian Pines G.C., Ft. Pierce
David J. Brown, Selva Marina C.C., Atlantic Beach
Frank E. Bruening, Pine Meadows G.C., Eustis
Emily Brown, Ravines Resort, Middleburg
Golbert E. Brown, Turnberry Isle G.C., N. Miami
Guy W. Brown, Spessard Holland, Melbourne Beach
Herb Brown, Turnberry, Miami
James E. Brown, Rocky Ridge G.C., Burlington
Lyn W. Brown, Jacksonville Beach G.C., Jacksonville Beach
Mark Brown, Tuscawilla C.C., Winter Springs
Thomas E. Brown, Manatee County C.C., Bradenton
Thomas R. Brown, Wyndemere C.C., Naples
Clara Browne, Cape Coral C.C., Cape Coral
Dave Browne, Cape Coral C.C., Cape Coral
Roma W. Browne, Turtle Creek Club, Tequesta
Hank Brundage, C.C. of Florida, Village of Golf
Timothy Lee Brunson, Crestview C.C., Crestview
A. M. Bryant, Temple Terrace C.C., Temple Terrace
Carl F. Bubeck, Cypress Creek G.C., Boynton Beach
William "Ham" Buckner, Palma Sola G.C., Bradenton
Dr. E. Buchbinder, Boca Pointe G.&R.C., Boca Raton
Warren R. Bugh, Live Oak G.&C.C., Crescent City
David Bullard, Lakeside G.C., Fort Wayne

415

1983 HOLES-IN-ONE

Albert B. Bullington, cypress Lake C.C., Ft. Myers
Mitch Bunch, Amelia Island Plantation G.C., Amelia Island
Bill Burdick, Beacon Woods G.C., Bayonet Point
Victor Burdick, Bartow G.C., Bartow
Bea Burg, JDM C.C., Palm Beach Gardens
Jack Burgoyne, Sugar Mill C.C., New Smyrna Beach
Nina P. Burke, Broken Woods G.&R.C., Coral Springs
Buddy Burkett, Palatka G.C., Palatka
Alex Burnett, Dunedin C.C., Dunedin
Peggy Burnett, Rio Pinar G.&C.C., Orlando
Laurie Burns, Mid Pines Resort, Southern Pines
Ruth B. Burns, Panama C.C., Lynn Haven
Mary D. Burnside, Errol Estate Inn & C.C., Apopka
Walter Burry, Spanish Wells G.C., Bonita Springs
Elmer H. Busch, Indian Hills G.C., Ft. Pierce
Hugh H. Bush, Naval Air Station G.C., Jacksonville
David Bushing, Orange Brook G.C., Hollywood
Fred Busche, Tuscawilla C.C., Winter Springs
R. M. Busenbark, Palm Gardens G.C., West Melbourne
Kevin Bush, Briar Bay G.C., Miami
Sidney Busloff, Woodlands C.C., Tamarac
Jeff Butler, The C.C. of Coral Springs, Coral Springs
Jack Butson, Gogelic C.C., Ironwood
Spero Buzier, St. Joseph's Bay C.C., Port St. Joe
Louis Byles, Mel Reese G.C., Miami
John Byrd, Palm Gardens G.C., Melbourne
Lanis W. Byrd, Jr., Indian Pines G.C., Cocoa
Raybond Byrd, Indian Creek G.C., Jupiter
Bill Byrne, Tuscawilla C.C., Winter Springs
W. J. Byron, Jr., Perdido Bay Inn & Resort, Pensacola
Robert D. Cady, East Bay C.C., Largo
Fran Caffrey, Harrisburg C.C., Harrisburg
Ludie Cain, Ft. McClellan, Ft. McClellan
Flo Calderaio, C.C. at Tarpon Villages Lake, Palm Harbor
A. J. Calderone, Royal Palm C.C., Naples
Reid Callahan, Atlantis C.C., Atlantis
Carl Calmenson, Hollywood G.&C.C., Hollywood
Joseph Calvano, Pine Island Ridge G.C., Ft. Lauderdale
Joseph J. Cambria, Wynmoor G.C., Coconut Creek
Betty Jo Campbell, Hyde Park G.C., Jacksonville
Bruce Campbell, Cove Cay C.C., Clearwater
Douglas Campbell, Boca Raton Hotel & Club, Boca Raton
Walter G. Campbell, Camino Del Mar C.C., Boca Raton
William Campbell, Jr., Sandestin Resort, Destin
Iris Caplowe, Boca West Resort & Club, Boca Raton
Ronald V. Capo, Ponce De Leon C.C., St. Augustine
Betty Capucilli, Skyview G.&C.C., Lakeland
Michael Cardiner, Oriole G.C. of Delray, Delray Beach
Bill Carey, Jr., Diamond Hills C.C., Valrico
Frances F. Carey, Key Biscayne G.C., Key Biscayne
James Carey, Vista Royale G.C., Vero Beach
Mary E. Cargill, Marion Oaks G.C., Ocala
Marie Carleton, Barefoot Bay G.&C.C., Barefoot Bay
Harry Carlton, Jerry Harper, Pensacola
Jack Carmel, Westview C.C., Miami
Richard Carr, Barefoot Bay C.C., Barefoot Bay
Thomas F. Carr, Vista Royale G.C., Vero Beach
Barbara M. Carrigan, Fairways C.C., Orlando
Robert A. Carroll, Sunset G.C., Hollywood
Brad Carty, Vista Royale C.C., Vero Beach
A. J. Caruso, Quail Ridge G.C., Boynton Beach
Frank H. Caruso, Palm River C.C., Naples

Paul Caruso, Pine Meadows G.&C.C., Eustis
Vinus E. Cary, UTC Annex G.C., Orlando
Bob Case, Winter Pines G.C., Winter Park
Thomas Casey, Pine Tree G.C., Boynton Beach
Thomas E. Casey, Sable Point C.C., Longwood
June Caspersen, Dolphin-Ocean Reef Club, Key Largo
Marshall R. Cassedy, Killearn C.C. & Inn, Tallahassee
Joseph L. Cattin, Plantation G.C., Plantation
Margaret M. Cavanaugh, Maple Leaf Estates C.C., Port Charlotte
Nile E. Cave, C.C. of Naples, Naples
Barry L. Caveness, The Haig (PGA National G.C.), Palm Beach Gardens
Joyce Cavin, University C.C., Jacksonville
Jerry Cejda, The Dunes G.C., Jacksonville
Edward Chalecki, Indian Pines, Rockledge
Max Chambers, Quail Creek C.C., Naples
Brooks Chandler, Royal Poinciana G.C., Naples
Howard Chapel, Broken Woods, Coral Springs
Martha J. Chapin, Fernandina Beach City G.C., Fernandina Beach
Bob Chapman, The Meadows C.C., Sarasota
John H. Chapman, North Port C.C., North Port
Warren Chard, Ft. Myers C.C., Ft. Myers
Charles A. Charlton, The Mainlands G.C., Pinellas Park
Clyde C. Chase, Mt. Dora Golf Assoc., Mt. Dora
Murray Chasin, Indian Bayou G.&C.C., Destin
Daniel Checchia, Spring Hill G.C., Spring Hill
Jack Cheppo, Holiday C.C., Stuart
Harry C. Chittenden, The Landings Yacht & G.C., Fort Myers
Allen Christensen Palatka Municipal G.C., Palatka
Max A. Christian, Sr., Ft. Lauderdale, C.C., Plantation
Margot L. Christine, Perdido Bay G.C., Pensacola
Michael Chulada, Boca West Club, Boca Raton
Lorraine P. Cimino, Boca West Club, Boca Raton
Ljubisav (Lou) Ciric, Vista Royale C.C., Vero Beach
Archier Clark, Naval Air Station G.C., Jacksonville
Arthur Clark, Kickingbird G.C., Edmond
Don Clark, Lake Worth G.C., Lake Worth
Earl R. Clark, Deer Creek C.C., Deerfield Beach
John C. Clark, Dodgertown G.C., Vero Beach
Ruth N. Clark, Spring Hill G.C., Spring Hill
Don Clarke, Inverrary C.C., Lauderhill
Louis Clauser, Martin County G.C., Stuart
Tom Clearwater, Isla Del-Sol, St. Petersburg
Daniel O. Cline, Alhambra Golf & Tennis Club, Orlando
Rita J. Cline, Frenchmans Creek G.C., Lake Park
Adele Clough, C.C. of Miami, Hialeah
Dwayne Clum, Fort Walton Beach G.C., Fort Walton Beach
Vi Clunch, Baymeadows G.C., Jacksonville
Elwood Coaker, Tiger Point G.&C.C., Gulf Breeze
Jom Coarsey, Baymeadows, Jacksonville
Robert E. Cochran, Quail Ridge C.C., Boynton Beach
Fletcher Cockrell, Big Cypress G.C., Winter Spring
Gregory A. Codding, Vista Royale G.C., Vero Beach
Barney Cohen, Wynmoor Village, Coconut Creek
Gary Cohen, Avila, Tampa
Joe R. Cohen, Boca West #3 Course, Boca Raton
Robert Cohen, Cypress-Palm Aire C.C., Pompano Beach
Spencer Cohen, Countryside C.C., Clearwater
Dorothy Cololuca, Sandalfoot C.C., Boca Raton

1983 HOLES-IN-ONE

Barry Colburn, Hall of Fame G.C., Tampa
George F. Colby, East Hartford G.C., E. Hartford
Isabelle Collette, Mangrove Bay, St. Petersburg
Alber E. Colloer, Wyndemere C.C., Naples
Harry Collier, Brookridge C.C., Brooksville
Burns Collins, Panama C.C., Lynn Haven
Corky Collins, Hampshire C.C., Dowagiac
Dorothy E. Collins, Ft. Lauderdale C.C., Ft. Lauderdale
Gib Collins, Lake Worth G.C., Lake Worth
Lavera Collins, Lake Lorraine C.C., Shalimar
Terry T. Collins, Sugarmill Woods G. & Racquet Club, Homosassa
Walter T. Colquit, Boca Pointe, Boca Raton
Frank Comegys, Lakewood C.C., St. Petersburg
Charlotte M. Comella, Cypress Greens G.C., Sun City Center
Robert J. Compton, Jacaranda C.C. (West), Plantation
A. Barr Comstock, Whispering Oaks C.C., Ridge Manor
Pierre Comtois, Boca Teeca C.C., Boca Raton
George Condrey, Inverness G.&C.C., Inverness
Lawrence E. Conklin, Braeburn Club, Dansville
Ed Connell, Ravines G.C., Middlebury
Arthur A. Connellis, Beacon Woods G.C., Bayonet Pt.
Betty Contardo, Indian Pines G.C., Ft. Pierce
James P. Cook, Wyndemere C.C., Naples
Loren Cook, Royal Palm Yacht & C.C., Boca Raton
Richard H. Cook, Heather Hills C.C., Bradenton
George Cooper, Plantation G.C., Plantation
Josephine S. Cooper, Brookridge G.&C.C., Brooksville
Ken Cooper, Palmetto Pines G.C., Parrish
Kenneth F. Corbin, Myakka Pines G.C., Englewood
Cornelius Corcoran, Maple Leaf Estates C.C., Port Charlotte
Neil Corcoran, Maple Leaf C.C., Port Charlotte
Robert G. Cordes, Cape Coral Executive G.C., Cape Coral
Sam Cornelius, Port Charlotte C.C., Port Charlotte
Joe Cornella, Oakland Hills C.C., Rotonda West
Betsy Correa, The dunes C.C., Sanibel Island
Francis W. Corridore, Pompano Beach G.C., Pompano Beach
Mary Beth Corrigan, Deer Creek C.C., Deerfield
Yvonne Cosoen, Quail Creek C.C., Naples
Wm. P. Courcey, Manatee County G.C., Bradenton
Janice Courter, Windber C.C., Windber
Vince Covello, Sherbrooke G.&C.C., Lake Worth
Kitty Crabill, Wilderness G.C., Naples
Ronnie J. Craft, Reese A.F.B. G.C., Hurlwood
W. O. Craft, Homestead A.F.B., Homestead A.F.B.
Roger Craiger, Wild Dunes Beach & Racquet Club, Charleston
Ivan L. Crane, Fort Walton Beach G.C., Fort Walton Beach
Betty Creel, Palm River G.&C.C., Naples
James Crescenti, Oak Hills G.C., Spring Hill
Ann Crews, Cleveland Heights, Lakeland
Willeam H. Crickenberger, Del-Aire G.C., Delray Beach
Jim Crisp, Sara Bay C.C., Sarasota
Richard Crisp, Alden Pines C.C., Pineland
Joe Cross, Palm River C.C., Naples
Barney Cubbedge, Palatka G.C., Palatka
Edward Cugell, Inverness G.&C.C., Inverness
Walter Cunningham, Land Harbor G.C., Linville
Edward F. Curley, Spessard Holland G.C., Melbourne Beach

J. J. Curran, Card Sound C.C., Key Largo
Rick Cusimano, Jacaranda C.C., Plantation
Steve Cymbalisty, Colony West C.C., Tamarac
Edward J. Czarnecki, San Carlos C.C., Ft. Myers
Philip R. Daffner, Bayshore G.C., Miami Beach
Fred Dahlquist, Nine Eagles G.C., Odessa
Thomas Dahn, Innisbrook Resort & G.C., Tarpon Springs
Jonnie Dalton,. Ft. Walton G.C., Ft. Walton Beach
Loring D. Dalton. The Glades C.C., Naples
Thomas A. Dalton Ocean Palm G.C., Flagler Beach
Maurice A. Damiano, Countryside C.C., Clearwater
Chris D'Andrea, Tides C.C., Seminole
Shadow D'Angelo, Point West G.C., New Port Richey
George L. Daniel, Beacon Woods G.C. Inc., Bayonet Point
Frank Danielson, Palm Harbor G.C., Palm Coast
Harry E. Danielson, Riviera C.C., Coral Gables
Edward F. Danowitz, Rolling Hills G.C., Longwood
Samuel Danziq, Sunset C.C., St. Petersburq
Dave Darby, Palatka Municipal Course, Palatka
Helen K. Dare, Cape Coral G. & Racquet Club, Cape Coral
Sol Dashew, Turnberry Isle So. C.C., No. Miami Beach
James J. Da Silva, Sunset C.C., St. Petersburg
Elvin L. Davenport, Cape Orlando G.&C.C., Orlando
Mary Davenport, Diamond Hill G.&C.C., Valrico
John E. Davidson, Mission Inn, Howey In The Hills
Bruce Davis, Sun N Lake C.C., Sebring
Dearl Davis, Falling Waters C.C., Chipley
Dick Davis, Bartow G.C., Bartow
Frank R. Davis, Quail Hollow G.&C.C., Zephyr Hills
James D. Davis, Suwannee G.C., Live Oak
Jean Davis, Cove Cay, Clearwater
Joe Davis, Lake Lorraine G.C., Shalimar
Ray Davis, Sr., Temple Terrace C.C., Temple Terrace
Rodney H. Davis, Seminole, Tallahassee
Ronald K. Davis, The Dunes G.C., Jacksonville
Sam Davis, South Sea's Plantation, Captiva Island
Stephen E. Davis, NTC Annex G.C., Orlando
Vivienne Davis, Oriole Club of Delray, Delray Beach
Wally Davis, Lehigh C.C., Lehigh
Barbara B. Davison, Barbmoor C.C., Largo
R. (Bo) Davison, Carriage Hills G.C., Pensacola
Bryan DeArmond, Pine Oaks Municipal G.C., Ocala
Terry L. DeBard, Sandelfoot C.C., Boca Raton
Tom DeBerry, Homestead A.F.B., Homestead
Terry E. Decarlo, Holiday C.C., Lake Park
Onorino (Hank) Decesare, Seneca G.C., Broadview Heights
Gerald Decker, St. Andrews G.C., Boca Raton
Janet Deckert, Cypress Links G.C., Jupiter
Louis Dee, Hibiscus G.C., Naples
Richard P. Deem, Univ. of South Florida, Lutz
Duane Deen, Tuscawilla C.C., Winter Springs
James P. Dehlnger, Tarpon Lake Village C.C., Palm Harbor
Douglas A. Dehn, Vista Royale G.C., Vero Beach
Madelene S. Delisle, Pelican Bay G.&C.C., Daytona Beach
Bennett Deloach, Waynesville C.C., Waynesville
Yvonne DeLongis, Selva Marina C.C., Atlantic Beach
Anthony Delude, Selva Marina C.C., Atlantic Beach
Matthew Delzio, J.D.M. C.C., Palm Beach
Lila Demet, Jacaranda C.C., Plantation
Harold E. Dempsey, Heather Hills, Bradenton

1983 HOLES-IN-ONE

Jim F. DeMuth, Seven Springs C.C., Seven Springs
Walt Dennis, Rolling Green, Sarasota
Mrs. A. C. Dent, Indian Pines G.C., Cocoa/Rockledge
Doris L. Denton, Carriage Hills G.C., Pensacola
Carl Desmarais, Tuscawilla C.C., Winter Springs
George E. Des Rosiers, Naval Training Center G.C., Orlando
Dave Dessoye, Sabal Palm G.C., Ft. Lauderdale
Victor De Troy, Delray Dunes G.C., Boynton Beach
Charlotte Devauk, Cooper Colony G.&C.C., Cooper City
John R. Devinney, Mission of the Americas, Miami
Bud DeVore, Clewiston G.C., Clewiston
Frank Diblasi, Quail Creek C.C., Naples
Al Dickhaus, Gainesville C.C., Gainesville
Alene Dickinson, Kingsway C.C., Lake Suzy
Arthur S. Dickinson, Dubsdread C.C., Orlando
Ben F. Dickson, Jr., Royal Palm Yacht & C.C., Boca Raton
Al DiDonato, Boca West G.C., Boca West
Joan Dieterle, Lago Mar C.C., Plantation
Jack Dillow, Daytona Beach G.&C.C., Daytona Beach
Marten S. Dinerstein, Harder Hall, Sebring
J. M. Dingwall, Windemere G.&C.C., Muskoka, Ontario
Bob Dintaman, Big Cypress G.C., Winter Springs
Peter DiPasqua, Wild Dunes, Isle of Palms
Lee Dirr, Buckhorn Springs G.&C.C., Valrico
Roger Kennedy, Pompano Beach G.C., Pompano
Betty Divico, Palm Harbor G.C., Palm Coast
Harry Dobbins, Rio Pinar C.C., Orlando
Dean Dolison, Costa Del Sol, Miami
Boyd Donahey, Green Valley C.C., Clermont
Ilse Donehoo, Cypress Greens G.C., Sun City Center
R. C. Donnan, Belleview Biltmore C.C., Belleair
Betty Donnelly, Valley Oaks G.C., Zephyrhills
Elmer C. Donnelly, Foxfire G.C., Sarasota
Tim Donnelly, Martin Downs G.C., Stuart
Alvin G. Donovan, Jr., Cypress Lakes, Fayetteville
Charles L. Donovan, Jr., Quail Ridge G. & T. Club, Boynton Beach
Miles Dorman, Englewood G.C., Englewood
Roger B. Dorval, Imperial Lakes C.C., Mulberry
James J. Dougherty, Vero Beach C.C., Vero Beach
David Douglas, Rocky Point G.C., Tampa
C. J. Douglas, Monsanto G.C., Pensacola
Dr. J. W. Douglas, Pensacola C.C., Pensacola
David K. Doumar, Frenchmans Creek, North Palm Beach
Paul L. Dowling, Daytona Beach G.&C.C., Daytona
John V. Dolye, Sunnybreeze Palms G.C., Arcadia
Wallace Drake, Panama C.C., Lynn Haven
Otto Dreikorn, Tequesta C.C., Tequesta
Elmer O. Drew, Tucawilla G.C., Winter Springs
Agnes Driscoll, Buenaventura Lakes C.C., Kissimmee
Joseph Drummond, North Dale, Tampa
George C. Dsklof, Indian Hills C.C., Ft. Pierce
Helen Duda, Big Cypress G.C., Winter Springs
Sammy Duda, Wekiva G.C., Longwood
Doris Duerk, Sea Pines Club Course, Hilton Head
Dixie Dugan, 70 Sun City Center G.C., Sun City Center
Nina Dumars, East Lake Woodlands G.C., Oldsmar
Robert S. Dumper, Dodger Bott, Vero Beach
Steven Dunham, Palm Gardens, W. Melbourne
William H. Dunlap, Oxbow C.C., Labelle
John D. Dunleavy, Homestead A.F.B., Homestead
William A. Dunn. Ft. Myers C.C., Ft. Myers

Donald Ross Durno, Lago Mar C.C., Plantation
Al Duttweiler, Bent Tree G.&C.C., Sarasota
G. Thurman Dwyre, Mac Dill A.F.B. G.C., Tampa
Mrs. George Dyer, Pt. Charlotte C.C., Pt. Charlotte
Conrad s. Dyke, A. C. Read G.C., Pensacola
Jean Dylewski, Cannongate G.C., Orlando
Ove H. Dyling, Hollywood Lakes C.C. & Inn, Hollywood
T. A. Eason, Sr., Indian Pines G.C., Rockledge
Rosemarie Eaton, Wellington G.C., Wellington
Dee Ebeling, Pinecrest On Lotela, Avon Park
Donald A. Ebright, Santa Anita G.C., Arcadia
Robert H. Ecker, Crane Creek, Palm City
Shirley Edelstein, Turkey Creek Golf & Racquet Club, Alachua
Leslie Eden, Cape Orlando G.&C.C., Orlando
Chuck Edinger, University of South Florida, Tampa
Mrs. Evelyn M. Edlis, Naval Training Center Annex, Orlando
Conley L. Edwards, Perdido Bay C.C., Pensacola
Ella Edwards, Heather G.C., Brooksville
Joseph Hl Edwards, Suntree C.C., Melbourne
Harry Eflein, Poinciana Golf & Racquet Club, Kissimmee
Adele C. Eger, Oakbridge G.C., Ponte Vedra
Patrick A. Eggeling, Aurora Hills G.C., Aurora
Marjorie L. Eggleston, Countryside C.C., Clearwater
Dick Eichhorn, Sugar Valley C.C., Bellbrook
Marba Eisenberg, Fountains C.C., Lake Worth
Vernon Elbrecht, Seven Rivers G.&C.C., Crystal River
Carl W. Elker, Seven Springs C.C., Seven Springs
Al Ellenburg, Gainesville G.&C.C., Gainesville
Rose M. Ellenberg, North Palm Beach C.C., N. Palm Beach
Jack E. Elliott, Harder Hall G. & T. Resort, Sebring
Lou Elliott, Bonaventure, Ft. Lauderdale
James W. Ellis, Royal Oak C.C. Resort, Titusville
Robert J. Ellis, Palm Lake G.C., Margate
Rose Marie Ellis, Bare Foot Bay C.C., Bare Foot Bay
Gene Ellish, California C.C., N. Miami Beach
Jose Ellstein, Ft. Lauderdale C.C., Ft. Lauderdale
Lawrence C. Elmer, Key Biscayne G.C., Key Biscayne
Elsie M. Elmore, Pine Meadows G.&C.C., Eustis
Robert C. Elmore, Crestview C.C., Crestview
Elmer Elwell, Lake Buena Vista, Lake Buena Vista
Jesse Embury, Myakka Pines, Englewood
Hubert A. (Bud) Emery, Rocky Point, Tampa
Donald A. Enga, Errol Estates C.C., Apopka
Carl Engel, Cypress Creek C.C., Boynton Beach
Elmer H. Engel, St. Leo G.&C.C., St. Leo
Michael Engelke, Doral C.C., Miami
Ernest England, Cape Coral Executive G.C., Cape Coral
Tim Engler, Sheboygan Town & Country, Sheboygan
Stephen K. Enzor, Harder Hall Golf Resort, Sebring
Elmer S. Erickson, Manatee County G.C., Bradenton
Norman Ericsson, Mission Inn Golf Resort, Howey In The Hills
Howard W. Erler, Rocky Point G.C., Tampa
Clifford B. Eskew, Foxfire G.C., Sarasota
Charles K. Esler, Longboat Key Club, Sarasota
Thomas Esmon, Eastlakes C.C., Palm Beach Gardens
Anita T. Espel, Southridge G.C., Deland
Donald L. Estes, Errol Estate C.C., Apopka
Anastasio Estrada, Jr., Seminole Lake C.C., Seminole
John P. Etheridge, A. C. Read, Pensacola

1983 HOLES-IN-ONE

Richard J. Etsler, Country Club of Brevard, Rockledge
Ken Evancic, The Dunes, Jacksonville
Bob Evans, Clewiston G.C., Clewiston
Ralph C. Evans, Cocoa Beach Municipal, Cocoa Beach
Katherine Everett, Black Mountain G.C., Black Mountain
Paul J. Everingham, Tarpon Lake Villages C.C., Palm Harbor
Evelyn Exter, Orange Brook G.C., Hollywood
Robert Eyerly, Green Valley C.C., Clermont
Keith P. Fabian, Maggie Valley C.C., Maggie Valley
Albert Fabri, Heather Hills G.C., Bradenton
Marianne Facciolo, Northdale G.C., Tampa
Harry Fader, Ocala G.C., Ocala
Adolph Falso, Ft. Lauderdale C.C., Ft. Lauderdale
Beatrice C. Farhum, St. Augustine Shores C.C., St. Augustine Shores
Harry Farmer, Silver Springs Shores G.&C.C., Ocala
Jinny Farrell, Broken Woods C.C., Coral Spring
William C. Farrow, Lake Fairways C.C., N. Ft. Myers
Charles Fassler, Sabal Palm C.C., Ft. Lauderdale
E.J. Bud Fast, Poincianna C.C., Kissimmee
Joey Faulkner, Palatka C.C., Palatka
Thomas L. Faunce, Citrus Hills, Hernando
Carol G. Fay, Plantation Inn & Golf Resort, Crystal River
Robert Fay, Casa De Campo, La Ramana
Richard E. Fechhelm, Imperial G.C., Naples
Ray Fechtner, Palmetto Pines G.C., Parrish
Irving Feigenbaum, Hollybrook G. & Tennis, Pembroke Pines
Clarence Fehr, Southern Pines C.C., Southern Pines
Howard Feinstein, Boca Greens C.C., Boca Raton
Sidney Feldman, Challenger C.C., Lake Worth
John R. Felker, Cocoa Beach C.C., Cocoa Beach
John K. Fell, Palm Aire C.C., Sarasota
George V. Fellabaum, Burnt Store Golf & Racquet Club, Punta Gorda
Harry G. Fellman, Pompano Beach C.C., Pompano Beach
Michael D. Feltz, Eastlakes C.C., Palm Beach Gardens
Rebecca Ferber, Bay Shore, Miami Beach
Bill Ferguson, Sabal Palm C.C., Ft. Lauderdale
Clement R. Ferland, Lake Venice G.C., Venice
Casey Fernandez, Dubsbread G.C., Orlando
Dan R. Ferney, Palmetto Pines G.C., Parrish
Alfred J. Ferrari, Oceanside C.C., Ormond Beach
Al Ferris, Homestead A.F.B., Homestead
Vincent J. Ferris, Sandlefoot C.C., Boca Raton
Ted Ferry, Tournament Players Club, Ponte Vedra
Mary Louise Ficicchy, Poinciana G. & Racquet Club, Kissimmee
George B. Field, Patrick G.C., Cocoa Beach
Pat Figley, Hall of Fame Inn, Tampa
Richard S. Figlio, Rocky Point G.C., Tampa
Harold C. Fillyaw, Alhambra Golf & Tennis, Orlando
George Finke, Barton G.C., Bartow
Julius Finkelstein, Jacaranda C.C., Plantation
Mona L. Finlay, Sky Valley Resort, Dillard
John S. Finster, Rocky Point G.C., Tampa
Rudolph Fiore, Wellington G.C., W. Palm Beach
Harold Fischer, Alden Pines G.C., Pineland
Joan Fischer, Kings Bay C.C., Miami
Allan E. Fisher, Palm Aire Champions Course, Sarasota
Thomas M. Fisher, Miami Springs C.C., Miami Springs
Charles R. Fitch, Manatee County G.C., Bradenton

Stan Fitts, Daytona Beach C.C., Daytona Beach
Tracy Fitzgebbons, Vista Royale, Vero Beach
Beth Fitzgerald, Holly Forest G.C., Sapphire
Fred F. Fitzgerald, Elgin G.C., Niceville
Peter Fitzpatrick, Riviera C.C., Ormond
Mary Chester Flagg, Carrollwood Golf & Tennis Club, Tampa
Mike Flaherty, Heather Hills G.C., Bradenton
Glenn Flake, Willow Lakes C.C., Jacksonville
Samuel Fleischer, Sabal Palm G.C., Tamarac
Irving Fleishman, Boca Lago C.C., Boca Raton
Bonnie Fleming, Punta Gorda C.C., Punta Gorda
John Floyd, Indego, Daytona Beach
Raymond P. Flusche, Cypresswood Golf & C.C., Winter Haven
Joseph A. Focazio, Jr., Riviera C.C., Coral Gables
Kerry G. Fogarty, Samoset G.C., Rockport
Jim Foote, Lake Worth G.C., Lake Worth
Stuart C. Foote, Spring Hill G.&C.C., Spring Hill
Dave Forgie, Palmetto Pines G.C., Parrish
Dolly Forrester, Carrollwood Village Golf & Tennis Club, Tampa
Kenneth J. Forrey, Six Lakes C.C., N. Ft. Myers
Robert J. Forte, Pine Island Ridge C.C., Ft. Lauderdale
John B. Fortier, Rolling Hills G.&C.C., Wildwood
David E. Foster, East Lake C.C., Palm Beach Gardens
James C. Foster, Dunedin C.C., Dunedin
James M. Foster, Southridge G.C., Deland
James R. Foster, Harbor City Municipal, Melbourne
J. Stewart Foster, Fairways C.C., Orlando
Terry Fowler, Bardmoor C.C., St. Petersburg
Jack Foze, Tides C.C., Seminole
Anna May Fraley, Hidden Hills G.&C.C., Jacksonville
Erwin S. Franken, The Palms, Pompano Beach
Alastair Fraser, Royal Poinciana G.C., Naples
Charles R. Fraser, Bobby Jones C.C., Sarasota
David A. Freedman, Key Biscayne G.C., Miami
Harold Freece, Melbourne Muncipal, Melbourne
Gene Freeman, Pensacola C.C. Pensacola
Charles Frehse, Mount Mitchell G.C., Burnsville
Dolores French, Williston Highlands G.&C.C., Williston
Edward A. French, Bunker Hill G.C., Princeton
Grover C. French, Willisboro G.C., Willsboro
Harry H. Frette, Doral C.C., Miami
Doris Friedman, Quail Ridge C.C., Boynton Beach
Doris Friedman, Boca Greens C.C., Boca Raton
Edward D. Friedman, Sandalfoot C.C., Boca Raton
Frank Friedman, Turnberry Isle C.C., N. Miami
George Friedrich, Riviera C.C., Ormond Beach
Ed Fritzsche, Cariari C.C., San Jose
Howard M. Frogge, Skyview G.&C.C., Lakeland
F.H. Fruit, Big Cypress G.C., Winter Springs
Max D. Frye, Palatka Municipal G.C., Palatka
Dick Fuhr, Coral Ridge C.C., Ft. Lauderdale
Duke Fullerton, JDM C.C., Palm Beach Gardens
Joe Fullerton, Spanish Wells C.C., Bonita Springs
Harry M. Fulmer, Winter Park C.C., Winter Park
Pat Fulner, Oriole G.C. of Margate, Margate
Buck Fulton, Tamarac C.C., Ft. Lauderdale
Robert Funderburk, Pompano Beach G.C., Pompano Beach
Russell J. Fuog, Boca Woods C.C., Boca Raton
Jewell E. Futch, Macdill G.C., Tampa

419

1983 HOLES-IN-ONE

John Gaddy, Jacaranda West C.C., Venice
Gerard-Marie Gagne, La Gorce C.C., Miami Beach
Lelamae Gaines, Glades C.C., Naples
W. Clayton Gaiser, Clearwater C.C., Clearwater
Rod Gall, Lake Wales C.C., Lake Wales
Ralph M. Gallagher, Ironwood C.C., Bradenton
J.J. Galleher, Clearwater C.C., Clearwater
Fred Gallett, Port Charlotte C.C., Port Charlotte
Laura Galluzzo, Palme Ho Pine C.C., Cape Coral
Richard Douglas Galvano, Lehigh C.C., Lehigh
Hugh "Sonny" Gambler, Rock Island Arsenal G.C., Rock Island
Perry Gann, Pat Schwab's Pine Lakes G.C., Jacksonville
Gene Gannon, Palm Harbor G.C., Palm Coast
Albert Garber, Winter Park Municipal G.C., Winter Park
William A. Garden, The Plantation G.C., Venice
William A. Gardiner, Barefoot Bay G.&C.C., Barefoot Bay
Judy Gardner, The Inverrary C.C., Lauderhill
Ory Leo Garic, Jr. Indian Bayou, Destin
Norman L. Garlock, Rosemont C.C., Orlando
Glenn D. Garrett, Rolling Hills G.&C.C., Wildwood
James F. "Seven" Garrett, Crestview C.C., Crestview
John J. Garrett, Palm Aire C.C., Pompany Beach
Edward A. Garrison, President C.C., W. Palm Beach
Cy Garvey, Camino Del Mar C.C., Boca Raton
Rudy Gary, Sugarmill Woods Golf & Racquet Club, Homosassa
Cecil B. Gates, Clearwater C.C., Clearwater
Ruby C. Gatliff, Panama C.C., Lynn Haven
Jessie Gawaluch, Forest Hills G.C., Holiday
Marvin R. Geiger, Brooksville G.&C.C., Brooksville
Thomas J. Geiger, Plantation G.C., Plantation
Melvin Gellman, Woodmont C.C., Tamarac
Robert E. Gendreau, Granada G.C., Coral Gables
Joseph V. Gentempo, Spruce Creek G.&C.C., Daytona Beach
George H. Genz, Palm Harbor G.C., Palm Coast
John Genzale, Pine Island Ridge G.C., Ft. Lauderdale
Barbara Geoffrion, Orange Brook G.C., Hollywood
Thomas V. Gerard, Lake Region C.C., Winter Haven
Max Gerben, Fountains C.C., Lake Worth
Ab Gerchick, Woodlands C.C., Tamarac
George Gere, Penney Retirement Community Club, Penney Farms
Robert M. Gerhart, Homestead A.F.B., Homestead
Oscar A. Gerken, Pine Meadows C.C., Eustis
Margaret S. Gerow, Fairways C.C., Orlando
Scrappy Gerow, Fairway C.C., Orlando
Ralph A. Gerhmel, Zellwood Station C.C., Zellwood
Berttie Gesmire, University C.C., Jacksonville
James P. Gesser, Deland C.C., Deland
Rudy Gessler, Forest Hills G.&C.C., Holiday
Darrow H. Getty, Poinciana G.&R.C., Poinciana
John P. Gevlin, The Landings Yacht & G.C., Ft. Myers
Len Gianfortone, American Golfers Club, Ft. Lauderdale
William Gibbons, Capri Isles C.C., Venice
Vincent C. Giffen, Delray Beach C.C., Delray Beach
Roland P. Giguere, Village Green, Bradenton
Jeffrey A. Gilbert, NAS Whiting Field G.C., Milton
Kevin J. Gilg, Carriage Hills C.C., Pensacola
Harrison L. Gill, Barefoot Bay G.&C.C., Barefoot Bay
Harold Gillig, Pompano Beach C.C., Pompano Beach
Robertson H. Gilliland, Amelia Links, Amelia Island

Hank Gilman, Boca Pointe G.&R.C., Boca Raton
Helen F. Ginter, Lakeland Skyview G.&C.C., Lakeland
Joseph Gionfriddo, Miami Shores C.C., Miami Shores
Ronald J. Girard, Indian Spring G.C., Boynton Beach
George W. Gjertson, Hawthorne Hills G.C., Saukville
Edward Glantz, Fountains C.C., Lake Worth
Jim Glase, Hole-In-The-Wall G.C., Naples
Chauncey Glaser, Woodlands C.C., Tamarac
Harold K. Glaser, Rocky Point G.C., Tampa
Harbin Jack Glasscox, Ocala Municipal G.C., Ocala
Beatrice Glassman, Wynmoor C.C., Coconut Creek
Robert L. Glidden, Lost Tree Club, North Palm Beach
Ted Gluckman, Cooper Colony G.&C.C., Cooper City
William J. Godfrey, Tarpon Springs G.C., Tarpon Springs
Armetta B. Godfroy, Carriage Hills G.C., Pensacola
Frances F. Goetten, Quail G.C., Naples
Arthur Goggin, River Greens G.C., Avon Park
Herbert H. Goldberger, Belmont C.C., Belmont
Alvin A. Golden, Sandalfoot C.C., Boca Raton
Murray Goldfarb, Woodmont C.C., Tamarac
Hyman Goldstein, Cypress Creek C.C., Boynton Beach
Kenneth Goldstein, Eastlakes C.C., Palm Beach Gardens
Jose L. Gonzalez, Melbourne Municipal G.C., Melbourne
A. I. Goodman, Colony West C.C., Tamarac
Ira Goodman, California North G.C., N. Miami Beach
Merrill Gordon, Westview C.C., Miami
Robert Gordon, Woodlands C.C., Tamarac
Stephen Gorey, Plantation G.C., Plantation
Donald L. Gorman, Plantation G.C., Plantation
Rudy Gossman, Redland G.&C.C., Homestead
Robert W. Gould, Wyndemere C.C., Naples
Stuart S. Gould, Hillcrest C.C., Hollywood
Daniel D. Graham, Palmetto Pines G.C., Parrish
Helen Graham, Crestview C.C., Crestview
Robert A. Graham, Caloosa G.&C.C., Sun City Center
Jack Graham, North Dale C.C., Tampa
Mark Grandone, Cleveland Height C.C., Lakeland
Arthur Granger, St. Leo G.C., St. Leo
Janet K. Granville, Card Sound G.C., Key Largo
Patsy Grasso, Stafford C.C., Stafford
Jeff Gratton, Palm River C.C., Naples
Charles Gray, Melbourne Municipal G.C., Melbourne
Frank C. Gray, Silver Pines G.&C.C., Orlando
Vance Gray, Palm River C.C., Naples
Nat Grayson, Southridge G.C., Deland
Conrad Green, Hole-In-The-Wall G.C., Naples
Harold E. Green, Univ. of South Florida G.C., Tampa
Jim Green, Loma Linda C.C., Joplin
John A. Greene, Sun 'N Lake C.C., Sebring
Paul H. Green, Baymeatons G.C., Jacksonville
Tom Green, Ft. George Island G.C., Ft. George Island
Leonard Greenberg, Hollywood G.&C.C., Hollywood
Arthur Greenfeder, Kings Bay C.C., Miami
Stephen E. Gregoire, Indian Hills C.C., Ft. Pierce
Hugh Gregory, Palm Harbor G.C., Palm Coast
Ron Gregory, Lago Mar C.C., Plantation
Jack Griffin, Lely Hibiscus G.C., Naples
Steve Griffin, Martin County G.C., Stuart
W. W. Griffin, Jr., Marion Oaks C.C., Ocala
Helen Griffith, Riverbend C.C., Tequesta
Bruce A. Grimes, The Dunes G.C., Jacksonville
Ralph Grissett, Oriole G.C., Margate
P. Grizzaffe, Temple Terrace G.&C.C., Temple Terrace

420

1983 HOLES-IN-ONE

Bob Groat, Barefoot Bay G.C., Barefoot Bay
Helen Groce, Indian Lake G.C., Indian Lake Estates
Mollie Gronauer, JDM C.C., Palm Beach Gardens
Dale W. Groom, Miami Lakes C.C., Miami Lakes
Linda Groover, Grenelefe-South, Grenelefe
Al Gruber, Kendale Lakes C.C., Miami
Doris Grusmark, Pembroke Lakes G.C., Pembroke Pines
Bernard Grzesiak, Palm Harbor G.C., Palm Coast
Earl P. Guntly, Cypress Creek C.C., Boynton Beach
Robert E. Gurney, Ft. Walton Beach Municipal G.C., Ft. Walton Beach
Edward Gurst, Inverrary C.C., Lauder Hill
W. R. Gustafson, Palmetto Pines G.C., Parrish
Fran Gustauson, Mariner Sand C.C., Stuart
L. Clark Gutru, Sweetwater C.C., Longwood
Bill Haas, West Orange C.C., Winter Garden
Bill Hackelton, Palm Harbor G.C., Palm Coast
Earl W. Hadland, Vero Beach C.C., Vero Beach
Bee Hadsell, Vero Beach C.C., Vero Beach
Russell W. Haeger, Manatee County G.C., Bradenton
Albert J. Haenner, Lehigh C.C., Lehigh Acres
A. M. Hage, Cortez G.C., Hot Springs Village
George E. Hains, Lely Hibiscus C.C., Naples
Marvin L. Hainsey, Sherwood G.&C.C., Titusville
Murray Hale, Sebring G.&C.C., Sebring
Charles H. Hall, Riviera C.C., Ormond Beach
Gene H. Hall, Black Mountain G.C., Black Mountain
Joseph B. Hall. Zephyrhills G.&C.C., Zephyrhills
Norman Hall, Alden Pines G.C., Bokeelia
Ernest Hallam, Ashland Elks C.C., Ashland
David Haller, Sandpiper Bay G.C., Port St. Lucie
Harold B. Hallett, Deer Creek G.C., Deerfield Beach
Gordon A. Hambrick, Whiting Field G.C., Milton
Marion R. Hambrick, Palma Ceia G.&C.C., Tampa
Don Hamilton, Connell Lake G.&C.C., Inverness
Vincent J. Hamilton, Jr., Sarasota G.C., Sarasota
Frank Hammond, Rivergreen's South, Avon Park
Henry P. Hammond, Jr., Bobby Jones G.C., Sarasota
Ray T. Hammond, Poinciana G.&R.C., Kissimmee
Steve Hancock, Bluewater Bay, Niceville
Tom P. Haney, Panama C.C., Lynn Haven
Mary Hannon, Lake Lorraine G.&C.C., Shalimar
Floyd Hansen, Countryside C.C., Clearwater
Gregory John Hansen, Caloosa G.&C.C., Sun City Center
R. W. Hansen, Jr., Royal Palm Beach C.C., Royal Palm Beach
I. C. Harbour, Jupiter Hills G.C., Jupiter
Robert L. Harcourt, Pinecrest on Lotela, Avon Park
Harry Hardaway, Poinciana G.C., Kissimmee
Hank Hardy, Lake Buena Vista C.C., Lake Buena Vista
Jerry Ray Hardy, Pine Oak G.C., Ocala
Thomas R. Hare, Pinecrest G.C., Avon Park
Edward T. Hargrave, Winter Pines G.C., Winter Park
Eston Joe Hargrett, Sabal Palms G.C., Tamarac
R. W. "Bob" Harkins, Pembroke Lakes G.&C.C., Pembroke Park
John R. Harlow, Melreese G.C., Miami
Brenda Harmelin, Turnbury Isle G.C., N. Miami Beach
H. P. Harms, Lake Marion G.C., Santee
John H. Harms, Gator Creek G.C., Sarasota
Bill Harrell, Perdido Bay Resort, Pensacola
Horace M. "Howdy" Harrington, Spruce Creek G.&C.C., Port Orange

Eleanor F. Harris, Vista Royale G.C., Vero Beach
Jess Harris, Indian Trak C.C., Royal Palm Beach
Lou Harris, Bayshore G.C., Miami Beach
Richard I. Harris, Plant City G.C., Plant City
Roland A. Harris, Hall of Fame Inn, Tampa
Sy Harris, Miami Lakes C.C., Miami Lakes
Joseph C. Hart, Harbor City Municipal G.C., Melbourne
Ralph A. Hart, Palm Beach Polo & C.C., West Palm Beach
Earl Hartberger, Rolling Green G.C., Sarasota
Mary W. Hartney, Mountain Glen G.C., Newland
John G. Hartong, Plantation Inn & Golf Resort, Crystal River
Stella L. Hartz, Bent Pine G.C., Vero Beach
Mickie Harvey, Alden Pines G.C., Pineland
Robert R. Harvey, Pine View G.C., Three Rivers
Mrs. Marty Harwood, JDM C.C., Palm Beach Gardens
Clarence Haselden, Orange Lake C.C., Kissimmee
Frank Hashey, Beacon Woods G.C., Bayonet Point
Miyoko Hashimoto, Pompano Beach G.C., Pompano Beach
Robert M. Hatcher, Bass River G.C., Cape Cod
Tommy H. Hatfield, Winter Pines G.C., Winter Park
Charles J. Hauser, Brooksville G.&C.C., Brooksville
Dale Hawkins, Tides C.C., Seminole
John B. Hayes, Key West Resort Assoc., Key West
Mrs. Tom "Mary" Hayes, Royal Palm Yacht & C.C., Boca Raton
William C. Hayman, North Dale G.C., Tampa
Mrs. Esther Haynes, Oriole G. & Tennis, Margate
Louise I. Hayney, Mangrove Bay G.C., St. Petersburg
Bill Hays, St. Charles G.C., St. Charles
Frances Hazzard, Wynmoor Village G.C., Coconut Creek
Bo Healey, Ocean Reef Club, No. Key Largo
Wayne R. Hefner, Royal Oak C.C., Titusville
W. A. "Bill" Hefty, Naval Air Station G.C., Jacksonville
Herbert Heil, Manate County G.C., Bradenton
Hal Heinemann, Delray Dunes C.C., Boynton Beach
Marilyn E. Heinrich, Miami Lakes C.C., Miami Lakes
Arthur R. Hellender, Selva Marina C.C., Atlantic Beach
Adele Hellman, Inverrary G.C., Lauderhill
Gail Helmer, Landings C.C., Ft. Myers
R. P. Helms, Mountain Lake G.C., Lake Wales
Gary Heltkamp, Boca West G.C., Boca Raton
Jack B. Henderson, Rocky Bayou C.C., Niceville
James I. Henley, Union County C.C., Anna
Bill Henning, Willowbrook G.C., Lakeside
Lyle Henry, Harbor City Municipal G.C., Melbourne
Stuart K. Hemsley, Hound Ears Club, Blowing Rock
Norman W. Hentschel, St. Leo G.&C.C., St. Leo
Bob Herman, Indian Spring West, Boynton Beach
Ree Herman, Lehigh Acres C.C., Lehigh Acres
Mort Hermel, Inverrary C.C., Lauderhill
R. E. Herring, Capital City C.C., Tallahassee
Frank Hervatine, Cape Orlando G.&C.C., Orlando
Art Hess, Poinciana G. & Racquet Club, Poinciana
Matt Hess, Lake Worth G.C., Lake Worth
Milton C. Hess, Kings Point Par 3 G.C., Delray Bach
Mike Hester, Hilaman Park, Tallahassee
William R. Hester, San Carlos G.C., Ft. Myers
Jim Hewitt, Orlando C.C., Orlando
John A. Hibbert, Rocky Point G.C., Tampa
Jack E. Hibbler, Orange Tree C.C., Orlando
Jeffrey T. Hickcox, Homestead A.F.B. G.C., Homestead

421

1983 HOLES-IN-ONE

Chadbourne V. Hickey, Placid Lakes Inn & C.C., Lake Placid
Water E. Hicks, Hilaman Park Municipal G.C., Tallahassee
Raymond J. Higgins, Grandfather G.&C.C., Linville
Howard Hildreth, Temple Terrace G.&C.C., Temple Terrace
Mary Hilgendorf, Foxfire G.C., Sarasota
Benjamin S. Hilkeman, The C.C. at Bluewater Bay, Niceville
Ella Hill, Palmetto Pines G.C., Parrish
Fred H, Hill, The "Heather" G.&C.C., Weeki Wachee
James Hill, El Conquistador C.C., Bradenton
Roy H. Hill, Cavern G.C., Marianna
F. J. Hilsinger, Dunedin C.C., Dunedin
Vernon Hilsinger, Palmetto Pines G.C., Parrish
Carl Hiltunen, Vista Royale G.C., Vero Beach
Muriel B. Himmel, Cypress Greens G.C., Sun City Center
Kenneth Hindsley, Inverrary C.C., Lauderhill
Albert J. Hinze, Sandalfoot C.C., Boca Raton
H. Guy Hirschfeld, Spessard Holland C.C., Melbourne Beach
Silas Floyd Hitchcock, Dubsdread G.C., Orlando
Robert E. Hobart, Magnolia Valley G.&C.C., New Port Richey
Clyde Hobby, Wyndemere C.C., Naples
W. J. Hobday, Bardmoor C.C., Largo
Austin Hodges, Sweetwater C.C., Longwood
Mary Hodgson, John's Island Club, Vero Beach
Edward Hodierne, Zephyrhills C.C., Zephyrhills
Bob Hoenk, C.C. of Naples, Naples
Doyle W. Hoffman, Buenaventura Lake C.C., Kissimmee
Lee Hoffman, Sandalfoot C.C., Boca Raton
Ted Hoffstetter, Airport Inn G.C., Kissimmee
Marvin R. Hogan, Lely Royal Palm C.C., Naples
Martha Hogeland, Barefoot Bay G.C., Barefoot Bay
Dale Holbrook, Panama C.C., Lynn Haven
Paul W. Holcombe, Sarasota G.C., Sarasota
Neil Holder, Marion Oaks C.C., Ocala
Norma Hollander, Eastpointe C.C., Palm Beach Gardens
Dick T. Hollands, Lago Mar C.C., Ft. Lauderdale
Selma Hollar, Ocean Palm G.C., Flagler Beach
Jerrell P. Hollaway, Port Malabar C.C., Palm Bay
Jeffery G. Hollis, Pasadena G.C., St. Petersburg
Larry Holloway, Sandpiper Innisbrook Resort, Tarpon Springs
George Hollum, The Dunes G.C., Jacksonville
Janie Holman, MacDill A.F.B. G.C., MacDill A.F.B.
Jim Holmes, Eastwood C.C., Ft. Myers
Dorothy Holt, Ft. Myers C.C., Ft. Myers
William G. Holtman, Riviera G.C., Naples
Rufus A. Holton, Baymeadows C.C., Jacksonville
Sterling Holway, Turkey Creek G. & Racquet Club, Alachua
Frank Homce, Pine Oaks G.C., Ocala
Glenn Hommell, Miramar G.&C.C., Miramar
David G. Honey, Boca Raton Hotel & Club, Boca Raton
Dutch Hood, Amelia Links, Amelia Island
Bernard Hoogterp, River Greens G.C., Avon Park
Eleanor M. Hoop, Heritage Ridge G.C., Hobe Sound
John M. Horn, Swallows G.C., Debary
Saul Horn, Delray Beach, Delray
Martin F. Hornik, Bayshore G.C., Miami Beach

Mallory Horton, Redland G.&C.C., Homestead
Ed Horwitz, Inverrary C.C., Lauderhill
Courtney C. Houck, The Meadows, Sarasota
Wilson E. Howard, Ocala G.C., Ocala
Bill Howe, Indian Hills G.C., Ft. Pierce
Greg Howe, University of Florida G.C., Gainesville
Joan T. Howe, Rolling Greens C.C., Milton
D. Chanslor Howell, Jr., Timuquana C.C., Jacksonville
Fred W. Hoyt, Sugarmill Woods G. & R.C., Homosassa
Fran Hubbard, Palma Sola, Bradenton
John Huber, Lake Valley G.C., Boulder
Gertrude D. Hudson, Brooksville G.C., Brooksville
Perry E. Hudson, Jr., Card Sound G.C., Key Largo
Marvin P. Huels, Cypresswood G.&C.C., Winter Haven
William Robert Huff, Willowbrook G.C., Winter Haven
Janice Hughes, Fairways C.C., Orlando
John C. Hughes, Countryside Executive G.C., Clearwater
Joseph Hughes, Fairways C.C., Orlando
June R. Hughes, Vero Beach C.C., Vero Beach
Ray Hughes, Rio Pinar C.C., Orlando
Peter Hugle, Tamarac C.C., Ft. Lauderdale
Robert C. Hunter, Killearn G.&C.C., Tallahassee
M. S. Huntley, Copperhead G.C., Tarpon Springs
Marcel M. Hurni, Boca Del Mar C.C., Boca Raton
Mary Hurt, Ft. Walton Beach C.C., Ft. Walton Beach
J. Dall Hutchinson, Cove Cay C.C., Clearwater
Damon Hyde, C.C. of Miami, Hialeah
Richard H. Hydrick, Jr., Jacksonville Beach G.C., Jacksonville Beach
John K. Immel, Panama C.C., Lynn Haven
Walter E. Ingham, Crestview C.C., Crestview
Robert C. Inghram, Patrick A.F.B. G.C., Patrick A.F.B.
Alfred T. Ingle, Hurlburt Field G.C., Ft. Walton Beach
Betty Ingram, Capitol City C.C., Tallahassee
Thomas Irwin, South Seas Plantation, Captiva
Dorothy H. Isaacs, Landings Yacht & G.C., Ft. Myers
Madleine Isabelle, Lagorce C.C., Miami Beach
Roy W. Israel, Rockleigh Bergen County G.C., Rockleigh
Coururier Ivan, Frenchman's Creek-South Course, No. Palm Beach
Frank Ivers, Fairways C.C., Orlando
Robert L. Ives, Isla-Del-Sol G.C., St. Petersburg
Charles Jablonski, Tarpon Springs G.C., Tarpon Springs
C. E. Jackson, George Snyder G.C., Cantonment
John M. Jackson, Jr., Palm Harbor G.C., Palm Coast
Louise S. Jackson, University C.C., Jacksonville
Ralph S. Jackson, Indian Pines G.C., Rockledge
Victor Jacobson, Frenchmans Creek, N. Palm Beach
Lorraine Jacobs, Silver Springs Shores, Ocala
Gladys Jacobsen, Pembroke Lakes G.C., Pembroke Pines
J. Bernard Jacobsen, Royal Palm Yacht & C.C., Boca Raton
Walter A. Jacobsen, Briar Bay G.C., Miami
Jerry Jacobson, Palm Aire G.C., Pompano Beach
John Jaecques, Cape Coral C.C., Cape Coral
Bernard R. Jaffe, Inverrary C.C., Lauderhill
Max D. Jaffe, The Woodlands C.C., Tamarac
Mort Jaffe, Pembroke Lakes G.C., Pembroke Pines
Ted Jakomas, Sugarhill G.&C.C., New Smyrna Beach
Lou James, Nine Eagles G.C., Odessa
Len Janklow, Woodlands C.C., Ft. Lauderdale
Phyliss Jeans, Sweetwater C.C., Apopka
Norman L. Jeffer, Longboat Key G.C., Longboat Key

1983 HOLES-IN-ONE

James E. Jefferson, Homestead A.F.B. C.C., Homestead A.F.B.
Andrew L. Jenkins, Oriole G. & T. of Margate, Margate
Harry L. Jennings, A.C. Read Naval Air Station, Pensacola
Ernest P. Jensen, Indian Hills C.C., Ft. Pierce
Emil C. Jesse, Kingsway C.C., Lake Suzy
Robert C. Jessup, Quail Hollow G.&C.C., Zephyrhills
James R. Jobson, Big Cypress G.C., Winter Springs
Albert Johnson, Greynolds Park, N. Miami Beach
Arthur Johnson, Pompano Beach C.C., Pompano Beach
Charlie S. Johnson, The Club at Indigo, Daytona Beach
Clinton C. Johnson, Coral Springs G.&T.C., Coral Springs
David A. Johnson, Wekiva G.C., Longwood
David L. Johnson, Tuscawilla C.C., Winter Springs
Debra Johnson, Lake City C.C., Lake City
Donald R. Johnson, Tam O'Shanter G.C., Pompano Beach
Elaine H. Johnson, Palma Ceia G.&C.C., Tampa
E. Lee Johnson, Winter Pines G.C., Winter Park
Elmer M. Johnson, Poinciana G.&R.C., Kissimmee
Everett F. Johnson, Casselberry G.C., Casselberry
Joseph R. Johnson, Cecil Field Naval Air Station, Jacksonville
Mary Alice Johnson, Gainesville G.&C.C., Gainesville
M. C. Johnson, Indian Pines G.C., Rockledge
Neal H. Johnson, Winter Pines G.C., Winter Park
Seabron B. Johnson, Jr., Indian Pines G.C., Ft. Pierce
Vicki Johnson, Sobal Palm C.C., Ft. Lauderdale
Brian Johnston, Naval Air Station G.C., Jacksonville
Ken Johnston, Hollywood Lakes C.C., Hollywood
Colin N. Jones, Ironwood, Palm Desert
Floyd L. Jones, Beacon Woods G.C., Bayonet Point
Gus W. Jones, Mayacoo Lakes C.C., W. Palm Beach
John O. Jones III, Bent Tree G.&R.C., Sarasota
Kay Jones, Mariner Sands C.C., Stuart
Louis "Buck" Jones, Lake Wales C.C., Lake Wales
Lucy Jones, John's Island Club, Vero Beach
George Jordan, Temple Terrace C.C., Temple Terrace
Robert R. Jones, Mangrove Bay G.C., St. Petersburg
Ronald H. Jones, Oleander, Jekyll Island
Theresa Jordan, Maple Leaf Farms, Pt. Charlotte
Alan C. Joseph, Hollywood Lakes C.C. & Inn, Hollywood
David Joseph, Colony West C.C., Tamarac
Irma Joyce, Twin Oaks C.C., Springfield
Leonard Jozwik, Bardmoor C.C., Largo
Tim Judy, Hollywood Lakes C.C., Hollywood
Arthur K. Juneau, Landings Yacht & G.C., Ft. Myers
Toby Juvenal, Temple Terrace C.C., Temple Terrace
Ruth Kabat, Pompano Beach G.C., Pompano Beach
Elizabeth Kaczor, Ft. Lauderdale C.C., Plantation
Walt Kaghan, Bent Tree G.&R.C., Sarasota
Howard Kahn, Boca Lago C.C., Boca Raton
Fred Kaiser, Englewood G.C., Englewood
Adam A. Kamus, Sr., Sharpes Executive G.C., Cocoa
Jerry Kaphart, Cypress Links, Jupiter
Louis Kaplan, Indian Springs C.C., Boynton Beach
Paul S. Kaplan, MacDill A.F.B., Tampa
George J. Karibjanian, Seaview C.C., Absecon
Ann Karlson, Indian Hills C.C., Ft. Pierce
Mayo Karppe, Whispering Oaks, Ridge Manor
Herbert Kastner, KIngs Bay Yacht & C.C., Miami
Rita Katims, Palm-Aire's Oaks Course, Pompano Beach
Leon Katz, Palm Air C.C., Pompano Beach
Tony Kaye, Oceanside C.C., Ormond Beach
Louis F. Kauffmann, Keystone G.&C.C., Keystone Heights
Abe Kaufman, Inverrary Exec. G.C., Lauderhill
Larry Kavanaugh, Delray Beach C.C., Delray Beach
Donald L. Kearns, Sunrise C.C., Sunrise
Peter Keating, Crystal Lake C.C., Pompano Beach
Russ Keefe, Englewood G.C., Englewood
C.J. Keel, Jr., Rocky Point G.C., Tampa
Robert J. Keen, Indian Hills G.&C.C., Fort Pierce
John J. Keenan, Silver Lake C.C., Leesburg
James P. Kehoe, Riviera G.C., Naples
Ruth Keith, Patrick Air Force Base, Melbourne
Loren T. Keller, Ponce de Leon Lodge & C.C., St. Augustine
Edward L. Kelley, Patrick A.F.B. G.C., Patrick A.F.B.
Dorothy J. Kelly, PGA National G.C., Palm Beach Gardens
Hilliard Kelly, Bay Point G.C., Panama City Beach
Jeffrey Kelly, Deer Creek C.C., Deerfield
Michael Kelly, Dolphin Course, Key Largo
Shirley Kelly, Myerlee C.C., Ft. Myers
Anita Kessler, Boca Lago G.C., Boca Raton
Dale Keltner, River Greens G.C., Avon Park
John D. Keltner, Lake Fairways C.C., N. Ft. Meyers
William M. Kendall, Countryside C.C., Clearwater
Douglas S. Kennedy, Rolling Hills Golf Resort, Ft. Lauderdale
Ethel Kennedy, Gulf Gate G.C., Sarasota
Jim Kennedy, Palmetto Pines G.C., Parrish
John Kennedy, Forest Lakes G.C., Sarasota
Lawrence W. Kennedy, Bonaventure G.C., Ft. Lauderdale
Bernard M. Kepshire, Pembroke Lakes G.C., Pembroke Pines
Verna Kernstock, Sunrise C.C., Sarasota
Edward J. Kerrigan, Sr., Miami Shores C.C., Miami Shores
Norman E. Kerzic, Royal Palm C.C., Naples
Clarence L. Ketchum, Sr., Gus Wortham Park, Houston
William G. Kettner, Jr., Indian Lakes Estates C.C., Indian Lake Estates
Del Kieffner, Deer Run G.C., Casselberry
Jerry Kiefer, Suwannee River Valley C.C., Jasper
J.E. Kienlen, Marco Island C.C., Marco Island
Thomas P. Killeen, Daytona Beach G.C., Daytona Beach
Christoph H. Killian, Pine Tree G.C., Boynton Beach
E.W. MacKillop, Wellington G.C., W. Palm Beach
Howard W. Kimball, Deltona C.C., Deltona
Jayne Kimbrough, Ponte Vedra Club, Ponte Vedra Beach
Clifford A. Kimmel, Seven Springs C.C., Seven Springs
Robert Fred Kinard, Gasparilla Inn G.C., Boca Grande
Ed King, Cypresswood C.C., Winter Haven
Loyd J. King, Heather G.C., Brooksville
Mary C. King, Cypress Creek C.C., Boynton Beach
Ralph J. King, Lake Lorraine Golf & Tennis Club, Shalimar
Donald E. Kinn, Mulberry G.C., Mulberry
Bill Kinnamon, Bardmoor C.C., Largo
Bud Kinney, Casselberry C.C., Casselberry
Bill Kinnison, Indian Pines G.C., Ft. Pierce
John C. Kinsel, Feathersound C.C., Clearwater
Chester E. Kirby, Jr., Fairways C.C., Orlando
Joe Kirby, Signal Hill, Panama City Beach
Wilbur V. Kirby, Rolling Greens G.C., Ocala

1983 HOLES-IN-ONE

Jim Kirkman, Airco G.C., Clearwater
Liz Kirkman, Tides C.C., Seminole
Joe Kirsch, Mecreese G.C., Miami
Jack Kirschbaums, Pine Island Ridge C.C., Ft. Lauderdale
Sidney Kirshman, Palm Aire C.C., Pompano Beach
Wally Kisling, Casselberry C.C., Casselberry
David A. Kitenplon, Bay Hill Club, Orlando
Sol Klaymine, Fountains C.C., Lake Worth
Ray A. Klein, Doral C.C., Miami
Frances E. Kleinberg, Boca Greens C.C., Boca Raton
Lillian Kleinman, Bayshore G.C., Miami
Elsie L. Klepper, Card Sound G.C., Key Largo
George Klimock, Sr., Orcas Island G.C., Eastsound
Harold R. Klingwall, Pompano Beach G.C., Pompano Beach
Ray Knapp, Live Oak G.&C.C., Crescent City
Harold Knight, Hilaman Park Municipal G.C., Tallahassee
William S. Knight, Miami Lakes Inn & C.C., Miami Lakes
Bryan Knott, Bent Tree G. & Racquet Club, Sarasota
Robert R. Knowles, Rockland C.C., Rockland
Edward Knutson, Rolling Green G.C., Sarasota
E.J. Kobeske, Partick A.F.B. G.C., Partick A.F.B.
John C. Koch, Vista Royale G.C., Vero Beach
Edwin Kodish, Walnut Creek C.C., Goldsboro
Pat Koegler, The Swallows, Debary
Miss Lou Koger, Pat Schwab's Pine Lakes G.C., Jacksonville
Helen E. Kohlmeyer, Bird Bay G.C., Venice
Herbert Kolbe, Boca Del Mar C.C., Boca Raton
John Kolibas, Pine Lakes C.C., Palm Coast
Sid "Gus" Kolinsky, Sabal Palm, Ft. Lauderdale
Norman W. Koller, Oxbow G.C., Labelle
Henry J. Kones, Miramar G.&C.C., Miramar
Henry Koning, Reservation G.C., Mulberry
Benn Konner, Hollywood G.&C.C., Hollywood
William F. Konola, Univ. of So. Florida, Tampa
Rhoda Koondel, Quechee G.C., Quechee
Clare Koppitch, Lehigh C.C., Lehigh Acres
Bob Kormondy, Seminole G.C., Tallahassee
Jessica Kovacs, Dogwood Lakes C.C., Bonifay
Chuck Kozak, Granada G.C., Coral Gables
Kathleen Kraft, St. Andrews C.C., Boca Raton
Minnie Kratz, Willow Brook G.C., Winter Haven
Lloyd A. Kraus, Brooksville G.&C.C., Brooksville
John J. Krauss, Vista Royale C.C., Vero Beach
Allen Kravitz, Braemar C.C., Tarzana
Jerry Kravitz, Colony West C.C., Tarmarac
Chas Krebs, Miami Shores, Miami Shores
Jean Kregg, Card Sound G.C., Key Largo
Robert M. Krewson, Lely Royal Palm C.C., Naples
Lou Krohn, Diplomat C.C., Hallandale
June Kromer, Seminole Lakes, Seminole
Lou Krutchik, Wynmoor Village, Coconut Creek
Carl Kuprion, Palm River G.&C.C., Naples
Mac Kusnet, Holiday Springs, Margate
Miriam Kutz, Foxfire G.C., Sarasota
Alfred Lach, Heritage Ridge, Nobe Sound
Irving Lachowitz, Hollywood G.&C.C., Hollywood
Paul C. LaCross, Hall of Fame, Tampa
Kenneth C. Lady, Plantation G.C., Plantation
Martin Laessig, Key West G.C., Key West
J. William LaFean, University C.C., Jacksonville
Robert Laird, PGA National G.C., Palm Beach Gardens

Joe La Manna, Elmcrest C.C., East Long Meadow
Gerald Lamb, Unviersity C.C., Jacksonville
Ray Lamb, Temple Terrace C.C., Temple Terrace
Kay Lambert, Carriage Hills G.C., Pensacola
Randy Lamchick, Doral C.C., Miami
Harold Lander, Lake Worth G.C., Lake Worth
Bruce Landis, Oriole Golf & Tennis of Margate, Margate
Edward Landis, C.C. of Miami, Hialeah
W. Lloyd Lane, Royal Oak C.C., Titusville
Harry Lange, N. Palm Beach C.C., N. Palm Beach
Ruth Langford, Spanish Wells C.C., Bonite Springs
Don Lansing, Panama C.C., Lynn Haven
Jan Lap, Ironwood G.C., Gainesville
Henry LaPidus, Hillcrest C.C., Hollywood
Lester J. Larsen, PGA National G.C., Palm Beach Gardens
Richard P. Larsen, Frenchman's Creek G.C., Juno Beach
Erland M. Larson, Feathersound C.C., Clearwater
Leon Larson, Rainbow Springs C.C., Dunnellon
William D. LaRue, Bay Hill Club, Orlando
Mary L. Lasser, Sugar Mill Woods G.&R.C., Homosassa
W.C. Lasseter, Callaway Garens Mountain View, Pine Mountain
Terry Latterman, Turnberry Isle C.C., Miami
Robert Lauden, Royal Palm Beach C.C., Royal Palm Beach
Dorain H. La Velle, Spring Lake G.C., Coram
Norman LaVigne, Sandalfoot C.C., Boca Raton
Bertram Lavine, Sabal Palm C.C., Ft. Lauderdale
Walter F. Law, Sun City Center G.C., Sun City Center
Robert P. Lawrence, Hollybrook Golf & Tennis Club, Pembroke Pines
Thurman Lawson, Errol Estate C.C., Apopka
Don L. Leach, Deer Run C.C., Casselberry
Virginia Leahy, Tequesta C.C., Tequesta
Doris H. Leathem, Suntree C.C., Melbourne
Donald A. Lee, Osceola Municipal, Pensacola
Lauran E. Lee, Jacaranda C.C., Venice
Lester C. Lee, Deer Creek C.C., Deerfield Beach
Newton E. Lee, C.C. of Brevard, Rockledge
Thomas D. Lee, III, Jacksonville Beach, Jax Beach
Joe Leffler, Indian Creek, Jupiter
Thomas Legacy, Mangrove Bay G.C., St. Petersburg
Philip Legere, Purpoodock Club, Cape Elizabeth
Keith J. Legette, Crestview C.C., Crestview
Florence Lehman, Cypress Lake C.C., Ft. Myers
Ann R. Leichter, Oriole Golf & Tennis Club, Margate
Henrietta Leipzig, Inverrary C.C., Lauderhill
Katherine Lemasters, Swallows, DeBarry
Tom Lemmond, Brooksville G.&C.C., Brooksville
Fred Lenertz, Melbourne Municipal, Melbourne
Richard H. Lennox, Daytona Beach C.C., Daytona Beach
Gregory F. Leonard, Shipyard, Hilton Head
Matthew J. Lesko, Vista Royal G.C., Vero Beach
Lanny Leslie, Evergreen Club, Palm City
Pearl F. Lesnik, Oriole Golf & Tennis Club, Delray Beach
Stan Lesser, Kalua Koi, Mauna Loa
Thomas R. Lester, Walden Lake C.C., Plant City
H. Roger Letchworth, Jr., Island Course-Innisbrook, Tarpon Springs
M. S. Hoe Letourneau, Gator Creek G.C., Sarasota
Kim Liggett, Deer Run C.C., Casselberry
Marle Levasseur, Heather G.&C.C., Brooksville
Faye Levenshon, Diplomat C.C., Hallandale

424

1983 HOLES-IN-ONE

Milton Levenson, Broken Sound G.C., Boca Raton
Betty Levesque, Barefoot Bay G.&C.C., Barefoot Bay
Bernard Levin, Sandalfoot C.C., Boca Raton
Hal Levin, Pebble Creek C.C., Lutz
Joseph A. Levine, Biltmore C.C., Coral Gables
Selma Levine, Del-Aire G.C., Delray Beach
Leon Levitt, Woodmont C.C., Tamarac
Al Levy, The Inverrary Club, Lauderhill
Irvin Levy, Marco Shores C.C., Marco Island
Donald F. Lewis, Sabal Point C.C., Longwood
H. Richard Lewis, Mount Plymouth G.C., Sorrento
M.B. Lewis, Gator Creek G.C. Inc. Sarasota
Vince LiCata, Dubsdread, Orlando
Dick Light, The Dunes G.&C.C., Sanibel Island
Mario Lignarolo, La Gorge C.C., Miami Beach
Bud Liguori, New Smyrna Beach & C.C., New Smyrna Beach
Anthony Linguanti, Sara Bay C.C., Sarasota
John P. Linstroth, President C.C., W. Palm Beach
Michael Linton, Pat Schwab's Pine Lakes G.C., Jacksonville
Fred Lippi, Bonaventure, Ft. Lauderdale
Henry A. Lipps, Dunedin C.C., Dunedin
Irving Lipson, Boca Woods C.C., Boca Raton
Michael Lisman, Forest Lakes Club, Sarasota
Mike Lisman, Forest Lakes Club, Sarasota
Al Litt, Oriole G.C., Delray Beach
John J. Littriello, Colony West, Tamarac
Harry Livell, Cleveland Heights C.C., Lakeland
Charles Locascio, Ocean Palm G.C., Flagler Beach
William Locke, Buckhorn Springs G.&C.C., Brandon
John Lodes, Southern Manor, Boca Raton
Nicholas Lombard, Jr., Boca West G.C., Boca Raton
Marjorie I. Lombardi, Deerfield C.C., Deerfield Beach
Louis Lombardy, Rio Pinar C.C., Orlando
Leonard London, Winter Pines G.C., Winter Park
Corinne Long, Ocean Reef Club, Key Largo
Fred Long, Englewood G.C., Englewood
John E. Long, Sunset C.C., St. Petersburgh
Mary Long, Saints Course, Port St. Lucie
James B. Longacre, Lake Region Yacht & C.C., Winter Haven
Mary Longson, Maple Leaf Estates, Pt. Charlotte,
Roy Longstreet, Meadows C.C., Sarasota
Antonio Lopez, Cypress Greens G.C., Sun City Center
Jack Lorber, Sunrise Lakes G.C., Sunrise
Elizabeth "Cissy" Lorch, Naval Air Station G.C., Cecil Field
Sidney R. Loren, Inverrary-West G.C., Lauderhill
John M. Lorenzen, Port Huron G.C., Port Huron
Edward A. Loring, East Lakes, Palm Beach Gardens
Velma Love, Northdale G.C., Tampa
Hugh Lowry, Ft. George Island G.C., Ft. George Island
Harold A. Lubnow, Rocky Bayou C.C., Niceville
Ben Lubow, Normandy C.C., Miami Beach
Michael R. Lucidi, Vista Royal G.C., Vero Beach
C.J. Lukasek, Boca Pointe Golf & Racquet Club, Boca Raton
Dorsey C. Luke, Gator Creek G.C., Sarasota
Gwen Luker, University C.C., Jacksonville
John Lukes, Lehigh C.C., Lehigh
E.H. Lundy, Pensacola C.C., Pensacola
Mary L. Lycett, Aquarena Springs, San Marcos

Joan Lyman, Hunters Run, Boynton Beach
Leon Lvons. Sunrise C.C.. Sarasota
Andy Macavlay, John's Island Club, Vero Beach
Matt MacFadden, Deer Creek C.C., Deerfield Beach
Richard B. MacFarland, Broken Sound, Boca Raton
B. J. MacGregor, The C.C. at Jacaranda West, Venice
Scott Maciejewski, Rocky Point, Tampa
George MacKay, Sarasota G.C., Sarasota
Robert Mackay, Sun 'N Lake C.C., Sebring
Robert E. MacMillen, Wakely Lodge, Indian Lake
John P. Maconi, Dunedin C.C., Dunedin
Ian MacPhail, Martin County G.&C.C., Stuart
Edward Madigan, Challenger C.C., Lake Worth
Ed Magnor, Patrick A.F.B. G.C., Satellite Beach
Edythe Magnus, Quail Ridge G.C., Boynton Beach
Ed Maile, Oakland Hills C.C., Rotonda West
Allan Maldaver, Bent Tree G.&R.C., Sarasota
Gloria Malecek, Sabal Palm C.C., Ft. Lauderdale
Bob Malia, Palmetto G.C., Miami
Morris Malmad, JDM C.C., Palm Beach Gardens
Jack Malmsheimer, Pompano Park G.C., Pompano
Dan Maloney, Killearn C.C. & Inn, Tallahassee
Gerald J. Manahan, The C.C. of Naples, Naples
Joseph Mandell, Villa Del Rey G.C., Del Ray Beach
Albert Manfred, Tides C.C., Seminole
Paul Leo Manning, Hunters Run, Boynton Beach
C. J. Manucy, Palatka C.C., Palatka
Victor Maola, Northdale G.C., Tampa
Dominic Marcone, Oriole Golf & Tennis, Margate
Robert A. Markowitz, Mission Inn Resort, Howie In The Hills
Ruth Marks, Oriole G.C. of Delray, Delray Beach
Elinore Pierrepont Marlowe, Brooksville C.C., Brooksville
Harold Marmer, Doral G.C., Miami
Eulalie Marsden, Nine Eagles G.C., Odessa
Ed Marsh, Pensacola C.C., Pensacola
Ralph Marsh, Melbourne Municipal, Melbourne
Joseph Marshall, Ocala Municipal G.C., Ocala
W. Craig Marshall, Buck Hill G.C., Buck Hill Falls
Charles G. Martin, Whiting Field G.C., Milton
Dean Martin, Sugar Hollow G.C., Banner Elk
Howard W. Martin, Indian Hills C.C., Ft. Pierce
Margaret Martin, Key Biscayne G.C., Key Biscayne
Millie Martin, Kingsway C.C., Lake Suzy
Frank A. Martinez, Barefoot Bay G.&C.C., Barefoot Bay
Francis X. Martocci, Hunter's Run G.&R.C., Boynton Beach
Hans Marx, Century G.C., W. Palm Beach
Rollie Masciola, Sabel Palm G.C., Tamarac
Doris Mason, Pelican Bay G.&C.C., Daytona Beach
Thomas H. Massam, Spring Hill C.C., Spring Hill
Thomas Massey, Fairfield Mountains, Lake Lure
Robert I. Mather, Sun City Center G.C., Sun City Center
Charlotte F. Mathiasen, Palm River C.C., Naples
Mark Mathiason, Carrollwood V.G., Tampa
Mary Mattson, PGA National-Champion, Palm Beach Gardens
Sylvia Matuson, Challenger C.C., Lake Worth
Jere Maudsley, Coral Springs C.C., Coral Springs
Joe Mauro, Stockbridge G.C., , Stockbridge
Ronald, E. May, West Palm Beach C.C., West Palm Beach
Harry W. Mayer, Greynolds Park Course, N. Miami Beach
Henry E. Mayer, Wyndemere C.C., Naples

1983 HOLES-IN-ONE

John Maynard, PGA National G.C., Palm Beach Gardens
Richard Mays, Zellwood Sation, Zellwood
Tom Mazza, Cooper Colony, Cooper City
James Edward McCabe, C.C. of Naples, Naples
Jerry McCaffrey, Big Cypress G.C., Winter Spring
John McCafferty, Mangrove Bay G.C., St. Petersburg
Barry S. McCarthy, Winter Park C.C., Winter Park
Mark McCarthy, Lauderhill G.C., Lauderhill
Jams A. McCleary, Golf Hammock C.C., Sebring
L. C. McClelland, Winter Pines G.C., Winter Park
Mrs. Rex McClure (Janet), Royal Poinciana G.C., Naples
George H. McConnell, Sarasota G.C., Sarasota
Ethel M. McCormack, Yacht & C.C., Stuart
Lou McCue, Connell Lake G.&C.C., Inverness
Jean McCulloch, Daytona Beach G.&C.C., Daytona Beach
J. Kendall McDaniel, Winter Pines G.C., Winter Park
Russ McDaniel, Cypress Greens G.C., Sun City Center
Alex McDonald, Pine Island Ridge C.C., Ft. Lauderdale
Kenneth Eugene McDonald, Pocalla Springs C.C., Sumter
Walter McDonald, Bear's Paw C.C., Naples
Willa B. McDougall, Sawgrass G.C., Ponte Vedra Beach
Ray McElroy, Buenaventure Lakes C.C., Kissimmee
Robert McElroy, Bluewater Bay, Niceville
Doris McGibbon, Lake Lorraine C.C., Shalimar
Robert E. McGlashan, Tarpon Woods, Palm Harbor
Lawrence W. McGovern, Brooksville G.&C.C., Brooksville
Bill McGrath, Crystal Lake C.C., Pompano Beach
Jack McGrath, The Swallows, Debary
W. E. "Mac" McGuire, Mangrove Bay, St. Petersburg
Donald B. McIntosh, Univ. of Michigan G.C., Ann Arbor
James R. McIver, Lake Region Yacht & G.C., Winter Haven
Mary McIver, Mtn. Glen G.C., Newland
Jim McKay, Pasadena Yacht & C.C., St. Petersburg
Charles B. McKeehan, Lagorce C.C., Miami Beach
Robert McKenzie, JDM C.C., Palm Beach Gardens
Richard A. McHargue, MacDill G.C., Tampa
Thomas D. McHugh, Bent Tree G.&R.C., Sarasota
Kathleen E. McLaughlin, Broken Sound G.C., Boca Raton
Jack McLeod, Ft. Myers C.C., Ft. Myers
George McRee, Rock Born G.C., Conover
John McRobbie, Osceola G.C., Pensacola
John McRoberts, John's Island, Vero Beach
Edwin F. McShaffrey, Tam O'Shanter G.C., Pompano Beach
Martha P. McWade, Doral C.C., Miami
Craig Meade, Beacon Woods G.C., Bayonet Point
William L. Meadows, Sandy Brae, Clendenin
Jesse Meerbaum, Inverrary Executive, Lauderhill
Ruth Meerow, Colony West G.C., Tamarac
Frank Mehrmann, Rolling Hills G.&C.C., Wildwood
Martin E. Meier, Clearwater C.C., Clearwater
Ruth Meiers, Sweetwater C.C., Longwood
Ethel Meirowitz, Woodlands C.C., Tamarac
Patricia Melina, Executive G.C., Cape Coral
A. J. "Bud" Mellen, East Bay C.C., Largo
Chuck Mellon, Sawgrass C.C., Ponte Vedra Beach
Philip A. Melone, Skyview G.&C.C., Lakeland
Arthur A. Meltzer, Wyndemere C.C., Naples
Frank L. Menendez, Northdale G.C., Tampa
Irving Mennen, Oriole G.C. of Delray, Delray
Rick Merrell, PGA National G.C., Palm Beach Gardens

John Clifford Merwin, III, Boca Raton Municipal, Boca Raton
Mary E. Messner, Sandpiper Bay Sinners, Port St. Lucie
Jack Meydag, Baypoint G.C., Seminole
Joan Meyrowitz, Univ. of Florida G.C., Gainesville
Nita Michelson, Mayacoo Lakes C.C., W. Palm Beach
Teresa R. Mick, Sandalfoot C.C., Boca Raton
Mickey Mikelberg, Kings Point G.C., Delray Beach
Doug R. Milford, Algonquin G.C., Glendale
Betsy S. Miller, Palm Aire C.C., Sarasota
Buzz Miller, Quail Ridge C.C., Boynton Beach
Ed Miller, The C.C. of Brevard, Rockledge
Harold R. Miller, Indian Rocks G.C., Largo
Jack L. Miller, Kapalua Bay Course, Kapalua
James L. Miller, Rolling Hills, Davie
Joe W. Miller, Ft. Walton Beach G.C., Ft. Walton Beach
John A. Miller, Crooked Stick G.C., Carmel
John E. Miller, Cape Coral Executive G.C., Cape Coral
John Miller, Quail Creek C.C., Naples
Mary Kay Miller, Poinciana G.&R.C., Kissimmee
Merle Miller, Pasaiena C.C., St. Petersburg
Milton C. Miller, The Swallows, Debary
R. J. Miller, Gainesville G.&C.C., Gainesville
Richard A. Miller, Deertrack G.C., Myrtle Beach
Robert R. Miller, Daytona Beach C.C., Daytona Beach
Shirley Rae Miller, Bent Tree G.&R.C., Sarasota
Tony Miller, Doral C.C., Miami
Paul Milligan, Hidden Hills G.C., Jacksonville
Margaret Milne, Continental C.C., Wildwood
James Minnet, Boca Del Mar C.C., Boca Raton
Charles J. Minnock, Sr., Lake Venice G.C., Venice
Jean Minter, Inverrary C.C., Lauderhill
Jack B. Mitchell, Huron Shores, Port Sanilac
Prentis Mitchell, Killearn, Tallahassee
Bobbe Mittelberg, Pembroke Lakes G.C., Pembroke Pines
Warren T. Mize, Orange Brooke G.C., Hollywood
Paul H. Mladick, Bonaventure G.C., Ft. Lauderdale
Larry Mlynczak, W. Palm Beach C.C., W. Palm Beach
Arthur E. Moelk, Pine Brook G.C., Grafton
Marge Moffat, J.D.M. C.C., Palm Beach Gardens
John Mohart, Jr., Sunset C.C., St. Petersburg
Agnes L. Mohler, The C.C. at Tarpon Lake Village, Palm Harbor
Russell N. Monbleau, Deerwood Club, Jacksonville
Ernie Monk, Hilaman Park Municipal G.C., Tallahassee
John G. Montag, Marco Island C.C., Marco Island
John Montague, C.C. of Miami, Hialeah
Mario G. Monte, Sandpiper Bay Saints & Wilderness, Port St. Lucie
Thomas Monti, Sandalfoot Cove C.C., Boca Raton
Anne Moore, Delray Dunes G.&C.C., Boynton Beach
Ernest H. Moore, Zellwood Station G.C., Zellwood
George Joseph Moore, Palmetto Pines C.C., Cape Coral
Howard C. Moore, Deerfield C.C., Deerfield Beach
R. T. Moore, Fernandina Beach C.C., Fernandina Beach
Mildred T. Moran, Oriole Executive, Margate
Frank J. Moravec, St. Leo's C.C., St. Leo
Jean Morey, Zellwood C.C., Zellwood
Charles P. Morris, Pompano Beach C.C., Pompano Beach
John W. Morris, Cypress Greens, Sun City Center
Sandra L. Morrison, The Oceans G.C.,

1983 HOLES-IN-ONE

Sandra L. Morrison, The Oceans G.C., Daytona Beach Shore
Murray H. Morse, St. Leo G.&C.C., St. Leo
Samuel H. Moselle, Century G.C., W. Palm Beach
Sandra E. Moss, Southern Manor C.C., Boca Raton
George E. Morgan, Beacon Woods G.C., Bayonet Point
Doug Morris, Sandalfoot C.C., Boca Raton
Harold A. Morris, Citrus Springs G.C., Dunnellon
Wayne G. Morris, Big Cypress G.C., Winter Springs
Craig Morissette, Melbourne G.C., Melbourne
Irv Morse, Boca Del Mar C.C., Boca Raton
William H. Morton, Orlando Naval Training Center, Orlando
Carl F. Moulton, Suntree C.C., Melbourne
Dick Moulton, Englewood G.C., Englewood
Ingrid Mozer, The Club of Pelican Bay, Naples
Marty Mszanski, Tides C.C., Seminole
J. James Mudd, The Club at Pelican Bay, Naples
Patrick M. Muench, Winter Pines G.C., Winter Park
Robert H. Muir, Rainbow Springs G.&C.C., Dunnellon
Wm. H. Mullan, Palmetto Pines G.C., Parrish
Gary Muller, Eastlakes C.C., Palm Beach Gardens
George Mullin, Oxbow G.C., LaBelle
James Mulvaney, Maple Leaf Estates C.C., Port Charlotte
Roger Mumford, Sunrise C.C., Sarasota
Barbara Munderloh, Crane Creek G.C., Palm City
Jerry Munson, Palmetto Pine G.C., Parrish
Linda B. Murdock, Northdale G.C., Tampa
Jean Murphy, Palatka G.C., Palatka
Patrick Murphy, Jr., Broken Woods C.C., Coral Springs
James Murray, The Mainlands, Pinellas Park
Clarence Myer, P.R.C. G.C., Penny Farms
Bob Myers, Sandalfoot C.C., Boca Raton
Nancy Myers, Doral, Miami
Thomas J. Myers, Pelican Bay C.C., Daytona Beach
Mark Myhre, Lake Worth Municipal G.C., Lake Worth
Richard A. Naiman, Imperial Lakes G.&C.C., Mulberry
Otis Haywe Nalley, Lake Region Yacht & C.C., Winter Haven
Tom Nantz, PGA National G.C., Palm Beach Gardens
Rusty Napier, Sewanee G.C., Sewanee
Wm. D. Nappe, Bears Paw C.C., Naples
Lois L. Nash, Cove Cay C.C., Clearwater
David S. Neal, Jr., Imperial Lakes C.C., Lakeland
Leonard Neff, Bonaventure West C.C., Ft. Lauderdale
Roger W. Nelson, Alpine Valley Resort, East Troy
Wally Nelson, Royal Oak C.C., Titusville
Frank Nemeth, Tides C.C., Seminole
Robert G. Neth, Beachview C.C., Sanibel
Michael N. Nettles, The Club at Indigo, Daytona Beach
Bill Neverman, Oak Bridge, Ponte Vedra Beach
Murray Newman, Sandalfoot C.C., Boca Raton
Norman N. Newman, Palmetto Pines G.C., Parrish
Lawrence J. Newmann, Broken Sound G.C., Boca Raton
George Newsom, Cypresswood G.&C.C., Winter Haven
Bill Newton, Sawgrass Resort, Ponte Vedra Beach
Douglas C. Newton, Pensacola C.C., Pensacola
Eugene Newman, Oriole G.&T.C., Margate
Mike Nichols, Indian Creek G.C., Jupiter
John L. Nickisher, Dothan C.C., Dothan
Andrew MacGregor Nicol, Ocean Palm G.C., Flager Beach
Lera Nicosia, Osceola G.C., Pensacola
Paul D. Nielsen, Bobby Jones G.C., Sarasota
Joe Nikoden, Pipers Landing C.C., Stuart
Harold P. Nimer, Sr., Spanish Lakes Golf Village, Port St. Lucie
Bill Nolan, Innisbrook Copperhead 1, Tarpon Springs
Louis C. Normand, Sunset G.C., Hollywood
Eugene W. Norris, Pine Meadows G.&C.C., Eustis
Sally L. Norris, Big Cypress C.C., Winter Springs
James W. Norwood, Airco G.C., Clearwater
Orin K. Noth, Crystal Lake G.C., Pompano Beach
Charles Novak, Indian Hills C.C., Fort Pierce
James V. Novello, Seminole G.C., Longwood
Theron V. Nubin, Delray Beach C.C., Delray Beach
Jackie L. Nyman, Port Charlotte C.C., Port Charlotte
Aline O'Brien, Hollywood G.&C.C., Hollywood
John A. O'Brien, Sugarmill Woods G.&R.C., Homosassa
William H. O'Brien, Delray Dunes G.&C.C., Boynton Beach
Fred O'Connell, Spruce Creek, Daytona Beach
Henry Odom, Penn National G.C., Fayetteville
Jim O'Donnell, Coral Ridge C.C., Ft. Lauderdale
Charles Oehme, Lely Hibiscus C.C., Naples
Helen Oehme, Lely Hibiscus G.C., Naples
Joe Ogden, Vista Royale G.C., Vero Beach
John Ogilby, Sara Bay C.C., Sarasota
Mike Ohlman, Pine Valley C.C., Ft. Wayne
Lib Oldham, Mount Dora Golf Ass'n, Mount Dora
Doris Olin, Boca Pointe G.&R.C., Boca Raton
Jerry Olin, Pembroke Lakes G.C., Pembroke Pines
William A. Olson, Sunnybreeze Palms G.C., Arcadia
S. D. "Steve" Ondo, Brooksville G.&C.C., Brooksville
Betty O'Neill, C.C. of Florida, Boynton Beach
William N. O'Neill, Imperial Lakes, Lakeland
L. A. "Pitt" Orick, Royal Poinciana G.C., Naples
Joseph A. Orlando, Lely Hibiscus, Naples
Rae B. Orling, J.D.M. G.C., N. Palm Beach Gardens
Gordon F. Ormerod, Tides C.C., Seminole
John L. Orr, Jr., Frenchmans Creek G.C., Juno Beach
Eugene Osborne, The Moorings Club, Vero Beach
Harry Osman, The Pines G.C., South Fallsburg
Fareed Ossi, Palma Ceia G.&C.C., Tampa
Ambrose L. Osthoff, Tamarac C.C., Ft. Lauderdale
Marye N. Ostwald, Indian Hills G.&C.C., Ft. Pierce
Mike O'Sullivan, Oceanside C.C., Ormond Beach
Wilma S. Oswald, Silver Springs Shores G.&C.C., Ocala
Morris D. Otto, Indian Pines G.C., Cocoa/Rockledge
J. Robert Over, Brookfield C.C., Clarence
Ruth B. Overfelt, Frenchmans Creek G.C., Lake Park
Marvin W. Overstreet, Bonaventure C.C., Ft. Lauderdale
Cy Owens, Clewiston G.C., Clewiston
Jeanne L. Owens, Patrick A.F.B. G.C., Patrick A.F.B.
Jeff D. Pace, Killearn G.&C.C., Tallahassee
Bernard D. Pachter, Woodlands C.C., Tamarac
Carl H. Paddor, Boca West Resort & Club, Boca Raton
Mel Paetow, El Conquistador C.C., Bradenton
Mary Pagach, Pinecrest on Lotela, Avon Park
Roland J. Pageau, Delray Beach C.C., Delray Beach
Nancy Paige, Del-Aire G.C., Delray Beach
Frank Paiva, Babe Zaharias, Tampa
John Pallot, Doral (Gold) Course, Miami
John T. Pallo, River Greens G.C., Avon Park
Hallie Palmer, Imperial G.C., Naples
Morton M. Palmer, Jr., The Jupiter Island Club,

427

1983 HOLES-IN-ONE

Hobe Sound
Robert "Bob" S. Palmer, Dodger Pines C.C., Vero Beach
Andrew Pantaleo, Carrollwood Village G.&T.C., Tampa
Peter J. Paonessa, Rolling Greens G.C., Ocala
Mike Parish, Bluewater Bay G.C., Niceville
Betty C. Park, Southern Manor C.C., Boca Raton
Don Parker, Baymeadows C.C., Jacksonville
A. Arthur Parkin, Glades C.C., Naples
Trip Parker, University C.C., Jacksonville
Thora L. Parks, Zephyrhills G.C., Zephyrhills
Dick Parmalee, Cypress Links G.C., Jupiter
Allan D. Parrish, West Orange C.C., Winter Garden
Julius Passante, Pine Oaks G.C., Ocala
Ron Pate, Quail Ridge C.C., Boynton Beach
Lawrence W. Patrone, Boca Raton Municipal G.C., Boca Raton
Bertha Patterson, Indigo Lakes G.C., Daytona Beach
David E. Patterson, Overland Park G.C., Overland Park
Donald M. Patterson, Mountain Glen, N. Beech Mountain
Eric H. M. Patterson, Turtle Creek G.C., Tequesta
Geore M. Patterson, Ocala Municipal G.C., Ocala
Joseph F. Patterson, Diamond Hill G.&C.C., Valrico
Louis E. Patterson, Vista Royale G.C., Vero Beach
William F. Patterson, Inverness C.C., Inverness
Frank Patti, Heritage Ridge G.C., Hobe Sound
Al Paullan, Hollybrook G.&T.C., Pembroke Pines
Louise B. Paxton, Patrick A.F.B. G.C., Patrick A.F.B.
Richard B. Payne, Bardmoor C.C., Largo
Robert E. Payne, Olympia Spa, Dotham
John A. Peach, Sunset C.C., St. Petersburg
Bob Pearson, Clearwater C.C., Clearwater
Michael J. Pearson, Palm Haror G.C., Palm Coast
Robert L. Peffly, Rolling Hills G.C., Longwood
Sam Pelerito, Tuscawilla C.C., Winter Springs
Frank Pelton, Ft. Lauderdale C.C., Plantation
M. O. Pender, Florida Caverns C.C., Marianna
Ernie Penton, Osceola G.C., Pensacola
Albert J. Pepping, St. Leo G.&C.C., St. Leo
Bob Perkins, Grenelefe G.C., Grenelefe
Mae Perkins, Skyview, Lakeland
Melinda Bates Perkins, Palm Breeze G.C., Eustis
Craig A. Perna, Deer Creek C.C., Deerfield Beach
Carolyn S. Perrine, River Green's So., Avon Park
Bill Perritt, Indigo Lakes Golf & Tennis Resort, Daytona Beach
Albert J. Perry, Kingsway C.C., Lake Suzy
Barry L. Perry, Hillandale G.C., Durham
L. M. Perry, Palatka G.C., Palatka
Wes Perry, Clewiston G.C., Clewiston
John R. Peters, Vero Beach G.C., Vero Beach
Mary Peters, Riviera C.C., Coral Gables
Janet Leigh Petersen, Temple Terrace C.C., Temple Terrace
Grace Lois Peterson, Quail Hollow G.&C.C., Zephyrhills
Mimi Peterson, Pelican Bay G.&C.C., Daytona Beach
Henri G. Pessini, Indian Hills C.C., Ft. Pierce
Dick Pfeifer, Bardmoor C.C., Largo
Fred Pfeifer, Homestead A.F.B. G.C., Homestead
Nita Pfuetze, Pasadena G.C., St. Petersburg
E. F. Phelps, Jr., Sweetwater C.C., Longwood
Donald H. Phillips, Deltona G.&C.C., Deltona
Hank Phillips, Temple Terrace C.C., Tampa
Marie Phillips, Willowbrook G.C., Winter Haven

Michael D. Phillips, Oak Bridge G.C., Ponte Vedra Beach
Wayne H. Phillips, The Dunedin G.C., Dunedin
Ed Philpsen, Northdale G.C., Tampa
Myron B. Phipps, Boca Raton Hotel & Club, Boca Raton
Mike Piantedosi, Rocky Point G.C., Tampa
James D. Pierce, Jr., NTC Annex G.C., Orlando
John M. Pierce, Vista Royale, Vero Beach
John A. Pieroni, Wellington G.C., W. Palm Beach
Cindy Pietrusik, Deer Creek C.C., Deerfield Beach
Ray Pike, Mission Inn Resort, Howey In The Hills
Virginia W. Pilatzke, Pine Meadows G.&C.C., Eustis
Leonard Pines, Woodlands G. Ass'n, Tamarac
Emily T. Pinkney, Countryside Executive G.C., Clearwater
Jim Pippitt, Tides C.C., Seminole
Frank S. Pischera, Winter Pines G.C., Winter Park
Emil Piscopo, P.G.A. National G.C.-Squire Course, Palm Beach Gardens
Vince Pitisci, Pebble Creek C.C., Lutz
Carl Pitts, Oak Bridge-Sawgrass, Ponte Vedra
Ed Pityo, Sara Bay C.C., Sarasota
Bernard C. Plotkin, Delray Beach C.C., Delray Beach
Fred B. Plummer, Manatee County G.C., Bradenton
Clare Poehlman, Grenelefe C.C., Grenelefe
Bob Poirier, Daytona Beach G.&C.C., Daytona Beach
Bob Polk, Bartow G.C., Bartow
Isabel E. Pollen, Skokie C.C., Glencoe
Bill Pomy, Wekiva G.C., Longwood
Robert L. Ponsot, Silver Lake G.&C.C., Leesburg
Lee E. Poore, Shawnee Inn & C.C., Shawnee on Delaware
Virginia Popen, Maple Leaf, Port Charlotte
E. M. "Ted" Porter, Oceanside G.&C.C., Ormond Beach
Maurice Porter, Turtle Creek Club, Tequesta
Phil Porter, Atlantic City C.C., Northfield
Ted Porter, Oceanside G.&C.C., Ormond Beach
Vincent P. Porter, Dodgertown G.C., Vero Beach
Edward E. Post, Seven Springs C.C., Seven Springs
Fred Post, Englewood C.C., Englewood
Katy Post, Englewood G.&C.C., Englewood
Shirley V. Poston, Vista Royal G.C., Vero Beach
Wanda Powell, Capri Isles G.C., Venice
William E. Powell, Harbor City Municipal G.C., Melbourne
Jack Powley, Daytona Beach G.&C.C., Daytona Beach
Jewel K. Pozefsky, Big Cypress G.C., Winter Springs
Janet R. Prahler, Tyndall G.C., Tyndall A.F.B.
David J. Pratt, The Swallows, Debary
John V. Prestini, Jupiter Hills G.C., Jupiter
F. Dix Preston, Naval Air Station, Jacksonville
Greg Price, Daytona Beach G.&C.C., Daytona Beach
Dan Prill, Hall of Fame Inn, Tampa
Paul Prouty, Lake Buena Vista C.C., Lake Buena Vista
Neely Pruitt, Sea Palms G.&T.R., St. Simons Island
Angelo Pucillo, Cape Coral C.C., Cape Coral
John Puertas, Hall of Fame Inn Golf & Tennis, Tampa
John R. Pugh, Marion Oaks C.C., Ocala
Mark Pulis, Bear's Paw C.C., Naples
Thomas H. Pullum, Hurlburt Field G.C., Hurlburt A.F.B.
Thomas H. Pullum, Elgin G.C., Elgin A.F.B.
Steve Purdo, Ft. Lauderdale G.C., Plantation
Julie A. Purdy, Lake Fairways G.&C.C., N. Ft. Meyers
Andrew Purnell, Pinehurst C.C. #3, Pinehurst
C. Spotswood Quinby, Myakka Pines G.C., Inc., Englewood
Laney Quint, Villa Del Ray G.C., Delray Beach

1983 HOLES-IN-ONE

Charles Quirka, Daytona Beach G.&C.C., Daytona Beach
Anthony Rabasca, Evergreen Club, Palm City
Gerald S. Rabin, Imperial Lakes C.C., Mulberry
John Rabreau, C.C. of Miami, Hialeah
Iva Rackaway, Wyndemere C.C., Naples
Dorothy E. Rader, Fairways C.C., Orlando
Robert M. Radkey, Harborside Longboat Key Club, Longboat
Grover Ragan, Carrollwood Village Golf & Tennis, Tampa
Cal Rahn, Tarpon Lake Village G.C., Palm Harbor
Tom Raker, Hilaman Park Municipal G.C., Tallahassee
Harry Ramaglia, Boca Green C.C., Boca Raton
Marilyn Ramsey, Palm Aire C.C., Sarasota
Chester Randall, Inverrary C.C., Lauderhill
Henry J. Randall, Inverrary West G.C., Lauderhill
Joan C. Rando, Cooper Colony, Cooper City
Dorothy Rankin, Palmetto Pine C.C., Cape Coral
Herb Rapson, Pine Lakes C.C., Palm Coast
Evelyn L. Rasmussen, Sugar Mill C.C., New Smyrna Beach
Monty Rauchegger, Sweetwater, Longwood
Preston Rawson, Jr., Monsanto, Pensacola
Paul Ray, Palmetto Dunes G.C., Parrish
Everett C. Raymond, Sunnybreeze Palms G.C., Arcadia
Alice Rayner, Indian Pines G.C., Ft. Pierce
Nancy Raynsford, Ft. Walton Beach G.C., Ft. Walton Beach
Nancy Raynsford, Eglin G.C., Eglin A.F.B.
Maurice Reagan, Marco Island C.C., Marco Island
Laura Reath, Tides C.C., Seminole
James R. Rector, Patrick A.F.B., Cocoa Beach
Fred W. Redding, Riviera G.C., Naples
Victor A. Redling, Tomoka Oaks G.&C.C., Ormond Beach
Harold F. Redman, Cove Cay C.C., Clearwater
Joseph M. Reed, West Palm Beach C.C., W. Palm Beach
Z. Wade Rees, The Oceans G.C., Daytona Beach Shores
M. H. Regbom, Boca Del Mar C.C., Boca Raton
Samuel T. Register, Belleview Biltmore C.C., East Course, Belleair
E. William Reiber, Avila C.C., Tampa
Edwin Reich, Boca Del Mar C.C., Boca Raton
Bruce E. Reid, Countryside C.C., Clearwater
Wilson M. Reid, Deltona C.C., Deltona
Raymond H. Reisenger, Indian Pines G.C., Ft. Pierce
Rudy W. Reisert, Lakeland Skyview G.&C.C., Lakeland
Alfred Reiss, Woodlands C.C., Tamarac
John Reo, Orangebrook G.C., Hollywood
Ellis B. Repass, Bardmoor C.C., Largo
Harlan Reswick, Nemadji, Superior
Howard A. Retsch, 6 Lakes C.C., N. Ft. Myers
Alice M. Revere, Tarpon Springs G.C., Tarpon Springs
Edward X. Revere, Tarpon Springs G.C., Tarpon Springs
Wm. B. Reuwer, Presidential C.C., North Miami Beach
Chuck Rex, Sandpiper Bay, Port St. Lucie
Louise L. Reydel, Riverbend C.C., Tequesta
Byron Reynolds, Fairways C.C., Orlando
Flo Reynolds, South Seas Plantation, Captiva Isle
Jack Rhine, University G.C., Gainesville
D. D. Rhem, Melbourne Municipal, Melbourne
Arnold Rhodes, Pembroke Lakes G.C., Pembroke Pines
Richard G. "Dusty" Rhodes, Eglin A.F.B. G.C., Eglin A.F.B.
Lee S. Rhydderch, Big Cypress G.C., Winter Springs
William H. Rice, Jr., Wekiva G.C., Longwood
Nancy Richards, Heritage Ridge, Hobe Sound
William J. Richards, Errol Estate, Apopka
Frank C. Richardson, New Smyrna Beach Municipal Course, New Smyrna Beach
Philip J. Richardson, Palma Sola G.C., Bradenton
Walter L. Richardson, Wekiva Springs G.C., Longwood
Raymond T. Richarz, U.S.N.A.S. Whiting Field G.C., Milton
O. Richey, Clewiston G.C., Clewiston
Leon Richman, Woodlands C.C., East Course, Tamarac
Vivian Richmond, Barefoot Bay C.C., Barefoot Bay
James F. Richwine, Caloosa G.&C.C., Sun City Center
Kempe Reichmann, Jr., Ravines Resort, Middleburg
Josef Riederer, Sabal Point C.C., Longwood
Pete Riesterer, Connersville C.C., Connersville
Laura Faye Riggs, Willow Lakes Troon G.C., Jacksonville
Norman A. Riggs, The C.C. at Tarpon Lake Villages, Palm Harbor
Andrew R. Riggsbee, Jacksonville Beach G.C., Jacksonville Beach
Rex Riley, Cape Orlando G.C., Orlando
Alleane Rinnison, John's Island South Course, Indian River Shores
Bill Rishoi, Capitol City C.C., Tallahassee
John Risk, Doral Park, Miami
William G. Riviello, Rogers Park G.C., Tampa
Joseph N. Rizzo, Waynesville C.C., Waynesville
Pete Roach, Feather Sound C.C., Inc,., Clearwater
Vera Roads, Sarasota G.C., Sarasota
Irvin Robbins, Jr., Indian Pines G.C., Rockledge
W. C. Robbins, The Yacht & C.C., Stuart
Pete Roberson, Selva Marina C.C., Atlantic Beach
Carolyn Roberts, East Lake Woodlands, Palm Harbor
Franky Roberts, Rolling Hills, Wildwood
George W. Roberts, Costa Del Sol G.&R.C., Miami
Hillard D. "Bob" Roberts, Kingsway C.C., Lake Suzy
Jean L. Roberts, Spessaro-Holland C.C., Melbourne Beach
Rick Roberts, Rosemont C.C., Orlando
Stephen M. Roberts, The Dunes G.C., Jacksonville
Colin W. Robertson, Coral Gables Biltmore G.C., Coral Gables
Charles I. Robichaud, Royal Oak, Titusville
Duncan R. Robinson, Ironwood C.C., Bradenton
Rima Robinson, Hunters Run, Boynton Beach
Lillian Robinson, Tarry Brae, So. Fallsburg
Tom Robinson, Six Lakes C.C., N. Ft. Myers
Richard R. Robinson, Spessard Holland, Melbourne
George Rock, Clearwater C.C., Clearwater
Helen C. Rockhold, Cape Orlando C.C., Orlando
G. Marvin Rodgers, Boca Teeca C.C., Boca Raton
Lincoln Rodon, Pinehurst #6, Pinehurst
Bill Rodriguez, Airco Golf Inc., Clearwater
Terry Roehris, Saddle Brook Resort, Wesley Chapel
Thomas O. Rogers, Mt. Glen G.C., Newland
Henry T. Romeo, Seven Springs C.C., Seven Springs
Robert Rosazza, Timber Oaks G.C., Port Richey
Burt Rose, Indian River Plantation, Stuart
Doran C. Rose, Boca Lago G.C., Boca Raton
J. R. Rose, Oceanside C.C., Ormond Beach
Victor G. Rose, Palmetto-Pines C.C., Cape Coral
William G. Rose, Vista Royal G.C., Vero Beach

1983 HOLES-IN-ONE

Larry Rosen, Woodmont C.C., Tamarac
Sol Rosen, Challenger G.C., Lake Worth
Fred Rosenberg, Sunrise C.C., Sarasota
Harold Rosenberg, Fountains C.C., Lake Worth
Yale Rosenberg, Villa Del Ray G.C., Delray Beach
Myron Rosenthal, Scenic Hills C.C., Pensacola
Nurys Rosenthal, Spruce Creek, Daytona Beach
Charles R. Ross, Cairo C.C., Cairo
John E. Ross, Wolf Laurel Resort, Mars Hill
Robert Ross, Caloosa C.C., Sun City Center
Clay Rossman, Sunrise C.C., Ft. Lauderdale
Edward Rothermel, Clearwater C.C., Clearwater
Lorraine Rothwell, Willowbrook G.C., Winter Haven
Fred M. Rountree, A. C. Read Naval Air Station, Pensacola
T. B. Rowe, Wilderness C.C., Naples
Emil A. Roy, Rivers G.&C.C., Crystal River
Joseph Rubenstein, Royal Palm Beach G.C., Royal Palm Beach
Arthur S. Rubin, Emerald Hills C.C., Hollywood
Harry L. Ruby, Winter Park C.C., Winter Park
H. D. Rucker, Rolling Hills G.C., Longwood
Maurice Rudley, Pompano Beach C.C., Pompano Beach
Tony Rudolph, Palm Aire C.C., Pompano Beach
John Forney Rudy, Errol Estate C.C., Apopka
William Ruff, Boca Raton Hotel & Club, Boca Raton
Ronald L. Russi, The Swallows C.C., Debary
Walter Rumsey, Kingsway C.C., Lake Suzy
Robbie Rush, Clewiston G.C., Clewiston
Martha Rusk, Wyndemere C.C., Naples
Dr. William S. Rusk, Royal Poinciana G.C., Naples
Lib Russell, Rolling Hills G.C., Longwood
Barry Russinof, Kings Bay, Miami
Lou Russo, Sabal Palm G.C., Tamarac
Lou Russo, Sabal Palm G.C., Tamarac
Gary Rutledge, Beaver Meadows, Phonix
Joan F. Ryan, Stuart Yacht & C.C., Stuart
Richard F. Ryan, Palm Harbor G.C., Palm Coast
Thomas J. Ryan, Sandpiper Bay, Port St. Lucie
Wilton A. Ryder, Indian Pines G.C., Rockledge
Ed Ryzak, Eastwood G.C., Ft. Myers
A. Ralph Saari, Pine Oaks Municipal G.C., Ocala
Dave Alian Saari, Dunedin C.C., Dunedin
Nick Sabath, Martin County G.&C.C., Stuart
William Sabatini, Manatee County G.C., Bradenton
Luke Sadler, Timuquana C.C., Jacksonville
Sy Saffer, Hollybrook G. & T.C., Pembroke Pines
Albert Safro, Woodmont C.C., Tamarac
Steven Sager, Deer Creek C.C., Deerfield Beach
Alfred Salerno, C.C. of Coral Springs, Coral Springs
Michael J. Salomone, Plantation G.C., Plantation
Midge Salomone, Cypress Creek C.C., Boynton Beach
William Salsbury, Sunrise C.C., Sarasota
Louise B. Samom, Indian Creek C.C., Miami
Amador Sanchez, Doral C.C., Miami
Cecil Sanders, Swallows G.&C.C., Debary
Nick Sapin, Bonaventure East, Ft. Lauderdale
Gary J. Sargent, Kapalua Village G.C., Lahaina
Avis Sasser, Pinecrest on Lotela, Avon Park
Jean Sauer, Coral Ridge C.C., Ft. Lauderdale
Michael T. Savage, Port Charlotte C.C., Port Charlotte
Earl D. Sayer, Palmetto Pines G.C., Parrish

Donald J. Sayet, Emerald Hills, Hollywood
Cosimo B. Scalia, Plantation G.C., Plantation
Elinor Schacter, C.C. of Coral Springs, Coral Springs
Harry Schaefer, Bardmoor C.C., Largo
Arthur W. Schafer, Riviera C.C., Ormond Beach
Gloria B. Schaffter, Sugarmill Woods G.C., Homosassa
Joe Schasney, Capri Isles G.C., Venice
Harold Schaublin, Rolling Green G.C., Sarasota
Jack Schaul, Palm-Aire C.C., Sarasota
Betty Schaumburger, Northdale G.C., Tampa
Chester F. Scheel, Cypress Greens G.C., Sun City Center
Ellsworth C. Scheer, Seven Springs C.C., Seven Springs
Sidney Scher, Colony West C.C., Tamarac
Dannie J. Scherer, Capri Isles, Venice
Robert E. Schmidt, Isla Del Sol, St. Petersburg
Donna Rae Schnable, Lago Mar C.C., Plantation
Ed Schneidewind, Buenaventura C.C., Kissimmee
Dale Schrenk, Jacksonville Naval Air Base, Jacksonville
Aage, G. Schroder, Palmetto Pine C.C., Cape Coral
Art Schulze, Saddlebrook C.C., Wesley Chapel
Barbara Schultz, Bardmoor North, Largo
Joseph Schumer, Wynndon Village C.C., Coconut Creek
Essie Schwartz, Colony West Executive Course, Tamarac
Milton Schwartz, Holiday Springs G.C., Margate
Otto G. Schwenk, Mountain Lake G.C., Lake Wales
Don Schwersky, East Bay C.C., Largo
Bill Schwessinger, Imperial G.C., Naples
A. W. "Lou" Schaar, Spruce Creek G.&R.C., Daytona Beach
Marie R. Scordino, Cleveland G.&C.C., Lakeland
Art Scornavacca, Holiday C.C. of Lake Park, Lake Park
Barbara Scott, Holly Forest G.C., Sapphire
Donald J. Scott, Mariner Sands C.C., Stuart
Elmer Scott, Buckhorn Springs G.&C.C., Brandon
J. M. Scott, Ocala G.C., Ocala
Mary E. Scott, Palmetto Pines C.C., Cape Coral
Helen Scuder, Fountains C.C., Lake Worth
Donald Seamon, Palm River, Naples
Benny Sebren, Sabal Point C.C., Forest City
Michael Anthony Secunda, Pompano Beach C.C., Pompano Beach
Andrew W. Seed, C.C. of Coral Springs, Coral Springs
Frederick W. Seely, Martin County G.&C.C., Stuart
Steve Self, Suwannee River Valley C.C., Jasper
Robert Selfe, Caloosa G.&C.C., Sun City Center
Elliot Seidman, Sandalfoot C.C., Boca Raton
Bill Seiver, Sarasota G.C., Sarasota
Bernard Seldon, The Club of Inverrary, Lauderhill
Sanford Seligman, Deerwood Club, Jacksonville
Ken Semon, Sunrise C.C., Sarasota
Dan Senecal, Jacksonville Beach G.C., Jacksonville Beach
Bill Sensenbrenner, Beacon Woods G.C., Bayonet Point
Harriet K. Serger, Cypress Greens G.C., Sun City Center
Tony De Sesso, Key Biscayne G.C., Key Biscayne
Fred Sewell, North Port C.C., North Port
Paul H. Shaffer, Crystal Lake C.C., Pompano Beach
Arthur A. Shaines, Whispering Lakes G.C., Pompano Beach
Max Shapiro, Linwood C.C., Linwood
Charles R. Shaw, Ft. Lauderdale C.C., Ft. Lauderdale
Gilbert Shaw, Jacaranda West, Venice
John F. Shaw, John's Island Club, Vero Beach

1983 HOLES-IN-ONE

Nathan Shaw, Hampton Heights, Hickory
Maurice J. Shaykin, Holiday G.C., Riviera Beach
Edith Shear, Boca Greens, Boca Raton
Mickey Sheffield, Temple Terrace G.&C.C., Temple Terrace
Bernice Shepard, River Greens G.C., Avon Park
Andrew Shetley, Orangebrook East, Hollywood
Bert S. Shipley, Hyke Park, Jacksonville
George S. Shoemaker, Orange Brook G.C.-East, Hollywood
Thomas E. Sholts, Atlantis C.C., Atlantis
Marianne Short, Havana C.C., Havana
Herman E. Showers, Bobby Toms G.C., Sarasota
Harry L. Shrode, East Bay C.C., Largo
Jack Schubert, Silver Lake G.C., Leesburg
Bill Schufelt, Cocoa Beach C.C., Cocoa Beach
Robert L. Shurtleff, Jr., Presidents, West Palm Beach
Robert L. Shurtleff, Delray Dunes, Delray Beach
Harry M. Sibley, Bent Pine G.C., Vero Beach
Paul Sibole, Englewood G.C., Englewood
Ethel Sidler, Orangebrook G.C., Hollywood
Wayne H. Sifford, Dunes G.C., Jacksonville
Ervin Sill, Atlas Valley C.C., Grand Blanc
Isadore Silveria, Fairways C.C., Orlando
Arthur Silverman, Boca Lago C.C., Boca Raton
Ben Silverman, Fountains C.C., Lake Worth
Charles F. Simmons, Indian Hills C.C., Ft. Pierce
Al Simms, Naples Beach Club, Naples
George L. Simpson, Fairways C.C., Orlando
Clayton Simon, River Bend G.C., Tequesta
Abe Singer, The Inverrary C.C., Lauderhill
Paul J. Sineath, Inverness G.&C.C., Inverness
Fred L. Singer, Turnberry Isle C.C., N. Miami Beach
Raymond R. Sink, Barefoot Bay G.&C.C., Micco
Vera Sirkin, Bayshore G.C., Miami Beach
Durwood W. Siville, Caloosa G.&C.C., Sun City Center
Russell D. Skinner, Sandpiper Bay-Saints, Port St. Lucie
David Skipper, Capital City C.C., Tallahassee
Joanne Slansky, Bay Hill C.C., Orlando
Irwin J. Slater, Bonaventure C.C., Ft. Lauderdale
J. C. "Jake" Slaton, West Palm Beach C.C., W. Palm Beach
Tom Slaughter, Eglin A.F.B. G.C., Niceville
Bob Sloan, Diamond Hill G.&C.C., Valrico
Sidney B. Slocum, Quail Ridge C.C., Boynton Beach
Philip Small, The Clubs of Inverrary, Lauderhill
Herbert Smallwood, Oak Ridge G.C., Ponte Vedra
Frank Smigowski, Harbor City Municipal G.C., Melbourne
Arthur F. Smith, Oriole G.C. of Delray, Delray Beach
Betty E. Smith, Lake Pleasant Golf Inc., Lake Pleasant
Bruce A. Smith, Scenic Hills C.C., Pensacola
Byron Smith, Bent Pine G.C., Vero Beach
C. Darrell Smith, Fall Creek Falls, Pikerville
Chris Smith, Sunrise C.C., Sarasota
Craig R. Smith, Oceanside C.C., Ormond Beach
Douglass "Chuck" Smith, Key Biscayne G.C., Key Biscayne
Evelyn Smith, St. Joseph's Bay G.C., Port St. Joe
Harold A. "Hal" Smith, Killearn C.C., Tallahassee
Herbert L. Smith, Bonaventure West Course, Fort Lauderdale
Hewitt Smith, Gulf Shores State Park, Gulf Shores
June M. Smith, Dogwood C.C., Lake Hilton
Lillian H. Smith, Royal Palm Yacht & C.C., Boca Raton
Maurice R. Smith, Mountain Lake G.C., Lake Wales
Raymond T. Smith, Jr., NAS Whiting Field, Milton
Richard C. Smith, Caloosa G.&C.C., Sun City Center
Richard D. Smith, Suntree C.C., Melbourne
Robert E. Smith, Boca Del Mar, Boca Raton
Mrs. Robert E. Smith, Royal Palm Yacht & C.C., Boca Raton
Roy Smith, Zellwood Station G.C., Zellwood
Thomas M. Smith, Winter Park C.C., Winter Park
Wendell Smith, Rolling Green G.C., Sarasota
Bill Smithers, Melbourne Municipal G.C., Melbourne
Jack Snell, Lake Buena Vista Club, Lake Buena Vista
Dick Snyder, Bartow G.C., Bartow
Bill Salinsky, C.C. of Coral Springs, Coral Springs
Stephen Semeraro, Melbourne Municipal G.C., Melbourne
Paul Soffer, Fountains C.C., Lake Worth
Chet Soliwocki, Pompano Beach G.C., Pompano Beach
Jacob Solomon, Palm-Walt Disney World, Lake Buena Vista
Nick Solomon, Dubs Dread G.C., Orlando
Ed Soltis, Twin Creeks G.C., Manville
Cliff Solum, Cypress Lake C.C., Ft. Myers
Arlene L. Sommer, Ocean Reef Club, No. Key Largo
Harold Sommers, Silver Lake G.&C.C., Leesburg
Herman Sondak, Fountains C.C., Lake Worth
Frank Sorrentino, Martin County G.&C.C., Stuart
Walter R. Southard, Continental C.C., Wildwood
Leon S. Sopuch, Sr., Univ. of South Florida, Tampa
Herb Souto, Cove Cay C.C., Clearwater
Ann Sowell, Cape Coral C.C., Cape Coral
Richard M. Sowers, Royal Poinciana G.C., Naples
Trent Spanos, Clearwater C.C., Clearwater
John Speer, Wekiva G.C., Longwood
Charles E. Speiser, Daytona Beach G.C., Daytona Beach
Edward Francis Spencer, Carriage Hill G.C., Pensacola
Bob Speno, Royal Oak C.C., Titusville
Bill Spiccia, Lehigh C.C., Lehigh
Raphael Spiegelman, Pines G.C., Pompano Beach
Henry Spiegez, Boca Lago East, Boca Raton
Irene Spies, Oceanside C.C., Ormond Beach
Louise Spinelli, New Smyrna Beach Municipal G.C., New Smyrna Beach
Mike Spiotta, Cypress Creek C.C., Boynton Beach
Carl Spongberg, Caloosa G.&C.C., Sun City Center
Greg Spooner, Shipyard Plantation, Hilton Head
Herbert Spraker, Wellington G.C., West Palm Beach
Daniel H. Sprengart, Hollywood Lakes C.C., Hollywood
Russell Springstubb, Bent Tree C.C., Sarasota
Thomas P. Spurlin, Airco G.C., Clearwater
David A. Spyker, Deerfield C.C., Deerfield Beach
Chester Sroczek, Pembroke Lakes C.C., Pembroke Pines
Jerry Stabler, Carriage Hills G.C., Pensacola
Ernie Stack, Cape Coral C.C., Cape Coral
Bill Stahara, Tomoka Oaks C.C., Ormond Beach
Lou Staiano, Lake Wales C.C., Lake Wales
William W. Staley, Reynolds G.C., Green Cove Springs
Grover M. Stallings, Spessard Holland G.C., Melbourne Beach
Irv Stape, Martin County G.&C.C., Stuart
Bill Stark, Killearn C.C. & Inn, Tallahassee
Ed Starkey, Bay Meadows, Jacksonville

431

1983 HOLES-IN-ONE

Homer C. Starks, Spanish Wells C.C., Bonita Springs
Ralph Starling, Sun Air, Hains City
Lynn Stauffacher, Jr., Brooksville G.&C.C., Brooksville
Thomas Steers, Osceola G.C., Pensacola
John Steen, Jr., Royal Oak C.C., Titusville
Daniel D. Steffey, Hall of Fame G.C., Tampa
Michael J. Stefka, Lake Buena Vista Club,
   Lake Buena Vista
Marvin Stein, Woodlands C.C., Tamarac
Al Steinhart, Oriole G.C., Delray Beach
Robert Spotts, Daytona Beach C.C., Daytona Beach
Audrey Steadman, Indigo Lakes, Daytona Beach
Christian Steinmetz, Indian Pines G.C., Rockledge
George W. Steitz, Suntree C.C., Melbourne
Ted Stephany, Colony West C.C., Tamarac
Richard W. Stephenson, City of Miami G.C.,
   Miami Springs
Louis J. Steuerie, Jr., Bent Tree, Sarasota
Arnold E. Stevens, Marco Shores C.C., Naples
Halbert S. Stevens, Wekiva G.C., Longwood
Irene Stevens, Broken Woods C.C., Coral Springs
Nowell D. Stevens, Rocky Point G.C., Tampa
Robert L. Stevens, Rainbow's End G.&C.C., Dunnellon
Susie Stevens, Countryside C.C., Clearwater
Vincent E. Stevens, Seminole Lake C.C., Seminole
Frank Stevensen, Golden Valley C.C., Minneapolis
Larry Stewart, Bent Tree G.&R.C., Sarasota
Charles Sticklen, Jr., Kings Bay C.C., Miami
Jack S. Stiles, Sarasota G.C., Sarasota
Elizabeth Stoecker, Hollywood Lakes C.C., Hollywood
Roy N. Stoehr, Frenchmans Creek G.C., Lake Park
Bernie Stone, Oriole G.C. of Delray, Delray Beach
Malcolm E. Stone, Bears Paw C.C., Naples
Russell M. Stone, Tam O'Shanter C.C., Pompano Beach
Leonard Storch, Oriole G.&T.C., Margate
Ken Stowe, University C.C., Jacksonville
Betty Streater, Pebble Creek C.C., Lutz
J. C. Street, Royaloak C.C., Titusville
John Strich, Fairchild Wheeler, Bridgeport
J. C. Strickland, Mount Dora C.C., Mount Dora
Leslie F. Striffler, Palmetto Pines, Parrish
Don Strock, Doral Park G.C., Miami
Bruce D. Strong, Columbia C.C., Chevy Chase
Hope Strong, Jr., Highlands C.C., Highlands
S. G. Stultz, Miami Springs G.C., Miami Springs
Les Sudholt, Tuscawilla C.C., Winter Springs
Col. F. T. Sullivan, NAS Jacksonville, Jacksonville
Jim Sullivan, C.C. Sapphire Valley, Sapphire
William L. Sullivan, Winter Pines G.C., Winter Park
Archie W. Summers, Placid Lake C.C., Lake Placid
Marion E. Sund, High Point G.C., Brooksville
Wayne E. Sunderland, Patrick A.F.B. G.C., Patrick A.F.B.
Ed B. Sutherland, Sabal Palms G.C., Tamarac
Henry Swain, Tarpon Springs G.C., Tarpon Springs
Bill Sweeney, Indian Bayou G.&C.C., Destin
Bill Sweeney, Daytona Beach G.&C.C., Daytona Beach
David C. Sweeney, Naval Air Station G.C., Jacksonville
Edward Sweeney, Frenchmans Creek G.C., Jupiter
Norma Sweeney, Eastman Golf Links, Grantham
Florence L. Sylvester, Punta Gorda Isles, Punta Gorda
Rendall C. Symonds, Palatka Municipal G.C., Palatka
Ann M. Szabo, Eastwood G.C., Ft. Myers
Jack Talbert, Lochmoor C.C., No. Ft. Myers

Adrien A. G. Talbot, Cape Orlando G.&C.C., Orlando
Leo Talbot, Winterpines G.C., Winter Park
Dominick Talia, West Palm Beach C.C., West Palm Beach
Angela Tanno, Cove Cay C.C., Clearwater
Don Tarnow, Silver Lake G.&C.C., Leesburg
Phillip Tasker, Lake Buena Vista Club, Lake Buena Vista
Oscar Tavolar, Harbor City Municipal G.C., Melbourne
Bob Taylor, Bear's Paw C.C., Naples
Jimmy A. Taylor, Buckhorn Springs, Brandon
Margaret Taylor, Quail Ridge C.C., Boynton Beach
Newton P. Taylor, New Smyrna Beach G.&C.C.,
   New Smyrna Beach
Randall G. Taylor, Oriole G.C. of Delray, Delray Beach
Rod Taylor, Lake Buena Vista Club, Lake Buena Vista
Russell Tegen, Orangebrook, Hollywood
Paul J. Tejera, Biltmore C.C., Coral Gables
Ralph W. Tellmann, Lake Venice G.C., Venice
Helen Temple, North Port C.C., North Port
Ruth M. Temple, St. Andrews C.C., Boca Raton
William D. Templeton, Palm Aire C.C., Sarasota
Frances R. Terebessy, Pine Island Ridge C.C.,
   Ft. Lauderdale
Russ Terrell, Lehigh C.C., Lehigh
Thomas C. Terrell, Homestead A.F.B. G.C., Homestead
John H. Terry, Riomar C.C., Vero Beach
Malcolm E. Tetreault, Lake Region Yacht & C.C.,
   Winter Haven
Theodore C. Tewes, Oriole G.&T.C., Delray Beach
Pete Thaler, Innisbrook-Copperhead Course,
   Tarpon Springs
William G. Thannert, Sugar Mill C.C., New Smyrna Beach
A. LaVerne Thomas, Ft. Lauderdale C.C., Ft. Lauderdale
David L. Thomas, Sunset Golf Club, St. Petersburg
Howard E. Thomas, Citrus Springs C.C., Citrus Springs
John C. Thomas, Six Lakes C.C., North Ft. Myers
Marion A. Thomas, Golden Hills, Ocala
Phil Thomas, Grenelefe, Haines City
Ray Thomas, Sun Air C.C., Haines City
Sherman A. Thomas, Coral Ridge C.C., Ft. Lauderdale
Allen Thompson, Northdale G.C., Tampa
Dick Thompson, Palm River C.C., Naples
Warren Thornberry, PGA National G.C.,
   Palm Beach Gardens
Earle O. Thornton, Oak Bridge G.C., Ponte Vedra Beach
Richard Thornton, Redland C.C., Homestead
E. W. Thorpe, San Jose C.C., Jacksonville
Irma Thorsen, Tides C.C., Seminole
E. Reid Thurbon, C.C. of Orlando, Orlando
Homer W. Tillery, Palma Ceia, Tampa
Gladys Timmons, Tyndall C.C., Tyndall
Eino "Tim" Timonen, Ft. Myers C.C., Ft. Myers
William R. Tims, Hillsboro C.C., Boca Raton
Greg Allen Tinney, Tiger Point C.C., Gulf Breeze
Jim Tinny, Tuscawilla C.C., Winter Springs
Cecil S. Tipton, Spring Hill C.C., Spring Hill
Ross Tipton, Winter Park Municipal G.C., Winter Park
Joseph S. Tiriolo, Ft. Lauderdale C.C., Plantation
Sidney E. Tischier, Ocala Municipal G.C., Ocala
P. William Tobin, Casselberry G.C., Casselberry
Burt Todd, Hollybrook C.C., Pembrook Pines
John E. Todd, Sun City Center C.C., Sun City Center
Johnny Wayne Todd, Pine Crest On Lotela, Avon Park
O. J. Tooke, Jr., Mangrove Bay, St. Petersburg

1983 HOLES-IN-ONE

Thelma M. Tomasko, Brookridge G.C., Brookville
Fred Tombros, Errol Estates C.C., Apopka
Irving Toonkel, Hillcrest C.C., Hollywood
Gretchen W. Tortorello, Harder Hall, Sebring
Chuck Tosch, Key West Resort G.C., Key West
Betty Tourtellotte, Rock River C.C., Waupun
Anthony Tramuta, Boca Raton Municipal G.C., Boca Raton
Blanche Truba, University C.C., Jacksonville
Ruth E. Truehart, Fairways C.C., Orlando
Ann M. Tucker, Club at Pelican Bay, Naples
Roy E. Tucker, Land Harbor G.C., Linville
Carmine Tufano, Ponce De Leon Lodge & C.C., St. Augustine
Paul H. Tufts, Palmetto Pines G.C., Parrish
Judy Turkisher, Atlantis C.C., Atlantis
Max R. Turnage, Marianna Caverns G.C., Marianna
John C. Turner, Atlantis G.C., Atlantis
Mary D. Turner, The Mooring Club, Vero Beach
William Turner, Seven Springs C.C., Seven Springs
Jeanette Turnipseed, Temple Terrace C.C., Tampa
T. Woodrow Tyndall, Barefoot Bay G.C., Barefoot Bay
Raymond L. Uecker, Sandalfoot C.C., Boca Raton
Haruo Ueda, Dubsdread G.C., Orlando
W. D. Uhlich, Bear's Paw C.C., Naples
Roger E. Ulrich, Northstar at Tahoe, Truckee
Joe Umholtz, Dunedin C.C., Dunedin
George W. Urban, Brooksville G.&C.C., Brooksville
Ricardo Valdes, Biltmore G.C., Coral Gables
Joe Valenti, Northdale G.C., Tampa
William A. Valenze, Oxbow G.C., Labelle
Earl Vance, Rion Pinar C.C., Orlando
Todd Varcil, Northdale G.C., Tampa
John Vandine, Miami Lakes Inn & C.C., Miami Lakes
Jacques Van Dyke, C.C. of Miami, Hialeah
Harry Van Linder, Buckhorn Springs G.&C.C., Brandon
Ted P. Vardalos, Bradenton C.C., Bradenton
Marge Vegna, Cypress Lake C.C., Ft. Myers
Don Veller, Killearn G.&C.C., Tallahassee
Betty M. Vidas, Buenaventure Lakes C.C., Kissimmee
Norman E. Viens, Ocean Village, Ft. Pierce
Tony Villarreal, Crystal Lake C.C., Pompano Beach
Lee Vinci, Pelican C.C., Bellair
Samuel Vinci, Palmetto Pines C.C., Cape Coral
Bill Vines, Bears Paw C.C., Naples
Edward F. Viola, Burnt Store G.C., Punta Gorda
Frederick Vogel, Indian Lake Estates G.&C.C., Indian Lake Estates
Jean B. Vogel, Broken South G.C., Boca Raton
Jim Vogel, Maple Leaf Eatates, Port Charlotte
Morris Vogel, Cypress Creek C.C., Boynton Beach
William F. Vogeley, Baymeadows G.&C.C., Jacksonville
William R. Voit, Palmetto Pines G.C., Parrish
Jack Vollenweider, Sunrise C.C., Sarasota
Patrick Volpe, Inverness G.&C.C., Inverness
A. E. Von Lilenthal, Palm River C.C., Naples
Joseph Voytek, Pembrook Lakes, Pembrook Pines
Robert W. Wadington, Lake Fairways G.C., N. Ft. Myers
Eiho Wado, Bobby Jones G.C., Sarasota
V. Reed Wakefield, Rocky Bayou C.C., Niceville
Edgar V. Walker, Tomoka Oaks C.C., Ormond Beach
Emily H. Walker, Deerfield G.C., Deerfield Beach
James G. Walker, Fort Walton Municipal G.C., Fort Walton Beach
John J. Walkinshaw, Jr., The Dunedin C.C., Dunedin
Alden Wallace, Palm Gardens G.C., Melbourne
Hope S. Wallace, Boca Del Mar C.C., Boca Raton
Horace A. Wallace, MacDill A.F.B. G.C., Tampa
Leonard F. Wallace, Baymeadows G.C., Jacksonville
Margie M. Wallace, Heritage Ridge G.C., Hobe Sound
Evelyn Walls, Cypresswood G.&C.C., Winter Haven
F. Howard Walsh, Cairo C.C., Cairo
Jim Walsh, Holiday C.C., Palm Beach Gardens
Nancy Walsh, Winter Park C.C., Winter Park
Kay Walters, Royal Oak C.C., Titusville
Mark Walters, Plantation G.C., Plantation
Thomas Walters, The C.C. of Brevard, Inc., Rockledge
Stanley Waltz, Itasca C.C., Itasca
Arnold Ward, Turnberry C.C., N. Miami Beach
Duane E. Ward, Vista Royale G.C., Vero Beach
Eddie Ward, Ocala G.C., Ocala
Walter S. Warheit, Del-Aire G.C., Delray Beach
Bob Warner, Spessard Holland G.C., Melbourne
Mary M. Warren, Vista Royale G.C., Vero Beach
William R. Warriner, Ponce De Leon, St. Augustine
Bob Van Wart, Palm Gardens G.C., West Melbourne
Charles E. Watters, Spessard Holland G.C., Melbourne Beach
John Waruner, Pine Lakes C.C., Palm Coast
Beverly Wasserman, Fountains C.C., Lake Worth
John H. Waters, The Naples Beach Hotel & G.C., Naples
Charles G. Watson, Cypresswood G.&C.C., Winter Haven
Jerry Watson, Killearn G.&C.C., Tallahassee
William L. Waugh, Bardmoor C.C., Largom
Ben Weaver, Boca West Club & Resort, Boca Raton
Clare M. Weaver, Glades C.C., Naples
Calvin Webb, Palmetto Pine C.C., Cape Coral
John Weber, Frenchman's Creek G.C., Lake Park
Clyde G. Werner, Sr., Osceola Municipal, Pensacola
Marjorie Weeks, Vista Royale G.C., Vero Beach
Doris Weil, Spook Rock G.C., Suffern
Max Weinberg, California North G.C., N. Miami Beach
Charles Weintraub, Lake Worth G.C., Lake Worth
Evelyn Weisberg, Cypress Lake C.C., Ft. Myers
Selma Weisberg, Hampton C.C., Boca Raton
George H. Weiss, Palm Beach National G.&C.C., Lake Worth
Irvin H. Weiss, Turnberry Isle C.C., Miami
George S. Welch, Zephyrhills G.C., Zephyrhills
Donald L. Weldon, East Lake Woodlands, Palm Harbor
Charles E. Weller, Rolling Hills G.C., Longwood
Edward J. Weller, Jacaranda G.C., Plantation
Betty Wells, Cove Cay C.C., Clearwater
Maxine M. Wert, Continental C.C., Wildwood
Robert C. Welsh, Deer Creek C.C., Deerfield Beach
Sol Werboff, Royal Palm Beach C.C., West Palm Beach
Marion Werver, Gainesville G.&C.C., Gainesville
Clyde B. Westfall, Miramar G.&C.C., Miramar
Clyde J. Westhaver, The Wellington Club, West Palm Beach
Hy S. Wettstein, Challenger C.C., Lake Worth
William L. Weyerhaeuser, Indian Pines G.C., Ft. Pierce
Roy Whisnand, Royal Poinciana G.C., Naples
R. W. White, Mariner Sands C.C., Stuart
Wanda White, Bartow G.C., Bartow
C. W. Whitlock, Vero Beach C.C., Vero Beach

433

1983 HOLES-IN-ONE

Ray Whitlock, Belleview Biltmore C.C., Belleair
Corinne T. Whitfield, Vero Beach C.C., Vero Beach
Bud Whitney, Bent Tree G.&R.C., Sarasota
Glenn Whittle, Miami Springs C.C., Miami Springs
Arthur G. Whitaker, Ft. Myers C.C., Ft. Myers
Tom Wickey, Cypresswood G.&C.C., Winter Haven
Gilbert A. Wiggins, Village Green G.C., Bradenton
Harold Wilcox, Cypress Creek C.C., Boynton Beach
George W. Wilder, J D M C.C., Palm Beach Gardens
Victor L. Wiley, Sarasota G.C., Sarasota
Bill N. Wilkes, Sharpes Executive C., No. Cocoa
Glen K. Wilkinson, Carrollwood Village G.&T.C., Tampa
Charles Willette, Lake Worth G.C., Lake Worth
Lorian W. Willey, Sunset G.&C.C., St. Petersburg
Dave Williams, Lake Buena Vista Club, Lake Buena Vista
Jerry L. Williams, Capitol City C.C., Tallahassee
John R. Williams, Pensacola C.C., Pensacola
Joyce Williams, Quail Hollow G.C., Zephyrhills
Richard H. Williams, Sun City Center C.C., Sun City Center
Roger P. Williams, Marion Oaks C.C., Ocala
Virginia Williams, Kingsway C.C., Lake Suzy
William H. Williams, Seminole G.C., Longwood
W. H. Williamson, John's Island Club, Vero Beach
F. Perry Wilson, Lost Tree G.C., No. Palm Beach
George E. Wilson, Orange Lake C.C., Kissimmee
Helen B. Wilson, Lakewood C.C., St. Petersburg
Jerry Wilson, Hunters Run, Boynton Beach
Paul P. Wilson, Riviera C.C., Coral Gables
Robert B. Wilson, Whispering Oak C.C., Ridge Manor
Thomas H. Wilson, Northdale, Tampa
Tiny Winchester, Suntree C.C., Melbourne
Kenneth Windsor, Brookridge G.&C.C., Brooksville
Pat Wines, Silver Springs Shores G.&C.C., Ocala
Robert S. Winslow, Sawgrass, Ponte Vedra Beach
Hank Winstead, Naval Air Station G.C., Jacksonville
Otto D. Winter, Broken Woods C.C., Coral Springs
Thomas Wintercorn, Indian Hills G.C., Ft. Pierce
Edna Wintz, Cypress Lake C.C., Ft. Myers
Garfield F. Wipperforth, Mt. Dora Golf Ass'n, Mt. Dora
Kenneth Withington, Patrick A.F.B. G.C., Patrick A.F.B.
Olga M. Witner, Silver Springs Shores G.&C.C., Ocala
John B. Witt, Vista Royale, Vero Beach
Edgar Witten, Bobby Nichols G.C., Louisville
Louis A. Wodaski, Imperial Lakes C.C., Lakeland
Jo Wojcik, Inverrary C.C., Lauderdale
Hilda Wolff, Wynmoor G.C., Coconut Creek
Melvin Wolkowsky, PGA National G.C., Palm Beach Gardens
John S. Wolnicwicz, Bardmoor, Largo
Edward C. Woltoman, Sr., River Greens South, Avon Park
Marion A. Womack, Cooper Colony C.C., Cooper City
Orville Wood, Indigo Lakes G.&C.C., Daytona Beach
Ray L. Wood, Orange Brook East, Hollywood
Raydoe Wood, Orangebrook G.C., Hollywood
Roger J. Wood, Lochmoor C.C., N. Ft. Myers
William D. Wood, Quail Heights C.C., Lake City
Tim Woods, Sunrise C.C., Sarasota
Tony Woods, Sarasota G.C., Sarasota
Natalie Woolf, The President C.C., W. Palm Beach
Ralph D. Womeldurf, Chiefland G.&C.C., Chiefland
Robert L. Work, Sabal Point C.C., Longwood
Charles E. Wright, East Lake Woodlands, Palm Harbor

Francis M. Wright, Lake Fairways C.C., No. Ft. Myers
James N. Wright, Daytona Beach G.&C.C., Daytona Beach
Joe Wright, Ravines, The Resort & Exec. Meeting Place, Middleburg
Hank Wroblewski, Lehigh C.C., Lehigh
Kathryn M. Wulbern, Timuquana C.C., Jacksonville
Jeanette Wurtzburg, Woodlands C.C., Tamarac
Willis D. Wymore, Ottumwa Municipal G.C., Ottumwa
Frank Wynn, Oriole G.C., Delray Beach
Mona Yach, Orange Brook G.C., Hollywood
Barbara Yager, Lake City C.C., Lake City
Jim Yancey, Ocala G.C., Ocala
Bob Yarbrough, Royal Oak C.C., Titusville
Marty Yards, Northdale G.C., Tampa
George N. Yates, Seminole G.C., Tallahassee
Robert R. Yates, Selva Marina C.C., Atlantic Beach
Walter W. Yates, Spruce Creek G.&C.C., Daytona Beach
David H. Yeakle, Palm Beach Polo & C.C., Wellington
Ernie Yenling, Zellwood Station G.C., Zellwood
Wiley S. Yielding, Fairways, Orlando
Patricia Yokeley, Ponce De Leon C.C., St. Augustine
Dave Youker, Quail Creek C.C., Naples
Charles Young, Plantation Inn & Golf Resort, Crystal River
James A. Young, Marco Island C.C., Marco Island
John David Young, University of Florida, Gainesville
Kenneth T. Young, Jr., Del-Aire G.C., Delray Beach
Marty Young, Mt. Snow C.C., W. Dover
Russell Young, NAS Whiting Field G.C., Milton
William R. Young, Citrus Springs G.&C.C., Dunnellon
Willard W. Young, Ocean Village, Ft. Pierce
Ray Youngberg, JDM C.C., Palm Beach Gardens
Rudy J. Zabak, Babe Zaharias G.C., Tampa
Ann E. Zageman, Oriole G.C., Delray Beach
Scott Zankl, Coral Ridge C.C., Ft. Lauderdale
Jane Zapp, Sugarmill Woods C.C., Homosassa
Kenneth Zaslaw, Challenger C.C., Lake Worth
John "Zat" Zatwarnicki, Spring Hill G.C., Spring Hill
Frederick Zeier, Perdido Bay Inn & Resort, Pensacola
James Zell, The Wellington Club, West Palm Beach
Lavern Zell, Live Oak G.&C.C., Crescent City
Judy Zelznak, Sweetwater C.C., Longwood
Raymond B. Zemaitis, Daytona Beach G.&C.C., Daytona Beach
Harry R. Zerbel, Ft. Lauderdale C.C., Ft. Lauderdale
Randy Zerra, Boca Pointe G.C., Boca Raton
Bob Ziegler, Lake Buena Vista G.C., Lake Buena Vista
Joe Zolkind, Fountains C.C., Lake Worth
Leonard Zubko, Mt. Dora Golf Ass'n, Mt. Dora
Dr. James Zuccarello, LaGorce C.C., Miami Beach
Richard H. Zwilling, Holiday Springs, Margate

GEORGIA

Bert Adams, Jr., Ansley G.C., Atlanta
June Adams, Dublin C.C., Dublin
Wm. A. Adams, Druid Hills G.C., Atlanta
S. Wayne Aderhold, Rivermont C.C., Alpharetta
J. R. Albertson, Hidden Hills C.C., Stone Mountain
Pete Alexander, Riverside G.&C.C., Macon
Jack V. Allen, Glen Arven, Thomasville
William E. Allen, Big Canoe Sconti G.C.,

1983 HOLES-IN-ONE

Big Canoe Jasper
John Alley, Belle Meade C.C., Thomson
David Alligood, Monroe C.C., Monroe
Alton L. Amis, Chattahoochee C.C., Gainesville
Sam Anders, St. Andrews C.C., Winston
Wayne Anderson, Bobby Jones G.C., Atlanta
Pete Arburthnot, Flat Creek, Peachtree City
Murray C. Arkin, Sheraton-Savannah Inn & C.C., Savannah
J. R. Arnold, Canongate, Cumming
Glenn Atha, Monroe G.&C.C., Monroe
Carolyn C. Avrett, Dalton G.&C.C., Dalton
Howard Axelberg, Cherokee G.C., Dunwoody
M. Robert Baggs, Bainbridge C.C., Bainbridge
H. D. Bagley, Coosa C.C., Rome
Dot Baker, Waynesville C.C. Inn, Waynesville
Basil Banko, Indian Hills C.C., Marietta
Mack Bankston, Riverview Park G.C., Dublin
John M. Barberich, Red Wing Lake G.C., Virginia Beach
Cleveland D. Barfield, Forest Hills G.C., Augusta
Ernest Barfield, Dawason C.C., Dawason
Steve Barker, Lakeview at Callaway Garden, Pine Mountain
Dottie Barrett, Marietta C.C., Marietta
Tommy Bassett, Bull Creek G.C., Midland
William W. Baxley III, Idle Hour C.C., Macon
Monk Beavers, Willow Springs C.C., Roswell
Gordon W. Becker, Flat Creek Club, Peachtree City
Solomon Belt, Gordon Morris Memorial, College Park
Gary Bennett, North Augusta C.C., N. Augusta
Paul Benson, Brookfield West G.&C.C., Roswell
Wiltz J. Bernard, Houston Lake C.C., Perry
Bob Bertelsbeck, Flat Creek Club, Peachtree City
D. S. Bigham, Lake Spivey, Jonesboro
Mary Birdsong, Dublin C.C., Dublin
Mrs. M. H. Blackshear, Atlanta Athletic Club, Duluth
George Blair, Fairfield Plantation, Villa Rica
H. U. Blaisdelz, Oleander, Jekyll Island, Jekyll Island
Henry L. Blake, Summit Chase C.C., Snellville
J. Ross Blalock, Little Mountain C.C., Ellenwood
H. H. Blanchard, Waynesboro C.C., Waynesboro
W. J. Blane, Jr., Olympia Spa, Dothan
Robert G. Boatfield, Sr., Mystery Valley G.C., Lithonia
Marinus Boselie, Houston Lake C.C., Perry
Robert E. Bowden, Pinetree C.C., Kennesaw
Tripp Bowden, West Lake C.C., Augusta
Inez Bowen, Hard Labor Creek G.C., Rutledge
Ernest Bowles, Bacon Park Municipal G.C., Savannah
Evangeline M. Bott, Thomaston C.C., Thomaston
Brad Bradley, Singletree G.C., Edwards
Buell Brandt, Brookfield West G.&C.C., Roswell
Maurice M. Brannon, Highland G.C., Conyers
Glenn J. Bridges, Druid Hills G.C., Atlanta
Lawrence "Larry" D. Brobst, Doublegate C.C., Albany
J. T. Brooks, Marietta C.C., Marietta
Jim Brooks, Atlanta Athletic Club, Duluth
Ivy Brothen, Horseshoe Bend C.C., Roswell
Cleve Brown, Daytona Beach C.C., Daytona Beach
Donald Brown, Flat Creek Club, Peachtree
G. J. "Pete" Brown, Pine Isle, Buford
Sandy Brown, Horseshoe Bend C.C., Roswell
Thaine L. Brown, Riverview Park G.C., Dublin
Walter E. Brown, Bowden G.C., Macon
Charles Brunson, Jr., Belle Meade G.C., Thomson
Rickey M. Bullington, American Legion, Albany
Lynn Bundy, Bacon Park G.C., Savannah
Chuck Burleson, Mystery Valley G.C., Lithonia
Clarence Burns, Bowden G.C., Macon
Jake Busbia, West Lake C.C., Augusta
Donald E. Bush, River North C.C., Macon
Boyce A. Butler, Wallace Adams G.C., McRae
Albert L. Butler, Dodge County G.C., Eastman
Pamela Ann Catlin, Mystery Valley G.C., Lithonia
Patty Carver, Marshwood At The Landings, Savannah
Betty Casey, Callaway Greens C.C., Marietta
Royce Carter, Okefenokee G.C., Blackshear
John M. Callahan, Jr., Berkeley Hills C.C., Norcross
Joseph A. Callaway, Athens C.C., Athens
Lavey Carter, Mary Calder G.C., Pooler
W. Michael Caldwell, Cheruekee G.C., Dunwoody
Claud R. Caldwell, Augusta C.C., Augusta
Alex Calder, Jr., Marshwood At The Landings, Savannah
Bill Cain, Gordon Lakes G.C., Ft. Gordon
Mark Cauble, Cherokee, Dunwoody
Sam Cerniglia, Honey Creek G.&C.C., Conyers
James E. Chambers, Maggie Valley C.C., Maggie Valley
Chuck Childers, Atlanta Athletic Club, Duluth
Shelly Childs, Flatcreek Club, Peachtree City
R. J. Chiomento, Gordon Lakes, Ft. Gordon
Frank Churchill, Whispering Pines G.C., Hardeeville
Keith Churchwell, Washington Wilkes C.C., Washington
Bob Clark, Little Mt. C.C., Ellenwood
Robert Clay, Harbour Town Golf Links, Hilton Head Island
Jimmy Clement, Mary Calder G.C., Savannah
Peanut Clark, Bacon Park G.C., Savannah
Bob Clevenger, Atlanta Athletic Club, Duluth
William D. Cliff, Thomaston C.C., Thomaston
Phil Clifton, Fort Stewart G.C., Ft. Stewart
Lester A. Cobb, Ogeechee Valley C.C., Louisville
Robert M. Cobb, Sunset C.C., Moultrie
Anthony H. Coffaro, Houston Lake C.C., Perry
William E. Coggins, Toccoa G.&C.C., Toccoa
Russell Coit, Hyland Hills Golf Resort, Southern Pines
Jack Collins, Perry C.C., Perry
Joseph Collins, Ft. McPherson G.C., Atlanta
William V. Cook, Oakhaven G.&C.C., Macon
Charles E. Corey, Twin City C.C., Tennille
Arnold C. Correll III, Fort Stewart G.C., Ft. Stewart
Dick Corrigan, Little Fishing Creek G.C., Milledgeville
Chris Couch, American Legion, Albany
Pat Couch, Pine Lakes, Jekyll Island
James C. Couturier, Marshwood At The Landings, Savannah
Bobby Cox, Whispering Pines G.C., Hardeeville
Gary Crawford, Snapfinger Woods G.C., Decatur
Jan Cross, West Lake C.C., Augusta
Ronald M. Cross, Fairington G.&T.C., Decatur
Roy D. Croxton, Jr., Robins A.F.B. G.C., Warner Robins
Philip H. Culberson, Stone Mtn. Park G.C., Stone Mountain
Chip Culbreth, Tennille G.&C.C., Tennille
Ralph M. Cunningham, San Carlos G.C., San Carlos Park
Chris Dabney, Sugar Creek, Atlanta

435

1983 HOLES-IN-ONE

Bonny Daniel, Big Sandy G.C., Trenton
Jeff S. Daniel, Highland C.C., La Grange
Jay D. Daniels, Monroe G.&C.C., Monroe
Richard H. Danielson, Cherokee C.C., Dunwoody
James T. Dansby, Midland Valley C.C., Aiken
David D. Darrah, Oak Bridge G.C., Ponte Vedra Beach
Bill Davant, Country Green G.C., Jonesboro
Bill Davis, Highland C.C., La Grange
Jim Davis, Green Meadows C.C., Augusta
Harrill L. Dawkins, Fort McPherson C.C., Ft. McPherson
Roy V. Deadwyler, Brownsmill, Atlanta
B. Scott DeMott, Sunset C.C., Moultrie
Mrs. H. T. Denson, Atlanta Athletic Club, Duluth
Walt Devault, Southern Hills C.C., Tulsa
Greg Dimick, Marshwood At The Landings, Savannah
Janis M. Dimick, Plantation At The Landings, Savannah
Don Dirkle, Reynolds G.C., Reynolds
Angelo Ditty, Pinetree C.C., Kennesaw
Paul S. Dodge, Cairo C.C., Cairo
Richard A. Doerr, Willow Springs C.C., Roswell
David L. Dollar, Wanee Lake C.C., Ashburn
Grant L. Dooley, Robber's Row Course, Hilton Head Island
David E. Dorsner, Sea Palms G.C., Brunswick
William J. Dougherty, Ansley C.C., Atlanta
Gerry Drago, Gordon Lakes G.C., Ft. Gordon
A. C. Drewsen, Marshwood At The Landings, Savannah
Henry F. Dreyer, Sea Palms-St. Simons Island, St. Simons Island
Christian F. Dubia, Green Island C.C., Columbus
Jack D. Duggan, Dalton G.&C.C., Dalton
Hubert Duncan, Hickory Valley G.C., Chattanooga
Bob Earnhardt, Druyd Hills G.C., Atlanta
Greg Easterbrook, Green Meadows G.C., Katy
Mark Eckman, Perry C.C., Perry
Howard Ector, Marietta C.C., Marietta
Charles M. Edwards, Hunter Army Airfield G.C., Savannah
Coag Edwards, Calhoun Elks C.C., Calhoun
L. W. Edwards, Pine Isle, Buford
Russ Edwards, Calhoun Elks Club, Calhoun
Walden W. Elliott, Jr., Forrest Hill G.C., Avondale Estates
Tommy Elsberry, Horseshoe Bend C.C., Roswell
Harry Elsey, Saddlebrook G.&T.R., Zephyrhills
Mary L. Emerson, Sea Island G.C., Sea Island
Waldo P. Emerson, Snapfinger Woods G.C., Decatur
Kevin P. English, Homestead A.F.B., Homestead
Dick Ernest, Bob O'Link, Highland Park
Henry H. Eskedor, Savannah G.C., Savannah
Martha Eubank, Canongate On Lanier, Cumming
Bobby Eunice, Sunset C.C., Moultrie
Dean Evans, Skitt Mountain G.C., Cleveland
Richard J. Farmer, Cherokee C.C., Dunwoody
Monica L. Fergus, Northwood G.&C.C., Lawrenceville
Paul A. Fergus, Northwood C.C., Lawrenceville
Robert C. Ferguson, Doral C.C., Miami
Robert Fernbacher, Flatcreek Club, Peachtree City
Garrett Fleming, Doublegate C.C., Albany
Vern Foege, Dunwoody C.C., Dunwoody
Leona Ford, Waynesville C.C., Waynesville
Vic Ford, Hartwell G.C., Hartwell
Tom Forkner, Atlanta Athletic Club, Duluth
Mrs. Tom Forkner, Atlanta Athletic Club, Duluth

Jason Foss, Turtles Point G.C., Charleston
Mike France, St. Andrews C.C., Winston
Michael Friedman, Brunswick C.C., Brunswick
George Fry, Still Waters Resort, Dadeville
Russell W. Fuller, Horseshoe Bend, Roswell
Roy B. Gabrels, Country Greens G.C., Jonesboro
Glenn Gardell, Magnolia Springs C.C., Millen
Albert S. Gaubas, Brunswick C.C., Brunswick
Mike Ciaramello, Riverside C.C., Macon
Art Gelow, St. Simons Island Club, St. Simons Island
James A. George, Lake Spivey G.C., Jonesboro
Rick George, Hidden Hills C.C., Stone Mountain
Bill Gerguson, Brookfield West G.&C.C., Roswell
Hank Germaine, Hidden Hills C.C., Stone Mountain
Larry Gerson, Stone Mountain Park G.C., Stone Mountain
Robert J. Gibbons, Sea Island G.C., St. Simons Island
Tonya Gill, Foxfire C.C., Pinehurst
Jack Donny Gilley, Sheraton-Savannah Inn & C.C., Savannah
Robert Goodrich, Willow Springs C.C., Roswell
G. Dan Gordy, Flat Creek Club, Peachtree City
June Gow, Marshwood At The Landings, Savannah
Tom Gow, Marshwood At The Landings, Savannah
Bobby G. Graham, Pinetree, Robins A.F.B.
Marilyn L. Graham, Willow Springs C.C., Roswell
Bob Grant, West Lake C.C., Augusta
Charlotte F. Grant, Sea Island G.C., St. Simons Island
Joseph W. Greenland, Berkeley Hills G.C., Norcross
John R. Gregory, Mahogany Run, St. Thomas
Gus Guzman, U.S. Marine Base, Albany
Scott Hales, Tournament Players Club, Ponte Vedra
Kermit R. Hall, Seonti G.C., Big Canoe
Walter D. Hall, Fort McPherson G.C., Ft. McPherson
Robert E. Hallum, Horseshoe Bend C.C., Roswell
Paul C. Hamilton, Calloway Greens C.C., Marietta
R. O. Hamilton, Green Meadows C.C., Augusta
Thomas G. Hamilton, South Shore G.C., Syracuse
Joe A. Hampel, Berkley Hills G.C., Norcross
Shailer Handyside, Marshwood at the Landings, Savannah
Arthur H. Hansen, Pinetree C.C., Kennesaw
Richard Haralson, Bowden G.C., Macon
Isaac harden, Bowden Municipal G.C., Macon
Silas H. Hardin, Jr., Dodge County G.C., Eastman
Jimmy Harper, Still Waters Resort, Dadeville
George J. Hargreaves, Berkeley Hills C.C., Narcross
George Haroy, Jr., Riverside C.C., Macon
Richard Harrington, Bowden G.C., Macon
Oliver Harris, Fort McPherson G.C., Fort McPherson
Phil E. Harris, Honey Creek C.C., Conyers
"Sonny" Harris, Whispering Pines G.C., Hardeeville
J.S. Hatfield, Chattahoo Chee G.C., Gainesville
Mickey Havenstrite, Honey Creek C.C., Conyers
Don Hawkins, Summit Chase, Snellville
James G. Hawkins, Bent Tree, Jasper
Harry T. Hay, Canongate G.C., Palmetto
Aubrey L. Hayes, Circlestone C.C., Adel
Robbie Hays, Willow Springs, Roswell
Robert F. Heald, Riviera C.C., Lesage
Paul R. Heminger,, Fountain Head Municipal, Plymouth
N.T. Henley, Sconti G.C., Big Canoe
Kemp L. Henry, Pine Isle, Buford
W.C. Henry, Browns Mill G.C., Atlanta

436

1983 HOLES-IN-ONE

Douglas Henson, Athens C.C., Athens
Clyde Herbert, Hickory Hills, Jackson
C.M. Herndon, Hejaz Shrine C.C., Mauldin
Norman Hess, Fairfield Plantation, Villa Rica
John Hester, Okefenokee G.C., Blackshear
Jim Hickman, St. Simons Island Club, St. Simons Island
Mrs. Wm. J. Hirsch, Atlanta Athletic Club, Duluth
Elizabeth Hodge, Goshen Plantation C.C., Augusta
W.M. Hodges, Robins A.F.B. G.C., Robins A.F.B.
Tony Hoenick, Vidalia C.C., Vidalia
Susan Hogg, Atlanta Athletic Club, Duluth
Bobby Holland, Pineknoll C.C., Sylvester
David Holland, Green Valley G.C., McDonough
Wm. F. Holle, Jr., Highland C.C., La Grange
Harvey R. Holloman, Honey Creek, Conyers
Jimmy Holloway, Bowden G.C., Macon
R.F. Holman, Atlanta Athletic Club, Duluth
E. Max Holmes, Beaver Lake C.C., Gay
Trey Holroyd, West Lake C.C., Augusta
William F. Horne, Mystery Valley, Lithonia
Charles L. Hopkins IV, Robins A.F.B. G.C., Warner Robins
Charles G. Hopkins, Bowden G.C., Macon
W.E. Hopper, Atlanta Athletic Club, Duluth
C.K. Howard, Athletic Club Drive, Duluth
Lou E. Howard, River North C.C., Macon
W.H. Howard, Sr., Gordon Morris G.C., College Park
William H. Howlard, Gordon Morris Memorial G.C., College Park
David S. Hubbard, Druid Hills G.C., Atlanta
Don Hubble, Berkley Hills G.C., Norcross
Leon R. Hudson, Canongate G.C., Palmetto
Gary Huey, Atlanta Athletic Club, Duluth
Eddie F. Hughs III, Wildwood G.C., Columbia
Butch Human, Doublegate C.C., Albany
Michael W. Humke, Cantebury, Marietta
Mel Hurlbut, Rivermont C.C., Alpharetta
Martha Hvey, Bainbridge C.C., Bainbridge
Peter Hydrick, Horseshoe Bend C.C., Roswell
Dale Ipock, Green Hills C.C., Athens
Walter H. Jackson, Bull Creek, Columbus
Alfred E. James, Bull Creek G.C., Midland
Jay James, River North C.C., Macon
Don Jensen, Plantation at the Landings G.C., Savannah
David Joesburg, Belle Meade C.C., Thomson
Frank L. Johnson, Sea Island G.C., St. Simons Island
James B. Johnson, Chattanoochee G.C., Gainsville
Joe Johnson, Francis Lake G.&C.C., Lake Park
Paul Johnston, Monroe G.&C.C., Monroe
Charles L. Jones, Honey Creek, Conyers
Frank S. Jones, Honey Creek C.C., Conyers
Gregg Jones, Doublegate C.C., Albany
John J. Jones, Fazio-Palmetto Dunes G.C., Hilton Head
Richard L. Jones, Pine Lakes, Jekyll Island
Sid Jones, Blakely Town & C.C., Blakely
Terrell L. Jones, Ft. Steward G.C., Ft. Stewart
Jim Kay, Pine Lakes, Jekyll Island
N.D. Kearns, Gordon Lakes G.C., Ft. Gordon
Harl Keene, Bowden G.C., Macon
Paul E. Kelhofer, Berkeley Hills G.C., Norcross
Verner Kelly, Marshwood at the Landings, Savannah
E.W. "Bill" Kent, River North C.C., Macon
S. Kershenbaum, Sea Palms, St. Simons Island

Mark D. Ketchum, Doublegate C.C., Albany
Leroy Key, Cairo C.C., Cairo
Ken Kinnett, Crooked Creek G.C., Flat Rock
Harold Kipp, Marshwood at the Landings, Savannah
Harriet L. Kneen, Marietta C.C., Marietta
Robert W. Kuehl, Newnan C.C., Newnan
John F. Kuhar, Indian Hills C.C., Marietta
Jim Lain, Pine Isle, Buford
Eddie Frank Lamar, Bowden G.C., Macon
Frank P. Lamb, Bowden G.C., Macon
D.B. Larkins, Honey Creek C.C., Conyers
Donald Lawson, Azusa Greens C.C., Azusa
Joanne Lecraw, Eldorado C.C., Indian Wells
William "Bill" Lectka, Whispering Pines G.C., Colbert
Bill Lee, Lakeview G.C., Blackshear
Girault Lee, Mary Calder G.C., Savannah
W.E. Lee, Honeycreek G.&C.C., Conyers
Leo W. Leonard, Pine Lakes, Jekyll Island
Dave Levenick, Hawthorne Hills, Saukville
Roy Lichlyter, Jr., Calhoun Elks G.C., Calhoun
Jack Liebowitz, West Lake C.C., Augusta
James A. Lindsey, Riverside C.C., West Point
Betsey Lineberger, Dunwoody C.C., Dunwoody
Bruce A. Litchfield, Robins A.F.B. G.C., Warner Robins
Lamar Little, Fairington Golf & Tennis Club, Decatur
Ralph B. Lloyd, Callaway Greens C.C., Marietta
A.B. Long, Capital City C.C., Atlanta
Claud G. Loper, Metro G.C., Albany
J.M. Lovett, Lake Marion, Santee
Butch Lowery, Stone Mountain Park G.C., Stone Mountain
William Lowery, Dodge County C.C., Eastman
Dave Lucey, Forsyth G.C., Forsyth
Ouida Luckie, Sheraton Savannah Resort & C.C., Savannah
Robert M. Luther, Pinetree C.C., Kennesaw
Frank J. Maceyko, Whispering Pines G.C., Hardeeville
Leigh B. Mackay, Pinetree C.C., Kennesaw
John Magnus, Parris Island G.C., Parris Island
John J. Maher, Flat Creek Club, Peachtree City
J. Malcolm Manley, Callaway Gardens, Pine Mountain
Laura W. Manning, Marietta C.C., Marietta
Tom Marble, Goshen Plantation C.C., Augusta
Steve Marchman, Bowden G.C., Macon
Lou Marcotte, Follow Me G.C., Ft. Benning
Charles M. Magbee, Seal Palms C.C., St. Simmons
Brian Markowitz, Marshwood at the Landings, Savannah
L.R. Marlowe, Callaway Greens C.C., Marietta
Steve Marshall, Calhoun Elks C.C., Calhoun
Doug Martin, Cherokee Town & C.C., Atlanta
Margaret Martin, Athens C.C., Athens
Manuel C. Martinez, Sierra Pines G.C., Twain Harte
Arthur E. Marvin, Flat Creek Club, Peachtree City
Fred Marx, Jekyll Island G.C., Jekyll Island
Joseph R. Maslove, Jr., Indian Hills C.C., Marietta
Floyd C. Mason, Gordon Morris Memorial, College Park
Wayne Matthews, Wallace Adams G.C., McRae
James S. Maxey, Dublin C.C., Dublin
Glenn A. McCarty, American Legion, Albany
Ed McCarvey, Atlanta Athletic Club, Duluth
Emmitt G. McClellan, Persimmon Hill G.C., Saluda
Paul McCorkle, American Legion G.C., Albany
Richard L. McCracken, Flat Creek Club, Peachtree City

437

1983 HOLES-IN-ONE

Sylvia McCurry, Belle Meade C.C., Thomson
M.W. McDougald, Bacon Park G.C., Savannah
Walter M. McGriff, Lakeside C.C., Atlanta
Trammell McIntyre, Atlanta C.C., Marietta
Jessie McKeating, Cathedral Canyon C.C., Palm Springs
Bernie McKenney, Honey Creek C.C., Conyers
David O. McKinley, Sky Valley Resort, Dillard
R.G. McKinna, Brunswick C.C., Brunswick
Andrew Jospeh "Joe" McLaughlin, Bacon Park G.C., Savannah
John McNeill, Jr., Belle Meade C.C., Thomson
William M. McRae, Lake Point Resort, Eufaula
John J. McSorley, Monterey Peninsula C.C., Pebble Beach
S.T. McTeer, The Savannah G.C., Savannah
Betsy R. Mehan, Castlewood C.C., Pleasanton
Carey B. Merrell, Bowden G.C., Macon
Butler Metzger, Jr., Ft. McPherson G.C., Atlanta
Floy Miciotto, Goshen Plantation C.C., Augusta
Sidy Middlebrooks, Dublin C.C., Dublin
J.L. Miles, Robins A.F.B. G.C., Robins A.F.B.
Rick Miller, Callier Springs C.C., Rome
Buddy Mills, Lake Arrowhead C.C., Waleska
Steven Miner, Pineknoll, Sylvester
Patrick G. Minor, Brookfield West G.&C.C., Roswell
John Mion, Atlanta Athletic Club, Duluth
Ed Mockridge, Northwood C.C., Lawrenceville
Bob Moffitt, Pinehurst C.C., Pinehurst
Gene Moody, Pine Forest C.C., Jesup
Robert J. Morano, Pine Isle G.C., Buford
James W. Morgan, Cherokee Town & C.C., Dunwoody
Sioney Sue Moser, Sky Valley Resort, Dillard
Robert A. Moss, Pinetree C.C., Kennesaw
Bennie Mullis, Wally Adams G.C., McRae
Beau Murphey, Sea Palms, St. Simons Island
Fred E. Murphy, Jr., Glen Arven C.C., Thomasville
Mike Murphy, Ribermont G.&C.C., Alpharetta
Robert L. Myatt, Jr., Atlanta Athletic Club, Duluth
Ralph I. Newcomer, Fairfield Plantation, Villa Rica
George A. Nichols, Magnolia Marshwood C.C., Savannah
Hudson Nix, Brookfield West G.&C.C., Roswell
Donnie Norsworthy, Hickory Hill G.C., Jackson
John B. Nunn, Highland G.C., Conyers
Sue Oakland, Atlanta Athletic Club, Duluth
Terrence O'Connor, Rose Hills G.C., Bluffton
Walter C. Oellerich, Goshen Plantation C.C., Augusta
Jack O'Hern, Atlanta C.C., Marietta
Joseph K. Oliner, Riverside G.&C.C., Macon
Henry N. Omura, Hawaii Kai G.C., Honolulu
Ray Ort, Lake of the Pines C.C., Auburn
Hal Osenga, Willow Springs C.C., Rosewell
Hal Padgett, Summit Chase G.&C.C., Snellville
Joseph Palladi, Signal Hill, Panama City
Robert Paller, The Standard Club, Atlanta
Milton S. Park III, Rivermond G.&C.C., Alpharetta
Homer C. Parker, Highland C.C., La Grange
H. Virgil Parker, Okefenokee G.C., Blackshear
Richard H. Parks, River North C.C., Macon
Larry J. Parrish, Plantation, Savannah
David F. Patterson, Atlanta Athletic Club, Duluth
Doris Patterson, Athens C.C., Athens
James P. Patterson, Ft. McPherson Military G.C., Ft. McPherson

Herbert P. Peters, Pinetree C.C., Kennesaw
James W. Pettyjohn, Jr., Bainbridge C.C., Bainbridge
Dick Pipitone, Athens C.C., Athens
Albert Pirkle, Fieldstone C.C., Conyers
Paul Planicka, Berkeley Hills G.C., Norcross
Bradley T. Porter, Amelia Plantation, Amelia
Russell T. Porter, Fairfield Plantation C.C., Villa Rica
Harry D. Posey, Pine Knoll C.C., Sylvester
Norman V. Poulter, Flint Acres G.C., Jonesboro
J. Milton Powell, Sr., Bull Creek G.C., Midland
Ken Powley, Capital City Club, Atlanta
James H. Poynter, Jr., Springbook C.C., Lawrencevile
Barry Price, Pine Isle G.C., Buford
Richard C. Prochnow, Northwood C.C., Lawrenceville
Greg Rabideaux, Snapfinger G.C., Decatur
Estelle Rambo, Randolph C.C., Cuthbert
Glenn T. Ramey, Sr., Bowden G.C., Macon
Irene Ramirez, Sunset C.C., Moultrie
B. Postell Read, Green Meadows C.C., Augusta
Hollis Reasons, Gordon Lakes, Ft. Gordon
Marie G. Reddick, Pine Needles G.C., Fort Valley
Etabel Reese, Atlanta C.C., Marietta
George Rehkopf, Follow Me G.C., Ft. Benning
Joyce L. Reiff, Marshwood at the Landings, Savannah
Bruce Remler, Plantation C.C., Savannah
Jack E. Reynolds, Bobby Jones, Atlanta
Joe Rheney, Twin City C.C., Sandersville
Bob Rice, Athens C.C., Athens
Jett Rich, Fairfield Plantation, Villa Rica
Curtis R. Richardson, Stone Mountain Park G.C., Stone Mountain
Jack Ridgway, Marshwood at the Landings, Savannah
Tom Ridgway, Rose Hill G.C., Bluffton
Neil W. Riley, Druid Hills G.C., Atlanta
Doug Robbins, Bacon Park, Savannah
Anne Roberts, Sea Island G.C., Sea Island
Barney B. Roberts, Pine Isle G.C., Buford
Bill Roberts, Bullcreek G.C., Midland
Marty Roberts, Ocilla C.C., Ocilla
Kirk B. Rocker, Magnolia C.C., Millen
Maury G. Ross, Northwood C.C., Lawrenceville
Doyle Rucker, Atlanta Athletic Club, Duluth
Jeff Rumph, Twin City C.C., Sandersville
Rusty Rustin, Green Island C.C., Columbus
J. Don Ryder, Plantation at the Landings, Savannah
Fred Sagemiller, Marietta C.C., Marietta
Bill Sanders, Cherokee C.C., Atlanta
Larry J. Sanders, Dodge County G.C., Eastman
Randall Sanders, Dodge Country Golf Club, Eastman
Marjorie O. Sandstrum, Spring Brook C.C., Lawrenceville
Ed Sasser, Evans Heights G.C., Claxton
John Saunders, West Lake C.C., Augusta
Danny Savage, Green Hills C.C., Athens
W.Z. Sawyer, Berkeley Hills G.C., Norcross
Jim Schramm, American Legion, Albany
William D. Schreyer, Flat Creek G.C., Peachtree City
Chip Schug, Cannongate G.C., Pametto
William Schulte, Hidden Hills C.C., Stone Mountain
Norman E. Schulze, Indian Hills C.C., Marietta
Carl W. Schwob, Horseshoe Bend C.C., Roswell
Jim Scott, Cherokee C.C.; Atlanta
Jon D. Scott, Hartwell G.C., Hartwell
Thomas L. Scott, Callaway Greens C.C., Marietta

1983 HOLES-IN-ONE

Don Segars, Springbrook C.C., Lawrenceville
John W. Shafer, Athens C.C., Athens
Joe C. Sharp, Dawson C.C., Dawson
Jimmie L. Shaw, Lavida C.C., Savannah
William E. Shea, Pine Isle, Buford
Larry A. Sheets, Fairfield Plantation, Villa Rica
Donald Smellhaas, Horseshoe Bend C.C., Roswell
James H. Sherard, Jr., Cherokee C.C., Dunwoody
Dayton Sherrouse, West Lake C.C., Augusta
Don Showalfer, Stone Mountain Park G.C., Stone Mountain
Ralph Sifre, Wash-Wilkes C.C., Washington
Armenta V. Simmons, Randolph G.C., Cuthbert
John E. Simpson, Savannah G.C., Savannah
Gert Skoglind, Sheraton Savannah Resort & C.C., Savannah
Dean Smalley, Pinehurst C.C., Pinehurst
Alex W. Smith, Peachtree G.C., Atlanta
Bobby C. Smith, Canongate G.C., Palmetto
C. R. "Slick" Smith, Lake Spivey G.C., Jonesboro
George F. Smith, Atlanta Athletic Club, Duluth
Jackie Smith, Fairington G.&T.C., Decatur
Jim L. Smith, Green Meadows C.C., Augusta
J. L. Smith, Honey Creek C.C., Conyers
Marty Smith, Bacon Park, Savannah
Patrick G. Smith, Jr., Augusta C.C., Augusta
Sam V. Smith, River North G.C., Macon
Thomas L. Smith, Lake Region Yacht & C.C., Winter Haven
C. Snavely, Springbrook C.C., Lawrenceville
Rick Sorrell, Forest Hills G.C., Augusta
Edward R. Southerland, Snapfinger Woods G.C., Decatur
Grace Spahn, Houston Lake C.C., Perry
Guy Spann, Circlestone C.C., Adel
Eina S. Speeg, Riverside G.&C.C., Macon
Richard O. Speir, Berkeley Hills G.C., Norcross
Joe B. Spivey, Oak Haven G.&C.C., Macon
Frank J. Spychala, Robins A.F.B. G.C., Warner Robins
Mark S. Stallings, Mystery Valley C.C., Lithonia
Gene A. Stanfield, Ocean Winds Seabrook Island, Charleston
Joel Starnes, Mystery Valley G.C., Lithonia
Henry Starr, Marshwood at the Landings, Savannah
Joseph W. Stasaitis, Mill Valley Municipal G.C., Mill Valley
Eddie Statom, Sunset C.C., Moultrie
James L. Steenberg, Druid Hills G.C., Atlanta
Duke Stephens, Hyland Hills G.C., Southern Pines
Ed Stoltz, Columbus C.C., Columbus
Burba Stone, Bainbridge C.C., Bainbridge
William J. Stewart, Northwood G.C., Lawrenceville
Helen J. Streiff, Cairo C.C., Cairo
Homer L. Strickland, Savannag G.C., Savannah
Bengt Stromquist, Cherokee C.C., Dunwoody
Raymond H. Suh, Rivermont C.C., Alpharetta
Bob Sullins, Royal Oaks G.C., Cartersville
John J. Sullivan, The Savannah G.C., Savannah
Bill Summers, Marietta C.C., Marietta
Billy B. Sumrell, Calloway Gardens, Pine Mountain
Patrick Sutherland, Hunter G.C., Savannah
Randy Sutherland, Calhoun Elks Club, Calhoun
Hubert Suttles, Indian Hills C.C., Marietta
Bucky Tarpley, Dublin C.C., Dublin
W. P. Tatum, Jr., Stone Mountain Park G.C., Stone Mountain
Ricky L. Terrening, Ft. Stewart G.C., Ft. Stewart
Joseph Teston, Savannah G.C., Savannah
Bucky Thomas, Radim C.C., Albany
James N. Thompson, Oak Haven G.C., Macon
"Trigger" Thompson, Toccoa C.C., Toccoa
Maxie T. Thurmond, Doublegate C.C., Albany
Joe Tillman, Forest Heights C.C., Statesboro
Tom Toombs, Brookfield West G.&C.C., Roswell
Elizabeth Towles, Sandestin C.C., Destin
Charles W. Townsend, Island Green G.C., Myrtle Beach
Don Trahan, Summit Chase C.C., Snellville
Laban W. Trapp, Jr., Carolina C.C., Raleigh
Benjamin P. Tucker, Center G.C., Augusta
Phil Turner, Gordon Lakes G.C., Ft. Gordon
Ed Tuttle, Perry C.C., Perry
Alice W. Twiggs, Belle Meade C.C., Thomson
Tony Ullmann, Oak Haven G.C., Macon
John Urech, Jr., Jennings G.C., Jennings
William L. Vaughn, Hickory Hill G.C., Jackson
Lawrence J. Vicario, Gordon Morris Memorial G.C., College Park
Roy L. Vincent, Pine Oaks G.C., Robins A.F.B.
Thomas O. Vinson, Mystery Valley G.C., Lithonia
John Walker, Perry C.C., Perry
Tom Walker, Monroe G.&C.C., Monroe
W. J. "Buddy" Walker, Jr., Chatuge Shores G.C., Hayesville
Frank E. Wall, Atlanta C.C., Marietta
Albert B. Wallace, Lake Spirey G.C., Jonesboro
Rob Waller, Calloway Greens, Marietta
Ed Walraven, Pinetree C.C., Kennesaw
Bruce Ward, Forest Hills G.C., Augusta
Hubert Warmack, Francis Lake G.&C.C., Lake Park
Eddie Warren, Twin City C.C., Tennille
Jerry Warren, Jekyll Island G.C., Jekyll Island
Les Washington, Sea Pines, Hilton Head
Elaine Watkins, Atlanta C.C., Marietta
Scott Wayne, Chattahoochee G.C., Gainesville
Dana Weeks, Indian Hills C.C., Marietta
Lewis Welch, Goshen Plantation C.C., Augusta
Chester C. Wesley, Industrial Park G.C., Bainbridge
Bill Westbrook, Randolph C.C., Cuthbert
Ernest S. Whaley, Springbrook C.C., Lawrenceville
James W. Whitaker, Monsanto G.C., Pensacola
Bea Whiten, Druid Hills G.C., Atlanta
Rick Wigbels, Riverside G.&C.C., Macon
Roger L. Wilkinson, Washington-Wilkes C.C., Washington
Danny Williams, Augusta C.C., Augusta
Diana Williams, Beaver Lake G.&C.C., Gay
Herbert C. Williams, The Club at Morningside, Rancho Mirage
James Williams, Bowden G.C., Macon
James F. Williams, Bacon Park G.C., Savannah
Kenneth L. Williams, Mole G.C., Albany
Jerry Willis, Greenmeadows C.C., Augusta
John Willis, Atlanta Athletic Club, Duluth
John T. Wilson, Canongate G.C., Palmetto
Johnny Wilson, Big Sandy G.&C.C., Trenton
T. H. Wilson, Battlefield G.C., Ft. Oglethorpe
Hyman S. Winner, Bacon Park G.C., Savannah
Bill Wood, Goshen Plantation C.C., Augusta

439

1983 HOLES-IN-ONE

Nelson Wood, River North C.C., Macon
Herlone Wright, Gordon Morris Memorial G.C., College Park
Stewart Wright, Pine Isle, Buford
Tom Wright, West Lake C.C., Augusta
Samuel J. Yawn, Pampano Beach G.C., Pompano Beach
E. E. Young, Fairington G.&T.C., Decatur
Samuel J. Zusmann, Jr., San Destin G.C., Destin
Jeffrey C. Zwemke, Follow Me G.C., Ft. Benning

HAWAII

Clark Abbott, Waiehu G.C., Waiehu
Manuel Abundo, Jr., Honolulu International C.C., Honolulu
Ralph S. Acki, Ft. Shafter G.C., Honolulu
Faigalilo Aiu, Mililani G.C., Mililani
Andy Andreason, Navy Marine G.C., Honolulu
Masaki Arakaki, Makaha Resort, Makaha
Takemitsu Arakaki, Makalena G.C., Walpahu
Clarence Ariola, Jr., Princeville, Hanlei
Jonathan Austin, Kauai Surf G.&T.C., Lihue
Emil Bader, Hawaii Kai G.C., Honolulu
Daniel Baduria, Kalakava G.C., Wahiawa
Don Blaske, Wailua G.C., Lihue
Alan R. Bradshaw, Kaneohe Klipper G.C., Kaneohe Bay
Sam Bren, Olomana Golf Links, Waimanalo
Richard W. Brown, Kahuku Hawaii, Kahuku
Glenn T. Buford, Barbers Point G.C., Barbers Point
Sandy Bunda, Navy Marine G.C., Honolulu
Preston Burns, Maui C.C., Paia
Robert C. Byrd, Kalakaua G.C., Wahiawa
Sammy Cabigon, Mililani G.C., Mililani Town
Ted Candia, Makaha Valley C.C., Waianae
Wendi B. Carpenter, Navy Marine G.C., Pearl Harbor
John L. Cayton, Waiehu G.C., Waiehu
Donald Chambers, Leilehua C.C., Honolulu
Wah Chiu Chang, Ala Wai G.C., Honolulu
Lorraine M. Chikasuye, Waialae G.C., Honolulu
David Ching, Navy & Marine G.C., Honolulu
Thomas Ching, Waialae C.C., Honolulu
David Cho, Ft. Shafter G.C., Honolulu
Winter Cho, Ft. Shafter G.C., Honolulu
Joe Chong, Pali G.C., Honolulu
Kim F. Chong, Kaneohe Klipper Marine G.C., Honolulu
Gloria S. L. Chun, Mililani G.C., Mililani
Sam Chun, Kahuku G.C., Kahuku
Walter Chung, Kalakaua G.C., Wahiawa
Emery B. D. Chur, Kalakaua G.C., Wahiawa
Dorothy Coberly, Hyatt Kuilima Resort, Kahuku
James R. Cochran, Mamala Bay, Honolulu
Victor Coelho, Maui C.C., Pala
Michael W. Cohen, Keauhou C.C., Kailua-Kona
John L. Coleman, Leilehua G.C., Schofield Barracks
Jeffry D. Colliton, Leilehua G.C., Schofield Barracks
Al Coney, Waialae C.C., Honolulu
Jim Cook, Leilehua G.C., Schofield Barracks
Jon W. Corrice, Kuilima Hyatt Resort, Kahuku
Manuel J. Cruz, Princeville Makai G.C., Hanalei
Jerome B. Culbertson, Leilehua G.C., Schofield Barracks
Robert Donahue, Hickam A.F.B. G.C., Honolulu
Gussie Edmunds, Waiehu G.C., Wailuku
Greg Elliott, Kahuku G.C., Kahuku

Don Elvena, Ted Makalena G.C., Waipahu
Harold B. Estes, Navy-Marine G.C., Pearl Harbor
Gaito Eugene, Barbers Point G.C., Barbers Point
William J. Farrell, Leilehua G.C., Wahiawa
Leon "Buck" Farris, Keauhou-Kona G.C., Kailua-Kona
James F. Foster, Hawaii C.C., Waitiawa
Robert G. Freitas, Sr., Pali G.C., Kaneoke
Yoshito Fujii, Waiehu G.C., Wailuku
Roy K. Fujimoto, Mililani G.C., Mililani Town
James M. Fukuda, Barbers Point, Barbers Point
John R. Fulmer, Navy-Marine G.C., Honolulu
Geoffrey H. K. Furukawa, Honolulu International C.C., Honolulu
Eugene Gaito, Barbers Point G.C., Barbers Point
Billy R. Galindo, Wailua G.C., Kauai
Steve Gerona, Jr., Hawaii C.C., Wahiana
Douglas S. Gibb, Waikoloa Village G.C., Kamuela
Blair E. Gibson, Navy Marine G.C., Honolulu
Scott Girdwood, Kalakaua C.C., Schofield Barracks
Seiko Grote, Pali G.C., Kaneohe
Quentin (Tony) Hackney, Pali G.C., Kaneohe
Darrel W. Hahn, Leilehua G.C., Schofield Barracks
Mick Hanson, Navy-Marine G.C., Pearl Harbor
Francis Hatanaka, Barber's Point G.C., Barber's Point
Leonard Heu, Olomana Golf Links, Waimanalo
Michael H. Higa, Honolulu International C.C., Honolulu
Mark I. Higashi, Pukalani C.C., Pukalani
Benjamin K. F. Ho, Ft. Shafter G.C., Ft. Shafter
Akira Honda, Hyatt Kuilima Resort, Kahuku
Jun Gi Hong, Barber's Point G.C., Barbers Point
Haruo Honma, Ted Makalena G.C., Waipahu
Dorothy I. Hoshino, Makaha Valley C.C., Walanae
Jim Hughes, Keauhou Kona G.C., Kailua Kona
Dennis Ichikawa, Maui C.C., Paia
Mitchell Ikeda, Wailua Municipal G.C., Lihue
Allan Inouye, Mid-Pacific C.C., Kailua
Richard Isa, Waiehu G.C., Waiehu
Kats Ishihiro, Mililani G.C., Mililani Town
Harold Y. Ishii, Honolulu International C.C., Honolulu
Harry Isobe, Makaha Valley C.C., Waianae
Melvin Izumi, Honolulu International C.C., Honolulu
George P. Jacang, Kalakaua G.C., Wahiawa
Brian A. Jett, Hyatt Kuilima Resort G.C., Kahuku
Robert C. Johnson, Waikoloa Village, Wailoloa
Guy Joyo, Maui C.C., Pali
George Kadokawa, Maui C.C., Pali
Roven Kahalehili, Barbers Point G.C., Barbers Point
Mike Kaneshina, Pukalami C.C., Puklani
Stephen K. Kapawui, Keauhoe Kona G.C., Kaihua Kona
H. Kato, Waialee C.C., Honolulu
Jared Kato, Oahu C.C., Honolulu
Reginald Kato, Ft. Shafter G.C., Honolulu
Kerry Kaubara, Barbers Point G.C., Barbers Point
Henry T. Kauhane, Barbers Point G.C., Honolulu
Dennis Kawachi, Maui C.C., Pala Maui
George Kawahara, Mililani G.C., Mililani
Donald S. Kawamoto, Ala-Wai G.C., Honolulu
Robert I. Kikuta, Pali G.C., Kaneohe
Lucy Kim, Leilihua G.C., Schofield Barracks
Henry Ko, Pali G.C., Kaneohe
Clifford Kochi, Makaha Valley C.C., Waianoe
Douglas Kodama, Waiehu G.C., Waiehu
Mrs. Tomoe Komata, Honolulu International C.C.,

1983 HOLES-IN-ONE

Honolulu
James Koo, Mililani G.C., Mililani Town
Vincent Kotsubo, Kahuku G.C., Kahuku
Robert L. Koziar, Kauaisurf G.C., Lihue
Teruo (Peanuts) Kinihiro, Hilo Municipal G.C., Hilo
Harry Kuwaye, Pali G.C., Kaneohe
Qu Man Kwong, Mid Pacific G.C., Honolulu
Dan Lagon, Ted Makalena G.C., Waipahu
Allan Ledford, Vaialaie C.C., Honolulu
Lloyd "Bud" Lee, Navy-Marine G.C., Honolulu
W. K. Lee, Pali G.C., Honolulu
Ricardo Leong, Waialae C.C., Honolulu
Robert H. Y. Leong, Waialae C.C., Honolulu
David P. Lewis, Ft. Shafter G.C., Ft. Shafter
Russell Lewis, Mililani G.C., Mililani Tower
Mildred O. Lim, Princeville G.C., Kauai
Janice Ling, Wailea G.C., Wailea
Chester Lum, Maui C.C., Pali
Lawrence Lum, Barbers Point G.C., Barbers Point
Herbert Maetani, Ted Makalena G.C., Waipahu
Liz Maley, Waikolea Village G.C., Kamuela
Loretta S. Malone, Waikoloa Beach G.C., Waikoloa
Henry Manayan, Honolulu International C.C., Honolulu
Jessie M. Martin, Ted Makalena G.C., Waipahu
Paul K. Maruo, Pali G.C., Honolulu
Edwin Masuda, Wailua G.C., Lihue
Torao Matsunobu, Makaha Valley C.C., Waianae
Errol Matsuo, Pali G.C., Kaneohe
Mona McCullough, Seamountain, Pahala
Tom McKeown, Royal Kaanapali G.C., Maui
Bruce McRae, Navy-Marine G.C., Pearl Harbor
Joseph S. Medeiros, Maui C.C., Paia
Paul Miho, Ted Makalena G.C., Waipahu
Donald V. Milazzo, Mamala Bay, Honolulu
Robert E. Mitchell, Kupalua's Village Course, Lahana
Jay J. Miura, Ted Makalena G.C., Waipahu
Kelvin Miyahira, Ted Makalena G.C., Waipahu
Kenneth K. Morimoto, Kalakaua G.C., Schofield Barracks
Mac Morinaka, Wailua G.C., Lihue
Wayne Morishigo, Sheraton Makaha Resort, Waianae
Charles J. Moses, Pebble Creek C.C., Taylors
Walter Murakami, Ted Makalena G.C., Waipahu
Kohei Murayama, Makaha Valley C.C., Waianae
Dexter Nagaji, Mililani G.C., Mililani Town
Raymond Nakagaki, Kalakaua G.C., Schofield Barracks
Kuma Nakahara, Hilo Municipal G.C., Hilo
Hegu Nakamoto, Hawaii C.C., Wahiawa
George Nakamura, Ted Makalena G.C., Waipahu
Mike T. Nakamura, Leilehua G.C., Schofield Barracks
Wayne Y. Nakamura, Pali G.C., Kaneohe
Henry S. Nakata, Hawaii C.C., Wahiawa
Clarence S. Nakatsukas, Mililani G.C., Mililani Town
Herbert K. Napoleon, Olomana Golf Links, Waimanalo
Davine Olivares Nelson, Kaneohe Klipper, Kaneohe
Lloyd Nishimoto, Ala Wai G.C., Honolulu
Stan Nishimoto, Barbers Point G.C., Barbers Point
Susumu Nitadori, Royal Kaanapali G.C., Lahanina
Maurice Nitta, Makah Resort, Honolulu
Henry Y. Obayashi, Ala Wai G.C., Honolulu
Vern Oshima, Ala Wai G.C., Honolulu
Elaine Y. Ota, Kaneohe Klipper G.C., Kaneohe Bay
Shoji Otsubo, Olomana Golf Links, Waimanalo
Pearl Owen, Wailea G.C., Hihei Maui

Y. Ozaki, Navy-Marine G.C., Honolulu
Won Ok Pak, Barbers Point G.C., Barbers Point
Philip Park, Leilehua G.C., Schofield Barracks
Joe Parz, Jr., Waikoloa Village G.C., Waikoloa
Willie Perreira, Makalena G.C., Waipahu
Paul Petro, Maui G.C., Paia
John J. Pietsch, Princeville G.C., Hanalei
Elden L. Ploof, Mililani Town G.C., Mililani Town
Aaron Poentis, Lellehua G.C., Nahiana
Kenneth H. Poentis, Leilehua G.C., Wahiawa
Valentine Real, Jr., Mililani G.C., Mililani Town
August Riccio, USASCH Golf Ass'n, Wahiawa
Harry E. Rorman, Waikoloa G.C., Waikoloa Kamuela
D. Campbell Ross, Oahu C.C., Honolulu
Craig D. Ruiz, Vista Valencia, Valencia
J. P. Russell, Maui C.C., Paia
Joe Sadang, Royal Kaanapali G.C., Lahaina
Kunito Sadaoka, Leilehua G.C., Schofield Barracks
James Sakai, Leilehua G.C., Schofield Barracks
Albert S. Sampaio, Mid Pacific C.C., Kailua
Bob Sargis, Pearlridge C.C., Aiea
Harold Sasaki, Hawaii C.C., Wahiawa
Donald E. Sato, Pearl C.C., Aiea
F. A. Schaefer III, Francis H. Li Brown G.C., Kawaihae
Frank Schmidt, Navy Marine G.C., Pearl Harbor
George Seriguchi, Maui C.C., Paia
Tom T. Shibano, Waiehu G.C., Waiehu
Neal Y. Shigemura, Hawaii Kai G.C., Honolulu
Byron Shimabukuro, Waiehu, Waiehu
Larry Shumabuluro, Kalakawa G.C., Wahiawa
Toyo Shumabukuro, Makaha Valley C.C., Waianae
Donald Silva, Kalua Koi G.C., Mauno Loa
Leroy Simms, Navy Marine G.C., Pearl Harbor
Frank W. Simutis, Kapalua G.C., Kapalua
Walter H. Skierkowski, Kaneohe Klipper G.C., Kaneohe Bay
Butch Smith, Princeville G.C., Hanalei
Rawlin T. Smith, Makaha Valley C.C., Waianae
Bob Souza, Makaha Valley C.C., Waianae
Stewart S. Stabley, Mamala Bay, Honolulu
Donald Stevens, Kapalua Bay G.C., Kapalua
Scot Stobbe, Wailua G.C., Kapaa
Ben Sue, USASCH Golf Ass'n, Wahiawa
Dean T. Sueda, USASCH Golf Ass'n, Schofield Barracks
Paul Sunauara, Honolulu International C.C., Honolulu
Harry Suzuki, Leilehua G.C., Schofield Barracks
Harvey Suzuki, Mililani G.C., Mililani
Alan Taguchi, Hawaii C.C., Wahawa
Stanley T. Takahashi, Ala Wai G.C., Honolulu
Fumiya Takano, Mid Pacific C.C., Lanikai
Masaru Taketa, Waiehu G.C., Waiehu
Ronald Takeuchi, Milo Municipal G.C., Hilo
Randal Takushi, Waiehu G.C., Wailuku
Jay Tamashiro, Makena G.C., Kihei
Yoichi Tamura, Mililani G.C., Mililani Town
Ed Taylor, Princeville Makai G.C., Hanalci
Robert I. Teragawachi, Mid-Pacific C.C., Kailua
James Terai, Mid-Pacific C.C., Lanikai
Lee Terry, Navy Marine G.C., Honolulu
Frank Teruya, (Village Course) Kapalua G.C., Kapalua
Ted Tesman, Hawai Kai G.C., Honolulu
Dorothy Theaker, Royal Kaanapali, Maui
Buck Thom, Ted Makalena G.C., Waipahu

1983 HOLES-IN-ONE

Julia H. Thomas, Royal Kaanapali No. Maui
Allan Ting, Waiehu G.C., Waiehu
Hansel Tom, Ted Makalena G.C., Waipahu
Henry Tomisato, Leilehua G.C., Wahiawa
Taichi Tomita, Waiehu G.C., Wailuku
Miles K. Tome, Wailea G.C., Kihel
Linda Toomalatai, Hawaii C.C., Wahiawa
Marcella Tripp, Hawaii C.C., Wahiawa
Stanley Tsubota, Mililani G.C., Honolulu
Melvin T. Tsuda, Midpacific C.C., Kailua
Ron Tsukamake, The Dalles C.C., The Dalles
George Tsusima, Ala Wai G.C., Honolulu
Gladys Trask, Volcono G.&C.C., Hawaii National Park
James A. Twomey, Waialua Municipal G.C., Wailua
Ronald R. Ushijima, Ft. Shafter G.C., Honolulu
Ted Valdez, Waialae G.C., Honolulu
Romeo Vasquez, Waiehu G.C., Waiehu
Dean K. Vaughn, Navy-Marine G.C., Honolulu
M. Veda, Honolulu International C.C., Honolulu
Al Vida, Kapalua Bay Course, Kapalua
Pat Vierres, Kalua Koi G.C., Maunaloa Molokai
Gordon Von Temsky, Maui C.C., Paia
Paula Watai, Keauhou-Kona G.C., Kailua-Kona
Steve Williams, Hyatt Koilima Resort G.&C.C., Kahuku
Arthur Wilson, Barbers Point G.C., Barbers Point
Jennnie Wittmaack, Volcano G.&C.C.,
  Hawaii National Park
Philip W. Won, Kaneohe Marine & G.C., Kaneohe
Ransom Wong, Maui C.C., Paia
George S. Yamada, Alawai G.C., Honolulu
Glen Yamamoto, Olomana Golf Links, Waimanalo
Keith Yamamoto, Princeville G.C., Haualei
Mrs. Moke Yancey, Hawaii C.C., Wahiawa
Al Yap, Keauhou-Kona G.C., Kailua-Kona
Barbara Yim, Coronado G.C., Coranado
Craig Younamine, Mid-Pacific C.C., Kailua
Stephen M. Yoshihara, Barbers Point
Larry S. Yoshikado, Leilehua G.C., Schofield Barracks
Kosuke Yoshioka, Waiehu G.C., Waiehu
Jeffrcy Young, Kauai Surf, Kauai
Robert J. Yunker, Kalakaua G.C., Schofield Barracks
Lester H. Zimmerman, Hawaii C.C., Wahiawa

IDAHO

Terry M. Alspaugh, Stoneridge G.C., Blanchard
Jim Anderson, Warm Springs G.C., Boise
Vikie Anderst, Riverside G.C., Pocatello
Irwin Applegate, St. Maries G.C., St. Maries
Jim Arima, Rolling Hills G.C., Weiser
Bert L. Armstrong, Pebble Beach Golf Links,
  Pebble Beach
Al Arpin, Pinecrest Municipal G.C., Idaho Falls
Robert O. Baker, Star Valley Ranch C.C., Thayne
Bernadine Baltz, St. Maries G.C., St. Maries
Armond W. Baril, Shadow Valley, Boise
Gary A. Berna, Pinecrest Municipal G.C.,
  Idaho Falls
Hanna Lee Betz, Crane Creek C.C., Boise
Ted Biladeau, Shamanah G.C., Boise
Wayne Birch, Crane Creek C.C., Boise
Bob Birrell, American Falls G.C., American Falls
Vern C. Bloxham, Star Valley C.C., Thayne

Charlie C. Brown, McCall Municipal, McCall
William J. Brown, Moscow Elks, Moscow
Mark Broz, Dogwood Hills G.C., Osage Beach
Claude Cain, Pinecrest G.C., Idaho Falls
Stephen Cenosky, Mountain Home Municipal G.C.,
  Mountain Home
Jaynie Chase, Eagle Hills G.C., Eagle
Charles Clark, Kapalua Village G.C., Kapalua
G. M. Clark, Riverside G.C., Pocatello
Lee Cline, Bryden Canyon G.C., Lewiston
V. V. Cochran, J. D. Evans Warm Springs, Boise
Kathleen Collins, McCall G.C., McCall
Ralph Colton, Lewiston C.C., Lewiston
Michael Conger, Jerome C.C., Jerome
Charles F. Cook, Hillcrest C.C., Boise
Ken Cook, Warm Springs G.C., Boise
Helen Copple, Hillcrest C.C., Boise
Joe Cox, Shadow Valley G.C., Boise
Brett Crompton, American Falls G.C.,
  American Falls
Art Cullen, Pocatello G.&C.C., Pocatello
Jon A. Cutting, Avondale-Hayden G.C.,
  Hayden Lake
Neil S. Dammarell, Chaparral C.C., Palm Desert
Roger M. Davidson, Crane Creek G.C., Boise
Robert Debolt, Plantation C.C., Boise
Adrian G. DeWinter, Hillcrest C.C., Boise
Jeff Douglas, Shadow Valley G.C., Boise
Marvel Doyen, Shadow Valley G.C., Boise
Marvel Doyen, Eagle Hills G.C., Eagle
Marilyn Driscoll, Lewiston C.C., Lewiston
Don Dunn, Fairview G.C., Caldwell
Doris Dunn, Avondale G.&T.C., Hayden Lake
Mike Eckhart McCall G.C., McCall
Ron Fager, Gooding G.C., Gooding
Ed Fehringer, American Falls G.C., American Falls
Elmer Feld, American Falls G.C., American Falls
Jack Felt, Shadow Valley G.C., Boise
Bill Feller, Fairview G.C., Caldwell
Jack Felt, Purple Sage G.C., Caldwell
Dan Fink, Avondale on Hayden, Hayden Lake
Earl Folk, Coeur D' Alene G.C., Coeur D' Alene
James Fujito, Rolling Hills G.C., Weiser
Raymond W. Garland, CDA G.C., Coeur D' Alene
Bette Garlinghouse, Keauhoukona G.C.,
  Kailua-Kona
Larry Gibson, St. Maries, St. Maries
Herbert Godfrey, Salmon Valley G.C., Salmon
Hal Goff, Crane Creek C.C., Boise
Harold R. Goff, San Vicente G.C., Ramona
Joseph Greif, Scotch Pines G.C., Payette
John P. Grossman, Riverside G.C., Pocatello
Sharon Grover, Idaho Falls C.C., Idaho Falls
Thomas D. Gwinn, Pocatello C.C., Pocatello
Roger D. Hancock, Pocatello C.C., Pocatello
Earl H. Hansen, Coeur D'Alene G.C.,
  Coeur D'Alene
Gregg Hansen, Riverside G.C., Pocatello
Virgil D. Hansen, Sand Creek Municipal G.C.,
  Idaho Falls
Max J. Hanson, Camelot G.&C.C., Mesa
Bill Hedley, Purple Sage G.C., Caldswell
Arnold H. Helwege, Crane Creek C.C., Boise

1983 HOLES-IN-ONE

Kelley Hemsley, Riverside G.C., Pocatello
Rita Hiller, Idaho Falls C.C., Idaho Falls
Al Himes, Cherry Lane G.C., Meridan
Dan D. Hinman, Jerome C.C., Jerome
Dale Hobson, McCall G.C., McCall
Ivan L. Hocking, Warm Springs G.C., Boise
Ron Hodge, St. Maries G.C., St. Maries
Juanita Hovde. Apache Wells C.C., Mesa
Ralph G. Huellemann, Avondale G.&T.C., Hayden Lake
Donald G. Hull, Crane Creek C.C., Boise
Sandy Inglis, Shamanah G.C., Boise
Kenneth Isom, Fairview G.C., Caldwell
Glen Jenkins, Blue Lake G.C., Twin Falls
Cass Johnson, Jerome C.C., Jerome
Kelly Kidd, Burley G.C., Burley
Len Kiser, McCall G.C., McCall
David Klamper, Lewiston G.&C.C., Lewiston
Marian Korup, Rolling Hills G.C., Weiser
Steve Kragthorpe, Jerome C.C., Jerome
Evan Kress, American Falls G.C., American Falls
L. Dee Kressly, Purple Sage G.C., Caldwell
Janet Latham, Blue Lakes C.C., Twin Falls
Dan Leon, Shadow Valley G.C., Boise
Rick Lowe, Jerome C.C., Jerome
Walt Lowe, Sr., Warm Springs G.C., Boise
Jimmy B. Lowman, Twin Lakes Village G.C., Rathdrum
H. Foster Lund, Hillcrest C.C., Boise
Jason Maag, Avondale on Hayden, Hayden Lake
Jim Marks, Twin Lakes Village G.C., Rathdrum
Tom Matsubu, Shadow Butte G.C., Ontario
Kit M. McBride, Rexburg Municipal G.C., Rexburg
Nick McConnell, Indian Lake G.C., Boise
Jim McCord, Burley Municipal G.C., Burley
Jean McDowell, Hillcrest C.C., Boise
Dale L. McGraw, Moscow Elks G.C., Moscow
Lee McIllraith, Orofino G.&C.C., Orofino
Myrna L. Medley, McCall G.C., McCall
John Mitchell, Lewiston C.C., Lewiston
Tom Moore, Bryden Canyon G.C., Lewiston
Tim Murphy, Jerome C.C., Jerome
Bob Muzzy, Jr., Avondale on Hayden, Hayden Lake
Ivar Nelson, Avondale G.&T.C., Hayden Lake
Jen Nelson, Rolling Hills G.C., Weiser
John Nelson, Lewiston G.&C.C., Lewiston
Jack Nowatzki, Idaho Falls C.C., Idaho Falls
Roy Pagenkopf, Eagle Hills G.C., Eagle
Al Peace, Sun Valley G.C., Sun Valley
Charles O. Peterson, Warm Springs G.C., Boise
Glenn Pfautsch, Lewiston G.&C.C., Lewiston
Jerry Price, Burley Municipal G.C., Burley
Byron Randall, Elks G.C., Moscow
Russ Randall, Clarkston G.&C.C., Clarkston
Toby Rash, Sun River North Course, Sun River
Larry Robertson, Gooding G.&C.C., Gooding
Carl O. Schembly, Broadmore C.C., Nampa
Sonny Schilling, Orofino G.&C.C., Orofino
Chuch Schmidt, Burley Municipal G.C., Burley
Ed Scott, Pocatello G.&C.C., Pocatello
Eddie Seal, American Falls G.C., American Falls
Grover See, Warm Springs G.C., Boise
Roger Seiber, Crane Creek C.C., Boise

Gregory L. Sellers, Shamanah G.C., Boise
Roy A. Shannon, Broadmore C.C., Nampa
Ron Sheppard, Pinecrest G.C., Idaho Falls
Bill K. Shurtleff, Idaho Falls C.C., Idaho Falls
George A. Siroshton, Avondale G.&T.C., Hayden Lake
Ivan B. Skinner, Jerome C.C., Jerome
Roger Smart, Pinecrest Municipal G.C., Idaho Falls
Bruce Smith, Shadow Valley G.C., Boise
Carl Smith, Sun Valley G.C., Sun Valley
Larry Smith, Coeur D'Alene G.C., Coeur D'Alene
Lynn D. Smith, Stockdale C.C., Bakersfield
Brick Stallings, McCall G.C., McCall
Thomas E. Steffner, Elk Horn At Sun Valley, Sun Valley
Gordon Stephenson, Plantation C.C., Boise
Randy Stockton, Mirror Lake G.C., Bonners Ferry
Patsy Stronmaier, Avondale G.&T.C., Hayden Lake
Carrell Swearinger, Stonebridge G.C., Blanchard
Derlin Taylor, Burley Municipal G.C., Burley
Velda W. Taylor, Idaho Falls C.C., Idaho Falls
Lloyd Thies, Eagle Hills G.C., Eagle
Fred Thompson, Idaho Falls C.C., Idaho Falls
Victor Thompson, Hillcrest C.C., Boise
Fred A. Truex, Avondale G.&T.C., Hayden Lake
Tony Vincent, American Falls G.C., American Falls
John M. Walsh, Shadow Valley G.C., Boise
Neil Walstad, Bryden Canyon G.C., Lewiston
Steve Wheeler, American Falls G.C., American Falls
Cheryl L. Wilfong, Plantation G.C., Boise
Jim Willcut, Coeur D'Alene G.C., Coeur D'Alene
Jim F. Williams, Crane Creek C.C., Boise
Bob Wood, Fairview G.C., Caldwell

ILLINOIS

Fran Abbott, Pekin C.C., Pekin
Emory Adams, Homestead G.C., Mt. Vernon
Ernest F. Adams, Mt. Hawley C.C., Peoria
Hal Adams, Jr., Shoreacres C.C., Lake Bluff
Kord Lamont Adams, Northmoor, Peoria
Ralph K. Adams, Snag Creek G.C. Inc., Washburn
Wayne L. Adams, Inwood G.C., Joliet
Noreen Adler, Ridgemoor C.C., Chicago
William K. Adrian, Tamarack C.C., O'Fallon
Ron Aeschleman, Snag Creek G.C., Washburn
Arthur Alderin, Orchard Hills C.C., Waukegan
Tony Alessi, Parkview G.C., Pekin
Stanley Aley, Chevy Chase G.C., Wheeling
Elizabeth Alfvin, Glenview Park G.C., Glenview
Larry Allred, Utica G.C., Oshkosh
Nick Amaro, White Pines G.C., Bensenville
Bernard Anderhous, Woodruff G.C., Joliet
Albert A. Anderson, Evergreen C.C., Elkhorn
Betty Anderson, Sandy Hollow G.C., Rockford
David F. Anderson, Elgin G.C., Elgin
George W. Anderson, Phillips Park G.C., Aurora
Harold C. Anderson, Plum Lake G.C., Sayner
Ken Anderson, Bob O Link G.C., Highland Park
Kenneth W. Anderson, White Pines G.C., Bensenville
Madelyn S. Anderson, North Shore C.C., Glenview
Ron Anderson, Big Run G.C., Lockport

1983 HOLES-IN-ONE

Ronald Anderson, Freeport C.C., Freeport
Roy Anderson, Lacon C.C., Lacon
Walter Anderson, Village Greens, Woodridge
Harold G. Andrews, Medinah C.C., Medinah
Nicholas J. Andrews, Village Links G.C., Glen Ellyn
Paul Andrews, Doral C.C., Miami
Adam Curtis Angst, Lakewood G.C., Bath
Otto Arcaute, Illinois State Univ. G.C., Normal
Jim Arlington, Jr., Arrowhead G.C., Wheaton
Joyce Armstrong, Mission Inn G.&T.Resort, Howey In The Hills
William N. Armstrong, Highland Springs, Rock Island
Jr. Ascherman, Kaskaskia C.C., Arcola
Lyn G. Ash, Lake of the Woods, Mohomet
Ken Ashford, Alton Park, Alton
Sidney B. Ashmore, Jr., Indian Hill Club, Winnetka
Frank Asplund, Indian Lakes, Bloomingdale
Janet Atteberry, Lake Shore G.C., Taylorville
William Au, Macscott G.C., Scott A.F.B.
Sol Auerbach, The Cypress—Palm Aire C.C., Pompano Beach
James Auffenberg, Sunset C.C., St. Louis
Todd Avischious, Palatine Hills, Palatine
John Avolio, Silver Lake, Orland Park
Bob Babb, Bunker Links G.C., Galesburg
Ken Babe, Burnham G.C., Burnham
Nadien Backlund, Pekin C.C., Pekin
Wm. T. Bacon, Jr., Old Elm Club, Ft. Sheridan
Sharon Badenoch, Medinah C.C., Medinah
Sue Bain, Indian Springs G.C., Saybrook
Richard Balcaitis, Big Run G.C., Lockport
Ronald D. Balsley, Harrison Park, Danville
Frank H. Bange, Westview G.C., Quincy
Kenneth I. Bannack, Hilldale C.C., Hoffman Estates
Thomas J. Barkley, Jr., Lake Bluff G.C., Lake Bluff
Robert Barnett, Sportsman C.C., Northbrook
Robert "Mike" Barr, Cedar Hill G.C., Plano
Lin Bartell, Arrowhead Heights, Camp Point
Christopher P. Bartolini, Silver Lakes C.C., Orland Park
Jerry Bartscher, Atwood Homestead, Rockford
Mike Barucci, Cog Hill G.C., Lemont
Tom Bassetto, Scherwood G.C., Schererville
Larry T. Bastounes, Cog Hill G.C., Lemont
Bruce Batten, Saukie Municipal G.C., Rock Island
Rick Bauer, Lakeview C.C., Loda
Tom Baughan, Tournament Players Club, Ponte Vedra
R. W. Baumann, Cress Creek C.C., Naperville
Marvin Beck, St. Elmo C.C., St. Elmo
Matthew J. Beck, Big Run, Lockport
Alvin G. Behnke, Glen View Club, Golf
Berniece Bell, Randall Oaks, West Dundee
Bill Bell, Park Ridge C.C., Park Ridge
Steve Benjamin, Ledges G.C., Roscoe
Eric W. Benson, Crystall Woods G.C., Woodstock
John Ber, Shady Lawn G.C., Beecher
Dave Berg, South Shore, Momence
Theodore "Jack" F. Berg, Jr., Kemper Lakes C.C., Hawthorne Woods
Jack Bergmann, Medinah C.C., Medinah
David G. Bernthal, Danville C.C., Danville
John J. Berwanger, Winnetka G.C., Winnetka
Frank Bidinger, Fresh Meadows, Hillside
Margaret O. Biedron, Foss Park, No. Chicago

Roger W. Bierman, Jr., Arrowhead G.C., Wheaton
Brooks Biggs, Dwight C.C., Dwight
Robert Billadeau, South Shore G.C., Momence
Earl F. Billish, Pipestone Creek, Eau Claire
Kevin Bilyeu, Richland C.C., Olney
David H. Binstadt, Lincoln Greens G.C., Springfield
Arch Blackard, Indian Hills, Mt. Vernon
Harry J. Blackwelder, Glenview NAS G.C., Glenview
Charles P. Blair III, Lincolnshire Fields C.C., Champaign
Opal Blair, Shagbark G.&C.C., Onarga
Bill Blake, C.C. of Peoria, Peoria
Bradley A. Blake, Sunset Hills G.C., Mt. Morris
Paul Blake, Illinois State Univ., Normal
Larry D. Blakeney, Faries Park, Decatur
Robert Blaszkowski, Bonnie Dundee G.C., Dundee
Glen Bledsoe, Jr., Highland Park G.C., Bloomington
Robert E. Blevins, Laurel Greens, Knoxville
Mrs. P. D. Block, Jr., Lake Shore C.C., Glencoe
John W. Blough, Sandy Hollow Municipal G.C., Rockford
Fred Blythe, Laurel Valley G.C., Ligonier
Josie Boiken, Nordic Hills, Itasca
R. C. Bold, Oregon C.C., Oregon
Robert T. Bolin, Golden Acres C.C., Schaumburg
Fred Bolling, Ruthlake C.C., Hinsdale
J. Robert Bonomo, Woodridge G.C., Lisle
Dick Borgeson, Ft. Sheridan G.C., Ft. Sheridan
Elmer Borsch, Clinton Hills C.C., Belleville
Scott W. Borst, Palatine Hills G.C., Palatine
Minard Bosma, Effinghamn C.C., Effingham
Jean Bottino, Marissa Recreation Area, Marissa
James F. Bottorff, Encanto Park G.C., Phoenix
Denis Bouchard, Bethlehem C.C., Bethlehem
Carole Bower, Diamondhead C.C., Bay St. Louis
Harriet Bower, Edgebrook C.C., Sandwich
Bob Bowker, Algona C.C., Algona
Dennis Boyd, Fox Valley C.C., Batavia
Rod Boyd, Lincoln Elks C.C., Lincoln
Herb Boyer, Crestwicke C.C., Bloomington
D. E. Brame, St. Elmo G.C., St. Elmo
Christine Brannon, Lake of Egypt, Marion
Gil Bratten, Lincoln Greens G.C., Springfield
J. Regis Brennan, Quincy C.C., Quincy
Jim Breuer, Indian Springs G.C., Saybrook
Dean Bright, Airco G.C., Clearwater
Richard O. Brinkmeyer, Spring Lake C.C., Quincy
Bette Brinkoetter, Alton Municipal G.C., Alton
Ben C. Brostoff, Chevy Chase G.C., Wheeling
C. Foster Brown III, Shoreacres C.C., Lake Bluff
Charlie Brown, Spring Valley G.C., Salem
Don Brown, Cedardell G.C., Plano
Jean M. Brown, Birnam Wood G.C., Santa Barbara
Joseph R. Brown, Jr., Rolling Hills G.C., Godfrey
Peter G. Brown, Medinah C.C., Medinah
William B. Brown, Atwood Homestead, Rockford
Milli Browning, Riverside G.C., N. Riverside
George Brucer, Tuckaway G.C., Crete
Frances Brummer, St. Elmo C.C., St. Elmo
Donald F. Brunell, Cherry Hills C.C., Flossmoor
John C. Bruno, Edgewood Park G.C., McNab
G. W. Brunswick, Huner C.C., Richmond
Howard F. Brunton, Mid Pines Resort, Southen Pines
Bill Bryan, Colonial G.C., Sandoval
Derek Buchholz, Earl F. Elliot Park, Rockford

1983 HOLES-IN-ONE

Charles M. Buck, Alton Municipal G.C., Alton
T. H. Buenger, Indian Hill, Winnetka
Gene Bullard, Abbey Springs G.C., Fontana
James Bukovec, Spring Brook C.C., Naperville
Jud Burdick, Spring Brook C.C., Naperville
Norman Burdick, Highland Woods, Hoffman Estates
Ronnie Burgess, Silverlake C.C., Orland Park
Ed Burke, Moon Lake, Hoffman Estates
Jerome H. Burns, N.A.S. Glenview G.C., Glenview
Steve Burrell, Shelbyville C.C., Shelbyville
Kevin J. Bussey, Glenwoodie C.C., Glenwood
Al Butts, Fresh Meadow G.&C.C., Hillside
Doug Cable, Monastery, Cedar Lake
Richard Cain, Highland Woods G.C., Hoffman Estates
Cesare Calabrese, Carriage Greens C.C., Darien
Ray Campione, George Williams, Williams Bay
Peter C. Cappas, Elgin C.C., Elgin
Daniel J. Capps, West Lake C.C., Jerseyville
Robert Capadonna, Glendale, Bloomingdale
John Cargill, Highland Park G.C., Bloomington
E. R. Carmody, Naperville C.C., Naperville
Ronald Carramusa, Fresh Meadow G.&C.C., Hillside
Richard J. Carroll, Elmhurst, Wood Dale
Wayne Carroll, Ramsey Lake Shangri-La G.C., Ramsey
Sandra Carter, Arrowhead G.C., Wheaton
Rose D. Casassa, Lawsonia Links, Green Lake
Don Case, Edgewood Valley C.C., La Grange
Rev. Frank Cassidy, Michaywe Hills G.C., Gaylord
John Catalano, Villa Olivia, Bartlett
Peter Ceraulo, Arlington Lakes G.C., Arlington Heights
Frank Changet, River Forest G.C., Elmhurst
Kenneth R. Chatten, Quincy C.C., Quincy
Faris Chesley, Sunset Ridge C.C., Northbrook
Geno Chiapelli, Arlington, Granite City
John (Jack) H. Childers, Lake Geneva C.C., Lake Geneva
Frank Chinderle, Cog Hill, Lemont
Marty Christopher, Flossmoor C.C., Flossmoor
Luea Cimarusti, Palatine Hills G.C., Palatine
Ted J. Choronzy, Palatine Hills G.C., Palatine
Paul L. Christensen, Faries G.C., Decatur
Richard M. Clark, Stonehenge G.C., Barrington
Fred W. Clarke, Rockford C.C., Rockford
William T. Clay, Jr., Great Lakes G.C., Great Lakes
Jack Closen, Madison G.C., Peoria
Abe Clymer, Vandalia C.C., Vandalia
John Coates, Inverness G.C., Palatine
Chuck Cohen, Broadmoor C.C., Indianapolis
Donald P. Cohen, Hunters Run-East Course, Boynton Beach
Lena Cole, Locust Hills G.C., Lebanon
Jim Coleman, Clay County C.C., Flora
Terrence R. Coleman, Silver Lakes S., Orland Park
William J. Coleman, Sr., Village Greens of Woodridge, Woodridge
Margot M. Collins, Bartlett Hills C.C., Bartlett
Bob Colombik, Hill Crest C.C., Long Grove
Dennis S. Colucci, St. Andrews, W. Chicago
Vito Colucci, Villa Olivia, Bartlett
Kevin T. Combest, St. Andrews G.C., West Chicago
Philip Coniglio, Chevy Chase, Wheeling
Marty Conrad, Spring Creek C.C., Spring Valley
Charles E. Constance, Sportsman C.C., Northbrook
Irene Cooper, Madison G.C., Peoria

Pete Coopman, Golfmohr G.C., East Moline
Taylor Cope, Flossmoor C.C., Flossmoor
Thomas M. Corcoran, Evergreen C.C., Chicago
Charles E. Coreilius, NAS Glenview, Glenview
Eugene R. Corley, Card Sound G.C., Key Largo
Bernard E. Cors, Phillips Park G.C., Aurora
Ron Cosler, Sandy Hollow G.C., Rockford
Casey Costigan, Hickory Point, Decatur
John H. Couch, Fairfield C.C., Fairfield
George Couwenhoven, Cedar Lake G.C., Cedar Lake
Keith Covert, Woodridge C.C., Lisle
Richard T. Coyne, Rockford C.C., Rockford
Edward Craig, Salt Creek G.C., Itasca
Mark E. Craig, Lake View G.C., Loda
Stephen M. Cramblit, Quincy
Marjorie Cramer, Park Hills W., Freeport
Flora Creedon, Da-De-Co, Ottawa
Steve Crews, Kankakee Elks C.C., St. Anne
Barbara Crewse, Countryside G.C., Mundelein
Merle E. Crosby, Quail Creek C.C., Robinson
Craig Crotty, Four Winds G.C., Mundelein
Virginia Crouch, Westview G.C., Quincy
Dale Crouse, Grand Marais G.C., E. St. Louis
Ronald F. Crumbliss, Bay Beach G.C., Ft. Myers Beach
Cecil E. Crutchfield, Faries C.C., Decatur
Dave Crutcher, Bunn Park G.C., Springfield
Don Cunningham, Springbrook, Naperville
John N. Cunningham, Chaparral C.C., Palm Desert
V. Cunningham, Hilldale C.C., Hoffman Estates
Stuart J. Curet, Palmira G.&C.C., St. John
Tim Curran, Golfhohr G.C., E. Moline
Kevin Dahm, Park Hills G.C., Freeport
Ralph Dahms, Silver Lakes, Orland Park
Vito Daleo, Ridgemoor C.C., Chicago
John M. Daley, Olympia Fields C.C., Olympia Fields
Dr. John Dalton, Ridge C.C., Chicago
Jack R. Daly, St. Charles C.C., St. Charles
Tony Damon, Glenwoodie C.C., Glenwood
James W. Daniels, Arlington Lakes G.C., Mt. Prospect
Mary Daniels, Dwight C.C., Dwight
Bill J. Danzey, Naperville C.C., Naperville
Greg Daubert, Village Links, Glen Ellyn
Paul Daugherty, Mt. Prospect Park, Mt. Prospect
Wendell Daughnetee, American Legion G.C., Marshall
Ann Davin, Glen Oak C.C., Glen Ellyn
Bill Davis, Lincoln Greens G.C., Springfield
Gary L. Davis, Innisbrook, Tarpon Springs
Gerald R. Davis, Lincolnshire Fields C.C., Champaign
J. K. Dawson, Barrington Hills C.C., Barrington
William F. Debelak, Westmoreland C.C., Wilmette
David De Decker, Golfmohr G.C., East Moline
Jeff Deets, Soangetaha C.C., Galesburg
Tom Delrose, Glen Oak C.C., Glen Ellyn
Glen Dempsey, Paris Landing State Park, Paris
George DeMichele, Oak Ridge C.C., Ft. Lauderdale
Jimmy DeRose, Del-Aire G.C., Delray Beach
Charles N. Detrick, Randall Oaks C.C., Dundee
Frank M. Dever, Silver Lake C.C., Orland Park
Henry Deverman, Gulf Gate G.C., Sarasota
Virgil L. Devolder, Rock Island Arsenal G.C., Rock Island
Jim DeWitt, St. Charles G.C., St. Charles
Carl Dick, C.C. of Decatur, Decatur
Marc M. Dickson, Lake Braken C.C., Galesburg

1983 HOLES-IN-ONE

Pedar Didriksen, Bunn Park, Springfield
J. Eric Diesner, Elkhorn Club, Sun Valley
Frank C. Dietz, Ledges, Roscoe
James H. Dietz, Carthage G.C., Carthage
Michael C. DiFulvio, Spartan Meadows, Elgin
Tommy Diggins, The Hoosier Links, New Palestine
Anthony A. DiGrazia, Edgewood Valley C.C., La Grange
Kifton Dillow, Indian Creek C.C., Fairbury
Ralph DiOrio, Fresh Meadow C.C., Hillside
Paul F. Dlhy, Fresh Meadow C.C., Hillside
Erma Doane, South Side C.C., Decatur
Donald Dodge, Old Oak C.C., Orland Park
Gene Dodson, Bunn Park, Springfield
Joseph Doerfler, Calumet C.C., Homewood
Jeffrey Dohl, Bledsoe's, Angola
Patrick J. Dorgan, Ruth Lake C.C., Hinsdale
Roger Doiron, Elmwood G.C., Belleville
Andrew Dolan, Sr., Cherry Hills C.C., Flossmoor
Joe Donati, Indian Lakes Resort, Bloomingdale
Jack W. Dooley, Atwood Homestead G.C., Roscoe
George Dotson, Midland C.C., Kewanee
Okie E. Dotson, Twin Pond's, Crystal Lake
Albert Dottavio, Inwood G.C., Joliet
James Doyle, Ruth Lake C.C., Hinsdale
Nancy Doyle, Westgate Valley C.C., Palos Heights
Jay Draksler, Sea Scape Resort, Destin
Thomas G. Draths, Four Winds G.C., Mundelein
John A. Drzal, Palmira, St. John
Dan H. Duewer, Bunn G.C., Springfield
Gary R. Duffett, Gaylord C.C., Gaylord
Marvin Dunaway, Lena G.C., Lena
Wayne Dunbar, Pond View G.C., Star City
Irene Dunn, Quail Creek C.C., Robinson
James V. Dunn, Seascape Resort, Destin
Art Duty, Leroy C.C., Leroy
Jeff Dykeman, Laurel Greens, Knoxville
Craig Eberly, Randall Oaks, Dundee
Orlando E. Echevarria, Broadwater Beach Sun Course, Biloxi
Charles Edmunson, Kaskaskia C.C., Arcola
David F. L. Edwards, Macscott G.C., Scott A.F.B.
Jake Edwards, Rock Spring C.C., Alton
Joe Edwards, Alton Park, Alton
Kenneth Edwards, Crab Orchard G.C., Carterville
Larry C. Efaw, Lakeside C.C., Bloomington
Randall J. Egge, Flossmoor C.C., Flossmoor
Robert Eilders, Park Hills G.C., Freeport
Bob Eilimer, Countryside G.C., Mundelein
Ken Ekkert, Silver Lake, Orland Park
Robert Ekstrom, Twin Creeks, Manville
Michael N. Elenz, River Heights G.C., DeKalb
Cindy Elms, Fairway G.C., Marion
Chuck Emrick, Jr., Locust Hills G.C., Lebanon
Jennie English, Perry County C.C., Tamaroa
Norvel Englund, Shelby C.C., Shelbyville
Bernard J. Enna, Elliott C.C., Rockford
Dennis L. Erlich, American Legion G.C., Edwardsville
Martin A. Ernst, Burnham Woods, Burnham
Jerry Eshleman, Shagbark G.&C.C., Onarga
Bill Etheridge, Fairfield C.C., Fairfield
Clyde Ethridge, Bunn Park, Springfield
Beverly Evak, Cog Hill G.C., Lemont
Jim Evans, Ft. Sheridan G.C., Ft. Sheridan

John H. Everett, Urbana G.&C.C., Ubana
Brett E. Faber, Edgewood G.C., Polo
Carl F. Faetini, Edgewood Park G.C., McNabb
Mrs. Val Fagothey, Phoenician, Phoenix
Doug Faries, Western Illinois Univ. G.C., Macomb
Angelo S. Farruglo, Butterfield C.C., Oak Brook
Phil Feazel, Colonial G.C., Sandoval
William G. Feiker, Old Wayne G.C., W. Chicago
Marshall Felbein, Highland Woods G.C., Hoffman Estates
Al Feld, Kemper Lakes G.C., Hawthorn Woods
Mildred Fender, Shewami C.C., Watseka
David Ferguson, Glen View Club, Golf
Rick Ferrara, Cary C.C., Cary
Bob Feser, Bunn G.C., Springfield
Art Fess, Glenview Park C.C., Glenview
John J. Fielding, Pinecrest G.&C.C., Huntley
Kenneth J. Fielding, Westview G.C., Quincy
Darl W. Fike, Valley View C.C., Cambridge
Kenneth J. Filar, Flossmoor C.C., Flossmoor
Anne Fillichio, Indian Wells C.C., Indian Wells
Matthew Filosa, Buffalo Grove G.C., Buffalo Grove
James Finney, Crab Orchard G.C. Inc., Carterville
George Fint, Sarasota G.C., Sarasota
Anthony F. Fireman, Flossmoor C.C., Flossmoor
Richard W. Fires, Sr., Orchard Hills C.C., Waukegan
Scott David Fisher, Sabal Palm C.C., Ft. Lauderdale
Russ Fishman, Sunset Valley G.C., Highland Park
Barry T. Fitzgerald, Spring Hill G.C., Spring Hill
Mike Fitzgerald, Sullivan C.C., Sullivan
Douglas J. Fleck, Twin Ponds C.C., Crystal Lake
Steve Fleer, Dubsdread G.C., Orlando
Miles Fleischman, Highland Park C.C., Highland Park
J. E. Fligg, Ocean Reef Club, Key Largo
Stephen Fluder, Arizona Biltmore C.C., Phoenix
Joe Fonte, Elks C.C., Danville
Rina Fontanini, Sunset Valley G.C., Highland Park
Bill Ford, Berrien Hills C.C., Benton Harbor
Thomas P. Fornango, Gleneagles C.C., Lemont
Steve Forslund, Hilldale C.C., Hoffman Estates
Jim Fouts, Prophet Hills C.C., Prophetstown
C. K. Franz, Turnberry C.C., Crystal Lake
James C. Franz, Crystal Lake C.C., Crystal Lake
Phyllis Fraser, Lake of the Woods C.C., Mahomet
Ralph Fredericksen, Palatine Hills G.C., Palatine
J. Richard Freeman, The Dunes, Sanibel Island
Henry S. French, Oak Brook G.C., Oak Brook
Judge Joseph L. Fribley, Pana C.C., Pana
John A. Friedmann, Fox Valley C.C., Aurora
Oskar Friedrich, Bonnie Brook C.C., Waukegan
Tom Frink, South Shore G.C., Monence
Clifford Fromm, Mission Hills C.C., Northbrook
Robert Fugle, Sugar Creek G.C., Villa Park
Pauline Galat, Plum Lake G.C., Sayner
Betty Gallagher, The Village Links of Glen Ellyn, Glen Ellyn
Mickey Galligan, Scovill G.C., Decatur
Jerry Gardiner, Carriage Greens C.C., Darien
Kathryn Garner, Silver Lakes G.C., Orland Park
John P. Gatziolis, Nordic Hills C.C., Itasca
Andrew Geller, Americana Resort "Briar", Lake Geneva
Alvin L. Gentry, Madison G.C., Peoria
Richard A. George, Naperville C.C., Naperville
Joseph J. Gergely, Tuckaway G.C., Crete
Jules Gershom, Briarwood C.C., Deerfield

446

1983 HOLES-IN-ONE

Joe Giampino, Lost Nation G.C., Dixon
Bob Gianastasio, St. Andrews C.C., W. Chicago
Robert E. Gibbons, Glendale C.C., Bloomingdale
Lester Gibbs, Rail G.C., Springfield
Jack Gilbreth, Cog Hill #2, Lemont
David Gill, St. Charles C.C., St. Charles
Bruce W. Gilley, Scherwood G.C., Scherrville
Roy Gilman, Canton C.C., Canton
John Gimmler, Highland Woods G.C., Hoffman Estates
Lynn T. Gisinger, Hickory Point, Forsyth
Robert Giuntini, Woodridge, Lisle
Ilene Giusfredi, East Pointe C.C., Palm Beach Gardens
Doug Glass, Wolf Creek G.C., Pontiac
Edward J. Glos, Hickory Hills C.C., Hickory Hills
Ray Glowiak, Big Run, Lockport
Mike Gluth, Sportsman C.C., Northbrook
Philip Golbeck, Woodstock C.C., Woodstock
Robert Goldberg, Green Acres C.C., Northbrook
Herbert M. Golden, El Conquistador, Tucson
William Golden III, Bunn G.C., Springfield
Jerry Goodhart, Robert A. Black G.C., Chicago
George N. Gordon, Innisbrook-Copperhead No. 1 G.C., Tarpon Springs
Stephen Gorki, Rolling Hills, Orland Park
Calista Gorman, Palos C.C., Palos Park
Kenneth H. Gortowski, Silver Lake C.C., Orland Park
Ed Grady, Eagle Vail G.C., Avon
Bob Graf, Park Ridge C.C., Park Ridge
Dana A. Graham, Midland Hills G.C., Makanda
Ted Graham, Jr., St. Andrews C.C., West Chicago
Edward R. "Ned" Granger, Litchfield C.C., Litchfield
Dr. Aaron G. Gray, Springdale C.C., Canton
Annetta Gray, Deerfield G.C., Deerfield
Tana B. Gray, Inwood G.C., Joliet
Tim Gray, Madison G.C., Peoria
Karel K. Green, Champaign C.C., Champaign
Larry Greenberg, Glencoe G.C., Glencoe
Geoff Greenwood, Quail Meadows, Washington
Joseph Gregar, Village Greens of Woodridge, Woodridge
Dick Greiner, Oakcrest, Springfield
Bruce Grenda, Fox Lake C.C., Fox Lake
Fritz K. Grensing, Jr., Biltmore C.C., N. Barrington
Charles W. Gresham, Sherwood Golf, Schererville
Ted Grevas, Hawthorne Ridge G.C., Aledo
Dr. Anthony M. Grimaldi, Lincolnshire C.C., Crete
Roy G. Grimble, Turkey Run G.C., Waveland
Roy Grindstaff, Gold Hills C.C., Colchester
Wendell H. Griswold, Yahara West, Madison
William Griswold, Minne Monesse G.C., Grant Park
Walter R. Grobelny, Jr., M.D., Briar Patch Americano Resort, Lake Geneva
Carol Groves, Cary C.C., Cary
Alphonse J. Grublesky, Shady Lawn G.C., Beecher
Anthony J. Grucel, Lake Hills G.&C.C., St. John
Marj Guidi, Maple Lane C.C., Elmwood
Melvin C. Gundersen, Ocean Reef Club, Key Largo
Allen Gustafson, Naperville C.C., Naperville
Larry Gustello, Cochill, Lamont
Joseph S. Gwozdz, St. Andrew G.C., W. Chicago
Sue Haag, Lake Barrington Shores G.C., Barrington
Scott D. Haas, Big Pine G.C., Attica
Orville Hagan, Fox Valley C.C., Aurora
Alexander R. Hager, Lansing Sportsmans Club, Lansing

Peter Hahto, Shady Lawn G.C., Beecher
John Haines, Rockford C.C., Rockford
Alice Hall, Grenelefe East G.C., Haines City
Gordon Hall, Old Elm Club, Ft. Sheridan
Edwin L. Hall, Chesapeake C.C., Lusby
Lloyd Hall, Anderson Fields G.C., Streator
Philip B. Hall, Lakeview C.C., Loda
Thurmond Hall, Norsk Golf Bowl, Mount Horeb
Venita Hall, Shamrock G.C., Kankakee
Earl Hamann, Bonnie Dundee G.C., Dundee
Keiko Hamazaki, Timber Trail C.C., La Grange
Jeff Hamlin, Ft. Sheridan G.C., Ft. Sheridan
Bob Hamlink, Glenview Park G.C., Glenview
Bill Hanselman, Sunset Hills C.C., Edwardsville
Bruce Hanselman, Lincoln Greens G.C., Springfield
Doug Hanson, Carriage Greens C.C., Darien
Kenneth J. Hanson, Spring Valley G.C., Salem
O. G. Hardin, Flossmoor C.C., Flossmoor
Nyles Hardyman, University of Illinois G.C., Savoy
Clarence E. Harn, Hazy Hills G.C., Hudson
Terry L. Harper, Hazy Hills G.C., Hudson
Gary Charles Harrigian, Moon Lake G.C., Hoffman Estates
Jack Harrington, Glenview Park G.C., Glenview
Todd Harrington, Stage Hill G.C., Manhattan
Fred Harris, Sunset Valley G.C., Highland Park
Noah Harris, Sr., Kellogg G.C., Peoria
Ruby Harris, Newman G.C., Peoria
Wesley W. Harris, Mariner Sands G.C., Stuart
William H. Harris, IV, Hilldale C.C., Hoffman Estates
Brian Hart, Sullivan C.C., Sullivan
lew Hartzog, Southwestern Lakes G.C., percy
Donald E. Haskins, Pine Lakes G.C., Washington
Robert R. Hatfield, Quail Meadows C.C., Washington
R. F. Haubach, Lena G.C., Lena
John L. Hauptman, Morrison G.C., Morrison
Bobby Hausman, Rick Spring G.C., Alton
Carol J. Haw, Cherry Hills C.C., Flossmoor
Dennis Hawkinson, Hawthorn Ridge G.C., Aledo
Wendell C. Hawley, Pheasant Run G.C., St. Charles
Yvon "Skeeter" Hawley, Carlyle Lake G.C., Carlyle
William F. Haws, Sunset Hills C.C., Pekin
Kurt E. Hayes, Kankakee Elks C.C., St. Anne
Phil Hayes, Delbrook C.C., Palos Heights
Thomas M. Hazlett, Maxwelton Braes G.C., Baileys Harbor
Watson Healy, Joliet C.C., Joliet
Byron S. Heape, Oakbrook G.C., Edwardsville
Major Hearn, Forest Preserve National G.C., Oak Forest
Edwin H. Heartlein, Palmview Hills G.C., Palmetto
Jack H. Heaton, Baker Park G.C., Kewanee
R. Jeffrey Hedin, Plum Lake G.C., Sayner
Donald S. Heier, Brookwood C.C., Wooddale
Jay Heifler, Shady Lawn G.C., Beecher
James F. Heinz, Ridgemoor C.C., Chicago
Walter H Heller, Old Orchard C.C., Mt. Prospect
B. Eric Hempelman, Wilmette G.C., Wilmette
Bev Henderson, Arrowhead C.C., Chillicothe
John G. Hendrickson, Cherry Hills C.C., Flossmoor
Rev. Leo Henry, Sherwood G.C., Schererville
John E. Heraty, Inverness G.C., Palatine
Richard P. Herman, St. Charles C.C., St. Charles
George Hermann, Glendale C.C., Bloomingdale
Alice Herzog, Indian Creek G.C., Fairbury

1983 HOLES-IN-ONE

Brad Heugen, Nashville G.C., Nashville
Hal D. Hewes, Edgewood G.C., Polo
Bob Higgerson, Nashville G.C., Nashville
Richard Hildreth, Gibson Woods G.C., Monmouth
Raymond Hilker, Army G.C., Coranite City
Charles O. Hill, Marengo Ridge C.C., Marengo
Jack Hill, White Lake G.C., Whitehall
Phyllis Hilliard, Homestead G.C., Mt. Vernon
James Hillmer, Elliot G.C., Rockford
Gary Hills, Fox Bend G.C., Oswego
Dale Hilton, Silver Oaks G.C., Braidwood
David Hilty, Oregon G.C., Oregon
Milo "Rip" Hindman, McAllen C.C., McAllen
John H. Hobart, Tournament Players Club, Ponte Vedra
Carl Hodson, Golfmohr G.C., East Moline
Wayne A. Hoffler, Bunn G.C., Springfield
Charles T. Hoersch, Flossmoor C.C., Flossmoor
Nate Hoff, Midlane C.C., Waukegan
George Hogan, Hickory Hills C.C., Hickory Hills
Robert Hoggatt, Lena G.C., Lena
Roy Holmgren, Crystal Lake C.C., Crystal Lake
Jack R. Honeman, Sportsman C.C., Northbrook
Russell G. Honiotes, Wedgewood G.C., Plainfield
Don Hoover, Kankakee Elks C.C., Kankakee
Ray L. Hoselton, Delray Beach C.C., Delray Beach
Lew Hosman, Sunset Valley G.C., Highland Park
Dan Howard, Bunker Links G.C., Galasburg
Keith Howard, Franklin County C.C., W. Frankfort
Jerry Howell, Newman G.C., Peoria
H. Howland, Turnberry C.C., Crystal Lake
Ted Hrabak, Wilmette G.C., Wilmette
Warren F. Hestka, Oakbrook G.C., Oak Brook
Ernie Hubbart, Lake View C.C., Sterling
John "Jack" Huber, Sportsman C.C., Northbrook
John H. Huber, Alton Municipal G.C., Alton
Greg Hudgens, Franklin County C.C., West Frankfort
Ronald Huffman, Randall Oaks G.C., Dundee
Martha Hughes, Sportsman C.C., Northbrook
Paul F. Hughes, Lake Barrington Shores G.C., Barrington
Edward Hull, Faries Park G.C., Decatur
Gary D. Hull, Gibson Woods G.C., Monmouth
Marjorie L. Hull, Royal Palms G.C., Mesa
Charles Humphrey, Crystal Woods G.C., Woodstock
Sophia Humpidge, Arrowhead C.C., Chillicothe
Frank Hunt, III, Army-Navy C.C., Arlington
Richard Hunt, Hawthorn Ridge G.C., Aledo
William Hunt, Lincoln Greens G.C., Springfield
James A. Hunter, Rock Island Arsenal G.C., Rock Island
Larry T. Huot, The Links, Jacksonville
Chuck Hussey, Wedgewood G.C., Plainfield
Joseph Ideran, Fox Valley C.C., Batavia
Clete Idoux, Arlington C.C., Granite City
Joe Ignelzi, Chicago Heights C.C., Chicago Heights
Dan India, Palm Desert Resort C.C., Palm Desert
Lance L. Ingram, Quincy Westview G.C., Quincy
Bill Ippensen, Spring Lake C.C., Quincy
Richard G. Ivanhoff, Butler National G.C., Oak Brook
Roy Jackson, Biltmore C.C., Barrington
Bonnie Jacobs, Black Horse G.C., Westmont
Steve S. Jais, Woodridge G.C., Lisle
Gary James, Rolling Hills C.C., Paducah
John Jancak, Spring Valley C.C., Salem
John Janowski, Edgewood Valley C.C., La Grange

Troy Janssen, Kankakee Elks Club, Kankakee
Lee M. Jany, Salt Creek G.C., Itasca
Tony S. Jariabka, Countryside G.C., Mundelein
Pat Jarratt, The Course at Ashford Castle, Cong, County Mayo
Larry Jasloski, Old Oak G.C., Orland Park
Wayne E. Jankins, Lake Calhoun Golf Assoc., Lafayette
Bill Jennings, Deerfield G.C., Deerfield
Eber D. Jernberg, Jr., Spartan Meadows, Elgin
Paul M. Jeselskis, Cherry Hills C.C., Flossmoorr
Edward J. Jesen, Frenchman's Creek G.C., N. Palm Beach
William Johann, Pinecrest G.&C.C., Huntley
Art Johnson, Effingham C.C., Effingham
Bob Johnson, Earl F. Elliot G.C., Rockford
Fred Johnson, Elliott G.C., Rockford
George E. Johnson, University of So. Florida G.C., Tampa
James E. Johnson, Indian Oaks C.C., Shabbona
Keith R. Johnson, Iola C.C., Iola
Larry W. Johnson, Sandy Hollow G.C., Rockford
Robert W. Johnson, Wilmette G.C., Wilmette
Tom Johnson, Monmouth C.C., Monmouth
Wes Johnson, Sycamore G.C., Sycamore
David W. Johnston, Dubs Dread G.C., Lemont
Ralph Johnston, Lakeside C.C., Bloomington
Ronald K. Jones, kellogg G.C., Peoria
Wallace Jones, Foss Park G.C., North Chicago
Dale Jordan, Earlville C.C., Earlville
Edward W. Jordan, Rolling Green C.C., Arlington Heights
John Jordan, River Forest G.C., Elmhurst
Mary Jordan, Spring Creek G.C., Spring Valley
Renato Judalena, Midland C.C., Kewanee
Rose Ann Judson, St. Andrews G.&C.C., West Chicago
Vivian Juhl, Lake Bluff G.C., Lake Bluff
Stan Jungiewicz, Hickory Hills C.C., Hickory Hills
Dana A. Just, Indian Bluff G.C., Rock Island
Don Justice, Oscar L. Champion C.C., Macomb
Mark A. Kahn, Highland Woods G.C., Hoffman Estates
Jeff Kalina, Chapel Hill G.C., McHenry
Ray Kalins, Golfmohr G.C., East Moline
David J. Kane, Waynesville C.C., Waynesville
J. P. Kane, Pipe 'O Peace, Chicago
Joseph R. Kane, Krendale G.C., Butler
J. Thomas Kane, Kankakee Elks C.C., Kankakee
Lewis B. Kaplan, Earl F. Elliott G.C., Rockford
Murray Kaplan, Cherry Hills C.C., Flossmoor
Kent Karcher, Newman G.C., Peoria
Raymond Karyott, Glendale C.C., Bloomingdale
Joe R. Karlouigh, Country Side G.C., Mundelein
Blanche Karn, Twin Ponds G.C., Crystal Lake
Tom Kasler, South Shore G.C., Momence
Arvid "Lefty" Kastman, Wedgewood G.C., Plainfield
Howard Katz, Four Winds G.C., Mundelein
James Kauffman, Arrowhead G.C., Wheaton
Ken Kaufman, Sunset Hills G.C., Mt. Morris
Xavier Kaufman, McHenry C.C., McHenry
John Keefe, Cog Hill No. 3, Lemont
Barbara Weige Keeling, Rockford C.C., Rockford
Edwin Keene, Butternut Hills G.C., Sarona
Tom Keeton, Beechwood G.C., Laporte
Bob Keith, Hubbard Trail C.C., Hoopeston
Nathan Keith, Glenwoodie G.&C.C., Glenwood
Robert D. Keller, Tamarack C.C., O'Fallon

1983 HOLES-IN-ONE

Bill Kelly, Minne Monesse G.C., Grant Park
Ed Kelly, Old Orchard C.C., Mt. Prospect
Larry Kelly, Glenview Park G.C., Glenview
Dale Kemnetz, Shagbark G.&C.C., Onarga
Mrs. Glen Kennedy, Evanston G.C., Skokie
Donald G. Kent, Burr Hill C.C., St. Charles
Timothee Ane Keown, Arrowhead G.C., Wheaton
Richard J. Kepshire, Village Links, Glen Ellyn
Jeffery Lee Kernis, Cherry Hills C.C., Flossmoor
Byron L. Kerns, Scovill G.C., Decatur
Ben L. Kerr, Edgebrook C.C., Sandwich
Robert L. Kerres, Highland Springs G.C., Rockland
Floyd "Butch" Kester, Big Pine G.C., Attica
Dan Kies, Scotties Westview G.C., Quincy
Walter C. Killick, Silver Lakes C.C., Orland Park
Sherman J. Kimelblet, Village Links of Glen Ellyn, Glen Ellyn
Walter G. Kimmel, Emeis G.C., Davenport
Sandy Kimpel, Urbana G.&C.C., Urbana
Joe Kines, Village Green G.C., Mundelein
Bob King, Bob O'Link G.C., Highland Park
Larry Kingston, Bureau Valley C.C., Princeton
Harold R. Kivley, Pinecrest G.&C.C., Huntley
John W. Klancnik, Deerpath Park G.C., Lake Forest
John T. Klein, St. Andrews G.C., West Chicago
Charles P. Kleinert, Evanston G.C., Skokie
Edward J. Klimas, Glenwoodie C.C., Glenwood
Paul Kling, Gleneagles C.C., Lemont
Paul J. Klontnia, Buena Vista G.C., Dekalb
James M. Kniola, Thunderbird G.C., Barrington
James Knowdell, Highland Park G.C., Bloomington
Paul W. Koch, Hamilton's G.C., Evansville
Herb Kohn, Illinois State University G.C., Normal
Erland Kondrup, Kaskaskia C.C., Arcola
Carl P. Konick, Palm Harbor G.C., Palm Coast
Bea Konuch, Rock Springs G.C., Alton
Irv Koppel, Kemper Lakes G.C., Hawthorn Woods
Paul J. Korak, Ledges G.C., Roscoe
Bob Korienek, Silver Lakes C.C., Orland Park
Wilbur Korsmeyer, Pekin C.C., Pekin
Larry Kotke, Woodridge G.C., Woodridge
Frank Kraemer, Foss Park G.C., No. Chicago
J. Marin Kralovec, Scenic Hills C.C., Pensacola
Henry Kramer, Four Winds G.C., Mundelein
John Kranz, Cary C.C., Cary
Paul J. Kraskiewkz, White Pines G.C., Bensenville
Charles Krause, Evanston G.C., Skokie
Leo Krause, Big Run G.C., Lockport
Ken Kraynak, Four Winds, Mundelein
Joan Krengel, Ravislow C.C., Homewood
Kenneth R. Kretz, Martinsville C.C., Martinsville
John H. Krippinger, Palatine Hills G.C., Palatine
George Krizka, Cog Hill G.C. #2, Lemont
Harry Krogh, Village Links G.C., Glen Ellyn
Henny T. Kronvold, El Cariso G.C., Sylmar
Tony Krotz, Illinois G.C., Savoy
Walter B. Krueger, Hilldale C.C., Hoffman Estates
Darryll Krumrey, Fairway G.C., Marion
Jeanne B. Kuc, Amelia Links, Amelia Island
Jerry E. Kuchta, North Shore C.C., Glenview
Ludwig V. Kuhar, Plantation G.C., Plantation
Keith La Fleur, Eagle Ridge G.C., Galena
Edward K. LaGasse, Thorngate C.C., Deerfield

Ruth Lake, Medinah C.C., Medinah
Lorraine Lamitz, Palm Aire G.C., Pompano Beach
Lyle Landstrom, Pontiac Elks C.C., Pontiac
Philip Lane, Sandy Hollow G.C., Rockford
Joe Lang, West Shore G.C., Douglas
John B. Lapota, Old Wayne G.C., West Chicago
Jerry Larkin, Silver Ridge G.C., Oregon
David E. Larson, Gary Works Supervisor's Club, Hobart
Brice Latherow, Carthage G.C., Carthage
Thomas A. Lathrop, Timber Trails C.C., La Grange
John P. Lauer, Highland Springs G.C., Rock Island
Barnard Laufenberg, Golden Acres G.C., Schaumburg
Bob La Velle, Olympia Fields C.C., Olympia Fields
Al Lawrence, Bunn G.C., Springfield
Monte R. Law, Pasfield Park, Springfield
Dean Laws, Franklin C.C., West Frankfort
Jack W. Lawton, Ruth Lake C.C., Hinsdale
Robert Leader, Boca Lago C.C., Boca Raton
Rob Ledford, Bonnie Dundee G.C., Dundee
Clarence Lee, Wedgewood G.C., Plainfield
Samuel C. Lee, Hollybrook G.&T.C., Pembroke Pines
Mary E. Leffman, Westview G.C., Quincy
Calvin Leibovitz, Hillcrest C.C., Long Grove
Thomas J. Lenci, Wedgewood G.C., Plainfield
Vincent A. Lensing, Nordic Hill C.C., Itasca
Marsha Leonard, Twin Creeks G.C., Manville
Michelle Leonatti, Villa Olivia, Bartlett
Boomer Leopold, Forest Hill C.C., Chesterfield
Arthur LeRoy, Glenview Park G.C., Glenview
Ray Lester, Silver Lake C.C., Orland Park
Shirley Leve, Glencoe G.C., Glencoe
Sylvia E. Levine, Wynmoor Village, Coconut Creek
Arnold Levinstein, Briarwood C.C., Deerfield
Joey G. Levy, Ranch Bernardo Inn, San Diego
Darrell Lewis, Sioux City Boat Club, Sioux City
Edward E. Lewis, Cherry Hills C.C., Fossmoor
Edward F. Lewis, McHenry C.C., McHenry
Fred Lewis, Colonial G.C., Sandoval
Dr. George R. Lewis, Oak Brook G.C., Oak Brook
Jane Lewis, Skyview C.C., Lakeland
William B. Lewis, Peninsula State Park G.C., Fish Creek
David Limardi, Americana Resort "Brute", Lake Geneva
Tom Kindal, Lake Bluff Park, Lake Bluff
William Lindsay, Jr., Pontiac Elks C.C., Pontiac
Denny Lingle, Crab Orchard G.C., Carterville
Tony Lisauskas, Maxwelton Braes, Baileys Harbor
Sam Litrenti, Bristol Oaks C.C., Bristol
John Livengood, Quail Meadows C.C., Washington
Ron Lockenvitz, Lakeside C.C., Bloomington
Erma Loew, Medinah C.C., Medinah
Dick Long, Vermilion Hills C.C., Danville
Tom Loos, Rock River C.C., Rock Falls
Anthony P. Lorenzo, Elmhurst C.C., Wood Dale
Ray Loris, Mt. Prospect G.C., Mt. Prospect
Lester Lotshaw, Southwestern Lakes G.C., Percy
Sally N. Loudin, Wilmette Park District, Wilmette
Tim Loving, Hawthorn Ridge G.C., Aledo
Donald J. Lovse, Springbrook G.C., Naperville
Al Low, Mt. Hawley C.C., Peoria
Jack Lowery, Calumet C.C., Homewood
Larry A. Lowery, Ravislow C.C., Homewood
William A. Loy, Sandy Hollow G.C., Rockford
Russell H. Lubliner, Coghill #4, Lemont

1983 HOLES-IN-ONE

William L. Luc, Green Garden C.C., Frankfort
Lewis Lucas, Pinelakes, Washington
Billy J. Luchsinger, Bartlett Hills G.C., Bartlett
Scott Lundelius, Minne Monesse, Grant Park
Roger W. Lundgren, Mauh Nah Tee See C.C., Rockford
Scott C. Lunger, Mission Hills C.C., Northbrook
Robert Lutz, Bonnie Dundee G.C., Dundee
Arthur Mack, Chevy Chase, Wheeling
Thomas M. Mackey, Fox Bend, Oswego
Raymond A. Madderom, Oakbrook G.C., Oakbrook
Jay R. Maddox, Mauh Nah Tee See C.C., Rockford
Martin A. Madonia, Arrowhead G.C., Wheaton
William A. Magie, Jr., Skokie C.C., Glencoe
L. Magnafichi, Brookwood C.C., Wood Dale
John Maliskas, Vermilion Hills C.C., Danville
Barry J. Maloney, Butterfield C.C., Oak Brook
John Maloney, Glen Eagles Red Course, Lemont
Ralph Malten, Moon Lake G.C., Hoffman Estates
Dominic Mancuso, Joliet C.C., Joliet
Susan Mandel, Briarwood C.C., Deerfield
Frank Mangieri, Bunker Links, Galesburg
Jack Manikowski, Silver Lake C.C., Orland Park
Greg Marbold, Lincoln Greens G.C., Springfield
Steve Marchant, Geneva Hills, Clinton
Geraldine Marchetti, Spyglass Hill G.C., Pebble Beach
Walter T. Marek, Rob Roy G.C., Prospect Heights
Don Margentholer, East Moline
Lino Marini, Rolling Green C.C., Arlington Heights
David Marker, Golfmohr G.C., East Moline
James R. Markley, Springbrook G.C., Naperville
Raymond William Marousek, Timber Trails, La Grange
Marc B. Marovitz, Marcngo Ridge C.C., Marcngo
John Mars, Timber Trails C.C., La Grange
William C. Marsh, Pottawatomie G.C., St. Charles
James Marshall, Ingersoll, Rockford
Leonard Marshall, Ridgemoor C.C., Chicago
Mark R. Martens, Ledges G.C., Roscoe
J. Michael Martin, Champaign C.C., Champaign
Nick Martin, C. L.'s C.C., Virginia
Robert S. Martin, Sr., Columbia C.C., Columbia
Royce V. Martin, Palatine Hills C.C., Palatine
Louis Martuzzo, Deer Park C.C., La Salle
Arnold Marzullo, Ridge C.C., Chicago
Bob Maschmeyer, Glenwoodie C.C., Glenwood
William Masear, Mendota G.C., Mendota
Charles Maslan, Hickory Hills C.C., Hickory Hills
Jeri L. Mass, Buffalo Grove G.C., Buffalo Grove
Jack Massier, Buena Vista, DeKalb
Robert Mastrodonato, Crystal Woods, Woodstock
Lloyd Maurer, Grenelefe-East, Grenelefe
Lynn Maxedon, Sullivan C.C., Sullivan
Jerry May, Timber Trails, La Grange
Kathleen M. May, Palatine Hills G.C., Palatine
William B. May, Hillcrest C.C., Long Grove
Ron Mayberry, Westhaven G.C., Belleville
Dominick R. Mazza, Gleneagles G.C., Lemont
Dick McAvoy, Sun City Lakes East G.C., Sun City
Jim McBride, Matoon G.&C.C., Matoon
William Neal McCain, Hillcrest C.C., Long Grove
Minnie McCarthy, Timber Creek G.C., Bradenton
Bud McClure, Bonnie Brook C.C., Waukegan
Jane McCoy, Silver Oaks, Braidwood
Mark McDonald, Rock Spring, Alton

Charles McElhiney, Bonnie Dundee G.C., Dundee
Jennie McElroy, Crestwicke C.C., Bloomington
Betty McErlean, Olympia Fields So., Olympia fields
Jim McIntosh, Winnetka G.C., Winnetka
Ed McKinley, Lacon C.C., Lacon
Pat McKinley, Swan Hills G.C., Avon
Carrie McLennon, Country Side G.C., Mundelein
Chester K. McMillen, Edgewood Valley C.C., La Grange
Richard S. McMurray, La Grange C.C., La Grange
Larry A. McNabb, Nordil Hills C.C., Itasca
C. J. McNash, South Shore G.C., Momence
Don McQuillen, Butterfield C.C., Hinsdale
George C. Mead, Woodlawn C.C., Farmer City
George L. Medal, Arlington C.C., Arlington Heights
Henry Medintz, Highland Park C.C., Highland Park
Michael A. Medland, Twin Ponds, Crystal Lake
Henry W. Meers, Old Elm Club, Ft. Sheridan
Michael M. Meier, Kankakee Elks C.C., St. Anne
Fred Meierhoff, Lake Bluff G.C., Lake Bluff
James F. Melmer, McHenry C.C., McHenry
Alfred S. Meo, Jr., Brookwood C.C., Wooddale
Lynn Merkle, South Shore, Momence
Gene Mettille, Wedgewood G.C., Plainfield
Carl A. Meurn, Mt. Hawley C.C., Peoria
Carmen Meyer, Randall Oaks, Dundee
John Mican, Pipe O'Peace, Chicago
Kenneth E. Michalek, Americana "Brute", Lake Geneva
Frank Middleton, Lincolnshire Fields C.C., Champaign
Wm. J. Middleton, Wedgewood G.C., Plainfield
Kenneth Mika, Pheasant Valley, Crown Point
Randy Miles, Eagle Ridge, Galena
Duane Miller, Highland Park G.C., Bloomington
Gregory L. Miller, Fairway G.C., Marion
Henry Miller, Atwood Homestead G.C., Rockford
Joe Miller, Fox Valley C.C., Batavia
Raymond C. Miller, Cary C.C., Cary
Robert L. Miller, Buffalo Grove G.C., Buffalo
Rodger J. Miller, Pheasant Valley C.C., Crown Point
William A. Miller, Palatine G.C., Palatine
Terry Miller, Gibson Woods, Monmouth
Lee Milligan, Barrington Hills C.C., Barrington
Mary Milligan, Grenelefe South, Grenelefe
Vern Milligan, Big Run G.C., Lockport
Wilbur Mills, Lawsonia, Green Lake
Jim Milne, Thorngate C.C., Deerfield
Michael J. Minnaert, Geneseo C.C., Geneseo
Chris Miotti, Tuckaway, Crete
Delmer R. Mitchell, Quincy C.C., Quincy
Paul Mitchell, Great Lakes G.C., Great Lakes
Floyd J. Mock, Macktown, Rocktown
Harold Moerbeck, Big Run G.C., Lockport
Raymond Monaco, Cedardell G.C., Plano
John Moninger, Itasca C.C., Itasca
Emil J. Monti, Palm G.C., Lake Buena Vista
Mick Moolick, Lynnwood Lynks, Thomson
Glyn Morrow, Crestwicke C.C., Bloomington
Janet Mosbacher, Stonehenge G.C., Barrington
Robert Mosby, Lincoln Greens G.C., Springfield
David H. Mounce, Maui G.C., Paia
Jake Muehleman, Sunset C.C., St. Petersburg
Jim Mueller, Byron Hills, Port Huron
Michael Mulcahy, Pinecrest G.&C.C., Huntley
Scott A. Muller, Glencoe G.C., Glencoe

1983 HOLES-IN-ONE

Aidan I. Mullett, Shoreacres Club, Lake Bluff
John Mulivihill, Silver Lakes, Orlando Park
Rex Mumma, Byron Hills G.C., Pt. Byron
Wesley N. Munson, Cress Creek, Naperville
Fred L. Murphy, Gibson Woods G.C., Monmouth
David L. Musgrave, Quail Creek C.C., Robinson
Anthony S. Mustacci, Americana Lake Geneva Resort G.C., Lake Geneva
Sue Myerscough, Illini C.C., Springfield
Edward Napleton, Ridge C.C., Chicago
David R. Nash, Barrington Hills G.C., Barrington
Bill Neill, The Village Links of Glen Ellyn, Glen Ellyn
David Neiswender, Spring Lake C.C., Quincy
Dann W. Nelson, Scovill G.C., Decatur
Grover Nelson, Earl F. Elliot G.C., Rockford
J. A. (Buzz) Nelson, Rolling Green C.C., Arlington Heights
Ron Nelson, Gibson Woods G.C., Monmouth
Russell C. Nelson, La Mantarraya G.C., Manzanillo
Steven Nelson, Lake Calhoun G.C., Lafayette
Ben Nerge, Randall Oaks G.C., Dundee
Leonard B. Nering, Cherry Hills, Flossmoor
Louis G. Netzel, La Grange C.C., La Grange
Keith Neumann, Fresh Meadow G.C., Hillside
Esther Neuzil, Tan Tar A G.C., Osage Beach
James Nevara, Jr., Woodridge G.C., Woodridge
C. R. Nicholson, Lincoln Greens G.C., Springfield
Matt Niehaus, Edgewood, McNabb
Brent Nielsen, Illinois State Univ. G.C., Normal
Dennis L. Nielsen, Plum Lake G.C., Sayner
George Nielsen, Cog Hill, Lemont
Ruth Nielsen, Medinah C.C., Medinah
Andrew Niewiara, Salt Creek G.C., Itasca
Larry Niwa, Randall Oaks, Dundee
David Norris, Earl G. Elliott G.C., Cherry Valley
Curtis R. Norton, Jr., Great Lakes G.C., Great Lakes
Dwight Nortrup, Twin Oaks C.C., Blandsville
Cory Novak, Lake Barrington Shores G.C., Barrington
Earl Novick, Nippersink Manor G.C., Genoa City
Michael D. Nugent, Glen View Club, Golf
Lannes Oakes, Cape Girardeau C.C., Cape Girardeau
Allen M. Oakley, Quincy C.C., Quincy
Jack Oberhill, Mattoon G.&C.C., Mattoon
Art O'Brien, Weber Park, Skokie
Bill O'Brien, Westgate Valley C.C., Palos Heights
Peter Obucina, Fox Valley C.C., Aurora
Paul O'Connell, Granada Farms C.C., Granite Falls
Robert E. O'Connor, Flossmoor C.C., Flossmoor
John O'Donnell, Wilmette G.C., Wilmette
Phyllis O'Donnell, Woodridge, Lisle
Dennis Oehmke, Oakcrest, Springfield
Roy Ogata, Thunderbird C.C., Barrington
A. R. Ogle, Buena Vista, DeKalb
Jim O'Hagan, Park Ridge C.C., Park Ridge
Jack O'Halloran, Joliet C.C., Joliet
Michael A. Ohlwein, Evanston G.C., Skokie
John S. Ohrn, Sportsman C.C., Northbrook
Jack Okdefest, Scangetaha C.C., Galesburg
John W. Oldfield, Jr., Americana Resort, Lake Geneva
Richard J. Olias, Turnberry C.C., Crystal Lake
Michael Olson, Cary C.C., Cary
Charles Ooton, Maryvale G.C., Phoenix
Matthew S. Opada, Waveland G.&C.C., Chicago
Romano Ori, Greenshire G.C., Waukegan

Vince Ory, Springbrook G.C., Naperville
Edward Louie Ostertag, Glenwoodie C.C., Glenwood
Frank B. Ostroski, Foss Park, North Chicago
Jim Owen III, Springbrook C.C., DeWitt
David Paetzold, Rockford C.C., Rockford
Joseph P. Palermo, Hayward C.C., Hayward
Ab Paloian, Rolling Green C.C., Arlington Heights
Richard Papenhausen, Golfmohr G.C., East Moline
Chong Sun Park, Billy Caldwell G.C., Chicago
Kate Parks, Swan Hills Golf, Inc., Avon
Kenneth C. Parks, Urbana G.&C.C., Urbana
Tom Parr, Country Side G.C., Mundelein
Joel S. Patten, Dwight C.C., Dwight
Marge Patterson, Westview G.C., Quincy
Roger W. Patterson, Silver Oaks, Braidwood
George Patteson, Gleneagles, Lemont
Evy Paul, Plantation G.&C.C., Venice
Sonny Paulda, Alton Rock Spring, Alton
Steve L. Pavlik, Rail, Springfield
Dick Pawlikowski, Brookwood C.C., Woodale
John R. Payant, sheboygan Town & C.C., Sheboygan
Norman Payne, Dunfey's Hyannis Resort, Hyannis
Deane F. Peabody, Lake Shore G.C., Taylorville
Jay Pearsley, Green Hills G.C., Mt. Vernon
Robert P. Pearson, Naperville C.C., Naperville
Roy Pearson, Nordic Hills C.C., Itasca
Donald J. Peherson, Grand Marais G.C., East St. Louis
Mike Penicook, Savoy Orange, Savoy
Roy J. Pesavento, Lincolnshire C.C., Crete
Bruce D. Peters, Chevy Chase, Wheeling
Robert Petersen, Sarasota G.C., Sarasota
Dick Peterson, Flossmoor C.C., Flossmoor
John R. Peterson, Sunset Valley G.C., Highland Park
Keith Peterson, South Shore G.C., Momence
Max R. Peterson, Ledges G.C., Roscoe
Willis E. Pettit, Highland Springs, Rock Island
Robert E. Pfaff, Evanston G.C., Skokie
Virgil Pflager, Wolf Creek, Pontiac
Craig Phalen, Mendota G.C., Mendota
John L. Phillips, Big Pine, Attica
J. W. "Joe" Phillips, Rock Island Arsenal G.C., Rock Island
Rudy Phillips, Saline County G.&C.C., Eldorado
Clarence R. Philpot, Lake Lawn Lodge, Delavan
William H. Pickford, Sr., Bunn G.C., Springfield
Robert H. Pierce, Mauh-Nah-Tee-See C.C., Rockford
Keith Pierson, Stonehenge G.C., Barrington
Lee I. Pietz, Glenview Park G.C., Glenview
Claude Piggee, Jr., Mill Creek C.C., Milan
Bruno Pinkos, Chevy Chase, Wheeling
George J. Pistoresi, Bonnie Dundee G.&C.C., E. Dundee
Jim Pleier, Old Wayne G.C., West Chicago
Tom Plimmer, Salt Creek G.C., Itasca
Gordon Plumb, Crab Orchard G.C., Carterville
Albert C. Plunge, Aurora Fox Valley C.C., Aurora
Marlene C. Pochis, Sunset Valley G.C., Highland Park
George A. Polacek, Silver Lakes, Orland Park
Florian A. Polasik, Bonnie Dundee C.C., Dundee
Harry Poling, Highland Park G.C., Bloomington
Dan Polites, Ocotillo G.C., Hobbs
John Polka, Shady Lawn G.C., Beecher
Phil Pollaci, Indian Lakes C.C., Bloomingdale
Tom Pollack, Old Orchard C.C., Mt. Prospect

1983 HOLES-IN-ONE

Tim Pollock, Pinecrest G.C., Huntley
Richard Pool, Swan Hill's G.C., Avon
Arlyn Popp, Bristol Oak C.C., Bristol
Tom Porter, Fairway Estates, Hudsonville
Tom Portner, Park Hills G.C., Freeport
Bill Poruba, Country Side G.C., Mundelein
Leonard D. Powell, Shady Lawn, Beecher
C. R. Powers, Weigewood G.C., Plainfield
Lloyd Pressel, Westmoreland C.C., Wilmette
Will Price, Village Greens of Woodbridge, Woodbridge
Clifford Printz, White Pines East, Bensenville
Reg Prokof, Evergreen, Elkhorn
Robert Kirk Provart, Broadwater Beach Sea Course, Biloxi
Dave Puckett, Fountain Valley G.C., Fredrickstedt, St. Croix
Al Pudvan, Mission Hills C.C., Northbrook
Vernon Purdue, Lakeview C.C. & Development, Sterling
Chuck Pursley, Pinecrest G.&C.C., Huntley
Francis S. Pusateri, Silver Lakes North, Orland Park
Clarence R. Putnam, Riverbend C.C., N. Ft. Myers
James A. Quesenberry, Tri County C.C., Plymouth
David Quirsfeld, Chevy Chase G.C., Wheeling
Edward J. Quirsfeld, Village Green, Mundelein
Sean Rafter, White Pines, Bensenville
Raymond C. Rahn, Bon Vivant C.C., Bourbonnais
William Randall, Ridgemoor C.C., Chicago
Barbara K. Rankin, Kaufman Park, Eureka
Sandra Rasmussen, Woodridge G.C., Lisle
Wayne E. Rasmussen, South Shore G.C., Momence
Marvin L. Rathsen, Fox Bend, Osweau
Mike Rave, Bloomington C.C., Bloomington
James W. Raymond, Lincolnshire C.C., Crete
Richard R. Raysa, Villagae Greens of Woodbridge, Woodridge
Robert Recker, White Pines East Course, Bensenville
Art Reed, Madison G.C., Peoria
David Reed, Flossmoor C.C., Flossmoor
Mary Reed, Moss Creek, Hilton Head Island
Claude E. Rees, Kellogg G.C., Peoria
Lorraine M. Rehling, Woodbridge G.C., Lisle
Tony Reibel, River Forest G.C., Elmhurst
James R. Ried, Errol Estate G.C., Apopka
Michael K. Reilly, La Grange C.C., La Grange
Thomas W. Reinert, Monroe C.C., Monroe
Bernard J. Reisin, Buffalo Grove G.C., Buffalo Grove
Rickey A. Renner, Plum Lake G.C., Sayner
Robert F. Renner, Sr., Lake View C.C., Sterling
Douglas W. Reynolds, Cherry Hills C.C., Flossmoor
Jack Rezabek, American Legion, Edwardsville
Donald E. Ribbing, Lincoln Elks C.C., Lincoln
Bill Rich, Elgin C.C., Elgin
Carol Rich, Quail Creek C.C., Robinson
Mark Rich, Buena Vista G.C., DeKalb
Peggy G. Richards, Sun Valley G.C., Sun Valley
Ron Richards, Palatine Hills, Palatine
Ted Richardson, Maple Lane C.C., Elmwood
Walter Richter, Tamarack C.C., O'Fallon
Logan Rick, Silver Lake C.C., Orland Park
Donald W. Rickard, Bureau Valley C.C., Princeton
Joe Riebold, Arlington G.C., Granite City
Landis Riechers, Broadwater Beach Sun Course, Biloxi
Michael Ries, Silver Lakes North, Orland Park
Marian Rietveld, Hickory Hills C.C., Hickory Hills

Mary Riley, Indian Hills, Mt. Vernon
Mary Jo Riley, Indian Hills G.C., Mt. Vernon
Jim Rinella, Midland C.C., Kewanee
Samuel L. Rinella, Franklin County C.C., W. Frankfort
Sheldon M. Rita, Gleneagles C.C., Lemont
Jim Robbins, Sierra Estrella G.C., Goodyear
Glenn G. Roberts, Hickory Knoll, Whitehall
Michael P. Roberts, Tri-County, Augusta
Gregory Robertson, Mt. Prospect G.C., Mt. Prospect
Casey Robinson, Buena Vista, DeKalb
Michael D. Robinson, Quail Creek C.C., Robinson
Donald Robison, The Rail C.C., Springfield
Gene Roche, Carolina Shores G.&C.C., No. Myrtle Beach
Mary Lou Rodely, Perry County C.C., Tamaroa
Norman W. Rodier, Rail C.C., Springfield
Lamar Rodman, Highland Park G.C., Bloomington
Bill E. Rogers, Deer Run G.C., Hamilton
Harold E. Rogers, American Legion Public G.C., Edwardsville
James A. Rogers, Vermillion Hills C.C., Canville
John Rogers, Evergreen C.C., Evergreen
Margaret Rolling, Maple Lane C.C., Elm Wood
Kathie Romines, Kapalua Village G.C., Kapalua
John Rose, Dobson Ranch G.C., Mesa
Bob Rosenbaum, Pontiac Elks C.C., Pontiac
Howard Rosensteel, Lake Worth G.C., Lake Worth
Dick Rosenstiel, Pontiac Elks C.C., Pontiac
George Rose, Petrifying Springs, Kenosha
Al Rosin, Briarwood C.C., Deerfield
Walter E. Ross, Lincoln Greens C.C., Springfield
Jack Rosetto, Fox Valley C.C., Aurora
Mrs. Anthony Rossi, Olympia Fields C.C., Olympia Fields
John Rossi, Ridgemoor C.C., Chicago
James P. Rossiter, Tamaral C.C., Shiloh
Roy W. Roush, Indian River G.C., Indian River
Lib Rowan, Woodruff G.C., Joliet
A. J. Rudolph, Green Garden C.C., Frankfort
Richard Ruffolo, Klinger Lake C.C., Sturgis
Frank A. Rumel, Old Wayne G.C., W. Chicago
Robert Rutke, Jr., Village Greens, Woodridge
H. Michael Ryburn, Lakeside C.C., Bloomington
Mildred Sabatka, Salt Creed G.C., Itasca
David L. Sager, Deerfield G.C., Deerfield
Bill Sakas, Evanston G.C., Skokie
Jack M. Salstrand, Peninsula State Park G.C., Fish Creek
Harriet Sampsell, Glenview, Golf
Karl Sanda, Riverside G.C., N. Riverside
Wallace L. Sandberg, Ruth Lake C.C., Hinsdale
Dan Sandelin, Arrowhead G.C., Wheaton
Ralph Sandler, Indian Bluff, Milan
Henrietta Santoro, Broadwater Sea G.C., Gulfport
Sheryrie A. Sargent, Dogwood Hills G.C., Osage Beach
Mitchell Sawko, Medinah C.C., Medinah
Sam Scale, Golfmohr G.C., East Moline
Al Schar, Stonehenge G.C., Barrington
Richard Schar, Old Wayne G.C., West Chicago
Jo Ann D. Schelly, Northmoor, Peoria
Milton H. Scherrueble, Cedardell G.C., Plano
Frank J. Schmehl, Medinah C.C., Medinah
Fay Ellen Schmidt, Dogwood Hills G.C., Osage Beach
Jamie Sue Schmidt, Quail Creek C.C., Robinson
Pete Schmidt, Illinois State Univ. G.C., Normal
Gerald A. Schmitt, Arlington G.C., Granite City

1983 HOLES-IN-ONE

Bud Schneider, Ken-Loch Golf Links, Lombard
Ray Schneider, Bel Mar C.C., Belvidere
Steve Schneider, Fresh Meadow G.&C.C., Hillside
Robert Schoellhorn, Indian Wells G.C., Pebble Beach
Barbara Schoeneberger, North Shore C.C., Glenview
James D. Schrock, Shelby C.C., Shelbyville
Russ Schroeder, Woodridge G.C., Lisle
Ronald Schroeder, Jasper County C.C., Newton
Earl Schultz, Jr., Tuscumbia G.&T.C., Green Lake
John J. Schulz, Old Orchard C.C., Mt. Prospect
David A. Schuster, Edgewood Valley, La Grange
John E. Schuster, Flossmoor C.C., Flossmoor
John Schutz, Kaskaskia C.C., Arcola
Earl Schwabe, Highland Springs, Rock Island
Dan Schwartz, Tam-O-Shanter, W. Bloomfield
George E. Schwartz, Mile Square G.C., Fountain Valley
Chester Schwarz, Wilmette G.C., Wilmette
Werner F. Schwarz, Villa Olivia, Bartlett
Glenn Scott, Ft. Sheridan G.C., Ft. Sheridan
Joe Scroggins, Rock Spring, Alton
C. William Searcy, Sea & Air G.C., San Diego
Irene Sedlack, Champaign C.C., Champaign
Edward Selk, Shady Lawn G.C., Beecher
Bob Senk, Orlando Naval Training Center G.C., Orlando
Lewis Sharp, George Williams College, Williams Bay
Bill Shearrow, Ledges G.C., Ruscoe
Ben Shelley, Arrowhead C.C., Chillicothe
John Shemroske, Pinecrest G.&C.C., Huntley
Steven Shinall, Madison G.C., Peoria
Ron Shoger, Abbey Springs G.C., Fontana
Bob Shuler, Oak Grove C.C., Ford
Maurice R. Shulman, The Broadmoor, Colorado Springs
Chris Siavelis, Big Run, Lockport
Michael N. Sicuro, Jr., Old Wayne G.C., W. Chicago
David Cole Siebert, Shagbark G.&C.C., Onarga
Sandra Siegel, Harbor Ridge C.C., Antioch
Janice Siemers, Earlville C.C., Earlville
James A. Lawson, Cloverleaf G.C. Inc., Alton
Daniel F. Silberberg, Arlington C.C., Arlington Heights
Leo Simon, Lick Creek, Pekin
Peter Simoulis, Crystal Woods G.C., Woodstock
Anthony J. Simurda, Oak Brook, Edwardsville
Dick Singleton, Rolling Green C.C., Arlington Heights
Rich Sonnott, Fresh Meadow, Hillside
Harold M. Siron, Hazy Hills G.C., Hudson
Tom Sisk, Valley Oaks, Clinton
Richard A. Sjostrom, Sandys Hollow, Rockford
Vincent D. Skibicki, Sioux Trail, Bloomingdale
Chris Skinner, Southwestern Lakes G.C., Percy
Mary J. Skow, Napa Valley C.C., Napa
Robert (Bob) Slade, Urbana G.&C.C., Urbana
Betsy Slaght, Wilmette G.C., Wilmette
John S. Slevin, West Ottawa G.C., Holland
Irene E. Sloan, La Grange C.C., La Grange
Eugene F. Small, Glen Oak C.C., Glen Ellyn
Evelyn D. Smallwood, Shady Oaks C.C., Amboy
Verna P. Smarsty, Ebony G.C., Edinburg
David D. Smego, Spartan Meadows G.C., Elgin
Gerald Smit, Duck Creek, Bettendorf
Jeff Smit, Golfmohr, E. Moline
Alvin D. Smith, C.P.A., Mission Hills C.C., Northbrook
Barbara J. Smith, Carriage Greens, Homewood
D. R. Smith, Quail Creed C.C., Robinson

David A. Smith, Lake of the Hills, Haslett
Doug Smith, Midland Hills G.C., Carbondale
James B. Smith, Village Links, Glen Ellyn
James P. Smith, Parkview C.C., Pekin
John Smith, Arrowhead C.C., Chillicothe
Joyce Smith, Midland Hills G.C., Makanda
Lou Smith, Knollwood Club, Lake Forest
Robert R. Smith, Tamarack C.C., O'Fallon
"Toby" Smith, Diamond Head Yacht & C.C., Bay St. Louis
Robert Sobel, Chick Evans, Morton Grove
Terry Solon, Old Wayne G.C., W. Chicago
Dave Sonefeld, Phillip Park G.C., Aurora
Victor A. Spatafora, White Pines G.C., Bensenville
Eileen Spear, Jackon C.C., Murphysboro
Mike Speichinger, Pekin C.C., Pekin
Joe Spinozzi, Shady Lawn, Beecher
B. Dale Spore, Elks C.C., Lincoln
William Stage, Pheasant Run Lodge, St. Charles
Joseph A. Stal, Sycamore Hills C.C., Paris
Gary L. Stark, Four Winds G.C., Mundelein
George H. Starr, Jr., Rolling Hills G.&C.C., Wildwood
Lisa Stateman, Silver Lakes, Orland Park
U. S. Steele II, Pine Lakes C.C., Washington
Ray Steelman, Lena G.C., Lena
Larry Shure, Oak Brook G.C., Edwardsville
Steve Steinbeck, Spring Lake G.C., Quincy
Jan E. Stephens, Indian Creek G.&C.C., Fairbury
Randy J. Stephens, Indian Creek G.&C.C., Fairbury
Fred Stevens, Arlington Lakes G.C., Arlington Heights
Russ Stevens, Joliet C.C., Joliet
Jamie Stewart, Oregon C.C., Oregon
Jack Stifle, Univ. of Illinois, Savoy
Samuel Stillson, Maple Lane C.C., Elmwood
Paul Stokes, Midland Hills, Makanda
Tom Stokes, Woodridge G.C., Lisle
Mike Stolarik, Donnie Brook G.C., Waukegan
Ron Storjohann, Foss Park, No. Chicago
Claire Storto, Riverside G.C., N. Riverside
Don Straka, Coachman's Inn, Edgerton
Russell Streeter, Medinah C.C., Medinah
Amos Strobel, Lake of Egypt G.C., Marion
Robert W. Strong, Earlville C.C., Earlville
Ray Suddarth, Fairfield C.C., Fairfield
Bob Sullivan, Big Run, Lockport
Glenn Sullivan, Randall Oaks G.C., Dundee
Lloyd Stumbaugh, Elmhurst C.C., Wood Dale
O. Foster Sturdevant, Mission Inn G.&T.C., Howey-In-The-Hills
David M. Sullivan, Edgewood Park G.C., McNabb
Edwin Sullivan, Countryside G.C., Mundelein
John Sunleaf, Fox Valley C.C., Batavia
Elizabeth Sutoris, Elgin C.C., Elgin
Gary Sutton, Macomb C.C., Macomb
Larry N. Sutton, Edgewood, Polo
John M. Swanson, Minne Monesse, Grant Park
John Swelly, Jr., Ridge C.C., Chicago
Nick Tabone, Bel Mar C.C., Belvidere
Darrly Taggart, Medinah C.C., Medinah
Margorie Taggart, Kankakee C.C., Kankakee
Don Taylor, Boca West Course #1, Boca Raton
Lloyd Taylor, American Legion, Edwardsville
E. Douglas Taylor, Arrowhead, Wheaton

453

1983 HOLES-IN-ONE

Larry Taylor, Golfmohr G.C., East Moline
Marjorie A. Taylor, Hawthorn Ridge, Aledo
Michael Taylor, Hilldale C.C., Hoffman Estates
Lou Tedesco, Brookwood C.C., Wood Dale
Marvin Temple, Sunset Valley G.C., Highland Park
Joe Tenholder, Locust Hills G.C., Lebanon
Donald Tenhoven, Old Oak C.C., Lockport
Angelo E. Terrana, Hill Dale C.C., Hoffman Estates
Judge Ray Terrell, Edgewood C.C., Auburn
Evelyn Terwelp, Ft. Madison C.C., Ft. Madison
Bill Tezak, Wedgewood, Plainfield
Fred G. Thelander, Valley Green G.C., N. Aurora
Bob Thomas, Dell View, Lake Delton
Jim Thomas, American Legion Post 199 G.C., Edwardsville
Don Thompson, Old Elm Club, Ft. Sheridan
Jack Thompson, Dixon C.C., Dixon
Ray Thomsen, Ridge C.C., Chicago
Chuck Thornton, Indian Bluff, Moline
Curtis Thornton, Shady Lawn G.C., Beecher
Albert Tilley, Cardinal G.C., Effingham
John Tiberi, Cog Hill, Lemont
John J. Tisza, Glenwoodie G.&C.C., Glenwood
Vincent J. Titone, Randall Oaks G.&T.C., W. Dundee
Jerry Toland, Bunker Links, Galesburg
Reno Tondelli, George Williams G.C., Williams Bay
James W. Tooley, Atwood Homestead G.C., Rockford
Edward T. Tomkins, We-Ma-Tuk Hills C.C., Cuba
Gregory Towler, Faries Park G.C., Decatur
Gary L. Traub, St. elmo G.C., St. Elmo
Don Treece, Lake of Egypt, Marion
A. M. Triest, Cog Hill G.&C.C., Lemont
Gary Trotter, Newman G.C., Peoria
Mike Truman, Effingham C.C., Effingham
Cemond Tuch, Moonlake G.C., Hoffman Estates
Betty L. Tucker, Homestead, Mt. Vernon
Wilma J. Tucker, Charleston C.C., Charleston
Dave Tungett, Bunn Park, Springfield
Jerry R. Turnbull, Oakcrest G.C., Springfield
Don Turner, Silver Lakes C.C., Orland Park
John Turner, Lincoln Greens G.C., Springfield
Nelson Turner, White Pines G.C., Bensenville
Lee J. Tuttle, Danville C.C., Danville
Bill Tyler, Countryside G.C., Mundelein
Howard Tyler, Byron Hills, Port Byron
Mark Tyrpin, Randall Oaks C.C., W. Dundee
John G. Ulreich, Prestwick C.C., Frankfort
Arthur H. Uthe, Silver Lake, Orland Park
Thomas A. Valacak, Oak Hills C.C., Palos Heights
John V. Vana, Indian Bluff G.C., Milan
Gerry Vander Beke, Short Hills C.C., East Moline
Dean Van Diver, Lincoln Greens G.C., Springfield
Jonathan L. Van Ness, Quincy C.C., Quincy
Donald L. Van Tine, Gibson Woods, Monmouth
E. Kyle Vantrease, Franklin C.C., West Frankfort
Don Van Wey, Pottawatomie G.C., St. Charles
Jim Vasek, Lake Lawn Lodge, Delavan
James Velander, Deerfield G.C., Deerfield
Bill Verber, Glendale, Bloomingdale
Allen Verchota, Univ. of Illinois, Savoy
Roger J. Verseman, Edwardsville American Legion, Edwardsville
Thomas G. Vesey, Twin Pond's G.C., Crystal Lake

Sarah D. Vickers, Freeport C.C., Freeport
Edward Victor, Lake Monterey G.C., Burnips
Charles Villanova, Silver Lake C.C., Orland Park
Donald J. Vito, Carriage Greens C.C., Darien
Roger Vollmer, Northmoor G.C., Peoria
Kirk Voogd, Woodridge C.C., Lisle
Dr. Harry F. Wade, Oregon G.C., Oregon
Gary Waitzman, Buffalo Grove G.C., Buffalo Grove
Dr. Robert H. Waldman, Midlane C.C., Waukegan
Buddy Walls, Wolf Creek G.C., Pontiac
Barbara Walner, Hillcrest C.C., Longrove
Peggy Walt, Buena Vista, DeKalb
Alex H. Walters, Homestead, Mt. Vernon
Victor Walulis, Bonnie Brook, Waukegan
Rick Wampler, Champaign C.C., Champaign
John Ward, Woodruff G.C., Joliet
Richard R. Wardell, Mission Hills C.C., Northbrook
George F. Warga, Glencoe G.C., Glencoe
Edward Warm, Kemper Lakes, Hawthorn Woods
Jim Warren, Tropicana C.C., Las Vegas
Betty Weber, Heathert C.C., Brooksville
Dennis D. Weber, Buffalo Grove G.C., Buffalo Grove
Dick Weber, Capri Isles G.C., Venice
Pat J. Weber, Sunset Hills C.C., Edwardsville
Phil Weber, Crestwicke C.C., Bloomington
Eric Wedeen, Phillips Park, Aurora
Edward J. Wiedner, Elgin C.C., Elgin
Ted Weinstein, Sunset Valley G.C., Highland Park
Dorothy Weis, Boca Teeca C.C., Boca Raton
Paul Weishoff, Cedardell G.C., Plano
Howard J. Welflin, Orchard Hills C.C., Waukegan
Bob Weller, Harrison Park, Danville
Dr. Bob Wertz, Olympia Fields C.C. North, Olympia Fields
Elenor Wertz, Olympia Fields C.C. South, Olympia Fields
Peter C. West, Sycamore G.C., Sycamore
John T. Whalen, Evergreen G.C., Chicago
Tom Whalen, Mendota G.C., Mendota
James M. Wharton, Glenview Park G.C., Glenview
Roe Wharton, Pasfield Park, Springfield
Betty White, Kaskaskia C.C., Arcola
David G. White, Kankakee Elks C.C., St. Anne
Gregory Thomas White, Jasper County C.C., Newton
Melrose White, Franklin County C.C., West Frankfort
Steve White, Urbana C.C., Urbana
Jack Whitson, Indian Springs G.C., Saybrook
William Whittaker, Sandpiper Bay, Port St. Lucie
Mary E. Wieland, Lincoln Elks C.C., Lincoln
Joseph Wielosinski, Shady Lawn, Beecher
Roy D. Wilcox, Spring Lake C.C., Quincy
Alvin O. Wildenradt, Sycamore G.C., Sycamore
Bud Wilhelm, Shelbyville C.C., Shelbyville
Charles Willey, Scovill G.C., Decatur
Dr. Chas H. Williams, Lick Creek, Perin
Dan Williams, Forest Hills C.C., Rockford
James C. Williams, Morris C.C., Morris
James Michael Willis, Vamo, North Chicago
James R. Williams, Quincy C.C., Quincy
Charrles Willis, Sycamore Hills C.C., Paris
James L. Wilson, Twin Ponds, Crystal Lake
Larry Wilson, St. Charles G.C., St. Charles
Lyle Wilson, Ft. Sheridan G.C., Ft. Sheridan
Rick Wilson, Franklin County C.C., West Frankfort
Mark P. Wiltz, Newman G.C., Peoria

1983 HOLES-IN-ONE

Jerry Wineberg, Bonaventure C.C., Ft. Lauderdale
Mrs. Barbara Winter, Butterfield C.C., Oak Brook
Shaun Winter, Franklin County C.C., W. Frankfort
Roger L. Witt, Deerfield G.C., Deerfield
Sidney Wittert, Holiday Springs G.C., Margate
Jacqueline Wobith, Medinah C.C., Medinah
Wendell C. Wohlford, Innisbrook G.&C.C., Tarpon Springs
Dennis Woiwode, Pine Crest G.C., Mason City
Scott F. Wolff, Silverlake C.C., Orland Park
James C. Wood, Grenelefe West Course, Haines City
John E. Wood, Glenwoodie C.C., Glenwood
Chuck Woods, Monmouth C.C., Monmouth
Michael E. Worley, Nashville G.C., Nashville
Rick Worrill, Deerfield G.C., Deerfield
Carl Wright, Indian Springs G.C., Saybrook
Ethel Wright, Vandalia G.&C.C., Vandalia
Nancy C. Wulfers, Forest Preserve National, Oak Forest
Rinaldo Yon, Homestead G.C., Mt. Vernon
Stephen J. York, Saukie G.C., Rock Island
Tom Young, Alton Municipal G.C., Alton
William S. Young, Forest Hills C.C., Richmond
Richard F. Yudzentis, Morris C.C., Morris
Robert C. Zack, South Shore G.C., Momence
Roger Zahnen, Fresh Meadow G.&C.C., Hillside
Mrs. Edward Zalesky, Evanston G.C., Skokie
Michael Zavis, Bryn Mawr C.C., Lincolnwood
John Zemer, Silver Lake C.C., Orland Park
Angelo Ziccarelli, Ft. Sheridan G.C., Ft. Sheridan
Steve Zion, Silver Lake C.C., Orland Park
Sally Zimmer, Jackson C.C., Murphysboro
James E. Zuckerman, Edgewood Valley C.C., La Grange
Walt Zurhorst, Pekin C.C., Pekin
Jeff Zuspann, Lincoln Greens G.C., Springfield

INDIANA

Edward Adamczyk, MacArthur, E. Chicago
Bob Adams, Indian Ridge, Hobart
Tom Adams, Greensburg C.C., Greensburg
Bernie Admire, Hillview C.C., Franklin
Rick Aguilar, Shady Hills, Marion
Elaine Allen, Honeywell G.C., Wabash
Robert E. Allen, Richmond Elks C.C., Richmond
Ralph Altemeyer, Elks C.C., Seymour
D.L. Anderson, Ulen C.C., Lebanon
Frank B. Anderson, Curtis Creek C.C., Rensselaer
John B. Anderson, Elks C.C., Vincennes
L.V. "Hank" Anderson, Sunrise Falls Municipal G.C., Madison
Gene Andis, Vincennes Elks, Vincennes
Gary Armstrong, Seymour C.C., Seymour
Bill E. Arnold, Purdue University, West Lafayette
Mildred Arrington, Otter Creek G.C., Columbus
Pete Auila, Hamiltons, Evansville
Myron Austin, Highland G.&C.C., Indianapolis
Fred Avery, Maxwelton G.C., Syracuse
Patrick J. Avery, Zoar Village G.C., Dover
Dave Baker, Crooked Stick G.C., Carmel
Ed Baker, The C.C. of Indianapolis, Indianapolis
Clifford Bales, Sr., Killbuck G.C., Anderson
James Ballard, Honeywell G.C., Wabash
W.E. Banker, Tippecanoe C.C., Monticello

Ken Banks, Crooked Stick, Carmel
Peter C. Barker, Crooked Stick, Carmel
John Barron, Indian Ridge C.C., Hobart
Patty Barth, G.C. of Indiana
Max E. Barton, Hart G.C., Marion
Bob Bastian, Beeson Park G.C., Winchester
David L. Baughman, Canterbury Green, Ft. Wayne
John A. Baumann, Decatur G.C., Decatur
James Baumgartner, American Legion G.C., New Castle
Jack Bayer, Carolina Shores G.&C.C., N. Myrtle Beach
Richard D. Bayles, Frankfort C.C., Frankfort
John Beam, The C.C. of Indianapolis, Indianapolis
Howard G. Beams, Lake James C.C., Angola
Bud Beard, Colonial Oaks G.C., Ft. Wayne
L. Crawford Beatty, Pheasant Valley C.C., Crown Point
Don Beatty, Arlington Park G.C., Ft. Wayne
Earnest R. Beaver, Curtis Green C.C., Rensselaer
Jeannette Beaver, The Club at Pelican Bay, Naples
William H. Beck, Rey Park, Terre Haute
Noel Becker, Sycamore Springs, Indianapolis
John Becking, Swan Lake G.C., Plymouth
Robert Bednar, Sherwood G.C., Scherville
Ron Beebout, Pond View G.C., Star City
Tom Beerbower, Pond-A-River G.C., Woodburn
Larry Bella, Park Mammoth, Park City
Bob Bender, Helfrich G.C., Evansville
Greg Bernard, Linton Municipal Phil Harris, Linton
Charles Bertch, Maplecrest C.C., Goshen
Robert M. Bertsen, Dubuque G.&C.C., Dubuque
Mike Berzai, Erskine Park G.C., So. Bend
James F. Best, Idlewold C.C., Penoleton
Mike Beyers, Cascades G.C., Bloomington
George Bibich, luckaway, Crete
Lloyd Bickel, Robin Hood G.C., So. Bend
Greg Binder, Dykeman Park G.C., Logansport
Jennifer Bingaman, Green Acres G.C., Kokomo
Jeff Birchler, Hoosier Heights C.C., Tell City
Jerry L. Bishop, Summer Tree C.C., Crown Point
William Bissell, Timber Ridge C.C., Minocqua
A. Dean Blackard, Walnut Creek, Marion
Peter D. Blainey, Sunblest Golf & Tennis Club, Noblesville
Bill Blake, Foss Park G.C., No. Chicago
Robert Blank, Hillcrest C.C., Batesville
Larry Blazek, Sarah Shank, Indianapolis
Evert Blem, Parlor City C.C., Bluffton
Mary Blignaut, Lafayette Elks C.C., W. Lafayette
Russell E. Blue, Swan Lake G.C., Plymouth
Dick Boedeker, Tippecanoe Lake C.C., Leesburg
Stephen P. Boland, Michigan City Municipal G.C., Michigan City
Pete Bonaventura, Palmira G.&C.C., St. John
Mark Bonner, Pleasant Run G.C., Indianapolis
John Bontreger, Sycamore Springs G.C., Indianpolis
John D. Borah, Brookshire, Carmel
Richard L. Boring, Greenfield C.C., Greenfield
Mike Borson, Brockway G.C., Lapel
Gary Boruff, Pine Woods G.C., Spencer
James L. Bottorff, Elk's C.C., Jeffersonville
Bill Bourne, Parlor City C.C., Bluffton
Bob Bourne, Lake View G.C., Pine Mountain
Joanne Bowen, Edwood Glen C.C., W. Lafayette
Strother Bowling, Dogwood G.C., Diamond
Ralph Bowman, Buenaventura Lakes, Kissimmee

455

1983 HOLES-IN-ONE

Bill Bradtke, Otter Creek G.C., Columbus
Bob Brady, Lafayette Elks C.C., W. Lafayette
Ewin "Ed" M. Brame, Jr., Willow Ridge G.C., Ft. Wayne
Clarence D. Brannum, Max Welton G.C., Syracuse
Lee Breeden, Diamond Hill G.&C.C., Valrico
Jerry Brewer, Jasper C.C., Jasper
Richard Brewer, Mohawk Hills G.C., Carmel
Ed Brinegar, Laurel Lakes G.C., Hartford City
Cindy Brooks, McMillian, Ft. Wayne
Charlie Brown, American Legion G.C., New Castle
Jack Brown, Frankfort C.C., Frankfort
Robert W. Brown, Elks C.C., Sullivan
Steven C. Brown, Speedway, Indianapolis
Thomas F. Brown, Harbour Trees G.C., Noblesville
Judy Browning, Pleasant Run G.C., Indianapolis
Rich Bruhnemer, Elwood C.C., Elwood
Steve Burgauer, Crooked Stick G.C., Carmel
Edwin K. Burkhart, Dykeman Municipal, Logansport
Roger E. Burkhart, Norwood G.C., Huntington
Dewey Burnside, South Bend C.C., South Bend
Charles Burton, Lakeview C.C., Eaton
John Burton, Club of Prestwick, Plainfield
Jim Bush, Morris Park C.C., So. Bend
Thayer L. Byerly (Bob), Golf Club of Indiana, Lebanon
Jim Ryan Byers, Indiana Univesity Championship Course, Bloomington
Mark Byquist, Wicker Memorial Park G.C., England
David Cadieux, Elks Blue River C.C., Shelbyville
Jacint Calderazzo, Crown Point, Merriville
Anne Calderone, Harrisson Lake C.C., Columbus
Orville M. Caldwell, Swan Lake G.C., Plymouth
LInda Sue Calli, Druid Hills, Crossville
Jim Camp, Elks Blue River G.C., Shelbyville
James Caosley, Valleyview G.C., Middletown
Keith Carmichael, Delaware C.C., Muncie
Tom Carrico, Muscatatuck C.C., North Vernon
J. Brian Chaffin, Old Oakland G.C., Indianapolis
Stan Chalfant, Crestview G.C., Muncie
Patrick N. Chapin, Lake Hills G.&C.C., St. John
James M. Chiado, Tippecanoe C.C., Monticello
Roy Chiasson, Lake Hills G.&C.C., St. John
Stan Childer, Limberlost C.C., Rome City
Ed Christie, Elks Lodge C.C., Ft. Wayne
Doug Clark, The C.C. of Indianapolis, Indianapolis
John M. Clark, South Shore C.C., Cedar Lake
Phil Clark, Western Hills C.C., Mt. Vernon
Roger Clark, Christiana Creek C.C., Elkhart
Roy A. Claussen, Pottawattomie C.C., Michigan City
Jim Clegg, Waynesville C.C. Inn, Waynesville
David A. Cline, Jr., HIllview C.C., Franklin
Michael Coble, Hillcrest C.C., Indianapolis
Danny Colletto, Scholl Canyon G.C., Glendale
Robert Colwell, Sky Valley Golf, Hillsboro
Ruth Cohn, Hazelden C.C., Brook
Marg Conner, Jeff Elks C.C., Jeffersonville
Robert Conner, Orchard Ridge C.C., Fort Wayne
Dale Conrad, Harrison Hills C.C., Attica
Tom W. Conway, Orchard Ridge C.C., Ft. Wayne
Clint D. Conwell, Hickory HIlls G.C., Bluffton
Charles K. Cook, Zollner G.C., Angola
Chuck Cooley, Marion Elks C.C., Marion
Jon Cooper, Yule G.C., Alexandria
Larry Cooper, Seymour Elks C.C., Seymour

Virgil Cooper, Fourlakes C.C., Edwards
Mike Corcoran, Riverside Munic G.C., Indianapolis
Ruby Cordle, Elks C.C., Muncie
Jim Cormican, Oak Hills G.C., Middlebury
Arnold Cota, Michigan City Municipal G.C., Michigan City
John D. Cotter, Pleasant Run G.C., Indianapolis
Garry Courter, Grandview G.C., Anderson
Jerry Cramer, Beechwood, Laporte
Lynn Crandall, Elbel Park G.C., South Bend
Brad Crawford, Pondview, Star City
Larry D. Craver, Pointe C.C., Bloomington
Steve Crews, Cool Lake G.C., Lebanon
Charles R. Crnoevich, Summertree G.C., Crown Point
Donald L. Crump, Walnut Creek, Upland
Jeffrey Culp, Sandy Creek G.C., Seymour
Curt Cummings, Forest Park G.C., Brazil
Bob Cunningham, Harrison Park, Danville
William O. Cureton, Prestwick, Plainfield
Bill Cutter, Maplecrest C.C., Goshen
Russell Daily, Curtis Creek, Rensselaer
Richard Daines, Valparaiso C.C., Valparaiso
Paul Danford, Elks C.C., Seymour
Edwin J. Danner, Muncie Elks C.C., Muncie
Buren Davis, Lafayette Elks C.C., W. Lafayette
Gabby Davis, Willow Ridge G.C., Hunterdun
L. Bennett Davis, Delaware C.C., Muncie
Stan Davis, Elks C.C., Richmond
Ginny Daw, Wm. Sham G.C., Indianapolis
Bill Day, Columbia G.C., Chevy Chase
John E. Deardorf, C.C. of Indianapolis, Indianapolis
George M. Decker, Geneva Hills, Clinton
Pete Decker, Hillcrest G.&C.C., Batesville
Ben E. Delk, Delaware C.C., Muncie
Jean Deloreto, Lollner C.C., Angola
Wayne Depew, Old Oakland G.C., Indianapolis
Robert Derr, La Fontaine G.C., Huntington
Malvin H. Dewees, Capri Isles G.C., Venice
James V. Dick, Lake View, Eaton
Bob Rickey, Orchard Ridge C.C., Ft. Wayne
Alvin Dickman, Lakeside C.C., Milan
Jim Doerstler, Alamo C.C., Alamo
Richard (Red) Donnelly, Summer Tree, Crown Point
Robert E. Donnelly, The C.C. of Indianapolis, Indianapolis
J.W. Douglas, Lakeside G.C., Ft. Wayne
Patrick R. Dowden, Sarah Shank Municipal G.C., Indianapolis
Don Drake, Willow Ridge G.C., Ft. Wayne
Art Druckamillen, Old Oakland G.C., Indianapolis
Duane DuBois, Old Orchard, Elkhart
Evereet Dale Dunfee, Birch Tree Pond G.C., New Carusle
Ron Bon Durant, Sprig-O-Mint, Bremen
J. Chris Dusek, Bass Lake G.C., Knox
Dave Dvorak, Elcona C.C., Elkhart
Andrea F. Eavey, Delaware C.C., Muncie
Todd Ebling, Wooded View G.C., Clarksville
Dick M. Eiey, Fountain Head G.C., Plymouth
James E. Elder, Ocean Palm, Flagler Beach
Jane Elder, Leland C.C., Leland
Bob Eldredge, Geneva Hills, Clinton
David Ericson, Michigan City Municipal G.C., Michigan City
Pete Eriksen, Sunblest Golf & Tennis, Noblesville
Ellie Ernest, Mink Lake G.C., Valparaiso

1983 HOLES-IN-ONE

John Etter, Norword G.C., Huntington
Curley Everett, Layfayette Elks C.C., W. Lafayette
Bill Eversole, American Legion G.C., New Castle
George Feczko, South Gleason Park, Gary
Robert E. Fenimore, Elbel Park G.C., South Bend
Bob Ferguson, G.C. of Indiana, Lebanon
Scott Ferguson, Lake of the Four Seasons, Crown Point
Maurice Ferriter, Lafayette C.C., Lafayette
David A. Fisher, Meshingomesia C.C., Marion
Jack Fitch, South Grove G.C., Indianapolis
Paul E. Fitch, South Westway G.C., Indianapolis
Jerry Fitzgerald, Summer Tree, Crown Point
Jerry Flanagan, Erskine Park G.C., South Bend
Ted Fletcher, Martinsville C.C., Martinsville
Jack Flickinger, Oak Knoll G.C., Crown Point
Don Fobes, Crooked Stick G.C., Carmel
T. A. Fogleman, Hyland Hills G.&C.C., Southern Pines
Dennis Folke, Hillcrest G.&C.C., Batesville
Donald C. Ford, Beechwood G.C., La Porte
George A. Fortino, Elcona C.C., Elkhart
Larry D. Foster, Tomahawk Hills G.C., Jamestown
Oren L. Fouts, Riomar C.C., Vero Beach
Edward K. Fowley, Sarah Shank Municipal G.C., Indianapolis
Andy Fox, Woodmar C.C., Hammond
Lester Fox, Elbel Course, South Bend
Everett France, Hart G.C., Marion
Robert K. Francis Indiana State Univ. G.C., Terre Haute
Keith Frye, Supervisors Club, Hobart
Tim Frazier, Eel River G.C., Churubusco
Tony Frest, Indian Ridge, Hobart
Bobby Fritz, Michigan City North Course, Michigan City
Ran Fueger, Honeywell Public G.C., Wabasgm
Jim Fuller, Knox County G.C., Bicknell
Robert Fuller, River Bend G.&C.C., New Bern
Robert Funkhouser, Indian Pines G.C., Rockledge
Phil Gabbert, Shady Hills, Marion
Ken C. Gaby, Foster Park G.C., Ft. Wayne
Ned Galbraith, Christmas Lake, Santa Claus
Jeff Gallagher, Maxinkukee G.C., Maxinkukee
Leonard Wayne Gallagher, Elks C.C., Sullivan
Manuel G. Garcia, Hillcrest G.&C.C., Batesville
Reg Gardini, Morris Park C.C., South Bend
Robert F. Gardner, Briar Ridge C.C., Dyer
Bill Garrett, New Albany C.C., New Albany
Rick Garrison, Beechwood G.C., La Porte
James Garwood, Ulen C.C., Lebanon
Katie Gasaway, Lake Hills G.&C.C., St. John
David Gauss, Pleasant Run G.C., Indianapolis
Dan Gebo, Elbel Park G.C., South Bend
Bonita M. Gehring, Holly Forest G.C., Sapphire
Gary Gemmer, Zollner G.C., Angola
Bill George, Pleasant Run G.C., Indianapolis
Bill George, South Grove G.C., Indianapolis
Carmel Gerry, Mohawk Hills G.C., Carmel
Michael T. Giaquinta, Fairview G.C., Ft. Wayne
Norman J. Gill, Ulen C.C., Lebanon
John A. Gillaspy, Pinewoods, Spencer
Paul Glaze, Crestview G.C., Muncie
Dick Godfrey, Turkey Run G.C., Waveland
Lamar Gohn, Maplecrest C.C., Goshen
Jim Golliker, Hart G.C., Marison
Jeff Good, Hillview C.C., Franklin

Jim Good, Frankfort C.C., Frankfort
Floyd Goodin, Lafayette Elks C.C., W. Lafayette
John J. Goodman, Gull Lake View G.C., Richland
Elizabeth Goodpaster, Municipal G.C., Kenosha
Scotty Goodwin, American Legion G.C., New Castle
Bernie Gootee, Sarah Shank, Indianapolis
James W. Gordon, Sunblest Golf & Tennis, Noblesville
Jim Gorman, American Legion G.C., New Castle
Keith Gossard, Windy Hill C.C., Greencastle
Joyce Gradley, Pine Valley C.C., Ft. Wayne
Dale E. Graham, Rpzella Pond G.C., Warsaw
Laverne Graham, Hillview C.C., Franklin
Joan H. Gray, South Shore G.C., Syracuse
Robert J. Graystone, South Shore C.C., Cedar Lake
Susan Dunn Green, Indiana University, Bloomington
C. Robert Greer, Greenfield C.C., Greenfield
Russ Grieger, McDonalds, Evansville
Bill Griffiths, Otter Creek, Columbus
Alan Grose, South Shore G.C., Syracuse
Charles A. Gross, William Sarn G.C., Indianapolis
Paul D. Grossnickle, Gull Lakeview East, Augusta
Charles T. Groves, Crawfordsville Municipal G.C., Crawfordsville
Philip Groves, Pleasant Run G.C., Indianapolis
Robert Grundman, Plainfield G.C., Plainfield
Jim Gullett, Sycamore Springs, Indianapolis
William Gulley, Prestwick, Plainfield
Jack Gumbert, Pine Valley C.C., Ft. Wayne
Jeffrey A. Guy, Maxwelton G.C., Syracuse
Todd Guyer, Laurel Lakes G.C., Hartford City
Frank Haas, Meshingomesia, Marion
Wes Habart, Forest Hills C.C., Richmond
Lamont Hagen, Old Oakland G.C., Indianapolis
Curt Hagerman, Fairview, Ft. Wayne
Stan Hahn, Helfrich G.C., Evansville
Gil Hailey, Pleasant Run G.C., Indianapolis
Bob H. Hall, Honeywell G.C., Wabash
David B. Hallberg, Palmira G.&C.C., St. John
Michael Haluska, Calumet G.C., Gary
Jim Ham, Michigan City G.C., Michigan City
Grace Hamershock, Ted Meetz North, Michigan City
W. H. Hamilton, Rea Park, Terre Haute
John P. Hammond, Prestwick C.C., Plainfield
Donald Hannis, Tomahawk Hills G.C., Jamestown
Bob Hargrave, Evansville C.C., Evansville
Pat Harpenau, Hamilton's G.C., Evansville
Robert V. Harper, Jr., Pebble Brook G.&C.C., Noblesville
Don V. Ha;rris, Hickory Hills G.C., Bluffton
David H. Harrison, Crane G.C., Crane
Lou Harrison, Cressmoor C.C., Hobart
Shirley Hash, Hillview C.C., Franklin
Steve Haugh, Lafayette Elks C.C., Lafayette
John P. Hayes, Augusta Hills G.C., Albion
John Hays, South Shore C.C., Cedar Lake
Jeff Hearn, Sycamore Springs G.C., Indianapolis
Vernon H. Hernly, Hickory Hills, Parker City
Bob Heile, Crestview G.C., Muncie
George Heilman, Otter Creek G.C., Columbus
Ralph Heise, Briar Leaf G.C., La Porte
Ron Hellmer, Sycamore Springs, Indianapolis
Ivan Helmerick, A. J. Thatlher G.C., Indianapolis
Jim Hendrickson, Jr., Old Oakland G.C., Indianapolis
Floyd Herdman, Willow Ridge G.C., Ft. Wayne

457

1983 HOLES-IN-ONE

Herb Herring, Sullivan Elks C.C., Sullivan
Richard M. Hewett, Frankfort C.C., Frankfort
Vicki Hickman, South Bend C.C., South Bend
Lee Hicks, Rea Park, Terre Haute
Peggy Hidy, Elks Blue River C.C., Shelbyville
Roy Highlan, Ft. Wayne Elks C.C., Ft. Wayne
Jessie M. Hill, Pine Valley C.C., Ft. Wayne
William Vern Hill, Sandy Creek G.C., Seymour
Scott Hindman, Lakes of the Four Seasons, Crown Point
Helen L. Hinds, Harbour Trees G.C., Noblesville
Carl Hobbs, Elwood C.C., Elwood
Larry B. Hockman, Elks Green Tree, Carmel
Charlie Hodson, Elks #245, Muncie
Mrs. Joseph Hoff, Meridian Hills G.C., Indianapolis
Jean Hoffman, Honeywell Public, Wabash
John A. Hoffman, Wooded View G.C., Clarksville
Bob Holloway, Marion Elks C.C., Marion
Mildred Homann, Beechwood G.C., La Porte
Lloyd Hoodelmier, Fairfield Mountains, Lake Lure
Fonald J. Hooingarner, Knox County G.C., Bicknell
John W. Hoover, Hamilton G.C., Evansville
Lee A. Hope, Orchard Hills C.C., Buchanan
Dale Horner, Sunblest G.&T.C., Noblesville
Rina Horner, Elks C.C., Muncie
Jack Horvatich, South Shore, Cedar Lake
Bob Hosselbalch, Canterbury Green C.C., Ft. Wayne
Richard Houser, Gull Lake View G.C., Augusta
Thomas M. Howell, Bledsoes Par 3, Angola
Trenton R. Howell, Kendallville Elks G.C., Kendallvelle
Warren Howell, Hazelden C.C., Brook
Phil Hubinger, Summertree, Crown Point
Robert L. Hudson, Bicknell C.C., Bicknell
Bud Hoeber, Elks C.C., Ft. Wayne
Rodney L. Huggins, Blackford C.C., Hartford City
George B. Hughes, Old Orchard G.C., Elkhart
Robert D. Hughes, Sunrise Falls Municipal G.C., Madison
Peg Hunt, Beechwood G.C., La Porte
Bud Hunter, Crooked Stick G.C., Carmel
Dick Hunter, John H. Fendrich, Evansville
Rosemarie Hutzler, Tippecanoe C.C., Monticello
Louis F. Hurrle, Jr., The Hoosier Links, New Palestien
Pat Ingledue, Lake James C.C., Angola
Doyne Inman, La Granges Winding Branch, Cambridge City
Sharon K. Isenbarger, Canterbury Green, Ft. Wayne
Clarence Jachim, Wicker Park, Highland
Gene Jagodka, Beechwood G.C., La Porte
Don C. Jamison, Dykeman Park, Logansport
Juris Jansons, Highland G.&C.C., Indianapolis
Max E. Jenkins, Lake Tansi Village, Crossville
Tony Jepson, Robbinhurst G.C., Valparaiso
Edward J. Johnson, Zollner G.C., Angola
Pete Johnson, Cool Lake G.C., Lebanon
Sam E. Johnson, Pebble Brook G.&C.C., Noblesville
Ed Jones, Hulman Links, Terre Haute
Thomas D. Jones, Evansville C.C., Evansville
Tom Jones, Cobbly Nob Resort, Gatlinburg
Waldin (Casey) Jones, Dykeman Municipal G.C., Logansport
Gene Jongemaand, Highland G.&C.C., Indianapolis
David H. Jordan, Pinecrest On Lotela, Avon Park
George B. Josten, Pleasant Run, Indianapolis
Donald P. Kaade, Parlor City C.C., Bluffton

Nancy Kahrs, G.C. of Indiana, Lebanon
Francis R. Kaiser, Sarah Shank G.C., Indianapolis
Allen V. Kast, Hoosier Heights C.C., Tell City
Lee Kats, Curtis Creek C.C., Reusselaer
Mickey Keating, Pine Valley C.C., Ft. Wayne
Edwin L. Kelley, Westwood C.C., New Castle
John Kelley, Orchard Ridge C.C., Ft. Wayne
Arthur R. Keller, Fairview G.C., Ft. Wayne
Myron Kelley, Hickory Hills, Parker
Alec D. Kelly, Minne Monesse, Grant Park
Suzanne Kendall, Crane G.C., Crane
Richa;rd N. Kent, Ft. Wayne C.C., Ft. Wayne
Ken Keppen, La Porte Elks C.C., La Porte
Jeff Kerestury, Michigan City Municipal G.C., Michigan City
Marge Kerr, Rolling Hills, Ft. Lauderdale
Marge Kerstann, Mohawk Hills G.C., Carmel
Gary E. Kiger, Big Pine G.C., Attica
Ozzie Kiger, Minne Monesse G.C., Minne Monesse
Ron Killion, Pointe G.&T.R., Bloomington
Johnn P. King, Pheasant Valley C.C., Crown Point
Don Kinsler, Frankfort C.C., Frankfort
Jack Kirby, Elks Greentree C.C., Carmel
Frank G. Klein, Pine View G.C., Three Rivers
John Kluesner, Brockway G.C., Lapel
John F.Kluesner, Brockway G.C., Lapel
John Kramer, Notre Dame G.C., Notre Dame
Scott Kreitzman, South Bend C.C., South Bend
Charlotte Jean Kroll, Erskine, South Bend
Rich Kueker, Lakeside G.C., Ft. Wayne
William J. Kukoy, Turkey Creek County Park, Merrilville
David L. Lacey, Otter Creek G.C., Columbus
Henry LaFayette, Helfrich Hills, Evansville
Richard Land, Killbuck G.C., Anderson
Joe Landis, Briar Leaf G.C., La Porte
Ralph Landis, Hart G.C., Marion
Robert W. Lanman, Woodmar C.C., Hammond
Elmer Lassos, Ft. Wayne C.C., Ft. Wayne
Dudley Latham, Pheasant Valley C.C., Crown Point
Maurice D. Lathrop, Riverside Municipal G.C., Indianapolis
Tim LaVelle, Crestview G.C., Muncie
Randy Lawadowski, Canterbury Green, Ft. Wayne
Marian Lawson, Cascades G.C., Bloomington
Virginia Layet, Des Moines G.&C.C., West Des Moines
Harry D. Laayfield, G.C of Indiana, Lebanon
Jack C. Lazard, Meshingomesia C.C., Marion
Ross A. Leakey, Elks C.C., Ft. Wayne
Ralph K. Lee, Tomahawk Hills, Jamestown
Jim Lehner, Sr., Sand Creek Club, Chesterton
Jack Leifheit, Forest Park G.C., Brazil
Manie Leininger, Kokomo C.C., Kokomo
James H. Lemon, Elks C.C., Richmond
James Leroy, Zollner G.C., Angola
Dave Lewis, Crawfordsville Municipal G.C., Crawfordsville
Harold (Huck) Lewis, Ulen C.C., Lebanon
Patrick Lewis, Knox County C.C., Bicknell
Mrs. Harold J. Leyes, Bay Beach G.C., Ft. Myers Beach
Mike Light, Tippecanoe Lake C.C., Leesburg
Jim Lindenshmidt, Woodrow Jackson, Evansville
Richard E. Lipp, Fairview G.C., Ft. Wayne
Joe Lis, Hamilton G.C., Evansville

458

1983 HOLES-IN-ONE

Jim Liverman II, Beechwood, La Porte
George Loe, Peru Municipal G.C., Peru
Pat Loner, The C.C. of Indianapolis, Indianapolis
Max R. Long, Meshingomesia C.C., Marion
Anne Loughran, Indian State Univ. G.C., Terre Haute
Joe Lowe, Forest Park G.C., Brazil
Bob Ludlow, Speedway G.C., Speedway
Ellen Ludlow, French Lick Valley Course, French Lick
Dan Lynch, Hawthorn Hills G.C., Noblesville
Ja;ck Lynn, Knox County G.C., Bicknell
Foe Macik, Raber's G.C., Bristol
Frank Mack, Nordic Hills, Itasca
John Maddack, Indian Ridge, Hobart
James D. Madigan, Deer Track, Myrtle Beach
Jan Maher, South Shore G.C., Syracuse
Dottie Makely, Valla Vista C.C., Greenwood
Terry Malicki, Michigan City Municipal G.C., Michigan City
Reva Malm, Youche C.C., Crown Point
James H. Mann, Grand Haven G.C., Grand Haven
Jim Manuel, Cool Lake G.C., Lebanon
Dillard Marcum, Edgewood G.C., Anderson
Jim Marlatt, Dykeman Park G.C., Logansport
Hank Marsolais, Otter Creek G.C., Columbus
Robert E. Martin, Lake Side, Ft. Wayne
Terry O. Martin, Jeffersonville Elks, Jeffersonville
Joe Martinez, Pheasant Valley C.C., Crown Point
Bill Mattingly III, South Bend C.C., South Bend
Phillip Matz, Beechwood, La Porte
Tony Mayfield, Plymouth C.C., Plymouth
Richard Mazer, Meshingomesia C.C., Marion
Claude McCallister, Geneva Hills R#3, Clinton
Neal Mc Cammon, Greensburg C.C., Greensburg
Dan McClintic, Greensburg C.C., Greensburg
M. B. (Bless) McDermott, Elks Greentree C.C., Carmel
John J. McDonald, Butterfield C.C., Hinsdale
Ronald E. McDougall, Willow Ridge G.C., Ft. Wayne
Gene McFarland, Hart G.C., Marion
James McFarling, The C.C. of Indianapolis, Indianapolis
Pat McGary, Orchard Ridge C.C., Ft. Wayne
Steve McGinnis, Sunrise Falls G.C., Madison
Gerald W. McGraw, Oak Grove C.C., Oxford
Howard S. McKeever, Zollner G.C., Angola
Bob McKinnon, Pleasant Valley G.C., Payne
Thomas A. McSpadden, Honeywell Public G.C., Wabash
David F. McNamar, C.C. of Indianapolis, Indianapolis
Charles McNerney, Wyndwicke C.C., St. Joseph
R. A. McNerney, Pacific Grove Golf Links, Pacific Grove
Lisa McRaven, Canterbury Green, Ft. Wayne
Billie June McWilliams, Princeton C.C., Princeton
Beverly Melton, Elbel Park G.C., South Bend
Ralph Mengelt, Elwood C.C., Elwood
Todd Merrick, Oak Hills, Middlebury
Kenneth M. Merritt, Coffin G.C., Indianapolis
Louis Meyer, Sandpiper G.C., Goleta
Raymond (Chuck) Meyer, Briar Leaf, La Porte
Steven Micka, Supervisor's Club, Hobart
Ivan L. Miller, Tippecanoe C.C., Monticello
Kay Miller, Sr., American Legion G.C., New Castle
Mike Miller, Elbel Park G.C., South Bend
Mike MIller, Muscatatuck C.C., North Vernon
Milton Mills, Jr., Edgewood C.C., Anderson
Robert C. Moellering, Foster Park G.C., Ft. Wayne

Michael Ralph Mommer, Elks C.C., Ft. Wayne
Jim Monroe, Wooded View G.C., Clarksville
James L. Moreland, Erkine C.C., South Bend
Bob Mumma, Lakes of the Four Seasons, Crown Point
Charles Munsell, William Sahm Municipal G.C., Indianapolis
Jean F. Murphy, Brookshire G.C., Carmel
Kevin Murphy, South Grove G.C., Indianapolis
Bill Murray, Briar Leaf G.C., La Porte
Harry Murray, Meridian Hills, Indianapolis
Dick Myers, French Lick Springs G.C., French Lick
John Myrland, Broadmoor C.C., Indianapolis
Ferne Meeson, Sandy Creek G.C., Seymour
Betty M. Neff, Quail Creed C.C., Naples
Daniel L. Neff, Swan Lake G.C., Plymouth
David J. Nelson, Woodmar C.C., Hammond
Matt Nepote, Elks C.C., Richmond
Jim Newlon, Kokomo C.C., Kokomo
Nadene Nichols, Vincennes Elks G.C., Vincennes
Paul Nielander, Lafayette Elks C.C., W. Lafayette
Tom Nix, Riverbend G.C., Ft. Wayne
Harvey Noland, Beechwood G.C., La Porte
Peggy Oakley, Tippecanoe C.C., Monticello
June Oca, Jeff Elks G.C., Jeffersonville
Audrey O'Connor, Willow Ridge G.C., Huntertown
Charles O'Connor, Sr., Elks Blue River C.C., Shelbyville
Kent Vanen Oever, Beechwood Municipal G.C., La Porte
Boyd Ogle, Parmore G.C., New Paris
Eleanor Olson, Morris Park C.C., South Bend
Robert E. Olson, Beechwood, La Porte
Bill O'Neal, Walnut Creek, Upland
Ed Ooley, Pinewoods, Spencer
Terry O'Rourke, Elcona C.C., Elkhart
Alice Ortman, Camelot G.C., Mesa
Donald J. Oshinski, Pottawattomie G.C., Michigan City
Keith A. Osmon, Gary Works Supervisors Club, Hobart
Mearle Oswald, Wawasee G.C., Syracuse
Buddy Overholster, Sprig-O-Mint G.C., Bremen
Harry D. Pakish, Beechwood G.C., La Porte
Joe Parrott, Hampshire C.C., Dowagiac
W. J. Pashley, Old Oakland, Indianapolis
Roland Passwater, Martinville, Martinsville
Randall Patrick, Pleasant Run G.C., Indianapolis
Myron W. Paugh, Dolphine Head G.C., Hilton Head
Robert A. Paul, Swan Lake G.C., Plymouth
Dan Paulsen, Swan Lake G.C., Plymouth
Brad Pemberton, Boonville C.C., Boonville
Gordon R. Perney, Cressmoor C.C., Hobart
Fred Perry, Plymouth C.C., Plymouth
Bill Peters, Grissom A.F.B. G.C., Grissom A.F.B.
Mark Peters, Connersville C.C., Connersville
William J. Peters, Grissom A.F.B. G.C., Grissom A.F.B.
Sherman Peterson, Maplecrest C.C., Goshen
Richard Pettinato, Bass Lake C.C., Knox
Stormy Pfohl, Meshingomesia C.C., Marion
S. Junelle Phillips, Old Orchard G.C., Elkhart
Mac H. Pierce, Sims Oak Hills G.C., Bristol
Norman J. Pigg, Elk's Ft. Harrison G.C., Terre Haute
Lloyd L. Pipes, Brookshire, Carmel
James Piskura, Old Oakland G.C., Indianapolis
Nancy Placido, Max Welton, Syracuse
Linda Ploein, Beechwood Municipal G.C., La Porte
Kent Plummer, Hillview C.C., Franklin

1983 HOLES-IN-ONE

Ron Pollard, Lakeside C.C., Milan
Jeff Polles, G.C. of Indiana, Lebanon
James L. Post, Lagrange C.C., Lagrange
Forrest Powell, Old Orchard, Elkhart
Dean Prange, Greenfield C.C., Greenfield
Leah Prast, Indian Ridge, Hobart
Arlyn Prestholt, Desert Inn, Las Vegas
David R. Price, Butler National, Oakwood
Delvie Price, Dykeman Park, Logansport
Rich Pridemore, Lafayette C.C., Lafayette
Bill Prior, Westwood C.C., New Castle
Oscar Pryor, John H. Fendrich G.C., Evansville
Allen Puckett, Sarah Shank, Indianapolis
Phil Puetz, Dykeman Park G.C., Logansport
James L. Pyle, Kingswood G.C., Mason
Edward Pytynia, Michigan City Municipal G.C., Michigan
Ralph O. Queisser, Meridian Hills C.C., Indianapolis
Bob Racke, South Bend C.C., South Bend
Richard Raichart, Orchard Ridge C.C., Ft. Wayne
Gunny Rainbolt, Canterbury Green, Ft. Wayne
Bruce Ramey, Purdue South, W. Lafayette
Jim Ramsey, Tri-County G.C., Middletown
Sarah Ramsey, Amelia Island Plantation, Amelia Island
Bud Rank, Kokomo C.C., Kokomo
Al Rassi, Lafayette C.C., Lafayette
Max L. Rathbun, Portland Ind. C.C., Portland
Duane Ratliff, Valley View G.C., Middletown
Morris Ratts, Martinsville C.C., Martinsville
Don Rawson, South Bend C.C., South Bend
John W. Ray, Klinger Lake C.C., Sturgis
Matt Reams, Otter Creek G.C., Columbus
Mark Redicker, Elks C.C., Seymour
Helen Reed, Beechwood G.C., La Porte
Tina Reid, Parmore G.C., Goshen
Richard Reidenbach, Sim's Oak Hills G.C., Middlebury
Mark Reim, Elcona C.C., Elkhart
Mark E. Reinhart, Peifrich G.C., Evansville
Delbert Paul Reininga, Matthews Park G.C., Clinton
Jon Renbarger, Brockway G.C., Lapel
Mike Reydell, Grandview G.C., Anderson
Grant M. Rhode, Crawfordsville Municipal G.C., Crawfordsville
Martin Ribelin, Elks C.C., Seymour
Jimmie Rice, Hart G.C., Marion
Bret Richards, Honeywell G.C., Wabash
Steven J. Richter, Culver Academies G.C., Culver
Gerald J. Ricker, Lakeside G.C., Ft. Wayne
John L. Riddle, Hillcrest C.C., Indianapolis
Alan Riebe, Willow Ridge, Ft. Wayne
Charles J. Riffert, Fendrich G.C., Evansville
Chas Ritzi, Carle E. Smock G.C., Indianapolis
Jeff Roache, American Legion G.C., Kokomo
Michael D. Roan, Forest Hills C.C., Richmond
Robert G. Roark, Crestview, Muncie
Jeff Roberts, Sycamore Springs G.C., Indianapolis
Steve Robillard, Peru Municipal G.C., Peru
Donald E. Robinson, Oak Grove C.C., Oxford
Jack Robinson, Edwood Glen C.C., W. Lafayette
Jay Robinson, Ft. Wayne Elks C.C., Ft. Wayne
Max F. Robinson, Willow Ridge G.C., Huntertown
Jerry L. Roby, Phil Harris Municipal G.C., Linton
Francis L. Roe, The Elk's Greentree C.C., Carmel
Gene R. Roe, Hendricks County G.C., Danville

Harold Roesner, Valparaiso C.C., Valparaiso
Elbert C. Rogers, Morris Park C.C., South Bend
George Rohde, Michigan City Municipal G.C., Michigan City
Harry Rolley, Old State C.C., Evansville
Bill Romack, Hickory Hills, Parker City
Ron Ronk, Marion Elks C.C., Marion
Don Rosenow, Beechwood, La Porte
Ralph J. Rosentreter, Tippecanoe C.C., Monticello
Debrah R. Ross, Idlewold C.C., Pendleton
Bud Rowland, Crawfordsville Municipal G.C., Crawfordsville
Tom Rowles, Pebble Brook G.&C.C., Noblesville
Jim Ruddick, Plainfield Elks, Plainfield
Arthur O. Russell, South Shore C.C., Cedar Lake
Howard (Buddy) Ryle, Greensburg C.C., Greensburg
Edwin E. Sager, Hartley Hills C.C., Hagerstown
Alex Sahady, John H. Fendrich G.C., Evansville
Anthony Salczynski, Jr., Summertree G.C., Crown Point
Marki Salkeld, Delaware C.C., Muncie
Janet M. Salo, Wesselman Par 3, Evansville
Char Salter, Orchard Ridge C.C., Ft. Wayne
Drexie A. Sanders, Tippecanoe C.C., Monticello
Norman Sanders, Valley View, Middletown
Nancy E. Sannella, Delaware C.C., Muncie
Robert Savage, Rea Park G.C., Terre Haute
Vernice Sawvel, Zollner G.C., Angola
Herschel E. Scarbrough, The Hoosier Links, New Palestine
Nancy Scharrer, New Albany C.C., New Albany
Ronald R. Schettler, Brown County G.C., Oneida
John B. Scheumann, Lafayette Elks, W. Lafayette
Robert Schmeltz, Maxwelton G.C., Syracuse
Paul W. Schmidt, Old State C.C., Evansville
Edward C. Schoening, Lake Side C.C., Milan
Arthur Schoonveld, Hazelden C.C., Brook
Bob Schreiner, Lafayette Elks C.C., W. Lafayette
Robert E. Schuerger, John H. Fendrich G.C., Evansville
Roger Schutt, Crooked Stick G.C., Carmel
Dick Schweigel, Canterbury Green G.C., Ft. Wayne
Ellis Marvin Sconyers, Dykeman Park, Logansport
Leroy Scott, Lakeview C.C., Eaton
Robert Scott, Elcona C.C., Elkhart
Lowell E. Scotten, Pleasant Run, Indianapolis
Betty L. Scryby, Hillview C.C., Franklin
Tom Seal, Hulman Links, Terre Haute
Michael C. Sechrist, Oyster Reef, Hilton Head
R. Pete Sermersheim, Jasper C.C., Jasper
Robert Shannon, Maxwelton G.C., Syracuse
Harry Sharp, Hendrick County G.C., Danville
Ronald E. Shewman, Lagrange Winding Branch G.C., Cambridge City
Leslie D. Shively, Hamilton G.C., Evansville
Al Shockley, Norwood G.C., Huntington
Larry J. Shoemaker, American Legion G.C., New Castle
John A. Siberell, South Bend C.C., South Bend
Steve Sims, Cool Lake G.C., Lebanon
Steven N. Sims, Hulman Links, Terre Haute
Terry Sims, Otter Creek G.C., Columbus
Irma Sink, South Shore G.C., Syracuse
Jim Sircey, Colonial Oaks G.C., Ft. Wayne
Meg Skierkowski, Michigan City Municipal G.C., Michigan City

1983 HOLES-IN-ONE

Bill Slatton, Crane G.C., Loogootee
Charles W. Slauter, Big Pine G.C., Attica
Charles P. Slavin, Delaware C.C., Muncie
Cleo Smith, Ulen C.C., Lebanon
Daryl Smith, Greensburg C.C., Greensburg
Don G. Smith, Hazelden C.C., Brook
Eugene Smith, Curtis Creek C.C., Rensselaer
Eugene A. Smith, Lake James C.C., Anagola
James R. Smith, Sycamore Springs G.C., Indianapolis
Wayne L. Smith, Rozella Ford G.C., Warsaw
William R. Smith, Cedar Lake G.C., Howe
Maxine Smock, French Lick Springs G.&T.R., French Lick
Doug Snider, Robbinhurst G.C., Valparaiso
Mary Ann Snyder, Frankfort C.C., Frankfort
William C. Sobey, Elcona C.C., Elkhart
Paul D. Somers, Delaware C.C., Muncie
Charles Southgate, Hart G.C., Marion
Daniel H. Spitzberg, Broadmoor C.C., Indianapolis
Rosalind Spurling, The Landings Yacht & C.C., Ft. Myers
William Spyr, Pinehurst C.C., Pinehurst
Jack Stamper, Sandy Creek G.C., Seymour
Donald V. Starich, Chippendale, Kokomo
Tom Stark, Harbour Trees G.C., Noblesville
Ronald E. Steele, C.C. of Indianapolis, Indianapolis
Robert J. Steele, New Albany C.C., New Albany
Rusty Stephens, Colonial Oaks G.C., Ft. Wayne
Lloyd Stern, Riverside Municipal G.C., Indianapolis
Charles Stewart, Sprig-O-Mint G.C., Bremen
Cindy Stewart, Logansport C.C., Logansport
Chuck Stewart, Helfrich Hills G.C., Evansville
Stan Stokes, Rozella Ford, Warsaw
Mike Stoltzfus, Maplecrest C.C., Goshen
John R. Stone, Garrett C.C., Garrett
Dick Stonebraker, La Fontaine G.C., Huntington
Mike Stoops, Oak Grove C.C., Oxford
Charles A. Stout, Speedway G.C., Indianapolis
Richard Strakowski, Sprig-O-Mint G.C., Bremen
Gordon Stratton, Pebble Brook G.&C.C., Noblesville
W. E. Study, Beeson Park G.C., Winchester
Max Stultz, G.C. of Indiana, Lebanon
John Suding, Martinsville C.C., Martinsville
Margaret Sumwalt, Colonial Oaks G.C., Ft. Wayne
Larry Sutkowski, Summertree, Crown Point
Sharon Sweet, Washington C.C., Washington
Deon Swift II, Harrison Hills C.C., Attica
Gerald G. Szymanski, Arlington Park G.C., Ft. Wayne
Paul M. Szymanski, Swan Lake G.C., Plymouth
Chris L. Talley, Beeson Park G.C., Winchester
John S. Talter, Elcona C.C., Elkhart
Robert J. Tanasovich, Old Oakland G.C., Indianapolis
Carl Taseff, Youche C.C., Crown Point
Terry Tchoukaleff, Lakes of the Four Seasons, Crown Point
Larry G. Teegardin, Garrett C.C., Garrett
Robert Tennant, Reid Park, Springfield
Daniel G. Tharp, American Legion, Kokomo
Bob Thomas, American Legion, New Castle
Cecil Thomas, Forest Park G.C., Brazil
John R. Thomas, Meridian Hills C.C., Indianapolis
J. Ron Thomas, Kikomo C.C., Kikomo
Mel A. Thomas, Zollner G.C., Angola
Ron Thomas, Zionsville G.C., Zionsville
John D. Thompson, Glades C.C., Naples

John W. Thompson, Elks Ft. Harrison C.C., Terre Haute
Dick Timerlake, Corydon C.C., Corydon
John P. Torphy, Hulman Links, Terre Haute
Tom Townsend, Sycamore Springs, Indianapolis
Billy Treash, Hulman Links, Terre Haute
Robert J. Treash, Forest Park G.C., Brazil
Harold Trimble, Plymouth C.C., Plymouth
David Tripp, The Pointe, Bloomington
George Tromley, Elk C.C., Vincennes
Tony Trout, Forest Park G.C., Brazil
Margaret Troyer, Wawasee G.C., Syracuse
Dane L. Tubergen, Lake James C.C., Angola
Sherry Tucker, Pine Woods G.C., Spencer
Jack Turner, Walnut Creek G.C., Upland
Betty J. Tuttle, Hulman Links, Terre Haute
Marion Underwood, Elks Ft. Harrison C.C., Terre Haute
Dean Upshaw, Purdue, West Lafayette
Fred Vandergriff, Geneva Hills G.C., Clinton
Bob Van Pelt, Forest Hills C.C., Richmond
Fred Varsanik, Beechwood G.C., La Porte
Bob Veach, Westwood C.C., New Castle
Jack A. Voisard, Crestview G.C., Muncie
Tom Voss, Milan Lakeside C.C., Milan
Todd Wagner, Big Pine G.C., Attica
Baun M. Waisanen, Portage Lake G.C., Houghton
Keith Kenneth Waite, Lake Lorraine G.&T.C., Shalimar
Jack Walker, McMillen Park G.C., Ft. Wayne
Mike Walker, Glenview G.C., Cincinnati
Jerry Waller, Zollner G.C., Angola
Don E. Walls, Cascades G.C., Bloomington
Herschel Walls, Sandy Creek G.C., Seymour
Mary L. Walter, Fendrich G.C., Evansville
Jack Waltermire, Peru Municipal G.C., Peru
Gary R. Walton, Pine Woods G.C., Spencer
David Walz, Hamiltons, Evansville
Kurt Wambach, Helfrich Hills, Evansville
Kent R. Ward, Beeson Park, Winchester
Bill Warfel, Elks C.C. 649, Richmond
Robert S. Warner, The Forest G.&C.C., Ft. Myers
Dick Watson, Jr., Meridian Hills C.C., Indianapolis
Michael W. Watson, Garrett C.C., Garrett
William Watson, Maplecrest C.C., Goshen
Norma Watts, Harrison Lake, Columbus
Mike Webster, Elcona C.C., Elkhart
Mike Weeks, Plymouth C.C., Plymouth
Vic Weener, Sr., Dykeman Park G.C., Logansport
John Z. Weigand, Phil Harris Linton Municipal G.C., Linton
Paul A. Weigle, Par View G.C., West Lafayette
Hervey P. Welford, Norwood G.C., Huntington
Wilbur Welker, Killbuck G.C., Anderson
Luise C. Werking, Connersville G.C., Connersville
Doc Wert, Norwood, Huntington
John W. Wheeler, Pine Woods G.C., Spencer
Kurt Wheeler, Squaw Creek Municipal G.C., Cedar Rapids
Bill White, G.C. of Indiana, Zionsville
Marilyn W. White, Crooked Stick G.C., Carmel
Al Whitesell, Parmore G.C., New Paris
Bernice Wickens, Greensburg C.C., Greensburg
Nancy Wilberding, Big Pine, Attica
Ernest R. Wilkerson, Otter Creek, Columbus
Robert E. Wilkes, Phil Harris Linton Municipal G.C., Linton

1983 HOLES-IN-ONE

Barbara Williams, Hamilton's G.C., Evansville
Carl Williams, Cool Lake G.C., Lebanon
Howard S. Williams, Meridian Hills C.C., Indianapolis
James L. Williams, Blackford G.C. Inc., Hartford City
Roy Williams, BPO Elks #86 C.C., Terre Haute
Steve Williams, Grandview G.C., Anderson
Dick Wills, Pebblebrook, Noblesville
Bob Wilson, Fairview G.C., Ft. Wayne
Gerald L. Wilson, Hawthorne Hills G.C., Noblesville
Lloyd D. Wineinger, Summer Tree, Crown Point
Loran L. Wingfield, III, Zollner G.C., Angola
William R. Wingrove, Anderson C.C., Anderson
Ric Alan Winters, Geneva Hills G.C., Clinton
Vince Winther, Pottawattomie C.C., Michigan City
Gene B. Wise, Sand Creek G.C., Chesterton
Arthur H. Witucki, Havenhurst G.C., New Haven
Orville Wood, Parke Co. G.C., Rockville
Bud Woods, Fairview G.C., Ft. Wayne
Jerry Woods, Parmore G.C., New Paris
John Wortinger, Maxwelton G.C., Syracuse
Richard L. Wozniak, Michigan City Municipal G.C., Michigan City
Montie Wray, Pleasant Run G.C., Indianapolis
Jim Wright, Walnut Creek G.C., Upland
Mary Wright, Plymouth C.C., Plymouth
Lee Young, Elks Greentree C.C., Carmel
Steve Zarecki, Swan Lake G.C., Plymouth
Don Zawlocki, Hampshire C.C., Dowagiac
Tony Zerites, Lake Michigan Hills, Benton Harbor
Allen J. Zimmer, Brookwood G.C., Buchanan
Allen J. Zimmer, Hampshire C.C., Dowagiac
Rita Zimmerman, Hillcrest C.C., Batesville
Ben Zmyslo, Elbel Park G.C., South Bend
Eddie Zoeller, New Albany C.C., New Albany

IOWA

Andy Aalderks, Aplington Recreation Complex, Arlington
Harold F. Abbott, Fulton C.C., Fulton
Mark Albers, Oneota G.&C.C., Decorah
Kip Albertson, Willow Creek, Des Moines
John H. Allard, Jr., St. Joseph's Bay C.C., Port St. Joe
Dale Allen, Nishna Hills, Atlantic
Sam Allen, Woodward Golf & Recreation, Woodward
Gary J. Altwegg, Applewood, Omaha
Mel Amelang, Beaver Hills C.C., Cedar Falls
Ivis Anders, Aplington Recreation Center, Aplington
C. A. Anderson, Twin Pines, Cedar Rapids
Matt Anderson, Mason City C.C., Mason City
Rolf E. Anderson, Willow Creek G.C., Des Moines
Roger Anderson, Willow Creek G.C., Des Moines
Sherri L. Anderson, Logan-Missouri Valley G.C., Logan
Steve Anderson, Grinnell C.C., Grinnell
Tom Anderson, Oneota G.&C.C., Decoral
Peter Armatis, Willow Creek, Des Moines
Bill Artis, Sr., Des Moines G.&C.C., W. Des Moines
Joe Ascroft, Finkbine G.C., Iowa City
Floyd Ashton, Oakwood, Conrad
Buddy Atienza, Maquoketa C.C., Maquoketa
Martin E. Auerill, Byrnes Park, Waterloo
Dick Bachman, Lone Pine C.C., Colesburg
Mike Baiotto, Emerald Hills, Arnolds Park
Robert Balster, Fulton C.C., Fulton
Jack Bantz, Highland Park G.C., Mason City

Bonnie B. Barnett, Cherokee C.C., Cherokee
Bob Barney, Treynor Recreation Area, Treynor
Jim Barr, Ames G.&C.C., Ames
Ronald L. Bates, Toad Valley G.&C.C., Runnells
Lane Bauer, Palmer Hills, Bettendorf
Bruce Baum, Willow Creek, Des Moines
Iona Baxter, Kingswood, Bella Vesta
Harvey W. Beams, Spencer Municipal G.C., Spencer
William D. Beason, Grandview G.C., Des Moines
Dean Bemus, Cedar Rapids C.C., Cedar Rapids
Herb Benit, Emerald Hills G.C., Arnolds Park
William A. Bergman, Cedar Rapids C.C., Cedar Rapids
Jamie Bermel, Pella G.&C.C., Pella
Bob Bertelsen, Highland Springs, Rock Island
Don Besch, Hillside G.C. Inc., Wesley
Bill Blackwood, Sheaffer G.C., Ft. Madison
Rob Bleakley, Lake MacBride G.C., Solon
Ellen D. Block, Elmwood C.C., Marshalltown
Jay Blocker, Thunder Hills C.C., Peosta
Dennis Blum, Waveland G.C., Des Moines
F. William Blum, Swan Hills Public G.C., Avon
Betty E. Boeckenstedt, Dyersville G.&C.C., Dyersville
Melvin Boeke, Palm Springs Municipal G.C., Palm Springs
Jim Bolson, Oneota G.&C.C., Decorah
Phil Boltz, Keokuk Elk's Fairview, Keokuk
Ken Bonthuis, Sioux City Boat Club, Sioux City
Bob Borth, Rock Island Arsenal G.C., Rock Island
Don C. Bowers, Davenport Duck Creek, Davenport
Thomas Bowie, Oakland Acres G.C., Grinnell
Bob Bowker, Humboldt G.C., Humboldt
Joyce A. Brandt, Finkbine Field, Iowa City
Walter Fred Breeding, Toad Valley G.C., Runnells
Cleo Breyfogle, Holstein Town & C.C., Holstein
Chuck Brice, Indianola C.C., Indianola
Jan Brinker, Bellevue G.C., Bellevue
Lonnie Brown, Silvercrest G.&C.C., Decorah
Steve Brown, Wakonda Club, Des Moines
Jim Buck, Grinnell C.C., Grinnell
Paul R. Buck, Town & Country, Grundy Center
Raymond E. Burkhart, Jewell G.&C.C., Jewell
Evelyn Burreson, Silver Crest G.&C.C., Decorah
Lyle D. Bush, Crestmoor, Creston
Perry M. Busse, Waverly Municipal G.C., Waverly
Thelma Bustad, Quail Creek, North Liberty
Robert Caldwell, Cedar Rapids C.C., Cedar Rapids
Ron Carlson, Willow Creek G.C., Des Moines
Le Verta Cheney, Springbrook C.C., De Witt
Bradley Chicoine, Sioux City Boat Club, Sioux City
Scott Chipokas, Cedar Rapids C.C., Cedar Rapids
Gred J. Christians, Otter Valley C.C., George
Jerry Cink, Whittemore G.C., Whittemore
Fred M. Clark, Woodside G.C., Des Moines
David E. Clizbe, Clinton C.C., Clinton
Violet M. Clymer, Woodward G.C., Woodward
Darwin Cohet, Westwood G.C., Newton
Duane Collins, Bunker Hill G.C., Dubuque
Edwin "Corky" Collins, The Dunes, Sanibel Island
Steve Collison, Carroll C.C., Carroll
Richard T. Connell, Byrnes Park G.C., Waterloo
Mike Connelly, Jones Park Municipal G.C., Cedar Rapids
Bob Consbrock, Spring Lake G.C., Ft. Madison
Dena Cook, Valley Oaks C.C., Clinton

1983 HOLES-IN-ONE

Doug Cook, Pine Knolls C.C., Knoxville
Gary Copperstone, Ankeny G.&C.C., Ankeny
Fean Cornwell, Atlantic C.C., Atlantic
Jerry A. Cosner, Woodside G.C., Des Moines
Dick Costello, Woodward G. & Recreation, Woodward
Jerry Cox, Quail Creek G.C., N. Liberty
T. M. Cozad, Rock Island Arsenal G.C., Rock Island
Doug Craft, Silvercrest G.C., Decorah
Bob Cunningham, Urbandale C.C., Urbandale
Jim Curley, Hend Co. Hills C.C., Biggsville
Steve G. Dale, St. Andrews G.C., Cedar Rapids
Gib T. Dapper, Ft. Dodge C.C., Ft. Dodge
Sara Darrah, Terrace Hills G.C., Altoona
Jim Davis, Cedar Rapids C.C., Cedar Rapids
Kenneth R. Davis, Palmer Hills G.C., Bettendorf
Stacie Davis, Toad Valley G.C., Runnells
Charles Dawson, Grenelefe G.C., Haines City
Tim Day, Jester Park G.C., Polk County
R. Gerald Deal, Logan Mo. Valley C.C., Logan
Norman J. Dean, Sarasota G.C., Sarasota
Ross De Buhr, Ottumwa C.C., Ottumwa
Harold Dekker, Indian Bayou G.&C.C., Destin
Troy Delong, Highland Park G.C., Mason
Mark Dembinski, Woodside G.C., Des Moines
Tim Denham, Nishna Hills G.C., Atlantic
Phil Dennis, Harlan G.&C.C., Harlan
Jack Dewey, Urbandale G.&C.C., Des Moines
John D. Diekmann, River Road G.C., Algona
John Dinnelien, Byrnes Park G.C., Waterloo
Larry J. Dinwiddie, Sheaffer Memorial G.C., Ft. Madison
Chris Doe, Klinger Lake C.C., Sturgis
Barbara Doebele, Ft. Madison C.C., Ft. Madison
Betty Jean Doerfler, Des Moines G.&C.C., W. Des Moines
Mark Dodge, Rockford C.C., Rockford
Casey Donahue, Valley Oaks C.C., Clinton
Kay Dowd, Dogwood Hills G.C., Osage Beach
Evelyn June Dowell, Green Acres C.C., Donnellson
Gene Dowie. Elmcrest C.C., Cedar Rapids
Sylvester Dravis, Ellis G.C., Cedar Rapids
Marvin Drenkow, Sibley G.&C.C., Sibley
Donald Druckenberg, Linn Grove C.C., Rockwell
Delbert "Dutch" Druger, Sibley G.&C.C., Sibley
Wilma I. Duffield, Wakonda Club, Des Moines
Bobby Dunn, Jester Park G.C., Granger
Jerry Eckerman, Grinnell C.C., Grinnell
Cory O. Edgerton, Pine Lake C.C., Eldora
Jeff Egli, Lake Panorama National, Panora
Joe Egli, Manson G.&C.C., Manson
Patrick Eich, Carroll C.C., Carroll
Andy Eissens, Carroll Municipal G.C., Carroll
Jim Elliott, Thunder Hills C.C., Peosta
Russ Elliott, Ackley C.C., Ackley
Barbara Evans, Woodside G.C., Des Moines
Ken Parmer, Emerald Hills G.C., Arnolds Park
Max H. Farrington, Edmundson G.C., Oskaloosa
Tod L. Faust, Byrnes Park G.C., Waterloo
Steve Fear, Spencer G.&C.C., Spencer
Donald Fee, Finkbine G.C., Iowa City
Pat Fees, Greenfield C.C., Greenfield
Joeldine Fennema, Humboldt C.C., Humboldt
Bob Fever, Davenport C.C., Pleasant Valley
Kurvin C. Fish, Hillcrest C.C., Adel
Bernice Fisher, Ebony Hills G.C., Edinburg

Bill Fletcher, Urbandale G.&C.C., Urbandale
John Foster, Tama Toledo C.C., Tama
Thomas J. Fox, Southills G.C., Waterloo
Christopher C. Frenz, Linn Grove C.C., Rockwell
Joan D. Fulton, Bunker Hill Municipal G.C., Dubuque
Lori Patricia Gaffney, Elmcrest C.C., Cedar Rapids
Wayne Gajeski, Emeis G.C., Davenport
Dave Gant, Willow Creek G.C., Des Moines
Scott Gasway, Indian Bluff G.C., Coal Valley
Michael B. Gathman, Okoboji Vu Vu, Spirit Lake
Dennis P. Geraghty, Dubuque Municipal G.C., Dubuque
Maurice Getting, Meadow Brook G.C., Hartley
John Gibbs, South Hills Municipal G.C., Waterloo
Don L. Glass, Gates Park G.C., Waterloo
Robert D. Gloe, Oneota G.&C.C., Decorah
J. D. Glover, Sheaffer G.C., Ft. Madison
Ray Goerler, Quail Creek G.C., North Liberty
Jesse F. Goetsch, Oneota G.&C.C., Decorah
Jeffrey Layne Goff, Willow Creek G.C., Des Moines
Dr. Eugene Goldberg, Sunnyside C.C., Waterloo
David G. Gosden, Pinehurst No. 3, Pinehurst
Gerald Gourley, Fillmore Fairways, Cascade
Steven James Graff, Lake City C.C., Lake City
James W. Grant, Dubuque G.&C.C., Dubuque
Bob Greteman, Carroll C.C., Carroll
Earl Grimm, Ballard G.&C.C., Huxley
Dewaine Grinstead, Flint Hills Municipal G.C., Burlington
Linda M. Gross, Elmwood C.C., Marshalltown
James F. Gruenwald, Jr., Camelot G.C., Mesa
Dave Gudgel, Keokuk C.C., Keokuk
Al Haigh, Bunker Hill G.C., Dubuque
Gloria Halburg, Carroll C.C., Carroll
Terry Halbur, Carroll C.C., Carroll
Robert S. Halford, Olmos Basin G.C., San Antonio
Jerry Hall, Elmcrest C.C., Cedar Rapids
Jackie Hamblin, Thunder Hills C.C., Peosta
Larry J. Handley, Otter Creek G.C., Ankeny
Bruce Hanna, Tama Toledo C.C., Tama
Wil Hanson, Palmer Hills G.C., Bettendorf
Darrell Harmon, Ballard G.&C.C., Huxley
L. W. "Les" Harvey, Treynor Recreation Area, Treynor
Chris Haugen, Ames G.&C.C., Ames
Selma Hawks, Woodlyn Hills G.C., Milford
Dave Hawley, Ottumwa Municipal G.C., Ottumwa
Eldo J. Heathman, Alta G.&C.C., Alta
Roy L. Heggen, The Club at Pelican Bay, Naples
Carol Hein, Quail Creek G.C., No. Liberty
F. Wayne Heithoff, Carroll C.C., Carroll
Arlyn R. Hemmen, Mason City G.&C.C., Mason City
Gary Henkens, Sheaffer G.C., Ft. Madison
Don Henson, SAC C.C., SAC City
Dorrance R. Herzog, Thunder Hills C.C., Peosta
George H. Hess, Estherville G.&C.C., Estherville
Frank C. Heston, Bryon Hills G.C., Port Bryon
Steve Hiemstra, Pella G.&C.C., Pella
Quentin Hill, Willow Creek G.C., Des Moines
Jim Hillery, Sr., Bunker Hill G.C., Dubuque
John Hirko, Ahwatukee C.C., Phoenix
James D. Hodges, Jr., Elmcrest C.C., Cedar Rapids
Blair Hoegh, Woodside G.C., Des Moines
Melinda J. Honnette, Emerald Hills G.C., Arnolds Park
Arnold N. Honkamp, Mason City C.C., Mason City
James L. Hopkins, Orange Lake C.C., Kissimmee

463

1983 HOLES-IN-ONE

Gordon Hopper, Veenker Municipal G.C., Ames
Dr. John Hornborger, Manning Manilla G.C., Manning
Mike Housby, Quail Creek G.C., No. Liberty
Gale Howe, Sibley G.&C.C., Sibley
James R. Hoyman, Indianola G.&C.C., Indianola
Jerry E. Huber, Finkbine Field, Iowa City
Bill Hummel, Emeis Park, Davenport
Eckels Hutchinson, Gates Park, Waterloo
P. J. Hutchison, Highland Park G.C., Mason City
Richard Hutter, Thunder Hills G.C., Peosta
Frank B. Ingrham, Mason City C.C., Mason City
Julius Isaacson, Shenandoah C.C., Shenandoah
Steve Ivanovich, Terrace Hills G.C., Altoona
Bill Iversen, Clinton C.C., Clinton
Helene Iverson, Rice Lake G.C., Lake Mills
Carl C. Jackson, Finkbine Field, Iowa City
Jim Jackson, Shangrai-la, Afton
Robert K. Jackson, Greenbriar Athletic Club, Exira
Dick Jacque, Tipton G.&C.C., Tipton
Ken James, Sheaffer Memorial Golf Park, Ft. Madison
Charles E. Jewell, Hillcrest G.&C.C., Yankton
Carroll L. Johnson, Des Moines G.&C.C., W. Des Moines
David H. Johnson, Belle Plains C.C., Belle Plains
Jim Johnson, Whittemore G.C., Whittemore
Mickael L. Johnson, Praire Knolls C.C., New Sharon
Pearl E. Johnson, Des Moines G.&C.C., W. Des Moines
Steven K. Johnson, Hidden Acres G.C., Sioux City
Willard Johnson, Woodside G.C., Des Moines
Dwight K. Jones, Sheaffer Memorial Golf Park, Ft. Madison
Ed Jones, Mason City C.C., Mason City
Wayne Jost, Duck Creek Park G.C., Davenport
Wade Jotham, Galena G.C., Galena
Don Judge, Rock Island Arsenal G.C., Rock Island
Sandy Judge, Valley Oaks G.C., Clinton
Rick Kasperbauer, Carroll C.C., Carroll
Robert Kastler, Canyon Creek, Clinton
Doug Keener, Lakeshore C.C., Council Bluffs
John J. Kehoe, South Hills G.C., Waterloo
Brian Kelderman, Harlan G.&C.C., Harlan
Patti Anne Kelley, Laporte City G.C., Laporte City
John C. Kelly, Roadrunner Club, Borrego Springs
Robert L. Kemp, Glenwood G.C., Glenwood
John E. Kempema, Rock Valley G.C., Rock Valley
Joann Kenefick, Nishna Hills G.C., Atlantic
Lloyd Kern, Jr., American Legion Course, Marshalltown
Earl Fred Kiertzner, Sun Valley G.C., Sioux City
Clyde Killion, Grandview G.C., Des Moines
Bernice Kinney, Valley Oaks G.C., Clinton
Stuart Kintzinger, Grinnell C.C., Grinnell
Ed R. Kirkland, Byrnes Park G.C., Waterloo
Vernon L. Kirlin, Highland Park Municipal G.C., Mason City
Brad Klapprott, Keokuk C.C., Keokuk
Bob Klein, Manchester G.&C.C., Manchester
Thomas Kling, Willow Creek G.C., Des Moines
Marilyn V. Klinge, Elmcrest C.C., Cedar rapids
Don Knapper, Greene Co. G.&C.C., Jefferson
Andy Knutson, Gowrie G.C., Gowrie
R. J. Koch, Sioux G.&C.C., Alton
Christopher Glenn Koegel, Hyperion Field Club, Des Moines
Chris H. Koelle, Woodside G.C., Des Moines

Randy Kool, Homewood G.C., Ames
Tim Kouba, American Legion G.C., Marshalltown
Tom Kral, Finkbine Field, Iowa City
Miles Kramer, Sioux G.&C.C., Alton
Dan W. Kratoska, Carroll C.C., Carroll
Mary Ann Krause, All Veterans Social Center, Clear Lake
Kevin Krogman, Sioux G.&C.C., Alton
Donald Kronlage, Dyersville G.&C.C., Dyersville
Donald Kruckenberg, Linn Grove C.C., Rockwell
Arthur G. Kruse, Canyon Creek G.C., Clinton
Brian Lee Kruse, Highland Park G.C., Mason City
Phil Krutson, Keokuk C.C., Keokuk
Brian Kuehl, Springbrook C.C., DeWitt
Ralph E. Kunz, Valley Oaks G.&C.C., Clinton
Sharon K. Kurth, Ackley C.C., Ackley
Hal Lagerstrom, Dubuque G.&C.C., Dubuque
David P. Ladd, Willow Creek, Des Moines
Mike Laird, Blackduck G.C., Blackduck
Gary H. Lammers, Rolling Knolls, Dyersville
Merrill Lane, Grandview G.C., Des Moines
Linda Barnes LaRue, Glenwood G.C., Glenwood
Elaine Larsen, Reedsburg C.C., Reedsburg
Clifton Larson, Jewell G.&C.C., Jewell
Helen Larson, Woodside G.C., Des Moines
Herb Larson, Cherokee C.C., Cherokee
Eubene W. Lass, Springbrook C.C., DeWitt
Don Laughlin, Beaver Hills C.C., Cedar Falls
Sonny Laybon, Willow Creek, Des Moines
Gary D. Leatherman, Cherokee C.C., Cherokee
Doloris Leckteig, Whittemore G.C., Whittemore
James T. Ledvina, Woodward G. & Recreation, Woodward
Barry Lee, Muxcatine Municipal G.C., Muscatine
Lucy Lee, Wapsi Oaks C.C., Calamus
Lyle A. Leeper, Fountain of the Sun, Mesa
Elise Lehmann, Nishna Hills G.C., Atlantic
Monte Leichsenring, Oakridge Recreation, Goldfield
Michael P. Lennon, Hidden Acres, Sioux City
Mrs. Ralph Leslie, Lakeshore C.C., Council Bluffs
Joe Lindholm, Lake Panorama National, Panorama
Warren Livengood, Jr., Elk Point C.C., Elk Point
Art Logli, Pleasantville G.&C.C., Pleasantville
Tom Loucks, Grinnell C.C., Grinnell
John D. Loughlin, Cherokee C.C., Cherokee
John Lounsberry, Webster City C.C., Webster City
Marc Low, Rock Island Arsenal G.C., Rock Island
Robert Lowe, Carroll Municipal C.C., Carroll
J. L. Lucken, Manson G.&C.C., Manson
Randall Luebe, Ft. Dodge C.C., Ft. Dodge
Leroy Luepker, 3-30 G.&C.C., Lowden
Randall F. Lux, Okoboji Vu, Spirit Lake
Ron Madden, Highland G.C., Mason City
Jack Mann, Belle Plaine C.C., Belle Plaine
Dale R. Manning, Little Sioux G.&C.C., Sioux Rapids
Mark Marcouiller, Willow Creek, Des Moines
Vance Marquis, Manning-Manilla G.C., Manning
Jane Marron, Saukie Municipal G.C., Rock Island
Ed Martens, Sibley G.&C.C., Sibley
Dan Martin, Grandview G.C., Des Moines
R. J. Martin, Emeis G.C., Davenport
Robert M. McCaulley, Edmundson G.C., Oskaloosa
Merle McCoid, Twin Pines, Cedar Rapids
Tim McCusker, St. Andrews G.C., Cedar Rapids

1983 HOLES-IN-ONE

Louis McDermott, Dyersville G.&C.C., Dyersville
George McGuire, Spring Valley, Livermore
Mel McIntyre, Kedkuk C.C., Kedkuk
Neal McKinley, Round Grove G.&C.C., Greene
Leon McNeil, Cedar Crest C.C., Columbus Junction
Lorraine McLane, Guttenberg G.&C.C., Guttenberg
Dale L. Meinders, Gruis Recreation Area, Buffalo Center
Phyllis A. Menke, Green Acres, Donnellson
William A. Meyer, Jr., Emeis G.C., Davenport
David Arlo Miller, Woodside G.C., Des Moines
Leroy Miller, Rockford C.C., Rockford
James E. Mitchell, Hyperion Field Club, Des Moinrs
Royal R. Molander, Garner G.&C.C., Garner
Don Monical, Palmea Hills G.C., Bettensdorf
Dennis Moore, Jesup G.&C.C., Jesup
Herb Moore, Ballard G.&C.C., Huxley
Robert C. Moorman, Cedar Rapids C.C., Cedar Rapids
Fred Morfitt, Woodlyn Hills G.C., Milford
Fred Morgan, Des Moines G.&C.C., West Des Moines
Ralph Morrow, Whispering Palms C.C., Ranch Santa Fe
Patricia J. Morton, Veenker Memorial, Ames
Rodger C. Moyer, Edmondson G.C., Oskaloosa
John V. Moega, Grandview, Des Moines
John A. Mueller, Lawsonia Links, Green Lake
Gene Mulherin, Twin Pines G.C., Cedar Rapids
Jerome V. Muth, Miracle Hill, Omaha
Mary Jane Nagel, Flint Hills Municipal G.C., Burlington
Gerald Nathlich, Woodward Golf & Recreation, Woodward
Genevieve Naughton, Woodside G.C., Des Moines
Al Nauhaus, Dyersville G.&C.C., Dyersville
Rich Neerhof, Riverdale C.C., Sheboygan
David G. Nelson, Woodside, Des Moines
Everett Nelson, Sheaffer G.C., Ft. Madison
Rosemary Nemmers, Hawthorn Ridge G.C., Aledo
David H. Neuroth, Sioux G.&C.C., Alton
Jay Neuroth, Sioux G.&C.C., Alton
Richard Newman, Woodside G.C., Des Moines
Doris Niday, Willow Creek, Des Moines
Tom Nieslen, Emerald Hills G.C., Arnolds Park
Joe F. Noble, Des Moines G.&C.C., West Des Moines
Jay Norgaard, Carroll C.C., Carroll
Keith Norlin, Laurens G.&C.C., Laurens
Man Norostrom, Burlington G.C., Burlington
Ron Nott, Quail Creek, No. Liberty
Harry Nuehring, Bunker Hill G.C., Dubuque
Francis J. O'Connor, Wilderness C.C., Naples
Bill Olive, Riverbend G.C., Story City
Alan Olson, Lake Panorama, Panorama
Randy Olson, Oneota G.&C.C., Decorah
Larry A. Osborn, Grandview Municipal G.C., Des Moines
Henry R. Ottensen, Palmer Hills G.C.,
John L. Overton, Indianola G.&C.C., Indianola
Joseph Anthony Owca, Camarillo Springs, Camarillo
Lloyd Palmitier, Crestmoor G.C., Creston
Brian M. Parker, Perry G.&C.C., Perry
Lawrence Paulsen, Paullina G.C., Paullina
Dick Perkins, Grandview G.C., Des Moines
John Peters, Muscatine Municipal G.C., Muscatine
Diane Peterson, Golfmohr G.C., East Moline
Eleanor L. Peterson, Duck Creek Park, Davenport
Thomas Pethoud, Emeis G.C., Davenport
William R. Phillips, Byron Hills, Port Byron

Zora Pieper, Wildwood Municipal G.C., Charles City
Tom Pirnie, Cedar Rapids C.C., Cedar Rapids
Burl R. Place, Williams A.F.B., Chandler
Bubba Podwysocki, Hidden Acres, Sioux City
Dick Pohl, Sheaffer G.C., Ft. Madison
Steven Powell, Jester Park, Granger
Richa;rd G. Prestemon, Waukon G.&C.C., Waukon
Dale Pretzer, Indian Hills G.C., Spirit Lake
Eunice Rank, Hillcrest C.C., Mount Vernon
Kenneth H. Rank, Grand View, Des Moines
Kathleen Rasmussen, Audubon G.&C.C., Audubon
Kathleen Rathjen, Glades C.C., Naples
Ronald Ream, Carroll C.C., Carroll
Patricia Ann Reding, Whittemore G.C., Whittemore
M. A. Bud Reece, South Hills, Waterloo
John L. Rensink, Sioux G.&C.C., Alton
Frank Richard, Jr., Gates Park G.C., Waterloo
Kenneth R. Richardson, Webster City C.C., Webster City
Mike Rieks, Hyperion Field Club, Grimes
Adolfo M. Rivera, Emeis G.C., Davenport
James E. Roan, Beaver Hills C.C., Cedar Falls
Jim Roberts, Willow Creek, Des Moines
Gerald E. Robertson, Edmundson G.C., Oskaloosa
Ray G. Robinson, Lincoln Valley G.C., State Center
M. L. Robu, Indian Hills G.&C.C., Wapello
Don Roby, Thunder Hills C.C., Peosta
Marvin Rochester, Wouth Ridge G.C., S. Sioux City
Violet Rockrohr, Valley Oaks G.C., Clinton
Dale L. Root, Audubon G.&C.C., Audubon
Doug Rose, Spencer G.&C.C., Spencer
Greg Roth, Terrace Hills, Altoona
Jeff Roth, Deer Run G.C., Hamilton
Dan Roush, Thunder Hills C.C., Peosta
Todd Ruedy, Dysart C.C., Dysart
Richard L. Rundall, Toad Valley G.C., Runnells
David J. Sabag, Sioux City Boat Club, Sioux City
Andy Sackett, Waverly G.C., Waverly
Richard F. Salat, Elmcrest C.C., Cedar Rapids
Dave Sandvold, Beaver Hills C.C., Cedar Falls
James E. Saulsbury, Hidden Acres G.C., Sioux City
Pete Sauser, Monticello G.C., Monticello
Ann Schapman, Carroll Municipal G.C., Carroll
Ben Scherler, Muscatine Municipal G.C., Muscatine
Dick Schneden, Maquoketa C.C., Maquoketa
Dick Schneider, Emerald Hills G.C., Arnolds Park
Tim Scholl, Linn Grove C.C., Rockwell
H. W. Schoonover, Kauai Surf G.C., Kauai
Travis Lee Schroeder, Pleasant Valley G.C., Thornton
Harold Schuler, Crestmoor G.C., Creston
Steve Schultz, Whittemore G.C., Whittemore
Clarence A. Schulze, Belle Plaine C.C., Belle Plaine
Paul A. Seegers, Byrnes Park C.C., Waterloo
Kerry Severson. Jester Park G.C., Granger
Lyle Seward, Urbandale G.&C.C., Urbandale
Kevin Shawgo, Homewood, Ames
Bernice Shepherd, River Greens South, Avon Park
Wm. Kenneth Sheridan, Duck Creek Park, Davenport
Thelma Sherwood, Alta G.&C.C., Alta
John W. Shoup, Waveland, Des Moines
Connie Sue Shuster, Rolling Knolls, Dyersville
Victor A. Siegel, Emeis G.C., Davenport
Keith O. Skinner, Hawthorn Ridge G.C., Aledo
Piper Sleichter, Geneva G.&C.C., Muscatine

1983 HOLES-IN-ONE

Brian Smith, Willow Creek G.C., Des Moines
Edward C. Smith, Twin Pines G.C., Cedar Rapids
Bill Sorden, Crestmoor G.C., Creston
Bob Spautz, Bunker Hill G.C., Dubuque
Loren Spenler, Elk's C.C., Iowa City
David Alan Stafford, Grinnell C.C., Grinnell
Carol Stark, Carroll Municipal G.C., Carroll
David Stary, Squaw Creek Municipal G.C., Marion
Dennis Steele, Woodward G.C., Woodward
Garland Stevenson, Credit Island Park, Davenport
C. R. Stewart, Clarmond G.C., Belmond
Ruth Stewart, Newton C.C., Newton
Bill Stock, Willow Creek, Des Moines
Jim Stone, Lone Pine C.C., Colesburg
Tim Storey, Dodge Park, Council Bluffs
Aline Sturch, Porky Red Carpet, Waterloo
Wayne J. Summer, Rockford C.C., Rockford
Howie Sutlive, Keokuk C.C., Keokuk
Bill Swartz, Newton C.C., Newton
Craig Syata, Grandview, Des Moines
Lynn R. Tauke, Green View G.C., West Branch
Marlene J. Taylor, Silvercrest, Decorah
Harold Tegeler, Backbone G.&C.C., Strawberry Point
Robert Temple, Sioux City Boat Club-Elmwood G.C., North Sioux City
Ronald Templeman, Greenbrier Athletic Club, Exira
Randy Teymer, Canyon Creek, Clinton
Rita E. Thole, Hickory Grove, Olewin
Harold Thompson, All Vets G.C., Clear Lake
Mike Thornton, Beaver Hills C.C., Cedar Falls
Marlin L. Tillman, Grenelefe G.&R.C., Haines City
James B. Timlin, Willow Creek G.C., Des Moines
John Trachta, Twin Pines, Cedar Rapids
Thomas F. Tracy, Woodside G.C., Des Moines
Dan Travis, Grandview G.C., Des Moines
Philip Ubben, Willow Creek, Des Moines
Dave Updegraff, Manchester C.C., Manchester
Bill Upmeyer, Maquoketa C.C., Maquoketa
Richard Van Allen, Tama-Toledo C.C., Tama
Joe Van Buskirk, American Legion C.C., Shenandoah
Davik Van Donslear, Emerald Hills, Arnolds Park
Charles O. Van Dyke, Royal Palms G.C., Mesa
Keith Van Gent, Edmundson G.C., Oskaloosa
Rich Van Hoabeck, Ellis Park G.C., Cedar Rapids
Carol Van Horn, Waveland, Des Moines
Kris Veath, Tan-Tar-A Resort, Osage Beach
Douglas Vogelson, Towne C.C., Edgerton
Cooky Waggoner, Cherokee C.C., Cherokee
Don Waggoner, Willow Creek G.C., Des Moines
Pat Wallace, Willow Creek, Des Moines
Philipp H. Wanner, Rancho Viejo Resort & C.C., Brownsville
Frank Ward, All Veterans, Clear Lake
William L. Ward, Edmundson Municipal G.C., Oskaloosa
Bill Warner, Willow Creek, Des Moines
Polly Watts, Card Sound G.C., Key Largo
Jim Webb, Oakland Acres G.C., Grinnell
W. W. Webber, Riverview Golf, Estherville
Fred A. Weber, Emerald Hills, Arnolds Park
Vincent P. Weber, Sunny Brae G.C., Osage
Mary Jean Weeks, Newton C.C., Newton
Julian M. Weigle, Coronado G.C., Coronado
Kyle Weih, Waverly Municipal G.C., Waverly

Bruce Weir, Tama Toledo C.C., Tama
Paul A. Weires, Brainerd G.&C.C., Brainerd
Scott Weiser, Willow Creek G.C., Des Moines
George H. Weitzel, Lacoma G.C., East Dubuque
Doris C. Welcher, Mt. Pleasant G.&C.C., Mt. Pleasant
Allen Wellington, Sheaffer G.C., Ft. Madison
John D. Weresh, Atlantic G.&C.C., Atlantic
Nita West, Needles Municipal G.C., Needles
Morey Wheeler, Sioux City C.C., Sioux City
W. T. Whipka, Jr., Palmer Hills, Bettendorf
Richard White, Nishna Hill G.C., Atlantic
J. L. Wiedemier, Sioux City C.C., Sioux City
Jim Wignall, Ponderosa G.C., W. Des Moines
Norman Wilbur, Clarinda C.C., Clarinda
Harry J. Wildman, Clinton C.C., Clinton
Jeanne Williams, Hickory Grove C.C., Oelwein
Robert Williams, Nishna Hills, Atlantic
Richard Willis, Wakonda Club, Des Moines
John "Bill" Winger, Meadowbrook G.C., Wellsburg
Dick Wischmeier, Burlington G.C., Burlington
Rick L. Wisecup, Woodward Golf & Recreation, Woodward
Carroll Wood, Webster C.C., Webster City
Dale R. Wood, Greenfield C.C., Greenfield
Reuben Wood, Spencer G.&C.C., Spencer
Jodie Woods, Springbrook C.C., DeWitt
Patrick N. Wortinger, Porky's Red Carpet, Waterloo
Katherine Wright, Clinton C.C., Clinton
Chuck Yagla, Gates Park G.C., Waterloo
Thomas F. Yagley, Valley Oaks C.C., Clinton
Paul J. Yaneff, Sioux City Boat Club, Sioux City
Paul J. Yanaeff, Emerald Hills, Arnolds Park
Darla Yeager, Bellevue G.C., Bellevue
Joanan Zager, Washington C.C., Washington

KANSAS

Robert M. Adams, Wichita C.C., Wichita
Norma J. Addy, Paola C.C., Paola
Robie Alford, Dodge City C.C., Dodge City
Don E. Anderson, Tallgrass C.C., Wichita
Lynn Anderson, Shawnee C.C., Topeka
John Anslover, Salina Elks, Salina
Jim L. Applebee, Sugar Hills C.C., Goodland
Carl Argabright, Hiawatha C.C., Hiawatha
Maurice D. Argabright, Safari G.C., Chanute
Scott Baird, Republic County Recreation Assoc., Belleville
Lewis Bambick, Fredonia G.C., Fredonia
Lee Barnett, Ottawa C.C., Ottawa
Adolph Bartelli, Crestwood C.C., Pittsburg
Kelly V. Beisner, Colby C.C., Colby
Jack D. Bell, Sr., Prairie Dunes, Hutchinson
Jack Bell, Sr., Crestview C.C., Wichita
Charles D. Belt, McConnell A.F.B. G.C., Wichita
Tom Benjamin, Pawnee Prairie G.C., Wichita
Jo Bevans, Hiawatha C.C., Hiawatha
Francis Bevell, Leavenworth C.C., Lansing
Harry Bird, Emporia Municipal G.C., Emporia
Calvin Blaich, Southview, Belton
Larrie Blair, Crestview C.C., Wichita
Jack Blank, L. W. Clapp G.C., Wichita
Bob Bleczinski, Arrowhead G.C., Littleton
Ron Blevins, Carrol C.C., Carrol
Deborah J. Bonner, Overland Park G.C., Overland Park

466

1983 HOLES-IN-ONE

K. R. Boylan, Overland Park G.C., Overland Park
Dick Blowey, Topeka C.C., Topeka
Beth Boozer, Sweetwater C.C., Sugar Land
Robert E. Boring, Alvamar C.C., Lawrence
Harold Box, Liberal C.C., Liberal
Kermit D. Boyer, Sunflower Hills C.C., Bonner Springs
Leon Brady, Dodge City C.C., Dodge City
George Brahler, Alvamar C.C., Lawrence
Glen R. Braun, Smoky Hill C.C., Hays
Richard P. Briscoe, Indian Hills C.C., Mission Hills
W. Dean Brock, Chanute C.C., Chanute
Jerry Brotherson, Sunflower Hills G.C., Bonner Springs
Craig Brown, Ulysses G.C., Ulysses
LeAnn Brown, St. Marys Public, St. Marys
Prather H. Brown, Jr., Overland Park G.C., Overland Park
Dale Buchanan, Fountain Hills C.C., Fountain Hills
John Robert Bueltel, Shawnee C.C., Topeka
Michael C. Burrus, Crestview C.C., Wichita
Ray Busby, Wichita State University G.C., Wichita
Jack Caldwell, Shawnee C.C., Topeka
Orlando P. Callaway, Cannonball G.C., Greensburg
Arlene Carden, Roan Valley Golf Estates, MTW City
Russell Casement, Hidden Lakes G.C., Derby
F. L. "Cap" Cass, Sim Park G.C., Wichita
Lou Cates, Desert Inn C.C., Las Vegas
Rick Cauthon, Lake Shawnee Municipal G.C., Topeka
Phil Christensen, Carey Park G.C., Hutchinson
Karol L. Claypool, Stafford Co. C.C., Stafford
Shannon Coffey, Independence C.C., Independence
Greg Conway, Overland Park G.C., Overland Park
Mark Cook, Russell Municipal G.C., Russell
Rick Coons, Sim Park G.C., Wichita
Velma Cooper, Colby C.C., Colby
Gerald Coyle, Pineview C.C., Atchison
Art Cox, Wichita State University G.C., Wichita
Charles Craig, Prairie Dunes C.C., Hutchinson
Ed Crumrine, Independence C.C., Independence
Clyde Culbas, Leavenworth C.C., Lansing
Bill Cummings, Crestview C.C., Wichita
Edgar A Daplan, Meadowbrook G.&C.C., Prairie Village
Robert Davis, Grove Park G.C., Ellinwood
Robert N. Davis, Elks C.C., Salina
Dick Dean, Prairie Dunes C.C., Hutchinson
Scott Debus, Victory Hills C.C., Kansas City
Henry Depperschmidt, Golden Locket G.C., Garden City
Dallas Deweff, Grove Park G.C., Ellinwood
Linda Kay Dibbern, Hiawatha C.C., Hiawatha
Harlan B. Dixon, Rolling Hills C.C., Wichita
Mrs. Rufus Doggett, Independence C.C., Independence
Mary Alice Downing, Smoky Hill C.C., Hays
Louis A. Drazk, Ellsworth C.C., Ellsworth
Dale Dronberger, Prairie Dunes C.C., Hutchinson
Bill Duggins, Milburn G.&C.C., Overland Park
Donald G. Duncan, The Wigwam C.C., Litchfield Park
Robert Eils, Lerwood South C.C., Lerwood
Ken Eland, Topeka Public, Topeka
Floyd Ensminger, L. W. Clapp G.C., Wichita
John W. Eudaley, Stagg Hill G.C., Manhattan
Harold Evans, Buffalo Dunes G.C., Garden City
Robert G. Evans, Wolf Creek Golf Links, Olathe
Wilbert A. Evans, Ft. Leavenworth G.C., Ft. Leavenworth
Dorothy J. Fager, Topeka C.C., Topeka
Jim Fennel, Victory Hills C.C., Kansas City

John C. Finn, Augusta Co. C.C., Augusta
Dennis A. Fletcher, Alfred MacDonald G.C., Wichita
Martin Foltz, Kingswood G.C., Bella Vista
Bob Forney, Hesston G.C., Hesston
Kevin Frankamp, Republic County Recreation Assoc., Belleville
Bennie Frantz, Green Valley G.C., Pratt
Alan Fries, Shawnee C.C., Topeka
Leslie Galligher, Topeka Public G.C., Topeka
Joseph M. Gallo, III, Tall Grass G.C., Wichita
Ed Garmoe, Tallgrass G.C., Wichita
Charles R. Garrett, Salina C.C., Salina
Harold J. George, Jr., Concordia C.C., Concordia
Harold Gillreath, River Creek Park G.C., Burkeburnett
Marvin Ginder, Great Bend Petro. Club, Great Bend
Gene Gleissner, Tomahawk Hills G.C., Shawnee
Dick Glenn, Echo Hills G.C., Wichita
Howard L. Goad, Junction City C.C., Junction City
Newton A. Graves, Indian Hills C.C., Mission Hills
Lois Gray, Metfield Course, Bella Vista
Chuck Greene, Oberlin C.C., Oberlin
Dale Greenham, Carey Park G.C., Hutchinson
Wally Grisamore, Crestview C.C., Wichita
Richard Guffey, Smoky Hills G.C., Hays
Terry Gurss, Green Valley G.C., Pratt
Roy Hahn, Topeka C.C., Topeka
Ed Hailey, Lake Shawnee G.C., Topeka
Kerry Hans, Salina Elks C.C., Salina
George E. Harcharik, Scott County G.C., Scott City
George L. Harris, Rolling Hills C.C., Wichita
Tom E. Harris, Great Bend Petro. Club G.C., Great Bend
Darrell Harshaw, Cedar Crest C.C., Topeka
Cliff Hartman, Stagg Hill G.C., Manhattan
E. R. "Buddy" Hathorn, Leavenworth C.C., Lansing
E. Kent Hayes, Cedar Crest C.C., Topeka
Jim Hedrick, Hiawatha C.C., Hiawatha
Elizabeth Hesse, Cedar Crest C.C., Topeka
Al Hoffman, Mission Hills C.C., Mission Hills
Linda Hogan, Town & C.C., Lyons
Ladonna Holdraker, Hidden Lakes G.C., Derby
Jim Hooten, Alvamar Hills-Hidden Valley, Lawrence
Bob Householter, Green Valley G.C., Pratt
William J. Hudson, Kinsley G.C., Kinsley
Jack C. D. Hunter, Stafford County C.C., Stafford County
Tom Irwin, MacDonald Park G.C., Wichita
Tim Isaacs, Wellington Municipal G.C., Wellington
John Jandera, Shawnee C.C., Topeka
Eric K. Johnson, Hidden Lakes G.C., Wichita
Leah L. Johnson, Ft. Leavenworth G.C., Ft. Leavenworth
W. O. Johnson, Grove Park G.C., Ellinwood
Richard G. Jones, Salina Elks C.C., Salina
Bob Journagan, Pawnee Prairie Park G.C., Wichita
Chad Judd, Cedar Crest C.C., Topeka
Virgil J. Kaiser, Hidden Lakes G.C., Wichita
Frank Kappelman, Crestview C.C., Wichita
John F. Karlin, Smoky Hill C.C., Hays
Ken Keefer, Prairie Dunes C.C., Hutchinson
Bert Leigh Kelley, L. W. Clapp G.C., Wichita
Ralph H. Kelly, Overland Park G.C., Overland Park
Bob King, Nemadji G.C., Superior
B. J. Kingdon, Wichita C.C., Wichita
M. Robert Knapp, Crestview C.C., Wichita
Maury Knobel, Overland Park G.C., Overland Park

1983 HOLES-IN-ONE

Bill Knox, The Town & C.C., Lyons
Thurman Knox, Sunnyvale Municipal G.C., Sunnyvale
Ann S. Kroh, Blue Hills C.C., Kansas City
Tom Kornhaus, Pawnee Prairie G.C., Wichita
Herb LaMar, Russell Municipal G.C., Russell
Skip Landers, Lake Quivira C.C., Lake Quivira
David H. Latourell, Dodge City C.C., Dodge City
Bob Lawrence, Tomahawk Hills G.C., Shawnee
Beverly Lawson, Leawood South C.C., Leawood
Lee Layne, Elks C.C., Salina
Marcia Leeding, Belleville C.C., Belleville
Edward S. Levine, Oakwood C.C., Kansas City
Irwin M. Levine, Oakwood C.C., Kansas City
Ray Lippelmann, Lyons Town & C.C., Lyons
Jeff Logan, Rolling Hills C.C., Wichita
Paul A. Logan, Rolling Hills C.C., Wichita
Roy B. Long, Prairie Dunes C.C., Hutchinson
Kelly Lotton, Buffalo Dunes G.C., Garden City
Zahn Lukens, Prairie Dunes C.C., Hutchinson
Mrs. Zahn B. Lukens, Prairie Dunes C.C., Hutchinson
Mervyn M. Mace, Rolling Hills C.C., Wichita
George Maier, Jr., Victory Hills C.C., Kansas City
James C. Mann, Minor Park G.C., Kansas City
Greg Marney, St. Marys G.C., St. Marys
Marie Martin, Shawnee C.C., Topeka
Ralph G. Martin, Indian Hills C.C., Mission Hills
Manny Martinez, Pawnee Prairie G.C., Wichita
J. D. Maxey, Independence C.C., ndependence
Jerry McArthur, Pawnee Prairie G.C., Wichita
Victor McAtee,. Lyons Town & C.C., Lyons
Gloria H. McChesney, Manhattan C.C., Manhattan
Matt McClintock, Overland Park G.C., Overland Park
David McCune, Chanute C.C., Chanute
Donald C. McCune, Jr., Safari Public G.C., Chanute
William T. McCune, Rabbit Creek G.C., Louisburg
Joe McDonald, Shawnee C.C., Topeka
Mike McDonnell, Cedar Crest G.C., Topeka
L. L. McInteer, Mariah Hills G.C., Dodge City
Ann McMahon, Brookridge C.C., Kansas City
Robert D. Merkle, Miami Whitewater Forest G.C., Harrison
Arly Messner, Rolling Hills C.C., Wichita
Doug Metcalf, Loma Linda C.C., Joplin
Carl Michel, Minor Park G.C., Kansas City
Leander Michlitsch, Loucks Park G.C., Lakin
Diane Miller, L. W. Clapp Park G.C., Wichita
Dr. Fred Miller, Wolf Creek G.C., Olathe
Scott B. Miller, Paganica C.C., Hutchinson
L. E. Mogel, Paganica C.C., Hutchinson
Dr. Raul Morffi, Victory Hills C.C., Kansas City
J. H. Morrison, Alvamar G.C., Lawrence
Bill Mosimauu, Topeka C.C., Topeka
Ralph E. Moyer, McConnell A.F.B. G.C., Wichita
Mike Murphy, MacDonald Park G.C., Wichita
Doug A. Murray, L. W. Clapp Park G.C., Wichita
Marge Murray, Crestview C.C., Wichita
Mike Mustain, Victory Hills C.C., Kansas City
Richard J. Nash, Tallgrass Club, Wichita
Corky Nelson, Crestview C.C., Wichita
Art Neuburger, Paganica G.&C.C., Hutchinson
Jim Nickols, L. W. Clapp Park G.C., Wichita
Ruth Nichols, Paganica C.C., Hutchinson
Stephen L. Nichols, Parsons C.C., Parsons

Chase W. Nixon, Lake Quivira G.C., Lake Quivira
Daniel W. Norton, Jr., Ponderosa G.C., Ashland
Masato Omoto, Buffalo Dunes G.C., Garden City
Jim Palmer, Safari G.C., Chanute
Kevin Pargman, Madison G.C., Madison
Emmet B. Park, Tempe G.C., Tempe
David Parke, L. W. Clapp Park G.C., Wichita
Bill Payne, La Quinta C.C., La Quinta
Richard Payne, Elks C.C., Salina
Ron Pederson, Buffalo Dunes G.C., Garden City
Hal Pennington, Overland Park G.C., Overland Park
F. D. Peterson, Lake Barton G.C., Great Bend
M. A. Peterson, Shawnee C.C., Topeka
Terry Peterson, Chevy Chase Club, Chevy Chase
Forest G. Phelps, Minor Park G.C., Kansas City
Joyce Ann Pigge, Indian Hills G.C., Mt. Vernon
Henry Piper, Pawnee Prairie G.C., Wichita
Joe Polach, Rolling Meadows G.C., Milford
Leonard V. Porter, Quivira G.C., Kansas City
Al Powell, MacDonald Park G.C., Wichita
Jimmy Powell, Perdido Bay, Pensacola
Kenneth Pringle, Kissing Camels G.C., Colorado Springs
Brad Rambat, Green Valley G.C., Pratt
Earl Rand, Quiririd G.C., Quiririd
Euel A. Reed, Echo Hills G.C., Wichita
Harry I. Reed, Overland Park G.C., Overland Park
Robert K. Reese, Indian Hills G.C., Prairie Village
Roger P. Reetz, Hiawatha C.C., Hiawatha
Rick Regan, Wichita State Univ. G.C., Wichita
John F. Rhodus, Brookridge C.C., Overland Park
Steve Rivas, Carey Park G.C., Hutchinson
Steve Roberts, Wellington G.C., Wellington
Lupe C. Rosales, Echo Hills G.C., Wichita
David Ross, Shangri-la G.C., Afton
Jack Rothwell, Prairie Dunes C.C., Hutchinson
Bill Rowe, Wichita State Univ. G.C., Wichita
William F. Schantz, Tallgrass G.C., Wichita
Raymond W. Schartz, Grove Park Club, Ellinwood
Roy R. Schasteen, Tomahawk Hills G.C., Shawnee
Bill Schlobohm, Cedar Hills G.C., Washington
David L. Schmids, Prairie Dunes G.C., Hutchinson
Prue Schmidt, Emporia C.C., Emporia
James Dean Seba, Sr., Loucks Park G.C., Lakin
Harry G. Senne, Lake Shawnee G.C., Topeka
Everett S. Sharp, Tomahawk Hills G.C., Shawnee
John S. Sheldon, Ottawa C.C., Ottawa
Lloyd Sherry, St. Andrews G.C., Overland Park
Roger Shields, Smoky Hill C.C., Hays
Linda Shimmick, Ft. Leavenworth G.C., Ft. Leavenworth
Pat Simmons, Tallgrass G.C., Wichita
Marvin Sites, Pawnee Prairie G.C., Wichita
Dr. Dan Skelton, Echo Hills G.C., Wichita
John E. Smith, Safari Public G.C., Chanute
Terry Lee Smith, Rolling Hills C.C., Wichita
Bob Stanclift, Alvamar-Orchards, Lawrence
Chris N. Starks, Hidden Lakes G.C., Derby
Harriet Stevens, Prairie Dunes C.C., Hutchinson
Nancy L. Stevens, Great Bend Petro. Club, Great Bend
Steve Stewart, Magnolia G.C., Lake Buena Vista
Carl N. Stover, Overland Park G.C., Overland Park
Martha Street, Paganica C.C., Hutchinson
Kim Strouse, Sim Park G.C., Wichita
Fredrick W. Stump, Rolling Hills C.C., Wichita

1983 HOLES-IN-ONE

Dick Stuntz, Alvamar C.C., lawrence
Decha Suthiwan, Pawnee Prairie G.C., Wichita
Randy Syring, Salina C.C., Salina
Robert C. Taggart, Topeka C.C., Topeka
Clarence Thorson, Grove Park G.C., Ellinwood
Ed Thrune, Overland Park G.C., Overland Park
Gary Toebben, Alvamar C.C., Lawrence
Fred E. Torrance, Independence C.C., Independence
Jim Ulsafer, Pawnee Prairie Municipal G.C., Wichita
H. Dale Unkefer, Leawood South C.C., leawood
Brad Urban, Grove Park G.C., Ellinwood
Jack Vander Wiele, Saucon Valley C.C., Bethlehem
Gladys Van Pelt, Scott County G.C., Scott City
Loretta Varvel, Hidden Lakes G.C., Derby
Mike Vogt, L. W. Clapp Park G.C., Wichita
J. R. Vosburgh, Crestview C.C., Wichita
Reed Wacker, Liberal C.C., Liberal
Scott Wagner, St. Andrews G.C., Overland Park
Frank C. Walsh, Overland Park G.C., Overland Park
R. Neil Warden, Hugoton C.C., Hugoton
Mark V. Watts, Smoky Hill C.C., Hays
Richard L. Weaver, Emporia Municipal G.C., Emporia
Joan Webb, Ft. Scott C.C., Ft. Scott
David W. Weihe, Lyons Town & C.C., Lyons
Richard D. Weller, Cedarcrest C.C., Topeka
James E. Whitworth, Overland Park G.C., Overland Park
Retha Williamson, Brookridge G.&C.C., Overland Park
Clyde E. Wilson, Stagg Hill G.C., Manhattan
Don Wilson, Pok-Ta-Pok, Cancun
Richard Wohlgemuth, Wichita C.C., Wichita
George Wombolt, Blue Hills C.C., Kansas City
Marvin Wood, Overland Park G.C., Overland Park
Chalmer Woodard, Crestview C.C., Wichita
David Wormus, Wichita State Univ. G.C., Wichita
Darold Wulfekoetter, Hebron C.C., Hebron
Dan Young, Hidden Lakes G.C., Wichita
Dick Young, Pawnee Prairie Park G.C., Wichita
Eugene Young, Bella Vista C.C., Bella Vista
Todd Zuercher, Hidden Lakes G.C., Wichita

KENTUCKY

Chester Ackerman, Midland Trail G.C., Middletown
Herbert H. Adams, Vista Royale G.C., Vero Beach
Jack Adams, Hunting Creek C.C., Prospect
Katherine Adams, Hunting Creek C.C., Prospect
Steve Ambs, Crescent Hill G.C., Louisville
Jean Anderson, Lindsey G.C., Ft. Knox
J. T. Anderson, Sr., Bowling Green C.C., Bowling Green
John E. Anderson III, Bowling Green C.C., Bowling Green
Phil Band, Ft. Mitchell C.C., Ft. Mitchell
Steve W. Barlow, Midland Trail G.C., Louisville
Kenneth A. Bartlett, Sun Valley G.C., Louisville
Michael R. Basham, Crescent Hill G.C., Louisville
Glen Baxter, Madisonville C.C., Madisonville
F. Kenneth Beaven, Wildwood C.C., Louisville
James W. Berry, Hickory Hills G.C., Grove City
Paul Bessler, Ohio County C.C., Hartford
Gary N. Beyer, Calvert City C.C., Calvert City
Roy L. Bishop, Cabin Brook, Versailles
George Blair, Crescent Hill G.C., Louisville
Walter Blandenship, Green Meadow C.C., Pikeville
Keith A. Bohlman, Kenton County G.C., Independence
Joe Borges, Hillcrest C.C., Brandenburg

Martin Bramblette, Sundowner G.C., Ashland
Michael S. Browning, Midland Trail G.C., Middletown
Thomas W. Buehrle, Boots Randolph, Cadiz
Ed Burger, Devou Fields, Covington
Johnny Cain, Eagles Nest C.C., Somerset
Barry Caldwell, The Tides Lodge, Irvington
Carolyn Caldwell, Oaks C.C., Murray
Tommy Carrico, Old Kentucky Home Club, Bardstown
Willard Carroll, Palmetto Pines G.C., Parrish
Don W. Caudill, Maysville C.C., Maysville
Jody Chance, The Lodge G.C., Cloudcroft
David G. Chandler, Harbor Town Links, Hilton Head Island
Louise Chapman, Hillcrest C.C., Owensboro
Frank F. Chuppe, Jr., Cherokee G.C., Louisville
Derek Cimala, Sleepy Hollow G.C., Crestwood
Fenton Clifford, Boone County G.C., Florence
Gene R. Clifton, The Lakeside, White Sulphur Springs
Ray Coghill, Ft. Mitchell C.C., Ft. Mitchell
Norman H. Colgate, Midland Trail G.C., Middletown
Bob Colwell, Ft. Mitchell C.C., Ft. Mitchell
Mark C. Comfort, Scottsville C.C., Scottsville
Ted Cook, Big Elm C.C., Lexington
Don Cooper, Henderson C.C., Henderson
Mofford Cooper, Kenton Station, Maysville
Tony Craig, Sundowner G.C., Ashland
William M. Cress, Acapulco Princess G.C., Acapulco
Jennifer Crouse, Oaks C.C., Murray
Dennis L. Cummins, River Road C.C., Louisville
Ron J. Cumpton, Sundowner G.C., Ashland
Ronald T. Curry, Spring Lake C.C., Lexington
Theodore R. Curtis, Cynthiana C.C., Cynthiana
Andrew Dennis, Juniper Hills G.C., Frankfort
David Denny, Woodson Bend Resort, Bronston
Tony Devine, Lindsey G.C., Ft. Knox
Fred A. Dickhaus, Twin Oaks, Covington
Sam Dixon, Oglebay Park Crispen Center, Wheeling
John T. Dougherty, Big Spring C.C., Louisville
Lloyd Durham, River Road C.C., Louisville
David Egbers, Summit Hills C.C., Crestview Hills
Jeff Egger, Kenton County G.C., Independence
Steve Eichberger, Seneca Park, Louisville
Charles Elam, Elks G.C., Jeffersonville
William N. English, Spring Lake C.C., Lexington
Ernest R. Ernspiker, Midland Trail G.C., Middletown
Charla Evans, Lakeshore C.C., Madisonville
Claude N. Fannin, Shawnee State Park, Friendship
Yvonne Ferriell, South Park C.C., Fairdale
Charles L. Fife, South Park C.C., Fairdale
Larry Fisher, Hunting Creek C.C., Prospect
R. Lynn Foster, Boots Randolph G.C., Cadiz
John A. Fryman, Kenton Station G.C., Maysville
David Thomas Fulks, Juniper Hills G.C., Frankfort
Gary Gardner, Hunting Creek C.C., Prospect
Mike Gilbert, Pendleton C.C., Falmouth
Clyde J. Gilmore, Glenwood Hall, Perry Park
Robert Gorham, Spring Lake C.C., Lexington
Michael Gossum, Fulton C.C., Fulton
H. D. Gower, Elk Fork C.C., Elkton
J. Randy Greenwell, Brickinridge G.&C.C., Marganfield
John W. Guidi, Royal Oak, Cincinnati
Anne Hale, Madisonville C.C., Madisonville
Ann E. Hall, Cynthiana C.C., Cynthiana
Walter T. Hall, Lake Doster G.C., Plainwell

469

1983 HOLES-IN-ONE

Richard Halloran, Eagles Nest, Somerset
Michael S. Halpin, M.D., Maketewah C.C., Cincinnati
Philip Hamm, Kenton County G.C., Independence
Al Hampton, Carolina Shores G.&C.C., Colabash
Mervel V. Hanes, Big Spring C.C., Louisville
Harry Hargadon, River Road C.C., Louisville
Lanny W. Harlow, Park Mammoth Resort, Park City
Kevin Harper, Sundowner G.C., Ashland
Bonita Hatfield, Marion C.C., Marion
Jerry C. Haynes, Henderson Municipal G.C., Henderson
Mike Hays, Ben Hawes State Park, Owensboro
Dale L. Hensley, Bellefonte C.C., Ashland
Tom Hergott, Kenton County G.C., Independence
Nettie Hettinger, South Park C.C., Fairdale
Bill Hettrick, Grenelefe South, Haines City
Debra Link Hibbitt, Wildwood C.C., Louisville
John Hicklin, Lake Shore C.C., Madisonville
Greg Higgins, Bright Leaf G.C., Harrodsburg
Corinne R. Hinman, Cherokee G.C., Louisville
George Hoffman, Old Kentucky Home C.C., Bardstown
Chuck Holzknecht, Crescent Hill G.C., Louisville
Edward G. Honey, Highland C.C., Ft. Thomas
Derrick Hord, Bob O Link, Lawrenceburg
Jesse M. Howard III, Seneca Park, Louisville
Red Howe, Jr., Murray C.C., Murray
Glenn T. Huntsman, Scottsville C.C., Scottsville
Jack Hurst, Old Kentucky Home G.C., Bardstown
Kevin Jackson, Sundowner G.C., Ashland
Doug Jenkins, Covington Woods, Bowling Greens
Henry Jernigan, Madisonville C.C., Madisonville
Matt Johnson, Scheca G.C., Louisville
Reaves Johnson, Scottsville C.C., Scottsville
Guy Jones, Woodhaven C.C., Ft. Worth
Erskine Keeling, My Old Kentucky Home G.C., Bardstown
Reuben Keeling, Paxton Park G.C., Paducah
Tom Kellerman, Crescent Hill G.C., Louisville
Hampton Kelley, Eagles Nest C.C., Somerset
Daniel N. Kemp, Cascades G.C., Jackson
Charles A. King, Park Mammoth G.C., Park City
Lucien Kinsolving, Shelbyville C.C., Shelbyville
Dale Kirk, Marion C.C., Marion
David W. Klee, Pendleton County C.C., Falmouth
Kirby K. Klever, Wildwood C.C., Louisville
William P. Korf, Flagg C.C., Long Island
John L. Krebs, Summit Hills C.C., Crestview Hills
Ed Lawson, South Park C.C., Fairdale
Raymond G. Lee, Anderson G.C., Ft. Knox
Carl Leet, Wildwood C.C., Louisville
Martin Lewis, Standard C.C., Louisville
Roy A. Liedhegner, Ft. Mitchell C.C., Ft. Mitchell
Jamie Link, Bob O'Link G.C., Lawrenceburg
Bob Logan, Harmony Landing C.C., Goshen
Thomas C. Longcore, Pine Valley, Elizabethtown
William M. Lowther, Hillcrest C.C., Brandenburg
Jan Macy, Hillcrest C.C., Brandenburg
Douglas E. Mader, Hamilton's, Evansville
Robert Maguire, Bobby Nichols Park & Rec., Louisville
Claudio Maldonado, Wildwood C.C., Louisville
Kelly Manning, Boone County G.C., Florence
Robert L. Marcum, Scottsville C.C., Scottsville
Forrest R. Martin, L & N G.C., Brooks
Daniel H. Matthews, Midland Trail G.C., Middletown
John L. May, Pleasant Valley C.C., W. Liberty

Johnnie R. McBride, Midland Hills, Carbondale
Ben McGill, Owensboro C.C., Owensboro
Phil McGown, Hobson Grove G.C., Bowling Green
George McGrew, South Park C.C., Fairdale
Harold L. McGuffey, Bowling Green C.C., Bowling Green
George W. McNeil, Maplehurst G.C., Shephordsville
Ruby F. Meador, Scottsville C.C., Scottsville
Mrs. Eula H. Meece, Lely Royal Palm C.C., Naples
Glenn Mercer, Twin Oaks, Covington
Allen S. Mercke, Harmony Landing, Goshen
Betsy R. Miller, Rough River Dam State Park, Falls of Rough
Bill Minogue, Lindsey G.C., Ft. Knox
Jim W. Mitchell, Midland Trail G.C., Middletown
J. Steven Moad, Seneca Park G.C., Louisville
Duane E. Morris, Henderson Municipal G.C., Henderson
Leonard Moses, Spring Lake, Lexington
Terrell W. Murphy, Indian Hills C.C., Bowling Green
Felbert Myers, Scottsville C.C., Scottsville
Delton B. Meely, Midland Trail G.C., Middletown
William O. Newell, Eagles Nest C.C., Somerset
Terry Wayne Nofsinger, Central City C.C., Central City
Brian M. Noor, Hurstbourne C.C., Louisville
Clark Nowland, Cincinnati C.C., Cincinnati
Willard Nunley, Sundowner G.C., Ashland
Scotty Patrick O'Brien, Paintsville C.C., Paintsville
Janie Ohr, Jenny Wiley State Park G.C., Prestonsburg
James G. Oiler, Midland Trail G.C., Middletown
Dick Orr, Murray C.C., Murray
Yuell Orr, Kentucky Dam Village State Park, Gilbertsville
Ann Pace, Hillcrest C.C., Brandenburg
Danny Parrett, Anderson, Ft. Knox
Jewell Patterson, Calvert City G.&C.C., Calvert City
Ohm W. Pauli, Covington Woods Municipal G.C., Bowling Green
James W. Payne, Hurstbourne C.C., Louisville
Roseanne Perine, Seascape Resort, Destin
Chris Perry, Sundowner G.C., Ashland
Richard Pfeiffer, Hunting Creek C.C., Prospect
Jack Phillips, South Park C.C., Fairdale
H. Patt Pope, Midland Trail G.C., Middletown
H. R. Prewitt, Boone County G.C., Florence
Philip Quillen Sundowner G.C., Ashland
Edwin Rausch, Jr., Seneca G.C., Louisville
Winnifred S. Rayburn, Stoner Creek, Paris
C. R. Redcorn, Americana Lake Geneva Resort, Lake Geneva
Dr. Kenneth H. Reeves, Harmony Landing C.C., Goshen
Tim M. Renner, Eagles Nest C.C., Somerset
Donna Robertson, Paris Landing, Paris
Ada Sue Roberts, Oaks G.C., Murray
Lee Robertson, Bowling Green C.C., Bowling Green
D. L. Robey, Russellville C.C., Russellville
Daniel B. Robinson, 76 Falls C.C., Albany
Gaston Rose, Bright Leaf G.C., Harrodsburg
Adrian Roth, Lake Buena Vista, Lake Buena Vista
Jim Russell, Rolling Hills, Paducah
Larry Ryan, Hunting Creek C.C., Prospect
Gary Sandel, Kenton County C.C., Independence
Tom Schiess, Sr., Woodhaven C.C., Louisville
Richard H. Schmeing, Sleepy Hollow G.C., Prospect
Jack Schroeder, Devon Fields G.C., Covington
Henry B. Schuhmann, Youche C.C., Crown Point

1983 HOLES-IN-ONE

Frank M. Schuster, Midland Trail G.C., Middletown
Kathorine Schwartz, Griffin Gate, Lexington
C. J. Scott, Hunting Creek C.C., Prospect
Gary W. Scott, Henderson Municipal G.C., Henderson
Vernon Scott, Kenton County G.C., Independence
Wendell R. Sears, Covington Woods Park, Bowling Green
Patrick J. Serey, Stones River C.C., Murfreesboro
Garry Sermersheim, Crescent Hill G.C., Louisville
Bob Shank, Jr., Barren River Lodge G.C., Lucas
Shannon Shelton, Lakeside G.C., Lexington
Laurence F. Sherman, Hopkinsville Municipal G.C., Hopkinsville
Tim Shrout, Kenton County G.C., Independence
Mike Singleton, Berea C.C., Berea
Joe Slavin, Hunting Creek C.C., Prospect
Pat Smiddy, Calvert City C.C., Calvert City
Everett Smith, Madisonville C.C., Madisonville
Jeffrey Smith, Beechland G.C., Burlington
Randy Smith, Iroquois G.C., Louisville
Sam Smith, Marion C.C., Marion
Stephen M. Smith, Long Run G.C., Anchorage
Tom Smith, Magnolia G.C., Walt Disney World, Lake Buena Vista
Walter K. Smith, Reeves G.C., Cincinnati
William C. Sparks, Jr., L&N G.C., Louisville
Randall B. Spencer, Surf G.C., Myrtle Beach
Clyde Stanley, South Park C.C., Fairdale
John Steinbrunner, Summit Hills C.C., Crestview Hills
Bud Stroder, Calvert City C.C., Calvert City
Esther Stout, Marion C.C., Marion
Lisa R. Summers, Indian Hills C.C., Bowling Green
Patricia A. Swaidner, Lakeshore C.C., Madisonville
Tim Tackett, Sundowner G.C., Ashland
Kenneth Techau, Spring Lake C.C., Lexington
Mike Teeter, Madisonville C.C., Madisonville
Cecil Terhune, Danville C.C., Danville
Mike Thomas, Henderson Municipal G.C., Henderson
Joe S. Thompson, Paintsville C.C., Paintsville
Norman E. Trimer, Jr., Sun Valley, Louisville
Irvin Vittitow, Jr., La Rue Co. C.C., Hodgenville
Fred Voss, Seneca G.C., Louisville
Garry L. Waits, Cobbly Nob G.C., Gatlinburg
Bob Wallace, Miami Whitewater Forest G.C., Harrison
Samuel Walters, Sun Valley G.C., Louisville
Cres Ward, Paintsville C.C., Paintsville
Richard W. Webb, Clinch View G.C., Bean Station
W. H. Webb, Spring Lake G.C., Lexington
Billy C. Weddle, Hickory Hills C.C., Liberty
James Wethington, Beechland G.C., Burlington
Herbert L. White, Crescent Hill G.C., Louisville
Shirley Wilhoite, Holly Forest G.C., Sapphire
Eric Williams, Barren River State Park, Lucas
Myrl Williams, Devou Fields G.C., Covington
Malcolm J. Williamson, Berea C.C., Berea
Fred Winscher, Twin Oaks G.C., Covington
Mrs. Jim "Sally" Woner, Hunting Creek C.C., Prospect
Burl A. Wood, Paxton Park G.C., Paducah
Jack Wright, Glenwood Hall, Perry Park
Otis Wright, Spring Lake, Lexington
C. H. Wyatt, Berea C.C. Inc., Berea
Jerry Young, Seneca G.C., Louisville
Harold P. Yuncker, Seneca G.C., Louisville
Joe Zedalis, Anderson G.C., Ft. Knox
Julie A. Zembrodt, Glenwood Hall C.C., Perry Park
K. Vincent Ziegler, M.D., Big Spring C.C., Louisville

LOUISIANA

Harold M. Albert, M.D., Audubon G.C., New Orleans
Alvin Allen, Lake D'Arbonne C.C., Farmerville
Charles E. Anderson, Deerfield G.&C.C., Madison
Richard Anderson, Lake D'Arbonne C.C., Farmerville
Tommy Arbon, Diamond Head C.C., Bay St. Louis
Lawrence Arceneaux, Bayou Oaks C.C., Sulphur
John F. Arnold, Bayou De Siard C.C., Monroe
B. L. Ashmore, Shenandoah C.C., Baton Rouge
Billy Babin, L.S.U. G.C., Baton Rouge
R. E. Babineaux, Acadian Hills C.C., Lafayette
Ed Ball, Alexandria G.&C.C., Alexandria
Gerald Barras, Sr., Brendon G.&C.C., New Iberia
W. S. Baskin, Ruston C.C., Ruston
Cyrus A. Bates, Huntington Park G.C., Shreveport
Don Be Jeaux, Plantation G.C., Gretna
Don Belding, Acadian Hills C.C., Lafayette
Mark P. Bensabat, Beau Chene C.C., Mandeville
Tony Bergeron, Ellendale C.C., Houma
Paul A. Bernard, Tri Parish G.C., Cade
David Lynn Berwick, City Park G.C., Lafayette
Robert Beu, Covington C.C., Covington
Neal Bezet, Bayou De Siard C.C., Monroe
Duane Blumberg, Acadian Hills C.C., Lafayette
Scott Bogan, Seascape, Destin
William R. Bollinger, Kapalua, Kapalua
Buddy Bonnette, Natchitoches
Scott Booth, Willowdale C.C., Luling
Randy Bordlee, Lake D'Arbonne C.C., Farmerville
Merken Boudreaux, City Park G.C., Lafayette
Byron Bracewell, Briarwood C.C., Baton Rouge
D. J. Broussard, Lafayette Municipal G.C., Lafayette
Michael Wayne Broussard, Brendon G.&C.C., New Iberia
Mickey Broussard, Lincoln Park G.C., Oklahoma City
David Scott Brown, Las Vegas Municipal G.C., Las Vegas
Joe C. Brown, Bayou De Siard C.C., Monroe
L. E. "Larry" Brown, Palmetto C.C., Benton
Harold J. Brue, Chateau G.&C.C., Kenner
Tony Buccola, Ormond C.C., Destrehan
Craig Burns, Shenandoah C.C., Baton Rouge
Herbert H. Butt, Fairwood C.C., Baton Rouge
Jo Carpenter, Pine Ridge C.C.&G.C., Winnfield
Joe Castille, Tri-Parish C.C., Cade
Phil A. Christian, Lakewood C.C., New Orleans
Donald L. Clark, Toro Hills G.C., Many
W. T. Clark, Acadian Hills C.C., Lafayette
James Collings, Willowdale C.C., Luling
Jerry L. Comeaux, Acadian Hills C.C., Lafayette
Henry Copeland, Sugarland C.C., Raceland
W. F. "Bill" Cotie, Sr., Pinewood C.C., Slidell
Carol Delahoussaye, Broadwater Sea Course, Gulfport
Calvin W. Couvillion, Rapides G.&C.C., Alexandria
Robert Delpuget, City Park East Course, New Orleans
Jim Dobecki, Beauregard C.C., DeRidder
Felix A. Dore, Lafayette Municipal G.C., Lafayette
Dennis C. Drury, Beau Chene C.C., Mandeville
Batson J. Dugas, Brendon G.&C.C., New Iberia
Percy A. Dupuy, Jr., Fairwood C.C., Baton Rouge
Wayne Elliott, Palmetto C.C., Benton
Russell Erxleben, Riverlands Municipal G.C.,

471

1983 HOLES-IN-ONE

Sard C. Fairey, Pine Wood C.C., Slidell
Fred Favaloro, Perdido Bay Inn & Resort, Pensacola
Julian E. Fernandez, St. Mary G.&C.C., Berwick
Slaten L. Finger, Ormond C.C., Destrehan
Woodrow Fox, Huntington G.C., Shreveport
Anthony Freia, St. Mary G.&C.C., Morgan City
Henry J. Fried, IV, Braithwaite G.&C.C., Braithwaite
A. R. Fruge, Frasch Park G.C., Sulphur
Ken Gaar, Mallard Cove G.C., Lake Charles
Dwain Gabriel, Frasch Park G.C., Sulphur
Dorothea Garrett, Bayou-de-Siard G.C., Monroe
Charles Gautney, Eastwood Fairways, Haughton
Larry Germany, Shenandoah G.C., Baton Rouge
Arthur L. Gilbert, Half Moon Bay, Half Moon Bay
E. R. "Ray" Glasgow, Springview G.C., Amite
Mike Glowacz, Ft. Walton Beach G.C., Ft. Walton Beach
Louis K. Good, Lakewood C.C., New Orleans
Ronny Graham, Ruston G.C., Ruston
Dan W. Gray, Bayou Barriere G.C., Gretna
Doris Gray, Shenandoah C.C., Baton Rouge
Bob S. Gregoire, Oak Knoll C.C., Hammond
Blaine Guidry, Greenwood G.C., Baker
Cordell Guillotte, Tri-Parish G.C., Cade
Jon Hart, Lake D'Arbonne C.C., Farmerville
William Hays, Howell Park G.C., Baton Rouge
Loy K. Heard, Bayou Desiard C.C., Monroe
Rick Herlevic, Bayou Desiard C.C., Monroe
Alfred S. Heroman, Jr., Louisiana State Univ. G.C., Baton Rouge
Roger J. Hicks, Barksdale Air Force Base, Bossier City
William G. Higginbotham, Oakbourne C.C., Lafayette
Dudley W. Hillman, Bayou C.C., Thibodaux
Frank Hoffman, Covington C.C., Covington
Ann Hollier, Indian Hills C.C., Opelousas
Emery Hollier, Briarwood C.C., Baton Rouge
Tim Hollis, Eastwood Fairways, Haughton
Randy Hornsby, Les Vieux G.C., Youngsville
Larry Allan Hubbard, Natchitoches C.C., Natchitoches
Albert Huddleston, Chateau C.C., Kenner
Albert J. Huddleston, Kauai Surf, Kauai
Curtis C. Humphris, Jr., Bayou Barriere G.C., Gretna
Dr. Lowell Hurwitz, Lakewood C.C., New Orleans
Willie Jeandron, Bayou Barriere, Gretna
David Jessup, Acadian Hills, Lafayette
Henry G. Joffray, Lakewood C.C., New Orleans
George R. Johnson, City Park G.C., New Orleans
Liston A. Johnson, Brechtel C.C., New Orleans
Robetr R. Johnson, Bayou Desiard C.C., Monroe
Raymond Jolet, Brendon G.&C.C., New Iberia
John I. Jones, Huntington Park G.C., Shreveport
W. Van Law Jones, C.C. of Darien, Darien
Ben Kaiser, Beau Chene G.C., Mandeville
Robert Kavanaugh, Lake D'Arbonne C.C., Farmerville
Newton H. Kershaw, Pinewood C.C., Slidell
E. L. Kilgore, Eden Isles G.C., Slidell
Tim Kirk, Howell Park, Baton Rouge
Robert L. "Buck" Kleinpeter, Sherwood Forest C.C., Baton Rouge
Corinne Kliebert, Emerald Bay G.C., Bullard
Charles E. Lamb, Shenandoah C.C., Baton Rouge
Thomas N. Landry, Jr., Howell Park G.C., Baton Rouge
Jimmie Laudenheimer, Bayou Desiard G.C., Monroe
John G. Lauve, Bayou Desiard C.C., Monroe

Lynn LeBlanc, Shenandoah C.C., Baton Rouge
Natalie LeBlanc, Tri-Parish G.C., Cade
Carlene Ledet, Ellendale C.C., Houma
Tim Ledet, Tri-Parish G.C., Cade
Larry J. Leger, Les Vienx Chenes G.C., Youngsville
Fabian LeMaire, Jr., Brendon G.&C.C., New Iberia
David R. Leonard, Monroe Municipal G.C., Monroe
James Leonard, Shenandoah G.C., Baton Rouge
F. X. Letard, Springview C.C., Amite
Larry C. Ludwig, Preston Wood C.C., Dallas
Charles E. Martin, Pearl River Valley C.C., Poplarville
Don Martin, Frasch Park G.C., Sulphur
Lee A. Martin, Bayou C.C., Thibodaux
Roland Malveaux, City Park G.C., Lafayette
Etta Massey, Rapides G.&C.C., Alexandria
Howard A. Massie, Frasch Park C.C., Sulphur
Jean Mathews, Lely Hibiscus C.C., Naples
Harry Mathis, Indian Bayou G.&C.C., Destin
Ernest L. McAdams, Jr., Sherwood Forest C.C., Baton Rouge
Michael P. McCarthy, Querbes G.C., Shreveport
Henry McLemore, Indian Hills C.C., Opelousas
Mitchell Meyers, Braithwaite C.C., Braithwaite
A. J. Miciotto, Sherwood Forest C.C., Baton Rouge
M. H. Miley, Tri-Parish G.C., Cade
Bradley A. Miller, England A.F.B., England A.F.B.
J. Frederick Miller, Les Vieux Chenes G.C., Youngsville
Alice Milton, Highlands C.C., Highlands
David A. Milton, Highlands C.C., Highlands
Al Montano, Huntington G.C., Shreveport
Michael Moore, Indian Bayou G.C., Destin
Randy Moore, Bluewater Bay, Niceville
Michael J. McFarland, Howell Park G.C., Baton Rouge
August A. Moskau, City Park North G.C., New Orleans
Perry Moss, Huntington Park G.C., Shreveport
Robert John Murphy, Tri-Parish G.C., Cade
Lanny W. Murrell, Shipyard G.C., Hilton Head
Dwayne H. Myrick, Acadian Hills C.C., Lafayette
Jimmy D. Nash, Barksdale A.F.B. G.C., Bossier City
John Nichelson, Tri-Parish G.C., Cade
Wilbur R. O'Brien, Bardmoor C.C., Largo
Dr. Ron Oennis, Tiger Point, Gulf Breeze
Rodney Oxenreiter, Alexandria G.&C.C., Alexandria
Suzanne Patton, Eastwood Fairways, Haughton
Fern Perkins, Forsythe Park G.C., Monroe
Connie Pharis, Waterwood National C.C., Huntsville
Roy Pickering, Greenwood G.C., Baker
John R. Pierce, Les Vieux Chenes G.C., Youngsville
Joe Pierson, Natchitoches C.C., Natchitoches
Rex L. Ponthie, Alexandria G.&C.C., Alexandria
Jim Purslow, City G.C., Lafayette
William A. Quinto, NHDC G.C., Carville
Raymond C. Randal, Lafayette Municipal G.C., Lafayette
Arthur Randol, Beau Chene G.C., Mandeville
Lou Reinach, Les Vieux G.C., Youngsville
Andrew L. Richards, City Park G.C., Lafayette
Alan Robart, Riverlands C.C., Laplace
Samuel I. Rosenberg, Lakewood C.C., New Orleans
Emile Rufin, Audubon G.C., New Orleans
Louis L. Rusoff, Louisiana State Univ. G.C., Baton Rouge
Don Rutherford, Brendon G.&C.C., New Iberia
Dr. Kenneth Saer, New Orleans C.C., New Orleans
Julius C. St. Amant, City Park North Course, New Orleans

1983 HOLES-IN-ONE

Bob Sale, Jr., Bayou Desiard G.C., Monroe
Ricky J. Salvaggio, Colonial G.&C.C., Harahan
Robert Sargent, Acadian Hills C.C., Lafayette
David Scherschel, Barksdale A.F.B, Bossier City
Vera Schexnayder, Diamondhead C.C., Bay St. Louis
Robert G. Schirmer, Jr., Covington C.C., Covington
Jay Schmitt, Royal G.C., Slidell
Brion D. Scholl, Tramark G.C., Gulfport
Jack J. Scofield, City Park G.C., New Orleans
Mrs. G. R. Seely, Audubon G.C., New Orleans
Jewell Segura, Iberia G.&C.C., New Iberia
William C. Sevier, Audubon G.C., New Orleans
Michael J. Sims, City Park G.C., Lafayette
Rodnay E. Sineath, Greenwood G.C., Baton Rouge
Richard L. Sjowall, Boca Raton Hotel & Club, Boca Raton
Jerry Smith, Pine Hills C.C., Calhoun
Kevin Paul Spell, Lafayette City Park G.C., Lafayette
Al Spindel, Chateau G.&C.C., Kenner
Drake D. Stansbury, St. Mary G.&C.C., Morgan City
Harry J. Stelly, Frasch Park G.C., Sulphur
Layne Stelly, Lafayette Municipal G.C., Lafayette
Maurice Tatum, East Ridge C.C., Shreveport
Claret Taylor, Barksdale A.F.B., Bossier City
Roger P. Teddlie, Barksdale A.F.B. G.C., Bossier City
Murphy Thibodeaux, Jr., Kayouchee Covlee G.C., Lake Charles
Audis H. Thornton, Sherwood Forest C.C., Baton Rouge
Harry Trent, Beauregard C.C., De Ridder
Tyler Troutma, Willowdale G.C., Luling
Hardy Ulmet, Bayou Bend C.C., Crowley
John S. Urankar, Palmetto C.C., Benton
Billy Van Veckhoven, Bayou Desiard C.C., Monroe
Ronnie Vega, Eden Isles G.C., Slidell
Matthew Veillon, Jr., Eunice C.C., Eunice
D. Rene Vicedomini, Audubon G.C., New Orleans
Steven C. Vicks, Barksdale A.F.B. G.C., Bossier City
H. H. Coke Vincent, Bayou Oaks C.C., Sulphur
Mick Vrooman, Plantation G.&C.C., Gretna
Marie L. Walker, Sea Pines Plantation, Hilton Head
Billy Wallace, Caldwell C.C., Grayson
Leonard E. Walle, Jr., Audubon G.C., New Orleans
Jim W. Webb, Acadian Hills C.C., Lafayette
Tim Wesson, Caldwell C.C., Columbia
Howard Whiddon, Tri-Parish G.C., Cade
Mike Willem, Beau Chene G.&R.C., Mandeville
Dr. Steve Williams, Beau Chene G.&R.C., Mandeville
J. R. Woolf, Pass Christian Isles, Pass Christian
Dr. E. F. Worthen, Bayou Degirard C.C., Monroe
David Zeilier, Tri-Parish G.C., Cade
David H. Zellner, Royal G.C., Slidell

MAINE

Robert Bachelder, Samoset G.C., Rockport
Brenda Barrett, Northport G.C., Belfast
Edwin J. Bartlett, Lakeview G.C., Burnham
Katharine Bartlett, Penobscot Valley C.C., Orono
Raymond J. Benson, Lakeview G.C., Burnham
Peter C. Berry, Bridgton Highlands C.C., Bridgton
John H. Billington, Rockland G.C., Rockland
Tom Blanchard, Bangor Municipal G.C., Bangor
Roy L. Blood, Waterville C.C., Oakland
Anthony Boffa, Riverside, Portland
Rudy Bougie, Dutch Elm G.C., Arundel

Floyd Bowden, Bridgton Highlands C.C., Bridgton
David A. Buxbaum, Great Chebeague G.C., Chebeague Island
Richard Carmichael, Purpoodock Club, Cape Elizabeth
Patrick E. Carroll, Willowdale, Scarborough
Mike B. Cebrik, Bath G.C., Bath
William Champagne, Old Orchard Beach C.C., Old Orchard Beach
Tom Chappelle, Penobscot Valley C.C., Orono
Fred E. Clark III, Biddeford & Saco C.C., Saco
Kevin Cloutier, Riverside, Portland
Thomas Cloutier, Jr., Purpoodock Club, Cape Elizabeth
George W. Collier, Indian Creek C.C., Miami Beach
Skip Commeau, Woodland Terrace G.C., Brewer
Myrle B. Curtis, Ocean Palm G.C., Flager Beach
Howard L. Cushman, Riverside North, Portland
James R. Daly, Bath G.C., Bath
Kevin Davis, Grandview G.C., Palmyra
Sharon R. Davphinee, Waterville C.C., Oakland
Richard W. DeCato, Historic Paris Hill C.C., Paris
Dewey DeWitt, Aroostook Valley C.C., Ft. Fairfield
F. Munro Dodge, Boothbay Region C.C., Boothbay
Robert Duguay, Wilson Lake C.C., Wilton
Howard S. Elliott, Lakeview, Burnham
Barry W. Emery, Lake Kezar C.C., Lovell
Stetson H. Everett, White Birches G.C., Ellsworth
Frank Farrington, Penobscot Valley C.C., Bangor
Bernard Fitzmorris, Cape Arundel C.C., Kennebunkport
Harry E. Fullerton, Bath G.C., Bath
Marilyn Gagnon, Poland Springs C.C., Poland
Jim Gilman, Biddeford & Saco C.C., Saco
Lawrence Giboux, Cobbossee Colony G.C., Monmouth
Roy C. Gordon, Webhannet G.C., Kennebunk
Polly G. Gousse, Framingham C.C., Framingham
E. Thomas Grace, Riverside G.C., Portland
John Green, Cobbossee Colony G.C., Monmouth
Forest C. Greenier, Rockland G.C., Rockland
Del Grondin, Androscoggin Valley C.C., Gorham
Tim Harkins, Boothbay Region C.C., Boothbay
Andrew Hart, Sebasco, Sebasco
Mary K. Haskell, Shore Acres, Sebasco Estates
Donald Hathaway, Kebo Valley G.C., Bar Harbor
E. Munroe Hawkins, Worcester C.C., Worcester
Msgr. Joseph Houlihan, Riverdied Municipal G.C., Portland
Roscoe C. "Rocky" Ingalls, Jr., Causeway Club, Southwest Harbor
Stanley Jackiewecz, Riverside G.C., Portland
Rick Jenness, Willowbrook G.C., Winter Haven
Walter Johnson, Shore Acres G.C., Sebasco Estates
George A. Jones, Boothbay Region C.C., Boothbay
James E. Jones, Sebasco Lodge, Sebasco Estates
William H. Ketchum, Jr., Bath G.C., Bath
Donald C. Kilgour, Rockland G.C., Rockland
Corey S. Kramer, Cape Arundel G.C., Kennebunkport
Romeo LaBerge, Old Orchard Beach G.C., Old Orchard Beach
Roland LaCombe, Prospect Hill G.C., Auburn
Charles Leavitt, Woodland Terrace G.C., Brewer
Eldon Lebby, Aroostook Valley C.C., Ft. Fairfield
Earl W. LeClair, Bangor Municipal G.C., Bangor
Pamela J. Loescher, Penobscot Valley C.C., Orono
Arthur H. Lynch, Portland C.C., Falmouth Foreside

1983 HOLES-IN-ONE

Thomas Lynch, St. Croix C.C., Calais
Richard N. Marcellino, Samoset Resort, Rockland
Charles L. Marr, Meadowhill C.C., Farmingdale
Mark McCallum, Biddeford-Saco C.C., Saco
James F. McInnis, Jr., Hermon Meadows, Bangor
Gordon McKenney, Riverside G.C., Portland
Vince Miniutti, Dutch Elm G.C., Biddeford
William Mitchell, Bethel Inn & C.C., Bethel
Stephen A. Moore, Pleasant Hill G.C., Scarborough
Roger J. Morin, Birch Point G.C., Madawaska
Sabatino Nappi, Riverside G.C., Portland
Timothy J. Newcomb, Hermon Meadow, Bangor
Robert G. Newman, Grindstone G.C., Winter Harbor
Constance L. Ohl, Augusta C.C., Manchester
Gregory B. Palmer, Kempsville Meadows G.&C.C., Virginia Beach
Thomas B. Palmer, Meadowhill G.C., Farmingdale
L. Cloude Paradis, Lake View G.C., Burnham
Mike Pelletier, Edmundston G.C., Edmundston
J. Guy Peloquin, Dutch Elm G.C., Arundel
Harry E. Peterson, Penobscot Valley C.C., Orono
George E. Phillips, Willowdale G.C., Scarborough
Mark Plummer, Rockland G.C., Rockland
Everett Pope, Amelia Island Plantation, Amelia Island
Dr. Everett L. Porter, Northport G.C., Belfast
Raymond Reed, Causeway G.C., Southwest Harbor
Raymond Reed, Jr., Causeway G.C., Southwest Harbor
Norman Rollins, Western View G.C., Augusta
Richard A. Shaw, Goose River G.C., Camden
David S. Sherman, Martindale C.C., Auburn
Peter Shoureas, Biddeford & Saco C.C., Saco
Thomas W. Shyte, Portland C.C., Falmouth
William Sloane, Northport G.C., Belfast
James T. "Ted" Small, Martindale C.C., Auburn
Virgil Smith, Western View G.C., Augusta
Stephen Smye, Poland Springs G.C., Poland Springs
Gary Soule, Kebo Valley C.C., Bar Harbor
Joel B. Stevens, Boothbay Region C.C., Boothbay
Richard Stillwell, Purpoodock C.C., Cape Elizabeth
Judelle Strange, Cypress Creek C.C., Boynton Beach
Frank Talarico, Matindale G.C., Auburn
Mark D. Thomas, Woodland Terrace G.C., Brewer
Dudley B. Tyson, Penobscot Valley C.C., Orono
Ben Villandry, Biddeford Saco C.C., Saco
Willis L. Ward, Bangor Municipal G.C., Bangor
Donald J. Waring, Penobscot Valley C.C., Orono
Larry Warren, Aroostook Valley C.C., Ft. Fairfield
Wilma Wheeler, York G.&T.C., York
Richard White, Purpoodock C.C., Cape Elizabeth
Guy J. Williams, Lakewood G.C., Madison
J. Marshall Williams, Homestead A.F.B. G.C., Homestead
Alice C. Williams, Callseway C.C., Southwest Harbor
Donald C. Williams, Boothbay Region C.C., Boothbay
Kevin M. Williams, Dexter Municipal G.C., Dexter
Troy Witham, Gasparilla Inn & Cottages, Boca Grande
Harold F. Woodson, Willowdale G.C., Scarborough

MARYLAND

Steve Abelman, Woodmont C.C., Rockville
George Ackland, Northwest Park G.C., Wheaton
Cooper Agent, Chartwell C.C., Severna Park

Ray Akerson, Hobbits Glen G.C., Columbia
Albert Albright, Eisenhower G.C., Annapolis
June Alison, Longview G.C., Timonium
Lawrence Anderson, Manor C.C., Rockville
Dwight W. Annan, White Plains G.C., White Plains
Terry A. Arenson, Hunt Valley G.C., Hunt Valley
Edward T. Aud, Rehoboth Beach C.C., Rehoboth Beach
Joe Bajkowski, Rocky Point G.C., Essex
Mario J. Balboni, Needham G.C., Needham
William J. Baldridge, Rolling Hills Golf Resort, Ft. Lauderdale
Alex E. Balzer, Indian Spring C.C., Silver Spring
Nat W. Barber, Manor C.C., Rockville
Russell Barch, Font Hill C.C., Ellicott City
Peggy Bardelman, Cacapon State Park G.C., Berkeley Springs
Wain Barnes, Palmetto Dunes G.C., Hilton Head
Neil E. Bassin, Washingtonian C.C., Gaithersburg
Carl R. Bauersfeld, Burning Tree G.C., Bethesda
Frank J. Baumann, Crofton C.C., Crofton
Jeffrey N. Beeker, Longview G.C., Timonium
William Beem, Cumberland C.C., Cumberland
Earl Bell, Caroline C.C., Denton
Bob Berchtenbreiter, Longview G.C., Timonium
Douglas Berg, Dunfey's Resort, Hyannis
Leo Berg, Shannon Green G.C., Fredericksburg
Ann Bergquist, Woodmont C.C. North, Rockville
Samuel L. Bertolet, Eisenhower G.C., Crownsville
Arlene Birnbaum, Woodholme C.C., Pikesville
Jane E. Bishop, Hobbits Glen G.C., Columbia
Chris Blazevich, Sigwick Inn & G.C., Leesburg
Gordon Blount, Wood River C.C., Wood River
Nathaniel E. Boan, Goose Creek G.C., Leesburg
Jeffrey C. Bohn, Farm Neck G.C., Oak Bluffs
Joan Bojarski, Bay Hills G.C., Arnold
Pat Bolte, Elks—BPOE 817, Salisbury
Phyllis Bolyard, Cumberland C.C., Cumberland
Jay Booth, Diamond Ridge G.C., Baltimore
Mark F. Boyer, Hunt Valley G.C., Hunt Valley
Bobby L. Bracy, Golden Triangle G.C., Crofton
Bruce Bradley, Montgomery Village G.C., Gaithersburg
Joseph N. Bradshaw, Forest Park G.C., Baltimore
Cy F. Brickfield, Bethesda C.C., Bethesda
Sharon L. Briggs, Montgomery Village G.C., Gaithersburg
Nino Briscuso, Kenwood G.&C.C., Bethesda
Bernard J. Brown, Diamond Ridge G.C., Baltimore
Charles I. Brown, U.S. Naval Academy G.C., Annapolis
Lewis D. Brown, University of Maryland G.C., College Park
John E. Bulman, Lake Venice G.C., Venice
John R. Burch, Jr., Heritage Harbour G.&T.C., Annapolis
Jack Burkinshaw, Lakewood C.C., Rockville
George W. Bushey, Fountain Head C.C., Hagerstown
Elliott Bushlow, Indian Spring C.C., Silver Spring
Dave Butler, White Plains G.C., White Plains
Buck Callahan, Yorktowne G.C., York
Arnie Calvert, Chantilly Manor C.C., Rising Sun
Lou Cammarata, Turf Valley C.C., Ellicott City
Robert C. Carder, Fountain Head C.C., Hagerstown
Kevin W. Carmody, Columbia C.C., Chevy Chase
Glen Carter, Round Meadow C.C., Christiansburg
Edward Cashman, Worthington Valley C.C., Owings Mills

1983 HOLES-IN-ONE

Jeffrey Chaney, Bever Creek C.C., Hagerstown
Alan D. Chiarito, Clifton Park Municipal G.C., Baltimore
Sudhi Chintrisna, All View G.C., Columbia
Brian Clarke, Piney Branch, Hampstead
William Coffey III, Mount Pleasant Park G.C., Baltimore
John A. Coleman, Glenn Dale G.C., Glenn Dale
E. G. Colgan, Naval Academy G.C., Annapolis
Bob Colton, Bonnie View C.C., Baltimore
James P. Combolas, Montgomery C.C., Laytonsville
Marvin A. Comer II, Rocky Point G.C., Essex
John J. Condon, Hobbits Glen, Columbia
Arden R. Conway, Wakefield Valley G.C., Westminster
Dell Cooper, Columbia C.C., Chevy Chase
Janet Cooper, Norbeck G.C., Rockville
Alan M. Coppola, Allview G.C., Columbia
Katherine Cotsalas, Longview G.C., Timonium
Bernard E. Cox, Hanlon Hall G.C., Indian Head
Vernon E. Craig, Riviera C.C., Ormond Beach
John M. Crawford, Pinehurst G.C., Pinehurst
William Henry Crigler, Chantilly Manor G.C., Rising Sun
Bobby Croll, Maryland G.&C.C., Bel Air
James M. Cross, Sr., Clifton Park G.C., Baltimore
Peggy Crostewait, Argyle C.C., Silver Spring
Sue B. Crough, Congressional G.C., Bethesda
David Crowell, Glenn Dale G.C., Glenn Dale
Edgardo A. Cruz, Greencastle C.C., Burtonsville
Pat Cunningham, Maplehurst C.C., Frostburg
Dennis Curran, Maryland G.&C.C., Bel Air
John Patrick Daly, Brantwood G.C., Elkton
Kenneth L. Daniel, Ft. Meade G.C., Ft. Meade
Perry E. Darby, Sparrows Point C.C., Baltimore
Richard H. Davidson, Pine Ridge G.C., Timonium
Jeanne R. Davis, Lakewood G.C., Rockville
Wilson Davis, Jr., Green Hill Y. & C.C., Quantico
Samuel J. DeBlasis, Prince George's C.C., Mitchelville
Bernard M. Deckman, Ft. George Meade G.C., Ft. George Meade
Frank Delillo, Pen Park G.C., Charlottesville
Drew Devan, Maryland G.&C.C., Bel Air
Bob Dillon, Clifton Park G.C., Baltimore
George P. Duggan, Belair G.&C.C., Bowie
Bob Dwyer, Caroline C.C., Denton
John F. Eavey, Hagerstown Municipal G.C., Hagerstown
Robert F. Edens, Hunt Valley G.C., Hunt Valley
Fred H. Eisenbrandt, Towson G.&C.C., Phoenix
Albert Elder, Hawthorne C.C., La Plata
Roy Elder, Rocky Point G.C., Essex
Clark A. Estep, Prince William G.C., Nokesville
Larry Eul, Tantallon C.C., Tantallon
Pat Euson, Indian Springs C.C., Silver Springs
Robert Wray Evans, Jr., Gun Powder C.C., Laurel
Leon Ezrine, Bonnie View C.C., Baltimore
Richard A. Farrell, Diamond Ridge G.C., Baltimore
Robert S. Feigleson, Bonnie View C.C., Baltimore
Donald Felts, Tanglewood Manor G.C., Quarryville
T. O. Field, Red Gate G.C., Rockville
Victor Firmani, Prince Georges C.C., Mitchelville
Charlie Fowler, Marlboro C.C., Upper Marlboro
Paul S. Forbes, Beaver Creek C.C., Hagerstown
George H. Fraley, Ft. Meade G.C., Ft. George Meade
Dr. A. Leo Franklin, Cumberland C.C., Cumberland
Dorothy Frauwirth, Indian Spring G.C., Silver Spring
Joe Freno, Anderson G.C., Ft. Knox

Robert A. Frenz, Talbot C.C., Easton
Frederick H. Freund, Jr., Falls Road G.C., Potomac
Ed Fry, Bryce Resort G.C., Basye
Estil E. Fulk, Ft. Meade C.C., Ft. Meade
John F. Furno, Towson G.&C.C., Phoenix
William H. Gaffney, Rocky Point G.C., Essex
Thomas E. Gaster, Diamond Ridge G.C., Baltimore
Tempe J. Gearinger, Holly Hills C.C., Ijamsville
Fred Giaminy, Argyle C.C., Silver Springs
J. Kyle Gilley, Allview G.C., Columbia
Emmett A. Godfrey, Bowie G.C., Bowie
Mortimer D. Goldstein, Leisure World G.C., Silver Springs
James Goodson, Swan Creek G.C., Have de Grace
Margarethe K. Grabner, Towson G.&C.C., Phoenix
Joyce Granger, Green Hill Y.&C.C., Salisbury
Joseph P. Greenawalt, Columbia C.C., Chevy Chase
Daniel V. Grewe, Ft. Meade "Applewood", Ft. Meade
Len Griggs, Wakefield Valley G.C., Westminster
John B. Grimes, Woodbrier G.C., Martinsburg
Jack Gross, Worthington Valley C.C., Owings Mill
Gloria M. Grossnickle, Eaglehead C.C., Frederick
Douglas E. Gruelle, Swan Creek G.C., Havre de Grace
Tony Grzeszkiewicz, Andrews A.F.B. G.C., Camp Springs
J. Gus Guydon, Ft. Meade (Park Course), Ft. Meade
Frank Haley, Ocean Pines, Berlin
Andy Halverson, Argyle C.C., Silver Spring
Percy D. Halverson, Andrews A.F.B. G.C., Andrews A.F.B.
Marguerite B. Hamburer, Argyle C.C., Silver Spring
Carol Hanley, Oyster Harbor, Oysterville
John M. Hannan, Sr., Bethesda C.C., Bethesda
Frank Hannon, Font Hill C.C., Ellicott City
Frederick S. Hanold, Montgomery C.C., Laytonsville
H. Jack Harbert, Turf Valley C.C., Ellicott City
Charles (Chuck) W. Harris, Jr., Pine Ridge G.C., Lutherville
Lorraine Harris, Countryside C.C., Clearwater
John T. Harrison III, M.D., Bowie G.&C.C., Bowie
David M. Hartman, Clifton Park G.C., Baltimore
Thomas A. Hassfurther, Hobbitt's Glen G.C., Columbia
Harold H. Hawfield, Bethesda C.C., Bethesda
Christopher Healy, Turf Valley, Ellicott City
Richard Heine, Cambridge C.C., Cambridge
James H. Hemphill, Rocky Point, Baltimore
Robert Hench, Kapalua G.C., Lahaina
Harold Lee Henderson, Seagull G.C., Pawleys Island
Robert E. Hentges, Andrews A.F.B. G.C., Camp Springs
Jim Hepburn, Font Hill C.C., Ellicott City
Ethel L. Heringman, Washington G.C., Gaithersburg
Steve Hershey, Greencastle C.C., Burtonsville
Eric Heyse, Greencastle C.C., Burtonsville
Lillian L. Hill, Manor C.C., Rockville
Alfred P. K. Hinch, South Hills G.C., Hanover
Hans J. Hjelde, Innis Arden, Old Greenwich
Arthur G. Hobbs, Jr., Piney Branch G.&C.C., Hampstead
Tracy Hodson, Prince Georges C.C., Mitchelville
Leonard V. Hoffman, Laytonsville G.C., Laytonsville
Pressie Hoffman, Columbia C.C., Chevy Chase
Edward Hoffoian, Rockland C.C., Rockland
Roland S. Holbrook, Ruggles G.C., Aberdeen
Paul Holloway, Laytonsville G.C., Laytonsville
Robert Houchin, Jr., Naval Ordinance Station G.C.,

1983 HOLES-IN-ONE

James L. House, Pohick Bay Regional Park G.C., Lorton, Indian Head
John L. Howard, Forest Park, Baltimore
Kenneth W. Howell, Will Comico Shores,
Guy T. Huffman, Diamond Ridge G.C., Baltimore
Fritz Humphrey, U.S. Naval Academy G.C., Annapolis
Eldridge O. Hurlbut, Univ. of Maryland, College Park
Jim Hutchinson, Cumberland C.C., Cumberland
William J. Hutson, Rocky Point G.C., Essex
Bernard Jackson, Newbridge C.C., Mitchellville
Robert T. Jacobsen, Andrews West Course, Camp Springs
Bill Jenkins, Hanlon Hall, Indian Head
Buddy F. Jenkins, Hanlon Hall, Indian Head
Ted Jenkins, Ocean City G.&Y.C., Berlin
Joseph E. Joers, Kenwood G.&C.C., Bethesda
D. G. John, Pine Valley G.C., Pine Valley
Michael W. Johns, Holly Hills C.C., Ijamsville
Edward P. Johnson, Washingtonian National, Gaithersburh
Garfield R. Johnson, Allview G.C., Columbia
Glenn Johnson, Washingtonian G.C., Gaithersburg
Kitty Johnson, Manor C.C., Rockville
Stanley R. Johnson, Jr., Enterprise G.C., Mitchellville
Donald E. Kain, Turf Valley C.C., Ellicott City
James LLewellyn Kaler, Jr., Redgate Municipal G.C., Rockville
Peter K. Kang, Maryland G.&C.C., Bel Air
Bill Karantzalis, Hunt Valley G.C., Hunt Valley
Charles D. Karr, Laytonsville G.C., Laytonsville
Jerome J. Karra, Bonnie View C.C., Baltimore
Albert Keidel, Jr., Green Spring Valley Hunt Club, Garrison
F. M/ Kelehan, Font Hill C.C., Ellicott City
Edwars I. Kelly, Pleasant Valley G.C., Stewartstown
Ann Kengla, Sigwick Inn & G.C., Leesburg
Robert Kentner, Leisure World G.C., Silver Spring
Bob King, Kenwood G.&C.C., Bethesda
David L. King, Prince Georges C.C., Mitchellville
Earl King, Baltimore C.C., Baltimore
Don Kinsley, Belair G.&C.C., Bowie
Richard Kirk, Worthington Valley C.C., Owings Mills
Edward G. Kirkner, Pine Ridge, Lutherville
Donald M. Kirson, Suburban Club, Baltimore
Charles Kitemiller, Oakland C.C., Oakland
Kenneth C. Kline, Prince Georges C.C., Mitchellville
Marilyn Klompus, Bonnie View, Baltimore
Mattahew L. Kohlhoss, Jr., Goose Creek G.C., Leesburg
Ernie Kosmas, Clifton Park G.C., Baltimore
Jean Kowaleski, Rolling Road G.C., Baltimore
John M. Koziol, Clifton Park G.C., Baltimore
Jim Kraus, Fountain Head C.C., Hagerstown
Ruth Kursewicz, Maryland C.C., Bel Air
Walter J. Kwitkoski, Parkview G.C., Hershey
Paul Lambert, Jr., Columbia C.C., Chevy Chase
Edward Landon, Rocky Point G.C., Essex
Skip Larash, Crofton C.C., Crofton
Jay C. Leatherman, Alden Pines C.C., Pineland
long Yun Lee, Redgate Municipal G.C., Rockville
Dick Lefaive, Andrews A.F.B. G.C., Washington
Harry E. Leland, Kenwood G.&C.C., Bethesda
Melvin J. Lesch, Hilly Hills G.C., Ijamsville
Robert A. Levin, Needwood C.C., Rockville

Charles R. Link, Newark C.C., Newark
John Patrick Logsdon, Piney Run, Garrett
Robert F. Long, Sun'N Lake of Lake Placid, Lake Placid
Gregory E. Loss, Eaglehead C.C., Frederick
Gerald M. Lowrie, Congressional C.C., Bethesda
Douglas K. MacLead, Hunt Valley, Hunt Valley
Robert H. Magee, Chardon Lakes G.C., Chardon
William E. Malloy, Jr., Rolling Road G.C., Baltimore
Buddy Manders, Lakewood C.C., Rockville
Roy W. Mann, Sea Gull, Pawleys Island
Charles Mannion, Woodholme C.C., Pikeville
Gary Marlowe, Indian Springs C.C., Silver Spring
Jim Marquis, Font Hill C.C., Ellicott City
Elmer Marsh, Jekyll Iland G.C., Jekyll Island
Mickey Martin, Font Hill C.C., Ellicott City
Fidele Martino, Bethesda C.C., Bethesda
Ed Mattingly, Cumberland C.C., Cumberland
Leo Mauricio, Annapolis C.C., Annapolis
Steven A. McAbee, Hagerstown Municipal G.C., Hagerstown
Thomas J. McAuliffe, Manor C.C., Rockville
Ronald W. McCabe, Montgomery Village G.C., Gaithersburg
Don McCartney, Hunt Valley, Hunt Valley
William (Mac) McCoy, Bowie G.&C.C., Bowie
Pat McDermott, Font Hill C.C., Ellicott City
Andy McDonald, Clifton G.C., Baltimore
Patrick McElroy, Golf & C.C. of Swan Creek, Havre De Grace
William J. McGee, Redgate Municipal G.C., Rockville
John V. McGinty, Mt. Pleasant, Baltimore
John McIntyre, Font Hill C.C., Ellicott City
Matthew J. McKenna, Chartwell C.C., Severna Park
Gregory McNaney, Beavercreek C.C., Hagerstown
Wayne T. Meadowcroft, Redgate Municipal G.C., Rockville
Erwin L. Mendelson, Ocean City G.&Y.C., Berlin
Bill Miller, Rolling Road G.C., Catonsville
Peggy C. Miller, Sarasota G.C., Sarasota
William H. Miller, Pine Ridge On Loch Raven, Lutherville
Joan Bute Mirarchi, Hunt Valley, Hunt Valley
Ralph J. Mirarchi, Hunt Valley, Hunt Valley
Marty Mitchell, Manor C.C., Rockville
Raymond L. Monk, Jr., Sparrows Point C.C., Sparrows Point
Robert L. Morris, Chestnut Ridge C.C., Lutherville
Beverly R. Nees, Greencastle C.C., Burtonsville
James J. Nees, Leisure World G.C., Silver Spring
George F. Neimeyer, Bay Hills G.C., Arnold
Robert Ness, Acapulco Princess Club De Golf, Acapulco
Steven D. Nibbelink, Longview G.C., Timonium
Martha Nichols, Longview, Timonium
Robert E. Noonan, Woodlawn C.C., Mt. Vernon
Blair A. Norris, Northwest Park G.C., Wheaton
Eugene R. O'Brien, Marlboro C.C., Upper Marlboro
Bob Norton, Green Hill Yacht & C.C., Quantico
Michael Nugent, Rockville Redgate Municipal G.C., Rockville
Kevin O'Connor, Clifton Park G.C., Baltimore
Carol Ollerhead, Hillendall C.C., Phoenix
Bill Oyler, Rocky Point G.C., Essex
Oliver S. Palmer, Arrowhead G.C., Douglassville
John Panchula, Beaver Creek C.C., Boonsboro

1983 HOLES-IN-ONE

Helen C. Pardue, Ft. Meade G.C., Ft. Meade
Sapphire N. Parks, Forest Park G.C., Baltimore
Marty Peltz, Montgomery Village, Gaitherburg
Ralph Perry, Ruggles G.C., Aberdeen Proving Ground
Jim Peter, South Hills G.C., Hanover
Barry L. Petrea, C.C. of North Carolina, Pinehurst
Donald C. Pette, Jr., Chartwell G.&C.C., Severna Park
Walter A. Piczak, Argyle C.C., Silver Spring
Robert Pillotg, Jr., Bryce Resort, Basye
Dan Podoley, Prince Georges C.C., Mitchellville
John T. Poffenberger, Ft. George G. Meade G.C., Ft. Meade
Penny Lee Poist, Perrypoint V.A.M.C., Perrypoint
Morton Poland, Bonnie View C.C., Baltimore
Stephen H. Pollock, Grenelefe G.&T.R., Haines City
Brereton Poole, Kemwood G.&C.C., Bethesda
Joe Potter, Hawthorne C.C., La Plata
Frank J. Powell, Georgetown Preparatory School, Rockville
A. Prempree, Laurel Pines C.C., Laurel
Granville S. Pruyne, C.C. of Pittsfield, Pittsfield
John Puskar, Edgewood Area, Edgewood
Waldo R. Putnam, Gunpowder G.C., Laurel
Jack Quillen, Caroline C.C., Denton
W. T. Radcliffe, Font Hill C.C., Ellicott City
George V. Reda, Towson G.&C.C., Phoenix
Bill Reed, Maryland G.&C.C., Bel Air
John B. Reed, Brantwood, Elkton
Bernice Reese, Argyle C.C., Silver Spring
William H. Reeves, Brantwood C.C., Elkton
George Riechenbach, Sparrows Point C.C., Baltimore
John Renda, Hunt Valley G.C., Hunt Valley
Joe Renehan, Font Hill C.C., Ellicott City
Cathy Reynolds, Hillendale C.C., Phoenix
William D. Rhodes, Bowie G.&C.C., Bowie
Brian Richard, Bethesda C.C., Bethesda
Janie Richardson, Green Hill Y.& C.C., Quantico
Arthur A. Richmond III, U.S. Naval Academy G.C., Annapolis
Marvin Riddle, Chesapeake C.C., Lusby
Myrle Riddle, Mt. Pleasant Park, Baltimore
Tom Riggin, Green Hill Yacht & C.C., Quantico
Larry R. Ringer, Talbot C.C., Easton
Mrs. Fran Robbins, Indian Spring C.C., Silver Spring
Rupert P. (Bob) Roberson, Ft. Geo. G. Meade, Ft. Meade
Charles H. Rogers, Swan Creek, Havre De Grace
Richard W. Rogers, Jr., Eaglehead C.C., Frederick
John Ronzo, Hagerstown G.C., Hagerstown
Dana G. Rosendall, Turf Valley C.C., Ellicott City
Art Ross, Pineridge G.C., Lutherville
Barbara Rowan, Crofton C.C., Crofton
Ratana Rusciano, Andrews A.F.B., Camp Springs
W. C. Ryan, Ocean Reef Club, Key Largo
David W. Sabo, Redgate Municipal G.C., Rockville
Morton Samler, Indian Spring C.C., Silver Spring
Todd Sanzone, Laurel Pines C.C., Laurel
Edward C. Sappington, Rocky Point, Baltimore
Bob Sauter, Font Hill C.C., Ellicott City
Harry Sayers, Beaver Creek C.C., Hagerstown
Henry W. Schab, U.S. Naval Academy G.C., Annapolis
Mary Lee Schab, U.S. Naval Academy G.C., Annapolis
Charles F. Schmidt, Wakefield Valley G.C., Westminster
George W. Schnabel, River Bent G.&C.C., Great Falls

Carleton J. Schossler, Bowie G.&C.C., Bowie
Harry M. Schroeder, Clifton Park G.C., Baltimore
Paul Schultheis, Longview G.C., Timonium
Vernon L. Schweiger, Sparrows Point C.C., Sparrows Point
Charles M. Scott, Harbour Town Golf Links, Hilton Head Island
James M. Scott, Glenndale, Glenndale
Josephine H. Scott, Ocean City G.&Y.C., Berlin
Jack Seymour, Carroll Valley G.C., Carroll Valley
O. E. "Bud" Shepherd, Manor C.C., Rockville
Chae Won Shin, Redgate G.C., Rockville
Ridge Shipley, Eagles Nest, Phoenix
Allen B. Shuttleworth, Chartwell G.&C.C., Severna Park
Paul G. Sias, Hunt Valley G.C., Hunt Valley
Harold C. Sigda, Longview G.C., Timonium
Mrs. Raymond W. Sim, Columbia C.C., Chevy Chase
Cliff Sims, Andrews A.F.B. C.C., Camp Springs
Van B. Skipper, Sr., Bowie G.&C.C., Bowie
Jack Sloan, Indian Spring C.C., Silver Spring
R. Slotterback, Bowie G.&C.C., Bowie
Lattie A. Smart, Swan Creek, Havre De Grace
Dick Smith, Goodyear G.&C.C., Litchfield
F. Lee Smith, Congressional C.C., Bethesda
Herman Smith, Font Hill C.C., Ellicott City
Karen Lynn Smith, Piney Branch G.C., Hampstead
Paul W. Smith, Clifton Park G.C., Baltimore
Randy Smith, Waynesboro G.C., Waynesbors
Richard E. Smith, Fountain Head, Hagerstown
Walter A. Smith, Montgomery C.C., Laytonsville
Gary Sneathen, Beut Oak G.C., Oak Grove
Carroll L. Snyder, Diamond Ridge, Baltimore
Charles A. Snyder, Clifton Park, Baltimore
Powell L. Sompayrac, Heather Hills G.C., Bradenton
Marcy Specht, Chartwell C.C., Severna Park
Peter Spellar, Fountain Head C.C., Hagerstown
Kenneth W. Sprague, Caledonia G.C., Fayetteville
Howard Sprinkel, Rolling Road G.C., Baltimore
Ronald A. Steinmetz, Hunt Valley G.C., Phoenix
Mrs. Lee Sterk, Rocky Point, Essex
Bud Sternburg, Woodmont C.C., Rockville
Joseph J. Stevenson, Marlboro C.C., Upper Marlboro
John H. Stuauch III, Glenn Dale G.C., Glenn Dale
Leonard Stulman, Woodholme C.C., Baltimore
Jean H. Sutton, Wilmington C.C., Wilmington
Gerald Swain, Exeter G.C., Reading
Helen A. Swain, Pleasant Valley G.C., Stewartstown
Paul M. Swatenburg, Piney Branch G.&C.C., Hampstead
Jack Sweeney, Hagerstown Municipal G.C., Hagerstown
Grover C. Tabor, Hogneck Public Course, Easton
Joan Tamburg, Greencastle C.C., Burtonsville
Jay Tawes, Green Hill Y.& C.C., Quantico
Elizabeth Taylor, Font Hill C.C., Ellicott City
Preston W. Taylor, Talbot C.C., Easton
Will Taylor, Herndon G.C., Herndon
George R. Tears, Wakefield Valley, Westminster
Donald Thies, Dwight D. Eisenhower, Crownsville
Royal Guy Thomas, Pine Ridge G.C., Lutherville
Earl D. Thompson, Paint Branch, College Park
Frank X. Thornton, Brooke Manor C.C., Rockville
Marion (Rip) Thornton, Ft. George G. Meade G.C., Ft. Meade
Bobby Tillett, Clifton Park G.C., Baltimore

477

1983 HOLES-IN-ONE

Stephen E. Timko, Manor C.C., Rockville
Bill Timmons, Font Hill C.C., Ellicott City
Howard A. Topel, Woodmont C.C., Tamarac
Mike Tully, Forest Park, Baltimore
William A. Urie, Manor C.C., Rockville
Phillip J. Urquhart, Bethesda C.C., Bethesda
Jerry R. Valenstein, Rolling Road G.C., Catonsville
Jerry R. Valenstein, Hogneck G.C., Easton
Nick Vance, Laytonsville G.C., Gaithersburg
Charles Van Horn, Sr., Prince Georges C.C., Mitchellville
J. Michael Virden, Longview G.C., Timonium
Frank L. Wade, Needwood, Rockville
Jean M. Wagers, Piney Branch G.&C.C., Hampstead
Richard L. Waid, Washington National, Gaithersburg
John F. Walters, Great Oak Landing, Chestertown
Edward A. Ward, Allview G.C., Columbia
Daryl L. Warrenfeltz, Hagerstown Municipal G.C., Hagerstown
Tom Washbaugh, Allview G.C., Columbia
Arthur J. Wasserman, Woodholm C.C., Pikesville
Robert E. Watkins, Wol G.C., Silver Spring
James S. Watson, Towson G.&C.C., Phoenix
Mark Watt, Reo Wing, Virginia Beach
Jesse Webb, Marlboro C.C., Upper Marlboro
Howard Webster, Hunt Valley G.C., Phoenix
G. H. Weidenhamer, Font Hill C.C., Ellicott City
Dr. Alan S. Weisberg, Doral Hotel & C.C., Miami
J. R. Weismiller, Ocean City G.&Y.C., Berlin
Donald Weiss, Bowie G.&C.C., Bowie
James V. Wellen, Sr., Glendale G.C., Glendale
Gary R. Weslowski, Kingsmill G.C., Williamsburg
Ralph Wetherholt, Garrisons Lake G.C., Smyrna
W. Harry White, Gallipolis G.C., Gallipolis
Mary F. Whitmore, Prince George's C.C., Mitchellville
Richard Whittington, Hogneck, Easton
Claude B. Widerman, Montgomery C.C., Laytonsville
Vernon P. Wilkins, Elks G.C., Salisbury
Dan J. Williams, Bretton Woods C.C., Germantown
Tom Williams, Chester River Yacht & C.C., Chestertown
Chuck Willmann, Font Hill C.C., Ellicott City
Thomas B. Willoughby, Glenndale G.C., Glenndale
Lee C. Wilson, Marlboro C.C., Upper Marlboro
Robert J. Wilson, Maplehurst C.C., Frostburg
Robert S. Windsor, Prince Georges C.C., Mitchellville
William E. Wolcott, Martingham, St. Michaels
Bernie Wolfe, Desert Inn & C.C., Las Vegas
Francis Woods, Clifton Park G.C., Baltimore
Nelson B. Woodson, Columbia C.C., Chevy Chase
Gordon Wright, Maryland G.&C.C., Bel Air
Gordon L. Wright, Oakland C.C., Oakland
Donald F. Yakel, Rolling Road G.C., Catonsville
Fred Yanero, Allview, Columbia
Dick Young, Palmetto Pine C.C., Cape Coral
Michael J. Yucka, Dwight D. Eisenhower G.C., Crownsville
Henry Zabka, Diamond Ridge, Baltimore
John E. Zengerl, Hunt Valley G.C., Hunt Valley

MASSACHUSETTS

Bill Abbott, Trull Brook G.C., Tewksbury
Dennis D. Ackroy, Trull Brook G.C., Tewksbury
Raymond J. Adams, Weston G.C., Weston

Robert W. Adams, The Swallows, Debary
Wade Adams, C.C. of New Bedford, North Dartmouth
Milton Adess, Belmont C.C., Belmont
Joseph Alavosus, Pleasant Valley G.C., Sutton
Harold Aldorisio, Green Meadow G.C., Hudson
Dan Alexson, Candlewood G.C., Ipswich
Edward Allega, Hopedale C.C., Hopedale
George Allen, Cranberry Valley G.C., Harwich
Malcolm H. Allen, Jr., Northport G.C., Belfast
Joe Ambarik, Poland Springs C.C., Poland Springs
Leonard W. Anair, Jr., Franconia C.C., Springfield
Charles J. Anastasia, Lost Brook G.C., Norwood
Wayde H. Anders, Braintree Municipal G.C., Braintree
Ralph Anderson, Billerica C.C., Billerica
Robert Anderson, Hickory Ridge G.C., Amherst
Gerry Andrews, Bass River G.C., South Yarmouth
John J. Angelo, Berkshire Hills C.C., Pittsfield
Michael Annese, Fresh Pond G.C., Cambridge
Dan Arico, Wampanoag G.C., North Swansea
Paul F. Argus, Nashawtuc C.C., Concord
Virginia M. Arnold, Cummaquid G.C., Barnstable
Clair W. Asklund, Stow Acres C.C., Stow
John Roland Aube, Putterham Meadows G.C., Brookline
Leigh Bader, Pine Oaks G.C., South Easton
Philip L. Bagley, Nehoiden G.C., Wellesley
Clude J. Bailey, Bass River C.C., South Yarmouth
Charles L. Bailow, Rockland G.C., Rockland
Brian Daniel Baker, Rehoboth C.C., Rehoboth
Richard D. Baker, Bass River C.C., South Yarmouth
Natalie Balzarini, Rockport G.C., Rockport
John Barbaro, Amesbury C.C., Amesbury
Heidi Barber, Heather Hill C.C., Plainville
Stan Barber, Cranberry Valley G.C., Harwich
Dr. Elmer A. Barce, Halifax C.C., Halifax
Beryl Barron, Framingham C.C., Framingham
Dick Barry, Green Meadow G.C., Hudson
Mark Basiliere, Presidents G.C., Quincy
Richard Bazirgan, Essex C.C., Manchester
Roberta L. Bean, Pleasant Valley C.C., Sutton
Robert E. Begley, Westover G.C., Ludlow
Richard Beeley, Crystal Springs G.C., Haverhill
Frank B. Bell, Rockland G.C., Rockland
John T. Bering, Pine Oaks G.C., South Easton
Alfred B. Bishop, Berkshire Hills C.C., Pittsfield
Oliver J. Bisson, Jr., Marlboro C.C., Marlboro
Scott Blaha, Berkshire Hills C.C., Pittsfield
R. Stephen Blais, Raceway G.C., Thompson
Tom Boggs, Otter Creek G.C., Columbus
Bruce A. Bolk, Gardner G.C., Ashburnham
Anthony J. Boremi, Crystal Springs C.C., Haverhill
Anne Boucher, Hampden C.C., Hampden
Robert Boucher, Saddle Hill C.C., Hopkinton
John S. Bowen, Falmouth G.C., East Falmouth
William J. Bowes, Maplewood C.C., Lunenburg
Connell E. Boyle, Pontoosuc Lake C.C., Pittsfield
Ludwig Brackebusch, Billerica C.C., Billerica
Thomas Bradford, Pontoosuc Lake C.C., Pittsfield
Richard A. Bragdon, Needham G.C., Needham
Joseph Brait, Ponkapoag G.C., Canton
Mark Brambilla, Sandy Burr C.C., Wayland
Rob Brand, Beverly G.&T.C., Beverly
Millie Brennan, Southampton C.C., Southampton
Frank Brewer, Bass River G.C., South Yarmouth

1983 HOLES-IN-ONE

Tom Bric, South Shore C.C., Hingham
Frank Broderick, Presidents G.C., Quincy
Arthur C. Brodeur, Jr., Patrick A.F.B. G.C., Satellite Beach
Dr. Robert F. Brodeur, Montaup C.C., Portsmouth
Paul Bromley, Essex C.C., Manchester
Dean Brown, Amherst G.C., Amherst
James Brown, Fairlawn G.C., Auburn
Richard Brown, Gardner G.C., Gardner
Charles E. Bruce, Round Hill C.C., East Sandwich
Larry Brule, Nabnasset Lake C.C., Westford
Ernestine Bruno, Franconia G.C., Springfield
John Buchanio, Jr., Franklin G.C., Franklin
Bob Buonato, Nashawtuc C.C., Concord
Howard Burman, Bass River C.C., Yarmouth
Walter J. Burns, Jr., Green Valley C.C., Portsmouth
Kenneth F. Burroughs, Veterans Memorial G.C., Springfield
Thomas J. Burton, Southampton C.C., Southampton
Raymond Bussolari, D. W. Field G.C., Brockton
William T. Butchard, Dennis Pines, E. Dennis
William Butler, Jr., Montaup C.C., Portsmouth
Sophie H. Buyniski, Pleasant Valley C.C., Sutton
Kay Byers, Brae Burn C.C., West Newton
Ray Bywell, Little Harbor C.C., Wareham
Robert D. Cabeal, Merrimac C.C., Methuen
Stephen A. Caggiano, Lyman Meadow G.C., Middlefield
Laverne W. Cain, Sea Pines Plantation G.C., Hilton Head Island
Robert J. Callahan, Wachusett C.C., W. Boylston
Dave Camara, C.C. of New Bedford, No. Dartmouth
Charles E. Cameron, Sharon C.C., Sharon
James R. Campbell, New Seabury, Mashpee
Scott Campbell, Franconia, Springfield
Sylvia H. Campbell, Winchester C.C., Winchester
Kennith M. Candeloro, Colonial C.C., Lynnfield
Dr. Joseph M. Cangro, Franconia G.C., Springfield
Richard L. Canning, Sagamore Springs G.C., Lynnfield
Ted Carangelo, Kernwood C.C., Salem
Ed Carboni, Hatherly C.C., Minot
Nicholas Cardillo, Marlboro C.C., Marlboro
William Carey, Heritage C.C., Charlton
Ted Carpenter, Chicopee C.C., Chicopee
Robert A. Carter, Colonial C.C., Lynnfield
Joan Champagne, Lexington G.C., Lexington
Jack Chapulis, Sagamore Spring G.C., Lynnfield
Joseph Chiumento, Marlboro C.C., Marlboro
Frank (Butch) Chase, Amesbury C.C., Amesbury
Ernest Chew, Otis G.C., Falmouth
Frank Chiapponi, Round Hill C.C., East Sandwich
Carl H. Christman, Amherst C.C., Amherst
Mrs. Anna K. Church, Springfield C.C., W. Springfield
Neil W. Churchill, Mohawk Meadows, Greenfield
Frank Ciancotti, Elmcrest C.C., E. Longmeadow
Judith Mary Clare, Agawam C.C., Feeding Hills
Ken Clark, Juniper Hill G.C., Northboro
Arthur Clifford, Jr., Oak Hill G.C., Meredith
Dr. Abraham Cohen, Amesbury G.&C.C., Amesbury
Donald J. Colantino, Wianno G.C., Wianno
John D. Colantino, Pompano Beach G.C., Pompano Beach
Edmund F. Coleman, Marion G.C., Marion
John M. Collins, Lexington G.C., Lexington

Charles E. Comeau, Sun City G.&C.C., Sun City Center
Charles E. Connolly, Jr., Brae Burn C.C., West Newton
Edward Connolly, Presidents G.C., Quincy
John Connor, Montaup G.C., Portsmouth
David E. Connors, New Meadows, Topsfield
John M. Cooke, Presidents G.C., Quincy
Clifford J. Cooper, South Shore C.C., Hingham
Lester J. Cormier, Oak Hill C.C., Fitchburg
Ken Corcoran, Cohasset G.C., Cohasset
Andrew E. Corrigan, Dennis Pines, Dennis
Mary Cosgrove, Pleasant Valley, Sutton
Peter F. Cote, Brookmeadow G.C., Canton
James Cotter, Wampatuck C.C., Canton
Gina Cotton, Mt. Pleasant G.C., Boylston
Richard P. Cousineau, Berk Hills C.C., Pittsfield
James G. Covelluzzi, Sagamore Spring C.C., Lynnfield
Stuart Covitz, Kernwood C.C., Salem
Eugene J. Coyle, Sr., Sagamore-Hampton C.C., N. Hampton
Michael Craigen, Jr., Monoosnock, Leominster
Lillian Crawley, Fall River C.C., Fall River
James R. Crean, Tekoa C.C., Westfield
Richard H. Crean, Colonial C.C., Lynnfield
Peter L. Croke, Sagamore Spring G.C., Lynnfield
George Cronin, Oxford G.&R.C., No. Oxford
Paul F. Cronin, Lynnfield Center, Lynnfield
Walter E. Crosby, Chicopee C.C., Chicopee
Joe Cunis, Stony Brook, Holliston
Donald J. Curry, Mt. Pleasant G.C., Lowell
William R. Cutter, Kearsarge Valley C.C., No. Sutton
John S. Dahl, Sagamore Spring G.C., Lynnfield
Eileen Dalbec, Oakland Univ. G.C., Rochester
Brendan Daly, Thomson C.C., N. Reading
Dennis A. Damato, Cape Arundel G.C., Kennebunkport
Palmer Davenport, Oyster Harbor Club, Oysterville
Ian Davidson, Glen Ellen C.C., Millis
Charles J. Davignon, Innisbrook Golf Resort, Tarpon Springs
Chris Davis, Bass Rocks G.C., Gloucester
Mrs. John Deacon, Dedham Country & Polo Club, Dedham
Ed DeAngelo, Plantation Inn Golf Resort, Crystal River
George F. DeFalco, East Lakes C.C., Palm Beach Gardens
Mike Delaney, Southshore C.C., Hingham
N. John D'Elia, Oxford G.&R.C., No. Oxford
Peter F. Della-Luna, Springfield C.C., W. Springfield
Tim Demakis, Tedesco C.C., Marblehead
Ray Denneault, Marlboro C.C., Marlboro
Raymond DePelteau, Holyoke C.C., Holyoke
Adrian Desmond, Dunfey's Hyannis Resort, Hyannis
Robert DeValle, Longmeadow C.C., Longmeadow
Aldo DeVincenzi, Vesper C.C., Tyngsboro
Bob Deuber, Atlantic City C.C., Northfield
Don DiCarlo, Mt. Hood Memorial G.C., Melrose
Anthony P. DiCenzo, Sagamore-Hampton G.C., N. Hampton
Renny Dick, Norfolk G.C., Westwood
Paulita Diekamp, Elmcrest C.C., East Longmeadow
Joseph DiFelice, Barefoot Bay G.C., Sebastian
Arthur J. DiGregorio, Andover C.C., Andover
Phil Dilorio, New Seabury Blue Course, New Seabury
Julie DiNicola, Riviera C.C., Ormond Beach
Paul M. Donaghy, Lexington G.C., Lexington

1983 HOLES-IN-ONE

Andrew J. Donellon, Waukewan G.C., Center Harbor
Joseph G. Copa Donna, Jr., Doiger Pines, Vero Beach
James M. Donovan, Veterans Municipal G.C., Springfield
Gary D'Orazio, Far Corner G.C., Boxford
Robert J. D'Orazio, Lake Morey C.C., Fairlee
Charles Doucette, Shaker Farms C.C., Westfield
Milton J. Downey, Wayland C.C., Wayland
Marshall Dranetz, Cummaquid G.C., Barnstable
Chris Drislane, Larry Gannon G.C., Lynn
Geoff Dubosque, Dunfeys Hyannis Resort, Hyannis
Mr. Paul DuBreuil, Wampatuck C.C., Canton
Brother Lawrence Duggan, New Meadows G.C., Topsfield
William E. Duggan, Pembroke C.C., Pembroke
Ron Dunham, Marlborough C.C., Marlborough
Dr. Roland P. Duprey, Worcester C.C., Worcester
Bill Durgin, Rowley C.C., Rowley
Henry W. Dziedzic, Chicpoee C.C., Chicopee
Charles E. Eastman, Pine Lakes C.C., Palm Coast
Marie P. Eichorn, Winding Brook C.C., Valatie
Karl Elias, Fall River C.C., Fall River
Robert A. Elliott, Winchester C.C., Winchester
Charles R. Ellis, Pocasset G.C., Pocasset
Tom Ellis, Andover C.C., Andover
Edward F. Engstrom, Brook Meadow G.C., Canton
Louis Erond, Round Hill C.C., Sandwich
Frank J. Esposito, George Wright G.C., Hyde Park
Arthur Ethier, C.C. of New Bedford, No. Dartmouth
Alfred H. Fagen, Maplewood G.C., Lunenburg
Bill Farrell, Edgewood G.C., Southwick
Dick Fattini, Shaker Farms C.C., Westfield
Louis Fattorini, Tekoa C.C., Westfield
Richard Fay, Rockland C.C., Rockland
Kenneth B. Feeney, Doral C.C., Miami
Howard M. Feinberg, Mt. Pleasant, Boyleston
Kirk A. Felici, Fox Hollow G.C., Branchburg Township
Dan Fellows, Dunfey's Hyannis Golf Resort, Hyannis
John E. Fennell, Leo J. Martin, Weston
Frank Ferraro, Mt. Hood G.C., Melrose
Dexter Fields, South Shore C.C., Hingham
Mark C. Fields, Stow Acres C.C., Stow
Alfred Finer, New Seabury C.C., New Seabury
Charles N. Fitz, Eastward Ho C.C., Chatham
M. Fitzhenry, Norwood C.C., Norwood
William Flanagan, East Mountain C.C., Westfield
J. B. Flueckiger, Newton-Commonwealth, Newton
Billy Foley, The Country Club, Brookline
Wendy Forbes, Otis G.C., Otis ANG Base
Bert Fournier, Oak Ridge C.C., Feeding Hills
Lewis H. Fowler, Brook Meadow G.C., Canton
Neil Frazer, Thomson C.C., North Reading
Herbert L. Fregeau, Ellinwood C.C., Athol
Armand Fresia, Berkshire Hills C.C., Pittsfield
Robert A. Frieberg, Shore Acres G.C., Phippsburg
Harvey Friedland, Allendale C.C., No. Dartmouth
Keith Fulton, Winchester C.C., Winchester
Edward Furey, Egremont C.C., Gt. Barrington
Francis Furlong, Sagamore Hampton G.C., No. Hampton
Robert Gagosian, Hall of Fame Golf-Tory Pines, Francestown
Arthur Gallien, Gardner Municipal G.C., Gardner
June Gallo, Dunfey's, Hyannis
John Galvin, Inverness G.C., Palatine
Corinne Hutchinson Ganley, Trull Brook, Tewksbury

Paul Garcia, Brae Burn C.C., W. Newton
George Gardner, Cranberry Valley, Harwich
Joe Gardner, Dunfey's Hyannis Resort, Hyannis
Skip Gardner, Wahconah C.C., Dalton
David F. Garland, Juniper Hill G.C., Northboro
F. Douglas Garron, Edgartown G.C., Edgartown
Phillip H. Gassett, North Hill C.C., Duxbury
John W. Gaucher, Marlboro C.C., Marlboro
Dorothy S. Gavin, Indian Creek G.C., Jupiter
Shirley George, Segregansett C.C., Taunton
Pat FitzGerald, Ponkapaug C.C., Canton
Barbara Germaine, Pine Oaks, Easton
Jack Germaine, Pine Oaks G.C., S. Easton
Albert E. Getman, Framingham C.C., Framingham
Richard Gibney, Brae Burn C.C., W. Newton
Charles Gibson, Brae Burn C.C., W. Newton
Mark Gibson, Elmcrest C.C., East Longmeadow
Saul Gill, Haverhill G.&C.C., Haverhill
Thomas A. Gill, Green Hill, Worcester
Vincent Girard, Myrtlewood G.C. (Palmetto), Myrtle Beach
Frank J. Godek, Jr., Wyckoff Park C.C., Holyoke
Bucky Godere, Detroit G.C., Detroit
Charles A. Godsell, Rhode Island C.C., Barrington
Anita Goguen, Gardner G.C., Gardner
Bette Goulet, Southampton C.C., Southampton
Tom Gouzie, Bass Rocks G.C., Gloucester
Bill Graham, Oak Ridge C.C., Feeding Hills
Preston Grandin, Woods Hole C.C., Falmouth
Robert J. Grassetti, Hampden C.C., Hampden
William J. Gray, Maynard C.C., Maynard
Howard Grayboff, Crestview C.C., Agawam
Henry L. Grebe, Kernwood C.C., Salem
Edward Greene, Dennis Pines, E. Dennis
Jeff Greene, Highland Golf Links, North Truro
Tom Grignon, Wachusett C.C., West Boylston
Andy Guarino, Reeves G.C., Cincinnati
Michael F. Guerino, Fresh Pond G.C., Cambridge
Tom Guest, Ponkapoag C.C., Canton
Wally Haggstrom, North Conway C.C., No. Conway
Michael Halatyn, Pocasset, Pocasset
Dr. Jack Handelsman, C.C. of Pittsfield
Steve Hansbury, Rockport G.C., Rockport
Barbara D. Harding, Lexington G.C., Lexington
Butler J. Harland, Longmeadow C.C., Longmeadow
Joseph B. Harlow, Sagamore Spring G.C., Lynnfield
Mike Harney, Pakachoag G.C., Auburn
Peter Harper, C.C. of Greenfield, Greenfield
Benjamin D. Harrington, Amherst G.C., Amherst
Warren A. Harris III, Gardner G.C., Gardner
David W. Harrison, Jr., Ludlow C.C., Ludlow
Hal Hart, Dunfey's Hyannis Resort, Hyannis
Jeff Hartwell, Cohasset G.C., Cohasset
Ralph Hartwig, Highland Golf Links, North Truro
Rick Harvey, Far Corner G.C., W. Boxford
Edward N. Hawkins, Pine Island Ridge C.C., Ft. Lauderdale
Michael Haynes, Presidents G.C., Quincy
Jan Heath, Poccassett C.C., Portsmouth
James B. Heck, Rockland G.C., Rockland
Joan Heck, Rockland G.C., Rockland
Charles Henegar, Quaboag, Monson
George J. Hennessey, Beverly G.&T.C., Beverly

480

1983 HOLES-IN-ONE

Henrik S. Henrikson, Paul Harvey G.C., Falmouth
Charles R. Henry, Jr., Larry Gannon Municipal G.C., Lynn
Carol Herscot, Pine Brook C.C., Weston
Peter Higley, Worcester C.C., Worcester
Wayne Higney, Dunroamin C.C., Gilbertville
A. Lloyd Hill, Dennis Pines, E. Dennis
Richard J. Hill, Sugarbush G.C., Warren
Eugene D. Hilton, East Mt. C.C., Westfield
Benjamin P. Hoag, Jamestown G.&C.C., Jamestown
John L. Holden, Heather Hill, Plainville
George F. Hollien, Ridder G.C., Whitman
Phil Hopkins, Candlewood G.C., Ipswich
William F. Houlihan, Nehoiden G.C., Wellesley
Arthur W. Howe, Andover C.C., Andover
Ralph D. Huggett, Heritage C.C., Charlton
Bob Hyde, Southampton C.C., Southampton
Al Infanger, C.C. of Billerica, Billerica
Ms. Anne Jacobs, Wollaston C.C., Milton
Henry Jean, Gardner G.C., Gardner
John Johndron, Beaver Brook C.C., Haydenville
G. H. Johnson, Jr., Marlboro C.C., Marlboro
Ginny Johnson, Bass River, So. Yarmouth
Isabel D. Johnson, Bass Rocks G.C., Gloucester
Jan H. Johnson, New Seabury G.C., New Seabury
Melvin G. Johnson, Jr., Veterans G.C., Springfield
John Jorritsma, Ridder, Whitman
Walter Juszynski, Whitinsville G.C., Whitinsville
Arthur Kane, Kernwood C.C., Salem
Tolvo Kangas, Oxford G.&R.C., No. Oxford
Eleanor Karp, Kernwood C.C., Salem
Lou Karras, Round Hill C.C., E. Sandwich
Thomas Kaszanek, Rockland G.C., Rockland
Werner Kehl, Wyantenuck G.&C.C., Great Barrington
Joel B. Kelper, Radisson Ferncroft, Danvers
Robert Kelly, Twin Hills C.C., Long Meadow
David B. Kennedy, Abenaqui C.C., Rye
Rexyne Kenney, Monoosnock C.C., Leominster
Bill Kergle, Veterans, Springfield
Frederick L. King, Country Meadows G.C., Peoria
Louie King, Ft. Devens G.C., Ft. Devens
David Kinne, Wyantenuck C.C., Great Barrington
Paul Kleiner, Taconic G.C., Williamstown
Dorothy J. Koczera, Meadow Brook G.C., Reading
Rusty Krahn, Stow Acre's, Stow
Howard G. Kramer, Bass River C.C., Cape Cod
Les Kroval, Franconia, Springfield
John J. Kulig, Westover G.C., Ludlow
Stanley Kusiak, Longmeadow C.C., Longmeadow
Roger J. Label, Sandalfoot C.C., Boca Raton
George La Bonte, East Mountain C.C., Westfield
Dave LaClair, Veterans G.C., Springfield
Val LaFlan, Tekoa C.C., Westfield
Albert LaGasse, Westover G.C., Ludlow
Daniel LaGasse, Gardner G.C., Gardner
Bill LaGrant, Greenock C.C., Lee
Charles LaJoie, Jr., Whaling City C.C., New Bedford
Henry Lamoureux, Quaboag C.C., Monson
Gene Lane, Jr., Hickory Hill G.C., Methuen
Peter D. LaPierre, Dunfeys Hyannis Resort, Hyannis
Al LaPointe, Winchester C.C., Winchester
James L. Lawver, Pocasset G.C., Pocasset
Joyce A. Leahy, Wayland C.C., Wayland
Wayne Leal, Agawam C.C., Agawam

Geoff Leary, Paul Harney G.C., Falmouth
A. Rene Lebeau, Seggregansett C.C., Taunton
Roger Lebel, Sandalfoot G.C., Boca Raton
Donald C. LeBlanc, Oxford G.&R.C., No. Oxford
George LeBlanc, Gardner Municipal G.C., Gardner
Steven Brent Leitch, Olde Masters G.C., Newtown Square
Alexander J. Lemanski, Dunroamin C.C., Gilbertville
Scott B. Lemee, Waubeeka Springs Golf Links, Williamstown
Ken Leroux, Norton C.C., Norton
Nathan Leveton, Franconia, Springfield
Barry Levow, Blue Hill C.C., Canton
Ted Lilly, Norfolk G.C., Westwood
William Limero, Westover G.C., Ludlow
Bill Link III, Oak Hill C.C., Fitchburg
Mary Ann Livi, Elmcrest C.C., East Longmeadow
Roland Lodge, Sunrise C.C., Sarasota
Mel Loman, The Thomson C.C., No. Reading
Frank Lottridge, Woodland G.C., Auburndale
James M. Machado, Middlebrook C.C., Rehoboth
Leo R. Macklin, North Andover C.C., North Andover
Walter S. MacPhail, C.C. of New Bedford, No. Dartmouth
Robert Madison, Candlewood G.C., Ipswich
Chuck Mahoney, Unicorn G.C., Stoneham
Leonard J. Mahoney, Salem C.C., Peabody
Vito J. Maida, Vesper C.C., Tyngsboro
Bob Malonson, Gardner G.C., Gardner
George R. Marcy, Manchester C.C., Manchester
Rudolph S. Marek, Jr., Mill Valley C.C., Belchertown
Robert Marion, Ludlow C.C., Ludlow
Paul O. Margeson, Veterans G.C., Springfield
Mary Margossian, Bass River G.C., So Yarmouth
Thomas L. Marlborough, Hopedale C.C., Hopedale
Doris L. Marr, American C.C., Ft. Lauderdale
Arnold Marrocco, Hickory Hill, Methuen
Fran Marsh, Glastonbury Hills C.C., So. Glastonbury
Gregory B. Martin, Worcester C.C., Worcester
Irv Martin, Gardner G.C., Gardner
Jack Martin, Sankaty Head G.C., Nantucket
Robert B. Massad, Green Hill Municipal G.C., Worcester
Matt Mastalerz, Berkshire Hills C.C., Pittsfield
Mark E. Mathisen, Ludlow C.C., Ludlow
Jim Mazur, Calumet G.C., Gary
Quentin McCaffrey, Bass River, So. Yarmouth
Charles A. McCarthy, Jr., Framingham C.C., Framingham
John F. McCarthy, Holyoke C.C., Holyoke
John J. McCarthy, Crystal Springs, Haverhill
Kevin McCarthy, Pakachoag G.C., Auburn
Steven F. McClellan, Longmeadow C.C., Longmeadow
Michael J. McCormack, Green Harbor G.C., Marshfield
Mary E. McDonough, Indian Ridge C.C., Andover
Bill McGee, Crumpin Fox Club, Bernardston
Robert B. McGinnity, Mayfair C.C., Uniontown
Bob McGinnity, Thomson C.C., N. Reading
Vincent McIsaac, Brownson C.C., Huntington
Richard R. McLaughlin, Ponkapoag G.C. #1, Canton
Tom McMahon, Cohasset G.C., Cohasset
Florence L. McNulty, Lost Brook G.C., Norwood
Al McShane, Plymouth C.C., Plymouth
Robert S. Meagher, Westover G.C., Ludlow
Al Medeiros, C.C. of New Bedford, No. Dartmouth
Romeo L. Melanson, Sunset G.C., Hollywood

1983 HOLES-IN-ONE

Thomas J. Melanson, Sagamore Spring G.C., Lynnfield
David Mark Mellitt, Maplewood C.C., Lunenburg
John L. Mercer, C.C. of New Bedford, So. Dartmouth
George Metropolis, Green Meadow, Hudson
Joseph Micchelli, Wampatuck C.C., Canton
Gary Michon, Westover G.C., Ludlow
Heike Milhench, Kittansett Club, Marion
John Miller, Pembroke C.C., Pembroke
Steve Miller, C.C. of Billerica, Billerica
Wallace Miller, Middletown G.C., Middletown
Dorothy Mills, Waikoloa Village G.C., Waikoloa
Jim Mitchell, Quaboag, Monson
Kyle E. Molesky, Gardner G.C., Gardner
Robert F. Moloney, Jack O' Lantern Resort, Woodstock
Walter Monkiewicz, Oak Ridge G.C., Feeding Hills
W. Lewis Moors, Tekua C.C., Westfield
Chris Moreno, Newton Commonwealth, Newton
Frank C. Morey, Agawam C.C., Feeding Hills
Robert Morin, Strawberry Valley G.C., Abington
Gay Morrcroft, Cranberry Valley G.C., Harwich
Bob Morrow, Braeburn C.C., W. Newton
Harold L. Mottard, Woburn G.C., Woburn
Eugene J. Mulcahy, Hampden C.C., Hampden
Hugh Mulholland, Dunfey's Hyannis Resort, Hyannis
Michael J. Munns, Jr., Holyoke C.C., Holyoke
Francis E. Murphy, Needham G.C., Needham
Mark L. Murphy, Lexington G.C., Lexington
Russ Murphy, Norfolk G.C., Westwood
Clarence Myatt, Strawberry Valley, Abington
Roger E. Myers, Bretwood G.C., Keene
Tom Nash, Wellesley C.C., Wellesley Hills
John L. Necrucci, Agawam C.C., Agawam
Jack Nesbitt, Round Hill C.C.; Sandwich
David A. Neskey, Chequessett Yacht & C.C., Wellfleet
Mickey Stover Neville, Wyantenuck, Great Barrington
Barbara Nevils, Salem C.C., Peabody
Pearl Newell, Ellinwood C.C., Athol
Reggie Newell, Gulf Gate G.C., Sarasota
Howie Nichols, Wang C.C., Croton
Ronald A. Nickerson, Bass Rocks G.C., Gloucester
Paul W. Niconchuk, Spessard Holland G.C., Melbourne Beach
David W. Niven, New Seabury C.C., Mashpee
Fraser Noble, Gardner G.C., Gardner
Sidney Novak, The Balsams, Dixville Notch
Robert Nugent, Bass River G.C., S. Yarmouth
Paul Nunez, Jr., Franconia, Springfield
Edward J. O'Brien, Norwood C.C., Norwood
Kenneth F. O'Brien, Hickory Ridge C.C., Amherst
John M. O'Connor, Paka Choag G.C., Auburn
Joseph F. O'Connor, Haverhill C.C., Haverhill
Lawrence J. O'Connor, C.C. of New Bedford, N. Dartmouth
Tom O'Connor, East Mt. C.C., Westfield
Marilyn Odell, Charles River C.C., Newton
Richard D. Odell, Charles River C.C., Newton Centre
Joseph O'Grady, Bass River G.C., So. Yarmouth
Peter Olio, Nashawtuc C.C., Concord
Nancy O'Neill, Wanumentonomy G.C., Middletown
Henry J. Ottmar, Highland C.C., Attleboro
Clarence Ovellette, Wildflower C.C., Englewood
Joyce Pagonis, Mt. Snow C.C., Mt. Snow
David Palazola, Bass Rocks G.C., Gloucester

Steven Panteles, Haverhill G.&C.C., Haverhill
Alexander Papiernik, Hickory Ridge, So. Amherst
Irvin Paris, Putterham Municipal G.C., Brookline
Bud Parisi, Nashawtuc C.C., Concord
Parsegh Parseghian, Worcester C.C., Worcester
Madelien Patryka, East Mountain C.C., Westfield
Edith Payne, Mt. Pleasant C.C., Boylston
Jim Peace, Wyantenuck C.C., Great Barrington
Milton W. Pearson, Holden Hills C.C., Holden Hills
Robert Pedder, Sr., Touisset C.C., Swansea
Joseph M. Pena, Braintree G.C., Braintree
Francis X. Penacho, Sun Valley G.C., Rehoboth
J. Jim Pender, Sharon C.C., Sharon
Theodore F. Perez, East Mountain C.C., Westfield
Louis Perriello, Green Meadows, Hudson
Gerald Pessolano, Pontoosuc Lake C.C., Pittsfield
Mary Petti, Paul Harney G.C., East Falmouth
Rico Petrelli, Raceway G.C., Thompson
John Piccolchini, Pease A.F.B., Portsmouth
John Pierro, Middleton G.C., Middleton
Richard N. Pierro, Ferncroft Radisson, Danvers
Earl Pimental, Plymouth C.C., Plymouth
Richard E. Plankey, Jr., Pontoosuc Lake C.C., Pittsfield
Sithiporn Ploysungwan, Laurel Pines, Laurel
Armand Poirier, Halifax C.C., Halifax
Sam Polcari, New Meadows G.C., Topsfield
Kevin F. Pollard, Agawam C.C., Feeding Hills
Jack Pomeroy, D. W. Field G.C., Brockton
Edward E. Pool, Touisset G.C., Swansea
Geoff Pope, Myopia Hunt Club, Hamilton
Larry Powicki, Green Meadows, Hudson
William C. Prevey, Taconic G.C., Williamstown
Mary Previte, Mt. Hood Municipal G.C., Melrose
Jerry Price, Ben Hawes State Park, Owensboro
Jack Proctor, Charles River, Newton Centre
Paul G. Queeney, Presidents, Quincy
Mrs. Jean M. Quigley, Dunroamin C.C., Gilbertville
Gilbert C. Quinn, Pine Oaks G.C., So. Easton
Judy Quinn, Brae Burnee, West Newton
Will Quirion, Amesbury C.C., Amesbury
Donald L. Randolph, Presidents G.C., Quincy
John Rattelsdorfer, Agawam C.C., Feeding Hills
Jack Rauseo, York G.&T.C., York
Charles W. Raye, Gannon Municipal G.C., Lynn
Alfred M. Raynes, Saddle Hill C.C., Hopkinton
Ellen M. Reardon, Dunfey's, Hyannis
John Redmond, Brae Burn C.C., W. Newton
Jackie Reeve, Salem C.C., Peabody
John T. Reilly, Springfield C.C., W. Springfield
Norman J. Reilly, Lely Hibiscus G.C., Naples
Dick Renny, Norfolk G.C., Westwood
Barbara L. Rhodes, Halifax C.C., Halifax
David P. Rice, Pinecrest C.C., Holliston
Alfred J. Richard, Radisson Ferncroft, Danvers
Norman J. Richards, Woodland G.C., Newton
Edward Richardson, Foxboro C.C., Foxboro
Robert W. Rigoli, C.C. of Billerica, Billerica
Charles G. Riordan, Madison C.C., Madison
Giacomo Rizzo, Sandy Burr, Wayland
Carol Anne Roberts, St. Anne's G.C., Feeding Hills
John Alexander Robertson, Presidents G.C., Quincy
Wilfred A. Robinson, Amherst G.C., Amherst
Carol Robitaille, Fall River C.C., Fall River

1983 HOLES-IN-ONE

Stanley Rodzen, Agawam C.C., Feeding Hills
Bette Rodzwell, Amherst G.C., Amherst
Richard W. Rogers, Montaup C.C., Portsmouth
David Role, Putterham Meadows G.C., Brookline
Leo A. Romanos, Jr., Forest Park C.C., Adams
Jay M. Rome, Mt. Snow C.C., West Dover
Earl Rosenberg, Putterham Meadows, Brookline
Erik A. Rosenthal, Longmeadow C.C., Longmeadow
Hugo Rossi, Cypress Links G.C., Jupiter
John Rossi, Lexington G.C., Lexington
Steve Rourke, Jr., Trullbrook, Tewksbury
Edwin R. Roy, Trull Brook G.C., Tewksbury
John B. Rubenstein, Oriole G.C. of Delray, Delray Beach
James Ruschioni, Worcester C.C., Worcester
Pat Rusiecki, Dunroamin C.C., Gilbertville
Ray Rusin, Jr., Wyckoff Park, Holyoke
Chauncey L. Russell, Clearview C.C., Millbury
Lawrence Russell, Pine Oaks G.C., Easton
David J. Ryan, Pembroke C.C., Pembroke
Joseph E. Rytuba, Hickory Ridge C.C., Amherst
John Rzonka, East Mt. C.C., Westfield
Frank A. Sablone, Longmeadow G.C., Lowell
Dr. James J. Sady, Springfield C.C., W. Springfield
Charles J. St. Amand, Salem Municipal G.C., Salem
Ed Salerno, Jr., Hampden C.C., Hampden
Ted Saletnik, Westover C.C., Granby
Tony Salimeno, Middleton G.C., Middleton
Harold Sampson, Rainbow's End G.&C.C., Dunnellon
Mary E. Sanders, Wyckoff Park C.C., Holyoke
Armand Sangermano, Quabcac C.C., Monson
Louis Scavotto, Elmcrest C.C., E. Longmeadow
Jay Schlott, Hatherly C.C., North Scituate
Walter Schroeder, Taconic C.C., Williamstown
Donald Scott, Andover C.C., Andover
Nick Sena, Marlboro C.C., Marlboro
Paul Sessler, Brockton C.C., Brockton
Morris Shapiro, Tater Hill G.C., Chester
Cornelius F. Sharron, Worthington G.C., Worthington
Donald P. Shea, New Meadows G.C., Topsfield
John Shea, Spanish Wells, Bonita Springs
Paul J. Shea, Amesbury G.&C.C., Amesbury
Patrick Sheehan, Wareham C.C., Buzzards Bay
Kevin Sherow, Hickory Hill G.C., Methven
John H. Shuman, Tekoa C.C., Westfield
Willard Sievers, Northfield G.C., Northfield
Ronald E. Sigmund, Sharon C.C., Sharon
Michael Silva, Halifax C.C., Halifax
Vic Silva, Orange Tree G.C., Scottsdale
Dave Silver, Putterham Meadows G.C., Brookline
Lou Silverman, Wahconah C.C., Dalton
Donald F. Simard, Green Meadow G.C., Hudson
Ronald Simonian, Juniper Hill G.C., Northborg
Bob T. Smith, Padachoag G.C., Auburn
Irene Snowden, Kernwood C.C., Salem
Harold Sodnowsky, Hillview C.C., North Reading
Gerald E. Sousa, Cedar Hill, Stoughton
Charles Spracklin, Mount Hood, Melrose
Joe Stankus, Pakachoag G.C., Auburn
John Stephan, Brae Burn C.C., W. Newton
T. G. Stevenson, Myopia Hunt Club, S. Hamilton
Linda Stikeleather, Milton Hoosic Club, Canton
Harry Stiles, Gardner G.C., Gardner
Mark A. Stuart, Pakachoag G.C., Auburn

Narj R. Stuart, Stow Acres, Stow
John I. Sturgis, Trull Brook, Tewksbury
Paul Suprenant, Nabnasset Lake C.C., Westford
Richard Sutton, Brae Burnee, West Newton
Vit Sweas, Dennis Pines G.C., Dennis
Don Sweeney, Brae Burn, W. Newton
Lawrence Tancrell, Whitinsville G.C., Whitinsville
Joe Tardiff, Stony Brook G.C., Holliston
Raymond K. Tarr, Jr., Indian Pines G.C., Cocoa Rockledge
Bruce Tarvers, Highland Golf Links, N. Truro
James H. Taurasi, Blue Hill C.C., Canton
Joe Taylor, Ponkapoag, Canton
Joseph W. Tehan, Derryfield C.C., Manchester
Gatano (Ted) Teodore, Springfield C.C., W. Springfield
William M. Terry, Quechee Lakes, Quechee
Joseph P. Tesini, Wyckoff Park C.C., Holyoke
Jack Thimot, Cranberry Valley G.C., Harwich
Lin Thompson, Quaboag C.C., Monson
Dan Thorpe, Southampton C.C., Southampton
Sylvia Tibbett, Dorado Del Mar C.C., Dorado
Robert Timilty, Sagamore-Hampton G.C., North Hampton
George Toko, Gardner G.C., Gardner
Samuel M. Toll, Blue Hill C.C., Canton
Anthony S. J. Tomasello, Seven Rivers C.C., Crystal River
Toivo J. Tommila, Monoosnock C.C., Leominster
Bob Tracy, Brae Burn C.C., West Newton
Philip B. Trussell, Rochester C.C., Conic
John M. Trusz, Elmcrest C.C., E. Longmeadow
John Turner, Hawthorne C.C., No. Dartmouth
Harry Uguccioni, Quaboug C.C., Monson
Henry Urbanski, Ludlow C.C., Ludlow
Vic Valcour, Trull Brook, Tewksbury
Lee Vermette, Oxford C.C., Chicopee
Joseph C. Vieira, Montaup C.C., Portsmouth
Todd Vigor, Thomson C.C., No. Reading
Bob Vines, Nabnasset Lake C.C., Westford
Wasil Vlasuk, Salem Municipal G.C., Salem
Robert F. Vogler, Merrimack G.C., Methuen
Clarky Wajtowicz, Mill Valley C.C., Belchertown
Bob Walsh, Trull Brook, Tewksbury
Brian Walsh, Presidents G.C., Quincy
Patrick J. Walsh, Heritage C.C., Charlton
Richard Walz, Touisset C.C., Swansea
Lowell Watson II, Worthington C.C., Worthington
Polly Watson, Gasparilla Inn, Boca Grande
Jeff Watts, Cranberry Valley G.C., Harwich
Winslow Weeks, Paul Harney G.C., Falmouth
Harriet Welch, Taconic G.C., Williamstown
Gary Wellington, Paul Harney G.C., Falmouth
Gregg Western, Perham Lakeside G.C., Perham
Robert F. Wheeler, Round Hill C.C., East Sandwich
John P. White, Radisson Ferncroft, Danvers
Nathan Witkin, Mt. Pleasant C.C., Boylston
David W. Whitten, Marsh Field G.C., Marsh Field
Chester L. Wolfe, Putterham Meadows G.C., Brookline
Clifton Wood, Jr., Bass River, So. Yarmouth
Ted Woolridge, Pakachoag G.C., Auburn
Irving Wright, Norton C.C., Norton
Marcia Yanofsky, The Country Club, Brookline
Dennis R. Yefko, Southampton C.C., Southampton
Paul W. Zeckhausen III, Westover C.C., Ludlow

1983 HOLES-IN-ONE

Sidney Zeitler, M.D., Palmas Del Mar G.C., Puerto Rico
James Zelinckas, Pleasant Valley, Sutton
Dice Zelleher, Stratton Mountain, Stratton
James A. Zicko, Cranberry Valley G.C., Harwich
Michael Zmetrovich, Haverhill C.C., Haverhill
Max Zyra, Westover C.C., Ludlow

MICHIGAN

Lavern Aalderink, Crest View G.C., Zeeland
Orrie Aalher, Palmetto Pines G.C., Parrish
Greg Aartila, The Bluff C.C., Gladstone
Sydney Ackerman, Chemung Hills C.C., Howell
Eugene N. Acey, Western G.&C.C., Redford
Dawn Adloff, North Kent G.C., Rockford
Matthew J. Agosta, Rochester G.C., Rochester
Diane Ahern, Edgewood C.C., Union Lake
Wally Ahlers, Riverside C.C., Battle Creek
Ben Alaniz, Coldwater C.C., Coldwater
Richard W. Alexander, Lake in the Woods, Ypsilanti
Jim Allard, Highland Springs G.C., Milan
Larry Alton, Loch Lomond G.C., Flint
Thomas N. Amrhein, Leslie Park & G.C., Ann Arbor
George Anderson, Caro G.C., Caro
Fred N. Andreae, Port Huron G.C., Port Huron
Dick Andrews, Bay City C.C., Bay City
Peter Angott, Plum Hollow C.C., Southfield
Jim Annis, Charlevoix G.C., Charlevoix
Walter Antczak, Highland Hills G.C., Highland
Larry Applegate, Burroughs Farms, Brighton
Bea Archer, Cedar Creek, Battle Creek
John Arendsen, North Kent G.C., Rockford
Dennis Arndt, Blossom Trails, Benton Harbor
Mark Askew, Saskatoon, Alto
Denny Atkins, Loch Lomond, Flint
Cyrus Y. Atlee, Oriole G.C., Delray Beach
Phil Atzenhoffer, Lakeland Hills G.C., Jackson
J. Connor Austin, Southwestern Lake G.C., Percy
Dick Aylward, G.C. of Indiana, Lebanon
David Azeez, Gull Lake View C.C., Augusta
Ben Baas, Marks G.C., Lawton
Linda Joy Baaske, Macon G.C., Clinton
Charles Bach, Green Meadow, Monroe
Kathryn R. Backer, Walnut Hills C.C., East Lansing
Fred C. Bagge, Grand Rapids Elks, Grand Rapids
Lonnie Bailey, Maple Hills G.C., Hemlock
Richard D. Bailey, Turkeyfoot Lake Golf Links, Inc., Akron
Gary M. Bain, The Moors, Portage
Charles Bainton, Bald Mountain G.C., Lake Orion
Barbara Jean Baker, The Moors, Portage
Bud Baker, C.C. of Lansing, Lansing
Gerald Baker, Indianwood G.C., Lake Orion
Don Bakos, Saskatoon G.C., Alto
Andrew T. Ballon, Iron River C.C., Iron River
Ray M. Banas, Alpena C.C., Alpena
James P. Bandli, Manistee G.&C.C., Manistee
Daniel J. Banninger, Glenhurst G.C., Redford
Jack L. Banycky, Clarkston G.C., Clarkston
Franklin W. Barber, Binder Park, Battle Creek
Mary C. Barkow, Fiesta Lakes G.C., Mesa
John B. Barr, Detroit G.C., Detroit
Tefta S. Barry, Grand Traverse Village G.C., Traverse City
Francis Barss, Center View C.C., Adrian
Joe Barta, Milham Park G.C., Kalamazoo

Rick Bartling, Byron Hills G.C., Byron Center
Mary P. Barton, Belleview Biltmore C.C., Belleaire
Mark P. Basinski, Cascade Hills C.C., Grand Rapids
Mel J. Bass, Bramblewood G.C., Holly
Lillian L. Bate, Gull Lakeview G.C., Augusta
P. John Batsakis, A-Ga-Ming G.C., Kewadin
Dale P. Battles, Eastern Hills G.C., Kalamazoo
Wayne G. Bauer, Golden Hills Golf Resort, Mesa
Susan Bayley, Boyne Mountain "Alpine", Boyne Falls
Donald C. Beard, Green Hills Golf Inc., Pinconning
Shirley Beaudoin, Fern Hill C.C., Mt. Clemens
Bruce E. Beck, Highland G.C., Bark River
Martin J. Beckers, Sun City Lakes West G.C., Sun City
Fred Beckett, Alpine, Comstock Park
John Beckman, Hilltop G.C., Plymouth
Wayne Beckman, Genesee Hills G.C., Grand Blanc
Tim Beechnau, Cadillac C.C., Cadillac
Todd Beeson, Grand Haven G.C., Grand Haven
Pauline Behrendt, Holland C.C., Holland
Joe Behse, Alpine G.C., Inc., Comstock
Susan A. Belknap, Hampton G.C., Rochester
Fred A. Bell, Cascade Hills C.C., Grand Rapids
Scott Belimer, Fairway Estates G.C., Hudsonville
Austin Bender, Lake Monterey G.C., Burnips
Robert B. Bender, Orchard Lake C.C., Orchard Lake
Mike Benedict, Cadillac C.C., Cadillac
Dante D. Benetti, Gogebic C.C., Ironwood
George Bennett, Burroughs Farms, Brighton
Roger G. Bennett, Oakland Hills G.C., Battle Creek
Betty Benson, Parkview G.C., Muskegon
Kenneth C. Berberich, Lakeview Hills C.C., Lexington
Norman F. Berg III, Oakland Hills C.C., Birmingham
Ned C. Berger, Sr., Ionia C.C., Ionia
Jack Berglund, Highland G.C., Escanaba
David Bernard, Sunnybrook G.C., Sterling Heights
Jim Bernthal, Vassar G.&C.C., Vassar
Barry Berquist, Riverside C.C., Menominee
Gary Berschbach, Springfield Oaks G.C., Davisburg
John Bertich, White Lake Oaks, Pontiac
Ron Beyer, Hastings C.C., Hastings
Ted Bieleniewicz, Hampton G.C., Rochester
Leonard Bietila, Pine Grove C.C., Iron Mtn.
Asa A. Bigelow, Morrison Lake C.C., Saranac
Gary Bingamen, Raisin River, Monroe
Clarence A. Bird, Jr., Fox Hills C.C., Plymouth
Alex Bitterman, Gowanie G.C., Mt. Clemens
Allan L. Bjork, Wawonwin C.C., Ishpeming
Steve Blackport, Briarwood G.C., Caledonia
Rodney E. Blair, Mullenhurst, Delton
William G. Blashill, Mitchell Creek Golf, Traverse City
James E. Blevins, Muskegon Elks C.C., Muskegon
Doug Blight, Sunny Acres, Roseville
William Bloomquist, Willow Run G.C., Mayville
Lonnie Bodzin, Franklin Hills C.C., Franklin
Dale J. Boersma, Silver Lake C.C., Rockford
Mark W. Bollinger, Bald Mountain, Lake Orion
Loren D. Bolthouse, Parkview C.C., Muskegon
Marla S. Borgeson, Grand Ledge C.C., Grand Ledge
Steven H. Boron, Shady Hollow C.C., Romulus
Fred Boros, Godwin Glen G.C., South Lyon
Adeline Borsa, Shady Hollow G.C., Romulus
Harold A. Bort, Shady Hollow G.C., Romulus
Paul Bour, Byron Hills, Byron Center

1983 HOLES-IN-ONE

Ed Bowman, West Shore G.&C.C., Grosse Pointe
Morey Bowman, Lincoln C.C., Grand Rapids
Ray Bowen, University Park, Muskegon
Dr. Darrell R. Boyd, Flint Elks, Grand Blanc
Robert W. Boyd, Pineview G.C., Three Rivers
Irma M. Bradley, Riverside C.C., Battle Creek
Woody Bradow, Genessee Hills, Grand Blanc
W. H. Braman, The Club at Pelican Bay, Naples
Paula A. Braun, Bonnie Brook G.C., Detroit
Don Bray, Signal Hill G.C., Panama City
Thomas Bray, Glen Oaks, Farmington Hills
Vern Brayman, Southgate Municipal G.C., Southgate
Harold Brehmer, Lehawee C.C., Adrian
Albert Brengman, Gowanze G.C., Mt. Clemens
Tom Brennan, Walnut Hills C.C., East Lansing
Robert Bridger, Elmbrook C.C., Traverse City
John C. Briggs, Flint G.C., Flint
Bob Brinks, Briarwood G.C., Caledonia
Thomas F. Briscoe, Lakeland Sky View G.&C.C., Lakeland
Andrew R. Brodhus, Meadowbrook C.C., Northville
Donald Brooks, Red Run G.C., Royal Oak
Elmer Broskotter, The Pines, Wyoming
Dorothy M. Brown, Canadian Lakes Club, Stanwood
Gregory J. Brown, Duck Lake C.C., Albion
William C. Bruce, Bob O'Link G.C., Novi
Bruce Brumm, Mulberry Fore Golf, Nashville
Dave Brundage, Pine Lake C.C., Orchard Lake
Mat Brundage, Crystal G.C., Crystal
B. Shayne Bryant, Fruitport C.C., Muskegon
Howard A. Buchman, North Brook, Washington
Jack Buchner, Atlas Valley C.C., Grand Blanc
Robert A. Buck, Macon G.C., Clinton
Ruth M. Buckholts, Cary C.C., Cary
George Buckmaster, Maple Hill G.C., Hemlock
Kenneth Bumstead, Briar Hill G.C., Fremont
Ron Burdo, Gull Lake View G.C., Augusta
Jeanette Burman, Oakridge G.C., New Haven
Richard Henry Burmeister, Grand Rapids G.C., Grand Rapids
Robert M. Burns, Oakland Hills C.C., Birmingham
George Burtle, Wolverine G.C., Mt. Clemens
Don Bush, Mt. Pleasant C.C., Mt. Pleasant
Dave Butcher, Verona Hills, Bad Axe
Richard Buth, Green Ridge C.C., Grand Rapids
Steve Butler, K. I. Sawyer AFB G.C., K. I. Sawyer AFB
Paul Butzu, Glen Oaks G.C., Farmington Hills
George Bylsma, Ives Hill C.C., Watertown
Paul R. Cades, Shady Hollow G.C., Inc., Romulus
Ross Calcagno, Ina Brookwood G.C., Burton
Ben W. Calvin III, Bay Valley, Bay City
Thomas E. Calvin, Lake of the Hills, Haslett
Sue Cameron, Woodlawn G.C., Adrian
Allan Campbell, Lakeview Hills C.C., Lexington
Shrilie M. Campbell, Riverwood G.C., Mt. Pleasant
Fred Caracciolo, Hillcrest C.C., Mt. Clemens
Jeff Carmen, St. Ignace C.C., St. Ignace
Tony Carmen, Great Oaks C.C., Rochester
Dick Carmichael, Flushing Valley G.C., Flushing
Kelly Caron, Marshall C.C., Marshall
Harry T. Carson, Lake Michigan Hill G.C., Benton Harbor
Ernie Carter, Glenhurst, Redford Township
Neil Carter, Milham Park G.C., Kalamazoo

Howard H. Cascarelli, Druid Hills C.C., Fairfield Glade
Curt Casemler, Boyne Highlands, Harbor Springs
Kent Cassady, Magnolia, Lake Buena Vista
Julian R. Castleberry, Goodrich C.C., Goodrich
Tom Cataldo, Burroughs Farms G.C., Brighton
Bruno Cegelis, Grand Island Golf Ranch, Belmont
Ronald Celano, Crystal Mountain, Thompsonville
Phil Chamberlain, Springfield Oaks G.C., Davisburg
Howard Chandler, Bay Pointe G.C., W. Bloomfield
George Chapman, Glen Oaks, Farmington Hills
Jeff Chappelle, Spring Meadows C.C., Linden
Beverly A. Chapple, Alpine, Comstock
Ron Charles, Bonnie Brook G.C., Detroit
Peter Charnley, Idyl Wyld G.C., Livonia
Michael Chartrand, Gull Lake View, Augusta
John Chermside, Burroughs Farms G.C., Brighton
Trudy Childs, Signal Point Club, Niles
Peter Choban, Salem Hills G.C., Northville
Jay Choi, Thornapple Creek G.C., Kalamazoo
Pat Chubb, Brookwood G.C., Buchanan
Alfred J. Ciaffone, Germania Club, Saginaw
Vito Ciarvino, Lochmoor Club, Grosse Point Woods
Jack Clark, West Branch C.C., West Branch
Judy Clark, C.C. of Lansing, Lansing
Norman Clark, Normandy Oaks G.C., Royal Oak
Rupert C. Clark, Sherrill Park G.C., Richardson
Trent Clark, Binder Park G.C., Battle Creek
Garrison E. Clayton, Green Meadows, Monroe
William J. Cleary, Michaywe Hills G.C., Gaylord
Gerald A. Clemence, Pontiac Municipal G.C., Pontiac
Marilynn Clingan, Deer Run G.C., Lowell
Al Close, Royal Oak G.C., Royal Oak
Robert Closson, Sr., Waverly G.C., Lansing
Dwight A. Cochran, Gladstone G.C., Gladstone
Evelyn Cohen, Pontiac C.C., Pontiac
James A. Colman, Franklin Hills C.C., Franklin
James Combs, Southmoor C.C., Flint
Melvin Conard, Sylvan Glen, Troy
Michael A. Cone, White Lake G.C., Whitehall
Mike Conklin, Bramblewood G.C., Holly
Rev. Robert Consani, Hastings C.C., Hastings
Carl Consiglio, Sunny Acres G.C., Roseville
Christopher Cook, Berrien Hills C.C., St. Joe
Rodney L. Cook, Southmoor C.C., Flint
William A. Cooney, Chikaming C.C., Lakeside
David L. Cooper, Dearborn C.C., Dearborn
Howard J. Cooper, Barton Hills C.C., Ann Arbor
Jack V. Cooper, Muskegon Elks C.C., Muskegon
Joel W. Cooper, Thunder Bay G.C., Hillman
Wayne Cooper, Highland G.C., Escanaba
Bill Core, Elmbrook G.C., Traverse City
Robert B. Cornwell, Raisin River G.C., Monroe
William H. Corrigan, Oakland University, Rochester
Lowell Cote, Shady Hollow G.C., Romulus
Elmer Cotten, North Kent G.C., Rockford
Donald D. Cottrell, Western G.&C.C., Redford
James R. Coulson, Preston C.C., Kingwood
Barbara L. Countryman, Clark Lake G.C., Brooklyn
Daniel E. Courtney, Bob-O-Link, Novi
Don Cousineau, Highland G.C., Escanaba
Susan Cousino, Burroughs Farms Championship, Brighton
Cliff Cowdin, Briarwood G.C., Caledonia

485

1983 HOLES-IN-ONE

Gorham A. Cowl, Deer Run G.C., Newport News
Harold W. Crabb, Gulf State Park G.C., Gulf Shores
Charles W. Crane, Seven Springs C.C., Seven Springs
Joe Crawford, Valley Forge G.C., King of Prussia
Daniel J. Cregeur, Verona Hills G.C., Bad Axe
Chet Crimm, Romeo G.&C.C., Romeo
John Cripps, Tarpon Lake Village G.C., Palm Harbor
Ned Crockett, Kalamazoo C.C., Kalamazoo
Bob Cronin, Davison C.C., Davison
William M. Crossman, Bald Mountain G.C., Lake Orion
Wayne E. Crowell, Jr., Antioch G.C., Antioch
Donbald V. Cubbison, Glenhurst G.C., Redford
Ray Culbertson, Gull Lake View G.C., Augusta
Barbara Curtis, Gull Lake View G.C., Augusta
Ed Curtis, W. Shore G.&C.C., Grosse Ile
Hal Cutshall, Clearbrook C.C., Saugatuck
Dave Cwik, Pontiac C.C., Pontiac
Alan Czekaj, Hartland Glens, Hartland
Fred Dahlquist, Babe Zaharias, Tampa
Frank J. Dale, Indian River G.C., Indian River
Agnes T. Daley, Oakland Hills C.C., Birmingham
Rich Dalimonte, Sault Ste. Marie G.C., Sault Ste. Marie
Floyd P. Dann, Red Cedar Municipal G.C., Lansing
Ken Darrow, Traverse City G.&C.C., Traverse City
Robert B. Daughty, Red Cedar G.C., Lansing
Al Davidson, Knollwood C.C., West Bloomfield
Evelyn Davis, Banona Shores G.C., Shelby
Herman D. Davis, Kensington Metro Park, Brinston
W. Ray Davis, Marquette Trails, Baldwin
William C. Dawson, Sr., Alpine G.C., Grand Rapids
Robert Deal, Candlestone, Belding
Nancy M. Dean, Pine Knob C.C., Clarkston
Gary Debevec, Boyne Mountain-Alpine, Boyne Falls
Tom DeBoer, Alpine G.C., Comstock
Dick DeBus, West Shore G.&C.C., Grosse Ile
Bill DeCoste, Evergreen C.C., Hudson
Thomas H. DeFouw, Lake in the Woods G.C., Ypsilanti
Henry DeHanke, Jr., Glenhurst G.C., Redford
William DeHeer, Briarwood, Caledonia
Amos DeHosse, Washtenaw, Ypsilanti
Phil DeJong, Alpine G.C., Comstock Park
Peter A. DelGiudice, Dearborn C.C., Dearborn
John DelNaay, Sycamore Municipal G.C., Lansing
Michael A. DeMaggio, Farmington Hills C.C., Farmington Hills
Robert A. DeMonaco, Klinger Lake C.C., Sturgis
Jack Dempsey, Barton Hills C.C., Ann Arbor
Inge Dennis, Springdale G.C., Birmingham
Joseph C. DePaul, Sault Ste. Marie C.C., Sault Ste. Marie
Helen DePuit, Sunnybrook, Grandville
W. J. Devers, Gull Lake View, Augusta
Laverne DeVries, Holland C.C., Holland
John Dewey, Cadillac C.C., Cadillac
Don M. DeWolf, Bay Pointe, W. Bloomfield
Pat Deyer, Normandy Oaks G.C., Royal Oak
Daniel J. DeYoung, Lincoln C.C., Grand Rapids
Thomas N. Dick, Burroughs Farms, Brighton
Fred Dicks, Hartland Glen G.C., Hartland
Edward T. Diebold, Spring Meadows C.C., Linden
Joseph E. DiLiberto, Sunnybrook, Sterling Heights
Gene Dillenbeck, Walnut Woods G.C., Gobles
Timothy M. Dillon, Indian Trails G.C., Grand Rapids
Jack L. Dilts, D.O., Greenbrier, White Sulfer Springs

Gordon Dodman, West Branch C.C., West Branch
Fred Doelker, Traverse City C.C., Traverse City
Mary A. Dolan, Crystal Lake G.&C.C., Beulah
Walt Dolan, Great Oaks C.C., Rochester
Herb Donaldson, City Pontiac Municipal G.C., Pontiac
Tamara Donaldson, Goodrich C.C., Goodrich
W. Ken Douglas, Cascades G.C., Jackson
Jim Dow, Traverse City G.&C.C., Traverse City
Dr. John Dowson, Barton Hills C.C., Ann Arbor
Joseph W. Doyle, Genesee Valley Meadows, Swartz Creek
Ronald E. Dressler, Sugarloaf Montain Resort, Cedar
Harold Duda, Detroit G.C., Detroit
C. Truman Dudley, Bruce Hills, Romeo
Dennis W. Dunfield, Pine Knob, Clarkston
Gerald Dunn, White Lake Oaks, Pontiac
Jessie J. Dunn, Kearsley Lake, Flint
Ronald L. Dunn, North Kent G.C., Rockford
William H. Duquette, El Dorado C.C., Walled Lake
Gene Durren, Berrien Hills C.C., Benton Harbor
Jeff Durren, Blossom Trails G.C., Benton Harbor
Robin Dutcher, Scenic G.&C.C., Pigeon
Falice B. Dynak, Partridge Creek (Red), Mt. Clemens
Tom Dzurka, Corunna Hills, Owosso
Lowell Easter, Green Hills, Pinconning
Joe Eccleton, Willow Creek G.C., Stockbridge
Scott Edwards, Jr., Lost Lake Woods Club, Lincoln
Fred Ehrlich, Indian River G.C., Indian River
Seymour S. Eichenhorn, Godwin Glenn, South Lyon
Bill Elder, Tam O'Shanter C.C., Orchard Lake
Helen Ellington, Bonnie Brook G.C., Detroit
Brad Ellis, Black River C.C., Port Huron
Dean W. Ellis, Cheshire Hills G.C., Allegan
Thor Elnan, San Marino G.C., Farm Hills
Robert Elsey, Oakland University, Rochester
Dr. Don Emaus, Kalamazoo C.C., Kalamazoo
Virginia Emmons, Normandy Oaks G.C., Royal Oak
Bennett W. Engelman, Radrick Farms G.C., Ann Arbor
Gary Engerson, Mullenhurst, Delton
Nancy Ensing, Sunnybrook C.C., Grandville
Loren Epler, Great Oaks C.C., Rochester
Eric E. Erickson, Kaneohe Klipper G.C., Kaneohe Bay
Charles "Chuck" J. Esmacher, Maple Lane G.C., Sterling Heights
Ella Etherly, Ima Brookwood G.C., Burton
Florence Eustace, Lincoln G.C., Muskegon
Jim Evans, Farm Neck G.C., Oak Bluffs
Shirley Evans, Green Hills, Pinconning
Melvin Evenson, Evergreen G.C., Hudson
Carolyn Everett, Germania of Saginaw, Saginaw
Frederick W. Everling, Riverside C.C., Battle Creek
Brad Eversole, Centerview G.C., Adrian
Duane Fagel, Flint G.C., Flint
Joe Fair, Indianwood G.C., Lake Orion
Marv Falmgren, Highlands G.C., Escanaba
Betty Farabaugh, Clarkston G.C., Clarkston
Thomas Farabaugh, Clarkston G.C., Clarkston
Kenneth M. Farnick, Radrick Farms G.C., Ann Arbor
Trevor Farr, Vee Vay Valley, Mason
Frank Farrell, Hastingw C.C., Hastings
Bradley D. Fath, Meceola C.C., Big Rapids
Lee Faust, Portage Lake G.C., Houghton
Richard Favor, Caseville G.C., Caseville

1983 HOLES-IN-ONE

Michael Fee, Saskatoon G.C., Alto
Jerry D. Feher, Genesee Valley Meadows, Swartz Creek
Ross Feinman, Knollwood C.C., W. Bloomfield
Bob Feisel, Arrowhead G.C., Pontiac
Jeff Feldman, Franklin Hills C.C., Franklin
Robert Feldman, San Marino, Farmington Hills
Jay Fernstrum, Gowanie G.C., Mt. Clemens
Al Feurring, Tam O'Shanter C.C., Orchard Lake
Den Fiedler, Bonnie View, Eaton Rapids
Frank J. Field, Oyster Reef G.C., Hilton Head Island
Jack Finch, Alpine G.C., Comstock Park
William Finlayson, Great Oaks C.C., Rochester
Oscar Fischer, Concord Hills G.C., Concord
Glenn A. Fisher, Sylvan Glen, Troy
Joseph S. Fisher, Jr., Godwin Glen G.C., South Lyon
Richard Fisk, Whispering Palms C.C., Rancho Santa Fe
James R. Fleischauer, Spring Lake C.C., Clarkston
Ed Fleischman, Grand Haven G.C., Grand Haven
Jack Fleming, Stoney Creek G.C., Washington
Ed Fletcher, Bay Pointe G.C., W. Bloomfield
Ward J. Foe, Lincoln Hills C.C., Grand Rapids
Bill Foerg, Royal Oak G.C., Royal Oak
Arnold Folk, Huron Hills, Ann Arbor
W. Eugene Foor, Shady Hollow G.C., Romulus
Leo K. Foran, Fox Hills, Plymouth
Joseph J. Ford, Huron Shores G.C., Port Sanilac
Richard Foreman, Byron Hills, Byron Center
Dr. M. Samuel Fortino, C.C. of Lansing, Lansing
Jim Fortner, Raisin River East, Monroe
Bob Foster, Springfield Oaks, Davisburg
Greg C. Foster, Raisin River C.C., Monroe
George A. Fournier, Sunnybrook C.C., Grandville
Donna Fox, Battle Creek C.C., Battle Creek
Ralph Fox, Oceana C.C., Shelby
James W. Francis, Plumbrook G.C., Sterling Heights
Michael Francis, Gowanie G.C., Mt. Clemons
Earl R. Fraser, Alpena C.C., Alpena
Joe Frauenheim, C.C. of Lansing, Lansing
Lou Freeman, Inverrary East, Lauderhill
Robert Freemire, Kalamazoo Elks C.C., Kalamazoo
Thom Freismuth, Forest Lake C.C., Bloomfield Hills
June Fremody, Butternut Brook, Charlotte
Tom Fretch, Sunny Acres G.&C.C., Roseville
Kay Freybler, Elks Lodge 48, Grand Rapids
Peter Friedman, Evergreen Hill G.C., Southfield
Brian J. Frisch, Lincoln G.C., Muskegon
Skeeter Frye, Gull Lake View G.C., Augusta
David J. Fugenschuh, University of Michigan, Ann Arbor
Fred Fuller, Bay Pointe, W. Bloomfield
Ken Fuller, Meadow Lane G.C., Grand Rapids
Joe Fulton, Muskegon Elks, Muskegon
Lee Funk, Orchard Hills C.C., Niles
Bob Furey, Torrey Pines, Fenton
Carl T. Gabrielson, Caseville G.C., Caseville
Robert E. Gallardo, Pontiac C.C., Pontiac
Joseph Gamicchia, St. Clair Shores C.C., St. Clair Shores
Jon W. Gandee, DeMor Hills, Morenci
Robert I. Gans, M.D., Birchwood Farms G.&C.C., Harbor Springs
Roy Ganton, Arbor Hills, Jackson
Albert Garber, Shady Hollow G.C., Romulus
Guy S. Garber, Cypress Run G.C., Tarpon Springs
Mary Agnes Garcia, Meadowbrook C.C., Northville

Beth A. Garver, Cascades G.C., Jackson
Samuel A. Garzia, Dearborn C.C., Dearborn
Steve Gathings, Lochmoor Club, Grosse Pointe Woods
Phil Gebhardt, Flushing G.C., Flushing
Tim Gernaat, Crestview C.C., Kalamazoo
Jack Gelders, Grand Rapids Elks C.C., Grand Rapids
R. T. Geraghty, Bloomfield Hills C.C., Bloomfield
Donald L. Gibboney, Warren Valley G.C., Dearborn
Tilford Gibson, Green Meadows, Monroe
Russ Gieskin, Red Cedar, Lansing
Earl Gillard, Bald Mountain, Lake Orion
Gertrude D. Gillaspy, Gladwin Heights, Gladwin
Ray Gillette, Grand Rapids G.C., Grand Rapids
Howard N. Gilmer, Duck Lake C.C., Albion
Joe Gimont, Sunny Acres, Roseville
Bernard Glazer, Evergreen Hills G.C., Southfield
John K. Godre, Fox Hills C.C., Plymouth
Kay Goggin, Northbrook, Washington
Allyn L. Goodlock, Evergreen G.C., Hudson
Keith H. Gorton, Yankee Springs G.C., Wayland
Percy E. Gould, Willow Brook, Byron
Mike Grab, Davison C.C., Davison
Ms. Sharon Graham, Bald Mountain G.C., Lake Orion
Hy Grand, San Marino G.C., Farm Hills
Dave Grant, Spring Meadow C.C., Linden
Harold C. Grant, Shenandoah G.&C.C., W. Bloomfield Township
Derek Graver, Coldwater C.C., Coldwater
Bill Gray, Detroit G.C., Detroit
Bill Gray, Walnut Hills C.C., E. Lansing
Mike Gray, Saskatoon G.C., Alto
Donald Green, Fox Hills C.C., Plymouth
Ruth I. Green, Verona Hills G.C., Bad Axe
Donna Greenbury, Plum Hollow G.C., Southfield
Richard Greenland, North Kent G.C., Rockford
Louis Gregory, Ontonagon G.C., Ontonagon
Jean Griem, Babe Zaharias G.C., Tampa
Don Griesbach, Paw Paw Lake G.C., Watervliet
Bill Griessel, Milham Park G.C., Kalamazoo
Al Griffin, Ocean C.C., Shelby
Dennis Gripentrog, Plum Hollow G.C., Southfield
Ronald Groesser, I M A Brookwood G.C., Burton
Trent Grossman, St. Joe Valley G.C., Sturgis
Gerald Grudzien, Burroughs Farms, Brighton
J. J. Grum, Glades C.C., Naples
James Gudenburr, Bald Mountain G.C., Lake Orion
June Gulich, Godwin Glen Red Nine, South Lyon
Betty Lou Gustafson, Clio C.C., Clio
Bob Gutterman, Atlas Valley C.C., Grand Blanc
Raymond R. Haan II, Shady Hollow, Romulus
Harold Haas, Owosso C.C., Owosso
Carrol Hacht, West Branch C.C., West Branch
Judy Hackman, Lakelands G.&C.C., Brighton
Robert A. Hadley, Centennial Acres Inc., Sunfield
Robert Hadley, Morrison Lake C.C., Inc., Saranac
Richard T. Hagenbach, Rochester G.C., Rochester
L. Ralph Haist, Verona Hills G.C., Bad Axe
Forrest J. Hall, Muskegon C.C., Muskegon
James H. Hall, Verona Hills G.C., Bad Axe
Robert J. Hall, Sunrise C.C., Sarasota
Robert S. Hall, Winding Creek G.C., Holland
Dr. Winthrop D. Hall, Dearborn C.C., Dearborn
William Hamden, Boyne Highlands, Harbor Springs

1983 HOLES-IN-ONE

Delano Hamilton, Morrison Lake C.C., Saranac
John Hamilton, Pine River C.C., Alma
Kirk Hamilton, Springfield Oaks G.C., Davisburg
Nancy Hamilton, Eagle Bluff, Hurley
Ray Hamilton, Crestview G.C., Kalamazoo
Mrs. R. "Pat" Hammel, Bloomfield Hills C.C., Bloomfield Hills
Tony Hammerschmidt, Waterloo G.C., Grasslake Waterloo Township
John Hams, Grand Rapids G.C., Grand Rapids
Ciff Hand, Waverly Hills, Lansing
Dean Haney, Genesee Hills G.C., Grand Blanc
Steve Hanson, IMA Brookwood G.C., Burton
Raymond T. Happy, Pine View G.C., Three Rivers
Virginia Harding, Buenaventura Lakes C.C., Kissimmee
John P. Harris, Gull Lake View G.C., Augusta
Rev. Bernard J. Harrington, Seminary G.C., Mundelein
Cynthia W. Harrington, Traverse City G.&C.C., Traverse City
George Harris, Bay City C.C., Bay City
Marie Harris, Gladstone G.C., Gladstone
W. Wayne Harris, Cascade Hills C.C., Grand Rapids
Bob Harrison, Shady Hollow, Romulus
Vernon R. Harryman, North Kent G.C., Rockford
Kenneth Hart, Binder Park G.C., Battle Creek
Douglas Harvey, Loch Lomond G.C., Grand Blanc
Leo C. Hasley, Bonnie Brook, Detroit
Al Hasse, West Branch C.C., West Branch
Jim Hayes, Genesee Valley Meadows, Swartz Creek
Bernard C. Heath, Rogers City C.C., Rogers City
Jim Heberly, Saskatoon, Alto
Eva Hegedus, Parkview G.C., Muskegon
Rod Heikkinen, Oxford Hills, Oxford
Duane M. Hellum, Royal Scott, Lansing
Roger Helman, Portage Lake G.C., Houghton
Douglas J. Helmink, Moors of Portage, Portage
Paul Helms, Druid C.C., Fairfield Glade
Fred Henks, Normandy Oaks G.C., Royal Oak
Jesse J. Henman, Lakeland Hills, Jackson
Leo P. Hennessy, Bonnie Brook G.C., Detroit
Dave Henry, Katke, Big Rapids
Lynne A. Henry, Forest Hills G.C., Grand Rapids
Tom Hensel, Glenhurst G.C., Redford
Jim Hepinstall, Briar Hill G.C., Fremont
Glen Hershberger, Briar Hill G.C., Fremont
Robert Hershey, Walnut Hills C.C., E. Lansing
Albert Herweyer, The Pines, Wyoming
Carole L. Hess, White Lakes Oaks, Pontiac
R. L. Hester, Red Cedar G.C., Lansing
David Michael Heyer, University of Michigan G.C., Ann Arbor
Ann F. Hickey, Marshwood at the Landings, Savannah
Paul T. Hickey, Duck Lake C.C., Albion
Rose Agnes Hickey, Farmington Hills C.C., Farmington Hills
Doug Hickman, Whispering Willows, Livonia
Ross Hicks, Rochester G.C., Avon Township
Thomas M. Hiegel, Bald Mountain G.C., Lake Orion
Bill Hiemstra, Hampshire C.C., Dowagiac
Brice Hill, Glen Oaks G.C., Farmington Hills
Ronald Hill, Rackham G.C., Huntington Wood
John R. Hillman, Dun Rovin G.C., Plymouth
Carol Hilts, Chardell G.C., Bath

Stan Hirt, Hillcrest C.C., Mt. Clemens
Don Hoddkiss, Hidden Valley Club, Gaylord
Ron Hodowaine, Spessard Holland G.C., Melbourne Beach
Sherry Holaly, Clio C.C., Clio
Tim Holbrook, Riverwood G.C., Mt. Pleasant
Larry Hood, Lost Lake Woods Club, Lincoln
Jack Hooper, C.C. of Detroit, Grosse Pointe Farms
Karl Hopengardner, Granville G.C., Granville
Jerry Hopkins, Locust Hills G.C., Springfield
Marshall Horn, Genesee Hills G.C., Grand Blanc
Scot Alan Hornsby, Midland C.C., Midland
J. C. Horrigan, Washtenaw C.C., Ypsilanti
Tom Hosek, Indian Run G.C., Scotts
Neal Howald, Southmoor G.C., Burton
Harrison Howard, Tomac Woods G.C., Albion
Wally Howard, Ridgeview, Kalamazoo
Walter S. Howell, Shady Hollow G.C. Inc., Romulus
Carl Hoyt, Springfield Oaks G.C., Davisburg
Leon Hubbard, Garland G.C., Lewiston
Eric Lynn Hubbell, Hickory Knoll G.C., White Hall
Helen Huffman, White Lake Oaks, Pontiac
Pauline Hughes, Alwyn Downs G.C., Marshall
Robert Huhta, Crystal G.C., Crystal
Oscar A. Hurtala, Big Spruce G.C., Bruce Crossing
Gill Hull, Genesee Valley Meadows, Swartz Creek
Diane Humphral, Blythefield C.C., Belmont
George A. Hunt, Hillsdale G.&C.C., Hillsdale
Ron Hunt, Old Channel Trail G.C., Montague
W. O. Hutchins, Carthage Municipal G.C., Carthage
Mike Hutchinson, Rolling Hills C.C., Lapeer
Jim Hutley, Winding Creek G.C., Holland
David Huyssen, Arbor Hills G.C., Jackson
Ed Idziak, Arbor Hills C.C., Jackson
Frank B. Ignich, St. Clair Shores C.C., St. Clair Shores
Al Inkala, Royal Scott, Lansing
Robert W. Iosty, Hastings C.C., Hastings
Phyllis Irwin, Oxford Hills C.C., Oxford
Gerald E. Jackson, Fellows Creek G.C., Canton
Gary A. James, Westland Municipal G.C., Westland
Elmer R. Jankowsky, Brookline, Northville
Julius Jarulaitis, Rackham, Huntington Woods
Charles J. Jennings, Huron Municipal G.C., Ann Arbor
Gary Jensen, Plum Brook, Sterling Heights
Stu Jeske, Edgewood C.C., Union Lake
Paul M. Jocham, Stony Croft Hills Club, Bloomfield Hills
Charles Joczis, Green Oaks Municipal G.C., Ypsilanti
Michael Myung-Ho Joh, M.D., Katke-Cousins G.C., Rochester
Candice Johns, Wabeek C.C., Bloomfield Hills
Bernard A. Johnson, White Lakes Oak, Pontiac
David M. Johnson, St. Clair Shore C.C., St. Clair Shores
Don Johnson, Corning C.C., Corning
Don Johnson, Wyndwicke C.C., St. Joseph
Jack R. Johnson, Bramblewood G.C., Holly
Joe Johnson, Cheshire Hills G.C., Allegan
John R. Johnson, Rochester G.C., Rochester
Kelly Johnson, Springfirld Oaks G.C., Davisburg
Ken Johnson, Pine Knob C.C., Clarkston
Matthew Johnson, Pleasant Hills G.C., Mt. Pleasant
Ralph R. Johnson, The Grizzly, Kings Island
Robert L. Johnson, Frankfort G.C., Frankfort
Thomas A. Johnson, Warwick Hills G.&C.C., Grand Blanc

1983 HOLES-IN-ONE

Virginia Johnson, Shenandoah G.C., W. Bloomfield
Kenneth D. Johnston, Idyle Wyld G.C., Livonia
Alan Jones, Holiday C.C., Lake Park
Alan R. Jones, Sugar Loaf Resort, Cedar
Arthur Jones, Shady Hollow G.C., Romulus
Rodney Jones, Fox Hills C.C., Plymouth
Walter Jones, Godwin Glen G.C., South Lyon
Neil Jordan, Bald Mountain G.C., Lake Orion
Barbara Jo Jourdan, Meadowood G.C., Grand Rapids
Stuart E. Joynt, Green Ridge C.C., Grand Rapids
Lee Juett, Oakland Hills C.C., Birmingham
David J. Kaherl, Godwin Glen, South Lyon
Robert L. Kampf, Bogie Lake, Union Lake
Don Karbowski, Bent Tree G.&R.C., Sarasota
Vic Katz, Riverside C.C., Battle Creek
Dee Kauffman, Bald Mountain G.C., Lake Orion
Emily Kayuk, Burning Tree, Mt. Clemens
Mike Kebbe, Plumbrook G.C., Sterling Heights
Lee Keel, Sylvan Glen G.C., Troy
Sharon Keith, Brooklane G.C., Northville
Harry H. Kelch, Farmington Hills C.C., Farmington hills
E. L. Keller, Sr., Ridgeview G.C., Kalamazoo
Frank F. Kelley, Oakland Hills C.C., Birmingham
Michael D. Kelley, Clio C.C., Clio
Thomas A. Kelly, Bob O Link, Novi
Morley Kempf, Wicker Hills C.C., Hale
Charles E. Kennedy, Westworld, Westland
James G. Kennedy, Duck Country C.C., Albion
John H. Kennedy, Goodrich C.C., Goodrich
Earl Kent, Shady Hollow, Romulus
Donald Kerr, Red Run G.C., Royal Oak
Robert D. Kessler, Farmington Hills C.C., Farmington Hills
Donald R. Kibbie, Whitelake Oaks, Pontiac
Terry Kildea, Forest Akers West G.C., East Lansing
Alta M. King, Wolverine G.C., Mt. Clemens
Doug King, Forest Lake C.C., Bloomfield Hills
Oris King, Clarkston G.C., Clarkston
Henry Kinzie, C.C. of Detroit, Grosse Pointe Farms
Jack K. Kinley, Maple Hill G.C., Hemlock
Stanley James Kinney, Holly Greens, Holly
Art Klamt, Holland C.C., Holland
L. Klaus, Lake Doster G.C., Plainwell
Shirly Klose, Arbor Hills C.C., Jackson
Charlie Knapp, Centennial Acres, Sunfield
Barb Knight, Muskegon Elks C.C., Muskegon
Charles E. Knight, Meadowbrook C.C., Northville
Joan Knoerter, Travis Pointe, C.C., Ann Arbor
Mike Knowlton, Muskegon C.C., Muskegon
Stan J. Kochanski, Godwin Glen, South Lyon
Charles Kocsis, Red Run G.C., Royal Oak
Jack Koienig, Lincoln C.C., Grand Rapids
Ray C. Kooi, Greenbush G.C., Greenbush
Chris S. Koteff, Ella Sharp Park G.C., Jackson
Tom Kotrych, Kensington Metro Park, Milfor
Jack Kovach Mission Hills G.C., Plymouth
Carol Krammendyke, Ramshorn C.C., Fremont
Hugh Krandall, Tam O'Shanter C.C., W. Bloomfield
Donald Kravse, Sr., Pontiac C.C., Pontiac
Thomas J. Krechnyak, Raisin River C.C., Monroe
William E. Kreger, Willow Metropark G.C., New Boston
Douglas A. Kremer, Bob O'Link G.C., Novi
Edward G. Krenkel, Silver Lake G.C., Brooklyn
Bob Kron, San Marino G.C., Farm Hills
Tom Krzemienski, St. Joe Valley G.C., Sturgis
Joe Krzyston, Green Meadows G.C., Monroe
Fred L. Kubik, Torrey Pines C.C., Fenton
John Kubizna, Blossom Trails, Benton Harbor
Tom Kudla, Sylvan Glen, Troy
Roger W. Kuhlmann, Granite Falls C.C., Granite Falls
Greg Kupris, Green Ridge C.C., Grand Rapids
Denny Kushion, Kimberley Oaks G.C., St. Charles
Jason W. Kwok, Shady Hollows, Romulus
Michael S. Laakko, Dearborn C.C., Dearborn
Bob Lace, Plym Park G.C., Niles
Robert LaCroix, Cottonwood at Rancho San Diego, El Cajon
Bruce Laing, Jr., Pointo Woods C.C., Benton Harbor
Alfred D. Lamb, Silver Lake G.C., Brooklyn
Ernest Lamb, Kenton County G.C., Independence
Charles Lambert, Travis Pointe C.C., Ann Arbor
Jerry W. Lambert, Hickory Hollow G.C., Mt. Clemens
John W. Lambert, Ted Meetz North G.C., Michigan City
John A. Lambroff, Boyne Mtn., Boyne Falls
Jane Lamey, Overbrook, Middleton
Glenn LaMothe Munoscong Golf Ass'n, Pickford
Robert O. Landeck, Brookwood G.C., Buchanan
Doris Lang, Lincoln Hills, Birmingham
Pauline M. Lang, Gladwin Heights G.C., Gladwin
J. Robert Langan, Bay Pointe G.C., W. Bloomfield
Joseph P. Langkamp, Lake Doster G.C., Plainwell
Richard P. Langmesser, Fairfield Sapphire Valley, Sapphire
Ralph Larsen, Marysville G.C., Marysville
E. Ray LaRue, Ramshorn C.C., Fremont
John C. LaRue, Hidden Valley Club, Gaylord
Francis G. Laverriere, Burning Tree G.&C.C., Mt. Clemens
C. K. Lawrence, Portage Lake G.C., Houghton
Bob Lawson, Radrick Farms G.C., Ann Arbor
Quentin Layman, Springfield Oaks, Davisburg
Dick Leabo, Ann Arbor Golf & Outing Club, Ann Arbor
Cliff Leach, Godwin Glen C.C., South Lyon
John L. "Jack" Leaf, Fruitport C.C., Muskegon
Michael J. Lee, Indian Run␣C.C., Scotts
Thomas J. LeFere, Cascades G.C., Jackson
Leo LeFevre, Fox Hills C.C., Plymouth
Thomas LeGault, Willobrook G.C., Byron
Marvin L. Leggitt, Sugarloaf, Cedar
Mary G. Leiter, Riverside C.C., Battle Creek
Joan Leitz Wabeek C.C., Bloomfield Hills
Tom Lemble, Kensington G.C., Milford
Dr. B. Lemon, Detroit G.C., Detroit
Marie Lendon, Melvin Hillside G.C., Melvin
Mike Lent, Heart O'Lakes G.C., Brooklyn
Edward A. Lester, St. Ignace C.C., St. Ignace
Barbara J. LeVac, Clio C.C., Clio
Lois Levandowski, Marysville G.C., Marysville
Chuck Lewis, Great Lakes G.C., Rochester
Dub Lewis, Torrey Pines, Fenton
Shirl Lewis, Crystal Mountain G.C., Thompsonville
Fred Lichtman, Marshall C.C., Marshall
John Lighy III, Pine View G.C., Three Rivers
Rodney C. Linton, Dearborn C.C., Dearborn
Bud Little, Glenbriar, Perry
Keith E. Loader, Raisin River G.C., Monroe

1983 HOLES-IN-ONE

Michael G. Lofgren, Godwin Glen G.C., So. Lyon
Pleas Lofton, Burroughs Farms G.C., Brighton
Robert W. Loman, Green Hills, Pinconning
Archie M. Long, Pine Lake C.C., Orchard Lake
Eileen Long, Edgewood C.C., Union Lake
Florence Long, Green Hills G.C., Pinconning
Albert Lopatin, Bay Pointe, W. Bloomfield
Ken Lotz, Thornapple Creek G.C., Kalamazoo
Kenen Love, Pine Knoll, Battle Creek
Barbara Lovett, Garland, Lewiston
Sam Lucido, Delray C.C., Delray Beach
William Ludwig, Alpena G.C., Alpena
Eldon Lum, Balmoral G.C., Battlelake
Otto Luoma, Wawonowin C.C., Ishpeming
Michael Lutomski, Oakland University, Rochester
Dick Lynch, Sharon Woods, Cincinnati
Geoff Lyon, Orchard Hills C.C., Buchanan
Don Lyons, Briarhill, Fremont
Kevin Lyons, Forest Lake C.C., Bloomfield Hills
Tom Lyons, Meceola C.C., Big Rapids
Bud Lytle, Pine River C.C., Alma
Leo Maccani, Gogebic C.C., Ironwood
Thomas E. MacDonald, Hilltop G.C., Plymouth
Ione MacDonell, Crystal Downs C.C., Frankfort
Ray W. Maciorowski, Radrick Farms G.C., Ann Arbor
Ronald H. Mack, Silver Lake G.C., Brooklyn
Joe Mackey, Point O'Woods C.C., Benton Harbor
Al MacLennan, Kensington Metropark G.C., Milford
Victor MacMillan, Royal Oak G.C., Royal Oak
Walter H. Madsen, Grand Haven G.C., Grand Gaven
Prafulla Mahanty, Thornapple Creek G.C., Kalamazoo
Louise V. Mahar, Candlestone, Belding
Clint Mahlke, Dearborn C.C., Dearborn
Harold L. Maier, Vassar G.&C.C., Vassar
Louis J. Maine, Lakeview Hills, Lexington
Trent Mainville, Alpena C.C., Alpena
Rosser Lemuel Mainwaring, Wailea G.C., Wailea
Charles R. Malaney, Cascade Hill C.C., Grand Rapids
Geraldine Malese, Leslie Park C.C., Ann Arbor
George Mallas, Carolina Shores, No. Myrtle Beach
Dennis Mallette, Grand Haven G.C., Grand Haven
Orvan Malone, Sunny Brook C.C., Grandville
Chuck Maly, Lum International G.C., Lum
Donald Mann, Mullenhurst, Delton
LLoyd A. Mannigel, Pine Grove C.C., Iron Mountain
George Maran, Western G.C., Redford
Arthur Marcell, Oak Crest G.C., Norway
Charles Marchand, Sun'N Lake C.C., Sebring
Daniel J. Marco, Hillsdale G.&C.C., Hillsdale
Alex Markey, Plum Hollow G.C., Southfield
Donald L. Marks, Marks G.C., Lawton
L. Marquez, Shady Hollow G.C., Romulus
Wanda M. Marsh, Druid C.C., Fairfield Glade
Allen K. Marsh, Green Hills G.C., Pinconning
John F. Marshall, Hilliard Lakes C.C., Westlake
Edward M. Martin, Jr., Holiday Springs G.C., Margate
George Martin, Mt. Pleasant C.C., Mt. Pleasant
Louise J. Martin, Vassar G.&C.C., Vassar
James Martinka, Grand Haven G.C., Grand Haven
Willis W. Massuch, Lake of the Hills, Haslett
Frank D. Mastracci, Bonnie Brook, Detroit
Thomas M. Mathes, Partridge Creek, Mt. Clemens
Jack Mathiasen, River Forest G.C., Elmhurst

Christian F. Matthews, M.D., Ridgetown G.&C.C., Ridgetown
Chronie L. Matthews, Palmer Park, Detroit
Edward Matthews, Candlestone Inn, Belding
Rick May, Centennial Acres Inc., Sunfield
Milford Mayo, Jr., Alwyn Downs G.C., Marshall
Clifford Mazerov, Hillsdale G.&C.C., Hillsdale
Bobbie Ann McAdams, Dearborn C.C., Dearborn
James E. McAlpine, Twinbrooks, Chesaning
Audrey McBride, Oadkland Hills C.C., Birmingham
Robert McBride, Verona Hills G.C., Bad Axe
Archie W. McCallum, White Lake Oaks, Pontiac
Clinton A. McCallum, Hadley Acres G.&C.C., Metamora
Mary McCarthy, Alpine G.C., Comstock Park
Pat McCarthy, Meadowood, Grand Rapids
Michael P. McClean, Clarkston G.C., Clarkston
Jim McClelland, Lake in the Woods, Ypsilanti
Dorothy R. McClure, Fern Hill C.C., Mt. Clemens
John F. McClure, Wyster Bay Golf Links, N. Myrtle Beach
Jim McCollum, Beechwood Greens G.C., Mt. Morris
Dan McCormick, C.C. of Lansing, Lansing
Donald F. McCommick, Hartland Glen, Hartland
John F. McCormick, Lochmoor Club, Grosse Pointe Woods
William McCormick, C.C. of Detroit, Grosse Pointe Farms
Chuck McCoy, Dutch Hollow G.C., Durand
Charles C. McDonald, Lochmoor Club, Grosse Pointe Woods
Earl McDonald, Alpena C.C., Alpena
H. A. McDonald, Bloomfield Hills C.C., Bloomfield Hills
Robert T. McDonald, Flushing Valley G.C., Flushing
Richard P. McElroy, Bay Valley G.C., Bay City
Mark L. McFarland, Idyle Wyld, Livonia
Gary A. McGettrick, Westworld G.C., Westland
James McInerney, Detroit G.C., Detroit
Al McKay, West Shore G.&C.C., Grosse Isle
Joe McKenney, Walloon Lake C.C., Petoskey
John M. McKillen, Radrick Farms G.C., Ann Arbor
B. J. McMullen, Plum Hollow, Southfield
Russell A. McNair, Jr., C.C. of Detroit, Grosse Pointe Farms
Pat McOrry, Lum International G.C., Lum
Thomas McParlan, Radrick Farms, Ann Arbor
John McPhail, Lakelands, Brighton
Bill McPharlin, Glenhurst, Redford
Tom McPhillips, Maggie Valley C.C., Maggie Valley
Gary William McSweeney, Hilltop G.C., Plymouth
Robert McWilliams, Stoney Creek G.C., Washington
Bud Melchert, Briarwood G.C., Caledonia
David A. Menefee, Wyndwicke G.C., St. Joseph
Ernest G. Merlanti, Barton Hills C.C., Ann Arbor
Noel J. Mertz, Briarwood G.C., Caledonia
Jan Messner, Cedar Creek G.C., Battle Creek
Waldo Metz, Bob O'Link G.C., Novi
Roger Meyerink, Broadmoor C.C., Caledonia
Floyd Meyers, Spring Valley G.C., Kawkawlin
Grace Mezey, Pine Lake C.C., Orchard Lake
Donald A. Milanonski, Grand Island Golf Ranch, Belmont
Douglas C. Miller, West Shore G.&C.C., Grosse Ile
Gordon G. Miller, Pine View G.C., Three Rivers
Kenneth T. Miller, McGuires Evergreen G.C., Cadillac
Ralph E. Miller, Pontiac C.C., Pontiac
Stephen M. Miller, University of Illinois G.C., (Orange),

1983 HOLES-IN-ONE

Savoy
William Miller, Riverview Highlands G.C., Riverview
William L. Millering, North Kent G.C., Rockford
Shirley Millisor, C.C. of Lansing, Lansing
Neta Mills, Newberry C.C., Newberry
Peter Miners, Hartland Glen, Hartland
Leo W. Miracle, Davison C.C., Davison
Ronald A. Miracle, Raisin River G.C., Monroe
John J. Misiar, Fellows Creek G.C., Canton
Tony Misuraca, Burning Tree G.&C.C., Mt. Clemens
Henry Mohler, Monroe G.&C.C., Monroe
Pieter A. Mol, Lincoln Hills, Birmingham
Dave Mondry, Franklin Hills C.C., Franklin
Gene Monean, Spring Meadows C.C., Linden
Lester C. Monroe, Lake Cora Hills, Paw Paw
David Monson, Jr., Cadillac C.C., Cadillac
Dominic T. Monte, Sun Air C.C., Hanes City
Jodie Moore, Palmer G.C., Detroit
Sue Moorhead, Katke-Cousins Oakland University, Rochester
Tim Moran, Alpena C.C., Alpena
Walter S. Morden, Macon G.C., Clinton
Larry Morin, Fern Hill C.C., Mt. Clemens
Arthur Morley, Grosse Ile G.&C.C., Grosse Ile
Tom Morris, Jr., Red Run G.C., Royal Oak
Ken Morrish, Grenelefe, Haines City
Everett Morriss II, Mott Park G.C., Flint
Bob Morse, Holly Greens, Holly
Bob Mosher, Blythefield C.C., Belmont
Kenneth A. Mosier, Pine View G.C., Three Rivers
Louis Mosier, Sunny Acres C.C., Roseville
Doug Moss, Knollwood C.C., W. Bloomfield
Joe Mossok, Springfield Oaks G.C., Davisburg
Joseph Muelrath, Westland Municipal G.C., Westland
Dick Mullaney, C.C. of Detroit, Grosse Pointe Farms
Dick Munk, De Mor Hills, Morenci
Janice C. Murany, Salem Hills C.C., Northville
Irene Murray, C.C. of Lansing, Lansing
Loren Mustamaa, Wawonowin G.&C.C., Ishpeming
Jeanne Myers, Knollwood C.C., West Bloomfield
Eugene Myszak, Scott Lake C.C., Comstock Park
Dennis J. Naas, Lake Doster G.C., Plainwell
Shirley C. Navarro, Mullenhurst G.C., Delton
Lois A. Navickas, Partridge Creek, Mt. Clemens
Ruth Needham, Escanaba C.C., Escanaba
Rose Neff, Riverwood G.C., Mt. Pleasant
George W. Nelson, Lincoln G.C., Muskegon
Joel C. Nelson, Kalamazoo Elks C.C., Kalamazoo
John Nelson, Plumbrook G.C., Sterling Heights
Mike Nelson, Wawonowin C.C., Ishpeming
Jan Ney, Lincoln C.C., Grand Rapids
Gerald F. Nichols, Maggie Valley C.C., Maggie Valley
Carol Niemur, Rolling Meadows C.C., Whitmore Lake
Ed Noah, Burr Oak G.C., Parma
Les Norman, Southmoor C.C., Flint
Ray Northup, Gull Lake View C.C., Augusta
Ronald S. Nowicki, Silver Lake G.C., Brooklyn
Richard Obad, Gull Lake View G.C., Augusta
Kay Oberdorf, Parkview, Muskegon
William C. Oberstadt, Kingsway C.C., Lake Suzy
Don O'Brien, El Dorado C.C., Walled Lake
Steven O'Connor, Evergreen G.C., Hudson
Clinzo O'Daniels, Twin Oaks, Freeland

Jim O'Donnell, Grosse Ile G.&C.C., Grosse Ile
Mark O'Donnell, Loch Lomond G.C., Flint
John O'Donovan, Kent C.C., Grand Rapids
Eleanor K. Oehring, El Dorado C.C., Walled Lake
Daniel Oetzman, Fox Hills C.C., Plymouth
John Olejar, Burning Tree G.C., Mt. Clemens
Dick Olive, Springfield Oaks G.C., Davisburg
Craig Oliver, Salem Hills G.C., Northville
John Patrick Olsen, Georgetown G.C., Ann Arbor
Keith Olson, Crystal Montain, Thomsonville
Robert Olszewski, Glenhurst, Redford
Mike O'Mara, Morrison Lake C.C., Saranac
Paul Omness, Lincoln G.C., Muskegon
David Orlick, Willow G.C., New Boston
Leonard Orr, Forest Lake C.C., Bloomfield Hills
Bill Orwig, Bay Beach G.C., Ft. Myers Beach
Billy Osborne, Ima Brookwood, Burton
Marshall O'Shaughnessy, Boyne Highlands, Harbor Springs
Tom Ottaviani, St. Clair G.C., St. Clair
Bruce Overbey, Hillcrest C.C., Mt. Clemens
Marion Owczarzak, Ye Olde C.C., Roscommon
Clara Owen, Lemontree G.C., Belleville
William Pacitti, Raisin River G.C., Monroe
Robert J. Paczas, Rochester G.C., Rochester
J. E. "Jack" Paggeot, Crockery Hills, Munica
Fred Palmerton, Oak Lane G.C., Webberville
Allan Paluch, Grand Haven C.C., Grand Haven
Orie Panici, Muskegon Elks C.C., Muskegon
Orland Parke, Bay City C.C., Bay City
Matt Parker, Bigwood G.C., Ketchum
Roger Parker, Deer Run G.C., Lowell
Dan Pasque, Red Run G.C., Royal Oak
Dennis Patterson, Detwiler Park, Toledo
Andy Paul, West Shore G.&C.C., Grosse Ile
George Paulson, Glen Oaks, Farmington Hills
Chuck Pearce, Bald Mountain G.C., Lake Orion
Dale Pearsall, Travis Pointe C.C., Ann Arbor
William A. Pearson, Fox Hills, Plymouth
Willard A. Peek, Portland C.C., Portland
Gilbert Peguero, Pinevew G.C., Three Rivers
Ivan W. Pelter, Lincoln Hills G.C., Ludington
Richard Pendrick, Greenville C.C., Greenville
Arthur C. Pennell, Faulkwood Shores G.C., Howell
Zoanne, Perez, Orchard Hills C.C., Buchanan
Tim Perkins, Valley Inn & C.C., Brownsville
Jack W. Perlman, Godwin Glen, So. Lyons
Dominick Perrino, Lakeland Hills, Jackson
Judy Perry, Radrick Farms G.C., Ann Arbor
Lee A. Peters, Goodrich C.C., Goodrich
Tom Peters, Forest Lake C.C., Bloomfield Hills
George Petersen, Southgate Municipal G.C., Southgate
Donald L. Peterson, Pine Grove C.C., Iron Mountain
Ernest T. Peterson, Tomac Woods G.C., Albion
Ernest R. Petrie, Jr., Frankfort G.C., Frankfort
Joe Petroski, Lincoln G.C., Muskegon
Jerry Pfeiffle, Arbor Hills, Jackson
Thomas Pharr, Cedar Creek C.C., Battle Creek
Chet Piersma, Holland C.C., Holland
Dick Pifer, Forest Lake C.C., Bloomfield Hills
Jake Pilat, Forest Lake C.C., Bloomfield Hills
Dick Pilibosian, Northbrook G.C., Washington
Nancy Pitcock, Wyndwicke G.C., St. Joseph

1983 HOLES-IN-ONE

Thomas Plisko, Jr., Godwin Glen, South Lyon
Bea Vanden Ploeg, Saskatoon G.C., Alto
Joe Ploehn, Pine Knoll G.C., Battle Creek
Max Pochodylo, Marysville G.C., Marysville
Howard J. Pohl, Riverwood Golf, Mt. Pleasant
Timothy H. Pohl, Riverwood, Mt. Pleasant
Midge Poirier, Brookland, Northville
John A. Polasek, Grand Blanc G.C., Grand Blanc
A. Frank Pollie, Michaywe Hille G.C., Gaylord
William D. Popp, Pine Grove, Iron Mountain
Joseph Potestivo, Brooklanes G.C., Northville
Harry Pothoff, University Park, Muskegon
James Potter, Fox Hills C.C., Plymouth
Daniel E. Powell, Rolling Hills G.C., Lapeer
J. D. Powell, Rocky Bayou C.C., Niceville
Howard D. Powers, D.P.M., Crestview G.C., Kalamazoo
Walter S. Pozner, Oak Lane G.C., Webberville
Randy Preston, Kapalua G.C., Kapalua
David J. Price, Muskegon C.C., Muskegon
Robert L. Priest, Edgewood G.C., St. Louis
Ray Prince, Alpine G.C., Comstock Park
David R. Prinsze, Gull Lake View G.C., Augusta
Mary C. Provins, Timber Creek G.C., Bradenton
Jesse W. Pruitt, Oakridge G.C., New Haven
Myron J. Pryor, Shady Hollow G.C., Romulus
Roy E. Pulford, Westland Municipal G.C., Westland
George A. Puruis, Ramshorne C.C., Fremont
Stan Pyciak, Arbor Hills, Jackson
Bernice E. Quinlan, Warfield Greens, Frashser
David Raguse, Cascades G.C., Jackson
Tim Rake, Briar Hill G.C., Fremont
Rick Rakotf, Lower Huron, New Boston
Ed Ramlow, Portland C.C., Portland
Eugene P. Ramsey, Barton Hill C.C., Ann Arbor
Mrs. Homer "Marigay" Ramsey, Monroe G.&C.C., Monroe
Brigida Rania, Muskegon C.C., Muskegon
John Rawjak, Mid Channel G.C., Harsen Island
Wiley C. Rasbury, Grosse Ile G.&C.C., Grosse Ile
Dorothy Raymond, Flushing Valley, Flushing
Jack A. Reed, Gull Lake View East, Augusta
Tom Reed, Grand Rapids G.C., Grand Rapids
Richard Reed, Arrowhead G.C., Lowell
Adrian Reijonen, Iron River C.C., Iron River
Thomas Reilly, Liberty Hills C.C., Liberty
Donald A. Reinhard, Lakewood Shores G.&C.C., Oscoda
David D. Reitmeyer, Rolling Meadows C.C., Whitmore Lake
Frank Rennell, Oakland Hills C.C., Birmingham
Garland Repke, Rogers City C.C., Rogers City
Dick Resetz, Riverview Highlands, Riverview
Louise M. Rhead, Indian River G.C., Indian River
J. J. Rhoades, Camelot G.C., Mesa
Bill Rhodes, Berrien Hills C.C., Benton Harbor
Elmer Rhodes, Lake Michigan Golf Hills, Benton Harbor
Nancy E. Rhodes, Morey's, Union Lake
John Harry Richard, Alpine, Comstock Park
Jack Richards, Hidden Valley, Gaylord
John A. Riegel, Walnut Hills C.C., E. Lansing
Hap Riever, Turtle Creek G.C., Burlington
Frances Ripepi, Burning Tree G.&C.C., Mt. Clemens
Michael Risko, Grand Rapids G.C., Grand Rapids
Ray Rivera, Jr., Woodlawn G.C., Adrian

Clayton E. Robinson, Sr., Raisin River-East Course, Monroe
Harley Robinson, Corunna Hills, Corunna
J. Ford Roche, Detroit G.C., Detroit
Stewart Roche, Oceana C.C., Shelby
Jim Rock, Southmoor C.C., Flint
Lewis A. Rockwell, Bellerive C.C., Creve Coeur
Harlan Rohm, Wyndwicke C.C., St. Joseph
Bobby Rollins, Sparrow Hawk G.C., Jackson
Carl P. Roman, Ima Brookwood G.C., Burton
Robert Ronan, Alpine G.C., Comstock Park
Wendell Roodman, Godwin Glen, So. Lyon
Ned B. Rosacrans, Raisin Valley Golf, Tecumseh
Joseph J. Rosalik, Brooklane, Northville
Dennis Rose, Cascades, Jackson
Walter Rosenthal, Century Oaks, Elkton
Brad Rosiar, Ridgeview G.C., Kalamazoo
Marion Rosloniec, Lincoln C.C., Grand Rapids
Richard C. Rostmeyer, Jr., Katke G.C., Big Rapids
Marvin J. Rowan, West Ottawa, Holland
Beverly Rowley, Camelback G.C., Scottsdale
Dale D. Royal, Royal Kaanapali G.C., Maui
Albert Rozman, Seven Springs C.C., Seven Springs
Frank Rulewicz, Concord Hills G.C., Concord
Charles Rumohr, Indian Lake G.C., Manistique
Gerald Runyon, Highland Hills G.C., DeWitt
Carl R. Russell, Pine View, Three Rivers
Jo-Anna Russell, Lochmoor Club, Grosse Pointe Woods
Kathy Rutherford, Flint Elks C.C., Grand Blanc
Robert R. Rutila, Hilltop G.C., Plymouth
Lou Ryner, Bald Mountain G.C., Lake Orion
John Sach, Jr., Springfield Oaks G.C., Davisburg
Art Sadony, White Lake G.C., Whitehall
Don Sage, Candlestone G.C., Belding
Patricia Salczynski, Hartland Glen G.C., Hartland
Robert Samaras, Gowanie G.C., Mt. Clemens
Ernie Sametz, Radrick Farms G.C., Ann Arbor
Chuck Sampier, Katke-Cousins, Rochester
Kenneth E. Sanders, Loch Lomond G.C., Flint
Charles F. Sargent, Walnut Hills C.C., E. Lansing
William B. Sasena, Wabeek C.C., Bloomfield Hills
Carmen Satterley, Flint Elks Club, Grand Blanc
Jack Sawdon, Marysville G.C., Marysville
Gary Schack, Plum Hollow G.C., Southfield
Dennis Schade, Clarkston G.C., Clarkston
Bette Schaefer, Westland Municipal G.C., Westland
Arthur W. Schafer, Burr Oak G.C., Parma
Mary Jo Schall, Cedar Glen G.C., New Baltimore
Bill Schan, Harbor Point G.C., Harbor Springs
Bob Schelhaas, Fairway Estates, Hudsonville
Ellis Schellenberg, Raisin River, Monroe
Dave Schemenauer, Pine View G.C., Three Rivers
Don Schierholt, Fairfield Mountains G.C., Lake Lure
Jack Schlappi, Lost Lake Woods Club, Lincoln
Rein Schmerding, Forest Lake C.C., Bloomfield Hills
Jerry Schmidt, Oakland Hills, Birmingham
Russell W. Schmidt, Salem Hills, Northville
Tom Schmidt, Indianwood, Lake Orion
Warren C. Schmiedeknecht, Highland Hills G.C., DeWitt
Gordon Schneider, Orchard Hills C.C., Buchanan
Bill Schnorenberg, Oakland Hills C.C., Birmingham
Bob Schoop, White Lake Oaks, Pontiac
Stephen J. Schoonover, Fox Hills C.C., Plymouth

1983 HOLES-IN-ONE

Donald B. Schuett, Crystal Mountain, Thompsonville
Milford J. Schuette, Boyne Mtn., Boyne Falls
Ronald E. Schults, Blossom Trails, Benton Harbor
Carol Schulz, Deer Run G.C., Horton
Don Schultz, Thornapple Creek C.C., Kalamazoo
Henry Schultz, Cedar Glen G.C., New Baltimore
David M. Schwartz, Boca Lago C.C., Boca Raton
Robert H. Schwedt, Glen Oaks G.C., Farmington Hills
Gerald W. Scott, Lake Monterey G.C., Dorr
Ruth V. Scott, Woodland G.C., Brighton
Robert J. Scranton, Sunnybrook C.C., Granville
Charles H. Seaman, Clarkston C.C., Clarkston
Charles Seaman, Garland G.&C.C., Lewiston
Nancy Searing, Grand Traverse Village G.C., Traverse City
Morgan Seaton, C.C. of Lansing, Lansing
Stephen J. Seaton, Bay Valley G.C., Bay City
Bruce Seeley, Kent C.C., Grand Rapids
Marjorie Seely, Grand Ledge C.C., Grand Ledge
Jim Seilen, Tam-O-Shanter C.C., W. Bloomfield
Joseph E. Sekerke, Marks G.C., Lawton
George Selbach, Indian River G.C., Indian River
Phyllis A. Selge, Orchard Hills C.C., Buchanan
David Sellers, Cedar Creek G.C., Battle Creek
Rudy Senish, North Brook, Washington
Gary Seraydarian, The Plantations of the Hilton Head Company, Hilton Head Island
Jerry A. Sessions, Mulberry Fore G.C., Nashville
Bill Sewell, Briarwood G.C., Caledonia
Kamlesh Shaima, Milham G.C., Kalamazoo
Richard Shappell, Flint G.C., Flint
Brad Sharp, Holland C.C., Holland
Donald E. Sharrard, Marysville G.C., Marysville
George Shaw, Century Oaks G.C., Elkton
Gil Shaw, Plumbrook, Sterling Heights
Christper Shea, Oakland University, Rochester
Harold Shelton, Clarkston G.C., Clarkston
Kevin Sheppard, St. Leo G.C., St. Leo
Mike Serman, Briar Hill G.C., Fremont
Robert Sherwin, Godwin Glen C.C., South Lyon
Tom Shields, Plumbrook G.C., Sterling Heights
Jack L. Shipman, Travis Point C.C., Saline
George Shokinji, Godwin Glen G.C., South Lyon
Ralph Shoop, Orchard Hills C.C., Buchanan
George R. Short, C.C. of Detroit, Grosse Point
Harold Showerman, Skyview G.&C.C., Lakeland
Al Shuart, Grand Ledge C.C., Grand Ledge
Robert T. Shultz, Oyster Reef G.C., Hilton Head Island
Richard Siddall, Lenawee C.C., Adrian
Richard Siebert, Meadowbrook C.C., Northville
Steven Siegel, Salem Hills, Northville
Alan E. Sieja, Portage Lake G.C., Houghton
Connie Sieplinga, Deer Run, Lowell
Jim Siers, Tawas C.C., Tawas City
Clifford H. Simmons, Travis Pointe C.C., Ann Arbor
Jean L. Simon, Warwick Hills, Grand Blanc
James Simons, Oak Lane G.C., Webberville
Mike Sinkgraven, Saskatoon G.C., Alto
Kirk Sippell, Flint Elks C.C. #222, Grand Blanc
Charles J. Skinner, Boyne Mountain G.C., Boyne Falls
Andrew J. Skomski, Jr., Whispering Willows G.C., Livonia
Wayne A. Skory, Bear Lake G.C., Bear Lake

Arthur Skwiat, Lakeview Hills, Lexington
Stanley Slaswski, Lakeview Hills C.C., Lexington
Slim Slayton, Loch Lomond, Flint
Tom Slusher, Edmore Town & Country, Edmore
Paul Smieska, S-Ga-Ming G.C., Kewadin
William G. Smiley, Lake of the Hills, Haslett
Alene Smith, Ann Arbor Golf & Outing, Ann Arbor
Edwin Smith, Sauganash C.C., Three Rivers
Craig N. Smith, Normandy Oaks G.C., Royal Oak
Harry Smith, Detroit G.C., Detroit
Louie Smith, Valley Inn & C.C., Brownsville
Mervin E. Smith, Bonnie Brook G.C., Detroit
Morris Smith, Coldwater C.C., Coldwater
Ray E. Smith, Pontiac C.C., Pontiac
Adrian Smits, Briarwood, Caledonia
Stanley J. Smolarek, Cascades, Jackson
Michael Smuroa, Southgate G.C., Southgate
Mary B. Snell, Boca Raton H.&C., Boca Raton
Marjorie L. Snow, The Moors G.C., Portage
Terri Lee Snow, Crestview G.C., Kalamazoo
Paul M. Showalter, Glen Oaks G.C., Farmington Hills
Daniel Snyder, Crestview G.C., Kalamazoo
Jim Snyder, Duck Lake C.C., Albion
Lyle R. Snyder, Twin Brooks, Chesaning
Harold Soderberg, Pine Grove C.C., Iron Mountain
Mike Solda, Oak Crest G.C., Norway
Bob Solomon, Grosse Ile G.&C.C., Grosse Ile
Peter Sonke, White Fish Lake, Pierson
Jeff Sonnega, Muskegon C.C., Muskegon
Art Sonnenberg, Pebblewood C.C., Bridgman
Thomas J. Sorrentino, San Marino, Farmington Hills
W. G. Souders, Lakewood Shores G.C., Oscoda
Ted Spagnvolo, Salt River G.C., New Baltimore
Joseph Spatafore, Pontiac C.C., Pontiac
Brian Spaulding, Indian Run G.C., Scotts
Forrest Spencer, Red Cedar, Lansing
James W. Sperr, Carleton Glen G.C., Carleton
Robert W. Staky, Burning Tree G.&C.C., Mt. Clemens
John Stankiewicz, Burr Oak G.C., Parma
Howard P. Stanton, Jr., Oak Lane G.C., Webberville
Christi Startzel, C.C. of Lansing, Lansing
Larry Startzel, C.C. of Lansing, Lansing
Carol Staub, White Lake Oaks, Pontiac
Jim Stephens, Plum Brook, Sterling Heights
Roger J. Stephens, Kearsley Lake G.C., Flint
James Stewart, C.C. of Detroit, Grosse Pointe Farms
Al Stickel, Sylvania C.C., Sylvania
Jon Stine, Old Channel Trail G.C., Montague
Robert L. Stone, Oakland Hills C.C., Birmingham
Bette Stough, Ye Olde C.C., Roscommon
Tom Straight, Cadillac C.C., Cadillac
Thomas Straley, Alpena G.C., Alpena
Martin Strom, McGuire's, Cadillac
Bud Struwin, Alwyn Downs G.C., Marshall
Gordon Stuart, Kent C.C., Grand Rapids
Rita Sturdy, Gladstone G.C., Gladstone
Tom Sturges, Willow G.C., New Boston
Frank L. Sudac, Lake-O-The Hills, Haslett
Richard J. Suetterlin, Dearborn Hills G.C., Dearborn
Ann Superko, Williston G.C., Williston
Herbert E. Swan, Port Charlotte C.C., Port Charlotte
James Swan, Normandy Oaks G.C., Royal Oak
Robert L. Swanson, Byron Hills, Grand Rapids

1983 HOLES-IN-ONE

Bill Sweeney, Pine Knob, Clarkston
Evelyn L. Symons, Detroit G.C., Detroit
John G. Symons, Glenhurst, Redford
Marty Syner, Shenandoah, West Bloomfield
Al Talsma, Briarwood G.C., Caledonia
Betty A. Taylor, Gladwin Heights, Gladwin
James Taylor, Berrien Hills C.C., Benton Harbor
Dave Teman, Greenville C.C., Greenville
Albert Teodori, Indianwood, Lake Orion
Phil Terry, Saddlebrook G.&T.R., Wesley Chapel
Gerald Thees, Sunnybrook C.C., Grandville
Bruce Thomas, Westworld, Westland
James H. Thomas, Rolling Meadows C.C., Whitmore Lake
Steve Thomasma, Frenchmans Creek G.C., North Palm Beach
Richard F. Thome, Alpine G.C., Comstock Park
Stanley A. Thompson, Indian River G.C., Indian River
Stuart Alan Thompson, Milham Park G.C., Kalamazoo
William R. Thornton, Petoskey Bay View C.C., Petoskey
Robert Tiesma, Fairway Estates, Hudsonville
Mike Tilden, C. H. Hammond G.C., Muskegon
Charles A. Timbers, Rogell, Detroit
Chuck Timmerwilke, Indian Trails G.C., Grand Rapids
Lorraine Tishler, Beech Woods, Southfield
Ken Titherage, Genesse Hills, Grand Blanc
Peter T. Tober, Bay County G.C., Essexville
Bill Todd, Lincoln G.C., Muskegon
George Todoroff, Dearborn C.C., Dearborn
George Toloff, University of Michigan, Ann Arbor
Dave Toth, Hidden Valley Club, Gaylord
Jack Totten, White Lake G.C., White Hall
Russell S. Towle, Marks G.C., Lawton
Arthur Trapp, University of Michigan G.C., Ann Arbor
Theodore N. Traskos, Gull Lake View West Course, Augusta
Charles H. Trebilcock, Alpena G.C., Alpena
Hubert W. Tree, Thunder Bay G.C., Hillman
Larry E. Treece, Leslie Park G.C., Ann Arbor
Anne H. Tripp, Basin Harbor Club, Vergennes
Joseph A. Trojnarski, Royal Oak G.C., Royal Oak
Millie Trombley, Escanaba C.C., Escanaba
Jerry D. Trotter, Plumbrook, Sterling Heights
Joseph A. Trudeau, Waters Edge Club, Grosse Ile
Edward D. Truhan, Torrey Pines C.C., Fenton
Allen D. Tucker, Lake Doster G.C., Plainwell
Bennie J. Tucker III, Lake in the Woods, Ypsilanti
Ovelia Tuma, Riverwood G.C., Mt. Pleasant
Elaine Turley, Oxford Hills, Oxford
Annette Typinski, Sunnybrook G.C., Sterling Heights
Tom Ulanch, North Kent G.C., Rockford
Peter Uram, Palm River C.C., Naples
Josephine Urban, Sun'N Lake C.C., Sebring
Betty Vaandering, Marquette Trails C.C., Baldwin
Cal Valentine, White Lake Oaks, Pontiac
Rex Van Arman, To-Mac, Albion
Jim Van Beck, Thornapple Creek G.C., Kalamazoo
Kay Van Den Brink, West Ottana G.C., Holland
Herb L. Vandermey, Cove Cay C.C., Inc., Clearwater
Henry Vander Veen, Fairway Estates, Hudsonville
Jim Vande Vusse, Winding Creek, Holland
David Van Domelen, Centennial Acres, Sunfield
Earl Van Dusen, The Pines, Wyoming

Charles Van Heest, Lakeland G.&C.C., Brighton
Henry Van Noord, Lake Monterey, Burnips
Scott Vanorman, Muskegon C.C., Muskegon
Carrie Marie Van Osdol, Glenhurst, Redford
Robert H. Van Riessen, Cascade Hills C.C., Grand Rapids
Jeff Van Sipe, Alpena G.C., Alpena
Helen M. Vant Hof, Grand Rapids Elks C.C., Grand Rapids
Don Venderbush, Lochmoor Club, Grosse Pointe Woods
Henry Verduyn, Green Hills, Pinconning
Adrian Verhoeven, Arbor Hills C.C., Jackson
Gerald Vernon, Faulkwood Shores G.C., Howell
Keith Vernon, Godwin Glen G.C., So. Lyons
Robert J. Vette, Kalamazoo Elks C.C., Kalamazoo
Julia Vida, West Shine Golf, Grosse Ile
Jim Vivian III, Alpena G.C., Alpena
Annalee Volpi, Green Meadows G.C., Monroe
Dick Wagar, Tramark G.C., Gulfport
William R. Wagenknecht, Spessard Holland G.C., Melbourne Beach
Doug Waldie, Corunna Hills G.C., Corunna
Ervin Walker, Muskegon Elks, Muskegon
Conrad D. Wallin, Petoskey-Bayview C.C., Petoskey
Frank E. Walsh, Huron Shores G.C., Port Sanilac
Albert Walz, Skyview G.&C.C., Lakeland
Warren Wandrey, Indian Trails, Grand Rapids
Debbie Wangrud, Hillcrest C.C., Mt. Clemens
Brian Ward, Woodlawn, Adrian
Terry Ward, Old Orchard C.C., Eatontown
Earl G. Warner, St. Ignace G.&C.C., St. Ignace
Robert W. Warren, Coldwater C.C., Coldwater
Mary Washington, Evergreen Hills G.C., Southfield
Al Wasserman, Knollwood C.C., W. Bloomfield
Sybil Waterman, McGuire's G.C., Cadillac
Robert Waters, Wawonowin C.C., Ishpeming
Patty Watkins, Walnut Woods G.C., Gobles
Ralph Watson, Grosse Ile G.&C.C., Grosse Ile
William J. Watt, Genesee Valley Meadows, Swartz Creek
Scott A. Wealch, Crystal Lake G.C., Beulah
Dick Weaver, Genesee Hills G.C., Grand Blanc
Don M. Weaver, TRW G.C., Chesterland
Douglas W. Weaver, Forestakers G.C., East Lansing
John Weaver, Indian Run, Scotts
Chris Weber, Tomac Woods, Albion
Irene Weber, Gladstone G.C., Gladstone
William D. Weber, Rochester G.C., Rochester
Alice Webster, Oakland Hills C.C., Birmingham
Peter Webster, Birmingham G.C., Birmingham
John L. Wedge III, Ledge Meadows, Grand Ledge
Dave Wedley, Bonnie View, Eaton Rapids
Ed Wedley, Bonnie View, Eaton Rapids
Steve Wegher, Riverview Highlands G.C., Riverview
Liddy Weinberg, West Branch C.C., W. Branch
Kurt Weiss, Tyrone Hills, Fenton
Mary Welch, Goodrich C.C., Goodrich
Bill Wells, Edgewood Forest G.C., Prescott
Chad Wells, Zephyrhills G.C., Zephyrhills
Michael Wells, St. Joe Valley G.C., Sturgis
Lou Wenger, Radrick Farms, Ann Arbor
Robert E. Wenner, Lake of the Hills, Haslett
Chris Westfall, Detroit G.C., Detroit
Jim Weston, Godwin Glen, So. Lyon
Paul S. Weston, Sugarloaf Resort, Cedar
Tad Richard Westveer, Crest-View C.C., Borculo

1983 HOLES-IN-ONE

Bob Wexstaff, Grand Haven G.C., Grand Haven
David L. Wheeler, Fox Hills C.C., Plymouth
Richard D. Wheeler, Michigan State University G.C., East Lansing
Robert E. Whetley, Kearsley Lake G.C., Flint
Bill White, Briar Hill G.C., Fremont
Dick White, Glenbrier G.C., Perry
Milo A. White, Jr., Ramshorn C.C., Fremont
Vernon A. White, Oxford Hills, Oxford
Whiz White, Burning Tree G.&C.C., Mt. Clemens
Vernon Wicklander, Escanaba C.C., Escanaba
Calvin Wieghmink, Winding Creek G.C., Holland
Ann Marie Wielinga, Cooper Colony, Davie
Eugene L. Wielock, Glenhurst G.C., Redford
Kurt Wiesemes, Hampshire C.C., Dowagiac
John C. Wiita, Portage Lake G.C., Houghton
Charles E. Wilcox, Sunnybrook C.C., Grandville
John Wilkins, Riverview Highlands, Riverview
Chad Williams, Gratiot C.C., Ithaca
Melvin Williams, Morrison Lake C.C., Inc., Saranac
Richard D. Williams, The Moors G.C., Portage
Steven Paul Williams, Woodlawn G.C., Adrian
Wayne N. Williams, Dearborn C.C., Dearborn
Gregory L. Wilson, Shady Hollow G.C., Inc., Romulus
Dee Wilson, Flushing Valley C.C., Flushing
Jack Wilson, Shoop Park, Racine
Robert Winn, Bay Pointe G.C., W. Bloomfield
Dennis Wirtel, Raisin River East, Monroe
James G. Wiseman, Elks C.C., Kalamazoo
Walter Wisniewski, Hickory Hollow G.C., Mt. Clemens
J. A. Wissmann, Arbor Hills C.C., Jackson
Richard Withey, Genesee Valley Meadows, Swartz Creek
Allen Wobig, Godwin Glen, So. Lyon
Gerald T. Woerner, Dearborn C.C., Dearborn
Jim Wofford, Mullenhurst, Delton
Jim Wojcik, Mt. Pleasant C.C., Mt. Pleasant
Jeff Wondergem, Riverside C.C., Battle Creek
John S. Woods, Mullenhurst G.C., Delton
Robert Woods, Lakeland G.&C.C., Brighton
Denver Woofter, Winters Creek G.C., Big Rapids
Lenore Woofter, Winters Creek G.C., Big Rapids
Gene Worcester, Clearbrook C.C., Saugatuck
Dale Wright, Chase Hammond, Muskegon
Robert H. Wright, Plum Hollow G.C., Southfield
Brian J. Wunderlin, Gull Lake View East Course, Augusta
Charles H. Wurdock, Cascades G.C., Jackson
Laura Yates, White Lake Oaks C.C., Pontiac
William E. York, Shady Hollow G.C., Inc., Romulus
Ethel Yost, Concord Hills, Concord
Edmond S. Young, Michaywe Hills G.C., Gaylord
Joan Young, Kalamazoo C.C., Kalamazoo
Stuart Young, Tam O'Shanter C.C., Orchard Lake
Louis Zaidan, Salt River C.C., New Baltimore
Clare Zeilstra, Kent C.C., Grand Rapids
Tony Zerafa, Plum Brook, Sterling Heights
Tom Zotos, Roseland G.&C.C., Windsor
Rick A. Zull, Binder Park, Battle Creek
R. Paul Zusman, Godwin Glen G.C., South Lyon

MINNESOTA

Bruce Allbright, Braemer G.C., Edina
Jack Ambler, White Bear Yacht Club, Dellwood
Phil Amundson, Silver Bay C.C., Silver

George Anctil. Enger Park G.C., Duluth
Ethan Anderson, Shoreland C.C., St. Peter
Fred A. Anderson, Brookland Par 3, Brooklyn Park
Fred Anderson, Phalen Park G.C., St. Paul
Grady Anderson, Wadena C.C., Wadena
Richard T. Anderson, Virginia G.C., Virginia
Robert E. Anderson, Swan G.C., Bloomington
Scott Anderson, Faribault G.&C.C., Faribault
Ted Anderson, Majestic Oaks G.C., Ham Lake
Terrance L. Anderson, Elm Creek G.C., Plymouth
Fred Armstrong, Valley Wood G.C., Apple Valley
Nick Armstrong, Lafayette Club, Minnetonka BEach
Norman D. Arvesen, Balmoral G.C., Battle Lake
Al Aschenbrener, Chicago Lakes G.C., Lindstom
James P. Atchison, Southview C.C., West St. Paul
Vinnie Axelson, Edenvale G.C., Eden Prairie
Oliver E. Austinson, Heart of the Valley, Ada
Tony Babich, Midland Hills C.C., Roseville
Lois Bach, Lakeside C.C., Waseca
Dustin M. Bakke, Shoreland C.C., St. Peter
Larry Barenbaum, Hillcrest C.C., St. Paul
Don Barnett, Cedar River C.C., Adams
Merle Baumgarl, Worthington G.C., Worthington
Jack Beegle, Ft. Walton Beach G.C., Ft. Walton Beach
Don W. Behselich, Detroit C.C., Detroit Lakes
Ronald Bender, Columbia G.C., Minneapolis
David Berger, Clifton Highlands, Prescott
Bill Beste, Sauk Centre C.C., Sauk Centre
Jim Bettenburg, Mendakota C.C., West St. Paul
Lloyd Bies, Nellis A.F.B. G.C., Las Vegas
Jim Bigelow, Pecan Valley C.C., San Antonio
Joe Bilek, Brackett's Crossing G.C., Lakeville
Dr. O. Y. Bjornlund, Interlaken G.C., Fairmont
William Blais, Falls C.C., International Falls
Mike Bloom, Cathedral Canyon C.C., Palm Springs
Cliff Bohmbeck, Shamrock G.C., Corcoran
George Bondy, Brainerd C.C., Brainerd
John Bossardt, Braemar G.C., Edina
Alan M. Boyden, Minnesota Valley Club, Bloomington
Bill Boyle, Granite Falls C.C., Granite Falls
Robert P. Boyle, Bemidji Town & C.C., Bemidji
Bruce Braaten, Fountain Valley G.C., Farmington
Milt Brecke, Dwan G.C., Bloomington
Bob Breiland, Thief River C.C., Thief River Falls
Dennis Brekke, Lester Park G.C., Duluth
Robert James Brevig, Coon Rapids-Bunker Hills G.C., Coon Rapids
Jack W. Brodt, Midland Hills C.C., St. Paul
Bingham B. Brokken, Harmony C.C., Harmony
Irvin R. Brown, Olivia G.C., Olivia
James Lee Brown, Theo Wirth Par 3, Minneapolis
Bill Browne, Westfield G.C., Winona
Bob Brownlow, Maple Valley G.&C.C., Rochester
Les Brunschon, Southview C.C., West St. Paul
Charles G. Bundy, Alexandria G.C., Alexandria
Jeff Bunke, Ferndale C.C., Rushford
Jerome E. Burns, Edina C.C., Edina
Doug Buzay, Keller G.C., St. Paul
Jack L. Caldwell, Bluff Creek G.C., Chaska
Cal Calendine, Dwan G.C., Bloomington
Brian R. Carlson, Dwan G.C., Bloomington
E. W. Carlson, Springfield Gun Club, Springfield
William J. Carlson, Owatonna C.C., Owatonna

495

1983 HOLES-IN-ONE

Herb Carneal, West Orange C.C., Winter Garden
David Carter, Northfield C.C., Northfield
Timothy E. Cashin, Mora C.C., Mora
Clarence C. Cayou, Stillwater C.C., Stillwater
Howie Chanan, Oak Ridge C.C., Hopkins
H. Bruce Chapman, Meadowbrook, Hopkins
Gerald "Lefty" Christenson, Balmoral G.C., Battle Lake
Jim Colbert, Olympic Hills G.C., Eden Prairie
Bob Comer, Rolling Meadows G.C., Fond du Lac County
Pat Conlin, Highland G.C., St. Paul
Michael J. Connelly, Chaska G.C., Appleton
Tim Conzemius, Bois De Sioux G.C., Wahpeton
Keith B. Cook, Como Park, St. Paul
Doris Cool, Marshall G.C., Marshall
Gary W. Cramer, Northfield G.C., Northfield
Tim Critchley, Gun Flint Hills G.C., Gran Marais
Ann Croft, Dwan G.C., Bloomington
David Cummings, Dwan G.C., Bloomington
James F. Cummings, Greenhaven, Anoka
Henry A. DaBruzzi, Goodrich, St. Paul
Jim Dahlof, Minneapolis G.C., St. Louis Park
Ted Daman, Moorhead C.C., Moorhead
Don Daniels, Tracy C.C., Tracy
Ken Datt, Keller G.C., St. Paul
Todd Davies, Quail Ridge South Course, Boynton Beach
Jim Davison, Falls C.C., International Falls
Duane Delisle, Valley C.C., East Grand Forks
Lloyd M. Delsart, Ortonville G.C., Ortonville
Lorraine J. DeMans, Stillwater C.C., Stillwater
Frank Demonchaux, Lafayette Club, Minnetonka Beach
Jac Der, Meadowbrook C.C., Hopkins
Beverly J. Derrick, Brightwood Hills, New Brighton
Jack Deslauriers, Clifton Highlands, Prescott
Luella Dettman, Enger Park G.C., Duluth
Mary Ann Deziel, Hollydale G.C., Plymouth
Charles R. Dickman, Little Crow C.C., Spicer
Pat Dinneen, Northern Hills, Rochester
Doug Dohlman, Riceville C.C., Riceville
Jim Dolan, Jr., Detroit Lakes C.C., Detroit Lakes
Stan D. Donnelly, Gasparilla G.C., Boca Grande
Rube Dornfeld, Dwan G.C., Bloomington
Susan Doubler, Tracy C.C., Tracy
Bob Dougherty, Olympic Hills, Eden Prairie
Robert Dougherty, Mendakota C.C., W. St. Paul
George Dritsas, Cerromar Beach Hotel, Dorado
Leonard J. Druker, Tartan Park, Lake Elmo
Ken Dunst, Southview C.C., W. St. Paul
Stan Duzy, Meadowbrook C.C., Hopkins
Elbert Efner, Worthington C.C., Worthington
Cos Egan, Olympic Hills G.C., Eden Prairie
Timothy R. Egan, Ft. Snelling G.C., St. Paul
Evron S. Eng, Dwan G.C., Bloomington
David Engquist, Shamrock, Corcoran
Torrey Ernst, Glencoe C.C., Glencoe
Bill Evans, Enger Park G.C., Duluth
Ken Ewald, Valleywood, Apple Valley
Russ Falness, Breezy Point G.C., Breezy Point
Brian Farley, Goodrich G.C., St. Paul
Ron Fasten, Detroit C.C., Detroit Lakes
Jack Feist, New Ulm C.C., New Ulm
Walt Feldbrygge, Northfield C.C., Northfield
Edwin H. Fenton, Terrace View G.C., Mankato
Betty A. Flinn, Pezhekee National C.C., Glenwood

Sandy Fortier, Breezy Point G.C., Breezy Point
Chris Fossen, Detroit C.C., Detroit Lakes
Paul Fram, Stillwater C.C., Stillwater
Eugene Frank, Westfield G.C., Winona
Jim Franklin, Golden Valley C.C., Minneapolis
Jeff Fredin, Windom C.C., Windom
Thomas A. Freeburg, Owatonna C.C., Owatonna
Grady J. Frenchick, Lake Michigan G.C., Benton Harbor
Mary C. Friedlander, Parkview, Eagan
David Frisell, Breezy Point G.C., Pequot Lakes
Michael R. Fritz, St. Cloud C.C., St. Cloud
Tom Gabelman, Braemar G.C., Edina
Eileen Galli, Glades C.C., Naples
Jerry Galvin, Golden Valley C.C., Minneapolis
Butch Geng, Greenhaven G.C., Anoka
C. O. "Bud" Gibson, Gulf State Park G.C., Gulf Shores
Gary O. Gilbertson, Dahlgreen G.C., Chaska
Kevin J. Glass, Stillwater C.C., Stillwater
Bruce Glassman, Hillcrest C.C., St. Paul
Arnold W. Gniffke, Brooktree Municipal G.C., Owatonna
Jennier Godfrey, Worthington C.C., Worthington
Ben Gorskl, Singing Hills-Oak Glen, El Cajon
Rick Grabow, Jr., Koronis Hills G.C., Paynesville
Ron Graham, Fountain Valley, Farmington
Steve Grahovak, Virginia Municipal G.C., Virginia
Bryan Grand, Bemidji Town & C.C., Bemidji
Tom Gratz, Shamrock, Corcoran
Mark Gravich, Mora C.C., Mora
Jeff Green, Como C.C., St. Paul
Jim Gross, Golden Valley C.C., Golden Valley
Chris Gruidl, Orono Public G.C., Orono
Willard N. Grummert, Doral C.C., Miami
Tim Gunderson, White Bear Yacht Club, White Bear Lakes
John Gustin, Como C.C., St. Paul
Laird G. Haarstick, Birchwood G.C., Pelican Rapids
Mike Hagen, Cokato Town & C.C., Cokato
Norma Halbur, Francis Gross, St. Anthony
Owen Hall, Wadena C.C., Wadena
Bob Halverson, Litchfield G.C., Litchfield
Carol L. Handberg, Hollydale G.C., Plymouth
Tor K. Hansen, Forest Hills G.C., Forest Lake
Eric Hanson, Northfield G.C., Northfield
Phyllis H. Hanson, Oak Harbor G.C., Baudette
Burt Hardel, Hyland Greens, Bloomington
Lowell Hargens, Como Park G.C., St. Paul
Patrick J. Hart, Gross G.C., Minneapolis
M. G. "Bill" Harter, Hollydale G.C., Plymouth
Dave Haslerud, Southview C.C., W. St. Paul
Suzanne Haugland, Kapalua C.C., Kapalua
Bill Hayden, Willmar C.C., Willmar
Bob Heisler, Keller G.C., St. Paul
Tracy Helling, New Prague G.C., New Prague
Russell C. Helsen, Tartan Park, Minneapolis
Mike Hernquist, Balmoral G.C., Battle Lake
T. J. Hermann, Stillwater C.C., Stillwater
Paul F. Herschman, Oak Ridge C.C., Hopkins
Joy A. Hertzenberg, Island View C.C., Waconia
Cleo M. Hildyard, Pine Beach West, Brainerd
Peggy Hill, Enger Park, Duluth
Patricia S., Hipwell, Highland Park G.C., St. Paul
Charles Hoey, Winona C.C., Winona
Harold M. Hoftyzer, Jr., Greeley C.C., Greeley
Bob Hogan, Babbit G.C., Babbit

1983 HOLES-IN-ONE

William L. Holm, Edina C.C., Edina
Jeanette V. Host, Monticello C.C., Monticello
Cletus Hosting, Lanesboro G.C., Lanesboro
Dr. Mark Houglum, Braemar G.C., Edina
Amy Howard, Montevideo C.C., Montevideo
Carolyn Huff, Owatonna C.C., Owatonna
Mrs. Donna Hughes, Mendakota C.C., W. St. Paul
Helen Hughes, Benson G.C., Benson
Norman Hutflas, Southview C.C., W. St. Paul
Gene Infelise, Valleywood G.C., Apple Valley
Steve Ingvalson, Blooming Prairie C.C., Blooming Prairie
Shayne Isaacson, Kimball G.C., Kimball
Tod Iverson, Luverne C.C., Luverne
John N. Jackson, Woodhill C.C., Wayzata
Allan Janicke, Warroad Estates, Warroad
Bob Jannetta, Sunset C.C., St. Petersburg
Rick Jeddelon, Waseca Lakeside C.C., Waseca
Virginia Jensin, Mission Bay G.C., San Diego
John Jeremiassen, Winona C.C., Winona
Bette Johnson, Stillwater C.C., Stillwater
Chad Johnson, Litchfield G.C., Litchfield
J. Edwin Johnson, Braemar G.C., Edina
Gail Johnson, Oak Crest G.C., Roseau
Larry D. Johnson, Indian Hills G.C., Stillwater
Leo Foss Johnson, Meadowbrook, Hopkins
Lloyd Johnson, Lester Park G.C., Duluth
Pauline Johnson, Cloquet C.C., Cloquet
Tom Johnson, Hoyt Lakes G.C., Hoyt Lakes
Jerri Johnston, Golden Valley C.C., Golden Valley
Mike Kallas, Southview C.C., W. St. Paul
Ed Kaminski, Villa De Paz G.C., Phoenix
Steve Karschnik, Mt. Lake G.C., Mt. Lake
Jack Kellin, Grand Rapids G.C., Grand Rapids
Bob King, Valleywood G.C., Apple Valley
Charles A. King, Williams A.F.B. G.C., Williams A.F.B.
Frank Kingzette, Oakdale C.C., Buffalo Lake
Mark Klein, Goodrich, Maplewood
Gilbert A. Kline, Montgomery G.C., Montgomery
Joe Kmetz, Golden Valley C.C., Minneapolis
Norb Koch, North Oaks C.C., St. Paul
Eleanor Korman, Midland Hills C.C., St. Paul
Will Kostamo, Mille Lac C.C., Garrison
Scott Kostelecky, Waseca Lakeside C.C., Waseca
Lynn Krafve, Shamrock, Corcoran
James Kronenberger, Jr., Cannon G.C., Cannon Falls
Jim Kroschel, Phalen Park G.C., St. Paul
Peter Krouss, Oak Harbor G.C., Baudette
Norma L. Kugath, Waseca Lakeside C.C., Waseca
Brian Kuiper, Bell Knob, Gillette
Brian LaFleur, Ferndale C.C., Rushford
Dennis Lamb, Brackett's Crossing G.C., Lakeville
Michael Lamb, Meadowbrook G.C., Minneapolis
Bruce L. Lambert, Mankato G.C., Mankato
William R. Lambert, Phalen Park, St. Paul
Betty M. Landen, Bay Hill Club & Lodge, Orlando
Mark Landis, North Oaks, St. Paul
Steve Larsen, Brackett's Crossing, Lakeville
David Larson, Austin C.C., Austin
Edwin A. Larson, Haven G.C., Green Valley
Grace Larson, Valley C.C., E. Grand Forks
Robert Larson, River Falls G.C., River Falls
James W. Lassley, Theodore Wirth G.C., Golden Valley
Ken Laukaska, Town & C.C., St. Paul

Gene Lavan, Cloquet C.C., Cloquet
Don LeBrasseur, Wadena C.C., Wadena
Earl B. Lee, Dwan G.C., Bloomington
Sidney O. Lee, Minnetonka C.C., Minnetonka
Terry Leis, Goodrich, St. Paul
Dan Leland, Proctor Golf, Proctor
Bill Lemon, Hiawatha G.C., Minneapolis
Robert J. Lencowski, Southview C.C., W. St. Paul
Dean A. Leonard, Dwan G.C., Bloomington
Gary Lewandowski, Mendota Heights C.C., Mendota Heights
Gene E. Lewison, Cedar River C.C., Adams
Don Lifto, Fox Lake, Sherburn
Noe Lind, Babbitt G.C., Babbitt
Scott Lindgren, Rich Acres, Richfield
Bob Lockard, Valleywood G.C., Apple Valley
Rod Long, Theodore Wirth G.C., Minneapolis
Bill Lord, Ridgeview C.C., Duluth
Ludvig, Headwaters G.C., Park Rapids
Buell Luing, Worthington C.C., Worthington
Lavonne Lund, Northern Hills, Rochester
Woodrow W. Lund, Parkview G.C., Eagan
Jack M. Lundeen, Northfield G.C., Northfield
Dori Lundquist, Rich Acres, Richfield
Bob MacLeod, Village Green, Moorhead
Jay Mader, Chisago Lakes Golf Estate, Lindstrom
Earl Mahoney, Pipestone Municipal G.C., Pipestone
James Manos, Dwan C.C., Bloomington
Leo T. Marchel, Sr., Brainerd G.C., Brainerd
Hugh P. Markley, Phalen G.C., St. Paul
Douglas P. Markling, Monticello C.C., Monticello
W. F. Marquart, Minikahda, Minneapolis
Rita M. Marschinke, Southview C.C., West St. Paul
Douglas R. Marshall, Willow Creek, Rochester
Butch Martin, Goodrich G.C., St. Paul
Larry Martin, Minakwa C.C., Crookston
Allen Mastain, Minnesota Valley Club, Bloomington
Allan Matson, Valleywood G.C., Apple Valley
John Mayer, Sr., Austin C.C., Austin
Shelly McCormick, Parkview G.C., Eagan
Thomas McDonald, Fifty Lakes Golf Center, Fifty Lakes
Mike McFeely, Alexandria C.C., Alexandria
Frank Lowell McGorman, Hiawatha, Minneapolis
Robert E. McKeon, Jamestown C.C., Jamestown
Edith Ann McNearney, Tartan Park, Lake Elmo
bob McPhillips, Mendakota C.C., West St. Paul
Joseph H. Meany, Marion Oaks C.C., Ocala
Ken Mehaffey, Westfield G.C., Winona
Mary Ann Melland, Midland Hills C.C., St. Paul
Kevin Mencke, Keller G.C., St. Paul
Richard F. Messing, Somerset-St. Paul C.C., St. Paul
Robert F. Meyer, Meadowbrook G.C., Hopkins
Rollie Michaelson, Valleywood G.C., Apple Valley
Deborah Millen, Oakwood G.C., Henning
Eric Miller, Somerset C.C., St. Paul
Larry Miller, Terrace View G.C., Mankato
Ralph Miller, Jackson G.C., Jackson
Stanley B. Miller, Jr., Rancho Canada East, Carmel
Todd Miller, Marshall G.C., Marshall
Dr. Zon R. Miller, Hillcrest C.C., St. Paul
Ray Mlazgar, Ft. Snelling G.C., Ft. Snelling
Vel Moen, Austin C.C., Austin
Ernest E. Mohn, Hiawatha G.C., Minneapolis

497

1983 HOLES-IN-ONE

Winston Moline, Whitefish G.C., Pequot Lakes
Mark S. Molzen, U. of M. G.C., St. Paul
Tracy Monro, Fountain Valley G.C., Farmington
Steven J. Monson, Elm Creek G.C., Plymouth
T. J. "Tom" Moran, Maddens Inn & G.C., Brainerd
Shirley Mork, Shamrock G.C., Corcoran
Thurm Mortenson, Granite Falls C.C., Granite Falls
Frank Muehlegger, Mendakota C.C., W. St. Paul
Herman P. Mueller, Goodrich G.C., St. Paul
James F. Muellner, Indian Hills, Stillwater
Lois Nat, Golden Valley C.C., Minneapolis
Mike Nehring, Koronis Hills G.C., Paynesville
Don Nelson, Lafayette Club, Mtka. Beach
Marie E. Nelson, Faribault G.&C.C., Faribault
Michael A. Nelson, Quail Run G.C., Sun City
Richard V. Nelson, Indian Hills, Stillwater
Rick Neuman, Forest Hills G.C., Forest Lake
Harry Newby, Sr., Cloquet C.C., Cloquet
Robert O. Nicol, Ahwatukee Lakes C.C., Phoenix
Bob Nicolaus, Albertlea G.C., Albertlea
Eric Nordstrom, Meadowbrook G.C., Hopkins
Merv Norling, Dwan G.C., Bloomington
Robert Norman, Edenvale G.C., Eden Prairie
Clayton W. Ochs, Como G.C., St. Paul
Robert Ohnsorg, Luverne C.C., Luverne
Brian H. Olson, Minnesota Valley Club, Bloomington
Bruce W. Olson, Montevideo C.C., Montevideo
Earl Olson, Midland Hills C.C., St. Paul
John Dean B. Olson, Blooming Prairie C.C., Blooming Prairie
Mark T. Olson, Voyager Village C.C., Danbury
Terry O'Reilly, North Oaks G.C., North Oaks
Jeff Osmundson, Cedar River C.C., Adams
Lyle B. Overson, Ahwatukee Lakes, Phoenix
Alfred K. Owens, Brackett's Crossing, Lakeville
Bob Palmer, Rolling Meadows, Fond du Lac
Ray Parzino, Keller Golf, Maplewood
Keith Paulsen, Holly Dale, Plymouth
Kevin Paulsen, Pipestone C.C., Pipestone
John F. Peck, North Oaks, White Bear Lake
Nettie Pederson, Alexandria G.C., Alexandria
Robert N. Pedersen, Braemar G.C., Edina
Ronald J. Peltier, White Bear Yacht Club, Dellwood
Ted Pennala, Pokegama, Grand Rapids
Charles F. Pestal, Braemar G.C., Edina
James O. Peterson, Benson G.C., Benson
Ken Peterson, Albert Lea G.C., Albert Lea
Larry Peterson, Albert Lea G.C., Albert Lea
Paul Peterson, Purple Hawk G.C., Cambridge
Larry Petric, Silver Bay C.C., Silver Bay
Gerald R. Pierson, Shamrock, Corcoran
H. J. Pohlad, Interlacker, Ederia
Wayne Polfuss, Highland Park G.C., St. Paul
Rob Polipnick, Sauk Centre C.C., Sauk Centre
Mike Polk, Harbourtown Links, Hilton Head
Steve Poole, Greenhaven, Anoka
Ken Porter, Green Lea G.C., Albert
Don Porthan, Babbitt G.C., Babbitt
M. R. Postier, Rochester G.&C.C., Rochester
Thomas Potrament, Alexandria G.C., Alexandria
Murlyn Pudas, Wadena C.C., Wadena
David Putnam, Granite Falls C.C., Granite Falls
Maxine Quale, Little Crow C.C., Spicer

Jack Randall, Castlewood, Forest Lake
Larry Rapoport, Minneapolis G.C., St. Louis Park
Leo M. Riebeler, Dwan G.C., Bloomington
Dean L. Rosenow, Olympic Hills G.C., Eden Prairie
Mike Raso, Austin C.C., Austin
Harold Ravits, The Boulders G.C., Carefree
Andrew Reese, Oakview, Greenbush
Herb Reich, South View C.C., W. St. Paul
Jeffrey S. Reinemann, Snowmass G.C., Snowmass Village
Hubert Reinke, Dwan G.C., Bloomington
Tim Reinke, Rose Lake G.C., Fairmont
William J. Remes, Pezhekee National G.C., Glenwood
A. L. Remington, Royal Poinciana G.C., Naples
Erv Retzlaff, Westfield G.C., Winona
William M. Reuter, Clifton Highlands, Prescott
Orv Reynolds, Minikahda, Minneapolis
Dr. Russell E. Risbrudt, Pebble Lake G.C., Fergus Falls
Dave Ritacco, Virginia Municipal G.C., Virginia
Wayne Robertson, Cedar River C.C., Adams
Kenneth G. Rohde, Eastwood G.C., Rochester
Jon Rohloff, Waverly C.C., Waverly
Mike Rooney, Lake Miltona G.C., Miltona
Kevin Ross, Pomme de Terre C.C., Morris
Robert L. Rowland, Hazeltine National, Chaska
Andrew Rush, Oak Ridge, Hopkins
Daniel Rude, Virginia Municipal G.C., Virginia
Char Ryan, Brook View, Golden Valley
Bernard St. George, Soldiers Field, Rochester
Howie Samb, Northfield G.C., Northfield
Rod Samson, Coon Rapids Bunker Hills G.C., Coon Rapids
Ronald R. Sass, Indian Hills G.C., Stillwater
Cal Sathre, Ahwatukee Lakes C.C., Phoenix
George R. Sauers, Southview C.C., West St. Paul
Pat Scheller, Golden Valley C.C., Golden Valley
Frank Schmidt, Valley G.C., Willmar
Ken Schmitt, Pierz Municipal G.C., Pierz
Greg Schoenfelder, Eastwood G.C., Rochester
Joey Schoolmeester, Fountain Valley G.C., Farmington
Ardell Schultz, Sun City South G.C., Sun City
David C. Schultz, Enger Park G.C., Duluth
Robie Scott, Phalen Park G.C., St. Paul
John F. Sellars, Quadna Mountain Resort, Hill City
Mike Senden, Terrace View G.C., Mankato
Richard Sharp, Hidden Acres G.C., Sioux City
Fred Sicora, Brookview G.C., Golden Valley
John Siedlecki, Minneapolis G.C., St. Louis Park
Mike Sjoberg, Marco Island C.C., Marco Island
Sylvia Sjoberg, Marco Island C.C., Marco Island
Ronnie E. Skogrand, Montevideo C.C., Montevideo
Duane Smith, Dahlgreen G.C., Chaska
Scott J. Smith, Hillcrest C.C., St. Paul
Karen L. Snyder, Willow Creek G.C., Rochester
Jay Solomon, Lakeview Municipal G.C., Two Harbors
John J. Solon, Minnesota Valley Club, Bloomington
Warren A. Sonday, Meadowbrook G.C., Hopkins
Alan D. Sorenson, Mendakota C.C., West St. Paul
Tom Southward, Radisson Arrowwood G.C., Alexandria
Paul Stageberg, Owatonna C.C., Owatonna
Mark Steveken, Town & Country Club, St. Paul
Ron Stevens, Island View C.C., Waconia
Rick Stohr, Tartan Park, Lake Elmo

1983 HOLES-IN-ONE

Mike Stone, Oakcrest G.C., Roseau
Wilfred L. Stoxen, Brainerd C.C., Brainerd
Curt Strasheim, Granite Falls C.C., Granite Falls
Dave Street, Shamrock G.C., Hamel
Daniel A. Stromquist, Meadowbrook G.C., Hopkins
John H. Sullivan, Dahlgreen G.C., Chaska
Tom Sullivan, Hollydale G.C., Plymouth
Paul Sutherland, Cedar Hills G.C., Eden Prairie
Lonnie M. Sutton, Redwood G.C., Redwood Falls
Douglas Swanson, Keller G.C., St. Paul
Jon Swanson, Meadowbrook G.C., Hopkins
Gary Swenson, Purple Hawk G.C., Cambridge
James A. Swenson, Wadena C.C., Wadena
Werner Talus, Silver Bay C.C., Silver Bay
Jorge Tatarko, Hiawatha G.C., Minneapolis
Gene Teel, Mendakota C.C., West St. Paul
Bob Tegt, Fremont G.C., Fremont
Tim Thelen, Albany G.C., Albany
Jim Thompson, Island View C.C., Waconia
Len R. Thompson, Oak Harbor G.C., Baudette
Karen Thorson, Columbia G.C., Minneapolis
Dave Tollefson, Albert Lea G.C., Albert Lea
Don Tollefson, Oneota G.&C.C., Decorah
Mark Trewhella, Bracketts Crossing G.C., Judicial
John Trucano, Morris C.C., Morris
Susan Carley Trudean, Purple Hawk G.C., Cambridge
Jeff Tureson, Oakview G.C., Greenbush
Joseph S. Turgeon, Braemar G.C., Edina
Kathleen Vagnoni, River Falls G.C., River Falls
Paul Van Valkenburg, Minnewaska G.C., Glenwood
Dean Verdoes, Lost Spur C.C., Eagan
Joe Voss, Koronis Hills G.C., Paynesville
Mark Wagner, Golden Valley C.C., Golden Valley
Miles Wagner, Austin C.C., Austin
Richard A. Wald, Brookview G.C., Golden Valley
Gerald E. Walek, Phalen G.C., St. Paul
Owen Wange, Luverne C.C., Luverne
Chris Wall, Minakwa C.C., Crookston
Milton Wallin, Cloquet C.C., Cloquet
Mern Walters, Bemidji Town & C.C., Bemidji
Bernard H. Warner, Soldiers Memorial Field, Rochester
Harold Warrington, Cedar River C.C., Adams
Matt Webster, Stillwater G.C., Stillwater
Ann Wellenstein, Albany G.C., Albany
Bob Welsch, Valleywood G.C., Apple Valley
Jeff Welter, Bunker Hills G.C., Anoka
Ida Welton, Cloquet G.C., Cloquet
Einer Welton, Mt. Lake G.C., Mt. Lake
Hal Wenaas, Litchfield G.C., Litchfield
Carol Wendt, Litchfield G.C., Litchfield
Karin Wennberg, Thief River C.C., Thief River Falls
Vic Wenzlaff, Dwan G.C., Bloomington
Mary E. Wheeler, Hyland Greens, Bloomington
Roger Whitaker, Mesaba C.C., Hibbing
Clinton Whiting, Lakeside G.C., Waseca
Don Wicklund, Lester Park G.C., Duluth
E. A. "Gene" Widstrom, Alexandria C.C., Alexandria
Edward C. Wiesner, St. Cloud C.C., St. Cloud
James Wiggins, Shamrock G.C., Corcoran
Rod Wilson, Minnetonka C.C., Excelsior
Silas Wilson, Village Green G.C., Moorhead
Michael Wissbaum, Town & C.C., St. Paul
Greg Wobbrock, Cedar River C.C., Adams

Jeffory S. Wolf, Albany G.C., Albany
Richard Wolf, Fountain Valley G.C., Farmington
Shirley Wright, Forest Hills G.C., Forest Lake
Robert W. Yess, Braemer G.C., Edina
Gregory A. Younker, Montgomery G.&Rec.C., Montgomery
Lindy Zender, Interlaken G.C., Fairmont
Jim Zinck, Valleywood G.C., Apple Valley
Stan Zubich, Mesaba C.C., Hibbing

MISSISSIPPI

Charles Ables, Univ. of Mississippi G.C., Oxford
Paul R. Alker, Colonial C.C., Jackson
Cliff Allen, Green Hills C.C., Purvis
Jimmy Allen, Millbrook G.&C.C., Picayune
Shirley A. Anderson, Booneville C.C., Booneville
Anna Marie Andrews, Sunkist C.C., Biloxi
M. L. Arrington, Prentiss C.C., Prentiss
William Aspinall III, Vicksburg C.C., Vicksburg
Paul Babuchna, Tramark G.C., Gulfport
Johnny Ball, Fernwood C.C., Fernwood
Sharp W. Banks, Jr., Vicksburg C.C., Vicksburg
Sarah A. Barberee, Ft. Riucker G.C., Daleville
Birl Bartlett, St. Andrews C.C., Mobile
Robert C. Bayer, Columbus C.C., Columbus
Charles W. Beasley, Pine Hills C.C., Calhoun City
A. Jack Blackledge, Northwood C.C., Meridian
Curlee Boone, Greenwood C.C., Greenwood
Ray Borg, Royal Gulf Hills Resort, Ocean Springs
Dave Brandon, B. O. Van Hook G.C., Hattiesburg
Clyde Braun, Lakeview G.C., Summit
Joseph S. Breyer, Broadwater Beach Sea Course, Gulfport
Walter Broadfoot, Greenwood C.C., Greenwood
Robert L. Brown, III, Iuka C.C., Iuka
Jerry Carter, Rainbow Bay G.C., Biloxi
Margaret L. Carver, Pine Isle G.C., Buford
Ricky Centanni, U.S.N. G.C., Hattiesburg
Jim Champion, Belwood C.C., Natchez
Edward B. Childress, Sunkist C.C., Biloxi
Gary Clark, Cleveland C.C., Cleveland
David L. Clary, Greenville C.C., Greenville
Matt Clayton, Tupelo C.C., Belden
Dwight Collins, Dixie G.C., Laurel
Elmo Collum, Deerfield C.C., Madison
Daniel Oza Conwill, IV, Univ. of Mississippi G.C., Oxford
Rev. Edward L. Craten, Fernwood C.C., Fernwood
Matt Dale, Greenwood C.C., Greenwood
Randy L. Daniel, Tupelo C.C., Belden
John Day, Holly Forest G., Sapphire
Bill Descner, Tramark G.C., Ocean Springs
Dr. W. M. Dickerson, Tupelo C.C., Belden
Clarence Didlake, Rolling Hills C.C., Crystal Springs
Ralph Docimo, Natchez Trace G.C., Saltillo
Robert Donovan, Bevico G.C., Memphis
Mike Douglas, Columbus A.F.B. G.C., Columbus
Dan Drane, Columbia C.C., Columbia
Allen T. Edwards, Castlewoods G.C., Jackson
Pete Elder, Sunkist C.C., Biloxi
Robert L. Fay, Sunkist C.C., Biloxi
David L. Fisher, Green Oaks G.C., Columbus
Jerry Fondren, Yalobusha C.C., Water Valley
Joseph N. Gardner, Pearl River Valley C.C., Poplarville

499

1983 HOLES-IN-ONE

Gary Geno, Sunkist C.C., Biloxi
Raymond H. Gentry, Bay Breeze G.C., Biloxi
Steven Neil Gipson, Green Hills C.C., Purvis
Rose M. Glass, Broadwater Sea Course, Gulfport
Wayne Gomez, Broadwater Beach Sun Course, Biloxi
Alvin K. Graham, Sunkist C.C., Biloxi
Gerald Graham, Dixie G.C., Laurel
Jimmy Graham, Columbus A.F.B. G.C., Columbus
Thomas O. Grimsley, Millbrook G.&C.C., Picayune
Kate Guelfo, Eden Isle G.C., Slidell
Charles Guiney, Clear Creek G.C., Vicksburg
Bill Gurley, Greenwood C.C., Greenwood
Robert J. Hagge, Belwood C.C., Natchez
Sandra A. Halat, Sunkist C.C., Biloxi
Bubba Hampton, Northwood C.C., Meridian
Frances R. Harpole, Columbus C.C., Columbus
W. F. Hatten, Jr., U.S.M.B. O. Van Hook G.C., Hattiesburg
Charles M. Head, Oyster Reef G.C., Hilton Head Island
Charles H. Hegwood, Mt. Mitchell G.C., Barnsville
Lynn Helberg, Vicksburg C.C., Vicksburg
Larry Henson, Bluewater Bay G.C., Niceville
Dr. Swink Hicks, Belwood C.C., Natchez
Larry Hill, Pine Isle G.C., Buford
Walter H. Hobbs, Sunkist C.C., Biloxi
Lee Hodges, The Broadwater Beach Sea Course, Biloxi
Junior Holcomb, Green Hills C.C., Purvis
Bubba Holloway, Live Oaks G.C., Jackson
Jack Holloway, Briarwood C.C., Meridian
Jeff C. Holt, Canton C.C., Canton
Bill Hood, Greenville C.C., Greenville
Leo F. Ingram, Vicksburg C.C., Vicksburg
Dr. John R. Jackson, Jr., Hattiesburg C.C., Hattiesburg
Fred Jepsen, Cleveland C.C., Cleveland
James C. Jessup, Quail Hollow G.&C.C., Zephyrhills
Jim Paul Johnson, Delta C.C., McGehee
R. L. Johnson, Northwood C.C., Meridian
Tom A. Jones, IV, Back Acres C.C., Senatogia
Ronald W. Jordan, Rainbow Bay G.C., Biloxi
Woody June, Cleveland C.C., Cleveland
Pete Kelly, Broadwater Beach G.C., Gulfport
Mark A. Kingsley, Tupelo C.C., Belden
Sue Knipp, E. D. Sonny Guy Municipal G.C., Jackson
R. Lee Kostmayer, Sunkist C.C., Biloxi
Murray Langston, Dixie C.C., Laurel
James Locke, Green Hills C.C., Purvis
James L. MacDermott, Hattiesburg C.C., Hattiesburg
Paul E. Majors, Sonny Guy Municipal G.C., Jackson
Albott McBrayer, Columbus C.C., Columbus
Tawanda McCarty, Robinhood G.C., Brandon
Marie McClement, Sunkist C.C., Biloxi
Jim McCool, Jr., Hattiesburg C.C., Hattiesburg
Bill McDonald, Clarksdale C.C., Clarksdale
Tom McGill, Bay Breeze C.C., Keesler A.F.B.
John T. McIntyre, Deerfield C.C., Madison
Wilson McKenzie, Lakeview C.C., Summit
Jeff Mills, Canton C.C., Canton
Helen Mitchell, Diamondhead Yacht & C.C., Bay St. Louis
Don Mizell, Colonial C.C., Jackson
Jim Moore, Starkviulle C.C., Starkville
Charlie Morgan, Canton C.C., Canton
Hank Morgan, Briarwood C.C., Meridian
Fred D. Neil, C.C. of Jackson, Jackson

Kirby Newell, Northwood C.C., Meridian
Jimmie D. Norman, Diamond Head Cardinal G.C., Pass Christian
Larry Parker, Cleveland C.C., Cleveland
Roy Parks, Tramark G.C., Gulfport
Lewis J. Partridge, Sunkist C.C., Biloxi
Eddie Payton, Tropicana C.C., Las Vegas
Ralph Pearson, Briarwood C.C., Meridian
Walter N. Permenter, Broadwater Sea Course, Gulfport
Larry M. Perry, Sonny Guy Municipal G.C., Jackson
Steve Pope, Live Oaks G.C., Jackson
Pat Ray, St. Andrews C.C., Ocean Springs
George Reid, Clear Creek G.C., Vicksburg
Don Reynolds, Univ. Southern Mississippi G.C., Hattiesburg
Don Rose, Tramark G.C., Gulfport
Philip P. Rothermel, St. Andrews C.C., Ocean Springs
Warren Ruello, Diamondhead Y.&C.C., Bay St. Louis
Cliff Russell, Diamondhead Y.&C.C., Bay St. Louis
Curtis Sanford, Green Hills C.C., Purvis
Ralph Saucier, Sunkist C.C., Biloxi
Harry J. Savoy, Broadwater G.C., Gulfport
Walter E. Schlessman, Diamondhead Y.&C.C., Bay St. Louis
Ben Schutten, Marsh G.C., Sea Island
Gloria D. Schwager, Sunkist C.C., Biloxi
Elmer H. Scott, Pass Christian Isles G.C., Pass Christian
Sherry B. Scruggs, Green Oaks G.C., Columbus
Mike Sekul, Sunkist C.C., Biloxi
Ledrew Shelby, Belwood C.C., Natchez
Erminie Shurtleff, Greenwood C.C., Greenwood
Donald Simpkins, Sunkist G.C., Biloxi
Earl Sims, Green Oaks G.C., Columbus
Gerry D. Skinner, Columbus A.F.B. G.C., Columbus
Dr. Jim Smith, Sunkist G.C., Biloxi
Randy Smith, Sonny Guy Municipal G.C., Jackson
Robert A. Smith, Columbus A.F.B. G.C., Columbus
Ted Smith, Lakeview G.C., Summit
Perry R. "Pete" Snider, Colonial C.C., Jackson
Tina Springer, Hattiesburg C.C., Hattiesburg
Vernon Springer, Cleveland C.C., Cleveland
Jim Stahnke, Laurel C.C., Laurel
John M. Stennis, Broadwater Beach G.C., Gulfport
Scott Stiger, Diamondhead Y.&C.C., Bay St. Louis
Charles Strawn, Holliday C.C., Panama City
Sherman Strider, The Broadwater Sun Course, Biloxi
Richard L. Theobald, Vicksburg C.C., Vicksburg
James H. Thomas, Jr., Rolling Hills C.C., Crystal Springs
Bob Thompson, Vicksburg C.C., Vicksburg
Robert E. Thompson, Lakeview C.C., Summit
Kay Townes, Grenada G.C., Grenada
Edward Trotter, Greenville C.C., Greenville
Todd Van Hyning, Pass Christian Isles G.C., Pass Christian
Bill Vaughan, Live Oak G.C., Jackson
John H. Vaught, Deerfield C.C., Madison
Dr. C. R. Vincent, Dixie G.C., Laurel
Robert D. Voller, Sr., Columbus C.C., Columbus
Robert E. Ward, Jr., Colonial C.C., Jackson
Bob Webb, Columbus C.C., Columbus
Wendall Webb, Briarwood G.C., Meridian
Bill J. Wells, Niknar C.C., Pearl
Seth Wheatley, Greenwood C.C., Greenwood

1983 HOLES-IN-ONE

Joseph H. Williams, Keesler A.F.B. G.C., Biloxi
Joseph T. Williams, Sonny Guy Municipal G.C., Jackson
Kenneth W. Williams, Indian Bayou G.&C.C., Destin
Roger M. Williamson, Sunkist C.C., Biloxi
Jack Wilson, Lakeview G.C., Summit
Norvin Wilson, Northwood C.C., Meridian
Rona C. Wilson, Keesler G.C., Biloxi
Robert E. Woodall, Diamondhead C.C., Bay St. Louis
William E. York, Holly Springs C.C., Holly Springs

MISSOURI

Harold C. Abel, Joachim G.C., Herculaneum
Larry Ackley, Moila C.C., St. Joseph
Dave Adams, Carthage Municipal G.C., Carthage
Dewey Adams, Cahpel Woods G.C., Lee's Summit
Dewey Adams, Blue River G.C., Kansas City
Bernie Allen, Paradise Point G.C., Smithville
Norman Anderson, Randel Municipal G.C., Mtn. Grove
C. Martin Angell, Keth Memorial G.C., Warrensburg
Bernice Arens, Kentucky Dam Village, Gilbertsville
Ken Asher, Oak Meadow C.C., Rolla
Leo P. Baniak, Forest Park G.C., St. Louis
Rita I. Barta, Mission Hills C.C., Rancho Mirage
Sandlin W. Barton, Poplar Bluff C.C., Poplar Bluff
Jody Baugh, Carthage Municipal G.C., Carthage
Walter Bazan, Norwood Hills C.C., St. Louis
Albert C. Bean, Mission Hills C.C., Shawnee Mission
Terry L. Becker, Hidden Valley, Clever
John C. Beeks, St. Joseph C.C., St. Joseph
Joe Belote, Kimberland C.C., Jackson
Ed Berry, Jr., Sikeston C.C., Sikeston
Lynn Bickers, Cloverleaf G.C., Alton
Donald A. Boardman, American Legion Public G.C., Hannibal
Sam Bogener, Keokuk C.C., Keokuk
Jean Ann Bolles, Randal G.C., Mtn. Grove
Robert Earle Boone, Jr., Paradise Point, Smithville
Dr. Eugene Bortnick, Wild Dunes G.C., Isle of Palms
Russell Boudria, C.C. of Missouri, Columbia
Maxine Boyd, Randel Municipal G.C., Mtn. Grove
Gayle Brace, Meadow Lake G.C., Clinton
Melvin Brackett, Lebanon C.C., Lebanon
Monte Bradley, Dogwood Hills G.C., Osage Beach
Barbara Braverman, Sedalia C.C., Sedalia
Steven Brinkman, Triple "A" Club, St. Louis
Norman Brooks, Lake Valley C.C., Camdenton
Wayne C. Brooks, Westwood Hills C.C., Poplar Bluff
Donald A. Brumwell, Blue River, Kansas City
Reverend Leo Buhman, Macon C.C., Macon
John R. Burgher, Arthur Hills, Mexico
Paul S. Burke, Crescent C.C., Crescent
Otto S. Burkhardt, Lauderhill G.C., Lauderhill
Bill Burns, Bogey Hills C.C., St. Charles
Gerye Burson, Allen Lucht, Blue Spring C.C., Blue Springs
Betty Bussmann, Forest Hills C.C., Chesterfield
Robert E. "Mick" Byrne, Norwood Hills, St. Louis
Phil Calhoun, La Plata G.C., La Plata
Kenneth Callahan, St. Charles G.C., St. Charles
Bertha Camp, Balmoral G.C., Battle Lake
James C. Cantrell, Westwood Hills C.C., Poplar Bluff
Paula Carter, C.C. of Missouri, Columbia

Craig Carwger, Poplar Bluff Municipal G.C., Poplar Bluff
Velma Cass, Lake of the Woods, Columbia
Jackie Cearnal, Lockwood G.C., Lockwood
Jesse L. Chadwick, Rockwood C.C., Independence
Pete Chappell, Crescent C.C., Crescent
Stan Charlton, Hodge Park Golf Center, Kansas City
Charlie Chew, Triple A G.C., St. Louis
Jerry J. Chollet, Tamarack, O'Fallon
Dave Clabaugh, Kimbeland C.C., Jackson
Vic Clay, Joachim G.C., Herculaneum
Gene Clayton, Crescent C.C., Crescent
Bob Clubb, Lake Valley G.&C.C., Camdenton
Charles C. Cobb, Forest Park Municipal G.C., St. Louis
Richard Cochran, La Plata G.C., La Plata
Myrl Cohen, Overland Park C.C., Overland Park
Alma Collins, Paradise Valley, Valley Park
Donald Conrad, Kimbeland, Jackson
Matthew Cooney, Westborough, St. Louis
H. M. Cornelison, Leawood G.&C.C., Leawood
Lib Cowgill, Sullivan County C.C., Milan
Charlie Crain, Holiday G.C., Olive Branch
E. Lyn Crowley, Kingswood G.C., Bella Vista
William Eric Cunningham, Randel Municipal G.C., Mtn. Grove
Tom Cupp, La Plata G.C., La Plata
Vernon J. Dace, Jr., St. Francois C.C., Farmington
Forest Dahmer, River Oaks G.C., Grandview
Phil Dallmeyer, Jefferson City C.C., Jefferson City
Jim Dalton, Meadow Lake C.C., Clinton
Frank Davidson, Hickory Hills C.C., Springfield
Dorothy Davis, Twin Hills G.C., Joplin
Tom Davis, Sedalia C.C., Sedalia
Edythe Deal, White Lake G.C., Whitehall
Parker Decker, Joachim G.C., Herculaneum
Clarence Deddens, Terre du Lac C.C., Bonne Terre
John H. Denman, Jefferson City C.C., Jefferson City
Allen Dennis, Randel G.C., Mtn. Grove
Jerry R. Dennis, Randel Municipal G.C., Mtn. Grove
Carl B. DePriest, Cedar Creek G.C., Wentzville
Gloria J. Dewey, Lake Valley G.&C.C., Camdenton
Jay H. DeWitt, Sullivan C.C., Milan
David Dick, Arthur Hills G.C., Mexico
Donald R. Dillow, Columbia G.C., Columbia
Gwen Downey, Bogey Hills C.C., St. Charles
George Dugan, Sedalia C.C., Sedalia
Arlie E. Duncan, Aurora Public, Aurora
Mrs. Sharon Dunn, Forest Hills C.C., Chesterfield
Tom Durden, Kirksville G.C., Kirksville
Andrew G. Dwyer, Hidden Valley G.C., Eureka
Margaret Eggleston, John's Island-The North G.C., Vero Beach
Gary Eller, St. Francois C.C., Farmington
Ron Elliott, Fulton C.C., Fulton
David Emert, Cedar Creek, Wentzville
Charles S. Endicott, Meadow Lake C.C., New Bloomfield
Betty Engleking, Hillcrest C.C., Kansas City
John Fabick, Sunset C.C., St. Louis
Chuck Fallinger, Triple Lakes G.C., Milsladt
Jack Falls, La Plata G.C., La Plata
Barbara Feldman, Eastpointe C.C., Palm Beach Gardens
Gene Ferguson, Westwood Hills C.C., Poplar Bluff
Jayme Findlay, Victory Hills C.C., Kansas City
Tommy Fischer, Sedalia C.C., Sedalia

501

1983 HOLES-IN-ONE

Bob Fischgrund, Milburn C.C., Overland Park
James Fleetwood, Ava C.C., Ava
Ernie Flotow, Golf Hills Resort & C.C., Ocean Springs
Don Foley, Blue Hills, Kansas City
Bob Foster, Hidden Valley C.C., Clever
C. Nadine Fraley, Salem G.&C.C., Salem
Bert Francis, California C.C., California
Sarah E. Frank, Cuba Lakes G.&C.C., Cuba
Vernon Frank, Rolling Hills C.C., Versailles
Eugene E. Freeman, Paradise Valley G.&T.C., St. Louis
Dan Frigerio, Bahnfyre G.C., St. Louis
Jean H. Frey, Paradise Valley G.&T.C., Valley Park
Sarita Fudemberg, Meadowbrook C.C., Ballwin
Donald Fults, Joachim G.C., Festus
Don I. Gabbert, Berry Hill G.C., Bridgeton
Jess O. Gabriel, Fairview G.C., St. Joseph
Joe Galati, Crescent C.C., Crescent
James W. Gallagher, The Landings Y.&G.C., Ft. Myers
Arthur R. Gann, Crescent C.C., Crescent
Twila Garrison, Riverside C.C., Trenton
Alex George, Southview G.C., Belton
Fred H. Giesler, Arthur Hills, Mexico
Kevin Goldstein, Ambo Chesterfield G.C., Chesterfield
Doris T. Good, Twin Hills G.&C.C., Joplin
John Gorman, Rolling Hills, Godfrey
Denis R. Gosling, Joachim C.C., Hercluaneum
Dorothy Gould, Normandie C.C., Normandie
John Graft, Shangri La, Afton
Louis O. Graham, Forest Park G.C., St. Louis
Robert Graham, Sunset Hills C.C., Edwardsville
John E. Grant, Hidden Valley G.C., Eureka
Joseph W. Graves, Westborough C.C., St. Louis
Marvin M. Gray, Columbia C.C., Columbia
Earl W. Greb, Paradise Valley C.C., Valley Park
Bill Green, Sedalia C.C., Sedalia
William Edward Greene, Minor Park G.C., Kansas City
Maurice Griffin, Sedalia C.C., Sedalia
Susie Griffith, Kemper G.C., Boonville
Ernest D. Grinnell, Algonquin G.C., Glendale
Berniece Hascomb, Twin Pines C.C., Harrisonville
Eddie Hall, Liberty Hills C.C., Liberty
Grover Hamm, Center Creek C.C., Sarcoxie
Lester Hancher, Leawood South G.&C.C., Leawood
Mark A. Hansen, Lake of Woods, Columbia
Rex Harbison, Liberty Hills C.C., Liberty
Keith Harmon, Rockwood G.C., Independence
William G. Harmon, Joachim G.C., Herculaneum
Richard Hathaway, St. Charles G.C., St. Charles
Henry Hayes, Cuba Lakes G.&C.C., Cuba
John A. Hayes, Normandie G.C., St. Louis
Everett E. Heck, Joachim G.C., Hercluaneum
W. T. Heidecker, Lebanon C.C., Lebanon
Dick Held, Twin Hills C.C., Joplin
Orbie Hern, Horton Smith G.C., Springfield
Patty Heutel, Sunset C.C., St. Louis
Jon Hill, Dogwood Hills, Osage Beach
Mark D. Hingst, Paradise Valley G.C., St. Louis
Dennis Hobbs, Norwood Hills C.C., St. Louis
Gerald J. Hoffman, Perryville C.C., Perryville
Richard J. Hogan, Forest Park, St. Louis
John W. Holloway, Siler's Shady Acres, Springfield
Nellie Holtzman, Sunset C.C., St. Louis
M. Ray Howard, Cherry Hills C.C., Glencoe

Darrel Huisinga, Doral C.C., Miami
Sara Faurot Hulse, C.C. of Missouri, Columbia
Wallace L. Hunt, Old Warson C.C., St. Louis
John Huston, Liberty Hills C.C., Liberty
Ronald Irvin, Tarkio G.C., Tarkio
Gene A. Itschner, Horton Smith G.C., Springfield
Brad Ivy, Paradise Point, Smithville
R. W. Jacobsmeyer, Westborough C.C., St. Louis
Mark Jensen, Algonquin G.C., Glendale
Michael J. Johnson, Grandview G.C., Springfield
Mike Johnson, Forest Hills C.C., Chesterfield
Sally Johnston, St. Louis C.C., St. Louis
Dorothy L. Jones, C.C. of Missouri, Columbia
Ellis Jones, Malden C.C., Malden
Fletcher L. Jones, St. Ann G.C., St. Ann
Jerry D. Jones, Paradise Point G.C., Smithville
Scott Jones, Paradise Pointe, Smithville
James Josef, Cherokee Village C.C., Cherokee Village
Ralph Kalberloh, Las Vegas C.C., Las Vegas
Kenneth A. Kavanaugh, Lake St. Louis, St. Charles
Mrs. Jack "Mabel" Keith, Monett Municipal G.C., Monett
Tom Kennedy, Hidden Valley C.C., Clever
Harry W. Kenney, Sun City Lakes East G.C., Sun City
Marcia A. Kesler, Wedgewood C.C., Mtn. Grove
Mary T. Kessler, Westwood Hills C.C., Poplar Bluff
Earldine Key, Miami G.&C.C., Miami
Robert W. Kissack, Dogwood Hills, Osage Beach
Lynn Krause, St. Louis C.C., St. Louis
Rudy Kuhlmann, St. Charles G.C., St. Charles
Michael A. Lahmann, Russell G.C., Russell
Jerry Lampe, A. L. Gustin, Jr. G.C., Columbia
Lynn Lashbrook, A. L. Gustin G.C., Columbia
Mrs. Robert Laster, Twin Hills G.&C.C., Joplin
Daniel J. Leary, Jr., Bellerive C.C., St. Louis
Dennis M. Leary, Cherry Hills C.C., Glencoe
Cissy Legear, Algonquin G.C., Glendale
Sam Lesseig, Kirksville C.C., Kirksville
Kermit E. Lewis, Twin Hills G.&C.C., Joplin
Pat Lillis, Blue Hills C.C., Kansas City
J. Michael Lins, Hidden Valley C.C., Clever
Charlie Lloyd, Twin Oaks C.C., Springfield
Orville Loeffler, Hidden Valley C.C., Eureka
Jim Lohr, Cape Jaycee Municipal G.C., Cape Girardeau
Dale Long, Horton Smith G.C., Springfield
Elaine P. Long, Bahnfyre, St. Louis
Monte L. Lopata, Westwood C.C., St. Louis
Steve Loszewski, Tomahawk Hills, Shawnee
Jim Lowrey, Excelsior G.C., Excelsior Springs
Jane Lucas, Lake St. Louise C.C., Lake St. Louis
John Luther, Memphis C.C., Memphis
William F. Lynch, Triple Lakes, Milstadt
Stan Mabery, St. Francois C.C., Farmington
Phil Malloy, La Plata G.C., La Plata
Carl Manns, Joachim G.C., Herculaneum
Ervin W. Manske, Crescent C.C., Crescent
Mike Maple, Sedalia C.C., Sedalia
Larry March, Grandview G.C., Springfield
Marvin J. Markus, El Conquistador, Tucson
H. Wayne Marrs, Windbrook G.C., Parkville
Don Marsh, Algonquin G.C., Glendale
Arch Martin, Sedalia C.C., Sedalia
Al Martinez, Blue River G.C., Kansas City
Bill Marvel, Westwood Hills C.C., Poplar Bluff

1983 HOLES-IN-ONE

Mary Lou Mastorakos, Westborough C.C., St. Louis
Alma Matthes, Sunset C.C., St. Louis
R. L. Matthews, Paradise Pointe, Smithville
Rick G. Matthiesen, Arthur Hills G.C., Mexico
Robert B. Maxwell, Kimbeland C.C., Jackson
Wayne Mayden, St. Andrews G.C., St. Charles
Bill Mays, Malden C.C., Malden
Kent McClean, Overland Park C.C., Overland Park
Dr. Gene McDonald, Kimbeland C.C., Jackson
Bill McDonnell, Glen Echo C.C., Normandy
John McDonough, Oaks Marriott Tan-Tar-A, Osage Beach
Gary McElmurry, Meadow Lake C.C., Clinton
Glennon McFarland, Liberty Hills C.C., Liberty
Roy McGroarty, Oakbrook G.C., Edwardsville
Dave McReaken, St. Andrews G.C., St. Charles
Coleman McSpadden, Deer Run G.C., Van Buren
Shirleen Mehlman, Boca Lago C.C., Boca Raton
Tom F. Meston, St. Charles C.C., St. Charles
Charles C. Metternich, Deer Run G.C., Hamilton
Frank H. Miller, Bahn Fyre G.C., St. Louis
Harvey Miller, Meadowbrook C.C., Ballwin
James Miller, Newman G.C., Peoria
Jeff Miller, Lake of the Wood G.C., Columbia
Louis Minor, Pike County C.C., Louisiana
John R. Mitchell, Joachim C.C., Herculaneum
Joseph R. Mitchell, St. Charles G.C., St. Charles
Joe Miterell, St. Charles G.C., St. Charles
Helen Moeser, Sunset C.C., St. Louis
Suzanne Montgomery, Tri-Way C.C., Republic
George J. Montigne, Jr., Paradise Valley, Valley Park
Frank A. Moore, Lake of the Woods, Columbia
Peg Morgan, Old Warson C.C., St. Louis
Thomas Morreale, Ambo Chesterfield G.C., Chesterfield
Bill J. Mortallaro, Shirkey G.C., Richmond
Jean Moser, Westwood Hills C.C., Poplar Bluff
Addie Mosley, Arrowhead G.C., St. Louis
Richard W. Mower, Cherry Hills C.C., Glencoe
James M. Myers, Oak Meadow C.C., Rolla
Larry Napier, Hidden Valley C.C., Clever
James J. Nieters, Arlington G.C., Granite City
Ben Niles, Horton Smith G.C., Springfield
Tom Nischwitz, Columbia G.C., Columbia
Marty Nurski, Fairview G.C., St. Joseph
Tom Osbern, Hickory Hills C.C., Springfield
Bob Oder, St. Francois C.C., Farmington
Charles F. Ohmer, Belk Park G.C., Wood River
Nancy Orthwein, St. Louis C.C., St. Louis
Jim Owens, Hickory Hills C.C., Springfield
Morgan Owens, Poplar Bluff Municipal G.C., Poplar Bluff
Marjorie Owings, Minor Park Golf Center, Kansas City
Bill Panus, St. Charles G.C., St. Charles
Tyler Pargen, Hidden Valley C.C., Eureka
Sam Paris, West Plains C.C., West Plains
Wanda M. Parker, Bogey Hills C.C., St. Charles
James Parkin, Perdido Bay G.C., Pensacola
Garland Parrish, Greene Hills C.C., Willard
Jim Pearson, Twin Oaks C.C., Springfield
Everett Periman, San Destin G.C., Destin
Ray Perry, Wedgewood C.C., Mtn. Grove
Donald H. Peters, Shelbina Lakeside G.C., Shelbina
Marty Peters, Lebanon C.C., Lebanon
Albert Petrik, Marceline G.C., Marceline
Norman A. Pettlon, Maryville C.C., Maryville

George A. Phillips, Belk Park G.C., Wood River
Scott Picker, St. Andrews, St. Charles
Steve Pickering, Lebanon C.C., Lebanon
Mark Polson, Creve Coeur G.C., Creve Coeur
Vincent J. Price, Sunset C.C., St. Louis
Ben Pummill, Pertle Springs & Keth Memorial C.C., Warrensburg
Earl Ragg, S.L.A.S.C. G.C., Granite City
Mrs. Eloise S. Rand, John's Island Club, Vero Beach
Greg Rauch, Pinehurst 1 Course, Pinehurst
Shirley Richards, Warrensburg C.C., Warrensburg
Anne T. Richardson, Oak Brook G.C., Edwardsville
Mike Richardson, Sedalia C.C., Sedalia
Ralph Richer, Cloverleaf G.C., Alton
Virginia Richey, Burning Tree G.&C.C., Mt. Clemens
Luke Ried, St. Joseph C.C., St. Joseph
Bob Rinehart, Sedalia G.C., Sedalia
Grosvenor G. Roberts, M.D., Hillcrest C.C., Kansas City
Jerry Roberts, Hidden Valley C.C., Clever
Robby Robertson, Moila C.C., St. Joseph
Laurette Rodgers, Algonquin G.C., Glendale
William B. Roosman, St. Francois C.C., Farmington
David S. Rosenberg, Turnberry Isle, Miami
Steve Rothenhoefer, Lake Valley G.&C.C., Camdenton
Randy J. Russell, Overland Park G.C., Overland Park
Tom Ruth, The Broadwater Beach Sun Course, Biloxi
Mark S. Ryan, St. Ann G.C., St. Ann
Harvey Ryder, Moila C.C., St. Joseph
Andrew J. Sahr, Tamarack C.C., O'Fallon
John Sanders, Meadow Lake C.C., Clinton
Steve Sanders, Kirksville C.C., Kirksville
R. V. Saunders, Tri-Way C.C., Republic
Pat Scherer, Blue Springs C.C., Blue Springs
Albert J. Schlueter, Westborough C.C., St. Louis
Paul Schmidt, St. Joseph C.C., St. Joseph
Billie Schuetz, Monett Municipal G.C., Monett
Gene Schwab, Shamrock Hills, Lees Summit
Michael W. Schwartz, Earl K. Keth Memorial G.C., Warrensburg
George Selement, Grandville Municipal G.C., Springfield
Ned Seymour, Tarkio G.C., Tarkio
Sam B. Shank, Stayton Meadows, Kansas City
John J. Sheahan, Westborough, St. Louis
Stanley Shinkas, Triple A G.C., Forest Park
Mrs. Rose Siegel, Camino Del Mar C.C., Boca-Delmar
Robbie Sims, Brookfield C.C., Brookfield
William J. Singler, Cloverleaf, Alton
Laverne Sinovich, Beary Hills G.C., Bridgeton
Joseph F. Siscel, Triple Lakes, Columbia
Lewis Skinner, Horton Smith G.C., Springfield
Dr. Joe Slonecker, Riverside C.C., Trenton
Betty Smallwood, Carthage Municipal G.C., Carthage
Joseph E. Smith, American Legion Post 199, Edwardsville
R. P. Smith, Cherry Hills C.C., Glencoe
Larry L. Snyder, Lake Valley G.&C.C., Camdenton
Dickie Sole, Sedalia C.C., Sedalia
William A. Staples, Westwood Hill C.C., Poplar Bluff
Donald C. Steele, Lake of the Woods G.C., Columbia
Tanya Steele, Loma Linda C.C., Joplin
James E. Steffan, L. A. Nickell G.C., Columbia
George E. Stephenson, Norwood Hills C.C., St. Louis
Donna Stewart, Hidden Valley C.C., Clever

1983 HOLES-IN-ONE

Steve Stigall, Excelsior G.C., Excelsior Springs
Elmer E. Stock, Bogey Hills C.C., St. Charles
Dan Stockey, A. L. Gustin, Jr. G.C., Columbia
Jim Stoneking, Keth Memorial G.C., Warrensburg
Velma S. Storey, Kennett C.C., Kennett
Bill Stovall, Westwood Hills C.C., Poplar Bluff
Stephen L. Stratten, Green Hills G.C., Willard
Mrs. Jack W. Straub, Algonquin G.C., Glendale
Greg Strand, Paradise Valley, Valley Park
Kathy Sturgeon, Westwood Hills C.C., Poplar Bluff
Evelyn M. Suellentrop, Paradise Valley G.C., Valley Park
Pat Sulzberger, La Plata G.C., La Plata
Robert H. Tanner, Jefferson City C.C., Jefferson City
R. C. Taul, Arizona Biltmore C.C., Phoenix
Lee Taylor, Crestwood C.C., Pittsburg
Martin S. Tendler, Forest Park C.C., St. Louis
Wyman Thomas, Joachim G.C., Herculaneum
Cory Thomason, Twin Hills G.&C.C., Joplin
Jerry Thomasson, St. Simons Island Club, St. Simons Island
Walter J. Thornberry, Center Creek C.C., Sarcoxie
Bob Thro, St. Andrews G.C., St. Charles
James R. Tobias, Riverside G.C., Fenton
Agnes Todd, Nevada C.C., Nevada
James D. Trammell, Houston C.C., Houston
Joe Traxler, Algonquin, Glendale
Jim Trout, Stayton Meadows, Kansas City
Larry Trumbo, Sullivan C.C., Milan
Jim Turner, Fremont Hills C.C., Nixa
Renate Turner, Horton Smith, Springfield
Allen Tyson, Broadmoor C.C., Broadmoor
Mrs. Albert E. Upsher, Twin Hills G.&C.C., Joplin
John Utley, West Plains C.C., West Plains
Stan Varner, Grandview Municipal G.C., Springfield
Herb J. Vallat, Belk Park G.C., Wood River
Neil Van Leeuwan, Westwood Hills C.C., Poplar Bluff
Jack Vaughn, Joachim G.C., Herculaneum
Jeffery C. Viles, C.C. of Missouri, Columbia
Elmer J. Virga, Berry Hill G.C., Bridgeton
Max Voelxke, Meadow Lake C.C., Clinton
Harlan Wagner, Terre du Lac C.C., Bonne Terre
Jerry Wagner, Elmwood G.C., Washington
George R. Wagnitz, Berry Hill, Bridgeton
Charles Walter, Adams, Bartlesville
Doug Walters, Belk Park Memorial C.C., Wood River
Marc E. Wampler, Salem C.C., Salem
David Waswo, Shamrock Hills G.C., Lees Summit
Helen Webber, London Bridge G.C., Lake Havasu City
Kenneth L. Weber, Woodruff G.C., Joliet
Burt Wenneker, Westwood C.C., St. Louis
Bob Westbrook, Joachim G.C., Herculaneum
Kathy Westerheide, Rolling Hills G.C., Godfrey
Ron Wheeler, Tomahawk Hills, Shawnee
Allan C. White, Forest Hills C.C., Chesterfield
Keith V. White, Twin Hills G.&C.C., Joplin
Barney Whitlock, Hickory Hills C.C., Springfield
C. L. Whittemore III, St. Louis C.C., St. Louis
Perry Wiggins, Princeton C.C., Princeton
Jim Wilcox, Liberty Hill C.C., Liberty
Pat Will, Paddock C.C., Florissant
Carroll L. Williams, Perryville C.C., Perryville
Harold Wayne Williams, Joachim G.C., Herculaneum
Don Wilson, Jefferson City C.C., Jefferson City

Joe Wilson, Rend Lake G.C., Whittington
Terry M. Wilson, Caruthersville C.C., Caruthersville
Bunn Winter, Sunset Hills C.C., Edwardsville
Virginia C. Wilson, Sedalia C.C., Sedalia
Alan Wolken, Lebanon C.C., Lebanon
Mark Wootten, Grandview, Springfield
Frank Young, St. Andrews G.C., St. Charles
Art Zeis, Jr., Bahn Fyre G.C., St. Louis

MONTANA

Snooks Aageson, Glacier View G.C., W. Glacier
Patty Abel, R.O. Speck Municipal G.C., Great Falls
Edwina Anderson, Polson C.C., Polson
Lewis Anderson, Buffalo Hill G.C., Kalispell
Ron Andersen, Robert Speck Municipal G.C., Great Falls
Colin C. Andrews, Kalispell Municipal, Kalispell
Brent Appelgrew, Buffalo Hills, Kalispell
Lloyd Becker, Sidney C.C., Sidney
Ward E. Benkelman, Polson C.C., Polson
Dode Blake, Stardust Exec. G.C., Sun City West
Chet H. Bozdog, Bill Roberts G.C., Helena
Donn Bruggeman, Laurel G.C., Laurel
Daniel T. Burns, Missoula C.C., Missoula
James C. Bussinger, Beaver Creek C.C., Lake Montezuma
Fred E. Button, Buffalo Hill G.C., Kalispell
Richard Cain, Magrath Alberta, Magrath
Bob Christensen, University G.C., Missoula
John Cochran, Whitefish Lake G.C., Whitefish
Joe Crane, Kalispell Municipal Buffalo Hill, Kalispell
R.C. Dewey Cronk, Lake Hills G.C., Billings
Mike J. Crosser, Missoula C.C., Missoula
O.M. Dahl, Lake Hills G.C., Billings
Ed Deboer, Jr, Green Meadow, Helena
Dr. Fred Deigert, Hilands G.C., Billings
Ann L. Eller, Green Meadow C.C., Helena
Jeffrey D. Ellingson, Kalispell G.C., Kalispell
Jim Filler, R.O. Speck Municipal G.C., Great Falls
Stephen M. Frankino, Green Meadow C.C., Helena
Gene Freeman, R.O. Speck G.C., Great Falls
Harry R. Funk, Yellowstone Club, Billings
Chuck Garrison, Missoula C.C., Missoula
Chris Gebaardt, Glacier View G.C., W. Glacier
Bob B. Gemmell, Big Sky Mt. G.C., Big Sky
Oscar Gereke, R.O. Speck G.C., Great Falls
P.J. Gilfeather, R.O. Speck G.C., Great Falls
Richard D. Gunlikson, Cut Bank G.C., Cut Bank
Gary Gustafson, Whitefish Lake G.C., Whitefish
Shawn Hackmann, Laurel G.C., Laurel
Monte Hanson, Riverside C.C., Bozeman
John Heaton, Whitefish Lake G.C., Whitefish
John Hiatt, Jr., Livingston G.C., Livingston
Vickie Holden, Sidney C.C., Sidney
Walter G. Holle, Lake Hills G.C., Billings
Marilyn Hower, Whitefish Lake G.C., Whitefish
Greg A. Hughes, Green Meadow C.C., Helena
Mary Ellen Hull, Green Meadow C.C., Helena
Clayton L. Huntley, Butte C.C., Butte
Andy Huppert, Livingston C.C., Livingston
Pete Jens, Lake Hills G.C., Billings
Dr. Dan Johnson, Pryor Creek G.C., Huntley
Paul Johnson, Oakwood G.C., Henning
Roger Johnson, Cut Bank G.&C.C., Cut Bank

1983 HOLES-IN-ONE

Steve L. Johnstone, Black Butte G.C., Haure
John Kanis, University G.C., Missoula
Bob Kelley, Bill Roberts G.C., Helena
Fred Kirkpatrick, Buffalo Hill G.C., Kalispell
Don Kludt, Larchmont G.C., Missoula
John Kosich, Lake Hills, Billings
Curtis C. Kuehn, Stillwater Golf & Rec. Assn., Columbus
Richard Kuhl, Green Meadow C.C., Helena
Bob Lake, Hamilton G.C., Hamilton
Dillard Lamunyon, Royal Palms G.C., Mesa
Jack Larson, R.O. Speck G.C., Great Falls
Jeff Lauderdale, Butte C.C., Butte
Bob Lennon, Desert Inn C.C., Las Vegas
Don Lesmeister, Jr., R.O. Speck G.C., Great Falls
Stanley Lezak, Polson C.C., Polson
Judy Lowthian, Meadow Lark C.C., Great Falls
Jerry Lyons, Butte C.C., Butte
Vance Mackenzie, Yellowstone C.C., Billings
Ron Markovich, Laurel G.C., Laurel
Rick A. Matt, Polson C.C., Polson
Earl McCarthy, Butte C.C., Butte
A.E. "Gene" McGlenn, Buffalo Hills G.C., Kalispell
Steve McGregor, Valley View G.C., Bozeman
Cavour L. McMillan, Riverside C.C., Bozeman
Thomas M. McNeely, Laurel G.C., Laurel
Shag Miller, Butte C.C., Butte
Joe Monahan, Butte C.C., Butte
P.J. Moran, Fairmont, Anaconda
Richard H. Morrison, Missoula C.C., Missoula
P.G. Jerry Mueller, Lake Hill C.C., Billings
John Myhre, Sunnyside C.C., Glasgow
Thomas H. Nash, Polson C.C., Polson
Richard G. Nelson, Riverside C.C., Bozeman
Andrew Thomas Olson, Riverside C.C., Bozeman
Ed Olson, Cabinet View C.C., Libby
Christie Otness, Choteau C.C., Choteau
Cliff Ottinger, Hamilton G.C., Hamilton
Brian Peacock, Green Meadow C.C., Helena
Lowell Peterson, Green Meadow G.C., Helena
Phillip R. Peterson, Yellowstone C.C., Billings
Stephen Phillips, Buffalo Hills G.C., Kalispell
M.C. Roberts, Buffalo Hills G.C., Kalispell
Keith Robinson, Hamilton G.C., Hamilton
Nancy Robinson, Green Meadow C.C., Helena
Sharon L. Russell, Laurel Golf, Laurel
Jay Rydell, Robert O. Speck G.C., Great Falls
Gerald Schultz, Hamilton G.C., Hamilton
Clay Schwartz, Lake Hills G.C., Billings
Shirley Scotten, Whitefish Lake G.C., Whitefish
Pete J. Sklestad, Polson C.C., Polson
Rose M. Slanger, De-Anza Palm Springs Mobile C.C., Cathedral City
Herbert Stoenner, Hamilton G.C., Hamilton
Jim Strub, Livingston C.C., Livingston
Bernard J. Sullivan, Glacier View G.C., W. Glacier
Kathy Sullivan, Whitefish Lake G.C., Whitefish
Mark P. Sullivan, Butte C.C., Butte
Shawn Taft, Lake Hills, Billings
Michael J. Thomas, Missoula C.C., Missoula
Tom Tucci, Green Meadow C.C., Helena
Marion Tuss, R.O. Speck Municipal G.C., Great Falls
Barry Uptain, R.O. Speck Municipal G.C., Great Falls
Bernie Urbach, Livingston C.C., Livingston
Jim Vivian, Powder River Country G.C., Broadus
James Steven Walczak, Bill Roberts G.C., Helena
Marion Warden, Buffalo Hill, Kalispell
George Winn, Hilands G.C., Billings
Bumps Winter, Buffalo Hill, Kalispell

NEBRASKA

Myron Abeel, Applewood, Omaha
Tim Agnew, Skyline Woods, Omaha
Jason Anderson, Buffalo Ridge G.C., Kearney
Ronald L. Anderson, Dodge Park, Council Bluffs
Gaylord Apfel, Riverside G.C., Grand Island
Alan Austin, Hillcrest C.C., Lincoln
Fred Backhaus, Capehart G.C., Omaha
Susan Ball, Tara Hills, Papillion
John Ballantyne, Rancho Las Palmas C.C., Rancho Mirage
Joseph Barker, Omaha C.C., Omaha
Randy Bartling, Skyview Municipal G.C., Alliance
Albert R. Beasley, Capehart G.C., Omaha
Martha Beckwith, Miracle Hill, Boystown
Steve Birdsall, Norfolk C.C., Norfolk
John L. Blazer, Platteview C.C., Omaha
Brian Blobaum, Fairbury C.C., Fairbury
George O. Blocher, South Ridge G.C., So. Sioux City
Lou Blumkin, Highland C.C., Omaha
Wayne Boilesen, Albion C.C., Albion
James M. Boyd, Hidden Acres, Beatrice
Bill Braun, Dodge Park, Council Bluffs
John Breslow, Hillcrest C.C., Lincoln
Peter F. Broad, Lakeview C.C., Ralston
Kinyon Brooks, Elks C.C., Columbus
Tom Brown, Vail G.C., Vail
Jerry Brunk, Fremont G.C., Fremont
Jack R. Bryant, Fremont G.C., Fremont
Jerry Bryson, Kearney C.C., Kearney
Craig Burchess, Grand Island Municipal G.C., Grand Island
James M. Burns, Dodge Park, Council Bluffs
Natalie Burns, Fremont County G.C., Sidney
Lynn T. Burleson, Capehart G.C., Omaha
Doyle W. Busskohl, Norfolk C.C., Norfolk
Bill Cain, Capehart G.C., Omaha
Elaine Campbell, Oshkosh C.C., Oshkosh
Jack R. Childs, Omaha C.C., Omaha
P.J. Circo, Jr, Happy Hollow C.C., Omaha
Gaylon Cooke, Hillcrest C.C., Lincoln
Bob Coriffiths, Fremont G.C., Fremont
James D. Crew, Happy Hollow Club, Omaha
John Crotty, Miracle Hill G.C., Boystown
Jim Crounse, Pioneers G.C., Lincoln
George Dasouich, Tara Hills, Papillion
Rex Davies, Elks C.C., Columbus
Linda Dedic, Scotts Bluff C.C., Scottsbluff
Thomas E. Dennis, Capehart G.C., Omaha
Tim Diehm, Tara Hills, Papillion
Al Dockendorf, Capehart G.C., Omaha
Fred E. Domnisse, Francisco Grande Resort, Casa Grande
Kerre Dubinsky, Hillcrest C.C., Lincoln
Tom F. Eisenmenger, Lake Miltona, Miltona
Roland E. Emmett, Telemark, Cable
Bob Epp, Fremont G.C., Fremont

505

1983 HOLES-IN-ONE

Karen Faris, Ashland C.C., Ashland
Jack K. Farris, Barksdale G.C., Barksdale A.F.B.
Dan Ferguson, Beatrice C.C., Beatrice
Kenneth H. Fike, Elks C.C., Hastings
Richard B. Flynn, Omaha C.C., Omaha
Marv Gerdes, Auburn C.C., Auburn
Greg Gish, Skyline Woods C.C., Elkhorn
Ralph Greer, Elmwood Park, Omaha
J. Edward Gritzfeld, Scottsbluff C.C., Scottsbluff
Janet Gullen, Fremont G.C., Fremont
Bruce E. Haman, Miracle Hill G.C., Boystown
Milton Handsel, Hillside G.C., Sidney
M.W. Haney, Kearney C.C., Kearney
Robert W. Harms, Tara Hills, Papillion
Kay H. Harris, South Ridge, So. Sioux City
Bruce Hauge, Hillside G.C., Sidney
Dorothy Heinzelman, Falls City C.C., Falls City
Guy Hempey, Elks C.C., Hastings
William Henderson, Scotts Bluff C.C., Scottsbluff
Merle Herring, Kearney C.C., Kearney
Roger L. Herring, Capehart G.C., Offutt A.F.B.
D.L. Herzog, Riverside G.C., Grand Island
Wilmer A. Hetlinger, Riverview G.&C.C., Scotts, Bluff
Dottie Higgins, Knolls, Omaha
Robert L. High, David City G.C., David City
Daniel L. Hlavacek, Spy Glass Hill, Pebble Beach
Arthur K. Hoover, Base G.C., Omaha
Walter C. Horner, Orange Tree G.C., Scottsdale
Bill Hoy, Falls City C.C., Falls City
Lorraine Humpal, Oak Hills C.C., Omaha
Lawrence H. Huwaldt, Riverside, Grand Island
Peggy J. Izzard, Happy Hollow C.C., Omaha
Cindy Jacobs, Tara Hills, Papillion
John Jankovich, Tara Hills, Papillion
Larry Jenkins, Elkhorn Acres G.C., Stanton
Arthur C. Johnson, Silverado South Course, Napa
Jo Jordan, Elks C.C., Columbus
Diane Jorgensen, Maple Village, Omaha
George Kamas, Ainsworth Municipal G. Assn., Ainsworth
Robert M. Kanive, Lake Moloney Golf Assoc., North Platte
W.W. Keenan, Happy Hollow, Omaha
Donald J. Kennedy, Sky View G.C., Alliance
Rae Keogh, Capehart G.C., Omaha
Jeff P. Klein, Buffalo Dunes G.C., Garden City
Mary Emma Knapp, Capehart G.C., Omaha
Arron Knight, Grand Haven G.C., Grand Haven
Donald E. Koeber, Wayne C.C., Wayne
Sherry Koehler, Rolling Hills C.C., Wausa
K.P. Kohrs, South Ridge, So. Sioux City
Francee Kopecky, Platteview C.C., Omaha
Bob Kreifels, Miracle Hill G.C., Boystown
Ed Kula, Elks C.C., Hastings
Paul Kunzman, Sky View G.C., Alliance
Lonnie D. Kurkowski, Ogallala C.C., Ogallala
Scott Kustka, Tara Hills, Papillion
Ruby E. Cordle Lammers, Buffalo Ridge, Kearney
Jeanne Lee, Hillcrest C.C., Lincoln
Mary V. Lee, Capehart G.C., Omaha
Marty Lerum, Miracle Hill Golf & Tennis Center, Boystown
Willis E. Leyden, Hidden Valley, Lincoln
Mary Ann Liggett, C.C. of Lincoln, Lincoln
James R. Lind, Scottsbluff C.C., Scottsbluff
Roy Linkugel, Pioneers G.C., Lincoln

Gerald A. Livingston, Offutt Base Course, Omaha
Larry Lorenzen, Mahoney G.C., Lincoln
Carol Lynch, Kearney C.C., Kearney
Gary W. Lynch, Kearney C.C., Kearney
Robert W. Lynn, Dodge Park, Council Bluffs
David A. Maggart, Norfolk C.C., Norfolk
Tom Manhart, Spring Lake, Omaha
Howard J. Martig, Happy Hollow Club, Omaha
James Martin, Fairbury C.C., Fairbury
Jake Maser, Dearney C.C., Dearney
Roy A. Mattson, Happy Hollow C.C., Omaha
Ken Maser, Hillcrest C.C., Lincoln
Timothy J. McAndrew, Fremont G.C., Fremont
Jim McAndrews, Lakeview G.C., Ralston
E.L. "Mac" McCallum, Spring Lake G.C., Omaha
Odell McClenny, Capehart G.C., Omaha
Frank McKenzie, Jr., Platteview C.C., Omaha
Jack Moneice, Heritage Hills G.C., McCook
Sandra K. Mekiney, Platteviw C.C., Omaha
Elaine Milford, Applewood C.C., Omaha
Ron Miller, Grand Island Municipal G.C., Grand Island
Arnie Noe, Platteview C.C., Omaha
Clayton Mohlman, Valley View C.C., Central City
C.J. Morey, Minden C.C., Minden
James M. Murphy, Applewood G.C., Omaha
Herman E. Myers, Jr., Happy Hollow Club, Omaha
John Naatz, Miracle Hill G.&T.C., Boystown
Ronald Nagaki, Alliance Skyview, Alliance
Wayne Hard, Causeway Club, Southwest Harbor
Gene Narducci, Tara Hills, Papillion
Mike Naughton, Highland C.C., Omaha
James D. Nelson, Norfolk C.C., Norfolk
Michael J. Nelson, Skyline Woods, Elkhorn
Al Nepomnick, Highland C.C., Omaha
Dale W. Niemi, Capehart G.C., Omaha
Dan O'Banion, Aurora C.C., Aurora
James Oberg, Elks C.C., Hastings
James O'Connor, Miracle Hills, Omaha
Justin Olson, Elkhorn Acres G.C., Stanton
Bill Parsons, Plattsmouth C.C., Plattsmouth
Pam Patterson, Fremont G.C., Fremont
Ken Perry, Hillcrest C.C., Lincoln
Harry G. Perkins, Grand Island Municipal, Grand Island
Rich Pesak, Capehart G.C., Omaha
Todd Peterson, Capehart G.C., Omaha
J. Patrick Phelan, Riverside G.C., Grand Island
Betty Phinney, Miracle Hill, Boystown
Frank E. Piccolo, Broadmoor G.C., Colorado Springs
Jim Pickrel, Spring Lake, Omaha
John R. Pile, Norfolk C.C., Norfolk
Jess Pilkington, Torrington G.C., Torrington
Neal Prince, Fairbury C.C., Fairbury
Steven P. Quane, Tara Hills G.C., Papillion
Donald Raab, Offutt A.F.B. Course, Offutt A.F.B.
Doris Jeanne Rainbolt, Heritage Hills, McCook
Robert Redfield, York C.C., York
John A. Reed, Auburn C.C., Auburn
Richard J. Reese, Cedar Crest C.C., Topeka
Virgil Reigert, Holmes G.C., Lincoln
Lance Reich, Applewood, Omaha
Joel Reimer, Norfolk C.C., Norfolk
Bob Reynolds, C.C. of Lincoln, Lincoln
Jerry Richards, Grand Island Municipal, Grand Island

1983 HOLES-IN-ONE

Clint Richardson, Superior C.C., Superior
J. F. Rizzi, Skyview G.C., Alliance
Andrea Robak, Elks C.C., Columbus
Patrick Rodysill, Valley View C.C., Central City
Thomas W. Roehmich, York C.C., York
Steve Roverud, Applewood, Omaha
Jerry Rupp, Gering Municipal G.C., Gering
Ginni Ruth, Capehart, Omaha
Jim Sabin, Miracle Hill G.C., Boystown
Ed Sachs, Applewood G.C., Omaha
Joan Rousseau, Base G.C., Omaha
Teri Saddler, Miracle Hills G.&T.C., Boystown
Steven Schmidt, Pioneers G.C., Lincoln
Dennis L. Schneider, Heritage Hills, McCook
Ken Schmieding, Seward C.C., Seward
Lila Schoen, Fairbury C.C., Fairbury
Larry R. Schomaker, Blytheville A.F.B., Blytheville
Arthur D. Schnell, Skyview Municipal G.C., Alliance
Wendell Schoening, Kearney C.C., Kearney
Jeff Schroeder, Westwood Heights G.C., Omaha
Irv Schuman, Riverview C.C., Scottsbluff
R. B. Schwaner, O.D., Scottsbluff C.C., Scottsbluff
Jack Shemat, Elkhorn Acres G.C., Stanton
John Showalter, Applewood, Omaha
Paula M. Shull, Riverside G.C., Grand Island
Maxine Simons, Highland C.C., Omaha
Harry Simonton, Meadowbrook G.C., Rapid City
Ken Sleeger, Torrington G.C., Torrington
Paul Slotsve, Maple Village, Omaha
Arldean Smitheram, Riverside G.C., Grand Island
Wendell L. Snyder, Kearney C.C., Kearney
Brenda V. Soukup, Bay Hills C.C., Plattsmouth
Bill Spangler, C.C. of Lincoln, Lincoln
Lavay Spech, Ashland C.C., Ashland
Dick Speth, Lakeview, Ralston
Darin Spurgeon, Riverview G.&C.C., Scottsbluff
David J. Stahl, Applewood, Omaha
Dale Starr, Holiday Island C.C., Holiday Island
John D. Stone, Capehart G.C., Omaha
Ray Stramel, Heritage Hills, McCook
Lee Ray Stricker, Riverview C.C., Scottsbluff
Mel Strong, Highland C.C., Omaha
Ken Sullivan, Valley Inn & C.C., Brownsville
Sam Teply, Lakeside C.C., Elwood
Tom Thomsen, Fremont G.C., Fremont
Robert W. Tilden, Mid Country Recreation Ass'n, Arapahoe
L. Jo Titus, Golden Hills Golf Resort, Mesa
Kathy Tompkins, Westwood Heights G.C., Omaha
Dick Traill, Lakeside C.C., Elwood
Leroy Trofoholz, Elks C.C., Columbus
Tony Tyma, Des Moines G.&C.C., W. Des Moines
Christl, Upchurch, Oak Hills C.C., Omaha
Steve Urwiler, Cedar View, Laurel
Mary Jo Van Schuyver, Riverview, Scottsbluff
Nancy S. Von Gillern, Lakeshore, Council Bluffs
Joe Wachter, Mahoney, Lincoln
Geoffrey Haynes Wallwork, Cedar Wood C.C., Matthews
Don Walters, Kearney C.C., Kearney
John Weers, Mohoney, Lincoln
Russell Weis, Tara Hills, Papillion
Nan Welch, North Green C.C., Rocky Mount
Thomas D. Welch, Westwood Heights, Omaha

Gary Werling, Imperial C.C., Imperial
Jeff Weston III, Beatrice C.C., Beatrice
Bernice Whitaker, Eagle Valley G.C., Carson City
Harold Whitcomb, Willow Greens, North Platte
Ray W. White, Meadow Park, Tacoma
Lenla Wiseman, Sky View Municipal G.C., Alliance
Dan Wolf, Mahoney G.C., Lincoln
Otto Wollenburg, Fairbury C.C., Fairbury
Randy Wollenburg, Hidden Acres, Beatrice
John F. Wooten, Jr., Capehart G.C., Omaha
Cliff Young, Holmes G.C., Lincoln
Milton H. Yudelson, Highland C.C., Omaha
Ernest Zanora, Tara Hills, Papillion
Ed Zimmerman, Sunset Valley C.C., Omaha

NEVADA

Ben Akert, Plumas Pines G.C., Blairsden
Dee Allred, Las Vegas G.C., Las Vegas
Ron Anderson, Sierra Sage G.C., Reno
Ambrose Arla, Washoe County G.C., Reno
Charles B. Armstrong, Black Mountain G.C., Henderson
Lynn Armstrong, Showboat C.C., Henderson
Tony W. Balen, Craig Ranch C.C., North Las Vegas
Rick Bartlett, Dunes C.C., Las Vegas
Ray Beallo, Las Vegas C.C., Las Vegas
Scott Beasley, Eagle Valley G.C., Carson City
Mark Behl, Ponderosa G.C., Truckee
Lou Berberet, Desert Inn C.C., Las Vegas
Gene Bettineschi, Tropicana G.&C.C., Las Vegas
James H. Blumlein, Winnemucca Municipal G.C., Winnemucca
John L. Bohannon, Edgewood Lake Tahoe, Stateline
Steven W. Bonner, Showboat C.C., Henderson
William Bozsan, Winterwood G.C., Las Vegas
Bud Bradshaw, Hidden Valley C.C., Reno
Neal Broderick, Craig Ranch C.C., No. Las Vegas
Frances Brown, Plumas Pnes G.C., Blairsden
Ron Brown, Winnemucca G.C., Winnemucca
Dick Brownfield, Ineline Village Executive G.C., Ineline Village
A. K. Burnham, Jr., Rockland C.C., Sparkill
George Burt, Valley G.C., Pahrump
John A. Caldwell, Canasawalta C.C., Norwich
Albert Cartlidge III, Lakeridge G.C., Reno
Randolph Chandler, Black Mountain G.&C.C., Henderson
Vicki Coleman, London Bridge G.C., Lake Havasu City
Danny Colleran, Showboat C.C., Henderson
Ralph V. Compton, Black Mountain C.C., Henderson
Charles G. Cook, Las Vegas G.C., Las Vegas
John J. Cooper, Brookside G.C., Reno
Jack Cross, Incline Village G.C., Incline Village
John J. Daley, Bill Roberts G.C., Helena
Floyd Davis, San Clemente Municipal G.C., San Clemente
Grady W. Davis, Las Vegas G.C., Las Vegas
Bill De Dario, Las Vegas G.C., Las Vegas
Bob Dee, Wildcreek G.C., Sparks
Douglas Delling, Sahara C.C., Las Vegas
Raymond A. Delude, Boulder City G.C., Boulder City
John Dermody, Hidden Valley C.C., Reno
Susan Diamond, Wildcreek G.C., Sparks
Roland DiIorio, London Bridge G.C., Lake Havasu City
Michael Dondero, Brookside Municipal G.C., Reno

1983 HOLES-IN-ONE

Howard Durler, Indian Hills C.C., Riverside
John F. Elmgren, Las Vegas G.C., Las Vegas
Larry Erickson, Showboat C.C., Henderson
Harry Fabian, Eagle Valley G.C., Carson City
Richard L. Farr, Wildcreek G.C., Sparks
William G. Farran, Black Mountain C.C., Henderson
Louis Fields, Washoe County G.C., Reno
Darrell Filler, Lake Ridge G.C., Reno
Shane Flowers, Balck Mountain G.&C.C., Henderson
Robert R. Foley, Washoe G.C., Reno
Bob Fox, Craig Ranch G.C., No. Las Vegas
Charlie E. Fricke, Brookside G.C., Reno
Franklin L. Gage, Sahara Nevada C.C., Las Vegas
Bret Galloway, Tropicana C.C., Las Vegas
Gene F. Garvin, Sahara C.C., Las Vegas
Mort Goldstein, Palmetto Dunes Resort, Hilton Head
Gerald Goodwill, Winterwood G.C., Las Vegas
Steve Graffagnino, Sierra Sage G.C., Reno
Jim Gubbine, White Pine G.C., East Ely
Howard W. Hackett, Las Vegas G.C., Las Vegas
Pauline Hafenrichter, Showboat C.C., Henderson
Thom Hamilton, Las Vegas C.C., Las Vegas
Clarence R. Harden, Boulder City G.C., Boulder City
Don Henson, Sattara C.C., Las Vegas
Dale Hill, Washoe County G.C., Reno
Rick Holden, Las Vegas G.C., Las Vegas
Milton Honek, Las Vegas C.C., Las Vegas
Phil Honek, Las Vegas C.C., Las Vegas
Ronald E. Horschmann, Boulder City G.C., Boulder City
Bob Huggard, Hidden Valley C.C., Reno
Robert G. Jackson, Incline Village Championship G.C., Incline Village
Sylvester James, Black Mountain G.C., Henderson
Joe Jaramillo, Showboat C.C., Henderson
Greg M. Johnson, Tropicana C.C., Las Vegas
Ginda Jones, Showboat C.C., Las Vegas
William R. "Bill" Jones, Las Vegas G.C., Las Vegas
Fred H. Junker, Carson Valley C.C., Gardnerville
Edward A. Kelemen, Black Mountain G.&C.C., Henderson
Tom Kennington, Las Vegas G.C., Las Vegas
Lamar Kevitbosch, Winterwood G.C., Las Vegas
Robert C. Keyser, Las Vegas G.C., Las Vegas
Charles Kilduff, Desert Inn C.C., Las Vegas
Bill Kinzie, Washoe County G.C., Reno
Earl Knowland, Jr., Ruby View G.C., Elko
Conrad Koning, Kapalua Village Course, Kapalua
Ray Kuykendall, Wildcreek G.C., Reno
Mark Adam Lanz, Incline Village Championship, Incline Village
Mark Line, Copper Mountain G.C., Copper Mountain
John Little, Tropicana Hotel & C.C., Las Vegas
Anita Lucas, Sierra Sage G.C., Reno
F. P. "Buz" Lychock, Dunes C.C., Las Vegas
Ben N. Maltz, Incline Village G.C., Incline Village
Paul R. Manville, Wildcreek G.C., Sparks
Richard Masluk, Boulder City Municipal G.C., Boulder City
George Massetti, Wildcreek G.C., Sparks
Mitch Mayhood, Nellis A.F.B. G.C., Las Vegas
Ray McCann, Nellis A.F.B. G.C., Las Vegas
John R. McEachern, Winnemucca G.C., Winnemucca
Joe McKamey, Winnemucca Municipal G.C., Winnemucca

Frank A. Merola, Las Vegas Municipal G.C., Las Vegas
Paul Michel, Pacific Grove Golf Links, Pacific Grove
Clifford Miller, Showboat C.C., Henderson
Penny Mitchell, Calvada Valley G.&C.C., Pahrump
Nick A. Moschetti, Jr., Washoe County G.C., Reno
Jack M. Murphy, Craig Ranch G.C., Las Vegas
Dick Nannini, Plumas Pines G.C., Blairsden
Doanld L. Neff, Needles Municipal G.C., Needles
Joseph Neff, Antelope Hills G.C., Prescott
Lillian Nelson, Las Vegas C.C., Las Vegas
Peter Nelson, Sahara C.C., Las Vegas
Art Nish, Eagle Valley G.C., Carson City
Joe Obucina, Winterwood G.C., Las Vegas
Pat Olliges, Las Vegas C.C., Las Vegas
Glenn E. Olson, Black Mountain C.C., Henderson
Tom Papagna, Tropicana C.C., Las Vegas
Bob Park, Desert Inn C.C., Las Vegas
Mary Pearson, Las Vegas G.C., Las Vegas
Jack L. Pemberton, Sahara C.C., Las Vegas
Jim Pinkerton, Maui C.C., Paia
John Pocock, Winterwood G.C., Las Vegas
Anita Poli, Wildcreek G.C., Sparks
Rob Polli, Jr., Wildcreek G.C., Sparks
Samantha Powers, Showboat C.C., Henderson
Ted Radzwillowicz, Showboat C.C., Henderson
Irene Richardson, Showboat C.C., Henderson
Eddie Rogers, Craig Ranch C.C., No. Las Vegas
Thomas Roth, Sierra Sage G.C., Reno
Frank J. Sala, Desert Inn & C.C., Las Vegas
Steve S. Salazar, Tropicana C.C., Las Vegas
Carl Saunders, Las Vegas G.C., Las Vegas
Vern Schliet, Black Mountain C.C., Henderson
Mark R. Schneider, Nellis A.F.B. G.C., Las Vegas
John T. Sedorook, Las Vegas G.C., Las Vegas
Charles H. Sieh, Wildcreek G.C., Sparks
Sid Simon, Las Vegas C.C., Las Vegas
Dan Siri, Wildcreek G.C., Sparks
Fred A. Sitton, Sierra Sage G.C., Reno
Bert A. Smith, Washoe County G.C., Reno
Charlotte C. Smith, Graeagle Meadows G.C., Graeagle
George R. Smith, Washoe G.C., Reno
Ian Craig Stewart, Wildcreek G.C., Sparks
Arthur Stone, Black Mountain G.C., Henderson
Troy D. Stone, Burley Municipal G.C., Burley
Greg Sullivan, Black Mountain G.&C.C., Henderson
Mitzie M. Sundberg, Calvanda Valley G.&C.C., Pahrump
Steve Swecker, Winnemucca Municipal G.C., Winnemucca
Frank Taylor, Orange Tree G.C., Scottsdale
Henry Tepper, Las Vegas G.C., Las Vegas
Chuck Thomas, Wildcreek G.C., Sparks
Donald E. Tille II, Nellis A.F.B. G.C., Las Vegas
Steve Tomczack, Craig Ranch C.C., No. Las Vegas
Philip D. Trelcar, Brookside Municipal G.C., Reno
Carl L. Vollmer, Walker Lake C.C., Hawthorne
John Wagner, Brookside Municipal G.C., Reno
William H. Waite, Washoe County G.C., Reno
Ronald E. Walters, Brookside G.C., Reno
Robert C. Webb, Black Mountain Municipal G.C., Henderson
Mike Whinery, Wildcreek G.C., Reno
Kay Whitecliff, Las Vegas G.C., Las Vegas
Brad Williams, Wildcreek G.C., Sparks

1983 HOLES-IN-ONE

Bill Wilson, White Pine G.C., East Ely
Steve Wilson, Craig Ranch G.C., No. Las Vegas
Woodrow Wilson, Craig Ranch G.C., No. Las Vegas
Dorothy M. Wise, Sahara C.C., Las Vegas

NEW HAMPSHIRE

Effie K. Anthony, Nashua C.C., Nashua
Donald M. Archambault, Sagamcre-Hampton G.C., No. Hampton
Patrick Atkins, Whip-Poor-Will, Hudson
Jay Aylward, Waumbek G.C., Jefferson
Angie Balboni, Manchester C.C., Bedford
Joseph E. Baran, Peace A.F.B. G.C., Peace A.F.B.
David Bates, Eastman G.C., Grantham
Sandy Bradbury, Manchester C.C., Bedford
Harry M. Briggs, Vesper C.C., Tyngsboro
Dan Capiello, Manchester C.C., Bedford
Edward A. Cellupica, Rochester C.C., Rochester
Rick Cerilli, Cocheco C.C., Dover
Peter Chaloner, Green Meadows G.C., Hudson
Kay Champagne, Beaver Meadow, Concord
Joseph S. Chaplick, Whip-O-Will, Hudson
Helen E. Chapman, Plausawa Valley, Concord
Gerald Cherry, Cochecho C.C., Dover
Jo Clifford, Aben Aqul G.C., Rye Beach
Dr. Wm. Clutterbuck, Manchester C.C., Bedford
Jeanette Corrigan, Waumber G.C., Jefferson
Albert E. Couture, Jr., Goffstown G.C., Goffstown
Dolores A. Cregan, Manchester C.C., Bedford
Tina Cricenti, C.C. of N.H., Sutton
Robert L. Depinquertaine, Manchester C.C., Bedford
Mary De Redon, Sagamore Hampton G.C., North Hampton
Aime H. Desmarais, Derryfield C.C., Manchester
James Dyke, Lake Morey C.C., Fairlee
James J. Ferry, Point Judith C.C., Narragansett
Bruce Forbes, Manchester C.C., Bedford
Robert Fowler, Beaver Meadow, Concord
William Fraser, Cochecho C.C., Dover
John Gallagher, Manchester C.C., Bedford
Wes Gardner, Abenaqui C.C., Rye Beach
Amos W. Gile, Hanover C.C., Hanover
Fred Goffe, Green Meadow G.C., Hudson
Frances M. Gosselin, Wentworth By-The-Sea, Portsmouth
Jack Grady, Manchester C.C., Bedford
Peter Haley, Wareham G.C., Onset
Skip Hegel, Amherst C.C., Amherst
Richard C. Hein, Hoodkroft C.C., Derry
Mona P. Hill, Middleton G.C., Middleton
Barbara Hocking, Wentworth Fairways, Rye
Richard F. Hopkins, Rochester C.C., Gonic
James B. Horman, Majalaki C.C., Franklin
Dana Hunter, Dorset Field Club, Dorset
Mario Infanti, Nashua C.C., Nashua
Robert C. Irvine, Nashua C.C., Nashua
Elizabeth S. Jette, Plausewa G.C., Concord
Walt Jones, Manchester C.C., Bedford
John Kaplan, Manchester C.C., Bedford
Mirth Kennedy, Nashua C.C., Nashua
Joe King, Abenaqui C.C., Rye

Jean Kondrat, Rockingham C.C., Newmarket
Harry Kreitmayer, Rochester C.C., Rochester
Don Lafferty, Androscoggin Valley C.C., Gsorham
Jim Lally, Duston C.C., Contoocook
James Lamy, Goffstown C.C., Dunbarton
Marc Larochelle, Cochecho C.C., Dover
Jack Les, Manchester C.C., Bedford
Roger Lesmerises, Intervale C.C., Manchester
John Longvac, Dennyfield C.C., Manchester
Bob MacInnis, Bass Rocks G.C., Gloucester
Richard MacNeil, Sagamore-Hampton, North Hampton
Hank Manogian, Manchester C.C., Bedford
Charles Mantegani, Charming Fare Links, Candia
Alfred Margro, Lake Buena Vista C.C., Lake Buena Vista
Dick Miller, Whip-Poor-Will, Hudson
Rick Miller, Glen Abbey G.C., Oakville
William Milne, Whip-Poor-Will G.C., Hudson
Armand Milot, North Conway C.C., No. Conway
Louis W. Moller, Jr., Dunedin C.C., Dunedin
Edward P. Moran, M.D., Ocean Palm G.C., Flagler Beach
Thomas O'Riordan, Oak Hill C.C., Meredith
Michael P. Ottati, Windsor C.C., Windsor
Gary Ouellette, Kingswood G.C., Wolfedoro
Gene A. Pelletier, St. Lawrence G.&C.C., Canton
Joe Penna, Beaver Meadow C.C., Concord
Michael Pickering, Sagamore-Hampton G.C., N. Hampton
Maurice C. Pike, Jr., Kearsarge C.C., N. Sutton
Ron Pope, Beaver Meadow G.C., Concord
Helen Rego, Eastman Golf Links, Grantham
Paul N. Reilly, Monadnock C.C., Peterborough
Glyn Reinders, Windsor C.C., Windsor
Jerry Richards, Amherst C.C., Amherst
Ray J. Richards, Kearsarge Valley C.C., Sutton
Dick Rislove, Manchester C.C., Bedford
Erling Roberts, Waumbek G.C., Jefferson
Russell W. Robinson, Beaver Meadow G.C., Concord
Kevin Routhier, Hoodkroft C.C., Derry 1
Richard Sanderson, Bald Peak Colony Club, Melvin Village
John F. Scala, Jr., Farmington C.C., Farmington
Joyce Sheppard, Jack O'Lantern Resort, Woodstock
John M. Simonelli, Charming Fare Links, Candia
Fred F. Sleeper, Bethlehem C.C., Bethlehem
Ruzena Staab, Waumber G.C., Jefferson
Jim Stadtmiller, Meadow Lane, Indiana
Chadd Stevens, Exeter C.C., Exeter
Jane B. Stillings, Waukewan G.C., Center Harbor
Jack Sullivan, Abenaqui C.C., Rye Beach
Bruce Syphers, Portsmouth C.C., Greenland
Clinton E. Taber, Heritage C.C., Charlton
Leo P. Taillon, North Conway C.C., North Conway
Jeanne Thomson, Pleasant Point Plantation, Beaufort
Robert G. Timko, Abenaqui C.C., Rye Beach
Nicole Tombs, Manchester C.C., Bedford
Theresa Tondreau, Androscoggin Valley C.C., Gorham
Dan Wilkins, Laconia C.C., Laconia
C. Richard Williams, Cochecho C.C., Dover
Jim Williams, Pine Groves Spring C.C., Spofford
Robert J. Wilson, C.C. of New Hampshire, N. Sutton
Bob Woodnorth, Jack O'Lantern Resort, Woodstock
Irene Wright, Bardmoor C.C., Largo

509

1983 HOLES-IN-ONE

NEW JERSEY

Manny Abraham, Hollywood G.C., Deal
Paul Acerra, Hanover C.C., Wrightstown
Henry A. Acheyer, Jr., Ridgewood C.C., Ridgewood
Robert Adrian, Darlington G.C., Habwah
Kwang Yong Ahn, Aspen G.C., Aspen
Dave Airel, Farmstead G.&C.C., Lafayette
Don Alexa, Tara Greens G.C., Somerest
Art Alexander, Goodyear G.&C.C., Litchfield Park
Willodeen Algarotti, Fort Monmouth G.C., Ft. Monmouth
Tony Alise, Flanders Valley, Morristown
Clifton Allen, Westwood G.C., Woodbury
L.P. Allen, Morristown Field Club, Morristown
Frank C. Alles, Indian Springs, Harlton
John A. Altman, Upper Montclair C.C., Clifton
Moses David Alvarez, The Meadows Two C.C., Lincoln Park
Lyle Alverson, Atlantis C.C., Tuckerton
Anthony Ambrosio, Glen Ridge C.C., Glen Ridge
Jack A. Ammons, Holly Hills G.C., Alloway
Frank Peter Amodio, Douglaston Park G.C., Douglaston
Louise Amodio, Old Orchard C.C., Eatontown
George M. Amrich, Jr., Oak Ridge G.C., Agawam
Clary Anderson, Rossmoor, Jamesburg
Joe Anderson, Quail Brook, Bridgewater
Anne Angioletti, Pierre Marques Hotel, Acapulco
R. James Annarella, Boca West Club, Boca Raton
Thomas Antonelli, Hendricks Field, Belleville
Floyd Apgar, Apple Mountain G.C., Belvidere
Johanna Apicella, Rockland C.C., Sparkill
Frank Approvato, Penn Brook, Basking Ridge
Carlo Arcamone, Hopewell Valley G.C., Hopewell
Drew Arcomano, Old Orchard, Eatontown
Frank Argenziano, Rolling Green G.C., Sarasota
Mrs. Beverly Arnold, Bamm Hollow C.C., Lincroft
Richard P. Arway, Homony Hills G.C., Colts Neck
Lynn Lorna Asquith, Ramsey G.&C.C., Ramsey
Raymond L. Aten, Picatinny C.C., Dover
James R. Atson, Pitman G.C., Pitman
Thomas Bachman, Pine Crest. Hammoutow
Mildred Baechtold, Tamarack, E. Brunswick
Wilson Baker, Oak Hill G.C., Milford
Lois R. Barber, Centerton G.C., Elmer
Charles Barclay, Glenwood C.C., Old Bridge
Michael Barile, High Mountain G.C., Franklin Lakes
Nancy M. Barnhart, Bedens Brook Club, Skillman
Howard Baroudi, Holly Hills G.C., Alloway
Shirley Barra, Montclair G.C., Montclair
John J. Barrett, Battle Ground, Tennent
James K. Barry, Green Pond G.C., Marcella
Shaun M. Barry, Tamarack G.C., East Brunswick
William M. Barry, Flanders Valley G.C., Flanders
William P. Baske, Peace Pipe C.C., Denville
W. David Bauer, Spring Meadow G.C., Farmingdale
Joe Beck, Green Tree C.C., Mays Landing
Terry Beers, Pitman C.C., Pitman
Jame E. Bell, Oak Hill G.C., Milford
Rafe C. Bencivengo, Princeton C.C., Princeton
A. David Bennett, Picatinny, Dover
Chris Bernadino, Rutgers G.C., Piscataway
Alton R. Berg, Old Tappan G.C., Old Tappan
Leon Berk, Montammy G.C., Alpine
Jerry Bernstein, Woodlake C.C., Lakewood
Amy F. Biberfeld, Doral C.C., Miami
Jules Bierhals, Woodlake C.C., Lakewood
Edmund W. Bilhuber, Rock Spring Club, West Orange
Harry Billerbeck, Rumson C.C., Rumson
Robert Bisbano, Spook Rock G.C., Suffern
Robert Blackburn, Stricklands Wiscasset G.C., Mt. Pocono
William Blount, Howell Park C.C., Howell Township
Paul Blumenthal, Knoll East G.C., Parsippany
Salvatore J. Blumetti, Tamarack G.C., East Brunswick
Paul Bober, Galloping Hill G.C., Union
Mickey Bogen, Haworth C.C., Haworth
Henry Boniface, Walkill C.C., Franklin
Tom Bontempo, Braidburn C.C., Florham Park
James W. Boone, Sr., Old Orchard C.C., Eatontown
Victor Bosiak, Flanders Valley G.C., Flanders
Edward Boughton, Upper Montclair C.C., Clifton
Harvey Braaf, Tamarack, E. Brunswick
Gerald Brauer, Ramblewood C.C., Mt. Laurel
Lewis Brecher, Twin Brooks G.C., Watchung
Charles H. S. Brennan, Jr., Tavistock C.C., Haddonfield
W. E. Brothers, Canoe Brook C.C., Summit
Bill Brown, Sr., Oak Ridge G.C., Clark
C. K. Brown, Westwood G.C., Woodbury
Tom Browne, Flanders Valley G.C., Morristown
Joseph Brownlee, Cranbury G.C., Cranbury
A. R. Brubaker, Madison G.C., Madison
Bill Bruce, Medford Village C.C., Medford
William D. Buist, Hendricks Field G.C., Belleville
John E. Bukoski, Ft. Monmouth G.C., Ft. Monmouth
Frank Buono, Old Orchard C.C., Eatontown
George Burger, Scotch Hills C.C., Scotch Plains
Ray Burger, Hopewell Valley G.C., Hopewell
Bill Burgermaster, Bamm Hollow C.C., Lincroft
Wilfred Burgess, Buena Vista C.C., Buena Vista
John Burke, Galloping Hill G.C., Union
Rick Burr, Beaver Brook C.C., Clinton
Gregg Butler, Blue Hill G.C., Pearl River
Kay E. Butters, Ramblewood C.C., Mt. Laurel
Shirley Byrne, St. Andrews C.C., Boca Raton
Paul L. Caffrey, Mt. Tabor C.C., Mt. Tabor
Thomas Cameron, Lakehurst, Lakehurst
Chuck Campbell, Ramsey G.&C.C., Ramsey
Edward Campbell, Stone Harbor G.C., Cape May Court House
Mike Cantillo, Oak Ridge G.C., Clark
William J. Capik, Roxiticus G.C., Mendham
Dr. Tom Capotosta, Trenton C.C., Trenton
Vincent Capuano, Flanders Valley G.C., Flanders
Joseph L. Carboni, Atlantic City C.C., Northfield
Frank Careri, Sr., North Jersey C.C., Wayne
Domenic Carina, Kresson G.C., Kresson
Doris M. Carlisle, Jumping Brook G.C., Neptune
Margaret Carney, Tavistock C.C., Haddonfield
Charles Carroll, Green Pond G.C., Rockaway
John Carton, Manasquan River G.C., Brielle
Terrie Cassino, Rockaway River C.C., Denville
B. T. Cates, Holly Hills G.C., Alloway
Chris Catogee, Hopewell Valley G.C., Hopewell
Michael Celletti, Paramus G.&C.C., Paramus
Flo Cerveny, Ocean Acres, Manahawkin
Frank Chapot, Newton C.C., Newton

1983 HOLES-IN-ONE

Alice M. Charte, Jumping Brook C.C., Neptune
Sylvia Chasens, Bowling Green, Milton
Arthur N. Chernin, Mt. Ridge C.C., W. Caldwell
Babe Cherry, B. L. England Recreation Center, Beesleys Point
Frank P. Chetnik, Walkill C.C., Franklin
Lou Chipparoni, Rancocos C.C., Willingboro
John Chisholm, Tavistock C.C., Haddonfield
John Chodzko, Cranbury G.C., Cranbury
Adolf Christ, Farmstead G.&C.C., Andover
Stuart A. Christie, Somerset Hills C.C., Bernardsville
James K. Chung, Americana Great Gorge, McAfee
John Cilo, No. Jersey C.C., Wayne
Joe Cirkus, Edgewood C.C., River Vale
Solomon C. Clark, Old Orchard C.C., Eatontown
Gerard T. Cleary, Roxitieus G.C., Mendham
Morrie Clendenny, Battleground C.C., Tennent
Eleanor Coffey, The Links at Kings Point, Marlton
Herb Cohen, North Shore C.C., Glen Head
Sunny Cohn, Bonaventure C.C., Ft. Lauderdale
Jerry Colabelli, Roselle G.C., Roselle
Jeff Colaiacovo, Bey Lea G.C., Toms River
Nick Colangelo, Fox Hollow G.C., Somerville
Kenneth R. Cole, Jr., Burning Tree Club, Bethesda
Susan Comeau, Waterville Valley G.C., Waterville Valley
Dr. Franco Compagnone, Rock Spring Club, W. Orange
Harry Conay, Augusta C.C. "Ingleside", Staunton
Charles W. Conderman, Marvins C.C., Macedon
Robert B. Connelly, Canoe Brook C.C., Summit
Charles N. Contor, Toftrees C.C., State College
Edwin F. Cook, Shinnecock Hills G.C., Southampton
Harold F. Cook, Old Orchard C.C., Eatontown
Milton A. Cooper, Paxon Hollow C.C., Media
Elwood S. (Woody) Corson, Wildwood G.&C.C., Cape May Court House
Edward F. Corton, Upper Montclair G.C., Clifton
Thomas A. Cowen, River Forest C.C., Freeport
Bill Cowley, Battleground C.C., Tennent
Barbara T. Crawford, Peace Pipe C.C., Tenville
Lawrence Crisman, Spring Meadow, Farmingdale
Roy Crosby, Princeton Meadows C.C., Plainsboro
Bob Crum, Baltusrol G.C., Springfield
Dan Crum, Hanover C.C., Wrightstown
Bart Cree, Montclair G.C., West Orange
Donald E. Cronin, Hackensack G.C., Oradell
Bradford Crouch, Medford Village C.C., Medford
Dr. Edward J. P. Curry, Greentree C.C., Mays Landing
Milton Dale, Wildwood C.C., Cape May Court House
Edward Dallas, Kresson G.C., Kresson
Ann Daly, The Meadows I, Lincoln
Edith Daly, Little Mill C.C., Marlton
Louis D'Angelo, Darlington G.C., Mahwah
Helen M. Danson, Golden Pheasant G.C., Medford
Pat A. D'PApolito, Fox Hollow, Somerville
Mary Daunais, Peddie G.C., Hightstown
Ronald W. Davis, Cranbury G.C., Cranbury
Jack Davitt, Panter Valley G.&C.C. Hackettstown
Robert Davitt, Fiddlers Elbow C.C., Far Hills
Chip Dayton, Howell Park G.C., Farmingdale
Robert Debbs, Spring Lake G.C., Spring Lake Heights
Pat DeBlassi, Rutgers G.C., Piscataway
Neil DeFazio, Tamcrest C.C., Alpine
John DeFrancesco, Pitman G.C., Pitman

Monica DeGuzman, Bamm Hollow G.C., Lincroft
Edward DeLena, Hominy Hills, Colts Neck
Skip Dell, Wedgewood C.C., Turnersville
Charles L. DelNero, St. Augustine Shores C.C., St. Augustine
Norman R. DeLong, Jr., Great Bay G.C., Sommers Point
Bruce Demerice, Hanover C.C., Wrightstown
Sandy Dennis, Forsgate C.C., Jamesburg
Tony Derwitz, Lakeview G.C., Delray Beach
Michael K. DeToro, Pennbrook City Club, Basking Ridge
Bill Devansky, Knob Hill C.C., Freehold
Edna Devansky, Bel Aire G.C., Allenwood
Jim Devine, Rancocas C.C., Willingboro
Andy DeZaio, Hendricks Field G.C., Belleville
Anthony DiFabio, Indian Springs G.C., Marlton
J. W. Dildine, Sabal Palm C.C., Ft. Lauderdale
Robert Dilts, Ridgewood C.C., Paramus
Frank DiMiro, Hendricks Field G.C., Belleville
Joseph DiOrio, Atlantic City C.C., Northfield
Howard Dolainski, Glen Ridge C.C., Glen Ridge
Rudi Dombroski, Bey Lea, Toms River
Comy T. Donato, Ashbrook G.C., Scotch Plains
Larry Donley, Apple Ridge C.C., Mahwah
Mary Donohoe, Flanders Valley, Flanders
Lori Doremus, Newton C.C., Newton
Ralph D. Dorsey, Jumping Brook C.C., Neptune
W. B. Douthett, Kresson G.C., Kresson
Paul Dowd, Lakehurst G.C., Lakehurst
Gordon Downin, Overpeck G.C., Teaneck
Paul Dranow, Farmstead, Andover
George Dresh, Green Tree C.C., Mays Landing
Robert G. Duffus, Mendham G.&T.C., Brookside
C. P. Dufresne, Mendham G.&T.C., Mendham
Helen Denham, Metuchen G.&C.C. Edison
Thomas Dunn, Tamarack, East Brunswick
Thomas Durning, Blackwood G.C., Blackwood
Walter Eadson, Washington Township, Turnerville
Max Eber, Hendricks Field G.C., Belleville
Mrs. Marion G. Eckrion, Cedar Creek G.C., Berkeley
Jack B. Edmonds, Ridgewood C.C., Ridgewood
Jeffrey Eger, Mays Landing C.C., Pleasantville
Winnie Garett Eisen, Apple Ridge C.C., Mahwah
Daniel A. Eisenhuth, Little Mill C.C., Marlton
Austin Elia, Paramus G.&C.C. Paramus
Michael R. Elko, Cranbury G.C., Cranbury
Hans Enard, Suburban G.C., Union
John C. Enourato, Cream Ridge G.C., Cream Ridge
Richard Errickson, Latona C.C., Buena
Nelson L. Evans, Pinecrest G.C., Winslow
Robert M. Evans, Princeton C.C., Princeton
Thomas A. Evans, Golden Pheasant G.C., Medford
Richard Fabio, Oak Ridge G.C., Clark
Bob Famiglietti, Tall Pines C.C., Sewell
Bob Fanburg, Spyglass Hill, Pebble Beach
Thomas J. Fay, Shawnee Inn & C.C., Shawnee On Delaware
Dr. Sid Feinberg, Roselle G.C., Roselle
Philip J. Felice, Tara Greens G.C., Somerset
Lillian Fenelon, Del Ray Dunes G.&C.C. Boynton Beach
Fred Ferchinger, Spring Meadow G.C., Farmingdale
Joe Ferraro, Tamarack G.C., E. Brunswick
Sesto A. Ferretti, Oak Hill G.C., Milford
Louis A. Fichera, Oak Hill G.C., Milford

1983 HOLES-IN-ONE

H. Fields, Edgewood C.C., Riverdale
Judy Fine, Braidburn G.C., Florham Park
Frank Fischer, Myrtle Beach National G.C., Myrtle Beach
Donald P. Fisher, Willowbrook C.C., Delran Township
Jack Fisher, Boca Woods C.C., Boca Roton
Gene Flanagan, Old Orchard C.C., Eatontown
Richard Fliessner, Canoe Brook C.C., Summit
Ray Florersch, Metuchen C.C., Edison
Paul T. Flynn, Glenwood C.C., Oldbridge
Andrew E. Ford, Jr., Holly Hills, Alloway
Walter P. Fornal, Jr., Mountain View G.C., Trenton
Richard E. Foltz, Greate Bay C.C., Somers Point
Harold J. Forth, Flanders Valley, Flanders
Lonnie T. Foster, Freeway G.C., Sicklerville
John S. Fountain, Farmstead G.&C.C. Lafayette
Bob Frankel, Linwood C.C., Linwood
Bob Freeman, Boca Raton Hotel Course, Boca Raton
Dick Frey, Cedar Creek G.C., Bayville
Frances Friedberg, Boca Lago C.C., Boca Raton
Arthur Friedman, Battleground C.C., Tennent
Douglas Friedrich, Dorado Beach G.C., Dorado
Mr. Savage Frieze, Knickerbocker C.C., Tenafly
Don Frio, Essex County C.C., West Orange
Mrs. Carolyn Frohboese, Glen Ridge C.C., Glen Ridge
Frank Frusko, Plainfield C.C. West, Edison
Audrey Fuller, Frenchman's Creek G.C., Lake Park
Robert E. Fulton, Moselem Springs G.C., Fleetwood
John Funderburk, Bowling Green G.C., Milton
Pat Furlong, Green Pond G.C., Rockaway
James Gaccione, High Mountain G.C., Franklin Lakes
Tom Gaffney, Plainfield C.C., Plainfield
Milton Gale, Nevasink C.C., Middletown
Tom Galemba, The Meadows of Lincoln Park C.C., Lincoln Park
Kevin Gallinari, Spook Rock, Suffern
Leonard Gannet, Crestmont C.C., W. Orange
Paul E. Gardner, Roxiticus G.C., Mendham
Dr. Harold V. Garrity, Jr., Deal G.&C.C. Deal
Robert Gartz, Knob Hill C.C., Freehold
Furman H. Garwood, Beckett G.C., Swedesboro
George Gates, Ash Brook G.C., Union County
Tom Gaynor, Fox Hollow, North Branch
Virginia Gaynor, Plainfield C.C., Edison
Dr. Frederick B. Genualdi, Fairmount C.C., Chattam Township
J. Rowland George, Black Wood C.C., Blackwood
Rusty Gialanella, Spring Meadow G.C., Farmingdale
Elmer Gianbattista, Flanders Valley, Flanders
John Giel, Sands Greate Bay C.C., Somers Point
Antonio Gil, Cranbury G.C., Cranbury
Allan Gilbert, Ponca City C.C., Ponca City
Loroine Gillette, Beacon Hill C.C., Atlantic Highlands
Joseph Giumarelt, Sr., Pocono Manor G.C., Pocono Manor
William Gnade, Mount Airy Lodge, Mt. Pocono
Evo Gobbi, Oak Hills G.C., Milford
Paul Godman, Pitman G.C., Pitman
Sara M. Godman, Pitman G.C., Pitman
Barry Goff, Jr., Atlantic City C.C., Northfield
Charles Goldstein, Crestmont C.C., W. Orange
William J. Gonska, Bay Tree Plantation, N. Myrtle Beach
Leon Goodman, Ash Brook G.C., Scotch Plains
Peter C. Gordon, Spook Rock C.C., Suffern

Calvin H. Gorman, Willowbrook C.C., Moorestown
Robert M. Goukler, B. L. England Golf Center, Beesleys Point
Thomas Grandinetti, Overpeck Bergen County Golf, Teaneck
John F. Greco, Sr., Howell Park G.C., Farmingdale
Dennis Green, Golden Pheasant G.C., Medford
Jordan S. Green, Camp Sea Gull, Arapahoe
Robert W. Green, Hackensack G.C., Oradell
Gary Greenwalt, Greentree C.C., Somers Point
Robert M. Grella, Darlington G.C., Mahwah
Tony Grenci, No. Jersey G.C., Wayne
Herbert P. Griffiths, Fort Dix C.C., Wrightstown
Dorothy Grimnie, Medford Village, Medford
Eleanore Groh, Skytop Club, Skytop
George H. Grube, Pascack Brook C.C., River Vale
Robert E. Gut, Atlantis C.C., Tuckerton
Tom Haecar, Atlantis C.C., Tuckerton
Ellen Haggerty, Newton C.C., Newton
George S. Hagstoz, Jr., Sleepy Hollow C.C., Scarborough-On-Hudson
A. S. Haig, Suburban G.C., Union
Timothy J. Hall, Fox Hollow G.C., Someville
Pat Halpin, Spring Meadow G.C., Farmingdale
Geo. Hansen, Roselle G.C., Roselle
Harold Hansen, Stone Harbor G.C., Cape May Court House
Kingdon D. Hanson, Blackwood C.C., Blackwood
Richard C. Harding, Rancocas C.C., Willingboro
Jack Harlow, Fort Monmouth G.C., Ft. Monmouth
John Harom, Darlington G.C., Mahwah
Richard R. Harshman, The Woodlands, Tamarac
Judy Harter, Holland Orchards, Marlboro
Nancy M. Hartmann, High Mountain G.C., Franklin Lakes
Michael J. Hathazi, Hanover C.C., Wrightstown
Eugene Haubenstock, Preakness Hills C.C., Wayne
Bob Hedinger, Apple Mountain, Belvidere
Ronald L. Hepfner, Hidden Hills G.C., Hackettstown
Charles J. Helhowski, Mountain View C.C., West Trenton
Frank Hellriegel, Galloping Hill G.C., Union
Mike Hemighaus, Tara Greens G.C., Somerset
Joseph E. Hepp, Jr., B. L. England G.C., Marmora
Mrs. Esther Herman, The Fountains C.C., Lake Worth
Ed Herr, Deal G.C., Deal
Les Heskett, Farmstead G.&C.C. Lafayette
Leonard Hetson, Fountains C.C., Lake Worth
George Hetz, Bamm Hollow C.C., Lincroft
Elmer J. Hewitt, Pelican C.C., Belleair
Kearny Hibbard, Plainfield C.C., Plainfield
Terrance Hickey, Knickerbocker C.C., Tenafly
Edward A. Hildenbrandt, Green Tree C.C., Mays Landing
Frank Hoagland, Martin Downs, Stuart
Edward "Gene" Hoban, Hackensack G.C., Oradell
David D. Hobens, Knickerbocker C.C., Tenafly
Frank L. Hoch, Baltusrol G.C., Springfield
Herbert J. Holden, Water Gap C.C., Delaware Water Gap
Anthony W. Holl, Hendricks Field G.C., Belleville
Ruth Holloway, Little Mill C.C., Marlton
Aloyse Holman, Hopewell Valley G.C., Hopewell
Grover Hopkins, Flanders Valley, Flanders
James B. Horan, Jr., Washington Township G.C., Turnersville
Howard Hosmer, High Mountain G.C., Franklin Lakes

512

1983 HOLES-IN-ONE

Tsung S. Huang, Tamarack, E. Brunswick
Wallace E. Hudson, Stone Harbor G.C., Cape May Court House
Allen L. Hueber, Flanders Valley G.C., Flanders
Joseph Hughes, Glen Ridge C.C., Glen Ridge
Robert Hughes, The Tuxedo Club, Tuxedo
William B. Hughes, Spessard Holland G.C., Melbourne Beach
Scott Hunter, Pitman G.C., Pitman
Wm. T. Hunzinger, Waikoloa Beach G.C., Waikoloa
Ray Hurst, Sr., Trenton C.C., Trenton
Bernard Idson, Rivervale C.C., Rivervale
Anthony P. Ingemi, Buena Vista C.C., Buena Vista
James J. Jablonski, Tamarack, E. Brunswick
Emil (Swede) Jacobsen, Overpeck County Course, Teaneck
Virginia L. Jacobsen, Canoe Brook C.C., Summit
Raoul A. Jacques, Knoll West C.C., Boonton
David Jaeger, George Williams College, Williams Bay
William M. Jarema, Plainfield C.C., Plainfield
Kenneth Jayson, Greenbrook C.C., North Caldwell
Anthony Jennette, Knob Hill C.C., Freehold
Tom Jennings, Bowling Green G.C., Milton
Bill Jensen, Galloping Hill G.C., Union
Lou Jensen, Tarry Brae G.C., So. Fallsburg
Leslie Jerome, Edgewood C.C., Rivervale
Douglas K. Johnson, Twin Brooks C.C., Watchung
Gloria Johnson, Canoe Brook North Course, Summit
Robert Johnson, Green Tree C.C., Mays Landing
"Ham" Johnston, Howell Park G.C., Farmingdale
Clifton H. Jones, Hawaii Kai G.C., Honolulu
Mary Jones, Golden Pheasant G.C., Medford
Michael Jones, Princeton Meadows C.C., Plainsboro
Milton Jones, Princeton Meadows C.C., Plainsboro
Howard E. Jordan, Moorestown Field Club, Moorestown
Mel Kantrowitz, Farmstead C.C., Lafayette
Al Kapigian, White Beeches G.&C.C. Haworth
Phil Kaplun, Galloping Hill G.C., Union
Richard E. Kaps, Rockaway River C.C., Denville
George Karaffa, Tamarack G.C., E. Brunswick
Charles Karasek, Spring Meadow, Allaire
Don Katzer, Ramblewood C.C., Mt. Laurel
O. Robert Kaufman, Braidburn C.C., Florham Park
Kenneth W. Kakol, Westchester C.C., Rye
Robert K. Kaye, Medford Village C.C., Medford
Robert Kayser, Bunker Hill G.C., Princeton
Edward T. Keane, Mount Tabor C.C., Mt. Tabor/Parsippany
Rose M. Keefer, Rockview G.C., Montague
Hilda Keehn, Pennbrook C.C., Basking Ridge
Edgar Keepers, Atlantic City C.C., Northfield
Ronald L. Keller, Essex Fells C.C., Essex Fells
Edward Kempf, Latona C.C., Buena
Felix Kessler, Shark River Park, Neptune
Steve Kessler, Woodlake G.&C.C. Lakewood
Masao Kikushima, Forsgate C.C., Janesburg
Irvin C. Kilby, Mountain View G.C., Ewing Township
Tim King, Tamarack G.C., E. Brunswick
John Kirtley, Hanover C.C., Hanover
Ruth M. Klausner, Moshulu G.C., Bronx
Rev. John J. Klein, Passaic County G.C., Wayne
Howard A. Kleinman, Beckett G.C., Swedesboro
Harry C. Knecht, Rancocas C.C., Willingboro

Margaret Knight, Canoe Brook C.C., Summit
Dr. Ronald Kolator, Oak Ridge G.C., Clark
Marc S. Koltnow, Mays Landing C.C., Mays Landing
Yoshimasa Kondo, Riverdale C.C., Riverdale
Dolan Koonce, Jr., Weequahie G.C., Newark
Joseph F. Kornicki, Sr., Medford Village C.C., Medford
Stanley Kossoff, Jacaranda C.C., Plantation
John M. Kostenbader, Glenbrook C.C., Stroudsburg
Leonard J. Krull, Kresson G.C., Kresson
Robert R. Krumm, Mountain Lake G.C., Lake Wales
Harry Kruyff, Darlington G.C., Mahwah
Leonard Kuczynski, Tamarack, E. Brunswick
John P. Kulhamer, Mays Landing C.C., McKee City
Kazuya Kurchashi, Oakmont C.C., Oakmont
Douglas Kuzynski, Lake Worth C.C., Lake Worth
Jack Laden, Fiddler's Elbow C.C., Far Hills
Gene Laffey, Wildwood C.C., Cape May Court House
Dorothy La Fond, Candlewood Lake Club, New Milford
Tony Lancellotti, Seaview C.C., Abseco
Mary M. Landauer, Ramsey G.&C.C., Ramsey
James Landry, Beacon Hill C.C., Atlantic Highlands
Jim Landry, Beacon Hill C.C., Atlantic Highlands
Kathy LaStella, The Meadows Two, Lincoln Park
Joseph Lavelle, Over Peck C.C., Teaneck
Harry Layton, Holly Hills, Alloway
Edgar Lazarus, Clearbrook C.C., Cranbury
Stephen Lebo, Oak Hill, Milford
Edwin (Bud) Ledwell, Kimbelton G.C., Kimbelton
Arthur Leibman, Galloping Hill G.C., Union
Ronald Leibowitz, Shark River Hills G.C., Neptune
Ron Leone, Golden Pheasant G.C., Medford
Marty Lerit, Bayshore G.C., Miami Beach
Stan Lerner, Woodcrest C.C., Cherry Hill
Franklin Levering, Tamarack G.C., E. Brunswick
David Levine, Tamarack G.C., E. Brunswick
Peter Lewis, Raritan Valley C.C., Somerville
William Lewis, Indian Spring G.C., Marlton
Craig Lindblad, Princeville Makai G.C., Hanalei
Tom Lindstrom, Riverton C.C., Cinnaminson
William Lintner III, Hackensack G.C., Oradell
Stan Lipka, Plainfield C.C. West, Plainfield
Fran Lippin, Beacon Hill C.C., Atlantic Highlands
Charlotte Lippman, Dellwood C.C., New City
Alan Lipsky, Pike Brook C.C., Bellemeade
David Lisa, Pitman C.C., Pitman
Ray Livengood, Riverton C.C., Riverton
Merle L. Lockhart, Sr., Warrenbrook G.C., Warren Township
Joseph R. Logue, Jr., Princeton C.C., Princeton
Robert Lombard, Ashbrook G.C., Scotch Plains
Edward Lombardi, Paramus C.C., Paramus
Nina Lonstrup, Plainfield C.C., Plainfield
Stan H. Loomis, Newton C.C., Newton
Wm. E. Lougtt, Jr., Tavistock C.C., Haddonfield
Dieter Zur Loye, Roxitieus G.C., Mendham
Hank Lucking, The Breakers Ocean Course, Palm Beach
Ted Ludlam, Fairmount C.C., Chatham Township
Sonja Ludsin, Preakness Hills C.C., Wayne
Barky Lundholm, Stone Harbor G.C., Cape May Court House
Alfred W. Lutter, Jr., Ridgewood C.C., Ridgewood
Tom Lynch, Packanack G.C., Wayane
William J. Lynch, Cranbury G.C., Cranbury

513

1983 HOLES-IN-ONE

Bunny MacAlpine, Canoebrook C.C., Summit
R. Douglas MacGregor, Fox Hollow G.C., Branchburgtown
Joseph Maczko, Oak Hill, Milford
Jeffrey Maddalena, Latcha C.C., Buena
Joe Maffucci, Indian Mountain G.C., Kresgeville
Thomas Mahon, Bowling Green G.C., Milton
Larry Malin, Ashbrook G.C., Scotch Plains
Rick Malone, Pitman G.C., Pitman
Bernard P. Mancini, Little Mill C.C., Marlton
June C. Mange, Ridgewood C.C., Ridgewood
D. James Maras, Westchester C.C., Rye
Philip Marber, Alpine C.C., Alpine
Pete Marchetti, Beacon Hill C.C., Atlantic Highlands
Ralph Marocco, Americana Great Gorge, McAfee
John F. Martz, Shawnee Inn & C.C., Shawnee On Delaware
Glen Marra, Oak Ridge G.C., Clark
Jerry Masi, Hendricks Field C.C., Belleville
George A. Mason, Lakewood C.C., Lakewood
Lou Massar, Tamcrest C.C., Alpine
Kazuyuki Matsumoto, The Concord Championship G.C., Kiamesha
Takeo Matsuyoshi, Forsgate C.C., Jamesburg
William D. Maurer, Paramus G.&C.C., Paramus
Lew Mauro, Tamarack C.C., E. Brunswick
Mary Jo Mayberry, Atlantic City C.C., Northfield
Tucker Mayer, Bedens Brook Club, Hopewell
Theodore J. Mayka, Cranbury G.C., Cranbury
Steve Mayna, Baltusrol G.C., Springfield
Joseph Mazur, Forsgate C.C., Jamesburg
Frank Mazza, Jr., Buena Vista G.C., Buena
Larry Mazza, Bey Lea G.C., Toms River
Sal Mazza, Frog Rock C.C., Hammonton
William McCann, Breakers East G.C., Palm Beach
Joseph R. McCarthy, Hanover C.C., Wrightstown
William J. McCarthy, Princeton C.C., Princeton
Connie McConnell, Mt. Manor Inn & G.C., Marshalls Creek
Terry McCormack, Galloping Hill G.C., Union
John McCoy, Canoe Brook C.C., Summit
Gerry McDavitt, Navesink C.C., Middltown
John McGarry, Oak Ridge G.C., Clark
Gary J. McGhee, B. L. England Recreation Center, Marmora
Shep McHenry, Bamm Hollow C.C., Lincroft
Jim McKeon, B. L. England G.C., Marmora
Reggie McKeon, Beacon Hill C.C., Atlantic Highlands
Leroy L. McRoberts, Harkers Hollow G.&C.C., Phillipsburg
Richard Meeham, Panthers Valley, Hackettstown
Bernard Mehlman, Passaic County G.C., Wayne
Arthur I. Mendolia, Wilmington C.C., Wilmington
Edward Messina, Indian Springs G.C., Marlton
Charles L. Michael, Mays Landing C.C., McKee City
Robert Michalek, Marsh Harbour, N. Myrtle Beach
Benjamin Mikulka, Beacon Hill C.C., Atlantic Highlands
Don Miller, Peddie G.C., Hightstown
John T. Miller, Peddie G.C., Hightstown
Dr. P. Miller, Crestmont C.C., W. Orange
Fred Mintz, Indian Spring G.C., Marlton
Sue Mirnoona, Mays Landing C.C., McKee City
John J. Moerner, Atlantic City C.C., Northfield

Frederick M. Moller, Spring Meadow G.C., Farmingdale
James E. Monahan, Pocono Manor East Course, Pocono Manor
W. F. Monary, The Golden Horseshoe, Williamsburg
Robert L. Monihan, Greate Bay C.C., Somers Point
Michael A. Monjoy, Rockaway River C.C., Denville
John Monteferrario, Hackensack G.C., Oradell
Thomas F. Mooney, Shark River Park G.C., Asbury Park
Doris C. Moore, Cedarview G.C., Lansing
Mike Moraglia, Rancocas C.C., Willingboro
Anne Moran, Fiddlers Elbow C.C., Far Hills
Don Morgan, Riverton C.C., Riverton
Al Morse, Bamm Hollow C.C., Lincroft
Edward Moskal, (Americana) Host Farm Resort, Lancaster
Elmer Most, Jr., Atlantis C.C., Tuckertown
Erick V. Mueller, Canoe Brook C.C., Summit
Dr. R. E. Mulholland, Rockaway River C.C., Denville
Charles Muller, Mays Landing C.C., McKee City
Gilbert C. Muller, Sunset Valley G.C., Pompton Plains
Jeffrey Mullins, Ft. Monmouth G.C., Ft. Monmouth
Cliff Mundell, Rolling Greens G.C., Newton
Daniel Murphy, Metuchen G.&C.C., Edison
Darcy Nagy, Flanders Valley G.C., Flanders
Hiro Naruse, Sunset Valley, Pompton Plains
Joseph Navatto, Jr., Pike Brook C.C., Belle Mead
Joseph T. Nazaro, Hendricks Field G.C., Belleville
Ben Nele, Walkill C.C., Franklin
Carmine Nest, Jr., Tamarack C.C., E. Brunswick
Betty Lou Nichols, Spessard Holland G.C., Melbourne
Robert J. Nicholson, Pleasant Valley G.C., West Orange
Louis Nicotera, Darlington G.C., Mahwah
Frank Nigro, Rancocas C.C., Willingboro
Jeff Nisnick, Rancocas C.C., Willingboro
Stanley Nodder, No. Jersey C.C., Wayne
Michael J. Nolan, Darlington G.C., Mahwah
John E. Novak, North Fulton G.C., Atlanta
Sidney M. November, Edgewood C.C., Riverdale
Roger E. Oberg, Mid Pines Resort, Southern Pines
Brendan P. O'Connell, Basin Harbor Club, Vergennes
Arthur B. O'Connor, Rancocas C.C., Willingboro
Joseph S. O'Connor, Sands Greate Bay C.C., Somers Point
Jean Ogden, The Links at Kings Grant, Marlton
Pete Ogden, Peddie G.C., Hightstown
Mrs. Mary A. O'Neil, Shipyard G.C., Hilton Head Island
Malcolm D. O'Hara, Glen Ridge C.C., Glen Ridge
Shirley A. O'Leary, Metuchen G.&C.C., Edison
Edward Onka, Spooky Brook, Somerset
Elizabeth O'Neill, Morris Gunty G.&C.C., Convent
Gregory Opperman, Bann Hollow C.C., Lincroft
Howard Outen, Dupont G.C., Rockland
Joseph T. Oxley, Howell Park G.C., Farmingdale
Michael A. Palmieri, Pennbrook G.C., Basking Ridge
Dorothy Paluck, Baltusrol G.C., Springfield
Dot Paluck, Mountain Ridge C.C., West Caldwell
Tom Pantalena, Green Tree C.C., Mays Landing
Robert Papa, Hackensack C.C., Oradell
Ed Papierowicz, Tara Greens, Somerset
Michael A. Pascale, Peddie G.C., Hightstown
William T. Patrick, Jr., Forsgate C.C., Jamesburg
Dave Peacock, Pennbrook C.C., Basking Ridge
Santo A. Pensabene, Green Pond G.C., Rockaway

1983 HOLES-IN-ONE

Merion Perfect, Atlantic City C.C., Northfield
Peter Pernigotti, Blackwood G.C., Blackwood
Ernest Peters, Lakewood C.C., Lakewood
Bill Petilli, Rossmoor G.C., Jamesburg
John J. Petrik, Bunker Hill G.C., Princeton
Joseph E. Pfaff, Island's End G.&C.C., Greenport
Betty Pfleger, Beacon Hill C.C., Atlantic Highlands
Gilbert Phillips, Howell Park G.C., Howell
Jack Phillips, Hackensack G.C., Oradell
William H. Pickering, Hidden Hills, Hackettstown
Gerald (Jerry) Pidcock, Springfield G.C., Mt. Holly
Mike Pinelli, Hopewell Valley G.C., Hopewell
Jerry L. Pipher, Farmstead, Lafayette
Mike Pololsky, Woodcrest C.C., Cherry Hill
Frank A. Porfido, M.D., Rockaway River C.C., Denville
Mrs. Mary Ann Porter, Riverton C.C., Riverton
Steve Prater, Greenacres C.C., Lawrenceville
Madge Pratt, Rockleigh G.C., Rockleigh
D. F. Primosch, Greate Bay C.C., Somers Point
Alvan E. Pritchard, Blue Hill G.C., Pearl River
Philip S. Procida, Jr., Freeway G.C., Sicklerville
John Proctor, Westchester C.C., Rye
Ray Proietti, Hominy Hill G.C., Colts Neck
Claudia Prout, Ekwanok C.C., Manchester
Jimmy Puorro, Manasquan River G.C., Brielle
Mark T. Purcell, Cream Ridge G.C., Cream Ridge
Evie Pyne, Somerset Hills C.C., Bernardsville
Al Quackenbush, Beacon Hill C.C., Atlantic Highlands
Robert Queen, Pine Lakes C.C., Palm Coast
Ivar G. Quigley, Shinnecock Hills G.C., Southampton
Bernard Quinn, Spring Brook C.C., Morristown
Ernest T. Randall, South Run, McGuire A.F.B.
Albert Raoand, Pitman G.C., Pitman
Nicholas J. Rausch, Jr., Pine Valley G.C., Clpmcnton
Warren R. Raviola, Host Farms, Lancaster
H. Brent Read, Green Tree C.C., May Landing
Carl J. Records, Stone Harbor G.C., Cape May Court House
Daniel W. Redmond, Lakewood C.C., Lakewood
Tony Reddy, Pine Brook G.C., Englishtown
Philip H. Regan, Fox Hollow G.C., North Branch
Clare Riggi, Oak Ridge G.C., Clark
Paul Righter, Mays Landing C.C., Mays Landing
Eric Riley, Kresson G.C., Kresson
Emil Rizzo, North Jersey C.C., Wayne
Alfonse J. Rizzolo, Hendricks Field G.C., Belleville
Raymond P. Robertson, Knob Hill C.C., Freehold
John F. Rochford, Echo Lake C.C., Westfield
Ronnie Rodio, Kresson G.C., Kresson
Howard Rollins, Golden Pheasant G.C., Medford
Richard Romanko, Bey Lea Municipal G.C., Toms River
Joseph Ronzo, Bowling Green G.C., Oak Ridge
Eugene G. Rosa, Rutgers University G.C., Piscataway
Eileen G. Rose, Echo Lake C.C., Westfield
Michael J. Rose, Bamm Hollow C.C., Lincroft
Louis Roselle, Jacaranda G.C., Plantation
Mike Rosenberg, Oak Ridge G.C., Clark
Raymond Roussell, Old Orchard C.C., Eatontown
Conrad Rousseau, Tedesco C.C., Marblehead
Robert L. Rowe, Pitman G.C., Pitman
Patrick J. Rowland, Darlington G.C., Mahwah
Tina Rubinstein, High Ridge C.C., Lantana
Dr. Jim Ruff, Roselle G.C., Roselle

Del Runnals, Sr., Ferncroft C.C., Danvers
John Runyon, Apple Mt. G.C., Belvidere
Joseph W. Ruthkoff, Passaic County G.C., Wayne
A. Fred Ruttenberg, Meadowlands, Blue Bell
Rudy Rutz, Rockleigh Bergen County G.C., Rockleigh
William D. Ryden, Hendricks Field G.C., Belleville
Joe Sager, Green Tree C.C., Mays Landing
Hiroshi Sakai, Los Coyotes C.C., Buena Park
William Saltelli, Knickerbocker C.C., Tenafly
Jerry Salvio, Overpeck G.C., Teaneck
Labert Sandford, Hopewell Valley G.C., Hopewell
Harry A. Sandone, Blackwood G.C., Blackwood
George Sands, Manasquan River G.C., Brielle
Joseph Sansone, Rockleigh G.C., Rockleigh
Kikuo Sasabe, National Golf Links of America, So. Hampton, L.I.
Keith Sass, Laurel Oak, Gibbsboro
Barbara Scanlan, Sunset Valley, Pompton Plains
Joseph Scardilli, Ramblewood, Mt. Laurel
Brad Schaaf, Ridgewood C.C., Ridgewood
Gary Schaedel, Essex Falls C.C., Essex Falls
John N. Schaeffer, Peddie G.C., Hightstown
Russ Schaffer, Hopewell Valley, Hopewell
Sue Schatz, Woodcrest C.C., Cherry Hill
E. D. Scheetz, Jr., Mays Landing
Frank Scherer, Suburban G.C., Union
Philip Schlanger, Braidburn C.C., Florham Park
Gerard Schlenker, Rockland C.C., Sparkill
Jake Schmitt, Oak Ridge G.C., Feeding Hills
Ricky Schneider, Bel-Aire G.C., Allenwood
Steven Schrenko, The Ridgewood C.C., Paramus
Bert F. Schroeder, The Links at Kings Grant, Marleton
Marvin Schroeder, Riverton C.C., Riverton
Delores Schulke, Ft. Monmouth G.C., Ft. Monmouth
Scott D. Schumacher, Pitman C.C., Pitman
Robert M. Scola, Americana Resorts Great Gorge, Great Gorge
Vince Scott, Mays Landing C.C., McKee City
Robert Scriffner, Flanders Valley G.C., Flanders
David C. Sebell, Holly Hills G.C., Alloway
Richard A. Seggel, St. Davids G.C., Wayne
Barbara A. Seminara, Tamarack, E. Brunswick
Fred Severud, Overpeck Bergen County, Teaneck
David Sexton, Farmstead G.&C.C., LaFayette
Tom Sexton, Manasquan River G.C., Brielle
Michael F. Shard, Peddie School G.C., Hightstown
Gerald S. Shay, Newton C.C., Newton
Elaine Shields, Pocono Manor G.C., Pocono Manor
Geoffrey B. Shipman, Princeton C.C., Princeton
Dr. Eugene Siciliano, Deal G.C., Deal
Olindo Siciliano, Spring Lake G.C., Spring Lake Heights
John C. Sienkiewicz, Bedens Brook Club, Skillman
Al Silver, Battleground C.C., Tennent
Hal Simon, Trenton C.C., Trenton
George E. Simone, Pitman G.C., Pitman
Richard Simonsen, Fox Hollow G.C., Somerville
Thomas G. Simpson, Mays Landin C.C., McKee City
Harry Singer, Shannon Green G.C., Fredericksburg
Robert J. Sino, Princeton Meadows C.C., Plainsboro
Drew Siok, Atlantic City C.C., Northfield
John W. Sjostrom, Wildwood G.&C.C., Cape May Court House

515

1983 HOLES-IN-ONE

Michael Skerchek, Sr., Cedar Creek G.C., Bayville
Frank P. Skilary, Rockland C.C., Sparkill
Jean Sklar, Willow Brook C.C., Moorestown
Robert Slifer, Plainfield West-Nine, Edison
Jamie Slonis, Pine Crest G.C., Winslow
Barry R. Slott, Jumping Brook G.&C.C., Neptune
Kevin S. Small, Pitman G.C., Pitman
George Smith, Manasquan River G.C., Brielle
Jack Smith, Montclair G.C., Montclair
Mike Smith, Ridgewood C.C., Ridgewood
Phyllis K. Smith, Riverton C.C., Riverton
Robert J. Smith, Jekyll Island G.C., Jekyll Island
Alfred Sondej, Rockleigh G.C., Rockleigh
Bob Snyder, Oak Hill G.C., Milford
Irv Sommers, Alpine C.C., Alpine
Larry Sparta, Sr., Hendricks Field G.C., Belleville
Rick Springett, Princeton C.C., Princeton
Harry E. Squasoni, Lake Barrington Shores G.C., Barrington
David Stalnaker, Apple Mountain G.C., Belvidere
Robert Steele, Jr., Pitman G.C., Pitman
Paul Steffens, Jr., Tall Pines G.C., Sewell
Joseph L. Sterett, Hackensack G.C., Oradell
Richard R. Stimets, Oyster Harbors Club, Oysterville
Jimmie J. Stewart, Pascack Brook G.&C.C., River Vale
Wilbur L. Stilwell, Picatinny G.C., Dover
Michael Stockhaus, Newton C.C., Newton
Marie Strasser, Island's Ind G.&C.C., Greenport
John S. Streep, Blackwood C.C., Blackwood
Wm. G. Strunk, Cranbury G.C., Cranbury
Richard Stutchfield, Southern Pines C.C., Southern Pines
Cecil Sugarman, Beacon Hill C.C., Atlantic Highlands
John Sullivan, Greentree C.C., Mays Landing
Tom Sun, Pines "Sportsman" G.C., So. Fallsburg
Dan Suwak, Golden Pheasant G.C., Medford
Dennis M. Sweeney, Spring Meadow, Farmdale
Tom Syer, Jr., Tavistock C.C., Haddonfield
Robert Sylverstein, Madison G.C., Madison
Dominic L. Tangredi, Fiddler's Elbow, Far Hills
Henry A. Talbot, Bowling Green G.C., Milton
Leon N. Tate, Plainfield C.C., Plainfield
Robert Taylor, Terra Greens G.C., East Stroudsburg

Ed Terry, Galloping Hill G.C., Union
Dr. Michael J. Tereis, Morris County G.C., Convent Station
Charles A. Thoma, Rossmoor G.C., Jamesburg
Jeff Thomas, Plainfield C.C., Plainfield
Don Tome, Trenton C.C., Trenton
Sonny Thornton, Old Orchard C.C., Eatontown
Michael A. Tobias, Cranbury G.C., Cranbury
Francis D. Tomlinson, Sr., Hollywood G.C., Hollywood
Andy V. Tortora, Rockleigh Bergen County G.C., Rockleigh
John Trainor, Trenton C.C., Trenton
Rich Tribert, Beacon Hill C.C., Atlantic Highlands
Harry Tropello, Darlington G.C., Mahwah
Henry W. Trimble III, Montclair G.C., Montclair
Bob Turner, Laurel Oak C.C., Voorhees
James C. Turner, Jr., Holly Hills G.C., Alloway
Frank L. Ulissi, Jr., Holly Hills G.C., Alloway
Burton Ullnick, Apple Ridge C.C., Mahwah
Arthur R. Ullrich III, Cranberry Valley, Cape Cod

Wilson Van Alst, Rockaway River C.C., Denville
Charles Van Hook, Arcola C.C., Arcola
Joseph E. Varga, Pine Brook G.C., Englishtown
Frank Vecchione, Shark River Park G.C., Neptune
Frank J. Vecchione, Glen Ridge C.C., Glen Ridge
Al Veverka, Woodlake G.&C.C., Lakewood
Stephen L. Vezendy, Centerton G.C., Elmer
Thomas Victorella, Tara Greens, Somerset
Thomas Vlahos, Riverton C.C., Riverton
Joseph Vnenchak, Sunset Valley G.C., Pompton Plains
Minsi Vogel, Montclair G.C., West Orange
Thomas J. Voorhees, Essex County G.C., West Orange
Mimi Vrabel, Flanders Valley G.C., Flanders
Dr. Rudi Wadle, Suburban G.C., Union
Joseph Waladrewics, Princeton C.C., Princeton
Leon Walas, Knob Hill C.C., Freehold
Jude Wanniski, Springbrook C.C., Morristown
Keith W. Ward, Montclair G.C., West Orange
Bill Warner, Cedar River Club, Indian Lake
E. H. Warner, West Wood G.&C.C., Woodbury
Ralph Webber, Cranbury G.C., Cranbury
Steve Weinberg, Paramus G.&C.C., Paramus
Edward Weinstein, Shackamaxon G.&C.C., Westfield

Urian Weishaus, Montammy C.C., Alpine
John Weiss, Spring Hill G.C., Spring Hill
Jules Y. Weiss, Indian Sprins, Marlton
Tom Wellhofer, Glen Ridge C.C., Glen Ridge
Charles West, Colony West G.C., Tamarac
Charles F. West, Pike Brook G.C., Belle Meade
Kenneth West, Lake Wood C.C., Lakewood
Pat Weston, Ormond C.C., Destrehan
Carole Westreich, Green Brook C.C., No. Caldwell
Charles G. Whitley, Hackensack G.C., Oradell
Bradley Whitman, Anherst G.C., Amherst
Thomas S. Williams, Hominy Hill, Colts Neck
Donald J. Williamson, Carmel Valley G.&C.C., Carmel
Eleanor E. Willis, Mt. Pocono G.C., Mt. Pocono
Robert G. Wilson, Mendham G.&T.C., Broodside
Paul Winkis, Sr.m, Cohanzick G.C., Fairton
James J. Winnicki, Fox Hollow G.C., Branchburg Township
Cliff Wiseman, Blair Academy, Blairstown
Robert A. Wishart, Baltusrol, Springfield
Caorl Wische, Green Brook, North Caldwell
Robert A. Wishner, Amelia Island Plantation, Amelia Island

Frank Wolf, Riverton C.C., Riverton
William R. Wolfe, Rockland C.C., Sparkill
Dale Wolfrom, Golden Pheasant G.C., Medford
Forrest Wood, Montchanin, Rockland
Michael J. Wood, Fox Hollow G.C., Somerville
John N. Woods, Balsams, Dixville Notch
Ralph Yacavino, Indian Mountain G.C., Kresgeville
Dorothy Yannie, PGA National G.C., Palm Beach Gardens
Jean Yawger, Spring Brook C.C., Morristown
Charles C. Yoos, Golden Pheasant G.C., Medford
Bob Yuknavage, Sunset Valley G.C., Pompton Plains
Walter C. Zambrovitz, Cranbury G.C., Cranbury
Walter S. Zarych, Paramus G.&C.C., Paramus
Chris Zelenka, Apple Mountain G.C., Belvidere
George Zorilla, Bey Lea G.C., Toms River
Robert Zucconi, Farmstead G.&C.C., Lafayette

1983 HOLES-IN-ONE

NEW MEXICO

Edward J. Adams, Arroyo Del Oso G.C., Albuquerque
Bill Adkins, Arroyo Del Oso G.C., Albuquerque
John Aderete, Cochiti Lake G.C., Cochiti Lake
J. C. Alexander, Ladera G.C., Albuquerque
Carl "Red" Allgren, Picacho Hills C.C., Fair Acres
Philip S. Ambrose, New Mexico State Univ., Las Cruces
David T. Archino, Whisper Palms C.C., Rancho Santa Fe
Allen E. Asselmeier, Tijeras Arroyo, Albuquerque
Ed Auld, Arroyo Del Oso G.C., Albuquerque
Richard N. Badillo, Tijeras Arroyo, Albuquerque
Wm. T. Becken, Albuquerque C.C., Albuquerque
Kenneth Beers, Los Altos Municipal G.C., Albuquerque
John W. Bernken, Jr., Tijeras Arroyo G.C., Albuquerque
Anthony V. Biebel, Blush Hill C.C., Waterbury
Dorsey Bonnell, The Lodge G.C., Cloudcroft
Ben Bradley, Ladera G.C., Albuquerque
Chuck Browning, Portales C.C., Portales
Bill Brunner, Arroyo Del Oso G.C., Albuquerque
Larry Bryson, Los Alamos County G.C., Los Alamos
Robert E. Bumgardner, Ladera G.C., Albuquerque
Hubert Rex Burden, Cahoon Park G.C., Roswell
Brett L. Burrell, Tijeras Arroyo, Albuquerque
Chuck Cadieux, Arroyo Del Oso G.C., Albuquerque
Roy W. Cain, Puerto Del Sol, Albuquerque
Gillie Castillo, 16 Ladera G.C., Albuquerque
Corby Scott Carbone, Cahoon Park G.C., Roswell
Nat Cary, Los Altos Municipal G.C., Albuquerque
Roger Case, Four Hills C.C., Albuquerque
Lucille Chaffee, Tancan C.C., Albuquerque
Sol Chavez, Tancan C.C., Albuquerque
Roy Chavira, Ladera G.C., Albuquerque
Cliff Coffey, Paradise Hills C.C., Albuquerque
Cecil Cook, Portales C.C., Portales
Kodi Crane, Portales C.C., Portales
Charles Crawford, Los Altos G.C., Albuquerque
Don Crothers, New Mexico Military Institute, Roswell
Bill Cummings, Ladera G.C., Albuquerque
Carl Curtis, The Lodge G.C., Cloudcroft
Carol M. Curtis, New Mexico State Univ. G.C., Las Cruces
J. Vance Daniel, Rio Mimbres C.C., Deming
Patrick J. DeVenzeio, Los Altos G.C., Albuquerque
Enick Diffee, The Lodge G.C., Cloudcroft
Kenny Dikitolia, Cochiti Lake G.C., Cochiti Lake
Liz DiPaolo, Roswell C.C., Roswell
Mary P. Dotson, Tijeras Arroyo G.C., Albuquerque
Kilen Dow, Ladera, Albuquerque
Bobby Dudley, Clovis Municipal G.C., Clovis
Chet Ettinger, Show Low C.C., Show Low
Jack Everheart, Elephant Butte C.C., Elephant Butte
Carroll Faris, Gallup Municipal G.C., Gallup
Don Fenimore, Clovis Municipal G.C., Clovis
Glenn R. Fisher, Los Altos G.C., Albuquerque
Bert Frederick, New Mexico State Univ. G.C., Las Cruces
Al Furry, Paradise Hills C.C., Albuquerque
John R. Garcia, Gallup Municipal G.C., Gallup
Janice Gardner, Santa Fe C.C., Santa Fe
Ted Gayok, Tancan C.C., Albuquerque
David M. Gibson, New Mexico Tech. G.C., Socorro
Roger Grant, Portales C.C., Portales
Evelyn Griggs, Los Alamos G.C., Los Alamos
Gerald Goad, Lake Carlsbad Municipal G.C., Carlsbad

Roger L. Gohman, Scott Schreiner Municipal G.C., Kerrville
Pat Goodwin, Albuquerque C.C., Albuquerque
Mils Gordon, Pendaries G.&C.C., Rociada
Reid Griffith, Los Alamos Municipal G.C., Los Alamos
Richard Haire, Ladera G.C., Albuquerque
Charlie Hanna, Tierra Del Sol C.C., Belen
C. K. Hanson, New Mexico Military Institute G.C., Roswell
Mike Harper, Tancan C.C., Albuquerque
Ray Haywood, White Sands G.C., W.S.M.R.
Al A. Hernandez, New Mexico Military Institute G.C., Roswell
Robert M. Highsmith, New Mexico State Univ. G.C., Las Cruces
Rolla R. Hinkle II, Roswell C.C., Roswell
Allan S. Hirsch, Tijeras Arroyo G.C., Kirtland A.F.B.
Joel Hodges, Clovis Municipal G.C., Clovis
James Hoffer, Los Alamos Municipal G.C., Los Alamos
Steve Hope, Ocotillo G.C., Hobbs
John Howell, Paradise Hills C.C., Albuquerque
Benjamin Iosue, Ladera G.C., Albuquerque
Joe F. Jackson, Lake Carlsbad G.C., Carlsbad
Kay Jameson, New Mexico University G.C., Las Cruces
Gilbert Joe Jaramillo, Clovis Municipal G.C., Clovis
Gene Jaynes, Ladera G.C., Albuquerque
Anne Malin Johnson, Albuquerque C.C., Albuquerque
Dessalines C. Johnson, New Mexico State Univ. G.C., Las Cruces
Jodi Johnson, U.S.A.F. Academy, Colorado Springs
Ray Johnson, Mojalaki C.C., Franklin
S. P. Johnson III, Roswell C.C., Roswell
Bob Jones, Rio Mimbres C.C., Deming
Curly Jones, Picacho Hills C.C., Las Cruces
Harold E. Jordan, Los Altos C.C., Albuquerque
Bill Kiehlbauch, Arroyo Del Oso, Albuquerque
Chris Kirkpatrick, Ladera G.C., Albuquerque
Wilbur Klattenhoff, Los Altos G.C., Albuquerque
William H. Kuntz, Los Altos Municipal G.C., Albuquerque
Cal Lange, Paradise Hills C.C., Albuquerque
Howard Larson, Ladera G.C., Albuquerque
Horace W. Lehman, Tijeras Arroyo G.C., Albuquerque
Gilbert R. Licon, Riverside C.C., Carlsbad
Carl Lilje, New Mexico State Univ. G.C., Las Cruces
Robert F. Livingston, Univ. of New Mexico G.C., Albuquerque
Robert F. Livingston, New Mexico State Univ. G.C., Las Cruces
Jerry M. Lopez, Cahoon Park G.C., Roswell
Mel Lowell, Tierra Del Sol C.C., Belen
Bob Lowry, Arroyo Del Oso, Albuquerque
Dan Lucas, Jr., Dos Lagos G.C., Anthony
Joe Luna, Cahoon Park G.C., Roswell
Randy Lutz, Colonial Park C.C., Clovis
Todd Maddox, Riverside C.C., Carlsbad
Austin Q. Maley, New Mexico Military Institute, Roswell
Bill Marrero, Los Altos G.C., Albuquerque
Bob Martens, Seward C.C., Seward
Gerald Martin, Ocotillo Park G.C., Hobbs
Mike Massey, Cree Meadows C.C., Ruidoso
Stanley Mathis, Cree Meadows C.C., Ruidoso
Duane Mauch, Norfolk C.C., Norfolk
Patrick Mazzei, Cochiti Pueblo, Cochiti Pueblo

1983 HOLES-IN-ONE

Tom McCarthy, Rio Rancho G.&C.C., Rio Rancho
Jack McDonald, Elephant Butte C.C., Elephant Butte
Curt D. McGill, Arroyo Del Oso, Albuquerque
David E. Meillier, Farigault G.&C.C., Farigault
Daniel Wayne Miller, Jal C.C., Jal
G. David Miller, Roswell C.C., Roswell
Cory Mitchell, Clovis Municipal G.C., Clovis
Maxine Mitchell, Alto Lakes G.&C.C., Alto
Roland Montoyd, Wailea G.C., Maui
Orlando Muller, Ladera G.C., Albuquerque
Sean Murphy, Vista Valley C.C., Vista
Carroll Newson, New Mexico Military Institute, Roswell
Robert R. Null, Rio Mimbres C.C., Deming
Barry Nunan, Ocotillo Park G.C., Hobbs
Pee Wee Olimanns, Miracle Hill G.C., Omaha
Peter N. V. Olivas, Los Alamos G.C., Los Alamos
Bill Oliver, New Mexico Military Institute, Roswell
Damacio Otero, Ladera G.C., Albuquerque
Bunky Owen, San Juan C.C., Farmington
Jerry Pacheco, Ladera G.C., Albuquerque
Frank E. Papcsy, G.C.-Innsbruck, Lans
John A. Papen III, Four Hills C.C., Albuquerque
Robert E. Parks, Arroyo Del Oso Municipal G.C., Albuquerque
William E. Pearman, Arroyo Del Oso G.C., Albuquerque
Richard Pecos, Arroyo Del Oso, Albuquerque
Frances Plank, Tierra Del Sol C.C., Belen
Willis "Bud" Pochon, Ogallala C.C., Ogallala
Glen Purdy, Tierra Del Sol C.C., Belen
Wayne E. Quick, New Mexico State Univ. G.C., Las Cruces
Paul R. Ramirez, Anthony C.C., Anthony
Larry Ray, Clovis Municipal G.C., Clovis
Frank N. Renald, University of New Mexico G.C., Albuquerque
Danny M. Rhodes, University of New Mexico G.C., Albuquerque
Lori Ribble, Portales C.C., Portales
Paul W. Robinson, Albuquerque C.C., Albuquerque
Charles J. Ross, New Mexico State Univ. G.C., Las Cruces
Larry Rothwell, Clovis Municipal G.C., Clovis
Joseph C. Rumburg, Jr., Cochiti Lake G.C., Cochiti Lake
Carl Sansone, Arroyo Del Oso G.C., Albuquerque
Larry Schmitt, Ocotillo Park G.C., Hobbs
Mildred Schroer, Tanoan C.C., Albuquerque
Bob Shuster, Paradise Hills C.C., Albuquerque
Kaki Schwettman, Picacho Hills C.C., Las Cruces
Stephen Shiell, Clovis Municipal G.C., Clovis
Clyde Shue, Clovis Municipal G.C., Clovis
Ron Siemon, Tierra Del Sol C.C., Belen
Ken Sleeger, Torrington G.C., Torrington
Betsy Smith, New Mexico Tech G.C., Socorro
Pat Stall, Gallup Municipal G.C., Gallup
Helen E. Stephens, University of N.M. S. Course, Albuquerque
Cecil Stewart, Arroyo Del Oso G.C., Albuquerque
Hilton Stout, Albuquerque C.C., Albuquerque
Lowell Stout, Hobbs C.C., Hobbs
Harriett M. Sutton, Malanquin G.C., San Miguele Allende
Gene Swessel, Los Alamos County G.C., Los Alamos
Joe Tamaska, Lake Carlsbad, Carlsbad
Lenore Tanous, New Mexico State Univ. G.C., Las Cruces

Jerry Thompson, Arroyo Del Oso, Albuquerque
Pat Treacy, Lake Carlsbad, Carlsbad
Floyd L. Turpin, New Mexico Tech G.C., Socorro
Ted Ulibarri, Birch Hills G.C., Brea
Steven J. Valdez, Santa Teresa C.C., Santa Teresa
Tony Valdez, Albuquerque C.C., Albuquerque
Jim Van Sickel, Colonial Park C.C., Clovis
W. E. "Bill" Wallace, Lake Carlsbad G.C., Carlsbad
Sharon Welch, Ladera G.C., Albuquerque
F. A. West, Picacho Hills C.C., Las Cruces
Bob Wicker, Lake Carlsbad G.C., Carlsbad
Marvin Wilson, New Mexico State Univ., Las Cruces
Kenneth L. Winkley, Round Hill C.C., East Sandwich
Doris Wood, Portales C.C., Portales
Theodore Wood, New Mexico state Univ. G.C., Las Cruces
Tim Worley, Cahoon Park G.C., Roswell
Jack E. Wormington, Tanoan C.C., Albuquerque
Bob Worthington, Artesia C.C., Artesia
Andy Yazzie, Los Altos G.C., Albuquerque
Erik A. Young, Arroyo Del Oso, Albuquerque
John W. Zimmerman, Tijeras Arroyo, Albuquerque
Brian Zongker, Los Alamos Municipal G.C., Los Alamos

NEW YORK

Howard P. Abelow, Sabal Palms G.C., Ft. Lauderdale
Stephen Abels, Waccabuc C.C., Waccabuc
N. R. Abitabilo, Green Hills G.C., Mendon
Herb Aboff, Indian Hills, Northport
Richard Abraham, East Aurora C.C., E. Aurora
Roger Abraham, Cedar Lake, Clayville
Dominick J. Abrunzo, Parlor City, Bluffton
C. Edward Acker, National Golf Links of America, Southampton
Martin Ackerman, Elmwood C.C., White Plains
A. J. Adams, Edison Club, Rexford
Bruce C. Adams, Huntington C.C., Huntington
Donald J. Adams, Stonehedges, Groton
Eddie M. Adeson, Frear Park G.C., Troy
Fred Adler, Mullet Bay C.C., St. Maarten
Thomas Aiello, Pine Hills G.C., Frankfort
Clifford R. Aikin, Niagara Orleans C.C., Middleport
Jeffrey P. Agnew, Tamiment Resort C.C., Tamiment
Warren Albert, Grossingers Hotel & C.C., Grossinger
Jon G. Albertsson, Niagara Falls C.C., Lewiston
Wesley A. Albright, Fernandina Beach G.C., Amelia Island
Marion L. Alexander, Tantara C.C., North Tonawanda
Francis H. Allen, Tee Bird C.C., So. Glens Falls
Mark Allen, Batavia C.C., Batavia
Scott Allen, Emerald Crest G.C., Fulton
Jack Allenbrand, South Shore C.C., Hamburg
Susan Altbach, Grossingers C.C., Grossingers
Anthony Amatrudo, Eisenhower Park, East Meadow
Steven Amell, Genrgantlet G.C., Greene
Peter Amico, Overpeck Bergen County G.C., Teaneck
Vincent Amodeo, Dyker Beach G.C., Brooklyn
Anthony Anastasi, Jr., Geneva C.C., Geneva
Everett Anderson, Pine Hills C.C., Manorville
Herbert R. Anderson, Jr., Waukewan G.C., Center Harbor
Wesley H. Anderson, Saxon Woods G.C., Mamaroneck
Timothy Andon, Seabrook Island G.C., Charleston
Richard J. Andres, Pine Hills C.C., Manorville

# 1983 HOLES-IN-ONE

Anthony J. Annony, Geneva C.C., Geneva
Thomas Annunziata, Bey Lea Municipal G.C., Toms River
George Antenucci, Dinsmore, Statsburg
Joseph Antonelli, Rockland Lake North G.C., Rockland County
Fred Appel, Mohansic G.C., Yorktown Heights
Carroll H. Archer, Tanner Valley, Syracuse
Peg Armata, Hempstead G.&C.C., Hempstead
Allen H. Arrow, Bonnie Briar C.C., Larchmont
Kenneth Ash, Elm Tree G.C., Cortland
Thomas F. Assail, Oriole G.C., of Delray, Delray Beach
Anne D. Astmann, C.C. of Amherst, E. Amherst
George M. Auer, Jr., Fairfield Ocean Ridge G.C., Edisto Island
Harry Auerbach, Brae Burn C.C., Purchase
Joe Ausanio, Twaalfskill G.C., Kingston
Arthur Avedon, Island's End G.&C.C., Greenport
Lyle Awey, Pine Hills G.C., Frankfort
John Backes, Knollwood C.C., Elmsford
Alfred S. Bacon, Seven Oaks G.C., Hamilton
Darrell H. Badore, Cavalry Club, Manlius
Bernard Bailey, Ironwood G.C., Baldwinsville
Marie E. Bailey, Whispering Pines, Schenectady
Lance William Baker, Sunken Meadow State Park, Suffolk County
Carl K. Ballew, Camroden G.C., Rome
Peg Ballou, Tan Tara C.C., Pendleton
Edward E. Banker, Stafford C.C., Stafford
Lynn Baratto, Pinehurst G.C., Pinehurst
Tim Bardo, Wooster C.C., Wooster
John Barker, Brookville C.C., Glen Head
Joseph G. Barlow, Willow Ridge C.C., Harrison
Richard E. Barlow, St. Lawrence G.&C.C., Canton
Gary Barnes, Town of Colonie, Colonie
Daryl O. Barnett, Tupper Lake G.&C.C., Tupper Lake
Jack Barnum, McCann Memorial G.C., Poughkeepsie
John J. Baron, Ridgemont C.C., Rochester
Stanley Baron, Elmwood C.C., White Plains
Robert Barone, Lake Isle C.C., Eastchester
Albert Barravecchia, Indian Hills C.C., Ft. Pierce
Thomas Barreca, Eisenhower G.C., East Meadow
Gladys E. Barringer, Winding Brook C.C., Valatie
Ronald A. Barry, Southward Ho C.C., Bay Shore
Jeanne T. Bartnick, Van Schaick Island C.C., Cohoes
Fred Barton, Willsboro G.C., Willsboro
Vito Basile, Cross Creek Resort, Titusville
Sheldon Basloe, Mohawk Valley C.C., Herkimer
Leonard Bassen, Carolina Trace, Sanford
Dorothy Bathory, East Aurora C.C., E. Aurora
James Bauman, Shinnecock Hills G.C., Southampton
William B. Baxter, Antlers C.C., Ft. Johnson
Jerry Bux Baum, Stamford G.C., Stamford
Dean Beak, Nick Stoner G.C., Caruga Lake
Skip Bean, Elma Meadows G.C., Elma
Henry P. Beaton, TeeBird C.C., Fort Edwards
Roy Beatty, Tam O'Shanter G.C., W. Middlesex
Michael Beaudoin, Hill and Dale, Carmel
Alan Becker, Nissequogue G.C., Nissequogue
Al Beers, McConnellsville C.C., McConnellsville
Rex W. Beers, Iron Wood G.C., Baldwinsville
Richard E. Beers, Stamford C.C., Stamford
Thomas Behrendt, Knob Hill G.C., Freehold
Walter Behrens, Saratoga Spa G.C., Saratoga Springs

Wes E. Behringer, East Aurora C.C., East Aurora
Larry Behrman, Hudson Hills G.C., Ossining
Arthur L. Belile, Jr., Massena C.C., Massena
James C. Bell, Big Oak Public G.C., Geneva
Don Bellis, 49'er C.C., Tucson
John Belluci, Saxon Woods, Scarsdale
Jonathan G. Benedict, Lake Success G.C., Lake Success
Sue Benjamin, Chemung Valley G.C., Big Flats
Ian S. Benson, Commack Hills G.&C.C., Commack
J. G. Benson, Waccabuc C.C., Waccabuc
John A. Benson, Palm Harbor G.C., Palm Coast
Bruce Benware, Malone C.C., Malone
Michael N. Berger, Bergen Point, West Babylon
Bernard Berkell, Tam-O-Shanter Club, Brookville
Ronald Berkowitz, Dix Hills G.C., Dix Hills
George Berrgren, Latourette G.C., Staten Island
Mary Bersani, Northern Pines G.C., Clay
Henri Bertuck, Cold Spring C.C., Cold Spring Harbor
Dick Bestler, Myrtlewood (Pines) G.C., Myrtle Beach
Louis J. Bettermark, Silver Lake G.C., Staten Island
Paul Beyer, Antlers C.C., Amsterdam
Charles A. Biasi, Shamrock G.&C.C., Oriskany
Tony Biata, Dutch Hollow C.C., Owasco
Arthur Bieganowski, Arrowhead G.C., East Syracuse
Emil D. Biemann, Sunset Valley G.C., Pompton Plains
William R. Biersack, Dutchess G.&C.C., Poughkeepsie
Michael J. Biggs, Flagg C.C., Riverhead
Richard J. Bilka, Winding Brook C.C., Valatie
Jean C. Billet, The Pompey Club, Pompey
Paul Bilzor, Osiris C.C., Walden
Richard Bird, Baltusrol G.C., Springfield
Frank Bisio, Dutchess C.C., Poughkeepsie
David Bitters, Dimmock Hill G.C., Binghamton
Stephen Bittman, Vestal Hills C.C., Vestal
Richard G. Blackwell, Wayne Hills C.C., Lyons
Robert Blagriff, Timber Point G.C., Great River
Carolyn Blair, C.C. of Rochester, Rochester
John W. Blake, C.C. of Amherst, Amherst
Arthur Bland, The Mill River Club, Oyster Bay
Shirley Blanding, Onondaga G.&C.C., Fayetteville
Edward C. Blaney, Southern Dutchess C.C., Beacon
Samuel Blatman, Kutshers C.C., Monticello
Stephen Blau, Willow Ridge C.C., Harrison
David M. Bliss, Woodmere C.C., Woodmere
Charles Block, Skyline G.C., Brewerton
William J. Blum, The Creek, Locust Valley
Frank M. Boas, Locust Hill C.C., Rochester
Richard O. Bock, Hauppague C.C., Hauppague
Brian P. Boddie, Mohansic (State) G.C., Yorktown Heights
Helen C. Bodie, Cavalry Club, Manlius
Al Bohen, Soaring Eagles G.C., Horseheads
Kevin Boll, Wykagyl, New Rochelle
Jean Bolling, C.C. of Amherst, E. Amherst
James Bolzan, Stoney Ford G.C., Montgomery
Ken Bone, Silver lake C.C., Perry
Erma Bookman, Bonaventure, Ft. Lauderdale
Roland Boone, Flagg C.C., Riverhead
William W. Booth, Jr., Chautauqua G.C., Chautauqua
Thomas D. Bova, Snee Farm C.C., Mt. Pleasant
James Bovay, Bristol Harbour G.C., Canandaigua
James E. Bowman, Maplehurst C.C., Lakewood
Jim Bowman, South Hills C.C., Jamestown

519

1983 HOLES-IN-ONE

James E. Bradley, Ballston Spa C.C., Ballston Spa
Joe Brady, Drumlins West G.C., Syracuse
Tony Brady, Windham G.C., Windham
Dan J. Braia, Dunwoodie G.C., Yonkers
Edythe Brand, Pine Hollow C.C., E. Norwich
Ray Brearley, Newark Valley G.C., Newark Valley
Gregory P. Breloff, Thunder Bay Golf & Beach Park, Ridgeway
Kevin Brennan, Hempstead G.C., Hempstead
Francis Brewi, St. George's G.&C.C., Stony Brook
Paul Brienza, Woodhaven, West Oneonta
Dorothy Bristor, Edison Club, Rexford
Edward Britt, Cordial Greens C.C., Castleton
Neil Britton, Ontario G.C., Ontario
John T. Broderick, Overpeck G.C., Teaneck
Leonard Brodsky, James Baird State Park, La Grange
Mark A. Bronson, Governors Island G.C., Governors Island
Lester Brook, North Hills G.C., Manhasset
Lee V. Brooks, Soaring Eagles G.C., Horseheads
James H. Brophy, Jr., McGregor Links, Wilton
Joan Brout, Fenway, Scarsdale
Floyd E. Brown, Bristol Harbour G.C., Canandaigua
Herman B. Brown, Twin Hickory G.C. Inc., Hornell
Jerry Brown, Crab Meadow G.C., Northport
Randy Brown, Silver Lake C.C., Perry
Robert L. Brown, Sycamore C.C., Ravena
Wilfred A. Brown, Belair G.&C.C., Bowie
Bernard Brownstein, Huntington Crescent, Huntington
Mike Bruhn, Jr., Twaalfskill G.C., Kingston
Americo N. Brunetti, Schenectady Municipal G.C., Schenectady
Bill Brunner, I.B.M. C.C., Johnson City
Ronald Bruno, Beaver Meadows, Phoenix
Edward R. Bryan, Pine Hills C.C., Manorville
Jamie Bryant, Marsh Harbor G.C., North Myrtle Beach
Edward W. Brzezinski, Schenectady Municipal G.C., Schenectady
Sandy Buchanan, I.B.M. C.C., Sands Point
Stephen Buchanan, Westchester C.C., Rye
Robert J. Budd, Cerromar North Course, Dorado
Raymond Buonauqurio, Genesee Valley, Rochester
Chris Burke, Valley View G.C., Utica
Rosalie Burlakos, C.C. of Amherst, E. Amherst
Frank Burns, Oak Hill C.C., Rochester
James J. Burns II, Lake Shore, Rochester
Kevin Burr, Canasawacta C.C., Norwich
Alexander A. Burton, The Pompey Club, Pompey
Olga Butera, Beaver Meadows, New York
Michael Butler, Dunwoodie G.C., Yonkers
Kenneth R. Butters, Marvins C.C., Macedon
Charles Button, Twin Village G.C., Roscoe
Peter Bymer, Spook Rock C.C., Suffern
Brian Byrne, Colonial C.C., Tannersville
Frank S. Cagiao, Jr., Crabmeadow G.C., Northport
Joseph E. Cahill, I.B.M. C.C., Poughkeepsie
Bill J. Cain, Sr., Nas Memphis, Millington
Frederick L. Caliel, Cornell University, Ithaca
Malcolm Camidge, Northern Pines G.C., Clay
Virginia K. Campbell, Crag Burn G.C., East Aurora
Sal Campo, Lakeover C.C., Bedford Hills
Brian A. Canfield, Terry Hills, Batavia
Burton Cann, Dutcher G.C., Pawling

Thomas Capasso, Concord International G.C., Kiamesha Lake
Frank A. Capello, Sr., Spring Lake G.C., Middle Island
Norman Caplan, Spring Lake G.C., Middle Island
Nick Capozzi, Lafayette C.C., Syracuse
James R. Caprio, C.C. of Amherst, E. Amherst
Joseph Caramanica, Douglaston G.C., Douglaston
Harold L. Card, Golden Gate C.C., Naples
Norman J. Cardinal, Beaver Meadows G.C., Phoenix
Harry D. Carhart, Jr., Orchard Park C.C., Orchard Park
Marion Caricchio, Genaganslet G.C., Greene
Pat Carlino, Cherry Valley Club, Garden City
Samuel A. Carlisi, Midvale C.C., Rochester
Mary Jane Carlton, Fernandina Beach G.C., Fernandina Beach
Bernard R. Carney, Niagara Falls C.C., Lewiston
James G. Carney, Tall Tree G.C., Rocky Point
George J. Carpiniello, Old Oaks C.C., Purchase
Richard A. Carr, Irondequoit C.C., Rochester
H. R. Carrier, St. Lawrence G.&C.C., Canton
George E. Carruth, Jr., Sagamore Springs G.C., Lynnfield
Cathy Carswell, Scarsdale G.C., Hartsdale
James D. Carter, Dunwoodie G.C., Yonkers
Michael J. Caruso, Troy C.C., Troy
John C. Casey, Crow Canyon C.C., San Ramon
Paul E. Casey, Southern Manor C.C., Boca Raton
Sally Casey, Westchester C.C., Rye
William Castner, North Shore Towers C.C., Floral Park
Rocky Cavallaro, Northern Pines G.C., Clay
Gil Cavanaugh, Meadow Brook Club, Jericho
D. L. Cedarblade, Mt. Kisko C.C., Mt. Kisko
Warren Chamberlin, McCann C.C., Poughkeepsie
Jack Cherry, Green Hills G.C., Mendon
Frank Chiacchierini, Watkins Glen G.C., Watkins Glen
Archie Christie, Sheridan Park G.C., Tonawanda
Anthony Christina, Enjoie G.C., Endicott
Margaret Christy, Thendara G.C., Thendara
Robert Ciardullo, Americana Great Gorge, McAfee
Paul Cifonelli, Elm Tree G.C., Cortland
Joe Cilecek, Lake St. Catherine C.C., Poultney
John Cinguina, Jr., Lake Isle C.C., Eastchester
William E. Cioffiro, Sleepy Hollow C.C., Scarborough
Leo Cionek, Amsterdam Municipal G.C., Amsterdam
Bill Cirrincione, Maple Moore G.C., White Plains
Joseph Cirrito, Hollow Hills C.C., Dix Hills
Neil N. Citron, Cavalry Club, Manlius
Irving Claremon, Brae Burn C.C., Purchase
Elfriede Clark, Little Falls Municipal G.C., Little Falls
John L. Clark, Osiris C.C., Walden
Maria A. Clark, Hollow Hills C.C., Dix Hills
Robert Clark, Alexandria Bay G.C., Alexandria Bay
June Clarke, McConnellsville G.C., McConnellsville
Edward Clauson, South Hills, Jamestown
Bob Cleary, Windham C.C., Windham
John Cobb, Eisenhower Park, Red Course, Westbury
Kevin Cocoman, Bethpage State Park G.C., Farmingdale
Janice Coe, Lakeshore Golf Center, Rochester
Alexander Cohen, Eisenhower Park, Nassau County
David Cohen, Monroe C.C., Monroe
Marty Cohen, Kapalua G.C., Kapalua
Anthony S. Colangelo, Pelham C.C., Pelham Manor
Dick Cole, South Hills C.C., Jamestown
Kenneth Colucci, Green Woods C.C., Winsted

1983 HOLES-IN-ONE

Dan Colwell, Jackson Valley C.C., Warren
John R. Commisso, Rome C.C., Rome
Jim Conklin, Stony Ford G.C., Montgomery
Sis Conley, McGregor Links, Saratoga Springs
Margaret M. Connelly, Elmira C.C., Elmira
Charles Connolly, Tee-Bird, South Glens Falls
Eloise M. Conomos, C.C. of Amherst, E. Amherst
George Contant, Wolcott G.&C.C., Wolcott
Anthony Conti III, South Hills C.C., Jamestown
Frank Conti, Schenectady Municipal G.C., Schenectady
Joseph M. Convertini, Malone G.&C.C., Malone
Jack Conway, Dande Farms, Akron
Michael O. Conway, Cavalry Club, Manlius
Dan W. Cook, Chautauqua G.C., Chautauqua
Polly Cooley, Seven Oaks G.C., Hamilton
Joe Coonick, I.B.M. Homestead G.C., Johnson City
Jim Corbett, Nick Stoner G.C., Caroga Lake
Carl E. Corbin, Webhannet G.C., Kennebunk Beach
Robert Corcoran, Eisenhower Park E. Meadow
Chris Cordes, Drumlins, Syracuse
Alan R. Cormier, Catatonk G.C., Candor
Matthew Corrigan, Bethpage G.C., Farmingdale
Edward L. Costello, Mt. Snow C.C., Mt. Snow
Roy Cotten, Woodhaven G.C., W. Oneonta
Joan Mary Coughlin, Vassar G.C., Poughkeepsie
Mac A. Cousins, Rye G.C., Rye
Stella Covill, Waccabuc C.C., Waccabuc
Donald C. Crawford, Hidden Waters G.C., Margaretville
Alan Creais, Bethpage State Park, Bethpage
Richard E. Crewther, Victor Hills, Victor
Leonard R. Crist, Sodus Bay Heights, Sodus Point
Donna Crocker, Delta Knolls G.C., Rome
Kenneth Croley, Sheridan Park, Kenmore
Bob Cronin, Indian Creek G.C., Jupiter
Robert Cronin, Battenkill C.C., Greenwich
Jack Crowley, Pinehaven C.C., Guilderland
Charles A. Cuccinello, Leewood G.C., Eastchester
David Cunningham, Albany C.C., Albany
Joseph Cusumano, North Hills C.C., Manhasset
Andrew A. Dahl, Dutchess G.&C.C., Poughkeepsie
Joseph Dalessandra, Ornage County G.C., Middletown
William Danapas, Dyker Beach G.C., Brooklyn
Ang D'Angelo, South Hills, Busti
John Daniels, Batavia C.C., Batavia
John A. D'Anna, Richmond County C.C., Staten Island
Shirley Daran, Kutshers C.C., Monticello
Sal Dardano, The Dkenandoa G.C., Clinton
Robert Daronco, Rye G.C., Rye
Aniello "Henry" D'Auria, Dyker Beach G.C., Brooklyn
Clive N. Davis, Cordial Greens C.C., Castleton
Ed Davis, Elkdale C.C., Elkdale
Steve Davis, Smithtown Landing C.C., Smithtown
Jim Davidson, Bonnie Briar C.C., Larchmont
John W. Davison, Ridgemont C.C., Rochester
Silas Day, Lima G.&C.C., Lima
Anna Dean, Fenway G.C., Scarsdale
Jack L. DeCarlo, The C.C. at Tarpon Lake Village, Palm Harbor
Pat DeCicco, Dinsmore G.C., Dutchess County
Miner Deitz, Schenectady G.C., Schenectady
Mickey DeJulio, Downingtown C.C., Downingtown
James A. DeLacy, Lancaster C.C., Lancaster
Henry J. DeLollo, Van Schaick Island C.C., Cohoes

Alfredo J. Del Signore, Camillus C.C., Camillus
Linda A. Del Vecchio, Terry Hills, Batavia
Myles P. Dempsey, Whippoorwill Club, Armonk
Bernard J. Demski, Tanner Valley G.C., Syracuse
Anthony DeNoyior, Crab Meadow, Northport
Dan DePersis, Schenectady Municipal G.C., Schenectady
Mark R. Depferd, Brockport G.C., Brockport
Howard DePietri, Hyland Hills Golf Resort, Southern Pines
Bruno DeSantis, Pinebrook, Gloversville
Charles A. DeVitto, Thousand Acres G.C., Stony Creek
William M. Dewey, Tanner Valley Golf, S. Onondaga
William P. Deyo, Crab Meadow G.C., Northport
William J. DiBello, Eisenhower Park G.C., Flushing
Louis DiBiase, Amherst C.C., Amherst
Mario DiDominick, Seneca Falls C.C., Seneca Falls
Don Diehl, Brook-Lea C.C., Rochester
Edward A. Dienst, Orlando NTC Annex G.C., Orlando
Betty B. Dier, Watertown G.C., Watertown
Don DiFilippo, Bartlett C.C., Olean
Rudy DiGeorgio, Lakewood G.C., Lakewood
Leonard Dima, Brentwood C.C., Brentwood
Victor DiMattia, Commack Hills G.&C.C., Commack
Louis DiPasquale, Lake Shore Golf Center, Rochester
Robert Disinski, Soaring Eagles G.C., Horseheads
Eric Dobmeier, Brookfield C.C., Clarence
Jonathan Doctor, Antlers C.C., Ft. Johnson
Frederick M. Dodge II, Kanon Valley C.C., Oneida
John Dodge, Riverside C.C., Central Square
Bob Doherty, Trumansburg Golf Club, Trumansburg
Francis V. Doherty III, North Hempstead C.C., Port Washington
Thomas Dolan, Sprain Lake C.C., Yonkers
Clayton Doll, Grover Cleveland Park, Buffalo
John B. Donega, Glen Falls C.C., Glen Falls
Vincent Dono, Beekman C.C., Hopewell Junction
Timothy P. Donoghue, Brighton Park G.C., Tonawanda
Patrick A. Doogan, Stony Ford G.C., Montgomery
Robert J. Doolin, Clifton Springs C.C., Clifton Springs
Leonard A. Dopkins, Westwood C.C., Williamsville
Charles L. Doran, Farmstead G.&C.C., Andover
Jean Doud, C.C. of Florida, Village of Golf
Allen Douglass, Gouverneur C.C., Gouverneur
John Downing, The Rockaway Hunting Club, Cedarhurst
Virginia M. Downs, Bristol Harbor G.C., Canandaigua
Rev. Anthony C. Draus, Crestwood G.C., Marcy
William J. Dreeland, Patrick A.F.B., Satellite Beach
Don Drew, Southward Ho C.C., Bay Shore
Arthur H. Dube, Bellevue C.C., Syracuse
Henry Dudziec, The Crossings G.C., Glen Allen
Blaise King Duffy, Westchester C.C., Rye
William C. Duffy, Middle Island C.C., Middle Island
Jeannine Dufort, Van Schaick Island C.C., Cohoes
Frank A. Dugan, Queensbury C.C., Lake George
Steve Duke, North Fork C.C., Cutchogue
Keith Duncan, Troy C.C., Troy
Harold Dunleavy, Knollwood C.C., Elmsford
John J. W. Dunn, Troy C.C., Troy
Ned J. DuPaul, Sheridan G.C., Tonawanda
James S. Durr, Riverside, Brewerton
Helen Dwight, Schodack C.C. Inc., East Greenbush
Kevin J. Dwyer, Plandome C.C., Plandome
Marueen Dwyer, Cherry Valley Club, Garden City
James W. Egan, Camillus C.C., Camillus

1983 HOLES-IN-ONE

Harold V. Edsall, Port Charlotte C.C., Port Charlotte
Edmund C. Eggert, Niagara-Orleans C.C., Middleport
Bernard J. Eil, Van Cortlandt G.C., Bronx
John Eldredge, Monroe G.C., Pittsford
Milly Eldredge, Monroe G.C., Pittsford
Greg Elliott, Terry Hills G.C., Batavia
Don Elsenheimer, Maple Hill G.C., Marathon
Charles W. Elser, Jr., Highland Park, Auburn
Gladys Emerson, Rio Rico G.&C.C., Rio Rico
Randy Emison, Deerfield, Brockport
J. Richard Emke, Holiday Valley, Elliottville
Dorothy Epavets, South Shore C.C., Hamburg
Manny Epstein, Tower C.C., Floral Park
Lou Ercole, Bey Lea, Toms River
Thomas J. Erdman, Penfield C.C., Penfield
Stu Erickson, Gull Haven, Central Islip
Dan Evans, Thendara G.C., Thendara
Harold H. Evarts, Bend of River, Hadley
Francis C. Fabrizio, Cornell University, Ithaca
James M. Fagan, Bath C.C., Bath
Fran Fahle, Elma Meadows, Elma
George E. Fairchild, Tyoga C.C., Wellsboro
John Falcone, Skyline G.&C.C., Cicero
Barbara Falso, Onondaga G.&C.C., Fayetteville
George A. Fantry, Rutgers Univ. G.C., Piscataway
John B. Faraci, Indian Hills C.C., Ft. Salonga
Michael A. Farino, Half Hollow Hills C.C., Dix Hills
Jeffrey E. Farmer, Missequogue G.C., St. James
Henry T. Farrell, Rock Hill G.&C.C., Manorville
Robert V. Fazio, Winding Brook C.C., Valatie
Donald Feeney, Beekman C.C., Hopewell Junction
Frederick A. Fein, Egermont C.C., Great Barrington
Stephen J. Fein, Presidential C.C., No. Miami Beach
Ron Felano, Pinehaven C.C., Guilderland
Theodore "Ted" Felner, Shore Acres G.C., Sebasco Estates
George J. Ferraro, East Aurora C.C., East Aurora
Mike Fetsko, En-Joie G.C., Endicott
Felix N. Fidelibus, Lakeover G.&C.C., Bedford Hills
Bill Filer, Battenkill C.C., Greenwich
Stephen Filipek, Locke Ledge, New York
Marc Finch, McConnellsville G.C., McConnellsville
Ralph Fine, Seawane C.C., Hewlett Harbor
Jon E. Finger, Garrison G.C., Garrison-on-Hudson
Grant Fisher, Genegantslet G.C., Greene
Dave Fitch, Monroe G.C., Pittsford
J. J. Fitzgerald, Dunwoodie G.C., Yonkers
James P. Fitzsimons, Brookville C.C., Glen Head
Edward P. Flanagan, Deerfield C.C., Brockport
John Flanagan, Hidden Waters G.C., Margaretsville
Stuart D. Flaum, Boca West Resort & Club, Boca Raton
Bob Fleming, Colonie G.C., Schenectady
Dorothy Flister, Vails Grove G.&.C., Brewster
Dominick D. Flora, Nassau C.C., Glen Cove
Isabel Flower, Nick Stoner G.C., Caroga Lake
James J. Fogarty, Peninsula G.C., Massapequa
Ginny Foley, Transit Valley C.C., E. Amherst
Bob Folley, Glens Falls C.C., Glens Falls
James Forcier, Hanover C.C., Hanover
Harry S. Ford, Douglaston G.C., Douglaston
William Fortney, Cherry Valley Club, Garden City
Harold Foskett, The Mill River club, Oyster Bay
Linda Fox, Indian Hills G.C., Painted Post

Trudie M. Fox, Whispering Lakes G.C., Pompano Beach
Richard Frank, Massena C.C., Massena
Mark Franz, Bartlett C.C., Olean
Ethel Frankel, Lords Valley C.C., Hawley
Marv Fraum, Willow Ridge C.C., Harrison
Ron Frazer, Potsdam Town & C.C., Potsdam
Raymond C. Frederick, Schroon Lake G.C., Schroon Lake
Spencer K. Frederick, Schroon Lake G.C., Schroon Lake
Robert L. Freedman, Colonie C.C., Voorheesville
Ralph Frei, St. George's G.&C.C., Stony Brook
Hilda Freidman, Cold Spring C.C., Cold Spring Harbor
Howard Friedman, Indian Hills C.C., Ft. Jaconga
Lester Friedman, Nevelle C.C., Ellenville
William Fretwell, Salem G.C., North Salem
George Friedberg, Plainfield C.C., Plainfield
Robert Marc Friedman, Grossingers C.C., Grossinger
Jerry Friedrich, Mohansic G.C., Yorktown Heights
Herbert D. Frum, Pierre Marques G.C., Acapulco
B. Fuhrmann, St. George's G.&C.C., Stony Brook
Jerry Fullagar, Seneca Lake C.C., Geneva
James W. Funson, Jr., Northern Pines, Cicero
Sal J. Gagliardi, Dunwoodie G.C., Yonkers
Frances H. Galasky, Riverside C.C., Brewerton
John Galko, Niagara Frontier C.C., Youngstown
Philip Gallo, Sr., Bellport C.C., Bellport
Diane Galusha, Holiday G.C., Gloversville
William J. Ganley, Westvale G.C., Camillus
Duane Gantley, Greenview G.C., W. Monroe
Emanuel Gantz, Old Oaks C.C., Purchase
August Ganzenmuller, Nassau C.C., Glen Cove
John F. Garde III, Rockaway Hunting Club, Cedarhurst
Samuel Garfine, Holiday Springs
Pauline Gagliardi, Winged Foot, Mamaroneck
Jules O. A. Gagnon, Jr., Crab Meadow, Huntington
David Gallagher, Winged Foot, Mamaroneck
Bob Ganz, Camelback G.C., Scottsdale
Brad A. Garner, Rockland Lake State Park, Congers
Paul Garnot, College Hill G.C., Poughkeepsie
Lawrence P. Gaudin, Jr., Thendara G.C., Thendara
Joseph J. Gauzza, Rockland C.C., Sparkill
John Gaylo, Jr., Maple Hill G.C., Marathon
Clifton H. Gee, Genegantslet G.C., Greene
Jim Gee, Braemar C.C., Rochester
Richard L. Gelb, Spyglass Hill G.C., Pebble Beach
Kathy Genett, Heritage Hills C.C., Somers
Joe George, En-Joie G.C., Endicott
Charles Gerloff, Dunwoodie G.C., Yonkers
Bette Germain, Commack Hills G.&C.C., Commack
Alan L. Gershon, Nick Stoner, Caroga Lake
Colin Getz, Albany C.C., Voorheesville
Marv Gillenkirk, Victor Hills, Victor
Daniel F. Gilroy, Westvale C.C., Camillus
Michael Ginley, Skaneateles C.C., Skaneateles
Sam L. Giordano, Lake Shore Golf Center, Rochester
Ellen Girds, Elmira C.C., Elmira
James B. Gitlitz, Vestal Hills C.C., Binghamton
Bart Giusto, Swan Lake G.C., Manorville
Hy Glantz, Del-Air G.C., Delray Beach
Harvey J. Glass, Shawnee Inn & C.C., Shawnee On Delaware
Jane L. Glazer, Irondequoit C.C., Pittsford
John W. Gleason, Vassar G.C., Poughkeepsie
Richard Gleason, Owasco C.C., Auburn

1983 HOLES-IN-ONE

William C. Glenn, Transit Valley C.C., E. Amherst
John L. Goddard, Knickerbocker C.C., Tenafly
Stephen Gold, McCann Memorial G.C., Poughkeepsie
Mimi Goldberg, Cold Spring C.C., Cold Spring Harbor
Norma Goldberg, Lafayette C.C., Lafayette
Jay Goldstein, Bethpage State Park, Farmingdale
Kenneth Goldstein, Westwood C.C., Williamsville-
E. Vincent Gomez, Hempstead G.C., Hempstead
Benjamin Goodman, Eisenhower Park, East Meadows
Doris Goodman, Prime Time C.C., Great Bend
Matt Goot, Nick Stoner G.C., Chrogh Lake
Evelyn Gordon, Tanglewood G.C., Greentown
Sydney L. H. Gordon, Griffin Gate G.C., Lexington
Edward R. Gorel, Metropolis G.C., White Plains
Hank Gossel, Elma Meadows, Elma
Paul Gossett, Bob-O-Link G.C., Orchard Park
Lee E. Gould, Indian Hills C.C., Northport
Robert J. Grady, Colonie Hill G.C., Hauppauge
Arthur Grafenberg, Northport V.A.H.C. G.C., Northport
Teddy Grant-Engel, Pine Haven C.C., Guilderland
Edward Graves, Crab Meadow, Huntington
John Graziano, Heatherwood, So. Setauket
Edward Grebinar, Island's End G.&C.C., Greenport
Joseph Greco, La Tourette, New York City
Robert S. Greenberg, Pine Hollow C.C., E. Norwich
Sandi Lee Greenberg, Shaker Ridge C.C., Loudonville
William Greif, Lake Shore C.C., Rochester
Marion Grimes, Edison Club, Rexford
Jon Gronquist, South Hills C.C., Jamestown
Jack Gross, Alden C.C., Darien
Peter Grossman, Cornell University, Ithaca
Harry Groth, Alden C.C., Darien
John Guba, G.C. of Bologna, Bologna
Mark Guenthner, Tanner Valley G.C., Syracuse
Mike Guido, Central Valley G.C., Central Valley
Stephen Gulick, Jr., Lake Shore Golf Center, Rochester
George N. Gundersen, Ridgefield G.C., Ridgefield
Jay Gunning, PGA National G.C., Palm Beach Gardens
Edwin G. Gurley, Village Green G.&C.C., Baldwinsville
Rubin Guterman, Lakewood C.C., Lakewood
Stanley Haas, Hauppauge C.C., Hauppauge
Edward A. Habermann, Beekman C.C., Hopewell Junction
Thomas J. Hackett, Indole C.C., Ausable Forks
Clifford R. Hagadorn, Afton C.C., Afton
Chris Hagan, Cazenovia C.C., Cazenovia
Donald Hall, Golden Oak, So. Windsor
Frank W. Hall, Riverton, West Henrietta
Murry J. Hall, Lancaster C.C., Lancaster
Allan Halper, Mill River Club, Oyster Bay
Barbara Halpern, Tam-O-Shanter Club, Brookville
Marvin Halpern, Rockland Lake, Congers
Ronald J. Halstead, Radisson Greens, Baldwinsville
James Hamilton, Pine Hill C.C., Manorville
Tom T. Hamilton, Merion G.C., Ardmore
Peter Handy, The C.C. of Rochester, Rochester
Bill Hansen, Skyline G.C., Brewerton
Doug Hansen, The Canyon Club, Armonk
Kenneth R. Hansen, La Tourette G.C., Staten Island
Helen Harder, Meadowgreens, Ghent
John R. Harder, Albany C.C., Voorheesville
David W. Haring, Twin Hills G.C., Spencerport
Fred Harrington, Nick Stoner G.C., Caroga Lake

Harold T. Harrison, Hyde Park Blue Course, Niagara Falls
Michael Hart, Bethpage G.C., Farmingdale
L. Mason Harter, Mohawk G.C., Schenectady
Michael T. Haskell, Pine Hills G.C., Frankfort
Richard Hauber, Canasawacta C.C., Norwich
James D. Haver, Jr., Winged Foot G.C., Mamaroneck
Bob Hayes, Beaver Meadows, Phoenix
Randy Hayes, Battle Island, Fulton
Thomas B. Healy, Jr., C.C. of Buffalo, Williamsville
Arnold Hechtman, Bethpage G.C., Farmingdale
James A. Hedden, Lake Shore C.C., Rochester
Hal Heegle, Dunwoodie G.C., Yonkers
Phyllis S. Heim, Stonehedges C.C., Groton
Richard Heller, Mount Snow C.C., West Dover
Pamela B. Hemmings, La Tourette G.C., Staten Island
Donald E. Henry, Seven Oaks, Hamilton
Leonard D. Henry, Ekwanok C.C., Manchester
Peter Henry, Douglaston Park, Douglaston
Robert Henry, Whippoorwill Club, Armonk
Paul A. Herrmann, The Elms G.C., Sandy Creek
Jay Hershkowitz, Rockland Lake North, Congers
Albert H. Hesse, Equinox C.C., Manchester
Joseph J. Hessney, Geneva C.C., Geneva
Russell W. Hewitt, Niagara Frontier C.C., Youngstown
Betty Ann Hidock, Ely Park G.C., Binghamton
Alan Hierholzer, The Elms G.C., Sandy Creek
George Hillenbrandt, Cordial Greens C.C., Castleton
Carroll S. Hillsberg, Lafayette C.C., Jamesville
Joel Hirsch, Hempstead G.C., Hempstead
Joan Hochberg, Woodcrest C.C., Syosset
Martin Hochman, Cold Spring C.C., Cold Spring Harbor
Robert F. Hock, Shamrock G.&C.C., Oriskany
Ellie Hoefler, Alden C.C., Darien Center
John Hofmann, Garden City C.C., Garden City
Donna L. Hofstead, Elm Tree G.C., Cortland
Fred Hohlig, Knollwood C.C., Elmsford
Pamela C. Holahan, Huntington C.C., Huntington
Chester Holinske, Hempstead G.&C.C., Hempstead
Gerard C. Hollahan, Massena C.C., Massena
Bernard Holley, Sprain Lake, Yonkers
F. Richard Holly, Wildwood C.C., Rush
Eugene J. Holmes, Garden City C.C., Garden City
Kathleen Holmes, Quail Creek G.C., Conway
Robert H. Holmes, Highland Park G.C., Auburn
Richard H. Homan, Terry Hills, Batavia
Merle Homer, Elm Tree G.C., Cortland
William Hong, Scarsdale G.C., Hartsdale
Gordon W. Hopkins, Tam O'Shanter of Pa., West Middlesex
Thomas W. Hopper, Tamiment Resort & C.C., Tamiment
Skip Hotaling, Meadow Green, Ghent
Edward Howard, Batavia C.C., Batavia
Harold Howard, Eisenhower Park, E. Meadow
Martha M. Howard, Bay Harbor G.C., Fishers Island
Robert F. Howard, Geneva C.C., Geneva
Quentin Howe, Glens Falls C.C., Glens Falls
Joseph E. Howley, Bluff Point G.&C.C., Plattsburgh
Bernard W. Hubbard, Indian Hills G.C., Painted Post
Vince Hudon, Locust Hill C.C., Pittsford
George E. Huhtanen, Hillendale, Ithaca
Richard B. Hunt, Tanner Valley G.C., Syracuse
Chris Hurley, Genegantslet, Greene
Ira Hutter, Maplemoor G.C., White Plains

1983 HOLES-IN-ONE

Robert A. Hvejay, Lake Isle C.C., Eastchester
Frank Hy, Osiris C.C., Walden
Jae M. Hyun, Middle Island C.C., Middle Island
Frank Iarossi, Sable Palm G.C., Tamarac
Joseph Ignatovich, Bergen Point, Babylon
Nick Ijay, Rolling Green G.C., Springfield
Robert P. Ingrasci, Hyde Park, Niagara Falls
Dick Intihar, Niagara County G.C., Lockport
Joseph F. Iodice, Rome C.C., Rome
Preston Irwin, Bent Tree G.&R.C., Sarasota
Joe Iuorno, Ocean Village G.C., Ft. Pierce
M. Iwahashi, Canyon Club, Armonk
Alfred Jacob, Briar Hall C.C., Briarcliff Manor
Arnie Jacob, Twin Hills G.C., Spencerport
George J. Jacoba, Clifton Springs C.C., Clifton Springs
Marvin S. Jacobs, Briar Hall C.C., Briarcliff Manor
Sam Jacobs, Holiday Springs G.C., Margate
David F. Jacuk, Camillus C.C., Camillus
David A. Jahsman, Oneida Ltd. G.C., Oneida
Loren James, Northern Pines G.C., Clay
Theo V. Januszewski, Makaha Sheraton, Makaha
John F. Jasinski, Lake Placid Club Resort, Lake Placid
Jerome J. Jason, Bob-O-Link G.C., Orchard Park
Betty Jeffers, Potsdam Town & C.C., Potsdam
Jeremy Jeffery, Bedford G.&T.C., Bedford
Dave Jenkins, Saratoga Spa G.C., Saratoga Springs
David Jennison, C.C. of Rochester, Rochester
Judy Jochen, Cedar Lake Club, Clayville
Harold D. Jock, Cedar View G.C., Rooseveltown
James M. Johns, Hillendale G.C., Ithaca
John G. Johnson, The C.C. of Rochester, Rochester
Raymond F. Johnson, Amsterdam Municipal G.C., Amsterdam
Walt Johnson, Moon Brook C.C., Jamestown
Otto Johs, Dennis Pines, So. Dennis
Bob Jones, Clifton Springs G.C., Clifton Springs
Chas. P. Jones, Shepard Hills C.C., Waverly
Reese Jones, En-Joie, Endicott
Paula Jones, Twin Brooks G.C., Waddington
Walter G. Jones, Jr., Islands End G.&C.C., Greenport
Robert L. Joslin, Quaker Ridge, Scarsdale
Raymond Juliano, Loch Ledge G.C., Yorktown Heights
Samuel J. Juliano, Blue Hill C.C., Pearl River
Roslyn E. Juliber, Pine Hollow C.C., E. Norwich
Ronald W. Kachnic, Grassy Sprain, Yonkers
Jennie Kaczorowski, Island End, Greenport
Paul Kahler, North Hempstead C.C., Port Washington
John Kalasza, Maple Hill G.C., Marathon
Leon Kalayjian, Rye G.C., Rye
Wallace S. Kalyo, Springville C.C., Springville
Donald Kanderson, Jackson Valley C.C., Warren
Robert Kane, Geneva C.C., Geneva
Edgar H. Kann, Quaker Ridge G.C., Scarsdale
Al Kanterman, Spook Rock G.C., Suffern
Harold Kaplan, Ontario G.C., Ontario
Ralph Kaplowitz, Old Westbury G.C., Old Westbury
Martha E. Kasper, Lakeland G.C., Oyechee
John Kastner, Palmetto Pines G.C., Parrish
Paul J. Kastuk, Lake Isle C.C., Eastchester
Charles Kavanagh, Mt. Kisco C.C., Mt. Kisco
Gary W. Kavney, Bellevue C.C., Syracuse
Hiromitsu Kawasaki, Mohansic G.C., Yorktown Heights
Jeff Kaye, Alpine C.C., Alpine

Joe Kazickas, Maidstone G.C., East Hampton
Dolly Kearney, Boca West Resort & Club, Boca Raton
Edward J. Kearney, Town of Colonie G.C., Albany
Dennis Keenan, Saratoga Spa Championship, Saratoga Spa
Kenneth C. Keller, Bristol Harbour G.C., Canandaigua
Stan Keller, Kanon Valley C.C., Oneida
Lou Kelly, Greenwich C.C., Greenwich
Douglas Kemme, The Pompey Club, Pompey
Barbara Kemp, Thendara G.C., Thendara
Bill Kempner, Tam O'Shanter Club, Brookville
John Kenefick, Soaring Eagles G.C., Horseheads
Kenneth Kennedy, Dinsmore G.C., Staatsburg
John F. Kenny, McCann Memorial, Poughkeepsie
Darwin Kenyon, Monroe G.C., Pittsford
Thomas J. Keogh, Indian Island, Riverhead
H. Kaye Kerr, Onondaga G.&C.C., Fayetteville
Morris C. Kessel, Pine Hollow C.C., East Norwich
John Keyzer, Jr., Ballston Spa C.C., Ballston Spa
John Kilcoin, Stevensville G.&C.C., Swan Lake
Stan Kimiecik, Canasawacta C.C., Norwich
Dolores King, Lords Valley C.C., Hawley
Russ King, N. Woodmere Park G.C., N. Woodmere
Truman L. King, Mohawk G.C., Schenectady
Robin B. Kinnel, Valley View, Utica
Sid Kipnes, Lido Beach G.C., Lido Beach
John Kircher, Monroe G.C., Pittsford
John D. Kirkpatrick, Wild Wood C.C., Rush
Herb Kirschner, Douglaston G.C., Douglaston
Victor Kitay, Seawanee Club, Hewlett
Ted Klamm, Camillus C.C., Camillus
Leonard Klein, Spook Rock G.C., Suffern
Robert R. Klein, Crab Meadow G.C., Northport
William Kleinman, Mosholu, Bronx
Alexander Klim, Durand Eastman, Rochester
Jerry Klycek, Bob-O-Link G.C., Inc., Orchard Park
Robert Kneller, Tanner Valley G.C., Syracuse
Richard G. Kniffin, Mill River Club, Oyster Bay
Donald W. Knott, R.A.F. Lakenheath G.C., Suffolk
Larry Koch, Smithtown Landing C.C., Smithtown
Ruth R. Koeppel, Eastpointe C.C., Palm Beach Gardens
Motohiko Kogetsu, River Vale C.C., Rivervale
Alvin Kohn, Fountains C.C., Lake Worth
Harold Kopf, Brentwood C.C., Brentwood
Harry Korba, Dunwoodie G.C., Yonkers
Charlotte Kornbluh, Eastpointe C.C., Palm Beach Gardens
Peter L. Koslow, Seawane Club, Hewlett Harbor
Joseph Kotlowski, Elma Meadows, Elma
Andre Koul, Brentwood C.C., Brentwood
Thomas M. Kozlowski, Utica College G.C., Utica
Dan Kraft, Orchard Park C.C., Orchard Park
Stephen F. Kucera, Vestal Hills C.C., Binghamton
Jo Anne Kucerak, Maple Crest C.C., Frankfort
William J. Kucich, Clearview G.C., Bayside
Don Kuhman, C.C. of Rochester, Rochester
Anne H. Kuhnert, Onondaga C.C., Fayetteville
Richard M. Kukuk, Bellevue C.C., Syracuse
Lenore Kulberg, C.C. of Amherst, E. Amherst
George E. Kumn, Springville C.C., Springville
Chuck Kurtz, Riverside C.C., Central Square
Robert Kushner, En-Joie G.C., Endicott
Doug La Budde, C.C. of Rochester, Rochester
Tom La Cerra, St. George's G.&C.C., Stony Brook

1983 HOLES-IN-ONE

Kenneth R. Lader, Tanner Valley G.C., Syracuse
Jeff La Duca, East Aurora C.C., E. Aurora
Michael E. Lafferty, Elma Meadows G.C., Elma
F. Owen La Force, Emerald Green G.C., Fulton
Frank La Iacona, Pinehaven C.C., Guilderland
Joe La Magno, Twin Hills, Spencerport
Marshall L. Land, Teugega G.C., Rome
Eve Landau, Ardsley C.C., Ardsley-On-Hudson
Peter Landau, Knollwood C.C., Elmsford
Chuck Lane, Pleasant View G.C., Freehold
Carlton Lang, Brockport C.C., Brockport
Kevin L. Lang, Andrews G.C., Washington
Jean E. Langbein, Ridgemont C.C., Rochester
Paul Langhanser, Bethpage State Park, Farmingdale
Charles Lanigan, Sr., Pine Hills C.C., Manorville
Peter E. La Polla, Pelham G.C., New York City
Paco La Porte, Hoosick Falls C.C., Hoosick Falls
Wendall V. Lapp, The Dunes G.&C.C., Sanibel Island
Charles P. La Rocca, Chili C.C., Scottsville
Morton D. Last, Commack Hills, Commack
Jack Lauder, Binghamton C.C., Endwell
Bob Law, Genesee Valley, Rochester
George Lawkins, Garden City C.C., Garden City
David R. Lawrence, Bethpage State Park, Bethpage
Thomas Lawrenson, Lake Placid Club Resort, Lake Placid
Dean A. Leach, Corning C.C., Corning
Tom Leaper, Dande Farms, Akron
Don Leathers, South Hills C.C., Jamestown
Maurice Le Blanc, Wayne Hills C.C., Lyons
William Le Broco, Navesink C.C., Middletown
Sheldon Lederman, Casa de Campo "Teeth of Dog" La Romana
Moon Sung Lee, Americana Great Gorge, McAfee
John Leet, Vestal Hills C.C., Binghamton
Pat Le Grazie, Pelham Bay G.C., Bronx
Morton A. Leif, Harbor Hills C.C., Port Jefferson
Bill Lemmey, Bethpage State Park, Bethpage
Joseph Lenahan, Elma Meadows, Elma
George C. Leness, Westchester C.C., Rye
Eamon Lennon, Indian Island, Riverhead
Violet Leroy, Town of Colonie G.C., Schenectady
Zack Leroy, Stamford G.C., Stamford
Paul E. Leskiren, Stonehedges C.C., Groton
Debbie Lessel, McConnellsville G.C., McConnellsville
Mory Leven, Pelham Bay, Bronx
Leonard Levin, Mohawk Valley C.C., Herkimer
H. Levine, Alpine C.C., Alpine
Leonard Levy, Bethpage State Park C.C., Farmingdale
Michael Levy, Glen Oaks G.C., Long Island
Ed Lewis, Crestwood G.C., Marcy
Gary Lewis, Kanon Valley C.C., Oreida
Kenneth L. Lewis, Genesee Valley, Rochester
Norman B. Lewis, Westwood C.C., Williamsville
Richard J. Lewis, Sleepy Hollow C.C., Scarborough
Diane S. Leyden, Brae Burn, Dansville
John Licausi, Middle Island C.C., Middle Island
Irving G. Liebligh, North Shore Towers C.C., Floral Park
Fred Lightfoot, Chili G.C., Scottsville
Bill Liguori, Dyker Beach G.C., Brooklyn
Judy Liguori, Tamarack C.C., Greenwich
Tim Lilac, Mechanicville G.C., Mechanicville
Bob Lindahl, Elm Tree G.C., Cortland
Rober Lindali, Elm Tree C.C., Cortland

Frank M. Linehan, Genegantslet G.C., Greene
Robert Lindquist, Siwanoy C.C., New York City
Frieda Liss, Frear Park, Troy
John J. Lissner, West Point C.C., West Point
Phil Livingston, Afton G.C., Afton
Ferdinand A. Lobisser, Vails Grove G.C., Brewster
Robert O. Lockwood, Kanon Valley C.C., Oneida
Patricia Lohse, Garden City C.C., Garden City
Rocky Losito, Pine Hills G.C., Frankfort
William J. Love, Jr., Cherry Hill G.&C.C., Ridgeway
Carlo F. Lo Vecchio, Tioga C.C., Nichols
Pat Lucas, Elmira C.C., Elmira
Henry E. Lucking, The Breakers Ocean Course, Palm Beach
Americo Luna, Eddy Farm G.C., Sparrowbush
Jon Lundberg, Ekwanok C.C., Manchester Village
Ed Lupia, Ives Hill C.C., Watertown
Ronald Lupica, Sleepy Hollow C.C., Scarsborough-On-Hudson
Caroline Luri, Fairview C.C., Greenwich
James M. Luskiniewicz, Wildwood C.C., Rush
Bob Luss, Dryden Lake G.C., Dryden
Pat Luzzi, Dunwoodie G.C., Yonkers
Alan Lynch, Chenango Valley State Park G.C., Chenango Forks
James R. Lynch, Bethpage, Farmingdale
Robert Lynn, Wolferts Roost C.C., Albany
John W. Mabee, Stadium G.C., Schenectady
Sterling MacAdam, Clifton Springs C.C., Clifton Springs
Neil MacDougal, Thousand Island G.C., Alexandria Bay
Michael Machado, C.C. of Amherst, E. Amherst
Peter R. Mack, The Connecticut G.C., Easton
Robert A. Mackey, Hauppauge C.C., Hauppauge
Richard R. MacLeary, Whispering Pines G.C., Poughkeepsie
Gary A. Madia, Jr., Pine Hills, Frankfort
Gary Madia, Sr., Valley View G.C., Utica
Jane Maher, Marshwood at the Landings, Savannah
Stanley F. Majewski, Geneganslet, Greene
Richard P. Malark, Harlem Valley G.C., Wingdale
Barbara Malbin, Port Jervis C.C., Port Jervis
Jim Malcolm, Alexander Cave Memorial G.C., Poughkeepsie
Mort Maldem, The Blandford Club, Blandford
Tom Mallon, St. George's G.&C.C., Stony Brook
Mary J. Mallory, Windham C.C., Windham
Laurence M. Malowey, Timber Point G.C., Great River
Charles T. Maloy, Jr., Durand Eastman G.C., Rochester
Joseph A. Manarina, Brookfield C.C., Clarence
Gus Mancuso, Lake Shore Yacht & C.C., Clay
Kenneth Mancuso, Pocono Hershey Resort, White Haven
Philip Mancuso, Dix Hills C.C., Dix Hills
Cosmo Mandarino, Drumlins G.C., Syracuse
Frank Manell, Schenectady Municipal G.C., Schenectady
Michael Manganello, Wanakah C.C., Hamburg
Ralph A. Mangino, Deer Track G.&C.C., Myrtle Beach
Harvey S. Mann, Jacaranda C.C., Plantation
Ena Mannix, Island's End G.&C.C., Greenport
Robert Manowitz, Tam O'Shanter G.C., Brookville
Chester Marando, Massena C.C., Massena
Derrick J. Marconi, I.B.M. Homestead, Johnson City
Dick Marczewski, Grover Cleveland G.C., Buffalo
John W. Mark, McGregor G.C., Saratoga Springs

1983 HOLES-IN-ONE

Jim Maroney, Rogues Roost C.C., Bridgeport
Keith J. Marro, Middle Island C.C., Middle Island
Frank Martello, Knollwood C.C., Elmsford
Lou Martellotta, Twin Hills G.C., Spencerport
Larry Martin, Cortland C.C., Cortland
Thomas R. Martin, Windham C.C., Windham
Arthur Martine, Seven Oaks G.C., Hamilton
Morley Marvin, Kanon Valley C.C., Oneida
Sandy Maslin, Mutton Town Club, E. Norwich
Joseph Mason, Moonbrook C.C., Jamestown
David Massimilla, Fairview C.C., Greenwich
Stan Maston, Willows C.C., Rexford
Francis E. Mathews, Shore Acres G.C., Sevasco Estates
Serge Matteini, McCann Memorial G.C., Poughkeepsie
Geo. H. Maxheimer, Flagg C.C., Riverhead
Conrad G. May, Tan-Tara, N. Tonawanda
Mark D. Mayer, Baltusrol G.C., Springfield
Val Mazur, Windham C.C., Windham
Joseph Mazzaferro, Islands End G.&C.C., Greenport
William Mazzuca, Nevele C.C., Ellenville
Edward W. McAndrews, Plandome C.C., Plandome
Dzidra S. McCabe, Onondaga G.&C.C., Fayetteville
Kevin G. McCane, Vestal Hills C.C., Binghamton
Robert M. McCarthy, Elms G.C., Sandy Creek
Ernie McCormick, Colonial C.C., Tannersville
Donals J. McCue, West Point G.C., West Point
Ted L. McDaniel, Deerwood G.C., North Tonawanda
Thomas J. McDermott, Hill & Dale C.C., Carmel
James McDonald, Battenkill C.C., Greenwich
Philip E. McEwen, Shepard Hills C.C., Waverly
Bill McGarva, Rolling Hills G.C., Ft. Lauderdale
Jim McGrath, Dande Farms G.C., Akron
Jerry McGregor, Normanside C.C., Delmar
Chester A McGuier, Broad Acres G.C., Orangeburg
James F. McGuigan, Indian Hills C.C., Northport
Kevin McGuinness, Huntington Crescent Club, Huntington
Dennis J. McGuire, Island's End G.&C.C., Greenport
Jackie McKay, Transit Valley C.C., E. Amherst
F. P. McKevitt, Teugega C.C., Rome
John F. McKinney, Beekman C.C., Beekman
Shirley McLaughlin, Shadow Lake G.C., Penfield
Paul G. McLean, Jr., Teugega C.C., Rome
Mary McQuade, Cordial Greens C.C., Castleton
James B. McQuillan, Broadmoor G.C., Colorado Springs
Richard T. McSherry, Plandome C.C., Manhasset
Lorne J. McTaggart, Transit Valley C.C., E. Amherst
Todd McTigue, Bob-O-Link G.C., Orchard Park
Peter P. Meade, Flagg C.C., Baiting Hollow
Pauline Meades, Cortland C.C., Cortland
Arthur Meadows, Pine Hill G.C., Manorville
Muriel Medney, Woodmere C.C., Woodmere
Del Mee, Conewango Forks G.C., Randolph
Richard Mee, South Hills G.C., Jamestown
Peter J. Mehnert, Turtle Point G.C., Charleston
Kenneth H. Meirdierks, Bellport C.C., Bellport
Marilynn Meisenzahl, Cragie Brae G.C., Scottsville
James C. Melley, Dinsmore C.C., Stattsburg
Vincent R. Melloni, Lake Isle C.C., Eashchester
Walter Melnikow, Onondaga G.&C.C., Fayetteville
Joseph F. Menichino, Oak Ridge G.C., Dunedin
Frank Meola, Colonia C.C., Colonia
Joseph F. Mercurio, Skaneateles C.C., Skaneateles

Richard S. Merrill, Clifton Springs C.C., Clifton Springs
Patrick Mesmer, Dryden Lake G.C., Dryden
William G. Metz, Roques Roost G.C., Bridgeport
Albert G. Metzinger, Lake Shore G.C., Rochester
Ralph J. Meyer, Indian Island G.C., Riverhead
George Meyers, Chili C.C., Chili
Gordie Meyers, Terry Hills G.C., Batavia
George Michos, Jackson Valley C.C., Warren
James A. Mickles, Chautauqua G.C., Chautauqua
Mimi Mikhitarian, Frear Park G.C., Troy
Tom Mikusinski, McCann Memorial G.C., Poughkeepsie
Anthony Miller, Mechanicville G.C., Mechanicville
Frances Miller, Osiris C.C., Walden
Jack Clay Miller, Mt. Kisco C.C., Mt. Kisco
Kemper Miller, C.C. of Rochester, Rochester
Leo Miller, Brighton Park G.C., Kenmore
Virginia B. Mills, Indian Creek C.C., Jupiter
E. Mindell, Westwood C.C., Williamsville
Leo Minkin, Heritage Hills C.C., Somers
Joe Mirabile, Northway Heights G.C., Ballston Lake
Frank Mirabito, Cawasawacta C.C., Norwich
Jim Misuraca, Rheinbeck G.C., A.P.O.
Fujio Mitarai, Nassau C.C., Glen Cove
Mike Mitchell, Fillmore G.C., Morauia
Stephen E. Mochrie, Amsterdam Municipal G.C., Amsterdam
Howard Moffett, Eisenhower Park (Red Course), East Meadow
James J. Monaghan, Hauppauge C.C., Hauppauge
Ruth Moore, Bent Tree G.&R.C., Sarasota
Thomas P. Moore, Southward Ho C.C., West Bay Shore
Bill Moorehead, Thendara G.C., Thendara
Rene Moreay, Catatonk G.C., Candor
Ben Moreno, Braemar C.C., Spenceport
Eleanor Morey, Rock Rimmon C.C., Stamford
Robert Morgan, Normanside C.C., Delmar
Dan Morris, Pinehaven C.C., Guilderland
Eugene H. Morrison, Orange County G.C., Middletown
Julian Morrison, Westwood C.C., Williamsville
Frederick D. Morrow, Palm View G.C., Palmetto
Margaret A. Morrow, Huntington Crescent Club, Huntington
William R. Morton, Edison Club, Rexford
John Morvillo, Dunwoodie C.C., Yonkers
Donald F. Mosher, Holiday Valley Resort, Ellicottville
Alvin Moss, Old Westbury C.C., Old Westbury
Carmine J. Mottola, Stony Ford C.C., Montgomery
Daniel J. Mulcahey, Jr., Oswego C.C., Oswego
Barry J. Mullen, Charmingfare G.C., Candia
Biag Muratore, Jr., Spring Lake G.C., Middle Island
Joseph Murin, Dunwoodie C.C., Yonkers
James W. Murphy, South Shore C.C., Staten Island
Joseph Murphy, Garden City C.C., Garden City
Kevin J. Murphy, Indian Hills G.C., Lindley
Joe Murray, Skaneateles C.C., Skaneateles
Robert B. Murray, Greenbrier, White Sulphur Springs
Ruth Murray, Genegantslet G.C., Greene
Joan Muszak, Salmon Creek C.C., Spencerport
Gladys C. Myers, Moon Brook G.C., Jamestown
Ray Myers, Chenango Valley State Park G.C., Chenango Forks
Ann Myllek, Salem G.C., Salem
Sachiko Nakano, Scarsdale G.C., Hartsdale

1983 HOLES-IN-ONE

Barbara Nantista, Dix Hills G.C., Dix Hills
John Napolitano, Osiris C.C., Walden
Craig R. Narins, Transit Valley C.C., East Amherst
E. Naylor, St. Georges G.&C.C., Stony Brook
William Nealy, Elma Meadows G.C., Elma
Benjamin Neelman, Appleridge C.C., Mahwah
David S. Neilson, Dinsmore G.C., Staatsburg
Dick Nelson, Chautauqua G.C., Chautauqua
Willard L. Newport, Tanner Valley G.C., Syracuse
Walter E. Newton, Jr., Stuttgart G.C., A.P.O.
Charles Nichols, Cortland C.C., Cortland
Robert R. Nichols, Batavia C.C., Batavia
Alfonso Nicolella, Saratoga Spa G.C., Saratoga Springs
Roger Nieman, Port Royal G.C., Southampton
John Nigru, Nick Stoner G.C., Caroga Lake
Casimir Nijander, Lakewood C.C., Lakewood
Stephen Nitti, Pelham Bay G.C., Pelham
Kenneth L. Noce, Camillus C.C., Camillus
Joseph Noga, Highland Park G.C., Auburn
James L. Norgren, Shawnee C.C., Sanborn
Banjamin Noritz, Split Rock G.C., Bronx
Lee M. Norton, Coble Hill G.C., Elizabeth Town
Joseph J. Notarpole, Oakmont C.C., Oakmont
Pat Novinski, Catatonk G.C., Candor
Mark Nowak, Bardmoor C.C., Largo
Thomas G. Nybeck, Soaring Eagles G.C., Horseheads
Manuel Obalde, Dunwoodie C.C., Yonkers
Lee Oberst, Deerwood C.C., Jacksonville
Colleen A. O'Brien, Port Jervis C.C., Port Jervis
John O'Brien, Van Patten G.C., Jonesville
Raymond A. O'Brien, Gardiners Bay C.C., Shelter Island
Terry O'Brien, Bethpage State Park G.C., Bethpage
Terry O'Donnell, Victor Hills G.C., Victor
Dan O'Keefe, Bethpage State Park G.C., Farmingdale
Neil O'Keeffe, The Powelton Club, Newburgh
Brad Okoniewski, C.C. of Amherst, East Amherst
Robert S. Olafson, Rye G.C., Rye
Fran O'Leary, Ironwood G.&C.C., Baldwinsville
Steve O'Leary, Lake Isle C.C., Eastchester
Thomas A. Oles, Schroon Lake G.C., Schroon Lake
Jacqueline A. Olivet, Twaalfskill G.C., Kingston
Timothy P. O'Neal, Springville C.C., Springville
Joseph S. Onisko, South Fork G.C., Amagansett
Luis Onofre, Malone G.C., Malone
Francis Onofri, Skaneateles C.C., Skaneateles
Chris Oot, Thendara G.C., Thendara
William O'Rourke, Blue Hill G.C., Pearl River
Joseph E. Osborn, Elm Tree G.C., Cortland
Betty O'Shaughnessy, Huntington C.C., Huntington
Richard A. Osmer, Stricklands Wiscasset G.C., Mt. Pocono
Henry J. Osterhoudt, West Point G.C., West Point
Russ Ostrander, Cedar Lake Club, Clayville
Sndy Otten, Plattsburgh A.F.B., Plattsburgh
Raymond E. Owen, Chili C.C., Scottsville
Thomas P. Owen, Hagerstown Municipal G.C., Hagerstown
Rick Paice, Ironwood G.&C.C., Baldwinsville
Larry Paige, Orchard Valley G.C., Nedrow
Don Pair, Drumlins East G.C., Syracuse
John H. Palermo, Hillview G.C., Fredonia
Sam Palermo, Geneva C.C., Geneva
Edward Palinski, Shamrock Municipal G.C., Oriskany

Edward Palmer, Tee-Bird C.C., Ft. Edward
Tony Palombi, Genegantslet G.C., Greene
M. Louie Paltrowitz, Corning C.C., Corning
Kim Pandich, Golden Oaks G.C., Windsor
Thomas D. Panel, Victor Hills G.C., Victor
Bill Paraso, Riviera C.C., Ormond Beach
John Pardi, Battle Ground C.C., Tennent
Robert A. Parker, Tee-Bird C.C., S. Glens Falls
Louis P. Parlato, Pelham G.C., Bronx
Robert J. Parry, Mohawk G.C., Schenectady
Frederick J. Parshley, Stow Acres C.C., Stow
Edward A. Pascucci, Shamrock C.C., Oriskany
Bob Parsons, Blue Hills G.C., Pearl River
George Parsons, Port Jervis C.C., Port Jervis
Joseph Patashny, Stow Acres C.C., Stow
Betty Pauquette, Normanside C.C., Delmar
Alfred D. Pavelec, Silver Lake G.C., Staten Island
Robert Pavis, South Shore G.C., Staten Island
Perry Pedini, Brookfield C.C., Clarence
Dottie Pels, Tan Tara C.C., No. Tonawanda
Newton G. Pendleton, Eaglesmere C.C., Eagles Mere
Thomas P. Percoco, Sprain Lake G.C., Yonkers
Oscar Peretz, Colony West C.C., Tamarac
Gene Perlman, Garrison G.C., Garrison-on-Hudson
P. Philip Perry, James Baird State Park, Pleasant Valley
Robert A. Perry, Seascape Resort, Destin
Rus Pesci, Montclair G.C., Montclair
Dick Peters, Dane Farms G.C., Akron
Stephen E. Peters, Bethlehem Management Club, Hamburg
Harry E. Petersen, Hartford G.C., W. Hartford
Tony Petito, Soaring Eagles G.C., Horseheads
Cid Petretti, Hollow Hills C.C., Dix Hills
Nick Petrillo, East Lakes C.C., Palm Beach Gardens
Robert Petrosky, Spooky Brook G.C., No. Branch
Louis Petrucci, Glen Cove G.C., Glen Cove
Tony Pettinelli, Teugega C.C., Rome
Rusty Pettit, Chemung G.C., Waverly
Joseph Pfeifer, Westwood C.C., Williamsville
George Phillips, Canasawacta C.C., Norwich
Robert Pickles, Niagara County G.C., Lockport
Joel Pierce, Canandaigua C.C., Canandaigua
Matthew T. Pietroski, Lake Shore Yacht & C.C., Clay
Virginia W. Pilatzke, Westvale G.C., Camillus
Nicholas Pilla, No. Hempstead C.C., Port Washington
Carl Pillittieri, Moon Brook C.C., Jamestown
Robert W. Pine, Owasco G.C., Auburn
William W. Pinkel, Jr., Skaneateles C.C., Skaneateles
Pete Pinori, Beekman C.C., Hopewell Junction
Charles Pirre, Maplemoor G.C., White Plains
Roslyn Pitch, Harbor Hills C.C., Port Jefferson
Ruth Pittler, Otterkill C.C., Campbell Hall
Frank Plata, Sr., Oswego C.C., Oswego
Roger E. Poland, Ausable Valley G.&C.C., Ausable Forks
Gene Polasik, Twin Hickory G.C., Hornell
William J. Pomakoy, C.C. of Troy, Troy
Sally Port, The Woodmere Club, Woodmere
Craig E. Porter, Albany C.C., Voorheesville
Jerome Porter, The Mill River Club, Upper Brookville
John M. Porter, Ticonderoga C.C., Ticonderoga
Sydney Poss, Green Hills G.C., Mendon
Fred Potter, Twin Hickory, Hornell
Robert J. Power, Corning C.C., Corning

1983 HOLES-IN-ONE

Mary Jo Prestiano, North Hills C.C., Manhasset
Harold M. Preston, River Greens G.C., Avon Park
Mel Price, Shipyard C.C., Hilton Head
John Priest, Skaneateles C.C., Skaneateles
Runee Prince, Chautauqua Point, DeWittville
Joseph Provenzano, Garden City C.C., Garden City
Charles Prudente, Mohansic G.C., Yorktown Heights
Stanley Prusik, Canasawacta C.C., Norwich
Ernie Puccini, Lake Isle C.C., Eastchester
Francis P. Puccio, Richmond County C.C., Staten Island
Joseph Pugliese, Saratoga Spa G.C., Saratoga Springs
Jim Purtell, Albany Municipal G.C., Albany
John Purves, Monroe G.C., Pittsford
Arthur Quackenbush, Ponce de Leon Lodge & C.C., St. Augustine
Edward Quail, Maple Hill G.C., Marathon
Steven R. Quirie, Terry Hills G.C., Batavia
John A. Quisenberry, Shinnecock Hill, Southampton
Marvin V. Raff, Irondequoit, Rochester
Alfred Rainer, Niagara Frontier C.C., Youngstown
Paul L. Randall, St. Laurence G.&C.C., Canton
Joseph Randazzo, Bethpage State Park, Farmingdale
Charles L. Rappazzo, The Edison Club, Rexford
Raymond A. Rauscher, G.C. of Newport, Newport
Jim Rawcliffe, Monroe G.C., Pittsford
Alan W. Raymond, Willow Brook, Watertown
Joanne Read, Cazenovia C.C., Cazenovia
Joseph G. Reagan, Schenectady Municipal G.C., Schenectady
Jeff Recek, Bethpage State Park, Bethpage
Ed Redder, Ives Hill C.C., Watertown
Al Reed, Canandaigua C.C., Canandaigua
Lorraine Reed, Woodhaven G.C., West Oneonta
Rich Reggero, Grossinger's C.C., Grossinger
James J. Rehak, Jr., C.C. of Amherst, W. Amherst
Robert E. Reichhard, Osiris C.C., Walden
Tony Rende, Knollwood C.C., Elmsford
Christos A. Rentos, Bethpage State Park, Bethpage
Robert Renzi, Ives Hill C.C., Watertown
Ernest Reuber, Elms G.C., Sandy Creek
Al Reynolds, Spook Rock G.C., Suffern
Peter E. Reynolds, Attica G.C., Inc., Attica
Larry Ricci, Fox Hill C.C., Riverhead
Vincent T. Riccurdella, Rutgers G.C., Piscataway
Don Rice, En-Joie G.C., Endicott
William Rich, Holiday Village, Ellicottville
Wayne F. Richardson, Endwell Greens G.C., Endwell
Bela R. Rieger, North Fork C.C., Cutchogue
Sanford Rifkin, Glenwood C.C., Old Bridge
Biagio P. Riina, Palm, Lake Buena Vista
Marilyn Riklin, Fairview C.C., Greenwich
David D. Riley, Twin Hickory G.C., Hornell
James F. Riley, Lake Shore G.C., Rochester
Sharon Rissel, South Hills C.C., Jamestown
F. H. Ritzenthaler, Bardmoor G.C., Largo
Frederick L. Rivenburgh, Jr., Nick Stoner G.C., Caroga Lake
Dorothy A. Roach, Bellevue C.C., Syracuse
Al Robertson, Rockland Lake State Park, Congers
Randy Robillard, Twin Brooks, Waddington
Richard H. Robinson, Piping Rock Club, Locust Valley
Seymour D. Robinson, Whippoorwill, Armonk
Stephen P. Rodgers, Bob-O-Link G.C., Orchard Park

Walter Rogers, Dix Hills C.C., Dix Hills
Walter Roman, Mechanicville C.C., Mechanicville
Lawrence J. Romano, Hauppauge C.C., Hauppauge
Tony Romano, Cammillus C.C., Cammillus
Frank T. Romeo, Harbor Hills C.C., Port Jefferson
Michael Rooney, Pinehaven C.C., Guilderland
Leo H. Roper, Mission Lakes C.C., Desert Hot Springs
Bob Rose, Tan Tara N. Tonawanda
Stanley Rose, Pine Hills G.C., Manorville
Wayne Rosen, Colonie Hill G.C., Happague
Benjamin Rosenberg, Alpine C.C., Alpine
Gerald Rosenberg, Sunningdale C.C., Scarsdale
Harry Rosenblatt, Indian River Plantation Club, Stuart
Deanna Ross, Sunken Meadow State Park, Kings Park
Frank J. Ross, Elma Meadows, Elma
Gary J. Ross, Braemar C.C., Rochester
George L. Roth, Cherry Valley Club, Garden City
Myrna Roth, Alpine C.C., Alpine
Steve Rouse, Casolwood G.C., Canastola
Fred Rowland, Pompey Club, Pompey
Albert R. Roy, Dogwood Knolls G.C., Hopewell Junction
Michael R. Rozen, Fenway G.C., Scarsdale
Roberta S. Rudolph, Lafayette C.C., Jamesville
James J. Ruggles, Pine Hills C.C., Manorville
James W. Rummell, Pine Hills C.C., Manorville
R. M. Rundell, Pontoosuc Lake C.C., Pittsfield
Stan Rundle, Berkeley Hills G.C., Norcross
Rosetta C. Ruppe, Southward Ho C.C., Bayshore
Matt Russell, I.B.M. C.C., Johnson City
Rick Russo, Eisenhower Salisbury Park, E. Meadow
Russell Ruthig, Cortland C.C., Cortland
Dennis Ryan, Camillus C.C., Camillus
Michael L. Sabatini, Dorado Playa C.C., Puerta Plata
Anthony C. Sabella, Salem G.C., North Salem
Bob St. George, Green Hills G.C., Mendan
Robert F. St. Mary, Malone G.C., Malone
Fred Saka, Edison C.C., Rexford
John Sakacs, Lake Placid Club Resort, Lake Placid
John Salamone, Tournament Player's Club, Ponte Vedre
Bob Saltzman, Skyridge G.C., Chittenango
Mike Salvatore, Lake Placid Club Resort, Lake Placid
Robert Samcomb, Jr., Cordial Greens C.C., Castleton
Conrad H. Samish, Sunken Meadow State Park, Kings Park
Maynard H. Sampson, Sr., Elm Tree G.C., Cortland
Harris A. Sanders, Hillendale, Ithaca
Ray Sanford, Fairview C.C., Greenwich
Marilou P. Santoro, Emerald Crest, Palermo
Norm Santoro, Beaver Meadows G.C., Phoenix
Steven Sasz, Bellport C.C., Bellport
Stephen J. Sautin, Schenectady Municipal G.C., Schenectady
Mark Sauvigne, Sea Island G.C., Sea Island
Hank Savarese, Timber Point G.C., Great River
Tony Scalise, Saranac Lake G.C., Bay Brook
John T. Scally, Swan Lake G.C., Long Island
John P. Scandaglia, Palm Beach Lakes G.C., West Palm Beach
Robert W. Schaefer, Chautauqua G.C., Chautauqua
George Schatz, Watertown G.C., Watertown
Edward M. Scherer, Niagara Frontier C.C., Youngstown
William J. Scheurer, Forest Lakes club, Sarasota
Bill Schiller, New Paltz G.C., New Paltz

1983 HOLES-IN-ONE

June Schlanger, Cold Spring C.C., Cold Spring Harbor
Florence Schlsssberg, Boca West Resort & Club, Boca Raton
Florence Schlossberg, Pine Hollow C.C., East Uaruicle
Peter W. Schmeling, Middle Island C.C., Middle Island
Arthur E. Schmidt, Deerfield C.C., Brockport
Bernard C. Schmitt, Elma Meadows, Elma
Dave Schneider, Dande Farms, Akron
Harvey B. Schneider, Boca Lago C.C., Boca Raton
Jonathan B. Schoch, Durand Eastman G.C., Rochester
Bill Schoenborn, Knollwood C.C., Elmsford
Walter Schoenfeldt, Dande Farms G.C., Akron
John Schroeder, Sr., I.B.M. C.C., Sands Point
Fred Schroeter, North Hempstead C.C., Port Washington
Mat Schumacher, Amelia Links, Amelia Island
Howard Schuster, Colonie C.C., Voorheesville
Howard Schwartz, Whippoorwill, Armonk
Lou Schwartz, Eisenhower Park, Long Island
Robert Schwartz, Towers C.C., Floral Park
Stuart F. Schwartz, Old Westbury G.&C.C., Old Westbury
Clinton Scott, West Point G.C., West Point
William S. Scully, Stone Dock, High Falls
Joe Sears, Osiris C.C., Walden
Louise Sears, Battle Island, Fulton
Robert V. Seaton, Camillus C.C., Camillus
Larry J. Sekel, Nick Stoner G.C., Caroga Lake
Yasuhiko Seki, Middle Island C.C., Long Island
Tullio Sellecchia, Stevensville C.C., New York
Stephen C. Semcho, Chenango Valley St. Park G.C., Chenango Forks
Richard Semprevio, Nick Stoner G.C., Caroga Lake
Lee Sendor, Allegheny Hills, Cuba
Robert Sessions, Orchard Valley G.C., Nedrow
Mitchell Sesskin, Island Hills G.C., Sayville
Walter C. Severson, Hempstead G.&C.C., Hempstead
Dick Sexton, Village Green G.&C.C., Baldwinsville
Arch Seymour, Scarsdale G.C., Hartsdale
Milton T. Seymour, Newark C.C., Newark
Frank Sgarlata, Skyline, Cicero
Anthony C. Sgroi, J.D.M. C.C., Palm Beach Gardens
Desmond Shady, Wykagyl C.C., New Rochelle
Eli Shalom, Rivervale C.C., Rivervale
John Shanahan, Grove Cleveland, Buffalo
H. Shapiro, Middlebay C.C., Oceanside
Michael Sharpe, Northern Pines, Clay
Bob Shea, Marvins G.C., Macedon
John Sheahan, Elmira C.C., Elmira
Nicholas Sheldon, Hyde Park, Niagara Falls
George E. Shepherd, Green Lakes State Park, Fayetteville
Bernard Sherl, Lake Success G.C., Lake Success
Charles Sherman, Daytona Beach G.&C.C., Daytona Beach
Nicholas Sherry, Garden City C.C., Garden City
Marion S. Shesa, Orange County G.C., Middletown
Dorothea A. Shevchik, The Willows C.C., Rexford
Sang J. Shin, Cornell University G.C., Ithaca
Sang J. Shin, Skaneateles C.C., Skaneateles
James Siefert, The Breaker East C.C., Palm Beach
Rose Siegel, Fenway G.C., Scarsdale
Henry B. Siemers, Pleasant View, Freehold
Norm Sigrist, Brynclff G.&C.C., Varysburg
Maury Siless, McCann Memorial G.C., Poughkeepsie
Allan Silverman, Bellport C.C., Bellport

Ira L. Silverman, North Shore Towers C.C., Floral Park
Pat Siniscalehi, Brookville C.C., Glen Head
Louis Sisto, Sheperd Hills C.C., Waverly
Nicholas Siviglia, North Hills C.C., Manhasset
Edward F. Skoda, Bass Rocks G.C., Gloucester
Marvin Skolnick, The Mill River Club, Oyster Bay
Bill Smart, Soaring Eagles G.C., Horseheads
Bill Smart, Ironwood G.&C.C., Baldwinsville
Bob E. Smith, Tee-Bird C.C., So. Glens Falls
Donald Smith, Crestwood G.C., Marcy
Dorothy Smith, Brookfield C.C., Clarence
Frank V. Smith, Kissena, Flushing
Harlie G. Smith, The Malone G.C., Malone
Harold F. Smith, Jr., Northway Heights, Ballston Lake
Jim Smith, Nissequogue G.C., St. James
John V. Smith, Binghamton C.C., Endwell
Lisa Smith, Dellwood C.C., New City
Michael P. Smith, Rye G.C., Rye
Shirley Smith, Ridgemont C.C., Rochester
Artie Smuckler, Northway Heights G.C., Ballston Lake
Tim Smythe, Twaalfskill G.C., Kingston
Robert Sohn, Huntington Crescent Club, Huntington
Stephen Sokolow, Glen Head C.C., Glen Head
William Sollene, Silver Creek G.C., Seneca Falls
Spencer R. Soper, Dix Hills G.C., Huntington
Marvin Sossman, Cold Spring C.C., Cold Spring Harbor
Norm Sovey, Tupper Lake G.&C.C., Tupper Lake
David P. Spaker III, Happy Acres G.&C.C., Rochester
Ruth G. Spawn, Pine Brook G.C., Gloversville
Mike Speiser, Brae Burn C.C., Purchase
Martin Speno, Bellevue C.C., Syracuse
Mary J. Spezza, Golden Gate Inn & C.C., Naples
Thomas Spierto, Willsboro G.C., Willsboro
Barbara Spilker, Cold Spring C.C., Cold Spring Harbor
David S. Spooner, Spring Lake G.C., Middle Island
Angelo Sposato, Colonie Hill G.C., Hauppauge
Jerry Springer, Harbor Town Links, Harbor Town
Betty L. Stafford, Seneca Lake C.C., Geneva
James Stagnitta, Tuscarora G.C., Marcellus
Priscilla Stahl, Dorado Beach G.C., Dorado
Louis Stanley, Hendricks Field, Belleville
Ralph Staples, Deerfield C.C., Brockport
Irene Starace, Lakeland G.C., Quechee
Gary Statucki, The Golden Horseshoe, Williamsburg
W. Gary Statucki, Shadow Lake G.C., Penfield
Walter J. Stawick, Highland Park, Sennett
Kent Stebbins, Green Hills G.C., Mendon
Karl Steeka, Nick Stoner G.C., Caroga
Carl Stein, Lake Isle C.C., Eastchester
Richard G. Stein, Glens Falls C.C., Glens Falls
Arnold Steinberg, Seawave Club, Hewlett
Geoffrey H. Steinenann, Meadow Brook Club, Jericho
Letty Stiengart, Tarry Brae G.C., South Fallsburg
Andrew J. Steinmuller, Shelter Island C.C., Shelter Island Heights
Warren R. Stenke, West Point G.C., West Point
Donald Stevens, Fillmore G.C., Locke
Gary Stevens, Moon Brook C.C., Jamestown
Mort Stevenson, C.C. of Rochester, Rochester
Chip "Howard" Stewart, Indian Valley G.C., Burlington
Dolores Stieper, Ontario G.C., Ontario
Robert J. Stirn, Brookville C.C., Long Island

529

1983 HOLES-IN-ONE

Dorothy Stockholm, I.B.M. C.C., Poughkeepsie
Richard D. Stone, Corning C.C., Corning
Darryl Storts, Gouverneur C.C., Gouverneur
William R. Strait, Saratoga Spa G.C., Saratoga
Donald E. Strong, Jr., Plattsburgh A.F.B., Plattsburgh
Kenneth M. Stuart, Twin Hickory, Hornell
Jack Studley, Fazio G.C., Hilton Head Island
John Sturak, Holiday Valley, Ellicottville
Kenneth E. Sturges, Honesdale G.C., Honesdale
Harvey D. Sugar, Lakeover C.C., Bedford Hills
Robert J. Suglia, Tamarack G.C., Greenwich
Richard Surprenant, Frear Park G.C., Troy
Craig Sussillo, Colony Hill, Hauppauge
Gary J. Suzik, Cedars G.C., Cutchogue
Charles B. Swartz, Lima G.&C.C., Lima
Teddy Smith Swedalla, Smithtown Landing Municipal G.C., Smithtown
Bob Swersey, Glen Head C.C., Glen Head
Donald Swetz, Dunwoodie G.C., Yonkers
H. Barry Swickle, Harbor Hills C.C., Port Jefferson
Peter P. Swinick, Douglaston Park G.C., Douglaston
John Synal, Nick Stoner G.C., Caroga Lake
Thomas J. Syracuse, Transit Valley C.C., E. Amherst
Frank Szot, Harbor City Municipal G.C., Melbourne
Joe Szustak, Grove Cleveland, Buffalo
Chuck Taft, Chenango Valley State Park G.C., Chenango Forks
Albert Tahmoush, Knollwood, Elmsford
Gordon Takacs, Green Hills G.C., Mendow
David Tallcott, Schuyler Meadows Club, Loudonville
Joseph J. Tambini, Commack Hills G.&C.C., Commack
Lawrence Tanenbaum, Rockrimmon C.C., Stamford
John Tarchine, Mt. Kisco C.C., Mt. Kisco
Harvo Tashiro, Bath C.C., Bath
David Tashjian, Deal G.C., Deal
Kirk Tatusko, I.B.M. C.C., Johnson City
Frederick R. Taylor, Garrison G.C., Garrison-On-Huson
Lew Taylor, Bergen Point G.C., Babylon
Mark Teetz, Nick Stoner G.C., Caroga Lake
Harvey Teich, Woodcrest C.C., Syosset
Edmund L. Teirlynck, Shore Acres, Rochester
Roy Tenhaagen, Glen Cove G.C., Glen Cove
Arthur Tenzer, Fallsview Hotel & C.C., Ellenville
Lawrence E. Terry, Twin Hickory G.C., Hornell
Warren Tessier, Elmira C.C., Elmira
Michael Thea, Elmwood C.C., White Plains
Mark Thompson, Plandome C.C., Plandome
James S. Thorp, Soaring Eagles G.C., Horseheads
Valerie Tietje, Timver Point G.C., Great River
Roy Tilles, Quaker Ridge, Scarsdale
Edward Timanus, Elm Tree G.C., Cortland
Ann Michele Tripp, Black Mtn. G.C., Black Mtn.
Michael Toback, Haulover Beach Park G.C., Miami Beach
Joseph L. Tobin, Jr., Hempstead G.C., Hempstead
Mike Toglia, Wykagyl C.C., New Rochelle
Michael J. Tommaney, Albany Municipal G.C., Albany
Peter Tommaso, Garden City C.C., Garden City
John Toper, Malone G.C., Malone
Steve Toth, Osiris C.C., Walden
Jack Tracy, Siwanoy C.C., Bronxville
Virginia S. Traeger, Torrejon G.C., Apo
Richard E. Treleaven, Pine Hills C.C., Manorville
Gary Tribula, Tri-County C.C., Forestville

Else Tropp, Soaring Eagles, Horseheads
Lyle N. Trowbridge, Tee-Bird C.C., South Glens Falls
Martin Tuhna, Glen Cove G.C., Glen Cove
Eannis Tulloch, Yatera Seca G.C., Cuba
Winifred Turner, Cazenovia C.C., Cazenovia
Rita Turret, Elmwood G.C., White Plains
Stanley Tveit, Farmstead G.&C.C., Lafayette
Frederick S. Tytler, Chili C.C., Scottsville
Jack B. Unger, Victor Hills G.C., Victor
Joanne Ursini, Nissequogue, St. James
Charlie Vaile, McConnellsville G.C., McConnellsville
Peter G. Val, Stony Ford G.C., Montgomery
Svea Valenzuela, Heritage Hills C.C., Somers
Ellie Van Curen, Holliday Valley, Ellicottville
Steven Vance, Cedars G.C. Inc., Lowville
Cliff Vander Have, Mahopac G.C., Mahopac
Bob Vanima, Schenectady Municipal G.C., Schenectady
Greg Van Valkenburg, Pine Hills, Frankfort
Charles Van Zandt, Ballston Spa C.C., Ballston Spa
Joseph Vartain, Garden City C.C., Garden City
John R. Velzis, Genegautslet, Greene
Michael Ventura, Heatherwood G.C., So. Setauket
Joseph Venturino, Split Rock Golf, Pelham Bay
Michael John Verra, Spring Lake C.C., Middle Island
Clarence E. Ver Streate, Wildwood C.C., Rush
Francesco Vigerzi, Deerfield C.C., Rochester
Sal Villa, Saratoga Spa G.C., Saratoga Springs
Alfred J. Villani, South Shore G.C., Staten Island
Curtis R. Vincent, Sr., Ocala G.C., Ocala
Eugene Vogel, Woodcrest C.C., Syosset
Jim Vogel, Normanside C.C., Delmar
Danny Vona, South Shore C.C., Hamburg
Dan Vona, Tri County C.C., Forestville
Ruth Voorhees, Albany C.C., Voorheesville
Anthony J. Vuolo, Smithtown Landing Municipal G.C., Smithtown
Stuart Wachs, Blue Hill G.C., Pearl River
William G. Wachsmuth, Brentwood C.C., Brentwood
Perry Wachtel, Heritage Hills C.C., Somers
Fred H. Walker, Genesee Valley G.C., Rochester
Dan Wallenbeck, Cornell University G.C., Ithaca
Geoff Walsh, Granit Hotel, Kerhonkson
James T. Walsh, Northport V.A.M.C. G.C., Northport
Fred N. Walthall, Eisenhower Park, East Meadow
Robert Wands, I.B.M. C.C., Sands Point
Jeannette Ward, Eddy Farm, Sparrowbush
John P. Ward, Thousand Islands G.C., Alexandria
Ronald J. Wargo, Rome C.C., Rome
Eric Warren, International C.C. of Niagara, Stevensville
Rodney Warthen, La Tourette G.C., Staten Island
George I. Wasson, Bonoseen G.C., Bonoseen
Joyce J. Waxman, Mount Airy Lodge, Mount Pocono
Ardi Wazelle, Salmon Creek C.C., Spencerport
Arthur P. Weber, Old Westbury G.&C.C., Old Westbury
Edwin R. Wedow, Twin Hills, Spencerport
Thomas J. Weeks, Rockland Lake State Park, Rockland
Joseph J. Wegrzyn, Hidden Valley G.C., Whitesboro
Bob Weiss, Blue Hill G.C., Pearl River
Leonard Weiss, Dyker Beach G.C., Brooklyn
Roger Weiss, Century C.C., Purchase
Bernard Welch, Mt. Anthony Golf & Tennis, Bennington
Thomas Wells, Ballston Spa C.C., Ballston Spa
Ernest "Bob" Weston, Shore Acres, Rochester

1983 HOLES-IN-ONE

Rene G. Wetzel, Eisenhower Park, E. Meadow
Frederick J. Whelan, Huntington C.C., Huntington
Clint White, Tantara C.C., North Tonawanda
Gary J. White, Chili C.C., Scottsville
Harold White, Lakeview G.C., Mannsville
John K. Whitehead, Corning C.C., Corning
Russell V. Whittaker, Dinsmore, Staatsburg
Mary Ann Whittemore, Newark Valley G.C., Newark Valley
John P. Wiethoff, Bethpage State Park, Farmingdale
Jimmy Wiley, Ironwood G.&C.C., Baldwinsville
Susan Wiley, Vestal Hills C.C., Binghamton
Charles Williamson, Genegantslet G.C., Greene
Thomas Wills, Thendara G.C., Thendara
Paul Wilska, Schenectady Municipal G.C., Schenectady
Bob Wilson, Moorbrook C.C., Jamestown
Peter N. Wilson, Binghamton C.C., Endwell
Morton Wishbow, Woodmere Club, Woodmere
Walter F. Witkowski, International C.C., Stevenville
Melvin Wolf, Brae Burn C.C., Purchase
Paul Wollenberg, Jacaranda West C.C., Venice
Sy Wolly, Hershey Parkview G.C., Hershey
Alan Wood, Rye G.C., Rye
Robert E. Woodworth, Albany C.C., Voorheesville
Laurie A. Workman, Willowbrook G.C., Watertown
Robert C. Worthy, Monroe G.C., Pittsford
Dennis Wright, Silver Lake C.C., Perry
E. Ward Wright, Radisson Greens, Baldwinsville
Jack Wright, C.C. of Ithaca, Ithaca
Thomas Wright, Mohonk G.C., New Paltz
Thomas H. Wright, Windham C.C., Windham
Gregory F. Wujick, Huntington Crescent Club, Huntington
Edward J. Wunk, Timber Point G.C., Great River
Philip Yablon, York G.&T.C., York
Charles H. Yaeger, Batavia C.C., Batavia
Takeshi Yamada, Forsgate C.C., Jamesburg
Chang Joo Yang, Hauppauge C.C., Hauppauge
John L. Young, Lake Shore C.C., Rochester
Armond Zaccaria, North Hills C.C., Manhasset
Tim Zalak, Nassau C.C., Glen Cove
Frank Zanorilli, Harbor City Municipal G.C., Melbourne
John Zaprowski, Tan Tara C.C., Pendelton
Gregory A. Zazzara, Seven Oaks, Hamilton
Janette F. Zecchini, Glens Falls, Glens Falls
Frank Zic, Bethpage, Farmingdale
William G. Ziegelhofer, Jackson Valley, Warren
Randy Ziolkowski, Bob-O-Link G.C., Orchard Park
Frank Zolezzi, Pine Hills C.C., Manorville
Ruth Zucker, Colony West C.C., Tamarac
Max Zuckerman, Colonie C.C., Voorheesville

NORTH CAROLINA

Frank E. Aaron, Hound Ears Club, Blowing Rock
Ernest R. T. Acomb, Thorndale C.C., Oxford
Tom Acomd, Thorndale C.C., Oxford
Clare E. Adamick, Ft. Bragg Officers Club, Ft. Bragg
Henry Alcon, Deer Track G.&C.C., Surfside Beach
William A. Alcon, Tanglewood G.C., Clemmons
Mike Alexander, Mountain Glen G.C., Newland
Sidney Alexander, Lakewood G.C., Statesville
Thelbert Alexander, Lakewood G.C., Statesville
T. N. Alexander, Lakewood G.C., Statesville
Wilma Q. Allen, Jacksonville C.C., Jacksonville

Larry W. Allgood, Willow Springs C.C., Wilson
Edward E. Ammons, Mountainview G.C., Waynesville
Leo J. Anctil, Foxfire Resort & C.C., Pinehurst
Jim Andrew, Paradise Valley G.C., Charlotte
Dyke Annas, Tri-County G.C., Granite Falls
Agnes M. Annis, Mountain Glen G.C., Newland
Bob Archer, Hyland Hills G.C., Southern Pines
Robert Armstrong, Biltmore Forest C.C., Asheville
W. Sue Arnold, Gate Four G.C., Fayetteville
Steve Arrington, Woodlake C.C., Vass
Gale Jackson Ashley, New River C.C., Sparta
Robert E. Ashley, Crowan G.&C.C., Edenton
Lawrence W. Auckland, Southern Pines C.C., Southern Pines
Edward Auten, Lake Hickory C.C., Hickory
Arnold Autry, Scothurst C.C., Lumber Bridge
Ken Autry, Monroe C.C., Monroe
Ruth J. Ayres, Carolina Trace G.&C.C., Sanford
Barbara Azzarelli, Gates Four G.&C.C., Fayetteville
Byron Bailey, Black Mountain G.C., Black Mountain
Jinx Bailey, C.C. of Asheville, Asheville
William D. Bailey, Gates Four G.&C.C., Fayetteville
Robert O. Baker, Carolina Lakes G.C., Sanford
James C. Baldwin, Jr., Whiteville C.C., Whiteville
Jerry Ball, Lakewood G.C., Statesville
G. Ward Ballou, Morehead City C.C., Morehead City
Roy Barbour, Tri-County G.C., Granite Falls
Ronald G. Barnes, North Ridge C.C., Raleigh
T. G. Barnes, Willow Springs C.C., Wilson
Russell H. Barnes, Ayden G.&C.C., Ayden
William Edward Barnes, Mt. Mitchell G.C., Burnsville
Ann Barnett, North Ridge C.C., Raleigh
Lennie Barton, Cheviot Hills G.C., Raleigh
Woodrow P. Bass, Quail Creek G.C., Myrtle Beach
Mark J. Bastyr, Carolina Pines C.C., Havelock
Annie Myrtle Bateman, Quail Ridge G.C., Sanford
Sylvia Bean, Granada Farms C.C., Granite Falls
Kenneth Beasley, Cypress Lakes G.C., Hope Mills
Bebe Beck, Oak Hollow G.C., High Point
Patricia A. Beckham, Fairfield Mountains C.C., Lakelure
Laddie P. Bell, Wedgewood G.C., Wilson
Dale Benfield, Mountain Glen G.C., Newland
E. E. Benton, Yatera Seca G.C., Guantanamo Bay
David A. Betts, Bentwinds G.&C.C., Fuquay Varina
D. Barton Betts, Grove Park Inn & C.C., Asheville
James Bicket, Willowhaven C.C., Durham
James R. Biles, Etowah Valley G.C., Etowah
Jerry Bitzenhofer, Cohaire C.C., Clinton
Anthony Blackman, Lonview G.C., Greensboro
Allen Blackwell, Wolfcreek G.C., Reidsville
Eugene B. Blackwell, Black Mtn. G.C., Black Mtn.
Sherwood Blackwood, Jamestown Park, Jamestown
W. John Blaiklock, Etowah Valley G.C., Etowah
Robert L. Blair, Quail Ridge G.C., Sanford
A. C. Blankenship, Morehead City G.&C.C., Morehead
Billie Blevins, Sea Scape G.C., Kitty Hawk
Dewey Bobbitt, Willow Springs C.C., Wilson
Donna Bolick, Grandad Farms C.C., Granite Falls
Steve Bolick, Westport G.C., Denver
Tony Borrelli, Southern Pines C.C., Southern Pines
Raymond E. Borup, Wil-Mar G.C., Raleigh
Steven D. Bostic, Keith Hills, Buies Creek
Ralph V. Boswood, Thorndale C.C., Oxford

531

1983 HOLES-IN-ONE

John Bowen, Hillandale G.C., Durham
Mike Boyd, Danville G.C., Danville
John W. Boyle, Duckwoods G.C., Kitty Hawk
Jane P. Bradsher, Land O Lakes, Whiteville
George Brannock, Forsyth C.C., Winston Salem
Bobby M. Brantley, Belvedere Plantation, Hampstead
Jim Brewer, Jr., Crystal Springs G.C., Pineville
Steve Brewer, Oak Hollow, Highpoint
Gail Bridges, River Bend G.C., Shelby
Gary Briggs, Roxboro C.C., Roxboro
Julia W. Britt, Ft. Bragg Officers Club, Ft. Bragg
Elmer C. Brock, Southern Wayne C.C., Mt. Olive
Lawrence J. Brodersen, Sand Creek, Idaho Falls
Betty Brown, Monroe C.C., Monroe
Bernie E. Brooks, Green Valley C.C., Fayetteville
V. E. Brooks, Wilson C.C., Wilson
Clark A. Brown, Fairfield Harbour C.C., New Bern
Dorsey M. Brown, Star Hill G.&C.C., Swansboro
Joseph R. Brown, Ayden G.&C.C., Ayden
P. D. "Dan" Brown, Mt. Mitchell G.C., Burnsville
Thyra Brown, Olde Point G.&C.C., Hampstead
Paul K. Browning, Lakeshore G.C., Durham
Fred Brunger, Grandfather G.&C.C., Linville
Jack Bryant, Chicora C.C., Dunn
Julius F. Budacz, Brook Valley C.C., Greenville
Jane Bull, Pinewood C.C., Asheboro
Stuart Bull, Cedarcrest G.C., McLeansville
Carl Bullard, Pine Burr G.C., Lillington
Monte Bullock, Bentwinds G.&C.C., Fuquay-Varina
Jake Bunn, Wilson C.C., Wilson
Robert Bunn, Tanglewood Park East, Clemmors
Ted Burcham, Jamestown Park G.C., Jamestown
Steve Burgess, Wil-Mar G.C., Raleigh
Bill Burkhardt, Etowah Valley G.C., Etowah
H. L. Burnett, Mt. Mitchell G.C., Burnsville
Mike Burns, Pinewood C.C., Asheboro
Greg C. Burton, Carmel C.C., Charlotte
Donald E. Byerly, Pine Brook C.C., Winston-Salem
Bonnie M. Byrd, Woodlake C.C., Vass
Donald W. Byrd, Keith Hills G.C., Blues Creek
Sam Cabe, Jr., Cardinal G.C., Greensboro
Frank E. Caldwell, Quaker Meadows G.C., Morganton
Jesse Caldwell, Gaston C.C., Gastoria
Robbie Camp, Rutherfordton G.C., Rutherfordton
Steve Camp, Raintree C.C., Charlotte
Barbara A. Campbell, Maggie Valley C.C., Maggie Valley
Fred Cande, Duckwoods G.C., Kitty Hawk
Ray Cann, Pennrose Park C.C., Reidsville
Cookie Carey, New River C.C., Sparta
Samuel P. Cariano, Maggie Valley C.C., Maggie Valley
Robert W. Carr, Morehead City C.C., Morehead
J. Allen Carter, Rock Creek G.C., North Wilkesboro
Laura L. Carter, Cedarwood C.C., Matthews
Jerry L. Cartrette, Whiteville C.C., Whiteville
Mike Casaus, Mountain View, W. Jordan
Jack Casey, Southern Wayne C.C., Mt. Olive
Melvin C. Chang, Carmel C.C., Charlotte
Robert R. Chaplin, Carmel C.C., Charlotte
Carroll A. Chapman, Tri County G.C., Granite Falls
Frank Chapman, Bay Tree G.C., No. Myrtle Beach
A. A. Chappell, Wilson C.C., Wilson
Steve Chester, Tri County G.C., Granite Falls
Urnie Chiles, Ft. Bragg Officers G.C., Fayetteville

Hideo Chuchi, Wildwood C.C., Raleigh
Hugh E. Citty, Meadow Greens C.C., Eden
R. O. Clanton, Brushy Mt. G.C., Taylorville
Jerry S. Clapp, Starmount forest C.C., Greensboro
Walter Clark, Waynesville C.C., Waynesville
Caroline Clark, Pine Brook C.C., Winston-Salem
Joe Claybrook, Deep Springs C.C., Stoneville
Wade Clayton, Roxboro C.C., Roxboro
Sidney Clear, Chicora C.C., Dunn
Lindy Cockman, Beechwood C.C., Ahoskie
Charlie Coffman, Ft. Bragg Officers Club, Ft. Bragg
James M. Cogdill, Surf Club, Myrtle Beach
Alvin C. Coggins, Crooked Creek G.C., Hendersonville
Tomoe Coghill, Wilson C.C., Wilson
Hal Cole, Pine Lake C.C., Charlotte
Mace T. Coleman, Litchfield C.C., Pawleys Island
Joe J. Collins, Oakwoods C.C., N. Wilkesboro
Charles Conway, New Bern G.&C.C., New Bern
Joyce E. Conway, Oyster Reef, Hilton Head Island
Buddy R. Cook, Pine Mountain Resort, Morganton
Danny Cook, Pine Mountain, Connelly Springs
Paul J. Coolman, Statesville C.C., Statesville
Randy Coppedge, Raleigh Golf Ass'n, Raleigh
James M. Corbin, Star Hill, Swansboro
Bud Cox, The Club at Kenmure, Flat Rock
Jack Cox, Willow Creek G.C., High Point
Jack Cox, Crooked Creek G.C., Hendersonville
Vernon C. Cox, Carolina Lakes, Sanford
Mary Beth Coyte, Wilson C.C., Wilson
Bob Crawford, Cedarwood C.C., Matthews
H. E. Crawford, Forsyth C.C., Winston Salem
Nathan L. Crawford, Winter Pines, Winter Park
Thomas B. Crenshaw, Jr., Arnold Palmer's Bay Hills C.C., Orlando
O. L. Croom, Gates Four G.&C.C., Fayetteville
Henry C. Crouse, Pilot Knob Park, Pilot Mountain
Ronald Cruickshank, Harbour Town Links, Hilton Head Island
Ted Crunkleton, Westport G.C., Denver
Larry Culler, Carmel C.C., Charlotte
Richard H. Currih, Hidden Valley, Willow Springs
Jeff Curry, New Albany C.C., New Albany
Billie Y. Dabbs, Gator Hole G.C., N. Myrtle Beach
Thad Daber, Croasdaile C.C., Durham
Lou Dailey, Roanoke C.C., Williamston
Charles G. Daniel, Hidden Valley C.C., Willow Springs
W. P. Daniel, Jr., Mt. Glen G.&C.C., Newland
Jimmy Daniell, Wilson C.C., Wilson
Stewart Daniels, Mt. Glen G.&C.C., Newland
Helen Dankins, Highland C.C., Fayetteville
Marlene Daugherty, Oyster Bay Golf Links, Sunset Beach
Bob W. Daughety, Willow Haven C.C., Durham
C. Ray Davidson, Whispering Pines C.C., Whispering Pines
Charlotte Davis, Colonial C.C., Thomasville
Malcolm H. Davis, Wildwood C.C., Raleigh
R. B. Davis, Jr., Henderson C.C., Henderson
Tommy Davis, Wilson C.C., Wilson
Wally Deal, Occoneechee G.C., Hillsborough
Arabelle K. Dear, Pinehurst #5 Course, Pinehurst
David Wayne Deaton, Pine Hills G.C., Winder
Charles W. DeBell, Forsyth C.C., Winston-Salem
Jean Decker, Carmel C.C., Charlotte

1983 HOLES-IN-ONE

Glenn Dedrick, Crystal Springs, Pineville
Mim Deese, Stanley County C.C., Badin
Robert W. DeHaven, Raintree C.C., Matthews
Don D. Deich, New Albany C.C., New Albany
J. B. DeLapp, Wolf Creek G.C., Reidsville
Mary Jane Dennis, Whispering Pines, East Course, Whispering Pines
Rickey Dennis, Occoneechee, Hillsborough
Bobby Denton, Green Valley G.C., Gastonia
Don Deschenes, Spring Meadow G.C., Farmingdale
Mary T. Deutschle, Carolina Trace C.C., Sanford
Jack L. Dewsbury, Carolina Trace C.C., Sanford
Luisa Dexter, Raleigh Golf Ass'n, Raleigh
Mile DiBiase, Mimosa Hills G.&C.C., Morganton
Sarah H. Dickens, Northgreen C.C., Rocky Mount
James Dickie, Cape Fear C.C., Wilmington
Celia C. Dickinson, North Ridge C.C., Raleigh
Richard C. Dickson, Northgreen C.C., Rocky Mount
Helen Diel, Grassy Creek G.&C.C., Spruce Pine
Morrison W. Divine, Olde Point G.&C.C., Hampstead
Edward F. Donovan, Jr., Cheviot Hills C.C., Raleigh
John T. Donovan, Brookwood, Arden
Mike Donovan, Pine Lake C.C., Charlotte
Debra Dowdy, Cantonment
Randy Driver, Willow Springs C.C., Wilson
Harry V. Duffy, Raintree C.C., Matthews
Jim Duncan, Jr., Morehead City C.C., Morehead City
Eugene M. Dunlap, Chatuge Shores G.C., Hayesville
Frank Dunn, New Bern G.&C.C., New Bern
Cecil Durham, Biltmore Forest C.C., Asheville
Roger Duval, Larkhaven C.C., Charlotte
Don Dycus, Cowans Ford C.C., Stanley
Lewis A. Dyer, Carmel C.C., Charlotte
John J. Dzorni, Knollwood Fairways, Southern Pines
David Eaker, Mt. Mitchell G.C., Burnsville
Dean Earp, Boone G.C., Boone
Dr. Ed Eatman, Benvenue C.C., Rocky Mount
Dennis M. Ebeltoft, Seymour Johnson A.F.B. G.C., Goldsboro
Robert Edgerton, Green Valley G.C., Gastonia
George Edwards, Henderson C.C., Henderson
Johnny B. Edwards, Carolina C.C., Loris
Leonard C. Edwards, Arabia G.C., Raeford
Susan Edwards, New Bern G.&C.C., New Bern
Tommy Edwards, Keith Hills C.C., Buies Creek
William F. Edwards, Carolina Pines G.C., New Bern
Harry W. Eisaman, Ft. Bragg Officers Club, Fayetteville
Charles A. Ellis, Jr., Goldsboro G.C., Inc., Goldsboro
Norm Ellis, Midland Farm C.C., Southern Pines
Phil Eller, Raon Valley Golf Estates, Mtn. City
Stanley A. Emerson, Wildcat Cliffs C.C., Highlands
Doug English, Highlands C.C., Fayetteville
Russ Erickson, Red Fox G.C., Tryon
Lewis E. Erskine, Jr., Marion Lake Club, Nebo
John A. Erwin, Wil-Mar G.C., Raleigh
R. E. Ettinger, Benvenue C.C., Rocky Mount
Norman F. Essick, Jamestown Park G.C., Jamestown
James B. Eubanks, Morehead City C.C., Morehead City
Edward R. Evans, Lakepoint Resort G.C., Eufaula
James P. Evans, Eagle Crest G.C., Garner
Cathy Everett, Roanoke C.C., Williamston
Don Everett, Brook Valley C.C., Greenville
Sam Everett, Wilson C.C., Wilson

Ken Fadden, Etowah Valley G.C., Etowah
Mike Fallat, So. Brunswick Islands G.C., Shallotte
Darrell K. Fann, Jamestown Park, Jamestown
Lloyd Farmer, Jacksonville C.C., Jacksonville
Walter Feddern, Mill Creek G.C., Franklin
Kenneth Fehr, Paradise Point, Camp Lejeune
Kenneth R. Ferguson, Jr., Crystal Springs G.C., Pineville
Fran Ferris, Hound Ears Club, Blowing Rock
John P. Ferrua, Raintree C.C., Matthews
Dan G. Fichter, Southern Pines C.C., Southern Pines
George A. Fiene, Etowah Valley G.C., Etowah
George Fiene, Grassy Creek G.&C.C., Spruce Pine
Wilton C. Finch, Seabrook Island G.C., Charleston
Larry Fisher, Twin Hills G.&C.C., Oklahoma City
Robert L. Fisher, Crooked Creek G.C., Hendersonville
George E. Fissel, Pinehurst G.C., Pinehurst
Charles Fitch, Jr., Happy Valley C.C., Wilson
Woodrow Fleming, Mountain View G.C., Waynesville
Maurice C. Fletcher, Rose Hill G.C., Bluffton
Doroth Z. Fligel, Connestee Fall C.C., Brevard
Jim Flynt, Keowee Key C.C., Salem
Jerry Floyd, Meadowbrook G.C., Rutherfordton
Ruth Fontana, Carolina Pines C.C., Havelock
Larrell Forbis, Indian Valley G.C., Burlington
Jack Ford, Cowans Ford C.C., Stanley
Charles Foushee, Cedar Rock C.C., Lenoir
Charles R. Fowler, Tri County G.C., Granite Falls
Stan Fowler, Etowah Valley, Hendersonville
Joseph B. Fox, Jr., Cape Fear C.C., Wilmington
R. B. Frantz, Wilson C.C., Wilson
J. H. Fraser, Woodbridge C.C., Kings Mtn.
Ron Frazier, Cowans Ford C.C., Stanley
Earl E. Frink, McGregor Downs, Cary
Walter Frieze, The Breakers, W. Palm Beach
Dean Frye, Pennrose Park C.C., Reidsville
Tillman H. Gailey, Jr., Paradise G.C., Charlotte
John W. Garber, Alamance C.C., Burlington
Dean Garrett, Wilson C.C., Wilson
Kathy Garrett, Roxboro C.C., Roxboro
John J. Garvey, Southern Pines Elks C.C., Southern Pines
Ellen Gause, Oak Grove G.C., Bladenboro
Phyllis Gauthier, Pinehurst C.C., Pinehurst
Tommy Gavin, Winston Lake G.C., Winston-Salem
Hugh George, Wilmar G.C., Raleigh
Robert George, Cedarcrest G.C., McLeansville
Sadie George, Buccaneer C.C., Burgaw
Murray Gerr, Oak Hollow G.C., High Point
Brandon Gibson, Monroeton G.C., Reidsville
Don Gilbert, Carolina Trace, Sanford
Joan B. Gilbert, Exeter G.C., Reading
Tom Gill, Connestee Falls C.C., Brevard
Ernest L. Gilladette, Mooresville G.C., Mooresville
Ed D. Gillan, Raintree G.C., Matthews
Jerry C. Gilles, Stanly County C.C., Badin
Walter Giordano, Knollwood Fairways, Southern Pines
Richard P. Glancy, Jr., Gates Four G.&C.C., Fayetteville
Joseph W. Glezen III, Houston Levee G.C., Germontown
Chris Glover, Jacksonville C.C., Jacksonville
Rush Gold, Royster Memorial G.C., Shelby
Carl Golden, Catawba C.C., Newton
Rosemary Goodrich, Midland Farm C.C., Southern Pines
Rex B. Gordon, Lynwood G.&C.C., Martinsville

533

1983 HOLES-IN-ONE

Louis G. Graff, Pinehurst G.C., Pinehurst
Bill Graham, Boone G.C., Boone
Mike Graham, Myrtlewood G.C., Myrtle Beach
Ray L. Graham, Boone G.C., Boone
Eddie Grainger, Carolina C.C., Loris
Robert H. Granger, Ft. Bragg Officers Club, Ft. Bragg
Roger Grant, Grove Park Inn & C.C., Asheville
Charles E. Grantham, Arabia G.C., Raeford
Walter E. Gray, Bryant Park G.C., Greensboro
Carl Green, Tri County C.C., Granite Falls
R. Larry Greene, Hyland Hills G.C., Southern Pines
Kathie Griffith, Whispering Pines C.C., Whispering Pines
Richard Griffith, Thisulda G.C., Gasburg
Claud M. Grigg, Charlotte C.C., Charlotte
Michael Grimes, The Greenbrier, White Sulphur Springs
J. A. Grissette, Mimosa Hills G.C., Morganton
Harold R. Griton, Hillcrest G.C., Winston-Salem
Ralph H. Grogan, Jamestown Park, Jamestown
Coley L. Grubb, Ponderosa G.C., Olivia
Preston Guffey, Quaker Meadows G.C., Morganton
F. A. Hall, Lakewood G.C., Statesville
Johnny Hall, Blair Park, High Point
John R. Hall, High Meadows G.&C.C., Roaring Gap
Raymond D. Hall, Lark Have G.C., Charlotte
Vance R. Hall, Scothurst C.C., Lumber Bridge
Jim Hamby, Oakwoods C.C., N. Wilksboro
Christopher Hanna, Raintree C.C., Matthews
Chris Hanna, Raintree C.C., Matthews
Cecil Harman, Land Harbor G.C., Linville
Edna M. Harms, Mt. Mitchell G.C., Burnsville
Reginald S. Harper, Wil-Mar G.C., Raleigh
Rudolph Harper, Hickory Meadows, Whitakers
Ben L. Harrell III, Eagle Crest G.C., Garner
Billy T. Harrill, Royster Memorial G.C., Shelby
Bill Harrington, Jr., Cheviot Hills G.C., Raleigh
Robert L. Harris, Grove Park G.C., Asheville
Wayne M. Harris, Crystal Springs G.C., Pineville
W. C. Harris, Jr., Carolina G.C., Raleigh
Philip A. Hart, Lake Shore G.C., Durham
Bill Haupt, Carolina Shores G.&C.C., Calabash
J. H. Haurick, Bogue Banks C.C., Atlantic Beach
Charles H. Hauser, Hillcrest C.C., Winston-Salem
Maude O. Haynes, Buccaneer C.C., Burgaw
Michael S. Haynes, Hemlock G.C., Walnut Cove
Phillip E. Heacox, Green Valley C.C., Greensboro
Michael A. Heekin, Granada Farms G.C., Granite Falls
Alfred H. Heilman, Wil-Mar G.C., Raleigh
Glenn G. Heller, Carolina Pines G.&C.C., Havelock
Warren Helper, Rockfish C.C., Wallace
Ronnie Hemphill, C.C. of Asheville, Asheville
Ralph E. Henderson, Bentwinds G.&C.C., Fuquay-Varina
C. M. Henderson, Westport G.C., Denver
Bill Hendrix, Pennrose Park C.C., Reidsville
Mildred Hensley, Shamrock G.C., Burlington
Harry T. Heuple, Seven Lakes C.C., West End
Lorene Hicks, Jamestown Park C.C., Jamestown
Victor R. Higgins III, Paradise Valley G.C., Charlotte
Wm. J. Hightower, Carmel C.C., Charlotte
Bucky Hill, Wilson C.C., Wilson
Larry Hill, Piney Point G.C., Norwood
Tracy D. Hitchner, Catawba C.C., Newton
Geo. Hobach, C.C. of Sapphire Valley, Sapphire
Robert W. Hodge, Mary Calder G.C., Savannah

Lila Hoehn, Land Harbor G.C., Linville
William Holland, Green Hill C.C., Louisburg
Dale Holleman, Wolf Laurel Golf Resort, Mars Hill
Fred Hollingsworth, Olde Mill G.C., Laurel Fork
Don Holman, Seven Lakes C.C., West End
Ted Holt, Old Mill, Laurci Fork
M. L. Holton, Jamestown Park, Jamestown
Mary Hooks, Willow Springs C.C., Wilson
Jim Horney, Jr., Oak Hollow, High Point
Guy Housh, Tryon C.C., Tryon
Jerry Howard, Mallard Head C.C., Mooresville
Anne Howerton, Bentwinds G.&C.C., Fuquay-Varina
Joe Howren, Cedarwood C.C., Charlotte
Frank G. Hoyle, Cherryville G.&C.C., Cherryville
Rod Hudgins, Biltmore Forest C.C., Asheville
Charles Hudson, Greenville C.C., Greenville
Tommy Hudson, Junaluska G.C., Waynesville
Jamie Huffman, Brushy Mt. G.C., Taylorville
Phillip Roy Huffman, Lakewood G.C., Statesville
Terry D. Huffman, Tri County, Granite Falls
W. T. Hughes, Cape Fear C.C., Wilmington
W. B. Humphrey, Jacksonville C.C., Jacksonville
William E. Humphrey, Pine Tree G.C., Kernersville
Bill Hust, Roan Valley Golf Estates, Mtn. City
Glenn Ronald Hunter, Rolling Hills C.C., Monroe
Howard H. Hurmence, Lakewood G.C., Statesville
Hazel H. Hunter, The C.C. of North Carolina, Pinehurst
Jack D. Hutson, Lakeshore G.C., Durham
Dale Hux, Scoffield C.C., Enfield
Horace Hyatt, Lakewood C.C., Salemburg
Richard E. Hyatt, Lakeshore C.C., Durham
Mizzy Ingle, Wil-Mar G.C., Raleigh
Cornelia B. Inglesby, Waynesville C.C., Waynesville
John L. Isley, Monroeton G.C., Reidsville
Jordon Jack, Waccabuc C.C., Waccabuc
Charles E. Jackson, Catawba C.C., Newton
Chuck Jackson, Kerr Lake C.C., Henderson
R. L. Jackson, Hilma C.C., Tarboro
Vance Jackson, Glen Cannon G.C., Brevard
John J. Jacobs, Grove Park C.C., Asheville
Bobby E. James, Blowing Rock C.C., Blowing Rock
Richard Jarvis, Jr., Stone Harbor C.C., Cape May Court House
F. D. Joffrion, Carmel C.C., Charlotte
Peter Johansson, Levelland C.C., Levelland
Bill Johnson, Cardinal G.C., Greensboro
Clayton Johnson, Oak Hollow, High Point
Dereck Johnson, Willow Creek G.C., High Point
Eric Glen Johnson, Sea Scape G.C., Kitty Hawk
I. Edward Johnson, Carolina C.C., Raleigh
Marguerite Johnson, Robersonville G.&C.C., Robersonville
Patty Johnson, Morehead City C.C., Morehead City
Richard C. Johnson, Bunker Links G.C., Galesburg
Tommy Johnson, Morehead City C.C., Morehead City
Robert Joines, Forest Oaks, Greensboro
Reid Jolly, Royster Memorial G.C., Shelby
David Jones, Washington Yacht & C.C., Washington
David A. Jones, Carolina G.&C.C., Charlotte
Donnie Jones, Hickory Meadows G.C., Wilson
Timothy William Jones, Landharbor G.C., Linville
Tom Jones, Bald Head Island C.C., Southport
A. C. Jordan, Cardinal C.C., Greensboro

1983 HOLES-IN-ONE

Horace Jordan, Willow Springs C.C., Wilson
George R. Joseph, Jr., Chicora C.C., Dunn
Ray Joyner, Wedgewood, Wilson
Dick Kearns, Whispering Pines C.C., Whispering Pines
Pete Keel, Roxboro C.C., Roxboro
Thomas V. Kegg, Hyland Hills C.C., Southern Pines
Jack W. Kell, Raintree C.C., Mathews
Hazel S. Keller, Grove Park C.C., Asheville
G. Thomas Kelly, Jr., Pine Tree G.C., Kernersville
Mike Kimrey, Hyland Hills, Southern Pines
Shirley Kelly, North Ridge C.C., Raleigh
Ty Kendall, Bentwinds G.&C.C., Fuquay-Varian
Kurt Kenkel, Farifield Mountains C.C., Lake Lure
Brad Kennedy, Raintree C.C., Mathews
Jack Kennedy, Wilson C.C., Wilson
Marty Kennedy, Jamestown Park, Jamestown
Jean O. Kerchof, Seven Lakes C.C., West End
Chuck Kimble, Seymour Johnson A.F.B. G.C., Goldsboro
J. Kirk Kimbro, Morehead City C.C., Morehead City
William H. Kincaid, Cardinal G.C., Greensboro
Adelaide R. King, Morehead City C.C., Morehead City
William E. King, Jamestown Park, Jamestown
William Larry Kirby, Pine Mountain, Connelly Springs
John Klinefelter, Chanticleer G.C., Hampstead
Marjorie Knauerhaze, Whispering Pines C.C., Whispering Pines
Tom Knight, Maggie Valley C.C., Maggie Valley
Robert D. Knight, Foxfire G.&C.C., Pinehurst
Tom Knox, Carlson Farms-Greensboro C.C., Greensboro
Jeffrey W. Koening, Paradise Point G.C., Camp Lejeune
Linda Kohler, Cypress Lakes G.C., Hope Mills
Lee Kosten Hound Ears Club, Blowing Rock
M. Peggy Kotovsky, Pinehurst C.C., Pinehurst
Hank Kremer, Pinehurst C.C., Pinehurst
James M. Kuehl, Wil-Mar G.C., Raleigh
Stadley R. Kupper, Star Hill G.C., Cape Carteret
Jerry Lackey, Lakewood G.C., Statesville
Donn Laden, Crystal Springs G.C., Pineville
Charles Lambeth, Charlotte C.C., Charlotte
Gene A. Lambert, Eagle Crest, Garner
Billie Laminack, Grove Park Inn & C.C., Asheville
Harry C. Lane, C.C. of North Carolina, Pinehurst
Mrs. Harry C. "Anne" Lane, C.C. of North Carolina, Pinehurst
Joel Lane, Pine Lake C.C., Charlotte
Charles Langley, Beech Wood C.C., Ahaskie
Tommy Langley, Oak Hollow, High Point
Harry F. Lapham, Jr., Crystal Springs G.C., Pineville
Kevin Lassiter, Wildwood C.C., Raleigh
Lyman Laughinghouse, Willow Springs C.C., Wilson
Harry C. Lawing, Pine Lake C.C., Charlotte
Jack Lawson, Monroe C.C., Monroe
Hubert A. Ledford, Carolina C.C., Raleigh
Randolph W. Lee, Wil-Mar G.C., Raleigh
Ralph Leete, Pine Lake C.C., Charlotte
Doris Le Gate, Woodlake C.C., Vass
Brian Leonard, Lakeshore G.C., Durham
Michael Leonard, Monroeton G.C., Reidsville
James E. Lidstone, Jamestown Park, Jamestown
Judy Lindheimer, Mountain Glen G.C., Newland
Robert V. Lindsay, Carolina G.&C.C., Charlotte
Jerry Little, Lakewood G.C., Statesville
Marshall Little, Brushy Mt. G.C., Taylorsville

Grady Lloyd, Flagtree G.C., Fairmont
Lauretta Loechelt, Cedarwood C.C., Matthews
Bob Logel, Highland C.C., Fayetteville
Bill Lowe, Rock Creek C.C., Jacksonville
John M. Lowe, Furman University, Greenville
Earl Lowry, Pine Lake C.C., Charlotte
Kirk Loy, Shamrock G.C., Burlington
Dorothy T. Lynch, Southern Pines C.C., Southern Pines
Steve Mabe, Hemlock G.C., Walnut Cove
J. T. MacBride, Wolf Creek G.C., Reidsville
Mrs. David P. MacHarg, C.C. of North Carolina, Pinehurst
James MacTeeter, Catawba C.C., Newton
Harriett Mader, Jacksonville C.C., Jacksonville
Mike Maggio, Forest Oaks C.C., Greensboro
Bob Malek, Cheviot Hills, Raleigh
Gary Maltba, Tri County, Granite Falls
Pete Mangum, Raleigh C.C., Raleigh
Mark D. Marett, Black Mountain G.C., Black Mountain
Beverly Marks, Flagtree-Fairmont G.C., Fairmont
James A. Marley III, Emerywood C.C., High Point
Max J. Marley, Carolina G.&C.C., Charlotte
Allen J. Martin, Whispering Pines C.C., Whispering Pines
Gene Martin, Jr., Blair Park G.C., High Point
Marvin H. Mason, Cleghorn G.&C.C., Rutherfordton
Samuel T. Mason, Starmount Forest C.C., Greensboro
Al Mathes, Finley G.C., Chapel Hill
Art Mathews, Southern Pines C.C., Southern Pines
Ken Matthews, Asheville Municipal G.C., Asheville
W. H. Matthews, Hyland Hills C.C., Southern Pines
Terry Mauncy, Charlotte C.C., Charlotte
Fred A. Mauney, Myrtle Beach Farms C.C., Myrtle Beach
Jack Mauney, Cowans Ford C.C., Stanley
Jeff Maxwell, Cypress Lakes G.C., Hope Mills
Paul A. Mayer, Pinehurst C.C., Pinehurst
Bobby R. Mayo, Sea Scape, Kitty Hawk
Gwen McAllister, Carmel C.C., Charlotte
Eddie McBride, Pilotknob Park, Inc., Pilot Mountain
Charles A. McCall, Cleghorn, Rutherfordton
Jane McCourt, High Vista C.C., Arden
William F. McCoyle, Marion Lake Club, Marion
Harry McCraven, Tri County G.C., Granite Falls
Wendell McDonald, Connestee Falls C.C., Brevard
Idell McElrath, Carolina C.C., Raleigh
James H. McElroy, Great Smokies Hilton, Ashville
Frank McFadyen, Arabia G.C., Raeford
Steve McGill, Roan Valley Golf Estates, Mtn. City
Joe McGinn, Cowans Ford C.C., Stanley
R. F. McGregor, Morehead City C.C., Morehead City
Danny McKeel, Willow Springs C.C., Wilson
Stephen Elliott McLamb, Lakeshore G.C., Durham
Doug McLaurin, Chapel Hill C.C., Chapel Hill
Joseph McMillard, Sr., Hyland Hills G.&C.C., Southern Pines
Carroll McMurray, Crooked Creek G.C., Hendersonville
Douglas McMurray, Meadowbrook G.C., Rutherfordton
Tony McNair, Quail Ridge, Sanford
Daniel H. McNeill, Oakgrove G.C., Bladenboro
Tom McNeilus, Crooked Creek G.C., Hendersonville
William E. McQuarry, Land Harbor G.C., Linville
Bill McRee, Glen Oaks C.C., Maiden
Mark Medich, Lakewood G.C., Statesville
Michael I. Mehringer, #3 Pinehurst, Pinehurst
Donald L. Melvin, Highland C.C., Fayetteville

535

1983 HOLES-IN-ONE

David Merritt, Carolina Pines G.&C.C., New Bern
Bruce D. Michelsen, Hope Valley C.C., Durham
Luther S. Middleton, Hendersonville C.C., Hendersonville
Billy Wilson Miller, Mtn. Glen G.C., Newland
Bruce Miller, Tanglewood G.C., Clemmons
Charlie Miller, Lakewood G.C., Statesville
Daisy Miller, Carmel C.C., Charlotte
Denny Miller, Lakewood G.C., Statesville
John W. Miller, Glenn Cannon C.C., Brevard
Marion T. Mills, Morehead City C.C., Morehead City
Peggy Bell Miller, Mid Pines Resort, Southern Pines
Vinnie Miller, Pinehurst C.C., Pinehurst
Chal Millin, Midland Farm C.C., Pinehurst
Marion T. Mills, Morehead C.C., Morehead City
Billy Mitchell, Wolf Creek G.C., Reidsville
John D. Mitchell, Grove Park C.C., Asheville
Amanda Mizell, Benvenue C.C., Rocky Mount
Alex Mobley, Robersonville C.C., Robersonville
Jimmy Moffitt, Pinewood C.C., Asheboro
Harold E. Mohcaster, Whispering Pines C.C., Whispering Pines
Don Monson, Pinehurst C.C., Pinehurst
Clement Moore, Hemlock G.C., Walnut Cove
Don Moore, U.N.C. Finley G.C., Chapel Hill
Mae Moore, River Bend C.C., New Bern
Ila K. Moose, Stanley County C.C., Badin
Don Morehouse, Stony Creek G.C., Washington
Jarvis J. P. Morgan, Wil-Mar G.C., Raleigh
Sherrill Morgan, Riverbend G.C., Shelby
John R. Morris, Raintree C.C., Matthews
Spencer Muenow, Carmel C.C., Charlotte
Blake Mullins, Zebulon C.C., Zebulon
Harold E. Muncaster, Whispering Pines C.C., Whispering Pines
Mane E. Murosky, Wil-Mar G.C., Raleigh
Barbara A. Murphy, Seven Lakes C.C., West End
John Murphy, Wil-Mar G.C., Raleigh
William R. Murphy, Reynalds Park G.C., Winston-Salem
James E. Murray, Wil-Mar G.C., Raleigh
Joe Murray, Forest Oaks C.C., Greensboro
Bill Nagle, Carolina Trace, Sanford
William J. Nagle, Carolina Trace, Sanford
David C. Neisler, Kings Mountain C.C., Kings Mtn.
Leonard D. Nelson, Washington Yacht & C.C., Washington
Brian Nichols, Febulon C.C., Febulon
Rickey B. Nicks, Tanglewood G.C., Clemmons
Polly Neilson, Asheville Municipal G.C., Asheville
James Harold Nelms, Sr., Black Mountain G.C., Black Mountain
Sammy Nichols, Royster Memorial, Shelby
William L. Ninness, Crooked Creek G.C., Hendersonville
Caleb Nolley, Gallagher Trails, High Shoals
William Norman, Mtn. Glen G.C., Mewland
Jack L. Oakey, Bogue Banks C.C., Atlantic Beach
Mike O'Briant, Oyster Bay, Sunset Beach
Hideo Ohuchi, MacGregor Downs C.C., Cary
John O'Neill, Pinehurst C.C., Pinehurst
Eldon Opie, Pinehurst C.C. #1, Pinehurst
Ed O'Reilly, Pinehurst C.C. #4, Pinehurst
Dave Osborn, Blair Park, High Point
Al Over, Raintree C.C., Matthews
Glenn Overman, Beechwood C.C., Ahoskie

Hurst Owen, Carolina C.C., Raleigh
Betty Owenby, Glen Cannon C.C., Brevard
Douglas L. Owens, Stanley County C.C., Badin
J. C. Owens, Jr., Gaston C.C., Gastonia
Richard Owens, Mountain Aire G.C., W. Jefferson
Phillip W. Page, Wedgewood G.C., Wilson
Kent Painter, Carolina Shores G.&C.C., N. Myrtle Beach
N. K. Painter, Carolina Shores G.&C.C., N. Myrtle Beach
Frank Palmer, Jr., Woodbridge C.C., Kings Mountain
Jessie Talamage Pardue, New River C.C., Sparta
Donald Parker, Valley Pine C.C., Lasker
J. L. Parker, Benvenue C.C., Rocky Mount
Mark Smith Parker, Lakewood C.C., Statesville
Jack B. Parnell, Washington Yacht & C.C., Washington
B. W. Parrish, Tanglewood West, Clemmons
Rick Pate, Meadowbrook G.C., Rutherfordton
Jack Pattisall, Benvenue C.C., Rocky Mount
Frank Patton, Jr., Mimosa Hills G.&C.C., Morganton
Janis Patton, Cherokee Hills, Murphy
Chuck Paynter, Carolina Shores G.&C.C., N. Myrtle Beach
Howell E. Pearson, Wil-Mar G.C., Raleigh
William L. Pellington, Bay Tree Golf Plantation, N. Myrtle Beach
Wallace Pennington, Tri County G.C., Granite Falls
Charles D. Perkins III, Robersonville C.C., Robersonville
John W. Perkins, Forest City Municipal G.C., Forest City
Ned Perkins, Jamestown Park G.C., Jamestown
Virginia Perkins, Land Harbor G.C., Linville
Robert T. Peterson, Mt. Mitchell G.C., Brunsville
James C. Pettit, Seymour Johnson G.C., Goldsboro
Allen E. Phillips, Shamrock G.C., Burlington
Mary Phillips, Washington Y.&C.C., Washington
Rhudy F. Phillips, Carolina Lakes G.C., Sanford
Susan Phillips, Henderson C.C., Henderson
George E. Pickett, Jr., MacGregor Downs C.C., Gary
Carl P. Pierce, Greenville C.C., Greenville
Ralph H. Pike, Camp Lejeune, Camp Lejeune
John Pittman, Bentwinds G.&C.C., Fuquay-Varina
Craig Plummer, Tega Cay C.C., Ft. Mill
Dick Poe, Occoneechee G.C., Hillsborough
Charles B. Pollard, Green Valley C.C., Fayetteville
John W. Polley, Bay Point Y.&C.C., Panama City
Ron Pontiff, River Bend G.&C.C., New Bern
Jerry B. Poole, Lakeside C.C., Wendell
Kenny Poole, Brushy Mt. G.C., Taylorsville
Phillip Anthony Poole, Wil-Mar G.C., Raleigh
Jerry W. Porter, Deep Springs C.C., Stoneville
John N. Porter, Glen Cannon C.C., Brevard
Ron Porter, Tanglewood, Clemmons
Billy Potter, Coharie C.C., Clinton
Raymond Potthress, Zebulon C.C., Zebulon
Gordon B. Powell, Coharie C.C., Clinton
George W. Pressley, Black Mountain, Black Mountain
Dean Prosser, Pinehurst #2 G.C., Pinehurst
David Pruett, Asheville Municipal G.C., Asheville
George Pulliam, Shamrock G.C., Burlington
Dan Purgason, Wolf Creek G.C., Reidsville
Bonnie Quesenberry, Southern Pines C.C., Southern Pines
Mrs. Johnnie Rabenstein, Whispering Pines C.C., Whispering Pines
Millard Ramsey, Pine Mountain G.C., Connelly Springs

1983 HOLES-IN-ONE

Dorothy Range, Shamrock G.C., Burlington
Marti Ranney, North Ridge C.C., Raleigh
Jane Rannow, Pinehurst C.C., Pinehurst
J. R. Reaves, Keith Hills G.C., Buies Creek
Charles E. Reech, Zebulon G.C., Zebulon
Lance Reid, Westport G.C., Denver
Jimmy Renfroe, Royster Memorial G.C., Shelby
Wilson L. Revell, Highlands C.C., Highlands
Ann Reynolds, Cedar Rock C.C., Lenoir
Betty A. Reynolds, Bel Aire G.C., Greensboro
Chuck Reynolds, Wil-Mar G.C., Raleigh
Doug Reynolds, Tega Cay G.C., Tega Cay
Jimmy Reynolds, Dogwood Valley, Caroleen
Peter L. Reynolds, Carmel C.C., Charlotte
Kenneth R. Rhodes, Lexington Municipal G.C., Lexington
Norris B. Richards, Quail Ridge, Sanford
Alan Richardson, Oak Hill G.C., Charlotte
Robert L. Richeson, Willow Springs C.C., Wilson
Mrs. Richard Riedl, Fairfield Mtns. C.C., Lake Lure
Clyde G. Riggs, Jr., Occoneechee G.C., Hillsborough
Mary Ann Riggs, Columbia C.C., Columbia
Roger W. Riggs, Mt. Airy C.C., Mt. Airy
Ire W. Rigsbee, Occoneechee G.C., Hillsborough
George Rimmer, Hilma C.C., Tarboro
Greg Ripke, Jamestown Park G.C., Jamestown
Helen Risley, River Bend G.&C.C., New Bern
Leon B. Rivers, Maple Leaf G.C., Kernersville
Martin L. Roark, Mt. Mitchell G.C., Burnsville
Donald D. Roberts, Black Mtn. G.C., Black Mtn.
Paul Roberts, Palma Ceia G.&C.C., Tampa
Thomas E. Roberts, Cedarwood C.C., Matthews
Tom Roberts, Tega Cay C.C., Ft. Mill
Dave Robinson, Cedar Rock C.C., Lenoir
Gene Robinson, Shamrock G.C., Burlington
Sankey Robinson, Kiawah Island Golf Links, Kiawah Island
Jerry Rogers, Washington Yacht & C.C., Washington
J. W. Rogers, Cowans Ford C.C., Stanley
Tom Rogers, Willowhaven C.C., Durham
Louis Rorie, Revolution G.C., Charlotte
Bob Rothstein, MacGregor Downs C.C., Cary
Jerry Roscoe, Pinehurst C.C., Pinehurst
Howard Rose, Pinehurst #6, Pinehurst
Ernie Ross, Scotfield C.C., Enfield
H. H. Rossen, Pine Hollow G.C., Clayton
C. E. Rothrock, Pennrose Park C.C., Reidsville
Rick Royals, Wilmar G.C., Raleigh
Anthony L. Rubio, Carolina Lakes, Sanford
Tom Rugala, Cedarwood C.C., Matthews
Don Rust, Lake Shore G.C., Durham
Helen Rust, Raleigh Golf Ass'n, Raleigh
Frank J. Rzasa, Lakeshore G.C., Durham
Dick Saine, Hampton Heights G.C., Hickory
Wade Saleeby, Wilson C.C., Wilson
George E. Saleem, Pine Valley C.C., Wilmington
Don Sandgren, Alamance C.C., Burlington
James W. Sappington, Wilmar G.C., Raleigh
Sid Saruer, Bald Head Island, Southport
Lary Sawyer, Ayden G.&C.C., Ayden
Robert J. Saxe III, Rock Creek G.&C.C., Jacksonville
Dana Scott Scheetz, South Brunswick Islands G.C., Shallotte
Bill Schooley, Cardinal C.C., Greensboro

David Schrader, Oak Hollow, High Point
Carl "Bud" Schwartz, Seven Lakes G.C., West End
Jack Scollard, North Green C.C., Rocky Mount
Mike Searcy, Hillandale C.C., Durham
Hank Seidel, Deer Track G.&C.C., Surfside Beach
Marty Self, Meadow Greens C.C., Eden
James Earl Sessoms, Rock Creek G.&C.C., Jacksonville
Richard Shackleford, Jr., Pilot Knob Park, Pilot Mtn.
Norman B. Shaw III, Cleghorn G.&C.C., Rutherfordton
Grace Shea, Foxfire C.C., Pinehurst
Darrell Shearin, Royster Memorial G.C., Shelby
M. M. Sheppard, Monroeton, Reidsville
Nemo Sherman, Bentwinds C.C., Fuquay Varina
James J. Sherrill, Mooresville G.C., Mooresville
Dwight Shook, Roan Valley Golf Estates, Mtn. City
Carole Shute, North Ridge C.C., Raleigh
Marlow R. Shute, Bryan Park City G.C., Greensboro
Jeff Sigman, Crooked Creek G.C., Hendersonville
Walter W. Sigman, Wilmington G.C., Wilmington
Bernie Silzer, Pine Lakes C.C., Elizabeth City
John G. Simmons, Mt. Airy C.C., Mt. Airy
Debbie Simpson, Etowah Valley, Etowah
Dudley Simms, University of N.C. G.C., Chapel Hill
Jay Sims, Glen Oaks C.C., Maiden
Richard Skarin, City Club North Carolina, Pinehurst
Jackie Skeen, Lakewood Golf, Statesville
Bob Smith, Horsecreek C.C., Wake Forest
Frank Smith, Henderson C.C., Henderson
G. Dee Smith, Hound Ears Lodge & Club, Blowing Rock
Gary Neal Smith, Pine Tree C.C., Kernersville
Jaimie Smith, Hidden Valley C.C., Willow Springs
Joseph G. Smith, Jr., Chapel Hill C.C., Chapel Hill
Julian Smith, Scotch Meadows C.C., Laurinburg
Lil Smith, 3 Course of Pinehurst, Pinehurst
Powell L. Smith, Catawba C.C., Newton
Willard W. Smith, Whispering Pines C.C., Whispering Pines
Zeb Smith, Jr., Carmel C.C., Charlotte
Bill Snellen, Cheviot Hills G.C., Raleigh
James W. Snipes, Deer Track G.&C.C., Myrtle Beach
Ned Snyder, North Ridge C.C., Raleigh
Steve Southern, Tanglewood, Clemmons
Ronnie Sox, Shamrock G.C., Burlington
Rich Spector, Bermuda Run, Advance
Dale Spencer, Boone G.C., Boone
Julian R. Spratt, Torre Pines South Course, La Jolla
John Addison Spencer, Mill Creek Club, Franklin
Pete Spreine, Paradise Point, Jacksonville
Worth A. Springs, The Wellman Club, Wellman
W. C. Sprye, Benvenue C.C., Rocky Mountain
William Spurrier, Lexington G.C., Lexington
Joe Squires, C.C. of Asheville, Asheville
Hester Stallings, Carolina Pines C.C., Havelock
J. Ed Stallings, Wedgewood, Wilson
Rod Stamey, North Ridge C.C., Raleigh
Lester Stanley, Jr., Forest City Municipal G.C., Forest City
John P. Stansel, Indian Valley C.C., Burlington
H. C. Starling, Carolina C.C., Raleigh
Dorcas A. Stearns, Kelly A.F.B., San Antonio
Chas Stenson, Etowah Valley C.C., Etowah
E. L. Stephens, Twin Valley C.C., Wadesboro
Telfer H. Stephenson, Bentwinds Municipal G.C., Fuquay-Varina

1983 HOLES-IN-ONE

R. Richard Stett, Kinston C.C., Kinston
Peter J. Stewart, Carmel C.C., Charlotte
Ray Stewart, Jamestown Park G.C., Jamestown
William J. Stewart, Whispering Pines C.C., Whispering Pines
Ken Stober, Raintree C.C., Matthews
Duane Lee Stockburger, Bermuda Run C.C., Bermuda Run
Joe Stone, Reynolds Park G.C., Winston-Salem
Charles Stowe, Cowans Ford C.C., Stanley
Doris Striech, Bay Tree Golf Plantation, N. Myrtle Beach
W. B. Strickland, Bald Head Island, Southport
Stephen Walter Stroud, Kinston C.C., Kinston
Clyde Stroup, North Ridge C.C., Raleigh
Alan M. Stubbs, Scotch Meadows C.C., Laurinburg
Glenn W. Sucher, Carolina Trace, Sanford
Bill Joe Sugg, Cardinal C.C., Selma
Eddie Summers, Finley G.C., Chapel Hill
John P. Summers, Sr., Oriole G.C. of Delray, Delray Beach
Scott E. Summers, Bermuda Run C.C., Bermuda Run
J. B. Surles, C.C. of Johnston County, Smithfield
Ruth Swann, Boone G.C., Boone
Oscar T. Swanson, Chapel Hill C.C., Chapel Hill
Ray Sykes, Scotfield C.C., Enfield
Betsy Tait, Glen Cannon C.C., Brenard
Douglas Taylor, Eagle Crest Garner
Jonathan Taylor, Beechwood C.C., Ahoskie
Fred Teague, Hampton Heights G.C., Hickory
Dewey Tedder, Sedgefield C.C., Greensboro
David T. Temple, Oakwoods C.C., N. Wilkesboro
Gay Tester, Willow Creek G.C., High Point
Kendall Tew, Lakewood C.C., Salemburg
Brian Thomas, Cardinal G.C., Greensboro
Kevin Thomerson, Pine Brook C.C., Winston-Salem
Jack Thompson, Tega Cay C.C., Ft. Mill
James Thompson, Flagtree-Fairmont G.C., Fairmont
Jim Thompson, Carolina Shores G.&C.C., N. Myrtle Beach
Willie Lee "Bill" Thompson, Walnut Creek C.C., Goldsboro
Jack M. Threatt, Kalakaua G.C., Wahiawa
Karl Thurber, Greenville C.C., Greenville
Hilde Tiffany, Wilson C.C., Wilson
Farrell Tippett, Gates Four G.&C.C., Fayetteville
Vicky Tobie, Gates Four G.&C.C., Fayetteville
Paul S. Tobin, Mountain Glen G.C., Newland
James R. Tothill, Etowah Valley G.C., Etowah
John P. Transue, Rock Creek G.C., Jacksonville
Carl Trantham, Pine Mountain G.C., Connelly Springs
Kathy Traylor, Catawba Springs C.C., Hickory
Randy Treadway, Boone G.C., Boone
Ruth A. Treen, Willowhaven C.C., Durham
Charles A. Trice, Sea Pines C.C., Hilton Head
Paul Trikler, Carolina Shores G.&C.C., Carolina Shores
Edwin E. Trimble, Carmel C.C., Charlotte
Steve Triplett, Pilot Knob Park, Pilot Mtn.
Joe Troutman, Statesville C.C., Statesville
Bartley A. Turner, Gator Hole, N. Myrtle Beach
Roy C. Turner, Wild Dunes, Isle of Palms
Janet W. Turville, Springdale C.C., Canton/Crusom
Dick Tyson, Hidden Valley C.C., Willow Springs
Thomas Michael Umphlett, Mountain Glen G.C., Newland

Boyce Upchurch, Zebulon C.C., Zebulon
George V. Valashinas, Pine Lake C.C., Charlotte
Nancy Valliere, Flagtree-Fairmont G.C., Fairmont
Harold G. Veazey, Foxfire C.C., Pinehurst
Lewis Venters, Whispering Pines C.C., Whispering Pines
Dan Waddell, Hendersonville C.C., Hendersonville
Walt Waida, Willow Springs C.C., Wilson
Charles E. Waits, Raintree C.C., Matthews
Bruce Walker, Hickory Meadows G.C., Whitakers
Eleanor F. Wall, Cheviot Hills G.C., Raleigh
George M. Wallace, Gates Four, Fayetteville
Robert W. Walsh, Pinehurst C.C., Pinehurst
Douglas Walton, Tanglewood G.C., Clemmons
Bob Ward, Alamance C.C., Burlington
Eddie Ward, Dogwood Valley G.C., Caroleen
Charlie Watkins, Willow Creek G.C., High Point
Lee Watkins, Mimosa Hills G.C., Morganton
Johnny Watson, Rutherfordton G.C., Rutherfordton
Perry Watson III, Wedgewood G.C., Wilson
Jim Weaver, Blair Park G.C., High Point
Ken Weavil, Pinebrook C.C., Winston Salem
Shuler F. Weisner, Cedar Grove G.C., Hillsbourgh
Darrell L. Welborn, Oyster Bay Golf Links, N. Myrtle Beach
Ray B. Wesson, Emerywood C.C., High Point
James T. West, Cypress Lakes, Hope Miles
Joe West, Blue Ash C.C., Blue Ash
Joe Whaley, Rock Creek G.&C.C., Jacksonville
Elnora Whetsell, Southern Wayne C.C., Mt. Olive
Richard H. Whipple, Bel-Aire G.C., Greensboro
Dorothy White, Cypress Lakes, Fayetteville
Rex E. White, Arabia G.C., Raeford
Sam White, Carmel C.C., Charlotte
Dave Whitfield, Wilson C.C., Wilson
Walt Whitman, Shamrock C.C., Inc., Burlington
Jim Whittington, Grandfather G.&C.C., Linville
Harry Wieland, Carolina Shores G.&C.C., Calabash
Donald E. Wiggs, Lakeshore G.C., Durham
Bobby Wilkins, Crooked Creek G.C., Hendersonville
Albert L. Williams, Tri County, Granite Falls
James K. Williams, Bel-Aire G.C., Greensboro
Johnnie F. Williams, Mountain View G.C., Waynesville
Louis E. Williams, Jr., Maggie Valley G.C., Maggie Valley
James R. Willis, Surf Club, Myrtle Beach
Robert Willis, Lincoln C.C., Lincolnton
Kathleen Wilson, Deep Springs C.C., Stoneville
Melvin Wilson, Shamrock G.C., Burlington
Robert G. Wilson, Cedarcrest G.C., McLeansville
Roger Wilson, Oak Hill G.C., Charlotte
Sally Wilson, Mt. Glen G.C., Newland
Robert L. Winston, Land Habor G.C., Linville
Carmine E. Winters, New Bern G.&C.C., New Bern
Stephen A. Wirth, Wil-Mar G.C., Raleigh
George Wirtz, Southern Pines C.C., Southern Pines
Rod Wishart, Raleigh C.C., Raleigh
Ken W. Withey, Midland Farms C.C., Pinehurst
Frederick Early Woltz, C.C. of North Carolina, Pinehurst
Bernice B. Woodcock, Pine Valley C.C., Wilmington
Russell Woody, Oak Hollow, High Point
Carrie Wray, Glen Oaks, Maiden
Dale Wright, Sunset Hills G.C., Charlotte
Ronnie Wright, Granada Farms G.C., Granite Falls
Marcus E. Yandle, Myers Park C.C., Charlotte

1983 HOLES-IN-ONE

Kap J. Yang, Flagtree G.C., Fairmont
Alfred F. Yost, Lakewood C.C., Statesville
Hannah Young, Cocoa Beach Municipal G.C., Cocoa Beach

NORTH DAKOTA

John F. Alsop, Fargo C.C., Fargo
Earl Amundson, Jamestown C.C., Jamestown
Kenneth Ask, Edgewood G.C., Fargo
Myron L. Asleson, Town & C.C., Devils Lake
Marilyn Barge, Fargo C.C., Fargo
Donald Black, Fargo C.C., Fargo
Michael Bloom, Riverwood G.C., Bismarck
Irwin R. Christianson, Camelot G.C., Mesa
Steve Cole, Lisbon Bissel G.C., Lisbon
Carol Current, Moorhead C.C., Moorhead
Dorothy Cuskelly, Heart River G.C., Dickinson
Charles T. Donlin, Tom O'Leary G.C., Bismarck
Leoto Fagerstrom, Town & C.C., Valley City
Lorne Field, Langdon C.C., Langdon
Barbara Greving Gentzkow, Fargo C.C., Fargo
Harlan Giese, Riverwood G.C., Bismarck
Glenn D. Goetz, Painted Woods G.C., Washburn
Jerry Goetz, Minot C.C., Burlington
James D. Gray, Stanley G.C., Stanley
Rita C. Gully, Jamestown C.C., Jamestown
C. R. Hammond, Riverwood G.C., Bismarck
Lyle C. Hanson, Riverwood G.C., Bismarck
Dean Hashbarger, Village Green, Moorhead
Wade Herbel, Fair Oaks G.C., Grafton
Douglas E. Hiney, Lincoln Park of Grand Forks, Grand Forks
Zeke Isakson, Balmoral G.C., Battle Lake
Brian Johnson, Tony Butler Municipal G.C., Harlingen
George Johnson, Minot C.C., Burlington
Brent Jongeward, Jamestown C.C., Jamestown
Jerry Kamen, Valley C.C., E. Grand Forks
Lawrence W. Kudh, Detroit Lakes C.C., Detroit Lakes
Joe M. Langowski, Fair Oaks G.C., Grafton
Doug Larsen, Detroit C.C., Detroit Lakes
Ed Laskowski, Apple Creek G.C., Bismarck
Darryl Lehnus, Grand Forks C.C., Grand Forks
Alecia Fee MacMaster, Desert Horizons C.C., Indian Wells
Otto C. Maercklein, Mott G.&C.C., Mott
Lewis R. Malm, San Clemente G.C., San Clemente
Tim McLauglin, Fargo C.C., Fargo
Tom McNulty, Riverwood, Bismarck
Paul Midtbo, Lisbon Bissel G.C., Lisbon
James Mitchell, Camelot G.C., Mesa
Elroy Mogch, Jamestown C.C., Jamestown
Pat Moore, Minot C.C., Burlington
Rob Morris, Lincoln Park, Grand Forks
Russ Nelson, Papago Park G.C., Phoenix
Erv Neuman, Edgewood Municipal G.C., Fargo
Lubelle Olness, Wasagaming G.C., Wasagaming
Verne Ralston, Michigan Duffers Club, Michigan
Greg Rufsvold, Lincoln Park, Grand Forks
Ray Schafer, Valley G.C., Grand Forks
Edward Schmidt, Apple Creek C.C., Bismarck
Jim Schmidt, Minot C.C., Minot
Doug Schouweiler, Minot C.C., Burlington
James Silbernagel, Bunker Hills G.C., Coon Rapids

Curt Tollefson, Hawley G.&C.C., Hawley
Milton T. Vedvick, Riverwood G.C., Bismarck
Brian J. Walsh, Devils Town & C.C., Devils Lake
Tom Westerholm, Detroit Lakes C.C., Detroit Lakes
Mark Wolitarsky, New Smyrna Beach G.&C.C., New Smyrna Beach
Donald P. Zeleny, Devils Lake C.C., Devils Lake
Archie Zimmerman, Gackle C.C., Gackle
Dan Zinda, Moorhead C.C., Moorhead

OHIO

Elmer F. Abend, Briarwood G.C., Broadview Heights
Joe F. Abshier, Bluffton G.C., Bluffton
Frank Ackenback, Beckett Ridge C.C., W. Chester
Brad Adams, Lakeland G.C., Fostoria
Denton L. Adams, Sciota C.C., Columbus
James W. Adams, Troy C.C., Troy
Jeff Adkins, The Napoleon G.C., Napoleon
Beverly J. Aeppli, Meander G.C., North Jackson
Edward J. Ahern, O'Bannon Creek G.C., Loveland
Bob Aiken, Valley G.C., Columbiana
Robert R. Albert, Muirfield Village G.C., Dublin
Richard H. Albrecht, Canterbury G.C., Shaker Heights
James B. Albright, Brookside G.&C.C., Worthington
Harold Alexander, Marion C.C., Marion
Harry Alexander, Ohio State Univ.-Scarlet, Columbus
Edward F. Alf, Amelia Island Plantation, Amelia Island
Charles H. Allen, Tamarac, Lima
James M. Allen, Hillcrest G.C., Findlay
Mary L. Allen, Tamarac, Lima
Luke Altieri, Hilliard Lakes C.C., Westlake
Lou Altomare, Ohio State Univ., Columbus
Pete Amon, Oak Tree C.C., W. Middlesex
Michael Andello, Mahoning C.C., Girard
Frank N. Anderson, Turkeyfoot Lake Golf Links Inc., Akron
Ollie R. Anderson, Valley G.C., Columbiana
Paul T. Anderson, Eaton C.C., Eaton
Scott Andress, Quail Hollow Inn, Painesville
Jack Andrish, Chagrin Valley C.C., Chagrin
Donald J. Antos, Airco G.C., Clearwater
Clark Applegate, Larch Tree, Trotwood
Daniel L. Arnett, Bluffton G.C., Bluffton
Mrs. Wavelance Arnold, New Garden G.C., East Rochester
Arthur Arnstine, Beechmont C.C., Woodmere
Samuel N. Ash, Napoleon G.C., Napoleon
Sy Ash, Ironwood G.C., Wauseon
Ray Asher, Alliance C.C., Alliance
Mortimer Atleson, Rosemont C.C., Akron
George Aucott, Congress Lake Club, Hartville
Harry Babyak, Hilliard Lakes C.C., Westlake
Lester Back, Highland Park, Warrensville
Donald A. Bacon, Jr., Hidden Valley C.C., Lawerenceburg
Mike Badertscher, Shawnee C.C., Lima
Bob Badinghaus, Miami White Water Forest, Hamilton
Edwin Baer, Crest Hill C.C., Cincinnati
Jack Bailey, Coldstream C.C., Cincinnati
Joe J. Bailey, Westville Lake G.C., Beloit
Mickey Bainbridge, Oak Hills G.C., Lorain
Dick Baker
H. Lloyd Baker, Sycamore Springs G.C., Arlington

539

1983 HOLES-IN-ONE

Jim Baker, Whiteford Valley G.C., Ottawa Lake
Ken Baker, Painesville C.C., Painesville
Kenneth Baker, Hillcrest G.C., Johnstown
William E. Baker, Shelby Oaks, Sidney
Mario Balconi, Cypress Links G.C., Tequesta
Cliff Bale, Westfield C.C., Westfield Center
Jerome Balestrino, Mayfair C.C., Uniontown
Bob Balinski, The Hollywood G.&C.C., Hollywood
Walter L. Balinski, Medina C.C., Medina
Alphonse G. Balkun, Belleview G.C., Steubenville
Bruce M. Ball, Wright Patterson A.F.B., Dayton
Curtis B. Ball, Pine Valley, Wadsworth
Lou Ballman, Kittyhawk, Dayton
Ken Bandi, Shady Hollow C.C., Massillon
Bud Bang, Acacia C.C., Lyndhurst
Lud J. Barbish, Briardale Greens G.C., Euclid
Mark Paul Barich, Valley View G.C. Inc., Akron
Joan Barkenquast, Heather Downs C.C., Toledo
Dan Barker, Pleasant View, Paris
Harry Barker, Salem G.C., Salem
Robert Barkley, Jr., York Temple C.C., Worthington
David L. Barnes, Indian Run E., Westerville
Howard Barnes, York Temple C.C., Columbus
Sam Barnett, Snyder Park G.C., Springfield
Philip Barnhart, Loyal Oak G.C., Barberton
E. Duke Barret, Walden G.&T.C., Aurora
John Barrett, Big Met Public G.C., Fairview Park
James L. Barrick, Blue Ash G.C., Cincinnati
Gus Barth, Turkeyfoot Lake Golf Links, Akron
Dan Bartley, Locust Hills G.C., Springfield
Ralph Batke, Pleasant Valley C.C., Medina
Richard J. Baughman, Bob-O-Link, No. Canton
Stan Baundza, Mahoning C.C., Girard
Berlin Beachler, Penn Terra, Lewisburg
Ken Beal, Twin Lakes, Mansfield
C. Carl Beam, Dayton C.C., Dayton
Mary T. Beavers, Greenville C.C., Greenville
Daniel E. Becker, Weatherwax Municipal G.C., Middletown
Mark E. Beckley, Big Met G.C., Fairview Park
John D. L. Beebe, Palm River C.C., Naples
Vic Beghini, Findlay C.C., Findlay
Nolan A. Begien, Pine Hill G.C., Carroll
Robert Lawrence Beham, Barberton Brookside, Barberton
Dick Behr, Emerald Valley, Lorain
Jim Behringer, Kettenring C.C., Defiance
Bill Bell, Jr., Groveport C.C., Groveport
Craig Bell, Marion C.C., Marion
Dave Bell, Westwood C.C., Rocky River
Richard G. Bell, Whiteford Valley, Ottawa
Sue L. Bell, Shawnee C.C., Lima
Jim Bellar, Bolton Field G.C., Galloway
George Belme, Kitty Hawk Golf Center, Dayton
David J. Berlock, Royal Oak C.C., Cincinnati
Americo Belpulsi, Iron Wood G.C., Hinckley
Douglas E. Bender, Astorhurst C.C., Walton Hills
Clayton A. Bennett, Blue Ash G.C., Cincinnati
W. Ray Bennett, Findlay-Hillcrest G.C., Findlay
Gordon Bennett, Lehigh C.C., Lehigh
Bob Benning, Sharon Woods, Cincinnati
James R. Benton, Youngstown C.C., Youngstown
Ron Benz, Winton Woods G.C., Cincinnati
Don Berberick, Athens C.C., Athens

Mike Berebitsky, Glengarry C.C., Holland
Whitey Berg, Kingsmill, Waldo
Arthur Berger, Acacia C.C., Lyndhurst
Seymour Berger, Beechmont C.C., Cleveland
Alan Berry, Chippewa C.C., Curtice
Clint Berry, Hickory Hills G.C., Grove City
Carl Best, Astorhurst G.C., Walton Hills
Bob I. Betz, Kitty Hawk Golf Center, Dayton
O. F. Beumel, Jr., Granville C.C., Granville
John Bianco, TRW C.C., Chesterland
Tom Bianco, Oak Tree C.C., West Middlesex
Craig T. Bicknell, Winton Woods G.C., Cincinnati
Tom Bidwell, Tamarac, Lima
Gary Biesiadecki, Mayfair C.C., Union Town
Fred Bigelow, Heather Downs South G.C., Toledo
Joel Billock, Big Met, Fairview Park
Patrick A. Binns, Hueston Woods, Oxford
Mary Ellen Birch, Green Hills, Clyde
Robert B. Bircher, Skyland Pines, Canton
Dennis Bird, Oak Harbor G.C., Oak Harbor
Greg Birkemeyer, The Woods G.C., Van Wert
I. F. Bishman, Edgewood G.C., No. Canton
Scott Blake, Weatherwax Highlands, Middletown
Tom Blake, Browns Run C.C., Middletown
A. James Blanchard, Inverness Club, Toledo
Thomas J. Blanch, Boston Hills C.C., Hudson
Edward W. Bland, Shelby Oaks C.C., Sidney
Ernie Blankenship, Holly Hills G.C., Waynesville
Marc Blasius, Shady Acres, McComb
Larry Blazar, Winding Hollow C.C., Columbus
George Bledsoe, Findlay C.C., Findlay
Mary Jane Blevins, Wright-Patterson Military G.C., Wright-Patterson A.F.B.
John R. Bobroski, Painesville C.C., Painesville
Gary Block, Mayfair C.C., Uniontown
Pat Bluso, Pleasant Hill G.C., Chardon
Robert E. Bock, Prestwick G.&C.C., Cortland
Virgil Bodiker, Oxbow, Belpre
Jack Boecker, Woodland G.C., Cable
Mike Bogdan, Lake Front G.C., Columbiana
Gordon Bogert, Rolling Green G.C., Huntsburg
Willis Boice, Inverness Club, Toledo
Mark Boitel, Walden, Aurora
Joe Bokoske, Kitty Hawk Golf Center, Dayton
Frederic Boli, Bob-O-Link, N. Canton
Jim Bonnell, Salem G.C., Salem
Helen Bonner, Brookside C.C., Canton
Daniel Boone, Moose C.C., Sidney
Carl E. Booth, Venango Valley Inn & G.C., Venango
Walter G. Borchers III, Sunbury G.C., Sunbury
Alex J. Bordas, Cross Creek Resort, Titusville
Edward Boroski, Forest Hills G.C., Elgrin
Rick Bortz, Sugar Creek G.C., Elmore
Ramon J. Boshara, Loyal Oak G.C., Norton
Roy Bossert, Hidden Valley G.C., Delaware
Edw. I. Bosworth, Frankfort G.C., Frankfort
Bob Bouchard, Seven Hills C.C., Hartsville
Art Boucher, Apple Valley G.C., Howard
Charles S. Bova, Boston Hills, Hudson
Carl Bowers, Homestead G.C., Tipp city
Richard Bowers, Bedford Springs Hotel G.C., Bedford
Everett F. Bowie, Thunderbird Hills, Huron
Blake Bowling, Homelinks G.C., Olmsted Township

1983 HOLES-IN-ONE

Glenn Bowling, Walnut Grove C.C., Dayton
Herman Bowling, Jr., Weatherwax Municipal G.C., Middletown
Pat Boyd, Turkeyfoot Lake Golf Links, Akron
Tom Boyd, Possum Run Golf & Swim Club, Mansfield
Dennis Boyer, Briar Hill C.C., North Baltimore
William J. Boyne, The C.C. at Muirfield, Dublin
Frnak Bracaloni, Riviera C.C., Dublin
Jerome Bradburn, Shawnee State Park G.C., Friendship
Chuck Braden, Twin Base, Fairborn
Jim Bramwell, Thunderbird Hills, Huron
Van Brandt, Ironwood G.C., Wauseon
Larry Brant, Avon Field, Cincinnati
Bob Braun, Southern Pines C.C., Southern Pines
Dick Braun, Valley View G.C., Crestline
John F. Brauner, Indian Run G.C., Westerville
William Brechtel, Chippewa G.C., Doylestown
DeWitt R. Brehm, Walnut Grove C.C., Dayton
Walt Brehme, Shady Hollow C.C., Massillon
Jim Brennan, Defense Contruction Supply Center, Columbus
Reed Brentlinger, Indian Run G.C., Westeville
Joseph R. Bricker, Tanglewood G.C., Perrysburg
Herbert E. Brickles III, Mill Creek Par 3, Youngstown
John S. Brice, C.C. of Hudson, Hudson
Herbert E. Brickles III, Fonoerlac C.C., Poland
Frances Brickner, Hueston Woods, Oxford
John Brideweser, Skyland Pines, Canton
Paul D. Bright, Airport Municipal G.C., Columbus
Ken Brindley, Spring Hills G.C., E. Springfield
Dale R. Brinker, Valleyview G.C., Akron
Jeanne Brinker, Pleasant Run, Fairfield
Nan B. Britt, Ocean Point Golf Links, Fripp Island
Jason Brod, Turkeyfoot Lake Golf Links, Akron
Russell Brodnan, Clingan's Tanglewood G.C., Pulaski
William H. Brook, Valley View Golf-Swim Club, Lancaster
Arthur Brooks, Madison C.C., Madison
Robert Brooks, Big Met, Fairview
Don Brown, Hyde-A-Way G.C., Beloit
Gary Brown, Avalon, Warren
Greg Brown, Columbia Hills C.C., Columbia Station
Jack E. Brown, Carroll County G.C., Berryville
Ruth Brown, Beechmont C.C., Cleveland
Terry Brown, Hidden Valley G.C., Delaware
Tom Brown, Oak Harbor G.C., Oak Harbor
William W. Brown, Vista Royal G.C., Vero Beach
Kenneth J. Brunswick, River Greens G.C., Avon Park
Clay Bryant, Hickory Grove C.C., Harpster
Melvin Buchan, Flying "B", Salem
Bob Buchanan, Tanglewood G.C., Delaware
Henry P. Buck, Findlay-Hillcrest G.C., Findlay
Joseph P. Budd, Arizona Biltmore C.C., Phoenix
Ed Buehner, Parkview C.C., Mayfield Village
Brad Buchenroth, Briar Hill C.C., North Baltimore
Terrance Bueter, The C.C. at Muirfield, Dublin
Michele Lynn Bugh, Alliance C.C., Alliance
David Bukovec, Orchard Hills, Chesterland
Robert Bulen, Airport G.C., Columbus
Jack D. Bunger, Brown's Run C.C., Middletown
Donald Burg, Miami Whitewater Forest, Harrison
Lou Burk, York Temple C.C., Worthington
Bill Burkart, Newman G.C., Cincinnati
Homer Burket, Tannerhauf G.C., Alliance
Arden Burkholder, Little Scioto C.C., Wheelersburg
Harold R. Burkle, Valley G.C., Columbiana
Dick Burks, Hartwell G.C., Cincinnati
Scott Burns, Indian Run W., Westerville
Marilyn Burnstad, Skyland Pines, Canton
Gene Burt, Hillview G.C., Cleves
James F. Burwell, Quail Hollow Inn, Painesville
Andy Byettell, Lyons Den Golf, Canal Fulton
Dick Byrd, Homestead G.C., Tipp City
Jim Byrnside, Hyde Park C.C., Cincinnati
Robert P. Cain, Maple Ridge G.C., Ashtabula
Joe Caley, Mayfair C.C., Uniontown
Peg Callinan, Westwood C.C., Rocky River
John Cameron, Kettenring C.C., Defiance
T. J. Campana, Flying "B", Salem
Robert R. Campbell, Southern Pines C.C., Southern Pines
Maurice S. Cancasi, Park View, Mayfield Village
Paul Cannon, Cranberry Hills G.C., New Washington
Jerry Canterbury, Pleasant Valley C.C., Medina
John Capan, Deer Track G.&C.C., Surfside Beach
Carmen Capezzuto, Candywood G.C., Vienna
Rudolf H. Caplan, Hillcrest G.C., Sun City West
Bob Capretta, Valley View G.C., Akron
Audrey J. Capretto, Hilliard Lakes C.C., Westlake
Henry M. Carleton, Pine Valley G.C., Wadsworth
Bob Carlson, Windmill Lakes G.C., Ravenna
Dan Carolus, Community G.C., Kettering
Ken Carpenter, Ridgetop G.C., Medina
La Von W. Carr, Pond-A-River G.C., Woodburn
William D. Carrell, Sugar Bush, Garrettsville
Thomas N. Carris, Hubbard G.C., Hubbard
Joseph A. Carrocci, Belleview Municipal G.C., Steubenville
Bill Carroll, Wright-Patterson Military G.C., Wright-Patterson A.F.B.
John Carroll, Mayfair G.C., Uniontown
Americo Carusone, Neumann, Cincinnati
Nancy Carver, Ohio State University G.C., Columbus
Al Casey, Top of World G.C., Clearwater
Terry Casey, Salem G.C., Salem
Don M. Casto III, Muirfield, Dublin
Sam J. Catanzarite, Thunderbird Hills G.C., Huron
Art Catheart, Shaker Run, Lebanon
Dan Cavin, Community G.C., Dayton
Christopher Cezep, Tanglewood C.C., Chagrin Falls
Ralph R. Chamberlin, Cranberry Hills, New Washington
Luke Chaney, Twin Run G.C., Hamilton
Dan Chapanar, Skyland Pines G.C., Canton
William Chapple, Raymond Memorial G.C., Columbus
Don Charleston, Willow Bend G.C., Van Wert
Robert Chew, Jr., The Country Club, Cleveland
Val Chiaverini, Valleywood G.C., Swanton
Matthew Childs, California Public Course, Cincinnati
Rose Chio, Ottawa Park, Toledo
Carl Chiofolo, Lyons Den Golf, Canal Fulton
Tom Chiporo, Weymouth Valley C.C., Medina
Ralph Wm. Chittum, Twin Base G.C., Wright-Patterson A.F.B.
Tom Chlebeck, Tannenhauf, Alliance
Bob Christofil, Tanglewood, New Bedford
Tom Christy, Ironwood G.C., Wawseon
Michael Church, Estate Club G.C., Lancaster

1983 HOLES-IN-ONE

James Chrupek, Turkeyfoot Lake Golf Links Inc., Akron
Douglas Ciabotti, Lyndhurst G.C., Lyndhurst
Frank E. Cigoy, Rolling Green C.C., Huntsburg
Joseph M. Ciminelli, Tamer Win G.&C.C., Cortland
Ed Cinniger, Bob-O-Link G.C., Avon
Joe Cirigliano, Firestone C.C., Akron
Jerry Cisko, Weatherwax, Middletown
Art Citron, Jack Nicklaus G.C., Kings Island
Henry H. Clapper, Brookside C.C., Canton
Chris Clark, Mills Creek G.C., Sandusky
Joe Clark, Salem G.C., Salem
Melvin H. Clark, West S. Mogodore C.C., Mogodore
Michael Clark, Woodland G.C., Cable
Patrick R. Clark, Atwood Lake G.C., Dellroy
Richard R. Clark, Shelby Oaks, Sidney
Ron Clark, Franklin Valley G.C., Jackson
Jane K. Clarke, Riverside G.C., Columbia Station
Rick Clawson, Sleepy Hollow G.C., Brecksville
William Clements, Birmingham C.C., Birmingham
Phil Clevenger, Nomis G.C., Johnstown
Robert G. Clift, Western Hills C.C., Cincinnati
Michael W. Clifton, Hinckley Hills G.C., Hinckley
John J. Coakley, Miami View G.C., Inc., Miamitown
Evelyn Cody, Hyde-A-Way G.C., Deloit
Dennis Coffield, Shelby Oaks G.C., Sidney
George Colaneri, Hubbard G.C., Hubbard
Timothy P. Collaros, Western Row G.C., Mason
Richard Comchoc, Reid Memorial Park, Springfield
Frank Conace, Brookside G.&C.C., Worthington
Thomas L. Condos, Atwood Lake Lodge Resort, Dellroy
Chuck Conley, Turkeyfoot Lake Golf Links, Akron
Ralph Connor, Wildwood G.C., Middletown
Steve J. Conti, Pine Valley G.C., Wadsworth
Betty Cook, Indian Run West, Westerville
Joyce Cook, Pine Valley G.C., Wadsworth
Kenneth C. Cooke, Columbia Hills C.C., Columbia Station
John R. Cooney, Canyon Hotel Golf Resort, Palm Springs
Charlie Cooper, Walnut Grove C.C., Dayton
Clarence Cope, Tam O'Shanter G.C., W. Middlesex
Andrew F. Corcoran, Shawnee State Park, Portsmouth
Max Cordle, Snyder Park G.C., Springfield
Frank E. Core, La Belle View, Steubenville
Doug Corella, Steubenville G.C., Steubenville
Mark Cossentino, Hidden Valley G.C., Delaware
William H. Cotterill, Homestead G.C., Tipp City
Bill Cotton, Shady Hollow C.C., Massillon
Howard Coulter, Tippecanoe C.C., Canfield
Esther Cowles, Village Green, Kingsville
Robert W. Cox, Valley Wood G.C., Swanton
Scott Cozzens, Oxbow G.&C.C., Belpre
Robb Craddock, Pickaway C.C., Circleville
Don Craine, Hemlock Springs, Geneva
Jack Cramb, Salem G.C., Salem
Mel Cramer, Hickory Hills G.C., Grove City
John E. Crawford, Avalon Lakes, Warren
Robert J. Crawford, Quit-Qui-Oc G.C., Elkhart Lake
Zan Criss, Steubenville C.C., Steubenville
Brent Crone, The Woods G.C., Van Went
Frank Csavina, Spring Valley C.C., Elyria
Alex A. Csiszar, Skyland G.C., Hinckley
Barry Cunningham, Salt Fork G.C., Cambridge
Ned Cunningham, Windwood Hollow G.C., Edon
Gerald R. Curtis, Eaton C.C., Eaton

Tom Crusey, Shelby Oaks, Sidney
Ralph C. Cupper, Windmill Lakes G.C., Ravenna
Scott Dagenais, Kickingbird G.C., Edmond
Fran Dailey, Locust Hills, Springfield
Herbert C. Dailey, Locust Hills G.C., Springfield
John Damico, Tanglewood G.C., Delaware
Jack K. Damron, DCSC G.C., Columbus
Robert Dane, Fox Den G.C., Stow
Paul Daniel, Licking Spring G.C., Newark
Ray E. Dauber, Oberlin G.C., Oberlin
John A. Dann, Tamer Win G.&C.C., Cortland
Edward C. Davidson, Pebble Creek G.C., Lexington
Bob Davis, Oak Knolls G.C., Kent
David W. Davis, Rawiga C.C., Seville
Ed Davis, Delaware G.C., Delaware
James R. Davis, Miamisburg (Mound), Miamisburg
Julia Davis, Jekyll Island G.C., Jekyll Island
Rick Davis, Weatherwax, Middletown
Tom Davis, Avonfield, Cincinnati
Tom Davis, T.R.W. G.C., Chesterland
W. T. Davis, Twin Base, Dayton
Sam Davison, Hyde A Way G.C., Beloit
Philip M. Dawson, Pelican Bay G.&C.C., Daytona Beach
Ralph Dean, Ironwoods G.C., Hinckley
William M. Dean, Boston Hills C.C., Hudson
Daniel M. DeAngelo, Tippecanoe C.C., Canfield
Sam DeBrouse, Weymouth Valley G.C., Medina
Augie Dee, Oak Harbor Club, Oak Harbor
Jack Degenhard, Atwood Lake Resort, Dellroy
Tojo Delaney, Locust Hills G.C., Springfield
Michael J. Del Favero, California Public G.C., Cincinnati
Robert H. DeLloyd, Oberlin G.C., Oberlin
Joseph Delsky, Skyland G.C., Hinckley
Frank L. Demos, Ohio State University G.C., Columbus
Andrew Demyan, Oberlin G.C., Oberlin
Walter E. Denecke, Bel Wood C.C., Morrow
James Denning, Lyons Den Golf, Canal Fulton
Dale Dennis, Ironwood G.C., Wauseon
Kirk Dennis, Astrohurst, Walton Hills
Homer C. Denny, Winton Woods G.C., Cincinnati
Bart DePascale, Fonderlac, Poland
Charles M. Dever, Sycamore Valley G.C., Akron
Bruce Devney, Ridgewood G.C., Parma
George Dewey, Hickory Hills C.C., Grove City
Betsy B. DeWindt, Cypress Point Club, Pebble Beach
E. M. DeWindt, Bloomfield Hills C.C., Bloomfield Hills
William DeWitt, Jr., Locust Hills G.C., Springfield
Irene DeZee, Dogwood G.C. Inc., Diamond
Lester DeZee, Dogwood G.C., Diamond
Mary DiCesare, Riviera C.C., Dublin
Cyril S. Dickman, Community C.C., Dayton
Richard Dicks, Lee Win G.C., Salem
Wade Diefenthaler, Sugar Creek, Elmore
Bob Dignin, Rolling Acres G.C., Nova
Tony Dinnocente, Boston Hills C.C., Hudson
Nick Doinoff, Tam O'Shanter G.C., West Middlesex
John R. Dorn, Detwiler Park, Toledo
Scott A. Downey, Sunny Hill G.C., Kent
Stephen P. Downs, Shaker Run G.C., Lebanon
Chip Dragul, Crest Hills C.C., Cincinnati
Scott Drake, Community G.C., Dayton
Frank Dramczyk, Spuyten Duyval G.C., Sylvania
Frank Dreischarf, Dayton Municipal G.C., Dayton

1983 HOLES-IN-ONE

Ralph D. Dreitzer, Eaton C.C., Eaton
Kevin C. Drenan, Congress Lake Club, Hartville
John Drogomiv, Heather Downs C.C., Toledo
Bill Drone, Raymond Memorial G.C., Columbus
Paul Dudash, Chippewa G.C., Doylestown
Larry Duffy, Wheeling C.C., Wheeling
Ted Duggins, Shawnee Lookout, N. Bend
Tom Duggins, Shawnee Lookout, N. Bend
Lee M. Dull, Copeland Hills, Columbiana
Anne Duncan, Twin Base C.C., Wright-Patterson A.F.B.
Marcella Duncan, Reeves G.C., Cincinnati
Nick Dundee, Countryside G.C., Lowellville
Rodney Dunfee, Forest Hills G.C., Chesapeake
Marylee Dungan, Miami Valley G.C., Dayton
Ed Dunlavy, Valley View, Akron
Wesley Dunn, Spanish Oaks G.C., Spanish Fork
Elmer Durig, NCR C.C., Kettering
Mike Earach, Weatherwax Municipal G.C., Middletown
Peter M. Earl, Kirtland C.C., Willoughby
Frank L. Eatherton, Lincoln Hills G.C., Upper Sandusky
George W. Eichenauer, Spuyten Duyval G.C., Sylvania
Mark Elam, Hueston Woods G.C., Oxford
Fred E. Elder, Belmont C.C., Perrysburg
Jimmy Eliadis, Barberton Brookside C.C., Norton
Bob Ellis, Big Met, Fairview Park
Rob Ellison, North Olmsted G.C., No. Olmsted
Ralph J. Ely, Riverside Greens, Inc.,
Mark A. Emerson, Terrace Park C.C., Milford
Richard B. Emerson, Granville G.C., Granville
Charles W. Emmons, Indian Run G.C., Westerville
Robert Englert, Cadiz C.C., Cadiz
Neill Enoch, Thunderbird Hills, Huron
Karen R. Erickson, Canasawacta C.C., Norwich
Tom Erickson, Kitty Hawk Municipal G.C., Dayton
Gary R. Ertle, Elms C.C., Massillon
Jerry Eschenbrenner, Portage C.C., Akron
Katie Estell, University, Columbus
Bob Evans, Marsh Harbour Golf Links, N. Myrtle Beach
Richard F. Evans, Zoar Village C.C., Dover
Kevin S. Eversole, Wildwood G.C., Middletown
Connie Everson, Bel Wood C.C., Morrow
Ann Faasinger, Skyland G.C., Hinckley
Michael Fannin, Ironton C.C., Ironton
R. Alan Fanning, Dayton C.C., Dayton
Kate Faris, Kettering C.C., Defiance
Gene Farmer, Riverside, Olmsted Falls
Jeanne Farner, Mayfield C.C., S. Euclid
Philip R. Faulkner, Kitty Hawk, Dayton
William H. Faulkner, Marysville C.C., Marysville
Rick Fawley, Green Hills, Clyde
Craig R. Fawlks, Sharon G.C., Sharon Center
Kurt Faxon, Lakewood C.C., Westlake
Don Fee, Kettering C.C., Defiance
Linda Feeney, Hickory Hills G.C., Hicksville
John E. Feerer, York Temple C.C., Worthington
Orville R. Ferluson, Little Scioto C.C., Wheelersburg
Joe Ferrara, Lander Haven G.C., Mayfield Heights
W. R. Fellabaum, Belmont C.C., Perrysburg
Russ Ferance, Findlay C.C., Findlay
Bud Ferguson, Pickaway C.C., Circleville
Stephen Ferres, Sleepy Hollow, Clyde
Charley Fields, Hinckley Hills G.C., Hinckley
Don Fischer, Lake Worth G.C., Lake Worth

Joe Fisher, Pine Hills, Carroll
John B. Fisher, Sr., Highland Meadows G.C., Sylvania
Louise Ann Fletcher, Westwood C.C., Rocky River
Richard Flick, Windmill Lakes G.C., Ravenna
John Foraker, Mogadore West, Mogadore
Max R. Forster, Edgewood Golf Digest, North Canton
Robert Forsythe, Ridge Top G.C., Medina
Berkley R. Fowlis, Blacklick Wood Metro G.C., Reynoldsburg
Jim Fox, George Fazio Course, Hilton Head
John J. Fox, TRW G.C., Chesterland
Alan H. Frakes, Bob-O-Link G.C., North Canton
Al Francesconi, Fairlawn C.C., Akron
Bob Frazier, Tamarac G.C., Lima
William E. Frazier, Possum Run G.C., Mansfield
Andy Frcho, Pine Valley G.C., Wadsworth
James R. Fredrick, Twin Base G.C., Wright-Patterson A.F.B.
Dan Fesler, NCR G.C., Dayton
Larry Fresmour, Spring Hills G.C., E. Springfield
Dominic Feto, Flying "B" G.C., Salem
Todd G. Field, Findlay-Hillcrest G.C., Findlay
Elwood Follick, Community G.C., Dayton
Charles Frick, Miami Whitewater Forest G.C., Harrison
Richard T. Friestadt, Pleasant Run G.C., Fairfield
Michael P. Frimel, Painesville C.C., Painesville
Robert R. Frost, Hedge Wood G.C., Westlake
Marilyn Furst, Pine Ridge C.C., Willoughby
Ed Frye, N.C.R. C.C., Kettering
Keven Gabbard, Sky Valley Resort, Dillard
Bill Gabel, Westfield C.C., Westfield Center
Vance W. Gaffney, Ridgewood G.C., Parma
Joseph Gage, Mayfair C.C., Union Town
Larry Gainey, Riceland G.C., Oreville
Michael Gallagher, Tanglewood G.C., New Bedford
Dave Gamertsfelder, London Meadows G.C., Fostoria
Paul Gammage, Bluffton G.C., Bluffton
Allan Ganley, Seneca G.C., Broadview Heights
Earl Frank Gantar, Mahoning C.C., Girard
Bob Gardiner, Pleasant Run G.C., Fairfield
June Gardini, Skyland G.C., Hinckley
Bob Gardner, Arrowhead C.C., North Canton
Warren D. Gardner, York Temple C.C.
Donald Garrison, Dorado Del Mar C.C., Dorado Del Mar
Pat Garvey, Mayfair West, Uniontown
Michael Gaski, Ohio State Univ. Scarlet, Columbus
Jim Gates, Wildwood C.C., Fairfield
Fran Gaubatz, Pebble Creek G.C., Lexington
Joseph M. Gehring, Madison C.C., Madison
Kenneth Geniuse, Hinckley Hills G.C., Hinckley
Robert A. George, Kettering C.C., Defiance
James E. Geran, Sr., Shaker Run at Atmco Park, Lebanon
John E. Gerhart, Ridge Top, Medina
Richard R. Giardullo, Candywood G.C., Vienna
John C. Gibbons, Mercer County Elks, Celina
Darrell Gibbs, Shawnee Lookout, Cleveland
Charles R. Gibson, Little Turtle C.C., Westernville
Ralph E. Gieringer, Royal Poinciana G.C., Naples
Richard Gill, Sycamore Valley, Akron
Bill Gilliam, Pleasant View G.C., Paris
James Gillis, Sycamore Hills G.C., Fremont
Whitey Gillman, York Temple G.C., Worthington
Larry Gindlesberger, Pipestem State Park G.C., Pipestem

1983 HOLES-IN-ONE

William W. Godfrey, Fairlawn C.C., Akron
J. Stanley Goeddel, Ft. Mitchell C.C., Ft. Mitchell
Mathew Goldman, Northwood Hills C.C., Springfield
Craig Goldsberry, Athens C.C., Athens
Bob Good, Heather Downs South C.C., Toledo
Ed Goodman, Pine Valley G.C., Wadsworth
Harry A. Goodwin, Minerva Lake G.C., Columbus
John P. Gorey, Mayfair C.C., Uniontown
William Goudlock, Raymond Memorial, Columbus
Jay Gould, Jr., Rolling Green G.C., Huntersburg
Dan Gourley, Jr., Turkeyfoot Lake Golf Links, Akron
Joe Grad, Hinckley Hills G.C., Hinckley
Paul J. Graf, J. E. Good Park G.C., Akron
Glen E. Graham, Shawnee State Park G. R., Friendship
John Graham, Manakiki G.C., Willoughby Hills
Patrick Graham, Pine Hills C.C., Hinckley
Len Granitto, Geneva-On-The-Lake G.C., Geneva-On-The-Lake
Harry J. Gray, Bolton Field G.C., Galloway
Dave Greenaway, Mayfair G.C., Uniontown
Arthur J. Greenberg, Arrowhead C.C., No. Canton
Mark E. Greener, Sugar Creek G.C., Elmore
Merle K. Gregor, Prestwick G.&C.C., Cortland
Dick Gregory, Francisco Grande Resort, Casa Grande
Howard Gregory, Pleasant Run G.C., Fairfield
Carl H. Greider, Granville G.C., Granville
Theodore K. Grey, Wheeling Park C.C., Wheeling
Clifford Griffin, Turkeyfoot Lake Golf Links Inc., Akron
Wm. Griffiths, Hyde-A-Way G.C., Beloit
Jill Grimm, Inverness Club, Toledo
Walter Grodski, Dogwood G.C. Inc., Diamond
John J. Groene, Miami Whitewater Forest G.C., Harrison
Bill Groff, Cliffside G.C., Tipp City
Joe Groff, Dayton Power & Light, Dayton
Donald Grohe, Seven Hills C.C., Hartville
Abe H. Gross, Terrace Park C.C., Milford
Gayword Gross, Sycamore Creek G.C., Springboro
Philip Gross, Pine Hills C.C., Manorville
Skip Gross, Glengarry, Halland
Susan Jane Grossman, Hilliard Lakes C.C., Westlake
Ralph Guckiean, Beckett Ridge C.C., West Chester
Thelma Guillen, Belleview Club, Steubenville
Lloyd Gwinner, Lincoln Hills G.C., Upper Sandusky
Stevan J. Habel, Briarwood, Broadview Heights
Steve Hackett, Reid Park North Course, Springfield
Mike Haddix, Weatherway, Middletown
Sandy Hadley, Wright-Patterson Military G.C., Wright-Patterson A.F.B.
Walter A. Hagen, Desert Inn C.C., Las Vegas
Patrick Haggerty, Tippecanoe C.C., Canfield
Bob Hahlen, Sleepy Hollow C.C., Alliance
Ginny Hahn, Westfield C.C., Westfield Center
Jerry Hainen, Findlay C.C., Findlay
Harold E. Haines, Indian Valley Golf, Newtown
Lloyd Hank Hale, Lincoln Hills G.C., Upper Sandusky
Delphine Hall, North Olmsted G.C., North Olmsted
George A. Hall, The Home Links, Olmstead Township
Richard Hall, Lakewood C.C., Westlake
Gary Hallett, Brandywine, Maumee
Mary Ann Halper, Mills Creek G.C., Sandusky
Steven D. Halpin, Hyde Park G.&C.C., Cincinnati
William Hamelberg, Scioto C.C., Columbus
Alex D. Hamilton, Troy C.C., Troy

Earl A. Hamilton, Meadowood G.C., Westlake
Eugene V. Hamilton, Rolling Greens, Massillon
William Hamilton, Mt. Vernon C.C., Mt. Vernon
James E. Hammond, Western Hills C.C., Cincinnati
Tom Hanesworth, Raymond Memorial, Columbus
Richard Hanna, Green Crest G.C., Middletown
Tom Hanson, Pine Hill, Carroll
Todd Hardy, Bel Wood C.C., Morrow
Daniel Hare, Orchard Hills G.C., Chesterland
Susan Hargrave, Steubenville C.C., Steubenville
Wally Harley, Trumbull C.C., Warren
James A. Harmon, Homestead Springs G.C., Grove City
Tom Harmon, Arrowhead C.C., No. Canton
Gary L. Harper, Rolling Greens, Massillon
Tom Harper, Woodland G.C., Cable
William E. Harrington, Green Hills, Clyde
J. W. Harris, Palm River C.C., Naples
W. R. "Bill" Harris, Boston Hills, Hudson
Leonard Harrison, Hinckley Hills G.C., Hinckley
George Hartle, Paradise Lake, Mogadore
Jim Hartley, Columbus C.C., Columbus
David Hartman, Mound G.C., Miamisburg
Ernest W. Hartman, Riverby Hills, Waterville
Gary Hartman, Ottawa Park G.C., Toledo
Vincent Haser, Turkeyfoot Lake Golf Links Inc., Akron
Paul R. Hatala, Hinckley Hills G.C., Hinckley
Ray Hauck, York Temple C.C., Worthington
Glen R. Haughey, Woodland G.C., Cable
John Hawanczak, Lyons Den G.C., Canal Fulton
Jack Hawkes, Springfield C.C., Springfield
John Hayden, East Bay C.C., Largo
Marie Hayes, Avon Fields, Cincinnati
Frederick Haygood, Avon Fields, Cincinnati
Hank Haynam, Tamer Win G.&C.C., Cortland
Rachel Haynann, New Garden G.C., E. Rochester
Greg Haynes, Valleywood G.C., Swanton
W. K. Headles, Temple C.C., Worthington
Robert L. Healy, Oberlin G.C., Oberlin
Les S. Heath, Military G.C., Wright-Patterson A.F.B.
David K. Hedden, Chardon Lakes G.C., Chardon
Bill Heffner, Wyoming G.C., Cincinnati
Andy Heims, Snyder Park G.C., Springfield
Tom Helentjaris, Arrowhead G.C., Minster
Kirk A. Help, Thornwood G.C., Fremont
Don Hemminger, Green Hills, Clyde
J. P. Henderson, Forest Hills G.C., Elyria
Robert J. Hennessy, Oak Tree C.C., W. Middlesex
Mark A. Henning, Bowling Green State Univ. G.C., Bowling Green
Melvin K. Henrion, Quail Run C.C., Naples
Robert Hensel, Penn Terra, Lewisburg
Lawrence Hensley, Blackhawk G.C., Galena
Jack Herb, Winton Woods G.C., Cincinnati
John Henredeen, Deer Lake G.C., Geneva
Mary Heringhaus, Colonial Hills, Harrod
Mark E. Heritage, Grant Wood G.C., Solon
Tom Herlihy, Fremont C.C., Fremont
Pat Hernan, Mill Creek Par Three Course, Youngstown
David S. Herpy, Quail Hollow G.C., Painesville
William A. Herr, Silver Lake C.C., Cuyahoga Falls
Orval Hertel, Pleasant View, Paris
Curt Hethfield, Cacolines Shores G.&C.C., N. Myrtle Beach

544

1983 HOLES-IN-ONE

Richard M. Hibbett, Oyster Reef, Hilton Head Island
Jeff Higerd, Mayfield C.C., South Euclid
Jerry Hickman, Miami Valley G.C., Dayton
R. D. Higgons, Fox Hill C.C., Plymouth
Ray L. Hildreth, Indian Hills C.C., Ft. Pierce
Raymond R. Hill, Chapel Hills G.C., Ashtabula
Dennis Hilligan, Clovernook C.C., Cincinnati
Marie Himes, Raccoon Valley G.C., Granville
Tom Hinders, Community G.C., Dayton
Fred Hiss, Brandywine C.C., Maumee
Kenneth F. Hitch, Astrohurst C.C., Walton Hills
Marie Hlavin, St. Bernard G.C., Richfield
Stacy Hobson, Mayfair C.C., Akron
G. C. Hodge, Jr., Jack Nicklaus Sport Center, Kings Island
James E. Hoehm, Oberlin G.C., Oberlin
William E. Hol, Jr., Stillwater Valley G.C., Bradford
Dan Holbert, Turkeyfoot Lake Golf Links, Akron
Robert Holdridge, Wapakoneta City Club, Wapakoneta
Jack Holland, Loyal Oak G.C., Norton
Mont Hollingsworth, Reid Memorial, Springfield
Michael L. Holman, Thornwood G.C., Fremont
Ronald P. Holman, Fairview G.C., Findlay
Harvey R. Holmberg, Avon Fields Golf Center, Cincinnati
Dick Holmes, The Woods G.C., Van Wert
Raymond J. Holtzapfel, Ironton C.C., Ironton
David J. Holzmeier, Estate Club, Lancaster
Rick L. Honaker, Brookside G.C., Ashland
Pauline Hooks, Bluffton G.C., Bluffton
Daryl Hoover, Midway G.C., Elyria
Bill Horan, Raymond Memorial, Columbus
Sharon Horetski, Colonial Hills G.C., Harrod
James A. Horn, Findlay Hillcrest G.C., Findlay
Michael R. Horvath, Speidel G.C., Wheeling
Thomas J. Hosa, Castle Hills G.C., New Castle
Tim Houghton, Arizona Biltmore Links Course, Phoenix
William C. Houle, Sleepy Hollow G.C., Clyde
Okey Householder, Valley View G.C., Lancaster
Richard L. Houston, Manakiki G.C., Willoughby Hills
Elmer Hrabak, Oak Knolls G.C., Kent
Jimmy Hubbell, Colonial Hills, Harrod
Jane Hubbell, Gatlinburg C.C., Pigeon Forge
John Huber, Weatherwax G.C., Middletown
Denny Hudkins, Lyons Den Golf, Canal Fulton
Edwin L. Hudson, Eagle G.C., Dayton
Jim Hufford, Thornwood G.C., Fremont
Arden G. Hughes, Westfield C.C., Westfield
Miki Hughes, Dayton C.C., Dayton
Philip G. Hughes, Dayton C.C., Dayton
Robert Hugziger, Wildwood G.C., Middletown
Billy G. Hull, Jr., Chippewa G.C., Doylestown
George E. Huml, Walden G.C., Aurora
Emmett Hunt, Jekyll Island-Oleander, Jekyll Island
Suzanne Hurdiss, Forest Hills, Heath
Joe Hurst, Green Crest G.C., Middletown
Thomas Hutchinson, Holly Hill G.C., S. Waynesville
Andrew T. Hyduke, Indian Pines G.C., Cocoa Rockledge
James Hyland, J. E. Good Park G.C., Akron
Fred N. Hysell, Bolton Field G.C., Galloway
Brauley Iams, Tam O'Shanter Dales, Canton
Joyce Illes, Grantwood Rec. Park, Solon
William D. Ingham, Hedge-Wood G.C., Westlake
William B. Innes, Oberlin G.C., Oberlin

Pat Iosue, Pleasant Hill G.C., Charon
Ralph Isvolt, Shawnee Lookout G.C., Cleves
Theodore Ivanchak, Lakeside, White Sulphur Springs
Jack W. Ivie, Blacklick G.C., Reynoldsburg
Jacob Ivkovic, Pleasant Run G.C., Fairfield
Vivian Jachimiak, Ottwaw Park G.C., Toledo
Chris Jackson, Brookside G.C., Ashland
Harold E. Jacobs, Reid Park G.C., Springfield
John M. Jacobson, Portage C.C., Akron
Hugh Jae, Alliance C.C., Alliance
Art James, Riverby Hills C.C., Bowling Green
Bret James, Little Turtle C.C., Westerville
Gene Jammarino, Bath G.C., Medina
Tony Jantvold, Hidden Valley G.C., Delaware
George Janky, Community C.C., Dayton
Joe Jaynes, Fstate Club, Lancaster
Fred Jefferson, Walnut Grove C.C., Dayton
Evan Jeney, Winding Hollow C.C., Columbus
Richard M. Jenkins, Barberton Brookside C.C., Norton
Carl M. Jensen, Glenview G.C., Cincinnati
Barney J. Jereb, Orchard Hills G.&C.C., Chesterland
John Jerina, Sr., Avalon G.C., Warren
Joey Jerger, Coolridge, Mansfield
Sharon R. Jett, Kitty Hawk, Dayton
Lennie Jewell, Jaymar G.C., Pomeroy
Steve M. Johansen, Bob-O-Link, Avon
Joe Johnoff, Jr., Valleywood G.C., Swanton
Tim Johns, Pine Hills G.C., Hinckley
Bill Johnson, Chardon Lakes C.C., Chardon
Chester L. Johnson, Weatherwax G.C., Middletown
David Johnson, Valley View G.C., Crestline
Gayle Johnson, Kings Mill, Waldo
Gilbert A. Johnson, DCSC G.C., Columbus
Robert M. Johnson, Ashland C.C., Ashland
Terry Johnson, Elks C.C., Hamilton
Than Johnson, Woodland G.C., Cable
Paul Johnston, Mayfair C.C., Uniontown
Marc Jonas, Lake Forest C.C., Hudson
Al Jones, Hidden Valley G.C., Delaware
E. B. Jones, Laurel Valley G.C., Ligonier
Fred M. Jones, Oak Knolls G.C., Kent
George D. Jones, Mayfair C.C., Uniontown
Kyle Jones, Hubbard G.C., Hubbard
Michael Jones, Turkeyfoot Lake Golf Links, Akron
Richard N. Jones, Memorial Park G.C., Kenton
Harry F. Jordan, Reid Memorial G.C., Springfield
James O. Judd, Grantwood G.C., Solon
Allan Junk, Bluffton G.C., Bluffton
David Kalbfleisch, Community G.C., Dayton
Bill Kallmeyer, Greene C.C., Fairborn
Robert Kalmeyer, Chippewa, Doylestown
Hussain Kamal, Shawnee Hills, Bedford
Joel Kaminsky, Brandywine C.C., Peninsula
Joek Kaminsky, Boca Raton Hotel & Club, Boca Raton
James S. Kane, Valley View, Akron
Michael D. Kane, Quail Hollow, Painesville
David Daplan, Crest Hills C.C., Cincinnati
Richard Kaplan, Glengarry C.C., Holland
Nicholas Karas, The Moor's G.C., Portage
Bobbie Karr, Riverside G.C., Mason
Tom Karr, Riverside G.C., Mason
Kaname Kasai, Marysville C.C., Marysville
C. T. Kasmersky, Miami Valley G.C., Dayton

1983 HOLES-IN-ONE

Paul P. Kasprzak, Bowling Green Univ., Bowling Green
Ken Kauffman, Muirfield Village G.C., Dublin
Laurel Kean, Mid Pines Resort, Southern Pines
Jim Kearns, Fairway Estates G.C., Hudsonville
Mary Ruth Kearns, Beechmont C.C., Cleveland
Matt Keck, Dogwood G.C., No. Jackson
R. Eric Kehres, Cranberry Hills G.C., New Washington
George Keiger, Pine Valley G.C., Wadsworth
Charles J. Keller, Western Row, Mason
D. T. Kellison, Twin Springs, Lisbon
William E. Kelly, California G.C., Cincinnati
Jack Kemper, Miami View G.C. Inc., Miami Town
Joseph Lee Kendren, Boca Woods C.C., Boca Raton
Harry R. Kennedy, Cochecho C.C., Dover
Keith Kephart, Sleepy Hollow C.C., Alliance
Allan Kerns, Kings Mill, Waldo
Dale Kerschner, Seneca Hills G.C., Tiffin
Paul M. Keske, Boston Hills, Hudson
Melvin J. Kessel, Losantiville C.C., Cincinnati
Mark W. Ketterer, Riverside G.C., Olmsted Falls
Kenneth Keyser, Sugarbush, Garrettsville
Paul L. Keyser, Wyandot G.C., Centerbury
Cleophes Kidd, Highland View, Cleveland
James F. Kilduff, M.D., Zoar Village G.C., Inc., Dover
Guhn Kim, Columbia Hills C.C., Columbia Station
Jeff Kinsley, Lakeview G.C., Hartsville
Bud Kirk, Mayfair C.C., Uniontown
Paul Kirkendall, Whiteford Valley, Ottwaw Lake
Marvin B. Kirschman, Catawba Island Club, Pt. Clinton
Claw Kisah, Oak Hills Executive West C.C., Lorain
David Kitincja, Windy Hill G.C., Conneaut
Carol Kitson, Beckett Ridge C.C., West Chester
Annette Kleinman, Lander haven C.C., Mayfield Heights
Walter J. Klimaski, Kitty Hawk G.C., Dayton
Peggy B. Kling, Kirtland C.C., Willoughby
Wayne Klingshirn, Forest Hills G.C., Elyria
Paul G. Klink, Mahoning C.C., Girard
Gail E. Klippert, Congress Lake C.C., Hartville
John P. Klump, Community G.C., Dayton
Betty A. Knee, Millstone Hills, New London
Art Knickel, Whet Stove C.C., Caledonia
Sue Knobel, Avon Oaks C.C., Avon
Donna Kobak, Sea Pines Plantation, Hilton Head
William J. Kobbeman, Los Nation G.C., Dixon
Frank H. Kobe, Granville G.C., Granville
Frank Koch, Thunderbird Hills, Huron
Randy Kohn, Winding Hollow C.C., Columbus
Frank Kokai, Pine Hill G.C., Carroll
Larry J. Korbas, Woody Ridge G.C., Shelby
Stephen Korbecki, Chagrin Valley C.C., Chagrin Falls
Joe Korody, Rolling Hills G.C., Pulaski
Paul Kossick, Boston Hills C.C., Hudson
Karl F. Kosier, West Mogodore C.C., Mogodore
Robert Kostecka, Willow Run, Alexandria
John S. Koterbay, Seven Springs, Champion
Robert Koth, Hillview G.C., Cleves
John Kotyk, Kings Mill G.C., Waldo
Albert G. Kovacs, Riverside G.C., Olmsted Falls
John Kovaly, Painesville C.C., Painesville
Joe Kovarik, Seneca, Broadview Heights
Andrew Kozar, Meander G.C., No. Jackson
George Kozar, Cambridge C.C., Cambridge
Joe Kraft, Mayfair C.C., Uniontown

Milan Krajcik, Riceland C.C., Orrville
Bruce J. Kramer, Browns Run C.C., Middletown
Celine R. Krashin, Boca Raton Hotel & Club, Boca Raton
Jerry Krasovec, Orchard Hills, Chesterland
J. E. Krause, Westfield C.C., Westfield Center
Jim Kretzinger, Heather Downs South, Toledo
Larry Kroger, Hueston Woods G.C., Oxford
William H. Kroger, Kittyhawk, Datyon
Ray Kulwicki, Sr., Glengary C.C., Holland
Rick Krumlauf, Springfield C.C., Springfield
Carolyn A. Kubitz, Westfield C.C., Westfield Center
Mary E. Kuebler, Neumann G.C., Cincinnati
Robert W. Kuhlman, Findlay Hillcrest G.C., Findlay
Warren Kuhlman, Whiteford Valley G.C., Ottwaw Lake
Doris Kurit, St. Denis, Chardon
Eugene J. Kusnir, Avalon G.C., Warren
Bob Kyle, Pleasant Run G.C., Fairfield
Willard S. Kyser, Shelby Oaks, Sidney
David G. LaBarge, Wright-Patterson G.C., Wright-Patterson A.F.B.
Judy Ann LaBrun, Mt. Vernon C.C., Mt. Vernon
David Ladd, Sycamore Hills, Fremont
Vincent P. Laehr, Reeves G.C., Cincinnati
Roy M. Lagenauer, Kitty Hawk G.C., Dayton
Shim LaGoy, Tanglewood C.C., Chagrin Falls
John Lakatos, Oak Knolls G.C., Kent
Charles Lake, Jr., Brookside G.C., Ashland
Earl R. Lama, Valley View Clubs Inc., Lancaster
Timothy S. Lambert, Shaker Run G.C., Lebanon
John W. Lamond, Shaker Heights G.C., Shaker Heights
Bob Landsell, Pleasant Hill G.C., Middletown
Emil Lanzer, Napoleon Municipal G.C., Napoleon
Dorothy M. Larkin, Brearwood G.C., Broadview
William Lautar (Bill), High Meadows C.C., Roaring Gap
Bill Lautar, Holly Hills, Waynesville
John Lavender, Skyland G.C., Hinckley
Francine Lawrence, Ottawa Park, Toledo
Lloyd W. Lane, Pine Hill G.C., Carroll
Jon Lazarow, Mayfair C.C., Uniontown
Bob Leaman, Miami Valley G.C., Dayton
Roy L. Leatherbury, Loar Village, Dover
Ed Lebit, Boca West Club, Boca Raton
Homer R. Lecky, Reid Memorial G.C., Springfield
Richard C. Lecrone, TRW G.C., Chesterland
Gerald V. Lee, Granville G.C., Granville
Bob Lehman, Walnut Grove C.C., Dayton
Henry Leibert, Tam O'Shanter G.C., W. Middlesex
Jeffrey R. Leist, Miami Whitewater Forest, Harrison
Donald Lenhart, Loudon Meadows G.C., Fostoria
John P. Lennon, Mayfield C.C., South Euclid
Lawrence R. Lentz, Highland Meadows, Sylvania
Joe Lepo, Tamarac G.C., Lima
Jay H. Leshner, Groveport C.C., Groveport
Lawrence Leslie, California G.C., Cincinnati
Joseph J. Lesnick, Bob-O-Link G.C., Avon
Shirley Levine, Glengarry C.C., Holland
Emil Levstik, Madison C.C., No. Madison
Charles W. Lewis, Jr., Zanesville C.C., Zanesville
Henry E. Lewis, Jr., Elk's C.C., McDermott
Scott Lewis, Bedford Springs Hotel G.C., Bedford
William Patrick Lewis, Findlay-Hillcrest G.C., Findlay
Charles W. Lightner, Whiteford Valley, Ottawa Lake
Jacob M. Lile, Foxfire Resort & C.C., Foxfire Village

546

1983 HOLES-IN-ONE

Randy Lilly, Ironton C.C., Ironton
Dick Lingner, Tam O'Shanter G.C., West Middlesex
Mark Linn, The Woods G.C., Van Wert
Barry W. Littrell, Ohio State Univ. G.C., Columbus
Tim Loar, Westfield C.C., Westfield Center
Charles C. Locas, Riceland G.C., Orrville
Jim Loebe, Hedgewood, Westlake
Mondo Lombardi, Brookside G.C., Worthington
Larry Lombardo, Fox Den, Stow
William L. Londer, Jr., Cincinnati C.C., Cincinnati
Don Long, Riverview C.C., Powell
Mickey Long, Sugar Bush G.C., Garrettsville
Eric Loomis, Minerva Lake G.C., Columbus
Mike Lopez, Sycamore Hills, Fremont
Harry E. Lors, Jr., Grandview C.C., Middlefield
Howard R. Losie, Jr., Bowling Green Univ., Bowling Green
John F. Loscudo, Whiteford Valley, Ottawa Lake
Larry Loucks, Grenelefe G.&R.C., Haianes City
Dick Lovelace, Weatherwax G.C.-Meadows, Middletown
Darold L. Lowen, Pine Hills G.C., Carroll
Dvid Lowery, Shawnee Hills G.C., Bedford
Herb Lowitt, Potters Park G.C., Hamilton
Les Lubitz, Blue Ash, Cincinnati
Bob Lucey, Zoar Village, Dover
Bob Lund, Valley G.C., Columbiana
E. P. Lunker, Carmargo Club, Cincinnati
Ted J. Lury, Ironwood G.C., Hinckley
Ralph Luth, Mercer County Elks G.C., Celina
Bill Luttrell, Twin Run G.C., Hamilton
Robert G. Lux, Orchard Hills G.&C.C., Chesterland
Rick Lyden, Green Hills G.C., Clyde
Frank E. Lydick, Sweetbriar G.C., Avon
John R. Lyman, Hillview G.C., Cincinnati
Donald G. Lynch, Sharon Woods G.C., Cincinnati
Libby Lynn, Little Miami G.C., Cincinnati
Douglas B. Lytle, Bogue Banks C.C., Atlantic Beach
George MacAdam, Fox Den G.C., Stow
Jim MacDoyan, Weymouth Valley C.C., Medina
John W. MacOnachy, Congress Lake Club, Hartville
Dr. Ikuo Maeda, Tippecanoe C.C., Canfield
James T. Maher, Meander G.C., North Jackson
Marjorie L. Maier, Tanglewood G.C., Perrysburg
Leo L. Main, Loyal Oak G.C., Norton
Ed Majcnrycz, Astorhurst C.C., Walton Hills
Ed Majorkiewicz, Cypress Bay G.C., Little River
John Malene, Hubbard G.C., Hubbard
Nick Malone, Lost Nation C.C., Willoughby
Marion K. Malone, Meadowood C.C., Westlake
Bill Maloy, Cobgress Lake C.C., Hartville
Harold Manning, Hickory Hills G.C., Grove City
Patricia H. Manning, Hickory Hills G.C., Grove City
Chas "Chip" Manyo, Punderson State Park G.C., Newbury
John Marek, Orchard Hills C.C., Chesterland
R. F. Marietta, Sycamore Valley, Akron
Carmen M. Marino, Granville G.C., Granville
Louis J. Marinucci, Mill Creek G.C., Youngstown
Jeffrey Marrote, Manakiki G.C., Willoughby Hills
Jerry R. Marshall, Woody-Ridge G.C., Shelby
Ruth Ann Marshass, Pickaway C.C., Circleville
George Martin, Heather Downs South, Toledo
John O. Martin, Green C.C., Fairborn

Kirk Martin, Locust Hills G.C., Springfield
Ed Marvin, Atlanta Athletic Club, Duluth
Gus Mason, Echo Hills G.C., Piqua
Kaye A. Mason, Sylvania C.C., Sylvania
Patric Mason, Oak Knolls G.C., Kent
Michael J. Massaro, Raccoon Valley G.C., Granville
Andrew W. Mathis, Wooster C.C., Wooster
Mike Matovich, Dogwood G.C., Diamond
Bob Matson, Chautauqua G.C., Chatauqua
James F. Matters, River Bend G.C., Miamisburg
Barry Maxwell, Twin Run G.C., Hamilton
David Maxwell, Shelby C.C., Shelby
Edwards May, Tam O'Shanter G.C., W. Middlesex
Michael Mazzaro, Royal Oak G.C., Cincinnati
Don McAbier, Westville G.C., Beloit
Russell McAfee, Highlands G.C., Patas Kaka
John E. McCallister, Twin Base G.C., Wright-Patterson A.F.B.
Judy McCament, Moundbuilders C.C., Newark
Betty McClain, Atwood Lake G.C., Dellroy
Irvin E. McClain, Ocala G.C., Ocala
Wayne McClain, Forrest Greason G.C., Bowling Green
Chris McClay, Lakeview G.C., Hartville
Molly McClure, Sharon Woods G.C., Cincinnati
Emmett McConaha, Lake Front G.C., Columbiana
Ken McConnell, River Greens, West Lafayette
Everett McCormick, Sugarbush G.C., Garrettsville
Tommy J. McCuistion, Shaker Heights C.C., Shaker Heights
Fred McDaniel, Hidden Valley G.C., Delaware
David S. McDonald, Monterey C.C., Palm Desert
Richard L. McDonald, Hillview, Cincinnati
Frank McDonnold, Lake Kiowa C.C., Lake Kiowa
Wayne McDonough, California G.C., Cincinnati
Edward McElroy, Clearview G.C., East Canton
Eric R. McFarland, Licking Springs Trout & C.C., Newark
G. Dale McFarland, Mound Builders C.C., Newark
Patrick McGuire, Brown's, Middletown
Thomas F. McGuire, "Oxbow"-Port LaBelle C.C., Port LaBelle
Matthew J. McIntire, Heather Downs C.C. South, Toledo
Jack R. McIntyre, Hickory Flat Greens Inc., W. Lafayette
Larry McKelvey, Rawiga C.C., Seville
M. A. McKenzie, Reid Park G.C., Springfield
Bill McKinney, Oberlin G.C., Oberlin
Wilfred G. McKinney, Hedgewood G.C., Westlake
June L. McLean, Reid Memorial G.C., Springfield
Bill J. McMaster, Moose C.C., Sidney
James Frank McMillen, Hilliark Lakes C.C., Westlake
Leo F. McMullen, Sunnhill, Kent
L. Hazel McMullen, Edgewood G.C. Inc., North Canton
Edward X. McNamare, Hedgewood G.C., Westlake
Clyde McNew, Wildwood, Middletown
Barbara McVey, Madison C.C., Madison
John Dennis McVey III, Broodside G.&C.C., Worthington
Dr. John L. McWethy, Dobson Ranch G.C., Mesa
Thomas F. Meagher, Sr., Bright Leaf Resort, Harrodsburg
Charles R. Meek, Catawba Island Club, Port Clinton
David Meiering, Hidden Valley Lake C.C., Lawrenceburg
Bill Meiring, Piqua C.C., Piqua
Betty Melampy, Browns Run C.C., Middletwn
Gene M. Mello III, Pleasant Run G.C., Fairfield

1983 HOLES-IN-ONE

Donald L. Melone, Wyoming G.C., Wyoming
Frank J. Mercurio, Skyland G.C., Hinckley
Dennis Mertes, Shade Hollow C.C., Massillon
Carol Merwin, East Palestine C.C., Negley
Bruce B. Merz, Kenton C.C., Independence
Leo Merzweiler, Congress Lake Club, Hartville
Bobby Messner, Robert Garrett, Solon
Harry S. Metro, Avalon, Warren
Chet Metz, Hickory Hills G.C., Hicksville
Larry Metz, Shelby Oaks, Sidney
Mike Metzger, Bridge View G.C., Columbus
Phil Metzger, Hueston Woods State Park, Oxford
Bruce A. Meyer, Forrest Creason, Bowling Green
Bob Michaels, Midway G.C., Elyria
Larry Michaels, Oak Knolls G.C., Kent
Steve Middaugh, Perry C.C., New Lexington
Jack Midlam, Hidden Valley G.C., Delaware
Larry Mike, Boston Hills C.C., Hudson
Ronald B. Mikles, Medina C.C., Medina
Hall B. Miles, Jr., Congress Lake Club, Hartville
Sonny Milewsky, Spring Hills G.C., East Springfield
Anthony T. Miller, Glenview G.C., Cincinnati
Betty Miller, General Electric Employees G.C., Cincinnati
Dave Miller, Blackhawk G.C., Galena
Dick Miller, Plum Brook C.C., Sandusky
Emil Miller, Paradise Lake C.C., Mogadore
Fred Miller, Highlands G.C., Pataskala
Irene Miller, Tamarac, Lima
Kenneth E. Miller, Dogwood G.C. Inc., Diamond
Martha H. Miller, Catawba Island Club, Port Clinton
Marvin Miller, Kittyhawk G.C., Dayton
Milo Miller, Colonial Hills G.C., Harrod
Richard E. Miller, Locust Hills G.C., Springfield
Tom Miller, C.C. of Muirfield, Dublin
Dr. Tom Miller, Westood, Rocky River
Dr. Wm. Miller, Parkersburg C.C., Vienna
Quentin H. Millet, Salt Fork State Park, Cambridge
Michael J. Mingo, Reid Park G.C., Sprinfield
Bob Minne, Paradise Lake C.C., Mogadore
Sam Mirto, Mill Creek G.C., Youngstown
Dr. Howard S. Mitchell, Orchard Hills, Chesterland
Kenton Mitchell, Riverside G.C., Mason
Robert L. Mitchell, La Roma Grande G.C., San Antonio
Tony Mitrione, Tanglewood G.C., Delaware
Dan Mitseff, Ohio Prestwich C.C., Uniontown
Chuck Mizell, Pine Brook, Grafton
Gene Mocilnekar, Pine Ridge C.C., Wickliffe
Thomas Moeller, Green Crest G.C., Middletown
Kevin Mohler, Perry C.C., New Lexington
Sam Mollet IV, Congress Lake Club, Hartville
Ronald J. Molly, Rolling Green, Huntsburg
Helen Molnar, Sugarbush G.C., Garrettsville
Ralph Money, Sea Marsh G.C., Hilton Head
Ray Montgomery, Pleasant Hill G.C., Chardon
Thomas R. Moody, Whiteford Valley G.C., Ottawa Lake
Bob Moore, Turkeyfoot Lakes Golf Links, Akron
Herbert W. Moore, Airport G.C., Columbus
Jim Moore, Thornwood, Fremont
Lincoln L. Moore, Speidel G.C., Wheeling
Vince Moore, Salem G.C., Salem
Robert P. Moorehead, Oakwood C.C., No. Canton
Tom Morgan, Jr., Riverside G.C., Mason

Robert W. Moriarty, Fairlawn C.C., Akron
Peter Moro, Riviera C.C., Dublin
Ronald Morris, Delphos C.C., Delphos
Donald B. Morrison, The Landings G.C., Ft. Meyers
George J. Morrison, Seven Springs Resort G.C., Champion
Lloyd Morrison, Hillcrest G.C., Findlay
Warren Morrison, Franklin G.C., Franklin
Brad Morrow, W.G.C. G.C., Xenia
Jeff Morrow, Sea Palms Golf Resort, St. Simons Island
Jay Morton, Dogwood G.C. Inc., Diamond
Gerry Motsch, Ponce De Leon, St. Augustine
Chris G. Mouse, Salem G.C., Salem
Sam "Red" Movsesian, Maplecrest C.C., Kent
Ron Mucci, Chardon Lakes G.C., Chardon
Jack D. Mueller, Wright-Patterson G.C., Wright-Patterson A.F.B.
Phillip Mueller, Great Trails G.C., Minerva
Tom Mumew, Millcreek G.C., Youngstown
Roger Mumford, Sunrise C.C., Sarasota
James W. Munro, Catawba Island Club, Port Clinton
Stan Munsell, Hiawatha G.C., Mt. Vernon
Gail Murney, Riverview C.C., Powell
Harold Murphy, Boston Hills, Hudson
Jim Murphy, Chippewa G.C., Doylestown
Phillis Murray, Shelby C.C., Shelby
William Music, Royal Oak C.C., Cincinnati
Jeffrey W. Musser, Hubbard G.C., Hubbard
M. J. Myers, Mills Creek G.C., Sandusky
Sherry Myers, Weymouth Valley C.C., Medina
W. Myers, Zollner G.C., Angola
Richard G. Naegel, California G.C., Cincinnati
Ron Naehring, Miami Whitewater, Harrison
Keita Nagai, Weymouth Valley C.C., Medina
Larry Nagy, Oberlin G.C., Oberlin
Charles Nail, Sharon C.C., Sharon
Sherwood Nassau, Orchard Hills G.&C.C., Chesterland
Larry Neal, Seneca G.C., Broadview Heights
Ray B. Neal, Jr., Maplecrest G.C., Kent
James H. Neff, Thorn Apple C.C., Galloway
Jerry Neff, WGC G.C., Xenia
Charles Negulici, Rolling Green, Massillon
Jerry Nehrenz, Pine Valley G.C., Wadsworth
Jeff Nelson, Tamer Win G.&C.C., Cortland
Keith E. Nelson, Gahanna Municipal G.C., Gahanna
Robert Nelson, Hudson C.C., Hudson
Bob Nemer, Silver Lake C.C., Cuyahoga Falls
Harry C. Nester, Chardon Lakes G.C., Chardon
M. J. "Jim" Netzly, Carolina Shores G.&C.C., N. Myrtle Beach
Jack Neufarth, Shawnee Lookout G.C., North Bend
Kay Neumann, Findlay C.C., Findlay
Luther Newsom, Napoleon G.C., Napoleon
C. W. "Pete" Nibling, Mogadore C.C., Mogadore
John Paul Nicolette, Valley G.C., Columbiana
Dan Niehaus, Pine Valley G.C., Wadsworth
Louis J. Nistico, Worthington Hills C.C., Worthington
Steven S. Nisworger, Indian Creek G.C., Jupiter
Tom Nixon, Valley View G.C., Crestline
Mark Noble, Oak Knolls G.C., Kent
William R. Noel, Indian Run E., Westerville
Robert D. Noonan, Orchard Ridge C.C., Ft. Wayne
Howard Nord, Tam O'Shanter G.C., W. Middlesex

1983 HOLES-IN-ONE

John Norris, Lost Nation C.C., Willoughby
Ed Novosel, D.O., Tippecanoe C.C., Canfield
Jack Noyes, Tanglewood, Pulushi
Richard G. Nuzum, Loyal Oak G.C., Norton
Carl Obenauf, Norwalk Elks C.C., Norwalk
Connie Oberlander, Greenville C.C., Greenville
Norman W. Oberle, Highland Meadows, Sylvania
John O'Brien, Sycamore Hills, Fremont
Patrick W. O'Brien, Jr., Sycamore Hills, Fremont
Louis M. Ocepek, Fox Den G.C., Stow
John E. O'Daniel, Boone County, Florence
Mark Oldfield, Shawnee Lookout G.C., Cleves
Cornelia Oltean, Briarwood, Broadview Heights
Steve O'Neil, Wildwood, Middletown
Matt O'Neill, Thornwood, Fremont
Warren Orr, Willow Run G.C., Alexandria
Lola Orwick, North Port C.C., North Port
Don Osentoski, Heather Downs South, Toledo
Clyde E. Ostberg, Marsh Point Kiawah Island, Charleston
Peter A. Ostman, Woodland, Cincinnati
C. J. Ousley, Willard C.C., Willard
Conway T. Owens, Tam O'Shanter G.C., W. Middlesex
Anne G. Oyster, Crestview C.C., Crestview
Terry Paczko, Hinckley Hills G.C., Hinckley
Charles Padgett, Neumann G.C., Cincinnati
Edward A. Palascak, Mohawk Trails, Edinburg
Phil Parhamovich, Shawnee Hills G.C., Bedford
Dr. Lester G. Parker, Plum Brook C.C., Sandusky
William J. Parsley, The Golden Horseshoe, Williamsburg
Doug Parsons, Whiskey Run G.&C.C., Quaker City
Antony V. Patrino, J. Edward Good Park, Akron
Robert D. Patt, Meadowlake C.C., Canton
Fred Patterson, Briarwood, Broadview Heights
Glen Paul, Mahoning C.C., Girard
Julius J. Pavlinsky, Pointe West G.C., New Port Richey
Michael Pawlicki, Inverness Club, Toledo
Gail Payette, Hidden Valley G.C., Cottage Grove
Orville D. Payne, Catawba Island Club, Port Clinton
Dr. Earle Peeling, Hall of Fame Inn, Tampa
Joseph C. Pekar, Asorhurst, Walton Hills
Richard H. Pennington, Cincinnati
Andy Pentes, Sleepy Hollow C.C., Alliance
Lee Pipion, Raisen River, Monroe
Richard Pereksta, Sunbury G.C., Galena
Ernest Perlmuter, Seapines Plantation G.C., Hilton head
Frank Perry, Vermilion C.C., Vermilion
Milo Perry, Mayfair C.C., Uniontown
John F. Pesta, Briarwood G.C., Brodview Heights
Ralph Petros, Clearview G.C., East Canton
Everett Petty, Windmill Lakes G.C., Ravenna
Homer Pfeil, Hickory Hills G.C., Grove City
Charles E. Philabaun, Jr., Ironton C.C., Ironton
W. Eugene Phillians, Whetstone C.C., Caledonia
Mr. Eugene Phillips, Kettenring C.C., Defiance
Basil Picone, Astorhurst C.C., Walton Hills
Raymond M. Piekos, Riverby Hills, Bowling Green
Tony Pierce, Green Hills G.C., Kent
Charles Piercefield, Napoleon C.C., Napoleon
Harry Pingstock, Foxburg Golf Hall of Fame, Foxburg
Ray Pinkerton, Hyde-A-Way G.C., Beloit
Jean Pinney, Belwood C.C., Morrow
Roberta J. Pioli, Oxbow G.&C.C., Belpre
Anne Fetsko Pipoly, Hubbard G.C., Hubbard

William Pipoly, Mahoning C.C., Gerard
Mario Pisano, Sharon G.C., Sharon Center
William V. Pitts, Seneca, Broadview Heights
Joseph N. Piunno, Manakiki, Willoughby
Stanley Pogacnik, Tam O'Shanter G.C., West Middlesex
Irv Pohl, Lake Forest C.C., Hudson
Raymond L. Pollock, Reid Memorial North, Springfield
Ron Pollock, The Country Club, Pepper Pike
Eric M. Pomering, Camelback G.C., Scottsdale
Jim Poorman, Riverside G.C., Olmsted Falls
Stephen L. Pop, Pleasant Hill G.C., Chardon
Gayle Porter, Fairlawn G.C., Akron
Jack Porter, Turkeyfoot Lake Golf Links Inc., Akron
Robert C. Porter III, Cincinnati C.C., Cincinnati
Jeff Porterfield, Sciota C.C., Columbus
Craig W. Potter, Shady Acres G.C., McComb
Doris Powers, Salem G.C., Salem
Luther Pratt, Wildwood G.C., Middletown
Don Preising, Ridgewood G.C., Parma
Arthur J. Prendergast, Jr., Raymond Memorial, Columbus
Vincent P. Prosnik, Little Turtle C.C., Westerville
Dean Prowse, Shawnee Lookout G.C., Cleves
Kaz Prozy, Spring Lakes G.C., Lake Milton
Michael Puckett, Shelby Oaks G.C., Sidney
Jerry E. Pullins, Spring Hills G.C., East Springfield
Woody Pumphrey, Homestead G.C., Tipp City
Paul M. Purdy, Bowling Green C.C., Bowling Green
Robert W. Purdy, Jr., Thunderbird Hills, Huron
Harry E. Puthoff, Hueston Woods, Oxford
Robert L. Pyle, Columbia Hills C.C., Columbia Station
Richard F. Radel, Napoleon City Course, Napoleon
Howard Rainier, Blackhawk G.C., Galena
Glenn Raitz, Brandywine C.C., Maumee
John S. Rambacher, Chippewa, Doylestown
Ray Ramsey, Minerva Lake G.C., Columbus
Bill Randall, Yorba Linda C.C., Yorba Linda
Randy Randolph, Thornwood G.C., Fremont
Ray Ranft, DSCS G.C., Columbus
Peggy Ratcliff, Pine Hill, Carroll
Bill Rautsaw, Hueston Woods G.C., Oxford
Joe Reagan, Millcreek G.C., Youngstown
Grace Reardon, Bel-Wood C.C., Morrow
Mel Rebholz, Blackhawk G.C., Galena
Mark Peter Redding, Dayton C.C., Dayton
Tony Reddish, Hinckley Hills G.C., Hinckley
Thomas C. Reef, Sea Island Retreat G.C., St. Simons Island
Russ Reichardt, Marion C.C., Marion
James E. Reimueller, Minerva Lake G.C., Columbus
Allen P. Reinhardt, Bayshore C.C., Miami Beach
Pete Reist, Pleasant Run G.C., Fairfield
Steven L. Reist, Pleasant Run G.C., Fairfield
Ken Rejent, Hueston Woods State Park, Oxford
Kay Rembold, Western Hills C.C., Cincinnati
Bill Renninger, Clinton Heights, Tiffin
William J. Reno, Hickory Grove G.C., Jefferson
Jim V. Reynolds, Lake James C.C., Angola
Tom Rhamy, Riceland G.C., Orville
Don Rhoads, York Temple C.C., Worthington
Bill Rhodes, Oaks C.C., Tulsa
Carl Rice, Seneca Hills, Tiffin
Phillip A. Rice, Sabal Palm, Tamarac

1983 HOLES-IN-ONE

Arthur E. Richards, Oberlin G.C., Oberlin
Lee Richards, Troy C.C., Troy
Dale Richardson, Brookside G.C., Ashland
Julius L. Richardson, Granville G.C., Granville
Steve Richardson (Chico), Blue Ash G.C., Cincinnati
Harold M. Richter, The Country Club, Pepper Pike
Kevin Rickenbacher, Memorial Park G.C., Kenton
Max Ridenour, Holly Hills G.C., Waynesville
Gregory L. Ridler, Youngstown C.C., Youngstown
Richard Riebau, Orchard Hills C.C., Chesterland
Pete Riesenberg, Madden G.C., Dayton
James G. Riley, Clinton Heights G.C., Tiffin
Dennis M. Rilley, Barberton Brookside C.C., Barberton
Guy D. Rine, Riverview C.C., Powell
John F. Robbins, Shawnee State Park, Friendship
Clifford W. Roberts, Kitty Hawk Course, Dayton
Ed Roberts, Municipal G.C., Napoleon
F. L. Roberts, D.D.S., Moundbuilders C.C., Newark
Ron Roberts, Black Hawk, Galena
Tom Roberts, Pond-A-River G.C., Woodburn
W. G. Roberts, Oberlin G.C., Oberlin
Carl L. Robinson, Shady Acres, McComb
Marcia Robinson, Norwalk Elks C.C., Norwalk
Richard Robinson, Palmetto Pines, Parrish
Rob Robinson, Hinckley Hills G.C., Hinckley
Herb Rock, Hiawatha G.C., Mt. Vernon
Larry Rodek, Edgewood, N. Canton
Jerry Rodgers, Tam-O-Shanter G.C., West Middlesex
Dave Rogers, Mohican Hills G.C., Jeromesville
Eugene H. Rogers, Hillcrest G.C., Findlay
J. Walt Rogers, Pine Valley G.C., Wadsworth
Robert Rodgers, Rawiga C.C., Seville
Thomas W. Roe, Blacklick Woods Metro G.C., Reynoldsburg
Mike Roecker, Quail Hollow C.C., Painesville
Steve Roeder, Raymond Memorial, Columbus
Homer Roelle, Valley View G.C., Crestline
Herman Rogory, Rosemont C.C., Akron
James W. Rohrer, Wildwood C.C., Fairfield
Jack E. Romain, Sleepy Hollow, Brecksville
Reno Ronci, Mahoning C.C., Girard
Sandy Ronningen, Wildwood C.C., Fairfield
Jim Rooney, Metro Parks Big Met, Fairview Park
Sharon A. Roots, Weatherwax G.C., Middletown
Sam Rosenberg, Glengarry C.C., Holland
Norman S. Rosichan, Grizzly-Jack Nicklaus Sports, Kings Island
K. J. Ross, Brandywine C.C., Mamee
Lou Ross, Spuyten Duyval G.C., Sylvania
Greg Roth, Eaton C.C., Eaton
Ronald G. Roth, Minerva Lake G.C., Columbus
Bea Rothel, Westbrook C.C., Mansfield
Robert G. Rowe, Mogadore C.C., Mogadore
G. Russell Roy, Hinckley Hills G.C., Hinckley
Sherwin Ruben, Wright-Patterson G.C., Dayton
Kevin L. Rudolph, Sportsmans G.C., Harrisburg
Randall Ruggaard, Lander Haven G.C., Mayfield Heights
Lucille Runion, Shady Hollow C.C., Massillon
Steve Runyon, Ohio State Univ. Gray Course, Columbus
Russell E. Ruppright, Shady Grove G.C., Findlay
Gary Rusnak, Quail Hollow Inn & G.C., Painesville
Jack Rusnov, Briarwood G.C. Inc., Broadview Heights
Robert T. Russell, Acacia C.C., Lyndhurst

Bill Sacher, National Cash Register C.C., Dayton
Lyle Saenger, Chippewa G.C., Doylestown
J. E. Sanders, Turkeyfoot Lake Golf Links, Akron
Louis Sanicky, Boston Hills C.C., Hudson
Glen "Jack" Sanford, Tam-O-Shanter G.C., Canton
Leroy Sanor, Salem G.C., Salem
Sam Santisi, Oak Tree C.C., West Middlesex
John Sapola, Briarwood G.C., Broadview Heights
John Sardella, Shipyard G.C., Hilton Head Island
Sally Sayle, East Liverpool C.C., E. Liverpool
Ott Scarponi, Fairlawn C.C., Akron
Jim Scelza, Boston Hills C.C., Boston Heights
Fred H. Schade, Chippewa G.C., Curtice
George A. Schaefer III, Hillview G.C., Cincinnati
Cissie Schechter, Tournament Players Club, Ponte Vedra
Joe Scherrbaum, Pleasant Valley C.C., Medina
Bob Scherrer, Twin Run G.C., Hamilton
Bonnie Schickner, Wyoming G.C., Wyoming
Timothy M. Schiff, Black Hawk, Galena
Dr. Frederick Schmidt, Bob-O-Link, No. Canton
Karl H. Schmidt, Fairlawn C.C., Akron
Michael J. Schmidt, Eaton C.C., Eaton
Richard W. Schmidt, Royal Oak C.C., Cincinnati
Kenn Schmies, Flying "B" G.C., Salem
Robert M. Schragel, Countryside C.C., Lowellville
Emma Schreiber, Turkeyfoot Lake Golf Links, Akron
Bill Schrempp, Crest Hills C.C., Cincinnati
Paul M. Schroder, Bunker Hill G.C., Medina
Jan R. Schueren, Cascades, Jackson
Troy Schuler, Reid Park G.C., Springfield
Jack Schweinsberg, Hickory Hills G.C., Hicksville
John T. Scipio, The Country Club, Dublin
Oscar F. Scipione, Tam O Shanter, Canton
Paul Sciulli, Minerva Lake G.C., Columbus
Michael Scoby, Crescent C.C., Crescent
Dom Scordo, O'Bannon Creek G.C., Loveland
Gerald Scott, Shady Hollow C.C., Massillon
Lawrence G. Scott, O'Bannon Creek G.C., Loveland
Willis Scott, Maplecrest G.C., Kent
Neva Scranton, Ridge Top G.C., Medina
Bill Scrivo, Spring Valley G.C., Elyria
Rex C. Seanor, Loyal Oak, Barberton
Ed Sedivy, Oak Hills C.C., Lorain
Fred Segal, Loyal Oak G.C., Barberton
Charlyne Segmiller, Brookside G.&C.C., Worthington
Constance J. Seibert, Lake View Hartville, Hartville
Charles L. Seith, Mayfair C.C., Uniontown
Steve Sellinger, Oakwood Club, Cleveland
Elmer F. Sensel, Dayton Kitty Hawk, Dayton
Bernard J. Sexauer, Highland Meadows, Sylvania
Douglas Shafer, Powderhorn, Madison
Doug Shaffer, Community G.C., Dayton
Wilson R. Shaffer, Paradise Lake C.C., Mogadore
Ewart E. Shartzer, Paradise Lake C.C., Mogadore
Marg Shellenbarger, Hillcrest G.C., Johnstown
Jack Sheofsky, Brandywine C.C., Maumee
Hal Sheppherd, Broadmoor G.C., Colorado Springs
Paul Sherer, Indian Run West G.C., Westerville
Jay Shiles, Astorhurst C.C., Walton Hills
Rick Shilling, Ridgetop G.C., Medina
Dwight E. Shingledecker, Indian Run West, Westerville
Robert P. Shirey, Barberton Brookside C.C., Barberton
Lloyd R. Shockey, Riceland G.C., Orrville

1983 HOLES-IN-ONE

Robert M. Shoenfelt, Congress Lake Club, Hartville
Robert T. Short, Spring Valley C.C., Elyria
Don Shroyer, Miami Valley G.C., Dayton
Richard Shuff, Clinton Heights, Tiffin
William R. Shull, Pleasant View, Louisville
Jim Sicilian, Bolton Field, Galloway
William Siders, Fairacres G.C., Milford
Bernie Siegel, Avon Fields, Cincinnati
Clifford P. Siehl, Catawba Island Club, Port Clinton
Anthony Siclak, Boston Hills C.C., Hudson
Judd Silverman, Glencarry C.C., Holland
Pat Simko, Blackbrook C.C., Mentor
Robert B. Simmons, Valley View, Akron
Margaret A. Simon, Cane Patch, South Carolina
Mary Lou Simonelli, Grandview C.C., Middlefield
Mike Sinay, Elms C.C., Massillon
Al Singer, Arrowhead C.C., N. Canton
Elmer W. Sink, Suburban Golf, Bryan
Alyce Sisler, Marion C.C., Marion
Lawrence F. Sixt, E. Liverpool C.C., E. Liverpool
Marty Sizemore, Penn Terra, Lewisburg
Richard J. Skizenta, North Olmsted G.C., No. Olmsted
Dick Skubak, Tanglewood G.C., Delaware
Thomas J. Sleyel, Crest Hills C.C., Amberl Village
Don Slicker, Rolling Green G.C., Massillon
Cledis Slone, Woody Ridge G.C., Shelby
Richard E. Slusser, Fairlawn C.C., Akron
Ned J. Smalley, Tanglewood, Perrysburg
Scott Smart, Foxfire G.C., Sarasota
James D. Smead, Madison C.C., Madison
Braxton Smith, Western Row G.C., Mason
Charlie Smith, Hinckley Hills Golf, Hinckley
Dave Smith, Whiteford Valley G.C., Ottawa Lake
David A. Smith, Highland Meadows, Sylvania
Douglas Smith, Avon Fields, Cincinnati
Earl L. Smith, Midway G.C., Amherst
Foster C. Smith, Valley View, Akron
Gregory V. Smith, Gallipolis G.C., Gallipolis
Herb Smith, Shady Hollow C.C., Massillon
Hooker Smith, Rancho Las Palmas C.C., Rancho Mirage
Jack Owen Smith, Highlands G.C., Pataskala
Marilyn Smith, Sugar Valley C.C., Bellbrook
Marvin Smith, Bear Creek, Houston
Merle Smith, Spring Valley C.C., Elyria
Richard B. Smith, Kenwood C.C., Cincinnati
Robert L. Smith, Adams County C.C., West Union
Stephen A. Smith, Sleepy Hollow, Brecksville
James Smithey, Wapakoneta C.C., Wapakoneta
Nelson Snellengberger, Riverbend G.C., Ft. Wayne
Dennis E. Snider, Kittyhawk G.C., Dayton
Jack E. Snyder, Hickory Hills, Grove City
Jean Snyder, Oberlin G.C., Oberlin
Jeff Snyder, Hickory Grove C.C., Harpster
Robert Snyder, Chillicothe C.C., Chillicothe
Marvin Snyder, Hinckley Hills G.C., Hinckley
Michael Soehner, Community, Dayton
Louis F. Soldatis, The Elms C.C., Massillon
Michael Louis Sokol, Seven Hills C.C., Hartville
Charles M. Sommers, D.D.S., Thunderbird Hills, Huron
Cal Songer, Lone Pine G.C., Washington
Robert E. Sooy, Sugar Valley G.C., Beubrook
Jerry W. Sopher, Indian Run G.C., Westerville
Wanda Y. Sorensen, Worthington G.C., Parkersburg

Tom Sowecke, Thunderbird Hills, Huron
Ken Spangler, Pleasant Hill G.C., Chardon
Stewart Spangler, Edinboro Golf Resort, Edinboro
Jess Spears, Woodland G.C., Cable
Stephanie Spears, Scioto C.C., Columbus
Morris F. Spees, Pebblebrook G.&C.C., Noblesville
Robert E. Spence, Jr., Babe Zaharias G.C., City of Industry
Dan Spikowski, Tanglewood C.C., Chagrin Falls
Emmett V. Spitler, Bowling Green C.C., Bowling Green
Ken Sponaugle, Hidden Valley G.C., Delaware
Jerry Springer, Blackhawk G.C., Galena
Louise Stack, Turkeyfoot Lake Golf Links, Akron
Robert E. Stack, Woodland, Cable
Mike Stahl, Hidden Hills G.C., Woodville
Gary D. Stanley, Sr., Westville Lake C.C., Beloit
David Stakich, Lakeview Resort, Morgantown
Andrew F. Starinsky, Wright-Patterson G.C., Wright-Patterson A.F.B.
Helen M. Stein, Lakeside, Lake Milton
Dan Steinberg, Glengarry C.C., Holland
Mark Stephens, Arrowhead C.C., North Canton
Jon Stephenson, Brookwood G.C., Ft. Wayne
Patricia Stephenson, Belwood C.C., Morrow
Nathan Stern, Williams C.C., Weirton
Bob Sternagle, Flying "B" G.C., Salem
Richard R. Steve, Loudon Meadows G.C., Fostoria
James D. Stevens, Fox Den Fairways, Stow
Kay Stewart, Turkeyfoot Lake Golf Links, Akron
Matt Stewart, Kitty Hawk, Dayton
Don Stillo, Valley View G.C., Akron
Warren Stilwell, Congress Lake Club, Hartville
Bryan K. Stockdale, Sweetbriar, Avon Lake
Robert H. Stolz, Willapa Harbor G.C., Raymond
Ed Stone, Flying "B" G.C., Salem
Michael Stoyak, Brookside G.&C.C., Worthington
Bob Strachan, Hubbard G.C., Hubbard
Dan Strasser, Brookside G.&C.C., Worthington
Dick Strecker, Silver Lake C.C., Cuyahoga Falls
Ron Strobel, Fairfield Mountains, Lake Lure
Charles Stuart, Turkeyfoot Lake Golf Links, Akron
Ned Stuckman, Valley View G.C., Crestline
David Stucky, Locust Hills G.C., Springfield
Sandy Stuhldreher, Congress Lake Club, Hartville
Doug Stults, Napoleon City, Napoleon
Herman Stupica, Walden G.&T.C., Aurora
Ted M. Sucheckl, Miami Shores G.C., Troy
Robert Sucher, Tanglewood C.C., Chagrin Falls
Joe Sugar, Jr., Scioto C.C., Columbus
Kate Sullivan, North Olmsted G.C., North Olmsted
David Swaney, Community G.C., Dayton
Otto M. Swanner, Elks C.C., Hamilton
Stephen Suttman, Lander Haven C.C., Mayfield Heights
Russ Sweeney, Leland C.C., Leland
Richard A. Sweet, C.C. of Staunton, Staunton
Marvin R. Swentkofske, Maxwelton Braes, Baileys Harbor
Frank E. Swinehart, Beckett Ridge C.C., West Chester
Daniel F. Sydlowski, Sylvania C.C., Sylvania
Andy Szegedi, Sputten Duyval G.C., Sylvania
Bill Szwast, J. E. Good Park G.C., Akron
Jerry Szwedko, PGA National G.C., Palm Beach Gardens
Lenny Szychowski, Chippewa G.C., Curtice
Dean W. Talbot, Continental C.C., Wildwood

551

1983 HOLES-IN-ONE

Edward R. Talin, St. Bernard G.C., Richfield
Terry Taroll, Mill Creek G.C., Youngstown
C. L. "Skip" Tate, Findlay C.C., Findlay
Skip Tate, The Findlay C.C., Findlay
David O. Tatham, Canterbury G.C., Shaker Heights
Arthur Taylor, Madden, Dayton
Brandon B. Taylor, California G.C., Cincinnati
Floyd E. Taylor, Sharon Woods Golf, Cincinnati
Janet Taylor, Highland Meadows G.C., Sylvania
Bruce A. Tedesco, Pleasant Run Golf Center, Fairfield
Harlen Temple, Whiskey Run G.&C.C., Quaker City
Ivan Thacker, Shaker Run G.C., Lebanon
Leroy H. Tharp, Bob-O-Link G.C., No. Canton
Bruce Theobald, Fostoria C.C., Fostoria
Helen Theodore, Green Ridge, Wickliffe
John Thier, Sherwood Park G.C., Delray Beach
Don A. Thogmartin, Shelby Oaks G.C., Sidney
Charles E. Thomas, Pine Hills, Carroll
Dick Thomas, Cherry Ridge G.C., Elyria
Dr. Robert L. Thomas, Pleasant Run G.C., Fairfield
Jerry Thomason, Northwood G.C., Warren
George Thompson, Oak Harbor G.C., Oak Harbor
Gregory Thompson, River Bend G.C., Miamisburg
Merlin H. Thompson, Community G.C., Dayton
Thomas W. Thompson, Harbor Town Golf Links, Hilton Head Island
W. Hayden Thompson, Bay Hill Club, Orlando
William Thompson, Miamisburg Mound, Miamisburg
Bart L. Thornton, Jr., Little Scioto, Wheelersburg
Bruce Thorsberg, Latke G.C., Big Rapids
Jack Tilley, Franklin Valley, Jackson
Edward Timberlake, Reeves G.C., Cincinnati
Arthur M. Timperio, Pleasant Hill G.C., Chardon
James Tiffany, Licking Springs Trout Club, Newark
Dave Tingsley, The C.C. at Muirfield Village, Dublin
John Tipping, Napoleon Municipal G.C., Napoleon
Jerry A. Tischer, Westbrook C.C., Mansfield
Frank T. Titus, Avalon Lakes, Warren
Byron H. To, Pine Valley G.C., Wadsworth
Joe Tochtermann, Glengarry C.C., Holland
Cathy D. Todd, Mogadore C.C., Mogadore
Ralph R. Todino, Moundsville C.C., Moundsville
Terry Tomko, Leewin G.C., Salem
Sanford Topolosky, Winding Hollow C.C., Columbus
Thomas N. Townsley, Woodland G.C., Cable
Tom Trammel, Shady Hollow G.C., Inc., Romulus
Mike Trbovich, Belle View G.C., Steubenville
Frank S. Treco, Jr., Kirtland C.C., Willoughby
William Robert Trent, Cortez Municipal G.C., Cortez
Tony Triola, Sugar Valley C.C., Bellbrook
Gene Tropf, Tamer Win G.&C.C., Cortland
Bob Troyer, Rolling Green G.C., Huntsburg
Wilbur Truman, Locust Hills G.C., Springfield
Nick Tucci, Highland Park, Warrensville
Lee Tucker, Whiteford Valley C.C., Ottawa Lake
Terry M. Tucker, Hedge-Wood, Westlake
Eugene Turner, Wildwood G.C., Middletown
Frank Tuscano, Sr., Mill Creek G.C., Youngstown
Dorsey Tyndall, Midway G.C., Elyria
Timothy S. Uhlik, Lander Haven C.C., Mayfield Heights
Richard A. Ulrich, Barberton Brookside C.C., Barberton
Gary Urie, Forrest Creason G.C., Bowling Green
Rick Utt, The Estate Club, Lancaster

John Vaffis, Fremont C.C., Fremont
Jesse Vallera, Hawthorne Valley G.C., Midland
Jim Van Deventer, Sycamore Valley G.C., Akron
James M. Van Fleet, Bolton Field G.C., Galloway
Wm. Van Horn, Zanesville C.C., Zanesville
Laura Van Pelt, Ironwood G.C., Wauseon
Ann Van Scyoc, Marion C.C., Marion
Wilson Van Voorhis, River Greens G.C., West Lafayette
W. A. Van Zandt, Wildwood C.C., Fairfield
Eliazar M. Vasquez, Snyder Park G.C., Springfield
Sam H. Vaughn, Moss Creek G.C., Hilton Head
Donald L. Vay, Boston Hills G.C., Boston Heights
Carmen Vecchione, Rolling Hills G.C., New Bedford
Larry E. Veigel, Fairlawn C.C., Akron
Edwin Veith, Mt. Vernon C.C., Mt. Vernon
Albert Veracky, Pleasant Valley, Medina
Joe Veres, Brandywine C.C., Maumee
Rich Vermilya, Briar Hill C.C., N. Baltimore
William E. Veverka, Avalon G.C., Warren
Peter Vikigan, J. E. Good Park G.C., Akron
Michael Vieira, Miami Valley C.C., Dayton
Steve Vingle, Tamer Win G.&C.C., Cortland
William Violet, Inverness Club, Toledo
Katie Vizzuso, Sleepy Hollow C.C., Alliance
Jess T. Vogley, Elms C.C., Massillon
Michael Vujas, Mayfair East, Uniontown
Pat Vuotto, Western Row G.C., Mason
William M. Wade, Woodland G.C., Cable
Steve Wagenfeld, Meadowbrook C.C., Clayton
Richard S. Wagner, Fairfield Mountains C.C., Lake Lure
John Walker, Jr., Sea Scape, Kitty Hawk
Larry O. Walker, Mayfair C.C., Uniontown
Todd Walker, Willow Creek G.C., Vermilion
Roger L. Wallace, Chagrin Valley C.C., Chagrin Falls
Wade Wallace, Marco Island C.C., Marco Island
Douglas Waltemathe, Kitty Hawk, Dayton
Walt Walters, Ironwood G.C., Hinckley
Jeff Walz, Valley View G.C., Lancaster
Mary Jane Ward, Troy C.C., Troy
Mary Anne Wargo, Portage C.C., Akron
Andy Warhola, Oak Hills C.C., Lorain
David Warner, Hilliard Lakes C.C., Westlake
Dwaine E. Warstler, Broodside C.C., Canton
Yvonne L. Washer, Shelby Oaks, Sidney
H. Russ Waters, Mayfair West, Akron
Nettie Watson, Brandywine C.C., Maumee
Willard R. Watson, Oglebay Park Crispen Center, Wheeling
Lee M. Waynick, Weatherwax G.C., Middletown
Barry R. Wear, Riverview, Powell
Ken A. Wears, Scioto, Columbus
James R. Weaver, Raccoon Valley G.C., Granville
Leonard Webb, Sr., Kings Mill, Waldo
Margo L. Webb, North Course, Hardy
James C. Weekley, Moundbuilders C.C., Newark
Robert E. Weist, The Grizzly, Kings Island
William W. Weldon, Pickaway C.C., Circleville
Pearl Welker, Bonita Springs G.&C.C., Bonita Springs
Roy Wells, Mayfair C.C., Uniontown
Bill Weltlin, Trumbull C.C., Warren
Jeff Wenrick, Locust Hills G.C., Springfield
Frank West, Turkeyfoot Lake Golf Links, Akron
David B. Westover, Moose C.C., Sidney

1983 HOLES-IN-ONE

Gil Whalen, Windyke C.C. East Course, Germantown
Sam Whalen, Clovernook C.C., Cincinnati
Gary Wharton, Minerva Lake G.C., Columbus
Charley Wheeler, Norwalk Elks C.C., Norwalk
Dr. Richard Whelan, Westwood C.C., Rocky River
Robert L. Whitacre, D.D.S., Boyne Mountain G.C., Boyne Falls
Bill White, Hilliard Lakes C.C., Westlake
Moss White, Athens C.C., Athens
Larry L. Whitlach, Zoar Village G.C., Dover
Louise Wichert, Fairlawn C.C., Akron
Darrell Wicklein, Lyons Den Golf, Canal Fulton
Ronald Wiggins, O'Bannon Creek G.C., Loveland
JOhn Wilcheck, Jr., Riviera C.C., Dublin
John Wilcox, Sycamore Springs G.C., Arlingon
Ray Wilcox, Shelby Oaks G.C., Sidney
John Wildman, Woody Ridge G.C., Shelby
Livingston (Bill) Williams, Boston Hills G.C., Hudson
Lance Williamson, Beechland, Burlington
Edna K. Wilkin, Fairfield Mountains, Lake Lure
Tim Wilkins, Jaycee Public G.C., Zanesville
Cecil Willeke, Memorial Park G.C., Kenton
Eddie Joe Williams, Echo Hills Municipal G.C., Piqua
Charles L. Willis, Weatherwax G.C., Middletown
Dave Wills, Woody Ridge G.C., Plymouth
Paul Wilms, Kitty Hawk, Dayton
Albert Wilson, Clovernook C.C., Cincinnati
Don Wilson, Riverside G.C., Mason
Jim Wiltsie, Jr., Delphos C.C., Delphos
Doris Ann Windisch, Oak Harbor Club, Oak Harbor
Peter Winegarden, Glengarry C.C., Holland
Robert Winer, Fairlawn C.C., Akron
Leo Winterich, Deerwood Club, Jacksonville
Carol Wintzinger, Western Hills C.C., Cincinnati
Jamie L. Wise, National Cash Register, Kettering
Barbara Wolf, River Greens G.C., Avon Park
Jane Wolf, Oakwood G.C., Cleveland
Larry T. Wolf, Highland G.C., E. Liverpool
Thomas R. Wolf, Forrest Creason G.C., Bowling Green
Dow Wolfe, Mogadore C.C., Mogadore
John Wolfe, Chippewa G.C., Curtice
Peter W. Wolfe, Miami View, Miami Town
Ralph Wolfe, Miami Valley G.C., Dayton
Sam Wolk, Dogwood G.C., Diamond
Joseph T. Wolner, Elks (BPOE N. 93) C.C., Hamilton
Doyle Wood, Pike Run G.C., Ottawa
Robert H. Wood, Pleasant View G.C., Paris
Trois Wood, Colonial Hills G.C., Harrod
Steve Woodyard, Norwalk Elks C.C., Norwalk
Glenn E. Workman, Worhtington Hills C.C., Worthington
John L. Worrell, East Bay C.C., Largo
Charlews E. Wright, Turkeyfoot Lake Golf Links, Akron
Henry E. Wuichner, River Bend G.C., N. Ft. Myers
Harry A. Wyatt, Mayfair C.C., Uniontown
Larry Wyszynski, Midway G.C., Elyria
Ken Yahn, NCR C.C., Kettering
Robert Yakovich, Jr., St. Dennis G.C., Chardon
Gene Yannucci, Tamer Win G.&C.C., Cortland
Don Yantis, Blackhawk G.C., Galena
Sam Yates, Sleepy Hollow C.C., Alliance
Steve Yazvac, Hubbard G.C., Hubbard
David C. Yeager, Valley View G.C., Akron

Eric Young, J. E. Good Park G.C., Akron
Herbert P. Young, Tanglewood G.C., Delaware
Richard W. Young, J. E. Good Park G.C., Akron
Rodney A. Young, Mt. Vernon C.C., Mt. Vernon
Steve Young, Riverside G.C., Olsted Falls
Tim Young, Briar Hill C.C., North Baltimore
Tom F. Young, Lincoln Hills G.C., Upper Sandusky
William I. Young, Ridgewood Municipal G.C., Parma
David Yurkovich, Hidden Hills, Woodville
Miguel V. Zaragoza, Ridgewood G.C., Parina
Darlan Zarley, Westfield C.C., Westfield Center
Andy Zavodo, Tam-O-Shanter, Canton
Bob Zehentbauer, Twin Springs, Lisbon
Raymond J. Zepp, Beckett Ridge C.C., West Chester
Ed Zerkle, Twin Base, Wright-Patterson A.F.B.
Pat Zeigler, Wigwam West Course, Litchfield Park
W. S. Zeigler, Portage C.C., Akron
Louie Zeitler, Fairlawn C.C., Akron
Tony Zaemaitis, TRW G.C., Chesterland
Ed Zill, Skyland Pines, Canton
W. Craig Zimpher, Ohio State Scarlet Course, Columbus
Joseph C. Zorb, Sharon Woods, Cincinnati
Chriss Zuba, Deertrack G.&C.C., Myrtle Beach

OKLAHOMA

Ernest L. Abraham, John Conrad Regional Park, Midwest City
Robert B. Adair, Cherokee Grove G.C., Grove
Nick Ailey, Pryor G.C., Pryor
Obie Alexander, Twin Hills G.&C.C., Oklahoma City
Jack Allen, Tulsa C.C., Tulsa
Ella Allmand, Bristow G.&C.C., Bristow
Cary Alosta, Lincoln Park G.C., Oklahoma City
Jay Anderson, Walnut Grove G.C., Albany
Philip Angieri, Mohawk G.C., Tulsa
Pete Annex, Mohawk Woodbine, Tulsa
John Arend, Southern Hills C.C., Tulsa
Jim P. Artman, Univ. of Oklahoma, Norman
Sam H. Asbury, J., Hefner North G.C., Oklahoma City
F. A. Ashbury, Indian Springs C.C., Broken Arrow
Mickey Ashton, Twin Hills G.&C.C., Oklahoma City
Dan Barker, Oak Tree G.C., Edmond
Gwynn Bakkensen, Atoka G.C., Atoka
Danny Bales, Lake Hefner South, Oklahoma City
Steve Ballard, Sunset C.C., Bartlesville
Russ Barker, Golden Green G.C., Ardmore
Bill Barnhart, Cedar Valley, Guthrie
Mack Bartlett, Oakwood C.C., Enid
Bill Bass, Oaks C.C., Tulsa
Enloe Baumert, Walden On Lake Conroe, Montgomery
Kenneth Beals, Kicking Bird G.C., Edmond
Glenn Benton, Oak Tree C.C., Edmond
Rodger Berg, Western Hills, Hulbert
Bill Bergner, Oak Tree C.C., Edmond
Eugene Edward Bible, Sapulpa Municipal G.C., Sapulpa
Timothy Jack Bible, Sapulda Municipal G.C., Sapulda
Buck Bickford, Twin Hills G.&C.C., Oklahoma City
Jan Biere, Lake Hefner G.C., Oklahoma City
Jimmy Lee Blundell, Westwood Park, Norman
Burl Bollinger, Trosper Park, Oklahoma City
Charlie Boone, Heritage Hill G.C., Claremore
Randy Bos, Kicking Bird G.C., Edmond

553

1983 HOLES-IN-ONE

Bill Bowman, LaFortune Park, Tulsa
Marvin L. Bracksieck, Bristow G.&C.C., Bristow
Jim Brakebill, Walnut Creek, Oklahoma City
Thomas R. Brett, Southern Hills C.C., Tulsa
Jerry Alan Brewster, Pryor Municipal G.C., Pryor
Stephen J. Brodnan, Lincoln Park G.C., Oklahoma City
Charlie Bronaugh, Muskogee C.C., Muskogee
Vernon E. Brown, Lincoln Park-West, Oklahoma City
Charlie Bryant, Adams Municipal G.C., Bartlesville
Pat Buchanan, Lake Hefner G.C., Oklahoma City
Donnie Burns, Walnut Creek, Oklahoma City
Chuck Bussey, Lakeside G.C., Stillwater
Tony Butcher, Sycamore Springs G.C., Indianapolis
Larry Butner, Indian Springs G.C., Broken Arrow
James E. Cain, Waurika G.C., Waurika
Bob R. Callahan, Walnut Creek C.C., Oklahoma City
Larry Joe Callison, Bermuda Hills G.C., Warner
Alan R. Camp, Fairview C.C., Fairview
Chris Campbell, Ft. Still G.C., Ft. Still
Lyman Cannon, Hefner-North, Oklahoma City
Ann Carlson, Ponca City C.C., Ponca City
Kit Carson, Lake Hefner G.C., Oklahoma City
Jimmy Carter, Cedar Ridge C.C., Tulsa
Ken Cashion, Cedar Valley, Guthrie
Gordon Cates, Westwood Park G.C., Norman
Lee Ann Cavener, Lew Wentz G.C., Ponca City
Dan Chambers, Cedar Valley, Guthrie
Dan R. Cheatham, Oak Tree G.C., Edmond
Jim Chew, The G.C. of Oklahoma, Broken Arrow
Clyde M. Chrisman, Southern Hills, Tulsa
Richard A. Clark, Lake Hefner G.C., Oklahoma City
Jacob S. Clemmens, Cherokee Grove, Grove
B. E. Clothier, Sapulpa Municipal G.C., Sapulpa
Michael Cluen, Lincoln Park G.C., Oklahoma City
John Cluts, Indian Springs C.C., Broken Arrow
Dr. George Coe, Cedar Ridge C.C., Tulsa
Carter Coggburn, Rock Creek G.C., Hugo
John Coker, Perry G.&C.C., Perry
Delbert J. Cooper, Adams G.C., Bartlesville
Glenn V. Cooper, Sunset C.C., Bartlesville
Bob Corbett, LaFortune, Tulsa
Fran Corley, Lawton C.C., Lawton
David Cotter, Cedar Valley G.C., Guthrie
Gene Cotton, Hefner South, Oklahoma City
Chris Cranshaw, Mohawk G.C., Tulsa
Dick Crook, Sunset Hills Municipal G.C., Guymon
Harold Crosley, Kickingbird G.C., Edmond
Larry Crummett, Oaks C.C., Tulsa
Bob Culwell, Wentz Memorial, Ponca City
Bob Cunningham, Earlywine, Oklahoma City
Frances Curfman, Quail Valley G.&C.C., Missouri City
Jack Curran, Lake Hefner-South, Oklahoma City
Larry W. Curtis, Oklahoma City G.&C.C., Oklahoma City
Brint W. Cutchall, Cedar Valley, Guthrie
Chris Davidson, Cherokee Grove G.C., Grove
Johnny Davis, Twin Hills G.&C.C., Oklahoma City
Joshua Davis, Earlywine, Oklahoma City
John Dedeaux, Cedar Valley G.C., Guthrie
Angel Dickson, Lake Murray G.C., Ardmore
Bill Dillion, Meadowlake G.C., Enid
Jimmy Dobbs, Shangri-La, Afton
Grover Donly, Cedar Valley G.C., Guthrie
Leon Dooley, Adams Municipal G.C., Bartlesville

Hassen Dow, Rock Creek G.C., Hugo
Robert Drum, Norman G.C., Norman
Jack Duncan, Westbury G.&C.C., Yukon
C. C. "Bus" Dugger, Clinton G.C., Clinton
Gerry Dunbar, Indian Springs C.C., Broken Arrow
Ernie Dunning, Indian Springs C.C., Broken Arrow
Bill Durrett, Royal Kaanapali, Maui
W. M. Dysart, Sr., Wild Horse G.C., Velma
Tommy Dyson, Twin Oaks, Duncan
Aubrey W. Edwards, Arrowhead Park G.C., Canadian
Dick Elliott, Hillcrest C.C., Bartlesville
Don J. Engel, La Quinta Quail Valley, Missouri City
John Engleberth, El Reno G.&C.C., El Reno
Edward Esparan, M.D., Lake Hefner G.C., Oklahoma City
Howard Evans, Tulsa C.C., Tulsa
Matt Evans, John Conrad G.C., Midwest City
Fern Farris, Cedar Ridge C.C., Tulsa
John J. Fennelly, Kicking Bird G.C., Edmond
Jerry Feroe, Kissing Games, Colorado Springs
Bob Finley, Lake Hefner, Oklahoma City
Dow Finsterwald, Jr., Oak Tree G.C., Edmond
Ross Fisher, Lincoln Park G.C., Oklahoma City
Timothy Allen Forbes, Lakeside C.C., Elwood
John Forsytte, Lincoln Park West, Oklahoma City
Neal W. Freeman, Shattuck G.C., Shattuck
Cecil H. Frey, Page Belcher G.C., Tulsa
John W. Fulton, LaFortune Park, Tulsa
Ron Fulton, Westwood Park G.C., Norman
Ernie P. Gallop, Meadowlands G.C., Marble Falls
Jerry B. Ganann, Trinidad G.C., Trinidad
Ivan Gates, Trosper Park G.C., Oklahoma City
H. Frank Gentry, Sunset C.C., Bartlesville
Mary Gholson, Lakeside, Stillwater
Mrs. B. J. Gibbs, John Conrad Park, Midwest City
Jim Glasgow, Kicking Bird G.C., Edmond
Ed Glass, Cedar Valley, Guthrie
Ryan Glover, Kicking Bird G.C., Edmond
John F. Goeppinger, Dobson Ranch G.C., Mesa
Sue Gordon, Oaks C.C., Tulsa
James L. Grant, Kah-Wah-C, Fairfax
Don Green, Chickasha G.&C.C., Chickasha
Lynne Greene, Lake Hefner G.C., Oklahoma City
Harold Grigsby, Cedar Ridge C.C., Broken Arrow
Wayne Guffey, Oaktree C.C., Edmond
Frank Dee Halbrooks, Durant C.C., Durant
Jim Hall, Lincoln Park G.C., Oklahoma City
Patrick McCay Hall, Oak Hills C.C., Ada
R. B. Hall, Mohawk Pack G.C., Tulsa
Warren Hall, Hillcrest C.C., Bartlesville
H. B. "Bub" Ham, Falconhead C.C., Burneyville
Bob Haney, Miami G.&C.C., Miami
William Hansen, Lincoln Park G.C., Oklahoma City
Robert H. Hanson, Oak Tree C.C., Edmond
John Max Harbison, Oaks C.C., Tulsa
Jack Hargus, Westwood Golf Park, Norman
Johnnie Harris, Lake Hefner-North Course, Oklahoma City
Keith Harris, Lake Hefner-South Course, Oklahoma City
W. W. Harris, Cedarville G.C., Guthrie
Danny W. Hartman, Pryor Municipal G.C., Pryor
Edward J. Havrilla, Cedar Valley G.C., Guthrie
Frank Hawkins, Tulsa C.C., Tulsa

1983 HOLES-IN-ONE

Richard Hays, Kicking Bird G.C., Edmond
April Heckathorn, Indian Springs C.C., Broken Arrow
Gordon E. Heller, Tinker G.C., Tinker A.F.B.
Randal G. Henderson, Kicking Bird G.C., Edmond
Bill Henry, Lake Hefner G.C., Oklahoma City
William R. Henry, Lake Hefner G.C., Oklahoma City
Rick Herring, Lake Hefner South, Oklahoma City
Norma J. Hicks, Westbury G.C., Yukon
Charles Higgins, Lake Hefner, Oklahoma City
Faye Higgins, Tulsa C.C., Tulsa
Christine Higgs, Lincoln Park G.C., Oklahoma City
Fritz Hirchert, Kicking Bird G.C., Edmond
Faye Hixon, Oak Tree G.C., Edmond
Jim Hodges, Golden Green G.C., Ardmore
June Holder, Lake Hefner G.C., Oklahoma City
Charles Holland, Kicking Bird G.C., Edmond
Don L. Hood, Chickasha C.C., Chickasha
Leo O. Hotze, Earlywine Park G.C., Oklahoma City
Glenn Hughes, Lincoln Park G.C., Oklahoma City
Glenn Hunter, Kicking Bird G.C., Edmond
Earl Ingram, Jr., Oklahoma City G.&C.C., Oklahoma City
Roy Ingram, Indian Springs C.C., Broken Arrow
Jake Jackson, Lakewood G.C., Ada
Paul Jackson, Ponca City C.C., Ponca City
Fran Jacobson, Dornick Hills C.C., Ardmore
Ray Janik, Kicking Bird G.C., Edmond
Mike Janos, Mohawk Park G.C., Tulsa
Ted Janos, Heritage Hills G.C., Claremore
Roger A. Jessen, Kicking Bird G.C., Edmond
James Johnson, Westwood, Norman
Terrall M. Johnson, Hidden Valley C.C., Clever
William A. Johnson, Earlywine Park G.C., Oklahoma City
Doug Jones, Cedar Ridge C.C., Tulsa
Gramilla J. Jones, Indian Springs C.C., Broken Arrow
Jimmy Ray Jones, MSAD G.C., Ft. Sill
Marilyn Jones, Cedar Valley G.C., Cedar Valley
Ray I. Jones, Oakwood C.C., Enid
Scott Jones, Muskogee C.C., Muskogee
Steve Judd, Meadowbrook C.C., Broken Arrow
Ellis Kammeyer, Mohawk C.C., Tulsa
S. C. Kealiher, Blackwell G.C., Blackwell
Cindy Keller, The Trails G.C., Norman
Karl V. Keller, Kissing Camels, Colorado Springs
John Kelly, Lake Murray G.C., Ardmore
James C. Kerr, Roman Nose State Park G.C., Watonga
Randel Ketring, LaFortune Park G.C., Tulsa
Rodney Key, Henryetta C.C., Henryetta
Cecil Leon Kilpatrick, Lake Hefner, Oklahoma City
Rod Kimmel, Adams C.C., Bartlesville
Randy Kirkegard, Westwood Park, Norman
Lloyd Kitterman, Kah-Wah-C, Fairfax
Margaret Knight, Tulsa C.C., Tulsa
Kevin Kooken, Lake Hefner G.C., Oklahoma City
John W. Koonce, Cedar Valley, Guthrie
Don Krahl, Alto Lakes G.&C.C., Alto
Rob Krenek, Westwood Park, Norman
Leroy Lacey, University Lake G.C., Enid
Craig A. Lacy, Lakeside Memorial Park G.C., Stillwater
Ken LaFever, John Conrad G.C., Midwest City
David Lampton, Heritage Hills G.C., Claremore
Rodney D. Lang, Golden Green G.C., Ardmore
Czar D. Langston, Jr., Brownsville C.C., Brownsville
Richard P. Laster, Southern Hills C.C., Tulsa

Alan Lawyer, LaFortune, Tulsa
Dale Leftwich, Cushing C.C., Cushing
Jay Linge, Greens G.&C.C., Oklahoma City
Ed Livermore, Oaktree C.C., Edmond
Dick Logan, Hillcrest C.C., Bartlesville
George Logan, Oaks C.C., Tulsa
Jim Lowe, Hefner South, Oklahoma City
Morton L. Lowenhaupt, Ft. Carson G.C., Ft. Carson
Dr. L. A. Lucas, Oklahoma City G.&C.C., Oklahoma City
Tina Lund, Indian Springs C.C., Broken Arrow
Dave Lyle, Kicking Bird G.C., Edmond
Kenneth H. Lyles, Cedar Valley G.C., Guthrie
Nancy A. MacNaughton, Kapalua G.C., Kapalua
Richard Malone, Shangri-La G.C., Afton
Gary Marks, Cedar Valley G.C., Guthrie
Brent A. Marquardt, Westwood G.C., Norman
Ben A. Martin, Adams Municipal G.C., Bartlesville
Carolyn J. Martin, Westbury G.&C.C., Yukon
Jon Massa, The Greens C.C., Oklahoma City
Greg P. Mauldin, Westwood, Norman
Jim Maytubby, Westbury C.C., Yukon
David McCann, Indian Springs C.C., Broken Arrow
Bob McCartney, Lew Wentz Memorial, Ponca City
Ike McCarty, Earlywine G.C., Oklahoma City
Ann McCleskey, Miami G.&C.C., Miami
Joe McCraw, Westwood Park, Norman
Bob McDaniel, Eirend C.C., Eireno
T. J. McEachern, Kicking Bird, Edmond
Lonnie McGaughy, Chickasha G.&C.C., Chickasha
Mike McGee, Lincoln Park, Oklahoma City
Marie McGhay, Meadowlake G.C., Enid
C. A. McKenzie, The Greens C.C., Oklahoma City
Ron McKenzie, Oakwood C.C., Enid
Chris McLaughlin, Cedar Valley G.C., Guthrie
John McLeod, Broadwater G.C., Moore
Charles J. McNally, Rancho Penasquitos G.C., San Diego
W. J. McWilliams, Shangri-La, Afton
Bud Meade, Oklahoma City G.&C.C., Oklahoma City
Minton Meek, Tulsa C.C., Tulsa
Lloyd L. Melton, Heritage Hills G.C., Claremore
Herman Merritt, Lincoln Park East, Oklahoma City
David S. Messmer, Westwood Park G.C., Norman
Wayne A. Mibb, Pryor G.C., Pryor
Ken Miller, Westwood Park G.C., Norman
Joe Minjares, Mohawk Park, Tulsa
Harry W. Moore, Mohawk Park, Tulsa
Dr. Bill Moran, Oak Tree C.C., Edmond
Dutch Morehead, Golden Green G.C., Ardmore
John B. Morey, Oak Tree C.C., Edmond
George N. Morgan, Blackwell Municipal G.C., Blackwell
Wanda L. Morgan, Surrey Hiulls G.&C.C., Yukon
Keith Morren, Westwood, Norman
Mike Morris, Trosper Park G.C., Oklahoma City
Linda Morse, Indian Springs C.C., Broken Arrow
Leo Morton, Broadmooree G.C., Moore
Ann Mullin, Wentz Memorial G.C., Ponca City
Bob Nayman, Kickingbird G.C., Edmond
Kenneth Nault, Golden Green G.C., Ardmore
Louis E. Ned, John Conrad Regional Park G.C., Midwest City
Dorothy Nelson, Cedar Valley G.C., Guthrie
Steve Nelson, The G.C. of Oklahoma, Broken Arrow
Troy Nelson, Cedar Ridge C.C., Broken Arrow

1983 HOLES-IN-ONE

Randy L. Nichelson, Lake Hefner G.C., Oklahoma City
George Niedermayer, La Tierra Bonita, Porter
Steve Noever, Muskogee C.C., Muskogee
Jack Northrip, Lincoln Park East, Oklahoma City
Joe Notley, Twin Hills, Oklahoma City
George E. Nowotny, Dornick Hills G.&C.C., Ardmore
Sylvia Oberstein, Meadowbrook C.C., Broken Arrow
Robert L. Oborny, Adams Municipal G.C., Bartlesville
John H. Ogden, Earlywine, Oklahoma City
Arnold O'Neal, Broadmoor West, Colorado Springs
Joe O'Quinn, La Tierra Bonita, Porter
Lloyd Ormiston, Jr., Westwood, Norman
Scott Overland, John Conrad Regional G.C., Midwest City
Lim Packard, Pryor Municipal G.C., Pryor
Ed Patterson, Cedar Ridge C.C., Tulsa
Kent Payne, Shawnee Elks C.C., Shawnee
Jack Peckham, The Univ. of Oklahoma G.C., Norman
Brett Perry, Dornick Hills C.C., Ardmore
Jerry Perry, Sequoyah State Park, Hulbert
Helen Pike, El Reno C.C., El Reno
Dow Pittman, Oaks C.C., Tulsa
Dee Platner, Hillcrest C.C., Bartlesville
W. R. Pollard, Indian Springs C.C., Broken Arrow
Mary E. Porter, Broadmoore G.C., Moore
Jim Posey, Golden Greek G.C., Ardmore
J. Jeff Potter, Adams G.C., Bartlesville
Jerry Potter, Oak Tree G.C., Edmond
Robbie Powell, Lakewood G.C., Ada
Charles R. Prater, Westwood Park, Norman
Ed Preston, Surrey Hills C.C., Yukon
Don Quarles, Cedar Ridge C.C., Tulsa
Edward Raines, Dunes Hotel & Casino, Las Vegas
Raymond Raines, Tulsa
James Ray, Indian Springs C.C., Broken Arrow
Rick Rayler, Earlywine, Oklahoma City
Francis H. Rector, Surrey Hills C.C., Yukon
Robert Gregory Reeder, Kicking Bird G.C., Edmond
Joe Bill Reeves, Lawton C.C., Lawton
Alex Resnick, Sunset C.C., Bartlesville
Chris Reyher, Rock Creek G.C., Little Rock
Tom Reynolds, Clinton G.C., Clinton
Bill Rhorman, La Quinta G.C., La Quinta
Homer Riffe, Cedar Ridge C.C., Tulsa
Vincent Rigatti, Cedar Valley G.C., Guthrie
Lenora Rinker, Cherokee Grove G.C., Grove
John Roberts, Heritage Hills, Claremore
Geneva W. Robertson, Southern Hills C.C., Tulsa
Ted V. Robertson, Palmetto C.C., Benton
Wayne Robinson, Sayre Municipal G.C., Sayre
Ed Robson, LaFortune Park G.C., Tulsa
Lynn Rodgers, Trosper Park, Oklahoma City
Gene Roeder, Shangri-La, Afton
Dalton Rollins, Walnut Creek C.C., Oklahoma City
Larry Ross, Southern Hills, Tulsa
Paul Rothwell, Oak Tree C.C., Oklahoma City
Randy M. Ryan, Kicking Bird, Edmond
Arline Ryden, Westwood G.C., Norman
Richard Ryden, Pampa C.C., Pampa
Buster G. Salyer, Sequoyah State Park, Hulbert
Scott Saunders, Cedar Ridge C.C., Tulsa
Robert L. Schaub, Cedar Valley G.C., Guthrie
Jim C. Schooley, Kicking Bird, Edmond
Milton Scott, Golden Green C.C., Ardmore

George W. Seibold III, La Tiera Bonita, Porter
Jack Shackleford, DeSoto G.C., Hot Springs Village
Bill Sheppard, Eagle Vail, Vail
W. D. Sheppard, Heritage Hills G.C., Claremore
George Shipley, Walnut Creek C.C., Oklahoma City
William A. Siegel, Lake Hefner, Oklahoma City
Harriet M. Simpson, Elk City G.&C.C., Elk City
Wes Skinner, Early Wine G.C., Oklahoma City
Albert Ray Smith, Caseville G.C., Caseville
Charlie Smith, Westberry C.C., Yukon
Helen M. Smith, Indian Springs C.C., Broken Arrow
Tom Smith, Tulsa C.C., Tulsa
Skip Smothermon, Kicking Bird G.C., Edmond
Ray Snodgrass, Westwood, Norman
Robert F. Snowden, Lake Hefner-South, Oklahoma City
Wendell Snyder, Pryor G.C., Pryor
Bill R. Sparks, The Hills of Lakeway, Austin
Vic Spalding, Southern Hills, Tulsa
Brooks Spies, Hillcrest C.C., Bartlesville
Bob Staples, Greens C.C., Oklahoma City
Mike Stearman, Mohawk Pecan Valley, Tulsa
Nick Steinkogler, Sunset Hills, Guymon
Michael Stephans, Oak Tree, Edmond
Bob Stepens, Lew Wentz Memorial G.C., Ponca City
Jim Stephenson, Meadowbrook, Broken Arrow
Jim Sterling, Cedar Valley G.C., Guthrie
B. J. Stewart, Indian Springs C.C., Broken Arrow
Jim Stewart, Westbury G.&C.C., Yukon
Wayne Stipe, Arrowhead G.C., Canadien
Robert L. Sullivan, Oklahoma City G.&C.C., Oklahoma City
Merle Summers, Blackwell G.C., Blackwell
Pat Taranto, Indian Springs C.C., Broken Arrow
Basil H. Taylor, Shangri-La G.C., Afton
Don M. Tharp, Poinciana G.&R.C., Kissimmee
Terry Thiessen, Riverside G.C., Clinton
Bill Thigpen, Trosper, Oklahoma City
Earl Thomas, Golden Green G.C., Ardmore
Teddy Thomas, Horseshoe Bay G.C., Austin
Robert L. Thompson, Lincoln Park G.C., Oklahoma City
Roger F. Thompson, Meadowbrook C.C., Broken Arrow
Lee Thrash, Lincoln Park East, Oklahoma City
John D. Thurman, Mohawk G.C., Tulsa
George E. Tiffany III, Lake Hefner G.C., Oklahoma City
Louis Treadaway, Ft. Cobb State Park, Ft. Cobb
Dr. Delbert Trotter, Indian Springs C.C., Broken Arrow
Richard Trowe, Mohawk Park, Tulsa
Phil Trussler, Miami G.&C.C., Miami
Morrison Tucker, Oklahoma City G.&C.C., Oklahoma City
Dan Turner, Golden Green G.C., Ardmore
Shane Venis, Meadowbrook C.C., Tulsa
Graves P. Wade, Walnut Creek, Oklahoma City
Doug Waggoner, Clinton G.C., Clinton
William Earl Walden, Shawnee Elks Club, Shawnee
Jim Walker, The Greens, Oklahoma City
Paul Walters, Greens C.C., Oklahoma City
O. Alton Watson, Oklahoma City G.&C.C., Oklahoma City
Fern Way, Westwood, Norman
Bill Webb, Mohawk G.C., Tulsa
Roy Dale Webb, John Conrad Regional Park, Midwest City
Steve Welch, Elk City G.&C.C., Elk City
Dale Wesner, Sayre G.C., Sayre
Dick Whetsell, Pawhuska G.&C.C., Pawhuska

1983 HOLES-IN-ONE

Haskell Whitmire, Mohawk G.C., Tulsa
R. Tom Widney, Oklahoma City G.&C.C., Oklahoma City
Jim Wienel, Cedar Valley G.C., Guthrie
Lee G. Williams, Mohawk Park G.C., Tulsa
Mary K. Williams, Muskogee C.C., Muskogee
A. W. Wilson, Meadowbrook, Broken Arrow
Thurman Wilson, Golden Green G.C., Ardmore
Ivan Winfield, Old Del Monte G.C., Monterey
Fred D. Wolf, Elreno C.C., Elreno
Pete Womach, Bristow C.C., Bristow
Roy Wood, Dr. Gil Morgan G.C., Wewoka
Dorie Woolfall, Pryor Municipal G.C., Pryor
Brooks Wright, Kicking Bird G.C., Edmond
Jack Wright, Lake Hefner G.C., Oklahoma City
Thomas E. Yadon, Muskogee C.C., Muskogee
Paul D. Yost, Cedar Valley C.C., Cedar Valley
Gary Young, LaFortune Park G.C., Tulsa
Diana Youngman, Meadowbrook C.C., Tulsa

OREGON

Vera T. Aasen, Eugene C.C., Eugene
Dale Ackeret, Pineway G.C., Lebanon
Dorothy J. Adams, Devils Lake G.C., Lincoln City
Gloria Adams, Azusa Greens C.C., Asusa
Betty Allen, Crooked River Ranch G.C., Crooked River
Mike Alley, McNary G.C., Salem
Alfred A. Anderson, Alderbrook G.C., Tillamook
Alton M. Anderson, Rogue Valley C.C., Medford
Jim Anderson, Pleasant Valley G.C., Clackmas
Marj Anderson, Rippling River G.C., Welches
John Anicker, Jr., Waverly C.C., Portland
Bob Arthur, Illahe Hills C.C., Salem
Lillian M. Ashcroft, Devils Lake G.C., Lincoln City
Bob Bailey, Riverside G.&C.C., Portland
John A. Baines, Waverley C.C., Portland
Lorrie Bajus, Roseburg C.C., Roseburg
Travis Bamford, Springfield C.C., Springfield
Don C. Barber, West Delta G.C., Portland
Dave Bartholomans, Glendoveer National G.C., Portland
Bart Bartholomew, Springwater G.C., Estacada
Fred W. Baer, Salem G.C., Salem
Marianne Baumann, Battle Creek G.C., Salem
Cliff Beach, Juniper G.C., Redmond
Randy Beamer, Golf City, Corvallis
James E. Bear, Michelbook C.C., McMinnville
Bob Beck, Riverside G.&C.C., Portland
Don L. Bell, Roseburg C.C., Roseburg
Shawn Belmore, Roseberg G.&C.C., Roseberg
Ralph W. Bergstrom, West Delta Park, Portland
Eura Donnie Berrman, Wilson Willow Run, Boardman
Dick Bittner, Seaside G.C., Seaside
Olive Blackwell, Glendover G.C., Portland
Lou Blunk, Mint Valley G.C., Longview
Folmer N. Bodtker, Bend G.&C.C., Bend
David Bolliger, Laurelwood, Eugene
Richard Bonney, Oakway G.C., Eugene
Bill Bostick, Springfield C.C., Springfield
Ronald M. Bouchard, Santiam G.C., Stayton
Wm. V. Boucock, Elkhorn at Sun Valley, Sun Valley
Mary Bowman, Waverley G.C., Portland
Keith G. Braley, Forest Hills C.C., Cornecius
Melvin Brennehan, Spring Hill C.C., Albany

Lowayne Brewer, Bayou G.C., McMinnville
John Bristow, Black Butte Ranch, Black Butte Ranch
Bill Brockhaus, Oak Knoll G.C., Independence
Dee Browsowske, Summerfield, Tigard
Clay Brown, Summerfield G.&C.C., Portalnd
Elmer M. Brown, Juniper G.C., Redmond
John F. Brown, Springfield C.C., Springfield
Leta Brown, Riverwood G.C., Dundee
Kenneth R. Bruce, Crooked River Ranch G.C., Crooked River Ranch
Steven J. Buchko, Roseburg C.C., Roseburg
Howard Burns, Astoria G.&C.C., Astoria
Jim Burns, Sunset Grove G.C., Forest Grove
Windsor Calkins, Eugene C.C., Eugene
Dorothy Campbel, Waverley C.C., Portland
Susan J. Canfield, Oswego Lake C.C., Lake Oswego
Donna Cardwell, Summerfield G.&C.C., Tigard
Shirley Carey, Eugene C.C., Eugene
Lane Carlton, Agate Beach G.C., Newport
Virginia Carney, Waverley C.C., Portland
Don Carr, Grants Pass G.C., Grants Pass
Gary Case, Riverside G.&C.C., Portland
John L. Chalfan, Bandon Face Rock G.C., Bandon
Mike Chown, Eugene C.C., Eugene
D. Kent Clark, Springhill C.C., Albany
James W. Clayton, Cedar Links, Medford
Ron Clegg, Alpine Meadows G.C., Enterprise
Waddy Cloyes, Springfield C.C., Springfield
H.J. "Rip" Collins, Sunriver North Course, Sunriver
Mike Corrigan, Juniper, Redmond
H. Scott Coulter, McCall G.C., McCall
Jim Courtney, Valley G.C., Hines
Charles E. Covington, Lewis River, Woodland
Fernee Cox, Roseburg C.C., Roseburg
Wilbur Cox, Pleasant Valley G.C., Clackamas
Tom Curran, Arrowhead G.C., Mollalla
Glenn Cushman, Spring Hill C.C., Albany
Lee Cutsforth, The Golf Club of Orgeon, Albany
Marie Dailey, Eugene C.C., Eugene
Barbara Davies, Spring Hill C.C., Albany
Eugene Davis, Mt. View G.C., Boring
M.G. Davis, Alderbrook G. & Yacht Club, Union
Gordon C. Decker, Forest Hills G.C., Cornelius
Jeff Dehaan, Mountain View G.C., Boring
David A. Diete, Top O'Scott, Portland
Paul R. Dohrman, Santiam G.C., Stayton
Tom Dollens, Glendoveer G.C., Portland
James Donofrio, McMahy G.C., Salem
Robert J. Donovan, Randy Blankenship, Grants Pass
Robert Dougherty, Sunset Grove, Forest Grove
Lois E. Dressler, Hidden Valley, Cottage Grove
David Duchemin, McHarry G.C., Salem
Trudy Dunkelberger, Pleasant Valley G.C., Clackamas
Howard Earl, Portland Mewdows G.C., Portland
John Edeline, Spring Hill C.C., Albany
Loren Edmonds, Illahe Hills C.C., Salem
Dan Eek, Lake Shasting G.&C.C., Weed
Dick Ehr, Glendover G.C., Portland
Harry Elliott, Alderbrook G.C., Tillamook
Bill Enberlin, Riverside C.C., Portland
Cal Enels, Columbia Edgewater C.C., Portland
Fred England, Spring Hill C.C., Albany
Ned Enyeart, Shadow Butte G.C., Ontario

1983 HOLES-IN-ONE

John Erler, Hawk Creek G.C., Neskowin
Don N. Essig, Shadow Hills C.C., Junction City
Laddie Farish, Glendover G.C., Portland
Everett J. Faw, Salem G.C., Salem
Helen Feltz, Pleasant Valley G.C., Clackmas
Bob Ferris, Sunriver Resort, Sunriver
H.G. Findlay, Bend G.&C.C., Bend
Betty Finnigan, Big Meadow at Black Butte Ranch, Black Butte
Michael Fitzpatrick, Spring Hill C.C., Albany
Arlan Foote, Oak Tree G.C., Ashland
Jim Forsloff, Oswego Lake C.C., Lake Oswego
Devan Forsyth, The Golf Club of Oregon, Albany
Derv Fortenberry, Desert Hills Municipal G.C., Yuma
Hazel J. Foster, Colwood National G.C., Portland
Bill A. Frahm, Milton Freewater G.C., Milton Freewater
Robert Franciscone, Neskowin Beach G.C., Neskowin
Paul W. Freeburg, McNary G.C., Salem
Howard S. Fritcher, Umatilla G.&C.C., Umatilla
Denbigh Fry, Pineway G.C., Lebanon
Paul Funatake, Glendoveer G.C., Portland
Harold F. Gaskin, Sandelie, W. Linn
R.C. George, Stewart Park, Roseburg
Walter Gison, McNary G.C., Keizer
Bob Gray, Columbia Edgewater C.C., Portland
Ralph Gray, Pleasant Valley G.C., Clackamas
Ann Grediagin, Golf City, Corvallis
Kathy Green, Lake Shastina Golf Resort, Weed
Mrs. George Griswold, Oswego Lake C.C., lake Oswego
Noel Groshong, Roseburg C.C., Roseburg
Mark Grossnicklaus, Golf Club of Oregon, Albany
Larry H. Guffey, Corvallis C.C., Corvallis
Corey A. Gustafsson, Top O'Scott G.C., Portland
Gary Gustafson, McNary G.C., Salem
Bob Haftorson, Riverside G.&C.C., Portland
Hal Hales, Rose City, Portland
Kenneth Hamm, Progress Downs, Progress
Dovie Hampton, Spring Hill C.C., Albany
Tom Hannon, McNary Public G.C., Salem
Mary Hanson, Sunset Bay G.C., Coos Bay
Tim Harbour, Springfield C.C., Springfield
Vern Harding, Grants Pass G.C., Grants Pass
Heck Harper, Arrowhead G.C., Molalla
Ken Hastings, Sandelie G.C., West Linn
Bill Hatch, Sr., Bend G.&C.C., Bend
Virgil Hatfield, Forest Hills G.C., Cornelius
Harlan Hayden, Pleasant Valley G.C., Clackamas
Doug Hayes, West Delta Park G.C., Portland
John E. Hays, Gearhart Golf Links, Gearhart
Bill Hemphill, Sr., Eugene C.C., Eugene
Ray Hendrickson, Emerald Valley G.C., Creswell
Les Hendrix, Shadow Butte G.C., Ontario
Don Hewlett, Elkhorn Valley G.C., Lyons
John Hockley, West Delta, Portland
Amy Holland, Eugene C.C., Eugene
Vern Holman, Sunset Grove G.C., Forest Grove
Betty M. Holmes, Elkhorn Valley G.C., Lyons
Craig S. Honeyman, Lewis River G.C., Woodland
M.L. Hornbeck, Lake Shastina G.&C.C., Weed
Annabelle A. Houser, Makena G.C., Kihei
Ron Hokie, Astoria C.C., Warrenton
George E. Hudson, Gearhart Golf Links, Gearhart
Phil Huewe, Illahe Hills C.C., Salem

W. Kent Hunsaker, Emerald Valley G.C., Creswell
Wayne Huskey, Santiam G.C., Stayton
Dick Jackson, Juniper G.C., Redmond
Vic Jacquet, Illahe Hills G.C., Salem
Scott Joelson, Springhill C.C., Albany
Art Johanson, Astoria G.&C.C., Warrenton
Anne Johnson, Glaze Meadow at Black Butte Ranch, Black Butte
Dick Johnson, Genar Links G.C., Medford
Kerry A. Johnson, Orenco Woods G.C., Millsboro
Shirley V. Johnson, Seaside G.C., Seaside
Bill Jones, Wildcreek, Sparks
Jay D. Jones, Rose City G.C., Portland
Lillian Nunnen Kamp, Tunwater Valley, Tunwater
Buck Kauffman, Juniper G.C., Redmond
Vern Kelso, Springfield C.C., Springfield
Perl A. Kessinger, Oswego Lake C.C., Lake Oswego
Dick Kessler, Glendoveer W. G.C., Portland
Paul Kester, Riverside G.C., Portland
Don King, Nehalem Valley G.C., Vernonia
Rollie King, Rogue Valley C.C., Medford
Max F. Kirklin, Riverside G.&C.C., Portland
Harold Kirkman, Rose City, Portland
Betty H. Kobey, Sunriver G.C., Sunriver
Michael Koller, Agate Beach G.C., Newport
L.R. Koroch, Lake Padden, Bellingham
Fred Kowatch, Astoria G.&C.C., Warrenton
Harry A. Kramer, Glenbrook G.C., Glenbrook
Dandy Krowick, Salem G.C., Salem
Donald E. La Dick, Glendoveer G.C., Portland
Roe Lagers, Salishan, Lincoln City
Tom Landrey, Plesant Valley G.C., Clackamas
Frank Larsen, Coquille Valley Elks G.C., Myrtle Point
Leta Lathan, Oak Knoll G.C., Independence
Paul Lauritzon, West Delta G.C., Portland
Gordon Leal, Glendoveer G.C., Portland
Dan Lemirox, Mountain View G.C., Boring
Bob Leonhardt, Grants Pass G.C., Grants Pass
Dick Levy, Summerfield, Tigard
C.R. Liggett, Elkhorn at Sun Valley, Sun Valley
Anne Lince, Rippling River, Welches
Roger C. Lister, Hidden Valley C.C., Reno
Avard C. Long, Sunriver, Sunriver
Jim Long, Illahee Hills C.C., Salem
Jeff Lowery, Illame C.C., Salem
Robert P. Lucas, Stewart Park, Roseburg,
Patrick Mahaffy, Oregon City, Oregon City
Loretta M. Maloney, Waverley G.C., Portland
Carl Mark III, Summerfield G.&C.C., Tigard
Ramona G. Martin, Rippling River, Welches
Gene (Bunny) Mason, Sunriver Resort
John May, Summerfield G.&C.C., Tigard
Kathy McAllister, Golf City, Corvallis
Graig McCardle, Ranch Hills G.C., Molino
Mike McCarty, Oregon City Public G.C., Oregon
Stan McClain, Sun River Resort, Sunriver
Bill McCluskey, Riverside C.C., Portland
Bill McConnel, Top O'Scott, Portland
Jim McDougall, Kelowna G.&C.C., Kelowna
Dwight J. McFadden, Broadmoor G.C., Portland
Mark McFarland, Waverley C.C., Portland
Mike McKennon, Royal Oaks, Vane
Don McKillop, Santiam G.C., Stayton

558

1983 HOLES-IN-ONE

Stanley McLaughlin, Lincoln City G.C., Neotsu
Mark R. Mead, Salem G.C., Salem
Pat Meyer, Hood River G.C., Hood River
Clarence Miller, Oswego Lake C.C., Lake Oswego
George Miller, Riverside C.C., Portland
Bob Millikan, Roseburg C.C., Roseburg
Bud Mitchell, Thunderbird C.C., Rancho Mirage
R.J. Mittelbach, Sea Pines, Los Osos
Donald F. Moist, Elkhorn Valley G.C., Lyons
Charles L. Moor, Rolling Hills G.C., Weiser
Robert H. Moore, Mt. View, Boring
Curtis L. Morrison, Devils Lake G.C., Lincoln
David Patrick Morrison, Glaze Meadow G.C., Black Butte Ranch
Bus Morrow, Rippling River Resort, Welches
Raymond J. Muhr, El Dorado C.C., Tucson
William Murdock, Glendoveer G.C., Portland
Patrick Murphy, West Delta Park, Portland
Ralph Myers, Emerald Valley, Creswell
Mike Nelke, Oak Knoll G.C., Independence
Carvel Nelson, Tualatin C.C., Tualatin
Douglas Nelson, Pendleton City C.C., Pendleton
Roy E. Nelson, Salem G.C., Salem
Kevin Neese, Mint Valley G.C., Longview
Donald R. Newtson, Golf Club of Oregon
Karen Ann Nickerson, Bend G.C., Bend
Kenneth E. Nielsen, Jack Ivey Ranch C.C., Palm Springs
Rita D. Nielson, Eastmoreland G.C., Portland
Charles L. O'Connor, Senior Estates C.C., Woodburn
Edward T. O'Connor, Toucket Valley C.C., Dayton
John J. O'Connor, Oswego Lake C.C., Lake Oswego
Jerry Offerdahl, Rock Creek C.C., Portland
Lary Oliver, Pleasant Valley G.C., Clackamas
Scott Olson, Top O'Scott, Portland
Ken Omlid, Eugene C.C., Eugen
Lem Overlock, Springhill C.C., Albany
Ralph Palmer, Gresham G.C., Gresham
Roger Pardue, Mountain View G.C., Boring
Daniel P. Pawloski, Golf Club of Oregon, Albany
Jukka J. Perkiomaki, Riverside G.&C.C., Portland
Larry Perry, Coos C.C., Coos Bay
William W. Perry, Seaside G.C., Seaside
Mark Peters, Santiam G.C., Stayton
Howard W. Peterson, Riverside G.&C.C., Portland
Ann Phillips, Oswego Lake C.C., Lake Oswego
Stephen Pierce, Top O'Scott, Portland
James M. Pippin, Astoria G.&C.C., Astoria
David P. Pittaway, West Delta Park, Portland
Bob Plant, Pleasant Valey C.C., Clackamas
James L. Ponti, Crane Creek C.C., Boise
Mary Pratt, Arrowhead G.C., Molalla
Ray Propst, The Golf Club of Oregon, Albany
Fritz Pulcipher, Forest Hills C.C., Cornelius
Dave Raber, Pendleton C.C., Pendleton
Ray Rabold, Salem G.C., Salem
Reagan Ramsey, Oswego Lake C.C., Lake Oswego
Loyed Rea, Three Rivers, Kelso
Kenneth Paul Reffstrup, Emerald Valley G.C., Creswell
James Regali, Eugene C.C., Eugene
Robert L. Rennick, Plesant Valley Golf, Clackamas
A.J. Rice, Mt. View Public G.C., Boring
Jim Rice, Glendoveer G.C., Portland
Greg Richards, Progress Downs G.C., Progress

C.E. "Bob" Roberts, Eugene C.C., Eugene
Geo. H. Robertson, Black Butte Ranch, Black Butte
Merton C. Rockney, Riverside G.&C.C., Portland
Al Rogers, Golf Club of Oregon, Albany
B.J. Roland, Seaside G.C., Seaside
Bob Rommel, West Delta Park, Portland
Milt Roth, Coquille Valley Elks G.C., Myrtle Point
Fred O. Rounds, Oak Knoll C.C., Ashland
Nellie A. Saito, Shadow Butte, Ontario
Mary Ann Santee, Summerfield G.&C.C., Tigard
Ray Sayas, Bayou G.C., McMinnville
Art Scalise, Bend G.&C.C., Bend
Carole Scharwatt, Oswego Lake C.C., Lake Oswego
Carl Scheulderman, Big Meadow Black Butte Ranch, Sisters
Ed Schmiedeskamp, Pleasant Valley G.C., Clackamas
Joe Schoen, Riverside G.&C.C., Portland
James Scholtes, Shadow Butte G.C., Ontario
Gregg Schroeder, Glendoveer G.C., Portland
Robert "Bob" L. Schroeder, Santiam G.C., Stayton
Mike Schuler, Glendoveer G.C., Portland
Bruce R. Schulte, Charbohneau C.C., Wilsonville
Merle D. Schumacker, Orenco Woods G.C., Hillsboro
Willard Schwarz, Salishan G. Links, Gleneden Beach
Laura E. Schwenke, Crooked River Ranch, Crooked River
Charles Seger, Glaze Meadow, Black Butte Ranch
Adrian Seits, Spring Hill C.C., Albany
Richard L. Senske, Meriwether National G.C., Hillsboro
Ernesto Serrot, Agate Beach G.C., Newport
Shirlly Stezler, Lake Shastina Golf Resort, Wed
Bob Sharp, Sutherlin Knolls G.C., Sutherlin
Doug Shelton, Spring HIll C.C., Albany
Charles D. Sicotte, Forest Hills G.C., Cornelius
Janet Simons, Rogue Valley C.C., Medford
Ellsworth Simpson, Oswego Lake C.C., Lake Oswego
Larry Skreen, Gresham G.C., Gresham
Chester B. Sloan, Sutherlin Knolls G.C., Sutherlin
Brian Smith, Pleasant Valley G.C., Clackamas
Bruce Smith, Illahe Hills C.C., Salem
Curtis Alan Smith, Laurelwood G.C., Eugene
Frank Smith, Clear Lake Par 3 Golf, Keizer
Jeanne Smith, Oswego Lake C.C., Lake Oswego
Seth J. Smith, Olalla Valley G.C., Toledo
Esther Snyder, West Delta, Portland
Jerry Soloman, Emerald Valley G.C., Creswell
Bill Soulier, Spring Hill, Albany
Steven H. Sparacio, Oak Knoll, Ashland
Charlie H. Sparks, Neskowin Beach G.C., Neskowin
Dean Steidinger, Oswego Lake C.C., Lake Oswego
August Steinke, Crestview Hills G.C., Waldport
Ted Steinke, Arrowhead G.C., Molalla
Tom Stennick, Three Rivers G.C., Kelso
Curt Stenson, Oregon City G.C., Oregon City
Max Stephenson, Tokatee, Blue River
Tom Stephenson, Columbia Edgewater G.&C.C., Portland
Jack R. Stowell, Oswego Lake C.C., Lake Oswego
Dave E. Stram, Hawk Creek Golf, Neskowin
Pat Straube, Shadow Hills C.C., Junction City
A.P. Stubberfield, Oakway, Eugent
Arda E. Stults, Roseburg C.C., Roseburg
Charlotte Sugarman, Tualatin C.C., Tualatin
Kevin Sullivan, The Crossings, Glen Allen

559

# 1983 HOLES-IN-ONE

Robert E. Swanberg, Rancho Los Palmas C.C., Rancho Mirage
Mark M. Swift, Salishan G. Lings, Gleneden Beach
Frances Tanaka, McNart G.C., Salem
Joe Tate, Elkhorn Valley G.C., Lyons
Matthew Robert Taylor, Black Butte Ranch, Black Butte
Bill Tedo, Forest Hills G.C., Cornelius
Jerry Thomas, Sunset Bay G.C., Coos Bay
Rich Thomas, Glendoveer G.C., Portland
Tod N. Tibbutt, Rogue Valley C.C., Medford
Sam Tosti, Emerald Valley G.C., Creswell
R.H. Travis, Rogue Valley G.C., Medford
Charles A. Treat, Broadmoor G.C., Portland
Bruce Tuttle, Shadow Butte G.C., Ontario
W.H. Ueberrhein, Riverside G.&C.C., Portland
Shirley Unger, Meriwether National Golf
Gerry Van Domelen, Cedar Links, Medford
James L. Vannoy, McNary G.C., Salem
John Vaughan, Green Meadows G.C., Vancouver
Lindy G. Vaughan, Cedar Links, Medford
Bill Wall, Waverley C.C., Portland
Couch M. Wallace, Meriwether National, Hillsboro
Ken Walter, Mountain View G.C., Boring
Virginia Walters, Progress, Beaverton
Bay W. Watson, Crooked River Ranch G.C., Crooked River Ranch
Peter K. Watt, G.H. Club of Oregon, Albany
Ken Weber, Emerald Valley G.C., Creswell
Jean Welby, Mesa Del Sol G.C., Yuma
George Wells, Waverley C.C., Portland
James R. Welty, Corvallis C.C., Corvallis
Gary Wayne Wengenroth, McNary, Keizer
Charles W. Wentworth, Astoria C.C., Astoria
Jeff Werline, Golf City, Corvallis
David L. Wessels, Springhill C.C., Albany
Ross E. Westbrook, Spring Hill C.C., Albany
Hazel Whalley, Sunset Grove G.C., Forest Grove
Edward L. White, Boulder City G.C., Boulder City
Paul E. White, Crooked River Ranch G.C., Crooked River Ranch
Marilyn Wickert, Corvallis C.C., Corvallis
Frank Wilcox, Stewart Park, Roseburg
Lyle T. Wilcox, Bend G.&C.C., Bend
Mike Wilkerson, Golf City Par 3, Corvallis
Jerry Wilkinson, Waverley C.C., Portland
Earl Williams, Shadow Butte G.C., Ontario
Paul Williams, Grants Pass G.C., Grants Pass
Roger Williamson, Bend G.&C.C., Bend
Neil D. Willits, Tokatee G.C., Blue River
Donal Wilson, Rock Creek C.C., Portland
Dr. Herb Woodcock, Waverley C.C., Portland
Ray Woolsey, Grants Pass G.C., Grants Pass
Henry Yoshikai, Tumwater Valley, Tumwater
Ray W. Zahnow, Pleasant Valley G.C., Clackamas
C. David Zollars, Forest Hills G.C., Cornelius

PENNSYLVANIA

Mike Abata, Downing G.C., Harborcreek
Paul Abernethy, Cool Creek G.C., Wrightsville
Rose Abranson, Thrbot Hills G.C., Milton
Dick Adam, Galen Hall C.C., Wernersville
Gene Adami, Springhaven Club, Wallingford

Gregory Adams, Johnstown Elsk C.C., Johnstown
John S. Adams, Lehigh C.C., Allentown
Larry S. Adams, Foxburg C.C., Foxburg
Robert J. Adamson, Willowbrook C.C., Belle Vernon
John A. Aikey, Turbot Hills C.C., Milton
Carl "Chan" Ablenzi, Wedge Wood G.C., Lanark
Emma Alberts, Williamsport C.C., Williamsport
E.R. Alford, Briarwood G.C., York
Frank Algar, Mount Pocono G.C., Mount Pocono
Pat Allan, Elkview C.C., Carbondale
Dan Allen, Butler's G.C., Elizabeth
Robert Allison, Shamrock Public G.C., Slippery Rock
Hiram Allman, Philmont C.C., Huntingdon Valley
Charles Allport, Chantilly Manor C.C., Rising Sun
Clair Altman, Norvelt G.C., Mt. Pleasant
Harold D. Alwine, Manada G.C., Grantville
Ronald L. Alwine, Indian Springs, Landisville
Dan Anderson, Valley Green G.C., Etters
James O. Anderson, Butler C.C., Butler
John Anderson, Valleywood G.C., Apple Valley
Robert A. Anderson, Cloverleaf G.C., Delmont
Russell W. Anderson, Middlecreek G.C., Rockwood
Rusty Anderson, Upper Perk G.C., Pennsburg
Mike Andrews, Tuscavilla C.C., Winter Springs
Robert Andrews, Pleasant Valley G.C., Vintondale
Charles M. Angell, Freeway G.&C.C., Sichlerville
Richard E. Antonelli, Edgewood C.C., Pittsburgh
Ken Appletree, The Homestead, Hot Springs
William Arasin, Jr, Ingleside G.C., Thorndale
Paul E. Arbogast, Magnolia G.C., Lake Buena Vista
Manuel Arevalo, Transit Valley C.C., E. Amherst
Kristen Armstrong, Glenhardie G.C., Wayne
Mike Arnold, Bedford Elks C.C., Bedford
Norbert A. Arnold, Niagara Falls C.C., Lewiston
Mary Ellen Arpino, Summit C.C., Cresson
Ted Artkowsky, River Forest C.C., Freeport
Kenneth Arvin, Honey Bun G.&C.C., York
Ron Astrino, Beckett G.C., Swedesboro
Frank Atkinson, Briarwood G.C., York
Austin Aurandt, Ebensburg C.C., Ebensburg
John R. Bachich, Hidden Valley, Pine Grove
Herman Backinger, Montour Heights C.C., Coraopolis
Mrs. Charles Baer, Manufacturers G.&C.C., Oreland
John G. Bailey, Twining Valley, Dresher
Charles E. Bain, Yardley G.C., Yardley
Elinor Bair, Meadow Lane G.C., Indiana
Richard A. Baker, Lake Shore C.C., Erie
Wilson M. Baker, Lewistown C.C., Lewistown
Bill Bakken, Sundance G.C., Osseo
Peter Balch, Cloverleaf G.C., Delmont
Jake Balogh, Bethlehem Municipal G.C., Bethlehem
Edward H. Bamford, Yardley C.C., Yardley
George A. Banks, Hollenback C.C., Wilkes-Barre
Totie Barber, Dupont C.C. Montchanin Course, Wiimington
Andrew T. Barbin, Seaview C.C., Absecon
Thomas L. Barch, Arrowhead, Douglassville
James G. Bamone, Sharon C.C., Sharon
Frank Barker, Butlers G.C., Elizabeth
Rich Barker, Ligonier C.C., Ligonier
Blair Barshinger, Meadia Heights G.C., Lancaster
Matthew P. Bartek, Conneaut Park Course, Conneaut
Diane P. Barton, Doylestown C.C., Doylestown

1983 HOLES-IN-ONE

Earl Bast, Twin lakes C.C., Allentown
William Bates, Jr., Merion G.C., Ardmore
Harvey Batman, Jr., Twin Ponds G.C., Gilbertsville
Gary Battiston, Greene County C.C., Waynesburg
Don Bauer, Arrowhead G.C., Douglassville
Marion Bauer, Horsham Valley G.C., Ambler
Joel Bayes, Ohioview G.C., Industry
Felix Baylor, Glenn Brook C.C., Stroudsburg
Daniel Beal, Pine Acres C.C., Bradford
Marjorie H. Beach, Fairchild's G.C., Palm Springs
Joseph Beason, Chestnut Ridge, Blairsville
Harry W. Bechtold, Lebanon Valley G.C., Myerstown
Erwin O. Beck, Schuylkill C.C., Oswigsburg
James R. Becker, Cool Creek C.C., Wrightsville
Lee D. Behrhorst, Spanish Wells Club, Hilton Head Island
Bryan Beichner, Rolling Hills G.C., Pulaski
Al Beljan, Tenton C.C., Trenton
Andrew R. Bell, Meadow Brook, Phoenixville
Robert W. Bell, Alcoma C.C., Pittsburgh
Tom G. Bell, Clearfield, Clearfield
William S. Bell, Range End C.C., Dillsburg
Joy Bellis, North Hills C.C., North Hills
Joseph W. Bellwoar, Fountain Valley G.C., Frederiksted
Dee Beltzmann, Locust Valley C.C., Coopersburg
Fred Bemis, Jr., Green Acres G.C., Titusville
Andy Bender, Blue Mt. View G.C., Fredericksburg
Joseph L. Bender, Wildwood G.C., Allison Park
Vic Benigwi, Jr., Elk County C.C., Ridgway
John R. Benner, Tumble Brook G.C., Coopersburg
Bob Bennett, Youghieghing C.C., McKeesport
Fred Bennett, Riverview G.C., New Cumberland
Gary S. Bennett, Montour Heights C.C., Coraopolis
Ray E. Bennett, Bucknell University G.C., Lewisburg
Rudy Benthage, St. Charles G.C., St. Charles
Steve Bereziak, Blue Ridge C.C., Palmerton
Nancy Berra, Grandview G.C., York
Joseph M. Bertovic, Valley Heights G.C., Verona
Donna Betres, Butler C.C., Butler
Robert Betterly, Font Hill C.C., Elliott City
Louis Biago, Lost Tree Club, No. Palm Veach
Miguel L. biamon, Saucon Valley C.C., Bethlehem
Larry L. Bickford, Limekiln G.C., Ambler
Nicholas Biddle, Jr., Gulph Mills G.C., King of Prussia
John Biedka, Hi-Point G.C., Ivyland
Doug Biega, Black Hawk G.C., Beaver Falls
Polly Bievenour, Hanover C.C., Abbottstown
David Biggs, North Park G.C., Allison Park
Sam Bill, Cumberland C.C., Cumberland
Kenneth W. Billotte, Clearfield Corwensville G.C., Clearfield
Victor Bindi, Nemacolin C.C., Beallsville
William Birosik II, Willow Brook G.C., Catasauqua
Scott Bishins, Locust Valley C.C., Coopersburg
George Bisi, Latrobe Elks G.C., Latrobe
William L. Bisi, Latrobe Elks #907 G.C., Latrobe
H.C. Bixler, Black Hawk G.C., Beaver Falls
Edward Blackman, Hunters Run G.C., Boynton Beach
Edward C. Black, Springhaven Club, Wallingford
Jerry Black, Pleasant Valley, Vintondale
Robert M. Black, Rittswood G.C., Valencia
Allison Blackinton, Saucon Valley C.C., Bethlehem
Clarence Blocher, Hanover C.C., Abbottstown
Bonnie Boehm, Krendale, Butler

Alvin G. Blum, Squires G.C., Ambler
Robert Bodziock, Avalon G.C., Cape May Court House
Eric D. Boehm, Neshaminy Valley G.C., Jamison
Fred Bohrman, The Vintage Club, Indian Wells
Clem Boland, Neshaminy Valley G.C., Jamison
Joseph D. Boland, Champion Lakes Golf, Bolivar
Al Bold, Bethlehem Municipal G.C., Bethlehem
Joseph P. Bolinsky, Hidden Valley G.C., Pine Grove
Greg Bollinger, Blue Mt. View G.C., Fredericksburg
Dr. Thomas Bondy, Sunnehanna C.C., Johnstown
Peter P. Book, Wedgewood, Allentown
George "Duke" Bope, Highland C.C., Pittsburgh
Dr. John Borah, Oak Tree C.C., W. Middlesex
Mark Borkovich, Alcoms G.C., Pittsburgh
John Bosacco, The Springhaven Club, Wallingford
James P. Bosco, Lake View C.C., North East
Steve Bosdosh, Greensburg C.C., Greensburg
Wayne H. Bossart, Greensburg C.C., Greensburg
Donald Bosserman, Yorktowne Golf Club, Inc., York
Richard D. Bosworth, The Spring Haven C., Wallingford
Gladys Bowen, Saucon Valley C.C., Bethlehem
Barney Bowser, Sunnehanna C.C., Johnstown
Mrs. Alexander Boyd, Country Club of Harrisburg, Harrisburg
Nancy Boyle, Yardley G.&C.C., Yardley
Louis Brackovics, Shepherd Hills G.C., Wescosville
Natale Branca, Medford Village C.C., Medford
Dr. Leon Brandolph, White Manor C.C., Malvern
Robert E. Brandt, Burning Ridge G.C., Myrtle Beach
Rod Brandt, Lost Creek G.C., Oakland Mills
Robert E. Brant, Champion Lakes G.C., Bolivar
Murray Braunstein, Rancho Bernardo Inn, San Diego
Tim Brawley, Monroe Valley G.C., Jonestown
Leonard Bray, Horsham Valley G.C., Ambler
Don Breckenridge, Greenville C.C., Greenville
Albert W. Briner, The Springhaven Club, Wallingford
Bud Briner, Sinking Valley C.C., Altoona
Roger Brobst, Dolphin Head G.C., Hilton Head
Clarence A. Brockman, Avalon G.C., Cape May Court House
Nat Brody, Lost Creek G.C., Oakland Mills
Ted Brodzinski, Quail Ridge G.C., Sanford
Harry Brooks, Cedarbrook Hill C.C., Wyncote
Anthony J. Brosso, Sandy Run G.C., Oreland
Gerald G. Brown, Valley Green C.C., Greenburg
James A. Brown, Golden Oak, Windsor
Morton J. Brown, Colonial C.C., Harrisburg
Paul Brown, West Shore C.C., Camp Hill
Ronald J. Brozich, Black Hawk G.C., Beaver Falls
David G. Brubach, III, River Forest, Freeport
Elwood R. Brubaker, Manor G.C., Sinking Spring
Todd Brubaker, Sunset G.C., Middletown
Tony Bruens, Latrobe Elks G.C., Latrobe
Edward Bruno, Arrowhead G.C., Douglassville
Lance Brunsell, Rittswood G.C., Valencia
Michael D. Brutosky, Mill Race G.&C.C., Benton
John Bubblo, Wilkes-Barre G.C., Wilkes-Barre
Mrs. Charlotte Bucher, Old York Rd. C.C., Spring House
Robert E. Bucher, Frosty Valley, Danville
Rudolph L. Buck, Youghiogheny C.C., McKeesport
Ernest U. Buckman, Allegheny C.C., Sweickley
Dwight E. Buczkowski, Oak Terrace C.C., Ambler
Bob Burns, Heigate, Rockville

1983 HOLES-IN-ONE

Joe Buonouo, B.L. Rugland Rec. Center, Marmora
Dr. James Burgbacher, Sunnehanna C.C., Johnstown
William A. Burgunder, Jr. Green Valley G.C., Pittsburgh
George K. Burke, Sr. Saucon Valley C.C., Bethlehem
Jim Burke, Golden Horseshoe, Williamsburg
Hughie Burton, Radisson Arrowwood, Alexandria
Carl Bush, Terra Greens G.C., E. Stroudsburg
E. Crosby Bush, North Hills G.C., Corry
Richard Button, Shamrock Public G.C., Slippery Rock
Jack Butwin, Mendakota C.C., West St. Paul
Stephen Buzza, Lake Marion G.C., Santee
Frank Buzzik, Green Valley G.C., Pittsburgh
John D. Byrne, Birch Hills G.C., Brea
Richard C. Cairns, Pitman G.C., Pitman
Joseph Cala, St. Davids G.C., Wayne
Burt Caldwell, Chestnut Ridge G.C., Blairsville
Harry Callahan, Sr., Erie G.C., Erie
Donald B. Campbell, Rolling Turf G.C., Schwenksville
Earl Campbell, Jackson Valley C.C., Warren
John Campbell, Irwin C.C., Irwin
Patricia M. Cantrell, Walnut Lane, Philadelphia
Anita Capo, Bon Air C.C., Glen Rock
Thomas A. Carbaugh, Meadow Lane, Indiana
Blayne Carlson, Elk County C.C., Ridgway
Ron Carlson, Clifton Hollow G.C., River Falls
Scott Carlson, Terrace View G.C., Mankato
Robert A. Carr, Krendale G.C., Butler
William Carr, Abington C.C., Jenkintown
Randolph D. Carter, Washington G.&C.C., Washington
Bill Castro, Penn Oaks, West Chester
Chuck Cassady, Sinking Valley C.C., Altoona
Joseph R. Caterina, Elkview C.C., Carbondale
Robert Catlin, Huntingdon Valley C.C., Huntingdon Valley
Stephen Celit, Ramada Inn, Downingtown
Lillian Cellanti, Mt. Odin Park G.C., Greensburg
Melvin Cernicky, River Forest C.C., Freeport
Charles A. Cerrona, Indian Creek G.C., Jupiter
Ernest Certo, Punxsutawney C.C., Punxsutawney
Bob Chabak, Emanon C.C., Falls
Robert E. Chaikin, Schuylkill C.C., Orwigsburg
Larry Chandler, Towanda C.C., Towanda
Edward. G. Chapman, Host Farms G.C., Lancaster
N.R. Charles, Old York Road C.C., Spring House
Florinda Chase, Youghiogheny C.C., McKeesport
Fred Cheek, Red Lion C.C., Red Lion
John Chernega, Jr., Rolling Fields, Murrysville
Andy Chervenic, Richland Greens, Johnstown
Joseph Chervenka, Lawrence Park G.C., Wesleyville
Gordon A. Chesney, Willowbrook C.C., Apollo
Daniel A. Chianese, Cloverleaf G.C., Delmont
Albert Chipollini, Phoenixville G.C., Phoenixville
Fred Christian, Hawthore Valley G.C., Industry
Ted Christy, Scranton Municipal G.C., Lake Ariel
Harold H. Chubb, Valley Green G.C., Etters
Joseph F. Ciochon, Neshaminy Valley G.C., Jamison
Gene Ciongoli, Irwin C.C., Irwin
Joseph A. Ciotti, Shepard Hills C.C., Waverly
Larry Cirillo, Sebring Golf Association, Sebring
Ira D. Clare, Lewistown C.C., Lewistown
Alan Clark, Lafayette Club, Mtka. Beach
Linda Clark, Pittsburgh Field Club, Pittsburgh
Ray Clark, Green Valley G.C., Pittsburgh
Tim Clark, White Deer G.C., Montgomery

W. James Clark, Langhorne, Langhorne
Dr. Thomas Clauss, C.C. of Scranton, Clarks Summit
Dan Clements, Ohioview G.C., Industry
Ronald H. Clough, Maple Grove C.C., W. Salem
Jody Clouse, Blue Mt. View G.C., Fredericksburg
Robert G. Clower, Olde Point G.&C.C., Hampstead
Daniel J. Coakley, Manada G.C., Grantville
Margaret D. Coates, Pocono Manor G.C., Pocono Manor
Tom Cocreane, Stonecrest G.C., Wampom
John Cofer, Walnut Lane G.C., Philadelphia
Fred Coffman, Crester Valley G.C., Malvern
Jack S. Cohen, Limklne G.C., Ambler
Talmadge J. Coleman, Manada G.C., Grantville
William A. Collins, Meadow Brook G.C., Phoenixville
James Condio, Alcoma C.C., No. Huntingdon
Dale F. Confer, Nittany C.C., Bellefonte
Edward C. Conner, Shepherd Hills, Wescosville
Alfred G. Conte, Mahoning Valley G.C., Tamaqua
Samuel D. Conte, Murrysville G.C., Murrysville
Bonnie J. Cook, Kimberton G.C., Kimberton
Ray F. Coover, Sea Palms Golf & Tennis Resort, St. Simons Island
Beau Coppola, Elks C.C., Johnstown
Helman Coren, Bala G.C., Philadelphia
Donald Cory, St. Davids G.C., Wayne
Joseph C. Costello, Conestoga C.C., Lancaster
Ralph J. Costello, Summit C.C., Cresson
Harold J. Coulter, Linden Hall, Dawson
Lee M. Covenko, Cornwells G.C., Bensalem
Samuel Cox, Jr., B.P.O.E. Elk #907, Lathobe
Rod Coyle, Granville G.C., Granville
Matthew A. Chacolice, Youghiogheny C.C., Boston
Dennis Craig, Galen Hall C.C., Wernersville
Jim Craig, Longue Vue Clug, Vernona
Barry Cready, Rolling Hills C.C., McMurray
William E. Criley, Lu Lu C.C., North Hills
William Crist, Wanango C.C., Reno
Gene Santa Croce, Park Hills City Club, Altoona
Donald James Crossin, Susquehanna Valley C.C., Hummels Wharf
Eugene F. Crum, Sr., Maple Crest, Portage
Frank J. Cunnane, Trenton C.C., Trenton
Donald Curley, General Washington G.C., Audubon
Charles J. Curran, Butler's G.C., Elizabeth Township
Jack Curry, Frosty Valley C.C., Danville
Michael J. Curry, Pocono Hershey Resort, White Haven
Homer C. Curtis, Golden Oak Inn & G.C., Windsor
Armand J. Curzi, Armco Park C.C., Slippery Rock
Kilshaw Cusby, St. Davids G.C., Wayne
Thomas L. Cusick, Youghiogheny C.C., McKeesport
Leonard D'Addario, Park Hills C.C., Altoona
Allan Dakey, Honesdale G.C., Honesdale
Chris Daltorio, Hartmans Deep Valley, Harmony
Mark H. Dambly, Plymouth C.C., Norristown
Dr. H. Lee Dameshek, Westmoreland C.C., Export
Stewwart W. Damon, II, East Liverpool G.&C.C., East Liverpool
J. R. Damus, DuBois C.C., DuBois
Laurie Davies, Shepard Hills C.C., Waverly
Charles B. Davis, Phoenixville C.C., Phoenixville
Dennis E. Davis, Kittanning C.C., Kittanning
James Davis, Wilkes-Barre G.C., Wilkes-Barre
Jeff Davis, Farley's Sweet Valley G.C., Sweet Valley

1983 HOLES-IN-ONE

Ted Davis, Green Meadows G.C., Volant
Rich Davtilio, Sauers G.C., Erie
Jay M. Dawson, Clinton C.C., Lock Haven
Clarance Dean, Jr., RD #1, Dawson
James J. DeAngelo, Ingleside G.C., Thorndale
Louis Debone, Rolling Fields G.C., Sardis
Ann Decesaris, Ligonier C.C., Ligonier
Maurice Decker, Shepard Hills C.C., Waverly
Milton M. Decker, Honey Run, Dover
Brett Deemer, Plymouth C.C., Norristown
Dan Deer, Gary Works Supervisors Club, Hobart
Ronnie Deer, Edgewood C.C., Pittsburgh
Charles G. Deese, Youghiogheny C.C., McKeesport
Larry Defrances, Cloverleaf G.C., Delmont
Bertha Deih., Shawnee Inn & C.C., Shawnee on Delaware
David R. Delaney, Gilbertsville G.C., Gilbertsville
Thomas Delaney, Jeffersonville G.C., Norristown
Nicholas F. Del Borrello, Pitman G.C., Pitman
Dr. Rizal Delgado. Hollenback G.C., Wilkes-Barre
Albert L. Delia, Jr., Woodlake C.C., Vass
Fred Delve, Montour Heights C.C., Corapolis
William Delvecchio, Cloverleaf G.C., Delmont
Maureen DeMarte, Hiland G.C., Butler
Stephen Demchak, Cubwensville C.C., Clearfield
Carroll R. Denmark, Tallwood C.C., Hebron
John W. Denny, Riverside G.C., Fresno
Pauline Derham, C.C. of Northampton County, Easton
Richard C. Desantis, Turtle Point G.C., Charleston
Kevin J. Destefino, Cedarbrook G.C., Smithton
Arthur Deyo. Green Valley G.C., Pittsburgh
Carl D. Deyulis, Ebensburg C.C., Ebensburg
Joseph A. Diacova, Sr., Colony West C.C., Tamarac
Mrs. E. Diamond, Westmoreland C.C., Export
Carmen A. DiCocco, Thunderbird G.C., Quakertown
Walt Diener, Cedarbrook C.C., Bule Bell
William Dienes, Kingsmill G.C., Williamsburg
Charles E. Dietz, Montgomeryville G.&C.C., Montgomeryville
Jim Dilling, Park Hills C.C., Altoona
Ernest Dines, Beaver Lakes C.C., Auiquippa
Fuasto DiOdoardo, Bethlehem Municipal G.C., Bethlehem
Jack Dischner, Carolina Shores, North Myrtle Beach
Fred W. Diseroad, Indian Valley C.C., Telford
Harry J. Dobbs, Exeter G.C., Reading
Bernie Dobransky, Champion Lakes G.C., Bolivar
Floyd T. Doherty, Paxon Hollow C.C., Media
Charles Dombay, Blackwood G.C., Douglassville
Jules Donn, Kresson G.C., Kresson
Pat Donnon, Twin Ponds G.C., Gilbertsville
Eli Donsky, Meadowlands C.C., Blue Bell
Richard Dore, Williamsport C.C., Williamsport
Dr. J. Robert Dornish, Shawnee Inn & C.C., Shawnee on Delaware
Frank Dorsaneo, Arrowhead G.C., Douglassville
Jack Dougherty, Bucknell G.C., Lewisburg
Robert S. Dowdy, C.C. of Harrisburg, Dauphin
Gerald A. Downing, Tamarac C.C., Ft. Lauderdale
Mary S. Downing, Paxon Hollow C.C., Broomall
Spencer B. Downing, Jr., Paxon Hollow C.C., Media
Edward Doyle, White Deer G.C., Montgomery
Patrick J. Doyle, Twining Valley G.C., Dresher
Robert E. Drey, Hidden Valley G.C., Friedensburg
John R. Dulas, Edgewood C.C., Pittsburgh

Donald W. Dunlap, Olde Hickory G.C., Lancaster
Ray E. Dunning, Briar Heights G.C., Berwick
Mack Durante, Jeffersonville G.C., Norristown
John A. Duttry, Silver Springs G.C., Mechanicsburg
Tom Dzambo, Linden Hall G.C., Dawson
Frank Dzuiba, White Birch G.C., Barnesville
Don Eason, Radley Run C.C., West Chester
Ginny Eber, Butler's G.C., Elizabeth
Scott Eberman, Irwin C.C., Irwin
Robin Ebert, Wedgewood G.C., Coopersburg
James Edward, Cornwells G.C., Bensalem
Grant Edwards, Blackwood G.C., Douglassville
Harold Edwards, Maple Hill G.C., Marathon
Peter S. Edwards, Jr., Lakewood C.C., Point Clear
James T. Egan, Whitford C.C., Exton
Frank Egick, Indian Hills G.C., Paxinos
William F. Eggenberger, Sandy Run C.C., Oreland
C. Mel Eiben, South Hills C.C., Pittsburgh
Gerald M. Eisaman, Carradam G.C., North Huntingdon
Karl Eisele, Heidelberg C.C., Barnville
Betty L. Eiswerth, White Deer G.C., Montgomery
Louise V. Ellis, Riverview G.C., New Cumberland
Charles H. Emery, Hill Crest C.C., New Kensington
Erners C. Emery, Sr., Rostonia C.C., New Bethlehem
John W. Emery, Allegheny C.C., Sewickley
Blanche Emich, Fairview G.C., Quentin
Doug Eshelman, Rich Acres G.C., Richfield
Jack Esposito, Edgewood in the Pines, Hazleton
John H. Euwer, Jr., Eindber C.C., Windber
David C. Evans, Manor G.C., Fritztown
Thomas S. Evans, Hall of Fame G.C., Tampa
Thomas J. Everett, Manor Valley C.C., Export
Edwin P. Ewing, Black Hawk G.C., Beaver Falls
Carol J. Faber, Rolling Green, Springfield
Bob Fairall, Woodland Hills C.C., Hellertown
John Faith, Blackwood C.C., Blackwood
Aram J. Pakradooni, Barkshire C.C., Reading
Mike Famigletti, Jr., Springfield C.C., Springfield
Michael Fapone, Emporium C.C., Emporium
Ralph Farber, Ponderosa G.C., Hookstown
S. N. Farmer, Shannopin C.C., Pittsburgh
Steven Farzalo, Hailwood G.C., Meadville
Bil Faser, Mountain Manor G.C., Marshalls Creek
Wayne X. Fay, Kimberton G.C., Kimberton
Chuck Fedell, Pittsburgh North G.C., Giesonia
Wanda Fedon, C.C. of Northampton County, Easton
Joe Fedor, Jr., Broken Tree G.C., Carmichael
Arthur F. Fellows, Range End C.C., Dillsburg
George Ferrari, Chartiers C.C., Pittsburgh
Dr. Ronald V. Ferrari, Fox Chapel C.C., Fox Chapel
Robert Ferrone, Berwick G.C., Berwick
Jerry Ferruchie, Del-Mar G.C., Wampum
Lawson D. Fetterman, Bucknell University G.C., Lewisburg
Howard K. Fetters, Hershey's Mill G.C., West Chester
Jim Fickinger, Green Valley G.C., Pittsburgh
David Fields, Rydal C.C., Huntingdon Valley
Dolly Fielitz, Club de Golf Los Tabachines, Morelos
Robert Fiorillo, Indian Valley C.C., Telford
Ron Firestone, Blueberry Hill G.C., Russell
James Fisher, Beckett G.C., Swedesboro
James J. Fisher, Paxton Hollow G.C., Broomall
Dick Fitzgerald, Caledonia G.C., Fayetteville

563

1983 HOLES-IN-ONE

Ed Fitzgibbons, Lebanon C.C., Lebanon
William R. Fitzgerald, Spring Ford C.C., Royers Ford
Ed Foley, Skippack G.C., Cedars
Dave Foreman, White Deer G.C., Montgomery
William R. Fornicola, Cedarbrook Hill C.C., Wyncote
Tom Forsyth, Indian Spring C.C., Boynton Beach
Mary Foster, Valley Forge G.C., King of Prussia
Michael A. Foti, Pennsauken G.C., Pennsauken
Jacqueline Foust, Frosty Village C.C., Danville
Peg Fowler, Ligonier C.C., Ligonier
Robert E. Fowlie, Gator Hole G.C., North Myrtle Beach
B. Fox, Sunnybrook G.C., Plymouth Meeting
Gerald W. Fox, Krendale G.C., Butler
Jim Fox, Warrington C.C., Warrington
Phil Francis, Hopewell Valley G.C., Hopewell
Richard Francis, Brookside C.C., Pottstown
Rocco Franco, Kempsville Meadows G.&C.C., Virginia Beach
Todd Frank, Pleasant Hills G.C., Fleetwood
Victor Franke, Rose Lake G C., Fairmont
Gus Frankhouser, Reading C.C., Reading
Jeff Frankovich, Stoughton Acres G.C., Butler
William Franks, Hi-Point G.C., Ivyland
Lou Franzone, Plymouth C.C., Norristown
Alvin Freedman, Ashbourne C.C., Cheltenham
Nick Fresh, Valley Heights C.C., Verona
Tom Friday, Pittsburgh Field Club, Fox Chapel
Andrew Friedman, Hi Point G.C., Ivyland
Laraine Frobs, Seven Springs Resort, Champion
E. B. Frock, Hanover C.C., Abbottstown
Wesley W. Froelich, Kimberton G.C., Kimberton
Suzanne Farmer Fryer, Lancaster C.C., Lancaster
Douglas S. Fugate, Center Square G.C., Center Square
Robert R. Fuller, Shepard Hills C.C., Waverly
Bob Funari, Greensburg C.C., Greensburg
John A. Funfer, Foxburg C.C., Foxburg
Paul Fusco, Brookside C.C., Pottstown
Doris K. Gable, C.C. of York, York
Bob Gaio, Elk County C.C., Ridgway
Joseph M. Galeone, Pennsauken C.C., Pennsauken
John Galey, Hanover C.C., Abbottstown
Audrey Gallagher, Seven Springs Mountain G.C., Champion
Kellie Gallagher, Sandy Run C.C., Oreland
William J. B. Gallen, Hi Point G.C., Ivyland
George A. Gallian, General Washington G.C., Audubon
Jane Gallozzi, Melbourne Municipal G.C., Melbourne
Gregory Gargula, Huntingdon C.C., Huntingdon
Bill Garner, Lebanon Valley G.C., Myerstown
Fred F. Gatto, Sr., Hill Crest C.C., Lower Burrell
James J. Gavahgan, Jr., Cornwells G.C., Cornwells Heights
Chester Favula, Krendale C.C., Butler
Gerald D. Gay, Cherokee C.C., Danville
W. L. Gaydos, Manor Valley C.C., Harrison City
Wayne A. Geiger, Shepherd Hills C.C., Wescosville
Wayne P. Geisinger, Manor G.C., Singing Spring
John N. George, Hartmann's Deep Valley G.C., Evans City
Pete Georges, Pittsburgh North G.C., Gibsonia
Dominic Gerard, Stonecrest G.C., Wamput
James Gerhart, Arrowhead G.C., Douglassville
Richard M. Gerhart, Twin Ponds G.C., Gilbertsville
W. B. Germain, Llanerch C.C., Havertown

Joseph N. Giachetti, Uniontown C.C., Uniontown
Joseph W. Gibley, Old Masters G.C., Newtown Square
Walter T. Gibson, Manor Valley C.C., Export
Gertrude Giebelhaus, Frosty Valley C.C., Danville
Vaughn Gilbert, Butler's G.C., Elizabeth
Jon Gill, Valley Green G.C., Etters
James A. Gillespie, Caledonia G.C., Fayetteville
Clyde Gilmore, Rolling Hills G.C., Pulaski
John W. Gilmore, Bala G.C., Philadelphia
Barry J. Ginder, Indian Springs G.C., Landisville
Warren Gittlen, Blue Ridge C.C., Harrisburg
Thomas J. Givnish, Saucon Valley C.C., Bethlehem
Gene Glasser, Chestnut Ridge G.C., Blairsville
Dale P. Glavin, Jr., Green Valley G.C., Pittsburgh
Bill B. Glenn, Sinking Valley C.C., Altoona
Thomas J. Godzik, Mt. Odin G.C., Greensburg
Greg Golbeski, Langhorne G.&C.C., langhorne
Aaron Gold, Meadowlands C.C., Blue Bell
Dr. Donald Goldenberg, Linwood C.C., Linwood
Larry Goldstein, The Pines G.C., New York
Rosalie Goldstein, Rydal C.C., Huntingdon Valley
Joseph Gordon, Brookside C.C., Macugie
Robert M. Gorgas, Loch Ledge G.&C.C., Yorktown Heights
Frank Gorman, Hidden Springs G.&C.C., Horsham
Richard C. Gotch, Manor Valley C.C., Export
Judy Goyette, Honesdale G.C., Honesdale
Robert Gozzard, Sucon Valley C.C., Bethlehem
Mark T. Graham, Sooth Park G.C., Library
Thomas B. Graham, Valley Green G.&C.C., Greensburg
Gerard A. Grandinetti, Homestead G.C., Carbondale
Bob Gray, Hazy Hills G.C., Hudson
Charles Gray, Lakeview Resort, Morgantown
Robert Graybill, South Hills G.C., Hanover
Tony Greco, Neshaminy Valley G.C., Jamison
Jeff Gregor, Range End C.C., Dillsburg
G. Lee Greenawalt, Waynesboro G.C., Waynesboro
Terry Greenawalt, Flying Hills C.C., Reading
Marvin K. Greenberg, Squires G.C., Ambler
Gale Gregor, Range End C.C., Dillsburg
John Gregorich, Murrysville G.C., Murrysville
Chris Griffin, Champion Lakes C.C., Bolivar
James O. Griffin, Torresdale Frankford C.C., Philadelphia
Gene Groft, Briarwood G.C., York
Paul Gross, Brookside C.C., Pottstown
Albert W. Grossi, South Park G.C., Liberty
Martin T. Grothe, Jr., Cool Creek C.C., Wrightsville
Glenn B. Grove, Twin Lakes C.C., Mainland
Harry W. Grove, Beckett G.C., Swedesboro
Patrick M. Growney, Philadelphia C.C., Gladwyne
Stephen F. Guigell, Ames G.&C.C., Ames
Patricia Guenther, Olympic Hills G.C., Eden Prairie
Pearl M. Gurley, South Hills C.C., Pittsburgh
C. E. Gustafson, Bucknell University G.C., Lewisburgh
Donald Gutzke, Cokato Town & Country C.C., Cokato
Dan Gurdish, Shade Mountain G., Middleburg
Harold Haak, Blue Mt. View G.C., Fredericksburg
Judy Haber, Valley C.C., Conyngham
Bela Haberern, Brookside C.C., Macungie
Larry Hafemeyer, Pezhekee G.C., Glenwood
Jack Hafetz, Reading C.C., Reading
Joe Hagg, Penn State University G.C., University Park
Jack Haggerty, Shepard Hills G.C., Waverly

564

1983 HOLES-IN-ONE

Dave Hagstrom, Wooster C.C., Wooster
John E. Haine, Mercer Public G.C., Mercer
Don Hall, Sunnehanna C.C., Johnstown
Myles F. Hall. Northland C.C., Duluth
Sidney Hall, Indian Springs G.C., Landisville
Steven W. Hall, Wadena C.C., Wadena
William R. Hall. Merion G.C., Ardmore
Dean Hallet, Terra Greens G.C., East Stroudsburg
James J. Hallinan, Penn State University G.C., University Park
Joseph G. Hallo, Jr., Elcoma G.C., Pittsburgh
George Halula, Sr., Champoin Lakes G.C., Bolivar
Allen E. Hamburg, Whitemarsh Valley C.C., Lafayette Hill
Andrew J. Hamilton III, The Springhaven C.C., Wallingford
James R. Hamilton, North Park G.C., Allison Park
Russell A. Hamilton, Hidden Valley C.C., Pittsburgh
Butch Hammill. Ligonier C.C., Ligonier
John F. Hammill, Ligonier C.C., Ligonier
Kenneth Hammond, Summit C.C., Cresson
Eli Hancher, White Birch G.C., Barnesville
Brent Hankey, Honey Run G.C., York
Parker Hann, Opewuon G.C., martinsburg
Clifford W. Harding, Warrington C.C., Warrington
David Harding, Sunser G.C., Middletown
Ray Hardmann, Waynesboro G.C., Waynesboro
Joe Hargis, Green Acres G.C., Bernville
Harold Harner, Grand Forks C.C., Grand Forks
Alan James Harper, Cross Creek Resort, Titusville
Lester E. Harting, V.F.W. C.C., Indiana
James T. Harris, Monroe Valley G.C., Jonestown
Scott Harrison, Nemadji G.C., Superior
Kathryn Hartford, The Spring Haven Club, Wallingford
Marlin E. Hartman, V.F.W. C.C., Indiana
Robert L. Hartman, Lakeside G.C., Rippler
George Hartz, White Birch G.C., Barnesville
Raymond J. Hashinger, Ramada Downingtown Inn, Downingtown
Ike Hassler, Galen Hall C.C., Wernersville
Max Hauck, Blue Mt. View G.C., Fredericksburg
Henry Hausdorff, Duquensne G.C., West Mifflin
Roland Hausmann, Meadowlands C.C., Blue Bell
Diane Hawkins, Indian Hills G.C., Stillwater
Hal Hayes, Pine Lakes C.C., Palm Coast
George Haynal, Pleasant Valley, Vintondale
Jack Heiland, Honey Run G.C., York
Bettie Heintz, Windy Hills G.C., Conneaut
Frank Heist, Manufacturers G.&C.C., Oreland
Joann Heller, Reading C.C., Reading
Walter Heller, Pleasant Hills G.C., Fleetwood
Catherine Helms, Briarwood G.C., York
Wade Helsel, Sunnehanna C.C., Johnstown
Charles J. Henderson, Spring Ford C.C., Royersford
David R. Henderson, Washington C.C., Washington
Jan L. Henning, Monroe Valley G.C., Jonestown
Luther Henning, Montgomeryville G.&C.C., Montgomeryville
Andrew F. Henry, Conewango Valley C.C., Warren
Joann Henry, Lewistown C.C., Lewistown
Phil Herbert, Krendale G.C., Butler
James M. Herendeen, Williamsport C.C., Williamsport
Richard Herr, Blue Mt. View G.C., Fredericksburg
Steven Herre, Horsham Valley G.C., Ambler

Louis Hershey, Manada G.C., Grantville
Ken Henze, Cannon G.C., Cannon Falls
Leo L. Herzog, White Deer G.C., Montgomery
Fred Hickman, South Hills G.C., Hanover
Bob Hilbert, Blue Mountain View G.C., Fredericksburg
Jack Hill, Lawrence Park G.C., Erie
Ted Hill, Butlers G.C., Elizabeth
Terry Hill, Tam O'Shanter G.C., West Middlesex
Craig Himes, Frosty Valley C.C., Danville
Harvey P. Himmelstein, Spring Ford C.C., Royers Ford
Harry W. Hinck, Cedarbrook G.C., Belle Vernon
Dotti Hines, Perdido Bay C.C., Pensacola
Marty Hines, Colonial C.C., Harrisburg
Don J. Hinkle, Manor G.C., Fritztown
Jess Hinkley, Scranton Municipal G.C., Lake Ariel
Annette Hinks, Sunnehanna C.C., Johnstown
Bob Hirneisen, Galen Hall G.C., Wernersville
Ralph J. Hirt, Gilbertsville G.C., Gilbertsville
Kris Hnat, Green Oaks C.C., Verona
Dick Hockersmith, Birchwood G.C., Pelican Rapids
Warren R. Hodges, The Spring Haven C.C., Wallingford
Dolores H. Hofmann, Wildwood G.C., Allison Park
Jack C. Holland, Whitford C.C., Exton
Wilma S. Holland, Galen Hall C.C., Wernersville
John D. Holliday, Oak Tree C.C., West Middlesex
Richard W. Hollingsworth, Spring Creek G.C., Hershey
Harry Holloway, Payson Hollow G.C., Marple Township
Carla M. Holmgren, Gen. William Blanchard G.C., Tucson
Damian M. Holtz, Windber C.C., Windber
James R. Hoover, Rock Manor G.C., Wilmington
Aaron D. Hopkins, South Park G.C., Library
Fred W. Hopkins, Warrington C.C., Warrington
John A. Hott, Riverside C.C., Cambridge Springs
Mark G. Houle, Forest Hills G.C., Forest Lake
Dr. Benjamin House, Ashbourne C.C., Cheltenham
Richard Houseal, Cool Creek G.C., Wrightsville
Scott Houseal, Cool Creek G.C., Wrightsville
William H. Hoyer, Jr., Old York Road C.C., Springhouse
Gretchen Hronicek, Riverview G.C., Elizabeth
William H. Hubbard III, Weyhill G.C., Bethlehem
John F. Huber III, Great Bay C.C., Somers Point
John Y. Huber III, Philadelphia C.C., Gladwyne
Tom Hughes, Jr., C.C. of Northampton Country, Easton
Joe E. Hume, Arnold Palmer's Bay Hill Club & Lodge, Orlando
Ralph Hummer. Pleasant Hills G.C., Fleetwood
Dave Humphreys, South Park G.C., Library
John Hunley, St. College Elks C.C., Boalsburg
Pat C. Hunter, Hanover C.C., Abbotstown
Bob Hurley, Goodrich G.C., St. Paul
Nicholas G. Hutnick, Colonial G.C., Uniontown
Bill Hyland, Hidden Springs G.C., Horsham
Julius Iacocca, Brookside C.C., of Allentown, Macungie
John W. Igoe, Eaglesmere C.C., Eaglesmere
Gap Indelicato, Tall Pines Inn G.C., Sewell
Anthony Ioli, Rolling Hills C.C., McMurray
Charles Irace, Clinton C.C., Lock Haven
Rossa L. Irby, Cobbs Creek G.C., Philadelphia
Norma Irvin, Meadia Heights G.C., Lancaster
Terry Irvin, Lakeshore C.C., Fairview
Donald L. Irwin, West Chester G.&C.C., West Chester
Willard J. Issac, Happy Valley C.C., Exeter
Raymond L. Isenberg, Standing Stone G.C., Huntingdon

565

1983 HOLES-IN-ONE

Daniel Frank Iwaszko, Terrace View, Mankato
Sam Jackson, Manufacturers G.&C.C., Oreland
Robert W. Jacobson, Yardley G.&C.C., Yardley
Philip Jamison, Greensburg C.C., Greensburg
George Jankowski, Downingtown Inn Resort, Downingtown
Richard Janney, Green Valley G.C., Pittsburgh
Randy James, South Hills G.C., Hanover
Gene Jasper, Edina C.C., Edina
Bob Jeffrey, Willow Brook G.C., Catasauqua
Jack M. Jeffrey, Lake Side C.C., Allentown
John Jenista, Oak Tree C.C., W. Middlesex
Roger Jennings, Punxsutawney G.C., Punxsutawnwy
William R. Jennings, Oak Terrace G.C., Ambler
Paul W. Jewell, Shade Hollow C.C., Massioon
Sandy Jewell, Sheraton Inn-Greensburg G.C., Greensburg
William S. Juliante, Black Hawk G.C., Beaver Falls
George M. Jobe, Cloverlead G.C., Delmont
Richard W. Jocsak, Bethlehem Municipal G.C., Bethlehem
W. H. Johnessea, Red Lion C.C., Red Lion
John K. Johns, Tree Top G.C., Manheim
Elmer V. Johnson, Dwan G.C., Bloomington
Hank A. Johnson, West Shore C.C., Camp Hill
Melava I. Johnson, Como G.C., St. Paul
Dr. Mert Johnson, Dwan C.C., Bloomington
Robert Johnson, Lewistown C.C., Lewistown
Peg Johnson, Jackson Valley C.C., Warren
Thomas C. Johnson, Turbot Hills C.C., Milton
Trip Johnson, Northland C.C., Duluth
John M. Johnston, Edgewood C.C., Pittsburgh
Albert M. Jones, Pine Lakes C.C., Palm Coast
Betty L. Jones, Flying Hills, Reading
Dave Jones, Hopewell Valley G.C., Hopewell
Gloria L. Jones, Bronzwood, Kinsman
Marjean Jones, Sunnehanna G.C., Sunnehanna
Milton Jones, Rohanna's G.C., Waynesburg
Webster Jones, Park G.C., Conneaut Lake
William T. Jones, Flying Hills, Reading
Mitchell Jordan, Pleasant Valley G.C., Stewartstown
Angelo Juliani, Host Farm Resort, Lancaster
John Kahl, Waynesboro G.C., Waynesboro
Judy Kaiser, Card Sound G.C., Key Largo
John A. Kale, Blue Ridge C.C., Palmerton
Joseph G. Kale, Blue Ridge C.C., Palmerton
Walter Kalkbrenner, Butler's C.C., Elizabeth
Bob Kamin, Marriott Camelback C.C., Scottsdale
Robert P. Kane, Grandview G.C., York
Doug Kann, Hershey C.C., West Course, Hershey
Alice A. Karian, Ponce De Leon Lodge & C.C., St. Augustine
Mike Karpiak, Broken Tee G.C., Carmichaels
Robert J. Karvois, Paxon Hollow, Marple Township
Steve Kasperik, Chestnut Ridge G.C., Blairsville
Doris Kaufman, Manufacturers G.&C.C., Oreland
Kevin Kavanagh, Sharon C.C., Sharon
Billy Kaye, Lake view C.C., North East
Donald A. Kayser, Greensburg C.C., Greensburg
William P. Keane, Butler's, Elizabeth
Raymond W. Kearn, Toftrees C.C. & Lodge, State College
B. A. Sam Kearney, Honey Run Inc., York
Peter D. Keelan, North Park C.C., Allison Park

Gerald Keiper, Terra Greens G.C., East Strovosburg
Robert D. Keister, Bucknell G.C., Lewisburg
Donald H. Kellenberger, Sr., South Hills G.C., Hanover
Lee J. Kellett, Springford C.C., Royersford
John C. Kelly, Godwin's Village Green, Hickory
John J. Kelly III, Phoenixville C.C., Phoenixville
John P. Kelly, Jr., Manufacturer's G.&C.C., Oreland
Dale Kemp, Connoquenessing C.C., Ellwood City
John Kenley, Fairview G.C., Quentin
Earl W. Kennedy, Neshaminy Valley G.C., Jamison
Wesley H. Kentzel, Whifford C.C., Exton
Lois J. Kern, Old York Road C.C., Spring House
Joseph Kerner, McCormick Ranch G.C., Scottsdale
Ella Z. Kester, West Chester G.&C.C., West Chester
Thomas G. Kilpatrick, Clayton Park G.C., Concord Township
Greg Kindall, Oregon G.C., Oregon
Joe Kindig, Briarwood G.C., York
Curtis A. King, Norvelt G.C., Mt. Pleasant
Randy King, Waynesboro G.C., Waynesboro
Roger King, Greeway G.C., Sicklerville
Mrs. Jonathan H. Kirkpatrick, Indian Valley C.C., Telford
Lloyd Kirtland, C.C. of Scranton, Clarks Summit
Lee Kitchen, Mill Race Golf Resort, Benton
Erik Kitterman, General Washington G.C., Audubon
Dr. Wm. Kittreu, Valley Brook C.C., McMurray
Janet Klee, Nemadi G.C., Superior
Dick Kleppinger, Bethlehem Municipal G.C., Bethlehem
Al Kline, Lost Creek G.C., Oakland Mills
Robert Kline, Wedgewood, Coopersburg
Dr. Bob Klingaman, Briarwood G.C., York
Louis R. Klingensmith, Innisbrook-Copperhead #3, Tarpon Springs
Richard C. Klinger, Pine Meadow G.C., Lebanon
Edward D. Klingerman, Lulu C.C., No. Hills
Leighton Klingler, Bucknell C.C., Lewisburg
Richard Kloba, Valley Green, Greensburg
D. W. Knapp, Hidden Valley G.C., Upper St. Clair
A. R. Kneisel, Manufacturers G.&C.C., Oreland
Jim Knorr, Indian Lake C.C., Indian Lake
Mary Jane Knowles, Sandy Run C.C., Oreland
King T. Knox, Meadia Heights G.C., Lane
Paul Knox, Carolina Shores G.&C.C., N. Myrtle Beach
Kevin L. Koch, Mahoning Valley Public C.C., Tamaqua
Theodore T. Kochan, Pennhills C.C., Bradford
Dave Kochik, Jr., Red Lion C.C., Red Lion
Barry Koehler, Exeter G.C., Reading
Leo R. Koehler, Manor G.C., Sinking Spring
Joe Koenig, Meadowlands C.C., Blue Bell
F. W. Koepnick, Eagle Lodge, Lafayette Hill
Glenn Koller, Moselem Springs G.C., Fleetwood
Patrick A. Kolling, St. Cloud C.C., St. Cloud
Dan Kolodziejski, Overbrook G.C., Bryn Mawr
Edward Koneski, Sandy Run C.C., Oreland
Jim Konodka, Irwin C.C., Irwin
Frand Koons, Sr., Hollenbeck G.C., Wilkes-Barre
Joe Koons, Frosty Valley C.C., Danville
A. Ed Koon, Coon Rapids Bunker Hills G.C., Coon Rapids
Marvin L. Koop, Highland Park C.C., St. Paul
Len Kopcko, Cloverleaf G.C., Delmont
Lee F. Korevec, Kimberton G.C., Kimberton
George K. Korich, Willmar G.C., Willmar
Joseph E. Kovacs, Mohansic G.C., Yorktown Heights

1983 HOLES-IN-ONE

Leroy Kramer, Briar Heights Lodge Ltd., Berwick
Nan Krebs, Hanover C.C., Abbottstown
Edward H. Kritzer, American Legion C.C., Mt. Union
Norbert A. Kroen, Shannopin C.C., Pittsburgh
Robert J. Kroener, Jr., Jupiter Hills Club, Jupiter
Steve Krolikowski, Whispering Pines G.C., Meadville
Ray Kroll, Wilkes Barre G.C., Wilkes Barre
Keith Krout, Briarwood G.C., York
Dave Kurpitzer, Cloverleaf G.C., Delmont
Walter Krywicki, Wyoming Valley C.C., Wilkes-Barre
Frederick Kull, Fountain Springs C.C., Ashland
Sue Kuscke, Trenton C.C., Trenton
Dennis Kushay, Tam O'Shanter, West Middlesex
Fred R. Kwasnik, Thunderbird G.C., Quakertown
Harold Laaks, Fallen Timber G.C., Midway
Neva Ladner, Blueberry G.C., Russell
Alfred M. Laing, Armco Park C.C., Slippery Rock
Donald Lambie, Valley Forge G.C., King of Prussia
Eric Lambright, Shawnee Inn & C.C., Shawnee-On-Delaware
Leroy LaMotte, Briarwood G.C., York
Eugene Landis, Piney Run G.C., Garrett
Mark R. Lando, Westmoreland C.C., Export
Paul Lantz, Towanda C.C., Towanda
Bryan W. LaRouere, Butler's G.C., Elizabeth
Orville R. Larson, Windom G.C., Windom
Chuck Lauer, Briarwood G.C., York
Norman Lauer, Susquehanna Valley C.C., Hummels Wharf
C. J. Laufersweiler, Sewickley Heights G.C., Sewickley
Dean Lavia, Seven Springs Resort, Champion
Gino L. Lazzari, Paxon Hollow C.C., Brookmall
Andy Leach, Pine Glen-Singing Hills G.C., El Cajon
Earl Lebs, Rose Lake G.C., Fairmont
Marilyn Leddy, Pittsburgh North G.C., Gibsonia
Wayne A. Leeman, Locust Valley C.C., Coopersburg
Harry Leighton, Armco Park C.C., Slippery Rock
Jack Leightor, Overbrook G.C., Bryn Mawr
Charles Lengyel, Moon Valley C.C., Monongahela
Joseph Lesh, Jeffersonville C.C., Norristown
Joseph Lessard, Limekiln C.C., Ambler
Donald V. Lester, Conewango Valley G.C., Warren
Louise Levinson, Westmoreland C.C., Export
Ben Levisky, Briarwood G.C., York
Gilbert Levy, Elks C.C., Johnstown
Kenneth R. Lewis, Oak Terrace C.C., Ambler
Lewis R. Lewis, Stricklands Wiscasset G.C., Mt. Pocono
Robert Lewis, Philmont C.C., Huntingdon Valley
Sam Lewis, Jr., Montrose Club, Montrose
Alfred Butch Lieb, Immergrun, Loretto
Nathan B. Liebman, Miami Shores C.C., Miami Shores
Mrs. Patricia Lightholder, St. Clair, Pittsburgh
Alex G. Lilje, Honesdale G.C., Honesdale
Kenneth Limbert, Conestoga C.C., Lancaster
George J. Lincoln, Merion G.C., Ardmore
Jeff Linde, Wedgewood G.C., Coopersburg
William O. Linhart, Pittsburgh Field Club, Pittsburgh
Allan Link, Butler's G.C., Elizabeth
John H. Little, Dupont C.C., Wilmington
Paul F. Little, South Hills G.C., Hanover
W. G. Littleton II, Philadelphia Cricket Club, Flourtown
Bill Llewellyn, Montrose C.C., Montrose
Alice Jayne Lobb, Frosty Valley C.C., Danville

Jim Logan, Conley's C.C. Inn, Butler
Rodney Logan, Tam O'Shanter G.C., West Middlesex
Mike Logue, Valley Forge G.C., King of Prussia
Leonard Logut, Saxon G.C., Sarvar
Scott Long, Blackwood G.C., Douglassville
Walter Long, Rolling Hills C.C., McMurray
William Lotwick, White Birch G.C., Barnesville
John Lotz, Half Moon Rose Hall G.C., Jamaica
John J. Lotz, Manufacturers G.&C.C., Oreland
Masten H. Loughman, Crystal Springs G.C., Pineville
Neil B. Loughran, Mt. Lebanon G.C., Pittsburgh
Dick Love, Sharon C.C., Sharon
Gene M. Love, Penn State Univ. White Course, University Park
Scott Lowdon, Waynesboro G.C., Waynesboro
Vern Lowrey, Horsham Valley, Ambler
George Henry Lrrgang, Sr., Frenchmans Creek G.C., Lake Park
Gilbert V. Lucarelli, Mahoning C.C., Girard
Norman G. Lukens, Moselem Springs G.C., Moselem Springs
C. James Luther, Edgartown G.C., Edgartown
Robert Lynberg, Linden Hall, Dawson
Frank Mack, Lu Lu Temple C.C., North Hills
Phyllis D. Mackay, Shepard Hills C.C., Waverly
Robert C. MacWhinnie, Rolling Hills C.C., McMurray
Herb Magee, Westover G.C., Norristown
June S. Magill, Paxon Hollow C.C., Media
Paul W. Magill, Greensburg C.C., Greensburg
Doreen Mahady, Ligonier C.C., Ligonier
Donald F. Mahoney, Jr., Phoenixville C.C., Phoenixville
Ed Mailey, Trenton C.C., Trenton
Jack Maillie, Brookside C.C., Pottstown
John E. Maitland, Fountain Valley G.C., Frederidsted
Steve Majestic, State Colleg Elks G.C., Boalsburg
Ron Malehorn, Lykens Valley G.C., Millersburg
James R. Malley, South Park G.C., Library
Lou Mammone, Churchill Valley C.C., Pittsburgh
Kerry Griffith Mapes, Hi-Level G.C., Kossuth
Regina Marble, Galenhardie C.C., Wayne
Harley Marcey, Sr., White Deer C.C., Montgomery
Louise Marcolivio, Alden Pines C.C., Pineland
Martin A. Marcus, Great Cove C.C., McConnelsburg
Dr. Jerry Margulies, Ashbourne C.C., Cheltenham
June Mariano, Paxon Hollow C.C., Broomall
Raymond P. Marion, Chukker Valley G.C., Gilbertsville
Vito J. Marino, Holiday Springs C.C., Margate
Doris B. Markle, Shannon Green G.C., Fredericksburg
Paul R. Marks, Conestoga C.C., Lancaster
William John Marks, Chippewa, Bentleyville
James P. Marquis, Chestnut Ridge G.C., Blairsville
Marshal Marracini, Youghoigheny C.C., McKeesport
David L. Martel, Sr., Fairview G.C., Quentin
Dave Martin, Manufacturers G.&C.C., Oreland
Edward Martin, Green Meadows G.C., Volant
Hal E. Martin, C.C. of York, York
Heinrich Martin, Bucknell Univ. G.C., Lewisburg
Joanne Martin, Cool Creek C.C., Wrightsville
Sam Martin, Jr., Sunset G.C., Middletown
James A. Martzall, Fairview G.C., Quentin
William Marusko, Edgewood C.C., Wilken Township
Dana Masheti, Valley Forge G.C., King of Prussia
Robert Mason, Willowbrook G.C., Belle Vernon

1983 HOLES-IN-ONE

Chris H. Matangos, Colonial C.C., Harrisburg
John D. Mauk, Overbrook G.C., Bryn Mawr
Laverne Mauro, Churchill Valley C.C., Pittsburgh
Chester E. May, Valley Forge G.C., King of Prussia
Richard Mayer, Cedarbrook G.C., Belle Vernon
Warren E. Mayer, Irwin C.C., Irwin
Dick Mayoh, Manufacturer's G.&C.C., Oreland
John Mazzant, Del-Mar G.C., Ellwood City
Scott McAleese, Downingtown Motor Inn, Downingtown
John T. McCapon, Pine Meadows G.C., Lebanon
Earle McCarney, Caledonia G.C., Fayetteville
Joe McCarthy, Rolling Hills C.C., McMurray
Mike McCeehin, Bethlehem Municipal G.C., Bethlehem
Tim McChesney, Jackson Valley C.C., Warren
Charles McClaskey, Chippewa G.C., Henleyville
David R. McCauley, Hoyt Lakes Municipal G.C., Hoyt Lakes
Dolores McClellan, Great Bay C.C., Somers Point
Mrs. Ann McCollum, C.C. of Northampton County, Easton
John F. McConnell, Black Wood, Douglasville
Pat McCool, Limekiln G.C., Prospectville
George McCoy, Waynesborough C.C., Paoli
S. J. McCracken, Stonecrest G.C., Wampum
Bill McCrudden, Exeter Public G.C., Reading
Bill McCue, Skippack, Cedars
Ed McCue, Beckett G.C., Swedesboro
Sherman McCutcheon, Rolling Fields, Sardis
Charles McDonald, Lake Arthur C.C., Butler
John J. McDonnell, Hiland Public G.C., Butler
Jim McElhattan, Flying Hills, Reading
Brian A. McElwain, Wedgewood G.C., Coopersburg
John S. McElwain, Sara Bay C.C., Sarasota
Edwin J. McFadden, Stone Harbor G.C., Cape May Court House
Donal Spence McGay, Waynesborough C.C., Paoli
Hugh McGee, Kimberton G.C., Kimberton
Bernard McGill, Turbot Hills C.C., Milton
J. Brian McHugh, Waynesborough C.C., Paoli
James E. McIntyre, Punxsutawney C.C., Punxsutawney
Tim McIntyre, Cloverleaf G.C., Delmont
Mathew McKean, Homestead G.C., Carbondale
Ruth McKissick, Oak Tree C.C., W. Middlesex
Jesse W. McKnight, Sandy Run C.C., Oreland
James E. McLaughlin, Conestoga C.C., Lancaster
Bob McMahon, The Springhaven Club, Wallingford
Richard McMaster, Horsham Valley G.C., Ambler
David McMullin, Gulph Mills G.C., King of Prussia
Jow McMonagle, Double Dam G.C., Claysville
Dr. James C. McNally, Yardley G.C., Yardley
Frank McNamee, Philadelphia Cricked Club, Flourtown
Michael J. McNeal, Butlers G.C., Elizabeth
Russell H. McNew, Caledonia G.C., Fayetteville
John F. McNichol, PGA National G.C., Palm Beach Gardens
E. B. Means, Sr., Mercer Public G.C., Mercer
James Roy Means, Lenape Heights G.C., Ford City
Melvin Meckley, Manor G.C., Sinking Springs
John J. Meehan, Whitemarsh Valley C.C., Lafayette Hill
J. J. Mehler, Jr., Edgewood G.C., Pittsburgh
Anthony J. Mei, Arcadian Shores G.C., Myrtle Beach
Dr. William Mekay, Ramada Downingtown Inn, Downingtown

Warren Mellinger, Lebanon C.C., Lebanon
Charles Meminger, Jr., Penn National G.C., Fayetteville
Dev Mendelson, Lakeview, Morgantown
Arnold Menge, Indian Valley C.C., Telford
Henry W. Menn, Green Tree, Mays Landing
Robert K. Mervis, Kittanning C.C., Kittaning
Oscar Luis Mestre, Overbrook G.C., Bryn Mawr
Bob Metzdorf, Kenkdakota G.C., W. St. Paul
Ted Midden, Cloverleaf, Delmont
Joseph Mifkovich, Mahoning Valley G.&T. Inc., Tamaqua
Christpher Migel, Manufacturers G.&C.C., Oreland
Gaeorge Mihai, Maple Crest G.C., Portage
Ruth D. Millard, Water Gap C.C., Delaware Water Gap
Alan Miller, Boca Lago C.C., Boca Raton
Billie Miller, Westover G.C., Norristown
Cindy Miller, Lawrence Park G.C., Wesleyville
Hank Miller, Valley Green, Greensburg
Herbert Miller, Briar Heights Lodge, Berwick
Jane Miller, Williamsport C.C., Williamsport
Joseph H. Miller, Suncrest G.C., Butler
Raymond L. Miller, South Hills G.C., Hanover
Robert Miller, Old York Road C.C., Spring House
Ruth Miller, Berwick G.C., Berwick
Thomas G. Miller, Oak Hill G.C., Milford
Vicki J. Miller, Bon-Air C.C., Glen Rock
William J. Miller, Valley Green G.C., Etters
Norma "Jean" Millward, Bucknell G.C., Lewisburg
Catherine Milne, Dix Hills G.C., Dix Hills
Frank Milsak, Montour Heights C.C., Coraopolis
Daniel V. Milton, Jr., Butler's G.C., Elizabeth
Gary R. Minnear, Broken Tee G.C., Carmichaels
William E. Mizik, Krendlae G.C., Butler
Stu Modolo, Terra Greens G.C., East Stroudsburg
Leonard Modzelesky, Twin Pines, Montdale
Bob Mohn, Pike Lake, Duluth
Thurston Mohr, Sr., Willow Brook G.C., Catasauqua
Charley Mokina, Sliding Rock G.C., Boswell
Phillip Mollers, Windber C.C., Windber
Sal Monastero, Oak Terrace C.C., Ambler
James D. Monroe, Twin Ponds G.C., Gilbertsville
Eric Moore, Willow Hollow G.C., Leesport
Chuck Morka, Champion Lakes G.C., Bolivar
Dick Morford, Greensburg C.C., Greensburg
Craig Morris, Arrowhead G.C., Douglasville
Jarrett D. Morrow, Wanongo G.C., Reno
Suzanne Morrow, Sancon Valley C.C., Bethlehem
Bob Morse, Llanerch C.C., Havertown
Walena C. Morse, Penn Oaks C.C., West Chester
Dave Morucci, Briar Heights Lodge, Berwick
Mike Mosco, Chestnut Ridge, Blairsville
John D. Moser, White Birch G.C., Barnesville
Tony Moses, Montour Heights C.C., Coraopolis
Nat Moyer, Cedarbrook C.C., Blue Bill
James E. Mraz, M.D., Sandpiper Bay-Sinners Course, Port St. Lucie
Jack Muend, The Spring Haven Club, Wallingford
Mary Mulheran, Whitefish G.C., Pequot Lakes
Mrs. Florene Munz, Incline Village C.C., Incline Village
Dr. Robert E. Muroff, Hidden Springs C.C., Horsham
Edward Murphy, Torresdale-Frankford C.C., Philadelphia
Ray Murphy, Llanerch C.C., Havertown
Sean J. Murphy, Somerton Springs G.C., Feasterville
Harvey P. Murray, Jr., Shade Mtn. G.C., Middleburg

1983 HOLES-IN-ONE

Dale Myers, Krendale, Butler
David A. Myer, Green Oaks C.C., Verona
John D. Myers, Clinton C.C., Lock Haven
Kenneth Nale, Manor G.C., Fritztown
Joseph Naman, Meadow Lane, Indiana
Mitz Naples, Sherbrooke G.&C.C., Lake Worth
Richard A. Napolitan, Champion Lakes, Bolivar
Robert Napolitan, River Forest, Freeport
Robert Nazworth, Montour C.C., Coraopolis
Barney Neal, Cedarbrook C.C., Blue Bell
Gail Neal, Pebble Creek C.C., Lutz
Peg Nearhoof, Sinking Valley C.C., Altoona
John K. Neely, Bucknell G.C., Lewisburg
James R. Neff, Beckett G.C., Swedesboro
Harry B. Neilson, South Park, Pittsburgh
Doug Neimeyer, Penn State White Course, State College
Dick Nelson, Indian Hills, Stillwater
Ed Nevins, Towanda C.C., Towanda
Rick Newell, Ligonier C.C., Ligonier
William W. Newman, Cross Creek Resort, South Titusville
Royce Ney, Willow Hollow, Leesport
Darren Nicodemus, Riverview G.C., Elizabeth
Louis Nigliorini, Cherry Hill Inn C.C., Washington
Ruth Nimton, Brandywine C.C., Wilmington
Emil Nitowski, Bethlehem Municipal G.C., Bethlehem
Bryan Nosal, Shepherd Hills C.C., Wescosville
Bob Noel, The Country Club, Meadville
Cal Noel, Sinking Valley C.C., Altoona
George R. Noel, Ashabourne C.C., Cheltenham
R. Ray North, Shannopin C.C., Pittsburgh
Paul Novak, Blue Mtn. View G.C., Fredericksburg
W. F. Novak, Jr., Park G.C., Conneaut Lake
Dominic Novelli, Ponderosa, Hookstown
Arthur Noyerman, General Washington G.C., Audubon
Matthew J. Null, Butler's G.C., Elizabeth
Ray Oberholtzer, Tanglewood Manor G.C., Quarryville
Gerald O'Connor, Jr., Stone Harbor G.C., Cape May Court House
Jerry O'Dell, White Manor C.C., Malvern
Tom O'Dwyer, Glenhardee C.C., Wayne
Fred Ofner, Oak Terrace, Antler
Nancy B. Ofstie, Waynesborough, Paoli
Deane Ohl, Briar Heights Lodge, Berwick
Michael Olexovitch, Hollenbeck G.C., Wilkes-Barre
Gerald E. Olson, Old York Road C.C., Spring House
Orlin Olson, Jackson G.C., Jackson
Sandra Olson, Heidelberg C.C., Bernville
Robert J. O'Malley, Lake Shore C.C., Erie
J. D. O'Neil, Colonial G.C., Uniontown
Rich Ondrako, Homestead C.C., Carbondale
Gary A. Orfe, Upper Perk G.C., Pennsburg
Chris Ortman, Brookside C.C., Macungie
David Ostrowski, Sauers G.C., Erie
Rudolph Oswald, Krendale G.C., Butler
Betty Owens, Clearfield-Curwensville C.C., Clearfield
Warren Owens, St. Davids G.C., Wayne
Kevin F. Owsiany, Mon Valley C.C., Monongahela
Grady L. Oxendine, Concord C.C., Concordville
Alvin G. Oxenrider, Blue Mt. View C.C., Fredericksburg
Thomas Page, Lindenwood G.C., Cannonburg
Linda Paki, Eagle Lodge, Lafayette Hill
Carole E. Palumbo, Churchill Valley C.C., Pittsburgh
Gene Paluzzi, Shepard Hills C.C., Waverly

Joseph M. Panchak, Cedarbrook G.C., Belle Vernon
Pete Pangan, Hawthorne Valley G.C., Midland
Richard R. Pandratz, Meadow Brook G.C., Phoenixville
Wiley P. Parker, Lebanon C.C., Lebanon
Kenneth Parks, Elk County C.C., Ridgway
Michael Paskowsky, Horsham Valley G.C., Ambler
A. J. Passamante, Trenton C.C., Trenton
Joseph Patrizi, Hollenback G.C., Wilkes-Barre
Ray Patrizio, Bonair C.C., Glen Rock
Joseph V. Patti, Hidden Springs C.C., Horsham
William F. Paules, Sr., Yorktowne G.C., York
Frank P. Paz, Allegheny C.C., Sewickley
Howard T. Peak, Avalon G.C., Cape May Court House
Michael Peltzman, Horsham Valley G.C., Ambler
Michael C. Penecale, Moselem Springs C.C., Fleetwood
Peg Penecale, Cedarbrook C.C., Blue Bell
Merle Pentz, West Lake C.C., Augusta
Louis Penza, Wildwood C.C., Wildwood
Richard J. Perdick, Wedgewood G.C., Allentown
John Perese, Center Square G.C., Center Square
Martha Perris, West Hills Par 3, Coraopolis
Mike Perrotti, Jackson Valley C.C., Warren
Frank Perry, Rolling Hills C.C., McMurray
Kevin Persio, Ebensburg C.C., Ebensburg
Robert E. Peterman, Warrington C.C., Warrington
Bud Peters, The Country Club, Meadville
F. Herbert Peters, Gilbertsville G.C., Gilbertsville
Greg Peters, Llanerch C.C., Havertown
Douglas Peterson, Butlers G.C., Elizabeth
Stig Petrewski, Blueberry Hill, Russell
Frank Petrie, C.C. of Northampton County, Easton
Sam Petrizzi, Twining Valley G.C., Dresher
Boris L. Petroff, Mt. Summit G.C., Uniontown
Clarence Pflipsen, Sauk Centre C.C., Sauk Centre
Frank Phelps, Mineola G.C., Mankato
Patrick Phillips, Tanglewood, Quarryville
Barbara Pickup, Deer Track G.&C.C., Surfside Beach
Lester C. Pike, South Hills C.C., Pittsburgh
Jorge Pimental, Bethlehem Municipal G.C., Bethlehem
Beverly Pini, Lindenwood, Canonsburg
Kenneth A. Pirkl, Carriage Hills, Egan
Gale Pitchford, Frosty Valley C.C., Danville
Raobert E. Pittman, Rolling Green G.C., Springfield
Paul Pittsenbarger, Park G.C. Inc., Conneaut Lake
Charles F. Plowfield, Lebanon Valley G.C., Myerstown
James Plummer, Sinking Valley C.C., Altoona
Marianne Plummer, Elks C.C., Johnstown
Ralph Plummer, Valley Forge G.C., King of Prussia
Jeff Poet, Red Lion C.C., Red Lion
Josephine L. Pogue, Paxon Hollow C.C., Broomall
James L. Polak, So. Park G.C., Library
Lefty Polis, Murrysviile G.C., Murrysville
Hugh Pompeani, Lawrence Park G.C., Erie
Marie Pontz, Meadia G.C., Lancaster
Jim Poole, Pine Grove G.C., Grove City
George G. Pote, West Shore C.C.,
Ethel Potter, Sunnehanna C.C., Johnstown
Charles T. Potts, Lancaster C.C., Lancaster
O. E. Prather, Kahkwa Club, Erie
Jim Prencipe, Elk County C.C., Ridgway
Richard Price, Berkleigh C.C., Kutztown
William H. Price, Krendale, Butler
John Priestley, Columbia G.C., Minneapolis

569

1983 HOLES-IN-ONE

Howard R. Provin, Nemacolin C.C., Beallsville
Dennis Prpich, Willowbrook, Belle Vernon
Jim Prutchey, Manufacturer's G.&C.C., Oreland
Thomas Pugliese, Cobbs Creek G.C., Philadelphia
Arthur Pupa, Fox Hill C.C., Exeter
Bob Pusher, Valley C.C., Conyngham
C. Thomas Qualey, D.M.D., Greensburg C.C., Greensburg
Frank J. Quartini, Hubbard G.C., Hubbard
Ernest Quaye, Beaver Lakes C.C., Aliquippa
David Radcliffe, Flying Hills G.C., Reading
Vince Radic, Jr., Lost Creek G.C., Oakland Mills
Robert C. Radtke, Tanglewood Lakes G.C., Greentown
Kenneth J. Rahl, Mount Odin, Greensburg
Joan L. Raifsnider, Exeter Public G.C., Reading
Frank Randa, Stonecrest, Ellwood City
Jeffrey C. Rasmussen, Univ. of Minnesota G.C., St. Paul
Edward Rauch, Twin Lakes, Allentown
Loyle D. Raymond, Brookview Municipal G.C., Golden Valley
Jean Raynes, Plymouth C.C., Norristown
S. Herbert Raynes, Plymouth C.C., Norristown
D. John Razzano, Mercer Public G.C., Mercer
Paul V. Reader, Black Hawk G.C., Beaver Falls
Tom Redding, Sr., Bethlehem Municipal G.C., Bethlehem
F. C. Redfern, Neshaminy Valley G.C., Jamison
Leonard A. Redlich, Greensburg C.C., Greensburg
Benjamin Reed, Brookside C.C., Macungie
Charles Reed, Blue Mt. View G.C., Fredericksburg
Robert B. Reeping, Latrobe Elks C.C., Latrobe
Harry H. Reese, Overbrook G.C., Bryn Mawr
Chris Reichart, Briar Heights Lodge Ltd., Berwick
Clarence Reigle, Belles Spring G.C., Mackeyville
John J. Reilly, Pleasant Valley G.C., Vintondale
Barbara Reimer, Glenbrook C.C., Stroudsburg
Orlin C. Reimer, Clear Lake G.C., Clear Lake
Cal Reiss, Tumblebrook G.C., Coopersburg
Louis Richards, Wedgewood, Allentown
Daniel M. Rendine, Gulph Mills G.C., King of Prussia
Fred Renner, Briarwood G.C., York
Stephen J. Renn, Oyster Bay Golf Links, N. Myrtle Beach
Ralph B. Reno, South Park G.C., Library
Horace R. Renshaw, The Springhaven Club, Wallingford
Edward F. Repasch, Wedgewood G.C., Limeport Pike
Ralph C. Reutzel, Shannopin C.C., Pittsburgh
Tim Reynolds, Pleasant Valley G.C., Vintondale
James L. Rhoades, Hanover C.C., Abbottstown
Mahlon E. Rhoderick, Hog Neck G.C., Easton
Randy Rice, North Park G.C., Allison Park
Eric Richardson, Suncrest G.C., Butler
J. R. Richardson, Meadia G.C., Lancaster
Herb Rick, Yardley C.C., Yardley
Ryan Scott Rickerson, Blueberry Hill G.C., Russell
Roger R. Ringley, Oakmont C.C., Oakmont
Gary Ringo, Tam-O-Shanter G.C., W. Middlesex
Marty Rinker, Armco C.C., Slippery Rock
William C. Rinker, Blackhawk G.C., Beaver Falls
Clifford (Pip) Ripple, Waynesboro C.C., Waynesboro
R. J. Ritter, Winona C.C., Winona
Thomas W. Rittle, Franklin G.C., Pittsburgh
Allen Rizzo, C.C. of York, York
Steve Roberson, Host Farms, Lancaster
David H. Roberts, Limekiln G.C., Ambler

Donald R. Roberts, Cove Cay G.C., Clearwater
Thomas G. Roberts, Rittswood G.C., Valencia
Carlyle Robinson, Fox Hill C.C., Exeter
Philip R. Robinson, Shannopin C.C., Pittsburgh
Roy Robson, Cedarbrook C.C., Blue Bell
Mike Rockmore, Wanango C.C., Reno
William E. Rogers, Rocky Spring G.C., Chambersburg
Ronald Carl Rohn, Terrace View, Mankato
Daniel W. Rohrbaugh, Shade Mountain G.C., Middleburg
Rich Rohrer, Fairview G.C., Quentin
Henry P. Rokosz, Sugarloaf G.C., Sugarloaf
John Roland, Sinking Valley C.C., Altoona
Bill Roll, Jr., Mt. Odin, Greensburg
Robert Romito, Honey Run G.C., York
Michael J. Rondosh, Sr., White Birch, Barnesville
Leon F. Rongaus, South Hills C.C., Pittsburgh
John J. Rooney, LaCosta C.C., Carlsbad
Murray Root, Cedarbrook Hill C.C., Wyncote
Braddock Rose, Copeland Hills, Columbiana
Nancy Rosenberg, Oak Ridge G.C., Hopkins
Harvey Rosenbluth, Bala G.C., Philadelphia
Philip M. Rosenstein, Scranton Municipal G.C., Scranton
Janet Rosman, Union City C.C., Union City
W. P. Ross, Bostonia, New Bethlehem
Anthony Rossi, Thunderbird G.C., Quakertown
Leon Rossman, Bucks County C.C., Jamison
Stuart M. Rothenberger, Arrowhead G.C., Douglassville
Elizabeth Rowe, Lebanon C.C., Lebanon
Louis W. Rubinoff, Green Oaks C.C., Verona
Charles K. Rudisill, Cool Creek C.C., Wrightsville
Jake Rudisill, Star Dust, Sun City West
William H. Rullman, Waynesborough C.C., Paoli
Perry E. Russell, Ohioview G.C., Industry
Donna M. Russo, Washington County G.&C.C., Washington
Geoffrey B. Rutter, Olde Hickory G.C., Lancaster
Thomas R. Rutters II, Terra Greens G.C., East Stroudsburg
Phyllis Ruzicka, Shepherd Hills G.C., Wescoesville
John L. Ryan, Wedgewood G.C., Allentown
Patrick T. Ryan, Philadelphia C.C., Gladwyne
Andrew Sabatula, Colonial G.C., Uniontown
Arthur Sabulsky, Candywood G.C., Vienna
Donald P. Sager, Nittany C.C., Mingoville
Joe Sagolla, Green Tree C.C., Mays Landing
Sam Saldutti, Plymouth C.C., Norristown
Michael Salomone, Sunset C.C., Middletown
Carl Salvi, South Park, Library
Jules J. Samocki, Cornwells G.C., Bensalem
Tina Marie Samson, Montgomeryville G.&C.C., Montgomeryville
Doris H. Sandberg, Montour Heights C.C., Coraopolis
Harold W. Sanders, South Hills G.C., Hanover
Roy W. Sanders, Jepko's 3-Ponds, Elysburg
Jose Santiago, Bethlehem Municipal G.C., Bethlehem
Paul Sapsara, Montour Heights C.C., Coraopolis
Ron Saunders, Jr., Clover Leaf C.C., Delmont
Joseph Saveri, Jr., Tumblebrook G.C., Coopersburg
Stan S. Sawicki, Hollenback G.C., Wilkes Barre
Elmer Sayland, Doylestown C.C., Doylestown
Lewis Saylor, Twin Ponds G.C., Gilbertsville
Bill Schack, Mt. Manor G.C., Marshalls Creek
Thomas Schaible, Chukker Valley G.C., Gilbertsville

570

1983 HOLES-IN-ONE

Steve Scheier, Skippack, Cedars
Charlie Schell, Fairview G.C., Quentin
Raymond Schiller, Linden Hall G.C., Dawson
Dr. Charles Schlager, C.C. of York, York
Ronald Schlicher, Thunderbird G.C., Quakertown
Clifford E. Schiller, Mahoning Valley G.&T.C., Tamaqua
Barry Schoener, Blue Mt. View G.C., Fredericksburg
Roy Scoffone, Skippack G.C., Cedars
Albert F. Schroeck, Lawrence Park G.C., Wesleyville
Ron Schuler, Willow Hollow G.C., Leesport
Clayton E. Schulze, Sebasco-Shore Acres C.C., Sebasco Estates
Irvin Schwartz, Ashbourne C.C., Cheltenham
Walter E. Schwind, Cornwells G.C., Bensalem
George C. Scott, Skannopin, Pittsburgh
John Scott, Meadia Heights G.C., Lancaster
Virgil W. Scott, Stonedrest G.C., Wampum
W. Scottsmith, Jr., Merion G.C., Ardmore
Vincent Scuille, Seven Springs Resort, Champion
Matthew Searles, Blue Ridge, Palmerton
John Sebest, Ligonier C.C., Ligonier
Lenny Sedorovitz, Jr., Scranton Municipal G.C., Lake Ariel
Nancy C. See, Whitemarsh Valley C.C., Lafayette Hill
Craig Seiple, Markers Hollow G.C., Phillipsburg
Raymond T. Seiz, Exeter G.C., Reading
Richard Selweck, Eddy Farm Hotel, Sparrow Bush
Edward Semcoski, Jr., Butler's G.C., Elizabeth
Terry A. Serafini, Churchill Valley C.C., Pittsburgh
Anna T. Seras, Carlisle C.C., Carlisle
Mark D. Serena, Seven Springs Resort, Champion
Stan Sewandowski, Northampton Valley C.C., Richboro
Thomas R. Shaffer, Nemacolin Woodlands, Farmington
Vincent De P. Shaffer, Edgmont C.C., Edgmont
Howard Shakespeare, Dubois C.C., Dubois
Howard R. Shaner, Twin Ponds G.C., Gilbertsville
Sue Shanley, Cimarron, Lake Elmo
Cliff Shaw, Saucon Valley C.C., Bethlehem
Ira V. Sheaffer, Conestoga C.C., Lancaster
Mark Sheehan, Town & C.C., St. Paul
Arthur C. Sheets, Hanover C.C., Abbottown
Max Sheetz, Blue Mt. View G.C., Fredericksbutg
Gary A. Sheffler, Shannopin C.C., Pittsburgh
Jack Shein, Cobbs Creek, Philadelphia
Vincent T. Shemanski, Exeter G.C., Reading
Anita F. Sheppard, Penn National G.C., Fayetteville
David J. Sherbine, Hi-Level G.C., Kossuth
Kim Sherry, Park Hills C.C., Altoona
John Shields, Champion Lakes G.C., Bolivar
Alan Shiffler, Williamsport C.C., Williamsport
Mark S. Shiffman, Lincoln Hills C.C., N. Huntington
Mary Liz Shirley, Wilderness C.C., Naples
Tom Shivetts, White Deer G.C., Montgomery
Jay Shoemaker, Lost Creek G.C., Oakland Mills
Roger Shomo, Champion Lakes G.C., Bolivar
Robert Shomper, Out Door C.C., York
Martha Short, Beaver Lakes C.C., Aliquippa
Gene P. Shurr, Reading C.C., Reading
Shirley Shutey, Isla Del Sol, St. Petersburg
Thomas P. Sibol, Outdoor C.C., York
Jack W. Siefert, Twining Valley G.C., Dresher
Darrell Sifford, Bala G.C., Philadelphia
Debbie Silverberg, Meadowlands C.C., Blue Bell

Robert Simmons, Ebensburg C.C., Ebensburg
Ben L. Simonson, Vista Royale G.C., Vero Beach
John L. Simpson, Wanango, Reno
Thomas J. Sincavage, Thunderbird G.C., Quakertown
John Sidori, Sheppard Hills C.C., Waverly
George Sisak, Chestnut Ridge G.C., Blairsville
Sue Skala, Conestoga C.C., Lancaster
Ray Skoloda, Valley Green, Etters
Louis J. Skradski, River Forest C.C., Freeport
John Skubak, Pleasant Valley G.C., Vintondale
John Slanovec, Bethlehem Municipal G.C., Bethlehem
T. K. Sloat, Sharon C.C., Sharon
Kenneth L. Sloniger, Treasure Lake, Dubois
Bill Sloyer, Randolph Municipal G.C. North, Tucson
Brian Smith, Tyoga C.C., Wellsboro
David Smith, Lost Creek G.C., Oakland Mills
David A. Smith, Butler's G.C., Elizabeth Turnpike
Davis W. Smith, Wanango C.C., Reno
Doug Smith, Horsham Valley G.C., Ambler
George Edgar Smith, Kingsmill G.C., Williamsburg
Lester R. Smith, Green Oaks C.C., Verona
Ralph J. Smith, Mount Odin Municipal G.C., Greensburg
Stillman Smith, Walnut Creek G.C., Jamestown
Thomas A. Smith, Hanover C.C., Abbottstown
Slyvia Sobelman, Flourtown C.C., Flourtown
Michael D. Sockel, Exeter G.C., Reading
Ed Sodergren, Nemadji, Superior
Charles Soffera, Brookside C.C., Macungie
Mary Ann Soldo, Cedarbrook C.C., Blue Bell
Robert Solomon, Westmoreland C.C., Export
Edgar C. Sonderman, Pittsburgh Field Club, Pittsburgh
Bob Sorenson, Austin C.C., Austin
Charles Souders, Cool Creek C.C., Wrightsville
Bob Spang, Twin Lakes, Meyersville
John Spearko, Willow Brook G.C., Catasauqua
Schaeffer Specht, Lebanon C.C., Lebanon
H. William Speight, Chautauqua G.C., Chautauqua
Jim Spence, Iron Masters C.C., Roaring Springs
Gaye Lynn Sprenkle, Grandview G.C., York
R. Spine, Chartiers C.C., Pittsburgh
Dave Spitzel, Irwin C.C., Irwin
Dan Spotts, White Deer G.C., Montgomery
Preston Sprigle, Cool Creek C.C., Wrightsville
Steve Spuhler, Hi-Point G.C., Ivyland
Tom Squiredo, Hidden Valley C.C., Pine Grove
Shawn Staeger, Armco Park C.C., Slippery Rock
Norman F. Stainthorpe, McCall Field C.C., Highland Park
Mark Stamer, Towanda C.C., Towanda
Chuck Stanek, Tam-O-Shanter, W. Middlesex
Al Stankey, Terrace View G.C., Mankato
E. I. Stanley, Wanango C.C., Reno
Joyce Stanley, Wanango C.C., Reno
Ned Stanley, Wanango C.C., Reno
Gene Steele, Twining Valley G.C., Dresher
Greg Steliotes, Mt. Lebanon
Thomas Stephans, Manada G.C., Grantville
Ed Stephenson, Lake View C.C., North East
Henry J. Stetina, Old York Road C.C., Spring House
Martin J. Stetina, Blackwood G.C., Douglassville
Conrad S. Stettenbaure, Twin Ponds G.C., Gilbertsville
C. E. Stevenson, Downing, Erie
Richard Stever III, Sinking Valley C.C., Altoona
Bill Stewart, Chippewa, Washington

571

1983 HOLES-IN-ONE

Keith Stewart, Penn Hills Club, Bradford
Carol Stilen, Foxburg C.C., Foxburg
Frank Stockdale, Punxsutawney C.C., Punxsutawney
Ed Stone, Westmoreland C.C., Export
John L. Stone, Ponderosa G.C., Hooks Town
Donals S. Stoner, Pine Meadow G.C., Lebanon
Faron Stoops, Waynesboro G.C., Waynesboro
Howard C. Story III, Philadilphia Cricket Club, Flourtown
Gene Straka, White Birch G.C., Barnesville
John Stranko, Hidden Valley G.C., Pine Grove
William Stranko, Range End C.C., Dillsburg
Nancy Straub, Shawnee Inn & C.C., Shawnee on Delaware
John Strickler, Blue Mt. View C.C., Fredricksburg
Nick Strippy, Pleasant Valley, Vintondale
James E. Studebaker, Alcoma G.C., Pittsburgh
I. F. Sturm, South Park C.C., Library
Bob Sullivan, Meadia G.C., Lancaster
Mary Lou Sullivan, Seven Springs Resort, Champion
Pat Sullivan, Colonial C.C., Harrisburg
Richard Susa, Sr., Norvelt G.C., Mt. Pleasant
Bill Sutton, Sinking Valley C.C., Altoona
Keith Swanson, Conewango Valley C.C., Warren
Samuel O. Swartz, Manor G.C., Sinking Spring
Roger Sweeting, Lawrence Park G.C., Erie
Jack Swisher, Susquehanna Valley C.C., Hummels Wharf
Alfred J. Switzer, Ebensburg C.C., Ebensburg
Tom Szwast, Pheasant Valley G.C., Vintondale
Susan H. Tall, Pinehurst-Course #1, Pinehurst
David Talon, Chestnut Ridge G.C., Blairsville
Don Tanner, South Park C.C., Library
Jack Tarr, Bim Linden Hall, Dawson
Gaeorge J. Tartar, Lebanon Valley G.C., Myerstown
Rev. Gregory J. Tauber, Exeter G.C., Reading
John Tauer, Jr., Mendakota C.C., West St. Paul
Robert Tavalsky, Pleasant Valley G.C., Johnstown
Col. Dewey Taylor, Pleasant Valley G.C., Stewartstown
Jack Taylor, Clinton C.C., Lock Haven
Raymond E. Taylor, Irwin C.C., Irwin
Richard Taylor, Washington C.C., Washington
William R. Terza, Cedarbrook G.C., Smithtown
E. D. Theodoredis, Grace Cse., Saucon Valley C.C., Bethlehem
Richard H. Thill, Rittswood G.C., Valencia
Bruce J. Thomas, Fallen Timber G.C., Midway
Gary Thomas, Black Hawk G.C., Beaver Falls
George Thomas, Colonial C.C., Harrisburg
John I. Thomas, Seneca Falls C.C., Seneca Falls
Norwood Thomas, Warrington C.C., Warrington
Robert J. Thomas, Pittsburgh Field Club, Pittsburgh
Ron Thomas, Elks C.C. (State College), Boalsburg
Carl R. Thompson, Hidden Springs, Horsham
Grover Thompson, Piney Apple C.C., Biglerville
Jack Thompson, Wanango C.C., Reno
Jim Thompson, Seven Springs, Champion
Joseph M. Thompson, Lake Shore C.C., Erie
Millard W. Thompson, Deer Trace-South Course, Surfside Beach
Walter H. Thompson, Rolling Hills G.C., Pulaski
Vern Thorsen, Birchwood G.C., Pelican Rapids
Scott Thornton, Waynesboro G.C., Waynesboro
David Tierney, Jeffrsonville G.C., Norristown
Shirley Timins, Indian Valley C.C., Telford

Robert F. Toia, West Chester G.&C.C., West Chester
Barry K. Tolby, Sportsmans G.C., Harrisburg
Dave Tomasic, Bon Air C.C., Glen Rock
Mark A. Tomkins, Doylestown C.C., Doylestown
Henry W. Tooke, Overbrook G.C., Bryn Mawr
Sever Toretti, Centre Hills C.C., State College
Betty Torgent, Yougheogheny C.C.,
James C. Torrance, Conewango Valley C.C., Warren
Michael D. Tosh, Wyoming Valley C.C., Wilkes-Barre
John W. Toth, Moon Valley C.C., Monongahela
Palmer M. Toto, Torresdale-Frankford, Philadelphia
Michael E. Traeger, Hillcrest C.C., St. Paul
Len Travagline, Jr., Yardley G.C., Yardley
Thomas M. Tressler III, Avalon G.C., Avalon
Sylvia Troian, North Park G.C., Pittsburgh
Elmore Trottie, Freeway G.C., Sicklerville
Gene Troutman, Indian Hills G.&T.C., Paxinos
Tom Troutman, Lost Creek G.C., Oakland Mills
Bob Trumbower, Bethlehem Municipal G.C., Bethlehem
Paul Truschel, Clover Leaf, Delmont
James J. Tuite, Murrysville G.C., Murrysville
James R. Turner, Springfield C.C., Springfield
Thomas E. Tush, Butlers G.C., Elizabeth
Lou Tutino, Shamrock Public G.C., Slippery Rock
George Uhlrich, Cool Creek C.C., Wrightsville
Russell E. Ulmer, Green Valley G.C., Pittsburgh
Donald Uhrich, Lebanon Valley G.C., Myerstown
Harry J. Ulrich, Arcadian Shores G.C.,
Frank Umani, Hi Point G.C., Ivyland
Dennis J. Umidi, Hanover C.C., Abbottstown
Fritz Valenchess, Mount Airy Lodge, Mount Pocono
John M. Vanderslice, Center Square G.C., Center Square
Alan Van Sant, Cool Creek C.C., Wrightsville
Rayamond Varasi, Valley Heights G.C., VErona
Lamont A. Vaughn, Ingleside G.C., Thorndale
Regis Veatch, Jr., Green Valley G.C., Pittsburgh
Charles H. VeHerlein, Jr., Philadelphia Cricket Club, Flourtown
Mark Venezie, Del Mar G.C., Wampum
Terry Verakis, Washington C.C., Washington
Michael R. Versuk, Whitford C.C., Exton
Robt. Vestovich, Champion Lakes G.C., Bolivar
Kevin Vetter, Terrace View, Mankato
Ray Victor, Cedarbrook C.C., Blue Bell
Keith Visconti, Liden hall G.C., Dawson
Russell Volz, Stone Harbor G.C., Cape May Court House
Keith Voust, Perry G.C., Shoemakersville
Dr. Richard Voytko, Sunnehanna C.C., Johnstown
Charles W. Wade, McCall G.C., Highland Park
Richard W. Wadsworth, Springfield, Springfield
Bill Wager, Lawrence Park G.C., Lawrence Park
Earl R. Wagner, Spring Ford C.C., Royersford
Kenneth G. Wagner, Parkview G.C., Hershey
Richard W. Wagner, Colonial C.C., Harrisburg
Ken Wagoner, Pleasant Valley, Vintondale
Richard T. Walker, Lakeview Resort, Morgantown
Helen Walter, Meadia Heights G.C., Lancaster
Chip Waltr, Paxon Hollow C.C., Media
Kate Wandell, White Deer G.C., Montgomery
Arthur D. Wangen, Owatonna C.C., Owatonna
Charles Ward, Pine Acres, Bradford
Norman L. Ward, Freeway G.C., Sicklerville
Thomas W. Ward, Pennsauken C.C., Pennsauken

1983 HOLES-IN-ONE

Donald M. Wardell, Jr., Montour Heights, Coraopolis
Jack Warden, Irwin C.C., Irwin
Keith Warfield, Sentry World, Stevens Pointe
Andrew J. Wargo, Locust Valley C.C., Coopersburg
Edward B. Warner, Montrose C.C., Montrose
Blair K. Warnick, Springfield C.C., Springfield
Clarence Washburn, Chenango Valley St. Park G.C., Chenango Forks
Ronald Wasielewski, Lawrence Park G.C., Lawrence Park
Albert Wasko, Riverforest C.C., Freeport
James W. Wasson, Mahoring Valley C.C., Lehighton
John (Jack) Watson, Erie G.C., Erie
Clarence Watts, Briar Heights Lodge
Ana Waye, Johnstown Elks C.C., Johnstown
Raobert Weaner, Jr., Gettysburg C.C., Gettysburg
Marion Weaver, Whitford C.C., Exton
Marlin Weaver, Lebanon C.C., Lebanon
Donald G. Weber, Hiland G.C., Butler
Hank Weber, Twining Valley G.C., Dresher
Harriett H. Wedner, Blue Ridge C.C., Harrisburg
Richard Weeks, H. G. "Dad" Miller G.C., Anaheim
Thomas R. Weichel, Shawnee Inn & C.C., Shawnee-on-Delaware
Greg Weidner, River Forest C.C., Freeport
Isabelle Weidman, Lebanon C.C., Lebanon
Bernard D. Weiler, Abington C.C., Jenkintown
Judy Weiss, Berkleigh C.C., Kutztown
Robert J. Weiss, Rolling Green G.C., Springfield
Susie Welham, Lewistown C.C., Lewistown
James L. Welsh, Jr., Youghiogheny C.C., McKeesport
Donald O. Welshans, Lincoln Hills C.C., N. Huntingdon
George Welty, Ligonier C.C., Ligonier
Dorothy Wenger, Lebanon C.C., Lebanon
Paul Wensel, Host Farm, Lancaster
Ben Wenrich, White Deer Golf Course, Montgomery
Vic Wenzlaff, Dwan G.C., Bloomington
Gary L. West, Sauers G.C., Erie
Robert H. West, The 3 Pines Inc., Woodroff
Stanley Westbrook, Huntingdon C.C., Huntingdon
Cork Westfall, Greenacres G.C., Titusville
Laurel Westrom, Maddens, Brainerd
Earl V. Wetzel, Town & C.C., St. Paul
Gregg Wetzel, Briar Heights Lodge Ltd., Berwick
Robert L: Wextant, Jr., Bedford Elks C.C., Bedford
Roger A. Wharton, Shawnopin, Pittsburgh
Jonathan Wheatley, South Hills C.C., Hanover
Donald Whisted, Horsham Valley G.C., Ambler
Danald C. White, Greensburg C.C., Greensburg
Jack White, Honesdale G.C., Honesdale
John White, Jr., Center Square G.C., Center Square
Preston White, North Park, Pittsburgh
Jane Y. Whitley, Bucknell G.C., Lewisburg
Clayton Whitman, Sportsmans G.C., Harrisburg
Larry Whittier, St. Clair C.C., Pittsburgh
Dr. William R. Wigton, Butler C.C., Butler
John W. Wilchek, Barksdale G.C., Bossier City
William O. Wiley, Lost Creek G.C., Oakland Mills
Robert Wilkins, Rolling Hills C.C., McMurray
Earl Wm. Wilkinson, Churchill Valley C.C., Pittsburgh
Carol Williams, Tam O'Shanter, West Middlesex
Charles A. Williams, Wilkes Barre Municipal G.C., Wilkes Barre
John H. Williams, Reading C.C., Reading

Ronald R. Williams, State College Elks, Boalsburg
Julie Williamson, Penn Oaks C.C., West Chester
Lorraine Will, Penn National G.C., Fayetteville
J. William Wills, Center Square G.C., Center Square
Benjamin V. M. Wilson, Jeffersonville G.C., Norristown
Dan Wilson, Rolling Fields G.C., Murrysville
Mike Wilson, Arrow Head, Douglasville
Frank Winkelbauer, Bethlehem Municipal G.C., Bethlehem
Marjorie Winokur, Glenhardie C.C., Wayne
Phil Wirtz, Pine Acres C.C., Bradford
Bill Wishard, Blue Ridge C.C., Harrisburg
Bill Wister, Philadelphia Cricket Club, Flourtown
William W. Wister, Philadelphia Cricket Club, Flourtown
Jas. D. Witherspoon, Churchill Valley C.C., Pittsburgh
David A. Witman, Sr., Schuylkill C.C., Orwigsburg
Ross Wix, Manada G.C., Grantville
Douglas J. Wood, Latrobe C.C., Latrobe
Mary L. Wood, Montgomeryville G.C., Montgomeryville
Noble Woodall, Arrowhead G.C., Douglassville
Leonard D. Woods, C.C. of York, York
Dubree A. Wolfe, Sportsman G.C., Harrisburg
Leo Joseph Wolfe, Jr., Black Hawk G.C., Beaver Falls
Stanley Wolfe, Melrose G.C., Cheltenham
Frank Worthington, Manufacturers G.&C.C., Oreland
Dennis Wright, Lewiston C.C., Lewiston
George H. Wright, White Deer G.C., Montgomery
Bill Wychowanec, Homestead G.C., Carbondale
Alan Wygant, Valley Heights G.C., Verona
Mary Ellen Yarty, Brian Heights Lodge, Berwick
Joseph L. Yates, Allegheny County-South Park, Library
Bob Yetman, Skippack, Cedars
Joe Yost, Bethlehem Municipal G.C., Bethlehem
Bill Young, Cool Creek C.C., Wrightsville
Charles W. Young, Philadelphia C.C., Gradwyne
George W. Young, Hidden Valley, Pottsville
Larry Young, Sunset G.C., Middletown
Rita J. Young, Green Oaks C.C., Verona
Tom Young, Sunnehanna C.C., Johnstown
Walter R. Young, Philadelphia Electric C.C., Highland Park
Stanley H. Zabytko, Penn Oaks C.C., West Chester
John B. Zahn, Indian Springs, Landisville
Budd C. Zaner, Eagles Mere C.C., Eagles Mere
Dan Zarecky, Tam-O-Shanter, West Middlesx
Victor J. Zaro, St. Davids G.C., Wayne
James W. Zeller, Turbot Hills C.C., Milton
Ron Zellers, Grandview, York
Loren Ziegenfus, Indian Mountain G.C., Kresgeville
John Ziegler, Doral G.C., Miami
John E. Zikeli, Del Mar, Wampum
George D. Zimmerman, Pine Meadow, Lebanon
Nazzi Zola, White Birch, Barnsville
Tom Zolock, Seven Springs Resort, Champion
Herman Zucker, Bucks County C.C., Jamison

RHODE ISLAND

Gene E. Allen, Rehoboth C.C., Rehoboth
Edward A. Angelone, Pleasant Valley C.C., Sutton
Dolores Benjamin, Jack-O-Lantern Resort, Woodstock
Normand A. Bergerow, Kirkbrae C.C., Lincoln
Raymond Bonosconi, Sr., Jamestown C.C., Jamestown

1983 HOLES-IN-ONE

Bob Bowen, Montaup C.C., Portsmouth
Arlene Burdon, Quidnessett C.C., North Kingstown
Bob Calise, Doral C.C., Miami
Bill Campbell, Wanumetonomy C.C., Middletown
Don Carpenter, Wampanoag G.C., No. Swansea
Vahan Chapian, North Kingstown Municipal Golf, North Kingstown
Lloyd Clark, Ocean Reef Club, Key Largo
Louis Compagnone, Boca Raton Municipal G.C., Boca Raton
Henry M. Cooper, Rhode Island C.C., W. Barrington
Mando Diana, Jamestown C.C., Jamestown
Roger Dufault, Kirkbrae C.C., Lincoln
John Dunn, Wanumetonomy, Middletown
John Frizzell, Wanumetonomy, Middletown
Robert Ekeblad, Swansha G.C., Swansha
Bob Farrelly, Jr., Ledgemont C.C., Seekonk
John Florio, Alpine C.C., Cranston
Gerald J. Fogarty, II, Rhode Island C.C., Barrington
William French, North Kingstown Municipal G.C., North Kingstown
Barry Gately, Wannamoisett C.C., Rumford
Jack Girr, Wanumetonomy, Middletown
Ray Giusti, Laurel Lane G.C., W. Kingston
Robert Gormley, Quidnessett C.C., E. Greenwich
Ernest Greenwood, Laurel Lane G.C., West Kingston
Mike Harrington, Foster C.C., Foster
George Jezierny, Jr., Agawam Hunt Club, East Providence
Scott K. Keefer, Agawam Hunt, East Providence
William M. Keogh, Wannamoisett C.C., Rumford
Terry C. Kling, North Kingstown Municipal, Davisville
Walter Kozlowski, Lincoln C.C., Lincoln
Ronald R. Lacy, Quidnessett C.C., North Kingstown
Charles J. Lembo, Rehoboth C.C., Rehoboth
Gloria Leviss, Ledgemont C.C., Seekonk
Greg W. MacIntosh, Point Judith, Naaragansett
Kenneth R. MacLean, Warwick C.C., Warwick
Lewis Madeira, Gulph Mills, King of Prussia
Paul M. Mahoney, Rhode Island C.C., Barrington
Debbie A. Martin, Seaview C.C., Warwick
John McGiveron, Foster C.C., Foster
James J. McKee, Kirkbrae C.C., Lincoln
Ted McLaughlin, Foster C.C., Foster
Paul C. McVay, New Seabury C.C., New Seabury
Robert F. Mennonna, The Country View G.C., Burrillville
Everett Mercer, Pocassett G.C., Portsmouth
Domenic A. Merolla, Alpine C.C., Cranston
David P. Messinger, Rehoboth C.C., Rehoboth
J.W. Gaebe Morris, South Ocean G.C., Nassau
Peg L. Muller, Ledgemont C.C., Seekonk
Charles J. Musso, Kirkbrae C.C., Lincoln
Ralph Nassa, Alpine C.C., Cranston
Henry Omert, N. Kingstown Municipal G.C., Davisville
Paul M. Overton, East Greenwich G.&C.C., East Greenwich
Alfred C. Pascale, Warwick C.C., Warwick
Bill Pirolli, Stone E Lea G.C., Attleboro
Lucille P. Poirier, Fall River C.C., Fall River
Maurice Poirier, Fall River C.C., Fall River
John Daniel Powers, Pinehurst G.C., Pinehurst
Hank Richards, PGA National G.C., Palm Beach Gardens
Frank Roggero, Wanumetonomy G.&C.C., Middletown

Albert Romano, Alpine C.C., Cranston
Louise J. Schlee, Quidnesset C.C., E. Greenwich
Walter R. Shippee, Foster C.C., Foster
Michael Soucy, North Kingstown C.C., North Kingstown
Ray Sylvia, Triggs Memorial G.C., Providence
Chester Szeliga, Cranston C.C., Cranston
Robert Taylor, Foster C.C., Foster
John B. Thayer, Jr., Pautucket C.C., Pautucket
Jeff Towle, Laurel Lane G.C., W. Kingston
Ruth Urquhart, Green Valley C.C., Clermont
Priscilla C. Wilcox, Warwick C.C., Warwick

SOUTH CAROLINA

George W. Aaron, Hidden Valley C.C., W. Columbia
James E. Adams, III, Bluewater Bay, Niceville
John J. Adams, Port Royal Plantation G.C., Hilton Head
John P. Adams, Ocean Point Golf Links, Fripp Island
John Adimaro, Chester G.C., Chester
Barbara M. Alderson, Chester G.C., Chester
David G. Anderson, Rock Hill C.C., Rock Hill
Martin F. Anderson, Ft. Jackson G.C., Columbia
Marty Anderson, Parris Island G.C., Parris Island
Coleman M. Ashley, Pocalla Springs, Sumter
John E. Athey, Wedgefiled Plantation, Georgetown
Boyce C. Attaway, Star Fort National, Ninety Six
Glyn Babb, Lan Yair C.C., Spartanburg
Ken Bach, Tega Cay C.C., Fort Mill
Deborah Baldridge, Spanish Wells Club, Hilton Head Island
Richard E. Ballenger, Pebble Creek C.C., Greenville
Dan Ballew, Allen Dazus, Easley
Ginny Barfield, Moss Creek Plantation, Hilton Head Island
Harry M. Barkley, Dolphin Head G.C., Hilton Head Island
Randal Beach, Dogwood Hills C.C., Waterboro
Jake Beamer, Charleston A.F.B. G.C., Charleston
Bucky Bethea, Twin Lakes C.C., Dillon
Gird L. Berfield, Carolina Springs G.&C.C., Ft. Inn
Rusty Berry, Pocalla Springs C.C., Sumter
Robert Bingham, Divil's Elbow G.C., Hilton Head
W. Lloyd Bippus, Bay Tree Golf Plantation, North Myrtle Beach
Walker Birdsong, Pebble Creek, Taylors
Doris Black, River Hills C.C., Lake Wy
Mike Blackwell, Rolling Green G.C., Easley
John R. Blake, Raccoon Run G.C., Myrtle Beach
Earl Blanchard, The 3 Pines G.C., Woodruff
William M. Blume, Yeaman's Hall Club, Charlestown
Charles T. Bohler, Linrick G.C., Columbia
Jim Bolding, Rolling Green G.C., Easley
Durham Boney, Harbour Town Golf Links, Hilton Head Island
Ralph Boseman, Darlington C.C., Darlington
Buddy Bostian, Ponderosa C.C., Leesville
Robert E. Botsch, Palmetto G.C., Aiken
Rusty Bouton, Lin Rick C.C., Columbia
James B. Bowen, Green Valley C.C., Greenville
Olen E. Bowers, Peach Valley C.C., Spartanburg
J. Tyler Bowie, Bear Creek G.C., Hilton Head Island
Lamar Brabham, Camden C.C., Camden
Marcheta L. Bradham, Quail Creek G.C., Myrtle Beach
Sarah Bradham, Fairfield C.C., Winnsboro
J.L. Brady, Pickens County C.C., Pickens
Brigid Braun, Wild Dunes, Isle of Palms

574

1983 HOLES-IN-ONE

Steve Brock, Pickens County C.C., Pickens
S.T. Brooms, III, Keowee Key, Salem
Clyde Brown, Midland Valley C.C., South Carolina
Jack W. Brown, Springdale C.C., Canton
James Brown, Pineland Plantation, Nayesville
Jimmy Brown, Oakdale C.C., Florence
Leroy E. Brown, Etowah Valley G.C., Etowah
Jamie E. Browning, Shaw A.F.B. G.C., Shaw A.F.B.
John G. Brubaker, Sargent Jasper C.C., Ridgeland
Roland Bryant, Santee Cooper C.C., Santee
Delia Bull, High Meadows C.C., Abbeville
Gus Burgdorf, Greenwood C.C., Greenwood
Jimmy Burgess, Lake Marion G.C., Santee
Yvonne Burns, Lan-Yair C.C., Spartanburg
Worth Button, Harbour Town Golf Links, Hilton Head Island
Troy Cadden, Persimmon Hill G.C., Saluda
Steven J. Callis, Berkeley C.C., Moncks Corner
Carroll A. Campbell, III, Green Hills C.C., Stanardsville
Freda J. Campbell, C.C. of Lexington, Lexington
Jay Campbell, Island Green G.C., Myrtle Beach
Jeffrey Campbell, Wildewood C.C., Columbia
C. Michael Carlisle, Alamance C.C., Burlington
Aurela W. Carrison, Myrtle Wood, Myrtle Beach
Ann Carter, Robert Trent Jones G.C., Hilton Head Island
Churchhill Carter, Holly Tree C.C., Simpsonville
Anne Casey, Wild Dunes G.C., Isle of Palms
Bettye J. Chaplin, Shadowmoss C.C., Charleston
Jack Chaplin, Pleasant Point Plantation, Beaufort
Tony C. Chapman, C.C. of Newberry, Newberry
G. Ray Chesnut, Augusta C.C., Augusta
Randy Childers, Three Pines C.C., Woodruff
James P. Christie, Pineisle G.C., Buford
Jeanne Clock, Ocean Winds-Seabrook Island, Charleston
Janes R. Cochrane, Gator Hole G.C., N. Myrtle Beach
P.C. Coggeshall, Hartsville C.C., Hartsville
T.H. Coker, Columbia C.C., Columbia
Randy Coleman, Summersett G.C., Greenville
C. John Collins, Pebble Creek C.C., Taylors
Gary Craft, Columbia C.C., Columbia
Austin G. Cragg, Ekwanok C.C., Manchester
Gerald P. Culclasure, Deowee Kev C.C., Salem
Ann Dame, Greenwood C.C., Greenwood
Warren M. Daniel, Etowah Valley G.C., Etowah
Wilkie R. Daniel, Fort Jackson G.C., columbia
Don Davis, Quail Creek C.C., Myrtle Beach
Donald Davis, Dogwood Hills C.C., Walterboro
Floyd A. Davis, Jr., Ft. Jackson G.C., Ft. Jackson
James C. Davis, Tifton G.C., Darlington
Norris J. Davis, River Bend G.C., Shelby
Paul T. Davis, Florence C.C., Florence
Vernon H. Davis, Columbia C.C., Blythwood
P.W. Dawson, Columbia C.C., Columbia
Stephen P. Day, Wildewood C.C., Columbia
James M. Dolbey, The Sea Pines Club, Hilton Head Island
Paul De Treville, Forest Lake Club, Columbia
John W. Dominguez, King's Grant C.C., Summerville
C. Frank Donnelly, King's Grant C.C., Summerville
Loki Downs, Snee Farm C.C., Mt. Pleasant
Roger Dresser, Carolina Springs, Fountain Inn
Jim Dukes, Carmel C.C., Charlotte
Mary Dunagan, Pebble Creek C.C., Taylors
Julia M. Durant, Houndears Club, Blowing Rock

James O. Durden, Green Meadows C.C., Augusta
Leslie Dutcher, Pocalla Springs C.C., Sumter
Louella Dyer, Lexington C.C., Lexington
Kristin Ericson, Mid Pines Resort, Southern Pines
Clifford M. Esler, Jr., Snee Farm C.C., Mt. Pleasant
Thomas Elvington, Tifton G.C., Darlington
Sally A. Faircloth, Ft. Jackson C.C., Ft. Jackson
Philip Fairey, Forest Lake Club, Columbia
Bill Fairgrieve, River Hills C.C., Clover
Philip Fata, Bishopville C.C., Bishopville
Franklin D. Felta, Jr., Rolling "S" G.C., Waterloo
Kirk P. Ferguson, Mission Inn Resort, Howey in the Hills
Hershel Fitzgerald, Chester C.C., Chester
Phil D. Flynn, Jr., Union C.C., Union
Bob Ford, Pocalla Springs C.C., Sumter
Arthur W. Force, Florence C.C., Florence
Barry Forde, Raccoon Run G.C., Myrtle Beach
David Forlaw, Wildewood C.C., Columbia
Rudy Forrest, Summersett G.C., Greenville
David J. Forshee, C.C. of Lansing, Lansing
J.W. Foster, Shaw A.F.B., Sumter
Snoodie Fowler, Marlboro C.C., Bennettsville
Raymond M. Fox, Pine Ridge Club, Edgefield
Tom Foxworth, Mt. Mitchell G.C., Burnsville
Dick Gable, Raccoon Run, Myrtle Beach
John M. Gantt, Jr., Wild Dunes G.C., Isle of Palms
W. Ronald Garrett, Biltmore Forest, Asheville
Les Garten, Seabrook Crooked Oaks, Charleston
Ed Garver, Seabrook Island Club, Charleston
John W. Gary, Star Fort, Ninety Six
Buddy Geddings, Pocalla Springs C.C., Sumter
Murray E. Geddings, Pocalla Springs C.C., Sumter
Doris Gervasini, Myrtlewood, Myrtle Beach
Bob Gerhart, Sea Pines C.C., Hilton Head
William V. Gibson, Jr., Club at Snee Farm, Mt. Pleasant
Doug Gilreath, Greenwood C.C., Greenwood
Israel Gist, Linrick G.C., Columbia
Wally Golec, Parris Island G.C., Parris Island
Bobby Graham, Pocalla Springs C.C., Sumter
Eleanor T. Graham, Sea Gull G.C., Pawleys Island
Robert Greene, Parris Island G.C., Parris Island
Jim Grimes, Wildewood C.C., Columbia
Roger Gunderson, Tifton G.C., Darlington
Loy E. Hagan, Shaw G.C., Sumter
Melvin W. Haines, Marsh Point G.C., Kiawah Island
Judy Hall, Wild Dunes, Isle of Palms
Mary A. Hall, Port Royal G.C., Hilton Head
James Hamilton, Parris Island G.C., Parris Island
James A. Hamilton, Sr., Pine Redge C.C., Edgefield
Scott N. Hankins, Charleston A.F.C. G.C., Charleston
Bill Hardy, Fox Den C.C., Knoxville
Emory D. Harper, Linrick G.C., Columbia
George W. Harrison, Parris Island G.C., Parris Island
Richard Haughey, John Roperta, Charleston
Chuck Hawkins, Bay Tree, No. Myrtle Beach
Bill Hayes, Shaw G.C., Shaw A.F.B.
George M. Haynes, Pebble Creek C.C., Greenville
Cam Henderson, Dogwood Hills C.C., Walterboro
Thad S. Henry, Daytona C.C., Daytona
Mauriee F. Herring, Jr., The C.C. of Lexington, Lexington
Jerry Hesketh, Naval Weapons Station, Charleston

1983 HOLES-IN-ONE

Doug Hester, Fairfield Ocean Ridge, Edisto Beach
Harold R. Hester, Rolling Green, Easley
L.H. Hickman, Surf Club, N. Myrtle Beach
Harry Hicks, Kershaw G.C., Kershaw
Charles H. Hiles, Sea Pines Club, Hilton Head
Bill Hill, Pleasant Point Plantation, Beaufort
Claude E. Hill, Summersett, Greenville
Walter Ray Hilley, Oyster Reef G.C., Hilton Head Island
John C. Hinds, Snee Farm C.C., Mt. Pleasant
Edward L. Himmelman, Tiyton G.C., Darlington
Gary E. Holden, Camden C.C., Camden
William Holland, Red Fox C.C., Tryon
James L. Hollifield, Ft. Jackson G.C., Ft. Jackson
Mike Hollis, Coopers Creek, Wagener
Delmar E. Holstad, Calhoun C.C., St. Matthews
Jack L. Homan, Long Cove Club, Hilton Head Island
Lon Hoover, Parris Island G.C., Parris Island
Jack Houle, Crooked Oaks, Johns Island
Herman Houston, Jim Riggins Golfland, Jackson
George H. Huggins, Ft. Jackson G.C., Ft. Jackson
Rick Hunt, Keith Hills C.C., Buies Creek
Elmer Hurley, Ship Yard G.C., Hilton Head
Irwin Hutchins, Peach Valley C.C., Spartanburg
R.L. Hutto, Jr., Calhoun C.C., St. Matthews
Andy Jackson, C.C. of Charleston, Charleston
Blakeney Jackson, Jr., Oyster Bay G.C., No. Myrtle Beach
Tom Jenkins, Lake Marion G.C., Santee
Jackie Jennewine, Pebble Creek C.C., Taylors
Wm. Bryant Jennings, Sedgewood C.C., Hopkins
Vic Jocius, Tom Szwedzinski, Charleston
John H. Johansen, Persimmon Hill, Saluda
Charles R. Johnson, Moss Creek Plantation, Hilton Head
R.W. Johnson, White Pines C.C., Camden
Andy Jones, Crooked Oaks-Seabrook, Charleston
Victor J. Jones, Carolina Shores, Calabash
W. Harold Jones, Sr., Lexington C.C., Lexington
Lewis E. Jordan, Rolling Green, Easley
Susie Jordan, Deer Track G.&C.C., Surfside Beach
Earl N. Jolly, Star Fort G.C., Ninety Six
Sidney Kaffee, Columbia C.C., Columbia
L.N. "Lou" Keeler, Crystal Springs G.C., Pineville
Dale R. Keller, Pebble Creek C.C., Taylors
John D. Keen, Fort Jackson G.C., Fort Jackson
Patricia Kile, Shadowmoss C.C., Charleston
Grace S. Kirk, Fort Jackson C.C., Columbia
Christina Kirtley, Spanish Wells Club, Hilton Head Island
E. Carlton Klebe, Pickens County C.C., Pickens
Col. Joseph Knowlton, Tryon C.C., Tryon
Leslie Knupp, Yeamans Hall Club, No. Charleston
J. Michael Koosis, Myrtle Beach National, Myrtle Beach
E.D. Kovac, Sr., Linrick G.C., Columbia
Lucille Kraft, Riber Hills C.C., Clover
Robert W. Kuhn, Shaw G.C., Shaw A.F.B.
Gary Lacy, Shaw A.F.B., Sumter
Ursula I. Lamatsch, Fort Jackson G.C., Columbia
Jane M. Lamb, Cheviot Hills G.C., Raleigh
Bob Lamotte, Wildewood C.C., Columbia
Frances B. Lawson, Summersett G.C., Greenville
Jay E. Lawson, The Crossings G.C., Glenn Allen
Bobbie Jean Lazar, Pebble Creek C.C., Taylors
George M. Lee, Jr., Wildewood C.C., Columbia
Richie Lee, Pineland Plantation, Mayesville
Mike Lesando, Oakdale C.C., Florence

Morgan Lewis, Deer Track, Surfside
Harold Lightfoot, Bay Tree Golf Plantation, N. Myrtle Beach
Ernest K. Linker, Columbia C.C., Columbia
Edwin Little, Wild Dunes Beach & Racquet Club, Isle of Palms
Jo Lombardo, Myrtlewood, Myrtle Beach
Tom Loombardo, Myrtlewood G.C., Myrtle Beach
A.E. "Gus" Lovan, Litchfield C.C., Pawleys Island
Bobby Lovett, Camden C.C., Camden
Robert H. Lovvorn, C.C. of N.C., Pinehurst
Terry W. Lowe, Miler C.C., Summerville
Charles A. Lowrimore, C.C. of Lexington, Lexington
Sandy Lowry, Shadowmoss C.C., Charleston
Howard P. Mabry, Greenwood C.C., Greenwood
Jim Macfie, Pickens County C.C., Pickens
Ken Maddox, Dogwood Hills C.C., Walterboro
J.E. Mann, Sea Pines Club Course, Hilton Head Island
Jane Manring, Rose Hill G.C., Bluffton
Ed Markey, Pinelands C.C., Nichols
Shawn C. Mason, Sweetwater C.C., Barnwell
Clifford C. McBride, Hartsville C.C., Hartsville
Bill G. McCandless, Hidden Valley C.C., West Columbia
Burt B. McCarty, Myrtlewood C.C., Myrtle Beach
John McCalanathan, Palmetto G.C., Aiken
C.P. McCord, The C.C. of Charleston, Charleston
William D. McCulloch, Greenvalley C.C., Greenville
David G. McCullough, Port Royal G.C., Hilton Head Island
David V. McDonald, Linrick G.C., Columbia
Ned McDonald, Fort Jackson, Columbia
Ted McGill, Orangeburg C.C., Orangeburg
Michael H. McIntosh, Linrick G.C., Columbia
Alton McIntyre, Huntington Hill C.C., Spartanburg
Sam McKnigh, King Grants G.C., Summerville
Cam McLain, Jr., Wildewood C.C., Columbia
Susanne C. McMichael, The Sea Pines Club, Hilton Head Island
Michael McNeillie, Shaw A.F.B. G.C., Sumter
Russell McNinch, Chester G.C., Chester
Donald R. McWhorter, Redbank Plantation, Charleston
Reginald M. Meeks, Woodbridge, Kings Mountain
Shirley Mehaffey, Summerset G.C., Greenville
Dick Merlau, Clickasaw Point G.C., Fair Play
Jack E. Messer, Sr., Lan Yair C.C., Spartanburg
John T. Molan, Ft. Jackson, Ft. Jackson
Richard G. Mondrach, Linrick C.C., Columbia
E.L. Moody, Florence C.C., Florence
Robert J. Moody, Chester G.C., Chester
Buddy W. Moore, Rolling Green, Easley
Gary Moore, Shaw A.F.B. G.C., Shaw
Herb Moore, Lake Marion G.C., Santee
Manny Moore, Clarendon G.&C.C., Manning
Jim Morgan, Bonsie Brae G.C., Greenville
Beasley Morris, Pineland Plantation, Mayesville
Ruther Morris, Island Green G.C., Myrtle Beach
Calvin W. Morrow, Raintree C.C., Matthews
James C. Moseley, Jr., Holly Tree C.C., Simpsonville
John Moxley, Hartsville C.C., Hartsville
Larry Mumpower, Lan-Yair C.C., Spartanburg
Patrick Murphy, Jr., North Augusta C.C., North Augusta
George Murrell, Ft. Jackson G.C., Columbia
Edna M. Muser, Sea Gull G.C., Pawleys Island
Al Najjar, Ft. Jackson G.C., Columbia

1983 HOLES-IN-ONE

Everett F. Neipp, Sr., Anderson C.C., Anderson
Bobby Nelson, Dogwood Hills C.C., Walterboro
Ron Nesson, Summersett G.C., Greenville
Nick Nicholson, Spring Valley C.C., Columbia
Mike Norman, Pleasant Point Plantation, Beaufort
Jim Norungolo, Pickens County C.C., Pickens
John W. Odum, Hickory Knob G.C., McCormick
Paul M. O'Neal, Jr., Litchfield C.C., Pawley's Island
Dick Orman, Turtle Point G.C., Charleston
Billy Ray Osborne, Rolling "S" G.C., Waterloo
Vickie Owings, Carolina Springs G.C., Fountain Inn
S. Dwight Pace, Donaldson G.C., Greenville
Benny T. Padgett, Sedgewood G.C., Hopkins
Horace Padgett, Lan-Yair C.C., Spartanburg
Patricia Pagola, Ocean Winds G.C., Charleston
Bobby Painter, Peach Valley C.C., Spartanburg
Ester Parker, Holly Tree C.C., Simpsonville
George Parker, Green Hills C.C., Athens
Johnny F. Parker, Twin Lakes C.C., Dillon
Jeanne Patterson, Myrtlewood G.C., Myrtle Beach
Barbara B. Pavey, Columbia C.C., Columbia
Janice Payne, Cherry Point G.C., Cherry Point Havelock
Bobby Peake, C.C. of Lexington, Lexington
J. O. Pearson, Palmetto G.C., Aiken
Ron Peele, Spring Lake C.C., York
Rhudy F. Phillips, Carolina Lakes G.C., Sanford
Scott Porterfield, Summersett G.C., Greenville
Charles G. Potts, Carmel C.C., Charlotte
Bill R. Pounders, 3 Pines C.C., Woodruff
P. A. Pournelle, Dogwood Hills G.C., Walterboro
Charlotte S. Praete, Columbia C.C., Columbia
Paul Prass, Pine Lakes C.C., Myrtle Beach
John L. Present, Dolphin Head G.C., Hilton Head Island
Thomas H. Privette, Hartsville C.C., Hartsville
William E. Prout, Augusta National G.C., Augusta
Fred Pugh, Ft. Jackson G.C., Columbia
Connie T. Rackley, Rolling Green G.C., Easley
Tom Raispis, Donaldson G.C., Greenville
W. B. Randall, Spartanburg C.C., Spartanburg
Philip G. Ranno, Shipyard G.C., Hilton Head Island
Alex Carl Rath, Carolina Springs G.&C.C., Fountain Inn
Stanley Ratomsky, Bayou Desiard C.C., Monroe
Mark Reed Ready, Lin Rick G.C., Columbia
George Evans Reese, Tifton G.C., Darlington
Moorhouse Reginald, Palmetto Dunes G.C.,
 Palmetto Dunes
A. T. Register, Jr., Tifton G.C., Darlington
Bill Reitmeier, Huntington Hills C.C., Spartanburg
Sarah M. Rhodes. Crooked Oaks G.C., Seabrook Island
Bobby Joe Richards, Peach Valley C.C., Spartanburg
Roy L. Rickman, Pocalla Springs G.C., Sumter
Neal Riddle, Highland Park C.C., Aiken
Jan Rikard, C.C. of Lexington, Lexington
Fred Ritchie, Myrtlewood G.C., Myrtle Beach
Douglas W. Robbins, Grenelefe G.C., Haines City
Glen Roberson, Connestee Falls C.C., Brevard
Edward H. Roberts, Shaw A.F.B. G.C., Sumter
Kenneth W. Robinsin, Pickens County C.C., Pickens
Robert M. Romine, Shadow Moss G.C., Charleston
Gene Roper, Oyster Bay G.C., North Myrtle Beach
Doris J. Ruther, Sunriver Resort, Sunriver
William B. Sawyer, High Meadows C.C., Abbeville
Ann Scarboro, Ft. Jackson G.C., Ft. Jackson

Joseph D. Scofield, Persimmon Hill G.C., Saluda
Richard B. Selby, Myrtlewood G.C., Myrtle Beach
Mary Semmes, Lone Cove Club, Hilton Head
Paul Settle, Spanish Wells Club, Hilton Head Island
John Shafer, Charleston A.F.B. G.C., Charleston
James I. Shaw, Sea Pines C.C., Hilton Head Island
Bob Shelley, Hollytree C.C., Simpsonville
Noel E. Shelton, Charleston A.F.B. G.C., Charleston
Boyce E. Sheriff, Deer Track G.&C.C., Myrtle Beach
Ken E. Shin, Columbia C.C., Columbia
Albert F. Shorkey, Anderson C.C., Anderson
F. Kelly Shuptrine, C.C. of Lexington, Lexington
John Sim, Wildewood C.C., Columbia
Dennis M. Simpson, Harbour Town G.C.,
 Hilton Head Island
Thomas G. Sineath, Alamance C.C., Burlington
Edward Sires, Snee Farm C.C., Mt. Pleasant
Gordon T. Sleeman, Crestview G.C., Kalamazoo
Dan C. Smith, Jr., Hoonds Lake C.C., Aiken
Dee Smith, Myrtle Beach A.F.B. Whispering Pines,
 Myrtle Beach
J. Keels Smith, Whispering Pines G.C., Hardeeville
Joe M. Smith, Hollytree C.C., Simpsonville
Nonie Smith, C.C. of Orangeburg, Orangeburg
Molly Sondheimer, Bay Tree Golf Plantation,
 North Myrtle Beach
Louis J. Spano, Highland Park C.C., Aiken
Doris R. Springer, Bay Tree Golf Plantation,
 North Myrtle Beach
Joe Stackhouse, Star Ft. National G.C., Ninety Six
Howard Stagner, Greenwood C.C., Greenwood
Bow Still, C.C. of Spartanburg, Spartanburg
Charles M. Stinson, Ft. Jackson G.C., Ft. Jackson
Frank Stokes, Florence C.C., Florence
Phillip R. Storey, Pebble Creek C.C., Taylors
Gene Stubblefield, Hidden Valley G.C., West Columbia
Luther R. Suggs, Tifton G.C., Darlington
J. Floyd Sutherland, Greenwood C.C., Greenwood
Thomas Lee Sweeney, Carolina Springs G.C.,
 Fountain Inn
Robert W. Swett, Sea Pines G.C., Hilton Head Island
Tom Syfan, Leroy Springs G.C., Lancaster
Robert Tanner, Bay Tree Golf Plantation,
 North Myrtle Beach
John F. Tapio, Yeamans Hall Club, Hanahan
Glen E. Tarte, Tifton G.C., Darlington
Bob Templeton, Rolling "S" G.C., Waterloo
Percy Terry, Jr., Holly Tree C.C., Simpsonville
Bill Thomas, Charleston C.C., Charleston
Carrol Thompson, Chester G.C., Chester
Foy Wayne Thompson, White Pines G.C., Camden
Walter E. Thompson, Sea Gull G.C., Pawley's Island
Gene Thornton, Calhoun C.C., St. Matthews
George Thorntown, The Woodlands G.C., Columbia
Bill Thrailkill, Raccoon Run G.C., Myrtle Beach
Sam Timms, Bay Tree Golf Plantation, North Myrtle Beach
John L. M. Tobias, Forest Lake Club, Columbia
Thelbert D. Todd, Carolina C.C., Loris
Millie Tooke, Furman University G.C., Greenville
Douglas Tooker, Pleasant Point Plantation, Beaufort
Bobby Turbeville, Wildewood C.C., Columbia
Terry Tysinger, Woodbridge C.C., Kings Mountain
Priscilla T. Vincent, Bear Creek G.C., Hilton Head Island

1983 HOLES-IN-ONE

Duff B. Wagner, Shaw G.C., Sumter
J. A. Walker, Rolling "S" G.C., Waterloo
Pete Wallace, Pebble Creek C.C., Taylors
Gene Walsh, Pine Lakes C.C., Myrtle Beach
Jean R. Ward, Bear Creek G.C., Hilton Head Island
Bud Wareing, Carolina Springs G.&C.C., Fountain Inn
C. O. Warren, Jr., Ocean Ridge G.C., Edisto Beach
William Washburne, Marsh Point G.C., Johns Island
Dick Wasserman, Arcadian Skyway G.C., Myrtle Beach
W. C. Watters, Fairfield Ocean Ridge, Edisto Island
Dickie Watts, Lakeside C.C., Laurens
Duff Wells, Lan-Yair C.C., Spartanburg
Tom Weyant, Anderson C.C., Anderson
Arleen V. Whitley, Inglewood C.C., Spartanburg
Chip Whitt, Hickory Knob G.C., McCormick
Daniel P. Wilkinson, Island Green G.C., Myrtle Beach
Emma Lee Williams, Connestee Falls C.C., Brevard
Ernest Williams, St. Thomas, Virgin Islands
Jesse B. Williams, Jr., Chester G.C., Chester
Mark Williams, Lake Marion G.C., Santee
Mike Williams, Meadowbrook G.C., Rutherfordton
Milam Williams, Star Fort National G.C., Ninety Six
J. F. Williamson, Connestee Falls C.C., Brevard
David Gene Wilson, Lexington C.C., Lexington
Richard Wilson, Shaw A.F.B. G.C., Shaw A.F.B.
W. Sam Wilson, Greenwood C.C., Greenwood
Mike Wingate, Ft. Jackson G.C., Columbia
John Wisnewski, Coldstream C.C., Irmo
Warren C. Wohltjen, Kings Grant C.C., Summerville
Albert B. Wolfe, Lake Marion G.C., Santee
Jessica T. Wood, Keith Hills C.C., Buies Creek
Lonnie L. Wood, Pleasant Point Plantation, Beau Fort
Oliver G. Wood, Jr., The Woodlands, Columbia
Gus Woodham, Lake Marion G.C., Santee
Sidney F. Varn, Fairfield Ocean Ridge G.C., Edisto Beach
Jamey Yon, Soring Lake C.C., York
Sam D. Young, Keowee Key C.C., Salem
Gil Finney, Wilkes-Barre G.C., Wilkes-Barre
Kenric E. Port, Charleston A.F.B. G.C., Charleston

SOUTH DAKOTA

Tom Bierbaum, Brandon C.C., Brandon
Chuck Benson, Arrowhead C.C., Rapid City
Frank J. Bingham, Fisher Grove C.C., Redfield
Don Bjorum, Spearfish Canyon G.C., Spearfish
Sarah Bloemendaal, Arrowhead C.C., Rapid City
Gordon Bortnem, Brookings C.C., Brookings
Ruben S. Brost, Eagle View, Park Rapids
Lyle E. Collins, Tomahawk C.C., Deadwood
Gretchen Cooney, Aberdeen C.C., Aberdeen
James C. Cooney, Clark C.C., Clark
Gary Cramer, Clear Lake G.C., Clear Lake
Robert Dever, Lake View G.C., Mitchill
Tom Fecker, Madison C.C., Madison
Ray Feldhaus, Brookside Municipal G.C., Reno
Raymond Franssens, Lake Platte G.C., Platte
Scott Graslie, Spearfish Canyon C.C., Spearfish
Paul Greguson, Beresford C.C., Beresford
Rodell Grosz, Meadowbrook G.C., Rapid City
Jim Hall, Heritage Hills, McCook
Sammie Hasegawa, Elmwood G.C., Sioux Falls
Alan W. Hawks, Huron C.C., Huron
Burton Hawley, Meadowbrook G.C., Rapid City

DuWayne Heitmann, Westward Ho C.C., Sioux Falls
Donna Herzog, Watertown C.C., Watertown
Diane Hines, Boulder Canyon G.C., Sturgis
Bruce W. Horn, Pezhekee G.C., Glenwood
Larry Hovde, Lakeview G.C., Mitchell
Mary Hughes, Hillsview, Pierre
Jay Huizenga, Central Valley G.C., Hartford
Dennis R. Johnson, Elmwood G.C., Sioux Falls
Jim Johnson, Lakeview G.C., Mitchell
Ron Junek, Spearfish Canyon G.C., Spearfish
Clarence Kalkman, Camelot G.C., Mesa
Richard Kaplan, Vermillion G.C., Vermillion
Clarence J. Kapsch, Mitchell Municipal G.C., Mitchell
Matt Kohlman, Mobridge C.C., Mobridge
Larry Kuiper, Lake Platte G.C., Platte
Rollie Larson, Elks G.C., Rapid City
Eva Ann Losacker, Moccasin Creek C.C., Aberdeen
Mike Lund, Brandon Municipal G.C., Brandon
Jean McDonald, Meadowbrook G.C., Rapid City
Roy McKown, Fisher Grove C.C., Redfield
Larry J. Meier, Arrowhead C.C., Rapid City
Jim Meis, Lake Platte G.C., Platte
Donald E. Miller, Lakeview G.C., Mitchell
Jim H. Molohon, Foxfire G.C., Sarasota
Patrick Morgan, Lakeview Municipal G.C., Mitchell
Jane Schmidt Mydland, Minneopa G.C., Mankato
Ralph Nachtigal, Lake Platte G.C., Platte
Larry Nansum, Lake Platte G.C., Platte
Les Newland, Elmwood G.C., Sioux Falls
Don Peck, Meadowbrook G.C., Rapid City
Steven Peterson, Blytheville G.C., Blytheville
Dean A. Schultz, Westward Ho C.C., Sioux Falls
Sam Scott, Rocky Knolls G.C., Custer
Randall C. Shaw, Arrowhead C.C., Rapid City
Harold A. Sherman, Clear Lake G.C., Clear Lake
Robert Skogerbee, Winner C.C., Winner
Donald W. Smith, Arrowhead C.C., Rapid City
Virgil Smith, Dell Rapids C.C., Dell Rapids
Amos Smolik, Elks G.C., Rapid City
Joe Stuwe, Bowdle C.C., Bowdle
Darin Svihovec, Lemmon C.C., Lemmon
Jeff Swenson, Brandon Municipal G.C., Brandon
Jim Sykora, Elks G.C., Rapid City
David Taffe, Moccasin Creek, Aberdeen
Walter R. Thomas, Rocky Knolls G.C., Custer
Jay M. Thompson, Moccasin Creek C.C., Aberdeen
Phil Thompson, Floyd Valley G.C., Sioux City
Terry Lynn Tollefson, Flandreau C.C., Flandreau
Ryan Van Liere, Dell Rapids G.C., Dell Rapids
Jeff VanSickle, Watertown Municipal G.C., Watertown
Terry Vidal, Elds G.C., Rapid City
Joseph R. Watt, Arroya Del Oso G.C., Albuquerque
Allen Westby, Brookings C.C., Brookings
Ernest P. White, Meadowbrook, Huron
Russell W. White, Shary-Municipal G.C., Mission
Keith Williams, Watertown C.C., Watertown
Punt Youngberg, Hillsview, Pierre
Dennis Zea, Elmwood G.C., Sioux Falls
Duane M. Zimmerman, Lee Park, Aberdeen

TENNESSEE

Roger Adams, Smoky Mountain C.C., Newport
A. B. Akard, Hanging Rock at Seven Devils, Boone

1983 HOLES-IN-ONE

Jim Alexander, Carroll Lake G.C., McKenzie
Roney Alexander, McKellar G.C., Memphis
Warren B. Alexander, Druid Hills G.C., Fairfield Glade
Mario E. Alfonso, Bevico C.C., Memphis
Charles G. Allen, Mountain View G.C., Pine Mountain
H. S. Anderson, McCabe G.C., Nashville
J. A. Anderson, Rivermont G.&C.C., Chattanooga
John Anderson, Belle Meade C.C., Nashville
Robert Archer, Meadowview G.C., Kingsport
Mark Arms, Swan Lake G.C., Clarksville
Carl J. Arnold, Chattanooga G.&C.C., Chattanooga
Louise P. Artz, Broadwater Sea Course, Gulfport
Tom Ashcraft, Percy Warner C.C., Nashville
Susan O. Asp, Bluegrass C.C., Hendersonville
Carl H. Ault, C.C. Bristol, Bristol
Robert F. Bailey, McCabe G.C., Nashville
James Dean Baker, Harpeth Hills G.C., Nashville
John Paxton Baker, Buffalo Valley C.C., Unicoi
Mike Baker, Crooked Creek C.C., Oneida
Al Ball, Signal Mtn. G.&C.C., Signal Mtn.
Randy Ball, Tri-Cities G.C., Blountville
David A. Barber, Hohenwald G.C., Hohenwald
Bob Barksdale, Colonial C.C., Cordova
Ray W. Barnes, Richland C.C., Nashville
J. L. Barrom, Windyke C.C., Germantown
Doug Barron, Windyke C.C., Germantown
Russell Basham, Wallace Hills G.C., Maryville
C. W. Baskette, Johnson City C.C., Johnson City
Joe Batey, Deer Track, Myrtle Beach
Mike Baughle, Popular Meadows C.C., Union City
Jack G. Belcher, Camelot G.C., Rogersville
Dolores Bettis, Lost Creek G.C., New Market
Jeff Bettis, Dandridge G.&C.C., Dandridge
Jackie Billings, Roan Valley Golf Estates, Mtn. City
Everett Blanton, Percy Warner, Nashville
Allen Blaylock, Tri City G.&C.C., Blountville
Warren Boguskie, Two Rivers, Nashville
Buddy Bornstein, McCabe, Nashville
Jerry Bost, Hillcrest C.C., Pulaski
Bill Boyd, Stones River C.C., Murfreesboro
Katie Bramblett, Holston Hills, Knoxville
Michael D. Braswell, Smithville G.C., Smithville
Gene Breiner, South Hills G.C., Oakridge
Lloyd Bridges, Nashville Golf & Athletic Club, Brentwood
Leo Brody, Ridgeway C.C., Memphis
Alex Brown, Link Hills C.C., Greenville
Katherine W. Brown, Palmetto Dunes Resort, Hilton Head Island
Sterling Roc Brown, Lakeside G.C., Kingston
H. M. Buffington, Lambert Acres, Maryville
Jim Bumbalough, Tansi Village, Crossville
Owen Burgess, Brownsville C.C., Brownsville
Willie H. Burnell, Jr., Galloway G.C., Memphis
Jack Burns, Signal Mtn. G.&C.C., Signal Mtn.
Larry Burns, Holiday G.C., Olive Branch
Wesley Byrd, Dayton G.&C.C., Dayton
Van Campbell, Hohenwald G.C., Hohenwald
Chris Cantrell, Hohenwald G.C., Hohenwald
Carl Cardwell, Meadowview G.C., Kingsport
Fred Carlson, Red Fox C.C., Tryon
Horace R. Carmody, The Country Club, Morristown
Barry Carpenter, McKellar G.C., Memphis
Max R. Carroll, Cleveland C.C., Cleveland

Ray P. Carroll, Carnton C.C., Franklin
Polly Carruth, Milan G.&C.C., Milan
Joe M. Carter, Olive Branch C.C., Olive Branch
Sonny Cates, Hickory Valley G.C., Chattanooga
Calvin J. Caudill, Edmond Orgil, Quito
James L. Caughorn, Harpeth Hills G.C., Nashville
Archie Cauthern, Smyrna G.C., Smyrna
Eugene Chamberlain III, Graysburg Hills G.C., Chuckey
Hoyle Frank Chambers, Fox Den C.C., Concord
Lee Chambers, Wallace Hills G.C., Maryville
H. E. Christenberry, Cherokee C.C., Knoxville
Ed Christoffersen, Windyke C.C., Germantown
Sampson D. Clark, Cole Park G.C., Ft. Campbell
Edwin Clendener, Midway G.&C.C., Athens
Robert G. Cloud, Deanne Hill C.C., Knoxville
Joanne Cobb, Windyke C.C., Germantown
C. B. Cole, Druid Hills, Fairfield Glade
R. L. Colomb, Holiday G.C., Olive Branch
Allan Scott Combs, Camelot G.C., Rogersville
Frances Coode, McCabe G.C., Nashville
Jakie D. Cook, Temple Hills G.C., Franklin
Thomas W. "Bill" Cornaghie, Pine Hill G.C., Memphis
John Edward Cornelius, Jr., Dead Horse Lake G.C., Knoxville
Sonny Cothran, Bay Tree Golf Plantation, N. Myrtle Beach
Kevin Craig, Dandridge G.&C.C., Dandridge
William G. Crain, Druid Hills, Fairfield Glade
Leon Creech, Ravenwood G.C., Nashville
Mary Catherine Crockett, Grandfather G.&C.C., Linville
Martin Cross, Druid Hills G.C., Fairfield Glade
Hoos Crozier, Graymere G.C., Columbia
David Cunningham, Jr., Pickwick Landing State Park, Counce
Freddie R. Cunningham, Montgomery Bell State Park, White Bluff
Mary Lou Brown Curro, Adamsville Recreation Area, Adamsville
Dick Danelz, Hidden Valley G.C., Eureka
Cary Daniels, Mountain Glen G.C., Newland
Ray L. Danner, Bear's Paw C.C., Naples
L. J. Davidson, Springdale G.C., Canton
Russell Anthony Davis, Holiday G.C., Olive Branch
Wilma J. Davis, Carnton C.C., Franklin
W. J. Dawson, Jackson G.&C.C., Jackson
Mike Day, Navy Memphis G.C., Millington
Robert Dean, Bluegrass Y.& C.C., Hendersonville
Brian Delp, Graysburg Hills G.C., Chuckky
Jean C. Demos, Bent Tree C.C., Jasper
Leo DePriest, Cookeville C.C., Cookeville
David L. Derksen, Weatherwax, Middletown
Ron Derrick, Windyke C.C., Germantown
Chris Dibble, Link Hills G.C., Greeneville
J. V. Dillehay, Dickson C.C., Dickson
Charles L. Dillon, Magic Valley G.C., Camden
Sharon Dills, Pinecrest G.&C.C., Trenton
John Dobyns, White Pine G.C., White Pine
Doug Donaldson, Covington C.C., Covington
Ray A. Dorsett, Magic Valley G.C., Camden
Don M. Drake, Fall Creek Falls G.C., Pikeville
Edward C. Duke, Memphis C.C., Memphis
Darryl E. Dunbar, Fox Den, Farragut
Jim Duncan, Graysburg Hills G.C., Chuckkey
W. E. Eckenrod, Brainerd G.C., Chattanooga

1983 HOLES-IN-ONE

Walter Calvin Edge, Jr., Galloway G.C., Memphis
Lonnie E. Edwards, Pine Lakes, Jekyll Island
Rodney Ellington, Navy Memphis G.C., Millington
Ron Elmore, Mont. Bell St. Park, Burns
Frances G. Erwin, Carnton Club, Franklin
Richard C. Etheridge, Carnton G.C., Franklin
Malone J. Everett, Chattanooga G.&C.C., Chattanooga
Roy C. Faircloth, Ravenwood C.C., Nashville
Bill Farley, Helena C.C., West Helena
James Farmer, Graysburg Hills G.C., Chuckey
Bill Farrar, Ravenwood, Hermitage
Frank O. Farrell, Shelby G.C., Nashville
Jim Fenley, Shoal Creek, Shoal Creek
Mike Ferrell, Stones River C.C., Murfreesboro
Bob J. Filds, Holly Hills C.C., Cordova
Charles W. Finger, Montgomery Bell State Park, Burns
Richard A. Fite, Brentwood C.C., Brentwood
Bob Flowers, Woodstock Hills C.C., Millington
Jerry L. Floyd, Dandridge C.C., Dandridge
Ed Foster, Cleveland C.C., Cleveland
Brice Fowler, Humboldt G.&C.C., Humboldt
Herbert W. Frank, Diamond Head Y.& C.C., Bay St. Louis
Thomas W. Frazier, Farmington C.C., Germantown
Russell Freels, Lost Creek G.C., New Market
Perkins Freeman, Clarksville C.C., Clarksville
Lew Freifeld, Ridgeway C.C., Memphis
Brad Gardner, Wallace Hills G.C., Maryville
Robert L. Garner, Lambert Acres G.C., Maryville
W. P. Gay, Windyke C.C., Germantown
Luther Green, Plantation Inn & Golf Resort, Crystal river
Al Giles, Link Hills C.C., Greenville
Emily Callaway Godfrey, Brainerd Municipal G.C., Chatti
Earl Goff, Lambert Acres, Maryville
Charles Gore, Cleveland C.C., Cleveland
Tommy Gray, Sandestin, Destin
Waymon Green, Calloway Gardens G.C., Pine Mountain
Aubrey O. Greer, Jr., Temple Hills C.C., Nashville
Diane Griffitts, Tri-City G.&C.C., Blountville
Kemp R. Grigsby, McCabe, Nashville
Dick Griggs, Buffalo Valley G.C., Unicoi
Gerald J. Groh, Windyke C.C., Germantown
Balie Gross, Richland C.C., Nashville
Jack Hadley, Naval Air Station Rec. G.C., Millington
Allen Hall, Bluegrass C.C., Hendersonville
Frank Hall, Ironwood G.C., Cookeville
Houston Hall, Red Apple Inn & C.C., Heber Springs
Ken Hall, Smoky Mtn. C.C., New Port
James "Red" W. Halsey, South Hills G.C., Oak Ridge
Joe E. Hammock, Brainerd G.C., Chattanooga
Ronald H. Hannah, Southwest Point G.&C.C., Kingston
Richard L. Harris, Stearns G.C., Stearns
William E. "Bill" Harrison, Dandridge G.&C.C., Dandridge
Ronald C. Hart, Chickasaw C.C., Memphis
Earl E. Harzog, Bays Mtn. C.C., Seymour
Glen C. Haun, Dead Horse Lake, Knoxville
Jack Hay, Johnson City C.C., Johnson City
Grady Haynes, Stone River C.C., Murfreesboro
Jack Heard, Windyke C.C., Germantown
Donald C. Heer, McCabe, Nashville
Jerry Heing, Lambert Acres G.C., Manyville
B. E. "Dick" Henderson, Graymere C.C., Columbia
Terry Henry, Cumberland Cove G.C., Monterey

Gregory C. Hickey, Hueston Woods State Park, Oxford
Wm. D. Hicks, Cleveland C.C., Cleveland
Margaret Higdon, Bevico G.C., Memphis
Walter Hill, Windyke East, Germantown
David J. Hirschman, Farmington C.C., Germantown
Travis Hitt, Franklin County G.&C.C., Winchester
Eddie Hobson, Smithville G.C., Smithville
Mike Hodges, Ironwood G.C., Cookeville
A. W. Holley, Windyke C.C., Germantown
Leon Holmes, Hardeman Co. G.&C.C., Bolivar
Joe Hooper, Rolling Hills, Cleveland
David Horton, McDonald C.C., Rogersville
John Howren, Johnson City C.C., Johnson City
A. R. Hubbs, Pine Oak G.C., Johnson City
Thomas E. Hudgens, Druid Hills G.C., Fairfield Glade
Len Hudson, Windyke C.C., Germantown
Steven E. Hunter, McCabe G.C., Nashville
Charles Rex Huskey, Gatlinburg C.C., Pigeon Forge
Tyler C. Huskey, Gatlinburg C.C., Pigeon Forge
Cornell Hyder, Palisades G.C., Savanna
Randall Irwin, White Pine G.C., White Pine
John Jackson, Colonial C.C., Cordova
Billy Joe James, Poplar Meadows C.C., Union City
Ed Janis, Windyke C.C., Germantown
Doe Jarvis, Dandridge G.&C.C., Dandridge
Thomas R. Jean, Audubon G.C., Memphis
Harris Johnson, Selmer G.&C.C., Selmer
James M. Johnson, Windyke C.C., Germantown
Jim Johnston, Fox Den C.C., Concord
Don L. Jones, Chattanooga G.&C.C., Chattanooga
M. C. Jones, Old Hickory C.C., Old Hickory
Ray Jones. Warner G.C., Nashville
Wesley K. Jordan, Stones River C.C., Murfreesboro
Harry C. Keough, Houston Levee G.C., Germantown
Jack L. King, Midway C.C., Etowah
James A. Kleiser, Jr., Colonial C.C., Cordova
Anthony S. Klus, Navy Memphis G.C., Millington
Bub Kokoszka, Grove Park C.C., Asheville
John Kovacevich, Sewanee G.&T.C., Sewanee
Bobby L. Kyle, Morristown G.&C.C., Morristown
Ronald E. Kyle, Holston Hills C.C., Knoxville
Scott E. Kyle, Cleveland C.C., Cleveland
Paul Lacy, Meadowview G.C., Kingsport
Jim Lail, Chattanooga G.&C.C., Chattanooga
Henry M. Lane, Franklin County C.C., Winchester
Robert Laney, Temple Hills G.C., Nashville
Carl H. Lawrence, Farmington C.C., Germantown
Dick Lawson, Holston Hills, Knoxville
Leo Leathers, Colonial C.C., Cordova
Carlton Leggett, Hidden Valley G.C., Jackson
Annette Lichterman, Ridgeway C.C., Memphis
David J. Loudy, Meadowview G.C., Kingsport
Ed C. Loughry, Jr., Stones River C.C., Murfreesboro
J. N. Loupe, La Follette C.C., La Follette
Marion Lowe, Dandridge G.C., Dandridge
Marie Lumley, Rolling Hills G.C., Cleveland
C. A. Lyon, Brentwood G.C., Brentwood
J. A. Macnowsky, Dandridge C.C., Dandridge
Holt B. Maddux, Chickasaw C.C., Memphis
William H. Magness, Signal Mountain G.C., Signal Mountain
Bill L. Maples, Gatlinburg C.C., Pigeon Forge
William W. Maples, Dandridge G.&C.C., Dandridge

1983 HOLES-IN-ONE

Steve Markham, Stones River C.C., Murfreesboro
Philip Marlino, Wilkes Barre Municipal G.C., Bear Creek Twp.
P. J. Marlino, Oak Ridge C.C., Oak Ridge
Goldie Mason, Beaver Brook G.&C.C., Knoxville
Ken Mason, McCabe G.C., Nashville
Kenneth W. Mauck, Perdido Bay Inn & Resort, Pensacola
Joe Maxwell, Temple Hills C.C., Nashville
William R. Maxwell, Fall Creek Falls State Park, Pikeville
Agnes McAmis, Link Hills C.C., Greeneville
Glen Edgar McCarter, Fall Creek Falls G.C., Pikeville
W. Y. McCaslin, Galloway G.C., Memphis
Ed McCreary, Roan Valley, Mtn. City
Hubert Laws McCullough, Stones River C.C., Murfreesboro
R. F. "Skeeter" McDaniel, Fox Meadows G.C., Memphis
Ruth E. McDivitt, River Bend C.C., Shelbyville
Billy McDowell, Fall Creek G.C., Pikeville
C. J. McFadden, Blountville G.&C.C., Blountville
Betty McNeal, Jackson G.&C.C., Jackson
Kenneth A. Medeiros, Navy Memphis G.C., Millinton
Cecil Metz, Windyke C.C., Germantown
Jim Miller, Graysburg Hills G.C., Chuckey
Roderick V. Mitts, Rivermont G.&C.C., Chattanooga
Van Montgomery, Windyke C.C., Germantown
Frank W. Moore, La Follette G.&C.C., La Follette
John Moore, Windyke C.C., Germantown
Sandy Moore, Richland C.C., Nashville
Dean Morelock, Jekyll Island G.C., Jekyll Island
Dickie Morgan, Dearborn C.C., Dearborn
Roger J. Morgan, Mountain Glen G.C., Newland
Paul Morris, Signal Mtn. G.&C.C., Signal Mtn.
Mary Morrison, The Country Club, Morristown
Bill Mueller, Sea Island G.C., St. Simons Island
Steve Munsen, Graysburg Hills G.C., Chuckey
John F. Murrah, Memphis C.C., Memphis
Allen G. Mynatt, Jr., The Country Club, Inc., Morristown
Zoe Nadel, Farmington C.C., Germantown
Mary Nay, Fairfield Glade's, Fairfield Glade
James H. Nelson, Chattanooga G.C., Chattanooga
Frank K. Newell, Davy Crockett, Memphis
Ted Nichols, Holston Hills C.C., Knoxville
H. Wilbur Noe, Daytona Beach G.C., Daytona Beach
Patsy Norman, Chickasaw C.C., Memphis
Robert K. Oberholtzer, Milan C.C., Milan
Jack O'Donnell, Springbrook G.&C.C., Niota
Kent Odum, C.C. of Bristol, Bristol
John L. Offutt, Beaver Brook G.&C.C., Knoxville
Leroy Ogle, Waterville Park G.C., Cleveland
Charles Owens, Bevico G.C., Memphis
Peggy Oxford, Magic Valley G.C., Camden
Russell J. Parker, Druid Hills, Fairfield Glade
Phillip Parkerson, Hunters Point G.C., Lebanon
Alison Patton, Brownsville G.C., Brownsville
D. Howard Payne, McCabe Municipal G.C., Nashville
Beverly E. Pearce, Jackson G.&C.C., Jackson
Ronnie Pearson, Metro Center, Nashville
Corey B. Phillips, McKellar G.C., Memphis
Joseph Piccinin, Harpeth Hills G.C., Nashville
Doug Pinkston, Davy Crockett, Memphis
Ethel Poore, Hohenwald G.C., Hohenwald
Brian Porter, Lawrenceburg C.C., Lawrenceburg
Joe T. Potts, Dead Horse Lake G.C., Knoxville

Robert Power, McCabe G.C., Nashville
Phil Prater, Rainbow Springs C.C., Dunnellon
Bill Ramsey, Whitehaven C.C., Memphis
Gilbert Rannick, Tanglewood Park G.C., Winston Salem
Doris Rea, Signal Mtn. G.&C.C., Signal Mtn.
Earl Redmond, Perry C.C., Perry
Paul A. Redmon, Smyrna Municipal G.C., Smyrna
Doug Reeder, Dickson G.C., Dickson
John C. Renard, Jim Riggins Golf Land, Jackson
Kenneth L. Rene, Waynesville C.C., Waynesville
Eddie Reneau, Dandridge G.&C.C., Dandridge
Harry Ray Renfro, Persimmon Hill G.C., Saluda
Larry E. Renfro, Pine Lakes G.C., Rockford
Jack Reynolds, Windyke C.C., Germantown
John M. Rheaume, Naval Air Station Memphis, Millington
Tinker Richmond, Foxfire C.C., Pinehurst
Frederick H Richter, Springbrook G.&C.C., Niota
Joe A. Rickard, Waterville, Cleveland
Floyd Ricketts, Tri City G.&C.C., Blountville
Jimmy Riggins, Jr., Jim Riggins Golfland, Jackson
Bill Rikard, Galloway G.C., Memphis
Kevin D. Riley, Warner G.C., Nashville
Chris A. Roberson, Ridgefields C.C., Kingsport
Sam E. Roberts, Tri City G.&C.C., Blountville
Jim Robinson, Magic Valley C.C., Camden
J. H. "Jack" Rochelle, Rolling Hills C.C., Ripley
Bob Rodefer, Link Hills C.C., Greeneville
Joseph J. Rodriguez, Dorado Beach Hotel-West Course, Dorado
Earl Rothberger, Signal Mtn. G.&C.C., Signal Mtn.
L. D. Rutherford, Jim Riggins Golf Land, Jackson
Bob Sain, Cleveland C.C., Cleveland
Ed Samples, Fairfield Ocean Ridge, Edisto Beach
John H. Sanders, McCabe, Nashville
Jack C. Sanford, Covington C.C., Covington
Ann Sappenfield, Brentwood C.C., Brentwood
Kevin Satterfield, Fall Creek Falls G.C., Pikeville
Charles Schanding, Druid Hills C.C., Fairfield Glade
Loren Schrader, Link Hills C.C., Greeneville
Edward L. Seagraves, Homestead A.F.B. G.C., Homestead
James Seal, Morristown G.&C.C., Morristown
Frank Sears, Two Rivers G.C., Nashville
Mark J. Seitman, Fox Meadows G.C., Memphis
John O. Sennier, Ravenwood Club, Donelson
Burton Sexton, Jr., Crooked Creek G.C., Oneida
James Sexton, River Bend C.C., Shelbyville
Dick Seymore, Holston Valley G.C., Bristol
Tom Shanks, Sr., Memphis Naval Air Station G.C., Millington
Charles L. Shannon, Dandridge G.&C.C., Dandridge
Howell Sherrod, Johnson City C.C., Johnson City
Guy E. Short, Dandridge G.&C.C., Dandridge
G. S. Simpson, Innesbrook-Copperhead #1, Tarpon Springs
Rick Sinard, White Pine G.C., White Pine
Seth W. Sizer, Waynesville C.C., Waynesville
Max Smart, Shelby Park G.C., Nashville
Billy Jack Smith, Elizabethton G.C., Elizabethton
Russell H. Smith, Ridgefields C.C., Kingsport
R. Wilson Sneed, Jr., Houston Levee G.C., Germantown
Walt Socha, Link Hills C.C., Greeneville
Paul Sorey, Dandridge G.&C.C., Dandridge

1983 HOLES-IN-ONE

Robert M. Speer, Pinecrest, Trenton
Ken Spooner, Stonebridge C.C., Memphis
Bill Stafford, McKellar G.C., Memphis
J. Allen Stephens, Carnton C.C., Franklin
Robert N. Stone, Montgomery Bell St. Park G.C., Burns
Joe Stras, Harbour Town Golf Links, Hilton Head Island
Bob Strimer, Link Hills C.C., Greeneville
Sy Sundling, Stones River C.C., Murfreesboro
Bud Sutton, Lambert Acres, Maryville
James M. Sykes, Brentwood C.C., Brentwood
Al Szanyi, Houston Levee G.C., Germantown
Wellford Tabor, The Memphis C.C., Memphis
John J. Tacker, Jr., Midway G.C., Etowah
Mike Talley, Wallace Hills G.C., Maryville
Walter J. Tanner, Fayetteville G.&C.C., Fayetteville
Robert "Bob" Tegarden, Blue Grass C.C., Hendersonville
John W. Testerman, Sea Island Golf Shop, St. Simons Island
J. C. Thomas, Lambert Acres, Maryville
Glen Tinsley, Rolling Hills G.C., Cleveland
Gene Tolbert, Fox Meadows G.C., Memphis
Danny Tribble, Hickory Valley G.C., Chattanooga
Joseph H. Trimbach, Farmington C.C., Germantown
Todd Richard Tripp, Harpeth Hills G.C., Nashville
Hub Tucker, Old Hickory C.C., Old Hickory
Lewis H. Tune, Shelby G.C., Nashville
Lester G. Turberville, Holly Hills C.C., Cordova
James Turner, Lakeview G.C., Harrisburg
Greg Vannucci, Galloway, Memphis
Marge Vaughan, Woodstock Hills C.C., Millington
Gary Vaughn, Chickasaw C.C., Memphis
S. P. Vavalides, Graysburg Hills C.C., Chuckey
Robert E. Veter, Lagoon Parks G.C., Montgomery
Jack Victory, Smyrna G.C., Smyrna
Nancy Vogel, Baysore G.C., Miami Beach
Bob Wade, Bevico G.C., Memphis
A. R. Walker, Millington Naval Base, Millington
Colin Walker, Smyrna Municipal G.C., Smyrna
James Walker, McKellar G.C., Memphis
Louise O. Walker, McKellar G.C., Memphis
R. H. Wallace, Brigate, Horn Lake
Harry E. Waring, Fox Meadows, Memphis
Bill Watson, Woodstock Hills C.C., Millington
Sonny Watson, Buffalo Valley, Union
David Wayland, Beaver Brook C.C., Knoxville
Geo. Weakley, Jr., Dyersburg Municipal G.C., Dyersburg
John C. Webb, Jr., Warriors Path State Park, Colonial Heights
William F. Weiss, Midway G. & City Club, Athens
Bud Weisser, Fox Den C.C., Farragut
Wilson Q. Welch, McCabe C.C., Nashville
Joe Werner, McKellar G.C., Memphis
Mike West, Hohenwald G.C., Hohenwald
Thomas E. Wheeler, Stones River C.C., Murfreesboro
James Wheelock, Tri City G.&C.C., Blountville
E. A. Whitaker, Beaver Brook C.C., Knoxville
Jim Whitaker, Indian Bayou G.&C.C., Destin
John Whitaker, Audubon G.C., Memphis
Don White, Buffalo Valley C.C., Unicoi
Harlan White, Meadowview G.C., Kingsport
U. G. Whited, Johnson City C.C., Johnson City
William Whitehurst, Poplar Meadows C.C., Union City
Richard Whitener, Lebanon C.C., Lebanon

Jimmy D. Whittenburg, Nolichuckey G.C., Greeneville
Willa Wentworth, Hillcrest C.C., Pulaski
Harrison Wilder, Colonial C.C., Cordova
Frank Wiley, Blue Grass Y.& C.C., Hendersonville
Harry Wilk, Audubon Park, Memphis
Felix L. Wilkey, Dayton G.&C.C., Dayton
Joan Williams, Colonial C.C., Cordova
Merlin E. Williams, Nashboro Village G.C., Nashville
Bill Wilson, Pine Lakes, Maryville
Bill F. Wilson, Clarksville C.C., Clarksville
Don Wilson, Hickory Valley G.C., Chattanooga
Harold Wilson, Link Hills C.C., Greeneville
Jack D. Wilson, Keowee Key C.C., Salem
Joyce I. Wilson, Holston Hills C.C., Knoxville
Kenneth Wilson, Roan Valley G. Estates, Mtn. City
Lawrence E. Wilson, Swan Lake G.C., Clarksville
Greg Windham, Link Hills C.C., Greeneville
Bert Witt, Memphis C.C., Memphis
Bunnie Wood, Briargate C.C., Horn Lake
Johnny Woody, Brainerd Municipal G.C., Chattanooga
Bob Wright, Windyke C.C., Germantown
G. H. Zaar, Temple Hills G.&C.C., Franklin
Edward R. Zaino, McCabe G.C., Nashville
Karen Zeip, Olive Branch C.C., Olive Branch

TEXAS

Joan Aaron, Las Vegas C.C., Las Vegas
Mike Abbott, Lubbock C.C., Lubbock
Eddie Aboussie, Wichita Falls C.C., Wichita Falls
May Abraham, Amarillo C.C., Amarillo
Paul Andrew Acuna, Alice Municipal G.C., Alice
Frank J. Adam, Northcliffe C.C., Cibolo
C. L. Adams, Oakridge C.C., Killeen
Dan Adams, Brooks A.F.B. G.C., San Antonio
J. M. Adams, Jr., Quail Valley G.C., Missouri City
Marc Adams, Pecan Valley G.C., Benbrook
Doug Adcock, Hunsley Hills G.C., Canyon
Margaret Adcock, Padre Island C.C., Corpus Christi
G. B. "Buck" Adrian, Lakeway G.C., Austin
Mike Aguirre, Landa Park G.C., New Braunfels
W. O. Albertson, Palm View G.C., McAllen
Walt "Bud" Albright, Bear Creek-Executive G.C., Houston
Joe Alcantar, Cedar Crest G.C., Dallas
Don D. Alexander, Kapalua G.C., kapalua
Jim Alexander, Bear Creek G.C., Dallas
Joe L. Alexander, The Shores C.C., Rockwall
Mickey Alexander, Memorial Park G.C., Houston
Scott Alexander, Brookhaven C.C., Dallas
Woody Alexander, Boyou Din G.C., Beaumont
David G. Alford, Sheppard A.F.B. G.C., Wichita Falls
Martin Allday, Midland C.C., Midland
Frank W. Allen, Panorama C.C., Conroe
John J. Allen, Hermann Parr G.C., Houston
Bill Alley, Woodhaven C.C., Ft. Worth
Billy O. Alsobrook, Pine Forest G.C., Bastrop
Sue Alt, Cypress Creek G.C., Houston
Toyo Amador, Starcke Park G.C., Seguin
Max W. Amann, Hondo G.C., Hondo
E. L. "Gene" Ames, Mountain Lake C.C., Lake Wales
Mark Andersen, Friendswood C.C., Friendswood
Jeff Anderson, The Woodlands C.C., The Woodlands
O. A. Ardoin, Cedar Crest G.C., Dallas
Oscar M. Arguelles, Valley Inn & C.C., Brownsville

1983 HOLES-IN-ONE

John L. Arkwright, Pharaohs C.C., Corpus Christi
Jim Arner, Western Oaks C.C., Waco
Bill Arnold, Woodcreek Resort C.C., Wimverley
Sam Arris, Hawkins Park G.C., Birmingham
Tom Arvesen, Connally G.C., Waco
Bill Ash, Hogan Park G.C., Midland
Lynn Ashcraft, Hilltop G.C., Troup
James H. Ashley, Great Hills G.C., Austin
W. H. Attebury, Amarillo C.C., Amarillo
Norma C. Avary, Ward County G.C., Monahans
W. T. Averitt, Camelback G.C., Scottsdale
M. E. Avila, Lakeside G.C., Houston
Art Ayers, Amarillo C.C., Amarillo
Thomas Ayers, Phillips C.C., Borger
Marvin D. Babb, Ft. Sam Houston, San Antonio
Beverly Baetge, Ft. Bend C.C., Richmond
Jim Bailey, Vista Hills C.C., El Paso
John P. Bailey, Glen Garden C.C., Ft. Worth
Les A. Bailey, Cedar Creek C.C., Kemp
Andy Baker, Rockwood G.C., Ft. Worth
Bobby Baker, Sherrill Park G.C., Richardson
Greg Baker, Meneola C.C., Meneola
Elsie Ball, Sugar Creek C.C., Sugarland
James L. Ballinger, Bear Creek G.C., Houston
A. R. Ballou, Sleepy Hollow G.C., Dallas
Dave Banks, Canyon Creek C.C., San Antonio
Tom Banks, Raveneaux C.C., Spring
Nancy Barbre, Sunset C.C., Odessa
Larry Barclay, Dallas Athletic Club, Dallas
Clint R. Barnes, Lake of the Pines C.C., Auburn
Don Barnes, Texas A&M G.C., College Station
Cleo Barr, Par C.C., Comanche
Billy W. Bartoc, Los Rios C.C., Plano
Kenneth Bartlett, Bentwood C.C., San Angelo
Ed Bashara, Ridgewood C.C., Waco
Jim Batjer, Fairway Oaks G.&R.C., Abilene
Richard C. Battle, McAllen C.C., McAllen
Murphy H. Baxter, Castle Pines G.C., Castle Rock
Dick Bear, Cary C.C., Cary
James P. Bearden, Kingwood C.C., Kingwood
John Paul Beatty, Ridglea C.C., Ft. Worth
Ric Bell, Ranchland Hills C.C., Midland
Wiley W. Bell, Balcones C.C., Austin
William W. Bell, Olmos Basin G.C., San Antonio
R. Gordon Bennett, Morris Williams G.C., Austin
Rolland C. Bennett, Llano Grande C.C., Mercedes
Dick Bentley, Windcrest C.C., San Antonio
Paul Benton, Port Arthur C.C., Port Arthur
John Bergman, Boone C.C., Boone
Jim Bernethy, Weeks Park G.C., Wichita Falls
Bob Bernstein, Walden On Lake Conroe G.C., Montgomery
Frank Bernat, Sycamore Creek G.C., Ft. Worth
Michael Berneburg, Texas A&M University G.C., College Station
Rick Berry, Temple Municipal G.C., Temple
Merritt M. Bertholf, Dyess A.F.B. G.C., Abilene
Willie Bertrand, Jr., Chambers County G.C., Anahwac
Roy Best, Pharaohs C.C., Corpus Christi
Howard Betts, San Antonio C.C., San Antonio
David Bickley, Oak Ridge Park G.C., Lewisville
Joe Bienvenu, Lakeside C.C., Houston
Joe Billingsley, Rockwood G.C., Ft. Worth

Donny Bishop, Shadow Hills G.C., Lubbock
A. J. Bittick, Brownwood C.C., Brownwood
Ralph G. Blackman, Celanese Chemical Course, Bishop
Matthew O. Blackmore, Los Rios C.C., Plano
Ralph Blackwell, Woodhaven C.C., Ft. Worth
George Blarton, Vista Mills C.C., El Paso
Melba Blazer, Ft. Bend C.C., Richmond
Mary Loe Bledsoe, Onion Creek Club, Austin
Bill Bleiker, Hunsley Hills G.C., Canyon
Ray Blumer, Meadowbrook G.C., Lubbock
Marjorie Boehme, Brookhaven C.C., Dallas
Brent Boggess, Rockwood G.C., Ft. Worth
Earl L. Boggess, Bonham G.C., Bonham
Evan Bolanz, L. B. Houston G.C., Dallas
D. D. Boney, Ascarate G.C., El Paso
Sam Bonney, Dallas C.C., Dallas
David Booth, Brookhaven C.C., Farmers Branch
Horace Booth, Squaw Creek G.C., Ft. Worth
Kelly Booth, Emerald Bay G.C., Bullard
Reba A. Booth, April Sound C.C., Conroe
David M. Boren, Panorama C.C., Conroe
Kenneth A. Borgh, Santa Teresa G.C., Santa Teresa
Harold Born, Olmos Blasin G.C., San Antonio
Lloyd M. Borrett, El Paso C.C., El Paso
Lance Boscamp, Brownwood C.C., Brownwood
Margaret Bourque, Baywood C.C., Pasadena
Bill Bowen, Ranchland Hills C.C., Midland
Jim Bowen, Ridgewood C.C., Waco
Dorothy Bowne, Willowisp C.C., Missouri City
C. E. Boyd, Green Tree C.C., Midland
Kip Boyd, Green Tree C.C., Midland
Marshall E. Boynton, Northcliffe C.C., Cibolo
Prentice Bradley, Windcrest G.C., San Antonio
Nickey F. Braly, Pinewood C.C., Sour Lake
Richard Bramlett, Panorama C.C., Conroe
Gaylen Brand, Hillcrest C.C., Lubbock
H. C. Brand, Northwood G.C., Dallas
Sanford Brandt, Prestonwood G.C., Dallas
Glenn Brant, Earl Grey G.C., Calgary
Dick D. Brashear, Kelly A.F.B. G.C., San Antonio
Raymond D. Brauer, Lakeside C.C., Houston
Sue Brazzale, Quail Valley World of Clubs, Missouri City
Ray Breedlove, Briarwood C.C., Tyler
Rick Bresler, Lost Pines G.C., Bastrop
Rick Brewer, Onion Creek Club, Austin
O. H. Brigman, Stephen F. Austin C.C., San Felipe
Gary Briscoe, Morris Williams G.C., Austin
Perry T. Brixey, Bosque Valley G.C., Meridian
David W. Brock, Oakridge C.C., Garland
Joe Brossard, Hermann Park G.C., Houston
Kaye Broussard, Briarwood C.C., Tyler
Briggs Brower, Villages G.&C.C., San Jose
Gary Brown, Babe Zaharias G.C., Pt. Arthur
Joyce Brown, Phillips C.C., Borger
Kenneth L. Brown, Stevens Park Municipal G.C., Dallas
Lucy Lee Brown, Salado El rio G.C., Ft. Sam Houston
Pearson W. Brown, La Loma Grande, Ft. Sam Houston
Steve Brown, Meadowbrook G.C., Lubbock
Wayne Brown, Pecan Valley G.C., Ft. Worth
Jim Bryant, Canyon Creek C.C., Richardson
Eileen M. Bryson, Tomball C.C., Tomball
Dan Buchan, Olmos Basin G.C., San Antonio
Cotton Buchannan, Stephen F. Austin C.C., San Felipe

583

1983 HOLES-IN-ONE

Patricia Buckles, Ft. Sam Houston G.C., San Antonio
Lisa Buder, Corpus Christi C.C., Corpus Christi
Beverlye Bukowski, Lakeside C.C., Houston
B. J. Bullard, Willow Springs, Haslet
Mark Burgen, Andrews C.C., Andrews
Lt. Col. Larry R. Burchfield, Laughlin A.F.B. G.C., Del Rio
Stacy Burkholder, Denton C.C., Denton
Daniel William Burnash, Stephen F. Austin C.C., San Felipe
Herbert Burnham, Brenham C.C., Brenham
Michael Burniston, Hermann Park G.C., Houston
Billy R. Burns, South Haven G.C., Texarkana
Harry J. Burns, Tapatio Springs G.C., Boerne
Tom V. Burns, Willowisp C.C., Missouri City
Woody Burris, Willow Springs G.C., Haslet
John H. Butcher, L. B. Houston G.C., Dallas
Skip Butkiewicz, Cielo Vista Municipal G.C., El Paso
Nalette Butler, Onion Creek Club, Austin
Frances Cain, Sunset Grove C.C., Orange
Galloway Calhoun, Willow Brook C.C., Tyler
Mark Callender, Babe Zaharias G.C., Pt. Arthur
Floyd Calloway, Sweetwater C.C., Sweetwater
George Camp, River Hills C.C., Corput Christi
Jim Campbell, Vista Hills C.C., El Paso
Katy Campbell, Eldorado G.C., Eldorado
Sam Campisano, Windcrest G.C., Windcrest
O. W. Canion, Brooks A.F.B. G.C., San Antonio
Bob Carey, Padre Isles C.C., Corpus Christi
Vernon Cargill, Temple C.C., Temple
Brian Carpenter, Kingwood C.C., Kingwood
Margaret A. Carpenter, Panorama C.C., Conroe
Solon Carpenter, Alice Municipal G.C., Alice
Steve Carpenter, Andrews G.C., Andrews
Gray Carrithers, San Felipe C.C., Del Rio
Gary Carroll, Horseshoe Bay C.C., Horseshoe Bay
Hugh Carruth, Alpine G.C., Longview
Frederick M. Carson, Ft. Sam Houston G.C., Ft. Sam Houston
L. J. Carter, Beyou Din G.C., Beaumont
Ronald G. Carterh, Texas A&M G.C., College Station
Brad L. Carver, Brookhaven C.C., Dallas
Walter T. Casey, Oak Ridge Park G.C., Lewisville
Clayton Caskey, Woodcreek Resort C.C., Wimberley
Gary L. Cason, Magnolia C.C., Magnolia
Mike R. Cassol, Eagle Vail G.C., Avon
Frank Castleberry, Sweetwater C.C., Sweetwater
Paul J. Castleberry, Hunsley Hills G.C., Canyon
Roy Bronson Certain, River Hills C.C., Corpus Christi
Tracy Chalmers, Lost Pines G.C., Bastrop
Stewart Chase, Shary G.C., Mission
Rob Cheaney, Hancock Park Municipal G.C., Lampasas
Earl T. Chism, Lubbock C.C., Lubbock
W. H. Chisum, Phillips C.C., Borger
Jun-Young Cho, Cedar Crest Municipal G.C., Dallas
Jerry W. Choate, Texaco C.C., Houston
Mike Choate, Shadow Hills G.C., Lubbock
Leonard Chorba, Sharpstown G.C., Houston
Harold Christal, Canyon Creek C.C., San Antonio
Doris Ann Christensen, Bear Creek G.C., Houston
Bliss B. Clark, Harlingen C.C., Harlingen
Jack T. Clark, Panorama C.C., Conroe
Von Clarkson, Pinehurst C.C., Pinehurst
James B. Clary, El Paso C.C., El Paso

Raymond R. Cleek, Bergstrom G.C., Austin
Ben Click, Windcrest G.C., San Antonio
Frank A. Cloaninger, Shady Valley G.C., Arlington
Dick Cloud, Landa Park G.C., New Braunfels
Eugene Coaker, Keeton Park G.C., Dallas
George A. Coblentz, Tyrrell Park G.C., Beaumont
Wayne Coggin, Brady City G.C., Brady
Bill Coins, Willowisa C.C., Missouri City
Douglas Cole, Point Venture C.C., Leandor
Marty Cole, Eastman Golf Links, Grantham
Jack Coley, Bear Creek Golf World, Houston
Mickey Collins, Bear Creek AMFAC Resort, DRW Airport
Aaron Compton, Sherrill Park, Richardson
Ralph Conley, Odessa G.C., Odessa
Jack Conner, Amarillo C.C., Amarillo
Gary Conrad, James Connally G.C., Waco
Donald C. Cook, Lago Vista C.C., Lago Vista
James Cook, Padre Isles C.C., Corpus Christi
Johnny L. Cook, Quail Valley G.C., Missouri City
V. B. Cook, Hillcrest G.C., Durango
Eddy R. Cooper, Jr., Great Southwest G.C., Grand Prairie
Barbara Cordray, Progress Downs, Progress
Paul Cortez, Corpus Christi G.C., Corpus Christi
Ben Cosmie, L. B. Houston, Dallas
Tony Costa, Quail Valley, Missouri City
Dick Coughran, Columbia Lakes, West Columbia
Ray Covalt, Pampa C.C., Pampa
Donald J. Cowan, Riverview G.C., New Cumberland
Donna Cox, McCormick Ranch G.C., Scottsdale
Howard Cox, Austin C.C., Austin
Wayne Cox, Marlin C.C., Marlin
John Coxen, Sherrill Park Municipal G.C., Richardson
John Coy, Odessa C.C., Odessa
John M. Craddock, Lakeside C.C., Houston
David Crafton, Horseshoe Bay C.C., Horseshoe Bay
Jack Craig, Port Arthur C.C., Port Arthur
W. G. Craig, Jr., Lakeside C.C., Houston
John Crank, Great Hills G.C., Austin
Bill Crawford, Colonial C.C., Ft. Worth
Kent Crockett, Raveneaux C.C., Spring
Jeff Cross, Walden, Montgomery
Marie Cross, Kingwood C.C., Kingwood
Thomas H. Crouch, Goodyear G.&C.C., Litchfield Park
Clarence B. Crow, Jr., Country Gold C.C., Kemp
Gene A. Crowder, Hunsley Hills G.C., Canyon
Larry Crowder, Hogan Municipal G.C., Midland
Martie M. Crowell, Cedar Creek C.C., Kemp
Adolfo Cubriel, Jr., Devine G.C., Devine
Fred Currie, Olmos Basin G.C., San Antonio
Ed Cymbal, The Woodlands C.C., The Woodlands
A. Robert Cyr, Ft. Sam Houston G.C., San Antonio
Richard J. Czarnik, Friendswood C.C., Friendswood
Alan C. Dale, Inn at Turtle Creek, San Antonio
Bob Dameron, Woodcrest C.C., Grand Prairie
A. Y. Damron, Brackenridge Park Municipal G.C., San Antonio
Jim Darnell, Horizon Resort & C.C., El Paso
Donald Davidson, Pecan Plantation, Granbury
Michael R. Davies, Bonneville, Salt Lake City
Steve Davies, Trophy Club C.C., Roanoke
Alice Davis, Brook Haven C.C., Dallas
Bob Davis, Pecan Grove Plantation, Richmond
Dave Davis, Z-Boaz C.C., Ft. Worth

1983 HOLES-IN-ONE

Elsie Davis, Ward County G.C., Manahans
John Davis, Bear Creek G.&R.C., Dew Airport
Mike Davis, Crown Colony C.C., Lufkin
Preston L. Davis, Henry Homberg G.C., Beaumont
Richard Davis, Brownwood C.C., Brownwood
Sherman E. Davis, Sr., Northcliffe C.C., Cibolo
Allen Dawson, Amarino C.C., Amarillo
Decker Dawson, Midland C.C., Midland
John E. Day, Walden G.&C.C., Montgomery
Raymond Day, Cloudcroft C.C., Cloudcroft
N. M. Daywood, Riverside G.C., San Antonio
John T. Dean, Hearthstone C.C., Houston
Ken C. Dean, El Paso C.C., El Paso
Lee Deater, Briarwood C.C., Tyler
Henry G. DeBaggis, Brookhaven C.C., Dallas
Richard D. Deeds, Pecan Valley G.C., Ft. Worth
Edward D. Denges, Grand Prairie G.C., Grand Prairie
Gary Dennis, Meadowbrook G.C., Ft. Worth
Merle Dennis, Pine Forest C.C., Houston
David DeShong, James Connally Municipal G.C., Waco
John J. Desilets, Woodhaven C.C., Ft. Worth
Mike Deubler, Diamond Oaks C.C., Ft. Worth
Bob Devereaux, Quail Creek C.C., San Marcos
Rose M. Dial, Woodland Hills G.C., Nacogdoches
Ralph J. Dicus, Brae-Burn C.C., Houston
Dolores E. Diener, Ft. Bliss G.C., El Paso
Art Dignan, Santa Teresa C.C., Santa Teresa
E. B. Dodds, Anthony New Mexico C.C., Anthony
Glenn H. Donaldson, Randolph A.F.B. G.C., Universal City
Glenn H. Donaldson, Randolph A.F.B. G.C., Universal City
Danny Doherty, Tascosa C.C., Amarillo
Edwin L. "Bud" Dolan, Inwood Forest G.C., Houston
Ken Dollarhide, Windcrest G.C., San Antonio
Ted Dose, Willow Springs G.C., Haslet
Katherine R. Dougherty, Brookhaven C.C., Dallas
Patricia Dougherty, Green Tree C.C., Midland
Richard Douglas, Grand Prairie G.C., Grand Prairie
Robert W. Downs III, Sherrill Park #1, Richardson
Robert Doyle, River Hills C.C., Corpus Christi
Bernadette E. Drake, Cedar Valley G.C., Guthrie
Phillip W. Drenzer, Glen Garden G.&C.C., Ft. Worth
Michael V. Duc, Randolph A.F.B. G.C., Randolph A.F.B.
Jim Duckett, Briar Crest C.C., Bryan
Albert H. Duckwitz, Ft. Bliss Golf Ass'n, El Paso
Steve Duffey, Connally G.C., Waco
D. J. Duncan, Clarksville C.C., Clarksville
David J. "Pete" Duncan, Clarksville C.C., Clarksville
R. L. Durdin, Homberg Park, Beaumont
Spero Duros, Carswell G.C., Ft. Worth
Margaret D. Dwyer, Inwood Forest G.C., Houston
Sid Easley, Randolph A.F.B. G.C., Randolph A.F.B.
Joe Eason, Sherrill Park, Richardson
Helen Earnest, Pine Forest C.C., Houston
Frank Ebersole, Hermonn Park G.C., Houston
Dan H. Edmonson, Northwood Club, Dallas
Donald Edwards, Hurricane Creek C.C., Anna
John T. Edwards, Westwood Shores, Trinity
Julia Edwards, Emerald Bay C.C., Bullard
G. Thomas Eggebrecht, Pine Hills C.C., Calhoun
Joe Elam, Casper C.C., Casper
Mike Elias, Horseshoe Bay C.C. Resort, Horseshoe Bay

Charles M. Ellis, Jr., Grover Keeton G.C., Dallas
Edward L. Ellis, Brooks A.F.B. G.C., San Antonio
Otis M. Ellis, Hilltop Lakes C.C., Hilltop
Sam Elliott, Livingston G.C., Livingston
Herb Emmons, Cree Meadows C.C., Ruidoso
Jim Emmons, Northcliffe C.C., Cibolo
Keith Engelhardt, Tomball C.C., Tomball
Bill England, Oso Municipal G.C., Corpus Christi
George English, River Plantation C.C., Conroe
Elizabeth A. Engstrom, Padre Isles C.C., Corpus Christi
Paul Engstrom, Padre Island C.C., Corpus Christi
Minnie T. Ennis, Westwood Shores, Trinity
Danny J. Eoff, Elks G.&C.C., Duncan
Robert Erwin, Diboll Municipal G.C., Diboll
Gertrudis Escamez, Valley Inn C.C., Brownsville
Cm. Evans, Goodyear G.&C.C., Litchfield Park
Tom Evans, Bella Vista G.C., Bella Vista
Tom D. Everett, Country Place G.C., Pearlond
Bob Evars, Olmos Basin G.C., San Antonio
Bud Ewy, Sunset Grove C.C., Orange
Don Fagan, Tascosa C.C., Amarillo
William Farah, Alto Lakes G.&C.C., Alto
C. Larry Farmer, Rockwood G.C., Ft. Worth
John Farqyhar, Meadowbrook, Lubbock
Ross Farris, Green Tree C.C., Midland
Murray Fasken, Alto Lakes G.&C.C., Alto
Sue Ann Faulk, Pine Forest G.C., Bastrop
Richard N. Faulkner, Hillcrest C.C., Vernon
Billie Fehline, Vista Hills C.C., El Paso
Ray Felty, Tenison Park, Dallas
Mel Ferguson, Hermann Park G.C., Houston
Ray Ferguson, Quail Creek C.C., San Marcos
S. S. "Fergie" Ferguson, Kingwood C.C.-Island Course, Kingwood
C. A. Fields, Briar Crest C.C., Bryan
Ken Fields, P.A.P. C.C., Comanche
Sewell Fields, Horizon Resort & C.C., El Paso
Al Figueroa, Randolph South Municipal G.C., Tucson
Don Filbert, L. B. Houston G.C., Dallas
Victor D. Filimon, Yaupon G.C., Austin
Kent Finley, Brady C.C., Brady
Patrick J. Finn, Sr., Glen Garden C.C., Ft. Worth
Joe S. Finney, Cypress Creek C.C., Scroggins
Dick Fisher, Lake Kiowa C.C., Lake Kiowa
R. J. Fisher, Kingwood C.C., Kingwood
David A. Flack, Walnut Creek C.C., Mansfield
Christy Flanagan, Jr., Port Arthur C.C., Port Arthur
J. Fred Flanigan, Woodlake C.C., San Antonio
A. J. Fletcher, Pedernales C.C., Spicewood
R. H. Floyd, Baywood C.C., Pasadena
Roman Fontenot, Brookhaven Masters, Dallas
H. M. Ford, Brooks A.F.B. G.C., San Antonio
Jerry Ford, Windcrest G.C., San Antonio
Kathleen M. Forehand, Woodhaven C.C., Ft. Worth
Bill Foster, Marshall Lakeside C.C., Marshall
Jim Forsyth, Bear Creek, Houston
Don Foster, Cedar Creek C.C., Kemp
Hunter Fox, River Plantation C.C., Conroe
John Frame, Kapalua, Maui Bay Course, Kapalua
Gene Francis, Desert Inn, Las Vegas
Diane Franklin, Onion Creek Club, Austin
Jerry Franks, Hermann Park G.C., Houston
Paul Franz, Goose Creek C.C., Baytown

1983 HOLES-IN-ONE

Ross Franz, Stephen F. Austin, San Felipe
Betty Frazee, Riverhill Club, Kerrville
Charlie "Chuck" Freeman, Lackland G.C., Lackland A.F.B.
Wayne Frey, De Cordova Bend Estates, Granberry
Watson S. Frick, Horseshoe Bay C.C., Horseshoe Bay
Billy C. Frost, De Cordova Bend G.C., Granbury
Rusty Fuhrmann, San Antonio C.C., San Antonio
Derek Joseph Fulkerson, Birmingham C.C., Birmingham
Glen K. Fuller, Wildwood G.C., Village Mills
Danny Fults, Quail Valley G.C., Missouri City
Judd A. Fults, Lakeway G.C., Austin
Gerry Gabennesch, Sherrill Park, Richardson
Bob Gadbois, Angel Fire C.C., Angel Fire
Albert A. Gagliardi, Laughlin A.F.B., Laughlin A.F.B.
Gus Galindo, La Roma Grand, San Antonio
Joe Galle, Ft. Sam Houston G.C., San Antonio
James Gallego, Dos Lagos G.C., Anthony
H. Harold Gallion, Ft. Clark Springs G.&T.C., Brackettville
Maynard C. Galvin, South Main G.C., Houston
Frank Gampper, Los Rios C.C., Plano
Tim Gamso, Bear Creek Golf World, Houston
Barbara Garcia, Baywood C.C., Pasadena
Carlos C. Garcia, Jimmy Clay Municipal G.C., Austin
Gene M. Gardner, Diboll Municipal G.C., Diboll
Jim Gardner, Willowisp C.C., Missouri City
Pete Garner, Mission C.C., Odessa
Tom Gates, Pharaohs C.C., Corpus Christi
Turner Gauntt, Lake C.C., Saginaw
Peggy M. Gay, Millcreek G.&C.C., Salado
Forrest Geary, Leon Valley G.C., Belton
Grant S. Geis, Cree Meadows C.C., Ruidoso
John Geis, Beaumont C.C., Beaumont
Wayne K. Geiver, Panorama C.C., Conroe
Steve Gentling, Grand Prairie Municipal G.C., Grand Prairie
Mary Gentry, Tascosa C.C., Amarillo
J. Robert "Bob" Geore, Hurstbourne C.C., Louisville
Flavio J. Gianotti, Hondo G.C., Hondo
Bruce R. Gibbens, Kelly A.F.B. G.C., Kelly A.F.B.
Raymond R. Giabbons, Jr., Dallas C.C., Dallas
Laura Giffen, Willsboro G.C., Willsboro
Bobby G. Gilbert, Onion Creek C.C., Austin
Sadie Gilbert, Raveneaux C.C., Spring
William A. Gilluly, Green Tree C.C., Midland
Tommy Gilstrap, Inwood Forrest G.C., Houston
Pat J. Glasscock, Woodlake G.&C.C., San Antonio
Bobby Gleason, Green Tree C.C., Midland
Joey Gleitman, San Saba Municipal G.C., San Saba
Warren J. Gloss, Prestwood C.C., Dallas
Barry R. Gluck, Tawakoni G.C., Quinlan
Robert F. Godbey, Westwood Shores, Trinity
Hubert Godby, Jr., Lost Creek C.C., Ft. Worth
Judy Goforth, De Cordova Bend C.C., Granbury
William C. Goins, Willowisp C.C., Missouri City
Carl Goldstein, Lost Pines C.C., Bastrop
Chendo Gonzalez, Rancho Viejo G.C., Brownsville
Hector Gonzalez, Kiemberg County G.C., Kingsville
Jennie Gooch, Midland C.C., Midland
Tommy Goolsby, Ross Rogers G.C., Amarillo
Sherrill Grady, Blue Lake G.C., Marble Falls
Stanley Graham, Ft. Stockton G.C., Ft. Stockton
John A. Grambling, Coronado C.C., El Paso

John Grant, Bayou Din G.C., Beaumont
Tony Graves, Cleburne Municipal G.C., Cleburne
Jerry Gray, Briarwood C.C., Tyler
Jimmy Green, Brookhaven C.C., Dallas
Malcolm M. Green, Temple C.C., Temple
Pat Green, Shadow Hills G.C., Lubbock
Tommy J. Green, Jr., III Pecos County Municipal G.C., Ft. Stockton
Jes Greenwalt, Westwood Shores G.C., Trinity
Kurt "Rusty" Gregory, Lost Pines G.C., Bastrop
R. C. Greywitt, Raveneaux C.C., Houston
Bobby Griffin, Lakeside, Houston
Matt Griffin, Tapatio Springs C.C., Boerne
Bob Griffith, Lions Municipal G.C., Austin
Bruce Griffith, Great Hills G.C., Austin
Earl Grimes, Ross Rogers G.C., Amarillo
Otha Grisham, Max Starcke Park G.C., Seguin
Kenneth Grissom, Reese A.F.B., Lubbock
Leon Grivel, Jr., Tapatio Springs, Boerne
Frank H. Grossman, Ft. Sam Houston G.C., San Antonio
Jack M. Groves, Hilltop Lakes G.C., Hilltop Lakes
Faye Guess, De Cordova Bend Estates C.C., Granbury
Chuck Guffey, Bear Creek Golf World, Houston
Frank T. Guidas, Jr., Randolph G.C., San Antonio
J. Paul Guidry, Hearthstone C.C., Houston
Glenda Guthrie, Hansord, Spearman
Roger Guthrie, Slick Rock-Horseshoe Bay C.C., Horseshoe bay
Barbara B. Guy, Oak Forest G.C., Longview
Carl Guynes, Hide Away Lake, Lindale
Fred L. Hackett, Rivercreek G.C., Burkburnett
Jim Hackman, Paris G.&C.C., Paris
Dot Haden, Green Tree C.C., Midland
Charles Hahn, Squae Creek G.C., Ft. Worth
Edgar E. Hale, Grover C. Keeton G.C., Dallas
A. C. Haley, Jr., Hunsley Hills G.C., Canyon
B. J. Hall, Tennwood Club, Hockley
Michael Hall, Big Spring C.C., Big Spring
Emory Hallman, Kingwood C.C., Kingwood
Claude B. Hamilton, Blue Lake G.C., Marble Falls
Nelson Hamilton, Kleberg County G.C., Kingsville
Todd Hamlett, Live Oak G.C., Austin
Charles D. Hamlin, Great Southwest G.C., Grande Prairie
Audrey Hammer, Mexia C.C., Mexia
Lynn A. Hammer, Linos Municipal G.C., Austin
Ernest S. Han, Quail Valley G.C., Missouri City
D. J. Hancock, Jasper C.C., Jasper
Don Hand, South Haven G.C., Texarkana
Max Haney, Crown Colony C.C., Lufkin
Danny Hankins, Denton C.C., Denton
Bryan Hanna, Phillips C.C., Borger
Norm J. Hansen, Windcrest G.C., San Antonio
Robert Harbour, Hogan Park G.C., Midland
Dee Hardin, Woodlake G.&C.C., San Antonio
Alworth J. Hardy, Jr., World of Resorts C.C., Lago Vista
Lou Hardy, Tule Lake C.C., Tulia
Pat Hardy, Emerald Bay C.C., Bullard
Calvin A. Hargis, Chambers County G.C., Anahuac
Betty Hargrave, Hide-a-Way Lake, Lindale
Harold Harkrider, Amarillo C.C., Amarillo
D. T. Harrell, Memorial Park G.C., Houston
Don Harris, Phillips C.C., Borger
Doug Harris, Brady Municipal G.C., Brady

1983 HOLES-IN-ONE

George A. Harris, Sleepy Hollow G.&C.C., Dallas
Julie Harris, Alice C.C., Alice
Ralph Harris, Lakeside C.C., Marshall
W. B. Harris, Hillcrest C.C., Lubbock
Brian Casey Harrison, Onion Creek C.C., Austin
M. L. "Mike" Harrison, Laquinta-Quail Valley G.C., Missouri City
Randall Hartsfield, Van Zandt C.C., Canton
Peggy V. Harvey, Phillips C.C., Borger
David J. Haseman, Hermann Park G.C., Houston
Monte Hasie, Lubbock C.C., Lubbock
E. L. Hatton. Brooks A.G.B. G.C., San Antonio
Bobby E. Hawkins, Diamond Oaks C.C., Ft. Worth
Lonnie R. Hawley, Los Rios C.C., Plano
Wilbur Hawkins, Dallas C.C., Dallas
Beth Hayden, Trophy Club C.C., Roanoke
Dale Hayden, Lubbock C.C., Lubbock
Randy Haydon, Live Oak C.C., Weatherford
G. H. "Sandy" Haynes, Squaw Creek G.C., Ft. Worth
Herbie Head, San Angelo C.C., San Angelo
Richard Head, Golfcrest C.C., Pearland
Curtis Heard, Phillips C.C., Borger
Sue Helm, Meadow Lakes C.C., Marble Falls
Rodney Henderson, Holiday Hills C.C., Mineral Wells
John B. Henley, Riverhill C.C., Corpus Christi
William Henning, Bergstrom A.F.B. G.C., Austin
Austin C. Henry, Walnut Creek G.C., Mansfield
Jack Hensley, Pecan Valley G.C., Ft. Worth
Larry Hensley, Odessa G.C., Odessa
Carol Hergent, Hansford G.C., Spearman
Bert Hermanski, Cielo Vista Municipal G.C., El Paso
Erasmo Hernandez, Palm View G.C., McAllen
G. U. Hernandez, Hogan Park G.C., Midland
Armand Hess, Lakeside C.C., Houston
V. E. Hesser, Sim Park G.C., Wichita
Linda H. Hester, Brookhaven C.C., Dallas
Winston S. Hey, Turtle Creek C.C., San Antonio
Brandon Heyde, Bear Creek Golf World, Houston
Dave Hickey, Colonial C.C., Ft. Worth
Jim C. Hickman, Mesquite G.C., Mesquite
Raymond D. Hicks, Sleepy Hollow G.C., Dallas
Jim Hildreth, Rockwood G.C., Ft. Worth
Russell Hill, Onion Creek Club, Austin
Tommy Hill, Pampa C.C., Pampa
Jinx Himes, Windcrest G.C., San Antonio
Travis A. Hinsch,. Diamond Oaks C.C., Ft. Worth
Frank Hoagland, Austin C.C., Austin
William L. Hodge, Rockwood C.C., Ft. Worth
Betti Hodges, Pecan Plantation C.C., Grandbury
Kurt J. Hoeflein, Sugar Creek G.C., Sugarland
Ralph J. Hoffman, Lost Creek C.C., Austin
Brian Hogman, Sherrill Park G.C., Richardson
Steven Olen Holder, Pinnacle Peak C.C., Scottsdale
Donald H. Holick, Columbia Lakes G.C., West Columbia
Gary G. Holland, Brookhaven C.C., Dallas
John Holland III, Northwood Club, Dallas
Marilyn Holland, Borger C.C., Borger
Glenn Hollis, Jasper C.C., Jasper
Roy Hollowell, Executive-Bear Creek Golf World, Houston
Phillip Holmes, Boyou Din G.C., Beaumont
Ruby Holmes, Wichita Falls C.C., Wichita Falls
Bill Holstead, Wichita Falls C.C., Wichita Falls
Lonnie Homesley, Pine Forest G.C., Bastrop

Gene Honermann, April Sound G.C., Conroe
Charles Hopkins, Jr., Ft. Bliss G.C., Ft. Bliss
Bill Hopper, Canyon Creek C.C., San Antonio
Milam Hopson, Cherokee C.C., Jacksonville
Bill Horn, Hillsboro C.C., Hillsboro
Bettie Hornbuckle, Cameron Recreation Club, Houston
Johnny Hosty, Prestonwood C.C., Dallas
James M. Houston, Maxwell Municipal G.C., Abilene
John C. Hove, Colonial C.C., Ft. Worth
William S. Howard, Gulf State Park, Gulf Shores
Milo L. Howell, Z-Boaz G.C., Ft. Worth
Whitey Howk, Riverside C.C., Battle Creek
Kenneth Hrnicr, Brackenridge G.C., San Antonio
Chuck Huckabee, Golfcrest G.C., Pearland
Carl Huckisson, Stevens Park, Dallas
Joe Hudgins, San Angelo C.C., San Angelo
Joe Hudson, Jr., Walnut Creek C.C., Mansfield
Larry D. Hughes, Arizona Biltmore C.C., Phoenix
John P. Hulett, Ft. Bliss G.C., El Paso
Paul Hulgan, Randolph A.F.B. G.C., Universal City
David Hull, Olympic Club, Dacy City
Alfred Hunt, Sweetwater C.C., Sweetwater
James A. Hunter, New Braunfels Landa Park, New Braunfels
Russell W. Hutchison, Weeks Park G.C., Wichita Falls
Bud Imming, Ft. Bliss G.C., Ft. Bliss
C. E. Irby, Par C.C., Comanche
John L. Jack, Paris C.C., Paris
Chris Jackson, Eastern Hills C.C., Garland
Joe A. Jackson, Woodland West C.C., Waco
Chris Jacobsen, Quail Valley G.C., Missouri City
Rav Jacoby, Eldorado C.C., McKinney
Herman Jaeckle, Brackenridge Park, San Antonio
Chris James, Grinnell C.C., Grinnell
C. R. "Jesse" James, Los Rios C.C., Plano
David W. James, Mountain Valley G.C., Joshua
Tom R. James, El Dorado C.C., McKinney
Turett James, Dallas C.C., Dallas
George V. Janzhn, El Paso C.C., El Paso
Bryan Jabrard, Quail Valley C.C., Missouri City
Vince Jarrett, Inwood Forest C.C., Houston
Charles Jarvis, Quail Creek C.C., San Marcos
Thomas E. Jenkins, Inn of the Mountain Gods, Mescalero
Elton J. Jennings, Laloma Grande G.C., San Antonio
Larry W. Jernigin, Oakridge C.C., Madisonville
Roger Jinkins, Harlingen C.C., Harlingen
Gwen Johns, Lakeway, Live Oak Course, Austin
Johnny Johns, Morris Williams, Austin
Curtis Johnson, Ross Rogers G.C., Amarillo
Dennis Johnson, Bluewater Bay G.C., Niceville
John F. Johnson, Corpus Christi C.C., Corpus Christi
Norman R. Johnson, Westwood Shores G.C., Trinity
Raymond Johnson, Hermann Park G.C., Houston
Alan Johnston, Millcreek G.&C.C., Salado
Jean E. Johnston, Broadmoor G.C., Colorado Springs
Ian Johnston, Lakewood C.C., Dallas
William W. Johnston, Lakewood C.C., Dallas
Amy Jones, Holly Lake G.C., Hawkins
Dan Jones, Meadowbrook G.C., Lubbock
Doug Jones, Abilene G.C., Abilene
Fred Jones, Odessa C.C., Odessa
Gulford L. Jones, Big Spring C.C., Big Spring
Jim Jones, Holiday Hills C.C., Mineral Wells

1983 HOLES-IN-ONE

Juanita Jones, Amarillo C.C., Amarillo
Lowell N. Jones, Big Spring C.C., Big Spring
Paul W. Jones, Clarksville C.C., Clarksville
Wray Jonz, Ft. Bliss G.C., El Paso
Gary W. Jordan, Andrews C.C., Andrews
Jerry L. Joyner, Pecan Valley Public Course, Ft. Worth
Keith Judy, Abilene C.C., Abilene
Larry C. Jumper, El Paso C.C., El Paso
Daniel P. Junkin, Lions Municipal G.C., Austin
Jim Kake, Walnut Creek C.C., Mansfield
Jim Kane, Emerald Bay G.C., Bullard
Kalman R. Kaplan, Prestonwood C.C., Dallas
Rennis Kauffman, Hogan Park, Midland
Helen Kay, Pt. Arthur C.C., Pt. Arthur
John W. Keates, Kingwood C.C., Kingwood
Joe Keast, Wigwam C.C., Litchfield Park
Danny L. Keeling, Woodcreek C.C., Wimberly
Henry Keeth, Stephen F. Austin C.C., San Felipe
Harry J. Keller, Chem Lake G.C., Pasadena
Ralph Keller, The Hills of Lakeway, Austin
H. D. Kelley, Henry Homber, Beaumont
Joe Kelley, Dyess A.F.B. G.C., Abilene
Charles Kelly, Willowwisp C.C., Missouri City
Helen Kelly, Canyon Creek C.C., San Antonio
W. E. Kelsheimer, Landa Park G.C., New Braunfels
Margaret Kelt, Raveneaux G.C., Spring
John Y. Keltner, Corpus Christi C.C., Corpus Christi
Don R. Kemble, Georgetown C.C., Georgetown
John Kemendo, Dallas Athletic C.C., Dallas
Dale Kennedy, Oak Ridge Park G.C., Lewisville
W. C. Kennedy, Ft. Stockton G.C., Ft. Stockton
Hazel Kersh, Ridgewood C.C., Waco
Fran Ketzenberg, Rancho Viejo Resort, Brownsville
Rollin Khoury, Ridgewood C.C., Waco
R. J. Kidd, Snyder C.C., Snyder
Harold J. Kiel, Marlin C.C., Marlin
Ron Killingsworth, Wichita Falls C.C., Wichita Falls
Barry King, Randolph A.F.B. G.C., Universal City
Earl King, Tapatio Springs C.C., Boerne
Floyd King, Denison Rod & Gun Club, Denison
John R. King, Bosque Valley G.C., Meridian
J. Monroe King, Lake Kiowa C.C., Lake Kiowa
Rufus King, Hermann Park G.C., Houston
Darvel Kirby, Meadowbrook G.C., Lubbock
W. G. Kirk, Brownwood C.C., Brownwood
Penny Kittrell, Georgetown C.C., Georgetown
Charles L. Klasing, Jr., Harlingen C.C., Harlingen
Henry Klimkoski, Nocona G.C., Nocona
Curt Knight, Goose Creek C.C., Baytown
Ron H. Knight, Horseshoe Bay C.C., Horseshoe Bay
Andy Knowles, Columbia Lakes C.C., Columbia
Kenneth Koos, L. B. Houston G.C., Dallas
Patrick M. Kopplin, Stephen F. Austin C.C., San Felipe
Michael Kraus, Sherrill Park G.C., Richardson
John Kritser, Amarillo C.C., Amarillo
Samuel R. Krug, Vista Hills C.C., El Paso
Ed Kruger, Kicking Bird G.C., Edmond
Bob Kulasevig, L. B. Houston G.C., Dallas
J. W. Kuykendall, Cree Meadows C.C., Ruidoso
Milton Kyser, Palm View G.C., McAllen
Sam M. Labitta, Hearthstone C.C., Houston
Tom Lacewell, Littlefield C.C., Littlefield
Jan Lake, Ft. Bliss G.C., El Paso

Dwight W. Lambert, Meadowlakes C.C., Marble Falls
William A. Lamport, Bergstrom G.C., Bergstrom A.F.B.
Phil Land, Ebony Hills G.C., Edinburg
Robert Landers, Rockwood G.C., Ft. Worth
John Landherr, Mill Creek C.C., Salado
Robert L. Landis, Quail Valley G.C., Missouri City
Bobby G. Langston, Cleburne Municipal G.C., Cleburne
Ross W. Lanzafame, Grand Prairie Municipal G.C., Grand Prairie
Julian C. LaRoche, Lakewood G.C., Point Clear
David D. Larson, Pecan Valley G.C., Ft Worth
Virginia Latham, Hillsboro C.C., Hillsboro
Gerald W. Lattin, Sharp Park G.C., San Francisco
Ester Coleman Lau, Ft. Sam Houston G.C., San Antonio
Ann Lawson, San Angelo C.C., San Angelo
Sue Leach, Lost Creek C.C., Austin
Kwang S. Lee, Cedar Crest G.C., Dallas
Ray Leggett, Ridgewood C.C., Waco
Woodrow Lehmberg, Olmos Basin, San Antonio
Mike Leingang, Red Oak Valley G.C., Red Oak
Leo L. Leitch, River Creek Park G.C., Burkburnett
Preston LePage, Canyon Creek C.C., San Antonio
Wayne R. Lewis, River Creek Park G.C., Burkburnett
Harvey J. Lhost, Valley Inn & C.C., Brownsville
Harry R. Liewellyn, Angel Fire C.C., Angel Fire
Richard Light, Legions G.C., Stephensville
Bill Ligon, Tennwood, Hockley
John R. Lillard, Baywood C.C., Pasadena
Lee Lillie, Herman Park G.C., Houston
Tony Lindsey, Tapatio Springs C.C., Boerne
Bill Linn, Lake Kiowa C.C., Lake Kiowa
Horace Little, Emerald Bay G.C., Bullard
Jack M. Little III, Harlingen C.C., Harlingen
Randy Livingston, Austin C.C., Austin
A. C. Lloyd, Corpus Christi G.C., Corpus Christi
David Ray Lofland, The Shores C.C., Rockwall
A. H. Logan, Cedar Creek C.C., Kemp
Douglas O. Lott, Fair Oaks Ranch G.&C.C., Boerne
Paul Lott, Cameron C.C., Jersey Village
Louise Loudermilk, Legends G.C., Stephenville
Tom S. Love, Shady Valley G.C., Arlington
Jim Lowe, Hancock Park Municipal G.C., Lampasas
Jo Lowery, Hide-A-Way Lake, Lindale
Cliff Lowrance, Canyon C.C., Canyon
D. L. Loyd, Red Oak Valley G.C., Red Oak
Billy Joe Lozano, Scott Schreiner G.C., Kerrville
Dale A. Lozier, April Sound, Conroe
Henry Lucas, South Haven G.C., Texarkana
Wilson Lucas, Brookhaven C.C., Dallas
Bill Luening, Baywood C.C., Pasadena
Wayne Lutke, Green Tree G.C., Midland
Brian W. Lyons, Landa Park G.C., New Braunfels
Jon Loyns, Van Zandt C.C., Canton
Tomi MacDonald, The Woodlands C.C., The Woodlands
R. F. Madera, Alto Lakes G.&C.C., Alto
Mark Majors, Odessa C.C., Odessa
Martin Malin, Onion Creek Club, Austin
Barry Mallory, Ross Rogers G.C., Amarillo
Bill Mallory, Mineola G.C., Mineola
F. B. Malone, Meadowbrook Municipal G.C., Lubbock
David Manley, Hunsley Hills G.C., Canyon
David Manley, Hunsley Hills G.C., Canyon
Ralph Mantooth, Dyess A.F.B. G.C., Abilene

1983 HOLES-IN-ONE

Bonnie Marchak, Kingwood C.C., Kingwood
Elton C. Marcum, Hillsboro C.C., Hillsboro
Pat Marlow, Quail Creek C.C., San Marcos
Rodrick A. Maroney, Hogan Park G.C., Midland
J. C. Marrison, Stevens Park G.C., Dallas
Ray Marshall, Cloud Country Lodge, Cloudcroft
Richard Marston, Cree Meadows C.C., Ruidoso
Bud Martin, Northern Hills C.C., San Antonio
Earl Martin, Emerald Bay Club, Bullard
Helen Martin, Cleveland C.C., Cleveland
Howard L. Martin, Anthony C.C., Anthony
Jeff Martin, De Cordova Bend, Granbury
Kevin Lee Martin, Rockwood C.C., Ft. Worth
Lee Y. Martin, Tapatio Springs C.C., Boerne
Rick Martinez, Herman Park G.C., Houston
Roger P. Martinez, Ascarate, El Paso
Edwin R. Martinson, Westwood Shores, Trinity
Marion L. Massey, Diamond Oaks C.C., Ft. Worth
Terri L. Mather, Dyess A.F.B. G.C., Abilene
Ed Mathis, Squaw Creek G.C., Ft. Worth
Vernon Mathis, Golf Crest C.C., Pearland
Jim Matthews, Baywood C.C., Pasadena
Gale Maxwell, Woodlands Inn & C.C., Woodlands
Monroe Mayes, Jr., Salado Del Rio, San Antonio
Van N. Mayhall, Pecan Valley, Ft. Worth
Tom Mazak, Tapatio Springs, Boerne
Alister McArthur, Raveneaux G.C., Spring
John McBride, Palatine Hills, Palatine
Willis McCabe, Brookhaven C.C., Dallas
Jack McCartney, Bayou G.C., Texas City
Alfred E. McClandon, Sherrill Park G.C., Richardson
Jane McColloch, Brookhaven, Dallas
LeRoy McCracken, Brookhaven Championship, Dallas
Martin McCrady, Harlingen C.C., Harlingen
Maida McCulloh, Brady Municipal G.C., Brady
Bill McDaniel, Raveneaux C.C., Spring
Gerry McGee, Northern Hills C.C., San Antonio
L. W. McGhee, Jal C.C., Jal
Hollis McGinnis, Austin C.C., Austin
Larry S. McGowan, Texas A&M Univ. Course, College Station
A. A. McGregor, Pharaohs C.C., Corpus Christi
Jim McKenzie, Amarillo C.C., Amarillo
Margaret E. McKinley, Livingston Municipal G.C., Livingston
Bud McKinney, Dallas C.C., Dallas
Ethel McKithan, Lake Country G.&C.C., Saginaw
Jim McLain, Babe Zaharias Memorial, Port Arthur
Gerry McLaughlin, Sharpstown Park G.C., Houston
Joe O. McMurray, The C.C. of Clarendon, Clarendon
John A. McNaughton, Colonial C.C., Ft. Worth
Dan McNeil, Ridgewood C.C., Waco
Clifford McQuerter, Hermann Park G.C., Houston
N. H. McRoberts, Jr., Brookhaven C.C., Farmers Branch
Ron McVean, Amarillo C.C., Amarillo
Larry McWilliams, Pampa C.C., Pampa
Charles Meadows, Meadowlake C.C., Marble Falls
Kelly Merrell, Brian Municipal G.C., Bryan
Dale Merrill, Walnut Creek G.C., Mansfield
Charles Merritt, Lakewood G.C., Point Clear
C. Douglas Messer, Onion Creek Club, Austin
Robert G. Messer, Saticoy C.C., Camarilla
Dick Mettee, La Toc Hotel, St. Lucia

Bynum Miers, Abilene C.C., Abilene
Jesse Milam, Ridgewood C.C., Waco
Bob Miller, Bayou G.C., Texas City
H. Scott Miller, Great Southwest G.C., Grand Prairie
Jane Miller, Oak Cliff C.C., Dallas
Joe Miller, Bear Creek G.C., Houston
Robert Miller, Lost Pines G.C., Bastrop
Roger Millican, Stephen F. Austin C.C., San Felipe
Rusty Mills, River Creek G.C., Burkbrunett
Walter Millspaugh, Willowisp C.C., Missouri City
Henry C. Miranda, Quail Creek C.C., San Marcos
Boots Mitchell, Friendswood C.C., Friendswood
Harry Mitchell, Ranchland Hills C.C., Midland
Dale Mobley, Willow Springs G.C., Ft. Worth
Mark Monroe, Texas A&M G.C., College Station
J. J. Montelongo, Bryan Municipal G.C., Bryan
Felipe Montes, Dos Lagos G.C., Anthony
Ed Moon, Country Gold C.C., Kemp
Clay Moore, Dac Athletic Club, Dallas
Jimmy Moore, Morris Williams G.C., Austin
Sam H. Moore, Marshall Lakeside C.C., Marshall
Sid Moore, Bayou Din G.C., Beaumont
Taylor Moore, Bear Creek Executive G.C., Houston
Bryan Moorman, Shores C.C., Rockwall
Pete Morales, Jr., Cielo Vista G.C., El Paso
Robin E. Moran, Onion Creek G.C., Austin
Chuck Moreno, Amarillo C.C., Amarillo
A. G. Morgan, Paris G.&C.C., Paris
Bob Morgan, McDonald Public G.C., Wichita
Bob Morgan, Z-Boaz G.C., Ft. Worth
Bud Morgan, Woodcrest C.C., Grand Prairie
Frank Morgan, Baywood C.C., Pasadena
L. V. Morgan, Brownwood C.C., Brownwood
Robert Morgan, Sherrill Park #1 Course, Richardson
F. M. Morris, Squaw Creek, Ft. Worth
H. F. Morris, Rockdale C.C., Rockdale
Joe Morris, Lackland A.F.B., Lackland
Gene Morriss, Lost Creek C.C., Austin
James Mosley, Jr., Corpus Christi G. Center, Corpus Christi
Monte Mount, Lubbock C.C., Lubbock
Tony Mourelatos, Briarwood C.C., Tyler
Jim Mulhollan, Woodhaven C.C., Ft. Worth
Jack Mullenix, Babe Zaharias Memorial, Port Arthur
Bob Muller, Island Side Course, Sarasota
Steve Mulliken, Kingwood C.C., Kingwood
Patrick Murphree, The Shores C.C., Rockwall
Bill Murphy, Brookhaven C.C., Farmers Branch
Mike Murphy, Big Spring C.C., Big Spring
Paul Murphy, Brookhaven C.C., Dallas
W. T. "Bill" Myrick, Harlingen C.C., Harlingen
Thomas Natts, Bayou G.C., Texas City
Garland Marshall, Elkins Lake C.C., Huntsville
James Nealy, Hermann Park G.C., Houston
Earlene Neeley, Quail Creek C.C., San Marcos
Brett Nelson, Briarwood C.C., Tyler
Jim Nelson, Los Rios C.C., Plano
S. E. Nelson, Windcrest G.C., Windcrest
Fred Neslage, Pampa C.C., Pampa
W. M. Neumann, Texaco C.C., Houston
Don Newman, Landa Park, New Braunfels
Bob Newton, Quail Creek C.C., San Marcos
Clyde J. Nichols, Ft. Bliss G.C., Ft. Bliss

1983 HOLES-IN-ONE

Dennis Nichols, Oakridge C.C., Garland
Billy Niguinn, Cedar Creek C.C., Kemp
Bill Nipert, Sunset Grove C.C., Orange
Robert D. Nogueira, Treeville C.C., Beeville
Tom Nolan, Walden G.&C.C., Montgomery
Jack J. Norlie, Marlin C.C., Marlin
Kengo Noro, Bear Creek Golf World, Houston
Curtiss Northcutt, Green Tree C.C., Midland
David J. Nowell, Cedar Creek C.C., Kemp
Ruben Nunez, Ascarate G.C., El Paso
Donald W. Nystodt, Briarcrest C.C., Bryan
Ernest Oakley, Amarillo C.C., Amarillo
Carl M. Oberman, Bear Creek, DFW Airport
F. T. O'Brien, Amarillo C.C., Amarillo
Vida O'Brien, Harlingen C.C., Harlingen
A. G. Ochterbeck, Quail Valley G.C., Missouri City
Jack O'Connor, Highland Lakes G.C., Lago Vista
Vernon Odiorne, Santa Teresa, Santa Teresa
Gilbert Odum, Texas Woman's Univ., Denton
Rick O'Grady, Sugar Creek C.C., Sugarland
Ernest Ohnemus, Lubbock C.C., Lubbock
Edward O'Leary, Vista Hills C.C., El Paso
Joe O'Leary, Carswell A.F.B. G.C., Ft. Worth
Phyllis R. Oliver, Live Oak G.C., Austin
Vance A. Opsahl, Northcliffe C.C., New Braunfels
Elmer Orndorff, Brookhaven C.C., Farmers Branch
Dennis M. O'Rourke, Sea Island G.C., St. Simon's Island
Thomas Osborn, Bear Creek G.C., Houston
Travis W. Osborne, General William Blanchard C.C., Davis Monthan A.F.B.
Herbert C. Otey, Jr., Port Arthur C.C., Port Arthur
Bill Otstott, Brookhaven C.C., Dallas
Dan Otstott, Rockwood G.C., Ft. Worth
Al Oubre, Briarwood, Meridian
John Ousey, Windcrest G.C., San Antonio
Roy Overturf, DAC C.C., Dallas
Jim Owen, River Hills C.C., Corpus Christi
Don F. Owens, Green Meadows G.C., Katy
Neal Owens, Rancho Viejo, Brownsville
Marie Pack, Newport C.C., Crosby
Michael D. Pack, Lebanon C.C., Lebanon
Camilo A. Padreda, Brownsville C.C., Brownsville
Jack Page, Hermann Park G.C., Houston
Ron Page, Showboat C.C., Las Vegas
E. J. Palisin, Pinewood C.C., Sour Lake
Rose Alice Palmer, Bucksport G.C., Bucksport
Lloyd Parfait, Newport C.C., Crosby
Otto Paris, Elkins Lake C.C., Huntsville
Jacqueline Park, Columbia Lakes, West Columbia
Young O. Park, Bear Creek G.&R.C., Irving
Dudley H. Parker, Cedar Crest G.C., Dallas
Ed Parker, Coronado C.C., El Paso
Larry A. Parker, Bayou G.C., Texas City
L. C. Parker, Babe Zaharias Memorial G.C., Port Arthur
Nathaniel Parker, Rolling Hills C.C., Arlington
Peggy Parker, Texaco C.C., Houston
Sterling Parker, Snyder C.C., Snyder
Bill Parrish, Walnut Creek C.C., Mansfield
Ralph Pastorek, Hermann Park C.C., Houston
Alton Patterson, Snyder C.C., Snyder
Bobbie Patterson, Holiday Hills C.C., Mineral Wells
Bill Pauling, Woodhaven C.C., Ft. Worth
John Paup, Quail Creek C.C., San Marcos

Robert Payne, Onion Creek Club, Austin
James A. Pearcy, Salado Del Rio, Ft. Sam Houston
Richard A. Peck, St. Andrews C.C., St. Andrews
Robert N. Peffers, Salado Del Rio, San Antonio
Everett Pelton, Jr., Sunset C.C., Odessa
Wayne Pennington, Meadow Lakes C.C., Marble Falls
Lou Pepper, Pecan Valley G.C., Ft. Worth
Mary D. Pepper, Landa Park, New Braunfels
Chico Perez, Rockwood G.C., Ft. Worth
C. J. Perilloux, Ft. Bend C.C., Richmond
Marian W. Perilloux, Sharpstown G.C., Houston
James Perkins, Par C.C., Comanche
Jim Perkins, Walden G.&C.C., Montgomery
Van C. Perkins, Babe Zaharias G.C., Port Arthur
Leonard Perry, Sweetwater C.C., Sweetwater
Harry Perschbacher, Lake Kiowa C.C., Lake Kiowa
Roy D. Petersen, Kingwood C.C., Houston
Bob Peterson, Santa Teresa C.C., Santa Teresa
Bob Peterson, Sherrill Park, Richardson
Robert K. Peterson, Randolph A.F.B. C.C., Randolph A.F.B.
David Pettijohn, Lions Municipal G.C., Austin
David Pfeuffer, Landa park G.C., New Braunfels
F. M. Philips, Riverhill Club, Kerrville
Elsie L. Phillips, Hancock Park Municipal G.C., Lampasas
James R. Phillips, Canyon Creek, Richardson
Marilynn A. Philpy, Hogan Park G.C., Midland
Maury Picheloup, Hearthstone C.C., Houston
Eric J. Pieper, Landa Park G.C., New Braunfels
Mike Pierce, Sherrill Park, Richardson
Thomas Pineda, Stevens Park G.C., Dallas
Bob Pittman, Olmos Basin G.C., San Antonio
Russell E. Poland, Wildfire G.C., New Concord
Phelps Pond, Oak Cliff C.C., Dallas
L. N. Porter, Memorial Park G.C., Houston
Rick Pounds, Bear Creek Golf World, Houston
Bob Powell, James Connally G.C., Waco
Dixon Presnall, Woodhaven C.C., Ft. Worth
John N. Preston, Gainesville, Gainesville
Robert W. Prestridge, Morris Williams, Austin
Bobbie Price, Canyon Creek C.C., San Antonio
John D. Pritchett, Willowisp C.C., Missouri City
Ellen Prodouz, Newport C.C., Crosby
Tim Provence, Woodlawn West C.C., Waco
Doug Pruessing, Los Angeles C.C., Los Angeles
Jim Puff, De Cordova Bend B.C., Granbury
Harold E. Purdom, Panorama C.C., Conroe
Joe Quintanilla, Lost Pines G.C., Bastrop
Oscar Quintero, Hermann Park G.C., Houston
Willie Quinn, Devine C.C., Devine
Bob Rainbolt, Coronado C.C., El Paso
Helen V. Raines, Pinehurst C.C., Denver
Nancy Raley, Stevens Park, Dallas
Jennifer Randal, Canyon C.C., Canyon
Gerald Rasco, Pampa C.C., Pampa
Paul F. Rathert, Balcones C.C., Austin
Dan Rawn, Meadow Brook, Lubbock
Michael Ray, Waterwood National C.C., Huntsville
Wilson Read, Van Zandt C.C., Canton
Blake Reeder, Par C.C., Comanche
Bob Reeh, Landa Park G.C., New Braunfels
E. N. Rehders, Brookhaven C.C., Dallas
B. F. Rehkopf, Windcrest G.C., San Antonio

1983 HOLES-IN-ONE

Steve Reid, Squaw Creek, Ft. Worth
Bob Reimers, Slick Rock Horseshoe Bay C.C., Horseshoe Bay
Herb Reinke, Ridgewood, Waco
Dottie Renberg, Cedar Creek C.C., Kemp
Marjorie Rensenhouse, El-Angel Rancho Viejo, Brownsville
Hazel Reynolds, River Oaks C.C., Houston
Joe J. Reynolds, Lubbock C.C., Lubbock
Tex Reynolds, L. B. Houston G.C., Dallas
Cecil Rhodes, Horseshoe Bay C.C., Horseshoe Bay
Dusty Rhodes, Diamond Oaks C.C., Ft. Worth
Steven L. Rhodes, Carswell A.F.B. G.C., Ft. Worth
Russell T. Rice, Ram Rock-Horseshoe Bay C.C., Horseshoe Bay
Carroll Richard, Babe Zaharias Memorial, Port Arthur
Hal Richardson, Newport C.C., Crosby
Char Richter, Canyon Creek C.C., Richardson
Austin C. Ricketson, Ft. Sam Houston G.C., San Antonio
David Ridings, Hogan Park G.C., Midland
Jim J. Rieger, Northcliffe C.C., Cibolo
Myron Rigg, Lost Creek C.C., Austin
Cheri Righter, Atascocha C.C., Humble
Beverly Riley, Glen Garden G.C., Ft. Worth
Richard N. Rimato, Riverside C.C., Lake Jackson
Bill Rippey, Dallas C.C., Dallas
Steve Rise, Vista Hills C.C., El Paso
Luther Ritchey, Tanglewood, Pottsboro
Lupe Rivas, Ross Rogers G.C., Amarillo
Carey Roach, Abilene C.C., Abilene
Bert Roanhaus, Makaha C.C., Makaha
Rob Robbins, Woodlands North Course, The Woodlands
V. M. Roberson, Henry Homberg G.C., Beaumont
Larry Roberts, Stephen F. Austin G.C., San Felipe
William H. Roberts, Atascocita C.C., Humble
Winston Robertson, Pinehills G.C., Lubbock
Peter Robinson, Lake Kiowa, Lake Kiowa
Dick Roby, Austin C.C., Austin
Kirk Rodemich, The Woodland East Course, The Woodlands
J. A. "Red" Rodenmeyer, Rancho Viejo Resort, Brownsville
Gary Rodgers, Waterwood Natural, Huntsville
Jerry Rodgers, Sherrill Park G.C., Richardson
Mike L. Rodgers, Ward County G.C., Monahans
Rod Rodriguez, Ft. Leavenworth G.C., Ft. Leavenworth
Ray Rogers, Champions G.C., Houston
William C. Rogers, Kelly G.C., San Antonio
Glenn D. Rollman, Willowisp, Missouri City
Richard E. Ropp, Woodhaven C.C., Ft. Worth
Bill Rose, L. B. Houston G.C., Dallas
Martin Rosen, Hillcrest G.&C.C., Vernon
J. D. Ross, Lost Pines G.C., Bastrop
Winston Ross, L. B. Houston G.C., Dallas
Jerry Rote, Brackenridge G.C., San Antonio
Mike Rovnak, Landa Park G.C., New Braunfels
Ronny Rowley, Lions Municipal G.C., Austin
Herman Ruby, Willow Springs, Haslet
Margaret Rumpe, Oak Cliff C.C., Dallas
Bill Rumsch, Hide-A-Way Lake, Lindale
Terry Runkle, Lost Pines G.C., Bastrop
Bob Russell, Woodhaven C.C., Ft. Worth
Grant Russell, Palm, Lake Buena Vista

Richard Russell, Tascosa C.C., Amarillo
Marc Rutrough, Tennwood G.C., Hockley
Lila Ryals, Sunset C.C., Odessa
Langston Ray Ryan, Ram Rock Course, Horseshoe Bay
Jack Rynd, Inwood Forest G.C., Houston
Ben J. Rzonca, Atascocita C.C., Humble
E. M. Saad, April Sound C.C., Montgomery
Harold E. Sabin, Chambers County, Anahuac
Elton A. Saffle, Star Harbor G.C., Malakoff
Ernest Salinsa, Brackenridge G.C., San Antonio
Sidney J. Sampson, Sherrill Park, Richardson
Rosemarie Sanchez, Onion Creek C.C., Austin
Rudolph P. Sanchez, Sr., Brackenridge G.C., San Antonio
Joe L. Sanders, Alto Lakes G.&C.C., Alto
William A. Sanders, Bayou G.C., Texas City
Roger J. Sarchett, Holiday G.C., Olive Branch
William R. Sarver, Vista Hills C.C., El Paso
James M. Savage, Lake Country G.&C.C., Saginaw
Robert F. Savage, Sr., Tapatio Springs G.&C.C., Boerne
Jack C. Schaff, Panorama C.C., Conroe
Charles F. Schattgen, Jr., World of Resorts C.C., Lago Vista
G. A. Schlinke, Brookhaven C.C., Dallas
Beverly L. Schmer, Canyon Creek C.C., Richardson
David Schmidt, Green Tree C.C., Midland
George W. Schultz, Bergstrom A.F.B., Austin
Alen B. Schulz, Canyon Creek C.C., San Antonio
Dorine Schwab, San Angelo C.C., San Angelo
Glenn Schwartzkopf, Woodcrest C.C., Grand Prairie
Frenchell Scott, Willow Springs G.C., Haslet
John Scott, Country Place, Pearland
John B. Scott, Ross Rogers G.C., Amarillo
Finnie Seale, Snyder C.C., Snyder
Jerry Sedatole, Pine Isle, Buford
Ronald B. Seibert, Padre Isles C.C., Corpus Christi
Al Self, Andrews C.C., Andrews
Gene Michael Semko, Bear Creek, Ft. Worth-Dallas
Richard Setser, Rancho Las Palmas C.C., Rancho Mirage
W. T. Sexton, Beyou Din G.C., Beaumont
Wayne Seymour, Tennison, Dallas
Scott A. Shadrach, Hearthstone C.C., Houston
Doug Sharer, Hunsley Hills, Canyon
Charles R. Sharpe, Green Meadows G.C., Katy
Jack M. Sharpe, Los Rios C.C., Plano
Elvin L. Shelton, River Oaks C.C., Houston
Bob Shepard, Youpon/Lakeway, Austin
W. S. Shepherd, Beaumont C.C., Beaumont
Bernie Shepley, Princess Ruby, Freeport
H. W. Sherman, Beeville C.C., Beeville
Milton Shirley, Odessa C.C., Odessa
Iva Lee Shropshire, Hillcrest C.C., Lubbock
David Shrum, Bear Creek, Hurst Evless
Don B. Shytles, Horseshoe Bay C.C. Resort, Horseshoe Bay
David J. Sieju, Connally C.C., Waco
Betty M. Sikes, Lakeside C.C., Houston
Jack Sims, South Haven G.C., Texarkana
Don Skelton, Gainesville Municipal G.C., Gainesville
Baill Skov, Vista Hills C.C., El Paso
Michael Skvorak, Ft. Sam Houston, San Antonio
Hal Slade, Padre Isles C.C., Corpus Christi
Wally Slate, Big Spring C.C., Big Spring

1983 HOLES-IN-ONE

Derek Slaughter, Lyons Municipal G.C., Austin
William D. Slider, Horizon Resort & C.C., El Paso
James L. Slinkard, Landa Park G.C., New Braunfels
Les Smart, Live Oak C.C., Weatherford
Bob Smith, Glen Garden G.&C.C., Fort Worth
C. B. "Chic" Smith, Quail Valley G.C., Missouri City
Choc F. Smith, Panhandle C.C., Panhandle
Darrel V. Smith, Pecan Valley, Ft. Worth
Dewey Smith, Padre Isles C.C., Corpus Christi
Donald D. Smith, Ft. Bliss G.C., El Paso
Emily Smith, Lion's Municipal G.C., Austin
Dorothy Smith, Par G.C., Comanche
Fred Smith, Corpus Christi C.C., Corpus Christi
J. R. Smith, Valley Inn & C.C., Brownsville
Kenneth J. Smith, La Loma Grande, San Antonio
Paul Smith, Cedar Crest, Dallas
Ricky Smith, Olton C.C., Olton
R. K. Smith, Lakeside C.C., Houston
Raymond L. Smith, Stevens Park G.C., Dallas
Roger E. Smith, River Hills C.C., Corpus Christi
Tad Smith, Alto Lakes G.&C.C., Alto
Toby Smith, Ross Rogers G.C., Amarillo
Wilbur Smith, Panorama C.C., Conroe
Winston Glenn Smith, Lakeside C.C., Houston
Byron Smyth, Rockwood, Ft. Worth
Ken Smoot, Las Colinas C.C., Irving
Don Snortland, The Woodlands Inn & C.C., The Woodlands
Doug Snowden, Brady Municipal G.C., Brady
Jim Solomon, Lubbock C.C., Lubbock
Don Sorenson, Hermann Park G.C., Houston
Don Sorenson, Kleberg County G.C., Kingsville
James W. Southaworth, Panorama C.C., Conroe
Bill Spaeth III, L. B. Houston, Dallas
Tom Sparrow, Willow Brook C.C., Tyler
Gary R. Speer, Tapatio Springs C.C., Boerne
Harold Speer, Walnut Creek C.C., Mansfield
Richard L. Spencer, Jr., Mill Creek G.&C.C., Salado
John Spiess, Dallas C.C., Dallas
Adam Standley, Brookhaven C.C., Dallas
Michael E. Stapleton, Landa Park G.C., New Braunfels
Jonathan Staub, Onion Creek Club, Austin
A. J. Steel, Newgulf G.C., Newgulf
W. T. Steen, Alice Municipal G.C., Alice
Walter Steen, Northcliffe C.C., Cibolo
Ralph E. Steinmann, El Paso C.C., El Paso
Gene Steldflug, Kleberg County G.C., Kingsville
J. W. Stelpflug, Humboldt C.C., Humboldt
Charles D. Stephens, Onion Creek Club, Austin
Robert R. Stevens, Oak Lawn C.C., Marshall
Wilbert C. Stevenson, Ft. Sam Houston, Ft. Sam Houston
John F. Stewart, Cummins Creek C.C., Giddings
Nan Stewart, Coronado C.C., El Paso
William R. Stewart, Brookhaven C.C., Dallas
Stan Stooksberry, Woodhaven C.C., Ft. Worth
James A. Stone, North Texas State Univ. C.C., Denton
Walter Stoops II, Corpus Christi C.C., Corpus Christ
Mary F. Storey, Scott Schreiner G.C., Kerizville
Rasco Story, Elkins Lake C.C., Huntsville
Tom Stratton, Bear Creek G.C., Houston
Paul Strwader, Babe Zaharias Memorial, Port Arthur
David Strickland, Shady Oaks, Baird
William B. Strickland, Quail Valley G.C., Missouri City

William W. Strickland, Brookhaven, Dallas
Carl J. Stumpf, Windcest G.C., San Antonio
Raymond Stunz, Green Meadows, Katy
Earl Stutzman, Carroll C.C., Carroll
John Sullivan, Hermann Park G.C., Houston
Michael Sullivan, River Plantation G.&C.C., Conroe
Tom Sumner, Crown Colony C.C., Lufkin
Wm. "Oleta" Surles, Lions Municipal G.C., Austin
Frank E. Sutton, El Paso C.C., El Paso
T. Frank Swafford, Amarillo C.C., Amarillo
Joan Swain, Quail Valley G.C., Missouri City
Jane Swan, Tennwood, Hockley
Richard Swartz, Raveneaux, Spring
Kathlyn Sweeney, Pharaoh's C.C., Corpus Christi
Al Swihart, Morris Williams G.C., Austin
Richard E. Sykes, Great Hills, Austin
Alex Szafir, Beaumont C.C., Beaumont
James R. Tague, Onion Creek Club, Austin
Carolyn S. Tallant, Diamond Oaks C.C., Ft. Worth
Frances Tankersley, Oak Grove C.C., Terrill
Bill Tanner, Onion Creek G.C., Austin
Jess N. Tate, Alpine G.C., Longview
Don Taylor, Diamond Oaks C.C., Ft. Worth
Mike Taylor, Willow Spring G.C., Haslet
Randall O. Taylor, Pecan Plantation C.C., Granbury
Thomas F. Taylor, Cree Meadow G.C., Ruidoso
W. J. "Bill" Taylor, Brooks A.F.B. G.C., San Antonio
R. F. Teichgraeber, Jr., Oyster Harbor Club, Oysterville
Milton Tepe, Hermann Park G.C., Houston
Crystal H. Terrell, Pine Forest C.C., Houston
Brady Thomas, Brownwood C.C., Brownwood
Cheri Thomas, Snyder C.C., Snyder
Jerry Thomas, Odessa C.C., Odessa
John H. Thomas, Cedar Creek C.C., Kemp
Richard F. Thomas, Sugar Creek C.C., Sugarland
Robert C. Thomas, Brookhaven C.C., Dallas
Glen Thomason, Green Tree C.C., Midland
Bart Thompson, Odessa C.C., Odessa
Bob Thompson, L. B. Houston, Dallas
Gary Gene Thompson, Temple Municipal G.C., Temple
John T. Thompson, Grapevine Municipal G.C., Grapevine
Leroy Thompson, Star Harbor G.C., Malakoff
Ray Thompson, Meadowbrook G.C., Lubbock
Ed Thurman, Walden On Lake Conroe, Montgomery
Sam Thurman, Big Spring C.C., Big Spring
Marshall H. Tiner, Runaway Bay C.C., Bridgeport
R. M. "Ray" Tippen, Olmos Basin G.C., San Antonio
Bill Toomey, Bear Creek Golf World, Houston
Effren Torres, Ascarate G.C., El Paso
Paul Totten, Meadowlakes, Marble Falls
Richard M. Tousignant, Friendswood C.C., Friendswood
Jim Tower, Northern Hills C.C., San Antonio
Pauline Traylor, Cameron Recreation Facility, Houston
Owen K. Tribou, Ft. Bliss Golf Ass'n, El Paso
Timmy Tronrud, Brookhaven C.C., Dallas
Chester J. Trosky, Sheppard A.F.B. G.C., Wichita Falls
Joe Bob Trumbly, Phillips C.C., Borger
Craig Tucker, Tapatio Springs G.C., Boerne
Toby Tucker, Ross Rogers G.C., Amarillo
Ken Turner, Red Oak Valley G.C., Red Oak
Roy L. Turner, Braeburn C.C., Houston
Vic Turner, Ross Rogers G.C., Amarillo
Rose Tuseth, Landa Park G.C., New Braunfels

1983 HOLES-IN-ONE

Don Twomey, Valley Inn C.C., Brownsville
Joh Tyler, Sunset G.C., Grand Prairie
Lester W. Tyra, Texas National, Willis
Robert L. Umberger, James Connally G.C., Waco
Charlie Urbanowich, Pecan Valley G.C., San Antonio
Bill Utterback, Ross Rogers G.C., Amarillo
Rowland Vannoy, Piney Woods C.C., Nacogdoches
Paul E. Vaughn, Pecau Valley River Course, Ft. Worth
John Venza, Bayou Din G.C., Beaumont
Jesus Vicinail, Lincoln Park G.C., Oklahoma City
John Vigil, Kleberg County G.C., Kingsville
Andy Voltin, Cameron C.C., Cameron
Phil Voltz, Canyon Creek, San Antonio
Lewis P. Von Wald, Harlingen C.C., Harlingen
Roll Wagner, Padre Isles C.C., Corpus Christi
Larry W. Wagoner, Tanglewood, Pottsboro
David J. Wahlers, Tanglewood on Texoma, Pottsboro
Arthur M. Waits, Squaw Creek G.C., Ft. Worth
Gloria Wakeland, Pinehurst G.C., Pinehurst
Walt Wales, Grand Prairie Municipal G.C., Grand Prairie
Bill Walker, Hide A Way Lake, Lindale
Dan Walker, Oakridge C.C., Garland
Fletcher E. Walker, Carswell A.F.B. G.C., Ft. Worth
James H. Walker, Blue Lake C.C., Marble Falls
Joseph P. Walker, Plano Municipal G.C., Plano
Bill Wallace, The Woodlands C.C., Woodlands
Charlie Wallace, Horseshoe Bay C.C., Horseshoe Bay
Rick Wallace, World of Resort, Lago Vista
Tommy R. Walser, Jr., Phillips C.C., Borger
Joe Ward, Sunset C.C., Odessa
John L. Ward, Hilltop Lakes G.C., Hilltop Lakes
George W. Warden, Landa Park G.C., New Braunfels
Joe Warner, Edgewood G.C., Stateline
Rubye Warren, El Paso C.C., El Paso
R. A. Washburn, Panoramo C.C., Conroe
Wayne Wassom, Kingwood C.C., Kingwood
Earl E. Watkins, Live Oak Course at Lakeway, Austin
John Patrick Watters, Brookhaven C.C., Dallas
Bill D. Watson, Green Meadows G.C., Katy
David M. Watt, L. B. Houston G.C., Dallas
Doug Watts, Tallgrass Club, Wichita
Fred H. Watts, Brookhaven C.C., Dallas
Douglas Weart, Windcrest G.C., San Antonio
Bill Weatherby, Bentwood C.C., San Angelo
A. J. Weatherl, Hogan Park G.C., Midland
Gerald Weathermon, Mesquite G.C., Mesquite
Charles Weaver, Emerald Bay Club, Bullard
Damper Weaver, Meadowbrook G.C., Lubbock
Earl S. Webb, Bryan Municipal G.C., Bryan
Jack Webb, Brownwood C.C., Brownwood
W. H. Weeks, Luling Park G.C., Luling
Louis Weinstein, Hermann Park G.C., Houston
Dickie Weisman, Kleberg County G.C., Kingsville
Harvie Welch, James Connolly Municipal G.C., Waco
James A. Welch, Twin Lakes C.C., LaMarque
Jimmy L. Welch, Big Spring C.C., Big Spring
John Welch, Brownwood C.C., Brownwood
Kent Weldon, Meadow Brook G.C., Ft. Worth
Harold G. Wells, Yaupon-Lakeway, Austin
Linda Wells, Bay City C.C., Bay City
Charles O. Weltz, Windcrest G.C., San Antonio
Mark Wenshau, Sherrill Park, Ricnardson
James R. West II, The Broadwater Beach Sea Course, Gulfport
Ron West, Diamond Oaks C.C., Ft. Worth
Stephen J. Wethingon, Bayou G.C., Texas City
Walter A. Wheaton, Jr., Ridgler C.C., Ft. Worth
Earl Wheeler, Brackenridge G.C., San Antonio
Charles N. White, Jr., Lakeside C.C., Houston
Larry White, Hide-A-Way-Lake G.C., Lindale
L. Truman White, El Paso C.C., El Paso
Maxine White, Dallas Athletic Club, Dallas
Melvin E. White, Hondo G.C., Hondo
Perry White, Lakeside, White Sulphur Springs
Robert White, Lakeside C.C., Houston
Robert B. Whitehouse, Lost Creek C.C., Austin
Doreen Wilcomb, Mill Creek C.C., Salado
Cyril L. Wilcox, Piney Woods C.C., Nacogdoches
Quentin H. Wilhite, Brookhaven C.C., Dallas
Bonnie Wilkinson, Westwood Shores, Trinity
Chris Williams, Tomball C.C., Tomball
Claude E. Williams, Kelly A.F.B., San Antonio
Dewey Williams, Brookhaven C.C., Dallas
Don Williams, River Hills C.C., Corpus Christi
James Williams, Maracaibo C.C., Maracaibo
Jerry Williams, El Paso C.C., El Paso
Robert L. Williams, Lackland A.F.B. G.C., San Antonio
Spencer L. Williams, Palmview G.C., McAllen
Thomas L. Williams, Stevens Park, Dallas
Doug Williamson, Brookhaven C.C., Dallas
John Willis, Bear Creek Golf World, Houston
Jess J. Wilmoth, Squaw Creek G.C., Willow Park
B. W. Wilson, Van Zandt C.C., Canton
Ernest Wilson, Sheppard A.F.B., Wichita Falls
Todd L. Wilson, Stephen F. Austin C.C., San Felipe
Craig V. Winborn, Green Tree C.C., Midland
Frank Windett, Amarillo C.C., Amarillo
John Wiseman, Sherrill Park No. 2 Course, Richardson
Jack Wiswell, Austin C.C., Austin
Lanell Witt, Leon Valley, Belton
Tony J. Wolda, Hilton Head Island
Tim Wollenman, Woodhaven C.C., Ft. Worth
Billy D. Wood, El Dorado C.C., McKinney
John M. Wood, Paris G.&C.C., Paris
Guy Woodard, Harlingen C.C., Harlingen
Noah Wooten, Star Harbor G.C., Malakoff
Walter Word, Indian Hills C.C., Riverside
Rose Worden, Baywood C.C., Pasadena
Alan Worrell, Kingwood C.C., Kingwood
Fred Worthey, Meadowbrook G.C., Ft. Worth
Cordie W. Wright, Chaparral G.C., Texas City
Curtis Wright, Oak Hills C.C., San Antonio
Dale Wright, Phillips C.C., Borger
Harold O. Wright, Tanglewood C.C., Pottsboro
Leona Wright, Eldorado C.C., McKinney
Cameron Wunsch, Paris G.&C.C., Paris
Jane Wyant, Midland C.C., Midland
Jeff Wylie, Riverhill Club, Kerrville
Toshi Yamada, Pebble Beach Golf Links, Monterey
David Yarbrough, Northwood Club, Dallas
Gary J. Vasquez, Lackland A.F.B., San Antonio
Chuck Young, Hondo Municipal G.C., Hondo
Paula K. Young, James Connally G.C., Waco
John W. Zeigler, Horseshoe Bend C.C., Weatherford
Hyman Zelazney, Lakewood C.C., Dallas
Joseph M. Zepczyk, Americana, Lake Geneva

1983 HOLES-IN-ONE

Jim Zotz, Willow Springs G.C., San Antonio

UTAH

Jim Abplanalp, Mountain View G.C., West Jordan
Greg Allan, Hobble Creek G.C., Springville
Dick Allen, Wailea G.C., Maui
Darrell "W" Anderson, Logan C.C., Logan
Donald Andriano, Bountiful City G.C., Bountiful
Dayne Applegate, Oguirr Hills G.C., Tooele
Alan Archibald, Bountiful G.C., Bountiful
Harold E. Armstrong, Hill A.F.B. G.C., Hill A.F.B.
James Gregory Armstrong, Logan G.&C.C., Logan
Dee Atkin, Park City G.C., Park City
Marvin Atkinson, Glenmore G.C., South Jordan
Frank Barbiero, Mountain View G.C., West Jordan
Gordon Bates, Oakridge C.C., Farmington
Robert Beach, Basin Harbor Club, Vergennes
Bart Beattie, Bountiful City G.C., Bountiful
Carl O. Behle, Glendale G.C., Salt Lake City
Dale Bennett, Hill A.F.B. G.C., Hill A.F.B.
Robert E. Berger, Davis Park G.C., Kaysville
Airus E. Bergstrom, Lava Hills G.C., St. George
Lloyd Berrett, Lava Hills G.C., St. George
George L. Beutler
John Bingham, Spanish Oaks G.C., Spanish Fork
Merril L. Bingham, Timpanogos G.C., Provo
Dorothy Blackhurst, Sherwood Hills G.C., Wellsville
Louis B. Bonomo, Hill A.F.B. G.C., Hill A.F.B.
Norman Bourget, Oquirrh Hills G.C., Tooele
David B. Brady, Mountain View G.C., West Jordan
Bob Bray, Bonniville G.C., Salt Lake City
Dee Brockman, Ogden G.&C.C., Ogden
Steven C. Brown, Sr., Hobble Creek G.C., Springville
Mike Bryant, Velley View G.C., Layton
Don J. Buckley, Mountainview G.C., West Jordan
Marlene Burnett, Davis Park G.C., Kaysville
Glen Campbell, Lava Hills G.C., St. George
Royden V. Carter, Cascade Fairways Public G.C., Orem
Tom Carver, Ben Lomond G.C., Ogden
Jay Christiansen, Wigwam C.C., Litchfield Park
Venoy Christofferson, Logan G.&C.C., Logan
Ron Clyde, Davis C.C., Fruit Heights
Andy Cox, Red Hills G.C., St. George
Kent Gressman, Oquirrh Hills G.C., Tooele
E. P. Crobin, Moab G.C., Moab
Steve Cummings, Riverside G.C., Riverdale
Steven B. Curtis, Logan G.&C.C., Logan
Dottie Dempsey, Rose Park G.C., Salt Lake City
Bill Dennis, Glendale G.C., Salt Lake City
Sam Bingham, Spanish Oaks G.C., Spanish Fork
Howard E. Dorst, Logan G.&C.C., Logan
Kirk Douglass, Valley View G.C., Layton
Arthur L. Dowdy, Riverside G.C., Ogden
Robert B. Duncan, Bonneville G.C., Salt Lake City
Jerry Egbert, Rochfield G.C., Richfield
Henry E. Ellerman, Bonneville G.C., Salt Lake City
Ron Erickson, Ogden G.&C.C., Ogden
George R. Farr, Rose Park G.C., Salt Lake City
R. Nelson Fenton, Dixie Red Hills G.C., St. George
Walter L. Fletcher, Riverside G.C., Riverdale
Jim Forsgren, Rose Park G.C., Salt Lake City
Don R. Freebairn, River Bend G.&C.C., Broderick
Mike Fresquez, Mountain View G.C., West Jordan

Alice Gillespie, Davis Park G.C., Kaysville
Fred Ginter, Oquirrh Hills G.C., Tooele
Joey Giovacchini, Davis County G.C., Kaysville
Diane Gowey, Oakridge, Farmington
Daisly Grahan, Bonneville G.C., Salt Lake City
Ray E. Green, Glendale G.C., Salt Lake City
Max Hailstone, Logan C.C., Logan
Spencer Hammond, Bloomington C.C., St. George
James F. Hannan, Ogden G.&C.C., Ogden
Bernell Hansen, Logan G.&C.C., Logan
David Leonard Hardy, Cascade Fairways, Orem
Gary Haslip, Bonneville G.C., Salt Lake City
Roy Hatch, Copper Club, Magna
Gary Hatfield, Red Hills G.C., St. George
Richard L. Hayes, Oquirrh Hills G.C., Tooele
Perry Heiner, Bonneville G.C., Salt Lake City
Kent W. Henderson, Logan G.&C.C., Logan
Karl F. Henricksen, Dixie Red Hills G.C., St. George
Larry D. Hill, Glendale Park G.C., Salt Lake City
Stan Hobson, Logan G.&C.C., Logan
Lon Hudman, Spanish Oaks G.C., Spanish Fork
C. B. Jensen, Ben Lomond G.C., Ogden
Dan W. Jensen, Round Valley G.C., Morgan
Paul E. Jerominski, Bonneville G.C., Salt Lake City
Jarvis T. Johnson, Logan G.&C.C., Logan
Joe Johnson, Oakridge C.C., Farmington
Jody Jorgensen, Dixie Red Hills G.C., St. George
Don Kenealey, Forest Dale G.C., Salt Lake City
Jim Kenyon, Riverside G.C., Ogden
Dave Kitches, Bonneville G.C., Salt Lake City
Shand Knudson, Dixie Red Hills G.C., St. George
Gerald M. LaGant, Lava Hills G.C., St. George
Bruce Lake, Ogden G.&C.C., Ogden
Brad Lawrence, Rose Park G.C., Salt Lake City
Craig R. Leavitt, San Juan G.C., Monticello
Carol Leishman, Sherwood Hills G.C., Wellsville
Maxine E. Long, Dixie Red Hills G.C., St. George
Wayne B. Long, Dixie Red Hills G.C., St. George
B. Jay Ludwig, Oakridge C.C., Farmington
Marlene Lundstrom, Oakridge C.C., Farmington
Frederick D. Lutz, March A.F.B. G.C., Riverside
Darlene MacFarlane, Wasatch Mountain State Park, Midway
Larry A. Mantle, Mountainview G.C., West Jordan
Suzy Marlor, Lava Hills G.C., St. George
Bob Martin, Bountiful City G.C., Bountiful
Darrell J. Mason, El Monte Municipal G.C., Ogden
Kevin McDonald, Round Valley C.C., Morgan
Edward G. "Skip" Mencimer, Ogden G.&C.C., Ogden
Gary D. Midgley, Bonneville Municipal G.C., Salt Lake City
Gerald E. Minear, Wasatch Mountain G.C., Midway
Robert A. Morgan, Dixie Red Hills G.C., St. George
Paul A. Mousley, Mountain View G.C., West Jordan
Mary Ann Murray, Moab G.C., Moab
Ted Murray, Hobble Creek G.C., Springville
Dale Nebeker, Bonneville G.C., Salt Lake City
J. Ray Nelsen, Oakridge C.C., Farmington
Bob Neville, Bountiful City G.C., Bountiful
Robert L. Newey, Ogden G.&C.C., Ogden
Donald C. Newton, Glendale G.C., Salt Lake City
Richard Noble, Princeville G.C., Princeville
Willis K. Norgard, Valley View G.C., Layton

1983 HOLES-IN-ONE

Marilyn Nye, Mountain View G.C., West Jordan
John P. O'Brien, Bountiful City G.C., Bountiful
David R. Olsen, Bonneville G.C., Salt Lake City
Lionel W. Olsen, Bonneville G.C., Salt Lake City
Henry L. Ottinger, Sun Tides G.C., Yakima
Jerry B. Overton, Manito G.&C.C., Spokane
James Parker, Glenmoor G.C., South Jordan
E. A. Payersen, Valley View G.C., Layton
F. Dee Peel, Copper G.C., Magna
Don W. Perkes, Ben Lomond G.C., Ogden
Mark Glenn Petersen, Glendaler G.C., Salt Lake City
Craig Pickering, Spanish Oaks G.C., Spanish Fork
Vanile Porter, Ogden G.&C.C., Ogden
Bart Priest, Valley View G.C., Layton
Mike Quigley, Meadowbrook G.C., Murray
Richard E. Rasmussen, Valley View G.C., Layton
Mary Lynn Reber, Bloomington C.C., St. George
Bette Richins, The Springs Club, Rancho Mirage
Wayne Rives, Riverside G.C., Riverdale
Fred Roberts, Meadowbrook G.C., Murray
John A. Robertson, Hobble Creek G.C., Springville
Geoff Robinson, Dixie Red Hills G.C., St. George
Elias Roblez, Mountain View G.C., West Jordan
Larry L. Rose, Ben Lomond G.C., Ogden
Ron Rowe, Valley View G.C., Layton
Lawrence R. Rowland, Dixie Red Hills G.C., St. George
Gertie Ruff, Hobble Creek G.C., Springville
William Ruff, Hobble Creek G.C., Springville
Frank K. Rynders, Ogden G.&C.C., Ogden
Richard N. Schweemer, Bonneville G.C., Salt Lake City
Grant A. Seeley, Forest Dale G.C., Salt Lake City
Roy Sharp, Forest Dale G.C., Salt Lake City
Allen Shippee, Spanish Oaks G.C., Spanish Fork
John L. Shumway, Tri City G.C., American Fork
Frances Simpson, Oakridge C.C., Farmington
Howard L. Smith, Lava Hills G.C., St. George
Michael Stanger, Riverside C.C., Provo
Gerald P. Stevenson, Oakridge C.C., Farmington
Keith Stuart, Spear Fish Canyon G.C., Spearfish
Reid Tateoka, Park City C.C., Park City
Claire Thacker, Bloomington C.C., Bloomington
Doug Tingey, Sherwood Hills G.C., Wellsive
Lawrence W. Todd, Hill A.F.B. G.C., Hill A.F.B.
Reed Tolman, Tri-City G.C., American Fork
William Toribio, Riverside G.C., Ogden
Mrs. Ralph Torney, Bloomington C.C., St. George
Joe Twitchell, Moab G.C., Moab
Ron Twitchell, Mountain View G.C., West Jordan
Harris O. Van Orden, Logan G.&C.C., Logan
G. Gary Walton, Cedar Ridge G.C., Cedar City
Rod Warner, Pinaland G.C., Vernal
Bill Watts, Davis Park G.C., Kaysville
Dayl J. Webb, Dinaland G.C., Vernal
Finley F. Wilkinson, Oakridge C.C., Farmington
Vernal Williams, Dixie Red Hills G.C., St. George
Gary Wilson, Dixie Red Hills G.C., St. George
William Rand Wiseman, Riverside C.C., Provo
Dennis R. Wood, Bloomington C.C., St. George
Jim Wood, Logan C.C., Logan
Ken Workman, Forest Dale Municipal G.C., Salt Lake City

VERMONT

Walt Archacki, Williston C.C., Williston
David Babott, Roxiticus G.C., Mendham
Jack G. Bickhart, Stowe C.C., Stowe
David Blake, Equinox C.C., Manchester
Donald B. Bordner, Orleans C.C., Orleans
Leonard Bourneuf, C.C. of Barre, Barre
Gregory Peter Clairmont, Williston C.C., Williston
Lib Consell, Manchester C.C., Manchester Center
Raymond J. Cordeau, Williston G.C., Williston
Josephine Crepkowski, Crown Point C.C., Springfield
Lynn S. Cushman, Basin Harbor Club, Vergennes
Dick Dennison, Waumbeck G.C., Jefferson
Gino A. Dente, Burlington C.C., Burlington
Gerald C. DeWitt, Basin Harbor Club, Vergennes
Margaret Dick, Rutland C.C., Rutland
Edward Durphey, Windsor C.C., Windsor
C. Stuart Edgar, Newport C.C., Newport
David G. Farrar, Fox Run G.C., Ludlow
John R. Franzoni, Ekwanok C.C., Manchester
Karen Gouchberg, Fox Run G.C., Ludlow
John P. Gratiot, Woodstock C.C., Woodstock
Jane T. Greene, Stowe C.C., Stowe
Mike Grenier, Williston G.C., Williston
Steven Hathaway, Clarmont C.C., Clarmont
Nancy J. Heaslip, Rutland C.C., Rutland
Bernie Juskiewicz, Williston G.&C.C., Williston
Robert T. Keeler, Dorset Field Club, Dorset
Christpher King, Proctor-Pittsford C.C., Pittsford
Charles Knapp, Neshobe C.C., Brandon
Fred Koledo, Crown Point C.C., Springfield
Walter Krasofski, Williston C.C., Williston
Hans R. Kurash, Woodstock C.C., Woodstock
Randy Laba, Rocky Ridge G.C., Burlington
Ronald LaBounty, Burlington C.C., Burlington
Austin E. Lahar, Newport C.C., Newport
Francis Larkin, Basin Harbor, Ferrisburg
Peter Lawrence, Burlington C.C., Burlington
Ginnie Lonergan, Taconic G.C., Williamstown
John H. Lucy, Hooper G.C., Walpole
Bob Maritalid, Rocky Ridge G.C., Burlington
Patrick McCarthy, Woodstock C.C., Woodstock
Bab McKinnie, Ekwanok C.C., Manchester
Norman W. Merrill, Woodstock C.C., Woodstock
Don Moberg, Rocky Ridge G.C., Burlington
John R. Mullen, Montpelier C.C., Montpelier
Gary M. Norful, Kwiniaska C.C., Shelburne
Patricia K. Nuckols, Ekwanok C.C., Manchester
Ernie Pettine, Burlington C.C., Burlington
Woody Pike, Orleans C.C., Orleans
Elizabeth Post, Stowe C.C., Stowe
James Charles Ramsay, Montpelier C.C., Montpelier
Joyce Saliba, Mt. Anthony G.&T.C., Bennington
Frank Shattuck, Dorset Field Club, Dorset
William Spencer, Rocky Ridge G.C., Burlington
Michael Sullivan, Battenkill C.C., Greenwich
Dave Tolley, Spanish Oaks G.C., Spanish Fork
Charles B. Vaughan, Dorset Field Club, Dorset
Walter G. Wetherhead, Crown Point C.C., Springfield
James H. Wick, Williston C.C., Williston

VIRGINIA

Kevin Aeschliman, Stumpy Lake, Va. Beach
Johnson E. Agnew, Kempsville Meadows, Virginia Beach
George Ackinclose, Ft. Lee G.C., Ft. Lee

1983 HOLES-IN-ONE

Wayne C. Aleshire, Front Royal C.C., Front Royal
Glenn G. Allen, Lynwood G.&C.C., Martinsville
Howard O. Allen, Loudon G.&C.C., Purcellville
Jeff Allen, Popular Forest G.C., Lynchburg
Bob Anderson, Redwing, Va. Beach
Doug Anderson, Carpers Valley C.C., Winchester
Tony Anderson, Roan Valley Golf Estates, Mtn. City
Danny Andrews, Brandermill C.C., Midlothian
Lyman W. Ange, Lee Park G.C., Petersburg
Eleanor Arch, Lakeview Resort, Morgantown
William J. Archer, Bide A Wee G.C. Inc., Portsmouth
Luther Ash, Medal of Honor G.C., Quantico
William J. Athas, Montclair C.C., Dunfries
Ed Auman, Red Wing Lake G.C., Virginia Beach
Aron Bacs, Kempsville Meadows G.&C.C., Virginia Beach
William P. Bagwell, Jr., Meadowbrook C.C., Richmond
Tom Baker, Lexington G.&C.C., Lexington
George Balog, Pohick Bay G.C., Lorton
Scott Baltz, Cedarbrook C.C., Matthews
Henry H. Bantz, Brandermille C.C., Midlothian
Travis P. G. Barham, Cyress Cove Club, Franklin
Mrs. Neil Barnes, Lunenburg C.C., Kenbridge
Robert E. Barnett, Bermuda G.C., Chester
Elmer Batey, Prince George G.C., Disputanta
Bob Baumann, Ft. Belvoir G.C., Ft. Belvoir
Joey Beck, Oak Hill G.C., Richmond
Buddy Beckner, Bermuda G.C., Chester
C. Ashley Beedle, Bide-A-Wee G.C., Portsmouth
Michael R. Belote, Eagle Haven G.C., Norfolk
Ben Benoit, Bay Hills G.C., Arnold
Joseph W. Benson, Andrews A.F.B., Camp Springs
Ellen Bepersti, Army-Navy C.C., Fairfax
George C. Berger, Jr., Glenwood G.C., Richmond
Mrs. Linda Mallory Berry, Hermitage C.C., Manakin Sabot
Douglas Best, Winton C.C., Clifford
Delma Bethea, Round Meadow C.C., Christiansburg
Jimmy D. Beverly, Pine Hills, Chester
Walter A. Bickford, Jr., Yatera Seca G.C., Guantanamo Bay
Robert R. Blair, Greendale G.C., Alexandria
Billy C. Blankenship, De Monterry C.C., Roanoke
Mary C. Blauvelt, Devil's Knob C.C., Wintergreen
Roger S. Blumenthal, Reston Land, Reston
Jimmy Bollinger, Meadowbrook Municipal G.C., Lubbock
John Dominic Bonfadini, Prince William G.C., Nokesville
Henry C. Bowers III, Lexington G.&C.C., Lexington
Donald W. Bradshaw, Pine Hills, Richmond
Bill Brakefield, Washington G.&C.C., Arlington
Robert L. Bridges, Reston South G.C., Reston
Robert Alan Brooks, Richmond C.C., Richmond
Tracy Allen Brooks, Countryside G.C., Roanoke
Melvin W. Brown, Lynwood G.&C.C., Martinsville
Rey Browning, Loudoun G.&C.C., Purcellville
Roger Bryant, Lake Monticello, Palmyra
Thomas S. Bryant, Bow Creek C.C., Virginia Beach
Dennis L. Buckner, Richwood C.C., Bluefield
Robert E. Budlove, Lee Park G.C., Petersburg
Cdr. O. P. Burch, Naval Air Station, Oceana, Va. Beach
DeWitt F. Burgess, Prince William Public G.C., Nokesville
James T. Burnes, Sigwick Inn & G.C., Leesburg
James D. Burnette, Glenwood G.C., Richmond
Anthony Byrd, Glenwood G.C., Richmond

Mrs. John A. Byrd, Brooklawn C.C., Fairfield
Vincent M. Capron II, Montclair C.C., Dumfries
Roger G. Carpenter, Gay Hills C.C., Galax
Claude R. Carson, Sr., Hampton G.C., Hampton
T. Earl Carver, Meadowbrook C.C., Richmond
John B. Casey, Virginia Tech G.C., Blacksburg
Joseph M. Cason, Reston South G.C., Reston
Roy A. Cather, Jr., Winchester C.C., Winchester
C. H. Catlett, Jr., Pine Hills C.C., Richmond
John A. Caudle, Lee Park G.C., Petersburg
Tom Cavanaugh II, International Town & C.C., Fairfax
Stevan Chambers, Gypsy Hill G.C., Staunton
Earl C. Charnock, Greendale, Alexandria
Hugh A. Childers, Pinehurst C.C., Pinehurst
William M. Childs, Jr., Oceanside G.C., Oceanside
Steven R. Chrislip, Lake Wright G.C., Norfolk
Ned Christensen, Goose Creek, Leesburg
Porter M. Church, Prince William Public G.C., Nokesville
Dr. Douglas H. Clark, P.D., Forest Hills G.C., Augusta
Ken Clark, Bretton Woods, Germantown
Tookie Clark, Mission Inn Golf Resort, Howey-In-The-Hills
Michael L. Cleek, Kempsville Meadows G.&C.C., Va. Beach
John R. Cline, Deer Run G.C., Newport News
Hugh E. Cocke, Ole Montgomery G.C., Roanoke
J.J. Cockriel, Glenwood G.C., Richmond
Steve Colbert, Winchester C.C., Winchester
Howard Coles, Smithfield Downs G.C., Smithfield
H. H. Collier, Waynesboro C.C., Waynesboro
H. N. Collins, James River C.C., Newport News
Terry Cole, Pohick Bay G.C., Lorton
Mrs. Edith B. Condrey, Devil's Knob C.C., Wintergreen
David O. Cooksey, Ft. Belvoir North 18, Ft. Belvoir
R. J. Corbett, Algonkian Regional Park, Sterling
Sal Corrado, Fauquier Springs C.C., Warrenton
Jon Cox, Red Wing Lake G.C., Virginia Beach
Mark S. Cox, Deer Track South, Myrtle Beach
Doris Creasy, Meadowbrook C.C., Richmond
John Crismond, Blacksburg C.C., Blacksburg
Bob Croft, South Hill C.C., South Hill
Jeff Cross, Cypress Cross, Cypress Cove C.C., Franklin
Wesley A. Crowther, Cacapon State Park G.C., Berkeley Springs
Maria Cude, Waynesboro C.C., Waynesboro
Randy V. Curren, Yatera Seca, Guantanamo Bay
D. Dan David, Kingsmill G.C., Williamsburg
Dave Davies, Richmond C.C., Manakin-Sabot
Howard Davis, Kempsville Meadows, Va. Beach
Walter L. Davis, Bermuda G.C., Chester
Roy C. Day, Bow Creek G.C., Va. Beach
R. T. Deacon, Cavalier G.&Y.C., Va. Beach
Thomas F. DeJarnette, Jr., Greens Folly C.C., So. Boston
Jack D. Dempsey, Sewells Point G.C., Norfolk
Albert R. Devlin, Holston Hills C.C., Marion
Russ Dodson, Bow Creek, Va. Beach
Charles B. Dolinger, Basye Resort, Basye
Bernie Donnelly, Meadowbrook C.C., Richmond
John W. Dooley, Kempville Meadows, Virginia Beach
Richard S. Dove, Brandermill C.C., Midlothian
Oscar B. Drummond, Bide A Wee G.C., Portsmouth
Larry W. Dudding, Greene Hills G.C., Stanardsville

596

1983 HOLES-IN-ONE

F. C. Dull, The Hanover C.C., Ashland
Donald R. Duncan, Lake Wright G.C., Norfolk
Mel Dunklau, Bartow G.C., Bartow
Alan W. Dutton, Shannon Green G.C., Fredericksburg
Wirt Eanes, Twin Lakes G.C., Clifton
C. F. Eason, Bow Creek G.C., Va. Beach
Evelyn P. East, Sewell's Pt., Norfolk
Charlie Eckman, Waynesboro C.C., Waynesboro
Jim Edmunds, Stonehenge G.&C.C., Midlothian
Richard Eherenman, Round Meadow C.C., Christiansburg
Richard C. Enrey, Jr., Lexington G.&C.C., Lexington
Earl Ellenberger, Lake Wright G.C., Norfolk
C. D. "Buddy" Ellis, Oak Hill C.C., Richmond
Joe Emmi, Goose Creek, Leesburg
Keith Erdahl, Salisbury C.C., Midlothian
Richard Erk, Altavista C.C., Altavista
Mick Evans, Bow Creek G.C., Virginia Beach
Billie E. Eversole, Marsh Harbour Golf Links, No. Myrtle Beach
Tony Farmer, Smithfield Downs, Smithfield
Tony Fasciocco, Redwing Lake G.C., Virginia Beach
Joel K. Feaster, Parlor City C.C., Bluffton
Charles Ferguson II, James River C.C., Newport News
Jerry Fial, Twin Lakes G.C., Clifton
Brian P. Fimian, Magnolia, Lake Buena Vista
Charles T. Finch, Jr., Red Wing Lake G.C., Virginia Beach
Gary W. Fink, Hampton R.G.C., Hampton
Ronald S. Fish, Tantallon G.&C.C., Ft. Washington
Jon Flask, The Greenbrier G.C., White Sulphur Springs
Steve Fleet, Stumpy Lake G.C., Virginia Beach
Susan Fleming, Bretton Woods Recreation Centre, Germantown
Jim Folaros, Lee Park, Petersburg
Terry Annette Foote, Lake Monticello C.C., Palmyra
Harold Ford, Front Royal C.C., Front Royal
Harold (Hal) Forstall, Ft. Lee G.C., Ft. Lee
James Foster, Cypress Cove C.C., Franklin
Jack Fox, Thorn Spring G.C., Pulaski
Bob Frear, Bow Creek, Virginia Beach
Minnis Freshour, Salisbury C.C., Midlothian
John Fritzinger, Jr., Bow Creek G.C., Va. Beach
John W. Frueh, South Wales G.C., Jefferson
George W. Funkhouser, Shannon Green, Fredericksburg
Robert M. Gainer, Evergreen C.C., Haymarket
C. B. Galusha, Lee Park G.C., Petersburg
Ronald M. Galyean, Langley A.F.B., Hampton
John D. Gans, Winchester G.C., Winchester
Leo E. Ganster, Prince William Public G.C., Nokesville
Greg Gardner, Olde Mill G.C., Laurel Fork
Robert E. Garner, Jr., Colonial Hills G.C., Forest
Thomas Garner, James River C.C., Newport News
Gene Garrett, Jr., Fauquier Springs C.C., Warrenton
Michael K. Gatch, Pines G.C., Ft. Eustis
Al A. Gavazzi, Army Navy C.C., Arlington
Robert Germain, Bretton Woods Recreation Center, Germantown
Alice A. Gessner, Bow Creek G.C., Virginia Beach
George E. Gill, Ft. Lee G.C., Ft. Lee
Anda Gillis, Kingsmill G.C., Williamsburg
George Gillis, Pines G.C., Ft. Eustis
Ron Gillispie, Pen Park G.C., Charlottesville
Wussy Gilmore, Culpepper C.C., Culpepper

Andrew J. Given, Jr., Lake Wright G.C., Norfolk
Lewis N. "Dicey" Glass, Lake Monticello G.C., Palmyra
Mr. Kim A. Goodrich, Twin Lakes G.C., Clifton
J. Kelly Gordon, Medal of Honor G.C., Quantico
Fred M. Gozzi, Greendale G.C., Alexandria
Betty S. Graham, Shenvalee Golf Resort, New Market
Tamiko Graham, Sewells Point G.C., Norfolk
Ed Grant, Colonial Hills G.C., Forest
Larry W. Gray, Countryside G.C., Roanoke
Ralph Gray, Blacksburg C.C., Blacksburg
Stanley Gray, Cypress Lakes G.C., Hope Mills
William J. Gray, Princess Anne C.C., Virginia Beach
Dan T. Griffin, Jr., Jamestown Park G.C., Jamestown
James A. Griffin, Oakwood C.C., Lynchburg
James D. Griffin, Botetourt C.C., Fincastle
John P. Griffin, Mt. Anthony C.C., Bennington
Mark Griffin, Lower Cascade Course, Hot Springs
Allison N. Groat, Longwood College G.C., Farmville
Carl E. Grohs, Jr., Keith Hills, Buies Creek
David Grooms, Chantilly National G.&C.C., Centreville
Judith F. Hagadorn, Seabrook Island, Charleston
Bob Hale, Willowbrook C.C., Breaks
Claude A. Hale, Carolina Trace, Sanford
Jerry Lee Hall, Steele Creek G.C., Bristol
Paul T. Haluza, Springfield G.&C.C., Springfield
Col. William E. Hames, James River C.C., Newport News
Carol Hamrick, Lee Park G.C., Petersburg
Franklin G. Hamrick, Greenbriar Valley C.C., Lewisburg
Chuck Hanes, Hunting Hills C.C., Roanoke
Melton D. Haney, Greene Hills Club, Stanardsville
C. S. Hardaway, James River C.C., Newport News
Joe Harding, Mayacoo Lakes C.C., W. Palm Beach
Trewitt D. Harding, Army Navy C.C., Arlington
William H. Hardison, Kempsville Meadows G.&C.C., Va. Beach
Greg Harmon, Amelia Island Plantation, Amelia Island
Wayne Harne, Fauquier Springs C.C., Warrenton
Charlie Harper, Gypsy Hill G.C., Staunton
John W. Harris, Ft. Lee G.C., Ft. Lee
Joseph P. Harris, Lake Wright G.C., Norfolk
Louis S. Harris, Willow Oaks, Richmond
Bill Harrison, Graysburg Hills G.C., Chuckey
Roger Hartley, Cedar Hills C.C., Jonesville
Tim Hartsell, Virginia Tech G.C., Blacksburg
Doug Harvey, Lexington C.C., Lexington
Dayle A. Hauger, Montclair C.C., Dumfries
Dabney B. Hawkins, Jr., Ocean View Municipal G.C., Norfolk
Don Hawkins, Gay Hills C.C., Galax
W. M. Hawkins, Herndon Centennial Municipal G.C., Herndon
Bill Haywood III, Sleepy Hole G.C., Portsmouth
Mildred E. Hedberg, Army Navy C.C., Fairfax
Bruce Heflin, Elizabeth Manor G.&C.C., Portsmouth
Bill Hefner, Springfield G.&C.C., Springfield
Robert A. Hem, Brandermill C.C., Midlothian
Wendell K. Hemming, Stumpy Lake G.C., Virginia Beach
M. H. Herndon, Jr., Tuscarora C.C., Danville
Jim Hildreth, Princess Anne C.C., Virginia Beach
Eleanor Hill, Brandermill C.C., Midlothian
F. L. Hiltzheimer, Jr., Tuscarora C.C., Danville
Wayne Hines, Altavista C.C., Hurt
Marilyn Hinzmann, Brookwood, Bottom's Bridge Quinton

597

1983 HOLES-IN-ONE

John M. Hlavac, Reston G.C. South, Reston
Harry V. Hobbs, Ft. Lee, Ft. Lee
Sarah K. Hobson, Pen Park, Charlottesville
Jimmie Hodges, Sr., Smithfield Downs G.C., Smithfield
Rollo Holff, Augusta C.C., Staunton
Henry F. Holder, Kempsville G.C., Virginia Beach
Charles V. Holt, Sr., Prince William Public G.C., Nokeville
Beth Hooker, Willow Oaks C.C., Richmond
Kenneth Hostetter, Lexington G.&C.C., Lexington
Kay M. House, Red Wing Lake G.C., Viginia Beach
Astor Gene Huyley III, Holly Oaks, Yorktown
Glen Hughlette, Green Dale, Alexandria
George L. Hull, Shipyard Golf Galleon, Hilton Head
Jimmy Hully, Suffolk G.C., Suffolk
Fred C. Hulse, Bedford C.C., Bedford
Lea Hume, Prince George C.C., Disputanta
Raymond R. Humphrey, Ft. Lee G.C., Ft. Lee
P. Craig Hunt, The Crossings G.C., Glen Allen
Lois M. Hunter, Langley A.F.B. G.C., Langley
Rose Arendall Hunter, Richmond C.C., Mankin-Sabot
Joel Hutcheson, Virginia Tech G.C., Blacksburg
Mike Hutchison, Round Meadow C.C., Christianburg
Jim Inman, Springfield G.&C.C., Springfield
Ray E. Inman, Eastern Shore Y.&C.C., Melfa
David G. Israel, Spotswood C.C., Harrisonburg
Thomas E. Ivey, Langley A.F.B. G.C., Langley A.F.B.
Steve Jackson, Kingsmill G.C., Williamsburg
Al Jamison, Sweetwater C.C., Longwood
Michael Jerman, Glenwood G.C., Richmond
Alice M. Johnson, Bryce Resort, Basye
Bud Johnson, Richmond C.C., Manakin-Sabot
Gary B. Johnson, Red Wing Lake G.C., Virginia Beach
S. Johnson, Williamsburg C.C., Williamsburg
Viola M. Johnson, Wintergreen G.C., Wintergreen
Wieland C. Johnson, South Wales G.C., Jeffersonton
Chuck Johnston, Salem G.C., Salem
Frank Jones, Penderbrook G.C., Fairfax
Bernie L. Jordan, Glenwood G.C., Richmond
Ross Jordan, Suffolk G.C., Suffolk
Ray Karcher, Eagle Haven, Norfolk
Valerie Karcher, Eagle Haven, Norfolk
Dr. W. R. Kay, C.C. of Va., Richmond
Edward J. Keenan, Carper's Valley G.C., Winchester
Leinahtan Kendale, Suffolk G.C., Suffolk
Stephen Kettells, The Cascades Course, Hot Springs
John C. Kingery, River Bend G.&C.C., Great Falls
William J. Killoran, Twin Lakes G.C., Clifton
Kave Kinney, Twin Lakes G.C., Clifton
Jay W. Klingel, Willow Oaks C.C., Richmond
Ranter Klingel, Willow Oaks C.C., Richmond
Dennis Kountoufas, Deer Run, Newport News
Joseph E. Krapf, Bermuda G.C., Chester
Stan Kresge, Fort Belvoir G.C., Alexandria
Gary Kulisza, Lake Wright G.C., Norfolk
Tom Land, Kempsville Meadows, Va. Beach
Bob Lane, Suffolk G.C., Suffolk
Elmer Larson, Colonial Hills G.C., Forest
Frank Lawhorne, MSA Ft. Lee G.C., Ft. Lee
Selman Lawrence, Williamsburg C.C., Williamsburg
Winston Leath, Prince George G.C., Disputanta
Henry B. Le Bouf, Army-Navy C.C., Arlington
Dennis G. Lee, Biddeford & Saco C.C., Saco
Joseph S. Leggett, Goose Creek G.C., Leesburg

Charles E. Lego, Deer Run G.C., Newport News
Carl Leibl, Longwood College G.C., Farmville
Robert E. Lietch, Sr., C.C. of Va.-James River Course, Richmond
Roger W. Leverton, Willow Oaks C.C., Richmond
J. R. Liles, Princess Anne G.&C.C., Virginia Beach
Douglas Lilly, Yatera Seca G.C., Guantanamo Bay
Betty G. Linder, International Town & C.C., Fairfax
John R. Locke, Langley A.F.B. G.C., Hampton
Ann Lohman, Kingsmill G.C., Williamsburg
Rick Long, Long Cove Club, Hilton Head Island
Alfred L. Looney, Ole Montgomery G.C., Roanoke
Bob Looney, Willowbrook C.C., Breaks
Chuck Loomer, Stonehenge G.&C.C., Midlothian
Boyd G. Loving, West Point C.C., West Point
William B. Lumpkin III, Pine Hills, Richmond
Robert O. Lutz, International Town & C.C., Fairfax
William F. Lutz, Cedar Crest C.C., Centreville
Capt. Steven J. Lynn, Medal of Honor G.C., Quantico
Bruce Mackie, Bide A Wee G.C., Portsmouth
Frank Maher, Blacksburg C.C., Blacksburg
Ed Manley, Bow Creek G.C., Va. Beach
Dr. Richard M. Mansfield III, Pine Hills, Richmond
Rick Mantz, Pen Park G.C., Charlottesville
Miles B. March, Army Navy C.C., Arlington
Alain Markey, Meadowbrook C.C., Richmond
Christopher R. Martin, Oakwood C.C., Lynchburg
Eugene Martin, River Bend G.&C.C., Great Falls
Joe Martin, Elizabeth Manor C.C., Portsmouth
William E. Martin, Jr., SpRingfield G.&C.C., Springfield
Foris E. McCarty, Bow Creek Municipal G.C., Va. Beach
A. E. McCluskey, International Towne & C.C., Fairfax
James L. McConnell, Salisbury C.C., Midlothian
Brian McCormick, C.C. of Northampton County, Easton
Davis A. McCue, Glenwood G.C., Richmond
Doug McElwee, Lower Cascade, Hot Springs
Mrs. Harry G. McGready, Cedar Point Club, Suffolk
Jim McGuire, Indian Mound G.C., Jekyll Island
Sandy McKenna, Old Town Club, Winston Salem
Ben McLeish, Bentwinds G.&C.C., Fuguary-Varina
John McMahan, Jr., Cypress Cove C.C., Franklin
Mrs. John McNutt, Lexington C.C., Lexington
Brian Meek, Front Royal C.C., Front Royal
Vic Megginson, Tuscarora C.C., Danville
Bobly Melvin, Lee Park G.C., Petersburg
Ed Menoche, International C.C., Fairfax
Edmond E. Metnoche, Pine Lakes Int'l C.C., Myrtle Beach
Don Metz, Westwood C.C., Vienna
Dennis I. Meyer, Belle Haven C.C., Alexandria
Thomas r. Mikolajcik, Ft. Belvoir G.C., Ft. Belvoir
George L. Midkiff, Army Navy C.C., Arlington
Mike Millan, Greendale G.C., Alexandria
Bill Miller, Pine Hills G.C., Richmond
Harry C. Miller, M.D., River Bend G.&C.C., Great Falls
Dan Minahan, Pen Park G.C., Charlottesville
Paul A. Mintzell, River Bend G.&C.C., Great Falls
Douglas C. Mitchell, Eagle Haven G.C., Norfolk
Mitch Mitchell, Pine Hills, Richmond
Charles Moir, Blacksburg C.C., Blacksburg
Alvan N. Moore, Army Navy C.C., Arlington
Betty Moranville, Sewells Point, Norfolk
Don Morgan, Gay Hills C.C., Galax
Billy Morgan, Greendale G.C., Alexandria

1983 HOLES-IN-ONE

Richard P. Moran, Jr., Univ. of Maryland, College Park
Andy Morton, Veenker Memorial G.C., Ames
Roger Mott, Tantallon C.C., Tantallon
Bob Montjoy, Tanglewood Shores G.&C.C., Bracey
Leroy Mowell, Elizabeth Manor C.C., Portsmouth
Arnold J. Muller, Andrews A.F.B. G.C., Andrews A.F.B.
Nick Musgrove, Bedford C.C., Bedford
Paul S. Mushovic, Montgomery Village G.C., Gaithersburg
Robert Mutter, Suffolk C.C., Suffolk
Steve Muzzo, Washington G.&C.C., Arlington
Bob Nation, Stumpy Lake G.C., Va. Beach
Dr. Kinlock Nelson, C.C. of Virginia, Richmond
Anthony C. Nesbitt, Prince George, Disputanta
Dorothy Nichols, Winchester C.C., Winchester
Walter Niedermayer, Ft. Lee G.C., Ft. Lee
Michael S. Noyes, Wekiva G.C., Longwood
John A. Nugent, Reston South G.C., Reston
R. J. Obias, Laurel Pines C.C., Laurel
James W. Odom, Lake of the Woods, Locust Grove
Ray M. O'Leary, The Crossings, Glen Allen
Don Olmstead, Bretton Woods Recreation Center, Germantown
James H. O'Meara, Loudon G.&C.C., Purcellville
Thomas William Osborne, The Shenvalee G.C., New Market
J. Stanley Owens, Dahlgren G.C., Dahlgren
Jerry Pace, Duck Woods G.C., Kitty Hawk
Duke Painter, Caverns C.C., Luray
Skip Pape, Marietta C.C., Marietta
William T. Parker, Duck Woods G.C., Kitty Hawk
George K. Parks, C.C. of Bristol, Bristol
Sue Parr, Suffolk G.C., Suffolk
Bobby Parsons, Woodlake G.C., Vass
Earl A. Patterson, Jr., Richmond C.C., Manakin-Sabot
Gary T. Payne, Ft. Belvoir G.C., Ft. Belvoir
Harold D. Pearson, Stonehenge G.&C.C., Midlothian
Leonard Perry, Carper's Valley G.C., Winchester
George C. Peters, Pine Lakes C.C., Elizabeth City
Reginald Peterson, Twin Lakes G.C., Clifton
Mark A. Petska, Shannon Green, Fredericksburg
Paul W. Phillips, Ft. Lee G.C., Ft. Lee
Jack L. Pittman, Greenbrier, White Sulphur Springs
Valeta S. Pittman, The Greenbrier, White Sulphur Springs
Renee Ponton, Deer Run G.C., Newport News
Robert D. Porter, Kingmill G.C., Williamsburg
Raymond Prillaman, High Meadows C.C., Roaring Gap
N. Richard Proctor, Jr., Hickory Hollow, Mt. Clemens
Morton C. Pry, Goose Creek G.C., Leesburg
Bill Psrinkle, Red Wing Lake G.C., Virginia Beach
Harry Pugh, Holston Hills C.C., Marion
G. B. Ramsey, Augusta C.C., Staunton
Ed E. Ratliff, Hermitage C.C., Manakih-Sabot
N. Cooke Read, Great Chebeague G.C., Chebeague Island
Bill Rech, Salisbury C.C., Midlothian
Eddie Ray Reed, Gypsy Hill G.C., Staunton
Ben Reese, Stonehenge C.C., Midlothian
Eric Reid, Montclair C.C., Dumfries
Michael J. Reilly, River Bend G.&C.C., Great Falls
Thomas J. Reilly, Deer Run G.C., Newport News
Arval Rexrode, Wintergreen Devils Knob, Wintergreen
George T. Reynolds, Myrtlewood, Myrtle Beach
James L. Reynolds, Thorn Spring G.C., Pulaski

Dr. Wyatt L. Richardson, Oak Hill G.C., Richmond
John A. Rickes, Ft. Belvoir G.C., Ft. Belvoir
Howard C. Ricketson, Hidden Valley C.C., Salem
Nevin C. Ritzman, Cedar Hills, Lynchburg
Roy Rives, Thorn Springs G.C., Pulaski
John C. Rhoads. Evergreen C.C., Haymarket
Marvin Rhodes, Cavalier G.&Y.C., Virginia Beach
James T. Roach, Olde Mill G.C., Laurel Fork
Paul M. Robbins, Bide-A-Wee G.C., Portsmouth
Roy R. Roberts, Lonesome Pine C.C., Big Stone Gap
Louis A. Rock, Ocean View G.C., Norfolk
Roger Rose, Giles C.C., Perrisburg
Mary Margaret Rosenberger, Colonial Hills G.C., Forest
B. Keith Rowland, Giles C.C., Pearisburg
Robert Q. Ryan, Cavaliers C.C., Newark
Tony Sakovick, Prince William Public G.C., Nokesville
Jim Salt, Lakeview G.C., Harrisonburg
Garfield Salyers, Glenwood, Richmond
Liz Scaggs, Hunting Hills C.C., Roanoke
Hank Schall, Prince William G.C., Nokesville
Elliott Schaubach, Lake Wright, Norfolk
Bill Schmidt, Ellington Ridge C.C., Ellington
Clair A. Schwob, Springfield G.&C.C., Springfield
Evans Scyphers, Holston Hills C.C., Marion
Charles Shank, Augusta C.C., Staunton
Dean R. Shand, Eagle Haven G.C., Norfolk
Edwin F. Shaw, Jr., Williamsburg C.C., Williamsburg
Tim Shay, Stow Acres C.C., Stow
Walter D. Shields, Princess Anne C.C., Va. Beach
Jerry Shockley, Galax C.C., Galax
Mrs. Burton P. Short, Jr., Ft. Lee G.C., Petersburg
John R. Shumate, Ft. Lee G.C., Ft. Lee
Marian Sison, Bretton Woods, Germantown
Brent Sites, Lakeview G.C., Harrisonburg
Mrs. Blanche Shumaker, Glen Oak C.C., Danville
Jim Smiley, Meadowbrook C.C., Richmond
Earl W. Smith, Fairfield Ocean Ridge, Edisto Island
Owen B. Smith, Cedar Point Club, Suffolk
Richard C. Smith, Prince George G.C., Disputanta
Robert W. Smith, Lake Wright G.C., Norfolk
Dick Smither, Chatmoss C.C., Martinsville
Jack Snell, Washington G.&C.C., Arlington
Harvey Bennett Sowers III, Round Meadow C.C., Christianburg
James L. Sowers, Kempsville Meadows, Virginia Beach
William O. Spears, Jr., Army Navy C.C., Arlington
Mark W. Spencer, Stumpy Lake, Virginia Beach
R. B. Spencer, Jr., Wedgewood C.C., Farmville
Richard Sperger, Ole Monterey, Roanoke
Ann Splitstone, Countryside (Roanoke), Roanoke
Pete Stamus, Countryside G.C., Roanoke
Harry Starnes, Army Navy C.C., Arlington
Dr. E. J. Stay, Washington G.&C.C., Arlington
Richard J. Steinkamp, Red Wing Lake, Va. Beach
Chip Stevens, Kempsville Meadows G.&C.C., Va. Beach
Raymond E. Stevens, Yatera Seca G.C., Guantanamo Bay
David Stewart, Andrews A.F.B. G.C., Camp Springs
Mrs. Genevieve Stimmel, Winchester C.C., Winchester
Joseph Stockton, Lynwood G.&C.C., Martinsville
Robert C. Stone, Eagle Haven G.C., Little Creek
Chris Stratton, Chenango Valley State Park G.C., Chenango Forks
Howard G. Stultz, Blue Hills, Roanoke

1983 HOLES-IN-ONE

Vincent D. Sullivan, Ponkapoag G.C., Canton
Rick A. Swinney, Lynwood G.&C.C., Martinsville
Jim Szidlinger, Prince William G.C., Nokesville
Brent Taylor, Smithfield Downs G.C., Smithfield
Gloria Taylor, The Pines, Ft. Fustis
John Taylor, Oak Hill, Richmond
Kittye B. Taylor, Lynwood G.&C.C., Martinsville
Robert H. Tedder, Meadowbrook C.C., Richmond
Vince Thacker, Waynesboro C.C., Waynesboro
Deloras Sue Thomas, Deer Run G.C., Newport News
Mark A. Thomas, Greendale G.C., Alexandria
Ned Thomas, Jr., Fauquier Springs C.C., Warrenton
Edward M. Thompson, Wyndemere G.C., Naples
James E. Thompson, Ole Monterey G.C., Roanoke
Johnny Thompson, Beaver Hill G.C., Martinsville
Robert Thompson, Army Navy C.C., Arlington
William Thompson, Springfield G.&C.C., Springfield
Jim Thornton, Chatmoss C.C., Martinsville
Marjorie L. Thornton, Willow Oaks C.C., Richmond
Jim Thorsen, Augusta C.C. "Ingleside", Staunton
Bill Tiller, Meadowbrook C.C., Richmond
Harry Tiller, Pine Hills G.C., Richmond
Andrew L. Tilton, The Surf, Myrtle Beach
Bruce Tingle, James River C.C., Newport News
Phil Toale, Lexington G.&C.C., Lexington
William B. Townshend, Bryce Resort G.C., Basye
Jim Triplett, Lakeview G.C., Harrisonburg
Roy P. Tuel, Farmington C.C., Charlottesville
Tom Tulenko, Pohick Bay Regional G.C., Lorton
John C. Turnipseed, Oceana G.C., Virginia Beach
James E. Twining, Bretton Woods Rec. Center, Germantown
Doug Tyree, Waynesboro C.C., Waynesboro
Mrs. Holley P. Updike, Hidden Valley C.C., Salem
John Uszynski, Kempsville Meadows, Va. Beach
Paul W. Utterback, Sewells Point G.C., Norfolk
Mary L. Venner, Reston South, Reston
Bucky Vest, Augusta C.C., Staunton
Al Visconti, Spotswood C.C., Harrisonburg
Jean Wagner, International Town & C.C., Fairfax
Jim Walker, Brookwood G.C., Quinton
Preston Walker, Pat Schwab's Pine Lakes G.C., Jacksonville
Robert U. Walnes, Prince William Public G.C., Nokesville
Patrick H. Ward, Chantilly Nat'l G.&C.C., Centreville
Rosemary Wardlow, Herndon Centennial G.C., Herndon
Ken Warren, Beaver Hill G.C., Martinsville
Richard Warthan, Williamsburg C.C., Williamsburg
W. L. Watson, Augusta C.C., Staunton
Paul Watts, Salem G.C., Salem
Stephen H. Watts II, The Cascades G.C., Hot Springs
Becky Webb, Galax C.C., Galax
Charles R. Voccio, F. Belvoir G.C., Ft. Belvoir
Noten Webb, Ivy Hill G.C., Forest
George D. Webster, Army Navy C.C., Arlington
Fred Weisensale, The Crossings, Glen Allen
James Welsh, Jr., Woodbury Forest G.C., Woodbury Forest
Betty West, Tazewell County C.C., Pounding Mill
Raymond A. West, Tazewell County C.C., Pounding Mill
Wilma L. West, Herdon Centennial Municipal G.C., Herndon
John E. Weston, Army-Navy C.C., Fairfax

E. Stephen White, Poinciana G.&R.C., Kissimmee
Robert White, Oak Hill G.C., Richmond
Tom White, Brookwood G.C., Quinton
George A. Whitener, Loudon G.&C.C., Purcellville
Ralph Whitley, Deer Run G.C., Newport News
Peggy Widicus, Pine Lakes C.C., Myrtle Beach
Virginia Rives Wilkinson, Brunswick C.C., Lawrenceville
Arthur S. Williams, Woodside C.C., Tappahannock
James S. Williams, Ft. Lee G.C., Ft. Lee
Randy Williams, Bide-A-Wee G.C., Portsmouth
Joe M. Willis, Ft. Lee G.C., Ft. Lee
Mark D. Wills, Lake Wright G.C., Norfolk
Marjorie N. Wilson, Princess Anne C.C., Virginia Beach
Gordon T. Winfield, Prince George G.C., Disputanta
Luther H. Wingfield, Lunenburg C.C., Kenbridge
Dewey A. Witt, Willowbrook C.C., Breaks
Michael C. Wohlford, Tanglewood G.C., Clemmons
Bryan W. Wood, Oakwood C.C., Lynchburg
Donald L. Wood, Woodside C.C., Tappahannock
H. T. Wood, Jr., Augusta C.C., Staunton
Lester O. Wood, Princess Anne C.C., Virginia Beach
W. Hamilton Wood, Williamsburg C.C., Williamsburg
R. W. Woody, Winton C.C., Clifford
William K. Woody, Willow Creek C.C., Rocky Mount
Neil Yarrington, Oak Hill C.C., Richmond
Phyllis Yelverton, Washington G.&C.C., Arlington
William Rhy Young, Lynwood G.&C.C., Martinsville
George H. Yount, Jefferson G.C., Falls Church

WASHINGTON

John G. Abajian, Walla Walla C.C., Walla Walla
Lawson Abinanti, Wenatchee G.&C.C., Wenatchee
Ned Adams, Peninsula G.&C.C., Port Angeles
John D. Agnesani, Rolling Hills G.C., Bremerton
Don Ahola, Oakbrook G.&C.C., Tacoma
Bill Alderson, Meridian Valley C.C., Kent
Lillian Allen, Pasco Municipal G.C., Pasco
Lowell W. Allen, Pasco Municipal G.C., Pasco
Axel Strom Alstad, Indian Canyon G.C., Spokane
Earl G. Alstead, Meadow Park G.C., Tacoma
Richard E. Amstutz, Ft. Lewis G.C., Ft. Lewis
Bill Anderson, Royal Oaks C.C., Vancouver
Dale Anderson, Willapa Harbor G.C., Raymond
John D. Anderson, Skagit G.&C.C., Burlington
Ken Anderson, Golf Mountain, Gorst
Mrs. Lee Anderson, Capitol City G.C., Olympia
O. A. Anderson, Esmeralda G.C., Spokane
Fabian T. Andres, Liberty Lake G.C., Liberty Lake
Gene Annis, Oaks C.C., Tulsa
Jerry Arnett, Enumclaw G.C., Enumclaw
Stan Askey, Stoneridge G.C., Blanchard
Leonard W. Atkins, Brookdale G.C., Tacoma
Michael L. Atkins, Gateway G.C., Sedro Woolwy
Rosemary Austin, Twin Lakes G.&C.C., Federal Way
Frank Avant, Meridian Valley G.&C.C., Kent
Avo Avedisian, Twin Lakes C.C., Federal Way
Ray Baalman, Sham-Na-Pum G.C., Richland
Chuck Baierle, Carnation G.C., Carnation
Charles Bailey, Othello G.&C.C., Othello
Claude Bailey, Manito G.&C.C., Spokane
Herb Bain, Oakbrook G.&C.C., Tacoma
Frances Baisinger, Kauai Surf G.&C.C., Lihue
Clarence A. Baker, Village Greens, Port Orchard

600

1983 HOLES-IN-ONE

John P. Baker, Similk Beach G.C., Anacortes
Jordell Baker, Village Greens, Port Orchard
Ken Baker, Liberty Lake G.C., Liberty Lake
Max Baker, City of Kent Golf Complex, Kent
Forrie W. Balcombe, Highland G.C., Cosmopolis
Bud Baldwin, Downriver G.C., Spokane
Ken Baldwin, Lakeland Village G.&C.C., Allyn
Stewart Ballinger, The Metropolitan G.C., Melbourne
Richard E. Bannon, Oak Brook G.&C.C., Tacoma
Kalei Barbour, Indian Canyon, Spokane
Pierre F. Barnett, Orchard Hills G.&C.C., Washougal
Dan Barney, Rippling River Resort, Welches
Hugh M. Barr, Useless Bay G.&C.C., Langley
Rob Barr, Longview C.C., Longview
Rudolph E. Barrett, Liberty Lake G.C., Spokane
Wilbur E. Harris, Jackson Park G.C., Seattle
Jim Barry, Wenatchee C.C., East Wenatchee
Raymond L. Bartness, Mint Valley G.C., Longview
W. E. Bartholomew, Liberty Lake G.C., Spokane
Skip Bassett, Indian Canyon G.C., Spokane
William A. Beard, Rose City G.C., Portland
Bill Beattie, Glen Acres G.C., Seattle
Robert M. Beaumont, Walter Hall G.C., Everett
Bete Beck, Lower Valley G.C., Sunnyside
Freda Beckman, Liberty Lake G.C., Spokane
Patricia Bahrens, Mill Creek C.C., Bothell
George Bekaert, Northshore G.C., Tacoma
Billie Belangy, Three Rivers G.C., Kelso
Richard Benn, Highland G.C., Cosmopolis
Dean A. Benson, Downriver G.C., Spokane
Harvey G. Benson, Jr., Village Greens, Port Orchard
Karl Benson, Tumwater Valley G.C., Tumwater
Robert J. Berg, Indian Canyon G.C., Spokane
Luella Berglund, Capitol City G.C., Olympia
Gary E. Bergsvik, Enumclaw G.C., Enumclaw
Sandi Berkimer, Sundance G.C., Nine Mile Falls
Janet Bertagni, Foster Golf Links, Turwila
Dennis Bess, Ballinger Park G.C., Mountlake Terrace
Ralph E. Bessett, Quincy Bar G.C., Quincy
Wendell L. Beuck, Ballinger Park Municipal G.C., Montlake Terrace
Bruce E. Billingsley, Avon Dale G.C., Hayden Lake
Dave Bingman, Meadow Park Public G.C., Tacoma
Dick Bittmann, Elks Allenmore G.C., Tacoma
Walt Black, Oakbrook G.&C.C., Tacoma
Keith G. Blanchard, Spokane C.C., Spokane
Larry Blevins, Clarkston G.&C.C., Clarkston
Robert A. Bley, Hangman Valley G.C., Spokane
J. L. Blockhus, Rainier G.&C.C., Seattle
Carolyn Bloomberg, Inglewood C.C., Kenmore
Felix A. Blubaugh, Twin Lakes G.&C.C., Federal Way
Curt Bockett, Walla Walla C.C., Walla Walla
Gary Bogg, Oalbrook G.&C.C., Tacoma
Carl Bonomo, Royal Oaks C.C., Vancouver
Lee W. Bothell, Ft. Lewis G.C., Ft. Lewis
Gerald Boyd, Wandermere G.C., Spokane
Bill Boyle, North Shore G.&C.C., Tacoma
Martin J. Boyle, Alder Brook G.&Y.C., Union
John Brandvokd, Snohomish G.C., Snohomish
C. H. Kelly Braybeal, Twin Lakes G.&C.C., Federal Way
Dick Bressler, Si View G.C., North Bend
Stephen W. Briggs, Legion Memorial, Everett
Andy Brinkley, Si View G.C., North Bend

Jim Brinton, Capitol City G.C., Olympia
Glenn H. Brokaw, Whispering Firs G.C., Tacoma
Allen Brown, Heather Gardens, Aurora
Ed Brown, Royal Oaks C.C., Vancouver
Floyd A. Brown, Liberty Lake, Liberty Lake
Frank L. Brown, Allenmore Public G.C., Tacoma
Stanley K. Bruhn, Skagit G.&C.C., Burlington
A. O. Brulotte, Mt. Adams G.C., Toppenish
Don M. Bryan, Lake Chelan G.C., Lake Chelan
Donald J. Buck, Yakima Elks G.&C.C., Selah
Bart Buckles, Inglewood C.C., Kenmore
Frank R. Bunn, Ft. Lewis G.C., Ft. Lewis
Bev Burgi, Willapa Harbor G.C., Raymond
Richard Burke, Wandermere G.C., Spokane
De. James M. BurnesII, Broadmoor Breeze, Seattle
L. J. Burris, Manito G.&C.C., Spokane
Nat Burwell, Oakbrook G.&C.C., Tacoma
Jeff Bush, Brookdale G.C., Tacoma
John O. Bustinduy, Walter E. Hall Memorial G.C., Everett
Dick Buttorff, Walter E. Hall Memorial G.C., Everett
John L. Byers, Gallery G.C., Oak Harbor
Harold M. Byram, Snoqualmie Falls, Fall City
Ken Cabbage, Lower Valley G.C., Sunnyside
R. M. Cain, Sundance G.C., Spokane
Frank G. Caldwell, Mint Valley G.C., Longview
J. W. Camp, Spokane C.C., Spokane
Pat Carbery, Spokane C.C., Spokane
James Cardin, Whispering Firs, Tacoma
Clifford A. Carlson, Liberty Lake G.C., Spokane
Rodney Carlson, Brookdale G.C., Tacoma
Vern Carlson, Sahalee C.C., Redmond
Ann Carter, Oakbrook G.&C.C., Tacoma
Charlotte Carter, Auburn G.C., Auburn
Dennis Carter, Willapa Harbor G.C., Raymond
Kenneth Cartwright, Sandpoint C.C., Seattle
Robert A. Casseday, West Richland G.C., West Richland
Les Cathersal, Fircrest G.C., Tacoma
Chris Cavalli, Veteran's Memorial G.C., Walla Walla
Doris Cavender, Sand Point C.C., Seattle
Carl N. Cederholm, Green Meadows G.&A.C., Vancouver
Charlotte Challman, San Juan G.&C.C., Friday Harbor
O. D. Champie, Snoqualmie Falls, Fall City
Mary Alice Charvet, Rippling river Resort, Welches
Stephen A. Check, Nisqually Valley G.C., Pelm
Corrie Chiprut, Jefferson Park Municipal G.C., Seattle
Robert J. Choppin, Capitol City G.C., Olympia
David Christenson, Wandermere G.C., Spokane
Ernie Christiansen, Elks—Allenmore G.C., Tacoma
Robert M. Christiansen, Twin Lakes G.&C.C., Federal Way
Richard Christie, Meridian Valley C.C., Kent
Henrietta M. Chun, Veterans Memorial G.C., Walla Walla
Gary Cinotto, College G.C., Tacoma
Harry W. Clark, Rainier C.C., Seattle
George E. Clough, Sundance C.C., Nine Mile Falls
Matthew Clough, Ballinger Park Municipal G.C., Mountlake Terrace
O. J. Cobb, Pasco Municipal G.C., Pasco
Ron Cole, Twin Lakes C.C., Federal Way
Gayle Colello, Rainier G.&C.C., Spokane
Flordelino Conde, Whispering Firs, Tacoma
Tom Conigliaro, Three Rivers G.C., Kilso
Wayne Connor, Lake Padden G.C., Bellingham

1983 HOLES-IN-ONE

Jim Coombe, Madrona-Links G.C., Gig Harbor
Doris A. Coonrod, Village Greens, Port Orchard
Dora Cooper, Simile Beach, Anacortes
Clyde Coots, Bayshore G.C., Shelton
Jerry Corrado, Meadow Springs, Richland
Bob Corey, Maplewood G.&C.C., Renton
Rose Cosgrave, Inglewood C.C., Kenmore
Chuck T. Cotter, North Shore G.C., Tacoma
Bill Cowan, Allenmore, Tacoma
Donald M. Cox, Astoria G.&C.C., Astoria
Jim Cox, Kenwanda G.C., Snohomish
Ray Cragun, Ft. Lewis G.C., Ft. Lewis
Charles H. Crawford, Auburn G.C., Auburn
Verne D. Criswell, Liberty Lake G.C., Liberty Lake
Bob Crosby, Green Meadows G.&A.C., Vancouver
Charlie Crouch, Rolling Hills G.C., Bremerton
Edward John Crowley, Jr., Manito G.C., Spokane
Del Crumm, Similk Beach G.C., Anacortes
Ferne Crumpacker, Veterans Memorial, Walla Walla
Anthony Culiak, Maplewood G.&C.C., Renton
Jim Culp, Liberty Lake G.C., Spokane
Pat Cunningham, Everett Legion Course, Everett
F. Joseph Cunningham, Veterans Memorial G.C., Walla Walla
John E. Cummans, Brookdale G.C., Tacoma
Harold E. Cusic, Indian Canyon G.C., Spokane
Ray Cyr, Meadow Park G.C., Tacoma
Fred Dabrowski, College G.C., Tacoma
Russ Dahl, Lake Land Village, Allyn
Myrtle A. Danielson, Kent Municipal G.C., Kent
Norman Darsow, Fircrest G.C., Tacoma
William A. Davenport, Manito G.&C.C., Spokane
Joan Davidson, Meridian Valley C.C., kent
Bob Davis, Mt. Adams G.C., Toppenish
John V. Dawson, Meadow Park G.C., Tacoma
Edward Dec, Riverside G.C., Chehalis
Sandy Dekorte, Coeur D'Alene G.C., Coeur D'Alene
Patsy A. Dell, Orchard Hills G.C., Washougal
Rex Dempewold, Golf Mountain G.C., Gorst
Jim Derrig, West Seattle Municipal G.C., Seattle
Lee Ann Deshon, Meridian Valley G.C., Kent
Ray Desimone, Foster Golf Links, Seattle
Bob Dickison, Olympia C.C., Olympia
Karen Distler, Fairwood G.&C.C., Renton
Pat Divelbiss, City of Kent Golf Complex, Kent
Harold Dobler, Allenmore G.C., Tacoma
Don Donahe, Newaukum Valley G.C., Chehalis
Wayne Dougherty, Monroe G.C., Monroe
Ron Downie, Mill Creek C.C., Bothell
Ronald S. Downie, Desert Inn & G.&C.C., Las Vegas
Lee Rex Downing, Walter E. Hall G.C., Everett
Francis E. Drapen, Maui C.C., Paia
Dick Drenckpohl, North Shore G.C., Tacoma
Dennis J. Driscoll, Useless Bay G.C., Langley
Don DuBois, North Shore G.C., Tacoma
Neil Dufort, Vashon Island G.C., Vashon
Patricia Dunbar, Sunland G.&C.C., Seqyim
Robert D. Dunda,. Mummy Mountain G.C., Phoenix
Henry Egan, Wandermere G.C., Spokane
Bill Ehlenfeldt, Liberty Lake G.C., Spokane
Charles E. Ellis, North Shore G.C., Tacoma
Linda Ellis, Skagit G.&C.C., Burlington
Joe Eloheimo, Orchard Hills C.C., Washovgal

Joe Empens, Snoqualmie Falls, Fall City
Charles T. England, Jefferson Park Municipal G.C., Seattle
Jerry England, Everett G.&C.C., Everett
Mabel English, Sunriver Resort, Sunriver
Adalbert "Del" Ennen, Sudden Valley G.C., Bellingham
Earl W. Enos, Alderbrook G.&Y.C., Union
E. D. "Eric" Erickson, Sand Point G.&C.C., Seattle
Stephen Ericsen, Shelton-Bayshore G.C., Shelton
Rick Evans, Allenmore Public G.C., Tacoma
Joseph E. Fahy, Twin Lakes G.&C.C., Federal Way
Tim Falcone, Cedarcrest G.C., Marysville
Dan Faller, Bryden Canyon, Lewiston
Loretta M. Felton, Similk Beach, Anacortes
H. K. Ferguson, Wandermere G.C., Spokane
Glenn B. Ferry, Whispering Firs, Tacoma
Alan C. Ficklin, Bellevue Municipal G.C., Bellevue
Thomas Finch, Highlands G.C., Cosmopolis
Gordon Fish, Ballinger Park Municipal G.C., Mountlake Terrace
Ed Fisher, Madrona Links, Gig Harbor
Roger Fitzgerald, Manito G.&C.C., Spokane
Bea Fitzpatrick, Wellington Hills G.C., Woodinville
Richard J. Flaglore, Liberty Lake G.C., Liberty Lake
Lloyd D. Flem, Riverside G.C., Chehalis
Erik Flown, Lewiston G.&C.C., Lewiston
Fred Foertsch, Brookdale G.C., Tacoma
Randy J. Folk, Chelan G.&C.C., Chelan
Bob Fraley, Wenatchee G.&C.C., East Wenatchee
James Franklin, Ft. Lewis G.C., Ft. Lewis
Dick Freeman, Meadow Springs C.C., Richland
Barry "Ted" Frey, Liberty Lake G.C., Liberty Lake
Steven L. Fuher, Gold Mountain G.C., Bremerton
Ted J. Fuller, Wenatchee G.&C.C., Wenatchee
Les Gallamore, Gold Mountain G.C., Bremerton
Kerry D. Garbe, Moses Lake G.&C.C., Moses Lake
Jerry Garcea, Skagit G.&C.C., Burlington
Dr. Gene Gardiner, Spokane C.C., Spokane
Bud Gardner, Moses Lake G.&C.C., Moses Lake
Jack Garner, Veterans Memorial, Walla Walla
Bill Gavin, Hi Cedars G.C., Orting
Harlan J. Gehrt, Bellevue Municipal G.C., Bellevue
Don Geleynse, Chilliwack G.&C.C., Chilliwack
Britton L. Georges, Bellevue Municipal G.C., Bellevue
Timothy S. Geri, Lake Padden G.C., Bellingham
Al Gill, Liberty Lake G.C., Spokane
Alice J. Glascock, Twin Lake G.&C.C., Federal Way
Al Glaubert, Skagit G.&C.C., Burlington
Joe Glebovich, Green Meadows G.&A.C., Vancouver
George "Win" Goddard, Delta Park G.C., Portland
Glenn O. Goff, Gold Mountain G.C., Gorst
Darwin F. Goldsmith, Twin Lakes G.&C.C., Federal Way
Dennis Goodwin, Downriver G.C., Spokane
George W. Gordinier, Sundance G.C., Nine Mile Falls
Bill J. Gossett, Snohomish G.C., Snohomish
Blaine Grabinger, Ft. Lewis G.C., Ft. Lewis
Steve Gragg, Mint Valley G.C., Longview
Earl Graham, Royal Oaks C.C., Vancouver
Edna Gralow, Meridian Valley C.C., Kent
Gordon C. Greene, Twin Lakes G.&C.C., Federal Way
James E. Greene, Ft. Lewis G.C., Ft. Lewis
Joe B. Greer, Yakima C.C., Yakima
Dr. Paul Greiwe, Fircrest G.C., Tacoma

1983 HOLES-IN-ONE

C. B. "Bud" Grenier, Bellingham G.&C.C., Bellingham
David H. Gross, Skagit G.&C.C., Burlington
Willie Guenther, Meadow Park G.C., Tacoma
George M. Gunn, Peninsula G.C., Long Beach
George E. Guyll, Gold Mountain G.C., Bremerton
Marge Hagedorn, Kent Municipal G.C., Kent
Marvin H. Hageman, Village Greens, Port Orchard
Rich Hagen, Oakbrook G.&C.C., Tacoma
Doug Haile, Wenatchee G.&C.C., East Wenatchee
Brian Hall, Wenatchee C.C., East Wenatchee
James R. Hall, Jr., Kayak Point G.C., Stanwood
Edward Haller, Allenmore G.C., Tacoma
Del Halker, Elks C.C., Selah
Larry Hamilton, Sudden Valley G.C., Bellingham
Hugh C. Hammond, Ocean Shores G.C., Ocean Shores
Vicki Handyside, Spring Valley G.C., Port Townsend
Mark Hanson, Walter Hall G.C., Everett
Alan W. Hare, Dungeness G.&R.C., Sequim
Vern Harkness, Glen Acres G.&C.C., Seattle
Lucille Harling, Lake Wilderness, Maple Valley
Tom Harman, Overlake G.&C.C., Bellevue
Austin Harper, Tuscarora C.C., Dauville
Arthur T. Harris, Rainier G.&C.C., Seattle
Hobert Harris, Meadow Park G.C., Tacoma
Ted Harris, Allenmore G.C., Tacoma
Hal Harrison, Tam-O-Shanter G.C., Bellevue
Steve Harsch, Everett Legion, Everett
Tom Hart, Downriver G.C., Spokane
Felix Hartstrom, Snoqualmie Falls G.C., Fall City
Joyce Hassey, Twin Lakes G.&C.C., Federal Way
Jack Hatfield, Auburn G.C., Auburn
Hal Haynes, Similk Beach Public G.C., Anacortes
Leo M. Haynes, Walla Walla C.C., Walla Walla
Dutton Hayward, Tacoma G.&C.C., Tacoma
Charles S. Hazen, Mount Si G.C., Snoqualmie
Charles J. Healy, Olympia G.&C.C., Olympia
John Heichel, Monroe G.C., Monroe
Arthur Heinen, Rainier G.&C.C., Seattle
Jeff Heinemann, Kenwanda G.C., Snohomish
Tom Hellmann, Enumclaw G.C., Enumclaw
Wallace H. Helseth, Wellington Hills G.C., Woodinville
Mike Helte, Snohomish G.C., Snohomish
Jim Helton, Meadow Springs G.C., Richland
Gaylord A. Henderson, College G.C., Tacoma
Jerry Hendren, Bryden Canyon Public G.C., Lewiston
Dorothy M. Henkle, Husum Hills G.C., Bingen
Dave Henton, Pasco Municipal G.C., Pasco
Don Herron, Ft. Lewis G.C., Ft. Lewis
Fran Heywood, Bellevue Municipal G.C., Bellevue
Brett Hibberd, Olympia County G.C., Olympia
Frank C. Hilgers, Peninsula G.C., Long Beach
Robert J. Hillman, Glen Acres G.C., Seattle
Arthur Hitsman, Meridian Valley C.C., Kent
Steven D. Hoag, Semilk Beach G.C., Anacortes
Elmer A. Hoeft, Royal Oaks C.C., Vancouver
Ed Hoff, Wandermere G.C., Spokane
Frank T. Holert, O'Donnell G.C., Palm Springs
Bus Hollingbery, Sunrise G.C., Rancho Mirage
William Holmstad, Kauai Surf G.C., Kilue
Lester E. Holtmeger, Linden G.&C.C., Puyallup
Walter E. Hood, Wandermere G.C., Spokane
Larry D. Hough, Veterans Memorial G.C., Walla Walla
Jack Hovermale, Sham-Na-Pum G.C., Richland

Dorothy Howard, Capitol City G.C., Olympia
Vernon C. Howell, Walter E. Hall G.C., Everett
Donald L. Howry, Allenmore Public G.C., Tacoma
Dick Hunt, Fircrest C.C., Tacoma
Ronald K. Hunter, Bear Creek G.C., Winthrop
Kye Sung Hur "Benhur", Lake Wilderness G.C., Maple Valley
Nita Huson, Auburn G.C., Auburn
T. Iijima, Atsugi Golf Links, F.P.O. Seattle
Dr. Robert E. Ingman, Jefferson Park G.C., Seattle
Mark R. Iraola, Indian Canyon G.C., Spokane
Jenny Irby, Meadow Springs C.C., Richland
Virginia Jacobson, Downriver G.C., Spokane
Sidney Jager, Gateway G.C., Sedro Woolley
Louise M. James, Sun Land G.C., Sequim
Shaun James, Enumclaw G.C., Enumclaw
Claude C. Jamison, Suntides G.C., Yakima
C. H. Jepsen, San Juan G.&C.C., Friday Harbor
Gloria Joerns, Madrona Links G.C., Gig Harbor
Harriet Johnson, Sand Point C.C., Seattle
Oliver Johnson, Ellensburg G.&C.C., Ellensburg
Thomas H. Johnson, Kayak Point G.C., Stanwood
Tom Johnson, Elkhorn At Sun Valley, Sun Valley
Larry Johnston, Hangman Valley G.C., Spokane
Del E. Jones, Spokane C.C., Spokane
Jerry E. Jones, Sahalee C.C., Redmond
Louis F. Jones, Downriver G.C., Spokane
Niles Jordan, Skagit G.&C.C., Burlington
Jai B. Joung, North Shore G.C., Tacoma
Lewis Kagele, Odessa G.C., Odessa
Bruce Kahns, Similk Beach G.C., Anacortes
R. Mark Kantonen, Meadow Park Public G.C., Tacoma
John F. Karns, Sham-Na-Pum G.C., Richland
Bob Keating, Broadmoor G.C., Seattle
Fred A. Keeler, Sunland G.&C.C., Sequim
Frank Keenan, Oakbrook G.&C.C., Tacoma
Bill Keene, Skagit G.&C.C., Burlington
Alvin L. Kellogg, Ocean Shores Municipal G.C., Ocean Shores
Ed Kemp, Othello G.&C.C., Othello
George Kerr, North Shore G.C., Tacoma
Vernon A. Kesler, Bellevue Municipal G.C., Bellevue
Don Kidd, Skagit G.&C.C., Burlington
Ken Kilwien, Ocean Shores Municipal G.C., Ocean Shores
Oksoo Kim, Inglewood C.C., Inglewood
Ethmer W. King, Whispering Firs G.C., Tacoma
J. Dan King, Spokane C.C., Spokane
Clayton T. Kingston, Alderbrook G.&Y.C., Union
J. Montgomery Kintner, Mill Creek C.C., Bothell
Bill Kitts, Sand Point C.C., Spokane
Richard Klein, Gold Mountain G.C., Bremerton
Jim Klippert, Rolling Hills G.C., Bremerton
Seth A. Knapp, Lakeland Village G.C., Allyn
Janice Knapstad, Rippling River Resort, Welches
Les N. Knidsen, Bellingham G.&C.C., Bellingham
R. L. Koch, Lower Valley G.C., Sunnyside
Stephen E. (Ted) Koran, Nile C.C., Edmonds
George T. Kosoe, Jefferson Park G.C., Seattle
George Kozu, Bellevue Municipal G.C., Bellevue
Don Krapf, Similk Beach, Anacortes
Patty Kreps, Husum Hills G.C., Husum
Bernie Kreir, Meadowpark, Tacoma
Paul Kroger, Downriver G.C., Spokane

1983 HOLES-IN-ONE

Georgia M. Kuehnle, Waikoloa Village G.C., Kamuela
John I. Kuppers, Harrington G.&C.C., Harrington
Del Lampe, Othello G.&C.C., Othello
Henry "Hank" Landon, Pasco Municipal G.C., Pasco
Bob Lane, ASWSU, Pullman
Don Langert, Village Greens, Port Orchard
Chan Larson, Royal Oaks G.C., Vancouver
Donald D. Larson, Othello G.&C.C., Othello
Deedee Lavender, Lake Wilderness G.C., Maple Valley
Phil Lavik, Sunland, Sequim
Cory Lee, Sham-Na-Pum, Richland
Carol Leenhouts, Lower Valley G.C., Sunnyside
John Pat Leffel, Royal Oaks C.C., Vancouver
David S. Lehman, Wellington Hills G.C., Woodinville
Joe L. Leigh, Gallery G.C., Oak Harbor
Denny Leliefeld, Crystal Lake Resort
Dan Lenihan, Carnation G.C., Carnation
D. E. Leslie, Sunland, Sequim
Michael J. Leslie, Manito G.&C.C., Spokane
Bob Lewis, Snoqualmie Falls, Fall City
Eva M. Lewis, Meadow springs C.C., Richland
William (Bill) Lieby, Lake Spanaway G.C., Spanaway
Renee Simon Liffick, Brookdale, Tacoma
Ed L. Lind, Highland G.C., Cosmoplis
George Livesey, Jr., Bellingham G.&C.C., Bellingham
Stanley C. Lochrie, Yakima C.C., Yakima
John M. Look, The Springs G.C., Rancho Mirage
Robert A. Loosmore, Down River G.C., Spokane
Robert Loposer, Kitsap G.&C.C., Bremerton
Stan Loughlin, Whidbey G.&C.C., Oak Harbor
Bellavance Louis, Gallery Oak Harbor G.C., Oak Harbor
Bain Low, Overlook G.&C.C., Bellevue
Dorothy Low, Fairchild Bel Air Greens, Palm Springs
Leslie Lowery, Bellingham G.&C.C., Bellingham
Gene Lusby, Royal Oaks C.C., Vancouver
Scott Lynch, Clarkston G.&C.C., Clarkston
Raymond Lyons, Walter E. Hall Memorial G.C., Everett
Steve Lytle, Enumclaw C.C., Enumclaw
Don MacDonald, Tumwater Valley G.C., Tumwater
Michael Mahoney, Capitol City G.C., Olympia
James E. Malone, Whispering Firs G.C., Tacoma
Frank C. Mandell, Tacoma G.&C.C., Tacoma
Tom Manfred, Liberty Lake, Liberty Lake
Bruce M. Manger, Snoqualmie Falls, Fall City
Donald W. Manlowe, Esmerelda G.C., Spokane
Ed Manning, Gold Mtn., Gorst
Jerry C. Maris, Kayak Point, Stanwood
Dick Marquardt, Broadmoor G.C., Seattle
Frene M. Marton, Down River, Spokane
Ken Matheson, Lower Valley G.C., Sunnyside
Robert B. Mathis, Three Rivers G.C., Kelso
Jim Mattson, Jr., Tacoma G.&C.C., Tacoma
Mathew F. Mattson, Rainier G.&C.C., Seattle
Jim Maxfield, Sun Dance G.C., Nine Mile Falls
Sam L. Mayo, Nisqually Valley G.C., Yelm
John F. McBride, Glendoveer G.C., Portland
Genie McBroom, Auburn G.C., Auburn
Doris McClane, Twin Lakes G.&C.C., Federal Way
John McCormack, Liberty Lake G.C., Liberty Lake
Everet R. McCuen, West Delta Park G.C., Portland
Ken McCune, Brookdale G.C., Tacoma
Robert McCusker, Meridian Valley C.C., Kent
Raymond McDonald, Carnation G.C., Carnation

William Joseph McDonald, Village Greens G.C., Port Orchard
Toby McDonell, Allenmore G.C., Tacoma
Kathy McElhaney, Veterans Memorial, Walla Walla
Glen McFarlane, Meadow Park G.C., Tacoma
Mike McGruder, Indian Canyon, Spokane
Robert McGuire, Gray Harbor C.C., Aberdeen
L. L. McInelly, Bay Shore Shelton Club, Shelton
Terry L. McKinley, Snoqualmie Falls, Fall City
Mike W. McKnight, Meadowpark, Tacoma
Jim McMaster, Inglewood C.C., Seattle
W. B. McMurtrey, Pasco Municipal G.C., Pasco
Helen A. McNeely, Oakbrook Municipal G.C., Tacoma
John J. McNulty, Grays Harbor C.C., Aberdeen
Jim McTigue, Spokane C.C., Spokane
Earnest S. Motheny, Wellington Hills, Woodinville
Cliff Meacheam, Brookdale G.C., Tacoma
Jean Meador, Pasco G.C., Pasco
Glenn Meadows, Monroe G.C., Monroe
Wade M. Meintzer, Cedars G.C., Brush Prairie
Melvin M. Melin, Capitol City G.C., Olympia
James J. Melloy, Willamette Valley C.C., Candy
Dave Menkens, Longview C.C., Longview
Gary N. Messinger, Whispering Firs G.C., Tacoma
Gareth E. Methvin, Bellingham G.&C.C., Bellingham
Mike Miacolo, Liberty Lake, Liberty Lake
Buck Michalak, Shore Pines G.C., Ocean Park
David Michaud, Tacoma G.&C.C., Tacoma
Donald Miles, Village Greens, Port Orchard
Bernice Miller, 3 Rivers, Kelso
Charles H. Miller, Meadow Park G.C., Tacoma
Donald "Pappy" F. Miller, Kent G.C., Kent
Kieth Miller, Lower Valley G.C., Sunnyside
Lester Miller, Orchard Hills, Washougal
Kevin Minium, Mint Valley G.C., Longview
Frank W. Mitchell, Desert Hills Municipal G.C., Yuma
Joe Moceri, Meadow Park G.C., Tacoma
Elinor Moe, Meridian Valley G.&C.C., Kent
Bill Moll, Eugene C.C., Eugene
Al Molsness, Liberty Lake, Liberty Lake
Michael Monahan, Wandermere G.C., Spokane
G. Harper Monroe, Longview C.C., Longview
John Montgomery, Village Greens, Port Orchard
Don Moore, Clarkston G.&C.C., Clarkston
George A. Moore, Bellingham G.&C.C., Bellingham
George D. Moore, Meadow Park G.C., Tacoma
Mary Moore, Cedar Crest G.C., Marysville
Van Moore, Ballinger Park Municipal G.C., Mountainlake Terrace
Virgil Morgan, Alderbrook G.&Y.C., Union
Frank A. Mortimer, Wellington Hills G.&C.C., Woodinville
Chuck Morton, Sr., Wandermere G.C., Spokane
Bertram W. Mueller, Jackson Park Municipal G.C., Seattle
Ray Muhlbeier, Pasco Municipal G.C., Pasco
Mary Mullen, Wenatchee G.&C.C., Wenatchee
Ray Munson, Snoqualmie Falls G.C., Fall City
Claude E. Murdock, Peninsula G.C., Port Angeles
Steve Murphy, Gold Mountain G.C., Gorst
Kevin Murray, Wenatchee C.C., E. Wenatchee
Ken Murrie, University G.C., Tacoma
John Myers, Carnation G.C., Carnation
Milt Myers, Wandermere G.C., Spokane

1983 HOLES-IN-ONE

Michiyo Nakamura, Rainier G.&C.C., Seattle
Archie Neal, Washington State Univ., Pullman
Rollin H. Neibauers, Snoqualmie Falls, Fall City
Richard H. Nelson, Snoqualmie Falls G.C., Fall City
Ron Nelson, Snohomish, Snohomish
Thomas H. E. Nichols, Village Greens, Port Orchard
Mitch J. Nimey, Othello G.&C.C., Othello
James W. Norris, Sr., Dave White G.C., Casa Grande
Helen Tyrrell Nowak, Bellevue Municipal G.C., Bellevue
Jean Nunamaker, Lakeview G.&C.C., Soap Lake
Mark Nurdzia, Bellingham G.&C.C., Bellingham
John O'Brien, Spanaway G.C., Spanaway
Dr. Mac O'Brien, Wandermere G.C., Spokane
Dennis O'Connor, Rippling River Resort, Welches
D. Jess Odell, Ocean Shores Municipal G.C., Ocean Shores
Florence O'Donnell, Desert Hills Municipal G.C., Yuma
Thomas J. O'Donnell III, Lake Spanaway, Spanaway
Troy Oestreich, Whispering Firs G.C., McChord A.F.B.
Clarence C. Ogle, Spokane C.C., Spokane
Michael A. Ognoskie, Ft. Steilacoon G.C., Tacoma
Ross Olin, Village Greens, Port Orchard
Jack J. Oliver, Green Meadows, Vancouver
Shirley I. Olsen, Meridian Valley C.C., Kent
Dave Olson, Colfax G.C., Colfax
Edward F. Olson, Colfax G.C., Colfax
James P. OLson, Meadow Park, Tacoma
Roger D. Olson, Wandermere, Spokane
Roger P. OLson, Hi Cedars G.C., Orting
Shirley Y. Olson, Lewiston C.C., Lewiston
Earl Omeg, Riverside G.C., Chehalis
Ted O'Neal, Indian Canyon, Spokane
Evelyn Ongman, Indian Hills C.C., Riverside
Albert L. Orton, Snoqualmie Falls G.C., Fall City
James L. Osgard, Oakbrook G.&C.C., Tacoma
Gale P. Osterday, Nile G.&C.C., Edmonds
Susan L. Otani, Mt. Si G.C., Snoqualmie
Art Ottersberg, Brookdale G.C., Tacoma
Leonard E. "Rusty" Page, Highland G.C., Cosmopolis
Warren S. Palm, Maplewood G.&C.C., Renton
Kermit G. Palmer, Rogue Valley C.C., Medford
Perry F. Palmer, Whispering Firs, Tacoma
Edward L. Parker, Useless Bay G.&C.C., Langley
Stephen D. Parker, Wandermere, Spokane
J. Russell (Russ) Parkhill, Three Lakes G.C., Wenatchee
Jeff W. Parks, Three Lakes G.C., Wenatchee
Bradley Parsons, Meadow Springs C.C., Richland
Joe Pauley, Walter Hall, Everett
J. Q. Paull, Inglewood C.C., Kenmore
John H. Paulson, Skagit G.&C.C., Burlington
Gordon D. Paulson, Snohomish G.C., Snohomish
June Pearce, Skagit G.C., Burlington
Donald A. Pearson, Sand Point G.&C.C., Seattle
Mary Pease, Longview C.C., Longview
Eugene Pecchia, Wandermere, Spokane
Jack E. Pelton, Alpine Meadows G.C., Enterprise
Jan Pennell, Colfax G.C., Colfax
John Perry, Colfax G.C., Colfax
Ronald Perry, Kayak Point G.C., Stanwood
Woody Peters, Whispering Firs G.C., Tacoma
Earl F. Petersen, Meadow Springs C.C., Richland
Arnold H. Peterson, Sunland G.C., Sequim
Charles A. Peterson, Ocean Shores Municipal G.C., Ocean Shores
Fred Pflanz, Spokane C.C., Spokane
David Phillippi, Wenatchee C.C., East Wenatchee
Judd Pickup, Bellevue Municipal G.C., Bellevue
Riley Plemmons, Lakeview G.&C.C., Soap Lake
Robert G. Plopper, Spokane C.C., Spokane
Mary I. Pociluyko, Meadow Springs C.C., Richland
Bud Pollen, Meadow Park, Tacoma
Haman Porter, Elks Allenmore, Tacoma
Michael Portmann, Meadow Park G.C., Tacoma
Robert T. Potter, Broadmoor G.C., Seattle
Kenneth Jay Potts, Bayshore G.C., Shelton
Ron Pozzi, Wailua G.C., Lihue
Frank Price, Longview C.C., Longview
Grover Prowse, Oakridge, Elma
Steve Prugh, Manito G.&C.C., Spokane
Joel Pullis, Meadow Park, Tacoma
Fred Quellette, Mint Valley G.C., Longview
Virgil Rakes, Ballinger Park Municipal G.C., Mountlake Terrace
George L. Reath, Lake Spanaway, Spanaway
Robert R. Reid, Auburn G.C., Auburn
Larry L. Reinhardt, Kenwanda G.C., Snohomish
Don Ressa, Liberty Lake G.C., Spokane
Ginny A. Reynolds, Veteran's Memorial, Walla Walla
Chester V. Rhodes, Riverside G.C., Chehalis
Elmer Richey, Capitol City, Olympia
Signe Richter, Carnation G.C., Carnation
Karl Rickenbach, Pasco Municipal G.C., Pasco
George O. Ricord, Glenacres G.C., Seattle
Charles Riemcke, Yakima C.C., Yakima
Mary Ellen Ries, Moses Lake G.&C.C., Moses Lake
Robert C. Rife, Centralia Elks G.C., Centralia
Richard C. Riley, Broadmoor G.C., Seattle
Robert L. Ritchford, Spokane C.C., Spokane
Fred Robbins, Rolling Hills G.C., Bremerton
Burl B. Roberts, Ocean Shores Municipal G.C., Ocean Shores
Gordon V. Roberts, Sand Point C.C., Seattle
Owen G. Roberts, Snoqualmie Falls G.C., Fall City
Randall Robertson, Wenatchee G.&C.C., E. Wenatchee
Rex Robertson, West Seattle, Seattle
Don Robin, Wandermere G.C., Spokane
Ross Robinson, Lower Valley G.C., Sunnyside
Walter J. Robinson, Linden G.&C.C., Puyallup
Dolores M. Rogers, Rolling Hills G.C., Bremerton
W. A. "Bill" Rounds, Yakima C.C., Yakima
Crey Rush, Oakbrook G.&C.C., Tacoma
Allard Guy Russell, Mill Creek C.C., Bothell
Dean Saffle, Fircrest G.C., Tacoma
Glenn H. Sanders, Useless Bay G.&C.C., Langley
Robert J. Sauer, Highland G.C., Cosmopolis
Warne N. Schaap, Moses Lake G.&C.C., Moses Lake
Bruce F. Schieck, Bellingham G.&C.C., Bellingham
Russ Schillinger, San Marcus Resort, Chandler
Ted Schmidt, Snoqualmie Falls G.C., Fall City
Randy Schroers, Enumclaw G.C., Enumclaw
Carol Schuh, Harrington C.C., Harrington
Shirley Schwalm, Sahalee, Redmond
Jim S. Scott, Meadow Spring G.C., Richland
Ricard Scott, Lower Valley G.C., Sunnyside
Emil J. Sedgely, Sandpoint G.&C.C., Seattle
Fred Shank, Monroe G.C., Monroe

1983 HOLES-IN-ONE

Ken Shelton, Touchet Valley G.C., Dayton
Walter R. Shepherd, Grandveive, Custer
Zen Shibayama, Snoqualmie Falls, Fall City
Wilma Shinnick, Lakeland Village G.&C.C., Allyn
Keith Shoff, Esmerelda, Spokane
Mike Shows, Fircrest G.C., Tacoma
Bruce Shuler, Kayak Point G.C., Stanwood
Robert A. Shulkin, Liberty Lake G.C., Liberty Lake
Wayne Sieckowski, Village Greens, Port Orchard
Floyd E. Sievert, Walter E. Hall Memorial, Everett
Jack Sikma, Port Ludlow G.C., Port Ludlow
Ken Simms, Madrona Links, Gig Harbor
Lois Simonson, Waikoloa Village G.C., Kamuela
Roy A. Slettevold, Tumwater Valley G.C., Tumwater
Stan Sliva, University G.C., Tacoma
Dr. Dean Sloan, Broadmoor G.C., Seattle
Bob Smith, Oakbrook G.&C.C., Tacoma
Darlene R. Smith, Spokane C.C., Spokane
Don R. Smith, Jr., Brookdale G.C., Tacoma
Kenneth D. Smith, Ellensburg G.&C.C., Ellensburg
Nancy Smith, Sunland G.C., Sequim
N. Stephen Smith, Red Wing Lake G.C., Va. Beach
Paul M. Smith, North Shore G.C., Tacoma
Rolland D. (Ron) Smith, Sandpoint C.C., Seattle
R. W. Smith, Maplewood G.&C.C., Renton
Rick Smoke, Snohomish G.C., Snohomish
Janet Snapp, Sand Point G.C., Seattle
Helen L. Snitily, Three Lakes G.C., Wenatchee
Kathy Sorgenfrie, Sahalee C.C., Redmond
Willis J. Sohum, Tam O'Shanter, Bellevue
Jack Sousley, Yakima C.C., Yakima
Richard Southard, Green Meadows G.&C.C., Vancouver
Peggy Spargo, Royal Oaks C.C., Vancouver
Clarence Sprague, Misqually Valley G.C., Yelm
Lester Spurgeon, Capitol City G.C., Olympia
Richard C. Staab, Lakeland Village G.&C.C., Allyn
W. "Stan" Stanfield, Similk Beach G.C., Anacortes
Shirley Stedham, Riverside, Chehalis
David J. Steggell, Tumwater Valley G.C., Tumwater
Glenn T. Stenerodden, Mechord A.F.B. G.C., Tacoma
Michael W. Stenerson, Tapps Island G.C., Sumner
Lee S. Stenseth, Royal Oaks C.C., Vancouver
D. H. Stephens, Wandermere G.C., Spokane
Len Stevens, Rainier G.&C.C., Seattle
Leon Stewart, Lower Valley G.C., Sunnyside
Addis V. Stickney, Green Meadows G.C., Vancouver
Brian Lee Stiles, Gateway G.C., Sedro-Woolley
Marlin E. Stillings, Nisqually Valley G.C., Yelm
H. C. (Tex) Stirling, Alderbrook G.&Y.C., Union
Veleta Stobaugh, Mt. Adams G.C., Toppenish
Ken Storaasli, Oakbrook G.&C.C., Tacoma
Robert W. Stout, Mirror Lake, Bonners Ferry
Marc Straw, Indian Canyon G.C., Spokane
Richard C. Studley, Wenatchee G.&C.C., East Wenatchee
Fred Stutfield, Meridian Valley C.C., Kent
Emil Suko, Moses Lake G.&C.C., Moses Lake
Ernie Sullivan, Gold Mountain, Bremerton
James E. Sullivan, New Village Greens, Port Orchard
Marv Swainson, Yakima C.C., Yakima
Alvar Swanson, Lakeview G.&C.C., Soap Lake
Clarence V. Swanson, College G.C., Tacoma
Helen Swanson, Grays Harbor C.C., Aberdeen
Rick Swantz, Asui G.C., Moscow

Dennis Sweeny, Cour D'Alene, Cour D'Alene
Ruth Sweet, Carnation G.C., Carnation
Bob Tachell, Carnation G.C., Carnation
Russ Talbert, Orchard Hills G.&C.C., Washougal
Hisako Tamura, Mill Creek C.C., Bothell
William A. Taylor, North Shore, Tacoma
Randy Teague, Mt. Adams G.C., Toppenish
Catherine R. Tellvik, Sudden Valley G.&C.C., Bellingham
J. Earl Theilade, Aallenmore, Tacoma
LaVaughn Therriault, Bellevue Municipal G.C., Bellevue
Todd Thibodeaux, Colville Elks G.C., Colville
Bob Thiel, Twin Lakes, Federal Way
Jerry J. Thielen, Wandermere, Spokane
Shirley Thielman, Meridian Valley C.C., Kent
Dalton Thomas, Astoria G.&C.C., Astoria
Louis W. Thompson, Nile C.C., Edmonds
Margaret R. Thompson, Tyre Valley G.C., Seattle
Tommy Thompson, Kayak Point, Stanwood
Vivian Thompson, Bellingham G.&C.C., Bellingham
Verlyle Tischewr, Sudden Valley G.&C.C., Bellingham
Kathleen Tonda, Meridian Valley C.C., Kent
Katie Tonda, Meridian Valley, Kent
Floyd J. Townsend, Capitol City G.C., Olympia
Albert C. Tressl, Manito G.&C.C., Spokane
Janet Tripp, Skagit G.&C.C., Burlington
Dennis Trittin, Kenwanda G.C., Snohomish
Don Taylor, Glaze Meadow G.C., Black Butte
Glenn W. Trueblood, Simick Beach G.C., Anacortes
Emory Tungsvik, Twin Lakes G.&C.C., Federal Way
Don Uplem, Everett G.&C.C., Everett
J. W. Vaers, Elles Allenmore G.C., Tacoma
Gary Vallandingham, Nisqually Valley G.C., Yelm
Bob Valluzzo, Snohomish G.C., Snohomish
Gary P. Vancleve, The Gallery, Oak Harbor
Dr. R. L. Van Derschelden, Glen Acres, Seattle
Jack R. Van Divort, Port Ludlow, Port Ludlow
Leonard Van Hoover, Lake Spanaway, Tacoma
J. Daniel Vaughan, Snohomish G.C., Snohomish
Rome Ventura, Nile G.&C.C., Edmonds
Mrs. Pat Verginia, Bermuda Dunes C.C., Bermuda Dunes
E. L. Vern Schoenrock, Village Greens, Port Orchard
Hank Viccellio, Lake Padden G.C., Bellingham
Cliff Vining, Lower Valley G.C., Sunnyside
Ali Virani, Meadow Park G.C., Tacoma
Dorothy H. Vogel, Sunland G.&C.C., Sequim
Roes Wageman, Meridian Valley C.C., Kent
F. A. Wahlstrand, University G.C., Tacoma
Donald L. Walch, Pasco Municipal G.C., Pasco
Chris Walk, Fairwood G.&C.C., Renton
Wendel Walker, Inglewood C.C., Kenmore
Jane Walkowski, Lakeview G.&C.C., Soap Lake
Clint Wallman, Washington State Univ. G.C., College Station
Bob Walsh, Ocean Shores, Ocean Shores
David Walsh, Bryden Canon G.C., Lewiston
Dick Walsh, Williams A.F.B. G.C., Williams A.F.B.
Eileen Ward, Meadowsprings C.C., Richland
Shawn Warren, Meadow Park G.C., Tacoma
T. Watkins, Seattle G.C., Seattle
Bob Watson, Walter E. Hall Memorial, Everett
Edward S. Watts, Highland G.C., Tacoma
Ronald R. Wayland, Gold Mountain G.C., Gorst
Michael Wayne, Indian Canyon, Spokane

1983 HOLES-IN-ONE

James J. Webb, Walter E. Hall Memorial G.C., Everett
Josh Webster, Twin Lakes G.&C.C., Federal Way
Bobby Weidner, Mt. Adams G.C., Toppenish
Kenneth S. Weiner, Salishan G.C., Gleneden Beach
Phyllis Weisenburger, Lake Padden, Bellingham
Joe Weller, Skagit Valley G.&C.C., Mt. Vernon
William P. West, Sand Point C.C., Seattle
Jeff Whealdon, Enumclaw G.C., Enumclaw
Howard E. White, Jr., Twin Lakes G.&C.C., Federal Way
Virgil F. Wickline, Escondido C.C., Edcondido
Russ W. Wiecking, Meadow Park, Tacoma
Richard M. Wiitanen, City of Kent Golf Complex, Kent
Darrell G. Wilcox, Liberty Lake G.C., Liberty Lake
Shirley Willecke, Glendale C.C., Bellevue
Bill Williams, Broadmoor G.C., Seattle
Dan Williams, Lewiston C.C., Lewiston
Floyd Williams, Vashon Island G.&C.C., Vashon
Jewel L. Williams, Ft. Lewis G.C., Ft. Lewis
Tom Williams, Clarkston G.&C.C., Clarkston
Ralph K. Williamson, Jr., Wellington Hills G.&C.C., Woodinville
Gregg Willits, Overlake G.&C.C., Bellevue
Kent Wilson, Spokane C.C., Spokane
Dick Wittman, Asui-Univ. of Idaho, Moscow
Frank L. Wood, Gallery G.C., Oak Harbor
James O. Wood, Capilano G.&C.C., Vancouver
Richard Wood, Clarkston G.&C.C., Clarkston
Audrey Woods, North Shore, Tacoma
R. F. Woody, Bellevue G.C., Bellevue
Jim Woolbright, Whidbey G.&C.C., Oak Harbor
Patrick F. Wray, Capitol City G.&C.C., Olympia
Dick Yarbrough, Legion Memorial, Everett
Lowell Yeend, Walla Walla C.C., Walla Walla
Eddie Yoon, Mill Creek C.C., Bathill
Akira Yorozu, Tumwater Valley, Tumwater
Louie E. Young, Suntides G.C., Yakima
Muriel Zech, Olympia G.&C.C., Olympia
Bob Zulch, Mint Valley G.C., Longview

WEST VIRGINIA

W. E. Ackerman, M.D., Wheeling C.C., Wheeling
Ronnie Allen, Parkersburg C.C., Vienna
Tom Alstadt, Pine Bluff C.C., Pine Bluff
Michael T. Anderson, Oxbow C.C., Belpre
Paul R. Anderson, Jr., Green Brier Valley C.C., Lewisburg
S. Elwood Bare, Greenbrier Valley G.C., Lewisburg
R. L. Baker, Big Bend, Tornado
James W. Batten, Forest Hills C.C., Chesapeake
Marie Beerbower, Glade Springs, Daniels
R. C. Beerbower, Beaver Creek G.C., Vail
Sam Billups, Forest Hills G.C., Chesapeake
Richard Blackshire, Sandy Brae, Clendenin
Hedland Blankenship, Green Meadow C.C., Pikeville
Joe A. Boggs, Tanglewood G.C., Clemmons
K. O. Boley, Western Greenbrier Hills, Rainelle
Russell Bowen, Esquire C.C., Barboursville
Ken Brack, Barksdale A.F.B. G.C., Bossier City
Mile O. Brien, Marietta C.C., Marietta
Thomas E. Broadstock, Grafton C.C., Grafton
Ronnie Brooks, Green Hills C.C., Ravenswood
David C. Brown, Farimont Field Club, Fairmont
Charles A. Bugin, Pleasant Valley C.C., Weirton
Rodney A. Burford, Sandy Brae, Clendenin

Mark L. Cain, Elks G.C., Elkins
Robin C. Capehart, Moundsville C.C., Moundsville
Brad H. Carmichael, C.C. of West Virginia, Waverly
R. B. Carter, Zoar Village G.C., Dover
Robert O. Cavender, Sheraton Lakeview Resort, Morgantown
Ferris Cecchinelli, Pines C.C., Morgantown
Dr. Bernard Cempella, Glade Springs R.&C.C., Daniels
Mary Cline, Bermuda Run C.C., Advance
Dick Chenoweth, Parkersburg C.C., Vienna
James Cloxton, Sr., Riverside G.C., Mason
Matt Cooke, Parkersburg C.C., Vienna
Ruth D'Angielo, The National, Woodbridge
Kelly Shawn Davis, Glade Springs Resort, Daniels
Don DeBoer, Ben Lomond G.C., Ogden
Leon E. Delaney, Ponderosa G.C., Frankfort Springs
Jack Derr, Worthington G.C., Parkersburg
Lloyd Doxey, Forest hills C.C., Chesapeake
Early Dye, Parkersburg C.C., Vienna
Emily A. Eastman, Ocean Point Golf Links, Fripp Island
Andrew Fekete, Pleasant Valley C.C., Weirton
John M. Fenske, Pleasant Valley C.C., Weirton
Rick Ferguson, Cherry Hill C.C., Richwood
Donald W. Finn, Big Bend G.C., Tornado
Robert Flaugher, Spring Valley C.C., Huntington
Jack E. Forbes, Pines C.C., Morgantown
Sam E. Galford, Elks 1135 C.C., Elkins
Edward M. Gano, Opequon G.C., Martinsburg
Les Ghiz, Spring Valley C.C., Huntington
David Gillispie, Edgewood C.C., Sissonville
Mike Glick, Esquire G.C., Barboursville
Stephen W. Glover, Sandy Brae G.C., Clendenin
Dorothy Godgluck, Spring Valley C.C., Huntington
Richard M. Goodwin, Lake Fairways C.C., N. Ft. Myers
David Gresham, Logan C.C., Chapmanville
Robert B. Grindley, Wheeling C.C., Wheeling
Sal J. Guglielmo, Sun Valley G.C., Rehoboth
Mary Gwinn, Valley View C.C., White Sulphur Springs
James G. Hager, Sleepy Hollow G.C., Hurricane
J. P. Hamer, Guyan G.&C.C., Huntington
Frank P. Hanselman, Bellview Park G.C., Steubenvulle
W. Mack Hart, Twin Oaks C.C., Crab Orchard
Bill Harvey, Cumberland C.C., Cumberland
Earl Hayes, Pipestem State Park, Pipestem
Tom J. Hayes, Black Knight C.C., Beckley
Elizabeth Haynes, Worthington G.C., Parkersburg
Mary Heller, Carpers Valley G.C., Winchester
Charles S. Hendricks, Ohio State Univ., Columbus
Brian Hess, Opequon G.C., Martinsburg
Jimmie Lee Hicks, Esquire C.C., Barboursville
Joseph Paul Hicks, Moundsville C.C., Moundsville
Jim Higginbotham, Big Bend G.C., Tornado
Robert S. Hillis IV, Woodview G.C., New Cumberland
Jack C. Hinerman, Sisterville C.C., Sisterville
Wayne T. Holstein, Sandy Brae, Charleston
Robert A. Jarrell, Riverside G.C., Mason
Carl Jarzynski, Worthington G.C., Parkersburg
Roger S. Johnson, Sr., Sleepy Hollow C.C., Charlestown
Thomas R. Kulick, Edgewood C.C., Pittsburgh
Phili Lashinsla, Sandy Brae G.C., Clendenin
Fred Latham, Worthington G.C., Parkersburg
Mark LeRose, Nicholas Memorial Golf Ass'n, Summerville

1983 HOLES-IN-ONE

Clifton Lee Looney, Sr., Forest Hills G.C., Chesapeake
James MacKnight, Riverside C.C., Mason
Floyd Major, Kanawha C.C., South Charleston
Nick P. Marinacci, Woodview G.C., New Cumberland
Joe Marra, Cacapon State Park, Berkeley Springs
Robert Mayhorn, Riverview C.C., Madison
Bill McAdam, Orchard Hills G.C., Barboursville
Thomas E. McCormick, Moundsville C.C., Moundsville
Jack W. McCrery, Jr., Ft. Collins C.C., Ft. Collins
John H. McCulloch, Glade Springs Club & Resort, Daniels
Freeman "Pappy" McDaniel, Sugarmill Woods G.&R.C., Homosassa
Jim McGinnis, Forest Hills C.C., Chesapeake
Raobert L. McLain, Worthington G.C., Parkersburg
Linden L. Meade, Riverview C.C., Madison
Matt Michael, Edgebrook G.C., Brookings
David Midkiff, Guyan G.&C.C., Huntington
Tony Minaro, Parkersburg C.C., Vienna
William Mohler, Carolina Shores G.&C.C., N. Myrtle Beach
Earl H. Moles, Sandy Brae, Clendenin
Dane Moore, Broken Tee G.C., Carmichaels
Thurston W. Morton, Big Bend, Tornado
J. B. Myers, Quail Ridge C.C., Sanford
Michael J. Nedeff, Worthington G.C., Parkersburg
Robert L. "Chip" Neely, Pipestem State Park, Pipestem
Kenneth Oxley, Big Bend, Tornado
Ray Parks, Spring Valley G.C., Huntington
Al Parsons, Coeur d'Alene G.C., Coeur d'Alene
Betty B. Peery, Bluefield C.C., Bluefield
John P. Petrillo, Clair Mar G.C., Powhatan
James M. Poling, Worthington G.C., Parkersburg
John B. Rader, Kanawha C.C., So. Charleston
Dr. John V. Raese, Elks G.C., Elkins
James P. Rardin, Hidden Valley C.C., Pt. Pleasant
Hester A. Reese, White Day G.C., Fairmont
W. H. Rexroad, Woodview G.C., New Cumberland
Arch W. Riley, Wheeling C.C., Wheeling
Polly Riley, Steubenville C.C., Steubenville
Cloyd D. Roberts, Roane County C.C., Spencer
Harris Rocky, Spring Valley C.C., Hunt
Burl Ross, Parkersburg C.C., Vienna
David Rurak, Oxbow G.&C.C., Belpre
R. C. "Jerry" Sheets, Logan C.C., Chapmanville
John D. Shelton, Pinehurst, Pinehurst
Sally Shepherd, Edgewood C.C., Sissonville
R. Silverstein, Edgewood C.C., Sissonville
William J. Singleton, Moundsville C.C., Moundsville
Mrs. Brenda Skeen, Spring Hills G.C., East Springfield
Donnie Smith, Peach Valley C.C., Spartanburg
Fred L. Smith, Jr., Sunny Croft, Clarksburg
James E. Stanley, Big Ben G.C., Tornado
Henry M. Stealey, Moundsville C.C., Moundsville
Randy Stevens, Bluefield C.C., Bluefield
Dick Stone, Green Hills, Ravenswood
Helen Tallman, Edgewood C.C., Sissonville
Maynard G. Tedder, Sleepy Hollow G.&C.C., Charleston
Mike Tennant, Double Dam G.C., Claysville
Lewis Thurston, Opewuon G.C., Martinsburg
Melvin L. Tolle, Hickory Hills G.C., Grove City
Jim Topping, Willow Wood C.C., Hinton
Mark Trough, Hawthorne Valley G.C., Midland
Ernest H. Underwood, Richwood G.C., Bluefield

John Vcelka, Buena Ventura Lakes C.C., Kissimmee
Gregory E. Wagner, Forest Hills C.C., Chesapeake
Bruce Walk, Bluefield C.C., Bluefield
Willis Walker, Jr., Sunny Croft C.C., Clarksburg
Ken Waszczak, Ponderosa, Hookstown
William Jay Watt, Pleasant Valley C.C., Weirton
Eugene Weaver, Riverside G.C., Mason
Steve Wenaas, Leisure World C.C., Mesa
Warren Wellington Wick, Sleepy Hollow G.C., Hurricane
Gary Williams, Buckhannon C.C., Buckhannon
Neale Williams, Oxbow, Belpre
Alan Williamson, Big Ben G.C., Tornado
Donald R. Wilson, Coonskin G.C., Charleston
Paul C. Winter, Logan C.C., Chapmanville
Franklin Woods, Ponderosa, Hookstown
Roy Wray, Whispering Pines C.C., Whispering Pines
William T. Ziebold, Cascades C.C., Hot Springs

WISCONSIN

Harold J. Aamodt, Elks C.C., Chippewa Falls
John Abert, New Berlin Hills G.C., New Berlin
Kevin Abrameit, Elks C.C., Chippewa Falls
Eleanor M. Acheson, Landa Park G.C., New Braunfels
Frank Ackerman, Princeton Valley, Eau Claire
John M. Adler, Indian Hills G.C., Stillwater
Tim Albrecht, Meadowbrook C.C., Racine
Dave Allen, Mound View C.C., Friendship
Clarence R. Alt, Gateway G.C., Land O'Lakes
Lawrence Amato, Odana Hills C.C., Madison
Ed Ames, Bristol Oaks, Bristol
Robert L. Anderson, Darlington C.C., Darlington
Virgil Arts, The Ridges Inn & C.C., Wisconsin Rapids
Kevin C. Babbitt, Mound View G.C., Friendship
Don Baker, North Shore G.C., Menasha
David Baldwin, Valley G.C., Mondovi
Laverne Baranowski, Grant Park, So. Milwaukee
Bill Barbeau, Rolling Meadows G. Shop, Fond du Lac
Barney Barber, Spring Green G.C., Spring Green
Gerald L. Barker, Viroqua C.C., Viroqua
Dave Barnes, Meadow Links, Manitowoc
Dr. Jerry Barnes, Old Hickory G.C., Beaver Dam
Bob Barnett, Indian Bayou G.&C.C., Destin
Donald Bass, Pine Crest Golf, Dallas
William B. A. J. Bauer, M.D., Tee-A-Way, Ladysmith
Dr. Barney Becker, Brynwood C.C., Milwaukee
Chris Becker, The Springs G.C., Spring Green
Harvey Becker, Kettle Moraine G.C., Dousman
Don Becker, Riverside G.C., Janesville
Marian Bell, Lake Ripley C.C., Cambridge
William Bernatz, Ives Grove, Sturtevant
Harry R. Bertling, George Hansen G.C., Waowatosa
Clarence, Bethke, North Hills C.C., Menomonee Falls
Richard J. Beyer, Maple Grove C.C., W. Salem
Marilyn Billings, Port Charlotte C.C., Port Charlotte
Fred L. Billman, Spring Lake, Omaha
Dr. John Binzak, North Hills C.C., Menomonee Falls
Kathleen E. Birkby, South Hills C.C., Fond du Lac
Peter F. Blake, Hayward G.&T.C., Hayward
Bert C. Blakesley, George Williams College, Williams Bay
Don W. Blanchar, Maxwelton Braes, Baileys Harbor
Carl Blom, Golden Sands G.C., Cecil
Ivan R. Blum, Krueser Municipal G.C., Beloit
Diane Bohl, Bloomer Memorial G.C., Bloomer

1983 HOLES-IN-ONE

Samuel Bolich, Winter Park C.C., Orlando
Al Bonini, Washington Park, Racine
Donald R. Bonk, Sandalwood C.C., Abrams
Bruce Bosben, Odana Hills, Madison
R. D. Boschulte, Blackhawk C.C., Madison
Richard Bouchette, Tumble Brook C.C., Pewaukee
Robt. A. Bourbonais, Hartford C.C., Hartford
Jule Braatz, Old Hickory, Beaver Dam
Larry Braker, Old Hickory, Beaver Dam
Joyce Brand, Kettle Moraine G.C., Dousman
Philip J. Branol, Delbrook Municipal G.C., Delavan
Mark Braska, The Landings Y.&C.C., Ft. Myers
James J. Brehm, Westmoor C.C., Brookfield
Charlie Brown, Shoops Park, Racine
David Dean Brown, Ridges C.C., Wisconsin Rapids
Mel Brown, Sun Air C.C., Haines City
James G. Budish, Naga-Waukee G.C., Pewaukee
Michael Burnside, Naga-Waukee G.C., Pewaukee
Ed Busby, Platteville G.&C.C., Platteville
Michael Buskie, Rock River Hills G.C., Horicon
Robert E. Byington, Whitehall C.C., Whitehall
J. W. Cain, Papago Municipal G.C., Phoenix
Rick Calhoun, Blackhawk, Janesville
John D. Campbell, Peninsula State Park, Fish Creek
Mike Cantwell, Odana Hills, Madison
Thomas Carlsen, Budde Des Morts G.C., Appleton
Dale L. Carlson, Ville Du Parc C.C., Mequon
Frank Carmichael, Bristol Oaks, Bristol
Ronald D. Carnell, Lake Park G.C., Germantown
Dennis L. Carnes, Delbrook, Delavan
Roger Caron, Shoop Park, Racine
Monica Carter, Little River C.C., Marinette
Ray Carter, Herbert F. Johnson Park G.C., Racine
Joan Cashman, Butte Des Morts C.C., Appleton
John Casper, Blackhawk G.C., Janesville
Helen Cattell, Yahara Hills, Madison
John Cerkovic, Eagle River G.C., Eagle River
Mike Cesarz, Mee-Kwon Park, Mequon
John Chadwick, Mound View G.C., Friendship
Chester H. Chandler, Grant Park, So. Milwaukee
Earl Chandler, Alpine Valley, East Troy
Jerry L. Christensen, Muni (Beloit) Krueger, Beloit
Clifford Christianson, Winchester Hills, Larsen
Wallace P. Christman, Oneida Golf & Riding Club, Green Bay
Dick Ciotti, Spring Valley C.C., Salem
Richard Clack, Glen Hills G.C., Glenwood City
Dean Claflin, Osseo G.C., Osseo
Pat Clark, Blackhawk G.C., Janesville
Steve Clark, New Berlin Hills, New Berlin
William J. Clerkin, Antigo Bass Lake G.C., Antigo
Bob Coleman, Tuckaway C.C., Franklin
John E. Colliton, Osseo C.C., Osseo
Ed Converse, North Brook C.C., Luxemburg
Dick Cook, Golden Sands G.C., Cecil
Gary Coorough, Lacrosse C.C., Lacrosse
Ralph Cormier, Brown County G.C., Oneida
Terri Crager, Currie Park G.C., Milwaukee
Curtis L. Crittendon, South Hills C.C., Franksville
Jim Cullen, Yahara Hills, Madison
Vi Curtis, Lake Beulah C.C., Makwonago
Arthur Czajkowski, Marshfield C.C., Marshfield
Donald W. Daehn, Riverdale C.C., Sheboygan

Chris Dahike, Westhaven G.C., Oshkosh
Kurt Davidsen, George Williams College Camp, Williams Bay
Gregory J. Davis, Lacrosse C.C., Lacrosse
W. Riede Davis, Utica G.C., Oshkosh
Vernon J. Denner, Pleasant View C.C., Middleton
Mike DeRoach, Village Green, Green Bay
Tom DeVeau, Tumblebrook C.C., Pewaukee
Steven DeVinck, Nemadji G.C., Superior
Dorothy M. Dickens, Blackhawk G.C., Janesville
Jeanette Dietrich, Clear Lake G.C., Clear Lake
Garry L. Donesk, Durand G.C., Durand
Art Dorgay, Rivermore C.C., Waterford
Dave Doty, Tuscumbia, Green Lake
Edward Dyess, Sr., Ives Grove Golf Links, Sturtevant
Thomas R. Eastman, Hayward G.&T.C., Hayward
Frank Ellefson, Jr., Mystery Hills G.C., De Pere
Rob Elliott, West Bend C.C., W. Bend
Scott Elvert, Prairie du Chien C.C., Prairie du Chien
Gene Englund, Oshkosh C.C., Oshkosh
John O. Espoito, Mellen C.C., Mellen
John W. Evans, Hartford C.C., Hartford
P. A. Evans, Hansen Park G.C., Wauwatosa

Kyle Fagerland, Durand G.C., Durand
Bill Farrell, Hilly Haven, Depere
Robert J. Fay, Lake Beulah C.C., Mukwonago
Kenneth Felker, Hiawatha G.C., Tomah
A. J. Ferraro, Tuckaway C.C., Franklin
Gordon Fetty, Viroqua C.C., Viroqua
John M. Filbrandt, Antigo Bass Lake C.C., Deerbrook
Charles M. Fisher, Nemadji Municipal C.C., Superior
Jeremy Flahaven, Nemadji Municipal G.C., Superior
Alex Flegler, Brown Deer G.C., Milwaukee
David R. Fleming, Ojibwa C.C., Chippewa Falls
Richard C. Flesch, Nakoma G.C., Madison
V. Ken Fortney, Viroqua G.C., Viroqua
James Fox, Town & Country G.C., Sheboygan
John G. Frisch, Blue Mound G.C., Wauwatosa
Jack H. French, Dennis Pines G.C., Cape Cod
Cathy Fruehauf, Nemadji G.C., Superior
Robert Fugate, Riverside G.C., Janesville
Martha J. Fuller, Hillcrest G.&C.C., Eau Claire
Burce Galarowicz, American Legion G.C., Wausau
Rudolf E. Gartzke, The Springs G.C., Spring Green
Charles Garbedian, H. F. Johnson Park, Racine
Jon S. Gast, Alpine Resort & G.C., Egg Harbor
David D. Gates, Yahahara Hills G.C., Madison
Michael C. Gavin, Coulee Golf Bowl, Onalaska
John W. Gieger, Countryside G.C., Kaukauna
Leo Geis, South Hills Club, Fond Du Lac
Jay Gelatt, Lacrosse C.C., Lacrosse
Gil Van Gemert, Waushara G.C., Wautoma
Dean Genovese, Nemadji G.C., Superior
Marc Gerretsen, Brighton Dale G.C., Kansasville
Jane Gibson, West Bend C.C., West Bend
Bert L. Glubka, Landa Park G.C., New Braunfels
Andrew Golub, Muskego Lakes G.C., Hales Corners
Linda Goodman, Ojibwa C.C., Chippewa Falls
Robert Goodmann, Ives Grove Golf Links, Sturtevant
Ray Goodsell, Racine C.C., Racine
Mark J. Gorog, Naga Waukee G.C., Peawaukee
Dr. Joseph B. Grace, Oneida G.&R.C., Green Bay
Wayne P. Graczyk, Rolling Meadows G.C., Fond Du Lac

609

1983 HOLES-IN-ONE

Tom Gregory, Rolling Meadows G.C., Fond Du Lac
Richard J. Griese, Oneida G.&R.C., Green Bay
Hugh O. Griffith, Fox Lake G.C., Fox Lake
Dave Growt, Rochester G.&C.C., Rochester
Janet Gunderson, Mill Run G.C., Eau Claire
Charles Grunow, Odana Hills G.C., Madison
William E. Guntner, George Williams College, Williams Bay
Terry Gurrie, Odana Hills G.C., Madison
Myron Haack, Mee-Kwon Park, Mequon
Bill Hackett, North Brook C.C., Luxemberg
Henry N. Hackstein, Riverdale C.C., Sheboygan
Bud Haffele, Pine Crest G.C., Dallas
Helen Hanisch, Utica G.C., Oshkosh
George John Hanke, North Brook C.C., Luxemberg
Barb Hansen, Waupaca G.C., Waupaca
Bob Hartland, Nemadji G.C., Superior
W. C. Harris III, Paganica G.C., Oconomowoc
John O. Harry, Oneida G.&R.C., Green Bay
Tom Hartwig, Little River C.C., Marinette
William H. Harvey, Platteville G.&C.C., Platteville
Rick Headley, Meadow Brook C.C., Racine
Mott Heath, North Course, Sun City Center
Mary Jean Hedrich, Hickory Hills C.C., Chilton
Douglas H. Heenan, Riverside Municipal G.C., Janesville
Brent F. Heidel, Tuscumbia G.&T.C., Green Lake
John P. Heidemann, Riverdale C.C., Sheboygan
Jeff Helgeson, Iola C.C., Iola
Kristin Hereid, Fox Hills G.C., Mishicot
Ann Herman, Cherokee G.C., Milwaukee
Elliott Heuser, Mee-Kwon Park, Mequon
Marty Hock, Mystery Hills G.C., De Pere
Chuck Hoffmann, Hawthorne Hills G.C., Saukville
Glen Hollister, Bristol Oaks C.C., Bristol
Alice Holt, Waushara C.C., Wautoma
Leslie Houk, New London C.C., New London
Robert H. House, Mascoutin C.C., Berlin
Mike Huettl, Spring Valley C.C., Spring Valley
Gary M. Hughes, Westmoor C.C., Brookfield
Delbert Hunkins, Sr., Lake Beulah C.C., Mukwonago
Bill Hurley, Northbrook C.C., Luxemburg
Ray Hutson, Lacrosse C.C., Lacrosse
Don Hyzer, Reedsburg C.C., Reedsburg
Erik Irish, Coulee Golf Bowl, Onalaska
Walter Jandt, Little River C.C., Marinette
Roger J. Jeffrey, Blackhawk G.C., Janesville
Bob Jenkinson, Riverdale C.C., Sheboygan
Bill Jennaro, Alpine Valley Resort, East Troy
Linda I. Jensen, Johnson's Park G.C., Racine
Bonnie R. Jerow, Ridgeway C.C., Meenah
Chris Johnson, Riverside C.C., Menominee
Dale S. Johnson, Odana Hills G.C., Madison
Gary Johnson, Meadow Links G.C., Manitowoc
Margaret O. Johnson, Hillcrest G.&C.C., Eau Claire
Dolly Jolin, Winnegamie G.C., Neenah
Gregory W. Jones, Shoops, Racine
John Juhlke, Merrill Public G.C., Merrill
Russ L. Kamholz, Wausau C.C., Schofield
James Kaminski, Kettle Moraine, Dousman
Mitchell Kane, Alpine Valley G.C., East Troy
David A. Karaba, Nemadji C.C., Superior
Herbert A. Kasler, Amery G.C., Amery
Sam W. Kaufman, Dobson Ranch G.C., Mesa

Ralph E. Kaye, Muskego Lakes C.C., Hales Corner
Mike Kearns, Valley High C.C., Houston
Nick Kedrowski, The Ridges, Wisconsin Rapids
Hank Kelderman, Bridgewood G.C., Neenah
Jack Kelly, Riverside G.C., Clintonville
John R. Kelly, Nemadji G.C., G.C., Superior
Jim Kemerling, Wausau C.C., Schofield
Leonard Kenville, Pine Grove C.C., Iron Mountain
Thomas J. Kestly, Westmoor C.C., Brookfield
Jim Keuer, Wildwood C.C., Monocqua
Allan C. Kieckhafer, West Bend C.C., West Bend
James J. Kilbane, The Dunes, Sanibel
Ray Kingsbury, North Hills G.C., Menomonee Falls
Ray Kirkpatrick, Bristol Oaks C.C., Bristol
Todd Kittelson, Osseo G.C., Osseo
Michael Klee, Town & Country G.C., Sheboygan
Roger Klemme, Town & Country G.C., Sheboygan
John Kleven, Hillcrest G.&C.C., Eau Claire
Bob Kingelhoets, Wanaki G.C., Menomonee Falls
Don Knellwolf, Darlington G.&C.C., Darlington
Larry Knepel, Lake Park G.C., Germantown
John Knoff, Neillsville C.C., Neillsville
Joan Knorr, Mee-Kwon Park G.C., Mequon
Charles Kohls, Pine Creek G.C., La Crescent
Wesley M. Kilbe, Ridgeway C.C., Neenah
Jonathan Knoz, Rhinelander C.C., Rhinelander
Keith E. Kopeke, Sr., Hilly Haven, DePere
Edward A. Korfady, Oconomowoc G.C., Oconomowoc
Casey Kozak, Chaska G.C., Appleton
Kay Kraemer, North Hills G.C., Menomonee Falls
Heb Krajewski, Eagle River G.C., Eagle River
John Kreuser, Maplecrest C.C., Kenosha
Tom Kriederman, Maplecrest C.C., Kenosha
Kenneth Krueger, Kettle Moraine G.C., Dousman
David A. Krych, Norsk Golf Bowl, Mt. Horeb
Edward L. Kuca, Alvin "Butch" Krueger G.C., Beloit
Charles A. Kubmmuench, Rib Mountain C.C., Wausau
Robert Kunkel, Blackhawk G.C., Janesville
Andrew J. Labarbera, Little River G.C., Marinette
Robert J. LaBelle, Lac LaBelle G.C., Oconomowoc
Roland J. Labont, Waumbek G.C., Jefferson
Mike Ladwig, Quit Qui Oc G.C., Elkhart Lake
Glenn Lakritz, Ville Du Parc C.C., Mequon
Jim Lamb, Alvin "Butch" Krueger G.C., Beloit
Robert Lambeck, South Hills C.C., Franksville
Ralph Lampe, Bobby Jones G.C., Sarasota
Richard Langlois, The Squires G.C., Port Washington
Frank LaPointe, Dell View C.C., Lake Delton
Harry C. Larsen, Johnson Park G.C., Racine
Larry Larsen, Village Green G.C., Green Bay
Richard Larson, Marriotts Lincolnshire Resort, Lincolnshire
Lauri Latvala, Nemadji G.C., Superior
Fay Lavold, Portage C.C., Portage
Art Lazzeroni, Del Brook G.C., Delavan
Brad LeVine, Wanaki, Menomonee Falls
Keith Libal, Mystery Hills G.C., De Pere
H. Lieberman, Ville Du Park G.C., Mequon
Jeff Lien, Nemadji G.C., Superior
Norman Lindauer, Bluemound C.C., Wauwatosa
Eugene Loberger, Woodside C.C., Green Bay
Victor N. Lochner, Lake Wisconsin C.C., Prairie Du Sac
Becky Locketz, Lacrosse C.C., Lacrosse

1983 HOLES-IN-ONE

John Lockwood, Mee-Kwon Park G.C., Mequon
Dennis E. Long, South Hills C.C., Krnaksville
Ann Longua, Cherokee G.&T.C., Madison
Joseph J. Loomis, Maple Grove C.C., West Salem
Mike Love, Alvin "Butch" Kruger G.C., Beloit
J. Spencer Lovejoy, Lac La Belle G.C., Oconomowoc
John E. Lubbers, Jr., Sheboygan Town & C.C., Sheboygan
Greg Luebke, Chenequa C.C., Hartland
Edward Luedtke, The Springs, Spring Green
Gary Lukalek, North Hills C.C., Mendmonee Falls
Frank J. Lusson, Pleasant View G.C., Middleton
Lloyd Mack, Kishkonong Mounds C.C., Ft. Atkinson
Jeff Madden, Butte Des Morts G.C., Appleton
Tim Magaurn, Brown County C.C., Green Bay
Dale Maguire, Pine Crest G.C., Dallas
William J. Malek, New Berlin Hills, New Berlin
Dr. Michael J. Mally, Hartford C.C., Hartford
Ardith Marino, Tumblebrook C.C., Pewaukee
Joseph Mariono, Racine C.C., Racine
Jim Markee, Mellen C.C., Mellen
Carl R. Marquardt, Lake Wisconsin C.C., Prairie Du Sac
Bob Marsh, Turtle Back G.C., Rice Lake
Jeff Mason, Hilly Haven G.C., DePere
Ray H, Matson, Pine Crest G.C., Dallas
Walter J. Maurer, Brown County G.C., Oneida
Gilbert E. Mayer, Rolling Meadows G.C., Fond Du Lac
Rob McCorkle, Richland C.C., Richland Center
William A. McCorkle, Richland C.C., Richland Center
Bob McDaniel, Tuscumbia G.&T.C., Green Lake
Bob McDonald, Sr., Stevens Point C.C., Stevens Point
Jim McLuen, Lake Lawn Lodge G.C., Delavan
Mike McCullough, Brown County C.C., Oneida
Pat McWilliams, Platteville G.&C.C., Platteville
William R. Mearns, Lake Wisconsin G.C., Prairie Du Sac
Archie Meinerz, Pebble Beach G.C., Pebble Beach
Harold "Hal" Metzen, Merrill Hills C.C., Waukesha
Edward J. Meyer, Antigo Bass Lake C.C., Antigo
Rick Meyer, Sheboygan Town & C.C., Sheboygan
Leonard C. Michalski, Kettle Moraine G.C., Dousman
Cooter Mielcarek, Odana Hills G.C., Madison
Inez Mienk, Port Charlotte C.C., Port Charlotte
Henry Miller, Bridgewood G.C., Neenah
Richard McRae Miller, Ozauilee C.C., Mequon
Rick Miller, Ridgeway G.&C.C., Neenah
Robert C. Miller, Kettle Moraine G.C., Dousman
Burt Mills, Krueger Municipal G.C., Beloit
Dr. Tom Moberg, Eau Claire G.&C.C., Eau Claire
Michael Mohr, Hayward C.C., Hayward
Norman Mompier, Grandview G.C., Hortonville
Pat Moore, Maple Bluff C.C., Madison
Art Moreno, Maplecrest C.C., Somers
Thomas Lee Morin, Lacrosse C.C., Lacrosse
Rich Morrow, Paganica G.C., Oconomowoc
Ron Motiff, Maple Bluff C.C., Madison
Wilmer Mueller, Lowes Creek G.C., Eau Claire
Mary Loue Mullen, Sun Prairie C.C., Sun Prairie
Sharon Muraski, Ridgeway C.C., Neenah
Robert Muren, Wilderness C.C., Naples
Valerie Nackel, North Shore G.C., Menasha
Jim Nagle, Norsk Golf Bowl, Mount Horeb
Peter Nathan, Yahara Hills G.C., Madison
David Nedman, Rock River C.C., Waupun

Ricki Nehs, Janesville Riverside G.C., Janesville
Leslie Neibaur, Washington Park G.C., Racine
Gerald A. Nell, Mosergo Lakes C.C., Hales Corners
Edward A. Nelson, Utica G.C., Oshkosh
Todd Nett, Hickory Hills G.C., Chilton
Larry Nicholas, Amery G.C., Amery
Albert C. Nicolet, Tripoli C.C., Milwaukee
Gordon Nielson, Quit-Qui-Oc G.C., Elkhart Lake
Edward J. Niesen, Ozaukee C.C., Mequon
Karen Nordstrom, Ridges Inn & C.C., Wisconsin Rapids
David Nowicki, Hartford C.C., Hartford
Michael Oberndorfer, Hartford C.C., Hartford
Michael O'Connor, Jr., Ives Grove G.C., Sturtevant
W. A. Oestreich, Lake Ripley C.C., Cambridge
Eugene T. Oldfield, Kettle Moraine G.C., Dousman
Roman Oleszak, Port Royal Plantation, Hilton head Island
Ed Olson, Dorado C.C., Tucson
Eleanor Olson, Card Sound G.C., North Key Largo
Gary Olson, Blackhawk G.C., Janesville
Larry K. Olson, Clear Lake G.C., Clear lake
Norbert J. Palubicki, Woodside C.C., Green Bay
Darlene Pankau, Riverdale C.C., Sheboygan
Dr. Steven Paradise, Maplecrest C.C., Somers
Martha Pechacek, River Falls G.C., River Falls
Jimmy Pejka, Hayward C.C., Hayward
Joseph F. Pepitone, Sr., Sheboygan T.&C.C., Sheboygan
Arlene Petersen, Four Seasons Club, Pembine
Richard E. Peterson, Yahara Hills G.C., Madison
Jim Philumalee, Odana Hills G.C., Madison
Andrew Pietila, Village Greens G.C., Green Bay
Daryl Pilgreen, Kettle Moraine G.C., Dousman
Richard A. Platz, Quit-Qui-Oc G.C., Elkhart
Ray Pocquette, Winagamie G.C., Neenah
John Ponyicsanyi, Edwelweiss Chalet C.C., New Glarus
Morris Poquette, Hillcrest G.C., Eau Claire
Dr. A. Charles Post, Timber Ridge C.C., Minocqua
Frederick Post, III, Rancho Viejo Resort & C.C., Brownsville
Lucille V. Post, Wausau C.C., Schofield
E. Lucille Prescott, Blackhawk C.C., Madison
Mary G. Provins, Timber Creek G.C., Brandenton
Remo Puricelli, Iola C.C., Iola
Joan Radford, North Shore C.C., Menasha
David Ragsdale, Nakoma G.C., Madison
Jay Rankin, Golden Sands G.C., Cecil
Stan Ratner, Golden Sands G.C., Cecil
John Rawson, Richland C.C., Richland Center
Jerry Reimer, Macktown G.C., Rockton
David B. Rendall, Blackhawk C.C., Madison
Jim Reynen, Columbus C.C., Columbus
Tom Rivers, Odana Hills G.C., Madison
John Rivord, Winagamie G.C., Neenah
John H. Robbins, Blackhawk C.C., Madison
Lloyd B. Robinson, Lake Park G.C., Germantown
James L. Roeber, Yahara Hills G.C., Madison
Dick Roeser, Brown County G.C., Oneida
Dick Rogers, Lacrosse C.C., Lacrosse
Joe Rogowski, Sough Hills C.C., Franksville
Arthur K. Rohleder, Muskego Lanes C.C., Hales Corners
Gene Roland, Spring Valley G.C., Spring Valley
Jim Rollefson, Tuckaway C.C., Franklin
Tom Romberg, Nakoma G.C., Madison
Paul G. Ronyak, West Bend C.C., West Bend

1983 HOLES-IN-ONE

Les Rose, Royal Scot C.C., New Franken
Marty Rosholt, Timber Ridge C.C., Minocqua
Dr. Timothy J. Ross, Ozaukee G.C., Mequon
Alice R. Rossman, Meadowbrook C.C., Racine
James Rouse, Town & Country C.C., Sheboygan
Mary C. Rouse, Hartford C.C., Hartford
Jeffrey Royten, Naga-Waukee G.C., Pewaukee
Steve Ruh, Quit-Qui-Oc G.C., Elkhart Lake
Don Rust, Merrill Hills C.C., Waukesha
Michael A. Sand, Hallie G.C., Chippewa Falls
Luther G. Sander, Naga-Waukee G.C., Pewaukee
Keith E. Savage, Krueger G.C., Peloit
Todd Schapp, Town & Country G.C., sheboygan
Ada Schaefer, Pinehills C.C., Sheboygan
Erv Schaefer, Hillcrest G.C., Eau Claire
Patrick Schalinski, Camelot C.C., Lomira
Wally Schaub, Wausau C.C., Schofield
Benny Scheibach, Mascoutin C.C., Berlin
Norbert Schreiber, Quit-Qui-Oc G.C., Elkhart Lake
Leroy Scheibl, Quit-Qui-Oc G.C., Elkhart Lake
Dave Scheunemann, Marshfield C.C., Marshfield
Orville B. Schettle, New Richmond G.C., New Richmond
Frank L. Schmit, Ozakee C.C., Mequon
Jim Schmitt, Brown County G.C., Oneida
John S. Schmitz, Quit-Qui-Oc G.C., Elkhart Lake
A. P. Schoone, Kenosha C.C., Kenosha
Harold Schram, Washington Park G.C., Racine
Gene Schroeder, Tuscumbia G.&T.C., Green Lake
Mark Schroeder, Whitehall C.C., Whitehall
Joyce Ann Schulz, Lake Ripley C.C., Cambridge
Steve Schumacher, West Bend C.C., West Bend
Jeffrey S. Schuster, Brynwood C.C., Milwaukee
Kappy Schwab, Tripoli C.C., Milwaukee
James A. Schwertfeger, Ville Du Park C.C., Mequon
Ray B. Schwerzler, Town & Country G.C., Sheboygan
Robert Sebire, Hawthorne Hills, Saukville
Floyd Segel, Brynwood C.C., Milwaukee
Dale R. Seidl, Northbrook C.C., Luxemburg
William Sepnafski, Meadow Links G.C., Manitowoc
Robert A. Sertich, Spooner G.C., Spooner
Jack Shay, Odana Hills G.C., Madison
Dave Sheets, Bristol Oaks C.C., Bristol
Jim Sherry, Lancaster C.C., Lancaster
William Shooren, Barabod C.C., Barabod
Roger Siegworth, Tuscumbia G.C., Green Lake
Ralph Singer, Lacla Belle G.C., Oconomowoc
Fred C. Skemp, Lacrosse C.C., Lacrosse
Andrew J. Slifka, Washington Park G.C., Racine
Mark Smedema, Bella Vista C.C., Bella Vista
George E. Smith, Hartford G.C., Hartford
Henry W. Smith, Moundview C.C., Friendship
Larry R. Smith, Countryside G.C., Kaukauna
Robert E. Smith, Hudson G.C., Hudson
Ronald Smith, Monroe G.C., Monroe
Bruce Smits, Brown County G.C., Oneida
Robert J. Sobecke, Oakwood Park G.C., Franklin
Charles Sobiech, Royal Scot C.C., New Franken
Jan Soulek, Bristol Oaks C.C., Bristol
Mose Sparks, Wausau C.C., Wausau
Dick Spies, Columbus C.C., Columbus
Daisy Spilde, Riverside Park G.C., Janesville
Jon Spoerry, Monroe C.C., Monroe
Richard Stafford, North Shore G.C., Menasha

Ken Starch, Odana Hills G.C., Madison
Ralph R. Staven, Peninsula State Park G.C., Fish Creek
Jan Steber, Nicolet C.C., Leona
Jimmie Steever, Muskego Lakes C.C., Hales Corners
Roy L. Steffens, Broadwater Beach G.C., Biloxi
William H. Stein, Riverside G.C., Janesville
Sherri Steinhauer, Onion Creek C.C., Austin
David J. Steinmetz, Bloomer Memorial G.C., Bloomer
Burt Stevens, Amaloy Lake G.C., Bruce
Alvin Stever, Meadow Links G.C., Manitowoc
Dennis Streiff, Edelweiss Chalet C.C., New Glarus
William C. Stumbaugh, Tripoli C.C., Milwaukee
Michael Stutz, Quit-Qui-Oc G.C., Elkhart Lake
Butch Styles, Hawthorne Hills G.C., Suakville
Robert L. Sullivan, Lawsonia Links, Green Lake
John F. Sutton, Alpine G.C., Egg Harbor
Harold Pete Swanson, Woodside C.C., Green Bay
Lavern Swenson, Lawsonia Links, Green Lake
Emery C. Sylvester, Odana Hills G.C., Madison
Kazuo Takabatake, Blue Mound G.&C.C., Wauwatosa
Harry Tanner, Hallie Golf, Chippewa Falls
Timothy Tatum, Johnsons Park, Racine
Roy Taylor, Prairie Du Chien C.C., Prairie Du Chien
Walter Tess, Rivergreens G.C., Avon Park
Laddie Teush, Riverdale C.C., Sheboygan
Duane Thews, Meadow Linka G.C., Manitowoc
Wesley Thoma, Ridgeway C.C., Neenah
Mary Thornberg, Keñosha C.C., Kenshoa
Jeff Thums, Park Falls C.C., Park Falls
Richard Tock, Butte Des Morts, Appleton
Sean Toulon, Odana Hills G.C., Madison
Elizabeth M. Trecker, Innisbrook Island G.C., Tarpon Springs
John Trimble, Elkhorn At Sun Valley, Sun Valley
Tom Trotter, Camelot C.C., Lomira
Nick Trunzo, Merrill Hills C.C., Waukesha
Christine Tschudy, Hayward G.&T.C., Hayward
Lee Turay, Oalwood C.C., Milwaukee
Val Turgeon, Hunter G.C., Richmond
Elwood A. Tyrrell, Ridgeway C.C., Neenah
Peter H. Ullrich, Eau Claire G.&C.C., Eau Claire
Tom Unger, Quit-Qui-Oc G.C., Elkhart Lake
Mark A. Van Abel, Fox Valley G.C., Kaukauna
William D. Van Dyke III, Milwaukee C.C., Milwaukee
Bernie Van Eperen, Ridgeway C.C., Neenah
Lou Van Gemert, Waushara C.C., Wautoma
Daniel G. Van Hoosen, Mystery Hills G.C., DePere
James Van Lardschoot, Nemadji G.C., Superior
Rick Vegter, Delbrook G.C., Delavan
Eddie W. Verbrick, Chaska G.C., Appleton
Don Vinger, Lacrosse C.C., Lacrosse
Arthur F. Vogel, Pine Valley G.C., Marathon
Ione Vold, Osseo G.C., Osseo
Eric Volkmann, Hickory Grove G.C., Fennimore
Dr. John Voskuil, Alpine Valley Resort, East Troy
Jim Wade, Watertown C.C., Watertown
Joan Wahl, Oneida G.&R.C., Green Bay
William F. Waite, Lincoln Park, Milwaukee
Margo Waletzko, Nemadji G.C., Superior
Dick Walske, Meadow Links G.C., Manitowoc
Frank Walter, Hawthorne Hills G.C., Saukville
Donn Webster, Amery G.C., Amery
Gordy Weber, Branch River C.C., Manitowoc

1983 HOLES-IN-ONE

Thomas W. A. Weber, Oneida G.&R.C., Green Bay
Mary Ann Weier, Northernaire G.C., Three Lakes
Pete Weinkoetz, Monona G.C., Madison
Joan Weiser, Rolling Meadows G.C., Fond Du Lac
Henry G. Wejrowski, South Hills C.C., Franksville
James F. Werling, South Hills C.C., Franksville
Frank H. Wessel, Nala Waukee, Pewaukee
F. Marshall White, Fox Hills Resort, Moishicot
Ray Wiatt, Coulee Golf Bowl, Onalaska
Richard Widmann, North Shore G.C., Menasha
Thomas D. Wiers, Glenway G.C., Madison
Wayne Wigdal, Pleasant View G.C., Middleton
Terry Wilder, Tuscumbia G.&T.C., Green Lake
David Wilderman, Lac La Belle G.C., Oconomowoc
Paul Wilke, Mee-Kwon G.C., Mequon
Charles Williams, Brown County G.C., Oneida
Philip D. Williams, Lake Shore Municipal G.C., Oshkosh
Pamela Wineinger, Peninsula State Park, Fish Creek
Michael Winicki, Camelot C.C., Lomira
Norma Winter, Antigo Bass Lake C.C., Deerbrook
William Winzenried, Pinewood C.C., Harshaw
Don Wirtz, Maplecrest C.C., Kenosha County
Leslie W. Wistenberg, Viroqua C.C., Viroqua
John E. Wuttke, George Williams College, Williams Bay
John Yacukowicz, Brighton Dale G.C., Kansasville
Joseph Yahnian, Maplecrest C.C., Somers
Lowell Zastrow, Quit-Qui-Oc G.C., Elkhart Lake
Jerry R. Zautner, Watertown C.C., Watertown
Mark Zimbric, Tyranena G.C., Lake Mills
Ronald D. Zuba, South Hills C.C., Franksville
Sharon Zuel, Mee-Kwon Park G.C., Mequon
Fr. Don Zuleger, Little River C.C., Marinette
Elwin "Al" Zwiefel, Sparta Municipal G.C., Sparta

WYOMING

Harold Alley, Jacoby Park G.C., Laramie
Rex Astle, Vallivu G.C., Afton
Susie Calles, Paradise Valley C.C., Casper
Gary Carver, Airport G.C., Cheyenne
Pete Coady, Cheyenne C.C., Cheyenne
William G. Culver, Casper C.C., Casper
Tony Domenick, Jacoby G.C., Laramie
Johnny Erickson, Casper C.C., Casper
Mary Feagler, Torrington G.C., Torrington
Tom Foreman, Casper Municipal G.C., Casper
James R. Garrett, Royal Palms G.C., Mesa
Dal Gaynor, Sheridan C.C., Sheridan
Alfrieda Gonzales, Airport G.C., Cheyenne
Lee Graham, Olive Glenn C.C., Cody
Yvonne Hall, Buffalo C.C., Buffalo
Clinton J. Hanes, Cheyenne C.C., Cheyenne
Norm Hanson, Cheyenne C.C., Cheyenne
Gary J. Heeney, Sundance G.C., Sundance
Craig Hutton, Jacoby Park G.C., Laramie
Dot Keim, Paradise Valley G.C., Casper
Leo F. Kelley, Olive Gleen C.C., Cody
Dave Kolander, Saratoga Inn G.C., Saratoga
Roy Krogman, Laurel G.C., Laurel
David Lacy, The Golf Club of Riverton, Riverton
Jeff Lampe, Vallivu G.C., Afton
Ralph B. Lloyd, Paradise Valley G.C., Casper
Col. Bill Maxwell, Cheyenne C.C., Cheyenne
James R. McJunkin, Vallivu G.C., Afton

Jim McKenna, Casper C.C., Casper
Warren Meltzer, Casper C.C., Casper
Richard G. Pfister, Cathedral Canyon C.C., Cathedral City
Tom Pickett, Silver Lakes C.C., Henendale
Terry L. Poulsen, Olive Gleen G.C., Cody
Serge Poirier, Williston G.C., Williston
Don Powers, Mount Anthony C.C., Bennington
George Reich, Riverside G.C., Coyote
Raymond D. Ritchie, Jacoby Park G.C., Laramie
Neil O. Schiche, Buffalo G.C., Buffalo
Edward Schmeltzer, Worland Municipal, Worland
Bob Schmidt, Casper Municipal G.C., Casper
James H. Trout, Lava Hills G.C., St. George
Chuck West, Dixie Red Hills, St. George
Donald F. White, Riverton C.C., Riverton
Dennis E. Whitehead, Riverton C.C., Riverton
Maj. Warren D. Wilson, Fort Lee, Ft. Lee

CHAPTER 17

1984 TOURNAMENT SCHEDULE

1984 SCHEDULE

MEN AMATEURS

May 9-12: American Amateur, 5 cses. in Pensacola, Fla., area.
May 14-20: North and South Amateur, Pinehurst (N.C.) C.C. (No. 2).
May 15-18: NCAA Div. II Ch., site to be determined.
May 15-18: NCAA Div. III Ch., SUNY-Oswego (N.Y.) (host).
May 17-20: French Int'l Amateur, Saint Cloud, Paris, France.
May 23-26: NCAA Div. I Ch., Univ. of Houston (host).
June 4-9: British Amateur, Formby G.C., Liverpool, England.
June 5-8: NAIA Ch., Saginaw Valley State, University Center, Mich.
June 6-9: Southwestern Amateur, Oro Valley C.C., Tucson, Ariz.
June 8-11: Bermuda Amateur Stroke Play, Port Royal G.C., Southampton, Bermuda.
June 21-24: Northeast Amateur, Wannamoisett C.C., Rumford, R.I.
June: Bahamas Amateur, Freeport, Grand Bahamas.
June 28-July 1: Eastern Amateur, Elizabeth Manor G. & C.C., Portsmouth, Va.
June 29-July 1: Sunnehanna Amateur, Sunnehanna C.C., Johnstown, Pa.
July 4-7: Rice Planters Amateur, Snee Farm C.C., Mt. Pleasant, S.C.
July 9-11: Northern Amateur, Sand Creek C., Chesterton, Ind.
July 9-14: Pacific Northwest G.A. Amateur, Seattle G.C., Seattle, Wash.
July 9-15: Trans-Miss Amateur, Hills of Lakeway, Austin, Tex.
July 16-21: USGA Public Links, Indian Canyon G.C., Spokane, Wash.
July 18-21: Southern Amateur, Bay Hill C., Orlando, Fla.
July 23-29: Broadmoor Inv., Broadmoor G.C., Colorado Springs, Colo.
July 25-28: Porter Cup, Niagara Falls C.C., Lewiston, N.Y.
July 25-27: Francis Ouimet Memorial, 3 cses. in Newton, Mass., area.
July 26-29: Southeastern Amateur, C.C. of Columbus (Ga.).
July: Cotton States Inv., Bayou deSaird C.C., Monroe, La.
Aug.: Nat'l Lefthanders Ch., site to be determined.
Aug. 1-5: Western Amateur, Point O'Woods G. & C.C., Benton Harbor, Mich.
Aug. 7-10: Pacific Coast Amateur, Olympic C., San Francisco, Calif.
Aug. 9-12: La Jet Amateur, Fairway Oak G. & Racquet C., Abilene, Tex.
Aug. 11-12: MAGA Amateur, Hunter's Run G. & Racquet C., Boynton Beach, Fla.
Aug. 13-16: Worsham Memorial, Prince Georges C.C., Mitchellville, Md.
Aug. 16-19: Cardinal Amateur, Cardinal C.C., Greensboro, N.C.
Aug. 20-25: Canadian Amateur, Sunningdale G.C., London, Ontario.
Aug. 28-Sept. 2: USGA Amateur, Oak Tree G.C., Edmond, Okla.
Sept. 29-Oct. 4: USGA Mid-Amateur, Atlanta Athletic C., Atlanta, Ga.
Oct. 4-7: Middle Atlantic Amateur, site to be determined.
Oct. 7-14: Dorado Beach Amateur of the Americas, Dorado Beach (Puerto Rico) G. & Tennis C.
Nov. 7-10: World Amateur Team Ch., Royal Hong Kong G.C., Fanling, Hong Kong.

WOMEN AMATEURS

May 12-13: Bermuda Mixed Foursome Amateur, Riddell's Bay G. & C.C., Warwick Parish, Bermuda.
May 14-18: Southern Amateur, Waterwood National C.C., Huntsville, Tex.
May 23-27: French Ladies' Open Amateur, Chantilly (France) G.C.
May 23-26: NCAA Ch., Innisbrook Resort, Tarpon Springs, Fla.
May 27-June 2: North & South Amateur, Pinehurst (N.C.) C.C.
June 5-7: Women's Eastern GA Ch., Rhode Island C.C., Barrington, R.I.
June 9-11: Bermuda Amateur (stroke), Port Royal G.C., Southampton Parish, Bermuda.
June 12-14: Arizona Silver Belle, 3 cses. in Phoenix area.
June 12-16: Ladies' British Open Amateur, Royal Troon (Scotland) G.C.
June 13-17: Bermuda Amateur, Mid-Ocean C., Tucker's Town, Bermuda.
June 18-22: Illinois State Am. Inv., Soangetaha C.C., Galesburg, Ill.
June 20-24: USGA Public Links, Meadowbrook G.C., Rapid City, S.D.
June 25-30: Western Amateur, New Haven C.C., Hamden, Conn.
June 29-July 6: Broadmoor Inv., Broadmoor G.C., Colorado Springs, Colo.
June: PNGA Ladies Amateur, site to be announced.
July 10-12: New England Amateur, Portsmouth (N.H.) C.C.
July 11-13: Ohio Girls' Inv./Judy Shock Memorial, Columbus (Ohio) C.C.
July 16-20: Sunflower Inv., Alvamar G. & C.C., Lawrence, Kan.
July 23-28: Trans National, Torresdale-Frankford C.C., Philadelphia, Pa.
Aug. 13-18: USGA Amateur, Broadmoor G.C., Seattle, Wash.
Aug. 21-25: Canadian Amateur, Willow Park G. & C.C., Calgary, Alberta.
Aug. 22-24: Ladies' British Open Amateur (stroke), Caernarvonshire G.C., Gwynedd, Wales.
Nov. 17-18: Ladies' Four-Ball Amateur, Port Royal G.C., Southampton Parish, Bermuda.

SENIOR MEN AMATEURS

March 26-30: Breakers Seniors, The Breakers G.C., Palm Beach, Fla.
April 9-14: American Seniors G.A. Match Play Ch., Belleview Biltmore C.C., Belleair, Fla.
April 15-18: ESSGA Williamsburg Cl., Kingsmill G.C., Williamsburg, Va.
May 1-5: Legendary Amateur, Pine Tree C.C., Birmingham, Ala.
May 6-10: Senior Masters, Ironwood C.C., Palm Desert, Calif.
May 9-11: Giddings Cup, La Quinta (Calif.) Hotel G.C.

1984 SCHEDULE

May 15-17: Society of Senior Four-Ball, Atlantic City C.C., Northfield, N.J.
June 5-7: PNGA Senior Men's Amateur, Rippling River Resort, Wemme, Ore.
June 24-29: Western Seniors, Boyne Highland G.C., Harbor Springs, Mich.
June 28-July 1: USGA Senior Open, Oak Hill C.C., Rochester, N.Y.
July 7-14: Int'l Seniors Amateur Golf Society, Gleneagles (Scotland) G.C.
Aug. 8-10: British Seniors Open Amateur, Glasgow (Scotland) G.C.
Aug. 22-31: World Senior (Indv'l. & Int'l Team), Broadmoor G.C., Colorado Springs, Colo.
Sept.: Bayou DeSiard Senior Inv., Bayou DeSiard C.C., Monroe, La.
Sept. 3-5: ESSGA Hershey Senior Inv., Hershey (Pa.) C.C.
Sept. 6-8: Puerto Rico Int'l Seniors, Dorado Beach (Puerto Rico) G.C.
Sept. 10-13: Western Senior A.A. Tourn., 5 cses. in Boise, Ida., area.
Sept. 17-22: USGA Senior Amateur, Birmingham (Mich.) C.C.
Sept. 18-21: Senior Ch. of Canada, 2 cses. in Prince Edward Island.
Sept. 23-29: Int'l Four-Ball, 4 cses., Scotland.
Oct. 1-3: U.S. Senior Amateur Open, Hot Springs (Ark.) C.C.
Oct. 2-5: Curtis Person Seniors Inv., Colonial C.C., Memphis, Tenn.
Oct. 7-11: SSGA Team Match Play Ch., Ponte Vedra C.C., Ponte Vedra Beach, Fla.
Oct. 18-19: Retired Military Seniors, Glen River C.C., Corona, Calif.
Oct. 22-27: North and South Senior Invitational, Pinehurst (N.C.) C.C.
Oct. 29-31: ESSGA Ch., Arcadian Shores G.C., Myrtle Beach, S.C.
Nov. 5-9: Wild Dunes Senior Inv., Wild Dunes Links, Isle of Palms, S.C.
Nov. 11-15: Western Seniors G.A. 4-Ball Grenelefe G. & C.C., Haines City, Fla.
Nov. 12-14: Society of Seniors Ch., Long Cove C., Hilton Head Island, S.C.
Nov. 14-17: Palm Beach Polo & C.C. Senior Inv., Palm Beach Polo & C.C., West Palm Beach, Fla.
Nov. 26-Dec. 1: SSGA Southern Seniors Ch., Sea Island (Ga.) G.C.
Nov. 27-30: American Seniors G.A. Stroke Play Ch., Breakers West C.C., Palm Beach Polo & C.C., West Palm Beach, Fla.

SENIOR WOMEN AMATEURS

July 29-Aug. 1: Canadian Senior, Mactaquac Provincial G.C., Fredericton, New Brunswick.
Sept. 9-14: U.S. Women's G.A. Ch., Mid Pines Resort, Southern Pines, N.C.
Sept. 11-13: Illinois Senior Women's Inv., Pekin (Ill.) C.C.
Sept. 26-28: USGA Senior Women's Amateur, Tacoma (Wash.) C. & G.C.
Oct. 3-5: Women's Western Senior, John's Island, Vero Beach, Fla.
Oct. 6-7: Ladies Military Dependent Ch., Miramar G.C. NAS, San Diego, Calif.
Oct. 16-18: Palmetto Dunes Senior Women's Inv., Palmetto Dunes C., Hilton Head, S.C.
Oct. 30-Nov. 1: Women's North and South Senior, Pinehurst (N.C.) C.C.

Nov. 26-Dec. 1: SSGA Ruth Barker Memorial, Sea Island (Ga.) G.C.

JUNIORS

(Following events are open to both boys and girls.)

March 30-April 1: AJGA Six Flags Junior Inv., Bear Creek G. Center, Dallas, Tex.
April 6-8: AJGA LaJet Jr. Cl., Fairway Oak G. & Racquet C., Abilene, Tex.
April 24-26: Glidden Bowl, Belmont G. & C.C., Warwick Parish, Bermuda.

(Complete schedule in later issue.)

May 25-27: AJGA Lake Tahoe Mem. Jr., Edgewood Tahoe G.C., Stateline, Nev.
June 1-3: AJGA Mission Hills Desert Jr., Mission Hills C.C., Rancho Mirage, Calif.
June 11-14: Hudson Jr. Inv., C.C. of Hudson, Hudson, Ohio.
June 12-14: Ohio Jr. Classic, Woodland G. Cse., Cable, Ohio.
June 18-20: Pepsi Little People's Ch., Cedar Crest C.C., Quincy, Ill.
June 19-21: River Plantation Jr. Cl., River Plantation C.C., Conroe, Tex.
June 18-21: AJGA Northern Junior, Stratton Mountain (Vt.) C.C.
June 25-29: Texas-Oklahoma Junior, Weeks Park Mun. G.C., Wichita Falls, Tex.
June 26-28: All-American Prep Ch., Griffin Gate G.C., Lexington, Ky.
June 26-28: Tar Heel Junior Open, Whispering Pines (N.C.) C.C.
June 28-29: Salisbury Inv. Junior Golf Cl., Salisbury C.C., Midlothian, Va.
July 9-12: Bobby Bowers Junior, Springfield (Va.) G. & C.C.
July 10-13: AJGA Future Legends of Golf, Onion Creek C., Austin, Tex.
July 16-19: AJGA Oklahoma Junior Cl., The Trails G.C., Norman, Okla.
July 17-20: Optimist Junior World, 5 cses. in San Diego, Calif., area.
July 18-20: National Junior Inv., Lakeland G.C., Fostoria, Ohio.
July 23-26: Bermuda Junior Trophy, 4 cses. in Bermuda.
July 23-27: AJGA Jr. Tournament of Champions, Horse Shoe Bend C.C., Roswell, Ga.
July 24-26: Keystone Junior Inv., Flying Hills G.C., Reading, Pa.
July 28-31: Bermuda Junior Amateur, Belmont G. & C.C., Warwick Parish, Bermuda.
July 30-Aug. 1: AJGA Southwestern Junior, Univ. of New Mexico G.C., Albuquerque, N.M.
July 31-Aug. 2: North and South Junior, Pinehurst C.C., Pinehurst, N.C.
July: Pensacola Southern Juniors, exact date, site to be determined, Pensacola, Fla.
Aug.: Babe Zaharias Jr. Memorial, Babe Zaharias G.C., Tampa, Fla.
Aug. 5-7: Terrapin Junior, Green Hill Yacht & C.C., Salisbury, Md.
Aug. 6-7: Bubba Conlee Mem. Junior Cl., Farmington C.C., Germantown, Tenn.
Aug. 6-8: Palmetto Jaycee Jr. Golf Open, Palmetto G.C., Miami, Fla.
Aug. 6-8: Jr. Masters of the Midwest, Westview G.C., Quincy, Ill.

617

1984 SCHEDULE

PGA TOUR

March 29-April 1: Tournament Players Ch., Tournament Players C., Ponte Vedra Beach, Fla., $800,000 (TV-CBS).
April 5-8: Gr. Greensboro Open, Forest Oaks C.C., Greensboro, N.C., $400,000 (TV-ESPN).
April 12-15: Masters Tourn., Augusta (Ga.) Ntl. G.C. (TV-CBS).*
April 19-22: Sea Pines Heritage Cl., Harbour Town G. Links, Hilton Head Island, S.C., $400,000 (TV-CBS).
April 26-29: Houston Coca-Cola Open, The Woodlands (Tex.) C.C., $500,000.
May 3-6: MONY Tournament of Champions, La Costa C.C., Carlsbad, Calif., $400,000 (TV-NBC).
May 10-13: Byron Nelson Cl., Los Colinas C.C., Irving, Tex., $500,000 (TV-CBS).
May 17-20: Colonial Ntl. Inv., Colonial C.C., Fort Worth, Tex. (TV-CBS).*
May 24-27: Memorial Tourn., Muirfield Village G.C., Dublin, Ohio, $500,000 (TV-CBS).
May 31-June 3: Kemper Open, Congressional C.C., Bethesda, Md. (TV-CBS).*
June 7-10: Manufacturers Hanover Westchester Cl., Westchester C.C., Harrison, N.Y., $500,000 (TV-CBS).
June 14-17: U.S. Open, Winged Foot G.C., Mamaroneck, N.Y. (TV-ABC).*
June 21-24: Georgia-Pacific Atlanta Cl., Atlanta C.C., $400,000 (TV-CBS).
June 28-July 1: Canadian Open, Glen Abbey G.C., Oakville, Ont.*
July 5-8: Western Open, Butler Ntl. G.C., Oak Brook, Ill. (TV-CBS).*
July 12-15: Anheuser-Busch Cl., Kingsmill G.C., Williamsburg, Va. (TV-NBC).*
July 19-22: Miller High Life Quad Cities Open, Oakwood C.C., Coal Valley, Ill.*
July 19-22: British Open, St. Andrews G.C. (Old Cse.), Scotland (TV-ABC).*
July 26-29: Sammy Davis Jr.-Gr. Hartford Open, Edgewood C.C., Hartford, Conn., $400,000 (TV-CBS).
Aug. 2-5: Danny Thomas-Memphis Cl., Colonial C.C., Cordova, Tenn., $500,000 (TV-CBS).
Aug. 9-12: Buick Open, Warwick Hills C.C., Grand Blanc, Mich., $400,000.
Aug. 16-19: PGA Championship, Shoal Creek C.C., Birmingham, Ala. (TV-ABC).*
Aug. 23-26: World Series of Golf, Firestone C.C., Akron, Ohio, $500,000 (TV-CBS).
Aug. 30-Sept. 2: B.C. Open, En-Joie G.C., Endicott, N.Y., $300,000.
Sept. 6-9: Bank of Boston Cl., Pleasant Valley C.C., Sutton, Mass., $350,000.
Sept. 13-16: Gr. Milwaukee Open, Tuckaway C.C., Franklin, Wis.*
Sept. 19-23: Las Vegas Pro Celebrity Cl., Desert Inn, Las Vegas, Dunes C.Cs., Las Vegas, Nev., (TV-ESPN).*
Sept. 27-30: LaJet Coors Cl., Fairway Oaks G. & Racquet C., Abilene, Tex.*
Oct. 4-7: Texas Open, Oak Hills C.C., San Antonio, Tex.*
Oct. 11-14: Southern Open, Green Island C.C., Columbus, Ga., $300,000.
Oct. 18-21: Walt Disney World Golf Cl., Magnolia, Palm, Lake Buena Vista C.Cs., Lake Buena Vista, Fla., $400,000.
Oct. 25-28: Pensacola Open, Perdido Bay C.C., Pensacola, Fla., $300,000.
Nov. 1-4: U.S.A. vs. Japan Team Matches, site to be announced.*

*Purse to be announced.

SENIOR PGA TOUR

April 5-8: Daytona Beach Seniors Cl., Pelican Bay G. & C.C., Daytona Beach, Fla., $150,000.
April 19-22: Senior PGA Tour Roundup, Hillcrest G.C., Sun City West, Ariz., $200,000.
April 26-29: Liberty Mutual Legends of Golf, Onion Creek C., Austin, Tex., $500,000.
May 3-6: MONY Senior Tourn. of Champions, La Costa C.C., Carlsbad, Calif.*
May 17-20: Doug Sanders Celebrity Cl., Memorial Park G.C., Houston.* (unofficial)
May 30-June 3: Gatlin Bros. Cl., Wildcreek G.C., Sparks, Nev., $250,000.
June 21-24: Senior Tournament Players Ch., Canterbury G.C., Cleveland, $250,000.
June 28-July 1: U.S. Senior Open, Oak Hill C.C., Rochester, N.Y.*
July 5-8: Gr. Syracuse Seniors Cl., Bellevue C.C., Syracuse, N.Y.*
July 13-15: Merrill Lynch/Golf Digest Comm. Pro-Am, Newport (R.I.) C.C., $150,000.
July 26-29: Denver Post Champions of Golf, course to be announced.*
Aug. 2-5: Grand Traverse Resort Village Senior Cl., Grand Traverse Resort G. Cse., Traverse City, Mich., $200,000.
Aug. 9-12: du Maurier Champions, course to be announced.*
Aug. 23-26: Shootout at Jeremy Ranch, Jeremy Ranch G.C., Park City, Utah.*
Aug. 31-Sept. 3: Citizens Union Bank Senior C., Griffin Gate G.C., Lexington, Ky., $175,000.
Sept. 6-9: United Virginia Bank Senior Cl., Hermitage C.C., Richmond, Va.*
Sept. 13-16: World Senior Inv., Quail Hollow C.C., Charlotte, N.C.*
Oct. 11-14: Suntree Classic, Suntree C.C., Melbourne, Fla.*
Oct. 18-21: Hilton Head Seniors Int'l, Shipyard G.C., Hilton Head Island, S.C.*
Oct. 25-28: Hall of Fame Tourn., Pinehurst (N.C.) C.C., $200,000.
Nov. 29-Dec. 2: Boca Grove Senior Cl., Boca Grove G. & Tennis C., Boca Raton, Fla., $200,000.
Dec. 6-9: PGA Seniors Ch., PGA Ntl. G.C., Palm Beach Gardens, Fla.*

*Purse to be announced.

TOURNAMENT PLAYERS SERIES

April 13-15: Magnolia Cl., Hattiesburg (Miss.) C.C., $150,000.
May 3-6: Tallahassee Open, Killearn G. & C.C., Tallahassee, Fla., $200,000.
May 17-20: Chattanooga Gold Cup Cl., Valleybrook G. & C.C., Hixson, Tenn., $200,000.

1984 SCHEDULE

May 25-27: Charley Pride Golf Fiesta, University South Cse., Albuquerque, N.M., $200,000.
June 28-July 1: Gr. Baltimore Open, Hillendale C.C., Phoenix, Md., $200,000.
July 6-8: New Hampshire Cl., Concord C.C., E. Concord, N.H., $200,000.
Aug. 31-Sept. 3: The Everett Open, Everett (Wash.) G. & C.C., $200,000.
Sept. 7-9: PEZ Victoria Open, Uplands G.C., Victoria, B.C., $160,000.
Sept. 13-16: Anderson-Pacific Golf Cl., Rancho Murieta (Calif.) C.C., $200,000.
Sept. 28-30: Sandpiper-Santa Barbara Open, Sandpiper G.C., Goleta, Calif., $200,000.

PGA EUROPEAN TOUR

EUROPE
April 26-29: Cepsa Madrid Open, Puerto de Hierro C., Madrid, Spain.
May 3-6: Italian Open, Milan G.C., Monza.
May 10-13: Car Care Plan Int'l, Moortown G.C., Leeds, England.
May 17-20: Paco Rabanne French Open, St. Cloud C., Paris.
May 25-28: Whyte & Mackay PGA Championship, Wentworth C., Surrey, England.
May 31-June 3: Jersey Open, La Moye C., Jersey.
June 7-10: Tournament Players' Ch., St. Mellion G. & C.C., N. Plymouth, England.
June 14-17: Timex Open, Biarritz, Switzerland.
June 21-24: Monte Carlo Open, Mont Agel C.
June 28-July 1: Glasgow Golf Cl., Haggs Castle C., Scotland.
July 5-8: Scandinavian Enterprise Open, Sven Tumba G. & C.C., Stockholm, Sweden.
July 11-14: Lawrence Batley Int'l Cl., The Belfry, Sutton Coldfield, England.
July 19-22: British Open, St. Andrews (Old Cse.), Scotland.
July 26-29: KLM Dutch Open, The Rosendaelsche G. & C., The Netherlands.
Aug. 2-5: Carrolls Irish Open, Royal Dublin C.
Aug. 23-26: Lufthansa German Open, Frankfurt C.
Aug. 30-Sept. 2: Ebel European Masters/Swiss Open, Crans-sur-Sierre C.
Sept. 6-9: Panasonic European Open, Sunningdale, Berkshire, England.
Sept. 13-16: Hennessy Cognac Cup, Ferndown C., Dorset, England.
Sept. 20-23: Bob Hope British Cl., Moor Park C., Hertfordshire, England.
Sept. 27-30: Suntory World Match Play Ch., Wentworth C., Surrey, England.
Oct. 4-7: Lancome Tourn., St. Nom-la-Breteche, Paris, France.
Oct. 11-14: Benson and Hedges Spanish Open, El Saler C., Valencia.
Oct. 18-21: Compagnie de Chauffe Cannes Open, Cannes, France.
Oct. 25-28: Sanyo Open, El Prat C., Barcelona, Spain.
Nov. 1-4: Portuguese Open, Quinta do Lago C.

LPGA TOUR

April 5-8: Nabisco Dinah Shore Inv., Mission Hills C.C., Rancho Mirage, Calif., $400,000 (TV-NBC).
April 12-15: J&B Scotch Pro-Am, Desert Inn G. & C.C., Las Vegas, Nev., $200,000.
April 19-22: S&H Golf Classic, Pasadena G.C., St. Petersburg, Fla., $150,000.
April 27-29: Freedom/Orlando Cl., Cypress Creek C.C., Orlando, Fla., $150,000.
May 4-6: Potamkin Cadillac Cl., Brookfield, West G. & C.C., Roswell, Ga., $200,000.
May 11-13: United Virginia Bank Cl., Sleepy Hole G.C., Portsmouth, Va., $175,000.
May 18-20: Chrysler Plymouth Charity Cl., Upper Montclair (N.J.) C.C., $175,000.
May 24-27: LPGA Corning Cl., Corning (N.Y.) C.C., $150,000.
May 31-June 3: LPGA Championship, Jack Nicklaus Sports Center, Kings Island, Ohio, $250,000 (TV-NBC).
June 7-10: McDonald's Kids Cl., White Manor C.C., Malvern, Pa., $350,000.
June 14-17: Mayflower Classic, C.C. of Indianapolis, $250,000.
June 21-24: Boston Five Cl., Radisson Ferncroft Hotel & C.C., Danvers, Mass., $225,000.
June 29-July 1: Lady Keystone Open, Hershey (Pa.) C.C., $200,000.
July 5-8: Jamie Farr Toledo Cl., Glengarry C.C., Toledo, Ohio, $175,000.
July 12-15: U.S. Women's Open, Salem C.C., Peabody, Mass., $200,000 (1983) (TV-ABC).
July 19-22: Rochester Int'l, Locust Hill C.C., Pittsford, N.Y., $200,000 (1983).
July 26-29: du Maurier Classic, St. George's G. & C.C., Toronto, $275,000.
Aug. 3-5: West Virginia LPGA Cl., Speidel G.C., Wheeling, W.Va., $150,000.
Aug. 9-12: Henredon Classic, Willow Creek G.C., High Point, N.C., $180,000.
Aug. 16-19: Chevrolet World Championship of Women's Golf, Shaker Heights (Ohio) C.C., $200,000 (TV-NBC).
Aug. 23-26: Columbia Savings Cl., Denver, $200,000 (1983) (cse. to be announced).
Sept. 1-3: Rail Charity Classic, Rail G.C., Springfield, Ill., $150,000 (1983).
Sept. 7-9: Portland Ping Ch., Riverside G. & C.C., Portland, Ore., $150,000 (1983).
Sept. 13-16: Safeco Classic, Meridian Valley C.C., Seattle, $175,000.
Sept. 21-23: San Jose Classic, Almaden G. & C.C., San Jose, Calif., $175,000.
Sept. 27-30: Kyocera Inamori Cl., cse. to be annc'd.
Oct. 3-6: Hitachi Ladies British Open, Woburn G. & C.C., Bedfordshire, England, $200,000.
Oct. 20-21: J&B Gold Putter Award, Desert Inn C.C., Las Vegas, Nev., $100,000.

DATES TO BE ANNOUNCED FOR:

U.S.-Japan Team Ch., Japan, $175,000.
Mazda Japan Classic, Japan, $300,000.
J. C. Penney Mixed Team Cl., Bardmoor C.C., Largo, Fla., $550,000.

INTERNATIONAL

Oct. 30-Nov. 2: Women's World Amateur Team, Royal Hong Kong G.C., Fanling, Hong Kong.
Nov. 7-10: World Amateur Team, Royal Hong Kong G.C., Fanling, Hong Kong.

1984 SCHEDULE

Aug. 7-10: Atlantic Int'l Junior, site to be announced, Bermuda.
Aug. 9-12: AJGA Midwestern Junior, Sentry-World G.C., Stevens Point, Wis.
Aug. 12-14: West Lake Nat'l Junior, West Lake C.C., Augusta, Ga.
Aug. 14-16: International Pee Wee Ch., Walt Disney World, Lake Buena Vista, Fla.
Aug. 18-21: "Big I" Insurance Youth Cl., C.C. of Jackson (Miss.).
Aug. 23-26: PGA Nat'l Junior, PGA National G.C., Palm Beach Gardens, Fla.
Aug. 27-31: New England Junior Open, Ponkapoag G.C., Canton, Mass.
Aug. 27-31: AJGA California Junior Cl., site to be announced.
Sept. 7-9: AJGA French Lick Junior Inv., French Lick Springs Res., French Lick, Ind.
Oct. 10-12: AJGA Bluegrass Junior Inv., Bellefonte C.C., Ashland, Ky.
Nov. 25-26: George Holliday Mem. Jr., Myrtle Beach (S.C.) Nat'l G.C.
Nov. 27-30: AJGA American Junior Cl., Innisbrook Resort, Tarpon Springs, Fla.
Dec. 26-28: AJGA Holiday Junior, Lakewood C.C., New Orleans, La.
Dec. 27-30: Orange Bowl Int'l Junior, Biltmore G.C., Coral Gables, Fla.
Dec. 28-30: Whispering Pines Jr. Christmas Cl., Whispering Pines (N.C.) C.C.
Dec. 28-30: Winter Junior Ch., Belmont G. & C.C., Warwick Parish, Bermuda.
Dec.: Doral Junior Golf Cl., Doral C.C., Miami, Fla.

JUNIOR BOYS

June 11-15: Doug Sanders Int'l Jr., The Woodlands (Tex.) C.C.
June 12-14: Southern G.A. Junior Amateur, Charlotte (N.C.) C.C.
June 18-20: South Atlantic Junior, Crofton (Md.) C.C.
June 18-23: PGNA Junior Boys, Glendale C.C., Bellevue, Wash.
June 19-22: Florida State Boys' Inv., Lehigh (Fla.) C.C.
June 25-29: Int'l Junior Masters, East Aurora (N.Y.) C.C.
July 3-5: Donald Ross Junior, Pinehurst (N.C.) C.C.
July 9-14: Future Masters, Dothan (Ala.) C.C.
July 10: USGA Junior Amateur Qualifying, various sites.
July 13-14: Crutchfield Jr. Citrus, Sebring (Fla.) G. & C.C.
July 16-18: Bobby Gorin Memorial, Woodmont C.C. (South), Rockville, Md.
July 17-21: Western Junior Golf Ch., 2 cses. in Lakeland, Fla., area.
July 25-28: French Int'l Juniors, site to be announced, France.
July 31-Aug. 4: USGA Junior Amateur, Wayzata (Minn.) C.C.
Aug. 13-17: British Boys' Open Amateur, Royal Porthcawl (Wales) G.C.
Aug. 13-16: North East Junior Classic, 4 cses. in Cape Cod, Mass., area.
Aug. 13-16: Bubby Worsham Memorial, Prince Georges C.C., Mitchellville, Md.
Aug. 20-22: Dewey Ricketts Stroke Play, Brooke Manor C.C., Olney, Md.
Aug. 20-22: Florida Junior Inv., Mission Inn G. & Tennis Resort, Howey-In-The-Hills, Fla.
Aug. 23-25: British Youths' Open Amateur, Blairgowrie (Scotland) G.C.
Aug. 28-31: Canadian Junior Golf Ch., Moncton (New Brunswick) G. & C.C.

JUNIOR GIRLS

April 19-23: French Int'l Junior Girls, Saint-Germain (France) G.C.
June 19-22: Florida State Jr. Girls Ch., Lehigh (Fla.) C.C.
June 12-14: Arizona Silver Belle Junior, 3 cses. in Phoenix, Ariz., area.
July 11-13: Ohio Girls Inv./Judy Shock Mem., Columbus (Ohio) C.C.
July 16-20: Women's Western G.A. Junior, Blue Hills C.C., Kansas City, Mo.
July 30-Aug. 3: PNGA Junior Girls, Chilliwack (British Columbia) C.C.
Aug. 6-11: USGA Girls' Junior, Mill Creek C.C., Bothell, Wash.
Aug. 7-8: Illinois Junior Girls, Univ. of Illinois G.C., Savoy, Ill.
Aug. 10-12: Mission Inn Girls Inv., Mission Inn G. & Tennis Resort, Howey-In-The-Hills, Fla.
Aug. 15-18: Girls' British Open Amateur, Llandudno (Maesdu) G.C., Wales.
Aug. 15-18: Canadian Junior Girls, Earl Grey G.C., Calgary, Alberta.

CHAPTER 18

EQUIPMENT

1984 EQUIPMENT/STANDARD

COMPANY	MODEL	CAST OR FORGED	SHAFT MATERIAL	SHAFT FLEX	SUGGESTED RETAIL PRICE 9 IRONS	SUGGESTED RETAIL PRICE 4 WOODS	FEATURES
AMERICAN GOLF OF FLORIDA 1456 S. Federal Hwy., Deerfield Beach, FL 33441 305-428-3790	★ ☐ AGI		St, LS	A-X		400 (P, M)	Traditional design. Metal wood new for '84. Persimmon model available in left-handed.
	★ ☐ Pro Cast II	C	St, LS	A-X	540		Heel-toe weighted with cavity back.
	★ ☐ Custom	F	St, LS	A-X	495		Traditional design.
AMERICAN PRECISION 1566 Rowe Worthington, MN 56187 507-764-4183	☐ Pro-Former	C	St, LS	A-X	558	432 (P, Lm)	Woods are four-point weighted. Irons are straight to intermediate offset.
	☐ American	C	St	A-X	522	432 (P, Lm)	Irons have an offset hosel and low center of gravity.
AMF BEN HOGAN 2912 W. Pafford St. Fort Worth, TX 76110 817-921-2661	Apex PC	F	St, LS	R-X	570		New for '84. Traditional blade with sweet spot (Percussion Center) in center of blade.
	Director	F	St	R,S	486	327 (Lm)	Woods new for '84. Low-profile woods with shallow face. Irons have low center of gravity.
	Tour		St, LS	R-X		400 (P)	Classic pear-shaped heads. 10½° loft driver.
	☐ Radial	F	St, LS	A,S	570	353 (Lm)	Four-way contoured sole and lower center of gravity. 11½° loft driver. Women's model available in irons.
	★ Curved Sole (Left-Handed)		St	R,S		327 (Lm)	11½° loft driver.
	★ Apex II (Left-Handed)	F	St	R,S	570		Straight leading edge.
	Leader	F	St	R,S	446	228 (Lm) (3 woods)	12° loft driver. Offset irons with traditional blade.
ATRIGON, INC. P.O. Box 6938 Westlake Village, CA 91359 800-227-3435	☐ Classic 101		S-G	A-X		215 ea. (G)	Tour drivers available in 9° deep-faced model, 10° medium face or 10° shallow face. All clubs are compression-molded 100 percent graphite.
	☐ 1013		S-G	A-X		860 (G)	Standard deep-faced woods available in Nos. 1-3-4-5.
	☐ 1014		S-G	A-X		860 (G)	Shallow-faced woods.
	☐ 1015		S-G	A-R		1,075 (G)	Ladies classic woods available in Nos. 1-3-4-5-7.
	★ ☐ Irons		S-G	A-X	1,350 (G)		Pure graphite irons are toe-and-heel weighted with titanium insert for sweet-spot accuracy.
AULD Box 1607 1553 S. Ridge Ave. Concord, NC 28025 704-786-4653	☐ Classic II	C	St-G	A-X	418		Irons have bounce sole with point-of-impact weighting.
	☐ Briar	C	St-G	A-X	418		Slight rocker sole.
	☐ Agate	C	St-G	A-X	418		Perimeter weighted.
	★ ☐ Persimmon Classic		St-G	A-X		340 (P)	Three-piece fiber insert.
	☐ Metal Classic		St-G	A-X		221 (M)	Polished insert with direction lines.
	☐ Laminated Classic		St-G	A-X		250 (Lm)	Adjustable swing-weighting.
BUTCH BAIRD Box 4503 Hialeah, FL 33014 305-757-2971	☐ Group I Adult Model	C	LS	L,R	347	198 (Lm)	Hat symbol in cavity back.
	☐ Group II	C	LS	L	347	149 (Lm) (3 woods)	40¼" driver. Grip size and weight tailored to juniors age 10-16.
	☐ Group III	C	LS	L	193 (5 irons)	99 (2 woods)	Grip size and weight tailored to juniors age 6-10.
	☐ Group IV	C	LS	L	140 (1 wood, 3 irons)		For juniors 6 and under.
JERRY BARBER 807 Airway Glendale, CA 91201 213-245-0231 800-423-2220	☐ GTM-1	C	St, LS	A-X	405		Redesigned heel and hosel area with shorter blade and rocker sole. Full face, offset hosel.
	☐ GTM-1		St	R,S		158 (Lm) (3 woods)	Conventional design.
	☐ Silver Bullet		St, LS	A-X		225 (M) (3 woods)	Deep-face woods with diamond insert. Driver 9½°, No. 3-13½° and No. 5-17° lofts.
	★ ☐ GTM-Left-Handed	C	St, LS	A-X		158 (Lm) (3 woods)	Irons have high toe with straight leading edge. Women's model available in irons.
	☐ GTM-5	C	St, LS	A-X	405		Smaller head and square toe with straight leading edge. Low center of gravity.
	☐ X22	C	St, LS	A-X	405		Conventional design. Heel-toe weighted with blunt leading edge.
BEAUWOOD 3122 W. Alpine Ave. Santa Ana, CA 92704 714-751-6740	Passage EX	C	St	A-X	495	380 (M)	Irons are perimeter weighted and foam filled. Sweet spot located in center of clubface.
	Passage RE	C	St	A-X	441	316 (M)	Metal woods have conventional hosel. Irons are perimeter weighted and foam filled.
	PSS	C	St	A-X	351	236 (M)	Metal woods have zero face progression. Irons are perimeter weighted and foam filled.
	☐ Cameo	C	St	A-R	351	208 (Lm)	Designed exclusively for women, with Cameo crest.

Legend:

General Features
- ☐ — Women's model available
- ★ — Left-handed model available
- C — Cast
- F — Forged
- (S) — Store line

Shaft Material
- St — Steel
- LS — Lightweight steel
- G — Graphite

Shaft Flex
- L — Women's flex
- A — Very flexible
- R — Regular flex
- S — Stiff flex
- X — Very stiff flex
- Y — Youth flex

Other Features
- (Lm) — Laminated
- (P) — Persimmon
- (M) — Metal
- (G) — Graphite

Prices are suggested retail as of publication date. Unless otherwise indicated, prices are for steel-shafted clubs; graphite shafts are more expensive.

1984 EQUIPMENT/STANDARD

COMPANY	MODEL	CAST OR FORGED	SHAFT MATERIAL	SHAFT FLEX	SUGGESTED RETAIL PRICE 9 IRONS	4 WOODS	FEATURES
BEL AIR 23777 Madison St. Torrance, CA 90505 213-373-1633	☐ CPW-11DS		St-G	L-X		380 (M)	Traditional design with simulated wood-grain finish. 11½° loft driver.
	☐ CPG-10DS		St-G	L-X		380 (M)	Driver loft 10½°.
BRISTOL P.O. Box 1177 Melrose Park, IL 60160 312-343-6732	Competitor	C	LS	R,S	405	340 (M)	New for '84. Offset irons are toe-heel weighted.
	☐ Victura 500	C	LS	L,R	360	240 (M)	New for '84. Balanced sweet spot in irons and metal woods.
	Limited	F	St-G	A-X	450	340 (P)	Irons are traditional design.
BROWNING Route 1 Morgan, UT 84050 801-876-2711	Automatic	C	St	R,S	495	340 (M)	New for '84. Irons are sole-weighted. Metal woods have shaft through to sole.
	☐ Maxim	C	St	L-S	423	300 (M)	Irons have conventional profile.
	★ ☐ 440	C	St	A-S	360	260 (Lm)	Traditional woods. Low-profile irons.
	☐ 500	C	St	L-S	270	160 (Lm)	Traditional woods. Non-offset irons with low profile.
	TR600	C	St	L-S	270	160 (Lm)	Traditional woods. Progressive-profile irons.
	☐ S-350	C	St	L-S	423	300 (M)	Wrap-around sole, face and backweight. Irons have progressive offset.
ROGER CLEVELAND 7322 Madison St. Paramount, CA 90723 213-630-6363 800-632-6363	★ RC 85		St, G	A,R-X		400 (P)	All models are classic pear-shaped design with fiber insert. 9°, 10° and 11° lofts available. Frequency-matched shafts available in R400, S400 and X200. Model RC 69 is new for '84.
	RC 75		St, G	A,R-X		400 (P)	
	RC 69		St, G	A,R-X		400 (P)	
	RC 53		St, G	A,R-X		400 (P)	
	DW 52		St, G	A,R-X		400 (P)	Classic design with aluminum insert.
	CC I	F	St	A,R-X	450		Traditional design with muscle back. Frequency-matched shafts available in R400, S400 and X200.
	★ CC II	F	St	A,R-X	450		Low center of gravity. Frequency-matched shafts available.
	CC III	F	St	A,R-X	450		New for '84. Frequency-matched shafts available.
	☐ JC525		St, G	A-X		240 (M) (3 woods)	Classic design.
COBRA 11045 Sorrento Valley Crt. San Diego, CA 92121 619-452-1161	☐ Baffler Blade	C	St, G	A-X	522		New for '84. Cambered sole and low center of gravity.
	☐ Tour Model II	C/F	St, G	A-X	522		New for '84. Traditional design with satin finish.
	☐ Mild Steel	C	St, G	A-X	522		New for '84. Traditional design with bright finish.
	☐ Cobra Steel Classics		St, G	A-X		328 (M)	New for '84. Traditional design Baffler sole plate design in Nos. 1, available in Nos. 1, 3, 4, 5 and 3, 5, 7.
	★ ☐ Classic Persimmon		St, G	A-X		380 (P)	New classic shapes for '84.
	★ ☐ Baffler		St, G	A-X		248 (Lm)	Two-rail soleplate. Available in No. 1-9. Left-handed available in Nos. 3, 5, 7.
CONFIDENCE 13402 Estrella Ave. Gardena, CA 90247 213-321-4771	Visa CF	C	St	A,R-X	300	200 (Lm)	New for '84. Woods and irons have bulge on sole. High toe, large-blade irons.
	Pyramid	C	St	A,R-X	277	186 (Lm)	New for '84. Offset design with perimeter weighting.
	K-81	F	St	A,R-X	363	360 (P)	Traditional design. Woods have 3-piece fiber insert and irons have muscle back.
	Windsor	C	St	R	225	146 (Lm)	Traditional design with perimeter weighting. Open stock.
	☐ Lady Lite IV	C	St	L	255	140 (M, Lm)	Conventional woods, low-profile irons.
	Metal		St	A-X		213 (M)	11° driver, black finish.
	CC6 Graphite		St, G	A-X		325 (G) (3 woods)	Conventional injection-molded head with laminated insert.
	☐ CC6 Graphite II		St, G	A-X		160 (G) (3 woods)	Injection-molded heads.
	☐ Confidence Starter	C	St	L,R		104 (Lm)	Starter set with 2 woods, 4 irons and putter.
	Junior	C	St	R		73 (Lm)	Starter set. 1 wood, 3 irons, putter and vinyl bag.
COUGAR 1960 E. McFadden Santa Ana, CA 92705 714-953-9385 800-682-5151	★ ☐ Puma	C	LS, G	A-X	405	300 (M, Lm)	Offset or conventional metal woods. Laminated woods have "V" sole plate. Irons are perimeter-weighted.
	★ ☐ Cougar	C	LS, G	A-X	405	300 (M)	Irons are sole-weighted.
CYPRESS 137½ So. Orange Glendale, CA 91204 213-502-9947	☐ Cypress	C	St	L-S		249 (M) (8 irons, 3 woods)	Woods have contemporary design with radius soles. Irons have low center of gravity, slight offset.

625

1984 EQUIPMENT/STANDARD

COMPANY	MODEL	CAST OR FORGED	SHAFT MATERIAL	SHAFT FLEX	SUGGESTED RETAIL PRICE 9 IRONS	SUGGESTED RETAIL PRICE 4 WOODS	FEATURES
DAIWA 14011 S. Normandie Gardena, CA 90247 213-321-3211	★ ☐ Exceler		St-G	A-X		460 (G)	New for '84. Traditional shape with injection-molded graphite heads.
	Protege	C	LS	A,R,S	360	228 (P, Lm)	New for '84. Offset irons with heel-toe weighting.
	Monodyne	F	St G (woods only)	R-X	481	358 (P)	Woods have fiber insert. Irons have muscle-back design.
	SRX 3	C	L G (woods only)	R,S	468	352 (P)	Irons have offset hosel and heel-toe weighting.
DUNLOP P.O. Box 3070 Greenville, SC 29602 803-271-9767	John Jacobs System 300	F	St	R,S	495	252 (3 woods)	New for '84. Anti-hook design with flatter lies and oversize grips. Woods made of extra-hard wood called Ligno Ferro (iron wood).
	John Jacobs System 200	C	St	R	432 (8 irons)	231 (M) (3 woods)	Anti-slice design with woods now available in metal and Ligno Ferro.
	☐ John Jacobs System 100	C	LS	L	270 (5 irons)	231 (M) (3 woods)	New for '84. John Jacobs' design with increased loft, slightly longer and softer shafts for women.
	Max 357	C	St	R,S	249 (8 woods)	150 (M) (3 woods)	New for '84. Cavity-back irons.
	Black Missile		LS, G	R,S		351 (G) (3 woods)	New for '84. Compression/injection-molded and backweighted.
	Power Flange	C	St	R,S	288 (8 woods)	153 (Lm) (3 woods)	Wide sole for low center of gravity.
EYE-DEAL 720 Jackie Lane Baldwin, NY 11510 516-378-2270	☐ Cyclops	C	St, LS	A-X	450	320 (M)	New for '84. Traditional-shaped steelwood. Cavity-back irons with contoured sole.
	★ ☐ Tour Edition	C	St, G	A-X	405	320 (M)	Perimeter weighted metal woods and muscle-back irons. Metal woods available in women's model.
FALCON 1956 Hilton Rd. Ferndale, MI 48220 313-547-4800	★ ☐ Bench-Made	C	St	A-X	630	450 (P)	Irons have thin top line and four-way roll sole.
	★ ☐ Aerie	F	St	A-X	600	400 (P)	Deep-faced woods and traditional irons with slight offset.
FOXBAT 2609 Tarna Lane Dallas, TX 75229 214-243-4411	☐ FW-C		LS	A-X		280 (P)	New screw pattern and soleplate.
	☐ FW-B		LS	A-X		320 (P)	Walnut finish with new screw pattern and soleplate.
	FW-E		St, LS	A,R-X		380 (P)	Natural finish.
	FW-F		St, LS	A,R-X		340 (P)	Black finish.
	FW-Firefox		St, LS	A,R-X		380 (P)	Mahogany finish.
	☐ FW-The Fox	C	St, LS	L	450	340 (P)	Medium profile, graduated offset irons. Women's model only.
	★ ☐ FW-M		St, LS	A-S		340 (M)	Non-offset design.
	F-3	C	St, LS	A,R-X	450		Urethane rubber in cavity.
	★ ☐ F-4	C	St, LS	A-S	450		Graduated offset irons.
	☐ F-5000	C	St, LS	A-S	450		Dull finish cavity irons.
	The Blade	C	St, LS	A,R-X	450		Traditional design.
	Firefox-1000	C	St, LS	A,R-X	450		Radial sole irons.
GOLF DESIGN 10869 Portal Dr. Los Alamitos, CA 90720 213-430-3586	☐ Power Track	C	A-X	St	225	150 (Lm) (3 woods)	Woods available in 1, 3, 4/5. Irons have cavity back.
	☐ OT101	C	St	A-X	395		Classic design available with custom crests.
WALTER HAGEN 2233 West St. River Grove, IL 60171 312-456-6100	Haig Ultra	F	St	R,S	600	385 (P)	New for '84. Woods have Walter Hagen shield on face. Irons have contour soles with muscle-back design.
H & B P.O. Box 35700 Louisville, KY 40232 502-585-5226	Citation 328		LS	R,S		388 (P)	Fiber insert.
	Citation 326		St	R,S		368 (P)	Fiber insert.
	★ Citation 525-9945	C	LS	A,R	518	316 (Lm)	Black finish.
	★ Citation 523-7745	F	St	R,S	480	296 (Lm)	Wide-sole irons.
	Century		St	S	945	600 (P)	Limited Edition commemorating company's 100th year.
	ProSonic 725		LS	R		360 (M)	
	ProSonic 723		St	R,S		340 (M)	Black finish.
	ProSonic-Momentum	F	St	R,S	525	372	Deep-face driver.
	Momentum 7845	F	St	R,S	470		Traditional design. Contoured sole, muscle back.
	Scotch Blade 2595	F	St	R,S	461		Traditional design with long blade.
	☐ Countess	F	LS	L	358	216 (Lm)	Brass backweighting.
	☐ ProSonic-Countess	C	LS	L	414	288 (M)	Irons have wide sole. Woods have blue finish.
	Alliance	C	St	R,S	324	168 (Lm)	
	★ ☐ Grand Slam	F	St	R	234	132 (Lm)	Propellac face inserts. Nickel- and chrome-plated irons.
KARSTEN 2201 W. Desert Cove Phoenix, AZ 85029 602-277-1300	★ ☐ Ping Eye 2	C	St-G	S	585	360 (Lm)	Irons are Karsten's new tour design. Four color-coded drivers now available.
	☐ Ping Eye	C	LS, G	S	495		Compact look.
	☐ Ping-Karsten-I	C	St-G	S	495		Original Ping with improvements.
	☐ Ping Karsten-II	C	St-G	S	495		Contoured sole.
	☐ Ping Karsten-III	C	St-G	S	495		
	★ ☐ Ping Karsten-IIIA	C	St-G	S	495		Ping rail with contoured sole. Built exclusively for left-handed golfers.
	☐ Ping Youth Irons	C	St, LS	S	351		Lighter weight for juniors.

1984 EQUIPMENT/STANDARD

COMPANY	MODEL	CAST OR FORGED	SHAFT MATERIAL	SHAFT FLEX	SUGGESTED RETAIL PRICE 9 IRONS	4 WOODS	FEATURES
KINGS P.O. Box 9235 Shreveport, CA 71109 318-636-3566	★ ☐ Model 32		St-G	A-X		340 (P) 300 (Lm)	Replica of old Tommy Armour model.
	★ ☐ Model EL		St-G	A-X		340 (P) 300 (Lm)	Smaller compact head.
	★ ☐ Custom Supreme	F	St-G	A-X	387		Classic design with low center of gravity and compact head.
KRELMASTER 383 North Avers Ave. Chicago, IL 60624 312-826-4483	☐ Fulcrum 1	C	LS	A-S	520	300 (Lm)	Custom weighted under handle.
JOHN LETTERS OF SCOTLAND P.O. Box 26182 Honolulu, HI 96825 808-847-0010	☐ Master	F	St	L-S	495	260 (P, Lm)	Driver available with deep face, irons with long-blade design.
LION 68-743 Perez Rd. Cathedral City, CA 92234 619-321-2525	☐ King	C	St	A-S	360		Perimeter weighted, non-glare finish.
	☐ Metal		St, G	A-S		320 (M)	Pear-shaped, non-offset woods.
	★ ☐ Tour	C	St	A-S	360		Cavity-back offset iron with low center of gravity.
	★ ☐ Tour Metal		St-G	A-S		240 (M)	Non-offset woods.
LOUISVILLE 2601 Grassland Dr. Louisville, KY 40299 502-491-1631 800-626-6379	Classic 50's Series A.D.	F	St-G	A-X	430	400 (P)	Brass firing pin.
	Level 4	C	St-G	A-X	360	240 (Lm) 300 (P)	Cambered sole, heel-toe weighting.
	★ ☐ Personal	C/F	St-G	A-X	360	240 (Lm) 300 (P)	Traditional design with fiber insert.
LYNX 16017 E. Valley Blvd. City of Industry, CA 91749 213-961-0222	Tour Classic		St-G	R-X		320 (Lm)	Available in black finish.
	Master Imperial	C	St-G	A,R-X	495		Progressive offset.
	★ Super Predator	C	St-G	A,R-X	522	308 (M)	Offset or conventional woods. Black finish.
	★ USA	C	St, LS	A,R-X	495		Offset.
	Prowler	C	St, LS	A,R-X	450		Traditional design.
	Master	C	St, LS	A,R-X	423		Offset.
	Classic		St-G	A,R-X		288 (P) (3 woods)	Available in 1, 3, 5/4.
	★ Pro		LS	A,R,S		300 (Lm)	Traditional design.
	★ ☐ Nouvelle	C	LS, G	A,L	432	300 (M)	Available in offset or conventional. Powder blue finish.
	☐ Elegance	C	LS	L	378	240	Aluminum alloy with wood inlay.
MacGREGOR 6000 Lake Forest Dr. Atlanta, GA 30323 404-256-0902	Jack Nicklaus Muirfield	F	St	R,S	540	440 (P)	Woods have red/white/red Eye-O-Matic inserts. Muscle-back irons.
					612	472 (P)	Same as above with leather grips.
	Winged MT	F	St	R,S	525	360 (P)	Copper-faced, classic wing-back irons. Woods have velocitized Eye-O-Matic inserts.
					450	360 (P)	Same as above with standard face irons.
	★ MCX	C	St	A,R,S	495	320 (Lm)	Heel-toe weighted irons and four-way cambered sole woods. Left-handed model new for '84.
	Classic		St	R,S		440 (P)	Classic remakes of medium-deep-faced 693 model and of wide-headed 945 model.
	Metal Classics		St	R,S		360 (M)	Traditional size and shape head. Separate sole plate attached with brass screws.
	☐ Finesse	F	LS	A	360	320 (P)	Woods have aluminum insert with brass firing pin. Irons are heel-toe and sole-weighted.
	★ Jack Nicklaus Golden Bear (S)	F	LS	R	225	190 (Lm)	Antique walnut woods. Toe- and sole-weighted irons.
	☐ Lady MacGregor (S)	F	LS	R	180 (8 irons)	120 (Lm) (3 woods)	Light rosewood-stained woods. Toe- and sole-weighted irons.
	Chi Chi Rodriguez (S)	F	LS	R	202	120 (Lm) (3 woods)	Ebony-finished woods. Irons are sole weighted.
MATZIE 112 Penn St. El Segundo, CA 90245 213-322-1301	☐ E-Z Silver Swinger		Composite	A		324 (M) (3 woods)	Metal wood with extra flexible E-Z Silver Swinger shaft.
	☐ E-Z Silver Swinger II		Composite	A		324 (M) (3 woods)	Metal wood with stiffer version of E-Z Silver Swinger shaft.
	☐ Matzie Metal		St-G	L-X		199 (M) (3 woods)	Metal wood of 431 stainless steel.
	★ ☐ E-Z Swinger	C	Composite	A	585	360 (P, Lm)	Ultra-flexible E-Z Swinger shaft. Left-handed woods available.
	★ ☐ E-Z Swinger II	C	Composite	A	585	360 (P, Lm)	Stiffer version of E-Z Swinger shaft. Left-handed woods available.
	Innovator		St-G Composite	L-X		220 (M)	Stainless-steel shell with wood back.
	★ ☐ Custom		St-G	L-X		208 (P, Lm)	Dual swing weighting system in plate.
	☐ Signature	C	St-G	L-X	378		Progressive-profile irons.
MGM 606 Park Ntl. Bldg. Minneapolis, MN 55416 612-545-0323	☐ MASS I		St	A-X		360 (Lm)	16 cavities in sole to adjust and distribute weight.
	☐ MASS II		St	A-X		440 (P)	
	☐ MASS III	C	St	A-X	585		

627

1984 EQUIPMENT/STANDARD

COMPANY	MODEL	CAST OR FORGED	SHAFT MATERIAL	SHAFT FLEX	SUGGESTED RETAIL PRICE 9 IRONS	SUGGESTED RETAIL PRICE 4 WOODS	FEATURES
MIDDLEGROUND P.O. Box 612 Litchfield, KY 42754 502-259-5510	Rosewood		St	A-S		300 (P)	Pear-shaped with two-piece insert and diamond pattern.
	Light		St	A-S		280 (P)	Semi-pear-shaped with fiber insert and diamond pattern.
	Dark		St	A-S		260 (P)	Same as above but with brick red insert.
	Laminated		St	A-S		180 (Lm)	Pear-shaped, brick red insert, diamond pattern.
	Raven		St	R,S		180 (P)	Semi-pear-shaped with black finish.
	Logo	F	St	A-S	315		Chrome plated.
	MG/100	F	St	A-S	360		Chrome plated.
MIZUNO 5805 Peachtree Corners East Norcross, GA 30092 404-441-5553	Cimarron	F	LS	R,S	495	360 (P)	New for '84. Woods have graphite inserts; irons low center of gravity.
	☐ Black Turbo		G	L		1,000 (G)	Long-fiber, compression-molded graphite head.
	Turbo El		LS, G	R,S		500 (G)	New for '84. Long-fiber, compression-molded graphite head.
	★ Pro	F	St	R,S	495	360 (P)	Irons available with square or conventional toe and new muscle back.
	☐ Champion Flag	C	LS	L,R	270	167 (Lm)	New for '84. Woods have red/white/red cycolac insert. Irons have low center of gravity.
	☐ Ariel	F	LS	L	360	260 (P)	Woods have brass back-weighting, irons low center of gravity.
NATIONAL GOLF CENTER 18 Lois St. Norwalk, CT 06851 203-847-2491	Guidestar	C	St	R,S	325	265 (P) 245 (M)	Matched in total weight, swingweight, center of gravity, center of percussion.
NORTHWESTERN 4701 N. Ravenswood Ave. Chicago, IL 60640 312-275-0500 800-621-5156	☐ John Zebelean Tour Select		St	R-X		472 (M)	New for '84. Polished stainless finish with conventional hosel.
	☐ Thunderbird Steel		St, G	A-X		400 (M)	One-step Power Kick shaft in steel and graphite. Sight lines on top.
	★ ☐ Thunderbird II		St, G	A-X		400 (M)	Same as Thunderbird with offset hosel.
	965 Limited Edition		St	A,R-X		480 (P)	Available in jumbo or standard drivers.
	Touring Pro Metal		St	A,R-X		460 (M)	Byzanium casting with epoxy face.
	Pro Master Metal		St	A,R-X		280 (M)	Byzanium-alloy with whipping around hosel.
	Custom Graphite		St	R-X		420 (G)	New for '84. Injection-molded graphite heads with peripheral weighting.
	☐ Thunderbird	C	St	A-X	540		Classic design with small cavity back.
	965 Irons	C	St	A,R-X	540		431 stainless steel.
	☐ Pro Master	F	St	A-X	470		New for '84. Traditional hosel and high toe.
	★ ☐ Saga II	C	St	A,R-X	378		Perimeter weighted with offset hosel.
	★ ☐ Custom Power Kick		St	A-X		204 (Lm)	Traditional design with brass backweight.
	Professional	F	St	R,S	198	340 (M)	Traditional design. Irons are new for '84.
	Qualifier	C	St	R,S	270	152 (Lm)	Irons have low center of gravity with thin top line.
	☐ Lady Ultimate	C	LS	L	240 (8 irons)	114 (Lm) (3 woods)	Woods have heavy sole plates for low center of gravity. Irons are conventional profile.
	Tom Weiskopf Pro Classic	C	St	R,S	253	160 (M)	New for '84. Byzanium-alloy woods with perimeter weighting. Irons have cavity back.
	Carrera	C	St	R,S	270		New for '84. Wide, contoured sole.
	XD-500	C	St	R,S	270		Traditional blade.
	★ TPC-1000	C	St	R,S	160 (8 irons)	105 (M) (3 woods)	New for '84. Perimeter-weighted metal woods. Irons have thin top line.
	★ ☐ J. C. Snead/Judy Rankin	C	St	R,L	220 (M) (8 irons, 3 woods)		New for '84. Woods are back-weighted. Irons have added weight across back of blade.
	★ ☐ Signature	F	St	R,L	220 (Lm) (8 irons, 3 woods)		Classic design.
	★ ☐ Concorde	C	St	R,L	190 (M) (8 irons, 3 woods)		Woods have wood block insert. Irons are traditional design.
	★ ☐ Custom 100	C	St	R,L	170 (8 irons, 3 woods)		Cycolac woods with epoxy insert.
	Varsity	C	St	R,L	195 (8 irons, 3 woods)		Intermediate junior set.
	★ Chi Chi Rodriguez Champ	C	St	J	110 (5 irons, 2 woods)		Combination wood and metal heads. Toe-heel-sole weighted irons.
PAL JOEY 71 Maholm St. Newark, OH 43055 614-344-2390	★ ☐ Tour Model System II	C	St, LS	A-S	342		Peripheral weighting.
	★ ☐ Tour Model System III	C	St, LS	A-S	342		New for '84.
	★ ☐ Tour Model		St, LS	A-S		280 (P) 280 (M)	Traditional pear-shaped model. Driver available in deep and shallow faces.

1984 EQUIPMENT/STANDARD

COMPANY	MODEL	CAST OR FORGED	SHAFT MATERIAL	SHAFT FLEX	SUGGESTED RETAIL PRICE 9 IRONS	SUGGESTED RETAIL PRICE 4 WOODS	FEATURES
PALM SPRINGS P.O. Box 2102 Palm Springs, CA 92234 619-324-8265	★ ☐ Gravity Balance	C	St, LS	A-S	360	240 (M)	Cavity-back irons are perimeter weighted.
	☐ Tour Model	F	St	L-S	450		Traditional design.
	☐ Tour Model	C	St, LS	A-S	360		Cavity-back irons are sole-weighted.
	☐ Metal		St, LS	A-S		320 (M)	Traditional pear-shaped non-offset design.
	★ ☐ Tour Metal		St	A-S		240 (M)	Non-offset.
PEBBLE BEACH 137½ So. Orange Glendale, CA 91204 213-502-9947	☐ Model 5	C	St-G	A-X	350		Irons have low center of gravity.
	☐ Steelheads		St-G	A-X		270 (M)	Perimeter weighting.
	Tour Model		St-G	R-X		330 (P)	Traditional design with 2-piece fiber inserts and 6 screws.
DAVE PELZ 19 Windmill Circle Abilene, TX 79605 915-695-2010	★ ☐ DP-I Lajet Classic	C	St		600	500 (P, M)	New for '84. Frequency-matched shafts available in 3.5 through 8.5 rating in woods and irons.
	☐ DP-II Tour Classic	F	St		600	500 (P, M, G)	New for '84. Frequency-matched 3.5 through 8.5 in woods and irons. Graphite heads are injected molded.
PGA GOLF 8350 N. Lehigh Ave. Morton Grove, IL 60053 312-966-6300	☐ T-Line	C	LS	L-S	531	348 (M) 314 (Lm)	Woods have T-line alignment and twin-rail sole. Progressive offset irons with low center of gravity.
	Emblem	C	LS	R,S	562	348 (Lm)	Chamfered sole, swingweight adjustment and progressive offset.
	★ Tommy Armour	F	St	R,S	540	360 (P)	Traditional woods. New Diamond Scot irons with square toe or traditional round toe Silver Scot irons.
	☐ Butterfly	C	LS	L	414	232 (Lm)	Cambered sole woods new for '84. Irons are progressive offset.
	☐ Ryder Cup II	C	St	L-S	288	214 (Lm)	Cavity-back irons.
PINSEEKER 3502 S. Susan St. Santa Ana, CA 92704 714-979-4500	☐ Olympian	C	St-G	A-X	515	360 (M)	Irons have radius sole.
	Tour Classic	C	St-G	R-X	436	328 (P)	Woods have aluminum inserts. Traditional irons.
	☐ Rebound	C	St-G	A-X	468	260 (Lm)	Woods have brass backweights. Flex-face, heel-toe weighted irons.
	★ ☐ Bombshell	C	St-G	A-X	468	328 (M)	Traditional or offset design.
	Limited Edition	F	St-G	R-X	630	500 (P)	Sets are individually registered.
	☐ Ladies MS	C	St-G	L	270	160	Sole-weighted woods. Irons are heel-toe, perimeter weighted.
JOE POWELL 3909 Clark Rd. Sarasota, FL 33583 813-921-6257	LFP		St, LS	A-X	392 (P)		New for '84. Pear-shaped woods.
	☐ PT1W		St, LS	A-X	380 (P)		Aluminum firing pin.
	★ ☐ 693P		St, LS	A-X	352 (P)		Fiber insert.
	J-Matic		St, LS	A-X	400 (P)		Red-white-red insert.
	P271W		St, LS	A-X	352 (P)		9° loft on driver.
	★ Glas-Trac		St, LS	A-X	368 (P)		Lama-glass insert.
	☐ RS	F	St, LS	A-X	495		New for '84. Rolled and contoured sole.
PRESTIGE 74-399 Hwy II Suite F Palm Desert, CA 92260 619-340-6994	Pro Grind	F	LS	A-X	495		
	☐ Tour Classic	C	LS	A-X	441		Compact design.
	☐ Metal Wood		LS	A-X		332 (M)	Traditional design.
	Persimmon Wood		LS	A-X		400 (P)	Aluminum insert with brass backweight.
	☐ Laminated Wood		LS	A-X		268 (Lm)	
PRIMA 3325 S. Western Las Vegas, NV 89109 702-369-2711	Prima II	C	St-G	A-X	378	300 (M)	New for '84. Shorter shafts with stronger lie.
	★ ☐ Prima	C	St-G	A-X	378	300 (M)	Woods have adjustable weighting system. Heel-toe, perimeter weighted irons.
	☐ Prima Ladies	C	St-G	A-X	324		Four-way cambered sole.
	★ ☐ Persimmon		St, LS	A-X		312	Traditional design.
	★ ☐ Laminated		St, LS	A-X		212	Traditional design.
PRO DYN 61 Martin Lane Elk Grove, IL 60007 312-894-3694 800-323-9614	3G Stainless		St, LS	A-X		360 (M)	New black finish for men, blue for women. Radius sole, low center of gravity.
	☐ Precision		St, LS	A-X		440 (P)	Radius sole and aluminum face inserts.
	☐ Laminated Maple		St, LS	A-X		300 (Lm)	Radius sole with Phenolic inserts.
	GP Irons	C	St, LS	A-X	495		Leading edge of sole even with leading edge of shaft.
PROGROUP 99 Tremont St. Chattanooga, TN 37405 615-267-5631	Palmer Peerless		St	R,S		500 (P)	New for '84. Persimmon treated with vacuum impregnation process (Densitized). Hand-ground to exact swingweight.
	★ Palmer Standard	F	St	R,S		480	
	Palmer Deacon	F	St, LS	R,S		480	Increased blade depth with slight offset.
	Palmer Persimmon		St, LS	R,S		367 (P)	Traditional design.
	Palmer Laminated		St	R,S		277 (Lm)	Traditional design.
PRO SPORTS 100 Sherwin Dr. Box 849 Port Richey, FL 34288 813-845-6213	☐ PS1000	C	St, LS	L-S	450	360 (M)	Perimeter weighting with low center of gravity.
RAINBOW 20130 Hamilton St. Torrance, CA 90502 213-327-0011	Sealed Power	C	St, LS	A-X	405	268 (P)	Conventional design for better players.
	Craig Stadler	C	St, LS	A-X	360	260 (P)	Classic blade design.
	Rainbow Metal	C	St, G	A-X		260 (M)	Conventional head shape with brown finish.

629

1984 EQUIPMENT/STANDARD

COMPANY	MODEL	CAST OR FORGED	SHAFT MATERIAL	SHAFT FLEX	SUGGESTED RETAIL PRICE 9 IRONS	SUGGESTED RETAIL PRICE 4 WOODS	FEATURES
RAM 2020 Indian Boundary Dr. Melrose Park, IL 60160 312-681-5800	Laser	C	St, G	L-X	513	340 (G)	New for '84. Injection-molded graphite-headed woods. Frequency-matched shafts.
							Irons have wide cambered sole and offset design. Frequency-matched shafts.
	Ram Pro TW805		St	R-X		360 (P)	Persimmon woods with graphite insert. Designed by Tom Watson. Frequency-matched shafts.
	★ ☐ Golden Ram Tour Grind	F	St	L-X	560	360 (P, M)	Persimmon woods have aluminum insert. Classic irons. Frequency-matched shafts.
	★ Accubar Lite	C	LS	R,S	495	320 (M)	Offset design.
	☐ Golden Lady Accubar	C	LS	L	378	260 (M)	Offset design.
	★ Sensor	C	LS	R,S	338	200 (Lm)	Woods have aluminum insert, irons are perimeter weighted.
	☐ Golden Girl	C	LS	L	252	148 (Lm)	Woods have V-sole. Irons perimeter weighted.
RAWLINGS 400 Toney Penna Dr. 305-746-5146 Jupiter, FL 33458	Toney Penna Steel		St, R	R,S		340 (M)	New for '84. Thin neck with perimeter weighting.
	Toney Penna Super Blade	C	St	R,S	450		New for '84. No-hosel design.
	Toney Penna TPIX	F	St	R,S	420	392 (P)	Square look for easy alignment.
	★ Toney Penna Original	F	St	R,S	525	392 (P)	Classic design.
	Toney Penna TP810	C	St	R,S	420	392 (P)	Pennaflex plus shaft with lower kick. Gull-wing back design on irons.
	☐ Toney Penna Empress	C	LS	L	336 (8 irons)	310 (P) (3 woods)	
	Lee Trevino Steelwoods		St	R,S		75 ea. (M)	Thin neck with perimeter weighting. Available in Driver, Brassie, 3, 4, 5.
	Lee Trevino TKO	C	LS	R,S	168 (8 irons)	100 (Lm) (3 woods)	Large-blade irons with wide sole.
	Lee Trevino Tour Grind	C	LS	R,S	168 (8 irons)	100 (Lm) (3 woods)	Classic design.
	☐ Lady Omega Steelwoods	C	LS	L		75 ea. (M)	Available in 1, 3, 5.
	☐ Lady Omega	C	LS	L	168 (8 irons)	100 (Lm) (3 woods)	Slightly offset.
JOHN RILEY 585 Cannery Row Monterey, CA 93940 408-373-8855	★ ☐ Repeater	C	LS	A-X	360	360 (Lm)	Woods are new for '84, with stainless steel insert. Offset irons.
	☐ Matador	C	LS	A-X	360	320 (Lm)	Woods have cycolac insert, irons are slightly offset with rounder profile.
ROYAL 10100 S. Dixie Hwy. Clarkston, MI 48016 313-625-1313	☐ Geometric Metal		LS	A-S		240 (M)	New for '84. Geometric grip aligns axis of hands with sweet spot.
	Geometric Persimmon		LS	A,R,S		220 (P)	Geometric grip.
	☐ Lady Geometric		LS	A,L		180 (Lm)	Geometric grip.
	☐ Geometric	C	LS	A-S	300		New for '84. Muscle-back design with Geometric grip.
	Impact	C	LS	R,S	270	180 (Lm)	New for '84. Irons have low center of gravity.
	☐ Daisy	C	LS	L	216	168 (Lm)	Irons have Daisy emblem.
SHAMROCK 17622 Armstrong Ave. Irvine, CA 92714 714-549-8450	☐ Power Pocket	C	LS, G	A-X	435		Lower center of gravity. Precise swing-weighting without weighting hosel.
	☐ Classic	F	St	A-X	415	280 (P)	Persimmon new for '84. Classic design. Irons have thin top edge and sole weighting.
	☐ Quantum	C	St	A-X	405	300 (M)	Metal wood new for '84. Irons are heel-toe-sole weighted with curved sole. Woods are perimeter weighted with offset hosel.
	Classic Graphite		St-G	A-X		360 (G)	New for '84. Injection-molded graphite head with deep-face design.
SIDEKICK 4000 N. 7th St. Phoenix, AZ 85014 800-528-1174	★ ☐ Big Bronco		St	L-X		640 (P)	Light overall weight, 12.0-12.4 ounces. Steel-core graphite shafts.
	☐ Bronco	C	St	R,S	810		Classic design. Steel-core graphite shafts.
SIGMA 1746 Abalone Ave. Torrance, CA 90501 213-328-3752	Tiger Shark	C	St, G	A-X	468	280 (Lm)	New for '84. Stronger loft, shorter shaft length and low center of gravity.
	☐ Piranha		St, G	A-X		332 (M)	New for '84. Tiger Shark concept in metal woods.
SLOTLINE 5949 Engineer Dr. Huntington Beach, CA 92649 714-898-2888	☐ California Bomber		St	A-X		600 (M)	New for '84. Traditional design made of magnesium 356 alloy with full face.
	☐ Iron Duke		St	A-X		240 (M)	Tracking sole with low center of gravity.
	☐ Hurricane		St	A-X		240 (M)	Cambered sole.
	☐ Sensor II	C	St	A-X	425		Cavity-back irons.
	☐ Low Pro	C	St	A-X	425		Irons are low profile and sole-weighted.
	★ ☐ Control		St	A-X		240 (M)	Heel-toe weighted and made of aluminum.
	☐ Honours		St	A-X		340 (P)	Traditional design.

630

1984 EQUIPMENT/STANDARD

COMPANY	MODEL	CAST OR FORGED	SHAFT MATERIAL	SHAFT FLEX	SUGGESTED RETAIL PRICE 9 IRONS	SUGGESTED RETAIL PRICE 4 WOODS	FEATURES
SOUNDER P.O. Box 633 Old Saybrook, CT 06475 203-388-1492 800-243-9234	★ ☐ Star	C	LS	L-S	540		New for '84. Long blade with slight offset and wide sole.
	☐ Silver Star	C	LS	L-S		334 (M)	New for '84. 1⅝" face depth on driver. Available in silver, maroon, blue epoxy finish.
	☐ Tour Star	C	LS	L-S	540	400 (P)	Woods have fiber insert. Irons traditional design with slight offset.
	☐ First Star	C	LS	L-S	486	316 (Lm)	Woods have fiber insert. Irons are offset with medium-low profile and wide sole.
SPALDING 425 Meadow St. Chicopee, MA 01021 413-536-1200	★ ☐ Executive	C	LS	L-S	320 (8 irons)	150 (Lm, M) (3 woods)	Heel-toe weighted.
	☐ Top Flite XL		LS, G	L-X		240 (M) (3 woods)	Perimeter weighted. Painted heads slightly higher in price.
	☐ XL4	C	St	L-S	360 (8 irons)	165 (3 woods)	4-point weighting.
	☐ Top Flite	F	St	R,S	400 (8 irons)	180 (Lm) 240 (P) (3 woods)	Classic design.
	★ ☐ Pro Flite	C	LS	L-S	186 (8 irons)	80 (Lm) (3 woods)	Irons have cavity back, offset hosel.
	☐ Rebel	C	LS	R	186 (8 irons)	80 (Lm) (3 woods)	Irons are slight offset with cambered sole.
	☐ Lady's Choice	C	LS	L	266 (3 woods, 8 irons)		Irons are slight offset with cambered sole.
	☐ Epic	F	LS	L,R	215 (3 woods, 8 irons)		Irons have low center of gravity.
	☐ Tee Flite	F	St	L,R	188 (3 woods, 8 irons) 120 (2 woods, 5 irons)		Beginner's sets.
SQUARE TWO 18 Gloria Lane Fairfield, NJ 07006 201-227-7783 800-526-2250	★ ☐ LPGA	C	St-G	A-R	380 (8 irons)	250 (Lm)	LPGA-endorsed clubs designed specifically for women.
	★ ☐ LPGA Lady Petite	C	St-G	L	380 (8 irons)	250 (Lm)	For women 5-2 and under.
	☐ LPGA Forged	F	St-G	A-R	432 (8 irons)		New forged line for '84.
	☐ Forged	F	St-G	A,R-X	486		New non-offset for '84.
	★ ☐ Sabre	C	St-G	A,R-X	450	290 (Lm) 340 (P)	Progressive set.
	☐ Metal		St-G	A-X		340 (M)	Perimeter weighting new for '84. Available in offset and non-offset.
STAG 103 Wiley Bottom Rd. Savannah, GA 31411 912-598-1968	☐ Stag Carbon Graphite		St	A-X		400 (G)	New for '84. Injection-molded heads.
	★ ☐ Stealer		St, LS	L-S		375 (M) (5 woods)	Left-handed model available in Nos. 1, 3.
	☐ HMC		St, LS	L-S		380 (P)	Deep-face woods with aluminum center bar insert on face.
	☐ Nitro XP	C	St, LS	L-S	405	360 (P)	Traditional design. Woods have brass backweights. Irons have thin top line.
	☐ Classic	C	St, LS	L-S	383		Heel-toe weighting and low center of gravity.
	☐ Nitro 600	C	St, LS	L-S	383		Low profile.
ST. ANDREWS 4813 Paradise Rd. Las Vegas, NV 89109 1-800-634-6743	☐ St. Andrews Sight-Line	C	LS	A-X	225	200 (M)	Woods and irons are perimeter weighted. Irons are wide sole with longer blade.
STAN THOMPSON 2707 S. Fairfax Ave. Culver City, CA 90230 213-870-7228	★ ☐ Ginty	C	LS	A-X	369	200 (Lm)	Ginty V-shaped sole on woods and irons. Woods available Nos. 1-9.
	★ ☐ Pro Motion	C	LS	A-X	418	200 (Lm)	Traditional design.
	☐ Stainless Steel Ginty		LS	A-X		254 (Lm)	Ginty sole configuration. Available Nos. 1-6 plus utility.
	★ ☐ Reinforcer		LS	A-X		200 (Lm)	Traditional design.
	☐ RC-20X	C	LS	A-X	369		Irons have cavity back with perimeter weighting.
SUPERIOR 134 W. 168th St. Gardena, CA 90248 213-515-3632	☐ Tour Irons	C	St	A-X	200		Scotch blade design.
	☐ Persimmon Woods		St	A-X		175 (P)	Traditional design with 4-screw face and burgundy insert.
TAYLOR MADE 4105 Crystal Lake Rd. McHenry, IL 60050 815-344-3230	★ ☐ Metalwoods		St-G	A-X		360 (M)	Cleek series new for '84 with two runners on sole.
	☐ Technician	C	St-G	A-X	525		New for '84. Progressive offset with wide radius flange.
	☐ EL 1	C	St-G	A-X	495		Traditional design.
	☐ Tour Preferred	F	St-G	A-X	495		Traditional design with bounce sole.
TITLEIST P.O. Box B965 New Bedford, MA 02741 617-997-2811	☐ Tour Model 841	F	St	R,S	630	440 (P)	New for '84. Limited Edition, leather grips.
	☐ Tour Model	F	St	R,S	540	360 (P) 300 (Lm)	New for '84. New forgings with tour preferred grind.
	★ ☐ Pinnacle	C	St	L-S	540	340 (M)	Low profile designed woods. Irons have "barbell" weighting system.
TRIUMPH 3620 105th St. Orlando, FL 32812 305-851-7950	☐ Triumph	C	St, LS	A-X	250	160 (M)	New for '84. Traditional design with reinforced face.
	★ ☐ Tempo	C	St, LS	A-X	250	225 (P)	Backweighted with changeable swingweights.
	★ ☐ Terrain Master	C	St, LS	A-X	250	245 (P)	Oil-hardened woods with red/white/red fiber insert.

1984 EQUIPMENT/STANDARD

COMPANY	MODEL	CAST OR FORGED	SHAFT MATERIAL	SHAFT FLEX	SUGGESTED RETAIL PRICE 9 IRONS	4 WOODS	FEATURES
UNIVERSAL P.O. Box 1033 Rancho Mirage, CA 92270 619-328-0878	☐ WSS Stainless Steel		St	A-X		320 (M)	Offset, perimeter weighted with compact head.
	★ ☐ Stainless Steel		St	A-X		210 (M) (3 woods)	New for '84. Non-offset.
	Persimmon Woods		St	R,S		330 (P) (3 woods)	New for '84. Graphite insert and brass backweighted.
	★ ☐ Laminated Woods		St	A-X		252 (Lm)	Deep-face driver, pear-shape design.
	★ ☐ Unique Standard	C	St	A-X	499		New for '84. Perimeter weighted with wide flange sole.
WILSON 2233 West St. River Grove, IL 60171 312-456-6100	★ ☐ Staff	F	St	L-X	425	340 (P)	New for '84. Classic tour-grind irons with blunted toe; shaft mounted through blade to sole. Tour block woods with brass backweights.
	★ 1200 Gear Effect	C	St	R,S	525	292 (Lm) 347 (M)	Perimeter-weighted woods available in offset and non-offset designs. Wide-sole, cavity-back irons. Power-Loc grips.
	★ 1200LT	C	LS	R,S	285	160 (Lm) 265 (M)	Perimeter-weighted metal woods new for '84. Heel-toe weighted irons with radiused sole.
	Aggressor	C	St	R,S	495	293 (G)	New for '84. Injection-molded graphite composite wood heads. Large offset irons with cavity back.
	☐ Tiara	C	LS	L	345	218 (M) aluminum 268 (M) stainless	Perimeter-weighted stainless woods new for '84. Wide-sole irons with cavity back. Power-Loc grips.
	★ K-28 (S)	C	St, LS	R	286 (8 irons)	194 (Lm)	Cavity-back irons.
	★ ☐ Sam Snead Blue Ridge (S)	F	St, LS	R	211 (8 irons)	159 (Lm)	Traditional design.
	Andy Bean Classic (S)	F	St	R	171 (8 irons)	92 (Lm) (3 woods)	Classic design.
	★ ☐ Patty Berg Cup Defender (S)	F	St	L	211 (8 irons)	120 (3 woods)	Sole-weighted irons.
	Laura Baugh Classic (S)	F	St	L	107 (5 irons)	62 (2 woods)	Classic design.
	Jr. Tour	F	St	Y	200 (4 irons, 2 woods)		38½" driver. Putter and bag included.
YAMAHA P.O. Box 6600 Buena Park, CA 90622 714-761-7602	C-300		St, G	R-X		756 (G)	New for '84. Compression-molded graphite heads. Conventional-depth driver in 9° and 10°.
	C-200		St-G	R-X		756 (G)	New for '84. Compression-molded graphite heads. Shallow 12° driver.
	☐ C-100		LS, G	L-R		636 (G)	New for '84. Compression-molded graphite heads. Driver loft 14°.
YONEX 350 Maple Ave. Torrance, CA 90503 800-637-8629 800-992-6639	Carbonex II		St, G	R,S		210 (G)	Compression-molded graphite heads.
	Carbonex 22		St, G	R,S		150 (G)	Compression-molded graphite heads.

1984 EQUIPMENT/CUSTOM

COMPANY	MODEL	DELIVERY TIME	CAST OR FORGED	PRICE 9 IRONS	PRICE 4 WOODS	GENERAL FEATURES
BAILEY & IZETT, INC. 2538 Haverford Rd. Ardmore, PA 19003 215-642-1887	★ 129	3-4 weeks			340 (P)	Classic design. Face depth 1¾".
	★ 359				340 (P)	Compact, round shape. Face depth 1⅝".
	440				288 (Lm)	Available in face depths 1⅜"-1½".
	900				200 (Lm)	New for '84. Ladies' club is red with white face, 12° loft.
	166				288 (Lm)	Square face, 1⅝" deep.
	660				288 (Lm)	Small head, 1½" face.
	C-211 Irons		C	486		Classic design. No offset, ground to exact weight.
B & M GOLF CO. 16 Church St. Kings Park, NY 11754 516-269-1188	★ Proficiency Irons	2-3 weeks	C	275		New for '84. Perimeter weighted for enlarged sweet spot. 431 stainless steel.
	★ Proficiency Woods	4-6 weeks			220 (Lm) 260 (P)	Pear shaped with adjustable swingweight port. Oil hardened; phenolic inserts.
BOB BURNS CUSTOM CLUBS 408 W. College Ave. Appleton, WI 54911 414-734-2552	★ Vintage Classic Woods	2-3 weeks			340 (P)	Oil-hardened persimmon with pear shape. Two-piece fiber insert has six brass screws.
	Vintage Classic Scotch Irons		C	350		431 investment stainless steel. Plain backing with thin top line.
	★ Deluxe Laminated Woods				280 (Lm)	Fiber face. Adjustable swingweight cavity. Shallow/medium/deep face drivers available.
	★ Ladies Laminated Woods				300 (Lm)	Maple wood in choice of colors. Adjustable swingweight cavity. Heel-toe brass weighting.
	★ Steely Woods				210 (M)	New for '84. Low center of gravity with peripheral weighting. Available in Nos. 1-7.
	Medallion Irons		C	350		431 investment stainless steel. Cambered sole and longer, larger blades on long irons.
	Medallion Forged Irons		F	275		Traditional design. Tour grind leading edge.
BUTZIN'S PINE HOLLOW GOLF CENTER W241 S. 4081 Highway F Waukesha, WI 53186 414-544-4653	Custom II	3-6 weeks	C	338		Perimeter weighted with sole weight port. Wide flange.
	★ Custom II Gamma-Fire	3-6 weeks			280 (Lm, P)	Laminated and persimmon woods have gamma-fire insert. Available in shallow/medium/deep face.
CINCINNATI GOLF SERVICE, INC. 614 Burns St. Cincinnati, OH 45204 513-921-3671	CG 100	6 weeks			100 ea. (P) (No. 1 only)	Face depth 1¾". Replica of George Bayer model.
	CGX 81				360 (P)	Shallow face, pear shaped.
	CGX 72				360 (P)	Face depth 1⅝".
COLUMBIA CUSTOM CLUBS 7 Diamond Lane Columbia, SC 29210 803-798-6454	★ Tour Model Air Dried	7-10 days			320 (P)	New for '84. Classic design with aluminum insert. Air-dried, oil-hardened block.
	★ Tour Model Persimmon				260 (P)	Blonde or rosewood finish available. Three-piece fiber insert.
	★ Tour Model Laminated				200 (Lm)	Dark pecan finish. Three-piece fiber insert.
	Tour Model Irons		F	270		Classic design with slight offset. Plain back.
CUSTOM GOLF CLUBS, INC. 10206 N.I.H. 35 Austin, TX 78753 1-800-531-5025	★ Golfsmith	4 weeks (woods) 1 week (irons)	C	256	170 (Lm, P)	Classic design in both woods and irons.
RAY CUTRIGHT CUSTOM CLUBS, INC. 101 Palm St. St. Simons Island GA 31522 912-638-3808	★ Model 29	4-6 weeks	F	360	340 (P)	Classic pear shape. Oil hardened, medium face depth. Three-piece fiber insert. All woods available in Nos. 1-7.
	Model 69		F	360	340 (P)	Oil hardened. Deep face. Five inserts available.
	★ Model RC		C	360	340 (P)	Oil hardened. Shallow face, small head with 12° loft.
	Model 85		C	360	340 (P)	Oil hardened. Medium head, shallow face with 12° loft.
BERT DARGIE GOLF 2883 Poplar Memphis, TN 901-324-4688	★ 85, 653, 945, 170	4-5 weeks			300 (Lm) 360 (P) 400 (O.H.)	Selection of 250 different model drivers. Five-year warranty on all clubs.
	Tour Edition		C	450		Classic design.
DIAMONDHEAD GOLF CO. Highway 7, Box 317 Diamond City, AR 72626 501-422-7613	★ Silver Eagle	30 days			320 (M)	Stainless steel. Perimeter weighted.
	Diamondhead		C	396	260 (Lm, P)	Stainless steel irons machined in Scotland.
	Cavity Back			396		Stainless steel. Toe-heel weighted.

LEGEND:
★ — Available in left-handed model
Lm — Laminated
P — Persimmon
M — Metal wood
G — Graphite shafts

Prices are suggested retail as of publication date. Unless otherwise indicated, prices are for steel-shafted clubs; graphite shafts are more expensive.

1984 EQUIPMENT/CUSTOM

COMPANY	MODEL	DELIVERY TIME	CAST OR FORGED	PRICE 9 IRONS	PRICE 4 WOODS	GENERAL FEATURES
DICK'S GOLF SHOP Box 1001 North Platte, NE 69101 308-532-7550	Excellence Irons— Tour Model	2 weeks	C	450		Classic design. Muscle back.
	Excellence Woods	3 weeks			280 (Lm) 320 (P)	Compact design. Aluminum inserts.
GOFF'S GOLF CLUB SERVICE 1423 Ponce de Leon Blvd. Coral Gables, FL 33134 305-443-2659	Golden Falcon I	6 weeks	F	540	380 (Lm)	Woods Nos. 1-9 available with shallow/medium/deep faces. Irons are slightly offset.
	Golden Falcon II	2 weeks	C	428	300 (Lm, P)	Persimmon available in driver only. Laminated available in Nos. 1-9 in shallow or medium face. Irons feature classic tour-blade design. Driver available in left-handed model.
GOLFCAST OF NAPLES, INC. P.O. Box 1463 Naples, FL 33939 813-597-6188	★ Crookshank Woods	3-4 weeks			220 (Lm) 240 (P)	Nos. 1-5 available in left-handed model. Micro balance.
	Crookshank Irons	2-3 weeks	C	315		Compact blade. Sole weighting.
	★ Centre-Poise Woods	3-4 weeks			220 (Lm) 240 (P)	Nos. 1-5 available in left-handed model. Classic style, compact head.
GOLD COAST GOLF SUPPLY 15089 Los Gatos Blvd. Los Gatos, CA 95030 408-358-4171	★ Tradition Metal Wood	4 weeks			295 (M)	New for 1984. 17-4 stainless steel heads with torsion-matched shafts. Hinkle hammer driver available with reduced weight in shaft.
	★ Tradition Persimmon	8 weeks	C	295	340 (P)	USA persimmon with custom engraving available. Irons are classic blade.
	★ Tradition Custom Lite	8 weeks	C	295		Low weighting for easy projectory.
GOLF UNLIMITED, INC. P.O. Box 28 Belle Mead, NJ 08502 201-526-4580	Model 26	5 weeks			320 (P)	Classic design, pear-shaped persimmon. Face depth 1$\frac{5}{16}$". Available in Nos. 1-5 only.
	★ Model 71				320 (Lm, P)	Conventional design. Medium face depth. Persimmon available in Nos. 1-5, laminate in Nos. 1-15.
	★ Model 50				80 ea. (Lm, P)	Compact head. 13° loft, sole weighted.
GORMAN GOLF PRODUCTS, INC. 24520 W. Twelve Mile Southfield, MI 48034 313-356-2800	★ Top Kick II	3 weeks	F	360	300 (P)	Oil hardened, available in Nos. 1-7. Linen or fiber inserts.
	Top Kick	3 weeks	C/F	360	210 (Lm)	Available in Nos. 1-5. Irons available in left-handed.
	Top Kick Metal	2 weeks			240 (M)	Driver available with 8°, 10° or 12° loft.
GRAEAGLE GOLF CO., INC. P.O. Box 127 Graeagle, CA 96103	★ Don Fleming Signature	4-5 weeks			440 (P)	Traditional pear-shaped persimmon. Three driver head sizes. Available in Nos. 1-6 in ½-club increments. Glass inserts.
	★ Amberlite	4-5 weeks			560 (P)	Larger shaft diameter for reduced torque, added distance and better direction control.
	Amberlite Irons	1-2 weeks	C	720		New for '84. Larger shaft diameter for reduced torque, added distance and better direction control.
	Graeagle Signature	1-2 weeks	C	420		431 or 17-4 stainless steel.
HAND CRAFT GOLF CO. 466 Maple Ave. Westbury, NY 11590 516-334-6320	★ Hand Craft	4-6 weeks	F	475	300 (Lm, P)	Irons are stainless steel with no offset, straight hosel and sole weighting. Woods have pear-shaped heads with formica and micard inserts. Available in deep/standard/shallow face.
HUBBY HABJAN CUSTOM CLUBS P.O. Box 442 Lake Forest, IL 60045-0442 312-234-8225	Persimmon Drivers	7-10 days			360 (P)	Three models: deep/standard/shallow face.
	Custom Crafted Drivers				340 (Lm)	Brass soleplate for low center of gravity. Standard and lofted model available.
	★ HH 141 Woods				340 (Lm)	Deep/standard/shallow face models available. Nos. 2-8.
	HH Stainless Steel Woods				360 (M)	Black finish with two adjustable weight screws.
	★ HH Forged #395		F	585		Classic design. Bright chrome, bounce sole with square or round toe design.
	HH Scotch Blade		C	585		Cavity back, bounce sole and low center of gravity.
	HH Custom Crafted		C	585		Low center of gravity, lower-profile irons.
JACK'S GOLF REPAIR & CUSTOM MADE CLUBS 1709 Livernois Troy, MI 48083 313-362-2626	★ Personal F 70 Irons	2 weeks	F	450		Traditional muscle-back design.
	Natural R B R Woods				400 (P)	Air-dried, oil-hardened persimmon with fiber insert/brass inlay.
	★ J RWR Woods				360 (P)	Oil hardened with three-bar fiber insert.
	J PBF Woods				300 (P)	Brown fiber insert.
	★ J LB Woods				260 (Lm)	Cross-ply maple with cycolac insert.
	Level Four Irons		C	405		Stainless steel cast.
GARY JOHNSON GOLF ENTERPRISES 4610 Akron-Cleveland Rd. Peninsula, OH 44264 216-923-1735	★ Condor	4 weeks	C	315	220 (Lm, P)	Irons bear Condor medallion. Woods available in any color or insert material.
	Condor Metal	1 week			240 (M)	Stainless steel heads.

634

1984 EQUIPMENT/CUSTOM

COMPANY	MODEL	DELIVERY TIME	CAST OR FORGED	PRICE 9 IRONS	PRICE 4 WOODS	GENERAL FEATURES
TOMMY JOYNES COUNTRY CLUB GOLF 1164 W. Eighth St. S. Plainfield, NJ 07080 201-755-6104	TJ 65M	8 weeks			660 (P)	New for '84. Deep face with semi-rounded head and slightly pointed toe. Available in black or red mahogany, red or white fiber insert. Oil hardened.
	TJ 694M				660 (P)	New for '84. Pear shaped, deep faced. Red fiber insert. Mahogany or black finish. Oil hardened.
	TJ 639M				660 (P)	New for '84. Rounded head. Face depth 1⅝". Slight hook face. Red fiber insert with red mahogany finish. Oil hardened.
KEARNEY & SON, INC. 7606 Shadywood Rd. Bethesda, MD 20817 301-469-8439	B/N 259	5 weeks			380 (P)	Byron Nelson model. Head is replica of M85/75/55, M43, T/A 693 MacGregor models from the 1950s. Face depth 1⅝".
	GB1W				380 (P)	George Bayer model. "Strong" club inspired by M/T LFF design for the big hitter. Face depth 1 11/16".
	SS1W				380 (P)	Modern version of the B/N 259 with less of a pear-shaped nose. Cycolac, fiber, aluminum and epoxy inserts available.
	★ K & S				360 (P)	Shallow-faced driver.
KEPLER'S TOUR SPECS GOLF 1809 Sharpe Ave. Walnut Creek, CA 94596 415-932-8179	★ Blonde Select Persimmon	3-5 weeks			380 (P)	Pear-shaped persimmon made by two-phase hardening process. Red-white-red fiber insert.
	★ Mahogany Persimmon				300 (P)	Oil-hardened persimmon. Pear-shaped woods with red fiber insert.
	Tour Spec		C	360	225 (M) (3 woods)	New for '84. Stainless steel heads are traditionally shaped with whipped neck. Available in Nos. 1-3-5. Irons have low center of gravity.
KEPLER'S CUSTOM CLUBS 1050 Old Dixie Lake Park, FL 33403 305-848-1594	Kepler Classic	1 month (woods) 2 weeks (irons)	F	338	320 (P)	Woods have two-tone red-white micarta insert. Woods available in left-handed model.
LE MASTER 4711 Schaefer Ave. Chino, CA 91710 714-591-6583	Origional	3-4 weeks	C	540	400 (P) 340 (Lm)	Low center of gravity, cambered sole. Slight offset. All clubs are frequency-matched.
	Classic II		C	540	400 (P) 340 (Lm)	Traditional Scotch blade design. Nonoffset.
	Forged Classic		F	540	400 (P) 340 (Lm)	New for '84. Cambered sole, thin leading edge. Nonoffset.
	Beryllium Copper or Nickle		C	4,500 (graphite shafts)	700 (M)	Heavier heads ground to exact weight specifications.
RALPH MALTBY ENTERPRISES, INC. 4820 Jacksontown Rd. P.O. Box 3008 Newark, OH 43055-7199 614-323-4193	RM 880 Woods	6 weeks			360 (P)	Traditional shape with brass firing pin in the insert.
	RMA Irons	4-6 weeks	C	360		Available in 431 stainless steel or mild steel. Any shaft or grip available.
	★ RM 10 L Woods	4-6 weeks			274 (L)	Cycolac insert. Any shaft or grip available.
MARIO'S GOLF SHOP 511 N. Eureka St. P.O. Box 253 Redlands, CA 92373 714-798-3548	Dimple Wood	10 days			74 ea. (M)	Aerodynamic design. Available in Nos. 1-3-5 only in choice of five colors. Low center of gravity.
	Irons		F	328		
ORLIMAR GOLF CO. 10001 Pearmain St. Oakland, CA 94603 415-568-1678	★ Custom-made Woods	8 weeks			500 (P)	Dense, oil-hardened persimmon cut to individual specifications.
	★ Standard Woods	1 week			384 (P)	Made to standard specifications.
	★ Diamond Woods	1 week			260 (Lm)	Heavy brass soleplate helps to pop ball out of rough.
	Orlimar Irons	3 weeks	F	405		Clean forged blade with muscle back. Low center of gravity, thin top line.
PEDERSEN CUSTOM GOLF CLUBS, INC. 312 Howard Ave. Bridgeport, CT 06605 203-367-1155	86 Classic Wood	8 weeks			135 ea. (Lm, P)	Classic pear-shaped design.
	★ XL-46 Wood				135 ea. (Lm, P)	Face extends slightly in front of shaft. Available in Nos. 1-15.
	★ Butchard Wood				135 ea.	Classic, shallow-faced design.
	★ Forged Stainless Iron	6 weeks	F	720		Compact, traditional blade.
	★ Forged Carbon Steel Iron		F	720		Compact, traditional blade.
	Cast 100 Stainless Iron		C	720		Elongated blade.
	XL-7 Stainless Iron		C	720		Low center of gravity.
	17-4 Stainless Iron		C	720		Large blade with progressive offset.
RAUCO INC. 90 Cave Mill Court Leitchfield, KY 42754 502-259-4725	Raudy Irons	Immediate	F	315		Forged; heat treated.
	★ Raudy Modern Classic				245 (P)	American oil-hardened persimmon.
	★ Raudy Original				155 (Lm)	Brass back, cycolac insert.

635

1984 EQUIPMENT/CUSTOM

COMPANY	MODEL	DELIVERY TIME	CAST OR FORGED	PRICE 9 IRONS	PRICE 4 WOODS	GENERAL FEATURES
SHELBY'S CUSTOM CLUBS 660 Deerfield Rd. Deerfield, IL 60015 312-945-7520	Shelby III Irons	2 weeks	C	405		Wide sole, cavity-back blade. Heel-toe weighted for enlarged sweet spot.
	Shelby Classic Irons		F	. 405		New for '84. Classic, square-toe blade with clubhead mass positioned squarely behind ball.
	Collector Series Woods				340 (P)	New for '84. Oil-hardened heads with fiber inserts.
	Shelby Stainless Metal Woods				240 (M)	Stainless heads are perimeter weighted. Choice of seven models.
KENNETH SMITH 1801 Baltimore Kansas City, MO 64108 816-221-6644	★ Woods	4-6 weeks			500 (Lm, P)	Backweighted. Handmade to fit. Available in Nos. 1-10.
	★ Irons		F	720		Classic blade with cambered or flat soles.
SPRINGBROOK SPORTS SPOT 6831 Seneca St. Elma, NY 14059 716-652-7933	Springbrook Classic Irons	3 weeks	F	375		Conventional blade with slight offset. Available in Nos. 2-SW.
	★ Springbrook Classic Woods	5 weeks			360 (Lm) 400 (P)	Custom bored to individual specifi- cations. Four driver head styles and two fairway wood styles available. Laminated available in Nos. 1-9, persimmon in Nos. 1-5.
THE GOLF ARSENAL 8766 El Toreador Way Elk Grove, CA 95624 916-685-5830	30 Caliber Drivers	6-8 weeks			100 ea. (P)	Classic design with 8° to 12° loft. All Caliber models have one-piece, one-color linen fiber insert.
	30 Automatic Drivers				100 ea. (P)	Classic design with 8° to 12° loft. All Automatic models have two- piece, two-color insert.
	270 Automatic Drivers				100 ea. (P)	Classic design with 8° to 11° loft.
	22 Caliber Drivers				100 ea. (P)	Pear-shaped, shallow-faced driver with 10° to 14° loft.
	44 Caliber Drivers				100 ea. (P)	Shallow-faced classic design, smaller than 22, with 10° to 14° loft.
	30-06 Jumbo Driver				100 ea. (P)	Face depth 1¾"; loft 9° to 12°.
	25 Automatic Drivers				100 ea. (P)	Large head but shallow face, 1½" depth. Loft 8° to 11°.
	Fairway Woods				100 ea. (P)	Available in Nos. 2-7 in very shallow face, intermediate profile and standard profile.
BOB TOSKI CORP. 160 Essex St. Newark, OH 43055 614-345-9683	★ Toski Target Woods	4-6 weeks			480 (Lm, P)	Set of woods 1-3-4-5 or single clubs 1-9 available.
	Custom Designed Toski Target				520 (Lm, P)	Stainless steel insert covers 85 percent of hitting surface. Driver and a half model also available.
	Penetrator Plus				480 (Lm, P)	Stabilizer bar soleplate helps get ball airborne. Tricatamaran design keeps clubface square at impact.
	Toski Target Irons		C	585		431 stainless steel. Available in right-handed only.
	★ Toski Target Irons		F	585		Carbon steel. Conventional blade with minimal offset.

CHAPTER 19

COURSES OPEN TO THE PUBLIC

COURSES OPEN TO THE PUBLIC

GOLF DIGEST'S DIRECTORY OF COURSES YOU CAN PLAY

Places to Play is an up-to-date listing of more than 1,000 courses in the United States, Canada, Mexico, Bermuda and the Caribbean. These listings are designed to provide golfers with introductory information about enjoyable places to stay and play.

Many courses listed offer accessible accommodations nearby and for the most part are open to the traveling golfer as qualified in the comments and legends symbols. The information is current, but can be subject to change. Reservations should be made and confirmed.

LEGEND: Each course is described by one of the following symbols: R—resort course; SP—semiprivate; PU—public. Yardage listed is usually from middle men's tees. Private courses are indicated with asterisks and guest policy is included. It is suggested that you write ahead when planning to play a foreign course.

Index

West
- Arizona 640
- California 641
- Colorado 644
- Hawaii 645
- Idaho 646
- Montana 646
- Nevada 646
- New Mexico 647
- Oregon 647
- Utah 648
- Washington 648
- Wyoming 649

Mid-Continent
- Illinois 649
- Indiana 649
- Iowa 649
- Michigan 649
- Minnesota 649
- Missouri 650
- Ohio 650
- Oklahoma 650
- Texas 650
- Wisconsin 651

Northeast
- Connecticut 652
- Maine 652
- Maryland 652
- Massachusetts 652
- New Hampshire 653
- New Jersey 653
- New York 653
- Pennsylvania 654
- Vermont 655
- West Virginia 655

Southeast
- Alabama 656
- Arkansas 656
- Florida 656
- Georgia 662
- Kentucky 663
- Louisiana 663
- Mississippi 664
- North Carolina 664
- South Carolina 666
- Tennessee 667
- Virginia 668

- The Islands 669
- Canada 670
- Mexico 671
- Foreign 672

West

COURSE LOCATION, TYPE	HOLES/PAR LENGTH

ARIZONA

| Antelope Hills G.C. | 18/72 |
| Prescott—PU | 6,750 |

L. Hughes course at 5,000 feet. Fairly flat. Lodging nearby.

| Desert Hills G. Cse. | 18/72 |
| Tucson—R | 6,183 |

Tight desert course with many traps. Water on five holes. Fairfield Lodge and Vacation Cottages.

| Desert Hills Municipal G.C. | 18/72 |
| Yuma—PU | 6,815 |

Gently rolling course opened '73. Large greens. Lots of water. Lodging nearby.

El Rio G.C.	18/70	6,013
Randolph South G.C.	18/70	5,872
Randolph North G.C.	18/72	6,518
Tucson—PU		

Three public courses available to visitors.

| The Forty-Niners G.C. | 18/72 |
| Tucson—* | 6,228 |

*Private desert course open to members of USGA private clubs.

| London Bridge G.C. | 36/72-70 |
| Lake Havasu—PU | 6,404-5,756 |

Many doglegs, hilly. Part of resort community.

COURSES OPEN TO THE PUBLIC

Nautical Inn Par 3   9/27
Lake Havasu—R   1,294
Desert, resort course.

Pinetop C.C.   18/71
Pinetop—*   6,193
Challenging second home development course in White Mountains near Show Low. *Private club open to members of other private clubs.

Rancho de los Caballeros   18/72
Wickenburg—R   6,900
Actually a nine-hole course with two sets of tees. Set on rolling hills. Water surrounds green on seventh.

Santa Cruz G.C.   18/72
Nogales—R   6,520
Front nine in rolling meadowland, back nine rough and hilly in 6,000-acre home development.

Tucson National G.C.   18/73
Tucson—R   6,787
Devlin-Von Hagge redesigned course. Gently rolling terrain. Exquisite mountain views.

PHOENIX/SCOTTSDALE AREA

Apache Wells C.C.   18/71
Mesa—PU   6,377
Well-groomed desert course amid housing development. Rental apartments available.

Arizona Biltmore G.C.   Adobe: 18/72   6,783
Phoenix—R   Links: 18/71   6,397
Mountain and desert setting for fine courses. Adobe flat. Links hilly with several lakes.

Arizona City G. & C.C.   18/72
Arizona City—SP   6,501
Desert course with narrow fairways and water on six holes.

Boulders G. Cse.   18/72
Carefree—R   6,148
Challenging course 20 miles north of Scottsdale. Large saguaro cactus and boulders come into play.

Del Webb's Mountain Shadows C.C.   18/56
Scottsdale—R   2,868
Executive course run by Mountain Shadows Resort.

Desert Forest G.C.   18/72
Carefree—*   6,543
Tough desert course puts emphasis on strategy. *Private club. Contact pro in advance.

Encanto G. Cse.   18/70
Phoenix—PU   6,245
Good test. Near downtown area. Also includes a 1,730-yard par-30 layout.

Fountain Hills G.C.   18/71
Fountain Hills—PU   5,600
Laid out along bottom of series of ravines and gullies. Tight, narrow fairways.

Golden Hills C.C. & Resort   18/71
Mesa—R   6,291
Accommodations on course; green fees complimentary. Extra large greens.

Marriott's Camelback Inn Resort & G.C.
Scottsdale—R   Padre: 18/71   6,078
                 Indian Bend: 18/72   6,500
Padre, lush, elevated greens. Indian Bend, new links-type course with scenic mountain views. Open to public on space available basis.

Maryvale G. Cse.   18/72
Phoenix—PU   6,223
Popular city course. Front nine includes many water hazards.

McCormick Ranch G.C.   Pines: 18/72   7,020
Scottsdale—R   Palms: 18/72   6,919
In resort-residential community. 17th and 18th of Palms finish over 40-acre lake.

Mesa C.C.   18/72
Mesa—*   6,750
Scenic private course. *Reciprocal privileges with other USGA courses.

Moon Valley C.C.   18/72
Phoenix—*   6,400
Private club with limited guest privileges. *Contact club in advance.

Orange Tree C.C.   18/72
Scottsdale—SP   6,421
Excellent course. Very challenging.

Papago Park G. Cse.   18/72
Phoenix—PU   7,053
Wide fairways. Large greens. Site of 1971 U.S. Publinx.

Pima Inn & Golf Resort   18/72
Scottsdale—SP   6,468
Good test on Indian reservation. Desert-mountain vistas.

Rio Verde C.C.   Quail Run: 18/72   6.300
Rio Verde—SP   White Wing: 18/71   6,057
Beautiful, rolling hill courses with water on many holes. Rental vacation homes available.

San Marcos Golf Resort   18/72
Chandler—R   6,775
Plush resort course, bordered by tall tamarack trees.

Scottsdale C.C. Resort   18/70
Scottsdale—SP   6,050
Course not difficult but tricky; 4 water holes.

Sierra Estrella G. Cse.   18/71
Goodyear—PU   6,370
Good course with practice area; moderately hilly. Eating facilities.

Thunderbird C.C.   18/71
Phoenix—SP   6,375
Rolling desert course built in foothills of South Mountain.

Wigwam-Goodyear G. & C.C.   Gold: 18/72   6,469
Litchfield Park—R   Blue: 18/70   6,107
                    West: 18/72   6,861
R. T. Jones' Gold course very difficult. Blue course short. West by Robert Lawrence. For club members and Wigwam guests.

CALIFORNIA

Alisal G. Cse.   18/72
Solvang—R   6,100
Tree-lined, 9 fairways cross river. Combined ranch-hotel facility.

COURSES OPEN TO THE PUBLIC

Apple Valley C.C.	18/71
Apple Valley—*	6,765

Sprawling course, open year round. *Guests of Apple Valley Inn have playing privileges.

Hesperia G. & C.C.	18/72
Hesperia—SP	7,016

Course lies between two mesas. Country club open all year.

Horse Thief G. & C.C.	18/72
Tehachapi—SP	6,339

Hilly course, no fairway bunkers. Many trees. Part of Stallion Springs community.

Lake Shastina G. & C.C.	18/72
Weed—PU	6,648

Partly open, partly wooded. Robert Trent Jones Jr. course opened in 1973.

Northstar at Tahoe	18/72
Truckee—R	6,890

Scenic Robert Muir Graves course. Open May through October.

Pasatiempo G.C.	18/71
Santa Cruz—SP	6,281

Fine, old Alister Mackenzie layout overlooking Monterey Bay.

Rancho Murieta C.C.	North:	18/72	6,499
Rancho Murieta—R	South:	18/72	6,352

Located in foothills 25 miles southeast of Sacramento. Lakes, traps. Resort facilities.

Sandpiper G. Cse	18/72
Santa Barbara—PU	7,066

Bill Bell seaside course with sweeping fairways and spacious greens reminiscent of Scotland. Lodging nearby.

San Luis Bay Inn & G.C.	18/71
Avila Beach—R	6,341

Golf, tennis, fishing, swimming, sailing.

Spring Valley Lake C.C.	18/72
Victorville—*	6,488

Several lakes come into play. Narrow fairways. *Private club. Play as member of another private club.

SAN FRANCISCO AREA

Alameda Municipal G. Cse.	36/71-72
Alameda—PU	5,716-5,697

Completely renovated North Course; 5 artificial lake hazards.

Half Moon Bay Golf Links	18/72
Half Moon Bay—R	6,476

Palmer-Duane course. Very scenic. Contoured greens; stiff on-shore breezes.

Harding Park G. Cse.	27/72-31
San Francisco—PU	6,651-2,400

Outstanding municipal course. Narrow, tree-lined. Irrigation system.

Lake Cabot G. Cse.	18/72
Oakland—PU	6,180

Hilly, tree-lined fairways. Panoramic view of Golden Gate and San Francisco bridges. Also 9-hole, par-3 course.

Las Positas G.C.	18/72
Livermore—PU	6,466

Good test; fairly long back 9; rolling front 9. Water hazards.

Lew F. Galbraith G.C.	18/72
Oakland—PU	6,312

Well-laid-out course on rolling tree-lined fairways.

Palo Alto Municipal G. Cse.	18/72
Palo Alto—PU	6,584

Redesigned by Robert Trent Jones; substantial.

Peacock Gap G. & C.C.	18/71
San Rafael—SP	5,999

Not too tough, but interesting. All facilities.

San Jose Municipal G.C.	18/72
San Jose—PU	6,450

Well-equipped municipal course.

Silverado C.C.	North:	18/72	6,103
Napa—R	South:	18/72	6,164

Tough championship courses. Open to guests staying on premises.

Sunnyvale Municipal G.C.	18/70
Sunnyvale—PU	6,310

Municipal course west of San Jose.

Sunol Valley G.C.	36/72-72
Sunol—PU	6,671-6,341

One 18 completely surrounds the other.

Walnut Creek G. Cse.	18/72
Walnut Creek—PU	6,555

Long course; also driving range with night lighting.

PEBBLE BEACH AREA

Carmel Valley G. & C.C.	18/72
Carmel—*	6,756

Flat, beautifully maintained Robert Muir Graves course. Lots of water. *Private club with reciprocity with other private clubs. Available to guests of Quail Lodge.

Laguna Seca G.C.	18/71
Monterey—R	6,200

Robert Trent Jones course with many bunkers, 2 lakes.

Old Del Monte G.C.	18/72
Monterey—PU	6,154

Near Del Monte Hyatt House. Oldest of the Peninsular seacoast courses.

Pajara Valley G. Cse.	18/72
Watsonville—PU	6,321

Beautiful, cypress-lined fairways. Water hazards.

Pebble Beach G. Links	18/72
Pebble Beach—R	6,343

Borders ocean, one of world's best. Site of '72 and '82 Opens, '77 PGA and annual Crosby Pro-Am.

Rancho Canada G.C.	36/72-71
Carmel Valley—PU	6,613-6,400

East Course nation's 10,000th. Gently rolling terrain on Carmel River. Pebble Beach sand. Lakes.

Ridgemark	18/72
Hollister—SP	6,500

R. Bigler course on 500-acre resort development. Rolling hills, large greens. Public fees.

Salinas Fairways G. Cse.	18/72

COURSES OPEN TO THE PUBLIC

Salinas—PU 6,347
Located adjacent to Salinas Municipal Airport. Fairly flat. One of best public courses in Calif.

Spyglass Hill G.C. 18/72
Pebble Beach—SP 6,810
Very tough Robert Trent Jones course. Site of Bing Crosby Pro-Am.

LOS ANGELES AREA

Alondra Park Cse. 18/72
Lawndale—PU 6,415
Course by C. B. Hoilingsworth near Los Angeles. Also has 18-hole par-3 course.

Anaheim Hills Public G. Cse. 18/71
Anaheim—PU 5,939
Richard Bigler course near Disneyland. Hilly, very challenging.

Brookside G. Cse. 36/72-70
Pasadena—PU 6,611-5,786
Flat, gently rolling hills. Lots of trees. North of Rose Bowl.

Camarillo Springs G. Cse. 18/71
Camarillo—PU 6,284
Partly flat, partly hilly; water comes into play every hole on front nine.

Catalina Island G. Cse. 9/32
Avalon—PU 2,167
Wooded with narrow fairways.

Costa Mesa G.C.   Los Lagos: 18/71 6,420
Costa Mesa—PU   Mesa Linda: 18/70 5,005
Lush club and facilities. Huge practice area.

Elkins Ranch G. Cse. 18/71
Fillmore—PU 6,400
Scenic course on slightly hilly terrain. Six lakes come into play.

Green River G.C. 36/71-71
Corona—PU 6,400-6,400
River runs through picturesque course set among mountains. Easy to walk.

Harding Municipal G.C. 18/71
Los Angeles—PU 6,610
In Griffith Park.

Industry Hills G.C.   Eisenhower: 18/72 7,213
City of Industry—PU   Zaharias: 18/72 6,800
Very hilly courses built on huge landfill. Former LPGA event site. Sheraton resort hotel adjoins.

Los Robies Greens G.C. 18/70
Thousand Oaks—P 6,381
Oak studded course. Tough holes. Wind challenges afternoon players.

Ojai Valley Inn & C.C. 18/70
Ojai—R 6,103
Surrounded by mountains, course circles Ojai Inn. Picturesque and tough. Complete resort facilities.

Rancho Park G.C. 18/71
Los Angeles—PU 6,600
Busy, beautiful tournament course in heart of L.A. Has hosted PGA Tour event.

Recreation Park G.C. 18/72
Long Beach—PU 6,457
Also has 9-hole course and driving range.

Valencia G.C. 18/72
Valencia—P 7,171
Rugged Trent Jones layout with 12 doglegs, 8 water holes.

Western Avenue G.C. 18/70
Los Angeles—PU 6,084
Course has driving range.

Wilson Municipal G.C. 18/72
Los Angeles—PU 6,945
In Griffith Park. Very long.

SAN DIEGO AREA

Carlton Oaks C.C. and Lodge 18/72
Santee—PU 6,426
Twelve holes affected by water. Greens more undulating than most in area.

Circle R. Golf Resort 18/71
Escondido—R 6,385
Well-manicured, gently rolling. Lake and trees.

Cottonwood C.C.   Ivanhoe: 18/72 6,719
El Cajon—SP   Monte Vista: 18/72 5,308
Large acreage with 4,000 trees, three lakes.

Fallbrook G. & C.C. 18/72
Fallbrook—SP 6,205
Well trapped. Flat. Lake on both nines, trees on back nine.

La Costa C.C. 18/72
Carlsbad—R 6,642
Top Dick Wilson course. Fine resort hotel and spa.

Lake San Marcos C.C. 18/72
Lake San Marcos—* 6,497
Narrow, winding course north of San Diego. *Open to guests of Quails Inn Motel. Also executive course.

Navajo Canyon C.C. 18/70
San Diego—PU 6,014
Overlooking Lake Murray. Slightly hilly. Water comes into play on 10 holes.

Pala Mesa Resort 18/72
Fallbrook—R 6,014
Championship course; distinctly different nines; one hilly, the other woodsy.

Rainbow Canyon G. Resort 18/72
Temecula—PU 6,789
Well groomed. Front 9 flat. Back 9 hilly. Open to public.

Rancho Bernardo Inn & C.C. 18/71
San Diego—R 6,329
Course in long, winding valley. 232-room resort inn. 16 tennis courts.

San Vicente C.C. 18/72
Ramona—R 6,159
Resort-home community with Ted Robinson course in rolling meadowland.

Shadowridge 18/72
Vista—PU 6,829
Course is first phase of 1,000-acre planned community.

643

COURSES OPEN TO THE PUBLIC

Singing Hills C.C.
El Cajon—R
Willow Glen: 18/72 6,700
Oak Glen: 18/71 6,400
Pine Glen: 18/56 3,200
Resort courses for guests of Singing Hills Lodge. Must reserve tee time in advance.

Stardust C.C. 18/72
San Diego—* 6,712
Flat and well bunkered. Four teaching professionals. On Hotel Circle. Plus 9-hole course. *Master Hosts Inn guests and members of other private clubs.

Torrey Pines Inn & G.C.
La Jolla—R
North: 18/72 6,317
South: 18/72 6,649
Choice of two challenging Billy Bell courses. Site of San Diego Open.

Warner's Golf Resort 18/72
Warner Springs—R 6,345
Spacious fairways. Flat. Trees. Plus 9-hole pitch and putt.

Whispering Palms Lodge & C.C.
Rancho Sante Fe—R
South: 9/36 3,198
North: 9/36 2,918
East: 9/35 2,983
Excellent greens. Level lies.

PALM SPRINGS AREA

Bermuda Dunes C.C.
Bermuda Dunes—*
Bermuda: 18/72 6,420
Lake: 9/36 3,185
Constructed on rolling sand dunes. *Private club open to USGA club members May-Dec.

Canyon Hotel G. Cse. 18/71
Palm Springs—R 6,400
Challenging layout amid palms and olive trees.

Cathedral Canyon C.C. 18/72
Palm Springs—* 6,450
Rainville-Casper course. *Private club open to outside play. Advance starting times suggested.

Del Safari C.C. 18/72
Palm Desert* 6,462
*Private course with reciprocity with other private clubs. Condo rentals available.

Desert Horizons C.C. 18/72
Indian Wells—* 6,610
Rolling course with plenty of water. *Open to members of other private clubs.

Indian Wells C.C. 17/72-36
Indian Wells—* 6,732-3,540
Fine course; co-site of Hope Classic. *Private club open to members of other private clubs.

Ironwood C.C.
Palm Desert—*
South: 18/72 6,847
North: 18/72 6,102
Muirhead- and Robinson-designed courses snuggled in Santa Rosa Mountains. Long and rolling. *Private club open to members of other private clubs.

La Quinta Hotel G. & T. Resort 18/72
La Quinta 6,803
Distinctive Pete Dye course framed by stark rock of Santa Rosa Moutains.

Mission Hills G. & C.C.
Rancho Mirage—*
Old: 18/72 6,854
New: 18/72 6,810
Muirhead and Palmer courses. Much water. *Private club open to members of other private clubs. Site of Dinah Shore tourney.

Mission Lakes C.C. 18/71
Palm Springs—SP 6,382
Limited public play. Condominium rentals. Hotel facilities.

Palm Desert C.C. 18/72
Palm Desert—R 6,602
Several lagoons. Excellent greens. In housing project. Also executive 9.

Palm Springs Municipal G. Cse. 18/72
Palm Springs—PU 6,500
Outstanding city course. Good test. Open to public.

Rancho Las Palmas C.C.
Rancho Mirage—R
North: 9/36 3,014
South: 9/35 3,012
West: 9/34 2,554
Lots of water, doglegs and sand traps. North particularly hilly. Marriott Hotel near courses.

San Bernardino Public G.C. 18/71
San Bernardino—PU 5,720
Relatively short, but interesting course. Well groomed. Near Hilton Inn.

Seven Hills G.C. 18/72
Hemet—PU 6,431
Sporty well-trapped course. Trees, lakes and undulating greens.

Soboba Springs C.C. 18/72
San Jacinto—SP 6,726
Muirhead creation is flat but challenging with huge rolling greens and nine water holes.

Westward Ho G.C. 18/72
Indio—SP 6,260
Public welcome at this established desert course. Little waiting.

COLORADO

Aspen G.C. 18/71
Aspen—PU 7,215
Long, tough Frank Hummel course on floor of valley. Beautiful views.

Beaver Creek 18/70
Vail—R 6,430
Rolling, tree-lined R. T. Jones Jr. course. Open June 1 through Oct. 17.

Broadmoor G.C.
Colorado Springs—R
East: 18/72 6,550
West: 18/72 6,109
South: 18/72 6,277
All of the courses at Broadmoor Hotel resort are fine tests. All are hilly with water.

Cimarron Hills G.C. 18/72
Colorado Springs—PU 7,072
Press Maxwell course with 55 traps and 5 lakes. Many hotels in resort area.

Copper Mountain 9/33
Copper Mountain—PU 2,410
Resort mountain course at 9,600-foot elevation.

Eagle-Vail C.C. 18/72
Vail—R 6,142
Von Hagge-Devlin 1974 course 6 miles west of Vail. Eleven holes have natural water hazards. Six tees

COURSES OPEN TO THE PUBLIC

elevated more than 50 feet.

Inverness G.C.	18/70
Englewood—*	6,406

J. P. Maxwell course. *Private club with arrangements with several local hotels.

Keystone Ranch G. Cse.	18/72
Keystone	7,022

Challenging course designed by R. T. Jones Jr. demands accuracy and strategy

Pagosa Pines G.C.	18/72
Pagosa—R	6,274

J. Bulla course in 29,000-acre resort development. Tight with narrow approaches.

Pole Creek G.C.	18/72
Winter Park—PU	6,230

Player-Kirby course in Rockies. Creek runs through course. Wide variety of holes.

Singletree G.C.	18/72
Edwards—PU	6,435

Scenic course built by Jack Nicklaus company, Golforce, Inc.

Snowmass G. Cse.	18/71
Aspen—R	6,252

Course 8,000 feet above sea level. Rolling hills and fast greens. Many lakes. Open May 15-Oct. 15.

Snowmass G. Links	18/72
Snowmass—SP	6,800

Well-trapped Ed Seay course surrounded by mountain peaks.

Steamboat Village C.C.	18/72
Steamboat Springs—R	6,280

Excellent Robert Trent Jones Jr. course at major resort with all facilities. Some great water holes, scenery.

Tamarron	18/72
Durango—R	6,380

Arthur Hills course 7,000 feet above sea level. Condominium resort by same group that built Innisbrook. Lodge.

Vail G.C.	18/71
Vail—PU	6,750

Set at foot of mountains. River crosses course twice.

HAWAII
OAHU

Hyatt Kuilima Resort C.C.	18/72
Kahuku—R	6,400

George Fazio course with ocean view. Two holes play over lagoon. Northeast coast.

Sheraton Makaha Resort & C.C.	West: 18/72 7,252
Makaha—R	East: 18/71 6,478

Billy Bell courses. West has 64 traps, 6 ponds. East on lower slopes of Waianae mountains. Bermuda greens.

HONOLULU AREA

Ala Wai G. Cse.	18/71
Honolulu—PU	6,281

Flat course with water coming into play.

Barber's Point G. Cse.	18/72
Barber's Point—*	6,455

Good greens, few traps. *Play as guest of military.

Hawaii Country Club	18/71
Kunia—SP	5,601

Sporty with rolling terrain, trees. Short, but tricky.

Hawaii-Kai G.C.	18/72
Kalama Valley—SP	6,562

Meanders across gently sloping terrain and offers mountain and ocean views. Also executive 18.

Mid-Pacific C.C.	18/72
Lanikai—*	6,576

Course in top condition. Trees, water hazards, rolling terrain. *Private club with limited visitor privileges.

Miliani G.C.	18/72
Waipio—PU	6,369

Bob Baldock course 19 miles from Waikiki in residential community.

Olomana G. Links	18/71
North of Waimanalo—PU	6,003

Scenic Bob Baldock course 18 miles from Diamond Head.

Pali G.C.	18/72
At foot of Pali Lookout—PU	6,493

Best of Oahu's municipal courses. 20 minutes from Waikiki.

Pearl C.C. of Hawaii	18/72
Aiea—PU	6,481

Hilly course with spectacular views.

Ted Makalena G.C.	18/71
Waipahu—PU	6,026

Flat but tricky Bob Baldock course. 9 water holes; 9 out-of-bounds.

KAUAI

Kauai Surf G.C.	18/72
Kalapaki Beach near Lihue—R	6,700

Pleasant resort course with rolling terrain, water.

Kiahuna Golf Village	18/70
Kiahuna—R	6,400

New Robert Trent Jones Jr. test, sited on high land.

Princeville Makai G.C.	27/72-36
Hanalei—R	6,530-3,620

Challenging Robert Trent Jones Jr. layout on beautiful site overlooking ocean. Rental condos.

Wailua G. Cse.	18/72
4 miles north of Lihue—PU	6,631

Sporty oceanside course, tight greens, trees. Elevated tees, rolling fairways.

HAWAII

Hilo Municipal G.C.	18/72
Hilo—PU	6,584

Large greens, flat, wide fairways, no bunkers.

Keauhou Kona G. Cse.	18/72
Keauhou Bay near Kailua-Kona—R	6,329

Black lava rough makes it tough. Rolling and scenic. 6,814 from back. Open to public.

Mauna Kea Beach Hotel & G.C.	18/72
Near Kamuela—R	6,600

COURSES OPEN TO THE PUBLIC

One of world's toughest oceanside courses, built by Robert Trent Jones on rugged lava flow. Lush fairways, greens and fabulous views.

Mauna Lani Resort	18/72
Kawaihae—R	6,813

Spectacular course winding through lava beds. Scenic views. Homer Flint, architect.

SeaMountain G. Cse.	18/72
Pahala—R	6,106

Jack Snyder course, ocean and mountain view, monkey pod trees.

Volcano G.C.	18/72
29 miles south of Hilo—PU	6,219

On slopes of Mauna Loa Mountain. Beautiful scenery, lush fairways.

Waikoloa Beach G.C.	18/71
Waikoloa—R	6,645

Seaside course by R. T. Jones Jr. Sheraton Hotel adjacent.

Waikoloa Village G. Cse.	18/72
Near Kamuela—SP	6,316

R. T. Jones Jr. course in resort community. Open, rolling fairways. Open to daily-fee players. Sheraton adjacent.

MAUI

Kapalua G.C.	18/72	6,150
North of Lahaina—R	18/71	6,240

Two courses designed by Arnold Palmer. Hilly, with ocean view from every hole. Prevailing breeze makes ocean holes testy.

Makena G. Cse	18/72
Kihei—SP	6,262

R. Trent Jones Jr. layout on slopes of dormant Haleakala volcano.

Royal Kaanapali G.C.	North:	18/72	6,305
Kaanapali Beach	South:	18/72	6,260
at Lahaina—R			

North Course has all the elements for great golf; water, trees, terrain and scenery.

Waiehu Municipal G. Cse.	18/72
Waiehu (near Kahului)—PU	6,565

9 on ocean and 9 on hills. Sporty and fun.

Wailea G.C.	Orange:	18/72	6,405
Wailea—R	Blue:	18/72	6,300

Little wind on this resprt community test. Beautiful setting. Hotel, rental condos.

MOLOKAI

Kaiua Koi G. Cse.	18/72
West Molokai—R	6,200

Ted Robinson-designed course. Spectacular ocean frontage. Sheraton Molokai on site.

IDAHO

Avon Dale on Hayden G.C.	18/72
Hayden Lake—SP	6,321

Good course on lovely lake. Picturesque.

Elkhorn G.C.	18/72

Sun Valley—R	6,575

Robert Trent Jones Jr.-designed course in complete recreation community.

Highlands G.C.	18/72
Pocatello—PU	6,612

Long course with practice area.

McCall Municipal G. Cse.	18/71
McCall—PU	6,399

Nine holes in mountain meadow; nine cut through forest.

Pinecrest Municipal G.C.	18/70
Idaho Falls—PU	6,430

Municipal course has trees, medium-size greens.

Purple Sage G.C.	18/71
Caldwell—PU	6,564

Course has large greens, wide fairways.

Sun Valley Resort	18/71
Sun Valley—R	6,399

Ski mecca has 18-hole course for May to October season. Sporty alpine course on wooded, rolling hills.

MONTANA

Big Sky	18/72
Big Sky—R	6,121

Frank Duane course in mountain meadow. Opened mid-1974. Black Otter Lodge.

Glacier View C.C.	18/68
West Glacier—PU	5,150

Players may move ball without penalty to avoid elk tracks. Mostly flat with water on four holes.

Marian Hills	9/36
Malta—SP	3,425

Rolling, well-bunkered course with six lakes.

Whitefish Lake G.C.	18/72
Whitefish—PU	6,277

Picturesque course in tourist area. Lodging neaby. Near West Glacier.

NEVADA

Black Mountain G. & C.C.	18/72
Henderson—SP	6,397

Rolling, open fairways. Large greens. 15 miles from Las Vegas. Open to public.

Brookside G.C.	9/36
Reno—PU	2,800

Flat with large greens. Some water.

Craig Ranch G. Cse.	18/70
Las Vegas—PU	6,001

Short, flat. Small greens. 7,000 trees!

Desert Inn C.C.	18/72
Las Vegas—R	6,508

Tournament course. Flat. More trees than on usual desert layout. Water hazards set in cement.

Dunes Hotel & C.C.	18/72
Las Vegas—R	6,564

Long (7,240 yards) from back tees. Long par 5s and par 3s. Many traps.

Edgewood-Tahoe G.C.	18/72
Stateline—R	6,734

COURSES OPEN TO THE PUBLIC

Stiff challenge designed by George Fazio on south shore of Lake Tahoe. Great views.

Incline Village G.C.	18/72
Incline Village—PU	6,723

Magnificent setting on shores of Lake Tahoe. Robert Trent Jones layout in resort development. Also topnotch executive course.

Lake Ridge G.C.	18/72
Reno—SP	6,352

Water and sand on rolling Robert Trent Jones Jr. layout. Front 9 rolling. Back 9 hilly. Numerous water hazards and bunkers.

Las Vegas C.C.	18/72
Las Vegas—*	6,736

Fine desert course. Can putt on tees. *Private club with limited number tee times for International Hilton guests.

Las Vegas G.C.	18/72
Las Vegas—PU	6,607

Good test on back side. Small greens.

Showboat C.C.	18/72
Las Vegas—SP	6,480

Good tournament course with country club feel. Formerly Paradise C.C.

Sahara C.C.	18/71
Las Vegas—R	6,400

Tough driving course with some water. Recently remodeled. Sahara Hotel.

Sierra Sage G. Cse.	18/71
Reno—PU	6,250

Good greens, some water, north of Reno.

Spring Creek C.C.	18/71
Elko—R	6,230

Many natural hazards, doglegs. Open to the public.

Tropicana Hotel & C.C.	18/70
Las Vegas—R	6,647

More character than usual in a desert course. Hilly, with numerous traps and many trees.

Washoe County G.C.	18/72
Reno—PU	6,600

Easy to walk. Tree-lined. 3 lakes. 1 mile west of Reno airport.

Winterwood G.C.	18/71
Las Vegas—PU	6,427

Good bent-grass greens. Wide open. County course.

NEW MEXICO

Angel Fire C.C.	18/72
Angel Fire—R	6,765

Near Taos. Water comes into play on 11 holes. Private airstrip. 8,500-foot elevation.

Inn of the Mountain Gods	18/72
Mescalero—R	6,416

Ted Robinson-designed course on 130-acre lake. Rolling with 51 sand traps.

New Mexico State Univ. G. Cse.	18/72
Las Cruces—PU	6,672

All 18 holes can be seen from clubhouse. Site of 1968 NCAA. Lodging nearby.

Paradise Hills C.C.	18/72
Albuquerque—*	6,629

Level resort development course by Red Lawrence. Lake and 80 traps. 18 guest rooms available. *Private club open to guests staying in guest house.

Picacho Hills C.C.	18/72
Las Cruces—*	6,957

Rolling Joe Finger course with 9 lakes and bluegrass fairways. *Call pro in advance.

Rio Rancho G. & C.C.	18/72
Rio Rancho—PU	6,600

Desmond Muirhead course loops across sandy hillside.

Univ. of New Mexico G. Cse.	18/72
Albuquerque—PU	6,691

Rugged test in desert terrain; driving range. Open to public. Motel nearby. Also 9-hole course.

OREGON

Alderbrook G. Cse.	18/69
Tillamook—PU	5,474

Course set in natural surroundings. Flat except for "fabulous 15th."

Battle Creek G. Cse.	18/71
Salem—PU	5,815

Course five miles south of Salem. Fairly flat with many creeks and 2 lakes.

Black Butte Ranch	Big Meadow:	18/72	6,456
G. Cse.	Glaze Meadow:	18/72	6,266
Black Butte—R			

Near town of Sisters amid stands of Ponderosa. Pine. Part flat, part wooded hills.

Bowman's Mt. Hood Resort	9/36	3,428
Welches—R	9/36	3,313
	9/34	2,753

Beautiful hilly year-round golf and ski resort at foot of Mt. Hood.

Gearhart G. Links	18/72
Gearhart—R	6,148

Seaside links built in 1890s, flat. Condos adjoin; beaches near.

Kah-Nee-Tah Vacation Resort	18/70
Warm Springs—R	6,370

Flat with water on several holes.

McNary G. Cse.	18/72
Salem—PU	6,350

Huge, smooth greens. Luxurious facilities.

Oakway G. Cse.	18/61
Eugene—PU	3,529

Well-maintained course near city.

Salem G.C.	18/72
Salem—PU	6,205

Outstanding course with share of interesting holes.

Salishan G. Links & Lodge	18/72
Gleneden Beach—R	6,437

Narrow, well landscaped. Course overlooks Pacific Ocean. 150-room lodge.

Santiam G.C.	18/72
Stayton—PU	6,131

647

COURSES OPEN TO THE PUBLIC

Public course with lake and two creeks.

Sunriver G.C.	18/72
Sunriver—R	6,660

Large resort complex. Lodge. Private paved lighted airstrip. Marina. Near Bend.

Tokatee G.C.	18/72
Blue River—PU	6,327

Flat to gently rolling hills. Wooded with some water in play.

PORTLAND AREA

Broadmoor G. Cse.	18/72
Portland—PU	6,155

Lush, sporty course in beautiful natural setting. Four water hazards. All-year play.

Colwell G.C.	18/72
Portland—PU	6,432

Water and trees add interest.

Eastmoreland G.C.	18/72
Portland—PU	6,142

Fairly exacting public course; front nine flat, tree-lined. Back known as "Ball-Hawk Monster"—water hazards on 6 holes.

Forest Hills G. Cse.	18/72
Cornelius—SP	6,244

One of most beautiful in Northwest. Somewhat hilly. Many traps and trees.

Glendoveer G. Cse.	36/74-72
Portland—PU	6,368-6,066

Outstanding scenic views. Towering fir trees make it extra tough.

Pleasant Valley G.C.	18/72
Clackamas—*	6,500

View of Mt. Hood from all holes. *Private club open to members of other private clubs.

Progress Downs G.C.	18/71
Beaverton—PU	6,149

Fairly open course near Portland. Rolling hills, tree-lined, 2 lakes. Lighted driving range.

Rock Creek C.C.	18/72
Portland—*	6,432

Pleasant country atmosphere. *Private club open to members of other private clubs.

Rose City G.C.	18/72
Portland—PU	6,376

Centrally located course with many trees. Long par 4s. Very picturesque. Year-round play.

West Delta Park G.C.	18/72
Portland—PU	6,400

R. T. Jones Jr. course designed for major competition. Water hazards threaten half of course.

UTAH

Davis Park G. Cse.	18/72
Kaysville—PU	6,029

Good test. Moderately hilly. Between Ogden and Salt Lake City.

Glendale Park Municipal G. Cse.	18/72
Salt Lake City—PU	6,432

Billy Bell course. Flat with great views of Salt Lake City and mountains.

Logan G. & C.C.	18/71
Logan—SP	6,000

Short but interesting course. Beautiful scenery.

Park City Resort G.C.	18/72
Park City—R	6,708

Course recently remodeled at base of mountain ski area. Condos and homes.

Timpanogos Municipal G. Cse.	18/72
Provo—PU	6,573

Municipal course closed in winter. Elevated tees and greens. Also executive 9.

Tri-City G.C.	18/72
American Fork—PU	6,752

Joe Williams course, wooded with 5 lakes.

Wasatch Mountain State Park G.C.	27/72-36
Wasatch Mountain State Park	6,765-3,525

Seven lakes, two streams on three W. Neff 9s set between two mountains. Lodging on site and nearby.

WASHINGTON

Alderbrook G. & Yacht C.	18/73
Union—R	6,376

Wooded course with view of Olympic Mountains. All fairways separate.

Cedarcrest G. Cse.	18/69
Marysville—PU	5,165

Rolling hills with bent-grass and tees. Very sporty. Motels nearby.

Indian Canyon G. Cse.	18/72
Spokane—PU	6,265

One of three city-owned layouts. Fairways pitch uphill, downhill, sidehill. Very picturesque.

Meadow Park G.C.	17/72-31
Tacoma—PU	6,158-1,775

Tree-lined, narrow. Extra nine is short, sporty.

Ocean Shores Municipal G.C.	18/71
Ocean Shores—PU	6,021

Year-round coastal course with accommodations.

Port Ludlow G.C.	18/72
Port Ludlow—R	6,376

Robert Muir Graves course overlooks harbor, Hood Canal. Wooded, rugged terrain.

Sahalee C.C.	North:	9/36	3,193
Redmond—*	East:	9/36	3,157
	South:	9/36	3,218

Cut from forest overlooking lake. Year-round private golf complex. *Play as guest of member or member of club outside western Washington.

Tumwater Valley G.C.	18/72
Olympia—PU	6,531

Two extra par 3s in new recreational complex.

Veterans Memorial G. Cse.	18/72
Walla Walla—PU	6,242

Year-round course on edge of town. Rolling contour, variety of shots. Renowned for conditioning.

COURSES OPEN TO THE PUBLIC

WYOMING

Jackson Hole G. & Tennis C.	18/72
Jackson—R	6,600

Robert Trent Jones course backed by majestic Grand Teton range. Lots of water.

Mid-Continent

COURSE	HOLES/PAR
LOCATION, TYPE	LENGTH

ILLINOIS

Carson Inn/Nordic Hills Resort	18/71
Itasca—R	6,114

Hilly, wooded.

Chicago
The Chicago-Cook County area contains more semi-private courses available to golfers on a green-fee basis than any major city in the U.S.

Cog Hill G. & C.C.	No. 1:	18/71	6,119
Lemont—PU	No. 2:	18/72	6,084
	No. 3:	18/72	6,254
	No. 4:	18/72	7,025

All four courses wooded. Tough No. 4 has 101 bunkers. Watered fairways.

Eagle Ridge G.C. & Resort	18/72
Galena—R	6,527

Hilly course built through woods in 6,500-acre forest area. Water, wildlife. Inn and rental homes.

Frank Holton Park Cse.	18/72
East St. Louis—PU	6,115

In state park; range.

Macktown G.C.	18/71
Rockton—R	6,000

Wagon Wheel Lodge adjoins. Excellent food, rustic atmosphere.

Marriott's Lincolnshire	18/71
Lincolnshire—R	6,175

Fazio course challenges the golfer with a wide variety of conditions. Tight fairways and lots of water.

Pheasant Run Lodge	18/69
St. Charles—R	6,043

Lodge is convention center. Has own shops, entertainment.

INDIANA

Christmas Lake G. & Tennis C.	18/72
Santa Claus—SP	6,500

Testing Edmund Ault layout on Christmas Lake. Watered fairways. Play year-round.

French Lick Springs	C.C.:	18/70	6,630
G. & Tennis Resort	Valley:	18/71	6,041
French Lick—R			

C.C. outstanding Donald Ross course; Valley course more open, less difficult.

IOWA

Okoboji Vu G. Cse.	18/70
Spirit Lake—PU	6,051

Has par-3 19th hole for playoffs. In Iowa chain of lakes area.

Pheasant Ridge G. Cse.	18/72
Cedar Falls—PU	6,560

Near Waterloo. Undulating greens, rough and trees make the course. Newly landscaped.

MICHIGAN

Bay Valley Inn G. & Tennis Resort	18/71
Bay City—R	6,800

Desmond Muirhead links course. Sculptured terrain, long curved tees, much water.

Boyne Highlands G.C.	Heather:	18/72	7,084
Harbor Springs—R	Moor:	18/71	7,149

R. T. Jones did first course, W. Newcombe, second. Heavily wooded, rolling, water.

Boyne Mt. Alpine G. Links	18/72
Boyne Falls—R	6,627

Wooded course plays from mountain to lakefront. Also 9-hole executive-length course.

Crystal Mountain G. Cse.	18/72
Thompsonville—R	5,773

Front nine opened 1977 cut through woods with lots of water, doglegs. Back nine opened 1979, straight and open. Crystal Mountain Lodge.

Grand Traverse Hilton	18/72
Traverse City—R	6,840

Wooded course with water on more than half the holes. Hotel and condos. Beach nearby.

Hilton Shanty Creek Resort	18/72
Bellaire—R	6,567

Rolling, open course in 1,200-acre resort development.

Kingdom of Schuss	18/72
Mancelona—R	6,800

Unique course with no parallel fairways. Large greens, beautiful water holes, strategic traps.

McGuire's Motor Lodge & Resort	18/71	6,600
Cadillac—R	9/36	2,792

Rolling, slightly wooded. Beautiful view of Lake Cadillac.

Michaywe Hills G.C.	18/72
Gaylord—R	6,909

Water comes into play on six holes of this wooded course. Site of the 1976 State Publinx Championship.

Sugar Loaf Mountain Resort	18/72
Cedar—R	6,215

Wooded course with views of Lake Michigan. Full resort facilities.

White Deer C.C.	18/72
Prudenville—PU	6,428

Winds along Houghton Lake. Very large greens.

MINNESOTA

Bemidji Town & C.C.	18/72
Bemidji—SP	6,278

COURSES OPEN TO THE PUBLIC

Hilly, wooded. All out-of-town guests may play.

| Enger Park G.C. | 18/72 |
| Duluth—PU | 6,105 |

Pine-surrounded hilly course. Many accommodations nearby. Open May-Nov. 1.

| Madden Inn & G.C. | East: 18/72 | 5,920 |
| Brainerd—R | West: 18/67 | 5,028 |

Rolling terrain. On Gull Lake. Open April-Oct.

| Maple Valley G. & C.C. | 18/71 |
| Rochester—SP | 5,974 |

Scenic, challenging course in Root River Valley. Hotel and motel facilities nearby.

MINNEAPOLIS/ST. PAUL AREA

| Coon Rapids—Bunker Hill G.C. | 18/72 |
| Coon Rapids—PU | 6,500 |

Three lagoons affect 7 holes. Tree-lined fairways, rolling terrain, elevated greens. Site of '76 USGA Publinx. 9-hole executive course.

| Gross G. Cse. | 18/71 |
| Minneapolis—PU | 6,343 |

Tree-lined. 1964 National Publinx Championship held here.

| Keller G.C. | 18/72 |
| St. Paul—PU | 6,557 |

Twice site of PGA Championship. Well-trapped, long par-4 holes.

| Meadowbrook G. Cse | 18/72 |
| Hopkins—PU | 6,351 |

Creek runs through this rolling course.

| Sundance G. & C.C. | 18/71 |
| Osseo—PU | 6,489 |

Gently rolling course with 12 lakes and ponds.

MISSOURI

| Chapel Woods G.C. | 18/72 |
| Lee's Summit—PU | 6,306 |

Outside of Kansas City. One nine each side of road that bisects course. One rolling nine, other hilly. Water holes.

| Dogwood Hills G.C. | 18/71 |
| Osage Beach—PU | 6,200 |

Near Tan-Tar-A resort in Ozarks. New driving range.

| Lake Valley G. & C.C. | 18/72 |
| Camdenton—SP | 6,041 |

On Lake of the Ozarks. Many resorts. Open to public.

| Lodge of the Four Seasons G.C. | 18/71 |
| Lake Ozark—R | 6,205 |

R. T. Jones course. Variety of holes; valley ridges, lake comes into play. Also has extra nine. Complete resort facilities.

| Shamrock Hills G.C. | 18/71 |
| Lee's Summit—PU | 6,100 |

Open course with excellent greens. Fun to play. Lodging facilities nearby.

| Tan-Tar-A G. & Tennis Resort | 18/71 | 6,805 |
| Lake of the Ozarks—R | 9/35 | 2,842 |

Hilly with several lakes, narrow fairways, large greens.

OHIO

| Atwood Lake Lodge Resort | 18/70 |
| Dellroy—R | 6,100 |

Lighted par 3 and driving range.

| Avalon Lakes G.C. | 36/71-72 |
| Warren—R | 6,102-6,468 |

Tree-lined courses. Well-trapped, 8 water hazards. Avalon Inn adjoins.

| Granville G. Cse. | 18/71 |
| Granville—SP | 6,417 |

Fine, rolling Donald Ross course.

| Hueston Woods State Park G.C. | 18/72 |
| Oxford—R | 7,373 |

About 30 miles northeast of Cincinnati. Inn and cabins. Well-wooded and watered.

| Jack Nicklaus G. Center | 18/71 |
| Kings Island-Cincinnati—R | 6,869 |

Nicklaus course, part of Kings Island theme park. Also executive course.

| Oxbow G. & C.C. | 18/71 |
| Belpre—SP | 6,413 |

Rolling fairways, huge sand traps, large greens with many trees and lots of water.

| Sawmill Creek G.C. | 18/70 |
| Huron—SP | 6,351 |

On Lake Erie. Well-trapped with water and marsh areas. 247 rooms on site.

| Whetstone G.C. | 18/72 |
| Caledonia—SP | 6,420 |

Lodging facilities and camping close by this course.

OKLAHOMA

| Falconhead Ranch & C.C. | 18/72 |
| Burneyville—R | 6,100 |

Flat front nine, rolling, tree-lined back side. Clever bunkering. Resort hotel.

| Fountainhead Park Cse. | 18/72 |
| Checotah—R | 6,887 |

In parkland, long but open. Resort facilities.

| Sequoyah Park Cse. | 18/70 |
| Wagoner—PU | 5,860 |

State park course; short, hilly. Resort facilities.

| Shangri-la G.C. | 18/72 | 6,435 |
| Afton—R | 9/36 | 3,211 |

Tree-lined, hilly course adjoining lake in picturesque resort.

TEXAS

| April Sound G. C. | 18/71 |
| Conroe—SP | 5,734 |

Short, hilly and well trapped. Also third nine.

| Bear Creek G. World | President's: 18/72 | 6,039 |
| Houston—PU | Master's: 18/72 | 6,716 |

Two J. Riviere courses give good variety. 20 miles from downtown Houston. Also executive course.

| Corpus Christi C.C. | 18/72 |
| Corpus Christi—PU | 6,574 |

COURSES OPEN TO THE PUBLIC

Fairly flat with elevated greens.

| Fairway Farms G. & Hunt Resort | | 18/71 |
| San Augustine—R | | 6,740 |

Visitors and club members may play. A brutal 7,573 yards from back.

| Hills of Lakeway G.C. | | 18/72 |
| Austin—* | | 6,334 |

New Nicklaus course open to guests of Lakeway Inn on reservation basis.

| Hilltop Lakes G.C. | | 18/72 |
| Hilltop Lakes—R | | 6,065 |

Old West flavor at this resort located between Houston and Dallas.

| Horseshoe Bay Resort & C.C. | | 18/72 6,835 |
| Marble Falls—R | | 18/71 6,946 |

Two R. T. Jones Jr. tests in hill country of central Texas on Lake LBJ. Condos, tennis and pool.

| Kingwood C.C. | Island: | 18/72 6,802 |
| Houston—* | Lake: | 18/72 6,289 |

Joe Finger courses part of development on 14,000 acres.
*Reciprocal privileges with USGA clubs.

Lake Travis World of Resorts Inn & C.C.		
near Austin—R		
Lago Vista C.C.:		18/72 6,300
Bar-K G.Cse:		9/27 1,387
World of Resorts C.C.:		18/72 6,331

Hilly courses. Condos, pool and tennis.

| Lakeway Inn & G.C. | Live Oak: | 18/72 6,228 |
| Austin—R | Yaupon: | 18/72 6,988 |

Water, woods overlooking beautiful lake. All resort facilities.

| Memorial Park G. Cse | | 18/72 |
| Houston—PU | | 6,775 |

Wooded course, 5 water hazards.

| Mill Creek G.C. | | 18/71 |
| Salado—* | | 6,486 |

Heavily trapped Robert Trent Jones Jr. course on Salado Creek.

| Monte Cristo C.C. | | 18/72 |
| Edinburg-R | | 6,700 |

First of three courses planned here. Well-bunkered, 11 water holes.

| Padre Isles C.C. | | 18/71 |
| Corpus Christi—R | | 6,109 |

Water comes into play on 14 holes on this seaside course.

| Pecan Valley G.C. | | 18/71 |
| San Antonio—SP | | 7,138 |

Always open. Challenging wooded layout. Site of 1968 PGA Championship.

| Plano Municipal G. Cse | | 18/72 |
| Plano—PU | | 6,550 |

Rather flat course with creek running throughout. Wooded and demanding.

| Rancho Viejo Resort | El Angel: | 18/70 6,647 |
| Brownsville—R | El Diablo: | 18/70 6,899 |

Testing courses cut out of Rio Grande Valley citrus grove. Inn and fairway cottages.

| Riverhill C. | | 18/72 |
| Kerrville—R | | 6,337 |

1,200-acre resort development. Joe Finger designed. Opened in 1974.

| Tanglewood Inn & C.C. | | 18/72 |
| Pottsboro—R | | 7,047 |

Pleasant, open course with scenic views of Lake Texoma.

| Tenison Park Memorial G.C. | East: | 18/72 6,645 |
| Dallas—PU | West: | 18/71 6,592 |

Difficult muny courses. Site of 1968 Publinx.

| Valley Inn & G.C. | | 18/70 |
| Brownsville—R | | 6,355 |

Interesting and tight, with water on 13 holes. Also 9-hole par-3 course. Fairway cottages and Inn. Southernmost course in continental U.S.

| Walden on Lake Conroe | | 18/72 |
| Montgomery—R | | 6,797 |

Testing Von Hagge/Devlin course on 22,000-acre lake.

| Waterwood National C.C. & Resort | | 18/71 |
| Huntsville—R | | 6,200 |

Dye course with narrow fairways, natural rough, deep bunkers, small greens. 14th has 220-yard carry over water to peninsula green.

| Woodland Hills G. Cse. | | 18/72 |
| Nacogdoches—PU | | 6,178 |

Don January, Bill Martindale course carved out of pine hills of east Texas. Natural hazards, tree-lined fairways. Accommodations nearby.

Woodlands Inn & C.C.	West:	18/72 6,967
Woodlands, Houston—R	East:	18/72 7,144
	North:	18/72 6,881

West, site of Houston Open, designed by Joe Lee. East and North by Von Hagge and Devlin.

GALVESTON AREA

| Chigger Creek C.C. | | 18/72 |
| Friendswood—R | | 6,500 |

Front 9 open, back 9 hilly. Open to guests of Hotel Galvez.

| Columbia Lakes | | 18/72 |
| West Columbia—R | | 7,236 |

Residential-recreational development includes stylish clubhouse. Many trees, lagoons.

| Galveston C.C. | | 18/72 |
| Galveston—R | | 6,291 |

Straight fairways. Palms and oleanders. Open to guests of Galveston hotels.

| The Pirates G. Cse. | | 18/72 |
| Galveston—PU | | 6,255 |

Flat with water on right side of each hole on back nine.

WISCONSIN

| Abbey Springs G.C. | | 18/72 |
| Fontana-On-Lake Geneva—R | | 6,335 |

Course has undulating fairways in secluded setting. Resort-condo community. April-Oct.

Alpine Resort & G. Cse	Red:	9/35 2,777
Egg Harbor—R	White:	9/35 3,136
	Blue:	9/36 3,035

Well-maintained course with many trees. Elevated

COURSES OPEN TO THE PUBLIC

greens. Open to public.

Americana Lake Geneva Resort & C.C. 36/71-72
Lake Geneva—R 6,300-6,800
Robert Bruce Harris and Pete Dye courses.

Brown Deer G.C. 18/71
Milwaukee—P 7,021
One of the nation's best public courses. Site of three U.S. Publinx events.

Lake Lawn G.C. 18/71
Delavan—R 6,130
Rolling course, good greens. Many nearby accommodations.

Lawsonia Links 18/72
Green Lake—R 6,542
Fine test in resort run by Baptist Assembly. Hotels, cabins and camping. Public welcome.

Maxwelton Braes C.C. 18/71
Bailey's Harbor—R 6,100
Well-manicured course, open fairways, 68 bunkers. Resort accommodations.

Olympia Resort & Spa 18/72
Oconomowoc—R 6,464
Water on 10 holes of this resort course. A lot of variety. Health spa.

Peninsula State Park G.C. 18/71
Ephraim—PU 6,450
Scenic, hilly course. Many trees, huge bunkers.

Northeast

COURSE HOLES/PAR
LOCATION, TYPE LENGTH

CONNECTICUT

Heritage Village 18/72
Southbury—R 6,403
Short but challenging. Desmond Muirhead course. Open to guests of Harrison Inn.

Lyman Meadow G.C. 18/72
Middlefield—SP 7,011
Robert Trent Jones course. Front 9 fairly flat. Back partially wooded. Plenty of water.

Norwich Inn G.C. 18/71
Norwich—R 6,320
Challenging course adjoins inn.

Shennecossett C.C. 18/72
Groton—PU 6,128
One of northeast's oldest courses, designed by Donald Ross. Motels nearby.

Tunxis Plantation C.C. 27/72-36
Farmington—PU 6,685-3,238
Scenic, gently rolling course. Motel nearby.

MAINE

Bethel Inn G.C. 9/36
Bethel—R 3,069
Short nine-hole layout in picturesque country. Full facilities.

Evergreen Valley G.C. 9/36
East Stoneham—R 3,300
Fine Robert Trent Jones course nestled in mountains. Greens elongated.

Kebo Valley G.C. 18/70
Bar Harbor—SP 6,209
Narrow, tree-lined course, small greens. Built in 1888. Big clubhouse, restaurant.

Poland Spring G.C. 18/71
Poland Spring—PU 6,464
Beautiful views. Oldest 18-hole resort course in U.S. (first 6 holes in 1894).

MARYLAND

Dwight D. Eisenhower G.C. 18/71
Annapolis—PU 6,320
Many doglegs, much water. Gently rolling.

Hunt Valley G.C. 18/72 6,352
Hunt Valley—SP 9/36 3,017
Championship course in scenic valley, 20 miles north of Baltimore. Open to Marriott Hunt Valley Inn guests.

Martingham G.C. 18/70
St. Michaels—R 5,918
Pete Dye's front 9 wide, links-type checkered with traps, back 9 through woods. Small conference center with restaurant facility nearby.

Needwood G.C. 18/71
Rockville—PU 6,400
Rolling, 2 lake holes, trees, big greens.

Northwest Park G.C. 27/72-34
Wheaton—PU 7,320-2,887
Rolling, narrow, wooded course, 68 bunkers.

Ocean Pines G. & C.C. 18/72
Ocean City—SP 6,391
Trent Jones course for members of other USGA courses or guests of members. Accuracy needed on this heavily wooded course.

Pine Ridge G.C. 18/72
Lutherville—PU 6,449
Many doglegs, built around a lake. One of the finest public courses anywhere.

Washingtonian C.C. 36/72-70
Gaithersburg—R 6,400-6,640
Rolling, wooded, four large lakes. Motel has 100 rooms.

MASSACHUSETTS

Jug End G.C. 18/72
South Egremont—R 6,250
Tight, scenic course. Heritage House adjoins.

Pleasant Valley C.C. 18/72
Sutton—R 6,857
Tight, demanding course open to guests of Pleasant Valley Motor Lodge. Pro tour site.

Radisson Ferncroft C.C. 18/72
Middleton—R 6,904
Robert Trent Jones layout. Front nine flat, lots of water. Back nine rolling, wooded. LPGA site.

Trull Brook G.C. 18/72

COURSES OPEN TO THE PUBLIC

Tewksbury—PU 6,275
Picturesque course bordered by river. Fine condition.

CAPE COD AREA

Bass River G.C. 18/72
South Yarmouth—PU 6,000
Front 9 wooded, back 9 open. First 6 holes border river. Second oldest course on Cape.

Cape Cod C.C. 18/72
Hatchville—R 6,507
Pine tree-lined irrigated fairways, large lake, wind blows often.

C.C. of New Seabury Seaside: 18/72 7,156
Mashpee—SP Green: 18/70 6,150
Tough Seaside course closed to public July, August. Green course open year-round. Inn.

Cranberry Valley G. Cse. 18/72
Harwich—PU 6,300
1974 Cornish-Robinson beaut. Large tees and greens.

Dennis Pines G. Cse. 18/72
Dennis—PU 6,500
Tight, challenging course with trees bordering every fairway. Four water holes.

Falmouth C.C. 18/72
East Falmouth—PU 6,400
Flat, open course. Five water holes on front 9. Par-3 4th surrounded by water and sand.

Farm Neck G.C. 18/72
Oak Bluffs—SP 6,617
Overlooks Nantucket Sound. Sporty, with breezes. Open May 1-Nov. 1.

Paul Harney G.C. 18/60
Hatchville 3,610
Interesting executive.

Pocasset G.C. 18/72
Pocasset—SP 6,300
Hilly, especially back 9. Elevated greens on most holes.

NEW HAMPSHIRE

The Balsams Resort Hotel & C.C. 18/72
Dixville Notch—R 6,525
Famous resort with Donald Ross mountaintop 18. Also executive 9.

Five Chimneys G. & Tennis Resort 9/37
Province Lake—R 3,330
Lakeside course crossing Maine border.

Hall of Fame Golf Resort 18/71
Francestown—PU 6,004
Holes patterned after world's finest. Hotel, restaurant, tennis, swimming.

Jack O'Lantern Resort 9/35
Woodstock—R 3,020
Flat valley course along river, recently built.

Lake Sunapee C.C. 18/70
New London—R 6,348
Rolling terrain. Motel and cabins. Restaurant.

Maplewood C.C. 18/72
Bethlehem—PU 6,209
Well-groomed Donald Ross course; half flat and half rolling. 16th, a par-6, 635-yard hole. Clubhouse was original 1895 casino.

Mountain View House & C.C. 9/35
Whitefield—R 2,915
Slightly hilly course. One of finest resorts in New England.

Mt. Washington Hotel & G.C. 18/71
Bretton Woods—R 6,189
Donald Ross layout enhanced by frequent slopes and swales.

Waumbek Inn & C.C. 18/72
Jefferson—R 6,104
One of New Hampshire's finest courses, a frequent tournament site; at base of White Mountains.

Wentworth By The Sea 18/70
Portsmouth—R 6,179
Links on inlet of Atlantic designed by Geoffrey Cornish, three holes play over ocean. Also 9-hole par-3 course.

NEW JERSEY

Americana Great Gorge Resort & C.C. 27/71-35
McAfee—R 6,250-3,068
Spectacular George Fazio course in gently rolling mountain valley with dramatic quarry holes. Plush 700-room hotel.

Atlantis C.C. 18/72
Tuckertown—R 6,525
Long, narrow fairways, big greens, four water holes. Motel adjoins. Near Atlantic City.

Hillsborough G. Resort & C.C. 18/70
Neshanic Station—R 6,025
Mountainside course with tree-lined, tight fairways. Also daily fee.

NEW YORK

Bergen Point G.C. 18/71
Bergen Point—PU 6,630
Bill Mitchell course. Lodging facilities nearby.

Bethpage State Park 90
Farmingdale, L.I.—PU holes
Variety of state-owned courses. Black course toughest.

Dyker Beach G.C. 18/70
Brooklyn—PU 6,502
Most famous of New York's public courses.

James Baird Park Cse. 18/72
Stattsburg—PU 6,415
In state park; challenging.

Loon Lake G.C. 18/70
Loon Lake—R 5,600
Sporty course with resort accommodations in Adirondack Mts.

Montauk Down State Park 18/72
Montauk—PU 6,860
True links-type course, wind. Designed by Robert Trent Jones

The Otesaga Hotel 18/72
Cooperstown—R 6,414
Interesting course adjoining resort facilities with inn.

653

COURSES OPEN TO THE PUBLIC

Peek 'N Peak Resort G.C. 18/72
Clymer—R 6,475
Inn on site. Front nine wooded heavily, water on back. Full resort activities.

River Oaks C.C. 18/72
Grand Island—SP 6,400
Desmond Muirhead course in resort complex. Hotel resort.

Riverton G.C. 27/72-36
Henrietta—PU 6,800-3,510
Ed Ault course with large greens. Trees and lakes.

Sagamore G.C. 18/72
Bolton Landing—R 6,400
Old, well-preserved resort on Lake George. Open in summer only.

Saratoga Spa G.C. 18/72
Saratoga Springs—PU 6,319
Fine test. Also short 9-hole course.

Thousand Islands Resort 18/72
Alexandria Bay—R 6,433
Scottish-type course in St. Lawrence area. Atmosphere relaxed.

Whiteface Inn G.C. 18/72
Lake Placid—R 6,445
Rolling hilly course in Adirondacks. Tight wooded fairways.

CATSKILL AREA

Concord Hotel Championship: 18/72 7,206
Kiamesha Lake—R International: 18/71 6,600
Challenger: 9/31 2,200
Championship 18, one of world's finest, stretches to 7,672 yards. Fine entertainment.

Grossinger Hotel & G.C. 27/71-36
Grossinger—R 6,780-3,186
Year-round mountain resort. Redone by Joe Finger with some great holes.

Kutsher's Hotel & C.C. 18/72
Monticello—R 6,638
Fairly narrow Bill Mitchell layout in rolling forest.

Lochmor G.C. 18/71
Loch Sheldrake—SP 6,470
Well-conceived layout, beautiful scenery. Two holes are hilly.

Nevele Hotel & C.C. 18/71
Ellenville—R 6,600
Pleasant resort course. 400-yard 18th hole built along lake.

Stevensville C.C. 18/71
Swan Lake—R 6,470
Several water holes and many bunkers. Very scenic. Good test.

Tarry Brae G.C. 18/72
South Fallsburg—PU 6,615
Tough course in pastureland and forest overlooking scenic Echo Lake.

PENNSYLVANIA

Americana Host Farm Resort 18/72
Lancaster—R 6,960
Gently rolling fairways, good water holes. Also very good 9-hole executive-length course.

Bedford Springs Hotel & G.C. 18/74
Bedford Springs—R 6,753
Scenic layout in Allegheny Mountains. Also pitch 'n putt course.

Downingtown Inn G.C. 18/72
Downingtown—R 6,555
Course beautifully conditioned. Some roll, good par 3s. Open to public.

Hershey C.C. East: 18/71 6,515
Hershey—R West: 18/73 6,696
Older West course, rugged and beautiful. East course a bear when stretched to 7,240 yards. Hershey Hotel guests and members only.

Hotel Hershey G.C. 9/34
Hershey—R 2,680
Pleasant, easy course next to hotel. Wooded. Hotel guests only.

Mill Race G. & Camping Resort 18/70
Benton—R 5,650
Unique camping, fishing, golfing facility. Cornish/Robinson designed course with many water holes and wooded areas. 18 acres of lakes.

Mount Airy Lodge & G. Cse. 18/72
Mount Pocono—R 6,426
Challenging course modeled after Sports Illustrated's 18 Best Holes in America.

Overlook G.C. 18/70
Lancaster—SP 6,200
Fairly level, well-bunkered course with many beautiful old willow trees.

Parkview G.C. 18/71
Hershey—SP 6,146
Fine public layout. Twice site of National Publinx tournament.

Riverside C.C. 18/70
Cambridge Springs—SP 6,104
Lush, demanding course. Accommodations nearby.

Seven Springs G.C. 18/71
Champion—R 6,685
Spectacular views, course cut out of woods in resort development. Eight-million-dollar lodge.

Spring Creek G.C. 9/36
Hershey—SP 2,316
Spring Creek wanders through fairly flat course. Accent on short game.

Standing Stone G.C. 18/70
Huntingdon—SP 6,698
Designed by Geoffrey Cornish with a number of lakes. Accommodations nearby.

Toftrees C.C. & Lodge 18/73
State College—R 6,880
Carved out of central rolling woodland. Top condition.

STROUDSBURG AREA

Buck Hill Inn & G.C. 27/72-34

COURSES OPEN TO THE PUBLIC

Buck Hill Falls—R	6,650-2,858

Pleasant, rolling layout amid trees and beautiful scenery.

Fernwood G.C.	27/72-29
Bushkill—R	6,278-1,000

Elaborate year-round resort. Open to guests of hotel and the public.

Glenbrook C.C.	18/72
Stroudsburg—SP	6,427

Sporty course with small greens, some water.

Mt. Manor Inn & G.C.	27/71-36
Marshall's Creek—R	6,350-3,206

Flat, wide open course. Water on 7 holes. Newer 9 hilly. Also two par-27 executive-length 9s.

Pocono Farms C.C.	9/36
Tobyhanna—R	3,200

Course designed by Art Wall, surrounds lake. Many accommodations nearby.

Pocono Hershey Inn & Resort	18/72
White Haven—R	6,090

Rolling Geoffrey Cornish course. 8 water holes.

Pocono Manor Inn & G.C.	East: 18/72 6,295
Pocono Manor—R	West: 18/72 6,675

East course very picturesque. West course plays tougher.

Shadowbrook C.C.	18/70
Tunkhannock—R	5,755

Motel accommodations. Situated along creek in Endless Mountains.

Shawnee Inn & C.C.	Red: 9/36 3,250
Shawnee-on-Delaware—R	White: 9/36 3,120
	Blue: 9/36 3,295

Pleasant golf spa and conference center amid mountain scenery.

Skytop Lodge	18/71
Skytop—R	6,040

Sporty, with lovely view. Strictly for members and lodge guests.

Tamiment Resort & C.C.	18/72
Tamiment—R	6,738

Rolling, challenging Trent Jones layout. Stretches to 7,110 yards. Splendid hotel.

Wilkes Barre G.C.	18/71
Wilkes Barre—PU	6,690

Geoffrey Cornish designed championship course on gently rolling terrain. Lodging nearby.

VERMONT

Basin Harbor C.	18/72
Vergennes—R	6,072

Broad, rolling fairways bordered by woodland and Lake Champlain. Traditional New England resort, 3,200-foot landing strip.

Crown Point C.C.	18/72
Springfield—PU	6,218

Hilly, pretty course open to public.

Equinox C.C.	18/72
Manchester—SP	6,558

Rolling course, superbly groomed. Open May 15-Oct. 15.

Lake Morey Inn & C.C.	18/70

Fairlee—R	5,600

Site of annual Vermont Open. Lakeside layout, rolling.

Manchester C.C.	18/72
Manchester Center—*	6,500

Attractive Geoffrey Cornish layout. *Private club open to guests at several local "member" hotels and lodges.

Mount Snow C.C.	18/72
West Dover—R	6,482

Very rolling course at 2,000 feet. Operated by famous ski area. Site of numerous New England championships.

Stowe C.C.	18/72
Stowe—SP	5,844

Large, well-trapped greens. Meandering stream on six holes. Open to guests of Stowe inns and lodges.

Stratton Mountain C.C.	18/72
Stratton Mountain—SP	6,195

Pretty test, designed by Geoffrey Cornish. Stratton Mtn. Inn nearby. Open May 15-Oct 15.

Sugarbush Inn G.C.	18/72
Warren—R	6,471

Trent Jones course in dramatic mountain setting, with water and forests. Front 9 dotted with water. Resort facilities.

Woodstock C.C.	18/69
Woodstock—SP	6,043

Robert Trent Jones course. In beautiful valley with wandering brook near Woodstock Inn.

WEST VIRGINIA

Cacapon State Park G. Cse.	18/72
Berkeley Springs—R	6,410

R.T. Jones course carved from heavily wooded valley. Par-3 4th and 8th play to same 100-yard-wide green.

Canaan Valley State Park G.C.	18/72
Davis—R	6,320

State-owned privately operated golf and ski resort in highlands. Cabins, camping and lodge.

Glade Springs	18/72
Beckley—R	6,481

Condo villas and wooded homesites surround rolling George Cobb creation.

The Greenbrier	Old White: 18/70 6,424
White Sulphur Spgs.—R	Greenbrier: 18/72 6,300
	Lakeside: 18/70 6,048

Three scenic courses at stately, plush resort. Site of 1979 Ryder Cup.

Lakeview Inn & C.C.	18/72
Morgantown—R	6,065

Tough course cut through trees. Front 9 hilly, back 9 fairly flat.

Oglebay Park Speidel G. Cse.	18/71
Wheeling—PU	7,000

R.T. Jones toughie. Hilly with flat landing area.

Pipestem State Park G. Cse.	18/72
Pipestem—R	6,215

Scenic course amid lakes, hills and valleys. State park resort with lodge. Also good 9-hole par-3 layout.

Twin Falls State Park G. Cse.	18/72
Mullens—PU	6,199

COURSES OPEN TO THE PUBLIC

A rolling course by Geoff Cornish. Accommodation available on site.

Southeast

COURSE	HOLES/PAR
LOCATION, TYPE	LENGTH

ALABAMA

Alpine Bay C.C.   18/71   6,227
Alpine—R   18/72   6,945
Tree-lined Robert Trent Jones course opened in 1972. Reopened in 1979.

Azalea City G. Cse. at Langan Park   18/72
Mobile—PU   6,513
Fine public course. Opening nine hilly, second fairly level. Four water holes.

Gulf State Park G. Cse.   18/72
Gulf Shores—PU   6,465
Earl Stone course. Wide fairways, four lakes make six water holes. Greens well trapped.

Jetport G. Cse.   18/72
Huntsville—PU   6,498
Adjoins Skycenter Hotel at Air Terminal. Practice range, pool. Lots of trees.

Joe Wheeler Park Cse.   18/72
Town Creek—PU   6,400
State park course; resort facilities.

Lake Forest C.C.   18/72
Daphne—R   6,700
Hilly test. Tight; no parallel fairways.

Lake Guntersville Park Cse.   18/72
Guntersville—PU   6,215
In state park; resort inn, restaurant.

Lakepoint Resort G. Cse.   18/72
Eufaula—R   6,555
Tom Nicol course in resort development. Water hazards. State park area. Campsites and beach. Hotel. Course open to public.

Marriott Grand Hotel   Azalea: 9/35   3,171
Point Clear—R   Dogwood: 9/35   3,246
   Magnolia: 9/35   3,119
Excellent tree-lined courses with 19 doglegs. Superb resort.

McFarland Park G. Cse.   18/72
Florence—PU   6,175
Tree-lined fairways, 11 lakes, elevated greens. Designed by Earl Stone.

Olympia Spa G. & C.C.   18/72
Dothan—R   6,400
Rolling fairways, several water holes on this resort course. Motel.

Pin Oaks G.C.   18/72
Auburn—SP   6,018
Six miles from Auburn University on 160 acres with seven-acre lake. State park and convention center nearby.

Point Mallard G.C.   18/72
Decatur—PU   6,790
Carved from woodland in 750-acre family recreation complex. 10 water holes. 175 campsites.

Still Waters Resort   18/72
Dadeville—R   6,078
George Cobb-designed course with streams and lakes in play.

ARKANSAS

Belvedere C.C.   18/72
Hot Springs—SP   6,750
Rolling interesting course, recently renovated.

Burns Park G. Cse.   18/70   6,010
North Little Rock—PU   9/35   2,941
Site of the Arkansas Open. Hilly with tight fairways. Lots of water.

Cherokee Village G.C.   South: 18/72   6,547
Cherokee Village, Hardy—R   North: 18/72   6,087
Interesting courses flanked by river in Ozark retirement village. North course for members and guests.

Dawn Hill G. & Racquet C.   18/72
Siloam Springs—R   6,390
Enjoyable, fairly flat; runs through valley in Ozarks; creek, many trees.

DeGray State Park G. Cse.   18/72
Bismarck—PU   6,836
Hilly course with elevated greens and elongated tees. Front 9 open, back tight. DeGray State Park Lodge on site.

Fairfield Bay C.C.   18/72
Fairfield Bay—R   6,484
Heavily wooded and rolling. Indian Rock resort.

Hot Springs G. & C.C.   South: 18/72   6,598
Hot Springs—R   Arlington: 18/72   6,527
Famous health spa. Arlington Hotel adjoins.

Hot Springs Village C.C.   Cortez: 18/71   6,182
Hot Springs—R   DeSoto: 18/72   6,216
Edmund Ault course. Six water holes framed by pines, white sand bunkers.

Paradise Valley G.C.   18/71
Fayetteville—SP   6,093
Wooded, rolling course with 11 water holes. Several motels nearby.

Rebsamen Park G.C.   27/71-36
Little Rock—PU   6,264-2,557
Flat, wooded course on Arkansas River.

Red Apple Inn & C.C.   18/72
Heber Springs—R   6,758
Rolling, forested course in mountains. Azaleas, dogwood, magnolias.

FLORIDA

NORTHERN FLORIDA

Amelia Island Plantation   Oakmarsh: 9/36   2,942
Amelia Island—R   Oysterbay: 9/35   2,738

COURSES OPEN TO THE PUBLIC

Oceanside: 9/35 2,572
Pete Dye course. Beach and all resort facilities plus homesites, condominums.

The Club at Indigo 18/72
Daytona Beach—SP 7,117
Lloyd Clifton designed course. Heavily contoured with five lakes, lagoons, woods.

Daytona Beach G. & C.C. North: 18/72 6,080
Daytona Beach—PU South: 18/71 5,950
Interesting and tricky course with moderate size greens, some water and woods.

Jacksonville Beach G.C. 18/72
Jacksonville Beach—PU 6,270
An open flat course with some water play.

Mayport Naval Station G.C. 18/71
Mayport—* 6,218
Well-trapped open course. Water on 12 holes. Deceptively tight *Open to all active or retired military.

Oak Bridge G.C. 18/70
Ponte Vedra Beach—R 6,095
Bill Amick course recently renovated. Open to Sawgrass guests.

Palm Harbor G.C. 18/72
Palm Coast—SP 6,022
Tree-lined fairways demand accuracy. Water runs parallel to many holes, but no shots over water.

Pelican Bay G. & C.C. 18/72
South Daytona—SP 7,054
Mitchell-Johnson course with water on every hole.

Pine Lakes C.C. 18/72
Palm Coast—SP 7,066
Challenging Arnold Palmer course with ample water and bunkers.

Plantation Inn & G. Resort 18/72
Crystal River—R 6,174
No parallel holes on Mark Mahannah course; long tees, water. Hotel.

Ponce de Leon Lodge & C.C. 18/71
St. Augustine—R 6,746
Tight greens, well-trapped links. Hotel with convention facilities adjoins. Located on inland waterway.

Ponte Vedra Club Ocean: 18/72 6,323
Ponte Vedra Beach—R Lagoon: 18/70 5,500
Lush oceanside course laced with lagoons. Ponte Vedra Inn guests only.

Riviera G. & C.C. 18/71
Ormond Beach—PU 6,308
Flat, tight course with some water. Site of the Riviera Open on the Florida PGA winter tour.

Sawgrass G.C. 18/72
Ponte Vedra Beach—R 6,859
No. 4 has small green atop 30-foot sand dune. Wild areas border most fairways. Rental villas.

Silver Springs Shores Resort & C.C. 18/72
Ocala—R 6,200
80 acres of lakes on this rolling Muirhead creation. Panorama Inn adjoins.

Spruce Creek 18/72
Daytona Beach—R 6,350

4,200-foot airstrip on property. Rental units planned.

Sugar Mill C.C. & Estates 18/72
New Smyrna—R 6,700
Joe Lee course in rolling sand-pine country. Heavily wooded. Water on seven holes. Third 9 opening in 1983.

Tomoka Oaks G. & C.C. 18/72
Ormond Beach—SP 6,858
Rolling, wooded course. Some water.

Tournament Players C. 18/72
Ponte Vedra Beach—* 6,052
Grand strategic test by Pete Dye. *Open to Sawgrass guests.

Williston Highlands G. & C.C. 18/72
Williston—SP 6,448
Wide fairways. Rolls through oaks and pines in housing development. Many doglegs.

CENTRAL FLORIDA

Alhambra G. & Tennis C. 18/72
Orlando—SP 6,098
William Amick design accented by 38 bunkers. Water on 7 holes. Open to public.

Bent Pine G.C. 18/72
Vero Beach—* 6,735
Joe Lee course, tight, well bunkered. *Private open to members of other clubs.

Cocoa Beach G.C. 18/72
Cocoa Beach—PU 6,700
Minutes from beaches. Surrounded by Banana River.

Continental G.C. 18/72
Wildwood—SP 6,200
Heavily wooded with gently rolling hills. Fair distances for average golfer and plenty of challenges for low handicapper.

Deltona G. & C.C. 18/72
Deltona—R 6,433
One of region's finest tests, this David Wallace design winds through hills and pines. Deltona Inn nearby.

Disney World G. Resort Palm: 18/72 6,917
Lake Buena Vista—R Magnolia: 18/72 7,150
Lake Buena Vista: 18/72 6,655
Joe Lee designed Magnolia (open) and Palm (tighter). Lake Buena Vista is newest (wooded).

Dodger Pines C.C. 18/73
Vero Beach—SP 6,692
Winter home of LA Dodgers. Course winds through pine woods. Water in play on 8 holes.

Errol Estate G. & C.C. 18/72
Apopka—R 6,500
Joe Lee course with big bunkers, oak, pine and orange groves on rolling terrain. Plus 9-hole course. Golf villas.

Grenelefe G. & Racquet C. East: 18/72 6,069
Grenelefe—R West: 18/72 6,279
South: 18/71 6,390
Courses amid pine trees and lakes in the rolling hills of Central Florida.

Harbor City Municipal G. Cse. 18/72
Melbourne-PU 6,400
Lots of water, deep rough. Tree-lined fairways. Designed

657

COURSES OPEN TO THE PUBLIC

by William Amick.

| John's Island Club | South: | 18/72 | 6,101 |
| Vero Beach—R | North: | 18/72 | 6,096 |

Two Pete Dye Courses are tough, beautiful. Condominiums, homesites. Rentals.

| Martin County G. & C.C. | | 18/72 | 6,164 |
| Stuart—PU | | 9/36 | 3,032 |

Well-established course with trees, greens slightly elevated. Also 9-hole course.

| Mayfair C.C. | 18/72 |
| Sanford—SP | 6,480 |

Good parkland layout formerly owned by N.Y. Giants. Holiday Inn nearby. Front nine heavily wooded.

| Mission Inn G. & Tennis Resort | 18/72 |
| Howey-in-the-Hills—R | 6,709 |

Beautifully conditioned, hilly course winds among five lakes. Award-winning Spanish-style Inn, restaurant and convention center.

| The Moorings G & Tennis C. | 18/64 |
| Vero Beach—R | 4,593 |

Pete Dye-designed course with back nine surrounded by river. Residential development.

| Orange Lake C.C. | | 18/72 | 6,310 |
| Orlando—R | | 9/36 | 3,150 |

New time-share resort with rentals. Courses by Joe Lee.

| Poinciana G. & Racquet C. | 18/72 |
| Kissimmee—SP | 6,162 |

Devlin-Von Hagge course built in and around a cypress hammock. Trees and water.

| Port Malabar C.C. | 18/71 |
| Palm Bay—SP | 6,720 |

Tree-lined fairways, numerous water hazards, bunkers and elevated greens. A true test of golf.

| Rolling Hills G. & C.C. | 18/72 |
| Wildwood—SP | 6,043 |

Gently rolling with open front nine and wooded back nine.

| Rosemont G. & C.C. | 18/72 |
| Orlando—R | 6,671 |

Lloyd Clifton designed course with water in play on every hole. Flat, wooded with doglegs on 11 holes.

| Royal Oak C.C. Resort | 18/71 |
| Titusville—R | 6,504 |

Challenging vacation course near Cape Kennedy. Deluxe lodge, condominiums adjoin.

Sandpiper Bay	Saints:	18/72	6,146
Port St. Lucie—R	Sinners:	18/72	6,577
	Wilderness:	9/36	3,257

Tree-lined fairways and water make all three courses interesting. Also short 9-hole par 3.

| Sheoah G.C. | 18/72 |
| Winter Springs—PU | 6,298 |

Testing and picturesque daily-fee course surrounded by residential community. Some extremely tough holes.

| Tuscawilla G.C. | 18/72 |
| Winter Springs—SP | 6,360 |

Superbly laid out by Joe Lee in rolling parkland on old estate.

| Zellwood Station | 18/72 |
| Zellwood—SP | 6,400 |

Semiprivate course in residential development. Hilly with wide fairways. Water on six holes.

FLORIDA PANHANDLE

| Bay Point Yacht & C.C. | 27/72-33 |
| Panama City Beach—R | 6,398-2,767 |

Willard Byrd design. All three 9s are tight, heavily watered. Villa accommodations.

| Bluewater Bay | 18/72 |
| Niceville—R | 6,860 |

Tom Fazio-Jerry Pate design. Narrow, rolling fairways; heavily wooded.

| Indian Bayou G. & C.C. | 18/72 |
| Destin—SP | 6,186 |

Earl Stone designed course opened in 1978. Undulating and well trapped, interesting use of water on four holes.

| Killearn G. & C.C. | 18/72 |
| Tallahassee—R | 6,336 |

Play by invitation of member or as guest of hotel. Site of Tallahassee Open. Designed by William Amick. Also third 9.

| Perdido Bay Inn C.C. | 18/72 |
| Pensacola—R | 6,782 |

William Amick course overlooks gulf in resort community with inn, homes and homesites. Open to public.

| Rocky Bayou C.C. | 18/72 |
| Niceville—SP | 6,250 |

Rolling hills; seven lakes, wooded and well trapped. William Amick design.

| Sandestin | 18/72 |
| Destin—SP | 6,655 |

Tom Jackson course. Heavily trapped. Water on 13 holes.

| Seascape Resort | 18/71 |
| Destin—SP | 6,227 |

Compact seaside course with water on 11 holes. Garden villas, lofts and townhomes.

TAMPA/ST. PETERSBURG AREA

| Airco 18 G.C. | 18/72 |
| Clearwater—PU | 6,635 |

Flat course near airport.

| Babe Zaharias G.C. | 18/71 |
| Tampa—PU | 6,142 |

Gently rolling course with numerous pine trees and well-manicured greens.

Bardmoor C.C.	North:	18/72	6,950
Largo—R	East:	18/71	6,250
	South:	18/70	6,450

Real "19th hole" for special events. Homesites and condominiums.

Belleview-Biltmore Hotel & C.C.	West:	18/71	6,085
Clearwater—R	East:	18/71	6,036
	Pelican:	18/72	6,350

East and West courses set atop bluff. Top condition. Hotel open Jan. to late April only. Grand resort hotel.

| Clearwater C.C. | 18/72 |
| Clearwater—SP | 6,300 |

Well bunkered. Creek runs through back nine. Course built in 1920.

COURSES OPEN TO THE PUBLIC

C.C. at Tarpon Lake Villages 18/72
Palm Harbor—SP 6,309
In residential development. Rolling terrain and 26 lakes.

Dunedin C.C. 18/72
Dunedin—SP 6,292
Former PGA National course designed by Donald Ross. Four water holes. Visitors from outside city limits may play.

Hall of Fame Inn 18/72
Tampa—R 6,211
Flat course adjoining property of Tampa Airport. 12 water holes, well trapped.

Indian Rocks G.C. 18/62
Largo—SP 3,506
Flat, open course with water on five holes.

Innisbrook Resort & G.C. Island: 18/72 6,570
Tarpon Springs—R Sandpiper: 18/72 5,724
 Copperhead: 9/36 3,307
  9/35 3,133
  9/36 3,127
Island heavily wooded, hilly and a great test. Sandpiper tough short course. Copperhead tough tournament course. Three nines. Twenty-four lodges scattered throughout 1,000 acres, all located on courses.

Isla Del Sol. G. & C.C. 18/71
St. Petersburg—R 6,105
Mark Mahannah-designed course. Island course, basically flat and open. Plenty of water.

Magnolia Valley C.C. 18/70
New Port Richey—SP 6,011
Much water. Outstanding dogleg No. 15. Plus 9-hole executive.

The Meadows C.C. 18/72 6,675
Sarasota—R 9/36 3,481
Picturesque course in 1,300-acre resort community. Numerous water hazards. Villa rentals.

Oak Ridge G. Center 18/54
Dunedin—PU 2,129
Flat, wooded course with water on several holes.

Pasadena G.C. 18/72
St. Petersburg—SP 6,208
Water on 14 holes, large greens, many sand traps, flat.

Plant City G. & C.C. 18/72
Plant City—PU 6,424
Rolling course; water a factor on six holes. Recently reconditioned.

Quail Hollow G. & C.C. 18/72
Zephyrhills—SP 6,100
18 natural lakes. Lounge, snack bar, practice range.

Rocky Point G.C. 27/72-32
Tampa—SP 6,122-2,456
Fairways with out-of-bounds everywhere. Trees, water, some sand.

Rogers Park G.C. 18/71
Tampa—PU 6,677
Well-kept public course with good length.

Saddlebrook 18/71-35
Wesley Chapel—R 6,580-3,037
Undulating course with water, trees. Condo rentals available.

Seven Springs C.C. 18/72
Seven Springs—SP 6,214
Country club community. Newly resdesigned back nine very tough. Front nine forgiving.

Sunset G.C. 18/72
St. Petersburg—SP 6,250
Oldest city course in area. Minarets on interesting clubhouse. Flat, narrow, tree-lined.

Tarpon Springs G.C. 18/72
Tarpon Springs—SP 6,211
Hilly, wooded course with parallel water hazards on five holes.

Tarpon Woods 18/72
Palm Harbor—SP 6,739
Water in play on 16 of 18 holes. Well-trapped greens.

Tides C.C. & Hotel 18/72
St. Petersburg—R 6,045
Beautiful and challenging course. Four holes surrounded by water—many trees.

Univ. of South Florida G.C. 18/72
Tampa—SP 6,243
Heavily wooded, surrounded by swamp. Tight par-5 14th a "monster."

SOUTHWEST FLORIDA

Bear's Paw 18/72
Naples—* 6,800
Nicklaus course with two double greens, large grass bunkers. Call in advance. *Private.

Bobby Jones G.C. 36/72-72
Sarasota—PU 6,388-6,080
Heavily played by 1,000 members and tourists. Lots of palms and oaks. Also executive 9.

Cape Coral G. & Racquet C. 18/72
Cape Coral—R 6,861
122 bunkers, much water on good Dick Wilson course. Hotel adjoins.

Englewood G. & C.C. 18/72
Englewood—SP 6,500
Several man-made lakes make this course interesting. Rental condos and homes on site.

Fort Myers C.C. 18/71
Fort Myers—PU 6,105
Attractive Donald Ross course opened in 1918. Small greens, sporty.

Golden Gate Inn & C.C. 18/72
Naples—R 6,356
Has some contour, good length and five lakes. Back nine wooded. In development with hotel.

Golf Hammock C.C. 18/72
Sebring—SP 6,607
Course designed by Ron Garl. Many trees and some water.

Harder Hall G. & Tennis Resort 18/72
Sebring—R 6,495
Dick Wilson course with seven lakes, trees. Golf and tennis school, adults in winter, teens in summer. Near Disney World, EPCOT.

COURSES OPEN TO THE PUBLIC

Jacaranda West G.C.   18/72
Venice—SP   6,200
Mark Mahannah made good use of sand traps and lakes on this nine-hole course.

Lehigh Acres C.C.   18/71
Lehigh Acres—R   6,154
Scenic, wooded, sporty course amid large development area.

Leisure Village at Seven Lakes   18/60
Fort Myers—SP   3,492
Well-trapped course in condominium community. Open to residents and guests. Three-month minimum rental.

Lely G. & C.C.   18/72
Naples—SP   6,233
Challenging test without being too tough on older legs.

Lochmor C.C.   18/72
N. Fort Myers—SP   6,492
Bill Mitchell course opened in 1972. Pines, palms.

Longboat Key Club   Harbourside: 18/72   6,580
Longboat Key   Islandside: 18/72   6,158
Harbourside, opened 11/82, fascinating test through tropical vegetation. Complete resort facilities.

Marco Island C.C.   Island: 18/72   6,325
Marco Shores C.C.   Shores: 18/72   6,387
Marco Island—R
Two fine courses plus 9-hole par-3 course. Complete resort facilities at huge Marriott hotel.

Mirror Lakes C.C.   18/72
Lehigh Acres—R   6,722
Mark Mahannah course. Well designed, rolling; large elevated, well-trapped greens; demanding.

Myakka Pines G.C.   Red: 9/36   3,285
Englewood—SP   White: 9/36   3,227
  Blue: 9/36   3,233
Water comes into play many times. Large contoured greens. Fairways lined with numerous pines and palmettos.

Naples Beach Hotel & G.C.   18/72
Naples—R   6,500
Course completely remodeled by Ron Garl. Well bunkered; several water holes.

North Port C.C.   18/72
North Port Charlotte—SP   6,266
Contoured fairways. Lots of water.

Oak Hills C.C.   18/72
Rotonda West—R   6,381
Rolling with picturesque water holes, elevated green. Well trapped.

Oxbow G.C.   18/72
Port LaBelle—SP   6,587
Wooded, hilly course with water in abundance. Soon to have accommodations on site.

Palm River C.C.   18/72
Naples—R   6,421
Hard to handle with well-conceived design.

Palma Sola G.C.   18/72
Bradenton—SP   6,352
North of Sarasota. Set amid citrus groves, lakes and streams.

Placid Lakes G. & C.C.   18/72
Lake Placid—R   6,314
Boating, fishing, swimming pool. Lodging, dining, entertainment.

Plantation G. & C.C.   18/72
Venice—SP   6,937
Ron Garl design. Rolling, links-style course.

Port Charlotte C.C.   18/72
Port Charlotte—SP   6,335
Established course with tall trees everywhere. Doglegs rampant.

Punta Gorda C.C.   18/72
Punta Gorda—SP   6,117
Tricky course with small greens in natural setting. Seasonal memberships available.

San Carlos Park G. & C.C.   18/71
Fort Myers—R   6,456
New course with 7 water holes, 7 miles south of Fort Myers.

Sarasota G.C.   18/72
Sarasota—SP   6,842
Flat, open, well trapped. Dining facilities, club repair.

South Seas Plantation   9/36
Captiva Island—R   3,061
6 holes on Gulf, 3 on Island in Bay. 59 traps. Scenic. Water on 7 holes.

Spring Lake G. & C.C.   18/72
Sebring—SP   6,641
New course with wide fairways, 3 water holes. Retirement recreational community.

Sun City Center South G. Cse.   18/72
Sun City Center—SP   6,115
12 lakes and 76 traps on this Mark Mahannah course.

Sun 'n Lake   18/63
Lake Placid—R   4,586
Executive-length course. Water on several holes. Fairly narrow fairways. Holiday Inn.

Sun 'n Lake   18/72
Sebring—R   6,469
Challenging course with water on nine holes. New Holiday Inn.

Sunrise C.C.   18/72
Sarasota—SP   6,098
R. A. Anderson course carved from pine and palm jungle. 16th a tough, scenic par 5.

SOUTHEAST FLORIDA

Arrowhead C.C.   18/71
Ft. Lauderdale—SP   6,540
Seasonal rentals flank fairways. Par 5s and par 3s are testing. Newly reconditioned.

Atlantis C.C.   18/72
Atlantis—SP   6,540
Scenic tree-lined course with accommodations at Atlantis Inn.

Bayshore G.C.   18/72
Miami Beach—PU   6,168
Good public course with lots of water in play and well

COURSES OPEN TO THE PUBLIC

trapped. Designed by Von Hagge and Devlin.

Biltmore G. Cse.			18/71
Coral Gables—PU			6,173

Picturesque course in lush surroundings; some tricky water holes.

Boca Raton Hotel & C.			18/71
Boca Raton—R			6,252

Well trapped throughout, three water holes. Condominium apartments.

Boca Teeca G. & C.C.	South:	9/35	2,815
Boca Raton—R	North:	9/37	3,288
	East:	9/36	2,892

South Course straight and open; North Course hazardous and long; East Course rolling, hilly and tricky.

Boca West	First:	18/72	6,400
Boca Raton—R	Second:	18/72	6,215
	Third:	18/72	6,169
	Fourth:	18/72	6,578

First and Second courses by Desmond Muirhead are open with water. Third by Von Hagge and Devlin and Fourth by Joe Lee have pines, water and are well trapped. Large resort community affiliated with Boca Raton Hotel.

Bonaventure C.C.	East:	18/72	6,912
Ft. Lauderdale—SP	West:	18/70	6,329

Joe Lee-designed East Course features par 4 over waterfall. Mark Mahannah course opened January 1979. Condominiums, patio homes, single-family dwellings.

Breakers Ocean G.C.			18/70
Palm Beach—R			6,008

Short but tough older course for members and guests at Breakers Hotel only.

Breakers West G.C.			18/71
West Palm Beach—SP			6,388

Willard Byrd-designed course for Breakers Hotel. Water on 14 holes.

Briar Bay G. Cse.			9/31
Miami—PU			1,983

Von Hagge and Devlin course.

Colony West C.C.		18/70	6,650
Tamarac—SP		18/63	4,197

Well wooded with water on 6 holes. Good challenge, designed by Von Hagge-Devlin.

Costa del Sol G. & Racquet			18/72
Miami—R			6,387

Challenging but not frustrating. 13 lakes come into play.

C.C. of Miami	East:	18/72	6,434
Miami—*	South:	18/72	6,266
	West:	18/72	6,425

*Private club open to members of other private clubs.

Crystal Lake C.C.			18/72
Pompano Beach—SP			6,460

Lodge adjoins. Four housing developments surround course remodeled by Rees Jones.

Cypress Creek C.C.			18/72
Boynton Beach—SP			6,439

Interesting layout. Open small greens.

Cypress Creek G.C			18/72
Jupiter/Tequesta—SP			6,300

Ward Northrup course on 27 acres of spring-fed waterways. Restaurant. Homesites.

Deer Creek G. & C.C.			18/72
Deerfield Beach—SP			6,709

Unusually wooded and hilly for southern Florida. Designed by Billy Watts.

Delray Beach C.C.			18/72
Delray Beach—PU			6,497

Course suits both long and short hitters.

Diplomat Resort & C.C.	Diplomat:	18/72	6,334
Hollywood-by-the-Sea—R	Presidential:	18/72	6,406

Two championship courses. Flat with water and bunkers.

Doral Hotel & C.C.	Red:	18/70	6,057
Miami—PU	White:	18/72	6,121
	Blue:	18/72	6,627
	Gold:	18/72	6,655
	Silver:	9/36	2,923

Outstanding resort. Additional par-3 9-holer. Blue "monster" a great one.

Eastpointe C.C.			18/73
Riviera Beach—R			6,510

George Fazio designed this course where five lakes bring nine holes into water play. 18th green is on island in large lake. Condominium rentals.

Fontainbleau C.C.		18/72	7,200
Miami—R		18/72	7,100

Mark Mahannah course with seven lakes, rolling fairways.

The Fountains of Palm Beach	No. 1:	18/72	6,963
Lake Worth—R	No. 2:	18/72	6,846
	No. 3:	18/72	6,840

Von Hagge-Devlin courses. Villas and townhouses.

Holiday Springs			18/72
Margate—SP			6,324

Von Hagge and Devlin course routed through natural pine and palmetto forest. Very rustic.

Hollywood G. & C.C.			18/70
Hollywood—SP			6,500

Picturesque course lined with trees on every hole.

Hollywood Lakes C.C.	East Lake:	18/72	6,238
Hollywood—SP	West Lake:	18/72	6,160

14 lakes, wooded rough. Fine condition. Hotel guests pay no green fee.

Hunters Run G. & Racquet C.	South:	18/72	7,005
Deerfield Beach—*	North:	18/72	6,807
	East:	18/70	6,469

South is showcase of three Von Hagge/Devlin courses.
* Development with limited guests facilities.

Jacaranda C.C.	West:	18/72	6,215
Plantation—SP	East:	18/72	6,790

Two Mark Mahannah courses in a prestige residential setting.

Kendale Lakes G. & C.C.		18/72	6,335
Miami—SP		9/36	3,188

Sporty test—canals and lakes. LPGA Invitational site.

Key Biscayne G.C.			18/71
Key Biscayne—PU			6,212

Unique Robert Von Hagge course laid out amid mangrove flats. Beautiful, eerie and tough test.

Kings Bay Resort Yacht & C.C.			18/72

661

COURSES OPEN TO THE PUBLIC

Miami—R   6,872
Mark Mahannah designed course with water on 14 holes. Front nine tight. Complete resort facility.

Lone Pine Estates G.C.   18/62
West Palm Beach—PU   4,500
Challenging new executive course. Undulating with water on several holes.

Martin Downs G.C.   Crane Creek: 18/72 6,878
Stuart—*   Tower: 18/72 6,825
Crane Creek "North Carolina" mold; Tower opened 1/83. Resort hotel being built.

Melreese Le Jeune G. Cse.   18/72
Miami—PU   6,452
Gently rolling terrain. Near Miami Airport.

Miami Lakes Inn & C.C.   36/72-54
Miami—R   6,508-2,285
Challenging courses with elevated tees and greens, wandering streams and lakes. Wooded.

Miramar G. & C.C.   18/72
Miramar—SP   6,032
Varies from flat to gently rolling, all greens trapped, some water, trees. Excellent drainage. Formerly known as Foxcroft.

Normandy Shores G.C.   18/71
Miami Beach—PU   6,055
On Isle of Normandy in Biscayne Bay. Water everywhere.

Oak Ridge C.C.   18/72
Ft. Lauderdale—PU   6,264
Pleasant golf. Modern hotels nearby.

Ocean Village   9/27
Hutchinson Island—R   1,250
Challenging course with seven lakes. Condo rentals.

Palm Beach Lakes G.C.   18/68
West Palm Beach—PU   5,505
Tight course designed around two lakes. Ramada Inn adjacent.

Palm Beach Polo & C.C.   18/72
West Palm Beach—R   6,715
1,650-acre resort community. Eleven polo fields. Golf course designed by George and Tom Fazio.

Palmetto G.C.   18/71
South Miami—PU   6,669
Canal runs through course with wide fairways, 13 water holes.

PGA National G.C.   Haig: 18/72 6,700
Palm Beach Gardens—R   Squire: 18/71 5,927
  Champion: 18/72 6,510
New PGA Sheraton Resort surrounded by three courses. National headquarters of PGA. Fourth course under construction.

Plantation G.C.   18/72
Plantation—PU   6,424
Winding streams come into play on most holes.

Pompano Beach G. Cse.   Palms: 18/71 6,150
Pompano Beach—PU   Pines: 18/72 6,527
Pines course long and narrow. Palms course more open.

Redlands G. & C.C.   18/72
Homestead—SP   6,302
Flat, tree-lined fairways and six water holes.

Rolling Hills G. Lodge & C.C.   27/72-36
Ft. Lauderdale—R   7,122-3,600
Well-trapped course amid oaks and pines. Elevated greens. Complete resort facilities.

Royal Palm Beach G. & C.C.   18/72
Royal Palm Beach—R   6,500
Mark Mahannah course with large greens, well trapped. Royal Palm Beach Inn.

Sandalfoot C.C.   18/72
Boca Raton—SP   6,282
Woods, water and sand. Homes and homesites. Also executive 9.

Sherbrooke G. & C.C.   18/72
Lake Worth—SP   6,307
Von Hagge/Devlin course with lots of water and sand. Open fairways.

Sunrise C.C.   18/72
Ft. Lauderdale—SP   6,700
Water, rough and fairways skillfully blended. Bill Watts, architect.

TPC at Eagle Trace   18/72
Coral Springs*   6,700
New PGA tournament course; Arthur Hills design, with water, bunkers—everything.
*Open to public on limited-time basis.

Turnberry Isle Yacht & C.C.   North: 18/72 6,367
North Miami Beach—R   South: 18/72 6,932
Robert Trent Jones designed course in lush tropical setting. Hotel. Huge, triple green.

West Palm Beach C.C.   18/72
West Palm Beach—PU   6,523
Excellent public course, steep bunkers, good greens, rolling fairways.

World of Palm Aire   Pines: 18/72 6,452
Pompano Beach—R   Palms: 18/71 6,215
  Oaks: 18/72 6,045
  Cypress: 18/72 6,235
  Sabals: 18/60 3,619
Newest Cypress course makes 90 holes at this huge resort development. All activities, including health spa. Corporate conference center.

GEORGIA

Bacon Park G.C.   18/71
Savannah—PU   6,318
Well trapped, with few nazards. Surrounded with woods. Flat.

Browns Mill G.C.   18/72
Atlanta—PU   6,535
Rolling course surrounded by 5 lakes. Open year round.

Brunswick C.C.   18/72
Brunswick—*   6,515
Flat, coastal course built around five small lakes. *Play only as member of another private club.

Callaway Gardens   Mountain View: 18/72 6,605
Pine Mountain—R   Garden View: 18/72 6,096
  Lake View: 18/70 6,009
  Sky View: 9/31 1,822

COURSES OPEN TO THE PUBLIC

Outstanding resort with complete facilities. Callaway Inn, cottages on premises.

Chattahoochee G.C.	18/72
Gainesville—PU	6,343

Tree-lined fairways. In foothills of Blue Ridge Mountains.

Fairfield Plantation	18/72
Villa Rica—SP	6,800

Hilly course with 2 water holes. Rental villas available.

Francis Lake G.C.	18/72
Lake Park—R	6,168

Willard Byrd course in 350-acre resort development. Lodging on site.

Hard Labor Creek G.C.	18/72
Rutledge—PU	6,308

Well-equipped state park with cottages, camping. Enjoyable course with four water holes.

Jekyll Island G.C.	Oleander:	18/72	6,476
Jekyll Island—PU	Pine Lakes:	18/72	6,932
	Oceanside:	9/36	3,289
	Indian Mound:	18/72	6,261

Fine courses, inexpensive. Daily-fee or package at nearby motels. Formerly millionaires' hideaway.

Kingwood Inn	18/70
Clayton—R	5,826

Small resort with spectacular scenery in mountains. Health spa on premises.

Lake Arrowhead Yacht & C.C.	18/71
Waleska—R	6,340

Scenic course on 540-acre lake. Condo rentals.

Little Ocmulgee Park Cse.	18/72
MacRae—PU	6,315

In state park; camping, some cottages.

PineIsle	18/72
Buford—R	6,119

Small greens put emphasis on accuracy at this course designed by Ron Kirby and associates along with Gary Player. 45 miles north of Atlanta.

St. Simons Island Club	18/72
St. Simons Island—SP	6,214

Fine Joe Lee course. Opened in '74. Great par 5s, well wooded. Operated by Cloister Hotel in conjunction with Sea Island courses.

Savannah Inn & C.C.	18/72
Wilmington Island—R	6,500

Well-designed, lush course, with lots of variety. Fair and testing.

Sea Island G.C.	Plantation:	9/36	3,166
St. Simons Island—R	Seaside:	9/36	3,244
	Marshside:	9/36	3,045
	Retreat:	9/36	3,267

Spectacular site on old plantation; accommodations at Cloister Hotel. Superb links at one of America's great resorts.

Sea Palms G. & Racquet C.	18/72
St. Simons Island—R	6,829

Very scenic; water holes; beautiful oaks, tall pines. Villas and condominiums plus 9-hole.

Stone Mountain Park G.C.	18/72
Stone Mountain—PU	6,831

Tough Trent Jones mountainside layout in 3,800-acre Confederate memorial park. Rolling with small greens, narrow fairways.

KENTUCKY

Boots Randolph G. Cse.	18/72
Lake Barkley Park—R	6,405

Long and open. A meandering brook affects play on several holes. Lodge.

General Burnside State Park	18/71
Burnside—R	5,905

Island resort course. Gently rolling with small greens.

Griffin Gate G.C.	18/72
Lexington—R	6,845

Marriott Hotel course by Rees Jones in Kentucky Bluegrass country. Senior Tour site.

Hawes Park G. Cse.	18/71
Owensboro—R	6,200

An open 18 with several good holes. Also par-3 course.

Iroquois G.C.	18/72
Louisville—PU	6,238

A favorite with Louisville golfers. Lots of trees.

Juniper Hills G.C.	18/71
Frankfort—PU	6,188

Each hole commemorates a Kentucky governor. Hilly, small greens.

Kentucky Dam Village	18/72
Gilbertsville—R	6,745

Pines course most demanding in the state park system. Resort facilities.

Lakeside Municipal G. Cse.	18/72
Lexington—PU	6,708

Rolling bluegrass fairways. Highlight is monstrous 656-yard 18th.

Lincoln Homestead	18/71
Springfield—PU	6,600

Park course in rustic setting. Two good water holes.

Tate's Creek G. Cse.	18/71
Lexington—PU	6,590

Tight fairways place premium on accuracy off the tee.

LOUISIANA

Andrew Querbes Park G. Cse.	18/71
Shreveport—PU	6,195

Narrow with elevated greens.

Chennault Park G. Cse.	18/72
Monroe—PU	7,044

Good length, numerous trees. Four lakes.

Eden Isle G.C.	18/72
Slidell—SP	6,477

Tight, well-conditioned course with lots of canals and lakes.

Howell Park G. Cse.	18/72
Baton Rouge—PU	5,700

A creek runs through this flat course.

Huntington Park G. Cse.	18/72
Shreveport—PU	6,852

COURSES OPEN TO THE PUBLIC

Fairly open course with water on 6 holes. New bunkers added.

| Mallard Cove Municipal G. Cse. | 18/72 |
| Lake Charles—PU | 6,896 |

Water, sand, trees.

| Royal G.C. | 18/72 |
| Slidell—R | 6,469 |

No sand traps. Rolling terrain and water on several holes.

| Toro Hills Resort | 18/72 | 6,307 |
| Many—R | 9/36 | 3,298 |

Hilly course with tight fairways. Wooded.

| Webb Memorial G. Cse. | 18/72 |
| Baton Rouge—PU | 6,679 |

Rolling municipal course.

MISSISSIPPI

| Deerfield C.C. | 18/72 |
| Madison—R | 6,550 |

Gentle rolling terrain. Open fairways with some woods.

BILOXI AREA

| Biloxi Hilton Rainbow Bay G. Cse. | 18/72 |
| Biloxi—R | 6,365 |

Some water, not tough.

| Broadwater Beach G.C. | Sun: | 18/72 | 6,560 |
| Biloxi—R | Sea: | 18/71 | 6,001 |

Sea course flat, tight, wooded. Sun course open, but a tough test. Also 9-hole lighted par 3.

| Diamondhead Yacht & C.C. | Pine: | 18/72 | 6,358 |
| Bay St. Louis—R | Cardinal: | 18/72 | 6,086 |

Part of large recreational home development. Long tees, roller-coaster greens.

| Gulf Hills Inn & G.C. | 18/72 |
| Ocean Springs—R | 6,294 |

Beautiful woodland setting. Gently rolling fairways.

| Hickory Hills C.C. | 18/72 |
| Gautier—SP | 6,642 |

Water, including two large lakes, dominates four holes on this rolling Earl Stone course.

| Pascagoula C.C. | 18/72 |
| Pascagoula—SP | 6,288 |

Play the 9 holes of this course twice from different tees on 18.

| Pine Island G.C. | 18/71 |
| Ocean Springs—SP | 6,449 |

Lots of marshes, wildlife.

| St. Andrews on Gulf | 18/72 |
| Ocean Springs—SP | 6,449 |

Part of residential development. Condominiums available with complete resort facilities.

| Sunkist C.C. | 18/72 |
| N. Biloxi—SP | 6,121 |

Delightful, rolling test with level fairways and smallish greens.

| Tramark G. Cse. | 18/72 |
| Gulfport—SP | 6,100 |

Gently rolling with well-placed traps and water. Daily fee.

The following resort facilities offer golf packages at one or more of the above courses.

Admiral Benbow Inn, Biloxi
Best Western Gulfport Inn, Gulfport
Biloxi Beach Motor Inn, Biloxi
Biloxi Hilton Hotel & Convention Center, Biloxi
Broadwater Beach Hotel, Biloxi
Buena Vista Hotel, Biloxi
Diamondhead, Bay St. Louis
Fairchild's Motel, Gulfport
Gulf Hills Inn & G.C., Ocean Springs
Holiday Inn of Biloxi, Biloxi
Holiday Inn of Gulfport, Gulfport
Howard Johnson's, Gulfport
LaFont Inn, Pascagoula
Ramada Inn of Biloxi, Biloxi
Sheraton D'Iberville Hotel, Biloxi
Sheraton Gulfport Inn, Gulfport
Sun-n-Sand Rodeway Inn, Biloxi
Trade Winds Motor Hotel, Biloxi

NORTH CAROLINA

| Bald Head Island G.C. | 18/72 |
| Southport—* | 7,040 |

George Cobb course that winds through dunes and forest. Water on 16 holes. *Call in advance.

| Beach Mountain G.C. | 18/72 |
| Banner Elk—R | 6,102 |

Chalet rentals, 3 mountaintop inns. Course hilly with narrow fairways, small greens.

| Black Mountain G.C. | 18/71 |
| Black Mountain—PU | 6,087 |

No. 17 is world's longest at 745 yards, par 6. Open year round.

| Blowing Rock C.C. | 18/70 |
| Blowing Rock—R | 6,100 |

Tricky, windy mountain course with small greens, narrow fairways. Hotel guests only.

| Boone G.C. | 18/71 |
| Boone—PU | 6,087 |

Open Apr.-Nov. Level fairways with two exceptions. Creek comes into play on several holes.

| Carolina Shores G.C. | 18/72 |
| Calabash—SP | 6,155 |

Tom Jackson course intertwines resort development. Back nine opened spring '75.

Carolina Trace C.C.	Lakeside:	9/36	3,469
Sanford—SP	Northside:	9/36	3,466
	Creekside:	9/36	3,460

Wooded layout by Trent Jones along 300-acre lake. Play by invitation or golf package.

| Chatuge Shores G.C. | 18/72 |
| Hayesville—PU | 6,647 |

View of lake and mountains. Large greens.

| Connestee Falls C.C. | 18/72 |
| Brevard—* | 6,354 |

Tight, George Cobb designed course. Front nine level, back nine hilly. *Private club open to members of other private clubs.

| Cypress Lake G. Cse. | 18/72 |

COURSES OPEN TO THE PUBLIC

Fayetteville—PU 6,615
Motels nearby. Green fees, electric golf cars.

Duck Woods G.C. 18/72
Kitty Hawk—SP 6,210
Ellis Maples course on Outer Banks amid lagoons and lakes.

Eagle Crest G. Cse. 18/71
Raleigh—PU 6,253
Bent-grass greens. Wide fairways, water hazards.

Fairfield Mountains 18/72
Lake Lure—R 6,800
Water and woods make this a challenging test. Rugged mountain terrain. Excellent greens.

Fairfield Sapphire Valley 18/72
Sapphire—R 6,340
In beautiful mountain valley. Open to Sapphire Valley Inn guests.

Foxfire G. & C.C. 18/71 6,170
Pinehurst—R 18/72 6,280
Lush, rolling courses adjoining Foxfire Inn.

Great Smokies Hilton Inn & C.C. 18/70
Asheville—R 5,159
Tight, tree-lined fairways. Winding stream in play on nine holes.

Green Valley C.C. 18/71
Greensboro—SP 5,710
Lush course. Fine clubhouse with hotels, motels nearby.

Grove Park Inn & C.C. 18/71
Asheville—R 6,000
Scenic Blue Ridge mountain course. Fabulous lodge.

High Hampton Inn & G.C. 18/71
Cashiers—R 5,904
Gently rolling with beautiful mountain views. A pleasure to play. Open early May to late October.

High Meadows G.C. 18/72
Roaring Gap—R 6,487
Rolling terrain and lakes characterize this mountain layout.

Hound Ears Lodge C.C. 18/72
Blowing Rock—R 6,015
Fine scenic resort course with streams, lakes and a few hills.

Hyland Hills G. & C.C. 18/72
Southern Pines—R 6,015
Tom Jackson course associated with lodge. 13-mile skyline view.

Keith Hills C.C. 18/72
Buies Creek—R 6,735
Hilly Ellis Maples design. Wooded.

Lake Surf C.C. 18/72
Vass—R 6,119
Lots of variety in this Ellis Maples layout just north of Southern Pines.

Linville G.C. 18/72
Linville—R 6,260
Fine course high in mountains. Eseeola Lodge adjoins.

Maggie Valley C.C. 18/71
Maggie Valley—R 6,087

A 63-unit motor lodge and fairway villas offering year-round golf package in Great Smokies.

Mid Pines Club 18/72
Southern Pines—R 6,501
Donald Ross-designed layout with character. Handsome resort.

Oak Island G. & Beach C. 18/72
Southport—SP 6,135
Lovely, seaside course. Open year round. Lodging nearby.

Pinehurst C.C. No. 1: 18/70 5,852
Pinehurst—R No. 2: 18/72 6,401
No. 3: 18/71 5,756
No. 4: 18/72 6,385
No. 5: 18/72 6,369
No. 6: 18/72 6,314
Outstanding golf complex. Open to guests of nearby inns. No. 2 one of best in U.S.

Pine Needles Lodges & C.C. 18/71
Southern Pines—R 6,626
Rolling, Donald Ross course at complete resort. Narrow, tree-lined fairways. Cozy accommodations.

Pine Tree G.C. 18/71
Kernersville—PU 6,001
Well trapped and pretty. Gene Hamm course.

Sea Scape G. Cse. 18/71
Kitty Hawk—SP 6,000
A true links built on dunes overlooking Atlantic Ocean, and a pure delight to play.

Seven Devils Resort 18/71
Boone—R 5,686
Hilly mountaintop course running through woods.

Seven Lakes G.C. 18/72
West End—R 6,155
Blend of traditional and modern design by Peter Tufts on rolling sand hills. 10 miles west of Pinehurst in resort community.

Southern Pines C.C. 18/71
Southern Pines—SP 6,426
Relatively hilly, interesting doglegs, water on four holes.

Springdale C.C. 18/72
Canton—R 6,418
A creek wanders through this course coming into play several times. Front nine hilly, back nine flat. Cottages.

Star Hill G. & C.C. 18/71
Cape Carteret—* 6,427
Part of residential resort community. *Reciprocal privileges with other private clubs.

Tanglewood Park G.C. 18/70 6,325
Clemmons—R 18/72 6,085
Also has 18-hole par-3 lighted course. Lodge in park-like setting. Site of 1974-PGA.

Waynesville C.C. Inn 18/71
Waynesville—R 6,015
Front 9 flat with lake. Back 9 hilly, also with lake.

Whispering Pines G.C. 18/72 7,138
Whispering Pines—SP 18/71 6,358
18/72 5,846
On 3,000-acre community development.

665

COURSES OPEN TO THE PUBLIC

Wolf Laurel G.C. 18/72
Wolf Laurel—R 6,250
Year-round vacation retreat in laurel and rhododendron valley at 4,300 feet. Highest hole east of the Rockies.

SOUTH CAROLINA

Fripp Island G.C. 18/72
Fripp Island—R 6,478
Excellent seaside course by George Cobb; lagoons, many trees.

Keowee Key C.C. 18/72
Salem—R 6,200
George Cobb design at foothills of Blue Ridge Mountains. Rolling terrain.

Kiawah Kiawah Links: 18/71 6,250
Charleston—R Turtle Point: 18/72 6,889
Narrow fairways run through salt marshes. Year-round resort with 10 miles of beach.

Oristo G. & Racquet C. 18/71
Edisto Island—R 6,341
Tommy Jackson layout winds through tropical forest.

Royal Pines C.C. Marsh: 18/72 5,853
Beaufort—R Pines: 18/72 6,728
Picturesque, well-treed, some water. Rental condominiums.

Santee-Cooper C.C. 36/72-72
Santee—R 6,512-6,666
Overlooks huge Lake Marion.

Seabrook Island C. 18/72 6,480
Charleston—R 18/72 6,322
Willard Byrd designed oceanside course tight; new Trent Jones course has wider fairways.

Wedgefield C.C. 18/72
Georgetown—SP 6,724
J. Porter Gibson course on the Black River. Wooded, well trapped and plenty of water.

Wild Dunes Beach & Racquet C. 18/72
Isle of Palms—R 6,708
Fazio-designed course in duneland setting. Finishing holes on ocean.

HILTON HEAD ISLAND AREA

Hilton Head Dolphin Head: 18/72 6,654
Plantation Oyster Reef: 18/72 6,934
Hilton Head—R
Dolphin Head by Kirby and Player, new Oyster Reef course by Rees Jones. Call for starting times.

Moss Creek Plantation Devil's Elbow
Hilton Head—* North: 18/72 6,655
 South: 18/72 6,583
George Fazio South course with front nine in pine and oak trees. Back nine primarily on marshfront. North course heavily contoured, with grass bunkers, water, and sand.
*Private club open to members of other private clubs.

Palmetto Dunes Resort Jones: 18/72 6,131
Hilton Head—R Fazio: 18/70 6,547
Challenging Jones course. Fazio course is tremendous.

Port Royal Plantation G.C. Barony: 18/72 6,465
Hilton Head—R Robbers Row: 18/72 6,657
Picturesque resort. Excellent facilities.

Sea Pines at Hilton Head Ocean: 18/72 6,600
Hilton Head—R Harbour Town: 18/72 6,652
 Sea Marsh: 18/72 6,372
Fine resort, Harbour Town Links site of Heritage Classic. Hilton Head Inn, homes, condominiums.

Shipyard Plantation 18/72
Hilton Head—R 6,309
George Cobb course has lagoon on 17 of 18 holes. Third nine opened 1981. Marriott Hotel adjacent

The following resort facilities offer golf packages at one or more of the above courses.
 Abe's Driftwood Motel, Hilton Head Island
 Adventure Inn, Hilton Head Island
 Hilton Head Inn, Hilton Head Island
 Holiday Inn, Hilton Head Island
 Hyatt on Hilton Head, Hilton Head Island
 Island Inn, Hilton Head Island
 Mariner's Inn, Hilton Head Island
 Marriott Hotel, Hilton Head Island
 Palmetto Dunes Resort, Hilton Head Island
 Port Royal Inn, Hilton Head Island
 Quality Inn, Hilton Head Island
 Sea Cabin, Hilton Head Island
 Sea Crest Motel, Hilton Head Island
 Sea Pines Resort, Hilton Head Island

MYRTLE BEACH AREA

Arcadian Shores G.C. 18/72
Arcadian Shores—R 6,960
Rees Jones course features trees, seashore, sandhills. Hilton Hotel complex.

Arcadian Skyway G.C. Oaks: 9/36 3,070
Myrtle Beach—PU Lakes: 9/36 3,015
 Ravine: 9/36 3,005
Rees Jones-designed course on rolling terrain. Well bunkered with undulating bent-grass greens.

Azalea Sands G.C. 18/72
North Myrtle Beach—PU 6,410
Gene Hamm course on Highway #17 in city limits. Two blocks from ocean. Five lakes. Lodging nearby.

Bay Tree Golf Plantation Gold: 18/72 6,527
North Myrtle Beach—R Green: 18/72 6,426
 Silver: 18/72 6,280
Three courses designed by George Fazio and Russell Breeden. Complete facilities. PGA Tour site.

Beachwood G.C. 18/72
North Myrtle Beach—R 6,202
High handicapper's delight. Not demanding, fun.

Burning Ridge C.C. 18/72
Myrtle Beach 6,714
Water-braced Gene Hamm design, some tricky holes.

Cypress Bay G.C. 18/72
North Myrtle Beach—PU 6,101
Russ Breeden course opened '72. Lakes and streams.

Deer Track G.C. North: 18/72 6,575

COURSES OPEN TO THE PUBLIC

Deerfield Plantation South: 18/72 6,375
South Myrtle Beach—R
J.P. Gibson design. Bent-grass greens. Lots of water. Guests of member hotels may play.

Dunes G. & Beach C. 18/72
Myrtle Beach—R 6,450
Many elevated greens. You'll love dogleg 13th. Designed by Robert Trent Jones.

Eagle Nest G.C. 18/72
North Myrtle Beach—SP 6,900
Open to guests of member hotels. No. 16 doglegs across beautiful lake.

Gator Hole G.C. 18/70
North Myrtle Beach—R 6,015
Rolling Rees Jones course built around lake. Tight, but fun.

Island Green G.C. Tall Oaks: 9/36 3,301
Myrtle Beach Dogwood: 9/36 3,274
  Holly: 9/36 3,230
As their names indicate, these 27 holes are framed by many trees.

Litchfield C.C. 18/72
Litchfield Beach—R 6,210
Tight fairways, numerous water hazards. Most green entrances wide open.

Marsh Harbour G. Links 18/71
North Myrtle Beach—R 6,300
Six holes overlook salt marsh, two holes overlook yacht basin, one hole on Calabash River. Lots of trees.

Myrtle Beach National G.C. North: 18/72 6,040
  West: 18/72 6,138
  South: 18/71 5,925
Duane-Palmer courses on sand pine ridge with lakes. North tight with much water.

Myrtlewood G. Cse Pines: 18/72 6,068
Myrtle Beach—SP Palmetto: 18/72 6,495
Left-to-right doglegs abound. Trees special obstacles. Tennis.

Oyster Bay G. Links 18/71
North Myrtle Beach—R 6,400
Interesting 18 runs through heavy forests, marshlands.

Pine Lakes International C.C. 18/71
Myrtle Beach—SP 6,176
Narrow pine-lined fairways, small greens. Open to guests of member hotels.

Possum Trot G.C. 18/72
Crescent Beach—R 6,400
Not overly difficult, but enjoyable. Water guards four greens.

Quail Creek G.C. 18/72
Myrtle Beach—SP 6,288
Big flat greens invite good scores. Several water hazards. Cut through pines.

Raccoon Run G.C. 18/71
Myrtle Beach—PU 6,799
Lots of water, trees; flat and well trapped.

Robber's Roost G.C. 18/72
North Myrtle Beach—PU 6,369
Challenging design. Water a constant threat. Lengthy par 5s make it tough.

Sea Gull G.C. 18/72
Pawley's Island—R 6,295
Back nine rolls with lake crossing two fairways. 12th has two greens.

Surf G.C. 18/72
Ocean Drive Beach—R 6,372
Most greens permit run-up approaches. Interesting. Par-3 18th outstanding.

Wedgefield Plantation C.C. 18/72
Georgetown 7,077
Long test that can be played at 6,200; five lakes.

The following resort facilities offer golf packages at one or more of the above courses.

A Place at the Beach, Myrtle Beach
The Beach House Motor Inn, Myrtle Beach
Blockade Runner Motor Inn, Myrtle Beach
The Breakers, Myrtle Beach
The Brigantine, Myrtle Beach
Cabana Terrace Motor Inn, Myrtle Beach
Captain's Quarters, Myrtle Beach
The Caravelle Resort Motel, Myrtle Beach
Caribbean Quality Inn, Myrtle Beach
Chesterfield Inn, Myrtle Beach
Condotels, Myrtle Beach
Four Seasons Motor Inn, Myrtle Beach
Holiday Downtown, Myrtle Beach
Holiday Inn North, North Myrtle Beach
Holiday Inn Surfside, Myrtle Beach
Holiday Sands Ocean Front, Myrtle Beach
Howard Johnson's Ocean Resort, Myrtle Beach
The Internationale Inn, North Myrtle Beach
Jade Tree, Myrtle Beach
The Landmark Resort, Myrtle Beach
Montego Inn, Myrtle Beach
Myrtle Beach Hilton, Myrtle Beach
The Myrtle Beach Ramada Inn, Myrtle Beach
Myrtle Beach Resort, Myrtle Beach
Ocean Dunes, Myrtle Beach
The Patricia, Myrtle Beach
Poindexter Motor Inn, Myrtle Beach
Ramada Inn, North Myrtle Beach
Ramada Inn, Myrtle Beach
St. John's Inn, Myrtle Beach
Schooner Motor Inn, Myrtle Beach
Sea Mist, Myrtle Beach
Sea Scape, Myrtle Beach
Sheraton Myrtle Beach Inn, North Myrtle Beach
Ship Ahoy, North Myrtle Beach
South Wind Motel, Myrtle Beach
Swamp Fox Motor Inn, Myrtle Beach
Thunderbird Motor Inn, Myrtle Beach
Tiki Resort Inn, Myrtle Beach
Tryon Seville Motel, North Myrtle Beach
The Yachtsman, Myrtle Beach

TENNESSEE

Baneberry G. & Racquet C. 18/71
White Pine—R 6,900
Surrounded by Douglas Lake. Majestic view of mountains.

COURSES OPEN TO THE PUBLIC

Brainerd G. Cse 18/72
Chattanooga—PU 6,453
Moderately wooded, small greens. Front 9 flat, back 9 rolling. No water. Tough par 4s.

Cobbly Nob Resort 18/72
Gatlinburg—R 6,456
Tight, hilly course with lots of water. Gary Player design.

Dead Horse Lake G. Cse. 18/71
Knoxville—PU 6,225
Wooded course built around Dead Horse Lake. Accommodations nearby.

Fall Creek Falls State Park G. Cse 18/72
Pikeville—PU 6,378
Scenic Joe Lee course cut in virgin forest atop Cumberland Mountains. Fall Creek Inn on site.

Gatlinburg G.C. 18/72
Gatlinburg—PU 6,440
At foot of Great Smoky Mountains. Hilly terrain with big greens.

Graysburg Hills G.C. 18/72
Chuckey—PU 6,744
Scenic Rees Jones course in valley. Many elevated tees.

Henry Horton State Park 18/72
Chapel Hill—PU 6,525
Huge greens and bunkers. Wide fairways. Elevated tees. Horton Inn nearby.

Ironwood G.C. 18/72
Cookeville—PU 6,105
Wesley Flatt course. Lodging facilities nearby.

Lost Creek G.C. 18/71
New Market—PU 5,825
Hilly and wooded.

McCabe Field G. Cse. 9/35 3,040
Nashville—PU 9/35 3,060
    9/36 3,370
Flat with open fairways.

Moccasin Bend G.C. 18/72
Chattanooga—PU 6,300
Scenic, rolling course, partially open. Water hazards, bunkers.

Montgomery Bell Park Cse. 18/72
Burns—PU 6,961
Long, tight fairways, bent greens. Lodge.

Nashboro Village G. Cse. 18/72
Nashville—PU 6,350
Heavily wooded. Combination of rolling hills and flat terrain.

Paris Landing Park Cse. 18/72
Buchanan—PU 6,762
Rolling, wooded, Kentucky Lake alongside. Resort facilities. In state park.

Pickwick Landing Park Cse. 18/72
Pickwick Dam—PU 6,762
In state park; 9 doglegs. Resort facilities.

Rhodes Municipal G. Cse. 9/36
Nashville—PU 3,159
In city within a city, Metro Center. Another 9 holes under construction.

Temple Hills C.C. 18/72 6,400
Nashville—* 9/36 3,200
Elevated tees, rolling terrain, 5 lakes. *Private club open to members of other private clubs.

Warrior's Path Park Cse. 18/72
Kingsport—PU 6,300
Scenic, overlooking lake. Camping only.

VIRGINIA

Bow Creek Municipal G. Cse. 18/70
Virginia Beach—PU 5,858
Tight, well bunkered. Flat, wooded.

Bryce Resort 18/71
Basye—R 6,175
Another Ed Ault course in all-season resort. Condos and rentals. 2,500-foot landing strip.

Caverns C.C. 18/72
Luray—R 6,317
Gently rolling hills, huge greens. Some holes tight, some open.

Golden Horseshoe G. Cse 18/71
Williamsburg—R 6,340
Challenging Trent Jones test in picturesque surroundings. Also nine-hole course. Williamsburg Inn adjoins. Open to public.

Halfe Sink G. Cse. 18/72
Richmond—PU 6,241
Accuracy demanded by this Joe Lee-designed course.

The Homestead Homestead: 18/71 5,957
Hot Springs—R Upper Cascades: 18/70 6,282
    Lower Cascades: 18/72 6,381
Three great courses of varying difficulty. Upper Cascades a gem. One of America's great resorts.

Kempsville Meadow G. & C.C. 18/72
Virginia Beach—SP 6,013
Wooded, with interesting holes, fine greens.

Kingsmill G.C. 18/71
Williamsburg—R 6,014
Pete Dye course in 3,000-acre residential resort development. Fairly hilly with lots of traps. Wooded areas. On the James River. PGA Tour site.

Lake Wright G.C. 18/70
Norfolk—R 6,131
Fairly straight course built around Lake Wright. Motel adjoins.

Olde Mill G.C. 18/72
Groundhog Mt./Laurel Fork—PU 6,266
52 acres of lakes, streams wind through this challenging course. Open March-Nov.

Old Monterey G.C. 18/71
Roanoke—SP 6,287
Front nine hilly, back level. Motels nearby.

Red Wing Lake G. Cse. 18/72
Virginia Beach—PU 6,438
George Cobb course with large greens. Water on 10 holes. Motels nearby.

The Shenvalee 18/70
New Market—R 6,242

COURSES OPEN TO THE PUBLIC

Weekend player's course. Few trees. Small hotel, motel adjoin.

| Sheraton Fredericksburg G.C. | 18/72 |
| Fredericksburg—PU | 6,650 |

Nice Edmund Ault course, just off Route 95. Large greens, long par 3s. Motor lodge.

| The Tides Inn | Golden Eagle: | 18/72 |
| Irvington—R | | 6,450 |

George Cobb designed this course with several holes playing over lake. Guests of Tides Inn can also play Tides Lodge Tartan course.

| The Tides Lodge | Tartan: | 18/72 |
| Irvington—R | | 6,152 |

Tree-lined, narrow fairways, with many twists, turns and dips. Water on 10 holes. Guests can also play Tides Inn's Golden Eagle course.

| Wintergreen | Devil's Knob: | 18/70 |
| Wintergreen-R | | 6,081 |

Spectacular Blue Ridge mountaintop course. Condos, restaurants and Inn. Tennis.

The Islands

THE BAHAMAS
GRAND BAHAMA ISLAND

| Bahama Princess Hotel & G.C. | Ruby: | 18/72 | 6,450 |
| Freeport—R | Emerald: | 18/72 | 6,420 |

Both layouts feature wide fairways, big greens and many pines.

| Bahama Reef C.C. | 18/72 |
| Freeport—R | 6,788 |

Located in hotel, beach resort area, lighted driving range, par 3.

| Fortune Hills G. Cse. | 9/36 |
| Freeport—R | 3,250 |

Joe Lee course. Rolling terrain. Second nine being built.

Grand Bahama Hotel & C.C.	Blue:	9/36	3,148
West End—R	White:	9/36	3,128
	Red:	9/36	2,934

Several holes play by the ocean. Pine-bordered fairways.

| Lucayan C.C. | 18/72 |
| Freeport—R | 6,805 |

Fine test. Site of 1971 Bahamas National Open.

| Shannon G. & C.C. | 18/72 |
| Freeport—R | 6,554 |

Joe Lee course with pine-bordered, rolling fairways. 13th a spectacular par 3.

Guests at Atlantik Beach, Lucayan Beach, Holiday Inn, Coral Beach Hotels may obtain guest privileges at Lucayan C.C., Shannon G. & C.C., Bahama Reef C.C. and other courses in the area.

ABACO

| Treasure Cay Beach Hotel & G.C. | 18/72 |
| Abaco—R | 6,932 |

Big greens, plenty of sand, undulating fairways, 4 miles private beach.

NEW PROVIDENCE

| Ambassador Beach Hotel & G.C. | 18/72 |

| Nassau—R | 6,505 |

Formerly the Sonesta.

| Coral Harbour G.C. | 18/70 |
| Nassau—R | 6,710 |

Fazio-designed course.

| Paradise Island G.C. | 18/72 |
| Nassau—SP | 6,545 |

Outstanding Dick Wilson course. Hilly, wooded.

| South Ocean Beach G.C. | 18/72 |
| Nassau-R | 6,568 |

Joe Lee course on ocean. May be island's best. Excellent second nine.

ELEUTHERA

| Cape Eleuthera Resort | 18/72 |
| Cape Eleuthera—R | 6,000 |

Von Hagge-Devlin course with lots of water.

| Cotton Bay Club | 18/72 |
| Rock Sound, Eleuthera—R | 6,594 |

Fine test perched atop bluff. Designed by Robert Trent Jones. Palm-lined fairways and 129 traps.

BARBADOS

| Sandy Lane G.C. | 18/72 |
| Barbados-R | 6,554 |

Inland at Sandy Lane estate. Magnificent views of the Caribbean.

BERMUDA

| Belmont Hotel G. & Beach C. | 18/70 |
| Warwick—R | 5,547 |

Interesting course though short. Well bunkered. Fun to play.

| Castle Harbour G.C. | 18/71 |
| Tucker's Town—R | 6,250 |

Rolling, spectacular course adjoining Castle Harbour Hotel and Club.

| Loews Bermuda Beach G.C. | 9/27 |
| St. Georges—R | 1,201 |

Par-3 course with vistas. Overlooks Fort St. Catherine.

| Mid-Ocean Club | 18/71 |
| Tucker's Town—* | 6,035 |

Site of many tournaments. Three sets of tees. On ocean. Fine course. *Private club.

| Ocean View G.C. | 9/35 |
| Devonshire—PU | 2,736 |

Hilly with tree-lined fairways

| Port Royal G. Cse. | 18/71 |
| Southampton—PU | 6,109 |

Fine Trent Jones course on ocean along cliff. Water, wind, sand. Good test.

| Riddell's Bay G. & C.C. | 18/68 |
| Warwick West—* | 5,476 |

Skirts ocean. Many trees. *Private club, open by appointment. Dogleg 8th a beauty.

| Southampton Princess G.C. | 18/54 |
| Southampton—R | 2,660 |

Par-3 course gives accuracy a fair test. Affiliated with Princess Hotel.

669

COURSES OPEN TO THE PUBLIC

DOMINICAN REPUBLIC

Casa de Campo Hotel & C.C. 36/72-71
La Romana—R 6,750-6,198
Superb Pete Dye courses. Teeth of the Dog longest, along beach. Links inland, Scottish.

Puerto Plata G.C. 18/72
Puerto Plata—R 6,990
Robert Trent Jones seaside course. Jack Tar Village Hotel.

GUADALOUPE

St. Francois G.C. 18/71
St. Francois, Grand Terre—R 6,755
Robert Trent Jones course located across from Meridian Hotel.

JAMAICA

Caymanas G.C. 18/72
Spanish Town—SP 6,515
Wide-ranging course. Fine clubhouse. Six miles from Kingston.

Constant Spring G.C. 18/70
Kingston—SP 5,474
Short but cute. First nine inland; second nine has sea view. Greens are hard and fast.

Half Moon-Rose Hall C.C. 18/72
Montego Bay—R 7,130
Manicured course near Half Moon Hotel. Wind often a factor.

Ironshore G. & C.C. 18/72
Montego Bay—R 6,615
Course by Canadian Bob Moote. Small greens with emphasis on strategy.

Rose Hall G.C. 18/72
Montego Bay—R 6,900
Adjacent to 510-room Hotel Rose Hall. Course plays around natural waterfall.

Runaway Bay G.C. 18/72
Runaway Bay—R 6,684
Designed in two circles. Open to hotel guests. Also 9-hole, par-3 course.

Tryall G. & Beach C. 18/71
Sandy Bay—SP 6,324
Nine seaside holes, nine inland. In beautiful setting.

Upton G. & C.C. 18/71
Ocho Rios—SP 6,819
Rolling, inland, close to Ocho Rios complex. Tree-lined fairways. Chiseled from mountainside.

PUERTO RICO

Cerromar Beach Hotel 36/72-72
Dorado Beach—R 6,298-6,249
R. T. Jones brought lots of water into play on these 2 courses.

Dorado Beach Hotel C. 36/72-72
Dorado Beach—R 6,431-6,430
Two fine Robert Trent Jones courses near ocean; carved out of tropical jungle.

Dorado Del Mar G.C. 18/72
Dorado—SP 6,964
Course by ocean. Palm-lined.

Hyatt Rio Mar 18/72
Luquillo—R 6,145
Winds through rain forest and off beach.

Palmas del Mar 18/72
Humacao—R 6,600
Beautiful Joe Lee layout at hotel. Tight course with 11 water holes.

ST. MAARTEN

Marriott's Mullet Bay G.C. 18/70
St. Maarten—R 5,514
Ron Kirby-Gary Player course winds through coconut groves and cane fields.

TRINIDAD-TOBAGO

Moka G.C. 18/67
Trinidad—R 5,564
Picturesque H. S. Colt layout in Maraval Valley. Club founded in 1870.

Tobago G.C. 18/72
Tobago—R 6,856
Scenic John Harris course for guests of Mount Irvine Bay Hotel.

VIRGIN ISLANDS

Buccaneer-Beach Hotel 18/71
Christiansted, St. Croix—R 6,023
Gently rolling course with excellent views of the sea. Water comes into play on more than half the 18 holes. Many traps. Visiting golfers welcome.

Fountain Valley G.C. 18/72
St. Croix—PU 6,909
Fine Robert Trent Jones design. Many tropical trees, 7 water holes. Accommodations nearby.

Mahogany Run 18/70
St. Thomas—PU 6,600
A hilly George and Tom Fazio design. No. 14 on cliff overlooking ocean. Rental condos.

The Reef G.C. 9/35
St. Croix—R 3,136
Plush resort with hillside condominiums and fine beach. Course flat with 2 lakes.

Canada

BRITISH COLUMBIA

Fairmont Hot Springs G.C. 18/70
Fairmont Hot Springs—R 6,510
Surrounded by mountain grandeur and vistas of the Columbia Lake and Valley.

Uplands Golf Club 18/70
Victoria—SP 6,228
Site of 1972 Canadian Senior Championship. Wind always a factor.

Victoria Golf Club 18/70

COURSES OPEN TO THE PUBLIC

Victoria—SP 5,871
British Columbia's oldest course, established in 1893. Five water hazards. 104 bunkers.

ALBERTA

Banff Springs Hotel & G.C. 18/71
Banff—R 6,643
Breathtakingly beautiful Stanley Thompson course, almost a mile above sea level with spectacular mountain backdrop. Open May 1 through Thanksgiving weekend.

Jasper Park Lodge G.C. 18/71
Jasper—R 6,590
Hewn from slopes of Rockies. Manicured greens and fairways are aligned with separate mountain peaks. 200 miles northwest of Calgary.

Waterlon Park G.C. 18/71
Waterlon Park—R 6,103
Rolling course with Rockies as background. Campsites.

SASKATCHEWAN

Murray Municipal G.C. 18/72
Regina—PU 6,390
Hilly with full watered greens and fairways. Located 15 miles northeast of downtown Regina.

Waseksiu Lake G.C. 18/70
Prince Albert National Park—PU 6,059
Rolling course cut out of wooded terrain. Well trapped. 225 miles north of Regina.

MANITOBA

Clear Lake G. Cse. 18/72
Riding Mountain National Park—PU 6,272
Located some 175 miles northwest of Winnipeg. One of Manitoba's most testing layouts.

Falcon Beach G.C. 18/72
Whiteshell Provincial Park—R 6,760
Creek runs through course, coming into play on four holes. Accommodations and campsites.

ONTARIO

Don Valley G.C. 18/71
Toronto—PU 6,298
Difficult municipal course 10 miles from downtown Toronto. Don River traverses course and comes into play on 11 holes.

Glen Lawrence G. & C.C. 18/71
Kingston—SP 6,584
Fine test of golf with water coming into play on seven holes. Front nine flat, back nine rolling.

Upper Canada G.C. 18/72
Crysler Farm Battlefield Park—R 6,908
Rolling fairways, large greens yield a picturesque setting. Complete facilities operated by St. Lawrence Parks Commission.

Whirlpool G. Cse. 18/72
Niagara Falls—PU 6,946
Scenic layout opposite famous whirlpool with view of gorge. Rolling terrain, well treed, many traps.

QUEBEC

Carling Lake G.C. 18/72
Lachute, Laurentian Foothills 6,650
Challenging Howard Watson course with many tricky holes.

Gray Rocks Inn & G.C. 18/72
Ste. Jovite—R 6,445
Hilly, wooded course in the Laurentians.

Le Chantecler G.C. 18/70
St. Adele—R 6,060
Panoramic views of the Laurentians with many scenic holes.

Le Chateau Montebello 18/70
Montebello—R 6,110
Near Laurentian Mountains; ravines and valleys provide natural hazards. Secluded by a dense border of pine and spruce woods.

Manoir Richelieu G.C. 18/70
Point-au-Pic—R 5,870
Overlooks St. Lawrence. Elevators on some holes for access to tees.

NEW BRUNSWICK

Algonquin G.C. 27/71-31
St. Andrews—R 6,170-2,200
Rolling seaside courses.

Edmundston G.C. 18/73
Edmundston—PU 6,666
Plays long with one par-3 hole over railway line. Also, a 5-hole par-3 junior course.

NOVA SCOTIA

Cape Breton Highlands G. Links 18/72
Cape Breton Highlands National Park—R 6,475
Course spreads over six miles amid valleys and mountains.

Oakfield C.C. 18/73
Grand Lake—SP 6,781
Site of 1971 Canadian Amateur Championship. Lakeside setting insures breeze at all times.

The Pines Hotel & G.C. 18/71
Digby—R 6,204
Two water holes on rolling terrain.

PRINCE EDWARD ISLAND

Belvadere G. and Winter C. 18/72
Charlottetown—SP 6,372
Flat, well-bunkered course laid out in triangular system so you are never far from clubhouse.

Brudenell G. & C.C. 18/72
Brudenell Resort, Cardigan—R 5,000
Situated on banks of Brudenell River, in rural setting. Nine water holes.

Green Gables G.C. 18/72
Cavendish—R 6,269
Seaside links. Tight, windswept. Inn adjoins.

NEWFOUNDLAND

Bally Haly G. & C.C. 18/69
St. John's—SP 5,600
Hilly course with tight fairways, good turf.

Mexico

Bosques de San Isidro G.C. 18/72
Guadalajara—R 6,819

COURSES OPEN TO THE PUBLIC

Fine rolling Larry Hughes course in resort community north of city. Villas to rent.

Chapala C.C.	18/72
Guadalajara	6,369

Designed by Harry Offutt, the resident professional. Built through an American colony-development.

Club Atlas G.C.	18/72
Guadalajara—SP	6,804

Good test by Joe Finger. Affiliated with some Guadalajara hotels.

El Cid G. & C.C.	18/72
Mazatlan	6,712

Fairly level, all Bermuda grass, many elevated tees and greens. Motel.

Palma Real G.C.	18/72
Zihuatanejo—R	6,408

Trent Jones course on bluff overlooking Ixtapa Bay. Dramatic back 9. 450-room hotel.

Pierre Marques G.C.	18/72
Acapulco—R	6,334

Lush, palm-bordered, Percy Clifford course in magnificent setting. Part of Princess Hotel complex.

Princess G.C.	18/72
Acapulco—R	6,400

Sporty Ted Robinson layout next to huge Princess Hotel. Fairly tight with palms, 8 water holes.

Pueblo Club Las Hadas	18/72
Manzanillo—R	6,980

Unusual ocean resort with one of Roy Dye's finest courses.

Scotland

Blairgowrie G.C.	18/72
Rosemount—SP	6,490

Pines, birches line inland course's fairways. Good turf. Each hole secluded. Restaurant.

Carnoustie G.C.	18/72
Carnoustie—PU	7,103

Famous seaside course, where Hogan won '53 British Open. Water, wind and sand. Hotel at course. Burnside course nearby.

Gleneagles	18/70
Perthshire—R	6,597

Beautiful moorland golf, with pines, streams. Par-yards is King's course. Also 2 others (Queen's, 6,102; Princess, 4,678). Gleneagles Hotel one of world's finest.

Gullane G.C.	18/71
Gullane—SP	6,461

Seaside golf. Course winds around hills. Par-yards is No. 1. Also 2 others (No. 2, 6,090; No. 3, 5,000). Restaurant. Hotels nearby.

Hon. Co. of Edinburgh Golfers	18/71
Muirfield—*	6,806

"Club" moved to Muirfield in 1891. Great seaside golf, slender fairways. British Open, Amateur site. Hotels nearby. *Private club, need member introduction.

Montrose G.C.	36/71-66
Montrose—PU	6,396-4,863

Splendid links in ancient setting. Course goes back to 17th century. Hotels nearby.

Nairn G.C.	18/72
Nairn—PU	6,384

Seaside course with gorse, heather. Sea always in view. Restaurant.

North Berwick G.C.	18/71
North Berwick—SP	6,335

Sea, sand and wind, a true links. Two other courses plus 9-holer in area. Restaurant. Two resort hotels nearby.

Prestwick G.C.	18/71
Ayrshire—*	6,571

British Open started here in 1860. Founded in 1851. Seaside links. Lunch available. *Private.

Royal Aberdeen G.C.	18/70
Aberdeen—*	6,384

Opened in 1780. Rolling fairways wind through dunes. Restaurant. 20 municipal putting courses in city. *Private club, need letter.

Royal & Ancient G.C.	72 holes
St. Andrews—PU	

Old Course at 6,960 yards, par 72, is "hole" of the game, golf in its most natural state. Also, New Course, 6,542 yards; Eden, 6,250 yards; Jubilee, 6,005 yards. Golf museum, restaurant. Many hotels nearby.

Royal Dornoch G.C.	18/70
Dornoch—SP	6,485

Classic Scottish seaside course, set amid dunes. Restaurant. No Sunday play. Resort hotel nearby.

Royal Troon G.C.	18/70
Troon—*	6,533

Championship, seaside links. Founded in 1878. Restaurant. Second course nearby. *Private club, need letter of introduction.

Turnberry G.C.	18/70
Turnberry—R	6,835

Good seaside golf. Par-yards is Ailsa course. Arran course adjoining, 6,653 yards. Turnberry Hotel at course.

Western Gailes G.C.	18/71
Gailes—*	6,580

Sand dunes, heather spice play. Lunch, tea only. Men only. *Private.

England

Berkshire G.C.	18/72
Ascot—SP	6,379

Rolling, tree-lined inland course. Par-yards Red course. Also Blue course (72—6,244). Lunch only. Hotels nearby.

Burnham & Berrow G.C.	18/71
Burnham-On-Sea—SP	6,624

Seaside links, gently undulating. Lunch only.

Denham G.C.	18/70
Denham—SP	6,357

Varied, secluded setting. Pleasant clubhouse. Lunch only.

Formby G.C.	18/73

COURSES OPEN TO THE PUBLIC

Freshfield—SP 6,803
Seaside links, good greens, thick forests. Resort area.

Ganton G.C. 18/72
Scarborough—SP 6,823
Inland, with gorse and heather. Great condition.

Lindrick G.C. 18/71
Worksop—SP 6,541
Good moorland golf. Great condition. Curtis and Ryder Cup site. Restaurant.

Little Aston G.C. 18/72
Streetly—SP 6,689
Sand, gravel, subsoil, weaves through trees. No ladies Saturdays. Restaurant.

Littlestone G.C. 18/72
Littlestone—SP 6,346
Good place for family outing. Seaside. Lunch only, but good hotels nearby.

Manor House Hotel G.C. 18/69
Moretonhampstead—R 6,245
Pleasant resort course. Manor House Hotel adjoins.

Moortown G.C. 18/69
Leeds—SP 6,604
On peaty moorlands, with plenty of gorse, heather, streams, trees. Many other courses nearby.

Prince's G.C. 18/73
Sandwich—SP 6,681
Good seaside test. Restaurant. Hotels nearby.

Royal Birkdale G.C. 18/72
Southport—SP 6,844
Sandy, rough, willow scrubs offer tough obstacles. Resort area.

Royal Cinque Ports G.C. 18/70
Deal—SP 6,689
Dune runs clear across seaside course. Restaurant.

Royal Liverpool G.C. 18/72
Hoylake—* 6,940
Rugged, seaside championship test. Founded in 1869. *Private club, need letter.

Royal Lytham & St. Annes G.C. 18/71
St. Annes-On-The-Sea—SP 6,635
Sea not visible but dunes affect play. 200 sand traps. Hotels nearby.

Royal N. Devon C. (Westward Ho!) 18/71
Devon—SP 6,532
Famous seaside course, founded in 1864. Home of J. H. Taylor. Restaurant.

Royal St. George's G.C. 18/70
Sandwich—* 6,633
Great summer golf on links terrain. Lunch only. Hotels nearby. *Private club, need letter.

Rye G.C. 18/67
Rye—* 6,483
Best course in Sussex. Links character. Good "winter" course. Restaurant. Hotels nearby. *Private club, need member introduction.

St. Enodoc G.C. 18/69
Rock—SP 6,605
Natural, seaside golf, giant sand hills. Restaurant.

Southport & Ainsdale G.C. 18/72

Southport—SP 6,625
Seaside golf, gentle rolls, towering sandhills. Resort area.

Sunningdale G.C. Old: 18/70 6,490
Sunningdale—* New: 18/73 6,487
Superb inland course; heather, gorse, pines. Scenic. Restaurant. *Private club, need member introduction.

Walton Heath G.C. Old: 18/73 6,735
Tadworth—SP New: 18/73 6,516
Championship caliber, sand-based, almost seaside golf.

Wentworth G.C. West: 18/73 6,936
Virginia Water—* East: 18/72 6,209
Stiff challenge on sandy subsoil, with heather, gorse. Lunch only. Hotels nearby. *Private club, need letter.

Woodhall Spa G.C. 18/73
Woodhall Spa—SP 6,822
Sand-based, but inland. Heather, gorse.

Ireland

Ballybunion G.C. 18/72
Ballybunion, Co. Kerry 6,417
A tremendous golfing challenge, set in picturesque range of sand dunes. Special distinction among Irish golf courses.

Baltray G.C. 18/72
Drogheda, Co. Louth 6,693
A favorite course of Irish golfers, offering golf amid breathtaking seascapes.

Carlow G.C. 18/70
Carlow 6,279
Commonly regarded as Ireland's finest inland course. Moorland turf, new clubhouse.

Co. Sligo G.C. 18/71
Rosse's Point 6,435
Natural hazards demand powerful hitting. Modern conveniences and facilities. Dogleg holes frequent.

Killarney G.C. Mahoney's Point: 18/72 6,677
Killarney Killeen: 18/72 6,798
A memorable experience. Lakeside golf.

Lahinch G.C. 18/72
Lahinch 6,434
Rugged in character, beautiful in scenic layout. Sandhills, sandpits, rough hills provide fierce challenge. Extra large greens and tees.

Portmarnock G.C. 18/72
Dublin Bay—R 7,093
One of the world's best. Towering sandhills and many demanding par 4s. Cozy clubhouse.

Royal Co. Down G.C. 18/71
Newcastle 6,647
Stern test. Sandhills, ridges and valleys mean trouble.

Royal Dublin G.C. 18/72
Bull Island, Dublin City 6,657
Spacious fairways, diversified holes, fierce roughs. One of finest clubhouses in Ireland.

Royal Portrush G.C. 18/73
Portrush 6,809
Strong challenge for the best of golfers. Narrow curving

COURSES OPEN TO THE PUBLIC

fairways and great sandhills.

Waterville G. Links	18/72
Waterville—R	7,116

Great golf on challenging links course at Waterville Lakes Hotel. All resort facilities and activities. Modern clubhouse. Great trout and salmon fishing.

Woodbrook G.C.	18/72
Emerald Isle	6,700

Views of sea and mountains from every hole, lush new clubhouse.

Portugal

Estoril G.C.	18/69
Estoril—R	5,689

Championship course through rolling hills and fragrant pine forests. Vistas of ocean and mountains.

Oporto G.C.	18/71
Silvalde—R	6,800

Seaside course. Sand dunes, undulating terrain and stiff sea breezes add to difficulty.

Palmares G.C.	18/73
Near Lagos, Algarve	Near 7,000

Five dune holes along ocean prime feature. Part of housing development. By Frank Pennink. Private club.

Penina G.C.	27/73-36
Near Portimao, Algarve—R	6,800-3,200

Designed by Henry Cotton. Very long championship course. Golf hotel and complete facilities.

Quinta do Lago	18/72
Almansil, Algarve—R	6,950

Bill Mitchell course many consider the best in the Algarve.

Vale do Lobo G.C.	18/72
Almansil, Algarve—R	6,610

Spectacular holes wind along rugged oceanside terrain. Henry Cotton design. Villas available.

Vilamoura G.C.	18/73
Vilamoura, Algarve—R	6,500

Rolling fairways and greens. Magnificent clubhouse, apartments and hotels.

Spain

Aloha G.C.	18/72
Marbella	6,515

Handsome rolling test. Clubhouse, good restaurant.

Campo de Golf de Malaga	18/72
Malaga—R	6,442

Oldest course on Southern Coast. Excellent hotel adjacent to course.

Club Atalaya Park	18/72
Estepona—R	6,935

Long and wide with lovely view of nearby Sierra Bermeja Mountains. Complete facilities, impressive clubhouse.

Club de Golf Campamento	9/36
San Roque	2,977

Ordinary 9-holer on road from Gibraltar to San Roque.

Club de Golf El Candado	9/35
El Palo—PU	2,296

Simple, but good short iron practice.

Campo de Golf Villamartin	18/72
Torrevieja—R	6,700

Rolling fairways lined with pines, olive trees.

Costa Brava G.C.	18/71
Santa Cristina de Aro—R	5,850

Part of large recreation-estates development on coast near Gerona. Designed by Hamilton Stutt.

El Paraiso G.C.	18/72
Estepona—R	6,460

Course designed by Ron Kirby and Gary Player slopes from foothills to beach.

El Prat	18/72
Prat de Liobregat—R	6,215

Flat, challenging oceanside course cut uniquely through umbrella pine forest.

El Saler	18/72
Valencia—R	6,600

Government-operated course. Designed by Javier Arana.

Golf Club Guadalmina	18/72
Marbella—R	6,824

Long-established Costa del Sol course alongside hotel and ocean. Also short course.

G.C. of Pals	18/73
Playa de Pals, Gerona—S	6,490

Laid out over sand dunes by Fred Hawtree. 90 miles from Barcelona. Hotels nearby.

Golf Club Son Vida	18/68
Mallorca	6,077

Only 18 holes in Balearic Islands.

G.C. of Terramar	18/70
Sitges, Barcelona—R	6,080

Seaside resort with hotel about 25 miles from Barcelona.

Jaizkibel	18/70
San Sebastian—*	6,075

Situated in spectacular mountain scenery. Private club.

La Herreria	18/73
El Escorial	6,615

Lovely scenery backed by mountains and San Lorenzo Monastery, a must for tourists.

La Manga Campo de Golf	36/71-72
Near Cartagena	6,455-6,855

Palms line fairways, ravines, lakes. By Robert Dean Putnam. Site of Spanish Open.

Nueva Andalucia Golf Club	36 holes
Marbella—R	

Tough Robert Trent Jones course flanked by mountains and the sea. Second course opened '74. Small golf hotel at course. Andalucia Plaza Hotel and other hotels nearby.

Pineda de Sevilla	9/35
Seville	3,125

Nice change of pace when visiting historic city. Private club.

Pueblo Cortes de Golf	18/72
Marbella—R	6,450

Course by Gary Player combines natural beauty with tree-lined fairways and lush, rolling greens.

Real Cerdana G.C.	18/71
Cerdana—Puigcerda—R	6,440

COURSES OPEN TO THE PUBLIC

Hotels and golf chalets adjoin course.

Real Club de Campo—*	18/72
Madrid	

Scene of '65 Canada Cup and '70 Women's World Amateur team matches. Also 9-hole course. Private club.

Real Club Puerta de Hierro	36/72-72
Madrid	6,860-5,900

Oldest club on Spanish mainland (1904). Long and hilly. Site of 1970 Eisenhower Matches. Private club.

Real Pedrena G.C.	18/70
Santander—SP	6,160

On a peninsula in the middle of the bay. Designed by Colt, Alison. Club has accommodations.

Rio Real Golf Club	18/72
Marbella—R	6,706

Pretty course with narrow fairways. Marvelous clubhouse. Hotel Los Monteros nearby.

Sotogrande G.C.	36/72-72
Guadairo—R	6,596-6,800

Magnificent Robert Trent Jones layout set amid cork forests and lakes. Villas adjacent to lovely clubhouse. Also 9-hole par-3 course.

Tahiti

Golf D'Atimaono	18/72
Papeete	6,946

Designed by Bob Baldock. This basically flat course is a fun challenge amid beautiful flowers, trees and water.

Venezuela

Caracas C.C.	18/71
Caracas	6,552

Pleasant, sporty course situated in the heart of the city.

Valle Arriba G.C.	18/70
Caracas	6,163

Enjoyable, short and fairly hilly course within a good residential area, played on Caribbean tour.

Morocco

Marrakech G.C.	18/72
Marrakech—SP	6,233

Flat layout wanders through orange groves. Good greens. Hotels in Marrakech.

Royal Golf Rabat G.C.	18/73
Dar-Es-Salem Rabat—R	6,986

Robert Trent Jones course, exceptionally long and difficult in improbable locale.

Royal Mohammedia G.C.	18/73
Mohammedia—R	6,370

Established, interesting seaside links. Always windy. Casablanca hotels.

Israel

Caesarea G. & C.C.	18/72
Caesarea—R	6,500

Course built on udulating dunes overlooking the Mediterranean Sea. Also 9-hole putting green and driving range.

Italy

Olgiata G.C.	27/72-34
Rome—SP	6,833-3,092

Course winds over undulating countryside. Large, well-bunkered greens.

Villa d'Este G.C.	18/70
Montofrano—Como	6,070

Narrow, wooded course in Italy's beautiful Lake Como region. Hotel 8 miles away.

Greece

Corfu G. & C.C.	18/72
Corfu—R	6,768

Greek island course has lakes and stream in play on 13 holes.

Glyfada G.C.	18/72
Glyfada, Athens—R	6,715

Built amid groves of mature evergreen. Playable year-round.

Sardinia

Is Molas G.C.	18/73
Near Cagliari	6,400

Clever use of strategic mounds and depressions.

Pevero G.C.	18/72
Costa Smeralda	6,874

R. T. Jones course in White Mountains overlooks bay on rocky coast. Part of resort owned by Aga Khan.

Belgium

Royal Zoute G.C.	18/72
Knokke-Le Zoute	6,300

Links-type course in delightful resort town. Windy, many bunkers, but fair test.

Switzerland

Bad Ragaz G.C.	18/70
Bad Ragaz	5,850

Good condition, with lush fairways. A favorite of Swiss golfers.

Crans G.C.	27/73-34
Crans-sur-Sierre	6,600-2,715

Alpine links course situated above Sierre; Rhone Valley. 5,000 feet above sea level. Open May to October.

Davos G.C.	18/69
Davos-Dorf	5,717

Open June to October. Many hotels nearby.

Engadine G.C.	18/70
St. Moritz	6,289

Alpine course open June to September in famed resort town. Beautiful views. Good test.

Golf Club de Geneve	18/72
Geneva	6,689

Open March to December. Practice area available. Restaurant and bar on site. Accommodations nearby.

Interlaken-Unterseen G.C.	18/72
Interlaken	6,250

Picturesque, at base of Bernese Alps.

COURSES OPEN TO THE PUBLIC

Lucerne G.C.	18/71
Lake Lucerne	5,625

Course surrounded by majestic Swiss Alps. Gently rising slopes; very scenic. Hotels nearby. Open April to October.

Villars G.C.	18/68
Villars	5,610

Short but difficult; near Crans.

CHAPTER 20

ASSOCIATIONS/ TOURNAMENTS

ASSOCIATIONS/TOURNAMENTS

GOLF ASSOCIATIONS
Addresses for the nation's golf associations and leading tournaments

NATIONAL GOLF ASSOCIATIONS

Ladies Professional Golf Association
1250 Shoreline Dr.
Suite 200
Sugar Land, Tex. 77478
Tel.: 713/980-5742
(Conducts women's professional tour.)

Professional Golfers' Association of America
100 Avenue of the Champions
P.O. Box 12458
Palm Beach Gardens, Fla. 33410
Tel.: 305/626-3600
(Organization for club professionals.)

PGA Tour
100 Nina Court
Ponte Vedra Beach, Fla. 32082
Tel.: 904/285-3700
(Conducts men's professional tours.)

United States Golf Association
Golf House
Far Hills, N.J. 07931
Tel.: 201/234-2300
(Golf's administrative body; devises rules, handicapping and course rating procedures; conducts 12 national championships.)

SERVICE GOLF ASSOCIATIONS

American Society of Golf Course Architects
221 North LaSalle St.
Chicago, Ill. 60601
Tel.: 312/372-7090

Golf Writers Association of America
P.O. Box 37324
Cincinnati, Ohio 45222
Tel.: 513/631-4400

Golf Course Superintendents Association of America
1617 St. Andrews Dr.
Lawrence, Kan. 66044
Tel.: 913/841-2240

National Golf Foundation
200 Castlewood Dr.
North Palm Beach, Fla. 33408
Tel.: 305/844-2500

SPECIALIZED GROUP GOLF ASSOCIATIONS

National Amputee Golf Association
c/o Bob Wilson
5711 Yearling court
Bonita, Calif. 92002
Tel.: 619/479-4578

National Blind Golfers Association
c/o Pat W. Browne Jr.
28th Floor
225 Baronne St.
New Orleans, La. 70012
Tel.: 504/522-3203

National Left-Handers Golf Association
Ken Ahrens
10149 Hammerly, #714
Houston, Tex. 77080
Tel.: 713/464-8683

MAJOR INTERNATIONAL, FOREIGN GOLF ASSOCIATIONS

Asia Golf Circuit
1710 Star House
3 Salisbury Rd.
Kowloon, Hong Kong

Canadian Professional Golfers' Association
59 Berkley St.
Toronto, Ontario M5A 2W5
Canada

Federation Mexicana de Golf
Apartado Postal 59
Mexico 1, D.F.
Tel.: 011-52-5-563-9194

International Golf Association
(World Cup)
The Lincoln Bldg., Room 746
New York, N.Y. 10165
Tel.: 212/687-1875

PGA European Tour
Wentworth Club
Wentworth Drive
Virginia Water, Surrey GU25 4LS
England
Tel.: Wentworth (099 04) 2921

Professional Golfers' Association of Australia
P.G.A. House
102 Alexander St.
Crows Nest, N.S.W. 2065
Australia

Royal and Ancient Golf Club of St. Andrews
Fife KY16 9JD
Scotland
Tel.: St. Andrews 72112 (STD Code 0334)

Royal Canadian Golf Association
Golf House
R.R. 2
Oakville, Ontario L6J 4Z3
Canada
Tel.: 416/842-4653

ASSOCIATIONS / TOURNAMENTS

LEADING MINI-TOURS (Professional)

Golden State Professional Golf Tour
10404 Santa Rita St.
Cypress, Calif. 90630
Tel.: 213/430-0353

National Golfers of America
P.O. Box 1602
7465 East Osborn
Scottsdale, Ariz. 85251
Tel.: 602/949-7327

Space Coast Golf Tour
Box 17421
Tampa, Fla. 33612
Tel.: 813/966-2361

*Tampa Bay Mini Tour
104 Cardy St.
Suite 4
Tampa, Fla. 33606
Tel.: 813/254-1167

Women's Florida Golf Tour
P.O. Box 7529
Winter Haven, Fla. 33880
Tel.: 813/688-1245 & 813/294-2027

Women's Professional Golf Tour
Group Fore
1137 San Antonio Rd.
Suite E
Palo Alto, Calif. 94303
Tel.: 415/967-1305

*Women

LEADING MEN AMATEUR ASSOCIATIONS/TOURNAMENTS

American Amateur Classic
Jerry Stephens
Pensacola Sports Association
P.O. Box 4337
Pensacola, Fla. 32507
Tel.: 904/456-7661

Azalea Amateur
Frank C. Ford III
C.C. of Charleston
#1 Country Club Drive
Charleston, S.C. 29412
Tel.: 803/768-1057

Broadmoor Invitational
Dallas Thomas
P.O. Box 1439
Broadmoor Golf Club
Colorado Springs, Colo. 80901
Tel.: 303/634-7711 (Ext. 5600)

Cardinal Amateur
Gil Happel
6102 Buckhorn
Greensboro, N.C. 27410
Tel.: 919/299-8466

Cotton States
Mike Rasco
P.O. Drawer 4905
Monroe, La. 71203
Tel.: 318/322-2127

Dixie Amateur
Frank Perpich
10640 SW 51st Court
Cooper City, Fla. 33328
Tel.: 305/434-2591

Dorado Beach Amateur
Tommy Card
Dorado Beach Hotel
Dorado Beach, Puerto Rico
Tel.: 809/796-1600 (Ext. 3236)

Eastern Amateur
Richard F. Wood
Elizabeth Manor Golf and Country Club
Box 3343
Portsmouth, Va. 23701
Tel.: 804/488-4534

Florida International 4-Ball
John McKey
P.O. Box 757
Boynton Beach, Fla. 33435
Tel.: 305/278-1890

Francis Ouimet Memorial
Richard F. Connolly Jr.
190 Park Road
Weston, Mass. 02193
Tel.: 617/891-6400

La Jet Amateur
Steve Threlkeld
La Jet Amateur Classic
P.O. Box 5198
Abilene, Tex. 79608
Tel.: 915/692-8290

Middle Atlantic Amateur
Ralph M. Bogart
7315 Wisconsin Ave.
Suite 600 N.
Bethesda, Md. 20814
Tel.: 301/645-2277

NCAA Championships
Dennis Poppe
P.O. Box 1906
Shawnee Mission, Kan. 66222
Tel.: 913/384-3220

ASSOCIATIONS/TOURNAMENTS

Northeast Amateur
Gene Voll
Wannamoisett Country Club
96 Hoyt Ave.
Rumford, R.I. 02916
Tel.: 401/434-1200

Northern Amateur
Arthur C. Ellis
4711 Golf Road, Suite 400
Skokie, Ill., 60076
Tel.: 312/673-1630

North and South Amateur
Mary McNabb
Pinehurst Country Club
P.O. Box 4000
Pinehurst, N.C. 28374
Tel.: 919/195-6181

Pacific Coast Amateur
Newell Pinch
Southern California Golf Association
3740 Cahuenga Blvd.
North Hollywood, Calif. 91604
Tel.: 213/980-3630

Pacific Northwest G.A. Amateur
Robert R. Walters
4000 Aurora Ave., N. #203
Seattle, Wash. 98103
Tel.: 206/632-7674

Porter Cup
Dr. William McMahon
515 Third St.
Niagara Falls, N.Y. 14301
Tel.: 716/284-5046

Rice Planters Amateur
Dick Horne
800 Highway 17 Bypass
Mt. Pleasant, S.C. 29464
Tel.: 803/881-1171

Southern Amateur
Joe King
P.O. Box 76147
Birmingham, Ala. 35253
Tel.: 205/871-7678

Southeastern Amateur
Charlie Harper
Box 1339
Columbus, Ga. 31993
Tel.: 404/322-6869

Southwestern Amateur
Dave Askins
Colorado Golf Association
1805 S. Bellair—S. 100
Denver, Colo. 80222
Tel.: 303/759-9502

Sunnehanna Amateur
c/o William Price
Sunnehanna Country Club
Johnstown, Pa. 15905
Tel.: 814/255-4121

Trans-Mississippi Amateur
Ralph Turtinen
Suite 215
Justice Bldg.
240 Minnetonka Ave. So.
Wayzata, Minn. 55391
Tel.: 612/473-3722

Western Golf Association
(Western Amateur)
Marshall Dann
Golf, Ill. 60029
Tel.: 312/724/4600

Worsham Memorial
Bob Riley
8012 Colorado Springs Drive
Springfield, Va. 22153
Tel.: 703/569-0217

LEADING WOMEN AMATEUR ASSOCIATIONS/TOURNAMENTS

Arizona Silver Belle
Mrs. Bill Wetherby
8102 East Virginia
Scottsdale, Ariz. 85257
Tel.: 602/947-5039

Broadmoor Invitational
Judy Bell
Broadmoor Golf Club
P.O. Box 1439
Colorado Springs, Colo. 80901
Tel.: 303/634-7711 (Ext. 5432)

Canadian Ladies' Amateur
Canadian Ladies' Golf Association
333 River Road
Ottawa, Ontario K1L 8H9
Canada
Tel.: 613/746-5564

Doherty Challenge Cup
Beverly Hoefler
Coral Ridge C.C.
P.O. Box 24099
Ft. Lauderdale, Fla. 33307
Tel.: 305/564-1271

Eastern Amateur
Mrs. Herbert Balick
1903 Brookside Lane
Wilmington, Del. 19803
Tel.: 302/478-7530

ASSOCIATIONS/TOURNAMENTS

Harder Hall Invitational
 Mrs. Bruce Gilliland
 P.O. Box 122
 Kimball, Neb. 69145
 Tel.: 308/235-2281

International Four-Ball
 John H. Stengel
 P.O. Box 46
 Hollywood, Fla. 33022
 Tel.: 305/923-2474

NCAA Championship
 Pat Wall
 NCAA
 P.O. Box 1906
 Mission, Kan. 66201
 Tel.: 913/384-3220

North and South Amateur
 Ken Schroeder
 Pinehurst Country Club
 P.O. Box 4000
 Pinehurst, N.C. 28374
 Tel.: 919/296-6181

South Atlantic Amateur
 Margery M. Baker
 139 Mill Spring Pl.
 Ormond Beach, Fla. 32074
 Tel.: 904/672-1812

Southern Amateur
 Mrs. Ben Glasgow
 Women's Southern G.A.
 5618 Malone Rd.
 Memphis, Tenn. 38118
 Tel.: 601/342-1007

Trans National
 Mrs. Gerald Walley
 11 Village Drive
 Lochland-Hastings, Neb. 68901
 Tel.: 402/462-8661

Western Amateur
 Women's Western Golf Association
 c/o Mrs. Lawrence Brown
 201 Michigan Ave.
 Highwood, Ill. 60040
 Tel.: 312/432-1050
 (Also Senior and Junior.)

LEADING JUNIOR GOLF ASSOCIATIONS/TOURNAMENTS

*American Junior Golf Association
 2451 Steeple Chase Lane
 Roswell, Ga. 30076
 Tel.: 404/998-4653
 (Conducts a series of events.)

*All-American Prep Golf
 c/o Joe Folino
 Staples High School
 Westport, Conn. 06880
 Tel.: 203/222-1209

Doug Sanders International Junior
 Al Earnest
 8828 Sandringham
 Houston, Tex. 77024
 Tel.: 713/864-3684

Future Masters
 Andy Inman, Professional
 Dothan Country Club
 Dothan, Ala. 36301
 Tel.: 205/793-7144

*Hudson Junior Invitational
 Howard Cassell
 Hudson Country Club
 P.O. Box 533
 Hudson, Ohio 44236
 Tel.: 216/686-1622

*Insurance Youth Classic
 Dennis Young
 P.O. Box 1835
 Texarkana, Ark. 75504
 Tel.: 501/774-3669

International Junior Masters
 Chet Majewski
 120 Delaware Ave.
 Suite 319
 Buffalo, N.Y. 14052
 Tel.: 716/854-3411

*International Pee Wee
 P.O. Box 2047
 113 East Central Blvd.
 Orlando, Fla. 32802
 Tel.: 305/896-0474

*Keystone Junior Invitational
 Tom Aubrey
 RD #2, Box 226
 Mohnton, Pa. 19540
 Tel.: 215/777-4277

Little People's
 Nan Ryan
 Box 808
 Quincy, Ill. 62306
 Tel.: 217/222-8014 or 8000

*National Junior Invitational
 Jim Brunner, Owner
 Lakeland Golf Club
 3770 Countryr Rd. 23
 Fostoria, Ohio 44830
 Tel.: 419/894-6440

ASSOCIATIONS/TOURNAMENTS

*New England Junior Open
Jack Neville
Ponkapoag Golf Course
2167 Washington St.
Canton, Mass. 02021
Tel.: 617/828-5828

North East Junior Classic
John Cosgrove
Paul Harney Golf Club
74 Club Valley Drive
East Falmouth, Mass. 02536
Tel.: 617/563-3454

*Orange Bowl International Junior
Allan Schwartz, Chairman (boys)
P.O. Box 140675
Coral Gables, Fla. 33134
Tel.: 305/442-6484, 6485
Mary Gillette Brown, Chairman (girls)
147 Alhambra Circle, Suite 127
Coral Gables, Fla. 33134
Tel.: 305/445-8758

*Optimist Junior World
Junior World
4377 Temecula St.
San Diego, Calif. 92107
Tel.: 619/222-8175

*Pensacola Southern Juniors
Jerry Stephens
P.O. Box 4337
Pensacola, Fla. 32507
Tel.: 904/456-7661

*PGA National Junior
Don Smith, Tournament Coordinator
PGA of America
100 Avenue of Champions
P.O. Box 12458
Palm Beach Gardens, Fla. 33410
Tel.: 305/626-3600

*River Plantation Junior
Bill Agee, Tournament Chairman
64 Hampton Road
Conroe, Tex. 77301
Tel.: 409/273-1200

*Sea Pines Junior Heritage
Sonny Graham
11 Lighthouse Lane
Hilton Head, S.C. 29928
Tel.: 803/671-2448

Southern G.A. Junior
Joe King
P.O. Box 76147
Birmingham, Ala. 35253
Tel.: 205/871-7678

Texas-Oklahoma Junior
Weeks Park Men's G.A.
P.O. Box 343
Wichita Falls, Tex. 76308
Tel.: 817/767-6107

Western Junior
Western Golf Association
Golf, Ill. 60029
Tel.: 312/724-4600

*Boys and girls; others boys only.

LEADING SENIOR GOLF ASSOCIATIONS/TOURNAMENTS

Belleair Invitational Seniors
Jim Knauff, General Manager
The Belleview Biltmore
25 Belleview Blvd.
Clearwater, Fla. 33516
Tel.: 813/442-6171

Curtis Person Senior Invitational
Curtis Person
445 Colonial Road
Memphis, Tenn. 38117
Tel.: 901/683-2666

Eastern Seniors
Rupert H. Johnson
Eastern Seniors Golf Association
7 Red Oak Road
Bronxville, N.Y. 10708
Tel.: 914/337-3329

International Seniors Amateur Golf Association
William McCarthy
1775 Broadway
New York, N.Y. 10019
Tel.: 212/265-7800

National Senior Sports Association
317 Cameron St.
Alexandria, Va. 20314
Tel.: 703/548-6711

North and South Senior Invitational
Pinehurst Country Club
P.O. Box 4000
Pinehurst, N.C. 28374
Tel.: 919/295-6181

Palmetto Dunes Senior Women's Invitational
Mrs. Louis Stoval
4 Tomotley Court
Hilton Head Island, S.C. 29928
Tel.: 803/785-2216

Southern Senior Golf Association
Col. Robert R. Fowler (Ret.)
P.O. Box 1629
Winter Park, Fla. 32790
Tel.: 305/644-2747

ASSOCIATIONS / TOURNAMENTS

Senior Masters
Jude E. Poynter
1806 Port Stanhope Place
Newport Beach, Calif. 92660
Tel.: 714/640-2710

United States Senior Golf Association
125 Spencer Place
Mamaroneck, N.Y. 10543
Tel.: 914/698-0390

United States Senior Women's Golf Association
c/o Mid Pines Club
1010 Midland Rd.
Southern Pines, N.C. 28387
Tel.: 919/692-2114

United States National Senior Open Golf Association
P.O. Box 657
La Quinta, Calif. 92253
Tel.: 619/564-4554

Western Senior Amateur Association
John B. Olson
25115 Kirby, Sp. 335
Hemet, Calif. 92343
Tel.: 714/658-8081

Western Seniors Golf Association
4335 Black Oak Dr.
Indianapolis, Ind. 46208
Tel.: 317/299-4762

Wild Dunes Senior International
Patrick McKinney
P.O. Box Y
Isle of Palms, S.C. 29451
Tel.: 800/845-8880

Women's Western Senior
c/o Mrs. Lawrence Brown
201 Michigan Ave.
Highwood, Ill. 60040
Tel.: 312/432-1050

World Senior
Dallas D. Thomas
Broadmoor Golf Club
P.O. Box 1439
Colorado Springs, Colo. 80901
Tel.: 303/633-4405

CHAPTER 21

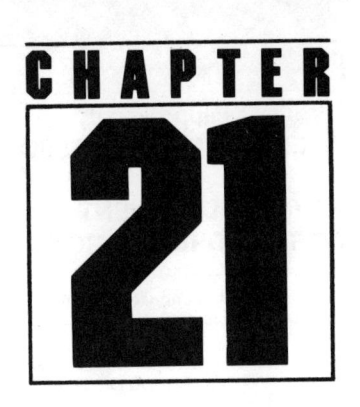

RULES OF GOLF

RULES OF GOLF

as approved by
THE UNITED STATES GOLF ASSOCIATION®
and
THE ROYAL AND ANCIENT GOLF CLUB OF ST. ANDREWS, SCOTLAND

Effective January 1, 1984

Copyright 1983 By THE UNITED STATES GOLF ASSOCIATION and THE ROYAL AND ANCIENT GOLF CLUB OF ST. ANDREWS, SCOTLAND

All Rights Reserved

Section I
ETIQUETTE

Courtesy on the Course

Consideration for Other Players

The player who has the honor should be allowed to play before his opponent or fellow-competitor tees his ball.

No one should move, talk or stand close to or directly behind the ball or the hole when a player is addressing the ball or making a stroke.

In the interest of all, players should play without delay.

No player should play until the players in front are out of range.

Players searching for a ball should signal the players behind them to pass as soon as it becomes apparent that the ball will not easily be found. They should not search for five minutes before doing so. They should not continue play until the players following them have passed and are out of range.

When the play of a hole has been completed, players should immediately leave the putting green.

Priority on the Course

In the absence of special rules, two-ball matches should have precedence over and be entitled to pass any three- or four-ball match.

A single player has no standing and should give way to a match of any kind.

Any match playing a whole round is entitled to pass a match playing a shorter round.

If a match fails to keep its place on the course and loses more than one clear hole on the players in front, it should allow the match following to pass.

RULES OF GOLF

Care of the Course

Holes in Bunkers
Before leaving a bunker, a player should carefully fill up and smooth over all holes and footprints made by him.

Replace Divots; Repair Ball-Marks and Damage by Spikes
Through the green, a player should ensure that any turf cut or displaced by him is replaced at once and pressed down and that any damage to the putting green made by a ball is carefully repaired. Damage to the putting green caused by golf shoe spikes should be repaired *on completion of the hole*.

Damage to Greens — Flagsticks, Bags, etc.
Players should ensure that, when putting down bags or the flagstick, no damage is done to the putting green and that neither they nor their caddies damage the hole by standing close to it, in handling the flagstick or in removing the ball from the hole. The flagstick should be properly replaced in the hole before the players leave the putting green. Players should not damage the putting green by leaning on their putters, particularly when removing the ball from the hole.

Golf Carts
Local notices regulating the movement of golf carts should be strictly observed.

Damage Through Practice Swings
In taking practice swings, players should avoid causing damage to the course, particularly the tees, by removing divots.

Section II
DEFINITIONS

Addressing the Ball
A player has "addressed the ball" when he has taken his stance and has also grounded his club, except that in a hazard a player has addressed the ball when he has taken his stance.

Advice
"Advice" is any counsel or suggestion which could influence a player in determining his play, the choice of a club or the method of making a stroke.

Information on the Rules or on matters of public information, such as the position of hazards or the flagstick on the putting green, is not advice.

Ball Deemed to Move
See "Move or Moved."

RULES OF GOLF

Ball Holed
See "Holed."

Ball Lost
See "Lost Ball."

Ball in Play
A ball is "in play" as soon as the player has made a stroke on the teeing ground. It remains in play until holed out, except when it is out of bounds, lost or lifted, or another ball has been substituted under an applicable Rule; a ball so substituted becomes the ball in play.

Bunker
A "bunker" is a hazard consisting of a prepared area of ground, often a hollow, from which turf or soil has been removed and replaced with sand or the like. Grass-covered ground bordering or within a bunker is not part of the bunker.

Caddie
A "caddie" is one who carries or handles a player's clubs during play and otherwise assists him in accordance with the Rules.

When one caddie is employed by more than one player, he is always deemed to be the caddie of the player whose ball is involved, and equipment carried by him is deemed to be that player's equipment, except when the caddie acts upon specific directions of another player, in which case he is considered to be that other player's caddie.

Casual Water
"Casual water" is any temporary accumulation of water on the course which is visible before or after the player takes his stance and is not in a water hazard. Snow and ice are either casual water or loose impediments, at the option of the player. Dew is not casual water.

Committee
The "Committee" is the committee in charge of the competition or, if the matter does not arise in a competition, the committee in charge of the course.

Competitor
A "competitor" is a player in a stroke competition. A "fellow-competitor" is any person with whom the competitor plays. Neither is partner of the other.

In stroke play foursome and four-ball competitions, where the context so admits, the word "competitor" or "fellow-competitor" shall be held to include his partner.

Course
The "course" is the whole area within which play is permitted. See Rule 33-2.

RULES OF GOLF

Equipment

"Equipment" is anything used, worn or carried by or for the player except any ball he has played and any small object, such as a coin or a tee, when used to mark the position of a ball or the extent of an area in which a ball is to be dropped. Equipment includes a golf cart, whether or not motorized. If such a cart is shared by more than one player, its status under the Rules is the same as that of a caddie employed by more than one player. See "Caddie."

Fellow-Competitor

See "Competitor."

Flagstick

The "flagstick" is a movable straight indicator, with or without bunting or other material attached, centered in the hole to show its position. It shall be circular in cross-section.

Forecaddie

A "forecaddie" is one who is employed by the Committee to indicate to players the position of balls on the course, and is an outside agency.

Ground Under Repair

"Ground under repair" is any portion of the course so marked by order of the Committee or so declared by its authorized representative. It includes material piled for removal and a hole made by a greenkeeper, even if not so marked. Stakes and lines defining ground under repair are in such ground.

Note 1: Grass cuttings and other material left on the course which have been abandoned and are not intended to be removed are not ground under repair unless so marked.

Note 2: The Committee may make a Local Rule prohibiting play from ground under repair.

Hazards

A "hazard" is any bunker or water hazard.

Hole

The "hole" shall be 4¼ inches (108mm) in diameter and at least 4 inches (100mm) deep. If a lining is used, it shall be sunk at least 1 inch (25mm) below the putting green surface unless the nature of the soil makes it impracticable to do so; its outer diameter shall not exceed 4¼ inches (108mm).

Holed

A ball is "holed" when it is at rest within the circumference of the hole and all of it is below the level of the lip of the hole.

RULES OF GOLF

Honor

The side entitled to play first from the teeing ground is said to have the "honor."

Lateral Water Hazard

A "lateral water hazard" is a water hazard or that part of a water hazard so situated that it is not possible or is deemed by the Committee to be impracticable to drop a ball behind the water hazard and keep the spot at which the ball last crossed the margin of the water hazard between the player and the hole.

That part of a water hazard to be played as a lateral water hazard should be distinctively marked.

Note: Lateral water hazards should be defined by red stakes or lines.

Loose Impediments

"Loose impediments" are natural objects such as stones, leaves, twigs, branches and the like, dung, worms and insects and casts or heaps made by them, provided they are not fixed or growing, are not solidly embedded and do not adhere to the ball.

Sand and loose soil are loose impediments on the putting green, but not elsewhere.

Snow and ice are either casual water or loose impediments, at the option of the player.

Dew is not a loose impediment.

Lost Ball

A ball is "lost" if:

    a. It is not found or identified as his by the player within five minutes after the player's side or his or their caddies have begun to search for it; or

    b. The player has put another ball into play under the Rules, even though he may not have searched for the original ball; or

    c. The player has played any stroke with a provisional ball from the place where the original ball is likely to be or from a point nearer the hole than that place, whereupon the provisional ball becomes the ball in play.

Time spent in playing a wrong ball is not counted in the five-minute period allowed for search.

Marker

A "marker" is one who is appointed by the Committee to record a competitor's score in stroke play. He may be a fellow-competitor. He is not a referee.

A marker should not lift a ball or mark its position unless authorized to do so by the competitor and, unless he is a fellow-competitor, should not attend the flagstick or stand at the hole or mark its position.

RULES OF GOLF

Matches
See "Sides and Matches."

Move or Moved
A ball is deemed to have "moved" if it leaves its position and comes to rest in any other place.

Observer
An "observer" is one who is appointed by the Committee to assist a referee to decide questions of fact and to report to him any breach of a Rule. An observer should not attend the flagstick, stand at or mark the position of the hole, or lift the ball or mark its position.

Obstructions
An "obstruction" is anything artificial, including the artificial surfaces and sides of roads and paths, except:
  a. Objects defining out of bounds, such as walls, fences, stakes and railings;
  b. Any part of an immovable artificial object which is out of bounds; and
  c. Any construction declared by the Committee to be an integral part of the course.

Out of Bounds
"Out of bounds" is ground on which play is prohibited.
When out of bounds is defined by reference to stakes or a fence or as being beyond stakes or a fence, the out of bounds line is determined by the nearest inside points of the stakes or fence posts at ground level excluding angled supports.
When out of bounds is defined by a line on the ground, the line itself is out of bounds.
The out of bounds line is deemed to extend vertically upwards and downwards.
A ball is out of bounds when all of it lies out of bounds.
A player may stand out of bounds to play a ball lying within bounds.

Outside Agency
An "outside agency" is any agency not part of the match or, in stroke play, not part of a competitor's side, and includes a referee, a marker, an observer or a fore-caddie. Neither wind nor water is an outside agency.

Partner
A "partner" is a player associated with another player on the same side.
In a threesome, foursome or a four-ball match where the context so admits, the word "player" shall be held to include his partner.

Penalty Stroke
A "penalty stroke" is one added to the score of a player

RULES OF GOLF

or <u>side</u> under certain Rules. In a threesome or foursome, penalty strokes do not affect the order of play.

Provisional Ball
A "provisional ball" is a ball played under Rule 27-2 for a ball which may be <u>lost</u> outside a <u>water hazard</u> or may be <u>out of bounds</u>. It ceases to be a provisional ball when the Rule provides either that the player continue play with it as the <u>ball in play</u> or that it be abandoned.

Putting Green
The "putting green" is all ground of the hole being played which is specially prepared for putting or otherwise defined as such by the Committee. A ball is on the putting green when any part of it touches the putting green.

Referee
A "referee" is one who is appointed by the Committee to accompany players to decide questions of fact and apply the Rules of Golf. He shall act on any breach of a Rule which he observes or is reported to him.

A referee should not attend the flagstick, stand at or mark the position of the hole, or lift the ball or mark its position.

Rub of the Green
A "rub of the green" occurs when a ball in motion is accidentally deflected or stopped by any <u>outside agency</u> (see Rule 19-1).

Rule
The term "Rule" includes Local Rules made by the Committee under Rule 33-8a.

Sides and Matches
Side: A player, or two or more players who are <u>partners</u>.
Single: A match in which one plays against another.
Threesome: A match in which one plays against two, and each side plays one ball.
Foursome: A match in which two play against two, and each side plays one ball.
Three-Ball: A match in which three play against one another, each playing his own ball.
Best-Ball: A match in which one plays against the better ball of two or the best ball of three players.
Four-Ball: A match in which two play their better ball against the better ball of two other players.

Stance
Taking the "stance" consists in a player placing his feet in position for and preparatory to making a <u>stroke</u>.

Stipulated Round
The "stipulated round" consists of playing the holes of the course in their correct sequence unless otherwise

RULES OF GOLF

authorized by the Committee. The number of holes in a stipulated round is 18 unless a smaller number is authorized by the Committee. As to extension of stipulated round in match play, see Rule 2-4.

Stroke
A "stroke" is the forward movement of the club made with the intention of fairly striking at and moving the ball.

Teeing Ground
The "teeing ground" is the starting place for the hole to be played. It is a rectangular area two club-lengths in depth, the front and the sides of which are defined by the outside limits of two tee-markers. A ball is outside the teeing ground when all of it lies outside the teeing ground.

Through the Green
"Through the green" is the whole area of the course except:
    a. The teeing ground and putting green of the hole being played; and
    b. All hazards on the course.

Water Hazard
A "water hazard" is any sea, lake, pond, river, ditch, surface drainage ditch or other open water course (whether or not containing water) and anything of a similar nature.

All ground or water within the margin of a water hazard is part of the water hazard. The margin of a water hazard is deemed to extend vertically upwards. Stakes and lines defining the margins of water hazards are in the hazards.

Note: Water hazards (other than lateral water hazards) should be defined by yellow stakes or lines.

Wrong Ball
A "wrong ball" is any ball other than:
    a. The ball in play,
    b. A provisional ball or
    c. In stroke play, a second ball played under Rule 3-3 or Rule 20-7b.

Section III
THE RULES OF PLAY

THE GAME
Rule 1. The Game

1-1. General
The Game of Golf consists in playing a ball from the teeing ground into the hole by a stroke or successive strokes in accordance with the Rules.

RULES OF GOLF

PENALTY FOR BREACH OF RULE 1-1:
Match play — Loss of hole; Stroke play — Disqualification.

1-2. Exerting Influence on Ball
No player or caddie shall take any action to influence the position or the movement of a ball except in accordance with the Rules.

PENALTY FOR BREACH OF RULE 1-2:
Match play — Loss of hole; Stroke play — Two strokes.

Note: In the case of a serious breach of Rule 1-2, the Committee may impose a penalty of disqualification.

1-3. Agreement to Waive Rules
Players shall not agree to exclude the operation of any Rule or to waive any penalty incurred.

PENALTY FOR BREACH OF RULE 1-3:
Match play — Disqualification of both sides; Stroke play — Disqualification of competitors concerned.

1-4. Points Not Covered by Rules
If any point in dispute is not covered by the Rules, the decision shall be made in accordance with equity.

Rule 2. Match Play

2-1. Winner of Hole
In match play the game is played by holes.

Except as otherwise provided in the Rules, a hole is won by the side which holes its ball in the fewer strokes. In a handicap match the lower net score wins the hole.

2-2. Halved Hole
A hole is halved if each side holes out in the same number of strokes.

When a player has holed out and his opponent has been left with a stroke for the half, if the player thereafter incurs a penalty, the hole is halved.

2-3. Reckoning of Holes
The reckoning of holes is kept by the terms: so many "holes up" or "all square," and so many "to play."

A side is "dormie" when it is as many holes up as there are holes remaining to be played.

2-4. Winner of Match
A match (which consists of a <u>stipulated round</u>, unless otherwise decreed by the Committee) is won by the side which is leading by a number of holes greater than the number of holes remaining to be played.

A side may concede a match at any time prior to the conclusion of the match.

The Committee may, for the purpose of settling a tie, extend the stipulated round to as many holes as are required for a match to be won.

RULES OF GOLF

2-5. Claims

In match play, if a doubt or dispute arises between the players and no duly authorized representative of the Committee is available within a reasonable time, the players shall continue the match without delay. Any claim, if it is to be considered by the Committee, must be made before any player in the match plays from the next teeing ground or, in the case of the last hole of the match, before all players in the match leave the putting green.

No later claim shall be considered unless it is based on facts previously unknown to the player making the claim and the player making the claim had been given wrong information (Rules 6-2a and 9) by an opponent. In any case, no later claim shall be considered after the result of the match has been officially announced, unless the Committee is satisfied that the opponent knew he was giving wrong information.

2-6. General Penalty

The penalty for a breach of a Rule in match play is loss of hole except when otherwise provided.

Rule 3. Stroke Play

3-1. Winner

The competitor who plays the stipulated round or rounds in the fewest strokes is the winner.

3-2. Failure to Hole Out

If a competitor fails to hole out at any hole before he has played a stroke from the next teeing ground or, in the case of the last hole of the round, before he has left the putting green, *he shall be disqualified.*

3-3. Doubt as to Procedure

In stroke play only, when during play of a hole a competitor is doubtful of his rights or procedure, he may, without penalty, play a second ball. After the doubtful situation has arisen and before taking further action, he should announce to his marker his decision to proceed under this Rule and which ball he will score with if the Rules permit.

On completing the round, the competitor shall report the facts immediately to the Committee; if he fails to do so, *he shall be disqualified.* If the Rules allow the procedure selected in advance by the competitor, the score with the ball selected shall be his score for the hole. If the competitor fails to announce in advance his procedure or selection, the ball with the higher score shall count if the Rules allow the procedure adopted for such ball.

Note: A second ball played under Rule 3-3 is not a provisional ball under Rule 27-2.

RULES OF GOLF

3-4. Refusal to Comply with a Rule
If a competitor refuses to comply with a Rule affecting the rights of another competitor, *he shall be disqualified.*

3-5. General Penalty
The penalty for a breach of a Rule in stroke play is two strokes except when otherwise provided.

CLUBS AND THE BALL

The United States Golf Association and the Royal and Ancient Golf Club of St. Andrews reserve the right to change the Rules and make and change the interpretations relating to clubs, balls and other implements at any time.

Rule 4. Clubs

If a manufacturer is in doubt as to whether a club which he proposes to manufacture conforms with Rule 4 and Appendix II, he should submit a sample to the United States Golf Association for a ruling, such sample to become its property for reference purposes.

A player in doubt as to the conformity of a club should consult the United States Golf Association.

4-1. Form and Make of Clubs

A club is an implement designed to be used for striking the ball.

A putter is a club designed primarily for use on the putting green.

The player's clubs shall conform with the provisions of this Rule and with the specifications and interpretations set forth in Appendix II.

a. GENERAL

The club shall be composed of a shaft and a head. All parts of the club shall be fixed so that the club is one unit. The club shall not be designed to be adjustable except for weight. The club shall not be substantially different from the traditional and customary form and make.

b. SHAFT

The shaft shall be generally straight, with the same bending and twisting properties in any direction, and shall be attached to the clubhead at the heel either directly or through a single plain neck or socket. A putter shaft may be attached to any point in the head.

c. GRIP

The grip consists of that part of the shaft designed to be held by the player and any material added to it for the purpose of obtaining a firm hold. The grip shall be substantially straight and plain in form and shall not be molded for any part of the hands.

RULES OF GOLF

d. Clubhead
The length of the clubhead, from heel to toe, shall be greater than the breadth from face to back. The clubhead shall be generally plain in shape.

The clubhead shall have only one face designed for striking the ball, except that a putter may have two such faces if the loft of each is substantially the same and does not exceed ten degrees.

e. Club Face
The face shall not have any degree of concavity and, in relation to the ball, shall be hard and rigid. It shall be generally smooth except for such markings as are permitted by Appendix II. If the basic structural material of the head and face of a club, other than a putter, is metal, no inset or attachment is permitted.

f. Wear
A club which conforms to Rule 4-1 when new is deemed to conform after wear through normal use. Any part of a club which has been purposely altered is regarded as new and must conform, in the altered state, to the Rules.

g. Damage
A club which ceases to conform to Rule 4-1 because of damage sustained in the normal course of play may be used in its damaged state, but only for the remainder of the stipulated round during which such damage was sustained. A club which ceases to conform because of damage sustained other than in the normal course of play shall not be used unless it is repaired so as to conform to Rule 4-1.

4-2. Playing Characteristics Not to Be Changed
During a stipulated round, the playing characteristics of a club shall not be purposely changed, except that damage occurring during such round may be repaired, provided play is not unduly delayed. Damage which occurred prior to the round may be repaired, provided the playing characteristics are not changed.

4-3. Foreign Material
No foreign material shall be applied to the club face for the purpose of influencing the movement of the ball.

Penalty for Breach of Rule 4-1, -2 or -3:
Disqualification.

4-4. Maximum of Fourteen Clubs

a. Selection and Replacement of Clubs
The player shall start a stipulated round with not more than fourteen clubs. He is limited to the clubs thus selected for that round except that, without unduly delaying play, he may:

(i) if he started with fewer than fourteen, add as many

RULES OF GOLF

as will bring his total to that number; and

(ii) replace, with any club, a club which becomes unfit for play in the normal course of play.

The addition or replacement of a club or clubs may not be made by borrowing from any other person playing on the course.

b. Partners May Share Clubs

Partners may share clubs, provided that the total number of clubs carried by the partners so sharing does not exceed fourteen.

PENALTY FOR BREACH OF RULE 4-4a or b,
REGARDLESS OF NUMBER OF EXCESS CLUBS CARRIED:

Match play — At the conclusion of the hole at which the breach is discovered, the state of the match shall be adjusted by deducting one hole for each hole at which a breach occurred. Maximum deduction per round: two holes.

Stroke play — Two strokes for each hole at which any breach occurred; maximum penalty per round: four strokes.

Bogey and par competitions — Penalties as in match play.

Stableford competitions — See Rule 32-1b.

c. Excess Club Declared Out of Play

Any club carried or used in breach of this Rule shall be declared out of play by the player immediately upon discovery that a breach has occurred and thereafter shall not be used by the player during the round *under penalty of disqualification*.

Rule 5. The Ball

5-1. General

The ball the player uses shall conform to specifications set forth in Appendix III on maximum weight, minimum size, spherical symmetry, initial velocity and overall distance when tested under specified conditions.

5-2. Foreign Material Prohibited

No foreign material shall be applied to a ball for the purpose of changing its playing characteristics.

PENALTY FOR BREACH OF RULE 5-1 or 5-2:
Disqualification.

5-3. Ball Unfit for Play

A ball is unfit for play if it is visibly cut or out of shape or so cracked, pierced or otherwise damaged as to interfere with its true flight or true roll or its normal behavior when struck. A ball is not unfit for play solely because mud or other materials adhere to it, its surface is scratched or its paint is damaged or discolored.

If a player has reason to believe his ball has become

RULES OF GOLF

unfit for play during play of the hole being played, he may during the play of such hole lift his ball without penalty to determine whether it is unfit, provided he announces his intention in advance to his opponent in match play or his marker or a fellow-competitor in stroke play and gives his opponent, marker or fellow-competitor an opportunity to examine the ball. If he lifts the ball without announcing his intention in advance or giving his opponent, marker or fellow-competitor an opportunity to examine the ball, *he shall incur a penalty of one stroke.*

If it is determined that the ball has become unfit for play during play of the hole being played, the player may substitute another ball, placing it on the spot where the original ball lay. Otherwise, the original ball shall be replaced.

If a ball breaks into pieces as a result of a stroke, the stroke shall be replayed without penalty (see Rule 20-5).

*PENALTY FOR BREACH OF RULE 5-3:
Match play — Loss of hole; Stroke play — Two strokes.

**If a player incurs the general penalty for breach of Rule 5-3, no additional penalty under the Rule shall be applied.*

Note 1: The ball may not be cleaned to determine whether it is unfit for play — see Rule 21.

Note 2: If the opponent, marker or fellow-competitor wishes to dispute a claim of unfitness, he must do so before the player plays another ball.

PLAYER'S RESPONSIBILITIES
Rule 6. The Player

Definition

A "marker" is one who is appointed by the Committee to record a competitor's score in stroke play. He may be a fellow-competitor. He is not a referee.

A marker should not lift a ball or mark its position unless authorized to do so by the competitor and, unless he is a fellow-competitor, should not attend the flagstick or stand at the hole or mark its position.

6-1. Conditions of Competition

The player is responsible for knowing the conditions under which the competition is to be played (Rule 33-1).

6-2. Handicap

a. MATCH PLAY

Before starting a match in a handicap competition, the player shall declare to his opponent the handicap to which he is entitled under the conditions of the competition. If a player declares and begins the match with a higher handi-

RULES OF GOLF

cap which would affect the number of strokes given or received, *he shall be disqualified*; otherwise, the player shall play off the declared handicap.

b. STROKE PLAY

In any round of a handicap competition, the competitor shall ensure that the handicap to which he is entitled under the conditions of the competition is recorded on his score card before it is returned to the Committee. If no handicap is recorded on his score card before it is returned, or if the recorded handicap is higher than that to which he is entitled and this affects the number of strokes received, *he shall be disqualified* from that round of the handicap competition; otherwise, the score shall stand.

Note: It is the player's responsibility to know the holes at which handicap strokes are to be given or received.

6-3. Time of Starting and Groups

a. TIME OF STARTING

The player shall start at the time laid down by the Committee.

b. GROUPS

In stroke play, the competitor shall remain throughout the round in the group arranged by the Committee unless the Committee authorizes or ratifies a change.

PENALTY FOR BREACH OF RULE 6-3: *Disqualification.*

(Best-ball and four-ball play — see Rules 30-3a and 31-2.)

Note: The Committee may provide in the conditions of a competition (Rule 33-1) that, in the absence of circumstances which warrant waiving the penalty of disqualification as provided in Rule 33-7, if the player arrives at his starting point, ready to play, within five minutes of his starting time, the penalty for failure to start on time is *loss of the first hole to be played in match play or two strokes in stroke play* instead of disqualification.

6-4. Caddie

The player may have only one caddie at any one time, *under penalty of disqualification.*

For any breach of a Rule by his caddie, the player incurs the relative penalty.

6-5. Ball

The responsibility for playing the proper ball rests with the player. Each player should put an identification mark on his ball.

6-6. Scoring in Stroke Play

a. RECORDING SCORES

After each hole the marker should check the score with the competitor. On completion of the round the marker

shall sign the card and hand it to the competitor; if more than one marker records the scores, each shall sign for the part for which he is responsible.

b. CHECKING SCORES

The competitor shall check his score for each hole, settle any doubtful points with the Committee, ensure that the marker has signed the card, countersign the card himself and return it to the Committee as soon as possible. The competitor is responsible for the correctness of the score recorded for each hole.

PENALTY FOR BREACH OF RULE 6-6b: *Disqualification.*

Note: As to the Committee's responsibility to add the scores and apply the recorded handicap, see Rule 33-5.

c. NO ALTERATION OF SCORES

No alteration may be made on a card after the competitor has returned it to the Committee.

If the competitor returns a score for any hole lower than actually taken, *he shall be disqualified.* If he returns a score for any hole higher than actually taken, the score as returned shall stand.

Note: In four-ball stroke play, see also Rule 31-4 and -7a.

6-7. Undue Delay

The player shall play without undue delay. Between completion of a hole and playing from the next teeing ground, the player shall not unduly delay play.

PENALTY FOR BREACH OF RULE 6-7:
*Match play — Loss of hole; Stroke play — Two strokes.
For repeated offense — Disqualification.*

If the player unduly delays play between holes, he is delaying the play of the next hole and the penalty applies to that hole.

6-8. Discontinuance of Play

a. WHEN PERMITTED

The player shall not discontinue play unless:
 (i) the Committee has suspended play;
 (ii) he believes there is danger from lightning;
 (iii) he is seeking a decision from the Committee on a doubtful or disputed point (see Rules 2-5 and 34-3); or
 (iv) there is some other good reason such as sudden illness.

Bad weather is not of itself a good reason for discontinuing play.

If the player discontinues play without specific permission from the Committee, he shall report to the Committee as soon as practicable. If he does so and the Committee considers his reason satisfactory, the player

RULES OF GOLF

incurs no penalty. Otherwise, *the player shall be disqualified.*

Exception in match play: Players discontinuing match play by agreement are not subject to disqualification unless by so doing the competition is delayed.

Note: Leaving the course does not of itself constitute discontinuance of play.

b. PROCEDURE

When play is discontinued in accordance with the Rules, it should, if feasible, be discontinued after the completion of the play of a hole. If this is not feasible, the player should lift his ball. The ball may be cleaned when so lifted. If a ball has been so lifted, the player shall, when play is resumed, place a ball on the spot from which the original ball was lifted.

PENALTY FOR BREACH OF RULE 6-8b:
Match play — Loss of hole; Stroke play — Two strokes.

Rule 7. Practice

7-1. Before or Between Rounds

a. MATCH PLAY

On any day of a match play competition, a player may practice on the competition course before a round.

b. STROKE PLAY

On any day of a stroke competition or play-off, a competitor shall not practice on the competition course or test the surface of any putting green on the course before a round or play-off. When two or more rounds of a stroke competition are to be played over consecutive days, practice between those rounds on any competition course remaining to be played is prohibited.

Exception: Practice putting or chipping on or near the first teeing ground before starting a round or play-off is permitted.

PENALTY FOR BREACH OF RULE 7-1b: *Disqualification.*

Note: The Committee may in the conditions of a competition (Rule 33-1) prohibit practice on the competition course on any day of a match play competition or permit practice on the competition course or part of the course (Rule 33-2c) on any day of or between rounds of a stroke competition.

7-2. During Round

A player shall not play a practice stroke either during the play of a hole or between the play of two holes except that, between the play of two holes, the player may practice putting or chipping on or near the putting green of the hole last played, any practice putting green or the teeing

RULES OF GOLF

ground of the next hole to be played in the round, provided such practice stroke is not played from a hazard and does not unduly delay play (Rule 6-7).

Exception: When play has been suspended by the Committee, a player may, prior to resumption of play, practice (a) as provided in this Rule, (b) anywhere other than on the competition course and (c) as otherwise permitted by the Committee.

PENALTY FOR BREACH OF RULE 7-2:
Match play — Loss of hole; Stroke play — Two strokes.
In the event of a breach between the play of two holes, the penalty applies to the next hole.

Note 1: A practice swing is not a practice stroke and may be taken at any place, provided the player does not breach the Rules.

Note 2: The Committee may prohibit practice on or near the putting green of the hole last played.

Rule 8. Advice; Indicating Line of Play

Definition

"Advice" is any counsel or suggestion which could influence a player in determining his play, the choice of a club or the method of making a stroke.

Information on the Rules or on matters of public information, such as the position of hazards or the flagstick on the putting green, is not advice.

8-1. Advice

Except as provided in Rule 8-2, a player may give advice to, or ask for advice from, only his partner or either of their caddies.

Note: In a team competition without concurrent individual competition, the Committee may in the conditions of the competition (Rule 33-1) permit each team to appoint one person, *e.g.*, team captain or coach, who may give advice to members of that team. Such person shall be identified to the Committee prior to the start of the competition.

8-2. Indicating Line of Play

a. OTHER THAN ON PUTTING GREEN

Except on the putting green, a player may have the line of play indicated to him by anyone, but no one shall stand on or close to the line while the stroke is being played. Any mark placed during the play of a hole by the player or with his knowledge to indicate the line shall be removed before the stroke is played.

Exception: Flagstick attended or held up — Rule 17-1.

RULES OF GOLF

b. On the Putting Green

When the player's ball is on the putting green, the player's caddie, his partner or his partner's caddie may, before the stroke is played, point out a line for putting, but in so doing the putting green shall not be touched in front of, to the side of, or behind the hole. No mark shall be placed anywhere on the putting green to indicate a line for putting.

PENALTY FOR BREACH OF RULE:
Match play — Loss of hole; Stroke play — Two strokes.

Rule 9. Information as to Strokes Taken

9-1. General

The number of strokes a player has taken shall include any penalty strokes incurred.

9-2. Match Play

A player who has incurred a penalty shall inform his opponent as soon as practicable. If he fails to do so, he shall be deemed to have given wrong information, even though he was not aware that he had incurred a penalty.

An opponent is entitled to ascertain from the player, during the play of a hole, the number of strokes he has taken and, after play of a hole, the number of strokes taken on the hole just completed.

If during the play of a hole the player gives or is deemed to give wrong information as to the number of strokes taken, he shall incur no penalty if he corrects the mistake before his opponent has played his next stroke. If after play of a hole the player gives or is deemed to give wrong information as to the number of strokes taken on the hole just completed, he shall incur no penalty if he corrects his mistake before any player plays from the next teeing ground or, in the case of the last hole of the match, before all players leave the putting green. If the player fails so to correct the wrong information, *he shall lose the hole.*

9-3. Stroke Play

A competitor who has incurred a penalty should inform his marker as soon as practicable.

ORDER OF PLAY
Rule 10. Order of Play

10-1. Match Play

a. Teeing Ground

The side entitled to play first from the teeing ground is said to have the "honor."

The side which shall have the honor at the first teeing

RULES OF GOLF

ground shall be determined by the order of the draw. In the absence of a draw, the honor should be decided by lot.

The side which wins a hole shall take the honor at the next teeing ground. If a hole has been halved, the side which had the honor at the previous teeing ground shall retain it.

b. OTHER THAN ON TEEING GROUND

When the balls are in play, the ball farther from the hole shall be played first. If the balls are equidistant from the hole, the ball to be played first should be decided by lot.

Exception: Rule 30-3c (best-ball and four-ball match play).

c. PLAYING OUT OF TURN

If a player plays when his opponent should have played, the opponent may immediately require the player to abandon the ball so played and, without penalty, play a ball in correct order (see Rule 20-5).

10-2. Stroke Play

a. TEEING GROUND

The competitor entitled to play first from the teeing ground is said to have the "honor."

The competitor who shall have the honor at the first teeing ground shall be determined by the order of the draw. In the absence of a draw, the honor should be decided by lot.

The competitor with the lowest score at a hole shall take the honor at the next teeing ground. The competitor with the second lowest score shall play next and so on. If two or more competitors have the same score at a hole, they shall play from the next teeing ground in the same order as at the previous teeing ground.

b. OTHER THAN ON TEEING GROUND

When the balls are in play, the ball farthest from the hole shall be played first. If two or more balls are equidistant from the hole, the ball to be played first should be decided by lot.

Exceptions: Rules 22 (ball interfering with or assisting play) and 31-5 (four-ball stroke play).

c. PLAYING OUT OF TURN

If a competitor plays out of turn, no penalty shall be incurred and the ball shall be played as it lies. If, however, the Committee determines that competitors have agreed to play in an order other than that set forth in Clauses 2a and 2b of this Rule to give one of them an advantage, *they shall be disqualified.*

(Incorrect order of play in threesomes and foursomes stroke play — see Rule 29-3.)

RULES OF GOLF

10-3. Provisional Ball or Second Ball from Teeing Ground

If a player plays a <u>provisional ball</u> or a second ball from a <u>teeing ground</u>, he should do so after his opponent or fellow-competitor has played his first <u>stroke</u>. If a player plays a provisional ball or a second ball out of turn, Clauses 1c and 2c of this Rule shall apply.

10-4. Ball Moved in Measuring

If a ball is moved in measuring to determine which ball is farther from the hole, no penalty is incurred and the ball shall be replaced.

TEEING GROUND
Rule 11. Teeing Ground

Definition

The "teeing ground" is the starting place for the hole to be played. It is a rectangular area two club-lengths in depth, the front and the sides of which are defined by the outside limits of two tee-markers. A ball is outside the teeing ground when all of it lies outside the teeing ground.

11-1. Teeing

In teeing, the ball may be placed on the ground, on an irregularity of surface created by the player on the ground or on a tee, sand or other substance in order to raise it off the ground.

A player may stand outside the <u>teeing ground</u> to play a ball within it.

When the first <u>stroke</u> with any ball (including a <u>provisional ball</u>) is played from the teeing ground, the tee-markers are immovable <u>obstructions</u> (see Rule 24-2).

11-2. Ball Falling Off Tee

If a ball, when not <u>in play</u>, falls off a tee or is knocked off a tee by the player in addressing it, it may be re-teed without penalty, but if a <u>stroke</u> is made at the ball in these circumstances, whether the ball is moving or not, the stroke shall be counted but no penalty shall be incurred.

11-3. Playing Outside Teeing Ground

a. MATCH PLAY

If a player, when starting a hole, plays a ball from outside the <u>teeing ground</u>, the opponent may immediately require the player to replay the stroke from within the teeing ground, without penalty.

b. STROKE PLAY

If a competitor, when starting a hole, plays a ball from outside the <u>teeing ground</u>, *he shall be penalized two strokes* and shall then play a ball from within the teeing ground. Strokes played by a competitor from outside the

teeing ground do not count in his score. If the competitor fails to rectify his mistake before making a stroke on the next teeing ground or, in the case of the last hole of the round, before leaving the putting green, *he shall be disqualified.*

PLAYING THE BALL
Rule 12. Searching for and Identifying Ball

Definitions

A "hazard" is any bunker or water hazard.

A "bunker" is a hazard consisting of a prepared area of ground, often a hollow, from which turf or soil has been removed and replaced with sand or the like. Grass-covered ground bordering or within a bunker is not part of the bunker.

A "water hazard" is any sea, lake, pond, river, ditch, surface drainage ditch or other open water course (whether or not containing water) and anything of a similar nature.

All ground or water within the margin of a water hazard is part of the water hazard. The margin of a water hazard is deemed to extend vertically upwards. Stakes and lines defining the margins of water hazards are in the hazards.

12-1. Searching for Ball; Seeing Ball

If a ball lies in long grass, rushes, bushes, whins, heather or the like, only so much thereof may be touched as will enable the player to find and identify his ball, except that nothing shall be done which improves its lie, the area of his intended swing or his line of play.

A player is not necessarily entitled to see his ball when playing a stroke.

In a hazard, if the ball is covered by loose impediments or sand, the player may remove only as much thereof as will enable him to see a part of the ball. If the ball is moved in such removal, no penalty is incurred and the ball shall be replaced. As to removal of loose impediments outside a hazard, see Rule 23.

If a ball lying in casual water, ground under repair or a hole, cast or runway made by a burrowing animal, a reptile or a bird is accidentally moved during search, no penalty is incurred; the ball shall be replaced, unless the player elects to proceed under Rule 25-1b.

If a ball is believed to be lying in water in a water hazard, the player may probe for it with a club or otherwise. If the ball is moved in so doing, no penalty shall be incurred; the ball shall be replaced, unless the player elects to proceed under Rule 26-1.

PENALTY FOR BREACH OF RULE 12-1:
Match play — Loss of hole; Stroke play — Two strokes.

RULES OF GOLF

12-2. Identifying Ball

The responsibility for playing the proper ball rests with the player. Each player should put an identification mark on his ball.

Except in a hazard, the player may, without penalty, lift a ball he believes to be his own for the purpose of identification and clean it to the extent necessary for identification. If the ball is the player's ball, he shall replace it on the spot from which it was lifted. Before the player lifts the ball, he shall announce his intention to his opponent in match play or his marker or a fellow-competitor in stroke play and give his opponent, marker or fellow-competitor an opportunity to observe the lifting and replacement. If he lifts the ball without announcing his intention in advance or giving his opponent, marker or fellow-competitor an opportunity to observe, or if he lifts his ball for identification in a hazard, *he shall incur a penalty of one stroke* and the ball shall be replaced.

If a player who is required to replace a ball fails to do so, *he shall incur the penalty* for a breach of Rule 20-3a, but no additional penalty under Rule 12-2 shall be applied.

Rule 13. Ball Played As It Lies; Lie, Area of Intended Swing and Line of Play; Stance

Definitions

A "hazard" is any bunker or water hazard.

A "bunker" is a hazard consisting of a prepared area of ground, often a hollow, from which turf or soil has been removed and replaced with sand or the like. Grass-covered ground bordering or within a bunker is not part of the bunker.

A "water hazard" is any sea, lake, pond, river, ditch, surface drainage ditch or other open water course (whether or not containing water) and anything of a similar nature.

All ground or water within the margin of a water hazard is part of the water hazard. The margin of a water hazard is deemed to extend vertically upwards. Stakes and lines defining the margins of water hazards are in the hazards.

13-1. Ball Played As It Lies

The ball shall be played as it lies, except as otherwise provided in the Rules.

(Ball at rest moved — Rule 18.)

13-2. Improving Lie, Area of Intended Swing or Line of Play

Except as provided in the Rules, a player shall not improve or allow to be improved:

    the position or lie of his ball,
    the area of his intended swing or
    his line of play

by any of the following actions:

RULES OF GOLF

moving, bending or breaking anything growing or fixed (including objects defining <u>out of bounds</u>) or

removing or pressing down sand, loose soil, replaced divots, other cut turf placed in position or other irregularities of surface

except as follows:

as may occur in fairly taking his <u>stance</u>,

in making a <u>stroke</u> or the backward movement of his club for a stroke,

on the <u>teeing ground</u> in creating or eliminating irregularities of surface, or

on the <u>putting green</u> in removing sand and loose soil as provided in Rule 16-1a or in repairing damage as provided in Rule 16-1c.

The club may be grounded only lightly and shall not be pressed on the ground.

Exception: Ball lying in or touching hazard — Rule 13-4.

13-3. Building Stance

A player is entitled to place his feet firmly in taking his stance, but he shall not build a stance.

13-4. Ball Lying in or Touching Hazard

Except as provided in the Rules, before making a <u>stroke</u> at a ball which lies in or touches a <u>hazard</u> (whether a <u>bunker</u> or a <u>water hazard</u>), the player shall not:

    a. Test the condition of the hazard or any similar hazard,

    b. Touch the ground in the hazard or water in the water hazard with a club or otherwise, or

    c. Touch or move a <u>loose impediment</u> lying in or touching the hazard.

Exceptions:

1. At address or in the backward movement for the stroke, the club may touch any <u>obstruction</u> or any grass, bush, tree or other growing thing.

2. The player may place his clubs in a <u>hazard</u>, provided nothing is done which may constitute testing the soil or improving the lie of the ball.

3. The player after playing the stroke, or his <u>caddie</u> at any time without the authority of the player, may smooth sand or soil in the hazard, provided that, if the ball still lies in the hazard, nothing is done which improves the lie of the ball or assists the player in his subsequent play of the hole.

PENALTY FOR BREACH OF RULE:

Match play — Loss of hole; Stroke play — Two strokes.

(Searching for ball — Rule 12-1.)

RULES OF GOLF

Rule 14. Striking the Ball

Definition

A "stroke" is the forward movement of the club made with the intention of fairly striking at and moving the ball.

14-1. Ball to Be Fairly Struck At

The ball shall be fairly struck at with the head of the club and must not be pushed, scraped or spooned.

14-2. Assistance

In making a stroke, a player shall not accept physical assistance or protection from the elements.

PENALTY FOR BREACH OF RULE 14-1 OR -2:
Match play — Loss of hole; Stroke play — Two strokes.

14-3. Artificial Devices and Unusual Equipment

Except as provided in the Rules, during a stipulated round the player shall not use any artificial device or unusual equipment:

a. For the purpose of gauging or measuring distance or conditions which might affect his play; or

b. Which might assist him in gripping the club, in making a stroke or in his play, except that plain gloves may be worn, resin, tape or gauze may be applied to the grip (provided such application does not render the grip non-conforming under Rule 4-1c) and a towel or handkerchief may be wrapped around the grip.

PENALTY FOR BREACH OF RULE 14-3: *Disqualification.*

14-4. Striking the Ball More than Once

If a player's club strikes the ball more than once in the course of a stroke, the player shall count the stroke and *add a penalty stroke,* making two strokes in all.

14-5. Playing Moving Ball

A player shall not play while his ball is moving.

Exceptions:

Ball falling off tee — Rule 11-2.
Striking the ball more than once — Rule 14-4.
Ball moving in water — Rule 14-6.

When the ball begins to move only after the player has begun the stroke or the backward movement of his club for the stroke, he shall incur no penalty under this Rule for playing a moving ball, but he is not exempt from any penalty incurred under the following Rules:

Ball at rest moved by player — Rule 18-2a.
Ball at rest moving after address — Rule 18-2b.
Ball at rest moving after loose impediment touched — Rule 18-2c.

14-6. Ball Moving in Water

When a ball is moving in water in a water hazard, the

RULES OF GOLF

player may, without penalty, make a stroke, but he must not delay making his stroke in order to allow the wind or current to improve the position of the ball. A ball moving in water in a water hazard may be lifted if the player elects to invoke Rule 26.

PENALTY FOR BREACH OF RULE 14-5 or -6:
Match play — Loss of hole; Stroke play — Two strokes.

Rule 15. Playing a Wrong Ball

Definition

A "wrong ball" is any ball other than:
 a. The ball in play,
 b. A provisional ball or
 c. In stroke play, a second ball played under Rule 3-3 or Rule 20-7b.

15-1. General

A player must hole out with the ball played from the teeing ground unless a Rule permits him to substitute another ball.

15-2. Match Play

If a player plays a stroke with a wrong ball except in a hazard, *he shall lose the hole.*

If a player plays any strokes in a hazard with a wrong ball, there is no penalty. Strokes played in a hazard with a wrong ball do not count in the player's score.

If the player and opponent exchange balls during the play of a hole, the first to play the wrong ball other than from a hazard shall lose the hole; when this cannot be determined, the hole shall be played out with the balls exchanged.

15-3. Stroke Play

If a competitor plays a stroke with a wrong ball except in a hazard, *he shall add two penalty strokes to his score* and shall then play the correct ball.

If a competitor plays any strokes in a hazard with a wrong ball, there is no penalty.

Strokes played with a wrong ball do not count in a competitor's score.

If a competitor holes out with a wrong ball, but has not made a stroke on the next teeing ground or, in the case of the last hole of the round, has not left the putting green, he may rectify his mistake by playing the correct ball, subject to the prescribed penalty. *The competitor shall be disqualified* if he does not so rectify his mistake.

Note: For procedure to be followed by owner of wrong ball, see Rule 18-1.

RULES OF GOLF

THE PUTTING GREEN
Rule 16. The Putting Green

Definitions

The "putting green" is all ground of the hole being played which is specially prepared for putting or otherwise defined as such by the Committee. A ball is on the putting green when any part of it touches the putting green.

A ball is "holed" when it is at rest within the circumference of the hole and all of it is below the level of the lip of the hole.

16-1. General

a. TOUCHING LINE OF PUTT

The line of putt must not be touched except:

(i) the player may move sand, loose soil and other loose impediments by picking them up or by brushing them aside with his hand or a club without pressing anything down;

(ii) in addressing the ball, the player may place the club in front of the ball without pressing anything down;

(iii) in measuring — Rule 10-4;

(iv) in lifting the ball — Rule 16-1b;

(v) in repairing old hole plugs or ball marks — Rule 16-1c; and

(vi) in removing movable obstructions — Rule 24-1.

(Indicating line for putting on putting green — Rule 8-2b.)

b. LIFTING BALL

A ball on the putting green may be lifted and, if desired, cleaned. A ball so lifted shall be replaced on the spot from which it was lifted.

c. REPAIR OF HOLE PLUGS AND BALL MARKS

The player may repair an old hole plug or damage to the putting green caused by the impact of a ball, whether or not the player's ball lies on the putting green. If the ball is moved in the process of such repair, it shall be replaced, without penalty.

d. TESTING SURFACE

During the play of a hole, a player shall not test the surface of the putting green by rolling a ball or roughening or scraping the surface.

e. STANDING ASTRIDE OR ON LINE OF PUTT

The player shall not make a stroke on the putting green from a stance astride, or with either foot touching, the line of the putt or an extension of that line behind the ball. For the purpose of this Clause only, the line of putt does not extend beyond the hole.

RULES OF GOLF

f. Position of Caddie or Partner

While making the stroke, the player shall not allow his caddie, his partner or his partner's caddie to position himself on or close to an extension of the line of putt behind the ball.

g. Other Ball to Be at Rest

A player shall not play a stroke or touch his ball in play while another ball is in motion after a stroke on the putting green.

h. Ball Overhanging Hole

When any part of the ball overhangs the edge of the hole, the player is allowed enough time to reach the hole without unreasonable delay and an additional 10 seconds to determine whether the ball is at rest. If by then the ball has not fallen into the hole, it is deemed to be at rest.

Penalty for Breach of Rule 16-1:
Match play — Loss of hole; Stroke play — Two strokes.

16-2. Conceding Opponent's Next Stroke

When the opponent's ball is at rest or is deemed to be at rest, the player may concede the opponent to have holed out with his next stroke and the ball may be removed by either side with a club or otherwise.

Rule 17. The Flagstick

17-1. Flagstick Attended, Removed or Held Up

Before and during the stroke, the player may have the flagstick attended, removed or held up to indicate the position of the hole. This may be done only on the authority of the player before he plays his stroke.

If the flagstick is attended or removed by an opponent, a fellow-competitor or the caddie of either with the player's knowledge and no objection is made, the player shall be deemed to have authorized it. If a player or a caddie attends or removes the flagstick or stands near the hole while a stroke is being played, he shall be deemed to attend the flagstick until the ball comes to rest.

If the flagstick is not attended before the stroke is played, it shall not be attended or removed while the ball is in motion.

17-2. Unauthorized Attendance

a. Match Play

In match play, an opponent or his caddie shall not attend or remove the flagstick without the player's knowledge or authority.

b. Stroke Play

In stroke play, if a fellow-competitor or his caddie attends or removes the flagstick without the competitor's

RULES OF GOLF

knowledge or authority while the competitor is making a stroke or his ball is in motion, *the fellow-competitor shall incur the penalty* for breach of this Rule. In such circumstances, if the competitor's ball strikes the flagstick or the person attending it, the competitor incurs no penalty and the ball shall be played as it lies, except that, if the stroke was played from the putting green, the stroke shall be replayed.

PENALTY FOR BREACH OF RULE 17-1 or -2:
Match play — Loss of hole; Stroke play — Two strokes.

17-3. Ball Striking Flagstick or Attendant

The player's ball shall not strike:

a. The flagstick when attended or removed by the player, his partner or either of their caddies, or by another person with the player's knowledge or authority; or

b. The player's caddie, his partner or his partner's caddie when attending the flagstick, or another person attending the flagstick with the player's knowledge or authority, or <u>equipment</u> carried by any such person; or

c. The flagstick in the hole, unattended, when the ball has been played from the <u>putting green</u>.

PENALTY FOR BREACH OF RULE 17-3:
Match play — Loss of hole; Stroke play — Two strokes, and the ball shall be played as it lies.

17-4. Ball Resting Against Flagstick

If the ball rests against the flagstick when it is in the hole, the player or someone authorized by him may move or remove the flagstick and if the ball falls into the hole, the player shall be deemed to have holed out at his last stroke; otherwise, the ball, if <u>moved</u>, shall be placed on the lip of the hole, without penalty.

BALL MOVED, DEFLECTED OR STOPPED
Rule 18. Ball at Rest Moved

Definitions

A ball is deemed to have "moved" if it leaves its position and comes to rest in any other place.

An "outside agency" is any agency not part of the match or, in stroke play, not part of a competitor's side, and includes a referee, a marker, an observer or a forecaddie. Neither wind nor water is an outside agency.

"Equipment" is anything used, worn or carried by or for the player except any ball he has played and any small object, such as a coin or a tee, when used to mark the position of a ball or the extent of an area in which a ball is to be dropped. Equipment includes a golf cart, whether

RULES OF GOLF

or not motorized. If such a cart is shared by more than one player, its status under the Rules is the same as that of a caddie employed by more than one player. See "Caddie."

A player has "addressed the ball" when he has taken his <u>stance</u> and has also grounded his club, except that in a <u>hazard</u> a player has addressed the ball when he has taken his stance.

Taking the "stance" consists in a player placing his feet in position for and preparatory to making a <u>stroke</u>.

18-1. By Outside Agency

If a ball at rest is moved by an <u>outside agency</u>, the player shall incur no penalty and the ball shall be replaced before the player plays another <u>stroke</u>. If the ball moved is not immediately recoverable, another ball may be substituted.

(Player's ball at rest moved by another ball — see Rule 18-5.)

18-2. By Player, Partner, Caddie or Equipment

a. GENERAL

When a player's ball is <u>in play</u>, if:

(i) the player, his partner or either of their caddies lifts or moves it, touches it purposely (except with a club in the act of addressing it) or causes it to move except as permitted by a Rule, or

(ii) equipment of the player or his partner causes the ball to move,

the player shall incur a penalty stroke. The ball shall be replaced unless the movement of the ball occurs after the player has begun his swing and he does not discontinue his swing.

Under the Rules no penalty is incurred if a player accidentally causes his ball to move in the following circumstances:

In measuring to determine which ball farther from hole — Rule 10-4

In searching for covered ball in <u>hazard</u> or for ball in <u>casual water</u>, <u>ground under repair</u>, etc. — Rule 12-1

In the process of repairing hole plug or ball mark — Rule 16-1c

In the process of removing <u>loose impediment</u> on <u>putting green</u> — Rule 18-2c

In the process of lifting ball under a Rule — Rule 20-1

In the process of placing or replacing ball under a Rule — Rule 20-3a

In complying with Rule 22 relating to lifting ball interfering with or assisting play

In removal of movable <u>obstruction</u> — Rule 24-1.

b. BALL MOVING AFTER ADDRESS

If a <u>ball in play moves</u> after the player has <u>addressed</u> it

RULES OF GOLF

other than as a result of a stroke, he shall be deemed to have moved the ball and *shall incur a penalty stroke*, and the ball shall be played as it lies.

c. BALL MOVING AFTER LOOSE IMPEDIMENT TOUCHED

<u>Through the green</u>, if the ball <u>moves</u> after any <u>loose impediment</u> lying within a club-length of it has been touched by the player, his partner or either of their caddies and before the player has <u>addressed</u> it, the player shall be deemed to have moved the ball and *shall incur a penalty stroke*. The player shall replace the ball unless the movement of the ball occurs after he has begun his swing and he does not discontinue his swing.

On the <u>putting green</u>, if the ball moves in the process of removing any loose impediment, it shall be replaced without penalty.

18-3. By Opponent, Caddie or Equipment in Match Play

a. DURING SEARCH

If, during search for a player's ball, it is moved by an opponent, his caddie or his <u>equipment</u>, no penalty is incurred and the player shall replace the ball.

b. OTHER THAN DURING SEARCH

If, other than during search for a ball, the ball is touched or moved by an opponent, his caddie or his <u>equipment</u>, except as otherwise provided in the Rules, *the opponent shall incur a penalty stroke*. The player shall replace the ball.

(Ball moved in measuring to determine which ball farther from the hole — Rule 10-4.)

(Playing a wrong ball — Rule 15-2.)

(Ball moved in complying with Rule 22 relating to lifting ball interfering with or assisting play.)

18-4. By Fellow-Competitor, Caddie or Equipment in Stroke Play

If a competitor's ball is moved by a fellow-competitor, his caddie or his <u>equipment</u>, no penalty is incurred. The competitor shall replace his ball.

(Playing a wrong ball — Rule 15-3.)

18-5. By Another Ball

If a player's ball at rest is moved by another ball, the player's ball shall be replaced.

*PENALTY FOR BREACH OF RULE:

Match play — Loss of hole; Stroke play — Two strokes.

*If a player who is required to replace a ball fails to do so, he shall incur the general penalty for breach of Rule 18 but no additional penalty under Rule 18 shall be applied.

Note: If it is impossible to determine the spot on which a ball is to be placed, see Rule 20-3c.

RULES OF GOLF

Rule 19. Ball in Motion Deflected or Stopped

Definitions

An "outside agency" is any agency not part of the match or, in stroke play, not part of a competitor's side, and includes a referee, a marker, an observer or a forecaddie. Neither wind nor water is an outside agency.

"Equipment" is anything used, worn or carried by or for the player except any ball he has played and any small object, such as a coin or a tee, when used to mark the position of a ball or the extent of an area in which a ball is to be dropped. Equipment includes a golf cart, whether or not motorized. If such a cart is shared by more than one player, its status under the Rules is the same as that of a caddie employed by more than one player. See "Caddie."

19-1. By Outside Agency

If a ball in motion is accidentally deflected or stopped by any <u>outside agency</u>, it is a <u>rub of the green</u>, no penalty is incurred and the ball shall be played as it lies except:

    a. If a ball in motion after a <u>stroke</u> other than on the <u>putting green</u> comes to rest in or on any moving or animate outside agency, the player shall, <u>through the green</u> or in a <u>hazard</u>, drop the ball, or on the putting green place the ball, as near as possible to the spot where the outside agency was when the ball came to rest in or on it, and

    b. If a ball in motion after a stroke on the putting green is deflected or stopped by, or comes to rest in or on, any moving or animate outside agency, the stroke shall be cancelled and the ball shall be replaced.

If the ball is not immediately recoverable, another ball may be substituted.

(Player's ball deflected or stopped by another ball at rest — see Rule 19-5.)

Note: If the referee or the Committee determines that a ball has been deliberately deflected or stopped by an <u>outside agency</u>, including a fellow-competitor or his caddie, further procedure should be prescribed in equity under Rule 1-4.

19-2. By Player, Partner, Caddie or Equipment

    a. MATCH PLAY

If a player's ball is deflected or stopped by himself, his partner or either of their caddies or <u>equipment</u>, *he shall lose the hole.*

    b. STROKE PLAY

If a competitor's ball is deflected or stopped by himself, his partner or either of their caddies or <u>equipment</u>, *the competitor shall incur a penalty of two strokes.* The ball

RULES OF GOLF

shall be played as it lies, except when it comes to rest in or on the competitor's, his partner's or either of their caddies' clothes or equipment, in which case the competitor shall <u>through the green</u> or in a <u>hazard</u> drop the ball, or on the <u>putting green</u> place the ball, as near as possible to where the article was when the ball came to rest in or on it.

Exception: Dropped ball — see Rule 20-2a.

19-3. By Opponent, Caddie or Equipment in Match Play

a. PURPOSELY

If a player's ball is purposely deflected or stopped by an opponent, his caddie or his <u>equipment</u>, *the opponent shall lose the hole.*

Note: In the case of a serious breach of Rule 19-3a, the Committee may impose a penalty of disqualification.

b. ACCIDENTALLY

If a player's ball is accidentally deflected or stopped by an opponent, his caddie or his <u>equipment</u>, no penalty is incurred. The player may play the ball as it lies or, before another <u>stroke</u> is played by either side, cancel the stroke and replay the stroke (see Rule 20-5). If the ball has come to rest in or on the opponent's or his caddie's clothes or equipment, the player may <u>through the green</u> or in a <u>hazard</u> drop the ball, or on the <u>putting green</u> place the ball, as near as possible to where the article was when the ball came to rest in or on it.

Exception: Ball striking person attending flagstick — Rule 17-3b.

19-4. By Fellow-Competitor, Caddie or Equipment in Stroke Play

See Rule 19-1 regarding ball deflected by outside agency.

19-5. By a Ball at Rest

If a player's ball in motion is deflected or stopped by a ball at rest, the player shall play his ball as it lies. In stroke play, if both balls lay on the <u>putting green</u> prior to the stroke, *the player incurs a penalty of two strokes.* Otherwise, no penalty is incurred.

PENALTY FOR BREACH OF RULE:
Match play — Loss of hole; Stroke play — Two strokes.

RELIEF SITUATIONS AND PROCEDURE
Rule 20. Lifting, Dropping and Placing; Playing from Wrong Place

20-1. Lifting

A ball to be lifted under the Rules may be lifted by the player, his partner or another person authorized by the

RULES OF GOLF

player. In any such case, the player shall be responsible for any breach of the Rules.

The position of the ball shall be marked before it is lifted under a Rule which requires it to be replaced. If it is not marked, the player *shall incur a penalty of one stroke* and the ball shall be replaced. If it is not replaced, *the player shall incur the general penalty* for breach of this Rule but no additional penalty under Rule 20-1 shall be applied.

If a ball is accidentally moved in the process of lifting it under a Rule, no penalty shall be incurred and the ball shall be replaced.

Note: The position of a lifted ball should be marked, if feasible, by placing a ball-marker or other small object immediately behind the ball. If the ball-marker interferes with the play, stance or stroke of another player, it should be placed one or more clubhead-lengths to one side.

20-2. Dropping and Re-dropping

a. By Whom and How

A ball to be dropped under the Rules shall be dropped by the player himself. He shall stand erect, hold the ball at shoulder height and arm's length and drop it. If a ball is dropped by any other person or in any other manner and the error is not corrected as provided in Rule 20-6, *the player shall incur a penalty stroke.*

If the ball touches the player, his partner, either of their caddies or their equipment before or after it strikes the ground, the ball shall be re-dropped, without penalty.

(Taking action to influence position or movement of ball — Rule 1-2.)

b. Where to Drop

When a ball is to be dropped, it shall be dropped as near as possible to the spot where the ball lay, but not nearer the hole, except when a Rule permits it to be dropped elsewhere. If a ball is to be dropped in a hazard, the ball shall be dropped in and come to rest in that hazard.

c. When to Re-Drop

A dropped ball shall be re-dropped without penalty if it:
   (i) rolls into a hazard;
   (ii) rolls out of a hazard;
   (iii) rolls onto a putting green;
   (iv) rolls out of bounds;
   (v) rolls back into the condition from which relief was taken under Rule 24-2 (immovable obstruction) or Rule 25 (abnormal ground conditions and wrong putting green);
   (vi) rolls and comes to rest more than two club-lengths from where it first struck the ground; or

RULES OF GOLF

(vii) rolls and comes to rest nearer the hole than is permitted by the Rules.

If the ball again rolls into such position, it shall be placed as near as possible to the spot where it first struck the ground when re-dropped.

20-3. Placing and Replacing

a. By Whom and Where

A ball to be placed under the Rules shall be placed by the player or his partner. A ball to be replaced shall be replaced by the player, his partner or the person who lifted or moved it on the spot where the ball lay. In any such case, the player shall be responsible for any breach of the Rules.

If a ball is accidentally moved in the process of placing or replacing it under a Rule, no penalty shall be incurred and the ball shall be replaced.

b. Lie of Ball to Be Placed or Replaced Altered

Except in a bunker, if the original lie of a ball to be placed or replaced has been altered, the ball shall be placed in the nearest lie most similar to that which it originally occupied, not more than one club-length from the original lie and not nearer the hole. In a bunker, the original lie shall be recreated as nearly as possible and the ball shall be placed in that lie.

c. Spot Not Determinable

If it is impossible to determine the spot where the ball is to be placed, the ball shall through the green or in a hazard be dropped, or on the putting green be placed, as near as possible to the place where it lay but not nearer the hole.

d. Ball Fails to Remain on Spot

If a ball when placed fails to remain on the spot on which it was placed, it shall be replaced without penalty. If it still fails to remain on that spot, it shall be placed at the nearest spot not nearer the hole where it can be placed at rest.

Penalty for Breach of Rule 20-1, -2 or -3:
Match play — Loss of hole; Stroke play — Two strokes.

20-4. Ball in Play When Dropped or Placed

A ball dropped or placed under a Rule governing the particular case is in play.

20-5. Playing Next Stroke from Where Previous Stroke Played

When, under the Rules, a player elects or is required to play his next stroke from where a previous stroke was played, he shall proceed as follows: If the stroke is to be played from the teeing ground, the ball to be played shall be played from anywhere within the teeing ground and

RULES OF GOLF

may be teed; if the stroke is to be played from <u>through the green</u> or a <u>hazard</u>, it shall be dropped; if the stroke is to be played on the <u>putting green</u>, it shall be placed.

PENALTY FOR BREACH OF RULE 20-5:
Match play — Loss of hole; Stroke play — Two strokes.

20-6. Lifting Ball Wrongly Dropped or Placed

A ball dropped or placed in a wrong place or otherwise not in accordance with the Rules but not played may be lifted, without penalty, and the player shall then proceed correctly.

In match play, if, before the opponent plays his next stroke, the player fails to inform him that the ball has been lifted, *the player shall lose the hole.*

20-7. Playing from Wrong Place

For a ball played outside teeing ground, see Rule 11-3.

a. MATCH PLAY

If a player plays a stroke with a ball which has been dropped or placed under an applicable Rule but in a wrong place, *he shall lose the hole.*

b. STROKE PLAY

If a competitor plays a stroke with a ball which has been (i) dropped or placed under an applicable Rule but in a wrong place or (ii) moved and not replaced in a case where the Rules require replacement, *he shall incur the penalty prescribed by the relevant Rule* and play out the hole with the ball. If a serious breach of the relevant Rule is involved, *the competitor shall be disqualified,* unless the breach has been rectified as provided in the next paragraph.

If a serious breach may be involved and the competitor has not made a stroke on the next teeing ground or, in the case of the last hole of the round, has not left the putting green, the competitor may rectify any such serious breach by *adding two penalty strokes to his score*, dropping or placing a second ball in accordance with the Rules and playing out the hole. The competitor should play out the hole with both balls. On completion of the round the competitor shall report the facts immediately to the Committee; if he fails to do so, *he shall be disqualified.* The Committee shall determine whether a serious breach of the Rule was involved and, accordingly, whether the score with the second ball shall count.

Note: Penalty strokes incurred by playing the ball ruled not to count and strokes subsequently taken with that ball shall be disregarded.

Rule 21. Cleaning Ball

A ball may be cleaned when lifted as follows:

RULES OF GOLF

Upon suspension of play in accordance with Rule 6-8b;

For identification under Rule 12-2, but the ball may be cleaned only to the extent necessary for identification;

On the <u>putting green</u> under Rule 16-1b;

For relief from an <u>obstruction</u> under Rule 24-1b or -2b;

For relief from abnormal ground conditions or wrong putting green under Rules 25-1b, -2 and -3;

For relief from a <u>water hazard</u> under Rule 26;

For relief for an unplayable ball under Rule 28; or

Under a Local Rule permitting cleaning the ball.

If the player cleans his ball during the play of a hole except as permitted under this Rule, *he shall incur a penalty of one stroke* and the ball, if lifted, shall be replaced.

If a player who is required to replace a ball fails to do so, *he shall incur the penalty* for breach of Rule 20-3a, but no additional penalty under Rule 21 shall be applied.

Rule 22. Ball Interfering with or Assisting Play

Any player may:

a. Lift his ball if he considers that it might assist any other player or

b. Have any other ball lifted if he considers that it might interfere with his play or assist the play of any other player,

but this may not be done while another ball is in motion. In stroke play, a player required to lift his ball may play first rather than lift. A ball lifted under this Rule shall be replaced.

If a ball is accidentally moved in complying with this Rule, no penalty is incurred and the ball shall be replaced.

PENALTY FOR BREACH OF RULE:
Match play — Loss of hole; Stroke play — Two strokes.

Rule 23. Loose Impediments

Definition

"Loose impediments" are natural objects such as stones, leaves, twigs, branches and the like, dung, worms and insects and casts or heaps made by them, provided they are not fixed or growing, are not solidly embedded and do not adhere to the ball.

Sand and loose soil are loose impediments on the <u>putting green</u> but not elsewhere.

Snow and ice are either <u>casual water</u> or loose impediments, at the option of the player.

Dew is not a loose impediment.

RULES OF GOLF

23-1. Relief
Except when both the loose impediment and the ball lie in or touch a hazard, any loose impediment may be removed without penalty. If the ball moves, see Rule 18-2c.

When a player's ball is in motion, a loose impediment on his line of play shall not be removed.

PENALTY FOR BREACH OF RULE:
Match play — Loss of hole; Stroke play — Two strokes.

(Searching for ball in hazard — Rule 12-1.)
(Touching line of putt — Rule 16-1a.)

Rule 24. Obstructions

Definition
An "obstruction" is anything artificial, including the artificial surfaces and sides of roads and paths, except:

    a. Objects defining out of bounds, such as walls, fences, stakes and railings;

    b. Any part of an immovable artificial object which is out of bounds; and

    c. Any construction declared by the Committee to be an integral part of the course.

24-1. Movable Obstruction
A player may obtain relief from a movable obstruction as follows:

    a. If the ball does not lie in or on the obstruction, the obstruction may be removed; if the ball moves, no penalty is incurred and the ball shall be replaced.

    b. If the ball lies in or on the obstruction, the ball may be lifted, without penalty, and the obstruction removed. The ball shall through the green or in a hazard be dropped, or on the putting green be placed, as near as possible to the spot directly under the place where the ball lay in or on the obstruction, but not nearer the hole.

The ball may be cleaned when lifted for relief under Rule 24-1b.

When a ball is in motion, an obstruction on the player's line of play other than an attended flagstick and equipment of the players shall not be removed.

24-2. Immovable Obstruction

    a. INTERFERENCE

Interference by an immovable obstruction occurs when a ball lies in or on the obstruction, or so close to the obstruction that the obstruction interferes with the player's stance or the area of his intended swing. If the player's ball lies on the putting green, interference also occurs if an immovable obstruction on the putting green intervenes on his line of putt. Otherwise, intervention on the line of play is not, of itself, interference under this Rule.

RULES OF GOLF

b. RELIEF

Except when the ball lies in or touches a water hazard or a lateral water hazard, a player may obtain relief from interference by an immovable obstruction, without penalty, as follows:

(i) *Through the Green:* If the ball lies through the green, the point on the course nearest to where the ball lies shall be determined (without crossing over, through or under the obstruction) which (a) is not nearer the hole, (b) avoids interference (as defined) and (c) is not in a hazard or on a putting green. The player shall lift the ball and drop it within one club-length of the point thus determined on ground which fulfils (a), (b) and (c) above.

Note: The prohibition against crossing over, through or under the obstruction does not apply to the artificial surfaces and sides of roads and paths or when the ball lies in or on the obstruction.

(ii) *In a Bunker:* If the ball lies in or touches a bunker, the player shall lift and drop the ball in accordance with Clause (i) above, except that the ball must be dropped in the bunker.

(iii) *On the Putting Green:* If the ball lies on the putting green, the player shall lift the ball and place it in the nearest position to where it lay which affords relief from interference, but not nearer the hole nor in a hazard.

The ball may be cleaned when lifted for relief under Rule 24-2b.

(Ball rolling back into condition from which relief taken — see Rule 20-2c(v).)

Exception: A player may not obtain relief under Rule 24-2b if (a) it is clearly unreasonable for him to play a stroke because of interference by anything other than an immovable obstruction or (b) interference by an immovable obstruction would occur only through use of an unnecessarily abnormal stance, swing or direction of play.

Note: If a ball lies in or touches a water hazard (including a lateral water hazard), the player is not entitled to relief without penalty from interference by an immovable obstruction. The player shall play the ball as it lies or proceed under Rule 26-1.

PENALTY FOR BREACH OF RULE:
Match play — Loss of hole; Stroke play — Two strokes.

RULES OF GOLF

Rule 25. Abnormal Ground Conditions and Wrong Putting Green

Definitions

"Casual water" is any temporary accumulation of water on the course which is visible before or after the player takes his stance and is not in a water hazard. Snow and ice are either casual water or loose impediments, at the option of the player. Dew is not casual water.

"Ground under repair" is any portion of the course so marked by order of the Committee or so declared by its authorized representative. It includes material piled for removal and a hole made by a greenkeeper, even if not so marked. Stakes and lines defining ground under repair are in such ground.

Note 1: Grass cuttings and other material left on the course which have been abandoned and are not intended to be removed are not ground under repair unless so marked.

Note 2: The Committee may make a Local Rule prohibiting play from ground under repair.

25-1. Casual Water, Ground Under Repair and Certain Damage to Course

a. INTERFERENCE

Interference by casual water, ground under repair or a hole, cast or runway made by a burrowing animal, a reptile or a bird occurs when a ball lies in or touches any of these conditions or when the condition interferes with the player's stance or the area of his intended swing.

If the player's ball lies on the putting green, interference also occurs if such condition on the putting green intervenes on his line of putt.

If interference exists, the player may either play the ball as it lies (unless prohibited by Local Rule) or take relief as provided in Clause b.

b. RELIEF

If the player elects to take relief, he shall proceed as follows:

(i) *Through the Green:* If the ball lies through the green, the point on the course nearest to where the ball lies shall be determined which (a) is not nearer the hole, (b) avoids interference by the condition, and (c) is not in a hazard or on a putting green. The player shall lift the ball and drop it without penalty within one club-length of the point thus determined on ground which fulfils (a), (b) and (c) above.

(ii) *In a Hazard:* If the ball lies in or touches a hazard, the player shall lift and drop the ball either:

RULES OF GOLF

(a) Without penalty, in the hazard, as near as possible to the spot where the ball lay, but not nearer the hole, on ground which affords maximum available relief from the condition;

or

(b) *Under penalty of one stroke*, outside the hazard, keeping the spot where the ball lay directly between himself and the hole.

Exception: If a ball lies in or touches a water hazard (including a lateral water hazard), the player is not entitled to relief without penalty from a hole, cast or runway made by a burrowing animal, a reptile or a bird. The player shall play the ball as it lies or proceed under Rule 26-1.

(iii) *On the Putting Green:* If the ball lies on the putting green, the player shall lift the ball and place it without penalty in the nearest position to where it lay which affords maximum available relief from the condition, but not nearer the hole nor in a hazard.

The ball may be cleaned when lifted under Rule 25-1b.

(Ball rolling back into condition from which relief taken — see Rule 20-2c(v).)

Exception: A player may not obtain relief under Rule 25-1b if (a) it is clearly unreasonable for him to play a stroke because of interference by anything other than a condition covered by Rule 25-1a or (b) interference by such a condition would occur only through use of an unnecessarily abnormal stance, swing or direction of play.

c. BALL LOST UNDER CONDITION COVERED BY RULE 25-1

It is a question of fact whether a ball lost after having been struck toward a condition covered by Rule 25-1 is lost under such condition. In order to treat the ball as lost under such condition, there must be reasonable evidence to that effect. In the absence of such evidence, the ball must be treated as a lost ball and Rule 27 applies.

(i) *Outside a Hazard* — If a ball is lost outside a hazard under a condition covered by Rule 25-1, the player may take relief as follows: the point on the course nearest to where the ball last crossed the margin of the area shall be determined which (a) is not nearer the hole than where the ball last crossed the margin, (b) avoids interference by the condition and (c) is not in a hazard or on a putting green. He shall drop a ball without penalty within one club-length of the point thus determined on ground which fulfils (a), (b) and (c) above.

(ii) *In a Hazard* — If a ball is lost in a hazard under a condition covered by Rule 25-1, the player may drop a ball either:

(a) Without penalty, in the hazard, as near as

RULES OF GOLF

possible to the point at which the ball last crossed the margin of the area, but not nearer the hole, on ground which affords maximum available relief from the condition

or

(b) *Under penalty of one stroke*, outside the hazard, keeping the spot at which the ball last crossed the margin of the hazard directly between himself and the hole.

Exception: If a ball lies in a water hazard (including a lateral water hazard), the player is not entitled to relief without penalty for a ball lost in a hole, cast or runway made by a burrowing animal, a reptile or a bird. The player shall proceed under Rule 26-1.

25-2. Embedded Ball

A ball embedded in its own pitch-mark in any closely mown area through the green may be lifted, cleaned and dropped, without penalty, as near as possible to the spot where it lay but not nearer the hole. "Closely mown area" means any area of the course, including paths through the rough, cut to fairway height or less.

25-3. Wrong Putting Green

If a ball lies on a putting green other than that of the hole being played, the point on the course nearest to where the ball lies shall be determined which (a) is not nearer the hole and (b) is not in a hazard or on a putting green. The player shall lift the ball and drop it without penalty within one club-length of the point thus determined on ground which fulfils (a) and (b) above. The ball may be cleaned when so lifted.

Note: Unless otherwise prescribed by the Committee, the term "a putting green other than that of the hole being played" includes a practice putting green or pitching green on the course.

PENALTY FOR BREACH OF RULE:
Match play — Loss of hole; Stroke play — Two strokes.

Rule 26. Water Hazards (Including Lateral Water Hazards)

Definitions

A "water hazard" is any sea, lake, pond, river, ditch, surface drainage ditch or other open water course (whether or not containing water) and anything of a similar nature.

All ground or water within the margin of a water hazard is part of the water hazard. The margin of a water hazard is deemed to extend vertically upwards. Stakes and lines defining the margins of water hazards are in the hazards.

RULES OF GOLF

Note: Water hazards (other than <u>lateral water hazards</u>) should be defined by yellow stakes or lines.

A "lateral water hazard" is a <u>water hazard</u> or that part of a water hazard so situated that it is not possible or is deemed by the Committee to be impracticable to drop a ball behind the water hazard and keep the spot at which the ball last crossed the margin of the water hazard between the player and the hole.

That part of a water hazard to be played as a lateral water hazard should be distinctively marked.

Note: Lateral water hazards should be defined by red stakes or lines.

26-1. Ball in Water Hazard

It is a question of fact whether a ball lost after having been struck toward a <u>water hazard</u> is lost inside or outside the hazard. In order to treat the ball as lost in the hazard, there must be reasonable evidence that the ball lodged therein. In the absence of such evidence, the ball must be treated as a lost ball and Rule 27 applies.

If a ball lies in, touches or is lost in a water hazard (whether the ball lies in water or not), the player may *under penalty of one stroke:*

    a. Play his next stroke as nearly as possible at the spot from which the original ball was last played or moved by him (see Rule 20-5);

or

    b. Drop a ball behind the water hazard, keeping the point at which the original ball last crossed the margin of the water hazard directly between himself and the hole, with no limit to how far behind the water hazard the ball may be dropped;

or

    c. *As additional options available only if the ball lies or is lost in a lateral water hazard,* drop a ball outside the water hazard within two club-lengths of (i) the point where the original ball last crossed the margin of the water hazard or (ii) a point on the opposite margin of the water hazard equidistant from the hole. The ball must be dropped and come to rest not nearer the hole than the point where the original ball last crossed the margin of the water hazard.

The ball may be cleaned when lifted under this Rule.

26-2. Ball Played Within Water Hazard

    a. BALL REMAINS IN HAZARD

If a ball played from within a water hazard has not crossed any margin of the hazard, the player may:

    (i) proceed under Rule 26-1; or

    (ii) *under penalty of one stroke,* play his next stroke

as nearly as possible at the spot from which the last stroke from outside the hazard was played (see Rule 20-5).

b. BALL LOST OR UNPLAYABLE OUTSIDE HAZARD OR OUT OF BOUNDS

If a ball played from within a water hazard is lost or declared unplayable outside the hazard or is out of bounds, the player, after taking a stroke-and-distance penalty under Rule 27-1 or 28a, may:

(i) play a ball as nearly as possible at the spot from which the original ball was last played by him (see Rule 20-5); or

(ii) under the penalty prescribed therein, proceed under Rule 26-1b or, as additional options in the case of a lateral water hazard, under Rule 26-1c, using as the reference point the point where the ball last crossed the margin of the hazard before it came to rest in the hazard; or

(iii) *under penalty of one stroke*, play his next stroke as nearly as possible at the spot from which the last stroke from outside the hazard was played (see Rule 20-5).

PENALTY FOR BREACH OF RULE:
Match play — Loss of hole; Stroke play — Two strokes.

Rule 27. Ball Lost or Out of Bounds; Provisional Ball

If the original ball is lost under a condition covered by Rule 25-1 (casual water, ground under repair and certain damage to the course), the player may proceed under that Rule. If the original ball is lost in a water hazard, the player shall proceed under Rule 26.

Such Rules may not be used unless there is reasonable evidence that the ball is lost under a condition covered by Rule 25-1 or in a water hazard.

Definitions

A ball is "lost" if:

a. It is not found or identified as his by the player within five minutes after the player's side or his or their caddies have begun to search for it; or

b. The player has put another ball into play under the Rules, even though he may not have searched for the original ball; or

c. The player has played any stroke with a provisional ball from the place where the original ball is likely to be or from a point nearer the hole than that place, whereupon the provisional ball becomes the ball in play.

Time spent in playing a wrong ball is not counted in the five-minute period allowed for search.

RULES OF GOLF

"Out of bounds" is ground on which play is prohibited.

When out of bounds is defined by reference to stakes or a fence, or as being beyond stakes or a fence, the out of bounds line is determined by the nearest inside points of the stakes or fence posts at ground level excluding angled supports.

When out of bounds is defined by a line on the ground, the line itself is out of bounds.

The out of bounds line is deemed to extend vertically upwards and downwards.

A ball is out of bounds when all of it lies out of bounds.

A player may stand out of bounds to play a ball lying within bounds.

A "provisional ball" is a ball played under Rule 27-2 for a ball which may be lost outside a water hazard or may be out of bounds. It ceases to be a provisional ball when the Rule provides either that the player continue play with it as the ball in play or that it be abandoned.

27-1. Ball Lost or Out of Bounds

If a ball is lost outside a water hazard or is out of bounds, the player shall play a ball, *under penalty of one stroke,* as nearly as possible at the spot from which the original ball was last played or moved by him (see Rule 20-5).

27-2. Provisional Ball

a. PROCEDURE

If a ball may be lost outside a water hazard or may be out of bounds, to save time the player may play another ball provisionally as nearly as possible at the spot from which the original ball was played (see Rule 20-5). The player shall inform his opponent in match play or his marker or a fellow-competitor in stroke play that he intends to play a provisional ball, and he shall play it before he or his partner goes forward to search for the original ball. If he fails to do so and plays another ball, such ball is not a provisional ball and becomes the ball in play *under penalty of stroke and distance* (Rule 27-1); the original ball is deemed to be lost.

b. WHEN PROVISIONAL BALL BECOMES BALL IN PLAY

The player may play a provisional ball until he reaches the place where the original ball is likely to be. If he plays a stroke with the provisional ball from the place where the original ball is likely to be or from a point nearer the hole than that place, the original ball is deemed to be lost and the provisional ball becomes the ball in play *under penalty of stroke and distance* (Rule 27-1).

If the original ball is lost outside a water hazard or is out of bounds, the provisional ball becomes the ball in play, *under penalty of stroke and distance* (Rule 27-1).

RULES OF GOLF

c. WHEN PROVISIONAL BALL TO BE ABANDONED

If the original ball is neither lost outside a water hazard nor out of bounds, the player shall abandon the provisional ball and continue play with the original ball. If he fails to do so, any further strokes played with the provisional ball shall constitute playing a <u>wrong ball</u> and the provisions of Rule 15 shall apply.

Note: If the original ball lies in a water hazard, the player shall play the ball as it lies or proceed under Rule 26. If it is lost in a water hazard or unplayable, the player shall proceed under Rule 26 or 28, whichever is applicable.

PENALTY FOR BREACH OF RULE:
Match play — Loss of hole; Stroke play — Two strokes.

Rule 28. Ball Unplayable

At any place on the course except in a <u>water hazard</u> a player may declare his ball unplayable. The player is the sole judge as to whether his ball is unplayable.

If the player deems his ball to be unplayable, he shall, *under penalty of one stroke:*

a. Play his next stroke as nearly as possible at the spot from which the original ball was last played or moved by him (see Rule 20-5);

or

b. Drop a ball within two club-lengths of the spot where the ball lay, but not nearer the hole;

or

c. Drop a ball behind the spot where the ball lay, keeping that spot directly between himself and the hole, with no limit to how far behind that spot the ball may be dropped.

If the unplayable ball lies in a <u>bunker</u> and the player elects to proceed under Clause b or c, a ball must be dropped in the bunker.

The ball may be cleaned when lifted under this Rule.

PENALTY FOR BREACH OF RULE:
Match play — Loss of hole; Stroke play — Two strokes.

OTHER FORMS OF PLAY

Rule 29. Threesomes and Foursomes

Definitions

Threesome: A match in which one plays against two, and each side plays one ball.

Foursome: A match in which two play against two, and each side plays one ball.

RULES OF GOLF

29-1. General
In a threesome or a foursome, during any <u>stipulated round</u> the partners shall play alternately from the teeing grounds and alternately during the play of each hole. <u>Penalty strokes</u> do not affect the order of play.

29-2. Match Play
If a player plays when his partner should have played, *his side shall lose the hole.*

29-3. Stroke Play
If the partners play a stroke or strokes in incorrect order, such stroke or strokes shall be cancelled and *the side shall be penalized two strokes.* A ball shall then be put in play as nearly as possible at the spot from which the side first played in incorrect order (see Rule 20-5) before a stroke has been played from the next <u>teeing ground</u> or, in the case of the last hole of the round, before the side has left the <u>putting green</u>. If this is not done, *the side shall be disqualified.*

Rule 30. Three-Ball, Best-Ball and Four-Ball Match Play

30-1. Rules of Golf Apply
The Rules of Golf, so far as they are not at variance with the following special Rules, shall apply to three-ball, best-ball and four-ball matches.

30-2. Three-Ball Match Play
In a three-ball match, each player is playing two distinct matches.

a. BALL AT REST MOVED BY AN OPPONENT
Except as otherwise provided in the Rules, if the player's ball is touched or moved by an opponent, his <u>caddie</u> or <u>equipment</u> other than during search, Rule 18-3b applies. *That opponent shall incur a penalty stroke in his match with the player,* but not in his match with the other opponent.

b. BALL DEFLECTED OR STOPPED BY AN OPPONENT ACCIDENTALLY
If a player's ball is accidentally deflected or stopped by an opponent, his <u>caddie</u> or <u>equipment</u>, no penalty shall be incurred. In his match with that opponent the player may play the ball as it lies or, before another stroke is played by either side, he may cancel the stroke and replay the stroke (see Rule 20-5). In his match with the other opponent, the occurrence shall be treated as a rub of the green and the hole shall be played out with the original ball.

RULES OF GOLF

Exception: Ball striking person attending flagstick — Rule 17-3b.

(Ball purposely deflected or stopped by opponent — Rule 19-3a.)

30-3. Best-Ball and Four-Ball Match Play

a. REPRESENTATION OF SIDE

A side may be represented by one partner for all or any part of a match; all partners need not be present. An absent partner may join a match between holes, but not during play of a hole.

b. MAXIMUM OF FOURTEEN CLUBS

The side shall be penalized for a breach of Rule 4-4 by any partner.

c. ORDER OF PLAY

Balls belonging to the same side may be played in the order the side considers best.

d. WRONG BALL

If a player plays a stroke with a wrong ball except in a hazard, *he shall be disqualified for that hole,* but his partner incurs no penalty even if the wrong ball belongs to him. The owner of the ball shall replace it on the spot from which it was played, without penalty. If the ball is not immediately recoverable, another ball may be substituted.

e. DISQUALIFICATION OF SIDE

(i) *A side shall be disqualified* for a breach of any of the following by any partner:

Rule 1-3 — Agreement to Waive Rules.
Rule 4-1, -2 or -3 — Clubs.
Rule 5 — The Ball.
Rule 6-2a — Handicap (playing off higher handicap).
Rule 6-4 — Caddie.
Rule 6-7 — Undue Delay (repeated offense).
Rule 14-3 — Artificial Devices and Unusual Equipment.

(ii) *A side shall be disqualified* for a breach of any of the following by all partners:

Rule 6-3 — Time of Starting and Groups.
Rule 6-8 — Discontinuance of Play.

f. EFFECT OF OTHER PENALTIES

If a player's breach of a Rule assists his partner's play or adversely affects an opponent's play, *the partner incurs the relative penalty in addition to any penalty incurred by the player.*

In all other cases where a player incurs a penalty for breach of a Rule, the penalty shall not apply to his partner. Where the penalty is stated to be loss of hole, the effect

RULES OF GOLF

shall be to disqualify the player for that hole.

g. ANOTHER FORM OF MATCH PLAYED CONCURRENTLY

In a best-ball or four-ball match when another form of match is played concurrently, the above special Rules shall apply.

Rule 31. Four-Ball Stroke Play

In four-ball stroke play two competitors play as partners, each playing his own ball. The lower score of the partners is the score for the hole. If one partner fails to complete the play of a hole, there is no penalty.

31-1. Rules of Golf Apply

The Rules of Golf, so far as they are not at variance with the following special Rules, shall apply to four-ball stroke play.

31-2. Representation of Side

A side may be represented by either partner for all or any part of a stipulated round; both partners need not be present. An absent competitor may join his partner between holes, but not during play of a hole.

31-3. Maximum of Fourteen Clubs

The side shall be penalized for a breach of Rule 4-4 by either partner.

31-4. Scoring

The marker is required to record for each hole only the gross score of whichever partner's score is to count. The gross scores to count must be individually identifiable; otherwise *the side shall be disqualified.* Only one of the partners need be responsible for complying with Rule 6-6a and b.

(Wrong score — Rule 31-7a.)

31-5. Order of Play

Balls belonging to the same side may be played in the order the side considers best.

31-6. Wrong Ball

If a competitor plays a stroke with a wrong ball except in a hazard, *he shall add two penalty strokes to his score for the hole* and shall then play the correct ball. His partner incurs no penalty even if the wrong ball belongs to him.

The owner of the ball shall replace it on the spot from which it was played, without penalty. If the ball is not immediately recoverable, another ball may be substituted.

31-7. Disqualification Penalties

a. BREACH BY ONE PARTNER

A side shall be disqualified from the competition for a breach of any of the following by either partner:

RULES OF GOLF

  Rule 1-3 — Agreement to Waive Rules.
  Rule 3-4 — Refusal to Comply with Rule.
  Rule 4-1, -2 or -3 — Clubs.
  Rule 5 — The Ball.
  Rule 6-2b — Handicap (playing off higher handicap; failure to record handicap).
  Rule 6-4 — Caddie.
  Rule 6-6b — Checking Scores.
  Rule 6-6c — No Alteration of Scores, *i.e.*, when the recorded lower score of the partners is lower than actually played. If the recorded lower score of the partners is higher than actually played, it must stand as returned.
  Rule 6-7 — Undue Delay (repeated offense).
  Rule 7-1 — Practice Before or Between Rounds.
  Rule 14-3 — Artificial Devices and Unusual Equipment.
  Rule 31-4 — Gross Scores to Count Not Individually Identifiable.

 b. BREACH BY BOTH PARTNERS
A side shall be disqualified for a breach of any of the following by both partners:
  Rule 6-3 — Time of Starting and Groups.
  Rule 6-8 — Discontinuance of Play.
  At the same hole, of a Rule or Rules, the penalty for which is disqualification either from the competition or for a hole.

 c. FOR THE HOLE ONLY
  In all other cases where a breach of a Rule would entail disqualification, *the competitor shall be disqualified only for the hole at which the breach occurred.*

31-8. Effect of Other Penalties

  If a competitor's breach of a Rule assists his partner's play, *the partner incurs the relative penalty in addition to any penalty incurred by the competitor.*
  In all other cases where a competitor incurs a penalty for breach of a Rule, the penalty shall not apply to his partner.

Rule 32. Bogey, Par and Stableford Competitions

32-1. Conditions

  Bogey, par and Stableford competitions are forms of stroke competition in which play is against a fixed score at each hole. The Rules for stroke play, so far as they are not at variance with the following special Rules, apply.

 a. BOGEY AND PAR COMPETITIONS
  The reckoning for bogey and par competitions is made

RULES OF GOLF

as in match play. Any hole for which a competitor makes no return shall be regarded as a loss. The winner is the competitor who is most successful in the aggregate of holes.

The marker is responsible for marking only the gross number of strokes for each hole where the competitor makes a net score equal to or less than the fixed score.

Note: Maximum of 14 clubs — Penalties as in match play — see Rule 4-4.

b. STABLEFORD COMPETITIONS

The reckoning in Stableford competitions is made by points awarded in relation to a fixed score at each hole as follows:

Hole Played In	Points
More than one over fixed score	0
One over fixed score	1
Fixed score	2
One under fixed score	3
Two under fixed score	4
Three under fixed score	5

The winner is the competitor who scores the highest number of points.

The marker shall be responsible for marking only the gross number of strokes at each hole where the competitor's net score earns one or more points.

Note: Maximum of 14 clubs (Rule 4-4) — Penalties applied as follows: From total points scored for the round, deduction of two points for each hole at which any breach occurred; maximum deduction per round: four points.

32-2. Disqualification Penalties

a. FROM THE COMPETITION

A competitor shall be disqualified from the competition for a breach of any of the following:

    Rule 1-3 — Agreement to Waive Rules.
    Rule 3-4 — Refusal to Comply with Rule.
    Rule 4-1, -2 or -3 — Clubs.
    Rule 5 — The Ball.
    Rule 6-2b — Handicap (playing off higher handicap; failure to record handicap).
    Rule 6-3 — Time of Starting and Groups.
    Rule 6-4 — Caddie.
    Rule 6-6b — Checking Scores.
    Rule 6-6c — No alteration of scores, except that the competitor shall not be disqualified when a breach of this Rule does not affect the result of the hole.
    Rule 6-7 — Undue Delay (repeated offense).
    Rule 6-8 — Discontinuance of Play.

RULES OF GOLF

Rule 7-1 — Practice Before or Between Rounds.
Rule 14-3 — Artificial Devices and Unusual Equipment.

b. FOR A HOLE

In all other cases where a breach of a Rule would entail disqualification, *the competitor shall be disqualified only for the hole at which the breach occurred.*

ADMINISTRATION
Rule 33. The Committee

33-1. Conditions

The Committee shall lay down the conditions under which a competition is to be played.

Certain special rules governing stroke play are so substantially different from those governing match play that combining the two forms of play is not practicable and is not permitted. The results of matches played and the scores returned in these circumstances shall not be accepted.

In stroke play the Committee may limit a referee's duties.

33-2. The Course

a. DEFINING BOUNDS AND MARGINS

The Committee shall define accurately:
 (i) the course and out of bounds,
 (ii) the margins of water hazards and lateral water hazards,
 (iii) ground under repair, and
 (iv) obstructions and integral parts of the course.

b. NEW HOLES

New holes should be made on the day on which a stroke competition begins and at such other times as the Committee considers necessary, provided all competitors in a single round play with each hole cut in the same position.

Exception: When it is impossible for a damaged hole to be repaired so that it conforms with the Definition, the Committee may make a new hole in a nearby similar position.

c. PRACTICE GROUND

Where there is no practice ground available outside the area of a competition course, the Committee should lay down the area on which players may practice on any day of a competition, if it is practicable to do so. On any day of a stroke competition, the Committee should not normally permit practice on or to a putting green or from a hazard of the competition course.

RULES OF GOLF

d. Course Unplayable

If the Committee or its authorized representative considers that for any reason the course is not in a playable condition or that there are circumstances which render the proper playing of the game impossible, it may, in match play or stroke play, order a temporary suspension of play or, in stroke play, declare play null and void and cancel all scores for the round in question. When play has been temporarily suspended, it shall be resumed from where it was discontinued, even though resumption occurs on a subsequent day. When a round is cancelled, all penalties incurred in that round are cancelled.

(Procedure in discontinuing play — Rule 6-8.)

33-3. Times of Starting and Groups

The Committee shall lay down the times of starting and, in stroke play, arrange the groups in which competitors shall play.

When a match play competition is played over an extended period, the Committee shall lay down the limit of time within which each round shall be completed. When players are allowed to arrange the date of their match within these limits, the Committee should announce that the match must be played at a stated time on the last day of the period unless the players agree to a prior date.

33-4. Handicap Stroke Table

The Committee shall publish a table indicating the order of holes at which handicap strokes are to be given or received.

33-5. Score Card

In stroke play, the Committee shall issue for each competitor a score card containing the date and the competitor's name.

The Committee is responsible for the addition of scores and application of the handicap recorded on the card.

In four-ball stroke play, the Committee is responsible for recording the better ball score for each hole, the addition and the application of the handicaps recorded on the card.

33-6. Decision of Ties

The Committee shall announce the manner, day and time for the decision of a halved match or of a tie, whether played on level terms or under handicap.

A halved match shall not be decided by stroke play. A tie in stroke play shall not be decided by a match.

33-7. Modification of Penalty

The Committee has no power to waive a Rule of Golf. A penalty of disqualification, however, may, in exceptional individual cases, be waived or be modified or be imposed if the Committee considers such action warranted.

RULES OF GOLF

33-8. Local Rules

a. POLICY

The Committee may make and publish Local Rules for abnormal conditions if they are consistent with the policy of the Governing Authority for the country concerned as set forth in Appendix I to these Rules.

b. WAIVING PENALTY

A penalty imposed by a Rule of Golf shall not be waived by a Local Rule.

Rule 34. Disputes and Decisions

34-1. Claims and Penalties

a. MATCH PLAY

In match play if a claim is lodged with the Committee under Rule 2-5, a decision should be given as soon as possible so that the state of the match may, if necessary, be adjusted.

If a claim is not made within the time limit provided by Rule 2-5, it shall not be considered unless it is based on facts previously unknown to the player making the claim and the player making the claim had been given wrong information (Rules 6-2a and 9) by an opponent. In any case, no later claim shall be considered after the result of the match has been officially announced, unless the Committee is satisfied that the opponent knew he was giving wrong information.

b. STROKE PLAY

No penalty shall be imposed after the competition is closed unless the Committee is satisfied that the competitor has knowingly returned a score for any hole lower than actually taken (Rule 6-6c); no penalty shall be rescinded after the competition is closed. A competition is deemed to have closed when the result of the competition is officially announced or, in stroke play qualifying followed by match play, when the player has teed off in his first match.

34-2. Referee's Decision

If a referee has been appointed by the Committee, his decision shall be final.

34-3. Committee's Decision

In the absence of a referee, the players shall refer any dispute to the Committee, whose decision shall be final.

If the Committee cannot come to a decision, it shall refer the dispute to the Rules of Golf Committee of the United States Golf Association, whose decision shall be final.

If the point in doubt or dispute has not been referred

RULES OF GOLF

to the Rules of Golf Committee, the player or players have the right to refer an agreed statement through the Secretary of the Club to the Rules of Golf Committee for an opinion as to the correctness of the decision given. The reply will be sent to the Secretary of the Club or Clubs concerned.

If play is conducted other than in accordance with the Rules of Golf, the Rules of Golf Committee will not give a decision on any question.

Appendix I
LOCAL RULES

Rule 33-8 provides:

"The Committee may make and publish Local Rules for abnormal conditions if they are consistent with the policy of the Governing Authority for the country concerned as set forth in Appendix I to these Rules.

"A penalty imposed by a Rule of Golf shall not be waived by a Local Rule."

Among the matters for which Local Rules may be advisable are the following:

1. Obstructions

Clarifying the status of objects which may be obstructions (Rule 24).

Declaring any construction to be an integral part of the course and, accordingly, not an obstruction, *e.g.*, built-up sides and surfaces of teeing grounds, putting greens and bunkers (Rules 24 and 33-2a).

2. Roads and Paths

Providing relief of the type afforded under Rule 24-2b from roads and paths not having artificial surfaces and sides if they could unfairly affect play.

3. Preservation of Course

Preservation of the course by defining areas, including turf nurseries and other parts of the course under cultivation, as ground under repair from which play is prohibited.

4. Unusual Damage to the Course

(other than as covered in Rule 25)

5. Water Hazards

Lateral Water Hazards. Clarifying the status of sections of water hazards which may be lateral water hazards (Rule 26).

Provisional Ball. Permitting play of a provisional ball for a ball which may be in a water hazard of such character that it would be impracticable to determine whether the

RULES OF GOLF

ball is in the hazard or to do so would unduly delay play. In such case, if a provisional ball is played and the original ball is in a water hazard, the player may play the original ball as it lies or continue the provisional ball in play, but he may not proceed under Rule 26-1.

6. Defining Bounds and Margins

Specifying means used to define out of bounds, hazards, water hazards, lateral water hazards and ground under repair.

7. Ball Drops

Establishment of special areas on which balls may be dropped when it is not feasible to proceed exactly in conformity with Rule 24-2b (immovable obstructions), Rule 26-1 (water hazards and lateral water hazards) and Rule 28 (ball unplayable).

8. Temporary Conditions — Mud, Extreme Wetness

Temporary conditions which might interfere with proper playing of the game, including mud and extreme wetness warranting lifting an embedded ball anywhere through the green (see detailed recommendation below) or removal of mud from a ball through the green.

Lifting an Embedded Ball

Rule 25-2 provides relief without penalty for a ball embedded in its own pitch-mark in any closely mown area through the green.

On the putting green, a ball may be lifted and damage caused by the impact of a ball may be repaired (Rules 16-1b and c).

When permission to lift an embedded ball anywhere through the green would be warranted, the following Local Rule is suggested:

Anywhere "through the green," a ball which is embedded in its own pitch-mark in ground other than sand may be lifted without penalty, cleaned and dropped as near as possible to the spot where it lay but not nearer the hole. (See Rule 20.)

("Through the green" is the whole area of the course except:

a. Teeing ground and putting green of the hole being played;

b. All hazards on the course.)

Practice at Putting Green of Hole Played

When it is desired to prohibit practice on or near a putting green of a hole already played, the following Local Rule is recommended:

A player during a round shall not play any practice

RULES OF GOLF

stroke on or near the putting green of any hole he has played in the round. (For other practice, see Rules 7 and 33-2c.)

PENALTY FOR BREACH OF LOCAL RULE:
Match play — Loss of hole; Stroke play — Two strokes.

Marking Position of Lifted Ball

When it is desired to require a specific means of marking the position of a lifted ball on the putting green, the following Local Rule is recommended:

Before a ball on the putting green is lifted, its position shall be marked by placing an object, such as a small coin, immediately behind the ball; if the object interferes with another player, it should be moved one or more putterhead-lengths to one side. If the player fails so to mark the position of the ball, *the player shall incur a penalty of one stroke* and the ball shall be replaced. (This modifies Rule 20-1.)

PENALTY FOR BREACH OF LOCAL RULE:
Match play — Loss of hole; Stroke play — Two strokes.

Prohibition Against Touching Line of Putt with Club

When it is desired to prohibit touching the line of putt with a club in moving loose impediments, the following Local Rule is recommended:

The line of putt shall not be touched with a club for any purpose except to repair old hole plugs or ball marks or during address. (This modifies Rule 16-1a.)

PENALTY FOR BREACH OF LOCAL RULE:
Match play — Loss of hole; Stroke play — Two strokes.

Temporary Obstructions

When temporary obstructions are installed for a competition, the following Local Rule is recommended:

1. Definition

Temporary immovable obstructions include tents, scoreboards, grandstands, refreshment stands, lavatories and, provided it is not mobile or otherwise readily movable, any piece of equipment for photography, press, radio, television and scoring services.

Excluded are temporary power lines and cables (from which relief is provided in Clause 4) and mobile or otherwise readily movable equipment for photography, press, etc. (from which relief is obtainable under Rule 24-1).

2. Interference

Interference by a temporary immovable obstruction

occurs when (a) the ball lies in or on the obstruction or so close to the obstruction that the obstruction interferes with the player's stance or the area of his intended swing or (b) the obstruction intervenes between the player's ball and the hole or the ball lies within one club-length of a spot where such intervention would exist.

3. Relief

A player may obtain relief from interference by a temporary immovable obstruction as follows:

a. THROUGH THE GREEN

Through the green, the point on the course nearest to where the ball lies shall be determined which (a) is not nearer the hole, (b) avoids interference as defined in Clause 2 of this Local Rule and (c) is not in a hazard or on a putting green. He shall lift the ball and drop it without penalty within one club-length of the point thus determined on ground which fulfils (a), (b) and (c) above. The ball may be cleaned when so lifted.

b. IN A HAZARD

If the ball lies in a hazard, the player shall lift and drop the ball either:

(i) in the hazard, without penalty, on the nearest ground affording complete relief within the limits specified in Clause 3a above or, if complete relief is impossible, on ground within the hazard affording maximum relief, or

(ii) outside the hazard, *under penalty of one stroke*, as follows: The player shall determine the point on the course nearest to where the ball lies which (a) is not nearer the hole, (b) avoids interference as defined in Clause 2 of this Local Rule and (c) is not in a hazard. He shall drop the ball within one club-length of the point thus determined on ground which fulfils (a), (b) and (c) above.

The ball may be cleaned when so lifted.

Exception: A player may not obtain relief under Clause 3a or 3b if (a) it is clearly unreasonable for him to play a stroke, or in the case of intervention to play a stroke toward the hole, because of interference by anything other than a temporary immovable obstruction or (b) interference by a temporary immovable obstruction would occur only through use of an unnecessarily abnormal stance, swing or direction of play.

4. Temporary Power Lines and Cables

The above Clauses do not apply to temporary power lines and cables. If such lines and cables are readily movable, the player may obtain relief under Rule 24-1. If they are not readily movable, the player may obtain

RULES OF GOLF

relief under Rule 24-2b.

If a ball strikes an elevated power line or cable, it must be replaced and replayed, without penalty. If the ball is not immediately recoverable, another ball may be substituted.

Exception: Ball striking elevated junction section of cable rising from the ground shall not be replayed.

5. Re-Dropping

If a dropped ball rolls into a position covered by this Local Rule, or nearer the hole than its original position, it shall be re-dropped without penalty. If it again rolls into such a position, it shall be placed where it first struck the ground when re-dropped.

PENALTY FOR BREACH OF LOCAL RULE:
Match play — Loss of hole; Stroke play — Two strokes.

"Preferred Lies" and "Winter Rules"

The USGA does not endorse "preferred lies" and "winter rules" and recommends that the Rules of Golf be observed uniformly. Ground under repair is provided for in Rule 25. Occasional abnormal conditions which might interfere with fair play and are not widespread should be defined accurately as ground under repair.

However, adverse conditions are sometimes so general throughout a course that the Committee believes "preferred lies" or "winter rules" would promote fair play or help protect the course. Heavy snows, spring thaws, prolonged rains or extreme heat can make fairways unsatisfactory and sometimes prevent use of heavy mowing equipment.

When a Committee adopts a Local Rule for "preferred lies" or "winter rules," it should be in detail and should be interpreted by the Committee, as there is no established code for "winter rules." Without a detailed Local Rule, it is meaningless for a Committee to post a notice merely saying "Winter Rules Today."

The following Local Rule would seem appropriate for the conditions in question, but the USGA will not interpret it:

A ball lying on a "fairway" may be lifted and cleaned, without penalty, and placed within six inches of where it originally lay, not nearer the hole, and so as to preserve as nearly as possible the stance required to play from the original lie. After the ball has been so placed, it is in play, and if it moves after the player has addressed it, *the penalty shall be one stroke* — see Rule 18-2b.

If the adverse conditions extend onto the putting green, the above Local Rule may be altered by adding the words "or the putting green" after the word "fairway."

The above Local Rule does not require a player to move his ball if he does not want to do so. If it is desired to

RULES OF GOLF

protect the course, the above Local Rule should be reworded to make it mandatory rather than permissive to move the ball from certain areas.

Before a Committee adopts a Local Rule permitting "preferred lies" or "winter rules," the following facts should be considered:

1. Such a Local Rule conflicts with the Rules of Golf and the fundamental principle of playing the ball as it lies.

2. "Winter rules" are sometimes adopted under the guise of protecting the course when, in fact, the practical effect is just the opposite — they permit moving the ball to the best turf, from which divots are then taken to injure the course further.

3. "Preferred lies" or "winter rules" tend generally to lower scores and handicaps, thus penalizing the players in competition with players whose scores for handicaps are made under the Rules of Golf.

4. Extended use or indiscriminate use of "preferred lies" or "winter rules" will place players at a disadvantage when competing at a course where the ball must be played as it lies.

Handicapping and "Preferred Lies"

Scores made under a Local Rule for "preferred lies" or "winter rules" may be accepted for handicapping if the Committee considers that conditions warrant.

When such a Local Rule is adopted, the Committee should ensure that the course's normal scoring difficulty is maintained as nearly as possible through adjustment of tee-markers and related methods. However, if extreme conditions cause extended use of "preferred lies" or "winter rules" and the course management cannot adjust scoring difficulty properly, the club should obtain a Temporary Course Rating from its district golf association.

Appendices II and III

Any design in a club or ball which is not covered by Rules 4 and 5 and Appendices II and III, or which might significantly change the nature of the game, will be ruled on by the United States Golf Association and the Royal and Ancient Golf Club of St. Andrews.

Note: Equipment approved for use or marketed prior to January 1, 1984 which conformed to the Rules in effect in 1983 but does not conform to the 1984 Rules may be used until December 31, 1989; thereafter all equipment must conform to the current Rules.

RULES OF GOLF

Appendix II
DESIGN OF CLUBS

Rule 4-1 prescribes general regulations for the design of clubs. The following paragraphs provide some detailed specifications and clarify how Rule 4-1 is interpreted.

4-1b. Shaft

GENERALLY STRAIGHT

The shaft must be straight from the top of the grip to a point not more than 5 inches (127mm) above the sole, measured along the axis of the shaft and the neck or socket.

BENDING AND TWISTING PROPERTIES

The shaft must be so designed and manufactured that at any point along its length:

(i) it bends in such a way that the deflection is the same regardless of how the shaft is rotated about its longitudinal axis; and

(ii) it twists the same amount in both directions.

ATTACHMENT TO CLUBHEAD

The neck or socket must not be more than 5 inches (127mm) in length, measured from the top of the neck or socket to the sole along its axis. The shaft and the neck or socket must remain in line with the heel, or with a point to the right or left of the heel, when the club is viewed in the address position. The distance between the axis of the shaft or the neck or socket and the back of the heel must not exceed 0.625 inches (16mm).

Exception for Putters: The shaft or neck or socket of a putter may be fixed at any point in the head and need not remain in line with the heel. The axis of the shaft from the top to a point not more than 5 inches (127mm) above the sole must diverge from the vertical in the toe-heel plane by at least 10 degrees in relation to the horizontal line determining length of head under Appendix II, Clubhead.

4-1c. Grip

(i) For clubs other than putters, the grip must be generally circular in cross-section, except that a continuous, straight, slightly raised rib may be incorporated along the full length of the grip.

(ii) A putter grip may have a non-circular cross-section, provided the cross-section has no concavity and remains generally similar throughout the length of the grip.

(iii) The grip may be tapered but must not have any bulge or waist.

(iv) The axis of the grip must coincide with the axis of the shaft except for a putter.

RULES OF GOLF

4-1d. Clubhead

DIMENSIONS

The length and the breadth of a clubhead are measured on horizontal lines between the vertical projections of the extremities when the clubhead is soled in its normal address position. If the heel extremity is not clearly defined, it is deemed to be 0.625 inches (16mm) above the sole.

PLAIN IN SHAPE

Features such as fins or holes are not permitted, but certain exceptions may be made for putters. Any furrows or runners shall not extend into the face. Windows, holes or transparencies for the purpose of aiding the player in positioning himself are not permitted.

4-1e. Club Face

HARDNESS AND RIGIDITY

The club face must not be designed and manufactured to have the effect at impact of a spring which would unduly influence the movement of the ball.

MARKINGS

Except for specified markings, the surface roughness must not exceed that of decorative sandblasting. Markings must not have sharp edges or raised lips, as determined by a finger test. Markings within the area where impact is intended (the "impact area") are governed by the following:

(i) *Grooves.* A series of straight grooves with diverging sides and a symmetrical cross-section may be used. (See diagram.) The width of grooves must be generally consistent and not exceed 0.035 inches (0.9mm) along their length. The distance between edges of adjacent grooves must not be less than three times the width of a groove, and not less than 0.075 inches (1.9mm). The depth of a groove must not exceed 0.020 inches (0.5mm).

(ii) *Punch Marks.* Punch marks may be used. The area of any such mark must not exceed 0.0044 square inches (2.8 sq. mm). A mark must not be closer to an adjacent mark than 0.168 inches (4.3mm), measured from center to center. The depth of a punch mark must not exceed 0.040 inches (1.0mm). If punch marks are used in combination with grooves, a punch mark may not be closer to a groove than 0.168 inches (4.3mm), measured from center to center.

DECORATIVE MARKINGS

The center of the impact area may be indicated by a design within the boundary of a square whose sides are 0.375 inches (9.5mm) in length. Such a design must not

RULES OF GOLF

unduly influence the movement of the ball. Markings outside the impact area must not be greater than 0.040 inches (1.0mm) in depth and width.

NON-METALLIC CLUB FACE MARKINGS

The above specifications for markings do not apply to non-metallic clubs with loft angles less than 24 degrees, but markings which could unduly influence the movement of the ball are prohibited. Non-metallic clubs with a loft or face angle exceeding 24 degrees may have grooves of maximum width 0.040 inches (1.0mm) and maximum depth 1½ times the groove width, but must otherwise conform to the markings specifications above.

Appendix III
THE BALL

a. WEIGHT

The weight of the ball shall not be greater than 1.620 ounces avoirdupois (45.93gm).

b. SIZE

The diameter of the ball shall be not less than 1.680 inches (42.67mm). This specification will be satisfied if, under its own weight, a ball falls through a 1.680 inches diameter ring gauge in fewer than 25 out of 100 randomly selected positions, the test being carried out at a temperature of $23\pm1°$C.

c. SPHERICAL SYMMETRY

The ball shall be designed and manufactured to perform in general as if it were spherically symmetrical.

As outlined in procedures on file at the United States Golf Association, differences in peak angle of trajectory, carry and time of flight will be measured when 40 balls of the same type are launched, spinning 20 about one axis and 20 about another axis.

These tests will be performed using apparatus approved by the United States Golf Association. If in two successive tests differences in the same two or more measurements are statistically significant at the 5% level of significance and exceed the limits set forth below, the ball type will not conform to the symmetry specification.

MEASUREMENT	MAXIMUM ABSOLUTE DIFFERENCE OF THE MEANS
Peak angle of trajectory	0.9 grid units (approx. 0.4 degrees)
Carry distance	2.5 yards
Flight time	0.16 seconds

RULES OF GOLF

Note: Methods of determining whether a ball performs as if it were generally spherically symmetrical may be subject to change as instrumentation becomes available to measure other properties accurately, such as the aerodynamic coefficient of lift, coefficient of drag and moment of inertia.

d. INITIAL VELOCITY

The velocity of the ball shall not be greater than 250 feet (76.2m) per second when measured on apparatus approved by the United States Golf Association. A maximum tolerance of 2% will be allowed. The temperature of the ball when tested shall be 23±1°C.

e. OVERALL DISTANCE STANDARD

A brand of golf ball, when tested on apparatus approved by the USGA on the outdoor range at the USGA Headquarters under the conditions set forth in the Overall Distance Standard for golf balls on file with the USGA, shall not cover an average distance in carry and roll exceeding 280 yards plus a tolerance of 8%. *Note:* The 8% tolerance will be reduced to a minimum of 4% as test techniques are improved.

Exception: In international team competitions, the size of the ball shall not be less than 1.620 inches (41.15 mm) in diameter and the Overall Distance Standard shall not apply.

Note: The Rules of the Royal and Ancient Golf Club of St. Andrews provide for the same specifications as those set forth above except that the size of the ball must not be less than 1.620 inches (41.15 mm) in diameter and there is no Overall Distance Standard.

Appendix IV
MISCELLANEOUS
How to Decide Ties in Handicap Events

Rule 33-6 empowers the Committee to determine how and when a halved match or a stroke play tie shall be decided. The decision should be published in advance.

The USGA recommends:

1. Match Play

A handicap match which ends all square should be played off hole by hole until one side wins a hole. The play-off should start on the hole where the match began. Strokes should be allowed as in the prescribed round.

2. Stroke Play

A handicap stroke competition which ends in a tie should be played off at 18 holes, with handicaps. If a

RULES OF GOLF

shorter play-off is necessary, the percentage of 18 holes to be played shall be applied to the players' handicaps to determine their play-off handicaps. It is advisable to arrange for a percentage of holes that will result in whole numbers in handicaps; if this is not feasible, handicap stroke fractions of one-half or more shall count as a full stroke, and any lesser fractions shall be disregarded. *Example:* In an individual competition, A's handicap is 10 and B's is 8. It would be appropriate to conduct a nine-hole play-off (50% of 18 holes) with A receiving 5 strokes and B 4 strokes.

Pairings for Match Play

General Numerical Draw

For purposes of determining places in the draw, ties in qualifying rounds other than those for the last qualifying place shall be decided by the order in which scores are returned, the first score to be returned receiving the lowest available number, etc. If it is impossible to determine the order in which scores are returned, ties shall be determined by a blind draw.

UPPER HALF	LOWER HALF	UPPER HALF	LOWER HALF
64 QUALIFIERS		32 QUALIFIERS	
1 vs. 33	2 vs. 34	1 vs. 17	2 vs. 18
17 vs. 49	18 vs. 50	9 vs. 25	10 vs. 26
9 vs. 41	10 vs. 42	5 vs. 21	6 vs. 22
25 vs. 57	26 vs. 58	13 vs. 29	14 vs. 30
5 vs. 37	6 vs. 38	3 vs. 19	4 vs. 20
21 vs. 53	22 vs. 54	11 vs. 27	12 vs. 28
13 vs. 45	14 vs. 46	7 vs. 23	8 vs. 24
29 vs. 61	30 vs. 62	15 vs. 31	16 vs. 32
3 vs. 35	4 vs. 36	16 QUALIFIERS	
19 vs. 51	20 vs. 52	1 vs. 9	2 vs. 10
11 vs. 43	12 vs. 44	5 vs. 13	6 vs. 14
27 vs. 59	28 vs. 60	3 vs. 11	4 vs. 12
7 vs. 39	8 vs. 40	7 vs. 15	8 vs. 16
23 vs. 55	24 vs. 56	8 QUALIFIERS	
15 vs. 47	16 vs. 48	1 vs. 5	2 vs. 6
31 vs. 63	32 vs. 64	3 vs. 7	4 vs. 8

Par Computation

"Par" is the score that an expert golfer would be expected to make for a given hole. Par means errorless play without flukes and under ordinary weather conditions, allowing two strokes on the putting green.

Yardages for guidance in computing par are given below. They should not be applied arbitrarily; allowance should be made for the configuration of the ground, any

RULES OF GOLF

difficult or unusual conditions and the severity of the hazards.

Each hole should be measured horizontally from the middle of the tee area to be used to the center of the green, following the line of play planned by the architect in laying out the hole. Thus, in a hole with a bend, the line at the elbow point should be centered in the fairway in accordance with the architect's intention.

YARDAGES FOR GUIDANCE

PAR	MEN	WOMEN
3	up to 250	up to 210
4	251 to 470	211 to 400
5	471 and over	401 to 575
6		576 and over

Handicapping

Par as computed above should not be confused with Course Rating as described in the USGA Golf Handicap System. USGA Handicaps must be based on Course Rating rather than par. See the booklet "Golf Committee Manual and USGA Golf Handicap System."

Flagstick Dimensions

The USGA recommends that the flagstick be at least seven feet in height and that its diameter be not greater than three-quarters of an inch from a point three inches above the ground to the bottom of the hole.

Protection of Persons Against Lightning

As there have been many deaths and injuries from lightning on golf courses, all players, caddies and sponsors of golf are urged to take every precaution for the protection of persons against lightning.

The National Bureau of Standards points out:

"If golf clubs could be impressed with the necessity of calling off matches *before the storm is near enough to be hazardous,* the cases of multiple injury or death among players and spectators could be eliminated."

Raising golf clubs or umbrellas above the head adds to the element of personal hazard during electrical storms.

Metal spikes on golf shoes do little to increase the hazard, according to the Bureau.

Taking Shelter

The following rules for personal safety during thunderstorms are based on material in the Lightning Protection Code, NFPA No. 78-1977; ANSI C5. 1-1975 available from the National Fire Protection Association, Batterymarch Park, Quincy, Mass. 02269, and the American

RULES OF GOLF

National Standards Institute, 1430 Broadway, New York, N.Y. 10018:

a. Types of Shelter

Do not go out of doors or remain out during thunderstorms unless it is necessary. Seek shelter inside buildings, vehicles, or other structures or locations which offer protection from lightning, such as:
1. Dwellings or other buildings protected against lightning.
2. Large metal-frame buildings.
3. Large unprotected buildings.
4. Automobiles with metal tops and bodies.
5. Trailers with metal bodies.
6. City streets shielded by nearby buildings.

When it is not possible to choose a location that offers better protection, seek shelter in:
1. Dense woods — avoid isolated trees.
2. Depressed areas — avoid hilltops and high places.
3. Small unprotected buildings, tents and shelters in *low* areas — avoid unprotected buildings and shelters in *high* areas.

b. What to Avoid

Certain locations are extremely hazardous during thunderstorms and should be avoided if at all possible. Approaching thunderstorms should be anticipated and the following locations avoided when storms are in the immediate vicinity:
1. Open fields.
2. Athletic fields.
3. Golf courses.
4. Swimming pools, lakes and seashores.
5. Near wire fences, clotheslines, overhead wires and railroad tracks.
6. Isolated trees.
7. Hilltops and wide open spaces.

In the above locations, it is especially hazardous to be riding in or on any of the following during lightning storms:
1. Tractors and other farm machinery operated on the golf course for maintenance of same.
2. Golf carts, scooters, motorcycles, bicycles.

Discontinuing Play During Lightning

Attention is called to Rules 6-8 and 33-2d.

The USGA especially suggests that players be informed that they have the right to stop play if they think lightning threatens them, even though the Committee may not have specifically authorized it by signal.

The USGA generally uses the following signals and recommends that all local committees do similarly:

RULES OF GOLF

Discontinue Play: Three consecutive notes of siren, repeated.

Resume Play: One prolonged note of siren, repeated.

Lightning Protection for Shelters

Shelters on golf courses may best be protected by standard lightning protection systems. Details on the installation of conductors, air terminals and maintenance requirements are included in the Lightning Protection Code. An alternative method of protection of such shelters is through what is known as providing a "cone of protection" with grounded rods or masts and overhead conductors as described in Section 31 of the Lightning Protection Code. Such a system is feasible for small structures, but probably would be more expensive than a standard lightning rod system.

Down conductors should be shielded with non-conductive material, resistant to impact and climatic conditions to a height of approximately 8 feet to protect persons from contact with down conductors. Shelters with earthen floors which are provided with lightning protection systems should have any approved grounding electrodes interconnected by an encircling buried, bare conductor of a type suitable for such service, or such electrodes should be provided with radial conductors run out to a distance of at least 10 feet from the electrode, away from the shelter.

It is recommended that several notices similar to this be posted at every course. Copies of this notice in poster form may be obtained from the USGA.

RULES OF AMATEUR STATUS

Any person who considers that any action he is proposing to take might endanger his amateur status should submit particulars to the United States Golf Association for consideration.

Definition of an Amateur Golfer

An amateur golfer is one who plays the game as a non-remunerative or non-profit-making sport.

Rule 1. Forfeiture of Amateur Status at Any Age

The following are examples of acts at any age which violate the Definition of an Amateur Golfer and cause forfeiture of amateur status:

1. Professionalism

a. Receiving payment or compensation for serving as a professional golfer or identifying oneself as a professional golfer.

RULES OF GOLF

b. Taking any action for the purpose of becoming a professional golfer.

Note: Such actions include applying for a professional's position; filing application to a school or competition conducted to qualify persons to play as professionals in tournaments; receiving services from or entering into an agreement, written or oral, with a sponsor or professional agent; agreement to accept payment or compensation for allowing one's name or likeness as a skilled golfer to be used for any commercial purpose; and holding or retaining membership in any organization of professional golfers.

2. Playing for Prize Money

Playing for prize money or its equivalent in a match, tournament or exhibition.

Note: A player may participate in an event in which prize money or its equivalent is offered, provided that prior to participation he irrevocably waives his right to accept prize money in that event. (See USGA Policy on Gambling for definition of prize money.)

3. Instruction

Receiving payment or compensation for giving instruction in playing golf, either orally, in writing, by pictures or by other demonstrations, to either individuals or groups.

Exceptions:

1. Golf instruction may be given by an employee of an educational institution or system to students of the institution or system and by camp counselors to those in their charge, provided that the total time devoted to golf instruction during a year comprises less than 50 percent of the time spent during the year in the performance of all duties as such employee or counselor.

2. Payment or compensation may be accepted for instruction in writing, provided one's ability or reputation as a golfer was not a major factor in his employment or in the commission or sale of his work.

4. Prizes, Testimonials and Gifts

a. Acceptance of a prize or testimonial of the following character (this applies to total prizes received for any event or series of events in any one tournament or exhibition, including hole-in-one or other events in which golf skill is a factor):

    (i) Of retail value exceeding $350; or

    (ii) Of a nature which is the equivalent of money or makes it readily convertible into money.

Exceptions:

1. Prizes of only symbolic value (such as metal trophies).

RULES OF GOLF

2. More than one testimonial award may be accepted from different donors even though their total retail value exceeds $350, provided they are not presented so as to evade the $350 value limit for a single award. (Testimonial awards relate to notable performances or contributions to golf, as distinguished from tournament prizes.)

b. Conversion of a prize into money.

c. Accepting expenses in any amount as a prize.

d. Because of golf skill or golf reputation, accepting in connection with any golfing event:
 (i) Money, or
 (ii) Anything else, other than merchandise of nominal value provided to all players.

5. Lending Name or Likeness

Because of golf skill or golf reputation, receiving or contracting to receive payment, compensation or personal benefit, directly or indirectly, for allowing one's name or likeness as a golfer to be used in any way for the advertisement or sale of anything, whether or not used in or appertaining to golf, except as a golf author or broadcaster as permitted by Rule 1-7.

6. Personal Appearance

Because of golf skill or golf reputation, receiving payment or compensation, directly or indirectly, for a personal appearance, except that reasonable expenses actually incurred may be received if no golf competition or exhibition is involved.

7. Broadcasting and Writing

Because of golf skill or golf reputation, receiving payment or compensation, directly or indirectly, for broadcasting concerning golf, a golf event or golf events, writing golf articles or books, or allowing one's name to be advertised or published as the author of golf articles or books of which he is not actually the author.

Exceptions:
1. Broadcasting or writing as part of one's primary occupation or career, provided instruction in playing golf is not included except as permitted in Rule 1-3.
2. Part-time broadcasting or writing, provided (a) the player is actually the author of the commentary, articles or books, (b) instruction in playing golf is not included except as permitted in Rule 1-3 and (c) the payment or compensation does not have the purpose or effect, directly or indirectly, of financing participation in a golf competition or golf competitions.

8. Golf Equipment

Because of golf skill or golf reputation, accepting golf

RULES OF GOLF

balls, clubs, golf merchandise, golf clothing or golf shoes, directly or indirectly, from anyone manufacturing such merchandise without payment of current market price.

9. Membership and Privileges

Because of golf skill or golf reputation, accepting membership or privileges in a club or at a golf course without full payment for the class of membership or privileges involved unless such membership or privileges have been awarded (1) as purely and deservedly honorary, (2) in recognition of an outstanding performance or contribution to golf and (3) without a time limit.

10. Expenses

Accepting expenses, in money or otherwise, from any source other than from a member of the player's family or legal guardian to engage in a golf competition or exhibition, or to improve golf skill.

Exceptions: A player may receive a reasonable amount of expenses as follows:

1. JUNIOR COMPETITIONS

As a player in a golf competition or exhibition limited exclusively to players who have not reached their 18th birthday.

2. INTERNATIONAL TEAMS

As a representative of a recognized golf association in an international team match between or among golf associations when such expenses are paid by one or more of the golf associations involved or, subject to the approval of the USGA, as a representative in an international team match conducted by some other athletic organization.

3. USGA PUBLIC LINKS CHAMPIONSHIPS

As a qualified contestant in the USGA Amateur Public Links Championships proper, but only within limits fixed by the USGA.

4. SCHOOL, COLLEGE, MILITARY TEAMS

As a representative of a recognized educational institution or of a military service in (1) team events or (2) other events which are limited to representatives of recognized educational institutions or of military services, respectively. In each case, expenses may be accepted from only an educational or military authority.

5. INDUSTRIAL OR BUSINESS TEAMS

As a representative of an industrial or business golf team in industrial or business golf team competitions, respectively, but only within limits fixed by the USGA. (A statement of such limits may be obtained on request from the USGA.)

RULES OF GOLF

6. Invitation Unrelated to Golf Skill

As a player invited for reasons unrelated to golf skill, e.g., a celebrity, a business associate or customer, a guest in a club-sponsored competition, etc., to take part in a golfing event.

Note 1: Except as otherwise provided in Exception 6 to Rule 1-10, acceptance of expenses from an employer, a partner or other vocational source is not permissible.

Note 2: Business Expenses — It is permissible to play in a golf competition while on a business trip with expenses paid provided that the golf part of the expenses is borne personally and is not charged to business. Further, the business involved must be actual and substantial, and not merely a subterfuge for legitimizing expenses when the primary purpose is golf competition.

Note 3: Private Transport — Acceptance of private transport furnished or arranged for by a tournament sponsor, directly or indirectly, as an inducement for a player to engage in a golf competition or exhibition shall be considered accepting expenses under Rule 1-10.

11. Scholarships

Because of golf skill or golf reputation, accepting the benefits of a scholarship or grant-in-aid other than in accord with the regulation of the National Collegiate Athletic Association, the Association of Intercollegiate Athletics for Women, or the National Association for Intercollegiate Athletics.

12. Conduct Detrimental to Golf

Any conduct, including activities in connection with golf gambling, which is considered detrimental to the best interests of the game.

Rule 2. Advisory Opinions, Enforcement and Reinstatement

1. Advisory Opinions

Any person who considers that any action he is proposing to take might endanger his amateur status may submit particulars to the staff of the United States Golf Association for advice. If dissatisfied with the staff's advice, he may request that the matter be referred to the Amateur Status and Conduct Committee for decision. If dissatisfied with the Amateur Status and Conduct Committee's decision, he may, by written notice to the staff within 30 days after being notified of the decision, appeal to the Executive Committee, in which case he shall be given reasonable notice of the next meeting of the Executive Committee at which the matter may be heard and shall be entitled to present his case in person or in writing. The

RULES OF GOLF

decision of the Executive Committee shall be final.

2. Enforcement

Whenever information of a possible violation of the Definition of an Amateur Golfer by a player claiming to be an amateur shall come to the attention of the United States Golf Association, the staff shall notify the player of the possible violation, invite the player to submit such information as the player deems relevant and make such other investigation as seems appropriate under the circumstances. The staff shall submit to the Amateur Status and Conduct Committee all information provided by the player, their findings and their recommendation, and the Amateur Status and Conduct Committee shall decide whether a violation has occurred. If dissatisfied with the Amateur Status and Conduct Committee's decision, the player may, by written notice to the staff within 30 days after being notified of the decision, appeal to the Executive Committee, in which case the player shall be given reasonable notice of the next meeting of the Executive Committee at which the matter may be heard and shall be entitled to present his case in person or in writing. The decision of the Executive Committee shall be final.

Upon a final decision of the Amateur Status and Conduct Committee or the Executive Committee that a player has violated the Definition of an Amateur Golfer, such Committee may require the player to refrain or desist from specified actions as a condition of retaining his amateur status or declare the amateur status of the player forfeited. Such Committee shall notify the player, if possible, and may notify any interested golf association of any action taken under this paragraph.

3. Reinstatement

a. AUTHORITY AND PRINCIPLES

Either the Executive Committee or its Amateur Status and Conduct Committee may reinstate a player to amateur status and prescribe the probationary period necessary for reinstatement or deny reinstatement. In addition, the Amateur Status and Conduct Committee may authorize the staff of the USGA to reinstate a player to amateur status in routine situations where the violations do not warrant a reduction or increase in the normal two-year probationary period specified in Rule 2-3a(ii).

Each application for reinstatement shall be decided on its merits with consideration normally being given to the following principles:

(i) PROBATION

The professional holds an advantage over the amateur by reason of having devoted himself to the game as his profession; other persons violating the Rules of Amateur

RULES OF GOLF

Status also obtain advantages not available to the amateur. They do not necessarily lose such advantage merely by deciding to cease violating the Rules.

Therefore, an applicant for reinstatement to amateur status shall undergo probation as prescribed.

Probation shall start from the date of the player's last violation of the Definition of an Amateur Golfer unless it is decided that it shall start from the date of the player's last known violation.

(ii) PROBATIONARY PERIOD

A probationary period of two years normally will be required. However, that period may be *extended or shortened*. Longer periods normally will be required when applicants have played extensively for prize money or have been previously reinstated; shorter periods often will be permitted when applicants have been in violation of the Rules one year or less. A probationary period of one year normally will be required when an applicant's only violation was to accept a prize of retail value exceeding $350 but less than $10,000.

(iii) PLAYERS OF NATIONAL PROMINENCE

Players of national prominence who have been in violation for more than five years normally will not be eligible for reinstatement.

(iv) STATUS DURING PROBATION

During probation an applicant for reinstatement shall conform with the Definition of an Amateur Golfer.

He shall not be eligible to enter competitions limited to amateurs except that he may enter competitions solely among members of a club of which he is a member, subject to the approval of the club. He may also, without prejudicing his application, enter, as an applicant for reinstatement, competitions which are not limited to amateurs but shall not accept any prize reserved for an amateur.

b. FORM OF APPLICATION

Each application for reinstatement shall be prepared, in duplicate, on forms provided by the USGA.

The application must be filed through a recognized amateur golf association in whose district the applicant resides. The association's recommendation, if any, will be considered. If the applicant is unknown to the association, this should be noted and the application forwarded to the USGA, without prejudice.

c. OBJECTION BY APPLICANT

If dissatisfied with the decision with respect to his application for reinstatement, the applicant may, by written notice to the staff within 30 days after being notified of the decision, appeal to the Executive Com-

RULES OF GOLF

mittee, in which case he shall be given reasonable notice of the next meeting of the Executive Committee at which the matter may be heard and shall be entitled to present his case in person or in writing. The decision of the Executive Committee shall be final.

USGA Policy on Gambling

The Definition of an Amateur Golfer provides that an amateur golfer is one who plays the game as a non-remunerative or non-profit-making sport. When gambling motives are introduced, problems can arise which threaten the integrity of the game.

The USGA does not object to participation in wagering among individual golfers or teams of golfers when participation in the wagering is limited to the players, the players may only wager on themselves or their teams, the sole source of all money won by players is advanced by the players and the primary purpose is the playing of the game for enjoyment.

The distinction between playing for prize money and gambling is essential to the validity of the Rules of Amateur Status. The following constitute golf wagering and not playing for prize money:

1. Participation in wagering among individual golfers.
2. Participation in wagering among teams.

Organized amateur events open to the general golfing public and designed and promoted to create cash prizes are not approved by the USGA. Golfers participating in such events without irrevocably waiving their right to cash prizes are deemed by the USGA to be playing for prize money.

The USGA is opposed to and urges its Member Clubs, all golf associations and all other sponsors of golf competitions to prohibit types of gambling such as: (1) Calcuttas, (2) other auction pools, (3) pari-mutuels and (4) any other forms of gambling organized for general participation or permitting participants to bet on someone other than themselves or their teams.

The Association may deny amateur status, entry in USGA Championships and membership on USGA teams for international competitions to players whose activities in connection with golf gambling, whether organized or individual, are considered by the USGA to be contrary to the best interests of golf.

RULES OF GOLF

INDEX TO THE RULES OF GOLF

	RULE	PAGE
ABNORMAL GROUND CONDITIONS	25	**727**
ADDRESSING THE BALL — See "BALL, Addressing"		
ADVICE	8-1	**705**
ANIMAL, BURROWING, HOLE BY	25	**727**
Ball moved in search	12-1	**709**
ARTIFICIAL DEVICES AND UNUSUAL EQUIPMENT	14-3	**712**
ARTIFICIAL OBJECTS	24	**725**
ASSISTANCE	14-2	**712**
BALL		
Addressing:		
Ball moving after address	18-2b	**717**
Definition	18	**716**
Assisting play	22	**724**
Cleaning	21	**723**
Damaged, unfit for play	5-3	**700**
Deflected or stopped	19	**719**
Dropped or dropping:		
By whom and how	20-2a	**721**
In play when dropped	20-4	**722**
Rolling back into condition from which relief taken	20-2c	**721**
Rolling out of bounds, into a hazard, nearer hole, etc.	20-2c	**721**
Touching player or equipment	20-2a	**721**
When to re-drop	20-2c	**721**
Where to drop	20-2b	**721**
Wrong place	20-6	**723**
Embedded	25-2	**729**
Local Rule	App. I	**742**
Exerting influence on	1-2	**696**
Finding	12-1	**709**
Foreign material prohibited	5-2	**700**
Holed — definition	16	**714**
Holing out:		
Ball played from teeing ground	1-1	**695**
Failure, stroke play	3-2	**697**
Wrong ball, stroke play	15-3	**713**
Identification:		
Lifting for	12-2	**710**
Mark	6-5	**702**
	12-2, Pre.	**710**
Influencing position or movement	1-2	**696**
In play, definition	Defs.	**690**
Interfering with play	22	**724**
Lie:		
Altered	20-3b	**722**
Improving	13-2	**710**
Lifted or lifting:		
By player without authority	18-2a	**717**
By whom permissible	20-1	**720**

763

RULES OF GOLF

	RULE	PAGE
Marking position before lifting	20-1	**720**
Putting green	16-1b	**714**
Lost	27-1	**732**
Marking position when lifting	20-1	**720**
Local Rule	App. I	**744**
Moved or moving:		
After addressing	18-2b	**717**
After loose impediment touched	18-2c	**718**
By another ball	18-5	**718**
By fellow-competitor	18-4	**718**
By opponent (not in search)	18-3b	**718**
By opponent in searching	18-3a	**718**
By outside agency	18-1	**717**
By player	18-2a	**717**
Circumstances in which no penalty	18-2a	**717**
Definition of ball moved	18	**716**
During swing	14-5	**712**
In lifting ball interfering with or assisting play	22	**724**
In lifting ball under a Rule	20-1	**720**
In measuring	10-4	**708**
In removing loose impediment	18-2c	**718**
In removing movable obstruction	24-1	**725**
In repairing hole plug or ball mark	16-1c	**714**
In searching for ball in casual water, ground under repair, etc.	12-1	**709**
In searching for covered ball in hazard	12-1	**709**
In water in water hazard	14-6	**712**
Playing moving ball	14-5	**712**
Out of bounds — See "OUT OF BOUNDS"		
Overhanging hole	16-1h	**715**
Placed or placing:		
By whom and where	20-3a	**722**
Failing to come to rest	20-3d	**722**
In play when placed	20-4	**722**
Original lie altered	20-3b	**722**
Spot not determinable	20-3c	**722**
Wrong place	20-6	**723**
Played as it lies	13-1	**710**
Played from wrong place:		
Match play	20-7a	**723**
Stroke play	20-7b	**723**
Playing from where previous stroke played	20-5	**722**
Provisional ball	27-2	**732**
Definition	27	**731**
Searching for	12-1	**709**
Second ball, stroke play	3-3	**697**
Seeing when playing	12-1	**709**
Specifications:		
Details	App. II	**748**

RULES OF GOLF

	RULE	PAGE
General	5-1	**700**
Striking:		
Another ball	19-5	**720**
Competitor's side	19-2b	**719**
Fairly	14-1	**712**
Fellow-competitor's side	19-4	**720**
Flagstick or attendant	17-3	**716**
More than once	14-4	**712**
Opponent's side	19-3	**720**
Outside agency	19-1	**719**
Player's side	19-2a	**719**
Touched:		
By opponent	18-3b	**718**
By player purposely	18-2a	**717**
Unfit for play	5-3	**700**
Unplayable	28	**733**
Wrong	15	**713**
Four-ball		
Match play	30-3d	**735**
Stroke play	31-6	**736**
BEST-BALL MATCH	30	**734**
BOGEY, PAR AND STABLEFORD		
COMPETITIONS	32	**737**
BUNKER — See "HAZARD"		
CADDIE		
Breach of Rule by	6-4	**702**
Definition	Defs.	**690**
One caddie per player	6-4	**702**
CASUAL WATER	25	**727**
Ball moved during search	12-1	**709**
CLAIMS		
Match play	2-5	**697**
	34-1a	**741**
Stroke play	34-1b	**741**
CLEANING BALL	21	**723**
CLUB(S)		
Changing playing characteristics ...	4-2	**699**
Damage during play	4-1g	**699**
Face markings	App. II	**749**
Foreign material on face	4-3	**699**
Form and make	4-1	**698**
	App. II	**748**
Grounding:		
In hazard prohibited	13-4	**711**
Lightly	13-2	**710**
Maximum number allowed	4-4	**699**
Partners may share	4-4b	**700**
Placing in hazard	13-4	**711**
COMMITTEE		
Decision final	34-3	**741**
Duties and powers	33	**739**
Extending stipulated round		
to settle tie	2-4	**696**
Practice regulations:		

RULES OF GOLF

	RULE	PAGE
Alteration	7-1 (Note)	704
	7-2 (Note 2)	704
COMPETITOR		
Definition	Defs.	690
CONDITIONS		
Committee to lay down	33-1	739
Player responsible for knowing	6-1	701
COURSE		
Defining bounds and margins	33-2a	739
Definition	Defs.	690
Unplayable	33-2d	740
DECISIONS		
Committee's powers	34-3	741
Equity	1-4	696
Referee's, final	34-2	741
DEFINITIONS	Sec. II	689
DELAY		
Undue	6-7	703
DISCONTINUANCE OF PLAY		
Procedure	6-8b	704
When permitted	6-8a	703
DISPUTES	34	741
DISTANCE, GAUGING OR MEASURING	14-3	712
DORMIE	2-3	696
DOUBT AS TO PROCEDURE, STROKE PLAY	3-3	697
DRAW, GENERAL NUMERICAL	App. IV	752
DROPPING BALL —		
See "BALL, Dropped or Dropping"		
EMBEDDED BALL	25-2	729
EQUIPMENT		
Definition	18	716
EQUITY		
Disputes decided by	1-4	696
ETIQUETTE	Sec. I	688
FELLOW-COMPETITOR		
Definition	Defs.	691
FLAGSTICK	17	715
Definition	Defs.	691
Dimensions	App. IV	753
FORECADDIE		
Definition	Defs.	691
FOUR-BALL AND BEST-BALL MATCHES	30	734
FOUR-BALL STROKE PLAY	31	736
FOURSOME	29	733
GAME OF GOLF, Description of	1-1	695
GENERAL PENALTY		
Match play	2-6	697
Stroke play	3-5	698
GRASS		
Cuttings	25	727
In or bordering bunker, not hazard	13	710
Touching in finding and		

RULES OF GOLF

	RULE	PAGE
identifying ball	12-1	709
Touching with club in hazard	13-4	711

GRIP

	RULE	PAGE
Artificial aid in gripping	14-3	712
Specifications	4-1c	698
	App. II	748

GROUND UNDER REPAIR 25   727
   Ball moved during search 12-1   709
GROUPS — See "STROKE PLAY"
HANDICAP

	RULE	PAGE
Applying, Committee's duty	33-5	740
Duties of player	6-2	701
Playing off wrong	6-2	701
Stroke table	33-4	740

HAZARD

	RULE	PAGE
Ball lying in or touching	13-4	711
Bunker — definition	13	710
Searching for ball	12-1	709
Water hazard (including lateral water hazard):		
Ball lying in, relief	26-1	730
Ball played within:		
Ball lost or unplayable outside hazard or out of bounds	26-2b	731
Ball remains in hazard	26-2a	730
Local Rule:		
Ball drops	App. I	743
Provisional ball	App. I	743

HOLE — See also "MATCH PLAY"

	RULE	PAGE
Definition	Defs.	691
Made by burrowing animal, etc.	25	727
Made by greenkeeper	25	727
New holes for competition	33-2b	739

HONOR — See "ORDER OF PLAY"
IDENTIFICATION OF BALL —
  See "BALL, Identification"
INFORMATION AS TO
  STROKES TAKEN 9   706
INTERFERENCE

	RULE	PAGE
By another ball	22	724
Casual water, ground under repair, hole made by burrowing animal	25-1a	727
Obstruction	24-2a	725

LATERAL WATER HAZARD —
  See "HAZARD"
LIE OF BALL — See "BALL, Lie"
LIFTED OR LIFTING BALL —
  See "BALL, Lifted or Lifting"
LIGHTNING 6-8a   703
                    App. IV   753

LINE OF PLAY

	RULE	PAGE
Improving	13-2	710
Indicating:		
Other than on putting green	8-2a	705
Putting green	8-2b	706

RULES OF GOLF

	RULE	PAGE
LINE OF PUTT — See "PUTTING GREEN"		
LOCAL RULES		
Committee responsible for	33-8a	**741**
Matters for which advisable	App. I	**742**
Waiving penalty	33-8b	**741**
LOOSE IMPEDIMENTS		
Ball moving after touching	18-2c	**718**
Definition	23	**724**
Relief	23-1	**725**
Removal on line of putt	16-1a	**714**
LOST BALL		
Casual water, ground under repair, etc.	25-1c	**728**
Definition	27	**731**
Procedure	27-1	**732**
Water hazard	26-1	**730**
MARKER		
Definition	Defs.	**692**
Recording scores	6-6a	**702**
Four-ball stroke play	31-4	**736**
MATCH PLAY		
Claims	2-5	**697**
Combining with stroke play prohibited	33-1	**739**
Extending stipulated round to settle tie	2-4	**696**
General penalty	2-6	**697**
Discontinuing play by agreement	6-8a	**703**
Halved hole	2-2	**696**
Matches — See Definition of "Sides and Matches"		
Reckoning of holes	2-3	**696**
Winner of:		
Hole	2-1	**696**
Match	2-4	**696**
MATERIAL PILED FOR REMOVAL	25	**727**
OBSERVER		
Definition	Defs.	**693**
OBSTRUCTIONS	24	**725**
Temporary — Local Rule	App. I	**744**
ORDER OF PLAY	10	**706**
Threesome or foursome	29	**733**
OUT OF BOUNDS		
Definition	27	**731**
Objects defining are fixed	13-2	**710**
Are not obstructions	24	**725**
Procedure	27-1	**732**
OUTSIDE AGENCY		
Ball at rest moved by	18-1	**717**
Ball in motion deflected or stopped by	19-1	**719**
Definition	19	**719**
PAR COMPETITIONS	32	**737**
PAR COMPUTATION	App. IV	**752**

RULES OF GOLF

	RULE	PAGE
PARTNER		
Definition	Defs.	693
PENALTY		
Agreement to waive	1-3	696
General:		
Match play	2-6	697
Stroke play	3-5	698
Modification or imposition of disqualification	33-7	740
Penalty stroke:		
Definition	Defs.	693
Reporting to opponent or marker	9-2	706
	9-3	706
Time limit on imposition:		
Match play	34-1a	741
Stroke play	34-1b	741
Waiving by Local Rule prohibited	33-8b	741
PLACING BALL —		
See "BALL, Placed or Placing"		
PLAYER, DUTIES OF	6	701
PLAYING OUT OF TURN	10	706
PRACTICE		
Before or between rounds	7-1	704
During round	7-2	704
Ground — Committee to lay down area	33-2c	739
Swing	7-2 (Note 1)	705
PROVISIONAL BALL	27-2	732
Definition	27	731
Local Rule for water hazard	App. I	742
PUTTING GREEN		
Ball:		
At rest when another is played	16-1g	715
Cleaning	16-1b	714
Lifting	16-1b	714
Overhanging hole	16-1h	715
Conceding opponent's next stroke	16-2	715
Definition	16	714
Line of putt:		
Pointing out	8-2b	706
Position of caddie or partner	16-1f	715
Standing astride or on	16-1e	714
Touching	16-1a	714
Repair of hole plugs and ball marks	16-1c	714
Testing surface	16-1d	714
Wrong putting green	25-3	729
REFEREE		
Decision final	34-2	741
Definition	Defs.	694
RUB OF THE GREEN		
Definition	Defs.	694
RULE(S)		
Agreement to waive	1-3	696
Definition	Defs.	694
Points not covered	1-4	696

RULES OF GOLF

	RULE	PAGE
Rectification of serious breach, stroke play	20-7b	**723**
Refusal to comply, stroke play	3-4	**698**
SCORER — See "MARKER"		
SCORES AND SCORE CARDS		
Addition, Committee responsible for	33-5	**740**
Card, how issued	33-5	**740**
Competitor's responsibility	6-6b	**703**
Four-ball stroke play	31-4	**736**
Handicap, Committee's responsibility	33-5	**740**
Marker's responsibility	6-6a	**702**
Four-ball stroke play	31-4	**736**
No alteration after return	6-6c	**703**
Wrong	6-6c	**703**
SIDES AND MATCHES		
Definitions	Defs.	**694**
STABLEFORD COMPETITIONS	32	**737**
STANCE		
Astride or touching line of putt	16-1e	**714**
Building	13-3	**711**
Definition	18	**716**
Fairly taking	13-2	**710**
Out of bounds	27	**731**
Outside teeing ground	11-1	**708**
STIPULATED ROUND		
Definition	Defs.	**694**
STROKE		
Assistance:		
Artificial devices	14-3	**712**
Physical assistance	14-2	**712**
Protection from elements	14-2	**712**
Conceding	16-2	**715**
Definition	14	**712**
Playing from where previous stroke played	20-5	**722**
Striking ball more than once	14-4	**712**
STROKE PLAY		
Combining with match play prohibited	33-1	**739**
Doubt as to procedure	3-3	**697**
Failure to hole out	3-2	**697**
General penalty	3-5	**698**
Groups:		
Changing prohibited	6-3b	**702**
Committee to arrange	33-3	**740**
New holes	33-2b	**739**
Refusal to comply with Rule	3-4	**698**
Scores — See "SCORES AND SCORE CARDS"		
Winner	3-1	**697**
SUSPENSION OF PLAY	33-2d	**740**
TEEING GROUND		

RULES OF GOLF

	RULE	PAGE
Ball falling off tee	11-2	**708**
Creating or eliminating irregularities	13-2	**710**
Definition	11	**708**
Order of play:		
Match play	10-1a	**706**
Stroke play	10-2a	**707**
Threesome or foursome	29-1	**734**
Playing outside	11-3	**708**
Provisional or second ball from	10-3	**708**
Standing outside to play ball within	11-1	**708**
Teeing ball	11-1	**708**
Tee-markers — status	11-1	**708**
THREE-BALL MATCH	30	**734**
THREESOME	29	**734**
THROUGH THE GREEN		
Definition	Defs.	**695**
TIES		
Extending stipulated round to settle, match play	2-4	**696**
How and when decided	33-6	**740**
Handicap events — recommendation	App. IV	**751**
TIME OF STARTING		
Committee's responsibility	33-3	**740**
Modifying penalty for breach	6-3 (Note)	**702**
Player's responsibility	6-3a	**702**
TOUCHING BALL — See "BALL, Touched"		
TURF, CUT, PLACED IN POSITION	13-2	**710**
UNDUE DELAY	6-7	**703**
UNPLAYABLE BALL	28	**733**
WATER HAZARD — See "HAZARD"		
WRONG BALL	15	**713**
Four-ball match play	30-3d	**735**
Four-ball stroke play	31-6	**736**
WRONG INFORMATION		
As to strokes played in match play	9-2	**706**
Voids time limit for claim	34-1	**741**
WRONG PLACE		
Ball played from	20-7	**723**
Lifting ball dropped or placed in	20-6	**723**
WRONG SCORE	6-6c	**703**